Wappäus, Johann E.

Handbuch der Geographie und Statistik von Afrika und Australien

Wappäus, Johann E.

Handbuch der Geographie und Statistik von Afrika und Australien

Inktank publishing, 2018

www.inktank-publishing.com

ISBN/EAN: 9783747766088

Handbuch

der

Geographie und Statistik

von

Afrika und Australien.

Von

Dr. T. E. Gumprecht,
weil. Secretair der Gesellschaft für
Erdkunde zu Berlin ꝛc.

Dr. O. Delitsch,
Oberlehrer an der Realschule
zu Leipzig ꝛc.

Dr. C. E. Meinicke,
Director u. Prof. am Gymnasium
zu Prenzlau ꝛc.

Zweite ergänzte und umgearbeitete Ausgabe.

Leipzig,
Verlag der J. C. Hinrichs'schen Buchhandlung.
1866.

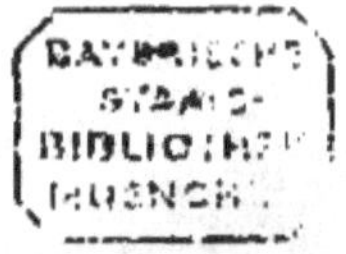

Inhalt.

Afrika von Dr. T. E. Gumprecht mit Nachträgen und Ergänzungen von Dr. Otto Delitsch.

Die zweite Ziffer verweist auf die Nachträge.

Nachträge und Ergänzungen von Oberlehrer Dr. Otto Delitsch.

Australien. Zweite Bearbeitung von Dir. Prof. Dr. C. E. Meinicke.

Inhalts-Uebersicht.

Australien von Prof. Dr. C. E. Meinicke.

Druckfehler und Verbesserungen zu Afrika.

S. 2 Z. 3 v. o. lies hinter Gregor noch Laird.
„ 4 „ 20 „ „ „ 10° 0' 15" statt 30° 0' 15".
„ „ „ 23 „ „ „ hinter 30° 47' 0" noch O. L.
„ 7 „ 10 „ „ „ Loma statt Lomo.
„ „ „ 11 „ „ „ N. B. statt S. Br.
„ „ „ 17 „ „ „ 11° 33' 45" statt 25° 33' 45".
„ „ „ 2 v. u. „ Diese Darstellung des großen Stroms von Central-Afrika bedarf nach Dr. Barths Entdeckungen und den Erfahrungen bei der im J. 1854 unternommenen britischen Nigerexpedition einer wesentlichen Ergänzung, indem man nun mit Bestimmtheit weiß, daß der Niger nächst dem großen westlichen Quellstrom, dem Dscheliba (Joliba), noch einen zweiten großen östlichen, den Binue (nicht Benne, wie S. 293 durch einen Druckfehler steht), besitzt, dessen unterster Lauf unter dem Namen Tschadda (S. 267) bisher allein bekannt war. Doch ist der Ursprung und der obere Lauf des Binue noch unerforscht und nur aus den Mittheilungen der Eingebornen hat man in Erfahrung gebracht, daß die Quellen des Stroms südsüdöstlich von Adamaua (S. 292) liegen. In Adamaua selbst verstärkt sich derselbe bei dem Orte Taepe durch den Faro, worauf beide vereinigte Flüsse erst in südsüdöstlicher und dann ganz in westlicher Richtung ihren Lauf bis zu dem Zusammentreffen mit dem westlichen Quellstrome fortsetzen. Bisher galt der Tschadda nur für einen einfachen Zufluß des Niger. Durch die britische Expedition von 1854 ist aber sein Lauf jetzt 83 d. M. aufwärts mit Sicherheit bekannt und derselbe wird unfehlbar in der Zukunft den leichtesten Weg bilden, um in das Innere des Continents zu gelangen.
S. 8 Z. 17 v. o. lies S. B. statt N. B.
„ „ „ 27 „ „ „ O. L. statt N. B.
„ 12 „ 38 „ „ „ Warraneidechse statt Warneidechse.
„ 13 „ 26 „ „ „ Moselekatz statt Moselakatz.
„ 15 „ 12 „ „ „ Individuen statt Induvidnen.
„ 17 „ 24 „ „ „ hinter Bornu noch Dar, Fur, Uadai.
„ 33 „ 36 „ „ „ Taudeni statt Toudnini.
„ „ „ 37 „ „ „ El Aráuán statt El Araún.
„ 40 „ 7 v. u. „ Onled statt Outed.
„ 49 „ 25 v. o. „ 22° 30' statt 19° 75'.
„ 50 „ 2 „ „ „ 33° 10' statt 32° 10'.
„ 59 rechts Z. 23 v. o. lies 33° 58' 15" O. L. statt 32' 1' 45" O. L.
„ „ Z. 30 v. o. lies 27° 4' statt 27° 7'.
„ „ „ 36 „ „ „ 33° 11' 45" statt 33° 31' 45".
„ „ „ 44 „ „ „ 26° 57' 45" statt 20° 57' 45".
„ 78 „ 19 „ „ „ 24° 5' 23" statt 24° 30'.
„ 79 „ 2 v. u. „ Dschebel Dyaab statt Dschebel Dyab.
„ 92 rechts Z. 36 v. o. lies 51° 15' statt 50° 4' 30".
„ 93 Z. 53 v. o. lies 51° 4' 30" statt 31° 24' 34".
„ 94 „ 7 „ „ „ hinter 13° 11' 2" N. B. lies noch 47° 48' 6" O. L.
„ 95 „ 12 v. u. „ 12° 33' statt 14° 33'.
„ 101 „ 4 v. o. „ Juni statt Juli.
„ „ „ 36 „ „ „ 9° 10' N. B. statt 19° 10' N. B.
„ 102 „ 5 „ „ „ 56° 12' O. L. statt 86° 12'.
„ 107 „ 3 v. u. „ nach anderen Angaben sollen die Galla nicht allein ihre Sprache, sondern auch sich selbst Ilm'orma nennen, was Söhne der Männer oder Menschenkinder bedeute
S. 112 Z. 32 v. o. lies 56° 35' 9" statt 36° 35' 9".
„ 119 „ 7 „ „ „ südwestlichen statt südöstlichen.
„ 120 „ 32 „ „ „ 9° 1' 42" statt 9° 42'
„ 123 rechts Z. 4 v. u. lies 9° 1' 42" N. B. und 57° 12' 0" O. L. statt 5° 57' N. B. 57° 8' 45" O. L.
„ 124 Z. 41 v. o. lies Süd-Westen statt Westen.
„ 125 „ 14 v. u. „ 29° 53' S. B. statt 28° 37' S. B.
„ 127 „ 18 v. o. „ 44°–45° 20' statt 54°–58°.
„ 129 „ 30 „ „ „ 17° 30' N. B statt 17° 13' N. B.
„ 135 „ 35 „ „ „ Volofsprache statt Valofsprache.

S. 142 Z. 5 v. o. lies London hinter 2 Vol.
„ „ „ 23 „ „ „ Kneiba statt Knebia.
„ „ „ 26 „ „ „ Stormberge zweimal statt Stromberge.
„ 153 „ 16 „ „ „ Oranje Rivierprovinz statt Orange Rivierprovinz. Diese Provinz ist im J. 1854 aufgegeben worden und an ihrer Stelle durch einen Vertrag mit dem britischen Gouvernement ein eigener Staat, die Oranje Rivier-Republik entstanden, so wie auch das unter britischem Schutze stehende Land der Bassutobetschuanen als ein unabhängiger Staat anerkannt wurde.
S. 163 links Z. 17 v. o. lies Westen statt Osten.
„ 164 Z. 14 v. u. lies Knudsen statt Kundsen.
„ 169 „ 13 „ „ „ 37° 7′ 20″ statt 13° 40′.
„ 170 „ 22 „ „ „ 29° 33′ statt 29° 33″.
„ „ „ 24 „ „ „ 30° statt 30′.
„ 178 links Z. 19. v. u. lies S. B. statt N. B.
„ 182 Z. 15 v. u. lies südlichen statt südöstlichen.
„ 183 „ 14 v. o. „ 16° 25′ 3″ statt 16° 35′ 40″ O. L.
„ 210 links Z. 25 v. o. lies 15° statt 25°.
„ „ rechts Z. 3 v. o. lies 15° 24′ O. L. statt 24° 51′ O. L.
„ 213 links Z. 29 v. o. lies 15° 28′ 45″ statt 15° 5′ 45″.
„ „ „ „ 44 „ „ „ Yahndi statt Yahudi.
„ 218 „ „ 6 „ „ „ 23° 51′ 45″ statt 24° 51′ 45″.
„ 220 „ „ 2 „ „ „ Aguastown statt Aquastown.
„ 223 Z. 28 v. o. lies östlichen und nordöstlichen statt westlichen und nordwestlichen.
„ „ „ 29 „ „ „ Denilla statt Bruko.
„ 225 „ 24 „ „ „ Dendondé statt Dendoné.
„ 231 „ 12 „ „ „ Biafares statt Biadares.
„ 236. Die Franzosen haben seit dem J. 1854 ihre Macht am Senegal sehr ausgebreitet, indem sie nicht allein ihr altes Fort Podhor von neuem besetzten, sondern auch das alte Dhiolofreich Wallo oder Ualo (S. 223) sich ganz unterwarfen und es zu einer französischen Provinz machten, welche in die 4 Kreise Dagana, Richard Toll, Merinaghen und Lampsar getheilt wurde.
S. 237 Z. 29 v. o. lies Caillié statt Cailié.
„ 239 „ 7 „ „ „ 3° 9′ 26″ O. L. statt 3° 53′ 3″ O. L.
„ 241 „ 18 „ „ „ westlich statt östlich.
„ 258 rechts Z. 41 v. o. lies 18° 30′ N. B. statt 15° 32′.
„ 265 „ 1 v. u. „ 9° 45′ O. L. statt 30° 15′ O. L.
„ 269 „ 5 v. o. „ Nil statt Niger.
„ 270 „ 3 „ „ „ Binue statt Benne. Auch heute ist das Verhältniß des Schary zum Binue noch nicht genügend aufgeklärt. Wie es nach den neueren bei den Eingeborenen eingezogenen Nachrichten scheint, stehen beide Flüsse in einer Art Verbindung, vielleicht in der Weise zu gewissen Jahreszeiten, wie der Senegal und Gambia. Dagegen ist es unzweifelhaft unrichtig, daß der Binue der Hauptquellstrom des Schary sei, wie vermuthet wurde.
S. 270 Z. 13 v. u. lies westlich statt südlich.
„ 277 „ 27 v. o. „ Malinkés statt Malinhés.
„ 292 rechts Z. 21 v. o. lies 23° 51′ 25″ statt 23° 5′ 3″. Statt Saccatu ist in neuerer Zeit Wurno zur Hauptstadt des Fellatahreichs geworden.
S. 292 Z. 28 v. o. lies 12° 0′ 19″ N. B., 26° 59′ 45″ statt 12° 0′ 9″ N. B. 26° 20′.
„ „ rechts Z. 14 v. u. fällt 12 St. fort und lies nordöstlich statt nördlich.
„ „ Z. 10 v. u. lies 10° 54′ statt 54° 25′.
„ 293 links Z. 18 v. u. lies hinter 28° noch 39′.
„ „ Z. 28 v. u. lies 11° 34′ N. B. statt 13° 34′ N. B.
„ „ rechts Z. 2 v. u. lies 11° 7′ statt 14° 7′.
„ 294 „ „ 35 v. o. „ Mau statt Man.
„ 298 links „ 8 v. u. „ 11° statt 4°.
„ 299 rechts Z. 3 v. u. und S. 301 links Z. 7 v. o. Das Land Buschi heißt nach den neueren Ermittelungen Bautschi.
S. 301 rechts Z. 17 v. u. lies Yarribastamm statt Yarribastrom.
„ „ „ Z. 13 v. u. lies 23° 12′ 41″ O. L. statt 23° 2′ O. L.
„ 309 Z. 22 v. o. lies 6° 30′ S. B. statt 4° 30′ S. B.
„ 325. Außer den 17 angeführten Ländern und Staaten sind noch zu erwähnen:

18) Die Oranje Rivier-Republik zwischen dem 27° und 31° S. B., dann dem 42° 40′ und 46° 30′ 45″ O. L., westlich und zum Theil auch nördlich vom Key Garip (Vaal Rivier), südlich vom Nu Garip (Zwarte Rivier), östlich durch das Land der Bassuto-Betschuanen begrenzt, hat etwa 3200 □ Meilen Größe und 15000 Einwohner, wovon zwei Drittel europäischen Ursprungs, der Rest Farbige, theils Betschuanen aus verschiedenen Stämmen, theils Hottentotten, Kora (Korana) oder Griqua sein mögen. Die Oberfläche erscheint als ein gegen 5000 F. hohes Tafelland, das sich nach Westen senkt und es gehen auch in dieser Richtung dem Key Garip

die Flüsse des Landes, wie der Wilge-, Rhinoster-, Ramahari-(Donkin), Vet (S. 149)- und Modderfluß zu; doch liegen alle diese Flüsse meist trocken und führen nur periodisch Wasser. Im Ganzen ist der Boden fruchtbar; indem aber vielen Gegenden die nöthige Feuchtigkeit fehlt, so ist derselbe doch im Allgemeinen auch mehr zur Viehzucht als zum Ackerbau geeignet. Der Staat besteht aus 4 Districten, Caledon oder Smithfield, Bloemfonteyn, Wenburg und Harrysmith oder Vaal-Rivier District. Bloemfontein 29° 8' S. Br. 46° 47' O. L. am Modderfl. Hauptstadt; 200 H. — Fauresmith aufblühender Ort mit ansehnlichem Handel. — Harrysmith oder Vreede Dom, Schlüssel zu der nördlichen Passage über den Quathlamba (S. 121) nach Natalien.

19) Der Staat der Bassoutobetschuanen östlich von den Drakenbergen, der südlichen Fortsetzung des Quathlamba, südlich vom Nu Garip und dem Stockenstromsflusse, westlich und nördlich von der Oranje Rivier-Republik begrenzt und gleich dieser theilweise ein Tafelland, größtentheils aber und zwar besonders im Osten gebirgig. Die Hauptgewässer des Staats sind die 2 großen Quellströme des Nu Garip, der Caledon oder Megokara und der Stockenstromsfluß, welche die ganze Länge des Staats von Nordost nach Südwest durchziehen. Das Land ist eine Art Monarchie unter einem erblichen Fürsten; die zum Theil christliche und civilisirte Bevölkerung besteht vorherrschend aus Betschuanen vom Stamme der Bassouto, dann auch aus Barolongs und anderen kleineren Betschuanenstämmen. Hauptstädte sind: Moriza, Thaba-Unschu, Thaba-Bossiou (S. 161).

20) Die Trans Vaal-Republik, wie die Oranje Rivier-Republik von ausgewanderten Capbauern holländischen Ursprungs gegründet, liegt etwa zwischen dem 22⅓—28° S. B. und dem 44° 30'—49½° O. L. und wird im Osten vom Quathlamba, im Süden durch den Wilge und den Key Garip, im Südwesten durch das Land der Batlapi, Barolong und Banaketzi, im Westen durch den Moriqua, einen Zufluß des Limpopo, und den Limpopo, im Norden endlich gleichfalls durch den Limpopo begrenzt, doch sind die speciellen Grenzen noch sehr unbestimmt. Die Größe beträgt ungefähr 2500 □ M. Das Gebiet des Staates bildet einen Theil des südafrikanischen Hochlandes, erhebt sich 5—7000 F. über den Meeresspiegel und besteht im Wesentlichen aus zur Viehzucht geeigneten Grasebenen; doch wird es auch von mehreren dem Quathlamba parallelen Gebirgszügen, den Waterbergen oder Muralgebirge und dann dem von Westnordwest nach Ostsüdost laufenden Kaschangebirge oder den Magaliesbergen durchzogen, besonders ist es im Osten gebirgiger. Die meisten fließenden Gewässer gehen dem Uri oder Limpopo zu, einige wenige, wie besonders der östl Elephantenfluß (Lihalala), nehmen ihren Lauf nach Osten und durchbrechen den Quathlamba. Die Bevölkerung besteht theils aus ausgewanderten Capbauern und deren Familien, theils auch aus verschiedenen Betschuanen- und Kaffernstämmen. — Pottschefstrom oder Vrijburg am Mooiflusse Hauptort des Landes: 6—700 Einw. Orichstadt, in einem weiten fruchtbaren, aber ungesunden Thale.

S. 337 links Z. 31 v. o. lies Ostseite statt Westseite.
" 349 Z. 15 v. u. lies 68° 15' statt 67° 15'.
" 356 " 10 v. o. " 71° 29' statt 74° 29'.

Afrika.

Charten.

Afrique par le S. d'Anville. Paris 1749. 3 Bl. — Africa by A. Arrowsmith. London 1802. 4 Bl. Seitdem vielfach verbessert und in neuen Auflagen erschienen. — New general map of Africa, compiled from the most authentic accounts of travels both ancient and modern by J. Wyld. London 1827. 6 Bl. — General map of Africa, shewing the recent discoveries by J. Wyld. London 1830. 1 Bl. — Carte physique et politique de l'Afrique par A. Brué. Paris 1822. 1 Bl. — Carte de l'Afrique par Brué. Paris 1842. 4 Bl. — Karte von Afrika nach den neuesten Entdeckungen und Ansichten von H. Berghaus. Stuttgart 1826. 1 Bl. — General-Charte von Afrika, gezeichnet von H. Kiepert. Weimar 1850. 1 Bl. — Charte von Afrika, gez. v. G. Heck. Leipzig 1850. 1 Bl. — Carte del'Afrique septentrionale par Jérome Segato. Florence 1830. 1 Bl.

Bücher.

P. J. Bruns, Neue systematische Erdbeschreibung von Afrika. 6 Th. Nürnberg 1793—99. 8. — A. C. Borheck, Neue Erdbeschreibung von ganz Afrika. 1. und 2. Bd. 1. Abth. Frankfurt 1789. 8. — J. M. Hartmann, Erdbeschreibung u. Geschichte von Afrika. Hamburg 1799. 8. — O. Dapper, Beschreibung von Afrika. Amsterdam 1670. fol. — Leyden and Hugh Murray, Historical account of discoveries and travels in Africa. 2 Bde. Edinburgh 1817. — Proceedings of the association for promoting the discovery etc. London 1790. 4. 2. Ausg. 2 Bd. London 1810. 8. — C. Ritter, allgemeine vergleichende Geographie. 1. Theil. 2. Aufl. Berlin 1822. — Vollst. Handbuch der neuesten Erdbeschreibung von Gaspari, Hassel u. s. w. Bd. XXI. und XXII. enthaltend: Vollständigste und neueste Erdbeschr. von Afrika von F. A. Ukert. Weimar 1824 und 1825. 8. — Allgemeine Erdkunde von Schütz. Bd. XI. und XII. enth.: Neuestes Gemälde von Afrika und den dazu gehörigen Inseln von G. A. Wimmer. Wien 1831. 8. — Jameson, James Wilson and Hugh Murray, Narrative of discovery and adventures in Africa from the earliest age to the present time. 3. Ausg. Edinburgh and London 1840. — C. A. Walkenaer, Recherches géographiques sur l'intérieur de l'Afrique septentrionale. Paris 1821. 8. — D'Avezac, Etudes de géographie critique sur une partie de l'Afrique septentrionale. Paris 1836 8. — J. Mac Queen, A geographical survey of Africa. London 1840. 8. mit 1 großen Charte. — L'Univers. Histoire et description de tous les peuples, de leurs religions, moeurs, coutumes etc. Paris 1848. 8. Enthält in 5 Bdn. das neuere Afrika. — Fr. Hornemann, Tagebuch seiner Reise von Cairo nach Murzuck aus der deutschen Handschrift desselben herausgegeben von C. König. Weimar. Mit 2 Charten. 1802. 8. — W. F. W. Owen, Narrative of voyages, to explore the shores of Africa, Arabia and Madagascar. 2 Vol. London 1833. 8. mit Ch. und Plänen. — Denham, Clapperton and Oudney, Narrative of travels and discoveries in Northern and Central Africa 1822—1824. 2 Vol. London 1828. 4. mit 1 Ch. — Caillaud, Voyage à Meroé, au Fleuve Blanc, au delà de Fazogl, dans le midi du royaume de Sennaar, à Syouah et dans 5 autres Oasis. 3 Vol. Paris 1824. 8. 1 Bd. fol. mit Ch. und Kupf. — W. F. Hemprich und C. G. Ehrenberg, naturgesch. Reise durch Nord-Afrika und West-Asien. Berlin 1828. 4. mit 1 Ch. — Cap. Clapperton, Journal of a second expedition into the interior of Africa. London 1829. 4. mit 1 Ch. — Richard and John Lander,

Journal of an expedition to explore the course and termination of the Niger with a narrative of a voyage down that river to its termination, with engravings and maps. 3 Vol. London 1832. 12. — Mac Gregor and Oldfield, Narrative of an expedition into the interior of Africa by the river Niger in 1832. 2 Vol. London 1837. 8. — W. Allen and T. R. H. Thomson A narrative of the expedition, sent by Her Majesty's government to the river Niger in 1841 under the command of Capt. Trotter. 2 Vol. London 1848. — Bouët-Villaumez, Description nautique des côtes de l'Afrique occidentale comprise entre le Sénégal et l'Equateur. Paris 1845. 8. mit vielen Kupfern. — Description nautique de la côte occidentale d'Afrique entre le Cap Lopez et le Cap de Bonne Espérance. Paris 1850. 8. — H. Barth, Wanderungen durch die Küstenländer des Mittelmeers, ausgeführt in den Jahren 1845, 1846 und 1847. 1. Bd. Berlin 1849.

Name, Lage, Gestalt und Größe. Afrika, seiner Größe nach der dritte unter den Erdtheilen, erhielt seinen Namen höchst wahrscheinlich durch die im frühesten Alterthum eingewanderten Phönicier nach der großen Getraideproduction in den fruchtbaren nördlichsten Landstrichen längs dem Mittelländischen Meere, wo sich die Phönicier niedergelassen hatten, indem Pherukia in den semitischen Sprachen so viel als **Getraideland** bedeutet. Es besteht der Erdtheil aus einem großen, isolirten und mit Asien nur durch die schmale Erdzunge von Suez verbundenen Festland und einer Anzahl um das letzte vertheilter Inseln. Das Festland wird im Norden durch das Mittelmeer, im Westen durch den Atlantischen Ocean, im Osten durch das Rothe Meer und den Indischen Ocean bespült und erstreckt sich von seinem äußersten, Sicilien gegenüberliegenden Punkte im Norden, dem **Weißen Vorgebirge** (Cabo Blanco; Râs el abîd der Eingeborenen) 37° 21′ N. Br., ununterbrochen nach Süden bis zu einer niedrigen, felsigen, aus dem breiten Südrande des Caplandes neben dem **Nadelcap** (Cabo d'Agulhas) bis 34° 49′ 15″ S. Br. hervortretenden Spitze. Den äußersten continentalen Punkt im Westen bildet das **Grüne Vorgebirge** (Cabo Verde) 14° 53′ 5″ N. Br., 0° 6′ 53″ O. L., den äußersten im Osten das **Cap Guardafui** 11° 48′ 50″ N. Br. 68° 54′ 15″ O. L.*). So erstreckt sich das Festland zu beiden Seiten des Aequators fast gleichweit nach Norden und Süden, wogegen es gänzlich östlich vom Meridian von Ferro liegt. Selbst von den Inseln finden sich nur wenige, wie die Azoren und die des Grünen Vorgebirges, westlich von diesem Meridian. — Die Gestalt des afrikanischen Continents ist im Allgemeinen die eines Ovals, dem jedoch an der Südwestseite ein so bedeutendes Stück fehlt, daß drei Viertel seiner Massen im Norden des Aequators sich befinden und nur ein Viertel südlich von demselben liegt. — Die größte Länge des Continents von Norden nach Süden beträgt etwa 1080 Meilen, fast ebensoviel die größte Breite, nämlich 1032 Meilen, das ganze Areal 534200 Q. M., so daß, wenn die Inseln mit 10500 Q. M. hinzugerechnet werden, die Oberfläche des Erdtheils etwa 544700 Q. M. ausmacht. Hiernach ist das continentale Afrika 3⅓ mal so groß als Europa, 4 mal so groß als das continentale Australien, aber es hat nur 5 Sechstel von der Größe Amerikas und [illegible] nur 5 Achtel von der von Asien. Den unermeßlichen Wasseransammlungen im südlichen Theile der Erdkugel wendet es, gleich wie das continentale Asien, Amerika und Australien einen Theil seiner Massen in Gestalt eines dreieckigen, fast gleichschenkligen Keils zu, [illegible] aber nicht, wie bei den übrigen Festländern, zugespitzt, sondern an seinem Südende abgestutzt ist. Unter allen Continenten hat der afrikanische die einförmigste Küstenbildung; er ist ein Körper ohne zahlreiche Aeste und Gliederung, indem von ihm nur äußerst wenig bedeutende Ausläufer weiter in das Meer hervortreten und ebenso wenig umgekehrt zahlreiche breite und lange Meeresarme in die Länder einschneiden. Nur nach Osten zu

*) Die Längen sind in dieser Beschreibung von Afrika von Ferro an gerechnet und die Temperaturangaben nach der hunderttheiligen Scala bestimmt.

springt ein mächtiger Theil des Continents von dreieckiger Form, das Somâliland, hervor, wogegen im Westen der Busen von Guinea eine ebenso gewaltige dreieckige continentale Einbiegung fast unter denselben Breitengraden erfüllt. Zu den namhaftesten Unterbrechungen in der Einförmigkeit der Küstenränder gehört am Nordrande des Continents der Europas Südspitze bei Tarifa und Gibraltar gegenüberliegende nordwestliche Ausläufer bei Tandscher und Ceuta, so wie die außerordentlich breite und fast 7 Breitengrade tief gegen Süden zu in den Continent eindringende Einbiegung, welche im Westen mit dem Râs Addhâr oder Cap Bon, im Osten mit dem Cap Sem (Râs Rasatin) des Berglands von Barka beginnt und am Weitesten südlich bis Muktâr reicht. Der große Golf von Sidra erfüllt den südlichsten Theil dieser Einbiegung. Die ganze Länge der Küsten des Festlands beträgt etwa 3500 geogr. M., wonach auf je 150 Q. M. nur 1 Längenmeile Küstenerstreckung fällt, ein sehr ungünstiges Verhältniß gegen die übrigen Erdtheile, indem namentlich in Europa schon zu je 37 Q. M. Oberfläche 1 Meile Küstenausdehnung gehört. Diese Eigenschaft, verbunden mit manchen andern Eigenthümlichkeiten, hat Afrikas Festland zu jeder Zeit zu einem der verschlossensten, unbekanntesten und isolirtesten Continente gemacht, dessen Küstenränder höchstens an großen historischen Ereignissen Theil nehmen konnten, dessen Inneres aber bis in die neueste Zeit den religiösen und Culturentwickelungen aller übrigen Erdtheile fast oder völlig fremd geblieben ist, während durch die entgegengesetzte Configuration seiner Ränder Europa namentlich sich bis auf den höchsten Standpunkt moralischer und intellectueller Cultur, so wie der physischen Macht erhoben hat, so daß nunmehr dessen Geschichte die Geschichte und Verhältnisse fast aller übrigen Bewohner der Erde zu bestimmen beginnt. — In der Vertheilung der Massen des continentalen Afrika lassen sich jedoch zwei sehr bestimmt der Form nach charakterisirte Theile unterscheiden, von denen der eine, der nördliche, bis zum 4—5° N. Br. reicht und aus einer breiten continuirlichen Masse besteht, die zwischen dem Südrande des Golfs von Sidra und der Bucht von Biafra eine Länge von 415 d. M. in N.N.O.—S.S.W. Richtung und zwischen der Landenge von Suez und dem Cap von Sierra Leona eine Breite von 740 d. M. in N.O.—S.W. Richtung besitzt. Der zweite große, meist südlich vom Aequator gelegene Theil ist ebenfalls durchaus zusammenhängend, aber viel schmäler in westöstlicher Richtung und deshalb verhältnißmäßig viel länger, als breit. Durch das keilförmige Zulaufen nach Süden nimmt dessen Breite allmählich ab; etwa in der Hälfte der Längenerstreckung zwischen C. Frio im Westen 18° 13′ 0″ S. Br, 29° 37′ O. L. und der Mündung des Zambese bei Quilimane 18° 1′ 24″ S. Br. 54° 36′ 5″ O. L. beträgt sie nur etwa 370 d. M. Hieraus ergibt sich, daß von dem ganzen afrikanischen Festlande 363100 d. Quadratmeilen der nördlichen Hemisphäre und nur 171200 der südlichen angehören, so wie, daß der größte Theil desselben mit 409900 Q. M. innerhalb der Tropen, der bei Weitem kleinere, 124300 Q. M. aber in der gemäßigten Zone gelegen ist. Aus der Lage der beiden Endspitzen, des C. Blanco im Norden und des südlichsten Ausläufers zunächst C. Agulhas, ergibt sich endlich, daß kein Theil des Festlandes bis in die kalten Temperaturzonen reicht.

Meere. Das Mittelländische Meer bespült die ganze Nordküste des Festlandes vom C. Spartel im Westen am Eingange in die Straße von Gibraltar 35° 42′ 10″ N. Br. 11° 47′ O. L. bis El Arisch, dem östlichsten Grenzorte Aegyptens gegen Syrien. Zu ihm gehören die zwei, seit dem frühesten Alterthum unter dem Namen der Syrten bekannten Meerbusen, die kleine oder westliche Syrte, der jetzige Golf von Kabes und die große oder östliche Syrte, der Golf von Sidra. Der Atlantische Ocean berührt die ganze Westseite des Festlandes von C. Spartel bis zum südlichsten Vorgebirge, dem der Guten Hoffnung 34° 32′ 0′ S. Br. 36° 4′ 9″ O. L., so wie man dazu gewöhnlich auch denjenigen Theil des Weltmeers rechnet, der den breiten Südrand des Caplands bis C. Padraõ oder Padrone 33° 46′ 50″ S. Br. 43° 59′ 15″ O. L. begrenzt. Nordwärts vom Aequator liegt der Theil dieses Oceans, welcher besonders von älteren Schriftstellern im engeren Sinn das Atlantische Meer genannt

1*

wurde, wogegen man den südwärts gelegenen mit dem Namen des **Aethiopischen Oceans** bezeichnete. Ein Theil des Atlantischen Meeres, der **Busen von Guinea**, erfüllt die große östliche Einbiegung des Continents und tritt in dessen Rand noch tiefer mit 2 Armen, den **Baien von Benin** und **Biafra**, nebst einigen kleineren ein. Der **Indische Ocean** umgibt endlich die Ostküste des Erdtheils und trennt mit der Straße von Mozambique davon die große zu Afrika gehörende Insel Madagascar, so wie derselbe auch mit der großen De Lagôabay und dem langen Busen von Sofâla in die Ostküste eingreift. Sein nördlichster Theil in der Nähe der afrikanischen Küste, welcher durch die Straße von Bâb el Mandeb mit dem Arabischen Meerbusen in Verbindung steht, führt häufiger den speciellen Namen des **Arabischen** oder **Rothen Meeres**. — Bei keinem anderen Erdtheil werden die Küstenränder so allgemein durch heftige regelmäßige Strömungen bespült, als bei diesem, aber auch bei keinem andern erschweren die dadurch entstehenden großen Brandungen die Annäherung und die Landung so sehr, als hier. Der ganzen Nordküste folgt eine starke Strömung von der Straße von Gibraltar bis El Arisch. Der Kampf derselben mit den beständigen Nordwinden, so wie der Mangel guter, sicherer Häfen auf großen Strecken macht die Nordküste des Continents den Schiffen sehr gefährlich. Dem ganzen nördlichen Theile der Westküste bis zum Aequator, besonders aber vom 9° 30′ N. Br. an, folgt ebenfalls in 12—13 M. Entfernung eine nord-südliche Strömung bis zum Cap Palmas 4° 22′ N. Br. 30° 0′ 15″, wo dieselbe in eine östliche übergeht, welche die Guineaküste bis zur Bucht von Biafra begleitet. Hier wendet sich die Strömung abermals in eine südliche und lenkt dann zuletzt in die große äquatoriale ein, welche bis zur Mündung des Coanzaflusses 9° 19′ 30″ S. Br. 30° 47′ 0″ deutlich erkennbar ist. Von Süden, vom C. der Guten Hoffnung kommt ein zweiter, der Westküste paralleler Meeresstrom, um die durch den Aequatorialstrom nördlich vom Coanza entstandene Lücke auszufüllen. Oestlich vom C. der Guten Hoffnung läßt sich dieser 2. littorale Strom längs der ganzen Südküste des Caplands und selbst längs der ganzen Ostküste des Continents bis fast zum Aequator verfolgen, indem er zugleich der südliche Abfluß der großen, aus dem Stillen Ocean kommenden und durch den Indischen Ocean fortsetzenden äquatorialen Strömung ist, welche in ihrer Richtung durch den vorliegenden Continent abgelenkt wird. Auch die Küsten Nubiens und Abessiniens werden im Rothen Meer durch starke, gänzlich von den Winden abhängige Strömungen bespült, die einen Theil des Jahres von den herrschenden Nordwinden, einen anderen von den südlichen abhängen, deren Regelmäßigkeit aber auch häufig durch starke aus dem Innern des Continents oder Arabiens kommende Landwinde und durch Ebbe und Fluth modificirt wird. Im nördlichen und mittleren Theil des Rothen Meers veranlassen dagegen die fast das ganze Jahr ununterbrochenen Nordwinde beständige südliche Strömungen.

Oberflächengestaltung. Die überaus große Einförmigkeit der Küstenbildung wiederholt sich in der ganzen Oberfläche des Continents. In der Nordhälfte zwischen dem 16°,5 und 32°,5 N. Br. durchzieht dessen ganze Breite vom Atlantischen Meere im Westen bis zum Rothen Meere ein unermeßliches felsiges, höchst einförmiges, salzreiches und wasserloses Tiefland, welches in der Westhälfte unter dem Namen der **Sahara**, im Osten unter den Namen der **libyschen**, **ägyptischen** und **nubischen** Wüsten bekannt ist und sammt den Culturstellen innerhalb seiner Grenzen einen Flächeninhalt von mehr als 118500 d. O. Meilen umfaßt, welcher das Areal Deutschlands 9—10 mal, das des Mittelmeers fast 3 mal übertrifft. Südlich begrenzt dieses trockene Tiefland ein breites, feuchtes und höchst wasserreiches, durch den Lauf des Nigerstroms bis Timbouctou und weiter im Osten bis zum oberen Nil durch eine Kette von Seen und großen Sumpfstellen bezeichnetes Tiefland von ganz conformem Charakter in seiner ganzen Längenerstreckung. Theilweise abweichend hiervon erscheint das Binnenland Süd-Afrikas, so weit wir davon Kunde haben, nämlich als eine unermeßliche, zusammenhängende, ebene und von allen Seiten terrassenförmig aufsteigende Hochebene, die an ihren Rändern zuweilen noch von Gebirgszügen in der Richtung der Küsten des Atlantischen und Indischen Oceans begrenzt wird, und die, wie es scheint, sich selbst nördlich vom Aequator bis zum 6° N. Br. erstreckt. Nur stellenweise ist die Oberfläche dieser Hochebene eine unfruchtbare Wüste, gleich dem größten Theile des nordafrikanischen Tieflandes. Die Oberfläche des überwiegendsten Theils scheint dagegen mit einer periodischen Grasdecke bekleidet zu sein, welche ganzen Heerden von Antilopen, Straußen und wilden Pferden Nahrung gewährt und dadurch zugleich die Existenz einer zahlreichen nomadischen Bevölkerung möglich macht. Einzelne Bergzüge und isolirte, unter dem Aequator sogar bis in die Region des ewigen Schnees reichende Berge begünstigen hier die Bildung großer Ströme, so daß die größte Zahl der mächtigen, in den Indischen Ocean mündenden Flüsse im Bereich der südafrikanischen Hochebenen ihren Ursprung hat und daher auch ihre Zuflüsse erhält, wogegen die Sahara keinen einzigen großen Strom, mit Ausnahme vielleicht des noch sehr unbekannten Sâgulet-el-Hamra, besitzt. Außer diesen ebenen Landstrichen, wie sie in dem Umfange wohl keinem anderen Erdtheil eigen sind, besitzt Afrika im Innern und gegen seine Peripherie hin große Bergketten und andere bedeutende Bergmassen, welche mit einzelnen Gipfeln ganz oder fast bis in die ewige Schneeregion reichen. Bergketten der Art sind im nördlichsten Theil des Continents das Atlasgebirge, das sich 17 Längengrade hindurch vom Atlantischen Ocean bis zum Golf von Sidra erstreckt, ferner im westlichen im Lande der Coudous ein hohes, mit Schnee häufig bedecktes Gebirge östlich von Liberia und der Körnerküste Guineas, endlich das gewaltige Camerongebirge zwischen dem 3—4° N. Br., so wie im östlichen Theile die hohen, abessinischen Gebirge. Zu den Bergmassen gehören nach den Berichten der Eingeborenen zwei dergleichen bis in das Gebiet des ewigen Schnees hinaufsteigende ausgedehnte, nämlich die, welche die Länder Jacoba und Adamowa an den Quellen des Tsaddaflusses im Süden Bornûs erfüllen und die im Lande Susa südlich von Shoa gegen 7—5° N. Br. gelegenen, endlich die erst neuerlich uns aus dem Innern Süd-Afrikas bekanntgewordenen colossalen Berge, der Kilimandscharo und Kenia, wogegen alle übrigen Gebirge, wie die des Mandingolandes an den Quellen des Senegal, Gambia und Niger, die Gebirge von Kaffa, der Kong und Quathlamba weit unter der Grenze des ewigen Schnees zu bleiben scheinen.

Geognostische Beschaffenheit. Afrika dürfte derjenige unter den jetzigen Erdtheilen sein, der am Wenigsten durch die großartigen Revolutionen der Erde, welche diesen die Gestalt ihrer Oberfläche ertheilten, berührt wurde. Dadurch erklärt sich aber wesentlich auch die Einförmigkeit seiner äußeren Gestaltung. Ueberall, wo man in die ebenen Theile des Continents gedrungen ist, in die Sahara, die ägyptischen, libyschen und nubischen Wüsten, so wie in die Binnenhochebenen Süd-Afrikas, hat man nämlich überall nur horizontal gelagerte, von Erdrevolutionen unbetroffen gebliebene Schichtungsverhältnisse gefunden. Selbst die Hochebenen Abessiniens in der Provinz Godscham ungeachtet ihrer bis 8000 Fuß hohen Erhebung über dem Meeresspiegel und das bis 9000 Fuß hohe Quathlambagebirge bestehen fast nur aus horizontalen Schichten. Nur in der Nähe einiger Bergketten, wie des Atlas, richten sich diese Schichten häufiger auf und gehen in die Bildung der Bergketten mit ein. Die vorherrschenden Gesteine in den ebenen Landstrichen des Continents sind Kalksteine und Kalkmergel, reichlich mit Nummuliten erfüllt und der Kreide- oder Tertiärgruppe angehörig, die sich beide vom Rothen Meer durch die ganzen Ebenen Nord-Afrikas bis nach Marocco verfolgen lassen und muthmaßlich selbst bis zum Atlantischen Ocean im Westen und im Süden bis zu den Alluvionen des Niger reichen, oder auch eisenreiche Sandsteine und Thone von vorherrschend rother Farbe. In Nord-Afrika bedecken solche Sandsteine und Thone als Gebilde jüngerer Entstehung häufigst die Nummulitenkalke und erscheinen als Glieder der Tertiärgruppe, während andere solche Massen, besonders Sandsteine, entschieden höheren Alters sind, da sie erst unter den Nummulitenkalken auftreten. Doch ist wegen Mangels von Versteinerungen es noch nicht gelungen, das Alter der unteren Sandsteine und Thone festzustellen. In den Hochebenen Süd-Afrikas liegen rothe Sandsteine und Thone oft auf unermeßlichen Strecken frei zu Tage, nur am mittleren Garip und in der Kalliharywüste werden sie von Kalksteinen, anscheinend der Kohlengruppe, bedeckt, so daß ihre Entstehung auch hier in eine ziemlich alte Periode der Erdbildung fällt. In den Zambeseländern und in Natalien enthalten sie selbst reiche Steinkohlenlager. Unter den rothen Sandsteinen und Thonen folgen, an vielen Punkten des Nordrandes des Continents, im Caplande, in Natalien und Abessinien, in den tiefen Einschnitten der Hammâda zwischen Tripolis und Fezzan graue reichlich Spiriferen führende Sandsteine und Thonschiefer oder krystallinische Schiefer und Granite, als älteste Gebilde der Erde. Die Inseln sind meist Producte einer zum Theil noch fortdauernden großartigen vulkanischen Thätigkeit. Auf dem Festlande selbst gibt es nur wenige Punkte, wo vulkanische Processe noch nicht ganz aufgehört haben, wie dies im östlichen und südlichen Abessinien und an den Cameronbergen der Fall ist. Um so größer aber ist hier die Ausdehnung und Mächtigkeit von Ablagerungen ächt vulkanischer Massen, von Laven, Schlacken, Bimssteinen, Obsidianen, Trachyten und vielen Basalten, welche Erzeugnisse einer jetzt erloschenen vulkanischen Thätigkeit sind und besonders das südliche und westliche Abessinien nebst dem Adâllande und die Azoren, Madera, Porto Santo, Fernando del Po, Principe, Saõ Thomé, Annobom, St. Helena, Mauritius und Réunion (Bourbon) erfüllen.

Gewässer. Afrika ist reich an großen Flüssen, von denen der größte Theil jedoch fast gar nicht seinen Quellen und seinem Lauf nach genau bekannt ist und an großen Salz- und Süßwasserseen. Von den bekannteren Strömen sind der Nil und Niger in Nord-Afrika, der Gariep oder Oranjerivier in Süd-Afrika die längsten. Der Nil durchzieht einen großen Theil des nordwestlichen Theils des Continents und entsteht aus der Vereinigung mehrerer Flüsse, deren Herkunft zum Theil noch Gegenstand des Streits ist. Einer seiner bekanntesten Quellströme ist der östliche oder Blaue Nil (Bahar el Azrek), welcher mit einer 2 Fuß starken Quelle aus einem Sumpf, 2 M. von dem Ort Sákkala in der zum Plateau Central Abessiniens gehörenden Provinz Maltscha in etwa 8300 F. Erhebung über dem Meeresspiegel entspringt und seinen Namen nach der eigenthümlichen Farbe seiner Gewässer führt. Zuerst nimmt dieser Blaue Nil, mehrere Wasserfälle, wie ein Bergstrom, bildend, seinen Lauf nördlich zu dem großen abessinischen Landsee, dem Dembea, den er 3 M. weit, ohne daß sich sein Wasser mit dem Seewasser mischte, ' durchströmt. Nach seinem Austritt folgt er zuvörderst einer südöstlichen Richtung, worauf er ganz in dem Charakter der meisten größeren Ströme dieser Gegenden eine ungeheure Spirale bildet, indem er sich zunächst nach Süden, dann nach Westen und zuletzt nördlich so wendet, daß er nach einem 20 Tagereisen langen Lauf sich seiner Quelle bis auf eine Tagereise wiederum nähert. Er tritt auch später noch als wahrer Gebirgsstrom von nur 80 Fuß Breite mit klarem frischem Wasser und oft in seinem Lauf durch Felsen gehindert von dem nordwestlichsten Rande des abessinischen Plateaus in das niedere Bergland Fassoglo und endlich in die nubischen Ebenen über, wo er sich unterhalb Sennâr bei der Hauptstadt des ägyptischen Nubiens Khartûm 15° 34′ N. Br. 30° 10′ 43″ O. L. mit dem viel größeren westlichen Quellstrom, dem Weißen Nil (Bahar el Abiad), vereinigt. Der Weiße Nil, nach der auffallend weißen Farbe seiner Gewässer genannt, ist mit seinem wahren Quellengebiet und seinem obersten Lauf gar nicht bekannt, indem man theils den Godschob, einen der größten Flüsse Süd-Abessiniens, dessen Quellen in etwa 7° 20′ N. Br. liegen, als den Hauptarm ansieht, theils die Quellen in den hohen, unter dem Aequator liegenden Schneebergen sucht, endlich auch wohl geneigt ist, einen der großen westlichen Zuströme des Bahar el Abiad, etwa den Keilak, welcher aus den Gebirgslandschaften südlich Dar Fûr kommt, für dessen wahren Quellstrom zu erklären. In seinem bekannten Lauf vom 4° N. Br. an durchzieht der Bahar el Abiad, sich zu weiten, flachen, schlammigen Seen häufiger in dem Lande der Dinkaneger erweiternd, unermeßliche, mit den dichtesten Urwäldern bedeckte Ebenen, während der Lauf des Bahar el Azrek durch die nubischen Ebenen nur von waldlosen, in der Regenzeit aber mit einer üppigen Grasvegetation bedeckten Fluren begleitet wird. Von Khartûm bis zu seiner Mündung im Mittelmeer nimmt der vereinigte Strom außer dem Atbara, dem Takazzé der Abessinier, keinen Zufluß mehr auf, wohl aber bildet er in Mittel-

Nubien zwei ungeheure Bogen, einen südlicheren zwischen Schendy und Ambukol, dessen nordöstlichste Spitze bei Abu Hammed liegt, um der im Westen liegenden großen Bahiudawüste zu entgehen, und einen nördlichern zwischen Abu Hammed und Korosko, um der großen nubischen Wüste von Korosko auf seiner Ostseite auszuweichen. Bei Assuán (Syene) betritt der Strom das eigentliche Aegypten. Unterhalb Kairo, 5 Stunden davon, theilt er sich bei der Stelle Batn-el-Bakara in zwei Hauptarme, wovon der eine sich gegen N.N.W. richtet und unterhalb Rosette das Mittelmeer erreicht, der andere längere und stärkere, der östliche bei Damiette mündet. Der Niger (muthmaßlich richtiger N'Gir genannt) entspringt mit seinem bekanntesten Quellenstrom östlich Sierra Leona in einem 1600 F. hohen Terrain am Berge Lomo, wo auch der in den Atlantischen Ocean fallende Rokellefluß beginnt, unter etwa 9° 18′ S. Br. 27° 21′ 45″ O. L. und in der Nähe der Hauptstadt des Solimalandes Fallaba. Unter dem Namen Timbi d. h. Wasser bei den Eingeborenen bekannt, folgt dieser Arm erst einer nördlichen, dann einer nordöstlichen Richtung und vereinigt sich östlich vom Orte Kowia mit einem zweiten längeren und größeren Quellstrom, dem Ahmar oder Fluß der Wilden, welcher fast genau von Süden kommt und in etwa 7° 54′ N. Br. 25° 33′ 45″ O. L. in dem hohen, fast mit ewigem Schnee bedeckten Gebirge östlich Liberia entspringt. Als Dscholiba (Joliba) durchfließt nun der vereinigte Strom, berührend die Städte Couronassa, Kaniaba, Bammakou, Yamina, Sego, Sansading, Silla und Dschinnie (Jinnie) in nordöstlicher Richtung das Bergland der Mandingos, dann das weite feuchte centrale Tiefland anfänglich als ein wenig bedeutendes Wasser, das bei Couronassa in der trockenen Jahreszeit nur eine Tiefe von 9 F. bei 900 F. Breite hat, allmählich aber durch die Aufnahme unzähliger Gebirgsströme, wozu als die bedeutendsten der Tankisso, der große und tiefe Milo, der Sarano und Lin gehören, zu einem mächtigen und von Marrabu an selbst für größere Fahrzeuge schiffbaren Strom wird. Bei Dschinnie theilt sich der Dscholiba wieder in mehrere Arme, welche bis zu ihrer Wiedervereinigung bei Isaaca eine große Insel umschließen. Hier nimmt der Strom von Süden her noch einen seiner größten Zuflüsse, den ebenfalls schon für größere Schiffe fahrbaren Kowara Ba oder den Ba Nimma auf. Von Isaaca geht der Dscholiba, der nun den Namen Issa d. h. Fluß in der Kissoursprache annimmt, nördlich bis an den Rand der großen Sahara, worauf er sich wiederum von Kabra, dem Hafenplatz Timbouctous in etwa 17° N. Br. gegen O. S. O. wendet, so daß er von Isaaca an einen gewaltigen, gegen Norden gekrümmten Bogen macht. In seiner weiteren südlichen Erstreckung den Namen Kouara oder Quorra führend, durchbricht er dann zwischen Kaño und Yaourri 6 Tagereisen lang in einem sehr eingeengten und mit Klippen erfüllten Bette eine große und waldbedeckte Gebirgskette mit so gewaltigem Ungestüm, daß die von Timbouctou in Böten nach Yaourri kommenden Händler es vorziehen, ihre Rückreise zu Lande zu machen. Aehnliche Verengungen seines Bettes erleidet der Strom zwischen Yourri und Boussa, worauf er sich unterhalb der wichtigen Handelsstadt Rabba wieder zu einer Breite von $1\frac{1}{2}$ d. M. erweitert und er wird, da die sogenannte Bergkette des Kong anfänglich seinen geraden Abfluß in den Guineabusen verhindert, zugleich zu einem großen Bogen nach Osten gezwungen, bis endlich eine enge und höchst pittoreske, den Kong zwischen Egga und Iddah durchbrechende Schlucht seinen Austritt aus dem Binnenlande möglich macht. Bei Kirri, wo die letzten Felsen erscheinen und das weite Alluviallland der Küste beginnt, gabelt sich der Niger zuvörderst in zwei große Arme, den Benin oder Formosa im Westen, und den Bonnyfluß im Osten, welche die äußersten Grenzen seines weiten Delta bilden, innerhalb deren jedoch noch mehrere größere durch unzählige Kanäle verbundene Abzweigungen des Stroms, wie der Sclavenfluß (Rio dos Escravos), der Rio dos Forcados, dos Ramos, Dodo, der Nun oder Brassfluß, der Bento, St. Nicola, Barbara und Sombrero ihren Lauf nehmen. Von diesen ist der Nun der bei Weitem wichtigste Arm, der durch seinen fast geraden Lauf und seinen Wasserreichthum zugleich die kürzeste und bequemste Fahrt in den ungetheilten Strom gestattet. Der Garip (d. h. in der Hottentottensprache Fluß) oder Oranje Rivier ist wiederum der längste Strom Süd-Afrikas, dessen Quellen schon in der Nähe des Indischen Oceans in dem hohen Ostrande des Binnenplateaus, im Quathlamba, liegen und der nach seinem fast die ganze Breite des Continents in ostwestlicher Richtung als große Arterie durchschneidenden Lauf in 28° 38′ S. Br. im Atlantischen Ocean mündet. Er entsteht aus der Vereinigung mehrerer großen Quellströme, wovon 3 die bedeutendsten sind: der Schwarze Fluß (Zwarte Rivier, Nu Garip), zugleich der südlichste und mächtigste, der Gelbe Fluß (Vaal Rivier, Key Garip), der mittlere, endlich der Hart Rivier (Malalarin) der nordwestlichste Quellstrom. Auch der Schwarze Fluß wird aus der Vereinigung von zwei an sich schon bedeutenden Strömen, dem Stockenstromsfluß und dem Caledon gebildet, die beide an den Abhängen des Bosung, eines der höchsten Punkte des Quathlamba in 48° O. L., 28° 50′ S. Br. entspringen, anfänglich in verschiedenen Richtungen ihren Lauf nehmen und endlich in 44° 55′ O. L. zu der Bildung des breiten, hier aber sehr wenig tiefen Nu Garip oberhalb der Missionsstation Bethulia zusammentreten. Der Gelbe und Schwarze Fluß vereinigen sich südlich von der Griquastadt Campbellsdorp in 42° 30′ O. L. und 29° 10′ S. Br., nachdem erster noch den von Norden herkommenden und an den Abhängen des zwischen dem 26 und 27° N. Br. und dem 43—45° O. L. auftretenden hohen Tafellandes entspringenden Hart Rivier oder Malalarin aufgenommen hatte. Der vereinigte Strom wird fast in seinem ganzen Lauf durch hohe Felswände eingeschlossen und er ist deshalb bei seiner geringen Tiefe im größten Theil des Jahres trotz seiner Länge für die Schiffahrt völlig untauglich, so daß er niemals von dem Einflusse auf den Handel und die Culturverhältnisse der angrenzenden Bevölkerung werden wird, wie die beiden anderen großen Ströme bezüglich Nord-Afrikas. — Unter den stehenden Gewässern des Continents gibt es einige sehr große Süßwasserseen, wie den 9—10 d. M. langen, 2—7 breiten und schönen inselreichen alpinischen See, den Dembea oder Tzana, in 5732 F. Erhebung über dem Meeresspiegel auf dem Plateau Mittel-Abessiniens, den Tsadsee im centralen Nord-Afrika zwischen dem 32—34° N. Br., von etwa 600 O. M. Oberfläche und der Gestalt eines großen Dreiecks, den großen Tebaïasee in Süd-Marocco und den neuentdeckten großen Ngâmisee in 20° 19′ S. Br. und etwa 41° O. L. in 2825 F. Höhe auf dem süd-afrikanischen Plateau, endlich die anscheinend viel größeren, aber bisher noch von keinem europäischen Reisenden besuchten Süßwasserseen der Hochebenen Süd-Afrikas, den N'yassi und den Uniamesi. Unter den Salzseen sind die bedeutendsten die in Algerien, wo sich sogar ein ganzer Zug großer Seen der Art von den Grenzen Maroccos bis zu denen Tripolitaniens fast ohne Unterbrechung verfolgen läßt. — An Quellen erscheinen besonders einige Bergländer, wie Abessinien, Barka und Natalien reich, wogegen die ebenen Landstriche des Continents oft auf überaus großen Strecken derselben ganz entbehren. Das Nilthal Aegyptens besitzt nur eine beständige Quelle. In den trockenen ebenen Gegenden beider Hälften des Continents zeigt sich ferner das merkwürdige Verhältniß, daß die Flüsse häufig nach kurzem Lauf völlig verschwinden und erst in einiger Entfernung wieder zum Vorschein kommen, so daß sie ihren Lauf unterirdisch fortgesetzt haben müssen. Dies Verschwinden der fließenden Gewässer, zugleich mit dem raschen Verschwinden der atmosphärischen Wasser von der Oberfläche des Bodens hat zur Bildung großer unterirdischer Wasseransammlungen Veranlassung gegeben, die einem großen Theile der ebenen Gegenden des Continents gemein zu sein scheinen, aber erst in den zu Algerien und Tunesien gehörenden Theilen der Sahara genauer erkannt worden sind. Das freiwillige Emportreten dieser unterirdischen Wassermassen an zahlreichen beckenförmig vertieften Stellen der Oberfläche gibt zur Entstehung zahlreicher isolirter Culturstellen Veranlassung, welche in der Sahara am frühesten bekannt waren und hier seit den Zeiten des Alterthums unter dem Namen der Oasen aufgeführt wurden. — Mineralische Quellen gibt es ebenfalls häufig, und vor Allem sind in den großen Ebenen beider Hälften des Continents die kalten Koch-, Glauber- und Bittersalz führenden, welche unzweifelhaft nur einem Auslaugungsproceß der oberen Erdschichten ihren Ursprung verdanken, in Fülle vorhanden. Auch Thermen mangeln nicht. Algerien, Tunesien und die ägyptischen Oasen sind reich daran, aber die meisten besitzt das große Gebiet Abessiniens nebst dem Adállande. Ebenso wenig fehlen diese Madagascar und den kleinen vulkanischen Inseln der Azoren-, Canaren- und Mascarenengruppe.

Klima. Nach der Lage des Erdtheils zwischen dem 37° N. Br. und dem 35° S. Br. ist derselbe der relativ wärmste, doch liegen die heißesten Stellen nicht unter dem Aequator, sondern nördlich davon, da die größere Ausbreitung der continentalen Massen sich im Norden des Aequators befindet, weshalb auch die Erwärmung des Bodens und der Atmosphäre sich dort am höchsten steigert. Begünstigt wird Nord-Afrikas hohe Temperatur noch durch die im Verhältniß zu Süd-Afrika nur geringe Erhebung des größten Theils seiner Oberfläche über dem Meeresspiegel und durch den Mangel langer und hoher Gebirgszüge namentlich in der Sahara und im Nigerlande. Deshalb übertrifft auch die mittlere Temperatur der afrikanischen tropischen Zone die entsprechende der tropischen, nur aus einem schmalen continentalen Streif und einigen Inseln bestehenden Region Asiens um 1°,2, die der tropischen Zone der Küstenländer Amerikas aber sogar um 2°,3. So viel bis jetzt bekannt, findet das Maximum der Temperatur im östlichen Theile des Continents zwischen dem 24—26° N. Br. in den Wüsten Nubiens und Ober-Aegyptens, dann im westlichen in den niedrigen sandigen Strecken Senegambiens zwischen dem 10 und 20° N. Br. statt, da im letzten Lande sowohl, wie zu Ombos und Assuân in Ober-Aegypten Eier im Sande hart sieden und in Mittel-Nubien Reisende im Stande waren, ihren in irdene Gefäße gefüllten Brei allein durch die Erhitzung des Sandes gar kochen zu lassen. Ganz in Uebereinstimmung damit ist die mittlere Wärme von Kenneh 26° 9′ 36″ N. Br. 31° 19′ 45″ O. L. in Ober-Aegypten, welche nur durch die Jahreswärme zweier anderen mitten im Continent und viel näher dem Aequator gelegenen Orte, die von Kobbé, der Hauptstadt Dar Fûrs 14° 11′ N. Br. 45° 47′ 45″ O. L., und die von Kouka in Bornû 13° 10′ N. Br. 32° 9′ 45″ O. L. übertroffen wird und der sogar die Jahrestemperaturen der heißesten dem Aequator bereits sehr nahe gerückten Küstenpunkte Guineas, die von Freetown, Christiansborg, Cape Coast Castle und Elmina nachstehen. Berücksichtigt man hierbei, daß die Jahrestemperaturen Kennehs, Kobbés und Koukas auf Erden einzig durch die mittleren Temperaturen einiger Küstenpunkte Vorder-Indiens (Pondichery, Calcutta, Bombay, Madras) und hinterindischer Inseln (Samarang, Manila) übertroffen werden, und daß die Temperatur von Küstenplätzen im Winter niemals so tief sinken kann, als die von continentalen Punkten, so ist klar, daß in den ebenen wüsten Landstrecken Nord-Afrikas sogar die Maxima der überhaupt auf der Erde vorhandenen Temperaturen vorkommen müssen. Deshalb sagte schon ein arabischer Reisender sehr bezeichnend: „In Nubien sei die Erde Feuer, der Wind eine Flamme." Zu den heißesten Strichen des Continents gehört noch der glühend heiße Küstensaum zwischen dem Rothen Meere und dem Fuße des Abessinischen Hochlandes nebst dessen südlicher Fortsetzung, dem Adállande. Gemildert wird jedoch die Hitze der Ebenen Nord-Afrikas einigermaßen durch die beständigen feuchten Nordwinde, welche bei ihrem Wege über das Mittelmeer sich stark mit Wassergas sättigen und dies in Gestalt reichlicher Thauablagerungen wieder auf dem durch die bedeutende nächtliche Radiation stark abgekühlten Boden absetzen. So mächtig ist diese Abkühlung, daß ungeachtet der enormen Hitze im Sommer eine Eis- und Schneebildung während des Winters in den dortigen wüsten Ebenen nicht zu den seltenen Erscheinungen gehört. Viel kühler und anmuthiger sind dagegen die klimatischen Verhältnisse in den Bergländern Nord-Afrikas, vor Allem die der maroccanischen Provinz Sûs, des südabessinischen Reichs Schoa, des Landes Enarea, der Bergländer der Mandingos am oberen Senegal und der kleinen zu Guinea gehörenden Berglandschaft Aquapim, ja einige der höheren, mit ihren Gipfeln bis nahe an die Schneegränze reichenden Gebirge, wie der Atlas, die Gebirge in den abessinischen Provinzen Kaffa und Samen und der Cameron, sind des kalten Klimas wegen in ihren oberen Theilen sogar ganz unbewohnt. Gleiches gilt natürlich für die Gipfel der angeblich mit ewigem Schnee bedeckten Gebirge im Lande der Coubous, der Gebirge an den Quellen des Tsadda in Jacoba und

Adamowa und für die im Lande Susa südlich von Abessinien. Weit angenehmer im Allgemeinen ist das Klima des größten Theils von Süd-Afrika. Bei der ansehnlichen Erhebung des letzten, wovon nur die flachen Küstenstriche bis etwa zum 25° S. Br. eine Ausnahme machen, indem hier der natürliche drückende Einfluß der heißen Sonnenstrahlen durch die Reflection derselben von den hohen Felsenwänden, entlang dem niedrigen Küstensaume, ansehnlich verstärkt wird, ist sogar Eisbildung auf den Hochflächen der Betschuanen eine im Winter sehr gewöhnliche Erscheinung, die auch im Westen in den Hochebenen der Ovampo und Ovaherero vorkommt. Empfindlich streng ist endlich die winterliche Kälte auf den hohen Bergflächen der sogenannten Schnee-, Nieuwveld- und Drakenberge, dann an den Quellen des Kuisipflusses, wo Reisende zur Winterszeit große Schneemassen antrafen, eine auf den übrigen Hochebenen Süd-Afrikas wegen der trockenen Atmosphäre höchst seltene Erscheinung. Ein großer Theil des Continents fällt in die Region der tropischen Regen, die in der Nordhälfte zuvörderst bis zum 20—21° N. Br. im nubischen Küstenlande, dann im Nilthale nicht über den 18°, im Centrum Nord-Afrikas nördlich vom Tschadsee gar nur bis zum 16°, an der Westküste endlich wiederum bis in die Nähe des Cap Blanco oder bis zum 20° N. Br. reichen, so daß die Nordgränze ihrer Verbreitung eine Curve bildet, deren beide am Weitesten nach Norden reichende Schenkel mit den beiden Küstenländern zusammenfallen. Innerhalb der Zone der tropischen Regen treten die atmosphärischen Verhältnisse des Binnenlandes in bewundernswerther Regelmäßigkeit auf, wovon die gemäßigte Zone kein Beispiel gibt. Die trockene Jahreszeit und die Regenzeit theilen sich in das Jahr zu gleichen Theilen, von denen jede mit geringen Differenzen 6 Monate umfaßt. Aber nicht in allen Theilen der Tropenzone erscheinen die Perioden gleichzeitig, indem die regnige aus dem Süden gegen Norden mit der Bewegung der Erde gegen die Sonne vorschreitet und stets da eintritt, wo die Sonne am Nächsten ist. So umfaßt die Regenzeit des südlichen Tropenlandes die Monate October bis April, während dieselbe im nördlichen Tropenlande vom April bis in den October reicht. Unter dem Aequator selbst beginnen die tropischen Regen schon Ende December oder Anfang Januar, unter dem 11° N. Br. im Februar, unter dem 15° im Mai. Ende October hören dieselben im nördlichen Tropenlande auf, während im südlichen der Gegensatz stattfindet. Locale Verhältnisse rufen natürlich Ausnahmen in diesen sonst unabänderlichen Regeln hervor, da in der ungemein wasser- und sumpfreichen Gegend des Tschadsees die Regenzeit fast 11 Monate hindurch ununterbrochen dauert. Die tropische Regenepoche ist übrigens keineswegs ein Aequivalent des europäischen Winters, weil in ihr grade die höchsten Entwickelungen des organischen Lebens und selbst noch höhere Wärmegrade, als in der trockenen Jahreszeit bei gleichfalls sehr warmen Nächten stattfinden, wogegen in der trockenen Zeit in wasserarmen Gegenden die Vegetation fast völlig erstirbt und sich oft nur in Zwiebelgewächsen erhält, deren vielfache, dicke, die Zwiebeln umgebende Hüllen die Erhaltung der Pflanze einzig möglich machen. Während der trockenen Jahreszeit wechseln zugleich im innern tropischen Nord-Afrika mit großer Tageshitze, die bis 40—41° im Schatten steigt, sehr kühle Nächte, in denen das Thermometer bis auf 10° fällt. In den Küstenstrichen der tropischen Zone, in Senegambien, Guinea, den Zaïreländern dauert dagegen die absolut trockene und die absolut feuchte Jahreszeit, jede nur etwa 3 Monate, indem zwei neue klimatische Epochen hinzutreten, welche Vermittelungsstufen zwischen denselben bilden. — Nördlich von der Grenze der tropischen Regen bis zum 30° gibt es ferner einen ewig heiteren Himmel und nur eine einzige Jahreszeit, die des Sommers, da es im nördlichen Theil der Sahara mit Einschluß der nubischen und oberägyptischen Wüsten nur äußerst selten und in ganz unbestimmten Epochen regnet. Die Plateaus von Süd-Afrika zeigen ähnliche dürre Striche zwischen denselben Breitengraden in den Betschuanen- und Namahottentottenländern, in denen zuweilen 4—5 Jahre hindurch kein einziger Regentropfen fällt. Dieser Aehnlichkeit wegen mit der Sahara haben europäische Reisende einen großen sandigen und wasserlosen Strich im Binnenlande Süd-Afrikas, der sich von 26° S. Br. in noch ungemessenen Ausdehnungen nach Norden erstreckt, die

Kalliharywüste der Eingeborenen, mit dem Namen der südlichen Sahara belegt. In den nördlichsten und südlichsten Küstenländern ist der Wechsel der 4 Jahreszeiten am Bestimmtesten, wenn auch in ganz anderen Formen, als in Europa, ausgeprägt.

Naturproducte. In den nördlichsten Theilen des Continents stimmt die Thier- und Pflanzenwelt mit wenigen Ausnahmen ganz mit der des südlichen Europas überein. Erst südlich von der Sahara beginnt der eigenthümliche Charakter der afrikanischen Fauna und Flora. In den äußersten Strichen gegen Süden schließt sich die Flora wiederum an die australische an. Innerhalb des Continents stehen sich die Vegetationen Senegambiens und Abessiniens am Nächsten. Die bemerkenswerthesten Producte aus der Pflanzenwelt sind: Getraide, besonders Waizen in Aegypten, den Atlasländern und am Cap der Guten Hoffnung; Gerste in Unter-Aegypten; Reis in Unter-Aegypten, am C. Palmas und auf Madagascar in vorzüglichster Qualität, sowohl als Sumpf-, wie als Bergreis; Durrah oder Kafferhirse (Holcus Sorghum), das gewöhnliche Culturgewächs durch ganz Afrika; Hülsenfrüchte in Unter-Aegypten (Linsen, Bohnen und Lupinen); Baumwolle, überall wild in der tropischen Zone, viel cultivirt in Unter-Aegypten und von vorzüglicher Beschaffenheit; Indigo gleichfalls überall wild in den tropischen Districten, cultivirt in Nubien und Aegypten; Zuckerrohr in der tropischen Zone; Südfrüchte ausgezeichnet in den Atlasländern, auf den Azoren und Canaren; Oelfrüchte aller Art, wild und cultivirt (Sesam in Unter-Aegypten und auf der Ostküste Süd-Afrikas bei Kiloa, die Erdnuß (Arachis hypogaea) auf der tropischen Westküste, die Oelpalme (Elais guineensis) ebenfalls auf der tropischen Westküste, der Butterbaum (Bassia Parkii) in den Gebirgsländern der Westseite, die Azaïtepflanze (Mapouta der Araber) wild und cultivirt in den tropischen Theilen der Ostküste Süd-Afrikas, die Dendempalme mit rothem Oel in Angola und auf der tropischen Ostseite Süd-Afrikas; der Argânbaum (Elaeodendron Argân) in den dicken Wäldern des marocanischen Atlas; besonders reich an Oelgewächsen sind Angola und Madagascar); Ananas, wild und cultivirt bei Sierra Leona; Yams (Dioscorea sativa) ausgezeichnet an den Nigermündungen und auf Fernando del Po; Manioc (Jatropha Manihot) auf der Westseite in der tropischen Zone; Palmen aller Art, am nützlichsten die Dattelpalmen in der nord-afrikanischen Sahara und die Cocospalme auf Madagascar, der Seychellesgruppe, Rodriguez und an der Guineaküste; dann die Doumpalme (Cucifera thebaica) und Zwergpalme (Chamaerops humilis) letzte häufig und selbst der Cultur schädlich in den Atlasländern; Cactus und Aloë sehr verbreitet im Capland (C. Opuntia ausgebreitet in Marocco); Safran cultivirt im Gharian Tripolitaniens; Orseille auf den Cap-Verdeinseln, in Angola; Krapp in Tripolitanien; Kermes in Marocco; viele Droguen und Gewürzpflanzen; Senna in Nubien und noch in andern Wüsten Nord-Afrikas; Coloquinten häufig in ähnlichen wüsten Gegenden; Ingwer bei Sierra Leona, schwarzer Pfeffer ebendort, Malaghettapfeffer (Amonium Granum Paradisi) in Guinea; Gourounußbäume (Sterculia acuminata) in den Bergwäldern des Kong und in verwandten Arten auch in den Bergwäldern von Fernando del Po, Sierra Leona, Angola; Kaffebäume wild große Waldungen bildend am Rio Nuñez, dann in den gebirgigen Gegenden des Innern von Angola, in der Landschaft Kâfa und im Reich Hurrur auf der Ostseite des Continents, cultivirt in ausgedehnter Weise auf Mauritius, Réunion, Saõ Thomé, den Prinzeninseln und den Inseln des Grünen Vorgebirges; Farbehölzer in vielen Gattungen und Varietäten (namentlich Sandelholz im Berglande der Anziches, an der Coriscobay und am unteren Gabûn, Camholz (Camwood) am Mellacourlefluß bei Sierra Leona, andere Rothhölzer am Calabarfluß, Ebenholz an der Westküste u. s. w.; Gummi gebende Bäume und Sträucher in großer Zahl (besonders verbreitet in ganzen Wäldern in den wüsten Strichen am Senegal und am Grünen Vorgebirge ist Acacia Senegal, welche das Senegalgummi liefert; in Aegypten Acacia nilotica, tortilis und Seyâl, wovon man das Arabische Gummi sammelt; am oberen Nil andere Acacien, deren Gummi gleichfalls als Arabisches Gummi in den Handel kommt; der Copalbaum in verschiedenen Gattungen und Arten, sowohl auf der Ostküste Süd-Afrikas, wie in Madagascar); endlich zahlreiche Gummiharz liefernde Gewächse (Amyris papyrifera, woher das Luban-(Olibanum)harz kommt, im Somâlilande und im südlichen Kordofân ganze Wälder bildend, Weihrauchbäume im Somâlilande, Euphorbienbäume in Kordofan und Marocco) außer anderen zahlreichen Waldbäumen zum Theil in colossaler Entwickelung, wie Adansonien (Adansonia digitata) von der Westküste an bis zu den tropischen Wäldern der oberen Nilgegenden, Baumwollenbäume, immer grünende Eichen, Aleppofichten, Cedern (im Caplande, in den höheren Gebirgen Maroccos und Algeriens), Thuyen und Cypressen. Aus der Thierwelt kommen Pferde mit Ausnahme der Sahara und des heißen und feuchten Nigerlandes überall gut fort; sie sind zum Theil, wie in Nubien, Aegypten, im Atlaslande von ausgezeichneter Güte; ebenso sind die Esel groß, feurig und kräftig in Marocco und Aegypten, Maulesel ebenso in Marocco, Schafe sowohl Haarschafe mit Fettschwänzen im Innern Nord-Afrikas bei den Tuariks und im Caplande, wie Wollschafe mit der ausgezeichnetsten Wolle in Tunesien, Tripolitanien und Marocco, neuerdings hat sich die Zahl der Wollschafe und deren Wollproduction im Caplande und Natalien außerordentlich vermehrt; Rindvieh vorzüglich im Cap- und südlichen Kafferlande; Ziegen im Ueberflusse in Marocco, Kameele und Dromedare, letzte besonders ausgezeichnet im Tuarik- und Bischarinlande. Von wilden Thieren fehlen Tiger ganz, dagegen sind Löwen und Hyänen im ganzen Continent verbreitet, Leoparden ebenfalls häufig. Elephanten gibt es fast in allen feuchten, waldigen Districten, mit Ausnahme des Atlas und des Caplandes, wo sie schon ausgerottet sind, in Abessinien steigen Elephanten, gewissen Gräsern, ihrer Lieblingsnahrung folgend, bis 8000 Fuß auf, im Innern Süd-Afrikas am Limpopo erscheinen sie noch in Heerden zu Hunderten; Rhinoceros, besonders in 2 Arten, dem schwarzen gewöhnlichen R. africanus, dann dem weißen allein auf das Innere Süd-Afrikas beschränkten R. simus; Flußpferde in 4—5 Arten, das gewöhnliche Hippopotamus amphibius heerdenweise in allen größeren Flüssen des Continents, ausgenommen des Caplandes und Aegyptens, wo es bereits vertilgt ist; Affen überaus zahlreich, darunter die menschenähnlichen großen aus der Gattung Troglodytes in 2 Arten; Halbaffen oder Maki (Lemur, Chiromys) nur in Madagascar; Antilopen, überaus zahlreich in Individuen und Arten im Caplande und im Innern Süd-Afrikas, mitunter Heerden von 100000 und mehr Stück bildend, überhaupt besitzt Afrika $^5/_6$ der bekannten Antilopen-Arten; wilde Büffel im Zoulahlande und in Tripolitanien. Unter den Vögeln gibt es periodisch im Norden häufig europäische Arten, die besonders in Marocco überwintern, dann zahllose Papageyen und andere, in der tropischen Zone mit dem prachtvollsten Gefieder bekleidete, meist aber gesanglose Arten; Strauße überall in den sandigen trockenen Ebenen. Von Amphibien sind Schlangen häufig, auch die Riesenschlange; Crocodile zahllos in allen warmen Strömen, selten auf den Hochebenen, wo sie die Kälte des Wassers nicht vertragen; der große, aber harmlose Monitor (die Warneidechse) in Aegypten; Schildkröten im angränzenden Meere sehr häufig, sowohl die grüne eßbare Riesenschildkröte auf den Seychellen und Ascension, wie die Carettaschildkröte an der flachen östlichen Südküste. Im Meere hat man Fische in Fülle auf den großen Bänken zwischen den Canarischen Inseln und der Saharaküste, am Südostrande des Caplandes und rund um die Admiralitätsinseln, Brandon und die Sandinsel, Thunfische und Sardellen an der Mittelmeerküste; endlich gibt es Wallfische an den Küsten des Caplandes, Madagascars, Angolas. Unter den Insecten wurde Cochenille in neuerer Zeit mit großem Erfolge auf den Canaren gezogen. Von Pflanzenthieren erscheinen felsbauende Corallen im südlichen Theile des Rothen Meeres und an der Ostküste Süd-Afrikas, im Mittelmeer einzig die rothe Coralle. — An Mineralien ist Afrika überaus reich, vor Allem an Eisen und Salz. Steinsalz kommt verhältnißmäßig selten vor, indem man es nur in Marocco, Algerien, im südlichen Tunesien, in der libyschen Wüste und in Angola kennt, muthmaßlich gehören aber die Salzablagerungen der westlichen Sahara, namentlich die von Tegazza oder Tischit dazu. Eisenerze gibt es in größeren Ablagerungen im östlichen Algerien, im Maroccanischen Atlas, in den höheren Mandingobergländern, im Lande der Bary, Zoulahs, Barapoutsas und Monomoëzis, endlich im Innern Angolas und in Kordofan. Gold erscheint besonders in einigen ebenen Landstrichen am westlichen Fuße des Abessinischen Hochlandes, in Guinea und in den Mandingobergländern in Diluvialablagerungen verbreitet. Kupfer kommt auf außerordentlich reichen Lagerstellen im Marocranischen Atlas, besonders in der Provinz Sûs und im Gebiet des Sidi Haschem, stellenweise auch in Algerien und Aegypten; ferner in Fülle im Innern Angolas und im Baraputsalande, endlich im Ovaherero- und Capland vor; Mangan im Caplande und Algerien, Bleierze in Algerien und Tunesien; Zinn- und Antimonerze in Algerien; Steinkohlen sehr ausgedehnt in Mozambique, dann in Natalien und im östlichen Caplande; Schwefel in Nord-Abessinien, Schoa, Tripolitanien und bei Benguela; Salpeter in Tripolitanien; kohlensaures Natron in Fezzan, Nieder-Aegypten und auf der Westseite Süd-Afrikas. Silbererze wurden dagegen bisher auffallend spärlich im Continent gefunden.

Bevölkerung. Die Zahl der Bewohner Afrikas ist völlig unbekannt. Die zu verschiedenen Zeiten versuchten, auf gar keinen zuverlässigen Daten beruhenden Schätzungen schwanken deshalb zwischen 30 und 275 Millionen als Extremen. Die Bevölkerung ist zugleich sehr ungleich vertheilt. Am dichtesten erschien sie den Reisenden im Innern Senegambiens und Guineas, wie längs dem Niger, am sparsamsten in den ungeheuren Sandwüsten Süd-Afrikas zu beiden Seiten des Gariy, die selbst einer dünnen nomadischen Bevölkerung kaum die nothdürftigsten Existenzmittel zu gewähren vermögen. Aber auch in völlig fruchtbaren Landstrichen ist die Bevölkerung mitunter sehr dünn oder sie fehlt gänzlich, wie es besonders im Kafferlande und in weiten Strecken des südafrikanischen Plateaus erkannt wurde. Ganze Tagereisen weit findet man hier keine lebende Seele, dagegen unzählige Spuren einer einst vorhanden gewesenen dichten Bevölkerung, die erst im Laufe des Jahrhunderts durch 3 auf einanderfolgende blutdürstige Herrscher der Zoulahkaffern Tschaka, Dingaan und Panda, wie durch den Häuptling eines Zweiges der Zoulah, Moselekatz ausgerottet wurde. Es wurde das Gebiet der Amapondakaffern südlich von Natalien dadurch völlig menschenleer, so wie man auch zwischen dem 24—28° N. Br. und dem 40—46 O. L. die Namen von 28 Betschuanenstämmen mit etwa 400000 Individuen kennt, welche die Zoulah mit der kältesten Grausamkeit vernichteten. Aber auch in anderen Theilen des Continents wirkten die nie ruhenden blutdürstigen Fehden benachbarter Nationen und Stämme und der seit dem grauesten Alterthum ununterbrochen und lebhaft betriebene Sclavenhandel nebst dem schrankenlosesten Despotismus der Häuptlinge einer naturgemäßen Zunahme der Bevölkerung stets entgegen. Von den jetzigen Völkern des Erdtheils ist ein Theil in demselben ursprünglich heimisch, da seine Sprache durchaus von der aller übrigen Erdtheile abweicht, ein anderer eingewandert, was besonders mit einer bedeutenden Fraction in Bezug auf Nord-Afrika der Fall ist. Ob aber der Ursprung eines 3. Theils der Bevölkerung, der in physischen Charakteren und Sprache Verwandtschaft mit asiatischen Völkerschaften zeigt, wozu besonders die Bewohner Abessiniens gehören, den Urbewohnern oder der eingewanderten Bevölkerung zuzurechnen ist, ist bei dem völligen Mangel von Daten über die ältesten historischen Verhältnisse des Continents nicht mehr zu entscheiden. Von den 5 Racen, in welche gewöhnlich die Bevölkerung der Erde getheilt wird, findet nur die kaukasische und äthiopische hier Repräsentanten, obwohl es schwierig ist, einzelne afrikanische Volksstämme, namentlich den der Hottentotten mit seinen verschiedenen Abzweigungen einer dieser Racen einzuverleiben. Zu der kaukasischen gehören vorzüglich die sogenannten Berbern, Bischarin, Nuba, Abessinier und Copten; bestimmte Einwanderer aus derselben sind die zahlreichen Araber, mit den Juden, Griechen, Türken, Armeniern und in neuer Zeit besonders auch den Europäern. Zu der Bevölkerung, die nicht mehr rein kaukasischer Race, sondern gemengt mit der äthiopischen ist, gehören die südlichsten Nubier und die Bewohner der großen Oasen längs dem Südrande des Atlas und am Südrande der großen Sahara. Zu der äthiopischen Race sind alle Nationen mit dunkelschwarzbrauner oder schwarzer Hautfarbe, krausem Wollenhaar, einem schmalen auf den Seiten zusammengedrückten Kopf, höckriger gewölbter Stirn, stark vorragenden Jochbeinen, einer dicken plattgedrückten Stumpfnase, aufgeworfenen Lippen, stark hervortretenden breiten Zähnen, einem zurückgezogenen Kinn, und häufig eingekrümmten Schenkeln zu rechnen. Aber innerhalb dieser großen Race gibt es unzählige Abzweigungen, von denen nur wenige den vollen normalen Charakter derselben besitzen und einige sogar, wie die Jolofs und theilweise die Bewohner Bornûs, mit Ausnahme der Hautfarbe ganz den europäischen Typus besitzen. Von der kaukasischen Race bildet die ursprüngliche Bevölkerung des nordafrikanischen Küstenlandes bis zu den Grenzen Aegyptens, so wie die ursprüngliche der Sahara bis etwa zum 17° N. Br. oder dem Nordrande des Nigerlandes das Hauptglied. Sie führt bei den Europäern den dem größten Theil derselben gänzlich unbekannten Namen der Berbern und zerfällt in 3 große Abtheilungen, die Amazirghs, an die sich die Schillukh (Schuluh) anschließen, in Marocco, die Kabylen in Algerien, zu denen auch die tunesischen Berbern gehören, und die Tuariks in der großen Sahara. Trotz des enormen Landstrichs, den das Berbervolk einnimmt, haben alle seine Glieder übereinstimmende physische Charaktere und eine gemeinsame Sprache, die mit keiner andern außerhalb Afrika oder in Afrika selbst aus derselben Wurzel entsprungen ist, mit den meisten aboriginalen Sprachen des Continents aber das gemein hat, daß sie den Numerus der Haupt- und Zeitworte und selbst das Geschlecht durch den Worten vorgesetzte Sylben anzeigt, eine Benutzung von Präfixen, welche nirgends außerhalb Afrika vorkommt und selbst den Abessiniern, deren Sprache einen deutlichen semitischen Charakter an sich trägt, fehlt. Auch die Abessinier theilen sich in mehrere Abtheilungen, deren sprachliche und physische Uebereinstimmung aber so groß ist, daß sie auf einen gemeinsamen Ursprung aller Abessinier hinweist, mit Ausnahme vielleicht einiger schwarzen, in den tiefen heißen Thälern wohnenden Stämme, wie der Schankala, die bereits ganz einen Negercharakter besitzen. Die Copten, der degenerirte Rest der alten Bevölkerung Aegyptens, zeigen in ihrer gelben Hautfärbung und in der physischen Ausbildung große Uebereinstimmung mit den Abessiniern, aber ihre jetzige Sprache, das Arabische, und die früher ihnen eigenthümliche, welche auch das System der Präfixe besaß, trennt sie entschieden von denselben. Bei den Gliedern der äthiopischen Race ist die schwarze Farbe in ihrem Maximum nicht unter dem Aequator, sondern bei Völkerschaften zu finden, die, wie die Jolofs schon in ziemlicher Entfernung davon, am Südrande des Senegal, ganz nahe an der Scheide mit der Araberbevölkerung des westlichen Theils der großen Sahara wohnen. Gegen den Aequator nimmt die schwarze Färbung der äthiopischen Race sogar allmählich ab, und während die Jolofs, eins der nördlichsten Glieder derselben, so wie die Mapoutakaffern, umgekehrt eins der südlichsten an der Ostküste, eine dunkelschwarze glänzende, dem polirten Ebenholz ähnliche Haut besitzen, geht die Farbe der nördlichen Neger nach dem Aequator allmählich in eine unreine oder röthliche über, was besonders bei den Aschântis und Ibus der Fall ist. Einzelne große Zweige der Race, wie die Fellatah, weichen sogar durch ihre helle Farbe so sehr von den übrigen Bewohnern des Binnenlandes ab, daß sie sich selbst mit Stolz für Weiße halten und von den schwarzen Eingeborenen mit den übrigen Weißen gleichgestellt werden. Sie sind zuweilen durch das Olivenfarbige ihrer Haut von den südlichen Spaniern und Portugiesen gar nicht zu unterscheiden; während andere Fellatah hellkupferbraun, gleich den südlichen Kaffern sind, denen die Fellatah überhaupt zum Verwechseln ähnlich sind. Auch einige ganz nördliche Kaffern, die fast unter dem Aequator wohnen, besitzen eine hellbraune Hautfarbe. Die hellsten der äthiopischen Race sind muthmaßlich außer den Fellatah die Hottentottenstämme des Cap- und Gariplandes, deren Hautfarbe ihnen meist das Ansehen von mit der Gelbsucht behafteten Kranken gibt. Ebenso kommen im Gesichtsschnitt die zahlreichsten Abweichungen von dem, besonders von den Guineanegern entlehnten Normaltypus der Negerrace vor. Die schönsten Gesichtsbildungen besitzen die Jolofs, die Timanis und Bulloms bei Sierra Leona, besonders das weibliche Geschlecht der Timanis, die Biafares am Gebameerbusen, die Aschântis, bei denen oft rein griechische Formen beobachtet werden, die Accraneger, im Binnenlande die Haussaner, endlich die südlicheren Kaffern; die häßlichsten dagegen, dem Affentypus schon am

Nächsten stehenden Gesichter haben die Papels, Bissaös und Balantes in Senegambien, die Ibus am unteren Niger und die Sabs oder Buschmanhottentotten. Die geistreichsten, dem europäischen Charakter am Nächsten stehenden Gesichtsformen besitzen die Mandingos und Fellatahs, welche zugleich auf der höchsten Stufe der intellectuellen Ausbildung stehen, wie es denn eine allgemeine Erfahrung bei den afrikanischen Völkerschaften ist, die nur eine Ausnahme bei den Jolofs erleidet, daß, je höher deren Bildungsstufe ist, sich zugleich die physische Ausbildung am höchsten erhoben hat. Gleicher Weise zeigt sich eine bemerkbare Verschiedenheit in den Gesichtszügen solcher Völker, die nur aus Freien bestehen, wie die Mandingos, und denen, die Sclaven halten. Das Haar der äthiopischen Race zeigt ebenfalls mannigfache Uebergänge in den Typus der kaukasischen, wie umgekehrt zuweilen entschiedene Glieder der letzten kurzes gekräuseltes wolliges Haar besitzen, und in demselben Volk noch Individuen mit geradem ächtem Haar vorkommen. Dies ist besonders bei den Abessiniern der Fall, so wie auch in der äthiopischen Race einzelne Fellatahstämme krauses wolliges, andere schlichtes Haar tragen. Die meisten Glieder dieser Race zeichnen sich durch ihren starken wohlgebauten Körper aus, vor Allem das Kruhvolk auf der Küste Guineas und die Männer der Kaffern, welche letzte fast ohne Ausnahme durch die Regelmäßigkeit ihres Körperbaues Bildhauern als Muster männlicher Schönheit dienen könnten. Ausnahmsweise hager und klein sind die Hottentotten und unter diesen wiederum am kleinsten und unansehnlichsten die Sabs. Noch wenig sicher ist die Stellung der sehr klein und feingebauten Ovahs im Innern Madagascars, die schon ganz den physischen Typus der Malayen besitzen, und selbst die des großen Gallavolks mit den ihm zugehörigen Stämmen der Somâli, Adâl und Afar oder Dankali, welche theils weiches, langes, schlichtes, theils wolliges Haar haben und durch ihre physischen Eigenthümlichkeiten den Abessiniern oft so nahe stehen, daß sie sich wenig oder gar nicht von denselben unterscheiden lassen, obgleich ihre Sprache sie auf das Bestimmteste von denselben trennt.

Sprachen. So zahlreich die Völkerschaften des Continents von Afrika sind, so ist es doch in neuerer Zeit gelungen, große Sprachfamilien aufzufinden, unter die sich viele der bekannt gewordenen Sprachen subsumiren lassen. Eine der bedeutendsten dieser Familien bildet die Berbersprache, die sich mit den verschiedenen Zweigen des Berbervolks vom Atlantischen Ocean im Westen bis fast zu den Grenzen von Aegypten im Osten, dann vom Mittelmeer im Norden bis zum Nigerland im Süden fast ununterbrochen hat verfolgen lassen, und deren Verbreitung in Nord-Afrika früher noch viel ansehnlicher war, ehe das Arabische durch die Einwanderungen zahlreicher arabischer Stämme und das Ueberhandnehmen des Islams ihr Abbruch that. Noch wird sie geredet von den Amazirgh und Schilluhh (Schoulouh) in Marocco, den Kabylen und Schaouïa in Algerien, den Resten der Berbern in Tunesien und zu Sockua in Tripolitanien, endlich von den Bewohnern fast aller Oasen längs dem Südfuße des Atlas und noch in einem verdorbenen Dialekt in den östlichsten des großen Oasenzugs, in Udschila (Augila) und Siouah, so wie im größten Theil der westlichen Sahara von den Tuariks. Untergegangen ist sie jetzt gänzlich in der Landschaft Barka, im Flachlande von Tunesien und Tripolitanien und fast in dem ganzen westlichen Algerien, so wie in den Canarischen Inseln. Nächst dem Berber dürfte bei der kaukasischen Race das Arabische das weiteste Gebiet umfassen, indem es die fast ausschließliche Sprache in Aegypten und Tripolitanien und zugleich die herrschende in den 3 Atlasstaaten ist. Arabische Stämme erfüllen die ganze libysche und nubische Wüste bis zum 10° N. Br. und verbreiten sich auch in der westlichen Sahara, gemengt mit Tuariks bis zum Nigerland. Besonders längs der Küste der Sahara scheint das Arabische von der Südgrenze Maroccos bis zum untern Senegal die Berbersprache gänzlich verdrängt zu haben. Von den übrigen Sprachfamilien der kaukasischen Race ist das Abessinische am Meisten dem semitischen Stamm verwandt; seine Ausdehnung nach Süden ist noch nicht genau erforscht, wahrscheinlich verbreitet es sich in den Bergländern des oberen Nils bis zum Aequator. Die koptische Sprache ist dagegen nirgends mehr als lebend bekannt, nur die Sprache der Bischarins in Nubien hat mit ihr Verwandtschaft. Die Sprachfamilien der äthiopischen Race sind viel weniger, als die kaukasischen in ihrer Verbreitung genau zu verfolgen. Doch ist es jetzt bekannt, daß durch ganz Süd-Afrika vom Aequator bis fast zum Garip, längs der Ostküste sogar noch viel tiefer bis zum großen Fischflusse der alten Ostgrenze des Caplandes, eine einzige Sprachfamilie mit denselben eigenthümlichen Bildungsgesetzen, wozu besonders das sehr ausgebildete System der Präfixe gehört, herrschend ist. Dazu gehört besonders das Mpongwe am untern Gabûn, die Bundasprache in Angola und am Zaire, das Ovaherero nördlich vom Kuisipfluß, die Sprache aller sogenannten Kaffern, das Wanika, Wakamba westlich von Mombas, das Suahili, und endlich die sämmtlichen Sprachen der mannigfachen Betschuanenstämme im Innern. Die größte Sprachfamilie nach dieser südafrikanischen dürften noch die Sprachen der mannigfachen Mandingostämme und die der Fellatah bilden, die sich beide vom Atlantischen Ocean an bis tief in das Innere verbreiten. Mandingo wird in verschiedenartigen Dialekten von den Bamboukanern, Bambaranern, den Bulloms, Timanis und Susus, so wie von der Bevölkerung von Jallonkadu und des Kong, die Fellatahsprache in der Landschaft Futatoro und Futa Dschallon am Senegal und in den großen Fellatahreichen von Soccatu und Rabbah am Niger geredet. Von ansehnlicher Ausdehnung ist auch die Intasprache, die an der Küste von Guinea bei dem Volk der Fanti, im Innern bei den Aschânti in Gebrauch ist. An der Mündung des Nigers und westlich bis zu den Grenzen von Dahomey, im Innern endlich längs diesem Strom bis wenigstens Boussa ist gleichfalls eine einzige Sprachfamilie herrschend, wozu die Ibus, Yarribas, Yebus u. a. gehören. Im Innern Nord-Afrikas sind die Sprachen der großen Landschaften Haussa und Bornu, so wie die unter dem Namen des Kissour und Sungai bekannte von Timbouctou bestimmt von einander verschieden, ohne daß man von deren Verbreitung etwas Bestimmtes wüßte. Gleiches gilt von der Gruppe eigenthümlicher Sprachen, die sich von den Grenzen Nubiens und Aegyptens bis tief in das Innere verfolgen läßt und wozu die Kenous-, Barâbra- und Dongolasprache in Nubien, dann die Koldadschisprache im Innern Kordofans gehören. Ganz abweichend aber von allen diesen Sprachfamilien im Klang, inneren Bau und namentlich im gänzlichen Mangel des Gebrauchs der Präfixe ist die Sprache der Hottentotten im Capland nebst den nur dialektisch davon verschiedenen Sprachen der Kora, Nama und Sabs.

Religion und Verfassung. Das Christenthum hat bis jetzt einzig im Caplande und auf den Inselgruppen der Mascarenen, Canaren, Azoren, so wie auf St. Helena bei der Bevölkerung europäischer Abkunft festere Wurzel gefaßt, indem das, was noch bei den Copten Aegyptens und in Abessinien als Christenthum gilt, nichts als den Namen davon hat und nur ein Haufwerk abergläubischer Lehren und sinnloser Formalitäten ist. Ebenso sind die seit fast 400 Jahren unablässig fortgesetzten Versuche der katholischen und evangelischen Kirche, das Christenthum im Innern zu begründen, an der Ungunst des Klimas gescheitert und nur im Betschuanenlande nördlich vom Garip einigermaßen von Erfolg gewesen. Erst seit den Jahren 1820 und 1830 nimmt die Zahl der Christen theils durch Einwanderungen in Aegypten, theils durch die Eroberung Algeriens durch die Franzosen namhafter zu. Herrschend ist dagegen der Islam im größeren Theil Nord-Afrikas, besonders längs dem Rothen und Mittelmeer, so wie längs dem Atlantischen bis zu dem 7—8° N. Br., dann im Innern in der Sahara und in einem großen Theil des Nigerlandes. Seine Fortschritte sind in neuerer Zeit erstaunlich gewesen unter der heidnischen Bevölkerung durch den Eifer seiner Priester, meist aus dem Mandingo- und Fellatahvolk und durch die ausgedehnten Eroberungen der Fellatah am unteren Niger, und zugleich war sein Einfluß nicht unvortheilhaft, indem durch den Muhamedanismus die grauenvollen Menschenopfer aufhören und Industrie nebst geistiger Bildung sich zu einer höheren Stufe erheben. Dies zeigt sich am auffallendsten da, wo Muhamedaner eines Volks neben heidnischen Gliedern desselben leben. In Süd-Afrika hat der Islam nur in den Städten der Ostküste seit alten Zeiten Anhänger; in neuerer Zeit ist es ihm nicht gelungen, sich hier Anhänger im Innern zu erwerben. Dagegen ist die Zahl der Muselmänner im Caplande im Wachsen. Die ganze übrige Bevölkerung des Erdtheils ist heidnisch, meist mit mehr oder weniger dunklen Begriffen von einem höchsten, unsichtbaren und allmächtigen Wesen, als dessen Repräsentanten Thiere aller Art, Steine, Bäume, Gestirne und künstliche Figuren (Fetische) verehrt werden. Nur die Kaffern scheinen ohne irgend einen Begriff von der Gottheit und ohne alle Religion, ja selbst ohne Aberglauben zu sein. Priester und Zauberer fehlen ihnen deshalb gänzlich, nur die Regenmacher sucht man sich zu Freunden zu machen. Werden aber deren Verheißungen nicht erfüllt, so schlägt man sie ohne Scheu todt. — Die Bevölkerung des Erdtheils gehört zum Theil geordneten europäischen Staaten an, wie die von Algerien und der Insel Réunion zu Frankreich, die der Canaren und einiger festen Punkte auf der Küste von Marocco zu Spanien, die der Azoren, die von Madera und Porto Santo zu Portugal, die des Caplandes, Nataliens, des Bezirks von Sierra Leona und einiger Punkte am Gambia und der Goldküste und endlich die der Insel Mauritius, der Seychellen, St. Helenas und Ascensions zu England, die von Tripolitanien zur Türkei. Auf die Oberherrschaft über die Bevölkerung im Innern Angolas, Mozambiques und Sofalas macht Portugal Anspruch, ohne im Stande zu sein, derselben nachdrückliche Geltung zu verschaffen. Die übrige Bevölkerung ist meist in eine Anzahl kleiner Staaten oder Stämme unter eigenen Häuptlingen getheilt, die entweder völlig selbstständig sind, wie im südlichen Senegambien, oder, wie bei den südlichen Kaffern, unter einem Oberhaupt stehen, das bei Handlungen von allgemeinem Interesse, bei Kriegserklärungen und Friedensschlüssen die Meinung der Häuptlinge einziehen muß, sonst aber sehr beschränkt ist. Größere Reiche unter einheimischen Herrschern gibt es verhältnißmäßig sehr wenig. Die bedeutendsten derselben sind Marocco, Schoa, Bornu, Aschanti, Dahomey, die Fellatahreiche von Soccatu und Rabbah und endlich die Staaten der Zoulahs und Matebeles. Auch der Staat, den der Iman von Mascata längs der Ostküste zwischen dem Aequator und dem 10° S. Br. gegründet hat, ist hierher zu rechnen, nachdem der Iman selbst sein früheres Reich in Arabien gänzlich verlassen hat. Aehnliches dürfte bezüglich Aegyptens und Tunesiens gestattet sein, deren neuere Oberhäupter sich fast völlig unabhängig von der türkischen Oberherrschaft gemacht haben. Die Verfassung der meisten afrikanischen Staaten ist monarchisch und zugleich despotisch, oft bis zu dem Grade des blutdürstigsten Despotismus, wie bei den Zoulahs und Matebeles, daß auf Erden keine Beispiele der Art mehr zu finden sind. Hier ist der Wille oder die Laune des Herrschers das einzige Gesetz; ein Blick, ein Wink desselben hat oft unmittelbar eine Hinrichtung von Tausenden der Unterthanen zur Folge. In anderen despotischen Staaten, wie in Aschanti und Dahomey, ist der Blutdurst des Herrschers mehr Folge des Aberglaubens, vermeintlichen bösen Einflüssen zu entgehen und besonders die Geister Abgeschiedener dadurch zu versöhnen. Despotisch, aber mit geringeren Graden blutdürstiger Grausamkeit der Herrscher sind die muhamedanischen Staaten von Marocco, Tunesien, Aegypten, Bornu und die beiden Fellatahländer. Hin und wieder ist die Macht der erblichen Herrscher, wie besonders am unteren Gabûn und bei den Foulahs am Senegal, durch den Rath der Aeltesten des Volks, ohne den sie nichts unternehmen dürfen, beschränkt. Republikanisch endlich mit einheimischen Formen sind die meisten kleineren maroccanischen Berber-, Mandingo-, Fellatah- und Kruhstaaten. Die Freien der Mandingostaaten versammeln sich bei wichtigen Veranlassungen öffentlich zu Berathungen in den sogenannten Palavers, wobei noch jede einzelne Stadt ihre erblichen Häuptlinge besitzt. Die einzige selbstständige Republik von Eingeborenen nach abweichenden nordamerikanischen Formen ist die kleine, neugegründete von Liberia auf der Guineaküste.

I. Das Atlasland.

Hilfsmittel.

A. Broé, Carte générale des états du nord de l'Afrique, de la mer Méditerranée et de l'Europe méridionale. Paris 1828. — Lapie, Carte comparée des régences d'Alger et de Tunis. 2 Bl. Paris 1828. — Abel Aubert du Petit Thouars, Carte de la côte septentrionale d'Afrique. Paris 1830. — C. H. Michaelis, Charte des Mittelländischen Meeres und der anstoßenden Länder in Europa, Asien und Afrika. Tübingen 1830. — Das nordwestliche Africa enthaltend die Staaten von Fez und Marocco, Algier, Tunis und Tripolis, die Sahara, Canaren und Azorischen Inseln, von C. F. Weiland, berichtigt von H. Kiepert. Weimar 1850. — Rev. Shaw, Travels and observations relating to several parts of Barbary and the Levant. Oxford 1738. fol. — Exploration scientifique de l'Algérie pendant les années 1840, 1841, 1842 publiée par ordre du gouvernement. 8. In mehreren Abtheilungen erscheinend seit 1844 zu Paris. — Sir Grenville Temple, Excursions in the Mediterranean, Algiers and Tunis. 2 Vol. London 1835. 8. — Clark Kennedy, Algier and Tunis in 1845. 2 Vol. London 1846. 8. — Peyssonel et Desfontaines, Voyages dans les régences de Tunis et d'Alger publiés par Dureau de la Malle. 2 Vol. Paris 1838. 8.

Das Atlasland, welchem man nebst dem Gebiet von Tripolis in früherer Zeit gewöhnlich den Namen der Berberei nach den Berbern gegeben hatte, liegt als wohl geschlossenes und besonders von Tripolitanien sehr bestimmt gesondertes Ganze zwischen dem 37° 20′ und dem 28—30° N. Br. und vom 6—18° O. L. im nordwestlichen Theile des Festlandes, begränzt im Norden vom Mittelländischen, im Westen vom Atlantischen Meere, im Süden durch die große Sahara, im Osten durch den großen Busen des Mittelmeers, dessen südlichsten Theil der Golf von Sidra bildet. Zwischen diesen Grenzen befinden sich vier große Landgebiete: das Sultanat oder Reich Marocco, das Reich des Sidi Heschâm und einiger kleineren Häuptlinge, die französische Provinz Algerien und der mittelbar zum türkischen Reich gehörende Staat von Tunis (Tunesien). Die Oberfläche des Atlaslandes ist vorherrschend gebirgig, indem es durch eine große Zahl Gebirgsketten vom Atlantischen Ocean im Westen bis zu dem großen Busen im Osten longitudinal durchzogen wird, wozu zahlreiche, die longitudinalen verknüpfende Transversalketten treten. Alle Gebirgsmassen zeichnen sich auf so eigenthümliche Weise durch ihre Schroffheit und Zerrissenheit aus, daß sich daraus abnehmen läßt, daß sie einen gemeinschaftlichen geognostischen Charakter besitzen. Schon von dem nordwestlichsten Vorsprunge des Continents bei (Tandscher) Tanger und Ceuta erhebt sich sofort das Terrain bedeutend und bildet sich bald zu einer Reihe der Küste des Mittelmeers gleichlaufender Gebirgsketten aus, die durch Marocco, Algerien und Tunesien ununterbrochen fortsetzen und hier als eine gebirgige, bei der Berber-Bevölkerung unter dem Namen des Rif d. h. des Küstenlandes, bei der arabischen dagegen unter dem des Sahel, was so viel wie Seerand bedeutet, bekannte Zone erscheinen. Im Süden wird dieselbe durch eine ebene und in Algerien besonders auch breite Zone begrenzt, welche gleichfalls vom Atlantischen Ocean ohne Aufhören durch Marocco und über dessen Ostgränze, dem Mulvíafluß, hinaus durch Algerien und Tunesien zu verfolgen ist. An dieselbe schließt sich wiederum im Süden eine 2. gebirgige Zone an von meist viel bedeutenderer Erhebung über dem Meeresspiegel, als die gebirgige Küstenzone. Sie steigt unmittelbar am Rande des Atlantischen Oceans mit dem 2893 Fuß hohen und zugleich mächtig in das Meer hervortretenden Vorgebirge (Râs) Aferni der Araber oder Guér (Irir der Berbern) 30° 38′ N. Br. 7° 48′ O. L. auf und setzt mit mehreren Ketten und ansehnlicher Breite in das Innere von Marocco fort, wo sie im Süden der Stadt dieses Namens mit ihren höchsten Gipfeln und ihrer größten Masse auftritt. Durch den Antarberg (Dschebel Antar) im Westen der maroccanischen Oase Figuig 32° N. Br. steht dieselbe unzweifelhaft mit einer ähnlichen im angränzenden Algerien in unmittelbarer Verbindung, indem in der Nähe der

Oase Figulg gleich von der maroccanischen Grenze an die Bergkette der Ouled Sidi Scheikh beginnt, welche genau in derselben S.W.—N.O.lichen Richtung durch ganz Süd-Algerien zu verfolgen ist und noch im Innern Tunesiens mit einem hohen Plateau und mehreren ansehnlichen, in einzelnen Gipfeln höher als 4000 Fuß ansteigenden Bergmassen ziemlich plötzlich gegen den Golf von Sidra endigt. Diese gebirgige Zone ist in ihrer ungemein langen Erstreckung bei der Bevölkerung unter verschiedenen Namen bekannt. Der westliche, bei den Europäern am gewöhnlichsten Atlas genannte Theil heißt bei den Maroccanern arabischer Abkunft wegen der fast beständigen Schneebedeckung seiner höchsten Gipfel Dschebel el Teltsch d. h. Schneeberg; bei den maroccanischen Berbern Aidn Aghal oder einfacher Idrâr d. h. Berg, wofür auch wohl Idrâr-n-Deren gesetzt wird. Aus Idrâr wurde ohne Zweifel der Name Atlas in uralten Zeiten gebildet. Der östlich von den Ouled Sidi Scheikhbergen im Innern Algeriens gelegene Theil der Zone führt den Namen des Dschebel Amûr und weiterhin des Dschebel Sahri, der östlichste Theil in Algerien den der Aurâsberge. In Höhe, Ausdehnung, Richtung und fast allen übrigen Verhältnissen stimmt diese Zone auf höchst merkwürdige Weise mit dem Zuge des großen europäischen Alpengebirges zwischen dem Montblanc und der ungarischen Grenze überein. Südlich davon breiten sich wieder bis zum 28—30° N. Br. weite ebene Landstriche aus, die schon den Namen Sahara führen, eine vierte Zone des Atlaslandes bilden und im äußersten Südwesten den langen Drâafluß (Oued Drâa) von seiner Mündung im Atlantischen Ocean 28° 17′ N. Br. 6° 9′ O. L. aufwärts bis zu seinem Ausfluß aus dem großen Süßwassersee Ed Debâïa, weiterhin aber eine Reihe großer Oasen, wie Tafilelt, Figulg, die Oase der Beni Mzâb, Ouaregla, Ouad Souf bis zu dem großen Salzsee Melrir zur Grenze haben. Der Zug dieser Oasen folgt einer höchst merkwürdigen Vertiefung des nordafrikanischen Bodens, die vom Melrir an durch mehrere Salzseen angedeutet, selbst noch im Süden Tunesiens fortsetzt und erst am Westrande des großen nordafrikanischen Busens an dem kleineren Golf von Kabes endigt. Die Oberfläche der 4. Zone ist im Allgemeinen aber keine ebene, dürre, menschen- und wasserlose Landschaft, wie der bei Weitem größte Theil des centralen Gebiets von Nord-Afrika bis zum Niger, indem hier häufigst Einschnitte, felsige Terrainerhebungen, selbst kurze Gebirgsstrecken und Sümpfe mit fast unzähligen, an Quellen und periodische Wasserläufe gebundenen Culturstellen (Oasen), in denen Städte, Dörfer und üppige Gärten gewöhnlich sind, wechseln. Durch die mürbe und lose Beschaffenheit der Felsmassen an der Oberfläche der Zone und die horizontale Schichtung der Gesteine wird nämlich das atmosphärische Wasser am Abfluß gehindert, aufgesaugt, ehe es verdunsten kann, und in die Tiefe geführt, wo es im ganzen Gebiet der Zone unterirdische Wasserbecken bildet, die fast überall und besonders in den Oasen durch Brunnen aufgeschlossen worden sind, so daß es hier nirgends Strecken größer, als 3—4 Tagereisen gibt, wo nicht der Reisende Quellen oder Brunnen anträfe. Durch diese Eigenthümlichkeiten der Oberfläche erklärt sich zugleich das hier häufige Phänomen der verschwindenden Flüsse. Nur die Strecken zwischen den Oasen sind von sandiger Beschaffenheit, aber auch sie verwandeln sich im Frühjahr in grünende Weiden, die einer zahlreichen nomadischen Bevölkerung periodisch ihren Lebensunterhalt gewähren, während in den Oasen eine mit Industrie und Handel lebhaft beschäftigte Bevölkerung ansässig ist. Aber im Gegensatz zu der reich bewässerten, dem Ackerbau so günstigen Küstenzone, gestattet der Boden dieser Zone und selbst der der beiden mittleren Zonen in Algerien die Cerealiencultur fast nirgends, so daß die Lebensweise der Bevölkerung in den verschiedenen Theilen des Atlaslandes auf das Wesentlichste durch die physischen Verhältnisse bestimmt wird. Hiernach theilen die Bewohner das Atlasland in zwei große bestimmt gesonderte Districte, den Tell (muthmaßlich vom Lateinischen tellus herrührend), wo der Cerealienbau möglich ist, und das Land der Weiden, so wie der Datteln oder die Sahara. Der Tell hat von Marocco bis Biskra eine fast durchgehends gleiche Breite von etwa 25 d. Meilen, indem die Maroccaner bei der verhältnißmäßig geringen Breite ihres Rîf und ihrer nördlicheren ebenen Zone den Tell bis zum Südfuße der Atlaskette ausdehnen,

2*

wogegen die Algierer ihn auf ihre breitere bergige Küstenzone beschränken. So hat jedes der 3 großen Länder längs dem Rande des Mittelmeers, Marocco, Algerien und Tunesien seinen Tell und seine Sahara.

Geognostische Beschaffenheit. Diese zeigt eine höchst merkwürdige Uebereinstimmung mit den geognostischen Verhältnissen längs dem ganzen Nordrande des Mittelmeeres in Morea, Italien, der Provence, Andalusien und den Pyrenäen sowohl in Bezug auf die Beschaffenheit, als auf das Alter und die Lagerungsverhältnisse der Gesteine. Besonders ist diese Uebereinstimmung auch bei dem südlichen Vorsprunge Europas, dem Felsen von Gibraltar, und dem nördlichsten von Afrika bei Tandscher und Ceuta sichtbar, so daß die Mythe des Alterthums über den einstigen Zusammenhang beider Continente große Wahrscheinlichkeit erhält. Doch ist bisher kaum mehr, als die geognostische Beschaffenheit der Küstenzone bekannt worden. Hier sind Kalksteine von mannigfacher Färbung und Beschaffenheit, begleitet von Dolomiten, das herrschende Gebilde, denen zunächst in der Verbreitung und Mächtigkeit Mergel- und Sandsteinmassen stehen, an die sich endlich, freilich in viel geringerer Entwickelung, Gyps- und Steinsalzmassen anschließen. Nach den Versteinerungen gehören diese Gebilde sehr verschiedenen Erdbildungsepochen an, theils der oolithischen oder jurassischen, theils der Kreidegruppe, endlich wohl auch der Tertiärgruppe. Einige ausgedehnte Kalkablagerungen sind sogar noch jünger und zwar entweder Producte noch existirender Mineralquellen, besonders thermaler, oder auch bereits verschwundener, aber unzweifelhaft noch in der historischen Zeit vorhanden gewesener. Eine Zone älterer Gesteine, bestehend meist aus krystallinischen Schiefern, die häufig in sehr dunkelgraue Thonschiefer übergehen, Grauwacken, rothem (devonischem) Sandstein, Graniten und grünen Porphyren oder Doleriten erscheint an mehreren Punkten der Küste von Marocco und Algerien und ist unzweifelhaft unter dem Meeresspiegel ein ununterbrochenes Ganze. Ein zusammenhängendes Terrain von Basaltmassen breitet sich endlich ebenfalls ganz in der Nähe des Mittelmeers am unteren Lauf des Tafnaflüßchens zwischen der Insel Raschgoun und dem Saladofluß in der Provinz Oran aus; unsicher ist dagegen das an mehreren Punkten dieser Provinz zunächst der Küste angegebene Auftreten von Trachytmassen. Vulkanische Gebilde enthält die Insel Galita. Noch thätige Vulkane kennt man an keiner einzigen Stelle mit Bestimmtheit, doch soll ein erloschener Vulkan im maroccanischen Rif vorkommen. — Von der geognostischen Beschaffenheit der südlichen Gebirgszone ist sehr wenig bekannt, da in das Innere des maroccanischen Atlas noch kein neuerer europäischer Reisender gedrungen ist, und französische Colonnen nur an wenigen Punkten der östlichen Fortsetzung desselben, der Ouled Sidi Scheikhberge 33° N. Br. 23° O. L., des Dschebel Amûr 34°—35° N. Br., 20° O. L., des D. Sahari und der Aurâsberge zunächst der tunesischen Gränze 34—35° N. Br., 23—25° O. L. so weit nach Süden gelangten. Doch wissen wir, daß muschelreiche Kalksteine und rothe stark eisenschüssige Sandsteine bedeutend in die Constitution des algerischen Theils des Atlas eingehen. In den beiden ebenen Zonen bilden theils horizontal geschichtete gelbe oder röthliche Sandsteine und die aus den zerfallenen Sandsteinen entstandenen ähnlich gefärbten Sandmassen, theils auch Kreidemergel, endlich tertiäre Gebilde fast ausschließlich die Oberfläche, worunter in den Ebenen von Marocco besonders in den Thaleinschnitten Thon- und Glimmerschiefer gefunden wurden.

Gewässer. Die Gebirgsketten des Atlaslandes geben einer überaus großen Zahl fließender Gewässer ihren Ursprung, worunter aber kein einziger größerer schiffbarer Strom, mit Ausnahme vielleicht des Dráaflusses, sich befindet und nur wenige bekannt sind, die, wie etwa der Sebû Maroccos und der Schelif Algeriens, für kleinere Fahrzeuge nutzbar gemacht werden könnten. Die meisten haben einen ganz kurzen Lauf und fast alle die Natur der Bergströme, indem die Wassermenge in ihren tief eingeschnittenen Betten sich im Sommer ungemein vermindert, im Winter dagegen durch die starken Regenfälle und den geschmolzenen Schnee der höheren Gebirgsmassen so vermehrt, daß die Passagen dadurch in hohem Grade erschwert werden. Die Einschnitte für die von den Südabhängen des Atlas und seiner Fortsetzung periodisch herabkommenden Gewässer sind sogar den größten Theil des Jahres völlig trocken. Die Flüsse münden theils im Mittelmeer und Atlantischen Ocean, theils in den Salzseen der beiden ebenen Zonen, oder sie verlieren sich im Sande. Der untere Lauf der dem Mittelmeer zugehörenden Flüsse hat mit wenigen Ausnahmen die hohen, unmittelbar aus der Meerestiefe aufsteigenden Küstengebirge zu durchbrechen, wobei derselbe außerordentlich tiefen und engen Transversalschluchten bis zu seinem Austritt folgt. — Seen gibt es in großer Zahl; jedoch Süßwasserseen höchst wenige. Der ansehnlichste der letzten scheint der El Debäïa am Südrande der maroccanischen Sahara zu sein, den man aber nur durch Berichte der Eingeborenen kennt. Sehr merkwürdig und für die künftigen Culturverhältnisse der Sahara überaus wichtig ist das Vorhandensein der schon erwähnten unterirdischen Wasseransammlungen in Süd-Tunesien und Algerien, welche der Bevölkerung sehr wohl bekannt sind und bei ihnen den Namen des unterirdischen Meeres Bahar el tâht führen. — Unter den Quellen erscheinen mineralische ungemein häufig, besonders kalte kochsalzige, an die sich glauber- und bittersalzhaltige in den weiten Ebenen in Fülle anschließen. Häufig sind Thermen vorhanden, theils alkalische und Schwefelthermen, theils stark mit Kalk gesättigte, wie die von ihnen gebildeten ausgedehnten Absätze von Travertin erweisen.

Klima. Längs dem Mittelmeere, besonders in den niedrig gelegenen Seestädten stimmen die Temperaturen ganz mit denen im südlichen Spanien und Portugal überein; sie sind sehr gleichförmig das ganze Jahr hindurch, so daß zu Algier nur sehr selten das Thermometer unter den Gefrierpunkt fällt und Schnee beobachtet wird, in Tunis dagegen bisher noch niemals Schnee gesehen worden ist. Die höchste mittlere Temperatur hat, so viel bisher bekannt, unter den Küstenstädten Bona mit 21°,7, worauf Tunis, Budschia, Algier und Oran mit resp. 20°,7; 18°,2; 17°,9 und 17°,5 C. folgen. Viel strenger ist das Klima im gebirgigen Innern, wo es auch an Schneemassen im Winter nicht fehlt, und der Unterschied der Winter- und Sommertemperatur ganz ansehnlich ist. Dennoch hat das geschützt am Fuße des Dschurdschura in 2000 F. Höhe über dem Meeresspiegel gelegene Constantine eine Jahrestemperatur von 17°,2 und Palmengärten, dann Setif bei gar 3300 F. Erhebung noch eine Temperatur von 13°, obgleich hier die Winterkälte oft sehr stark wird und selbst der Sommer sich vor dem vieler anderen algerischen Orte durch seine gesunde, erfrischende Bergluft auszeichnet. Dagegen besitzen die ebenfalls mitten im Gebirge gelegenen algerischen Städte Medeah und Miliana trotz ihrer viel geringeren Höhe von resp. 2944 und 2544 F. nur eine mittlere Wärme von 14 und 15°. Das Maximum der Temperatur in den Küstenstädten Algeriens überschreitet selten 36°; höher ist es im Innern in den in engen Thälern oder an geschützten Stellen gelegenen Städten, wo es zu Constantine bis 40°, zu Setif und Miliana auf 38°, zu Mascara gar auf 41° steigt. Besonders wirken die Winde aus dem Süden, der Sirocco, welche im Juli und August zu wehen pflegen und ganze Wolken von Flugsand in den südlichsten Theilen des Atlaslandes mit sich führen, höchst erstickend auf die Bevölkerung und richten nicht selten ganze Caravanen daselbst zu Grunde; sie sind es besonders, welche in allen Küstenstrichen die Temperatur bedeutend erhöhen. Die Minima der Temperatur dürften sich in den Gebirgen des östlichen Algeriens und des maroccanischen Atlas finden, indem die hohen Gipfel der Auräs bei Batna noch im April mit Schnee bedeckt erscheinen und im westlichen Atlas die Kälte gewöhnlich so streng ist, daß die Bewohner des höheren Theils desselben im Winter in Erdhöhlen zu wohnen gezwungen sind. Zwischen Tafilelt und Fâs ist der Kamm des Atlas im Winter gewöhnlich mit einer dicken Schneedecke bekleidet, ja die höchsten Gipfel südlich der Stadt Marocco werden zuweilen während 25 auf einanderfolgenden Jahren nicht vom Schnee frei. Die Region der Sahara endlich ist durch ihre tiefe Lage und ihre sandige Oberfläche im Sommer außerordentlich heiß, so daß die Temperatur hier bis 52° steigt und Biskra am Eingange in die algerische Sahara schon eine mittlere Temperatur von 22° besitzt. In Fezzan wird sogar die Gluth der Atmosphäre besonders während der stark elektrischen Südwinde den Eingeborenen fast unerträglich. Die schädliche

Einwirkung solcher hohen Temperaturen auf Menschen und Vegetation wird jedoch in den flachen Strichen des Atlaslandes bedeutend durch die beständigen Nordwinde paralysirt, die zugleich in der Nacht zu einer starken nächtlichen Thaubildung und zu bedeutenden Abkühlungen der Tagestemperatur Veranlassung geben. Namhafte Differenzen in den Temperaturen des Tages und der Nacht sind überhaupt für die klimatischen Verhältnisse des ganzen Atlaslandes höchst bezeichnend. Ungeachtet der sehr bedeutenden Erhitzung des Bodens in der Saharazone im Sommer findet hier im Winter eine namhafte Herabstimmung der Temperatur statt, die selbst Schnee- und Eisbildung zur Folge hat. So fand man am 2. Januar 1819 zu Murzuk in der Hauptstadt Fezzans halb Zoll dickes Eis auf der Wasserfläche in Gefäßen, und es ist in den zwischen dem 32—31° N. Br., also noch südlicher als Biskra gelegenen, fast mit dem Meeresspiegel gleichen südalgerischen Oasen Ouad Mzab und Ouad Rir die Eisbildung während des Winters sogar eine ganz gewöhnliche Erscheinung. Aber die auffallendste Erscheinung dieser Art war das schreckliche Schneewetter, welches im April 1847 in Algerien 2 französische Colonnen in den Ebenen nahe am Schott el Scherqui in etwa 2500 Fuß Erhebung über dem Mittelmeer überfiel, das Thermometer in wenigen Stunden von 28° bis auf —1° herabstimmte und die ganze palmenreiche Landschaft, als wäre es in Sibirien, mit einer dicken weißen Schneedecke überzog.

Naturproducte. Die Entwickelung der Vegetation wird in den gebirgigen Districten sehr durch die dürre Beschaffenheit der Kalkfelsen beeinträchtigt, wogegen der Macigno einen sehr vortheilhaften Waldboden, der Fucoidenmergel in den Ebenen und Thälern ein ebenso günstiges Terrain für Grasvegetation und Agricultur liefert. Nach den Herbstregen, wenn die Winde im Januar milder werden, grünen die Wiesen und prangen mit einer solchen Mannigfaltigkeit durch Gestalt, Wohlgeruch und Farben ausgezeichneter Blumen, daß nur wenige Striche des südlichen Europas etwas Aehnliches aufzuweisen haben, obgleich im Tell des ganzen Atlaslandes mit wenigen Ausnahmen die Flora dieselbe, wie am Nordrande des Mittelmeers ist. Die Wälder sind meist dunkel und gewähren keinen heiteren Eindruck, da sie in der Tiefe und in den niederen Theilen der Gebirge fast alle aus Korkeichen und nur hin und wieder aus verschiedenen anderen Eichenarten mit hellerem Laub, Feigenbäumen, Myrthen, dem Erdbeerbaum, Oleander- und Lorbeerbäumen, in Marocco auch aus dem Arganölbaum bestehen; von 3800—4000 Fuß an kommen in Marocco und im westlichen Algerien Cedernwälder von überaus üppiger Entwickelung vor. Dattelbaumgärten und Palmwälder von größter Pracht bedecken den größten Theil der Oasen. Alcalireiche Pflanzen sind ein Eigenthum aller salzreichen Landstrecken. Europäische Gemüse, die gewöhnlichen Getraidearten und Südfrüchte gedeihen in üppiger Fülle und ohne angestrengte Cultur, so daß die Atlasländer fast zu jeder Zeit eine Kornkammer für das südliche Europa gewesen sind. Der Kermesstrauch erscheint ausgezeichnet in Marocco.

Aus der Thierwelt zeichnen sich die gewöhnlichen Hausthiere durch die Schönheit ihrer körperlichen Entwickelung oder ihre Producte, wie das Schaf und Pferd, die Maulesel, Ziegen, Kameele und Dromedare (die beiden letzten besonders in der Sahara) aus. Von wilden Thieren gibt es Affen zahlreich im Rif Maroccos und im algerischen Osten, Löwen in Menge, aber nur im Tell, niemals in den Wüsten, höchstens in der Nähe der Oasen, Leoparden, Eber in überaus großer Zahl, Strauße nur in den Wüsten, Adler, Rebhühner gleichfalls in sehr großer Zahl; unter den schädlichen Insecten Scorpione und Heuschrecken. Die Flüsse, besonders in Marocco, und die angrenzende See sind erfüllt mit zahlreichen Individuen mannigfacher Fischarten. Außer den beständigen Küstenfischen besuchen noch zu ganz bestimmten Zeiten des Jahres große Züge wandernder Fische, im Mittelmeer also Sardellen und Thunfische, im Atlantischen Ocean Kabeljaue, die denen von Newfoundland nichts nachgeben, nebst vielen andern großen und wohlschmeckenden Fischen die Küsten. Besonders ist es eine 150 Meilen lange Bank, die sich vom 29—20° N. Br. bis zur Küste der Sahara erstreckt, worauf sich zu bestimmten Jahreszeiten eine Unzahl von Fischen versammelt. An nutzbaren Mineralien sind die Atlasländer und darunter besonders Marocco und

Algerien sehr reich, doch kennt man bei Weitem nicht den ganzen Umfang der Mineralschätze. An Salz besitzen alle hierher gehörenden Staaten Ueberfluß, vorzugsweise aber an Quell- und Seesalz. Die großen Salzlagunen längs der Küste, so wie die Salzseen im Innern sind bei den Eingeborenen unter dem allgemeinen Namen der Sibkha, die Binnensalzseen speciell noch unter dem Namen der Schott bekannt. Steinsalz erscheint dagegen seltner. Eisenerze besitzt das östliche Algerien in großer Menge, ebenso das westliche, auch Marocco; Tunesien aber, so viel bekannt, gar nicht. Kupfer ist in Fülle im maroccanischen Atlas, im Rif, in den zu dem Staat des Sidi Heschâm gehörenden Zweigen des südlichen Atlas und vielfach in Algerien bekannt. Blei besitzt Algerien in der Ouanseriskette, Marocco in seinem südlicheren Atlas, Tunesien im Dschebel Resas (Bleiberg) südlich Tunis und bei Bescha. Mangan-, Zinn- und Antimonerze wurden in Algerien aufgefunden. Spuren von Gold kommen in Marocco und im Gebiet des Sidi Heschâm vor, wie auch Silbererze in Marocco nicht fehlen sollen. Salpeter ist in Fülle in Tunesien bei Kairouân verbreitet.

Bevölkerung. Dieselbe besteht theils aus den Urbewohnern, Gliedern des Berbervolks, theils aus Eingewanderten. Jene sind allmälig immer mehr in das Innere des Landes und besonders in die unwegsameren Gebirge zurückgedrängt worden, wogegen die älteren Eingewanderten, vorherrschend Araber, vorzugsweise die ebenen fruchtbaren Strecken des Atlaslandes besetzt haben. Aus der Vermischung der Eingeborenen und Araber mit den vielfachen Eroberern Nord-Afrikas, den zahlreichen Christen, die hier als Sclaven Jahrhunderte lang aus allen Theilen Europas zusammengebracht wurden und besonders mit den aus Spanien und Portugal verjagten Muhamedanern bildete sich eine eigene 3. Classe der Bevölkerung ohne einen bestimmten nationalen Charakter, aber mit fast ganz europäischer Gesichtsbildung, die vorzüglich in den Städten ansässig ist, die Mauren, denen dieser Name selbst unbekannt ist. Auch Juden sind zahlreich vorhanden und besonders in Marocco in großem Drucke lebend, während sie in Algerien jetzt alle Rechte französischer Staatsbürger genießen. Dieselben sind bis zu den äußersten Oasen der zum Atlaslande gehörenden Sahara verbreitet aber am häufigsten in den größern und in den Seestädten ansässig. Viel unbedeutender ist die Zahl der eingewanderten Neger, die besonders früher meist durch den Sclavenhandel hierher gelangten, was jetzt nur in Marocco und im Staat des Heschâm geschieht, indem in Algerien und Tunesien jeder Menschenhandel verboten ist. Die bis zur Eroberung Algeriens durch die Franzosen ungemein geringe Zahl von Einwanderern aus Europa mehrt sich immer mehr und wird bei dem gesicherten Stande der französischen Herrschaft muthmaßlich in nicht zu langer Zeit das arabische Element der Bevölkerung überflügeln. Am schwächsten war bis jetzt die europäisch-christliche Bevölkerung in Marocco, zahlreicher schon in der Stadt Tunis, wo sie noch immer im Steigen begriffen ist; gar keine Europäer scheint es im Gebiet des Sidi Heschâm zu geben.

1. Marocco.

Hilfsmittel.

Carte de l'empire de Maroc par Renou. Paris 1845. — G. Höst, Nachrichten von Marókos und Fes, im Lande selbst gesammelt in den Jahren 1760 bis 1768. Aus dem Dänischen übersetzt. Kopenhagen 1781. 4. — Lemprière, Tour from Gibraltar to Tangier, Salée etc. London 1791. 8. — Grey Jackson, An account of the empire of Marocco. 3. Ed. London 1811. 4. — G. Beauclerk, Journey to Marocco. London 1828. 8. — Arthur de Capell Brooke Sketches of Spain and Marocco. 2 Vol. London 1831. 8. — J. Gråberg di Hemsö. Specchio geografico e statistico dell' imperio di Marocco. Genova 1834. 8. Auch deutsch: Das Sultanat Mogh' rib-ul-Aksâ oder das Kaiserreich Marocco übers. von A. Reumont. Stuttgart 1833. 8. — E. Renou, Description géographique de l'empire de Maroc. Paris 1846. 8. (Bildet zugleich den 8. Band des großen Werks Exploration scientifique de l'Algérie. Sciences hist. et géogr.) — Cuadro geografico, estadistico, historico, politico del imperio de Marruecos por Don Serafim Calderon. Madrid 1844. 8.

Name, Lage, Grenzen, Ausdehnung. Das Sultanat Mogr' ib-ùl-Aksà (d. h. bei den nord-afrikanischen Arabern der äußerste Westen), in Europa das Reich von Marocco genannt, ist der nord-westlichste Theil des Continents zwischen dem 30 und 36° N. Br. und dem 6—17° O. L. und hat im Norden das Mittelländische Meer nebst der Straße von Gibraltar, im Westen den Atlantischen Ocean, im Süden den Staat des Sidi Heschâm und die große nord-afrikanische Wüste, im Osten nach dem Friedensschlusse mit Frankreich vom 18. März 1845 eine Linie zur Grenze, die östlich von der maroccanischen Oase Figuig beginnt, die große Angadwüste durchschneidet, östlich von der maroccanischen Grenzstadt Uschda vorbeizieht und endlich 7 Meilen westlich von dem französischen Posten Tschema Ghazouat oder jetzt Nemours das Mittelmeer erreicht. So begrenzt würde das Reich 10500 Q. M., also ein Areal, wie Spanien und Portugal und ein etwas größeres, als Frankreich umfassen, doch beträgt das jetzige politische Gebiet desselben schwerlich mehr, als ein Drittel des angegebenen Flächeninhalts, da die tributaire Bevölkerung stets nach der Energie und Macht der maroccanischen Herrscher sich veränderte und jetzt besonders im Süden deren Ansprüche meist nur nominell von den zahlreichen nomadisirenden Arabischen und Berberstämmen anerkannt werden. Seit Maroccos Macht immer mehr von der früheren Höhe herabgesunken ist, zahlen nur noch wenige südlich vom Atlas gelegene Oasen, wie Tafilèlt, das oasenartige Becken des Dráaflusses (Oued Dráa) und die Provinz Sûs Tribut, während ein großer Theil der Bevölkerung zwischen Sûs und Dráa in dem Berglande Guzzula sogar immer völlig unabhängig geblieben war, indem alle seit Jahrhunderten fortgesetzte Versuche der maroccanischen Herrscher, ihn zu unterwerfen, stets gescheitert waren. Die Länge der maroccanischen Küste am Mittelmeer vom Vorgebirge von Ceuta 35° 54' 04" N. Br. 12° 23' 30" O. L. bis zur algerischen Gränze beträgt mit allen Krümmungen etwa 37 d. M., die der Küste an der Meerenge von Gibraltar von Ceuta bis Cap Spartel 7 Meilen, die ausgedehnte Küste endlich am Atlantischen Ocean vom C. Spartel bis zum District Stouka, dem südwestlichsten der maroccanischen Provinz Sûs 116 M., so daß die gesammte Meeresgränze Maroccos ungefähr 180 M. beträgt und also größer, als die eines anderen afrikanischen Staats ist.

Oberflächengestaltung. Die Oberfläche des Maroccanischen Reichs hat in ihrer Gestaltung wesentlich den Charakter des Atlaslandes überhaupt und bietet 4 Zonen dar, welche mit den geognostischen Verhältnissen in innigster Verknüpfung stehen und stets sowohl auf die ethnographischen, als auch auf die Culturverhältnisse den entschiedensten Einfluß ausgeübt haben. Die hohe Erhebung des Terrains, welches den äußersten nördlichen Vorsprung des Afrikanischen Festlandes bildet und bei Tandscher (Tanger) und Ceuta mit steilen resp. 1043 und 2800 Fuß hohen Felswänden aus der Meerestiefe sich erhebt, setzt zuvörderst in nordsüdlicher Richtung bis zum Mosesberg (Dschebel Moussa) fort und ändert in diesem plötzlich ihre Richtung in eine völlig östliche um. In mehreren Gebirgsketten, welche gemeinschaftlich eine in ihrem Inneren noch gar nicht erforschte, etwa 8 Meilen breite maritime Gebirgszone, die des Maroccanischen Rif bilden, setzt diese Terrainerhebung bis zur Ostgränze des Reichs längs dem Mittelmeer fort, indem auch sie an ihrem Nordrande, ohne den mindesten flachen Küstensaum, mit prächtigen Klippen sofort vom Meere aufsteigt. Abzweigungen derselben bilden am Atlantischen Ocean das Cap (Râs) el Dura, an der Straße von Gibraltar das Vorgebirge Spartel und das von Ceuta, endlich am Mittelmeere zwischen Ceuta und Tetuân das Cap Negro, besonders aber in 23° 18' 33" O. L. das als lange felsige Landzunge bis 35' 28' 30" N. Br. vortretende Vorgebirge der 3 Spitzen (Cabo tres Forcas; Râs-ud-Doir der Maroccaner). Ungeachtet ihrer schroffen und selbst majestätischen Formen scheint diese maritime Gebirgszone doch nicht 3000—3500 Fuß zu übersteigen (der höchste bekannte Gipfel der Dschebel Habib S.W. Tetuân hat nur 3050 F.), obwohl der dazu gehörende 2112 F. hohe, westlich Tetuân gelegene D. Haçen einen großen Theil des Jahres mit Schnee bedeckt bleibt. Südlich vom Rif breitet sich die zweite Zone aus, die lang, überaus fruchtbar und eben ist und vom Atlantischen Ocean so rasch in Terrassen aufsteigt, daß einzelne Punkte derselben schon in der Nähe des Oceans, wie bei Isquerder bei 3000 Fuß Höhe dem größten Theil des Rif in der Erhebung nicht nachstehen; sie reicht östlich, südöstlich und südlich bis an den Fuß des hohen Atlas, wo noch 800 Fuß hohe Hügel sich in der selbst schon 1341 F. hohen, die Stadt Marocco umgebenden Ebene erheben. Gegen Nordosten zieht sich dieselbe um die äußersten Ausläufer des Atlas herum, trennt sodann diesen vom Rif und erstreckt sich ohne Unterbrechung zum Muluiafluß und bis zu den Grenzen Algeriens. Zu dieser Zone gehören im Nordwesten des Landes schöne, grasreiche Landstrecken zwischen den Flüssen El Coss und Sebû und die quellenreiche Hochterrasse Abherkin am westlichen Fuße des Atlas; nur wenige Theile, wie die Smira- und Beiranebenen der Provinz Abda, sind durch Wasserlosigkeit unfruchtbar. In ihr liegen zugleich die meisten größeren Städte des Reichs, Uschda, Taza, Aksar, Ksar el Kebir, Mekneß, Fâs und Marocco. Mit der einförmigen Beschaffenheit der Oberfläche steht die Einförmigkeit der Küstenbildung dieser Zone in nächster Verbindung, indem ihr Küstenrand bald von C. Spartel, noch mehr aber von Arzila an flach, sandig und höchst traurig ist und bei Mogador ganz aus hohen lockeren Sanddünen besteht, wobei es demselben so sehr an guten Häfen längs dem Atlantischen Ocean fehlt, daß selbst die meistens hier liegenden Hauptseehandelsplätze des Reichs, Azila, El Arasch, Rabbat, Fedolah, Azamor und Mogador nur Rheden oder durch Sandbänke unsicher gewordene Ankerplätze in Flußmündungen besitzen. Bridschâ (Mazagan) allein hat ausnahmsweise einen geräumigen und vortrefflichen Hafen. Ebenso gering ist hier die Zahl der Vorgebirge, von denen nur wenige, wie Dar Beida (d. h. das Weiße Haus, Casa Blanca) 33° 37′ 40″ N. Br., das Weiße Cap (Cabo Blanco) 37° 8′ und das beträchtlichste von allen, das Râs el Hadaïk (C. Cantin) 32° 35′ N. Br. in klippigen Massen aufsteigen. Die Flachheit dieses Küstenrandes und des angrenzenden Meeres, in welchem letzten Felsen sich fast an die Oberfläche erheben, machen die ganze Gegend Seefahrern im höchsten Grade gefährlich. Die 3. Zone oder die 2. Gebirgszone Maroccos, die des Atlas, steigt zwischen Ras Tigriualt (C. Ossim der Europäer) und der Seestadt Agadèr oder St. Cruz unmittelbar steil vom Meer auf, indem schon das Vorgebirge Aferni (Cap Guer) sich bis 2895 Fuß erhebt. Sehr bald erreicht sie 4200 Fuß Höhe und setzt nach dem Inneren mit mehreren Ketten und ansehnlicher Breite bis zum 13—14° O. L. in S.W. N.O. Richtung fort. Unmittelbar südlich von der Stadt Marocco scheinen deren Hauptmassen und höchste Gipfel in den Provinzen Tedla und Erhammena zu liegen, da hier der Miltsinberg 31° 12′ N. Br. 10° 19′ 45″ O. L. zu 10700, der Taggherani zu 6400 Fuß absoluter Erhebung über dem Meeresspiegel bestimmt wurde und außerdem in diesem Theile des Gebirges zwischen Fâs und Tafilelt noch eine große Zahl anderer Berge von Bedeutung, der Emsiva, Secara, Zalagh, Zauias, Zaimbl, Ugreis, Beni Obeid, auftreten. Doch ragt kein einziger Gipfel derselben in die Region des ewigen Schnees, die hier noch höher liegt, hinein, indem selbst der Miltsin, wenn auch selten, zuweilen auf seinem Gipfel ganz frei von Schnee wird. Große südliche, aber ganz unerforschte Ausläufer des Atlas zwischen der maroccanischen Küstenprovinz Sûs und dem oberen Lauf des Drâflusses bilden in etwa 9° O. L. bis etwa zum 29° N. Br. noch das erzreiche Bergland Guzula. Unter dem 13—14° O. L. wendet sich plötzlich die Hauptmasse des Atlas nach Norden und breitet sich unter 33° N. Br. und O.S.O. von Mekneß zu einer sehr bedeutenden, sonderbaren, fast quadratisch gestalteten, höchst dürren, aber von hohen bewaldeten Gebirgszügen umgebenen Hochebene, dem Sâhab el Marga, aus, die gegen Norden in die ebene Zone steil abzufallen scheint, gegen Osten in ihrer Fortsetzung unbekannt ist, gegen Nordwest zu aber zahlreiche Aeste bis zum Sebûfluß entsendet. Da wo in der Richtung dieser Gebirgszone die große Wendung stattfindet, scheint zugleich ein ansehnlicher Zweig in der bisherigen Richtung der Zone nach Nordost fortzusetzen und sich durch den Dschebel Antar westlich der Oase Figuig mit den Bergen der Ouled Sidi Scheikh in Algerien zu verknüpfen. Der ganze maroccanische Atlas ist ein sehr rauhes unwegsames Gebirge, das nach dem Innern zu rasch in die dortigen Ebenen abfällt. Gleiches findet auf dem Nordabhange gegen die Stadt Marocco zu statt. Da wo diese Zone vom Meeresrande aufsteigt, hört auch sofort dessen Einförmigkeit auf, und es findet sich dadurch bei Agadèr ein weiter vortrefflicher Hafen vor, welcher zugleich der beste der ganzen Westküste von Marocco ist. Südlich und südöstlich vom Atlas bildet endlich die maroccanische Sahara, zu welcher die Oasen Figuig, Tafilèlt, Pezerin, Tebelbelt und die oasengleichen fruchtbaren und wohl cultivirten Ränder der Flüsse Gulr und Drâa gehören, die 4. Zone in der Oberfläche Maroccos.

Geognostische Beschaffenheit. Obwohl davon nur wenig bekannt ist, so ergibt sich doch aus den bisherigen Beobachtungen, daß Maroccos geognostische Verhältnisse mit denen des südlichen Spanien vollkommen übereinstimmen. Doch ist der Atlas noch nie in geognostischer Beziehung untersucht worden. Der in Marocco sehr ausgedehnte Kalkstein ist zum allerkleinsten Theile der Jura-, zum größten Theile dagegen den unteren Gliedern der Kreidegruppe angehörig. Die Jurakalke sind nur in dem nördlichsten Vorsprunge des Reichs zwischen Tetuân und dem Fluß Smir bekannt und erreichen einzig am Dersahberge eine bedeutendere Entwickelung. Sie bestehen theils aus braunen, bituminösen und schiefrigen Massen, die nach unten in Dolomite übergehen, theils aus heller gefärbten, feuersteinreichen der sogenannten Majolica der Apenninen ganz ähnlichen Gebilden, welche über bituminösen Gebilden lagern, und auf ihren Gipfeln noch ausgedehnte Hochebenen tragen, die sich im Winter öfters in Seen verwandeln. Viel wichtiger durch Verbreitung und Mächtigkeit ist dagegen die Neocomienformation der Kreidegruppe. Der dazugehörende Kalkstein gehört entschieden nach seinen zahlreichen und sehr bezeichnenden Versteinerungen (worunter Caprotina ammonia eine der häufigsten ist) dem oberen Neocomien an, und er ist hier, wie im südlichen Frankreich und in den Alpen, ausgezeichnet durch tief eingeschnittene schluchtartige Thäler und kühne majestätische und selbst phantastisch geformte Bergmassen, so daß der ganze Küstensaum des Rif, worin besonders der Neocomien auftritt, durch denselben einen höchst eigenthümlichen landschaftlichen Charakter erhält. Ueber diesem Gebilde, mit ihm aber auf das engste verbunden, tritt noch im Rif in großer Ausdehnung ein graulicher, dichter und mit Nummuliten erfüllter Kalkstein in der Natur des südeuropäischen Nummulitenkalks auf. Längs der Küste des nördlichsten Vorsprungs des Continents zwischen Tandscher und Tetuân, besonders aber in der nördlicheren ebenen Zone zwischen dem Rif und dem Atlas erscheinen dagegen ausgedehnte untere Tertiärgebilde, vorherrschend als blaugraue dünnschiefrige und leicht zerstörbare Fucoidenmergel, denen mergelige Fucoidenkalke und glimmerreiche, besonders am Cap Spartel und bei Tandscher in prächtigen 1100 F. hohen Klippen auftretende Sandsteine (Macigno) eingelagert sind. Jüngere marine Tertiärgebilde kennt man bisher nur an wenigen Stellen des Küstensaums bei Tandscher und Tetuân, doch sind dieselben unzweifelhaft in größerer Verbreitung in der nördlichen ebenen Zone vorhanden, da die große pliocenische Ablagerung von Oran im westlichen Algerien ohne Unterbrechung über die Grenze bis wenigstens Uschda, wo sie noch nicht endigt, fortsetzt. Unter diesem ganzen großen und mächtigen Gebiet geschichteter und versteinerungsführender Massen erscheinen endlich zunächst dem Mittelmeer als tiefste Gebilde krystallinische Schiefer, besonders Gneis, Glimmerschiefer und atlasglänzende Thonschiefer zwischen Tetuân und dem Fuße des Rif, denen im Hangenden silurische Thonschiefer, feine schwarze Grauwacken, Quarzite und schwarze silurische Encriniten- und Orthoceratitenkalksteine, endlich zuoberst und scharf geschieden devonische rothe Sandsteine und Thone folgen. Jüngste Kalkmassen nehmen als poröser Travertin bei Tetuân große Strecken ein. Von den übrigen Theilen des Reichs weiß man nur, daß gelbliche Sandsteine die Felspunkte der Küste, wie bei Rabat, Dar El Beida und endlich Agadèr bilden, daß auch Lehm und Kies häufig auf der Oberfläche der nördlichen ebenen Zone erscheinen, endlich daß harte rothe Kalksteine den westlichen Fuß des Atlas an vielen Punkten bis 3 und 4000 Fuß Höhe begrenzen. In den Ebenen von Smira und Beiran erscheinen Thonschiefer, Hügel aus Glimmerschiefer am Tensiftflusse bei Ai Kantara. In den Ebenen südlich vom Atlas sind rothe Gesteine, muthmaßlich Sandsteine, rother Sand und Kalkmerkel weit verbreitet. Ein noch thätiger Vulkan ist nicht mit Bestimmtheit bekannt, ein erloschener Kraterberg befindet sich dagegen anzeblich im Rif. Ausgedehnte Massen älterer ächt vulkanischer Gebilde hat man bisher nicht angetroffen.

Gewässer. An Flüssen und Bächen, welche durch die Thäler und Ebenen sich schlängelnd winden und zu des Landes außerordentlicher Fruchtbarkeit wesentlich beitragen, ist dieses ungemein reich, indem das hohe Ansteigen des Rif und Atlas die Wolkenbildung und die Entstehung ungeheurer Schneemagazine auf den Gipfeln beider Gebirge in hohem Grade befördert. Wie in allen übrigen Theilen des Atlaslandes haben auch hier fast alle fließenden Gewässer den Charakter der Gebirgsströme, indem sie periodisch ungemein wasserreich, in anderen Zeiten des Jahres dagegen durchwatbar oder fast völlig trocken sind, ja periodisch ganz versiegen. Die Atlasketten bilden übrigens eine sehr bestimmte Wasserscheide, da kein einziges im Süden derselben entspringendes fließendes Wasser dieselben durchbricht. Im Norden des Atlas bestimmt deren Richtung und die des Rif auch die Richtung der Flüsse, von welchen kein einziger schiffbar ist, doch würden sich außer dem Sebû, mehrere von denen, welche das Meer erreichen, wie die Mulvia, Um-er-r'-bieh, Tensift und Luccos, leicht zum Vortheil des Landes schiffbar machen lassen. Sandbänke hindern jedoch bei den meisten derer, welche im Atlantischen Ocean münden, die Einfahrt. Im Ganzen sind die Flüsse auf der Nordseite des Atlas kürzer, aber auch wasserreicher, als die auf der Südseite, welche viel länger, dagegen periodisch oft ganz trocken sind. Die bedeutendsten unter jenen sind die Mulvia und der Naccor, welche beide im Mittelmeer enden. Jene, zugleich der größte Fluß des Landes, außer dem Drâa, und demselben ganz angehörig, entspringt im hohen Atlas und nimmt in ihrem 87 M. langen nach Nordost gerichteten Lauf durch tiefe Defilés als einer der Hauptabzugscanäle Maroccos außer einer Anzahl von Bächen und Strömen noch einige ansehnlichere Gewässer, wie den Ez-Zeiâ auf der rechten, den Teza oder Mullulo auf der linken Seite, auf. Der Naccor hat ebenfalls einen sehr langen Lauf und mündet in der Bay von Alhucemas. In den Atlantischen Ocean ergießen sich nächst zahlreichen kleineren Flüssen zuvörderst ganz im Norden der sehr weit aus dem Rif kommende, breite, und doch sehr rasche El Coss oder Luccos, dessen Mündung den wenig tiefen Hafen von El Arasch bildet, dann der tiefe und mit allen Krümmungen etwa 33 M. lange, sehr fischreiche Sebû, welcher aus der Vereinigung vieler in den düstern Waldungen des Salelgogebirges, eines Theils des Atlas, in der Provinz Aschana oder Zuz entspringenden Bergwasser entsteht, einen ungewöhnlich raschen Lauf in einem stellenweis sehr tief eingeschnittenen Thale hat und dem Ocean eine große Wassermenge zuführen würde, wäre nicht seine Mündung zunächst der Stadt Mehedia ganz durch Sandbänke geschlossen und absorbirten nicht ungeheure und fortwährend zunehmende Salzsümpfe im untersten Theile des Laufs den größeren Theil seiner Wassermenge. Südlicher davon mündet nach langem Lauf zwischen den Städten Salé und Rabbat, denen sein Ausfluß in den Atlantischen Ocean als Hafen dient, der vom Atlas herabkommende Bouragrag oder Buregreb, welcher die von ihm durchströmten Gegenden in hohem Grade befruchtet, ferner der gleichfalls in Aschana entspringende, sehr bedeutende und besonders in seinem unteren Laufe tiefe und reißende, und zugleich ungemein fischreiche Um-er-r'-bieh, einer der nützlichsten Flüsse Maroccos, welcher namentlich durch vielfache Ableitungen die Aecker und Fruchtfelder zahlreicher Thäler in der Adahsunterrasse befruchtet und selbst der Garonne und Seine an Breite nicht nachsteht. Nach einem 48 M. langen Lauf bildet derselbe nördlich vom C. Blanco den Hafen von Azamor. Noch weiter nach Süden durchströmt endlich die ebene Zone der tiefe, wasserreiche und abermals vom Atlas kommende Tensift, an dessen Rändern die fruchtbarsten Felder des Reichs liegen und über welchen in der Nähe der Stadt Marocco eine auf 27 Bogen ruhende steinerne Brücke, eins der schönsten Bauwerke von ganz Afrika, führt. Am Südrande des Atlas entspringt zuvörderst der Sûs östlich Tarudant, ein nur kurzer, aber schöner Fluß, der durch die Bewässerung der angränzenden Landstriche von großer Wichtigkeit für die Provinz Sûs ist, dann der Dráa, unzweifelhaft der längste Strom des Reichs, welcher demselben aber nur in seinem oberen Lauf angehört, ⅛ länger als der Rhein ist, anfänglich bis zum 29° N. Br. von Norden nach Süden fließt und sich sodann fast rechtwinklig gegen Westen wendet, worauf er den großen Süßwassersee Ed Debaïa durchströmt und zuletzt südlich vom Cap Noun in 28° 46' N. Br. 6° 15" O. L. das Meer mit 180 Fuß Breite erreicht, doch in seiner Mündung mit Sand verstopft ist. Der maroccanischen Sahara gehören endlich die von Norden nach Süden fließenden Ströme Filelí, Tafilêlt und Guêr (Ouod Guêr) an, von denen die beiden letzten in 2 großen Salzseen im südöstlichsten Theile des Reichs enden. — Eigentliche Seen hat Marocco nur wenige, außer denen, die sich durch Aufstauung vor den Mündungen der Flüsse bilden. Die bedeutendsten außer den ebenerwähnten Salzseen sind der fischreiche Ed Debäïa, dessen Größe dreimal die des Genfer Sees beträgt, der schöne und fischreiche See am Dschebel el Agdhér in der Nähe des Atlantischen Oceans, endlich ein See bei Tarudant, woraus einer der bedeutendsten Zuströme des Sûs seinen Ursprung nimmt. — Von den Mineralquellen sind einige thermal.

Klima. Das Klima ist eins der schönsten und gesundesten auf Erden, gesünder noch, als das von Algerien und Tunesien und nur an wenigen sumpfigen Stellen, wie zu Ksar el Kebir und am Sebû, der Gesundheit nachtheilig. Epidemische Krankheiten gibt es deshalb gar nicht, mit Ausnahme der Pest, die früher besonders oft das Land entvölkerte. Die Temperatur ist nach den verschiedenen Erhebungen über dem Meeresspiegel sehr verschieden. In der Nähe der Küste wird dieselbe durch die vom Atlantischen Ocean kommenden Seewinde sehr gemäßigt und nähert sich ganz der von Andalusien und Süd-Portugal; viel heißer ist es dagegen schon in der nördlichen ebenen Zone im Innern, doch nicht so heiß, als nach der Breite zu erwarten wäre, da der hohe Atlas den Zutritt der heißen Winde aus der großen Sahara im Inneren des Continents sehr hindert. Dennoch übt dieser seinen Einfluß aus und bewirkt, daß das Thermometer im September bis auf 30° steigt. Selten fällt letztes dagegen, außer in den höheren Ebenen am Fuße des Atlas, bis zum Gefrierpunkt, noch seltener in den Küstenstrichen unter denselben, so daß hier das Klima milder, als in Algier, ist. Die Temperatur Orans steht der von Tandscher am nächsten, da sie an beiden Orten 18° im Mittel beträgt. Selbst tief im Süden zu Tarudant und St. Cruz erhebt sich in der heißesten Jahreszeit das Thermometer selten höher, als 35°. Die Nächte sind in Marocco durch den Rif und den Atlas fast immer frisch und bringen reichlichen Thau. Ganz besonders angenehm und gesund ist das Klima in der bergigen Provinz Sûs südlich vom Atlas, die jedoch auch periodisch fürchterlich vom heißen Wüstenwinde leidet, ungemein heiß und trocken endlich im südöstlichsten Theil des Reichs am Filalí, Guêr und Tafilêlt. Witterungsepochen gibt es nur zwei im Jahre, eine trockene und eine regnige; wovon die letzte vom October bis März dauert; die mittlere Regenmenge beträgt durchschnittlich an der Küste 29 Zoll. Kühl, im Winter sogar sehr streng ist die Temperatur im innern Rif und noch mehr im Atlas, wo die Bevölkerung der Kälte wegen sich oft in Höhlen zurückzieht, und ganze Caravanen häufiger bei dem Uebersteigen des Gebirges zwischen Tafilêlt und Fâs im Schnee ihren Untergang finden.

Naturproducte. Bei der Güte des Bodens, welcher in einem großen Theile des Landes dem besten auf Erden nicht nachsteht und in den Ebenen und Thälern großentheils von der leichten Zersetzbarkeit des Fucoidenmergels abhängt, bei der Fülle fließender Gewässer, der langen winterlichen Regenzeit und der milden Temperatur besitzt Marocco eine überaus kräftige und üppige Vegetation im Charakter der Mittelmeerflora. Nur wenige Striche des Inneren nördlich vom Atlas und der südlichste Theil des Reichs gegen die große Sahara zu, so wie der hierher gehörende Theil der mit Algerien gemeinschaftlichen Wüste Angad sind mit Ausnahme einiger Oasen nackte pflanzenlose Wüsten. Selbst ein großer Theil des dem Pflanzenwuchs sonst weniger günstigen Atlas ist mit unermeßlichen, dicken Urwaldungen, bestehend aus Pinien, Thuyen, Cedern (bei Fâs), Lärchen, Aleppofichten, Pistazienbäumen, Arbutus, immergrünen Eichen, Stein- und Korkeichen, Wallnußbäumen, Buchsbaum und wohlriechenden Nadelhölzern, namentlich Weihrauchbäumen, endlich im Süden von 29—30° N. Br. besonders mit einem durch seine Oelfrucht höchst nützlichen Baum, dem Argânbaum (Elaeodendron Argân), bedeckt. Hier, wie in dem gleichbewaldeten Rîf, könnte vortreffliches Bauholz erworben werden. In den tieferen Landstrichen sind dagegen mit Ausnahme einiger großen Korkeichenwälder bei El Arasch und Mogador Waldungen sehr selten, da die Araber die Gewohnheit haben, dieselben abzubrennen, wenn sie einen Boden in Cultur setzen wollen und häufig ihre Stelle ändern, wenn ihnen der Boden erschöpft scheint. Ungemein üppig erscheinen Cerealien und Hülsenfrüchte, besonders Durrah, Mais, Reis, Bohnen, Erbsen, Safran, Sesam. Südfrüchte, namentlich Mandeln, bilden einen der Reichthümer des Landes. Auch gewöhnliche Oelbäume, deren Früchte aber wenig genutzt werden, Wein (vor Allem im Rîf und auf den nördlichen Abhängen des Atlas bei Fâs), Taback, Hanf, Baumwolle, Hennah (Lawsonia inermis) erscheinen überall in guter Qualität, wild und cultivirt. Indigo wächst im Süden schon wild, vorzüglich in Sûs und Tafilêlt, wo auch Euphorbien in Fülle vorkommen, die große Quantitäten von Harz geben. Nicht minder besitzt Marocco den Ammoniakgummiharzbaum (Bubon gummiflorum), Orseille, der keine Aufmerksamkeit gewidmet wird, Trüffeln, häufig in den Provinzen Sûs und Abda, Cactus, so wie überall die nur durch ihre Faser nützliche Zwergpalme, endlich ungemein häufig den Kermesstrauch, dessen Früchte von ausgezeichneter Güte sind, und Kappern, die wild wachsen. Zu den wichtigsten Gewächsen gehört ohne Zweifel der Argân, dessen Oel im Süden überall das Olivenöl ersetzt. — Nicht minder reich ist die Thierwelt. Pferde gibt es von der vortrefflichsten Race, Schafe von ausgezeichner Qualität und mit vortrefflicher Wolle, wovon Frankreich einst große Mengen bezog, Rindvieh zahlreich und in besonderer Güte durch die guten Weiden der nördlichen ebenen Zone und im Atlas, Maulthiere sehr vorzüglich, die besten südlich Fâs in den Provinzen Tedla und Shavora, Esel meist klein, obwohl eine Art bei Fâs größer, als Pferd und Maulthier werden soll, doch von außerordentlicher Ausdauer und Tüchtigkeit (auch ganze Heerden wilder Esel finden sich), Ziegen in außerordentlichen Heerden, Affen, wilde Schweine, welche den Aeckern großen Schaden zufügen, ferner zahlreiche Antilopen nebst Straußen, deren Federn zu den schönsten im Handel gehören, in den sandigen trockenen Strichen von Tafilêlt und südlich vom Atlas, endlich wilde Büffel, und von Raubthieren Hyänen, Löwen, Luchse, welche Gebirge und Wälder bevölkern. Wachteln sind hier einheimisch und mehren sich außerordentlich. Bienen, im ganzen Reiche verbreitet, liefern köstlichen Honig, den besten zu Tagodast und gutes gelbes Wachs in Fülle. Ueberreich sind Flüsse und Seeküsten an vortrefflichen Fischen, so daß die hohen auf den Flußfischfang gelegten Abgaben dem Schatz des Herrschers ansehnliche Revenuen gewähren. Seefischfang wird von den Maroccanern gar nicht, dagegen vielfach an der nördlichen Küste durch Spanier und Portugiesen, an der westlichen durch Canarier betrieben. Zahlreiche Walfische streifen nicht selten längs der Atlantischen Küste umher; an der Westküste wirft das Meer häufig vortreffliches Ambra aus. Aber die schädlichsten Thiere sind die Heuschrecken, welche zuweilen aus dem dürren Süden in solcher Menge kommen, daß ihre Züge die Luft verfinstern und Hungersnoth veranlassen. Sehr zahlreich und auch mannigfach sind die Mineralproducte. Ansehnliche Eisenerzablagerungen gibt es in der Nähe des Mittelmeers bei der Stadt Melila und in dem danach genannten Eisenberge (Dschebel Hadid) zunächst der atlantischen Küste, im Atlas und in dem zum Atlas gehörenden Emsfiragebirge, östlich von der Stadt Marocco, endlich in Sûs, nördlich Tarudant. Kupfererze sind zahlreich verbreitet im Rîf bei Tetuân, in Sûs, im Atlas und im Emsfira, so wie im südöstlichen Marocco in der Nähe des Oued Drâa zwischen den Oasen Tezerîn und Ferkalah. Besonders reich an Antimonkupfer sind namentlich Sûs und die dem Atlas angehörigen Berge von Tedla. Bleierze haben die Provinzen Temsna und Tedla. Silber und Gold kommt in Sûs vor, letztes im Flußsande auf Quarzkörnern, Schwefel in Tarudant, Steinsalz, wie es scheint, stellenweise im Innern, besonders bei der Stadt Sofru, Salpeter bei den Städten Marocco und Tarudant, endlich vortreffliche Walkerde. Seesalz liefert die Küste überall; im Innern wird Salz häufig aus den Salzseen und Salzteichen gewonnen.

Bevölkerung. Bei der Unbestimmtheit der Grenzen und dem fast völligen Mangel einer Kenntniß des Innern ist die Bewohnerzahl völlig unbestimmbar, doch schätzt man sie am Wahrscheinlichsten auf 8500000 Köpfe oder zu 630 Seelen auf die Quadratmeile, was eine viel geringere Bevölkerung, als die des gegenüberliegenden Andalusiens ergäbe. Die Vertheilung derselben ist nach den natürlichen Verhältnissen des Bodens natürlich sehr verschieden; manche Landstriche erschienen europäischen Reisenden ganz dicht bevölkert. Hungersnoth und Pest haben jedoch oft in Marocco große Verheerungen angerichtet; die schwächste Einwohnerzahl besitzt die maroccanische Sahara. Den Nationalitäten nach rechnet man schätzungsweise im Reich etwa 2300000 nördliche Berbern oder Amazirghen, 1450000 südliche Berbern oder Schillukhs, 4290000 reine oder gemischte Araber und Mauren, 339500 Juden, 120000 Neger, 300 Christen, 200 Renegaten, doch ist die Zahl der im ganzen Lande zerstreuten Neger unzweifelhaft zu gering angegeben. — Von dieser Bevölkerung, die nach den treffenden Worten eines neueren, lange im Lande wohnhaft gewesenen Berichterstatters, des Schweden Gråberg af Hemsö, von keiner auf Erden in unvernünftiger Barbarei übertroffen wird, sind die Amazirghen und Schillukhs die einzigen Urbewohner. Beide sprechen die sogenannte Berbersprache, die sich aber bei ihnen zu so verschiedenen Dialekten gestaltet hat, daß beide Völker sich ohne Dolmetscher nicht mehr verstehen können; beide Dialekte sind dagegen viel freier von fremden Einmischungen, besonders arabischen, geblieben, als das kabylische Berber in Algerien. Die Amazirghen, deren Name in ihrer Sprache berühmt, edel oder frei bedeuten soll, was jedoch von einigen Berichterstattern geläugnet wird, bevölkern das ganze Rif und den nördlichsten Theil des Atlas bis zur Provinz Tedla sammt dessen unzugänglichsten Theilen. Meist völlig unabhängig unter eigenen Häuptlingen und erblichen Fürsten oder kleine Republiken bildend, in häufigem Kriege mit den Maroccanern leben sie vorzüglich von Rindviehzucht in Dörfern oder Höfen, nicht selten räuberisch in das Flachland streifend. Andere Amazirghen sind bereits bis in die Ebenen hinabgedrungen und erfüllen, steinerne Häuser und befestigte Dörfer bewohnend, den Küstenstrich zwischen Mogador und Agadèr. Die Amazirghen haben im Allgemeinen eine weiße, fast europäische Hautfarbe und europäischen Gesichtstypus, mittlere Größe, einen schönen, schlanken Körper und einen lebendigen kühnen, stolzen, aber auch höchst rachsüchtigen Charakter. Ihr Kopfhaar ist zuweilen so blond, daß sie dadurch eher für Europäer, als für Bewohner Afrikas gelten könnten. Die Schillukhs wohnen im südlicheren Marocco, theils in den großen Ebenen längs dem Um-er-r'-bieh und Tensiftflusse, theils im südlichen Atlas bis zu dessen letzten Verzweigungen am Atlantischen Ocean mehr als Ackerbauer und Industrielle, weniger als Hirten; sie liefern deshalb dem europäischen Handel Waaren von bedeutendem Werth. Von den Amazirghen unterscheiden sie sich zugleich durch eine dunklere Hautfarbe, den schlankeren, weniger kräftigen Körperbau und meist höhern Civilisation; auch vermischen sie sich nicht mit ihnen, weil sie sich selbst für reinerer Abkunft halten. Sie leben bereits in förmlichen Häusern, Dörfern und Städten. In den größeren Ebenen am Südfuße des Atlas, namentlich im District Tafilèlt, wohnen gleichfalls zahlreiche nomadische Berberstämme sowohl Amazirghen, als Schillukhs. Von diesen Amazirghen sind die wichtigsten die Filâli, nach denen der District Tafilèlt seinen Namen erhielt. Von fremden Einwanderern in Marocco sind die von arabischem Geblüt die häufigsten. Der am reinsten gebliebene Theil derselben lebt als Landvolk in der nördlichen ebenen Zone meist von Viehzucht und Ackerbau, der weniger unvermischte, die Mauren, theilweise gemengt mit den reinen Arabern als Nomaden, vorzugsweise aber in den Städten. Hier wie im ganzen Nord-Afrika stehen die Mauren durch ihren Geiz und Mangel an Muth, ihre Trägheit, Treulosigkeit, Grausamkeit, Rachsucht, Wollust und Habsucht in sehr schlechtem Ruf, doch bilden sie den reichsten Theil der Bevölkerung, woraus die Verwaltung ihre Beamten zieht. Sie sprechen arabisch im moghrebinischen Dialekt, doch nicht so rein, wie die übrigen Abkömmlinge der Araber. Die Juden leben verachtet und unter großem Druck, bilden aber als thätige Handelsleute und geschickte Handwerker einen sehr wichtigen Theil der Bevölkerung. Die Neger waren stets die Hauptstärke des maroccanischen Heeres. Europäern ist ein dauernder Aufenthalt nur in einigen Seestädten, zu Mogador, Saffi, Mazagan, El Arasch, Tandscher und Tetuân gestattet. Die Religion ist vorherrschend die muhamedanische, die hier bei allen Nationalitäten mit Ausnahme der wenigen Europäer und der Juden die bigottesten und intolerantesten Anhänger besitzt. Für die katholischen Europäer unterhält Spanien ein schwach besetztes Franciscaner-Kloster zu Tandscher.

Verfassung. Sie ist unumschränkt despotisch. Der Sheriff Sultan, seit dem 28. November 1822 Mulai-Abd-er-rahmân, ist Herr über Existenz und Eigenthum aller seiner Unterthanen und zugleich Oberhaupt der Kirche, wie des Staats. Seine Titel sind: Emir-ul-Mumenin (uuumschränkter Beherrscher der Rechtgläubigen), Khalifat-Allah-fi-hhalkihi (Gottes Statthalter auf Erden), Sultan, Sidnâ ua Mulânâ (unser Herr und Gebieter). Die Regierung ist nur in der männlichen Nachkommenschaft des Herrschers im Allgemeinen erblich, ohne Erstgeburtsrecht, so daß fast bei jedem Regentenwechsel Bruderkriege das Land verwüsten. Ein Corps von Ulemas, einen Divan, Collegien oder ministerielle Departements gibt es so wenig, wie einen Mufti; nur ein kleiner nach der Laune des Herrschers gewählter Haufe von Personen unter dem Namen Endschelle (Vereinigung sitzender Personen) bildet eine Art von Staatsrath, dessen Glieder einzig Vollstrecker des Willens des Herrschers und ohne alle gesetzliche Autorität sind. Einer der Höflinge dieses Kreises wird auf einige Zeit zum Vezier oder ersten Minister oder zum Kaleb-el-auramir (Schreiber der Befehle) ernannt und besorgt die Geschäfte mit den fremden Consuln. Vier Mal wöchentlich ertheilt der Sultan zu Pferde öffentliche Audienz, wobei Niemand ohne Geschenke erscheinen darf, um Recht zu sprechen. Appellationen finden von solchen Entscheidungen natürlich nicht statt. Bei gewöhnlichen Rechtsfällen ist der Koran einziges Gesetzbuch. In den Städten und Provinzen sind die Kadi mit Beihülfe ihrer Schreiber (Kaliben) und der Adullen oder öffentlichen Notare mit der Rechtspflege beauftragt. Von einem Finanzminister hat man keinen Begriff. Die bedeutenden jährlichen Ueberschüsse aus den Einnahmen fließen in den Schatz, den der Sultan als Privateigenthum ansieht. Die Staatseinkünfte beliefen sich im J. 1826 auf 2600000 Piaster und flossen aus der Aschura oder dem Naturalzehnten (eigentlich nur dem 40. Theil der Erzeugnisse des Bodens und der Heerden) 450000 P., der Naiba oder directen Steuer von Arabern und Beduinen 280000 P., der Dschazia (Judentribut) 30000 P., den Etankés (Abgaben von Nahrungsmitteln in den Städten, Steuer von Kramläden u. s. w.) 950000 P., dem Münzrecht 50000 P. (die maroccanischen Piaster haben einen viel geringeren inneren Werth, als wofür sie ausgegeben werden), den sehr willkürlich erhobenen Duanen in den Seestädten, die jetzt eine Hauptrevenue bilden und wozu Mogador das Meiste beiträgt, endlich aus Geschenken der europäischen Mächte, welche letzte sich in neuerer Zeit sehr vermindert haben. Die Ausgaben belaufen sich nur auf etwa 990000 P., worunter die Unterhaltung des kaiserlichen Haushalts, des Harems, der Stutereien und Gärten, des Landheeres und der Marine, die Besoldungen der Agenten in Europa und der Levante Hauptposten bilden. Die ordentliche Heeresmacht besteht aus nicht mehr als 15—16000 Mann, darunter 7—8000 Neger. Nach anderen Angaben steigt die Zahl der Neger im Heere auf 38000 Mann, die in der Armee das einzige regulaire Truppencorps bilden und in festen Garnisonen oder veränderlichen Lagern liegen. Die kaiserliche Leibwache besteht aus 2000 schwarzen Reitern, 1500 schwarzen Infanteristen und 1500 Ludajas oder Arabern aus der großen Wüste. Die Artillerie hat nicht mehr als 2000 Mann, worunter die meisten Renegaten, vorzüglich spanische, welche Flüchtlinge aus den

Presidios an der Küste sind, dienen, besonders im Falle des Krieges, wo sie zum Dienst gezwungen werden. In Kriegszeiten werden von den Gouverneuren die Milizen aufgeboten, wodurch leicht ein Heer von 100000 Mann, meist Reitern, zusammengebracht wird. Im Frieden wird die unterhaltene Macht fast nur zur Eintreibung der Steuern und zur Aufrechthaltung der inneren Ruhe benutzt. Das Reich zählt 24 mit regelmäßigen Garnisonen versehene, aber im erbärmlichen Zustande befindliche Festungen, von denen die bedeutendsten Mogador, Assi, Mazagan, Azamor, Rabat und Salé sind, die jedoch nirgends der Beschießung durch die französische Flotte unter dem Prinzen von Joinville im Jahr 1844 Widerstand zu leisten vermochten. Die Flotte ist fast ganz eingegangen, seitdem deren Hauptzweck, der Seeraub, aufgegeben werden mußte; sie bestand in der letzten Zeit nur aus 3 Briggs, zusammen mit etwa 40 Kanonen und 13 an den Mündungen des Buregreb, Leccos und Martilflusses unterhalb Tetuân stationirten Kanonenböten. Zu Salé befindet sich das Marinearsenal des Reichs mit dessen besten Schiffswerften.

Industrie, Handel. Ackerbau und Viehzucht sind die Hauptbeschäftigungen der Bevölkerung, nächstdem Handel und der Betrieb einiger Gewerbe, aber die letzten stehen sammt dem Ackerbau im Ganzen auf sehr niedriger Stufe, da der Mangel persönlicher Sicherheit und des Eigenthums bei der Raubsucht der Regierung und den räuberischen Einfällen der Amazirghen, endlich die Unwissenheit des Volks jede Art von Thätigkeit und Fortschritt unterdrücken. Dennoch gibt es einige Industriezweige, die sich aus älterer Zeit in bemerkenswerther Höhe erhalten haben, wie die Fabrikation der mit dem einheimischen Kermes so vorzüglich gefärbten rothen orientalischen Mützen (Fezze) zu Fäs, die deshalb von dem Ort ihren Namen erhielten, die Anfertigung kostbarer, mit Gold durchwirkter seidener Leibgürtel und von Juwelierarbeit, endlich die Darstellung von Lederwaaren, die Alles ihres Gleichen in Europa übertreffen, Alles zu Fäs. Auch in der Provinz Escura wird ein großer Theil des schönen maroccanischen Leders bereitet, so wie es fast keine Stadt des Reichs gibt, die nicht vortreffliche Gerbereien besäße. Fäs liefert darunter die besten rothen, die Stadt Marocco die gelben und Tafilélt die hochberühmten grünen Leder aus Ziegenfellen. Nach Marocco erhielten sogar die Maroquins, dann nach einem früheren Hauptexportplatz Asaffi oder Saffia, woher die gefärbten Leder am frühsten nach Europa gelangten, die Saffians ihren Namen. Selbst Löwen- und Pantherhäute werden hier weiß wie Schnee, und zugleich weich, wie Seide gemacht. Aus den Ziegenhaaren fertigen die Bergbewohner Decken, Zelte, Stricke, Säcke und allerhand andere nützliche Gegenstände an. In vielen Provinzen, besonders in der von Ducalla, arbeitet man die berühmten wollenen, in Europa unter dem Namen der türkischen bekannten Teppiche, in anderen Matten, Teppiche, Körbe und Koffer aus Palmfasern, Binsen, Schilf und Stroh, in Sûs sehr feine schwarze wollene Bournous. Aus Rabbat und Salé erhält man vortreffliche Seife, aus Fäs, Rabbat und Alcassar ausgezeichnetes Töpferzeug. Die Berbern endlich sind geschickt in Darstellung eiserner und kupferner Gefäße und Werkzeuge. So kommen die von den Gebirgsbewohnern im Südwesten des Reichs verfertigten kupfernen Gefäße meist auf den Markt von Tarudant, die eisernen Werkzeuge aus dem Rif auf den von Fäs. Auch Gewehrfabrikation wird in hoher Vollkommenheit ausgeübt. Erfahren im Bergbau und in der Verschmelzung der Erze sind gleichfalls die Berbern, von denen die zahlreichen und sehr reichen Gruben auf Antimonkupfererzen in Sûs, besonders bei dessen alter Hauptstadt Igli, im Berglande Guzzula und in den südöstlichsten Ausläufern des Atlas, zu Tenhâmin bei Tafilélt, zu Tenout Aram nördlich der Oase Tezerin, so wie die häufigen Eisenerzgruben im östlichen Rif bei Melila, in der Nähe des Mulwiastroms, im Atlas und hier wiederum vorzüglich in Sûs betrieben werden. Schon im Alterthum war das Gebiet des jetzigen Reichs durch seine Kupferproduction in Ruf und selbst im Mittelalter wurden die Kupfergruben von Sûs umfassend gebaut. Blei gewinnt man im Atlas, Silber zu Ait Wedrin in Sûs und bei Tafilélt, endlich Antimon, ein unentbehrliches Hülfsmittel für die Toilette der Frauen, die sich der daraus bereiteten, unter dem Namen Kohól schwarz im

Orient bekannten Farbe allgemein zum Färben ihrer Augenlieder bedienen, abermals im Atlas. Doch nur verstohlen oder in den von der maroccanischen Regierung unabhängigen Bergländern kann Erzbergbau getrieben werden, indem dieser von der mißtrauischen Regierung verboten ist, theils um nicht Gelüste der europäischen Mächte nach dem Lande zu erwecken, theils auch das Reichwerden der eigenen Unterthanen zu verhindern. Gute Mühlsteine werden endlich bei Tandscher aus dem Fucoidensandstein gefertigt. — Der Ackerbau ist besonders in der oberen Ebene durch die ungemeine Fruchtbarkeit der Fucoidenmergel im Norden und die Lehmdecke im Süden unterstützt, doch gewinnt man jetzt nur so viel, als zum Consum der Bevölkerung hinreicht, indem bis in neuere Zeit das Verbot des Korân, nichtmuhamedanische Länder von muhamedanischen aus mit Lebensmitteln zu versehen, streng gehandhabt und nur zuweilen die Ausfuhr einiger Fruchtgattungen gestattet wurde. Gebaut wird vorzugsweise Waitzen mit 25fältigem Ertrage, der beste in Abda, Temsna und Dukalla, Durrah mit sogar 2—300fältigem Korn und mit 2—3 Erndten im Jahr, beides die gewöhnlichsten Nahrungsmittel des Volks, dann Mais, Reis, Bohnen, Erbsen und alle Hülsenfrüchte. Unter einer vernünftigen Regierung könnte ganz Europa von hier verproviantirt werden, während dieß jetzt einzig mit Gibraltar der Fall ist. Die Cultur der Südfrüchte, besonders der Mandeln, bildet einen der Reichthümer des Landes; südlich vom Atlas ist dasselbe mit den Dattelbäumen der Fall, die in Tafilêlt die ausgezeichnetsten Früchte liefern. Hier und in Sûs tritt diese Palme sogar in großen Wäldern auf, die jedoch stets bewässert werden müssen. Olivenöl wird nicht viel und nur im Norden gewonnen, obgleich es zunächst der Westküste ganze mehrere Quadratmeilen Fläche bedeckende Oelbaumwälder gibt. Im Atlas gewinnt man dagegen in sehr großem Maßstabe das bittere Arganöl. — Die Viehzucht beschäftigt sich besonders mit Rindvieh in der nördlichen ebenen Zone und bei den Amazirgh im Atlas, dann mit Eseln, Maulthieren, Schafen, Ziegen, Tromedaren und Kameelen. Außerdem werden viele vortreffliche Pferde gezogen, deren Ausfuhr streng verboten ist. Die Bienenzucht der Berbern liefert ungeheuere Quantitäten Wachs und Honig. — Der Handel Maroccos, wie der übrigen Atlasländer, läßt sich in 3 große Züge theilen und hat besonders nach Europa in neuerer Zeit sehr zugenommen, seitdem der jetzige Herrscher viele Ausfuhrverbote theils stark modificirt, theils ganz aufgehoben hat. Er geht: 1) nach dem Sudan mit Caravanen von 16—20000 Kameelen. Fâs ist im Innern der Handelsplatz, der sich damit am Meisten beschäftigt. Fast alle großen Kaufleute von Fâs haben ihre Succursalen zu Timbouctou und Tschinnie. Die Reisegesellschaft sammelt sich von Tetuân, Fâs und Marocco in Tafilêlt, und zieht dann vereinigt nach Tatta und Akka gegen Südwest. Zu Touduini und El Araûn am Saume der großen Wüste versieht sie sich mit Salz, das sie, sammt den aus dem Norden mitgebrachten Waaren, Taback, türkischen Dolchen, Gürteln von Fâs, blauen Tüchern, Mänteln und kleinen Spiegeln in Timbouctou und am Niger gegen Elfenbein, Rhinoceroshörner, Weihrauch, Goldstaub, Goldstangen, Straußfedern, Gummicopal, Baumwolle, Cardamom, Assafötida, Indigo und schwarze Sclaven mit ungeheurem Gewinne vertauscht. Für 1 Million Piaster nach dem Sudan geführter Waaren bringen die Caravanen, deren 6 in jedem Jahre expedirt werden, für etwa 10 Millionen P. an Waaren zurück, die sich dann in den Küstenländern durch den weiteren Handel verbreiten. 2) Der Handel mit Europa wird vorzugsweise durch die Häfen Tandscher, Salé mit Rabbat und Mogador, von denen der erste der Hauptexportplatz für den Nordwesten des Reichs, Salé nebst Rabbat für Fâs und Meknes, Mogador für die Stadt Marocco und den Süden des Reichs sind, betrieben und gewährt dem Lande die überwiegendsten Vortheile. Ausgeführt werden außer den gewöhnlichen Sudanwaaren: Goldstaub (vorzüglich aus Mogador), Elfenbein und Straußfedern noch Wolle (jetzt nur 4000 Centner nach Genua, Marseille und Holland), Wachs (2300 Ctn. nach Livorno, Marseille, Cadiz und Lissabon), Häute von Rindvieh, Ziegen (gegen 15000 Dutzend, fast alle nach England, einer der wichtigsten Exportartikel von Mogador) und Kameelen (1300 Ctn. nach Livorno,

Marseille und London), Gummi arabicum (4300 Ctn. nach England und Holland), außerdem noch andere Gummis von Euphorbien und Ammoniakharz, Kupfer, besonders aus Sûs, könnte ein ungemein wichtiger Handelsartikel werden, doch ist die Ausfuhr, die meist von Agadèr stattfindet, nicht immer erlaubt, bittere Mandeln in Fülle (allein über Mogador gehen 6000 Ctn. nach Holland), Oel (2500 Ctn. nach Marseille; könnte ebenfalls ein außerordentlich wichtiger Handelsartikel werden), Orseille (höchst unbedeutend), Korkholz (sehr bedeutend von Larache und Rabbat), Datteln nach Lissabon und London (250—300 Ctn.), Reis, Fenchel, Getraide, Honig, Indigo, Süßholz, Färberröthe, Schawls, Affen. Die gesammte Ausfuhr Maroccos an rein maroccanischen und Sudanproducten wird auf 2 Mill. Piaster geschätzt, wozu Marocco nur 900000 P. beisteuert. Die Einfuhr besteht in weißen baumwollenen Stoffen, sogenannten Guineen als Hauptartikel, Leinwand, Tuch (einem der beträchtlichsten Artikel), Seidenstoffen, Colonialwaaren, Zucker, Kaffe, Pfeffer, Ingwer, Specereien und Arzneimitteln, Thee (einem bedeutenden Posten, da die Maroccaner den Genuß des Thees vor allen Orientalen lieben), Eisen in Stangen und verarbeitet, kupfernen Näpfen, Zinn, Corallen, Spiegeln, Porcellan, Gläsern, spanischen Piastern u. s. w. mit einem Gesammtwerth von 750000 Piaster. Der Zollsatz hängt von der Laune des Sultans ab und ist fast in jedem Hafen verschieden; ebenso launenhaft wechselt die Erlaubniß zur Ausfuhr gewisser Gegenstände mit dem Verbot. Europäische Schiffe zahlen in den maroccanischen Häfen 5 Piaster für das Recht zu ankern, 10 Piaster Einfuhrzoll und bei der Abfahrt noch einen P. dem Hafencapitain, so wie die Consulatsgebühren. 1831 landeten in den verschiedenen Häfen 64 europäische Schiffe von 3870 Lasten; 98 Schiffe von 5819 Lasten liefen aus. 3) Der Handel mit der Levante, früher fast einzig an die große Pilgercaravane nach Mekka gebunden, die zu Lande von Fâs aus, wo sie sich sammelt, durch Algerien, Tunesien und über Alexandria zieht, und nur zum kleinsten Theile seewärts von Tanger und Tetuân nach Alexandria betrieben, wird seit der Besetzung Algeriens durch die Franzosen immer mehr Seehandel, da die wohlhabenderen Mekkapilger jetzt gern den kürzeren und gefahrloseren Weg zu Schiffe wählen, und weil besonders vor Abd-el-Kaders Gefangennehmung Jahrelang der Caravanenweg durch das südliche Algerien wegen der inneren Unruhen fast ganz versperrt gewesen war. Nach dem Orient führt man Straußfedern, Cochenille und Indigo, und bringt dafür besonders indische und persische Stoffe und Waaren von Mekka und Cairo zurück, die in der Heimath wiederum mit großem Gewinn abgesetzt werden. Das allmählige Erlöschen der früher für den Handel Nord-Afrikas so außerordentlich wichtigen Mekkacaravane würde in der Zukunft die commerciellen Verhältnisse Maroccos und des ganzen Atlaslandes gänzlich verändern und sie den europäischen viel näher rücken. Posten und regelmäßige Couriere fehlen gänzlich. Handelsverträgen liebt man durch Notariatsinstrumente eine legale Kraft beizulegen. Für Insolvente müssen nach einem Edict von 1817 deren Verwandte aufkommen, und sind diese außer Stande zu zahlen, so soll, wie weiter sehr praktisch verordnet wird, der Schuldner täglich Morgens die Bastonade erhalten, um sein Gedächtniß an den Bankerott zu erinnern.

Geistige Ausbildung. Von den ehemals berühmten Schulen und Bibliotheken des Landes, welche besonders die Stadt Fâs auszeichneten, ist keine Spur mehr vorhanden, und selbst die Heilkunde der Maroccaner, die im Mittelalter viel höher, als die der Europäer stand und die ausgezeichnetsten Vertreter hatte, ist zum Nichts herabgesunken. Von den sogenannten speculativen Wissenschaften haben die Maroccaner keinen Begriff, und das nur aus dem Korân abgeleitete Recht, so wie die muhamedanische Theologie, das Einzige auf den vorhandenen Lehranstalten getriebene, erfährt die geistloseste Behandlung. In Bezug auf ausländische Litteratur und Geschichte herrscht die lächerlichste Unwissenheit. Von Einführung der Buchdruckerei und Lithographie ist noch nicht die Rede gewesen.

Topographie. Die in europäischen Werken übliche Eintheilung des Reichs in die ursprünglich selbstständig gewesenen Länder Fâs und Marocco, welche dießseits des

Atlas lagen, und in die Provinzen Daráa, Guzzula und Sûs-ul-Aksa (das entfernte Sûs) jenseits des Atlas ist im Lande selbst völlig unbekannt, indem der Staat behufs der bürgerlichen und militairischen Verwaltung in 28 Districte von sehr verschiedenartigem Umfange getheilt ist, in denen stets ein Gouverneur an der Spitze der Verwaltung steht. Nur der District von Tafilêlt hat 2 Gouverneure; er, wie die übrigen Landstriche im Süden des Atlas Daráa, Guzzula, El Gharib und Adrâr sind in den 28 Districten nicht begriffen. Eine Territorialabtheilung bei den freien Berbervölkern beruht nur auf der räumlichen Verbreitung der einzelnen von einander völlig unabhängigen Stämme. Jeder Amazirghenstamm steht übrigens unter der Hoheit seines selbstgewählten Chefs, des Scheikh Kebir oder großen Scheikhs, der fast souveraine Gewalt über ihn übt und meist nur nominell von den maroccanischen Gouverneuren abhängt. Bestimmter sind die Scheikhs der arabischen Beduinen dem maroccanischen Staatsverbande unterworfen, indem sie vom Sultan vorgeschlagen und auch ernannt werden. Die wichtigsten Orte sind:

1) An der Straße von Gibraltar und am Mittelmeer: Tandscha (von den Europäern gewöhnlich Tandscher (Tanger) genannt) 35° 47′ 10″ N. Br. 11° 51′ 35″ O. L. nur 3 M. östlich vom Cap Spartel am westlichsten Ausgange der Meerenge von Gibraltar gelegen; 4—6000 Ew., worunter etwa 100 Christen, meist Kaufleute und Familienglieder der europäischen Consuln für Marocco; großes verfallenes Schloß (Kasbah), große Moschee, katholische Capelle mit einem Franciscaner-Kloster; durch die offene, Nordostwinden aber sehr ausgesetzte, als Hafen dienende Bucht lebhafter Seehandel mit Gibraltar, das von hier die meisten seiner Lebensbedürfnisse bezieht, und dem gegenüberliegenden Tarifa. Reizende Gärten umgeben die Stadt. — Tettâouin (Tetuân der Europäer), große, schöne und reiche Handelsstadt der Provinz Hasbat, 2 Stunden vom Meere und zugleich Hauptstapelplatz für die Bevölkerung des westlichen Rif in einer überaus schönen und wohlcultivirten Gegend; ziemlich befestigt, starkes Castell; 1500 H., 12000 Ew., die aus der 3/4 M. entfernten, als mittelmäßiger Hafen dienenden Mündung des Küstenflüßchens Martil viel Wolle, Gerste, Wachs, Leder, Häute, Orseille und Matten nach Spanien, Frankreich und Italien verhandeln. Die Apfelsinen der Gärten Tetuâns gehören zu den besten der Welt. — Terga in der Provinz Er Rif 3000 Ew., meist Fischer, die einen starken Handel mit gesalzenen Fischen mit den Bergbewohnern im Innern treiben. — Badis oder Gomera Hafenplatz. — Jelles, Seehandelplatz in Er Rif, umgeben von großen Waldungen wohlriechender Fichten und phönicischer Wachholderbäume. — Milla, gewöhnlich Melilla genannt, Hauptort der östlichen Provinz Gart an einem großen, aber nur zu einem mittelmäßigen Hafen dienenden Meerbusen in sehr fruchtbarer Gegend mit Eisengruben und vielen Bienen, die vortrefflichen Honig liefern, wonach der Ort seinen Namen empfing.

2) Am Atlantischen Ocean: Azila, armseliges Städtchen mit einigen 100 Ew., im Mittelalter blühender Handelsort. — El Araisch, bei den Europäern gewöhnlich Larache genannt, befestigter Hauptort der Provinz Azgar, ziemlich gut gebaut, aber in sehr sumpfiger, fieberreicher Gegend an der als Hafen dienenden Mündung des mäandrischen Luccos; ohne die Sandbänke am Eingange in den Fluß würden selbst große Seeschiffe mit Bequemlichkeit einlaufen können. Die Umgebung reich an den schönsten Oliven, Orangen und Granaten. Starker Export von Wolle, Häuten, Bohnen, Getraide und Kork: 500 Häuser, 4000 Ew., worunter mehrere 100 Juden. — Mehedia oder Mamôra kleiner armseliger Ort an der Mündung des Sebu; 400 Ew., meist Fischer. — Slâa oder Salâ Burgha'da nach den umgebenden Büschen genannt (Salé der Europäer), große, mit 25000 Ew. bevölkerte, gut befestigte, aber mittelmäßig gebaute Handelsstadt in der Provinz Beni Hassan an der zum Hafen dienenden weiten Mündung des Buregreb, die ihrer Sandbänke wegen für größere Schiffe nur schwierig passirbar ist, mit großen, schönen Gärten umgeben; früher Hauptplatz der maroccanischen Seeräuber; Werfte für die einzige Flotte des Reichs, Fabrikation schön gefärbter Teppiche. Rbât (Rabbat oder Neu-Salé der Europäer) 34° 4′ 27″ N. Br. 10° 57′ O. L., große, gut gebaute und stark befestigte Handelsstadt an der Südseite des Buregreb, Salé gegenüber und mit ihr, Tandscher und Mogador der wichtigste Seehandelsplatz des Reichs; 25000 thätige und intelligente Ew., darunter etwa 3000 Juden; bedeutender Handel mit Fâs und dem Binnenlande und sehr ansehnlicher Export von Landesproducten nach Europa, besonders nach Genua und Marseille. — Dar Beida (Anfa der Berber), ziemlich verfallen, einst großer Handelsort an einer geräumigen Bucht in der Provinz Temsna; nur noch mit 800 Ew.; große Getraideproduction in der Umgegend. — Azamour oder Azamor, d. h. Olive im Berber, schöne alte Stadt in der Provinz Dkalla oder Dukalla 33° 37′ 40″ N. Br. 10° 10′ O. L., 3/4 Stunden vom Meere, unweit der Mündung des tiefen reißenden und hier sehr fischreichen Umm-er-rbieh, 3000 Ew., in einer außerordentlich fruchtreichen Gegend, bedeutender Handel mit Lachsen aus dem Flusse, die gesal-

zen oder zu Oel verarbeitet werden. — Bridschа (Mazagan der Europäer) zwischen Azamor und Cap Blanco an einer geräumigen und vortrefflichen Bucht, stark befestigt: bis 1769 in den Händen der Portugiesen, deren letzte Besitzung in Marocco es war: die Umgegend liefert viel Getraide und Wolle, erstes nach Rabbat, letzte für den Export von Mazagan selbst. — Saffi oder Asafi, alte stark befestigte Stadt am C. Cantin mit vortrefflicher Rhede, aber in sehr unfruchtbarer Gegend, 8—9000 Ew., lange Zeit Mittelpunkt des europäischen Handels in dieser Gegend, von wo ungeheure Mengen von Landesproducten ausgeführt wurden: jetzt sehr gesunkener Handel. — Mogador (Tagourt der Berbern; Soueira der arabischen Maroccaner, beides Bildsäule bedeutend) 31° 30' 29'' N. Br. 7° 51' 58'' O. L., erst 1760 in sehr flacher, sumpfiger und unfruchtbarer Gegend angelegt, regelmäßig gebaut mit graden Straßen auf europäische Weise, 9500 Ew., die Hälfte Juden, etwa 100 Christen: Hafen durch eine der Küste vorliegende Insel gebildet: sehr beträchtlicher Handel mit dem Innern Maroccos und des Continents, Europa und den nordamerikanischen Freistaaten. — Tecnlet an der Mündung des Dulraflüßchens mit ausgedehnter Production von Getraide und Wolle in der Umgebung, die von Mogador ausgeführt werden. — Tefelne, feste Seestadt, mit 3000 Ew., in getreidreicher Gegend: ziemlicher Hafen für kleine Schiffe. — Agadèr (St. Cruz der Europäer), auf hohem Berge am Südrande des Atlas und an der Mündung des Sûs in der Provinz Sûs, trotz des schönen großen Hafens und der Nähe der an Naturproducten überaus reichen Provinz jetzt ein erbärmliches Dorf von nur 100 Ew., früher aber mit sehr lebhaftem Handel nach Europa, der erst durch Mogadors Erbauung zerstört wurde.

3) Im Innern: Alcassar oder Ksar el Kebir, d. h. das große Schloß, groß und gut gebaut, aber nur mit 5000 Ew., Niederlage und Tod des Königs Sebastian von Portugal im Jahr 1578. — Schechschonan oder Seisuán, Hauptort der Provinz Er Rif, am Gebirge gl. N., das hier seine blühendsten und anmuthigsten Flecken hat, wohl bevölkert durch Handwerker und Handelsleute: starke Flachsproduction in der Umgegend. — Zaulat-Mula-Drifi, 7 M. nordöstlich von Fâs, mit nur 900 Ew., aber in einer ebenen, sehr reichen, fruchtbaren und anmuthigen Gegend: in der Nähe prächtige Ruinen der alten Römerstadt Volubilis. — Sofru oder Sofore, schöne Handelsstadt, südöstlich Fâs gleichfalls in einer sehr fruchtbaren Ebene: in der Nähe reiche Steinsalzgruben. — Uschda, Grenzort gegen die algerische Provinz Oran 34° 40' 54'' N. Br. 13° 52' O. L. in einer durch blühende Gärten gezierten Oase der Wüste Angad, 600 Ew. — Taza oder Teza, Hauptstadt der fruchtbaren Provinz Hiaena, eine der schönsten Städte des Reichs, mit breiten und bequemen Straßen in sehr gesunder Gegend am Fl. gl N., der sich mit dem Sebu vereinigt, 10—12000 thätige Ew.: Getraidemarkt für das innere Binnenland und Handel mit Algerien. — Fâs (bei den Europäern meistens, doch unrichtig, Fez genannt), in der Provinz Temsna 34° 6' 3'' N. Br. 12° 41' 30'' O. L., eine der Hauptstädte des Reichs in einem überaus schönen, mit Blumenfeldern, Fruchtgärten und Gehölzen von Citron- und Granatbäumen bedeckten und wohl bewässerten Thal: 85000 Ew. (nach Andern nur 30—40000 Ew.), worunter 9000 Juden, 10000 Berbern, 4000 Neger, die übrigen Mauren und Araber: 100 Moscheen, worunter die prächtige, von 300 Marmorsäulen getragene Hauptmoschee el Carubin, einst mit einer reichen Bibliothek: 7 noch immer stark besuchte öffentliche Schulen; viele öffentliche Bäder; der auf einem Hügel gelegene Palast des Sultans ist groß, aber ganz verfallen: der Handel noch immer sehr bedeutend und der Markt gut mit ausländischen Waaren versehen. Die Fabrikthätigkeit vielseitig in vortrefflichen Waaren aus Seide, Wolle, Leder, Gold, Silber und Juwelen: die Pantoffeln, Teppiche, kupfernen Gefäße, Sättel, rothen Mützen und Juwelierarbeiten von Fâs sind berühmt, weshalb stets viele Fremde die Stadt beleben. Ein kleiner Fluß theilt diese in die alte Stadt Fâs beli und in die neue Fâs dschedid oder Medinat al beida, die weiße Stadt, so genannt wegen ihrer zahlreichen weißen Häuser. In der Nähe die berühmten Thermen Wischtatan und Halúa. — Meknus oder Meknes 33° 58' 30'' N. Br. 12° 9' 45'' O. L., gewöhnliche Residenz des Herrschers mit dem Beinamen Ez Zeituna d. h. Oel nach der ungemein großen Menge von Oelbaumpflanzungen in der vom Betflusse durchzogenen wohl bewässerten und außerordentlich fruchtbaren ebenen Umgebung: groß mit 55000 Ew., den gebildetsten des Reichs, darunter 39000 Mauren und Araber: gut befestigt gegen die benachbarten unruhigen Berberstämme im Atlas, Palast des Sultans mit höchst ausgedehnten prächtigen Gärten. — Tefza, Hauptort der Provinz gl. N. — Tedla, am Westfuß des Atlas, in schöner und fruchtbarer Lage mit dem kleinen, durch Berber bewohnten, $^{3}/_{4}$ M. entfernten Städtchen Efza oder Fistela, 11000 Ew.: berühmte Fabrikation schwarzer und weißer Mäntel, die über Rabbat selbst nach Italien ausgeführt werden. — Gitideb, gleichfalls schöne, reiche und mit Berbern wohl bevölkerte Stadt am Fuße des Atlas in gut cultivirter, sehr frucht- und viehreicher Gegend: bedeutender Handel in feiner Wolle und wollenen Kleidungsstücken. — El Medina, am oberen Ummererbieh, großer, befestigter und wohl bevölkerter Hauptort der Pr. Escura, in einer von Weinstöcken, hohen Nuß- und Arganbäumen bedeckten Gegend. Starker Handel mit Arganöl, Honig, Leder. — Tagodast in Escura, ebenfalls in fruchtbarer und reizender Gegend mit schönen Gärten: 7000 Ew., reich durch die Honig-, Getraide- und Arganölproduction der Umgebung, den bedeutenden Handel und eine ausgedehnte Fabrikation feiner Leder.

— Tedscheded in Dukalla am Ummer-r-bieh, einst blühende Handelsstadt durch die vortheilhafte Lage auf der großen Handelsstraße von Fäs nach der Stadt Marocco; uralter Getraidemarkt, wo sich die Bewohner der maroccanischen Sahara zu verproviantiren pflegen. — Marakesch (Marocco bei den Europäern), d. h. Geschmückt wegen der höchst romantischen Lage am Fuße der meist mit Schnee bedeckten höchsten Gipfel des Atlas und der frucht- und blumenreichen Umgebung mitten in einer großen Ebene der Provinz Erhammena 31° 37' 31" N. Br. 10° 4' 15" O. L., 2. Hauptstadt des Reichs, wohl bewässert und befestigt; 6½ M. im Umfang, 100,000, nach Andern 30000 Ew.; einst viel größer und volkreicher: zahlreiche und große Moscheen, darunter die Eulubiamoschee mit 220 Fuß hohem Thurm; prachtvoller, ganz aus Quadersteln erbauter und mit schönem italiänischen und spanischen Marmor gezierter kaiserlicher Palast von ¾ M. Umfang; ausgedehnter Handel mit Landesproducten und fremden Waaren, so daß ein ganzes Viertel der Stadt (Caissaria) nur dafür bestimmt ist. — Agmat, einst Hauptstadt von Erhammena am Fuße des Atlas und eines durch diesen nach Tafilelt führenden Passes, deshalb stark gegen die Berber befestigt, 5500 Ew., darunter etwa 1000 Juden; einst groß, reich blühend, jetzt verfallen. — Fruga, in der von der Stadt Marocco bis hierher fortziehenden, unermeßlichen und äußerst kornreichen Ebene, beinahe ausschließlich von Berbern und Juden bewohnt. — Tednest, alte Hauptstadt der Provinz Hahha am Jauaflüßchen in einer großen anmuthigen Ebene; 4000 Ew., worunter 1800 Juden, die viel Handel treiben und ausnahmsweise große Vorrechte haben. — Tarudant, 30° 13' N. Br. 6° 30' O. L., Hauptstadt der Provinz Sûs und einst eines eigenen Reichs, in paradiesischer Gegend, die früher viel Zucker producirte, 22000 sehr industriöse Ew., die eine Art kleinen Freistaats bilden und besondere Geschicklichkeit in der Lederbereitung und im Färben von Federn besitzen. — Tagawost, älteste und vielleicht größte Stadt von Sûs am Sûsflusse; befestigt, mit sehr reicher Umgebung; die sehr industriöse Bevölkerung treibt großen Handel mit den von ihr selbst verfertigten wollenen Tüchern nach der Sahara und den Nigerländern. — Tedsi, ansehnliche Stadt in Sûs. — Tafilelt, früher Hauptstadt des unabhängig gewesenen Staats der Filelli-Amazirghen, eigentlich eine Gruppe kleiner Oasen am Flusse gl. N. mit mehreren Dörfern und Citadellen, 10000 sehr thätige und industriöse Ew., die sich besonders mit dem Sudanhandel und der Fabrikation von Seidenstoffen, Teppichen und wollenen Decken beschäftigen, neueres Schloß der maroccanischen Herrscher und neue steinerne Brücke über den Tafilelt. — Beni Sabih oder Daráa, Hauptort des Districts Daráa, mittelgroße, aber volkreiche Stadt mit starkem Handel, besonders von Indigo und Ziegenhäuten. — Mimeina in Dráa, große von Berbern bewohnte und von Palmenwäldern umgebene Stadt. — Tatta und Akka, zwei Dörfer in Dráa an der Grenze der großen Wüste und Sammelplätze der großen nach Timbuctu ziehenden Caravanen. — Stukka, Dorf mit 300 Ew., der äußerste Ort der maroccanischen Herrscher gegen Südwest, wohin die Mannschaft der häufig an der Küste scheiternden Schiffe gewöhnlich gebracht wird.

Die Spanier besitzen in Marocco seit mehreren Jahrhunderten 4 stark befestigte Plätze (Presidios), die ihnen als Verbannungs- und Straforte dienen, sonst aber ohne allen Nutzen sind, da sie von den Maroccanern bis an die Mauern streng blockirt sind und gar keinen Verkehr mit dem Innern haben. Sie kosten deshalb Spanien mehr, als sie einbringen. — Ceuta (Sebta der Mauren), sehr starke Festung, gegenüber dem nur 12½ M. davon entfernten Gibraltar, auf einer kleinen Halbinsel und mit einem kleinen schlechten Hafen. 6300 Ew. — Peñon di Velez, auf einem kleinen Eilande zunächst der Nordküste bei Badis oder Gomera, 800 Ew., festes Schloß auf der Spitze eines steilen Felsen. — Alhuzemas, d. h. Lavendel, Fort mit einer kleinen Stadt von 600 Einw., auf einer kleinen Insel, gegenüber der maroccanischen Stadt Hadschar an Neccos. — Milla (Melilla), 2300 Ew., Packetbootverbindung mit Malaga.

2. Der Staat des Sidi Heschâm.

Von dem noch zur südwestlichen Provinz Maroccos gehörenden Flüßchen Sûs (Oued Sûs) bis 2 Tagereisen nördlich von dem großen, früher von den Beherrschern Maroccos selbst als Südwestgrenze ihres Reichs angesehenen großen Flusse Sakia el Hamra (dem rothen Fluß), liegt der in Marocco unter dem Namen Sûs el Aksa (das ferne Sûs) oder Tessel gekannte Landstrich, in welchem sich in neuerer Zeit eine Anzahl kleiner Staaten mit industriöser Bevölkerung vom Berberstamm gebildet hat. Dieß ist besonders der Fall mit dem seit etwa 1810 von Marocco unabhängig gewordenen und organisirten Staat des Marabut Sidi Heschâm, welcher sich entlang der Küste erstreckt, theilweise durch Ausläufer des Atlas sehr gebirgig ist und jetzt von den Nachfolgern des Gründers beherrscht wird. An der ganz hafenlosen Küste dieses Gebiets liegt das Cap Noun 28° 45' 45" N. Br. 13° 24' 34" O. L., und südlich davon die oft durch Sandbänke unpassirbare Mündung des Drâa. In den Gebirgen erheben sich einzelne Gipfel schon in der Nähe des Oceans bis 2338, 2878, ja bis 3784 Fuß. Das vorherrschende Gestein an der Küste ist Sandstein, im gebirgigen Theile des Landes dagegen Kalkstein, muthmaßlich Neocomienkalk, indem in dem Kalkgebiete am Jssinberge ein bedeutender Bergbau auf Eisen- und antimoniale Kupfererze, wie in Algerien, betrieben wird. Außer dem Oued Drâa ist das Land noch durch zahlreiche andere Gebirgsflüßchen bewässert. In dem Staat des Sidi Heschâm sind Ilir und Tellent, benachbarte Orte, Residenzplätze des Herrschers. El Sbig, großer Handelsort mit einem mehrere Monate dauernden Markt. Ofrân, 150 H. mit halb jüdischer Bevölkerung. — Ein anderer kleiner Staat südlich von jenem, ist der des Oued Noun in der Nähe des Cap gleichen Namens mit 40 Dörfern und 25000 Ew. Oued Noun Hauptort; Hauptstationsplatz für die in jedem Frühjahr aus Timbouctou zurückkehrenden Caravanen.

3. Algerien.

Hülfsmittel.

Carte de la province d'Alger, dressée au dépôt général de la guerre. 1 Bl. Paris 1844. Dieselbe Charte für die Provinzen Oran und Constantine zu je einem Blatt. — Algérie par Dufour. Paris 1846. (großes Blatt.) — Carte topographique de l'Algérie dressée par Bouffard. Paris 1847. — Bouffard, Atlas de l'Algérie dressé sur les documents et les plus recents renseignements, empruntés aux cartes publiées par le dépôt de la guerre. Avec une carte de la grande Kabylie par Daumas et Fabar. Paris 1847. 11 Charten, 2 Bogen Text. — M. Wagner, Reisen in die Regentschaft Algier 1836—1838. 3 Bd. Leipzig. 1841. 8. — Vincenzo Calza, Algeria. Roma 1844. 8. — Daumas, Le Sahara Algérien. Etudes géographiques, statistiques et historiques sur la region au sud des établissements français en Algérie. Paris 1845. 8. mit 1 groß. Charte. — F. Jacquot, Expédition du Général Cavaignac dans le Sahara Algérien en Avril et Mai 1847. Paris 1849. — Evariste Bavoux, Alger. Voyage politique et descriptif dans le nord de l'Algérie. 2 Vol. Paris 1841. — Tableau de la situation des établissements français dans l'Algérie. Paris. 4. Von 1838—1846. — Bérard, Description nautique de l'Algérie. 3me Edit. Paris 1850. 8.

Lage, Grenzen, Größe. Die französische Provinz Algerien erstreckt sich von Marocco im Westen bis zum Staat von Tunis im Osten, doch ist die östliche Grenze ebenso wenig genau, als die westliche, festzustellen, da sie mit ihrem südöstlichsten Theile südlich von dem großen, theils zu Algerien, theils zu Tunesien gehörenden Salzsee, dem Sebkha Melrir, unermeßlich viele wüste Ebenen ohne bestimmte Richtpunkte durchschneidet, und die politische Zugehörigkeit der in diesen Ebenen nomadisirenden Stämme einzig nach der physischen Abhängigkeit derselben von den einzelnen zu Algerien oder Tunesien gehörenden Oasen schon in älterer Zeit bemessen wurde. Vom Nordrande des Melrir folgt die Grenze von der Mündung des Ouad Reffrân oder Helal im Melrir dem Lauf desselben bis zu seiner Quelle südlich Tebessa und erreicht endlich 5 M. östlich von dem französischen Küstenplatz La Calle bei Tabarka das Mittelmeer. Im Norden stößt Algerien, gleich Marocco, an das Mittelmeer; im Süden wird die Grenze fast eben so natürlich durch eine Reihe von 6 hinter einander liegenden Oasen Ouad Sûf, Ouad R'ir, Temacin, Ouaregla, Ouad Mzab und Ouläd-fidi-Scheikh gebildet, wovon die erste und östlichste, 50—55 M. von der Oase Ghadames entfernt, fast genau unter dem Meridian von Philippeville liegt, die letzte, die äußerste gegen Südwest und gegen die maroccanische Grenze, sich schon in der Nähe der Oase Figuig befindet. So begrenzt umfaßt Algerien $9\frac{1}{2}$—10 Längengrade zwischen dem 16—26° und 5 Breitengrade zwischen dem 32—37°, also ein Areal von ungefähr 6500 Q. M. oder $\frac{3}{4}$ von dem des europäischen Frankreichs.

Oberflächenbeschaffenheit. Algerien ist ungemein gebirgig, doch gibt es auch ausgedehnte vorherrschend ebene Strecken, die von Südwest nach Nordost sich verfolgen lassen und zu einer natürlichen Eintheilung des Landes in 4 Zonen, entsprechend denen in Marocco, Veranlassung geben können. Die nördlichste etwa 10 Meilen in nordsüdlicher Richtung breite Zone ist eine gebirgige, die sich meist unmittelbar aus der Meerestiefe jäh bis zu ansehnlichen Höhen sowohl in West-, wie in Ost-Algerien erhebt, so daß die Zugänglichkeit des Landes dadurch ungemein erschwert wird. Zuweilen zieht sich diese maritime, eine unmittelbare Fortsetzung des maroccanischen Rif bildende Gebirgszone etwas vom Meere zurück, so daß ihr ein flacher Küstensaum vorliegt; stellenweise wird dieselbe auch durch breite, flache, zum Theil sehr sumpfige, zum Theil überaus fruchtbare Ebenen unterbrochen, die weit in das Land reichen. Dergleichen ist die Meleta und Tlelatebene S.W. der Stadt Oran, die breite und sumpfige Ebene des Sigflüßchens S.O. von Arzew, die große Metidschaebene S.O. der Stadt Alger, die weite Ebene der Beni Salah, südlich Philippeville und die damit in ununterbrochener Verbindung stehende der Beni Yacoub S.W. und S.O. von Bona. Besonders jäh und hoch erscheint aber der Küstenrand West-Algeriens im Gamaragebirge zwischen der Mündung des Tafnaflüßchens und Oran, dann in dem östlich Oran gelegenen Löwengebirge, im Darahgebirge östlich Tenes, endlich im Sahel und im sogenannten Massengebirge (Massif) von Algier, an dessen östlichem Fuß die Stadt Algier selbst liegt. Auch der größte Theil des ost-algerischen Küstenrandes ist hoch und steil. Nach einer breiten Unterbrechung durch die Metidscha steigt derselbe östlich von der Mündung des Isserflüßchens auf und setzt ununterbrochen über die Hafenplätze Dellys, Budschia, Dschidschelli (Gigelli), Collo bis östlich Philippeville fort, indem besonders bei Budschia die Küstenklippen einen höchst grotesken Charakter besitzen. Jenseits einer Unterbrechung durch einen flachen Küstenstrich bei Philippeville erhebt sich vom Eisencap bis zum C. Garda bei Bona die Küste noch einmal in dem isolirten Edoughgebirge, das im Süden gegen die Beni Yacoub-Ebene abfällt, so wie wir zuletzt im äußersten Osten von la Calle abermals ein hohes felsiges Aufsteigen des Küstenrandes treffen, mit welchem die ähnliche tunesische maritime Gebirgszone beginnt. Mit dieser langen Ausdehnung gebirgiger Küstenränder steht Algeriens Reichthum an felsigen Caps und breiten halbinselartig in das Meer vorspringenden Landmassen in inniger Verbindung, indem zu jenen ersten 3 scharf charakterisirte Vorsprünge des Gamaragebirges, die Caps Figalo, Sigale (Râs Andalûs) und Falcon, 2 des Löwengebirgs, die C. Ferrat und Carbon, 3 des Darahgebirgslandes, die C. Ivi, Aghmis und Tenes, endlich das Cap Carines des algerischen Massengebirges gehören; östlich der Stadt Algier erscheinen die Vorgebirge Matisou, Sigli (Râs Dschennad), das östliche C. Carbon, Cavallo, Budscharone (Râs Seba Rouss), la Garde und Rour (Rus el Hamra der Eingeborenen) als die bemerkenswerthesten. Größere halbinselartig aus dem Küstenrande vorspringende Landmassen sind das Gamara- und Löwengebirge, das Massengebirge von Algier, endlich die lange Edoughgebirgsmasse. Zahlreiche, breite und tief in das Küstenland eindringende Golfs liegen endlich zwischen solchen marinen Ausläufern, wie im westlichen Algerien die große Bucht von Oran, die Bucht von Arzew zwischen C. Carbon und Mazagran, bei Algier die große Bucht dieses Namens, westlich von der Pointe Pescade, östlich von C. Matisou begrenzt; ferner im östlichen Algerien die große und schöne Bucht von Budschia zwischen dem östlichen C. Carbon und C. Cavallo, die kleine Bucht von Dschidschelli, die breiten Golfe von Collo und Stora oder Philippeville, endlich die Bucht von Bona. Dennoch fehlt es der Küste an guten Häfen und selbst an sicheren Rheden, indem die Golfs fast ohne Ausnahme gegen Nordwinde offen sind. Nur im Westen zwischen Tenes und Mostaganem gibt es einige günstigere Landungspunkte. Auffallend ist bei dem plötzlichen und hohen Aufsteigen der Küstenränder der Mangel an vorliegenden Inseln, indem nur die kleine Insel Raschgoun, gegenüber der Tafnamündung und entfernter von der Küste die früher noch zu Tunesien, jetzt aber gewöhnlich zu Algerien gerechnete Insel Galita zu bemerken sind. Den südlichsten Rand der aus vielfachen, durch Transversalketten verbundenen Longitudinalketten bestehenden maritimen Gebirgszone bildet ein hoher Gebirgszug, der sich unter verschiedenen Namen bis zur tunesischen Grenze verfolgen läßt und in der Provinz Oran vorzüglich unter dem Namen des Ouánseris bekannt, im östlichen Theile des Landes aber mit den diesen letzten erfüllenden rauhen und wilden Massen des Dschurdschura (Jurjura)-gebirges zwischen Constantine und der Küste bei Budschia und Collo verknüpft ist. Von den übrigen Bergmassen der Zone zeichnet sich besonders der Dschurdschura durch zahlreiche hohe und gezackte Kegelberge aus. Zu den größeren und bestimmter noch mitten in der Zone auftretenden Bergmassen gehört das Gebirge der Beni Menasser bei Miliana, der lange Zeit fast unzugängliche Zufluchtsort dieses räuberischen und unzähmbaren Stammes. Nicht selten erscheinen zwischen den Longitudinalketten breite Flußthäler und andere ausgedehnte Flächen, wie das Thal des Schelif in seinem ganzen ostwestlichen Lauf, die fruchtbare Egrésebene südlich Mascara und die Ebene von Milab in Constantine. Häufig durchbrechen spaltenartige höchst enge und ungeheuer tiefe Transversalthäler, worunter die Bibân d. h. im Türkischen Thor oder die eisernen Pforten zwischen Constantine und Algier die berühmtesten sind, die Gebirgsketten und gestatten dann fließenden Gewässern einen Abzug. Dieß ist auch für den Schelif mit einem spaltenartigen Thal bei Medeah, für den Bou Sellam mit einem andern bei Setif, für den Roummel bei Constantine, für den Seybous bei Guelma der Fall. Der Dschurdschura, welcher den größten Theil des Jahres mit Schnee bedeckt ist, scheint die höchsten Gipfel der Küstenzone überhaupt zu enthalten, indem einer derselben zu 5700 F. bestimmt wurde, wogegen alle übrigen gemessenen Höhen Algeriens niedriger sind, da der Guerioun südlich Constantine und der Sidi Rgheis, S.O. davon, nur resp. 5524 und 5209 F., die Gurudaberge S.O. Budschia 4800, der Zickarberg, ein wichtiger Knotenpunkt bei Miliana, 4602, der Mouzaia oder Tenia W.S.W. Blidah 4791, der Berg des Beni Salah ebenfalls südlich Blidah 4560, der Beni Masseraberg S.O. Blidah 4350, der Râs Seba Rouss 3250, der Râs el Akba östlich Constantine 3248 F. Höhe erreichen, doch scheint die Erhebung der Ouánseriskette noch nicht bestimmt zu sein. — Südlich von der Küstenzone erstreckt sich von den Grenzen Maroccos bis zu denen von Tunesien eine andere ihr an Breite fast gleiche, aus unermeßlichen Hochebenen bestehende Zone, in deren tiefsten Stellen sich eine lange fortlaufende Kette geschlossener beckenartiger Salzseen, Schott oder Schibkhas gebildet hat und deren Einförmigkeit nur durch einige isolirte Bergreihen unterbrochen ist. Im westlichen Algerien ist die Richtung dieser Bergreihen und die Längenrichtung der Salzseen sowohl unter sich, als auch der Richtung des Südrandes der Küstenzone gleichlaufend d. h. von S.W. nach N.O. Die Oberfläche dieser 2. Zone, welche von den neueren französischen Berichterstattern das Land der Schotts genannt worden ist, ist vorherrschend felsig und häufig mit einer Decke gelb-rothen oder rothen Sandes oder völligen Sanddünen überlagert, zugleich höchst monoton. Selbst um die Quellen und Brunnen gibt es keine Palmenvegetation; nirgends bekleidet sich der Boden im Winter, wie in der algierischen Sahara der Fall ist, mit einem grünen zusammenhängenden Teppich; nur einzelne isolirte Stellen haben eine kümmerliche Vegetation der den nord-afrikanischen Wüsten überall eigenthümlichen Pflanzen, holziger Artemisien (Schiah), der Halfa (Stipa stenacissima Desf.) und anderer Gräser. Das Maximum der Erhebung dieser Zone über dem Meeresspiegel beträgt etwa 3500 Fuß: im Westen wurde die Höhe von Sebdou am Süd-Fuße der Küstenzone zu 1920, die der Schotts zunächst der maroccanischen Grenze zu 2500, im Osten die von Setif zu 3300 F. ermittelt. Im Süden begrenzt dieß Plateauland eine 2. Gebirgszone von 9—10 Stunden Breite, welche in S.W.—N. O. Richtung ununterbrochen von der maroccanischen bis zur tunesischen Grenze unter verschiedenen Namen fortsetzt und deshalb und ihrer Lage nach als directe östliche Verlängerung des maroccanischen Atlas gilt. Ihr westlichster Theil führt den Namen der Ouled Sidi Scheikhberge, der centrale den des Dschebel Amúr und D. Sahri, der östlichere den des Dschebel Aurás. Im Ganzen aber erreicht die Höhe dieses sehr zerrissenen Gebirgszuges die des maroccanischen Atlas bei Weitem nicht, indem dessen höchster Gipfel, zugleich der Gipfel eines gewaltigen Tafelbergs, des Dsch. Gada oder Gourou, im Dschebel Amúr nur bis 5100 F. ansteigt, und der Dsch. Sahri sogar viel niedriger ist, wogegen allerdings der Aurás wiederum höher ansteigt, dessen bis gegen 5300 F. hohe Gipfel bei Batna noch Ende

März mit Schnee bedeckt zu sein pflegen. Die 4. südlichste, abermals nur ebene Zone breitet sich vom Südfuße der 3. bis zu der Oasenreihe an der Südgrenze Algeriens aus und gleicht nach der Beschaffenheit ihrer Oberfläche und ihrem starken Salzgehalt allerdings sehr der nördlicheren ebenen Zone, nur ist sie viel reicher an Culturstellen, welche durch wüste Landstriche, den Aufenthalt einer in steter Bewegung befindlichen Bevölkerung, von einander getrennt werden, während die Oasen eine meist sedentaire Bevölkerung durch ihre zahlreichen und schönen Fruchtgärten ernähren. Sie heißt vorzugsweise die algerische Sahara, unter welchem Namen jedoch zuweilen selbst die nördliche ebene Zone begriffen wird. Ihre Oberfläche hat nur eine einzige bedeutendere Erhebung zwischen dem Dschebel Amûr und der Oase der Beni Mzab im Dschebel Mahiguen und in einem kurzen, dem Amûr parallelen Höhenpunkte, dem D. Mazedj, welcher letzte nach Westen zu in einer langen bogenförmigen Krümmung außerhalb des algerischen Gebiets fortsetzt und hier in einem seiner ansehnlichsten Theile den Namen des Dschebel Baten führt. Im Ganzen liegt aber die algerische Sahara bedeutend niedriger, als das Land der Schotts, indem ihre Erhebung zwischen der Oase Biskra und Sidi Okba, S.O. Biskra, nur zu 228 F. über dem Meeresspiegel bestimmt wurde und südlich davon der Abfall gegen den Melrir sogar noch beträchtlich zunimmt. So wird es allerdings wahrscheinlich, daß sich im südlichsten Theile Algeriens eine ausgedehnte bis unter den Meeresspiegel reichende Depression findet, worin außer dem Melrir die großen algerischen Oasen Souf, Ouad Rir und Ouaregla liegen, in denen zahlreiche, von allen Seiten herabkommende Steppenflüsse enden. Aber nur ausnahmsweise ist in dieser Zone südlich Biskra die Oberfläche eine so vollkommene Ebene, daß sie dem Meeresspiegel gleicht.

Geognostische Beschaffenheit. Diese stimmt so sehr mit der von Marocco überein, daß alle Gebilde Algeriens nur als unmittelbare Fortsetzungen der maroccanischen gelten können. Hier, wie dort, bilden Kalksteine die Hauptmassen, denen zunächst Thon- und Mergelmassen sich anschließen. Wahre vulkanische Gebilde und Cratere sind noch nicht gefunden worden; metamorphische und plutonische nur in einem schmalen Zuge zunächst der Küste, der höchst wahrscheinlich eine Fortsetzung des entsprechenden maroccanischen ist. Das ungeheure Kalkgebiet Algeriens gehört vorherrschend der Kreidegruppe an, deren unterstes Gebilde der in der ganzen Umgebung der Stadt Constantine herrschende dichte und fast schwarze Hippuritenkalk ist, woraus auch der hohe Sidi Rgheis oder Rereis, südlich Constantine und zugleich am Rande der nördlichen ebenen Zone besteht. Westlich Constantine scheint dieß Gestein, das durch seinen reichen Gehalt an Caprotina ammonia dem oberen Neocomien angehört, nicht zu reichen. Bedeckt wird es von grauen Kreidemergeln, die in der ganzen maritimen Gebirgszone verbreitet sind, und mit grauen und selbst schwarzen dichten, besonders an Polyparien, Ammoniten, Belemniten, Trigonien, besonders aber an charakteristischen großen Inoceramen ungemein reichen Kalklagen wechseln. Stellenweise sind die Mergel so hart und schiefrig, daß ihre Platten zum Dachdecken dienen. Aber am wichtigsten sind dieselben in der Küstenzone durch einen großen Reichthum an bedeutenden Gyps- (Schatababerg bei Constantine, Babôrberg bei Setif, El Kantara bei Biskra, Medeah, Neschmia, zwischen Mascara und Oran und an vielen anderen Punkten) und Steinsalzmassen (Milah bei Constantine, El Kantara), so wie von ausgedehnten und reichen Erzablagerungen (namentlich von Spatheisensteinen zu Tenès und am Mouzaia zwischen Algier und Medeah, dann von Kupfererzen am Mouzaia bei Medeah, bei Tenès und O.S.O. von Constantine zu Gouça (Sigus der Alten). Die Mergel sind selbst reichlich so mit Salz imprägnirt, daß die unzähligen salzigen Gewässer der Küstenzone allein daraus durch Auslaugen ihren Mineralgehalt beziehen mögen. Diese Mergel mit den charakteristischen Versteinerungen der Kreide erstrecken sich weit in die nördliche ebene Zone bis zu dem großen westlichen Zarezsee, an dessen Südseite noch ein isolirter 640 F. hoher und eine Fläche von einer Quadratlieue bedeckender Salzberg, der Dschebel Mêlah, auftritt, dann bis südlich Constantine, endlich bis südlich Sebdou im Westen. Bei der großen Zahl zum Theil sehr ausgedehnter Salzseen (die Provinz Constantine hat deren allein 12), von Salzflüssen (Oued el Melh) und Salzquellen wird es wahrscheinlich, daß sogar der größte Theil der 2. Zone aus Kreidemergeln besteht. Selbst für die beiden südlichen Zonen dürfte dasselbe gelten, indem auch darin nächst großen Salzseen (Melrir) öfters Gyps- und Steinsalzmassen (in der Oase Ouaregla und besonders reichlich in den Ouled Sidi Scheikhbergen) auftreten. Die Kreidemergel werden häufig durch ganz Algerien von sehr ausgedehnten und mächtigen Massen nummulitischer Kreidekalke bedeckt, welche bei Constantine in innigster Verknüpfung mit den Hippuritenkalken stehen und zwischen Philippeville, Bona und Constantine die Hauptmasse des dortigen rauhen Gebirges bilden. Häufiger sind alle diese Glieder der Kreidegruppe, z. B. die Hippuritenkalke am Sidi Regheis, besonders aber die Kreidekalke ausgedehnt an der tunesischen Grenze und zwischen Mascara und Tlemsen von krystallinischen Dolomiten begleitet, deren Felsen sich, wie in Europa, durch groteske Formen kenntlich machen. Ueber den Nummulitenkalken erscheint längs der Küste des östlichsten Algeriens, öfters aber durch krystallinisch körnige Gesteine unterbrochen, und auch im Innern bis Guelma und Setif eine bis 20 Stunden breite Zone untertertiärer Gebilde, bestehend aus versteinerungslosen eisenschüssigen Fucoidensandsteinen und von fucoidenreichen, damit wechselnden Fucoidenmergeln. Die Sandsteine bilden oft, und besonders bei la Calle, hohe steile Meeresklippen, die sich weit bis in das tunesische Gebiet fortsetzen und im Magrizberge bis 1500 Fuß aufsteigen. Als oberste Gebilde Algeriens aus älterer Zeit finden wir endlich ansehnliche Ablagerungen obertertiärer mariner oder subapenninischer Thone, welche häufiger von sandigen Kalken, dem Lünelkalk, bedeckt werden, dann ebenso ausgedehnter Ablagerungen von Süßwasserthonen, die von Braunkohlen, Mammiferenresten und Süßwasserschnecken (Planorben) begleitet sind. Die Subapenninenthone verbreiten sich im Westen in einer sehr großen Ablagerung, die von Oran bis wenigstens Uschda in Marocco reicht, und auf der anderen Seite bis Mostaganem und Tenès, dann in einer zweiten großen Masse südöstlich der Metidscha, bis Scherschell zu verfolgen ist, endlich tief im Süden bei Biskra und Serguin südlich Medeah schon in der nördlichen ebenen Zone. Die sehr ausgedehnten obertertiären Süßwassergebilde kennt man besonders zu Smendu zwischen Philippeville und Constantine, wie zwischen Alger und Oran. Sehr bemerkenswerth ist endlich das Auftreten krystallinischer Gesteine an ziemlich zahlreichen Punkten unmittelbar am Meeresrande, ohne einen deutlichen Zusammenhang zwischen den einzelnen Massen von Talkschiefer an den Caps Falcon und Sigali, von Gneis und von Talkschiefer im algerischen Massif und am C. Matifou, von Talk- und Glimmerschiefern zwischen Bona und Dschidschelli, von Porphyren zu Oran und Scherschell, endlich von großen Dioritporphyrmassen zwischen Bona und dem Eisencap und am Golf von Stora. Eine ausgedehnte Basaltablagerung findet sich an der untern Tafna, vulkanische Massen beobachtete man auf den Inseln Galita und Raschgoun. Ausgebreitete und mächtige kalkige Absätze aus warmen, noch fließenden Quellen oder aus solchen, die erst in einer verhältnißmäßig neuen Epoche der Erdbildung verschwunden sein können, erscheinen zahlreich in den Thälern der Provinz Constantine.

Gewässer. Fließende Gewässer gibt es in Algerien in großer Zahl; zwischen der maroccanischen und tunesischen Grenze münden allein 25 Flüsse im Mittelmeere, zu dem sie meist nur durch sehr tiefe, die Küstenketten durchbrechende Transversalschluchten gelangen. Die meisten sind von ungemein hohen Felswänden eingeschlossen und haben in der Natur der Bergströme bei geringer Tiefe einen kurzen Lauf. In der Regenzeit schwellen alle ganz außerordentlich an und erschweren in hohem Maß die Communication, was im Lande durch den bisherigen Mangel an Brücken noch lästiger wird. Schiffbar ist gegenwärtig kein einziger Fluß, und selbst der Schelif könnte es durch die Kunst nur für kleine Fahrzeuge werden, so daß auch in der Hinsicht, wie in vielen andern, Marocco große Vorzüge vor Algerien hat. Durch die großen Krümmungen, welche die algerischen Flüsse machen, haben diese meist nur einen schleichenden Lauf. Die im Mittelmeer mündenden entspringen sämmtlich, mit einziger Ausnahme des Schelif, der seinen Ursprung schon am Dschebel Amur hat, in der Küstenzone.

Sie sind fast ohne Ausnahme an ihrer Mündung impracticabel und können deshalb nicht einmal als Häfen dienen. Die bedeutendsten sind: der Schelif, der längste und größte Fluß Algeriens, welcher in seinem oberen Lauf einen ganz O.N.O. Lauf hat, die Ouânseris plötzlich am Dschebel Ued Honter S.W. Medeah durchbricht und endlich 50 Stunden lang in einem breiten Longitudinalthal in westlicher Richtung bis zu seiner Vereinigung mit dem Minaflüßchen seinen Lauf nimmt, worauf er $4\frac{1}{2}$ Meilen unterhalb dieser Vereinigung zwischen C. Ivi und Mostaganem das Mittelmeer erreicht, nachdem er erst in einer tiefen Transversalschlucht die Küstenkette durchbrochen hat. Der Schelif ist der große Abzugskanal für die meisten am Südabhange der Küstenkette und am Nordabhange der Ouânseris entspringenden Gewässer. Der Seybus bildet sich durch die Vereinigung mehrerer Bäche bei Mschez Amar im Innern der Provinz Constantine, südöstlich von der Stadt gl. N. und durchbricht das Gebirge am Dschebel Tarf, worauf er in weite Ebenen tritt und nach 25 M. langem Lauf bei Bona das Mittelmeer erreicht. Der Semmam, nächst dem Schelif der wasserreichste Fluß des Landes, welcher in seinem Lauf verschiedene Namen führt, entspringt im Innern der Provinz Algier bei dem französischen Posten Aumale und folgt nach seinem Durchbruch durch einen der bedeutendsten Knotenpunkte der Gebirge in der Küstenzone einem weiten Längenthal in N.O. Richtung bis zu seiner Mündung bei Budschia. Der Roummel bildet sich aus mehreren Bächen südlich von der Stadt Constantine und geht dem Mittelmeer zwischen Collo und Dschidschelli zu. Kleinere Gebirgswasser der Küstenzone, die in der neueren Kriegsgeschichte Algeriens Bedeutung gewannen, sind noch der Isser, der unfern Medeah entsteht und nach nur 18 M. langem Lauf bei Dellys das Mittelmeer erreicht, die Schiffa, die Tafna, die als Abzugskanal für den Nordwesten des Landes von Bedeutung ist, und die Makta in der Provinz Oran, endlich der Arrasch und Mazafran in der Provinz Algier. Selbst im südlichsten Theil des Landes ist die Zahl der fließenden Gewässer bedeutend, doch liegen sie fast ohne Ausnahme in der trockenen Jahreszeit trocken, und schwellen nur in der Regenzeit sehr bedeutend an. Sie entspringen an den südlichen Abhängen des Dschebel Amûr, Sahri und Aurâs, wie am Dschebel Mazedj und enden theils im Sande, theils in den Seen der Sahara. Der ansehnlichste dieser Flüsse ist der Oued Dschedi (Sandfluß), dessen Lauf einem großen und langen westöstlichen Becken folgt und im Melrir endigt. Größere Seen hat Algerien in der nördlichsten Zone nur wenige. Die beiden bedeutendsten sind hier die große Sebkha S.W. Oran und der Fezzarasalzsee bei Bona. Viel bedeutender ist die Zahl der Seen, die sämmtlich gesalzen sind, in den ebenen Zonen, wo sie die tiefsten Stellen einnehmen; die nördliche besitzt 5 dergleichen, die zum Theil von sehr bedeutender Größe sind, im Sommer aber mit Hinterlassung einer blendend weißen Kochsalzschicht fast austrocknen. Es sind dies der Schott el garbi (westlicher Schott), der 45 Stunden lange Schott esch scharki (östlicher Schott), der westliche und östliche Zarezsee und der Schott es Saida oder Salzsee von Msila, welcher eine Größe, gleich der des Genfersees, besitzt. In der südlichsten Zone ist der bedeutendste See, der Melrirsalzsee, dessen Areal der Größe von Corsica gleich gesetzt wird. Moräste fehlen besonders in der Nähe des Meeres und den tief liegenden Oasen der Sahara nicht; die der Metidschaebene bei Algier, die bei Oran, Bona und la Calle, welche nach und nach durch das französische Gouvernement trocken gelegt werden, wirkten durch ihre bedeutende Ausdehnung sehr nachtheilig auf die Gesundheit ihrer Umgebungen. Sehr merkwürdig sind endlich die großen unterirdischen Wasserbecken in der Sahara, besonders unter der Oase Ouad Rir, wo sie den Einwohnern unter dem Namen Bahar el taht Unterirdisches Meer bekannt sind. Unter den Quellen gibt es in allen 3 Provinzen zahlreiche warme Mineralquellen, worunter die berühmtesten die stark kalkhaltigen sogenannten Verwünschten Bäder (Hammam Meskutim) bei Guelma, die Hammam Berda ebendort, die H. Beni Kecha, die Thermalquellen O. von la Calle und an der Schefia S.W. von la Calle, die H. Beni Sermen bei Budschia, die Thermen von Miliana, die von Hammam Bou Hadschar zwischen Oran und Tlemsen, endlich die Hammam Melouen südlich

Algier nebst den Thermen zwischen Oran und Meri el Kbir sind. Sie werden von den Arabern mit Nutzen in verschiedenen Krankheiten gebraucht. Selbst in der Sahara fehlt es nicht an dergleichen. Unter den kalten Mineralquellen sind die allerhäufigsten die Salzquellen, nächst ihnen Glaubersalz führende in der Zone der Schotts.

Klima. Im nördlichen Theile des Landes stehen die klimatischen Verhältnisse denen des südlichen Spaniens nahe, indem die mittlere Temperatur zu Algier 17°,8 C. beträgt, doch wechselt dieselbe sehr nach der Erhebung des Terrains, da sie zu Medeah, Miliana und Setif nur 16° erreicht. In der Sahara ist sie viel höher, nämlich 20°. Die größte, und zuweilen fast unerträgliche Hitze, besonders in der Sahara, wird durch den aus dem Innern des Continents kommenden austrocknenden Wind, den Samum, hervorgebracht; das Thermometer steigt dann selbst im Norden bis 36°, in der Sahara wurden während des Samums 52° C. beobachtet. Der heißeste Monat ist der August, doch steigt die mittlere Sommerwärme von Paris höher, als die von Algier. Starke Schwankungen in der Temperatur sind auch nicht selten. Der Winter ist bei den zahlreichen Gebirgen ziemlich streng. In den Küstenstädten wird er jedoch meist durch starke Regenfälle vertreten, die mitunter zu Algier so intensiv sind, daß der in 1—2 Stunden fallende Regen die Regenmenge eines ganzen Jahrs von Paris übersteigt. Im Sommer regnet es dagegen fast gar nicht. Selbst in der algerischen Sahara regnet es im Winter zuweilen in Strömen. Im Innern ist die Kälte des Winters mitunter so intensiv, daß sie für die französischen Expeditionen tödtlich wurde. Zu Medeah, Miliana und Constantine schneit es fast alljährlich, im Dschurdschura und Aurâs bleibt der Schnee häufig bis zum Frühjahr liegen. Selbst zu Algier schneit es mitunter, und in der Sahara reift es sogar fast jeden Winter, ja es fallen hier zuweilen 1—2 Fuß hohe Schneemassen, wie im nördlichen Europa, wodurch die jungen Palmpflanzungen getödtet werden. Im Allgemeinen ist das Klima selbst für Europäer gesund; nur die großen Sümpfe am Meeresrande wirken in hohem Grade schädlich. Desto ungesunder sind die tief liegenden und morastigen Oasen im Süden, besonders das Ouad Rir, in dessen Handelsplätzen Tuggourt und Temacin kein Europäer einen dauernden Aufenthalt nehmen kann, da ihn die Fieber tödten.

Naturproducte. Die Vegetation hat den Charakter der Mittelmeerflora und steht der in der Provence und in Südspanien sehr nahe. Von Culturpflanzen gedeihen besonders Waizen und Gerste, dann Baumwolle in der Maktaebene, Zuckerrohr (einst viel und mit Glück gebaut; die Pflanzungen ruinirte aber die Tyrannei der Türken), Orangen-, Pomeranzen-, Granat- und Johannisbrodbäume, endlich Dattelpalmen in wäldergleichen Pflanzungen in den Oasen der Sahara. Ebenso prosperiren alle europäische Gemüsepflanzen und Obstbäume. Oelbäume und Weinstöcke wachsen überall wild, werden aber wenig ihrer Früchte wegen genutzt. Die Zwergpalme ist ein allgemein verbreitetes lästiges Unkraut. Ausgedehnte und dichte Wälder besonders von Thuyen (Thuya articulata), Aleppofichten, Terebinthen, Cedern (Larix cedrus), Steineichen und immergrünen Eichen (darunter die neu entdeckte Zâneiche (Quercus Mirbekii) bei la Calle, am häufigsten aber Korkeichen und Eichen mit eßbarer Frucht (Quercus ballota)), Ulmen, Eschen und selbst von Oelbäumen bedecken große Strecken, sowohl zunächst der Küste, als im Innern, in einem Gesammtumfange von etwa 838510 Hectaren, wovon der größte Theil auf die Provinz Constantine, der geringste auf die von Algier fällt. Vor Allem ist der aus Fucoidensandstein bestehende Boden auf den Plateaus von Constantine dem Waldwuchs förderlich, während die kalkigen Berge meist waldlos sind. Zu den prächtigsten Forsten gehören der Cedernwald am Teniat el Had, die Eichenwaldungen von Edough bei Bona und von la Calle, die Oelbaumwälder in Oran. Selbst die algerische Sahara hat noch am Dschebel Amour sehr schöne Wälder von Balloteichen und Terebinthen. Sehr schadet aber dem Waldwuchs die Sitte der Landesbewohner, das Gras ihrer Felder einmal im Jahre abzubrennen, wodurch häufig die schönsten Forsten zu Grunde gehen. Die Bäume sind darin zuweilen von gigantischer Größe und Stärke, was besonders bei Cedern und immergrünen Eichen der Fall ist. Noch ist wegen des Mangels an

Straßen und schiffbaren Gewässern die Benutzung der Forsten sehr gering, obgleich sie für die französische Flotte das werthvollste Material enthalten. — Die Thierwelt hat wenig Eigenthümliches. Löwen waren bisher ungemein häufig, sind aber bereits durch die steten Verfolgungen sehr vermindert oder völlig ausgerottet worden. Nächst ihnen gibt es unter den Raubthieren Leoparden und im Süden viel Schakals und Hyänen. Von Hausthieren ist das Pferd zahlreich und von ausgezeichneter Beschaffenheit, das Maulthier gut und dauerhaft, das Schaf im Ueberfluß und bildet einen Haupttheil in dem Viehreichthum der Bevölkerung. Manche arabische Stämme besitzen unermeßliche Viehheerden. Kameele sind bei den Stämmen der Sahara häufig; die Cochenille gedeiht gut, und ihre Cultur verspricht in der Zukunft von Wichtigkeit zu werden. — Von nützlichen Mineralien sind besonders Eisenerze, größtentheils von ausgezeichneter Beschaffenheit, häufig. Reich ist besonders daran der Strich krystallinisch körniger Gesteine S.O. von Budschia, bei Bona und Philippeville, wo an vielen Stellen das Eisenerz zu Tage kommt, und selbst ein ganzer Berg, der Mokta el Hadid (Eisenerz-Steinbruch), 320 F. hoch, vom Fuß bis zum Gipfel aus Magneteisenstein besteht. Große Eisenerzablagerungen finden sich ferner in den Umgebungen von Tenès und am Mouzaia bei Medeah auf Spatheisensteingängen. Bleierze besitzt das Land reichlich am Bou-Thalebberge südlich von Setif, wo sie von den Kabylen gefördert werden, in den Ouânseris, wo Gleiches durch die Kabylenbevölkerung geschieht, endlich zu Kessoum Tabûl an der Grenze von Tunis unter noch unbekannten Lagerungsverhältnissen. Am hohen Bouzareaberge bei Algier gibt es silberhaltige Bleierze mit Spuren von Gold. Kupfererze sind nicht minder häufig in den Ouânseris, am Mouzaia, S.O. von Budschia im Kabylenlande und endlich zu Tenès und Gouza (dem Sigus des Alterthums) sämmtlich in Kreidemergeln auftretend. Manganvorkommnisse finden sich reichlich im Massif von Algier. Schöne weiße Marmore in den krystallinischen Schiefern von Bona, besonders am Filfilaberge, versprechen einen bedeutenden Handelszweig abzugeben, so wie es auch am Rothen Vorgebirge zwischen Bona und la Calle einen schönen statuarischen Marmor gibt. — Salz ist überall verbreitet und aus den zahllosen salzigen Gewässern zu gewinnen. Besonders bemerkenswerth sind in der Hinsicht auch die Steinsalzablagerungen von Milah, El Kantara und Ouaregla. Von Steinkohlen ist aber bisher noch nicht eine einzige Spur gefunden worden.

Bevölkerung. Das numerische Verhältniß derselben war bisher noch nicht genau festzustellen, da selbst in den längere Zeit von den Franzosen besetzten Districten und Städten der muhamedanische Theil der Einwohner sich stets den Zählungen entzogen hat. Nach den durch die Regierung angestellten, im Jahr 1846 publicirten Ermittelungen beträgt die Bevölkerung (aber wahrscheinlich nur des Tell) etwa 3 Millionen, wovon auf die Provinz Algier ca. 1000000, auf die Provinz Oran 1200000 und auf die Provinz Constantine 560000 Köpfe kommen, was 7,67 Einw. auf ein Q. Kilometer oder 391,6 Preuß. Morgen durchschnittlich beträgt. Sie ist nach der Productionsfähigkeit der einzelnen Theile sehr verschieden vertheilt. Am stärksten scheint das Gebirgsland zwischen Budschia und Setif nach der Sorgsamkeit, womit jeder kleine District cultivirt ist, bewohnt zu sein; am wenigsten ist es in dem Schottlande und in der Sahara der Fall. An Europäern zählte man im Jahre 1849 außer dem Heere 115240 Individuen, von denen 58287 in 55 Städten und Dörfern auf die Provinz Algier, 37301 mit 31 Städten und Dörfern auf Oran, 19652 mit 27 Ortschaften auf Constantine fallen, worunter etwa 50000 Franzosen und eben so viel Spanier (besonders in der Provinz Oran; in der Stadt Oran überwiegen sogar die Spanier) die zahlreichsten sind. Im Osten, vorzüglich zu Bona, sind maltesische und andere italiänische Einwanderer am häufigsten. In der älteren Bevölkerung herrscht das arabische und Berberelement vor, woran sich die christlichen Europäer, Türken, Koulouglis, Mauren, Juden und Neger als neuere Einwanderer anreihen. Die Araber sind der zahlreichste Volksstamm Algeriens; besonders herrschen sie in den Provinzen Oran und Algerien; die Oasen der Sahara werden zum Theil von ihnen bewohnt. Nächst ihnen sind die Berber, in Algerien gewöhnlich Kabylen, nach dem arabischen

Worte Kbila (Gabâyl) Stamm genannt, am häufigsten; sie bewohnen, 80000 waffenfähige Männer zählend, im Gegensatz der Araber vorzüglich die Gebirgsgegenden und vor Allem den sehr unzugänglichen Dschurdschura, wie den Aurås, in welchem aber ein von den nördlichen Kabylen etwas in der Sprache verschiedener Zweig der Berber, die nur 40000 Köpfe starken Schauïa (Schauïa oder Schowiah bedeutet Hirt), ansässig ist, der sich jetzt selbst bis in den mittleren Theil der Provinz Constantine oder in die Ebenen hinabgezogen hat. Doch fehlen Berber selbst nicht in den Oasen, indem besonders eine große derselben, die der Beni Mzab oder Mozabiten, von einer Abzweigung derselben mit etwas abweichender Sprache bewohnt wird. Die Kabylen gehören zu den fleißigsten und gewandtesten Bewohnern Algeriens; das Gebirgsland derselben in der Provinz Constantine ist musterhaft angebaut. Die Mauren und Juden sind vorzugsweise Städtebewohner und Krämer. Die wenigen aus früherer Zeit übrig gebliebenen Türken vermindern sich immer mehr, wie es auch mit den Koulouglis (etwa 20000), den Abkömmlingen von Türken und einheimischen Frauen, der Fall ist. Neger, einst sämmtlich Sclaven, seit 1848 aber für frei erklärt, rechnet man etwa 80000, unberücksichtigt die Neger in den Oasen, wo überdies der größte Theil der Bevölkerung sogar eine Mischlingsrace von Arabern und Negerweibern ist. Juden, ebenfalls etwa 80000, wohnen vorzugsweise in den Städten, aber häufig auch in den Oasen; überall vorzugsweise mit Handel beschäftigt, in den Oasen zugleich mit Goldarbeit. Unter den afrikanischen Einwanderern in die nördlichen Küstenstädte und namentlich nach Algier selbst, sind die Mozabiten, eine friedliche und ehrliche Volksklasse von heller Gesichtsfarbe, die wichtigsten und nützlichsten, da sie fast ausschließlich dort Mühlen, Bäder und Schlachthäuser besitzen und betreiben.

Verfassung. Bis zum J. 1830 war Algerien ein eigener fast unabhängiger Staat unter türkischer Oberherrlichkeit. Aber die darauf folgende französische Eroberung und der Besitz des Landes wurde erst durch die Gefangennehmung Abd el Kaders im J. 1846 befestigt. Nur das von Kabylen bewohnte Gebirgsland zwischen Budschia, Philippeville, Setif und Constantine hat seine Unabhängigkeit bisher behauptet. Die französischen Besitzungen werden seit 1843 durch einen Beschluß des damaligen Kriegsministers in die drei Provinzen Algier, Oran und Constantine getheilt, von denen Algier 2 Districte, den von Algier selbst und den von Titteri, Oran die Districte Oran, Mascara, Mostaganem und Kreman,. Constantine endlich die 2 Districte Bona und Setif umfaßt, und stehen unter dem General-Gouverneur, der zu Algier seinen Sitz hat, die höchste Militair- und Civilgewalt, mit Ausnahme der Gerichtsbarkeit, in sich vereinigt und direct dem Kriegsminister zu Paris untergeben ist. Ein administratives, aus 5 der obersten Colonialbeamten und dem commandirenden Befehlshaber der Truppen bestehendes Conseil steht ihm zur Seite. Nur in Geldsachen correspondirt der oberste Finanzbeamte, der Civilintendant, direct mit dem französischen Finanzminister. In den Provinzen hatten bis vor Kurzem die Divisionscommandeure ausschließlich auch die oberste Leitung der Civilverwaltung, indem ihnen Administrationsräthe zur Seite standen. Allmählig tritt aber hier eine Civilverwaltung an die Stelle der militairischen, indem in den Provinzen Algier und Constantine besondere Districte aus der militairischen Verwaltung ausgeschieden und unter dem Namen von Departements unter Civilpräfecten gestellt wurden. Unter diesen verschiedenen Chefs stehen nun für kleinere Districte eingeborene Vorsteher, Chalifas, die vom General-Gouverneur ernannt und durch die Regierung besoldet werden, für den richtigen Eingang der Steuern verantwortlich sind, endlich Geldstrafen als Richter aufzulegen und die Urtheile des Agas zu modificiren ermächtigt sind. Ihnen sind kleinere Cantons, sogenannte Agaliks, untergeben, deren Vorsteher, die Agas, schon vom Divisionscommandeur oder Präfecten ernannt werden. Die kleinsten Bezirke, die Kaidats, stehen endlich unter Kaids, die für die pünktliche Erfüllung der von dem Vorgesetzten erlassenen Vorschriften und besonders dafür zu sorgen haben, daß die waffenfähige Mannschaft ihres Stammes oder Districts stets gerüstet ist. Im Kriege befehligt sie derselbe Kaid, der zugleich die Lokalpolizei handhabt, Körper- und Geldstrafen anordnet und Streitigkeiten zwischen den Duârs (Dörfern) seines Districts schlichtet. Für diese Pflichten erhält er eine aus den Marktgebühren, Geldstrafen und anderen Revenuen fließende Remuneration. Die Stadt Constantine erhielt ausnahmsweise ihrer Bedeutsamkeit wegen einen eigenen Vorstand (Hakem) mit dem Range eines Chalifen, wogegen in den übrigen größeren Städten bereits nach europäischem Muster Municipalitäten eingeführt worden sind, in denen auch Muselmänner und Juden Sitz und Stimme haben. Die Vermittelungsbehörde besonders zwischen den höchsten militairischen Gewalten und den eingeborenen Behörden bildet das arabische Bureau in Algier; von dem eine Anzahl im Lande zerstreuter Unterbureaus abhängt. Für die Rechtspflege besteht ein höchster Gerichtshof in der Hauptstadt nebst einem Handelsgericht, ebenso Tribunale 1. Instanz zu Oran und Bona. Die Justiz der Muhamedaner wird in allen größeren Städten durch auf Lebenszeit angestellte und durch einen Diensteid verpflichtete Khadis verwaltet, welche aus den gesetzkundigen Tolba gewählt werden, das Gesetz zu erklären und anzuwenden und Urtheile zu sprechen, diese aber, nach dem Gesetz vom 20. September 1842 monatlich der höchsten Gerichtsperson, dem Generalprocurator, zur Kenntnißnahme einzureichen haben, was bisher durchzuführen, Schwierigkeit gefunden hat. Die noch freien fast unzähligen kabylischen Stämme im Küstenstriche zwischen der Isser und dem Seybus und die Schauïas haben eine fast demokratische Verfassung mit eigenen von einander unabhängigen Häuptlingen, während die frühere der Araber eine aristokratische war. In den Oasen sind die Häuptlinge meist durch ihren religiösen Charakter ausgezeichnete Personen, welche durch einen Rath von Notabeln controlirt werden. — Die Einnahmen der französischen Besitzungen entspringen aus den Hafenzöllen, Schifffahrtsabgaben, directen Steuern und dem Zehnten der Eingeborenen, aus der Forstverwaltung und den Abgaben der Corallenfischer; sie betrugen im J. 1845 20,4 Millionen Franken, sind jedoch in raschem Wachsen, indem sie von 1830 bis 1845 jedes Jahr durchschnittlich um 4,6 Millionen Fr. zunahmen. Dennoch übersteigen die Kosten der Verwaltung und des hier unterhaltenen Heeres (1849 70178 Mann) bedeutend die Einnahmen. Frankreich gewinnt jedoch reichlich indirect durch diese Besitzung, indem der algerische Handel auf staunenswerthe Weise trotz der fortwährenden Kriege und Unruhen im Innern selbst bis 1846 zugenommen hat. Die französische Militairmacht ist noch sehr bedeutend und besteht theils aus periodisch stationirten Linienregimentern, theils aus europäischen Corps, die wie die Chasseurs d'Afrique, die Fremdenlegion, hier beständig verbleiben, theils aus Corps aus Eingeborenen, die auf europäische Weise disciplinirt sind. Für den Fall des Kriegs sind die eingeborenen Stämme zur Stellung von Contingenten (Goums) verpflichtet. Verschiedene Goums bilden vereinigt ein größeres Corps, den Magzen.

Handel, Gewerbe, Ackerbau. 1845 wurden bereits für 62 Mill. Franken französische Waaren, für 9 Mill. fremde aus französischen Entrepôts und für 23 Mill. ebenfalls fremde, aber direct aus dem Auslande, seewärts eingeführt. Die Ausfuhr betrug 1845 erst 5700000 Franken im Werth nach Frankreich, 4800000 Fr. nach dem europäischen Auslande. Eingeführt werden besonders Baumwollenstoffe von Rouen (in Zunahme begriffen; 1844 schon für 8 Mill. und meist in das Innere gehend), Cerealien für den Bedarf des Heeres, Heu ebenso (besonders aus dem Kirchenstaat), Wollenstoffe, Bauholz, Seidenzeuge, Brantwein, Kaffe, raffinirter Zucker und Gewürze. Algier empfängt zwei Drittel der Einfuhr, wogegen Bona der wichtigste Platz für den Exporthandel ist. Der Bedarf an europäischen Waaren für das Innere des Continents ist seit 1846 wiederum bedeutend gewachsen, seitdem der durch die Kriege verscheuchte Handel der Oasen, der großen Handelsentrepôts im Innern mit den Seeplätzen in Algerien, der sich zeitweilig auf die Straßen von Marocco, Tunis und Tripolis gewandt hatte, allmählig in seine alten und natürlichen Wege zurückkehrt. Von Tunis werden meist auf dem Landwege durch die Oase Sûf eingeführt: orientalische Luxusartikel, Seidenstoffe, Glaswaaren (aus Europa) und Räucherwerke im Werth von 2,5 Mill., Algerien führt dahin nichts aus. Nach Marocco ist der Handel sehr unbedeutend geworden, doch hat auch er in der neuesten Zeit zugenommen. Sehr bedeutend ist endlich der Getraidehandel in das Innere, indem die Bewohner der Küstenzone ihre Cerealien nach den Oasen bringen, wo sie magazinirt werden, und wo sich die Nomaden der Sahara damit versorgen. — Die Gewerbsthätigkeit hat in Algerien immer auf einer viel niederen Stufe, als in Tunesien und selbst in Marocco gestanden, so daß selbst früher kein einziges bemerkenswerthes Product der algerischen Industrie Gegenstand eines bedeutenderen Exports war. Die Kabylen sind noch jetzt unter den älteren Bewohnern Algeriens diejenigen, welche die meiste technische Industrie betreiben; sie sind geschickte Handarbeiter, besonders Maurer, und betreiben die Maurerei fast ausschließlich zu Algier und in den Seestädten, weben Teppiche, Mäntel (Haiks) und verfertigen in großer Menge Ackerbauwerkzeuge, Leder, Schießpulver und schöne Yatagans, so wie sie auch vortrefflich europäische Münzen aus unedlen Metallen nachzuahmen verstehen. Zugleich betreiben sie Bergbau auf die Blei- und Eisenerze ihres Gebiets und gießen und schmieden Eisen. — Der Ackerbau stand des sehr fruchtbaren Bodens wegen bisher auf sehr niedriger Stufe, doch führte Algerien noch im vorigen Jahrhundert fortwährend Getraide nach Süd-Europa aus, weil das Gebot des Korân hier nicht so streng gehandhabt wurde, wie in Marocco. Eine Hectare reicht hier schon hin, eine Person zu ernähren, wozu in Europa 3—4 Hectaren erforderlich sind. Ansehnlichen Tabaksbau hat im Süden besonders die Oase Suf, wogegen die meisten Oasen der Sahara ungeheure Dattelpalmenpflanzungen besitzen, deren Früchte den Bewohnern zur Nahrung und zum Gegenstande eines großen Handels mit ihren nomadischen Nachbarn dienen. Außerdem hat die Gartencultur in den Oasen eine hohe Stufe der Vollkommenheit erreicht. Eine ganz außerordentliche Oelproduction hat das Kabylenland, doch galten stets als die fruchtbarsten Landstriche Algeriens die Metidscha bei Alger, die Egrèsebene bei Mascara, die Ceiratebene zu beiden Seiten des Sig und die Thäler des Schelif, der Tafna und des Seybus. Sehr unfruchtbar, oft von aller Vegetation entblößt, sind dagegen viele Strecken und besonders die Kalkplateaus der Provinz Constantine.

Religion, geistige Bildung, Unterricht. Die verbreitetste Religion ist die muhamedanische, der alle älteren Bewohner Algeriens, mit Ausnahme der Juden, mit Fanatismus anhängen. Unter der neu eingewanderten Bevölkerung bilden Katholiken die Mehrzahl mit einem Bischof zu Algier und Vicaren zu Oran und Bona. Die geringe Zahl der Protestanten, meist Elsasser und Deutsche, haben einige Betsäle. Für den Unterricht sorgen außer einem Collège zu Algier nach dem Muster der französischen Gymnasien, Schulen des wechselseitigen Unterrichts zu Algier, Bona und Oran, maurisch-französische und jüdisch-französische Knabenschulen zu Algier und Oran, sowie Mädchenschulen in Algier und Oran. Neu angelegte Elementarschulen gibt es fast in allen Ortschaften. Eine schon jetzt an kostbaren orientalischen Manuscripten reiche Bibliothek und eine Sammlung von Alterthümern findet sich zu Algier. Die muhamedanische Bevölkerung hatte vor der Besitznahme Algeriens durch die Franzosen bereits ein ausgedehntes, abgestuftes Unterrichtssystem, das aber fast ausschließlich auf den Korân basirt war, und in den ersten Zeiten der französischen Occupation fast ganz zu Grunde ging. Ihm verdankte die Bevölkerung, daß die Hälfte des männlichen Theils derselben lesen und schreiben konnte; ein Verhältniß, das so günstig in Frankreich selbst nicht vorkommt. Algerien wird jetzt in 3 Provinzen getheilt, von denen eine jede ihren Tell und eine Sahara besitzt.

a) **Die Provinz Algier**, die mittlere Algeriens: mit der Hauptstadt gl. N. 36° 47' 30" N. Br. 20° 41' 24" O. L., 103,610 Ew., woron 65737 europäischen Ursprungs, Sitz des General-Gouverneurs, der höchsten Militair- und Civilbeamten, des höchsten Gerichtshofs, des Bischofs; Gymnasium, Bibliothek, Alterthümersammlung; katholische Kirche, 5 Moscheen; öffentlicher Garten. Auf der Höhe in der Stadt selbst die Kasbah, einst Citadelle und Residenz der Deys von Algier. Sehr bedeutender Handel. — **Koleah**, kleine Stadt in der Nähe des Meeres, S.W. von Algier, von prächtigen Gärten umgeben. — **Boufarik**, großer Markt, mitten in der Metidscha, 1996 Ew. — **Blidah**, am nördlichen Fuße des merkwürdigen, nach Medeah führenden Teniahpasses in wunderschöner Lage mit prächtigen Gärten und Orangehainen, 7557 Ew. — **Medeah**, am Südfuße des Teniahpasses, 3300 Fuß über dem Meere, 5316 Ew. — **Boghar**, wichtiger Centralpunkt für die französischen Besitzungen im Süden und den Handel mit der Sahara: aber 1847 erst mit 112 europäischen Ew. — Miliana, 2700 F. über dem Meere in einer überaus fruchtbaren und erzreichen Gegend, mit heißen Quellen, 2431 Ew. — Scherschell am Meere, 1745 Ew., mit vielen Ruinen des alten Caesarea Augusta. — Tenès, Hafenplatz, 2320 Ew., mit Kupfer- und Eisengruben in der Nähe — Orléansville, neu angelegte Stadt im Schelifthal, wichtige militairische Stellung zur Beobachtung der wilden Bergbewohner in den Ouanseris, 657 Ew. — In der Sahara dieser Provinz südlich von der östlichen Fortsetzung des Dschebel Amur, dem D. Sahri, liegen einige große und wichtige Oasen: Die Oase El Aronat mit dem Ort gl. N., 33° 48′ N. Br. 19° 12′ O. L., 6—800 H., 107 Lieues von der Küste, etwa 5000 Ew., befestigt: schöne Gärten und ganze Waldungen von Granat-, Aprikosen-, Feigen-, Birnen- und Mandelbäumen; großes Emporium für den Handel nach dem nördlichen Algerien, besonders um Getraide und europäische Waaren einzukaufen, dann nach Tunis und dem Innern des Continents. — Ain Mâdi, Oase am Fuß des D. Amur, ebenfalls ansehnliches Handelsemporium mit der Stadt gl. N. — Die Oase der Beni Mzab, die südlichste in der Provinz Algier, sehr reich bewässert durch zahlreiche Flüsse und Bäche, die vom D. Mazedj herabkommen und in dem Becken von Ouaregla enden. Zu ihr gehören die Städte: Gardaia 33° 25′ N. Br. 19° 40′ O. L., befestigter Hauptort von der Größe fast der Stadt Algier am Oued Mzab; römische Ruinen, großer Handel. — Beni Isguen am Mzab, solid gebaut, fast so groß, wie Gardaia. — Guerara, ebenfalls fast so groß, wie Gardaia, befestigt, wichtiger Handelsort.

b) Die Provinz Constantine, die östlichere Algeriens, mit der Hauptstadt gl. N., auf einem hohen, vom Roummel umflossenen Felsen, 20770 Ew., darunter 1775 Europäer; viel Gewerbthätigkeit, besonders in Lederwaaren und wichtiger Handel in das Innere des Continents. — Bona, Seeplatz in sehr ungesunder Lage an der Mündung des Seybus, 10400 Ew., sehr bedeutender Handel. — Philippeville, neu angelegter Ort, als Hafen für Constantine dienend, 6000 Ew., darunter nur 629 Einheimische. — La Calle, in der Nähe der tunesischen Grenze, 249 Ew., durch seine Corallenfischerei wichtig. — Stif, gewöhnlich Setif genannt, 17 M. westlich von Constantine, in sehr gebirgiger und sehr gesunder Lage, 997 Einw. — Milah, 4 Meil. N. W. von Constantine, in fruchtbarer und steinsalzreicher Gegend. — Budschia (Bugia) an der großen Bai gl. N., einst Hauptstadt eines großen Reichs im arabischen Mittelalter und bedeutende Handelsstadt, jetzt klein und verfallen, 654 Ew. — Dschidschelli, kleiner Seeplatz, 1047 Ew. — Tebessa, in einer ausgezeichneten und höchst fruchtbaren Gegend, 15000 Ew., schöne römische Ruinen. Zu der Provinz gehören in der Sahara gleichfalls einige wichtige Oasen; so am Fuß des Aurasgebirges ein Complex kleinerer Oasen, welche den Namen der Ziban führen und unter denen Biskra, der südlichste französische Militairposten, die bemerkenswertheste und einträglichste ist; dann die Oase Ouad Rir mit 35 Dörfern und der Stadt Tougourt als Capitale, die, von Morästen umgeben, für Fremde durch ihre Fieberperiode sehr verderblich ist, mit dem 8 Stunden davon entfernten Temacin aber den größten Stapelplatz für den Handel dieser Gegenden bildet. Endlich die Oase Ouaregla mit dem Ort gl. N. 31° N. Br. 19° 75′ O. L., die südlichste der Provinz, sehr sumpfig, und deshalb für Fremde in der Fieberperiode ungesund, großer Handel.

c) Die Provinz Oran, die westlichste mit der stark befestigten und regelmäßig gebauten Hauptstadt gl. N., 25400 Ew., darunter 18259 Europäer, meist Spanier. — Mers el Kebir mit dem Hafen von Oran, dem besten Algeriens. — Nemours, einst Dschema Ghazouat, 412 Ew., äußerster französischer Posten nach Westen, schon in der Nähe der marokkanischen Grenze. — Arzew, mit der sichersten Rhede auf der ganzen Küste, in der Nähe eines großen meist trocken liegenden Salzsees Melah, dessen Benutzung dem Staatsschatz einen großen Gewinn liefert. — Mostaganem, Seehandelsplatz, 7200 Ew. — Tlemsen, 5½ M. vom Meere, in sehr fruchtbarer, wasser- und obstbaumreicher Gegend, 9440 Ew., darunter 1729 Europäer, sehr bedeutender Handel in das Innere. — Mascara, in der überaus fruchtbaren Egresebene, 9½ M. von Mostaganem, 3819 Ew., Gerbereien und Gewerbeanlagen. — Zebdou 34° 36′ 30″ N. Br. 16° 22′ O. L., Saïda, Tiaret, französische Militairposten am Nordrande des Landes der Schott.

4. Der Staat von Tunis (Tunesien.)

Carte de la Régence de Tunis dressée au dépôt général de la guerre. Paris 1842. — T. Mac Gill, An account of Tunis, of its government, manners, customs, antiquities and commerce. 2 Vol. London 1816. 8. —

Er erstreckt sich von der algerischen Grenze im Westen bis zu dem großen in das nordafrikanische Küstenland eingreifenden Sidragolf im Osten. Im Norden bildet das Mittelmeer, im Süden eine keilförmige Linie die Grenze, welche durch wüste Landstriche vom Melrir nach Südost bis auf die Höhe des tripolitanischen Plateaus

Thar el Dschebel etwa bis zum 32° 10′ N. Br. läuft, sich dann nach Nordost wendet und den Westrand des Golfs unter dem 32° 10′ N. Br., etwas südlich von der tunesischen Insel Dscherbi, erreicht. Die Küstenlänge beträgt ungefähr 125 d. M. Die Beschaffenheit des Küstensaumes ist ziemlich einförmig; der östliche Theil desselben ist vorherrschend flach, sandig und unfruchtbar, der nördliche dagegen durch hohe, pittoreske, aus der Meerestiefe steil aufsteigende Felsmassen gebildet, die stellenweise auch wohl durch einen mehrere Meilen breiten flachen Strich vom Meere getrennt werden. Die Eintheilung des Landes in Zonen nach der verschiedenartigen Beschaffenheit der Oberfläche ist hier noch möglich, doch ist die Trennung der Zonen weniger scharf, als in den westlichen Atlasländern. Im Innern des Landes ist der nördliche und westliche Theil im Allgemeinen stark bergig, und die Bergketten steigen zum Theil sehr hoch und schroff auf. Diese und die zwischen ihnen liegenden Flußthäler, die zuweilen bis 3 Stunden Breite haben, folgen sämmtlich, ausgenommen im südwestlichsten Theil des Landes, einer S.W.—N.O. Richtung. Waldreiche Gebirgsmassen setzen zuvörderst im N.W. Theile des Landes sowohl zunächst dem Küstensaum, als tiefer im Lande nach Bescha (Beja) zu zwischen dem Meere und dem Medscherdafluß nach Osten bis ganz in die Nähe von Tunis fort und bilden eine maritime Gebirgszone, welche als Fortsetzung der entsprechenden in Algerien und Marocco angesehen werden kann und zu welcher die Dschebel Heidous, Enjaria und der hohe D. Ischkel südlich vom Benzartsee gehören. Diese maritime Gebirgszone wird im Süden wieder durch eine breite ebene Zone begrenzt, worin der Medscherdafluß und südlich davon noch der Milianahfluß (Oued el Milianah) mit sehr bestimmter S.W.—N.O. Richtung ihren Lauf nehmen und welcher abermals weiter im Süden eine zweite hohe Gebirgsregion in unmittelbarer Verknüpfung mit der südlichen algerischen Gebirgszone, d. h. also zunächst als Fortsetzung des Auràsgebirges gleich von der Westgrenze des Landes an folgt. Es erhebt sich diese Zone bis wenigstens 7000 Fuß und sie endigt im Osten, theils gegen die tiefe sumpfige Ebene von Kairuan, theils in einem langen Aste, der östlich den Golf von Tunis begrenzt und endlich in den Râs Addhàr (Cap Bon) ausläuft. Einzelne ihrer Theile führen den Namen des Dschebel Uffelata, D. Sit (4190 Fuß) und Sàk el Arbar; aber eine der bekanntesten, am meisten gegen Tunis hervortretenden Kuppen ist der gegen Süden von dieser Stadt gelegene und 4270 Fuß hohe Zauàn. Nach Süden setzt derselbe Gebirgszug in einem hohen Plateau fort, woraus sich der merkwürdige Dschebel Truzza 3080 F. nebst dem D. Zibk 4360 F. hoch erheben und wozu endlich der 3648 F. hohe Tafelberg D. Hamàda el Kissera gehört. Im südwestlichsten Theile des Landes nach Gàfsa zu zwischen dem 34—35° N. Br. steigen nochmals hohe Bergmassen mit dem Dschebel Selloum, Nouba, Halouk el Mekhila (4448 F.) und Tiouach (4438 F.) auf, deren Zusammenhang mit dem Dschebel Auràs und seiner tunesischen Fortsetzung jedoch noch nicht erforscht ist. Noch weniger dürfte eine Verknüpfung derselben mit dem Ghariànplateau in Tripolitanien oder dem ihnen noch näheren sogenannten tripolitanischen Plateau stattfinden, da eine tiefe, von dem großen Becken des Melrir beginnende und ununterbrochen bis zum Mittelmeer gegenüber der Insel Dscherbi fortsetzende Senkung des Bodens den Nordrand des Tripolitanischen Plateaus sichtlich begrenzt. Südlich von diesen Bergmassen erscheinen endlich als 4. Zone die wüsten felsigen Ebenen des Dattellandes (Biled el Dscherid) oder der tunesischen Sahara, als deren äußerste Begrenzung gegen Mittag das mit den Dschebel Haddoul und Matmata endende tripolitanische Plateau anzusehen ist und in deren tiefsten Stellen die unter den Namen der Schott el Gharsa und des Großen Salzsees (Schott el Kebir) bekannten Fortsetzungen des Melrir auftreten. Ueberall, wo die nördliche ebene Zone an das Meer reicht, ist der Küstensaum flach und im höchsten Grade unfruchtbar. Bei aller Einförmigkeit des Küstenrandes gibt es jedoch Vorgebirge in nicht geringer Zahl; an der Nordküste bilden in das Meer vorspringende Felsrücken das Schwarze (C. Negro) und Weiße Vorgebirge (Râs el abid, C. Bianco), das Rosinencap (C. Sebib), die Spitze (Râs) Sidi el Melkhl und C. Addhàr nebst dem im Golf von Tunis gelegenen Râs Kartadschenah (C. Carthago); auf der Ostseite erscheinen die Râs el Melha, el Mustafa, el Mamûr, Monastir, Dimâs und Kabûdia. Ebenso wenig fehlt es an Meerbusen, von denen der im Westen durch das Râs Sidi el Melkhi, im Osten durch die Landzunge des R. Abdhâr begrenzte Golf von Tunis der ansehnlichste ist. Ihm folgen an der Ostseite die beiden großen und tief in das Küstenland eindringenden Meerbusen von Heracliâ und Kabes (die kleine Syrte). Die bedeutendsten Inseln zunächst der Küste sind Pantellaria und Lampedusa zu Neapel gehörend, Galita, welche von den Franzosen zu Algier gerechnet wird, im Norden noch das Felseneiland Tabarka hart an der algerischen Grenze, im Osten die Inseln Kerkina und Dscherba, beide am Golf von Kâbes.

Geognostische Beschaffenheit. Diese ist bisher noch fast gar nicht untersucht worden, doch weiß man, daß Kalkstein (worunter Hippuritenkalke am Cap Bon) und Sandstein die verbreitetsten Felsmassen sind, und daß röthlicher Sand die Oberfläche der Ebene im äußersten Süden bildet, so daß die geognostischen Verhältnisse Tunesiens im Wesentlichen dieselben, wie die in Algerien sind, nur muthmaßlich noch einfacher, indem hier wenigstens bisher keine krystallinisch körnigen Gesteine erforscht worden sind. Derselbe poröse, schwarze, tertiäre Sandstein der im östlichsten Algerien auftritt, bildet längs dem Meere die gewaltigsten, steil aus der Meerestiefe aufsteigenden Felsmassen, besonders bei Tabarka und im Cap Negro, das eben von der Farbe des Gesteins seinen Namen erhalten hat. Sandsteine stehen ferner in den Plateaus bei Kairûan, rothe, sehr schöne Sandsteine im Innern bei Gâfsa, ebenso wie Kalksteine an, welche letzte unzweifelhaft eine Fortsetzung des mergligen Kreidekalksteins der algerischen Sahara sind, da Gâfsa schon am Eingange in die tunesische Sahara liegt und unweit davon am Ostende des Melrir ein ganzer Salzberg, der Dschebel-had Deffa und bei Kairûan Gypsablagerungen auftreten. Den Golf von Tunis umschließen ebenfalls feste, weiße geschichtete Kalksteine mit zum Theil hohen steilen Gipfeln, die unzweifelhaft auch mit den Kalksteinen des östlichen Algeriens identisch sind. Andere Kalksteine, als diese, von mürber Natur mit unzähligen tertiären Muscheln, die ganz denen aus dem jüngsten tertiären Kalkstein von Palermo gleichen, bilden den westlichen Küstenrand bei Sfax und Hammamet. Zwischen Susa und Sfax treten endlich in der Nähe der Küste noch geschichtete bunte gypshaltige Mergel auf.

Gewässer. Die gebirgigen Theile im Norden, Nordwesten und Westen des Landes sind sehr quellenreich und namentlich ist der hohe Zauân berühmt durch die überaus große Zahl seiner starken Quellen. Nicht minder groß ist der Quellenreichthum am Dschebel Slt im Innern des Landes. Desto ärmer sind daran die großen Ebenen im südlichen Theil des Landes, in denen jedoch die Existenz sehr ausgedehnter unterirdischer Wasserbecken in neuerer Zeit erkannt worden ist. Die meisten von den Gebirgen herabkommenden Bäche und Flüßchen verlieren sich bald im Sande oder erreichen als Küstenflüsse nach kurzem Lauf das Meer. Kein einziger Fluß ist zur Schifffahrt tauglich. Der längste und bedeutendste Fluß ist der Medscherda, der bereits in Algerien im Berglande der Kabylen südlich Guelma entspringt, in Tunesien lange Zeit einer S.S.W.—N.N.O. und zuletzt einer ganz nördlichen Richtung folgt und endlich bei Porto Farina das Mittelmeer erreicht. Er ist bei nur wenigen Fuß Tiefe sehr schlammreich und übt durch seine ausgedehnten Schlammabsätze, nachdem er in der Regenzeit stark anzuschwellen pflegt, gleich dem Nil fortwährend einen außerordentlich wohlthätigen Einfluß auf das Land aus, doch verstopft er grade dadurch seine Mündung allmählich immer mehr. Nächst ihm gelten der Oued el Kebir (der Große Fluß), welcher bei El Kef entspringt und bei Tabarka im Mittelmeer endigt und der dem Medscherda parallele Oued el Millanah als die bedeutendsten fließenden Gewässer des Landes. Süßwasserseen sind nicht bekannt, doch gehört noch zu Tunis theilweise der große Melrirsee, dann der Schott el Gharsa und der Schott el Kebir, die zu gewissen Jahreszeiten nur ein einziges großes Ganze zu bilden scheinen, endlich die beiden mit dem Meer in Verbindung stehenden Seen von Benzart. Mineralquellen von höherer Temperatur gibt es bei Tunis (Hammam el Enf), zu Gurbos, Tozer und Ghâfsa.

4*

Klima. Die Luft ist an der Küste rein, gleichförmig, gesund und gemäßigt, selbst mitten im Sommer in Folge der täglich regelmäßig von 9 Uhr Vormittags bis Sonnenuntergang wehenden feuchten Seewinde und starker Thaue. Die Wintermonate sind ein beständiger Frühling; Frost kennt man gar nicht, so wie hier Schnee niemals fällt, da die Temperatur des Winter fast dieselbe, wie im Sommer, ist. Erheben sich aber die Gluthwinde im Juli und August aus der Sahara, so wird während derselben an der Küste die Luft zum Ersticken heiß und das Thermometer steigt bis auf 30° C.; sonst steht es im Sommer gewöhnlich nur auf 16—25° C. Der Winter beginnt im October mit Regen, die sich oft und mit Heftigkeit bis zum April wiederholen. Ihr Ausbleiben hat schlechte Erndten und Hungersnoth zur Folge, während häufiger Regenfall den Ertrag der Erndte erhöht.

Naturproducte. Bei dem überaus günstigen Klima und dem meist vortrefflichen Boden ist die Vegetation in Tunesien kräftig und reichlich; auch sie hat den mediterraneischen Charakter. Man gewinnt besonders Waitzen, Gerste, Mais und Durrah, Oliven (das Oel von Susa und Gafsa ist das beste), Hülsenfrüchte, Orangen, Feigen, Weintrauben, Granaten, Mandeln, Johannisbrod und Obst in Fülle, auch etwas Baumwolle. Die Datteln von Nefta gehören zu den besten und sind Gegenstand eines bedeutenden Handels, weshalb auch die Umgebungen dieses Orts nur ein einziger großer Palmenhain sind, und ein großer an Dattelpalmen reicher District des Südens vorzugsweise das Dattelland (Biled el Dscherid) genannt worden ist; auch der Cactus gedeiht üppig. Längs der salzigen Meeresküste und bei Kairuan herrschen alcalireiche Pflanzen vor. Cypressen und Sumach bilden öfters Büsche in den nackten Ebenen des Südens. Zu den schönsten Bäumen des Landes gehört der Mastixbaum. Rindvieh ist in großer Zahl vorhanden, außerdem hat man noch Schafe, mit vortrefflicher Wolle, so wie zahlreiche Schafe mit Fettschwänzen. Ausgezeichnet sind die Pferde, aus denen Frankreich seine Cavallerie in Algerien remontirt, und die Dromedare, von denen eine Varietät, die Laufdromedare (Meherri) im Süden, die raschesten Pferde an Schnelligkeit übertrifft. In größter Häufigkeit gibt es Bienen, von denen viel und vortrefflicher Honig erzeugt wird, rothe Rebhühner, Schwäne bei Kerkina, Korallen bei Tabarka. Von Mineralproducten kennt man, außer dem an der Küste gewonnenen Salz, nur die Salpeterablagerungen bei Kairuan, Bleierze an mehreren Stellen, bei Bescha und am Dschebel Resas (Bleiberg) bei Tunis, endlich Quecksilber, das nicht gefördert wird, bei Porto Farina.

Bevölkerung. Sie beträgt etwa 3 Millionen, vermindert sich aber immer mehr bei den Erpressungen der Regierung und der Unsicherheit der Verhältnisse im Innern und ist vorherrschend arabischer Abkunft, wogegen in den Städten Mauren wohnen, die hier größtentheils von den früher aus Spanien verjagten Moriscos abstammen und sich durch Industrie und Bildung vor den Mauren Algeriens und Tripolitaniens auszeichnen. Die arabischen Stämme in den centralen gebirgigen Gegenden Algeriens sind fast gänzlich unabhängig.

Religion, Verfassung. Die Religion ist in Tunesien fast ausschließlich die mohamedanische, mit Ausnahme bei den Juden und den des Handels wegen besonders in Tunis selbst ansässigen Europäern. — Der Staat von Tunis ist nur dem Namen nach türkische Provinz, da die türkische Regierung hier gar keine Autorität mehr ausübt und selbst nicht einmal Tribut erhebt. Die höchste Gewalt ist erblich und ruht in den Händen eines Beys. Der jetzt regierende hat durch das Verbot des Sclavenhandels im Jahr 1842, die völlige Abschaffung der Sclaverei 4 Jahr später, durch Errichtung eines nach europäischem Muster durch französische Officiere gebildeten Heeres und durch Einleitung von Verbindungen mit Frankreich große Schritte zur Culturentwickelung seines Landes gethan, obgleich für die innere Verwaltung und Sicherheit, die Beförderung des Handels, die Ermunterung des Ackerbaues und die Wegräumung vielfacher gouvernementalen Hindernisse und der willkührlichen Erpressungen der Beamten so viel wie nichts geschehen ist. Die Abgaben werden in den entfernteren Theilen des Landes durch ein Truppencorps, das von Tunis auszieht und zugleich als Deckung von Handelscaravanen dient, eingezogen. Zu den Revenuen der Regierung gehört auch das Pachtgeld der Fischerei in den Seen von Benzart, 30000 Thaler Pr. C. Die Heeresmacht betrug 1844, außer einer großen Zahl irregulairer Truppen für den Fall eines Krieges, 19000 Mann regulairer Truppen, in 5 Regimentern regulairer Infanterie zu 3000 Mann, 1 Reg. reg. Cavallerie von 1100 M., 1 Reg. reg. Artillerie von 3000 M., die aber schlecht bekleidet und gehalten waren, deshalb oft desertirten und zu Straßenräubern wurden.

Handel, Gewerbe. Der Handel Tunesiens ist noch immer sehr ansehnlich und concentrirt sich besonders in Tunis und Susa. Es werden ausgeführt: Wolle (die von Kairuan gehört zu der besten ihrer Art), Olivenöl (von Susa, Mehedlah und Monastir), Wachs, Honig, Felle von wilden Thieren, Saffian, rothe Kappen nach dem Orient, Schwämme, Datteln, Seife, Corallen, Waitzen, Gerste; eingeführt dagegen: baumwollene Zeuge, Alaun, Eisen, Blei und Manufacturwaaren aus England, Wein und Branntwein aus Spanien, Eisen aus Schweden, Uhren, Nippsachen, feine Leinwand, wollene und baumwollene Stoffe, Gewürze, Zucker, Kaffe aus Frankreich, Glaswaaren aus Triest, Gewehre und Säbel aus Smyrna (für den Bedarf des Innern des Continents), Krapp und Sennesblätter aus Tripolis. Die Caravanen aus dem Innern Afrika bringen jetzt nur noch Sennes, Straußfedern, Goldsand, Gummi, Elfenbein und nehmen dafür Tuch, Musselin, Seidenzeuge, rothes Leder, Gewürze, Waffen und Cochenille zurück. Die Industrie ist nicht unbedeutend, besonders in der Nähe der Küste. Der Ackerbau wird bei der hohen Productionsfähigkeit des Bodens, der meist überreich lohnt, sehr lässig betrieben. Die Oelcultur ist bedeutend und ebenfalls sehr lohnend. Von Fabrication blüht besonders die der rothen tunesischen Mützen, womit der ganze Orient versehen wird, die der gefärbten Saffiane, von Seiden- und Wollenwaaren und von schönen irdenen Geschirren. Wollene Stoffe werden namentlich gut auf der Insel Dscherbi gewebt. Ausgezeichnete und berühmte Töpferwaaren liefert die Stadt Näbel. Fischerei treibt man sehr ausgedehnt im See von Benzart.

Tunis 36° 43′ N. Br. 27° 34′ O. L., 12 Stunden vom Meere, an dem El Bahira, einem mit dem Golf von Tunis durch den Kanal von Goeleta in Verbindung stehenden Salzsee. 1 St. im Umfang; 12000 Häuser, 100000 Ew., mit vielen Moscheen, einem von einem französischen Geistlichen eingerichteten und von der französischen Regierung unterstützten Gymnasium; zahlreiche öffentliche Bäder; Manufacturen in Seidenstoffen, Beurnous, Mützen, die mit Hülfe des Quellwassers des Zauan vorzüglich roth gefärbt werden; starker Handel, besonders nach Marseille, Aegypten, Genua, der Levante und in das Innere von Afrika. 4 Stunden davon die heißen Bäder Hammam el Enf mit einem Lustschlosse der Bey und vielen Landsitzen der reichen Tuneser. — Bescha, Citadelle, starker Kornhandel. — Ghar el Malah, d. h. Salzgrube (Porto Farina der Europäer), am Ausflusse des Medscherda, 9000 Ew., guter Hafen. Salinen. — Zawan oder Zauan, gewerbreiches Städtchen am Fuße des quellenreichen Berges gl. N., mit großen Färbereietablissements, 1500 Ew. — Näbel, in außerordentlich schöner und fruchtbarer Gegend, gute Töpfereien. — Benzart (Biserta), 5000 Ew., Hafen, Kornausfuhr. — Hammamat, 800 Häuser, reich an Oel- und Orangegärten. — Monastir oder Mistir, wohlgebaut, 12000 Ew., Fabrication grober wollener Tücher. — Susa, 5000 Ew., von Olivenhainen umgeben, großer Oelhandel, Fabrication feiner wollener Stoffe. — Mehedlah, 2—3000 Ew., wichtiger Oelhandel. — Kairuan, nach Tunis die größte und volkreichste Stadt, aber in ungesunder, sumpfig salziger Ebene, für heilig gehalten von den Mohamedanern, wie Mecca und Medina, 15000 Ew., unter denen viele Priester und Gesetzverständige, prächtige Moschee; Fabrication vortrefflich gefärbter Saffiane, Wollenwaaren und kupferner Gefäße, Centralpunkt eines sehr bedeutenden Handels. — Kaf, auf der großen Handelsstraße nach Constantine, ansehnliche Stadt. — Sfakes, Seestadt, 6000, nach Anderen 20000 Ew., bedeutender Handel mit Oel, Südfrüchten und Wollenzeugen; ansehnliche Decken- und Wollenzeugfabrication. — Gabs oder Kabes, am Busen gl. N., in Palmenhainen, 25000 Ew., Handel mit Datteln, Oel, Häuten und Getraide. — Tozer, Handelsort, so groß wie Algier und von Bedeutung, tief im Innern im Biled el Dscherid am tunesischen Ende des Melrir, Dattelhandel, reich an Oliven- und Dattelgärten; große Fabrication guter wollener Stoffe. — Gafsa, am Rande der tunesischen Sahara, 2000 Ew., große Krapp-, Hennah (Lawsonia inermis)- und Oelproduction und Obsthandel nach dem Innern. — Nefta, am Melrir, in sehr pittoresker und wasserreicher Lage: eigentlich ein Agglomerat von 7 Dörfern

II. Das Land von Tripolis (Tripolitanien).

Tully, Narrative of a ten years residence at Tripoli. London 1817. 4. — J. Mac Carthy, Voyage à Tripoli ou relation d'un séjour de dix années en Afrique. Traduit de l'Anglais. 2 Vol. Paris 1819. — Della Cella, Viaggio da Tripoli di Barberia alle frontiere occidentali dell' Egitto. Genova 1819. 8. — Capt. Lyon, A narrative of travels in northern Africa. London 1821. 4. mit 1 Charte. — Capt. Beechey, Proceedings of the expedition to explore the northern coast of Africa from Tripolis eastward in 1821—1822. London 1828. 4. — Pacho, Voyage dans la Marmorique la Cyrénaique et les Oasis d'Audjelah et de Máradéh. Paris 1822. 4.

Lage und Grenzen. Das Land von Tripolis, eine türkische Provinz, erstreckt sich von seiner westlichen Grenze durch 15 Längengrade hindurch nach Osten bis zu dem Meridian des Vorgebirges el Mellah 43° O. L., der die bis 800 Fuß hohe zwischen dem Plateau von Barka und Alexandria in Aegypten liegende Kalkfläche der Akaba in tripolitanisches und ägyptisches Gebiet theilt. Gegen Norden stößt Tripolitanien an das Mittelmeer, und besonders in seinem westlicheren Theile an den breiten Golf von Sidra. Gegen Süden ist die Grenze sehr unbestimmt und ungleich. Am schmälsten ist das Land in seinem östlichsten Theile, wo es schon mit dem südlichen Abfall des hohen Plateau von Barka endigt, sehr breit aber im Westen, wenn man die Landschaften Fezzân und Ghadâmes hinzuzieht, in deren Hauptorten die Türken Besatzungen unterhalten.

Oberflächen-Beschaffenheit. Der Küstenrand erscheint verschiedenartig; in seinem westlicheren Theile bis zur südlichsten Erstreckung des Golfs von Sidra niedrig und sandig, bei einiger Bewässerung jedoch nicht unfruchtbar, wie die Palmenhaine und die üppigen, an Südfrüchten reichen Gärten von Tripolis, Mesurâta und an mehreren anderen Küstenpunkten, namentlich aber die schon im Alterthum hochberühmten Fluren am Wadi Quaham (dem Kinyps der alten Schriftsteller), erweisen; die Sandflächen gehen zuweilen selbst in ganz begraste Steppen über; Salzlachen erscheinen hier häufiger bei Tadschourie. Ebenso niedrig ist der innere Rand des zwischen den C. Mesurâta und Teïones (Taschuni) eingeschlossenen Sidragolfs bis zu dem nackten Felszuge des Dschebel Dscherla bei Murate in etwa 38° 39′ O. L. und zugleich dessen südlichstem Punkte, obgleich noch an vielen anderen Stellen flache Felsmassen zu Tage treten, da hier die große Sahara unmittelbar bis an den Golf herantritt. Dieser ganze Strich ist höchst unfruchtbar und großentheils durch hohe Dünen mit zwischenliegenden zahllosen Salzsümpfen bedeckt, so daß er einer der traurigsten Gegenden überhaupt ist. Er führt deshalb auch bei den Eingeborenen den Namen des Sert, d. h. Wüste. Der Meeresgrund des angrenzenden, schon im Alterthum unter dem Namen der Großen Syrte bekannten und höchst gefürchteten Sidragolfs ist ebenfalls flach, sandig und hat dadurch eine sehr hohe Temperatur. Ganz verschieden, nämlich hoch und felsig, ist der östliche Theil des Landes, das Plateau von Barka, das als große compacte Landmasse zwischen dem 37 und 40° O. L. in das Mittelmeer hervortritt und, besonders an seinen Abhängen gegen dasselbe schön begrenzt ist. Mit unzugänglichen Felsen erhebt sich dies Plateau, besonders aber dessen nördlichste Spitze, das Cap Sem (Râs Sem, Cap Rassatin), aus der Meerestiefe bis 1500 Fuß über den Meeresspiegel und erschwert durch die geringe Zahl guter Häfen und Landungsplätze größeren Seeschiffen ungemein die Zugänglichkeit, obwohl für kleine Küstenfahrzeuge Landungsplätze hinreichend vorhanden sind. Durch Verflachung des Plateaus nach Osten wird auch dessen Küstensaum im Osten gegen den Busen von Bomba und die ägyptische Grenze allmählig flacher. Die bemerkenswerthesten Vorgebirge sind: das Râs el Mahabes, R. Bû Schaïsa oder Msaràta (Cap Mesuràta) 32° 21′ 20″ N. Br. 32° 56′ 20″ O. L., R. Teïones (R. Taschuni), R. Sem 39° 18′ O. L., zugleich die nördlichste Spitze der ganzen Küste, R. et Tin und R. el Melha (C. Luco); die wichtigsten Meerbusen außer dem von Sidra der große Golf von Bomba und endlich an der äußersten Ostgrenze der ebenfalls große Golf el Melha, südlich vom C. gl. N. Von den wenigen der langen Küste vorliegenden kleinen Inseln ist Bomba im Bombagolf noch die bedeutendste. Nach dem Innern zu bleibt das westliche Tripolitanien fortwährend niedrig bis zu dem Fuße des Binnenplateaus des Thar-el-Dschebel, welches an seinem äußersten nördlichen Ende von der tiefen, durch den Melrir, den Schott el Gharsa und den Schott el Kebir theilweise ausgefüllten Einsenkung des Bodens an beginnt, anfänglich in N.N.W—S.S.O. Richtung parallel mit der Küste fortsetzt und von dieser noch durch einen 10—12 deutsche Meilen breiten Küstenstrich getrennt wird. Mit der östlichen Wendung des Küstenrandes ändert zugleich der nördliche Rand dieses Plateaus seine Richtung in eine östliche um. Durch sein ziemlich steiles Abfallen nach der tiefen Küstenstufe erscheint derselbe dem von Norden kommenden Reisenden allerdings als Gebirge, weshalb auch das Plateau im Lande selbst gegen S.W. oder gegen Ghadâmes zu den Namen des Dschebel Dschefran (Jefran), grade südlich von Tripolis den des Gharián, dann im S.O., wo es bereits viel niedriger wird, den des Tarhôna (Tarhûna) gebirges, endlich südlich vom Gharián noch den Namen der Hamâda führt. Es erstreckt sich im Südwest bis über Ghadâmes hinaus, grade in Süden bis zu dem Nordrande der Fezzanoase als ein zusammenhängendes und nur durch trockene, 4—500 Fuß eingesenkte Thäler (Ouadis) mit terrassenförmig abfallenden Wänden stellenweise durchschnittenes Ganze. Im Osten endet das Plateau gegen das Mittelmeer da, wo dessen Küste S.S.O. von Cap Mesuràta zugleich der Westrand des Busens von Sidra ist, sein Südrand fällt gleichfalls stufenweise gegen Fezzân ab. Die Oberfläche desselben ist im Allgemeinen ausgezeichnet horizontal, nur gegen S.W. findet ein bis 2600 engl. Fuß Höhe allmähliges Ansteigen in der Richtung von Ghadâmes statt. Der niedrigste Theil des Tarhôna hat durchschnittlich nur 1000 F. Meereshöhe, das Ghariánplateau 1500 F.; viel höher ist die Hamâda, deren mittlere Erhebung zu 2150 engl. F. bestimmt wurde und woraus einzelne Theile sogar bis 2800 F. ansteigen. Die fruchtbare Oberfläche des Gharián ist durch die Cultur in ausgedehnter Weise nutzbar gemacht worden, ebenso fruchtbar und reich mit Feigen und Oelbäumen bedeckt ist der Tarhôna, nur die Hamâda ist wasserlos, öde und schließt meist jede Cultur aus; 6 Tagereisen lang findet man auf ihr auf dem graden Wege von Tripolis nach Murzuk sogar keine Spur von Wasser, wogegen die dazu gehörenden Ouadis mit einer lebhaft grünen Vegetation von Dattelpalmen, Feigen- und Oelbäumen prangen. Besonders reizend sind aber die dem Mittelmeere zugewandten wald- und quellenreichen Ränder des Berglandes von Barka, dessen oberster Theil entweder als nacktes felsiges Plateau erscheint, oder grüne, waldlose Ebenen trägt, welche den nomadischen Stämmen reiche Nahrung für ihr Vieh liefern, so wie sich hier zugleich bis 100 Fuß tiefe Brunnen befinden, die überall gutes Wasser enthalten. Nach Osten senkt sich dies Bergland allmählig der ägyptischen Grenze zu, indem es sich mit dem durchschnittlich 600 F. hohen Akabaplateau verbindet. Im südlichsten Theil Tripolitaniens tritt endlich die Landschaft Ghadâmes als hoch gelegene Oase, das Land Fezzân dagegen als tiefe Mulde auf, welche schon einen Theil der großen Sahara bildet und eigentlich nur ein Agglomerat unzähliger kleiner Oasen ist, da es in ganz Fezzân keinen Rasenfleck von der Größe einer Tischplatte gibt.

Geognostische Verhältnisse. Verschiedene Kalksteine, Sandstein und bunte Mergel sind die vorherrschenden Gebilde Tripolitaniens, wovon die beiden ersten schon um die Stadt Tripolis den Boden bilden und sich auch in dem flachen Küstenstrich nicht selten zeigen. Besonders aber besteht das Plateau von Barka ganz aus Nummulitenkalk, der hier meist ein dichtes sehr hartes, marmorgleiches, gelbliches, stellenweise auch poröses Gestein ist, welches, der Luft ausgesetzt, röthlich wird und in oberen Lagen häufig unzählige Cardien und Pecten enthält. Im Gharián treten andere Kalksteine auf, die häufig Feuersteine enthalten. Sehr mürbe sind diese Kalksteine in den Vorbergen des Gharián bei Benioled, wo sie mit weichen Mergellagen wechseln und gleich ihnen ausgehöhlt, einer zahlreichen Bevölkerung Wohnungen liefern. Ueberall ist der Kalkstein horizontal geschichtet. Die unzähligen Kegel in den Vorbergen des Dschebel Dschefran bestehen gleichfalls aus Kalkstein, buntem Mergel und Gyps, der Dschebel Tarhöna nächst Kalkstein aus Dolomit; alle diese Gebilde enthalten reichlich bestimmte Kreideversteinerungen Exogyra Overbekii und Inoceramus impressus. In der Hamáda herrscht ausgezeichnet horizontal geschichteter Sandstein mit eingelagerten bunten Mergeln. Er bedeckt hier Nummulitenkalk, findet sich aber zuweilen demselben zwischengelagert. Im südlichsten Theil der Hamáda vom Ouadi Hessi bis Fezzán ist dasselbe Gestein überall gelb oder röthlich von klippigem Ansehen, auf der Oberfläche häufig schwarz durch den Einfluß der Atmosphäre auf den reichen Eisengehalt, so daß es Basalten täuschend ähnlich wird. Es zerfällt leicht in Sand und Kies, welche die Oberfläche bis und in Fezzán bedecken und meist so salzig sind, daß die stehenden Wasser, wie um Murzuk, zu Salzlachen werden. Südlich Murzuk gegen Mendruh zu sind die obersten Schichten des losen Bodens von Fezzán reichlich mit kohlensaurem Natron (Trona) imprägnirt. Ganz verschieden von diesem Sande ist aber der sehr feine längs der Küste und besonders am Golf von Sidra, welcher ein Haufwerk von Quarzkörnern, Korallen- und Conchylientrümmern ist, und besonders aus den Trümmern der kleinen rothen Isiscoralle besteht, wodurch er häufig roth wird. In den östlichsten Gegenden des Landes, in der Hochfläche Akaba, kommen genau dieselben Gebilde, wie im Dschefran, Gharián und des Hamáda vor, nämlich horizontal geschichtete Kalksteine im Wechsel mit schiefrigem Thon und Gyps. Wahre Basalte bedecken um Benioled die isolirten Kalkfelsen, deren flache obere Gipfel durch ihre schwere Zugänglichkeit der Bevölkerung bei ihren häufigen Fehden als Zufluchtsort dienen. Plutonische Gesteine erscheinen in Tripolitanien übrigens ungemein selten und außer Basalten ist nur Nephelin führender Phonolith gefunden worden, der einen großen Kegelberg am Nordrande des Gharián, den Tekut, bildet.

Gewässer. An Quellen ist das Land im Ganzen ungemein arm, indem es im größten Theil der Küstenstufe, mit Ausnahme etwa der Orte Zelisa, Zliten, Aïd Agan und Carcora, gar keine gibt. In Fezzán scheinen sie wirklich gänzlich zu fehlen. Ziemlich reich sind dagegen die nördlichen Vorberge des Gharián daran; am häufigsten und stärksten erscheinen dergleichen aber an den Rändern des Barkaplateaus. Ihren Mangel ersetzen in den tiefer liegenden Strichen längs der Küste, vor Allem in Fezzán, die unterirdischen, durch Brunnen von wenigen Fuß Tiefe erreichbaren Wasserbecken, durch welche oft allein die Landescultur mitten im Sande erhalten wird. Perennirende Bäche fehlen mit Ausnahme von 3 — 4 gänzlich. Sehr häufig sind jedoch die während des Winters durch starke Regengüsse entstehenden periodischen Bäche, deren Einschnitte in der warmen Jahreszeit trocken liegen. Im Gharián bilden sich dergleichen aus den Quellen häufig genug; sie verlieren sich aber in der tiefen Küstenfläche nach kurzem Lauf. Der bedeutendste derselben ist der Ouadi el Ouahám zwischen C. Mesuráta und Lebeda. Größere Süßwasserseen gibt es nicht, dagegen einige salzige Teiche zu Traghan in Fezzan, so wie westlich Murzuk einige Natronseen, die weniger ihrer Größe, als ihres Mineralgehalts wegen von Bedeutung sind, indem sie große Massen Trona in den Handel liefern.

Klima. Dieses ist bis auf einige sumpfige Stellen hart am Meere, vornämlich am Golf von Sidra und mit Ausnahme Fezzáns sehr gesund, der Sommer heiß, besonders im Juli und August, und sehr trocken, indem dann gar kein Regen, jedoch in Folge der feuchten Seewinde starker Thau fällt, der allein die Vegetation erhält. Am heißesten ist die Temperatur, wenn der glühend heiße Südwind aus der Sahara, der Samûm, weht. Doch machen die regelmäßigen feuchten und kühlen Seewinde die Temperatur erträglich und reinigen besonders die sonst schon klare Luft. Die Nächte sind, wie überall in den Atlasländern, kühl. Den Winter vertreten starke Regen;

das Thermometer fällt dann an der Küste wohl bis 4° herab, doch herrscht hier im Allgemeinen ein wahrer europäischer Frühling. Indessen hat man selbst in der Stadt Tripolis zuweilen in sehr kalten Wintern Schnee beobachtet. Am Golf von Sidra sind die Seewinde zur Winterzeit, wo sie mit verstärkter Gewalt in das Innere des Landes stürzen, um die von dem erhitzten Boden der Sahara aufgestiegene sehr verdünnte Atmosphäre zu ersetzen, außerordentlich heftig. Dadurch wird zugleich die Südküste des Golfs für Seefahrer gefährlich und der Boden desselben immer flacher, wenn auch diese Gefahren früher sehr übertrieben wurden. Viel strenger ist der Winter in den Hochflächen des Innern, wo er sich durch heftige, mit tobenden Stürmen und furchtbarem Donner und Blitz verknüpfte Regen ankündigt, so daß reißende Ströme die sonst trockenen Wadi erfüllen. Der Gharián bedeckt dann sich nicht selten mit Schnee, der auf den höheren Gipfeln selbst längere Zeit liegen bleibt. Sogar in dem sehr südlich gelegenen Fezzán ist nur der Sommer, wo die Temperatur bis auf 30° steigt, sehr warm, der Winter ist dagegen oft so kalt, daß das Thermometer bis —2°,30′ sinkt, und zolldickes Eis in den Wasserschläuchen entsteht. Hier ist das Klima durch die täglichen Temperaturdifferenzen und durch die Fieber, welche durch die aus Salzlachen sich entwickelnden Ausdünstungen sich bilden, für Europäer in hohem Grade ungesund. Neben dem Fieber sind in Fezzán Augen- und Lungenkrankheiten allgemein.

Naturproducte. Die Flora hat auch hier den mediterraneischen Charakter und ist dieselbe, wie in den Atlasländern, nur einförmiger. Eine reiche Vegetation der gewöhnlichen Salzpflanzen, von Dattelpalmen, Cactus Opuntia und in den Gärten von Südfrüchten charakterisirt den westlichen Küstenstrich. Dichte Waldungen von Pinien, Aleppofichten, eine Art Wachholder (Juniperus phoeniceus), dunkelgrünen Nadelhölzern, Thuyen, dann von Lorbeer-, Oleander-, gigantischen Feigen- und Arbutusbäumen bedecken die Abhänge des Plateaus von Barka gegen das Meer, Doldengewächse ausgedehnt die nackte Oberfläche des Plateaus selbst. Die Dattelpalme ist in den tieferen Strichen Tripolitaniens und in Fezzán der nützlichste Baum, der einen großen Theil der Bevölkerung mit seinen Früchten nährt und demselben in seinem abgezapften Saft ein treffliches wohlschmeckendes Getränk liefert. Die Datteln von Fezzán sind die besten ihrer Art in Nord-Afrika. Oelbäume und der Sennesstrauch in den Ghariáns wachsen wild; erste würden in Barka in Fülle ein vortreffliches Oel, besser als das florentinische, für den Handel liefern, würde es sorgfältiger bereitet. Von Culturfrüchten gedeihen ausgezeichnet: süße Orangen, die besten ihrer Art, Pistazien, Wein (auch wild), Granaten, Feigen, Johannisbrod und Wassermelonen, ferner im Gharián der auf rothem Lehmboden in ungeheuren Feldern für den Handel cultivirte Safran und Krapp. Sehr verbreitet ist der Lotosbaum (Zizyphus Lotus), dessen schmackhafte Früchte genossen werden; Bananenbäume finden sich nur an dem heißen Küstenrand bei Derne, Trüffeln am Golf von Sidra. Die Thierwelt ist nicht reich. Von größeren Raubthieren sind die Löwen fast völlig verjagt; nur Leoparden gibt es häufiger in Fezzán, wogegen kleinere Raubthiere, Schakals, Hyänen, sich in Fülle vorfinden. Im sandigen Küstenstrich um den Sidragolf und besonders auf dem Plateau von Barka leben Antilopen und sehr zahlreich die Tripolitanien fast allein eigenen Springmäuse (Mus Jerboa). Strauße durchwandern überaus zahlreich die Wüsten Fezzáns. Dromedare sind ebenfalls häufig. Das Rindvieh zwar klein, liefert wohlschmeckendes Fleisch; ebenfalls klein, aber höchst ausdauernd sind auch die Pferde von Barka; besonders schön und kräftig die Maulesel. Die Ziegen auf dem Plateau von Barka zeichnen sich durch ihr prächtiges Haar, die Schafe durch so ausgezeichnete Wolle aus, daß dieselbe noch die beste europäische übertrifft; wildes Rindvieh gibt es am Busen von Sidra und 3 Arten von Büffeln in Fezzán östlich von Sockna. Wilde Bienen hat der östliche Theil des Landes in Fülle; sie geben vortreffliches Wachs und Honig. Heuschrecken in ungeheuren Schwärmen verwüsten oft das Land. Sie und die häufigen Scorpione gehören zu den schädlichsten Thieren. Nutzbare Mineralien kennt man überaus wenig, mit Ausnahme des Seesalzes, welches häufig an der

Küste, besonders bei Zoara gewonnen wird, der Trona, welche die Natronseen in Fezzân in Menge liefern, und des Schwefels, der vorzüglich an drei Punkten zu Brega, Linouf und Mouktâr bis 1½ Tagereisen von der innersten Stelle des Sidragolfs in Fülle vorkommt und jetzt nur in geringer Quantität ein Exportartikel ist, aber reichlich gefördert werden könnte. Nach diesen Schwefelablagerungen führt der Golf von Sidra bei den Eingebornen wohl den Namen des Schwefelgolfs (Dschioun el Kibrît).

Bevölkerung. Das Land ist im Ganzen dünn bevölkert. Die durch Auswanderung nach Aegypten und Tunesien, dem türkischen Druck und Erpressungssystem auszuweichen, noch immer abnehmende Einwohnerzahl beträgt schwerlich mehr, als 1 Million. Sie hat vorherrschend arabischen Charakter, doch wohnen Berber, die noch ihre Sprache sprechen, auf dem Dhar-el-Dschebel und an der Grenze des eigentlichen Tripolitaniens und Fezzâns bei Sockna, endlich gemengt mit Arabern in Ghadâmes. Die Araber sind großentheils Nomaden. Die städtische Bevölkerung hat, wie in den Atlasländern, maurischen Charakter. Nächstdem gibt es Juden zahlreich in den Küstenstädten, hin und wieder auch Neger, die aus dem Innern des Continents durch den Sclavenhandel hierher gelangten. In den letzten Jahren hat sich die Zahl der freien Neger in Fezzân zu Gatrone, besonders aber in Barka vermehrt, wohin sogar ganze Stämme wegen der blutigen Fehden und räuberischen Einfälle in ihre Heimath, gewandert sind. Tibbos wohnen in den Grenzorten von Fezzan. Türken leben nur als Militairpersonen in Tripolis, Bengasi, Ghadâmes und Murzuk.

Religion, Verfassung. Die Religion ist, mit Ausnahme derer der Juden und einiger wenigen Christen, ausschließlich die mohamedanische. In Bezug auf seine Verfassung war Tripolitanien bis 1714 türkische Provinz, und seitdem durch seine erblichen Herrscher aus der einheimischen Familie der Caramanli fast unabhängig von der Pforte geworden. Im Jahr 1835 wurden die Caramanli durch einen Gewaltstreich der türkischen Regierung gestürzt und nach Constantinopel in Gefangenschaft geführt, so daß jetzt das Land durch einen Pascha regiert wird, der sich auf ein regulaires türkisches 5000 Mann starkes Truppencorps stützt. Ueber die Höhe der jetzt von der Pforte bezogenen Einnahmen weiß man nichts Bestimmtes. Zur Zeit der früheren Regierung schätzte man die Einnahmen nur auf 154000 Thaler; sie fließen noch jetzt aus den Abgaben von den Dattelbäumen, den Zöllen von Aus- und Einfuhr, Pacht vom Seifensieden, Wein und geistigen Getränken, dem Tribut der Juden, Ertrag der Varillaproduction, endlich aus dem Zoll von den in Fezzân eingeführten Sclaven und von eingebrachtem Goldstaub. Hierzu kommt in neuerer Zeit der Tribut von Ghadâmes von 25000 Francs. Doch hemmen die Erpressungen und Willkührlichkeiten der türkischen Befehlshaber beständig die Entwickelung des Landes und den Bestand des einst so blühenden Handels.

Handel, Gewerbe. Namentlich hat die Stadt Tripolis durch das Herabkommen des Handels in den letzten Jahren sehr gelitten, obgleich derselbe noch immer ansehnlich ist, wogegen der von Bengazi durch erneute Verbindungen mit dem Innern des Continents und besonders mit Wadai und Dar Für stark gestiegen ist. Noch immer ist Tripolis der nächste Handelsplatz für den Export von Bornû, und es kommen alljährlich bedeutende Caravanen von daher, die ihren Weg über Murzuk oder Ghadâmes nehmen, und vorzüglich Negersclaven, Straußfedern, Saffian, Gold und Elfenbein bringen, wofür sie europäische und orientalische Waaren nach ihrer Heimath führen. Dieselben Handelsgegenstände beschäftigen den Verkehr Bengazis, von wo auch Malta mit Schlachtvieh versorgt wird. Von Murzuk werden viel Datteln und Sennesblätter nebst Trona nach der Küste gebracht. Von eigenen Producten führt Tripolis aus: Gummi, ausgezeichnete Wolle, Sennesblätter, Krapp (nach Tunis), Häute, Datteln, Safran, Getraide und Trona. Seesalz könnte ebenfalls ein Hauptexportartikel werden. Der Handelsstand von Fezzân, eines der großen Handelsemporien im Innern Nord-Afrikas, hat seinen Agenten zu Audschila für den Handel mit Aegypten, zu Bilma für den von Bornû, zu Ghadâmes und zu Aghades für den

Verkehr mit den westlichen Nigerländern. Tripolitanier findet man deshalb als Handelsleute zu Bornu, im ganzen Sudan und bis Rabba am unteren Niger und selbst im Aschantilande verbreitet. Vom Herbste bis Frühjahr dauert eine beständige Messe zu Murzuk, wo sich Caravanen aus allen Gegenden des Innern und aus dem Osten selbst von Cairo versammeln. In Tripolis kommen die Caravanen aus dem Innern im Winter an und kehren bei Annäherung des Frühlings zurück. Die Industrie Tripolitaniens ist unbedeutend und gar nicht mit der Tunesiens zu vergleichen, da Handel, Ackerbau und Viehzucht fast die ganze Thätigkeit der Bevölkerung absorbiren. Die Berber des Innern sind nächst den Bewohnern der Städte hier vorzugsweise mit dem Betrieb von Gewerben beschäftigt; sie sind zugleich Ackerbauer und stets seßhaft. In Fezzân werden viel rothe Kappen verfertigt, zu Tripolis rothe Leibbinden, Teppiche und Arbeiten in Golddraht, zu Mesurâta wollene Stoffe aus der vortrefflichen Wolle. Im Ghariân ist Safrancultur, in Fezzân Dattelbaumzucht Hauptgeschäft. Letztere erfordert daselbst durch die schwierige Bewässerung des sandigen Bodens große Mühe.

An der Küste liegen: die Hauptstadt Tarabolus (im Alterthum und bei den Europäern Tripolis) 32° 34' 13" N. Br. 30° 50' 30" O. L., in einförmiger, aber fruchtbarer Gegend, an der Küste von blühenden Gärten umgeben; 15—20000 Ew., festes, altes Schloß, einst Residenz der tripolitanischen Herrscher; sehr verfallen in neuerer Zeit, schöner, römischer Triumphbogen; noch immer ansehnlicher Handel, besonders mit dem Innern des Continents. — Suâra westlich von Tripolis, 600 Häuser, Rhede, Handel mit Seesalz und gesalzenen Fischen. — Lebida, einst Leptis magna, in einer schönen fruchtbaren Oase, mit großartigen römischen Ruinen. — Tadschurra, östlich Tripolis, 3000 Ew., Wollenzeug und Palmmattenfabrication. — Zellfa, in sehr fruchtbarer Gegend mit einigen Süßwasserquellen. — Mesurâta, gut gebauter Ort und gleichfalls in sehr fruchtbarer Gegend, Fabrication wollener Stoffe; ansehnlicher Handel mit Fezzân und Wadai, da hier der gewöhnliche Ausgangspunkt für die Caravanen nach dem Innern ist. — Zaffrân, einer der wichtigsten Orte des Syrtenlandes, reich an Wiesen, Getraide und Rindvieh. — Bengazi in Barka 32° 0' 50" N. Br. 37° 22' 51" O. L., Seehandelsplatz in schöner fruchtbarer Gegend am Fuße des Plateaus von Barka, mit stark versandetem Hafen, dennoch aufblühendem Handel mit Malta, Audschila und Wadai, 10000 Einwohner. — Derne in Barka 32° 46' 16" N. Br. 58° 1' 33" O. L., 2000 Ew., eigentlich aus 5 Ortschaften bestehend und 2 festen Schlössern, von wo aus Schlachtvieh, Felle, Butter und Wachs versandt werden, schöne Palmenhaine und Fruchtbaumgärten; kleine Rhede. Ganz Barka ist erfüllt mit Ruinen unzähliger Ortschaften aus dem Alterthum. Im Innern liegen: Tenfelstah, ansehnlicher Ort am südlichen Fuß des Ghariân mit großen Pflanzungen von Dattelpalmen, Feigen und Wein. — Benioled, bedeutender Handel. — Sockna, 29° 5' 30" N. Br. 32' 1' 45" O. L., großer befestigter Ort, der nördlichste in Fezzân, 2000 Ew., von Tuarikabkunft; Production vorzüglicher Datteln in den umgebenden Gärten. — Targhan, 1000 Ew., einer der größten Orte Fezzâns; Fabrication vortrefflicher Teppiche, die denen von Constantinopel nicht nachstehen. — Tegherhy, zu Fezzân gehörig, 27° 7' N. B., noch in schöner Gegend, aber schon an der unmittelbaren Grenze der Wüste; von schwarzen Einwohnern (Tibbos) bewohnt, die nicht Neger sind, Grenze der Dattel- und Doumpalme. Murzuk, Hauptort von Fezzân, 25° 54' N. Br. 33° 31' 45" O. L., von Salzsümpfen umgeben und deshalb sehr ungesund, befestigt, Residenz des türkischen Untergouverneurs; 20000, nach Andern nur 3500 Ew., und sehr bedeutender Handelsplatz. — Tibesty, am S.O.rande von Fezzân, mit starken heißen Schwefelquellen. In der Landschaft Ghadâmes: R'dames oder Ghadâmes, befestigter Hauptort, 30° 9' N. Br. 20° 57' 45" O. L., 15 Tagereisen S.W. von Tripolis, 1000 Häuser, noch jetzt Centralpunkt des Handels von Tripolis mit dem Innern, so daß alle Einwohner Kaufleute oder Reisende sind, aber sehr ungesund, und seit der türkischen Besitznahme herabgekommen; 3000 Ew., reich an fließendem Wasser, besonders auch an Thermalquellen.

III. Aegypten.

Charten.

A. Brué, Carte générale de l'Egypte et de l'Arabie Petrée. Paris 1820. — Lapie, Carte historique, physique et politique de l'Egypte. 2 Bl. Paris 1828. — Jacotin et Jomard, Carte ancienne et comparée de la basse Egypte. Paris 1831. — Berghaus, Arabia und das Nilland. Gotha 1833. — C. F. Weiland, Die Nilländer oder Aegypten, Nubien und Habesch, gez. 1840; berichtigt von H. Kiepert. Weimar 1848.

Bücher.

R. Pococke, Beschreibung des Morgenlandes, übersetzt von E. von Windheim. Erlangen 1754. 3 Bde. 4. m. Kupf. — F. L. Norden, Voyage d'Egypte et de Nubie par L. Langlès. Paris 1795. 3 Vol. 4. — Savary, Lettres sur L'Egypte. Paris 1785. 3 Vol. 8. — C. S. Sonnini, Voyage dans la haute et basse Egypte. Paris III. Vol. 8. mit einem Atlas. — V. Denon, Voyage dans la haute et basse Egypte pendant les campagnes du Général Bonaparte. Paris 1802 4. — Mémoires sur l'Egypte. Paris An VII–X. 4. Bde. 8. — Description de l'Egypte ou recueil des observations et des recherches, qui ont été faites en Egypte pendant l'expédition de l'armée française: à Paris 1809. fol. Kupfer und Charten in Groß-Folio. Neue Auflage in 25 Bd. 8., die Kupfer in Fol. 1822—24. — Hamilton, Aegyptiaca. London 1809. 4. — G. Belzoni, Narrative of the operations and recent discoveries within the pyramids etc. in Egypt and Nubia etc. London 1820. 4. mit Kupf. — Cailliaud, Voyage à l'Oasis de Thebes etc. redigé par Jomard. Paris 1822. Fol. m. C. — Desselben Voyage à Méroé, au fleuve blanc, au delà de Fazogl, dans le midi du royaume de Sennaar, à Syouah et dans cinq autres Oasis. Paris 1826. 4 Bde. m. 1 Foliob. Charten und Kupfern. — F. Mengin, Histoire de l'Egypte sous le gouvernement de Mahomed Aly Pascha etc. Paris 1823. 8. — Cailliaud et Drovetti, Voyage à l'Oasis de Syouah. Paris 1823. Fol. m. C. — F. Henniker, Notes during a visit to Egypt, Nubia etc. London 1823. 8. — Arch. Edmonstone, Journey to two of the Oases of Upper Egypt. London 1822. 8. m. Ch. u. K. — J. A. St. John, Egypt and Mohamed Ali or travels in the valley of the Nile. London 1834. 2 Vol. 8. — E. de Cadalvène et Breuvery, L'Egypte et la Turquie de 1829 à 1836. 2 Bde. 8. m. Atlas. — H. von Minutoli, Reise zum Tempel des Jupiter Ammon in der libyschen Wüste und nach Ober-Aegypten; herausg. von E. G. Tölken. Berlin 1824. 4. m. 1 Atlas. — v. Minutoli, Nachträge zu meinem Werke: Reise zum Tempel rc. Berlin 1827. 8. m. Kupfern — A. v. Prokesch, Erinnerungen aus Aegypten und Klein-Asien. Wien 1829—31. 3 Vol. 8. — M. Russel, View of ancient and modern Egypt. m. 1 Ch. u. K. Edinburgh 1831. 8. — James St. John, Egypt and Mohamed Ali or Travels in the valley of the Nile. London 1834. 2 Vol. 8. — Ed. Will. Lane, An account of the manners and customs of the modern Egyptians written in Egypt during the years 1833—1834. London 1836. 2 Vol. — Wilkinson, Topography of Thebes and a general view of Egypt. London 1838. 8. — Waghorn, Egypt, as it is in 1837. London 1837. — Parthey, Wanderungen durch das Nilthal. Berlin 1840. 8. — Clot Bey, Aperçu général sur l'Egypte. Paris 1840. 2 Vol. mit Ch. u. K. — W. H. Yates, The modern history and condition of Egypt, its climate, diseases and capabilities. London 1843. 8. 2 Vol. — V. Schoelcher, L'Egypte en 1845. Paris 1846. 8. — F. Pruner, Aegyptens Naturgeschichte und Anthropologie. Erlangen 1847. 8. — E. Combes, Voyage en Egypte, en Nubie, dans les déserts de Bayouda, des Bicharys et sur les côtes de la mer rouge. 2 Vol. Paris 1846. 8.

Name, Lage, Grenzen, Größe. Aegypten (von den Türken und Arabern Mesr, von den Copten noch heute zuweilen Chemia, nach dem uralten, aus der Sprache ihrer Vorfahren entlehnten Wort Kāme d. h. schwarz benannt), ist der nordöstlichste, mit Asien durch die Landenge von Suez verknüpfte Theil des Continents zwischen dem 31° 35′—24° 5′ 23″ N. Br. und dem 43°—53° 32′ O. L., indem die nördlichste Spitze des Landes durch das Cap Burlos 31° 35′ 30″, der südlichste Punkt durch die Grenzstadt Assuân 24° 5′ 23″ N. Br., der östlichste durch das Vorgebirge (Râs) Benass 53° 32′ O. L., der westlichste durch das Vorgebirge el Melha 43° O. L. gebildet wird. Im Norden stößt Aegypten an das Mittelländische, im Osten an das Rothe Meer oder den Arabischen Meerbusen und dessen nördlichste Fortsetzung, den Meerbusen von Suez, südlich an Nubien, im Westen an die Wüste, gegen welche jedoch die Grenze stets so unbestimmt war, daß es zu ihrer Feststellung schon im Alterthum eines eigenen Orakelspruchs bedurfte. Erst in neuerer Zeit ist dieselbe durch die Unterwerfung des langen, südnördlichen Oasenzuges, der jetzt die äußersten Punkte der ägyptischen Herrschaft gegen die unabhängigen Volksstämme im Westen bildet, genauer fixirt worden. Die größte Länge Aegyptens von Süden nach Norden beträgt also etwa 6½°, das ganze Areal ungefähr 6000 Q. M.

Oberflächen-Beschaffenheit. Aegypten ist, mit Ausnahme einiger verhältnißmäßig kleiner Culturstellen am Rande der libyschen Wüste, eigentlich nur eine einzige durch das Nilthal repräsentirte Oase in einer unermeßlichen Wüste. Durch den Lauf des Nil zerfällt es in 3 große Theile, den östlichen zwischen dem Nil und dem Rothen Meer mit einer durchschnittlichen Breite von etwa 26 d. M., den westlichen zwischen dem Nil und dem langen westlichen Oasenzuge, endlich den mittleren, welcher durch das Nilthal selbst gebildet wird. Durch den natürlichen Abfall des Landes von dessen südlicher Grenze, die bei Assuân noch 327 Fuß über dem Meeresspiegel liegt, nach dem Mittelmeere zu, wird auch der Lauf des Nils von Süden nach Norden bestimmt. Zwei Gebirgsketten, die arabische im Osten, die libysche im Westen, begrenzen als fast ununterbrochene und besonders da, wo sie aus Sandstein bestehen, fast gleich hohe, oben gradflächige Wälle das Nilthal im größten Theil seines Laufs, jene gegen dasselbe mit fast senkrechten, diese mit allmählich geneigten Rändern. Ihr Fuß wird zuweilen unmittelbar vom Nil bespült, wie es nördlich von den Ruinen von Theben zu Gournah bei der libyschen Kette, im Süden Thebens bei der arabischen, endlich am Dschebel Selseleh im südlichen Ober-Aegypten zu gleicher Zeit bei beiden Gebirgen der Fall ist. Die arabische Kette steigt von den Umgebungen Cairos, wo der 640 Fuß hohe Mokattamberg einen ihrer Theile bildet, allmählich gegen Süden auf, so daß sie bei Syût 60 Stunden südlich Cairo bereits 4/5 ihrer höchsten Erhebung erreicht hat, und bei Theben 25° 41′ 57″ N. Br. noch 2000, nach Andern jedoch nur 1000 Fuß übersteigt. In dieser Höhe erhält sie sich eine Strecke weit, worauf sie gegen die Südgrenze des Landes wieder niedriger wird und an der letzten selbst nur aus Hügeln besteht. Die libysche Kette hat mit der östlichen fast gleiche Höhe; sie theilt sich zuletzt bei Cairo, in dessen Nähe sie sich bald gänzlich in der Ebene verliert. Beide Gebirge, deren resp. aus- und einspringende Winkel ziemlich genau einander entsprechen, bilden schützende Dämme für das Nilthal gegen das Vordringen des Sandes. Das östliche Aegypten ist seinem größten Theile nach ein wildes, höchst ödes Gebirgsland mit chaotischen Anhäufungen von kahlen Bergen und Felsmassen, welche durch tiefe, meist mit Sand erfüllte und vegetationslose Thäler und Schluchten von einander getrennt werden. Nur in den Thälern zwischen den aus krystallinischen Gesteinen bestehenden Bergen des südlichen Theils gibt es hier stellenweise Wasserbecken und eine grüne, aus Büschen bestehende Vegetation. Eigentliche Oasen finden sich aber nirgends, indem kein Fluß, kein See oder irgend ein Canal die nothwendigen Elemente der Cultur in diesen Landstrich trägt. Ebenso wenig sieht man darin häufiger perennirende Süßwasserquellen; die wenigen vorhandenen verlieren sich nach kurzem Laufe im Wüstensande oder münden im Rothen Meere. Die ganze Landschaft ist deshalb auch höchst menschenleer und allein durch schwache nomadisirende Volksstämme durchzogen. Größere Ebenen gibt es hier nur auf der Landenge von Suez, die so niedrig sind, daß die Oberfläche der darin liegenden Bitterseen bis unter den Meeresspiegel hinabreichen, so wie im südwestlicheren Theile gegen die Straße von Kenneh nach Kosseir zu. Die bedeutendsten Bergmassen dieses Theils von Aegypten liegen in einer der Küste des Rothen Meeres meist parallelen und fast zerrissenen Kette, welche sich schon in der Nähe desselben bedeutend erhebt und unfern des Hafenplatzes Kosseir 26° 6′ 50″ N. Br. 52° 1′ 4″ O. L., bis 4200 und im äußersten Südosten unfern der Ruinen der alten Seestadt Berenice 23° 24′ 15″ N. Br. 53° 5′ O. L. in einzelnen Gipfeln gar bis resp. 4500 und 4440 F. ansteigt. Sie bildet den Wassertheiler zwischen dem Nilthal und dem Rothen Meere und führt in ihrer Erstreckung verschiedene Namen, wie die des Dschebel Kalil, Kalâlla, Gharib, Dukhân, E'Memfâyah, Fatireh u. s. w. Der D. Gharib, ein majestätischer Berg von 5800 F. Höhe in 28° 18′ N. Br., der Dukhân und E'Memfâya scheinen darin die bedeutendsten Massen zu bilden. Die Küste selbst, welche von ihrem nördlichen Punkte bei Suez fast constant einer N.N.W.—S.S.O., dem Lauf des Nil fast parallelen Richtung folgt, ist ebenfalls größtentheils erhaben, stellenweise ist jedoch ihr hoher Abfall durch eine stundenbreite, ganz niedrige oder terrassenförmige, jüngere aus Korallenfels bestehende, bei Kosseir sogar sehr sumpfige Zone vom Meere getrennt. Die trostlose Einförmigkeit derselben wird nur durch eine geringe Zahl von Vorgebirgen, wie Ras Benass, eine niedrige sandige Landzunge, R. Durah, Abuhadger, Abusomer, oder von Buchten, Häfen und Einschnitten, endlich von kleinen, der Küste vorliegenden niedrigen und flachen Coralleninseln einigermaßen modificirt. Gleichzeitig ist sie durch die geringe Tiefe des vorliegenden Meeres und zahlreiche submarine Korallenfelsen den Schiffern zu jeder Zeit sehr gefährlich gewesen. Mehrere schluchtenartige Transversal- und Longitudinalthäler durchziehen das östliche Gebirgsland; in jenen, die theilweise nicht Einheiten sind, sondern aus der Vereinigung mehrfacher, aus verschiedenen Richtungen zusammenkommender Einschnitte entstehen, zogen sich einst sehr belebte, jetzt aber meist verödete Handelsstraßen vom Nil zum Rothen Meer. Das südlichste Transversalthal führt von der Stadt Edfú am Nil nach den Ruinen von Berenice, ein anderes, noch jetzt am Meisten besuchtes, 42—43 Wegestunden lang von Kenneh oder Koft am Nil bis Kosseir und vereinigt sich während seines Laufs mit einem zweiten von Esnèh kommenden gleicher Art. Das nördlichste Querthal ist das Thal der Verirrung zwischen den Ruinen des alten Memphis am Nil und Suez. Ganz abweichend hiervon erscheint das westliche Aegypten zwischen dem Nil und dem langen, von Süden nach Norden laufenden Oasenzuge als ein 3—7 Tagereisen breites, wasserloses und wüstes Plateau, das selbst eine nördliche Fortsetzung der Bahiudawüste Nubiens ist und sich ohne Unterbrechung bis zum 30° ausdehnt, wo es plötzlich in eine westliche Richtung umsetzt, einen erhabenen Küstenstrich zwischen dem Mittelmeere und einem zweiten westöstlichen Oasenzuge im Süden des Mittelmeeres bildet, und allmählich gegen die tripolitanische Grenze ansteigt, aber erst jenseits derselben sich zu dem kleinen isolirten Berglande von Barka erhebt. Gegen Osten fällt dies Plateau, dessen oberer Rand bei Siût 570 F. hoch ist, ziemlich rasch in das Nilthal ab; ebenso steil ist der westliche Abfall gegen den südnördlichen Oasenzug, da sein oberer Rand bis 697 Fuß über die Oase von Chardscheh ansteigt. Der Oasenzug selbst trennt durch seine verhältnißmäßig bedeutende Tiefe das Plateau scharf von der libyschen Wüste, da seine Depression an einigen Stellen, wie in der Oase Siwah und in dem wüsten Zwischenraum zwischen dieser und der Bacheriehoase resp. 92, und 156 Fuß unter dem Meeresspiegel beträgt. Außerdem bildet im Plateau selbst das mit dem Nilthale in unmittelbarer Verbindung stehende und durch einen doppelten Halbkreis der libyschen Felsebene ganz umgrenzte Becken der Provinz Fayoum eine zweite Depression, die gleichfalls bis unter den Meeresspiegel reicht. Wie das Gebirgsland Ost-Aegyptens, ist auch dies Plateau durch mehrere Transversalschluchten durchbrochen, von denen die südlicheren die Städte am Nil: Edfú, Esnèh, Siût, Mellavi, Benisuef u. s. w. mit den einzelnen Oasen im Westen in Verbindung bringen, die beiden nördlichsten aber, das Bahr Belamà, ein trockenes Felsthal, und das diesem parallele und nach dem kurzen Zuge der auf seinem Boden auftretenden Seen der Natronseen genannte Thal sich bis in die Nähe des Mittelmeeres verfolgen lassen. Den dritten bei Weitem aber wichtigsten Theil Aegyptens bildet das Nilthal, welches von Assuân in geringer, etwa 12—16000 F. betragenden Breite zuvörderst grade nach Norden geht und stellenweise von beiden Seiten durch hohe Felswände so eingeengt wird, daß es am Dschebel Selseleh (Kettenberg), nur eine Breite von etwa 3000 F. hat und hier zu einem Engpaß wird. Nach 34 Stunden langem Lauf wird das Thal wiederum breiter, bis es am Paß Dschibeleyn sich zum zweiten Mal ganz verengt. Erst bei Theben, wo beide Bergketten gegen den Strom weite Bogen bilden, und die Entstehung einer großen Ebene im Nilthale möglich machen, breitet es sich namhaft aus. Gleichzeitig wirft es sich nach Osten und bildet einen weiten Bogen bis Farschût (das alte Abydos), von wo es in eine nordwestliche Richtung einlenkt, dieselbe bis Siût beibehält und endlich bis unterhalb Cairo einer etwas veränderten, nordöstlichen, folgt. In diesem nördlicheren, besonders von Siût, beginnenden Strich hat das Nilthal sogar eine ganz ansehnliche Breite, deren Maximum (4 Stunden) zwischen Minieh und Bein liegt und wovon der größte Theil der Westseite, ein sehr schmaler nur der Ostseite angehört. Das tief eingesenkte Nilthal endet 3 Meilen unterhalb Cairo, wo sich der Strom an der Batn el Bakara (Kuhbauch) genannten Stelle in zwei Hauptarme, einen westlichen, den Arm von Rosette, und einen östlichen, den von Damiette, theilt, und das ägyptische Delta, ein ganz ebener, wenige Fuß nur über dem Meeresspiegel erhabener, ungemein fruchtbarer und völlig steinloser Landstrich von 400 Q. M. Oberfläche beginnt, der im Westen von dem Arm von Rosette begrenzt wird, östlich aber noch über den Arm von Damiette bis zu dem pelusischen, das Culturland von der Wüste der Landenge von Suez scheidenden Arm hinausreicht und selbst gewissermaßen die unterste Fortsetzung des Nilthals ist. Im Norden hat das Delta eine bogenförmige, vom Mittelmeere begrenzte Basis von 36,4 M. Länge. Seine Breite zwischen C. Burlos und Cairo 30° 4′ 45″ in nordsüdlicher Richtung beträgt 23 M. Die Küste des Delta ist im Allgemeinen sehr flach und zieht sich meist als Sandbank in das Meer hinein, so daß Schiffe nur an wenigen Stellen landen können.

Geognostische Beschaffenheit. Die Gesteinmassen Aegyptens sind entweder krystallinische, versteinerungslose und ungeschichtete oder geschichtete, aber nur zum Theil versteinerungsführende. Die ersten treten im südöstlichen Aegypten zunächst der nubischen Grenze, dann im östlichen Aegypten in dem höheren Gebirgsrücken auf, welcher der Küste des Rothen Meeres folgt, so daß eine Linie, die etwas westlich von dem Eintrittspunkte des Nils in Aegypten bei Assuân schief durch die arabische Bergkette gezogen wird, im Westen die Verbreitung der krystallinischen Gesteine begrenzt. Sie bestehen großentheils aus Granit, wie namentlich am hohen Gharib und dem südlich davon gelegenen Daraberge, ferner zwischen Kenneh und Kosseir, im Fatirehberge N.O. von Assuân und endlich in einem kleinen District bei Assuân selbst, wo der Granit die Felswände zu beiden Seiten des Nilthals und zugleich die Klippen im Nil bildet, welche zur Entstehung der Katarakten Veranlassung geben, dann aus rothem ausgezeichnet schönen Porphyr, besonders im Dschebel Dukhan, dunklem und stellenweise ganz dem Basalt ähnlichem Dioritporphyr zwischen Kenneh und Kosseir, besonders aber aus Glimmerschiefer im östlichen Aegypten, wie am Dschebel Tenasep, dann am Dschebel Zubara oder den Smaragdbergen N.O. von Assuân, und Gneis mit dünnen Adern von Marmor in der Nähe des Granits, so wie aus Talkschiefer, der am Baramberge östlich Assuân in Topfstein übergeht. Hieran schließen sich Massen von Thonschiefer an, die stellenweise ganz den Charakter des Kieselschiefer annehmen und unter dem 26° N. Br. zwischen Kosseir und Kenneh durch die schon im Alterthum zur Anfertigung schöner Kunstwerke benutzten Trappbreccien bedeckt werden. Vorzugsweise im mittleren und oberen Aegypten erscheint demnächst die in nordsüdlicher Richtung etwa 15 M. breite Zone eines im Westen bis zu dem großen Oasenzuge reichenden versteinerungslosen Sandsteins, welcher den Granit von Assuân, theils auch die Trappbreccien zwischen Kenneh und Kosseir bedeckt und stellenweise in wahren dichten Quarz übergeht. Viel ausgedehnter ist die Verbreitung eines Kalksteins, der im Nilthale eine Tagereise südlich Esneh beginnt, sich im nördlichen Theile des östlichen Aegyptens bis zum Rothen Meere, im centralen Aegypten bis zum Batn el Bakara, im westlichen bis zum Oasenzuge erstreckt, und meist horizontal geschichtet ist. Von dieser Schichtung des Kalk- und Sandsteins rührt zugleich die eigenthümliche tafelförmige Bildung der Oberfläche großer Strecken des centralen und oberen Aegyptens her. Der Kalkstein ist ein marines Gebilde, im Allgemeinen hart und dicht, oft stark kieselreich, dunkelroth oder braun von Farbe, sehr reich an Nummuliten und häufiger in Dolomit übergehend. Er folgt mit gleichförmiger Lagerung dem Sandstein und lieferte einst das Material zu den Pyramiden. Früher zur Kreide gerechnet, gilt er jetzt, gleich dem Nummuliten führenden Kalk der Atlasländer, nur als ein untertertiäres Gebilde. Es treten darin bei Syût zu Tel el Amarna in Ost-Aegypten und bei Benisuef große Massen von zum Theil wunderschönem Alabaster auf. Den Kalk bedeckt endlich in inselförmigen Ablagerungen ein 180—200 F. mächtiger, horizontal geschichteter, oberer Sandstein, der fast bis zu den Rändern des Mittelmeeres zu verfolgen ist, häufig conglomeratisch, meist aber ausgezeichnet körnig auftritt und stellenweise mannigfach gefärbten Gyps und Salz führende Mergel, endlich an vielen Stellen zahlreiche Trümmer versteinerter Hölzer führt. Andere sehr jugendliche Kalkgebilde, die sich fortwährend noch aus Sand, zerbrochenen Muscheln und Korallentrümmern bilden, kommen sowohl an der nördlichen Spitze des Golfs von Suez, wie zwischen dem Rothen Meere und den Klippen vor, welche den Westrand des Rothen Meeres begrenzen und sich hier an einigen Punkten bis 60 Fuß über dem Meeresspiegel erheben, ein Beweis, daß die Küste sich erst in einer verhältnißmäßig jugendlichen Zeit der Erdbildung über den Spiegel des Rothen Meeres erhoben hat. Außer diesen festen Gesteinmassen ist für die geognostische Beschaffenheit Aegyptens der Sand des Wüstenplateaus und der vom Nil während seiner großen Ueberschwemmungen abgesetzte Schlamm von Wichtigkeit, indem der letzte einen großen Theil der Sohle des Nilthals bedeckt und fast vorherrschend zur Entstehung des Delta Veranlassung gegeben hat, so wie er auch noch alljährlich zur Erhöhung des Nilthals beiträgt. Es ist eine stellenweise, namentlich im Delta bis 30 F. mächtige thonige, feine Substanz, mit einigem Kalkgehalt und einer Beimengung von etwa der Hälfte ihres Gewichts an organische Substanzen von außerordentlicher Fruchtbarkeit, die getrocknet fast die Härte eines Steins erhält und durch ihre auffallende dunkelaschgraue Färbung zu dem uralten Namen Aegyptens Käme oder Chemia Veranlassung gegeben hat. Im Alterthum, wie in der neueren Zeit, wurde dieselbe stets zur Ziegelbereitung benutzt. Im Delta wechseln deren Lagen mit dünnen, andern, die aus Sand bestehen. Der Sand in den wüsten Regionen Ost-Aegyptens ist dagegen vorzugsweise ein Haufwerk kleiner mikroskopischer Korallenschalen (Bryozoen), worin aber auch marine Muscheln vorkommen.

Gewässer. An perennirenden Quellen ist Aegypten ungemein arm; der größte Theil des Landes entbehrt ihrer sogar ganz. Berühmt wurde deshalb schon in den Zeiten des Alterthums die in der Nähe der Ruinen des alten Memphis hervorbrechende starke Quelle von Heliopolis. Andere Quellen, meist mineralische und zum Theil lauwarme, finden sich in dem Querthal zwischen Kosseir und Kenneh und zunächst den Rändern des Rothen Meeres. Am reichsten ist noch daran der Zug der ägyptischen Oasen, deren Quellen aber fast ohne Ausnahme mineralisch, nämlich eisen- oder schwefelhaltig und großentheils thermal sind. Andere fließende Gewässer, mit Ausnahme des Nils und einiger temporärer Regenbäche von kurzer Dauer in Ober-Aegypten, hat Aegypten keine, so daß auch der Nil während seines ganzen Laufs in Aegypten nicht das mindeste fließende Wasser aufnimmt. Der Nil selbst überschreitet mit Gewalt die südliche Landesgrenze, indem er brausende Stromschnellen (Schellâls) über zahllosen Klippen und zwischen granitischen Felswänden von der Insel Dschezîret el Zaher (Elephantine) bis zur Insel Anas el Wodschoud (Philä) bildet und sich selbst auf diesem Wege in zahlreiche Arme theilt, zwischen denen bei hohem Wasserstande etwa 20 Inseln liegen. Zur Zeit seines niedrigen Standes hat derselbe in dieser Strecke einen Fall von 6—7 F. und eine Breite von 3200—3600 F., während er bei hohem Wasser alle Felsen bedeckt. Erst ziemlich weit nördlich von den Stromschnellen und Katarakten wird der Strom wieder ganz ruhig; bei Theben hat er eine Breite von 1300, bei Syût gar von 2600 Fuß. Von Farschût an gestattet auch die Breite des Thals eine Theilung des Stroms, von dem auf der Westseite ein künstlicher Arm, der Josephscanal, abgeht und in seinem 38 Stunden langen Lauf unmittelbar dem Fuße der libyschen Kette bis in die Nähe von Cairo folgt, wo er sich zu Alkam unterhalb Terraneh mit dem Rosettearm vereinigt. Eine Abzweigung dieses Canals wendet sich links durch die Schlucht El Lahun nach der Provinz Fayoum, welche durch sie bewässert wird, so wie ein anfänglich $2^1/_2$, nördlicher aber nur $1—1^1/_2$ Stunden breiter und sehr fruchtbarer Landstrich zwischen dem Strom und dem Canal sich erstreckt. In dieser Strecke des Nilthals erscheint auf der Westseite des Stroms eine ganze Reihe der beträchtlichsten Orte Aegyptens, wie Benisuef, Minieh, Syût, Dschirdscheh, Denderah, Esneh, Edfu u. s. w. Einzig Kenneh liegt auf der Ostseite. 3 Meilen unterhalb Cairo weichen endlich die letzten Ausläufer der arabischen und libyschen Kette aus einander und gewähren dem Nil, der hier ziemlich 3/4 Stunden Breite hat, die Möglichkeit, sich in mehrere Arme zu theilen, von denen nur zwei, die einst künstlich gegrabene Canäle waren, jetzt aber die Breite der Loire haben, nämlich die an der Batn el Bakara (Kuhbauch) von den Arabern genannten Stelle beginnenden Arme von Rosette und Damiette, noch von Bedeutung sind, während die übrigen im Laufe der Zeit mehr oder weniger, besonders an der Mündung, impracticabel wurden. Aber auch der Arm von Damiette versandet immer mehr. Zwischen beiden Hauptarmen liegt vorzugsweise das durch gemeinschaftliche Operationen des Meeres und Flusses gebildete Nildelta, welches durch eine Unzahl größerer oder kleinerer Verbindungscanäle der Nilarme quer durchzogen wird. Von großer Wichtigkeit für den ganzen Handel und Wohlstand Aegyptens, namentlich aber für das Wiederaufblühen Alexandriens, ist der 1819 von Mehemed Ali angelegte und später ansehnlich verbesserte 12 Meilen lange, 90 Fuß durchschnittlich breite und 15—18 F. tiefe Mamudiehcanal geworden, der unterhalb Rahmanyeh und gegenüber dem Städtchen Fuah bei Atfeh am Arm von Rosette beginnt, bei Alexandria endigt und den ganzen Export- und Importhandel Aegyptens nach Alexandria geleitet hat. Durch ihn brauchen die den Nil herabkommenden Schiffe nicht mehr in Rosette, dem einstigen Hauptseehandelsplatz Aegyptens, die Ueberfahrt über die gefährliche, daselbst die Mündung sperrende Sandbank Boghaz abzuwarten, sondern können mit Ausnahme von 3 Monaten, wo der Canal während des niedrigen Nilstandes zu wenig Wasser hat, ohne Aufenthalt, der vorher bis 30—40 Tage wegnahm, an die See gelangen. Durch den Bau dieses Canals bleibt der Verkehr Aegyptens das ganze Jahr mit dem Auslande seewärts ununterbrochen, während früher durch das immer Größerwerden der Sandbank an der Rosettemündung die Schifffahrt oft während des ganzen Winters gehemmt war. Auch für die erneute Cultur der ganz verödeten Umgebungen Alexandrias hat der Canal die günstigsten Erfolge gehabt. Durch die von Mehemed Ali, dem letzten Pascha von Aegypten, begonnenen und von dem jetzigen, Abbas Pascha, fortgesetzten großartigen Wasserbauten soll der Canal das ganze Jahr hindurch schiffbar werden. Zahlreiche andere Canäle wurden ebenfalls durch Mehemed Ali besonders in Unter-Aegypten gebaut, und Dämme, so wie gigantische Bassins in Ober-Aegypten zur Regulirung der Nilüberschwemmungen errichtet, endlich die großen Dammarbeiten begonnen, wodurch die beiden Hauptarme des unteren Nils an dessen Gabelung nach Willkühr und Bedürfniß geöffnet und geschlossen werden können. Zur besseren Bewässerung des Delta ist auch der Bau eines neuen dasselbe in kürzester Richtung von Süden nach Norden durchschneidenden großen Canals fortwährend im Gange. Das merkwürdige Anschwellen des Stroms beginnt bei Assuan gegen Ende Juni, bei Cairo Anfang Juli, und erreicht gewöhnlich gegen den 15. August die Hälfte der größeren Höhe, zwischen dem 20.—30. September den höchsten Stand selbst. Die darauf folgende Abnahme findet langsamer statt, bis der niedrigste Stand gegen den 20. Mai des folgenden Jahres erreicht ist. Von der Höhe der Ueberschwemmungen hängt das Gedeihen oder der Mangel Aegyptens ab. Bleibt dieselbe unter 10 Ellen oder steigt sie über 24 Fuß, so wird die Ernte schlecht, doch variirt der Nilstand in Aegypten nach der verschiedenen Erhebung des Terrains. Während die Fluth namentlich bei Assuan bis 36 Fuß steigt, beträgt sie an der Rosettemündung nur 3½ F. im Mittel. Da mit dem Nil das ganze Finanzsystem des Landes innigst zusammenhängt, so wird das Steigen und Fallen sorgfältig von Staatsbeamten beobachtet, aber auch häufig unrichtig zum Vortheil des Fiscus öffentlich verkündigt, weil derselbe bei jedem Nilstande die volle Abgabe zu erlangen strebt. Wo das Terrain zu hoch über dem Spiegel des Nils liegt, daß es nicht mehr überschwemmt werden kann, bringen Schöpfräder und andere hydraulische Maschinen das Wasser dahin, so daß durch diese das culturfähige Terrain Aegyptens um ein volles Drittel erhöht wird. Nach dem verschiedenen Stande des Stroms bietet nun das Nilthal nebst dem Delta ein 3faches Bild dar. Vom März bis Juni ist es eine dürre Wüste voll Staub, der glühende Boden klafft überall, die Vegetation erstirbt und selbst die Bäume entlauben sich, während vom Juni bis

October sich statt der Wüste ein einziger Süßwassersee ausbreitet, durch welchen lange und schmale Dämme von Ort zu Ort ziehen, überall die Barken rudern und Alles in Bewegung und voll Freude ist. Verläßt der Nil Ende October die durchweichten Fluren, so verwandelt sich der Anblick abermals, indem bald nach mühelos vollbrachter Saat grüne Getraideflächen die Wasserflächen ersetzen, Alles üppig emportreibt und sprießt, so daß in wenigen Wochen das Land einem üppigen Garten gleicht. Um diese wohlthätigen Ueberschwemmungen zu regeln und sie so weit als möglich auszubreiten, dienten seit den ältesten Zeiten zahlreiche Schleusen und Canäle für deren Oeffnung, so wie zum Durchstechen der Dämme Beamte und die genauesten Vorschriften vorhanden sind. Das Wasser des Stroms ist sehr leicht und so vortrefflich zum Trinken, daß es zu jeder Zeit von Schriftstellern und Reisenden hoch gepriesen worden ist, aber das Gefälle des Nils ist nicht bedeutend, indem es auf die geographische Meile nur 2,3 Par. Fuß beträgt. — Seen gibt es in Aegypten in ziemlich großer Zahl, theils zunächst der Küste, theils im Innern. Die bedeutendsten der letzten sind der salzige Birket el Kerûn am Westrande von Fayoum, die El Mamleh oder bitteren Seen auf der Landenge von Suez und die 6 Natronseen südwestlich von Alexandria. Ansehnlicher als diese Binnenseen sind jedoch die vom Mittelmeere meist nur durch eine schmale sandige Landzunge getrennten, salzigen Lagunenseen, längs dessen Rande im Delta, wozu als die größten gehören: 1) der Birket Mariût oder Mareotissee zunächst Alexandria, der schon im 17. und 18. Jahrhundert zu einer sandigen Ebene austrocknete und erst im Jahr 1801 wieder entstand, als die türkisch-englische Armee bei der Belagerung Alexandrias die Dämme des die Ebene vom Abukirsee trennenden Canals von Alexandria durchstach, so daß sie sich dadurch von Neuem füllte. Canalarbeiten der neuesten Zeit haben den See wieder etwas beschränkt. 2) Der Maadyeh oder Abukirsee dicht am Mareotissee und von ihm nur durch den Damm des Canals von Alexandria oder des jetzigen Mahmudiehcanals getrennt, 6156 Klafter lang, 23000 Klafter breit, gewöhnlich aber nur 3 Fuß tief. Auch dieser ist vom Meer durch eine nur 200 Klafter breite Landzunge geschieden, doch steht er zugleich durch eine Oeffnung mit der Rhede von Abukir in Verbindung. 3) Der Edkusee zwischen dem vorigen und dem Rosettearm, trocknet jetzt ganz aus, da die ihn vom Nil trennenden Dämme nicht mehr geöffnet werden. 4) Der Burlos zwischen dem Rosette- und Damiettearm 17957 Klafter breit, zieht sich von W. nach O. mehr als die halbe Basis des Delta entlang und nimmt mehrere Nilcanäle aus dem Innern desselben auf. Er hat viele Inseln, ist sehr fischreich und dadurch sehr einträglich für den Fiscus, gewöhnlich aber nicht über 3 F. tief. Er steht durch einen 100 Toisen breiten Durchbruch durch die ihn vom Meere trennende Nehrung mit diesem in steter Verbindung. 5) Der Menzaleh, der größte See von allen, erstreckt sich östlich vom Damiettearm bis Pelusium, und wird ebenfalls durch eine niedrige wenig breite Landzunge vom Meere getrennt. Er ist in neuerer Zeit erst durch Vernachlässigung der Dämme entstanden, so daß er nunmehr einen einst sehr reichen und fruchtbaren Strich des Deltalandes bedeckt. Seine größte westöstliche Länge beträgt 43000, die Breite von S. nach N. 12000 Klafter, die Tiefe meist etwa 2—3′, stellenweise auch 2—5 Fuß. Durch zwei schiffbare Mündungen steht der Menzaleh, der sehr reich an Fischen und Vögeln ist, mit dem Meere in Verbindung. Seine zahlreichen und gut bevölkerten Inseln sind ihrer gesunden Luft wegen berühmt. Die Bewohner derselben sollen sogar niemals von der Pest heimgesucht worden sein. Von Interesse sind endlich die in neuerer Zeit erst genauer erkannten unterirdischen Wasserbecken in dem westlichen Oasenzuge, welche schon im Alterthum zur Anlegung bis 400 F. tiefer artesischer Brunnen Veranlassung gegeben haben.

Klima. Die klimatischen Verhältnisse sind in den verschiedenen Theilen des Landes nicht gleich. Während die höheren südlicheren Strecken desselben nur eine einzige Jahreszeit, einen ewig trockenen warmen und heißen Sommer, haben und sich daselbst die mittleren Wärmepunkte eines und desselben Orts zu allen Zeiten des Jahres nur wenig unterscheiden, trennt sich schon in Mittel-Aegypten eine kühle und heiße Jahreszeit, wovon jene die angenehmste ist und den schönsten Herbst- und Frühlingstagen der gemäßigten Zonen Europas am meisten entspricht. Sie dauert vom October bis Ende März, während die heiße die Monate von März bis October umfaßt. In der heißen Jahreszeit hat man noch eine feuchte und trockene Jahreszeit zu unterscheiden versucht, was jedoch nicht statthaft ist, indem zwischen den beiden Hauptjahreszeiten keine vermittelnde Uebergänge eintreten und weil selbst am Nordrande des Landes, wo der Einfluß des Meeres auf die atmosphärischen Niederschläge am schärfsten sich bemerkbar macht, ebenfalls nur zwei und sogar sehr scharf gesonderte Jahreszeiten, eine regnige und eine regenlose, eintreten, die nur dem europäischen Winter und Sommer entsprechen. Der mittleren Temperatur nach gehört Süd-Aegypten in die Isotherme zwischen 25 und 30°, also zu den heißesten Ländern der Erde, die außerhalb der Tropen liegen, Cáiro in die Isotherme von 22°,4 und das Delta in die von 15°,5, oder schon in die Classe der wärmsten südlichen europäischen Küstenklimate, wie etwa Griechenlands und Spaniens, was der kühlenden Einwirkung der Seewinde zuzuschreiben ist. Das Maximum der Temperatur tritt gesetzlich durch ganz Aegypten gegen Nachmittag 2 Uhr ein und erhebt sich periodisch in einzelnen Strecken, namentlich in den wasserlosen Strichen Süd-Aegyptens und während des heißen, aus den Aequatorialgegenden kommenden Windes, des Khamsin, nicht selten erstaunlich hoch. So steigt es zu Theben und Philä bis 47 und 48°, zu Assuân bis 60 und 70°, wobei der Sand so heiß wird, daß man in ihm Eier hart kochen kann. Nach Norden nimmt das Maximum ab, daß es zu Cáiro nur 40°, und im Delta sogar selten 28 und 29° beträgt. Das Minimum der täglichen Temperatur stellt sich dagegen etwas vor Sonnenaufgang ein. December und Januar, wo besonders die Nächte sehr kalt sind, sind, wie in Europa, die kältesten Monate; das Mittel der Minima im Delta beträgt nur etwas über 11°. Zuweilen ist aber die Differenz der Tag- und Nachttemperatur so bedeutend, daß sie 20—30° beträgt und das Thermometer selbst in Ober-Aegypten um 5 Uhr Morgens nur auf 5° steht. Als Ausnahme von den gewöhnlichen klimatischen Verhältnissen hat man Schneefälle zu Alexandria, Rosette und bis Atfeh im Jahr 1833 beobachtet und nach historischen Berichten soll im Anfang des 9. Jahrhunderts selbst der Nil einmal gefroren gewesen sein. Häufiger kommt jedoch Eisbildung in den das Delta begrenzenden Wüsten und in der Oase Siwah nach gefallenem Thau und bei starkem Nordwinde vor. In Süd-Aegypten zeichnet sich die Atmosphäre besonders durch außerordentliche Trockenheit aus, welche durch die um die Frühlingsnachtgleiche eintretenden Südostwinde und namentlich durch den entsetzlichen elektrischen Khamsin sogar noch gesteigert wird. Erhebt sich der Khamsin, so färbt ein röthlicher Schein die Atmosphäre, die Sonne verliert ihren Schein, eine trockene brennende Hitze tritt ein, wodurch alle Gewächse verdorren, das Thermometer plötzlich um 12—18° steigt, die Lebensmittel verderben und selbst das Leben von Menschen und Thieren gefährdet wird. Wirbelwinde treiben dann ungeheure Wolken glühenden Sandes von der Wüste herbei, Blitze zucken und alle Elemente erscheinen im Aufruhr. Feuchter wird die Atmosphäre Aegyptens, je mehr man sich dem Mittelmeere nähert, wo die in Unter-Aegypten 9, im übrigen Lande wenigstens 6 Monate des Jahrs hindurch wehenden, mit Wasserdünsten reichlich geschwängerten Nordwinde besonders während der Ueberschwemmungszeit des Nils im August und September des Abends die Bildung von Nebeln, und im Winter ebenfalls Nebel oder höchst wohlthätige reichliche Thaufälle veranlassen. Dieser stete Nordwind ist zugleich Veranlassung, daß im Sommer alle Wolken und Dünste südwärts getrieben werden, und sich dann ein ganz reiner Himmel über dem Lande ausbreitet, so daß Regenfälle vorzüglich in Ober-Aegypten, zu den selteneren Erscheinungen gehören. Irrthümlich ist jedoch die sogar uralte Behauptung, daß es in Ober-Aegypten nie regne, indem in neuerer Zeit noch zu Kenneh Regenfälle beobachtet wurden und man zu Theben und sogar in dem sehr trockenen südlichen Ost-Aegypten zuweilen heftige Regen erlebt hat. An der Nordküste regnet es vom October bis März und April sehr häufig, in den übrigen Monaten des Jahres dagegen selbst dort zum Theil gar nicht. Das Klima Aegyptens

5*

ist übrigens im Ganzen gesunder, als das vieler anderen heißen Länder, mit Ausnahme der niedrigen sumpfigen Striche am Rande des Rothen Meeres, die für sehr ungesund gelten. Von endemischen Krankheiten steht die Pest obenan, die jedoch in neuerer Zeit, besonders in Unter-Aegypten, weniger verwüstend und seltener aufgetreten ist, und in Ober-Aegypten sogar noch nie beobachtet wurde. An die Pest schließen sich Wechselfieber, Aussatzkrankheiten, vor Allem die durch den salzigen Staub hervorgerufenen höchst gefährlichen Augenübel, in neuerer Zeit auch die Cholera an. Unter den Jahreszeiten ist die Periode vom März bis Mai die ungesundeste und selbst den Eingeborenen, besonders aber den Fremden, schädlich.

Naturproducte. Aegyptens 1230 Arten umfassende Vegetation ist dennoch sehr dürftig und hat wenig Eigenthümliches, indem sie in dem größten Theil des Landes nur eine armselige Steppenflora der Art ist, wie sie in dem größten Theil der Wüsten Nord-Afrikas vorkommt und weil in dem vom Nilschlamm bedeckten, seit Jahrtausenden cultivirten Alluvialboden fast alle wildwachsende Pflanzen verdrängt sind, endlich Wiesen und Wälder gänzlich fehlen. Im Norden hat die Flora völlig den eigenthümlichen Charakter der mediterraneischen und bietet im Delta einen Reichthum von Süßwasser- und Morastpflanzen dar, worunter die Papyrusstaude und die Nymphäaceen von besonderem Interesse sind, namentlich die mit einer eßbaren Wurzel versehene Nymphaea lotus. Am Westrande des Landes findet sich dagegen ein Andrang der libyschen Vegetation, im Osten, Norden und Süden Cáiros das Gepräge der arabischen. Cryptogamen fehlen der Hitze wegen fast ganz. In der Wüstenflora herrschen alcalireiche Pflanzen, Atriplicineen und Rutaceen, ferner Borragineen, Compositen und Gramineen, im Innern zwischen dem Nil und dem Rothen Meer Coloquinten, Gummi- und andere Acacien und Tamarinden. Diese sind meist grau, dornig, haarig oder filzig verkrüppelt, und mit langen Wurzeln, wie alle Wüstengewächse, versehen, während die Pflanzen des fruchtbaren Bodens kurze Wurzeln, glatte Oberflächen und eine lebhaft grüne Färbung besitzen. Malvaceen, Leguminosen, Cucurbitaceen, Gramineen und Compositen bilden 3/4 der Flora des Alluvialbodens. Die Dattelpalme findet in mehr als 20 Arten ihre vollkommene Entwickelung und bildet oft im Nilthal ganze Haine. Die ausgezeichnetsten Datteln liefern aber die zu Aegypten gehörenden Oasen, besonders die Siwahoase. Ausgezeichnet ist noch die Nilflora Ober-Aegyptens durch das Auftreten der Dumpalme (Cucifera thebaica) und mehrerer Cassien bis zu der Breite von Dschirdscheh. Die vorzüglichsten Culturpflanzen des Alluvialbodens sind: Reis, besonders in den Sümpfen des Delta (der beste bei Damiette), Saflor (ausgezeichnet in den Districten Keiyub, Dschizeh und Benisuef), Hanf, Colza Ricinus, Sesam, Lattich (Lactuca sativa), Mohn, Klee (sehr häufig im Delta), Mais, Waitzen, Gerste, verschiedene Arten von Bohnen (Faba sativa und Dolichos lubia Forsk.), 6 Hirsearten (Durrah) der Gattung Sorghum, Klee, Linsen, Erbsen, Lupinen, endlich Baumwolle, Sycomoren (die größen Bäume Aegyptens), Feigen-, Granatäpfel-, Aprikosen-, Citronen- und Oelbäume (die letzten vorzugsweise im Fayoum, hier nebst Weinstöcken), schwarze Maulbeerbäume, Arbusen, Kürbisse, Gurken, Melonen (die ausgezeichnetsten zu Farschût), Zwiebeln, Krapp, (in vorzüglicher Fülle und Qualität im Fayoum), Zuckerrohr (bei Benisuef, Farschût), Indigo, Alhennah. Verhältnißmäßig viel ärmer, als die Flora, und eben so wenig eigenthümlich ist die Fauna Aegyptens, die nur durch unermeßliche Massen von Wasservögeln (darunter besonders Flamingos, weiße Ibis, Reiher, Pelicans) in manchen noch nicht genau untersuchten Arten auf den Laguneuseen längs dem Mittelmeere und durch großen Fischreichthum in denselben Seen und im Nil von anderen afrikanischen sich unterscheidet. Unter den Vierfüßlern gibt es Pferde (früher in ausgezeichnet schöner, durch Mehemed Alis Kriegszüge aber fast ausgegangener Race), Esel (besonders in Ober-Aegypten), Maulesel und Rindvieh, sämmtlich ebenfalls ausgezeichnet, Büffel, Dromedare in den wüsten Strichen Aegyptens, aber keine Kameele, Schafe in verschiedenen Arten (am meisten breitschwänzige), Antilopen, wiederum in mehreren Gattungen und Arten, in den Wüsten, wilde Schweine (in Nieder-Aegypten), Schakals, (heerdenweise in der Wüste), Hyänen, Leoparden, Steinböcke (in den Gebirgsgegenden am Rothen Meere), Flußpferde (höchst selten); von Vögeln noch Hühner (gezogen in außerordentlicher Menge), Tauben (nur in Ober-Aegypten bis Syût), Strauße (früher häufiger in den Wüsten), Aasgeier (haufenweise), Wachteln in großen Scharen als Zugvögel, Wüstenrebhühner, Kraniche, endlich von Amphibien Krokodile (häufig im oberen Nil, aber nicht über Dschirdscheh nach Norden gehend), die großen Nileidechsen (Waran el bahar) und Wüsteneidechsen (Waran el ard), Chamäleons. Außerdem hat man Seidenwürmer, und häufig im Rothen Meer Schildkröten und Korallen. Am ärmsten ist das Land an Mineralien, worunter noch am bemerkenswerthesten sind: Natron, das in großer Menge aus den 6 Natronseen und im Ababdéhgebiet gewonnen wird, Kochsalz, Natronalaun (in der Chardschehoase und im Gebiet der Ababdéh), Schwefel (in den beiden Schwefelbergen Dschebel el Kibrit am Rothen Meere, dann in der Siwahoase), Steinkohlen (neuerlich bei Assuân erbohrt), Erdöl, Smaragd (in den Zubarahbergen), schöner Alabaster (bei Benisuef und Syût gegenüber), grüner Flußspath (auf der Topasinsel des Rothen Meeres), Granaten (bei Assuân), Topfsteine (Baram der Aegypter), viel zu Gefäßen verarbeitet, Kupfer im Dukhanberge und an noch 5—6 anderen Punkten Ost-Aegyptens, Bleierze ebenfalls in Ost-Aegypten am Bleiberge (Dschebel Resass).

Bevölkerung. Die noch im vorigen Jahrhundert auf 4 Millionen Individuen, mit Ausnahme der in den Wüsten herumziehenden Nomadenstämme, geschätzte Bevölkerung dürfte jetzt in Folge der Kriege Mehemed Alis und seines Drucks, der Viele zu Auswanderungen nöthigte, dann durch Cholera und Pest vielleicht nicht 2½ Millionen übersteigen. Im Jahr 1840 wurde dieselbe von Clot Bey, dem ehemaligen Generalstabsarzt der Armee, auf etwa 2895300 Individuen berechnet, wovon die arabischen seßhaften Muhamedaner 2600000, die Copten, die meist in Ober-Aegypten lebenden Abkömmlinge der alten Bewohner des Landes 150000, die arabischen Beduinen 70000, die Neger 20000, die Juden 7000, die christlichen Europäer 9300, die Türken nur 12000 (was offenbar zu wenig ist), die Griechen aus dem Königreich Hellas 2000, die Griechen aus der Levante 3000, die Barâbras (meist in Cairo), Syrer, Abessinier und kaukasischen Sclaven resp. je 5000, die Armenier endlich 2000 betragen sollten. Es ergibt sich hieraus, daß die Bevölkerung jetzt überwiegend arabischen Charakters ist, was besonders von der ländlichen, den Fellah (d. h. Bauern), und der nomadischen dem Nil nächsten der Wüsten, den Bedawi (Beduinen), gilt, während die übrigen nicht arabischen Landesbewohner vorzugsweise der städtischen angehören. Der arabische Theil der Bevölkerung hat nahe der Küste des Mittelmeers eine helle und der europäischen nahe stehende Gesichtsfarbe, welche sich jedoch gegen Süden bei den Bewohnern des Binnenlandes verdunkelt. In ihm bilden die Beduinen den Kern, die reinste arabische Race. Diejenigen Stämme der Beduinen, welche am Westrande Aegyptens in der Nähe der Oasen nomadisiren, führen auch den Namen der Moggrebins und stellen in den Sold des Pascha seine beste irregulaire Reiterei. Die Copten sind durchweg dunkelbraun von Farbe, nicht schwarz, und haben flache Stirnen, schwarze Augen und schwarzes, oft krauses, aber nicht wolliges Haar, sehr ernste oder eigentlich melancholische Gesichtszüge, vorstehende Backenknochen, dicke Lippen und dünnen Bart. Ihre Zahl nimmt immer mehr ab. Aus ihrer Vermischung mit den vielen eingewanderten Arabern ist in früheren Jahrhunderten ein Theil der ländlichen Bevölkerung hervorgangen. Europäer wohnen vorzugsweise zu Alexandria und Cairo; ihre Zahl wächst mit jedem Jahre und soll bereits in Alexandria gegen 12000 Individuen betragen. Außer dieser, mit Ausnahme der Europäer, dem ägyptischen Abgabensystem direct unterworfenen Bevölkerung wohnen in den entfernteren Wüsten zu beiden Seiten des Nilthals noch viele andere Nomaden, meist arabischer Abstammung, von denen aber auch ein Theil, der im südöstlichsten Aegypten zwischen der Karavanenstraße von Kénneh nach Cosseir und der nubischen Grenze herumzieht, dem Volk der Ababdéh angehört. Dieselben sind der Zahl nach völlig unbestimmbar, da sie meist ganz unabhängig leben oder höchstens in einem sehr lockeren Unterthanenverhältnisse gegen die Regierung stehen, der sie auch einen Theil ihrer unregelmäßigen Cavallerie liefern. Besonders die Ababdèh schützt die große Dürftigkeit und Armuth des Berglandes vor der Unterwerfung, doch versorgen die Ababdèh die ägyptischen Märkte mit Kohlen, Alaun, Natron und den von ihnen selbst aus dem in ihrem Gebiet vorkommenden Topfstein verfertigten Kochgeschirren.

Verfassung. Aegypten war bisher formell ein türkisches Paschalik, dessen Verwaltung seit dem von England, Rußland, Preußen und Oesterreich am 15. Juli 1840 abgeschlossenen Londoner Vertrage und dem Hattischerif des Großherrn vom 13. Februar 1841 stets einem vom Großherrn gewählten Gliede der Familie Mehemed Ali auf Lebenszeit gegen einen jährlichen Tribut von 1133000 span. Thalern garantirt ist. Der jetzige Pascha ist Abbas Pascha, ein Enkel Mehemed Alis. Mit Aegypten ist demselben auch die Verwaltung der von Mehemed Ali eroberten Länder Nubien und Kordofan von der Pforte übertragen. Der Hattischerif regelt das Verhältniß Aegyptens zur türkischen Regierung und bestimmt namentlich, daß der Inhalt der bekannten großherrlichen Verordnung von Gulhanné, so wie alle Verträge der Pforte mit fremden Mächten in Aegypten Kraft haben sollen, daß die Abgaben im Namen des Großherrn zu erheben und die Münzen nach Art und Gehalt der türkischen zu prägen seien, ferner daß der Pascha das jedesmalige Viertel des Bruttoertrags der Abgaben an die türkischen Staatskassen abzuführen habe, während die übrigen 3/4 zur Deckung der Administrationskosten und zur Unterhaltung des ägyptischen Heeres, das 18000 Mann nicht übersteigen dürfe, dienen sollten. Auch die Uniformirung der ägyptischen Truppen und der Marine müsse von nun an mit den türkischen übereinstimmen; die niederen Officiere solle der Pascha ernennen, die Ernennung der höheren behalte sich jedoch der Großherr vor. Indessen ist ein großer Theil der Bestimmungen des Hattischerif bisher nicht zur Anwendung gekommen, wozu namentlich die durch denselben bestimmte Aufhebung der Kopfsteuer der Nichtmuhamedaner gehört. Das darin unerwähnt gebliebene, bisher dem Pascha von der Pforte gelassene Recht über Leben und Tod (das sogenannte Tanfimat) sucht nunmehr die Pforte als oberste Landesbehörde dem Pascha zu entziehen, und noch ist der Streit hierüber nicht entschieden. Zur obersten Führung der Geschäfte hatte bereits Mehemed Ali eine Art Ministerium gebildet, welches aus den Vorständen der Verwaltung des Inneren und Aeußeren, des Krieg- und Finanzdepartements und des Handels besteht. Ebenso wurde Aegypten von ihm in 3 Provinzen, die unter Paschas stehen, und in 7 große Departements, Mudyrlik, wovon 2 dem Paschalik Ober-Aegypten, 1 Mittel-Aegypten, 4 Unter-Aegypten angehören, getheilt und jedem der letzten ein Statthalter, Mudyr, vorgesetzt, der, wie alle höhere Beamten, mit Ausnahme der Finanzbeamten, ein Türke ist. Die Departements zerfallen wiederum in 64 Bezirke unter eigenen Bezirkchefs, Mamur, von denen jedes mehrere kleine Cantons unter eigenen Intendanten, Názir, umfaßt. Die Názir beaufsichtigen die zu ihrem Canton gehörenden Ortschaften, die eigene, zum Theil selbst christliche Vorsteher (Scheikh el beled) erhielten, welchen nebst einigen zugeordneten Beamten die Vertheilung der Agriculturarbeiten an die Fellah, die Beförderung der Fabriken und die pünktliche Einziehung der Abgaben übertragen worden ist. Der Scheikh el beled entscheidet zugleich die Rechtsstreitigkeiten der Fellah unter sich. Rosette und Cairo wurden von dieser Provinzialverwaltung ausgeschlossen und erhielten ihrer Wichtigkeit wegen eigene Vorstände. Der Sitz aller Centralbehörden und der gewöhnliche nur periodisch mit Alexandria wechselnde Wohnsitz des Pascha ist Cairo. Die Einkünfte des Pascha betragen nach einigen Angaben 20, nach anderen nur 16 Millionen Thaler, und fließen, nachdem Mehemed Ali sich zum unumschränkten Besitzer des ganzen Bodens von Aegypten erklärt hat, und die Fellah nur Tagelöhner auf den ihnen zur Cultur angewiesenen Landstrichen sind, vorzugsweise aus den Bodenproducten, welche die Landbauer zu erzeugen und in die Regierungsmagazine zu liefern verpflichtet sind. Dieselben bestehen aus Baumwolle, Indigo, Mohn, Lein und Zuckerrohr, welche die Regierung gewöhnlich mit großem Vortheil an die großen Handelshäuser von Triest, Alexandria und Marseille verkauft. Bei der Ablieferung erhalten die Fellah eine bestimmte Vergütung auf die verschiedenen Erträge ihrer Erndte und außerdem gegen Verrechnung die zur Bestellung der Aecker ihnen nöthigen Thiere und Werkzeuge. Besonders liefert das Delta, das Paradies Aegyptens, aus seinem üppigen Boden so ungeheure Massen von Producten, daß Mehemed Ali durch sie stets die Mittel zu seinen ausgedehnten Unternehmungen erhielt. Außerdem zieht die Verwaltung seit 1827 von den Fellah, wenn gleich dieselben nicht Grundeigenthümer sind, eine nach bestimmten Grundsätzen regulirte, etwa 8 Millionen Thaler abwerfende Grundsteuer, Miry, zu 2 Rthl. 20 Sgr. pr. Feddán (4083,3 Q. Meter), die auf dem den Fellah zugewiesenen, vom Nil überschwemmten Boden ruht, den sie mit Cerealien und Hülsenfrüchten, aber nicht mit den monopolisirten Culturgewächsen bebauen dürfen und dessen Ertrag ihnen bleibt. Ferner besteht seit 1822 eine für erwachsene männliche Muhamedaner und Nichtmuhamedaner (Rajah) gleich hohe Personalsteuer (Firdet el rouss) von 1—33 Rthl. pr. Kopf, die 1000000—1100000 Thaler eintrug, neuerlich aber durch Abbas Pascha sehr ermäßigt und für die Bewohner der Städte sogar ganz aufgehoben worden ist, und außerdem auch eine die Rajah allein treffende Kopfsteuer (Charatsch) von 15—20 Sgr. pr. Individuum, welche 26000 Rthl. abwirft, endlich eine zum Miry noch hinzutretende sehr drückende Steuer von 5—7 Sgr. pr. Baum auf die 5 Millionen Dattelpalmen, die sich im Lande befinden, außer einer Steuer von etwa 20—25 Rthl. für jedes Rad, das zum Bewässern der Felder und Dattelpalmgärten dient. Nächst diesen Abgaben gibt es zahlreiche andere Einkünfte von der Pacht der Fischerei in den Canälen des Fayoum, im Burlos- und Menzalehsee (die des Menzaleh wirft 100000 Rthl. ab), dem Verkauf des Schlachtviehs, dessen Häute obenein der Regierung abgeliefert werden müssen, von den auf dem Nil gehenden Barken, den Zöllen der seewärts eingehenden Waaren, welche, wenn sie europäische sind, mit 3, wenn sie aus der Türkei kommen, mit 5% und gemeinschaftlich nochmals mit 5% zu versteuern sind, wenn sie bis Cáiro geführt werden. Noch mehr ist der Binnenhandel mit Zöllen belastet, die von den Sudankaravanen meist zu Siût erhoben werden; kommen die Sudanwaaren nach Cáiro, so gibt man wiederum 10 und bei der Ausfuhr noch einmal 3—5%. Umgekehrt zahlt jede Kameelladung, die von Cáiro nach Ober-Aegypten geht, 2 Rthl. Abgabe. Die an Armenier und Griechen verpachteten Zölle von Alexandria, Boulak und Damiette tragen mehr als 600000 Rthl. ein. Auch die von den Fellah auf den Markt gebrachten Victualien sind enormen, 60—80% betragenden Auflagen unterworfen. Viele Sudanwaaren, wie Goldstaub, Gummi, Elfenbein, Straußfedern hatte Mehemed Ali zuletzt ganz monopolisirt, wogegen Abbas den Sudanhandel wiederum frei gab. Hatte nämlich dies Monopol im Anfange große Erträge abgeworfen, so war der Handel doch dadurch ganz ruinirt worden. Auch von den Baumwollenwebestühlen, welche Mehemed Ali im ganzen Lande an sich gekauft hatte, zieht die Regierung, welche die Fellah zwingt, für sie zu arbeiten, und ihnen das rohe Material liefert, Einkünfte. Von diesem heillosen Finanzsystem, in welches Abbas Pascha erst einige erleichternde Modificationen brachte, war das fürchterliche Elend der Fellah die natürlichste Folge, während die Cassen der Regierung, der Familie Mehemed Alis und der Beamten sich füllten. — Die von Mehemed Ali geschaffene, einst sehr zahlreiche und auf europäischen Fuß disciplinirte Armee ist nach der Räumung Syriens und Arabiens sehr zurückgegangen, da Aegypten in den letzten 11 Jahren Frieden genoß. Namentlich ist die Cavallerie fast ganz demontirt, nachdem Mehemed Ali bei der großen Rindviehpest 1843 zur Betreibung des Ackerbaus die Pferde derselben unter die Fellah vertheilt hatte. Nicht minder geht die große, mit ungeheuren Kosten geschaffene Flotte ihrem allmähligen Untergange entgegen, gleich wie das prachtvolle Kriegsarsenal in Alexandria. — Für die Justiz der Muhamedaner ist auch in Aegypten der Korán die Grundlage; der Groß-Cadi zu Cáiro ist der oberste Landesrichter; in den Provinzen vertreten ihn seine Substituten (Naibs). Die Rechtsstreitigkeiten der Europäer unter sich entscheiden die Consuln mit 2—4 Beisitzern. Bei Criminalfällen schicken dieselben den Schuldigen oft nach Europa zur Aburtelung, wo aber meist aus Mangel an Zeugen die Freisprechung folgt. Kleinere Vergehen der Europäer strafen die Consuln mit Gefängniß- und Geldstrafen, größere mit Verbannung.

Religion, Sprache, geistige Bildung. Die Bevölkerung folgt überwiegend der muhamedanischen Religion, mit Ausnahme der Europäer, Copten, Griechen, Armenier, Abessinier und Juden. Die meisten Copten erkennen einen eigenen Patriarchen nebst einer Anzahl von Bischöfen als ihre geistlichen Oberhäupter und bedienen sich bei dem Gottesdienst der alten, von ihnen selbst nicht mehr verstandenen Sprache ihrer Vorfahren; nur der kleinere Theil der Copten hat sich der römischen Kirche angeschlossen. Sie besitzen noch etwa 100 Kirchen und Klöster. Die übrigen Christen sind ebenfalls zum Theil der römischen Kirche beigetreten. Einige Franciscaner in Ober-Aegypten, die unter der Congregation de propaganda fide in Rom stehen, und neuerdings Jesuiten sorgen für deren religiöse Bedürfnisse. — Die Sprache der Bevölkerung ist fast ausschließlich die arabische, und selbst in der Verwaltung die übliche; die türkische ist nur bei der geringen in Aegypten zerstreuten Zahl von Türken im Gebrauch. Die Europäer bedienen sich dagegen häufig der lingua franca im Umgange und in ihren Geschäften. — Geistige und wissenschaftliche Ausbildung steht auf einer sehr niedrigen Stufe, da es fast ganz an Elementarschulen nach europäischem Muster fehlt, und die verschiedenen Versuche Mehemed Alis, höhere Schulen einzuführen, ungeachtet der verwandten Mittel, wegen der mangelnden Vorbildung der Zöglinge nur geringen Erfolg gehabt haben. Neuerlich sind die meisten dieser Schulen, besonders die Militairschulen für Infanterie zu Damiette, für Cavallerie zu Dschizeh und für Artillerie zu Tura bei Cáiro durch Abbas Pascha gänzlich aufgegeben worden, und es existirt nur noch die polytechnische für 125 Zöglinge und die medicinische zu Cáiro. Für die Erziehung der Europäer und Christen haben besonders in neuerer Zeit deutsche von den englischen Missionsgesellschaften unterhaltene Missionare und zuletzt Jesuiten und Nonnen gesorgt. Für die Muhamedaner bestehen seit alten Zeiten theologische Schulen bei den großen Moscheen, die zahlreich und selbst aus dem Innern des Continents von Wißbegierigen besucht werden. Oeffentliche Bibliotheken meist theologischer Schriften, besitzen viele Moscheen in Cáiro. Eine aus europäischen Werken bestehende hat die wissenschaftliche Gesellschaft in Cáiro gegründet.

Ackerbau, Gewerbe, Handel. Zu jeder Zeit war Aegypten durch die wunderbare Ergiebigkeit seines cultivirbaren Bodens, der bis 3 Erndten im Jahre liefert, wovon jede in 4 Monaten ihren Cyclus abläuft, ein Hauptackerland; Rom und Byzanz wurden einst von hier aus fast allein ernährt. Die Production beschränkte sich aber vor Mehemed Ali nur auf Cerealien, Lein, Hanf, Hülsenfrüchte, Reis (mit 80-fältigem Ertrage im Delta), etwas Zuckerrohr, Sesam, Mohn und Saflor. Natürliche Graswiesen haben stets überall gefehlt. Durch Mehemed Ali erhielt der Ackerbau eine ganz veränderte Gestalt, indem derselbe eine ganze Reihe neuer Culturen einführte, was besonders mit der Baumwolle der Fall war, für welche Klima und Boden Aegyptens vorzüglich geeignet ist, dann mit Mohn, vielen Futterkräutern und Indigo. Die Baumwolle ist seit 25 Jahren sogar das Hauptproduct des Landes geworden und bildet mit Flachs und Hülsenfrüchten den Hauptexportartikel. Zuckerrohr cultivirt man ausgedehnt im District Farschût in Ober-Aegypten und bei Benisuef, Indigo vorzüglich in den schlammigen Landstrichen Unter-Aegyptens, wo derselbe 10 mal im Jahre geschnitten werden kann, dann im Fayoum und in den Oasen, Mohn besonders in dem District Aboutig in Ober-Aegypten zur Opiumgewinnung. Durch Mehemed Alis Energie kam auch ein bedeutender Theil wüst liegender Ländereien wieder in Cultur, aber noch waren um das Jahr 1840 von 7014000 Feddán oder etwa eben so viel Morgen culturfähigen Terrains über 3 Millionen gar nicht, und in Ober-Aegypten von 3214000 Feddan nur 167000 F. in Cultur. Von der Erndte des Jahrs 1840 betrug die Masse der ausgeführten Bodenproducte bis zum 26. Juni 1841 1107810 Ardeb (zu 5 Scheffel), an Bohnen, Waitzen und Gerste. Die wohlgedeihende Seidenraupencultur hat Mehemed Ali ebenfalls erst eingeführt und zu diesem Zweck sehr ausgedehnte Maulbeerpflanzungen mit mehr als 3 Millionen Bäumen angelegt. Nicht minder veranlaßte derselbe die Bepflanzung großer Strecken mit Oelbäumen; doch war im Fayoum die Oelbaumcultur seit sehr alter Zeit im Gange. Auch die Rosencultur war ein uralter Betriebszweig im Fayoum, dessen Bewohner Rosenwasser stets in bedeutender Menge darstellten. — Der Kunstfleiß Aegyptens ist sehr eingeschränkt; die meisten Handwerker und Künstler finden sich unter den Copten, Griechen und Armeniern, welche grobe Leinwand, Segeltuch, baumwollene und seidene Zeuge, feine Matten aus Binsen und besonders in Ober-Aegypten ausgezeichnete Geschirre aus ungebranntem Nilschlamm anfertigen. Die besten Geschirre dieser Art werden zu Kenneh gemacht; feuerfeste Geschirre, die viel in den Städten Ober-Aegyptens im Gebrauch sind, stellen dagegen die Ababdéh aus Topfstein dar. Feine Juwelierarbeiten macht man in Cairo und in den größeren Städten. Die von Mehemed Ali gegründeten zahlreichen und großen Fabriken, besonders Baumwollenspinnereien und Baumwollenzeugfabriken, ließ Abbas Pascha meist wieder eingehen; nur die 10 Indigofabriken und die Rum- und Zuckerfabriken, von denen die letzten jetzt ein sehr gutes weißes Product liefern, so daß die Einfuhr des fremden Zuckers aufgehört hat, wurden erhalten. Alaunfabriken gibt es in der großen Oase, dann 6 Salpeterfabriken, die ihren Stoff aus den Ruinen des Alterthums ziehen. Ansehnlich ist noch die Fabrikation von Natron aus den Natronseen südwestlich von Alexandria, und endlich sehr ausgedehnt in Ober-Aegypten die Production junger Hühner mittelst Brütöfen. — Ungemein bedeutend ist aber in neuerer Zeit der Handel Aegyptens geworden. Noch ist er im fortwährenden Wachsen, und er wird sich durch die seit etwa 15 Jahren eingerichteten Communicationen Europas mit Indien über die Landenge von Suez immer ansehnlicher in der Zukunft heben. Die wichtigsten Häfen des Landes sind jetzt Alexandria, wo 1836 1235 Schiffe ein- und 1147 ausliefen, seitdem Rosette ganz seine Bedeutung als Seehandelsplatz verloren hat, und Damiette. Alexandria vermittelt nun fast allein den Verkehr Aegyptens mit Europa, so wie Damiette den mit Syrien; Suez ist der Abgangsplatz der englischen Passagiere nach Indien; Kosseir hat nur einen kleinen Handel mit dem gegenüberliegenden Arabien, ist aber der Einschiffungsplatz für viele aus dem Innern von Afrika kommende Mekkapilger. Der Binnenhandel beschäftigte im Jahre 1840 auf dem Nil und seinen Canälen etwa 3—4000 Barken. Für den Handel mit dem Innern des Continents bleiben Cairo und Siut fortwährend Hauptstapelplätze. Man führt aus: Baumwolle nach London, Triest, Marseille und Syrien, Flachs, Indigo, Natron und Gummi nach Europa, abessinische und Negersclaven, Kaffe und Hennah nach Konstantinopel und Smyrna, Opium, der vortrefflich ist, nach Marocco, Waitzen, Gerste, Mais, Bohnen, Erbsen, Linsen nach Arabien und Syrien, eingesalzene Fische von Damiette in ungeheurer Menge nach dem Archipel und Hellas, dann noch von eingeführten Waaren: die Sudanproducte, Elfenbein, Straußfedern, Senna, Goldstaub nach Europa. Eingeführt werden: allerlei europäische Fabrikate, namentlich baumwollene und wollene Stoffe, Antimon, Spiegel, Papier, Glas (aus Böhmen), Bernstein, Feuerwaffen, Schwerter (von Solingen), Schießpulver, die zum Theil wieder nach Arabien und dem Innern des Continents gehen, Steinkohlen und Eisen, Glasgowshawls in Nachahmung der indischen, Steingut aus England, Bauholz von Candia und aus Caramanien, Wein von Cypern, Kaffe aus Jemen und früher auch aus Abessinien, Taback von Latakia in Syrien, Butter, Wachs und Wolle von Derne, rothe Kappen (Tarbusch), weiße wollene Mäntel (Bornous) nebst gelben maroccanischen Pantoffeln von Tunis, Sclaven aus dem Sudan und Abessinien, weibliche circassische Sclavinnen über Konstantinopel aus dem Kaukasus. Der Handel mit dem Sudan und Abessinien ist durch die Erpressungen der ägyptischen Beamten, und, wie angegeben, durch Mehemed Alis Maßregel, die Hauptproducte des Sudanhandels Sclaven, Goldstaub, Elfenbein, Straußfedern zum Monopol zu erklären, sehr gesunken; der mit Abessinien war aus denselben Gründen und durch die kriegerischen Zustände an den Grenzen längere Zeit sogar ganz unterbrochen gewesen. Der Werth der Einfuhr nach Aegypten betrug seewärts 1842 61772400,

1843 nur 46476900 Franken, die Ausfuhr 1842 45172200, 1843 47872000 Fr., so daß der Werth dieser gesammten Handelsbewegung im Jahre 1843 sich zu 94348900 Franken herausstellt. Der überwiegendste Theil der Einfuhr findet von England her statt; er ist noch im Wachsen und verdrängt immer mehr den französischen Import. 1842 betrug er 18113200 Frcs. Der Export ist jetzt am Ansehnlichsten nach Oestreich, wohin die meiste Baumwolle über Triest geht. 1843 wurden dahin schon für 13800000 Fr. ägyptische Producte versandt, 1842 erst für 9720200.

Eintheilung und Topographie.

I. Das Paschalik Unter-Aegypten besteht aus 4 Mudyrliks mit den Städten: Iskanderyeh (Alexandria) 31° 13′ 5″ N. Br. 47° 35′ 30″ O. L., in der Nähe des Mariútsees auf einer Landzunge, welche das Festland mit der ehemaligen Insel Pharos verbindet und die beiden Häfen, den alten und den weit sichereren neuen von einander trennt, 60000 Ew., darunter etwa 12000 Europäer; zum Theil ganz im europäischen Styl neu und gut gebaut; Hauptsitz des ägyptischen Export- und Importhandels seewärts mit vielen reichen Handlungshäusern; 1840 führte Alexandria für 35870000 Fr. ein und für 44775000 Fr. aus; großes Marinearsenal; Hospital für kranke europäische Seefahrer; große Hospitäler für die ägyptische Land- und Seemacht; 30 Moscheen, katholische Kirche, katholisches Kloster der Lazaristen, coptisches Kloster. Eine Telegraphenlinie verbindet Alexandria mit dem 65 d. M. davon entfernten Cairo. Ganz in der Nähe der Stadt 2 berühmte Granitsäulen aus dem Alterthum, die von dem römischen Präfect Publius zu Ehren des Imperator Diocletian gesetzte 88 Fuß hohe sogenannte Pompejussäule und die Nadel der Cleopatra. Am Mahmudiehcanal, der hier endet, viele Landhäuser und schöne Gärten der reichen Kaufleute von Alexandria. Die ehemalige Insel Pharos mit dem prächtigen Palast des Vicekönigs und einem Castell. Schlacht am 21. März 1801, wo der englische Oberbefehlshaber General Abercrombie blieb. — Abukir, Dorf, an einer Meeresbucht wegen seiner Lage wichtig in militairischer Hinsicht, deshalb stark befestigt und berühmt durch die Vernichtung der französischen Flotte am 1. August 1798 durch Nelson. Niederlage der Türken durch Napoleon Bonaparte 1799. — Damanhour, in der Nähe des Mahmudiehcanals, 8—10000 Ew. — Kelyoub, große wöchentliche Viehmärkte, Spinnereien. — Dschizeh (Gizeh), Cairo gegenüber, viele Töpfereien. Von Daschur aus über Sakkarah bis Dschizeh und Abusir stehen auf den Felsvorsprüngen des 160 Fuß über dem Spiegel des Nils erhabenen libyschen Plateaus die Pyramiden; die ganze Umgegend, besonders die von Sakkarah, ist ein weites Mumienfeld, ein Labyrinth von Grotten, Mumienbrunnen, Mausoleen und kleineren in Schutthügeln zerfallenen Pyramiden. Bei den Pyramiden Dschizehs, deren größte 436 Fuß 2″ 3‴ Höhe hat, liegt auch die 65 F. hohe colossale, bis an den Hals vergrabene Sphynx. — Terrâneh, großes Dorf in der Nähe des Nils, Ladeplatz für das aus den 12 Stunden davon entfernten Natronseen gewonnene Natron. — Damyât (Damiette der Europäer) 31° 25′ 43″ N. Br. 49° 29′ 15″ O. L.; 2 Stunden vom Ausflusse des durch 2 Castelle vertheidigten Damiettearms in das Meer, ½ St. vom Menzalehsee entfernt, in sehr schöner Gegend: 25000 sehr industriöse und wohlhabende Einw., noch jetzt ansehnlicher Handel mit gesalzenen Fischen nach Syrien und mit dem in der sumpfigen und ungesunden Umgegend in Fülle gewonnenen vortrefflichen Reis; große Reismagazine und schöne Kasernen. — Fuah, gegenüber dem Eintrittspunkte des Mahmudiehcanals in den Nil und der großen Schleuse des Canals; einst bedeutender Handelsort, jetzt wieder im Aufblühen als Hauptlagerplatz, wo alle aus Ober-Aegypten kommende Barken löschen müssen und die Waaren auf schmale Ruderbarken nach Alexandria umgeladen werden, da größere Fahrzeuge die Schleusenthore nicht passiren können; große Tarbuschfabrik, Fabrik militairischer Bekleidungsstoffe, und Baumwollenspinnerei der Regierung. — Mehallet el Kebir, großer Ort mit 16—18000 Ew., Baumwollenspinnerei und Leinwandwebereien der Regierung, einst berühmt durch seine Fabrikation feiner Leinen. — Tantâh, kleine Stadt im Centrum des Delta, aber bedeutend durch die großen 8 Tage dauernden Messen während des Frühlingsäquinoctiums und Sommersolstitiums, indem hierher bis 200000 Pilger zum Besuch des Grabmals des muhamedanischen Heiligen Said el Bedouin, das sich in einer der schönsten und reichsten Moscheen Aegyptens befindet, wallfahren, und da auch die meisten Mekkopilger hier eine Station machen. — Semenhoud am Nil, 3—4000 Einw., Hafen von Tantâh. — Menûf, ansehnliches Dorf, nahe an der unteren Spitze des Delta, 4000 Ew., schöne Moschee, Fabrikation der besten Matten in Aegypten. — El Arisch, Grenzstadt Aegyptens gegen Syrien auf einem Felsen, 1000 Ew.

II. Das Paschalik Mittel-Aegypten umfaßt nur ein einziges Mudyrlik, wozu auch das Fayoum gehört. — Benisuef, 6000 Ew., Sitz der Regierung von Mittel-Aegypten und einer der Haupthandelsplätze Aegyptens, einst berühmt durch Wollenteppich-, Decken- und Baumwollenmantelfabrikation, große Baumwollenspinnerei der Regierung. N.W. davon bei Howarah el Kebir öffnet sich die Thalschlucht El Lahûn, welche in die schöne und überaus fruchtbare Provinz Fayeum führt, die ohne den hineingeleiteten Arm des Josephscanals eine

Wüste sein würde, und reich an Indigo, Oelbäumen, Baumwolle, Feigen, Reis und namentlich an Rosen ist, woraus das treffliche Rosenwasser gewonnen wird; Fayoum enthält einen großen See, den Birket el Kerûn, und unter den zahllosen Ruinen aus dem Alterthum die Umfassungsmauern des jetzt trocken gelegten Moerissees. — Medinet el Fayoum, Hauptort des Districts gl. N., 15000 Ew. — Fidemin, schönstes Dorf des Fayoum, von üppigen Fruchtgärten umgeben. — Suez 29° 58' N. Br. 50° 18' 6" O. L., an der äußersten Spitze des Arabischen Meerbusens, in sehr unfruchtbarer Umgebung, aber mit sicherem Ankerplatz und beträchtlichem Handel, welcher durch die seit etwa 15 Jahren bestehende directe Dampfbootverbindung mit Indien in fortwährender Zunahme begriffen ist.

III. Das Paschalik Saïd oder Ober-Aegypten zwischen Monfalût und der Südgrenze des Landes umfaßt 2 Mudyrliks mit den Städten: Syût 27° 13' 14" N. Br. 48° 23' 17" O. L., das alte Lycopolis und jetzige Hauptstadt des Saïd; Sitz des Pascha, in reizender und ungemein fruchtbarer Gegend, 1/4 Stunde vom Nil, gut gebaut, 20000 industriöse Einw., Hauptstation für die Karavanen aus Nubien und dem Sudan, mit noch immer bedeutendem Handel nach dem Sudan und in das Innere des Continents, große Baumwollenspinnerei der Regierung und großes Magazin für die in Ober-Aegypten eingetriebenen Bodenproducte; Palast des verstorbenen Ibrahim Pascha, 2 schöne Moscheen, coptischer Bischofssitz. — Hart bei Syût liegt das Dorf Zawyet el Deir, mit ganz christlicher Bevölkerung, deren coptische Priester das Geschäft des Castrirens junger Negersclaven gegen starke Abgaben an die Regierung mit deren Autorisation und mit bedeutendem 4—500% betragenden Gewinn betreiben. — Dschirdscheh (Girgeh) 26° 22' 20" N. Br. 49° 37' 51" O. L. und früher die Hauptstadt Ober-Aegyptens, in sehr fruchtbarer Umgebung, 8—10000 Ew., worunter 500 Christen, 8 schöne Moscheen, katholisches Kloster, großer Bazar. — Minyeh, schön und regelmäßig gebaut, in blühender Gegend, Baumwollenspinnerei. — Mellawi, sehr bedeutend, in sehr fruchtbarer Gegend, Fabrik dicker Kleidungsstoffe. — Achmunein, 7—8000 Ew. — Monfalût, großes Dorf, 5000 Ew., worunter 200 coptische Familien mit einem coptischen Bischof, Verkehr mit den ägyptischen Oasen. — Akhmym, das alte Panopolis am Ostufer des Nils, 10000 Ew., darunter 1000 Christen, coptisches und Franciscanerkloster, Baumwollenspinnerei, etwas Handel. — Madfouneh, Dorf, am Fuße der libyschen Kette mit den prachtvollen Ruinen des alten Abydos, in denen sich eine berühmte genealogische Tafel mit den Namen der Pharaonen aus der 18. Dynastie findet. — Kenneh 26° 11' 20" N. Br. 50° 23' 30" O. L., das alte Neapolis, am rechten Nilufer und zugleich am Eingange in das Querthal von Kosseir, deshalb Durchgangspunkt für die aus dem Innern kommenden Karavanen von Mekkapilgern, 10000 Ew., ansehnliche Bazare und bedeutende Fabrikation poröser Gefäße aus Nilschlamm, Baumwollenspinnerei. Etwas oberhalb Kenneh an der linken Nilseite das Dörfchen Denderah mit den Ruinen des alten Tentyris und einem der am besten erhaltenen Tempel des Alterthums aus der römischen Kaiserzeit, aber in alt-ägyptischem Geschmack. — Kous (einst Apollinopolis parva), kleine Handelsstadt. Oberhalb Kous erscheinen die Bergketten ganz durchlöchert von unzähligen Todtengrotten, und in der etwas erweiterten Nilebene die Ruinen des weltberühmten Theben, dieses Gipfelpunkts ägyptischer Größe und Pracht, wo der menschliche Geist die unvergänglichsten Monumente seiner Größe errichtet hat. Die ganze Ebene Thebens, etwa 4 Q. M. groß, war nach den Zeugnissen der Alten einst von der ungeheuren Stadt bedeckt, doch scheinen die meisten öffentlichen Gebäude auf dem linken, die große Masse der Prachtgebäude auf dem rechten Ufer gelegen zu haben. Auf den Ruinen stehen jetzt an beiden Ufern des Nils mehrere armselige Dörfchen, wie Karnak, Medinât Abou, Gurnah und das größere Dorf Luksor 25° 43' 53" N. Br. 50° 19' 16" O. L., nach denen die einzelnen Hauptgruppen der Ruinen benannt worden sind. Die Ruinen stammen sowohl aus den ältesten Epochen des Alterthums, als Werke der 18., 19. und 20. Pharaonendynastie, wie aus dem viel späteren Alterthum der Ptolemäer und römischen Imperatoren, welche sich im Style aber ganz den älteren Bauwerken anschließen. Die aus Granit bestehenden Monumente sind am Besten erhalten, die aus Kalkstein haben der Zerstörung am Wenigsten widerstanden. Auf dem rechten Ufer des Nils, 600 Schritte vom Nil, liegen die Monumente von Karnak; 6000 Schritt aufwärts die durch eine Allee gigantischer Sphynxe damit verbundenen Trümmer von Luksor, beide auf künstlichen, mit Backsteinmauern eingefaßten Erhöhungen. 15000 Schritt beträgt allein die Peripherie der Umwallungsmauer Karnaks, dessen Ruinen mehrere große Gebäude, namentlich Tempel, umfassen, besonders aber den unermeßlichen Palast, von dessen Pylon in der dem Strom zugewandten Hauptfaçade einst eine Allee colossaler Sphynxe mit Widderköpfen bis zum Strom ging. Der Haupteingang im Pylon dieser Façade hatte allein 60 F. Höhe, und führte zu einem noch erhaltenen Saale von nicht weniger als 47000 Q. F. Areal und solcher Höhe, daß die Nôtre Dame Kirche in Paris ganz darin stehen könnte: die Decke des Saals wird noch von 134 Säulen getragen. Alles ist an dieser Stätte von unten bis oben mit Bildwerken geschmückt, wie auch die Außenseite der Mauern des Palastes durch große historische Reliefs von hohem Interesse geziert wird. Ebenso großartig und prachtvoll sind die unmittelbar am Nil liegenden Ruinen des Tempelpalastes von Luksor, innerhalb dessen das doch armselige Dorf gl. N. mit 2—3000 Ew.

liegt. Noch stehen hier prachtvolle Obelisken von 72 und 75 Fuß Höhe und 50 Fuß hohe gewaltige Pylonen, deren Wände, wie zu Karnak, mit ausführlichen Kriegsscenen geziert sind, wogegen Hieroglyphen die Obelisken bekleiden. Weiter vom Strom gegen die mit Hypogäen erfüllten Felswände der arabischen Bergkette liegen die Ruinen Med Amuths und südöstlich davon ein Hippodrom. Nicht minder reich ist das Westufer des Nils an großartigen Ruinen. Fast gegenüber Karnak zeigt sich das Thal Biban el Molouk mit zahllosen Eingangspforten in prachtvolle, kolossale, in die Felswände ausgehauene Hypogäen, die Ruhestätte der ägyptischen Könige. Vor ihm liegen die Trümmer eines großartigen Palastes, südwestlich davon das Rhamseum oder sogenannte Grabmal des Osymandias, wovon ganze Wände mit Kriegsscenen bemalt sind; ferner lange Trümmerhaufen, Pylone von außerordentlicher Höhe, Riesenpfeiler und Pforten von schwarzem Granit, in einem Acacienzgehölz das durch Strabo beschriebene Memnonium, dann zunächst der libyschen Bergkette zu Medinât Abou auf einer Schuttterrasse die prachtvollen Ruinen eines uralten von Thutmosis I., 1791 vor Ch. G. erbauten Königspalastes, bestehend wiederum aus 2 gewaltigen Pylonen, Höfen, Galerien, Karyatidenpfeilern und Sälen, alles übersäet mit Hieroglyphen und Sculpturen, theils historischen, theils religiösen Inhalts; endlich östlich Medinât Abou die Reste noch eines großen Hippodrom des Alterthums. — Esnéh, einst Latopolis, Station für die Darfur- und Sennârcaravanen, und deshalb mit erheblichem Handel, großer Dromedarmarkt, da die in der benachbarten Wüste nach dem Rothen Meere zu wohnenden Ababdéh durch ihre Dromedarzucht berühmt sind, Fabrik von feinen Baumwollenstoffen und Shawls; in der Nähe die großen Ruinen von Latopolis. — Edfu (einst Apollinopolis magna), 2000 Ew., mit einem prachtvollen Tempel, der sich durch kolossale Dimensionen, große Schönheit aller Verhältnisse und unzählige merkwürdige Bildwerke auszeichnet. Oberhalb Edfu verengt sich das Nilthal so, daß der Fuß der Felswände am Engpaß des Dschebel Selseleh fast unmittelbar vom Strome bespült wird. — Koum Ombos, Dörfchen, mit 2 herrlichen Tempelruinen aus der besten Zeit der Ptolemäer. Zu dem Mudyrlik gehört noch Kosseir, 2000 Ew., kleiner Handelsort mit einem kleinen mittelmäßigen Hafen am Rothen Meer, dem gewöhnlichen Einschiffungsplatz der Mekkapilger und einigem Export von Getraide und Lebensmitteln nach Arabien. — Assuân, einst Syene oder Suân d. h. Eintritt, weil hier der Nil sich gewaltsam zwischen Granitfelsen einen Eingang aus Nubien nach Aegypten bahnt, 4000 Ew. Gegenüber liegt die kleine Insel Dschezîret el Zaher (einst Elephantine), 5000 Schritt lang, 1000 breit, gut angebaut, von Palmen und Sycomoren beschattet, einst wichtige Grenzfeste und fast unerschöpfliches Magazin von Alterthümern, deren oberirdische Bauwerke in den letzten 30 Jahren durch die Barbarei der ägyptischen Beamten aber fast gänzlich verschwunden sind. Oberhalb Assuân die noch kleinere Insel Anas el Wodschud (Philä des Alterthums), am oberen Anfang der Katarakten, einst mit großartigen, jetzt aber fast ganz vernichteten Tempelresten.

IV. Unter seiner Provinz befinden sich die Städte: Masr el Kâhera d. h. die siegreiche Hauptstadt, gewöhnlich Cáiro, von den Arabern auch El Misr, wie das ganze Land genannt, die größte Stadt des türkischen Reichs nach Konstantinopel, 30° 2' 21" N. Br. 48° 58' 30" O. L., 1/4 Stunde vom rechten Ufer des Nils und am Fuße des Mókattam in sandiger, aber von Hügeln umgebener Gegend, besteht eigentlich aus 3 Städten Cáiro, Alt-Cáiro und Boulak, wovon die letzte, hart am Nil gelegene, dem eigentlichen Cáiro als Hafen dient; 3,2 Meilen im Umfange, 4 große Plätze, 420 meist enge, krumme und nicht gepflasterte Hauptstraßen, 30000 Häuser, die in mehr als 50 Quartieren vertheilt sind; etwa 300000 Ew., worunter 10000 Copten (Boulak hat ungefähr 10000 Ew.), 400 Moscheen, zum Theil prachtvolle Meisterstücke der orientalischen Baukunst; die schönsten sind: die Moschee des Amron in Alt-Cáiro, die 1354 erbaute des Sultan Hassan und die El Azharmoschee, letzte mit einer viel besuchten höheren muhamedanischen Studienanstalt und zugleich die größte von allen; 30 Kirchen und Capellen verschiedener christlicher Glaubensparteien, 10 Synagogen; 1200 Kaffehäuser, zahlreiche große Bazars, von denen ein jeder nur für Waarenartikel derselben oder ähnlicher Art bestimmt ist, 1300 Kaufhallen (Okels), 300 Cisternen, 70 öffentliche Bäder, wovon die vorzüglichsten sich gleichfalls durch Pracht und Reichthum auszeichnen, zahlreiche, große und schöne Paläste ägyptischer Großen; auch die 3 großen Kirchhöfe, auf denen viele ehemalige Kalyphen Aegyptens begraben liegen, sind reich an schönen architektonischen Monumenten; zahlreiche, an die Moscheen geknüpfte höhere muhamedanische Studienanstalten; medicinische Schule in Verbindung mit dem großen Krankenhause, der Moschee Ahmed ibn Touloun und einer Naturaliensammlung, großes Militairkrankenhaus mit 1500 Betten, ägyptische gelehrte Gesellschaft mit einer Bibliothek; Buchdruckerei und polytechnische Schule zu Boulak; große Getraidemagazine nebst einem großen Zollhaus ebenfalls zu Boulak, wo alle von der Küste nach der Hauptstadt gebrachten Waaren verzollt werden. Das Castell, zwischen der Stadt und dem Mókattam auf einem Felsen, ist der gewöhnliche Aufenthalt des Pascha, in ihm befindet sich der 276 Fuß tief in den Felsen gehauene Josephsbrunnen, der schöne neue Palast des Pascha, eine neue prachtvolle Moschee, die Münze, Kanonengießerei, eine Waffen- und eine Maschinenfabrik. Cáiro ist immer noch der Centralpunkt des Handels mit Nubien, dem Sudan und den im Westen gelegenen Ländern des Innern, selbst mit Arabien und Indien und besitzt zahlreiche Fabriken nebst Baumwollenspinnereien. Bei Cairo liegt Schubrah, Lustschloß des Pascha, mit sehr schönen Gärten, einst Lieblingsaufenthalt Mehemed Alis. Auf der ebenfalls mit schönen Gärten bedeckten Insel Rohdah bei Cairo befindet sich in einem Thurm die Pulverfabrik des Pascha und der Meq'ias oder Nilmesser, eine in Grade getheilte Säule, woran täglich während der Ueberschwemmungen des Nils dessen Wachsen von einem verpflichteten Scheikh beobachtet und öffentlich bekannt gemacht wird. — Raschid, gewöhnlich Rosette genannt, 2 Stunden vom Ausgang des westlichen Nilarms, 15000 Ew., einst sehr bedeutender Handelsplatz, jetzt sehr herabgekommen, von großen Reisfeldern und Gärten umgeben, schöne Moschee, Baumwollenspinnerei, Reisreinigungsanstalten.

V. Die Aegypten tributairen Oasen bilden größtentheils, nämlich 3 derselben, einen von Norden nach Süden laufenden und durch das mehrere Tagereisen breite, wüste Plateau West-Aegyptens vom Nilthal getrennten Zug größerer oder kleinerer Culturstellen, der sich an einen ähnlichen im Westen Nubiens anzuschließen scheint. Außerdem gehört zu Aegypten die Oase Siwah, die östlichste eines zweiten langen, jedoch von Westen nach Osten gerichteten Oasenzugs, der westlich die Oasen Meradeh und Auschilah und selbst Fezzân umfaßt. Alle diese Oasen sind isolirte beckenartige Vertiefungen mitten in einer unermeßlichen, aus nacktem Kalk- oder Sandstein auf der Oberfläche bestehenden und nur stellenweise mit losem Sand bedeckten wüsten Ebene. Zuweilen liegt die Oberfläche des Zuges so tief, daß sie bis unter den Meeresspiegel herabreicht, was besonders bei der Siwahoase und der Niederung zwischen ihr und der sogenannten kleinen Oase der Fall ist. Dadurch erklärt sich der sonst auffallende Reichthum der Oasen an perennirenden Quellen, worunter thermale nicht selten sind. Der Name Oase selbst stammt am Wahrscheinlichsten von dem alt-ägyptischen Worte Ouahe, Wohnung, her, da die Quellen die Cultur solcher Stellen und den Aufenthalt einer seßhaften Bevölkerung mitten unter Nomaden allein möglich machten. Ihres zerstreuten Auftretens wegen wurden bereits im Alterthum die Oasen mit den Inseln im Meere verglichen. Alle ägyptischen Oasen zeichnen sich durch großen Reichthum üppig gedeihender Dattelpalmhaine und durch ihre reizenden Fruchtgärten mit Weinstöcken, Feigen-, Granat-, Citronen- und Pomeranzenbäumen aus. Die vortrefflichen Datteln dienen den Bewohnern vorzugsweise zur Nahrung: mit dem Ueberschusse führen sie ihren Tribut ab, betreiben damit einen einträglichen Handel nach Aegypten, oder verhandeln denselben an die regelmäßig durchziehenden Karavanen, da die meisten Oasen zugleich Stationsplätze für die letzten sind. Der große Wasserreichthum einiger Oasen macht dieselben ungesund, und namentlich sind Siwah und die kleinen Oasen ihrer hartnäckigen Fieber wegen sehr berüchtigt.

1) Siwah (die Oase des Jupiter Ammon im Alterthum), $1\frac{1}{2}$ Meile lang und $1\frac{1}{4}$ Meile breit, ist seit 1819 dem Pascha von Aegypten tributair, dem 16000 Rthl. und 6000 Centner Datteln jährlichen Tributs gezahlt werden müssen. Die ein Gemisch des Berber und Arabischen redenden 8000 Ew. sind sonst völlig unabhängig von der ägyptischen Verwaltung und stehen unter 4—5, von ihnen selbst beschränkten Scheikhs. Die Oase hat mehrere Seen. Die Hauptstadt gleichen Namens auf einem steilen, kegelförmigen Kalkfelsen 29° 12' N. Br. 43° 45' 45" O. L. hat 2—2500 Ew. und ansehnlichen Dattelhandel mit Aegypten. 2) Wah el Bacherieh oder Wady el Bahnaßa, von den Europäern gewöhnlich die Kleine Oase genannt, S.W. vom Fayoum, ein 3—$3\frac{1}{2}$ M. langes und $1\frac{1}{2}$ M. breites, 40 Fuß über dem Spiegel des Nil erhabenes, ungemein fruchtbares, ungesundes, mit Ruinen aus dem Alterthum erfülltes wasserreiches Becken, worin auch mehrere kalte mineralische und thermale Quellen sich finden. Der Tribut beträgt etwa 4450 Rthl. El Kassar, Hauptort, mit Ruinen. Zabu, reichliche Mineralquellen. 3) El Haiz, kleine quellenreiche Oase, 30 Stunden südlich vom Wah el Bacherieh, mit Ruinen. 4) Wah el Farâfreh 27° 2' 49" N. Br. 45° 50' 45" O. L. eine mit reichlich bewässerten und üppig gedeihenden Gärten voll Oel-, Feigen-, Apricosen- Granatbäumen, Dattelpalmen ganz bedeckter grüner Fleck in einem unermeßlichen Sandmeere, nur 60—70 Ew., ohne Ruinen. 5) Wah el Dakleh oder Wah el Gharbi d. h. Oase des Westens, die westlichste Oase, welche Aegypten Tribut zahlt, fast genau westlich von Theben, mit zahlreichen warmen Eisen- und Schwefelquellen, sehr fruchtbarem Boden und einem schönen Acacienwalde, Indigoproduction. Zu den 12 mit 6000 männlichen Ew. bevölkerten Dörfern der Oase gehört El Kassar, mit reichen Fruchtgärten und einem altägyptischen Tempel. 6) Wah el Chardscheh oder die Große Oase, die südlichste Ober-Aegyptens, die sich von der Grenze Nubiens $1\frac{1}{2}$ Breitengrade hindurch nach Norden als ein langes, aber nur 2—3 Meilen breites Thal erstreckt und 320 Fuß über dem Meeresspiegel, dagegen nur 20 Fuß über dem Nil liegt, sehr heiß ist (das Thermometer zeigt im Schatten bis 46°), zahlreiche mineralische warme und kalte Quellen und sogar einen Bach nebst großartigen unterirdischen Wasserleitungen, zahlreichen Tempeln und anderen Ruinen aus dem Alterthum besitzt: 7—8000 Ew., in mehreren Städten und Dörfern, die vorzüglich viel Reis, besonders nach Dongola ausführen und neuerdings sehr viel Alaun fabricirten. Die Oase ist Durchgangspunkt der großen Karavanen aus Darfur und Dongola nach Siut. El Chardscheh 26° 25' N. Br. 49° 40' O. L., Hauptort mit 2000 Ew., von Reisfeldern und Dattelpalmgärten umgeben, in der Nähe die Alaunfabriken.

IV. Nubien.

Bücher.

J. L. Burckhardt, Travels in Nubia and in the interior of Nord Eastern Africa. London 1819. mit Bh. u. K. 4. — (English) A Narrative of the expedition to Dongola and Sennaar at the command of his Excellence Ismael Pascha by an American in the service of the Viceroy. London 1822. — G. Waddington and B. Hanbury, Journal of a visit to some parts of Ethiopia with maps and other engravings. London 1822. 4. — C. F. Gau, Nubische Denkmäler. Stuttgart 1821. 13 Hefte fol. — Ed. Rüppell, Reisen in Nubien, Kordofan und dem peträischen Arabien. Frankfurt a. M. 1829. 8. mit 8 K. u. 4 Gh. — F. Werne, Expedition zur Entdeckung der Quellen des Weißen Nils. Berlin 1848. 8. m. Gh. — Derselbe, Feldzug von Sennaar nach Taka, Basa und Beni-Amer. Stuttgart 1851. 8. — Ig. Knoblecher, Reise auf dem weißen Flusse, bearbeitet von B. F. Klun. Laibach 1851. 8. — George Melly, Khartoum and the Niles London 1851. 2 Bde. 8. mit Gh. u. Kpfn.

Name, Lage, Grenzen. Der Name Nubien rührt von dem Namen Nöp (im Plur. Nóbiga) oder Nuba her, den schon die älteste Bevölkerung des Landes im Westen des Nils führte, und jetzt noch die des unteren und mittleren Theils von Nubien bis südlich Döngöla und einige tiefer im Innern des Continents bis zum Dschebel Deier südlich von Kordofan wohnende Volksstämme zum Theil von derselben Abstammung führen, doch ist die Bedeutung des Namens unbekannt. — Nubien selbst erstreckt sich vom 24° 30′ N. Br. in seiner weitesten Ausdehnung nach Südwesten bis etwa zum 12° N. Br. oder so weit, als die ägyptische Gewalt reicht, im Südosten dagegen nur bis zum 14° 30′, indem der hohe und steile Abfall des abessinischen Hochlandes, bis an dessen Fuß Nubien reicht, von Südwesten her einer stark nordöstlichen Richtung folgt; ferner von seiner östlichsten Spitze dem C. Roway 54° 59′ 45″ bis zu den westlichen Grenzen der ägyptischen Provinz Kordofan, deren Hauptort El Obeid in 13° 11′ 1″ N. Br. 47° 48′ 15″ O. L. liegt. Im Norden grenzt Nubien an Aegypten, im Osten an das Rothe Meer, im Süden an Abessinien und die Länder der Galla, im Westen, wie Aegypten, an die große nordafrikanische Wüste.

Oberfläche. Nubien ist das große Stufenland des mittleren Nils mit sehr verschieden gestalteter Oberfläche, deren Neigung vorzugsweise nach Norden, gleichzeitig aber auch nach Westen nach der großen Vertiefung zu gerichtet ist, welche durch den Lauf des Nils und dessen beide Quellenströme angedeutet wird. Doch ist jener erste Abfall keineswegs so bedeutend, als man früher meinte, wo die Höhe der am Südrande des Landes gelegenen Stadt Sennâr zu 4000 Fuß über dem Meere gesetzt wurde, da sie von dieser Stadt bis an die Nordgrenze bei Assuân nur etwa 1200 F. beträgt. Der bei Weitem größte Theil des Landes hat den Charakter einer unermeßlichen Ebene, die sich im äußersten Westen zu El Obeid bis 2018 Fuß, zu Khartûm bis 1431, zu Sennâr bis 1545, in der Bahiûdawüste 1577 F. über den Meeresspiegel erhebt und woraus sowohl an den Rändern, wie im Inneren, verschiedene Gebirgsmassen, Gebirgsketten und isolirte Berge aufsteigen. Im östlichsten Theil Nubiens erhebt sich parallel der einer nordnordwestlichen Richtung, wie in Aegypten, folgenden Küste des Rothen Meeres zuvörderst eine ansehnliche Kette, welche nur eine südliche Verlängerung der ostägyptischen ist und bis einige Meilen südlich vom C. Elba 21° 53′ N. Br. 54° 13′ O. L., zu dessen beiden Seiten noch bis 6900 F. hohe Bergmassen steil in das Meer abfallen, ununterbrochen fortzusetzen scheint. Auch weiter südlich setzt diese bei dem Hafenplatz Suâkim 19° 3′ N. Br. 55° 57′ O. L. durch eine 7 Lieues breite, wüste oder mit Gebüsch bedeckte und flache Ebene vom Meere getrennte Küstenkette, auf deren Rücken einzelne hohe Tafelberge nach dem Berichte von Seefahrern aufgesetzt sind, muthmaßlich ohne Unterbrechung fort, und so dürfte selbst das der Küste parallele Nedscheibgebirge an der abessinischen Grenze nichts als eine Verlängerung desselben sein, wodurch es unmittelbar an das nordwestlich Massówah sich erhebende abessinische Hochland stößt. Westlich Suákim ist dies Gebirge, das daselbst den Namen Ongouab führt, reich bewaldet und bei seinen pittoresken und selbst bizarren Formen sogar von grandiosem Charakter. Ebenso ist das nördlichste Nubien 2 Breitengrade hindurch, namentlich auf der Ostseite des Nils, ein Gebirgsland, bestehend aus wild zertrümmerten Felsmassen in chaotischem Gemenge und unzähligen gegen einander isolirt stehenden, meist conischen Bergen, die höchstens bis 800 Fuß relativer Höhe ansteigen und im Osten sich an die Küstenkette und besonders an den mächtigen Gebirgsstock bei Berenice anschließen, gegen Westen aber bis über den Nil reichen, da dieser seinen Lauf von Korosko 22° 38′ N. Br. bis Assuán mehr als 20 Meilen fortwährend in einem engen und sehr tiefen spaltartigen Thale nimmt, dessen fast senkrechte Wände aus übereinander gethürmten Felsmassen bestehen. Gegen Süden wird dies nordnubische Gebirgsland durch ein großes Wüstenthal, den Atmurbe la Mà, von der ungeheuren sogenannten großen nubischen Sandwüste oder der Wüste von Korosko getrennt, und es bildet dadurch die natürliche Schranke der Wüste auf deren Nordseite. Im Süden Nubiens erscheinen einige Bergmassen als Ausläufer des abessinischen Hochlandes, zu denen namentlich im äußersten Südosten die hohen Bergmassen zwischen den Regenbächen (Ghor) Bàraka und el Gasch in den Landschaften Basa, Màrla, Bàrla, Kostahu und im Gebiete des Beni Amer, dann im entferntesten Südwesten diejenigen gehören, welche zwischen dem Blauen Nil und einem seiner Zuflüsse, dem Tumat, die noch unter ägyptischer Hoheit stehenden Districte Roserres und Fassokl erfüllen. Am Bàrakaflüßchen liegt das bis etwa 3000 Fuß hohe ansteigende Gebirge von Kassela el Lus, in Roserres der Ort gl. N. in 1621 F. und ebenso erheben sich daselbst und in Fassokl die Gipfel des Fassoklberges, des Kassan und Akaro resp. bis 2639, 3024 und 3094 F. Höhe. Nicht minder bedeutende Terrainerhebungen mitten in ausgedehnten Ebenen erscheinen im äußersten Westen, wie der Kordofan bei Obeid, der Absúnun und Abu Gher, sämmtlich Berge in der Landschaft Kordofan, von 2723, 3000 und 2600 F. nebst dem 3000 F. hohen Dschebel Deier am Südrande dieser Provinz. — Die ungeheuren Ebenen Nubiens erfüllen vorzüglich den mittleren und südlichen Theil des Landes, doch hat die Oberfläche in jenem einen ganz verschiedenen Charakter, als in diesem, was zum Theil davon abhängt, daß jene Ebenen den Einfluß tropischer Regen entbehren, während diese Monate lang denselben ausgesetzt sind. Unter den Ebenen des mittleren Nubiens sind die bedeutendsten, auf der Ostseite des Nils die Wüste von Korosko, dann die Bahiudawüste auf der Westseite. Jene hat aber keineswegs eine vollkommen ebene, sondern großentheils nur eine wellenförmige Oberfläche, die sich hebt, senkt und häufig von engen, tiefen, mit Sand erfüllten Spaltenthälern und Schluchten (Wadis) in allen Richtungen durchzogen wird. Zahlreich steigen aus ihr unzählige, isolirte, schwarze, felsige Kegelberge von 5—600 F. Erhebung über die Umgebung auf, und es durchsetzen dieselbe endlich noch 4 größere, im Osten an die Küstengebirgskette sich anschließende und westlich bis zum Nil laufende unter sich parallele transversale Gebirgsketten von 1400—1600 F. Erhebung über dem Meere. Die nördlichste bilden die mit scharfen Formen auftretenden und im Osten sich zunächst an den Dschebel Schigre anschließenden Bergmassen des Dschebel Reffi; eine 2. südlichere die sanft gerundeten Dome des Mur Hat el Mora, die gleich dem Reffi, in ihrer westlichen Erstreckung, als eine lange isolirte und 800 F. über die Hochebene ansteigende Gruppe erscheinen; eine 3. die schön geformten Berge des Abu Seatscha, endlich die 4. die 1900—2000 F. über die Meeresfläche erhabenen Dschebel Abrauebb und Gerabaad, beide den schönsten Berggruppen Nord-Afrikas angehörend, da der Abrauebb sich durch wild zerrissene Formen, der Gerabaad durch prächtige Kegelgestalten auszeichnet. Von der Küste bei Suákim an durchziehen zuletzt noch die ostnubischen Ebenen in N.O.—S.W. Richtung 2 Gebirgsketten, der Dschebel Dyab und der Orbay (d. h. Gebirge) Langay, von denen der letzte an seinem Ostabhange stark bewaldet und an seinem westlichen in vielen

Bergschluchten reichlich bewässert ist. Ganz im Gegensatze der Koroskowüste ist die Bahiuda eine wahre Ebene, doch steigen auch in ihr einige Bergmassen auf, worunter der bis 1000 F. über seine Umgebung erhabene Gekdul und der höchst wahrscheinlich wiederum mit diesem in unmittelbarer Verbindung stehende, quer vom Nil durchbrochene Bergzug von Gherry die bedeutendsten sind. Alle großen Flächen Mittel-Nubiens sind ungemein dürr, vegetationslos und so ungemein wasserarm, daß ehe Mehemed Ali zwischen Korosko im Norden und Abu Hammed südlich am Nil eine Reihe von Brunnen graben ließ, auf dem ganzen 9 Tagereisen oder 45,5 Meilen langen Wege durch die fürchterliche Koroskowüste nur eine einzige Stelle im Mur chat el Moragebirge bekannt war, wo Reisende mit einiger Sicherheit auf Wasser rechnen konnten. Deshalb sind auch die nubischen Wüsten fast ganz von Culturstellen entblößt, und es läßt sich in der That das ganze nördliche und mittlere Nubien, gleich Aegypten, als eine einzige unermeßliche Wüste ansehen, welche nur von einer langen, durch das schmale Nilthal repräsentirten Oase von Norden nach Süden durchzogen wird, worin sich fast Haus an Haus reiht; zuweilen ist dies oasenartige Culturland so schmal, daß es in der Provinz Robâtât und in Unter-Nubien kaum 100 F. auf jeder Seite des Stroms beträgt, ja selbst ganz fehlt, indem die Wüste bis unmittelbar an den Strom reicht. Auf der Grenze der tropischen Regen tritt dagegen im östlichen Nubien zwischen der Landschaft Berber und Suákim sofort ein Zug vereinzelter Oasen auf, so wie sich unter ähnlichen Verhältnissen in der Bahiuda hin und wieder während der trockenen Jahreszeit einige schwache Wasserstellen erhalten. Sehr abweichend hiervon sind wieder die innerhalb der Region der tropischen Regen gelegenen unermeßlichen Flächen Süd-Nubiens, die so eben sind, daß oft nicht der mindeste Berg, ja nicht einmal ein Hügel dem Auge einen Ruhepunkt darbietet. Sie beginnen im Osten des Atbâraflusses und erstrecken sich ohne Unterbrechung über den Blauen und Weißen Nil hinaus bis zum Westrande der Landschaft Kordofan. Ihr östlicher Theil längs dem Atbâra ist ein unter dem Namen Taka bekanntes, vertieftes, zugleich auch vollkommen ebenes, baumloses Weideland, das seine ungemeine Fruchtbarkeit sowohl den jährlichen, von den tropischen Regen veranlaßten Ueberschwemmungen, als auch der außerordentlichen Güte seines Bodens verdankt, welcher aus einer mit dem Nilschlamm Aegyptens ganz übereinstimmenden Substanz besteht. Im Gebiet der Halenga am Zusammenflusse des Gohr Bâraka und el Gasch wird die Oberfläche in der Regenzeit zuweilen zu waldbedeckten Sümpfen, die den Namen Chaâba führen. Aehnlich ist der mittlere Theil, das $2^1/_2$ Tagereisen in N.S. Richtung breite und von den Eingeborenen Dschesireh el Dschesireh d. h. Insel der Inseln genannte Zweistromland zwischen dem Blauen und Weißen Nil, das im Süden vom Rahadflüßchen begrenzt wird und eine so vollkommene Ebene bis zur Breite der Stadt Serû südlich Sennâar, wo die ersten Vorberge von Roserres beginnen, bildet, daß sich nur einzelne und weit auseinander stehende Berggruppen, wie die 2162 F. über dem Meere hohen Dschebel Szegeti und Moje im Westen Sennâars, der Abu Kudur und endlich die Mandêra- und Reraberge im Osten dieser Stadt, gleich Felsinseln im Meere, mit 8—900 F. Höhe über ihre Umgebung daraus erheben. Die unermeßliche Fläche ist entweder Savane, die den Nomadenvölkern in der Regenzeit durch ihren üppigen Graswuchs ein reiches Weideland darbietet, oder auch Steppe mit einer sterilen, sandigen und unwirthbaren, in der trockenen Jahreszeit wasserarmen Oberfläche, gleich der Wüste, welche selbst in der Regenzeit nur sparsam mit Gras bedeckt ist. Westlich vom Weißen Fluß erstrecken sich diese Ebenen bis wenigstens Kordofan, das durch seine grüne Oberfläche gleichfalls den Charakter eines Savanenlandes besitzt.

Geognostische Verhältnisse. Sandsteine bilden die vorherrschenden Massen Nubiens und zwar sind es die Sandsteine Ober-Aegyptens, welche ohne Unterbrechung über die südliche Grenze nach Nubien fortsetzen und noch um den 10° N. Br. angetroffen werden. Aus ihnen besteht sowohl die Oberfläche der weiten, wüsten Ebene, als auch die Masse der zahlreichen tafelförmigen Berge längs der Küste. Im nördlichsten Nubien erfüllt der Sandstein zugleich buchtenartig die Vertiefungen zwischen den Transversalketten. Von der regelmäßigen Structur dieses meist horizontal geschichteten Gesteins rührt die ungemeine Einförmigkeit in der Configuration der Oberfläche her, so wie in dessen Porösigkeit theilweise die Schrecken erregende Dürre und Pflanzenlosigkeit des Landes begründet ist. Beide Arten des ägyptischen Sandsteins wiederholen sich in Nubien; und sogar fast genau mit demselben Charakter, wie in Aegypten. Der ältere ist meist quarzig, und enthält kieslige Einschlüsse, zugleich ist er weißlich, gelblich, häufig röthlich, dunkelroth und äußerlich häufiger so tief schwarz durch einen reichen Eisen- und Mangangehalt, daß dergleichen Varietäten an ihrer Oberfläche Basalten ganz ähnlich erscheinen. Stellenweise und besonders da, wo, wie in der Koroskowüste, die Sandsteine mit Granit, Porphyr und andern krystallinisch körnigen Gesteinmassen grenzen, zeigen dieselben einen so eigenthümlichen Charakter, daß man darin die Folge der Einwirkung vulkanischer Processe zu erkennen geglaubt hat. Versteinerungen sind eben so wenig, wie in Aegypten, im älteren nubischen Sandstein vorgekommen, wogegen der jüngere und sehr conglomeratische Sandstein an vielen Stellen Stammstücke und fast ganze verkieselte Bäume eingeschlossen enthält. Das Zerfallen der Sandsteine hat die Bildung der großen Ablagerungen von flüchtigem Sand zur Folge gehabt. Ganz abweichend hiervon bestehen die höheren Gebirge Nubiens ausschließlich aus krystallinischen Gesteinmassen nebst Grauwacken, Thonschiefer und Kalkstein, die meistens bis 3000 F. Höhe ansteigen, was bei dem Sandstein nur bis etwa 1800 F. der Fall ist. Vorherrschend ist unter den krystallinischen Massen Granit, der besonders in Unter-Nubien weit verbreitet ist und hier ausschließlich die zahlreichen Katarakte und Stromschnellen des Nils bis Gherry bildet, dann im Bezirk Robâtât Mittel-Nubiens, in den Ebenen und Bergen Kordofans und in einigen Bergen der Bahiudawüste, so wie im südwestlichsten Theile des Landes in den Districten Roserres und Fassokl häufig auftritt, endlich im südöstlichsten in pittoresken domartigen Massen das Kasselagebirge am Gohr Bàraka bildet, und in den ungeheuren Ebenen Süd-Nubiens wesentlich in die Masse einzelner isolirter Bergrücken, des Assoe, des südwestlich Khartûm gelegenen isolirten Araschkol, der Dschebel Mose und Szegeti, so wie der Mandera- und Keraberge eingeht. Dem Granit schließen sich nicht selten krystallinisch schiefrige Gebilde an, wie die Thonschiefer bei Okmeh in Unter-Nubien und die des Berberlandes in Mittel-Nubien, die in den Landschaften Fassokl und Roserres herrschenden und durch zahlreiche goldführende Quarzgänge durchsetzten Chloritschiefer, endlich der Gneis, welcher die meisten Berge zwischen dem Blauen Nil und dem Tumat in Fassokl bildet. Gleiches ist mit hornblendreichen Gesteinen, besonders aber mit den Dioriten und Syeniten des Berberlandes, und des Dschebel Reffi, wie mit dem schwarzen Porphyr der Fall, woraus die Magâgaberge, der Gekdul und andere große Felsmassen in der Bahiudawüste, das kleine Gebirge von Gherry und auch ein Theil des Dschebel Reffi bestehen, in welchem letzten der Porphyr schon einen ganz trachytischen Charakter annimmt. Von anderen Gebirgsgesteinen enthält Nubien in den Landschaften Berber und Robâtât ausgedehnte Massen von Grauwacke nebst älteren rothen conglomeratischen Sandsteinen, die von Kalkablagerungen begleitet werden. Höchst wahrscheinlich sind mit den letzten selbst diejenigen Kalksteine identisch, woraus vorherrschend die Masse des Langabgebirgs besteht. In der ausgedehntesten Verbreitung sind endlich Alluvial- und Diluvialgebilde vorhanden, indem jene die Oberfläche der ungeheuren Ebenen zwischen dem Atbâra und dem Blauen Nil, theils als Kalktuff, vorzugsweise aber als eine schwärzliche, thonige, salz- und kalkhaltige dem ägyptischen Nilschlamm ähnliche Substanz von der erstaunlichsten Fruchtbarkeit bilden und sich durch ihre zahlreichen Einschlüsse von Pflanzenresten, von Schalen noch im benachbarten Nil lebender Süßwassermollusken, endlich durch die in ihnen vorkommenden Knochen von Vierfüßlern, besonders aber von Menschen, als höchst jugendliche Gebilde erweisen. An vielen Punkten des Nilthals, wo diese thonigen Substanzen mit Sand wechseln, unter andern bei Gherry, Schendy, Khartûm und endlich am Bahr el Abiad, sind sie so ungemein reich an Salz, daß die Eingeborenen nicht allein ihren eigenen Salzbedarf daraus beziehen, sondern mit dem Salz noch ausgedehnten

Handel treiben. Längs der ganzen Küste des Rothen Meeres tritt ein anderes Alluvialgebilde mariner Natur auf, namentlich Korallenfels in dem niedrigen Strande und in den zahlreichen vorliegenden Inseln. Unter den losen Diluvialmassen herrscht auf der Oberfläche der dürren Ebenen und vorzüglich in deren Vertiefungen ein dürrer gelblich rother Sand vor; in den Thälern des Berglandes von Fassokl zwischen dem Tumat und dem Blauen Nil bestehen dagegen die Diluvialgebilde vorherrschend aus Geröllen, welche an vielen Stellen durch ihren reichen Goldgehalt von großer Wichtigkeit sind.

Gewässer. Der Hauptfluß Nubiens ist der Nil, dessen 2 Hauptquellströme, der östliche oder Blaue Nil (Bahr el Azrek) und der westliche oder Weiße Nil (Bahr el Abiad), auch hierher gehören. Er bildet in Nubien von Khartûm abwärts einen großen Strom, welcher bald unterhalb dieser Stadt die Felskette von Gherry in einer engen tiefen Schlucht mit großer Gewalt durchbricht, dann den einzigen Zufluß, den überhaupt der vereinigte Nil in seinem 300 Meilen langen Lauf empfängt, den Atbära oberhalb El Mucheireff, eine Tagereise unterhalb Khartûm aufnimmt und zuerst bei Abu Hammed unterhalb Schendy plötzlich aus seiner nordöstlichen und dann nördlichen Richtung, die er 4½ Breitengrade hindurch verfolgt hatte, hinaustritt, um in eine fast völlig entgegengesetzte südsüdwestliche bis Ambukol oder eigentlich bis Dabbêh (Edabbé) oberhalb Dongola über zu gehen. So entsteht die große nordöstliche Biegung des Stroms, deren innerer Raum die Bahiudawüste erfüllt. Von Dabbêh wendet sich der Fluß bis Korosko wieder dergestalt gegen Nordnordost, daß er mit dieser 2. großen Biegung die gewaltige Koroskowüste im Westen begrenzt. Von Korosko wird endlich seine Richtung bis zur ägyptischen Grenze eine fast völlig nördliche. In diesem ganzen langen Zuge bildet der Nil viele Stromschnellen, welche die Schifffahrt sehr erschweren und sie zwischen Wadi Halfa und der Südgrenze des Districts El Mahaß bei trockener Jahreszeit sogar unmöglich machen. Besonders 10 solcher Fälle sind von Bedeutung, von denen der erste und südlichste oberhalb Schendy bei Gherry, der 10. und letzte schon in Aegypten bei Assuan sich befindet. Der einzige Zufluß des vereinigten Nils, der Atbära, leitet fast sämmtliche Gewässer des südöstlichen Nubiens ab, so daß er in seinem unteren Lauf eine dem Rhein bei Bonn gleiche Breite hat und selbst eine Strecke aufwärts bis Goz Rajeb, dem gewöhnlichen Uebergangspunkt der aus dem Innern nach Suâkim ziehenden Karavanen für mehrere Monate im Jahr schiffbar gemacht werden könnte. Während der Regenzeit überschwemmt er das benachbarte ebene Land auf große Distanzen. Er entspringt im abessinischen Hochlande und nimmt eine Tagereise oberhalb seiner Einmündung in den Blauen Nil noch den während der Regenepoche ziemlich großen Mogränfluß auf, der in Taka, wie es scheint, aus der Vereinigung zweier ebenfalls vom Rande des abessinischen Hochlandes herabkommenden großen Regenbäche, des Gohr el Gasch in Westen und des Gohr Bäraka im Osten, sich bildet. Nach einigen Berichten ist der Atbära der untere Lauf des Takazzé Abessiniens. Von den beiden großen Quellströmen des Nils ist der Bahr el Azrek der bei Weitem weniger bedeutende. An dem entferntesten Punkte, wo man ihn in Nubien kennen gelernt hat, bei dem Dörfchen Famegat an der Südgrenze Fassokls tritt er in diese Landschaft als ein wahrer, nur 80 Fuß breiter, jedoch tiefer Gebirgsstrom mit grünem Wasser zwischen hohen steilen Felswänden ein. Jenseits des Passes soll er sich wieder erweitern, wie es auch bald unterhalb desselben bis 4—500 F. Breite der Fall ist. Nachdem er Fassokl und den District von Roserres durchzogen, verläßt er das Gebirgsland bei dem Ort Serû, indem er in die weiten Ebenen des alten Reichs Sennâar tritt und in seinem weiteren Laufe bei der Stadt dieses Namens vorbei zu einem majestätischen Strome wird, der nur oberhalb Woad el Ferûr bei sehr großer Tiefe verhältnißmäßig schmal ist, bei Bitschakara aber eine seegleiche Breite hat. Er enthält hier viele Inseln, die, gleich beiden Rändern, durch eine prachtvolle tropische Vegetation mit den schönsten Blumen geschmückt und zugleich durch die mannigfachsten Thiere, namentlich Elephanten, Rhinoceronten, Hyänen, Löwen, Leoparden, die buntfarbigsten Vögel, große Familien von Affen und Schlangen aller Art belebt sind. Einige Inseln sind gut cultivirt. Im untersten Theil des Stromlaufs, der ungeachtet zahlreicher Windungen im Allgemeinen einer nordnordwestlichen Richtung folgt, erscheinen die aus altem felsenharten und oberhalb Garrada bei Hadschareo und Woad el Abbas sogar 30 F. hohem Nilschlamm bestehenden Ufer ebenfalls wohl cultivirt oder wenigstens mit dicken Mimosenwäldern bekleidet. Mit dem Bahr el Azrek vereinigt sich während seines nubischen Laufs außer einer großen Zahl kleiner, von den abessinischen Bergen herabkommender Bäche und Flüßchen, zuerst der Tumat, ein oberhalb Sennâr von Südsüdwest kommender Regenbach von 200 F. mittlerer Breite, der, obwohl in der nassen Epoche bis 24 F. Tiefe anschwellend, in der trockenen fast trocken ist, dann unterhalb Sennâr der Tender und einige Meilen weiter abwärts noch der Rahâd, 2 Flüsse, welche auch an den Rändern des abessinischen Hochlandes entspringen und anfänglich einer dem Bahr el Azrek selbst parallelen S.W.—N.O. Richtung folgen. Der Rahâd hat während der Regenzeit an seiner Mündung 150—200 F. Breite; dennoch ist er nur ein periodischer Strom, der Monate lang ohne Wasser ist. Der westliche Quellstrom des Nils, der Bahr el Abiad, hat eine viel größere Bedeutung, als der östliche, sowohl durch seine Länge, wie durch Tiefe und Breite, denn obwohl er bei Khartûm in der trockenen Jahresepoche bei 20—25 F. Tiefe nur 1500 F. breit ist, so erweitert er sich doch aufwärts sehr bald bis zu $^3/_8$ Meilen. In der Regenzeit hat er bei Khartûm sogar eine Breite von mehr als 1 Meile und 36—50 F. Tiefe, und hier ist sein Wasser so seifenartig, daß es im vereinigten Strom eine Strecke weit von dem grünen des östlichen Quellstroms scharf gesondert bleibt. Von Khartûm durchzieht der Bahr el Abiad bis oberhalb Mendscherah ein unermeßliches Savanenland, indem nur stellenweise nächst den Rändern des Flusses isolirte Berge, wie der Araschkol, der Dschebel Mussa, Goos u. a. emporsteigen. Zwei Tagereisen oberhalb Mendscherah in 12° 20′ N. Br. hört auf der Westseite des Stroms das ägyptisch-nubische Gebiet an dem Lande der freien Bakâra-Araber auf, wogegen dasselbe auf der Ostseite erst in 12° 10′ mit dem durch unermeßliche Urwälder bedeckten Gebiet des großen freien Dinkavolks grenzt. In dieser Strecke, worin zahlreiche Inseln vorkommen, ist der Strom von majestätischer Breite und mit Leichtigkeit schiffbar. — Seen sind in ganz Nubien mit Ausnahme des Birkeh d. h. See, eines Süßwassersees in Kordofan, der nur in der Regenzeit von einiger Bedeutung ist, eben so unbekannt, wie perennirende Quellen. Nur eine einzige kalte perennirende Quelle zu Kadmin in dem Berglande am Zusammenflusse des Gohr el Gasch und Bâraka und eine Thermalquelle im Nilthal Unter-Nubiens bei Okneh hat man bisher gefunden. Doch gibt es ein ausgedehntes unterirdisches Wasserbecken in Taka, dessen Bewohner selbst in der trockenen Jahrezeit sich mit Leichtigkeit gutes Wasser in Fülle verschaffen, indem sie 25—40 Fuß tiefe Brunnen bis zu einer blauen Thonschicht hinabgraben: ein ähnliches auch in Kordofan.

Klima und atmosphärische Verhältnisse. Nubien, obgleich nicht ganz der heißen Zone angehörend, ist doch eins der heißesten Länder der Erde und namentlich übertrifft nach neueren thermometrischen Untersuchungen ein großer Theil des trockenen wüsten Mittel-Nubiens alle andern Gebiete der Erde in der Höhe der Temperatur. Das innere nördliche und mittlere Nubien fällt deshalb schon in die Isotherme von 27—28° C.; in Berber und zu Schendy steht das Thermometer im Sommer sogar Monate lang auf 45—48°, und steigt zuweilen auf 60°, wobei der Sand so heiß wird, daß man Speisen darin in irdenen Töpfen kochen kann. Gleiches gilt vom südlicheren, innerhalb des Gebiets der tropischen Regen liegenden Nubien, dessen Jahrestemperatur kaum von der des Sudans übertroffen werden dürfte, da im Beginn der Regenzeit der monatliche Temperaturdurchschnitt bis 37°,5 und höher steigt. Daß eine solche Hitze höchst extreme Einwirkungen auf den Boden hervorbringt, je nachdem derselbe zur Entwickelung des vegetabilen Lebens die nöthige Bewässerung erhält oder nicht, liegt in der Natur der Sache, und wir sehen deshalb von der Nordgrenze bis zur Grenzlinie der tropischen Regen sofort neben dem Nil die pflanzenloseste und glühendste Sandwüste und häufig nur unmittelbar an den Ufern des Stroms

6*

cultivirbares Land auftreten, umgekehrt aber im Gebiet der tropischen Regen eine staunenswerthe Vegetationsfülle, die sich entfernter von den Strömen in den Savanen durch den üppigsten Graswuchs und zunächst den Strömen durch die undurchdringlichsten Urwälder mit den kolossalsten Bäumen, welche durch uralte Schlingpflanzen von solcher Entwickelung, daß sie selbst Stämme von bis 1 Fuß Durchmesser bilden, umwunden sind, kund gibt. Ungeachtet aber der am Tage im ganzen Binnenland Nubiens herrschenden außerordentlich hohen Temperatur sind doch die Nächte in Folge der bedeutenden Wärmestrahlung auf den großen Ebenen der Wüste meist auffallend kühl, was selbst im Gebiete der tropischen Regen zu Senaar periodisch der Fall ist, wo in Folge der beständigen Nordwinde von Januar bis März die Nächte bei bedecktem Himmel empfindlich kalt werden. Anderseits bleibt zuweilen in Khartum bei Windstille die Temperatur in der Nacht so hoch, daß das Thermometer um Mitternacht noch auf 30—32° steht. In Bezug auf den Feuchtigkeitsgehalt der Atmosphäre und die Höhe der Temperatur zeigt der Küstenstrich und südlich vom 17° N. Br. das mittlere und südlichere Binnenland Differenzen, besonders in den verschiedenen Jahresepochen, indem im Küstenstrich Nordwinde vorherrschen, der Thau überhaupt häufiger ist und während des Winters namentlich in dessen Nordhälfte periodische Regen, theils von Süden her aus dem tropischen Regengebiet, theils als Winterregen der afrikanischen Küstenzone herüberstreichen, wogegen das nördliche Binnenland das ganze Jahr hindurch höchst einförmige, mit den oberägyptischen völlig übereinstimmende atmosphärische Verhältnisse besitzt, indem es als der südliche Theil der regenlosen Zone Nord-Afrikas oft durch mehrere Jahre, mit Ausnahme des Nilthals, nicht einen einzigen Tropfen Regen hat. Auch hier herrschen Nordwinde, wie in Aegypten, fast das ganze Jahr und weisen die tropischen Regen Süd-Nubiens dadurch in bestimmte Grenzen zurück, daß sie ihr Vordringen abschneiden. Thau ist darin ebenfalls selten. Auffallend feuchter ist jedoch das von hohen Felsen begrenzte unter- und mittelnubische Nilthal, worin häufiger zur Zeit der Nordwinde Thau fällt und ephemere Regen in den Monaten des nordischen Winters nicht selten sind. Ganz verschieden von diesen einförmigen atmosphärischen Verhältnissen des nördlichen Binnenlandes sind die des Gebiets der tropischen, an der Küste in 20—21° N. Br., im Innern aber erst in 17—18° beginnenden Regen. Hier gibt es 2 scharf geschiedene Wetterepochen, eine 5—6 Monate dauernde, trockene, regenlose, bei vorherrschendem Nordwinde, worin selbst Thau selten fällt, und eine zweite feuchte im übrigen Theile des Jahres, wo dann eine fortdauernde Reihe der intensivsten Gewitter mit den höchsten Graden der Elektricität und den heftigsten Regenfällen bei constantem Südwind eintritt. Stimmen auch beide Epochen in der Zeit mit unserem Sommer und Winter im Allgemeinen überein, so beginnen sie doch nicht überall gleichzeitig, da die regnige langsam nach Norden vorrückt, indem unter dem 10—11° schon im April, jedoch erst Ende Mai im nördlichsten Kordofan (13°) erscheint. Je näher man endlich dem gebirgigen Theile des Landes am Blauen und Weißen Nil rückt, desto stärker werden auch die Regen und die sie begleitenden Gewitter, die Nächte sind dann kalt, selbst in Sennâr, wogegen die trockenen Monate April und Mai zugleich die heißesten und dann die grasreichen Ebenen völlig verödet sind. Mit den atmosphärischen stehen Nubiens gesundheitliche Verhältnisse in engster Verbindung. So erfreut sich die Bevölkerung der Wüsten und wilden Felsthäler, wie der unmittelbaren Umgebung des Stroms in Unter-Nubien, wo derselbe nicht viel über seine Ufer treten kann, eines sehr gesunden Klimas, so daß sie ein hohes Alter erreicht und nur zuweilen in Folge nächtlicher Erkältungen an intermittirenden Fiebern und Dysenterie leidet. Nie hat man hier, mit Ausnahme einer Stelle des Nilthals bei Derr, die Pest, und selbst Ophthalmien nur sehr selten beobachtet. Im Gebiet der tropischen Regen sind dagegen Wechsel- und perniciöse gallichte, in typhöse übergehende und ansteckend werdende Fieber ungemein häufig und höchst gefährlich. Am intensivsten aber werden diese Krankheiten da, wo die jährlichen Ueberschwemmungen der größeren Flüsse, wie des Nils in Dongola, ausgedehnte Landstrecken bedecken und danach dicke Schlammmassen auf den Feldern zurücklassen, oder wo dauernde Regen den Boden befeuchten, endlich auch Regen und Ueberschwemmungen gemeinschaftlich auf die Atmosphäre einwirken. Letztes ist zu Sennâr und Khartûm, im stärksten Grade aber vielleicht in der Landschaft Taka, die zu den ungesundesten Nubiens gerechnet und selbst von den Bewohnern gefürchtet wird, der Fall, indem hier in den weiten Ebenen große stagnirende Wassermassen am Schlusse der Regen zurückbleiben, faulige Miasmen entstehen und die sogenannten Sennârfieber von Ende Septembers bis Januar den Tod oft in wenigen Stunden herbeiführen und häufig so fürchterliche Verheerungen anrichten, daß in Sennâr die Anwohner des Blauen Nils sich dann gewöhnlich weit von demselben mit ihren von den verheerenden Krankheiten ebenfalls leicht ergriffenen Heerden entfernen, die Bevölkerung Takas aber in die höher gelegenen Districte verzieht. Nächst den Fiebern sind Ruhr und ruhrartige Dysenterien zu Khartûm und Sennâr sehr gewöhnlich und verderblich, während das durch den Guineawurm in den heißen und feuchten Theilen des Landes erzeugte Uebel nur ein langdauerndes und schmerzhaftes, jedoch kein gefährliches ist.

Naturproducte. Es ist ein merkwürdiges Ergebniß der neueren naturhistorischen Forschungen, daß die Flora und Fauna Nubiens mit der am Senegal so große Uebereinstimmungen darbietet, daß wahrscheinlich auch das ganze zwischenliegende Gebiet Nord-Afrikas ungeachtet seiner ungeheuren Ausdehnung mit denselben Pflanzen und Thieren versehen ist. — In den hinlänglich bewässerten Theilen Nubiens, besonders den südlichen, ist die Vegetation nicht arm und erreicht in den dicken Urwaldungen längs den beiden Quellströmen des Nils und am Südrande Kordofans in der Zahl der Arten und der Größe und Stärke der Individuen sogar die höchst möglichen Grade der Entwickelung, während in den großen, nur periodisch durch tropische Regen bewässerten Ebenen zwar nur einige Pflanzengattungen, jedoch häufigst und in großer Ausdehnung erscheinen. Umgekehrt ist die Flora der nördlichen trockenen Ebenen außerordentlich einförmig, dürftig und im Charakter der Wüstenflora Aegyptens aus alkalischen und succulent-alkalischen Pflanzen bestehend. Am häufigsten erscheinen überhaupt in Nubien Leguminosen und darunter Mimosen, welche in 3 Arten, besonders im Süden ganze Strecken Takas, Sennârs und Kordofans oder auch nur die Ränder der Flüsse und Bäche bekleiden, Tamarinden (T. indica) und Sennapflanzen, dann Tamarisken (T. gallica und orientalis), Cucurbitaceen, vorzüglich Coloquinten in den wüsten Ebenen, Apocyneen, wozu namentlich die ihrer medicinischen Eigenschaften wegen sehr geschätzte Hargelpflanze (Cynanchum Argâl) und in großen Büschen Asclepias gigantea gehören, Urticeen, worunter einige Arten von glänzender Schönheit sind, und einige Feigenarten, welche die größten Stämme nächst der Adansonia aufzuweisen haben, Eben- und Eisenholzbäume in den südlichen Strichen, von Euphorbiaceen der schöne und in Abessinien überaus häufige Kollquall (Euphorbia abessinica) auf den Angouabbergen bei Suakim und ein Ricinus (R. megalospermus), woraus in Mittel-Nubien viel Oel bereitet wird, endlich Gramineen, wovon die Landschaft Sennâr allein 20 noch nicht bestimmte Arten Durrah cultivirt, nebst vielen anderen in der Regenzeit den grünen Teppich der Savanen bildenden Arten. Unter den nubischen Malvaceen zeichnet sich vom 13° N. Br. an südwärts in den Wäldern am Weißen Nil durch kolossale Stärke der Affenbrodbaum (Adansonia digitata) aus, von eben da an unter den Amyrideen der ebenfalls in Abessinien sehr häufige Papierbaum (Amyris [Boswellia] papyrifera), welcher das Myrrhengummiharz liefert, in ganzen Wäldern am Bahr el Azrek. Am Tumat wächst schon der Bananenpisang wild. Von Palmen gibt es wenige Formen; Dattelpalmen als Culturpflanzen sind häufig im untern Nilthal und liefern hier eine vortreffliche Frucht, welche die ägyptische Dattel bei Weitem übertrifft; die Doumpalme, in stattlicher Entwickelung, bildet große Wälder im Fassokl und südöstlichen Nubien, wo noch eine 3. und prächtige Palmengattung, die Delebpalme, aufzutreten beginnt. Unter den Culturpflanzen wird nächst Durrah die Baumwollenstaude am ausgedehntesten gebaut, in neuerer Zeit Indigo in Sennâr. — Aus der Thierwelt kommen Pachydermen in großer Menge vor, namentlich Elephanten in Heerden zu mehreren hundert Individuen vom 16—12° N. Br. in den sumpfigen Strecken am Blauen und Weißen Nil, in Taka und Basa, Rhinoceronten (in Taka) und äthiopische Schweine; von Flußpferden, die nördlich bis Faras in Unter-Nubien vorkommen, wimmelt der Nil nebst seinen beiden Quellströmen. Vierhänder in vielen Gattungen und Arten bevölkern schaarenweise die dicken Waldungen am Bahr el Abiad, Gohr el Gasch, in Kordofan und im Osten schon das Langaygebirge. Von Raubthieren gibt es zahlreich Löwen (in Kordofan und Taka, in letzter Landschaft meist ohne Mähnen), große Leoparden, darunter die schöne Felis jubata, Hyänen, wilde Katzen (Felis maniculata), Zibethkatzen und Genettevierren; unter den Einhufern Pferde (eine der vorzüglichsten Racen war die in Dongola, welche jetzt fast ausgestorben ist, der aber die Pferde der Scheiggiearaber und die der Landschaft Berber nicht nachstehen sollen), wilde Esel (zahlreich in Taka); von Wiederkäuern zahllose Antilopen in vielerlei Arten und zu Tausenden auf den Savanen Kordofans und am Blauen Nil, Giraffen in den Ebenen Kordofans und in Basa, mehrere wilde Büffelarten (in der Bahiuda mit Hörnern von außerordentlicher Länge und in Kostâhn), das kolossale Sennâarrind mit hohem fleischigen Höcker, Ziegen, eine Art wilden Schafs (?) und Dromedare (nur bis zum 12° N. Br. südwärts). Die Klasse der Vögel ist in der Menge der Individuen an den Ufern der Ströme zum Erstaunen reich, doch fehlen, außer in den Waldungen Takas, die Sänger und prachtvolle Gefieder. Sehr häufig und einheimisch sind Nashornvögel (Buceros abessinicus) im Süden, Strauße in den Savanen und Wüsten. Von Amphibien erscheinen Krokodile in Erstaunen erregender Menge, häufiger auch kolossale Schlangen aus der Gattung Python in Taka, 3½ Fuß lange Wüsteneidechsen und Schildkröten von bis 2½ F. Durchmesser in der Bahiudawüste. Ungemein zahlreich, doch fast noch ganz unbekannt, sind die Fische der großen Ströme. Von Insecten gibt es zahlreiche Käfer und Schmetterlinge; auch sie zeigen so wenig, wie die Vögel, die überaus schönen Färbungen der brasilianischen Exemplare, ferner der prachtvolle grüne, den Aegyptern des Alterthums heilige Käfer (Scarabäus) in Sennâar, in der Wüste Scorpione bis von Handgröße, deren Stich, wenn nicht Gegenmittel angewandt werden, tödtlich ist. Von Mollusken ist besonders die im Nil und im Bahr el Azrek lebende merkwürdige Aetheria sehr häufig. Von nützlichen Mineralien kennt man wenige, wie Eisenerz, das aus den ausgedehnten Ablagerungen von Raseneisenstein in den Ebenen Kordofans viel gewonnen und verarbeitet wird, Gold (in Unter-Nubien am Dschebel Ollaky und im Diluvialschutt am Tumat), Silbererze am Elbaberge, Kupferkies in Unter-Nubien bei Okmeh, Kochsalz in den Alluvionen des Großen Nil und seiner beiden Quellströme, Steinsalz in der Oase Selimmeh, endlich Alaun in der Oase Scheb, Salpeter im Ueberfluß im Scheiggielande, weißer Marmor bei El Mucheireff in Berber.

Bevölkerung. Nubiens Bevölkerung wird zu 888000 Köpfen (aber zu gering) berechnet, so daß auf eine Q. M. etwa 65 Menschen kommen, und zerfällt, wie die von Aegypten, in eine ursprünglich dem Lande angehörige und eine zweite eingewanderte. Jene gehört großentheils dem Volk der Nöp oder Nuba an, dessen zahlreiche Glieder ihrer verschiedenen Namen und anscheinend sehr verschiedenen Sprachen wegen früher für eigenthümliche und der Abstammung nach gänzlich von einander getrennte Völkerschaften galten, bis neuere sprachliche Untersuchungen den Zusammenhang derselben und damit die Verbreitung eines einzigen großen Volks von den Grenzen Aegyptens bis oberhalb der Vereinigung der beiden Quellströme des Nils erwiesen. Dazu gehören drei große Stämme, die sich durch eine eigenthümliche, vom Arabischen bestimmt verschiedene Sprache, das Nöbinga, und weniger scharfe Gesichtszüge von der Bevölkerung arabischer Abkunft, durch ihren Schädelbau nebst dem zuweilen gekräuselten, meist langen und nie wollenartigen Haar aber auch von den Negern sondern. Die Hautfarbe der Nuba ist meist rein braun von der Nuance des Cigarrenbrauns, zuweilen dunkler, in das Schwarze übergehend. Die Barâbra, nach einem dem Nöbinga selbst fremden Wort genannt, sind die nördlichsten Nubier, und wohnen, mit Arabern gemengt, 130000 Köpfe stark im Nilthal von Assuân bis Sebûa im District Wadi Kenous. In neuerer Zeit haben sie sich weiter nach Norden verbreitet und im Nilthale Ober-Aegyptens bis Edfu angesiedelt. Sie sind gut, aber auch stark gebaut, musculös, sehr gewandt, besitzen schöne Gesichtszüge, aber nicht so hohe Staturen, als die Aegypter, und, trotz ihrer dunklen Hautfarbe, nicht die platte Nase der Neger. Zugleich sind sie thätig und stehen im Rufe großer Ehrlichkeit. Von Korosko bis zum Beginn der Provinz Dongola, wohnt in den zum Nilthal gehörigen Landschaften Wadi Halfa, Mahaß und Suckot ein zweites Glied der Nov, ohne die körperlichen Vorzüge der Barâbra, welches, 100000 Köpfe stark, ein vom Barâbra verschiedenes Nôbinga redet. Ein 3. Zweig sind die Dongolawi, 60000 Köpfe, mit bronzener Hautfarbe, ausgezeichneten Gesichtsformen, musterhaftem Körperbau und stark gelocktem reichem Haar. Der zweite ursprüngliche, anscheinend den alten Copten verwandte Volksstamm Nubiens, dessen dem kaukasischen Sprachkörper angehörige Sprache, das Beganie, vom Rothen Meer zum Nil und von der Grenze Aegyptens südlich bis wenigstens Suâkim geredet wird, umfaßt vorzugsweise das in der Zahl nach bedeutendste Wandervolk Nubiens, die Bischarins oder Bischariba, welche 200000 Köpfe stark das ganze, von ihnen Edbai genannte wüste Land vom 23—15° N. Br. bewohnen. Zwar von dunkelbrauner, fast schwarzer Hautfarbe haben die Bischarin doch weder die unangenehmen Umrisse und dicken Lippen, noch die platte Nase oder das wollige Haar der Neger. Ihre Gesichtszüge sind vielmehr sanft, angenehm, selbst edel und fast europäisch, ihr Charakter mild und gutmüthig, der Wuchs ausgezeichnet. Ihr Hauptsitz ist der Dschebel Elba. Sie theilen sich in verschiedene Stämme, unter denen die Amarer südlich vom Elba die bedeutendsten sind. Die Ababdehs, ein anderer schwächerer Theil der Beganie redenden Bevölkerung Ost-Nubiens, erstrecken sich nördlich von den Bischarins bis zur Landesgrenze und unterscheiden sich in Nichts von dem Aegypten angehörenden Theil ihres Volks, dagegen bestimmt von den nomadisirenden Arabern durch Sprache, Kleidung, Sitten. Ihre Farbe ist sehr dunkel bis ins Schwarze, ihre Physiognomie nicht negerartig, sondern dem europäischen Typus genähert, das Haar schwarz natürlich gelockt, nicht wollig. Gleich ihren Nachbarn, den Bischarins, sind sie Nomaden und auch berühmt durch ihre Zucht ausgezeichnet ausdauernder Dromedare. Im südöstlichen Nubien von Suâkim bis zur abessinischen Grenze scheint die Urbevölkerung bereits dem abessinischen Stamm anzugehören. Den namhaftesten Theil der nubischen, von Einwanderern abstammenden Bevölkerung bilden, etwa 300000 Köpfe stark, Stämme arabischer Abkunft, die noch unverändert Sitten und Sprache ihrer Vorfahren erhalten haben und meist als Besitzer großer Viehheerden die Ebenen zwischen dem Rothen Meere und Kordofan als Nomaden durchziehen. Nur einige Abtheilungen haben seßhafte feste Wohnungen, wie die arabische Bevölkerung des Nilthals von Wadi Sebúa bis Korosko im Wadi Arab, seit einigen Jahren auch der tüchtige und kriegerische Stamm der schön gestalteten Scheiggie zwischen der Grenze Dongolas und der Insel Mograt, die Robâtât am nordöstlichsten Rande der Bahiuda und ein Theil der Dschaalein in Schendy. Zu den Nomaden arabischen Ursprungs gehören die Beni Kurb vom Atbâra bis zur Koroskowüste, die Schukurie, so wie die schon das Beganie redenden Hallenga, die Hadenda (beide letzte zusammen etwa 50000 Köpfe), die Beni Amer und andere in Taka, endlich die Anwohner des Bahr el Abiad, wozu besonders an dessen westlichem Ufer die Kubbabisch, die mächtigsten von allen, die zahlreichen fast schwarzen Hassânieh und die Bakâra d. h. Hirten zu zählen sind. Ebenso ist am unteren Bahr el Azrek, von Khartûm bis Sennâr, arabisches Princip vorherrschend. Vorzüglich rein haben sich die Scheiggie in der Sprache, die am Nächsten der des Hedschahs steht, und in der Abstammung erhalten. Ein großer Theil dieser jetzt nur Arabisch redenden Bevölkerung ist jedoch ursprünglich aus der Mischung von Arabern und Urbewohnern hervorgegangen, was besonders bei derjenigen Arabisch redenden Bevölkerung der Fall sein mag, die, wie die Hassânieh, eine ganz schwarze Hautfarbe, aber ohne Negerphysiognomie, besitzt. Weit weniger verbreitet sind eingewanderte ächte Neger, die in Roserres und Fassokl sich allmählich mit der jetzt dort einheimischen Bevölkerung der Funj vermischten, aber am Dschebel Harraß im nördlichen Kordofan als eine Colonie unvermischt mitten unter Arabern auftreten, was auch zu Kalabàt an der abessinischen Grenze unter den Funj der Fall ist. — Viel zweifelhafter dem Ursprunge nach ist ein großer Theil der Bevölkerung zwischen Khartùm und den abessinischen Grenzen und in westöstlicher Richtung vom Weißen Nil bis zum Atbära, so wie die in Roserres und Fassokl, die sich insgesammt durch ihren wohlgebauten Körper, eine dunkelkupferbraune Hautfarbe, langes gekräuseltes und nicht wolliges Haar, regelmäßige Gesichtszüge ohne allen Negertypus (es fehlen ihr die flachen Nasen, vorstehenden Lippen und Backenknochen), sehr an die Nuba im Norden anschließt, jedoch durch ihre eigenthümliche, nur noch in Roserres und Fassokl erhaltene Sprache und andere physische Charaktere bestimmt davon unterscheidet. Dazu gehören namentlich die Funj (Fungh oder Fungbi), die der Sage nach erst im Beginn des 16. Jahrhunderts aus den südwestlichen Gegenden außerhalb Nubiens eingewandert sind und sich des Reichs Sennâr durch Eroberung bemächtigt haben, hier aber im Lauf der Zeit durch Vermischung mit arabischen Ankömmlingen allmählich ihre Sprache und Sitten verloren. Selbst in Roserres und Fassokl verschwinden Sitte und Sprache der Funj merklich unter dem Einflusse des Negerthums.

Verfassung, Religion. Nubien, einst aus einer zahlreichen Menge kleinerer und größerer von einander unabhängiger Staaten, wie Dongola, Schendy, Sennâr, Kordofan, bestehend, ist durch seine Unterjochung durch ägyptische Truppen von 1813—1820 zu einem Theil des türkisch-ägyptischen Reichs geworden, dessen Verwaltung seit 1840 von der Pforte dem jeweiligen Pascha von Aegypten übergeben ist, der hier seine Truppen unterhält, und durch höhere Officiere regieren, die Abgaben einziehen und die Justiz verwalten läßt. Es führt deshalb in der türkischen Geschäftssprache den Namen des Paschalik Sennâr, in der ägyptischen den des Beled es Sudan d. h. Sudanland. Der Pascha bestallt den General-Gouverneur, der zu Khartùm residirt; die früheren kleinen Regenten wurden ihrer Macht beraubt und pensionirt, endlich das ganze Abgabenwesen im mittleren und oberen Nilthal nach dem Muster des ägyptischen eingerichtet, indem türkische Civilbeamte, Kaschefs, denen coptische Finanzbeamte zur Seite stehen, die kleineren Districte verwalten. Doch blieb das untere Nilthal nebst Roserres und Fassokl von dieser unmittelbar ägyptischen Verwaltung, die im Süden bei Serû an der Grenze Fassokls endigt, frei, da den Barâbrachefs und den Häuptlingen von Roserres und Fassokl ausschließlich das Einziehen der Abgaben in ihren ehemaligen Gebieten überlassen ist, und namentlich die beiden letzten durch ihre Entfernung von dem Sitze des General-Gouverneurs, und mehr noch von Aegypten, fast nur in politischen Verhältnissen, wie etwa die europäischen mediatisirten Fürsten, abhängig stehen. Am unabhängigsten erhielten sich die arabischen Stämme auf der Westseite des Weißen Nils, wie die Kubbabisch, und die Bergvölker des südöstlichsten Nubiens, die Beni Amer und Hallenga am oberen Atbära und zwischen den Gohr Bùraka und el Gasch, da sie fast nur bei Anwendung von Waffengewalt Tribut zahlen. Im Nilthal ist dagegen der ganze tragfähige Boden vermessen, und es überweist die Regierung, wie in Aegypten, ein bestimmtes Flächenmaaß den Familien zur gezwungenen Cultur, wovon dieselben im Jahre 1823 bei besserem Boden in Dongola 20, bei schlechterem etwa 16 Thaler, theils in Gelde, theils in willkührlich und zu sehr niedrigen Sätzen geschätzten Bodenproducten zu zahlen hatten. Außerdem müssen für jedes der besonders in Unter-Nubien unzähligen Wasserräder am Nil bestimmte Quantitäten Butter, Baumwolle, Hühner, Kohlen, so wie Schafe und lederne Schläuche abgeliefert werden, so daß jedes Wasserrad der Regierung 30—31 Thaler einträgt, und deren Summe die Basis des ägyptischen Steuersystems bildet. Nicht minder ist die Dattelpalme so besteuert, daß von je 200 Stämmen so viel, wie von einem Wasserrade, Abgabe erhoben wird. Roserres und Fassokl führen ihren Tribut an die ägyptische Verwaltung ausschließlich in Landesproducten oder in Gold ab; Roserres allein 1500 Unzen Gold. Einzig der unternubische District Batn el Hadjar blieb seiner absoluten Armuth wegen bisher steuerfrei, alle übrigen Theile Nubiens erliegen den vereinigten Erpressungen der Regierung und ihrer Beamten und verarmten bis in die neueste Zeit gänzlich. — Der Islam ist herrschende Religion durch ganz Nubien, mit Ausnahme der Berglandschaften Baria, Mària und Kostàhn im äußersten Südosten zunächst an der abessinischen Grenze, wo es Heiden und Christen abessinischer Herkunft (Kostàhn heißt im Abessinischen Christ) geben soll, die von den Muhamedanern Kaffern genannt werden. In Fassokl und Roserres ist noch ein Theil der eingewanderten Negerbevölkerung heidnisch.

Ackerbau, Gewerbe, Handel. Der Ackerbau beschränkt sich in den Theilen des unteren und mittleren Nubien, wohin die tropischen Regen nicht reichen, auf das Nilthal und selbst hier wird er nur durch Wasserhebungsmaschinen, besonders Schöpfräder (Sakien) möglich, da die Ufer des Stroms 6—12 Fuß höher liegen, als dessen Fluthen je steigen, so daß sie nicht überschwemmt und auch nicht natürlich befruchtet werden können. Jedes Schöpfrad am unteren und mittleren Nil dient zur Existenz von 16 Personen. In Dongola, bis wohin manchmal die tropischen Regen auf ihrem Zuge nach Norden vordringen, und die Ufer des Nil niedriger werden, daß sie streckenweise den Ueberschwemmungen ausgesetzt sind, gewinnt der culturfähige Boden schon an Breite und erstreckt sich sogar mehrere Stunden weit seitwärts vom Strom. Daß derselbe aber nicht bebaut wird, allmählich verwildert und zur vollkommenen Wüste wird, liegt nicht in der natürlichen Beschaffenheit desselben, sondern in der elenden ägyptischen Verwaltung und ihren Erpressungen, wodurch der Bevölkerung der einst blühenden Districte Berber, Schendy und Halfài sogar zuletzt die Mittel zur Cultivirung fehlten. In Kordofan, wo es auch ausgedehnte prächtige Ackerfelder in den nördlichen Ebenen gibt, die große Quantitäten von Cerealien liefern, bewässert man sie aus zahllosen Cisternen. Bària liefert gleichfalls Getraide in Menge. Am ausgedehntesten cultivirt ist aber das südliche Nubien innerhalb der tropischen Regen, wo in den weiten Ebenen längs den Quellströmen des Nils der thonige fette Boden dem Ackerbau außerordentlich förderlich ist. Nirgends bedient man sich hier eines Pfluges, die Oberfläche wird nur mit einer Hacke leicht aufgelockert, und man erndtet zu Sennàr 3 Monate schon nach der Saat. Ueberall ist hier die Feldbestellung in den Händen der Weiber. Das Hauptproduct der Agricultur durch ganz Nubien besteht in Durrah, die in Taka ohne Düngung und sogar ohne Bearbeitung 15—20 Fuß hoch wird und 15—18 vollständige Aehren trägt; Baumwolle, Mais, Gerste, Lupinen und Bohnen zieht man besonders in Unter-Nubien, Indigo in Sennàr. In neuerer Zeit hat die ägyptische Regierung die Anpflanzung des Indigo, dessen Product von guter Qualität ist, nach Kräften befördert. In Nord-Nubien wird die Dattelpalme viel gepflanzt, aber sie gedeiht nur bis Abou Egli 18° 36′ 14″ N. Br. gegen Süden, wo sie gänzlich aufhört. Die Ursache ist unbekannt und beruht nicht in der Erhebung des Bodens, die hier nicht höher, als in Kordofan ist, wo die Dattelpalme stellenweise (bei Bara) kräftig und ausgedehnt wächst. — Viehzucht wird besonders von den Wanderstämmen betrieben. Die Dromedare der Bischarin und Ababdeh sind berühmt wegen ihrer Stärke und Ausdauer. Sehr auffallend ist das Rindvieh in Sennàr durch kolossale Größe und seinen Buckel. Vortrefflich ist endlich die Pferdezucht der Scheiggie und in Berber; früher war sie es auch in Dongola. — Die Gewerbthätigkeit ist dagegen im Ganzen höchst unbedeutend und beschränkt sich fast auf die Erzeugung grober baumwollener Bekleidungsstoffe durch die Weiber, die sie selbst mit Indigo blau färben. In Kordofan fertigt man zierliche wasserdichte Körbe und Schüsseln aus gefärbten Halmen der Doumpalme, zu Derr viele Matten und Körbe aus Dattelpalmfasern, die sehr gesucht werden, in Roserres und im Hadenbalande sehr feines Leder und schöne Sandalen, in Sennàr viele Eisenwaaren, was besonders noch in Kordofan der Fall ist, in dessen Norden aus den Raseneisensteinablagerungen durch einen einfachen, aber auch sehr unvollkommenen Proceß viel Eisen geschmolzen wird. Salz gewinnen die Araber bei Khartùm, Halfày und Gherry durch Auslaugen der Alluvionen des Nilthals in großer Menge für den eigenen Gebrauch und den Handel. Ebenso findet eine ausgedehnte Salzgewinnung am Rothen Meere bei Suakim statt. In neuerer Zeit legte die ägyptische Regierung mehrere Indigofabriken an, worunter die von Metâmâh die bedeutendste ist. — Der Handel Nubiens war früher sehr bedeutend, aber weniger mit eigenen Producten, als mit Transitgütern, indem durch Nubien seit den ältesten Zeiten der Geschichte der größte Theil der Waaren gefördert wurde, die aus Abessinien und den südlich Abessinien gelegenen Aequatorialgegenden nach Aegypten gingen, wie umgekehrt ein großer Theil der für den Bedarf des inneren Theils des Continents eingeführten europäischen und asiatischen Waaren seinen Weg über Nubien nahm. Auch für den Waarenzug aus Arabien und Indien nach dem Innern des Continents war Nubien stets das Durchgangsland, wozu Roserres, Dongola, Schendy und Sennâar als Stationsplätze dienten. Dieser Handel war jedoch ebenfalls in neuerer Zeit durch Mehemed Alis verkehrtes Handelssystem, das die meisten Sudanwaaren zu Monopolen erklärte, durch die Erpressungen und Willkührlichkeiten der ägyptischen Beamten, durch die heillosen Sclavenjagden in den angrenzenden Negerländern, endlich durch die beständigen Grenzkriege gegen Abessinien stark herabgekommen, ja er hatte theilweise sogar ganz aufgehört. Der District Berber betrieb früher besonders einen bedeutenden Binnenhandel, wogegen Suâkim stets der einzige Hafen des Landes blieb, durch den überseeische Verbindungen, namentlich mit Arabien, erhalten werden. In den Handel liefert Unter-Nubien viele und vortreffliche Datteln nach Aegypten, Berber gutes Leder, das auch viel nach Aegypten geht, Sennâr nebst Kordofan Häute, Hornvieh, Ebenholz, Straußfedern, Sennes, Weihrauch, Tamarinden, Gummi, Elfenbeinringe, Hippopotamenzähne, Peitschen (Kurbatsch) aus Hippopotamenhaut und Dromedare (besonders aus der Zucht der Bischarin), Scheb Alaun, Sélimmeh und das Nilland Salz, Roserres und Fassokl Gummi, Honig, Gold (viel kommt davon aus Fassokl auf den Markt von Muselemieh), Sclaven, Elfenbein, Sennes, Tamarinden. Aber am ansehnlichsten ist der Handel mit dem Salz aus den Nilalluvionen und von Suâkim, wodurch Sennâar und die Negerländer, ja selbst Indien versorgt werden. Importirt werden, zum Theil nur als weiter gehende, Handelsgegenstände: Aus den Negerländern südlich Kordofan Elfenbein, Gold und Sclaven, welche letzte jetzt meist durch die Sclavenjagden der Regierung eingefangen und den Truppen als Zahlung für Sold gegeben werden, aus den Gegenden südlich Dâr Für Schwefel, von Singue viel Leder, aus Abessinien Kaffe, etwas Gold, Zibeth und Sclavinnen, aus Indien über Suâkim indische Baumwollenstoffe von Madras und Surate, aus Aegypten Seife, Zucker, europäische Zeuge, Glaskorallen, Spiegel, Antimon, Papier, kleine Eisenwaaren, besonders von Solingen (darunter vorzüglich gerade Schwerdtklingen), Sembel (Valeriana celtica) zum Einreiben des Körpers.

Eintheilung und Topographie. Nach der Unterwerfung Nubiens durch die Aegypter hörte die frühere Eintheilung des Landes in die einzelnen unabhängigen Gebiete, die in Unter- und Mittel-Nubien den Namen Dâr führten, wie Dâr Suckot, D. Dongola, D. el Mahass auf. Die neuere in größere Bezirke unter Vorstehern (Mudir), welche die Civil- und Militairgewalt in sich vereinigen und die höchste Justizpflege meist sehr willkührlich verwalten und denen Kaschefs untergeordnet sind, ist nicht genau bekannt.

1) Das untere Nilland zwischen Assuân und Dabbéh ist von der Nordgrenze des Landes bis Korosko 22° 38' N. Br. 50° 2' O. L. sehr schmal und hat an beiden Seiten des Stroms meist nur einen wenige 100 Schritte breiten fruchtbaren Streifen, der besonders durch die fleißigen Barâbras vortrefflich cultivirt wird. Am schmalsten jedoch ist dieser Culturstreifen auf der Westseite, wo der Sand in den letzten Jahrhunderten immer mehr zugenommen, und die bewohnten und bebauten Stellen überschüttet hat und selbst noch jetzt fortwährend bedeckt, da wo die Berge keinen Schutz gewähren. Oefters, wie bei Tâfa, Girsheh und in den Engpässen von Kalabscheh und Siallah, treten senkrechte Felsen bis unmittelbar an den Nil heran, dessen Thal nur bei Wadi Moharraka eine größere Erweiterung gewinnt. In der Sohle desselben hat man bis Korosko überall in 15—20 Fuß Tiefe Wasser beim Graben. Oberhalb dieses Orts begleiten ebenfalls nur schmale Culturstreifen den Nil, dessen Thal sich bei Derr wieder erweitert, unmittelbar darauf aber dergestalt verengt, daß die Passage eine Strecke weit gänzlich unterbrochen wird. Am häufigsten erscheinen ferner solche Verengungen mit zahllosen Stromschnellen (wahre Katarakten sind es nicht) mehr oberhalb in einer 60 Meilen

langen Strecke der Districte Dâr oder Batn el Hadjar d. h. **Felsenbezirk**, Suckot, Mahaß und Dongola, wo der Strom zahlreiche aus der nubischen Wüste kommende Transversalketten durchbricht. Eine ½ Stunde oberhalb Wadi Halfa 21° 53′ 32″ N. Br. 49° 3′ 25″ O. L. beginnen dieselben mit den nach diesem Ort benannten berühmten Stromschnellen, den größten der Welt, da sich der Nil 5—6 Stunden weit bis zum Dorf Sulle schäumend und brausend zwischen tausenden von kleinen Inseln hindurchdrängt. Noch weiter oberhalb Wadi Halfa bis zu dem in wildromantischer Gegend gelegenen Katarakt von Dâl 21° N. Br., wo der District Suckot anfängt, durchströmt der Nil eine 20 Meilen lange schauerlich wilde und öde Felswüste, das eigentliche Batn el Hadjar. Unzählige Felsen im Bette des Stroms bilden da Stromschnellen, erschweren die Schiffahrt ungemein und machen sie bei niedrigem Wasserstande sogar unmöglich. Ebenso vermindert sich die Breite des Nils von 12000 Fuß, die sie bei Wadi Halfa beträgt, durch die zahlreichen Inseln stellenweise bis 400 Fuß, ja in dem prachtvollen, nur 1208 F. breiten Felsthal von Semneh, sogar bis 40 Schritte. Zwischen Suckot und Mahaß ist jedoch das Nilthal eine Strecke weit viel breiter, indem sich die Berge 2—3 Stunden vom Strome entfernen und dadurch das weite sandige Becken des Districts von Sai entsteht, worin sich auch der Nil öfters theilt, der mit seinen beiden Armen die 2 M. breite vortrefflich cultivirte Insel gl. N. bildet. Zu Handek an der Südgrenze von el Mahaß beginnt endlich das weite fruchtbare Thalbecken von Dongola, das sich zu beiden Seiten des hier 2400—3000 F. breiten Stroms mehrere Tagereisen weit erstreckt und zu Dabbêh oder da endet, wo der Nil plötzlich aus seiner bisherigen in eine östliche und dann in eine nordöstliche Richtung umsetzt. Dabbêh ist der letzte Ort, wo die nubische Sprache im Gebrauch ist, indem gleich dahinter der arabische Stamm der Scheiggie beginnt. Auch in dem Becken von Dongola theilt sich der Strom wiederholt, mehrere große Inseln umschließend, darunter besonders die große reizende und sorgfältig cultivirte Insel Argo. — In der ganzen Strecke des Nilthals von der ägyptischen Grenze bis Dongola zieren zahlreiche und zum Theil prachtvolle Ruinen und zwar meist aus der Epoche der altägyptischen Könige in dem Wadi Kenous genannten Theile Unter-Nubiens, so wie aus der Zeit der Ptolemäer und römischen Imperatoren, zwischen Assuân und Sebûa die Felswände. Merkwürdiger Weise liegen dieselben im Wadi Kenous sämmtlich auf der Westseite, in dem jetzt wüstesten Theile des Thals. Zwischen Assuân und Dabbêh befinden sich die Orte: **Birbeh**, in der Nähe Assuâns, Hauptort eines Districts. — **Dâbod** (Debot), Ruinen eines schönen Tempels. — **Kalabscheh**, das größte Dorf in Wadi Kenous: dabei liegt einer der ältesten und größten Tempel ägyptischer Kunst in Sandsteinfels ausgehauen. — **Dakkeh**, schöner Tempel mit hohen Pylonen mitten im Sande der Wüste. — **Siallah**, fast ½ Stunde langes Dorf. — **Sebûa**, mit Ruinen eines prächtigen Tempels, Pylonen und einer Sphinxallee. — **Koroske**, wichtig als nördliche Einbruchsstation für die Karavanenstraße nach Abu Hammed durch die große nubische Wüste, Militairstation. — **Derr**, Hauptort von Unter-Nubien und Residenz des Unter-Gouverneurs, 200 Häuser, gut gebaut, in sehr fruchtbarer Umgebung, ausgedehnter Dattelexport nach Aegypten, Matten- und Korbbereitung, Reste eines in Sandsteinfelsen gehauenen uralten Tempels. — **Ibrim**, Dorf, am Ostufer des Nils, mit einem verfallenen Kastell auf einem hohen Felsen, und weißeren Ew., den Abkömmlingen vor 300 Jahren hierher als Besatzung gesandter bosnischer Soldaten. — **Abu Simbal** (nicht Ebsambol), mit 2 von Burkhardt 1817 aufgefundenen, Osiris und Isis gewidmeten prachtvollen und mit ungeheurem Kunst- und Kraftaufwande in Felsen ausgehöhlten Tempeln, welche den schönsten Denkmälern Thebens an Größe und Kunst gleich kommen. Den Eingang des größeren aus 4 Hallen bestehenden Tempels zieren über 62 Fuß hohe sitzende Statuen aus Sandstein gehauen von vortrefflicher Arbeit. — **Wadi Halfa** 21° 52′ 50″ N. Br., Hauptstation für alle längs dem Nil wandernde Karavanen und Ende der Flußschiffahrt von Assuân aufwärts; Militairstation. — **Fereyg**, gegenüber Abu Simbal, mit einem kleinen altägyptischen Felsentempel. — **Okmeh**, mit sehr heilsamen alkalischen Thermalquellen. — **Kubbi**, stark besuchter Wallfahrtsort eines muhamedanischen Heiligen. — **Dâl**, Cultur ausgezeichneter Datteln. — **Kuppa es Sélimmeh**, Haupteinbruchsstation für die nach der 4 Tagereisen im Westen entfernten Oase Sélimmeh ziehenden Salzkaravanen. — **Soleb**, mit den Ruinen eines der schönsten und größten Tempelbrunnen Nubiens und Sphinxen aus der altägyptischen Zeit. — **Hanneh**, großes in Trümmern liegendes Dorf. — **Hnassir**, großes wohlhabendes Dorf, mit großen Wochenmärkten. — Die Insel **Argo**, eine starke Tagereise lang, 2 Stunden breit mit 2 kolossalen Memnonstatuen aus Granit. — **Kassr Dongola** oder **Neu-Dongola**, auch Dongola el Ordi, d. h. die Kaserne Dongola, einst Marakah genannt, 19° 9′ 54″ N. Br. 48° 25′ 15″ O. L. auf dem linken Ufer des Stroms, neu angelegte und gut gebaute Hauptstadt der Provinz gl. N., 6000 Ew., Citadelle, Sitz eines Mamur, bedeutender Handelsplatz. — **Handek**, wohlhabender befestigter Ort, mit ansehnlichen Märkten, 500 Ew., Stapelplatz für das aus der Wüste gebrachte Salz, Indigofabrik. — **Dongola-Agouz**, oder **Alt-Dongola**, einst die Hauptstadt des an Sennaar tributairen Reichs gl. N., auf einem hohen Felsen und wichtiges Centrum des Handels, der sich jetzt nach Neu-Dongola gezogen hat; 1820 zum Theil zerstört durch die Mameluken, jetzt ganz verfallen. — **Dabbêh**, ansehnliches Dorf.

Haupteinbruchsplatz für die aus Dongola nach Dar Für und auch durch die Bahiudawüste nach Kordofan gehenden Karavanen.

2) Das mittlere Nilland zwischen Dabböh und Khartûm. Gleich oberhalb Dabböh wird das Thal von beiden Seiten durch eine $\frac{3}{4}$—$1\frac{1}{2}$ Stunden breite fast flache und vollkommene Ebene begleitet, woraus hin und wieder isolirte, kaum 400 Fuß hohe Berge aufsteigen, unter denen der Dschebel Barkal, ein prismatischer Tafelberg und schon im Alterthum ein Mittelpunkt hoher Kunst und Cultur und Gegenstand hoher Verehrung, der bemerkenswertheste ist. In seinem weiteren nordöstlichsten Theil bis Abu Hammed durchbricht der Strom einen Engpaß von 3—400 Schritt, so wie er hier noch mehrere die Schifffahrt bedeutend erschwerende Stromschnellen, eine Folge der in seinem Bette sich erhebenden und Arme seines Laufs umschließenden Granitfelsen, zu bilden gezwungen ist. Gegen Abu Hammed selbst werden beide Seiten des Stroms wiederum flach und sandig. Inseln erscheinen überhaupt zahlreich in dem ganzen Lauf des Nils von Dabböh bis Abu Hammed; die größte, Mograt, eine Tagereise lang, liegt grade im Wendepunkt des Stroms, Abu Hammed gegenüber und ist bedeckt mit tropisch üppiger Vegetation. Von Abu Hammed an südwärts, wird der Strom gleichfalls von weiten Ebenen begleitet, die anfänglich am Ostufer wohl cultivirt sind und überaus üppige Durrah- und Gerstenfelder tragen, weiterhin aber ganz sandig und unfruchtbar werden. Besonders bei Mucheireff geht der Nil durch ein ausdruckloses Land, und nur stellenweise ist er, wie oberhalb El Mucheireff, zusammengedrängt reißend und Stromschnellen bildend. Oberhalb der ausgedehnten Ebenen von Schendy wiederholen sich die letzten häufiger, was besonders noch zunächst Gherry der Fall ist, wo der Nil einen von Westen nach Osten streichenden Bergzug in einem 6 Stunden langen, von senkrechten Felsen gebildeten und stellenweise bis auf 300 Schritte verengten Paß durchbricht, und sein Lauf sogar noch durch viele Inseln verengt wird. Südlicher gegen Halfâi nimmt er endlich in den Ebenen wieder eine imponirende Breite an, die bis Khartûm fortwährt. In dem ganzen Strich zwischen Dongola und Khartûm, der aus den ehemaligen kleinen Staaten Dâr Scheiggie, Robâtât, Berber, Schendy und Halfâi besteht und entweder durch reine Araber, wie in Dâr Scheiggie, oder durch Mischlinge von Arabern mit Nubiern bewohnt ist, sind viele Ruinen des Alterthums vorhanden, unter denen die am D. Barkal, dann die oberhalb und unterhalb Schendy gelegenen die ausgedehntesten und best erhaltenen sind. — Abdum in Dâr Scheiggie, großes Dorf, Haupteinbruchsstation für die Karavanenreisenden in Dongola nach Khartûm, Tempelruinen. — Korti, blutiger Sieg 1820 der Aegypter über die Scheiggie, wodurch die Unterwerfung der Nubier entschieden wurde. — Merawe, einst Hauptstadt des Scheiggielandes, Indigofabrik. An dem $1\frac{1}{2}$ Stunde davon entfernten Dschebel Barkal 19° 31′ 49″ N. Br. 49° 48′ 5″ O. L., die Ruinen des alten Napata, mit einem großartigen Tempel im altägyptischen Styl und bis 60 Fuß hohen zahlreichen Pyramiden einer Nekropolis. — Abu Hammed im Dâr Robâtât, elendes Oertchen am rechten Ufer des Nils und am Südende der Karavanenroute durch die große nubische Wüste, in neuerer Zeit commerciell und politisch wichtig geworden als Stapelplatz, besonders seitdem Mehemed Ali durch Graben von Brunnen den Waaren- und Truppentransport in der Wüste sehr erleichtert hat. — Insel Mograt, wohl angebaut, 300 Ew. — El Mucheireff, einst Hauptstadt von Dâr Berber und noch die größte Stadt Mittel-Nubiens nach Dongola 17° 58′ 55″ N. Br. 51° 36′ O. L., in unabsehbarer Ebene, 5000 Ew., Indigo- und Lederfabrik. — Abu Haschim, sehr bedeutendes Dorf, in höchst üppiger, mit Waizenfeldern bedeckter Umgebung. — Damer, am rechten Ufer des Stroms, 3 Stunden oberhalb des Einflusses des Atbara in den Nil, einst eine Art Priesterstaat und voll von Schulen, wovon keine Spur mehr vorhanden ist — Assur 16° 56′ 55″ N. Br. 51° 34′ O. L., Dorf mit 176 bis 60 Fuß hohen Pyramiden der Nekropolis des alten Meroe: außerdem bedecken Pylonen, Reste von Gebäuden aus Sandsteinquadern und Berge von Backsteinen hier und bei den Dörfern Daukelah, Marûq und Kordscheranie einen Flächenraum von $\frac{1}{2}$—$\frac{1}{12}$ Q. M. — Kurgos, große, schöne und fruchtbare Insel. — Schendy 16° 38′ 35″ N. Br. 50° 4′ 30″ O. L., $\frac{1}{2}$ Stunde vom Nil, in einer gut bebauten Ebene, 4000 Ew., einst bedeutender Handelsplatz, später sehr herabgekommen, doch immer noch mit einigem Handel mit Sclaven und vortrefflichem Vieh nach Aegypten, wofür europäische Waaren zurückkommen, und nach Abessinien, woher Kaffe gebracht wird. — Metämmäh, gegenüber Schendy, auf dem linken Nilufer, eine Meile vom Fluß, Fabrication schöner Lederarbeiten, Kurbatschen, lederner Stricke, Silber- und Goldwaaren und äußerst kunstvoller und schön gefärbter Geflechte, Indigofabrik, Haupteinbruchsstation in die Bahiudawüste und als Hauptstapelplatz des Handels zwischen Dongola und Khartûm wichtiger, als Schendy. — Naga (oder Wadi Bed Naga) und Messaurat 16° 25′ N. Br. 51° 8′ 30″ O. L., mit großartigen Ruinen von Gebäuden aus uralter Zeit im altägyptischen Styl: besonders die von Messaurat übertreffen an Ausdehnung weit die meisten ägyptischen Monumente, mit Ausnahme der Riesentempel von Theben. — Gherry, unterhalb des großen Nildurchbruchs durch die Felskette gl. N. — Halfâi 15° 44′ 20″ N. Br. 50° 22′ 15″ O. L., einst Hauptstadt von Dâr Halfâi, $\frac{1}{4}$ Stunde vom Flusse, vor Gründung Khartûms mit 3000 (noch früher 8—9000) Ew.

3) **Das Thal des Bahr el Azrek bis Fassoli.** Von der Spitze bei Khartûm an (Râs el Gartoum), wo sich die beiden großen Quellströme des Nils, deren jeder so mächtig, wie der Rhein bei Köln ist und fähig, die größten Segelbarken zu tragen, fast unter rechtem Winkel vereinigen, sind die Ränder des Bahr el Azrek im Allgemeinen höher, als die des westlichen Quellstroms, doch nicht so hoch, daß es der Sakien bedürfte, um sie zu befruchten. Vielmehr wird das Land zunächst dem Strom bei dem hohen Steigen des Flusses hinlänglich reichlich bewässert. Trotz seines geringen Salzgehalts gibt der abgelagerte Schlamm hier, wie am vereinigten Nil an vielen Stellen der Bevölkerung Veranlassung zu einer nicht unansehnlichen Kochsalzbereitung. Die mittlere Meereshöhe des Stromthals von Khartûm bis Fassokl beträgt 1597. Ungeachtet der ausgedehnten hügellosen Ebenen, in denen das Thal bis Roserres eingeschnitten ist, ist das Gefälle seines Stroms doch nicht unbedeutend, indem es von der Grenze von Roserres bis Sennâar auf die Meile 0,65 Fuß, von Sennâr bis Woad Medineh 1,55 F., von Woad Medineh bis Khartûm aber sogar 2 F. auf die Meile beträgt. In der theilweise gebirgigen Landschaft Roserres überragt der bis 2370 Fuß über den Meeresspiegel ansteigende Kronsiberg, einer der höchsten Gipfel der Landschaft, den Strom noch um 800 Fuß, während die mittlere Höhe der zu ihr gehörenden Savanen westlich vom Tumat 1600 Fuß beträgt. Andere Berge dieser Gegend sind noch beträchtlicher (S. 79.), aber besonders merkwürdig ist unter ihnen der gleich einem Promontorium isolirt in dem durch die Vereinigung des Tumat mit dem Bahr el Azrek gebildeten Winkel über seine ebene Umgebung aufsteigende hohe Fassoklberg. — **Khartûm**, seit 1821 in weiter, dürrer, höchst ungesunder Ebene angelegt und jetzt die größte Stadt Nubiens, 20000 Ew., Sitz des General-Gouverneurs, Hauptsitz des Handels von Nubien, besonders des Sclavenhandels. — **Elfun**, mit den ausgedehnten Ruinen von Sobah, der Capitale des altchristlichen Reichs Aloa. — **Muselemièh**, bedeutender Handelsplatz auf den Ruinen von Arbatschi, eines ebenfalls einst bedeutenden Handelsorts, erbaut. — **Abu Harraß**, großer Handelsplatz, Kochsalzfabrication. — **Woad el Medineh** 14° 34′, kleiner Garnisonsort. — **Woad el Abbas**, volkreiche Stadt. — **Sennâr** 13° 37′ 10″ N. Br. 31° 24′ 34″ O. L., einst Hauptstadt des von dem Funjvolk am Westufer des Stroms gegründeten Reichs gl. N., das sich bis zu den Grenzen Abessiniens erstreckte, von vielen bedeutenden Dörfern umgeben, 3/4 Stunden im Umfange, schlecht gebaut, jetzt nur mit 6—7000 Ew. (einst 12000 Ew.). Früher Mittelpunkt des sehr bedeutenden, jetzt sehr gesunkenen Handels von Süd-Nubien. — **Serû**, großes Dorf, 1/2 Stunde westlich vom Nil an der Südgrenze des eigentlichen türkischen Nubiens gegen das tributaire Roserres, Sitz eines Bezirkschefs, mit ansehnlichem Handel. — **Karkodji** in Roserres, ansehnlicher Handelsort, Serû gegenüber am Ostufer des Bahr el Azrek. — **Roserres** 12° 10′ 0″ N. Br. 52° 4′ 30″ O. L., großes zerstreutes Dorf, Hauptort der Landschaft.

4) **Das Thal des Bahr el Abiad zwischen Khartûm und Eleis.** Das vom Bahr el Abiad zwischen Khartûm und der Grenze des türkischen Gebiets gegen die Bakâra und Schilluks oberhalb Eleis durchflossene Land ist eine weite längs dem Strom besonders mit dicken Mimosenwäldern bedeckte Ebene von etwa 1591 F. Höhe über dem Meere. In der Regenzeit ein grasreiches Weideland, hat es in der trockenen ein verbranntes, steriles, hier und da wüstenähnliches Ansehen. Kleine isolirte Hügel, aber nur eine Berggruppe von bedeutenderer Erhebung, der 800 Fuß über die Umgebung ansteigende Araschkol bei Torra, sind die einzigen Ruhepunkte für das Auge auf der weiten unabsehbaren Ebene. Die Ufer des Stroms selbst sind im Gegensatze zu denen des Bahr el Azrek niedrig und oft sumpfig, doch viel stärker bevölkert, und bestehen auch aus Absätzen alten Flußschlamms. Das Gefälle des Stroms ist stärker auf der 58 M. betragenden Distanz von Eleis bis Khartûm, als die des östlichen Quellstroms in den Ebenen von Sennâar, indem es 4 Fuß auf die Meile beträgt. Seine Breite beträgt hier meist 1000—2000 Klafter und stellenweise selbst eine Meile. Der Strom ist dann einem Süßwassersee gleich; gewöhnlich aber nur 3—4 Klafter tief. — **Mettatanna**, Uebergangspunkt der Karavanen von Sennâar und Wed Medchet am Behr el Azrek nach Kordofan. — **Menscherah**, große Schiffswerfte des Pascha von Aegypten. — **Woad Schelaye**, gleichfalls mit großen Schiffswerften. — **Torra**, am Bahr el Abiad, Anfangspunkt einer Hauptkaravanenroute nach Kordofan, große Salzfabricatien der Hassanieh. — **Eleis** 13° 43′ N. B., einst bedeutende Hauptstadt der Schilluks, eine Stunde vom Westufer des Bahr el Abiad, jetzt in Ruinen und die letzte ägyptische Stadt am Strom.

5) **Das Land zwischen dem Nil und dem Rothen Meere** hat in seinem nördlichen, wüsten Theile, mit Ausnahme der Karavanenstraße von El Mucheireff nach Suâkim gar keine Oasen, während auf der letzteren mehrere Brunnen und quellreiche Stellen wie Abutagar, Aubac, Arab, Schedbè, Ami u. s. w., als Versammlungsorte der in den Umgebungen nomadisirenden Bischarinstämme dienen, und namentlich der östliche Theil derselben häufiger durch Bäume und Grasvegetation Abwechselungen gewährt. Im südlicheren Theile dieses Landes liegen die Ortschaften: Goz (Hügel) **Rajeb**, Dorf, in einer ebenen Wüste, 400 Schritte vom Atbara, mit 150—200 Hütten, sehr bedeutender Handelsplatz für den Handel mit indischen Waaren über Suâkim nach dem Innern. — **El Soffre** und **Mitkenâb**, Hauptorte der Hadenda und zugleich ansehnliche Handelsplätze. — **Fille**, großes Dorf zwischen

dem Atbára und Gohr el Gasch. — Souakim (richtiger Sauachinn oder Saouakim), einer der heißesten Punkte der Erde und der einzige Hafenplatz Nubiens auf einer kleinen Koralleninsel am äußersten Ende einer schmalen langen Bai, die einen vortrefflichen, sehr geschützten Hafen bildet; im Mittelalter einer der größten Handelsplätze des östlichen Afrika, jetzt sehr gesunken, doch noch immer Centralpunkt des Handels von Arabien und Indien mit Nubien und dem Innern des Continents. Export von Ziegen, Hammeln, Honig, Butter, Durrah, Gold und Sclaven, besonders nach Khounfudda und Dschidda. Auf dem gegenüberliegenden sehr unfruchtbaren Festlande die Stadt Ulgaff, viel größer als Suákim, und gewöhnlich für einen Theil dieser Stadt gehalten. — Kalabát, bereits in der Nähe der abessinischen Grenze im Lande Dola, eigentlich ein Conglomerat von vielen Dörfern; sehr wichtiger Handelsplatz. — Bálacha oder Belcha in der Landschaft Basa, hart an der abessinischen Grenze, außerordentlich große und bevölkerte Stadt.

6) Die Landschaft Kórdófan, früher ein ausgedehntes unabhängiges Reich, seit 1821 theilweise unter türkisch-ägyptischer Oberherrschaft, erstreckt sich mit ihrem zu Türkisch-Nubien gehörenden Theil 3 Breitengrade (vom 15—12° N. Br.) und 2 Längengrade (47,1/5—49,5° O. L.) hindurch von der Bahiudawüste im Norden bis zu dem Dschebel Deier, einem Ausläufer des mächtigen Teggeleberstocks im Süden, so wie von den Ufern des Bahr el Abiad im Osten bis zu dem großen Gebiet von Dâr Fûr im Westen. Kordofan ist, wie Dâr Fûr, keine Oase, sondern ein Theil der ungeheuren Savane, die sich vom Bahr el Abiad bis Dâr Fûr ununterbrochen erstreckt. In der trockenen Jahreszeit, wo Quellen und Flüsse mangeln, liegt Kordofan ganz dürr, in der Regenzeit dagegen bedeckt es sich mit einer üppigen Grasvegetation, wodurch das Land zu einem Paradiese wird. Mimosenwälder unterbrechen jedoch häufig die Grasfluren; nur hin und wieder gibt es selbst in der nassen Jahreszeit unfruchtbare Stellen. In geringer Tiefe kennt man hier ein weites unterirdisches, zur Bewässerung der Felder durch Brunnen benutztes Wasserbecken. Aus den Ebenen, deren mittlere absolute Höhe 1800 Fuß beträgt und die sich allmählich nach Süden und Westen erheben, steigen mehrere isolirte Berge und Bergkuppen rund um den Hauptort El Obeid, besonders aber zwischen der Nord- und Südhälfte des Landes auf, deren höchste Gipfel aber nicht 3000 Fuß erreichen. Umgekehrt gibt es südlich von Obeid noch eine beckenartige Vertiefung von mehreren Meilen Peripherie Birkeh d. h. See genannt, die sich in der Regenzeit mit Wasser füllt und zu einem wahren Sußwassersee wird, der selbst im Sommer nicht ganz verschwindet. — El Obeid 13° 11′ 2″ N. Br., jetzige Hauptstadt am N.W. Fuße des Dschebel Kordofan, zugleich im Mittelpunkt des Landes, 34 M. vom Bahr el Abiad und 25 von Dâr Fûr, eigentlich aus 3 verschiedenen Orten bestehend, von denen jeder durch Angehörige verschiedener Völkerstämme ausschließlich bewohnt wird, weitläufig und schlecht gebaut, 20000 Ew., Fabrication schöner Flechtarbeiten aus Palmenfasern und zierlichen silbernen Filigranarbeiten; bedeutender Handel mit den Nubaberglândern und Dâr Fûr, woher viel Gummi, Elfenbein und Gold bezogen wird. — Melpeff, inmitten reich bewässerter und mit tropischer Vegetation prangender Gärten. — Bara, einst Hauptstadt von Kordofan, jetzt die erste Stadt nach Obeid, von fleißig bewässerten und cultivirten Dattelpalmgärten umgeben. — Die Dörfer Ghursi, Wadi Sacki, Mo Hagar, im nördlichen Kordofan mit ausgedehnter Eisengewinnung, die noch an vielen anderen Orten von Kordofan betrieben wird.

7) Der nubische Oasenzug. Gleich wie Aegypten im Westen des Nils von einem Zug von Oasen begleitet wird, erscheinen im Westen des nubischen Nils mehrere von Norden nach Süden auf einander folgende Culturstellen, die wahrscheinlich nur eine Fortsetzung des nördlichen Zuges von Depressionen in der Oberfläche sind, bisher aber nur wenig untersucht wurden. In den meisten findet sich Wasser beim Graben in geringer Tiefe. Die bekanntesten sind: 1) Scheb, reich an natürlichem Alaun, der in einem thonigen Boden gegraben und häufig durch die Karavanen nach Aegypten gebracht wird. 2) Sélimmeh 21° 14′ 9″ N. Br. 47° 19′ O. L., eine kleine grüne unbewohnte, von Felsen umgebene Oase, reich an Steinsalz, das von den Karavanen nach Mittel-Nubien geführt wird und Gegenstand eines ausgedehnten Handels ist. 3) Leghea 20° 10′ 30″ N. Br., nur mit salzigem Wasser, Station für die nach Dâr Fûr ziehenden Karavanen. 4) Bir el Malha d. h. Salzbrunnen, ebenfalls Stationsplatz für die Dâr Fûr-Karavanen, reich an sehr weißem und vortrefflichem, festen Natron, welches man häufig nach Aegypten bringt, wo es mit Schnupftaback gemengt wird.

V. Abessinien.

Bücher.

J. Bruce, Travels to discover the source of the Nile in the years 1768—1773. 5 Vol. 4. Edinburgh 1790. Neue Ausgabe von Murray. Edinb. 1805—7. 7 Bde. 8. und Atlas in 8. — G. Valentia, Voyages and travels to India, Ceylon, the red Sea, Abyssinia and Egypt. 3 Vol. 4. mit Ch. u. Kupf. London 1809. — The life and adventures of Nathanael Pearce written by himself from 1810 to 1819 together with Mr. Coffin's account of his visit to Gondar. Ed. by J. J. Halls. 2 Vol. 8. London 1831. — Sam. Gobat, Journal of three years residence in Aybssinia in furtherance of the objects of the Church missionary society. 8. London 1834. — A. v. Katte, Reise in Abessinien im Jahre 1836. 8. Stuttgart 1838. — Ed. Rüppell, Reise in Abyssinien. Frankf. a. M. 2 Bde. 8. und 1 Bd. Kupf. in fol. 1839—40. — Combes et Tamisier, Voyage en Abyssinie, dans le pays de Galla, de Choa et d'Ifat. 4 Vol. 8. Paris 1839. mit 1 Ch. — M. Rochet (d'Héricourt), Voyage sur la côte occidentale de la Mer Rouge, dans le pays d'Adel et le Royaume de Choa. mit K. u. Ch. Paris 1841. 8. — Journals of the Rev. Messrs Isenberg and Krapf detailing their proceedings in the Kingdom of Shoa. 8. London 1843. mit 2 Ch. — C. W. Isenberg, Abyssinien und die evangelische Mission. Erlebnisse in Aegypten, auf dem Rothen Meere und besonders in Abyssinien. herausg. von C. J. Nitsch. 8. Bonn 1844. mit 1 Ch. — W. Cornwallis Harris, The highlands of Aethiopia. 3 Vol. 8. London 1844. mit Ch. u. Kupf. — Ch. H. Johnston, Travels in Southern Abyssinia through the country of the Adal, to the Kingdom of Shoa. 2 Vol. 8. London 1844. mit Ch. — M. Rochet (d'Héricourt), Second voyage sur les deux rives de la Mer Rouge, dans le pays des Adels et le Royaume de Choa. 8. Paris 1846. mit Ch. u. Kupf. — H. Salt, Voyage to Abyssinia in the years 1809 and 1810. m. Ch. u. Kupf. — Lefebvre, Voyage dans l'Abyssinie executé pendant les années 1840, 41, 42, 43. Paris 1845—1851; bis jetzt 5 Bde. 8. u. 1 Bd. fol. mit Ch. u. Kupf. — Ferret et Galinier, Voyage en Abyssinie dans les provinces du Tigre, du Samen et de l'Amhara. Paris 1846—51; bis jetzt 3 Bde. 8.

Name, Lage, Grenzen. Abessinien, nicht Abyssinien, indem jener Name von einem bei den Arabern zur Bezeichnung des Landes üblichen und Mischlinge bedeutenden Wort ihrer Sprache Habesch herstammt, wurde von seinen eigenen aboriginalen Bewohnern früher gewöhnlich Behêra Geez oder Agâst und Medra Agâsjân d. h. das Land der Freien oder Auswanderer genannt, so wie dieselben ihrem Lande in historischen Schriften auch wohl den Namen des Reichs Aethiopien (Mangestâ Itjopjâ) und sich selbst den der Aethiopier (Itjôpjavân) nach dem griechischen Sprachgebrauch beilegten. Nach einer anderen Deutung rührt der bei den Landesbewohnern selbst jetzt allgemein gebräuchlich gewordene Name Habesch nicht aus dem Arabischen her, sondern aus der abessinischen Sprache, wo er so viel als Abaïland (nach dem Namen Abâï oder Abi des Hauptflusses des Landes und dem Land bedeutenden Wort Sha) bezeichnen soll. Abessinien war einst ein sehr großes und mächtiges unter einem einzigen Herrscher vereinigtes Reich, das sich mit vorherrschend christlicher Bevölkerung vom 16° N. Br. im äußersten Nordosten und dem 13° in N.W. südlich bis etwa zum 11° im Südosten und 7° N. Br. im Südwesten, sowie muthmaßlich von dem äußersten östlichen Punkte der Küste des Rothen Meeres, dem hohen und spitzen, unter dem Namen des Dschebel Sedschan (Sejan) 14° 33′ N. Br. 61° O. L. bekannten Vorgebirge, bis ungefähr zum 53° O. L. erstreckte. Nach allen Seiten schloß dies große Reich mit natürlichen Grenzen ab, im Norden mit hohen Abfällen seines Terrains gegen die nubischen Ebenen, im Westen ähnlich gegen die grasreichen Ebenen längs dem Tumat, Yabous und Bahr el Azrek, im Osten gegen das Rothe Meer, im Südosten gegen die wüsten Ebenen der Adâl, im Süden gegen die Savanen der nomadisirenden Galla. Namentlich bildete im Südosten das außerordentlich breite Thal des Aouâschflusses immer eine natürliche Grenze gegen die turbulenten und unstäten Horden der Adâl.

Oberfläche. Abessinien ist innerhalb seiner alten politischen Grenzen ein Hochland, zu dem nur im Osten einst noch ein tiefliegender Küstenstrich meist von einigen Tagereisen Breite längs dem Rothen Meere, die Samhara, gehörte. Auf seinem

Gipfel erscheint dasselbe meist als eine Folge ausgedehnter, sehr häufig grasreicher, meist aber völlig wald- und selbst baumloser Hochebenen, deren mittlere Erhebung über dem Meeresspiegel etwa 6—7000 Fuß beträgt, indem die Höhe des Plateau der nordabessinischen Districte Ategerat und Temben, die der Ebenen um Adowa, der Hauptstadt des nordöstlichen Abessiniens, endlich die des ausgedehnten Plateaus des westlichen Abessiniens in Amhara zu 6000, die Höhe der Landschaft Lasta aber zu 6—7000 Fuß bestimmt wurde, und die Cultur der Gerste in den südlichsten Ebenen der Galla in den Landschaften Dschimma, Nonno und Guma wenigstens für eine ähnliche Erhebung derselben über dem Meeresspiegel spricht. Noch höher steigen andere Plateaus an, bis 8000 F. nämlich die Terrasse Woggera, bis 8200—8400 das Plateau von Godscham und bis 8500 F. das von Schoa. Aber die bedeutendste Erhebung besitzt die Hochebene von Samen, die streckenweise eine Höhe von 10000 F. erreicht. In allen diesen Hochebenen, durch welche die Configuration Abessiniens einen so eigenthümlichen Charakter erhält, erheben sich wiederum unzählige isolirte Felsmassen mit kahlen, senkrechten Wänden in zuweilen höchst grotesken Formen als Obelisken, Säulen und Pyramiden, oft auch als Tafelberge, die im Lande den allgemeinen Namen **Amba** führen und der Bevölkerung in ihren Kriegen gegen auswärtige Feinde und bei ihren ewigen inneren Fehden als natürliche Festungen und in Zeiten der Gefahr auch als Zufluchtsörter dienen. Viele Amba sind nur durch Leitern oder Seile ersteiglich, manche aber auch sehr groß, und dann auf ihren Gipfeln wohl bewässert, bewaldet und mit einer üppigen Vegetation bedeckt, so daß sie beständig bewohnt und cultivirt werden. Außerdem steigen aus den Hochebenen mehrere ansehnliche, aber, wie es scheint, meist gänzlich isolirte Gebirgszüge auf, deren Gipfel sich entweder der unteren Grenze der ewigen Schneeregion bereits sehr nähern oder vielleicht ganz in dieselbe hineinreichen. Im nördlichen Abessinien zeichnen sich besonders drei dieser Höhenzüge aus. Der eine derselben beginnt an der Nordgrenze des Landes in der Landschaft Samen und zieht sich von da in gerader Linie durch ganz Abessinien bis in die Nähe des Aouáschthales, wo er plötzlich in der Landschaft Bulga aufhört, hier aber im Metiteberge noch 10724 Fuß erreicht und sich zugleich in diesem südlichsten Theile gegen Westen allmählich in die Hochebenen der Galla verflacht. Eine Abzweigung dieser Gebirgskette wendet sich gegen Süd-Westen, bildet eine südliche Umfassung des großen Zanasees und hört endlich mit dem wenigstens 11000 Fuß hohen Talba Wahagebirge, in den Hochebenen der Landschaften Maitscha und Godscham auf. In Samen und Woggera gehört dieser langen Gebirgskette der Detschemberg von 14339, der Abu Jaret von etwa 14000 F., der Buahit von 13500 F. Höhe an, sämmtliche Berge mit Gipfeln, die einen großen Theil des Jahres mit hohen Schneemassen bedeckt sind. An diese Hauptkette schließt sich eine zweite an, welche einer S.S.W.—N.N.O. Richtung folgt und im Süden die hohen Provinzen und Districte Angote und Lasta begrenzt, vielleicht noch höher als die erste ist, aber noch niemals genauer untersucht wurde. Sie beginnt im Westen bei dem Bielaberge, einer Art von Knotenpunkt, den sie mit dem ersten Gebirgszuge gemein hat, zunächst den Quellen des Takazzéstroms und den Ruinen des einst berühmten Klosters Lalibala und schließt sich im Osten an die dritte große Kette an, welche zwischen dem 13—14° N. Br. den Ostrand des nordabessinischen Plateaus krönt. Weniger bekannt sind die Gebirge im südlichsten Theile des altabessinischen Reichs, doch wissen wir, daß die Landschaften Kâfa, Enärea, Kámbwat und das mit Kâfa höchst wahrscheinlich identische Susa mit hohen Gebirgen erfüllt sind, von denen einige Gipfel (S. 10.) sogar mit ewigem Schnee bedeckt sein sollen. Die Hochflächen sind zuweilen selbst auf ihrer Oberfläche wellenförmig, wie in Agamé. Häufig werden sie durch enge, zuweilen erstaunlich tiefe, schluchtenartige Thäler mit senkrechten Wänden zerrissen, in denen die Gewässer des Landes ihren Lauf nehmen. Wo die Einschnitte breiter sind, zerfällt die Hochebene in mehrere kleinere völlig isolirte Plateaus, die mit ihren senkrechten Rändern, gleich wie Inseln aus dem Meeresgrunde sich erheben. So ist die westabessinische Landschaft Güdèru von dem benachbarten Godscham durch eine sehr bedeutende Vertiefung, Woggëra von Samen durch einen ähnlichen nicht weniger, als 3000 F. tiefen Einschnitt des Bellegas oder Schoadaflusses, endlich das Plateau Tigrés von dem von Samen durch das wenigstens 2000 F. tief einschneidende Thal des Takazzé getrennt. Im südlichen Abessinien besteht besonders das Hochland von Schoa aus einer ganzen Reihe solcher isolirter, durch tiefe Einschnitte von einander getrennter kleineren Plateaus, so wie es selbst durch das breite und tiefe Thal des Aouäsch von dem Bergland Guragué getrennt ist. An seinen Rändern fällt das Hochland Abessiniens nach allen Seiten steil ab. Besonders aber ist das Aufsteigen desselben im Osten dergestalt plötzlich, daß der steile Rand des Hochlandes, von den flachen Ebenen der Sambara aus gesehen, völlig den Anblick eines sehr jäh aufsteigenden Gebirges gewährt. So liegt das nur etwa 6 Meilen in grader Richtung vom Rothen Meere entfernte Dorf Hálai schon in 8093 F. Höhe auf dem Ostrande des Plateaus, der hier den Namen des Tarantaberges führt, und es erheben sich die Hálai benachbarten höchsten Gipfel des Ostrandes sogar noch 1000 Fuß höher. Nur sehr wenige und noch dazu schwierig passirbare treppenartige Päße führen auf das Hochland, so daß der größte Theil des alten Abessiniens die Natur einer natürlichen Felsenburg hatte, die zu jeder Zeit ihren Bewohnern als natürliches Bollwerk zur Bewahrung ihres Glaubens, ihrer Nationalität und ihrer Freiheit gedient hat. Der bekannteste dieser Päße nächst dem besuchtesten am Tarantaberge, der von dem Hafenplatz Massówah nach dem Hochlande führt, ist der bis 10000 Fuß hohe Lamalmonpaß am Nordrande des Hochlandes. Selbst im Innern sind die Communicationen zwischen den einzelnen Theilen des Hochlandes der tiefen Einschnitte und der Beschwerlichkeit der Päße wegen oft sehr schwierig, indem einige der letzten fast in die Schneeregion hineinreichen, wie es mit dem 11900 F. hohen Selkipasse zwischen Samen und dem District Talemt und dem 13000 F. hohen Paß am Buahit der Fall ist. Seine allgemeine Neigung hat der nördliche Theil des Hochlands theils nach Nordwesten, wohin der Takazzé und Marebfluß, ihren Lauf nehmen, theils nach Westen, wohin der Abäistrom fließt. Der Takazzé bildet eine Art Abzugscanal für alle fließenden Gewässer des nördlichen Abessinien, während der Abäi die des westlichen abführt. Das südliche Abessinien hat dagegen seine Hauptneigung nach Südosten gegen den Indischen Ocean zu, dem der Dschub (Jub), der Hainesfluß und mehrere andere große, tief im Innern am Ostrande des Berglandes von Guragué entspringende Flüsse in N.W.—S.O. Richtung zueilen. Den nördlichen und, so viel wir wissen, auch den westlichen, höchst wahrscheinlich selbst den südlichsten Abfall des Hochlandes umzieht eine ganz eigenthümliche, 6—7 Tagereisen breite, sumpfige, mit den dicksten Urwaldungen bedeckte und mit unzähligen Elephanten, Raubthieren und Schlangen erfüllte, aber mit Menschen schwach bevölkerte Zone, die den Namen der Kwala oder Kolla d. h. im Abessinischen Heißes Land führt. Ganz verschieden von dem Hochlande ist die Beschaffenheit der Sambara und der längs dem Indischen Ocean außerhalb der Straße (Bâb) el Mandeb bis zum Aouäsch gelegenen Ebenen, indem sich dieselben meist nur wenig über den Meeresspiegel erheben und an ihrer südöstlichsten Grenze mit der Oberfläche des Assalsalzsees (Bahr el Assal) sogar 760 F. tief unter den Spiegel des Meeres hinabreichen und erst im Innern allmählich gegen das südabessinische Hochland ansteigen. Alle diese Tiefebenen bilden ein fürchterlich heißes und einförmiges, durchweg ödes wasser- und pflanzenloses, nur von schwachen nomadischen Stämmen durchzogenes Gebiet, dessen Oberfläche theils nackter Fels ist, theils aus flüchtigen Sandablagerungen unmittelbar über dem Fels besteht. Die Neigung ihrer Oberfläche gegen Osten ist so schwach, daß alle vom Rande des Hochlandes herabkommenden Bäche in dem Sande versiegen und deren Bett sogar den größten Theil des Jahres trocken liegt. Durch diese Pflanzen- und Wasserlosigkeit wird die Passage durch die Sambara und das südlich daran stoßende Adälland sehr erschwert und einen großen Theil des Jahres sogar unmöglich gemacht. Eine Kolla hat aber die Sambara zunächst dem östlichen Fuße des Hochlandes nicht. Nach den verschiedenen Verhältnissen der Oberfläche, der zunächst auch die namhaftesten Verschiedenheiten in Bezug auf Klima, Fauna und Flora folgen, theilen nun die Abessinier selbst ihr

Land in 3 große Theile: 1) Das **Dega** oder **Daga** d. h. Hoch- oder Kalte Land, umfassend die 8000 Fuß und darüber hohen Landschaften Samen, Woggĕra, Agamé, Doba, das obere Godscham, Hoch-Guragué (?), Kăfa und Agăomĕder. 2) Das **Quaina Dega** oder das **Mittelland** mit allen Landschaften und Districten von 8000 bis 6400 F. abwärts, wie Amhára, Enderta, Hoch-Temben, Beguemĕder, Jedschou, Ifăt und die Gallaländer bis Enarĕa. 3) Die **Kolla**, zu der nach Ansicht der Abessinier eigentlich alle Terrains unter 6400 F., wie Râs el Fil, Walkaït, Waldubba, Schiré, Cuára und selbst Dembéa, Enarĕa und auch ein Theil der Galla-länder gehören, wobei aber die Samhara unberücksichtigt geblieben ist. — Der Küstensaum Abessiniens längs dem Rothen und Indischen Meere ist meist ebenso einförmig und niedrig, wie das ganze Küstenland selbst und folgt von dem nördlichsten Hafenort Abessiniens Messáwah oder Massówah an zuvörderst einer südöstlichen Richtung bis Cap Sedschan und dann einer fast südlichen bis zu dem breiten, tief in das Küstenland einschneidenden Meeresarm von Tadschurra. Er besteht bis in die Nähe von Cap Sedschan fast durchweg aus sehr jugendlichem Korallenfels, der sich nur etwa 12 Fuß über den Meeresspiegel erhebt und mit einem dicken Saum von Rackbäumen (Avicenia tomentosa) bekleidet wird. Von Cap Bilúr steigt der Küstensaum viel höher auf, und er setzt so im Süden bis zur Bai von Tadschurra fort; zugleich besteht er hier aus Gesteinmassen plutonischer oder vulcanischer Natur. Sehr wenig Meeresarme und Buchten, wie der Busen von Arkiko bei Massówah, der breite und lange, unter dem Namen der Annesleybai oder des Gub Ducnou bekannte Meeresarm, die Busen von Hówakil, Amphila, Edd (Aith), Bilúr und Rahiéta, endlich die große und inselreiche Assabbai und im äußersten Süden die 32—34 Stunden lange und 6—7 Stunden breite Tadschurrabai dringen in ihn ein, so wie umgekehrt nur wenige Vorgebirge und Landzungen daraus hervortreten. Der bedeutendste Vorsprung des Küstensaums ist die lange Landzunge zwischen der Annesley- und Hówakilbai, welche den Pic Hurtaw trägt. Gute Häfen und sichere Ankerplätze fehlen dem ganzen Küstensaum sehr, indem nur die Bai von Arkiko durch die in ihr gelegene kleine Insel Massówah einen ziemlich sicheren Hafen, selbst für größere Schiffe gewährt, alle übrigen Baien aber mehr oder weniger den Winden offen stehen. Noch liegen der Küste zahlreiche und niedrige kleine Inseln vor, zu denen auch eine entferntere Gruppe zwischen dem 15 und 16° N. Br. zu ziehen ist, in welcher Dahlak als die bedeutendste erscheint.

Geognostische Beschaffenheit. Der größere Theil Abessiniens hat einen äußerst einfachen geognostischen Charakter, da alle Hochebenen aus horizontalen Schichten rother und weißer Sandsteine ganz der nämlichen Art, wie die nubischen Ebenen oder die Oberfläche Süd-Aegyptens bestehen. Auch die Ambas nebst den merkwürdigen isolirten, aus den Hochebenen aufsteigenden grotesken Felsmassen werden fast ausschließlich aus Sandstein gebildet. Die wunderbare Regelmäßigkeit in der Ablagerung dieses Gesteins hat zugleich zur Folge, daß die meisten in Nord-Abessinien auf das Hochland führenden Pässe von Menschenhänden gebildeten künstlichen Treppen gleichen. Selten und fast nur da, wo plutonische oder vulcanische Gesteine, wie am alpinischen Aschanguisee in Lasta erscheinen, sind die Sandsteinschichten bis zum Senkrechten aufgerichtet, ein Beweis, daß gewaltsame Einwirkungen von unten auf hier einst die normale Stellung derselben verändert haben. Meist liegt der Sandstein frei zu Tage; nur im östlichen Abessinien in den Landschaften Tigré und Enderta, dann in Godscham und im nördlichen Schoa ist er streckenweise von einem ebenfalls horizontal geschichteten Kalkstein überlagert, der in Nord-Schoa in seinen oberen Theilen sehr weiß und hart, in seinen unteren dagegen weich, gelblich und zugleich mit zahlreichen noch nicht bestimmten Muscheln erfüllt ist. In der Provinz Edda Moheng wechseln sogar Schichten dieses Kalksteins mit Sandsteinschichten, so daß beide Gesteine unzweifelhaft gleichen Alters sind. In der Nähe der großen spiralförmigen Biegung, welche der Abăï um Godscham macht, schließt der Sandstein auch große Massen von Gyps ein. Unter ihm treten in den tief eingeschnittenen Thälern Thonschiefer oder Granite auf, was mit dem Thonschiefer im nordöstlichsten Abessinien, namentlich in Serać und Samen, dann zwischen Massówah und Hálai, wo der Thonschiefer zugleich mit dem Talkschiefer eine ausgedehnte Verbreitung hat, und in Nord-Schoa der Fall ist, so wie mit dem Granit im Thal des Mareb und in Maitscha, besonders aber in Schoa, wo derselbe in Gemeinschaft mit Syenitporphyr am Ostrande des Plateaus auftritt. An dem nördlicheren Abfall des Hochlandes in die Samhara gegenüber Massówah werden die Ränder des Plateaus unter dem Sandstein bis 5- und selbst 9000 F. Höhe durch ausgezeichneten Glimmerschiefer, Granaten führenden Gneis, Protogyn und am Tarantapaß auch durch rothen oder grünlich rothen Syenit gebildet. Bestimmte tertiäre Massen hat man neuerlichst selbst auf dem Plateau des Binnenlandes in Tigré, Samen und Schiré kennen gelernt. Zu den neptunischen Producten gehören noch die Korallenfelsmassen, welche den ganzen niedrigen Küstenrand nebst den vorliegenden Inseln bilden und sich bei Arkiko sogar 3/4 Stunden weit in das Land hineinerstrecken, nebst thonigen Kalkmassen, welche bei Tadschurra auf einem mehr als 3 Stunden breiten Gebiet in ganzen Hügelzügen auftreten und mit zahllosen Schalen im angrenzenden Meere lebender Muscheln und Schnecken erfüllt sind, eine Erscheinung, die darauf hinweist, daß die Küste des Rothen und Indischen Meeres sich erst in sehr neuer Zeit über den Spiegel derselben erhoben hat. Zu den Alluvialmassen ist endlich die außerordentlich fruchtbare, dunkelschwarze und humose, in Abessinien unter dem Namen Mazaga bekannte schwarze Erde zu rechnen, welche die Oberfläche der ganzen Kolla bildet. Von außerordentlicher Mächtigkeit und Verbreitung sind demnächst in Schoa die ächt vulcanischen Gesteine nebst denjenigen, die, wie Trachyte und Basalte, sich ihnen zunächst anschließen. Schon an den nördlichsten Punkten der Samhara, ganz in der Nähe von Massówah, wie an zahlreichen anderen derselben, namentlich bei Rahiéta, den Caps Scherahir und Bilür, dem Berge Abou Loulou, besonders aber in der Nähe der el Mandebstraße gibt es überall die evidentesten Zeichen einer einstigen feurigen unterirdischen Thätigkeit, die besonders in dem Auftreten zahlreicher erloschener Kratere, von deutlichen Lavenströmen und von schwarzen Lavenfelsen in großer Verbreitung bestehen. Bekannt war aus der Gegend von Massówah schon im Alterthum der Obsidian, der damals einen Handelsartikel bildete. Von der Küste lassen sich nun die Spuren der einstigen vulcanischen Thätigkeit in ihren Wirkungen und Producten fast ununterbrochen bis tief in das Binnenland in großer Entwickelung verfolgen, indem der ganze nördliche Rand des Hochlandes mit erloschenen Kraterbergen und ausgedehnten Massen von Laven, Schlacken, Mandelsteinen und Basalt bedeckt ist, die bis zum Tsana-(Zana)-See reichen, der selbst durch einen schroffen aus vulcanischen Felsmassen gebildeten Kamm umschlossen wird und an dessen Rändern zahlreiche Thermalquellen entspringen. Selbst die Inseln im See sind lauter erloschene Kraterberge, so daß derselbe von neueren Berichterstattern für einen unermeßlichen Krater gehalten worden ist. Besonders die Landschaften Woggĕra, Talemt, Agamé und Samen sind mit mächtigen, vulcanischen und plutonischen Gebilden erfüllt, welche die Natur der von ihnen durchbrochenen Gesteine verändert und sich in weiten Ausbreitungen über deren Oberfläche erstreckt haben. Aus ihnen bestehen auch die zahllosen Kegel, welche in Samen auf dem hohen Sandsteinplateau aufsitzen, so wie in derselben Provinz porphyrartige Laven in wild zerrissenen Felsmassen zuweilen, wie am Selkipaß, sich bis zu dem höchsten Niveau erheben. Merkwürdiger Weise fehlen aber im Innern von Nord-Abessinien die dem Küstenrande so gewöhnlichen Trachyte, Bimsteine und Obsidiane gänzlich. Im südlicheren Abessinien, namentlich in den Landschaften Beguemĕder, Godscham, Gedhem, Agăomĕder hat man auch zahlreiche vulkanische Gebilde kennen lernen, die ein Verbindungsglied der nördlichen mit den unermeßlichen Anhäufungen gleichartiger Massen im Reiche Schoa sein dürften. Sie setzen in dem letzten bis zu den äußersten, von europäischen Forschern betretenen Punkten an der Grenze des kleinen Reichs von Guràgue fort, so daß die vulcanische Thätigkeit in diesen Theilen des Continents in viel größerem Umfange thätig gewesen sein möchte, als in irgend einem anderen Theile. Ihre Producte weichen hier im Süden von denen im Norden ab,

7*

indem sie zwar noch theilweise aus Basalt, zugleich aber auch wesentlich aus Trachytmassen bestehen. Schon an der Nordgrenze von Beguemeder bei Lalibala stehen ausgedehnte Trachyttuffe an, womit noch ein großer Theil des Aouâschthales und der vielen in dasselbe mündenden Thäler erfüllt ist. An beiden Punkten hat man die Mürbigkeit dieser Massen benutzt, um in ihnen grottenartige Kirchen auszuhauen. Hier, wie im Norden werden die vulcanischen Gebilde von zahlreichen Thermalquellen begleitet, aber in dem ganzen unermeßlichen Gebiet der einstigen vulcanischen Thätigkeit gibt es nur wenige Spuren, daß dieselbe noch nicht gänzlich erloschen ist. Doch sollen im nördlichsten Theile Abessiniens in der Taltalebene, die südlich Massowah eine Terrasse des Hochlandes gegen die Sambara bildet, nach den Berichten der Eingebornen 3 Vulcane fortwährend brennen, so wie auch im südlichsten Schoa gegen den Aouâsch zu noch vor 30 Jahren sehr starke Lavenergüsse aus jetzt anscheinend erloschenen großen Kratern stattgefunden haben. Selbst die zahlreichen Erdbeben, mit denen die Bevölkerung Abessiniens fortwährend beunruhigt wird, erweisen, daß die vulcanischen Processe in der Tiefe fortwährend wirksam sind.

Gewässer. Abessinien ist überaus reich an Quellen meist des klarsten, erfrischendsten Wassers, fließenden größeren Gewässern und Seen. Die Bäche und Flüsse nehmen ihren Lauf in den meist erstaunlich tiefen, selbst 3—4000 Fuß unter das Niveau ihrer oberen Ränder hinabgehenden Schluchten, wodurch das Hochland zerrissen wird und haben nach ihrem starken Gefälle, ihrem in der trockenen Jahreszeit ungemein geringen Wassergehalte, und umgekehrt nach ihrem starken Anschwellen während der Epoche der tropischen Regen ganz den Charakter wahrer Gebirgswasser. Eine große Wasserscheide durchzieht das östliche Abessinien, die von dem östlichen Endpunkte der 2. oder Lastakette derselben bis zu dem Knotenpunkt bei Lalibala folgt und sich hier in eine nordsüdliche Richtung wendet, in welcher sie längs dem 1. großen Gebirgszuge fortläuft. Sehr charakteristisch ist es für den Lauf der abessinischen Flüsse, daß viele der größeren derselben, wie der Bellegas, Mareb, Abâï, Guibé und höchst wahrscheinlich auch der Godscheb (Godjeb) große Spiralen bilden, wodurch bedeutende Landstriche halbinselartig umschlossem werden. Dies ist unter andern mit der Landschaft Seraë durch den Mareb, mit Enarëa durch den Gnibé, mit Kâfa durch den Godscheb der Fall. Nirgends mehr auf Erden zeigt sich eine ähnliche Häufung dieser merkwürdigen Thalbildung. Der bedeutendste und merkwürdigste Strom im nördlichsten Theil des Landes ist der Abâï, der bei dem Ort Sákkala in der Provinz Maitscha am Fuße des Sákkala noch um 1000 Fuß überragenden Berges Giesch entspringt (S. 6.) und sich während seines 3 Tagereisen langen und zahllos gewundenen obersten Laufs längs der Landschaft Agâomeder bis zum Tsanasee durch zahllose Gebirgsbäche und Flüßchen verstärkt, welche von den Agâomeder einschließenden Gebirgsketten herabkommen. Die bedeutendsten derselben sind der Dschemma (Jemma) im Osten, der Assar im Westen. In diesem obersten Lauf bildet der Abâï im Charakter eines wahren Gebirgsstroms mehrere Katarakte, doch hat er bei seinem Eintritte in den Tsana erst 15 Fuß Breite. Er erreicht denselben an seinem Südwestende und durchströmt ihn mit solcher Heftigkeit, daß man seinen Lauf darin deutlich erkennen kann. Er verläßt ihn dann an seinem Südostrande, 3—4 Stunden südlich von der Stadt Kiratsa und folgt zuerst einer südöstlichen Richtung bis zum 11° N. Br., dann einer genau südlichen bis fast zum Einflusse eines seiner größten Ströme, dem von Osten kommenden majestätischen Tschiamma (Jamma), worauf er in eine westliche übergeht, in derselben bei Melka (Fuhrt) Kuki den 9° 53′ N. Br. erreicht und sich endlich einer nordwestlichen bis Melka Abro zuwendet. In diesem langen Lauf umzieht der Fluß spiralförmig die große Landschaft Godscham, die dadurch zu einer Art Halbinsel wird und er bildet zugleich, bald nachdem er den See verlassen, eine Strecke von 25 M. weit eine große Reihe von Stromschnellen und Katarakten, wobei sich sein Niveau um 3000 Fuß erniedrigt. In der Nähe von Melka Abro ist der Abâï nur wenige Tagereisen von Sákkala entfernt. Ueber diesen Punkt hinaus ist dessen Lauf noch durch keinen europäischen Forscher untersucht worden und nur nach den einstimmig bisher für wahr angenommenen Berichten der Nord-Abessinier hat man ihn für den oberen Lauf des Blauen Nils oder den Bahr el Azrek von Süd-Nubien gehalten. In den letzten Jahren wurde man dagegen durch den wichtigen Umstand, daß das Anschwellen des Abäï in Godscham erst Mitte Juli beginnt, während das des ägyptischen Nils sogar schon einen vollen Monat früher, Mitte Juli anhebt, geneigter, einen anderen großen und tiefen, erst neuerlich bekannt gewordenen Strom des Binnenlandes, den in etwa 8° N. B. in den unermeßlichen Waldungen des Berglandes von Káfa, welche das Quellgebiet vieler großen Ströme sind, entspringenden Dedhésa dafür zu erklären, was jedoch noch genauerer Untersuchungen bedarf. Der Dedhésa vereinigt sich mit dem abessinischen Abäï etwa unter dem 11° N. Br. 32—33° O. L. Der letzt genannte Strom hat ein ausgezeichnetes klares Wasser und deshalb auch eine bläuliche Farbe, weil sein Lauf nicht durch Sandstein geht, sondern in das dem Sandstein unterliegende Gestein, den Granit, eingeschnitten ist, wodurch sich sein Wasser sehr gut klärt. Unter den unzähligen Zuflüssen des Stroms seit seinem Austritte aus dem Tsana sind die bedeutendsten auf der linken Seite außer dem schon genannten Dschiamma, der Baschilo, Muger, Guder und Aleita, auf der rechten der Ber oder Beni, Zanghini und Turra, von denen die letzten 3 von den Bergen Godschams innerhalb der großen Spirale herabkommen. Der Baschilo und Dschiamma haben die größten Flußgebiete. Jener, einer der namhaftesten Flüsse Amháras, entspringt an dem hohen Sagaratberge, einem Gliede des großen Lasta angehörenden Gebirges Gefchen oder Amba Sel (Amba Israel) und führt einen großen Theil der Gewässer Amháras auf der Südostseite des Tsana ab, doch hat er in der trockenen Jahreszeit bei 100 Fuß Breite nur ½ F. Tiefe; dieser nimmt alle Gewässer von dem Westabfalle der großen Höhenkette zwischen Amhára und Schoa ab und bildet sich dadurch ebenfalls zu einem der ansehnlichsten Ströme des Landes aus. Zu den bedeutendsten Strömen Nord-Abessiniens gehört endlich der Takazzé (d. h. Fluß), der auf der Grenze Lastas und Beguemeders bei dem Ort Tlascalaré und in der Nähe Lalibalas unter dem 12° N. Br. entspringt und in seinem langen nordwestlich gerichteten Lauf bis zum 17° N. Br. eine natürliche Grenze zwischen den beiden großen Landestheilen Amhára und Tigré bildet und als die große Arterie des nordöstlichen Abessiniens mit einer Breite von 600 F. ein hohes Plateauland durchzieht. Sein fernerer Lauf außerhalb der Grenzen Abessiniens ist unbekannt, doch ist es sehr wahrscheinlich, daß er entweder unmittelbar mit dem Atbüra Nubiens (S. 82.) oder wenigstens mit einem der größeren Zuflüsse desselben identisch ist. Im südlichen Abessinien bildet der Aouásch (gewöhnlich, aber weniger richtig, Hawasch genannt) trotz seiner nur 160—120 F. betragenden Breite ebenfalls eine große Arterie. Von seinen, unter dem 19° 10′ N. Br. 36° 15′ O. L. und in 8000 F. Höhe am Ostabhange derselben Gebirgskette, die am Westabhange dem Tschiamma ihren Ursprung gibt, im Lande der Zamettia Galla und in der Nähe der Grenzen des Landes Gurágue gelegenen Quellen nimmt der Aouásch in einem breiten fruchtbaren Thal zuerst seinen Lauf nach Norden, dann eine sehr lange Strecke weit nach Osten, wobei er die jetzige südliche Grenze des Landes Schoa gegen die freien Gallaländer bildet und endlich in seinem untersten Laufe plötzlich wieder nach Norden, bis er sich in der Oase von Aoussa in den großen Abhebbadsee ergießt. In diesem letzten Theil seines Laufs durchströmt er das Adálland. Viel bedeutender, als der Aouásch, scheint der erst seit wenigen Jahren bekannt gewordene Godscheb oder Goschob zu sein, der theils für den oberen Lauf des Weißen Nils (S. 6.), theils, jedoch mit geringerer Wahrscheinlichkeit, für den oberen Lauf des großen in den Indischen Ocean mündenden Dschub (Jub) stroms gilt, unter dem 7° 20′ N. Br. in einem unermeßlichen Waldgebirge des zu Káfa gehörenden Landes Gumaru in der Nähe der Dedhésaquellen entspringt, und nachdem er sich mit einem 2. großen und tiefen, in der Landschaft Enarĕa entspringenden und Enarĕa im Westen, Norden und Osten umziehenden Fluß, dem Gobe oder Guibé, vereinigt hat, seiner Seits die große Landschaft Káfa spiralförmig umzieht. Er führt in seinem unteren Lauf bei dem Gongasvolk, das Káfa bewohnt, den Namen Uml (Oumi) d. h. See und er ist muthmaßlich derselbe Strom, den die neueren Entdeckungsexpeditionen auf dem Weißen Nil in 28° 30′ O.L. und in 9° 25′ N. Br. unter dem Namen Telfi oder Sobat als einen der größten östlichen Zuströme des Weißen Nils kennen gelernt hatten. Zu den merkwürdigeren, aber weniger bedeutenden Flüssen gehört endlich der Mareb, dessen Quellen in 15° 10′ N. Br. 86° 12′ O. L. liegen, und der die Landschaft Seraë bogenförmig umzieht und sich in etwa 14° N. Br. in der Provinz Walkait mit dem Takazzé vereinigt. Unter den zahlreichen Seen Abessiniens gibt es einige von großer Bedeutung. Sie liegen fast ohne Ausnahme im Hochlande und haben dadurch den Charakter der europäischen Alpenseen. Die vulcanische Umgebung der meisten macht es wahrscheinlich, daß dieselben Ausfüllungen von erloschenen Krateren sind. Der größte Nord-Abessiniens ist der Tsana oder Dembéa (S 8.) in der Provinz Dembéa unter dem 12° N. Br. und 3 Tagereisen südlich von der Stadt Gondar in 5732 F. absoluter Höhe über dem Meere gelegen, bei einer Oberfläche von 150 Q. Stunden 9 M. lang, 2—7 breit und stellenweise tiefer sogar als 600 Fuß. Der See hat flache Ränder und ist von allen Seiten durch überaus fruchtbare Hochebenen eingeschlossen; er enthält ziemlich viel, meist bewohnte und wohlcultivirte Inseln und ist zugleich sehr reich an Fischen und Hippopotamen, nur Krokodile fehlen ihm, da sein Wasser zu kalt ist. Er wird vom Abái in einem bogenförmigen Lauf durchflossen. Dem Tsana an Größe vielleicht nicht nachstehend ist ein See Süd-Abessiniens, der Zuaie oder Zule im Hochlande Guràgues, der noch nicht genauer hat untersucht werden können. Nach Angabe der Eingeborenen hat er einen Durchmesser von $3\frac{1}{2}$—$3\frac{3}{4}$ g. M.; auch in ihm liegen mehrere Inseln. Kleinere, immer aber ansehnliche Seen, sind in Nord-Abessinien der Salzsee in der Taltalebene, der im Sommer fast ganz auszutrocknen pflegt, der Alobár in Ghedem, der Aelbab von einer Tagereise Umfang, der tiefe Haïk d. h. See, ein schöner von hohen Bergen umschlossener Alpensee von $10\frac{1}{2}$ M. Peripherie in der Landschaft Yedschou, der dem Haïk benachbarte und an Größe ihm muthmaßlich nicht nachstehende Ardibbo, der Aschangui, in ganz alpinischen Umgebungen, ein Natronsee im Adállande und endlich der große Aoussa- oder Abhebbadsee. Besonders merkwürdig ist aber der kleine, schon in der Nähe der Meeresküste bei Tadschurra gelegene salzige Doba- oder Assalsee, da er mit seiner Oberfläche tief unter den Meeresspiegel reicht (S. 97.). Mehrere dieser Seen, wie der Aschangui, Haïk und Alobár, bilden am Westrande des 1. großen abessinischen Gebirgszuges eine Kette, die dem Seenzuge am Fuße der Andeskette Chiles gleicht. — Von den unzähligen Quellen, denen das höhere Abessinien besonders seine Fruchtbarkeit verdankt, sind sehr viele thermal. Die Thermalquellen treten aber fast nie vereinzelt, sondern fast immer in Gruppen auf, wie es namentlich in der Samhara südlich Massówah an der Bai von Zulla, dann an den Rändern des Tsana, endlich im südöstlichen Schoa der Fall ist. Ihre Temperatur ist zuweilen sehr hoch. Die wichtigste Therme dürfte die von Fine-Finie, muthmaßlich eine Glaubersalzquelle, von 63° Temperatur sein, die im südöstlichen Schoa mit einem überaus reichen Wasserreichthum entspringt.

Klima. Die hohe Lage des größten Theils von Abessinien gibt demselben ein sehr gemäßigtes und angenehmes Klima, das dem von Nordschottland gleicht. Nur im Dega und besonders in den hohen Gebirgszügen von Lasta und Samen ist dasselbe im Winter sehr streng, da diese Gebirge einen großen Theil des Jahres mit Schnee bedeckt sind, der am Abu Jaret bis wenigstens 1500 Fuß unter den Gipfel hinabsteigt. Auf den östlichen höheren Plateaus beträgt die mittlere Temperatur ungefähr 24°,5, indem sich das Thermometer selten über 30° erhebt und nicht unter 17° fällt. Zu Ankóber in Schoa ist die mittlere Temperatur bei 8500 Fuß Höhe noch im December und Januar 19° und hier zugleich die Atmosphäre im Allgemeinen so erfrischend, daß neuere deutsche Reisende mit Entzücken aussprachen: Sie hätten auf den Hochflächen Schoas alpinische Luft geathmet und alpinisches Wasser getrunken. Das herrlichste reine Lazurblau des Himmelsgewölbes erhebt sich über ihnen, wie über den Alpen Europas. Die täglichen Temperaturdifferenzen betragen in den östlichen Hochebenen nur 12—15°, doch fällt in Lasta das Thermometer selbst im Juli zuweilen bald nach Sonnenaufgang bis auf 4°,5, wobei die Luft so schneidend wird, daß die Bewohner genöthigt sind, Gesicht und Ohren durch Kappen zu schützen. Viel milder ist das Klima im Hochlande West-Abessiniens, wo die Mitteltemperatur zwischen 17°,5—31°,5 schwankt und trotz dieser großen Differenzen doch im Allgemeinen viel gleichförmiger, als in den östlichen Hochebenen ist. Selbst die täglichen Differenzen sind hier von keinem Belang und die Nässe der Regenzeit übt keinen nachtheiligen Einfluß auf die Gesundheit der Bewohner aus. Die mittlere Temperatur Gondars beträgt ungeachtet der 5000 F. hohen Lage dieser Stadt immer noch etwa 20 Grad. Hier besonders ist die Witterung sogar während des ganzen Winters von November bis Juni fortwährend die angenehmste, die man sich denken kann, indem nur alle 8 Tage ein Regenschauer fällt. Selbst im Sommer ist die Wärme der fast immer heiteren Luft zu Gondar nichts weniger als drückend. Bei allen Hochflächen Abessiniens bestätigt sich übrigens die in andern Gebirgsländern gemachte Erfahrung, daß die Wärmeabnahme auf ihnen viel langsamer nach der Höhe zu abnimmt, als an freistehenden Bergen. Ganz abweichend von den klimatischen Verhältnissen des Hochlandes sind die in den tief in dasselbe eingeschnittenen Thälern, in der niedrigen Kolla am Fuße des Hochlandes, in der Samhara und im Adállande. In diesen Theilen Abessiniens herrscht nämlich einen großen Theil des Jahres hindurch eine glühend heiße Temperatur, die sich in den engen Flußthälern durch den Mangel jedes Luftzuges fast bis zum Ersticken steigert. Die mittlere Temperatur in der nördlichen Kolla schwankt zwischen 27 und 41°, im Mittel beträgt sie in der von Seraë 37°. Auch in der Samhara erreicht sie zu Massówah, das sich kaum über den Meeresspiegel erhebt, 30,1 und hier steigt das Thermometer sogar bis 53° im Juli, in dem ähnlich gelegenen Tadschurra bis 60° im Sommer, so daß die Samhara durch die von den hohen Felswänden des abessinischen Plateaus reflectirten Sonnenstrahlen in ihrer Temperatur kaum den heißesten Strichen des Continents in Ober-Aegypten und Nubien nachsteht (S. 9.). In einigen dieser Tiefländer, wie in der Samhara und im Adállande, ist zugleich die Atmosphäre meist im höchsten Grade trocken, weil die Tropenregen ganz fehlen oder nur periodisch mit Heftigkeit eintreten; in der Kolla am Nordrande des Hochlandes ist sie dagegen sehr feucht, indem die dicken, für die Sonnenstrahlen undurchdringlichen Urwälder selbst in der trockenen Jahreszeit dem Boden einen großen Theil seiner Nässe erhalten. Auch das Hochland ist den tropischen Regen unterworfen, die hier sehr günstig auf die Cultur und Vegetation einwirken. Im nördlichen Hochlande beginnt die große Regenzeit gewöhnlich im April und hält bis in den October an. In Schoa ist ihr Anfang Mitte Juni und sie dauert 2½—3 Monate bis zum Anfang Septembers. Gewöhnlich treten die Regen 2—3 Tage hinter einander in der Art ein, daß der Morgen hell ist und sich der Himmel erst um 1 Uhr Mittags verdunkelt, worauf der Regen unter fürchterlichem Blitz und Donner in Masse herabfällt, und sich die Luft schnell abkühlt. In Schoa regnet es dagegen 2 Monate lang Tag und Nacht ohne Unterbrechung stromweise, wobei der Donner nicht aufhört und oft großer Hagel den Regen begleitet. In den südlichsten Hochebenen der Galla zwischen 8—7° N. Br. tritt die Regenepoche sogar schon im April ein. Nach solchen heftigen Regengüssen wandeln sich die kaum ½—1 Fuß tiefen Bäche rasch zu reißenden Strömen um. Außer dieser großen Regenperiode gibt es häufiger noch periodische Regen (Azmera) im Hochlande in den Monaten Mai und Juni während der Saatzeit. War die Azmera reichlich genug, so rechnet man auf eine gute Erndte. Eine sehr merkwürdige Erscheinung für die atmosphärischen Verhältnisse Abessiniens ist die Wetterscheide am Ostrande des nördlichen Hochlandes, die ganz der in den Ghâts Vorder-Indiens gleicht. Während nämlich zunächst der Küste des Rothen Meeres die Regenzeit gewöhnlich schon im Januar beginnt und im März endet, dann die ersten Gebirgsthäler den Regen im April erhalten, fällt der früheste Regen in den Thälern hart am Hochlande erst im Mai, also fast durchaus früher, als die ersten periodischen Regen auf dem Hochlande selbst beginnen. — Bei der außerordentlichen Reinheit der Luft in den höheren Theilen des Landes genießt die Bevölkerung derselben im Ganzen eine ausgezeichnete Gesundheit, und in den von den Galla bewohnten Hochebenen im Süden sollen Krankheiten sogar etwas Unerhörtes sein. Nur rheumatische Uebel kommen bei den häufig kalten Winden auf den Hochebenen nicht selten vor, so wie in Schoa der Aussatz grassirt und hier, wie im südlichen Nubien, häufig auch vom Guineawurm schmerzhafte Krankheiten verursacht werden. In Folge von Ausschweifungen sind syphilitische Uebel sehr verbreitet; aber die allgemeinste Krankheit, an der fast jeder Abessinier wegen des fast beständigen Genusses von rohem Fleisch leidet, verursacht der Bandwurm. Glücklicher Weise hat die Natur dem Lande in einigen Pflanzen die kräftigsten Gegenmittel dagegen verliehen. Ganz verschieden von den wohlthätigen Einflüssen der Atmosphäre des Hochlandes und selbst der in den trockenen flachen Strichen längs dem Indischen und Rothen Meere sind die, denen die Bewohner der Kolla im Norden, in den tiefen heißen Thälern des Takazzé und Mareb bei deren Austritt nach Nubien und selbst die Bevölkerung in den sumpfigen Umgebungen des Zonaiesees in Guràgue unterworfen sind, indem in allen diesen Strichen Dysenterien, Faulfieber und heftige nervöse Krankheiten herrschen, welche die Weißen bei etwas längerem Aufenthalte unfehlbar wegraffen und selbst den Abessiniern des Hochlandes meist höchst gefährlich sind. Nur die Schànkala, die Bewohner der nördlichen Kolla, scheinen von den verderblichen Miasmen ihres Gebiets nicht zu leiden. Auch Massòwah gehört zu den ungesundesten Punkten des Continents.

Naturproducte. Die Flora ist bei den sehr verschiedenen klimatischen Verhältnissen des Landes sehr mannigfaltig und ungemein ausgebildet in begünstigten Localitäten. Während sie nämlich in den hohen Strichen, unter andern Schoas, schon subalpinisch ist und in den höchsten Theilen Lastas sich fast nur auf Lichenen und heideartige Gewächse beschränkt, erscheint sie in der Kolla und in den heißen Thälern des unteren Mareb und Takazzé ganz im tropischen Charakter und in der üppigsten Entwickelung in Individuen und Arten. Von 1500 Arten, die man bis jetzt hat untersuchen können, sind $^3/_4$ völlig neu; unter den übrigen zeigt sich eine merkwürdige Uebereinstimmung mit der Flora des Senegals, namentlich bei denen, die aus den feuchten, heißen Strichen herstammen. Doch sind noch ganze Provinzen in botanischer Hinsicht gar nicht untersucht. Wälder fehlen vielen Landstrichen, vorzüglich den Hochebenen Lastas, fast völlig; auch in Schoa gibt es nur wenige Waldungen. Ungemein reich sind dagegen die verschiedenen Theile der Kolla an dicken Urwaldungen mit Bäumen, zum Theil vom riesigsten Wuchs, wie sie nur an den feuchten Strichen längs der Westküste des Continents am Senegal, Gambia, Niger und Gabûn bekannt sind. Hier gedeihen vorzugsweise Adansonien, die stellenweise auch 2—3000 F. hoch auf das Plateau steigen, Ebenholz, der Olivenbaum, Gummiharzbaum (in Serac), der merkwürdige Papierbaum (Boswellia papyrifera), der sich ebenfalls bis 4000 F. Höhe auf dem Plateau erhebt, Acacien, wovon Acacia vera in Schirè zu einem hohen Baume wird, der Balsamstrauch (Balsamodendron africanum), die afrikanische Banane (Ensete) und das Bambusrohr. Nicht minder sind die großen Berggelände des Südens in Guràgue, Enarèa und Kàfa mit großen Kaffewaldungen bedeckt. Die kleineren Waldungen in Schoa und im nördlichen Hochland bestehen meist aus wilden Oelbäumen, zum Theil ebenfalls von außerordentlicher Stärke und Ausbildung, und aus Nadelhölzern, besonders der Gattung Juniperus, dann aus der candelaberförmigen prächtigen unter dem Namen Kolqual bekannten Euphorbie (E. abessinica). In den Waldungen weit verbreitet sind endlich Cedern (am Tarantapaß und häufig in Schoa), meist von ausgezeichneter Entwickelung, und stellenweise der mit Exemplaren vom Senegal ganz übereinstimmende Gourounußbaum (Sterculia tomentosa). In den sandigen Küstenstrichen gibt es gar keine Waldungen, doch werden darin ausgedehnte Striche, wie in ähnlichen Terrains Senegambiens, Ober-Aegyptens und Nubiens mit Gebüschen von Leguminosen, namentlich von strauchförmigen Acacien und Tamarisken (besonders von T. senegalensis), so wie vom Myrrhenstrauch (Balsamodendron Myrrhae) bedeckt. Sehr reich ist die Flora der Hochebenen an Futterkräutern aus den Familien der Leguminosen und Gramineen. Die üppigen

Alpenwiesen Samens am Buahit erscheinen ausgezeichnet mit verschiedenen sehr nahrhaften Kleearten (Trifolium petitianum, cryptopodium und acaule) geziert. Andere Wiesen Nord-Abessiniens bieten in Fülle Tulpen, Ranunkeln, Lilien, Nelken, Rosen nebst vielen schönen und wohlriechenden Pflanzen dar. Von Palmen hat Abessinien nur 3 bekannte Formen, die Dattelpalme vorzugsweise längs der Küste des Rothen und Indischen Meeres in der Samhara und die Doumpalme in der Kolla, wo auch die prächtige Delebpalme häufig ist. In der Mittelstufe wächst überall die Baumwollenstaude wild; ihr Product gehört zu dem besten Afrikas. Aber am ausgezeichnetsten ist das in der Provinz Cüara am Nordrande des Hochlandes, so wie das in Argoubbe Ifât, einem Theile der Provinz Ifât, gewonnene, indem sich in letzter, wie in Indien, ein eigenthümlicher besonders zu der Cultur der Baumwollenstaude geeigneter Boden findet, der unter dem Namen des Argoubbelandes bekannt ist. Außerdem sind Granatbäume, Feigen, Weinstöcke und Sycomoren überall auf der Mittelstufe wild. Cultivirt wird der Weinstock hier am Meisten in den Districten Entitschò, Addischa und Emfras und in letztem ein rother dem Côte roti ähnlicher Wein gewonnen, der, gleich dem von Addischa, durch ganz Abessinien versandt und getrunken wird. Zuckerrohr gedeiht gut in den wärmeren Strichen. Zu den bemerkenswertheren Gewächsen Abessiniens gehören noch die Indigopflanze (wild und unbenutzt in den heißen Thälern des Mareb und Takazzè), der Seifenbaum, der Kantuffastrauch (Pterolobium abessinicum), der wegen seiner starken Dornen häufig zu natürlichen Festungen benutzt wird, der weit verbreitete Sennesstrauch, mehrere bei Wurmkrankheiten außerordentlich wirksame Pflanzen, wie der Kossobaum (Brayera anthelminthica), die Besanna (Besanna anthelminthica), und die Abatschogo oder Metschametschopflanze, die Tsaadpflanze (Celastrus Tsaad), wild und cultivirt in den Gebirgsgegenden (die Blätter geben einen theeähnlichen Aufguß). Durch ein höchst merkwürdiges und nützliches palmenähnliches Gras, die Guibarra (Rhynchopetalum), zeichnen sich die höchsten Regionen des Dega in Samen, Lasta und Guràgue aus, die damit fast ausschließlich bis zur Schneegrenze bedeckt sind. — Auch die Thierwelt Abessiniens ist ungemein reich und in den heißen Strichen sehr mit der von Senegambien übereinstimmend. Kaum ein anderes Land der Erde möchte mit Abessinien in der Zahl und Mannigfaltigkeit der Thiere wetteifern. Besonders sind Pachydermen häufig; Elephanten durchziehen das Land am Aouäsch schaarenweise, bevölkern die Kolla und steigen selbst auf dem Plateau, einem ihnen angenehmen Grase folgend, bis 8000 Fuß hoch auf; ein-, besonders aber zweihörnige Rhinoceronten, letzte in der nördlichen Kolla; Hippopotamen, ganz übereinstimmend mit denen am Senegal in allen größern Flüssen und Seen, besonders im Tsana; wilde Schweine ungemein häufig, außerdem das Aeliansschwein (Phacochoerus Aeliani). Von Zweihufern ist das Rindvieh besonders in den wiesenreichen Landstrichen des Hochlandes und in der Savane der südlichen Galla in außerordentlicher Fülle; eine Varietät, das Sangarind, zeichnet sich durch kolossale Hörner aus; Kameele nur in der Samhara und im Adällande; Giraffen in den sandigen südöstlichen Strichen; Antilopen zahlreich und in mannigfachen Gattungen und Arten; Büffel in Menge in der nördlichen Kolla, im untern Marebthal und in Ost-Schoa; wilde Ziegen und das Moschusthier. Vorzüglich und häufig sind auch Schafe theils als gewöhnliche von schwarzer Farbe im nördlichen Abessinien, theils mit Fettschwänzen im Adällande, endlich als Schafe mit Haaren anstatt der Wolle (in der großen Provinz Beguemèder ist die Zahl derselben so groß, daß die Provinz ihren Namen davon erhalten hat). Von Einhufern hat man ausgezeichnete Pferde auf den Hochebenen Nord-Abessiniens in Beguemèder und Lasta und im Süden in den Gallaebenen, so wie auch Maulesel. Ueberaus häufig erscheinen noch Raubthiere, namentlich Schakals und Hyänen (H. vulgaris), letztere in solcher Menge sogar, daß sie zur Landplage werden, Löwen in der Sambara und im Adälgebiet, Panther (sehr groß bei Tadschurra), Leoparden in mehreren Arten, einige davon ebenfalls sehr groß in Samen, Luchse, Bären (kleiner als in Europa), wilde Katzen, Füchse und die für den Handel der südabessinischen Länder sehr wichtige Zibethkatze besonders in Enarëa und Kâfa, auch Hunde, die zum Fangen von Guineahühnern abgerichtet werden und sich dazu sehr geschickt erweisen. Affen kennt man in verschiedenen Arten, von Nagern die Jerboa, von marinen Säugethieren den Dugong (Halicore tabernaculus) an der Dahlakgruppe im Rothen Meere. Außerordentlich zahlreich erscheinen Vögel, vorzüglich von Raubvögeln Adler, Geier und Falken, dann Guinea- und Rebhühner, Nashornvögel und Strauße in den heißen sandigen Landstrichen; dagegen sind Papagaien selten mit Ausnahme einer weißen Art, die in Samen bis an die Schneegrenze reicht. Von Amphibien enthalten die größeren wärmeren Flüsse Krokodile in Fülle, die kälteren nicht, so wenig wie Krokodile im Tsana wegen der Kälte seines Wassers leben. Riesengroße Schlangen finden sich in den Urwaldungen der Kolla. Fische sind häufig im Tsana, merkwürdiger Weise solche, die schon im ägyptischen Nil vorkommen. Von Insecten werden die Heuschrecken oft zur Landplage und eine Fliege (Tsaltsalya) ist in der Regenepoche dem Vieh selbst tödtlich. Das Rothe Meer ist reich an schönen und merkwürdigen Mollusken; auch an Perlmuscheln, von denen Perlen gewonnen werden und die ganze Bänke an der Dahlakgruppe bilden, so wie an einer Auster, die viel nach Jerusalem ihrer Perlmutterschale wegen geführt wird. Ueberaus häufig sind endlich längs der Küste des Rothen Meeres die gewöhnlichen felsbauenden Korallen. Von nützlichen Mineralien gibt es Gold im Norden in der Kolla von Râs el Fil und in den Alluvionen des Marebthals, im Westen in der an Agäomeder grenzenden Kolla der dortigen Schânkala, im Süden im Sande der Flüsse von Damot, Kâfa und Gurâgue, endlich in den Trachyten von Schoa. Viel verbreiteter ist aber das Eisen als Spath- oder Thoneisenstein, besonders in Tigré und Schoa am Tschatschaflusse; Steinkohlen gibt es zu Tiannou am Ostrande des Plateaus von Schoa, und am Watflusse an der Nordgrenze dieses Landes gegen die Wollo Galla, Schwefel zu Alaoul in der Taltalebene und endlich Salz, das aber fast nur in den wüsten flachen Strichen des Adâllandes um den Bahr Assal und in der Taltalebene gewonnen wird.

Bevölkerung. Im Umfange des alten abessinischen Reichs, das durch die ewigen grausamen Fehden, den beständigen Menschenhandel und die häufige Hungersnoth, in letzter Zeit auch durch die 6 Jahre hindurch verwüstend aufgetretene Cholera so dünn bevölkert ist, daß man die Einwohnerzahl von Nord-Abessinien nur auf $1^1/_2$ Million geschätzt hat, wohnen verschiedene große Völkerschaften, wie die eigentlichen sogenannten Abessinier auf dem nördlichen Hochlande, dann in Schoa und Gurâgue, aber nirgends in tiefern Niveaus, als 4000 Fuß hinabsteigend, die Agow nebst den Falascha gleichfalls auf dem nördlichen Hochlande, dann die Galla in den südlichen trockenen Hochflächen und jetzt auch theilweise in Kâfa, Yedschou und Godscham nebst den mit ihnen stammverwandten Danâkil und Adâl in den trockenen Flachländern längs dem Rothen Meere und dem Indischen und landeinwärts bis zum Fuß des abessinischen Hochlandes, die Gongas in den südlichsten Bergländern und nördlich in einzelnen Stämmen bis zum Abaï Godschams, endlich die Schânkala in den waldigen und sumpfigen Flachländern. Sie lassen sich sämmtlich auf das Bestimmteste durch Sprache und körperliche Entwickelung als Glieder ganz verschiedener Volksstämme von einander unterscheiden. Die speciell so genannten Abessinier zeigen bereits so große Verschiedenheiten unter sich, daß es schwer ist, für sie eine allgemeine Charakteristik aufzustellen, doch weist der physische Charakter derselben auf einen gemeinsamen Charakter und auf eine Verwandtschaft mit den Arabern hin. Vorherrschend ist bei ihnen die reine braune Hauptfarbe, die bei den Bewohnern des nördlichsten Theils des Landes, der Landschaft Tigré, zuweilen so hell wird, daß man sie weiß nennen könnte, während anderseits selbst in den höchsten und kältesten Theilen Abessiniens, wie in Samen, die Hauptfarbe sehr dunkel und fast schwarz ist. Auch bei der Bevölkerung der tiefen Thäler und der Mittelstufe ist sie durchweg dunkler. Nach Sprache und körperlichen Eigenschaften zerfallen die eigentlichen Abessinier noch in 3 große Zweige, welche die Bevölkerungen von Tigré, Lasta und Amhâra umfassen. Die Bewohner von Tigré, besonders die der Landschaften Enderta, Amasen und Gueralta stehen selbst unter der

Bevölkerung des ganzen abessinischen Hochlandes oben an und besitzen lange und für eine farbige Race sogar bemerkenswerth schmale Schädel, eine lang gebogene Nase, dickere Lippen, lebendige und etwas geschlitzte Augen, wie etwa die Araber, vorstehende Backenknochen, wolliges Haar nebst einem wohl proportionirten Körper. Sie sind tapfer, gewandt und geschickt. Ihre Sprache steht der alten, in Nordost-Abessinien einst ausschließlich üblich gewesenen, jetzt aber völlig ausgestorbenen und nur in den geistlichen und älteren historischen Büchern erhaltenen Landessprache, dem Gheez, am Meisten nahe. Die Bewohner Lastas sind dagegen bemerkbar durch die Kleinheit ihrer Schädel, griechische Stirn, offene Gesichtszüge, Kleinheit der Füße und Hände und zierlichen Körperbau. Zugleich haben sie eine verhältnißmäßig sehr helle Hautfarbe und einen intelligenten, lebhaften, selbst heftigen, aber keineswegs zuverlässigen Charakter. Obgleich in einem sehr hohen Gebirgslande wohnend, gehören die Lastaer zu den ausgezeichnetsten Reitern Abessiniens und zählen zu dessen besten Kriegern. Die 3. Classe, die Amhára, welche zugleich die Bevölkerungen von Schoa und von Gurágue umfaßt, trägt am Meisten den Charakter einer Mischlingsrace: sie hat breite Schädel, ein wunderschönes, großes, lebhaftes Auge, angenehmen Blick, vorstechende Backenknochen, gekräuseltes Haar und einen wohl proportionirten Körperbau. Ihre Haut ist im Allgemeinen dunkelolivenbraun, ihr Charakter gastfrei, heiter, gefällig und ansprechend, zugleich aber auch eitel, schlaff, aufschneiderisch und bei den Männern träge, während die Weiber sehr thätig sind. Zugleich übertragt in Amhára und eigentlich in ganz Abessinien das weibliche Geschlecht das männliche in der Schönheit der körperlichen Formen und der Gesichtszüge. Die Sprache der Amhára weicht von der in Tigré üblichen ganz ab. Die 2. Hauptabtheilung der Bevölkerung Hoch-Abessiniens, die Agow, bildete muthmaßlich einst die Urbevölkerung, ist aber jetzt sehr zurückgedrängt und unterscheidet sich von der herrschenden Bevölkerung durch ihre eigenthümliche harte und mit Gutturalen erfüllte Sprache, das Agawi. Der jetzige Name Agow soll diesem Volksstamm jedoch nur durch die Amhára gegeben sein. Er selbst nennt sich Aghagha und theilt sich in 2 ganz von einander getrennte Glieder, die eine clanähnliche von der der übrigen nördlichen Hoch-Abessinier ganz abweichende und nur bei den Galla noch vorkommende Verfassung besitzen. Eins dieser Glieder wohnt in Lasta, das andere in Agãomeder. Jetzt unterscheiden sich die Agow im äußeren Ansehen, der Kleidung, Religion und in den Sitten gar nicht von den übrigen Abessiniern; gleich ihren Nachbarn sind sie strenge christliche Orthodoxen. Auch die Falassa in Amhára, ein eigenthümliches Glied der nordabessinischen Bevölkerung, das sich durch eine eigene Sprache von den eigentlichen Amhára sondert und jetzt durchaus christlich, nur mit einigen eigenthümlichen Gebräuchen ist, aber von eingewanderten Juden abstammen soll und in mehreren Gegenden, namentlich in Samen und Agãomeder, den Agow benachbart lebt, dürften den letzten angehören. Viel bedeutender ist der 3. Zweig der abessinischen Bevölkerung, welcher das große Volk der Galla umfaßt und über dessen Ursprung und ursprüngliche Heimath völliges Dunkel herrscht. Die Galla scheinen jedoch am Wahrscheinlichsten als die ausschließlichen Bewohner der großen Savanen im Innern des Continents vom Südfuße des Hochlandes bis wenigstens zum Aequator gelten zu können. Sie sind erst in den verflossenen Jahrhunderten bei der immer zunehmenden Schwäche des altabessinischen Reichs immer weiter nach Norden gedrungen, haben große Provinzen desselben, wie Damot und Enarëa, davon abgerissen und Schoa sogar völlig von Amhára und Tigré getrennt und sich mit den Stämmen der Edschau (Edjow)- und Wollo Galla endlich mitten in das nördliche Hochland selbst eingedrängt. Der Name Galla, der schon in griechischen Inschriften der Ptolemäerzeit vorzukommen scheint, ist seinem Ursprunge und der Bedeutung nach völlig unbekannt, obgleich behauptet wird, daß er in der Sprache des Volks selbst Angreifer bedeutet. Die Galla nennen sich nicht so, sondern mit nationalem Stolz Orma d. h. Männer, ihre Sprache Illm'orma, ihr Land Ormania; sie bilden eine der schönsten Racen des Continents mit einer fast rein braunen, dem Kaffebraun ähnlichen Hautfarbe, die nur bei den in den heißen tiefen Thälern wohnenden zu einer fast schwarzen wird. Da die Hautfarbe der Galla im Allgemeinen viel dunkler, als bei den eigentlichen Abessiniern ist, so nennen die letzten die Galla nach einem alten Gheezworte auch wohl Tokruri d. h. Schwarze. Einige Gallastämme haben glattes, andere gekräuseltes Haar; sie lassen es sämmtlich in langen, stark mit Fett eingeriebenen Flechten herabhängen. Der Wuchs der Galla ist durchweg gut, ihre Haut außerordentlich fein, die Stirn hoch, die Nase meist adlerartig, nur zuweilen etwas flach; ihre Gesichtszüge sind zugleich ungemein ausdrucksvoll. Besonders das weibliche Geschlecht der Galla in Abessinien ist durch seine reizenden Gesichts- und zierlichen Körperformen ausgezeichnet. Auch der Charakter der Galla wird im Allgemeinen gerühmt, indem sie als sehr energisch, intelligent und ehrlich gelten; als Sclaven zieht man sie wegen ihrer eminenten geistigen und körperlichen Eigenschaften und noch wegen ihrer außerordentlichen Anhänglichkeit an ihren Herrn allen andern vor. Die Galla sind durchweg unerschrockene Krieger, ausgezeichnete Reiter und großer Anstrengung fähig, doch standen sie früher im Ruf, höchst grausam und blutdürstig zu sein, und selbst jetzt noch sind viele ihrer Stämme als kühne Räuber verrufen. In den Savanen des Südens treiben sie fast ausschließlich Viehzucht, im nördlichen Hochlande, in Lasta, Yedschou und Godscham haben sie meist die Sitten, Religion und Sprache der Nachbarn angenommen, so daß die jetzige Generation kaum mehr die Sprache ihrer Voraltern kennt und neben der Viehzucht auch fleißig Ackerbau treibt. Nur im Süden und Südwesten, wo die Gallabevölkerung die fast ausschließliche ist, spricht sie ihre eigenthümliche, selbstständige Sprache, die sich in einem verwandten Dialekt bei den Danákil und Adál wiederfindet. Trotz der Größe dieses Volks und seiner Kriegslust bildet es doch kein größeres Reich, sondern zerfällt in unzählige größere und kleinere Stämme, die sich mit der Absicht, Menschen und Vieh zu rauben, von denen die ersten auf die Sclavenmärkte geführt werden, fortwährend befehden: nur die gemeinsame Sprache bildet ein Band zwischen ihnen. Die Danákil der Sambara sind mit den sogenannten Adál in der Nähe der Tadschurrabai, von denen sie durch die Asáhogalla getrennt werden, ganz identisch. Sie selbst nennen sich Afár oder Afer, was in ihrer Sprache so viel als Freie bedeutet, da die Namen Danákil (Sing. Dankali) und Adál (richtiger Adaïel; Sing. Adali) ihnen nur von den Arabern gegeben werden. Nach einigen Berichten soll jedoch das Wort Danákil ein ursprünglich abessinisches und von Donak, welches im Tigré Schiff bedeutet, abgeleitet sein, da ein großer Theil der längs der Küste und auf den Inseln des Rothen Meeres wohnenden Afár fast ausschließlich von Schifffahrt und Fischerei lebt, wogegen die tiefer im Lande lebenden vorzugsweise Viehzucht und den Transport von Waaren in das Innere und umgekehrt nach der Küste betreiben. Nur ein Theil der Afár, die Taltal, sind, begünstigt durch ihren Wohnsitz, seßhaft auf einer fruchtbaren Mittelstufe des Hochlandes. So bilden die Afár auch keinen großen Staat, sondern zerfallen in zahlreiche kleine völlig von einander unabhängige und sich stets unter einander befehdende Stämme (Gabáyl oder Kabylen), die zusammen etwa 6000 waffenfähige Männer stellen können und mit Ausnahme der Taltal nur bis zum Fuße des Hochlandes oder bis so weit Kameele existiren können, reichen. Die Afár stehen den Galla bei Weitem im Charakter nach, indem sie bigott, räuberisch, grausam, träg, verrätherisch, unzuverlässig und im höchsten Grade lügenhaft sind. Ihre Hautfarbe ist dunkel, aber nicht schwarz, ihr Haar lang und nicht gekräuselt, die Gesichtszüge sind wohl gebildet und, wie bei allen Nomaden, scharf ausgeprägt. Das 4. Hauptvolk Abessiniens, die Schánkala (gewöhnlich Schangalla genannt) bewohnen die dichten, sumpfigen Wälder der Kolla am nördlichen und westlichen Fuße des Hochlands und wohl auch am südlichen in Káfa; zugleich ziehen sie sich in den tief eingeschnittenen heißen Thälern des Takazzé und Mareb bis tief in das Hochland hinein. Ihr Name bedeutet im Abessinischen schwarzer Wilder, und sie gelten den Abessiniern wegen ihrer tief schwarzen Haut, ihrer flachen Nasen und dicken Lippen meist für Neger, doch sollen sie durch ihre Sprache sich nicht von den ächten Abessiniern unterscheiden. Von diesen sind sie gehaßt und gefürchtet und sie werden von ihnen auf alle mögliche Weise verfolgt, so wie sie sich selbst durch häufige Raubzüge in die benachbarten abessinischen Thäler entschädigen. Ihr Charakter gilt deshalb als rachsüchtig und grausam, doch geben sie gefangen treue und zuverlässige Sclaven und unerschrockene Krieger ab. Von ihnen wird viel Gold und Elfenbein nebst Rhinoceroshörnern in den Handel gebracht, da die undurchdringlichen Wälder ihres Gebiets von Elephanten, Rhinoceronten und Raubthieren wimmeln und sie deshalb fast allein von der Jagd auf dieselben leben. Das 5. Hauptvolk, die Gongas, scheinen einst die aboriginale Bevölkerung des südlichen Hoch-Abessiniens in Enarëa, Kafa, Woratta, Dschindschiro ausschließlich gebildet zu haben, wo sie noch jetzt, aber zum Theil unter Gallaherrschaft leben. Nördlicher verbreiten sie sich in einzelnen Stämmen bis zu der großen Biegung des Abäi um Godscham und überschreiten dieselbe, indem sie noch in Damot wohnen. Ihre Sprache ist eine ganz eigenthümliche und von den übrigen völlig verschieden. Die Hauptfarbe der Gongas ist olivenfarbig und in Enarëa so hell, wie fast bei Spaniern und Portugiesen.

Verfassung, Religion. Abessinien hatte zu jeder Zeit eine despotisch-feudale Verfassung, die zur Schwächung des alten großen Reichs und zuletzt zu seiner völligen Auflösung geführt hat. Jetzt lebt der Abkömmling des einstigen Herrscherstamms, der sogenannte Kaiser der europäischen Reisenden, der Negus (d. h. König), oder Negus Neguse (König der Könige) ohne Macht und Ansehen und verarmt als eine Art Gefangener in Gondar; bei der geringsten freieren Bewegung wird er von dem Beherrscher Amharas seines Titels beraubt und ein anderes Glied seiner Familie damit bekleidet. Außer den kleineren Gallastaaten, die sich im 16. und 17. Jahrhundert besonders in Lasta, Jedschou und im südwestlichen Schoa gegen Guragüe zu bildeten, entstanden aus dem alten abessinischen Reich vorzugsweise 8 größere selbstständige Reiche: 1) Tigré, im nordöstlichen Theile des abessinischen Hochlands zwischen dem Ostrande des letzten und dem Takazzé. 2) Amhára, westlich vom Takazzé bis zum westlichen Abhange des Hochlands in die Ebenen der Galla am Blauen Nil, Yabous- und Tumatflusse. 3) Schoa, in den südlich von Tigré und Amhára gelegenen Theilen des Hochlands bis zum Aouáschthale. 4) Guragüe, südlich von Schoa. 5) Cambwát, südlich wiederum von Guragüe. 6) Enarëa, westlich von Guragüe und Cambwát. 7) Wollamo oder Walaitsa, südwestlich von Cambwát. 8) Káfa, südlich von Enarëa und auch südwestlich von Wollamo. Hierzu ist vielleicht noch das Reich Dschindschiro (Gingiro) zu rechnen, von dem es zweifelhaft ist, ob es einst einen Theil des abessinischen Reichs gebildet hat, wie ein Gleiches von dem Danákil und Adállande gilt. Aber von allen diesen Staaten ist nur Schoa ein ziemlich geordneter und mächtiger, in dem Ruhe und Sicherheit der Person und des Privateigenthums stattfindet und die erbliche Folge der Herrscher nicht stets in Frage gestellt wird, während in den übrigen, besonders in Amhára und Tigré, beständige Aufstände der Detschesmatsch oder Dschеatsch d. h. der Statthalter in den einzelnen Provinzen gegen die Macht oder die Person des Herrschers, der gewöhnlich in Nord-Abessinien den arabischen Titel Râs d. h. Spitze oder Haupt führt, stattfinden. Die Würde der Statthalter ist in einigen Provinzen, wie in Amasen, in derselben Familie erblich. Die ewigen Fehden und Aufstände, besonders im nördlichen Abessinien, verheeren dasselbe, machen die Bevölkerung immer ärmer und verwilderter und bewirken, daß es meist völlig unmöglich ist, anzugeben, welche Landschaften dem einen oder dem anderen Staat angehören. Nur Schoa ist in neuerer Zeit auch nach Außen zu immer mehr an Bedeutung und Macht durch die glücklichen Kriege gewachsen, die sein letzter umsichtiger und kräftiger Herrscher Sahela Selassie besonders gegen die Gallastämme im Süden und Westen des Reichs führte und welche die Unterwerfung vieler derselben zur Folge hatten. Die Gallastämme haben theils erbliche Oberhäupter, wie in Enarëa, Dschindschiro, Godscham und Lasta, theils, wie besonders viele Stämme im Süden, eine republikanische Regierungsform mit Oberhäuptern, die sie selbst, zuweilen nur auf ein Jahr, wählen. Die kleine Insel von Massowah endlich ist in den Händen der ägyptischen Regierung und hat eine ägyptische Besatzung. Von den in Abessinien erhobenen Abgaben gehört stets ein Theil dem Grundherrn, ein anderer dem Herrscher; ihr Ertrag beruht meist auf den Producten der Erndte und den Zöllen, die in Schoa bei Sclaven 10% betragen. Auch in Massówah zahlen die eingehenden Waaren, mit Ausschluß der von Europäern eingeführten, die nur 5% geben, 10%. — Die herrschende Religion der Bewohner des Hochlandes nördlich vom Aouásch ist die christliche, nach orientalischem Ritus unter einem geistlichen Oberhaupte, dem zu Gondar residirenden Abûna, d. h. unser Vater, der gewöhnlich ein Copte ist und von dem coptischen Patriarchen zu Alexandria geweiht sein muß. Indessen hat sich die Macht dieses geistlichen Oberhauptes sehr vermindert und sie erstreckt sich fast nicht mehr über Amhára hinaus, indem Tigré und besonders Schoa eigene Chefs der Geistlichkeit besitzen. Aber die Religion der Abessinier ist nur dem Namen nach christlich, indem das hiesige Christenthum nur ein wüstes Aggregat bildet von leeren Ceremonien und den absurdesten, allen Religionen fast entlehnten Lehrsätzen, die jeder nach Belieben auslegt, da die Geistlichkeit selbst eine im höchsten Grade unwissende ist, und so weit von den Vorschriften des Christenthums abweicht, daß sie den Männern in Schoa gestattet, 4 angetraute Frauen haben zu dürfen. Zugleich ist dieselbe auch höchst lasterhaft, jedoch sehr einflußreich. Fast nirgends zeigt sich deshalb bei den Abessiniern ein wohlthätiger Einfluß der Religion. Auch in Gurâgue, Gámbwat und Wollamo herrscht dies Christenthum, das, wo möglich, noch verderbter ist, da hier den meisten Kirchen Priester schon völlig fehlen. Christen gibt es endlich noch in Káfa, Dschindschiro und Enaréa; und ihre Zahl hat sich in neuerer Zeit in dem Becken des Aouásch namhaft vermehrt, da Sáhela Selassie die unterworfenen Gallastämme mit Gewalt zur formellen Annahme des Christenthums zwang. Zahlreich sind noch Muhamedaner vorhanden. Im Adál und Danákillande ist der Islam sogar die herrschende Religion; im christlichen Abessinien leben viele Muhamedaner mit Christen gemengt und mit ganz gleichen Rechten. Selbst ganze Provinzen des Hochlands, wie die zu Schoa gehörige Landschaft Ifát und kleine unabhängige Staaten, wie die der Galla in Lasta und Yedschou, sind fast nur von Muhamedanern bewohnt, deren Zahl sich fortwährend vermehrt, da der jetzige Rás von Amhára ihnen offen seine Gunst zuwendet und die Muhamedaner nicht, wie die Christen, durch ihre Geistlichen von den unschuldigsten Lebensgenüssen zurückgehalten werden. Ueberhaupt zeichnen sich die Anhänger des Islam in Nord-, wie in Süd-Abessinien, mit Ausnahme der Adál und Danákil, durch höhere Bildung, Ehrlichkeit und Thätigkeit so aus, daß die meisten Finanzämter selbst in ganz christlichen Provinzen durch Muhamedaner von der Regierung besetzt werden. Heidnisch sind noch einige Gallastämme südlich vom Aouásch und im westlichen Schoa und die Gongas in Káfa und Dschindschiro, in welchem letzten Lande sogar noch Menschenopfer stattfinden sollen. Diese Heiden, besonders aber die heidnischen Galla, besitzen, wie die Kaffern Süd-Afrikas, eigentlich gar keine Religion und deshalb auch keine Priester, nur Zauberer. Doch haben sie eine Idee von der Existenz eines höchsten Wesens, das die Galla Wake nennen und dem sie Thiere opfern, so wie sie den Mond und einige Sterne verehren.

Ackerbau, Gewerbe, Handel. Den Ackerbau betreibt man in ganz Abessinien höchst einfach und beschränkt sich dabei auf Cerealien, Taback und Baumwolle. Unter den ersten werden Waitzen, Gerste, Mais, Hirse, Machilla (eine Art Durrah) und besonders häufig das Abessinien eigenthümliche Teffgras (Poa abessinica), dessen Körner allgemein zum Brodbacken dienen, gebaut. Taback cultivirt man überall, Baumwolle gleichfalls, letzte am Meisten und mit der besten Production in Argoubbe Ifát und Enara. Auch das Tsaadkraut wird in den gebirgigen Districten Süd-Abessiniens und selbst in Schoa ausgedehnt gepflanzt. Zu den reichsten Culturstrichen des Landes gehört der aus zersetzten vulkanischen Massen gebildete Boden der Provinzen Agáomeder und Dembéa, besonders in der letzten, wo die Ebenen rund um den Tsana sogar den Nilschlamm des ägyptischen Delta durch ihre Ertragsfähigkeit übertreffen. Nicht minder ausgezeichnet ist die Fruchtbarkeit Enaréas; in Tigré gilt der District Amasen als Kornkammer. Künstliche Bewässerungen, wie in Agáomeder, erhöhen oft den Bodenertrag, der im Allgemeinen so weit geht, daß in einem Jahre ohne die mindeste Düngung mehrere Erndten auf demselben Boden gemacht werden können. Teff und Gerste liefern durchschnittlich einen 15—20, Teff und Waizen in Dembéa einen 60fachen Ertrag, der sich bei der Machille sogar auf einen 100fachen steigert. In den höheren Landschaften erlaubt jedoch das Klima meist nur eine Erndte, indem z. B. zu Devil in Samen die Gerste zum Reifen allein 11 Monate bedarf. Viehzucht wird ebenfalls viel betrieben, Kameelzucht besonders von den Danákil und Adál, Rindviehzucht auf den vortrefflichen Alpenwiesen von Samen, Lasta und Schoa und ausgezeichnet auf den Savanen der südlichen Galla. Pferdezucht haben besonders die Galla; Schafzucht die Bewohner von Beguemèder. — Gewerbe besitzt dagegen Abessinien nicht von Belang; der industriöseste Theil der nordabessinischen Bevölkerung sind noch die Falassa, die fast ausschließlich Maurerei und das von den übrigen Landesbewohnern als unrein verachtete Schmiedegewerbe betreiben. Gleichzeitig sind dieselben in Nord-Abessinien die Eisenschmelzer. Im Allgemeinen ist Gondar die Stadt, wo die meiste Fabrik- und Gewerbthätigkeit stattfindet. Doch werden noch zu Adówa und in der Stadt Islamguè in Woggèra feine Gewebe für die Wohlhabenden und außerdem zu Adówa viele ordinaire Baumwollenstoffe angefertigt, die im Handel die Stelle größerer Geldsummen vertreten. Gleiches ist im District Ouahabit und in Káfa, besonders aber in Enarĕa der Fall. Gutes Leder stellt man in den ostabessinischen Districten Ouagué und Aïna dar. Eisenbergbau findet in Enarĕa, dann am Tschatschafluß des östlichen Schoa und in den zu Tigré gehörenden Districten Entitschô und Tsalimbet statt. Das in Tigré gewonnene Eisen ist trotz des unvollkommenen Darstellungsprocesses nach catalonischer Weise in kleinen Oefen sehr gut, weniger rühmenswerth das aus Schoa. Im Allgemeinen gelten die Metallgießer Nord-Abessiniens für sehr geschickt. Auf der Insel Deck im Tsanasee beschäftigt sich die ganze Bevölkerung mit dem Brechen von Mühlsteinen. — Der Handel ist im nördlichen Theile des Landes vorzugsweise Transitverkehr für die Waaren, die aus dem Innern des Continents und aus Süd-Abessinien kommen, indem die Länder nach dem Aequator zu sehr reich an mannigfachen, zum Handel geeigneten Producten sind, wogegen dergleichen Nord-Abessinien, das auch eigener eigenthümlicher für den auswärtigen Handel brauchbarer Manufacturwaaren entbehrt, ganz fehlen. Amhára ist das Haupthandelsland Abessiniens und dessen Centralpunkt wiederum Gondar durch seine glückliche Lage, indem sich hier mehrere Hauptstraßen vereinigen. Gleiches ist mit dem am Südostrande des Hochlandes in Schoa gelegenen Orte Aleyou Amba der Fall, welcher auch einen Knotenpunkt mehrerer Straßen abgibt. Nächstdem sind Baso und Yeschubbi in Godscham, Saka in Enarĕa und Bonga bedeutende Plätze für den südabessinischen Binnenverkehr, Massówah und Tadschurra für den auswärtigen die wichtigsten Hafenplätze, wozu noch Zeïla und Berbera im Somáliland treten. Zu den Haupthandelsstraßen Abessiniens gehört: 1) die von Massówah ausgehende für indische und europäische Importen; sie führt über den Tarantapaß und Dixan in westlicher Richtung nach Gondar; von ihr zweigt sich auf dem Hochlande ein Arm ab, der durch das Gebiet der Wollo Galla nach Schoa führt. 2) Die große südlichere Seestraße, welche von Tadschurra durch das Adálland ebenfalls nach Schoa geht und Aleyou Amba trifft. 3) Die südlichsten, im Detail noch ganz unbekannten Seestraßen führen von Zeïla und Berbera im Somáliland nach Káfa und Enarĕa, zum Theil über die Oase Hurrur. 4) Die größte Binnenlandstraße ist die von Gondar über Râs el Fil, Sennâr nach Aegypten, die in der neueren Zeit sehr verloren hat. 5) Ein nicht unwichtiger Handelsverkehr findet endlich auf der großen Straße durch die Gallaländer von Káfa und Enarĕa nach Baso und Yeschubbi statt. Ausgeführt wird aus Abessinien: Gold (über Massówah); Schildpatt und Perlen (aus dem Rothen Meer); Moschus und Zibeth aus Süd-Abessinien; Hippopotamuszähne; Rhinoceroshörner; Elfenbein; Wachs und Häute aus Nord-Abessinien; Gummi und Myrrhen aus der Sambara und dem Adállande; ebendaher geschmolzene Butter; Cardamom aus Godscham; Kaffe in ausgezeichneter Güte und in großer Menge von Enarĕa, Guràgue, Káfa und den Gallaländern meist über Tadschurra, Zeïla und Berbera; Straußfedern; endlich

Gallasclaven in Menge aus Guràgue meist nach Arabien. Eingeführt werden: Gefärbte Tücher und Seidenstoffe (wenig); gefärbte Seide und Baumwollenstoffe (sehr viel), rothes Maroquin, Papier, Glasperlen (sehr viel), Rasirmesser, Luntenflinten, deutsche Schwerdtklingen, Feuerzeuge, Antimon, Zinn, Quecksilber, endlich Zimmt und schwarzer Pfeffer aus Indien. Den Handel nach Außen betreiben ausschließlich muhamedanische Händler, in Zeïla und Berbera fast nur Banianen. Als größeres Tauschmittel dienen Stücke von baumwollenen Kleidungsstoffen, nur in Massówah und Tadschurra sind österreichische Speciesthaler im Gebrauch. Für den kleineren Verkehr dienen statt des gemünzten Geldes durch das ganze innere Abessinien selbst bis Káfa und Enarĕa die Salztafeln aus der Taltalebene, die zu einem sehr bedeutenden Binnenverkehr Veranlassung geben und in Enarĕa schon einen zehnfach höheren Werth, als am Gewinnungsort, haben.

Topographie. 1) Das Reich Tigré begriff früher allein die Landschaften Amasen, Serae, Schiré, Agamé, Enderta, Temben und Woggĕra östlich von Takazzé und erstreckte sich durch 4 Breitengrade vom 12—16°, ist aber in neuerer Zeit noch über den Takazzé ausgedehnt worden, indem es jetzt selbst die westlich davon gelegenen Provinzen Walkait und Samen umfaßt. Es besteht fast völlig aus Hochebenen, die selten tiefer, als 4000 Fuß hinabgehen und ein ungemein gesundes Klima haben. Nur die zur Walkait- und Schirékolla gehörenden Landstriche und die unteren Thäler des Takazzé und Mareb sind heiß und ungesund, so wie umgekehrt die hohen Gebirge von Samen kalt. Der Boden ist nicht so reich, als in Amhára, doch ist der der Thäler ebenfalls ausgezeichnet fruchtbar. Die Bevölkerung ist fast ausschließlich christlich. — Adowa 14° 9′ 34″ N. Br. 36° 35′ 9″ O. L.: Hauptstadt von Tigré; 8000 Ew., Stapelplatz für den Handel der westlichen und östlichen Provinzen, größter Gewerbebetrieb Ost-Abessiniens. — Axum 14° 7′ 49″ N. Br. 56° 23′ 40″ O. L., einst die blühende Hauptstadt des Landes, in reizender Lage, mit alten Bauwerken und Obelisken aus den ersten Jahrhunderten nach Ch. G., noch jetzt, obgleich verfallen, als Asylort wohlhabend. — Antalo 12° 45′ 30″ N. Br., einst bedeutender Ort, jetzt fast ganz in Ruinen; 1000 Häuser. — Tschelleot 13° 21′ 33″ N. Br. 57° 21′ 40″ O. L., in einem der schönsten Thäler Abessiniens. — Diran 14° 58′ N. Br. 56° 48′ O. L., 2000 Ew., ansehnlicher Stapelort für den Verkehr von Massówah in das Innere, besonders nach Gondar. — Hálal, 2000 Ew., aufblühender Handelsort auf der Höhe des Tarantapasses in der Nähe Dixans. — Adigrate 14° 16′ N. Br. 57° 22′ O. L., ansehnlicher Stapelplatz für den Verkehr des Hochlandes mit den nur 4 Tagereisen davon entfernten Anneslev- und Amphilabaien. — Döbra Abaye, großer Markt für Rhinoceroshörner und Elfenbein. — Kendtia, an der nubischen Grenze, bedeutender Handel mit Goldstaub, Elfenbein und Fellen von großen Raubthieren. — Segenet, 8000 Ew., bedeutender Handel mit der sehr feinen Wolle und dem Getraide der Umgebung. — Bedéra, einer der höchst gelegenen Orte Abessiniens.

2) Das Reich Amhára umfaßt außer mehreren kleinen Distrikten die Landschaften Güara, Dembéa, Begemöder, Maitscha, Godscham mit Agäomöder, Lasta und Yedschen, von denen aber Godscham unter einem fast selbstständigen Herrscher steht und Lasta gleichfalls einige kleine, fast unabhängige Gebiete muhamedanischer Galla begreift. Die meisten Bewohner Amháras sind Christen. — Gondar 12° 34′ 30″ N. Br. 55° 7′ O. L., Hauptstadt Amháras und einst die des ganzen abessinischen Reichs, sehr weitläufig gebaut, jetzt aber sehr verfallen, 15—18000 Ew. (einst 45000), Wohnsitz des Titularkaisers und des Abúna: noch immer Centralpunkt des Handels und der Industrie Nord-Abessiniens. — Mota, 3000 Ew., wichtige Handelsstadt mit großen Wochenmärkten. — Ifague, hart am Tsana, mit dem bedeutendsten Markt Nord-Abessiniens. — Azezo, in der Nähe Gondars, ansehnlicher Ort, 5000 Ew. — Emfras, große Weinproduction und Weinhandel. — Jeonsch, auch einer der größten Stapelorte auf der Karavanenstraße nach Enarĕa. — Tetela, mit sehr ansehnlichen Vieh- und Waarenmärkten. — Tscherkin 13° 7′ 30″ N. Br., an der nordwestlichen Landesgrenze, Hauptort für den Handel mit Nubien. — Ras el Fil, einst ebenfalls wichtiger Stationsplatz für den Verkehr Gondars nach Sennár; Hauptmarkt für das in der benachbarten Kolla von den Schánkala gefundene Gold. — Qualdia oder Woldala in Yedschen 11° 54′ N. Br. 57° 26′ O. L., große Stadt mit dem bedeutendsten Markt des südöstlicheren Abessiniens. — Dima 10° 22′ N. B., Hauptort des hohen Plateaulandes Godscham und Residenz des Herrschers. — Dembescha 10° 7′ und Yeschnddi 10° 8′ 45″ N. Br. 53° 12′ 8″ O. L., letztes mit dem Markt Baso, wichtige Handelsplätze in Godscham, die aus Enarea und den Galläländern im Westen und Süden mit Elfenbein, Cardamom, Gold und Sclaven versorgt werden.

3) Das Reich Schoa zwischen dem 10—12° N. Br. 54—60° O. L., nördlich bis Godscham und das Gebiet der Wollo Galla, südlich bis zum Rouásch reichend, umfaßt in den Provinzen Gesche, Mans, Tegulet, Ghedem, dem eigentlichen Schoa (Schoa Méder), Mentschar und Bulga, etwa 1½ Millionen christliche, muha-

medanische und heidnische Ew., Amhara oder Galla. — Angóllola 9° 36′ 30″ N. Br. 57° 14′ O. L., Hauptort des Reichs und Residenz des Herrschers auf einem 4800 Fuß hohen Berge gelegen, 3—4000 Ew. — Ankóber 9° 34′ N. Br. 57° 34′ O. L., 2. Hauptstadt, auf einem 8200 F. hohen Pik. — Monsche, 2 Tagereisen von Angóllola, ansehnliche Stadt im Süden, fast so groß, wie Gondar. — Leguida, mittelgroße Stadt, Handel mit dem in der Gegend gewonnenen Getraide. — Aleyou Amba, bedeutendster Handelsplatz des Reichs.

4) Das Reich Gurágue, kleines, aber zum Theil sehr hohes Bergland, so daß das für sehr kalte Klimate charakteristische Goassagras darin wächst, während in den tiefen Strichen Kaffebäume wild und cultivirt vorkommen. Mitten im Lande liegt der große alpinische Zouaiesee (der Tschillalen der Galla), der 5 in den benachbarten Gebirgen entspringende Flüsse aufnimmt und 5 fruchtbare und wohlbewohnte, an christlichen Klöstern mit alten Bibliotheken reiche Inseln enthält. Andere Flüsse gehen dem Guibó zu. An der Südostseite Gurágues, wo ein hoher Gebirgszug dasselbe von den Bugamagalla trennt, haben auch die 2 großen, dem Indischen Ocean zugehenden Ströme, der Webbe Schebeli und der Dschub ihr Quellgebiet. Gold, Kaffe, Wein, Honig, letzter von der vorzüglichsten Güte, sind Gurágues Hauptproducte. Dazu kommen noch von hier aus viel Sclaven in den Handel, die durch die fortwährenden Raubanfälle entführt werden. Die Einwohner sind, obgleich seit Jahrhunderten von heidnischen Gallastämmen umzingelt, noch Christen, doch gemengt mit Heiden und Muhamedanern.

5) Das Reich Cambwát (gewöhnlich Cambäte genannt) oder Adiya, ein kleines Bergland, von Gurágue durch die mächtigen Kurtschassigalla getrennt, mit einst christlichen Ew., die, gleich denen von Gurágue, viel von Räubereien zu leiden haben und noch zahlreiche Kirchen und Klöster, aber ohne Priester besitzen. — Karemsa oder Karemytza, nach Andern Saugat, Hauptstadt.

6) Das Reich Enarëa (gewöhnlich Narea genannt, Limmou der Galla), nur 6—10 Tagereisen von Schoa entfernt, ein kleines sehr wasserreiches und theilweise sumpfiges, von hohen Bergen umgebenes und im Westen, Norden und Osten durch die große Spirale des Guibé umflossenes inselartiges Plateau, dessen Bäche theils dem Guibé selbst, theils dem Dedhésa zugehen. Die Bewohner, ursprünglich allein Gongas, stehen jetzt unter muhamedanischer Gallaherrschaft, sind christlich oder muhamedanisch, theils auch heidnisch, und zugleich im Ruf, sehr civilisirt zu sein. Das Land führt von seinen Producten viel des besten Kaffes, Myrrhen, Frankincense, Zibeth und Elfenbein aus und producirt mehr Kleidungsstoffe, als irgend eine andere Gegend dieses Theils von Afrika. Das Klima ist mild und angenehm, der Boden sehr fruchtbar. — Saka 8° 12′ 30″ N. B., Hauptort mit vielem Handel, doch nur aus elenden Hütten bestehend.

7) Das Reich Káfa (Sidáma [d. h. Christ in der Gallasprache] der Galla), ein sehr ausgedehntes, mächtiges und hohes, mit dicken Waldungen besonders von Kaffebäumen bedecktes Bergland, das im Norden durch den Godscheb von Dschindschiro getrennt und noch durch denselben Fluß nach seiner Vereinigung mit dem Guibé, wie von einer Spirale, im Osten, Süden und Westen umzogen wird. Es ist reich an Zibeth und dem feinsten Kaffe, wovon immense Quantitäten producirt und ausgeführt werden; der Kaffe hat von Káfa seinen Namen. Die Einw. sind Gongas ohne Gallabeimengung, theils Heiden, theils Christen. — Bonga 7° 12′ 30″ N. Br. 53° 43′ 25″ O. L., Hauptstadt und zugleich der größte Ort dieses Theils von Afrika, aber nur aus weit zerstreuten Hütten bestehend, am großen Gótsefluß, der sich mit dem Godscheb vereinigt, sehr bedeutender Handel. — Dentsch, bedeutender Ort.

8) Das Reich Wollamo oder Wolaitsa, auf dem linken Ufer des Godscheb, sehr gebirgig, mit schön gebildeten christlichen Einw., die eine eigene Sprache reden. — Wofana oder Woso, Hauptort.

9) Das Reich Yangaro (Dschindschiro [Gingiro] der Galla), in etwa 7° 54′ N. Br., ein Bergland zwischen dem Godscheb und Enarëa, mit sehr fruchtbarem Boden und von sehr rohen, meist heidnischen, aber körperlich sehr wohlgestalteten Galla bewohnt, unter denen sich auch Christen und Muhamedaner befinden. — Undscher, Hauptort, 8 Tagereisen S.W. von Gurágue.

10) Das Land der Danákil und Adál, im 16. Jahrhundert ein mächtiges Reich, das durch die Galla zerstört wurde, meist eine dürre und wasserlose, von kleinen Bergzügen hin und wieder durchschnittene Felswüste, die an vielen Stellen aber auch besseren Boden, wie in der Taltalebene östlich Addigrate, hat. — Massówah 15° 37′ 35″ N. Br. 57° 13′ O. L., auf einer kleinen wasserlosen Koralleninsel des Busens von Arkiko, mit sehr heißem und ungesundem Klima, unter ägyptischer Hoheit, die Zölle von allen nach Abessinien geführten und von hier exportirten Waaren erhebt, und mit einem sehr guten Hafen, dem sichersten auf der afrikanischen Seite des Rothen Meeres., 4000 Einw., bedeutender Handel. — Adsebl, Dera, im Gebiet der Taltal, wichtige Stationsplätze für den Waarenhandel von der Küste nach dem Hochlande. — Fische, auch im Taltalgebiet, Hauptmarkt für das hier gewonnene Salz. — Bailloul, richtiger Bilúr d. h. Salz, an einer großen Bai, einiger Handel. — Raheita, 3—400 Ew., mit einem kleinen Hafen. — Tadschurra 11° 46′ 35″ N. Br. 60° 40′ 45″ O. L., am Nordrande der Bai gl. N., elender Ort in einer überaus traurigen, öden Umgebung, 5—6000 Einw., ansehnlicher Handel nach Süd-Abessinien und seewärts mit dem südlichen Arabien.

VI. Die Ostspitze des Continents (das Somâliland).

Lage und Oberfläche. Von Zeïla 11° 18′ N. Br. 60° 42′ 45″ O. L. erstreckt sich die Ostküste zuerst mit bogenförmiger nach Westen gewandter Krümmung bis zum Hafenorte Berbĕra, worauf sie einer ganz östlichen fast geraden Richtung bis 68° 34′ 15″ O. L. folgt, sich dann wieder wendet und bis zur Mündung des großen Dschub (Jub) flusses 0° 14′ 30″ N. Br. in der südwestlichen Richtung verharrt. Dadurch entsteht ein mächtiger continentaler dreieckiger Vorsprung, dessen äußerste Spitze abgestumpft ist, dessen Basis durch den sehr langen, N.N.W.—S.S.O. gerichteten Lauf des Dschub gebildet wird und der endlich selbst in sehr merkwürdiger Weise der ansehnlichen, durch den Guineabusen ausgefüllten Einbiegung an der Westseite des Continents entspricht. Auch ethnographisch ist dieser Vorsprung ein wohlgeschlossenes Ganze, indem sein Küstengebiet bis in neuere Zeit ausschließlich von dem Volk der Somâli bevölkert war, wogegen nördlich Zeïla nur Stämme der Adâl oder Danâkil, südlich vom Dschub nur Suaheli wohnen. Deshalb heißt derselbe auch bei den Eingeborenen das Somâliland (Bur e Somâl). Die Breite dieses Landstrichs in ostwestlicher Richtung von seiner Nordgrenze bei Tadschurra bis zum Fuße des abessinischen Hochlands beträgt etwa 80 Meilen. Der Küstensaum ist meist hoch, höchst einförmig, und besteht vorherrschend aus sehr steilen und an der Südseite des Landes ganz nackten Felsen, die hier aus der Meerestiefe bis 400 F., am östlichsten Theile der Nordseite dagegen bis 1500—2000 F. hoch über dem Meeresspiegel aufsteigen. Nur zwischen Zeïla und Berbĕra und zwischen C. Mabber und der Dschubmündung ist der Küstenrand niedrig, trocken und sandig. Wenige unbedeutende Ausläufer des Küstensaums, von denen an der Nordseite die Râs Hadahdah, Antarah, Khor oder Gori (das Peterscap), El Fil (das Elephantencap) und Assere, an der Südseite die Râs Ally Besch, Ouail, Hafûn, Mabber, El Khyle 7° 43′ 50″ N. Br. 67° 20′ 15″ O. L. Awath und Aswad die bekanntesten sind, bringen nur äußerst wenig Mannigfaltigkeit in die Configuration des Küstenlandes, welches eben so sehr tief eingeschnittener Meeresarme wie breiter Flußmündungen entbehrt. Namentlich fehlen hier fast alle geschlossene Häfen, mit Ausnahme des schönen von Berbĕra, des kleinen von Dourderi und der geräumigen Bucht am Râs Hafûn, indem selbst die größeren Seehandelsplätze, wie Zeïla und Bunder Cassim, nur offene Rheden besitzen. Unter den Landspitzen tritt Râs Hafûn, eigentlich nur eine durch eine schmale sandige Dünenzunge mit dem Continent verbundene Insel, am Weitesten hervor. An der breiten Abstutzung des östlichsten Vorsprungs des Somâlilandes bildet Râs El Fil 12° 0′ 0″ N. Br. 68° 52′ 9″ O. L. das westliche, Râs Assere das östliche Eck. Sehr wenige kleine Inseln, wie Kurrum und Meyet (Burnt Island) an der Nordseite, liegen den Küstenrändern vor. Das Land steigt in seinem nordwestlichsten Theile von der See bei Tadschurra nach dem Aouâsch im Innern allmählich auf, so daß es hier als eine ausgedehnte, nur von einzelnen Hügelketten durchzogene Ebene erscheint, die meist öde, stellenweise aber auch sehr fruchtbar ist. Südlicher dagegen ist das Innere meist ein durchschnittlich etwa 1000 F. hohes Plateau, welches in seiner ganzen Breite von Kurrum im Norden bis Râs El Khyle im Süden durch ein grades, breites, wohl bewässertes, ungemein fruchtbares, reiches, von hohen Felsenwänden begrenztes und von den Eingeborenen mit den glühendsten Farben als „das glückliche Thal“ geschildertes Thal, den Wady Nogâl, durchzogen wird. Auch westlich vom Nogâl setzt noch die Hochfläche fort. An ihrem Nordrande, 6½ Meilen von der Nordküste und derselben parallel steigt im Westen vom Nogâl der bis 2000 F. hohe Bergzug der Koulies und Woukur, ferner östlich davon ein zweiter ähnlicher, aber noch höherer Bergzug, der prächtige Dschebel Ahl Wursundscheli mit seinem von Wolken fast immer bedeckten 6500 F. hohen Gipfel, dem Eyransib d. h. Wolkenträger, auf. Von diesen Bergketten senkt sich die Hochfläche allmählich südlich bis zum Rande des Nogál, wogegen sich an das Cap Assere unmittelbar im Süden der hohe Jordansûnberg anschließt, dessen Name überhaupt die nächste Veranlassung zu dem in Europa üblichen Namen Cap Guardaful für die Ostspitze des Continents gegeben hat. Südlich vom Jordansûn, nahe an der Küste zeigt die Dschebel Goraalekette gleichfalls Berggipfel bis 5000 Fuß Erhebung über dem Meeresspiegel. In der Nähe dieser ganzen Ostspitze ist das Land außerordentlich schön und durch zahlreiche von den Gebirgen herabkommende kleine Ströme wohl bewässert und belebt.

Geognostische Verhältnisse. In geognostischer Beziehung bilden Kalk-, dann Sandsteine die Hauptmasse, die ersten die Gipfel des Gyransid, und sie herrschen besonders in dem zwischen dem Wursundscheli und Wady Nogál liegenden Theile des Plateaus, so wie in dem Gebirgszuge von Bunder Muriyah östlich bis zum Jordansûn. Der Kalkstein ist meist von sehr reiner Beschaffenheit, häufig alabasterweiß und dadurch dem reinsten Marmor gleich. Stellenweise führt er Versteinerungen. Südlich vom Nogál erscheinen Sandsteine zunächst der Küste, dann im Innern in der Nähe des Dschub und im steinlosen Gebiete Ogabden zu beiden Seiten des Nogál hochrothe Sande und Thone. Der Sandstein verbreitet sich im Norden des Landes bis in die Nähe des Aouásch, indem er in ausgedehnten Massen zwischen Tadschurra und dem Aouáschthal ansteht. Untertertiaire Kalke gibt es in großer Verbreitung zwischen Tadschurra und dem Aouásch zu Dassaré, Gongonta, Goubûde und Coummi. Auch Massen von Gyps trifft man am nördlichen Küstenrande, so wie die besondere Häufigkeit bitterer Gewässer vermuthen läßt, daß magnesiahaltende Gesteine hier nicht fehlen werden. Außerordentlich entwickelt aber in Ausdehnung und Mächtigkeit sind die vulkanischen Gebilde, indem südlich von Aoussa zahllose erloschene Kratere auftreten und zugleich bei Aloulli, Alexitane, Nehelle und Segadâre, dann zwischen Airolaf und Marro Schlacken, Obsidiane, Basalte und Trachyte von der erstaunlichsten Ausdehnung und Stärke große Striche der ausgedehnten Ebenen zwischen Tadschurra und dem Aouásch bedecken. Im Thal des Dabita findet sich z. B. eine Lavenmasse, welche die vereinigten Laven aller Ergüsse des Vesuv, Stromboli und Aetna in ihrer Entwickelung übertrifft. Nicht selten erreichen hier die Lavenfelder eine Stärke von 120—140 Fuß und zu Segadâre beherrscht ein vulkanisches Plateau von sogar 30 Stunden Peripherie das Flachland. Die ferner zu Dthubar und an anderen Punkten der Küste zwischen Tadschurra und dem C. Guardaful neuerlichst erforschten zahlreichen heißen Quellen sprechen noch für ein zweites ausgedehntes Vorkommen plutonischer und vulkanischer Gesteine im Liegenden der geschichteten, was in der That durch die Entdeckung von Obsidianen, Basalten (in den Dunanjerbergen), Laven, rothen Graniten und Porphyren in der Nähe der Dthubarthermen bereits bestätigt wurde.

Gewässer. Die Oberfläche des Somâlilandes ist in ausgedehnten Strichen sehr trocken und wüst, theilweise jedoch, wie im Nogál und in den von den Dulbahantasomâli bewohnten Strichen zwischen der Wursundschelikette und dem Nogál ausgezeichnet wasserreich und fruchtbar. An der Nordküste und am größten Theile der Nordostseite münden nur wenige und unbedeutende Küstenströme im Meere, doch wird das Somâliland durch 3 große Ströme, im Norden durch den Aouásch, dann im Süden durch den Webbe (d. h. im Somâli Fluß) Schebeyli oder Haines River, so wie durch den Webbe Gunana, W. Gowind oder Dschub bewässert, die sämmtlich tief im Innern in den Gebirgen der Bugama-Galla am Ostrande des Landes Gurâgue entspringen und ihren Lauf übereinstimmend nach Südost nehmen. Der Dschub, von den Suaheli Vumbo, im Innern auch wohl Zebi oder Kibbi genannt, soll angeblich 3 Monate weit im Innern befahren werden können und nimmt mehrere größere Ströme, z. B. den Ferlitsch und Tito auf. Er fällt bei der Stadt Dschub in den Indischen Ocean mit einer Mündung tief genug, daß selbst größere Fahrzeuge eine sehr bedeutende Strecke ihn aufwärts befahren können, wie es denen der arabischen Händler zuweilen bis zu dem Handelsplatz Gunana gelingt, aber er ist schwerlich identisch mit dem unteren Lauf des südabessinischen Godscheb, wie man bisher ge-

8*

wöhnlich angenommen hatte (S. 101). Der ebenfalls von N.W. kommende prächtige, vielfach sich schlängelnde und klare Hainesriver wendet sich nach langem S.S.O. Lauf in der Nähe des Meeres plötzlich in eine ganz andere S.S.W. Richtung und folgt der Küste, von welcher er nur durch eine schmale Landzunge getrennt wird, parallel eine Strecke weit, bis er in einen tiefen Binnensee, den Batti endet. Noch in 45 M. Entfernung von der Küste hat derselbe 7—1000 F. Breite und 17—60 F. Tiefe. Zum Somâliland gehören auch die zahllosen Thermen in den Ebenen zwischen Tadschurra und dem Aouâsch zu Aleritane, Aouelle, Nehelle und a. O., so wie die bei Dthubar. Zunächst dem Meere erlangt man endlich ohne große Mühe überall süßes Wasser in dem flachen Küstenboden durch Graben.

Klima. Das Klima ist durchaus, sogar in dem heißen niedrigen Küstenstrich, gesund, da hier Sümpfe, Mangrovewaldungen und miasmatische Ausdünstungen durchaus fehlen. Gleiches ist in dem dürren Lande zwischen Tadschurra und dem Aouâsch der Fall. Die Regenzeit dauert hier von October bis April. Sehr gemäßigt und die Gesundheit stärkend, selbst kühl, ist die Atmosphäre auf dem hohen Plateau, indem die Temperatur im Wursundscheligebirge periodisch selbst bis 8° C. herabsinkt. Dieser Vorzug, verbunden mit der reichen Bewässerung, der üppigen Vegetation und den mannigfachsten Scenerien, macht den ganzen Strich des Somâlilandes zu einem der reizendsten Theile des Continents.

Naturproducte. Die Vegetation ist sehr reich und sehr eigenthümlich, aber wenig bekannt. Das Gebiet der Dulbahanta besitzt eine üppige Grasflora auf schönen und ausgedehnten Savanen, so wie auch viele gummireiche Mimosenarten und Tamarisken große Plateaustrecken bedecken. Besonders ist der Kalkboden der Entwickelung solcher Gewächse günstig, die von hier aus seit den ältesten Zeiten ungemein große Quantitäten von Myrrhen und Olibanum (Frankincense) in den Handel geliefert haben und fortwährend liefern. So ist der hohe, aus Felsen eines reinen marmorgleichen Kalksteins bestehende Küstensaum des Gebiets der Wursundschelisomâli zwischen Burnt Island und Râs El Fil überaus reich an Frankincensesträuchern (Amyris papyrifera [S. 85.]), die bis 2—3000 F. Höhe gedeihen, das Gebiet der Murreyhan Somâli längs den östlichen Rändern des Wady Nogâl an Pflanzungen von Myrrhensträuchern (Balsamodendron Myrrhae), die auch in der Nähe des Aouâsch große Strecken bedecken, aus welchen die beste Myrrhe kommt, weshalb von hier im Alterthum die Myrrhe ihren Namen erhielt. Außerdem hat das Somâliland in Menge Cedern, Aloë, Agaven, Indigo (auf den Savanen südlich von Aoussa), Cacteen, Orseille, eine Art wilder Zimmet- und Drachenblutbäume und an vielen Punkten des Innern eine ausgedehnte und wichtige Kaffebaumvegetation, namentlich in der Oase Hurrur, endlich Ebenholz in Fülle zwischen Berbera und Zeila. Getraide gedeiht vortrefflich im Ogahdengebiete in der Nähe des Webbe Schebeyli, Taback im Gebiet der Babili- und Boram-Galla, Baumwolle in Hurrur. — Das Thierreich ist ebenfalls reich. Löwen, Hyänen, Leoparden, schwarze Rhinoceronten, Giraffen und Heerden von Zebras, weißen und anderen Antilopen (A. Oryx, Kudu, u. s. w.), Straußen und wilden Eseln durchschwärmen die Hochflächen. Der Aouâsch ist reich an Flußpferden. Von Hausthieren gibt es besonders Kameele, Esel, Schafe mit so kolossalen Fettschwänzen, daß das Thier angeblich ein ganzes Jahr, ohne zu trinken, soll existiren können, und zugleich mit Haaren (Ovis laticauda), dann Ziegen, wovon die nomadischen Stämme auf den Savanen ihres Gebiets unglaublich große Heerden besitzen. Starke und muthige Pferde ziehen in Menge die Dulbahanta, ein Reitervolk, die Wursundscheli und die Bevölkerung von Hurrur. — Von Mineralien besitzt das Land nur unerschöpfliche Vorräthe von Kochsalz und Spuren von grünen Kupfererzen im Sandstein von Segadâre zwischen Tadschurra und dem Aouâsch.

Bevölkerung. Die theilweise sehr dichte Bevölkerung besteht im nordwestlichen Theil des Landes längs dem Aouâsch noch aus einer Anzahl von Adâlstämmen, die weniger kriegerisch, als die übrige Bevölkerung, ihnen auch sehr in der Kriegführung nachstehen, da sie nur mit Lanzen bewaffnet sind, dann in der Nähe des Oceans aus Somâli, deren Gebiet im Innern bis zum Webbe Schebeyli reicht, noch tiefer im Innern aber aus Gallastämmen, welche immer mehr in die Nähe des Meeres vordringen und selbst von hier die Somâli vertreiben, so daß in neuerer Zeit bereits die Hafenstadt Dschub von ihnen besetzt worden ist. Unter den zahlreichen Gallastämmen dieser Gegenden sind die der Kurtschassi südlich von Gurâgue und die der Aroussi-Galla, welche letzte östlich von Gurâgue im Quellgebiet der beiden Webbe wohnen, die zahlreichsten und mächtigsten. Zwischen dem Ras El Khyle und Makdeschu wohnt längs der Küste das zwischen den eigentlichen Galla und den Somâli stehende zahlreiche Volk der Hawia. Die Somâli selbst sind ein ausgezeichneter, edler, mit den Galla und Adâl zu einem und demselben großen Stamm gehörender Menschenschlag von hohem Wuchs, martialischem Ansehen, wohl geformten Gliedern, etwas gebogener Nase und regelmäßigen Gesichtszügen, ohne dicke Lippe, mit dunkler und glänzender Hautfarbe, wolligem langen von Natur schwarzen Haar, das von ihnen, wie von den Adâl, häufig durch künstliche Mittel gelb gefärbt wird. Sie tragen es theils hoch frisirt, theils in langen herabhängenden Locken, alles nach Sitte der Galla mit Hammelfett eingerieben. Ihr Charakter zeichnet sich durch Kühnheit und Freimüthigkeit aus. Sie theilen sich in 2 in beständiger Fehde mit einander lebende Hauptabtheilungen, die westlichen bis zum Nogâl reichenden oder Edoursomâli und die östlichen oder Darroudsomâli. Sie zerfallen außerdem in eine Anzahl kleinerer Stämme. Die ansehnlichsten der westlichen Somâli, die Haber (d. h. Sohn) Awalsomâli wohnen in dem 10 Meilen breiten und 2 M. langen fruchtbaren niedrigen Zug zwischen Zeïla und Berbĕra, die Haber el Dschaleh-Somâli östlich Berbĕra an der Küste bei Kurrum; von den östlichen Somâli leben die ebenfalls zahlreichen Wursundscheli zwischen Kurrum und dem Râs El Fil und im Wursundscheligebirge, endlich der große und mächtige Stamm der Midscherthinsomâli längs der Ostküste von Assere bis zum Râs El Khyle. Im südwestlichen Innern verbreiten sich die Isa bis Hurrur, ihnen im Osten die Dulbahanta zwischen dem Ahl Wursundscheli und dem Nogâl, endlich längs dem Wady Nogâl die Murreyhan-Somâli. Alle Somâli brauchen in ihren Kriegen lange Lanzen, Bogen und Pfeile, im Innern auch vergiftete Pfeile, und sie wissen diese Waffen mit großer Geschicklichkeit zu handhaben. Die tief im Innern wohnenden Gallastämme sind schön roth mit prächtigen Körpergestalten, nur theilweise seßhaft, größtentheils aber Nomaden und sehr räuberischer Natur, so daß sie die aus Süd-Abessinien und weit aus dem Innern nach der Küste ziehenden Karavanen oft angreifen, plündern und ihre Verheerungen bis an die Mauern der Stadt Hurrur ausdehnen, deren Handel dadurch stark belästigt wird. Sprache und physische Charaktere sind bei diesen Galla völlig dieselben, wie bei den abessinischen.

Verfassung, Religion. Bei allen diesen Bevölkerungen stehen die einzelnen Stämme unter eigenen Häuptlingen mit einem patriarchalischen Regiment, ohne zu einem größeren Staatsverbande vereinigt zu sein. Nur die civilisirteren Bewohner der schönen Oase Hurrur, Abkommen einer arabischen Colonie, haben eine regelmäßige feste Regierung, und sind zugleich eifrige, selbst fanatische Bekenner des Islam, wogegen die Somâli theilweise nur, wie etwa die Isasomâli, Mohamedaner, die Galla aber gänzlich Heiden sind, bei denen der Islam noch keinen Eingang gefunden hat.

Ackerbau, Handel. Die Somâli leben meist auf ihren Prairien von Viehzucht, wie die Dulbahanta, zum Theil von Ackerbau und Handel, wie es auch mit den Galla der Fall ist, welche nächst Viehzucht die Cultur des Jowari, einer Art Durrah, betreiben, wovon unermeßliche Quantitäten nach der Küste verhandelt und selbst bis Hadramaut in Arabien verschifft werden. Außerordentlich fruchtbar und wohlbestellt sind namentlich die Ränder des großen Aoussa- oder Abhebbadsees, die alljährlich bei dem Austritt desselben mit einem dicken schwarzen Schlamm, gleich dem ägyptischen Nilschlamm befruchtet werden. — Der Handel dieser Gegenden ist sehr bedeutend. Ein bedeutender Verkehr im Innern wird mit dem an den Rändern des Assalsees gewonnenen vorzüglichen Kochsalz betrieben. Nach Außen führt man besonders Landesproducte an der Nordseite über die Hafenstädte Zeila, Berbĕra und Bunder Cassim;

an der Südostseite über Brava, Makdeschú und Dschub aus, während im Innern Hurrur und Karame die bedeutendsten Handelsorte sind. An der Küste befindet sich der Handel vorzugsweise in Händen der Banianen, dann von Arabern, welche mit ihren Küstenfahrzeugen die Verbindung der einzelnen Häfen und mit Arabien unterhalten. Große Quantitäten Myrrhen, Frankincense und verschiedene Gummiarten werden nach Mochha und Bombay, Indigo nach Mochha und Makalla, in Süd-Arabien, eine Art Safran, Orseille, endlich Kaffe (der so gut, als der arabische ist, in bedeutenden Massen von Hurrur) und Ghi (geschmolzene Butter) nebst Schafen in großer Menge nach Arabien, nächstdem Straußfedern, Thierhäute, Rhinocerosthörner, Elfenbein und Kameele (von der Südseite) ausgeführt und dafür Glaskorallen, Zink, Eisen, Blei, Zucker, baumwollene blaue indische Zeuge, Alaun, Taback und selbst Durrah eingeführt. Ungemein lebendig ist der Handel mit dem südlichen Arabien, weshalb stets viele Somâli nach Makalla auswandern. Aus dem tiefen Innern kommen besonders Sclaven, Zibeth, namentlich von Gurâgue und etwas Goldstaub auf den Markt von Zeila und Berbĕra. Die bekanntesten Orte sind:

An der Nord-Küste: Zeila, kleiner Ort mit 750 Ew., aber durch seinen ziemlichen Hafen großer Handelsplatz, besonders für den Export von Hurrur. — Berbĕra 10° 22′ 0″ N. B. 62° 50′ O. L., im Sommer ein wüster Fleck, im Winter eine große des Handels wegen gebildete Zeltstadt mit mehr als 20000 Fremden, wohin viele Schiffe aus Indien und Arabien anlangen. — Meyet, ansehnlicher Stapelplatz für Gummi, beträchtlicher Handel mit Aden und Makalla. — Bunder Cassim, befestigt, sehr bedeutender Handelsort. An der Südostküste: Bunder Osman, an der Mündung des Dschub, ansehnlicher Export von Weihrauch. — Makdeschú 2° 1′ 8″ N. B. 62° 55′ 50″ O. L., mit steinernen Häusern, 4000 Ew., ziemlich bedeutender Handel; starke Fabrication von Zeugen, die im Innern sehr beliebt sind. — Barrowa oder Brava, 2000 Einwohner, reiche Handelsstadt. — Im Innern: Hurrur, 14 Tagereisen westlich von Zeila, groß, reich, gut bevölkert, von Stein erbaut und ummauert, in einer wohlbewässerten, ungemein fruchtbaren, besonders an Kaffebaumpflanzungen und Waldungen mit dem schönsten Bauholz reichen, von Bergen umgebenen Oase gl. N., deren fanatische etwa 17000 Köpfe starke muhamedanische, von meist heidnischen Galla umschlossene, vorzüglich dem abessinischen Amharastamm, zum Viertel aber auch dem Adâlvolk angehörige Bevölkerung einen eigenen Staat mit regelmäßiger Regierung unter einem erblichen Emir bildet und einen außerordentlich bedeutenden Zwischenhandel zwischen Zeila und Süd-Abessinien nebst den Gallaländern bis tief in das Innere betreibt; bedeutende Fabrication baumwollener und seidener Zeuge, die nebst selbst gezogenem Kaffe viel exportirt werden. — Konssa, am Südrande des großen Koussa- oder Abhebbadsees, in einer fruchtbaren Oase, 1500 Häuser mit 6000 Bewohn., meist Kaufleute und Ackerbauer; Hauptort der Mudaitosomali. — Karame, am Webbe Gunana, blühende Handelsstadt, 10000 Ew.

VII. Das östliche Süd-Afrika.

Bücher.

J. Prior, Reise nach der Ostküste von Afrika. Aus dem Englisch. Jena 1820. 8. — Nath. Isaacs Travels and adventures in Eastern Africa descriptive of the Zoolus, their manners, customs with a sketch of Natal. 2 Vol. 8. London 1836. — S. Kay, Travels and researches in Kaffraria. London 1833. 8. mit einer Charte. — Sir I. E. Alexander, Excursions in Western Africa and a narrative of a campaign in Kaffirland. 2 Vol. 8. London 1837—1840. mit Kupf. — A. Delegorgue, Voyage dans l'Afrique australe notamment dans le territoire de Natal. 2 Vol. 8. Paris 1847. — J. L. Döhne, das Kafferland und seine Bewohner. 2. Aufl. Berlin 1844. 8. — Reis naar en verblijf aan de Kaap en te Natal gedurende het jaar 1846 en 1847. In brieven door M. de Vogt. Kampen van Hulst. 1850. 8. — A. F. Gardiner, Narrative of a journey to the Zoolu country 1835. London 1836. 8. mit Kupf.

1. Der nördliche Theil. (Das Suahelilaud.)

Lage, Ausdehnung, Grenzen. Er beginnt im Norden mit dem Lauf des Dschub und endet im Süden am C. Delgado 10° 41′ 2″ S. Br. 48° 14′ O. L., so daß seine nordsüdliche Länge etwa 10 Breitengrade umfaßt. Im Osten durch den Indischen Ocean bespült, reicht derselbe im Westen bis an den Abfall des hier noch sehr wenig bekannten Binnenhochlandes.

Oberflächenbeschaffenheit. Der Küstenrand folgt fast unveränderlich einer südöstlichen Richtung, indem die Dschubmündung unter 60° 14′ 0″ O. L., C. Delgado unter 38° 14′ 0″ O. L. liegt, doch bildet der zwischen Mombas und Kilöa liegende Theil desselben einen weit nach Westen einspringenden Bogen. Er ist, gleich der Somâliküste, außerordentlich einförmig, und zeigt weder durch stark hervortretende Vorgebirge, oder tief einspringende Meeresarme, noch durch breite Flußmündungen, mit Ausnahme der Formosabai bei Melinda 3° N. Br., der schönen Baien von Mombas und Kilöa, der tiefen Bai, worin der Lindyfluß mündet, endlich der Mikindanybai zunächst C. Delgado wesentlichere Abwechselungen. Doch begleitet eine zahlreiche Reihe kleiner flacher Koralleninseln den ganzen Küstenrand vom Dschub bis wenigstens Kilöa und erschwert Schiffen die Annäherung gar sehr, ja macht sie stellenweise sogar höchst gefährlich. Der Küstenrand ist im größten Theil seiner Länge ein theils ebenfalls aus Korallenkalkmassen, theils aus Dünensand, hin und wieder an den Mündungen der großen Ströme aber auch aus fruchtbaren Flußalluvionen gebildeter Landstrich, dessen Erhebung über dem Meeresspiegel im Allgemeinen höchst gering ist, so daß bei Patta 2° 10′ S. Br. ausgedehnte Sümpfe sich gebildet haben, und sämmtliche Flüsse kurz vor ihrem Austritte in den Ocean sich in zahlreiche Arme verzweigen, welche sehr ansehnliche, mit Mangrovewaldungen bedeckte Delta bilden und in der Regenzeit so rasch weit und breit ihre Ufer überschwemmen, daß zahlreiche Thiere, namentlich Elephanten, dadurch zu Grunde gehen, deren Leichname stromabwärts getrieben werden. Am unteren Lufidschi ist das Land so flach, daß die Bevölkerung, um vor Ueberschwemmungen gesichert zu sein, ihre Wohnungen auf Pfählen erbaut. Am unteren Kilimanse vermag das Meerwasser sogar bis 3 M. aufwärts zu steigen, indem so weit die Ränder des Stroms mit Mangrovewaldungen bedeckt sind. Sehr selten nur wird der Küstenstrich höher und felsiger, wie es um die Mikindanybai und namentlich bei Mombas der Fall ist, indem nördlich von Mombas bei Rabba Empia sich Felsen am Meere bis 800 F. über dessen Spiegel erheben. In dem die ganze Länge des Küstenrandes begleitenden labyrinthischen Zuge meist niedriger und kleiner, aus unergründlichen Tiefen aufsteigender Korallenfelsen, sind nur einige, wie Pemba, Zanzibar und Monfia von größerem Umfange. Dieses Zuges wegen gewähren auch nur einige Flußmündungen, namentlich die des Durnfordstroms 1° 13′ 4″ S. Br., so wie die Baien von Mombas, Kilöa und die Bai an der Mündung des Lindy, endlich die Mikindanybai gute Ankerplätze. In einiger Entfernung von der Küste sieht man dann, unter andern bei Patta, vom Meere aus zuweilen grüne und schön bewaldete Hügel aus der flachen Küstenstufe aufsteigen, welche nordwestlich von Mombas wieder durch steile sehr hohe Berge begrenzt werden. Letzte scheinen nur der steile Abfall eines dürren, wüsten, meist mit Dornbüschen bedeckten und von wilden Eseln durchstreiften ebenen Stufenlandes im Innern zu sein, ähnlich den steilen mauerförmigen Rändern von Mittelterrassen, wie man sie am Zambēse und im südlichsten Theile des Kafferlandes kennt. Die Hochebene reicht dann, westlich von Mombas, 6 Tagereisen weit im Innern bis zum Fuße des großen südafrikanischen Binnenlandes, und es erheben sich aus ihr noch einzelne hohe Berge, Bergstöcke und kleine Gebirge, wie der Kadiaro im Westen oder das Usambarabergland südwestlich Mombas.

Geognostische Beschaffenheit. Die geognostischen Charaktere dieses Theils des Continents sind noch fast gar nicht erforscht, nur ist es bekannt, daß die Felsen großer Strecken des Küstenrandes und die flachen Inseln vor demselben aus ganz jugendlichen Korallenmassen bestehen, ferner daß in dem Boden des inneren Küstenlandes zwischen dem Dschub und Kilimanse röthliche Sand- und Thonmassen vorherrschen, endlich daß es am Sabakifluß schwarze Felsen gibt, auf deren Gipfel ganze Ortschaften zur Sicherheit der Bewohner in Kriegszeiten erbaut sind, was zu der Vermuthung führt, daß hier, wie im centralen Süd-Afrika, isolirte tafelförmige Sandsteinfelsen auftreten, die auf ihrem Gipfel von einer Basaltdecke gekrönt werden möchten.

Gewässer. Das ganze Gebiet ist überaus reich an fließenden Gewässern und selbst reich an sehr langen, breiten und tiefen Strömen, deren Lauf man Monate weit in das Innere verfolgen kann. Nächst dem nördlichen Grenzflusse, dem Dschub, mündet hier an der Durnfordspitze der große Durnfordstrom, der bei den Eingeborenen diesem Namen nach unbekannt ist, dann einer der bedeutendsten dieser Gegend der Kilima Mansi (d. h. Gebirgswasser; der Kilimanse oder Quilimanse älterer Geographen), oder schlechtweg Ozi (Wasser), Pokomosi (Wasser des Pokomovolks), Maro von den Galla, so wie Dana im Innern genannte Fluß, der auf dem Binnenplateau an den Abhängen des mit ewigem Schnee bedeckten Keniagebirges entspringt, tief im Innern mit größeren Fahrzeugen bis zu großen Katarakten schiffbar sein soll und am Nordrande der Formosabai 2° 33' 12" N. Br. 58° 10' O. L. mit enger und durch eine Barre sehr seichter Mündung sich mit dem Indischen Ocean vereinigt. Am Südrande dieser Bai mündet auch der Sabaki, der Tzavo der Binnenbewohner, ebenfalls ein großer und im Innern sehr breiter und tiefer Strom, dessen Quellen an dem gleichfalls mit ewigem Schnee bedeckten Kilimandschärogebirgsstock des Binnenlandes liegen, ferner der in 3° 25' mit einer 1/4 M. breiten Mündung in den Indischen Ocean tretende, 38 Tagereisen lange klare Quilifi- oder Kilefistroms oder Fluß von Mombas (Nashriver der Engländer), der 30 Tagereisen weit in das Binnenland zu verfolgen sein soll, der sehr reißende und große Pangany (im oberen Lauf Louffou genannt), welcher bei seinem Eintritte in die flache Küstenstufe weit berühmte Wasserfälle, aber nur einen 600 F. breiten Eingang in 5° 30' N. Br. hat, der große, mit seiner Mündung der kleinen Insel Moufia gegenübermündende Lufidschi oder Rufidschi, überhaupt einer der größten und schnellfließendsten Ströme des östlichen Süd-Afrikas, der im Innern gleich einem See sehr erweitert ist und ein Delta im unteren Lauf bildet, aber nur eine sehr schmale Mündung hat, der Strom von Kilöa 9° 42', der große Kisuera 9° 26' N. Br., der Masonga, der an seiner Mündung abermals ein großes, inselreiches, sumpfiges und mit Mangroven bedecktes Delta bildende Lindy, der Muania oder Mgäu, endlich der außerordentlich große und lange Lufuma oder Rufuma, welcher durch 2 Mündungen große Wassermassen in den Ocean führt und wiederum einer der größten Flüsse des südlichen Ost-Afrika ist, da er noch 8—9 Meilen von seiner Mündung 1 M. breit befunden wurde.

Klima. Das Klima ist nach der tropischen Lage dieses Theils des Continents im flachen Küstenstrich ungemein heiß, in der Mittelterrasse dagegen angenehm gemäßigt. Die Regenzeit dauert in Mombas nur einen Monat lang, von Ende März bis Ende April. In den sumpfigen Strichen bei Batta, Lâmu und überhaupt an den sumpfigen, von dicken Mangrovewaldungen begleiteten Flußmündungen ist es außerordentlich ungesund, so daß selbst die Portugiesen niemals in den Küstenstädten Mombas und Kilöa einen dauernden Aufenthalt hatten nehmen können. Eben so nachtheilig für europäische Constitutionen ist die Insel Zanzibar durch ihre Wechselfieber.

Naturproducte. Die Vegetation ist in dem heißen feuchten Küstenstrich überaus üppig und gänzlich tropisch; dicke Kokospalmwaldungen begrenzen den Meeresstrand, ihre Früchte mit einer Art Erbsen (Dhot), Mais und Reis gewähren der dortigen Bevölkerung das Hauptnahrungsmittel. Zuckerrohr und Pisang gehören daselbst ebenfalls zu den gewöhnlichsten Gewächsen. Kilöa ist außerdem sehr reich an Sesam, so wie die südlich Mombas gelegene Ostküste an Copalbäumen (Trachylobium Mozambiquense) und der Azaitepflanze, welche wild wächst, aber auch ausgedehnt cultivirt wird und ein dem Olivenöl ganz gleiches Oel gibt, das auf den Märkten Indiens einen hohen Preis hat. Bei Mombas erscheinen schon die großen, bisher ganz unbekannten Mikomapalmen, welche selbst noch auf der Mittelterrasse den Lauf der Flüsse begleiten. Den romantischen, nördlich Mombas unter dem Namen der Ribe-, Kambe- und Djebanaberge bekannten Abhang der Mittelstufe gegen den Küstenstrich, so wie den im Süden von Mombas bedecken dicke Wälder der schönsten Waldbäume, welche das vortrefflichste Schiffsbauholz geben würden. Diese Wälder sind besonders reich an den bis zum Pangany vorkommenden Copalbäumen, während die felsigen Ebenen der Mittelstufe theils ausgedehnte Grasfluren sind, theils ihrer Acacien- und Cacteenvegetation nach als dürres, meist wasserloses Land erscheinen, worin nur stellenweise dicke Wälder vorkommen. — Aus der Thierwelt sind hier am bekanntesten und häufigsten Elephanten, wovon große Heerden nebst wilden Büffeln, Schweinen und Rhinoceronten die Sumpfwaldungen bevölkern, zahlreiche Leoparden in den Waldungen von Kilŏa, zahme Esel zu Mombas von ausgezeichneter Güte, endlich im Meere zunächst der Küste Cauriécypräen (Cypraea monela), Carettschildkröten und die großen grünen eßbaren Schildkröten. In der Mittelstufe finden sich wilde Esel und Antilopen heerdenweise, in den Flüssen Flußpferde und Krokodile in Fülle.

Bevölkerung. Diese tritt hier in so mannigfachen und interessanten Verhältnissen auf, daß sie kaum von der einer andern Continentalgegend übertroffen werden möchte. In ganz kurzen Entfernungen erscheinen vielfache Wechsel schwarzer, brauner und weißer Völkerschaften, zwischen denen häufig Uebergänge in Gesichts- und Körperbildung statt finden. Aber der nach seinen gequetschten Gesichtszügen, seiner schwarzen, wie polirten Haut und dem schwarzen Wollenhaar ausgezeichnete Typus des wahren Guineanegers fehlt gänzlich. Statt dessen trifft man regelmäßige körperliche Entwickelungen, zuweilen bis zu dem schönsten Gesichtstypus der kaukasischen Race, die stattlichsten Figuren im männlichen Geschlecht und so ausgezeichnete Gesichts- und Körperformen im weiblichen, daß die hellfarbigen Mädchen aus dem Mabungostamm auf dem Sclavenmarkt Zanzibars theurer, als selbst die in den orientalischen Harems so hoch geschätzten Abessinierinnen bezahlt werden. Besonders werden die Suaheli, die Bevölkerungen um Kilŏa und um das alte Melinda wegen ihrer schönen Körperbildungen gerühmt. Trotz mannigfacher Differenzen weisen übrigens unverkennbare Uebergänge zwischen den einzelnen Stämmen, vor Allem aber der übereinstimmende Bau der hiesigen Sprachen darauf hin, daß, mit Ausnahme der Galla, die ganze Bevölkerung gleich den Kaffern, Betschuanen und Congos nur ein Zweig des großen, durch Süd-Afrika verbreiteten Volksstammes ist. Durch das Vordringen der Galla und die häufigen Ansiedlungen von Arabern seit den urältesten Zeiten der Geschichte wurden jedoch die völkerlichen Verhältnisse hier auf das Mannigfachste verändert. Die Galla haben sich besonders im nördlichen Theile des Innern zwischen dem mittleren Lauf des Dschub und Sabaki bis zum Kilimanse und neuerlich bis an die Küste zwischen Makdoschu und der Mündung des letzten verbreitet; sie sind noch so wild und grausam, wie ihre Vorfahren, welche vor 2 und 3 Jahrhunderten einen Theil der blühenden Küstenstädte, wie Kilefy und Melinda zerstörten, und sie dehnen ihre Raubzüge noch fortwährend gegen Süden bis in die Landschaft Teita zwischen dem Sabaki und Usambara aus. Die Araber und deren Abkömmlinge nebst den Mischlingen derselben mit Eingeborenen wohnen vorzüglich in den Seestädten bis C. Delgădo im Süden. Von den einheimischen Völkern ist das bedeutendste das der Suaheli, mit etwa 3—400000 Köpfen, welches den ganzen flachen Küstensaum bis 2—3 Stunden in das Innere besitzt und deshalb seinen aus dem Arabischen stammenden Namen, welcher Tieflandsbewohner bedeutet, erhalten hat. Gleicherweise findet sich dasselbe auf den Inseln Zanzibar, Pemba, Tanga, wie auf den kleineren zahlreichen Eilanden längs der ganzen Küste. Die Suaheli sind thätig und geistig gewandt, nähern sich aber in ihrer tief schwarzen Hautfarbe und dem kräftigen Körper allerdings dem Negercharakter. Sie sind zugleich Muhamedaner und treiben einen ausgedehnten Handel mit dem Binnenlande und dem gegenüber liegenden Süd-Arabien. Ihre Sprache, das Kisuaheli, erkannte man neuerdings als höchst beweglich, gut ausgebildet, reich und durch eine

Fülle von Vocalen, ähnlich dem Malayischen, als in hohem Grade wohlklingend. Man findet sie überall in den Seestädten zu Lamu, Patta, Mombas und Kilóa im Gebrauch; sie ist der Schlüssel zum Verständniß der Sprachen im Innern. Abzweigungen der Suaheli sind in der Mittelstufe die am Dana wohnenden Pokomo, die vorzugsweise Ackerbau treiben und die Producte ihres Bodens, Indisches Korn und Reis im tiefern Innern gegen Elfenbein verhandeln, das sie den Suaheli an der Küste absetzen; ferner die südlich von Mombas längs der Küste lebenden Wasegua, Watumbi (gegenüber Zanzibar), Wagnindo und Wamuera (bei Kilóa). Von Kilóa bis C. Delgado verbreitet sich ebenfalls längs der Küste, aber auch im Innern der noch dem Sultan von Zanzibar unterworfene große Stamm der Mondyages, der mit dem tiefen Innern großen Verkehr treibt und von da die Waaren an die Küste und besonders nach Zanzibar führt. Er ist zugleich der zahlreichste, begütertste und civilisirteste dieser Gegend. Von demselben wird auch das bis 150—200 Stunden in das Innere reichende Reich Morima zunächst am C. Delgado gebildet, das reich an Copal, Reis, Elfenbein, Bohnen, Linsen, Hirse und Ebenholz ist. In der Mittelstufe leben westlich Mombas zwischen dem $3\frac{1}{2}$—$4\frac{1}{2}^\circ$ S. Br. die 50—60000 Köpfe starken schwarzen heidnischen Wanika, ein friedliches und selbst feiges, aber auch beredetes Volk von meist ehrenhaftem und in Bezug auf fremdes Eigenthum gewissenhaftem Charakter; das jedoch auch selbstsüchtig, abergläubisch, bettelhaft, geschwätzig und stark trunksüchtig ist, eine ausgedehnte Ackercultur betreibt und sehr tief in das Innere des Continents große Handelsverbindungen unterhält. Seine Sprache, das Kinika, steht dem Kisuaheli so nahe, daß es von den Suaheli verstanden wird. Die Wanika zerfallen in mehrere Stämme, von denen der der Wadigo-Wanika erst in neuester Zeit bekannt wurde. An die Wanika schließen sich in der Mittelterrasse westlich Mombas wiederum die Bevölkerungen des ebenen 2. Stufenlandes Teita, so wie die des daraus aufsteigenden Kadiarobergstocks, endlich noch die Bewohner des tiefer im Innern liegenden hohen Berglandes Bura, sämmtlich Wateita, deren Sprache nahe mit dem Kinika verwandt ist, eng an. Doch unterscheiden sich die Wateita von den lärmenden Wanika durch einen stillen, ruhigen Charakter und größere Mäßigkeit, da sie keinen Palmwein besitzen, aber sie sind noch abergläubischer, als die Wanika.

Verfassung, Handel, Gewerbe. Der größte Theil der Bevölkerung bildet zahlreiche kleine Staaten mit vorzugsweise republikanischer Verfassung. So ist es bei den Wateita, namentlich aber bei den Wanika, wo die Aeltesten oder Chefs nur die Beschlüsse der Majorität vollziehen; anders im Lande Usambara auf der Mittelstufe, das ausnahmsweise durch Monarchen mit strenger Ordnung regiert wird. Unter den auf derselben Stufe einem und demselben Volk angehörenden Stämmen kommt es selten zu Fehden, da bei den Wanika Beleidigungen unter Individuen selbst verschiedener Stämme durch Zahlung einer Strafe von 15—20 Kühen Seitens des Beleidigers abgemacht werden, ehe es zum Aeußersten gelangt. Längs der Küste hat sich jedoch in neuerer Zeit eine größere Macht gebildet, nachdem die Sultane von Mascate in Süd-Arabien seit 200 Jahren allmählich eine Herrschaft hier zu gründen und der Anarchie der kleinen Staaten ein Ende zu machen gesucht hatten, und nachdem besonders der jetzige Sultan Seyed-Syid-Bin seinen Wohnsitz gänzlich nach Zanzibar verlegt und durch Waffengewalt und Ueberredung die meist durch Fürsten arabischer Abkunft beherrschten kleinen Suahelistaaten zwischen dem Dschub und dem 10° S. Br. unterworfen hat, so daß seine Macht zu der ansehnlichsten in diesen Gegenden erwachsen ist. Seitdem haben die Handels- und Cultur-Verhältnisse dieses seit Jahrhunderten für die Europäer in völlige Vergessenheit gerathenen Landstrichs einen neuen Aufschwung genommen, indem Seyed-Syid-Bin seine Gewalt mit großer Energie, Umsicht, aber auch mit Milde aufrecht zu halten weiß und fortwährend die Beförderung und Sicherheit des Verkehrs mit dem Innern und dem Auslande, namentlich mit Indien, den Nord-Amerikanern und Engländern eifrigst erstrebt, wobei er zugleich die Cultur von Pfeffer-, Gewürznelken und andern tropischen Gewächsen mit solchem Glück betrieben hat, daß sein Staat in der Ausfuhr der tropischen Producte bereits erfolgreich mit Indien wetteifern kann und dessen Pfeffer auf den nordamerikanischen Märkten den Indischen Pfeffer gänzlich verdrängt hat. Dadurch hat Zanzibar einen großen Theil des einst von Mozambique betriebenen Handels an sich gezogen, und es erhebt sich das Reich des Sultans immer mehr an Wohlstand und reeller Macht, die jetzt schon bis tief in das Innere reicht, wo er die Distriete durch Stellvertreter verwalten läßt. — Im Innern sind es besonders die Mocaranga, welche den Handel mit Zanzibar, so wie die Wanika und Wakamba, welche den nach und von Mombas vermitteln. An der Küste beschäftigen sich mit demselben vor Allem die seit uralter Zeit in allen Küstenstädten stark ansässigen Araber, so wie Banianen. Der besonders durch kleine arabische Schiffe in Lebensmitteln, vorzüglich in Reis und Dhot, betriebene Küstenhandel ist sehr lebendig. Fremde Waaren gelangen fast ausschließlich durch englische, nordamerikanische und arabische Schiffe hierher. Diesen Verkehr zu heben, schloß die nordamerikanische Regierung im Jahre 1835, die britische 1839, endlich auch die französische Handelsverträge mit dem Sultan, der übrigens selbst in seinen Landen der vorzüglichste Kaufmann ist, sich den Alleinhandel mit Elfenbein und Copal vorbehalten hat und sogar seine Kriegsflotte zur Waarenbeförderung benutzt. Ausgeführt werden von der ganzen Küste nächst Sclaven besonders nach dem Arabischen und Persischen Golf Vieh und Reis, beides sehr viel von Pemba, die an der ganzen Küste in Fülle vorkommenden Cauris hauptsächlich von Mombas, sehr viel Elfenbein vorzüglich aus Zanzibar, Lômu, Mombas und Kilöa, Wachs, Honig, Häute, Perlen, Rhinoceroshörner, Schildpatt, Droguen, Sesam ebenfalls von Kilöa, Azaite- und Kokosöl, Palmenmatten, etwas Goldstaub. Aber der wichtigste Exportartikel ist in neuerer Zeit das am Meisten von Zanzibar und Mombas verführte Copal geworden. Nächstdem beschäftigt sich Zanzibar mit dem Export von Pfeffer und Gewürznelken, wie mit Verführung großer Quantitäten des aus dem Somâliilande kommenden Weihrauchs, des Arabischen Gummi und der Myrrhen, und es versendet zugleich mittelst arabischer Schiffe europäische Manufacturwaaren nach Süd-Arabien und dem Persischen Golf. Eingeführt werden jetzt indische, englische und amerikanische Baumwollenstoffe, Glassachen, Waffen, Pulver, Nadeln, Eisendrath, Messing, Spiegel, Seife, Zucker. Der ganze Handel beschäftigt längs der Küste 250—300 größere und kleinere Seeschiffe. Vor Jahrhunderten war derselbe in außerordentlicher Blüthe, wovon die zahlreichen Ruinen einst bedeutender und zum Theil, wie Melinda, gänzlich verlassener Städte Zeugniß geben. Die noch vorhandenen Seeplätze, Lômu, Patta, Mombas und Kilöa sind traurige Zeugnisse ihrer früheren Bedeutung. Der noch immer sehr gewinnreiche Handel wird aber nur durch Tausch betrieben, da man gemünztes Silber nicht kennt und achtet. Nächst Handel betreiben die Eingeborenen Viehzucht und Ackerbau. Technische Industrie ist sehr gering, doch sind die Suaheli von Zanzibar nicht ungeschickte Schmiede.

Topographie. Die bedeutendsten der fast ohne Ausnahme auf kleinen Inseln in der Nähe des Festlandes oder auf isolirten Felsen des letzten selbst gelegenen Ortschaften sind: Patta 2° 9' 20" S. Br. 58° 37' 0" O. L., kleiner Handelsplatz, einst der Hauptort des mächtigsten unter den Suahelistaaten. — Lâmu 2° 15' 45" S. Br. 56° 31' 0" O. L., 5000 Einw., starker Handel. — Mombas 4° 4' 0" S. Br. 57° 17' 45' O. L., auf einer vom Korallenfels gebildeten Insel, mit dem trefflichsten Hafen dieser Gegenden, altes, festes, einst portugiesisches Castell. — Pemba, mit einem sehr guten Hafen, auf der $7\frac{1}{2}$ Meilen von N. nach S. langen und $2\frac{1}{2}$ M. W.O. breiten höchst fruchtbaren und bauholzreichen Insel, der Kornkammer des benachbarten Festlandes, da auf ihr der vortrefflichste Reis cultivirt wird. — Pombu, eine ganz von Arabern bewohnte Seestadt. — Pongue, große, befestigte und wohl bevölkerte Stadt der Wanika. — Zanzibar (Unguja der Suaheli), auf der großen, niedrigen zwischen dem 5° 42' 45" und dem 6° 27' 42" S. B. gelegenen, wohlcultivirten, aber besonders für Europäer höchst ungesunden Insel, die jetzt eine fortwährend wachsende Bevölkerung von 100000 industriösen Einwohnern meist des Suahelistammes hat: Sitz des Sultans, sehr bedeutender Handel. — Quebindscha, große, sehr bevölkerte und befestigte Stadt, mit einer sicheren Rhede für kleinere Schiffe. — Kilöa (Quiloa der Europäer) 8° 57' N. Br. 57° 8' 43" O. L., 8 Stunden südlich von Quebindscha, einst ein reicher und großer Handelsort, jetzt ein unbedeutendes Dorf, auf einer $2\frac{1}{2}$ M. langen und $1\frac{1}{2}$

Stunden breiten, 150 Stunden nördlich von Mozambique gelegenen sehr ungesunden und von ausgedehnten Lagunen umgebenen Insel, die einen weiten und für die größten Schiffe brauchbaren Hafen bildet; altes festes, einst portugiesisches Castell. — Kisuera, 8—12 Stunden südlich Kilöa, an der Mündung des Flusses gl. N., große Stadt mit gutem Ankerplatz für Schiffe aller Art. — Lindy, am Flusse gl. N., großer Handelsort, in gleichfalls sehr ungesunder, sumpfiger Lage. — Fenschouguerre, sehr große reiche und stark bevölkerte Stadt im Innern, 5—6 Tagereisen nordwestlich von Kilöa; Stapelplatz für die Waaren des Binnenlandes, die von hier nach Quebindscha und Kisuera gehen.

2. Der südliche Theil. (Das Kafferland.)

Name, Lage, Ausdehnung, Grenzen. Der Theil der Ostküste, der zwischen Cap Delgādo im Norden und seiner südlichsten Grenzlinie längs dem unter etwa 32° 36′ S. Br. in den Indischen Ocean mündenden Kneiba- oder sogenannten Großen Keiflusse, der neueren westlichsten Grenze der Cap Colonie, liegt, führt seit seiner Entdeckung durch die Portugiesen unter Vasco de Gama im Jahr 1496 nach dem bei den Europäern allgemein üblich gewordenen Namen seiner Bewohner, der Kaffern, den Namen des Kafferlandes. Er wird in seiner ganzen etwa 350 M. betragenden Länge östlich durch den Indischen Ocean, westlich durch den hohen mauerförmigen Abfall des Binnenplateaus begrenzt. Seine Breite in westöstlicher Richtung kennt man noch nicht in allen Theilen genau, doch ist dieselbe im Verhältniß zu der großen Ausdehnung des Landes in nordsüdlicher Richtung nur gering, indem sie in der Parallele von Port Natal etwa 20, etwas weiter südlich unter dem 30° 55′ nur 16°,5, und im Amapondalande gar nur 13—15 M. beträgt. — Der steile Felswall, welcher das Kafferland im Westen begrenzt, führt in seinem südlichsten Theile, wo er bis 6000, nach Andern gar bis 9000 Fuß ansteigt, den Namen des Quathlamba oder Inkala (d. h. das Schneegebirge), bei den neueren Einwanderern holländischer Abkunft in das Natalland aber den Namen der Witteberge, indem er einen großen Theil des Winters durch seine Schneebedeckung weiß erscheint. Selbst im nördlichen Kafferlande zwischen dem 25—10° S. Br. wird die Westgrenze muthmaßlich durch einen ähnlichen Felswall gebildet, indem von den tiefer im Inneren im Westen Sofālas (20° S. Br.) gelegenen Landschaften Manica und Matuca ältere portugiesische Berichterstatter versichern, daß deren Klima so streng sei, daß im Winter dort viel Schnee falle, und man in Gefahr komme, zu erfrieren, so wie damit in Uebereinstimmung auch neuere Reisende erfuhren, daß im Westen Tetes, der innersten Besitzung der Portugiesen, der Zambēsestrom in Folge seiner Kataraktcn durch Boote unfahrbar werden. Doch fehlt bei unserer höchst geringen Kenntniß der geographischen Verhältnisse des nördlichen Kafferlandes jede bestimmte Nachricht hierüber.

Oberflächen-Verhältnisse. Der Küstenrand geht zuvörderst von C. Delgādo fast genau nordsüdlich bis zu den Hubbartsuntiefen südlich Mozambique 15° 46′ 42″ S. Br. 58° 2′ 35″ O. L., worauf er sich plötzlich mit einer langen und tiefen Einbiegung bis zu dem in 21° 34′ 30″ S. Br. bis 54° 41′ O. L. vorspringenden Cap Sebastian nach Westen wendet. Der westlichste Punkt dieser Einbiegung, das Fort Sofāla, liegt in 52° 20′ 40″ O. L. Vom Vorgebirge Sebastian folgt der Küstensaum bis C. Corrientes 24° 7′ 30″ S. Br. 53° 5′ 9″ O. L. wiederum mehr einer nordsüdlichen Richtung, worauf er sich rasch nach Südsüdwesten wendet und in dieser neuen Richtung ununterbrochen bis zum Großen Keistrom verharrt. Von seiner nördlichsten Spitze bis zur Mündung des Omzimvoubou (St. John) stroms 31° 34′ 30″ S. Br. 47° 3′ 30″ O. L. ist der Küstensaum ungemein einförmig und durch den großen Mangel guter Häfen, die fortlaufenden Züge von Sandbänken und Untiefen im angrenzenden Meere, die vorliegenden zahlreichen, bis an den Meeresspiegel reichenden Koralleninseln, endlich durch die heftigen Brandungen und Strömungen den Seefahrern zu allen Zeiten höchst gefährlich gewesen, so daß man ihn erst in neuerer Zeit etwas genauer kennen gelernt hat. Gleich von C. Delgādo in südlicher Richtung ist er zugleich so niedrig, daß man, um ihn zu sehen, ihm ganz nahe sein muß. Dasselbe ist auch weiterhin südlich von Mozambique bis wenigstens zu den Bazarutainseln der Fall, indem sich in dieser ganzen Erstreckung der sandige, baumlose und nur hin und wieder mit Mimosengebüsch bedeckte Strand mit kaum 12—15 und höchstens 5—600 F. über den Meeresspiegel erhebt. Stellenweise und zwar besonders den Querimbainseln gegenüber und an der De Lagôabai ist der niedrige Küstensaum ein weites Sumpfland, und mit dicken Waldungen bedeckt. Das angrenzende Meer nimmt zugleich, besonders an den Mündungen der großen Flüsse, bis auf 1—2 Meilen Entfernung von der Küste immermehr an Seichtigkeit zu, indem die Flüsse fortwährend eine Fülle von Schlamm und Holz in dasselbe führen. In der Nähe solcher Mündungen pflegt das Meer eine tief dunkelgrüne Farbe zu haben, die auffallend von der darauf folgenden des Tiefmeeres absticht. Zu den gefährlichsten Stellen dieses Küstensaums, der von C. Bajori unfern Mozambique bis zum St. Luciafluß, mit Ausnahme der Korallenfelsen am Angoschefluſſe und auf den Bazarutainseln, des Felsens am C. Corrientes und einiger Felsspitzen an der De Lagôabai sogar kaum einen Stein darbietet, gehören die Untiefen von Magnicale südlich Mozambique, worauf alljährlich portugiesische und andere Schiffe verloren gehen. Nur von Mozambique 15° 1' 10" S. Br. bis Licungo hat der Küstenrand 5 M. lang ein ganz abweichendes Ansehen, indem er von einer außerordentlich weit sichtbaren Felsenreihe, den Picos Fragos, gebildet wird, welche mit ihren mannigfachen phantastischen Formen gleich den Ruinen einer sehr großen Stadt aufsteigt und unzweifelhaft einst eine zusammenhängende Felsmasse gewesen ist. Ganz abweichend von dem nördlichen ist der südlichere Theil des Küstenrandes, welcher der ganzen Länge nach durch hohe und steile, unmittelbar aus der Meertiefe bis 300 F. über den Meeresspiegel aufsteigende, schön grün bewaldete Felsen, ohne irgend einen vorliegenden Streifen von Sand gebildet wird. Zunächst dem Großen Keifluſſe erheben sich diese Felsränder sogar bis 400 F. Zahlreiche Flüsse und Bäche stürzen von denselben in reichen Cascaden in das Meer hinab, wie es namentlich zwischen den Flüssen Omzimvoubou und Omtavoubou der Fall ist. Dies verbunden mit dem Reichthum an schönen Bergscenerien, die mit fruchtbaren Wiesenmatten wechseln, gibt dem ganzen südlichen Küstenrande ein überaus pittoreskes parkgleiches Ansehen und macht ihn zu einem der mannigfaltigsten und interessantesten Theile des Continents, der aber bei dem völligen Mangel an guten Häfen, wenn man die schöne und große Bai von Natal ausnimmt, zugleich einer der unwirthlichsten und bis in die neuere Zeit unbekanntesten auf Erden gewesen ist und durch sein steiles Aufsteigen bei den wüthenden Brandungen gleichfalls zu allen Zeiten unzählige Schiffbrüche veranlaßt hat. In der ganzen langen Erstreckung des Küstenrandes zeigen sich nur wenige hervortretende Landspitzen und selbst die vorhandenen sind, wie C. Delgâdo, zum Theil sogar nur niedrige Landzungen. Am Meisten charakteristisch für die Configuration der Küste sind nächst C. Delgâdo die Vorgebirge Melamo 14° 25', Barracouta 15° 30' S. Br., St. Maria bei Sofâla, St. Sebastian, die Nordspitze der De Lagôabai und die unter dem Namen C. Inyak 25° 58' S. Br. bekannte südliche Spitze derselben, C. Vidal, Lucia, die Durnfordspitze, C. Natal 28° 37' S. Br., Rame Head in der Nähe der Mündung des Omtâtastroms und endlich C. Morgan. Ebenso mangelt es ganz an tief eingeschnittenen Meeresarmen, mit Ausnahme etwa des in die De Lagôabai mündenden sogenannten Englischen Flusses, und zugleich sehr an großen geschlossenen Baien, indem die Einbiegungen des Küstensaums meist nur zur Bildung ausgedehnter offener Meerbusen, in denen die Schiffe nur stellenweise hinter kleinen vorliegenden Inseln Schutz finden, Veranlassung gaben. Die größte dieser Einbiegungen bildet den völlig offenen Busen von Sofâla, während der 1¼ M. lange und 1½ M. breite ebenfalls offene Meerbusen von Mozambique wenigstens durch die kleinen in ihm liegenden Inseln gl. N. den Schiffern einen ziemlich sicheren Ankerplatz gewährt. Die einzigen geschlossenen und als gute Häfen nutzbaren Baien zwischen C. Delgâdo und dem Kei sind der selbst für die größten Schiffe hinlänglich tiefe, 2½ M. lange und 1½ M. breite Pombabusen 12° 55' 50" S. Br., der Almeydahafen (Puerto Almeyda) 13° 25' 30" N. Br., die De Lagôa- und endlich die Natalbai

29° 53′ S. Br. Selbst die Beschaffenheit der Flußmündungen verhindert die Zugänglichkeit des ganzen Kafferlandes, indem dieselben fast ohne Ausnahme, sogar bei den größeren Flüssen, dem Angosche, Gawouro, Sabia, Ombalouzie (St. Lucia River) 30° 32′ S. Br. und Omtukēla sehr versandet sind, ja zuweilen Monate lang völlig trocken liegen, und die Einfahrt in die größten Ströme, in den Zambēse bei Quillimane 18° 10′ und den Imbambana 23° 51′ S. Br. ebenfalls durch die beständigen Sand- und Schlammablagerungen in hohem Grade erschwert ist. Doch ließe sich die Mündung einiger größeren Flüsse, wie des Angosche und Omzimvoubou, mit Leichtigkeit schiffbar machen und namentlich die des letzten, welche von hohen senkrechten Felswänden eingeschlossen ist und worin die Fluth 4 M. weit aufwärts steigt, mit geringer Anstrengung und wenigen Kosten in einen der schönsten Häfen der Welt umschaffen. Besonders den nördlichen Theil des Küstensaums begleiten zahlreiche, niedrige Inseln, die stellenweise zu ganzen Gruppen sich häufen, wie es zwischen C. Delgādo und der Querimbaspitze 12° 38′ 12″ S. Br. mit den Querimbainseln und südlicher noch mit den Angoscheinseln vor der Mündung des Flusses gl. N. und der Casuarinengruppe 17° 5′ 30″ S. Br. der Fall ist. — Völlig entsprechend dieser verschiedenen Beschaffenheit des Küstensaums ist nun die Bildung der ganzen Oberfläche des Kafferlandes. Vom C. Delgādo bis zur Mündung des Omzimvoubou ist dieselbe nämlich, so weit wir wissen, fast durchaus niedrig, im höchsten Grade einförmig und besonders zunächst den Flüssen in unermeßlicher Ausdehnung sumpfig und waldig. In langen Strecken ist hier ebenfalls im Alluvialboden kein Stein sichtbar und die dicken Urwaldungen werden von ganzen Heerden von Elephanten und Büffeln begleitet, von Rhinoceronten und Raubthieren aller Art durchzogen, während Krokodile und Hippopotamen die Flüsse erfüllen. Der Art sind besonders die südlich an C. Delgādo anstoßenden Theile des Küstenlandes, die ganze Umgebung des Zambēse von seiner Mündung bei Quilimane bis aufwärts Senna, die in der Regenzeit viele Meilen weit auf beiden Seiten überschwemmt wird und bis zur südlichsten Abzweigung des Stroms, dem Luabo, reicht, die Umgebungen von Sofāla, vor Allem aber das weite von Alluvionen bedeckte Tiefland zwischen dem Mapouta, Ompongōla, Tembia, Dundas und Manica, sämmtlich der De Lagôabai zugehenden Strömen, bis an den Fuß der westlichen Felsenmauer, endlich ein sumpfiger Strich längs dem in die St. Luciabai mündenden Ombalouziefluſſe, dessen Zuströme wenigstens 16 Meilen weit vom Ocean durch lauter flaches sumpfiges Gebiet ihren Lauf nehmen. Nur das hohe, vom Zambēse in einer großartigen Schlucht, der Lupāta d. h. Schlucht, zwischen Tete und Senna mit vielen Stromschnellen durchbrochene Tafelgebirge des Memale, so wie das südwestlich der De Lagôabai mit der Durnfordspitze am Meere endende Bumbogebirge, ein Ausläufer des Felswalls im Westen, der zugleich das Becken der Bai vom Zoulahlande trennt, bringen einige Mannigfaltigkeit in die Gestaltung des flachen, zum Theil selbst sehr öden Landes. Erstes ist aber vielleicht kein wirkliches Gebirge, sondern nur der steil nach Osten mauerförmig abfallende Rand einer Art Mittelstufe, auf der die Stadt Tete, das Manicaland und das Gebiet des Quiteveherrschers westlich Sofāla zu liegen scheinen, indem im südlicheren Theil des Kafferlandes, noch mehr aber im Capland, die Existenz einer solchen Mittelstufe wirklich mit großer Bestimmtheit erkennbar ist. Erst in der Nähe des Omtukēla, der bisherigen Nordgrenze Nataliens, hört die sumpfige Beschaffenheit des Bodens auf. Statt dessen wird derselbe sandig, trocken und er bietet besonders in Natalien einen völlig veränderten, mannigfaltigen und stellenweise selbst prächtigen Charakter dar. Zahllose an einander gereihte Hügel von mäßiger Höhe mit zwischenliegenden, reizenden bewaldeten Thälern, worin nie versiegende Bäche und Flüsse des krystallhellsten Wassers ihren Lauf nach der Küste nehmen, erfüllen das Land und nirgends sieht man hier sumpfige Einöden. Im nordwestlichen Theil des Natallandes gegen das Quellgebiet des Omtukēla erhebt sich das Terrain immer mehr, bis es endlich zwischen den oberen Zuflüssen desselben eine Art Mittelstufe bildet, die am Fuße des Quathlamba selbst 1500 F. über dem Meeresspiegel liegt. Auch südlich von Natalien erhält sich das Kafferland in einer bedeutenderen Erhebung über dem Meeresspiegel, die schon in der Nähe der Küste wenigstens 500 F. beträgt, und es wird zugleich hier im Gebiet der Amaponda und des Omtätastroms durch unzählige höchst enge und tiefe pittoreske Schluchten, in denen Flüsse und Bäche ihren Lauf nehmen, so zerrissen, daß das Reisen in dieser Gegend sehr schwierig, in Wagen theilweise sogar unmöglich ist, indem allein zur Ueberschreitung des Omtätathals in grader Richtung 2 Tage nöthig sind. So legte früher auch die gewaltige Schlucht des Omzimvouboustroms der Passage der vom Caplande nach dem Natallande ziehenden europäischen Händler die größten Schwierigkeiten in den Weg. Südlich vom Omzimvoubou entwickelt sich im Innern am Fuße des Binnenplateaus im dem theilweise noch unabhängigen Gebiet der Amatemba immer bestimmter die ebene Mittelstufe, deren absolute Höhe zu 3500 F. ermittelt wurde und die deutlich und ohne Unterbrechung selbst jenseits der neueren Grenzen des Caplands fortsetzt, wo sie sich endlich mit den älteren, Tarka, Cambedo, Bruintjeshoogte genannten Theilen desselben unmittelbar an eine ähnliche ebene Mittelstufe im Innern des Caplandes anschließt, welche den Namen der Karró führt, indem in der Höhe über dem Meeresspiegel, Configuration, Waldlosigkeit, Grasreichthum und allen übrigen Verhältnissen das freie Amatembaland auf das Genaueste mit der Karró übereinstimmt. Einzelne Bergmassen, die aber noch gar nicht genauer untersucht wurden, wie das Omtäta- und Pansewangebirge zwischen dem 54—58° O. L., erheben sich darin zu bedeutender Höhe. In diesen südlichsten Gegenden des Kafferlandes bildet das Gebiet der Amaponda und ein Theil des Amakosalandes eine schmale und verhältnißmäßig niedrige Küstenzone längs dem Indischen Ocean.

Geognostische Beschaffenheit. Die geognostischen Verhältnisse des Kafferlandes sind im Allgemeinen noch sehr unbekannt, und nur einige Beobachtungen im Amakosagebiet, in Natalien und am Zambése ergeben die nämliche große Einförmigkeit derselben, wie sie sich durch ganz Süd-Afrika wiederholt. Sehr regelmäßig und horizontal geschichtete, öfters durch Eisenoxyd stark roth gefärbte Sandsteine bilden fast überall, wo irgend Felsmassen zu Tage kommen, das herrschende Gestein. Dies ist namentlich im Yemalegebirge und in den Einschnitten der Flußthäler des Zambeselandes, in der Felsmauer des Quathlamba, endlich im Amakosa- und Amakondagebiet, so weit wir dasselbe kennen, und in Natalien der Fall. Besonders besteht der schroffe Küstenrand des Amakosalandes aus solchem Sandstein, der im Natallande häufig pittoreske festungsartige, im Yemalegebirge dagegen tafelförmige Felsen, ganz wie in Abessinien, bildet. Stellenweise, wie am Omzinyati in Natalien und bei den Amaponda ist das Gestein so dünnschiefrig, daß es gute Platten liefert, die bei der Missionsstation Buntingville zum Bauen benutzt werden. Einige Schichten haben dagegen die Natur desjenigen Sandsteins, der in Nord-Amerika zur Anfertigung vortrefflicher Mühlsteine dient, so wie auch eine Lage den Zoulahs das Material zu den feuerfesten Schmelztiegeln liefert, worin sie ihre Eisenerze zu gut machen. Ueber das Alter dieser Sandsteine ist nichts Gewisses bekannt, obgleich derselbe in Natalien ganze Ansammlungen von noch ununtersuchten Muscheln außer anderen Thier- und Pflanzenresten der Vorwelt enthält. Doch scheint derselbe, wie in Aegypten, Nubien und der Sahára wenigstens aus 2 Gebilden von sehr verschiedenem Alter zu bestehen, indem das häufige zerstreute Vorkommen verkieselter Dicotyledonenstämme im nordwestlichen Natalien für ein Auftreten solcher jüngerer Sandsteine spricht, die in Aegypten und Nubien Holzsteine eingeschlossen enthalten, wogegen die zahlreichen neueren Auffindungen von vortrefflichen Steinkohlen in den Einschnitten des Zambeselandes, dann von ausgezeichneter Anthracitkohle im Innern Nataliens das Dasein älterer Sandsteine erweist. Das Liegende der Sandsteine besteht völlig, wie in Aegypten, Nubien und in Fezzán, theils aus Thonschiefer, theils aus Granit. Erstes ist besonders im Zoulahlande, wo sogar eine natürliche Brücke über einen Fluß aus hartem und compactem Thonschiefer besteht, dann in Natalien bei Pieter Maritzburg der Fall, wo man das Gestein ungeachtet seiner Mürbe viel zu Bauzwecken benutzt. An anderen Punkten wird der Thonschiefer durch Granit vertreten, den man ebenfalls im Natallande in den Schluchten und Thälern zwischen Port Natal und Pieter Maritzburg, dann im

Lande der freien Zoulahs und endlich im Zambēselande findet, wo er einen Theil der Wände der Lupāla bildet. Sehr ausgedehnt und mächtig treten endlich, besonders in den südlichen Theilen des Kafferlandes, bei den Amakosa, Amaponda und Amatemba, Basalte auf, die auch in Natalien oft mitten im Sandstein langgezogene Rücken oder Berge bilden, bei der Missionsstation Buntingville in sehr große und schöne senkrechte Säulen zerklüftet sind und in ausgedehnten Strecken ganz in Mandelstein übergehen, der an den Abhängen des Quathlamba in Natalien und westlich von der De Lagôabai so reich an gefärbten Kieselmandeln ist, daß ein Thal sogar davon den Namen des Achatthals erhalten hat, und daß die vom Quathlamba herabkommenden Bäche unzählige solcher Achatmandeln in die Tiefe führen. Zu den jüngeren Gebilden dieses Theils des Continents gehören die rothen überaus fruchtbaren, stellenweise mit einer schwarzen humosen Substanz reichlich gemengten Lehmmassen, welche den größten Theil der Oberfläche Nataliens und auch im Innern der De Lagôabai bilden, die rothen Sandhügel an derselben Bai, selbst die rothen ockrigen und steinlosen Erdmassen von Sofāla, endlich die rothen goldführenden Diluvialablagerungen auf der Mittelstufe in der Landschaft Manica, alles mehr oder weniger Producte der Zerstörung rother thoniger Sandsteine, ferner die Korallenfelsen längs dem nördlichen Küstensaum und auf den diesem vorliegenden kleinen Inseln, die merkwürdigen noch gar nicht untersuchten unermeßlichen Anhäufungen von Muscheln auf den Gipfeln der Berge im südlichen Kafferlande, endlich die ausgedehnten Alluvialgebilde in den De Lagôa-, Zambēse- und Delgādoländern.

Gewässer. Ungemein bedeutend ist der Reichthum des ganzen Kafferlandes an fließenden Gewässern, sowohl Bächen, wie großen Flüssen, da ein Theil desselben noch im Gebiet der tropischen Regen liegt, dann die mehrere Monate dauernde Schneebedeckung der Gipfel des Quathlamba große Massen von Wasser liefert und endlich der Umstand, daß an den mauerförmigen, meist mit Wäldern bedeckten westlichen Rändern des Kafferlandes sich die aus dem Indischen Ocean aufsteigenden Dünste stauen und in der kühlen Atmosphäre in Regen verwandeln, sehr zur Erhaltung der fließenden Gewässer sogar während der trockenen Jahreszeit beiträgt. Die Höhe des Quathlamba bewirkt nämlich, daß selbst am Weitesten nach Süden im Amakosalande die Regen noch immer viel häufiger und intensiver, als auf der Westseite Süd-Afrikas und im Caplande sind. Auf vielen Bergwiesen Nataliens ist der Wasserreichthum sogar so groß, daß er den Reisenden lästig wird, indem das Wasser überall in Fülle unter der Oberfläche hervortritt und zahllose Rinnsale bildet. Auch an den Rändern der De Lagôabai erhalten die Bewohner überall süßes Wasser, wo sie in den Sand graben. Im mittleren Kafferland werden die Flüsse so häufig, daß allein zwischen Port Natal und dem St. Johnsflusse auf einer Strecke von nur 24—28 M. 122 in den Ocean mündende Flüsse gerechnet werden. Ebenso unzählig ist im Norden zwischen Mozambique und den Bazarutainseln die Menge der dem Meere zugehenden Flüsse, doch ist kein einziger derselben an der Mündung anscheinend bedeutend, obgleich allerdings im Innern mehrere sich zu großen Flüssen erweitern. Auch bis in die Nähe des C. Delgado fehlt es dem Kafferlande an Flüssen nicht, wovon besonders 2 von Bedeutung sind, der zwischen dem 11° 45' und 11° 38', mit vielen Armen dem Indischen Ocean zugehende Mufalo, dann der in 12° 29' in das Meer tretende Muitipuēsi, welcher über 30 Tagereisen weit aus dem Innern kommen soll. Der ansehnlichste Strom des ganzen Gebiets und zugleich einer der bedeutendsten des Continents ist aber der Zambēse d. h. Fischfluß in der Sprache der Bevölkerung, der solche Mengen süßen Wassers in die See führt, daß man dasselbe noch eine Meile von der Küste unvermischt, vollkommen frisch findet. Der Zambēse mündet in 7 größeren Armen, zwischen denen sich ein weites flaches sumpfiges, zunächst der See mit dicken Mangrovewaldungen bedecktes und dadurch höchst ungesundes Delta gebildet hat. Von den 7 Armen ist der Cuama oder auch der Strom von Quilimane genannt, weil er bei Quilimane 18° 10' 24" S. Br. 54° 36' 5" O. L. mündet, der nördlichste, der Luabo, ebenfalls ein tiefer, klarer und breiter Arm, der sich bei Melambey in 18°

57′ 36″ S. Br. 53° 34′ 45″ O. L. mit dem Ocean vereinigt, der südlichste. Zwischen diesen beiden Hauptarmen des unteren Stromlaufs durchziehen zahlreiche Abzweigungen derselben quer das Delta. Nach andern Berichten dürften sich Stromäste sogar noch tiefer nach Süden bis zu der De Lagoabai erstrecken, wenn der in die Bai mündende große Heil. Geistfluß (Rio Espirito Santo), der Manica der Portugiesen, wie behauptet wird, gleichfalls eine obere Abzweigung des Zambêse ist. Alsdann wäre die ganze Küste von Sofâla nur eine Art großer Insel von mehr als 100 Meilen Peripherie, und bei der außerordentlichen Flachheit derselben wäre zugleich die Angabe der älteren portugiesischen Berichterstatter wohl begreiflich, daß einerseits der bei der Stadt Sofâla mündende Sabiastrom seinen Ursprung aus dem Zambêse habe, anderseits, daß der in derselben Gegend in das Meer tretende Gawouro schon ein Arm des Manicastroms sei. Von allen Mündungen des Zambêse ist übrigens die eine Viertel Meile breite des Cuama die am meisten zugängliche und am besten gekannte, da nur einige Meilen aufwärts der obwohl kleine, doch besuchteste Handelsort dieser Gegenden, Quilimane liegt. Doch ist selbst die Cuamamündung zweier Sandbänke wegen für große Schiffe nur bei der Fluth passirbar und auch dann noch die Passage gefährlich. Unmittelbar hinter der Barre nimmt der Strom ansehnlich an Breite zu, so daß er bei Quilimane einem Süßwassersee gleicht. Dann verschmälert er sich nach einem 8 Meilen langen Lauf wiederum so, daß er in der trockenen Jahreszeit nur eine Breite von 70—80 F. bei einer Tiefe von 8 F. hat und er sinkt zuletzt bis zu einer Breite von 17—18 F. herab, so daß er dann selbst mit kleinen Böten stellenweise nicht mehr fahrbar ist. Während der 6 Monate dauernden nassen Zeit erlangt dagegen der Cuama eine Breite von $^1/_3$ M. und er überschwemmt seine ganze Umgebung so sehr, daß die Einwohner gezwungen sind, sich auf die höheren trocken bleibenden Stellen zurückzuziehen oder wenigstens Häuser haben müssen, die auf Pfählen stehen, wie es auch im Norden des Cap Delgado am unteren Lufidschi der Fall ist. (S. 120.). Bis dahin ist der Strom noch mit zahlreichen Inseln erfüllt. Bald oberhalb der Verengung zweigt der Luabo ab, worauf sich der ungetheilte Zambêse wieder zu einem majestätischen viele und große Inseln umschließenden Strom erweitert, dessen Ufer fortwährend flach, uncultivirt und sumpfig sind. Von der Stadt Senna 17° 13′ N. B. 53° 28′ O. L. bis zu der Spitze des Delta durchströmt derselbe fast ununterbrochen eine weite, ungesunde und mit Bambus bedeckte Einöde, und erst oberhalb Senna beginnt eine gebirgige Landschaft, anscheinend das von Tafelbergen gebildete Yemalegebirge, welches der Strom mit stürmischem Lauf in der engen Lupâta durchbricht, gleich wie die meisten großen Ströme des Binnenlandes, wenn sie bis zum Indischen Ocean fortsetzen, durch ähnliche enge Schluchten und über Stromschnellen ihren Weg in die Küstenstufe nehmen. Die Stromschnellen in der Lupâta erschweren die Aufwärtsfahrt besonders während der Regenzeit dergestalt, daß man von Senna nach dem nur 30 Meilen davon entfernten Tete 6 volle Wochen bedarf, wogegen die Rückfahrt sich in einer Woche zurücklegen läßt. Oberhalb der Lupâta fließt der Strom in weiten Ebenen, die unzweifelhaft, nach der gesunden Lage von Tete im Gegensatz der ungesunden von Senna und Quilimane zu urtheilen, eine Mittelstufe des nördlichen Kafferlandes bilden. Einige Tagereisen oberhalb Tete hört die Schifffahrt des Zambêse, die von Quilimane etwa 90 M. beträgt, an den großen Chicarongakatarakten von Chicova völlig auf, indem sich der Strom hier vom Binnenhochland herabstürzt. Der weitere Lauf des Zambêse ist fast ganz unbekannt und besonders noch nie von einem Europäer erforscht worden, doch soll er nach den Berichten der Eingeborenen auf dem Binnenhochland von Chicova einen großen Bogen nach dem Lande Manica machen und nach älteren nicht unglaubwürdigen Erkundigungen aus einem großen See entspringen. Zahlreiche und große Ströme gehen dem Strom von allen Seiten zu, von denen der Panhamas, Lamquoa, Arraya, Manjoro, Inadire, Ruenia und der $^1/_2$ M. unterhalb Tete in den Zambêse fließende Reizigo als die bedeutendsten des höheren Terrains im Innern genannt werden. Nächstdem vereinigt sich damit schon im Küstenlande unterhalb Senna der von Norden kommende Schirry, ein Strom von sehr großer Tiefe und Länge, der angeblich 30 Tagereisen weit aufwärts mit Canoes befahrbar sein soll. Nördlich vom Zambése mündet in den Indischen Ocean, außer dem schon genannten Musalo und dem Muitipuësi, an der Angoschespitze 16° 24′ 25″ S. Br. 57° 31′ 3″ O. L. noch der ansehnliche Goilli oder Angosche(Angozha)fluß, südlich davon in die lange westliche Einbiegung des Oceans bei Sofāla, die auch wohl den Namen der Bucht von Sofāla führt, zuvörderst der Licungo, dann der Bazi unmittelbar bei dem Ort Sofāla selbst, der Gawouro, ein im Innern prachtvoller Strom, dessen Mündung aber so schmal ist, daß kaum Böte einen Eingang finden, endlich der Sabia, gleichfalls ein ansehnlicher Strom, aber auch mit engerm Eintritt in die See, außerhalb der Sofālabai endlich der Inhambāna. In die De Lagôabai fällt demnächst der ganz von Norden kommende König Georgsfluß, dann im Westen der Manica, Heil. Geist- oder Lourenço Marquezfluß der Portugiesen und der Englische Fluß (English River), eigentlich nur ein Meeresarm, worin sich 3 breite, verhältnißmäßig aber kurze Küstenflüsse, der Mattol, Dundas und Tembia ergießen und endlich im Süden der ansehnlichste Strom von allen, der Ompongōla oder Mapouta. Südwärts wiederum von der De Lagôabai mündet noch im Indischen Ocean der sehr schöne Omkousi, ferner der sehr große, aus der Vereinigung mehrerer großen Ströme gebildete Omvalouzie oder Luciafluß, der Omschlatousse, Omlalas, der schöne und sehr tief eingeschnittene Omkounas, der Ommatagoulou, welcher ausnahmsweise mit dem Omkousi und Omschlatousse offene Mündungen hat, der Omtukēla, Tuggela oder Fischersfluß mit seinem großen, von Norden her in ihn mündenden Zufluß, dem Omzinyati oder Büffelfluß, einer der ansehnlichsten Ströme des südlichen Kafferlandes, welcher hier nur dem Mapouta und St. Lucia an Bedeutung nachsteht, der Omzimkoulou oder Große Fluß, der Omtavoubou, Omzimvoubou (St. Johns River), dessen Mündung in 31° 34′ 30″ S. Br. liegt und der ebenfalls einer der schönsten Ströme des Kafferlandes ist, der Omtāta (Mündung in 31° 5′), der Ombaschi, dessen Wassermenge ihm ganz das Ansehen eines englischen Canals gibt und der dadurch einst der werthvollste Fluß dieser Gegenden werden kann, der Kogha und endlich der Knebla oder Große Key. An mineralischen Quellen ist das Kafferland nicht reich, doch enthält der südlichste Theil desselben zahlreiche kalte Schwefelquellen, so wie Natalien am Omtukēla eine sehr heiße Quelle und ebenfalls das Mozambiqueland deren mehrere, theils zunächst dem Meere an der Mokambabai unfern Mozambique, theils im Innern im Zambēsethal unfern Tete besitzt.

Klima. Die atmosphärischen Verhältnisse sind bei der etwa 22 Breitengrade betragenden Länge des Kafferlandes in den einzelnen Strecken desselben sehr verschieden. Im nördlichsten, noch zur tropischen Zone gehörenden Theile bis wenigstens zur De Lagôabai ist es ungemein heiß, sogar bis zu dem Grade, daß man in Mozambique sich des Siegelwachses zum Verschließen der Briefe nicht bedienen kann. Hier dauert die von dem heftigsten Donner und Blitz begleitete heiße Regenzeit von Anfang November bis Ende März, auf den benachbarten Querimbainseln dagegen nur von Mitte Januar bis Mitte März. In der andern Hälfte des Jahrs ist hier die Atmosphäre beständig trocken und selbst kalt, wobei die Winde aus Südost und Südwest wehen. Im Innern westlich von Quilimane und Sofāla genießt dagegen die Mittelstufe durch ihr bedeutenderes Niveau über dem Meeresspiegel ein vortreffliches, gleichförmigeres und im Allgemeinen gemäßigtes Klima, wie besonders das Beispiel von Tete erweist. Auch südlich nahe der De Lagôabai ist das Klima in Folge der heißen Nordwinde sehr heiß und es wirkt dasselbe besonders im Zoulahlande selbst auf die Eingeborenen deprimirend ein. Erst südlich vom Omtukēla beginnt mit Einschluß der niedrigeren Striche ein gemäßigteres Klima, indem schon in Natal der Sommer so mild ist, daß die Europäer niemals im Feldbau gehindert werden und umgekehrt im Winter Frost und Schnee unbekannt sind; wenn gleich die benachbarten Gipfel des Quathlamba sich einen guten Theil des Jahres hindurch mit Schnee bedecken. Alle Gewächse, die der tropischen Zone sowohl, als der gemäßigten, gedeihen hier gleich gut. Auch im südlichsten Theile des Kafferlandes im Gebiet der freien Amakósa ist die Luft so rein, der Himmel stets so klar und es sind zugleich die Nächte meist so wenig kalt und feucht, daß die Europäer ohne den mindesten Schaden für ihre Gesundheit längere Zeit unter freiem Himmel übernachten können; obwohl Temperaturveränderungen in großem Maßstabe nicht selten sind und das Thermometer von 50° mitunter in kürzester Zeit bis nahe zum Frostpunkt herabsinkt. Während des Sommers sind hier fürchterliche von den intensivsten Gewittern begleitete Stürme häufiger, die durch eine Sündfluth von Regen begleitet werden, in Folge derer die austretenden Flüsse großen Schaden anrichten. Periodisch werden aber dann Regen wieder so selten, daß Dürre eintritt, die Bevölkerung bei dem Mangel künstlicher Bewässerung in die bitterste Noth geräth und bei dem Mangel an Futter besonders starke Theile ihrer Heerden verliert. Noch milder im Sommer, als im Amakósaland, ist die Temperatur in dem auf der Mittelstufe liegenden Amatembalande, und nur in den tiefen Thälern heiß, wogegen der Winter wiederum so streng wird, daß sich der Boden stellenweise mit fußhohem Schnee bedeckt, der jedoch selten länger als 2 Tage dauert. Mit den Temperaturverhältnissen und den verschiedenen Erhebungen des Niveaus stehen nun die Sanitätszustände der Bevölkerungen in innigster Verknüpfung. In den niedrigen ebenen Strichen des nördlichen, noch in die tropische Zone reichenden Theils des Kafferlandes entwickeln sich fortwährend Dünste aus den ausgedehnten Sümpfen und stehenden Gewässern, worin die Abfälle der üppig wuchernden Vegetation sich in beständiger Gährung und Zersetzung befinden, und machen die Atmosphäre so ungesund, daß am unteren Zambēse und im Makazanalande am Ompongóla selbst die Eingeborenen dadurch leiden und manche Striche gänzlich meiden, europäische Naturen aber, mit Einschluß der Portugiesen, so wenig dem Klima widerstehen können, daß ältere portugiesische Schriftsteller dasselbe seiner Verderblichkeit wegen allein mit dem der Küste von Guinea zu vergleichen wußten, und daß alle seit 350 Jahren fortgesetzten Versuche der Portugiesen, dauernde Niederlassungen von Weißen hier zu gründen, gescheitert sind. So verderblich ist die Atmosphäre in den portugiesischen Besitzungen am Zambēse, zu Mozambique, an der De Lagóabai u. a., daß von 100 Europäern nur der Zwanzigste das 5. Jahr seines Hierseins erlebt, und daß von einer um das Jahr 1840 aus Lissabon hierher gesandten Expedition von Truppen nach Jahresfrist kaum Einer mehr am Leben war. Es dienen deshalb die portugiesischen Besitzungen in diesen Gegenden nur als Verbannungsorte, und sogar die hierher gesandten Beamten und Soldaten sind, einige höhere Beamte abgerechnet, nur solche Individuen, die sich in ihrem Vaterlande capitaler Verbrechen schuldig gemacht haben. Noch jetzt befinden sich in den ausgedehnten portugiesischen Besitzungen kaum 150 Weiße. Von den portugiesischen Stationen an der Küste gilt Inhambāna noch für die gesundeste, im Innern genießt dagegen die höhere Mittelstufe ein vortreffliches, gemäßigtes und gesundes Klima, wovon Tete ein Beispiel gibt, wogegen am Küstenrande das Etablissement an der De Lagóabai von Ende October bis Ende April, wo die Miasmen aus dem trocknenden Boden aufsteigen, vor allen übrigen das tödlichste Klima zu haben scheint. Bei der großen, durch die britische Regierung angeordneten Aufnahme der Küsten von Afrika verlor hier die Expedition des Capitain Owen am De Lagóafieber 32 Officiere und die Hälfte der Mannschaft. Dagegen befinden sich die Walfischfänger hier ziemlich wohl, da sie nicht in den kranken Monaten herkommen. Südlich von der Bai macht das längs dem Ompongóla hinziehende Bumbogebirge die Scheide des südlichen gesunden und des nördlichen ungesunden Theils des Kafferlandes, indem das gleich südlich davon beginnende Land der freien Zoulah trotz seiner bedeutenden Wärme mit Ausnahme des sumpfigen Strichs an der Mündung des St. Luciaflusses eine völlig gesunde Atmosphäre hat. Das wundervollste Klima besitzt jedoch das gleich vom Omtukela beginnende Natalien, das überhaupt eine der gesundesten Regionen der Erde ist, worin Krankheiten fast unbekannt sind und besonders die epidemischen Krankheiten und die zerstörenden klimatischen Fieber des nördlichen Kafferlandes gänzlich fehlen. Ebenso ausgezeichnet gesund sind die südlichsten

9*

Striche, die Gebiete der Amakósa, Amatemba und Amaponda, wie schon die körperliche Constitution dieser Stämme, namentlich bei den Amakósa und Amaponda im männlichen, bei den Amatemba umgekehrt im weiblichen Geschlecht erweist.

Naturproducte. Die Flora hat in den nördlichen Theilen des Kafferlandes noch ganz einen tropischen Charakter; sie scheint aber im Gegensatz mit den über die Vegetation in den heißeren Theilen der Nordhälfte des Continents gemachten Erfahrungen völlig von der der Westseite verschieden zu sein. In den südlicheren gemäßigten stimmt sie schon sehr mit der des Caplandes überein. An den Mündungen der nördlichen Flüsse bis zur De Lagôabai südwärts bedecken dicke undurchdringliche Mangrovewaldungen den Sumpfboden, wogegen die Stellen des flachen Küstenrandes im Norden, wo sich kein süßes Wasser mit dem Meerwasser mengt, häufigst durch den Nackbaum (Avicennia) bedeckt sind. Vom Lifung bis Mozambique zeigen sich aber auf den trockenen Stellen des Küstensaums, so wie auf den Querimbainseln, viel stattliche Casuarinen und Kokospalmen, während tiefer im Innern sowohl am Zambése, wie auf dem Festlande den Querimbainseln gegenüber sich ausgedehnte Wälder von Kaffe- und Kopalbäumen finden, umgekehrt aber zwischen C. Corrientes und der De Lagôabai das Land so arm an Waldungen ist, daß sich die Bevölkerung des Kuhdungs als Feuerungsmaterial bedienen muß. Im Zoulahlande und in Natalien gibt es ebenfalls mit Ausnahme der Flußthäler und stellenweise zunächst der Küste nur wenig Waldungen. Je mehr man sich dem Caplande nähert, tritt auch in denselben der Charakter der ostcapischen Waldflora mehr hervor, in denen hier schon häufig der Gelbholzbaum (Taxus elongatus), das Eisenholz (Sideroxylon) und der Stinkholzbaum erscheinen. Erster erreicht in Natalien eine Höhe von 100—110 Fuß. Eigenthümlich scheint dagegen dem Zoulahlande von Waldbäumen die merkwürdige, bisher ausschließlich in Indien bekannt gewesene Mimose mit den 5 Fuß langen Schoten (M. scandens) zu sein, von denen Exemplare muthmaßlich durch die Strömungen aus ihrer ursprünglichen Heimath hierher gelangt sind und die Gattung fortgepflanzt haben, dann eine eigenthümliche Art Strychnos mit eßbaren Früchten, endlich am Luciafluß bis zu den Amaponda eine häufige Dattelpalme, die von der gewöhnlichen Art abweicht, endlich eine eigene Feigenart. Im Amakósa- und Amatembaland charakterisiren Cycadeen, die schöne Candelabereuphorbie (Euphorbia candidens) und der prächtige Kafferbaum (Erythrina caffra) die Waldflora, die bei den Amatemba jedoch nur in den tiefen Einschnitten der Thäler vorkommt, indem auf den Grasebenen selbst Bäume so selten sind, daß man Tagelang reisen kann, ohne einen derselben zu Gesicht zu bekommen. Nördlich von der De Lagôabai gedeihen in Fülle Mangos, Kokospalmen, Kaschu- (Anacardium occidentale, in ganzen Waldungen) und Malumpavabäume, letzte eine Art fast astloser Adansonien, deren Stamm bis 74 Fuß Umfang erreicht, Ananas, Baumwollenbäume, Ricinus, die Azaïte und andere Oelpflanzen, Manioc, Jalappa, Rhabarber, Senna, die Mechoera (Mexoera), eine eigenthümliche, feinkörnige Getraideart mit großen Kolben, Kaffebäume (bei Tete wild), nebst Citronen, Orangen und Baumwollenstauden, welche letzte ein vortreffliches Product liefern. Auch Indigo wächst daselbst als Unkraut wild; ebenso das gewöhnliche Zuckerrohr bei Senna und Quilimane, während das in Natalien vorkommende zu einer anderen, zur Zuckerbereitung untauglichen Art gehört. — Besonders reich ist aber die Thierwelt im Bereich des ganzen Kafferlands an Gattungen und Arten. Vor Allem häufig sind im nördlichen Theile große Pachydermen in den dicken sumpfigen Waldungen der Küste und längs den großen Strömen. So wimmeln die Waldungen am Zambése, an der Sofálaküste, an der De Lagôabai, am St. Luciafluß und an der Küste Nataliens von ganzen Heerden von Elephanten und 2 Arten Rhinoceronten, der gewöhnlichen zweihörnigen schwarzen und einer neu entdeckten weißen kleineren (R. simus), die ebenfalls zweihörnig ist, dann von Büffeln und Affen. Wilde Schweine gibt es überall; nicht minder in allen Flüssen zahllose Hippopotamen, so daß selbst einer der Flüsse, der Omzimvoubou d. h. Flußpferdstrom, davon seinen Namen erhalten hat. Große Antilopen beleben die weiten sandigen Umgebungen Sofálas. Raubthiere, vor Allem Löwen und Leoparden, sind häufig, doch hat die Zahl aller jagdbaren Thiere im Amakósagebiet in Folge der unablässigen Verfolgungen, denen sie ausgesetzt sind, sehr abgenommen. An der Küste bei Sofála halten sich auch Walfische in großer Zahl auf, die besonders von Amerikanern gejagt werden. Unter den Vögeln sind in Natalien vorzüglich mehrere Arten von Ibis und dem Nashornvogel (Buceros) häufig. Flamingos gibt es zu Inhambána an dem Flusse gl. N. in Unzahl, und ebenso wimmeln die wärmeren Flüsse bis wenigstens Natalien von Krokodilen, die oft außerordentliche Größen erreichen. Schildkröten mit gutem Schildpatt sind häufig zu Sofála, an den Querimbainseln und an der diesen letzten gegenüberliegenden Küste des Continents. Kolossale Schlangen (Boa Python), der gewöhnlichen Riesenschlange an Größe und Dicke nichts nachgebend, finden sich in den Wäldern am St. Lucia. Ungemein fischreich sind endlich die Flüsse und der angrenzende Ocean, aber nur die Bewohner von Sofála und einige kleine Abtheilungen der südlichen Kaffern genießen Fische; letzte werden deshalb von ihren Nachbarn verachtet. Der bei Weitem größte Theil der Kaffern, besonders der südlichen, verabscheut gleich den Betschuanen, die Fischnahrung als unrein; gewiß eine auffallende Erscheinung, da an der entgegengesetzten persischen Küste ganze Stämme sich fast ausschließlich von Fischen nähren. Von Insecten sind Heuschrecken häufig, die zuweilen in unermeßlichen Haufen meilenweite Landstriche verwüsten, und die Bevölkerung veranlassen, im Frühjahr zur Zerstörung der zurückgebliebenen Eier derselben und von anderen Insecten das Gras abzubrennen. Die wilden Bienen liefern sehr viel Wachs und Honig im Zambéseland. Von Mollusken kommen besonders bei Sofála Perlmuscheln in ganzen Bänken vor, die einst hochberühmt waren, seit Jahrhunderten aber nicht mehr ausgebeutet wurden, sowie an der continentalen, den Querimbainseln gegenüberliegenden Küste. Zu den Meeresproducten gehört endlich Ambra, das häufig vom Meere ausgeworfen wird. Nutzbare Mineralien scheint es nicht viel zu geben. Namentlich ist die Goldgewinnung sehr übertrieben worden. Bei Tete sammelt man Gold nur in kleinen Quantitäten; in größeren soll dies auf der Mittelstufe zu Bandirre östlich Sofála, im Gebiet des Quiteve und besonders aus den rothen Diluvialmassen in Manica geschehen. Einzelne Stücke werden selbst im unteren Zambese angetroffen. Die südlichen Kafferlandschaften haben jedoch dies Metall gar nicht. Kupfererze erscheinen dagegen häufiger. Man kennt dergleichen im Lande der Amatemba und Zoulah, und nach den Berichten der Eingeborenen finden sich Kupfererze im Amatembalande und in besonderer Fülle auf der Mittelstufe im Lande Quissanga westlich von Sofála. Aber den größten Reichthum an mineralischen Schätzen besitzt das Kafferland in seinen Eisenerzen, welche jedoch im Ganzen wenig benutzt werden. In großen Massen hat man Eisenerze im Zoulahlande am Om Schlangoflusse und in Natalien kennen gelernt, andere kommen im Gebiet der Quissanga, des Quiteve und unfern der De Lagóabai im Lande der Amasuazi vor. Vortreffliche Steinkohlen gibt es im Innern von Mozambique in mächtigen Lagern, zum Theil frei zu Tage liegend, so daß die Kohle mit Leichtigkeit ein wichtiger Ausfuhrartikel werden könnte. In Natalien kennt man anthracitische Steinkohlenlager an verschiedenen Punkten, besonders im nordwestlichen Theile des Landes am Biggaroberge bis von 6 Fuß Stärke, am Zanofluß und bei Pieter Maritzburg. Vortreffliches Baumaterial gewährt der mit dem Meißel sehr leicht verarbeitbare Sandstein von Pieter Maritzburg und der Sandsteinschiefer von Butterworth. Kalk scheint im Ganzen nur in geringer Menge vorzukommen. Rothen Marmor soll jedoch das Innere von Sofála besitzen, wo es angeblich auch Topaze und Rubine gibt.

Bevölkerung. Die Bewohner des ganzen Landstrichs, welche mit den Suaheli, Wanika, Wakamba (S. 122.) und anderen, die Ostseite Süd-Afrikas bevölkernden Stämmen nur Glieder eines einzigen großen, Süd-Afrika in seiner ganzen Breite und zugleich in seiner ganzen Länge, mit Ausnahme etwa des südlichsten Randes des Continents vom Garip an einnehmenden Volks mit gemeinsamer sprachlicher Basis sind, haben in ihrer Sprache selbst keinen gemeinsamen Namen, indem der ihnen von den Europäern seit Ankunft der Portugiesen in diesen Gegenden allgemein beigelegte Name Kaffern ihnen selbst ursprünglich unbekannt war und ihnen als Heiden von den arabischen, in den nördlichen Häfen bis C. Corrientes seit den ältesten Zeiten angesiedelten Handelsleuten nach dem arabischen Worte Kafara, läugnen, zum Unterschiede von den muhamedanischen Rechtgläubigen gegeben wurde. Die Größe der Bevölkerung ist auch hier völlig unbekannt, verhältnißmäßig aber sehr schwach, und sie hat noch im Laufe dieses Jahrhunderts in Folge der beständigen blutigen Fehden der Stämme unter sich und der häufigen Hungersnoth bedeutend abgenommen. Sämmtliche Kafferstämme, mit Ausnahme etwa der Amatemba und der in den ungesunden Gegenden am Ompongöla wohnenden Makazana, die in ihrer physischen Entwickelung sehr zurückstehen, besitzen im Gegensatz zu ihren nächsten Nachbarn im Süden, den Hottentotten, eine ausgezeichnete körperliche Ausbildung, die jedoch bei den Frauen und Mädchen in Folge der harten und ununterbrochenen Arbeiten, denen sie unterworfen sind, bei Weitem weniger günstig hervortritt. Das männliche Geschlecht ist dagegen meist von der ausgezeichnetsten physischen Entwickelung, sehr groß mit wenigen Ausnahmen und musculös, selbst athletisch und zugleich, besonders bei den Amakösa und Amazoulah unter den südlichen Kaffern, mit so ungemein regelmäßigen Verhältnissen im Bau des Körpers und in den Gesichtszügen begabt, daß fast jedes Individuum desselben Bildhauern als Muster des männlichen Typus dienen könnte. Mit dieser körperlichen Stärke vereinigt das männliche Geschlecht der Kaffern Muth und große Gelenkigkeit, und es weiß zugleich in allen Verhältnissen eine ausgezeichnet würdevolle Haltung und ein höchst passendes Benehmen zu vereinigen. Die Stirn der meisten Kaffern ist hoch, der Kopf überhaupt schön geformt, die Nase vorstehend, die Augen sind groß und die Gesichtszüge ungeachtet des meist kurzen schwarzen und wolligen Negerhaars, der etwas vorstehenden Backenknochen und der dicken Lippen, doch im Wesentlichen im Charakter der asiatischen Racen. Nur die einheimischen Bevölkerungen von Mozambique, die Makúa, und die von Quilimane stehn durch ihr breites flaches Gesicht, das Wollenhaar, die dicken Lippen und flachen Nasen den Guineanegern sehr nahe, obwohl nur wenige Tagereisen westlich Quilimane den Zambése aufwärts die Bewohner von Mororo langes glattes Haar, das sie in dünne Zöpfe flechten und herabhängen lassen, und zugleich eine vollkommen musterhafte Körperbildung besitzen. Die Zoulah scheeren ihr Haupt und lassen nur auf dem Wirbel einen kleinen Schopf stehen, welchen sie mit Federn zieren. Sehr bemerkenswerth ist öfters die verschiedene Entwickelung des männlichen und weiblichen Geschlechts, indem, abweichend von der Regel bei den Kaffern, daß das weibliche Geschlecht in allen Verhältnissen bedeutend dem männlichen nachsteht und daß besonders die Amakösaweiber im Verhältniß zu den Männern unangenehm durch ihren kleinen dürren und unansehnlichen Wuchs berühren, umgekehrt die Weiber der De Lagoaner durch ihren wohlgeformten und selbst schönen Körper den Männern nahe stehen, die Amatembaweiber aber durch körperliche Reize sogar so sehr unter allen Kafferinnen hervorragen, daß die Amakösahäuptlinge stets nur Amatembamädchen zu ihren ersten Weibern wählen und sie deren Eltern viel höher, als die Mädchen ihres eigenen Volks bezahlen. Kostet ein Amakösamädchen gewöhnlich 10 Kühe, so ein Mädchen des Amatembastamms schon 40, ein Mädchen von besonderer Schönheit und aus edlem Blut bis 80 Kühe. Bei dem Preise für gewöhnliche Mädchen sehen übrigens die Männer sehr auf die Tüchtigkeit derselben für die Arbeit und normiren danach ihre Gebote. Die Hautfarbe ist bei den südlichsten Kaffern, den Amakösa und Amatemba, licht und reinbraun; gegen Norden zu wird sie allmählich dunkler und zuletzt schon vor dem 20° S. B. so schwarz, daß die Zoulah und ihre Vorgänger in Natalien die Fingú eine schwarze und glänzende Haut, gleich Gagat oder polirtem Ebenholz, besitzen. Durch die dunkelschwarze Hautfärbung wird es auch bei den De Lagoauern zuweilen schwierig, sie von ächten Negern zu unterscheiden, indem sich bei denselben alle Uebergänge bis in den reinsten Negertypus vorfinden. Einige Kafferstämme, besonders die Makúa, tätowiren ihre Haut, was bei den südlicheren Kaffern und schon bei den Zoulah nicht mehr der Fall ist. Gleichzeitig entstellen die Makúa ihr Gesicht durch große Quernarben, welche sie durch einen großen Schnitt über Stirn, Nase und Kinn von Ohr zu Ohr hervorbringen, wogegen die Makazana sich durch Längsnarben von der Spitze der Stirn bis auf die Nase herab zeichnen. Die Amakósa lieben es endlich sehr, ihren Körper mit rothem Thon einzureiben; einige Stämme im Norden, wie die Makúa und die De Lagóaner, feilen noch die vorderen Zähne spitz. Der Charakter der Kaffern gilt im Allgemeinen für viel weniger vortheilhaft, als der der stammverwandten Betschuanen, indem die Männer besonders träge, rachsüchtig, unzuverlässig verrätherisch und im Kriege grausam gegen ihre Feinde sind, was die Zoulah durch die Ausrottung der Bevölkerung höchst ausgedehnter Landstriche und neuerlichst wiederum die Amakósa und Amatemba in dem noch schwebenden Kriege gegen die Engländer erwiesen haben. Gleichzeitig sind sie jedoch mit vielem Scharfsinn begabt, heiter, kriegerisch, ungemein tapfer und ausdauernd und im höchsten Grade gegen Schmerzen abgehärtet. Namentlich gelten die De Lagóaner als ehrlich und zuverlässig, wenn sie nicht durch die Portugiesen verdorben sind, und sie erweisen sich auf englischen und amerikanischen Schiffen als ungemein arbeitsam, brauchbar und ordentlich. Nicht minder dienen die Zoulah den neueren weißen Ansiedlern in Natalien als höchst brauchbare, ehrliche und unermüdliche Gehilfen, besonders beim Ackerbau. Zu den kräftigsten und kriegerischsten Stämmen gehören ohne Zweifel die Amakósa und Zoulah, wogegen die Amatemba sehr mild und friedlich, ja selbst furchtsam sind. Ihrer geistigen Beweglichkeit wegen und weil sie den Ton für Kleidung und Putz anzugeben pflegen, hat man die Amatemba wohl die Kafferschen Franzosen genannt. Auffallender Weise haben sich bei den eben so milden, harmlosen Amaponda, die zugleich sehr ehrlich und fleißig sind, einzelne Gebräuche erhalten, die einen hohen Grad von Barbarei bekunden. So wird bei dem Antritt eines neuen Häuptlings einer seiner Verwandten umgebracht, und der Häuptling muß sich in dessen Blut waschen und seines Schädels als Trinkgefäß bedienen. Bettelei findet man weder bei ihnen, noch bei den Zoulah, wogegen die Amakósa vom obersten Häuptling bis zum ärmsten Gliede des Stamms zu den unverschämtesten Bettlern auf Erden gehören. Alle Kaffern haben eine überaus wohlklingende volltönende Sprache, die bei den in der Nähe der Hottentotten wohnenden Stämmen noch die der Hottentottensprache eigenthümlichen Schnalzlaute besitzt, welche in der Sprache der entfernteren Stämme dagegen ganz fehlen. Bei den Zoulah und Amakósa ist die Sprache so weich, daß sie kein r besitzt; sie zeichnet sich mit allen demselben Stamm angehörenden Sprachen Süd-Afrikas und auch mit vielen anderen gänzlich abweichenden aboriginalen Sprachen Nord-Afrikas, besonders dem Alt-Aegyptischen, der Berber- und Yaloffsprache vor allen anderen übrigen der Erde durch die wesentlichsten Eigenthümlichkeiten in ihrer grammatischen Structur aus, indem sie Declinationen sowohl, als Conjugationen und namentlich die Casus, Numeri und Genera der Nomina ganz durch Präfixe bildet, welche den Artikeln analog sind, so daß die Nomina mit Ausnahme eines blos euphonischen Wechsels der Anfangsbuchstaben unverändert bleiben. So werden unter andern Plurale häufiger durch das Präfix Ama gebildet. Heißt z. B. das einzelne Individuum des Amakósa oder Zoulahstamms der Kaffern resp. Kosa, Zoulah, so werden die Vielheiten solcher Individuen Amakósa, Amazoulah genannt (S. 16.). Ueberhaupt ist die Sprache aller Kaffern so reich, bestimmt und biegsam, daß es selbst unter den ausgebildetsten Sprachen keine geben soll, die auf so festen und durchweg consequenten Gesetzen beruht und so wenig Ausnahmen erleidet. Eigenthümlich ist noch für die Sprache der südlichen Kaffern, namentlich der Amakósa und Zoulah, daß sie vor den mit einem Consonant beginnenden Substantiven ein stummes M, N oder selbst eine volle Sylbe, wie Om oder Um vorangehen läßt, ein Gebrauch, der im Amakósa und Zoulah das Vorkommen unzähliger mit Om oder Um beginnender geographischer Namen (Omtata, Omvalouzie u. a. m.) erklärt.

Verfassung, Religion. Die von den Europäern unabhängigen Bewohner des Kafferlandes zerfallen meist in eine Anzahl kleiner Stämme gleich den Galla, Danákil, Somáli oder den Albanesen und älteren Schotten in Europa; sie haben deshalb auch eine Verfassung, welche den feudalen des Mittelalters nahe steht. Jedem Clan steht ein eigener Häuptling, der Inkose (von Kosa reich) vor, dessen Gewalt und Einfluß aber mehr auf seinen Talenten und der Größe seines Clans, als auf festgestellten Gerechtsamen beruht. Eine Anzahl Clans haben wieder ein gemeinsames erbliches Oberhaupt, Umkumkani oder Inkose enkulu bei den Amakösa, bei denen sämmtliche männliche Nachkommen auch Inkose genannt werden, während bei den Zoulah dieser Name nur dem Oberhaupte allein zusteht. Jeder Inkose regiert bei den südlichsten Kaffern über seinen Clan unumschränkt und entscheidet über Leben und Tod, so wie auch jeder Clan für sich so selbstständig dasteht, daß er ohne Befragen des gemeinsamen Oberhaupts mit den Nachbarn nach Belieben Krieg führen und Frieden schließen kann. Nur bei Berufungen an das Oberhaupt schreitet dieses ein. Bei den Amakösa wird Niemand aus der herrschenden Familie Oberhaupt, der nicht von der ersten oder sogenannten Großen Frau, die immer eine Amatemba sein muß, geboren ist, indem nur eine solche Geburt für legitim gilt. Viel monarchischer ist die Verfassung der Zoulah, die sich in den letzten 40 Jahren sogar in den vollendetsten und blutdürstigsten Despotismus ausgebildet hat (S. 17.). Hier herrscht allein das Oberhaupt und will ein Gott sein, die Glieder des Volks sieht dasselbe nur als Sclaven an, mit denen es nach Willkür schalten kann, so wie auch der ganze Grund und Boden des Zoulahlandes als persönliches Eigenthum des Oberhaupts gilt. Doch haben die meisten Kafferhäuptlinge im Norden und Süden noch eine Anzahl Räthe, die Amapakati der Amakosa (Sing. Mapakati), welche aus den Erfahrensten gewählt, gewissermaßen die Vorstände der einzelnen Gemeinden (Kraale) sind und darin die Zwistigkeiten schlichten. Bei wichtigen Veranlassungen, namentlich bei Kriegs- und Friedensfragen werden die Amapakati zusammenberufen, um mit dem Inkose zu berathen und zu beschließen; in inneren Angelegenheiten haben sie nur eine berathende Stimme, dem Inkose verbleibt die Entscheidung. Diese berathenden Versammlungen zeichnen sich durch Bedachtsamkeit, Ruhe und große Mäßigung der Theilnehmer, so wie durch Schärfe in den ausgesprochenen Ansichten aus; Zank und Streit sind dabei unbekannte Dinge. Sollte einer der Amapakati eine verkehrte Ansicht aussprechen, so wird er später mit der größten Ruhe und Freundlichkeit darauf aufmerksam gemacht. Bei den Versammlungen hört das Volk schweigend zu und hat keine Stimme. Nach Beendigung derselben darf es jedoch die Amapakati befragen, und die Auskunft wird stets bis in das kleinste Detail mitgetheilt. An den Kriegen muß jeder männliche Kaffer Antheil nehmen. Niemals waren bei den südlichen Kaffern Bogen und Pfeile im Gebrauch, wogegen unter den nördlicheren die Monjous sich vergifteter Pfeile und kurzer vergifteter Speere bedienen. Sämmtliche südliche Kaffern haben in ihren Kriegen mannshohe, aus Ochsenhäuten gemachte Schilde, ferner die Amakösa und Amatemba bis in die neuere Zeit leichte Wurfspieße, die sie mit großer Geschicklichkeit und Sicherheit 100 Schritt weit zu werfen verstehen. Sie fechten deshalb zerstreut, während die Zoulah, die im Jahr 1840 bis 40000 Krieger aufstellen konnten, sich kurzer Speere zum Stoß bedienen und in geschlossenen, wohl exercirten und wohl organisirten Colonnen angreifen. Flucht und Feigheit wird bei den Zoulah jedes Mal mit dem Tode bestraft. Dies, verbunden mit dem natürlichen Muth, der physischen Stärke, Gewandtheit, Ausdauer und dem Scharfsinn der Zoulah, hat diese unter zweien ihrer Oberhäupter Tschaka und Dingaan zu dem bedeutendsten Volke des östlichen Süd-Afrika gemacht, indem sie, ursprünglich ein kleiner Stamm zwischen dem Bumbogebirge und dem Omtukela, erst im Laufe dieses Jahrhunderts eine politische Bedeutung gewannen und durch ihre fortdauernden blutigen Angriffskriege einen großen Theil der kleinen Kafferstämme bis zum Omzimvoubou sich unterwarfen, ausrotteten oder mit sich verschmolzen. So wurde namentlich das ganze Land vom Luciafluß bis zur De Lagoabai durch den Blutdurst der Zoulah zu einer fast menschenleeren Wüste gemacht, wo nur Haufen gebleichter Menschenschädel und Ruinen ehemaliger Wohnstätten die einstige Anwesenheit einer Bevölkerung bekunden. Vor etwa 20 Jahren wandte sich ein großer Haufe der Zoulah nach dem Binnenhochlande und gründete hier nach ähnlichen grausamen Kämpfen mit der Betschuanenbevölkerung, wobei ein großer Theil derselben zu Grunde ging, in der Gegend der südlichen Wendekreise, unter seinem Oberhaupt Umselekatz oder Moselekatz ein zweites Zoulahreich. In neuerer Zeit hat sich aber die Ausdehnung des Zoulahreichs im Kafferlande selbst durch die europäischen Einwanderungen und die Ankunft von Capbauernfamilien im Natallande, in Folge derer die britische Regierung den Theil des Zoulahlandes, der zwischen dem Omtukela im Norden und dem Omzimkoulou im Süden liegt, in Anspruch nahm, ansehnlich vermindert. Im Norden existirt, so viel wir wissen, gar kein größerer Kafferstaat, indem das sogenannte Reich des Quiteve im Innern von Sofāla nur ein sehr unbedeutendes zu sein scheint. Von europäischen Staaten haben nur England und Portugal hier Besitzungen, letztes bereits seit 3 Jahrhunderten zwischen C. Delgādo und der De Lagdabai, aber sie beschränken sich jetzt auf einzelne ganz verfallene und verarmte Stationen längs dem Zambēse und der Küste, indem der Einfluß und die Macht der Portugiesen im Inneren vorzüglich seit dem Beginn dieses Jahrhunderts völlig aufgehört hat. Die Posten stehen unter dem auf der Insel Mozambique wohnenden und auf 3 Jahre ernannten General-Gouverneur und zerfallen in die 7 Districte Lourenzo Marquez (d. h. der De Lagdabai), Inhambana, Sofāla, Tete, Senna, Quilimane und der Querimbainseln. Die äußersten von den Portugiesen besessenen Posten Zumbo am oberen Zambese, 15 Tagereisen oberhalb Tete, schon auf dem Binnenplateau gelegen und Manica auf der Mittelstufe 8 Tagereisen westlich von Sofāla wurden 1835 aufgegeben. Erträge zieht die portugiesische Regierung aus ihren hiesigen Besitzungen fast nur aus den Naturalproducten der großen Krongüter und aus der Douane von Mozambique und Quilimane, welche letzte aber seit der unablässigen britischen Beaufsichtigung des selbst von Portugal verbotenen Sclavenhandels sich sehr vermindert haben. Die Beamten und Officiere treiben fast sämmtlich der geringen Besoldung wegen und aus Sucht sich zu bereichern, Handel, so daß diese Besitzungen dem Staat eigentlich eine Last sind und nur als Deportationsort für Verbrecher dienen. Natalien ist dagegen eine sehr erfreulich aufblühende Colonie der Engländer, die eine große Zukunft vor sich hat und unter einem Vice-Gouverneur steht, der in wichtigen Verwaltungsmaßregeln dem Gouverneur des Caplandes untergeordnet ist. — In Bezug auf Religion läßt sich sagen, daß der bei Weitem größte Theil der Bevölkerung eigentlich gar keine, weder eine falsche, noch eine wahre besitzt, indem ein Götzendienst den Kaffern ganz fehlt, so wie selbst die Kenntniß und der Name eines höchsten Wesens. Sie besitzen deshalb auch keine Idole, keine Opfer, keine Priester und keinen Glauben an Dämone, obgleich sie Zauberbeschwörer und Regenmacher haben und sich durch gute Bezahlung deren Gunst zu erhalten suchen. Muhamedaner gibt es nur wenige in der Nähe des Cap Delgādo, Christen mit Ausnahme der in Natalien eingewanderten Holländer, Engländer und Deutschen, der wenigen Portugiesen zwischen C. Delgādo und der De Lagdabai und einiger neuerlichst zum Christenthum bekehrten aus den Amakōsa-, Amatemba-, Amaponda- und Zoulahstämmen keine, indem die seit fast 40 Jahren unter den südlichen Kaffern begonnenen Bestrebungen der evangelischen Missionare im Allgemeinen von wenigem Erfolge waren, da dieselben bei ihnen nicht den mindesten Gegenstand, nicht einmal einen Aberglauben treffen, woran sie Begriffe vom Christenthum anknüpfen könnten, und da besonders die Monogamie am Wenigsten deshalb Eingang finden kann, weil die Zahl der Frauen und die Größe der Rindviehheerden allein den Maßstab für die Wohlhabenheit eines Mannes bei den Kaffern abgibt, Empfehlungen der freiwilligen Entäußerung einer solchen also begreiflich mit denselben scheelen Blicken, wie socialistische Lehren in Europa, angesehen werden.

Ackerbau, Gewerbe, Handel. Ungeachtet des überaus fruchtbaren Bodens in dem größten Theil des Kafferlandes, der namentlich in Natalien 2—3 Erndten zu liefern vermag, ungeachtet des vortrefflichen Klimas und der meist hinlänglichen Bewässerung wird der Ackerbau doch nicht in dem Umfange betrieben, den man erwarten sollte. Bei den meisten Kaffern ruht die Last des Feldbaues und überhaupt jede schwere Arbeit auf den Weibern, da der Mann sich allein um die Jagd und die

Heerde bekümmert. Die Thätigkeit der Weiber macht sie zu einem Capital der Männer, das ein jeder auf Kosten seiner Nachbarn zu vermehren strebt. Nur bei den Amaponda und den früheren Bewohnern Nataliens, die jetzt aber im ganzen Kafferlande zerstreut sind, den Fingú, betreiben Mann und Frau den Ackerbau gemeinschaftlich, weshalb im Amapondalande Hungersnoth viel seltener, als bei den übrigen Kaffern vorkommt. Man bauet besonders viel Durrah, das nach den Kaffern seinen gewöhnlichen Namen der Kafferhirse erhalten hat, bei den Amakósa noch Wassermelonen, Taback, Buchwaitzen, bei den Amaponda schon Yams, bei den Zoulah Mais, bei Sofála sehr viel Azaïte (S. 132.), zu Tete viel Zuckerrohr, auf den Querimbainseln die Mechoera und in Plantagen auch den Kaffebaum, bei Quilimane Pfeffer in verschiedenen Arten und die gewöhnlichen tropischen Früchte nebst Citronen, Gurken, Reis und selbst einige europäische Gemüse, in Natalien ausgezeichneten Taback und Baumwolle, an der De Lagoabai viel vortreffliche Zwiebeln, Azaïte, Mais und Reis. Verhältnißmäßig umfassender ist die Viehzucht, doch lebt kein einziger Kafferstamm ausschließlich nomadisch. Milch und Durrah sind bei dem größten Theil der Kaffern Hauptnahrungsmittel. Gleich den Arabern und Kabylen in Algerien conserviren die Kaffern ihre Früchte in unterirdischen Gruben. Fleisch genießen sie dagegen äußerst selten und nur bei festlichen Gelegenheiten, da sie ihr Vieh viel zu lieb haben, um es zu tödten. Die Viehzucht beschränkte sich bis vor Kurzem fast ausschließlich auf Rindvieh, das besonders auf dem für Viehzucht und Ackerbau gleich geeigneten Terrain zwischen dem Cuama und C. Corrientes, dann in Manica und bei den Amakósa, Amatemba und Zoulah in großen Heerden gefunden wird, da in Natalien und im Zoulahlande der Graswuchs so üppig ist, daß das Gras die Höhe eines Pferdes erreicht; gleich üppig und von ausgezeichneter Beschaffenheit sind die Savanen des Amatembalandes, jedoch nicht von der Güte, wie in der Cap-Colonie. In neuerer Zeit haben die Amakósa große Ziegenheerden aufgezogen nebst Pferden, die sich als stark und dauerhaft bewähren, so wie auch die Schafe ausgezeichnet gedeihen und vortreffliche Wolle liefern. Auffallend ist es aber, daß die Kaffern ungeachtet ihrer langen Küste niemals den Versuch gemacht haben, das hohe Meer zu beschiffen und daß sie meistens, mit Ausnahme etwa der Makazana an der De Lagoabai und der Anwohner des Zambése, welche theils Canoes aus einem Stück aus den Riesenbäumen ihrer Wälder, theils flache Böte aus Planken machen, nicht einmal das kleinste Boot besitzen, um über ihre oft hoch angeschwollenen Flüsse zu setzen. Dagegen wurden die Häfen des nördlichen Kafferlandes seit uralter Zeit bis C. Corrientes stets von arabischen Handelsleuten mit ihren Schiffen besucht. Bei dem Widerwillen der Kaffern gegen jedes Wasser und die demselben angehörigen Thiere ist es erklärlich, daß sie fast durchaus keine Fischerei treiben. — Auch die technische Geschicklichkeit der Kaffern steht auf einer sehr niedrigen Stufe der Entwickelung, nur hin und wieder werden von ihnen Erze verschmolzen und Metallsachen angefertigt. So benutzen die Amatemba die Kupfererze ihres Gebiets und es verarbeiten die Bewohner des gebirgigen Quissangalandes ihr Kupfer zu Arm-, Fuß- und Ohrringen, eben dieselben und die des Quitevelandes ihr Eisen zu Messern und Ackergeräthen. Die Moviza am linken Ufer des Zambése und die Zoulah und Amasuazi verschmelzen ebenfalls ihre Eisenerze in kleinen Oefen nach dem in Europa bei den Catalanen üblichen Verfahren und stellen daraus Waffen, Löffel und Ackergeräthe nicht allein für ihren eigenen Bedarf, sondern auch zum Handel dar, indem ihre Nachbarn und selbst die portugiesischen Niederlassungen damit von ihnen versorgt werden. Aeußerst geschickt arbeiten die Anwohner des Zambése in Gold mit den einfachsten Werkzeugen. Vortreffliche wasserdichte aus Grasfasern verfertigte Gefäße fanden die Reisenden bei den Amakósa vor; im Holzschneiden zeigen auch die Amasuazi große Geschicklichkeit. — Handel treiben die südlichen Kaffern mit der Cap-Colonie in immer steigender Bedeutung. Natalien hat schon jetzt einen gewinnreichen Exporthandel seewärts mit Schlachtvieh nach Mauritius und Réunion, der in der Zukunft noch ansehnlicher zu werden verspricht. Bei dem Gedeihen aller Südfrüchte und bei der vortrefflichen Baumwolle und Wolle, welche das Natalland schon jetzt erzeugt, wird die Ausfuhr sich unfehlbar in kurzer Zeit zu einer bedeutenden Höhe erheben. Nicht minder ansehnlich ist der Handel an der De Lagoabai, wohin zuweilen große Karavanen bis von 1000 Personen tief aus dem Innern kommen. In neuerer Zeit wurde der Verkehr an dieser Bai in Folge der Auswanderung der Capbewohner holländischer Abkunft nach den großen Hochflächen im Innern von Bedeutung, indem dieselben sich nunmehr von dort mit ihren Bedürfnissen an europäischen, indischen und anderen Waaren versehen. Doch ist der ganze Verkehr seewärts der Nordhälfte des Kafferlandes durch die Unterdrückung des Sclavenhandels, der einst der gewinnreichste für alle portugiesischen Besitzungen war, in neuerer Zeit sehr gesunken, indem die Sclavenausfuhr in einigem Umfange nur noch aus der De Lagoabai nach Brasilien und von der Mündung des Angosche und den Querimbainseln mittelst arabischer Schiffe und Händler nach Arabien statt findet. Doch begünstigten noch in neuester Zeit die Statthalter von Mozambique den Sclavenhandel so offen, daß der im J. 1844 fungirende deshalb zurückgerufen werden mußte. Erst sein Nachfolger bestrebte sich den Sclavenhandel zu unterdrücken. Meistens betreiben Banianen oder sogenannte Canarier (Abkömmlinge von Portugiesen mit indischen Weibern) den Handelsverkehr aus dem Innern mit den portugiesischen Stationen am Meere und am Zambēse, indem die Treulosigkeit und Grausamkeit der Portugiesen gegen die Eingeborenen diese so erbittert hat, daß sie keinem portugiesischen Händler mehr den Eingang in das Innere gestatten und daß sich der Export von Elfenbein aus den oberen Zambeseländern besonders nach Zanzibar gewandt hat. Die maritime Ausfuhr der portugiesischen Besitzungen beschränkt sich jetzt vorzüglich auf etwas Gold, dann auf Getraide, Honig, Wachs, Orseille, Cairo (die äußere zur Verfertigung von Schiffstauen benutzte Hülle der Kokosnuß), Azaïteöl, Cauries (in vielen tausend Scheffeln von den Querimbainseln), Copal (aus dem Querimbadistrict auf dem Festlande), Perlen und Schildpatt ebendaher, Ambra, hauptsächlich von der De Lagoabai, endlich auf Elfenbein, das besonders auch von der De Lagoabai kommt. Die hohen Zölle (22% für die zu Mozambique eingehenden Waaren) und verkehrte Regierungsmaßregeln haben fortwährend der Waarenausfuhr aus den portugiesischen Besitzungen in hohem Maße geschadet. Die südlichen Kaffern hatten dagegen niemals einen Exporthandel seewärts. Eingeführt werden in das Kafferland nur Eisen, Brantwein, grobe indische baumwollene Stoffe von Surate und Glasperlen außer den verschiedenen europäischen und anderen Waaren, deren die neue Ansiedelung in Natalien bedarf.

Topographie. 1) Das Mozambiqueland vom Cap Delgādo bis zum Zambēse, wozu noch mehrere der Küste vorliegende Inselgruppen, wie die Querimba-, Mozambique- und Angoscheinseln gehören. Das Land ist zunächst dem Ocean bis oberhalb Senna sehr flach, sumpfig und ungesund, worauf die gesunde Mittelstufe bis zum Fuße des Binnenhochlands folgt. Zu den ansehnlichsten Flüssen des Mozambiquelandes gehört nächst dem Zambēse der Musalo, Multipuesi und Angosche. Die Bevölkerung besteht außer einigen Weißen, ausschließlich Portugiesen und deren Abkömmlingen aus der Verbindung mit eingeborenen und indischen Frauenzimmern, nebst einigen Arabern in zerstreuten Niederlassungen auf der Küste am Cap Delgādo und gegenüber den Querimbainseln vorzugsweise aus dem längs der Küste von jenem Cap bis zum Angoschefluß und 10—15 M. landeinwärts selbst bis auf die Mittelstufe in mehreren kleinen Staaten wohnenden großen Stamm der Makúa, dann tiefer im Inneren aus den zunächst am Zambēse in der Nähe Sennas verbreiteten Morero, aus den Maravi an der Nordseite des Zambese, endlich am tiefsten im Inneren aus den Mbiza oder Moviza. Die Makúa, die häßlichsten und rohesten des Kaffervolks, sind von athletischem Wuchs und zugleich zuverlässigem, gelehrigen, tapfern Charakter. Sowohl als Sclaven, wie als Soldaten, dienen sie den Portugiesen in Mozambique treu und bilden eine Schutzwehr derselben gegen die Angriffe der Binnenstämme. Häufig unternehmen sie Sclavenjagden nach dem Innern, deren Ergebniß nebst viel Elfenbein und Copal sie an die Portugiesen an der Küste verhandeln, da sie den Binnenbewohnern durch ihre von den Portugiesen erhaltenen Feuergewehre überlegen sind. Ihre Sprache ist noch ein Dialekt der Kaffersprache. Die Morero unterscheiden sich in manchen physischen Eigenschaften auf das Vortheilhafteste von den übrigen Kaffern dieser Gegenden. Der westlich ihnen zunächst wohnende große Stamm der

Maravi steht unter einem Chef, der nach Afrikanischem Brauch den Volksnamen als Titel führt. Die Mbiza endlich bilden ebenfalls einen großen Stamm auf der Nordseite des Zambése und nordwestlich von Tete, der sich durch seine Geschicklichkeit in der Eisenverarbeitung auszeichnete. Von der Beschaffenheit des Gebiets aller dieser Völker, entfernter vom Strom, besitzen wir jedoch keine genauere Kenntniß. – Den Portugiesen gehören auf der Küste die Ortschaften Quillimane oder Quellimane 17° 51' 50' S. B. 54° 36' 45'' O. L., 3¾ M. oberhalb der Mündung des Guama, in sehr ungesunder sumpfiger Lage in einer undurchdringlichen Mangrove (Rhizophoren) waldung: 100 Häuser zum Theil nach europäischer Weise; 130 freie Ew., worunter nur 12 Portugiesen, außerdem 5—6000 Sclaven; Haupthandelsplatz und einst der wichtigste Sclavenmarkt für diese Gegenden; Export von Gold, Elfenbein und Getraide. — Senna, gleichfalls in sehr ungesunder, sumpfiger Gegend, einst bedeutend durch seinen Handel, jetzt ganz verfallen und verarmt: nur 100 Ew. — Tété, kleiner Ort, in reizender und gesunder Lage von Bergen umgeben, mit einigem Handel nach dem Inneren. In der Nähe die Goldwaschwerke von Muschinga. Längs der Küste gehören den Portugiesen die zahlreichen niedrigen und meist nackten oder mit Mangroven bedeckten, sehr ungesunden, jedoch mit vortrefflichen Häfen versehenen Inseln der Querimbagruppe, von denen nur 3, Ibo, Querimba und Funte, die zusammen liegen, bewohnt, die übrigen aber gänzlich verlassen sind. Wo auf denselben der Boden cultivirt ist, gedeihen Kokospalmen, Kaffeeplantagen und Fruchtfelder der Mererra vorzüglich. Noch treibt die früher durch wiederholte Raubzüge des Sakalavavolks in Nord-Madagascar sehr geschwächte Bevölkerung viel Handel, besonders Sclavenhandel. — Ibo, mit der wohl befestigten Stadt gl. N. 12° 30' 36'' S. Br. 58° 12' 45'' O. L. Sitz des Untergouverneurs. — Die Gruppe der 3 Mozambiqueinseln: Mozambique, die größte derselben, 1 M. lang, sehr schmal, sehr flach und ungesund; der Boden sandig oder aus jüngstem Meereskalk bestehend; ohne süßes Wasser, das vom Festlande geholt werden muß. Stadt gl. N. 15° 1' S. Br. Im J. 1841 377 freie Ew., wovon nur 31 Europäer, aber über 6000 Sclaven. 735 M. Garnison; Sitz des General-Gouverneurs der portugiesischen Besitzungen in Ost-Afrika und eines Bischofs: 3 Kirchen: geräumiger Hafen, Mittelpunkt des portugiesischen Handels.

2) Das Sofálaland d. h. im Arabischen Niederland, vom Zambése bis zur De Lagóabai, besteht gleichfalls aus einem sehr flachen, sandigen oder sumpfigen, steinlosen Landstriche am Meere mit der vorliegenden Gruppe der Bazarutainseln und aus einem höheren, gebirgigen Theil im Innern, der Fortsetzung der Mittelstufe des Mozambiquelandes. Zahlreiche Flüsse münden hier im Ocean, von denen der Bazi der bedeutendste ist und die alljährlich große Landstrecken überschwemmen. Sie sollen theils mit dem Zambése im Norden, theils mit dem Manica im Süden durch Verzweigungen in Verbindung stehen. Der Boden längs der Küste ist überall gut, sehr fruchtbar, und producirt besonders Reis. Auch ist er mit Heerden bedeckt. Die Einw. gelten als träge, feig, verrätherisch, doch schlau. Die Portugiesen besitzen an der Küste einen kleinen District mit dem Ort Sofála 20° 10' 42'' S. B. und 52° 20' 40'' O. L., an der Bai gl. N., in einer mit Salzsümpfen erfüllten ungesunden Gegend; einst blühender Handelsort, jetzt nur 18 Strohhütten; 1 Kirche und verfallenes Fort. Südlich von Sofála besitzen sie noch den kleinen freundlichen und gesunden, von zahlreichen Palmpflanzungen umgebenen Ort Inhambána 23° 51' 30'' S. Br. und 52° 59' 27'' O. L., am Flusse gl. N., mit prächtigem Hafen und viel Handel, besonders mit Wachs und Elfenbein. Im Innern auf der ebenen Mittelterrasse liegt das goldreiche Land Manica mit der Stadt gl. N., 8 Tagereisen von Sofála, dann das unabhängige Land Quiteve, dessen Fürst ebenfalls nach afrikanischem Brauch stets den Namen seines Landes führt, mit reichen Ablagerungen von feinem Gold, Topazen und Rubinen an den Flüssen Ruvoe und Mauenre, endlich das Gebirgsland Quissanga mit Eisen- und Kupfererzen, welche die Ew. fördern und verarbeiten.

3) Das De Lagóaland d. h. Sumpfland an der Bai gl. N. bis zum Omtukéla. Rund um die Bai ist dasselbe außerordentlich feucht und ungesund, an den trockenen Stellen jedoch sehr fruchtbar. Das Bunbogebirge, durch welches nur ein einziger Paß nach Süden führt, trennt den nördlichen, höchst ungesunden, theils von Makazana, theils von Amasuazi bewohnten Strich von dem südlichen trockenen, gesunden, wohl bewässerten und sehr fruchtbaren Gebiete der freien Zoulahs, das überall bis zu den Spitzen der Berge gut cultivirt und zugleich reich an wohl gehaltenem Vieh, dem Hauptreichthum der Bevölkerung, ist. Im Norden findet sich eine Zahl kleiner Häuptlinge; unmittelbar an der Bai eine portugiesische Factorei mit 18 Häusern, deren Bewohner viel Sclavenhandel treiben. Durch die Verbindung mit den auf dem benachbarten Hochlande wohnenden ausgewanderten Capbauern, hat der Handel des Orts, der bis in die neueste Zeit in den gesunden Monaten ein günstiger Stationsplatz für die im angrenzenden Meere beschäftigten englischen und amerikanischen Walfischfänger war, noch mehr Wichtigkeit erlangt.

4) Das Land Natal oder Natalien, danach genannt, daß die Portugiesen am Weihnachtstage 1498 zuerst in diese Gegend kamen, und begrenzt im Norden durch den Omtukéla, im Süden durch den Omzimkoulon, hat nach den von der Britischen Regierung festgestellten Grenzen Nataliens als Britische Colonie eine Küstenlänge von $42^1/_2$ und eine in der größten Erstreckung $32^1/_2$ M. betragende westöstliche Breite. Außer den beiden Grenzflüssen durchziehen das Land

noch andere nicht unbedeutende Flüsse, wie der Buschmann- und Büffelfluß. Natalien producirt bei seinem wundervollen Klima und ausgezeichneten Boden vortrefflichen Taback, Waitzen, so wie es durch seinen üppigen Graswuchs in den Savanen für Rindvieh und Schafzucht sehr geeignet ist. Die Größe der Bevölkerung ist ganz unbekannt, aber sehr schwach, obgleich 8 Millionen Einwohner sich in dem Terrain von Natal ernähren könnten. Die Weißen, holländischer Abkunft, die bis 1848 fast das Land verlassen hatten, finden sich wieder allmählich ein; die Eingeborenen theils Zoulah, theils Reste der von den Zoulah großentheils vernichteten ursprünglichen Bevölkerung, betragen etwa 100000 Köpfe. Die Verwaltung leitet ein von dem Gouvernent des Caplandes abhängiger stellvertretender britischer Gouvernent. Die Besatzung besteht aus einem Regiment Infanterie. Natalien wurde 1848 in sechs sehr dünn bevölkerte Districte getheilt. Pieter Maritzburg in der Mitte des Landes ist Sitz der Regierungsbehörden. Port d'Urban, früher Natal, an der Bai gleich. N., dem einzigen Hafen des Landes.

5) Das Land der Amaponda oder, wie sie gewöhnlich genannt werden, der Mambouties, 800—1000 Fuß über dem Meeresspiegel erhaben, reicht längs der Küste vom Omzimkoulou bis zum Baschifluß. Seine Oberfläche ist sehr zerrissen durch Einschnitte mit zahlreichen beständigen Bergströmen, welche nach starkem Regen zu einer Höhe von 2—300 Fuß anschwellen und dann mit fürchterlichem Getöse cascadenartig herabstürzen. Die Flüsse werden dadurch für die Beschiffung unbrauchbar. Die bedeutendsten derselben sind der Omzimvoubou, Omtäta, Ompakou und Ombaschi. Das Amapondaland ist an vielen Stellen von höchst pittoreskem Charakter und, da Regen nicht mangeln, in außerordentlichem Grade productiv, zugleich sehr gut cultivirt. In der Nähe der Küste östlich vom Omtavoubou und am Omzimvoubou gibt es prächtige Wälder mit denselben Bäumen, wie im östlichen Caplande. Die Bewohner sind zwar in einzelnen Gebräuchen sonderbar roh (S. 135.), sonst aber friedlich, reinlich, gastfrei und arbeitsam, ein Volk überhaupt, das in vielen Eigenschaften höher, als die übrigen Kaffern steht, in neuerer Zeit aber durch die räuberischen Einbrüche der Zoulah, welche die zwischen dem Omzimkoulou und Omzimvoubou wohnenden Amaponda theils verjagten, theils vernichteten, so daß das Land zur menschenleeren Wüste wurde, sehr gelitten haben. Hierher gehören noch die schönen wesleyanischen Missionsstationen Morley und Buntingville.

6) Das Land der Amakösa oder, wie sie es selbst nennen, die Amakosina, begreift jetzt nur einen kleinen Küstenstrich zwischen dem Ombaschi und dem Großen Key, nachdem durch den Friedensschluß von 1847 dasselbe in seiner Ausdehnung sehr beschränkt und namentlich der Strich zwischen dem Großen Fisch- und dem Keyfluß an die Briten abgetreten wurde. Beschaffenheit, Flora, Cultur und Boden der Amakosina sind ganz dieselben, wie in dem zum Caplande gehörenden District Britisch Kaffraria. Als die Amakösa noch ganz unabhängig waren, wurde ihre Zahl um das Jahr 1834 auf 170000 Köpfe, worunter 40—50000 Krieger waren, geschätzt, unter ihnen sind die Stämme der Galka, Tslambi, Dushani die bedeutendsten. Hier liegt die wesleyanische Missionsstation Butterworth.

7) Das Land der Amatemba oder, wie sie gewöhnlich genannt werden, der Tamboukie, begrenzt im Süden durch die Amakösa, im Westen durch den District Britisch Kaffraria, zu dem seit 1847 auch ein Theil des Amatembalandes gezogen wurde, im Osten durch die Binnenebenen des Amaponda, im Norden durch den Quathlamba, besteht aus weiten, Karroähnlichen, waldlosen und grasreichen Hochebenen, eine Fortsetzung derer, die sich aus der Cap-Colonie längs dem Quathlamba über den Großen Key fortziehen. Bei der ansehnlichen zwischen 2500 und 4000 F. wechselnden Höhe, ist das Klima hier sehr gemäßigt und im Winter sogar so kalt, daß häufig Schnee fällt, während in den sehr tief eingeschnittenen Flußthälern die Hitze im Sommer oft sehr drückend ist. Das Land ist bei dem häufigen Regenmangel wasserarm, und die Flüsse außer in der Regenzeit meist nur eine Folge von Pfuhlen. Der außerordentliche Grasreichthum ernährt große Heerden von Antilopen und für die Bewohner auch große Rindviehheerden. Die Amatemba sind gleich den Amaponda ein sehr harmloses und unkriegerisches Volk, das wegen der häufigen Trockenheit ihres Landes meist ein nomadisches Leben mit seinen Heerden führen muß.

VIII. Das Capland.

Bücher.

J. Barrow, An account of travels into the interior of South Africa. mit 1 Ch. London 1801—1804. 2 Vol. 1. — H. Lichtenstein, Reise im südlichen Africa in den Jahren 1803, 1804, 1805 und 1806. mit 2 Ch. u. Kupf. Berlin 1811. 2 Bde. 8. — W. Burchell, Account of the interior of South Africa. mit 1 Ch. u. Kupf. London

1822—1824. 2 Vol. 4. — G. Thompson, Travels and adventures in Southern Africa. mit 1 Ch. 2 Ed. London 1827. 2 Vol. 8. — J. Philip, Researches in South Africa. London 1828. 2 Vol. 8. — Kay, Travels and researches in Caffraria. mit 1 Ch. London 1833. 8. — Cap. Sir J. E. Alexander, Excursions in Western Africa and narrative of a campaign in Kaffirland. 2 Vol. 1837. 8. mit Kupf. A. Steedman, Wanderings and adventures in the interior of Southern Africa. London 1835. 2 Vol. 8. — Lieut. Moodie, Ten years in South Africa. London 1835. 2 Vol. 8. — J. Backhouse, A narrative of a visit to the Mauritius and South Africa. mit 1 Ch. und Kupf. London 1844. 8. — C. Chase, The Cape of Good Hope and the Eastern Province of Algoabay. London 1843. 8. — von Meyer, Reisen in Süd-Afrika während der Jahre 1840 und 1841. Hamburg 1843. 8. — Bunbury, Journal of a residence at the Cape of Good Hope. London 1848. 8. — Lieut. Col. Napier, Excursions in Southern Africa. 2 Vol. London 1849. 8. — J. G. Byrne, Emigrants guide to the Cape of Good Hope. 3. Ed. London 1849. 12. — The Cape of Good Hope Almanach and Annual Register. Cape Town.

Lage, Grenzen, Größe. Das Capland, früher niederländische und jetzt eine britische Besitzung, nimmt den südlichsten Theil des Continents ein und erstreckt sich nach den durch die beiden Proclamationen seines Gouverneurs vom 16. Decbr. 1847 und 3. Februar 1848 festgestellten Grenzen vom Atlantischen Ocean im Westen bis etwa zum 44° O. L. im Osten und wiederum vom Atlantischen Ocean im Süden bis zum 29° S. Br. im Norden, so daß das Capland im Westen und Süden 360 M. lang durch den Atlantischen Ocean bespült wird. Die Grenze desselben im Osten beginnt mit der Mündung des Kuebia oder Großen Keyflusses 44° 39′ O. L. und steigt dann mit dessen Lauf in nördlicher Richtung bis zu seiner Vereinigung mit dem Schwarzen Key (Zwarte Kei) und hinauf wiederum mit dem Lauf des letzten bis zu seinen Quellen in den Strombergen auf. Die Stromberge überschreitend, erreicht die Ostgrenze den Ursprung des Kraai Rivier (Grey River oder Graue Strom), dem sie bis zu seinem Eintritt in den Nu Garip, dem großen südlichsten Quellstrom des Garip, folgt. Der Nu Garip macht dann ebenfalls, nur in östlicher Richtung bis zu seinen Quellen in den Wittebergen die Grenze, die hierauf den Wittebergen selbst bis zu den in diesen noch liegenden Quellen des mittleren großen, unter dem Namen des Key Garip bekannten Quellstroms des Garip sich anschließen. Die Nordgrenze des Caplandes bildet endlich zuvörderst der Key Garip und hierauf der vereinigte Garip in seiner ganzen Länge bis zu seinem Eintritt in den Atlantischen Ocean in 28° 38′ 30″ S. Br. 34° 2′ 15″ O. L. Die Oberfläche des Caplands innerhalb dieser Grenzen beträgt etwa 10000 Q. M.

Oberfläche. Der Westrand des Caplands von seiner südlichsten Spitze, dem eigentlichen Cap der Guten Hoffnung (Cape Point) 34° 22′ 0″ S. Br. 36° 4′ 9″ O. L. bis zur Mündung des Garip ist höchst einförmig; nur zwischen dem Vorgebirge und der Tafelbai besteht er aus hohen, tief aus dem Meeresgrunde schroff aufsteigenden Felswänden, den westlichen Abfällen des kleinen Gebirges, welches die Capische Halbinsel erfüllt. Von der Tafelbai an ist der Küstenrand dagegen meist flach, sandig und sehr arm an Einschnitten und Vorsprüngen. Am Meisten ist dies im nördlichsten Theil desselben von der Donkinbai 31° 34′ 12″ S. Br. an der Fall, wo sich fast gar keine Abwechselung in der Configuration darbietet. Die bemerkenswerthesten Meerbusen am Westrande des Caplandes von Süden nach Norden sind: Die große, aber offene Tafelbai zunächst der Capstadt, die Saldanhabai, vielleicht der größte und sicherste Seehafen der Erde, aber ohne alles Trinkwasser an ihren Rändern, die St. Helenabai, die nur für kleine Fahrzeuge taugliche Rothe Wallbai 30° 20′ S. Br., die ebenfalls kleine aber für den Verkehr der Capstadt mit den nördlicheren Theilen des Landes ungemein wichtige Donkinbai, endlich die nördlichste, die Voltasbai am Cap gl. N. schon in der Nähe der Garipmündung. Alle diese Baien, mit Ausnahme der Saldanhabai, sind jedoch offen und den Nordwestwinden ausgesetzt. Unter den Vorsprüngen des Continents sind hier die auffallendsten: Die Paternosterspitze, westlich von der St. Helenabai, C. Deseada, C. Donkin

31° 34' 12" S. Br., südlich von der Bai gl. N. und C. Voltas 28° 44' S. Br. 34° 0' 15" O. L. Auch die Zahl der vorliegenden Inseln, die selbst von geringer Größe sind, ist klein und beschränkt sich fast auf die Robbeninsel in der Tafelbai und die Dasseninsel in der Saldanhabai. Mannigfaltiger ist der Südrand des Caplands durch große Baien und Landspitzen. Zu den ersten gehört von Westen nach Osten: die große Falsebai mit der Simonsbai, die Mudge-, Walkers-, Struys-, Fisch-, die große Sebastians-, Mossel-, Plettenbergs-, St. Francis-, Gamtoo- und endlich die größte von allen, die Algöabai, von welcher im Osten nur noch die Waterloobai an der Mündung des großen Fischflusses liegt. Zu den Landspitzen gehört außer dem Vorgebirge der Guten Hoffnung, welches im äußersten Südwesten des Caplandes die Südspitze einer langen von der Capischen Halbinsel auslaufenden Zunge ist, das Cap Hangklip im Osten der Falsebai 1800 F. hoch, das Nadelvorgebirge (Cabo Agulhas, gewöhnlich Lagulhas genannt) 34° 51' 12" S. Br. 37' 36' 15", ebenfalls am Ende einer langen, vom Küstenlande ausgehenden Zunge, aber bisher irrig für die südlichste Spitze des Continents selbst gehalten, da ein kleiner benachbarter felsiger Vorsprung noch weiter nach Süden reicht (S. 2.), die C. Infante, Francis und endlich C. Recif im Westen, C. Padrão (Padrono) im Osten der Algöabai. Auch diese Baien sind sämmtlich offen und den Südostwinden und fürchterlichen, am ganzen Südrande des Continents wüthenden Brandungen in hohem Grade ausgesetzt. Die Mossel- und Sebastiansbai sind unter ihnen noch die besten Landungsplätze. Für die Culturentwickelung und das Aufblühen des Handels ist die Beschaffenheit der Küste des Caplandes ganz außerordentlich nachtheilig, indem diese Küste ungeachtet ihrer ungemeinen Länge außer der wasserlosen Saldanhabai und der von hohen Felsmassen umgebenen und selbst für große Seeschiffe hinlänglich tiefen Mündung des Knysnaflusses eigentlich keinen einzigen geschlossenen Hafen hat, so daß dadurch nicht allein größeren Schiffen, sondern an manchen Punkten der Südküste selbst Böten das Landen die Hälfte des Jahres hindurch völlig unmöglich wird. Die Zugänglichkeit des Caplandes von der Seeseite wird außerdem durch die starken Meeresströmungen vermindert, welche aus dem Indischen Ocean längs dem ganzen Südrande fortstreichen und in Verbindung mit den beiden Monsuns vorzüglich zu der Entstehung der fürchterlichen Brandungen Veranlassung geben, die diesen Theil der Küste zu allen Zeiten bei den Seefahrern berüchtigt machten und in welchen fortwährend der Grund zu den unzähligen hier vorkommenden Schiffbrüchen zu suchen ist. — Das Capland steigt aus der Meerestiefe in mehreren, von Süden nach Norden auf einander folgenden Terrassen auf, an die sich längs dem ganzen Südrande vom C. der Guten Hoffnung im Westen bis zur äußersten Ostgrenze am Großen Key eine unter dem Namen der Nadelbank den Seefahrern bekannte und durch ihre geringe Tiefe gefährliche submarine Terrasse anschließt, die bis zum 37° S. Br. reicht und aus Sand und zertrümmerten Muscheln besteht, jenseits der östlichen Grenzen des Caplands aber deutlich sogar bis in die Gegend von Natal reicht. Die erste Landterrasse des Caplandes läßt sich mit geringen Unterbrechungen fast um dessen ganze marine Peripherie als eine niedrige Zone von durchschnittlich nur geringer, wenige Meilen betragender Breite verfolgen. Am Breitesten ist sie im nordwestlichsten Theile des Caplandes in der Nähe des Garip, wo ihre westöstliche Ausdehnung 15 Meilen beträgt. Nach Süden zu wird sie dann allmählich schmäler, so daß sie in der Nähe der Capstadt nur eine Breite von kaum 2 M. hat. Längs der Capischen Halbinsel fehlt sie sogar ganz, da deren Felsmassen sofort aus der Tiefe des Meeres bis zu einer Höhe von mehreren Tausend Fuß über dem Meeresspiegel sich erheben. Am Südrande des Caplandes reicht endlich diese Stufe wieder durchschnittlich 3—4 M. weit in das Innere, doch fehlt sie auch hier an einigen Stellen, indem die Gebirgsmassen der 2. Stufe an der Mossel- und Falsebai bis an den Meeresrand reichen und mit ihren bis 2—300 Fuß hohen Felswänden unmittelbar das Meer schroff begrenzen. Im Allgemeinen hat die Stufe nur 2—300 Fuß Erhebung über dem Meeresspiegel, die im Osten bei Grahamstown sich jedoch allmählich bis 1000 Fuß steigert. Ihre Oberfläche ist in der Nähe des Garip, also im nordwestlichen Theile des Caplands außerordentlich wasserlos, sandig und dadurch ungemein dürr und menschenleer. Südlicher wird sie thoniger und könnte hier bei hinlänglicher Bewässerung einen ganz ergiebigen Culturboden abgeben. In der Nähe der Capstadt ist sie wieder sandig und nur ziemlich fruchtbar; sie bildet hier die sogenannten Capflächen (Cape Flats). Am Südrande des Landes, besonders in dessen östlicherem Theile wird endlich die Zone abermals thonig und dadurch außerordentlich ertragsfähig. Ueberhaupt ist diese Stufe durch ihre Culturentwickelung und ihre Lage zunächst dem Meere bisher immer der wichtigste Theil des Caplandes gewesen. Innerhalb der Ausdehnung derselben steigt völlig isolirt und durch eine breite Ebene von den Gebirgen des Inneren getrennt aus ihr noch das kleine felsige Gebirge auf, welches im Süden der Capstadt die 9 M. weit in nordsüdlicher Richtung ausgedehnte und 1½ M. breite zungenförmige Capische Halbinsel bildet und am nördlichsten Ende mit seinen 3 höchsten Erhebungen, dem Tafel- (3582 F.), Löwen- (2760 F.) und Teufelsberg (3315 F.), eine Gruppe rund um die Capstadt bildet. — Nördlich und auch östlich von dem niedrigen Küstenstrich erhebt sich dann durchschnittlich bis 3000 F. absoluter Höhe und mit fast mauerförmig ansteigenden Wänden eine zweite Terrasse, stellenweise bekränzt an ihren oberen Rändern mit langen Höhenzügen, die am Südrande der Stufe den Namen der Großen Schwarzen Berge (Groote Zwarteberge) führen. Der stellenweise bis 12 Meilen breite Zug dieser bis 4- und 5000 Fuß hoch ansteigenden Berge läßt sich vom Bergrivier im Westen 60—70 M. weit bis zum Gamtoorivier im Osten verfolgen, wo er anscheinend verflacht, möglicher Weise aber noch im Osten des Gamtoo fortsetzt, indem einige ansehnliche Berge, wie der Kuruka oder Wintershoek mit dem dazu gehörenden 4000 F. hohen, weit sichtbaren, nördlich von dem Districtsort Uitenhagen gelegenen Cockscombs-Pic, und die bis 2500 F. hohen Zuurebergen (Sauerberge) hier genau in der Verlängerung der Grooten Zwarteberge auftreten. So bilden die letzten muthmaßlich einen weiteren östlichen Bergkranz am Südrande der Terrasse bis in die Nähe der Stadt Grahamstown. Beim Beginn der Grooten Zwarteberge im Westen zweigt sich sofort von ihnen eine 2. etwas niedrigere, immer aber höchst majestätisch und pittoresk aufsteigende Bergkette von etwa 50 M. Länge mit einer zuerst nach Südost divergirenden, später aber der Terrassenwand parallelen Richtung ab, welche anfänglich den Namen der Kleinen Schwarzen (Kleene Zwarte) oder Zwellendammerberge, weiterhin aber den der Outniquaberge führt, in einzelnen Gipfeln bis 4800 Fuß aufsteigt und von den Grooten Zwartebergen durch eine kleine, nur wenige Meilen breite und nicht mehr als einige 100 Fuß, höher als die Küstenstufe liegende Hochebene geschieden wird. Diese Hochebene führt in ihrem westlicheren Theil bis zum Gauritsfluß den Namen des Kannalandes, östlich davon den der Langekloof, welche letzte als ein höchst ausgezeichnetes, bis 40 M. langes Thal in westöstlicher Richtung zwischen verschiedenen kleineren Longitudinalketten sich erstreckt. Gegen Norden zu verflacht sich der mauerförmig aufsteigende westliche Rand der 2. Terrasse allmählich, bis er zuletzt bei der Annäherung an den Gariv gänzlich verschwindet. Mehr nach Süden zu sondert sich bei dem Districtshauptort Worcester von dem hier noch ansehnlich hohen Rande der 2. Terrasse ein nach Westen vorspringender, etwa 2300 F. hoher Bergstock, der Wintershoek ab, der eine lange, unter dem Namen der Drakensteiner und Stellenboscherberge, dann des Gebirges von Hottentots Holland bekannte Vorkette bis zum südlichen Meeresrande entsendet, wo sie mit den beiden Vorgebirgen Hangklip und Mudge schroff abbricht. Ein anderer Ast, die Cardouwberge, geht von dem Wintershoek in entgegengesetzter Richtung nach Norden und verflächt sich in der Küstenstufe zunächst dem westlichen Elephantenflusse. Noch weiter im Norden in 29° 30′ S. Br. und in etwa 10 M. Entfernung vom Meere steigt endlich aus der Küstenzone bis 5500 F. Höhe (die Höhe zweier bei Ezelsfontein auf einem südlichsten Ast des Gebirges sich erhebender Kuppen, des Ezelskop und Roodeberg, wurde zu 4940 und 5130 F. bestimmt) der Khamies d. h. Berg im Hottentottenschen ein hoher Bergstock auf, der muthmaßlich sich auch im Osten an die Mauer der 2. Terrasse anschließt. Enge spaltenähnliche und ungeheuer tiefe Transversalthäler durchbrechen die Vorketten und machen den Zugang zu dem Fuße der hohen Binnenterrasse durch die Vorketten und damit zugleich auch den Abfluß der auf der Terrasse gesammelten Gewässer nach der Küstenstufe möglich. Einschnitte der Art führen schon bei der Bevölkerung des Caplands den sehr bezeichnenden Namen der Kloofs (Klüfte). Mehrere derselben wurden erst neuerlich durch die preiswürdige Sorgfalt einiger Landesgouverneure mit großen Anstrengungen und Kosten in gute Landstraßen verwandelt; so der furchtbare Paß über das Hottentots Hollandgebirge, der einzig die Verbindung der Capstadt mit den östlichen Theilen des Caplands möglich macht, der vom Gouverneur Sir Lowry Cole passirbar gemachte Sir Lowrypaß, der Fransche Hoeckpaß, der in den letzten Jahren erst in Stand gesetzte Paß in der fürchterlichen Attaquaskloof, wodurch eine Communication von der Mosselbai im Süden durch die südliche Vorkette nach dem Innern eröffnet wurde. Die meisten dieser Kloofs waren früher für Wagen völlig unpracticabel und selbst die, welche mit Wagen passirbar waren, gestatteten die Passage nur mit der größten Anstrengung und Gefahr. Die 2. Terrasse ist eine 15—20 M. breite und 60—80 M. lange Ebene von etwa 1500 Q. M. Oberfläche, woraus isolirt einzelne Berge mit flachen, tafelförmigen, mehrere 100 Fuß hohen Gipfeln aufsteigen. An ihrem Westrande erhebt sich diese Stufe bis 5000 F. über den Meeresspiegel, während ihre Hauptmasse nur etwa 3000 F. hoch sein dürfte. Dieser hohe Westrand führt den Namen der Ceder- und Bokkeveldberge. Die Oberfläche der Terrasse besteht vorzüglich aus einem rothen oder rothbraunen, stark eisenhaltigen mit Sand gemengten Thon, welcher während der trockenen Jahreszeit so hart, wie gebrannter Ziegelthon wird und deshalb von den Hottentotten in ihrer Sprache den Namen Karrò d. h. hart erhalten hat, ein Name, der nun vorzugsweise auch der ganzen Stufe zur Bezeichnung gegeben wird und den man ebenfalls in andern Theilen des Caplandes, wo Thonflächen der nämlichen Art vorkommen, diesen letzten beilegt. Das völlige Verschwinden aller Vegetation in der 2. Stufe mit Ausnahme einiger grünen Säume von Acacien längs den Betten ausgetrockneter Regenbäche in der warmen Jahreszeit gibt diesem Landstrich Monate hindurch ein höchst trauriges Ansehen, so wie das fast völlige Versiegen aller fließenden Gewässer und Quellen ihn einen großen Theil des Jahres sogar völlig unpassirbar macht. Während der Regenzeit verändert sich dagegen die Karrò in wenigen Wochen in das lachendste Blumen- und Grasmeer voll von saftigen und alcalireichen Gewächsen, welches von den zunächst den oberen Rändern der innersten 3. Stufe wohnenden und nach Eintritt der Regenepoche herabsteigenden Familien als vortreffliches Weideland benutzt wird, in welchem sie, so lange die üppige Vegetation dauert, nomadisirend umherziehen. An den wenigen Punkten, wo die Karrò beständig fließende Quellen hat, haben sich lachende Oasen mit seßhafter Bevölkerung, Ackerfeldern, üppigen Orangehainen und Weingärten gebildet. Nur an solchen Stellen und an wenigen andern begünstigten, die weit auseinander liegen, findet in der Karrò Bodencultur statt. Dörfer fehlen deshalb in dieser Stufe gänzlich, bis in der neueren Zeit, erst vor etwa 30 Jahren, sich das Cap Gouvernement durch administrative Gründe und die Absicht, den Verkehr der südlicheren Landestheile mit der im äußersten Norden wohnenden Bevölkerung zu befördern, bewogen fand, am Nordrande der Karrò den Distrietshauptort Beaufort zu errichten, dessen an nur 2 Quellen gebundene Existenz natürlich nie einer großen Entwickelung fähig ist. Oestlich vom Sondagsfluß erhebt sich plötzlich in der unmittelbaren Fortsetzung der Karrò eine bis 1500 Fuß über die letzte ansteigende ansehnliche und dick bewaldete Bergkette, welche oberhalb des Orts Somerset den Namen des Boschberges führt, in ihrer Weitererstreckung aber in den beiden hohen Winterbergen bis 6000 F. über den Meeresspiegel aufsteigt, einen großen Theil des Jahres mit Schnee bedeckt ist, dann unter dem Namen der Katzenberge (Katberge) einen großen Bogen nach Südost macht und hier im Luheri- oder Gaikakopf am Höchsten ansteigt, endlich in eine ganz südliche Richtung übergeht, womit sie theils in dem vom Zusammentritt des Keiskamma- und Tschumieflusses gebildeten Winkel, theils östlich vom Tschumie in dem mächtigen und wilden Amatolagebirge zu endigen scheint. Durch das Auftreten dieser Gebirgsmassen, welche einen großen Theil des jetzigen östlichen Caplands erfüllen, verringert sich die Breite der Karró in nord-südlicher Richtung ansehnlich; gleichzeitig gewinnt jedoch die letzte hier ein ungemein reicheres Ansehen, indem die zu ihr gehörenden unter den Namen Camdebo, Tarka und Bruyntjeshoogte bekannten Striche stets durch ihre höchst üppigen Grasfluren bekannt waren. Nördlich von dem Boschberge und den Winterbergen setzt aber die Karró noch bis zu der östlichsten Grenze des Caplandes ununterbrochen fort, indem die seit 1847 demselben einverleibten grasreichen Hochebenen des Amatembakafferlandes nach allen ihren Beziehungen ganz das Gepräge der Karró des alten Caplandes besitzen. Noch tiefer im Innern erhebt sich endlich eine 3., die **Garipstufe**, wiederum mit fast mauerartig aufsteigenden Rändern bis 5- und 6000 Fuß über dem Meeresspiegel; sie bildet muthmaßlich den südlichsten Ausläufer des unermeßlichen südafrikanischen Binnenplateaus. Von den 2—3000 Fuß tiefer liegenden Karró gesehen, erscheinen die steilen, sehr schwer ersteiglichen Wände dieser Stufe hohen Gebirgen ganz ähnlich, und sie führen deshalb in ihrem westlicheren Theile, wo sie zuvörderst einer nordsüdlichen, dem Westrande des Caplands parallelen Richtung folgen, nach welcher sie in die westöstliche umsetzen, den Namen des **Roggeveldgebirges**. Wo man dies sogenannte Gebirge ersteigt, breitet sich sofort die Oberfläche der Stufe als eine unermeßliche Ebene aus, mit einer nur sehr geringen Neigung nach Norden gegen die Vertiefung des Gariplaufs. In der weitern Erstreckung dieser Mauern gegen Osten werden dieselben anfänglich die **Nieuweveld-Berge**, dann die **Winter- und Schneeberge** genannt; ihre Erhebung über dem Meeresspiegel ist hier merklich höher, als die der Stufe selbst, indem sie zu einer eigenen longitudinalen Gebirgskette werden, welchen die ungemein strenge winterliche Kälte und die häufige Schneebedeckung theilweise den Namen der **Winter- und Schneeberge** verschafft hat, indem Kälte und Schnee nirgends mehr im Caplande in dem Grade, als hier vorkommt. Aeltere Schätzungen, die jedoch schwerlich richtig sein mögen, geben den Nieuweveldbergen schon eine absolute Höhe von 10000 Fuß; neuere auf directe Messungen gegründete Angaben setzen jedoch die Erhebung des durch eine spitze Felspyramide auf seinem Gipfel höchst eigenthümlich gestalteten **Compaßberges**, eines der südöstlichsten Ausläufer der Schneeberge, zu 10250 engl. Fuß über der Meeresfläche, so daß dieser Berg unzweifelhaft einer der höchsten, wo nicht der höchste des Caplands ist. Noch weiterhin, gegen Nordost, da wo die Landschaften Camdebo, Bruyntjeshoogte und Tarka die Verlängerung der Karró bilden, grenzen gegen dieselben ebenfalls mauerförmige steile Ränder der Garipstufe, welche mit den unter dem Namen der **Rhinoster** (Rhinoceros)-, **Zuure-** und **Stormberge** bekannten longitudinalen Gebirgsketten gekrönt sind. Im äußersten Osten wird endlich noch die Garipstufe durch die 3000 F. hoch über dieselbe aufsteigende Kette der Quathlamba- oder Inkalaberge, der Draken- oder Witteberge der Cap-Colonisten, eine nördlichere Fortsetzung der Stormberge begrenzt (S. 124.). Die Oberfläche des zum Capland gehörenden Theils der Gariptерrasse ist sowohl gegen den Garip selbst, als auch gegen Westen nach dem Atlantischen Ocean zu geneigt, zugleich ungemein einförmig und besteht fast durchaus aus unermeßlichen Ebenen, die sich ununterbrochen nach Norden bis zum Garip, und im Osten bis zur äußersten östlichen Grenze des Caplandes d. h. bis zu dem Fuß des Quathlamba erstrecken. Nur einzelne Bergreihen, jedoch zahlreichere isolirte Berge, erheben sich aus diesen Ebenen. Mehrere derselben, wie die hohen und steilen nackten Tafelberge von Thaba Unschu d. h. Schwarzberg und Thaba Patsoa, der Thaba Thelepik bei Morischa im Osten der Cap-Colonie können als Ausläufer des Quathlamba gelten. Aber noch höher dürften die Karreeberge südlich vom mittleren Garip sein, die mit ihren ebenfalls tafelförmigen, 800—1000 Fuß über ihre Umgebung aufsteigenden Gipfeln mit die höchsten Erhebungen in der Garipstufe zu bilden scheinen. Wenige Flüsse nur, die erfahrungsmäßig immer wasserärmer werden und schon den größten

Theil des Jahres völlig trocken sind, beleben hin und wieder diese Hochebene, die stellenweise, wie zwischen den beiden großen Quellenströmen des Garip, durch ihren thonigen Boden den Charakter der baumlosen Savanen Nord-Amerikas besitzt, größtentheils aber und besonders nach dem unteren Garip zu, wo der Boden außerordentlich sandig wird, einer der ödesten, dürrsten, wasserlosesten und menschenleersten Districte der Erde ist, wo nur Strauße, vereinzelte Antilopen und Löwen zu existiren vermögen, viele Tagereisen weit zuweilen kein Baum, kein Tropfen Wasser und selbst nicht ein Grashalm zu finden ist und Luftspiegelungen, ganz wie in den öden Wüsten Nord-Afrikas, gar nicht selten sind.

Geognostische Verhältnisse. Das Capland besteht in dem größten Theil seiner Oberfläche aus horizontal geschichteten, durch einen reichen Eisenoxydgehalt meist roth gefärbten Sandsteinen, worin neuerlichst interessante Reste großer vorweltlicher Saurier, z. B. des Dicynodon, gefunden wurden. Alle höhern Bergketten, wie die Grooten Zwarteberge, der Quathlamba und die unzähligen isolirt, zum Theil mit höchst grotesken Formen als Pyramiden, Obelisken und Ruinen in den Ebenen aufsteigenden Berge werden in dem größten Theil ihrer Masse gleichfalls von demselben Sandstein gebildet. Nur wenige Berge im Westen, wie der Khamies und die Kupferberge machen von dieser Beschaffenheit eine Ausnahme. Die Oberfläche des Sandsteins ist größtentheils von losen Massen bedeckt und zwar in der ganzen Karró und im östlichen Theil der Garipstufe ganz genau durch den nämlichen eisenreichen Thon, im westlichen Theil der letzten dagegen durch einen ungemein reinen krystallinischen Quarzsand, der grade durch seine Reinheit Veranlassung zu der grauenvollen Dürre und Pflanzenlosigkeit dieser Strecken des Caplands wird. Unter dem Sandstein bilden in einem großen Theil des Caplands blaue ältere (silurische) versteinerungsreiche Thonschiefer das Liegende, wie die Basis des Tafel-, Löwen- und Teufelsbergs in der Capischen Halbinsel, die der Cederberge, der Berge im District Hantam, des Bokke- und Roggevelds und der Schneeberge ergibt. In den zahlreichen tiefen Einschnitten der Karró, in dem großen Längenthal der Langekloof und des Bokkevelds wird dasselbe Gestein gleichfalls unter dem bedeckenden Sandstein sichtbar. Frei zu Tage liegend, wurde es im östlicheren Theile des Caplands am Fischflusse gefunden. In anderen Strecken vertritt Granit unter dem Sandstein den Thonschiefer, was im Osten in den tiefen Thälern des Quathlamba, besonders aber im Westen zwischen Komaggas und Lilyfountain und zunächst dem Südrande des Garip der Fall ist. Hier steigt derselbe außerdem mit ungemein grobkörnigen Varietäten selbst zu großen Bergmassen auf, indem der Khamies und der Zug der Kupferberge daraus besteht. Einen andern ausgedehnten Zug bildet der Granit an der Mosselbai. In den Bergen der Capischen Halbinsel, besonders am Tafelberg, erscheint er noch unter dem Thonschiefer als Basis desselben gelagert. In Verbindung mit Graniten zeigt sich der Gneis und Glimmerschiefer, besonders in der westlichen Küstenstufe zunächst dem Atlantischen Ocean, und ebenso schließen sich an diese krystallinischen Gesteine Serpentin und Topfstein in großen Massen am Khamies und in dem nordwestlichsten Theil des Caplandes zwischen dem Kausse und dem unteren Garip an. Basalte sind gleichfalls in sehr großer Verbreitung, besonders im Osten bekannt, wogegen sie im Westen nur äußerst sparsam auftreten. Aus diesem Gestein besteht namentlich eine lange Reihe von Bergen im britischen Kafferland, vor Allem der Amatölabergstock, ein großer Theil der Katberge und der Stormberge. Im Quathlamba, an den Winterbergen und an zahllosen isolirten Bergen der Garipstufe bildet der Basalt nur den tafelförmigen Gipfel, wie eine Art Kappe, indem er auf Sandstein, der Hauptmasse der Berge, aufruht und sie durch den Einfluß der Atmosphäre vor Zerstörung schützt. Kalksteine sind dagegen in viel geringerer Verbreitung vorhanden. Im Osten bestehen die für die Entwickelung der Schafzucht so äußerst wichtigen Hügelzüge des Districts Albany aus versteinerungsreicher Mergelkreide, die bei Bathurst einen leicht zu behauenden, vortrefflichen, trockenen Baustein gibt. Noch jugendlichere Kalksteine stehen am Nadelcap in 430 Fuß hohen Felsen an. Aeltere, muthmaßlich silurische, Kalksteine kennt man in der westlichen Küstenstufe an der Saldanhabai und auf der Robbeninsel,

10*

und endlich in sehr bedeutender Entwickelung auf der Höhe der innersten Stufe am Vaal Rivier. Dem Britisch Kafferland fehlen Kalksteine auch nicht.

Gewässer. Das Capland gehört in seinem größten Theil zu den wasserärmeren Strichen des Continents, nur die östlicheren Distriete und besonders Britisch Kafferland, sind reicher an Quellen und größeren fließenden Gewässern. Die außerordentliche Hitze während mehrerer Monate des Jahrs bringt aber die Quellen, deren Bildung schon durch den auffallenden Mangel hoher Gebirgszüge in der ganzen hier etwa 16 Längengrade betragenden Breite des Continents außerordentlich erschwert wird, größtentheils zum Versiegen, so wie auch die hiesigen Bäche und Flüsse meist nur Regenwasser sind, die in der trockenen Epoche völlig verschwinden, in der nassen dagegen häufig in der kürzesten Zeit zu einer ungeheuren Höhe anschwellen, so daß sie ihre tief eingeschnittenen Betten fast völlig ausfüllen. Durch diesen allgemeinen Wassermangel, welcher in manchen Gegenden, besonders auf der innersten Stufe zunächst am untern Garip zuweilen noch durch das 4—5 Jahr dauernde Ausbleiben jedes Regenfalls vermehrt wird, werden in der trockenen Jahreszeit viele Striche des Caplands, z. B. ein großer Theil der Karró, unbewohnbar und selbst nur mit großen Gefahren passirbar; manche, namentlich in der innersten Stufe, gestatten sogar kaum Nomaden die Möglichkeit eines dauernden Aufenthalts. Doch müssen sich in der Tiefe der großen Ebenen Wasseransammlungen in begünstigten Localitäten finden, indem es den Reisenden fast in jedem trockenen Flußbett gelingt, durch Graben sich Wasser zu verschaffen. Der einzige perennirende und zugleich bedeutendste Fluß des Caplands und zugleich einer der längsten des Continents überhaupt, indem er fast dessen ganze Breite durchzieht, ist der Karib, gewöhnlich Garip, was in der Hottentottensprache Wasser bedeutet, genannt. Bei den Holländisch redenden Bewohnern des Caplands führt der Strom gewöhnlich den Namen des Orange Rivier. Er entsteht aus 3 oder eigentlich 4 großen Quellströmen, die vom 29° 10′ S. Br. und etwa vom 42° 30′ O. L. vereinigt sind und eine große Arterie des Binnenlandes bilden, welche fast alle Gewässer desselben dem Atlantischen Ocean zuführt. Der südlichste dieser Quellströme, der Schwarze Fluß (Zwarte Rivier der Cap-Colonisten) oder Nu Garip, indem der letzte Name im Koranadialekt der Hottentottensprache so viel als Schwarzer Fluß bedeutet, gleichwie der in der Betschuanensprache für ihn übliche Name Noka Unschu genau dasselbe sagt, führt seinen Namen muthmaßlich nach seiner dunklen Farbe und seiner schlammigen Beschaffenheit während der Regenzeit, wo er sehr bedeutend anzuschwellen pflegt. Es ist der größte Quellenstrom des Garip, und größer, als der selbst sehr bedeutende mittlere Quellenstrom, der Key Garip oder Vaalfluß. Er entsteht aus dem Zusammentritt von 2 ebenfalls schon bedeutenden Strömen, einem südlicheren, dem Stockenstromsstrom, der im Quathlamba am südlichen Abhang des Bosung (d. h. im Betschuanischen Quellen) berges unter dem 28° 50′ S. Br. 48° O. L. sich bildet und in seinem obersten, den Betschuanennamen Sinka führenden und etwa 40 Stunden langen S.S.W. Lauf, einem von hohen Ketten des Quathlamba eingeschlossenen Längenthal folgt, worauf er mit einer plötzlichen Biegung in einer Transversalschlucht den Quathlamba durchbricht, in die Hochebene hinaustritt und sich endlich in 44° 35′ O. L. oberhalb der Missionsstation Bethulia mit dem 2. großen und nördlicheren Quellenstrom, dem Caledon oder Mogokara der Betschuanen, zu dem hier 850 F. breiten, aber nur 2½ F. tiefen Nu Garip vereinigt. Der Caledon hat seinen Ursprung auch am Bosung, aber an dessen Südseite, wo er sofort als großer Strom hervorbricht. In seinem weiteren südwestlicheren, überall von hohen Felswänden umschlossenen Lauf ist derselbe in hohem Grade reißend; in der Regenzeit schwillt er sogar außerordentlich an, und er stürzt dann mit ungemeiner Heftigkeit und großem Getös über die ihn stellenweis ganz erfüllenden oder quer durchsetzenden Felsen. In der Regenzeit ist der Nu Garip ein größtentheils prächtiger und tiefer Strom von 3—4000 Fuß Breite, der stellenweise jedoch bis zu einem 30 Fuß breiten Canal zusammengedrängt ist. In der Zeit überschwemmt er, wie der Nil Aegyptens, seine Ränder weit und breit, und da die Ueberschwemmungen oft plötzlich eintreten, wird er häufig sehr gefährlich. In der trockenen Jahreszeit ist der ganze Nu Garip sehr seicht und selbst durchwatbar. Dies in Verbindung mit der Häufigkeit der in ihm auftretenden Felsen macht ihn für die Binnenschifffahrt völlig ungeeignet. Der mittlere große Quellenstrom des Garip, der *Gelbe Fluß* (im Koranadialekt der Hottentottensprache *Key Garip* genannt; der Vaal Rivier der Cap-Colonisten), entsteht wiederum zunächst aus 2 größeren, abermals von der Westseite des Quathlamba herabkommenden Strömen, dem fast genau westlich von der de Lagôabai in nur 3° Entfernung davon entspringenden Lekoua oder Likwa und einem südlicheren und beträchtlicheren Fluß, dem Nama Hari oder Donkin, dessen Quelle nochmals am Bosung, 38 M. östlich von seinem Zusammentritt mit dem Lekoua liegt und der anfänglich einen großen Bogen nach Norden macht, dann aber sich nach Südwesten wendet. Der Key Garip nimmt nach seiner Bildung noch mehrere größere Ströme von Süden, aber keinen von Norden her auf. Der östlichste dieser Zuflüsse ist der *Gey Koup* oder *Vet Rivier*, der wiederum im Quathlamba entspringt, in seinem von Süden nach Norden gerichteten Lauf noch den *Tschoué* oder *Sandstrom*, einen größeren Strom, aufnimmt und sich im 27° S. Br. 45° 50′ O. L. mit dem Key Garip vereinigt, dann den Modder Rivier, der seinerseits sich mit einem Strom der Hochebenen, den Riet Rivier verbindet und kurz vor Campbellsdoorp, einem südlich von dem Vereinigungspunkt des Schwarzen und Gelben Flusses gelegenen Ort, dem letzteren zugeht. Der 3. Hauptquellenstrom des Garip, der *Malalarin* (Kaub Garip oder Herzfluß [Hart Rivier] der Colonisten) gehört nicht mehr dem Caplande an, indem er in den Betschuanenländern entspringend, dem Garip außerhalb des Caplands von Norden her zugeht. Von seiner vollständigen Bildung bei Campbellsdorp durchzieht der Garip fast noch die Hälfte der Breite des Continents als ein völlig ungetheilter Strom, der bald westlich von Campbellsdorp, da wo die Reisenden auf ihrem Wege von der Cap-Colonie nach Lithaku ihn gewöhnlich übersetzen, schon die Breite des Rheins bei Düsseldorf, in seinem untersten Lauf während der trockenen Jahreszeit nur eine von 1700 F. hat, wogegen er daselbst in der Regenepoche bis 1 Stunde breit wird. Im ganzen Lauf ist er entweder von hohen Felsmassen umschlossen, oder es erscheint sein Bett in den Ebenen als ein sehr tiefer, von senkrechten Felswänden gebildeter Canal. Seine Wassermenge ist so unbedeutend, daß er den größten Theil des Jahres hindurch an den meisten Stellen zu Fuß durchwatbar ist, und daß er also ungeachtet der ungeheuren Länge seines Laufs nirgends für die Binnenschifffahrt tauglich gemacht werden kann. Seine nur etwa 400 F. breite Mündung ist sogar meist noch durch eine Sandbank so geschlossen, daß in der trockenen Jahreszeit nicht einmal ein Canoe darin einlaufen, und sie auch nicht als Hafen dienen kann. Kurz vor derselben bildet der durch die vorliegende Sandbank aufgestauete Strom einen seichten Süßwassersee. Die in allen diesen Theilen des Continents oft plötzlich und mit ungemeiner Heftigkeit eintretenden Gewitterregen bewirken dann ein Steigen des Stroms von 20—30 Fuß über den gewöhnlichen Stand, worauf gewöhnlich ebenso schnell ein Abfließen seiner Gewässer bis zu ihrem früheren geringen Niveau erfolgt. Der ansehnlichste und zugleich längste Fluß des Caplands nach dem Garip ist der *Große Fischfluß* des östlichen Caplands, der jedoch nicht perennirend ist, indem er periodisch so austrocknet, daß sich in seinem Bett nur eine Kette von Pfuhlen findet, wogegen in anderen Zeiten stürmische Fluthen von mehr als 70 Fuß Tiefe dasselbe erfüllen. Der Fluß entspringt in den hohen Schneebergen und hat bei seinen unzähligen Krümmungen eine Länge von mehr als 100 M. Seine ansehnlichsten Zuflüsse sind der Koonap und der Katrivier. Alle übrigen fließenden Gewässer, selbst der jetzige östliche Grenzfluß des Caplandes, der Große Keifluß und der Keiskamma sind verhältnißmäßig sehr unbedeutend. Zu den nambaftesten unter den Küstenflüssen, die meist auf der mittleren Stufe entstehen und von dort her durch enge, zuweilen von 3—4000 Fuß hohen mauerförmigen Felswänden gebildete spaltartige Thäler in die Küstenstufe hinabstürzen und in der trockenen Jahreszeit meist versiegen, gehören im Süden: der *Breede Rivier* (*Breite Fluß*) mit seinem Zuflusse, dem Zonderende Rivier, mündend in die Sebastiansbai, der Gaurits mit zahlreichen Zuströmen aus der Karró, der Knysna, Gamtoo, mündend in die Bai gl. N., der Krumme Fluß (Kromme Rivier), Zwartkop-, der der Algoabai zugehende Sonntagsfluß (Sondag Rivier), der Buschmann-, Karreega-, Kowie und Große Fischfluß, der Keiskamma, Konkay oder Buffalofluß und endlich der Große Keistrom, ferner im Westen der in die St. Helenabai mündende Große Bergfluß, der westliche Elephantenfluß, der Grüne Fluß (Groene Rivier) und endlich der Kausie Rivier. Zur Karró gehörten schon nebst dem oberen Lauf des Sondag Rivier die zahlreichen Regenbäche, aus denen der westliche Elephantenfluß entsteht. Auf der Garipstufe sind die bemerkenswerthesten Flüsse, die aber den größten Theil des Jahres trocken liegen, und sämmtlich dem vereinigten Garipstrom zugehen: Der sehr lange Sackfluß (Zackrivier), welcher aus der Vereinigung vieler, am äußersten Südrand der Stufe oder auch in den Karreebergen entspringenden Gewässer hervorgeht, und der Brakke Rivier. Mineralquellen gibt es hier nicht häufig, wenn man die mehr oder minder mit Kochsalz, Bittersalz und Schwefelwasserstoffgas geschwängerten kalten Quellen, die auf den beiden inneren Terrassen zu Tage treten und freilich die Hauptzahl der Quellen bilden, ausnimmt. Ausgezeichnet sind aber einige Thermen, theils schwefel-, eisen- und manganreiche, theils alcalische Thermen zu Caledon und Uitenhage, dann am östlichen, wie am westlichen Elephantenfluß, am Brandrivier des Districts Worcester, in der Kogmanskloof, am Brandrivier des Canton Neu Hantam, zu denen endlich noch die laue Schwefelquelle von Cradok am Großen Fischflusse tritt. Alle warmen Quellen sind der Bevölkerung bei den häufig durch die auf den Hochebenen herrschenden kalten Winde veranlaßten rheumatischen Beschwerden äußerst nützlich.

Klima. Es gibt im Capland 2 durch die herrschenden Winde charakterisirte Jahreszeiten, den Sommer, der von September bis April dauert und durch kalte und trockene Südostwinde gemäßigt wird, dann der Winter von Mai bis September, welcher bei den dann herrschenden Nordwestwinden eigentlich die schönste Jahreszeit ist. An den Küsten und in den dem Garip benachbarten Flächen steigt die Hitze zuweilen auf eine solche Höhe, daß sie fürchterlich drückend wird, wogegen in den Wintermonaten auch die Kälte in manchen, besonders den höheren Theilen des Caplands, sehr empfindlich und lästig ist, indem es dann an Eis und Schnee nicht fehlt. Dies ist z. B. schon in den jetzt, seit 1847, zum Capland gezogenen, in der östlichen Fortsetzung der Karró gelegenen Theilen des Amatembakafferlands bei der Missionsstation Siloh, noch mehr aber in der innersten Stufe der Fall, indem nicht allein die höchsten Erhebungen der letzten, die Schnee- und Nieuweveldberge, sich häufig im Winter auf längere Zeit mit Schnee bedecken, sondern selbst in den Ebenen derselben, besonders in der Nähe des Quathlamba, Schnee, Eisbildung und eine höchst scharfe winterliche Atmosphäre nicht selten sind. Im Allgemeinen ist aber das Klima gemäßigt (die mittlere Temperatur in der Capstadt, wo besonders das Klima das ganze Jahr hindurch sehr gleichförmig ist, Eis und Schnee nie vorkommen und die Sommerwärme im heißesten Monat auch nur 28° erreicht, beträgt 13,8°) und bei der außerordentlichen Trockenheit und Reinheit der Luft und zugleich dem völligen Mangel von Sümpfen und schädlichen Ausdünstungen im ganzen Umfange des Caplands eins der gesundesten auf Erden. Das von Albany stimmt sogar völlig mit dem von England überein. Epidemische Krankheiten fehlen demnach hier ganz, nur die Blattern richten zuweilen große Verheerungen an, so wie auch die Bewohner, besonders der Hochebenen, häufig an rheumatischen Uebeln leiden. Die Regen treten in der winterlichen Zeit weder regelmäßig, noch anhaltend ein, da kein Theil des Caplands mehr im Gebiet der tropischen Regen liegt. Doch sind dieselben häufig von den heftigsten Gewittern und Windstürmen begleitet und zuweilen selbst so intensiv, daß sie ganze Ortschaften nebst Feldern und Weinbergen in großer Ausdehnung wegschwemmen und Flüsse, die völlig trocken liegen, plötzlich zu reißenden Strömen umwandeln, ja einzelne der letzten, die in der trockenen Jahreszeit, wie der Gaurits, kaum die Knöchel der sie Durchwandernden benetzen, erfüllen sich dann zu einer Höhe von 120 Fuß mit Wasser. Der merkwürdig unregelmäßige Eintritt oder das völlige Fehlen der Regen während mehrerer Monate des Jahres bleibt sogar eins der größten Hindernisse für die Culturbevölkerung des Caplands, indem die dadurch bewirkte Dürre in großen Theilen desselben, z. B. in der Karró, ein so vollständiges Absterben der Vegetation zur Folge hat, daß dieselben nur periodisch im Jahr bewohnbar sind. Zuweilen stellen sich in diesen Landstrichen, am Meisten aber in denen zunächst dem unteren Garip, sogar Perioden von 3—5 jähriger Dauer ein, in denen kein Tropfen Regen fällt. Dann geräth die Bevölkerung in die bitterste Noth und entgeht nur mit Mühe dem Hungertode. Eine bemerkenswerthe Differenz zeigt übrigens die Richtung der Regengüsse in den verschiedenen Theilen des südöstlichen Theils des Caplands, in dem dieselben im ganzen Osten östlich der Kette des Hottentots Hollandsberge ausschließlich von Südost und Süden, nie aber von Westen kommen, da diese Kette eine bestimmte Wetterscheide bildet, wogegen dies letzte wiederum im Westen der Kette beständig der Fall ist.

Naturproducte. Ungeachtet der höchst einförmigen Beschaffenheit des Bodens im größten Theile des Caplands und der allgemeinen Trockenheit der Atmosphäre ist die hiesige Flora außerordentlich reich und eigenthümlich; sie hat in der großen Zahl von Arten aus den Familien der Proteaceen, Diosmeen, Restiaceen und Polygaleen eine merkwürdige Aehnlichkeit mit der australischen, während die große Zahl von Irideen, Mesembryanthemen, Oxalis- und Pelargoniumarten ihr wieder einen eigenthümlichen Charakter verleiht. Viele Gewächse sind durch die vielfache Theilung und Kleinheit ihrer Blätter und die haarige oder filzige Bedeckung ihrer Theile vorzüglich geschickt, in einer sehr trockenen Atmosphäre zu leben. Die Zahl der innerhalb der alten Grenzen des Caplands gefundenen Pflanzenarten wird auf nicht weniger als 12000 Arten geschätzt. Wälder fehlen jedoch dem größten Theil des Caplandes ganz; nur in sehr begünstigten Localitäten solcher Landstriche, namentlich in den tiefsten Stellen der Thäler und in engen Gebirgsschluchten, wo eine immerwährende Feuchtigkeit stattfindet und die Sonne ihre ausdörrende Kraft nicht auszuüben vermag, hat sich eine Art von Waldvegetation entwickelt, wie es unter andern in dem auf seiner Oberfläche sonst völlig waldlosen, ehemals freien Gebiet der Amatembakaffern der Fall ist. Besonders ausgezeichnet sind aber die großen Staatswaldungen zunächst der Südküste im Canton Auteniqua (Outeniqua) d. h. grün im Hottentotschen, die des Districts George, endlich auch die im Canton Zitzikamma des Districts Ujtenhage. In der Karró und der 3. Stufe fehlt dagegen der Baumwuchs so ganz, daß es in den Roggeveld- und Schneebergen nicht selten erwachsene Männer gibt, die nie einen Baum gesehen haben, und daß daselbst Bauholz aus ungemein großen Entfernungen herbeigeholt und Brennholz durch Kuhdung vertreten werden muß. Der Waldflora verdankt übrigens ein großer Theil des südlichen Theils der Küstenstufe allein seine Fruchtbarkeit, indem die Fortdauer der ihn bewässernden zahlreichen Bäche und Flüßchen allein von ihrer Erhaltung abhängt. Prächtige Waldstriche finden sich ferner im äußersten Osten auf dem Feuchtigkeit ungemein zäh festhaltenden Basaltboden der Bosch-, Kaga-, Kat-, Amatola- und östlichen Winterberge, längs dem ganzen großen östlichen Fischflusse von dessen Mündung bis zum Fuße der Winterberge, endlich auf dem Abhange des Quathlamba. Die Thalschluchten der Cederberge im Osten waren ebenfalls einst mit ausgezeichneten, durch die fortschreitende Cultur jetzt aber fast vertilgten Cederbäumen erfüllt, wonach die Gebirgskette ihren Namen erhalten hatte. Zu den nützlichsten dieser Waldbäume gehört das Stinkholz (Laurus bullata), eine Süd-Afrika eigenthümliche Art, das hochstämmige Gelbholz (Geelhout, Podocarpus elongata), der prächtige Corallodendron (Erythrina) und der afrikanische Oelbaum (Olea Capensis), die sehr harte und ungemein dauerhafte Hölzer liefern. Höchst auffallend ist der Mangel an Bäumen und Sträuchern mit nützlichen Früchten. Graswuchs nach Art des europäischen findet sich vorzugsweise nur auf den Hügelzügen im Osten in den Districten Ujtenhage, Albany und Victoria. Die Flora des Caplandes ist nach den 3 Stufen sehr verschieden. Die einheimische des Küstenstrichs erscheint durch zahlreiche Arten prächtiger Proteaceen (200 Arten), baumartige Farren, Eriken (etwa 500 Arten; besonders baumartige von 12—15 F. Höhe), gigantische Euphorbien (E. grandidens) von 30—40 F. Höhe, Aloës (Aloë arborescens, ferox, lineata), Diosmen, Zamien und Strelizien, endlich durch den nützlichen Wachsstrauch (Myrica cordifolia) eigenthümlich charakterisirt. In den unfruchtbaren Sandstrichen des Meeresgestades gedeiht besonders ausgezeichnet die Aloë in mehreren Arten (eine derselben ist die wichtigste medicinische Pflanze des Caplandes). Auf den trockenen Thonflächen der Küstenstufe, wie auf ähnlichen der übrigen Stufen, bedeckt der gesellig lebende graue, einförmige Rhinocerosstrauch (Elythropappus [Stoebe] rhinocerotis) ausgedehnte Strecken ganz allein. Zamien, der Speckbaum (Portulacaria afra), baumartige Aloës und Euphorbien erfüllen besonders die dicken Büsche längs der östlichen Kaffergrenze. Seit der Ansiedelung der Europäer hat die bereits so reiche Vegetation der Küstenstufe noch ungemein zugenommen, indem sich hier jetzt die Gewächse aller Zonen in gleichem Gedeihen finden, alle Getraide und Fruchtarten Europas von Gibraltar bis St. Petersburg gebaut werden und Kartoffelfelder dicht neben arabischen Gewächsen, z. B. Dattelpalmen und Kaffebäumen (zu Paarl), neben tropisch amerikanischen, wie unter andern neben Klumpen von Pisang, endlich neben der Baumwollen- und der chinesischen Theestaude gedeihen, und eine Fülle nützlicher europäischer Fruchtbäume, z. B. Aepfel-, Birnen-, Kirschen-, Maulbeer-, Wallnuß-, Orangen- (besonders zahlreich im District Stellenbosch) und Citronenbäume zugleich mit dem Weinstock zur ausgezeichnetsten Vollkommenheit gelangen. In der salzreichen Karró bietet sich eine andere ganz eigenthümliche Flora dar, da hier fast ausschließlich gesellig lebende alcalireiche Gewächse und Pflanzen mit saftigen Blättern, sogenannte Channasträucher (Salsola, Stapelia, Atriplex, Salicornia, Portulacaria afra, zahllose Mesembryanthemen), Eriken im District Beaufort der Karró als vortreffliches Schaffutter dienend und viele schönblühende Monocotyledonen, darunter vorzüglich Liliaceen und Amaryllideen aus den Gattungen Iris, Gladiolus, Ixias, Amaryllis die Oberfläche bedecken und sie den Steppen Nord-Asiens ähnlich machen. In der obersten Stufe herrschen neben zahlreichen andern monocotyledonischen Gewächsen, besonders aus der Gattung Ixias, deren Knollen den Buschmännern gewöhnlich zur Nahrung dienen, trockene Gräser in der Weise vor, daß das sogenannte Roggeveld sogar seinen Namen von einer darin besonders häufig wild wachsenden, dem europäischen Roggen sehr ähnlichen wilden Grasart erhalten hat. — Im Thierreich sind bemerkenswerth: Elephanten, die jedoch fast völlig aus dem Capland verschwunden sind und sich nur noch einzeln in den dicken Wäldern am großen Fischflusse, wo vor 20 Jahren Heerden von 50 und mehr Stücken herumstreiften, und längs der Küste der Districte Albany und St. George erhalten haben, Flußpferde (ungemein häufig früher, jetzt nur vereinzelt im östlichen großen Bergrevier und im Garip), Rhinoceros (am östlichen Großen Fischflusse, am häufigsten in den Ebenen der 3. Stufe, zuweilen auch noch in Grabock), wilde Schweine (in 2 Arten) und wilde Büffel (im Dickicht des Großen Fischflusses häufig), Antilopen (von den 70 bekannten Arten besitzt das Capland allein gegen 30; vorzugsweise ist der Springbock (Antilope dorcas) den Hochebenen eigen und hier zuweilen in den erstaunlichsten Heerden von mehr als 100000 Stück, vorkommend, deren durch Hunger und Durst veranlaßte Wanderzüge aus dem Norden nach Süden mehr, als die der Heuschrecken in den Schneebergen gefürchtet werden), Quaggas und Zebras (heerdenweise in den Hochebenen), Paviane (Cynocephalus ursinus), mit einem kleinen Affen (Cercopithecus Erythopyga), die einzige Quadrumane des Caplands, gefleckte Hyänen (Hyaena crocuta, sehr zahlreich), Löwen (auf der innersten Hochfläche, aber immer mehr verdrängt), Leoparden und Strauße (am häufigsten in den innersten Hochebenen, zuweilen noch in der Karró und in den sandigen Strichen zunächst der Südküste), Walfische (an der Küste ziemlich häufig), große Leguans im sogenannten Kaimansrivier an der Südküste (früher irrig für Krokodile gehalten; ächte Krokodile oder Alligatoren gibt es hier nicht), Fische (auf der Agulhasbank in größter Fülle und im

Garip von vortrefflicher Art), endlich vorzügliche Austern an der Mosselbai. Zu den nutzbarsten mineralischen Producten des Caplandes gehören: Salz im Ueberfluß, besonders aus den Salzseen (Zoutpans), sowohl auf der Küstenstufe (an der Algoa- und Sebastiansbai, dann unfern der Capstadt bei Groenekloof, wo sie der Regierung sehr namhafte Erträge gewähren), als auch in der Karrú und auf der 3. Stufe; Salpeter in dem Canton des Unter-Roggeveldes, wo er von den Bewohnern raffinirt wird, Steinkohlen in geringer Menge bei Bethelsdorp und von schlechter Beschaffenheit, in viel bedeutenderen Ablagerungen dagegen und fast zu Tage liegend an der Vereinigung des Orraal- und Klaas Smitsrivier, endlich in der oberen, der Garipstufe bei Morischa, Kupfererze am unteren Garip und in den Kupferbergen des Districts Clanwilliam, Eisenerze im Bassoutoland, silberhaltige Bleiglanze an Van Stades Rivier (District Uitenhage), Mangan in Menge in Albany. Ungeheure Ablagerungen fossiler Muscheln an der Küste in Uitenhage liefern gebrannt einen vortrefflichen Kalk. Der Kreidekalk von Bathurst wird als vortrefflicher Baustein benutzt.

Bevölkerung. Die im Jahre 1847 vor Einverleibung der großen Landschaften British Kafferland, Orange Rivierprovinz, Victoria und Albert, mit Einschluß von 12,243 Fremden, 178,300 Köpfe starke Einwohnerzahl nahm in den letzten 15 Jahren nur schwach zu, da die neuen Landstriche sehr dürftig bevölkert sind, und die östlichsten Theile des alten Caplandes durch Auswanderungen der Weißen nach Natal und dem Gariplande sogar sehr geleert wurden. Sie besteht theils aus Einwanderern und ihren Abkömmlingen, sowohl weißen in den älteren westlichen Districten, meist holländischen Stamms (Afrikanders, wie sie sich selbst nennen), in den neueren östlichen, vorzüglich in Albany, dagegen vorherrschend englischen Stamms, Asiaten, besonders Malayen, die meist Fischer und Handwerker sind oder in Dienstverhältnissen stehen und ihrer Treue und Anstelligkeit wegen sehr geschätzt, durch ihren aufbrausenden und rachsüchtigen Charakter aber auch gefürchtet werden, und Afrikanern, nämlich Negern meist aus Mozambique und Madagascar (in neuerer Zeit zahlreich aus den aufgefangenen Sclavenschiffen hierher gelangt und der Bevölkerung von großem Nutzen geworden) oder Betschuanen, theils auch aus der ursprünglichen Bevölkerung, den Anaqua (Hottentotten der Europäer), Amakósa-, Fingú- und Amatembakaffern und Bassoutobetschuanen. Die Hottentotten zerfallen in 4 Stämme: 1) die sogenannten Colonialhottentotten, 2) Nama, 3) Korana, 4) Sáab. Die Hottentotten bilden insgesammt eine isolirte und ihrer Sprache und ihren physischen Verhältnissen nach von allen übrigen Bewohnern des Continents bestimmt geschiedene und äußerst häßliche Race, welche durch ihre schmutzig olivengelbe Gesichtsfarbe, niedrigen Schädel, ihre durch meist breite, sehr hervorstehende Backenknochen (mit Ausnahme des Koranastamms) eckige Gesichtsform, dicke Lippen und eine platte, zwischen kleinen Augen liegende Nase auffallende Aehnlichkeit mit den Mongolen besitzen, von diesen aber durch ihr Wollenhaar und ihre Sprache, welche ein häufiges Schnalzen mit der Zunge und ein eigenthümlicher Bau auszeichnet, sich bestimmt unterscheiden. Die Gesichtszüge der meisten Hottentotten, besonders älterer Individuen, sind überaus häßlich und durch den stark vorstehenden Mund sogar affenartig; der Wuchs derselben klein. Die Hottentotten kennen sich selbst nur unter dem Namen Anaqua oder Quaqua, da ihnen der schon von den ersten holländischen Einwanderern aus unbekannten Gründen gegebene und bei den Europäern gebräuchlich gewordene Name Hottentott ursprünglich völlig unbekannt war. Rein sieht man Hottentotten nur in den nördlichsten, in jüngster Zeit erst dem Capland einverleibten Strichen zunächst dem Garip und selbst hier nur in den Stämmen der Nama, Korana und Sáab, da die innerhalb der Grenzen der ehemals holländischen Capcolonie wohnenden sogenannten Colonialhottentotten in mannigfache Verbindungen mit Europäern und deren Nachkommen, Kaffern und wohl auch mit Malayen und Negern eingegangen sind und selbst ihre Sprache verlassen haben, statt welcher sie sich jetzt eines aus hottentottschen, holländischen und kafferschen Worten gemengten Patois bedienen. Durch eine Acte des früheren Gouverneurs, General Bourke, waren sie schon 1828 mit den weißen Bewohnern des Caplands in gesetzlicher Hinsicht auf ganz gleichen Fuß gesetzt worden. Die Colonialhottentotten leben im ganzen Caplande zerstreut, meist im Dienste der Bauern, denen sie als Hirten und als ganz vorzügliche Wagenlenker ungemein nützlich werden, aber sie sind unreinlich, unkriegerisch, dem Trunke auf das Aeußerste ergeben und höchst leichtsinnig, doch auch willig, gefällig, gutmüthig und meist ehrlich. Bei reinerer Abkunft sind sie klein von Wuchs. Die aus der Vermischung von Hottentottenfrauenzimmern mit Europäern und deren Nachkommen hervorgegangene Race, die sogenannten Bastards, überragt sie an körperlicher Entwickelung bedeutend. Im Jahre 1829 wurde ein aus etwa 6000 Individuen bestehender compacter, meist christlicher Haufe derselben durch das englische Gouvernement zum Schutze der östlichsten Grenzen in einer durch ihre natürlich feste Lage gesicherten Localität am Katrivier angesiedelt, der sehr wohl gedeiht. Hier und in den großen, durch die Herrnhuter gebildeten Niederlassungen Gnadenthal, Groenekloof, Gnon, so wie in dem allein aus Hottentotten gebildeten, ausschließlich zum Schutze der östlichen Grenzen bestimmten Corps reitender Jäger (Cape Mountain rifles) erweisen sich die Hottentotten industriös, moralisch und ganz wohl bildungsfähig; indem ihre guten Eigenschaften hervortreten und Trunkenheit nicht geduldet wird. So war in den 6 Jahren nach 1829 in der Niederlassung am Katrivier nicht ein einziger Criminalfall vorgekommen. Aus den Bastards hat sich im Laufe der Zeit eine ganz eigenthümliche und jetzt schon 15—20000 Köpfe starke Volksmasse gebildet, wovon die ersten Glieder noch im Laufe des vorigen Jahrhundert aus dem Capland ausgewandert waren und die nunmehr entweder noch mit zahlreichen Heerden in den weiten Savanen zwischen dem Nu und Key Garip nomadisirend herumziehen oder dort kleine Staaten mit einzelnen Orten, z. B. in Philippopolis und Plaatberg im laufenden Jahrhundert gegründet haben, Ackerbau treiben und sich immer mehr vergrößern. Die Bastards sind im Allgemeinen von mittlerem Wuchse, doch kräftigeren Körperbaues, als die reineren Hottentotten, mit denen sie die wesentlichsten physischen Züge des Hottentottenstamms, Milde, Friedfertigkeit und Trägheit, verbunden mit holländischem Phlegma, gemein haben. Doch besitzen die Bastards bei Weitem nicht so den normalen Hottentottentypus, als die unabhängigen Hottentotten im Norden des Garip. Der 2. Hottentottenstamm, die Kora (gewöhnlich Korana, früher auch häufig Koraqua genannt, da die in hottentottische Namen häufige Endsylbe qua so viel als Stamm oder eine Vielheit von Individuen bedeutet), lebt vorzüglich nomadisirend in den ungeheuren Ebenen in einem 10 Grade breiten Strich zwischen den Grenzen des ehemaligen holländischen Caplandes und dem oberen Laufe des vereinigten Garip, von wo er sich in neuerer Zeit höher hinauf in das Quellstromland desselben an den Ufern des Key Garip, Modder und Riet Rivier verbreitet hat, und er ist mit den nördlich vom Key Garip wohnenden 20000 Köpfe stark. Die Korana unterscheiden sich vortheilhaft von den Colonial- und übrigen Hottentotten durch hohen, wohl proportionirten Wuchs, körperliche Stärke, belebte Augen, ein schön ovales Gesicht und Intelligenz; aber sie sind träge, höchst räuberisch und grausam und beunruhigten bis zur Ausdehnung der englischen Oberherrlichkeit nach dem Garip fortwährend ihre Nachbaren, da sie früh mit dem Gebrauch des Schießgewehrs bekannt wurden. 3) Die Nama oder Naman, gewöhnlicher Namaqna d. h. Namamänner genannt, leben in den Ebenen am untern Garip bis zur ehemaligen südwestlichen Grenze des Caplandes am Kausie. Zum Unterschied von den im Norden des untern Garip wohnenden Nama, den sogenannten Groß-Nama, heißen sie auch wohl die Klein-Nama. Durch die erschreckliche Dürre ihres Bodens sind sie zum beständigen Wanderleben gezwungen und nur in einigen, mit schwachen Quellen versehenen Oasen, wie Komaggas, Kokfonteyn und auf den Abhängen des hohen Khamies gelang es wesleyanischen und deutschen Missionaren, eine kleine Anzahl Nama an seßhafte Lebensweise zu gewöhnen. 4) Die Buschmänner oder Saw (Sáab), wie sie sich selbst nennen, leben in den Ebenen der 3. Terrasse sudlich von den Korana und in der Nähe des Nu Garip, theils auch in den unzugänglichsten Klüften der Gebirge der Districte Colesberg und Somerset. Ohne allen Ackerban und Viehzucht existiren sie theils von der Jagd, Heuschrecken,

Honig und den kleinen Zwiebeln der zahlreichen Iriasarten ihres Gebiets, theils auch vom Diebstahl, da alle wiederholten Bemühungen von Gouverneuren, Privatpersonen und Missionaren, sie zu civilisiren, an ihrem unüberwindlichen Hange zum vagabondirenden Leben gescheitert sind. Ihre Zahl vermindert sich immer mehr; sie sind klein (unter 5 Fuß hoch), hager, aber äußerst gewandt und der unglaublichsten körperlichen Anstrengung fähig, zugleich energisch, mit scharfem Verstande begabt, rachsüchtig und höchst grausam. Ihre affenartigen Gesichtszüge sind äußerst häßlich; physische Noth, die Folge der Lebensweise, trägt in späteren Jahren noch mehr zur Ausbildung der Häßlichkeit bei. Jung gefangen, werden die Buschmänner sehr nützliche und treue Hirten der Bauern und sie sind für gute Behandlung sehr dankbar. Ihre Sprache, der lautarmste Dialekt der Hottentottensprache, ist jedoch zugleich der reichste an Schnalzlauten und tiefen Kehltönen. Die Buschmänner bedienen sich bei ihren Raubanfällen unter den südafrikanischen Stämmen fast ausschließlich der Bogen und vergifteter, schnell tödtender Pfeile, die sie mit großer Sicherheit auf 100—150 Schritt zu gebrauchen wissen. Früher waren sie besonders der Schrecken der Grenzdistricte, und noch in neuerer Zeit fürchteten Bauern, Hottentotten und Koras trotz ihrer Feuergewehre gleichmäßig die Raubanfälle der Buschmänner und nur die mit großen mannshohen Schilden bedeckten und dadurch vor den Pfeilen der Buschmänner gesicherten Kaffern wurden von ihnen wieder gefürchtet. Von den Kaffern des Caplandes bewohnen Amakōsa vorzugsweise die im Jahr 1847 neu erworbenen zwischen dem Großen Fischflusse und der jetzigen Ostgrenze gelegenen Landschaften Victoria und British Kafferland. Außerdem wohnt noch eine 1500 Köpfe starke isolirte Amakōsacolonie auf der inneren Stufe an den Karreebergen. Vom Stamm der Amatembakaffern gehören die in der Umgebung des Missionsplatzes Siloh und am Klip Platórivier an der äußersten Ostgrenze wohnenden hierher. Die Fingú d. h. in der Kaffersprache Ausgestoßene nach einem ihnen von den Amakōsa gegebenen Schimpfnamen genannt, waren ursprünglich ein großer, in 8 Stämmen in Natalien wohnhafter Zweig des großen Kaffervolks, dessen Individuen schon viel vom Negercharakter und zugleich einen athletischen wohlgebauten Körper, doch eine weniger flache Nase und weniger dicke Lippen, als die eigentlichen Neger, besitzen. Sie wurden in ihrer ursprünglichen Heimath meist von den Zoulah im Lauf dieses Jahrhunderts vernichtet; den schwachen entflohenen, bei den Amakōsa Schutz suchenden Rest hielten diese längere Zeit in der drückendsten Sclaverei, bis es ihm auf dringendes Gesuch gelang, während des Krieges 1837 beim Einfall britischer Truppen in die Amakosina aus der Sclaverei befreit zu werden. 15000 Fingú, deren Zahl sich fortwährend rasch vermehrt, leben nun auf ostbritischem Gebiet als ruhige Bewohner desselben und werden der übrigen Bevölkerung sehr nützlich, indem sie in den Küstenstädten Albanys als thätige starke Lastträger, im Innern als vorzügliche Hirten, endlich in Zitzikamma, wo sie in großer Zahl angesiedelt gut gedeihen, als Holzschläger verwandt werden. In dem Kriege 1851 gegen die Amakōsa haben sie sich als die treuesten und tapfersten Freunde der englischen Regierung erwiesen. Im Körperbau und Wollenhaar mit den übrigen Kaffern übereinstimmend, besitzen doch die Fingú eine viel dunklere umbrabraune, fast ebenholzschwarze glänzende Hautfarbe und gleichen dadurch schon den Zoulah. Sie sind zugleich ein nüchternes Volk von gutem Charakter und viel arbeitsamer als die andern Kaffern. Von den jetzt zum Capland gehörenden Betschuanen sind die Bassouto die zahlreichsten und unzweifelhaft der interessanteste Stamm ihres Volks. Sie bewohnen einen Theil der Garipterrasse zwischen dem Caledon und dem Quathlamba und finden sich besonders mit ihren Niederlassungen in den durch die hohen Felsmassen geschützten Thälern, zum Theil auch auf den oberen ebenen Flächen der Felsen ihres Gebiets, da sie früher den Räubereien und mörderischen Angriffen der Nachbarn im hohen Grade ausgesetzt waren. Auch sie sind erst seit 1824 aus dem Norden in ihr jetziges Land gezogen und betreiben als ein fleißiges achtungswerthes Volk mehr Ackerbau, als die übrigen Betschuanenstämme. Ihre Regierungsform unter englischer Oberherrlichkeit ist halb monarchisch, halb republikanisch. Ein zweites, dem Capland angehörendes Betschuanenvolk sind die Mantaeti, einst ein mächtiges und zahlreich im Norden der De Lagoabai lebendes, aber durch die Zoulah großentheils vernichtetes Volk, von dem nur schwache Reste entflohen, die sich seit dem Jahr 1820 am Westrande des Quathlamba niederließen, wo sie, gleich den Bassouto, die fast unersteiglichen, oben tafelförmigen Sandsteinfelsen bewohnen, dabei aber einen ausgedehnten Ackerbau treiben. Noch andere kleine Betschuanenstämme, die versprengten Reste größerer, haben in denselben abgelegenen Gegenden im Laufe dieses Jahrhunderts Ruhe vor ihren Verfolgern gefunden, so wie auch einzelne Betschuanen neuerdings zahlreich in die östlichen Districte der Colonie eingewandert sind, wo sie als Dienstleute und vorzügliche und zuverlässige Hirten sehr geschätzt werden.

Verfassung, Religion, geistige Bildung. Die höchste Gewalt im Caplande ist in den Händen des Gouverneurs, der bisher meist ein General und zugleich mit dem Obercommando der Truppen bekleidet war. Für die Zukunft wird jedoch nach der Zusicherung des britischen Ministeriums für das Commando der Truppen ein eigener Anführer ernannt werden, und ein Civilbeamter die Stelle des Gouverneurs bekleiden. Der letzte hatte bis jetzt fast unumschränkte Gewalt, erließ in seinem Namen Verordnungen und hob sie auf, bestimmte die Steuern, Abgaben und Ausgaben, die Landvertheilungen an neue Colonisten, und ernannte die meisten Administrativbeamte, mit Ausnahme des Colonialsecretairs, welcher alle Acten des Gouverneurs gegenzeichnet, ihre Ausführung besorgt und dadurch fast so einflußreich, als der Gouverneur selbst ist, des General-Auditeurs (Attorney General), des Schatzmeisters und des Oberaufsehers des Zollwesens, die zusammen ein eigenes administratives Conseil bilden. Der Gouverneur hat auch das Begnadigungsrecht in allen Fällen, außer bei Hochverrath und Mord, und gleich den übrigen Gouverneuren britischer Colonien das Recht, alle ihm gefährlich scheinenden Personen ohne Urtheilsspruch daraus zu entfernen. Ihm zur Seite steht ein legislativer Rath, dessen aus mehreren der höchsten Beamten und anderen einflußreichen, nicht beamteten Bewohnern des Caplands bestehende Mitglieder von der Krone bestimmt werden und bei offenen Thüren berathen. Die von diesem Rath berathenen Gesetzesvorschläge gehen zur Genehmigung nach England, doch hat der Gouverneur das Recht, sie schon in der Zwischenzeit in Kraft zu setzen. Eine ständische Verfassung, wie in Canada, existirt nicht, obgleich von der Bevölkerung viel darum petitionirt wurde. Indessen steht deren Einführung jetzt (1852) in nächster Aussicht. 1827 wurde ein höchster Gerichtshof errichtet, dessen Richter alle Vorzüge des englischen Gerichtsbeamten besitzen und vollkommen unabhängig sind. In den Landdistricten (Counties) ist Polizei-, Justiz- und Civil-Verwaltung zusammen in den Händen des obersten Beamten, des Landdrosten, der alle Verfügungen des Gouvernements zu vollziehen hat und dem ein Rath von 4—8 Personen, Kemraaden genannt, welche vom Gouverneur aus den von den übrigen Gliedern des Raths vorgeschlagenen Personen gewählt werden, zur Seite steht. Die Polizei wird in den Cantonen der Districte durch die sogenannten Veldcornets ausgeübt, die der Gouverneur aus den ihm von den Landdrosten vorgeschlagenen Notabeln ernennt. Englische und alt holländische Gesetze stehen übrigens im Caplande in wunderbarer Vereinigung in Kraft. Die Abgaben sind jedoch gering und bestehen größten Theils in einem Grundzins, der 2 Pfd. 5 sh. Sterling für 6000 Acres beträgt, worauf mehrere Hundert Stück Hornvieh und Schafe Nahrung finden. Der schwierigen Verwaltung wegen bei der zu großen Ausdehnung des Caplands ist dasselbe nun in zwei große Provinzen, eine westliche und eine östliche getheilt, von denen jene unmittelbar vom General-Gouverneur, die östliche zunächst von einem Unter-Gouverneur (Lieut. Governor) mit dem Wohnsitze in Grahamstown abhängt. Außerdem hat der Gouverneur die Ober-Aufsicht über Natalien. Nach einer Verordnung vom Jahr 1822 muß seit dem 1. Januar 1827 in den verschiedenen Geschäftszweigen die englische Sprache im amtlichen Verkehr ausschließlich gebraucht werden, obgleich Holländisch in den meisten Theilen der Colonie noch die herrschende Sprache ist, da nur in Albany englische Bevölkerung vorherrscht. Die Gesammteinnahmen der Colonie betrugen im J. 1842 (ohne

Natalien) 167,657 Pfd. St. — Die in der Friedenszeit im Capland bisher unterhaltene Militairmacht bestand nur aus 3 Regimentern britischer Linieninfanterie, einer Abtheilung Artillerie und Ingenieure und dem aus Hottentotten bestehenden berittenen Regiment Jäger, den Cape mounted rifles, wozu periodisch noch ein britisches Reiterregiment trat, eine für das Bedürfniß viel zu geringe Macht, wie die letzten Unruhen und Kriege zur Genüge gezeigt haben. Im Falle eines Krieges wird die zum Dienst verpflichtete Bevölkerung aufgeboten. Die Ostgrenze war bisher gegen die Kaffern durch eine Reihe von Forts und Blockhäusern geschützt. — Herrschende Religion ist im Capland die christliche nach den Grundsätzen der holländisch reformirten Kirche; doch finden sich englische Episkopalen, Katholiken, Reformirte und Wesleyaner zahlreich in der Capstadt und unter den englischen Ansiedlern im Osten. Bekenner des Islam waren früher nur die Malayen der Capstadt. Durch den Bekehrungseifer der malayischen Priester hat sich aber neuerdings der Muhamedanismus unter den Hottentotten sehr verbreitet, so daß seine Bekenner jetzt 9 gottesdienstliche Locale allein in der Capstadt besitzen, und daß sich dieselben auch bereits in den Ortschaften der Umgegend namhaft vermehrt haben. Heiden sind vorzugsweise die Klein-Nama, Korana, Saab und die Kaffern, obgleich zahlreiche englische, holländische, französische und deutsche protestantische Missionsgesellschaften, jetzt mit etwa 80 Stationen, an deren Civilisation und Bekehrung zum Christenthum seit Beginn dieses Jahrhunderts gearbeitet haben. — Für die bisher so vernachlässigte geistige Ausbildung sorgte eine Ordonanz des Gouverneur Sir G. Napier im Jahr 1829, durch welche das vom Staat abhängige Schulwesen neu organisirt und ein Gymnasium in der Capstadt (South African College) nebst verschiedenen Districtsschulen im übrigen Lande errichtet wurden. Außerdem gibt es zahlreiche von den Missionsanstalten unterhaltene Elementarschulen, meist Freischulen für weiße und farbige Kinder beiderlei Geschlechts, endlich in der Capstadt und zu Grahamstown zwei öffentliche Bibliotheken.

Ackerbau, Gewerbe, Handel. Die Colonisten treiben in den Küstenstrichen viel Ackerbau und nächstdem viel Rindvieh- und Schafzucht, in der Karró und auf der 3. Stufe jedoch nur Viehzucht, indem in keinem Lande bessere und nahrhaftere Viehtriften, als namentlich in der von saft- und kalireichen Gewächsen bedeckten Karró sich befinden. Das Rindvieh ist deshalb ausgezeichnet. In den letzten Jahren hat die feinere Schafzucht und Wollenproduction in den Küstenstrichen, vor Allem in den Districten Zwellendam und Albany durch die Einführung sächsischer Merinos eine außerordentliche Entwickelung gewonnen, da es früher hier nichts, als haarige Schafe mit 14 Pfund schweren Fettschwänzen, doch mit vorzüglichem Fleisch, gab, so wie auch in Zwellendam jetzt eine ausgedehnte Maulesel- und Pferdezucht betrieben wird. Letzte findet gleichfalls im Norden, in den Cantonen Hantam (District Clanwilliam) und Neu Hantam (Distr. Colesberg) mit Glück statt, da die hier gezogenen Pferde groß und außerordentlich ausdauernd sind und gern von der Indischen Compagnie zur Remonte ihrer Cavallerie gekauft werden. Hantam besitzt sogar schon seit längerer Zeit die größten Stutereien, deren Gedeihen, wie in Neu Hantam sicherer, als im Süden in den Küstenstrichen ist, indem daselbst der kalten Temperatur wegen die epidemische Pferdekrankheit fehlt, welche in Zwellendam zuweilen so große Verwüstungen in den Stutereien anrichtet. 1839 starben im District Zwellendam allein 17000 Pferde. Der Ackerbau liefert vorzugsweise Waizen, dem besten englischen im Gewicht gleich; der im Canton Kalte Bokkeveld ist der beste. Es ist dazu besonders der rothe thonige Karrógrund tauglich, worauf, wenn er gut bewässert ist, das beste Product dieser Art mit 70—100fältigem Ertrage wächst, ohne daß die mindeste Düngung dazu nöthig wäre. Weinbau gehört gleichfalls zu den einträglichsten Betriebszweigen. Außer den Weinbergen von Groß-, Klein- und Hoch-Constantia im Capdistrict zeichnen sich noch die Cantons Groß- und Klein-Drakenstein, Fransche Hoek und Wagenmaakers (jetzt Wellingtons) valley im District Stellenbosch, durch ihre dem besten Portwein an Güte nicht nachstehenden Erzeugnisse aus. Im Osten hat der Wein nur sehr geringe Güte, doch lieferten neuere Versuche gute Resultate. Im Ganzen wird sehr viel Wein gewonnen, von einzelnen Weinbauern zu Paarl und Drakenstein 240—400000 Flaschen im Jahr. Entfernter von der Küste wird jedoch der Wein wegen der hohen Transportkosten meist zu Branntwein verbrannt. In den Weindistricten liefert der Acre Land 5 Pipen, mit einem Durchschnittswerthe von 26⅔ Rthl. pr. Pipe. Auch Aloëharz und weißes Wachs vom Wachsstrauch wird in ziemlicher Menge gewonnen. Nicht minder wachsen Früchte, Citronen, Apfelsinen, Feigen und Rosinen, hier von ausgezeichneter Güte und in Fülle. Doch steht das Capland seiner mangelnden Bewässerung wegen Natalien in der Ergiebigkeit des Bodens sehr nach, weshalb auch zur niederländischen Zeit das von der Regierung einer Bauernfamilie zugemessene Areal 6000 Acres oder 3000 Morgen betrug. Der ärmste Theil des Caplands ist der nordwestliche, wo etwa 200 Morgen zur Ernährung einer einzigen Person von der Regierung angewiesen werden. Fischfang betreibt die Bevölkerung nur wenig, obgleich der Fischreichthum auf der Nadelbai so ungemein groß ist, daß sie darin der Bank von Newfoundland in keiner Hinsicht nachsteht und ihre richtige Benutzung der Bevölkerung außerordentliche Vortheile schaffen könnte. Auch der Walfischfang wird von den Bewohnern des Caplands zu sehr vernachlässigt, obgleich europäische und amerikanische Schiffe häufig an der Küste den Walfischen nachstellen. An der Simonsbai gibt es jedoch zwei Walfischfängereien, an der Algoabai eine dritte. — Die technische Industrie ist dadurch ungemein gering, daß die Landleute sich die meisten Bedürfnisse selbst herstellen; sie sind namentlich im Wagenbau außerordentlich geschickt, da einige Bäume, wie der sogenannte Wagenboom (Protea grandiflora), ein vortreffliches, hartes, elastisches und ausdauerndes Material liefern. Allein die Seifenfabrication wird in einigem Umfange betrieben, nebst Hutmacherei durch die deutschen Missionaire zu Wupperthal, so wie Messerfabrication durch die Herrnhuter in Gnadenthal. Die Bassoutobetschuanen stellen Eisen aus den Erzen ihres Gebietes in kleinen, den catalanischen ähnlichen Oefen dar. — Der innere Verkehr ist ebenfalls schwach, da für die Communication bisher Seitens der Regierung verhältnißmäßig nur wenig geschah. Indessen machte man in den letzten Jahren mehrere schwierige Kloofs durch kühne und kostbare Wegebauten passirbar und errichtete einige Brücken, woran es ganz gefehlt hatte. Gleicherweise hat die Regierung mit einer Chaussee, die längs der Küste bis in die östlichen Districte fortgesetzt werden soll, zunächst der Capstadt begonnen und eine kostbare Militairstraße (The Queens Road) längs der ehemaligen Ostgrenze von Grahamstown nach dem östlichen Wintersboeck vollendet, die auch noch weiter fortgesetzt wird. Der fast gänzliche Mangel schiffbarer Flüsse (nur der Zwartkopf im Süden und der Elephantenfluß im Westen sind einige Meilen aufwärts mit kleinen Seefahrzeugen fahrbar) und guter Häfen (die größeren Flüsse, namentlich der Garip, der östliche Große Fischfluß und der Breederivier sind an ihrer Mündung meist durch Sandbarren unzugänglich; nur die Mündungen des Knysna, des Zwartkop Rivier, der eine Stunde weit schiffbar ist und im äußersten Osten des Konkay oder Büffelflusses sind außer der Saldanhabai als gute Häfen brauchbar) und die heftigen Brandungen längs der Küste beeinträchtigen nicht minder den Verkehr. Für den Westen dient die Capstadt, für den Osten Grahamstown mit dem Hafen Port Francis als Haupthandelsplatz. Exportirt wurden außer Wein (nach Großbritannien, Indien und Australien; die Ausfuhr nach Großbritannien war nach der englischen Besitznahme des Caplands gegen früher sehr gewachsen; seit 1830, wo sie noch 10540 Pipen betrug, fiel sie jedoch wiederum stark und ist noch im fortwährenden Sinken, indem sie im Jahre 1842 2781, im J. 1846 nur 2067 Pipen, im Werth von 25735 Pfd. St. betrug; die ganze Ausfuhr an Capweinen hatte 1846 einen Werth von 48297 Pfd.) wenige Producte, z. B. Pferde nach Indien und Ceylon; Aloë, Lichte, Mehl, Walfischthran, Fischbein, Straußfedern, Elfenbein, Häute (mit der wichtigste Ausfuhrartikel, da er gegen 50000 Pfd. St. einbringt), etwas Talg und Wachs nach England, Butter, Getraide, gesalzenes Fleisch und gesalzene Fische nach Mauritius, Schafe ebendahin und nach St. Helena. In neuerer Zeit ist die Ausfuhr der feinen Wolle, welche der australischen nichts nachgibt, sehr bedeutend gewachsen (1820 hatte dieselbe erst einen Werth von 13800 Pfd. St.;

1827 von 44100 Pfd. St.; 1846 von 178011 Pfd. St.). Besonders im östlichen Capland stieg der Handel in den letzten 30 Jahren ganz ungemein, doch blieb die Handelsbilanz für das ganze Land unvortheilhaft, da im J. 1844 für 433,355 Pfd. St. 4 sh. (1834 für 337047) seewärts exportirt, dagegen für 775377 Pfd. St. Waaren importirt wurden. Die Tafelbai führte im Jahr 1844 für 289086 Pfd. St. 17 sh., die Simonsbai für 33158 Pfd. St. 18 sh., Port Elisabeth für 11116 Pfd. St. aus; 1846 betrug der Import aus dem britischen Königreich mit Irland einen Werth von 480970 Pfd. St., 1847 von 688208 Pfd. St., wogegen die Gesammtausfuhr im J. 1846 eine Höhe von nur 464540 Pfd. St. erreichte. 1844 langten in allen Häfen des Caplands 533 Schiffe von 177840 Tons mit Ausschluß der Küstenfahrzeuge an. Ueberhaupt hat die Colonie seit der englischen Besitznahme einen erstaunlichen Aufschwung genommen, der bei etwas mehr Berücksichtigung von Seiten des britischen Ministeriums und wenn die wiederholten Kriege mit den Kaffern nicht vielfach für die Entwickelung der östlichen Theile störend gewesen wären, noch viel bedeutender geworden wäre.

Das Capland zerfällt jetzt in zwei große Abtheilungen: I. das Kronland oder eigentliche Capland mit europäischer Administration und europäischen Gesetzen, umfassend eine West- und Ostprovinz, und II. das mittelbare Gebiet, dessen Bewohner nur die britische Oberherrschaft anerkennen, denen aber vertragsmäßig das Capgouvernement im Jahr 1847 die Erhaltung ihrer Nationalität, Sitten, Sprache und ihre eigene Verwaltung durch die bisherigen Häuptlinge ohne weitere Einmischung seinerseits zugesichert hat.

I. Das eigentliche Capland wird im Osten durch den Lauf des Keiskamma von dessen Mündung im Ocean bis zu seiner Vereinigung mit dem Tschumie, dann durch diesen bis zu seiner Quelle in den Katbergen, endlich durch den Zug der Katberge selbst bis zur Quelle des Klip Plaats Rivier an deren Nordabhange begrenzt. Die weitere Grenze folgt dann dem letzt genannten Fluß, dem Schwarzen Keistrom, und dem Lauf des Klaas Smits Rivier bis zu dessen Entstehung in den Stormbergen, überschreitet diese selbst und erreicht an ihrer Nordseite den Grauen oder Kraal Rivier (Grey River), mit welchem sie bis zu dessen Vereinigung mit dem Stormbergsfluß gelangt. Der Stormbergsfluß bildet die fernere Grenze des Caplands im äußern Nordosten, so wie es auch mit dem Nu Garip von seiner Entstehung und endlich dem vereinigten Garip im Norden bis zu seiner Mündung im Atlantischen Ocean der Fall ist. Das eigentliche Capland zerfällt in eine West- und Ostprovinz.

A. Die Westprovinz umfaßt außer dem Hauptort des Landes, der Capstadt, 7 Districte (einst Drostdeien, jetzt Counties genannt) und reicht vom Atlantischen Ocean im Westen bis zum Gamtoosfluß im Osten und begriff vor der Ausdehnung der Colonie bis zum Garip im Jahr 1847 fast genau den Umfang der alten holländischen Besitzungen bis zu ihrer Abtretung an England im Jahr 1814. Sie ist deshalb auch vorzugsweise von Weißen holländischer Abkunft bewohnt.

1) Die Capstadt (Cape Town) 36° 3′ 45″ O. L. 33° 55′ 12″ S. Br.; reizend gelegen an der sehr weiten, aber vor den Nord- und Südwestwinden nicht geschützten und deshalb vom Juni bis August gefährlichen Tafelbai und zugleich in einer vom Tafel-, Löwen- und Teufelsberge amphitheatralisch umschlossenen Ebene; vertheidigt durch ein starkes, ziemlich verfallenes Castell und zahlreiche Bastionen, fast 5000 wohlgebaute H., 22543 Ew., wovon 10000 Farbige aller Art nebst vielen Muhamedanern; 5 Kirchen, darunter eine lutherische, eine holländisch-reformirte und eine katholische, nebst Gotteshäusern fast aller christlichen Glaubensbekenntnisse und der Muhamedaner; Sitz des Gouverneurs, der höchsten administrativen Behörden, des obersten Gerichtshofs und eines englischen Bischofs; königliches astronomisches und magnetisches Observatorium; südafrikanisches Collegium; holländische von Privaten unterhaltene Normalschule; Elementarschulen aller Art; öffentliche vortreffliche Bibliothek von mehr als 30000 Bänden durch freiwillige Beiträge und die Abgabe eines Schillings von jeder exportirten Pipe Wein gebildet (keine englische Colonialstadt, selbst nicht Calcutta, hat eine so reiche Bibliothek), literarische und wissenschaftliche Institutionen; 7 Buchhandlungen, 9 Druckereien, 7 Zeitungen; Agriculturgesellschaft, welche Preise zur Förderung des Ackerbaues aussetzt, Gesellschaft zur Förderung der Civilisation und Literatur, Ges. für den allgemeinen Nutzen, afrikanisch-christliche Unterrichtssocietät, Ges. zur Beförderung christlicher Kenntnisse, südafrikanische Missionsgesellschaft, Gesellschaft zur Erforschung des centralen Afrika (bisher ohne wesentliche Resultate); Börse, 3 Banken, Lebens-, Feuer-, Dampfschifffahrts- und Assecuranzgesellschaften; weitläufige Casernen im Fort; botanischer Privatgarten des verstorbenen Baron Ludwig; schöner Gouvernementsgarten

und in der Umgebung viele andere gut gehaltene Gärten; eine neu angelegte ausgezeichnete Wasserleitung in eisernen Röhren versorgt die Stadt mit einer Fülle des besten und reinsten Wassers vom Tafelberge herab. Sehr bedeutender Handel; 500—600 Schiffe langen hier jährlich an.

2) Der Capdistrict, 170 Q. M., erstreckt sich als schmaler Landstrich von nur $7\frac{1}{2}$ M. Breite vom Verloren Valley im Norden $50\frac{1}{2}$ M. lang bis zum Cape Point im Süden, begrenzt im Osten durch den District Stellenbosch. Der Boden meist sandig und wasserarm, doch nicht unfruchtbar, indem er immer als Kornmagazin der Colonie gegolten hat, außerdem viel Früchte und Wein producirt, große Mengen Rindvieh zieht und hierzu in neuerer Zeit Schafzucht mit solchem Glücke betreibt, daß bereits ansehnliche Quantitäten feiner Wolle gewonnen werden; Groß-, Klein- und Hoch-Constantia berühmte Weinberge, 14000 Ew. — Rondebosch, Wynberg, Plumstead, Green Point, blühende Dörfer in reizenden Lagen, erfüllt mit Landsitzen der reichen Bewohner der Capstadt und Lieblingsaufenthalt von Leidenden aus Indien. — Groenekloof, große Herrnhuterstation, 666 Ew., mit einem großen Salzsee in der Nachbarschaft. — Simonstown, an der Simonsbai, die eine Abzweigung der großen Falsebai mit ihr in gewissen Perioden des Jahrs als vorzüglicher Hafen dient. Station für die britische Escadre am Cap, große Schiffswerfte, Seearsenal, 3 Kirchen.

3) Stellenbosch, 109 Q. Meilen, 1847 16874 Ew., einer der kleinsten, aber bevölkertsten und am Meisten romantischen Districte, im Süden von der großen Falsebai, östlich von der hohen Gebirgskette zwischen dem Wintershoeck und Cap Hangklip begrenzt, welche nur an vier Stellen in theilweise fahrbaren Päffen, dem Sir Lowry Coles Paß, der Du Toits-, Glands- und Rodezand Kloof Verbindungen mit den östlichen Theilen des Caplands gestattet; gut bewässert, sehr fruchtbar und außerordentlich reich an guten Orangen (die besten in Wellingtonvalley, sehr große Orangencultur auch in Drakenstein) und Wein. — Stellenbosch, Hauptort, durch eine Chaussee mit der 5 M. entfernten Capstadt verbunden, gut und regelmäßig gebautes Dorf (das schönste im Caplande), in sehr reizender, von Bergen umschlossener Lage; 250 Häuser, 2162 Ew., 4 Schulen, Agriculturgesellschaft. — Paarl, schönes und großes Dorf, 2054 Ew., mit ausgezeichnetem Weinbau, gleich wie in Wellington und Drakenstein.

4) Worcester, östlich von der großen Gebirgskette an der Grenze von Stellenbosch und südlich zugleich vom District Stellenbosch, nördlich vom District Clan William begrenzt: 952 Q. M., sehr dünn bevölkert, 1847 nur 8104 Ew., worunter 3500 Weiße, obgleich ein großer Theil, namentlich in den Cantons Goudinie und Klein Bokkeveld, guten Thonboden hat, der im Thale des Breederivier (Roodezand) auch gut bewässert ist. Eine große Strecke gehört jedoch zur zweiten und, wie das Roggeveld sogar schon zur dritten Terrasse, und ist sehr wasserarm, immer aber als gute Rindvieh- und Schafweide nutzbar. Im Kleinen Bokkeveld, einer von Bergen umschlossenen Abzweigung der Karró, gedeihen die besten Birnen, Kirschen und Aepfel und der beste Waitzen des Caplandes nebst gutem Wein. Das Klima durchaus gemäßigt und sehr gesund. — Worcester, Hauptort, 1500 Ew., 3 Schulen, schönes Gerichtsgebäude. — Brandvalley, ein kleines Thal mit starken alcalischen Thermen von ausgezeichneter Heilkraft.

5) Clan William, der größte und nordwestlichste District des Caplandes, nördlich vom Capdistrict und Stellenbosch und längs dem Atlantischen Ocean bis zum untersten Garip, im Osten bis zu den Karreebergen oder bis auf die Höhe der dritten Terrasse fortziehend: 1847 1053 Q. M. Oberfläche, ehe im Jahr 1847 das Land der Klein-Nama zwischen dem Kausie und dem unteren Garip und ein Theil des Buschmanenlandes damit vereinigt wurden, aber nur 10095 Einw., worunter der vierte Theil Weiße neben $\frac{3}{4}$ Farbigen. Sehr sandig und durch den allgemeinen Mangel an Quellen sehr dürr und unfruchtbar. Besonders ist dies der Fall im ehemaligen Gebiet der Klein-Nama und des Buschmanenlandes, wo es auch einen großen, aber meist trockenen Salzsee gibt. Doch zeigen sich an mehreren Stellen des auf der Oberfläche äußerst dürren und pflanzenlosen Küstenstrichs unterirdische Wasseransammlungen, da es an der Voltasbai zu jeder Jahreszeit gelingt, durch Graben im Sand frisches Trinkwasser zu erlangen. In dem ganzen Küstenstrich zwischen dem Kausie und dem untern Garip gibt es nur 3 bewohnte Stellen. Einzig der durch ausgedehnte Ueberschwemmungen des westlichen Elephantenflusses in seinem unteren Laufe bewässerte Thonboden ist ausgezeichnet fruchtbar und gestattet seßhafte Lebensweise. Rindvieh- und in neuerer Zeit Schafzucht ist die Hauptbeschäftigung der meist nomadisirenden Bevölkerung. Zugleich werden hier in dem hoch und kalt gelegenen Canton Hantam viele große und starke Pferde gezogen. Clan William producirt ziemlich viel Taback, etwas Wein und Brantwein, und es gehört dazu die kleine, aber wichtige Donkinbai. Der District litt bisher viel durch die räuberischen Einfälle der Saab. — Clan William, Hauptort, mit nur 23 Häusern und 2 Hutfabriken in dem hier sehr sandigen Thale des Elephantenflusses. — Wupperthal, blühende Station der rheinischen Missionare, in einem sehr tiefen, aber schön romantischen und 3 M. langen Thal in den Cederbergen, mit ansehnlichen Gerbereien. — Ebenezer, 170 Ew., ebenfalls wohl gedeihende Station der rheinischen Missionare, in einer äußerst fruchtbaren Gegend am westlichen Elephantenflusse. — Lilyfountain, 4000 F. hoch, auf dem Khamies gelegen, Wesleyanerstation, 700 Ew. — Kokfountain, Station der rhein. Missionare bei den Klein-Nama, mit einer starken kalten Schwefelquelle.

6) Zwellendamm, Küstendistrict an der Südküste, westlich von Stellenbosch und Worcester, östlich vom Gaurits, nördlich gleichfalls von Worcester und den Gr. Zwartebergen begrenzt, einer der wohlhabendsten Districte: 362 Q. M., 1847 20098 Ew., die Hälfte Farbige. Der Boden wenig fruchtbar, aber gut bewässert: starke Rindvieh-, Maulesel-, Schaf- und Pferdezucht; besonders die letzten beiden haben in den letzten Jahren außerordentliche Fortschritte gemacht. — Zwellendamm, $37\frac{1}{2}$ M. östlich von der Capstadt, in obstreicher Gegend, 100 Häuser, 1200 Ew., englische öffentliche Schule für Weiße und Farbige. — Caledon, rasch aufblühendes Städtchen in der Nähe berühmter Stahlthermen, die besonders häufig und mit ausgezeichnetem Erfolge von Kranken aus Indien besucht werden. — Gnadenthal, in schöner Lage, blühende Herrnhutermission mit 2014 Ew., meist Hottentotten; Messerfabrik. — Beaufort, an der Mündung des Breede Rivier, ansehnlicher Küstenhandel.

7) George, Küstendistrict von 192 Q. M. und 11600 Einw., zwischen Zwellendamm im Westen, dem Gamtoo im Osten und den Großen Zwartebergen im Norden: in der ganzen Länge durchzogen durch die waldreichen, überaus romantischen Auteniquaberge, woraus viel Bau- und Brennholz nach der Capstadt versandt wird, sonst sehr fruchtbar und außerordentlich wohl bewässert: überhaupt das Paradies der Colonie, aber noch sehr vernachlässigt und sehr schwer zugänglich von der Seeseite, da die Auteniquaberge an vielen Stellen bis unmittelbar an die Küste treten. Production vorzüglicher Wolle, von Salz aus einigen Salzseen in der Nähe der Küste, Aloe und Talg. Vorzügliche Austern hat die Mosselbai, welche einen der besten Ankerplätze der Colonie abgibt. In den Zwartebergen die prachtvolle Stalaktitenhöhle Cango. Hierzu gehört der waldreiche Küstenstrich Zitzikamma mit den neueren Niederlassungen der Fingúkaffern. — Georgetown, Hauptort, $1\frac{3}{4}$ Meile von der Küste, 152 Häuser, 1400 Einw., Kirche, englische Freischule.

8) Beaufort, nördlich von den Zwartebergen und durch die Karró bis auf die dritte Terrasse reichend; vor 1847 630 Q. M., sehr dürr, ganz wald- und fast durchaus quellenlos; 1847 (mit Ausnahme einer etwa 1300 Köpfe starken Colonie von eingewanderten Amakósakaffern an den Karreebergen) 6249 meist nomadisirende Ew., die ausgezeichnete Weiden für Schafe besitzen und dadurch eine vortreffliche, ja zu den feinsten des Caplands gehörende Wolle produciren. — Beaufort, Hauptort, in der Karró, am Fuße der dritten Terrasse gelegen; 600 Ew., ausgedehnter Handel.

B. Die Ostprovinz vom Gamtoo im Westen und dem Keiskamma im Osten begrenzt, umfaßt in 8 Districten die besonders erst seit der englischen Besitznahme cultivirten oder ganz neu erworbenen Theile des Caplandes.

1) Ujtenhage, Küstendistrict westlich vom Gamtoo, östlich vom Buschmannsrivier begrenzt, 428 Q. M., 11019 Ew., wie George gut bewässert durch den Gamtoo-, Kromme-, Zondag- und Zwartekop Rivier, von denen der Zwartekop allein auf sehr kurze Strecken schiffbar ist; längs der Küste erfüllt mit vortrefflich zur Schafzucht geeigneten Hügeln; tiefer im Innern liegt die waldreiche, rauhe Kette der Zuurberge mit dem Cockscomb Mountain, einer den Seefahrern wohl bekannten Landmarke. Die Production guter Wolle ist hier steigend. An der Küste die Vogelinseln (Birds Islands) mit vielem Guano zum Export. — Ujtenhage, Hauptort, mit Stellenbosch der schönste Ort des Caplandes am Zwartekoprivier und zugleich am Fuße des Wintershoeck: 400 gut gebaute Häuser, 2000 Ew., 1 Kirche, 1 katholische Capelle, gute Freischule; durch die Lage wichtiger Handelsplatz; warme Mineralquellen und 2 große Salzseen in der Nähe. — Port Elisabeth, 550 Häuser, 5000 Ew., sehr junger, aber ungemein rasch aufblühender Hafenplatz, der schon im Jahr 1847 für 320979 (1845 erst für 150000) Pfd. St. aus- und für 209623 Pfd. St. (1845 130000 Pfd. St.) einführte und wo sich der Aus- und Einfuhrhandel für die östlichen Districte und das Innere concentrirt, Börse, Kirche, Capellen verschiedener Religionssecten. — Bethelsdorp, große Missionsstation für Hottentotten, eine der ältesten ihrer Art in sehr unfruchtbarer Gegend, in der Nähe sehr ergiebige Salzseen. — Clarkson, Herrnhuterniederlassung, wohl gedeihende Hauptansiedelung der Fingú, 1847 306 Ew.

2) Albany, Küstendistrict, westlich von Ujtenhage, östlich vom Großen Fischflusse begrenzt, einer der kleinsten Districte des Caplands mit 85 Q. M. und 13550 Ew., meist englischer Abkunft, aber einer der wichtigsten durch seine aufblühende Bodencultur, seine ausgezeichnete, durch die kalkigen grasreichen Hügelketten am Meeresstrande ungemein geförderte Schafzucht (Albany ist das vorzüglichste Schafland der Colonie) und den lebhaften Handelsverkehr, sowohl mit dem Kafferlande, als mit dem nördlichsten Innern. — Grahamstown, Hauptort am Kowiefluß und in 162 M. östlicher Entfernung von der Capstadt, 33° 18′ 37″ S. Br., erst seit 1819 angelegt, 800 Häuser, 7000 Ew., meist Weiße, Sitz des stellvertretenden Gouverneurs und des Truppencommandeurs für die an der Ostgrenze aufgestellte Militairmacht; 3 Kirchen, darunter eine sehr große katholische; mehrere Schulen, öffentliche Bibliothek, Mädchenindustrieschule, bedeutender Handel. — Port Frances, an der Mündung des Kowieflusses, der Hafenplatz Grahamstowns, nur $6\frac{3}{4}$ M. davon entfernt, hübsches kleines Dorf. — Bathurst, schönes Dorf in ungemein reizender Lage.

3) Graaf Reynet, 1847 381 Q. M., N.N.O. von Ujtenhage, meist in der Karró und nur mit dem hohen grasreichen Canton Schneeberg auf der dritten Stufe gelegen.

1847 8641 Ew., mit sehr ausgedehnter Rindvieh- und Pferde-, dann in neuester Zeit auch mit Glück betriebener feiner Schafzucht, aber wenig Ackerbau. Von hier, Cradock und Sommerset aus wird die Capstadt mit Schlachtvieh, Seife und Talg versehen, doch haben stets die nördlichen Striche durch die Räubereien der Saab sehr gelitten. Die ausgedehnten Ebenen sehr reich an großen Antilopenheerden. — Graaf Reynet, gut gebauter Hauptort am Fuße der Schneeberge, 280 Häuser, 2453 Ew., Schulen, starker Handel.

4) Sommerset, östlich von Graaf Reynet, nördlich von Uitenhage, westlich von Albany, 190 Q. M., mit sehr mannigfachem Boden, meist wiesenreich und in dem nur 2 M. breiten Thale des Großen Fischflusses, welcher den District ganz durchströmt, ungemein fruchtbar; ein anderer Theil ist sehr bergig, höchst pittoresk und, wie am hohen Kaga- und Boschberge, mit dicken Waldungen bedeckt; Rindvieh- und feine Schafzucht nebst etwas Ackerbau betreibt die 1847 nur 4842 Köpfe starke Bevölkerung, meist englischer Abkunft, welche in neuerer Zeit durch die Raubanfälle der Kaffern und durch Auswanderungen nach Natal sich noch vermindert hat (1846 gab es 5200 Einw.). — Der Hauptort gl. N., in schöner Lage am Fuße des Boschberges erst mit 80 Häusern, 600 Ew., aber bisher in rascher Entwickelung; öffentliche Schule, Wein- und Obstgärten.

5) Cradock, östlich von Graaf Reynet, nördlich von Sommerset, 238 Q. M.: vom Großen Fischrivier, wie Sommerset, durchzogen, dessen Thal auch hier einen fruchtbaren Thonboden (Karró) hat; im größten Theil, z. B. in den Cantonen Tarka und Agter Sneuwberg (Hinter-Schneeberg) völlig waldlos, jedoch für Viehzucht und den Betrieb einer ausgedehnten feinen Schafzucht höchst tauglich. Ganze Strecken mit Rhinosenbusch bedeckt. 1847 8555 Ew. Cradock versorgt mit Sommerset und Graaf Reynet die Capstadt mit einer Fülle von Schlachtvieh. — Der Hauptort gl. N. an der großen Militairstraße des Ostens, rasch zunehmend, in der Nähe heilkräftige Schwefelquellen. — Haslopehill, im Canton Tarka, blühende Wesleyanerstation, 350 Ew.

6) Colesberg, bis 1847 der nördlichste District des Caplandes, im Norden von Graaf Reynet, ganz auf der innersten Terrasse; 1847 555 Q. M. eines sehr dürren, wald- und wasserlosen Bodens und mit Ausschluß der räuberischen noch ungezählten Buschmänner 8299 Ew. (1843 noch 6949 Ew.), darunter etwa 4000 Weiße und 1500 Bastarde oder Kaffern, die meist nomadisirende Viehzüchter sind. Auch hier hat die Bevölkerung durch Räubereien der Buschmänner stark gelitten. Unermeßliche Antilopenwanderheerden durchziehen die Ebenen und richten große Verwüstungen an. — Colesberg, Hauptort, 6 M. vom Stockenstromsflusse, erst 1837 angelegt in sehr sandiger Gegend am Fuße des hohen, fast senkrechten, isolirten und oben flachen Toverberges, 150 Häuser, 600 Ew., mit rasch zunehmendem Handel nach Natalien, wohin bereits eine regelmäße Postwagenverbindung eingeleitet ist, und dem großen Quelllande des Gariep. Am Brandrivier im Canton Neu-Hantam heiße Mineralquellen.

7) Albert, 1847 errichtet, der nordöstlichste Theil des Caplandes und schon fast ganz auf der innersten Stufe gelegen, aber noch sehr unbekannt, östlich vom Kraal, nördlich vom Stockenstromsflusse, westlich vom Stormbergflüßchen, südlich von den Zuure-, Rhinoster-, Bambous- und Stormbergen begrenzt. Gut bewässert durch die zahlreich von den letzten herabkommenden Gebirgsströme, von denen besonders der Kraalrivier an seiner Vereinigungsstelle mit dem Elandslegte zur Bewässerung großer Landstrecken benutzt werden kann. Das Klima gemäßigt, im Winter sogar sehr kalt, so daß viel Schnee fällt. Der früher allein von Buschmännern bewohnte, noch sehr menschenleere District vortrefflich für europäische Auswanderer geeignet.

8) Victoria, 1847 errichtet, einst ein Theil der Amakósina, westlich vom Großen Fischflusse und dessen Zufluß dem Koonap, östlich vom Keiskamma, dem Klip Plaats, Zwarte Kei und Klaas Smitsrivier, südlich vom Indischen Ocean, nördlich vom District Albert begrenzt. Der nördlichste kleinere Theil von Victoria besteht aus ausgedehnten Karróebenen, der südlichere und größere ist durchweg bergig und reich an den großartigsten Scenerien, indem furchtbare jähe Klüfte oder über alle Beschreibung reizende Thäler hohe Berge oder nackte Felsen von einander trennen. Zu den bedeutendsten Terrainerhebungen gehören außer den Zuure-, Bambous- und Stormbergen der Große Winterberg mit den Katbergen und die südlichen Ausläufer der letzten, der Kleine Winterberg, der Didima und Kurumorücken, endlich der Sommerselberg. Der nördlichste Theil ist wasserarm, der südliche von den Katbergen bis zum Ocean hat unzählige fließende Gewässer, worunter außer den Grenzflüssen der Katrivier, das Blinkwater und der Bekarivier die bedeutendsten sind. Sandstein und Basalte sind hier die herrschenden Gesteine. Die letzten bilden mit Mandelsteinen die Gipfel der Stormberge, des Didima und des Großen und Kleinen Winterberges. Die Vegetation im Norden ist meist auf Grasfluren beschränkt, sie ist dagegen ungemein kräftig im Süden, wo besonders zur Regenzeit smaragdgrüne üppige Wiesenmatten mit kurzem Gebüsch und wohlbestellten Mais- und Waitzenfeldern überall wechseln und dem Lande das Ansehen eines englischen Parks geben; der Strich am Koonap übertrifft sogar an Schönheit und Güte alle Theile des alten Caplandes. Die Bevölkerung treibt besonders Viehzucht, und bestand bisher im Süden fast ausschließlich aus Amakósakaffern, im Becken des Katrivierflusses aus Bastards, Hottentotten und Fingú. Die in letztem im J. 1829 6000 Köpfe stark angesiedelten Hottentotten und Bastards leben nun in 17 kleinen Dörfern und haben 17 Schulen mit

1200 Schülern; im Norden wohnen hier Amatemba. Alice Town, am Fort Hare, neu gegründeter Hauptort, im Kafferkriege 1851 jedoch schon wieder zerstört. Das bedeutendste Dorf der Katrivierniederlassung ist die Missionsstation Philipton. Aber der bedeutendste Ort des Districts überhaupt war bisher Fort Beaufort am Katrivier und zugleich am Queensroad, rasch aufblühende Stadt in einem natürlichen, von hohen bewaldeten Bergen umgebenen Becken, 5500 Ew. — Tshumie, wesleyanische Missionsstation. — D'Urban, Fingúniederlassung, 1000 Ew.

II. Die unter britischer Oberherrlichkeit bestehenden Provinzen sind:

1) Britisch Kafferland (British Kaffraria), im Osten durch den Keiskamma, im Süden durch den Indischen Ocean, im Osten und Norden durch den Lauf des Großen Keiflusses bis zu seiner Vereinigung mit dem Schwarzen Kei und zuletzt durch den letzten selbst begrenzt. Die Provinz umfaßt so einen sehr bedeutenden Landstrich und war einst ein Theil der Amakósina und des Amatembalandes. Im Norden besteht sie aus hochgelegenen Karrúebenen, wogegen sie im Süden größtentheils bergig und nur zwischen dem Kalumna und Büffelfluß theilweise hohes Tafelland ist. Zu den bedeutendsten hiesigen Terrainerhebungen gehört das dick bewaldete, aus den Hochebenen höchst pittoresk aufsteigende Amatólagebirge, dessen östlichste Zweige bis zur Quelle des Kabensilsflusses reichen, dann der fast unersteigliche, nach seinem Gipfel zu fast senkrechte und oben tafelartige Iwaqu oder Windvogelsberg. Wie in Victoria besteht der Boden des Britischen Kafferlandes wesentlich aus Sandstein, dann aus Basalt, aus welchem letzten namentlich der obere Theil des Iwaqu und der ganze Amatóla gebildet ist. Auch an Kalkstein, der z. B. die Ränder der Kabusie zusammensetzt, fehlt es nicht ganz. An fließenden Gewässern hat das Land einen erfreulichen Reichthum; kaum möchte ein anderes reicher daran sein, nur sind die meisten klein. Zu den bedeutendsten gehören außer den Grenzflüssen der Koncap oder Büffelfluß, dessen Mündung breit genug ist, um einen guten Hafen zu bilden, und der Kabusie, ein Zufluß des Großen Kei. Ihre Ränder sind meist so schroff und steil, daß man oft einen Umweg von mehreren Tagereisen machen muß, um sie passiren zu können. Das Klima ist außerordentlich gesund, im Winter im südlichen Theile mild, während des Sommers sogar zuweilen außerordentlich drückend, im nördlichen ziemlich streng. Sehr unangenehm, doch der Gesundheit nicht nachtheilig werden die raschen und starken Temperaturwechsel nebst den gewaltigen Gewittern und den ungeheuren Regengüssen. Der Boden gehört übrigens zu dem besten des südlichen Afrika und besteht vorherrschend aus rothem, steifen und äußerst fruchtbaren Lehm, der im Ganzen gut cultivirt wird. Die Bewohner sind im Norden Amatemba, im Süden Amakósa, die unter ihren einheimischen Häuptlingen innerhalb neuerlichst bestimmten Districten nach eigenen Gewohnheiten und nach ihren Gesetzen unter britischer Oberherrschaft leben. Zur Sicherung des Landes ist eine Anzahl Militairposten, Militairdörfer und eine aus Kaffern bestehende Polizei unter britischen Führern errichtet und die Provinz in mehrere Districte getheilt worden, welche den Namen britischer Territorien erhielten. Die bedeutendsten Orte sind: King Williams Town, am Büffelflusse, Hauptstadt, Sitz des Militaircommandos. — New Castle (einst Siloh), am Klip Plaatsrivier, früher blühende Herrnhuterstation, neuerlichst im Kafferkriege zerstört, 554 Einw. — Wittlesea, an der Vereinigung des Oxkraal und Klip Plaatsrivier. — Fort Cox, wichtiger militairischer Posten. — Lovedale, Wesleyville, Mount Coke, wesleyanische Missionsstationen. — Im Britischen Kafferland liegt noch der kleine zur unmittelbaren britischen Verwaltung des Caplands gezogene Rayon des Hafens Ost-London, an der Mündung des Büffelflusses.

2) Die Orangeriverprovinz (Orange River Sovereignty), ein ungeheures Gebiet von dreieckiger Gestalt, das südlich vom Nu Garip und Stockenstromfluß, nördlich vom Key Garip (Vaal Rivier), östlich von den Drakenbergen begrenzt wird und fast nur aus ungeheuren grasreichen Ebenen besteht, woraus zahllose Tafelberge hervorragen. Es erhebt sich nur gegen Osten nach dem Quathlamba zu allmählich. Der Boden ist spärlich bewässert, indem die Flüsse im Sommer meist vertrocknen. Die bedeutendsten darunter sind außer den beiden Grenzflüssen der Modder Rivier, Ky Gaup (Vet Rivier), Riet Rivier, endlich der Caledon. Die Provinz besteht vorherrschend aus rothem Sandstein, stellenweise von der Farbe und Beschaffenheit des deutschen Bunten Sandsteins, der meist auch die zahllosen isolirten Berge in den Hochebenen bildet und dessen Oberfläche noch von rothem Sand und Thon bedeckt wird, dann aus Basalt, besonders in den Massen des Quathlamba und auf den Gipfeln der Tafelberge. Außerdem hat die Provinz Steinkohlenlager und warme und kalte Mineralquellen. Die Temperatur ist bei der hohen Lage sehr gemäßigt und gesund, im Winter sogar empfindlich kalt. Die Vegetation, mit Ausnahme der Grasflächen, ist spärlich: bei dem guten Boden gedeiht aber das Gras stellenweise so gut, daß man nur die Köpfe der Ochsen daraus hervorragen sieht. Waldung gibt es außer großen Mimosenbüschen längs den Strömen fast gar nicht. Die ganze Provinz ist fast nur zum Nomadenleben geeignet. Die Bevölkerung besteht aus Korana, Bastards, oder, wie sie auch hier wohl genannt werden, Griqua, Buschmännern und Resten zahlreicher, versprengter Betschuanenstämme, von denen die bedeutendsten die Bassouto und Mantáti am Fuße des Quathlamba wohnen. Die Eingeborenen leben auch hier nach eigenen Gesetzen unter eigenen Fürsten, nur unter englischem Schutz. Die in neuerer Zeit zahlreich

aus den Colonien eingewanderten Bauern sollen dagegen nach den in der Cap Colonie geltenden Gesetzen behandelt werden. Die neue Postverbindung von Colesberg nach Natalien geht durch diese Provinz und wird zu ihrer Cultivirung wesentlich beitragen. Gleichzeitig werden Kirchen, Straßen und Brücken gebaut, Schulen und Missionsplätze angelegt und auch der Ackerbau soll möglichst versucht werden. Die Provinz wurde 1848 in 6 Districte, von denen ein jeder unter einem britischen Residenten steht, getheilt: a) Griqualand mit Bloemfonteyn, dem befestigten Hauptort der Provinz, Sitz des Regierungscommissarius und des englischen Militaircommandeurs, Kirche. Philippolis, Griquaert. — b) Wenburg mit dem Hauptort gl. N. östlich von Bloemfontein, 1 Kirche. — c) Vaal Rivier mit dem neuen Ort Vreedebom. — d) Caledon mit dem Hauptort Smithfield. In der Provinz existirt eine große Zahl Missionsstationen, die sich um die Civilisation der Eingebornen sehr verdient gemacht haben. Besonders bemerkenswerth sind unter den Bassuto die Orte Morischa (Morija), Bethulia mit 3—4000 Ew. und Berseba der französisch evangelischen Missionare, dann unter den Korana Thaba Unschu, eine regelmäßig gebaute Stadt, die größte in diesem Theil Afrikas, mit 9—10000 Ew., am Berge gl. N. und Thaba Bessiou, Orte der Wesleyaner, endlich noch unter den Korana die 4 Stationen der Berliner Missionsgesellschaft: Bethanien, in einer basaltreichen Gegend, am Riet Rivier, 400 Ew., das 25 M. davon in N. W. Richtung gelegene Pniel so wie Hebron und Saron, die beiden letzten am Key Garip.

IX. Das westliche Süd-Afrika.

Bücher.

Tuckey, Narrative of an expedition to explore the river Zaïre. London 1818. 4. mit 1 Ch. — T. E. Bowdich, Account of the discoveries of the Portugueze in the interior of Angola and Mozambique. London 1824. 8. mit 2 Ch. — Fea Cardozo, Memoria contendo a biographia do Vice Almirante Luiz da Motta Feo o Torres o descripçao geographico et politico dos Reinos do Angola e de Benguela. Paris 1826. 8. — Douville Voyage au Congo et dans l'Afrique équinoxiale fait dans les années 1828, 1829 et 1830. 3 Vol. 8. avec un atlas in 4. Paris 1832. — J. E. Alexander, An expedition of discovery into the interior of Africa through the hitherto undescribed countries of the Great Namaquas, Boschmans and Hill Damaras. 2 Vol. 8. London 1838. mit Kupf. u. Ch. — Rev. R. Moffat, Missionary labours and scenes in Southern Africa. London 1842. 8. mit Kupf. und 1 Ch. — Cap. Morrell, Narrative of a voyage to the South and West coast of Africa. Ed. by Petrie. London 1844. 8. — Omboni, Viaggi nell' Africa occidentale. Milano 1844. 8. — G. Tamé, Die portugiesischen Besitzungen in Süd-West-Afrika. Hamburg 1845. 8. — T. E. Eden, The search of the nitre and the nature of the Guano, being an account of the South west of Africa. London 1846. 8. — H. C. Knudsen, Groß-Namaqualand. Barmen 1848. 8.

1. Der südliche Theil oder das Land der Groß Nama.

Lage, Grenzen, Oberflächen-Beschaffenheit. Vom Garip im Süden erstreckt sich dieser Landstrich längs dem Atlantischen Ocean bis zu der Walfischbai 22° 52′ 30″ S.Br. 32° 2′ O.L. und dem langen ostwestlichen Lauf des in die Bai mündenden Kuisipflusses im Norden. Im Osten ist derselbe von unbekannter Ausdehnung, indem er ohne Unterbrechung in die ungeheure wasser- und menschenlose Wüste des Binnenlandes, die den Namen der südlichen Sahara oder der Kalliharywüste führt, übergeht und durch dieselbe von den centralen Betschuanenländern getrennt wird. Der Küstenrand des Groß Namalands ist zugleich einer der einförmigsten des Continents, da er von einer fast völlig flachen und sandigen Zone gebildet wird, woraus sich nur vereinzelte Felsmassen, wie die bis 600 Fuß hohen an der Spencersbai, über ihre Umgebung erheben. Stellenweis erhebt sich aber auch der Sand des Küstensaums zu hohen Dünen. Die blendend weiße Farbe des Sandes und der völlige Mangel einer grünen Pflanzendecke längs der ganzen Küste bewirkt, daß dieselbe dem Seefahrer einen höchst traurigen Anblick gewährt, der noch durch das gänzliche Fehlen geschlossener Häfen mit Ausnahme der Walfischbai, tief eingeschnittener Meeresarme, bestimmter hervortretender Vorgebirge, den völligen Mangel von Flußmündungen und die äußerst geringe Zahl vorliegender Inseln erhöht wird. Nur einige wenige flache und völlig offene Baien, wie die Hottentotten-, Elisabeth-, Besitz-(Possession)- und Kleine Bai (Angra Pequeña) 26° 38′ 25″ S. Br. 32° 42′ 15″ O. L., dann die Spencersbai, Porto Ilheo und die große und sichere Walfischbai selbst erscheinen an der ganzen langen Ausdehnung des Küstenrandes, welcher, außer der die Walfischbai im Südwesten theilweise mit bildenden Pelikansspitze, eigentlich nur einen einzigen bemerkbaren Ausläufer in der zungenförmigen Landspitze hat, wodurch die Kleine Bai im Süden begrenzt wird. Von den kleinen vorliegenden Inseln sind die Besitzinseln (Possession Island), Itschabú (Ichaboe), die Mercursinsel und Halloms-Vogelinsel noch die bemerkenswerthesten. Auch das Meer vor der Küste ist ungemein flach und mit zahllosen bis an seinen Spiegel reichenden Felsklippen erfüllt. Diese Beschaffenheit in Verbindung mit den fürchterlichen Brandungen und der starken, die Küste von Süden nach Norden her begleitenden Strömung hat den ganzen Küstenrand des Groß Namalandes zu allen Zeiten den Seefahrern zu einem der gefährlichsten und unzugänglichsten Theile des Continents gemacht und bewirkt, daß auch das Innere bis in die neuere Zeit fast völlig unbekannt geblieben war. Die Oberfläche des übrigen Groß Namalandes ist ebenfalls im höchsten Grade einförmig, öde und überhaupt einer der wasser-, pflanzen- und menschenleersten Striche auf Erden, dessen größter Theil, besonders im Westen, 20 Meilen tief in das Innere, und der südliche zunächst am Garip aus ausgedehnten Ebenen besteht, worin Sand und nackter Felsboden vorherrschen. Bedeutende Strecken sind darin so entblößt von aller Vegetation, daß man nicht den mindesten Pflanzenschimmer auf der Oberfläche wahrnimmt. Selbst bis unmittelbar an den Nordrand des Garip dauert diese erschreckende Kahlheit und Vegetationsleere der Oberfläche fort, da der Strom, muthmaßlich durch Felsen gehindert, seitlich gar keinen wohlthätigen Einfluß auf seine entfernteren Umgebungen ausübt. Jenseits dieser öden Zone beginnt aber im Osten ein weniger abschreckendes Bergland mit allmählich ansteigenden Höhen, langen Thalzügen in Kreuz und Quer, tiefen Schluchten und grasbewachsenen Hochebenen, worin nur einzelne Strecken, wie zunächst der Missionsstation Bethanien und die sogenannten Keikaap (Großen Flächen) der Eingeborenen, etwas reicher an Vegetation und Wasser sind. Im östlichsten Theil des Groß Namalandes erhebt sich endlich in etwa 6—8 Tagereisen (28 Meilen) von der Küste und derselben ziemlich parallel ein langer, 5—8000 Fuß hoher Gebirgszug mit meist tafelförmigen Gipfeln, der Unuma, d. h. in der Namasprache Zwiebelgebirge, der im Westen fast senkrecht in den tiefern Theil des Namalandes abfällt, im Osten aber sich allmählich gegen das breite Thal des Großen Fischflusses neigt, und endlich im Norden in eine nach dem Kuisip zu an Breite zunehmende Hochfläche ausdehnt. Der Unuma wird von zahlreichen, engen Thälern durchschnitten, die gewöhnlich in breite und lange, auf ihrer Oberfläche aus grobem, rothen Sand bestehende Etagen auslaufen. Besonders ist dies bei der Missionsstation Bethanien der Fall, wo durch eine enge Transversalschlucht die Passage durch den Unuma vermittelt wird. Auf den oberen Thalflächen dieses Gebirges setzen dann an verschiedenen Stellen pittoreske Felsmassen in Pyramiden- und Castellform oder in Gestalt abgestumpfter Kegel auf, so wie aus demselben auch eine ungeheure, bis 2000 Fuß Höhe kühn aufsteigende und auf ihrem Gipfel tafelförmige Bergmasse, der Urbansberg (Mount d'Urban) zunächst dem Kleinen Koanquipfluß, in die niedere Landschaft im Westen hinaustritt. Selbst die hohe, schwarze, wenigstens 10 Meilen weit längs dem Südrande des Kuisip von Osten nach Westen und zugleich längs der Nordgrenze des Namalandes sich hinziehende hohe Gebirgskette, woraus der Tans, ebenfalls ein gewaltiger, 4—5000 F. hoher Tafelberg, als weit sichtbare Landmarke emporsteigt, scheint ein solcher Ausläufer des Unuma zu sein, wie auch das zwischen dem

35—36° O. L. unmittelbar aus weiten Hochebenen an seinem Nordrande emporsteigende höchst pittoreske Auas oder Awazgebirge es im äußersten Nordosten des Landes ist. Im südöstlichsten Theil des letzten erhebt sich endlich in der Nähe des Garip zwischen dem 27—28° S. Br. und dem 35—36° O. L. noch eine gegen 3000 F. hohe und ausgedehnte Bergkette mit verschiedenen Gipfeln, die der Karasberge, wogegen im Osten des Unuma das breite Längenthal des Oup oder Großen Fischflusses eine Senkung der Oberfläche in nordsüdlicher Richtung bildet, die in der Regenzeit als Abzugscanal für die zahlreichen dann entstehenden Regenbäche des östlichen Namalandes dient und mit ihrem unteren Theile die Karasberge vom Unuma trennt.

Geognostische Verhältnisse. Auch die geognostischen Verhältnisse des Landes sind entsprechend den gestaltlichen ungemein einförmig und mit denen im größten Theil des Caplandes völlig übereinstimmend. Große Strecken erscheinen durch starke Massen eines so reinen Quarzsandes bedeckt, daß eine Vegetation darauf völlig unmöglich ist; hin und wieder ist der Sand durch Eisenoxyd hochroth gefärbt. Andere große Strecken der Oberfläche bestehen aus horizontal geschichtetem, theilweise rothem Sandstein und zwar sowohl in den tiefen Ebenen des Küstenlandes, wie in dem gebirgigeren Theile. Namentlich besteht der obere Theil der Gipfel der nördlichen Kette am Kuisip, mit Einschluß des Tansberges, der des Unuma und Karasgebirges aus Sandstein, zum Theil wie im Urbansberge, von rother Farbe. In den tiefen Einschnitten dagegen des Gebirgslandes und an dessen Fuß, wie z. B. am Fuße des Karas, zeigt sich Granit als das Liegende des Sandsteins. Außerdem bildet grauer Granit mit Gneis im südlicheren Theil des Landes zwischen Nisbettbath und dem Garip, dann längs dem Garip selbst einen großen Theil der Oberfläche, so wie noch aus denselben Gesteinen südöstlich von Bethanien ein Theil des Unuma besteht, der sich von dem aus Sandstein bestehenden durch seine kuppenförmigen Gipfel unterscheidet. Der Granit im Innern scheint sehr grobkörnig zu sein, indem die daselbst vorkommenden Quarzmassen, welche so stark das Licht reflectiren, daß Reisende kaum es ertragen konnten, muthmaßlich dem Granitgebiet angehören. Selbst der Küstensaum mit Einschluß der vorliegenden Inseln, scheint fast ausschließlich aus krystallinischen Gebilden, woran sich Serpentin und Grünstein unmittelbar anschließen, gebildet, da auf dem Festlande zwischen der Angra Pequeña und der Besitzinsel Granit, Gneis, Glimmer-, Chlorit- und Thonschiefer, an der Elisabethbai Granite anstehen, ein Theil von Itschabú aus rothem Granit besteht, der übrige Theil von Itschabú dagegen nur Serpentin und Diorit darbietet, die man auch in den Felsen der Hottentotten- und Kleinen Bai wieder findet. Die 3 kleinen Inseln in der Angra Pequeña und Halloms Vogelinsel haben ausschließlich Granit, die Besitzinsel wieder Gneis. Sehr viel Glimmerschiefer zeigt sich am Kuisip verbreitet. Der Granit nächst der Küste muß nach den großen daselbst gefundenen zu Fensterscheiben tauglichen Glimmerplatten, ebenfalls ungemein grobkörnig sein. Stellenweis wird derselbe, wie auf den Inseln der Angra Pequeña, durch Gänge von purpurfarbenem Quarz oder, wie an der Spencersbai, durch Gänge, die Titaneisen führen, durchsetzt. Sandsteine scheint es jedoch nirgends längs dem Küstenrand zu geben. Kalkstein wurde bisher nur wenig im Groß Namaland gefunden, doch kommt derselbe versteinerungslos und horizontal geschichtet in der Nähe der Walfischbai aufgelagert auf Granit vor, dann am Keri Kamma oder Schakals-Wasser an der Nordgrenze des Landes, so wie endlich ganze Hügel im östlichsten Theil des Namalands am Nosopfluß daraus bestehen. An Basalten fehlt es gleichfalls nicht, indem in der Nähe von Nisbettbath mehrere, 2—300 F. über ihre Umgebungen ansteigende konische Hügel basaltisch sind und ebenso ein Theil der schwarzen Berge am Kuisip, das schwarze Gestein der Felswände, woraus die Schlucht des Kuisip selbst besteht, und die oberste Decke des Tansberges derselben Natur sein dürften.

Gewässer. Das Groß Namaland ist in Bezug auf stehende und fließende Gewässer eins der ärmsten Länder auf Erden, und namentlich entbehrt die Küstenzone fast völlig der Quellen und perennirenden Bäche und Flüsse. Nur 2—3 M. nördlich von der Kleinen Bai gibt es an der Küste einige gute Quellen süßen Wassers, so wie es hin und wieder auch beim Graben im Sand gelingt, Trinkwasser in der Nähe des Meeres zu erlangen. Aber selbst die zu beiden Seiten des Unuma in der Regenzeit herabkommenden Bäche verschwinden bald im Sande, und ihr Bett liegt in der trockenen Jahreszeit völlig ohne Wasser. Die größten Flüsse dieser Gegenden, der Kuisip d. h. Wurzelfluß und Oup (Aup), machen, gemäß der Natur sämmtlicher afrikanischen Steppenflüsse, davon keine Ausnahmen, indem sie höchstens in der Regenzeit einen zusammenhängenden Lauf haben und mitunter Jahre lang trocken sind oder höchstens aus einer Kette isolirter Wasserpfuhle bestehen. So begann der Kuisip erst in einem der letzten Jahre wieder zu fließen und das Meer zu erreichen, nachdem er 11 Jahre lang ohne Unterbrechung fast völlig trocken gelegen hatte. Doch erlangen die Eingeborenen hier, wie in dem größten Theil der Wüstenländer des Continents, fast überall in den größeren Flußbetten durch Graben ziemlich trinkbares Wasser, was darauf hinzuweisen scheint, daß in der Tiefe derselben, wie in den trockenen Betten der Capflüsse, unterirdische Wasserläufe stattfinden mögen. Der Kuisip entspringt in etwa 35° O. L. und 22—33° S. Br. am westlichen Abhange des Auasgebirges und nimmt seinen Lauf in fast genau westlicher Richtung bis zum Ocean, den er in der Walfischbai selbst erreicht. Der etwa 280—300 F. breite Oup entsteht dagegen an dem Südabfalle des Auas und bildet mit seinem breiten Thalbecken die Ostgrenze des Unuma. In der Regenzeit, wo er oft so anschwillt, daß er nicht zu passiren ist, erreicht er den Garip. Außerdem gehören zu den bedeutenderen Flüssen des Groß Namalandes noch der Kubakop und Nosop, zwei gleichfalls am Südabfalle des Auas entspringende und während der Regenzeit meist dem Garip in nordsüdlicher Richtung zugehende Gewässer, dann der vom Unuma kommende und dem Oup zufließende Koanquip und endlich der Houm, dessen Ursprung im Karas liegt. Von der höchst geringen Zahl der Quellen im Namalande ist ein Theil sogar noch salzig und ungenießbar, ein anderer fast thermal. Die bekanntesten Thermen des Groß Namagebiets sind die in der jetzt Nisbettbath genannten Oase.

Klima. Die klimatischen Verhältnisse des Landes unterliegen nicht großen Veränderungen; sie sind im Allgemeinen durch eine außerordentliche Trockenheit charakterisirt, wie sie nur wenigen Punkten der Erde eigen sein dürfte. Oft fällt hier in den Ebenen 4, 5 bis 6 Jahre hindurch kein Tropfen Regen, wodurch der Boden felsenhart wird. Der Sommer ist im Innern stets sehr heiß, oft der Hitze wegen kaum erträglich. Das Thermometer zeigt um Mittag 40 und mehr Grad, bei Sonnenaufgang sogar schon 30°. Nur im Februar und März stellen sich Gewitterregen im normalen Zustande der Atmosphäre ein, die jedoch zuweilen von solcher Heftigkeit sind, daß es das Ansehen hat, als wenn der Himmel eine Schleuse eröffnet hätte. In Folge derselben verwandelt sich bald, gewöhnlich schon 14 Tage nach ihrem Eintritt, die öde Wüste in ein wunderbar mannichfaltiges, duftendes Blumenmeer, und es kommen dann zugleich von den Bergen unzählige Bäche mit großer Heftigkeit herab, die bald wieder versiegen und mit ihrer Blumenpracht in den Monaten unseres europäischen Winters der ödesten Wüste Platz machen, in welcher sich nur succulente Pflanzen erhalten, die den Thieren zur Nahrung dienen. In der Regenzeit pflegt die Bevölkerung mit ihren Heerden sich der Küste zu nähern, und es geschieht dann, daß Reisende von Strecken, die nicht ein grünes Blatt aufzuweisen haben, zuweilen plötzlich ohne Uebergang in die üppigste Savane gelangen. Auffallend ist es, daß der in die Monate Mai, Juni und Juli fallende Winter des Groß Namalandes keineswegs so milde ist, als man nach der geographischen Breite und der meist nicht bedeutenden Erhebung des Landes über dem Meeresspiegel erwarten sollte. Sogar in der niedrigen Küstenzone fällt das Thermometer zuweilen so tief, daß es schneit und der gefallene Schnee mehrere Tage liegen bleibt. Gewöhnlich zeigt hier das Thermometer nicht über 15°. Tiefer im Innern auf der am westlichen Fuße des Unuma gelegenen Missionsstation Bethanien bildet sich häufiger Eis, und auf dem Unuma selbst bedecken sich wegen der bedeutenden Höhe die Gipfel alljährlich mit Schnee, und es friert in den

Wintermonaten Zoll dickes Eis. Wegen der Beständigkeit und Trockenheit des Klima ist jedoch das Namaland in hohem Grade gesund; die Bevölkerung leidet weder an epidemischen, noch endemischen Krankheiten und erreicht im Allgemeinen ein hohes Alter.

Naturproducte. Bei der Einförmigkeit des Landes in gestaltlicher und stofflicher Hinsicht und bei der großen Reinheit und Unabänderlichkeit der Atmosphäre ist die Vegetation natürlich ungemein arm und dürftig, der Charakter derselben ist ganz der der gewöhnlichen südafrikanischen Wüstenflora, jedoch die einzelnen Pflanzen noch sehr unbekannt. Die vielfachen dicken Hüllen um die Zwiebeln, woran das Land so reich ist, besonders um die Kanizwiebel (Cyperus esculentus?), welche eine der Hauptnahrungsmittel der Bevölkerung bilden, erweisen, wie die Natur die Pflanzen vorsorglich vor dem Verderben in der langen Dürre und in dem steinharten erhitzten Boden schützt, und wie sehr die feineren Gewächse von solchen Einflüssen zu leiden haben. Wälder hat man im ganzen Namaland nicht, doch gibt es nicht selten längs den Rändern der Flußbetten grüne Säume von munter gedeihenden strauch- und baumartigen Mimosen, worunter die Giraffenacacie (A. giraffae) eine der häufigsten und schönsten ist. Ebenso ist der Dobé, ein schöner cypressenartiger Strauch mit rothen Früchten, überall vom Garip bis zum Kuisip vorhanden. Gleiches ist mit Mesembryanthemen in mehreren Arten, die in den dürren Ebenen verbreitet sind, Sycomoren ähnlichen Feigenbäumen (mit 60 Fuß hohen Stämmen in den Thälern des Unuma) und andern Pflanzen mit succulenten Blättern, hohen Euphorbien (Euphorbia candelabra), mehreren Gummi liefernden Pflanzen, unter welchen letzten besonders eine, die Ceradia furcata, eine Composite, ein sehr schönes, weißes und durchsichtiges Harz in Menge liefert, und endlich Pelargonien mit eßbaren Knollen (Pelargonium crassicaule) der Fall. Gramineen gedeihen nur in einigen Theilen des Landes auch außerhalb der Regenepoche namentlich am Besten auf der Ostseite des oberen Oup, am Fuße des Unuma und in den geschützten Flußthälern. In den Thälern des Oup und Nosop und östlich vom oberen Oup erreichen sie eine Höhe und Entwickelung, gleich der unserer Getraidearten, aber selbst hier wird das Gras im Sommer so weiß, wie Stroh. An der Küste werden endlich reichlich Farbenflechten gefunden, die aber unbenutzt bleiben. Zu beiden Seiten des unteren Kuisip und besonders an der Walfischbai, wächst endlich ein überaus interessanter und nützlicher 8 Fuß hoher Strauch, der Karas, zu den Cucurbitaceen gehörig, völlig blätterlos, dagegen ganz mit Dornen bedeckt, im unfruchtbarsten Sande, wo nicht einmal mehr ein Grashalm gedeiht. Die fleischige kugelförmige und reichlich mit Stacheln besetzte Frucht des Karas, fast von der Größe des Straußeneies, gibt den Bewohnern dieser Gegenden eine ebenso erfrischende, als nahrhafte und wohlschmeckende Speise, die das ganze Jahr hindurch von dem Strauch gewonnen werden kann, und sonst nirgends in Afrika bekannt ist. — Die Thierwelt ist die gewöhnliche des Continents. Große Löwen, Panther, schön gezeichnete Leoparden und Hyänen in den Ebenen, Paviane (Cynocephalus) in den Gebirgen, sind überaus häufig, nächstdem Giraffen, Antilopen in vielen Arten, vor Allem Springböcke in den erstaunlichsten Heerden, Zebras, wilde Büffel und Schweine, endlich im Norden zunächst dem Kuisip häufig das gewöhnliche schwarze Rhinoceros. Elephanten erscheinen nur im äußersten Osten östlich vom Fischfluß am Nosop. Von marinen Mammalien besuchen Robben in kaum glaublicher Zahl den Küstenrand und die kleinen demselben vorliegenden Inseln; Walfische durchschwärmen das benachbarte Meer. Von Vögeln sind Strauße in den Ebenen überaus häufig in der Nähe des Unuma und am Kuisip, nicht minder zahlreich Fasanen und Rebhühner. An der Küste finden sich stellenweise Flamingos in der allergrößten Zahl, die, wenn es möglich ist, nur von der der Pinguins übertroffen wird, indem die öde menschenleere Küste nebst den kleinen vorliegenden Inseln ein Lieblingsaufenthalt dieser Vögel und ähnlicher ist, die hier ihre Eier legen und durch ihre Excremente Veranlassung zur Bildung der Guanolagen Veranlassung gegeben haben, wodurch die ganze Namaküste, vor Allem Itschabú, vor einigen Jahren auf kurze Zeit plötzlich die Aufmerksamkeit der Handelswelt in so merkwürdiger Weise auf sich gezogen hatte. Von nutzbaren Mineralien finden sich nur Kochsalzmassen, die zuweilen in Krusten ausgedehnte Strecken bedecken, Eisenerze an vielen Punkten und zwar sowohl meteorisches in merkwürdiger Verbreitung am Fischfluß, als auch in Quarz einem 6 F. mächtigen Gang an der Hottentotsbai, kohlensaures Natron im Kuisipthal und Kupfererze an der Grenze des Ovahererólandes.

Bevölkerung. Das Groß Namaland ist außerordentlich menschenleer; große Strecken sind allein Löwen und anderen wilden Thieren überlassen. Die Bewohner gehören ausschließlich dem Hottentottenvolk an und zwar 2 Stämmen desselben, den Nama und Saab oder sogenannten Buschmännnern (S. 154.). Jene bilden den größten Theil der Bevölkerung und führen zum Unterschied von ihren im Süden des Garip lebenden Stammsgenossen den Namen der Groß Nama oder Groß Namaqua; sie sind in 12 Abtheilungen etwa 10000 Köpfe stark. Obgleich der physische Charakter dieser Nama im Wesentlichen mit dem der übrigen Hottentotten übereinstimmt, so kommen doch unter ihnen häufig Individuen mit ganz regelmäßigen europäischen Gesichtszügen vor. Ihre Gestalt ist meist hoch und wohlgebildet, besonders bei den Weibern, schlank und größer als bei den Colonialhottentotten, ihr Charakter träge, aber friedlich und höchst freundlich sowohl gegen Fremde, als gegen Nothleidende des eigenen Stammes. Wegen der Armuth ihres Landes sind die Groß Nama genöthigt, theils von dem Ertrage der Jagd, theils von Viehzucht zu leben. Handel und Gewerbsthätigkeit haben sie so viel, als gar nicht. Sie theilen sich in eine Menge kleiner Clans unter erblichen Häuptlingen, die zugleich die Streitigkeiten der Angehörigen ihres Stammes schlichten. Eine Religion scheinen die meisten Nama gar nicht zu besitzen, so wenig als Regenmacher, indessen haben sie Zauberer. Beschneidung ist bei ihnen nicht üblich. Im nördlichen Theil des Groß Namalands und zugleich in der Nähe des Kuisip wohnen die Buschmänner, die auch hier ganz den Charakter der Hottentotten haben, nur dunkler sind, höhern Wuchs und bessere physische Ausbildung, als ihre Stammverwandten im Capland, aber eben so wenig Heerden besitzen. Ihre Wildheit ist gleichfalls dieselbe. Feste Orte gab es bisher in Groß Namaland auch nicht, doch wurde in neuerer Zeit durch die Anlegung der 3 Stationsplätze Bethanien und Gulbrandsdalen, 2 Tagereisen östlich vom Fischfluß durch die rheinischen Missionare und eines 3. Nisbettbath, an einer schwachen Therme mit 5—600 Einw. durch die Wesleyaner der erste Grund zur Entstehung von Ortschaften gelegt.

2. Der nördliche Theil oder das Land der Bundavölker.

Lage, Grenzen, Oberflächen-Beschaffenheit. Vom Kuisiplauf und dem Auas nördlich bis zum Aequator bildet die Westseite Süd-Afrikas gleichfalls ein in physischer und ethnographischer Hinsicht ziemlich wohlbegrenztes Ganze, dessen Küstenrand in nördlicher Richtung bis Benguela 12° 17′ 30″ S. Br. 13′ 40″ O. L. eine fast grade Linie oder selbst einen schwach nach Westen gewandten Bogen bildet, wogegen sie nördlich von Benguela plötzlich in einem großen Bogen mehrere Breitengrade weit nach Osten einspringt, so daß einer der am Weitesten im Osten liegenden Punkte der Hafenplatz Novo Redondo 11° 12′ 43″ S. Br. 31° 24′ 30″ O. L. ist. Zunächst der Walfischbai bis zum C. Negro einige Grade nördlich, ist der Küstensaum eine flache, sandige, höchst wasserlose und unfruchtbare Zone, die tiefer noch in das Innere reicht und hinter welcher von dem 1½ Tagereisen nördlich von der Walfischbai in den Atlantischen Ocean mündenden Tschwachaúp (Sommerset) strom an immer gegen Norden zu erst in einiger Entfernung vom Meere aus Bergzüge erblickt werden, zu denen der St. Ambosesberg 20° 57′ S. Br. gehört. Erst vom C. Negro 15° 40′ 45″ S. Br. 29° 33′ 0″ O. L. an verändert sich der Küstensaum gänzlich; die Dünenzüge verschwinden, und statt ihrer erheben sich unmittelbar aus der Meerestiefe zunächst bis Benguela hohe steile Felswände mit tafelförmigen Gipfeln (Mesas), auf welchen sehr zahlreiche scharfe Piks von groteskem, pyramiden- oder obeliskenförmigen Ansehen aufsitzen. Stellenweise, wie kurz nördlich von der Kleinen Fischbai der Engländer (Bai Mossamedes oder Angra Negro der Portugiesen), wird der Fuß der felsigen Küstenmauern so völlig vom Meere bespült, daß nicht einmal ein Weg für Fußgänger längs ihm vorhanden ist. Es gehört deshalb auch dieser Theil der afrikanischen Küste zu einem der gefährlichsten und unbekanntesten Striche des Continents. Nördlich von Benguela setzt dieselbe hohe und steile Beschaffenheit des Küstenrandes über Quicombo, Novo Redondo, C. S. Brass 10° 1′ 30″ S. Br. 30° 56′ 35″ O. L. bis an das Delta des Coanza fort, das als ein unabsehbarer, flacher Sumpf sich tief in das Land zieht und in dem hohen Küstenrand eine breite Lücke bildet. Jenseits des Delta steigt der Küstenrand abermals hoch auf, und er erhält sich in dieser Erhebung über St. Paolo de Loanda 8° 48′ 6″ S. Br. 30° 47′ 33″ O. L., die Mündung des Dandeflusses bis C. Ambris, worauf er wieder gegen das breite und sumpfige Delta des Zaïre abfällt. Nördlich von Zaïre erhebt er sich zum letzten Mal in den Felsmassen zwischen der Bai von Mayumba 3° 22′ 45″ S. Br. 28° 14′ 15″ O. L. und der Mündung des Setteſtroms etwas nördlich vom Cap St. Catherine (Santa Catelina) 1° 49′ S. Br. Unmittelbar darauf folgt die niedrige und mit ausgedehnten Lagunen und Sümpfen erfüllte Landschaft um das C. Lopez Gonsalvo bis zum Aequator. Der größte Theil dieses hohen Küstensaums, namentlich der von Kabinda und Loango 4° 39′ 30″ S. Br. 29° 21′ 40″ O. L., gewährt übrigens von der Seeseite einen höchst romantischen auch selbst prächtigen Anblick, doch wird der grandiose Charakter desselben stellenweise selbst schreckhaft, wenn die steilen Felswände so aller Vegetation entbehren, daß auf denselben nicht einmal ein Grashalm wächst, wie es südlich von Benguela unter etwa dem 14° S. Br. der Fall ist. Gewaltige Brandungen und die starke von S. kommende Strömung erschweren die Annäherung an diese Küste und besonders an den zwischen der Walfischbai und Benguela liegenden Theil ganz ungemein. Die bemerkenswerthesten Vorgebirge sind: Cap Sierra oder das Kreuzcap (Cross Cape) 21° 50′ S. Br. 31° 3′ O. L., C. Frio, Negro, das pittoreske C. Albino, Cuspe, Martha, Maria, St. Brass, Ledo, Palmerinhas (das Palmencap), Lagostas, Ambris 7° 51′ S. Br. 30° 43′ 0″ O. L., Dumba und St. Catherine, welche meistens aus Felsmassen bestehen, wovon die höchsten besonders im C. Negro 15° 40′ 45″ S. Br. 29° 33″ 0″ O. L. anstehen; wogegen C. St. Catherine, C. Palmerinhas und Point Salinas (südlich von Benguela) nur niedrige sandige Landzungen sind, so wie Cap Lopez als sumpfiger flacher Vorsprung des Continents erscheint. Größere und kleinere Meerbusen gibt es in bedeutender Zahl, indem dazu die Walfischbai selbst, dann die Tiger- oder Große Fischbai 16° 30′ S. Br., die große und schöne Alexanderbai (Porto do Pinda der Portugiesen) 15° 47′ S. Br., die Kleine Fischbai (Angra do Negro oder Bahia do Mossamedes) 15° 13′ S. Br., die Elephantenbai 13° 14′ S. Br., die Camenabai 13° 12′ S. Br., die Luaschbai 13° 0′ S. Br., die große ausgezeichnete Lobitobai 12° 20′ S. B. 31° 10′ 36″ O. L., eine der sichersten in diesen Gegenden, endlich die Baien von Loanda 8° 46′ 6″ S. Br. 30° 47′ 33″ O. L., Kabinda, Malemba, Mayumba und Loango, endlich die großen Baien von C. Lopez und C. St. Catherine gehören. Unter den südlicheren derselben gelten die Elephanten- und Alexanderbai als die besten Häfen, obgleich auch die Walfischbai an der Kuisipmündung in ihrem südlichsten Theil einen vollkommen sicheren Hafen darbietet. In den nördlicheren Strichen sind die weiten Meeresbusen dagegen nicht so zu Häfen geeignet, da sie fast ganz offen sind, so daß selbst bedeutende Handelsplätze, z. B. Malemba, in denselben eigentlich nichts, als offene Rheden besitzen. Wo große Flüsse, wie der Zaïre und Coanza in den Ocean münden, sind in der Küstenzone weite, flache, mit unzähligen Flußarmen durchzogene und dadurch sumpfige, heiße und mit der üppigsten tropischen Vegetation bedeckte, zugleich aber auch höchst ungesunde und fast allein von unzähligen wilden

Bestien und den größten Schlangen bevölkerte Deltas entstanden, von denen das der Zairemündung jedoch nur kurze Strecken in das Binnenland reicht, das des Coanza aber als unübersehbare Sumpfebene tief in das Innere fortsetzt, indem Sumpfstrecken längs den Rändern des unteren Coanza wenigstens bis zu dem portugiesischen Handelsposten Massangano 9° 16′ S. Br. 32° 27′ O. L. stromaufwärts bekannt sind. Tiefer im Innern erhebt sich fast überall, wo man in dasselbe eingedrungen ist, ein hohes ebenes oder etwas hügeliges Land mit gesundem Klima und außerordentlich fruchtbarem, durch fließende Quellen wohl getränktem Boden, der zugleich reich mit Bäumen bedeckt ist und durch eine zahlreiche, fleißige, kräftige Bevölkerung wohl cultivirt wird, in neuerer Zeit aber völlig in Vergessenheit gerieth. Zu demselben gehören im Norden die Bergländer der Anziche, die innern schönen Gebiete des einst großen Reichs Congo, namentlich der District Bamba im Innern Angolas, die Landschaft Matemba, endlich 28 port. M. von der Kleinen Fischbai etwa unter dem 14° 2′ S. Br., die sowohl durch Vortrefflichkeit ihres Klima, als durch Fruchtbarkeit, glückliche Lage, reiche Bewässerung, dichte Bevölkerung und Schönheit ihrer Scenerien ausgezeichnete Landschaft Bumbo, welche, wie Bamba, ihren Namen nach ihren durch die hohe Lage bedingten klimatischen Verhältnissen erhalten hat, indem das Wort Bambi in der Sprache der hiesigen Bevölkerungen kalt bedeutet. Den südlichsten Ausläufer dieses ebenen Binnenhochlands dürften die grasreichen Hochebenen der Orampó- und Ovahererövölker nebst den 1800 F. hohen Victoriabergen und dem Auasgebirge an den Quellen des Kuisip und des Großen Fischflusses der Nama, beides schönen pittoresken und selbst großartig in das Auge fallenden Terrainerhebungen, bilden. Die Nordseite des Kuisip begrenzt endlich im Innern ebenfalls ein hoher Zug von Felsen und Bergen, dessen äußerstes Glied im Westen muthmaßlich die gewaltigen, ganz nahe am Meer bis 2500—3000 F. Höhe schroff aufsteigenden unter dem Namen der Quanüasberge bekannten Tafelberge sind.

Geognostische Verhältnisse. Die geognostische Kunde dieser Länder ist sehr beschränkt, doch kennt man das Vorkommen ausgedehnter rother Sandsteinmassen unmittelbar längs der Küste bei Kabinda, Loango, Ambriz, Alt-Benguela, am Coanza, so wie im Innern östlich von Port Mossâmedes, dann von weißen Sandsteinen an der Mündung des Dandeflusses, C. Albino unfern C. Negro, am C. Negro selbst, und endlich südlich von dem letzten. Die weite Verbreitung pittoresker, festungs-, pyramiden- und obeliskenartiger oder tafelförmig auf ihrem Gipfel gestalteter Felsmassen sowohl an vielen Punkten des Küstenrandes, als im Innern bei Pungo Andongo am Zaïre, dann im Ovahererólande erweist, daß Sandsteinmassen viel häufiger vorkommen müssen, als man durch directe Forschungen bisher ermittelt hat. An die Sandsteine reihen sich ausgedehnte rothe Sand- und Thonmassen, namentlich am Strande zwischen Ambriz und der Mündung des Zaïre, so wie südlich von Benguela an. Die durch sie und die rothen Sandsteine dem Küstenrand stellenweise zu Theil werdende charakteristische Färbung hat hier die Benennung mancher Glieder desselben z. B. die Namen Barreras vermelhas (Rothes Küstenland), Rothe Spitze an der Mündung des Zaïre, Bahia vermelha (Rothe Bai) veranlaßt. Hin und wieder, wie in den hohen senkrechten Küstenfelsen von Loango und Quicombo 11° 20′ S. Br. 31° 27′ 34″ O. L. und am Zaïre wird der Sandstein durch große Kalksteinmassen vertreten, während zwischen dem Zaïre und am Cap Ambris, besonders aber zwischen dem Cap St. Maria und der Elephantenbai die Felsen aus sehr grobkörnigem Granit mit sehr großen Glimmertafeln, ganz wie an der Küste des Groß Namalandes, bestehen. Im Auas und überhaupt im Ovahererólande scheint sogar der größte Theil der Felsmassen, die oft von majestätischer Entwickelung sind, granitischer Natur zu sein. Am Zaïre fand man ferner Syenit und Thonschiefer unter Granit in den Felswänden der Ränder des Stroms anstehen, besonders da, wo sich derselbe seinen Weg aus dem höheren Binnenland in die Küstenstufe gebahnt hat. Schwarze basaltische Gesteine erscheinen bei Loango und am C. Negro, ausgedehnte Massen von Trachyt- und Alaunsteinmassen, so wie Bimssteine soll es im äußersten Nordosten im

Gebiet von Pomba, einen erloschenen Krater endlich bei Pungo Andongo geben. Noch entstehen fortwährend unmittelbar am flachen Meeresstrande bei Loanda quaternaire Kalkfelsen, welche in dieser Stadt zu Bausteinen benutzt werden.

Gewässer. Die Zahl der Flüsse, von denen mehrere im Binnenhochland ihren Ursprung zu nehmen scheinen, ist ungemein groß. Unter ihnen sind der Coanza und der Zaïre oder, wie er im Innern heißt, der Coango oder Congo, die bedeutendsten. Der Coanza gehört in seinem unteren Lauf Angola an und entspringt im Innern des Continents in unbekannten Fernen den Angaben der Eingeborenen nach mit dem Zaïre aus demselben See an der Ostseite des Landes Cassantsche (Cassange). Er nimmt in seinem langen Lauf zahlreiche und selbst große Ströme, wie den Cutato, Tombe, Gango oder Morouga von Süden, dann den Lucala bei Massangano von Norden her auf und er tritt in den hohen Katarakten von Cambambe in die flächere Küstenstufe ein. Bis zu diesen, etwa 62 Meilen von der in 9° 23′ S. Br. gelegenen Mündung entfernten Katarakten ist auch der Strom schiffbar, der mit seinem untersten, sehr gekrümmten, dabei aber sehr reißenden Lauf dem Meere sehr große Wassermassen zuführt, welche ihrer weißlichen Färbung wegen noch 3 Stunden weit von der Küste wohl erkennbar sind. Gleichzeitig umschließt der unterste Theil des Coanza zahlreiche, zum Theil ansehnliche Inseln, wovon die 30 port. Meilen lange, 2 M. breite und überaus fruchtbare Insel Massander oder Massandra und weiter oberhalb die Insel Muchima oder Moschiana (Muxima) die bedeutendsten sind. Der Zaïre ist in seinem obersten Lauf im Binnenland ebenso wenig genau bekannt, als der Coanza, indem man ihn kaum 3 Längengrade weit, wenig über die großen Stromschnellen und Wasserfälle (Yellalas) hinaus, welche er bei seinem Eintritt in das flache Küstenland bildet, verfolgt hat. Jenseits derselben hat der Strom noch eine seegleiche Breite, aber unmittelbar vor ihnen bis zu dem Punkt, wo er an den letzten Felsen der Küstenstufe sich zur Bildung des Delta zu theilen beginnt, wird seine Breite auffallend gering. Dennoch führt er dem Ocean eine immense Wassermenge, die sich vor der Mündung auf dem Meeresgrunde einen erstaunlich tiefen Canal bis von 1900 F. Tiefe gegraben hat und 12 Lieues weit im Meere durch ihre röthliche Farbe erkennbar ist, zu. Seine freie und offene Mündung hat zwischen der nördlichen Spitze, der Haifischspitze, (Shark Point) 6° 4′ 25″ S. Br. 29° 52′ 15″ O. L. und der südlichen C. Padrão (Padrone) 6° 11′ S. Br. 30° 5′ O. L. etwa 4 M. Breite, aber wegen der starken Strömung ist die Einfahrt in sie sehr schwierig. Nächst beiden Strömen sind noch die bekanntesten unter den vom Kuisip an nach Norden zu in dem Atlantischen Ocean mündenden Flüssen: der periodisch sehr ansehnliche und aus vielen, besonders von Norden herkommenden Zuflüssen gebildete und in seiner Richtung dem Kuisip parallele, häufig aber auch völlig trocken liegende Tschwachadp, der Cunene oder Nourse River, muthmaßlich derselbe große Fluß, der tief im Binnenlande die nördliche Grenze des Landes der Ovampó bildet und sich hier mit dem prächtigen Ornorongastrom verbindet, der große, in 14° 40′ S. Br., kurz nördlich von der Kleinen Fischbai mündende Cobalestrom, der Caporero, Padrão 13° 13′, Gubero, Catumbela oder Fluß von Benguela, der Gunza, Cuvo, Quicomba, Longa, Bengo, Dande, Onzo, Hezo, Loge oder Fluß von Ambriz, der Lelundo d. h. in der Sprache der Bundavölker Wasser, Kakongo, Louisa Loango, der breite und tiefe Sette, endlich der Cama und Nazarethfluß 0° 37′ 15″ S. Br. Unter den übrigen völlig oder fast völlig unbekannten Flüssen des Innern werden noch als sehr ansehnlich der Burge im Land Congo, der große mit dem Coanza sich vereinigende Lucala und der Casati genannt, welcher letzte angeblich sogar größer, als der Zaïre und Coanza sein soll. Diese Ströme des Binnenlandes müssen sehr tief in das Innere reichen, da nach Aussage der Eingeborenen Canoes von Angola bis ganz in die Nähe des Muropüalandes gelangen können. Besonders reich aber an fließenden Gewässern ist das hohe Binnenland ostnordöstlich von der Kleinen Bai, von welchem mehrere kleinere Flüsse kommen, die zwischen dem 13 und 14° S. Br. beständig das Meer erreichen, während andere nur nach der Regenzeit fließen und in der trockenen Jahreszeit ihre Betten völlig trocken haben. Selbst größere unter ihnen, wie der Nourse River, werden an ihrer Mündung durch Sandbänke periodisch so verstopft, daß es schwierig wird, ihren Lauf wieder zu erkennen. In den Hochebenen des Ovahereró mangelt es dagegen sehr an Quellen und größern fließenden Gewässern. Die letzten pflegen auch hier in der trockenen Jahreszeit auszutrocknen, und die ersten sind theils brakisch, theils ausgezeichnete alkalische, schweflige oder eisenhaltige Thermen. Dem Wassermangel ihres Landes wissen aber die Ovahereró sehr gut durch Brunnengraben zu begegnen, indem sie oft schon in 6—10 Fuß unter der Oberfläche, zuweilen aber erst in bedeutender Tiefe Wasser erlangen. Der Quellenreichthum nimmt übrigens zu, jemehr man von Süden nach Norden fortschreitet, was besonders auch die Erfahrung im Ovahereróland gelehrt hat.

Klima. Die Temperatur ist zunächst der Küste ungemein heiß, da das ganze Land von der Walfischbai bis zum Aequator vollständig noch der Aequatorialzone angehört und sie steigert sich an manchen Stellen, besonders da, wo hohe Felswände oder dichte Urwälder die Circulation der Seewinde hemmen, fast bis zum Unerträglichen. So erreicht dieselbe in dem beckenartig umschlossenen Benguela, das von den Portugiesen selbst die Hölle genannt wird, während des October und November jeden Tag wenigstens 30—31°, selbst 40°, und in den niedrigen dick bewaldeten Strichen an der Mündung des Zaïre sogar 36—40°, während in dem offenen, jedoch 70 Meilen dem Aequator näher als Benguela gelegenen und der Einwirkung der Seewinde ausgesetzten Loanda das Thermometer gewöhnlich nur auf 27—28°, selbst in der heißesten Jahreszeit, steht. Um so niedriger ist die Temperatur des Nachts, wo dieselbe oft um 10—12° gegen die Tagestemperatur abfällt und vorzüglich zur Folge hat, daß Europäer in den Küstenstrichen zwischen dem Aequator und Benguela auf die Dauer den klimatischen Einflüssen gar nicht widerstehen können. Am Meisten ist dies mit Personen weiblichen Geschlechts der Fall, die, besonders in Benguela, kaum länger, als wenige Monate das Klima ertragen, dessen Schädlichkeit durch die Ausdünstungen aus den Sümpfen der Umgebung noch erhöht wird. Ebenso ungesund und heiß sind die ausgedehnten sumpfigen Umgebungen und die nächsten Ränder des unteren Laufs aller größeren Ströme, besonders des Zaire und Coanza, so daß sich an denselben eine europäische Colonisation nie hat entwickeln können. Zu Benguela gelten März und April, wo die meisten Regen fallen, zu Loanda September und October, dann Januar und Mai als die ungesundesten Monate. Besonders sind es Abdominaltyphus und Faulfieber, woran die Europäer dann zu Benguela erkranken, während selbst die Eingeborenen dieses Orts von den heftigsten Wechselfiebern ergriffen werden. So stirbt von den weißen Soldaten zu Benguela zwei Drittel regelmäßig während der großen Regenzeit, und es gab nach 200jährigem Besitz durch die Portugiesen im Jahr 1835 daselbst nur 11 weiße Bewohner. Erst an der Salinasspitze enden die bösen klimatischen Einflüsse, und die Atmosphäre wird von nun an gegen Süden zu längs des ganzen Küstenstrichs völlig gesund. Vom C. Negro beginnt namentlich eine mäßige Luftwärme die erstickende Hitze zu ersetzen. Gleichzeitig hört hier der Pflanzenwuchs auf. Schon die neue portugiesische Niederlassung Mossâmedes an der Kleinen Fischbai zeichnet sich durch ihre selbst Europäern völlig zuträglichen klimatischen Verhältnisse aus. Ebenso gesund ist der trockene sandige Theil des Küstenstrichs im äußersten Süden bis zur Walfischbai. Viel günstiger, als die Küste, ist das Binnenland in klimatischer Beziehung, indem hier die Temperatur mild und angenehm, ja selbst erfrischend, zuweilen sogar kalt und überhaupt die Atmosphäre in hohem Grade rein ist. Schon die älteren Berichterstatter versichern, daß sich die Binnenlandschaften Matemba und Bamba, letzte zum Reich Congo gehörig, durch ihr Klima auszeichnen und Ambrase, der Hauptort Bambas und des Reichs Congo, das St. Salvador der Portugiesen, erhielt bei diesen seiner gesunden hohen Lage wegen einen solchen Ruf, daß es das Montpellier Afrikas genannt wurde. Auf der südlichen Fortsetzung dieser Hochebenen in der Landschaft Bumbo ist die Atmosphäre ebenfalls sehr rein und trocken und für die Bewohner des Küstenstrichs im Sommer sehr empfindlich kalt (S. 171.).

Die südlich davon im Gebirgslande gelegenen portugiesischen Posten Caconda und Huila stehen ihrer vortrefflichen Atmosphäre wegen in hohem Ruf. Auch das Ovahereróland ist völlig gesund, und im Winter sogar so kalt, daß sich noch in den Augustnächten nicht selten starkes Eis bildet, ein Beweis für die hohe Lage des Landes, dann daß der Auas sich um die Quellen des Kuisip periodisch mit hohem Schnee bedeckt. — Etwas abweichend von den atmosphärischen Verhältnissen der Tropenregion im Norden des Aequators gibt es in der Südhälfte der Tropenzone, vorzüglich am Zaïre und in Angola 4 ziemlich bestimmt abgegränzte Jahreszeiten, wovon eine, unserem Frühling entsprechend, in Loango und Angōla vom October bis Ende Decembers reicht, ziemlich regnerisch ist und am Ende ihrer Dauer selbst starke Regengüsse hat. Die 2. Epoche vom Januar bis März ist die heißeste, in welche zugleich die intensivsten, von den heftigsten Donnern, feurigen Meteoren und den fürchterlichsten Stürmen begleitete Regen fallen. Besonders der Januar ist in Kabinda zuweilen entsetzlich heiß. So intensiv aber auch die Regenfälle im Allgemeinen sind, so ereignet es sich doch, daß zu Benguela mitunter Jahre lang jeder Regen ausbleibt, was entsetzliche Hungersnoth zur Folge hat. Im Südosten zeigt das Ovahereró- und Ovampóland ganz ähnliche klimatische Epochen, indem hier 3 Monate hindurch von September bis December eine schwächere Regenzeit eintritt, worin Gewitter nur Tag um Tag stattfinden und darauf eine viel stärkere bis zum März folgt, worin der Regen in derselben außerordentlichen Heftigkeit, wie in den dem Aequator näheren Strichen, mit ungeheuren Strichen herabfällt und die trockenen Flußbetten in große, reißende Ströme verwandelt werden. Doch ist die Temperatur während dieser Zeit sehr angenehm. Ueberhaupt werden die Regen häufiger, je weiter man nach Norden fortschreitet. Die übrigen 6 Monate des Jahrs umfassen zwei trockene Epochen. April und Mai sind in Angōla kühle und trockene Monate und zugleich die angenehmsten des Jahres, wogegen bei den Ovahereró mit dem Mai ein sehr unangenehmer kalter und scharfer Ostwind beginnt, der auf das Vorkommen hoher Gebirgszüge im Binnenlande hinweist und besonders die Nächte so kalt macht, daß, wie angegeben, in denselben bis in den August sich Eisstücke bilden, und die Quellgegend des Kuisip am Auas sich mit tiefem Schnee bedeckt. Im August tritt eine 2. trockene Zeit ein, die im Ovahereróland in Folge von glühenden Westsüdwestwinden so heiß ist, daß alles auf den Feldern verdorrt und verbrennt und das Thermometer in schattigen Wohnungen bis auf 38° steigt. Alle Tage entstehen dann Wirbelwinde, welche die Bildung großer und gefährlicher Sandsäulen von 20—30 Fuß Durchmesser zur Folge haben. Die regelmäßig Nachmittags eintretenden Winde wachsen öfters bis zu furchtbaren Orkanen an und verwandeln die ganze Atmosphäre in ein Staubmeer. Solcher unangenehmen atmosphärischen Verhältnisse und umgekehrt des wohlthuenden Einflusses der Regen wegen gilt es bei den Ovahereró für eine besonders ehrenvolle Auszeichnung, wenn sie mit dem Regen verglichen werden.

Naturproducte. Bei den für die Entwickelung eines kräftigen Vegetationsprocesses ungemein günstigen Umständen erlangt auch die Flora der hiesigen Gegenden meist eine überaus große Intensität. Prächtige Urwaldungen bedecken die Ränder der größeren Flüsse, des Zaïre, Coanza, Bengo, Dande und Cobale und die reich bewässerten Abhänge des höheren Binnenlandes gegen die flachere Küstenstufe. Außer den bekannteren tropischen und subtropischen Gewächsen, namentlich den zahlreichen und meist in allen ihren Theilen nützlichen Palmen mehrerer Gattungen, den Oel-, Wein-, Kokos-, Doum (Hyphaena; am Zaïre)- und Zwergpalmen, und der alle Wälder und Felder erfüllenden Congopalme, dem kolossalen Baobab, Baumwollen- und Papayabäumen, Mangos, Cassien, Feigenbäumen ebenfalls von kolossaler Entwickelung (im Ovahereróland), dem Bananenfeigenbaum (Ficus religiosa; am Zaïre so heilig gehalten, wie in Indien), prächtigen Euphorbien und schönen hohen Aloës (ebendort und bei Loanda), mastenhohen Cactus (bei Benguela), Pisang, Ingber (bei Loanda), Kaffebäumen (im Innern Angōlas, besonders bei dem portugiesischen Posten Encotsche [Encoge], in Bergwaldungen mit einer viel vorzüglicheren Frucht, als der Brasilianische Kaffe), Zuckerrohr (von außerordentlicher Höhe, Stärke und überall wild wachsend), vielen Nymphäen, der Papyrusstaude (am Zaïre, in außerordentlicher Menge, wie Saaten wogend), dem Pimentstrauch (dem gewöhnlichen sowohl, als dem des äthiopischen Pfeffers), einer vortrefflichen, als Orseille nutzbaren und überall verbreiteten Färberflechte, Ricinus, Indigo (überall als Unkraut), Bataten, Ananas (in der größten Fülle überall und in ausgezeichneter Güte), Taback (unbenutzt in Angóla; viel cultivirt zum Handel in Bamba), Erdnüssen (Arachys hypogaea, viel in Loango gebaut), Manioc (als Hauptnahrungsmittel überall cultivirt, südlich bis wenigstens Benguela), dem Weinstock (in Benguela sogar 2 Mal im Jahre vortreffliche Trauben liefernd), Pommeranzen-, Orangen- und Citronenbäumen (sämmtlich erst eingeführt, aber sehr gut fortkommend), Baumwollenstauden (die Baumwolle besser, als die Brasilianische), vielen Bäumen mit vortrefflichem Farbeholz z. B. Eben- und Acajouholz, Camholz (Camwood; am C. Lopez), rothen und grauen Varietäten von Sandelholz (ganze Wälder im Innern, wie in Majumba und im Anzichebergland bildend), gibt es hier überall noch eine überaus große Zahl anderer bisher wenig oder gar nicht von den Naturforschern gekannter ausgezeichneter und nutzbarer Gewächse, wie den Kakongobaum mit sehr geschätztem wohlriechenden Holz zu Benguela, den Capano und die Purgera, zwei Baumarten mit brauchbaren Oelfrüchten, die Dembempflanze, welche ebenfalls ein vortreffliches Oel, aber von rother Farbe liefert, dem Inquisso mit pfefferähnlichen Früchten, den Dondo, einen mit dem asiatischen Zimmtbaum in seinen Producten übereinstimmenden wildwachsenden Baum, den Mulemba, aus dessen Rinde vortreffliche Zeuge in Angola gewebt werden und dessen Saft einen guten Vogelleim liefert, so wie eine sehr ansehnliche Reihe von Bäumen und Sträuchern, deren fleischige Früchte der Bevölkerung als vortreffliche Nahrungsmittel dienen, wie den Narasstrauch in den sandigen und unfruchtbaren Strichen nördlich vom Kuisip, dann die nur den einheimischen Namen nach bekannten Gewächse: die Alwesica, Collera, den Zasso, Gogero, Avasasse, Muchila, Oghche, Nicesso, Conde, Mamao, Mololo, Mambocha, Mobulla. Acacien, die ein schönes Gummi in Angola in Fülle liefern, sind überall verbreitet und in den dürren Strichen im äußersten Süden oft die einzigen baumartigen Gewächse; auch Cedern gibt es in wenigstens 3 Arten, vorzüglich am Zaïre von solcher Größe und Stärke, daß man daraus unzählige Schiffe bauen könnte; dichte Mangrove- und Chrysobalanenwaldungen bedecken überall den Boden an dem Austritt der Flüsse in die See, namentlich die Außenränder der Zaïre- und Coanzadeltas, ebenso Lilien und Tulpen im inneren Angóla große Flächen. Auch die Gräser haben einen über alle Vorstellungen üppigen Wuchs; auf den Hochebenen im Innern sind sie zugleich von sehr aromatischer Art. — Die Fauna ist hier gleichfalls mannigfach vertreten. Außer zahllosen Affenarten, worunter der menschenähnliche Schimpanse, den in großen Heerden umherwandernden Elephanten, dem kleineren weißen (im Ovahereróland) und dem großen schwarzen Rhinoceros, den in allen Strömen überaus häufigen Flußpferden, wilden Schweinen, Hyänen in wenigstens 3 Arten, Panthern, Leoparden, Zibethkatzen, den besonders in den dürren Ebenen des Ovahererólandes außerordentlich zahlreich und groß vorkommenden Löwen, Zebras (in Congo und Benguela), Giraffen (im Ovahereróland), Antilopen in vielen Arten, wilden Büffeln (theilweise schwarz von Farbe und mit Mähnen bei den Ovahereró), Pferden (die von Ambaca im Innern Angólas werden als außerordentlich gerühmt), dem Schuppenthier oder Pangolin (im Ovahereróland; eine bisher in der alten Welt unbekannte Erscheinung) gibt es unter den Vögeln zahlreiche Papagayen (bis in die Berge der Ovahereró), Fasanen und Guineavögel in Heerden, Strauße, Perlhühner und Pfauen (beide letzten besonders bei den Ovahereró), unter den Amphibien kolossale Schlangen und bis 5 Fuß lange Landeidechsen. Das benachbarte Meer und die Flüsse sind gleichfalls sehr reich. In den zahlreichen großen Baien ist ein außerordentlicher Fischreichthum. So sind auch die Flüsse reich an Fischen, Krokodilen und dem Waran oder der Nileidechse (Lacerta nilotica S. 69.), die hier viel größer als im Nil ist, und durch ihr unablässiges Bestreben, die Brut und die Eier der Krokodile zu zerstören ebenso nützlich als in Nubien wird, die Mündung der Flüsse an ungeheuren Schildkröten und der Seemaid (Halicore). Heuschrecken richten in Angōla und im Süden bei den Ovahererō große Verwüstungen an; ebenso wenig fehlen Scorpione und die gewöhnlichen afrikanischen Termiten, deren pyramidenförmige Hügel 16 und mehr Fuß Höhe, und eine Basis von mehr als 100 F. Peripherie haben. — Aus dem Mineralreich kommt Gold, doch nur in geringen Quantitäten, als Waschgold in Bächen und Flüssen, wie im Dande, Lambige und Cunene, dann in den Districten Bailundo und Golungo in Angola vor; in um so größerer Menge und Verbreitung sind aber Kupfererze bekannt, sowohl in der Nähe der Küste (am Zaïre, bei Novo Redondo), als im Binnenland, vorzüglich im Bergland der Anziche, im Innern Congos (besonders in den Districten Sundi und Pemba; hier als Malachit) östlich von Benguela und an vielen Stellen bei den Ovahererō z. B. zu Gnutuais im Auas, Eisenerze (in einigen Theilen Congos und Angōlas, vorzüglich in den Districten Golungo, Bailundo, Ilunda und Cabezzo von Angōla), Schwefel (auf überaus reichen Lagerstätten bei Benguela und zu Cassandama, zur Zeit noch unbenutzt), Asphalt (an der Mündung des Dande; zum Schiffscalfatern benutzt), Gyps (bei Loanda), Kalk (bei Dulcombo), Steinsalz an vielen Punkten des Binnenlandes, namentlich in der zwischen dem untern Coanza und dem Longa gelegenen großen Landschaft Quissama, bei Massangano, meist in nur wenigen Fuß unter der Oberfläche, endlich zu Nimba im nördlichen Bamba (zu Loanda und durch ganz Angōla benutzt man kleine Salztafeln, wie in Abessinien, als Münze im kleinen Verkehr). Seesalz wird in großer Menge an allen Punkten der Seeküste ohne Mühe gewonnen. Im Ovahererōland quillt an einigen Stellen natürliche Soole zu Tage, die durch natürliche Verdunstung in der Sonne Massen des reinsten Salzes liefert.

Bevölkerung. Die Bevölkerung des ganzen Landes, mit Ausnahme derer an den äußersten Rändern, dem südwestlichen und südlichen längs dem Kuisip und endlich der Anwohner der See mehrere Tagereisen nordwärts von der Mündung des Kuisip, gehört ihren sprachlichen und physischen Verhältnissen nach dem großen südafrikanischen Volksstamm an. Sie ist meist kräftig und gut gebaut und groß von Wuchs, ganz wie die Kaffern am Ostrand Süd-Afrikas. Besonders steht das männliche Geschlecht zu Kabinda, im Lande der Ovahererō und das der Bevölkerung im Osten der Kleinen Fischbai durch seinen ausgezeichneten Körperbau voran. Die Mandongo östlich von Kabinda lieferten früher sogar stets die schönsten und besten Sclaven in den Handel. Das Haar der Bevölkerung ist kraus und schwarz; die Hautfarbe ebenfalls schwarz; die Physiognomie nicht ausgezeichnet und bei den Congoern oft sogar sehr häßlich. Die Sprache, welche in Angōla den Namen des Bunda führt und, wie die meisten südafrikanischen reich, gut gegliedert und wohlklingend ist, unterscheidet die hiesige schwarze Bevölkerung sehr bestimmt von der schwarzen im nördlichen Theil der Tropenzone. Nur ein Theil der Ovahererō, der im Auas lebende, hat seine Sprache verlassen und die seiner nächsten Nachbarn, der Nama, angenommen, mit denen er in engerer Verbindung, als mit seinen Stammesgenossen steht. Der Charakter der nördlichen Bundavölker ist im Allgemeinen harmlos und gut geartet und gilt nur da für verdorben und falsch, wie an der Mündung des Zaïre, wo Druck, Gewaltthätigkeiten und portugiesische Grausamkeit ihn verdorben haben. Weniger günstig erscheint der der Ovahererō. Außer dieser überwiegenden schwarzen Bevölkerung finden sich längs der sandigen, flachen Meeresküste von 20° S. Br. an Nama wohnend, so wie auch in das Land zwischen dem Tschwachaup und dem Kuisip im äußersten Süden gemengt mit Schwarzen, eine gelbe dem Hottentottenvolk angehörig eingedrungen ist, wovon eine starke Colonie sich sogar mitten unter den zu den Ovahererō gerechneten Ovampō, Ovamparerō, also in etwa dem 19° S. Br., angesiedelt hat.

Verfassung, Religion. Das ganze Land zerfällt mit Ausnahme des von den Portugiesen in Angōla in Anspruch genommenen Strichs, in eine Menge kleiner Staaten mit fast ausschließlich despotisch monarchischer Verfassung. In Kabinda, St. Catherine und in den kleinen Reichen an der Mündung des Zaïre z. B. in Sonjo ist die Erbfolge in der Herrscherwürde an den Erstgeborenen einer und derselben Familie geknüpft. Ambris ist ein Wahlreich, dessen Herrscher stets auf 5 Jahre aus den Edlen (Mafuk) des Landes gewählt wird, aber wieder wählbar ist; in Loango findet dagegen eine Mischung von Erb- und Wahlreich statt. Dennoch wird in Loango der jedesmalige Herrscher als Gott verehrt und von seinen Untergebenen, für die er unbeschränkter Herrscher in Bezug auf Leben und Tod ist, sogar Gott genannt. Selbst die höchsten Beamten dieses Reichs sind nur Sclaven des Herrschers. Niemand darf hier denselben essen und trinken sehen. Wer dagegen verstößt, hat Todesstrafe verwirkt. Die Bevölkerung ist in großen Theilen des Landes in Folge des Jahrhunderte lang lebhaftest fortgesetzten Sclavenhandels und der ewigen unter den Stämmen stattfindenden grausamen Fehden sehr dünn und arm, sehr zahlreich dagegen auf den hohen fruchtbaren Ebenen von Bamba und Bumbo, so wie im Lande der Ovahererό. — Die Religion ist überall grober Fetischismus, wie in Guinea, da der Muhamedanismus noch nicht bis hierher gedrungen ist. In der am Zaïre gelegenen Landschaft Sundi werden, wie in Dahome, Schlangen göttlich verehrt, obwohl deren Bevölkerung auch an einen guten und bösen Gott glaubt. Menschenopfer und Ordalien sind in den nördlichen Theilen des Landes üblich. Im Süden, namentlich bei den Ovaherero, ist dagegen nirgends eine Verehrung von Götzenbildern und selbst nicht einmal eine Verehrung von eingebildeten lebenden Vertretern des göttlichen Wesens zu sehen, obgleich die Ovaherero allerdings einen Begriff von einem höchsten Wesen, dem sie den Namen Umkuru oder der Alte geben, und zugleich von einer Fortdauer der Seele nach dem Tode haben. Außerdem gibt es bei den Ovaherero, wie bei allen südafrikanischen Völkern, Zauberer, die auch als Aerzte und Regenmacher sich Einfluß bei dem leichtgläubigen Volk zu verschaffen suchen. Vielweiberei und Beschneidung ist bei den Völkern dieses Landes üblich, aber ohne daß besondere religiöse Begriffe daran geknüpft wären; nur die hier lebenden Nama und die Ovaherero des Auas haben Beschneidung nicht, doch auch Vielweiberei.

Ackerbau, Gewerbe, Handel. Die Bevölkerung des ganzen Küstenstrichs ist ungemein träge, da die Natur bei dem vortrefflichen Boden alle Bodenerzeugnisse in Fülle ohne große Mühe gewährt, nur die von Kabinda macht in der Hinsicht eine Ausnahme. Cultivirt werden noch am Meisten Manioc, Reis und Mais als die gewöhnlichsten Lebensbedürfnisse. Viehzucht findet hier wenig statt; bei Loanda ist das Rindvieh klein, mager und so selten, daß Salz- und Rauchfleisch eingeführt werden muß. Schweine von vortrefflicher Beschaffenheit gibt es bei Benguela. Auf den Hochebenen und in den Gebirgsländern des Innern wird dagegen der Ackerbau stellenweise schon mit Umsicht getrieben, indem die Ourontoumiti und Ovampó Gartencultur ausgedehnt betreiben und man in Bumbo die Kunst des Düngens kennt und anwendet, Reservoire zum Auffangen des Regenwassers anlegt und dieses und die zahlreichen fließenden Gewässer zum Bewässern der Felder benutzt. Besonders aber findet auf den üppigen Savanen der Binnenhochebenen eine höchst ausgedehnte Viehzucht statt. In Bumbo namentlich und im Ovahereróland gibt es außerordentlich große Rindviehheerden. Handwerke und Künste stehen dagegen überall auf einer sehr niedrigen Stufe, nur Weberei und die Gewinnung und Verarbeitung einiger Metalle beschäftigt hin und wieder die Bevölkerung. So verfertigt man in dem Strich zwischen St. Catherine und Loango schöne gefärbte Kleidungsstücke; und die Anziche, die Bewohner des Districts von Encótsche im Innern Angolas, die Bergbevölkerung im Südosten von Benguela und endlich die Umwohner von Novo Redondo bauen und verschmelzen Kupfererze. Die Bewohner von Mayumba arbeiten in Kupfer, die von Ballundo und Golungo gewinnen viel Eisen, welches zu dem besten auf Erden gerechnet wird, aus den Eisenerzen ihres Gebiets und verarbeiten es auf mannigfache Art, besonders zu schön geschmiedeten Waffen. Im Süden beschäftigen sich die Ovampó und Ourontoumiti viel mit Schmiedearbeit, wozu ihnen aber das Eisen zugeführt wird. — Der Handel seewärts hat sich durch die Aufmerksamkeit der portugiesischen und britischen Kreuzer auf die Sclavenausfuhr sehr vermindert. Doch ist der Sclavenhandel bei der

Connivenz der portugiesischen Behörden, welche davon ihre besten Revenuen haben, und bei der Schwierigkeit der Bewachung der sehr coupirten Küste in den Seeplätzen Angōlas fortwährend stark im Gange, obgleich die portugiesische Regierung denselben in Folge ihrer Verträge mit England seit 1843 verboten hat. Früher waren Loango und Kabinda die größten Sclavenmärkte für die französischen Besitzungen in Westindien, Loanda und Benguela für Brasilien. Letzte beide Punkte sind es noch, wogegen zu Loango und Kabinda der Sclavenhandel gänzlich aufgehört hat. Erst in neuerer Zeit ist der Handel Loandas wieder etwas gestiegen, nachdem die portugiesische Regierung die Häfen Angōlas fremden Schiffen eröffnet hatte, doch wäre derselbe viel mehr noch in Aufnahme gekommen, wenn nicht zugleich die Hauptproducte des Landes, Elfenbein, Copalgummi und die Färberflechte zu Regierungsmonopolen erklärt worden wären. Ausgeführt werden aus dem ganzen Lande, außer Sclaven, Elfenbein, das nächst Angōla aus Loango, Mayumba und Setté kommt, Wachs (ebenfalls Hauptproduct), Gummi, Copal, welches vorzugsweise Ambris und das Cap Lopez liefert, und die besonders in neuerer Zeit zu einem wichtigen Exportartikel gewordenen Orseille, etwas Färbeholz, besonders rothes Sandelholz von Setté und Mayumba, Sennesblätter, etwas Palmöl, Häute (von Angōla), Hippopotamenzähne vorzüglich von Angōla. Einfuhrartikel sind: Leinwand, englische baumwollene Zeuge, Zwirn, Brantwein, Taback, Gewehre, Eisenstangen aus England, Glasperlen und Krämerwaaren.

Topographie. Das Land läßt sich in 4 Landschaften eintheilen:

1) Das Gebiet der Ovahererú und Ovampó im äußersten Südosten reicht mit seiner südöstlichen Grenze bis an das Quellgebiet des Knisip und an den südlichen Fuß des Auas, mit seiner südlichen bis an das breite Thal des Tschwachaúp, im Westen aber nicht bis an den Ocean selbst, indem es in der sandigen Küstenzone durch gelbe Namastämme von demselben getrennt wird. Im Norden grenzen die Ovampó welche den nördlichen Theil dieses Landes einnehmen, an einen großen beständigen Strom, muthmaßlich den Cunene der Portugiesen oder den Nourseriver der englischen Seefahrer. Es ist dies Land somit ein vollständiges Binnenland. Seine Oberfläche besteht wesentlich aus unermeßlichen, nur stellenweise wellenförmigen Hochebenen, aus denen einige isolirte Gebirgszüge und Bergkegel sich erheben, doch tritt am südöstlichsten Rande in etwa 22° N. Br. das hohe Auasgebirge auf, das eine Wasserscheide zwischen den Hochebenen der Ovahereró und Groß Nama ist und zugleich das Quellgebiet der meisten hiesigen größeren Ströme, des Knisip, Oup, Rosep, Kubakop und Tschwachaúp bildet. In den Ebenen ist jedoch das Ovahereró- und Ovampóland arm an Quellen und Flüssen und selbst die größeren Quellen versiegen in der trockenen Jahreszeit mitunter, doch scheint dasselbe in der Tiefe ausgedehnte Wasserbecken zu haben, da die Bewohner sich durch Brunnengraben ein gutes und kühles Trinkwasser zu verschaffen wissen (S. 173.) Auch die meisten Flüsse trocknen periodisch aus, oder es bleibt von ihnen nur eine Kette isolirter Pfuhle übrig. Doch würde ohne den Knisip, den Tschwachaúp und deren Zuflüsse das Ovahereróland völlig unbewohnbar sein, da beide Ströme es, wie ein Paar Lebensadern, befruchten. Die hier in großer Zahl vorkommenden Thermalquellen sind sehr stark und haben öfters eine so hohe Temperatur, daß man in ihnen Fleisch kochen kann. Die Oberfläche der Ovahererúebenen ist meist sandiger Natur, wogegen die Berge, und von ihnen namentlich der Auas, ganz aus Granit zu bestehen scheinen. Auf dem Gipfel einiger solcher granitischen Berge treten heiße Quellen, mitunter sogar in der unmittelbarsten Nähe von kalten zu Tage. Die klimatischen Verhältnisse sind ziemlich regelmäßig nach 4 Jahreszeiten vertheilt (S. 174.); sie sind so gesund, daß es unter der Bevölkerung viel alte Leute gibt, doch stellt sich im Mai eine sehr gefährliche Augenkrankheit ein, welche oft das Auslaufen eines Auges zur Folge hat, so wie um dieselbe Zeit selbst eine pestartige Krankheit nicht selten ist, wodurch viele Menschen hinweggerafft werden. Die Naturproducte bieten bei der Einförmigkeit des Landes keine große Abwechselung dar. Wälder im europäischen Sinn gibt es hier so wenig, als im Namalande; nur die Ränder der Flußbetten pflegen mit einem Saum von Bäumen bedeckt zu sein, worunter die mit mächtigen Dornen versehene und unter ähnlichen Verhältnissen in den Hochebenen des Garip überall verbreitete Giraffenacacie zu den gewöhnlichsten Vorkommnissen gehört. Nächstdem bedeckt eine durch ihre schön gebogenen Arme einem riesigen Kronleuchter gleiche Euphorbie (Euphorbia candelabra) und eine 6—14 Fuß hohe Aloe die Oberfläche der nackten Felsen. Bemerkenswerth ist übrigens für die hiesige Vegetation der außerordentliche Dornenreichthum aller Bäume und Sträucher, ja selbst der niedrigen grasartigen Pflanzen, indem der Fuß des Wanderers durch im Gras verborgene niedrige Gewächse, wovon besonders

eine Art mit ihren gelben Blüthen ganze Strecken überzieht und nach ihrem Absterben mit starken Dornen besetzte Saamenkapseln zurückläßt, schmerzlich verwundet wird. Durch solche und ähnliche schön blühende grasähnliche Pflanzen werden manche Striche im Frühling nach den Regenfällen ganz europäischen Wiesen ähnlich. Außerdem hat das Ovahereró- und Ovampóland viel giftige Pflanzen und in den Ebenen, grade wie in denen des Gariep- und Namalandes, zahlreiche monocotyledonische Gewächse, deren kleine Zwiebeln durch ihren kartoffelähnlichen Geschmack der Bevölkerung ein beliebtes Nahrungsmittel liefern. Die Thierwelt stimmt mit der in der Nähe des Aequators und des Namalandes ganz überein; doch wurden Elephanten bisher nur in den nördlichen Strichen gefunden, und als eigenthümlich können allein 4—5 Fuß lange eßbare Eidechsen mit außerordentlich wohlschmeckendem Fleisch, eßbare und sehr nahrhafte Landschildkröten, endlich von den Schlangen besonders eine Art, angeblich mit 4 Kletterfüßen, gelten. Von den Bienen wird viel Honig gewonnen; eine kleine Stechfliege gehört sogar zu den unerträglichen Landplagen. Von nutzbaren Erzen kommt Salz als Absatz von Soolquellen vor. Kupfererze sind ebenfalls häufig gefunden worden, doch wurden sie bisher wenig oder gar nicht benutzt. — Das schöne Volk der Ovahereró (Sing. Umherer6) erstreckt sich von den Südabhängen des Auas und dem Lauf des Tschwachaúp nördlich bis zu einem großen und beständigen, etwa 10 Minuten breiten, doch durchwatbaren Strom, der eben für den Cunene gehalten wird, doch ist es im Tschwachaúpthal und im Auas schon sehr mit Nama gemengt. Die Ovahereró sind ganz schwarz; die Männer von riesigem Wuchs und außerordentlicher körperlicher Stärke und Gewandtheit, so daß sie dadurch manchen Kafferstämmen der Ostseite schon ganz nahe stehen, während die Weiber merkwürdig genug, wie bei den Amakósa, nur klein sind. Viele haben häßliche Gesichter, alle ein kurzes wolliges Haar; doch gibt es unter ihnen nur selten negerartige Gesichtsbildungen, unter den jüngeren dagegen zuweilen bildschöne Gestalten mit vollkommenem Ebenmaß der Glieder und ganz europäischen Gesichtszügen. Beide Geschlechter gehen vollkommen nackt. Die Ovahereró der Ebenen sind Nomaden, die in kleinen Dörfern von 50—100 Bewohnern und mit transportabeln Hütten wohnen. Viehzucht und Jagd ist deren Hauptbeschäftigung. Ihre Heerden von Rindvieh und Schafen sind sehr stark. Einzelne besitzen bis 10000 Stück Hornvieh, das sie eben so leidenschaftlich, wie die östlichen Kaffern, lieben. Feldbau haben sie wenig. Seßhaft sind die Bergovahereró des Auas, aber zugleich sehr arm, da sie von den Nama und ihren mächtigen Stammgenossen der Ebene fortwährend gedrückt und geplündert werden. Sie cultiviren viel Taback und verhandeln denselben an die Nama, da er von guter Beschaffenheit ist. Außerdem sind die Ovahereró ziemlich geschickte Schmiede und zugleich geistig befähigt, doch wird ihr Charakter nicht gerühmt, da sie als schwatzhaft, diebisch, geizig, verlogen, zänkisch, prahlerisch, kriechend und feig, wo sie auf Widerstand stoßen, und nur da tapfer befunden wurden, wo sie des Sieges gewiß waren. Gleichzeitig sind sie, wie die Amakósa, die unverschämtesten Bettler, doch viel industriöser und arbeitsamer, als die Nama. Mit ihren Nachbarn, besonders den letzten, stehen sie in beständiger Fehde, wobei sie aber gewöhnlich den Feuergewehren unterliegen, da sie selbst nur Bogen, vergiftete Pfeile und Keulen als Waffen haben. Die Sprache des größten Theils der Ovahereró, das Otjihereró, weicht ganz vom Nama ab und ist ein Glied des großen südafrikanischen Sprachstamms in so merkwürdiger Uebereinstimmung mit den Sprachen an der Ostseite Süd-Afrikas, daß Mozambiquesclaven die Ovahereró sofort theilweise verstanden. Nur darin ist der Charakter derselben merkwürdig eigenthümlich, daß sie abweichend vom Loango, Amakósa und Zoulah gar kein l besitzt, vielmehr diese Labiale stets durch r ersetzt. Hiernach gehören die Ovahereró, wo sie sich in ihrer Eigenthümlichkeit erhalten haben, den Bundavölkern an und bilden mit ihnen einen Theil des südafrikanischen großen Volksstamms. Die des Auas haben dagegen einen Theil ihrer Nationalität verloren, da sie die Namasprache angenommen haben. Bei den Nama führen alle Ovahereró den aus der Namasprache entlehnten Namen Damap oder Daman, woraus Damra und Damara gemacht worden ist, Benennungen, unter denen die Ovahereró zuerst im Caplande und den europäischen Reisenden bekannt wurden. Zum Unterschiede nennen die Groß Nama die Ovahereró des Auas Bergdamra, die der Ebenen wegen ihres erstaunlichen Heerdenreichthums Viehdamra (Kamaka Damara). Im Osten und Norden hat dies Volk zwei andere Glieder des Bundavolks, die Ovampaterú im Osten, die Ovampó im Norden zu Nachbarn. Die Ovampaterú bewohnen ein ganz sandiges Land, das muthmaßlich schon ein Theil der südlichen Sahara ist, die Ovampó dagegen ein viel reicheres, da sie schon seßhaft sind, Gartencultur betreiben und sich viel mit Schmieden eiserner Werkzeuge und Waffen abgeben. Die Ovampóhauptstadt ist Mobongo 17° 57′ S. B. 34° 33′ 45″ O. L., in einer getraide- und palmreichen Gegend. Nördlich davon wohnen noch zahlreiche, den Ovampó ähnliche und mit denselben stammverwandte Sprachen redende, fernbauende Völker, die regelmäßigen Handel bis jenseits des Omoronga in das Ovampagariland treiben und hier mit portugiesischen Händlern zusammentreffen. In die Wohnsitze der Ovampateru und Ovampó haben sich schon Völker von gelber Farbe eingedrängt, die völlig von den beiden schwarzen umschlossen sind. So leben auf der Grenze der Ovahereró und Ovampó unter dem 19° S. Br. noch Nama seßhaft in einer mehrere 1000 Köpfe starken Colonie und ebenso auf der

12*

Ostseite des Gebiets der Ovampalern muthmaßlich Saabs oder Hottentottenbuschmänner. Nördlich von dem großen Grenzstrom der Ovampó, immer noch in Ebenen, findet sich ein viertes schwarzes Volk, die Ourontoumiti d. h. Baumkletterer (die Nawis der Nama) in großen festen Dörfern, die in ihrem sandigen, aber quellenreichen Lande ausgedehnte Gartencultur treiben und viel eiserne Geräthschaften anfertigen, wozu sie das Material angeblich von der See erhalten, die aber eine von den Ovampó gar nicht verstandene Sprache reden. Städte nach europäischen Begriffen besitzt keins dieser Völker, doch legten die rheinischen Missionare in neuerer Zeit in den Ovahereróebenen 4 Missionsstationen an, die sich muthmaßlich zu größeren Ortschaften ausbilden werden: Rehoboth mit einer heißen Quelle am Anas an der Grenze mit den Groß Nama. — Otjikango (Neu Barmen) im 20—21° S. Br., schon jetzt zu einem viel besuchten Marktplatz geworden, wohin ganze Handelsgesellschaften zum Umtausch ihrer Waaren kommen. — Otjimbingue am oberen Tschwachaúp, 12—15 M. westlich von Neu Barmen. — Schmelens Verwachting 3 M. östlich von Otjimbingue in quellenreicher Gegend.

2) Die Landschaft Angōla oder Donga. Von den Portugiesen als ein ihnen zugehöriges Besitzthum angesehen, reicht dieselbe vom Bengofluß im Norden bis zur Kleinen Fischbai oder bis zum 15° S. Br. im Süden, doch liegen im Innern mehrere portugiesische Posten, wie das Fort Encótsche, noch weiter nach Nordosten, jenseits des oberen Bengo. Sie wird in 2 große administrative Abtheilungen, die sogenannten Königreiche Angōla und Benguela, getheilt und steht unter einem zu Loanda mit sehr ausgedehnter Machtvollkommenheit residirenden Generalgouverneur, dem der Gouvernent von Benguela untergeben ist. Ein aus 3 höheren Officieren, dem Secretair des Gouvernements, dem Auditor, dem Civilrichter und einigen bedeutenderen Kaufleuten bestehender Rath ist ihm zur Seite gegeben. Die Gewalt der Portugiesen ist übrigens im Innern sehr gering und beschränkte sich bisher fast nur auf einige verfallene Forts, die seit alter Zeit zugleich als Comptoire zur Unterhaltung der Handelsverbindungen von der Küste nach dem Innern des Landes dienten. Indessen sind selbst an der Küste und innerhalb der von den Portugiesen beanspruchten Grenzen ihres Gebiets einige Striche, wie das durch seine Salzgruben außerordentlich wichtige Gebiet von Quissama zwischen dem Coanza und Benguela niemals den Portugiesen völlig unterworfen gewesen. Doch gelang es denselben in den letzten Jahren, zwei neue Districte in eroberten Gebieten anzulegen, im J. 1838 den von Braganza, dessen Hauptort in 8° 47′ S. Br. 35° 52′ O. L. liegt und für den Handel mit dem Innern sehr wichtig ist, und zuletzt im Jahr 1845 den von Hulla O.S.O. von Benguela, ein außerordentlich schönes, fruchtbares und gesundes Gebirgsland, das den schönsten in Afrika nichts nachgibt. Alle Districte im Innern stehen unter Militairofficieren, die vom Generalgouverneur ernannt werden. Seit dem Verlust Brasiliens, welches bis in die neueste Zeit seinen Bedarf an Sclaven fast ausschließlich von hier aus bezog, hat Portugal kein großes Interesse mehr an dem Besitz Angōlas, das ihm bei der fehlerhaften Verwaltung mehr Ausgaben macht, als einbringt, und jetzt nur noch als Deportationsort für Verbrecher dient. 1845 und 1846 betrugen unter andern die directen Einnahmen Angōlas und Benguelas an Haussteuer, Hafenabgaben, Zehnten von Ländereien, Zöllen von Flußübergängen und Handelsmonopolen 259046357 Reis, die Ausgaben 383398976 Reis, so daß Portugal noch 124352619 Reis zu decken hatte. Die Verfolgung und das Verbot des Sclavenhandels hat den Einkünften immer mehr geschadet und die Eröffnung der Häfen für fremde Schiffe bisher nur wenig genutzt, da diese nach der Beschränkung des Privathandels auf die weniger bedeutenden Producte des Landes, wenig Gegenstände mit Ausnahme von Wachs finden, die zum Export geeignet sind. Die Bevölkerung der portugiesischen Besitzungen, mit Ausschluß der neuerworbenen Districte Braganza und Hulla, beträgt nach neueren Angaben etwa 386460 Ew., worunter nur 1832 Weiße waren. Die Militairmacht der Portugiesen beträgt in Angōla ein Bataillon Linieninfanterie und eine Schwadron Cavallerie, beide aus Weißen, meist deportirten Verbrechern bestehend und einigen eingeborenen, sehr brauchbaren Truppen. Im Innern Angōlas liegt schon in gebirgiger Region die Landschaft Matemba, die in neuerer Zeit ganz unbekannt geworden ist. — St. Paolo de Loanda, Hauptstadt der portugiesischen Besitzungen und Sitz der höchsten Civil- und Militairbehörden und eines Bischofs, in schöner und amphitheatralischer, zugleich aber auch ungesunder Gegend; 1176 Häuser, 5600 Einw., worunter 1601 Weiße, stark befestigt, sehr guter und geräumiger Hafen, lebhafter Handel, besonders mit Brasilien. — St. Felipe de Benguela, in einem ausgezeichnet schönen, aber sumpfreichen Bergkessel, 2438 Ew., worunter nur 11 Weiße, verfallen, höchst ungesund. — Quisala oder Novo Redondo 100 Häuser, noch immer starker Sclavenexportplatz. — Muschima, gegenüber der großen Insel gl. N. — Massangano, an dem Einfluß des Lucala in den Coanza, und Cambambe, unterhalb der Katarakte des Coanza, kleine verfallene Forts und Factoreien. — Pungo Andongo, Handelsstation, 75 M. östlich von Loanda, wichtig für den Handel in das Innere des Continents und in sehr gesunder, fruchtbarer und reizender Gegend. — St. José de Encótsche (Encôge) 7° 30′ S. Br. 33° 54′ O. L., 125 M. von Loanda, ebenfalls wichtiger Verbindungsposten für den Verkehr mit dem Innern von Congo. — Caconda 14° 35′ S. Br. und Hulla 14° 50′ S. Br. 31° 40′ O. L., Factoreien

für den Handelsverkehr nach Südosten in außerordentlich gesunder und wunderschöner Lage. — Mossümedes, erst 1840 an der Kleinen Fischbai angelegt und wohl gedeihend in einer an Hilfsquellen überaus reichen, sehr schönen und durchaus gesunden Gegend; 120 weiße Ew. — Cassantsche, innerster Handelsplatz der Portugiesen.

3) Die Landschaft Congo, nördlich vom Zaire, südlich durch den Beugofluß begrenzt, mit ungemein fruchtbarem Boden und reich an Kupfer- und Eisenerzen im Innern, besonders in der Landschaft Bamba; sehr gesund in den Hochländern des Innern, höchst ungesund dagegen in dem an der Mündung des Zaire gelegenen Gebiet Sundi. — Ambrase oder Banza (d. h. Stadt), Congo, das St. Salvador der Portugiesen am Flusse Lelunda; Hauptort des Reichs Congo in einer der schönsten und gesundesten Gegenden dieses Theils von Afrika. — Embomma, unterhalb der Katarakten des Zaire, sehr unbedeutend, aber fortwährend ein ansehnlicher Sclavenmarkt. An der Küste zunächst dem C. Ambris liegt der kleine unabhängige Staat gl. N., der Sclaven, viel Elfenbein, Flußpferdzähne, besonders aber Copal in den Handel bringt. — Quibanza d. h. Kleinstadt, ist dessen Hauptort; 200 Häuser.

4) Die Landschaft Loango zwischen dem Aequator und dem Zaire mit dem Reich gleiches Namens, welches im Norden vom Setté begrenzt wird und von dem mehrere kleinere Staaten, wie St. Catherine, Mayumba oder besser M'Yumba, Cacongo, N'Goyo oder Angoyo und Sonjo abhängen. Die schönen Sceuerien dieses Theils des Küstenrandes und der treffliche Anbau der Küstengelände erinnern ganz an die englischen Küsten. Die Bergzüge im Innern sind bewundernswürdig fruchtbar. — Boally, das Loango der Europäer, großer Ort in 3 Stunden Entfernung von der Küste und in fruchtbarer, gesunder Lage, auf einem rothen, weitglänzenden Felsen, Hauptort des Reichs Loango, weitläuftig gebaut, englische und nordamerikanische Factoreien; der Hafen an der Bai gl. N. — St. Catherine oder Koma an einer kleinen Bai gl. N. – Setté, 20 Stunden von der Mündung des Flusses gl. N. in die See; großer Ort, mit ehemals sehr bedeutendem Handel, besonders in trefflichem Elfenbein und rothen Färbehölzern. — Mayumba, richtiger M'Yumba d. h. Häuser 3° 22' 45" S. Br. 26° 14' 15" O. L., ansehnlicher Seehandelsplatz. — Kilongo Handelsort. — Malemba, Seehandelsplatz in sehr guter Lage und mit guter Rhede. — Kabinda in N'Goyo 5° 34' S. Br., der reizendste Punkt der Küste, in vortrefflicher, doch sehr ungesunder Lage, mit der schönsten Aussicht und in der fruchtbarsten Gegend, so daß es, abgesehen von der sehr ungesunden Atmosphäre, für das Paradies dieser Gegenden gilt. Im Innern des Landes wohnen die Mandongo, vielleicht das Bergvolk der Anziche älterer Berichterstatter, welches unter einem mächtigen Oberhaupt mit dem Titel Micocco steht und dessen Land reich an Sandelholzwäldern und Kupfererzen ist. Mit rothem Sandelholz und Kupfer treiben die Anziche Handel nach der Küste und bringen dafür Salz in ihr Land. — Monsol, Hauptort der Anziche.

X. Guinea.

Charten.

Dufour, Carte de la Sénégambie et des côtes occidentales de l'Afrique. Paris 1829. — A. Brué, Carte de la Sénégambie, du Soudan et de la Guinée septentrionale. Paris 1828. — H. Kiepert, Westliches Mittel-Afrika, Senegambien, Sudan, Ober-Guinea und einen Theil der Sahara umfassend, gezeichnet von C. F. Weiland, berichtigt von H. Kiepert. Weimar 1846.

Bücher.

Matthews, Voyage to the river Sierra-Leone. London 1788. 8. m. 1 Ch. Deutsch. Leipz. 1788. — R. Norris, Memoirs of the reign of Bossa Ahadee with an account of a journey to Abomey in 1772. London 1789. 8. — A. Dalzel, History of Dahomey compiled by authentic sources. London 1793. 4. — A. B. Wadstroem, An essay on colonisation particularly applied to the western coast of Africa. m. 1 Ch. 2 Vol. 4. London 1794. — H. Meredith, An account of the Gold Coast of Africa. London 1812. 8. — G. A. Robertson, Notes on Africa between Cap Verd and the river Congo. mit 1 Ch. London 1819. 8. — De Marrée, Reizen op en Beschrijving van den Goudkust van Guinee. 2 Vol. 8. s'Gravenhage. 1817 und 1818. — J. M. Leod, A voyage to Africa with some account of the manners and customs of the Dahomian people. London 1820. 8. — H. C. Monrad, Bidrag til en shildering of Guinea Kysten og dens Indbyggere og til en Beskrivelse over de danske Colonier paa denne Kyst. Kiobenhavn 1822. Deutsch von G. F. Wolf. Weimar 1824. 8. — J. E. Bowdich, Mission from Cape Coast Castle to the Ashantee. mit 1 Ch. u. Kupf. London 1819. 4. — J. Adams, Remarks on the country, extending from Cape Palmas to the river Congo. mit 1 Ch. 8. London 1823. — Dupuis, Journal of a residence in Ashantee. mit 1 Ch. 4. London 1824. — W. Hutton, A voyage to Africa including a narrative of an embassy of one of the interior Kingdoms in the year 1820. mit Ch. u. Kupf. 8. London 1821. — W. Gray, Travels in Western Africa in the years 1818, 1819, 1820 and 1821 from the Gambia to the Niger. London 1825. 8. — A. G. Laing, Travels in the Timmanee, Kooranko and Soolima countries in Western Africa. London 1825. 8. m. 1 Ch. — G. Mollien, Voyage dans l'intérieur de l'Afrique aux sources du Sénégal et de la Gambie, fait en 1818. 2 Vol. 8. m. 1 Ch. Paris 1820. — Rickets, Narrative of the Ashantee war with a view of the present state of the colony of Sierra Leona. London 1831. 8. 8. — J. Beecham, Ashantee and the Gold Coast. m. 1 Ch. London 1841. 8 — Th. Freeman, Journal of various visits to the Kingdom of Ashanti, Aku and Dahomi in Western Africa Sec. Ed. London 1844. 8. — S. Walker, Missions in Western Africa among the Soosoos, Bullams. mit 1 Ch. Dublin 1845. 8. — H. Köler, Einige Notizen über Bonny an der Küste von Guinea, seine Sprache und seine Bewohner. Göttingen 1848. 8. — Eyre Poole, Life, scenery and customs in Sierra Leona and the Gambia. 2 Vol. 8. London 1850. — F. E. Forbes, Dahomey and the Dahomans being the journals of two missions to the king of Dahomey in the years 1849 and 1850. mit Kupf. 2 Vol. 8. London 1851. — J. Duncan, Travels in western Africa in 1845 and 1846, comprising a journey from Whydah through the Kingdom of Dahomey to Adofoodia. mit 1 Ch. 2 Vol. 8. London 1847. — J. Smith, Trade and travels in the gulf of Guinea. London 1851. 8. — W. Fox, A brief history of the Wesleyan in the western coast of Africa. London 1851. 8. — W. Hooker, Niger Flora or an enumeration of the plants of Western tropical plants. London 1849. 8.

Name, Lage, Grenzen. Das Land Guinea hat bei seiner Bevölkerung keinen gemeinsamen Namen, indem ihr selbst der in Europa übliche Name Guinea unbekannt ist, da er dem Lande von den portugiesischen Entdeckern muthmaßlich nur in Folge eines Mißverständnisses nach der großen, tief im Innern am Niger gelegenen Handelsstadt Dschinnie (Jinnie) beigelegt wurde, welche zu jeder Zeit einen bedeutenden Handel nach diesen Gegenden betrieb und den Portugiesen bei ihrer Ankunft hier am Meisten häufig genannt worden sein möchte. Mit dem Namen Guinea wird nun gewöhnlich derjenige Theil der Westseite des Continents zwischen dem 10° N. Br. und dem Aequator belegt, dessen Küstensaum im Norden mit dem etwas südlich von der Mündung des großen Nuñezflusses gelegenen C. Verga 10° 18′ 52″ N. Br. 3° 18′ 40″ O. L. beginnt und ohne Unterbrechung anfänglich einer S.S.O. Richtung bis zum C. Palmas 4° 22′ N. Br. 9° 59′ 45″ O. L. folgt, von dem letzten an aber plötzlich in eine ganz veränderte östliche umsetzt und darin wenigstens 15 Längengrade bis zur Mündung des Golfs des Königsstroms 4° 28′ 45″ N. Br. 6° 19′ 45″ O. L. verharrt, endlich sich abermals wendet und bis zum C. Lopez Gonzales 0° 36′ 15″ O. L. einer südöstlichen Richtung folgt. Die Länge dieses Küstensaums, welcher der beinahe allein etwas genauer bekannte Theil Guineas ist und in seinem nördlicheren Theile bis C. Palmas bei den Seefahrern den Namen der Küste über dem Wind (Windward Coast), in seinem übrigen besonders westöstlichen Theile aber den Namen der Küste unter dem Winde (Leeward Coast) führt, beträgt etwa 465 M. Die Grenzen im Innern Guineas sind sehr wenig bekannt, da sie nur an sehr vereinzelten Punkten durch europäische Reisende überschritten worden sind. Als östliche natürliche Grenze gegen das Nigerland im Innern läßt sich im nördlichsten Guinea der Meridian des Orts Marrabu (etwa 14° O. L.) ansehen, in dessen Nähe das Bergland Senegambiens und Guineas mit den letzten steil gegen das Innere abfallenden Bergketten auftritt, welche durch den von nun an schiffbaren Niger durchbrochen werden, ehe er in das unermeßliche ebene Binnenland eintritt, worin er seinen Mittellauf bis wenigstens Timbouctou fortsetzt und welche hier zugleich die Wasserscheide zwischen den äußersten südöstlichen Zweigen des Senegalstroms und des Niger bilden. Gleicher Weise kann die lange, etwa unter dem 9—10° N. Br. von Westen nach

Osten fortsetzende Bergkette im Innern, welche bei der die Mandingosprache redenden Bevölkerung den Namen Kong d. h. Berg führt, als Binnengrenze des westöstlichen Theils von Guinea gelten, da nördlich vom Kong abermals ein unermeßliches ebenes Land beginnt, das, so viel uns bekannt ist, gegen Norden ununterbrochen bis zum mittleren Niger fortsetzt.

Oberflächenbeschaffenheit. Der Küstenrand Guineas ist wiederum ungemein einförmig; nur selten treten Ausläufer, wie der nördlichste derselben C. Verga 10° 18′ 52″ N. Br. 3° 18′ 40″ O. L., das Cap von Sierra Leona, auch C. Tagrin genannt, 8° 30′ 0″ N. Br. 4° 20′ 10″ O. L., C. Shilling, das St. Anna Vorgebirge, die Caps de Monte, Mesurado 6° 19′ 35″ N. Br. 6° 47′ 20″ O. L. und Palmas an der nördlichen Westseite Guineas, ferner die C. Lahu und Apollonia, das Vorgebirge der 3 Spitzen (Cabo de tres Puntas) 4° 49′ 30″ N. Br. 15° 26′ 50″ O. L., so genannt nach seiner eigenthümlichen Gestaltung, C. Coast Castle 5° 7′ 20″ N. Br. 16° 35′ 40″ O. L., das St. Pauls Cap, C. Formosa 4° 19′ 0″ N. Br. 23° 35′ 10″ O. L. an dem 2. westöstlichen Küstensaum, endlich das Vorgebirge St. Johann (St. John) 1° 9′ 43″ N. Br. 26° 58′ 30′ O. L., Esterias und Clara, am südlichen Westrande, als Spitzen daraus hervor. Aber selbst diese wenigen Vorgebirge der langen Küstenstrecken sind größtentheils niedrig, indem sie entweder, wie C. Verga, aus niedrigen Sanddünen oder wie C. Formosa nur aus flachen, kaum über den Meeresspiegel hervorragenden Flußalluvionen bestehen. Einzig C. de Monte, Mesurado und Palmas sind felsig und steigen ansehnlich über ihre niedrigen Umgebungen, das erst genannte Vorgebirge sogar bis zu einer Höhe von 954 Fuß über den Meeresspiegel auf. C. de Monte und Mesurado, die nur durch eine niedrige Sandzunge mit dem flachen Küstensaum in Verbindung stehen, erscheinen dadurch dem Seefahrer in einiger Entfernung ganz wie Inseln. Noch seltener bringen große Flußmündungen oder Meeresarme in die maritime Grenze Guineas einige Mannigfaltigkeit. Von jenen sind nämlich nur die zahlreichen Mündungen des Niger zwischen der Mündung des westlichsten Arms dieses Stroms, des Warreh oder Beninflusses und des östlichsten Arms, des Bonnystroms, dann die zu einem breiten Meeresarm, welcher nur mit der prachtvollen Rhede von Brest zu vergleichen ist, erweiterte Mündung des großen Gabûnstroms bemerkenswerth, von diesen außer dem großer Meerbusen von Guinea selbst und seinen nördlichsten Theilen, der zwischen dem Vorgebirge der 3 Spitzen und C. Formosa liegenden Bai von Benin, und der zwischen dem letztgenannten Cap und der Mündung des Gabûn befindlichen Bai von Biafra ein unter 26° 36′ 35″ O. L. tief in den Continent einschneidender Meeresarm, worin der Rumby oder Königsfluß (Rio del Rey) mündet, der irrig bis in neuere Zeit für die Mündung dieses Flusses selbst gegolten hat, der fast ebenso ansehnliche Meeresarm unter 3° 49′ 15″ N. Br., worin der Cameronfluß und der große Dschamur (Jamour) strom münden, endlich die vom C. St. John und C. Esterias begrenzte Coriscobai hervorzuheben. Ebenso unbedeutend ist die Zahl der dem langen Küstensaum vorliegenden Inseln, unter denen die namhaftesten, die Gruppe der Losinseln, die Insel Matacong und die Papageyeninsel (Parrot Island), die Gruppe der Bananeninseln, die Pisanginsel (Plantain Isle), die Schildkröteninseln, sich sämmtlich nördlich von C. Palmas befinden und nur einige und noch dazu kleine Inseln, wie die Inseln Mondoleh und Bimbia, endlich die Coriscoinseln, dem südlichsten Theil des Küstensaums angehören, während der mittlere Theil der Guineaküste gar keine Inseln besitzt. Außerdem liegen dem Küstensaum streckenweise große Sandbänke vor, wie die St. Annenbank bei Sierra Leona, aus welcher sich noch einzelne submarine Felsspitzen erheben, und die Biafrabank in der Bai gl. N. zwischen dem Nunflusse und dem Cameronküstengebirge, so wie eine große Kette von Klippen in einiger Entfernung von dem nördlichen Westrande Guineas den Continent begleitet. Durch diese letzte maritime Felsreihe, welche eigentlich schon vor der Sierra Leonaküste mit den Los- und Bananasinseln beginnt und vor der Körnerküste durch den Weißen-, Sestros- und Teufelsberg am

kenntlichsten wird, ist der Zugang seewärts zu diesem Strich des Festlands ungemein erschwert, ja er wäre zum Theil ganz unmöglich, würde nicht der Klippenzug hin und wieder durchbrochen. Die Schwierigkeit der Annäherung an die Küste erhöht sich durch eine starke Meeresströmung, welche unter 9° 30′ N. Br. 4° 20′ O. L. beginnt und 13 M. breit mehrere Monate des Jahres hindurch vom November bis Mai der Küste in ostsüdöstlicher Richtung bis zum C. Palmas folgt, in der übrigen Zeit des Jahres dagegen in ganz entgegengesetzter ihren Lauf nimmt. Am stärksten ist die Strömung in der Nähe des Küstensaums, mit dem höchsten Grade von Schnelligkeit und Intensität scheint sie jedoch am C. de Monte aufzutreten. Nur im Januar und Februar unterbricht der Harmattan, ein ungemein trockener periodischer Landwind, der seinen Weg über die erhitzten Ebenen der Sahara nimmt, zuweilen deren Regelmäßigkeit. Weniger constant sind die Strömungen im Guineabusen, wo sie 27—28 M. breit vom Mai bis October mit reißender Schnelligkeit nach Osten gehen und zuerst den Beninbusen ausfüllen, dann aber sich mit zunehmender Geschwindigkeit um das C. Formosa herumwenden, bis sie scheinbar auf der großen Bank des Biafrabusens aufhören. Doch finden sie hier nicht ihr wirkliches Ende, sondern sie drehen sich dann wieder nach Süden und, indem sie dem südlichen Theile der Guineaküste bis zum Aequator und sogar noch weiter bis zur Mündung des Zaïre reichen, sind sie endlich bestimmt, den leeren durch die große Aequatorialströmung vom 6° S. Br. an entstandenen leeren Raum auszufüllen. So entstehen im Guineabusen zwischen dem 4° N. Br. und dem 6° S. Br. zwei große neben einander liegende, aber völlig entgegengesetzte Strömungen, die große Aufmerksamkeit von Seiten der Seefahrer erfordern und in manchen Jahreszeiten die Verbindung des Festlandes mit den im Guineabusen liegenden Inseln ungemein erschweren, indem es sehr mühsam und zeitraubend ist, den Weg quer durch sie hindurch zurückzulegen. Noch größer wird diese Schwierigkeit in der Beschiffung des Guineabusens während der tropischen Regen, wo die Strömung bedeutend an Intensität zunimmt. Dadurch erklärt es sich, daß Schiffe, die von Bonny an der Nigermündung nach der 28 Meilen davon entfernten Prinzeninsel gehen wollen, dazu mitunter voller 14 Tage bedürfen, so wie, daß zu der Fahrt von der Prinzeninsel nach der gar nur 20 M. davon gelegenen Thomasinsel in manchen Jahreszeiten 8—10 Tage, im Juni jedoch nur 20 Stunden erforderlich sind. Nicht minder schwierig ist die Fahrt in der Nähe der Küste von der Nigermündung nach Westen der Strömung entgegen, weshalb sich die Schiffe, die nach Sierra Leona wollen, entweder hart an die Küste halten, wo die Stärke der Strömung durch den Landwind gemildert wird, oder, wenn sie von Fernando del Po kommen, sich gleich nach Süden wenden, um den Südostpassat zu gewinnen. Letzte Methode des Segelns gilt für die zweckmäßigste. In den Monaten September bis März ist dagegen die westliche Fahrt zunächst der Küste oft ziemlich leicht, indem der dann wehende und von N.O. kommende Harmattan eine nach Westen gerichtete Strömung hervorruft, doch kann diese periodisch eintretende Strömung nur als eine Art Ausnahme von der Regel gelten. In allen diesen heftigen Strömungen längs der ganzen Erstreckung Guineas, so wie in den durch sie veranlaßten fürchterlichen Brandungen, in den fortwährend durch die Strömungen zunächst der Küste bewirkten Schlammanhäufungen, welche den Meeresgrund immer flacher machen, endlich in dem fast absoluten Mangel sicherer Häfen, da es in dem ganzen 300 M. langen Küstenzuge von Sierra Leona bis Benin außer am Cap Palmas gar keinen größern schiffbaren Fluß mit unversandeter Mündung, keine einzige geschlossene Bai oder sonst eine sichere Landungsstelle gibt, indem selbst die größeren Meeresarme fortwährend durch die in sie mündenden Flüsse mit allmählich zu Inseln sich ausbildenden Schlammmassen erfüllt werden, wovon mehrere Inseln in dem Meeresarm an dem Austritt des Cameronflusses und des Dschamur Beweise geben, ist zugleich die geringe Kenntniß begründet, die wir trotz eines Jahrhunderte lang lebhaft in diesen Gegenden von den Europäern geführten Handels noch immer von großen Theilen der Guineaküste besitzen. Müssen doch die Schiffe ihrer Sicherheit wegen oft weit vom Festlande im offenen Meere ankern und so ist auch die Communication zwischen einem Schiff und der Küste oft Wochen lang gänzlich unterbrochen. — Die Gestaltung des langen Küstenrandes ist ziemlich einförmig. Im Allgemeinen erhebt sich die ebene Oberfläche desselben so wenig über den Meeresspiegel, daß man ihm ganz nahe sein muß, um ihn zu erkennen, und daß sogar einzelne Bäume auf dem flachen Strande den Seefahrern zur Orientirung dienen müssen. Der Art ist der Küstenrand von der Mündung des Pongasflusses 10° 7′ N. Br. bis zum Bullomberge bei Sierra Leona, der Strich zwischen Cabo de Monte bis C. Mesurado, dann der zunächst westlich von Lahù, wo sich nicht einmal ein Fels zeigt, der über 30 M. lange Strich zwischen Whidah und Badagry, der ausgedehnte zwischen dem westlichen Arm des Niger und dem Meeresarm des Königsflusses, endlich der ganze südlichste Theil des Küstenrands vom Cameronbergstock bis zur Mündung des Gabûn. In viel geringerer Ausdehnung ist dagegen der Küstensaum hoch und felsig, wie es bei der breiten und halbinselförmigen Bergwand der Fall ist, die vom C. Shilling im Süden und vom C. Sierra Leona im Norden begrenzt frei hinaus in das Meer tritt und wegen des gewaltigen Getöses der Meereswogen an ihrem Fuß und der brüllenden Donner wegen auf ihren hohen umstürmten Gipfeln schon von älteren portugiesischen Seefahrern den sehr bezeichnenden Namen des Löwengebirges (Sierra Leona) erhielt. Von dieser Bergwand an ist der Küstenrand in dem ganzen langen Zuge bis zum Cameronbergstock wiederum so niedrig, daß sich nur 4—5 Punkte, zu denen die Caps de Monte und Mesurado gehören, finden, deren Höhe über dem Meeresspiegel 300 Fuß übersteigt. Dennoch gewährt der Theil der Küste, welcher sich im Lande der Drewins unmittelbar an das Cap Palmas im Osten anschließt, durch sein jähes Aufsteigen von der See aus einen höchst pittoresken und wilden Anblick. Aber am höchsten erhebt sich der Küstensaum zwischen dem Meeresarm des Königsflusses im Norden und dem des Cameronflusses im Süden d. h. da, wo er plötzlich aus seiner westöstlichen Richtung vom C. Palmas an abermals in die 2. nordsüdliche umsetzt, indem seine steilen Felswände hier unmittelbar aus der Meerestiefe ohne einen vorliegenden Küstenstrich bis 13000 Fuß Höhe über dem Meeresspiegel emporsteigen. — Auch tiefer im Innern ist die Oberfläche des Landes ziemlich einförmig. An den meisten Stellen erhebt sie sich erst in 7—8 M. Entfernung vom Meere, doch sind diese Erhebungen zuweilen selbst in 15 M. Entfernung, wie es im Osten Monrovias der Fall ist, nur mäßige Hügel, von deren Gipfel man jedoch im Innern meist ein sehr zerrissenes, hohes und mit den dicksten Urwäldern bedecktes Gebirge wahrnimmt, das den Anfang des breiten Berglandes bildet, welches das ganze Innere Guineas zwischen dem flachen Küstenstrich und dem Zuge der unermeßlichen Ebenen im Nigerlande einnimmt. Im nördlichsten Guinea scheint dies Bergland nicht bedeutend hoch zu sein, indem die Erhebung ihrer beiden etwa unter dem 10° N. Br. zwischen dem Rio Pongas und dem Mélacòrifluß bestimmten Ausläufer des Kakulimah- und Tsititischinberges resp. nur 2910 und 1705 F. beträgt, und da das Quellgebiet des Niger, Senegal, Gambia und Rokellestrom am Ostrande des Berglandes in der Landschaft Sangarah auch nur bis etwa 1600 F. über dem Meeresspiegel ansteigt. Sehr viel höher muß jedoch dies Binnenland unter etwa dem 5° N. Br. sein, indem nach den übereinstimmenden Berichten der Eingeborenen sich hier tief im Osten von Cabo de Monte und dem Vorgebirge Mesurado südöstlich vom Gebiet der Condous mit Schnee bedeckte Berge finden, von denen die Kurankoberge ostnordöstlich von Sierra Leona nur Abzweigungen sein sollen. Unzweifelhaft ist die zwischen dem 9—10 Parallelkreise bekannte und 15 Längengrade hindurch bis wenigstens zum Niger reichende Kette bis 2300 Fuß hoher und steiler Tafelberge, welche bei der Mandingobevölkerung West-Afrikas unter dem Namen Kong bekannt die Südgrenze des ebenen Nigerlandes bildet und mit ihren mannigfachen Ketten und Ausläufern das Land am Cavallystrom, das Aschantireich und den vom Bergvolk der Mahi bewohnten Theil Dahomes erfüllt, gleichfalls ein Ausläufer jener hohen schneebedeckten Bergmassen, nur in östlicher Richtung. Der Lauf des Nigers durchbricht den Kong zwischen Egga oder Kakunda und Iddàh in einer ungemein tiefen und engen

Felsschlucht. Endlich bildet einen überaus merkwürdigen Theil des Berglandes von Guinea das bis zu 2/3 seiner Höhe und besonders in seinen Schluchten mit den schönsten Waldbäumen bedeckte hohe Gebirge zwischen den beiden Meeresarmen des Königs- und Cameronflusses, welches nach den unzähligen an seinem Fuß lebenden kleinen Krabben den Namen des Camerongebirges durch die portugiesischen Entdecker dieser Gegenden erhielt und mit seinem höchsten Gipfel, dem Mongo ma Lobah d. h. Gottesberg, bis 13250 Fuß über den Meeresspiegel ansteigt. Auf seiner Westseite erhebt sich der Cameron jäh unmittelbar vom Meeresarm des Rumbyflusses aus dem flachen Küstenlande. Im Süden geschieht Gleiches zunächst dem Meeresarm des Cameronflusses aus dem flachen und sumpfigen Küstenstrich, der sich von da ununterbrochen bis zum untern Lauf des Gabûn erstreckt. In einiger Entfernung seewärts erscheint dies prächtige Gebirge als eine einzige ununterbrochene Masse; bei genauerer Betrachtung sieht man jedoch, daß es aus einer Folge von Bergen mit zwischen liegenden Thälern der reichsten Art besteht. Nach Osten setzt der Cameron in einer Bergkette oder in einem hohen Tafellande fort, so daß er wahrscheinlich nur der äußerste westliche Ausläufer des hohen, mit ewigem Schnee bedeckten Gebirges ist, welches nach den Berichten der Eingeborenen im Herzen des Continents und tief im Süden von Bornû austritt. Zunächst der See und dem Cameron erhebt sich in diesen Gegenden noch ein zweiter hoher, aber isolirter Berg der Mongo m' Etindeh der Eingeborenen, so wie sich darin im N.W. 2 andere kleinere Bergmassen, die des Rumby und Qua, anschließen. Am breitesten scheint die flache, zwischen der See und dem Bergland im Innern gelegene Küstenzone Guineas vom Voltafluß an bis zum Yebû aufzutreten, indem die grade Entfernung von der Küste bis zu dem Fuß des Berglandes hier etwa 50—60 M. beträgt, dann in dem flachen Nigerdelta, das ebenfalls weit nach Norden vordringt, da die Nordspitze desselben bei Ebò etwa 45 Meilen von der Küste entfernt ist.

Geognostische Beschaffenheit. Der Boden besteht in den flachen Theilen des Küstensaums, mit Ausnahme des Nigerdelta und der niedrigen sumpfigen Striche vom Cameron bis zum Gabûn, fast durchaus aus einem mit Sand gemengten und durch Eisenoxyd roth gefärbten Thonboden (Laterit) von ungemeiner Fruchtbarkeit, der auf der Körnerküste in dem zur Republik Liberia gehörenden District Bassá sogar dem besten auf Erden in der Productionskraft nichts nachgibt, und nur am C. Palmas unfruchtbar ist. Der Thon ist sehr rein, so daß man in langen Strecken seiner Verbreitung z. B. zwischen Whidah und Badágry, nicht einmal einen Stein von Nußgröße auf seiner Oberfläche findet, und daß er in der trockenen Jahreszeit sogar Steinhärte annimmt. Nur mit Salztheilen findet er sich auf der Goldküste häufig geschwängert. Im östlichen Theil der Goldküste enthält jedoch der Thon angeblich hin und wieder Reste von marinen Schalthieren. Im Delta des Niger und an den Mündungen der größern Ströme, wie des Gabûn, besteht dagegen der flache Küstenrand aus Absätzen des von den Flüssen aus höheren Gegenden herabgeführten Schlamms, welcher am Gabûn stark eisenschüssig, im Nigerdelta aber eine blaue, höchst fruchtbare und mit organischen Substanzen und feinen Glimmerblättchen reichlich gemengte Masse ist. Unter dem rothen Thon tritt dann meist ein geschichteter rother oder weißer thoniger und körniger, dem bunten deutschen ganz ähnlicher Sandstein auf, der häufig sich in isolirten Felsen mitten aus den Thonebenen erhebt, östlich vom C. Palmas im Lande der Drewin, bei Gr. Bassam und Issiny die rothen und weißen Klippen hart am Meere bildet, den Fuß des Camerongebirges umlagert und endlich besonders im Innern des Landes in großer Mächtigkeit und Verbreitung auftritt. So bestehen daraus nicht allein die Hügel im innern Theil der Küstenstufe und die ersten Felsen an der Spitze des Nigerdelta bei Kirri, sondern auch der ganze Zug von Tafelbergen im Kong, so weit man diesen kennen gelernt hat. Häufiger enthält derselbe Calcedon in Nieren und Schnüren, stellenweise auf der Goldküste auch so viel Brauneisenstein, daß er zu einem wahren Brauneisenerz wird. Gyps- und Salzmassen hat man darin noch nie gefunden. Viel seltener sind Kalksteine, die jedoch im N.O.N. von Sierra

Leona an den Grenzen des Berglandes von Futa Dschallon, an der Mündung des Mesuradostroms und endlich in den festen Rändern am untern Gabûn hier als Liegendes der Flußalluvionen beobachtet worden sind, wogegen dasselbe Gestein in den Umgebungen Sierra Leonas so sehr fehlt, daß man zur Mörtelbereitung nur gebrannte Meeresmuscheln hat. Mehr verbreitet trifft man krystallinische Gesteine, vor Allem Granit, der zum Theil Turmaline führend in der ganzen Umgebung Sierra Leonas herrscht, bei Monrovia oberhalb Issiny, Cape Coast Castle und Christiansborg mitten in den Thonebenen auftritt, endlich mehrere von den der Sierra Leonaküste vorliegenden Inseln und in einem großen Theil des westlichen Kong im Reich Dahome dessen Massen bildet, ferner Hypersthenfels häufig bei Sierra Leona und auf dem Wege von diesem Ort nach Futa Dschallon, Porphyre, Ophite und Trachyte oberhalb Issiny, endlich Gneis und Glimmerschiefer am Tongoleufer bei Christiansborg. Aber am häufigsten dürften unter den krystallinisch körnigen Gesteinen Hornblendegesteine vorkommen, welche besonders als dichtere grüne krystallinische Massen (Diorite) an der Körnerküste die kleinen, in das Meer vorspringenden Klippen und die Masse der Klippenreihe vor derselben Küste bilden, dann als Syenite zu Groß Sestrôs und endlich als Hornblendeschiefer in dem zum Aschantireich jetzt gehörenden Bergland von Akropóng, am Cap Palmas und bei Christiansborg auftreten. Reichlich sind endlich rein vulkanische und basaltische Massen vorhanden. Sowohl die Losinseln, welche nur Reste eines ausgebrannten Kraters sein sollen, und die Bananasinseln bei Sierra Leona, als auch ein Theil des C. Mesurado und ein Plateau am Gabûn bestehen aus vulkanischen Gesteinen und Laven. Besonders zeigen die hohen westlichen Abhänge des Cameron bis zu ihrem untersten Rande am Meeresspiegel die außerordentlichsten Anhäufungen von Schlackenmassen und vulkanischen Aschen nebst zahlreichen erkalteten Lavenströmen. Selbst rauchende Kratere soll der Cameron besitzen und noch mitunter aus seinen Gehängen feurig flüssige Laven ergießen. Basalte wurden ferner an mehreren Punkten der Umgebung von Sierra Leona beobachtet, so wie nördlich davon sich Felsen dieses Gesteins mitten aus den Alluvialmassen erheben. Besonders aber bestehen aus Basalt die kleinen unmittelbar am Fuße des Cameron liegenden Inseln Mondolêh und Bimbia, die sichtlich nichts als in der Vorzeit vom Continent abgerissene Theile des Cameron sind und deutliche Verbindungsglieder desselben mit den 4 größeren vulkanischen im Guineabusen gelegenen Inseln Fernando del Po, der Prinzeninsel, Sao Thomé und Annobom sind.

Gewässer. Fließende Gewässer gibt es längs der ganzen Küste in unzähliger Menge, namentlich auf der Körnerküste im Süden Liberias, doch hat der bei Weitem größte Theil derselben nur einen kurzen Lauf, der nicht über die Küstenstufe hinausreicht, und also nur die Natur der Küstenflüsse. Die meisten sind deshalb für die Binnenschiffahrt völlig unbrauchbar. Selbst die scheinbare Zahl der größeren Flüsse hat sich in neuerer Zeit vermindert, seitdem die neueren genaueren Untersuchungen der Küste ergeben haben, daß die Rumby- und Cameronbaien keineswegs Mündungen großer Binnenströme sind, wie man bis dahin bestimmt geglaubt hatte, sondern tief in den Küstenrand eingeschnittene breite Meeresarme, in welche meist kurze Gebirgsflüsse münden. Nur sehr wenige von den größeren Flüssen Guineas, wie der Rokelle, Mesurado, St. Andreas, Cavally, Bassam, Issiny, der Niger und Gabûn, sind für die Binnenschiffahrt tauglich. Doch ist selbst bei diesen das Einlaufen von Seeschiffen in hohem Grade schwierig, theilweise sogar unmöglich, da ihre Mündungen mehr oder weniger in Folge der continuirlichen Strömungen durch Sandbänke gesperrt sind. Zu den bedeutenderen, im unteren Laufe meist von ausgedehnten und tiefen Sümpfen begleiteten Strömen gehören an der westlichen Küste bis C. Palmas: der Sangari, der Bassiafluß im Sousoulande, der mit mehreren Mündungen in das Meer tretende Pongas, der breite und tiefe Kissey, der breite, aber nur 3 M. aufwärts schiffbare Mélacúri oder Mela, welcher in Gemeinschaft mit noch 8 andern Flüssen zwischen dem Souzosberge und Sierra Leona ein großes Delta bildet, der große bei Freetown mündende Rokelle oder Sierra Leonastrom, der Sherbro (eigentlich Sherborough) südlich von Sierra Leona, der Gallinas, der bis tief in das

Inland reichende, an seinem Eingange aber durch zahlreiche Felsen sehr gefährliche Mesurado oder St. Paul, der Pissou oder Cabo de Montefluß, der Junk-, Groß Sestros-, Sangwin- und Bassáfluß, dann an dem westöstlichen Zuge der Guineaküste: der große Cavally, der St. Andreas, der Akba oder Groß Bassamstrom, der bis sehr tief in das Innere, nämlich bis Kumási, die Hauptstadt des Aschäntilandes, schiffbare und dem Senegal angeblich an Breite nicht nachstehende Tendo- oder Issinyfluß, der Prah, ebenfalls einer der größten Ströme des Continents von 30—40 Fuß Tiefe, der aus dem zum Aschäntireich gehörenden Wassawberglande herabkommende Cobre, der Adiri oder Volta, der mit dem Niger schon in Verbindung stehende, aber noch selbstständige Zoa oder Lagos, der große, schöne und reißende Formosa, endlich die zahllosen, aber zum Theil sehr bedeutenden Abzweigungen des unteren Nigerlaufs zwischen dem westlichsten derselben, dem mit dem Formosastrom in dem breiten Meeresarm bei Benin mündenden Wärreh, Quärreh oder Benin 5° 46′ 0″ N. Br. 22° 43′ 15″ O. L. und dem östlichsten dem Bonnystrom 4° 23′ 40″ N. Br. 24° 34′ O. L. Zu den bedeutendsten dieser Abzweigungen, von denen auf der nur 30 M. langen Strecke vom Wärreh bis C. Formosa nicht weniger als 11, auf der etwa 60 M. langen 23 in das Meer treten, gehören in der ersten Strecke außer dem Wärreh selbst die Rios dos Escravos (Sclavenfluß), dos Forcados, dos Ramos, der Dodo und Nun, in der 2. östlichen der St. John oder Bento, der St. Nicola, St. Barbara, St. Bartholomeo, Sombrero, Neu Calabar und endlich der mit dem Neu Calabar in dieselbe Bucht mündende Bonny. Südlich vom Cameron ergießen sich endlich von größeren Strömen in das Meer: der Dschamur (Jamour), der große Dongo oder Malemba, die 2 in die Coriscobai mündenden Flüsse, der Mouneh (Mooney), der von Nordost, und der Moundah (Moondah), der von Südsüdost kommt, endlich der prachtvolle, aus der Vereinigung von 5 größeren schiffbaren Strömen und namentlich aus dem Cómo, Coge, Rogolay gebildete und zu keiner Zeit des Jahrs durch Sandbänke gesperrte M'pongo, gewöhnlicher unter dem Namen des Gabûn bekannt, einer der größten Ströme des Continents, dessen von der Spitze Pongara im Norden und der Spitze Joinville im Süden begrenzte Mündung eine Breite von 3½ M. und 41 F. Tiefe hat, endlich der Nazareth. Von allen Strömen ist der Niger der bedeutendste, der hierher theils mit seiner 50 M. östlich vom C. Sierra Leona an dem Berge Loma liegenden Quelle (S. 7.), theils mit seinem ganzen untersten Lauf von da an, wo er aus dem breiten Becken von Rabbah bei Kakunda in den Kong tritt, gehört. Zwischen Kakunda und Iddáh wird nämlich dies Gebirge in seiner ganzen Breite durch eine sehr tiefe und nur etwa 1900 F. weite Thalschlucht in völlig grader N.S. Richtung durchsetzt, welche dem Strom allein sein Abfluß in den Guineabusen möglich macht. Auf beiden Seiten wird der Niger, so lange er im Kong ist, von ungemein hohen, steilen und bis zum Wasserspiegel herab mit Urwaldungen bedeckten tafelförmigen Felsen umschlossen. Von Iddáh, in dessen Nähe der Fluß den Kong wieder verläßt, bis Ebó, wo die Alluvionen beginnen, und die letzten Sandsteinfelsen bei dem Ort Kirri erscheinen, folgt er einer fast ganz geraden südlichen Richtung mit ungemein schnellem Lauf. Oberhalb Ebó, einem 22 M. in grader Linie von der Küste entfernten großen Handelsplatz, ist der Niger, welcher in der hier überall als Handelssprache gebrauchten Haussasprache den Namen des Kouara (Quorra) führt, ein sehr majestätischer Strom von etwa 8200 Fuß Breite. Unfern Ebó gabelt er sich zum ersten Mal, indem er den 2200 F. breiten und 6—10 F. tiefen Wärreh oder Benin nach Südsüdwest und gleichzeitig den Bonnyfluß nach Südsüdost sendet, während seine Hauptmasse ihren Lauf in den Nun, einem 3. mittleren Canal, der etwa 4000 Fuß Breite unterhalb Ebó und in seiner ganzen Länge durchschnittlich etwa 3—8 Klafter Tiefe hat, in grader oder wenigstens südsüdöstlicher Richtung fortsetzt. Die Bedeutung des Nun für die Hydrographie dieser Gegenden ist erst in neuerer Zeit klar erkannt worden. Derselbe bildet die directeste Fortsetzung des ungetheilten Stroms, doch ist sein Lauf bei dem schwachen Gefälle des Terrains, wodurch er von Ebó bis zur

Mündung fließt, im Ganzen sehr gewunden. In Folge der Oberflächenverhältnisse wird der Nun auch genöthigt, unzählige Abzweigungen theils nach dem Meere, theils nach dem Benin und Bonny zu entsenden, so daß das ganze ungeheure durch diese beiden Flüsse umgrenzte Nigerdelta von etwa 7000 engl. M. Oberfläche durch ein Netz von Canälen aller Art durchzogen ist. Die Oberfläche des Delta erhebt sich kaum über den Meeresspiegel. An der Küste ist das letzte fast ein ununterbrochener und, so weit die Fluth reicht, mit den undurchdringlichsten Mangrovewaldungen bedeckter Sumpf, woraus sich in der trockenen Jahreszeit in Folge der Zersetzung der üppigsten Vegetation die verderblichsten Miasmen, namentlich von Schwefelwasserstoffgas, entwickeln, und wo gleichzeitig Myriaden von Insecten aller Art die faulige Atmosphäre bevölkern. Das Land gewinnt jedoch immer mehr, je weiter man von den Mangrovewaldungen nach dem Innern fortschreitet. In der Regenzeit, wo der Strom so ungeheure Wassermassen in die See führt, daß die Schiffe zuweilen Stunden lang gegen Süden in süßem Wasser, ohne die mindeste Beimengung von salzigem, im Bereich des Meeres fahren, wird fast das ganze Delta dergestalt überschwemmt, daß dessen Bewohner genöthigt sind, sich auf die höhern, trocken bleibenden Landstriche zurückzuziehen. Bei diesen Ueberschwemmungen führt der Fluß außerordentliche Massen von Schlamm herab und erhöht dadurch immer mehr die Oberfläche des Delta, das sogar den Ablagerungen des Flußschlamms ganz seinen Ursprung verdankt. Auch nach der See zu nimmt die Ausdehnung des Nigerdelta noch fortwährend zu. Schon jetzt springt dasselbe um fast einen Breitengrad über den übrigen Rand des westöstlichen Theils der Küste hinaus, indem einer seiner südöstlichsten Punkte, das Cap Formosa, in 4° 18′ N. Br. liegt, der größte Theil der Küste dagegen schon um den 5° N. Br. zurückbleibt. — Süßwasserseen sind im inneren Guinea fast gar nicht bekannt, nur Aschanti und das Thal des Prahflusses enthält solche. Dagegen bilden einige der größeren Flüsse in der flachen Küstenstufe kurz vor ihrer Mündung größere Süßwasserbecken oder Lagunen. Einer der größten solcher Süßwasserseen ist der 5 Stunden von Norden nach Süden lange und 5 St. von Westen nach Osten prächtige vom Tendo- oder Issinyfluß kurz vor Austritt in das Meer gebildete Abisee, während der Lagos in seinem untersten Lauf, gleich dem Hainesfluß im Somâlilande (S. 116.), eine lange Strecke weit bis Popo, wo er endlich in das Meer tritt, sich in eine der Küste parallele, zum Theil unter dem Namen des Cradousees bekannte Lagune verwandelt, welche von dem Meere durch eine niedrige schmale sandige Landzunge, eine wahre Nehrung, getrennt wird. An starken wasserreichen Quellen und frischen fließenden Gewässern haben alle Bergländer des Innern Ueberfluß. Sparsamer scheinen dagegen Mineralquellen vorzukommen, doch hat man in neuerer Zeit in dem von dem Mahivolk bewohnten Theil des Kong zu Agbowa, Dschetta (Jetta), am Bauha (Bowha) berg und an noch anderen Stellen desselben kalte und laue Stahlquellen kennen gelernt.

Klima. Guinea hat, gleich Senegambien, eigentlich nur 2 Jahreszeiten, die feuchte der tropischen Regen, welche zugleich die Winterszeit ist, aber nicht überall in derselben Epoche beginnt, sondern von Norden nach Süden vorschreitet und auch nicht überall denselben Grad von Feuchtigkeit besitzt, dann die trockene oder Sommerzeit im übrigen Theil des Jahres. Jene nimmt von der Grenze der tropischen Regen im Norden gegen Süden allmählich an Dauer und Intensität zu, so daß die geringste Menge Regen im Lande der Bissão in Senegambien beobachtet wurde, die größte bei der längsten Dauer der Regenperiode zunächst dem Aequator herabfällt. Demungeachtet haben die Regengüsse schon zu Sierra Leona, wo sie gewöhnlich 30 Stunden ohne Unterbrechung dauern, eine solche Stärke, daß die von ihnen in den Bergländern des Innern gebildeten Ströme bei ihrem Herabkommen den flachen Küstenstrich weit und breit überschwemmen und daß die mittlere jährliche Regenmenge zu Sierra Leona 84 Zoll beträgt. Die Regenzeit beginnt hier Ende Mai mit den heftigsten von Osten und Südost kommenden Tornados, von je 3—4 stündiger Dauer, denen dann die Regengüsse bis zum October mit einiger Unterbrechung während des Juli und August folgen. Im October treten wiederum Tornados ein. An der Körnerküste fällt der

Anfang der Regenzeit schon in den April, an der Goldküste zunächst der See in das Ende des März, im Innern der Goldküste und im südlichsten Theil Guineas von der Biafrabai bis zum Gabûn gar in die erste Hälfte des März, so daß die Regenzeit in der Nähe des Aequators um wenigstens 6 Wochen früher, als am Nordrande der tropischen Regenzone eintritt. Ueberall werden hier die Tornados von den fürchterlichsten Donnern und Blitzen begleitet, und der Himmel erhält dann oft das Ansehen eines einzigen Feuermeers. In der Zeit, wo die Intensität der Regengüsse gewöhnlich nachläßt, wie an der Goldküste im Juli und August, an den Mündungen des Niger im October, bleibt der Himmel immer noch bedeckt, und zu Bonny lagert sich dann sogar ein sehr dichter dunkler Nebel mit so erstaunlicher Anhäufung von elektrischer Materie über den Küstenstrich, daß sich die furchtbarsten Gewitter entladen. Gleiche Nebel bedecken während der Regenzeit die Umgebungen Sierra Leonas und steigen hier gewöhnlich so hoch auf, daß nur die Gipfel der Berge daraus hervorragen. Die trockene Jahreszeit dauert zu Sierra Leona vom November bis April. Hier wie im übrigen Guinea weht dann vom Lande her besonders im Januar und Februar der Harmattan, der mit feinen Sandtheilen erfüllt ist, vom Morgen an bis Mittag. Er kommt vom C. Verde bis C. Palmas von N.O., von C. Palmas bis Benin von O.N.O. Auch er ist oft von starken Gewittern begleitet und zugleich außerordentlich trocken, aber merkwürdiger Weise, obgleich er von den erhitzten Flächen der Sahara und des Nigerlandes kommt, ist er nicht warm, sondern kuhl und sogar kühler als der Seewind. Die Temperatur variirt natürlich nach localen Verhältnissen und der Erhebung über dem Meeresspiegel gar sehr. In den niedrigen Strichen am Volta steigt sie bis 37° und übertrifft sogar weit die am Senegal, während sie zu Sierra Leona durchschnittlich nur 27° beträgt, vom October bis December sogar kalt ist und überhaupt niemals so hoch steigt, daß die Ungesundheit des Orts darin ihren Ursprung hätte. Am untern Bonny erhält sich die Temperatur während des Tages in den heißen Monaten von October bis Mai auf 30—38°, in der Regenzeit auf 23—28°; des Nachts wird sie dagegen hier viel niedriger und sinkt bis auf 15°. Diese während der Nacht stattfindende starke Herabstimmung der Temperatur gibt sich zugleich durch starken Thaufall kund. Auf den höchsten Gipfeln des Cameron fällt sogar häufiger in der Nacht Schnee, so daß dieselben des Morgens weiß sind, aber die Sonne schmilzt den Schnee gewöhnlich wieder am Tage. Der Gesundheit sind die klimatischen Verhältnisse Guineas, namentlich in der Küstenzone nicht günstig und bei den Europäern sogar im höchsten Grade verderblich. Schon auf der Goldküste, wo es keine Sümpfe gibt, das Wasser gewöhnlich gut ist und die Forts meist hoch und den erfrischenden Seewinden ausgesetzt liegen, verfallen die Weißen in kurzer Zeit dem Tode, wozu freilich die unkluge Lebensweise derselben in Bezug auf Speisen, Getränke und physische Leidenschaften, wie auch ein sehr gewöhnliches unvorsichtiges Aussetzen der kühlen Nachtluft das Meiste beiträgt. Nirgends sehen z. B. die europäischen Aerzte mehr essen und trinken, als in Sierra Leona, das ungeachtet seiner hohen Lage noch viel ungesunder als die Goldküste ist. So hat Sierra Leona stets als Hauptheerd typhöser Fieber und überhaupt als einer der ungesundesten Plätze der ganzen westafrikanischen Küste gegolten und es ist deshalb und der rothen Färbung seines Bodens wegen oft genug das rothe Grab der Europäer genannt worden. Die stete, durch die zahllosen unterirdischen, von den höheren Bergen im Osten herabkommenden Rinnsale veranlaßte Feuchtigkeit dieses Orts und die fortwährend aus dem flachen und sumpfigen, nördlich davon gelegenen Bullomlande aufsteigenden Miasmen erklären hinlänglich dessen Ungesundheit. Jedes Jahr stirbt hier ein Drittel der Weißen, und wenige Beispiele sind bekannt, daß Europäer einen vieljährigen Aufenthalt ertragen. 1824 starben zu Sierra Leona von der 346 Mann starken europäischen Besatzung 301, von 41 Offizieren 26, von 89 zwischen 1804 und 1825 zu Sierra Leona stationirten Missionaren der englischen bischöflichen Kirche 54, nur 14 kehrten mit zerrütteter Gesundheit, gar nur 7 gesund in die Heimath zurück. In den Jahren 1838—1850 erlagen von 20 hierher gesandten wesleyanischen Missionaren und Missionarinnen noch 7 dem Klima. Nicht selten sterben sogar alle Weiße auf den Holz holenden Schiffen, obgleich sich das Klima in neuerer Zeit durch die seit 1831 vorgenommene Ausrottung der Wälder in der nächsten Umgebung etwas gebessert hat, während früher vergleichungsweise gegen Sierra Leona sogar Cape Coast Castle als das Montpellier Guineas angesehen wurde. Die böseste Zeit ist in Sierra Leona die Regenperiode, wogegen die trockenen Monate verhältnißmäßig als gesund gelten. Sehr ungesund, jedoch in geringerem Grade, sind die Umgebungen des Cap Palmas ungeachtet ihrer höheren Lage und obwohl hier die in Sierra Leona und zu Monrovia so schädlichen Nebel fehlen. Nicht minder verderblich als zu Sierra Leona wirkt die Atmosphäre am unteren Niger und am Alt Calabarstrom sowohl auf die Europäer, als auf die Eingeborenen, indem die letzten in den sumpfigen Strecken am Ausfluß des Nun mit hartnäckigen Geschwüren bedeckt sind. Von Ersten starben bei Gelegenheit der großen durch die britische Regierung im Jahr 1840 nach dem Niger gesandten Untersuchungsexpedition nicht weniger, als 42 von 303 meist weißen Theilnehmern. Die verderblichsten Monate der unteren Nigergegend sind aber nicht, wie zu Sierra Leona, die der Regenzeit, sondern diejenigen, welche der Regenzeit unmittelbar folgen, indem sich dann auf den feuchten, eben vom Wasser verlassenen Landstrichen in Folge der fauligen Gährung von Resten der üppigen Vegetation die verderblichste Atmosphäre bildet, welche zunächst der Küste wesentlich Schwefelwasserstoffgas enthält, indem die faulenden Pflanzen eine Zersetzung der Schwefelalkalien im Meerwasser bewirken. Merkwürdiger Weise sind dagegen die niedrigen, aber nicht sumpfigen Umgebungen des untern Laufs des fast genau unter dem Aequator liegenden Gabûn ganz gesund und besonders frei von Sumpffiebern, obgleich böse Hautgeschwüre bei den Eingeborenen auch nicht fehlen. Das Wasser dieses Stroms ist ganz klar und enthält weder verdorbene vegetabilische Substanzen, wie der untere Niger, noch ist es mit Schwefelwasserstoffgas imprägnirt. Viel gemäßigter und gesunder als die Küstenzone sind die Bergländer im Innern. So hat schon das Bergland von Aquapim im Norden von Christiansborg ein gesundes, überaus gemildertes, dem italiänischen zu vergleichendes Klima und eine reine Luft im Gegensatz der erstickenden Schwüle des flachen Küstenstrandes. So sind ferner in der Berglandschaft von Timbo östlich Sierra Leona nur die Tage heiß, die Morgen und Abende dagegen erfrischend kühl, die Nächte sogar sehr kalt. Nach Regenstürmen fiel hier das Thermometer auf 6—7° herab. Nicht minder gesund ist der Cameron und die Berglandschaft des M'Pongwevolks östlich von der Mündung des Gabûn.

Naturproducte. Die Vegetation nimmt schon in der Küstenzone an Reichthum und Mannigfaltigkeit zu, je weiter man sich von Senegambien entfernt und dem Süden zuschreitet. Sie ist überhaupt bei der Fruchtbarkeit des Bodens, der langen Dauer der tropischen Regen und der hohen Temperatur sehr kräftig. In den höchsten Graden der Entwickelung und in Nichts der tropischen Westindiens und Guyanas nachstehend, erscheint sie aber in den beständig feuchten Gegenden, in den Deltas des Niger und Gabûn, wo sie die dicksten Urwälder mit den prächtigsten Waldbäumen bildet, welche letzte durch die Festons von Orchideen und Convolvulen einen besonders eigenthümlichen Anblick gewähren. Hier erlangt der Stamm des im nördlichen Westen nicht viel südlicher als Sierra Leona reichenden Affenbrodbaums nicht selten eine Stärke von 30 Fuß im Durchmesser und der Wollbaum (Eriodendron Guineense) am untern Niger eine Höhe von 100 F. bei einer Peripherie von 40—50 F., so daß der letzte die aus einem einzigen Stück gehauenen, bis 100 Mann fassenden Kähne der Eingeborenen liefert. Wie im Süden des Aequator, in Kongo und Angôla ist auch hier die Flora ungemein reich an nützlichen und besonders solchen Gewächsen, welche eßbare Früchte besitzen. Dazu gehört vorzüglich die längs dem ganzen Küstensaum verbreitete Kokospalme, die Weinpalme (Borassus flabelliformis), die in allen ihren Theilen brauchbare Oelpalme (Elais guineensis) in großen Wäldern, besonders am untern Niger und in solcher Ueppigkeit, daß ihre abgefallenen Früchte oft mehrere Fuß hoch den Boden bedecken (ihrer Nützlichkeit wegen wird sie des Negers Freund genannt), der Papayabaum (Carica Papaya), der Mammiaapfelbaum (Mammia africana), der

Negerpfirsichbaum (Sarcocephalus esculentus), der Mango, der gemeine (Musa paradisiaca) und der Bananenpisang (M. sapientum), verschiedene Arten von Yams (Dioscorea), besonders am unteren Niger in der vorzüglichsten Qualität, Ananas, wild und cultivirt, Manioc (Jatropha Manihot), Sesam (viel im Bullomlande), Reis, sowohl Berg-, als Sumpfreis, besonders ausgezeichnet am C. Palmas, wo derselbe dem besten amerikanischen aus Georgia und Süd-Carolina nichts nachgibt, Zuckerrohr überall wild, der Kaffebaum in den Bergwäldern, gleichfalls überall wild wachsend und auch cultivirt wohl gedeihend (der Kaffe von Liberia liefert die reichlichsten Erndten und steht in Güte dem Moccakaffe nicht nach), Castorölbäume (Ricinus) überall, die in neuerer Zeit überaus wichtig gewordene Erdnußpflanze (Arachis hypogaea), deren unterirdische Knollen ein vortreffliches Oel geben, der am unteren Niger und im Mahiberglande in dichten Wäldern auftretende Schibaum (Bassia Parkii) mit Fruchtkörnern, woraus eine die Butter allgemein ersetzende Substanz genommen wird, endlich der in allen Bergdistricten und besonders in Gondiah von einem gewissen Niveau an wachsende Gourounußbaum (Sterculia acuminata), dessen Früchte ihres gewürzhaften Geschmacks und ihrer tonischen Wirkungen wegen hoch geschätzt werden. Zu den vorzüglichsten Gewürzpflanzen gehört der wahre Ingwer, besonders bei Sierra Leona, und der Paradiesingwer (Amomum Granum Paradisi), dessen Körner, unter dem Namen der Paradieskörner bekannt, der Körnerküste ihren Namen verschafft haben. Die wichtigsten Pflanzen mit Farbestoffen sind: Indigo (allerwärts wild als Unkraut wachsend), der Drachenblutbaum (Dracaena Draco) und der rothe Sandelbaum in ganzen Wäldern am Gabûn und hier häufig von kolossaler Größe, bis 100 Fuß hoch und mit so dicken Stämmen, daß sie von 4 Männern nicht umspannt werden können, endlich eine Art Rothholz (Baphia nitida) zu Benin, an der nördlichen Spitze des Nigerdelta und am Alt Calabarstrom. Als gute Bau- und Tischlereihölzer werden benutzt: Ebenholz (in Fülle am Mouneh und Moundah), der afrikanische Mahagonibaum, das sogenannte Camholz (Camwood), vortrefflich am Mélacúri, der Tikbaum, die afrikanische Eiche und Ceder, endlich der Mangrovebaum ungeachtet der Schwere seines Holzes. Außerdem gehören zu den nützlichsten Gewächsen der Seifenbaum (Sapindus saponaria) bei Sierra Leona und der Heuschreckenbaum (Inka biglobosa). Mit dicken Waldungen sind alle Gebirgsgegenden, so wie auch die Ränder der Mündungen aller Flüsse, besonders des Niger, Alt Calabar und Gabûn, mit undurchdringlichen Mangrovewaldungen bedeckt. In den Savanen Sierra Leonas und Aschântis ist die Grasvegetation so üppig, daß ihre Pflanzen bis 20 Fuß hoch werden. Aus dem Thierreich finden sich nächst den gewöhnlichen Hausthieren, von denen die Schaafe nur Haare und keine Wolle haben, Elephanten, sowohl in den Sumpfwaldungen am Niger und Gabûn, wie in den Gebirgswaldungen des Innern, Flußpferde in der gewöhnlichen Art in allen größeren Flüssen, außerdem eine neu entdeckte Art Hippopotamus Liberiensis im St. Paulsfluß, Büffel, heerdenweise in den feuchten Wäldern, Affen in zahlloser Menge und in vielen Arten, darunter außer dem gewöhnlichen Schimpanse (Simia troglodytes), der bei Sierra Leona und überall, wo Adansonien wachsen, vorkommt, indem dieser Affe die Frucht der Adansonien oder Affenbrodbäume besonders liebt, eine neu am Gabûn entdeckte Art des Schimpanse, Löwen und vorzüglich Leoparden, welche im Sousouland und am untern Gabûn große Verheerungen anrichten, Papageyen, schaarenweise die Wälder an den untern Flußläufen bevölkernd, Krokodile überall in den Flüssen, aber besonders häufig im untern Niger, von 20—30 Fuß Länge, endlich Schlangen in überaus großer Zahl und in bis 80 F. langen Arten. Flüsse und Meere sind gleichfalls ungemein fischreich. Haifische gibt es in außerordentlicher Menge, namentlich an den Mündungen der Flüsse. Austern kommen gleichfalls im Ueberflusse an der Küste vor; in der Mündung des Rokelle und in der Lagune von Whidah und Lagos wachsen sie sogar auf den von der salzigen Fluth bespülten Bäumen. Nutzbare Mineralien scheint es mit Ausnahme von Gold und Eisen wenig zu geben. Jenes kommt theils im Diluvium, besonders in rothem Sande an der Küste bei Groß Bassant, Issiny, Cape Coast Castle (wo der goldführende Sand ein Product zersetzter Granite und Quarze zu sein scheint), Accrä und an vielen andern Punkten, dann im Innern im Aschänti- und Wassawlande, theils im festen Felsgestein des Ahäntadistricts der Goldküste, im Aschäntireich und in Wassaw eingewachsen vor. In den Schuttablagerungen findet sich das Gold meist in kleinen Körnern und Blättchen, selten in größeren Stücken, die einige Unzen wiegen. Mit dem von Groß Bassam wird das strohgelbe Gold von Issiny für das feinste gehalten, doch gilt auch das von Dixcove, Cape Coast Castle und Annamabú für gut. Oestlich und westlich von der Goldküste scheint merkwürdiger Weise Gold ganz zu fehlen. Der westlichste Punkt nämlich, von wo es in den Handel kommt, ist der St. Andreasfluß. Eisenerze besitzen die Bergländer der Aschänti und Dahome reichlich; Eisen in fast reinem gediegenen Zustande und an der Oberfläche die Bergländer östlich von der Gabünmündung. Von Kupfererzen wurden bisher nur Spuren im rothen Sandstein, der stellenweis davon eine grüne Farbe erhält, am Fuße des Cameron entdeckt.

Bevölkerung. Dieselbe besteht vorherrschend aus Eingeborenen, zu denen nur wenig Eingewanderte treten. Unter den letzten sind besonders Europäer, doch in äußerst geringer Zahl, vorhanden, so wie es auch nur selten Mulatten gibt. Die einheimische Bevölkerung zerfällt in eine Unzahl größerer oder kleinerer Stämme, die nach ihrer gemeinsamen Sprache und Abstammung sich in 4 große Gruppen vereinigen lassen, wozu noch eingewanderte Fellatah und die bisher nicht genau genug gekannten Urbewöhner der Gegend von Sierra Leona, die Bagus, treten. Die 1. Gruppe gehört zu dem ansehnlichen, ursprünglich in einem Theil des Berglandes von Senegambien einheimisch gewesenen Volk der Mandingo und bewohnt denjenigen nördlichen Theil Guineas, der im Küstenstriche am Mesuradocap endigt und tiefer im Innern einen großen Theil des Kong umfaßt. Die 2. begreift die Bevölkerung eines südlicheren Theils von Guinea vom C. Palmas bis zum Voltafluß, und besteht aus dem großen Aschänti- oder Intávolk, die 3. die Bevölkerung zwischen dem Volta und dem Niger oder Cameron. Die 4. Gruppe endlich scheint den ganzen Strich vom Südrande des Cameron bis zum Gabün einzunehmen und mit den Bunda redenden Stämmen Angolas wesentlich identisch zu sein. Die Individuen aller 4 Gruppen sind theils ganz schwarz mit dem vollständigen Gesichtstypus der Neger, wie er besonders bei den Bewohnern des Nigerdelta, den Ebó, vorkommt, oder mit feineren, den kaukasischen mehr genäherten Gesichtszügen, theils auch von bleicherer und selbst brauner Hautfarbe. Wo der Negercharakter bestimmter hervortritt, hat das Gesicht durch die flache Nase, das Hervorstehen des Ober- und Unterkiefers, endlich durch die breiten, hervorstehenden Wangenbeine etwas Affenähnliches. Der Gesichtswinkel ist dann auch spitzer, als bei den Europäern, dagegen dem des Schimpanse näher stehend. Zu den bezeichnendsten Charakteren der ganzen einheimischen Race gehören ferner die kurzen, wolligen, krausen Haare, die breiten und dicken, langen, gesunden Zähne, von denen die Schneidezähne bemerkenswerth schräg stehen, die bogenförmige Gestaltung der Lenden, die merkliche Krümmung des Ober- und Unterschenkels, endlich die eigenthümliche übelriechende Ausdünstung des Körpers. Gleichzeitig ist der größte Theil der Bevölkerung wohl proportionirt gebaut, weder von sehr dickem, noch sehr kleinem Wuchs, und es besitzt derselbe breite Schultern, große Arme, dicke Hände, große Füße, funkelnde Augen und dicke, jedoch frische, rothe Lippen. Abweichend von dem gewöhnlichen Charakter der Negerrace sieht man jedoch zuweilen auf der Goldküste Nasen, welche eben so hoch und regelmäßig, als die der Europäer sind, und besonders bei den Weibern der höheren Stämme im Aschäntilande kommen mitunter regelmäßige, den griechischen gleichstehende Gesichtsbildungen mit glänzenden, im Kopf schief gestellten Augen und den schönsten Gestalten vor, so wie auch die Aschäntimänner oft Adlernasen besitzen. Im weiblichen Geschlecht werden besonders die Weiber der Timmani und die der Bevölkerung am untersten Niger wegen ihrer Schönheit gerühmt. In geistiger Hinsicht zeigen sich die Bewohner Guineas meist als Leute von Gefühl und Verstand, von scharfer, schneller Fassungskraft und trefflichem Gedächtniß, dagegen auch meist als äußerst faul, so daß nur die äußerste Noth sie bewegen kann, sich Mühe zu geben, und im höchsten

Grade als leichtsinnig, daß im Glück oder im Unglück kaum eine Veränderung bei ihnen wahrzunehmen ist. Der seit Jahrhunderten ununterbrochen fortgeführte Sclavenhandel hat übrigens einen besonders ungünstigen Einfluß auf die Bevölkerung Guineas ausgeübt, die überall am ärmsten und verdorbensten da ist, wo der Sclavenhandel am stärksten betrieben wurde, während umgekehrt höhere geistige Regsamkeit, höhere Moralität, größerer Wohlstand und bessere politische Verhältnisse in allen Gegenden der Küste, wie bei den Mena, oder im Innern gefunden werden, wo der Sclavenhandel weniger seinen Einfluß ausübte oder wenigstens die Bevölkerung weniger mit der demoralisirten Mannschaft der europäischen Sclavenschiffe in Verbindung kam. So werden die Dahomeer und Aschänti gleichmäßig wegen ihres festen, würdigen, ernsten Benehmens und ihrer Tapferkeit, erste auch noch wegen ihres Edelmuths, letzte wegen ihrer mannigfachen technischen Geschicklichkeit gerühmt. Ueberhaupt besitzen beide Völker viele gute, freilich auch mit barbarischen gemengte Gebräuche und ein so seltsames Gemisch von Wildheit und Civilisation, wie es in der Weise sich kaum zum zweiten Mal im Continent vorfinden dürfte. Bei allen Gliedern der hiesigen Bevölkerung ist übrigens Polygamie üblich, und jemehr ein Mann Frauen besitzt, für desto wohlhabender gilt er, ganz wie es bei den Kaffern Süd-Afrikas der Fall ist. Aus der Mandingogruppe gehören zu den Bewohnern Guineas die vom C. Verga bis Sierra Leona wohnenden Sousou, die Bulloms und Timmani in der nächsten Umgebung Sierra Leonas, endlich die Sulima und Kurauko im bergigen Binnenlande zwischen Sierra Leona und den Nigerquellen, wozu die nicht genauer gekannten Bewohner des westlichen Kong, die sich aber selbst Mandingá nennen, und noch wahre Mandingo gehören, welche ebenso, wie früher die ihnen stammverwandten Timmani und Sousou, aus dem Innern Senegambiens gekommen sind und allmählich die Urbewohner des Küstenstrichs bei Sierra Leona auf einen kleinen District hart am Meer beschränkt haben. Alle diese Völkerschaften sprechen eine nur dialektisch vom Mandingo Senegambiens verschiedene Sprache und besitzen mit Ausnahme der Sousou eine kräftige, regelmäßige und sehr schöne Körperbildung mit angenehmen Gesichtszügen, eine schöne schwarze Hautfarbe und besonders die Timmani ein offenes, freies Benehmen und zugleich ausgezeichnete körperliche Eigenschaften. Zu dem 2. großen Theil der Bevölkerung Guineas, dem Intá- oder auch Aschäntistamm, gehören außer zahlreichen kleineren Gliedern: 1) auf der Körnerküste und am Cap Palmas die Vey, Bassá, und das Mena- oder Kruvolk, 2) im westöstlichen Theil Guineas die Fänti, die Bewohner von Accrä. Aus der Bevölkerung der Bergländer im Innern sind zum Intávolk die Aschänti und die Daghwumba zu rechnen. Alle Intá sind grade, wohlgestaltet und kräftig, aber am athletischsten die eigentlichen Aschäntimänner gebaut; die schwärzeste Hautfarbe besitzen darunter die Bewohner der Goldküste, und davon wiederum am Meisten die Fänti, doch ist dieselbe hier niemals so schwarz, als bei der Bevölkerung Senegambiens, und namentlich nicht, wie bei den Jolofs. Am Meisten weichen unter den Intás in den physischen Eigenthümlichkeiten die Aschänti vom wahren Negercharakter ab. Die Sprache der Intá zerfällt in eine Unzahl Dialekte, die oft so von einander abweichen, daß selbst benachbarte Stämme sich nur mit Mühe verstehen. Da die Sprache der Fänti, einer der größten Intástämme, den Gebrauch der Präfixe hat, so ist anzunehmen, daß bei allen übrigen Intá dieselbe Spracheigenthümlichkeit statt findet. Von den bekannteren Gliedern dieser Gruppe sind die Mena, oder wie sie an der Küste gewöhnlich genannt werden, das Kruvolk, besonders aber die Aschänti bei Weitem die interessantesten. Erste zerfallen in zwei, nach Sprache und physischem Charakter sichtlich zusammengehörende, durch große Animosität aber von einander getrennte Abtheilungen, die *Grebo* oder eigentliche *Kruleute* (Krumen) und die sogenannten *Fischleute* (Fishmen), von denen jene, die zahlreicheren, auf der Körnerküste von Gr. Sestros bis C. Palmas und dann auch auf der Elfenbeinküste im Osten dieses Caps bis zum Cavallyfluß und C. Lahu sich verbreiten, während die Fishmen nur auf der Körnerküste bei Nanna Kru, Setta Kru und King Williams Town ansässig sind. Die Grebo besitzen einen wohlgebauten kräftigen Körper und meist gute Gesichtszüge, mit Ausnahme der flachen Nase, zugleich große Thätigkeit verbunden mit

Intelligenz. Sie treiben Feldbau, verlassen jedoch häufig ihre nicht sehr fruchtbare Heimath, um sich durch Handel oder Handarbeit einiges Vermögen zu erwerben, das zum Ankauf von Frauen verwendet wird, wodurch sie Arbeitskräfte erhalten. Ihres unverdrossenen, zuverlässigen Charakters, ihrer Ausdauer, Umsicht, Industrie und Nüchternheit halber werden sie als Arbeiter sehr geschätzt und besonders viel zu Sierra Leona, wo sie ein ganzes Quartier bewohnen, als Tagelöhner und Holzschläger verwandt. Auf der ganzen nördlichen Westküste von Sierra Leona bis C. Palmas ist der Kleinhandel ausschließlich in ihren Händen. Das Greboland ist wichtig durch seinen Reichthum an Camholz. Ganz verschieden von den Grebo sind die Fishmen als die kühnsten, vollendetsten Bootführer, weshalb sie allen in diese Gegend kommenden europäischen Schiffern als intelligente, thätige und willige Matrosen willkommen sind. Dieser vielen guten Eigenschaften wegen, die dadurch erhöht werden, daß die Mena niemals Sclavenhandel getrieben haben und auch keine Sclaven unter sich leiden, hat man wohl dies Volk die schottischen Afrikaner genannt. Auf der Elfenbeinküste wohnt den Mena zunächst in der Nähe des C. Drewin und an der St. Andrewsbai das intelligente, kräftige und mit vielen guten Eigenschaften begabte, aber rohe Volk der Drewin, das früher als hinterlistig und räuberisch von seinen Nachbarn und den europäischen Händlern gefürchtet wurde, jetzt aber, nachdem es sich wegen seiner Handlungen einige empfindliche Strafen zugezogen hat, viel friedfertiger geworden ist. Den Drewin wiederum zunächst leben die zahlreichen kleinen Abtheilungen des Fäntivolks längs der See. Die Fänti waren einst das bedeutendste Volk an der Goldküste und deshalb herrschend; aber durch ihre Kriege mit den leichtsinnig von ihnen gereizten Aschänti im Lauf dieses Jahrhunderts kamen sie ganz herunter und wurden sogar zum Theil ausgerottet, da sie nicht den männlichen, unabhängigen Sinn der Mena besitzen und durch den Despotismus im höchsten Grade depravirt sind. Die Fänti sind übrigens etwas unter der gewöhnlichen Größe der Bewohner Guineas, zugleich abergläubisch, moros, schwerfällig und höchst träge und sie haben ungeachtet eines mehrere Jahrhunderte hindurch fortgesetzten Verkehrs mit den Europäern nicht die mindesten Fortschritte in der Cultur gemacht, vielmehr wurden sie durch diesen Umgang noch mehr verdorben. Unter den Gliedern des Intävolks sind endlich die Vey in neuerer Zeit dadurch bekannt geworden, daß sie im Jahr 1832 ein aus arabischen, hebräischen und griechischen Lettern bestehendes Alphabet für ihre Sprache erfanden, das bereits zu Schriften benutzt und in Schulen gelehrt wird. Die 3. Gruppe begreift, wie wir jetzt bereits mit ziemlicher Bestimmtheit durch die neueren Forschungen wissen, an der Küste die Bevölkerungen von Whidah, Lagos und Badägry, ferner im Innern die des Yarribareichs. Die Glieder der 4. Gruppe zwischen dem Cameron und Gabûn sind noch sehr wenig bekannt. Zu ihnen gehört das jetzt kleine, früher aber mächtige und zahlreiche Volk der M'Pongos, welches vormals bis C. Lopez herrschte, jedoch ungeachtet seiner natürlichen Tapferkeit durch unablässige Sclavenjagden und innere Fehden ganz geschwächt ist. Die M'Pongos, obgleich von ganz rohen Völkern umgeben, zu denen ihre nächsten Nachbarn im Osten die Schekani gehören, stehen auf einer viel höheren Culturstufe, als sonst die Bewohner der westafrikanischen Küste. Ihre Häuser sind geräumig, die Frauen gut gekleidet, mehr geehrt und freundlicher behandelt, als in den nördlichen Theilen Guineas, und sie geben keineswegs die Lastthiere ihrer Männer ab, da sie nur die Sorge für das Hauswesen haben, die Feldarbeit aber den Sclaven obliegt. Selbst die Sclaven werden von den M'Pongos sehr mild behandelt, und schon deren Kinder sind frei. Jedes Geschäft ist bei diesem Volk gestattet, und jedes Individuum behält seinen Gewinn. Zugleich zeichnen sich die M'Pongos durch Lernbegierde und sehr milden Charakter aus, doch sind sie träge und listig. Am Meisten werden dieselben und die Schekani durch das Volk der noch weiter im Innern wohnenden und viel zahlreicheren Bakali d. h. Männer gedrängt, mit denen sich die Schekani allmählich vermischen. 40 Meilen östlich von der Küste und von den Bakali beginnt endlich ein erst vor wenigen Jahren bekannt gewordenes Volk, das eins der interessantesten des Continents ist, die M'Pongweh.

deren sehr bevölkertes, tief in das Innere gehende Gebiet als bergig und zugleich als ungemein gesund geschildert wird, so daß die an der Küste so gewöhnlichen Hautkrankheiten darin bereits gänzlich fehlen. Beide Geschlechter der M'Pongweh unterscheiden sich durch ihre Körperbildung vortheilhaft von den Küstenbewohnern und besonders sind die Frauen, deren Wuchs ein mittlerer ist, ausgezeichnet gut gebaut und von gesundem Ansehen. Gleichzeitig sind die M'Pongweh von männlichem Benehmen und sehr geschickt in mannigfachen technischen Arbeiten. Die Sprache derselben ist eine der reichsten, vollkommensten und wohlklingendsten Sprachen, von denen wir Kenntniß haben, und besonders ausgezeichnet durch außerordentliche und beinahe unbegrenzte Biegungsfähigkeit bei aller Strenge grammatischer Gesetzlichkeit. Im Charakter der übrigen aboriginalen Sprachen des Continents hat sie den Gebrauch der Präfixe und zugleich Worte, deren Wurzeln und Bedeutungen in den Kaffersprachen wiederkehren. Da ferner das M'Pongweh mit dem Suaheli, obgleich durch die ganze Breite des Continents davon getrennt, so viel Aehnlichkeit hat, daß Suahelimatrosen sich im Lauf weniger Wochen vermöge ihrer Sprache mit dem M'Pongwehvolk zu verständigen im Stande sind und letztes wiederum die Bakali, Schekani, M'Pongos und die kleineren Völkerschaften an der Coriscobai und nördlich bis zum Cameron versteht, so ist es klar, daß diese ganze 4. Gruppe der Bevölkerung Guineas schon zu dem großen südafrikanischen Volksstamm gehört.

Verfassung. Die Regierungsform ist im größten Theil Guineas sehr despotisch, stellenweise, wie im Lande der Aschänti und Dahomeer, sogar bis zu dem Grade, daß wenig ähnliche Beispiele sich auf Erden vorfinden möchten. Die Aschänti sehen sich als Sclaven ihres Herrschers an und gehorchen ihm unbedingt. Bei ihnen und in den kleinen Staaten am Niger spricht das Staatsoberhaupt nur durch seine Minister, bleibt immer in seinem Pallast und also unsichtbar für seine Unterthanen, indem es nur mit seinen Hausgenossen verkehrt. Auch in Dahome ist der Wille des Herrschers allein Gesetz, und es gilt hier für ein Majestätsverbrechen, zu behaupten, der König sei, wie Andere, sterblich und esse, trinke und schlafe, wie sie. Alle Neugeborenen gehören hier dem König an, wie die Jungen einer Heerde dem Eigenthümer des Bodens. Die Kinder werden den Eltern entrissen und erhalten eine Art öffentlicher Erziehung. Ebenso hat der König das Monopol, alle Frauen seines Reiches zu verkaufen; nur durch Kauf erhält der Dahomeer von seinem Herrscher eine Lebensgefährtin. Ueberhaupt erkennen die Bewohner Dahomes ihrem Oberhaupt ein göttliches Recht zu, über ihre Personen und ihr Leben nach seinem Willen zu verfügen. Sein Ruhm ist der Ausspruch: Der König geht in Blut von seinem Thore bis zu seinem Grabe. Bei den Aschänti, wie bei den Dahomeern, ist die Gewalt erblich. Beide Völker bilden gleichzeitig die beiden einzigen großen Staaten Guineas, was besonders von dem immer mehr durch Krieg und Eroberung an Bedeutung zunehmenden Dahomereich gilt. Früher, und auch jetzt ist es zum Theil der Fall, war das Küstengebiet in eine große Zahl kleiner von einander unabhängiger Staaten unter erblichen Häuptlingen getheilt, außer denen noch jeder Ort seinen eigenen Vorsteher hatte, der bei Sierra Leona Mungké, an der Goldküste Cabocir genannt wird, und Richter bei Streitigkeiten und zugleich Unteranführer im Kriege ist. In diesen kleinen Staaten ist jedoch Gesetzlosigkeit, Grausamkeit und Unruhe herrschend. Nur an der Mündung des Gabûn ist die monarchische Regierungsform patriarchalisch, da des Häuptlings Macht sehr beschränkt ist und er Strafen nicht willkührlich, sondern nur unter Beistimmung der vorzüglichsten Greise seines Gebiets verhängen kann. Ganz abweichend von diesen politischen Verfassungen des östlichen Guinea ist die republikanische der Mena, bei denen die Gemeinen von gewählten Chefs mit verschiedenen Functionen regiert werden, dann die der nordamerikanischen nachgebildete der neuen Republik Liberia auf der Körnerküste. Von europäischen Staaten haben hier nur England und die Niederlande seit alten Zeiten Besitzungen, indem die dänischen Handelsplätze auf der Goldküste durch den Vertrag vom März 1848 an Groß Britannien übergegangen sind. Die britischen stehen unter einem Gouverneur, der zu Sierra Leona seinen Sitz hat; unter ihm verwaltet wieder ein Vicegouverneur die Plätze an der Goldküste, nachdem dieselben mehrere Jahrhunderte hindurch zur Benutzung einer Handelsgesellschaft überlassen waren, welche vom Parlament jährliche Geldzuschüsse empfing, um die alten Forts im Stande zu erhalten. Die niederländischen Besitzungen beschränken sich auf wenige Forts auf der Goldküste, die von El Mina aus durch einen Gouverneur regiert werden. Seit einigen Jahren besitzen auch die Franzosen einige Punkte in dieser Gegend, wie die 1843 angelegten Forts Nemours zu Groß Bassam, Joinville zu Issiny und Aumale an der Mündung des Gabûn. Neuerdings machten die Spanier wiederum alte angebliche Rechte auf den Küstenstrich zwischen dem Cameron und dem Gabûn geltend, ohne doch bis jetzt ihre Ansprüche durch die Anlegung fester Plätze zu unterstützen.

Religion. Die Religion der einheimischen Bevölkerung ist fast durchaus ein grober Fetischismus der schlechtesten Art, der in Aschânti, in Dahome, zu Badâgry und Lagos mit dem angeblichen Zweck, Zauberei zu beschwichtigen oder Sieg über die Feinde zu erlangen, Unglück abzuwehren, Menschenopfer zu Hunderten erfordert und dessen Priester viel Macht und Einfluß besitzen. Durch solche religiöse Vorurtheile sind namentlich die zahllosen Hinrichtungen zu erklären, die aber nicht, wie bei den Zoulah von Süd-Afrika, aus der Laune oder dem natürlichen Hange der Herrscher zur Grausamkeit hervorgehen. Doch erwarb sich der jetzige König von Dahome das Verdienst, die Zahl der Hinrichtungen sehr beschränkt zu haben. Geringer sind die Opfer, die dem Fetischismus an andern Punkten Guineas fallen, dennoch hat fast jede Gegend einen besondern heiligen Gegenstand, dem einzelne Menschenleben jährlich gewidmet werden. Es ist indessen Irrthum, anzunehmen, daß menschliche Fetische, Thiere und leblose Gegenstände unmittelbar als heilige Gegenstände gelten. Vielmehr gelten diese nur als Repräsentanten eines höhern Wesens, von dem eine Idee den Bewohnern Guineas niemals fehlt; man sieht dieselben nur als Vermittler mit dem höhern Wesen an. Als solche Vermittler gelten Hyänen und Schlangen zu Whidah und in Dahome, Leoparden gleichfalls in Dahome, Haifische zu Bonny, wo ihnen alljährlich ein junges Mädchen preisgegeben wird, Krokodile zu Dixcove an der Goldküste, eine große Art sonst unschädlicher Eidechsen (Lacerta guana) bei einigen Intástämmen, endlich Widderköpfe, ganz wie bei den Aegyptern der Vorzeit, bei den Mena, Ebó und auf der kleinen Insel Bimbia. So heilig werden diese Mittelspersonen mit der Gottheit gehalten, daß zu Calabar Todesstrafe auf die Tödtung eines Haifisch steht. Außerdem hat man Fluß-, Donner- und Zwillingsgötter und zu Abbeoukouta sogar unzählige Götter, mit deren Verehrung viel Zeit verschwendet wird. Neben der Ahnung eines höheren Wesens, fehlt, wie es scheint, keiner Nation in Guinea der Glaube an eine Unsterblichkeit der Seele. Graduirte Priesterschaften gibt es bei den Cameron, Ebó und einigen Intástämmen, endlich bei den Mena, so wie selbst geheimnißvolle religiöse Verbindungen, die im nördlichen Guinea bei den Timmani, Sousou und am Rokelle unter dem Namen der Purrah bekannt und gleich der mittelalterlichen Vehme Deutschlands von den Häuptlingen sehr gefürchtet sind. Dergleichen fehlen auch den Aku und Eybo von Alt Calabar nicht. Religiöse Festlichkeiten finden zur Zeit des Neu- und Vollmondes statt. Allmählich dringt jedoch der Islam in Folge der Eroberungszüge der Fellatah bis zum Nordrande des Kong und der Handelsverbindungen der Mandingo, dann durch den unverdrossenen Eifer und das große praktische Geschick der muhamedanischen Lehrer aus dem Mandingovolk gegen die Küste vor. Bei den Timmani, Sousou, Vey und zu Badâgry hat derselbe bereits viel Eingang gefunden; in den größeren Städten des Aschântilandes gibt es ganze Colonien von Bekennern des Islam und die nördlichen Districte des Aschântilandes im Kong sind sogar fast ausschließlich von Muhamedanern bewohnt. Obgleich der hiesige Muhamedanismus eine durch den Fetischismus so sehr verunstaltete Abart des ächten ist, daß der Koran nicht einmal verstanden wird, so hat er doch das Gute, daß er den Gebrauch von Menschenopfern vernichtet. Seine Priester (die Mallams) erwerben sich großes Ansehen und gebieten oft über die Gemüther des Volks, wozu sie in den eigens eingerichteten Schulen, worin die Kinder den Koran auswendig lernen, doch ohne ihn zu verstehen, den Grund legen. Wie in Senegambien zeichnen sich hier die muhamedanischen Stämme von ihren heidnischen Nachbarn durch eine entschiedene Superiorität in allen geistigen und physischen Verhältnissen aus. Das Christenthum hat dagegen bisher wenig Fortschritte gemacht; am Meisten in Liberia, das sich als ein fast rein christlicher Staat ansehen läßt. Selbst in Sierra Leona, wo seit 60 Jahren Missionaire in beständigem Kampf mit dem Klima thätig sind, war die Einführung des Christenthums nicht von großen Erfolgen begleitet. In der neuesten Zeit scheint jedoch das Christenthum in der Umgegend Abbeokoutas sich mehr ausgebreitet zu haben. Den mindesten Anhang findet es bei den Mena.

Ackerbau, Handel und Gewerbe stehen bei den geringen Bedürfnissen des Volks, den beständigen Fehden der kleinen Staaten und dem ausgedehnten, die Sicherheit der Personen und des Eigenthums in hohem Grade gefährdenden Menschenfang, natürlich auf sehr niedriger Stufe. So gibt es längs der ganzen Küste von C. Palmas bis Accra durch 7½ Längengrade keinen einzigen Schuhmacher, keinen Tischler und nicht einmal einen Schneider oder Schmidt. Doch zeigt sich überall, wo der Muhamedanismus Eingang gefunden hat, ein Fortschritt in der Cultur, der in neuerer Zeit auch durch die Unterdrückung des Sclavenhandels an den meisten Stellen der Küste, und die größere Verbreitung der befreiten, einige Jahre zu Sierra Leona wohnhaft gewesenen und unterrichteten Sclaven nach allen Gegenden befördert wurde. Am Meisten treibt die Bevölkerung Guineas Feldbau, wesentlich auf Reis, Yams, Manioc und Mais, zu Popo und Ahgan auch auf Indigo. Besonders ist es die große Bodenfeuchtigkeit, Folge der langen und heftigen tropischen Regen, welche an der ganzen Körner- und Elfenbeinküste im höheren sowohl, wie im niederen Terrain die Möglichkeit einer guten Reiscultur gewährt, während dieselbe nördlich Sierra Leona nur an den tiefsten Stellen oder längs den Strömen möglich ist. Am C. Palmas ist dies Product sogar von ausgezeichneter Güte. Hier wurde neuerdings auch der Maisbau bei der Trockenheit der Atmosphäre mit solchem Glück und in so großem Umfange begonnen, daß bereits ein bedeutender Maistransport nach Amerika statt findet, und daß die Umgegend des C. Palmas ungeachtet ihres natürlich armen Bodens in der Zukunft die Kornkammer West-Afrikas zu werden verspricht. $^9/_{10}$ des practicabeln Bodens werden hier schon von der sehr industriösen Bevölkerung bearbeitet. In der technischen Industrie erscheinen die Aschanti und Whidaher am Meisten fortgeschritten. Bewundernswerth ist besonders Feinheit, Glanz und Mannigfaltigkeit der bessern Aschantizeuge. Auch die irdenen Gefäße der Aschanti sind fein, dauerhaft und mit vortrefflichem Firniß überzogen, ebenso ihre Goldarbeiten von anerkennenswerther Güte, der Preis jedoch zuweilen erstaunlich hoch. So vorzüglich sind endlich noch die Goldarbeiten von Cape Coast Castle und zu Accra, daß sie den Londonern in Nichts nachstehen. Ebenso zeigen sich die Dahomeer als gute Handarbeiter, die vortreffliche Zeuge anfertigen, und in der Gold- und Eisenverarbeitung nicht ohne Geschick. Ueberhaupt ist Eisenerzeugung und Verarbeitung häufig in den Bergländern des Innern, wie bei den Aschanti und Mahi, dann am Gabûn und zu Abbeokouta, doch weiß man nirgends im nördlichen Guinea Stahl darzustellen, wogegen die Anwohner der Coriscobai mit großer Geschicklichkeit sehr scharfe Messer mit schönen Griffen und vortreffliche Dolche, den malayischen Krissen ähnlich, anfertigen. Eine Art Bergbau wird noch im Aschantiland im rothen Thon auf Gold mittelst wenig tiefer Schächte betrieben. Zu Accra endlich macht man vortreffliche Filtrirsteine aus dem daselbst anstehenden Sandstein, so wie längs der Küste, besonders im Souionland, zu Agwouna, am Cap St. Paul, am C. Formosa, zu Popo und Bonny viel Seesalz für den Bedarf des Binnenlandes. — Der Handel Guineas hat in den letzten Jahren, seit der strengen Beaufsichtigung der Küste durch die englischen Kreuzer, einen ganz anderen Charakter gewonnen, indem der Sclavenhandel an den meisten Küstenpunkten, namentlich am Ausfluß des Bonny und Calabar, völlig aufgehört hat. Nur einige Stellen, merkwürdiger Weise sogar in der Nähe von Sierra Leona, wie das Cabo de Monte, die Mündungen des Pongas, Gallinas, Sherbro, St. Andreas und Gabûn, endlich die Ortschaften Akonay, Popo, Lagos, Whidah und Badagry waren bis in die neueste Zeit ansehnliche Sclavenmärkte, wo Spanier, Portugiesen und Brasilianer gegen Rum, Kleidungsstoffe, Pulver und Waffen Sclaven einhandelten. 1844 wurden noch 34957 Sclaven von Guinea und aus dem Zaïreland in Brasilien und Cuba eingeführt. An die Stelle des Sclavenhandels trat dagegen vorzüglich der Palmölhandel, der sich in neuerer Zeit an den Nigermündungen, am Calabar und Cameron zu ungemeiner Wichtigkeit erhoben hat, da er selbst einträglicher als der Goldhandel ist, welcher zu Groß Bassam nur 50—60% Gewinn abwirft, während jener 80% bringt. Im Nigerdelta ist Bonny dafür der Hauptexportplatz, im Innern Ebò, woher auch Bonny einen großen Theil seines Palmöls bezieht, der größte Stapelpunkt. Im Jahr 1847 wurden aus Guinea nicht weniger als 469348 Centner Palmöl ausgeführt, meist nach Liverpool, während der aus Cape Coast Castle und der Goldküste in den Handel kommende Goldstaub, wovon ein Theil tief aus dem Innern gebracht wird, in jedem Jahre der Periode von 1832—1834 nur einen durchschnittlichen Werth von 8000 Pfd. St. hatte. Apollonia ist die westlichste Grenze des Palmölhandels, da die Sierra Leona-, Körner- und Elfenbeinküste arm an Oelpalmen sind. Dagegen bringt der nördliche Theil Guineas bis Sierra Leona in neuerer Zeit eine andere Oelfrucht, die Erdnuß, in Menge in den Handel (1846 von Sierra Leona und dem Gambia für einen Werth von 92149 Pfd. St.). Außerdem versenden Bonny, Calabar, der Gabûn und Sierra Leona seewärts viel Elfenbein, Sierra Leona noch Ingwer (1846 für 15271 Pfd. St.), Goldstaub und in neuerer Zeit viel Bau-, Tischler- und Färbehölzer, wie Camholz, afrikanisches Mahagony-, Eisen- und Tikholz (vom Mélacúri), Porto Logo und Magbilly ähnliche Hölzer, Calabar und der Gabûn Camholz, rothes Sandelholz und noch eine Art Rothholz, die Körnerküste und Sierra Leona Pfeffer in verschiedenen Sorten (1847 109607 Centner), ganz Guinea viel Häute, Wachs und Gummi. Ein beträchtlicher Handel der Küstenanwohner nach dem Innern, besonders nach dem Aschantiland, findet noch mit getrockneten Fischen statt. Eingeführt werden seewärts: grobe Leinwand, wollene und baumwollene Stoffe, Stahl- und Eisenwaaren, Taback (besonders nach Lagos durch die Sclavenhändler), westindischer ächter Rum, viel mehr aber der als Rum façonnirte preußische Kartoffelbrantwein (über Liverpool), Schießpulver, Gewehre, Leder, Seife und Talg, Glas, raffinirter Zucker und Spielwaaren. Bisher hatten die Engländer den besten Theil an diesem Handel, indem gegen sie keine andern europäischen Händler aufkommen konnten. Doch erwuchs ihnen auch hier ein sehr gefährlicher Gegner in den Amerikanern in neuerer Zeit, die sich besonders des Handels am unteren Gabûn und an der Körnerküste auch sehr bemächtigt haben, da sie viel wohlfeilere, zugleich aber viel schlechtere Waaren liefern. Im Ganzen ist der Guineahandel, trotz der theilweisen Unterdrückung des Sclavenhandels ansehnlich gewachsen; der der Engländer hat sich seit 1829 sogar mehr als verdoppelt. Im Jahr 1836 wurden in Sierra Leona erst für 93800 Pfd. Sterling Waaren eingeführt, wozu Groß Britannien und Irland für 90876 Pfd. St. beitrugen, ausgeführt wurden in demselben Jahr für 91927 Pfd. St., davon aus Groß Britannien und Irland für 71189 Pfd. St., im Jahr 1846 wurden eingeführt zu Sierra Leona und am Gambia für 176975 Pfd. St. britische Waaren, ausgeführt von ebendaher für 287336 Pfd. St. 1847 liefen in Sierra Leona 37, in den Häfen der Goldküste 17 britische Schiffe ein, dort 42, hier 19 britische Schiffe aus. Der europäische Handel hätte übrigens ohne die hohen Zölle der Dahomeer und ohne die Prätensionen der Aschânti, den Zwischenhandel zwischen den europäischen Etablissements an der Goldküste und den nördlich von ihnen gelegenen Landschaften des Binnenlandes allein zu betreiben, muthmaßlich noch viel mehr gewonnen. Die Aschânti gestatten nämlich weder einem Waaren führenden Händler des Innern noch den Europäern oder ihren Agenten den Durchgang durch ihr Land. — Der deutsche Handel mit Guinea ist durch eine sehr vexatorische Visitation der Schiffe durch die fremden Kreuzer sehr gehemmt worden, doch betrug 1844 die Ausfuhr Hamburgs dahin 300,000 Thlr. auf 11 Schiffen, die Einfuhr daher 66,500 Thlr. auf 6 Schiffen.

Guineas nördlicher Theil bis zu dem Westabhange des Camerongebirges wurde bisher stets nach einer sehr alten, jedoch willkührlichen Gliederung in 5 großen Abtheilungen beschrieben, die hier beibehalten werden, da bei der unzähligen Menge kleiner Staaten und bei den unaufhörlichen Veränderungen es unmöglich ist, die Verhältnisse des Landes nach den politischen Abgrenzungen der darin vorhandenen Reiche und Staaten darzustellen. Als 6. Abtheilung wird hier der südlichste Theil Guineas vom Cameron bis zum Aequator angeschlossen.

1. Der Sierra Leonadistrict erstreckt sich vom Cap Verga bis zum Cap Mesurado (eigentlich Monteserrado genannt). Sein Küstenrand hat in der nördlichen bis zur Mündung des Sierra Leonastroms reichenden Strecke völlig die Beschaffenheit der littoralen Zone des südlichen Senegambiens, wovon er die unmittelbare Fortsetzung bildet. indem er ebenso flach und sumpfig und auf dieselbe Weise von einer großen Zahl kleiner Küstenflüsse und den unteren Lauf mehrerer größeren Flüsse durchschnitten ist, welche fast sämmtlich in breite und tiefe, wenn auch nicht lange Meereseinschnitte ausgehen und theilweise durch seitliche Abzweigungen in Verbindung stehen, endlich, wie es namentlich bei dem Pongas und Kissi der Fall, wohl auch selbstständige Deltas bilden. Von dieser niedrigen Lage hat ein Theil des Küstenstrichs, das unmittelbar nördlich von Sierra Leona gelegene Bullomland, sogar seinen Namen erhalten, da in der Sprache seiner Bevölkerung Bullom so viel als niedrig bedeutet. Neuere Untersuchungen haben in dem ganzen Zuge des Küstenstrichs von C. Verga bis Sierra Leona die Existenz von nur 2 Bergen von einiger Bedeutung, des Kakulimah und des Tikititschin, welche beide ganz nahe am Meere liegen, dargethan (S. 185.). Durch seine tiefe Lage und die dadurch bewirkte Verzweigung der strömenden Gewässer zerfällt dieser nördliche Theil der Küstenzone eigentlich in eine fortlaufende Reihe größerer und kleinerer niedriger Inseln. Die bekanntesten hier aufgefundenen Flüsse sind der Kunkuré oder Pongas der Europäer, zuweilen auch Rio Pongo genannt, der Sángari und Bassia im Gebiet der Sousou, der Kissi oder Bereira (Barria), der bis zur Stadt gl. N. aufwärts schiffbare Mela oder Mélacúri, ein nur kurzer Küstenfluß, welcher den kleinen, aber doch schiffbaren Tannah und den viel größern Mauricania aufnimmt, der sehr ansehnliche Große Scarcies (eigentlich dos Carceros von den älteren Portugiesen genannt), welcher unter etwa 8° 52′ in denselben Meereseinschnitt mit einem südlicheren benachbarten Flusse, dem Kabba mündet, von Norden her noch einen majestätischen, 5—6 Klafter tiefen und schiffbaren Zufluß, den Kolantang, aufnimmt und seine Quellen tief im Binnenland in den Bergen der Landschaft Futa Dhiallon hat, endlich einer der bedeutendsten Flüsse dieser Gegenden der Sale, welcher bei den Europäern unter dem Namen des Rokelle oder Sierra Leonastroms bekannter ist und sich von den meisten größern Flüssen des Continents dadurch auszeichnet, daß ihm sein einheimischer Name Sale während seines ganzen Laufs verbleibt. Auch der Rokelle hat sein Quellengebiet im Innern im Gebiet des Kurankovolks, O.S.O. von der Hauptstadt Falaba des Reichs Sulimana etwa in 9° 45′ N. Br. 7° 24′ 15″ O. L., von wo er seinen Lauf zuerst zwischen den Bergen Kurankos in W.S.W. Richtung mit 300 Fuß durchschnittlicher Breite, dann in fast genau westlicher Richtung durch die Ebenen des Timmanivolks nimmt, bis er, nachdem ihm zuletzt der Porto Logofluß zugegangen, in 4³/₃ Meilen östlicher Entfernung von Freetown in dem 3½ M. breiten, unter dem Namen des Bunce- oder Bunckstroms bekannten Meeresarm, einem der schönsten des Continents, endet. Südlich vom Bunce reicht das bergige Binnenland eine Strecke weit bis unmittelbar an das Meer, indem ein Ausläufer desselben von C. Tagrin oder Sierra Leona bis C. Shilling die hohe felsige Halbinsel von Sierra Leona bildet. Weiter südlich erniedrigt sich der Küstensaum wiederum und er wird zugleich bis zu seiner Südgrenze höchst einförmig, indem nur die Caps Monte (Capo Mount) und Mesurado bis zu einer ansehnlicheren Höhe daraus emporsteigen. In diesem südlichen Theil der Küstenzone ergießen sich außer zahlreichen kleineren Gewässern in den Atlantischen Ocean: der lange, den Rokelle an Bedeutung wohl noch übertreffende und ungeachtet seiner Stromschnellen in einer gro-

ßen Strecke seines Laufs schiffbare Kabanka oder Kamaranka, dessen Quellen 2 Tagereisen westlich von denen des Niger liegen sollen, der Scherbrofluß, der gegenüber der Insel gl. N. mündet, muthmaßlich aber viel kleiner und kürzer ist, als sein breiter Ausgang in das Meer anzudeuten scheint, der mit großen Böten befahrbare Magnalbari (der Gallinas der europäischen Seefahrer), der C. Monte- oder Pissoufluß, welcher in seinem untersten Lauf um das C. Monte einen großen Bogen bildet, der Halb Cap Montefluß (Half Cape Mount River), auch ein großer und tiefer Strom, endlich der St. Paul oder Mesurado, der in der Nähe des Vorgebirges gl. N. mit einer $^1/_4$ M. breiten und sehr tiefen Mündung in den Ocean tritt, einen mehr als 100 M. langen von N.N.O. kommenden und bis in die Bergländer des Innern reichenden Lauf hat und deshalb, ungeachtet seiner Stromschnellen bei Millsburg, am Meisten Aussichten zu einer Schifffahrt bis tief in das Binnenland dieser Gegenden eröffnet. Nach dem Innern zu steigt die Oberfläche des Districts im Allgemeinen allmählich auf, und es erfüllen zahllose vom Fuß bis zu ihrem Gipfel bewaldete Berge und Bergketten, welche oft höchst pittoreske Scenerien dem Auge darbieten, besonders die Landschaften Futa Dhiallon, Kuranko und Kissi. Aber zwischen diesen Bergen fehlt es auch nicht an Ebenen, wie es mit denjenigen in Kuranko der Fall ist, worin die Quellen des Rokelle entspringen, dann mit den fruchtbaren Flächen der Landschaft Kankan, endlich mit den ausgedehnten und üppigen Savanen zwischen Mélacúri und Timbo, in denen das sogenannte Guineagras mehr als Mannshöhe erreicht. Aber besonders bemerkenswerth ist ein Bergzug Futa Dhiallons, an dessen beiden Abhängen der Ursprung einiger der größten Ströme des nördlichen West-Afrika liegt. Am Westabfall desselben finden sich nämlich die Quellen des Comba, welcher einer der bedeutendsten nach Senegambien übergehenden Zuflüsse des Gebagolfs (Rio de Geba der Europäer) ist, am Ostabfall ebenfalls in Futa Dhiallon die des Falemé und Basing, zweier der größten Quellströme des Senegal, endlich die des Gambia, angeblich auch die des St. Paulsflusses. Außerdem geben diese Bergländer des Innern dem Niger seinen Ursprung, welcher südöstlich Falaba, nach einigen Berichten am Berge Loma der Landschaft Kissi, nach andern in dem westlich Kissi gelegenen Kuranko entspringt (S. 7.). Die allgemeine Erhebung des bergigen Binnenlandes mag jedoch nicht bedeutend sein, da sie an dem Berge Semba Sullimanas nur zu 1490, an einem anderen Berge Za Wolle ebendort zu 2080, an den Rokellequellen zu 1441, endlich an den Nigerquellen zu etwa 1600 Fuß, sämmtlich in englischem Maß, ermittelt wurde. An seinem Ostrand fällt dann das Bergland rasch in die ausgedehnten Ebenen des Nigerlandes ab. In geognostischer Beziehung erscheint Granit im Sierra Leonadistrict als herrschendes Gestein, indem dasselbe nicht allein in einzelnen Felsen in dem flachen Küstensaum nördlich Sierra Leona emportritt, sondern auch die ganze Umgebung Freetowns und besonders die Berge Sulimanas, Kurankos, ja selbst noch die im äußersten Osten in Bouré bildet. An den Granit schließen sich demnächst Gneis und Glimmerschiefer in denselben Gebirgsgegenden des Innern an. Gleicherweise finden sich Hyperitmassen bei Sierra Leona und im Gebiet der Mandingostämme zwischen dem Mélacúrie und Futa Dhiallon, Basaltfelsen mitten in den Alluvialgebilden der flachen Küstenzone, endlich vulcanische Gesteine auf einigen der Losinseln. In den Ebenen bilden eisenreiche rothe Quarzsande und rothe eisenschüssige Thone (Laterite) vorherrschend die Oberfläche, hin und wieder näher an der Küste ist dasselbe mit überaus fruchtbaren, schwarzen, thonigen Gebilden der Fall. An Quellen und Bächen des reinsten und erfrischendsten Gebirgswassers hat der gebirgige Theil des Districts überall Ueberfluß. In klimatischer Hinsicht unterscheidet sich das Binnenland, besonders Futa Dhiallon, durch eine kühlere Atmosphäre vortheilhaft von dem heißen niedrigen und sumpfigen Küstenstrich, in welchem Freetown die mittlere Jahrestemperatur von 26,3 Graden erreicht. Von Naturproducten besitzt der District in seinen dichten Wäldern eine Fülle der vortrefflichsten Bau- und Färbehölzer, die in neuerer Zeit viel den Mélacúri und Rokelle abwärts geflößt wurden und noch immer den Hauptexportartikel Sierra Leonas abgeben. Vor Allem sind Kurankos Wälder reich an rothem Camholz (Baphia haematoxylon oder nitida) und dem afrikanischen Mahagony- und Tikbaum, die der Landschaft Limba längs dem Großen Scarcies an Kaffebäumen. Von Erzen ist bisher nur Eisenerz, aber vortreffliches in überaus großer Fülle in Futa Dhiallon bekannt worden, wo es von den Bewohnern in kleinen catalanischen Oefen häufig verschmolzen wird, dann Gold auch in Futa Dhiallon, in größter Menge jedoch in den Alluvionen der Landschaft Bouré, wo seine Gewinnung sogar die Hauptbeschäftigung der Bevölkerung bildet. Bourés Gold macht deshalb einen wesentlichen Zweig des Handels dieser Gegenden, da es von den Mandingo und Fulahhändlern gegen Salz von der Küste und Zeuge von Ouasselon eingehandelt und sowohl nach den europäischen Comptoiren zu Sierra Leona, Bissão, am Rio Nuñez, Gambia und Senegal, als auch nach den großen Goldmärkten am Niger verführt wird. Auf den letzten bildet Bourés Gold, das sich vor anderen des Binnenlandes von Afrika durch große Reinheit und seine hellgelbe Farbe auszeichnet, selbst die Hauptmasse des dahin in den Verkauf gebrachten. Demnächst sind Häute, Wachs, Elfenbein und Sclaven die vorzüglichsten Gegenstände des hiesigen Handels, Sclaven aber jetzt für den Verkehr mit den Europäern am Wenigsten von Bedeutung, seitdem vor einigen Jahren die großen spanischen Sclavenfactoreien am Gallinasstrom durch die britische Marine zerstört wurden. Abweichend von dem Gebrauch der übrigen einheimischen Fürsten hat sich der Herrscher des Sulimanareichs das Monopol des Handels in seinem Gebiet angeeignet. — Die Bevölkerung ist sehr gemischter Art; sie zerfällt in zahlreiche kleine, durch das mannigfache zerschnittene Terrain entstandene Glieder, die theils ursprüngliche Bewohner des Landes sind, zum größten Theil aber Einwanderer aus den tiefer im Innern am oberen Senegal und Gambia gelegenen Bergländern sein sollen. Im Ganzen ist die Bevölkerung nicht stark und sicherlich schwächer, als in Europa, da viele Theile des Landes aus nicht sehr ergiebigen Savanen, dicken Urwäldern, wie besonders in Futa Dhiallon, und ausgedehnten Felswüsten bestehen. Zu den Urbewohnern des Sierra Leonadistricts werden besonders die zwischen dem unteren Nuñez und Sierra Leona längs dem Meere wohnenden Bagus oder Bagos und die Horden der Zapes, Foulis und Nalus gerechnet, von denen sich die 3 letzten durch äußerst häßliche rohe Gesichtszüge, platte Nasen, schmutzig bleiche Hautfarbe, die Sitte, ihre Zähne spitz zu feilen, welche in Afrika immer auf einen niedrigeren Culturzustand hinweist, endlich durch Wildheit vor den übrigen maritimen Bewohnern Guineas und selbst von ihren nächsten Nachbarn, den Bagus, auffallend unterscheiden. Sie sind sämmtlich Heiden, erkennen aber ein oberstes Wesen an, dem sie jedoch keine Art von Verehrung erweisen. Unter ihnen gelten die bis zum untern Nuñez wohnenden Nalus noch als die intelligentesten. Die Bagus, die ihrer Sprache nach den Felups von Senegambien am Nächsten stehen, wohnen von C. Verga bis zum Pongas, erstrecken sich aber über die Grenzen Guineas hinaus noch weiter nach Norden, indem sie sich in Senegambien bis zur Mündung des Nuñezstroms finden. Früher reichten sie tief in das Binnenland, von wo sie allmählich durch die Sousou verdrängt wurden, mit denen sie jetzt selbst unmittelbar am Meeresrande gemengt wohnen und endlich sich fortwährend allmählich verschmelzen. Auf den benachbarten Inseln bilden die Bagus gleichfalls die Bevölkerung. Sie sind abweichend von den Zapes, Foulis und Nalus, von schöner Körperbildung, ziemlich civilisirt und sehr fleißig, indem sie mit Sorgfalt den reichen Boden ihres Gebiets cultiviren und ihn auf Tamara, der Hauptinsel der Losgruppe, mit schönen Plantagen schmücken. Zugleich gewinnen die Bagus viel Seesalz zum Handel mit dem Innern. Sie sind ebenfalls sämmtlich Heiden. Die eingewanderte Bevölkerung gehört wesentlich dem Mandingo- und Fulahstamm an. Ihr Ursprung aus den Bergländern im Inneren scheint um so weniger in Zweifel gezogen werden zu können, als noch heute Glieder beider Volksstämme fortwährend das Bestreben haben, ihre Wohnsitze dem Meere zu nähern und gleiches Bestreben sich bei sehr vielen andern Bergvölkern der Binnenländer des Continents wiederholt, wovon die Aschanti, die Bakali und Galla Beweise liefern. Die Mandingo und Fulah sind theils Heiden, theils schon Muhamedaner, aber merkwürdiger Weise zeigen die

Glieder eines und desselben Stamms, selbst wenn sie dicht neben einander wohnen, die merkwürdigsten Unterschiede in Bezug auf physische, moralische und intellectuelle Ausbildung, jenachdem sie Muhamedaner und Heiden sind, indem die Anhänger des Islam vor ihren heidnischen Stammgenossen, Anhänger eines stupiden Fetischismus, dessen Bedeutung ihnen meist gänzlich verloren gegangen ist, durch höhere Bildung, größere geistige Entwickelung, Thätigkeit, moralischen Werth und Selbstgefühl vortheilhaftest hervorstechen. Unter den zahlreichen Abtheilungen des Mandingostamms sind die Anwohner des Mélacúri und des oberen Großen Scarcies, welche vorzugsweise den Namen Mandingo führen, diejenigen, welche den Charakter ihres Stamms am Reinsten bewahrt haben und zugleich die am Meisten in der Gesittung vorgeschrittenen. Sie zeichnen sich vor ihren übrigen hiesigen Stammsgenossen durch ein freies kluges orientalisches Gesicht, eine gekrümmte Nase, scharfe, kleine tiefliegende Augen und hohen schlanken, stattlichen Wuchs, dann durch gefällige Manieren, friedliche Gesinnungen, Intelligenz, Geschicklichkeit in Handarbeiten, Zuverlässigkeit in Geschäften, Reinlichkeit in Wohnung und Kleidung, indem die Mandingo überhaupt nie nackt gehen, endlich durch gewissenhafte Befolgung der Vorschriften des Islam aus. Bei ihnen kann jedes Individuum des männlichen Geschlechts schreiben und lesen, da dazu öffentliche Schulen bestehen. Selbst Rangunterschiede werden von diesen Mandingo gewissenhaft beobachtet. Von ihnen gehen besonders auch die zahlreichen Missionare des Islam aus, welche im Lauf dieses Jahrhunderts durch Beharrlichkeit, Umsicht und eine eifrige Befolgung des Princips, durch den Unterricht der Jugend ihrem Glauben Proselyten zu gewinnen, die Verbreitung des Muhamedanismus in diesen Gegenden so ungemein gefördert haben. Uebereinstimmend werden die geistigen, moralischen und selbst körperlichen Vorzüge dieser Mandingo von den neueren Reisenden dem wohlthätigen Einfluß des Islam zugeschrieben. Mehr abweichend von dem reinen Mandingothum ist der Charakter anderer Glieder des Mandingostamms, z. B. der Bullom, Timmani, Sousou und Vey. Von diesen ragen wiederum die Bullom und Timmani durch schöne Körperbildung, besonders bei den Weibern, die Bullom auch durch milden Charakter, die Timmani durch ungezwungene Manieren, ansprechende Gesichtszüge, Fähigkeit im Ertragen von Anstrengungen, endlich durch große geistige Anlagen hervor, doch ist das männliche Geschlecht der Timmani furchtsam. Alle diese Glieder des Mandingovolks werden jedoch in der Höhe ihrer Entwickelung durch jene Mandingo am Kissi, Mélacúri und Großen Scarcies überragt, welche der Lage nach viel später als sie, in diese Gegenden gekommen sind. Viel weniger ansprechend in der äußeren Erscheinung, ihrer dicken Lippen, flachen Nasen und ihrer gelben Gesichtsfarbe wegen sind die Sousou, welche jedoch einen kräftigen Wuchs, ein heiteres offenes Gemüth, Gastfreiheit und Thätigkeit besitzen. Niemals war im Lande der Sousou, das den Namen Sumbea führt und gegen 50 größere Ortschaften bis von 1000 Einw. enthält, Sclavenhandel sehr üblich. Die Sprache dieser Völkerschaft, obgleich sie sehr wohlklingend ist, gilt jedoch für sehr unrein, da sie mit vielen arabischen Worten gemengt ist. Alle diese nördlichen littoralen Mandingo sind in zahlreiche kleinere Staaten unter eigenen selbstständigen Chefs, die den Namen Almamy oder Mungké führen, oft aber mit ihrer Gewalt nicht über den Bereich eines Dorfs hinausreichen, zerspalten. Sie sind zugleich meist Heiden und fürchten den Einfluß des Teufels, obgleich sie ihm nicht besondere Ehre erweisen. Das Institut der Purrah (S. 197.) ist bei ihnen vorzugsweise im Gebrauch. Nicht minder ist Beschneidung bei den heidnischen Stämmen derselben, ganz wie bei den Muhamedanern Sitte. Von der Mandingogruppe wohnen die Bullom und Vey oder Vaheies, hart am Meeresrande, die Sousou und Timmani etwas tiefer im Innern, theils am Fuße des bergigen Binnenlandes, theils auf den ersten Höhen des letzten selbst und zwar die Bullom vom Pongas südwärts bis Sierra Leona, die Vey bis 7 M. landeinwärts vom Gallinas bis zum Scherbro, die Sousou nordnordöstlich von Sierra Leona, endlich die Timmani östlich von dem letzten Ort am untern Großen Scarcies und Rokelle. Die Bullom erstreckten sich, gleich den Bagus, einst viel tiefer in das Binnenland, woraus sie durch die noch später, als sie, dem Lauf der Flüsse entlang nach Westen vordringenden Timmani bis in ihre jetzigen Wohnsitze hart am Meere verdrängt wurden. Sie finden sich außerdem auf den vorliegenden kleineren Inseln, wie auf den Bananen- und Pisanginseln (Plantain Islands). Ausgezeichneter aber in politischer und religiöser Hinsicht, als die Bullom, durch eine entschiedene Superiorität, die sie gern gegen ihre heidnischen Nachbarn geltend machen, sind die Vey, die als intelligent, ernst, stolz, unterrichtet und als die eifrigsten Anhänger des Islam gelten, denen derselbe auch einen großen Theil seiner Fortschritte in diesen Gegenden verdankt, indem die Vey überall Schulen errichten und die Jugend zu ihrem Glauben herüberzuziehen suchen. Dieser geistigen Entwickelung verdankt eben die merkwürdige Schrift, welche vor einigen Jahren bei den Veys gefunden wurde, ihren Ursprung (S. 195.). Mit dem Gebiet der Vey, die übrigens nur etwa 12000 Köpfe zählen, hört nach Süden zu in der maritimen Zone sowohl der Muhamedanismus, wie der Mandingostamm auf. Im Innern gehören zu dem letzten besonders die Bewohner der Landschaft Kuranko und die diesen nahe stehenden Thiellé oder Thiallonkés, d. h. Dhiallonmänner, letzte die älteren Bewohner der Landschaft Futa Dhiallon und zugleich die Bevölkerung des als Theil von Kuranko angesehenen Reichs Sulimana, wo sie speciell den Namen Sulimas führen. Die Thiellé sind fast ohne Ausnahme Heiden, doch stehen die von Sulimana in Bezug auf physische Ausbildung, Thätigkeit und Cultur unter allen heidnischen Bewohnern dieser Gegenden oben an. Zugleich sind sie sehr kriegerisch. Auf einer viel niedrigeren Stufe der Cultur befinden sich die Dhiallonkés von Futa Dhiallon, die jedoch einen sanften Charakter haben, und zugleich einen vom gewöhnlichen Mandingo sehr abweichenden Dialekt reden, gleich den Kuranko, deren Sprache selbst für einen sehr verdorbenen Dialekt des Mandingo gilt und deren Sitten sie zum Theil mit den uncivilisirtesten Bevölkerungen des Continents vergleichen läßt. Der 2. große Stamm der Bevölkerung, die Fulah, wohnt nicht mehr, wie der der Mandingo, in compacten Massen bis an die Meeresküste, sondern allein im Innern, wo er in dem zur großen Landschaft Futa Dhiallon gehörenden Reich Timbo nach Unterwerfung der früheren ausschließlichen Bewohner desselben, der Dhiallonké, herrscht. Den Ursprung der Timbofulah versetzt man in die kleine, in der Nähe des oberen Senegal gelegene Landschaft Fulahdú d. h. Fulahland in der Mandingosprache. In physischer Hinsicht stehen diese Fulah ihren übrigen Stammgenossen durch kleinen Wuchs, grobe, rauhe Sprache und häßliche Gesichtszüge so weit nach, daß man sie sogar für einen degenerirten Zweig derselben erklärt hat. Doch sind sie Leute von Kraft und Muth, von ernstem, gemessenem Wesen und großer Thätigkeit, die einen sehr ausgedehnten Handel zwischen dem Innern und der Westküste, ja selbst bis zum Busen von Guinea treiben und auch ihren zum Theil unfruchtbaren Boden gut bestellen. Uebereinstimmend mit dem allgemeinen physischen Charakter ihrer Race haben diese Fulah eine hellere Hautfarbe, als die übrige Bevölkerung dieser Gegenden (dieselbe ist nämlich roth oder kupferbraun) und langes Haupthaar, das nicht so wollig, wie bei den Mandingo ist. Zugleich sind sie sehr eifrige Muhamedaner. Die bedeutendsten Orte in der Küstenzone sind:

Wankapong im Gebiet der Soosen, einige Tagereisen nördlich von Sierra Leona. — Fedi Boukaria, gewöhnlich Fourikaria genannt, Hauptort der ächten Mandingo am Kissistrom. — Tamanèh, Hauptort der Bullom. — Mélacúri, an dem bis hierher schiffbaren Flusse gl. N., bisher als Handelsort von großer Bedeutung, indem hier ein Stapelplatz für das aus dem Innern für Rechnung der Händler von Sierra Leona herabgeflößte und hier in die Seeschiffe eingeladene Bau- und Farbeholz ist. M. ist zugleich Vereinigungspunkt für die vom Rio Nuñez und aus dem Innern kommenden Karavanen, die besonders Seesalz und europäische Waaren gegen Landesproducte einhandeln; in neuerer Zeit sehr verfallen, 1000 Ew. — Malaglia, großer Handelsplatz am Mélacúri. — Tassin, großer Ort im Mandingoland. — Ma Bung, in dem 27½ M. von Norden nach Süden breiten und 22 M. von Westen nach Osten langen, westlich vom Gebiet von Sierra Leona, nördlich von den Mandingo, östlich und südlich von den Kuranko begrenzten Gebiet der Timmani, das zum Theil sehr sumpfig ist, indem es vom Rokelle bewässert wird, 2500 Ew. — Ma Yossa 8° 28′ N. Br. 5° 45′ 45″ O. L., am Kamaranka und zugleich an der Ostgrenze des Timmanilandes, Hauptort der Timmani. — Porto Logo, am Flusse gl. Namens in einer durch ihren schwarzen, schlammig-thonigen Boden überaus fruchtbaren und wohl cultivirten Gegend. — Gallinas an der Mündung des Flusses gl. N., bis in die letzten Jahre Hauptplatz für einen sehr bedeutenden Sclavenhandel. — Conscea 13 Meilen landeinwärts vom C. Monte, 15—20000 Einw., wohl befestigt. Aber am Wichtigsten ist die Küstenzone des Sierra Leonadistricts in neuerer Zeit durch die von England aus im J. 1787 auf der Sierra Leonahalbinsel zu philanthropischen Zwecken, besonders aber behufs der Aufhebung des Sclavenhandels und Einführung christlicher Gesittung in Afrika angelegten Etablissements geworden, obgleich der bezweckte Plan durch die für die Weißen so überaus ungünstigen hiesigen klimatischen Verhältnisse im Wesentlichen nicht erreicht wurde, weil selbst in der nächsten Umgebung der gegründeten Niederlassungen sich die alte afrikanische Barbarei in ungeschwächter Stärke erhalten hat und auch der Sclavenhandel nicht ganz hat ausgerottet werden können, der bis 1840 sogar an keinem Punkte der Guineaküste zwischen C. Verga und Palmas in solchem Umfange betrieben wurde, als grade hier. Erst in neuester Zeit hat die Zerstreuung der in Sierra Leona gebildeten, befreiten Sclaven nach anderen Gegenden, besonders nach dem Lande Yarriba auf der Beninküste Hoffnungen zu einem erfolgreichen Einwirken der hier gelegten Keime der Civilisation und des Christenthums auf die einheimische Bevölkerung erweckt. Das Gebiet der Niederlassungen hat sich allmählich vergrößert, so daß es jetzt vom Rokelle im Norden bis zum Kates River im Süden und etwa 5 M. weit in das Innere reicht. Der Mittelpunkt der Colonie war bisher noch immer die Halbinsel Sierra Leona. Zu derselben gehörten im Jahr 1847 etwa 50000 Individuen fast aller westafrikanischen Stämme, die sich noch fortwährend vermehren. Der Kern der Bevölkerung bestand ursprünglich aus nordamerikanischen und freien Jamaicanegern (sogenannten Marons). Der größte Zuwachs erwächst derselben jetzt theils von dem hier befindlichen Depot der aus den durch die englischen Kreuzer aufgebrachten Sclavenschiffen befreiten Sclaven, theils aus Entlassenen der britisch westindischen Regimenter, endlich aus Eingeborenen, die hier Freiheit ihrer Person und ihres Eigenthums finden und sich den ewigen Fehden ihrer Heimath zu entziehen suchen. Doch zeichnen sich die Abkömmlinge der nordamerikanischen und Jamaicaneger vor dem spätern Zuwachs fortwährend vortheilhaft durch Intelligenz und Bildungsfähigkeit aus, so daß sie das respectabelste Element der Bevölkerung bilden. Die Zahl der Weißen mit Ausschluß der Beamten betrug im Jahr 1844 nur 81, die der Mulatten gar nur 15. Der Wohlstand Sierra Leonas ist übrigens in neuerer Zeit nicht gestiegen, eher zurückgegangen, da der Boden mittelmäßig ist, alle technische Industrie fehlt, endlich der die Bevölkerung fast ausschließlich beschäftigende Handel sehr oft der Exporten entbehrt, die hier vorzüglich in Wachs, Hölzern, Häuten, Ingwer, Arrowroot und Goldstaub bestehen. Sierra Leona könnte indessen ein wichtiger Stapelort für den Baumwollenhandel werden, indem der Boden sich für die Cultur der Baumwolle eignet und da schon die Bevölkerung des Innern ihre feine, weiße und lange Baumwolle zu trefflichen Kleidungsstoffen verarbeitet, die immer vorzüglicher werden, je mehr man in das Innere fortschreitet. Die Civiladministration der Colonie des Sierra Leonabezirks ruht auf dem Gouverneur, dem Colonialsecretair, dem obersten Richter (Chief Justice), dem königlichen Advokaten und 2 Schreibern, die gewöhnlich Weiße sind und zu denen noch 2 farbige Schreiber hinzutreten. Für die religiösen Bedürfnisse und den Unterricht, besonders der befreiten Neger, sorgen Missionare, namentlich Wesleyaner, die auch eine höhere Schule, worin Lateinisch, Griechisch, Geographie, Mathematik und Astronomie mit gutem Erfolg gelehrt werden, und eine weibliche Erziehungsanstalt unterhalten. Für den Unterricht der Jugend geben die britische Missionsgesellschaft (Mission Society) und die wesleyanische Religionsgesellschaft beträchtliche Summen, letzte allein 2000 Pfd. St. jährlich. Das regulaire Militair beträgt etwa 600 Mann Farbige unter wenigen weißen Officieren, denen sich ein Milizcorps anschließt. Die Einnahmen der Colonie betrugen im Jahr 1835 28050, die Ausgaben 27069 Pfd. St., wovon 10878 Pfd. St. auf die Erhaltung des Etablissements befreiter Sclaven fielen. Das Gebiet der Colonie zerfällt in 3 Verwaltungsbezirke: den östlichen mit 4, den westlichen mit 5, den Bergdistrict mit 6 Dörfern, die größtentheils durch sehr gute, mit Brücken versehene chaussirte Straßen verbunden sind. In neuerer Zeit sind hier viele Canäle mit gutem Erfolg zur bessern Austrocknung des Bodens gebaut. — Freetown 8° 29′ N. Br. 4° 25′ 27″ O. L., reizend gelegen auf der Nordspitze der Halbinsel Sierra Leona, in einem durch Bäche reich bewässerten, 50 Fuß über dem Meeresspiegel erhabenen und von hohen amphitheatralischen, auf dem Gipfel mit reichem Waldschmuck bedeckten Bergen umschlossenen, aber sehr ungesunden Becken in einiger Entfernung von dem sogenannten Bunck- oder Buncestrom (S. 200.), nach St. Louis der bedeutendste, von Europäern auf der Westküste Afrikas angelegte Ort, gut, jedoch weitläufig gebaut, 10550 Ew. Sitz des Gouverneurs aller britischen Besitzungen in West-Afrika. — Kissi, im Ostkreise und zugleich am Westrande des Bunce, 2582 Einw., die meist aus der sehr tief im Innern des Districts gelegenen Landschaft gl. Namens herstammen. — Regents Town, mitten in der Halbinsel, 1797 Einw. — York, 7½ M. südlich von Freetown und an der Westküste der Halbinsel, schön gelegen, meist von Entlassenen der britisch westindischen Regimenter erbaut, 2500 Ew. — St. George, Kirche und Dissentercapellen. —

Die Dörfer Wilberforce, Leicester, Congo, Gloucester, Aberdeen, Russel, Bathurst, Charlotte. Im Innern gehört nach den angenommenen Grenzen zu dem District a) von der großen, ihrer Hauptmasse nach in Senegambien gelegenen, nördlich bis zum Gambia reichenden und im Nordwesten steil in die niedrigen Ebenen der Landschaft Tendamale Senegambiens abfallenden Landschaft Futa Dhiallon, das 30 M. in nordsüdlicher Richtung breite und 80 M. in westöstlicher Richtung lange, von Fulah und Dhiallonkés bewohnte, ganz mit Bergen und Wäldern erfüllte und reichlich mit fließenden Gewässern versehene Fulahreich Timbo, das in der Regenzeit ein immenser See ist, in der trockenen dagegen zum Theil einen sehr fruchtbaren Boden hat, worauf viele Fruchtbäume meist noch ganz unbekannter Art gedeihen. Außerdem hat Timbo viel unfruchtbare Strecken in den zwischen den Bergzügen gelegenen Plateaus. Zu den Hauptproducten des Landes gehört Wachs, das von hier in großen Massen in den Handel kommt. Die hauptsächlichsten Orte des Reichs sind: Timbo 10° 52′ N. Br. 7° 5′ O. L., auf einer hohen gesunden Ebene und zugleich an einem hohen Berge gelegen; Sitz des Almamy, 9000 wohlhabende Einw., jetzt nur mit geringem Handel, der besonders nach Kissi geht. — Labbé, gleichfalls auf einer Hochebene, die vortrefflich cultivirt ist, 5000 Ew., die vorzüglich nach dem Nunez handeln. — Sangola, große Stadt. — Djambilla, die wichtigste Stadt von Timbo, durch Fulah bewohnt. — b) Sulimana, das Reich der Sulima-Dhialonké in der Landschaft Kuranko, östlich bis zum Niger reichend, 13 M. von Norden nach Süden lang und voll schöner Gebirge, deren Thäler überaus fruchtbar sind. Bananen, Ananas und Reis wachsen hier im Ueberfluß, große Heerden schönen Viehs finden auf den Wiesen die reichste Nahrung, Elephantenheerden bevölkern die Wälder. — Falaba 9° 49′ N. B. 7° 5′ O. L., 45 M. östlich von Sierra Leona, am Flusse gl. N., große Stadt mit 6000 Ew. Sitz des Almamy von Sulimana. — Konkobougore, 9000 Ew., großer Sclavenmarkt. — c) Kankan, eine im Osten Futa Dhiallons gelegene sehr grasreiche, ebene Landschaft, deren Gras so hoch ist, daß die Köpfe des gehöckerten, in großen Heerden vorhandenen Rindviehs davon überragt werden. Die Bevölkerung, ein Zweig des Mandingostamms, gewinnt etwas Gold nebst viel Wachs und fertigt viel schöne, weiße Stoffe zu eignem Gebrauch an, treibt aber zugleich großen Handel mit den aus Quasselou bezogenen vortrefflichen Baumwollenzeugen. — In Kankan liegt der Ort Kankara an einem großen, schon dem Niger zugehenden Fluß, dem Sarano; großer Handelsplatz für den Verkehr mit Bambara und Sego. Zu Kankan gehört auch das 2 Tagereisen von Timbo in südöstlicher Richtung entfernte, auf der Südseite des Tankisso, eines großen Zuflusses des Niger, gelegene und von heidnischen Dhiallonkés bewohnte Land Bouré, das durch Waschen aus Alluvionen ungemein viel Gold gewinnt und damit einen sehr ausgedehnten Handel treibt, wodurch jedoch die Cultur des sonst sehr fruchtbaren Bodens so vernachlässigt wird, daß die Bewohner gezwungen sind, ihre Kleidungsstoffe und selbst die zu ihrer Subsistenz nöthigen Lebensmittel aus den Nachbarländern gegen Gold einzukaufen. — d) Balia oder Baleya, 8 Tagereisen östlich von Futa Dhiallon, aber noch westlich von Kankan und durch eine Bergkette von Bouré getrennt; der Boden sehr fruchtbar, so daß die auch aus Dhiallonkés bestehende Bevölkerung viel Producte gewinnt und große Heerden besitzt. Zugleich fertigt sie viel weiße Zeuge an, womit sie ihren Bedarf an Salz einhandelt. — e) Sangara, großes Land östlich von Sulimana und davon nur durch den Niger getrennt. Die in viel kleine Stämme zersplitterte und thätige Bevölkerung macht vortreffliche Zeuge, für die sie in Kankan, Bouré und Sego Gold einhandelt. — f) Kissi, auch östlich von Kuranko, ganz mit Bergen erfüllt. Zu Kissi selbst liegt nach einem neueren Bericht die Hauptquelle des Niger.

An der Küste des Districts finden sich noch 1) die Torotimah- oder Götzeninseln (Ilhas de los Idolos, daher gewöhnlich die Losinseln genannt), N. N. W. von Sierra Leona, angeblich die Reste eines erloschenen submarinen Vulkans. — Tamara, von Bullom bewohnt und vortrefflich cultivirt, die westlichste, größte und gesundeste Insel der Gruppe, obgleich auch sie keinesweges der Constitution der Europäer zusagt; britische Factoreien. — 2) Die Insel Matacong. — 3) Die 2 ganz bewaldeten Bananasinseln und das Pisangeiland, sämmtlich gegenüber der Sierra Leonahalbinsel gelegen. — 4) Die niedrigen und sandigen Schildkröteninseln. — 5) Die große und niedrige, aber im höchsten Grade ungesunde Sherbroinsel, gegenüber der Mündung des Flusses gl. N.

II. Der Malaghetta-, Pfeffer- oder Körnerdistrict, so genannt nach den hier sehr häufig vorkommenden Paradieskörnern, welche von den ersten Entdeckern dieser Gegend, den Portugiesen, den Namen des Malaghettapfeffers erhielten. Er erstreckt sich 75 M. lang in nordsüdlicher Richtung von Cap Mesurado bis C. Palmas und ist fast ganz hafenlos, so daß die Schiffe deshalb sowohl, als wegen der überaus heftigen durch die Westwinde und die nordsüdlichen Strömungen veranlaßten Brandungen, endlich wegen der vorliegenden Klippenreihe gewöhnlich genöthigt sind, einige Meilen entfernt von dem Festlande in offener See zu ankern. Nur am C. Palmas gibt es einen ziemlich sichern durch ein Felsriff gebildeten Ankerplatz. Der Küstensaum ist durchweg flach und höchst einförmig. Zahlreiche fließende Gewässer, die, obgleich größtentheils Küstenflüsse, sich doch häufig bei ihrem Austritt in die See stark verbreitern, durchschneiden ihn. Als größte Flüsse des Districts werden der St. John- und Junkfluß genannt, welche jedoch nach einigen Berichten mit dem untern St. Paulsfluß nur Verzweigungen eines einzigen großen Binnenlandstroms bilden, und zwischen welchen ein großes und fruchtbares Land, das sogenannte Klein Bassáland, und endlich der Groß Sestrosfluß liegt. Im südlichsten Theil der Küstenzone, in der Nähe des C. Palmas steigt das Land gleich vom Meeresspiegel terrassenförmig auf, im nördlicheren ist dies der Fall erst in 8—9 Meilen Entfernung vom Meere, worauf zuvörderst ein $1\frac{1}{2}$—2 Tagereisen breites, mit dicken Wäldern bedecktes, von Elephantenheerden und Raubthieren bevölkertes und nur durch einheimische Handelsleute durchzogenes, noch völlig unbekanntes Bergland, dann weiter im Osten das Plateau der Condou und Sahpo, endlich im äußersten Osten eine sehr hohe Gebirgsmasse, nach Angabe der Eingeborenen mit ewigem Schnee bedeckt, folgt, die muthmaßlich mit dem Kong in unmittelbarer Verbindung steht (S. 185.). Der Boden der Küstenzone ist größtentheils fruchtbar, am fruchtbarsten aber der des Kleinen Bassálandes, aus welchem ein immenser Ueberfluß an Reis, Palmöl und Vieh nach andern Theilen der Küste ausgeführt wird, so wie auch der zu Millsburg und Caldwell in Liberia. Nur zunächst C. Palmas, wo der Boden durch einen stark eisenschüssigen Thon (Laterit) gebildet wird, ist derselbe unfruchtbar. Die Bevölkerung der ganzen Küstenzone besteht durchaus aus Gliedern des Intá- oder Aschantistamms, im äußersten Norden nämlich und bis etwa 3—4 M. landeinwärts, südlich bis Monrovia aus dem nur etwa 6—7000 Köpfe starken Völkchen der Dey um Monrovia und bis 5 M. ostwärts, südlich aber 10 M. weit aus den verschiedenen kleinen Gliedern des Bassávolks, welche in Sitten, Gebräuchen, Beschäftigungen, Charakter und Sprache, nur dialektische Verschiedenheiten darbieten, völlig unter sich und mit dem in Süden an sie angrenzenden Volk der Mena übereinstimmen, und deren Zahl endlich etwa 125000 Köpfe beträgt, was für ihr Gebiet eine viel größere Bevölkerung ergibt, als irgend ein anderer westafrikanischer Landstrich haben dürfte. Die Bassá sind fleißig, haushälterisch, von gemäßigtem Temperament und gern geneigt, in der Civilisation Fortschritte zu machen. Sie leben in Dörfern bis von 2000 Einw., die eigene Oberhäupter haben. Im südlichsten Theile der Küstenzone wohnen von Groß Sestros an, besonders aber um C. Palmas, Glieder der Mena (S. 194.), von denen einzelne Niederlassungen sich auch an übrigen Theilen der Küste vorfinden. Diese ganze einheimische Bevölkerung der Küstenzone scheint aber zu keiner Zeit zu einem größeren Staat verbunden gewesen zu sein. Ihre Verfassung ist wenig bekannt, doch weiß man, daß sie bei den Mena völlig republikanisch ist. Der Handel war früher gering. Seit Gründung Monrovias ist besonders der Seehandel bedeutender geworden und er nimmt fortwährend zu, indem man von Landesproducten Wachs, Häute, Färbehölzer und davon vorzüglich Camholz, Reis (besonders vom C. Palmas), Schildkrötenschalen und Gold, welches tief aus dem Innern gebracht wird, exportirt, indem hauptsächlich Mandingohändler die Agenten für den Verkehr mit Futa Dhiallon und dem Lande der Condous abgeben. Die Pfefferküste ist in neuerer Zeit besonders wichtig durch die Niederlassungen freier Neger geworden, welche durch die nordamerikanischen Missionsgesellschaften seit dem Jahr 1821, wo diese die ersten Landgebiete durch Verträge mit den einheimischen Häuptlingen am Cap Mesurado erwarben und dahin befreite nordamerikanische Neger verführten, angelegt wurden. Seitdem hat sich die Zahl und Bevölkerung der Niederlassungen, meistens durch die Aufnahme freier Eingeborenen rasch vermehrt, bis daraus im August 1847 eine eigene unabhängige Republik Liberia mit einer der nordamerikanischen nachgebildeten Verfassung entstand, die sich von Digby am Poor River 6° 40′ N. Br. 6° 39′ 45″ O. L. bis zum Cavallyfluß 4° 20′ N. Br. 10° 9′ 45″ O. L. im Elfenbeindistrict erstreckt und einen etwa 25 M. langen und 5—8 M. tief in das Innere reichenden Strich umfaßt. Nach seiner neuen Verfassung hat Liberia

2 Kammern und einen gewählten Präsidenten, der bisher ein Weißer war. Als Bedingung der Wählbarkeit eines Repräsentanten wird ein Alter von 23 Jahren, ein Grundbesitz von 150 Thalern im Bezirke selbst und 2 jähriger Wohnsitz darin erfordert; wählbar wird das Mitglied der 1. Kammer, der Senator, auf stets 4 Jahre durch ein Alter von 25 Jahren, 3 jährigen Wohnsitz im Staate und einen Grundbesitz von 250 Thalern. Alle Bewohner der Republik genießen volle bürgerliche und religiöse Freiheit, welche selbst den eingeborenen Einwanderern zu Theil wird, die sich den Gesetzen des Staats unterwerfen. Schulbesuch der Kinder ist z. B. gesetzlich vorgeschrieben. 1847 gab es bereits 16 Schulen und 23 Kirchen. Der Verbrauch und Handel mit spirituosen Getränken ist dagegen gänzlich verboten. Die Gründung dieser Niederlassungen hat schon sehr vortheilhaft auf die Culturverhältnisse der ganzen Gegend, vielleicht mehr, als die älteren von Sierra Leona, gewirkt. Durch Liberias Einfluß haben sich hier nämlich bereits die Menschenopfer sehr vermindert, und so wurde auch der früher sehr lebendig betriebene Sclavenhandel ganz vernichtet, seitdem die benachbarten Staaten mit einer Bevölkerung von 6—120000 Köpfen sich durch Verträge zur Unterdrückung desselben und zur Gewährung von Schutz an die des Handels wegen zu ihnen kommenden Angehörigen Liberias bestimmen ließen. 1841—1843 wurden in das Gebiet der jetzigen Republik für 123690 Dollars Waaren, meist amerikanische, eingeführt und für 157830 Dollars ausgeführt, so daß die Bilanz zum Vortheil der Bevölkerung ist. Das Gebiet der Republik besteht gegenwärtig aus 2 durch das zwischen liegende Land der freien Mena von einander getrennte Landstriche mit einer Gesammtbevölkerung von 3200 schwarzen Einwanderern aus Amerika und 10—15000 den Gesetzen des Staats unterworfenen Eingeborenen. Der nördliche Theil Liberias auf der Körnerküste ist in 3 Districte (Counties), Mesurado, Gran Bassá und Sinu getheilt, der südliche am C. Palmas und auf der Elfenbeinküste gelegene, führt den Namen New Maryland.

Es gehören zu Liberia an der Küste die Ortschaften: Monrovia, pittoresk und hoch am C. Mesurado und am Flusse gl. N. gelegen, jedoch wegen der benachbarten Salzsümpfe, wie Freetown, sehr ungesund, so daß Europäer und weiße Amerikaner das Klima gar nicht zu ertragen vermögen; mit einem kleinen schlechten Hafen; Hauptort der Republik, gut gebaut, 1000 Einw., gutes Lyceum, öffentliche Bibliothek, Zeitung (Liberia Herald); Haupthandelsplatz dieser Gegenden. — Edina, südlich von Monrovia, an der Mündung des St. John River im Klein-Bassáland, in viel gesunderer Lage, als Monrovia und deshalb rasch aufblühend; gegenüber liegt Groß Bassá, New Sestros (Sesters), Marshall am Junkriver, Bassá Cove mit einer litterarischen Societät und öffentlichen Bibliothek und Greenville, beide letzte an der Mündung des Sinouflusses, New Georgia, 400 Ew., sämmtlich wohl gebaute Küstenstädte. Tiefer im Innern liegen noch zu Liberia gehörig: Millsburg, an den Wasserfällen des Mesurado oder St. Paul; Caldwell, gleichfalls am Mesurado; Berley. Im Menaland finden sich an der Küste die 5 Orte: King Williamstown, Klein Sestros, Groß Sestros, der beträchtlichste der Pfefferküste, und Setta Kru, ebenfalls einer der größten derselben, so wie am Cap Palmas die Orte der Eingeborenen: Wah oder Fishtown, Middleton, Rocktown, die zugleich amerikanische Niederlassungen oder Handelspunkte sind. Tiefer im Innern des Districts N.O. vom C. Mesurado kennen wir in 25—40 M. Entfernung von der Küste und davon durch dicke Gebirgswaldungen getrennt das ebene und dicht bevölkerte Land zweier großen, industriösen und verhältnißmäßig wohl civilisirten Volksstämme, der Condou und Goulals oder Gurrahs, welche ausgedehnten Ackerbau in großer Vollkommenheit betreiben, große Märkte haben, und sich des Arabischen als gewöhnlicher Schriftsprache bedienen und vortreffliche Pferde als Hausthiere benutzen. Die Producte des Gebiets beider Völkerschaften gehören zu den werthvollsten aus dem Innern nach Liberia kommenden Ausfuhrgegenständen. — Alporo, Hauptort der Condous. Südlich von diesen und östlich von Sestros liegt das sehr große und sehr volkreiche Sahpoland, dessen Einwohner die darin in Fülle vorkommenden Eisenerze verschmelzen. Von den 7 dazu gehörigen Städten ist Sikong die Hauptstadt des Landes. Ostnordöstlich von Cap Palmas liegt endlich im Binnenland das Bolobogebiet, dessen Hauptort Kay 2—3000 Einw. hat.

III. Der Zahn- oder Elfenbeindistrict nach dem vielen und guten Elfenbein genannt, das von hier stets in den Handel gebracht wurde, erstreckt sich in dem

2. westöstlichen Theile Guineas von C. Palmas bis zum Vorgebirge der 3 Spitzen 4° 49′ 30″ N. Br. 15° 26′ 50″ O. L. Der Küstensaum ist hier im höchsten Grade einförmig; er besteht in seinem westlichsten Theile von C. Palmas bis zum Frescofluß aus 2—300 F. hohen, tafelförmigen, rothen und weißen Sandsteinklippen, theils von sehr pittoreskem und wildem, theils von einförmigem Ansehen, die das Bergland der Drewins bilden. Im Osten ist dagegen der Küstensaum eben, auf der Oberfläche von rothem, eisenschüssigen Thon (Laterit) gebildet und zugleich sehr fruchtbar. Nach dem Innern erhebt sich überall das Land; schon vom Meere aus sieht man in der Ferne Berge mit kühnen und hohen Piks. Besonders im Gebiet der Mena-Grebos wurde dies innere Bergland so außerordentlich schön befunden, daß amerikanische Reisende versichern, nie etwas Schöneres gesehen zu haben. Namentlich ist diese ganze Landschaft grün und sie bietet durch ihre schönen, dichten Waldungen und ihre von Flüssen und Bächen reich bewässerten Triften ein höchst erquickendes frisches Ansehen dar. Unter den zahllosen fließenden Gewässern sind der Cavally-, St. Andreas-, Lahú-, Groß Bássam- und endlich der Issiny- oder Assinifluß die bedeutendsten. Die beiden ersten reichen nach Aussage der Eingeborenen bis in das Herz des Bahourievolks und eröffnen den Weg für einen bedeutenden Handelsverkehr mit dem Innern des Continents, vor Allem durch das Land der Aschánti, und zwar ist der Cavally, selbst in der trockenen Jahreszeit, ein mächtiger, von steilen Rändern eingeschlossener Strom, der mit anderen Flüssen im Innern in Verbindung steht, und der St. Andreas, ein in den Regenmonaten hoch anschwellender Fluß, dessen Mündung in der trockenen Jahreszeit jedoch sehr seicht ist. Weiterhin mündet der große Lahústrom, dann östlich im 14° O. L., bei dem Ort Groß Bássam ein unter dem Namen des Groß Bássamstroms bekannter Abfluß großer Lagunen, welche durch Aufstauung des aus dem Innern des Landes kommenden Aka oder Akbastroms entstehen. Unweit davon abermals im Osten erscheint ein 2. ähnlicher, breiter, und Issinyfluß nach dem Ort gleiches Namens genannter Abfluß zweier großen und schönen, durch eine schmale, sandige Landzunge, vom Meere gesonderten, unter sich zusammenhängenden, aber völlig von den Lagunen Groß Bássams getrennten Süßwasserbecken, von denen das größere, der Ahysee, durch den Biafluß, das kleinere, der Ehyi, durch den Tanoe oder Teudo, einen Strom von der Größe des Senegals, gebildet wird, welcher bis Abingra und Kumási, den beiden größten und reichsten Städten des hiesigen Binnenlands, hinaufreicht. Außerdem besitzt der Elfenbeindistrict im äußersten Osten den schon in der Nähe des Vorgebirges der 3 Spitzen mündenden und bis in das Bergland Warsaw zu verfolgenden Cobrefluß, endlich den von Axim 20 Meilen aufwärts schiffbaren Seinna oder Ancobra. Die im Ganzen sehr dichte, auf etwa eine Million geschätzte Bevölkerung des Districts bewohnt längs der Küste zahlreiche Städte, die zu den volkreichsten West-Afrikas gehören, so wie im Innern im Greboland viele Dörfer. Sie ist meist industriös, wohlhabend und sehr friedlich, was besonders bei den Anwohnern des untern Lahú der Fall ist, deren Intelligenz und civilisirtes Aeußere in Erstaunen setzt und welche zugleich eine besser organisirte Regierung, als irgend ein anderes Volk dieser Gegenden besitzen. Sehr abweichend hiervon galten die Drewins, die Bewohner der Küstenzone in der Nähe des Andreasstroms, besonders älteren Berichterstattern, für eine wilde, hinterlistige, unbändige und blutdürstige Race, ja selbst für Menschenfresser, während neuere Reisende in ihnen ein mit Geist und Unternehmungsgeist begabtes, männliches und interessantes Volk fanden (S. 195.). Doch wagen selbst jetzt nur wenige Seefahrer nach den von den Drewins bewohnten, früher unter dem Namen der Küste der Schlechten Leute (Costa de malas gentes) im Gegensatz der übrigen Küste, der Küste der Guten Leute, bekannten Küstenstrecken zu handeln und selbst die unerschrockenen Menafishmen scheuen sich mit ihren unmittelbaren Nachbarn an der Küste, diesen Drewins, zusammenzukommen. Die Bevölkerung producirt viel Palmöl und Reis, indem im Mena-Grebogebiet viele und große Pflanzungen von Bergreis die Hügel bis zum Gipfel bedecken. Exportirt wird Gold (aus Groß Bássam, Issiny und Axim, aber zum Theil aus dem Innern stammend), Palmöl, Camholz

und viel Elfenbein nebst großen Quantitäten von Lebensmitteln, die hier um einen wohlfeilen Preis zu haben sind.

Im westlichsten Theil des Districts liegen zunächst dem Meere die verschiedenen Niederlassungen, welche den 2. rasch aufblühenden Theil Liberias, New Maryland bilden. Weiter im Osten die Orte: Cavally, an der Mündung des Flusses gl. N., beträchtlicher Handelsplatz und Hauptort dieser Gegenden, 10000 Einw. Fabrication von Corallen, welche hier der Bevölkerung als Münze dienen. — St. Andreas (St. Andrews), einer der wichtigsten Handelsplätze zwischen Cap Palmas und C. Lahú für Palmöl, Elfenbein und Gold, einst auch für Sclaven: zugleich ist der Ort der westlichste Exportplatz dieses Theils von Guinea für Palmöl. — Lahú, am Fuß und Cap gl. N., noch bedeutenderer Handelsplatz und wohl der ansehnlichste der Eingeborenen auf der ganzen Küste West-Afrikas, besonders für Gold und Elfenbein. — Groß Bássam, an der Mündung des Stroms gl. N., 4—5000 Ew., bedeutender Handel mit dem auch in der Nachbarschaft vorkommenden feinen Gold. — Issiny 5° 4' N. Br. 25° 42' O. L., an der Mündung des Issinystroms, Goldhandel. — Krim 4° 48' N. Br. 24° 51' O. L., an der Mündung des Seinnaflusses, einer der gesundesten Orte an der Küste, Handel mit dem in der Nähe gefundenen Gold, einem der feinsten der ganzen Guineaküste. — Tiefer im Innern liegen die Orte: Gramboh, am Fuße des Grebeberglandes, 1 Tagereise von C. Palmas in reizender Lage auf einem hohen Berge, umgeben von schönen Citronen- und Orangehainen; ausgedehnte Fabrication schöner Töpferwaaren. — Denah, sehr bedeutender Ort 1 Tagereise von der Mündung des Cavally. — Krinschabo (Krinjabo), $7\frac{1}{2}$ Meilen von der See am Biaflusse, 12000 Einw., Hauptort des Issinyreichs, das sich 15 M. von Osten nach Westen und 30 M. von Norden nach Süden erstreckt, aber verhältnißmäßig wenig bevölkert ist. — Giugi, wichtige Handelsstadt, wo sich die großen Straßen von Adiugra und Kumáßi vereinigen. — An der Elfenbeinküste haben von europäischen Mächten nur die Franzosen und Niederländer Besitzungen, jene das Fort Nemours bei Groß Bássam, diese ein Fort bei Krim.

IV. Der Golddistrict von dem Vorgebirge der 3 Spitzen bis zur Mündung des Voltastroms 5° 46' N. Br. 18° 29' 45" O. L. reichend, hat einen ebenso einförmigen Küstensaum, wie der Elfenbeindistrict. In seinem westlichen Theil bis Accrà wird er bald vom Meere an von niedrigen bewaldeten Hügelreihen, die vorzüglich einer N.O.—S.W. Richtung folgen und nach Osten zu immer höher werden, durchzogen. Von ihnen reichen Abzweigungen bis zum Meere selbst, die besonders bei dem Ort Tantum schroffe Abstürze gegen dasselbe bilden, woran es sich mit fürchterlicher Gewalt bricht. Abweichend hiervon ist der littorale Theil des Districts im Osten Accràs bis zum untern Volta eine bis mehrere Tagereisen breite, sandige, ganz flache und unfruchtbare Ebene, worin zunächst dem Meere nichts als niedriges Gebüsch wächst, welcher aber landeinwärts ein fruchtbares Terrain folgt. Höhere Bergzüge, bedeckt mit den prachtvollsten, meist aus gigantischen Wollbäumen bestehenden Urwaldungen, zwischen denen die lachendsten Thäler mit der üppigsten Vegetation, meist vortrefflich cultivirt, und bewässert mit zahllosen Bächen des klarsten, erfrischendsten Bergwassers sich erstrecken, erfüllen den mittleren Theil des Districts bis etwa 6° 30' N. B. und gewähren dem Auge die reizendsten Scenerien, worauf im nördlichsten wiederum ausgedehnte, waldlose aber grasreiche Ebenen in den Landschaften Gaman, Banna und Sarem als eine Art Mittelterrasse bis zur großen Kette des Kong auftreten, welcher selbst die Nordgrenze aller Districte Guineas gegen die Hochebenen des mittleren Nigers ist. Den Boden der flachen Küstenzone bilden vorherrschend rothe Thone und Sande; wo im Gebiete derselben feste Gesteine zu Tage treten, sind es meist rothe thonige, dem deutschen bunten ganz ähnliche Sandsteine, welche besonders bei Accrà ein vortreffliches Baumaterial liefern, sodann im Liegenden der Sandsteine krystallinisch körnige Gesteine, namentlich bei Cape Coast Castle und Christiansborg. Im Innern haben die Bergketten dieselbe geognostische Beschaffenheit, da in denen des Aschantilandes Granite überaus häufig sind, und da selbst die Hauptstadt dieses Landes auf einem Granitfelsen steht, wogegen die Bergmassen des Ländchens Aquapim im Norden Accràs noch aus demselben rothen thonigen Sandstein, wie er an der Küste herrscht, bestehen, worunter hier jedoch Thonschiefer gelagert ist. Zu den bedeutendsten fließenden Gewässern des Golddistricts gehören außer dem höchst ansehnlichen und mit seinen Quellen bis in den Kong reichenden, aber an seiner Mündung durch Sandbänke fast völlig gesperrten Adirri oder Amoo (dem Volta der Europäer), der Prah, ein bei den Aschänti auch unter dem Namen Bossum Prah d. h. Heiliger Strom bekannter Fluß von bis 40 Fuß Tiefe, welcher im größten Theil seines Laufs der Küste parallel geht, die Aschänti von den Fänti trennt und endlich bei Schama den Ocean erreicht; dann der Zamma im äußersten Norden des Landes, wo er in neuerer Zeit ebenfalls eine Grenze der Aschänti bildet, der aber im weitern Lauf völlig unbekannt ist, endlich der obere Tanoe oder Tendo (S. 209.). Das Klima ist längs der Küste, wie in den übrigen Küstenstrichen Guineas, ungemein heiß und ungesund, in den Bergländern des Innern dagegen, namentlich in dem schroff aus der Küstenstufe bis 2000 Fuß Höhe ansteigenden Bergland Aquapim viel gemäßigter und europäischen Constitutionen selbst zusagend. Die Vegetation erscheint im größten Theil des Districts ungemein kräftig. Die Küstenzone im Fäntiland ist überall bedeckt mit der üppigsten Flora baumartiger Farrn, Palmen und Bambus. In den Wäldern des südlichen Aschäntilandes herrschen dagegen die ihrer Entwickelung nach fast monströsen und bis 200 F. hohen Wollbäume nebst Heuschreckenbäumen. Gleiches ist in den dicken Bergwaldungen des nördlichen Aschäntilandes, am Meisten in der Landschaft Intá oder Ghondia, mit dem Gourounußbaum der Fall, dessen bitteraromatische, dem Kaffe ähnliche Früchte eine Quelle des Wohlstandes für die Bevölkerung sind. In allen Waldungen ist zugleich die Entwickelung der Schlingpflanzen, besonders von Papilionaceen, dann auch von parasitischen Orchideen so außerordentlich mannigfach und kräftig, daß selbst die Passage durch die Wälder dadurch oft im höchsten Grade erschwert wird. Auf den waldlosen Ebenen des Innern erreichen die Gräser ebenfalls zuweilen erstaunliche Entwickelungen, da deren Halme bis 3/4 Zoll dick und gegen 20 Fuß hoch werden, wie es namentlich auf den Savanen Kumasis der Fall ist. Hauptproduct des Golddistricts ist jedoch das Gold, weshalb der Küstenstrich fast seit der Entdeckung dieser Gegenden durch die Portugiesen den Namen der Goldküste erhalten hatte. Ein Theil davon wird im Schuttlande der Küstenzone, worin es fast überall anzutreffen ist, hauptsächlich bei Cape Coast Castle und Accrà, gewonnen, ein anderer kommt aus dem Innern, besonders aus dem Aschäntilande, in welchem der Boden einiger Landschaften, wie Gamans, Dinkaras und Wassaws ganz damit imprägnirt ist, während andere wieder arm daran sind, da namentlich Intá und Daghumba ihr Gold erst durch den Handel erwerben. Ein Strom Aschäntis, der Barra, führt sogar so viel Gold, daß 8—10000 Sclaven 2 Monate des Jahrs mit dem Verwaschen seines Sandes beschäftigt sind. 1846 rechnete man den jährlichen Golderport von der Goldküste zu 100000 Unzen, und noch jetzt ist hier das Gold der wichtigste Exportartikel, besonders seitdem der Sclavenhandel gänzlich aufgehört hat. Nächstdem werden von der Goldküste aus Elfenbein und Erdnüsse ausgeführt, dagegen vom Meeresrande her eine große Menge Meeresfische, die man vorzüglich an der Mündung des Volta fängt und trocknet, nach dem Innern, namentlich nach dem Aschäntiland, ja selbst bis in den Kong eingeführt. Die Bevölkerung gehört mit Ausnahme der im Kong wohnenden Glieder des Mandingovolks ausschließlich, wie es scheint, dem großen Aschäntistamm an, dessen Sprache hier den Namen des Odschi (Odji Kasso) führt und den allgemeinen Charakter der aboriginalen Sprachen des Continents im Gebrauch von Anlauten (Präfixen) zur Bildung der Pluralia im Nomen theilt, sich speciell aber durch Wohlklang auszeichnet, indem sie meist aus Vocalen besteht, mit denen sehr wenig Consonanten verknüpft sind. Vorzüglich reden die Aschänti und Fänti das Odschi, beide Völker in so verwandter Weise, daß ihre Sprachen kaum dialektisch verschieden sind. Im Westen spricht das Ahantavölkchen am Vorgebirge der 3 Spitzen auch Odschi; ebenso verstehen die Accräer im äußersten Osten die Fänti, wobei jedoch ihre Sprache so sehr vom gewöhnlichen Odschi abweicht, daß man die Accräer irrig sogar für ganz verschiedenen Ursprungs von den Aschänti gehalten hat. In politischer Hinsicht sind die Aschänti, oder eigentlich richtiger As-jänti genannt, hier bei Weitem das wichtigste Volk, indem ihr Reich von der Meeresküste bis zum Zamma und Kong im Norden, dann von Axim im Westen bis

14*

zum untern Volta im Osten reicht, und im Innern sogar über den obern Volta hinausreicht, da die Landschaften Intá und Daghumba schon nordöstlich vom Volta liegen. Nur der schmale, im Westen durch das Flüßchen Sakum, im Osten durch den Kakubach bei Elmina begrenzte Küstenstrich, der im Norden am Prah endigt und von den Fanti bewohnt wird, ist von den Aschanti unabhängig und dagegen unter dem Einfluß der britischen Regierung zu Cape Coast Castle. Außer dem Prah trennt ein dichter, mehrere Tagereisen breiter Urwald, wodurch nur enge Fußpfade führen, das Gebiet der Fanti und Aschanti. Die Bevölkerung des letzten ist ansehnlich und wird auf etwa 4 Millionen Köpfe geschätzt, die auffallend viel große Städte bewohnen. Die Verfassung der Aschanti ist monarchisch und despotisch, dennoch ist der Herrscher, der stets den Titel Ohen d. h. so viel als unser Wort König, führt, mit seiner Machtvollkommenheit bis zu einem gewissen Grade eingeschränkt, da es ihm nicht gestattet ist, obwohl er nach Belieben über Person und Eigenthum der Angehörigen seines Reichs schalten und walten kann, alte durch Ueberlieferung festgestellte Gesetze zu überschreiten oder sie einseitig abzuschaffen. Versuche von Herrschern, dies zu thun, kosteten ihnen Macht und Leben. Ebenso wenig dürfen die Herrscher Kriege beginnen, Frieden, Bündnisse, Verträge schließen oder überhaupt die Gesammtheit ihres Volks betreffende Maßregeln ergreifen, ohne daß darüber vorher in einer allgemeinen, von dem Herrscher berufenen Versammlung der Häuptlinge berathen und deren Beistimmung erfolgt wäre. Besonders stehen 4 aus den alten mächtigen Familien, welche im Beginn des vorigen Jahrhunderts das Aschantireich gründen halfen, abstammende Häuptlinge dem Herrscher in allen wichtigen Angelegenheiten zur Seite, und sie sind sogar verpflichtet, Verträgnisse und Bündnisse mit zu unterzeichnen. Im Allgemeinen hat das Aschantiland weniger den Charakter eines compacten Staats, als den eines Complexes mehr oder weniger selbstständiger Landschaften, die gegen den Herrscher zu Kumasi nur im feudalen Verhältniß stehen, da einige derselben, wie besonders Intá und Daghumba, noch ihre eigenen Fürsten und ihre eigene Verfassung, ja selbst ihre herkömmlichen Gesetze behalten haben, von denen jedoch immer eine Appellation an die Aschantigesetze gestattet ist. Solche weniger streng, als das Stammland der Aschanti und die von den letzten eroberten Gebiete der Gewalt des Herrschers unterworfenen Bestandtheile des Reichs, sind vorzüglich nur zum Tribut und zur Heeresfolge verpflichtet. Die Erbfolge in der Herrscherwürde geht bei den Aschanti übrigens nicht auf die Kinder, sondern merkwürdiger Weise auf die Brüder des Herrschers über. Gleichzeitig sind hier überall, besonders bei den Fanti, wie in Madagascar, Ordalien mit vergiftetem Wasser üblich. Die eigentlichen Aschanti sind übrigens eine höchst ehrenhafte, charakter- und muthvolle, thätige und auch physisch kräftige Völkerschaft, welche allmählich durch ihre außerordentliche Tapferkeit, Umsicht und Ausdauer alle benachbarte Landschaften eroberte und im Jahr 1807 ihre Herrschaft bis zum Meere ausdehnte. Sie bilden einen der wenigen Staaten des Continents, wo Heiden die Oberherrschaft über Muhamedaner errungen haben, indem die Bewohner des aschantischen Kong nebst der Bevölkerung von Intá und Daghumba größtentheils Anhänger des Islam sind. Aberglauben und dessen Folge, zahllose blutige Menschenopfer, sind jedoch, wie bei den Dahomeern, eine Schattenseite in dem günstigen Bilde, welches alle neuere Reisende von den Aschanti entworfen haben. In Bezug auf technische Geschicklichkeit ragen diese ebenfalls über alle Bewohner Guineas, mit Ausnahme etwa der Dahomeer, hinweg, indem sie bewundernswürdig feine und elegante Stoffe von großem Werth aus einem Gemenge ihrer eigenen und der besten fremden Seide anfertigen, dann ausgezeichnet schöne Töpferwaaren aus ihrem sehr feinen Thon machen und endlich brauchbare Eisenarbeiten, vorzüglich aber höchst zierliche und geschmackvolle Goldarbeiten darstellen. Von sehr viel geringerer Bedeutung in moralischer und politischer Beziehung sind die Fanti, die in zahlreiche kleine Communen zerfallen und nur unter einem nominellen Oberhaupt stehen, und deshalb im Lauf dieses Jahrhunderts in ihren Kriegen mit den Aschanti größtentheils von denselben ausgerottet wurden. Zum Golddistrict gehören die Orte:

a) Im Fäntiland: Dankumäsi, einer der größten und reinlichsten Orte dieser Gegenden. — Abrah, einst Hauptstadt der Fänti und von Bedeutung, jetzt fast ganz zerstört. — Schama, am Ausflusse des Heiligen Stroms, mit 1200 sehr industriösen Einw. — Commenda, 10000 Ew. — Annamabú d. h. Vogelstadt im Fänti 5⁰ 15′ N. Br. 16⁰ 53′ 20″ O. L., auf einem hohen Felsen, 15000 Ew., ansehnlicher maritimer Handelsplatz. — Cormantin, 3000 Einw. — Winnebah, neu und sehr regelmäßig aufgebaut, großer Handel mit getrockneten Fischen nach dem Aschäntiland.

b) Im Aschäntilande, welches jetzt außer der Berglandschaft Aschänti, dem Kern des Reichs und in dessen Mitte gelegen, noch die einst unabhängigen Landschaften: Ahänta, Warsaw oder Wassaw, Adingra oder Dinkara, Gaman, Sarem, Intá, Daghumba, Akim, Asiu und Aquapim umfaßt, liegen an der See die Orte: Dix Cove, westlich von Cape Coast Castle, an einer schönen Bai, 1200 Einw., Goldhandel. — Accrà oder Ankran aus 4 Städten mit eigenen Vorstehern bestehend, 6000 Ew., die vortrefflich in Gold arbeiten: ausgedehnter Land- und Seehandel, großer Fischfang: dann im Innern: Kumäsi 6⁰ 34′ 50″ N. B. 15⁰ 8′ 45″ O. L., auf einem von Sumpf und einem Bach umgebenen Granitfelsen, 1 M. im Umfange, gegen 70000 Ew., worunter viele Händler aus den muhamedanischen Provinzen und fremden Staaten, Hauptort des Aschäntireichs und Residenz des Herrschers. — Adinkra, einer der größten Handelsplätze des Reichs. Aloferum, 18000 Ew. — Akropóng, 17 Stunden von der Küste, in hoher reizender Lage, Hauptort der Berglandschaft Aquapim. — Juabin, 70000 Einw. — Sallagha, 17 Tagereisen nördlich von Kumäsi, Hauptort der meist von Muhamedanern bewohnten Berglandschaft Intá oder Ghondia, sehr bevölkert und sehr bedeutend durch den Handel, besonders mit Gourounüssen. — Yahudi, Hauptort von Daghumba, ebenfalls von sehr großer Bedeutung, angeblich mit 400000 größtentheils muhamedanischen Einw.: Mittelpunkt eines bedeutenden Handels vorzüglich mit den von der Bevölkerung aus Aschäntigold sehr kunstreich verfertigten Goldsachen, welche am Meisten in die Nigergegenden gehen und hier als Einfassung von Amuletten hochgeschätzt werden, dann mit dem in Daghumba selbst vorkommenden Salmiak.

c) Von Europäern besaßen früher Engländer, Niederländer und Dänen, besonders zum Betrieb des Sclavenhandels, längs der Goldküste zahlreiche Forts und Handelsstationen, wovon im Jahr 1808 zwischen Axim und Accrà auf 16 M. Länge noch 10 britische, 15 niederländische und 4 dänische vorhanden waren, die jetzt größtentheils durch das Aufhören des Sclavenhandels verlassen sind. Den Briten gehören noch: Das Fort von Dixcove, jetzt das westlichste ihrer Besitzungen. — Cape Coast Castle oder im Fänti Gweh d. h. Sitz genannt 5⁰ 7′ 20″ N. Br. 16⁰ 25′ 3″ O. L., starkes Fort, Hauptpunkt der britischen Besitzungen an der Goldküste und deshalb Sitz des unter dem Gouvernement von Sierra Leona stehenden Untergouverneurs, Gouvernementsschule; daneben die Stadt gl. N. mit 13 europäischen und 10000 einheimischen Einw.; sehr beträchtlicher Handel seewärts mit Gold, Elfenbein und Palmöl, und landeinwärts mit europäischen Waaren in das Innere bis Saccatú und zum Niger. — Die Forts bei Annamabú und Accrà. — Christiansborg, sehr starkes Fort, bis 1849 Hauptort der dänischen Besitzungen an der Goldküste; die dabei liegende Stadt gl. N. mit 6000 Einw. — Ningpo oder Friedensburg, einst dänisches Fort, die östlichste europäische Besitzung auf der Goldküste. Die Niederländer besitzen hier: St. Georg el Mina, gewöhnlich einfach El Mina genannt, ganz in der Nähe von Cape Coast Castle, sehr starke Festung mit dem benachbarten Jagofort; Sitz des Gouverneurs; dabei die schlecht gebaute Stadt gl. N. mit 8—10000 Einw.; Sitz des Gouverneurs. — Gravecoeur, Fort bei Accrà.

V. Der Sclaven- oder Benindistrict von der Mündung des Volta bis zum Meeresarm des Rumby, dann im Innern bis zum nördlichen Abfall des zum Reich Dahome gehörenden Berglandes der Mahi und des Berglandes von Yarriba unter dem 9—10⁰ N. Br. reichend. Der Küstensaum zieht sich anfänglich vom Volta an bedeutend zurück, indem er mit einem bedeutenden Bogen bis zur Mündung des Yébuflusses die Umfassung des großen Beningolfs bildet; vom Yébu springt er wieder mit einer sehr breiten, am Südende abgestumpften Landmasse hervor, welche im Osten von dem großen und langen Meeresarm begrenzt wird, der selbst nur eine nördliche Fortsetzung des Biafragolfs ist und worin der Kreuz (Cross)-, Alt Calabar- und der Königsfluß oder Rumby münden. Die südwestlichste Spitze des Vorsprungs führt den Namen des C. Formosa, die südöstlichste den des Tom Shot Point. Die Oberfläche des 50—60 M. in nordsüdlicher Richtung breiten westlichen Theils der Küstenzone bis zum Yébu ist äußerst wenig über dem Meeresspiegel erhaben und sehr sumpfig, worauf dann, wie am Südrande des Aschäntireichs, ein undurchdringlicher Zug von Urwäldern folgt. Vor der Küste zieht sich dagegen von

Groß Popo bis Lagos eine lange, schmale, flache, aus Dünensand bestehende Landzunge hin, die an mehreren Stellen durchbrochen ist und vom Festland durch eine lange und stellenweis bis 4 M. breite Lagune getrennt wird. Den innern Theil des Districts erfüllen Bergmassen und namentlich die Tafelberge des in dieser Gegend in nordsüdlicher Richtung etwa 17 M. breiten, von W.N.W. nach O.S.O. streichenden und bis zum Durchbruch des Niger zu verfolgenden Kong. Die geognostischen Verhältnisse sind hier ebenso einförmig, als im Westen, indem rothe, eisenschüssige Thone und Sande die Oberfläche des ganzen Tieflandes, unter andern bei Lagos, Badagry und bis zum Fuß des Berglandes von Dahome und Yarriba, bilden, während das östliche Tiefland das Product der Alluvionen ist, welche von den zahllosen Armen des unteren Niger bei ihrem Eintritt in das Meer allmählich abgesetzt wurden und ganz mit undurchdringlichen Urwäldern bedeckt sind. Besonders verdankt die vorspringende Landmasse zwischen dem Yébufluß und dem Rumbymeeresarm solchen mächtigen Ablagerungen ihren Ursprung. Die Bergmassen des Innern bestehen dagegen in ihrer unteren Hälfte vorzüglich aus Granit, der nicht allein die oft mehrere 100 F. hohen Wände der tief eingeschnittenen Thäler und mächtige frei stehende Felsen bildet, sondern auch an allen Punkten der Basis des Berglandes von Dahome und Yarriba angetroffen wurde, wo man aus dem Tieflande an dessen Fuß gelangte. Im Hangenden des Granits erscheinen demnächst gewöhnliche rothe, eisenschüssige Sandsteine, welche auch hier durch ihre ausgezeichnet regelmäßige horizontale Schichtung, wie in Abessinien, im Natal- und Caplande, zur Entstehung von Tafelbergen und treppenartig aufsteigenden Pässen und überhaupt zu der höchst einförmigen Configuration des Kong, besonders in Yarriba, Veranlassung gegeben, wodurch er den meisten Gebirgen des Continents so ähnlich wird. Unter den zahlreichen Gewässern des Landstrichs sind außer dem als Grenzfluß hierher gehörenden Volta die bedeutendsten im Westen: der Dagboh (Lagos der Europäer), der im Innern Dahomes den Namen Zoa führt, in der flachen Küstenzone durch Seitenabzweigungen mit dem Formosa in Verbindung stehen soll und endlich bei dem Ort Ekó oder Lagos in die lange Lagune mündet, dann der Yébu und Formosa, vor Allem aber der Niger mit seinen zahllosen Aesten, von denen aber die meisten, selbst die größern (S. 188.) durch Sandbänke bei ihrem Austritt in die See für Seeschiffe impracticabel sind, indem bisher nur 2 derselben, der Quarrch oder Benin und der Nun für Seefahrzeuge passirbar befunden wurden, da es in ihnen allein gelang, den ungetheilten Strom im Innern zu erreichen. Unüberwindliche Hindernisse bei der Auffahrt ergab namentlich auch der bisher für einen Arm des unteren Niger angesehene Formosastrom, so daß man sich deshalb wohl neuerdings veranlaßt gefühlt hat, denselben, obgleich er mit dem Benin in einer und derselben Meeresbucht mündet, als einen davon getrennten und sogar als einen selbstständigen Fluß zu erklären. Auffallender Weise ergab sich selbst der große Bonny, ungeachtet seiner $1\frac{1}{2}$ M. breiten Mündung, als ganz unpracticabel für die Binnenschifffahrt, da er periodisch im Jahr völlig trocken liegen soll. Außerdem durchziehen das Nigerdelta, dessen Größe etwa der der Oberfläche Irlands gleichkommt, eine Anzahl kleinerer Abzweigungen der größeren Arme in allen Richtungen, die jedoch meist nur in der Regenzeit mit kleineren Canoes befahrbar, in der trockenen aber ohne Wasser sind und so ein ungeheures Labyrinth bilden, welches mit dem an der Mündung des Ganges in Indien und dem zwischen dem Cyane und Essequibo in Guayana die meiste Aehnlichkeit hat. Im äußersten Osten gehören hierher der Kreuz-, Bonge- oder Alt Calabar- und der eigentliche Rumby- oder Königsfluß, die jedoch sämmtlich schon in der Nähe am westlichen Abhange des Cameron zu entspringen und nur die Natur rasch fließender Gebirgsströme zu haben scheinen. An Quellen der reinsten Bergwasser und an perennirenden Bächen ist der District, vorzüglich in seinen bergigen Theilen, ebenfalls ungemein reich, wozu im Innern einige kalte und laue Eisenquellen treten. Die klimatischen Verhältnisse zeigen sich im Flachlande der menschlichen Constitution ungemein ungünstig, weil nicht allein europäische Naturen auf die Dauer ihrem Einflusse unterliegen, sondern selbst die Eingeborenen, vor Allem in den Sumpfgegenden des Niger, an hartnäckigen Geschwüren und den verderblichen endemischen Fiebern, welche häufig eine starke Sterblichkeit zur Folge haben, leiden. Die Fäulniß der Massen von vegetabilischen Substanzen nach dem Aufhören der Regenzeit ruft hauptsächlich durch die Bildung der verderblichen Miasmen die intensivsten Krankheitsfälle hervor. Doch hat ein sorgfältiges Studium der Sumpffieber durch die Aerzte der an den Nigermündungen beständig stationirten Beobachtungsschiffe in neuerer Zeit zu einer richtigeren Behandlung der hiesigen Krankheiten geführt. Viel gesunder sind die Bergländer des Innern. Bei dem großen Wasserreichthum der Landschaft und der hohen Temperatur hat die Vegetation dieser Gegenden natürlich eine erstaunliche Intensität. In der westlichen Küstenzone zeigen sich überall auf dem fruchtbaren rothen Thonboden, so weit das Auge reicht, die schönsten grünen Savanen mit einzelnen Gruppen von Palmen, so daß die Landschaft ein ganz parkähnliches Ansehen hat. Vor Allem nimmt aber die Waldflora ausgedehnte Landstrecken im Osten und im Innern ein und zeichnet sich durch Größe und Stärke ihrer Individuen aus. In den dichten Waldungen der Küstenzone herrschen gigantische Adansonien, Wollbäume und Oelpalmen; besonders durch die zahllosen Schlingpflanzen aller Art werden diese Wälder, welche den trocknen und zwar größten Theil des Nigerdelta bedecken, völlig unwegsam, wogegen eine ähnliche unvertilgbare Vegetation von Mangrovebäumen die vom Salzwasser befeuchteten äußern Ränder des Delta bekleidet. Nur selten finden sich in solchen Waldungen Spuren menschlicher Wohnungen. Eine andere Art Waldflora, vorzüglich in den Berglandschaften Dahomes und Yarribas, besteht aus dem für alle Bergwaldungen des westlichen Afrika charakteristischen Schibbaum (Bassia Parkii), einem durch die aus seinen Kernen gewonnene ölige, die Butter ersetzende Substanz der Bevölkerung äußerst nützlichen Gewächs. Sogar in den Flüssen überrascht die Vegetation durch Ueppigkeit; im Formosa ist sie z. B. so kräftig, daß Dampfschiffe dadurch am Aufwärtsfahren gehindert werden. Weniger entwickelt ist die Thierwelt, am Wenigsten im Delta, dessen Atmosphäre selbst die vierfüßigen Thiere zu meiden scheinen, während das Bergland Dahome reich an Elephanten und Raubthieren der mannigfachsten Art, namentlich an Leoparden, dem Schutzgeist des Landes, ist. Nicht einmal Affen gibt es häufig im Delta, desto mehr Papageyen, Amphibien und Insecten. Schwarze Walfische sind häufig zur Zeit des Wintersolstitium in der Beninbucht, sonst nicht. Von Fischen wimmeln die Flüsse, sogar von Haifischen, so weit wenigstens das Salzwasser bei der Fluth reicht. Vortreffliche Austern hat die Lagune von Lagos. Von Mineralproducten besitzt der District Eisenerze in reichen Lagerstätten im Gebiet der Mahi; gleicher Weise hier auch Salpeter. Auch an Gold fehlt es nicht, doch wird wegen des Sclavenhandels wenig danach gesucht. Die Sprachen und Verhältnisse der Bevölkerung sind noch immer nicht genau bekannt. Nur so viel ergibt sich aus neueren Untersuchungen, daß im Nigerdelta bis Bonny im Osten ein Zweig des großen selbstständigen Volksstamms, der Ibú oder Ebó ansässig ist, dessen Verbreitung im Westen längs der Küste bis zur Mündung des Volta, im Innern bis in das Bergland von Yarriba, ja selbst über den Kong hinaus bis in die große Landschaft Nyffé hat nachgewiesen werden können, dessen Verknüpfung mit den Fanti und Aschanti aber keineswegs feststeht, da die Sprache der Ebóer und Nyffeer entschiedene Verschiedenheiten mit der der Fanti und Aschanti darbietet (S. 16., 193). Eben so wenig war es bisher möglich, sprachliche Verwandtschaften der Ebóer mit den Dahomeern darzuthun. Außerdem sind in neuerer Zeit viele muhamedanische Fulah oder, wie sie hier gewöhnlich heißen, die Fellatah, in das Bergland von Yarriba eingewandert, wo sie fleißige Ackerbauer und gute Hirten abgeben. In politischer Hinsicht ist die Bevölkerung am unteren Lagos und Niger meist in eine große Zahl kleiner, von einander unabhängiger Staaten getheilt, von denen die von Lagos, Badagry, Benin und Ebó die bekanntesten sind. Tiefer im Innern gibt es dagegen einige größere Reiche, wie Dahome, Yarriba, Ebó und Iddáh. Dahome hat sich erst in neuerer Zeit, seit dem Beginn des vorigen Jahrhunderts, also gleichzeitig mit Aschanti, aus kleinen Anfängen durch die Umsicht seines damaligen

Herrschers, die Tapferkeit der Dahomeer und die Uneinigkeit der kleinen angrenzenden Herrscher zu einer bedeutenden Macht erhoben, die sich bald durch die Eroberung Whidahs bis zur Seeküste ausdehnte und noch in neuerer Zeit immer gewachsen ist, indem der kleine Staat von Annagou und die zahlreichen kleinen Republiken der Mahi im Kong von den Dahomeern unterjocht wurden. Längs dem Meere besitzt Dahome jetzt einen Strich von 9—10 M., in dem aber nur wenig Landungsstellen vorhanden sind. Gegen Norden sind die äußersten Städte des Reichs: Tschallaku (Jallaku), Savalu und Zafoura, sämmtlich etwa unter dem 9° gelegen. Durch diese Fortschritte ist Dahome zu der bedeutendsten Macht in West-Afrika erwachsen, die durch ihre militairische Organisation das Uebergewicht selbst über Aschanti und Yarriba erlangt hat. Aber nur der ursprüngliche Stamm des Dahomevolks, etwa 20000 Köpfe stark, ist im Stande der Freien, die ganze übrige Bevölkerung des Reichs, durch die beständigen Sclavenjagden decimirt und kaum 200000 beiderlei Geschlechts zählend, gilt als Sclaven, über deren Person und Eigenthum der Herrscher nach Willkühr disponiren kann. Das regulaire, wohl exercirte und bewaffnete Heer des Reichs beträgt 12000 Soldaten, wovon 5000 in Regimenter getheilte Weiber, welche sogar den Kern des Heeres bilden. Auch hier ist die Regierungsform monarchisch und noch viel despotischer, als bei den Aschanti, indem der Herrscher durch keine alte Gesetze oder berathende und beschließende Versammlungen der Häuptlinge in seinem Willen beschränkt ist. Nach den übereinstimmenden Berichten neuerer Reisenden ist jedoch die Regierungsweise besser, als in irgend einem andern Theile Guineas, indem es für die Angehörigen des Staats mehrere bürgerliche und Criminalgesetze gibt, die sehr streng sind und einen vortheilhaften Einfluß ausüben. Einzelnen, in neuerer Zeit eroberten Landstrichen wurden sogar ihre bürgerlichen Gesetze und Herkommnisse gelassen, jedoch die ursprünglichen Criminalgesetze der Dahomeer daneben eingeführt. Gleich den Aschanti sind die Dahomeer eine feine, energische, mäßige und intelligente Menschenrace, die zugleich viel industriöser und moralischer ist, als die durch den Sclavenhandel und den Umgang mit den Weißen demoralisirte und entnervte Bevölkerung der Küstenzone in Whidah und an anderen Punkten. Aber auch hier verdunkeln, grade wie bei den Aschanti, Aberglaube und blutige Gebräuche, welche bisher fortwährend unzählige Menschenopfer erforderten, nebst dem nur den Schatz des Königs bereichernden Sclavenhandel das vortheilhafte Bild, das im Allgemeinen von dem Dahomereich und seiner Bevölkerung entworfen wird. Dem jetzigen Beherrscher wird jedoch nachgerühmt, daß er viele blutige Gebräuche abgeschafft oder wenigstens gemildert hat. So dürfen Verbrecher nicht mehr einseitig von den Betheiligten und den Häuptlingen getödtet werden, vielmehr ist denselben die Appellation an einen neu errichteten Gerichtshof gestattet, worin der Herrscher selbst oft den Vorsitz führt. Uebrigens ist die Sclaverei bei den Dahomeern leicht, da die Arbeit der Sclaven unbedeutend ist, und dieselben stets als Glieder der Familien angesehen werden, und mit ihnen zusammen essen und leben. Auch in Yarriba ist die Regierungsform ein absoluter Despotismus, nur mit sehr milden Formen und kein erblicher, indem bei dem Tode eines Herrschers niemals einer der Söhne folgt, und der älteste Sohn, das erste Weib und alle Häuptlinge des Volks am Grabe sogar Gift trinken müssen, worauf der weiseste Mann, gewöhnlich ein Greis, zum Herrscher gewählt wird. Wie in Dahome gilt in Yarriba jeder Einwohner für einen Sclaven des Herrschers, mit dem er nach Willkühr verfahren kann. Menschenopfer kommen aber hier, so viel wir wissen, nicht vor, dagegen wohl in Lagos, Badagry und Bonny. Der Handel dieser Gegenden war stets sehr bedeutend, früher besonders der Sclavenhandel, der im Laufe dieses Jahrhunderts sich noch mehr, als sonst nach Whidah, Lagos, Badagry und an die Ausflüsse des Nigers gezogen hatte, nachdem er im nördlichen Guinea und an der Goldküste durch die Wirksamkeit der britischen Kreuzer immer mehr gestört worden war. In neuester Zeit wurde er besonders an den ersten 3 Punkten, wohin der Herrscher von Dahome die meisten Sclaven aus seinem Reiche lieferte, durch Vermittelung spanischer und portugiesischer Händler lebendig betrieben. Bonny führte früher allein jährlich 15—20000

Sclaven aus. Die erst in diesem Jahre erfolgte Zerstörung von Lagos durch die Briten wird aber demselben wahrscheinlich eben so ein Ende machen, wie er bei Bonny seit einigen Jahren bereits fast gänzlich aufgehört hat. Statt desselben hat sich besonders an der Bonnymündung ein sehr lebendiger und für die Bevölkerung ungemein gewinnreicher Handel mit Palmöl entwickelt, an dem besonders Liverpool Antheil nimmt. Gleiches ist zum Theil in Whidah der Fall, wo derselbe von Marseiller Häusern betrieben wird. Am Ausfluß des Nun und Bonny ist der Palmölhandel einheimischer Seits vorzüglich im Besitz der thätigen Händler von Brasstown, die mit ihren Böten den Fluß aufwärts, am Meisten nach Ebó gehen, hier Palmöl gegen Salz und europäische Waaren eintauschen und diesen Zwischenhandel so eifersüchtig bewachen, daß sie den Bewohnern des Binnenlandes niemals gestatten, ihre Producte den Europäern an der Küste direct zu verkaufen. Außerdem wird Gummi, Wachs, Elfenbein und etwas Gold, letztes von Klein Popo, ausgeführt. Der Ackerbau steht auf keiner hohen Stufe, dagegen wird viel Pferdezucht in Yarriba betrieben, dessen kühlere Temperatur der Entwickelung einer vortrefflichen, ausdauernden und feurigen Pferderace günstig ist. Die technische Industrie ist ebenfalls nicht bedeutend, doch werden in den westlichen Küstenstädten viele und gute Zeuge aus Baumwolle angefertigt, was noch in Yarriba und im Innern Dahomes bei den Mahi der Fall ist. Ebenso fördern und verarbeiten die Mahi und Yarribaner die Eisenerze ihres Gebiets. Längs der Küste, besonders an den Nigermündungen zu Benin und Bonny, dann zu Agwouma, Whidah und Lagos wird endlich viel Seesalz zum Handel nach dem Binnenlande bereitet. Die Körbe zur Versendung des Salzes macht man zu Gredschi. Die vorzüglichsten Orte sind:

a) Längs der Küste: Kittah, am untern Volta, 5000 sehr industriöse Ew. — Agwouma oder Aouna, am C. St. Paul, sehr volkreich; beträchtliche Seesalzbereitung und Fischhandel. — Ameho oder Klein Popo, bedeutender Ort auf der Nehrung, 5000 thätige Einw., die sehr geschickt in Metallarbeiten sind, ansehnlicher Sclavenhandel und europäische Factoreien. — Gredschapodschi (Grejapojee), gewöhnlich abgekürzt Gredschi genannt, 6—7000 Ew., einer der größten Handelsplätze dieser Gegenden, große Fabrication sehr guter baumwollener Stoffe, irdener Gefäße, von Strohhüten und Holzarbeiten. — Whidah 6° 14′ N. Br. 19° 45′ O. L., einst Hauptort eines eignen Reichs, jetzt der Haupthafen von Dahome, 7000 Einw., bis in neuere Zeit einer der Hauptsclavenmärkte dieser Gegend, jetzt zugleich Hauptstapelplatz für den Palmölhandel, besonders nach Marseille. — Ajasche oder Porto Novo, am Ossafluß, bedeutender Sclavenmarkt. — Badagry, nur einige Fuß über dem Spiegel der Lagune und ½ M. von der See, sehr ansehnlicher Ort, Sclaven- und Palmölhandel, sehr bedeutende Thonpfeifenfabrication zum Handel in das Innere. — Ekó oder Lagos, an der Mündung des Lagosstroms, 5000 Einw., sehr bedeutender Handel, besonders mit Sclaven; 1852 zerstört. — Oré, beträchtlicher Ort. — Bonny, an der Mündung des östlichsten Nigerarms, in sehr ungesunder, sumpfiger Lage, 6—7000 Ew.: größter Palmölmarkt an der Küste. — Brasstown, höchst schmutziger und kläglicher Ort, in morastiger Umgebung an einem schiffbaren Nigercanal, aus 2 Städtchen bestehend, 2000 Einw. Zwischenhandel mit Palmöl zwischen Ebó und Bonny.

b) Im Innern. Im Reich Dahome: Abome, in einer weiten wasserlosen Gegend, 22 M. von der Küste bei Whidah, Hauptstadt und Residenz des Herrschers. — Aladra, früher irrig Ardrah von den Europäern genannt, großer Handelsort, 8—10000 Ew. — Wheibu (Whyboe), gleichfalls bedeutender Handelsplatz. — Canamina, großer Ort in wohlcultivirter Ebene, 10000 Einw. — Setta, bedeutender Ort, nördlich Abome am südlichen Fuß des Berglandes von Dahome, umgeben von einer fruchtbaren Gegend, 9000 Einw. — Pawia, große Stadt im Mahi-Berglande, 16000 Ew., in der Nähe Eisenerzgruben und in Pawia selbst viele Eisenarbeiter, die Ackerwerkzeuge mit großer Geschicklichkeit darstellen. — Zoglogbo, in einer romantischen felsigen Umgebung, und mit einer sehr thätigen, im Gewerbebetrieb sehr geschickten Bevölkerung, welche Töpferwaaren, alle Arten sehr vorzüglicher Ackerwerkzeuge und schöne buntfarbige Grasgewebe zu verschiedenen Zwecken und viele Kleidungsstücke anfertigt. — Im Reich Yarriba oder Eyo, das im Norden bis zum 10° N. Br. reicht und besonders im Nordosten durch den dem Niger zugehenden Moussafluß vom Reich Borghu getrennt wird, im Osten den Niger selbst, im Südosten die zum Reich Benin gehörende Landschaft Accoura, im Süden einen Fluß zur Grenze hat, welcher der Küste in 5 M. Entfernung parallel geht und in den Fluß von Badagry mündet, endlich im Westen unmittelbar an Dahome stößt, liegt eine sehr große Zahl beträchtlicher Ortschaften, welche gewöhnlich zum Schutz gegen die räuberischen Einfälle der Fellatah und Dahomeer mit Wall und Graben stark befestigt sind oder auf den Gipfeln steiler Berge und im Busen undurchdringlicher Wälder sich vorfinden: Katunga oder Eyo 8° 59′ N. Br. 24° 51′ 45″ O. L., die frühere Hauptstadt von Yarriba, an der Basis einer Kette nackter, grauer oder schwarzer Granitberge, welche gleichsam die Citadelle des Orts bilden. — Adu, große Stadt auf dem halben Wege von Badagry nach Abbeokuta. — Okodan, ansehnlicher Ort, nördlich von Badagry. — Larro, ebenfalls eine der bedeutendsten Städte des Reichs, mit sehr industriösen Einw. und einer zur Bekehrung der Heiden errichteten muhamedanischen Schule. — Dschanna (Janna), in einem Morast gelegen und nur durch eine Brücke zugänglich; 8—10000 geschickte und industriöse Einw., die zugleich großen Handel mit den von ihnen gefertigten Holzschnittwaaren treiben und viel Indigo cultiviren, woraus sie eine vortreffliche Farbe ziehen. — Abbeokuta 7° 8′ 30″ N. Br. 20° 58′ O. L., am Flusse Ogun, der in den Lagos tritt und 20 M. N.N.O. von Badagry; jetzige Hauptstadt Yarribas, 50000 sehr geschickte und thätige Ew., worunter viele christliche, aus Sierra Leona gekommene Eingeborene, starke Fabrication von Leder- und Eisenwaaren. — Schaka (Chaka), auf dem tafelförmigen Gipfel eines der höchsten Berge des Kong. — Alorie, 2 Tagereisen S.W. von Katunga im Kong, jetzt eine der größten und blühendsten, aber fast unabhängige Stadt Yarribas mit einer immensen Bevölkerung. — Bohou, von schön bewaldeten Bergen umgeben und stark mit Wällen und Gräben befestigt, ebenfalls einst Hauptstadt des Reichs, sehr wohlhabend und mächtig, noch jetzt von 4½ M. Peripherie und bedeutend. — Jischó, eine für den Handel dieser Gegenden wichtige Stadt im Norden an der großen Straße nach Nyffó und Haussa in angenehmer Gegend. — Assudo, 10000 Ew. — In dem östlich von Yarriba gelegenen Reich Benin: Die Hauptstadt gl. N., 32 M. von der Mündung des Beninstroms, ein durch den Sclavenhandel einst sehr bedeutender Ort, 15000 Ew. — Dschabu (Jabu), zwischen dem Lagos und Formosa, mit sehr industriöser Bevölkerung, die gute und starke, besonders viel nach Brasilien gehende Zeuge anfertigt und sie so ausgezeichnet dauerhaft blau zu färben weiß, daß die Farbe den stärksten Alkalien widersteht. — Im Reiche Ibû, Ebó oder Aböh, welches an den ersten Verzweigungen des untern Niger liegt: Der große Hauptort gl. N. 5° 53′ N. Br. 23° 41′ O. L., an dem noch ungetheilten Niger in einer ausgedehnten, sumpfigen und höchst ungesunden Ebene, 800 Häuser, 6000 sehr thätige Einw., einst Hauptstapelplatz für den Sclavenhandel im Innern, von wo die Händler Bonnys ihre meisten Sclaven erhielten, jetzt der größte Stapelplatz für den Palmölhandel im Innern, von woher die Bonnyer gleichfalls ihre größten Massen Oel beziehen. — Im Reich Iddáh oder Addáh, welches bisher von der Gabelungsstelle des Niger nur bis zum Fuße des Kong reichte, das neuerdings aber in Folge des Uebergewichts, welches die Bewohner des Reichs auf dem Niger durch ihre großen und stark bemannten Kriegsfahrzeuge gewonnen haben, längs dem Strom eine noch viel größere Ausdehnung im Norden, nämlich bis zur Mündung des Scharl, erlangt hat: Der Hauptort gl. N. 7° 6′ N. Br., auf einem unmittelbar vom Niger aufsteigenden hohen Sandsteinfelsen unfern der Stelle, wo der Fluß aus dem Kong tritt, Residenz des Herrschers; in Folge der günstigen Lage sehr großer Handel. — Borgua oder Hickory, am Niger und nördlich von Iddáh im Kong selbst, bedeutendster Handelsplatz dieser Gegenden und Vereinigungspunkt zahlreicher Händler selbst aus sehr großen Entfernungen.

Feste Punkte besitzen die Europäer im ganzen District nirgends, noch weniger große Terrains, nur einzelne Handelsetablissements, wie die Engländer und Franzosen zu Whidah, die Portugiesen ihren neuerdings wieder aufgenommenen Handelsposten St. Jaão Baptista de Ajuda im Reich Dahome und in der Nähe Aladdas.

VI. Das Cameron- und Gabûnland, umfassend das südlichste Guinea vom Meeresarm des Rumby (S. 183.) bis zum Aequator oder dem Lauf des Gabûn, besteht nach seiner Oberflächengestaltung aus 2 ganz verschiedenen Theilen. Der nördliche Theil ist erfüllt mit der Reihe kurzer Bergmassen, die den Gesammtnamen des Camerongebirges führen, und woran sich der 5—6000 F. hohe steile und spitze Mongo m' Etindah oder kleine Cameron, endlich nach Norden zu in einiger Entfernung davon der gleichfalls steil aus der Ebene aufsteigende Rumbybergzug, endlich 16 M. in N.W. Richtung die staunenswerthe Bergmasse des Qua anschließt, welche sich mehr als alle andern Terrainerhebungen dieser Gegend dem eigentlichen Cameron in der Höhe nähern soll. Im Süden begrenzt der Meeresarm, worin der Dschamur mündet, den letzten, dessen gewaltige und steil aufsteigende Massen an ihrem westlichen Fuß ein prächtiges Amphitheater um die Amboser Bai bilden. Südlich von diesem Meeresarm des Cameron und Dschamur bis zum Gabûn zeigt die Küstenzone nirgends mehr so erstaunliche Bergmassen, obwohl sie bis zum San Benitofluß immer noch als ein hohes und außerordentlich gesundes Plateau auftritt, das weiter im Osten durch kurze Bergzüge begrenzt wird und nur einzelne Berge in der Nähe der Meeresküste, wie den Lerchenberg (Mont Alouette) und etwas weiter landeinwärts den fast senkrecht aufsteigenden Nisudsberg trägt. Südlich vom San Benito bis zum Gabûn ist dagegen die Küstenzone ganz niedrig, eben und sumpfig. Vor dem Küstenrande erscheinen endlich einzelne kleine Inseln, wie Mondolèh und die Bimbiagruppe am Fuße des Cameron in der Amboserbai, die sichtlich nichts, als in der Vorzeit vom Continent abgerissene Felsmassen sind, dann in der Coriscobai die kleine Gruppe von Felsinseln gl. N. Die bedeutendsten fließenden Gewässer sind, außer dem Gabûn, der Cameron, Dschamur, Malemba, Borea, Campo, San Benito, endlich der mit seiner den Corisco-Inseln gegenüberliegenden Mündung in der Coriscobai für alle größeren Schiffe hinlänglich tiefe Mouneh (Mouney) oder Fährlichkeitsstrom (Dangerriver) und der hart am Gabûn mündende Moundah. Das Klima zeigt sich an vielen niedrigen Stellen der Küstenzone, vorzugsweise bei Alt Calabar, ungesund, wie an den Nigermündungen, vortrefflich dagegen und erfrischend auf dem hohen Cameron und dem südlich anstoßenden Tafellande, ziemlich gesund endlich, selbst für Europäer, an der Mündung des Gabûn, da hier Moräste fehlen. Die Vegetation ist besonders in den feuchten Strichen, wo sie mit der von Guayana sich in der Intensität vergleichen läßt, ungemein üppig und reich an farbigen Holzgewächsen, namentlich an Sandelholz am Gabûn und an Roth- und Ebenholz bei Calabar, dann am Mouneh und Moundah, sowie an prächtigen Waldbäumen, welche die Ränder des Gabûn und die Coriscoinsel bedecken. Auch die Yamswurzeln dieser Gegenden gelten mit denen der gegenüberliegenden Insel Fernando del Po für die besten West-Afrikas. Die Bevölkerung ist überall zahlreich, am Meisten aber, wie es scheint, am Cameron, wo die Thäler mit Dörfern erfüllt sind, und am Gabûn. Die an dem letzten Fluß dürfte weiter, als die irgend eines anderen Punktes von West-Afrika, in der Cultur vorgeschritten sein, wogegen die von Alt Calabar, bei der sogar noch Menschenopfer üblich sind, für sehr roh gilt, und endlich wurde die am Mouneh sogar noch völlig wild befunden. Längs der ganzen Küste beschäftigt man sich jetzt viel mit Einsammeln von Palmöl, was auch einige Stunden landeinwärts in der Nähe des Cameron der Fall ist. Der Handel damit hat die Bevölkerung Alt Calabars in wenigen Jahren selbst reich gemacht. Besonders sind es britische Schiffe, welche diesen Handel bei Calabar, französische, die ihn im Gabûn betrieben. Außerdem wird viel Elfenbein vom Calabar und Gabûn, das beste aber, welches jedes andere Elfenbein Guineas in der Güte übertrifft, vom Cameron ausgeführt, dann Sandelholz, ebenfalls vom Gabûn, endlich eine Art Rothholz, das besonders nach den Nigermündungen geht, wo sich die Bevölkerung des daraus bereiteten, mit Fett gemengten Pulvers als Schmuckmittel zum Einreiben ihres Körpers bedient. Auch hier hat der Sclavenhandel fast ganz aufgehört, namentlich am Calabar, wo er einst sehr lebendig war. Nur am Gabûn führten Spanier und Portugiesen noch in neuerer Zeit Sclaven aus, die aber meist von der Südseite des Stroms stammten. Die M'Pongo oder Gabuns am untern Gabûn (S. 195.) sind durch ihre Intelligenz, Gewandtheit und Zuverlässigkeit vorzüglich die Handelsagenten der Europäer im ganzen benachbarten Küstenstrich, sogar bis tief in das Innere. Die Schiffscapitaine vertrauen ihnen öfters ansehnliche Summen an; einige derselben machen bei ihrem Geschäft einen Umsatz von 12—15000 Dollars im Jahr, ohne daß sie das Geringste darüber aufzeichneten. Der ganze Verkehr am Gabûn, mit Ausnahme des Sclavenhandels, wird allein auf 100000 Pfd. Sterling pr. Jahr berechnet. In politischer Hinsicht gibt es hier kein größeres Reich, nur kleine Völkerschaften und Stämme. Die Religion ist ausschließlich ein Fetischismus, indem der Muhamedanismus auch hier noch nicht Platz gegriffen hat. Die namhaftesten Orte sind:

Alt Calabar, Ephraims- oder Herzogsstadt (Dukes Town), 15 Meilen nur von der Insel Fernando del Po am Alt Calabar, sehr großer Ort, 30—40000 Einw., ansehnlicher Handel in Elfenbein, Rothholz und Palmöl. — Creek Town, an einem Arm des Calabar und Tom Robinstown, ansehnliche Handelsplätze. — Kings Aquastown, am Cameron, große und schöne, nach einem regelmäßigen Plan gebaute Stadt, mit einer 3/4 M. langen Hauptstraße. — Roângo oder Kings Georgs Town, wohlgebauter Ort, am untern Gabûn, und zwar schon auf dessen Südseite ansehnlicher Handel. — Impangl, großer Handelsort, 12 Meilen östlich von der Küste.

XI. Senegambien.

Hilfsmittel.

Adanson, Histoire naturelle du Sénégal avec relation abregée d'un voyage fait en ce pays pendant les années 1749—1753. Paris 1757. 4. mit Kupf. — Demanet, Nouvelle histoire de l'Afrique française. 2 Vol. 12. Paris 1767. — L. Le Barthe, Voyage au Sénégal pendant les années 1784 et 1785 d'après les Mémoires de M. Lajaille. Paris 1802. 8. — S. M. X. Golberry, Fragmens d'un voyage dans l'Afrique occidentale fait pendant les années 1785, 1786 et 1787. mit 1 Ch. u. Kupf. 2 Vol. Paris 1802. — J. B. L. Durand, Voyage au Sénégal. mit einem Atlas. 2 Vol. 4. Paris 1807. — Roger, Mémoires descriptifs sur la Sénégambie. Paris 1828. 8. — Brunner, Reise nach Senegambien. Bern 1837. 8. — A. Raffenel, Voyage dans l'Afrique occidentale. mit 1 Atlas in 4. Paris 1846. 8. — W. Gray and Dochard, Travels in western Africa. mit 1 Ch. London 1825. 8. — A. Guillemin, S. Perrotet et A. Richard, Florae Senegambicae tentamen. Vol. I. Parisiis 1830—1833. 4.

Name, Lage, Grenzen, Größe. Senegambien hat seinen Namen nach dem vereinigten Namen der beiden bedeutendsten Flüsse innerhalb seines Gebiets, des Senegal und Gambia, von den Europäern erhalten, da die Bevölkerung desselben keinen eigenen dafür besitzt. Es wird damit derjenige Theil der Westseite des Continents bezeichnet, der sich 85 Meilen lang vom 10° N. Br. nordwärts bis zum Lauf des mittleren und untern Senegal und bis zum nordöstlichen Abfall des senegambischen Gebirgslandes in die Ebenen der Saharâ, dann in einer etwa 250 M. betragenden Breite vom Atlantischen Ocean bis zum Beginn der Ebenen des Nigerlandes erstreckt. Die Ausdehnung Senegambiens wird auf etwa 18000 Q. M. geschätzt.

Oberflächen-Beschaffenheit. Der nördliche Theil des Küstenrandes hat mit Ausnahme des starken westlichen Vorsprunges des Continents nach der Halbinsel des Grünen Vorgebirges (Cabo Verde) zu, welches zugleich der westlichste Ausläufer des Continents ist, südwärts bis zum C. Roxo (das Rothe Cap) 12° 20′ 31″ N. Br. 0° 54′ 4″ O. L. eine ziemlich bestimmt nordsüdliche Richtung, die sich dann bis C. Verga völlig in eine südöstliche verändert. In seiner ganzen Länge ist jener nördliche Theil des Küstensaums durchaus flach und im höchsten Grade einförmig, da nur einzelne Vorgebirge, wie C. Verde selbst und C. Manuel, beide der Halbinsel des Grünen Vorgebirges angehörig, das Rehcap (Cap des biches französischer Seefahrer) und das die Gambiamündung im Süden begrenzende C. Marie daraus in das Meer hervortreten und da auch nur sehr wenige kleine felsige Inseln, wie die Magdaleneninseln und Gorée ihm vorliegen, endlich da auch keine große Meeresarme und einzig die beiden großen Mündungen des Senegal und Gambia darin einschneiden. Zugleich ist dieser nördliche Küstenrand ganz sandig und dürr, häufig sogar völlig vegetationslos. Dünenzüge, die nicht einmal die Höhe derer an der Saharâküste erreichen, bedecken ihn fast durchweg, mit Ausnahme weniger isolirter Stellen, wo, wie an der Almadiesspitze der Cabo Verdehalbinsel, am C. Manuel, am Rehcap und südlich von letztem bis zur Rhede von Rufisque, endlich zwischen dem Dorf Hann und C. Roxo Felsmassen zum Vorschein kommen. An den beiden letztgenannten Localitäten bilden die Felsen sogar zusammenhängende, obwohl ziemlich niedrige Plateaus. Viel mannigfaltiger ist dagegen der südliche Theil des Küstenrandes, indem in ihn außer der Mündung des großen Nuñezflusses 10° 35′ 7″ N. Br. 1° 58′ 30″ O. L. eine Anzahl breiter und bisher allgemein für Flußmündungen angesehener Golfe, wie der Casamansa, Catscheo (Cacheo) oder Rio Grande de São Domingo, der Ba-Jeba oder Geba, der Rio Grande de Ghinala von Norden nach Süden auf einander folgend austreten und außerdem zahllose seitliche Verzweigungen dieser Meeresarme und eine große Menge kleinerer Küstenflüsse den Küstensaum zu einem höchst merkwürdigen Inselarchipel umwandeln, dessen südliche Fortsetzung sich an der Küste Guineas im Sierra Leonadistrict bis zur Mündung des Rokelle ohne Unterbrechung verfolgen läßt. Zu diesem Archipel gehören besonders die Inseln zwischen den Verzweigungen des untern Casamansa und die zahlreiche Gruppe der Bissaoinseln, gegenüber den breiten S. Domingo-, Geba- und Ghinalagolfen. Obgleich vom Continent durch einen tiefen Canal getrennt, erschweren doch die Bissaoinseln eine Annäherung an denselben ungemein, indem sie von mächtigen Schlammbänken und Felsen vulcanischer Schlacken umgeben sind, welche in Verbindung mit den häufigen submarinen Riffen noch anderer Felsen dieser Gegend die Durchfahrt zwischen den einzelnen Inseln gefährlich und oft selbst unmöglich machen. Abweichend von dem nördlichen Theil des Küstensaums ist der südliche durch die Schlammablagerungen der Flüsse, aus denen er allmählich entstanden ist, im höchsten Grade fruchtbar und zunächst dem Meere und den Flüssen mit der üppigsten Waldvegetation bedeckt. — Tiefer im Innern erscheint die Küstenzone südwärts bis wenigstens zum Gambia als ein weites trockenes und sandiges, fast völlig wagerechtes Flachland, das im Osten durch die Bergländer der Mandingo in einer Linie begrenzt wird, welche im Norden durch die 60 französische Stunden oberhalb des Forts Bakel 14° 53′ 30″ N. Br. und 200 Stunden von der Senegalmündung gelegenen Feluhkatarakten des Senegal, dann im Süden durch die Katarakten des Gambia bei Barraconda bezeichnet ist. Die Erhebung dieser Küstenzone über dem Meeresspiegel ist so gering, daß selbst Bakel nur 156 Fuß über dem Meeresspiegel liegt, und daß der Senegal 80 Stunden weit in grader Entfernung von der See nur 1,5 Fuß Gefälle auf jede Stunde mit Einschluß der Krümmungen hat. Südlich von Gambia setzt dieselbe niedrige und fast völlig horizontale Beschaffenheit des inneren Theils der Küstenzone bis zum 10° Grad nördlicher Breite ohne Unterbrechung fort. In Folge der mächtigen Regengüsse während mehrerer Monate des Jahrs ist aber die Oberfläche dieser Strecken Senegambiens ausgedehnten Ueberschwemmungen unterworfen, wodurch, wenn die tropischen Regen geendet haben, die Thäler und die übrigen zahlreichen Vertiefungen des Bodens in ausgedehnte Sümpfe verwandelt werden. Das ganze Binnenland östlich von den Feluh- und Barrocondakatarakten erfüllen die von den zahlreichen Stämmen des Mandingo- und Foulahvolks bewohnten Bergländer, welche sich im Süden unmittelbar an die des Innern von Guinea anschließen, im Osten steil in die Ebenen des Nigerlandes abfallen, im Westen eben so steil die Ebenen der Küstenzone begrenzen und endlich im Norden den mittlern und oberen Lauf des Senegal überschreiten, bis sie etwa unter dem 16° N. Br. in den Ebenen der Saharâ enden. Da der westliche Abfall dieser Binnenbergländer noch südlich vom Gambia fortwährend einer nordsüdlichen Richtung, grade wie im Norden zwischen dem Senegal und Gambia folgt, der Küstenrand dagegen von Cap Roxo eine südöstliche Richtung annimmt, so wird die Breite der Küstenzone gegen Süden zu allmählich geringer, bis das Gebirgsland zuletzt in der Halbinsel von Sierra Leona unmittelbar an das Meer stößt. Im südlichsten Theil dieser Erstreckung scheinen die Ränder des Binnenhochlandes am Raschesten aufzusteigen, indem alle Reisende die Beschwerden schildern, denen sie bei dem Uebergange aus den Tiefländern am untern Gambia, von den Zuflüssen des Gebagolfs und vom untern Nuñez zunächst in das Bergland von Futa Dhiallon, dessen nördlichster Theil hierher gehört, zu überwinden hatten und da die ganz in der Nähe der Küstenzone unter 10° 2′ N. Br. gelegenen Sangariberge schon bis 4—5000 Fuß ansteigen. Bestimmte Höhenmessungen über die Erhebung des gebirgigen Theils von Senegambien besitzen wir jedoch nicht; einer der wildesten, höchsten, unwegsamsten und menschenleersten Districte desselben scheint aber die im Nordosten Sulimanas zwischen dem Quellgebiet des Basing, des mittleren großen Quellstroms des Senegal, und dem des Kokoro, des östlichsten großen Quellstroms dieses Flusses gelegene Landschaft Dhiallonkadú (S. 204.) zu sein. Alle übrigen Theile des senegambischen Berglandes, denen die Reiche Kadschaaga, Kasson, Káarta, Bondú, Konkadú, Bambuk, Dentila und andere angehören, umgeben kranzförmig im Westen, Norden und Osten diese bergigen Wildnisse Dhiallonkadús und, obwohl selbst ganz mit felsigen Bergmassen erfüllt, die stellenweise, wie in Konkadú und Bondú in höchst romantischem Charakter auftreten, auf der Wasserscheide zwischen dem Bali und Basing aber sogar unbeschreiblich großartig Scenerien bilden, die alles übertreffen, was Reisende der Art in Europa gesehen zu haben behaupten, so zeigt doch das häufige Auftreten von Culturgegenden voller Ortschaften in den Flußthälern, so wie die Fruchtbarkeit, die starke Bevölkerung und der gute Anbau selbst großer Landstriche, z. B. des Reichs Kasson, daß diese Theile Senegambiens nur zu einer mäßigen Höhe ansteigen können.

Geognostische Beschaffenheit. Senegambiens geognostische Verhältnisse sind bisher wenig untersucht worden. Die flache Küstenzone hat auf ihrer Oberfläche nur eine höchst einförmige Beschaffenheit, indem sie überall, besonders aber in der Landschaft Cayor und im Lande des Bourb Dhialof, aus losen rothen, stellenweise mit zahlreichen Meeresmuscheln erfüllten Gebilden, Sand- oder Thonmassen, besteht. Unzweifelhaft ist das Liegende dieser Massen größtentheils derselbe Sandstein, der sich am untern Nuñez und an mehreren Stellen des Küstensaums z. B. an der Halbinsel des Grünen Vorgebirges, bei der ehemaligen, unfern der Gambiamündung gelegenen französischen Niederlassung Joal, am Cap Roxo, wo die starke rothe Färbung des Sandsteins zu der Benennung dieses Caps Veranlassung gegeben hat, und endlich auch auf den benachbarten Inseln, wie zum Theil auf der Magdaleneninsel, findet. An andern Punkten dürfte das Liegende durch Thonschiefer vertreten werden, den man als feinkörnigen blauen Dachschiefer zu Debucko am unteren Nuñez und noch längs dem ganzen untern Lauf dieses Stroms anstehend findet. Hin und wieder treten zwischen diesen neptunischen Massen des Küstensaums und auch auf den vorliegenden Inseln schwarze ungeschichtete Felsmassen auf, die wesentlich aus Basalt und Mandelstein bestehen, theilweise aber entschieden vulkanischen Ursprung zu haben scheinen. So besteht die kleine Insel Gorée aus prismatisch zerklüfteten Basaltmassen, die Bissão- und Albatrosgruppe aus Gebilden vulkanischer Natur, besonders aus Schlackenmassen; nicht minder wird am Festland das Cap Manuel und weiter im Süden der ganze Zug des Küstensaums von den Albatrosinseln an bis zur Mündung des Nuñez aus Basalt und Mandelsteinen gebildet. Die Gesteinmassen der Bergländer im Innern hat man bisher nur an einzelnen Punkten kennen gelernt. Ihre Basis bilden Thonschiefer oder krystallinisch körnige Gebilde. Fort Bakel ruht unter andern auf kalkigem Thonschiefer, der sich in einen quarzigen, Feldspath und Hornblende führenden Porphyr verläuft. Viel häufiger sind aber in der Basis Granit, Porphyr, Syenit und Trachyt, von denen vorzüglich der erste eine sehr ausgebreitete Erstreckung hat und zugleich große Bergmassen bildet. So besteht die ganze Landschaft Konkadú, wie es scheint, aus sehr feldspathreichem Granit; in Káarta erscheinen dagegen häufige Wechsel und Uebergänge von Porphyr, Syenit und Trachyt und endlich am nördlichsten Quellstrom des Senegal, dem Basing, wiederum ausgedehnte Massen von Trachyt in Begleitung von Basalt, die noch an einem 2. Quellstrom des Senegal, dem Falemé, und zwischen Sansadig und Alinkel in Bambuk nicht fehlen. Durchbrüche durch eine Trachytkette haben namentlich die Entstehung der Felukatarakten zur Folge gehabt. Diesen krystallinisch körnigen Gesteinen schließen sich zunächst krystallinische Schiefer am östlichen Fuße des Berglandes, wo es an die Nigerebenen anstößt, so wie in Bambuk solche Varietäten des Glimmerschiefers an, in denen der gewöhnliche Glimmer häufig, ganz wie in Brasilien, durch Eisenglimmer vertreten wird, und die zuletzt in wahren brasilianischen Eisenglimmerschiefer übergehen, dessen Zersetzung den Boden eines großen Theils des Binnenlandes, namentlich längs dem Falemé, ebenfalls wie in Brasilien, roth färbt.

Gewässer. Senegambiens Gebirgsland ist ungemein reich an fließenden Gewässern und Quellen, da die vielen bewaldeten Berggipfel durch ihre Wolkenanziehung hinlänglich Veranlassung zu deren Bildung geben, während umgekehrt das Tiefland daran so arm ist, daß die Bevölkerung des südlichsten Theils desselben sich das nöthige Trinkwasser oft nur durch Brunnengraben verschaffen kann. Unter den wirklichen Flüssen sind die bedeutendsten, der Senegal, Gambia, Nuñez und endlich der durch die Berglandschaft Mandingo fließende Theil des oberen Niger. Der Senegal hat zu allen Zeiten, so lange die bekannte Geschichte dieser Gegenden zurückreicht, mit seinem mittleren und untern Lauf eine überaus merkwürdige physische und ethnographische Grenze zwischen den Wüsten der Saharä sammt ihren nomadischen Bevölkerungen mit brauner Hautfarbe, schlichtem Haar und von arabischer Herkunft im Norden und den fruchtbaren Landstrichen mit ihren seßhaften dunkelschwarzen und wollhaarigen Bewohnern äthiopischer Race im Süden gebildet. Gleichzeitig ist der Senegal einer der größten Ströme des Continents, dessen Quellströme sehr zahlreich sind, doch noch sämmtlich innerhalb der angegebenen Grenzen Senegambiens liegen und einen 40 geogr. M. in westöstlicher Richtung breiten Bezirk einnehmen. Von ihnen sind vor Allem 3 bemerkenswerth: Der Kokoro im Osten, der Basing oder Baleo in der Mitte, der Falemé im Westen. Der Basing, dessen Name im Mandingo so viel als Schwarzer Fluß bedeutet, was gleichfalls die Bedeutung des Namens Baleo ist, welchen derselbe Fluß bei den Fulah führt, weil er über schwarze Granitfelsen fließt, hat immer als einer der Hauptquellströme des Senegal gegolten; seine ansehnlichste Quelle liegt zwischen dem 10—12° N. Br. und dem 7—9° O. L., nur 16 M. westlich vom Ursprunge des Tankisse, eines der Hauptquellströme des Niger, 20 M. östlich von der des Gambia und zugleich in der Nähe der Quellen des Rokelle (S. 200.), also auch in der Nachbarschaft der Stadt Timbo. In seinem obern Theil folgt er anfänglich eine kurze Strecke weit einer westlichen, dann einer nordwestlichen und zuletzt 75 M. weit durch das Land Bruko einer nördlichen Richtung, wobei er zwischen den hohen Bergen der Mandingoländer so rasch fließt, daß seine Gewässer sich ganz in Staub auflösen. In der Nähe Timbos soll der Basing einen großen Wasserfall bilden, so wie ihm auch innerhalb des Gebirgslandes zahlreiche Gebirgsflüßchen, namentlich von Westen her der Ball d. h. im Mandingo Weißer Fluß und von Osten her der 2. Hauptquellstrom des Senegal, der Kokoro, ein in der trockenen Jahreszeit ganz unbedeutendes und leicht zu durchsetzendes Wasser zugeht, das aber in der Regenzeit bis 20 Fuß Höhe anschwillt, dann alle Communicationen unmöglich macht und sogar Reisenden so gefährlich wird, daß es deshalb seinen sehr bezeichnenden Namen, der „Strom der Gefahr" bedeutet, annimmt. Um Gowina, in der Nähe der Vereinigung des Basing und Kokoro, durchbricht der Fluß das Felsengebirge mit großen Kataракten, was unterhalb dieser Stelle 7½ M. tiefer zum 2. Male in Stromschnellen, ähnlich denen des Nil, in den sogenannten Feluhkatarakten der Fall ist. Von hier tritt der Senegal in das Tiefland, indem er seine bisherige Richtung gänzlich verändert, von nun an einer westlichen folgt, tief und dunkel wird und keine Furth mehr zeigt, so daß er auf Barken von den Menschen übersetzt werden muß. Zwischen Kayi und dem 120 M. von den Feluhkatarakten entfernten Fort Bakel nimmt der Fluß den 3. großen Quellstrom des Senegal und zugleich den wasserreichsten, den von Süden her aus Bambuk kommenden Falemé auf. Von Bakel an, wo sich die letzten Felsen im Senegal finden, wird dieser endlich zu einem schönen, klaren Strom, der seinen Lauf über ein Sand- und Kiesbett nimmt und in der Regenzeit bis zu den Feluhkatarakten für größere Schiffe und Dampfer fahrbar ist, obgleich auch der Basing oberhalb der Gowinaschnellen und der Falemé für kleinere Fahrzeuge wasserreich genug sind. Westlich Bakel krümmt sich der Senegal in der tiefen ebenen Küstenstufe in unzählige Serpentinen mit sehr geringem Gefälle und er bildet namentlich in der Gegend des verlassenen französischen Handelsposten Podhor 17° 7'

45″ N. Br. 3° 58′ O. L. über 40 zum Theil große, äußerst fruchtbare und wohl cultivirte Inseln, wovon die Elfenbeininsel (Islo Mortil) eine der größten ist. Durch die zahlreichen Krümmungen wird der Lauf des Stroms zugleich so ausgedehnt, daß, während die directe Entfernung der Feluhkatarakten bis zum Ocean nur 120 geograph. Meilen ausmacht, die Reisenden auf dem Strom einen Weg von 180 Meilen zurücklegen müssen. Die Ränder des Senegal sind im Tieflande schöne, grüne, durch den, bei den jährlichen von Mitte October nach dem Aufhören der Regen beginnenden, höchst ausgedehnten Ueberschwemmungen zurückgelassenen Schlamm befruchtete oder von dicken Waldungen bedeckte Gefilde, doch stehen dieselben in vieler Beziehung denen des Gambia nach. Bis Podhor, 36 Meilen von der Mündung, wo der Strom noch eine Breite von 1000 Fuß bei einer Tiefe von 24 F. hat, ist die Fluth bemerkbar, wodurch es selbst Seeschiffen möglich wird, so weit aufwärts zu gelangen. Am untersten Lauf des Stroms gibt es mehrere größere Seen, welche in der Regenzeit durch die überflüssige Wassermenge desselben gespeist werden, in der trockenen Zeit aber fast verschwinden, wie den See von Kayor auf der Nordseite, den von Panieh Poul im Süden. Unterhalb Podhor zertheilt sich endlich der Senegal in mehrere Arme, die ein weites, aus mehreren großen Inseln bestehendes Delta bilden. Der Hauptarm geht zuvörderst nach Westen, dann plötzlich nach Süden und erreicht endlich, nachdem er in diesem letzten Theil seines Laufs mehrere Meilen lang durch eine 2 M. breite sandige Landzunge vom Meere getrennt war, die Küste in 15° 53′ 18″ N. Br. 1° 7′ 3″ O. L. Fürchterliche Brandungen und eine in der trockenen Jahreszeit nur 8—9 F. tiefe Barre erschweren ganz ungemein, Monate lang, das Einlaufen in den Strom, während innerhalb der Barre sich stets eine Wassertiefe von 25—28 Fuß findet. Zur Regenzeit schwillt der Senegal höchst bedeutend an, in seinem obern Lauf übersteigt er dann den gewöhnlichen Wasserspiegel um 20 F., an den Feluhschnellen sogar um 45 F., wogegen er nahe der Mündung bei St. Louis, wo das flache Land der Ausbreitung des Stroms keine Hindernisse in den Weg setzt, sich nur 2 F. über seinen niedrigsten Stand zu erhebt. — Hier in dem untersten Theile des Stroms, wo der Volksstamm der Jolofs seinen Südrand bewohnt, führt derselbe bei den Eingeborenen häufig den aus der Jolofsprache entlehnten Namen Denaueh, indem der Name Senegal ihnen anfänglich gänzlich unbekannt war, da er nur durch die europäischen Entdecker dieser Gegenden durch einen zufälligen Umstand in Gebrauch kam. — Der Gambia, der Bâ Diman der Eingeborenen oder auch Foura d. h. Fluß genannt, gleichfalls einer der bedeutendsten Ströme des Continents, welcher auch gänzlich Senegambien angehört und noch wasserreicher, als der Senegal ist, obwohl er nicht dessen Länge und nur einen Lauf von etwa 400 M. hat, entspringt einige Tagereisen von den Nigerquellen im Nordosten Timbos. In seinem obern, zuvörderst gegen Osten, dann nach Nordosten und Norden, endlich gegen Westen gewandten und also ähnlich dem Doubs in Frankreich vielfach in seinen Richtungen veränderten, den Mandingobergländern angehörenden Theil, nimmt er zahlreiche kleinere Flüsse auf, von denen der bedeutendste der von Nordosten kommende und zum Theil offene Ebenen durchströmende Nerico ist. Hier hat der Strom bei Weitem romantischere, fruchtbarere und gesundere Umgebungen, als der Senegal. Bei Barraconda verläßt er die Bergländer, indem er mit Stromschnellen, welche bei den Eingeborenen mit religiöser Scheu betrachtet werden, in die niedrige und ebene Küstenzone tritt. Bei Fattatenda, unterhalb Barraconda, hat derselbe selbst in der trockenen Jahreszeit eine Breite von 300 F. bei 12—18 F. Tiefe, während er in der Regenperiode einen durchschnittlich 40—50 F. höheren Stand erreicht. Noch tiefer und ansehnlicher ist aber der Gambia in seinem untersten Theil zwischen der in 13° 29′ N. Br. 1° 54′ 30″ O. L. befindlichen, 3 M. breiten Mündung und dem 50 M. aufwärts gelegenen, einst bedeutenden, jetzt aber in Ruinen liegenden Handelsort Pisania, bis zu welchem bei der Fluth in gewissen Epochen des Jahres sogar größere Seeschiffe gelangen können. Mittelgroße Fahrzeuge gehen in der Regenzeit bis Cantalicunda, einem unterhalb und nicht fern von Barraconda belegenen Ort, da bis dahin die Fluth reicht, kleine können sogar über die Stromschnellen hinaus bei hohem Wasserstande fahren, was jedoch von den Eingeborenen ihres Aberglaubens wegen nie versucht worden ist. Namentlich haben neuere directe Forschungen ergeben, daß der Dschatabanarm (Jalaban) des Gambia, der für den größten dieses Flusses gilt, noch 15—18 M. oberhalb seines Eintritts in den Gambia bis Badjacunda für kleinere Schiffe fahrbar ist. In der nassen Epoche überschwemmt der Gambia von Barraconda an, welcher Punkt 150—160 M. in gerader Richtung von der Mündung des Stroms liegt, das ganze Flachland weit und breit und befruchtet es zugleich außerordentlich, da er große Schlammmassen abwärts führt. Auf dieser ganzen Strecke enthält er zahlreiche und wohlbewaldete, aber flache Inseln von Mac Carthys Insel 13° 35′ N. Br. 2° 54′ 15″ O. L., unterhalb Cantalicunda, der größten derselben, an, welche sich etwa auf der Hälfte des von dem Fluß zwischen Barraconda und der Mündung zurückgelegten Weges befindet, bis zur kleinen Insel St. Mary Bathurst, welche fast in der Mündung selbst liegt. Auch die Ränder des Stroms sind in der Küstenzone mit dicken Wäldern der prächtigsten Bäume bekleidet und außerordentlich sumpfig. Von da, wo die Einwirkung der Fluth beginnt, bestehen dieselben 30 M. weit auf jeder Seite des Stroms aus undurchdringlichen Anhäufungen immergrüner Mangroven, den ständigen Begleitern aller unteren Stromläufe in der tropischen Zone. In der Regenzeit wird die Strömung im Gambia so bedeutend, daß es den Schiffen unmöglich fällt, in ihn hineinzukommen, und daß also die Einfahrt nur in der trockenen Jahreszeit vom November bis Juni geschehen kann. Sehr bemerkenswerth ist endlich die periodische unmittelbare Verbindung des Gambia mit dem Senegal, die nicht der flachen Küstenzone, sondern schon dem Berglande angehört, indem während der Regenzeit aus einem an den Grenzen der Reiche Futa Toro und Bondú bei dem Ort Dendoné Tiali gelegenen Sumpfe Abflüsse nach Kambia in der Landschaft Dulli und so in den Gambia, theils nach Kongneui in Bondú und dann in den Senegal gehen. Eine beständige, lange Zeit behauptete Flußverbindung zwischen dem Senegal und Gambia existirt aber nicht. Von den Zuflüssen des Gambia ist wenig bekannt. Nur im unteren Theil desselben geht ihm von Süden her aus dem Lande der Felups ein größeres fließendes Gewässer, der Vintain, zu, im mittleren von Norden her der Nerico. Zwischen dem Senegal und Gambia und wiederum vom Gambia bis zum Nuñez (3 Breitengrade hindurch) gibt es in Senegambien keinen weitern großen Strom, indem die hier vorkommenden fließenden Gewässer nur unbedeutende Küstenflüsse sind, welche entweder unmittelbar im Ocean münden oder in breite und lange, in den Küstensaum einschneidende und bisher stets für große Flußmündungen angesehene Meeresarme ausgehen. Letztes ist unter andern mit dem Comba der Fall, welcher in den Gebagolf mündet. Sie kommen im Süden des Gambia bis zum Nuñez von dem im Osten gelegenen Caboplateau herab, das auch nach Norden zum Gambia Gewässer entsendet. Unter den größeren Meeresarmen zeichnen sich besonders aus: der Casamansa, dessen durch Sandbänke zum Theil erfüllte Mündung 12 Stunden südlich von der des Gambia und zugleich in 12° 33″ 30″ N. Br. 0° 56′ 44″ O. L. liegt und der selbst nach Osten zu in unveränderter Stärke bis Samondu reicht, der Catscheo (Cachëo) oder Rio Grande de São Domingos, auch Rio de Farim von den Portugiesen genannt, der von 10° 56′ N. Br. 1° 12′ 5″ O. L. am Meere beginnt, der Geba, worin der auch vom Caboplateau kommende tiefe Courbal mündet, und endlich der in 11° 40′ N. B. gegenüber der Insel Bulama in den Ocean tretende sogenannte Rio Grande de Guinala oder de Bigueba. Alle diese Golfe stehen bestimmt unter sich durch zahlreiche seitliche Abzweigungen in Verbindung, der Casamansa angeblich auch mit dem Gambia, und geben dadurch zu der Bildung eines sehr großen Archipels Veranlassung. Weniger sicher ist dagegen die von den Eingeborenen behauptete Verbindung aller Golfe mit dem Nuñez, obgleich sie auch von neueren europäischen Berichterstattern für möglich und sogar für wahrscheinlich gehalten wird. Noch ist es nämlich keinem Weißen gelungen, hierüber durch eigene Untersuchungen Aufschluß zu erhalten. Der ansehnlichste endlich der dem Ocean zwischen dem Geba und Nuñez zugehenden Flüsse ist der Compoull, der hier mit weiter Mündung und 3 noch unerforschten Armen gefunden wurde. Der Nuñez (Kakundi der Eingeborenen) selbst kommt tief aus dem Innern, wo er vorzugsweise mit vom Tankitafluß gebildet wird. Nach einem sehr gewundenen Lauf durch reizende Landschaften endet er zuletzt als breiter Strom in einer ansehnlichen Meeresbucht. Sein Eingang ist größeren Seeschiffen, die tiefer als 7 Fuß gehen, unmöglich, doch fahren Kanonenböte bis zu dem Ort Walkeria aufwärts.

Klima. Senegambien gehört mit Nubien zu den heißesten Ländern auf Erden, so daß sich hier selbst die schwarze Bevölkerung vor den Sonnenstrahlen fürchtet, indem am Senegal 8 Monate hindurch die heißen, trockenen, aus der Saharâ kommenden Ostwinde wehen, und das Thermometer am untern Senegal und Gambia bereits um 6 Uhr Morgens auf 28—29° C., um Mittag selbst im Schatten fast immer auf 32° steht. In den sandigen Strichen, wo ein starkes Reflectiren der Sonnenstrahlen stattfindet, kann die Hitze zwischen 9 Uhr Morgens und 4 Uhr Nachmittags im Freien sogar fast von keinem menschlichen Wesen ertragen werden; Hühnereier, welche 3 Stunden hindurch an der Mündung des Senegal im Sande liegen, werden, wie in Nubien und Ober-Aegypten, gar gekocht. Auch im Gambiathale ist die Hitze der Küstenzone sehr drückend, indem auf Mac Carthys Insel das Thermometer schon im Mai den ganzen Tag unverändert auf 40° steht. Die mittlere Temperatur von St. Louis, des Hauptorts der französischen Besitzungen, ist jedoch leider ganz unbekannt. Selbst die Gebirgslandschaften im Innern sind von diesen hohen Temperaturen nicht frei, indem Kâarta, Kadschâaga noch zu den heißesten Theilen Senegambiens gezählt werden, und da in Kâarta das Thermometer sich selbst in der Nacht auf 31—32° zu erhalten pflegt. In dem letzten Lande gelten April und Mai für die heißesten Monate, während in Senegambien die höchsten Temperaturen im Allgemeinen sonst vom Juni bis November, also in der Regenzeit stattfinden, welche zugleich die beschwerlichste für Eingeborene und Fremde ist, indem es dann fortwährend düster bleibt, der Regen unter den heftigsten, dem Getöse von 1000 abgebrannten Geschützen gleichenden, Donnern herabkommt, und die Temperatur sogar am Tage völlig erstickend, wie die eines Dampfbads, wirkt. Alles befruchtet sich dann und vermodert, und es beträgt die während der 4 Monate fallende Regenmenge am Senegal selbst sogar das ungeheure Quantum von 115 Zoll. Gewitterstürme kündigen diese Periode an, während deren Dauer meist Südwestwind weht. Es ist dies zugleich die ungesunde Periode, in der nach den Beobachtungen französischer Aerzte am Senegal ganz dieselben Sumpffieber, wie zu la Rochelle und Vliessingen, wüthen. Besonders sind es die schnellen Temperaturveränderungen in den niedrigen Gegenden an der Küste und an den großen Strömen, welche zur Entstehung dieser Fieber Veranlassung geben. Die trockene Jahreszeit vom November bis Juni, während welcher meist Ostwinde wehen, gilt dagegen als die gesunde, weil sie weniger Krankheiten veranlaßt. In ihr bleibt der Himmel ganz klar, die Seen und stehenden Gewässer pflegen auszutrocknen und das Holzwerk springt. Im Ganzen ist jedoch die Atmosphäre, besonders am unteren Gambia, zu Bissão und am Casamansa eine der ungesundesten auf Erden, so daß am Gambia im J. 1825—1826 von 397 Mann dahin gesandter engl. Truppen in 19 Monaten 279 starben, und daß man deshalb überhaupt aufgehört hat, weiße britische Soldaten in diese Gegenden zu verlegen. Gesunder, als St. Mary Bathurst, ist schon die Lage der Mac Carthys Insel, während umgekehrt am oberen Senegal das tiefer im Lande gelegene Fort Bakel sogar noch verderblicher den europäischen Constitutionen ist, als das nahe der Mündung des Senegal erbaute St. Louis, indem das geringe Gefälle des Senegal den Abfluß seiner Gewässer von den in der Regenzeit weit und breit überschwemmten Ebenen hindert und dadurch die Bildung der ausgedehnten Sümpfe veranlaßt, wovon Bakel umgeben ist. In den Bergländern des Innern ist das Klima etwas gesunder, doch während der Regenzeit durch Tornados und Regenfluthen europäischen Constitutionen gleichfalls in hohem Grade nachtheilig.

Naturproducte. Die Vegetation ist in den fruchtbaren Strichen ungemein üppig, aber übereinstimmend mit dem Charakter der ganzen westafrikanischen Flora, besonders der tropischen, keineswegeo ausgezeichnet durch eine Mannigfaltigkeit der Formen. Sehr verbreitet ist namentlich die Gramineenvegetation in den Ebenen der Küstenzone, welche sich in den feuchten Epochen zu ausgedehnten Savanen umwandeln und durch die Höhe der Grashalme oft das Ansehen ungeheurer Getraidefelder erlangen. Zunächst dem Meere werden die Gramineen durch eine ähnliche Vegetation gesellig lebender alkalireicher Gewächse, worunter Mesembryanthemen vorherrschen, vertreten. Die Hitze in den trockenen Monaten, vorzüglich aber die Sitte der Bevölkerung, die Pflanzenbedeckung der Ebenen anzuzünden, um die darin sich verbergenden Raubthiere und Schlangen zu verjagen oder zu tödten, vernichtet jedes Jahr auf längere Zeit fast jede Spur von Vegetation auf der Oberfläche, so daß die Ebenen dadurch ein völlig nacktes und ungemein trauriges Ansehen erhalten, das sich nur stellenweis durch ein Auftreten von Mimosenwäldern, wie in der Nähe des Grünen Vorgebirges in Kayor, im Gebiet der Bourb Jolof und in Dani, dann von Terebinthaceen, in etwas ändert. Die Mimosenwälder sind jedoch, wo sie vorkommen, so bedeutend, daß in ihnen ein großer Theil des aus Senegambien überhaupt in den Handel kommenden Gummi gesammelt wird. In den höheren trockenen Ebenen erscheint Ueudelotia africana, welche das Bdelliumharz liefert und in Fülle besonders am Falemé auftritt, endlich durch das ganze innere Senegambien bis zum Niger zu verfolgen ist. Aber besonders kräftig ist die Waldvegetation der Ebenen an den Rändern der größeren Flüsse. So weit der Einfluß des Salzwassers reicht, besteht sie ausschließlich fast aus dichtverschlungenen, oft riesenmäßigen Mangroven und entfernter von den Flüssen da, wohin die Ueberschwemmungen nicht mehr reichen, aus den grandiosesten Exemplaren von Affenbrodbäumen (am untern Senegal mit Stämmen von 77 Fuß Umfang und 25 F. Durchmesser), Acacien und Mimosen in verschiedenen Arten, dem afrikanischen Tik- und Mahagonybaum (am Gambia) und Oelpalmen, dann aus Afzelien, Pterocarpen (Pterocarpus erinaceus), Papayen am Nuñez, Calabassenbäumen (Crescentia), Pandanen, Cassien, Tamarinden, Drachenblutbäumen, letzte in der Landschaft Oulli, Ebenholzbäumen, in Fülle am Salumfluß, Gourounußbäumen (hin und wieder in Wallo), dem auch im Osten des Continents, besonders in Nubien, weit verbreiteten Balanites aegyptiaca, endlich außer vielen andern stattlichen Bäumen dem durch seine majestätischen, prächtigen, domartigen Kronen über alle wegragenden senegambischen Wollbaum (Eriodendron anfractuosum). Eine Fülle von Schlingpflanzen mit den schönsten und wohlriechendsten Blüthen überzieht diese Bäume und erschwert die Passage durch die ohnehin dicken Waldungen noch mehr. An diese Waldvegetation schließen sich in der Küstenzone überall wild und cultivirt wachsende Baumwollenstauden in wenigstens 3 Arten an, wovon eine wilde bei Gorée ein besseres Material, als selbst die westindischen gibt, dann Indigo, woraus ein trefflicher Farbestoff gezogen wird, gleichfalls überall wild und cultivirt, Taback zum Theil auch wild und in vorzüglicher Güte, Zuckerrohr sehr kräftig und wild, Pistacien, in Wallo, Maniok, Arachis und Yams. Die ganze Flora der Küstenzone Senegambiens hat, wie schon früher bemerkt war, auffallende Aehnlichkeit mit der der Ostseite des Continents, namentlich Abessiniens. Die Gebirgsländer des Innern am oberen Senegal erscheinen überall mit einer nicht minder kräftigen Waldvegetation, aber von abweichendem Charakter, bedeckt, indem, wo man eine gewisse Höhe erreicht hat, der Schibbaum beginnt, welcher der hiesigen Bevölkerung durch seine Frucht ebenso nützlich ist, wie den Bewohnern der Bergländer Dahomes und am Niger. Niemals steigt hier, so wenig wie in Guinea, der Schibbaum in die flache Küstenzone hinab. Dagegen reicht der Kaffebaum, eine Zierde der Wälder am Nuñez, den Gebirgsausläufern folgend, allerdings bis in die Nähe des Oceans. In dem nördlichen hierher gehörenden Theil Futa Dhiallons zeigen sich endlich in Fülle zahlreiche Arten von den der temperirten Zone am Mittelmeer eigenthümlichen Fruchtbäumen wild, wie Orangen, Citronen, Johannisbrodbäume, an die sich noch Bananen und Tamarinden anschließen. Die Thierwelt Senegambiens bietet nicht minder große Uebereinstimmung mit der des Osten dar. Sie ist besonders reich an mannigfachen Vierhändern und Elephanten,

15*

von welchen letzten ganze Heerden die Wälder am Senegal, Gambia und Nuñez durchziehen, dann an Raubthieren aller Art, besonders Löwen und Panthern, einer zahlreichen Reihe von Antilopen in den Savanen und Acacienwäldern der Küstenstufe, Büffeln in den sumpfigen und waldigen Rändern der Flüsse der Küstenstufe und wilden sogenannten äthiopischen Schweinen ebendort. Die größeren Flüsse zeigen sich erfüllt mit Flußpferden, Krokodilen und Fischen, endlich ist das angrenzende Meer reich an Schildkröten, Cachelots und Austern. Auch Walfische erscheinen häufig an der Küste, wie an allen übrigen Theilen der Westküste des Continents. Die Austern wachsen zuweilen, wie in der Lagune von Whidah, an den Mangrovebäumen in den Mündungen der größeren Flüsse, vorzüglich des Senegal und Gambia. Besonders viele und gute Austern trifft man auf diese Weise in einem Arm des untern Gambia, der davon sogar seinen Namen erhielt, dem Oysters Creek bei St. Mary Bathurst. Von Hausthieren hat die Bevölkerung ausgezeichnete Esel am Grünen Vorgebirge, Schafe, Ziegen und Rindvieh, letztes in größter Menge in den von den Fulah bewohnten Landstrichen, endlich Kameele in den Savanen am Senegal und Pferde, welche letzte zwar klein, aber voll Feuer sind und geschwind, zugleich aber auch sicher auftreten. — Der Mineralreichthum beschränkt sich, so viel wir wissen, einzig auf Eisen und Gold, da bisher wenigstens keine andere nutzbare Mineralien aufgefunden worden sind. An Eisenerzen ist vorzüglich Futä Dhiallon und das Bergland der Mandingo am oberen Senegal reich; ein Theil davon in Bambuk ist sogar so ausgezeichnet rein, daß es für gediegenes Eisen angesprochen worden ist. Noch verbreiteter scheint in den Bergländern das Gold zu sein, das in Konkadú zum Theil noch in Quarzmassen eingewachsen ist, meist aber durch Waschen aus rothen eisenreichen Flußalluvionen längs dem Falemé in Bambuk und auch in Konkadú und Futä Dhiallon gewonnen wird. Im Berglande von Kasur lebt sogar die ganze Bevölkerung vom Ertrage der Goldwäsche, da sie weder Landbau, noch Viehzucht besitzt. Ein Theil dieses Goldes dürfte, wie in Brasilien, aus zersetztem Eisenglimmerschiefer, ein anderer vielleicht aus zersetztem Trachyt herstammen, da beide Gebirgsgesteine einen großen Antheil an der Masse der Flußalluvionen Bambuks besitzen und häufig in der Nähe derselben z. B. am Falemé anstehen. Der übergroße Reichthum der Alluvionen Bambuks, wie ihn ältere Berichterstatter erwähnen, scheint jedoch nicht gegründet zu sein, obgleich noch heute viel Gold in diesem Lande, besonders zu Tambüra, Kéniéba, Fattendi, Allinkel, Karemayo, Sänsanding, Karé, Narena, Farabana, Lahändi und Nebontäne gewonnen wird.

Bevölkerung. Die Bevölkerung Senegambiens besteht aus einer überaus großen Zahl kleiner Völkerschaften, die sich jedoch nach ihren körperlichen und sprachlichen Verhältnissen meist in große Gruppen zusammenfassen lassen. Ein Theil derselben ist von dem reinsten, dunkelsten Schwarz, wie das Volk der Jolof, oder wenigstens fast ganz schwarz, wie die Mandingo mit ihren vielen Abzweigungen; ein anderer, der der Fulah, hat eine viel hellere Hautfarbe und den europäischen bereits auffallend ähnliche Gesichtszüge. Einige Völkerschaften, die sich unter diese 3 Gruppen noch nicht haben unterbringen lassen, sind im Vergleich zu ihnen nur von geringer Bedeutung. Im Ganzen ist Senegambien gut bevölkert, was besonders von den schönen Gebirgslandschaften am oberen Senegal, weniger von der Küstenzone gilt, welche theilweise nur eine nomadische Bevölkerung zu erhalten im Stande ist. Die Jolof, Dhiolof oder Wolof bildeten einst ein mächtiges Reich zwischen dem Senegal und Gambia, das jetzt aber in mehrere kleinere Staaten zerfallen ist. Ihrer Sprache nach, die ganz eigenthümlich ist und sich den Kaffersprachen auffallender Weise durch eine gemeinsame grammatische Eigenthümlichkeit, den euphonischen oder Alliteralconcord, nähert, der in keiner 3. Sprache mehr auf Erden, so viel bekannt ist, gefunden wird, trennt die Dhiolof als ein selbstständiges Volk bestimmt von den Mandingo und Fulah. Doch hat sie mit den meisten ursprünglichen afrikanischen Sprachen das System der Präfixe gemein. Die Dhiolof sind immer gut gebaut, ihre Gesichtszüge regelmäßig, edel und ganz, wie die der Europäer, ausgenommen, daß ihre Nasen mehr gerundet und ihre Lippen dick sind. Im Ganzen sind sie auffallend hübsch; das weibliche Geschlecht sogar schön. Ihre Haare sind dagegen kraus wollig. Auch die Hautfarbe der Dhiolof ist ein feines, durchsichtiges tiefes und glänzendes Schwarz, ähnlich der Farbe von geglättetem Ebenholz, in einer Reinheit und Tiefe, wie es kaum bei einem andern Gliede der äthiopischen Race vorzufinden sein möchte, eine Erscheinung, die verbunden mit dem Vorkommen einer wenigstens ähnlichen tief schwarzen Hautfarbe bei den Joulah (S. 134.) darauf hinweist, daß die tiefste Färbung der Haut nicht ausschließlich von der größeren Hitze des Klima oder von der stärkeren Einwirkung der Sonnenstrahlen auf die Haut herrührt. Deshalb sind die Dhiolof allerdings Neger, jedoch so, daß ihnen einige der charakteristischsten Züge der Neger abgehen. Dabei haben dieselben einen höchst ansehnlichen, bis 6 Fuß hohen, wohlproportionirten und starken Körper bei einem lebhaften Geist. Sie sind zugleich thätig, energisch, kriegerisch und so voller Selbstbewußtsein, daß, wenn man zu einem Dhiolof sagt, er sei ein Neger, die Antwort erfolgt: Nein, kein Neger, sondern ein Dhiolof. Auch die Weiber dieses Volksstamms zeichnen sich durch Witz und Gelehrigkeit aus. Das 2. große Volk Senegambiens, die Mandingo, stammt angeblich ursprünglich aus dem kleinen 150 Meilen von der Küste entfernten Bergländchen Manding, wo es noch jetzt ansässig ist, her. Aber seit Jahrhunderten hat theils in Folge von Eroberungen, da die Mandingo auch ein sehr kriegerisches, tapferes Volk sind, theils durch friedliche Auswanderungen ein allmähliches Vorschreiten desselben gegen das Küstenland stattgefunden, so daß dieselben in Senegambien schon am Casamansa und Rio Grande, in Guinea sogar vom Ponga bis zum C. Mesurado, wie angegeben war, gefunden werden (S. 203.). Die Mandingo gehören übrigens, gleich ihren Stammgenossen im nördlichen Guinea, in jeder Hinsicht zu den ausgezeichnetsten Bewohnern des Continents, indem auch hier ihre Gesichtsbildung regelmäßiger, als bei den gewöhnlichen Negern, offen und einnehmend, ihr Gemüth heiter und einfach, und endlich ihr Geist, besonders bei den muhamedanischen Stämmen, die sich, wie in Guinea, vor den heidnischen Gliedern ihres Volks vortheilhaft auszeichnen, ausgebildet und scharf ist. Zugleich haben die Mandingo einen hohen, schlanken und in allen Theilen proportionirten Wuchs. Ihr Haar ist jedoch ganz wollig, ihre Lippen dick, ihre Nasen platt, so daß sie eigentlich mehr von den ächten Charakteren der Negerrace, als die Dhiolof besitzen, obgleich ihre Hautfarbe durch einen Stich in das Gelbe nicht so tief schwarz, als bei den letzten ist. Sehr wenige Völker sind arbeitsamer, als die Mandingo, so daß sich bei diesen wenigstens der Grundzug des afrikanischen Charakters „die Trägheit“ nicht vorfindet. So vortheilhaft stechen die hiesigen Mandingo unter allen Bewohnern des westlichen Afrika hervor, daß die Reisenden und selbst die Missionare sich übereinstimmend auf das Günstigste über sie, namentlich über den muhamedanischen Theil derselben, ausgesprochen haben. Der Zahl und Verbreitung nach sind die Mandingo das bedeutendste Volk Senegambiens, dem nur die Fulah, viel mehr die Dhiolof, nachstehen. Den 3. Haupttheil der Bevölkerung Senegambiens bilden die Fulah, welche aus dem kleinen, noch jetzt von ihnen bewohnten Berglande am oberen Senegal, welches nach ihnen den Namen Fulahdu d. h. Fulahland führt und nach Einigen noch das jetzige Reich Bondu begreifen soll, ursprünglich abstammen, nunmehr aber in West-Afrika sich weit und breit ausgedehnt haben, indem sie nicht allein in den Bergländern durch Eroberung das Reich Timbo in Futa Dhiallon gründeten, sondern auch allmählich gegen die Küste hinabgestiegen sind, wo sie jetzt zunächst am Senegal im Reich Futa Toro herrschen, dann eine Anzahl kleiner Staaten bis zum Casamansa im Süd-Westen bilden, endlich unter dem Namen der Peuls unter großem Druck und vielfach von den Dhiolofherrschern ausgesogen, theils als feste Ansiedler in den Reichen Kayor und Wallo leben, theils auch in diesen mit großen Heerden gegen schweren Tribut in den Ebenen nomadisiren. Eine viel größere politische Bedeutung, als die hiesigen, haben jedoch die nach Osten in das Innere des Continents ausgewanderten Fulah eine Zeitlang im Lauf des Jahrhunderts erlangt, indem sie durch Eroberungen sich längs dem ganzen mittleren Niger ausdehnten und durch die Tüchtigkeit ihrer Herrscher, besonders aber durch den Besitz zahlreicher Reiterschaaren unterstützt, sich das große Land Haussa unterwarfen, eine Zeitlang im Besitz Timbuctus und Bornús waren und ihre Eroberungen südlich bis zum Kong ausdehnten. In neuerer Zeit ist jedoch das Glück wieder von den Fulah des Nigerlandes gewichen. Die Fulah haben im Allgemeinen in ihren Gesichtszügen durch das Vorkommen eines Nasenknorpels und die häufig adlerartige Bildung der Nase, den feingeformten Mund, das lange, meist seidenartig glatte und nur bei den Fulah von Futá Dhiallon wollenartige Haar, endlich die meist kaum von der der Süd-Europäer unterscheidbare Färbung der Haut, welche vorherrschend dunkelolivenartig, bei den Peuls dagegen meist hellbraun ist, große Uebereinstimmung mit den charakteristischen Zügen der caucasischen Race, was ihnen selbst so wohl bekannt ist, daß sich die Fulah von Bondú mit Stolz für eine Stufe höher stehend halten, als die übrigen Senegambier, und sich selbst für Weiße und für Verwandte der Europäer erklären. Zugleich sind die Fulah, besonders die von Futá Dhiallon, sehr schön, kräftig gebaut. Dieser physischen Vorzüge, ihres Muths, ihrer geistigen Befähigung, der Offenheit, Zuverlässigkeit und Bestimmtheit ihres Charakters, endlich ihres Selbstgefühls wegen, das sich durch eine edle, stolze und ernste Haltung kund gibt, sind die Fulah in der That ein bemerkenswerthes Mittelglied der weißen und äthiopischen Race des Continents, das ebenso nahe der 1. Race steht, als sich umgekehrt die Mandingo der letzten nähern. Ganz im Gegensatz zu den Arabern im Norden und den Kaffern, deren mächtigste Häuptlinge zu betteln, sich nicht schämen, im Süden, findet man bei den Fulah, besonders im Innern, niemals einen Bettler; sie bilden vielmehr mit den Mandingo den ehrenwerthesten Theil der Landesbevölkerung, wenn sie auch den Mandingo in der geistigen Ausbildung nachstehen möchten. Gleich anderen Bergbewohnern, den Auvergnaten und Limousinern in Frankreich, den Gallegos der pyrenäischen Halbinsel, den Savoyarden, Schweizern und Tyrolern, verlassen die Fulah ihre Heimath schaarenweise, erwerben sich durch ihre Thätigkeit in der Fremde Vermögen und kehren endlich wieder in ihre Heimath zurück, um hier die Früchte ihrer Anstrengungen ruhig zu genießen. Die Sprache dieses Volks ist zugleich zierlicher und wohlklingender, als die der Nachbarn, und gänzlich davon verschieden. Uebrigens theilen sich die senegambischen Fulah in mehrere, auf einer verschiedenen Stufe der Cultur stehende Abtheilungen, die eigentlichen Fulah, die Loubies und Teucolor, von denen die ersten am Meisten das charakteristische Gepräge ihres Stammes haben, die Teucolor in Futá Toro, Bondú und Futá Dhiallon dagegen schon sehr den Mandingo im Wesen und in den physischen Verhältnissen gleichen, endlich die am Rio Nuñez wohnenden Loubies als die in jeder Hinsicht depravirtesten Fulah gelten. Unter den kleineren selbstständigen Volksstämmen Senegambiens sind noch am Bekanntesten die Bewohner des Reichs Kadschaaga, die Serracolets oder Serawoullis, ein ebenfalls ursprünglich aus dem Osten eingewandertes, von mächtigen Nachbarn verdrängtes, sonst kriegerisches Völkchen von dunkelbrauner oder glänzend schwarzer Hautfarbe und lebhaften Geistes, doch sanften Sitten, das industriös und thätig ist und mit Fleiß und Geschicklichkeit seinen Boden bestellt, endlich ausgedehnten Handel längs dem ganzen unteren Senegal treibt und besonders den Handel einerseits zwischen den französischen Händlern am untern Senegal, andererseits den übrigen Eingeborenen bildet. Zugleich sind die Serracolets derjenige Theil der hiesigen Bevölkerung, der durch den Umgang mit den Europäern die meisten Fortschritte in der Cultur gemacht hat. Eine noch kleinere, selbstständige Völkerschaft sind die Sereres, deren Gebiet in der Nähe des Grünen Vorgebirges ganz von dem der Dhiolof umschlossen wird, so daß die Sprache derselben bereits viele Worte aus der Dhiolofsprache aufgenommen hat. Im südlichsten Senegambien wohnt endlich eine Anzahl gleichfalls anscheinend eigenthümlicher Stämme, deren Kenntniß jedoch nicht weit genug vorgeschritten ist, um über sie ein bestimmtes Urtheil in völkerlicher und sprachlicher Hinsicht zu fällen, z. B. die Aiamats oder, wie sie gewöhnlich durch die Europäer genannt werden, Jolas und Felups, deren Hautfarbe tief schwarz, das Haar wollig, das Gesicht jedoch regelmäßig, dem der Hindu ähnlich gebildet, der Körper zugleich stark ist und die mit etwa 60—70 Dörfern, 50000

Köpfe stark, das Waldgebiet am Casamansa und namentlich die Insel Zinguichor, so wie die Ufer des Vintain bewohnen. Wenig mit den Europäern, höchstens mit einigen portugiesischen Händlern in Verbindung kommend, gelten sie für boshaft, rachsüchtig und indolent, doch wird ihre Dankbarkeit gegen Freunde und Wohlthäter gerühmt. Ihrer vergifteten Pfeile wegen, werden auch die Felups von ihren Feinden gefürchtet. Sie gehen fast nackt und stehen jedenfalls auf einer der tiefsten Stufen unter den senegambischen Völkerschaften. Doch machen sie keine Sclaven und haben niemals mit Sclaven gehandelt, obgleich die großen portugiesischen Sclavenmärkte Zinguichor, Bissão und Farim ganz in ihrer Nähe liegen. Sie sind sämmtlich Heiden und haben eine ihnen ganz eigenthümliche und angeblich sehr barbarische Sprache. Die nächsten Nachbarn der Felups, hauptsächlich im Süden, sind die schön gebauten, fleißigen und tief in das Innere handelnden, zahlreichen **Biafares**, die um das östliche Ende des Geba wohnenden, westlich an die Biafades grenzenden kriegerischen und wilden **Balantès**, dann um den östlichen Theil des Catscheogolfs die ebenfalls wilden und häßlichen **Papels** zunächst der Seeküste zwischen dem Catscheo und Geba, so wie die turbulenten **Landumans** am Nuñez. Endlich verbreiten sich noch von Guinea nördlich über den letzten Fluß hinaus bis zum Geba Abtheilungen der friedlichen und sehr industriösen **Malus** und der **Bagus** (S. 193., 202.).

Religion und Verfassung. Die Bewohner Senegambiens sind theils noch Heiden, theils Muhamedaner, indem das Christenthum bisher an sehr wenigen Punkten, wie auf Gorée, in St. Louis und am Gambia, bei den Eingeborenen einige Proselyten gemacht hat. Das Heidenthum zeigt sich als Fetischismus, doch nirgends mit so blutigen Gebräuchen, wie es sich auf so vielen Punkten der Küste und des Innern von Guinea consolidirt hat. Die Existenz eines höheren Wesens liegt allen religiösen Begriffen der hiesigen Heiden zum Grunde, so wie auch der Glaube an die Möglichkeit von Zauberei und die Wirksamkeit von Amuletten allgemein ist. Der Islam hat besonders bei den Mandingo und Fulah Wurzeln gefaßt und ist am Meisten in den Bergländern am obern Senegal und Gambia herrschend geworden, von wo er die großen Flüsse abwärts längs dem Senegal, Gambia und Nuñez allmählich bis zum Ocean vorgedrungen ist. Am Wenigsten hat derselbe bisher unter den Thiolof Eingang gefunden, aber sogar keine Spur hat sich bisher davon unter den Felups, Papels und Ghiolas dargeboten. In den Ländern am oberen Niger z. B. in Bambuk sind Muhamedaner und Heiden ziemlich in gleicher Menge vorhanden. Doch hat der Islam auch in Senegambien seit einer Reihe von Jahren durch den unermüdeten Bekehrungseifer der Mandingo- und Fulahpriester, der sogenannten Marabù, und durch die Errichtung von Koränleseschulen für die Jugend die größten Fortschritte gemacht und nach dem einstimmigen Urtheil der europäischen Reisenden und selbst unbefangener christlicher Missionare auf das Vortheilhafteste auf die Lebensverhältnisse, Sitten und Intelligenz der Bevölkerung gewirkt, was sich, wie in Guinea (S. 203.), besonders da ergibt, wo Heiden und Anhänger des Islam neben einander wohnen. Die Muhamedaner, vor Allem die muhamedanischen Mandingo, sind durchweg der achtungswertheste, mäßigste und intelligenteste Theil der Bewohner des Landes, der sich zugleich durch Gutmüthigkeit, viel mildere Sitten, Gastfreiheit gegen Fremde, Achtung vor dem Alter, reinliche, sorgfältige Kleidung, guten Betrieb des Ackerbaus, Fortschritte in der technischen Industrie und große Thätigkeit im Betrieb des Handels auszeichnet, wogegen die Heiden, selbst unter den Mandingo, oft bis zum Uebermaß dem Trunk ergeben sind. Die standhaftesten Anhänger des Islam sind die Fulah und Mandingo, deren Eifer jedoch zuweilen über die billigen Grenzen hinweggeht, indem die muhamedanischen Häuptlinge es für ein göttliches Recht ansehen, die Heiden zu bekriegen, und sie in der trockenen Jahreszeit unter diesem Vorwande durch Raubexpeditionen ausplündern, wie es namentlich bei den heidnischen Anwohnern des untern Gambia alljährlich durch die Fulah von Futá Dhiallon geschieht. Die Regierungsform in den unzähligen kleinen Staaten Senegambiens, deren Grenzen sich zuweilen nicht über den Bereich eines Orts hinaus erstrecken, ist höchst mannigfaltig, theils und zwar vorherrschend monarchisch, theils auch republikanisch, beides in allen möglichen Formen. Nirgends ist jedoch die despotische Gewalt so blutdürstig, wie in Dahome und bei den Zoulah, doch übten bis in die neueste Zeit die Herrscher der Reiche Wallo und Kayor eine unbeschränkte Gewalt über die Angehörigen ihrer Staaten aus, machten sie nach Gutdünken zu Sclaven, verkauften sie und disponirten über deren Land und alles Eigenthum. In einigen monarchischen Fulahstaaten steht dagegen dem Herrscher ein Rath von Notabeln zur Seite, ohne deren Zustimmung er nichts von allgemeinem Interesse vornehmen darf. In Futa Dhiallon, Futa Toro und Bondú führt der Herrscher, ganz so wie es in vielen kleinen Staaten Guineas der Fall ist (S. 203.), den beständigen Titel Almamy, im Dhiolofreich Kayor den Titel Bourb d. h. König, in Wallo den Titel Damel. Futa Dhiallon ist ein muhamedanisches, monarchisch theokratisches Wahlreich, worin der Almamy von den Vornehmsten in öffentlicher Versammlung gewählt, nach Umständen auch abgesetzt wird, wenn das Volk mit seiner Regierung unzufrieden ist. In Bondú ist dagegen der Almamy erblich. Sonst ist die Verfassung der Sereres, Serracolets und der meisten kleineren Mandingo- und Fulahstaaten im Gebirgsland republikanisch. Die Freien derselben versammeln sich bei wichtigen Angelegenheiten öffentlich zu Berathungen in den sogenannten Palavers, für die meist ein eigenes Gebäude bestimmt ist. Größere Staaten besitzt Senegambien nicht.

Ackerbau, Gewerbe, Handel. Die überaus große Fruchtbarkeit vieler Theile Senegambiens macht meist den künstlichen Ackerbau überflüssig. So erndtet man auf dem Alluvialboden des Senegalthals in Bondú das 200. Korn. Besonders wird Reiscultur im Alluvialboden der großen Ströme und in sumpfigen Savanen betrieben. Außerdem beschäftigt man sich mit dem Bau von Arachis bei Medinah in Woulli, am Gambia und am Nuñez, von Baumwolle, Mais und Indigo. Die Viehzucht wird sehr ausgedehnt betrieben, vorzüglich von den Fulah, die in den Dhiolofreichen nomadisiren, dann aber auch von den Dhiolof selbst. So sind die Dhiolof von Kayor große Viehzüchter, welche ihr Rindvieh bis nach Cayenne und den Antillen verhandeln. — Technische Industrie ist im Gebirgslande, besonders bei den Mandingo und Fulah, aber auch in der Ebene bei den Dhiolof und Nalus vorhanden. Die Dhiolof, die Marabús von Barraconda und die Fulah von Futa Dhiallon weben z. B. vorzügliche baumwollene Zeuge und verstehen sie ausgezeichnet zu färben; nicht minder fertigen die Mandingo am Gambia aus Palmfasern schöne Matten und Körbe an. Eine ausgedehnte Fabrication von Leder in vorzüglicher Beschaffenheit, das sie zugleich vortrefflich zu färben verstehen, besitzen die Mandingo des oberen Senegal, die außerdem an vielen Punkten ihres Gebirgslandes Eisenerze fördern und auf die gewöhnliche afrikanische Weise in kleinen Oefen mit Holzkohlen verschmelzen, wodurch sie ein meist vortreffliches Product erhalten. Das in Bambuk gewonnene Eisen zeichnet sich vor Allem durch hellen Silberklang und Geschmeidigkeit aus. Gleichen hellen Klang gibt das Gußeisen von Kamalia in Mandingo, im höchsten Ruf aber steht in diesen Gegenden das Eisen von Dentila; sehr ausgedehnte Eisenfabrication haben endlich die Mandingo von Tenda am Gambia und die Fulah von Futa Dhiallon. — Der Handel Senegambiens ist sehr ausgedehnt, der Exporthandel vorzugsweise in den Händen der französischen Etablissements am Senegal, der englischen am Gambia, endlich der portugiesischen am Casamansa. Ausgeführt wird seewärts: Gummi, sowohl arabisches, wie Senegalgummi, und zwar nicht allein das im Lande selbst gewonnene, sondern auch der größte Theil von dem, welches die Gummiwälder am Nordrande des untern Senegal liefern, Samen von der Erdnuß, vorzüglich vom Gambia nach England und Nord-Amerika, dann vom Nuñez, Indigo, Bdelliumharz, Kaffe, letzter von ausgezeichneter Güte, schönes Mahagony-, Cam- und Tikholz vom Gambia, vortreffliches Ebenholz vom Nuñez, Erdnüsse vom Gambia und Nuñez, Palmöl, Ingwer, Cardamom, welches tief aus dem Innern kommt, endlich Wachs in großer Menge vom Gambia, Elfenbein und etwas Gold, wozu noch Häute vom Senegal und Gambia treten. Der Sclavenhandel hat an den meisten Punkten der Küste aufgehört; in neuerer Zeit selbst am Nuñez. Nur die portugiesischen Factoreien des südlicheren Senegambiens betreiben ihn, obwohl schwächer, als früher, noch fortdauernd, da dieser Theil der Küste wegen seiner vielfachen Einschnitte, Schlupfwinkel und seines höchst ungesunden Klimas ungemein schwer zu bewachen ist. In neuerer Zeit haben selbst die Nord-Amerikaner begonnen, an dem hiesigen überseeischen Handel Antheil zu nehmen. Der Verkehr der Franzosen und Briten ist in fortwährendem Wachsen. So umfaßte die französische Handelsbewegung von St. Louis und Gorée im Jahr 1846 einen Werth von 16679614 Frcs., wovon auf ersten Ort allein 16467039 Frcs. kamen. Importirt wurden davon aus Frankreich für 6794636 Frcs., exportirt nach Frankreich für 5763212 Frcs., wovon Gummi den wesentlichsten Theil ausmacht. 1846 ging nämlich für 4821718 Frcs. Gummi nach Frankreich und nur für 254829 Frcs. vom Senegal nach dem Auslande. Im Jahr 1836 führten die Briten mit 275 Schiffen Waaren im Werth von 114772 Pfd. Sterling in den Gambia ein und für 147732 Pfd. St. aus. Am Nuñez berechnet man den jährlichen Handel der Europäer auf etwa 40000 Pfd. St. Der Handel der Portugiesen am Casamansa ist dagegen nur unbedeutend. Eingeführt werden in Senegambien seewärts besonders: Europäische Baumwollenstoffe von Rouen durch den Senegal und auch durch den Nuñez, andere über Bissão, deutsche Waffen, kleine französische Waaren und viel Branntwein, letzter am Meisten durch den Gambia. Außerdem geht viel Salz vom Nuñez in das Innere, was auch aus der Sahara der Fall ist. Die Mauren nordwärts vom Senegal führen von ihren vortrefflichen Pferden viel nach Senegambien ein. Im nördlichen Senegambien sind es besonders Serracolets und Mandingo, im Süden ebenfalls Mandingo, dann Fulah, welche den Binnenverkehr und die Handelsverbindungen mit den Europäern an der Küste, so wie die Einfuhr der überseeischen Waaren in das Innere des Continents betreiben.

Landschaften und Staaten unter einheimischen Oberhäuptern sind vorzüglich folgende in Senegambien:

1) Das Gebiet der Dhiolef, ein im Westen vom Ocean, im Norden vom unteren Senegal, im Osten durch den Falemé und Futa Tore, im Süden durch den Gambia begrenztes sehr sandiges, flaches und an manchen Stellen mit Wäldern und Gebüschen, welche vorherrschend aus Gummiacacien und vielen kolossalen Adansonien bestehen, bedecktes Land, das stellenweise aber reich an Getraide, Reis, Pistacien u. s. w. ist und sehr gut cultivirt wird. Es zerfällt in 5 kleine Staaten: a) Wallo, an der linken Seite des untersten Senegal östlich bis Dagana und südlich bis zum Panieh Peulsee reichend, steht unter einem Häuptling, der nach einem der frühesten Oberherrscher des Reichs fortwährend den Titel Brak führt, jetzt aber meist die Befehle der französischen Gouverneure von St. Louis befolgen muß, die besonders in neuerer Zeit die Anlage großer Baumwollenpflanzungen in Wallo angeordnet haben. Das Land ist durch die bisherigen beständigen inneren Unruhen und die Fehden mit den Nachbarn sehr dünn bevölkert und hat jetzt nur noch etwa 40000 Einw. — Nder, Hauptort von Wallo und Residenz des Brak, umgeben von immensen Grasflächen. — b) Die große und flache, durch Absätze von Flußschlamm aber ungemein fruchtbare Insel Bifesche im Senegaldelta. — c) Kayor, auf dem Festland südlich von Wallo bis Cabo Verde reichend, 250000 Ew., einer der fruchtbarsten Striche zwischen dem Senegal und Gambia und besonders ungemein reich an Pistacien. — d) Das Gebiet der Bourb Dhiolof, einst der Haupttheil des mächtigen Reichs, welches alle Glieder des Dhiolofvolks umfaßte; sehr reich in seinem südlichen Theil an Mimosenwaldungen und zum Theil von nomadisirenden Fulah durchzogen. — Warkor, Hauptort und Residenz des Bourb, gleichfalls mitten in immensen, mit hohem Gras bedeckten Ebenen. — Medina, Hauptort, von vielen Färbern bewohnt. — e) Sin, südöstlich von Kayor. — Dorf Joal, ehemaliger französischer Handelsposten am Meere.

2) Barra, zwischen Sin und der Mündung des Gambia, 8 M. lang, 14 M. breit, fruchtbar und mit 200000 Einw., die thätige, gewandte Mandingo sind, viel mit Salz in das Innere handeln und dafür Mais, Elfenbein, Goldstaub und wollene Zeuge zurückbringen. 7 Ortschaften unter eigenen Häuptlingen. — Barra Inding, Hauptort. — Dschillifre (Jillifrey), Haupthandelsplatz an der Gambiamündung.

3) N'Yani, gewöhnlich Yani genannt, am Nordrande des Gambia und unmittelbar südlich vom Gebiet des Bourb Dhiolof, sehr bewaldet mit Mimosenwaldungen und deshalb reich an Gummi. Der längs dem Gambia gelegene Theil sehr fruchtbar. — Pisania, jetzt aufgegebene englische Factorei, von wo aus Mungo

Park seine beiden Reisen zur Erforschung des Niger begann; Gold- und Elfenbeinhandel.

4) Ulli oder Woulli d. h. heiß, am Nordrand des Gambia, östlich von N'Yani, von Mandingo bewohnt, fruchtbar und gut angebaut. — Cassana, Hauptort, gewöhnlich arabisch Medina d. h. Stadt, nach dem Sprachgebrauch der Mandingomarabus genannt, 1000 Ew. — Fattatenda, am Gambia, nur 5—6 M. südlich von Medina, seit 200 Jahren einer der ältesten und entferntesten Stapelplätze des Handels der Europäer in das Innere mit Magazinen der Händler von St. Mary Bathurst. Karavanen kommen hierher tief aus dem Innern mit Elfenbein, Häuten und Sclaven, welche letzte weiter nach Bissáo gehen. — Subakanda, großer Handel mit dem aus Bambuk und Bambarra kommenden Gold. — Barraconda d. h. Barrastadt, großer von Marabú bewohnter Ort; in einiger Entfernung südlich davon macht der Gambia einen sehr spitzen nach Norden gerichteten Winkel, indem er plötzlich aus seiner bisherigen constant nordwestlichen in eine südöstliche Richtung übergeht und die großen Stromschnellen bildet, welche der Flußschifffahrt aufwärts gewöhnlich Schranken setzen.

5) Tenda, gleichfalls an der Nordseite des Gambia und östlich von Ulli, am Westrande des inneren Gebirgslandes gelegen, und schon selbst mit hohen waldbedeckten Bergen erfüllt. Das Land ist dadurch reich an mannigfachen pittoresken Scenerien und enthält viele Eisenerzablagerungen, die bei Dscheuingalla (Jeningalla) verschmolzen werden.

6) Nebla im Gambia-Gebirgsland mit Schihbäumen und elephantenreichen Waldungen, dessen Bevölkerung viel Handel mit Schihbutter und Elfenbein treibt.

7) Dentila, ein von Mandingo bewohntes Gebirgsland östlich von Tenda, das sich vom Gambia nördlich bis zum oberen Falemé erstreckt und gleichfalls reich an Waldungen und Eisenerzen ist. — Dschulifunda (Julifunda), bedeutender Handelsort durch die günstige Lage an der südlichen Handelsstraße nach Bambarra und dem Niger. Die 2000 Ew. sind vorzugsweise Commissionare der europäischen Comptoire in Kadschaaga, Kaarta, am Gambia und Nuñez.

8) Konkodú d. h. im Mandingo Bergland (Konko Berg, dú Land), kleine, aber mit steilen, granitischen Gebirgsketten erfüllte und an unbeschreiblich reizenden Landschaften im erhabensten Styl reiche Landschaft zwischen dem obern Falemó und dem obern Basing, östlich von Dentila. — Schrondo, unbedeutender Ort an der Südgrenze von Bambuk, umgeben von sehr goldreichen Schuttablagerungen. — Dindiku, in der Nähe Schrondos, gleichfalls mit Goldalluvionen.

9) Fulahdú, die ursprüngliche Heimath der Fulah, eine wilde unwegsame, dick bewaldete und an wunderbar gestalteten Felsmassen reiche, aber sehr menschenleere Gebirgslandschaft, voll von Raubthieren, zwischen dem oberen Basing und dem Kokoro, umfassend die Districte Gadú und Gangaran. Im Süden grenzt an Fulahdú das hohe, von vielen Gebirgsflüssen und von Süden nach Norden parallel laufenden Querthälern, welche als sehr beschwerliche Pässe dienen, durchzogene dick bewaldete und fast menschenleere Bergland Jallonkadú, wodurch Fulahdú von Sulimana und Quasselon getrennt wird. — Keminun oder Maniakorro, einer der am stärksten befestigten Orte in West-Afrika.

10) Manding, kleine, aber reizende und vortrefflich cultivirte Berglandschaft, an den nordöstlichsten Zuflüssen des Senegal gelegen und zugleich vom obern Niger durchflossen, östlich von Fulahdú, die ursprüngliche Heimath des Mandingovolks, von dem das Ländchen noch bewohnt wird. Die Bevölkerung hält sich selbst für das glücklichste Volk im glücklichsten Lande. — Bangassi 14° N. Br., große und volkreiche Stadt und noch besser, als Keminun, befestigt.

11) Quasselon, ein südlich von Manding, nordöstlich von Futá Dhiallon, südlich vom oberen Niger gelegenes, schönes und offenes, durch den Sarano und zahlreiche Bäche wohl bewässertes, endlich von heidnischen Fulah, welche aber nicht mehr ihre ursprüngliche Sprache reden, bewohntes Land. Die sehr industriösen Fulah ziehen auf ihrem ungemein fruchtbaren Boden viel Baumwolle, welche von ihnen zu vortrefflichen Zeugen, dem Gegenstand eines bedeutenden Handels, verarbeitet wird. Auch sind dieselben gute Schmiede, und fertigen viele Ackerwerkzeuge und Dolche an.

12) Kaarta, der nördlichste Theil des Berglandes von Senegambien und schon auf der Nordseite des Kokoro, stark bevölkert, gut cultivirt und ansehnlicher Handel, besonders mit den benachbarten Mauren der Saharà. Die aus Mandingo bestehende Bevölkerung leidet aber, wie die Bevölkerung aller die Saharà im Süden begrenzenden Landschaften sehr durch die häufigen Einfälle der Mauren, welche hier viel Sclaven rauben, zugleich auch durch den Druck der kriegerischen Bambarra, die sich des Landes bemächtigt haben. Aus Kaarta kommt viel Gold und Elfenbein in den Verkehr. — Elimané 15° 2' 50" N. Br. 7° 24' O. L., Hauptort.

13) Kasson, kleines, an beiden Seiten des aus der Vereinigung des Kokoro und Basing gebildeten mittleren Senegal gelegenes Bergland, das im Norden an Kaarta, im Süden an Bambuk, im Westen an Bondú stößt und von Fulah bewohnt wird. Die Bevölkerung ist jedoch durch innere Anarchie und die räuberischen Angriffe der Bambarraner aus Kaarta ganz faul geworden, decimirt und völlig verarmt, da sie keine Industrie und keine natürlichen Hülfsquellen besitzt.

14) Kadschaaga, von den Europäern gewöhnlich Galam genannt, westlich von Futá Toro, südlich durch Bondú und Bambuk begrenzt und endlich vom Zusammenfluß des mitt-

leren Senegal und des Falemé längs dem Südrande des ersten Stroms bis Bambuk und Kasson im Osten sich fortziehend, ein bergiges und sehr holzreiches, im Senegalthale der Ueberschwemmungen wegen auch überaus fruchtbares Land, das durch 100000 muhamedanische Serracolets bewohnt wird, welche sich hauptsächlich in einer Reihe am Senegal selbst liegender Städte angesiedelt haben und starken Handel mit den Mauren der Saharâ, dem französischen in ihrem Lande angelegten Handelsposten Bakel und der schwarzen Bevölkerung im Süden betreiben, indem die Mauren hierher Gummi und Salz, die Franzosen europäische Waaren, besonders Baumwollenstoffe, Glas, Pulver, Blei und Gewehre, die Schwarzen Gold und Elfenbein bringen. Auch die schönen Waldungen gewähren der Bevölkerung, die sich durch große Geschicklichkeit im Weben und Färben von Baumwollenstoffen vor allen ihren Nachbarn auszeichnet, großen Nutzen. Das Land zerfällt in 2 durch den Falemé getrennte Theile, Ober- und Unter-Galam, die 2 völlig selbstständige Monarchieen bilden. — Dramanet, 4000 Einw., meist nach dem Nigerland handelnde Marabû. — Tuabo, reizende Gegend am Senegal, von prächtigen Dattelpalmpflanzungen und schönen Waldungen hochstämmiger Tamarinden umgeben; Hauptstadt Unter-Galams.

15) Bambuk zwischen dem 20° 30′—14° 15′ N. Br. und 7° 10′—8° 30′ O. L., großes, sehr gebirgiges, aber schwach bevölkertes Land längs der Ostseite des oberen Falemé und südlich von Kadschaaga, welches durch zahllose kleine Zuflüsse des Falemé, wovon der Sanon Colez oder Goldfluß (Sanon heißt im Mandingo Gold) der bedeutendste ist, reich bewässert wird. Bambuk ist reich an trefflichen Bergwiesen, worauf viele, schöne Rindviehheerden gedeihen, und hat auch sonst einen sehr fruchtbaren, große Erndten von Mais und Reis liefernden Ackerboden. Außerdem besteht Bambuks Reichthum in seinen Eisenerzen und dem in den Schuttablagerungen der Flüsse, besonders des Falemé zu Kenieba, Faltendi, Sansanding, Karemayo und Allinkel sehr reichlich vorkommenden Gold. In politischer Hinsicht besteht Bambuk aus einer großen Zahl kleiner Mandingostaaten. — Farbana, größter Ort.

16) Bondu, zwischen dem 14—15° N. B. und 7—9° O. L., im Norden gleichfalls an Kadschaaga, im Osten an Bambuk und den Falemé, im Süden an Tenda, im Westen an Futa Toro anstoßend, 19 Meilen von Osten nach Westen lang, 13 M. von Norden nach Süden breit, mit mäßigen Bergen größtentheils erfüllt, sehr wasserreich, zugleich fruchtbar und durch die sehr industriöse, 30000 Köpfe starke Bevölkerung, vorherrschend muhamedanische Fulah, dann auch Mandingo, Serracolets und Dhiolof vortrefflich angebaut. Baumwolle, Taback und Indigo sind die Hauptproducte des außerdem an Eisenerzen und Gold reichen Bodens. Die durch ihre Ehrlichkeit und ihre friedlichen, sanften Sitten bei allen Nachbarn in gutem Ruf stehende, im Kriege auch tapfere Bevölkerung bereitet viele vortreffliche Baumwollenstoffe und treibt zugleich einen sehr beträchtlichen Handel, da Bondu durch seine günstige Lage ein wichtiger Durchgangspunkt für die aus dem Innern nach der Küste und zurückgehenden Waaren ist. Das Land ist ein monarchisches Wahlreich unter einem Almamy. — Bullibanny oder Bulebane 14° 11′ N. Br., Hauptort in einer gut cultivirten Ebene und Wohnsitz des Almamy, 2000 Ew., bedeutender Handel. — Samkolo, mit zahlreichen Eisenarbeitern, die auch in der Darstellung goldener Zierrathen sehr geschickt sind.

17) Futa Toro, ein großes, meist ebenes und an Tamarindenwäldern reiches Gebiet, südlich vom vereinigten Senegal, westlich durch Wallo, östlich durch Katschaaga und Bondu, südlich durch Oully und Tenda begrenzt und von 800000 muhamedanischen Peuls bewohnt. Seit 1775 in Folge einer Revolution unter einer Priesterherrschaft. Es ist sehr fruchtbar, hat aber auch viel Eisenerze. — Medinalla, d. h. Gottesstadt, maurisch-muhamedanische Priestercolonie, wohin aus allen Gegenden muhamedanische Knaben und Jünglinge, Mauren, wie Neger, wallfahren, um den Korân zu studiren. Die Priester werden durch die Spenden der Gläubigen und den von ihnen mit den Mauren betriebenen Gummihandel reich. — Canel, mit viel Eisenschmelzhütten, in denen ein vortreffliches Gußeisen verfertigt wird. Die Einw. handeln viel mit den von ihnen selbst geschmiedeten Kesseln. — Podhor, einst bedeutender Handelsplatz auf der Elfenbeininsel im Senegal, 2000 Einw. und früher mit einem französischen Fort.

18) Futa Dhiallon (S. 206.) gehört mit seinem nördlichsten, bis fast an den mittleren Gambia reichenden Theil hierher. Dieser ist, wie Timbo, ganz mit Gebirgen erfüllt, dick bewaldet, reich an schönen Scenerien und fällt mit seinen nordwestlichen Rändern steil in das Flachland von Tenda Maie ab.

19) Tenda Maie, flaches, ebenes und ungesundes Ländchen, an der Südseite des Gambia und schon in der Küstenstufe.

20) Das Land der südwestlichsten, mit Fulah und muhamedanischen Einwanderern ihres eignen Volks gemengten und unter dem Namen der Sonninkés bekannten heidnischen Mandingo, um den östlichen Theil des Casamansa und südlich bis zum oberen Geba reichend. Die Bevölkerung ist in viele kleine, in beständiger Fehde befindliche monarchische Staaten mit sehr wandelbaren Grenzen getheilt, zeichnet sich aber vortheilhaft durch große Reinlichkeit aus. Doch bilden die Fulah den fleißigsten Theil derselben, indem diese den Boden bestellen, Kleidungsstoffe anfertigen und dieselben nebst viel Elfenbein in den Handel bringen.

21) Das Land der Aiamais (Felupe) längs dem Meere zwischen dem untersten Gambia und dem Casamansa und auch die durch die Verbindungscanäle des Casamansa mit dem Rio Grande

São Domingos gebildete große Insel Zinguichor umfassend (S. 221.). — Bintain am Gambia, ansehnlicher Handel mit Wachs, Reis, Federvieh und Vieh. — James, an der Mündung des Gambia, bedeutender Wachshandel.

22) Das Land der Balantès zwischen dem oberen Casamansa und oberen Geba, aus vielen kleinen Staaten bestehend.

23) Das Land der Papels längs der See zwischen den westlichsten Theilen des Rio Grande de São Domingos und dem Geba und dann den Bissáoarchipel umfassend, höchst sumpfig und ungesund durch die zahllosen kleinen Abzweigungen der beiden großen Golfe, zugleich sehr fruchtbar. Auch die zwischen dem 10—12° N. Br. gelegenen Bissáoinseln sind überaus fruchtbar, schön, hafenreich und zum Theil dicht bevölkert, aber besonders für Europäer höchst ungesund. Sie sind von Klippen umgeben und bestehen vorherrschend aus Schlackenmassen. Die bedeutendsten darunter sind: Bissáo, Bulama, Cazegut (Ilha da Ponta), Camona (I. da Caravella), die Hühnerinsel (Galinhas), Kanyabac und Orango. — Bissáo, die größte derselben, 80 Meilen im Umfang, hügelig, außerordentlich fruchtbar, und mit dem trefflichsten Hafen: beherrschend den Eingang in den Geba, Mineralquelle. — Bulama, Insel südlich von Bissáo, guter Hafen.

24) Das Land der Nalus zwischen dem Geba und Nuñez, mit der vorliegenden kleinen Gruppe der Bullaminseln, der Honigs- und Albatros (Alcatraz) insel. — Kakundi, große Handelsstadt am Strom gl. N., Mittelpunkt des Verkehrs dieser Gegenden zwischen der Küste und den oberen Nigerländern mit Futá Dhiallon, nach welchem letzten Lande eine viel besuchte, aber sehr beschwerliche Handelsstraße führt: besonders sehr bedeutender Handel mit dem aus Bouré und Futá Dhiallon kommenden Gold, dann mit Erdnüssen, Elfenbein, Häuten und dem in der Nähe wachsenden Kaffe. — Boqué mit Kakundi der größte Markt dieser Gegenden, Hauptort der Landumans. — Zwischen Kakundi und der Mündung des Stroms liegen ferner die 3 Handelsorte Walkeria, Cassasez und Debucko.

Die Europäer besitzen in Senegambien verschiedene Gebiete, Forts und Handelsposten.

1) Die Franzosen das Gouvernement am Senegal. 1846 mit 17976 farbigen Ew. und nur 282 Weißen, außer der Garnison von 749 Mann europäischer Truppen und 139 Civilbeamten. Die Farbigen hatten in diesen französischen Besitzungen stets gleiche Rechte mit den Weißen und bekleideten, wie sie, administrative und Municipalstellen, selbst richterliche Posten. Zu dem Gouvernement gehört die niedrige und sandige, 2 M. lange und von der Mündung des Stroms etwa 4 M. entfernte Senegalinsel St. Louis, die maritime Insel Gorée, die Factorei Albreda im Gambia und einige kleine Inseln im Casamansa; außerdem machen die Franzosen Ansprüche auf das Reich Wallo, das sie jedoch nur periodisch mit ihren mobilen Colonnen durchziehen und in einiger Abhängigkeit erhalten. — St. Louis (N'der der Eingebornen), auf der Insel gl. N. 16° 0' 48" N. B. 1° 6' 54" O. L., Hauptort der französischen Besitzungen in West-Afrika, Sitz des Gouverneurs und eines Gerichtshofs, sehr blühender und noch immer wachsender, aber sehr ungesunder Handelsplatz ohne Manufacturen und Ackerbau; 1832 1568 Häuser, darunter 314 größere, 68 Magazine. Die Bevölkerung verdoppelte sich von 1818 – 1842; 36 Handlungshäuser. Die Flußschifffahrt, die mit Dampfern bis Bakel reicht, beschäftigt jetzt 406 Fahrzeuge, im Jahr 1818 nur 70; 50 Schiffe kommen jährlich aus den französischen Häfen an; öffentliche Bibliothek mit 1900 Bänden, 2 Schulen. — Richard Toll am Senegal, in Wallo, 20 Stunden von St. Louis und Dagana am Senegal an der Ostgrenze Wallos, beides Handelsposten. — Bakel am Senegal, 120 M. aufwärts von dessen Mündung, der östlichste Handelsposten und Fort der Franzosen. Mittelpunkt eines bedeutenden Handels. — Merinaghen 16° 1' N. Br., mitten in Wallo und am Panieh Poul gelegen, neu angelegtes Fort, in sehr sumpfiger Lage. — Gorée (Bir der Dholoef), kleine Insel in der Nähe des Grünen Vorgebirges, von Kayor nur durch einen breiten Canal getrennt und einst dazu gehörig mit dem Ort gl. N., 7000 Einw., 2 Schulen. — Albreda, auf der Nordseite des Gambia, unfern von dessen Mündung, Handelsposten mit 5 Dörfern und 3000 Einw. — 1837 – 1839 erwarben die Franzosen im Casamansa von den Eingeborenen gegen Zahlung einer kleinen jährlichen Rente die Inselchen Jogné, Carabane und Tonbabcounda und am Casamansa den Ort Sedhiu 1° 47' O. L. zu Factoreien.

2) Die Engländer besaßen bis zum Jahr 1836, wo sie ein Stück Land an dem Nordrande der Gambiamündung von dem Oberhaupt von Barra erhandelten, kein zusammenhängendes Gebiet, nur zerstreute Handelsposten und einige kleine Inseln, die einem durch kein legislatives Conseil beschränkten Civilbeamten, dem Lieut. Governor, untergeben sind. Die Bevölkerung ihres jetzigen Gebiets mehrt sich jedoch fortwährend, indem aus dem Innern beständig zahlreiche Individuen aus den Völkerschaften der Serracolets und Tillibunkas zur Verrichtung der schwersten Arbeiten ankommen, meist zwar mit ihren Ersparnissen heimkehren, zum Theil aber zurückbleiben. Die ständige Garnison besteht aus einem Detachement der Königlichen westindischen Regimenter. Des sehr ungesunden Klimas wegen gibt es hier nur sehr wenig Weiße, Kaufleute und Missionare, oder Civilbeamte und Regierungsärzte. — St. Mary Bathurst oder St. Mary Gambia auf einer niedrigen, sumpfigen von Mangroven umgebenen und deshalb höchst ungesunden kleinen Flußinsel gl. N., 1½ M. von der Mündung des Gambia. Sitz des Gouverneurs und Mittelpunkt des britischen Handels. — Mac Carthys Island (Dschandschamberry der

Eingeborenen) im Gambia, 45 Meilen von der Mündung und viel gesunder, als St. Mary Bathurst, 1162 Ew. — Am Gambia haben die Briten noch vereinzelte Handelslogen zu Vintain, Tancrowal, Jukaconda, Cahen, Caßhinot, Souconlac, endlich ganz in der Nähe der Stromschnellen von Barraconda zu Cantalicunda.

3) Die Portugiesen benennen mit dem Namen portugiesisches Guinea einige kümmerliche, schmutzige und fast ganz in Steinen liegende Forts und Handelsfactoreien im südlichsten Theil Guineas, die theils auf dem Festlande, theils auf den Bissaoinseln liegen. — Bissão 11° 51′ N. Br., Fort auf der Insel gl. N., 600 freie Ew., 800 Sclaven, Sitz des portugiesischen Gouverneurs, der schmutzigste, ärmste und uncivilisirteste Punkt auf der ganzen Küste. — Zinguichor, am Casamansa, ansehnliche Reiscultur. — Catscheo (Cacheo) 12° 14′ N. Br. 1° 27′ O. L., 7½ St. vom Meere und Farim 12° 17′ N. Br. 2° 29′ O. L., tiefer im Lande gelegen, beides Hauptposten am Rio Grande de São Domingos. — Geba, auf der Nordseite des Golfs gl. N., mit dem bedeutendsten Handel aller portugiesischen Besitzungen. Hierzu wurde 1838 von den Portugiesen die kleine Königsinsel (Ilha do Rey) acquirirt.

XII. Die Saharā.

Hülfsmittel.

L. G. Follie, Voyages dans les déserts de Sahara. Paris 1792. 8. — Deutsch. Bayreuth 1793. — Mungo Park, Travels in the interior districts of Africa, in the years 1795—97. W. an app. By Rennell. London 1799. 4. m. Ch. u. Kpfrn. Deutsch, Hamburg 1799. 8. — Relation des voyages de Saugnier publié par Laborde. Paris 1799. 8. — Histoire du naufrage et de la captivité de Mr. Bisson avec la description des déserts d'Afrique depuis le Sénégal jusqu'à Maroc. Genève et Paris. 1789. 8. — S. M. X. Golberry, Fragmens d'un voyage en Afrique fait pendant les années 1785—87 dans les contrées occidentales de ce continent etc. 2 Vol. 8. Paris 1802. m. Ch. u. Kpfrn. — Riley, Loss of the American brig Commerce. London 1817. 4. — The narrative of Robert Adams who was wrecked on the western coast of Africa in the year 1810. London 1816. 4. — Cochelet, Naufrage du Brick Sophie. II. Vol. 8. Paris 1820. — R. Caillé, Journal d'un voyage à Timbouctou et à Jenné dans l'Afrique centrale pendant les années 1824, 1825, 1826, 1827 et 1828. m. 1 Ch. 3 Vol. 8. Paris 1829. — J. Richardson, Travels in the great desert of Sahara. mit 1 Ch. u. Kpf. 2 Vol. 8. London 1845. — Daumas, Le Sahara et le grand Désert, itinéraire d'une caravane au pays des Nègres. Paris 1849. 8. — Barth u. Overweg's Reise in das Innere von Nord-Afrika, in: Monatsberichte über die Verhandlungen der Gesellschaft für Erdkunde zu Berlin. Neue Folge, Bd. 8. 9. Berlin 1851. 52. 8. — Die Reisen von Denham, Clapperton und Lander, s. S. 1.

Lage, Grenze, Name. Vom Atlantischen Ocean im Westen bis zu der langen Kette der ägyptischen und nubischen Oasen im Osten, ferner von der Landschaft Sûs el Aksa und dem zweiten großen nordafrikanischen Oasenzuge im Norden bis zu dem Thal des unteren und mittleren Senegal und weiter im Osten bis zu der Grenze der tropischen Regenzone erstreckt sich 700 Meilen lang zwischen dem 0° 30′ und dem 46—49° O. L., dann ungefähr 200 Meilen breit zwischen dem 29—28° und etwa dem 17° N. Br. ein ungeheurer Landstrich, welcher in Europa gewöhnlich den Namen Ssaharā oder Saharā oder in neuerer Zeit auch den der Großen Saharā zum Unterschiede von einem ähnlichen, von den Atlasländern abhängigen Landstrich (S. 19.) erhalten hat. Der Name ist ein ursprünglich arabisches Wort, dessen Bedeutung jedoch den Nord-Afrikanern arabischen Ursprungs völlig verloren gegangen ist. Diese nennen selbst das Land Saharā el Felât oder einfach Felât. In der angegebenen Begrenzung hat die Saharā mit Einschluß der zahlreich darin auftretenden Culturstellen eine Fläche von mehr als 120000 □ M., welche also das Mittelmeer (ohne das Schwarze Meer) fast 3 Mal, Deutschland sogar 9—10 Mal an Größe übertrifft und die noch die große Landschaft Fezzān (S. 55., 59.) umschließt, wogegen das gleichfalls oasenartige Ghadämes und Aghädez bereits davon ausgeschlossen sind. Nach den physischen Eigenthümlichkeiten geht dieselbe eigentlich viel weiter über die angeführten Grenzen hinaus, indem selbst der größte Theil Aegyptens und Nubiens völlig denselben Charakter besitzt und weil sogar östlich vom Rothen Meer und dem Persischen Meerbusen alle klimatischen und Bodenverhältnisse der ungeheuren arabischen, persischen und nordindischen Sandebenen mit denen der Saharä vollkommen übereinstimmen. Die geringe Cultur der Nachbarländer in Verbindung mit den herrschenden Winden begünstigten außerdem die steten Vergrößerungen der Saharä, indem der Flugsand im Norden die vom Atlas herabkommenden zahllosen Bäche meist absorbirt oder wenigstens im Weiterlauf hemmt und dadurch die Vegetation unterdrückt, indem der Sand im Norden und Osten die Oasen fortwährend bedroht, und namentlich die ägyptischen seit den Zeiten des Alterthums bereits um ein Bedeutendes verkleinert hat, dann weil derselbe auch im Süden fortwährend vorrückt und an vielen Stellen sogar schon den Niger erreicht, endlich weil er im Westen ebenfalls sein Gebiet erweitert, den Meeresgrund verflacht, die Landungsstellen vernichtet und längs dem Continent bereits eine 25—30 M. breite submarine Sandbank gebildet hat, welche vorzüglich zwischen dem Ausfluß des Oued Dràä und Cap Bojador und südlicher davon vom 2. Cap Blanco bis C. Mirik bestimmter hervortritt.

Oberfläche. Die Beschaffenheit des Küstensaums der Saharä südwärts bis zur Mündung des Senegal stimmt völlig mit der überein, welche der größte Theil der maroccanischen Küste und der Küste des Sidi Heschämreichs (S. 37.) darbietet, indem auch jener höchst einförmig und meist flach ist und zugleich fast aller Vegetation entbehrt. Meist besteht der Küstensaum hier aus reinem, weißen Sand, der streckenweise sogar außerordentlich angehäuft ist und ganze, wegen des losen Zusammenhanges seiner Masse in der Gestaltung veränderliche Hügelzüge von mehreren 100 Fuß, am C. Bojador unter andern von 400 F. Höhe, oder die höchsten Dünen, die man überhaupt auf Erden kennt, bildet. Hin und wieder treten daraus isolirte Klippen und ganze Felszüge heraus. Der unmittelbar an den Küstensaum anstoßende Meeresgrund hat genau denselben Charakter durch die Sandmassen erhalten, welche in verschiedenen Formen fortwährend aus dem Innern durch die Winde viele Meilen weit seewärts getrieben werden, so daß das Meer sich fortwährend mit Sand erfüllt, seine Tiefe sich allmählich dadurch verringert, und sein Boden endlich bis in ansehnliche Entfernungen von der Küste ganz die Natur einer unmittelbaren submarinen Fortsetzung der Saharä erhalten hat, die zunächst dem Continent so flach ist, daß die Bewohner der letzten halbe Stunden weit in das Meer hineingehen können, um sich die gestrandeten Schiffsgüter anzueignen, ohne daß dasselbe ihnen weiter als bis an die Knie reichte. In der Nähe des C. Mirik liegt die der Küste parallele Bank so nahe dem Meeresspiegel, daß nur zwei sehr seichte Pässe als Eingänge zum Golf von Arguin übrig bleiben. In dieser ausgedehnten Verflachung des Meeresgrundes und dem Emportreten zahlreicher submariner Felsklippen vom Boden bis nahe an den Spiegel des Meeres, endlich in der äußerst heftigen, oft unwiderstehlichen Strömung längs dem Küstensaum liegt es wesentlich, daß das Saharä-Litoral zu jeder Zeit von den Seefahrern auf das Höchste gefürchtet wurde, und daß hier immer in der Geschichte der Seefahrer eine der traurigst berühmten Lokalitäten war. Allein in der Periode von 1790 bis 1806 gingen zunächst der Küste zwischen der Südgrenze Maroccos und Cap Bojador 17 englische Schiffe zu Grunde. Früher war dies noch mehr der Fall, als jetzt, da die Schiffer auf ihrem Wege nach dem Cap der Guten Hoffnung sich zu nahe an die Küste hielten. Aber selbst jetzt gehen alljährlich zahlreiche Fischerbarken der Bewohner der canarischen Inseln in dieser Gegend verloren, indem die häufig mit feinem Sand erfüllte Atmosphäre und die auffallende Windstille in dem Striche zwischen den canarischen und capverdischen Inseln, vorzüglich aber zwischen C. Bojador und der Mündung des Senegal, die Gefahren der Schiffahrt ungemein erhöhen. Der Küstensaum selbst macht gegen Süden zu eine bogenförmige, fortwährend nach Westen gerichtete Biegung, als deren äußerster Punkt das Weiße

Cap (C. Blanco) 20° 46′ 55″ N. Br. 0° 37′ O. L. gelten kann. In der nur geringen Zahl von daraus hervortretenden Landspitzen, die meist selbst nur flache, kahle, sandige Zungen sind, erscheinen als die bemerkenswerthesten von Norden nach Süden: Cap Dschuby (Juby) oder die Weiße Spitze (Pointe blanche) in 27° 57′ 50″ N. Br., das sogenannte Falsche Cap Bojador 26° 25′ 12″ N. Br. 3° 27′ 15″ O. L., das von den Wogen mit Ungestüm umschäumte eigentliche Cap Bojador 26° 6′ 57″ N. Br. 3° 53′ 3″ O. L., das Cap der 7 Spitzen 24° 41′ 12″ N. Br. 2° 31′ O. L., C. Laguedo oder Olerado 24° 0′ N. Br. 2° 32′ O. L., C. Barbas 22° 19′ 30″ N. Br. 1° 0′ 53″ O. L., C. Corveiro, ferner das bekannteste von allen das Weiße Vorgebirge, welches eigentlich das äußerste Ende einer sehr langen, grade nach Süden auslaufenden Landzunge ist, endlich C. Hof oder Vienna und C. Mirik 19° 22′ 14″ N. Br. 1° 8′ 39″ O. L. Einschnitte und größere Meerbusen gibt es hier gleichfalls wenige, und selbst die vorhandenen sind für die Configuration des Küstenrandes von geringer Bedeutung. Zu den ansehnlichsten derselben gehören, ebenfalls von Norden nach Süden: Eine zunächst südlich von C. Bojador bekannte, die Angra (Bai) dos Ruinos oder Gurnetsbai, die Gonzales de Cintra- oder einfacher die Cintrabai, nördlich von Cap Barbas 23° 5′ 25″ N. Br. 1° 30′ O. L., die ziemlich tiefe Cyprians bai, die St. Annenbai zwischen C. Barbas und Blanco, die von der Zunge des C. Blanco und dem Küstensaum gebildete sogenannte Große Bai, eine der größten dieser Gegend, die Pferdebai (Angra dos Caballos) 28° 8′ 12″ N. Br. 2° 3′ 27″ O. L., der große vom C. Hof im Norden und C. Mirik im Süden gebildete Arguingolf, endlich die Tanitbai 19° 3′ 48″ N. Br. 1° 27′ 40″ O. L., und die 30 Meilen nördlich von der Senegalmündung und 36 M. südlich vom Arguingolf gelegene Andschyl (Andjyl)- oder Portendikbai 18° 0′ 0″ N. Br. 1° 36′ 15″ O. L., deren Einfahrt durch heftige Strömungen und die vorliegenden Sandbänke besonders schwierig ist. Viel seltener und zugleich sehr unbedeutend sind die dem Küstensaum vorliegenden Inseln, wovon mehrere in der Bai des C. Bojador die kleine Gruppe der Penha Grande 25° 7′ 6″ N. Br. 2° 49′ 7″ O. L. bilden, dann eine andere kleine Insel, die Pedra de Gale oder Pedra do Ayale, zwischen C. Barbas und Blanco, die Insel Lobo am C. Blanco selbst, endlich die größte von allen, die flache, aus Flugsand und Fels bestehende und 16 M. von C. Blanco entfernte, hart aber am Festlande liegende Insel Arguin 20° 33′ 12″ N. Br. 0° 43′ 30″ O. L. Mündungen größerer Flüsse scheinen jedoch ganz zu fehlen und nur der Austritt einiger kleinerer Gewässer in das Meer ist bekannt, z. B. von dem höchst unbedeutenden Goldfluß (Rio de Ouro), der bei Portendik in 23° 39′ 51″ N. Br. 1° 40′ 40″ O. L. dem Meere zugeht, und der St. Jean oder St. Johnfluß, welcher hart am C. Mirik in den Arguingolf mündet und nach der freilich wenig wahrscheinlichen Versicherung einiger Eingeborenen eine Abzweigung des unteren Senegal ist. Ebenfalls nach Angaben der Eingeborenen, die auch sehr der Bestätigung bedürfen, gehören zu den ansehnlicheren, in dieser Gegend in das Meer tretenden Flüssen der größte Theil des Laufs des Rothen Flusses (Sakia el Hamra S. 37.) und der Butana, der bei Dukhaile dasselbe erreicht, endlich noch ein andererer in der Cyprians bai bemerkter, nicht unansehnlicher Strom. Die Oberfläche des Binnenlandes ist dagegen im Allgemeinen keineswegs so einförmig und wasserarm, als man nach den älteren Berichterstattern, die nur einzelne Striche zu kennen Gelegenheit hatten, und nach den Angaben der Eingeborenen bisher anzunehmen Veranlassung hatte, obgleich es allerdings darin große, völlig ebene, nackte Strecken, ohne die mindeste Abwechselung gibt, wie die im östlichen Theil der Saharâ 8—10 starke Tagereisen breite des nördlichen Tibbolandes, sodann die in der ganzen westlichen Saharâ berüchtigte, 8 Tagereisen breite Ebene von Tanezruft zwischen Tuât und der Oase Mabrûk, einem Stationsplatz der Caravanen auf ihrem Wege von Tuât nach Timbuctú, die nur eine einzige continuirliche Salzwüste von rother Farbe sein soll, worin nicht ein Thal, nicht ein einziger Hügel, nicht einmal ein Stein, selbst nicht Pflanzen oder Wasser sich finden. Ein dritter größerer solcher von Sand gebildeten ebenen Striche, in dem die Kameele bis zur Brust einsinken, und der bei den Eingeborenen unter dem Namen Areg bekannt ist, trennt die Oase Figuig im Südosten Maroccos ebenfalls von Tuât. Ebenso wird am Südrande der Saharâ in der Nähe des Niger und am Südwestrande im Gebiet des Ouled Amerstamms der Horizont des Reisenden durch unermeßliche seegleiche Sandebenen begrenzt. Aber besonders vom 29° an bis 27° N. Br. hat man 2 Breitengrade hindurch ganz ähnliche ebene Landstriche angetroffen. Wo sie mit Sand bedeckt und zugleich wasser- und pflanzenlos sind, führen sie bei der Bevölkerung Süd-Algeriens von arabischem Ursprung speciell den Namen Felât, bei den maroccanischen Arabern den Namen El bahar billâ mâa d. h. Meer ohne Wasser. In solchen Theilen der Saharâ ist es allein der Stand der Gestirne, besonders des Polarsterns, welcher die Führer der Karavanen leitet, und der sie fast nie irre führt. Oefters bestehen diese wasser- und pflanzenlosen, ebenen Striche auf der Oberfläche auch aus Kies, wie es z. B. im äußersten Osten zwischen dem mittelländischen Meere und der Oase Siwah der Fall ist, wo sich eine ungeheure monotone, mit kleinen Steinen bedeckte Ebene von unbegrenztem Horizont ausbreitet, oder aus Salzthon, welcher im Sommer durch die Einwirkung der hohen Temperatur, ganz wie die Karró Süd-Afrikas, bis zu der Härte und Undurchdringlichkeit eines Steins ausdörrt. Der letzten Art ist besonders die Tanezrüftebene. In solchen todten, ebenen Gegenden erscheint der Anblick eines Reiters, eines Haufens von Wanderern dem Reisenden ganz so wie ein Schiff dem Seefahrer auf der unermeßlichen, unbegrenzten Fläche des Oceans, indem bei der wundervollen Reinheit der Atmosphäre Alles für den Reisenden gigantische Formen annimmt und hier, wie sich die Kameeltreiber in ihrer hyperbolischen Sprache ausdrücken, Menschen zu Kameelen, Kameele zu Bergen werden. Aber viel häufiger bildet in der Saharâ nackter dürrer Fels die Oberfläche, die nur hin und wieder von beweglichen, oft durch die Winde gleich Meeresschluchten versetzten dünenartig aufgehäuften Sandmassen in den bizarrsten Formen bedeckt ist und worin sehr oft felsige Terrainerhebungen emporsteigen oder umgekehrt Einschnitte die Einförmigkeit der Oberfläche unterbrechen. Zu den häufigeren Erscheinungen der Oberfläche gehört auch die große Zahl ansehnlicher geschlossener Becken, deren Boden von Sand gebildet wird, worunter sich in einigen Meter Tiefe salziges Wasser vorfindet. Außerdem gibt es hier nach den neuern Beobachtungen europäischer Reisenden und den sorgfältiger von Eingeborenen eingezogenen Berichten isolirte Berge und ganze lange Bergketten in viel größerer Zahl, als man nach den bisherigen Nachrichten vermuthen konnte, und es scheint nach den zuverlässigsten und übereinstimmenden Mittheilungen der Bevölkerung des Innern das ganze Terrain der Saharâ von den tiefsten Stellen Nord-Afrikas an, wo die Oberfläche stellenweise bis unter den Meeresspiegel hinabreicht, allmählich fortwährend nach Süden zu aufzusteigen. Dafür sprechen besonders auch die unter dem Namen El Wehr oder Zow d. h. schwierig zu ersteigen, bei der Bevölkerung bekannten Pässe, welche eine zwischen den Grenzen Fezzâns und Bilmas von Osten nach Westen streichende Reihe gleich hoher Tafelberge quer durchsetzen und von Norden nach Süden zu immer mehr aufsteigende Stufen bilden. Die weitere Fortsetzung dieses Zuges besteht dagegen aus zahllosen isolirten Kegelbergen. Fast im gleicher Breite mit demselben steigen zwischen Tin-Tëllust und Aghâdez, namentlich zwischen dem 18° 30′—17° N. Br. noch andere Bergmassen und Bergketten bis zu bedeutender Erhebung auf, deren Längsrichtung aber verschieden ist, indem sie von Norden nach Süden streichen. Dazu gehört vor Allem eine Kette zunächst dem Wege von Tin-Tëllust nach Aghâdez mit dem breiten, imponirend aus seiner Umgebung sich erhebenden Dogem, dem höchsten Berge in Ahïr, dessen Höhe zu 4—6000 Fuß geschätzt wird, dann die beiden benachbarten, aber davon getrennten, breiten und bis 3—3500 F. aufsteigenden Eghellál- und Baghzenbergzüge, endlich südlich vom Dogem die ansehnlichen von Ebenen umgebenen Bergmassen, welche den Namen der Aüdërasberge führen. Ebenso ist die Nachbarschaft von Ghat erfüllt mit schwarzen phantastisch gestalteten Felsmassen, so wie auch eine ½ Tagereise östlich davon sich die hohe und lange, schwarze, von Norden nach Süden ziehende Uarirätbergkette erhebt, welche die Gebiete der Tuārik und Tibbo trennt. Aber die größte Bedeutung von allen Gebirgen im Innern der centralen Saharā dürfte der Dschebel Hoggār, eine immense Gebirgsmasse von dreieckiger Form, haben, von dem jede Seite 125 d. M. lang sein soll, und der sich aus einem Meere von Sand inselgleich so hoch erhebt, daß seine Bewohner sich in Wollenkleider und Pelz hüllen müssen. Der Hoggār ist ganz von Tuārik bewohnt und gilt als der wahre Centralpunkt der Wohnsitze dieses Volks. Eine andere, ebenfalls sehr lange Gebirgskette der Saharā ist die, welche die südliche Fortsetzung des Dschebel Batten, eines südalgerischen Bergzuges, bildet und in ihrem nordsüdlichsten Lauf die Landschaft Tuāt im Osten umschließt. Zu den sehr gebirgigen Strecken ist endlich der zwischen der zum südlichen Algerien gehörenden Oase Metlīli und der Oase El Golēa befindliche Theil des Nordrandes, so wie der zwischen Ualāta und Timbuctú gelegene des Südrandes der Saharā zu rechnen. Aber auch selbst in den westlichsten Strecken der letzten fehlt es nicht an bedeutenden Niveauerhebungen, da gleich vom C. Blanco an sich eine ansehnliche unter dem Namen der Schwarzen Berge (Dschebel Kohol) bekannte Bergkette in das Innere zieht. Nicht minder enthält die östliche Saharā Gebirgszüge von Bedeutung, indem östlich von der Oase Udschila eine in westöstlicher Richtung 4 Tagereisen breite Bergkette, welche den Namen Maral oder Moraidsche führt, grade von Norden nach Süden zieht. Im Süden ist die Fortsetzung derselben völlig unbekannt, möglich aber, daß sie sich in Dār Für wieder findet, das ein theilweise von der hohen waldigen Marrahbergkette erfülltes Land ist. Im südöstlicheren Theile der Saharā endlich und zwar im Gebiet des unter dem Namen der Gráan oder Krúan bekannten Tibbostamms liegt das Land Uadschunga (Ouadjunga), das ganz mit sehr hohen und steilen Gebirgen erfüllt ist, welche sich noch mit einer 7 Tagereisen breiten, schwarzen, nackten, dürren, wasser- und menschenlosen Bergkette verbinden, worüber ein ungemein beschwerlicher Weg für die Reisenden von Uadāy nach Fezzān führt. Der höchste Punkt in diesen Gebirgen, die östlich in das gebirgige Land der Tibbo Borgu fortsetzen, und zugleich der höchste Punkt in dem ganzen östlichen Theil der Saharā zwischen Barka und dem Nigerlande, ist der 4 Tagereisen weit sichtbare, im Gebiet der Tibbo Reschādeh gelegene Tibestyberg. Vom Südrande der Saharā scheint dagegen das Niveau gegen das Innere des Continents nach dem Niger- und Ghazellenthal (Bahr el Gazal) zu abzufallen, indem Reisende, die von Timbuctú nach Norden zogen, zahlreiche, dem Niger zugehende, Bäche und Ströme zu überschreiten hatten und da auch im Osten die Eingeborenen nach ihrer Versicherung vom Berglande der Tibbo in das breite Ghazellenthal hinabsteigen müssen.

Geognostische Verhältnisse. Völlig im allgemeinen Charakter der übrigen großen afrikanischen Ebenen in Süd-Algerien, Nubien, Abessinien und im Caplande besteht auch die Oberfläche des größten Theils der Saharā aus höchst regelmäßig horizontal geschichtetem, feinkörnigen und verschiedenfarbigen Sandstein, der selbst die zahllosen Tafel- und Kegelberge in den nördlichen Strichen derselben zwischen Fezzān und Bilma, dann im Westen Fezzāns bis 5 Tagereisen südlich von der Oase Ghāt, so wie die vielen Gebirgszüge derselben, endlich einen großen Theil der Küstensäume und die Insel Arguin bildet. Er ist theils kieselig, theils, wie namentlich am Cap Blanco, kalkiger Natur und stellenweise reich an Eisen, vielleicht selbst an Mangan, da die Einwirkung der Atmosphäre der Oberfläche des Sandsteins im nördlichen Theile der Saharā zwischen Fezzān und Bilma, so wie in der Ghāt begrenzenden Bergkette, ganz, wie es bei den Sandsteinen Nubiens und im Innern des Caplands der Fall ist, ein sehr dunkles und selbst so schwarzes Ansehen verleiht, daß daraus der langjährige, erst in der neuesten Zeit berichtigte Irrthum entstanden ist, daß der Basalt in der Saharā zahlreiche Berggipfel und lange Bergzüge bildet. Besonders das schwarze Harudschgebirge im Osten Fezzāns galt einst entschieden für basaltisch. Die Erwähnung zweier Gebirgsketten mitten im westlichen Sandsteingebiet, namentlich des Dschebel Kohol, als schwarzer macht es höchst wahrscheinlich, daß auch diese nicht basaltisch sind, sondern aus an der Oberfläche geschwärzten Sandsteinen bestehen. Mit nicht minderer Wahrscheinlichkeit kann die Verbreitung ähnlicher Sandsteinfelsen bei Ghât, wie auch in der östlichen Saharâ, im Uadschunga- und Tibbolande angenommen werden, da die darin auftretenden sehr hohen und steilen Felsen gleichfalls schwarz sein sollen. Das Alter aller dieser Sandsteine ist jedoch bisher hier so wenig, als in den übrigen Theilen des Continents, zu ermitteln gewesen, obwohl die neuesten Forschungen darauf hinweisen, daß die untern Glieder desselben ein sehr hohes Alter besitzen und den rothen Sandsteinen der devonischen Formationsgruppe entsprechen. Noch zweifelhafter ist das Vorkommen der jüngern durch verkieselte Baumstämme charakterisirten Sandsteine, wie dergleichen auch die Ebenen und Hügel Nubiens, Aegyptens, des Natal- und Groß Namalandes darbieten, indem noch keine verkieselte Baumstämme, so wenig, wie andere Versteinerungen, in der eigentlichen Saharâ gefunden worden sind. Doch fehlt es nicht an sehr jugendlichen geognostischen Vorkommnissen, indem die obersten kalkigen Lagen der Sandsteine am C. Blanco viele Exemplare der Gattung Helix enthalten und überdies daselbst ganze Bänke von noch im angrenzenden Meer lebenden Schnecken die 60 — 80 Fuß über dem jetzigen Meeresspiegel liegende Oberfläche der Sandsteinfelsen bedecken. Der in den Ebenen so häufige und muthmaßlich meist aus der Zersetzung des Sandsteins hervorgegangene Sand ist in der westlichen Saharâ meist röthlich oder gelb, in der östlichen dagegen auf dem Wege von Siwah nach Murzûk zum Theil schön gebleicht. Im Liegenden der Sandsteine erscheinen dann in Fezzân und an vielen Stellen der Wüste, z. B. zwischen Ghadâmes und der Oase Takmekkah, zum Theil auch in den Oasen (unter andern in der von Serdilas) alaunhaltige Schiefer, die mehrfach sogar ganze Berge bilden, deren Stellung im Systeme ebenso wenig bekannt ist, die jedoch muthmaßlich devonischen Formationen angehören, da entschiedene gelblichgraue, devonische, im petrographischen Charakter dem Grauwackensandstein von Kemmenau bei Ems ganz ähnliche Sandsteine mit den zahlreichen charakteristischen Versteinerungen der devonischen Gruppe, namentlich gefalteten Spiriferen oder Terebrateln zwischen Fezzân und Ghât zu Tage liegen. Natürlicher Alaun efflorescirt häufig aus diesen Schiefern und bedeckt, gleich Schneemassen, deren Oberfläche. Außer Grauwacken erscheinen im Liegenden der Sandsteine Granite und Glimmerschiefer in 5 Tagereisen Entfernung südsüdwestlich von Murzûk bei Aggerl, wo sich beide Gesteine sofort deutlich durch die gerundeten Formen ihrer Berge bemerkbar machen, dann Granite im größten Theil von Ahîr. Ebenso findet sich weiter im Westen grauer Granit anstehend bei dem Brunnen von Amoul-Grashine zwischen Arâuân und Tafilêlt, sowie derselbe an der Nordwestgrenze der Saharâ bei der Lagerstelle El Harib zwischen Toudeyni und Tafilêlt hohe Berge bildet und überhaupt in diesen letzten Theilen der Saharâ sehr verbreitet sein muß, da er an so zahlreichen Stellen anstehend gefunden wurde. Wahre Basalte hat man im Bereich der westlichen Saharâ bisher noch gar nicht und in der centralen nur in der zum Gebiet der Kelûituarik gehörenden Ebene Tar am Fuß der Aûderasberge beobachtet. In der östlichen Saharâ sind dagegen Kalksteine in weiter Ausdehnung und als unmittelbare Fortsetzung des ägyptischen Kalkgebietes herrschend, indem dieselben nicht allein auf der Oberfläche der weiten Ebenen, z. B. zwischen Siwah und Udschila und zwischen Murzûk und Uadây nackt zu Tage liegen, oder stellenweise nur mit Sand bedeckt sind, sondern auch isolirte Felsmassen und ganze Bergketten bilden. Letztes ist besonders bei den isolirt aus der Kalkebene zwischen Siwah und Udschila emporsteigenden und in der Entfernung durch ihre regelmäßigen Schichtungsklüfte den ägyptischen Pyramiden oft täuschend ähnlichen Felsmassen der Fall. Nicht minder bildet derselbe Kalkstein den langen, nackten von der Grenze Aegyptens bis wenigstens Udschila reichenden und überall durch zahllose, der Bevölkerung als Engpässe (Agbahs) dienende Schluchten zerrissenen Klippenzug, so wie auch das aus seinen ebenen Umgebungen jäh aufsteigende und gleichfalls durch zahllose, enge, steil abfallende Bergpässe und bizarre Felsschlünde zerrissene Felslabyrinth des Marai, woran sich endlich zunächst der Grenze Fezzâns eine 3 Tagereisen breite Strecke niedriger nackter

Klippen eines weißen mürben Kalksteins aufschließt, welche im Lande den Namen des Weißen Harudsch führen und zu fast 3/4 ihrer Masse aus zahllosen marinen Versteinerungen aller Art, vorzüglich aber aus stellenweise selbst gigantischen Austern bestehen und zugleich kolossale Fischreste, besonders Köpfe, angeblich bis von der Größe einer Mannslast, eingeschlossen enthalten. Alle diese Kalksteine sind ausgezeichnet horizontal geschichtet; am östlichsten Rande der Saharā zwischen Siwah und der Großen Oase (S. 77.) wird ein Theil derselben durch entschiedenen Dolomit vertreten; Dolomite und dolomitische Conglomeratmassen erscheinen zugleich am Nordrande Fezzāns in großer Verbreitung. Granit oder devonische Gebilde sind dagegen in der östlichen Saharā nirgends bisher als Liegendes des Kalksteins gefunden worden.

Gewässer. Durch die neueren Reisen von Europäern in der Saharā und durch emsige Erkundigungen bei der Bevölkerung hat sich mit ziemlicher Bestimmtheit ergeben, daß die früheren Vorstellungen über die allgemeine Wasserlosigkeit der Saharā in hohem Grade übertrieben sind. Hatte man nämlich bis vor wenigen Jahren geglaubt, daß nur in der östlichen Hälfte Quellen zu Tage kommen, und daß einzig hier Bäche die Oasen hin und wieder durchströmen, ferner daß hier fast überall, wo man grabe, Wasser in nicht bedeutender Tiefe gefunden werde, der Westen dagegen nirgends hervorsprudelnde Quellen besitze, so ist nun bekannt, daß, obgleich allerdings in allen Theilen der Saharā große und völlig wasserlose Striche vorkommen, dergleichen doch häufig mit solchem Terrain wechseln, worin es gar nicht an fließenden Wassern fehlt, wenngleich allerdings in dem bei Weitem größten Theil der Saharā nirgends größere perpetuirliche Bäche und Flüsse vorhanden sein mögen, und wenn es auch temporaire Regenbäche nur da geben dürfte, wo die periodischen Regen nicht fehlen. Die Landschaft Ahīr ist besonders reich an Quellen, die zuweilen für mehrere Monate des Jahres sich zu ansehnlichen Strömen erweitern, während in den anderen Monaten das Bett derselben trocken liegt. Deshalb ist es sehr ungewiß, ob der große Sakīa el Hamrafluß (S. 37) an der Südgrenze des Staats Sidi Heschām gegen die Saharā, der nach Aufnahme dreier Zuflüsse den Ocean bei Khalil erreicht, fortwährend oder nur periodisch fließt. Dasselbe gilt von dem angeblich die Saharā durchströmenden Boutana, welcher bei dem Ort Doukhaill südlich von der Mündung des Sakīa el Hamra das Meer erreicht, da die Küstenaufnahme dieser Gegenden die Stelle der Mündung der beiden Flüsse bis jetzt noch nicht festgestellt hat, so wie Gleiches von den Flüssen gelten dürfte, welche in dem Berglande Uadschunga entspringen und wovon der eine nach Versicherung der Eingeborenen bei bedeutender Tiefe eine Breite von etwa 1700 Fuß hat, ein anderer von gleicher Größe ist und von den Arabern dieser Gegend sogar für den Nil gehalten wird. Daß wirklich ein großer Theil der centralen Saharā mit felsiger Oberfläche gar nicht arm an Wasser ist, ergibt unter andern der ganze Weg von Ghadāmes über Tuāt bis Timbuctú, der deshalb auch stellenweise reich an Gras und Gesträuchen ist, dann der 21 Tagereisen lange Strich zwischen Ualāta und Timbuctú. Am meisten wasserreich scheint jedoch der erste Theil jener ersten Route, nämlich der Weg zwischen Ghadāmes und Tuāt zu sein, wo an der Basis der felsigen Berge sogar zahllose Quellen zu Tage treten, welche Teiche, Seen und perpetuirliche Ströme bilden und durch ihre Befruchtung des Bodens mehr als einer Million Individuen die Möglichkeit ihrer Existenz gewähren. Das Ende dieser perpetuirlichen Ströme in dieser Gegend ist noch unbekannt. Das Wasser aller Quellen desselben Landstrichs ist sehr gut und rein, so wie überhaupt das Tuārikgebiet durch die Güte und den Reichthum seines Quellwassers berühmt ist, doch ist die Annahme irrig, daß der Ort Insālah in der Landschaft Tuāt seinen bei den Arabern der Wüste üblichen Namen Aïn es Salah etwa nach seinen guten Quellen erhalten habe, weil er nur ein corrumpirtes ursprüngliches Berberwort von unbekannter Bedeutung ist. Ebenso gibt es in einem Theil dieser Route zwischen Akably nach Tuāt außer den Quellen überall Wasser in Brunnen, was zur Folge hat, daß die Tuārik hier meist seßhaft sind und zahlreiche Dörfer mit steinernen Häusern bewohnen. Im südlichsten Theile endlich desselben Weges treffen die Reisenden sogar 38 fließende Gewässer, die sich sämmtlich im Becken von Timbuctú mit dem Nil vereinigen. In manchen Gegenden der westlichen Saharā haben allerdings die Bewohner bedeutende Schwierigkeit, besonders in den mit Kies bedeckten und bei der Bevölkerung arabischen Ursprungs unter dem Namen Serir bekannten Strecken, sich das nöthige Trinkwasser zu verschaffen, da die in denselben mit unsäglicher Mühe gegrabenen Brunnen bis 100 und mehr Fuß Tiefe reichen. Demungeachtet ist das Wasser dieser Brunnen meist salzig, oft in Folge seines reichen Bittersalzgehaltes bitter schmeckend und zugleich dann vorzüglich für Fremde höchst ungesund. Von geringerer Tiefe sind die im gelben Thon stehenden Brunnen, welche höchstens 60—80 F. erreichen, während in einigen Theilen der westlichen Saharā das unterirdische Wasser schon sogar in 6 Fuß Tiefe angetroffen wird. Auf dem Karavanenhaltplatze El Beyd, 10 Tagereisen von Ghadāmes, steht es endlich dicht an der Oberfläche. In manchen Gegenden der Saharā, z. B. im Gebiet der Tibbo findet sich zugleich nicht selten die auffallende Erscheinung, daß dicht neben Salzseen oder ausgedehnten Salzablagerungen selbst wenig tiefe Brunnen süßes Wasser enthalten. Zu den größten, völlig wasserlosen Strecken der Saharā gehört dagegen besonders die Ebene Tanezrüft, ferner die 3 Tagereisen breite Ebene Areg zwischen Figuig und Tuāt, die 7 Tagereisen lange zwischen Agádez und Kanō, die nur in 8 Tagen zu durchziehende zwischen der Localität Mourat, nördlich Aräuan, und Toudeyni auf der Straße von Timbuctú nach Tafilelt, endlich das 7 Tagereisen breite Gebirgsland im Gebiet der Tibbo auf dem Wege von Uädav nach Murzük. Thermale Mineralquellen sind, außer den in Fezzān, nur an zwei Stellen bekannt, zwischen Tuāt und Mabruk, dann in der kleinen Oase Maradéb.

Klima. Bei der dem Aequator so nahen Lage der Saharā ist natürlich die Temperatur während der Jahreszeit, wo die Sonnenstrahlen senkrecht herabfallen und kein Schatten zu finden ist, äußerst beschwerlich, nur von Tuāts Temperatur wird versichert, daß sie im größten Theil des Jahres nicht so heiß sei, als in der übrigen Saharā, was auf eine verhältnißmäßig hohe Lage der Landschaft schließen läßt. Die kältesten Theile der Saharā dürften übrigens das Bergland Uadschunga und das Hoggargebirge sein, wofür die Lederkleidung der Bevölkerung des ersten, und die Pelz- und Wollenbekleidung der Bewohner des zweiten spricht. Sonst glüht in der Saharā den größten Theil des Jahres der Sand- und Felsboden, und besonders um Mittag bringt der Wind eine erstickende Gluth, wogegen die Nächte oft so kalt sind, daß, wie die Eingeborenen sagen, man vor Kälte stirbt. Auch europäische Reisende, welche in das Innere einzudringen vermochten, klagten bitter über die in diesen Breiten so höchst auffallend niedrigen nächtlichen Temperaturen. Der Grund dieser von starken Thaufällen begleiteten Abkühlung ist wesentlich in der allen großen Ebenen der Erdoberfläche eigenthümlichen starken Strahlung des Bodens und in der Reinheit der Atmosphäre zu suchen, welche letzte oft so verdünnt ist, daß besonders europäische Naturen leicht den dadurch veranlaßten Schlagflüssen erliegen. In den nördlichen Strecken sind es die oft heftigen, trockenen Süd- und Südostwinde, welche eine intensive Kälte hervorrufen. Am Tage hat die große Erhitzung des Bodens zunächst auch eine sehr große Erwärmung und Verdünnung der Luft über demselben und dann ein senkrechtes Emporsteigen der erhitzten untern Luft zur Folge. Um den entstehenden leeren Raum auszufüllen, strömt die Atmosphäre vom Meere hinzu, und so entsteht, statt des unter den Wendekreisen allgemein herrschenden Ost- und Passatwindes, an der Westküste der Saharā der westliche Seewind, der zwischen den canarischen und capverdischen Inseln, besonders aber zwischen Cap Bojador und dem Ausfluß des Senegal, den nach Amerika segelnden Schiffen so sehr entgegen ist. Bei dieser Eigenthümlichkeit der Atmosphäre ist es um so auffallender, daß in der nächsten Nähe der Küste grade auffallende Windstillen herrschen. Regelmäßige Winde hat die innere Saharā in den trockenen und ausdörrenden Ostwinden, die von Mitte November beginnen und während zwei Drittel des Tages glühend heiß, in der Nacht und am Morgen dagegen kalt sind. Am gefährlichsten ist jedoch der Samum, derselbe unregelmäßig sich erhebende, heiße, elektrische Wind, welcher in Aegypten den Namen des Khamsin führt

(S. 67), hier häufiger die Wüste in ein bewegtes Meer verwandelt und den Reisenden noch verderblicher, als der tobende Ocean, ist. Die Luft wird nämlich während seiner Dauer so voll Sand, daß die ihr Ausgesetzten kaum athmen können und in großer Gefahr sind zu ersticken, wenn sie nicht durch ihr Zelt geschützt würden, oder sich flach, den Mund fest gegen den Boden gedrückt, auf die Erde legten. Doch überschreiten hier zuweilen, wie in Nubien, einzelne Gewitterstürme ihre gewöhnliche Grenze, indem dergleichen bis zum Fuß des Dogem beobachtet worden sind. Wie am Senegal fallen die Gewitterregen vom Juli bis in den October und veranlassen bei längerer Dauer große Fruchtbarkeit und ein gutes Gedeihen der Heerden. Agádez liegt aber bereits innerhalb der Zone der tropischen Regen, mit deren nördlicher Grenze sofort eine stärkere Bevölkerung, größere Bewässerung und höhere Cultur beginnt. In der nördlichen Saharâ, z. B. zwischen Ghadâmes und Tuât regnet es dagegen während unserer europäischen Winterzeit. Für die Eingeborenen, die ein sehr nüchternes, thätiges und geregeltes Leben führen, ist das Klima der Saharâ im Allgemeinen sehr gesund, was die kräftige Constitution und die lange Lebensdauer, namentlich unter den maurischen Stämmen, erweist, welche ihre Existenz oft über die gewöhnlichen Grenzen des menschlichen Lebens hinaus ausdehnen. Doch sind Wechselfieber und Dysenterien in der westlichen Saharâ nicht seltene Krankheiten. Am ungesundesten, wie in ganz Nord-Afrika, sind ihres Wassers wegen die Oasen. Auch die bekannten optischen Erscheinungen der Fata Morgana oder die Luftspiegelungen, welche den müden und durstigen Wanderer oft auf so grausame Weise täuschen, kommen in der Saharâ häufig vor.

Naturproducte. Die Flora des Landes, die ganz den Charakter der Vegetation in den übrigen nordafrikanischen Wüsten in Ober-Aegypten, Nubien, Tunesien und Tripolitanien hat, ist nach den angegebenen einfachen klimatischen, geognostischen und gestaltlichen Verhältnissen natürlich ebenfalls höchst einfach. Wälder gibt es nur äußerst sparsam. Bekannt sind davon diejenigen, womit der hohe Dschebel Hoggár bedeckt ist, so wie die am Fuß des Dogem, die zwischen Ghât und Fezzân, dann am Senegal und bei Portendik, endlich am Sakia el Hamrâ. Von größeren Gewächsen erscheinen Palmen am verbreitetsten, namentlich Dattelpalmen, die trotz der ungeheuren Ausdehnung der Saharâ nach allen Richtungen fast an jeder nur einigermaßen bewässerten Stelle vorkommen, indem die Trockenheit der Atmosphäre und der Salzgehalt des Bodens ihnen ganz besonders zuträglich ist. Doch verlieren sich die Dattelpalmen bei gleichzeitiger Degenerirung ihrer Früchte, ganz wie in Nubien, bei der Annäherung an die tropische Zone, wie es unter andern nahe bei Agádez, dann an den Grenzen Bornûs und Uadâys der Fall ist, wogegen die innern Theile der Saharâ sowohl im Westen, wie im Osten der Entwickelung derselben ungemein günstig sind. Vor Allem besitzt das Tibboland eine ungeheure Menge Dattelpalmen, deren Früchte eine ausgezeichnete Beschaffenheit haben. Gleiches ist bei der Doumpalme der Fall, als deren Nordgrenze der Ort Tegherry 24° 4' am Südrande Fezzâns gilt, so daß die Verbreitung jener Palme in den centralen Theilen Nord-Afrikas um wenigstens 3° N. Br. weniger weit nach Norden reicht, als in Aegypten (S. 68). Auch im Tibbolande kommt dieselbe in außerordentlicher Menge vor, und ihre Früchte bilden eins der wichtigsten Nahrungsmittel der Bevölkerung. In den westlichen Theilen der Saharâ hat man dagegen Doumpalmen noch nicht kennen gelernt. Nächst den Palmen gehören Acacien und Mimosen (Talh der Eingeborenen) zu den verbreitetsten Gewächsen dieser Gegenden, welche selbst in die ödesten Striche Leben und Abwechselung bringen und, wie es scheint, die einzigen Waldungen der Saharâ bilden, indem wenigstens die ausgedehnten Wälder am Nordrande des untern Senegal, bei Portendik, am Sakia el Hamrâ, am Fuße des Dogem und endlich zwischen Ghât und Fezzân daraus bestehen. Diese Acacienwaldungen am Senegal und bei Portendik liefern die größte Menge des von St. Louis (S. 233.) in den Handel kommenden Senegalgummi. Ein Theil des Gummi, und zwar das Beste, ist weiß (Verek), ein anderer roth, jenes wird von einer nur 18—20 Fuß hohen strauchartigen Acacie von sehr unscheinlichem Ansehen (A. Verek), einer von den mannigfachen, in neuerer Zeit von der Acacia (Mimosa) Senegal abgezweigten Arten gewonnen, wogegen das weniger gute, rothe Gummi theils von A. Adansoni, theils von A. nilotica stammt. Die in den December fallende Haupternte des Gummi liefert zugleich die beste Substanz, die gewöhnlich freiwillig aus dem Stamm geflossen ist, wogegen die 2. weniger reiche Lese im März auch ein weniger gutes Product gibt. Die 3 größten bekannten Acacienwälder in der Gegend des untern Senegal geben sowohl rothes, als weißes Gummi und zwar der mit am tiefsten im Innern und nördlich von Podhor gelegene, aus A. Adansoni bestehende Alfatakwald nur rothes Gummi, der 2. und bedeutendste, 20—25 Meilen vom Strom entfernte, der El Eblarwald, auch nur rothes Gummi, jedoch von A. nilotica, endlich der 3. in der Nähe des Meeres vorkommende und 9—10 M. vom Senegal entfernte Sahelwald weißes Gummi von A. Verek. Ein 4. Wald derselben Gegenden, aber viel tiefer im Innern und zwar mitten im weißen Sand unfern des Goumelfees gelegen, ist nur von geringerer Bedeutung, obwohl er auch weißes Gummi gibt. Außer den genannten Acacien erscheint häufiger eine 4. Art A. arabica als 30—40 Fuß hoher Baum, dessen Product, das sogenannte arabische Gummi, hier aber nicht gesammelt wird. Von anderen Leguminosen ist der überall in der Sahara verbreitete Rethemstrauch (Spartium duriaei) eine der nützlichsten, indem deren Blätter dem Vieh eine gute Nahrung liefern und die Wurzel als Heilmittel dient; die niedrigen Sträuche der Sennescassie bedecken sehr ausgedehnt die Höhen nahe Agadés und liefern für den Handel eine vortreffliche Waare. Aus anderen Pflanzenfamilien gehören Tamarinden und der besonders im Norden, weit verbreitete Lotusbaum (Seder der Eingeborenen von arabischer Nationalität) zu den häufigsten Gewächsen; weniger allgemein, doch nicht selten, sind Capparideen, dann von Cucurbitaceen, wovon das Tibboland sogar mehrere Arten besitzt, Coloquinten; noch eingeschränkter ist das Vorkommen der Asclepiadeen, von denen Asclepias gigantea die wüsten, an Kaffon anstoßenden Ebenen der Ued Amer bedeckt. Mit den Acacien erscheinen häufig Pistacienbäume in der westlichen Sahara, namentlich der El Betem der Eingeborenen (Pistacia atlantica), dessen den Kaffeebohnen ähnliche Früchte geröstet von der Bevölkerung genossen werden, ebenso der Drou (Mastixpistacie), dessen Früchte man gern ißt und die, mit kochendem Wasser ausgezogen, auch ein Oel geben. Besonders reich ist die mit Salz stark imprägnirte westliche Sahara an alcalischen Gewächsen, namentlich an verschiedenen Arten von Atriplex und Salsola aus der Familie der Atripliceen, an andern der Gattung Ruta, an den Halfagräsern (Cynosurus durus und Stipa tenacissima), deren salzige Blätter den Kameelen ein sehr angenehmes Nahrungsmittel sind, ferner an einer längs dem ganzen Nordrande der Sahara, mit Ausnahme der von fettem Thon an der Oberfläche gebildeten Strecken, weit verbreiteten Leguminose, der Agkoulpflanze (Hedysarum Alhadschi), welche gleichfalls den Hausthieren der Bevölkerung als ein gutes Nahrungsmittel dient und zugleich ein vortreffliches Düngungsmittel für jeden Boden ist, worauf Palmen cultivirt werden, so daß die Agkulpflanze in unermeßlichen Quantitäten gesammelt wird, endlich an mehreren Arten von Artemisia. Am Wichtigsten von den Artemisien für Reisende und Einheimische ist aber die unter dem Namen Schih bekannte und durch wenigstens den ganzen nördlichen Theil der Sahara verbreitete Art (Artemisia odoratissima), welche mitten in den sandigsten Strichen buschartig außerordentlich große Strecken bedeckt, die Atmosphäre mit ihrem starken salbeiartigen Geruch erfüllt, mit ihren holzigen Stängeln den Karavanen Feuerung und endlich mit ihren äußersten Spitzen den Kameelen und Gazellen eine angenehme Nahrung gewährt. Noch andere sehr verbreitete und zum Theil nützliche Phanerogamen, wie die Emrân, Alenda, Rta, welche letzte besonders der Bevölkerung die Kohlen liefert, die wohlriechende Gozzah, die rothblühende Bedschir, die Zafzaf, Dschefua, Lemmâd, Serr, sind bisher einzig ihren einheimischen Namen nach bekannt worden. Im äußersten Osten in der Gegend der Siwahoase überziehen verschiedene Flechten, vorzüglich Urceolarien und Parmelien, ausgedehnt und in sehr merkwürdiger Weise die Oberfläche der glühend heißen, nackten Felsen, was besonders von Parmelia saxatilis geschieht, welche dann den Gesteinmassen eine ganz kreideweiße Färbung ertheilt. Nicht weniger einförmig ist die Thierwelt der Sahara, in welcher besonders die unermeßlichen Heerden von zahlreichen Antilopenarten fehlen, wodurch die Savanen der südafrikanischen Hochflächen bevölkert werden, indem Antilopen hier in wenigen Arten und nur in kleinen Trupps vorkommen. Nur in einigen Theilen der Saharâ, wie im Gebiet der Dowisches am untern Senegal, und dann in dem der Uled Amer gibt es wilde Pferde, besonders aber im Osten von Wiederkäuern Giraffen. Selbst größere Raubthiere, namentlich Löwen, sind nicht, wie man bisher gewöhnlich, aber irrig geglaubt, Bewohner des Innern der Saharâ, da sie schon in den bergigen Districten oder auch in den wasserreichen, wie am Senegal, des Randes zurückbleiben, weil sie in dem bei Weitem größten Theil der Saharâ weder die zu ihrer Existenz nöthige Fleischnahrung, noch zureichend Wasser finden. Am Südrande kommen sie zuerst in den Waldungen am Fuß des Dogem mit Affen vor. Von wilden Säugethieren gibt es außer den genannten Wiederkäuern nur wilde Esel, Hasen und Füchse, von Vögeln Strauße und in der Nähe der östlichen Oasen Krähen, von Amphibien in den dürren Strecken Vipern, an den flachern Stellen zunächst der Küste dagegen sehr viel wohlschmeckende Austern, von Fischen eine zahllose Menge auf den Bänken ebenfalls in der Nähe der Küste, so daß diese im Fischreichthum den Bänken von Newfoundland nicht nachstehen, von Insecten Heuschrecken, zuweilen von der Größe kleiner Vögel und den Nomaden überall zu einer angenehmen Speise dienend, endlich an allen Stellen, wo sich nur einige Feuchtigkeit findet, zahllose lästige Fliegen (Mosquitos). Auch von Mollusken erscheinen in manchen Strecken, am Meisten im Osten bei Siwah, unermeßliche Anhäufungen einer weißen, zur Gattung Helix gehörender Landschnecken. Von gezähmten Thieren ist das Kameel das häufigste und zwar ausschließlich das einbucklige, wovon die nomadische Bevölkerung durch die ganze Ausdehnung der Saharâ große Heerden besitzt, indem dem Kameel die trockene Atmosphäre und das salzige Wasser eben so gut, als der Dattelpalme, zusagt und dasselbe überdies seine Nahrung vorzugsweise von den alcalischen Gewächsen der Saharâ entnimmt. Wo diese Palme aufhört, wie am Beginn der Regenzone, hört auch das Kameel auf, das zugleich nur selten in den ihm ebenso wenig zusagenden gebirgigen Districten der Saharâ vorkommt. Die vorzüglichste Varietät des Kameels bilden aber die sehr großen schlanken und giraffenartig gebauten, vorzugsweise aus der Zucht der Tuârik hervorgegangenen Schnellläufer, welche gewöhnlich den Namen der Mehârî führen und sich vor den übrigen Dromedaren durch ihr langes und weißes Seidenhaar, ihre schwarzen lebendigen Augen, ihr sanftes und zugleich gelehriges Wesen, besonders aber durch eine wunderbare Ausdauer und Schnelligkeit auszeichnen, indem sie bis 45 d. M. in einem Tage zurückzulegen im Stande sind und Reisende in 7 Tagen mit ihnen die 7 Grade betragende Breite der Saharâ zwischen Marocco und dem Senegal zu durchziehen pflegen. Außerdem besitzt die Bevölkerung Rinder, vortreffliche Pferde und Ziegen, und es sind besonders die Tuârik sogar berühmt durch ihre trefflichen, behaarten Schaafe mit ungeheurem Fettschwanz, die Tibbo von Borgu durch ihre sehr großen und ausgezeichneten Esel. — An Mineralproducten ist dagegen die Saharâ sehr arm, indem mit Ausnahme des überall verbreiteten Salzes nur noch Salpeter (im Gebiet der Uled Amer), Natron (Trona) häufig, z. B. außer Fezzân in den beiden Natronseen bei Tirki zwischen Murzûk und Bilma im westlichen Tibboland, dann in Quellen zu Tekro im östlichen Tibboland, endlich in einem Natronsee zu Arbat 8 Tagereisen südlich von Udschila, Alaun, Antimonerze (angeblich in der Oase Tuât) und Eisenerze, die letzten stellenweis im Tuârikgebiet, vorkommen. Ueberaus wichtig für die Bevölkerung ist aber das Kochsalz, weil darauf ein großer Theil des Handels und der Existenz der Bevölkerung beruht. Ein Theil desselben wird bei der großen Flachheit der Küste an vielen Stellen derselben in den durch die Lagunen gebildeten natürlichen Salinen gewonnen, doch erlangt man die Hauptmasse von dem in den Handel kommenden, im Innern des Landes aus den großen und merkwürdigen beckenförmigen Vertiefungen der Oberfläche, deren ebener Boden theils mit einem

Salzsee bedeckt ist, theils auch trocken liegt. Salzseen der Art, woraus öfters ungeheure Massen von Kochsalz gewonnen werden, sind z. B. die auf dem Wege von Fezzān nach Bornú gelegenen von Bilma, welche besonders Bornú mit Salz versorgen, dann der von Ueddiah 18 Tagereisen nördlich von Timbuctú. Periodisch trocknen diese Salzseen auch gänzlich aus und hinterlassen dann auf ihrem Boden eine Salzkruste, welche die umgebende Bevölkerung wegbricht, in Stücke von geringer Größe verkleinert und in großer Menge für den Handel nach den Nigerländern absetzt. Dies ist unter andern in der westlichen Saharā an der Takhada genannten, nördlich von Baghou gelegenen Stelle der Fall, doch steht dieses überdies graue Salz von Takhada demjenigen an Werth und im Preise sehr nach, welches an einer andern ähnlich gelegenen Stelle Tischit, d. h. im Berber Salz, der westlichen Saharā gleichfalls in Menge gewonnen wird. Gewöhnlich dient das Takhadasalz nur für das Vieh und es steigt nur dann etwa im Preise, wenn die Zufuhr von Tischit durch Fehden unterbrochen ist. Takhada scheint übrigens derselbe Punkt zu sein, den ältere Berichte als eine sehr salzreiche und für den Handel der westlichen Saharā ungemein wichtige Localität unter dem Namen Taghazza aufführen. Beständig trockene Stellen endlich, an denen auch eine fortwährende und bedeutende Salzgewinnung stattfindet, gibt es gleichfalls in großer Menge in der Saharā. Da auch sie den Charakter beckenartiger Vertiefungen haben, so lassen sich ihre Ablagerungen als Rückstände ausgetrockneter Salzseen in ähnlicher Art, wie die Salzablagerungen der Schott oder Sibkhas in Algerien, der Taltalebene Abessiniens, im Caplande und im Binnenlande Süd-Afrikas ansehen und zwar um so mehr, als zu Taudeyni und an andern Stellen unter der weggebrochenen Salzkruste stets ein sehr salziges Wasser hervorzuquillen pflegt. Sie führen bei der Bevölkerung der Saharā von arabischer Nationalität den Gesammtnamen Brât. Die bekanntesten derselben sind die benutzten Vorkommnisse im Gebiet der Dowisches, bei Rewan, 25 Tagereisen westlich von Timbuctú, Uadān, 40 Tagereisen nordwestlich davon, endlich zu Taudeyni und bei dem Brunnen von Trâza, letzte mitten in einer von Dünen umgebenen Sandebene gelegen. Das Product aller westlichen Ablagerungen gilt für besser, als das von Bilma, am Meisten aber ist das von Tischit im Ruf. Alaun kommt häufig, besonders im Gebiet der Tuārik, vor und wird seit der ältesten Zeit viel nach den Atlasländern und Aegypten in den Handel gebracht. Ob es Steinkohlen bei Tuāt gibt, wie die Eingeborenen versichern, ist noch zu ermitteln.

Bevölkerung. Die Bevölkerung der Saharā gehört in ihren 3 großen und verschiedenen Abtheilungen dem arabischen-, Berber- und dem ganz von diesen beiden verschiedenen Tibbostamm an. Die erste derselben, eine eingewanderte, tritt in 2 großen Zweigen auf, in einem westlichen längs dem Atlantischen Ocean bis zum untern Senegal im Süden wohnenden, der im Innern bis zu der großen Handelsstraße von Tuāt nach Timbuctú reicht und in einem 2. im äußersten Osten, welcher von dem nördlichen Oasenzuge von Siwah und Udschila südlich bis wenigstens Kordofān und Dār Für sich erstreckt. Die 2. vom Berberstamm verbreitet sich zwischen der westlichen großen Handelsstraße von Tuāt nach Timbuctú und der östlicheren von Murzūk nach Kaschná, die 3. oder die der Tibbo wiederum im Osten der letzten. Früher nahmen die Berber, welche mit den Tibbo die aboriginale Bevölkerung der Saharā bilden, ein weit größeres Gebiet ein, indem der früher im äußersten Westen wohnende Theil derselben, die Zenhâga Berber, allmählich von den eingewanderten arabischen Stämmen fast ganz verdrängt worden ist. An der westlichen Grenze des Berbergebiets, z. B. auf der Straße von Tuāt nach Timbuctú, wohnen arabische Stämme gemengt mit Berbern, denen sie unterthan sind, so wie auch in den Oasen des Berberlandes häufig Araber angesiedelt sind. Alle Bewohner der Saharā, besonders im Westen und im Centrum beschäftigen sich vorzugsweise mit Viehzucht und Handel, da, mit Ausnahme einiger Oasen, der Boden keinen Ackerbau zuläßt. Sie sind deshalb auch fast ausschließlich Nomaden. Nur einige Theile des Berberstamms in der Nähe der tropischen Regenzone und im Hoggārgebirge, so wie der Tibbo sind durch die Fruchtbarkeit oder die gebirgige Beschaffenheit ihres Landes in größerem Umfange seßhaft. Die nomadische Bevölkerung lebt in Zelten und ist mäßig und hart, zugleich stolz und unbändig; vor Allem liebt sie ihre Unabhängigkeit, demnächst Musik und Gesang. Ihre Sitten sind jedoch im Allgemeinen leicht; am ausschweifendsten bei der arabischen Bevölkerung der großen Handelsemporien in den Oasen, was auf die europäischen Reisenden bei der sonstigen ungemein stricten Befolgung der muhamedanischen Religionssatzungen einen eigenthümlichen Eindruck macht. Die Nomaden arabischen Ursprungs nennen sich selbst Bedawi (Beduinen) d. h. Wüstenmänner (von bīd Wüste), während sie in Europa besonders früher unter dem Namen der Mauren bekannt waren, den sie aber so wenig, wie die sogenannten Mauren der Atlasländer, kennen (S. 30). Alle Araber der Saharā zeigen in Gestalt, Tracht, Charakter, Sitten und Gebräuchen große Uebereinstimmung sowohl unter sich, als mit den Bewohnern ihres ursprünglichen Heimathslandes, eine Eigenthümlichkeit, welche überhaupt für die arabische Race überall, wohin sie gedrungen, bezeichnend ist und die trotz des Verlaufs vieler Jahrhunderte und ungeachtet aller Kriege und Verbindungen mit den Urbewohnern unverändert fortwährt. Diese merkwürdige Uebereinstimmung wird dadurch noch größer, daß die Araber sämmtlich die Sprache ihres Ursprungslandes reden, welche im Osten in den Umgebungen Kordofāns fast noch das reinste Koreisch ist, wogegen die im Westen allerdings so viele Eigenthümlichkeiten angenommen hat, daß sie kaum von den Bewohnern Aegyptens und Syriens verstanden wird. Sie bildet deshalb einen eigenthümlichen, unter dem Namen des moghrebinischen d. h. westlichen bekannten Dialekt, der in Marocco in früheren Jahrhunderten am Meisten zur Schriftsprache veredelt worden war. Die Araber der Saharā sind also vorherrschend kein Mischlingsvolk, gleich den sogenannten Mauren der Atlasländer, mit denen man sie früher identificirt hatte. Am schärfsten tritt ihre Verschiedenheit von andern Völkern des Continents am untern Senegal hervor, indem hier die Araber durch Lebensweise, Sprache und physische Eigenthümlichkeiten auf das schärfste von den Negervölkern im Süden des Stroms sich trennen. Weniger physisch reiner Abkunft ist die arabische Bevölkerung der Oasen und der Stamm der Uled Amer, indem beide durch häufige Verbindungen mit Negersclavinnen sich schon dem Negertypus nähern und alle Fehler und Laster der Araber vereinigen. Umgekehrt haben ähnliche Verbindungen von dunkelbraunen Arabern mit Negerinnen in den Ebenen des weißen Nils bei den daraus hervorgegangenen sogenannten Moalets eine Racenveredelung hervorgebracht, die sich besonders in den reizendsten Formen des weiblichen Geschlechts kund gibt. Nach ihren körperlichen Verhältnissen sind die männlichen Araber der Saharā von hagerem, aber starkem, wohlproportionirtem und zugleich ausgezeichnet hohem Wuchs, ihre Nase ist gebogen, meist eine wahre Adlernase, das Auge schwarz, klar und durchdringend, die Hautfarbe vorzüglich von der Farbe der Bronce, nur bei einigen Stämmen am Weißen Nil dunkel und selbst schwarz, die Gesichtszüge sind ruhig und, wenn sie nicht durch Leidenschaften aufgeregt werden, fast unbeweglich. In der Jugend zeichnet sich das weibliche Geschlecht durch außerordentlich feine Gesichtszüge und sehr feine Körperformen aus. Die Reize der Jugend werden noch ungemein durch das feine Auge erhöht, aber die harte Arbeit, die sclavische Behandlung und der herrschende Geschmack der Männer an übermäßig dicken Körperformen der Frauen zerstört bald diese Vorzüge, indem besonders bei den westlichen Arabern, wie bei den Bewohnern der Südseeinsel Hawaï, der Vorzug eines Weibes nur nach dem Gewicht geschätzt wird und dasselbe nur dann für schön gilt, wenn es sich in einen unförmlichen Fettklumpen verwandelt hat und seiner Schwere und Dicke wegen von 2 Männern geschleppt werden muß. Um für vollkommen zu gelten, muß das Weib eines westlichen Arabers sogar die Schwere einer Kameellast, und zugleich Zähne, die wie Hauer zum Munde herausstehen, besitzen. Zur Erlangung solcher schwerfälligen Reize, nehmen die Mädchen jeden Morgen eine ungeheure Menge Couskous, eine bei den Bewohnern der Sahara sehr beliebte und selbst von europäischen Reisenden sehr wohlschmeckend befundene Nahrung, welche aus in eigenthümlicher Weise zu einer Art Grütze verarbeitetem und beim Kochen mit Fleisch, Fleischbrühe und Gemüse versetzten Reis und Mais besteht, nebst großen Massen der sehr nährenden Kameelmilch zu sich. Widerstrebende werden von den Müttern mit Schlägen dazu gezwungen, auch pflegen junge Ehemänner aus den Stämmen am unteren Senegal ihren Frauen die nach ihrer Ansicht noch fehlenden Reize dadurch zu verschaffen, daß sie dieselben auf einige Zeit nach M'bay, einer sehr fruchtbaren vieh- und weidereichen Gegend des Districts Kollo an der Südseite des Stroms senden, was in Folge des übermäßigen Genusses von Milch und Butter gewöhnlich von gutem Erfolge ist. Ganz gegen den sonstigen Gebrauch der Muhamedaner, aber übereinstimmend mit dem der Bedawis in Arabien, gehen die Weiber der Saharä unverschleiert, selbst da, wo sie, wie am Senegal, häufiger mit Europäern in Berührung kommen. Von der moralischen Seite sind die hiesigen Araber habsüchtig, eitel, treulos, rachgierig, bigott und grausam, so daß sie mit Ausnahme der Gastfreundlichkeit nur die Fehler und Laster, keine einzige der Tugenden ihrer Stammgenossen in Asien haben, und es überwiegen überhaupt so sehr bei ihnen die bösen Eigenschaften, daß nach dem treffenden Ausspruch eines neuern französischen Reisenden, Raffenel, die Araber, besonders am unteren Senegal, sich zum civilisirten Menschen, wie die Tiger zur Hauskatze verhalten. Am grausamsten und hartherzigsten scheinen die am Atlantischen Ocean wohnenden Stämme zu sein, von denen schiffbrüchige Seeleute stets die härteste Behandlung erfuhren und nicht selten ermordet wurden. Selbst der ächte kriegerische Muth soll den Arabern der Saharä fehlen und ein Angriff nur dann von ihnen begonnen werden, wenn sie durch Ueberzahl des Sieges gewiß sind. Die arabische Bevölkerung der Saharä ist in mehr oder weniger beträchtliche und völlig von einander unabhängige Stämme getheilt, die über ihre Weideplätze oft in blutige Fehden verwickelt sind und von denen ein jeder seinen eigenen Häuptling hat. Jeder Stamm zerfällt wieder in Unterabtheilungen, die sich in den Gebieten lagern, wo sie die beste Weide finden, so daß ein ganzer Stamm selten oder nie an demselben Platz beisammen ist. Die bekanntesten und bedeutendsten Stämme der westlichen Araber sind die 26 Meilen oberhalb der Mündung des Senegal zwischen ihr und Portendik wohnenden Trärzas, dann die im Innern daran anstoßenden Bräknas, ferner noch tiefer im Innern, Futa Toro und Galam gegenüber, die Dowisches, jetzt der mächtigste Stamm am unteren Senegal, die Uled-Amer abermals in einem großen Gebiet verbreitet, die Uled-Bou-Eba zwischen der Arguinbai und der Oase Uadän, die Udaïa in Uadän selbst, der mächtige und zahlreiche Stamm der Uled-Deleim zwischen Udän und Oued Noun, die Berabisches bei Aräuän nebst den Zaüat und Salab ebenfalls auf der großen Straße von Timbuctu nach Marocco, endlich die Aris an der Südgrenze Maroccos. Im Nordosten wohnen die Zouwayyah zwischen Udschila und den Kebäbaoasen, ebendort die Djäbu (Dschäbu), endlich im äußersten Osten die Salamät und es durchziehen Abtheilungen der Hassänyeh, Kubbabisch und Bakära (S. 87.) nebst anderen Stämmen von geringerer Bedeutung die Ebenen bis in die wüsten Theile Nubiens. Die 2. große Abtheilung der Saharäbevölkerung bilden die dem Berbervolk angehörigen Tuärik oder richtiger Tuäreg, Sing. Tergah oder Tergi d. h. Stamm, welche im Norden bis zum Nordrande von Fezzän bis Ghadämes und auch bis zur Südostgrenze von Marocco reichen, in dem noch Tuärik bei Sockna wohnen, in Gemeinschaft mit den Tibbo die fast ausschließlich von arabischen Abkömmlingen besetzte Oase Fezzän umschließen, und in Tuät herrschen. Doch geben sie über den nördlichen Oasenzug nirgends hinaus. Südlich reichen die Tuärik bis zum Niger und nehmen sogar den nördlichen Theil des Nigerthals zwischen dem Dorf Diré und Haussa ein, ja sie erscheinen im Nigerthal selbst weiter. Einzelne Colonien der Tuärik oder vielleicht noch anderer Berberstämme kommen endlich weit außerhalb ihres jetzigen Gebiets im Osten in den Oasen von Maradeh, Udschila und Siwah vor, doch schon stark mit arabischen Elementen gemengt. Die Tuärik sind im Ganzen ein fein gebautes selbst schönes Volk mit fast europäischen Gesichtszügen, länglichem Schädel, schmaler, zurücktretender Stirn, hoch gewölbtem, nicht flachen Nasenbein, langem Haar und einer meist kupferrothen, zuweilen aber fast schwarzen oder mitunter, besonders bei dem weiblichen Geschlecht, sogar fast weißen Gesichts- und Körperhaut, die meist tätowirt wird. Wo die Haut schwarz ist, wie bei einigen südlichen Tuarikstämmen und selbst bei den Bewohnern der sehr nördlich gelegenen Oase Tuât, zeigen die Gesichtszüge keine Uebereinstimmung mit Negerphysiognomien. Das Haar der Tuarik ist lang und niemals wollig, auch wird es von den Weibern nicht nach der Sitte anderer Bevölkerungen des Continents, z. B. der Nubier, Abessinier, Galla, Somâli und Tibbo, geölt oder mit Butter eingerieben, vielmehr hängt es lose und nicht in Flechten herab. Den Bart rasiren die männlichen Tuarik. Im Wuchs ist dies Volk, gleich den Arabern, mager und mehr lang, als kurz, sein Blick ernst, der Gang schnell, aber fest, der Charakter lebendig, thätig, männlich und kriegerisch, selbst turbulent, zugleich schlau und unzuverlässig, gleich dem der Raubthiere. Ihren Körper halten aber die Tuarik sehr unreinlich; ihre Ideale weiblicher Schönheit sind nicht immer die unförmlichen Fettklumpen der Araber am Senegal, sondern ein hoher, schlanken Binsen ähnlicher zierlicher Wuchs. In Tracht und Bewaffnung haben dieselben große Aehnlichkeit mit den Fulah, nur daß letzte fast ausschließlich weiß gekleidet sind, wogegen wieder viele Tuarikstämme einförmig schwarz gehen. Als Waffe lieben sie, wie die Galla und Adâl, eine sehr lange Lanze, einen großen Säbel und Wurfspieße mit gekrümmter Spitze. Feuergewehre hassen sie, und sie sind deshalb selten unter ihnen. Ihres kriegerischen Muthes wegen sind die Tuarik allen ihren Nachbarn, namentlich den indolenten Negern und Tibbo, so wie den friedlichen handeltreibenden Arabern sehr überlegen, aber zugleich mißbrauchen sie diese Ueberlegenheit fortwährend, indem sie besonders in die Länder der Tibbo und der Neger von Saccatû bis Kânem mit Hülfe der Mehari Einfälle machen, um Menschen zu rauben und die Märkte Tripolitaniens mit Sclaven zu versehen, obgleich jedes dieser Völker bei einiger Energie sich leicht dieser beständigen Angriffe und des Drucks erwehren könnte, indem besonders die Neger und Araber schon durch ihre Feuergewehre ein Uebergewicht über die Tuarik haben müßten. Viele Negerstädte und selbst Timbuctû, das ihnen periodisch tributair war, halten die Tuarik in beständiger Blokade. Durch ihre Schnelligkeit und ihren Raubsinn sind sie gewissermaßen die Flibustier der Sahara. Ein anderer Theil dieses Volks ist seßhaft und bewohnt die Oasen seines Gebiets, besonders die bedeutendsten derselben, wie Tuât und Ghât. Die Sprache der Tuarik, das Targhîa, ist ein reines Berber, das sich von der algerischen Kabylensprache fast allein in der Aussprache unterscheidet. Sie besitzen dafür seit den uraltesten Zeiten eine eigene, doch erst in den letzten Jahren genauer bekannt gewordene Schrift, das Fifinag, womit zahlreiche Felswände zwischen Ghât und Murzûk bedeckt sind, und die sich auch auf architektonischen Monumenten zu Ghuelma in Algerien, zu Tbugga in Tunesien und endlich an den Nordrändern ihres Landes zwischen Biskra und Tuggurt wiederholt. Durch sie vermögen die Tuarik noch heute die uralten Inschriften auf den Felswänden zu verstehen. Die Entdeckung dieser Schrift ist in so fern von Interesse, weil diese nicht allein Beweise für die geistigen Fähigkeiten der Tuarik liefert, sondern weil sie zugleich die einzige selbstständige Schrift nächst der altägyptischen Hieroglyphenschrift ist, welche man je bei einem afrikanischen Volk gefunden hat. Der Religion nach sind die Tuarik Muhamedaner, doch stehen sie bei den Arabern im Ruf, nicht besonders rigide Anhänger des Islam zu sein. In politischer Hinsicht zeigen sie eine Gliederung in zahlreiche, von einander unabhängige Stämme, von denen die bekanntesten und größten die Askar zwischen Tuât und Ghât, dann die Hagâr oder Hoggâr, die mächtigsten von allen am Gebirge gleiches Namens und in Tuât selbst, endlich die Kellowi oder Kelûi, welche letzte im Süden im Gebiet von Ahîr in festen Ortschaften ihren Aufenthalt haben. Das 3. große aboriginale Saharavolk endlich, die Tibbo oder richtiger Tëbus, reicht jetzt im Norden bis zur Oase Kufarah oder Kebâbo, im Westen bis zu den Grenzen Fezzâns, wo sie noch die zu Fezzân gerechneten Orte Gatrône und Tibesty (S. 59) bewohnen, südlich bis Uadây; die genaue westliche Grenzlinie ist jedoch unbekannt, doch haben sich bereits viel Araberstämme in das Tibbogebiet eingedrängt. Immer aber sind die Tibbo, wenn auch nicht Neger, doch das in großen Massen am Weitesten nach Norden reichende schwarze Volk des Continents und ein schöner, munterer, geistig begabter Menschenschlag, von dunkelschwarzer, selbst kohlschwarzer Haut, wobei diese zugleich glänzt; ihre Nase hat häufig die Gestalt der Adlernasen, mitunter ist sie auch aufgebogen oder platt, doch nicht breit; die Gesichtszüge sind angenehm, besonders bei dem weiblichen Geschlecht, und werden nie verhüllt; die Augen lebendig und voll Ausdruck; die Lippen nicht dick und wohl geformt, ähnlich den europäischen; die Zähne regelmäßig perlenweiß und mit der dunklen Hautfarbe schön contrastirend; die weniger, als bei Negern, krausen Haare, werden von den Weibern lang herabhängend getragen und eingeölt, so daß die Tibbo, ungeachtet ihrer tief dunklen Haut, gar nichts von den übrigen charakteristischen Kennzeichen der Neger besitzen und also völlig von ihnen verschieden sind. Zu diesen Vorzügen tritt noch der hohe, schlanke, und in allen Theilen des Körpers regelmäßige und hauptsächlich bei den Weibern zierliche Wuchs, nebst einer bei den zartgeformten Knöcheln und Füßen ausgezeichneten leichten Haltung und einem behenden, graziösen Gang hinzu. Wegen ihrer großen Beweglichkeit führen die Tibbo bei ihren Nachbarn sogar den Namen der Vögel, doch wird ihr Charakter nicht gerühmt, da sie als mißtrauisch, hinterlistig und betrügerisch gelten, weshalb kein Fezzäner mit ihnen allein zu reisen wagt. Die im südlichen Fezzän angesiedelten sollen dagegen ruhig und schon ziemlich civilisirt, die von Borgu sehr furchtsamen Gemüths, die entfernteren aber auch die unverschämtesten Diebe sein und sogar vom Raub vorzugsweise leben. Ihre Sprache ist bis auf wenige Proben, die man davon besitzt, fast unbekannt, indessen scheint es sich aus denselben zu ergeben, daß die Tibbo selbst in ethnographischer Hinsicht nicht so allein stehen, als man früher angenommen hatte. Gleich den Tuärik und Arabern zerfallen sie in mehrere Stämme, von denen der der Gunda eine auffallend verschiedene, nämlich eine kupferrothe Farbe hat. Andere größere Stämme der Tibbo sind die Reschadeh-, Uadschunga-, Borgu- und Krään- oder Gräänttibbo. Außer diesen 3 genannten Hauptabtheilungen der Saharabevölkerung kommen Juden, ausschließlich aber in den Oasen, vor, wo sie gewöhnlich Handel treiben und meist die Goldschmiede sind, dann wahre Neger, welche ihre natürliche Grenze überschreitend, besonders einige Oasen in großen Colonieen bewohnen und hauptsächlich in den südlicheren viel zu den Veränderungen in dem physischen Charakter der Bewohner derselben beigetragen haben, indem ein großer Theil derselben aus der Verbindung von Arabern oder Tuärik mit Negerinnen hervorgegangen ist. In Bilma überwiegt die Zahl der Neger sogar schon die der Tibbo. Bisher reichten Neger im Norden nicht über Gatröne in Fezzän hinaus, erst in neuerer Zeit sind sie als Flüchtlinge, welche der ewigen Fehden wegen ihre Heimath verließen, weiter nach Norden vorgedrungen, indem sich starke Colonien derselben am Südrande des Barkaplateaus niedergelassen haben. Die meisten Neger in der Saharä sind jedoch aus ihrer Heimath verkaufte Sclaven oder Kaufleute.

Verfassung, Religion. Von dem nomadischen Theil der Araber und Tuärik war bereits angegeben, daß die größeren und kleineren Stämme, worin er zerfällt, unter eigenen, völlig unabhängigen Häuptlingen stehen, welche erblich sind und fast immer von einer alten bekannten Familie abstammen. Der Häuptling ist zugleich Anführer der Fehden; er schlichtet die Streitigkeiten unter den Angehörigen seines Stamms und erhält seine Einkünfte theils von seinen eigenen Heerden, theils von den Ergebnissen der Raubzüge des Stamms, endlich von den Abgaben, welche die das Gebiet des Stamms durchziehenden Karavanen für den Schutz, den sie darin genießen, und für die Benutzung der Brunnen zahlen müssen. Einen größeren geordneten Staat scheinen die Araber gar nicht zu bilden, bei den Tuärik ist dies nur in Ahir, Tuät und Ghät der Fall, bei den Tibbo in Borgú. — Die Religion in der westlichen und centralen Saharä ist der Islam, dem die arabischen Bevölkerungen fanatisch, die Tuärik weniger eifrig ergeben sind, indem sie weder fasten, noch die durch das muhamedanische Gesetz vorgeschriebenen häufigen Waschungen vollziehen; alljährlich begeben sich viele Pilger, selbst aus den äußersten westlichen Gegenden von den Ufern des Senegal nach Mekka, um den Titel Hadschi (Pilger) oder Sidi (Heiliger) und damit Ruhm und Ansehen bei ihren Stammgenossen zu erlangen. Unter den Anhängern Muhameds gibt es nach den neuesten Erfahrungen sogar viel Wechabiten. Die Tibbo sind dagegen noch zum Theil Heiden, was besonders von denen in Borgu gilt.

Ackerbau, Gewerbe, Handel. Der nackte, wasserlose Felsboden in dem größten Theil der Saharâ, so wie die Sandbedeckung großer Striche derselben erlaubt nur selten und nur in im Ganzen eingeschränkten Localitäten eine Bodencultur, die sich selbst in den Oasen, z. B. in Udschila, Meradèh und Tuât, fast auf die Pflege von Palmgärten beschränkt, und auch nur dann möglich ist, wenn der Boden künstlich bewässert werden kann. Doch bauen die Bewohner der westlichen Oasen, Uadâns und Tischits etwas Gerste, Reis, Bohnen und Durrah, die Tuârik nach Agâdez zu auf ihren fruchtbaren und wohlbestellten Feldern Mais, Getreide und Gemüse, die Araber am Senegal und die Tibbo von Bilma gleichfalls etwas Getreide, wogegen die Cultur von Dattel- und Doumpalmen im Tibboland höchst umfassend ist. Durch die geringe Bodencultur innerhalb des Bereichs der Saharâ ist ein großer Theil der nomadischen Bevölkerung genöthigt, seine Subsistenzmittel entweder aus dem Tell der Atlasländer (S. 19) und den Oasen Figuig, Tafilêlt, oder auch, wie die südlichen Tuârik, aus den Nigerländern von Kaschnâ und Bornû zu beziehen. In allen Ebenen des Tibbolandes dienen Coloquinten als Nahrungsmittel. Weit umfassender ist die Pferde-, Kameel- und Viehzucht. So besitzen die Tibbo ausgezeichnete Esel, die Trârzas, Bräcknas, Uled Amer am untern Senegal vortreffliche Pferde, endlich alle Nomadenstämme neben Schafen, Ziegen und Rindern große Heerden des einbuckligen Kameels, dessen Fleisch und Milch den Wanderstämmen den Haupttheil ihrer Nahrung gewährt, und worunter wieder die Varietät der Mehari über alle andere emporragt. Ohne das Kameel wäre es der Saharâbevölkerung sogar unmöglich, den Handel so umfassend zu betreiben, wie es in allen Theilen derselben der Fall ist, indem die bekannte eigenthümliche Structur des Magens es ihm möglich macht, 7—9 Tage ohne Nahrung und Wasser auszuhalten und da sogar Beispiele bekannt sind, daß große, 2000 Kameele starke Karavanen bis 20 Tagemärsche durch so völlig wasserlose Wüsten zurückgelegt haben, daß die Lastthiere nicht getränkt werden konnten. Mit Recht nannten deshalb orientalische Schriftsteller das Kameel das *Schiff der Wüste*. Doch ist es ein Irrthum, anzunehmen, daß das Kameel länger als 8—9 Tage ohne Nahrung und Wasser anstrengende Märsche zurücklegen könne, indem bei solchen Gelegenheiten viele derselben zu Grunde gehen. Vor der in den ersten Jahrhunderten unserer Zeitrechnung stattgefundenen Einführung des Kameels in Nord-Afrika vertraten, wie die uralten Sculpturen in dem 30 M. westlich von Murzûk gelegenen Uadi (Thal) Tellissaré des Tuâriklandes erweisen, Rinder das Kameel, unzweifelhaft aber nur auf sehr unvollkommene Weise. Doch findet noch jetzt am untern Senegal und zum Theil, obwohl sehr selten, in der centralen Saharâ die Benutzung des Rindes zum Reiten und Lasttragen statt. Unter den Rindvieharten der Saharâ sind die der Tibbo bemerkbar durch Kleinheit und schwarze Färbung. Diese besitzen davon große Heerden und leben besonders mit von deren Milch. Gewerbe sind der Saharâbevölkerung nicht fremd, indem dieselbe sogar für geschickt im Ledergerben und in Schmiedearbeiten gilt, und ihre Kleidung nebst Waffen und Hausgeräthschaften meist selbst anfertigt. Die von den arabischen Weibern aus Kameel- und Ziegenhaaren gemachten wasserdichten Zelte sind von ausgezeichneter Beschaffenheit. Die Weiber von Tuat, Ghât und anderen Tuârikoasen fertigen starke, vortreffliche Decken für den Bedarf im Winter und zugleich leichte Kleidungsstoffe aus Baumwolle an, die aus dem Süden gebracht wird. Ein Theil der Kleidungsstoffe wird jedoch den Bewohnern von Außen durch den Handel zugeführt. Dieß geschah früher häufiger aus den Nigerländern, woher jetzt fast nur noch feine und sehr schöne Gewebe, meist von der Bevölkerung Timbuctus angefertigt, kommen. Längs der Küste findet, wie an der maroccanischen, namentlich in dem Strich zwischen C. Bojador und C. Blanco ein lebhafter Fischfang auf den Sandbänken statt, an dem aber die arabische Bevölkerung nur einen sehr schwachen Antheil nimmt, da sie sich in ihren schwachen Böten selten auf das Meer wagt. Um so größer ist der Betrieb des Fischfangs in diesen Gegenden durch die Bewohner der canarischen Inseln, obwohl er durch die ungünstigen Localverhältnisse und wegen des grausamen und räuberischen Charakters der Strandbewohner nur mit großen Gefahren verfolgt wird. Zwischen den beiden genannten Caps ist dennoch sein Erfolg für die canarischen Inseln weit größer, als selbst der der Fischerei auf der berühmten Newfoundland-Bank. Südlich vom C. Blanco ist die Fischerei schon viel weniger einträglich und von der Insel Arguin lohnt sie sogar nicht mehr der Mühe. — Der Handel ist im ganzen Umfange der Saharā ungemein lebendig, da die ganze Bevölkerung, sowohl die der Oasen, wie die nomadische, daran Antheil nimmt, indem die Oasen den Karavanen als Magazine oder als nothwendige Ruhepunkte dienen und deren Bewohner häufig selbst Unternehmer von Handelsoperationen sind, die nomadische Bevölkerung dagegen ihre durch die veränderlichen Vegetationsverhältnisse des Landes bedingten periodischen Wanderungen mit Handelszwecken verknüpft und theils die Producte der Saharā nach den Nigerländern führt, theils auch die eingehandelten Producte und Waaren der letzten nach dem Rande der Atlasländer bringt, endlich fremden Händlern ihre Kameele gegen Zahlung zum Transport der Waaren überläßt und innerhalb ihres Gebiets die Beschützer und Führer der Karavanen abgiebt. Durch diese allgemeine Theilnahme am Handel ist die ganze Bevölkerung der Saharā in fortwährender Bewegung, und es hat sich bei derselben im Laufe der Zeit derselbe hohe Grad kaufmännischen Geistes entwickelt, welcher überhaupt fast alle Bewohner Nord-Afrikas auf höchst merkwürdige Weise vor denen des benachbarten Asien auszeichnet. Der Gewinn, den besonders die nomadische Bevölkerung von dem Handel zieht, ist nicht unbeträchtlich, da ein Kameel für den 43 Tagereisen langen Weg von Drâa in Marocco nach Timbuctû $18^1/_2$ Ducaten, für die Strecke von Drâa nach Tafilēlt, 6 Tagereisen 6 Ducaten, für die von Tafilēlt nach Fâs, 10 Tagereisen 11 Ducaten, also der 59 Tagereisen lange Weg zwischen Fâs und Timbuctû $35^1/_2$ Ducaten Miethe für jede Kameelladung kostet. Bei diesen Zügen verlassen die südlichen Tuārik ihre Heimath für den Sommer sogar ganz und nehmen ihren Aufenthalt im Nigerland bei Kānō, Kaschnâ, Saccatû und in Zanfra, wo sie hinlängliche Weide für ihr Vieh finden. Nur die winterliche Zeit verweilen sie in der Saharā und nähren sich zum Theil von dem im Nigerlande erhandelten Getreide. Viele Individuen der arabischen Stämme dehnen ihre Handelsspeculationen sogar weit über ihr heimisches Gebiet aus, indem sie Aegypten, Tripolis, Algier, Marocco, Bornû, Kaschnâ, Timbuctû, Senegambien und selbst Abessinien besuchen. Aber bei aller Vorliebe der Bewohner der Saharā für den Handel ist dessen Betrieb theils wegen der Räubereien und Fehden vieler Stämme, theils auch wegen der Oede und Wasserlosigkeit des Landes sehr schwierig und häufig sogar in hohem Grade gefährlich. Vorzüglich sind die arabischen Stämme vom untern Senegal und viele Tuārik- und Tibbostämme durch ihre Räubereien berüchtigt, indem sie im Kriege als Feinde, im Frieden unter der Firma von Gastfreunden zu plündern pflegen. Deshalb sagt schon ein altes arabisches Sprüchwort von den Beduinen: Trachte ihnen, wie einem Feinde, aus dem Wege zu gehen, weshalb der Handel nur in großen Zügen zur genügenden Abwehr von Angriffen und zu besserer gegenseitigen Hülfsleistung stattfindet. Diese Räubereien verschließen öfters große Karavanenstraßen auf längere Zeit gänzlich, wie es im Augenblick mit der von Fezzān über Bilma nach Bornû der Fall ist. Die Landesbeschaffenheit zwingt zugleich die Karavanen oft, von der graden Richtung abzuweichen und ihren Weg meist nach der Lage der Oasen, worin sie Nahrung und Wasser zu finden hoffen dürfen, einzurichten. Sind die Wasserstellen trocken, wie es nicht selten geschieht, so kommen die Reisenden, wenn es ihnen nicht gelingt, Wasser durch Graben zu erlangen, in die größte Noth, und nicht selten gehen sogar ansehnliche Karavanen dadurch zu Grunde. Im J. 1805 kam z. B. auf dem Wege von Timbuctû nach Tafilēlt eine aus 2000 Menschen und 1800 Kameelen bestehende Caravane völlig um; ein gleiches Loos traf im J. 1810 eine große Karavane, welche von

Uadây ausgehend einen neuen Handelsweg über die Oase Dakleh (S. 77) nach Aegypten versuchen sollte. Die meisten großen Karavanenwege sind deshalb mit zahllosen gebleichten Knochen von Menschen und Thieren bedeckt, deren Kräfte durch die Anstrengungen der Reise aufgerieben waren. Besonders steigert noch die ausdörrende Kraft des Samum die Gefahr, indem dadurch die gefülltesten und besten Wasserschläuche in wenigen Stunden zum Entsetzen der Reisenden völlig austrocknen. Jeder Karavanentagemarsch beträgt 4—6 M. und beginnt mit Tagesanbruch. Mit der nöthigen Unterbrechung während der größten Sonnenhitze wird er bis 4 Uhr Nachmittags fortgesetzt, so daß etwa nur 7—8 Stunden zum eigentlichen Marsch verwandt werden. Eilige Reisen pflegen deshalb die Händler häufig mit den Schnellläufern zu machen, deren sich auch die Tuârik zu ihren räuberischen Einfällen in die Negerländer bedienen. Der Verkehr in der Sahara folgt, wenn er nicht gehemmt ist, seit den urältesten Zeiten bestimmten Straßen, welche das Land in verschiedenen Richtungen durchziehen. Einige wenige sind erst in der neueren Zeit eröffnet worden. Die bekanntesten und wichtigsten derselben sind: A. Von Norden nach Süden 1) die westlichste, welche von Marocco und Sus über Oued Noun längs dem Atlantischen Ocean nach Portendik (Andschyl der Eingeborenen) und dann nach St. Louis geht; 2) eine etwas östlichere auch von Marocco und Sus über Oued Noun, dann aber über Ualâta nach Galam am oberen Senegal; sie wird von den Karavanen in 51 Märschen zurückgelegt; 3) die, welche von Marocco mit einer sehr großen westlichen Biegung nach Timbuctú führt, indem sie anfänglich den Küsten des Oceans bis zur Insel Arguin folgt, sich dann aber plötzlich nach Osten wendet und in diesem Theile die Oasen El Uadân und Tischit el Gharbie oder West-Thagazza berührt. Die Karavanen verwenden auf diesen Zug 5—6 Monate. 4) Die, welche von Tatta oder Akka in Süd-Marocco (S. 37) über Ualâta, Taudeny und Araûan nach Timbuctú geht und eine der kürzesten ist, indem ohne die resp. 15, 15 und 7 Rasttage in Ualâta, Taudeny und Araûan die Sahara in gewöhnlich 36 Tagereisen durchzogen wird. Kommen die Karavanen von Fâs, so brauchen sie bis Tatta, wo sie einen Monat zu ruhen pflegen, noch 18 Tage, so daß der ganze Weg von Fâs nach Timbuctú in 124 Tagen zurückgelegt wird. Auf dem Rückwege von Timbuctú entlassen die Reisenden gemeinlich in Tatta ihre bisherigen Führer mit den Kameelen und nehmen für den übrigen Theil des Weges nach Norden andere an. Mit einem Mehari erreicht man auf diesem Wege von Tatta aus Timbuctú in 29 Tagen, zu Pferde bedarf man dazu 49 Tage. 5) Eine dritte Straße nach Timbuctú, von Tafilelt anfangend, vereinigt sich nach 40 Tagemärschen, wobei nur unbedeutende Oasen, wie es scheint, berührt werden, in Ualâta mit der vorigen. 6) Ein großer Handelsweg von etwa 435 M. Länge beginnt zu Algier, berührt das große Handelsemporium Gardaïa am Südrande Algeriens (S. 49), dann Tuât und geht endlich über die Oase Mabruk nach Timbuctú. Er erfordert, einige Rasttage ungerechnet, nur einige 70 Tage, wovon 15—17 Tage auf die Route bis Gardaïa, 32 auf die von Insâlah in Tuât nach Mabruk, 10—11 auf die von letztem Ort nach Timbuctú zu rechnen sind. 7) Der Handelsweg, welcher Tunis und Kairuan mit Timbuctú verbindet, vereinigt sich nach 30 Märschen bis Ghadâmes und 21 weiteren bis Tuât in der letzten Landschaft mit dem 6. 8) Eine 2. von Tripolis beginnende Straße führt über Sockna nach Fezzân und dann mit einem großen westlichen Bogen über Ghât, das Land Abir nach Danergû, wo sich die Karavanen zu theilen pflegen, indem ein Theil nach Bornú und dem Tschadsee, ein anderer in westlicher Richtung nach Saccatú, der Hauptstadt des Fellatahreichs, zieht. 9) Die 3. große Straße von Tripolis aus und die geradeste nach dem Innern Nord-Afrikas, führt ebenfalls über Sockna nach Murzûk, dann aber über Bilma nach Bornú. 10) Eine östlichere Straße geht von Murzûk durch das Tibboland in 45 Tagen nach Uadây und weiter in $25^1/_2$ Tagen nach Dar Fûr. 11) Einer der geradesten Wege in das Innere ist endlich der seit einigen Jahren nach vielen vergeblichen Versuchen und reichlichen Verlusten eröffnete, jetzt schon stark besuchte von Bengâzy über die Oasen Udschila und Kébâbo durch das Tibboland nach Uadāy und den östlicheren Theilen des Nigerlandes. Er kam in Aufnahme, weil man den Erpressungen der türkischen Behörden in Aegypten und denen des Sultans in Dār Fūr entgehen wollte. Auf ihm gelangen bereits viele europäische, besonders französische, Waaren in das Innere. 13) Der letzte und größte Handelsweg im Osten ist endlich der, welcher Dār Fūr und alle südlich davon gelegenen Landschaften mit Aegypten verbindet. Er beginnt zu Syût in Ober-Aegypten und folgt über die Oase Chardscheh und die kleineren Oasen Selimmêh, Leghea Bīr el Malha der äußersten Ostgränze der Saharā, bis er zu Köbeyh, einem der Hauptorte Dār Fūrs, endet. Ihn zurückzulegen bedarf man gewöhnlich 45 Tage. B. Von Westen nach Osten: 1) die Hauptstraße in dieser Richtung ist die, welche die ganze Breite Nord-Afrikas von Marocco bis Aegypten durchschneidet und zwischen dem Fuß der Atlasketten und dem Nordrande der Saharā vorzugsweise dem großen west-östlichen Oasenzuge folgt (S. 34). Er brachte früher die maroccanischen und algerischen Pilger fast ausschließlich nach Aegypten und bestand deshalb gewöhnlich aus mehreren tausend Reisenden und Kameelen. Seit der Besitznahme Algeriens durch die Franzosen und in Folge der Kämpfe mit Abd-el Kadér in Süd-Algerien hat er viel von seiner früheren Bedeutung verloren. 2) Eine andere Hauptstraße in derselben Richtung, welche die südlicheren west-afrikanischen Pilger, selbst die vom Senegal, theils durch Nubien nach Suákim (S. 94), theils nach Cairo bringt, durchschneidet ebenfalls die Breite des Continents und vereinigt sich im Innern aus verschiedenen Zweigen und fällt zum Theil mit der 1. Straße zusammen. Der eine Zweig geht vom unteren Senegal über Portendik oder Andschyl zuvörderst längs der Meeresküste nach Fās, und mündet hier in die 1. Hauptstraße, ein 2. wendet sich nach Ualāta und von da gleichfalls nach Fās, ein 3. nach Tuāt und dann über Ghāt nach Murzūk und Tripolis. Von Tuāt nach Murzūk rechnet man 28—30 Märsche. Noch andere Karavanen gehen vom unteren Senegal 13 Tagereise lang nach Uadān meist in der Nähe des Meeres, da sie hier überall Wasser und Lebensmittel finden, worauf sie im Binnenlande längs dem Fuße des bergigen Senegambiens den süd-westlichen Theil der Saharā über Oualāta bis Timbuctú durchziehen. Zuweilen verbleiben diese Karavanen im gebirgigen Senegambien selbst und durchwandern Kasson und Kāārta, überschreiten bei Toniba die Wasserscheide zwischen den äußersten Zuflüssen des Senegal und Niger und erreichen bei Bammaku das Nigerthal, dem sie bis Timbuctú folgen. Den weitern Weg nehmen die Reisenden gewöhnlich von Timbuctú über Kaschná nach Bornú und von da in nördlicher Richtung nach Murzūk oder sofort von Kaschná über Aghādéz ebenfalls nach Murzūk, dem großen Vereinigungspunkt der nord-afrikanischen Händler und Mekkapilger, da es nicht bekannt ist, daß je eine Handelsgesellschaft ihren Marsch nach dem Osten um den Tschādsee herum und durch Bagherml und Uadāy nach Dār Fūr fortgesetzt hat. Seit den urältesten Zeiten besteht der Hauptzweck des hiesigen Binnenhandels in dem Austausch von Vieh und Salz an die Bewohner der Nigerländer gegen Goldstaub, Sclaven, Elfenbein und Getraide. Die 3 ersten Handelsgegenstände führen die Saharaner dann mit anderen eingehandelten Producten des innern Afrika, z. B. Cardamom und einigen eigenen Producten, wie Straußenfedern, Alaun und Gummi, nach den Küstenländern im Westen und Norden. Auch Pferde werden häufig von ihnen nach dem Senegal und den Nigerländern verhandelt. Aus den Küstenländern versorgen sie sich jetzt häufig mit Waffen, Pulver und Kleidungsstoffen, welche letzte theils von Rouen über St. Louis oder von Marseille über Algier und Bengázi, theils aus England über Gibraltar und Tripolis, endlich auch über Cairo kommen. Bakel, St. Louis, Fās, Tafilēlt, Oued Noun, Algier, Tunis, Tripolis, Murzūk, Bengázi, Cairo, Suakim bilden Hauptstapelplätze für den Handel nach Außen. Für Europa sind Gold, Elfenbein und Gummi die wichtigsten Gegenstände dieses Verkehrs, der in Bezug auf das Gummi vorzüglich an 3 Stellen, Escales du Désert von den französischen Händlern genannt, am Nordrande des untern Senegal betrieben wird, nachdem ein ähnlicher und einst bedeutender Handel zu Portendik und an der Arguinbai, wie es scheint, völlig eingegangen ist.

Nach den Escales bringen besonders die Trârzas aus den Wäldern El Hebiar und Sahel, die Brâknas aus dem Walde Al Fatak zu 2 bestimmten Epochen des Jahres, im December und März, endlich die Dowisches aus den Wäldern Laxor und Ghamre das Gummi, wozu die französischen Handelshäuser von St. Louis ihre Agenten senden. In dieser Zeit findet hier ein sehr bedeutender Verkehr statt, während im übrigen Theil des Jahres die Handelsstellen völlig verödet und verlassen und nicht einmal einige bleibende Wohnhäuser vorhanden sind. Für den ungestörten Betrieb des Gummihandels zahlt die französische Regierung an die Häuptlinge der arabischen Stämme und die von Wallo in Senegambien vertragsmäßig im Jahr etwa 60000 Frcs. Uebrigens sind die Bewohner der Saharâ höchst eifersüchtig auf alle Fremden, indem sie fürchten, daß ihr Handel durch sie beeinträchtigt werden könnte, und sie suchen deshalb den Eintritt derselben in ihr Land möglichst zu verhindern.

Topographie. Die bekanntesten Reiche, Oasen und Orte der Saharâ sind:

1) Die Oase **Uadân**, auch **Wedan** oder **El Hoden** genannt, etwa in 20° 5′ N. B. 4° 14′ O. L., 7 Tagereisen von Portendik, 9 von der Arguinbai, 15 vom untern Senegal, 40 von Timbuctû: die westlichste Oase der Saharâ, in unfruchtbarer Umgebung und im Besitz der Uadânaaraber, die etwas Reis, Datteln und Gerste bauen und Handel mit dem in ihrer Nachbarschaft gewonnenen Salz treiben. Der Hptort gl. N. 2000 Ew.

2) Die Oase **Rewan** 25 Tagereisen von Dschinnie und dem Niger, 20 von Tischit und so unfruchtbar, daß die aus Negern und Arabern bestehende Bevölkerung nicht einmal Datteln hat, sondern ihren Bedarf an vegetabilischen Lebensmitteln mit dem in der Umgegend in Menge gebrochenen Salz, das ein Gegenstand großen Handels nach den Nigerländern ist, einhandeln muß. Stadt gl. N. 2—3000 Ew.

3) Der **Staat der Uled Amer** (gewöhnlich, aber irrig **Ludamar** genannt) eine unermeßliche, einförmige und dürre Ebene am Fuße des Berglandes Kaarta (S. 234) mit einer sehr gemengten, größtentheils schon aus Negern, die sich unter den Schutz der Araber begeben haben und ihnen Tribut zahlen, bestehenden Bevölkerung. **Kemmon** Hptort, bedeutender Handel. — **Dscharra** (Jarra) gleichfalls beträchtlicher Ort, dessen Bevölkerung einen sehr ansehnlichen Handel mit dem Salz von Tischit nach dem Innern der oberen Senegal- und Nigerländer treiben.

4) Die Oase **Ualâta** (gewöhnlich und auch irrig Walet genannt), große Oase auf dem Wege vom untern Senegal nach Timbuctû, 11 Tagereisen von dieser Stadt, 10 von Aràuân, durch fanatische Araber bewohnt, die einen wichtigen Handel mit Uadânsalz treiben. Der Hauptort gl. N. sehr ansehnlich, angeblich größer als Timbuctû.

5) Die Oase **Tissit**, **Tischit**, auch **Tischit el Gharbie** (West-Taghazza) genannt, 20 Tagereisen westlich von Rewan, 12 östlich von Uadân, 2 von dem Ort Dscharra, mit fruchtbarem Boden, worauf Reis, Durrah, Mais, Bohnen und Datteln, letzte aber von schlechterer Qualität, als an irgend einer andern Stelle der westlichen Saharâ gewonnen werden. In der Nähe gibt es einige Ablagerungen trefflichen Salzes, die der Oase den Namen verschafft haben (Tissit heißt im Berber **Salz**). Bedeutender Salzhandel.

6) Die Oase **El Aràuân** auf der großen Straße von Marocco nach Timbuctû, 25 Tagereisen von der Handelsstadt Sanhâding am Niger und 38 M. von Timbuctû, in einem von hohen Sanddünen umgebenen Becken, das so steril ist, daß die Bewohner, die arabischen Ursprungs sind, ihre Lebensmittel von Timbuctû beziehen müssen. Centralpunkt eines großen Handels mit europäischen Waaren und besonders mit dem Salz von Taudeyni nach den Nigerländern, wofür die Producte des Sudân eingehandelt und nach dem Norden verführt werden. Zugleich ist El Aràuân der Durchgangspunkt vieler Karavanenstraßen. Der Hauptort gl. N., 600 Ew. und sehr bedeutender Handel.

7) Die Oase **Taudeyni** oder eigentlich Tiudenni mit den bedeutendsten Salzablagerungen der Saharâ, auf die gebrochen wird. Mit dem Salz betreibt die Bevölkerung einen sehr bedeutenden Handel nach dem ganzen Sudân.

8) Die Landschaft **Tuât** 10 Tagereisen von Tafilelt, 20 von Ghadâmes, 28—30 von Murzuk, etwa 50 von Timbuctû, 40 von Aghâdez, eine sehr große, besonders in west-östlicher Richtung ausgedehnte sandige Ebene, die, gleich Fezzân, eigentlich ein Archipel von einer unermeßlichen Zahl kleiner, inselartiger Oasen ist und im Osten halbkreisförmig durch die Bergkette des Batten umschlossen, im Süden durch die schreckliche, 8 Tagereisen breite, wasser-, stein- und pflanzenlose Tanezruftebene von der Oase Mabrûk und durch eine ganz ähnliche wasser- und pflanzenlose Ebene von Tafilelt getrennt wird. Gleich wie in Fezzân, finden sich hier in den ebenen Strecken unterirdische Wasserbecken nur in 2—3 F. Tiefe unter der Oberfläche. In der Oase gehören Antimonerzgruben. Die Bevölkerung besteht theils aus schwarzen, aus den häufigen Verbindungen mit Negerinnen hervorgegangenen Tuârik, dem herrschenden Volk, theils aus reinen Arabern und bewohnt mehr als 100 Ortschaften, unter denen einige von ansehnlicher Größe sind. Sie bildet 5 kleine, von einander unabhängige Staaten, fertigt viele starke Decken zum Schutz gegen die Kälte für den Verkauf an, und betreibt einen sehr nam-

haften Zwischenhandel zwischen den Küstenländern und dem Sudân, so wie auch Handel mit Salpeter und Alaun. Timimum im nordöstlichen Theil der Landschaft, großer, gut gebauter und ummauerter Handelsplatz mit steinernen Häusern, 7 großen Plätzen, 9 Quartieren, 10000 Ew. und schönen Palmenhainen: sehr bedeutender Geldhandel. — Insâlah (nicht Ain es Salah) 27° 11′ 30″ N. B., 16° 36′ 45″ O. L. am Südostrande Tuâts und mitten in einer sandigen, aber quellenreichen Gegend, mit steinernen Häusern, 3000 Ew. — Akablv, der südlichste Ort, 2 Tagereisen SSW. von Insâlah, wo sich die Karavanen für die Reise nach Timbuctú sammeln, ebenfalls bedeutender Handel. — Scherûin, 1 Tagereise NW. von Timîmum, großer Handelsverkehr. — Tidikelt am Westrand der Landschaft, 3000 Ew. — Augrul mitten in einem Palmenwald.

9) Die Oase El Goléa ansehnliches Handelsemporium, zwischen Gardaïa (S. 49) und Tuât. Der Hauptort gl. N. in Stein gebaut, mit 6—700 Ew., liegt am Fuße eines Berges mit schönen, wohlbewässerten Gärten, in denen Wein, Feigen und Granaten gut gedeihen.

10) Die Oase Arât, gewöhnlich Ghât genannt, 7 Tagereisen westlich von Fezzân, 20 südlich von Ghadâmes, ½ Tagereise W. vom Uariratgebirge in einem Thal, von geringem Umfange, aber wichtig für den Handel dieser Gegenden als Vereinigungspunkt der Straßen von Tuât, Kanô und Aghâdéz nach Murzûk und Tripolis, und zugleich durch die großen, im Frühjahr abgehaltenen Märkte, wobei jährlich für etwa 60000 Pfd. Sterling Waaren aus dem Innern verhandelt werden. Die Bevölkerung bilden Tuârik, die auf ihrem unfruchtbaren Boden wenig bauen, indem selbst die Datteln auffallend schlecht gedeihen, und die deshalb meist Karavanenführer oder Handelsleute sind, aber auch außerordentlich viel baumwollene Stoffe anfertigen, womit ein großer Theil der Saharâbevölkerung sich bekleidet. Der Hauptort gl. N. — Südlich davon in nur 1 M. Entfernung liegt in demselben Thal die kleine, aber sehr fruchtbare Oase El Berkat mit einer ummauerten kleinen Stadt, welche ausgezeichnete Weintrauben zieht.

11) Die Landschaft Ahir oder Aïr, in der Sudânsprache von Haussa Asben genannt, erstreckt sich etwa vom 20° einige Breitegrade hindurch nach Süden und besteht in der Saharâ aus einem rauhen und vorherrschend durch Granit gebildeten felsigen Gebiet, dessen Oberfläche eine mehr oder minder starke Neigung nach Westen hat, da alle Gewässer dorthin ihren Lauf nehmen. Außer den Grenzen der Saharâ reicht die Herrschaft der Ahirer bis Damergú im Sudân und auch Aghâdéz wird zu Ahir gerechnet. Hohe Bergmassen und Gebirgszüge, wie die Bondaveh, Eghellál- und Baghzen-Berge und der Dogem, der Tscheréka eine hohe Bergmasse mit 2 kegelförmigen Spitzen, der prachtvolle Abila, endlich die Rüderasberge steigen aus dem bergigen Terrain Ahirs auf, welches zugleich von zahlreichen und nur im westlichen Theil fruchtbareren Thälern durchzogen wird. Im Allgemeinen ist das hiesige Gebiet Ahirs zwar eine von der Natur mehr als andere Theile der Saharâ begünstigte Landschaft, jedoch keineswegs sehr fruchtbar, indem selbst die Umgebung der Hauptstadt Tin Tellust so dürr ist, daß nicht Pflanzen genug wachsen, die Heerden zu erhalten. Dennoch ist die aus Kelluînéik bestehende, in etwa 60 Orten wohnende Bevölkerung zahlreich, wenigstens 50000 Köpfe stark und selbst viel größer, als die eigene Kraft des Bodens zu erhalten vermag. Es finden deshalb bedeutende Einfuhren von Getraide, zugleich mit der Einfuhr von Kleidungsstoffen statt, da Ahir, abweichend von Tuât und Ghât, nicht einmal seinen Bedarf an letzten verfertigt. Doch gibt es viel Schmiede. Nur durch den höchst einträglichen Handel mit dem aus dem Tibbolande, namentlich von dem 17 Märsche von hier entfernten Ort Bilma bezogenen oder den Tibbo geraubten und nach den Nigerländern abgesetzten Salz vermögen die hiesigen Tuârik sich Kleidung und einen Theil ihrer Nahrung zu verschaffen, ja sich überhaupt in dem meist unfruchtbaren Lande zu erhalten. Unter diesen Umständen ist die wahre Macht im nördlichen Ahir in den Händen zweier Häuptlinge (Schechs), welche den Salzhandel mit Bilma und den Verkehr mit dem Sudân vorzugsweise in Händen haben, obgleich sie von der Bevölkerung nicht eigentlich als Herrscher anerkannt werden, da diese kein mit den äußeren Zeichen der Herrscherwürde bekleidetes Individuum duldet. Das mächtigste Oberhaupt in Ahir ist dagegen der Sultan von Aghâdéz, dessen Gebiet den in die tropische Regenzone fallenden und also schon zum Sudân gehörenden Theil Ahirs begreift und der auch das den anderen Häuptlingen nicht gestattete Recht, Todesurtheile zu sprechen, besitzt. Tin Tellust 18° 32′ N. B. 26° 5′ O. L., in einem der größten, doch sehr unfruchtbaren Thale Ahirs, Residenz eines Schechs und zugleich einer der bedeutendsten Orte der Landschaft. — Asôdi SSW. von Tin Tellust, als Handelsplatz einst von großer Bedeutung.

12) Die Oase Mabrûk 23 Tagereisen westlich von Ahir, 25 von Akablv, 10 nordöstlich von Arauân, ebenso viel südlich von Taudeyni und zugleich nördlich von Timbuctû, von geringem Umfang und nur mit 100 Ew., aber wichtig als erster größerer Stappenplatz für die aus dem Sudân kommenden, nach Tuât ziehenden Karavanen.

13) Das Gebiet der westlichen Tibbo erstreckt sich vom Südrande Fezzâns bei Tegerhy in südlicher Richtung bis zu den Grenzen Bornûs, und dem Tschadsee, nordwestlich bis an das lange Uariratgebirge, wodurch es von den Tuârik getrennt wird, im Westen bis an den langen Thalzug, in welchem die große Straße von Ghât nach Aghâdéz führt. Es ist ein meist ebenes, höchst unfruchtbares, an der Oberfläche aus eisenreichem Sandstein bestehen-

des Terrain, woraus einzelne große Felsmassen senkrecht aufsteigen, deren Gipfel bei Fehden und den häufigen räuberischen Einfällen der Tuârik den Bewohnern als Zufluchtsorte dienen. Die mit Negern bereits stark gemengte Bevölkerung ist meist muhamedanisch. Im nördlichen Theil befindet sich der kleine Staat von Bilma, dessen Bewohner schon vorherrschend Neger sind und vorzüglich mit dem Ertrage einiger, 4 Tagereisen südsüdöstlich von dem Hauptort gl. N. und 17 von Tegerhy in 18° 45′ N. Br. 31° 18′ O. L. gelegenen, unter dem Namen Agram bekannten Salzsümpfe sehr ausgedehnten Handel mit den Nigerländern und vorzüglich nach Bernû treiben. — Dirki ansehnlichster Ort in Bilma; in der Nähe mit 2 Tronaseen. Den südlichen Theil dieses Gebiets bewohnen die größtentheils heidnischen Wanderstämme der Gunda-, Traita- und Uandelatibdo, welche fast ausschließlich von der Milch ihrer Heerden, theilweise jedoch auch von Plünderungen in den benachbarten Negerländern leben, wodurch sie viel Sclaven in den Handel von Fezzân bringen, während sie anderen Handel nicht treiben.

14) Das Gebiet der östlichen Tibbo zwischen dem 35 und 45° O. L. besteht in seinem nördlichen Theile aus ebenen, dürren, sandigen Strecken, worunter die im Süden der Oase Kébâbo gelegene durch völlige Wasser- und Pflanzenlosigkeit eine der schreckhaftesten ist, wogegen man in den übrigen Ebenen nicht selten zerstreute kleine Oasen und außerdem unter der Oberfläche häufiger Wasser in nicht bedeutender Tiefe findet. Einzelne größere Strecken mitten im Sandmeer erscheinen sogar als Savanen durch eine reiche Bedeckung von fetten Gräsern. Ganz verschieden davon ist der südliche Theil dieses Tibbolandes, der ganz mit öden, nackten Gebirgen erfüllt ist und im Süden steil in das tiefe und breite Ghazellenthal abfällt, wodurch er von dem großen Reich Uadây getrennt wird. Besonders aber bedeckt ist die Landschaft der Tibbo von Borgû mit Bergmassen, an die sich im Osten die Berge der Landschaft Uadschunga, endlich im Westen gegen Fezzân zu die des Gebietes der Tibbo Reschâdeh anschließen, zu welchen letzten namentlich der Tibestiberg gehört (S. 241). Doch beschließt dies Bergland im Süden an der Grenze mit Uadây noch die 11 Tagereisen breite sandige Ghuradebene. Das ganze Gebiet der östlichen Tibbo ist sehr trocken und gleich Ober-Aegypten fast ohne Regen, so daß ihm größere fließende Gewässer mit Ausnahme der Ränder (S. 243) im Südosten völlig fehlen und daß nur im gebirgigen Theil hin und wieder Quellen vorkommen. Dennoch ist dasselbe ungemein reich an Palmen, Dattelpalmen vorzugsweise im Norden, abnehmend aber an Zahl, dann an Güte der Frucht gegen das Uadâyland, wogegen Doumpalmen im Süden herrschen, ferner an Coloquinten, deren Früchte, gleich den Palmfrüchten, eine Hauptnahrung der Bevölkerung bilden. Die östlichen Tibbo theilen sich gleichfalls in mehrere Stämme, wovon die Tibbo von Borgû die bedeutendsten bilden; sie reichten früher weiter nach Norden als jetzt, indem sie sich bis in die Nähe des nordafrikanischen Oasenzuges und namentlich bis in die von Udschila erstreckten, wo sie nun gänzlich durch die arabischen Wanderstämme der Dschalû (Djalû) und Zawaynat verdrängt sind. Sie sind arm, da besonders die nördlichen durch fortwährende Raubanfälle der Fezzâner, denen sie bei ihrem wenig energischen Charakter und der Mangelhaftigkeit ihrer Waffen mit Erfolg nicht zu widerstehen im Stande sind, in unaufhörlicher Unruhe erhalten und ausgesaugt werden, so daß sie sich oft zur Flucht in ihre unwegsamen Felsgebirge gezwungen sehen. Dessenungeachtet gelangen viele Tibbo, hauptsächlich Weiber und Kinder, in die Sclaverei der Fezzâner und dann auf den Markt von Tripolis. — a) Der District der Tibbo Borgû ist ein sehr ausgedehntes, 22 Tagereisen von der Südgrenze Fezzâns bei Tegerhy, 13 von Uadây entferntes, mit felsigen Bergen bedecktes, unwegsames Land, in dem stellenweise aber auch Sandebenen auftreten. Yen und Butar el Omjan die beiden Hauptorte, sehr bevölkert. — b) Uadschanga, ein auf dem graden Wege von Bengâzi nach Uadây, 10 Tagereisen nördlich von dem letzten Lande, 6—8 östlich von Borgû gelegenes Land von ziemlicher Größe, welches mit hohen und steilen Felsen erfüllt und besonders reich an Dattel- und Doumpalmen, dann an Acacien, so wie an Heerden aller Art ist und einen großen Salzsee am Fuß eines Berges besitzt. — c) Das Land der Tibbo Reschâdeh, 3 Tagereisen von den Tibbo Borgû, gleichfalls mit hohen Bergen erfüllt, zu denen der Tibesty gehört, reich an Coloquinten, Gummiacacien und Lotusbäumen. Taou oder Tauw Hptort und Residenz des Herrschers. — d) Die Oasengruppe Kufarah, 7 Tagereisen südlich von Udschila, von bedeutender Ausdehnung, mitten in einem wasserlosen Sandmeere; 8—14 Tagereisen in nordsüdlicher Richtung lang, bestehend aus zahlreichen, wohlbewässerten und durch Palmen und Feigenbäume grünen, durch Sandstrecken aber von einander getrennten, inselartigen, kleinen Flecken, die bis vor Kurzem durch Tibbo bewohnt waren, und nun nach deren Vertreibung von Arabern benutzt werden. Kébâbo Hauptstelle der Gruppe.

15) Die große Oase Fezzân (S. 55, 59).

16) Die Oase Udschila oder Audschila, einer der wenigen seit dem frühesten Alterthum bekannten Stellen des Continents, die zu allen Zeiten ihren Namen unverändert erhalten hat; 39° 30′ — 40° O. L., 29° 10′ — 29° 20′ N. B.; 7 Tagereisen SSO. von Bengâzi, und Tripolitanien tributair. Udschila ist eigentlich auch eine kleine, ganz von Sandwüsten umgebene Gruppe grüner, ebener Flecke, die durch gute Bewässerung reich an Palmen ist, welche eine außerordentliche Menge der wohlschmeckendsten und durch ihr Bouquet höchst ausgezeichneten Datteln liefern, womit ein bedeutender Handel nach allen Gegenden getrieben wird. Die Ew.,

1000—1200 an der Zahl, gehören theilweise noch dem Berberstamm an und sprechen ein mit arabischen Worten sehr verunreinigtes Berber. Sie sind thätige und unerschrockene Reisende, die zu jeder Zeit den Handel zwischen Murzûk und Aegypten betrieben und in neuerer besonders auch den zwischen Bengâzi und Uadây in Gang brachten. Hauptstelle der Gruppe ist Udschila selbst, auf einem Kalkfelsen; zu ihr gehört dann die eine ½ Tagereise westlich davon entfernte kleine Oase Dschalû. 3 Tagereisen westlich liegt endlich die kleine quellenreiche Oase Marabèh, die durch eine lebhafte Vegetation der Agkulpflanze grün ist und eine Thermalquelle hat, übrigens durch eine fürchterliche Sandwüste umgeben wird.

XIII. Das Binnenland von Nord-Afrika (Nigerland).

Hülfsmittel.

El Hage Abd Salam Shabeeny An account of Timbuctoo and Houssa territories by J. G. Jackson. London 1820. 8. — J. Russegger Reisen in Europa, Asien und Afrika, unternommen in den Jahren 1835—1841. m. Kpfrn. u. Gh. 9 Bde. 8. und 1 Bd. Fol. Stuttgart 1841—1849. — Mungo Park The journal of a mission to the interior of Africa in the year 1805. m. 1 Gh. 4. 2. Ed. London 1815. — T. F. Buxton The African Slave Trade. 2. Ed. 8. London 1839. — J. Palme Beschreibung von Kordofân und einigen angrenzenden Ländern. Stuttgart 1843. 8. — Jomard Voyage de Darfour par le Cheikh Mohammed Ibn-Omar el Tounsy. m. 1 Gh. u. 1 Kpfr. 8. Paris 1845. — Perron et Jomard Voyage au Ouadây par le Cheikh Mohammed Ibn-Omar el Tounsy. m. 1 Gh. 8. Paris 1851. — Reise auf dem Weißen Fluß. Aus den Originalmanuscripten des Generalvicars von Africa, Dr. Knoblecher, bearbeitet von Klun. Laibach 1851. 8.

Name, Lage, Grenzen. Unter dem allgemeinen Namen des Binnenlandes von Nord-Afrika oder des Nigerlandes im weiteren Sinn soll hier derjenige Theil des Innern verstanden werden, welcher im Norden die Saharâ begrenzt, im Süden bis an den Aequator, im Westen bis an den Fuß der inneren Bergländer von Senegambien und Guinea reicht, endlich im Osten anfänglich die Wüste zwischen Dâr Für und Kordofân, dann mehr im Süden den Fuß der in früherer Zeit zu dem großen Reich Abessinien gehörigen Bergländer berührt, also in nordsüdlicher Richtung etwa 16 Breitengrade und in westöstlicher 36—40 Längengrade umfaßt, indem der Ostrand des senegambischen und Guineahochlandes etwa in 10°, die angenommene östliche Grenze im 46—50° O. L. liegt. Es begreift also das Nigerland nicht allein das lange und breite Thal des mittleren Nigerlaufs, sondern selbst die im Osten des letzten, unter gleichen Breitengraden liegenden Länder, endlich auch die, welche im Süden bis zum Aequator sich erstrecken. Schon im Mittelalter führten die der Saharâ zunächst liegenden Theile des Nigerlandes einen gemeinsamen Namen, da die Araber sie nach der schwarzen Farbe ihrer Bevölkerung mit dem Namen Sudân nach dem Wort assoud, d. h. schwarz, ihrer Sprache bezeichneten. Der Name Sudân, wofür von den Eingeborenen zuweilen der aus der Sprache von Bornû entlehnte, gleichbedeutende Afnû gebraucht wird, ist noch heute bei den Nord-Afrikanern arabischen Ursprungs in demselben Sinn üblich, doch dehnt man die Anwendung der Namen Sudân und Afnû oft weit über die Länder der Schwarzen aus, wie es unter andern in der ägyptischen Geschäftssprache geschieht, welche mit dem Namen Sudân noch das türkische Nubien benennt (S. 88). Die hiesige arabische Bevölkerung versteht indessen unter Sudân jetzt nur die Landstriche westlich von Bornû bis Timbuctû, also speciell die große Landschaft Haussa, indem sie das Reich Bornû niemals dazu gezählt hat; noch weniger ist dieß mit Kordofân, Dâr Für und Uadây und selbst nicht einmal mit Timbuctû der Fall.

Oberflächenbeschaffenheit. Das Nigerland tritt, so viel davon bekannt, im größten Theil mit ziemlich einförmiger Oberfläche auf, indem Ebenen vorherrschen und nur hin und wieder Hügelzüge und Gebirgsmassen sich daraus erheben. Allein in der Gegend des Aequators scheint es Gebirgsmassen von sehr ansehnlicher Höhe zu geben. Im südwestlichsten Theil des Nigerlandes erscheint zuvörderst wenigstens 3 Breitengrade hindurch von Abbafubia bis zum Kong eine unermeßliche, wohlbewässerte und fruchtbare Hochebene von röthlicher Farbe und bedeckt mit zahllosen zerstreuten Baumgruppen, wodurch sie ein sehr mannigfaches und stellenweise selbst schönes, parkgleiches Ansehen erhält. Dieser Theil des Nigerlandes muß jedoch außer seiner allgemeinen Neigung gegen Norden nach dem nur wenige Tagereisen von Abbafubia entfernten Thal des mittleren Niger in Bambarra und dem Reich Dschinnie noch eine 2. Abdachung nach Osten zu haben, da die ungemein zahlreichen, darin fließenden Gewässer dahin ihren Lauf nehmen und also wohl unzweifelhaft dem Niger in seinem weiteren nordsüdlichen Lauf unterhalb Timbuctú zugehen. In ihm steigen zugleich zahlreiche isolirte, tafelförmige Berge von gleicher Höhe oder ganze Bergzüge mit tafelförmigen Gipfeln, ähnlich den Massen des südlicher gelegenen Kong, auf. Wirkliche Ausläufer des letzten scheinen die Züge von hohen Tafelbergen zu sein, welche hier den Lauf des Nigerstroms zwischen Yourri und Rabbah zu beiden Seiten begleiten. Am Nordrande des Nigerlandes erscheinen die beiden großen Landschaften Haússa und Bornú gleichfalls vorherrschend eben und an vielen Stellen sogar so eben, daß ansehnliche Strecken, unter andern bei Saccatú in Haússa und in der noch zu Haússa gehörenden Landschaft Zamfóra, dann bei Kánö in Bornú, endlich auch an der West- und Südseite des Tschadsees sich in der Regenzeit dergestalt mit Wasser bedecken, daß die Communication jedes Jahr auf längere Zeit in hohem Grade erschwert wird. Gleiches gilt von einem großen, nach der Regenzeit mit tausenden von Seen und Wasserstellen bedeckten Theil Uadáys. Zwischen Zirmie in Haússa und Katiagum in Bornú erhebt sich wieder aus diesen Ebenen eine lange Hügelreihe, welche die Districte Kaschná und Kánö im Süden begrenzt, mit ihren höchsten Gipfeln aber nur etwa eine Höhe von 600 F. über den nördlich vorliegenden Ebenen erreicht. Im Osten nimmt ebenes Terrain keine geringere Verbreitung ein. Der größte Theil des ausgedehnten Reichs Für (Dár Für) ist nämlich ein solches, welches im Westen und Osten gleichmäßig in Wüsten übergeht, im Westen in diejenige, welche Dár Für von Uadáy trennt, im Osten in eine 2., welche jenes Land von Kordofán scheidet. In den Ebenen Dár Fürs erheben sich aber auch zahlreiche, isolirte und sehr coupirte Felsmassen von verschiedener Größe. Selbst im Süden von Dár Für tritt ein sehr ausgedehntes, ebenes Land auf, das bis Fertit reicht und im Südosten den großen, ebenen, sumpfigen und meist sogar mit Wasser bedeckten Landstrich Baradschaul, wahrscheinlich eine beckenartige Vertiefung der Oberfläche, wie sie so oft im Nigerland vorzukommen scheinen, umfaßt. Dagegen wird der centrale Theil Dár Fürs seiner ganzen Länge nach von Norden nach Süden durch die nur 2 Tagereisen breite Gebirgskette des Marrah (Dschebel Márrah), durchzogen, welche zahlreichen fließenden Gewässern den Ursprung gibt und in einzelnen Theilen sogar sehr hoch sein muß, wenn die Angabe der Eingeborenen gegründet ist, daß in Dár Für zuweilen Schnee fällt, der aber bald wieder vergeht. Aber die größte Ausdehnung dürften die Ebenen des äußersten Osten haben, indem hier unermeßliche, strichweise mit großen Mimosenwäldern bedeckte Grasebenen vom Tumat, einem Zuflusse des Blauen Nil, beginnen und ohne Unterbrechung einerseits nach Süden in ähnlichen, östlich von den südabessinischen Gebirgsländern durch unzählige Gallastämme bewohnten grasreichen Hochflächen bis zum Aequator fortsetzen, anderseits mit etwa 2000 F. Erhebung über den Weißen Nil hinaus sich durch das Gebiet der Nuba zwischen Kordofán und dem Ghazellenfluß erstrecken und zuletzt noch in die weiten Ebenen zwischen Dár Für und Fertit übergehen. Aus diesem unermeßlichen Zuge von Ebenen steigen nicht weniger zahlreiche einzelne Berge, Berggruppen und isolirte Bergzüge bis zu 2000 F. Höhe über ihre Umgebungen auf. Der Art ist zunächst an dem rechten Rande des Weißen Nil in etwa 12° 30' der Dinka- oder Njematiberg (Dschebel Njemati), und auf demselben

Nilufer der überaus merkwürdige, 4—500 F. über seiner Basis hohe Defafaungh, ein erloschener Kraterberg. Aber viel bedeutender und zahlreicher sind dergleichen Terrainerhebungen auf der linken Seite des Weißen Nil im Nubaland, wo zuerst südlich von der Oase Kordofan etwa im 11° N. B. der mächtige Bergstock von Teggele, eigentlich mehr ein Berghaufe von 30 geogr. M. Länge und 20 M. geogr. B., welcher an seinem Fuße von Wald und Grasebenen umgeben ist und mit seinen höchsten Gipfeln, dem Abul bis etwa 3400 F., dem Turbān und Njukur bis zu je 3200 F., über dem Meeresspiegel ansteigt. In seinem Innern ist er eine Vereinigung dreier verschiedenen, sichtlich von SW. nach NO. streifenden Ketten, von denen jede wieder aus einzelnen, durch Ebenen von einander getrennten Bergen besteht. Die bekanntesten und bedeutendsten der letzten sind der Tungur, Kulfān, Abul und Deier, unter denen besonders der Gipfel des langgezogenen Deier in schöne und scharfe Spitzen ausläuft. Gegen Süden spitzt sich der Teggele vorgebirgsartig mit dem etwa 2600 F. hohen Dschebel Tira und dem 2700 F. hohen Dschebel Dahāb, d. h. Goldberg, in die Ebenen aus; gegen Osten fällt er in die weiten, sumpfigen, durch den Weißen Nil durchströmten Ebenen ab; gegen Norden steigt er jäh mit den mauerförmigen Felswänden des Dschebel Deier aus den Ebenen Kordofans auf; nur gegen Westen löst sich der Teggele in eine große Zahl kleiner, gleich Inseln aus der Waldebene erhobenen Berge und Berggruppen auf, zu denen selbst noch der bis 2800 F. hohe, lange Rücken des Tungur in Südsüdwesten zu zählen ist. Entfernter davon erhebt sich im Westen inselförmig der Bergstock des Kega (Dschebel Kega); im Süden in ähnlicher Weise der Kutak, Buram und endlich am weitesten im Süden in der Nähe der Vereinigung des Ghazellenstroms mit dem Weißen Nil der Morre, sämmtlich den höchsten Spitzen des Teggele an Höhe nicht viel nachstehend, doch von viel geringerer Masse. Im äußersten Osten um den Blauen Nil und den Tumat herum begrenzen diesen Zug von Ebenen zahlreiche Ausläufer des abessinischen Berglandes, die im Norden schon an der Vereinigung des Tumat mit dem blauen Nil in Fassokl anheben und ohne Unterbrechung bis zur Handelsstadt Fadäßy im Süden fortsetzen, wo ihnen der Lauf des Yabusstroms und die südlich vom Yabus beginnenden Savanen der Galla Grenzen setzen. Von der Mündung des Tumat in den Blauen Nil beginnt dies letzte Gebirgsland mit einzelnen, aus den Ebenen aufsteigenden Bergen, die nach Süden allmählich zahlreicher werden und gleichzeitig an Umfang zunehmen, bis endlich im Gebiet der Kamamyl zwischen dem Tumat und dem Blauen Nil und noch weiter im Süden, besonders längs dem oberen Tumat im Gebiet der Schongollo, ein vollständig ausgebildetes Gebirgsterrain mit zusammenhängenden, aber durch vollkommen ausgebildete Thäler getrennten Bergzügen auftritt, das sich im Osten an die großen und hohen Bergketten des Hochlandes von Abessinien anschließt und mit ziemlicher Bestimmtheit als ein Ausläufer desselben gelten kann. — Ob endlich die hohen Berge und Bergketten, welche die neueren Untersuchungsexpeditionen des Weißen Nil am oberen Theil desselben im Gebiet der Bary angetroffen haben, zu einem größeren, zusammenhängenden, den Zug der Hochebenen begrenzenden Gebirgslande gehören oder nur isolirte Terrainerhebungen in der Art des Teggele und der übrigen Bergmassen des Nubalandes sind, läßt sich mit Bestimmtheit noch nicht angeben. Doch ist das erste Verhältniß nach den Angaben der Eingeborenen, welche hinter jenen ein abermaliges Auftreten ungeheurer Ebenen versichern, und nach Erfahrungen, welche man in neuerer Zeit von der Südseite des Aequator her nach diesen Gegenden hin gemacht hat, das bei weitem wahrscheinlichere. Unter dem 4° 40′ N. B. beginnt nun dies Gebirgsland mit dem im Gebiet der Bary gelegenen, etwa 2000 F. hohen, mächtigen, kegelförmigen und isolirt aus den Ebenen seiner Umgebungen, hart am linken Rande des Weißen Nil aufsteigenden Nerkonji- oder Niertanyiberge; bald darauf, um den 4° 30′ N. B., werden die Berge häufiger. Der 2—3000 F. hohe Konnobih erscheint hier mit dem niedrigeren Korrék auf dem linken Ufer des Stroms, dahinter in weiter Entfernung erhebt sich die Kugelükette, ein langer, welliger Gebirgszug. Auf der rechten Seite des Stroms steigt ebenso nach mehreren anderen niedrigen Bergen das in mehreren Spitzen bis 1000 Fuß über dem Wasserspiegel hohe Belenjá- oder Belegnangebirge, südöstlich davon der Logojá oder Lagwaya, ein in SO.-Richtung streifendes Kettengebirge auf. Hier setzt zugleich eine Felsenbarre, starke Stromschnellen bildend, quer durch den Fluß, so daß die Schifffahrt mit größeren Fahrzeugen weiter aufwärts in der trockenen Jahreszeit fast unmöglich wird. Erst neuerlichst im Januar des Jahres 1850 wurde dies Hinderniß bei höherem Wasserstande überwunden und der Strom noch eine Strecke oberhalb der Stromschnellen fahrbar befunden. — Südlich von Dār Für, 23½ Tagereisen von dessen Hauptstadt Köbeyh und von Dār Für getrennt durch eine breite, tiefe, sumpf- und wasserreiche, unter dem Namen Gula oder Kulla, d. h. Sumpfland, (zuweilen wohl Dār Kulla, d. h. Land Kulla, genannt), bekannte Region erhebt sich noch ein erzreiches, den Collectivnamen Fertit bei den Eingeborenen arabischen Ursprungs führendes großes Bergland, welches verschiedene kleinere Landschaften, wie Banda, Ilanga und Ola, nebst anderen umfaßt. Gleicher Weise steigt südlich von Bornú unter dem 10° N. B. das aus hohen, schroffen, felsigen Gebirgsmassen gebildete, an pittoresken Scenerien reiche und durch zahlreiche und starke Quellen des reinsten Gebirgswassers wohlbewässerte Bergland von Mandāra auf, dessen höchste, etwa 2500 F. über dem Meeresspiegel hohe Gipfel bedeutend noch durch andere südlichere, einige 1000 F. höhere, kühn und nadelförmig auftretende überragt werden, von welchen einer der südlichsten, bisher bekannten den Namen Mendefy führt, sowie auch das benachbarte Gebiet des Volks der Po ein Bergland ist. Die neuesten, erst im verflossenen Jahr in diesen Gegenden gemachten Forschungen ergeben aber, daß mit diesen Bergmassen ausgedehnte Ebenen auftreten, welche unter andern die große Landschaft Adamawa erfüllen, so daß jene Berge, wie die im Osten, wahrscheinlich nur isolirte Massen sind, obgleich in Adamawa einige derselben, unter denen der Alantiga zu 9—10000 F. geschätzt wurde, zu sehr bedeutenden Höhen gelangen. In die Region des ewigen Schnees reicht der Alantiga jedoch nicht; indessen gibt es nach der Versicherung der Eingeborenen in diesen Gegenden (etwa unter dem 5° N. Br.) wirklich Berge, die ganz weiß sind, ungewiß, ob von Schnee. Mit den Mandārabergen verbindet sich endlich, wahrscheinlich unmittelbar, ein dem Marrah Dār Fūrs benachbarter Gebirgzug, welcher durch den Ilnfluß davon getrennt ist, das an den Grenzen Uadāys und Bornūs gelegene Land Runga erfüllt und eine bestimmte Wasserscheide zwischen dem Becken des Tschadsees und dem unermeßlichen Wassersystem des Bahr el Abiad bildet.

Geognostische Beschaffenheit. Die ausgedehnten Ebenen des Nigerlandes haben auch in ihrem materiellen Wesen eine höchst einförmige, den Ebenen der Saharā und Senegambiens nicht unähnliche Beschaffenheit. Nur darin unterscheiden sie sich von ihnen vollständig, daß sie mit Ausnahme der nördlichsten, an die Saharā anstoßenden Striche fast völlig frei von Kochsalz und anderen Natronsalzen sein mögen. Ihre Oberfläche bilden entweder feste Felsgesteine, vorherrschend Sandsteine im Westen, krystallinische Gesteine im Osten oder lose Massen. Letzte bestehen im weiten Thal des Weißen Nil aus unermeßlichen Absätzen von Schlamm, welche die jährlichen Ueberschwemmungen des Stroms auf dessen flachen Ränder abgelagert haben, dann zwischen Kordofān und dem Nubaland aus älteren Alluvialgebilden, nämlich aus einer mit Trümmern noch lebender Land- und Süßwasserconchylien erfüllten zähen, lehmigen Dammerde. Vorherrschend sind aber in den losen Massen dieser Gegenden Thone und Sande, deren innige Verknüpfung mit Sandsteinablagerungen dafür spricht, daß alle 3 Gebilde einer und derselben Bildungsepoche angehören, und daß die ersten beiden nur dem Zerfallen des letzten an der Oberfläche ihren Ursprung verdanken. Große Strecken der Ebenen sind roth, häufig sogar dunkelroth durch reichliche Beimengungen von Eisenoxydhydrat. Knollen von Eisenstein werden deshalb häufig in allen Theilen der Ebenen vorgefunden, und es hat dieser Eisenreichthum sogar bei Addafudiah zur technischen Benutzung des Eisens und in älteren Zeiten, wie in den Ebenen von Kordofān, vielleicht selbst zur Bildung von Raseneisensteinen Veranlassung gegeben, da die harten, felsartigen, zu Magaria bei Saccatú austretenden Eisensteine ganz das Ansehen haben, als wären sie geschmolzen gewesen, und da sie hier auf Thon in einer 3—4 Fuß dicken Lage aufruhen. Durch die Anhäufung des Eisenoxyd erklärt sich die rothe Farbe vieler kleineren fließenden Gewässer der Ebenen, ja die auffallende ähnliche selbst des Niger unterhalb Bussá. Rothe Thone der angegebenen Art herrschen besonders im südwestlichsten Theil des Fellatahreichs zwischen Timbuctú und dem Kong bei Abdafudia, dann zwischen dem letzten Ort und Barraconda; ferner in den zu Haússa gehörenden Landschaften Guber, Zegzeg und Zanfára, namentlich bei den Orten Kamún, Saccatú, Guari, Curridschie und Zarmie, sowie im Reich Bornú bei Kānō und in den kleinen Staaten an der Westseite des Niger in Kiama, Borghou, Bussá, und östlich vom Niger in Yourri und Nouffie, endlich in den Landstrichen zwischen Dār Für und Fertit. Andere schwarze graphitführende Thone lagern dagegen am Fuße des Kaderoberges, eines Theils des Teggele. Der rothe Thon hat hier die Natur des indischen Laterit; bei Kānō ist er ungemein zähe, an andern Punkten durch reichlichen Sand- und selbst Kiesbeimengungen dagegen mürbe. Seine zähe Beschaffenheit hat in Verbindung mit der Ebenheit der Oberfläche zur Folge, daß viele Gegenden jedes Jahr längere Zeit mit Wasser bedeckt sind, und daß nach Verdunstung und dem Abzug dieser Gewässer das Land doch nicht völlig austrocknet, sondern daß zahlreiche Sümpfe und stehende Gewässer darin zurückbleiben. Bedeckungen der Oberfläche durch rothen Thon sind dagegen im Osten des Nigerlandes seltener, muthmaßlich, weil hier die Sandsteine mehr fehlen, aber schwerlich fehlen sie ganz, weil die Bevölkerung des Reichs Bary am oberen Weißen Nil gewohnt ist, gleich den Amakosakaffern, den Körper mit rothem Thon zu färben. Ganz abweichend von diesen losen Gebilden sind wiederum die am Fuße des Teggele, in den Thälern von Kamamyl und des Schongollogebirgslandes, sowie längs dem Tumat in sehr ausgedehnter Verbreitung vorkommenden goldführenden Schuttablagerungen, die nach der Natur ihrer Masse aus der Zerstörung der Gesteine hervorgegangen sind, welche an der Zusammensetzung der Berge dieser Gegenden wesentlich Theil nehmen. Felsmassen kommen auch in den Ebenen streckenweise sehr verbreitet vor, wie denn ein Theil von Dār Für an seiner Oberfläche aus nacktem Felsgestein besteht. Herrschend sind darunter nächst dem in Kiama, Haússa und Bornú sehr verbreiteten und bei Bullabeka in Yourri Thoneisenstein-Knollen und Adern führenden Sandstein Granite, Diorite und krystallinische Schiefer, welche sämmtlich auch häufiger im Osten auftreten. Granit bildet z. B. vorzugsweise den nackten Felsboden Dār Fürs und das Liegende der losen Diluvialgebilde am Fuße des Teggele zugleich mit Gneis, Chlorit- und Hornblendeschiefer, aus deren Zerstörung sich eben die goldreichen Schuttablagerungen, am meisten an der Südseite des Teggele, gebildet haben. Aehnliche Gesteine scheinen am oberen Weißen Nil aufzutreten, indem wenigstens die Felsen, welche in Bary den Strom quer durchsetzen und der Schifffahrt so hinderlich sind, aus Gneis und Glimmerschiefer bestehen, und die magneteisenreichen Alluvionen am Bahr el Abiad unterhalb dieser Stelle erweisen, daß höher hinauf anstehende zerstörte Diorite und Syenite zu ihrer Entstehung Veranlassung gegeben haben müssen. Auch in den Ebenen am Tumat bilden krystallinische Gesteine, vorzüglich Chloritschiefer, nebst Dioriten und rosenrothen Graniten die Basis der goldführenden Ablagerungen. Entsprechend endlich den Felsgesteinen in den Ebenen ist die Natur der meisten aus den Ebenen aufsteigenden Berge und Gebirgsketten. Krystallinische, körnige Gesteine, Granite und Diorite, dann krystallinische Schiefer, vorzugsweise wiederum Gneis, Glimmer- und Chloritschiefer, zum Theil auch Hornblendeschiefer, setzen zugleich mit Sandstein, wie es scheint, ausschließlich die Gebirge des Nigerlandes zusammen. Namentlich werden durch Granit die Bergmassen Dār Fürs und des Mandaralandes, theilweise die Plateaus von Aghádez und Süd-Ahïr, dann die Bergzüge in Haússa zwischen Ouarra und Zurmie, endlich auch an vielen Punkten die Basis der Bergzüge längs dem Niger gebildet, sowie noch im Kong Granite ausgedehnt als Liegendes des Sandsteins erscheinen. So besteht endlich der größte Theil der Teggeleberggruppe und des Schongolloberglandes aus Granit. In den letzten beiden Gebieten zeichnet sich dies Gestein durch sehr grobkörniges Gefüge und vorwaltend rothen Feldspath, im Teggele zugleich durch großen Farbenwechsel seiner Bestandtheile und Uebergänge in Porphyr und Syenit, sowie in Gneis und Glimmerschiefer aus. Es erscheint hier oft durch mächtige Diorit- und Quarzgänge durchsetzt, welche muthmaßlich durch ihre Zerstörung den größten Theil des Goldgehalts in die Schuttmassen des östlichen Nigerlandes geliefert haben. In geringerem Maße tritt dagegen der Sandstein in größeren Bergpartien auf. Am Nordrande des Nigerlandes ist ein Theil des Plateaus der Stadt Aghâdez daraus gebildet, aber viel bedeutender ist das Austreten von Sandstein in dem Zuge tafelförmiger Berge, welche den Lauf des Niger auf dessen Westseite bis wenigstens zum Einflusse des Tschaddastroms und bis Bussá begleiten, wo grauer Thonschiefer einen Theil eines Liegenden bildet, indem wenigstens ein aus solchem Gestein bestehendes Riff bei dem letztgenannten Ort im Niger aufsetzt. Gesteinmassen entschieden vulcanischen Charakters sind jedoch mit Bestimmtheit nur an einer einzigen Stelle, an dem isolirten Defafaunghberge, gefunden worden, wo sie als olivin- und augitführende Basalte, ferner als rothbraune poröse Laven und dunkelgraue Tuffe, letzte im Gemenge kleiner porösen Lavabrocken mit Asche, auftreten; doch hat nach den neuesten Nachrichten der hohe Alantiga in Adamawa den Charakter eines Vulcans, sowie zufolge der Berichte der Eingeborenen der Koldadschi im Teggele eine Art Solfatara zu sein scheint. Nicht minder auffallend als der fast völlige Mangel aller natronhaltigen Salze im Gebiet des Nigerlandes vergleichungsweise zu dem überaus häufigen Vorkommen derselben in fast allen übrigen Theilen des Continents ist auch das Fehlen von Kalkstein, dessen Existenz sogar bisher noch durch keine einzige sichere Beobachtung erwiesen worden ist.

Gewässer. Da das Nigerland bereits im Gebiet der tropischen Regen liegt, so fehlt es nicht an zahlreichen fließenden und stehenden Gewässern, von denen einige, wie der Nil und Niger, dann der Tschâdsee, zu den größten ihrer Art auf Erden gehören. Besonders sind die Gebirgslandschaften reich daran, und vor Allem an Quellen, von denen einige mineralisch sind, wie die Schwefelquellen am Marrah, die Thermen von Roleke ebenfalls in Dâr Fûr, endlich die erst in neuester Zeit erkundeten Adamâwas. Im Kamamyl und Schongollolande erscheinen z. B. zahllose Regenbäche und perennirende Bergströme, die nach allen Richtungen ihren Lauf nehmen und sich mit dem Tumat und Blauen Nil vereinigen. Ebenso gibt der Marrah Dâr Fûrs einer Fülle fließender Gewässer ihren Ursprung. Um so ärmer aber sind daran die ebenen Landstriche zwischen Kordofân und Dâr Fûr, wie zwischen Dâr Fûr und Uaday, die besonders im Sommer durch ihre völlige Wasserlosigkeit ganz den Charakter der wüstesten Strecken der Sahara an sich tragen, indem alle fließenden Gewässer, oft selbst nach ganz kurzem Lauf, darin absorbirt werden. Dieß ist besonders mit denen der Fall, welche vom Marrah ausgehen und von denen nur höchst wenige bis zu einem größeren Strom gelangen mögen. Selbst größere unter den hiesigen fließenden Gewässern, namentlich der Tumat, haben nur einen periodischen Lauf; dergleichen führen bei der arabischen Bevölkerung den Namen der Chor. Aber die beiden wichtigsten und bedeutendsten Ströme des Nigerlandes sind der Nil und Niger, deren Wassersysteme jedoch ungeachtet der zahlreichen neueren Forschungen im Innern des Continents noch immer nicht genügend genug bekannt sind, um über ihre Ausdehnung und Grenzen vollständig im Klaren zu sein, da die Untersuchungen hierüber zu den mühsamsten und gefährlichsten Aufgaben erdkundlicher Thätigkeit überhaupt gehören. Der Niger (S. 7 und 188) gehört mit dem größten Theil seines Laufs hierher. Nach seiner Vereinigung noch innerhalb der Bergländer Senegambiens und Guineas aus den zahlreichen Strömen, welche ihm von allen Seiten ihre Wasser zuführen und von denen der am Lomaberge im Kissiländchen entspringende Temba bisher gewöhnlich als der wahre Quellstrom galt, tritt der Niger an den Grenzen Bambarras und Mandingos aus den Gebirgsregionen in die Ebenen des Nigerlandes, indem seine Schiffbarkeit bei Marrabu oder eigentlich schon bei der 2 Tagereisen aufwärts gelegenen Bambarrastadt Bammaku 12° 47′ N. B. 30° 15′ O. L., jedoch nur für kleine Fahrzeuge, beginnt, indem zwischen beiden Orten eine NW.—SO. streichende Bergkette hart an den Strom selbst tritt und 3 große, für die Schiffenden gefährliche Wirbel mit gewaltigem Rauschen bildet. Bei Bammaku vermag auch der Strom, obgleich er eine Breite gleich dem Senegal und Gambia hat, seine Ufer noch nicht zu überschwemmen. Mehrere Inseln mitten in den Stromschnellen unterhalb des eben genannten Orts vergrößern seine Breite auf das Doppelte, die etwas weniger als eine halbe deutsche M. beträgt. Doch erst bei Dschabbi (Jabbi) verlassen die letzten Ausläufer der westlichen Bergländer den Niger, der bis dahin, ungeachtet seines breiten Spiegels, einen ungemein reißenden Lauf gehabt hatte, bei Dschabbi aber, wo er die Breite der Themse bei Westminster besitzt, in einen sehr sanften, ostnordöstlich gerichteten Lauf übergeht und zugleich zu einer, durch unzählige Fahrzeuge belebten Handelsstraße und überhaupt zu der größten Wasserstraße des Continents wird. Unterhalb Sansäding sind die Umgebungen des Niger ungemein mannigfach und reizend, im Allgemeinen aber so flach, daß man sie von ihm aus auf beiden Seiten mehrere englische Meilen weit ungehindert übersehen kann, und daß dessen Fluthen sich in der Regenzeit weit und breit über die Ränder zu ergießen vermögen. Nach den Ueberschwemmungen verwandelt sich dadurch das benachbarte Land in fast unpassirbare und ungesunde Sümpfe, in deren Buschwerk zahllose Elephanten und Raubthiere aller Art, besonders große Löwen, hausen. In derselben Strecke zertheilt sich der Strom in mehrere Arme, welche durch grüne, niedrige, weidenreiche Inseln, den Zufluchtsort friedlicher und fleißiger Fulah und ihrer Heerden, von einander getrennt werden. Zugleich nimmt derselbe hier auf seiner Südseite eine große Menge größerer und kleinerer, dem Namen nach völlig unbekannter Flüsse auf, während dies am Nordrande nur mit einem einzigen und dazu kleineren, jedoch tiefen und reißenden, dem Frina, zwischen Marrabu und Yamina der Fall ist. Von Sansäding ändert der Niger seine Richtung in eine nordöstliche bis in die Nähe Dschinnies (Jinnie) um, wo er das Gebiet Mandingo redender Stämme gänzlich verläßt und zugleich seinen in Mandingo und noch in Bambarra allgemein üblichen Namen Dscholiba (Joliba), d. h. angeblich Großer Strom (von den Mandingowörtern Dschi (Gee) Wasser und Ba groß), verliert und in das Land der Kissur eintritt, worin er den aus ihrer Sprache entlehnten, besonders aber in Timbuctú üblichen Namen Issa, d. h. Wasser, führt. Dschinnie selbst liegt in einer vollkommenen, in der Regenzeit fast völlig unter Wasser stehenden und nach derselben mit Sümpfen bedeckten Ebene auf einer durch eine Abzweigung des Stroms gebildeten Insel. Von hier aber theilt sich der letzte in 2 große, eine ansehnliche Insel umschließende Arme, welche sich bei Isaaca vereinigen. Diesem Ort gegenüber mündet in den östlichen Arm ein bedeutender und nach dem Niger selbst wohl der bedeutendste Strom dieser Gegenden, der Ba Nimma, welcher im südwestlichsten Theil des Nigerlandes aus 2 Quellströmen entsteht, aus dem in den östlicheren Strichen des Berglandes von Guinea entspringenden Ualäda und dem aus Süden vom Kong herabkommenden tiefen und schiffbaren Bagu (Bagoo) oder Weißen Fluß, und der in seinem weiteren nordnordöstlichen Lauf durch ausgedehnte, ebene und sumpfreiche Landstriche, außer zahlreichen kleineren Gewässern, noch einen im Kong entspringenden größeren Fluß, den Kowara Ba, aufnimmt. Unterhalb Dschinnie bis Cabra, dem Hafenort Timbuctús, geht der Niger endlich ganz nach Norden, wobei er 2 Tagereisen von Dschinnie sich zu dem sehr bedeutenden, aber nur 12—15 F. tiefen Süßwassersee, dem Thiëbu (Dibbie) oder sogenannten Schwarzen See erweitert und dann mit zahlreichen Armen aus demselben hervortritt. 2 dieser, in der Nähe Cabräs sich vereinigenden Arme bilden die bedeutende, jedoch flache, sumpfige Insel Dschinbala (Jinbala). In dieser Strecke soll noch dem Strom ein großer, von Norden, aus den Bergen bei Ualäta in der Sahara (S. 257) kommender Fluß, der Gozen Zair, zugehen. Ganz in der Nähe Timbuctús geschieht angeblich Gleiches mit nicht weniger als 36 größern Flüssen, welche in ihn sämmtlich von Norden her münden. Von Timbuctú bis Butu, einem Hafen von Kaschná und Haússa, ist der Strom fortwährend schiffbar. Aber bei so ansehnlichen Vermehrungen des

Niger und der ganzen bisherigen, selbst die europäischen Reisenden in Erstaunen setzenden Breite und Tiefe desselben, wodurch er in diesen Gegenden während der trockensten Zeit des Jahrs, dem April, sogar den Senegal und Gambia in der Nähe ihrer Mündungen übertrifft, muß die bisher noch nicht genügend aufgeklärte Angabe der Eingeborenen, daß der Strom in seinem weitern, 20 Tagefahrten langen und gegen SO. gewandten, oft durch Kataraken bildende Felsriffe durchsetzten Lauf bis Yourri einen Theil des Jahres hindurch nicht Wasser genug habe, Fahrzeugen, die von Timbuctu abwärts gehen, die Bergfahrt möglich zu machen, weshalb die Schiffer gewöhnlich ihre Fahrzeuge zu Yourri verkaufen und zu Fuß heimkehren, sehr auffallen, obgleich durch diese Angabe allerdings die seit alter Zeit fortwährend von den Eingeborenen aufgestellte bestimmte Behauptung, daß eine Abzweigung des Niger von Timbuctu aus ihren Lauf nach Osten nimmt, in hohem Grade wahrscheinlich wird. Doch hat kein einziger der neueren europäischen Reisenden, welche bis in die östlich, zunächst Timbuctú gelegenen Landschaften Haússa und Bornú vorgedrungen sind, von einem, Haússa in östlicher Richtung durchziehenden großen Strome das Mindeste in Erfahrung bringen können. Von unterhalb Timbuctú, wo das Kissurvolk aufhört, führt der Niger im größten Theil seines übrigen Laufs den Namen Kouára oder Quorra, muthmaßlich denselben und nur durch eine härtere Aussprache gebildeten mit dem anderwärts vorkommenden Namen Kulla oder Gula, da es bei den Bergbewohnern Nord-Afrikas, namentlich aus dem Mandingostamm öfters vorkommt, daß ihre Sprache härter, als die der Flachlandbewohner von gleicher Nationalität ist, und da dieselben namentlich von Labialen L häufig in R umwandeln. Bei der ursprünglichen Bevölkerung Haússas führt der Niger den an Dscholiba auffallend erinnernden Namen Goulbi, welcher in der vom Mandingo sonst völlig verschiedenen, selbstständigen Sprache dieses Landes gleichfalls so viel als große Wasseransammlung bedeutet und ziemlich häufig zur Bezeichnung großer Gewässer dient. Erst von Yourri kennt man den Lauf des Stroms mit Bestimmtheit, indem derselbe von da an bis zu seiner Mündung von Europäern befahren und erforscht worden ist. Von Yourri bis Rabbah ist er ganz gerade, völlig südlich und zunächst bis zu dem etwa 18 M. davon entfernten Ort Bussá auf beiden Seiten durch hohe Berge begleitet, von welchen Felsreihen auslaufen, die den Strom quer durchsetzen, seine Befahrung bei der geringen Wassertiefe während der trockenen Jahreszeit sehr erschweren und selbst nur bei der Kenntniß bestimmter Canäle im Strom möglich machen. In einer dieser Stromschnellen bei Bussá verlor Mungo Park auf seiner 2. Reise sein Leben. Doch hat der Niger oberhalb Bussá, sogar in den trockensten Monaten, streckenweise noch eine sehr ansehnliche Breite bis von fast $1^1/_2$ Meilen, die sich freilich an anderen Punkten bis auf weniger als eine Achtel-Meile verringert. Bei Rabbah verläßt er das Gebirgsland, indem er in ein sehr weites und schönes Becken tritt, das er mit ostsüdöstlichem Lauf bis Kakunda durchzieht, wo er endlich in den Kong eintritt, und ihn in einem tiefen und engen, spaltartigen Thal quer bis Iddáh durchsetzt. Von Rabbah bis Iddáh ist der breite, seegleiche Lauf voll schöner und großer Inseln, und er dient zugleich durch seine Breite und Tiefe, gleich dem oberen Theil des Stroms zwischen Marrabu und Timbuctú, als ein vortreffliches, sicheres und durch unzählige größere und kleinere Fahrzeuge und einen ungemein blühenden Handel belebtes Fahrwasser. Auch in diesem Theil seines Laufs von Timbuctú abwärts nimmt der Niger zahlreiche Zuflüsse auf, von denen die bekanntesten sind: Auf der Ostseite der vom Niger bei Bussá aufgenommene Menai, der unterhalb Rabbah mit ihm sich vereinigende Cudonia und endlich der bedeutendste aller Zuflüsse des mittleren Niger, der mit seinem untersten Theil und seiner Mündung schon innerhalb des Kong liegende Tschadda; dann auf der Westseite der unterhalb Bussá mündende Oly oder Jaly, endlich der Yarriba im Norden begrenzende Mussa. Aber ein noch weit größeres Wassersystem, als der Niger, scheint hier der Nil mit seinen beiden Hauptquellströmen, dem Blauen und Weißen Nil, zu haben, von denen jener noch eine Strecke weit hierher gehört und darin einen ansehnlichen, aber fast völlig unbekannten Zustrom, den Yabus, von

Osten her aufnimmt, während die wesentlicheren Quellenströme des Weißen Nil in sehr verschiedene Gegenden versetzt werden, aber so unbekannt sind, daß noch heute das im Alterthum zur Bezeichnung einer sehr schwierigen und voraussichtlich erfolglosen Arbeit übliche Sprüchwort: „Nili caput quaerere" seine Anwendung finden könnte (S. 6). Vorzugsweise ist es der Weiße Nil, auf dessen Erforschung in neuerer Zeit die ganze Aufmerksamkeit gerichtet wurde, da er nach allen Erfahrungen durch Länge, Breite, Tiefe und Wassermenge, besonders in der Regenzeit, so sehr den Blauen Nil überragt, daß die gelingende Auffindung seiner Quellen in diesen Gegenden als die wahre Lösung des Problems der Nigerquellen, überhaupt eines der interessantesten der Erdkunde, welches seit Jahrtausenden einer Erledigung harrt, und endlich dieselbe in nicht zu langer Zeit finden dürfte, gelten kann. Bis jetzt ist der Lauf des Weißen Nil oder Bahr el Abiad von der Südgrenze der ägyptisch-türkischen Herrschaft bei Eleïs (S. 93) nur erst 10 Breitegrade aufwärts bis etwa zum 4° mit Sicherheit bekannt. In diesem ganzen Strich ist auffallender Weise seine Breite und Wassermenge sogar bedeutender, als die des vereinigten Nil unterhalb Chartum, indem bis zum 9° die durchschnittliche Tiefe $2^1/_2$—3 Klafter, stellenweise, wie bald oberhalb des Defafaungh, 4 Klafter, im 10° 50′ sogar $5^1/_2$ und am Einfluß des Sobàtstroms 9° 12′ immer noch 3 Klafter und die durchweg sehr ansehnliche, seegleiche Breite in der letzten Gegend sogar 2 Meilen bei einer durchschnittlichen Geschwindigkeit des Laufs von Eleïs bis zum 10° von einer halben, weiter aufwärts bis zum Sobàt aber von einer Meile Geschwindigkeit in der Stunde, welche zuweilen bis auf 4 M. zunimmt, beträgt. Von Eleïs bis 11° 45′ erfüllen zahllose, mit prachtvollen Waldbäumen bedeckte größere und kleinere Inseln, weiter aufwärts zahlreiche sumpfige Gras- und Schilfinseln den Strom, welcher sich dadurch fast fortwährend in Arme spaltet, die sich bald wieder vereinigen. Bis zum Defafaungh folgt er auch ziemlich genau einer graden nordsüdlichen, weiter bis zum Sobàt einer südsüdwestlichen, endlich bis zum Ghazellensee (Birket el Ghazâl), einer großen, Süßwasserseen ähnlichen Ausbreitung, eine Strecke weit einer fast völlig westlichen Richtung. In der ganzen Länge des Weißen Nil bis zu dem genannten See sind seine Ränder außerordentlich flach, zu beiden Seiten auf weite Strecken mit dem Wasserspiegel fast gleich hoch und meist von den durch den Fluß selbst abgelagerten, aus Sand und blaugrauem Thon bestehenden Alluvionen gebildet. Die höchsten Uferränder von 10—12 Fuß Erhebung über dem Wasserspiegel finden sich kurz vor der Mündung des Sobàt. Nirgends sieht man hier Felsgebilde, mit Ausnahme von aus Conchylienbänken bestehenden Felsriffen bald oberhalb Eleïs, die zu Stromschnellen Veranlassung geben. Aus diesen unermeßlichen und der Flachheit wegen den größten Theil des Jahres hindurch mit Sümpfen und stehenden Wassern erfüllten Rändern des Stroms erheben sich nur einzelne, durch weite Distanzen getrennte Felsberge, wie der Njemati (der sogenannte Dinkaberg) und der Defafaungh. In den dauernd nasseren Theilen der Flußränder, sowie ihnen zunächst im Fluß selbst entwickelt sich eine fast undurchdringliche, waldartige Vegetation von bis 18 F. hohen Riesenbinsen (Papyrus antiquorum), 12—15 F. hohem Schilf mit fingerdicken Stängeln und vielen anderen, niedrigeren Schilfarten in einer breiten Zone längs beider Stromseiten, so wie auch die flachen, sumpfigen Flußinseln damit erfüllt sind. Landeinwärts begrenzen schattige Bäume die Zone. Auf den höheren und trockneren Uferrändern reichen unabsehbare Grasfelder tief in das Land, oder es erscheinen üppige Tamarinden- (zwischen dem 12—10°) und Mimosenwaldungen. Von der ungemeinen, durch das Klima und die große Feuchtigkeit das ganze Jahr hindurch geförderten Intensität des Pflanzenwuchses gibt die Vegetation selbst mitten im Strom Zeugniß, indem diese ihn in großen Strecken so erfüllt, daß seine Oberfläche das Ansehen eines Grasmeers erhält. Besonders erfüllen denselben Wasserquecken und Lotos mit weißen, prächtigen, sternartigen Blüthen auf 6 F. hohen Stengeln bis zum 10°; stellenweis bildet der Lotos sogar ganze Wälder. Deshalb treiben auch große, schwimmende Grasinseln den Strom hinab. Von dem völlig mit Schilf erfüllten, 15—20 quadratische Seemeilen großen

Ghazellensee nimmt der Weiße Nil wieder eine südsüdöstliche Richtung an, in welcher er bei einer mit der früheren gleichförmigen Beschaffenheit seiner Ränder fast bis zu dem Punkt verharrt, wo die Beobachtungen der Europäer ihr Ziel fanden. In diesem Theil seines Laufs speciell von da an, wo die Dinkasprache beginnt und deren verwandte Dialekte herrschen, führt der Niger den Namen Kir, d. h. allgemein Wasser bei den Dinka, auch Kedi oder Kirboli, in Bari dagegen den Namen Tubirih, Weißer Strom. Aber über die weitere südliche Erstreckung des Stroms ist nicht das Mindeste bekannt, da selbst die Bevölkerung Baris wenige Kenntniß davon zu haben scheint. Doch zeigt deren Angabe, daß man 30 Tage nöthig habe, den Fluß so seicht zu finden, um ihn mit Leichtigkeit zu durchwaten, daß seine Quellen schon unter dem Aequator oder gar noch südlich von diesem liegen. Vergleicht man damit die Erfahrung, daß der Weiße Nil in Nubien nach längerem langsamen Steigen zu Anfang Juli plötzlich zu einer ungeheuren Höhe anschwillt, die zureicht, in Cairo im Anfang August noch ein rasches Anschwellen des Stroms um 4—5 Fuß zuwege zu bringen, was sich schwerlich anders, als durch plötzliche Ergießungen großer, gefüllter Wasserbecken tief im Süden, wo die Regenzeit im December und Januar auf der Ostseite des Continents beginnt, erklären läßt, so ist die Angabe der Bevölkerung Zanzibars, daß der Nil aus einem See des Inlandes, 15 Tagereisen von ihrer Insel, entspringe, nicht unglaubwürdig. Von Eleïs und dem 4° 30′ N. Br. geben dem Strom noch 2 größere Flüsse zu, in 9° 12′ N. B. 48° 14′ O. L., von Osten her der Sobàt, welcher bei der Bevölkerung arabischer Nationalität den Namen des Abessinischen Stroms (Bahr el Makada) und bei den Nuèr und Schilluk resp. den Namen Tilfi und Tak führt, wogegen er bei Dinka wiederum Wasser (Kiti) oder auch Tàh heißt. An seiner Mündung übertrifft dieser Fluß, der ein röthliches Wasser hat und durch die unermeßlichen Savanen der Gallastämme südlich vom 9° N. B. seinen Lauf in nordwest-südöstlicher Richtung nimmt und endlich oberhalb höchst wahrscheinlich identisch mit dem großen süd-abessinischen Omo oder Godscheb (S. 101) ist, selbst den Weißen Nil an Bedeutung, indem er dort doppelte Tiefe (6 Klafter) bei 4facher Geschwindigkeit und 130 Meter Breite hat, so wie er auch bei hohem Wasser sehr viel höher anschwillt, so daß man deshalb veranlaßt worden ist, die Nilquellen selbst nach Süd-Abessinien zu verlegen. Im Westen ist als der größte Zufluß des Weißen Nil der in den südwestlichsten Theil des Ghazellensees mündende Ghazellenfluß (Bahr el Ghasál, eine in diesen Gegenden sehr gewöhnliche Benennung von Flüssen mit klarem Wasser), bekannt, welcher bei seinem Eintritte in denselben, wie dieser selbst, mit Schilf und Gräsern bedeckt, sonst aber unbekannt ist. Doch hat man Grund zur Annahme, daß er mit einem andern großen, als in den Weißen Nil fallend erkundeten Strom, dem Ilès (der auch den Namen Ké-ilah, Ké-ilak, d. h. Fluß Ilah, Ilès vom Dinkawort für Wasser führen soll) identisch ist, indem der Ilès bei seinem weiteren oberen Lauf im Süden Dâr Furs durch den tieferen Theil der Fertitlandschaft Banda ebenfalls Ghazellenfluß genannt wird und sein Zug fast genau in derselben geogr. Breite mit der Mündung jenes ersten Ghazellenflusses liegt. Der Ilès selbst entsteht aus der Vereinigung dreier von Marrah herabkommenden Gewässer, von denen der größte, der Büré, im Norden des Marrah entspringt, den ganzen Westrand desselben umzieht, dann den von Südwesten kommenden Zôm aufnimmt und dessen Namen annimmt, endlich sich mit dem im südlichen Marrah gebildeten Kolol oder Golol vereinigt und darauf in einer offenen Gebirgsspalte den Murni (Dschebel Mourni) durchbricht. Jenseits berührt der Strom schon unter dem Namen Ilès die Berglandschaft Runga und empfängt hier noch den Abafluß. Zu den übrigen bekannteren und größeren, selbstständigen Strömen des Nigerlandes gehört endlich der tief im Süden in den Bergzügen Adamawas entstehende, westlich nach Saccatú gehende Quarrama oder Cubbie, dann der im Süden Kánôs in ähnlicher Weise entspringende und in sehr pittoresker Umgebung durch Bornú östlich fließende, zuletzt in den Tschadsee tretende ansehnliche, dennoch im Sommer fast trockene Yeou, endlich der Schary oder Fluß von Baghermi, nach dem Nil und Niger anscheinend der größte Strom des Nigerlandes, zugleich aber auch derjenige, über dessen Quellen und Lauf noch ein großes Dunkel herrscht, dessen Wassersystem jedoch sehr bedeutend zu sein scheint. Muthmaßlich ist aber der sehr große, Adamawa durchfließende Benne, welcher hier noch einen anderen, weniger bedeutenden Fluß, den von Süden kommenden Faro, aufnimmt, der Hauptquellstrom des Schary. Den Schary verstärkt noch ein anderer ansehnlicher Strom von Osten her, der Ero, in welchen der große, in dem westlich vom Längenthal des Züm und Baré gelegenen Runga entspringende und gleichfalls von Osten kommende, südlich aber Uadäy begrenzende Iro oder Fögul, auch Bahr Uläd Rasched oder Fluß der Sülämütaraber nach seinen Bewohnern genannt, mündet. Der Iro nimmt seiner Seits einen anderen ansehnlichen, gleichfalls in Runga entstehenden Fluß, den Um-el-Timän auf. Südlich vom Tschäd scheint sich der Schary in zwei große Aeste zu spalten, wovon der eine diesen Namen beibehält, nach Norden zieht, Bornú von Bagherml trennt und endlich in vielen Zweigen, welche zur Entstehung eines großen Delta Veranlassung geben, in den Tschäd tritt, der andere aber als Tschadda die bisherige Richtung nach Westen fortsetzt und sich als ein sehr bedeutender Strom mit einer das Doppelte von der des unteren Niger betragenden Wassermasse zwischen Bussá und Rabbah, in den letzten ergießt. Durch dies Verhältniß erklären sich wirklich auf das Genügendste die übereinstimmenden Angaben der Eingeborenen über die Möglichkeit einer directen und ununterbrochenen Schifffahrt von der Mündung des Tschadda bis in den Tschädsee. Zu den nur periodischen Flüssen des Nigerlandes gehört, außer dem Tumat, noch ein Strom in dem breiten Bathathal am Nordrande Uadäys, welcher sich in der Regenzeit in den Fittrésee ergießt, in den trockenen Monaten aber in eine Kette sehr fischreicher Seeen verwandelt. — Von den hiesigen Seeen sind, außer einem tief im Süden des Mendefy angeblich vorkommenden, die beiden sehr fischreichen Süßwasserseen, der Tschäd, d. h. Großes Wasser des Bornúvolks, und der Fittré, dann der Andöma die bedeutendsten. Jener, welcher auch den Namen Bahr-ez-Zalám, d. h. Meer der Finsterniß, oder Bahr Karka bei den angrenzenden Arabern führt, liegt zwischen dem 12° 30′—14° 20′ N. Br., sowie zwischen dem 31—33° O. L. mit einer durch unzählige Buchten gebrochenen Peripherie von etwa 40 M., so daß er lange nicht die Größe hat, welche die neueren britischen Reisenden in diesen Gegenden annahmen. Doch ist er sehr veränderlich, indem er zur Regenzeit hoch anschwillt und besonders im Westen und Süden seine flachen und sumpfigen Ränder weit überschwemmt, während er sich umgekehrt mitunter ganz verliert und zu einem wahren Sumpf wird, welches Letzte vor etwa 8 Jahren der Fall gewesen sein soll. Die mittlere Tiefe beträgt nur 10—15 Fuß. Im Tschad liegen etwa 100, durch das wilde, Seeraub treibende Volk der Biddumas bewohnte Inseln, denen dieselben als Schlupfwinkel dienen. Aus ihm tritt kein einziger größerer oder kleinerer Fluß hinaus, wogegen sich in ihn, außer unzähligen periodischen Regenflüssen, während der Sommerzeit 2 größere Flüsse, im Westen der Yeou, im Süden der Schary, münden. Sein Wasser ist zugleich sehr rein und wohlschmeckend. Der Fittré (Bahr Fittré), 4 Tagereisen vom Südostende des Tschäd und 5—6 südlich von der Hauptstadt Uadäys, Uara, steht dem Tschäd an Größe nach und entläßt auch keinen Strom, dagegen tritt in ihn während der Regenzeit, wo seine Peripherie sich verdoppelt, der periodische Strom des großen Batha- oder Ghazellenthals (Wad el Ghasál). Der Andöma ist einer der größten Seeen im Osten des Tschäd, welcher dem Fittré an Größe nichts nachgibt und besonders den noch ganz unbekanten Börfluß, einen Abzug des großen Bougdyflusses, aufnimmt. Bei der Absorbtion der von den Gebirgszügen herabkommenden Gewässer in den flacheren Landstrecken des Nigerlandes ist es endlich natürlich, daß man in den letzten oft in geringer Tiefe Wasser durch Brunnengraben erlangen kann. Dieß ist namentlich in Där Für der Fall, wo unterirdisches Wasser schon in 2—3 Fuß unter der Oberfläche erscheint, womit aber auch die Ungesundheit des Klima von Där Für innig verknüpft ist.

Klima. Die klimatischen Verhältnisse des Nigerlandes sind rein tropische mit sehr bestimmt ausgeprägtem Typus. Im Wesentlichen gibt es also hier nur zwei, jedoch in manchen Gegenden durch 2 Uebergangsepochen vermittelte Jahreszeiten, eine regnige und eine trockene, deren Beginn von dem der entsprechenden Jahreszeiten Aegyptens bereits sehr abweicht. Die regnige stellt sich nämlich im äußersten Osten am Bahr el Ablad und in den Bergländern der Nuba (10—11° N. B.) im April, also etwas später, als in den östlichen von diesen Landstrichen, unter gleicher Breite längs dem Blauen Nil und am Fuße des abessinischen Hochlandes gelegenen Strecken ein. Noch später geschieht dieß weiter im Westen, wo die Regenepoche gewöhnlich sogar bis 3 Monate später, als in Aegypten anhebt, wie es in Dâr Für der Fall ist, dessen Regenepoche im Juni eintritt und bis in den September fortsetzt, wogegen in dem noch mehr im Westen gelegenen Bornû schon in der Mitte des Mai Regengüsse herrschen. Im äußersten Westen in Bambarra beginnt der heftige Regen abermals Mitte Juni, so daß noch unerklärte locale Verhältnisse den auffallend frühen Beginn der Regenepoche Bornûs veranlassen mögen. Während der Dauer der nassen Jahreszeit fällt der Regen ununterbrochen und in der außerordentlichsten Intensität, oft einem Wolkenbruch ähnlich und erfüllt, ganz wie in Guinea, dermaßen die Tiefen der Oberfläche, daß die sonst wasserlosen Thäler sich mit reißenden Strömen erfüllen, die flachen Ufer des Niger weit und breit überschwemmt werden, die größeren Seeen aber, so der Tschâd, um ein sehr Bedeutendes ihr Gebiet erweitern, endlich auch das ebene Land Haûssas, Uadâys und Bornûs auf weite Strecken sich mit Wasser bedeckt und ein seegleiches Ansehen erhält. Letztes ist in Bornû vom Juli an so sehr der Fall, daß die Communication dadurch im höchsten Grade erschwert wird. In der ganzen Zeit ist der Himmel dicht mit Wolken bedeckt und es begleiten die fürchterlichsten Gewitter als höchste Potenzen der Luftelektricität, ebenfalls wie in Guinea, die Regengüsse, welche jedoch meist erst um Mittag sich einstellen, wogegen der Vormittag fast jeden Tag trocken ist. Mit den Gewittern erheben sich in Folge der durch die verschiedene Dichtigkeit und Schwere nach den größeren Temperaturverschiedenheiten in den atmosphärischen Regionen herabgeführten mechanischen Störung des Gleichgewichts die heftigsten Stürme, welche in Bambarra aus Südwesten, in Bornû heiß und heftig aus Süden und im Osten am Weißen Nil zuweilen aus Osten kommen und mit regelmäßigen Winden aus denselben Weltgegenden zu wechseln pflegen. Durch die Regenfälle verändern viele Strecken des Nigerlandes plötzlich ihr äußeres Ansehen völlig. Gegenden, in der übrigen Jahreszeit dürr und pflanzenlos, bekleiden sich in kürzester Zeit mit prachtvoller Vegetation, wie es besonders in den Ebenen der Fall zu sein pflegt. Im October haben die Regen in Bornû bereits viel geringere Heftigkeit, die Temperatur wird milder und Nordostwinde reinigen die Luft; endlich klärt sich der Himmel ganz auf und die trockene Jahreszeit beginnt, die gewöhnlich im November herrscht. In Bambarra begleiten Tornados sogar den Schluß der Regenzeit. Die trockene Jahreszeit zerfällt in vielen Strecken eigentlich in 2 Abschnitte, einen kälteren, entsprechend unserem Winter, vom December bis in den März, und einen unmittelbar darauf folgenden heißen. In der ersten Epoche wehen am Bahr el Ablad und in Bornû frische Winde aus Norden und Nordosten; das Thermometer steigt dann nicht über 23°,3—23°,8 und fällt Morgens auf 14° und noch tiefer, bis zu einem Stande, den man, besonders in Ebenen so nahe am Aequator, nicht erwarten sollte. So erlebte die britische Reiseexpedition vom Jahre 1822 in den weiten, unter dem 14° N. B. gelegenen Ebenen von Haûssa ein Sinken des Thermometers unter den Gefrierpunkt, indem ihr in der Nacht vom 26—27. December 1822 das Wasser auf den Tellern gefror und sogar die Schläuche hart wurden, und die heftige Herabstimmung der Temperatur den Tod eines der Glieder der Expedition zur Folge hatte; ebenso ist es in den an Haûssa unmittelbar grenzenden Ebenen Bornûs zu Kânô so kalt im Winter, daß man den ganzen Tag in den Häusern Feuer unterhalten muß, und daß die Bevölkerung des Orts das ganze Jahr Feuer zur Erwärmung nöthig zu haben glaubt. In Dâr Für soll es zuweilen im Winter schneien, der Schnee aber bald wieder schmelzen. In den folgenden trockenen 3 Monaten erhebt sich dagegen die Temperatur wieder außerordentlich, aber nicht gleichförmig. Besonders in der unserem Sommer entsprechenden 4monatlichen Epoche vom März bis Juni wirken die fast senkrechten Strahlen der Sonne mit großer Intensität. Selten steht dann das Thermometer zu Bornú am Tage unter 37°,7 und es steigt zwischen 2—3 Uhr Nachmittags gewöhnlich auf 40—41°. Selbst die Nächte sind in dieser Zeit ungemein beschwerlich und fast erdrückend, da die Wärme nicht unter 35° hinabzugehen pflegt. Nächst der unmittelbaren Einwirkung der Sonnenstrahlen geben die heißen, ununterbrochen aus der Saharâ kommenden Nordwinde, einen Hauptgrund zu dieser hohen Temperatur. Kuka, eine der bedeutendsten Städte des Reichs Bornu, hat eine mittlere Temperatur von 28°,7. Ebenso hoch wird nach zweijährigen, zu Köbbyeh, der Hauptstadt Dâr Fûrs, angestellten Beobachtungen die mittlere Temperatur dieses Orts, dann die der winterlichen Epoche während der 3 Monate vom December bis Februar, in welcher sich niemals Spuren von den winterlichen Erscheinungen des mittleren Nigerlandes zeigen sollen, zu 20°,6, endlich die 3monatliche heiße Zeit zu 30°,6 berechnet. Abweichend von den meteorologischen Verhältnissen Bornûs fällt aber die heiße Epoche Dâr Fûrs in die 3 Monate Juli, August und September, worunter der Juli, als der heißeste, eine mittlere Temperatur von 31° hat. Der Einfluß der klimatischen Verhältnisse auf die physische Constitution der Menschen ist, besonders in Folge der Monate dauernden Wasserbedeckung großer flacher Landstriche und der dadurch veranlaßten Feuchtigkeit der Atmosphäre, sowie in Folge der aus der Verwesung der überaus üppigen Vegetation in den Sumpfgegenden entstehenden verderblichen Miasmen wenig gesund, indem ihm nicht allein Europäer bald erliegen, sondern auch die einheimischen Bevölkerungen aller tiefer liegenden Landstriche, z. B. am Tschadsee, in Dâr Fûr und Haússa an höchst intensiven Wechselfiebern leiden, wodurch jedes Jahr viele Individuen hinweggerafft werden. Die frischen Winde, welche im December und Januar wehen, stellen erst die Gesundheit und Kräfte der Eingeborenen wieder her. Außerdem leiden dieselben in Dâr Fûr häufig an heftigen Fiebern, die täglich wiederkehren, am Guineawurm, an ähnlichen Hautwürmern, endlich an andern Hautkrankheiten und an der Lepróse. Die Cholera erschien im J. 1838 auch in Uadây und richtete fürchterliche Verheerungen an. Aber die verbreitetsten Krankheiten und ein wahres Unglück für die Bewohner Dâr Fûrs sind die syphilitischen, indem kaum ein Individuum davon frei ist, während dergleichen merkwürdiger Weise in Uadây sehr selten sind und fast kaum vorkommen.

Naturproducte. Ungeachtet der ungeheuren Ausdehnung des Nigerlandes in westöstlicher Richtung scheint dessen Flora in Folge der Gleichförmigkeit der klimatischen Verhältnisse und der Reichlichkeit der Bewässerung in den bekannten Strichen ziemlich einförmig zu sein und ganz den Charakter tropischer Floren zu besitzen. Namentlich in den durch große Feuchtigkeit und den fruchtbaren Alluvialboden am Blauen und Weißen Nil begünstigten Strichen tritt die Vegetation in außerordentlicher Intensität auf. So zeichnen sich die langen Ränder des Weißen Nil und die Landschaft am Kabero durch die prachtvollsten Urwälder aus, in welchen Stämme einzelner Gattungen zuweilen eine riesenmäßige und kaum glaubliche Höhe und Dicke erlangen. Dieß gilt vorzüglich von den für das ganze wasserreiche, tropische Afrika so höchst charakteristischen Adansonien (S. 85), welche hier im Osten im 13° N. B. beginnen und mit kurzen und astlosen, aber bis 80 F. in der Peripherie haltenden Stämmen auftreten und in der Flora dieser Gegenden gleichsam auf derselben Stufe kolossaler Entwickelung, wie der Elephant unter den Gliedern der Thierwelt stehen. Aber auch noch eine Fülle anderer Waldbäume erreicht dieselben Grade wunderbarer Größe der Stämme nach allen Richtungen; von 10—11° an z. B. die Delebpalme (S. 85), einer der schönsten Bäume der östlichen Tropenwaldungen, welche er in Uadây und im Nubalande zuweilen allein bildet und der durch seinen 100—120 Fuß hohen, kerzengeraden und astlosen, im 2. Drittel seiner Höhe in merkwürdiger Weise wulstförmig verdickten Stamm und seine prachtvollen Kronen einen wundervollen Anblick und zugleich in seinen zahlreichen, kopfgroßen, fleischigen, ananasartigen Früchten ein angenehmes Nahrungsmittel gewährt; dann einige Ficusarten des äußersten Osten, wo dieselben beim Vorschreiten gegen Süden immer zahlreicher und größer werden und sich häufig durch den außerordentlichen, mehrere 100 F. betragenden Umfang ihrer dicht belaubten und schönen Kronen, wie durch die merkwürdige, auch von Ficus religiosa in Indien bekannte Eigenthümlichkeit auszeichnen, daß von ihren großen und dicken Aesten Zweige senkrecht hinabgehen, die im Boden wurzeln und zu neuen Stämmen werden. Nicht minder erreichen im äußersten Osten der Wollbaum und einige Mimosenarten, dann Tamarinden in Haússa und Bornú erstaunliche Grade der Entwickelung. Zu den häufigsten, interessantesten oder nützlichsten Waldbäumen des Nigerlandes gehören ferner: Einige baumartige Euphorbien in den Nubaländern, Cassien in mehreren baumartigen Arten, der Heglygbaum (Balanites aegyptiaca), von dem fast jeder Theil in Dâr Fûr und Uadây eine nützliche Verwendung findet, Gourounußbäume (Sterculia acuminata, wie in Aschânti, oder eine verwandte Art von Sterculia) sehr verbreitet in den Bergwaldungen am untern Niger (S. 192) und der Schihbaum, ebendort und in isolirten zahlreichen Knäulen in den ausgedehnten Ebenen zwischen dem Kong und Advafudia, so wie in den Gebirgsländern der heidnischen Negerstämme südlich von Uadây (S. 192), Weihrauch- oder Papierbäume (S. 85), besonders in den Bergländern der Nuba, und der dicotyledonische Soter oder Sotor ebendort vom 11° N. B. an, ein überaus prächtiger Baum mit schönen, dunkelrothen, sehr großen Blüthen und höchst merkwürdigen, an langen, seilartigen, elastischen Stängeln von den Aesten herabhängenden, cylindrischen, 1—2 F. langen und bis 30 Pfd. schweren fleischigen Früchten von bitterem Geschmack, aber in manchen, besonders syphilitischen Krankheiten durch ihre drastisch purgirenden Wirkungen von heilkräftiger Wirkung; die zum Theil vom Wipfel bis zur Erde herabhängenden, seilartigen Stängel sind stark genug, um an ihnen, wie an Strickleitern, den Baum zu erklimmen. Auch von den außerordentlich häufigen Acacien und Mimosen, welche sogar ganze Wälder ausschließlich bilden in Haússa, in den Ebenen des Nubalandes, in Uadây, dann auch in Dâr Fûr und nördlich von Bornú auftreten, sind einige wegen ihres außerordentlich harten, selbst eisenfesten und blutrothen Holzes, andere durch das arabische und Senegalgummi, das von ihnen für den Handel gewonnen wird, sehr nützlich. Zu den verbreitetsten Waldbäumen gehören der Anibak am Weißen Nil mit korkleichtem Holz, dann aus der Familie der Leguminosen einige Tamarindenarten, von Rhamneen der Sidr (Zizyphus Lotus), von Ebenaceen der Ebenholzbaum, sehr gemein in Uadây, und in den Nubaländern, von Palmen nächst der Delebpalme fast einzig die Doumpalme; endlich noch einige, botanisch nicht bestimmte, aber durch ihre fleischigen, wohlschmeckenden Früchte den Bewohnern Uadâys und Dâr Fûrs sehr nützliche Arten, der Tscherdschak (Djerdjak), der eine Art Honig in Uadây liefert, der Andarab ebendort, dessen süße, traubenartige Früchte sehr geschätzt werden, der Mokheyt, ein großer Baum mit mild- und wohlschmeckenden Früchten, abermals in Uadây, und ein dicotyledonischer Baum am Bahr el Abiad mit kleinen, bei der Bevölkerung zuweilen die Dattel von Kordofân genannten Früchten. Dattelpalmen sind dagegen selten und hören bald von der nördlichen Grenze ganz auf, da das natürliche Gebiet ihrer Verbreitung fast nicht über die Grenze der tropischen Regen hinausgeht und überdies in den Nigerländern der für das Gedeihen dieser Palme so nöthige salzige Boden ganz fehlt. Nur im Kaschnádistrict kommt die Dattelpalme gut fort und liefert noch gute Früchte. Endlich gibt es nach den übereinstimmenden Angaben einheimischer Berichterstatter bei Timbuctú Cocospalmen, ein für die botanische Geographie höchst merkwürdiges Phänomen, da Cocospalmen ausschließlich sonst am Meeresrande vorkommen. Aber die nützlichen Fruchtbäume der temperirten Zone fehlen dem Nigerlande fast ganz, da sie nicht mehr gedeihen und selbst keine, wie die Sycomoren, oder nur schlechte Früchte geben. Granat- und Citronbäume gibt es z. B. im Osten gar nicht; in Bornú erscheinen nur einige angepflanzte Citronenbäume. Gewöhnliche Feigenbäume sind dagegen häufiger, namentlich in Uadây, wo sie cultivirt werden. Auch der Johannisbrodbaum ist den Dâr Fûranern bekannt. Von strauchartigen Gewächsen bedecken

Asclepiadeen, vorzüglich A. gigantea in Dār Fūr, ausgedehnte Striche der sandigen Regionen zunächst der Saharā, sowie die für den Handel von Aghādéz sehr wichtige Sennescassie die Hügel in den Umgebungen dieses Orts; Dār Fūr besitzt endlich in dem Enneb einen kleinen Baum, dessen traubenartige Früchte stark adstringiren, und im Scha (Shaw) einen Strauch, dessen jugendliche Zweige durch ihren scharfen Saft ein beliebtes Zahnreinigungsmittel liefern, endlich in den Coloquinten einen in sandigen Landstrichen sehr verbreiteten und nützlichen Strauch. Von krautartigen Pflanzen gedeihen ausgezeichnet viele Cucurbitaceen, vorzüglich Gurken, gewöhnliche Melonen und Wassermelonen, letzte cultivirt und dann von viel besserer Qualität in Uadāy, theils auch wild mit Coloquinten in den sandigen Strichen dieses Landes; von Bromeliaceen die Ananas bei Timbuctú; von Malvaceen der eßbare Eibisch (Bāmyéh; Hibiscus esculentus) in Dār Fūr; von Piperaceen rother Pfeffer (Tschetti) in Dār Fūr; von Umbelliferen eine Art mit corianderähnlichen Früchten, Indigo überall und von ausgezeichneter Qualität wild und cultivirt; der in Bornú daraus bereitete Farbestoff gehört zu den besten seiner Art; Baumwollenstauden, deren Product ebenfalls von ausgezeichneter Güte ist, und die am vorzüglichsten mit Indigo in den vom Tschād bei seinem Austreten bedeckten Strichen gerathen. Cultivirt werden außer beiden letzten Gewächsen vorzüglich Durrah (der Ghossub Bornús) in mehreren Arten, z. B. Sorghum cernuum (Märeig in Dār Fūr) und S. vulgare, der Melōkhieh (Corchorius olitorius) in Dār Fūr, dann eine Leguminose mit unterirdischen Früchten, die den Namen der Sudānbohne führen (Voandzeia subterranea) in Dār Fūr, die Erdnuß (Arachys) in Bornú, der abessinische Teff (Poa abessinica) auch in Dār Fūr, endlich die Tagoussa Abessiniens ebenfalls dort; Mais, Hanf und Tabak, letzter in Fülle in Fertit und Dār Fungaro. Unter den zahllosen Wasserpflanzen ist der prachtvolle weißblumige Lotos eine besondere Zierde des Weißen oberen Nil. — Die Thierwelt ist wiederum fast ganz übereinstimmend mit der tropischen Fauna im Westen. Aus ihr erscheinen am häufigsten tropische Quadrumanen, Pachydermen, Raubthiere, unzählige Wasser- und Sumpfvögel, sowie in den Gewässern Fische und Crocodile. Affen bevölkern z. B. heerdenweise in den mannigfachsten Gattungen und Arten, zum Theil genau solchen, die am unteren Senegal bekannt sind, wie Galago senegalensis, die Urwaldungen am Weißen Nil. Von Pachydermen sind Elephanten am häufigsten in den sumpfigen Waldungen am Tschād und Weißen Nil, dann in den nasseren, ebenen Landstrichen an den Rändern Dār Fūrs, doch reichen sie hier meist nicht über den 12—13° hinaus. In Heerden von 4—500 Stück durchschwärmen dieselben ihr gewöhnliches Gebiet und nur in der Regenzeit pflegen sie am weitesten nach Norden vorzugehen, indem ihnen dann der feuchte Boden am besten zusagt. Im Allgemeinen reicht die Verbreitung der Elephanten nach Norden zu im centralen Afrika nicht so weit, wie im östlichen, wo sie in Nubien während der Regenzeit bis zum 15° N. B., dem schlammigen Boden längs der Flüsse, namentlich des Atbāra, folgend, angetroffen werden. Auch im Nigerlande sind die Elephanten wegen der großen, überall von ihnen in den Pflanzungen angerichteten Verwüstungen sehr gefürchtet. Mit ihnen kommen in den feuchten Waldungen zahlreiche Rhinoceronten vor und zwar nicht allein das gewöhnliche afrikanische, größere, sondern auch merkwürdig genug das bisher noch nirgends im Continent gefundene einhörnige in Uadāy, endlich in Fülle äthiopische Schweine. Das weiße, kleine, südafrikanische Rhinoceros wurde jedoch noch nicht gefunden. Nicht minder häufig, als die großen Landpachydermen, sind die Wasserpachydermen, indem Flußpferde vom Niger bei Timbuctú an bis zu den beiden Quellströmen des Nil alle größeren Gewässer erfüllen. Von größeren Raubthieren sind am gewöhnlichsten Löwen, Panther und wilde Hunde, die ersten gleich an der Nordgrenze des Nigerlandes, in Süd-Ahīr beginnend, letzte beiden in mehreren Arten; ebenso Hyänen, Schakals und die in Dār Fūr und Bornú sehr häufig, als eine Art Hausthier in Käfigen gehaltene Zibethkatze. Von Wiederkäuern fehlen Kameele größtentheils, da ihnen weder die feuchte Atmosphäre, noch der nasse oder gebirgige Boden zuträglich sind, doch sollen dergleichen in Menge und guter Qualität noch in Uadäy gefunden werden, unzweifelhaft von der Zucht der in den sandigen Strichen an den Grenzen des Landes nomadisirenden arabischen Stämme. Ebenso wenig fehlen in denselben sandigen und trockenen Strichen Uadays, Dār Fūrs und am Weißen Nil Giraffen und die in mehreren Arten zahlreich vorkommenden Antilopen; endlich gibt es im Gebirgslande Uadäys ein ziegenartiges Säugethier, welches den in den Gebirgsgegenden Ober-Aegyptens und Nubiens für die Steinböcke üblichen Namen Taytal führt. Heerden wilder Esel hat Dār Fūr in Menge. Von Einhufern besitzt dasselbe Land eine ausgezeichnete Race, anderseitig auch Uadäy vorzügliche zahme Esel. Zebras durchschwärmen angeblich die trockenen Savanen im Osten. Mit Vögeln sind die Waldungen an den Ufern der größeren Ströme in außerordentlicher Menge erfüllt, vorzüglich mit Raubvögeln, die hier heimisch zu sein scheinen, doch vermißt man die Sänger der gemäßigten Zone und, einige Arten ausgenommen, im Ganzen selbst das Prachtgefieder der tropischen Vögel Brasiliens und Ostindiens. Der größte Theil der Vögel scheint nur periodisch hier einen Aufenthalt zu nehmen und mit der Regenzeit nord- und südwärts zu ziehen, daher besonders im Osten so viel Arten des Caplandes, Ostindiens und Senegambiens angetroffen werden. Zu den schönsten Vögeln dieser Gegenden gehören der Marabû (Ciconia argala) am Weißen Nil und Arten der Gattungen Muscicapa, Turdus, Falco, z. B. der prächtige F. ecaudatus, Ardea, namentlich der wunderschöne Königsvogel (A. pavonia), Merops und Alcedo. Papageien scheinen jedoch schwach vertreten zu sein, indessen finden sich dergleichen am Weißen Nil und in Süd-Ahîr. Zu den bekannten Wasservögeln, welche an und auf den großen Strömen und Seeen in unermeßlicher Menge leben, sind noch, außer den ebengenannten, vorzüglich Pelicane, Kraniche, Löffelgänse, mannigfache Enten und Kibitze zu rechnen, doch gibt es hunderte von Arten, die gänzlich unbekannt sind. Von Laufvögeln erscheint der durch ganz Afrika auf den trockenen Ebenen verbreitete Strauß in zahlloser Menge auf den Savanen im Osten. Zuweilen wird derselbe als nutzloses Hausthier sogar gezähmt. Von Amphibien sind Schlangen in den feuchten Walddistricten gleichfalls häufig; im Nubalande kommen Arten aus der Gattung Coluber von 18 Fuß Länge vor. Sehr große, häßliche Kröten kennt man in Bornû. Aber am häufigsten gibt es in den größeren Strömen Crocodile, muthmaßlich in mehreren Arten; besonders ist der Weiße Nil stellenweis voll von ihnen, die bis zu einer kolossalen Größe anwachsen. Mit Fischen fast sämmtlich unbekannter Arten zeigen sich alle Flüsse und die Seeen von Bornû, Uadäy und Bagherme so erfüllt, daß ihr Fang oft eine ansehnliche Revenüe des Herrschers bildet, der ihn in Uadäy unter der Aufsicht eigener Beamten betreiben läßt, und daß mit den getrockneten aus den Strömen Uadäys, des Fittre- und Tschâdsees ein ausgedehnter Handel bis Fezzân und bis zum Kong betrieben wird. Von Insecten sind Mücken und Fliegen in den heißen, sumpfigen Strecken ungemein lästig; in den trockenen ist dagegen die Heuschrecke häufig. Der Scorpion erscheint jedoch, wenigstens in Dār Fūr, nur klein und nicht gefährlich. Viel öfterer kommt das Camäleon vor. Die gewöhnliche Biene findet sich in Dār Fūr in Fülle, aber der wilde Honig ist daselbst dunkel von Farbe und schlecht von Geschmack. Einige Arten von Bienen, Wespen und Ameisen sind zum Theil von erstaunlicher Größe. In Myriaden gibt es Termiten, welche großen Schaden anrichten. Schmetterlinge haben die Nubaländer gleichfalls in zahlreichen Geschlechtern und Arten, nie aber von der Größe und Pracht der tropisch-amerikanischen, dagegen einige Käfer mit prächtigen Flügeldecken und eben so prachtvoll gezeichnete und gefärbte Hemipteren, z. B. Wanzen und Läuse. Flöhe gibt es auffallender Weise in den Nubaländern und am Weißen Nil selten oder gar nicht. Eine große Plage für die Bevölkerung sind die mannigfachen Bandwürmer, vor Allem der Guineawurm (Vena medinensis), der zuweilen im menschlichen Körper in mehreren Exemplaren sich einnistet und die schmerzhaftesten Uebel veranlaßt. Europäische Aerzte fanden bis 7 dergleichen in einer und derselben Leiche bei der Obduction vor. An Mineralien ist der ebene Theil des Nigerlandes arm, aber viel reicher der gebirgige. Besonders arm ist der größte Theil des westlichen und centralen Nigerlandes

18*

an Salz, so daß dieses, besonders im Sudān, einen sehr hohen Werth hat, der sich noch steigert, wenn in Folge innerer Unruhen die Salzkaravanen aus der Sahara ausbleiben. Sprüchwörtlich heißt es deshalb von einem wohlhabenden Mann im Sudān: „Er hat sich satt an Salz zu essen," indem der Salzgenuß meist als ein Leckerbissen betrachtet wird. Der westliche Theil des Nigerlandes, wie Bambarra, Timbuctú und Dschinnie, werden meist von Tischit und Taudeny, der centrale, wie Haússa, von den Salzablagerungen und Salzseeen Bilmas versehen. Nur im östlichsten Strich, in den Alluvionen längs dem Weißen Nil und in Dār Fūr, hat das Nigerland eigenes Salz, so viel bekannt ist. Die südlichsten Bergländer im Osten gegen den Aequator zu sind ebenso ohne eigenes Salz, indem die Bevölkerung damit von den Ufern des Indischen Oceans durch den Handel versorgt wird. Am häufigsten kommen Eisenerze, sowohl in den Bergen von Mandāra im Süden Bornús und in denen von Bary am oberen Weißen Nil, deren Bewohner es häufig verarbeiten, als auch in denen des Sudān, Uadāys und im Süden Timbuctús vor. Aber besonders in Menge findet es sich in Dār Fūr und in den Gebirgslandschaften der heidnischen Neger südlich von diesem Reich. Von andern nützlichen Erzen müssen besonders Kupfererze in Fülle und in besonderer Güte in dem sogenannten Berglande Fertit und in Bary verbreitet sein. In wie weit jedoch die Angabe, daß das Gebirgsland Uadāys Kupfererze führt, gegründet ist, vermögen erst spätere Forschungen darzuthun. Gold ist nur streckenweise häufiger vorhanden, indem weder Dār Fūr und Uadāy, noch Bornú, Haússa, Nyffé, Timbuctú oder Dschinnie davon besitzen. In Bambarra wird etwas gefunden, mehr, wie es scheint, in den nordwestlichen Ausläufern des Kong in rothen Alluvionen und in Adamaua, am meisten jedoch im Nubalande, am Tumāt in Kamamyl und in den Thälern der Schongollo. Etwas Blei kommt in Kanem, Zinn und Antimon im Sudān vor. Schwefel besitzen die Landschaften im Süden und Westen von Kordofān und Dār Fūr, indem die nomadischen Araber es von daher auf die Märkte dieser Länder bringen. Natron gibt es im nördlichen Dār Fūr. Steinkohlen hat man bisher noch nirgends gefunden.

Bevölkerung. Auch hier lassen sich unter den Bewohnern zwei große Abtheilungen unterscheiden, wovon die eine die einheimische, die andere die eingewanderte Bevölkerung umfaßt. Zu jener gehören vorzüglich die Mandingo in Bambarra, die Bevölkerung Timbuctús und Dschinnies mit Sungüisprache, die ursprünglichen Bewohner von Haússa, das kleine Volk von Bagherme, ein anderes, welches die Mandāraberge bewohnt, endlich im Osten die Bornúer, Nuba, die Gondjaren Dār Fūrs, die Schillukh, Dinka, Schongollo, die Bevölkerung von Fertit und das Goldavolk nebst mannigfachen Gallastämmen, von welchen letzten es jedoch zweifelhaft ist, ob sie ursprünglich in der Nordhälfte des Continents einheimisch waren oder vielleicht erst von Süden her eingewandert sind. Ein großer Theil der einheimischen Bevölkerung des Nigerlands, nämlich derjenige, der im Osten von 4° an, im Centrum derjenige, der im Süden Bornús und Haússas, also etwa vom 10° N. B. an bis zum Aequator sich erstreckt, ist fast völlig unbekannt. Nach der Vielheit der Sprachen, die in merkwürdiger Weise in den kürzesten Distanzen zuweilen völlig verschieden sind, selbst bei stets einheimischen Bevölkerungen, ist die Zahl der Völkerschaften jedoch sehr groß. Die ursprüngliche Bevölkerung, mit Ausnahme der Galla, gehört den dunkelsten Gliedern der äthiopischen Race an, oft mit entschiedenem Negertypus, zuweilen aber auch nur theilweise mit den gewöhnlich charakteristischen Kennzeichen der Race in den Schädel- und Gesichtsbildungen, während ein anderer sich im Gesichtsschnitt und der Schädelbildung ganz dem kaukasischen Typus anschließt. Nach allen Erfahrungen ist der ausgeprägteste Negertypus im Centrum viel weniger, als nach den Rändern des Nigerlandes hin zu finden; er verliert sich z. B. immer mehr, je weiter man auf dem Niger in das Binnenland dringt, sowie Gleiches bei dem Vorschreiten auf dem Nil gegen den Aequator zu der Fall ist. Zu den ganz negerartigen Gliedern der äthiopischen Race gehören die Bambarraner, Bornúer, Nuba, Schillukh, Dinka, die Bewohner von Fertit und die Goldaneger, zu den weniger negerartigen die Gondjaren (Kundschaten), die Bewohner des Mandaraberglandes, die Bevölkerung der großen Landschaft Nyffé (die Nyffeaner) und die ursprüngliche Bevölkerung von Haússa. Von der schwarzen aboriginalen Bevölkerung des Nigerlandes, welche am meisten den wahren Negertypus besitzt, gleichen die Fertlier schon vollkommen den Guineavölkern; sie haben zugleich eine eigene Sprache. Ganz ähnliche Charaktere zeigt die herrschende Bevölkerung Bornús, deren männlicher Theil außerordentlich stark gebaut und hochgewachsen ist, bei hoch aufsteigenden Stirnen jedoch mit einem breiten Gesicht, dicken, flachen Nasen, einem großen, aber mit den schönsten Zähnen versehenen Mund und überhaupt häßlichen, nichtssagenden Physiognomien ausgestattet ist, Züge, die sich auf dieselbe Weise bei den Weibern wiederholen, welche deshalb ihren Nachbarinnen in Haússa sehr nachstehen. Doch unterscheiden sich die zum Bornústamm gehörenden südlichen Anwohner des Tschäd durch ihre körperliche Bildung so sehr von den eigentlichen Bornúern, daß die Weiber der Stadt Loggun am Schary und überhaupt die der Landschaft Loggun zu den schönsten ihres Geschlechts in diesem Theil Nord-Afrikas gerechnet werden. Dem Charakter nach gelten die Bornuer für furchtsam und indolent, sowie sie lange nicht so reinlich sind, als die Haússaner, doch werden sie als höflich, sehr sanft und gutmüthig geschildert. Gleich andern Negern pflegen sie ihre Wangen, Stirn, Arme, Schenkel und Hüften zu färben. Ihre Sprache ist eine völlig selbstständige, welche von der aller Nachbarn, selbst der nächsten, abweicht. Die Bambarraner, ein Zweig des Mandingovolks, mit dem sie die Sprache, nur in einem abweichenden, weniger ausgebildeten Dialekt, gemein haben, theilen auch mit ihm die physischen Charaktere, welche schon nicht ganz die des ausgebildetsten Negertypus, immer aber diesem sehr nahe sind. Zugleich stehen die vorherrschend heidnischen Bambarraner in ihren geistigen Eigenschaften und in ihrem übrigen Wesen den meisten Mandingo und besonders den muhamedanischen so weit nach, daß sie wegen der Plumpheit ihres Benehmens bei ihren Nachbarn den Schimpfnamen der Malinkés (d. h. muthmaßlich Rhinoceroskerls im Mandingo) erhalten haben. Entschiedeneren Negertypus haben noch die Nubastämme, die Kamampl und Schongollo, deren Körperwuchs ausgezeichnet schön und regelmäßig, selbst herculisch ist, deren Physiognomien aber im höchsten Grade unschön und mit dem ausgeprägtesten Charakter des Gesichtsschnitts der Neger, welcher oft eine an Affenphysiognomien erinnernde Stumpfheit besitzt, auftreten. Namentlich haben die Neger am Tumat stark aufgeworfene Lippen, stumpfe Nasen, enggeschlitzte, mongolenartige Augenlider und wolliges, kurzes, krauses Haar. Bei dem Stamm der Hedraninuba am Kulfangebirge sind dagegen die Gesichtszüge sehr scharf und denen der übrigen Nuba, so wie denen der Dinka und Schillukh gegenüber sogar schön zu nennen. Die Hautfarbe der meisten Nuba ist dunkelschwarz mit einem Strich in dunkle Bronze, die der Hedrani jedoch dunkelschwarz mit einer leichten Nuance in dunkles Indigo. Alle Nuba, besonders die in den Bergen lebenden, sind außerordentlich gewandt; sie springen mit bewundernswerther Gewandtheit auf den Granitfelsklippen ihres Gebiets von Block zu Block, von Fels zu Fels. Den Kopf pflegen sie zu rasiren und ungeachtet der brennenden Sonnenstrahlen unbedeckt zu tragen, den Körper dagegen in einigen Stämmen roth anzustreichen, in andern zu tätowiren. Bei ihren häufigen Fehden erscheinen die Häuptlinge der sonst wie die Nuba und die heidnischen Anwohner des Tumat und Weißen Nil völlig nackt gehenden Schongollo höchst malerisch in Drathpanzer, gleich den Reitern von Bornú und Begharmi, und mit eisernen Pickelhauben gekleidet auf ihren zum Schutz gegen Lanzenwürfe in polsterartige Decken eingehüllten und mit großen Stirnblechen versehenen Pferden. Im Kampf fechten die Nuba mit großer Kühnheit und selbst Todesverachtung, indem die Weiber daran Theil nehmen; ihre Waffen sind meist Lanzen, die sie weit und sicher mit großer Geschicklichkeit zu werfen wissen, mit Euphorbiensaft vergiftete Pfeile und Keulen. Obgleich die Nuba in unzählige Stämme zerfallen, die eigene kleine, von einander unabhängige, oft aber nicht über die Peripherie eines Berges hinausgehende Staaten bilden, sollen sie doch nach sprachlichen Verschiedenheiten in 3 große Gruppen zerfallen: die von Teggele im Osten, die von

Kulfân, Kadēro, Koldadschi und Deier im Norden und Nordwesten, die von Scheibun bis Fertit im Südwesten. Sie bilden noch jetzt ein sehr großes Volk, das früher eine viel weitere Ausdehnung hatte und wovon noch Reste in Kordofân vorkommen, das aber durch die Araber immer mehr zurückgedrängt wird. Ihrer Sprache nach, welche eine wunderbare Bildungsfähigkeit besitzt, indem sich aus einzelnen Worten derselben merkwürdige Reihen von Nomina, Adjectiven und Adverbien bilden lassen, welcher aber, abweichend von andern aboriginalen Sprachen des Continents der Gebrauch der Präfixe fehlen soll, sind sie ein völlig selbstständiges Volk, doch bestätigen die in neuerer Zeit nach Europa gebrachten Vocabulare der Teggele-, Kulfân- und Scheibunsprachen nicht die Ansicht, daß letzte Dialekte eines und desselben Sprachstamms sind, da die Verschiedenheiten in ihnen so groß sind, daß man die Sprachen eher als eigene gelten lassen möchte. Auch die Schillukh, ein zahlreiches, der Sprache nach nicht minder eigenthümliches, etwa 1 Million Köpfe starkes Volk, das in dicht gedrängten Massen und zahlreichen Dörfern die Ränder des Weißen Nil oberhalb Eleïs und dessen zahllose Inseln bewohnt, besitzen in ihrer pechschwarzen Haut, den aufgeworfenen Lippen, der plattgedrückten Nase, den kleinen Augen und dem fast völlig affenartigen Gesichtsschnitt, worin sich Dummheit und Wildheit ausspricht, den ausgeprägtesten Negertypus; sie zeichnen sich zugleich durch hohe und schlanke, selbst imposante Körpergestalten aus. Gleich den Bewohnern der Umgegend von Monrovia (S. 208) und übereinstimmend mit ihren nächsten Nachbarn, den Dinka im Süden, dann den Barys, haben sie, um ihrer Meinung nach Thieren nicht ähnlich zu sehen, den Gebrauch, die untern Schneidezähne wegzubrechen. Sclavenhandel trieben jedoch die Schillukh nie. Zu demselben Stamm gehören noch einige, den Weißen Nil weiter aufwärts bis fast zum 4° N. B. wohnende Völkerschaften, die mit den eigentlichen Schillukh dieselbe Sprache reden, die Noër, die nächsten Nachbarn der Schillukh, die Kyk, Eliab oder Helyab und Bor, ferner einige entfernter vom Nil, westlich von den Eliab lebende Stämme, wie die Dunve, Gwat, Atwet, Madar, die sämmtlich eine glänzende, sammtschwarze Hautfarbe und musculöse Gestalten besitzen, von den eigentlichen Schillukh aber durch einen geringeren Negertypus in ihrer Gesichtsbildung sich unterscheiden, indem ihre Stirn schon hoch und schön gewölbt ist, die Lippen nicht dick sind, die Nasen nur etwas gedrückt, nicht stark hervortretend erscheinen, endlich die Haare in langen Locken herabhängen. Zuweilen sind die Nasen bei diesen Stämmen selbst adlerartig gebogen, und das Gesicht rund, oval, von proportionirter Länge. Die am Nil wohnenden Glieder dieser Stämme leben vorzugsweise vom Fischfang, die entfernteren vom Feldbau, am meisten aber vom Ertrage ihrer großen Heerden. Endlich haben auch die ihrer Sprache nach wieder von den Schillukh gänzlich verschiedenen Dinka, die ein zahlreiches, am rechten Ufer des Weißen Nil und in den weiten Ebenen der vom Weißen und Blauen Nil umschlossenen Landschaft der sogenannten Dschezireh (Insel) bis zum Fuß des Taby und den Bergen von Fassokl lebendes Volk sind, mit den Schillukh die dunkelschwarze Hautfarbe und eine affenartige Bildung des Kopfes gemein. Sie leben vorzüglich vom Ackerbau. Die äußersten Stämme endlich mit negerartigem Charakter, die man am obern Weißen Nil bis zum 4° N. B. kennt, die Ihir und Bary, gehören ihrer Sprache nach wiederum zusammen und einem und demselben, selbstständigen Volksstamme an. Auch die Bary zeichnen sich durch prächtige Körpergestalten aus und besitzen von allen am Nil von Chartûm an wohnenden Völkerschaften den meisten Geist, sowie eine große technische Geschicklichkeit im Verarbeiten von Eisenerzen. In viel geringerem Grade, als die bisher genannten Bevölkerungen, haben andere die charakteristischen Züge des Negertypus, wie es bei den Urbewohnern oder den sogenannten Kundscharen (Gondjaren) von Dâr Fûr der Fall ist, die in ihren Gesichtszügen schon den Europäern nahe stehen und statt des Wollenhaars der Neger kurzes, gekräuseltes Haar und eine mehr olivenartige Hautfarbe haben; dann bei den Uadayern, welche ungeachtet ihrer dunkelschwarzen Hautfarbe gleichfalls namhafte Abweichungen durch ihre breite, hohe Stirn, ihre ziemlich großen, lebhaften Augen, die kaum hervorstehenden

Backenknochen, die fast adlerartig gestalteten Nasen, ihre nur wenig dicken Lippen, den völlig regelmäßigen Gesichtswinkel und ihre überhaupt belebten Physiognomien darbieten; endlich auch bei den Bewohnern Mandāras, die, obwohl unmittelbare Nachbarn der Bornúer, sich von ihnen wesentlich, außer durch eine gänzlich abweichende Sprache, durch schärfer markirte Physiognomien, angenehmer geformte Nasen und große Augen trennen und bei denen besonders die Weiber, selbst nach dem Urtheil europäischer Reisenden, zu den schönsten ihres Geschlechts im Continent überhaupt gehören. Auch in geistiger Hinsicht sind die Mandaraner lebendiger und voll Einsicht. Namentlich sind bei den Mandaraweibern die kleinen Füße und die außerordentlich feinen Körperformen vorherrschend, am Auffallendsten aber gewisse merkwürdige Entwickelungen eines hintern Körpertheils derselben, die schon im Alterthum für einen ausgezeichneten Charakter der Weiber von Meroë galten und in neuerer Zeit nur noch in Sennār und bei abessinischen Frauenzimmern von fürstlichem Geblüt vorkommen, den Werth aber der auf den Sclavenmarkt von Bornú kommenden Mandaraweiber so sehr steigern, daß diese deshalb viel höher bezahlt werden. Auch die Nyffaner sind gut gebaut, selbst ein schöner Menschenschlag und zeigen dadurch, wie durch ihre hellere Hautfarbe, schon große Abweichungen vom reinen Negertypus. Ihrer Sprache nach gehören sie mit der Bevölkerung Yarribas (S. 217) einem und demselben Volksstamme an; ihr Charakter zeichnet sich durch Milde aus. Aber den ausgezeichnetsten Rang unter den einheimischen Gliedern der äthiopischen Race nimmt ohne Zweifel die Urbevölkerung Haússas ein, welche nach dem übereinstimmenden Urtheil sämmtlicher europäischen und afrikanischen Reisenden in körperlicher und geistiger Hinsicht alle andern Stämme überragt. Ihre Gesichtszüge sind durchaus fein, wohlgeformt und höchst interessant, besonders bei dem weiblichen Geschlecht, die Augen lebendig und auf einen offenen, edlen und verständigen Charakter hinweisend, die Nasen klein, aber zierlich, mitunter adlerartig gekrümmt, die Zähne regelmäßig und perlenweiß, der Wuchs ebenmäßig und meist untadelig, die Hautfarbe vom tiefsten, reinsten Schwarz, so daß die Haússaner bei ihrem heitern, gewandten Wesen, ihrer außerordentlichen Reinlichkeit und ihrem willigen und treuen Charakter auf den Märkten des westlichen Nord-Afrika am meisten geschätzt, allen anderen Sclaven vorgezogen und am besten bezahlt werden, ja daß der Preis einer Haússanerin auf den maroccanischen Märkten bis 400 Ducaten steigt, während die Sclavenhändler für andere schwarze Sclavinnen dort kaum ein Viertel dieses Preises erlangen. — Von der eingewanderten Bevölkerung sind die unter dem Namen der Fellātah in den Nigerländern bekannten Fulah (S. 229) und die Araber die zahlreichsten und ausgedehntesten, demnächst die Tuārick. Jene finden sich jetzt durch das ganze Nigerthal, Haússa, Bornú, Uadāy bis Dār Fūr im Osten verbreitet, ebenso im Süden in weiten Strecken, theils auf den großen Ebenen, welche südlich von Timbuctú bis zum Kong und bis zu den Grenzen des Reichs Dahome reichen, theils auch noch in denjenigen Theilen des Kong, welche zum Reich Yarriba gehören, endlich im Nigerthale bis Egga, und östlich vom Niger in der großen, den Fellatah unterworfenen Landschaft Adamaua. Die Einwanderung der Fulah muß sehr früh stattgefunden haben, da sich über die Zeit ihrer Ankunft keine Sage mehr erhalten hat. Früher lebten sie als ruhige Landbauer, meist aber als vortreffliche Viehzüchter, deren Heerden überaus groß und in vortrefflichem Zustande waren, in verschiedenen Staaten der eingeborenen Häuptlinge. Aber der Druck, dem sich die Fellātah in manchen Reichen ausgesetzt sahen, reizte sie im Beginne dieses Jahrhunderts zur Empörung, und es gelang ihnen zuletzt unter der Leitung geschickter und ehrgeiziger Führer und durch persönliche Tapferkeit, wie durch ihre großen Reiterschaaren, zwei ansehnliche Reiche zu errichten, ein nördliches mit der Hauptstadt Saccatú in Haússa und ein 2. südliches, von jenem ersten gewissermaßen abhängiges, mit der Hauptstadt Rabbah am untern Niger, deren Macht bis in die neuere Zeit immehr mehr zunahm. Die Gründer derselben, Danfodio, der Stifter des Reichs von Saccatú, und Mallam Denda, der des südlichen, wußten nämlich den Fanatismus der muhamedanischen Fellātah aufzuregen, indem sie sich selbst für Propheten Gottes erklärten und denjenigen den Eingang in das Paradies verhießen, welche in der Schlacht gegen die Ungläubigen verwundet würden oder gar fielen. Ebenso verstanden sie sehr wohl ihre Heere zu discipliniren und dieselben ungemein dadurch zu vermehren, daß sie alle muhamedanischen Sclaven zum Aufruhr gegen ihre Herren aufriefen und ihnen die Freiheit gaben, wenn sie unter ihre Fahnen traten. Auf diese Weise gelang es den Fellatäh bald, sich den größten Theil Haússas zu unterwerfen, Bornú und Yarriba mit Glück anzugreifen und selbst die Hauptstadt Bornús auf einige Zeit zu erobern, nach deren Verlust sie ihre siegreichen Waffen gegen Süden wandten und Adamaua nebst dem größten Theil der ausgedehnten Landschaft Nyffé einnahmen oder verheerten, so daß sie zuletzt im Nigerthal bis Egga gelangten und alle noch unabhängigen Staaten auf beiden Seiten des Stroms durch ihre raschen und unaufhörlichen Plünderungszüge in Schrecken erhielten, den größten Theil der Ortschaften zu Grunde richteten und namenloses Elend unter der einheimischen Bevölkerung verbreiteten. Im Lauf der letzten 20 Jahre hat aber das Glück der Fellatäh seinen Wendepunkt erreicht, da die bisher niedergehaltene einheimische Bevölkerung Haússas, unterstützt von Bornú, sich allmählig von ihrem Joch befreite und denselben bereits bedeutende Districte des nördlichen Reichs abnahm. Gleichzeitig wurde durch die beständigen Fehden die Macht der Fellätah so geschwächt, daß die Sergutuärick nun ungestraft bis zu den Thoren Saccatús ihre Raubzüge auszudehnen vermögen. Gleiches Mißgeschick traf in Folge der Empörung der Nyffeaner die Fellätah im Süden, und es wurde sogar in den letzten 12 Jahren deren große und blühende Hauptstadt Rabbah erobert und fast völlig verwüstet. Unter diesen Umständen dürfte die Fellätahmacht in kurzer Zeit eben so rasch verschwinden, wie sie im Beginn dieses Jahrhunderts empor geblüht war. An den Raub- und Eroberungszügen der Fellatah nahmen aber die zahlreichen und friedlichen Colonien desselben Volks in Bornú, Uadäy und Där Für, sowie die zum Theil noch heidnischen in den kleinen Reichen Boussä, Yourri, Kiama, Uaua, BorghO u. s. w. an der Westseite des untern Niger keinen Theil. Die hiesigen Fellätah haben übrigens den Charakter ihrer Stammgenossen in Senegambien ziemlich unverändert bewahrt, indem ihre Hautfarbe, wie dort, hell und theils olivenartig, z. B. in Uaua, gleich der der südlichen Portugiesen und Spanier, theils aber auch bronce- oder kupferartig in der Art der Abessinier ist. Zugleich sind die Fellätah wohlgebaut, von mittlerer Größe, ihre Hände klein und zierlich, ihre Augen lebendig und hell, ihre Gesichtszüge einnehmend; auch ihr Benehmen ist im Allgemeinen gehalten und selbst bescheiden, so daß sie einen sehr achtungswerthen Theil der Bevölkerung des Nigerlandes bilden. Zugleich lieben die Fellätah außerordentlich die Reinlichkeit und gehen nie nackt, wie die meisten einheimischen Bevölkerungen, sondern sie sind vielmehr stets und vorzüglich die Weiber nett, in der Weise der Tuärick, gekleidet, wobei sie der weißen Farbe den Vorzug geben. Der männliche Theil der muhamedanischen Fellätah trägt außerdem durchweg weiße Turbane. Ihre Sprache ist noch ganz dieselbe, welche die Fulah von Senegambien reden. — Eingewanderte Araber gibt es überall, in den Städten als Handelsleute und zugleich meist als Priester; in größern Massen jedoch fast nur im Osten und Süden Bornús bis Där Für, indem sie als Nomaden die flachen, ebenen Striche am Nordrande von Bornú, Uadäy und Där Für durchziehen, am Schary südlich vom Tschäd wohnen und die wüsten Landstriche zwischen Kordofän und Där Für, dann zwischen Där Für und Uadäy erfüllen, sowie sie sich endlich auch in das Herz von Där Für selbst eingedrängt haben. Aber sogar noch im Süden Där Fürs sollen Araber vorkommen, überall mit dem unveränderten Charakter ihrer Nationalität und Sprache, welcher die Glieder dieses merkwürdigen Volks in allen Theilen Asiens und Afrikas, wo sie sich seit vielen Jahrhunderten ihre Wohnsitze gewählt, auf so wunderbare Weise auszeichnet. Die größten und bekanntesten der arabischen Stämme sind die theils am Nordrande des Tschadsees und auf dessen Inseln, dann in einer 2. Abtheilung südlich vom See am Schary, in ledernen, kreisförmigen Zelten, gleich vielen Tuärickstämmen der Saharä als Nomaden lebenden, niemals aber in einer Stadt ansäßigen Schouas, die den größten Theil des Jahres von der Milch ihrer Kameele sich nähren und außer sehr großen Heerden dieser Thiere zahlreiche Heerden von Rindvieh und Schafen nebst vielen guten Pferden besitzen. Die Schouas sind ein zahlreiches, interessantes und tapferes Volk, das in verschiedene kleine Stämme getheilt und dem Herrscher von Bornú untergeben ist, dem sie Tribut in Vieh zahlen und bis 15000 Reiter für seine Kriege stellen. Sie zeichnen sich durch offene Gesichtszüge, große Augen und adlerartig gebogene Nasen und zugleich auch durch besondere Schlauheit aus. Die Hautfarbe des nördlicheren Theils ist ein lichtes Kupferroth, und bei ihm ist zugleich die arabische Sprache so rein, wie nur irgend bei den ägyptischen Arabern, wenn auch dessen physische Charaktere schon manche Abweichungen vom reinen arabischen Typus darbieten. Im Ganzen haben die Schouas eine merkwürdige Aehnlichkeit mit den Fellātah, wenngleich ihre Abstammung eine gänzlich verschiedene ist. Auch in Dār Für erhielten die zahlreichen Araber ihre Charaktere, Farbe und Sprache ausgezeichnet rein. Nach ihrem Rindviehreichthum führen diese, gleich den arabischen Stämmen am oberen Weißen Nil, den allgemeinen Namen der Bagāra oder Hirten (vom arabischen Bachr Kuh). Dem Sultan von Dār Für sind sie unterthan und zahlen ihm Tribut, dessen häufigere Verweigerung zu Kriegen Veranlassung gibt. Das 3. große eingewanderte Volk, die Tuārick, findet sich nur am Nordrande des Nigerlandes; und zwar herrscht der durch Vermischung mit Negerinnen fast schwarz gewordene Stamm der Kéluituārick in Aghādéz und südlich bis Tamergú, während ein anderer Stamm, der der Sergú, bis in die Nähe Timbuctús vorkommt. Die Kélui sind seßhaft oder noch nomadisch, die Sergú dagegen reine Nomaden und zugleich Räuber, welche die ganze Umgegend Timbuctús brandschatzen und die Stadt selbst fortwährend bedrohen. Zu einem Haupttheil der Bevölkerung des Nigerlandes gehören endlich die Galla, die am oberen Weißen Nil südlich von den Zhir und Barry, östlicher davon am Dabusstrom, also etwa unter dem 4—8° N. B. beginnen und die ungeheueren Savanen, welche das süd-abessinische Gebirgsland im Westen begränzen, mit ihren Heerden bis zum Aequator erfullen. So viel wir von ihnen wissen, sind sie von kupferrother Farbe, wie die meisten übrigen Galla im Süden des Aequator und in Abessinien und gleich ihnen Nomaden.

Religion, Verfassung. Die Bewohner des Nigerlandes sind entweder Muhamedaner oder noch Heiden, Christen fehlen gänzlich, Juden gibt es einige in Dār Für. Die am meisten in den nördlichen und westlicheren Theilen verbreiteten Muhamedaner sind, wie in Senegambien und Guinea, der bei weitem civilisirteste, intelligenteste und moralischste Theil der Bevölkerung, der sich auch dadurch auszeichnet, daß er meist wohl bekleidet ist, während die Heiden nur wenig bekleidet oder ganz nackt gehen. Besonders in Bornú, Uadāy, Dār Für, zu Timbuctú und Dschinnie, endlich in den Fellātahländern von Saccatú und Rabbah, unter den Tuārick und allen Arabern ist der Islam herrschend, wogegen in dem großen Land Bambarra und in den kleinen Staaten am untern Niger Uaua, Yourrie, Boussā, Kiama nur ein kleiner, aber der einflußreichste und wohlhabendste Theil der Bevölkerung nebst den regierenden Familien dieser Religion zugethan ist, der überwiegende dagegen im Heidenthum verharrt. In neuerer Zeit hat aber auch hier der Muhamedanismus sehr an Ausdehnung gewonnen theils durch den großen Einfluß der Herrschaft der Fellātah, besonders in Nyffé, theils auf friedlichem Wege durch das unverdrossene Streben der Fellātahpriester (Mallam) und arabischer Missionare, welche hier, wie in Senegambien und Guinea, überall Koranschulen unter den Heiden errichten und besonders die Jugend ihrem Glauben zu gewinnen suchen. Doch hat sich der Muhamedanismus nicht in der Reinheit, wie im Norden des Continents, erhalten; am meisten dürfte dies noch bei den nördlichen Fellātah in Haussa der Fall sein, welche von allen Anhängern des Islam im Nigerlande am standhaftesten demselben ergeben sind, seine Gebote am Gewissenhaftesten befolgen, viel nach Mecca pilgern und von daher, wie auch von Aegypten, Tunis, Tripolis und Algier, arabische Bücher, meist zwar nur Auslegungen des Koran, zurückbringen. Viel weniger streng sind die Fellātah im Reich von Rabbah und die Muhamedaner in den kleinen Staaten am unteren

Niger, am meisten in Folge der Unwissenheit der Priester, welche den Korân kaum noch lesen können und seinen Inhalt gar nicht mehr verstehen. Der Glaube an den heilbringenden Einfluß von Amuleten ist daher allgemein, und aus dem Heidenthum übergegangene Begriffe herrschen so sehr, daß der religiöse Glaube der Bevölkerung kaum noch dem Muhamedanismus ähnlich sieht. Völlige Heiden sind die Nuba, Dinka, Schilluk, die Fertiter, Golda, ein Theil der Fellätah und die Gallastämme; nur bei den in der Nähe arabischer Wanderstämme im Teggele wohnenden Nuba haben sich religiöse Begriffe aus dem Muhamedanismus eingeschlichen. Doch sind selbst die reinen Heiden nicht so fern von allen Religionsbegriffen, wie die Kaffern im Süden des Continents, und ihre Religion sogar vernünftiger, als der lächerliche Fetisch- und Thierdienst an der Guineaküste. Nirgends hat hier auch das Heidenthum so blutdürstige Formen, wie in Dahome und Aschanti angenommen; selbst einzelne Menschenopfer hat man bei keiner Völkerschaft. Die Heiden sind nämlich keine Götzendiener und haben überhaupt fast keine Fetische, aber auch keine Priester, nur Adansonien oder andere Bäume genießen bei den Stämmen am Tumat und den Schilluk eine Art Verehrung. Dagegen sind sie meist Deisten, welche, wie z. B. die Dinka und andere Anwohner des Weißen Nil, den Mond anbeten, dem sie zugleich wegen der Milde seines Einflusses im Gegensatz zur Sonne den Namen des Sohnes der letzten beilegen. So lange der Mond am Himmel sichtbar ist, beginnen die Dinka niemals einen Kampf. — In Hinsicht auf Verfassung ist das monarchische Princip mit sehr strengen Formen herrschend. Wie in vielen Theilen des Continents, am meisten in Guinea zu Badagry, Lagos, in Dahome, dann in Schoa, Cayor, ist es hier in vielen Staaten, namentlich in Borgho und Bornû, Sitte, daß die Unterthanen sich vor dem Angesicht des Herrschers niederwerfen und das Haupt mit Staub bestreuen, auch wohl den ganzen Körper mit Sand einreiben, um ihre Gefühle der Demuth an den Tag zu legen. Doch hat sich in keinem der vielen Staaten des Nigerlandes ein solcher blutdürstiger Absolutismus, wie in anderen Theilen des Continents vorgefunden, obwohl die Herrscher volle Gewalt über Leben und Eigenthum ihrer Unterthanen besitzen. Häufiger herrscht hier, wie in Süd-Afrika, in kleineren Staaten der Gebrauch, daß der Name des Reichs und der Titel des Oberhaupts identisch sind. Bei den Oberhäuptern und Häuptlingen ist die Macht erblich und auf den Erstgeborenen übergehend. Niemals hat z. B. in Dâr Für ein der Herrscherfamilie fremdes Individuum Rechte auf die oberste Gewalt, obwohl allerdings Aufruhr und Verbrechen oft genug zu Ausnahmen von der Regel führen. Es gibt deshalb auch keine Wahlreiche. Doch hat der jetzige wahre Beherrscher Bornûs, gleich den Carolingern des europäischen Mittelalters, und den Emiren al Omrah im Reich der Khalifen, endlich wie der in Abessiniens Hauptstadt, Gondar, regierende Râs das Mittel gefunden, mit Aufrechterhaltung des Legitimitätsprincips sich die oberste Gewalt anzueignen, indem das den Namen Sultan führende Oberhaupt aus der herrschenden Familie ohne Ansehen und Gewalt in Birnie (Alt-Bornû), der früheren Hauptstadt des Landes, residirt, wogegen der zu Kûka, dem jetzigen Hauptort, wohnende sogenannte Scheikh von Bornû die unbestrittene oberste Macht in Händen hat, da sein Vorgänger, der Scheikh Al Nanemy, das Land durch Tapferkeit und Umsicht vom Joch der Fellätah befreit hatte. Die größten und mächtigsten Reiche des Nigerlandes sind im Augenblick, nach Schwächung der Fellätahherrschaft, Bornû, Dâr Für und Uadây, von denen das erste noch immer an Ausdehnung und Gewalt im Westen, Süden und Osten durch die Staatsklugheit seiner Herrscher auf Kosten seiner Nachbarn zunimmt. In den kleinen Nubastaaten ist dagegen ein Princip der Einheit nirgends zu beobachten, weder im innern Haushalt, noch nach Außen. Deshalb leben alle diese Staaten, unter denen höchstens eine große allgemeine Gefahr theilweise Bündnisse herbeiführt, beständig unter sich im Kriege. Jedes der kleinen Reiche hat seinen eigenen Häuptling (Melek), manches auch mehrere, die souveraine Macht ausüben, nach Umständen, theils unumschränkt, theils an den Willen der übrigen Häuptlinge gebunden. Die größten dieser Nubareiche sind die von Teggële (das ansehnlichste von allen), Kulfân, Debrl, Tungur, Scheibun, Obi und Köli. Das allgemeine Gesetzbuch in den muhamedanischen Staaten oder auch in denen, wo die Herrscherfamilie dem Islam zugethan ist, ist der Koran. Die Staatseinkünfte fließen meist aus den Abgaben, welche die Handeltreibenden von der Einfuhr (in Där Für fast $^1/_{10}$ des Werths) fremder Waaren zu entrichten haben, von dem Zoll ausgeführter Sclaven, der oft sehr beträchtlich ist, aus dem Ertrage der Raubzüge (Ghazua) nach Sclaven in die Länder der heidnischen Neger im Süden, und aus den gezwungenen Geschenken eines Jeden, der sich dem Herrscher naht, endlich aus Naturalabgaben der Dörfer, wie in Där Für, und aus ähnlichen Naturalabgaben in Vieh, die mit eine Haupteinnahmequelle in Bornú und Där Für sind, der tributairen arabischen Stämme.

Ackerbau, Gewerbe, Handel. Der Ackerbau wird bei dem fruchtbaren Boden im größten Theil des Nigerlandes und der starken Bevölkerung mit gutem Erfolge, mit der größten Sorgfalt jedoch in Haússa, betrieben, so daß er nicht allein für den einheimischen Bedarf genügt, sondern auch solche Ueberschüsse liefert, daß von den Hauptmärkten: Sego, Sänsading, Dschinnie, Timbuctú, Kanō, Kaschná, Uära ein großer Theil der angrenzenden Bevölkerungen in den Wüsten sich mit Lebensbedürfnissen, besonders mit Korn, auf einen großen Theil des Jahres versorgen kann. Am allgemeinsten werden gebaut Durrah (Holcus in mehreren Arten), welche von Tripolis bis Bornú den Namen Gussub führt und sogar fast ohne Mühe in Haússa mit 9—10 F. hohen Stängeln wächst, Waitzen, der aber bewässert werden muß, viel in Haússa, Mais (Ghasúly in Bornú), Zwiebeln (in Där Für), rother Pfeffer, Coriander, verschiedene Arten von Gurken, Linsen, Yams und Bananen (beides bei Uära), Tabak (in Fülle in Fertit und Fungaro), Hanf (Haschisch in Där Für), Reis (der meiste gewonnene wächst wild in sumpfigen Strichen; der beste kommt von Saccatú), Bohnen der Größe nach ähnlich den ägyptischen (in Där Für), endlich Baumwolle und Indigo, von denen die beiden letzten, wie angegeben, auch in den vom Tschad unter Wasser gesetzten Landstrichen wild vorkommen (S. 274), der Indigo von Kanō aber eine reinere und dauerhaftere Farbe, als in irgend einem andern Theile des Continents zu erlangen ist, liefert. Die Bestellung der Aecker beginnt in Bornú um Mitte Mai, mit Eintritt der Regengüsse; die Ernte findet schon vor Ende Juni statt. Die ganze Feldarbeit ruht auf den Weibern. Dagegen fängt man in Där Für erst Mitte Juni mit der Regenzeit die Aussaat an, wobei der Sultan, von seinen Hofleuten begleitet, auf das Feld geht und der Form wegen mit eigner Hand einige Löcher in den Acker macht. Die Hacke ist, wie fast überall im mittleren und südlichen Theil des Continents, das einzige Instrument, dessen man sich zur Bestellung bedient. — Viehzucht wird in sehr ausgedehntem Maße in den Wüsten durch die arabischen Stämme und Tuärick betrieben; sie umfaßt vorzugsweise Dromedare, Rindvieh und Schafe, dann Pferde. In den übrigen Theilen des Nigerlandes sind es fast ausschließlich die Fellätah, die für sich und für Rechnung der einheimischen Bevölkerung, Viehzucht mit Glück und Geschick betreiben, da namentlich die Haússaner nicht genug anstellig dazu sind. Die Pferdezucht liefert in einigen Theilen vortreffliche Resultate, indem die Pferde von Mandära und im südlichen Fellätahlande aus der Gegend von Rabbah von ausgezeichnet dauerhafter Beschaffenheit sind. Besonders die von Mandera sind viel schöner, größer und stärker, als die von Bornú. Haússa bringt dagegen kleine, wenngleich starke Pferde in den Handel. Zu den natürlichen Industriezweigen gehört endlich die ausgedehnte Fischerei, welche in den großen Süßwasserseen des Landes, dem Tschäd, Fittrê, und in den größeren Flüssen, vorzüglich dem untern Nil bei Rabbah, von den Anwohnern betrieben wird. Selbst die Gewerbe sind nicht ohne Bedeutung und liefern außer dem eigenen Bedarf manches werthvolle Product in den Handel. Am ausgedehntesten ist die Verarbeitung der Baumwolle und die Färbung von Baumwollenzeuge durch Indigo, Arbeiten, die in allen Haushaltungen durch die Weiber geleistet werden. Außerdem liefert der westliche Theil des Nigerlandes und besonders Timbuctú, welches mit Dschinnie, Rabbah und Zagoshie (letztes wurde sogar das Manchester dieses Theils von Afrika genannt, da es alle möglichen Fabricate darstellt) der größte Manufacturort des Nigerlandes ist, eine Reihe ausgezeichnet künstlicher und schöner Stoffe, die unter dem Namen der Sudanstoffe von den Wohlhabenden der Saharā sehr geschätzt und theuer bezahlt werden und selbst auf die Märkte von Marocco kommen. Die Zeuge von Nyffé gelten gleichfalls als die besten des Nigerlandes. Auch Bagherme hat eine höchst ansehnliche Baumwollenzeugfabrication im Nigerlande, wogegen Loggun seine Leinenzeuge, Bornú schöne buntfarbige Seidenstoffe, wozu die rohe Seide durch die Karavanen eingeführt wird und endlich noch grobe, scharlachrothe Kleider, welche speciell den Namen Bornúkleider führen, producirt. Haússa ist gleichfalls sehr geschickt in Darstellung und Zubereitung von Fellen, Stoffen, Farben und Messern, besonders aber Kanō berühmt durch seine Indigofärbereien; nicht minder Rabbah wegen der Geschicklichkeit seiner Handarbeiter und durch seine nirgends übertroffene Matten- und Sandalenfabrication. Matten, Körbe und thönerne Schüsseln fertigen ferner die Weiber von Dār Fūr an und wissen sie mit mannigfachen, schönen Farben elegant zu coloriren. Noch schöner und größer bis von 20—30 Fuß Länge und 9 Fuß Breite, zugleich leicht und doch stark sind die von den arabischen Nomaden Dār Fūrs gemachten und sehr geschätzten Matten, welche man sogar bis Aegypten bringt. Geschnittene Holzwaaren werden gleichfalls in Menge, namentlich hölzerne Mörser, Gefäße, Löffel, in noch unbekannten Gegenden des Nigerlandes angefertigt und auf den Markt von Ghāt (S. 258) gebracht. Gleiches geschieht mit mannigfachen Lederwaaren, vorzüglich Börsen, Schläuchen (aus Ziegenfellen; die besten in Nord-Afrika), ledernen Flaschen, Sandalen, ledernen Kissen, Schilden. Ahīr fertigt endlich den ganzen Bedarf der Tuārick an Waffen an, wozu die Klingen der Schwerter aus Europa und America kommen. Eine Fülle von Töpfergeschirren in netten Formen, aber unglasirt, stellt man zu Dauie (Dowie), einer Stadt westlich von Timbuctú, dar, und treibt damit großen Handel nach Bambarra. Die in Dār Fūr in Menge angefertigten irdenen Geschirre sind dagegen glasirt. Von geringerer Ausdehnung ist Bergbau und Hüttenwesen. Doch wird im Mandāraberglande südlich von Dār Fūr und in Bary auf sehr einfache Weise viel Eisen gewonnen und verarbeitet, Antimon und Zinn, die auf den Markt von Kanō kommen, in Haússa gegraben. Viel bedeutender sind dagegen die Goldwäschen an den zahllosen Bergströmen, zum Beispiel am Tumāt und in den in den Tumāt mündenden Regenbächen, dann in den 3 Stunden weit ausgedehnten goldführenden Alluvionen am Fuße des Tira und Tungur, bei Scheibūn, in den Ebenen von Kamamyl und Adamaua. Dschinnie, Timbuctú, Bornú, Bagherml, Uadāy und Dār Fūr haben dagegen gar keine Goldgewinnung, die sich erst wieder in Bambarra und am Fuße der nördlichen Ausläufer des Kong wiederholt, in Bambarra jedoch nur gering zu sein scheint. Das Gold ist besonders im Osten in den Nubaländern von ausgezeichneter Reinheit, reiner als selbst unser gewöhnliches Ducatengold. Es wird von den Arabern im äußersten Osten zu Fadūssy verschmolzen und zu Drähten und Ringen verarbeitet. Noch geschickter in der Verarbeitung des Goldes sind die Bewohner Dschinnies, welche daraus sehr feine Spielzeuge und im Norden des Continents hochgeschätzte, außerordentlich künstlich gearbeitete Amuleteinfassungen anfertigen. Kupfer von licht gelblicher Farbe, ausgedehnter Dehnbarkeit und überhaupt in so ausgezeichneter Reinheit, daß selbst mit chemischen Reagentien sich keine Spur eines fremden Gehalts darin entdecken läßt, stellt man in der Form sehr kleiner Graupen oder in 10—12 Pfund schweren Ringen dar aus den Erzen der südlich von Dār Fūr ungefähr unter dem 10—12° N. B. gelegenen und von den Arabern Hoffra-vetah-Nahaß genannten zahlreichen Kupfergruben oder auch aus den in den Ländern der Fertit, und bringt es nach Dār Fūr und Kordofān auf den Markt. Die Bewohner dieser kupferreichen Gegenden sind so geschickt im Verarbeiten des Metalls, daß in Caïro eine ganze Straße von Individuen derselben bewohnt wird, die sich fast ausschließlich mit Anfertigung von Kupferwaaren beschäftigen. Die Bleierze von Kanem scheinen nicht gewonnen zu werden, dagegen ist dieß mit dem Zinn und Antimon von Haússa, dem Salpeter von Dār Fūr und endlich dem Schwefel im Süden Kordofâns der Fall. — Das Nigerland betreibt nach allen Richtungen sehr ausgedehnten Handel, besonders nach dem Norden, indem es eine ganze Reihe eigener werthvoller und für die Ausfuhr sehr geeigneter Producte besitzt, anderer aber, woran die Nachbarn Ueberfluß haben, namentlich des Salzes, dringend bedarf. Indessen unterscheidet sich der hiesige Handel von dem anderer handeltreibenden und productenreichen Gebiete wesentlich dadurch, daß die Aus- und Einfuhr fast ausschließlich von Fremden, im Norden vorzüglich durch Araber und Tuârick, und unter diesen wiederum durch die Araber von Fâs, Tunis, Tripolis, Ghadâmes, Murzûk, Udschila und Caïro, dann durch die Tuârick von Tuât, Ghât und Aghâdez betrieben wird, indem nur die kleinen einheimischen Händler sich über die natürlichen Grenzen ihres Gebiets und an die Seeküste im Westen und Süden wagen, die größeren aber fast ohne Ausnahme daheim bleiben. Arabische Geschäftsleute von Tripolis und Ghadâmes werden deshalb in allen Handelsstädten Bornûs und am Niger angetroffen, so wie dieselben sogar über das Nigerland hinaus bis in das Aschanti- und Dahomeland vorzubringen und endlich am unteren Niger bis Rabbah ihren Verkehr auszudehnen pflegen. Den Handel betreibt man, wie in der Saharâ, fast durchweg durch Karavanen, indem die großen Verkehrsstraßen sich an die im Westen, Süden und Norden (S. 251—52) anschließen. Die ansehnlichsten Karavanen, die nach dem Nigerland kommen, sind die Salzkaravanen von Bilma, die meist über Aghâdez gehen und bis 6000 Kameele stark sind, dann die aus Marocco, von Tripolis und Fezzân, endlich die große ägyptische, welche letzte zuweilen bis 15000 Kameele umfaßt. Da das Nigerland keinen Strom besitzt, der, mit Ausnahme des Niger, das Meer erreicht und da selbst dieser Fluß wegen seiner periodisch sehr geringen Tiefe im unteren Lauf und wegen der Kataracten und Stromschnellen zwischen Yourri und Boussá nicht mit größeren Fahrzeugen bis zu seinem Austritt in das Meer zu befahren ist, so beruht der ganze hiesige auswärtige Handel allein auf dem Landtransport. Die Größe der Karavanen bedingt, daß die aus Marocco nach Timbuctú, so wie die aus Aegypten nach Dâr Fûr gehenden öfters mehrjährige Unterbrechungen erleiden. Letzte bedarf zu ihrer vollständigen Ausrüstung und Versammlung meist mehrere Monate. Sie brachte im Beginn dieses Jahrhunderts durchschnittlich 3—400 Ladungen Elfenbein, 2000 Rhinoceroshörner, 200 Ctr. Gummi, bis 1000 Ctr. Tamarinden und etwa 10000 Sclaven nebst großen Massen Natron und viele Straußenfedern jedes Mal in den Handel. In sicheren Zeiten bildeten sich früher noch zahlreichere Karavanen, von denen 2 im Jahr 5—6000 Kameele stark mit ebenso viel Sclaven aufzubrechen pflegten. Wurde die Verbindung Dâr Fûrs mehrere Jahre, wie es zuweilen in Folge politischer Unruhen in diesem Lande und in Aegypten zu geschehen pflegte, unterbrochen, so kam eine sogenannte große Karavane zu Stande, die wie ein bedeutendes Heer zog und zuweilen bis aus 72000 Sclaven und 15000 Kameelen bestanden haben soll. Von Aegypten kehren nur die wenigen Eigenthümer und Führer mit selten mehr, als der Hälfte der Kameele, aber mit einer Menge Waaren des Orients und Occidents für den Bedarf der Osthälfte des Nigerlandes und aller südlich davon gelegenen Landstriche zurück. Aehnlich verhält es sich mit den großen Karavanen, die besonders von Timbuctú nach Fâs abgehen, im April und October aufzubrechen pflegen und ihre Rückkehr ziemlich sicher in 6 Monaten bestimmen können; endlich mit einer 3. großen Karavane, welche die Producte des mittleren Nigerlandes nach Ghât und Murzûk bringt. Uadây stand früher nur mit Murzûk in Handelsverbindungen, während jetzt eine directe Handelsstraße mit dem Hafen von Bengazy über Udschila eröffnet worden ist. Am wenigsten großartig ist die Handelsverbindung des Nigerlandes durch Senegambien mit der SWestküste und mit der Südküste im Guinealande, indem die zwischenliegenden Bergländer die Passage durch Kameele und also auch den Transport von Waaren, wie im Norden, unmöglich machen. Dagegen gestattet es wieder die Natur des Landes, daß aus den östlicheren Theilen des Nigerlandes in der Nähe des Aequator große Massen von Waaren mit Karavanen nach den östlichen Häfen Zeïla und Berbéra (S. 118) gebracht werden können. Wegen der räuberischen

Anfälle der arabischen und Tuarickstämme haben sich die großen Handelsstädte im Westen zur Erlangung größerer Sicherheit für ihre Waarenzüge allmählich im Laufe der Zeit zu Contributionen an diese Stämme verstanden, welche theils unmittelbar von den Eigenthümern des Transports erlegt werden, theils aber auch, wie es Seitens Timbuctus geschieht, in einer Art fortdauernder Steuer bestehen. Dieser ganze Handel nach Außen bringt den großen Emporien des Nigerlandes sehr bedeutenden Gewinn, indem europäische Waaren noch in neuerer Zeit hier im Innern einen 3fachen höheren Werth, als an der Küste des Mittelmeers, die Waaren des Nigerlandes aber sogar einen 6fach höheren an der Küste hatten. Die vielen Erpressungen, denen die Karavanenzüge auf dem Wege nach und von der See unterworfen sind, machten es den einheimischen Geschäftsleuten längst zum Wunsch, die nöthigen fremden Waaren direct von den Europäern zu beziehen, aber die in den natürlichen Verhältnissen der Saharā und des Küstenlandes von Guinea liegenden Hindernisse, die geringe Schiffbarkeit des untern Niger, endlich die Eifersucht der Handelsleute in den nördlichen und westlichen Küstenstrichen, verbunden mit der der Nomaden in der Saharā, welche sämmtlich bei dem directen Verkehr des Nigerlandes mit den Europäern einen beträchtlichen Theil ihres jetzigen Gewinnstes an dem Handelsverkehr zu verlieren fürchten, bewirkten, daß solche Pläne niemals realisirt wurden. Sehr wichtig und umfassend ist auch der Binnenhandel, indem bei dem fast absoluten Mangel des Nigerlandes an Salz die Bewohner der großen Städte am mittleren Niger, vor Allem Timbuctús, Segos, Sünsadings, dann die Haússaner und die Anwohner des untern Niger sich mit einem sehr vortheilhaften Vertrieb des fremden Salzes nach allen Richtungen beschäftigen. Ebenso gibt die Gourounuß zu einem bedeutenden Binnenverkehr in Karavanen Veranlassung, indem diese Frucht vorzüglich von Gondschah über Kulfa nach allen Theilen des Nigerlandes verführt wird, da sie theils als Nahrungsmittel, theils als Scheidemünze dient und endlich bei Besuchen als ein unumgängliches Zeichen freundlichen Willkommens jedem Fremden in wohlhabenden Familien offerirt wird. Nicht minder bedeutend ist der Binnenverkehr auf dem Theil des Niger zwischen Bammaku und Timbuctú, der durch seine Breite und Tiefe am meisten geeignet ist, selbst größeren, schwer beladenen Fahrzeugen während des ganzen Jahres die Passage zu gestatten, viel geringer dagegen in dem Strich zwischen Timbuctú und Yourri, wo die Schiffe einzig den Strom abwärts zu fahren pflegen, am geringsten endlich zwischen Yourri und Boussā, wo nur kleine Fahrzeuge und auch nur während des hohen Standes des Stroms zu fahren vermögen. Dagegen ist der Wasserverkehr zwischen Rabbah und Egga, wo keine namhaften Schwierigkeiten obwalten, wiederum bedeutend. Den Weißen Nil haben die Aegypter erst in den letzten Jahren als Handelsstraße zu benutzen gesucht. Von anderen Flüssen scheint nur der Tschadda periodisch fahrbar zu sein. Nach Berichten der Eigeborenen kann man auf ihm mit Kähnen direct von seiner Mündungsstelle bis in den Tschādsee gelangen (S. 270). Die großen Seen dienen dagegen wenig oder gar nicht für den Wasserverkehr, selbst nicht der Tschad wegen seiner geringen periodischen Tiefe und wegen der räuberischen Natur der Bevölkerung seiner Inseln. Die allgemeinsten Tauschmittel im Handel sind entweder Cauries, namentlich in Bambarra, wo 250 derselben den Werth eines engl. Schilling haben, am Tschadda, wo dieselbe Münze aber nur 100 Cauries gilt, endlich in Haússa, oder eine andere Art im Niger bei Timbuctú gefischter Süßwasserschnecken, dann Stücke baumwollener Zeuge, Goldstaub (sehr allgemein im Westen), Eisenbarren durch ganz Bornú bis Loggun und bis zum Schary. Als Scheidemünze dienen in den kleinen Reichen längs dem Westrande des Niger Gourounüsse, in Dar Für kleine Ringe von Zinn. — Die wichtigsten Importartikel in das Nigerland sind: Baumwollene Kleidungsstoffe, bis in neuerer Zeit fast ausschließlich britischen Ursprungs, in ungeheueren und noch immer wachsenden Massen; doch hat in den letzten Jahren seit den friedlichen Zuständen Süd-Algeriens und durch die Eröffnung der Karavanenstraße von Bengazy nach Wadāy die Einfuhr französischer Baumwollenstoffe immer mehr zugenommen; über Zeïla und Berbera gelangen endlich viele indische Stoffe in das Innere; dann Leinwand, fast ausschließlich irische, in abnehmender

Menge; Tuch, vorzüglich scharlachrothes und überhaupt von blendenden Farben, fast ausschließlich von feiner Qualität, nordafrikanische Teppiche, wollene Mäntel (Haïks von Fas), Gürtel von Wolle und Seide, Sammt, seidene Taschentücher, Eisenbarren und Eisenwaaren (Flinten, Schwerter, Dolche, Messer, Nägel), theils aus England, theils aus Nordamerika, in großer Menge auch aus Deutschland, besonders von Solingen, über Aegypten; viele kleine Schmucksachen, namentlich Glascorallen und Bernstein, Spiegel, Sonnenschirme, nürnberger Waaren, Papier, Gewehre, Pulver, Blei, kupferne und zinnerne Geräthschaften, gefärbtes Leder aus Marocco; Gewürze (Muscatnüsse, Gewürznelken, schwarzer Pfeffer aus Ost- und Westindien, Ingwer aus Sierra Leona); Tabak von Mequinez in Marocco, Weihrauch, Kaffe, Kakao, Zucker; rohe Seide; Pferde (große werden mit 15—20 Negerinnen bezahlt); Cauries aus Ostindien. Doch hat in neuerer Zeit der Import zum Theil eine andere Gestalt erhalten, indem die bisher gewöhnlich in Massen eingeführten kleinen Schmucksachen und nürnberger Waaren von den Landesbewohnern zurückgewiesen und statt ihrer nützliche Gegenstände zum Tausch gefordert werden. Die Hauptexportartikel sind: Baumwolle, Elephantenzähne, vorzüglich aus den untern Nigergegenden, Rhinoceroshörner, die bei den Muhamedanern in hohem Werth stehen und zu Dolchgriffen und anderen Waffenhandhaben verarbeitet werden, sehr feine Wolle, Straußenfedern, die schönsten der Welt aus den wüsten Strichen an den Rändern Bornūs, Uadāys und Dār Fūrs, Zibet aus Haússa; Ykore Sudān oder sogenanntes Sudāngummi, ein sehr geachtetes Räucherwerk, arabisches Gummi, Senna in vorzüglichster Güte von Aghádez, Körner vom Paradiespfeffer, Assafötida, Cardamom, Tamarinden aus Dār Fūr, Sandelholz, Indigo, Häute, tief blau gefärbte oder blau und weiß gestreifte Baumwollenzeuge (Turkedi), ordinaire, auch feine baumwollene oder aus Baumwolle und Seide gefertigte Zeuge für die Sahara und Marocco, die sogenannten Sudānstoffe, Matten aus Dār Fūr für Aegypten, Leder, Ledersachen, hölzerne Geräthschaften; vor Allem aber Gold und Sclaven. Das Gold hat seinen Hauptmarkt im Westen zu Dschinnie und Timbuctú, im Osten in Dār Fūr und zu Fabāssy am Yabūs. Es kommt theils als Goldstaub (sogenanntes Tibber), theils verarbeitet in Ringen oder in Schmucksachen in den Handel. So bequem aber auch der Goldhandel wegen des leichten Transports der Waare ist, so ist er doch nicht vortheilhaft, indem das Gold oft im Norden theurer, als am Niger ist. So galt schon in Fezzān die engl. Unze Goldstaub nur 3 Liv. St., während sie im Innern mit 3 L. 8 Sh. 3 Pf. bezahlt werden mußte. Die fremden Händler sind deshalb gezwungen, solche Verluste durch den Gewinnst an anderen Waaren zu decken. Für den Sclavenhandel war aber das Nigerland zu jeder Zeit der große Stapelplatz, von wo aus die Waare nach allen Weltgegenden hin versandt wurde und fortwährend versandt wird, zum großen Nachtheil aller Verhältnisse, indem der Sclavenhandel nicht allein durch den Verlust an Menschencapital direct schadet, sondern vorzüglich zur Demoralisation, Unsicherheit der geselligen Zustände, ewigen Kriegen und selbst zur Verödung ganzer Landstriche geführt hat, Uebelstände, denen schwerlich troz aller Versuche europäischer Seits, diesen Handel durch Verhinderung der Sclavenausfuhr seewärts zu unterdrücken, je ein Ende gemacht werden dürfte, da das Verhältniß der Sclaverei so sehr in alle Begriffe der Bevölkerung gedrungen ist und sich so mit deren Zuständen verknüpft hat, daß auch ohne den marinen Export von Sclaven das Sclavenwesen und der Sclavenfang im Innern stets verbleiben wird. In vielen Theilen des Innern ist die Zahl der Sclaven die der Freien bedeutend überwiegend, wie z. B. in Haússa zu Kanō, wo sogar je 30 Sclaven auf einen freien Mann kommen. Die unzähligen, in den englischen Parlamentsacten seit 60 Jahren oder seitdem Menschenfreunde ihre Stimme zu Gunsten der Abschaffung des Sclavenhandels erhoben haben, gesammelten Thatsachen über den Stand dieses Handels und die Behandlung der Sclaven auf den Sclavenschiffen zeigen, daß troz aller Präventivmaßregeln, besonders Seitens Englands, sich die Sclavenausfuhr im Ganzen aus dem Continent nicht vermindert hat, vielmehr daß sie seit dem Jahre 1815 riesenmäßig gewachsen ist, und daß das Loos der Eingeschifften während der Seefahrt sich so verschlimmert hat, daß in der neuesten Zeit gewöhnlich nur ein Drittel derselben seinen Bestimmungsort in Amerika erreicht. Hat auch durch die preiswürdige Thätigkeit der britischen Marine der Sclavenhandel seewärts an manchen Küsten des Continents fast gänzlich aufgehört, so ist er dagegen an anderen mit um so größerer Intensität gestiegen. Die Schwierigkeit der Bewachung der Küsten, besonders da, wo, wie in dem sogenannten portugiesischen Guinea, zahllose Einschnitte des Küstenrandes und das Klima nicht zu überwindende Hindernisse in den Weg setzen, ist in Verbindung mit der Ausdehnung der zu bewachenden Küsten so groß, daß in neuerer Zeit einer der menschenfreundlichsten britischen Staatsminister, Lord John Russell, im Parlament zu dem Ausspruche gezwungen wurde: Die ganze britische Marine würde nicht genügen, die beabsichtigten Parlamentsmaßregeln vollständig durchzuführen und dem Sclavenexport ein Ende zu machen. Seit den in Europa dagegen ergriffenen Maßregeln haben nur Briten, Niederländer, Franzosen, Dänen und Schweden sich von diesem Handel zurückgezogen; wogegen Spanier und Portugiesen ihn ungeachtet aller von ihren Staatsregierungen abgeschlossenen Verträge um so lebendiger fortwährend betreiben und leider selbst die freien Nord-Amerikaner sich nicht scheuen, Schiffe, Mannschaften und Capitalien trotz aller entgegenstehenden Gesetze ihres Landes zu diesem Handel bereitwillig herzugeben, indem die Amerikanische Regierung fremden Kreuzern nicht das Recht zugesteht, Schiffe aus den V. Staaten zu untersuchen und da sie selbst weder Beobachtungsschiffe an der amerikanischen, noch an der afrikanischen Küste aufstellt, wodurch die amerikanischen Schiffe ohne Gefahr den Sclavenhandel betreiben. Die staunenswerthe Entwickelung der Agricultur in Cuba und Puertorico, wo schon um das J. 1840 alljährig 100000 Sclaven eingehandelt wurden, nach Cuba im J. 1848 allein 60000, die immer wachsende in Brasilien, der ansehnliche Vortheil, den die Gouverneure der beiden Inseln (der von Cuba jedes Jahr 50—60000 Pfd. Sterl.), die portugiesischen Statthalter Angolas und Mozambiques von dem Sclavenhandel ziehen, nicht minder der immense Gewinn, den die Einfuhr von Sclaven nach Amerika fortwährend abwirft, erklärt genügend, daß der Sclavenhandel auf der Westseite des Continents neuerlichst fortwährend im Wachsen begriffen war, und daß alle Maßregeln dagegen im Ganzen ihren Zweck nur sehr unvollkommen erreichten, ja daß noch in den letzten Jahren große Landstriche, wie Theile von Dahome und Yarriba in Guinea entvölkert wurden, um dem gesteigerten Bedürfniß an Sclaven zu genügen, endlich daß selbst die absichtlich dem Sclavenhandel Grenzen zu setzen und der einheimischen Bevölkerung andere Erwerbszweige zu eröffnen, gegründeten Colonien freier Neger, namentlich Liberia und Sierra Leona, dem Vorwurfe nicht entgangen sind, daß ihre Bewohner mehr oder weniger Antheil an dem Sclavenhandel nehmen. Cubas und Puertoricos steigende Bedeutung führte erst in neuerer Zeit auch den Antheil der Spanier am west-afrikanischen Sclavenhandel herbei, nachdem, mit Ausnahme der zur nominellen Besitznahme von Fernando del Po im 4. Viertel des vorigen Jahrhunderts an die Guineaküste gesandten spanischen Kriegsfahrzeuge, im Lauf des ganzen Jahrhunderts die spanische Flagge auf keinem einzigen Schiffe an diesen Küsten gesehen worden war. Es gab damals noch keinen spanischen Sclavenhandel. Maßregeln gegen den Sclavenhandel in Europa waren jedoch früh ergriffen worden. Schon Pombal verbot ihn in Portugal und die Königin Maria bestätigte das Verbot. Aber noch jetzt wird derselbe gerade in einem der Hauptpuncte der portugiesischen Besitzungen an der Ostseite Süd-Afrikas, auf das Lebhafteste betrieben, angeblich, weil es nicht verboten sei, Sclaven aus einer portugiesischen Besitzung nach einer andern überzuführen. Wenige Jahre nach den älteren portugiesischen Edicten, die jedoch nirgends in den portugiesischen Besitzungen zur Ausführung kamen, geschahen, besonders von den Quäkern angeregt, die ersten Schritte in England zur Ausrottung des Sclavenhandels durch einen Beschluß des Parlaments vom J. 1788, nachdem schon Will. Penn im J. 1688, ein volles Jahrhundert früher, denselben als grausam, unpolitisch und unchristlich verdammt hatte. Aber erst im J. 1807 ging die Bill durch, welche den Sclavenhandel völlig verbot, dann im

J. 1811 eine 2., die auf den Betrieb desselben Deportation auf 14 Jahre, Gefängniß und harte Arbeit setzte. Das mit großen Anstrengungen verknüpfte Werk wurde erst dann für beendigt angesehen, als in Folge des Parlamentsbeschlusses vom 1. August 1834 die Sclaverei am 1. Januar 1840 in allen britischen Besitzungen aufhörte, 800,000 Sclaven ihre völlige Freiheit erhielten und deren bisherigen Eigenthümern eine Entschädigungssumme von 20,000,000 Pfd. Sterl. zuerkannt worden war. In den französischen außereuropäischen Besitzungen wurden die Sclaven erst in Folge der Revolution von 1848 für frei erklärt. In Tunis hatte dagegen der Bei schon 1842 den Betrieb des Sclavenhandels verboten und fast um dieselbe Zeit der Imâm von Zanzibar in einem Vertrag mit England sich bereit erklärt, die Sclavenausfuhr nach Besitzungen, die europäischen Mächten gehörten, zu verhindern. Ebenso gestand Spanien in einem Vertrage vom J. 1835 britischen Kreuzern die Wegnahme von zum Sclavenhandel ausgerüsteten Schiffen zu, was spanischen Sclavenhändlern Veranlassung gab, sich bis zum J. 1842, wo ein ähnlicher Vertrag Englands mit Portugal zu Stande kam, vorzugsweise der portugiesischen Flagge zur Deckung der Ladung zu bedienen. Im Nord-Osten des Continents ist indessen ein neuer Schauplatz des Sclavenhandels entstanden, indem seit Besitznahme Kordofâns durch die Aegypter die Sclavenjagden auf die heidnischen Nubastämme im Süden eine der reichsten Revenuenquellen des Pascha von Aegypten bilden. Auch aus Abessinien dauert er ungehindert fort. So bedeutend war überhaupt die Sclavenausfuhr in neuerer Zeit auf der Westseite des Continents, daß, während vor dem Jahre 1789 durchschnittlich nur 74000 Sclaven jährlich nach dem Auslande gebracht wurden (die Ausfuhr im Norden und Osten war damals ziemlich gering), sich jetzt die Zahl auf 200,000 Köpfe schätzen läßt, wozu etwa 50000 treten, welche durch die muhamedanischen Händler im Osten auf den auswärtigen Markt kommen, unter welchen letzten, ungeachtet der entgegenstehenden Verträge mit Portugal, Goa und Daman in Indien Hauptstellen einnehmen, und von wo aus die afrikanischen Sclaven in das Innere verführt werden. Abessinische Sclaven, theils wahre Abessinier, meist aus dem durch die Sclavenjagden der Nachbarn schon fast ganz entvölkerten Bergländchen Gurâgue, theils Galla, gelangen über Massówah, Zeïla und Berber viel nach Indien und dem Orient, andere aus den Ländern des Innern südlich vom Aequator ebenfalls dahin von Zanzibar aus. Da die Sclaven wie Güter von Waaren verladen werden und auf den spanischen und portugiesischen Schiffen öfters 4 auf ein Ton kommen, während nach älteren spanischen, portugiesischen und brasilianischen Reglements nur 5 Köpfe auf 3 Ton eingeschifft werden sollen, so ist der Verlust der Händler durch die Sterblichkeit bei der Ueberfahrt, wo die Sclaven ungemeln schlecht genährt werden und der frischen Luft entbehren, endlich fast nie die Hülfe eines Arztes haben, natürlich sehr groß. Schon im J. 1822 rechnete man nach Angaben des Herzogs von Broglie in der französischen Pairskammer, daß im Allgemeinen nur 1/4, ja zuweilen nur 1/3 der eingefangenen Sclaven seinen Bestimmungsort in Amerika erreicht; 10% gehen allein auf der Ueberfahrt verloren, auf 40% läßt sich meist der Verlust bei der Ergreifung der Sclaven rechnen, endlich auf weitere 9% der während der Acclimatisirungsepoche in Amerika, so daß von je 1000 Negern von dem Augenblick der Ergreifung an innerhalb Jahresfrist gewöhnlich nur 400 oder 4/10 noch am Leben sind. Dies Verhältniß hat sich selbst in neuester Zeit nicht gebessert. Dennoch ist der Gewinn bei dem Handel ungeheuer, da ein und dasselbe Schiff die Hin- und Rückreise zwischen Amerika und der Westküste des Continents in einem Sommer bis 5 Mal machen kann, und es erachtet der Händler bei der außerordentlichen Differenz der Sclavenpreise in beiden Continenten sein Geschäft immer noch für ein gutes, wenn auch nur jedes dritte Schiff in Amerika anlangt. An der Beninküste war nämlich der durchschnittliche Preis eines guten Sclaven um das J. 1840 nur 2 1/2 — 4 Pfd. Sterl., der Verkaufspreis bei der Landung in Amerika aber 50 Pfd. Eben so kostet in Quilimane der Sclave beim Einkaufe etwa 80 Frcs. und, da er zu Rio Janeiro mit 1037 1/2 Frcs. verkauft wird, so könnte jedes mit 500 Sclaven belastete Schiff von dort, dessen Ladung eine Ausgabe von 40625

Frcs. erforderte, bei guter Fahrt eine Einnahme von 518,750 Frcs., also einen Gewinn von 478,125 Frcs. bringen, was freilich unter den obwaltenden Umständen selten erreicht wird. Dennoch hatte das Schiff Venus aus der Havana im J. 1839 bei einer einzigen glücklichen Reise nach Cuba mit 900 Sclaven nach Abzug der Kosten einen reinen Gewinn von 200,000 Dollars. Es ist deshalb wohl begreiflich, daß im J. 1835 ein Sclavenhändler vom Gallinas-Fluß, unfern Sierra Leona, Pedro Blanco, allein 100 Schiffe zum Sclaventransport besaß und daß, obwohl demselben in dem nämlichen Jahre 8 Schiffe genommen waren, er doch mit Bestimmtheit versichern konnte, daß er dabei nichts verloren habe, indem er den Verlust der Schiffe auf sehr wohlfeile Weise durch den Rückkauf der genommenen bei der öffentlichen Versteigerung zu Sierra Leona zu decken vermöge. In neuerer Zeit ist der Preis der Sclaven in Amerika noch bedeutend gestiegen; im J. 1846 allein um 15—20%, da auch die Zuckerpreise und der Werth des Grundeigenthums in Cuba um eben so viel in die Höhe gingen. Dieß war besonders die Folge der britischen Parlamentsacte von 1846, welche die Zölle von Zucker aus sclavenhaltenden und sclavenfreien Colonien in England gleichstellte. Sie veranlaßte zugleich, daß die in Brasilien nur 36758 Köpfe im J. 1845 betragende Einfuhr von Sclaven, im J. 1847 schon auf 76117, im Jahre 1848 aber gar auf 84336 stieg, bis man es endlich im Jahre 1849 nöthig fand, mittelst einer strengen Bewachung der brasilianischen Küste selbst durch britische Kreuzer diesem Handel nach Brasilien möglichst Schranken zu setzen. Dieß hatte auch den guten Erfolg, daß die Einfuhr in dies Land schon im J. 1849 auf 45000, im J. 1850 auf 23000, im J. 1851 gar auf 3287 Sclaven herabsank. Um den Gefahren durch die Beobachtungsschiffe zu entgehen, sucht man jetzt die Ladung durch die nord-amerikanische Flagge zu decken, und so sind es nun vorzugsweise nord-amerikanische Schiffe, welche diesen Verkehr betreiben. Nach amtlichen Documenten liefen in dem 5jährigen Zeitraum vom 1. Juli 1844 bis 1. October 1849 allein von Rio Janeiro 93 nord-amerikanische Schiffe zum Sclaventransport aus, von denen, mit Ausnahme von 5, alle übrigen ihren Zweck erfüllten, da der Waarentransport aus Afrika nach Brasilien fast Null ist. Durch die anerkennenswerthe Thätigkeit der britischen Kreuzer fast allein war es auch möglich, die Sclavenausfuhr von der Küste West-Afrikas wenigstens auf einige Puncte zurückzudrängen, unter denen der Küstenstrich des sogenannten portugiesischen Guinea, der Theil von Guinea zwischen dem Volta und Benin, endlich die Küste zwischen dem Aequator und Benguela die meiste Bedeutung haben. Aber erst in den letzten 10 Jahren wurde derselbe an der Küste von Sierra Leona bis Cap Palmas, von wo noch im J. 1825 30000 Sclaven in den auswärtigen Handel kamen, bedeutend beeinträchtigt, dann beinahe ganz zum Erliegen gebracht. Gleiches geschah an der Benin- und Biafraküste, wohin sich bis in die neuere Zeit der Sclavenhandel geflüchtet hatte, und wo man noch vor wenigen Jahren die Zahl der alljährlich eingeschifften Sclaven, wohl übertrieben, auf 140,000 Köpfe schätzte. Auf der Ostseite des Continents beschränkt sich der überseeische Sclavenhandel jetzt auf die Häfen Massowah, Zeïla, Berbĕra und die kleineren Häfen zwischen Bab el Mandeb und C. Guardaful, dann auf den Strich von letztem südwärts bis zur de Lagoabai. Aus den portugiesischen Häfen findet die Ausfuhr meist nach Brasilien statt. Nächst portugiesischen Handelsleuten sind es hier Araber und Indier, die sich mit dem Handel befassen. Rechnet man auch nur 200,000 Sclaven, welche immer noch jedes Jahr aus dem Continent und besonders aus dessen Innern exportirt werden, so erfordert diese Summe als etwa $^3/_{10}$ des ganzen, zu ihrer Beschaffung nöthigen Menschencapitals einen jährlichen Verlust des Continents von nicht weniger als 700,000 Individuen, meist des rüstigsten Alters.

Topographie. Die größten und bekanntesten Staaten und Orte des Nigerlandes sind:

1) Das Reich **Bambarra** im äußersten Westen und zu beiden Seiten des mittleren Niger von Bammaku an, wo der Strom aus den Bergländern Senegambiens in die Ebenen tritt,

bis Silla, begrenzt im Norden durch das Gebiet der Uled Amer (S. 257) in der Saharâ, im Süden durch das kleine, Bambarra jetzt tributaire Land Baedu und das westlich Baedu gelegene Reich Miniana, besteht im Allgemeinen aus ausgedehnten und fruchtbaren, großentheils aber auch sumpfigen und wasserreichen Ebenen, indem besonders im Süden zahlreiche Flüsse und Bäche die Ebenen durchziehen und, gleich dem Hauptstrom, in der Regenzeit weit und breit ihre flachen Ränder überschwemmen. Nur an der Westseite ist B. bis Dschabbe noch hügelig. Das Land hat einen großen Reichthum an dem nützlichen und deshalb sehr geschonten Schihbutterbaum. Die Bevölkerung, ein Zweig der Mandingo, meist heidnisch, sehr kriegerisch und beutelustig, treibt zugleich einen bedeutenden Handel, der aber doch vorzugsweise in den Händen der zahlreich in allen Nigerstädten angesiedelten Araber ruht. Die Herrscherfamilie und der wohlhabendste und gebildetste Theil der einheimischen Bevölkerung folgt dem muhamedanischen Glauben. An einigen Stellen haben sich unter den eigentlichen Bambarranern Fulah niedergelassen, die, wie überall, vorzugsweise Viehzucht treiben. — Sego Hauptstadt des Reichs, eigentlich aus 4 getrennten und ummauerten Orten bestehend, wovon 2 auf dem nördlichen, 2 auf dem südlichen Ufer des Niger liegen, gut gebaut und sehr bedeutend; 30,000 Ew., die vielen und ausgedehnten Handel haben; zahlreiche Moscheen. — Bammakn ebenfalls am Niger, kleine westliche Grenzstadt gegen Manding mit sehr reicher Bevölkerung durch den wichtigen Salzhandel nach der Saharâ. — Marrabú 12° 48′ N. B. am Niger, der von hier an gefahrlos schiffbar ist; bedeutender Salzhandel. — Kullikorro 12° 51′ 55″ N. B. am Niger, ansehnlicher Handel mit Salz und Baumwolle. — Yamina 13° 15′ 7″ N. B. am Niger, schon unterhalb Sego, bedeutender Ort mit etwa 10,000, durch den Handel mit den Arabern der Saharâ sehr reichen Bewohnern. — Dschabbe (Jubbe) große Stadt am Niger, unterhalb Yamina. — Sai am Niger, ansehnlicher und wohlbefestigter Handelsplatz. — Kabba am Niger, großer Ort. — Sänsading am Niger, sehr bedeutende Handelsstadt mit großen, von weit her besuchten Märkten, 11,000 Einw. Stapelplatz für den Salz- und Goldhandel. — Nyami (Nyamee) am Niger, unterhalb Sänsading. — Silla am Niger, wohlbevölkerter Grenzort gegen das Reich Dschinnie, wo schon die Sungaisprache der Kissur beginnt. — Galla Grenzort gegen die Uled Amer, im NW-Theil des Landes. — Murscha (Murja), wie Gallu im Innern Bambarras auf der großen Handelsstraße von den Uled Amer nach Sego; großer Handelsplatz für Korn und Salz, wo sich die benachbarten Araber zu verproviantiren pflegen.

2) Das Reich Dschinnie (Jinnie) ebenfalls längs dem Niger, westlich durch Bambarra, nördlich durch das Gebiet der Sergúinürick begrenzt, östlich über Timbuctú hinausreichend. Gleich Bambarra, ist Dschinnie meist eben und besonders längs dem Niger, der hier sich oft theilt und große Inseln bildet, ungemein sumpfig, da während der Regenzeit die Ränder des Stroms ausgedehnt unter Wasser gesetzt werden. 2 Tagereisen unterhalb der Stadt Dschinnie geht der Niger in den großen Süßwassersee, den Dhiebu, aus. Im östlicheren Theile des Stromlaufs reicht die Wüste und mit ihr der Stamm der Sergútu:rick unmittelbar an den Fluß. Die Bewohner sind vorherrschend Kissur; doch in den Städten gibt es zahlreiche, thätige und wohlhabende Colonien von Arabern, meist Priestern, Handelsleuten und Gewerbetreibenden; außerdem finden sich Tuärick, Mandingo und zahlreich Fulah. — Dschinnie 13° 20′ N. B., 8—10,000 Ew.; Hauptort auf einer Insel des Niger, 2 Tagereisen östlich Silla; das eigentliche Emporium des Sudanhandels, dessen Märkte aus den entferntesten Gegenden zahlreich besucht und sehr reich mit europäischen, meist englischen, und einheimischen Waaren versehen werden. Großer Gold- und Salzhandel, der aber in neuerer Zeit durch die Concurrenz des näher an der goldreichen Landschaft Bouré gelegenen Sänsading sehr gelitten hat. Die intelligente, geschickte und thätige Bevölkerung betreibt zugleich eine große Fabrication feiner, bis Marocco und Arabien in den Handel kommender Goldwaaren. — Timbuctú (Tumbuctú oder Tembuctú) in einer beckenartigen Vertiefung des Nigerthals, 5 Stunden vom Strom, in welchen hier 36 Ströme münden sollen, unregelmäßig gebauter, ganz mit öden Sandwüsten umgebener offener Ort, der aber durch seinen ausgedehnten Handel und als Centralpunkt zahlreicher, hier zusammenstoßender Karavanenstraßen bei der günstigen Lage an der nördlichsten, gegen die Saharâ vorspringenden Spitze der großen Biegung des Niger einer der wichtigsten Plätze des innern Nord-Afrika ist; 12—15,000 thätige, in ganz Nord-Afrika durch Geist, Lebendigkeit und elegante Manieren bekannte Einw., die zugleich so viele, fein, kostbar und kunstreich gearbeitete Stoffe darstellen, daß T. mit Dschinnie und Kanó der bedeutendste Fabrikplatz des nördlicheren Nigerlandes ist. T., im J. 1213 durch den Mandingofürsten (Mansa) Suleiman erbaut, wechselte im Lauf der Zeit öfters seine Besitzer, und nachdem es Bambarra und selbst Marocco angehört hatte, steht es jetzt unter Dschinnie. Stets bedroht durch die räuberischen Sergútuärick, erkauft es jetzt von diesen seine Sicherheit und die seiner Waarenzüge in der Saharâ durch eine jährliche bestimmte Abgabe. — Cabrâ am Niger, Hafenplatz Timbuctús, dessen Bewohner hier sehr große Magazine haben. — Dannie (Downie) westlich von Timbuctú, große Fabrication von Töpfergeschirren und ansehnlicher Handel damit nach Bambarra. — El Lambon Lillahi, 1 Tagereise östlich von Isaaca, Residenz des Herrschers von Dschinnie, mit viel besuchten Koranschulen.

3) Das Land Haússa, ein sehr ausgedehnter Landstrich zwischen dem 12—13° 10′ N. B.

23—29° O. L., nordöstlich vom mittleren Nigerlauf zwischen Timbuctù und Yourri und größtentheils so eben, daß es während der Regenzeit durch die zahlreichen größeren und kleineren fließenden Gewässer großentheils mit Wasser bedeckt wird, was z. B. bei Kanö, dann durch die Flüsse Zirmie und Zurrie bei Saccatù und endlich in ausgedehnten Strichen längs dem Niger geschieht, dessen Ufer hier fortwährend sehr flach sind. Im Innern wird H. durch eine granitische, südlich von den Städten Kaschnà und Kanö gelegene Gebirgskette durchzogen, so wie auch im süd-westlichsten Theil die hohe, 6 Tagereisen breite und lange Batako-Bergkette, welche zwischen Kasso und Atty vom Niger durchbrochen wird, nach dem Innern fortsetzt. Die ansehnlichsten Flüsse sind, außer dem Niger, der hier noch breiter, als bei Dschinnie und Timbuctù sein soll und besonders während der Regenzeit zu einer außerordentlichen Höhe wächst, aber durch viele Klippen in seinem Bette den Schiffen oft gefährlich ist, der Zirmie, Zurrie, Quarrama und Yeou. Der Boden erscheint durchweg sehr fruchtbar und besonders, wo er bewässert werden kann, wohl cultivirt, das Land überhaupt mannigfaltig und schön, dagegen das Klima der vielen Sümpfe wegen ungesund, am meisten den Fremden; im Winter sogar auffallend kalt. Die Bevölkerung ist ganz muhamedanisch und besteht aus den ursprünglichen schwarzen Haùssanern, die theils stets unabhängige Staaten bilden, theils sich erst neuerlich vom Fellatahjoch durch die Unterstützungen des Scheikh von Bornù frei gemacht haben oder endlich noch den Fellatah unterworfen sind und mit ihnen das durch Dansodio gegründete große, südwestlich bis zum Kong in Dahome und südöstlich bis zu den Grenzen von Nyffé reichende Fellatahreich bilden, dann aus Fellatah. Zu den wieder selbständig gewordenen Haùssareichen gehören Womba und Zamfra. Ursprünglich bestand Haùssa aus den Landschaften Kanö, Kaschna, Gubér, Guari, Womba, Gubble und Zamfra. In der Bevölkerung betreiben die Fellatah, wie gewöhnlich, mit Eifer und Geschick die Viehzucht, und sie besitzen zugleich zahlreiche und vortreffliche Pferde, wodurch es ihnen möglich war, große Reiterschaaren in das Feld zu bringen; die ursprünglichen Haùssaner beschäftigen sich dagegen mit Ackerbau, technischer Industrie und Handel: in letztem besonders mit den von ihnen selbst in großer Menge angefertigten Baumwollenstoffen, entweder weißen, die von Kaschnà kommen, oder blauen und blau gestreiften, den im Norden auch unter dem Namen Sudanstoffe bekannten, welche man in Kanö macht, mit gegerbten Ochsenhäuten und buntgefärbtem Ziegenleder, endlich vorzüglich stark mit den von Ghondia (S. 213) durch große Karavanen gebrachten und von hier weiter nach allen Gegenden verführten Gouronüssen. Der hiesige Verkehr ist so bedeutend, daß die Haùssasprache, gleich der französischen in Europa, sich dadurch vorzüglich, dann durch ihren Wohlklang, ihre Bildungsfähigkeit als Umgangssprache weit verbreitet hat. Als Geschäftssprache ist sie im Norden bis Agádez, im Süden längs dem ganzen untern Niger bis fast Benin im Gebrauch. Der Handel Haùssas nach Norden durch die Sahara wird nicht direct durch die Bevölkerung, sondern durch die Tuárick betrieben, welche Haùssa mit Salz versorgen und dagegen Landesproducte nebst den tiefer aus dem Süden südlich vom Niger kommenden Handelsgegenständen erwerben und auf die Märkte im Norden, die von Ghât, Fezzân, Ghadâmes und Tuât, verführen. Das besonders durch Dansodio in Haùssa gegründete Reich der Fellatah nimmt übrigens, da es im Innern sehr mangelhaft organisirt ist, an Bedeutung immer mehr ab: seine Verwaltungsweise ist eben so in der Kindheit, wie die in vielen Theilen des Orients. Die höheren Verwaltungsstellen erhält z. B. der Meistbietende, welcher seinerseits die unteren zu seinen Gunsten veräußert. Zum Fellatahreich selbst gehören in Haùssa die Orte: Saccatù oder Soccatù 13° 4′ 52″ N. B. 23° 5′ 3″ O. L., am sehr fischreichen Quarramafluß, eine der größten und bevölkertsten Städte des Binnenlandes, in einer fruchtbaren und wohl cultivirten, aber sumpfigen Ebene; 1803 durch Dansodio als Haupt- und Residenzstadt des Fellatahreichs angelegt. — Quarra am Quarrama, 5—6000 E., Salzhandel. — Kanö 12° 0′ 9″ N. B. 26° 20′ O. L., reiche, große und blühende Handelsstadt in sehr fruchtbarer, aber ganz mit Sümpfen erfüllter und deshalb sehr ungesunder Gegend mit sehr gut versehenen Märkten und einer alljährlichen, bedeutenden Messe, welche von weit her, selbst von Guinea und Dâr Fûr besucht wird; 30—40,000 sehr thätige, meist aus Sclaven bestehende E., welche hauptsächlich die blauen Sudanstoffe anfertigen und färben und viel vortrefflichen Indigo aus den in der Nähe gebauten Pflanzen darstellen. — Unabhängig jetzt von den Fellatah, aber noch in Haùssa gelegen ist: a) das an schönen, fruchtbaren Thälern und bewaldeten Bergen reiche, südwestlich an das Reich Yourri anstoßende Ländchen Womba mit der Hauptstadt Kotonkara auf einem hohen Granitfelsen, 10° 35′ N. B. 28° 25′ O. L., großer Durchgangsplatz für Handelskaravanen, 10—12,000 Ew., und dem großen Ort Womba; b) der District Kaschnà mit der großen Hptstadt gl. N., östlich von Saccatù, 12° 59′ N. B.; sehr bedeutende Baumwollenzeug- und Lederfabrication und ansehnlicher Handel. — Bùtù am Niger, Hafenplatz der 12 St. nördlich davon gelegenen St. Kaschnà; sehr bedeutender Flußhandel nach Timbuctù. — c) Guari, bergige und waldige Landschaft mit dem großen Hauptort gl. N., 59° 25′ N. B. 25° 40′ O. L. — Demnächst gehören noch zum Fellatahreich von Saccatù die nicht mehr Theile Haùssas bildenden, aber unter von den Fellatah abhängigen Häuptlingen stehenden Landschaften Adamáua, Zegzeg und Kattagúm. a) Adamáua, ein sehr großes und interessantes Gebiet, im Süden des Tschadsees, 12 Tagereisen von Bornù, grenzt nördlich an das Mendefygebirge und das Mandaraberg-land, westlich an Yarriba und besteht großentheils aus sehr fruchtbaren und gut cultivirten Ebenen, aus denen sich wieder hohe, waldbedeckte, granitische Gebirgsmassen, wozu der bis 10,000 F. hohe Alantikaberg gehört, erheben. Es wird durch 2 große Flüsse, den von Osten kommenden und bedeutenderen, den Bénne und einen weniger bedeutenden, den Faro, durchzogen, welcher letzte am Berge Hosere Label entspringt und nach 7 Tagereisen langem Lauf von Süden nach Norden sich mit dem Bénne zur Bildung des Tschadda vereinigt. A. hat theils eine heidnische ursprüngliche, theils eine muhamedanische eingewanderte, herrschende Bevölkerung aus dem Fellatahstamm; erste, die Kerdies genannt d. h. Heiden, treibt vorzüglich Ackerbau und producirt viel Reis und Durrah, letzte, wie gewöhnlich die Fellatah, stark Viehzucht und besitzt große und schöne Heerden. Die hiesigen Flüsse führen Gold: in den Bergen sollen Silbererze und heiße Quellen nach Versicherung der Eingeborenen vorkommen. — Yola 8° 2′ N. B. großer, offener Ort in einer weiten und gut angebauten Ebene, dicht an der bedeutenden Stadt Gurea. — b) Zegzeg, hügeliges, außerordentlich schönes, zugleich auch außerordentlich fruchtbares Ländchen, zwischen dem 10–11° N. Br., südlich von der granitischen Gebirgskette Haussas und von Kanó, N.O. von Guaré, mit dem Hauptort Zaria 10° 59′ N. Br. 26° 22′ O. L., sehr bedeutende, neu von den Fellatah erbaute und, wie alle Orte derselben, umwallte Stadt: 40–50,000 E., meist Fulah, die erst in neuerer Zeit aus Senegambien, vorzugsweise aus Futa Toro und Bondú eingewandert sind. — Eddschebi (Eggebee), sehr große, nette Stadt in einer sehr schönen und sehr gut cultivirten Gegend, 6–7000 Einw. — Baebaebschie (Baebaegie), 13° 34′ N. Br. 26° 52′ O. L., am Südrande der granitischen Gebirgskette Haussas und mitten in einer wohl angebauten, durch eine fleißige, viel Viehzucht treibende Bevölkerung bewohnten Ebene: 20—25,000 reinliche, thätige, gut gesittete Ew., meist Flüchtlinge aus Bornú und Uadäy oder deren Abkömmlinge, die ausschließlich Handel treiben. — c) Kattagúm im östlichsten Theil des Fellatahreiches, jetzt meist von Bornú abhängig mit dem Hauptort gl. N., 12° 17′ 11″ N. Br. 28° O. L., unfern vom Yeou, stark befestigt mit Wällen und 3 Gräben, 7—8000 Ew.

4) Das Reich Bornú (nach Andern eigentlich Barnó), einer der größten und mächtigsten Staaten des Nigerlandes, erstreckt sich gegenwärtig vom 15—10° N. Br. und vom 27—33° O. L., doch ist bei den ewigen Kriegen, welche das Reich gegen Bägherml und Uadäy mit abwechselndem Glück führt, die östliche Grenze am wenigsten sicher. Im Nordosten stößt Bornú an das Land Kánem, im Osten an den Tschäd, im Südosten an den Schary und das kleine Reich Loggun, im Süden an das Bergland Mandára, im Westen an Haússa, im NW. an die Tuärick, und besonders an den Staat von Aghádez, im Norden an die Saharä und das Gebiet der Tibbo. B. ist ein fast ausschließlich ebenes, zugleich an den Rändern des Tschäd sehr sumpfiges, hier aber gerade ausgezeichnet fruchtbares Land, wo nach den Innundationen Baumwolle und Indigo in vorzüglichster Güte gebaut werden. Andere große Theile Bornús, deren Oberfläche aus schwarzem, alluvialem Thon besteht, sind gleichfalls sehr ergiebig. Unter den Gewässern gelten der Yeoufluß und der Tschadsee als die bedeutendsten. Die auf 2 Millionen geschätzte, verhältnißmäßig sehr starke Bevölkerung, besteht theils aus dem eigentlichen Bornúvolk oder, wie sie sich selbst nennen, den Kanoury (Kanowry), theils aus Arabern vom Stamm der Schúa: sie steht in dem Rufe, eifrig den Lehren des Islam anzuhängen, aber wenig tolerant zu sein. Die ursprünglichen Bornúer treiben fast ausschließlich Ackerbau, die Araber Vieh- und Kameelzucht, zugleich Pferdezucht, da ihre Pferde von ausgezeichneter Beschaffenheit, besonders aber sehr ausdauernd sind. Die namhaftesten Orte sind: Kúka (in der Bornúsprache der Name der Adansonien), 12° 51′ N. Br. 31° 27′ O. L., 3½ M. nur vom Westrande des Tschäd; Residenz des Scheikh von Bornú: 8000 Einw. — Birnie d. h. Stadt, in der Nähe des Tschäd: Residenz des Sultan von Bornú; 3½ M. OSO. von Kúka, 10,000 Ew., mit besonders von Kánem aus sehr zahlreich besuchten Wochenmärkten. — Angornu 3¾ M. von Kúka, in geringer Entfernung vom Tschäd, offene, aber größte, durch 30,000 Ew. bevölkerte Stadt des Reichs. — Digōa (Deegoa) SW. vom Tschäd, gegen 30,000 Ew. — Affagal, große, volkreiche Grenzstadt auf der Handelsstraße nach Mandara. In der Nähe Affagals noch mehrere große Städte, wie Segama, Kindatsche (Kinducha), Mafferam, Kingoa, sämmtlich mit 20,000 und mehr Ew. — Lari unweit des Nordrandes des Tschäd, 2000 Ew.; Einbruchsstation aus dem Tibboland nach Bornú. — Damergú Grenzstadt Bornús gegen das Tuärickland und meist durch Tuärick bewohnt, nur ein Hauswerk von Hütten, aber wichtiger Handelspunkt. — Zender ebenfalls Grenzort Bornús gegen die Tuärick und ansehnlicher Handelsplatz.

5) Das Reich Loggun, westlich durch Bornú, östlich durch den in den Tschäd fallenden großen Arm des Schary begrenzt, welcher es von Bäghermi trennt, ist ein ebenes und sehr fruchtbares, auch waldreiches Land, das jedoch in der Nähe des Schary sehr sumpfig wird. In der Nähe des Tschäd, dem die allgemeine Neigung des Bodens zufällt, theilt sich der Schary wiederum in 5—6 große Zweige, welche ein sehr sumpfiges Delta vor ihrem Ende umschließen. Die sehr starke Bevölkerung, ein schöner, ungemein thätiger und industriöser, freundlicher Menschenschlag, steht in seiner physischen Constitution und Sprache mehr den Bäghermern als den Bornúern nahe, doch sind seine Sitten, besonders bei den Weibern, sehr locker. — Loggun, gewöhnlich Karnak d. h. Stadt genannt, 14° 7′ N. B., in einiger Entfernung vom Schary; Residenz des Sultan:

16,000 Einw.; große Fabrication feiner Kleidungsstoffe und vortrefflichen Indigos.

6) Das Reich Mandára auf der Grenze Bornús und Adamáuas, erscheint völlig mit granitischen Gebirgsmassen erfüllt, die, obgleich im Allgemeinen nur etwa bis 2500 F. ansteigend, doch durch ihre kühnen Gipfel und steilen Vorsprünge dem ganzen Lande einen ungemein malerischen und stellenweis selbst wilden Character verleihen. Im Süden schließen sich diese an andere, muthmaßlich schon Adamáua angehörende höhere an, welche mit den schönsten Europas in der Mannigfaltigkeit der Scenerien wetteifern, wenn sie ihnen meist auch nicht in der Höhe gleich kommen mögen. Zu ihnen gehört der Mendefo, einer der höchsten des südlichsten Theils von Mandára. Andere treten als isolirte, zackige, fast senkrechte Felsmassen, gleich den alpinischen Hörnern, hoch über ihre Umgebungen auf. Riesenhafte Waldbäume, besonders Tamarinden, Mangos, feigenähnliche Bäume nebst anderen noch unbestimmten Bäumen bedecken die tief eingeschnittenen und überhaupt mit der üppigsten Vegetation bedeckten Thäler. Von Mineralien besitzt M. bloß Eisenerze, aber in Menge, doch verarbeitet die Bevölkerung vorzüglich das Eisen von Karúa, einer südwestlich gelegenen, noch M. angehörenden Landschaft, zu Barren, Hacken und Nägeln, welche sie dann häufig nach Bornú zum Verkauf bringt. Die hier gezogenen Pferde gelten als die vortrefflichsten ihrer Art. Die Manda genannten Bewohner sind ihrer Sprache nach ein selbstständiges, von den Bornúern und Fellatahs völlig verschiedenes Volk, das sich von den ersten durch eine viel ausgezeichnetere physische Entwickelung unterscheidet, indessen im Ruf der Feigheit steht und nur durch die natürliche Festigkeit des Landes bisher vor der Unterjochung durch die Fellatah geschützt wurde. Ein Theil davon ist muhamedanisch und wohnt, außer in der Hauptstadt des Landes, Mora, noch in 7 anderen Städten, die sämmtlich in einem großen, durch große Gebirgsmassen umschlossenen, prächtigen Kesselthal liegen, wogegen die heidnischen Bewohner, die Kerdies, die Abhänge der hohen Berge einnehmen.

7) Der Staat Aghádez am Nordrande des Nigerlandes, noch innerhalb der tropischen Regenzone gelegen und durch einen Theil der Kelluiuárick bewohnt, nimmt den südwestlichsten Theil Ahirs ein und grenzt im Süden an die Fellatah von Saccatú, von denen er in so weit abhängig ist, daß der von den Kelui durch Wahl bestimmte Sultan, der einzige unter den 4 Tuárickhäuptlingen von Ahir (S. 258), welcher das Recht hat, Todesurtheile zu sprechen und sie auszuführen, durch den Sultan Saccatús die Investitur erhalten muß. A. hat bei der geringen Ergiebigkeit seines Bodens nur Senna für den Handel, wovon jedoch sehr große Quantitäten nach Norden ausgeführt und theuer bezahlt werden, da die hiesige Senna alle anderen Vorkommnisse in Güte übertrifft. — Die Hptstadt gl. N. unter etwa dem 16° N. B. 25° 9' O. L., auf einem dürren, aus Granit und Sandstein bestehenden Plateau gelegen und Residenz des Sultan, war einst ein sehr ausgedehnter und zugleich außerordentlich bedeutender Handelsplatz von 50—60,000 Ew., der jetzt sehr herabgekommen ist und kaum noch 700 bewohnte Häuser mit 7—8000 Ew. hat, welche meist Handelsleute sind, wogegen die übrigen Häuser in Ruinen liegen. A. ist in ganz Nord-Afrika berühmt durch seinen hohen Wartthurm, den Mesaldscheh (Mesaljeh), von dessen Gipfel die ganze Umgegend fortdauernd überwacht wird, um die Bevölkerung vor den plötzlichen Ueberfällen der räuberischen Nachbarn einigermaßen zu sichern.

8) Das Land Kánem, einst ein großes, selbstständiges Reich am NO- und Ostrande des Tschád, jetzt von Uadáy abhängig, mit ebener Oberfläche und theils sumpfigem, theils auch sehr fruchtbarem Boden, doch wenig bekannt. Die harmlose, aus Muhamedanern und Heiden bestehende Bevölkerung, die Kanembu, wird fortwährend durch die räuberischen Einbrüche und Sclavenjagden der Fezzáner, Bornúer und Tuárick geängstigt und verringert, indem dabei stets viele Menschen jeden Alters in Sclaverei gerathen oder umkommen. Ein großer, breiter, sehr tiefer und fischreicher Strom durchzieht Kánem in dem immensen, aus dem Lande der Tibbo Kráän kommenden Ghazellenthal (Bahr el Ghazál) (S. 252) während der Regenzeit und mündet in den Tschád, gerade über dem durch das Völkchen der Kuris bewohnten, am Ostrande des Sees gelegenen Karkaarchipel, der zu Kánem gerechnet wird. — Mán Hauptstadt, 2 Tagereisen von dem Ausgange des Ghazellenthals in den Tschád, 30—40 von Uára, der Capitale Uadáys.

9) Das Reich Bághermi oder Bágulrmeh, auch ein großer, mächtiger, aber in seinem Innern fast völlig unbekannter Staat, der im Norden an Kánem, im Westen an den Tschád, endlich im Südwesten an den in den letzten fließenden Arm des Schary nach der Gabelung stößt und durch ihn von Bornú und Loggun getrennt wird, im Osten an Uadáy und im Süden an das große Thal des von Osten kommenden Ero (Iro), eines der Hauptquellströme des Schary, grenzt. Nach diesem Verhältniß führt der Scharj in diesen Gegenden den Namen des Flusses von Bághermi oder auch des Gula. Die Bevölkerung, ganz von dem vollendetsten Gesichtstypus der äthiopischen Race, aber nach der Sprache ein eigenthümliches Volk, theils aus Muhamedanern, theils aus Heiden bestehend, ist sehr kriegerisch und durch die Zucht trefflicher Pferde im Besitz einer guten Schaar von Lanzenreitern, bei der Mann und Roß in wattirte, panzerähnliche Hüllen gekleidet sind. Sie steht in beständiger Fehde mit den Nachbarn, namentlich den südlichen heidnischen in den dortigen Bergdistricten, da die muhamedanischen Bághermer, gleich den meisten muhamedanischen Völkern Nord-Afrikas, aus religiösen Ansichten Sclavenjagden in den Ländern heidni-

scher Völker für ein gottgefälliges Werk ansehen, um dadurch ihrem Glauben Proselyten zuzuführen. Doch ist Bägherml auch durch seine Baumwollenzeugfabrication berühmt, indem von hier außerordentlich viele und gute Stoffe in den Handel kommen. — Mosko (auch Mudéko), 4 Tagereisen nur von Loggun, Hptstadt und Residenz des Sultan.

10) Das Reich Uadäy (Waday), häufig auch unter dem bei den Arabern dieser Gegenden üblichen Namen Sûläyh oder Salei (Där Sûläyh d. h. Reich Sûläyh) bekannt, ist jetzt mit Bornú und Där Für der mächtigste Staat des Nigerlandes; er grenzt im Westen an Känem und Bägherml, im Norden an das Land der Tibbo Kraän, von denen es durch den ostwestlichen Lauf des darin beginnenden Ghazellenthals, sowie von Känem theilweise durch die Fortsetzung desselben Ghazellenthals in dessen unteren veränderten Richtung gegen Südwesten getrennt wird. Im Nordosten scheidet ein 3 Tagereisen breites, sandiges, ebenes, wasserloses Terrain das Reich von Där Für; im Osten und Südosten geschieht Gleiches durch eine die Länder Runga oder Ruña (Där Runga), Sûlah (Där Sülah) und das Gebiet der Uanibaneger erfüllenden Bergkette. Im Süden dacht Uadäy gegen die breite, wasserreiche Niederung ab, welche den Namen Kulla oder Gula (Där Kulla) führt und durch den Lauf des Ero und eine Menge Zugänge desselben durchzogen wird. Das Land ist von allen Seiten offen; seine Oberfläche ausgedehnt, eben, besonders an der Grenze gegen Där Für auch sandig, meist aber fruchtbar. Die Ergiebigkeit des Bodens wird dadurch gesteigert, daß derselbe schon dem Einfluß der tropischen Regen unterworfen ist. Die allgemeine Erhebung über den großen Wasserbecken des Continents ist weder sehr bedeutend, noch sehr gering; auch die Berge Uadäys steigen zu keiner besonderen Höhe auf. Dagegen wird das Land durch 2 große Thäler in der ganzen Breite von Osten nach Westen durchzogen, das Batayhä- und das Bathâthal, deren Neigung, gleich der der allgemeinen des Landes und des Ero, nach Westen geht. An Gewässern ist großer Reichthum vorhanden. Die fließenden gehören sämmtlich dem System des Tschäd an, da, so viel bekannt, eine Bergkette im Osten eine bestimmte Trennung zwischen diesem und dem des Nil bildet. Zu den bedeutendsten gehört nächst dem Ero der Um-el-Timän (S. 270). Aber besonders ansehnlich ist die Zahl der periodischen Flüsse, welche, obgleich Uadäy noch nicht der vollen Intensität der tropischen Regen unterworfen ist, doch als heftige Regenbäche das Land mehrere Monate im Jahre durchziehen und nach ihrem Ablaufe tausende temporairer Seen und Sümpfe zurücklassen, die zum größten Theil erst in der trockenen Jahreszeit verschwinden. In dem weiten und langen Bathä bildet sich periodisch sogar ein großer Strom, welcher in den Fittrésee mündet. Letzter, ein auch unter dem Namen des Caudie bekannter, 6 Tagereisen östlich vom Tschäd und 9 von Uära entfernter Süßwassersee im südwestlichen Uadäy ist der größte dieser Gegenden nach dem Tschäd, da er eine mittlere westöstliche Breite von 3—7 Tagereisen hat, in der Regenzeit aber noch bedeutend zunimmt. Durch seinen ungemeinen Fischreichthum wird er sehr nützlich, weil er zu einer bedeutenden und für den Schatz des Herrschers höchst einträglichen Fischerei und zu einem ansehnlichen Fischhandel bis in weite Entfernungen Veranlassung gibt. Die Fische versendet man theils getrocknet, theils zu einer eigenthümlichen Masse verarbeitet. Ungeachtet Uadäy nicht eine Oase ist, ist seine Flora doch nicht arm. Tamarinden, Sycomoren, Doum-, Delebpalmen kommen überall vor; demnächst Lotos- und Heglygbäume (Balanites aegyptiaca) und einige unbestimmte Fruchtbäume, z. B. der nützliche Andarab und Mökheyt. Dattelpalmen gibt es nur am Nordrande des Landes. Nicht minder groß ist die Zahl der nutzbaren wilden, wie cultivirten krautartigen Gewächse. Wassermelonen wachsen überall wild in den sandigen Strichen, aber die durch Cultur gewonnenen sind die bei Weitem besseren. Bedeutend ist auch die Zahl der übrigen Cucurbitaceen, mit denen die wesentlich agricole Bevölkerung noch Zwiebeln, eßbaren Eibisch (Hibiscus esculentus), den auch in Aegypten als Gemüse häufigst gepflanzten Melukhiyeh (Corchorius olitorius), rothen Pfeffer, Coriander, Durrah, Mais, eine den europäischen weißen ähnliche Bohnenart und Baumwolle baut. Außer den im gesammten Nigerlande vorkommenden wilden Thieren besitzt Uadäy das einhörnige Rhinoceros, dann eine vortreffliche Race von Pferden, ausgezeichnete Kameele in den trockenen Strichen und große Rindviehheerden. Der auswärtige Handel lag früher fast ausschließlich in den Händen der Bewohner Där Fürs, von wo die hiesige Bevölkerung die europäischen und orientalischen Waaren bezog, bis es im Laufe dieses Jahrhunderts den Abschilaern gelang, einen neuen directen Handelsweg von der Küste über Kebäbo und Borgú nach Uadäy zu eröffnen, wodurch die Erpressungen der ägyptischen Duanen und die eigennützige Vermittelung der Furläner vermieden werden (S. 255). Zu den Hauptexportartikeln liefert die Thierwelt nur Straußfedern und Elfenbein, die auch sonst unbedeutende technische Industrie dagegen nichts. Den allerwesentlichsten Handelsgegenstand für das Ausland bilden demnach Sclaven, die, wie in Där Für, Bornú und Bägherml, aus den Ländern der heidnischen Neger jenseits des Ero kommen. Die Bevölkerung ist ein Gemenge vieler Nationalitäten und besteht aus den ursprünglich einheimischen Bewohnern von äthiopischer Race, unter welcher nicht weniger als 25—30 verschiedene Sprachen üblich sein sollen, aus vielen eingewanderten Fellatah und zahlreichen arabischen Stämmen; letzte, von denen die Beni Räscheb im Westen, die Salamât im Südwesten am Ero und die Massalit im Osten und im Bathä die bedeutendsten Abtheilungen sind, umschließen Uadäy von allen Seiten. Die herr-

schende Familie, die freien Aboriginalen und die Araber sind fast ohne Ausnahme Muhamedaner; ein großer Theil der zahlreichen sclavischen Bevölkerung Heiden. Die Regierungsform ist monarchisch-despotisch. — Das Reich zerfällt in viele Districte, deren jeder einen Gouverneur hat. Ortschaften gibt es zahlreich. — Uara (Wära) ein großes, offenes Conglomerat von Hütten, in einer sandigen Ebene, Hauptstadt; in der Nähe der Fascher oder die Residenz des Landes. — Nimr oder Numro, Haupthandelsplatz Uadäys.

11) Die Landschaft Runga oder Runja (Där Runga), ein im Südosten Uadäys gelegenes und durch das große Längenthal des Jümstroms von Där Für getrenntes Bergland, das dem Rödo und vielen anderen Zuflüssen des Ero den Ursprung gibt und von dem südlicher in derselben Bergkette gelegenen Lande Sélah (Där Sélah) durch den Um-et-Timan getrennt ist. Seine von den angrenzenden Bewohnern Uadäys und Där Fürs in der Sprache gänzlich verschiedene Bevölkerung wohnt zum Theil in Höhlen und steht bald unter der Oberherrschaft Uadäys, bald unter der von Där Für als ewig streitiger Zankapfel beider Reiche. Auch Där Séla ist von Uadäy abhängig. — Birkah und Dèbèma Hauptorte von Runga.

12) Das Reich För oder Für (Där Für), ein großer, zwischen Kordofân im Osten und Uadäy im Westen, dann zwischen dem $15^1/_2$—$5^1/_2{}^0$ N. Br. gelegener Staat, der seinem Areal nach kleiner, als Uadäy, politisch dagegen besser organisirt ist und von Kordofân durch eine wasserlose, mit Buschwerk bedeckte, 9—18 Tagemärsche breite Steppe, welche ohne Unterbrechungen in den ebenen Theil der Oberfläche Fürs übergeht, getrennt wird. Ein ähnlicher wüster Landstrich trennt Für von dem nördlichen Uadäy, gegen Südosten geschieht die Absonderung von Runga durch das breite Thal des oberen Jüm, gegen Norden geht Für ununterbrochen in die Saharâ über, so daß es abweichend von Uâday, jedoch gleich Kordofân, am meisten die Natur einer Oase hat. Im Süden reicht Där Fürs Herrschaft an die wasserreichen Niederungen, welche nach der bei den einheimischen Bevölkerungen des Innern von Afrika für Landstriche der Art sehr üblichen Benennung Kulla gleichfalls den Namen Gula oder Kulla (Där Kulla) erhalten haben. Es sind dieß die großen Niederungen, welche der Jüm in seinem untern Lauf von Westen nach Osten durchfließt (S. 270). Im Südosten stößt an Där Für das große Sumpfland Bardschaub. Ein großer Theil der hiesigen Oberfläche ist eben und zwar nackter granitischer Fels und dadurch sehr unfruchtbar, ein anderer, besonders im Norden von der Natur einer Steppe und also 7—8 Monate des Jahres hindurch ganz verbrannt, der südlichste dagegen wasserreicher und im Besitz einer besseren Vegetation. Das Innere durchzieht von Norden nach Süden die lange, aber nicht ununterbrochene, sondern sehr zerrissene Gebirgskette des Marrah, welche zur Entstehung sehr vieler fließenden Wasser Veranlassung gibt. Die außerordentliche Menge von Höhlen im Marrah, wie in der Bergkette Rungas spricht für das Auftreten neptunisch geschichteter Steinmassen in beiden Strichen. Die vom Marrah nach Osten gehenden Bäche und Flüsse verlieren sich bald in dem ebenen östlichen Landestheile, wogegen die des westlichen Abfalls dem obern Lauf des Jüm und seiner Zuflüsse, die südlichen, worunter einige gar nicht unansehnliche dem mittleren Lauf des letzten zugehen. Am nördlichsten Abfall des Marrah entspringt der Bäré oder Bari, außer dem Jüm der ansehnlichste Strom des Landes, welcher den von eben da kommenden Barkua oder Bergo aufnimmt und nach längerem Lauf längs dem Westrande des Marrah sich mit dem Jüm vereinigt. An Quellen ist nur der bergige Theil Fürs reich; zu ihnen gehören außer einer Schwefelquelle im Marrah die Rotole- (d. h. Wäsche) thermen. Doch erlangt man in den ebenen nördlichen Strichen durch Brunnengraben in sehr geringen Tiefen Wasser (S. 270). Die Vegetation ist wie in Uadäy: nur die Delebpalme erscheint selten. Waldungen gibt es in mehreren Strecken. Die meisten Bäume besitzen Dornen und große Festigkeit des Holzes. Auch hier, wie im ganzen östlichen Nigerlande, werden vor Allem Tamarinden groß und stark; von Culturpflanzen zieht man vorzüglich Hanf, wovon viel nach Aegypten geht, endlich in Fülle Tabak. Eigentliche Wiesen gibt es so wenig, wie in Aegypten und Nubien, doch verwandeln sich die Ebenen in der Regenzeit in schöne Savanen. Erze hat man nur wenig, Gold gar nicht; von nutzbaren Steinen, außer Granit, allein Marmor und Alabaster. Die Bevölkerung wird auf 4,000,000 Seelen geschätzt: am dichtesten ist sie im Marrah. Die ursprüngliche, der äthiopischen Race angehörig, besteht aus verschiedenen Stämmen, die sich durch ihre eigenthümliche, in verschiedenen Dialekten vorkommende Sprache von ihren Nachbarn bestimmt unterscheiden. Unter ihnen erscheinen die Kandscharen (Gondjaren), einst das mächtigste Volk Där Fürs, nach denen das Land zuweilen noch Där (Land) Gondjära genannt wird, als die zahlreichsten. Einige der Marrahbewohner gelten als sehr wild und roh. Alle sind durch die in das flache Land eingedrungenen Araber in die gebirgigen Gegenden des Innern zurückgedrängt worden oder haben sich bereits mit diesen amalgamirt, so daß die Fürsprache mit vielen arabischen Worten verunreinigt ist. Außerdem haben sich zahlreiche Fellatah im Nordwesten angesiedelt. Die ursprünglichen Landesbewohner sind vorzugsweise Ackerbauer, die eingewanderten Nomaden viel Viehzüchter. Der Handel ist sehr bedeutend, da Där Für ein großer Stapelplatz für europäische und orientalische Waaren ist, welche mittelst der großen Karavane aus Aegypten bezogen und weiter in das Innere versandt werden. Letztes geschah früher auch nach Uadäy, bis zur Eröffnung der directen Verbindung Uadäys mit der See nach Bengâzy. Die Religion ist herrschend die muhame-

danische: die Verfassung monarchisch und völlig despotisch, indem der Herrscher durch keinen Rath oder eine andere Controle, sondern einzig durch die Gesetze des Koran beschränkt wird, und er den Boden als sein Eigenthum, die Bevölkerung als seine Sclaven anzusehen gewohnt ist. Die Herrscherwürde ist an eine aus dem Kundschärenvolk stammende muhamedanische Familie geknüpft und soll stets auf den ältesten Sohn des verstorbenen Sultan, wenn ein solcher vorhanden ist, übergehen, doch machen Usurpationen anderer Familienglieder hierin oft Ausnahmen. Als bürgerliches Gesetzbuch gilt der Koran: noch sind Ordalien mit vergiftetem Wasser Sitte; angeblich findet sogar jährlich ein Menschenopfer statt. Die Einkünfte beruhen auf den Zöllen der nach Aegypten gehenden Waaren, einem Antheil an den Erträgen der gegen die heidnischen Stämme im Süden ausgeführten Sclavenjagden, Strafen für Vergehen und Naturallieferungen sowohl von der seßhaften, wie von der arabischen wandernden Bevölkerung. Fur ist sehr reich an Ortschaften, wovon aber die meisten unbedeutend sind, mit Ausnahme von: Tendelty, der jetzigen großen, wohlbevölkerten Hauptstadt mit dem Fascher, der Residenz des Sultans; im nördlichen Theil des Reichs und mitten in einer sandigen Ebene gelegen. — Köbeyh, 14° 11′ N. Br. 45° 48′ O. L., 1 Tagereise nördlich von Tendelty, auch in einer weiten Ebene, wichtiger Handelsplatz mit etwa 6000 Ew., fast ausschließlich fremden Handelsleuten. — Kabkâbyeh, sehr bevölkerte und große Handelsstadt im Nordwesten, besonders für den Verkehr mit Uadây; ansehnliche Märkte für Leder, das in der Umgegend bereitet wird, Lederwaaren und Kleidungsstoffe. — Sweini, Hauptsammelplatz für die nach Aegypten ziehende Karavane, mit großen Märkten. — Ril, östlicher Grenzort gegen Kordofân, 3 Tagemärsche von Köbeyh. — Dschemâân, 7 Tagereisen SO. von Tendelty, Hptort für den Handel mit Kordofân.

13) Das Nubaland. Das unabhängige Gebiet des Nubavolks reicht vom 12—9° N. Br. und etwa vom 47—49° O. L. Die genaueren Grenzen der Nuba sind nicht bekannt, nur so viel wissen wir, daß dies Volk nicht mehr bis an den Weißen Nil im Osten und auch nicht im Süden bis an den Jles oder den Kellah (Kellak) reicht, da an der Mündung des letzten in den Ghazellensee und längs dem nördlicheren Lauf des Weißen Nil Völkerschaften ganz anderer Nationalität wohnen. Als nördlichsten Punkt eines compacten Auftretens der Nuba läßt sich der 15 M. südöstlich von der Hauptstadt Kordofâns, Obeïd, entfernte Nordrand des Teggelegebirges ansehen. Einzelne Colonien finden sich aber auch in Kordofân, die seit uralter Zeit da angesiedelt sein mögen, sowie auch das jetzige Land Nubien von Eroberern dieses Volks seinen Namen erhalten haben dürfte. Die Oberfläche des Landes ist, wie S. 261 angegeben, sehr einförmig. Unermeßliche, während der Regenepoche schön grünende Ebenen bilden den Haupttheil: der Teggele und die isolirten, mit einer überaus üppigen und selbst prachtvollen tropischen Waldvegetation bis zu ihrem Fuß sämmtlich bedeckten Bergstöcke (S. 262) nehmen das bei weitem kleinste Areal ein. Außer den Nuba selbst, die, wie es scheint, jetzt vorzugsweise auf den höheren Erhebungen und an deren Rändern in dicht gedrängten Massen wohnen, finden sich wandernde Araberstämme, sogenannte Bakâra, (S. 87) in den Ebenen, die sie als Weideland benutzen. Strömende Gewässer oder Seeen gibt es, so viel erkundet ist, nirgends. Ebenso fehlen größere, den Namen Stadt verdienende Ortschaften ganz, indem die Nuba fast ausschließlich in regellosen, obwohl mitunter ansehnlichen Anhäufungen von Hütten oder selbst nur in isolirten Hütten wohnen. Die bekanntesten Orte sind: Tassin, gewöhnlich Teggele genannt, 7 Tagereisen SO. von Obeïd, mitten im Teggelegebirge, dessen Bewohner viel Baumwollenstoffe verfertigen, Residenz des Herrschers über den größten Theil des Gebirges d. N. — Scheibun, 11° 13′ N. Br. 47° 51′ 30″ O. L., am Westrande des Teggele, einst wohlhabender Handelsplatz und besonders Hauptstapelplatz für den Goldhandel des ganzen Nubalandes, der deshalb viel von den Händlern Kordofâns und selbst von ägyptischen besucht, im J. 1836 aber durch die Aegypter zerstört wurde.

14) Das Land der Schillûkh, oberhalb der ägyptisch-nubischen Grenze bei Eleïs (S. 93) beginnend, umfaßt einen schmalen Saum auf dem linken Ufer des Weißen Nil, südwärts bis zum Ghazellensee und selbst noch bis zum 6° 50′, sowie auch die zahllosen Inseln des Nil dazu gehören. Auf den letzten reichen die Schillûkh noch über Eleïs nach Norden hinaus, indem sie bis zum 14° 30′ gefunden werden. Der von den Alluvionen des Stroms gebildete Boden ist einer der allerfruchtbarsten am Weißen Nil. Die Bevölkerung, welche zahllose große Ortschaften bewohnt, muß deshalb sehr stark sein; man hat sie auf 1—3 Millionen geschätzt. Ihre Beschäftigung ist vorzugsweise die Cultur von Durrah, Sesam und Bohnen auf großen und außerordentlich schönen Feldern, dann Jagd und Fischfang; sie besitzt zahllose Fahrzeuge aus dem am Strom sehr häufigen Suntbaum, welche sie ungeachtet der Schwere, da das Suntholz ein sehr großes Gewicht hat, mit außerordentlicher Geschicklichkeit zu regieren wissen. Nach Eleïs verhandeln die Schillûkh viel Sclaven, Peitschen aus Hippopotamenleder gemacht (Kurbatsch), Tamarinden und getrocknete Bhamiêhs (Hibiscus esculentus). Sie verfertigen zugleich schöne, leichte Thongefäße und Matten. Ihre Verfassung ist monarchisch. — Kak oder auch Denab, Residenz des Herrschers. — Kaba, frühere Residenz, nun durch die Aegypter zerstört.

15) Das Land der Dinka bildet gleichfalls eine lange Zone längs dem Weißen Nil, und zwar an dessen rechter Seite bis zum Sobât hin, wo das Gebiet der Noër beginnt. Es hat also eine Ausdehnung von 3 Graden in nord-

südlicher Richtung (12—9°): die Breite ist dagegen unbekannt. Nach den Ueberschwemmungen des Stroms erscheint die Oberfläche als ein unermeßliches grünes Grasmeer, worin gelbe Streifen durch eine gedrängte Vegetation des eßbaren Eibisch entstehen. Zuweilen geht das ganze Grasmeer in gelbe Flächen über. Die Dinka leben von Durrah, wildem Reis, dem Samen verschiedener Hochgräser und den olivenähnlichen Früchten des Gellidbaums, mehr aber noch von dem Ertrage ihrer großen Rindviehheerden, mit denen sie ein wanderndes Leben vom Nil bis in entferntere Striche führen, und der Jagd.

16) Das Gebiet der Noer, Kyk, Eliab und Ber. Vom Sobât, wo auf der rechten Seite des Stroms die Dinka endigen, bis zum 6°, wo die Zhir beginnen, ferner auf der linken Seite in einer Strecke, die in einiger Entfernung südlich vom Ghazellensee anfängt, wiederum bis zu den Zhir, folgen längs dem Weißen Nil auf beiden Seiten in der angeführten Reihe die genannten 4 Völkerschaften auf einander, welche ihren physischen Eigenschaften, gleichen Sitten und der Uebereinstimmung ihrer Sprache nach demselben Stamme mit den Schillükh angehören. Alle wohnen in großen, am Strom dicht gedrängten Dörfern und sind reich an Vieh. In der ganzen Erstreckung dieser Völker bildet der Weiße Nil bei der Flachheit seiner Ufer unzählige Krümmungen und Inseln.

17) Das Land der Zhir oder Schier und der Bary. In dem Flachlande des ersten dieser ihrer Sprache nach zusammengehörenden Völker zwischen dem 6° 30′ und dem 4° 10′ theilt sich der Weiße Nil in mehrere große, wiederum ansehnliche Inseln umschließende Arme; in dem unmittelbar darauf folgenden Lande der Bary beginnen dann die ersten Terrain-Erhebungen mit dem Niercanyiberge, worauf bald um den 4° 35′ mehrere Berge, endlich ganze Bergzüge sammt den granitischen und gneisartigen Felsriffen im Strom folgen, welche die Bildung von Kataracten und zahlreichen Stromschnellen veranlassen. Das Land der Bary ist reich an Magneteisensand, der am Fuß des Niercanyi in solcher Menge vorkommt, daß die Bevölkerung ihn sammelt und ein gutes, zur Darstellung von Hacken zum Ackerbau und von Waffen benutztes Eisen daraus darstellt. Auch an andern Punkten des Barylandes kommen in den Bergen reiche Eisenerze vor. Sonst beschäftigt sich die Bevölkerung mit Ackerbau und Viehzucht.

18) Das Land el Bert oder das kalte Land (Dár el Bertat von den Europäern genannt). Von den Grenzen der ägyptischen Macht in Nubien oder von Fassokl an (S. 79) beginnt mit dem 4° N. Br. ein großes, noch unabhängiges Gebirgsland, das sich den Tumât und Blauen Nil aufwärts bis zu den Ebenen der Galla erstreckt, im Osten mit den 3 mächtigen, alle übrigen Höhen überragenden Bergen an der rechten Seite des Blauen Nil, dem Belfudi, Beschori und Belamili an die Gebirgsmassen Abessiniens anschließt, endlich westlich in ungeheure Ebenen abfällt, welche ohne Unterbrechung bis zum Weißen Nil fortsetzen. Der nördlichere Theil am rechten Ufer des Tumât besteht aus zackig geformten Bergen, dem Koschánkoru, oder aus sanft gewölbten, doch ausdrucksvollen, wie denen in der Nähe des zerstörten Orts Kamamyl, unter welchen letzten die des Abgulgi die bedeutendsten sind; nordöstlich davon befinden sich die vom Fa Konia, Fallowud und Farronja überragten Gebirge von Fádóga und Fabano, während links vom Tumât die kleine Kette des Kassan, im Süden und Südwesten das prächtige und ausgedehnte Gebirgsland der Schongello auftritt. Einzelne Berge gehen als natürliche Ausläufer noch in die im Westen angrenzenden Ebenen, welche auch zu Bertat gerechnet werden, da sie dieselbe Bevölkerung besitzen. Der ganze, vorherrschend aus Granit und Gneis gebildete Complex von Bergmassen wird bis zu seinen Gipfeln mit den schönsten Waldungen riesenhafter Bäume bedeckt und in der nassen Jahreszeit durch zahllose Regenbäche bewässert. Zugleich ist er vom Tumat und Blauen Nil von Süden nach Norden durchzogen und vom Yabus im Osten und Südosten begrenzt. Der Tumat erscheint in der Regenzeit als ein krystallklarer, freundlicher Bergstrom; in den trockenen Monaten ist er meist verschwunden. Sehr viel größer ist der Yabus, der tief in den Gallaländern entspringen soll, fortwährend Wasser hat, sogar mit Hippopotamen und Krokodilen erfüllt ist und nur schwimmend oder mit Böten passirt werden kann. Seiner Bedeutung wegen hat man ihn in neuerer Zeit mit dem Dedhésa der Abessinier (S. 101) für identisch erklärt. Das ganze Bergland ist sehr reich an goldführenden Alluvionen, indem in dem Bett aller Regenbäche, besonders der im Tumat ausgehenden, während der trockenen Monate Gold aus dem Lehm und Sand gewaschen und in den Handel gebracht wird. Vorzüglich gelten gewisse Thonstraten in verschiedener Tiefe unter der Oberfläche als die reichsten Fundgruben. Auch der Dschebel Tul zwischen dem Tumat und Blauen Nil hat den Ruf, das goldreichste Terrain dieser Gegenden zu sein. Ursprünglich dürfte alles hiesige Alluvialgold in nun zerstörten Quarzgängen im Gneis enthalten gewesen sein. Die Bevölkerung ist vom dunkelsten Schwarz, schlank und schön gewachsen, besitzt ausgezeichnete Negerphysiognomieen und wohnt außerordentlich dicht gedrängt: ihre Hütten, die schönsten des östlichen Nigerlandes, sind meist zu großen Dörfern in natürlich gut geschützten Lagen vereinigt, da die Bevölkerung ungeachtet ihrer ausgezeichneten Tapferkeit fortwährend den Raubzügen und Sclavenjagden der Aegypter von Norden und den alljährlich wiederkehrenden der Galla von Süden her ausgesetzt ist. Sie ist heidnisch, aber gleich den übrigen Heiden des östlichen Nigerlandes ohne Fetischdienst. Wie die Dinka und Schillükh betet sie den Mond an. Aehnlich den Nuba, trennt sie sich in eine große Menge von einander völlig unabhängiger Staaten, die

sich nur bei gemeinsamer Gefahr vereinigen, und wovon jeder seinen besondern Häuptling hat. Die bedeutenderen sind: Oil, Kéli und Schougollo; die kleineren: Akaro, Fabano, Fúdóga, Kaffan. Zu ihr gehört ein Theil der Bewohner der unter dem Namen des Gurumlandes (Dar Gouroum) bekannten Ebenen westlich von den Gebirgen bis zum Weißen Nil, besonders aber die der darin auftretenden Berge, da in das ebene Land sich schon viele arabische Wanderstämme eingedrängt haben. Letztes geschah auch längs dem Yabus und dem Fuß des Schongollo, indem eine an diesem Fluß gelegene große Handelsstadt, Fadássy, wohin, als nach einem Centralpunkt des Handels dieser Gegenden, die benachbarten Abessinier Pferde, Rindvieh, Häute, Baumwollenstoffe, eiserne Werkzeuge, Kaffe, Gewürze und Getraide, die Araber Salz, Gold und venetianische Glassachen bringen, arabische Bevölkerung hat.

19) Das Land der nördlichen Galla. Dieses begreift den nördlichsten Theil des ungeheuren Zuges von Savanen, den man erst in neuester Zeit selbst über den Aequator hinaus bis zum 10° S. Br. im Innern der Osthälfte Süd-Afrikas kennen gelernt hat. Die unermeßlichen Hochebenen beginnen im Osten am Fuß des abessinischen Hochlandes, im Norden mit dem Südrande des Schongollogebirges, etwas südlich vom Yabus, sowie mit dem Südrande der Bergketten von Bary; aber wie weit sie und mit ihnen die Gallastämme in das Centrum des Continents reichen, ist völlig unbekannt. Die Beschaffenheit der Ebenen ist völlig wie im Süden. Gesellig lebende, hohe Gräser begrünen während einiger Monate den größten Theil derselben und dienen den Heerden der nomadischen Bevölkerung zur Nahrung, sowie die Ebenen auch der Aufenthalt zahlloser Elephantenheerden sind. Hin und wieder gibt es große und sehr dicke Wälder. Von größeren Strömen durchzieht das Gallaland außer dem Yabus oder Dedhésa, welcher selbst mehrere Zugänge aufnimmt, der obere Lauf des Weißen Nil südlich vom 4° N. Br. und der große Zufluß dieses Nils von Osten, der Telfi oder Sobát. Von beiden ist aber der obere Theil noch unerforscht und nur hypothetisch hat man es versucht, den Umi oder Godschob Süd-Abessiniens damit in Verbindung zu bringen (S. 102). Von größeren Ortschaften ist, mit Ausnahme der großen, südlich vom Yabus liegenden Stadt Leba, nichts bekannt.

20) Die Bergländer in der Nähe des Aequator. Nach den übereinstimmenden Berichten der Eingeborenen in Haússa, Bornú, Uadáy, Dár Fúr und am oberen Weißen Nil finden sich südwärts vom 6° N. Br. und dem Aequator bedeutende Terrainerhebungen, anscheinend jedoch weniger mit der Natur zusammenhängender Gebirgsketten, als isolirter, aus den zunächst dem Aequator gelegenen Hochebenen aufsteigender Massen, die aber Veranlassung zur Bildung zahlreicher fließender Gewässer zu sein scheinen. Der Art sind z. B. die hohen Bergmassen in Yacóba, Adamáua und im Lande des Yevolks, die Berge der großen Landschaft Fertit südlich vom Ero, endlich die noch dazu zu rechnenden Berge von Bary und des 10 Tagereisen östlich von Bary gelegenen Landes Berri. Alle Bewohner dieser Gebirgsländer sind, gleich den Bergnuba und der Bergbevölkerung in Bertat, Heiden und deshalb Seitens ihrer muhamedanischen Nachbarn im Norden Gegenstand des Hasses und beständiger räuberischer Einfälle, wodurch viele derselben auf die Sclavenmärkte kommen. Gleichzeitig scheinen dieselben überall den ausgeprägtesten Charakter der äthiopischen Race zu besitzen, sowie sie auch großentheils in dem Rufe stehen, Kanibalen zu sein. Merkwürdiger Weise führen die letzten, ungeachtet der vielfachen Sprachverschiedenheiten in der Ausdehnung des Nigerlandes überall einen gemeinsamen Namen, nämlich den der Yem-Yem oder Lem-lem. Mit welcher Vorsicht man auch sonst die Berichte der Eingeborenen dieser Gegenden, namentlich der muhamedanischen, über ihre Nachbarn aufzunehmen hat, so ist doch deren über das ganze Nigerland gehende Uebereinstimmung in Bezug auf das Vorkommen menschenfressender Bergvölker in der Nähe des Aequator, welches schon durch die ältesten bekannten Schriftsteller über diese Gegenden berichtet wurde und neuerlichst wieder durch die Erkundigungen europäischer Reisenden in Bornú seine Bestätigung erhielt, zu auffallend, als daß ihm nicht ein wahrer Kern, wie bei den Neu-Seeländern und dem Battavolk Borneos, zu Grunde liegen sollte. Die neuesten Erfahrungen bei den asiatischen und australischen Kanibalen machen übrigens die Versicherung der Bewohner des Nigerlandes, daß nicht ein Mangel an Lebensmitteln, welche die westlichen Bergvölker sogar im Ueberfluß haben sollen, die Bewohner der hiesigen Gebirgsländer in der Nähe des Aequator zum Kanibalismus bestimme, dann die Behauptung, daß die Yem-Yem sonst gut und harmlos seien, endlich daß die westlichen Yem-Yem auf einer gewissen Bildungsstufe stehen, indem sie Reinlichkeit lieben und reinlichere und bequemere Häuser, als sogar die wegen ihrer Reinlichkeit und Wohlhabenheit in gutem Ruf stehende Bevölkerung Haússas besäßen, nicht eben unglaublich. Manche dieser Bergländer müssen große Reichthümer an Erzen besitzen und die Gewinnung und Benutzung der Metalle muß die Bergbewohner stark beschäftigen, indem aus den unter dem Gesammtnamen Fertit, was mit Land der Helden gleichbedeutend sein soll, begriffenen Landschaften südlich vom Ero, namentlich aus Binga und Banda, ansehnliche Massen von licht-gelbem, messingähnlichem, sehr reinem Kupfer nach Dár Fúr und Kordofán in den Handel kommen, Banda als sehr goldreich gerühmt wird und endlich auch das Land Berry aus seinen Bergen außerordentliche Mengen von Kupfer gewinnen soll.

21) Das Land Búschi (nicht Yacóba), westlich von Adamáua und vom Tschadda (Schary) durchströmt, zum Theil eben, theilweise auch bergig,

zugleich von großem Umfang, und sehr reich an fließenden Gewässern. Gold- und ansehnliche Natrongewinnung. Die Bevölkerung betreibt einen höchst bedeutenden Handel. — Die große Hptstadt Yacöba liegt am Fuße eines hohen Berges und unfern vom Tschadda.

22) Das Reich Yaourri (Yäurri) oder Yourri (Yurri) auf der östlichen Seite des Niger, der abwärts bis Bussá viele kleine Inseln bildet und durch zahlreiche Klippen den Schiffen, besonders bei niedrigem Wasserstande, gefährlich wird; ein großes, blühendes und einiges, im Norden und Osten durch Haússa, im Süden durch Nuffy, im Westen durch den Niger und Borgú begrenztes, endlich durch den Kotongkara, einen großen Zufluß des Niger und viele andere bedeutende Zugänge desselben durchzogenes Land. Die Oberfläche ist so eben, daß Y. in der Regenzeit sich fast ganz mit Wasser bedeckt und danach zu einem fast ununterbrochenen Sumpf wird. Doch wird an den Rändern des Niger und auf dessen Inseln ungemein viel Korn gewonnen, viel Knoblauch gebaut, so wie man auch einen außerordentlich üppigen Graswuchs mit 10—12 F. hohen Stängeln hat. Die sehr gedrängte Bevölkerung besteht außer dem herrschenden Volk aus den auch in Bussá, Kiáma, u. s. w. vorkommenden und hier, besonders im Engaschiegebirgsland, wohnenden kohlschwarzen Cambries, die sich durch abweichende Sprache ganz von den übrigen Bewohnern Y. unterscheiden, aber ungeachtet ihrer großen Thätigkeit und Industrie bei dem auf ihnen lastenden Druck arm sind. Sie bilden wahrscheinlich die aboriginale Bevölkerung dieser Gegenden. Die Verfassung ist despotisch-monarchisch, die Herrscherwürde erblich. Durch eine starke militairische Macht ist es bisher Y. gelungen, sich von der Unterjochung durch die Fellatah frei zu halten. Das Reich hat viele Ortschaften am Niger und auf den Inseln. Die Hauptstadt gl. N., etwa im 11° N. Br., ist ein umwallter Ort von staunenswerther Größe und sehr bedeutendem Handel nach allen Richtungen. Die Ew. fabriciren viele Stoffe, schöne Säbel und Schießpulver, das beste dieser Gegenden, und gewinnen vortrefflichen Reis, Weizen und Knoblauch in Fülle.

23) Die Landschaft Nuffy oder Nyffé, auch Tappy genannt, ein sehr ausgedehntes, mit Bergen erfülltes und durch zahlreiche Zugänge des Tschadda und Niger erfülltes Gebiet, das nördlich bis Yourri, südlich diesem Strom entlang bis unterhalb des Tschadda reicht, indem an dem letzten Strom die Nyffésprache endigt, die Eggarahsprache aber beginnt. Einst ein wohlhabendes und glückliches Land, wurde Nuffy in neuerer Zeit durch die fortwährenden räuberischen Einfälle der Fellatah Haússas ganz verwüstet, entvölkert und der größte Theil seiner Städte verbrannt, bis die Fellatah sich endlich selbst festsetzten und ihr südliches von dem von Saccatú abhängiges Reich mit der Hauptstadt Rabbah gründeten. Die ursprünglichen Bewohner Nuffys, die sogenannten Nufantschi, bilden mit den Yarribanern Glieder desselben Stamms, da sie mit ihnen dieselbe Sprache reden; sie sind ein feiner, milder, heiterer, unternehmender Menschenschlag von hellerer Hautfarbe, als ihre ursprünglichen Nachbarn, und von zuverlässigem Charakter, der aber eben wegen seiner Friedlichkeit leicht den Fellatah zur Beute werden mußte. Zugleich sind die Nuffantschi sehr industriös und handelsthätig und das Product ihrer Webereien so vorzüglich, daß es weit und breit verführt und gut bezahlt wird, ja selbst für das beste seiner Art in Central-Afrika gilt. Dieser Theil der hiesigen Bevölkerung, einst ganz heidnisch, hat sich seit den Eroberungen der Fellatah sehr dem Islam zugewandt. Die Fellatah haben noch den Charakter ihres Volks in Senegambien und so sehr selbst die Sprache erhalten, daß sich trotz ihrer ungeheuren Entfernungen die Fulah Futá Toros und Bondús mit den hiesigen Fellatah ohne Schwierigkeit verständigen können. Aber der in der Heimath schätzenswerthe Charakter dieses Volk hat hier durch die ewigen, vom Erfolg gekrönten Raubzüge sehr von seinem Werth verloren, indem die Fellatah Nuffys zu einer herzlosen, grausamen Räuberbande herabgesunken sind, durch die schon die Hälfte der alten Bewohner Nuffys in Sclaverei verführt wurde. Die Macht der Fellatah in diesen Gegenden wird auf 5000 Reiter und 30,000 Mann Infanterie geschätzt. — Rabbah, 9° N. Br. 22° 51′ O. L., blühende Hptstadt des Fellatahreichs und Residenz seines Herrschers am Niger, von immenser Ausdehnung und in schöner, amphitheatralischer Lage, 40,000 Ew., Heiden und Muhamedaner und zugleich ein Gemenge zahlreicher Nationen, die in Folge der günstigen Lage sehr ausgedehnten Handel nach allen Richtungen betreiben, was besonders durch die hier angesiedelten Araber geschieht. Karavanen kommen her selbst von Tripolis und Fezzân. Der Sclavenmarkt Rabbahs ist einer der wichtigsten des Nigerlandes; die Fabrication verschiedener Stoffe zugleich sehr bedeutend; die Umgebung sehr gut cultivirt und besonders reich an vortrefflichem Palmöl, Honig, Milch und ausgezeichneten Pferden. In neuerer Zeit soll Rabbah durch Empörungen und theilweise Freimachung der Nuffantschi zerstört worden sein. — Zagoshie auf einer großen, aber niedrigen, sumpfigen Nigerinsel, Rabbah gegenüber; durch die außerordentliche Fabrikthätigkeit seiner intelligenten Bevölkerung das Manchester Afrikas genannt (S. 283) und selbst Rabbah übertreffend; ein großer Theil der zu Rabbah zum Verkauf kommenden einheimischen Fabrikate wird hier angefertigt; ungemein lebendige Schifffahrt auf dem Strom. — Kulfu oder Kulfée, noch immer einer der Haupthandelsplätze Nuffys im Inneren des Landes, der aber durch die inneren Unruhen sehr gelitten hat, und gut befestigt: 12—15,000 meist muhamedanische, fast sämmtlich mit dem Handel beschäftigte Einw.; außerdem gibt es zahlreiche Handwerker aller Art. K. ist Durchgangspunkt für die großen

Karavanen zwischen Ghonbia, Haússa und Bornú. — Litschie (Leechee), große und sehr bevölkerte Stadt am Niger.

24) Das Land der Eggarah oder Schabl, nördlich von Nuffy, westlich vom Niger, südlich bis zu der Fortsetzung des Kong auf der linken Seite des Stroms, im Innern bis Buschy reichend, ein ausgedehntes, mit Hügeln und hohen Bergen, die angeblich bis zur Schneegrenze reichen, erfülltes Gebiet, das zugleich durch Quellen, den Tschadda und dessen zahllose Zugänge, worunter der Cudonia der bedeutendste ist, wohl bewässert, aber noch sehr unbekannt ist. Eine Menge kleiner Staaten scheinen darin vorzukommen, worunter der bekannteste das Reich Fundah ist, zu dem die große Handelsstadt gl. N. in einiger Entfernung vom Tschadda gehört. — Bottingah Hafen von Fundah, am Tschadda. — Töto Centralpunkt des Handels für die Bergländer dieser Gegenden.

25) Die Landschaft Borgú (Borghou), nicht zu verwechseln mit dem Tibboland der Borgú, ein sehr ausgedehntes Gebiet, Nuffy gegenüber, auf der Westseite des Niger, das im Norden an das große, mächtige, aber fast noch völlig unbekannte Land Gurma, im Osten an den untern Lauf des Niger, im Westen an das sehr große, südwestliche Fellatahland zwischen dem Kong und dem mittleren Niger, endlich im Süden an die Reiche Egga und Yarriba, von denen es durch den in den Niger fallenden Mussafluß getrennt wird, im Südwesten an Daheme stößt. Die Länge in nordsüdlicher Richtung wird zu 11, die Breite von Westen nach Osten zu 30 Tagereisen angegeben. Die Oberfläche ist eben oder bergig und längs dem Niger zwischen Bussú und Yourri sogar von ausgezeichneter Schönheit, einem Park gleich. Der Niger gewährt hier einen seegleichen, entzückenden Anblick durch seine Breite und die zahlreichen cultivirten oder bewaldeten Inseln, doch ist er in der trockenen Jahreszeit so wenig tief, daß die Schiffahrt zwischen Yourri und Bussú dann ganz aufhört; desto größer wird seine Wassermenge in den Regenmonaten, wo er seine Ränder stellenweise weit überschwemmt und zur Bildung großer Sümpfe Veranlassung gibt. Seine Ufer sind dicht bevölkert; alle halbe Stunde sieht man eine bedeutende Stadt. Zwischen Uáua (Wawa) und Bussú im Innern Borgús erscheinen jedoch viele Sümpfe. Die Fruchtbarkeit ist so außerordentlich, daß die Durrahfelder gewöhnlich einen 500fältigen Ertrag bei Bussú geben. An den trockenen Stellen werden die Ränder des Stroms mit Kornfeldern eingefaßt. Besonders das Reich Kiáma producirt ungemein viel Reis, Korn, Indigo und Baumwolle, Uáua außerdem noch Yams, Bananen, Citronen (limes) und überhaupt eine Fülle von Lebensmitteln, dann Geflügel, Wachs und Honig. Endlich ist B. im Allgemeinen reich an Heerden ausgezeichneten Rindviehs, Uáua an kleinen, den schottischen Ponies gleichen, ungemein ausdauernden, munteren Pferden. Die großen und dichten Wälder, besonders die sumpfigen am Niger und in Kiáma sind erfüllt mit Elephantenheerden, von denen viel Elfenbein kommt (die Elephanten zwischen Bussú und Uáua von fast unglaublicher Größe) und Raubthieren aller Art, die Ströme, am meisten der Niger, der auch zahllose Krokodile von erstaunlicher Größe und Hippopotamen beherbergt, an Fischen. Außer dem Niger, der sich unterhalb Bussú wieder zu einem $1\frac{1}{4}$—$1\frac{1}{2}$ M. breiten Strom erweitert, obgleich er kurz oberhalb dieses Orts kaum einen Steinwurf Breite hatte, und dem Mussa gehört hierher der in Niki entspringende, in einem Bett von grauem Thonschiefer reißend fließende und oberhalb Rakah in den Niger mündende Oyfluß. Die Bevölkerung besteht theils aus den ursprünglichen Bewohnern, den hier ebenfalls sehr gedrückten und in die Wälder zurückgedrängten Cambries, dann aus seit undenklicher Zeit eingewanderten Fellatah, die, obgleich Heiden, sich vortheilhaft von den muhamedanischen Rändern ihres Stammes in Nuffy unterscheiden und überall in blühenden, reinlichen Dörfern als friedliche Hirten leben, endlich aus der gleichfalls eingewanderten herrschenden Bevölkerung, die nach ihrer Sprache zum Yarribastamm gehört, fast durchweg aber mit dem Haússa durch den Handel bekannt ist. Den Charakter der letzten Borgúer, obgleich sehr durch die Araber verleumdet, fanden die europäischen Reisenden heiter, mittheilend und energisch, zugleich gefällig, mittheilend, reinlich, voll Energie, Geist, Selbstgefühl und tapfer; nur einige Zweige dieser Bevölkerung zeigten sich als Trunkenbolde, wie die Uáuer, und das weibliche Geschlecht in Uáua auch als jeder Keuschheit fremd. Borgú zerfällt in eine Menge kleiner und größerer Staaten getheilt; zu jenen gehören Kiáma, Uáua, Lugn u. a., zu diesen Bussú und Niki. Die kleineren stehen zu Bussú in einer Art Feudalverhältniß, Niki ist dagegen so mächtig, daß die Fellatah darauf noch keinen Angriff gewagt haben. Früher war ganz Borgú Bornú untergeben, doch haben die Eroberungen der Fellatah alle hiesigen politischen Verhältnisse umgekehrt und jenes Land so von dem letzten getrennt, daß die Staaten desselben jetzt selbstständig dastehen. Die Verfassung Borgús ist monarchisch, die Herrscherwürde erblich; die Oberhäupter und das herrschende Volk vom Yarribastrem sind muhamedanisch, die Cambries, Fellatahs und viele der zum Yarribastamm gehörenden Borgúer heidnisch. — Kiáma, 9° 37′ 33″ N. B. 23° 2′ O. L., Hauptort des Reichs gl. N., schlecht gebaut, aber mit sehr bedeutendem Handel nach Daheme, Yarriba, Nuffy und zugleich höchst wichtiger Durchgangspunkt der großen, von Haússa und Bornú nach Ghonda gehenden Salz- und Gourounußkaravanen. — Bumbum in Kiáma, kleine, doch sehr lebendige Handelsstadt in ungemein cultivirter Gegend. — Kischi, große Stadt auf einem hohen, senkrechten Felsen und dadurch sehr fest — Uáua (Wawa), 9° 53′ 54″ N. B., nur $2\frac{1}{2}$ Tagereisen vom Niger, einer der schönsten Orte des Innern von Nord-Afrika, ebenfalls Hauptstadt des Reichs

seines Namens auf der großen Handelsstraße von Haússa nach dem Westen; 15—20,000 Ew., gut befestigt. — Bussá, 10° 14' N. Br. 23° 51' O. L., 7 Landtagereisen oberhalb Rabbah, nur 4 zu Wasser, am Niger, der hier in 3 wenig breite Arme getheilt ist und wegen der ihn durchsetzenden Thonschieferfelsriffe den Schiffen nur eine sehr gefährliche Passage gestattet; unregelmäßig und weitläuftig gebaut, zugleich der wenigst lebendige Ort dieser Gegenden; Hauptort des Reichs gl. N. Hier verlor M. Park 1805 sein Leben. — Comie, auch Ingnazbillidschi (Inguazbilligee) genannt, etwas unterhalb Bussá, größter Passageplatz über den Niger, der hier ganz felsenfrei ist, für die vom Westen nach dem Osten und umgekehrt gehenden Karavanen. — Lever, volkreiche, durch flüchtige Nuffanischi neu erbaute Stadt. — Niki, 5 Tagereisen von Kiáma, Hauptort eines eigenen Reichs, dessen Haupt vorzugsweise den Titel eines Sultan von Bergú führt, von immensem Umfang und so bevölkert wie Yourri.

26) Das Land der Kakunda oder Kakanda im Westen des Niger und durch ihn im Osten, durch den unteren Nuffa im Norden, den Kong im Süden, durch Yarriba im Westen begrenzt, von einem Zweig des Yarribavolks bevölkert und in viele kleine unabhängige Staaten ohne ein gemeinsames Oberhaupt getheilt. — Egga, bei den Ew. selbst Eschabi genannt, Hptort eines Reichs und Residenz seines Herrschers; ganz von Sümpfen und Wasser umgeben; ½ M. lang, doch nur mit 7—8000 Ew.; Haupthandelsplatz dieser Gegenden, besonders für den Verkehr auf dem Strom, zu dessen Betrieb die sehr speculative Bevölkerung eine immense Menge großer Canoes besitzt; doch sind ¾ der Bewohner Sclaven; bis hierher bringen die europäischen Kleidungsstoffe, meist portugiesischen Ursprungs in Folge des Sclavenhandels in das Innere. — Kakanda, auch Ibbodah oder Buddu genannt, durch große Sümpfe vom Niger getrennt; bedeutender Handelsplatz, vorzüglich für Sclaven.

27) Das Land der südwestlichen Fellatah, südlich durch Dahomé und den Kong begrenzt, nördlich muthmaßlich bis in die Nähe des mittleren Nigerlaufs bei Timbuctú reichend, ein sehr ausgedehntes, ebenes, wohl bewässertes und gut cultivirtes Gebiet, aus dem zahlreiche isolirte Tafelberge von gleicher Höhe ansteigen. Die bedeutendsten der hiesigen nach Osten laufenden und zum Theil schiffbaren Ströme sind der Zissa, Ofo und Gwbasso, aber der bedeutendste von allen scheint der zu jeder Zeit des Jahres mit Kähnen schiffbare Dschenu (Jenu) zu sein. Die Hauptproducte sind Schihbutter und Gouronüsse, Indigo, Honig, Rindvieh; Elfenbein und Eisenerze; letzte werden an verschiedenen Stellen gewonnen und verarbeitet. Alle Landesproducte geben zu einem bedeutenden Handel Veranlassung. Die Bevölkerung ist eine sehr gemischte, über welche jedoch die muhamedanischen Fellatah herrschen, die auch hier thätig, intelligent, ausdauernd und muthig sind, zugleich aber als eigensinnig und rachsüchtig gelten. Wie überall im Nigerlande haben sie den Ruf, gute Viehzüchter zu sein. Sie scheinen zu keinem der beiden großen Fellatahreiche zu gehören, sondern eine Anzahl kleiner, von einander unabhängiger Staaten zu bilden; alle ihre Städte sind stark umwallt und meist große Handelsstädte. — Addasudia, 13° 6' N. Br. 20° 43' O. L., in einer weiten Ebene und von der Größe Abomes (S. 217), nur 10 Tagereisen von Timbuctú. — Assefudah, 12,000 Ew.; große Fabrication von Kleidungsstoffen, Lederbereitung und Verarbeitung, Färbereien. — Babbakanda, bedeutende Lederwaarenanfertigung und Säbelschmieden; großer Handel. — Birassóa, Baumwollenwebereien guter Stoffe. — Kassa-Kano, großer Ort, ansehnliche Eisenschmelzen und Verfertigung von Lanzen, Pfeilspitzen und Schwertern. — Zabakano, gleichfalls bedeutender Ort in schöner Lage, mit guten Färbereien und Fabrication vorzüglichen Leders und von Lederwaaren. — Kiroaso, kleiner Ort, aber berühmt wegen seiner Gärbereien und Färbereien. — Kallakandi, Darstellung vorzüglicher Zeuge und von Eisenarbeiten.

XIV. Das Binnenland von Süd-Afrika.

Hülfsmittel.

Außer den S. 142 bei dem Capland angeführten Werken noch: J. Campbell, Travels in South Africa, mit einer Ch. u. K. 8. London 1815. 2. Ausg. — J. Campbell, Travels in South Africa being a narrative of a second journey in that country. m. 1 Ch. u. K. 2 B. 8. London 1822. — W. C. Harris, The wild sports of Southern Africa. m. 1 Ch. u. Kpfr. 8. London 1839. — H. H. Methuen, Life in the wilderness or wanderings in Southern Africa. 8. London 1846. — J. J. Freeman, A tour in South Africa. m. 1 Ch. 8. London 1851.

Grenzen und Lage. Das centrale Süd-Afrika begrenzen wir im Norden mit dem Aequator, im Süden mit den seit dem J. 1847 durch die britische Verwaltung des Caplandes in Anspruch genommenen nördlichen Grenzen desselben (S. 142), im Osten mit dem oberen Rande des jähen Absturzes der Binnenhochebenen gegen den niederen Küstenrand längs dem Indischen Ocean. Nach Westen zu ist die Grenze noch völlig unbestimmbar, da von Europäern einzig Portugiesen und auch diese nur äußerst selten vom Rande des Atlantischen Ocean in das Innere des Continents bisher eingedrungen waren, und weil selbst deren Beobachtungen aus Indolenz, mehr aber in Folge einer falschen Politik der portugiesischen Regierung der wissenschaftlichen Welt niemals veröffentlicht worden sind. Deshalb war noch vor wenigen Jahrzehnten der bei weitem größte Theil des inneren Süd-Afrika völlig unbekannt, und dessen Darstellung in Büchern und auf Charten nur durch eine einzige große Lücke vertreten, welche nicht einmal die Phantasie gewagt hatte, auf irgend eine Weise, wie es mit dem Inneren Nord-Afrikas lange Zeit geschah, auszufüllen. Niemals hatten nämlich hier, wie im nördlichen centralen Afrika, thatkräftige und wanderlustige Araberstämme ihren Drang nach Abenteuern, nach Erforschung neuer Völker und neuer Phänomene oder vorzugsweise nach Gewinn in das Innere getragen; selbst der Muhamedanismus war nicht über den Ostrand des Continents hinausgedrungen, und so fehlten hier durchaus die Berichte arabischer oder muhamedanischer Pilger und Handelsleute, welche für die Kenntniß des Inneren von Nord-Afrika bis in die neueste Zeit die einzige Quelle der Erdkunde waren und für manche Gegenden desselben es zum Theil noch sein müssen. Erst seit dem Beginne dieses Jahrhunderts beginnt die wissenschaftliche Leere in der Kunde des centralen Süd-Afrikas mit dem allmähligen Fortrücken der Grenzen des Caplandes nach Norden, mit dem unaufhaltsamen Vordringen von Süden her der Bevölkerungen europäischer Abstammung, die jetzt schon bis in uns noch völlig unbekannte Fernen des Innern weit über den südlichen Wendekreis gelangt sind, endlich mit der zahlreichen und kühnen Missionaren gelungenen Ausbreitung des Christenthums und der Civilisation unter den eingeboren Stämmen, vor Allem aber mit den Entdeckungszügen der unerschrockenen deutschen Missionare Krapf und Rebmann von der Ostküste her aufzuhören und ein Licht über die Verhältnisse des südafrikanischen Binnenlandes sich zu verbreiten, so daß hier wenigstens einige allgemeine Andeutungen zu dessen Aufklärung zusammengestellt werden können. Das ganze Gebiet des centralen Süd-Afrika reicht nun nach den angenommenen Grenzen durch etwa 29 Breitengrade (0—28 oder 29° S. Br.) und ungefähr 20 Längengrade, vom 34—54° O. L.

Oberflächenbeschaffenheit. So viel bis jetzt vom Inneren Süd-Afrikas erforscht ist, besteht dessen Oberfläche vorherrschend aus unermeßlichen Hochebenen, worin nur stellenweise isolirte Bergketten oder selbst nur vereinzelte Berge, letzte jedoch zuweilen von gigantischer Höhe und den höchsten Erhebungen der Erdoberfläche nur wenig nachstehend, emporsteigen. Dergleichen Hochebenen erscheinen gleich in der Nähe des Aequator als unmittelbare Fortsetzungen derjenigen, welche im Inneren des Somâlilandes durch nomadisirende Gallastämme durchzogen werden und reichen über den Dana- oder Pokomostrom hinweg südlich bis zum Adifluß. Aehnliche Ebenen mit 3000 F. Erhebung über dem Meeresspiegel, welche in Ukamba unter dem Namen Yata bei den Eingeborenen bekannt sind, und bis in die am weitesten gegen Westen bekannte Landschaft Kikuyu unterbrochen fortsetzen, trennen die Gebirgsmassen von Teïta und Dschagga, so wie auch die Wildnisse des jetzt meist ausgerotteten Wakuafivolks aus einer unermeßlichen Hochebene von fast seegleicher Oberfläche bestehen, welche schon von der Küste im Osten an bis sehr tief in das Binnenland reicht. Tiefer im Süden unter dem 10° S. Br. dehnen sich Hochebenen auf der östlichen Seite des N'yassisees aus; im Centrum des Continents selbst mögen sie nach dem Auftreten ausgedehnter, menschenleerer und unfruchtbarer, wohl aber durch Heerden von Antilopen, Straußen und Zebras bevölkerter Landstriche, so wie nach dem Vorkommen ausgedehnter Salzsümpfe, in deren Umgebungen sich die Heerden solcher Thiere, ganz wie die Büffel- und Hirschheerden um die Salzsümpfe der Ebenen Nord-Amerikas, vorzugsweise sammeln, gleichfalls nicht fehlen. Bestimmter ist die Existenz der Hochebenen südlich vom 20° S. Br. bis zu den Rändern des Garip und Vaal-Rivier bekannt. Von der Südseite des großen Njamisees (Ngami), der eine Höhe von 2800 F. über dem Meeresspiegel erreicht, bis zum 26° S. B. und vom 41—47° O. L. erstreckt sich ein unermeßliches horizontales Plateau, das Kalagary- oder Kalliharyland, als eine vollkommene Ebene ohne die mindeste Erhebung, wenn man einige Sandhügel ausnimmt, ja selbst fast ohne einen Stein, durch einen großen Theil des Continents, im Süden durch die Kette der Langen Berge, im Osten durch die Berge, worin die Quellen des Kuruman liegen, und das Bergland der Bauaketzibetschuanen begrenzt, im Westen aber ohne Unterbrechung in die Hochebenen der Groß-Nama und Ovahererö übergehend (S. 164). Man hat den merkwürdigen Landstrich Kalagary mit der Saharä im Norden des Continents verglichen und ihn selbst die südliche Saharä, aber ohne genügenden Grund, genannt, da die Oberfläche durchweg von tiefen Sandmassen bedeckt ist, nirgends hier die kahlen Felsflächen, die nackten Felsrücken zu Tage treten, noch weniger Gebirgsketten den Landstrich durchschneiden und da der größte Theil desselben sogar mit undurchdringlichem Gebüsch und selbst den dichtesten Waldungen, die auf Feuchtigkeit in der Tiefe hinweisen, bedeckt ist. Nur in dem fast absoluten Mangel an Quellen und fließenden Gewässern und der daraus hervorgehenden Menschenleere hat das Kalagaryplateau mit manchen Strecken der nord-afrikanischen Saharä Aehnlichkeit. Ganz verschieden davon sind die höchst ausgedehnten, baumlosen, aber mit hohem Gras bedeckten, sandigen Ebenen zwischen dem Garip und Litbako, in welchen zahlreiche Quellen zu Tage treten, deren Stellen, gleich denen um die Quellen in der nördlichen Saharä, sich stets durch Baumgruppen, hier aber nicht von Dattelpalmen, sondern von Acacien dem Wanderer verrathen. Viel fruchtbarer, doch auch baumlos, dagegen mit üppigem Graswuchs bedeckt, einem Grasmeer gleich, sind die endlosen Hochebenen, welche sich von den südlichsten Ausläufern des Caschangebirges bis zum Vaal-Rivier, den jetzigen nordöstlichen Grenzen des Caplandes, ohne Unterbrechung erstrecken. Im äußersten Norden steigen nun aus den Hochebenen die schon von der Küste aus sichtbaren gewaltigen Bergmassen der Landschaften Kilema und Teïta auf, und noch nördlicher von ihnen in etwa 0° 20′ S. B. und etwa 53° O. L. der ungeheure, aus den umgebenden Hochflächen der Landschaften Kikuyu, Mbé und Uimbu bis hoch in die ewige, in diesen Breiten in etwa 17,000 F. beginnende Schneeregion, also wohl bis in 20,000 F. Höhe reichende, einem gigantischen Wall ähnliche Felsrücken des Kénia, aus dem noch 2 mächtige, pfeilerartige Spitzen hervortreten, und dem zunächst im Westen ein anderer hoher Berg, angeblich ein noch thätiger Vulcan, liegt, so wie die zahlreichen und hohen Terrainerhebungen im östlichen und südlichen Theil der Landschaft Ukamba, welche im Osten die Mudomónikette bilden und zu denen im Süden längs dem Adistrom eine von Kikuyu im Westen bis Ndungum im Osten fortsetzende Kette mit den Bergen Kilungo, Jwéti, Muka Kú und Nsao Wi gehört. Noch grandioser und in einem Punkte dem Kénia nicht nachstehend sind die Bergmassen im Süden des Adi in Kilema und Kikumbuliu. Der Centralpunkt derselben, der Kilimandschâro, eigentlich Kilima-dscha (dja) aro d. h. großer Berg, etwa in 3° S. B. 53—54° O. L., trägt nämlich gleichfalls das ganze Jahr hindurch auf einem Theil seiner Gipfel eine weiße Schneedecke. Er theilt sich nach oben zu in 2 verschiedene, durch einen 2½—3 M. langen Sattel verbundene Kuppen; die höhere ist die westliche, welche, gleich dem Ararat in Armenien, die Gestalt eines ungeheuren Doms hat und das ganze Jahr hindurch bis tief mit einer Schneedecke bekleidet ist, während die niedrigere östliche in mehrere pikartige Spitzen ausläuft, die nur einen Theil des Jahres Schnee tragen. Die Masse dieses Giganten der Gebirgswelt frappirt den fremden Reisenden am meisten von der Südseite, wo er sich schroff aus Ebenen erhebt, aber auch selbst von anderen Seiten, weil die zahlreichen Berge, welche sich, wie z. B. die Tschulu (Djulu) berge im Norden zunächst an ihn anschließen oder, wie die Ugóno- und Kisungobergketten im Südosten ganz in seiner Nähe liegen, ungeachtet sie bis 6000 F. über die ausgedehnten Ebenen an ihrem Fuße aufsteigen, doch ihm gewaltig in der Höhe nachstehen, und da auch die weiteren Umgebungen des Kilimandschâro nur durch unermeßliche Ebenen gebildet werden. Von unten bis oben ist die Oberfläche des K. durch tiefe Spalten zerrissen. Die Dschuluberge dienen der Bevölkerung Kikumbulius als starke, natürliche Festungen. Oestlich von diesen Bergmassen und von ihnen nur durch eine Hochebene getrennt, erhebt sich das schon zur Landschaft Teïta gehörende kleine, aus einigen von Süden nach Norden laufenden Gebirgsketten gebildete und ganz an den schweizerischen Jura erinnernde wunderschöne Bergland Burā, endlich noch weiter im Osten der schroff bis 5000 F. über seine ebene Umgebung aufsteigende und dieselbe gleich einem gewaltigen Thurm überragende isolirte *Kadiäro*- oder *Kisigao*-(*Kasigao*)berg nebst dem gleichfalls isolirten Kilibassi, so wie endlich im Süden von beiden noch einzelne Berggipfel auftreten, welche eine Verbindung mit den höchst zerrissenen Bergländern von Usambara und Pāgé bilden. Tiefer im Süden und mitten im Continent ist ferner eine lange, kupfererzreiche Bergkette bekannt, welche sich von Muropúa bis zu dem Reich des Cazembe erstreckt und höchst wahrscheinlich mit dem Gebirgslande des Mbizavolks an den Quellen des Zambeze und am südsüdwestlichen Ende des großen Nyassisees, so wie mit den sehr hohen, angeblich mit Schnee bedeckten Bergen nordöstlich vom Nsami in unmittelbarer Verbindung steht. Abermals weiter im Süden, vom südlichen Wendekreis etwa an, erstreckt sich fast unter dem 46° O. L., von Norden nach Süden, eine lange, unter dem Namen Mural bekannte steile Gebirgskette, als deren Ausläufer im Westen unter dem 24° S. B. die niedrigen Bukvarberge, als deren äußerster Ausläufer im Süden aber etwa unter dem 25—26° S. B. die prachtvollen Gebirgsmassen des Caschan und die im Westen unmittelbar daran stoßenden Kurritschani-, Lerupa- und Makarupaberge im Gebiet der Bahurutzi- und Bauaketzlbetschuanen gelten können. Der Caschan, obgleich noch nicht gemessen, wird von den europäischen Reisenden in diese Gegenden für eine der höchsten Terrainerhebungen Süd-Afrikas erklärt, welche die ganze Gegend, in etwa 26° 30′ S. B. 47° 45′ O. L., weit und breit als eine ungeheure, von Westen nach Osten gestreckte Mauer überragt, doch dem Auge nicht so hoch erscheint, als sie in der Wirklichkeit ist, da sie auf einer sehr hohen Basis ruht. Dennoch bieten sich der Caschan und die Kurritschaniberge, wenn man sich ihnen besonders von Südwesten her aus den einförmigen Ebenen der Barolongbetschuanen und vom Molopofluß nähert, stellenweise in majestätischer Größe dar. Der Caschan selbst bildet mit seinen Fortsetzungen in diesem Theil des Continents eine große Wasserscheide, indem er die gegen Osten nach dem Indischen Ocean fließenden Gewässer von denen sondert, welche gegen Westen hin ihren Lauf nehmen. Die ganze Kette dieser Berge ist in ihrem Innern nicht einförmig, sondern mit überaus fruchtbaren, sehr reich bewässerten Thälern durchzogen oder auch durch furchtbare Schlünde zerrissen und dadurch sogar von so außerordentlich mannigfaltigem und bei der prachtvollen Bewaldung vom Fuße bis zum Gipfel der Berge hin und wieder selbst von so reizendem Ansehen, daß schottische und wallisische Missionare dabei an die Berge ihrer Heimath erinnert wurden, andere europäische Reisende sie gar mit den Schweizer Alpen verglichen. Aus der Mitte des Caschan erheben sich endlich 2 sehr hohe, thurmförmige Berge, an deren Fuß einst Mosiga, die Hauptstadt des Matébélévolks, in so reizender Umgebung und mit so vielen Hülfsquellen ausgestattet lag, daß damit keine einzige Localität des Caplandes gleichzustellen war. Von diesem hohen Gebirge reichen noch zahlreiche niedrige wohlbewaldete Hügelzüge in die unermeßlichen Ebenen gegen den Vaal-Rivier. Im Innern sind diese Berge ungemein reich an Erzen, namentlich an Kupfer- und Eisenerzen, die den früheren gewerbfleißigen und intelligenten Bewohnern derselben zu einer ausgedehnten Metallfabrication Veranlassung gaben. Die südlichsten Gebirge bildet der ausgedehnte, von NNO. nach SSW. streichende und erst am Garip endende Zug der sogenannten *Langen Berge*, welche das Griqualand vom Kalihariplateau scheiden, sammt dem kleinen, in neuerer Zeit unter dem Namen der Asbestberge beschriebenen, im Griqualande selbst unweit des Nordrandes des Garip gelegenen Gebirge.

Geognostische Beschaffenheit. Die Oberfläche der Hochebenen im Innern Süd-Afrikas bedecken größtentheils mächtige Ablagerungen eines rothen und stellenweise, wie in den Hochebenen um Lithako, durch einen reichen Gehalt von Eisenoxyd, selbst tief dunkelroth gefärbten Quarzsandes, welcher zum Theil aus rothen, zerfallenen Sandsteinen hervorgegangen sein mag. Der Sand ist meist und besonders in der Kalihari reiner Quarzsand, nur hin und wieder, wie in der Landschaft Kikumbuliu, kalkhaltig oder mit Thon gemengt. Auch die größeren Thonablagerungen sind, z. B. die bei Griquatown, häufig kalkhaltig, selbst bis zu dem Grade, daß sie zur Ziegelanfertigung sich nicht tauglich erweisen. Rothe Hügel aus Sand oder Sandstein erscheinen in allen Theilen unseres Gebiets, z. B. im äußersten Norden am Tzavostrom, einem Zufluß des Adi (3° S. B.), in Kibumbuliu, bei der Missionsstation Kolobeng 24° 50′ S. B. u. 42° 50′ O. L., welche letzte in nackter Umgebung am Fuße eines aus rothem eisenschüssigen Sandstein bestehenden Felsrücken liegt, am meisten aber in den unermeßlichen Ebenen von Lithako und Motito, wo auf großen Strecken das an vielen Punkten zu Tage kommende oder durch eine dünne Sandlage verdeckte Felsgestein aus rothem Sandstein besteht. Selbst die Tafelberge des Baquainalandes im 24 — 25° N. B. östlich von Kolobeng erweisen die weite Verbreitung des Sandsteins nach Osten zu. Viel mächtiger, als hier, scheinen die Sandablagerungen zwischen Kolobeng und dem Njami und in der Kalihari aufzutreten. Als ihr und selbst der Sandsteine Liegendes kennen wir in einem großen Theile des inneren Süd-Afrikas ausgedehnte und eigenthümliche, harte und dunkle, fast völlig versteinerungslose und daher dem Alter nach nicht genau bestimmte, unzweifelhaft aber ältere d. h. silurische oder devonische Kalksteine, die sofort von den Nordrändern des Gariy beginnen und die große Ebene zusammensetzen, worauf die Stadt Griquatown erbaut ist. Weiter im Norden treten dieselben Kalksteine in der Nähe des im südlichen Theil des Betschuanenlandes wohl bekannten Sensavanhügels auf, so wie ähnliche blaue oder graue Kalksteine in der ganzen Umgebung Kurumans und nordöstlich davon in den weiten Ebenen des Gebiets des Barolongbetschuanenlandes verbreitet gefunden werden, indem sie sowohl die Oberfläche der Ebenen, als auch die Berge darin bilden und sich endlich noch in den Kamhanybergen zu ansehnlichen Höhen über ihre Umgebung erheben. Selbst unter dem Sande wurden überall, so weit man hier bisher untersucht hat, Kalksteine gefunden, und Gleiches muß noch unter dem 19—20° S. B. der Fall sein, da das Wasser des Zugaflusses Kalk enthält und die Ränder des Zuga in der Nähe seines Austritts in den Njami aus Kalktuff und weiter aufwärts aus Kalkstein bestehen. An der Vereinigung des Vaal- und Zwarte-Rivier wird dies Gestein von harten kieseligen Adern durchsetzt; unfern davon wechseln Hügel von Thonschiefer oder von eisenschüssigem Kieselschiefer, z. B. bei Griquatown, mit andern, die aus Kalkstein bestehen, so daß alle diese Gesteine einer und derselben Bildungsepoche anzugehören scheinen. Andere Gebirgsgesteine sind bisher nur wenig gefunden worden, namentlich auffallend wenig Granite und ähnliche krystallinische Gesteine. Doch kennt man das Vorkommen des Granits in den Umgebungen von Lithako am Makwarinflüßchen, aber sehr eingeschränkt, ausgedehnter die Verbreitung der Granite am und nördlich vom Molopo, so wie bei Lithako noch das von Serpentin und Grünstein. Häufiger scheinen Basalte vorhanden zu sein, von denen ein Gang bei Motito den Kalkstein durchsetzt, und größere Felsmassen an der Unglücksquelle (Ongeluks fonteyn) und anderen Punkten des Griqualandes beobachtet wurden. An Spuren vulcanischer Thätigkeit und vulcanischen Gebilden fehlt es dem Binnenlande gleichfalls nicht. Als ein noch lebendiger Vulcan wird von den Eingeborenen ein Berg des Gebiets der Wakuäfi im Westen und ganz in der Nähe des Kenia bezeichnet. Schlacken- und lavaähnliche Massen von schwarzer Farbe fanden ferner europäische Reisende am Fuß des Kilimandscharo in der Landschaft Kikumbuliu, nebst sichtlichen Zeichen, daß die Umgebungen des Tzavoflusses einst großen Veränderungen durch vulcanische Kräfte unterworfen gewesen waren, so wie sich in denselben Gegenden häufiger unterirdisches Getöse vernehmen läßt, das auf fortdauernde vulcanische Processe hinweist. Auch in den Bukwarhügeln in der Nähe Kolobengs sollen sich Lagerungsverhältnisse der Gesteine finden, welche an erloschene Krater erinnern.

Gewässer. Aus denselben Gründen, wie die meisten Hochebenen des Continents, sind auch die im centralen Süd-Afrika ungemein wasserarm. Die Sandablagerungen auf der Oberfläche der fast einem Meeresspiegel vergleichbaren und meist wenig geneigten Ebenen absorbiren rasch das atmosphärische Wasser, ehe es abfließen und verdunsten kann, und die horizontal geschichteten porösen Kalk- und Sandsteine befördern dessen weiteres Versinken in die Tiefe. Von allen Strichen Süd-Afrikas dürfte jedoch der wasserloseste das Kalihariplateau sein, worin sich gar keine längere fließende Gewässer und höchst wenige perennirende Quellen, außerdem aber nur einige natürliche Cisternen finden, indem sich das gesammelte Regenwasser einige Zeit in den Vertiefungen des unterliegenden Kalkfelsen erhält und dadurch einzig die Möglichkeit einer schwachen Bevölkerung herbeiführt. Aber selbst hier kann es nach den gigantischen Acacien, die man gefunden, und nach der fast undurchdringlich dichten Wald- und Strauchvegetation, welche die Kalihari größtentheils bedeckt, an unterirdischen Wasseransammlungen nicht fehlen, und wirklich wissen die Bewohner während der trockenen Jahreszeit an begünstigten Stellen sich durch eine Art Brunnengraben bis zu etwa 20 Fuß Tiefe etwas Wasser zu ihrer Existenz zu verschaffen. Wegen dieses außerordentlichen Wassermangels ist es Europäern noch nicht gelungen, tief in das Innere des Kalihariplateau einzudringen und noch viel weniger es quer zu durchreisen. Wegen des großen Wassermangels in den Ebenen des Binnenlandes von Süd-Afrika bildet sich, wo eine Vegetation möglich ist, dieselbe, besonders in der Nähe des Aequator, auf eine ganz eigenthümliche, verkrüppelte Weise aus, indem in den Hochebenen von Teita große Strecken nur mit verkümmerten, undurchdringlichen Dornengewächsen bedeckt sind. In früheren Zeiten waren die Hochebenen Süd-Afrikas viel reicher an Wasser, indem man häufig auf alte, jetzt ausgetrocknete, doch deutliche Strombetten trifft, von denen einige, besonders die in der Kalihari, noch zu Menschengedenken Wasser führten und mit Hippopotamen bevölkert waren. Mit hoher Wahrscheinlichkeit wird diese auffallende Abnahme an Quellen und andern fließenden Gewässern von europäischen Reisenden der Unklugheit der Bevölkerung, im Süden namentlich der der Betschuanen beigemessen, welche ihre Gebiete schonungslos entwalden. Sehr reich an Quellen und längern fließenden Gewässern sind dagegen die Gebirgsketten und Bergmassen Süd-Afrikas, namentlich solche, welche, wie der Kénia und der Kilimandschâro und angeblich einige im Norden des Njanlsees, bis in die Schneeregionen reichen. Ihnen und dem Caschan verdankt ein großer Theil der größeren Ströme Süd-Afrikas seinen Ursprung; dem Schneewasser des Kénia unter andern der große Danastrom und mehrere von dessen größeren Zuflüssen, wie der Diva, Kinkûdschi (Kinkaji) und der Lúdi, dem Kilimandschâro zahlreiche Zuflüsse des Adi, vorzüglich der Tzavo und die Quellen des Lussu. In die Landschaft Kikuyu, an deren Grenze der Kénia liegt, hat man neuerdings sogar einen Theil der Quellen des Weißen Nil versetzt, da nach Angabe der Eingeborenen vom Kénia ein Strom in nördlicher Richtung seinen Lauf nimmt. Der Dana, welcher bei dem Wapokómostamm den Namen Pokómoni, bei den benachbarten Galla den Namen Mâro führt, in seinem untern Laufe bei den Suáheli Osi (eigentlich Moésa d. h. Wasser) heißt und seit Jahrhunderten bei den Europäern seit Ankunft der Portugiesen an der Küste dieser Gegenden unter dem Namen des Quilimanse (richtiger Kilima Mausi S. 120) bekannt ist, ist ein für die zukünftige Erforschung der äquatorialen Theile des Continents ungemein wichtiger Strom, dessen Breite schon im oberen Lauf ungefähr 700 Fuß beträgt und der in dem größten Theil seiner ungefähr 6 Längengrade betragenden Erstreckung von Ukamba bis zur Mündung in die Formosa-(Ungâma) bai (S. 119) nirgends der Schifffahrt durch Felsen Hindernisse in den Weg setzt und selbst im oberen Lauf in der trockensten Jahreszeit 5—6 Fuß Wassertiefe besitzt. Er folgt fast in seiner ganzen Erstreckung einer westnordwestlichen-ostsüdöstlichen Erstreckung. Fast von gleicher Länge mit dem Dana, in Bezug auf Tiefe und Breite, jedoch von minderer Bedeutung, ist der südlich vom Dana gelegene Adi, dessen mittlerer und unterer Lauf bisher unter dem Namen Sabáki (S. 120) bekannt war. Er entspringt mit den entferntesten Quellen in Kikuyu am Ambolóiluberge

20*

südlich vom Kénia, aber er erhält seine meisten Wasser von Norden von der fortlaufenden Bergkette, deren südlichen Fuß er bespült und wozu die hohen Berge Kilungo, Jwéti, Muka Ku und Njáo Wi gehören, dann von Süden durch den Tzavo, einen stattlichen Gebirgsstrom, dessen Quellen am Nordrande des Kilimandschäro liegen, endlich von anderen zahllosen Strömen, welche auch vom Kilimandschäro kommen und die Berglandschaft Kikumbuliu durchziehen, ehe sie sich mit dem Adi vereinigen. In der trockenen Jahreszeit hat der Fluß nur $1^1/_2$ F. Tiefe in seinem oberen Lauf, in der nassen wird er dagegen zu einem mächtigen Wasser. Sein Lauf ist dem des Dana fast genau parallel. Ein 2. großer Strom, welcher dem geschmolzenen Schnee des Gipfels des Kilimandschäro seinen Ursprung verdankt, der Lussu oder Russu, entsteht an der Südseite des Berges aus zahlreichen Quellenströmen, namentlich dem Göna und Lömi (Lôomi), und erreicht, nachdem er erst in südlicher, dann in südöstlicher, östlicher und nordöstlicher Richtung geflossen ist und die Berge von Usambara quer durchbrochen hat, nach einem großen bogenförmigen Lauf, den Indischen Ocean unter dem Namen Pangany. Zu den größeren Binnenströmen, deren unterer Lauf dem niedrigen Küstenstrich längs dem Indischen Ocean angehört, sind endlich noch der Lufidschi (Lufiji S. 120), der Lufuma und Zambese zu zählen, von denen der erste nach neueren Ermittelungen ein Abfluß des N'yassi ist, so wie andererseits dem Binnenland theilweise noch der fast ganz unbekannte obere Lauf des Zaire, dann des Coanza und Cunene (S. 172) angehört. Viele Binnenströme münden in den N'yassi, während andere ihre Richtung nach Westen nehmen und vorzüglich zur Bildung des Zaire und Coanza beizutragen, endlich die Möglichkeit einer Schifffahrt von Westen her bis in das Innere des Continents zu eröffnen scheinen, da nach neueren Ermittelungen Böte vom Coanza an aufwärts bis in die Nähe der Hauptstadt des mitten im Centrum gelegenen Reichs des Miluavolks angeblich gelangen. Zu den wichtigeren Strömen dieser Gegenden tiefer im Süden gehört der von Norden her dem Njami zugehende Teoge, welcher mit einem gleichfalls von Norden her in den Njami mündenden und rasch fließenden Strom, dem Tamunakle, in Verbindung stehen soll, so wie der neuerlichst auch erst aufgefundene und dem Njamisee in SSO. zufließende schöne Zuga, dessen Breite da, wo man ihn kennen gelernt, zwar nur 100 F. beträgt, welcher aber weiter aufwärts an Ausdehnung zunimmt. Auch der Zuga fließt rasch, und sein Wasser ist so klar, weich und kalt, daß die Entdecker den Ursprung des Stroms geschmolzenem Schneewasser zuschrieben und in dem periodischen, nach Angabe der Eingeborenen nicht durch Regengüsse veranlaßten Anschwellen des Zuga einen Grund für die Richtigkeit ihrer Ansichten fanden, indem das Wachsen desselben grade mit dem Eintritt der trockenen Periode, die Abnahme dagegen mit der Regenzeit zusammenfällt. Den höchsten Stand erreicht der Zuga im October; über seine Quellen ist noch nichts bekannt. Unter den südlichsten Strömen des Binnenlandes behauptet nach dem Garip und dem Vaal-Rivier, welchem letzten von Norden vorzüglich der vom Südabhange des Caschan herabkommende Mooie-Rivier oder schöne Fluß zugeht, der Limpopo oder Uri den ersten Rang. Derselbe entspringt im nördlichen Theil des Caschan, in dessen gleich wie durch convulsivische Kräfte aufgerissenen, unermeßlichen Spalten er anfänglich seinen Lauf in einer genau nördlichen und dem Mural fast parallelen Richtung nimmt, wobei er außer zahllosen kleineren Strömen den reißenden Moriquafluß nebst dem am Nordrande der Kurritschaniberge entspringenden und gleichfalls südnördlich fließenden N'guatnanl aufnimmt. In dem nördlichsten Theil dieses Laufs münden in den Limpopo zahlreiche, selbst größere Ströme, wie der Mobolaqnane von Süden, der Mikolue (Mikolwe) und der breite, klare und reißende Lipbalala von Südosten, endlich der Makotasane, Lotsane, Lebetu, Motuiste (Macluesle) und Schazle (Schazane) von Norden her. Jenseits des 22° N. B. 48° 10' O. L. ist der Limpopo noch nicht erforscht, doch ist es im höchsten Grade wahrscheinlich, daß er von da eine östliche Richtung nimmt, den Mural quer durchbricht und den Indischen Ocean etwas nördlich von der de Lagoabai erreicht, indem gegenüber den Heiligen oder Tschulanan-(Chulawan)inseln zwischen dem 21°—21° 31' S. B. ein mächtiger, aus dem Innern kommender Strom durch ein niedriges Delta sich in das Meer ergießt. An den Westgehängen des Kambaupbergzuges entsteht endlich aus einer der reichsten Quellen Süd-Afrikas sofort der kleine Fluß Kuruman in der Nähe des gleichnamigen Orts, der nach nur kurzem Laufe im Sande sich verliert, früher aber ein bedeutender Strom war und erst nach sehr langem westlichen Lauf sich mit dem Garip vereinigte. Zu den Zuflüssen desselben gehört im Norden der in der Nähe Lithäkos entspringende Maschua und der noch weiter im Norden gelegene und von der Westseite des Caschan nach Westen gehende, periodisch aber im Jahre trockene Málopó (Mólopó) d. h. im Sitschuana Fluß. Von den größeren Quellströmen des Garip gehört hierher nur der westlichste, welcher bei den Betschuanen unter dem Namen des Kolong (Noka Colung) oder Malalarin, bei den Hottentotten als der Kaup Garip, bei den Einwanderern europäischer Abkunft als Herzfluß (S. 149) bekannt ist, die geringste Länge und Bedeutung hat, und sich zunächst mit dem Vaal-Rivier vereinigt. An großen Süßwasserseen erscheint das Binnenland besonders reich. Der nördlichste und wahrscheinlich der bedeutendste von allen, der Uniamési, liegt etwa 150—200 Stunden westlich von Dschagga, zwischen dem 1—4° S. Br. und dem 46—47' O. L. in der Landschaft gl. N. Er soll schiffbar sein und schwillt, muthmaßlich durch das Einströmen großer Flüsse, zu bestimmten Zeiten regelmäßig an, da er, wie die Eingeborenen vorgeben, eine regelmäßige Ebbe und Fluth hat. Im südöstlichen Dschagga findet sich ferner der schöne, 2 Tagereisen von Westen nach Osten gestreckte Ibé oder Ariaobergsee. Südöstlich vom Uniamési und ziemlich genau 62 Tagereisen westlich vom Indischen Ocean bei Kilōa, also im 4° 30' S. B. 48—49° O. L. liegt ein 3. großer See, der N'yassi (Niassa) d. h. See, ein sehr lang gezogenes, verhältnißmäßig aber schmales Süßwasserbecken mit vielen Inseln und reich an Fischen, an dessen Rändern und auf dessen Inseln die Mun'yassi d. h. Seemänner wohnen, welche ihn in sehr großen Fahrzeugen beschiffen. Am genauesten der Lage nach hat man aber in den letzten Jahren einen 4. großen Süßwassersee des Binnenlandes, den in 20° 19' S. B. 41° O. L. gelegenen Njami oder Inghabé (auch Noka a Batlali oder Noka a Mampuré genannt) kennen gelernt, der gleichfalls bewohnte Inseln einschließt, von Südosten her den großen Zugastrom und an seinem nordwestlichen Ende die beiden großen Ströme, den Teoge und Tamunakle, aufnimmt und mit einem noch bedeutenderen, 72 M. nördlicher gelegenen ähnlichen, inselreichen See durch den Teogefluß in Verbindung steht. Der Njami hat einen ungeheuren Wasserspiegel und einen großen Reichthum an Fischen, Krokodilen und Hippopotamen; er erstreckt sich in seiner größten Länge von NNO. nach Südsüdwest. An Salzseen erscheint nur der südlichste Theil des Binnenlandes reich, während der nördlichere, nördlich vom Njami, auffallend arm daran ist. So gibt es nächst andern zwei große Salzseen, den großen und kleinen Tschue d. h. im Sitschuana Salz, im Lande der Barolongbetschuanen nordöstlich von Lithäko; beide trocknen im Sommer völlig aus, so daß sie durch Salzkrusten vertreten werden, während sie in den Monaten, wo sie Wasser führen, der Versammlungsort großer Heerden von Springböcken und Straußen sind. Im Norden scheint es dagegen nur zwei größere Salz- oder alcalische Seen, den Quigila im Gebiet des Cazembe und den großen See Rō südlich vom Kilimandscharo in der Landschaft Haudu, zu geben. Letzter wird in der Regenzeit sehr groß; nach ihrem Ende hinterläßt er an den Rändern eine Salzkruste, während er in den trockenen Monaten fast völlig verschwindet.

Klima. Bei der hohen Lage des Plateaus im centralen Süd-Afrika ist die Temperatur ungeachtet der Nähe des Aequator nur einige Monate hindurch hoch und drückend, in den übrigen dagegen mild und angenehm, stellenweise selbst kalt und bis zur Reif- und Eisbildung herabsinkend. In den südlichsten Strichen, besonders den höheren bis zum 25° N. B. 41° O. L., herrschen im Allgemeinen West- und Nordwestwinde, dagegen in den von Ende August bis in den November reichenden Frühlingsmonaten heftige Nordwinde, wodurch sehr kalte Tage, öfters mit Frost, eintreten. So beobachteten europäische Reisende im October 1812 zu Griquatown ein Herabsinken des Thermometers auf —4°,4 und halb Zoll dickes Eis, ja als Krapf und Rebmann im November die fast unmittelbar unter dem Aequator gelegenen Hochebenen von Teïta besuchten, erschien ihnen am Fuße der daraus hervortretenden Berge die Temperatur so kalt, wie in Europa auch nur im November. Nach dem October erwartet man jedoch im Griqualande 7 Monate lang keinen Frost. Im November beginnen zu Lithako Gewitterstürme, die Atmosphäre verdunkelt sich durch ungemein austrocknende, mit feinem Sand erfüllte Winde, welche aus der Kalihari kommen und der Regelmäßigkeit ihres Eintritts und ihrer Dauer wegen den Namen der Sandmonsuns erhalten haben, aber merkwürdiger Weise in dem Lithako nahen Griquatown nicht mehr beobachtet werden. In derselben Zeit versiegen die meisten Quellen bis Ende Januar, wo die Regen beginnen, und die niedrige Vegetation der Hochebenen verschwindet fast gänzlich oder verbleicht, z. B. die Gräser. Zu Griquatown erhält sich das Thermometer während dieser Zeit im Januar im Schatten durchschnittlich auf 32°,2 und es gilt hier dieser Monat sogar für den wärmsten des Jahres. In den heißesten Tagen, wo das Thermometer des Morgens auf 24°,4 und Nachmittags oft auf 35°,5 steht, ist die Atmosphäre zugleich die ruhigste. Mit dem Eintritt der Regenzeit in den südlichsten Betschuanenländern um Mitte Januars ändert sich das äußere Ansehen des Landes plötzlich; Regenmassen kommen vom Himmel herab, die Luft kühlt sich ab, eine freudige Vegetation sprießt überall hervor und es bietet sich in weniger als 14 Tagen eine vollständige und dem Auge höchst angenehme Veränderung in dem Charakter der Oberfläche dar; auch die trockenen Wasserrinnen erfüllen sich mit Bächen und Flüssen. Merkwürdiger Weise wehen bei diesen Regen zu Lithako Nordwestwinde, d. h. solche, welche über die trockene Kalihari ihren Zug nehmen müssen, sonst gewöhnlich Winde von Osten. Die kälteste Zeit des Jahres ist zu Griquatown und Lithako der Juni, wo die Temperatur zuweilen außerordentlich kalt ist, der Boden sich häufig mit Reif bedeckt und Zoll dickes Eis friert. Am kältesten ist natürlich das Hochland in Kiléma zwischen den hohen Bergen und im Caschan. Viel milder zeigen sich dagegen die klimatischen Verhältnisse in manchen tiefer liegenden Stellen der Hochebenen, z. B. um den Njami, wo wilder Indigo, Baumwolle und Bananen nebst einer Palmenart vorkommen und die europäischen Reisenden Gewächse, ähnlich denen von Syrien und Aegypten, fanden. Gesund ist die Atmosphäre fast überall, sowohl auf den trockenen Hochebenen, wie in den Gebirgslandschaften. Nur die Umgebungen des Njami sollen nach den Angaben der Eingeborenen fürchterlich ungesund sein, indem selbst unter den Anwohnern des Sees Krankheiten von der Art der westindischen gelben Fieber wüthen.

Naturproducte. Große Strecken der Hochebenen erscheinen in Folge der sandigen Beschaffenheit ihrer Oberfläche, besonders aber, wenn sie noch nicht im Gebiet der tropischen Regen liegen, sehr unfruchtbar, ja zuweilen selbst jedes Pflanzengrüns beraubt, wie die Südränder der Kalihari zunächst dem Garip und deren Westränder gegen das Gebiet der Groß-Nama hin erweisen. Doch sind ansehnliche Theile der Hochebenen durch reichliche Beimengungen von Kalk und Thon in dem rothen Sand der Oberfläche fruchtbar und mit einer so kräftigen, bis 3 F. hohen, vorherrschend aus den gewöhnlichen Grasgattungen Poa, Andropogon, Aristida und Anthistiria und einigen selteneren Arten gebildeten Vegetation bedeckt, daß sie mehrere Monate hindurch die Natur nordafrikanischer Savanen haben, im übrigen Theil des Jahres dagegen, wenn die Halme bleichen und verdorren, europäischen Getraidefeldern im Zustande der Reife auf das Täuschendste ähnlich werden. Besonders die fruchtbaren Ebenen im äußersten Südosten zunächst dem Vaal-Rivier und die schon in der Nähe des Aequator gelegenen des Ukambalandes erscheinen periodisch als grüne, unermeßliche Grasmeere, in deren Bereich häufigst isolirte Baumgruppen und Büsche strauchartiger Gewächse zerstreut sind, so daß viele Strecken der Hochebenen dadurch eine merkwürdige Aehnlichkeit mit dem Charakter englischer Parklandschaften erhalten. Große Waldungen sind bis jetzt nur wenig bekannt worden, am Allerwenigsten in den Hochebenen, doch findet sich in den nördlichen derselben, etwa im 5° S. Br. und

49° O. L., ein sehr großer Wald, der aus einer eigenthümlichen, Miritini genannten Baumart besteht und auch danach seinen Namen führt. Aber vorzüglich zeigen sich einige wasserreiche und hohe Gebirge mit schönen Waldungen bekleidet, z. B. im Süden die Berglandschaften der Betschuanen im Gebiet der Bauaketsi, Bahurutsi, Baquaina und Bakatla. Vor Allem ist der Caschan von unten auf bis zu seinem Gipfel mit der prachtvollsten Waldflora bedeckt, und nicht minder tragen die Stromränder des Limpopo eine ähnliche prachtvolle Baumvegetation, deren Dichtigkeit durch mannigfaltige Rankengewächse, worunter parasitische vorherrschen, noch vermehrt wird. Das größte Waldterrain des centralen Süd-Afrika dürfte indessen die Kalibarilandschaft sein, deren 6 Grade in nordsüdlicher Richtung breite und eben so viel Grade in westöstlicher lange Oberfläche fast nur ein einziger zusammenhängender und fast undurchdringlicher Wald bedeckt. Unter den Waldbäumen und Sträuchen der Hochebenen scheinen Leguminosen, besonders der Gattung Acacia, welcher im Süden nicht weniger als 12 Arten angehören und von denen einige ein kostbares Gummi liefern, vorzuherrschen; mit ihnen meist in denselben Gegenden des Südens vereinigt, treten Proteen auf. Die Acacien erreichen sehr oft kolossale Größen, vor Allem der Kameeldoorn oder die Giraffenacacie (A. Giraffae, Mokaala der Betschuanen), eine der verbreitetsten und nützlichsten Arten der Gattung, welche durch ihre merkwürdige, regenschirmartig gestaltete Krone weit und breit dem Blick auffällt, durch ihr ungemein hartes und schweres Holz den Landesbewohnern ein vorzügliches, aber auch fast das einzige Baumaterial liefert, da es niemals, wie die übrigen Hölzer, von Würmern ergriffen wird, und die endlich ihres Laubs wegen durch die Giraffen gern aufgesucht wird. Alle Acacien sind mit den gefährlichsten Dornen bewaffnet, mit den furchtbarsten, fischhakenähnlichen aber der auch im Caplande heimische Haakedoorn (A. detinens). Aus der Proteenfamilie bildet der Mogono der Betschuanen durch seine silberfarbenen Blätter eine Hauptzierde des Kalibarīwaldes. Ebenholz ist in den nördlichen Strichen am Aequator häufig. Fruchtbäume von meist unbekannten Arten gibt es in den Gebirgswaldungen zahlreich; ihre Früchte werden von der Bevölkerung des Bahurutsilandes fleißig gesammelt, indem sie derselben als Theil ihrer Nahrung dienen. Von bekannteren Fruchtbäumen besitzt das Bakatlaland wilde Feigenbäume, die Umgebung des Njami Bananenpisange und Adansonien, letzte in ungeheurer Größe, das Bergland Kilema gleichfalls Pisange, sogar in ganzen Wäldern. Zu den nützlichsten Fruchtbäumen gehört ferner der besonders bei der Bevölkerung der Kalibari durch seine fleischigen Früchte beliebte und schöne Sophorabaum (S. capensis). Palmen scheint es dagegen wenig zu geben, indem man auf den Hochebenen im äußersten Süden noch gar keine derselben gefunden, und palmähnliche Gewächse bisher nur an den Rändern des Njami beobachtet hat, endlich zunächst am Aequator auch nur eine Palme auf dem Plateau von Kilema, die Micomapalme, kennt. Viel größer ist der Reichthum des centralen Süd-Afrika an niedrigen Gewächsen mit eßbaren Wurzeln, Knollen und Früchten, indem die südlicheren Striche nicht weniger als 30 Gewächse mit eßbaren Knollen und vielleicht noch mehr Monocotyledonen mit eßbaren Zwiebeln besitzen. Unter solchen krautartigen Pflanzen ist die Tama (Bauhinia esculenta, die einzige bisher in Süd-Afrika aufgefundene Art dieser Gattung) eine der verbreitetsten und werthvollsten, da sie nicht allein in ihren Hülsen kastanienähnliche und geröstet wohlschmeckende Früchte liefert, sondern vorzugsweise durch ihre ungeheuren, 1 ½ F. langen und ½ F. dicken, rosenrothen, saftigen und den Runkeln ähnlichen Wurzeln den südlichen Betschuanen so wichtig ist, daß sie das Brod der Armen genannt wird. Andere Gewächse derselben Natur sind mehrere Arten von Cusaten, deren Wurzeln von den südlichen Betschuanen fleißig aufgesucht werden, und eine Cyanelle (C. lineata). Auch die Zwiebelgewächse werden dadurch der Bevölkerung von ungemeinem Nutzen, daß sie durch zahlreiche und starke Hüllen in dem harten und heißen Boden vor der Vertrocknung gesichert sind und daß sie, wenn alle andern Pflanzen rund um sie vergehen, ihre Keimkraft erhalten, so daß sie manchen Völkerschaften in den Hochebenen, z. B. den Bakalihari, eine nie fehlende, oft selbst den Haupttheil ihrer Nahrung liefern. Einige solcher Zwiebeln erreichen eine kolossale Größe. Die bekanntesten eßbaren Zwiebeln sind die von Gladiolus esculentus, welche von den Betschuanen in den Ebenen von Lithäko häufig ausgegraben werden. Von den übrigen krautartigen Gewächsen mit eßbaren Früchten sind die Mosasana, der Fleou und einige Cucurbitaceen die wichtigsten. Die Mosasana ist in den Ebenen nördlich vom Gariy weich, in den Gegenden näher dem Aequator holzig und besteht aus einer Reihe Stämmchen, die von langen Wurzelsprößlingen, Ausläufern einer 1 1/2 F. großen, horizontalen, zum Rothfärben des Leders von den Betschuanen benutzten Hauptwurzel emporsteigen und Schoten mit bohnenartigen, von der Bevölkerung genossenen Kernen tragen. Durch ihre Blätter und Schoten hat die Mosasana im Kleinen viele Aehnlichkeit mit den Mimosen. Wichtiger noch ist der in den sandigen Umgebungen Lithäkos und Mosigas vortrefflich gedeihende und sehr ausgedehnt cultivirte Fleou (Babiana [Arachis?] hypogaea), dessen unterirdische Schoten gleichfalls bohnenähnliche und im Geschmack den Kartoffeln und zugleich den europäischen Bohnen sehr nahe stehende Kerne enthalten. Nicht minder wichtig sind die zahlreichen Cucurbitaceen, welche sowohl in den sandigen Landstrichen wild wachsen und ausgedehnte Felder bedecken, als auch sorgsam cultivirt werden. Die vorzüglichsten derselben sind Gurken, Wassermelonen, Flaschenkürbisse (Cucurbita lagenaria) und Coloquinten, aber vor Allem wichtig ist eine wilde, den Coloquinten ähnliche und ungeachtet ihres bittern und Europäern höchst unangenehmen Geschmacks der Bevölkerung der öden Strecken überaus wichtige Art Citrullus amara, die ihr nicht allein selbst zur Nahrung dient, wo nichts anderes von pflanzlichen Nahrungsstoffen vorkommt, sondern die besonders auch gern vom Vieh genossen wird, welches dabei vortrefflich gedeiht. Der reiche Saft dieser Cucurbitaceen ersetzt den Bewohnern der sandigen Striche oft den Mangel des Trinkwassers, ja die Bakalihari leben von derselben fast vorzugsweise. Pflanzen, von denen die Eingeborenen theils giftige, theils heilkräftige Eigenschaften kennen, hat man hier in großer Zahl, aber sie sind noch völlig unbekannt, da bisher kein botanischer Reisender in diese Gegenden gedrungen ist. Zuckerrohr endlich haben die Ebenen am Aequator in Fülle, ja selbst noch südlichere Gebiete, wie das Bahurutziland. Nicht minder reich ist die Thierwelt und etwas besser untersucht. Unter den Säugethieren herrschen die gewöhnlichen Gattungen der tropischen und subtropischen Regionen, aber vorzüglich die aus den Ordnungen der Pachydermen, Einhufer und Wiederkäuer vor. Elephanten gab es sonst in außerordentlicher Menge und in großen Heerden in den Grasebenen des Süden, ihre Zahl vermindert sich jedoch immer mehr durch die größere Verbreitung des Feuergewehrs unter den Eingeborenen und die immer zunehmenden Einwanderungen einer Bevölkerung europäischer Abstammung aus dem Caplande, wodurch die Elephanten veranlaßt werden, in die unerforschten Wildnisse im Norden zurückzuweichen und sich zunächst in den dichten, sumpfigen Waldungen am Limpopo, in den Urwaldungen des Caschan und in der unwegsamen Kalihari zu verbergen. Aber noch erfüllen große Heerden der kolossalsten wilden Elephanten das niedrige Gebüsch in den Grasebenen an den Ausläufern des Caschan. Auch in den Hochebenen Teitas und am Fuß des Kilimandscharo ist der Elephant das gewöhnlichste Pachyderm, dessen Elfenbein einen wichtigen Handelsartikel für die Märkte an der Ostseite, vorzüglich für Kilöa, Mombas und Zanzibar, abgibt. Niemals haben hier die Eingeborenen so wenig, wie die neueren Bevölkerungen im Norden des Continents, je einen Versuch gemacht, diesen Riesen der Thierwelt zu zähmen und zu häuslichen Zwecken abzurichten. Nur das Fleisch und die Stoßzähne sind ihnen ein Gegenstand von Werth. Ebenso verringern sich die Rhinoceronten, von denen das continentale Süd-Afrika nicht weniger als 3 Arten besitzt, nämlich außer dem gewöhnlichen großen, schwarzen, zweihörnigen, afrikanischen (R. africanus) und dem noch größeren, weißen, stumpfnasigen und auch zweihörnigen (R. simus), eine 3. fast unbeschriebene, angeblich aber einhörnige Art und zugleich die kleinste von allen, den in der Kalihari hausenden Kobaoba der Eingeborenen (R. Keitloa). Noch bewohnt aber das große schwarze Rhinoceros in Fülle die feuchten Waldungen am

Limpopo und Moriqua, und das weiße die Striche nördlich Kurritschani. Hippopotamen bevölkern, wie im Norden des Continens, die Flüsse und Süßwasserseen; auch ihre Zahl nimmt fortwährend ab, da die Wassermenge Süd-Afrikas immer geringer wird. Selbst im Lauf dieses Jahrhunderts sind die Flußpferde aus Gegenden verschwunden, wo sie einst häufig waren, wie aus dem Bette des erst seit einem Menschenalter fast völlig trocken gewordenen Kuruman. Häufiger gibt es wilde Schweine in verschiedenen Arten, wie Sus larvatus und das Warzenschwein (S. africanus oder Phacochoerus Aeliani), beide in den Wäldern und Ebenen am Moriqua und Limpopo. Von Einhufern kommen Heerden wilder Esel in den nördlichen Hochebenen und eine schöne Race gezähmter Esel im Gebiet der Mucaranga. Pferde dagegen fast nur wild vor, als Quagga (Equus Quagga) in unermeßlichen Heerden in den Ebenen am Vaal-Rivier, als wahre Zebra (E. Zebra, das wilde Paard der Capcolonisten) gleichfalls in Heerden mit dem Quagga zusammen, ferner in einer dem Zebra ähnlichen Art (Equus Burchellii, das Bonte Quagga der Capbewohner) ebendort, endlich in einer 4. weit kleineren und nur in den Bergen bei Griquatown lebenden Art (E. montanus). Ungemein bedeutender ist die Menge von Wiederkäuern. Heerden des äußerst wilden und gefährlichen süd-afrikanischen Büffel mit ungeheuer breiten, dicht neben einander stehenden Hörnern (Bubalus Caffer) beleben in Gemeinschaft mit Elephanten die Savanen und feuchten Waldungen an den Strömen des Innern und im Caschan, Giraffen die trockenen Ebenen von nördlich Lithako an, besonders da, wo ihnen die Giraffenacacie ihre Lieblingsnahrung gewährt, bis zu den Ebenen am Aequator, aber vor Allem zahlreich in Arten und Individuen, wie in keinem andern Theile der Erdoberfläche, ist die Familie der Antilopen, wovon man bereits nicht weniger als 25 Arten kennt und die zugleich die größten und schönsten Exemplare aufzuweisen hat. Am zahlreichsten erscheinen davon die durch ihre großen, schönen und feurigen Augen ausgezeichneten Springböcke (A. euchore), die sich so unermeßlich vermehren, daß sie in Häufigkeit alle andern Antilopen übertreffen und bei ihren Wanderzügen in trockenen Jahreszeiten von den Eingeborenen mehr als Heuschreckenzüge gefürchtet werden, indem sie meilenbreite Strecken dicht gedrängt erfüllen und keinen grünen Grashalm zurücklassen. In zahlreichen Heerden finden sich in den Savanen am oberen Garip auch Elennantilopen (Bos elaphus Oreas), die größten und schwersten aller Arten, 8—10 Ctr. schwer und bis 7 F. lang, das Hartebeest (A. caama), das Gnu (A. Gnu), der Gemsbock der Garipbewohner (A. Oryx) mit 3 F. langen, ganz graden Hörnern, der Kudu (A. strepsiceros) in 2 Varietäten in Wäldern und waldigen Hügeln, seltener auf den Gebirgsrücken an den Quellen des Vaal-Rivier, endlich noch in kleineren Haufen die schwarze Antilope (Aigoceras Harrisii) in den waldigen Bergen von Kurritschani, und der Wasserbock (Aigoceras ellipsiprymnus), letzter aber nur unter dem Wendekreis an den Ufern des Limpopo und Moriqua. Die unermeßliche Vervielfältigung der Wiederkäuer in diesen Gegenden, verbunden mit einem viel größeren Wasserreichthum der letzten, als die nördlichen Ebenen des Continents besitzen, hat eine entsprechende Vermehrung der Raubthiere unter den Säugethieren zur Folge. Löwen sind überaus häufig, aber auch sie weichen vor dem Einfluß des Feuergewehrs allmählich nach Norden zurück, dann Leoparden (der Tiger der Capcolonisten; wahre Tiger, in der Art des asiatischen, gibt es weder hier, noch sonst wo im Continent; S. 12), Panther (Felis jubata) nicht häufig, doch im Batlapibetschuanenlande, 3 Hyänenarten, sowohl die gewöhnliche gefleckte (A. crocuta), als der sogenannte wilde Hund (Hyaena venatica) und der sogenannte Strandwolf (Hyaena villosa), eine dem Schakal nahe stehende Art von Hund (Canis mesomelas) und viele andere kleinere Raubthiere, z. B. die capische Katze (Felis capensis). Von Edentaten fehlen weder gepanzerte, wie der Pangolin (Manis gigantea im Batlapiland), noch gewöhnliche Ameisenfresser, wie Orycteropus capensis. Von Nagern sind überaus häufig und schädlich die Springhasen (Pedetes oder Mus caffer); von Zweihändern findet sich ein größerer Affe, eine Art Pavian (Simia cynocephalus), heerdenweise in den Bergen, besonders denen von

Kurritschani und am Moriqua und eine kleinere (Khalla) ebendort, beide von den Betschuanen mit religiöser Verehrung beachtet. Von Vögeln sind Strauße heerdenweise in den sandigen, trockenen Ebenen anzutreffen. Außerdem gibt es in den feuchten Strichen Trappen mit 2 Arten im Süden häufig, eine derselben gehört zu den größten Vögeln Süd-Afrikas; die Wälder erfüllen Fasanen, Guineahühner (hier Cuculus indicator), Cacadus (im Baquainaland), Pfauen (ebendort), Perlhühner (Numida meleagris), ein Süd-Afrika eigenthümliches Rebhuhn (Pterocles), wilde Gänse, Enten. Nicht minder zahlreich als die Raubthiere unter den Säugethieren sind Raubvögel und zwar in wenigstens 10—12 verschiedenen Arten bis zum größten Adler hinauf; vorzüglich häufig sind darunter die geierartigen Raubvögel und der Secretair (Falco labensis). Auch Zugvögel erscheinen regelmäßig in den südlicheren Strichen, wie Flamingo, Kraniche, Störche, Lerchen, Turteltauben, Kuckucke mit glänzenden Farben, selbst Nachtigallen. Von Amphibien gibt es Krokodile in den nördlicheren Flüssen, Leguane bis von 5 F. Länge schon in den südlichen, außerdem zahllose und häufig auch sehr giftige Schlangen, wie die Cobra Capello (Coluber raja) und die Puffadder (Vipra inflata), ferner Riesenschlangen (Python Natalensis) im Bakatlalande von 30 F. Länge, nebst sehr großen Kröten; in der Kalihari sind die letzten bis viermal größer, als die europäischen. Unter den Insecten gehören die Tetse (Glossina morsitans), eine Fliegenart, die in der Gegend des südlichen Wendekreises beginnt und, gleich der Tsaltsalyafliege einiger sumpfigen Gegenden Abessiniens (S. 106), zu dem gefährlichsten Ungeziefer, indem ihren Bissen die stärksten Ochsen und Pferde in kurzer Zeit erliegen. An nutzbaren und interessanten Mineralien erscheint das centrale Süd-Afrika ziemlich arm. Am meisten dürfte Kochsalz fehlen, woran es in vielen nördlichen Landstrichen sogar so empfindlich mangelt, daß bittere und andere alcalische Salze dessen Stelle ersetzen müssen. Reicher sind dagegen die südlichen Gebiete der Betschuanen und Koranas daran. Asbest haben die Asbestberge im Griqualand. Von Erzen ist Eisenerz in vielen Gegenden in Fülle und in guter Beschaffenheit vorhanden; so in den Gebirgen der Bauaketzi, Bahurutzi, Bakatla und Baquaina, in den Bukwarbergen am N'yassi, in dem Gebirge der M'biza, in Monomoëzi und Ukamba. Kupfererze gibt es bei den Bauaketzi, Bahurutzi, Milúa und im Cazembereich; nutzbare Serpentine und Topfsteine bei den Batlapi.

Bevölkerung. Der überwiegendste Theil der Bevölkerung des centralen Süd-Afrika gehört nach seinen physischen Charakteren und seiner Sprache dem großen Volksstamme Süd-Afrikas an, zu dem wir am Westrande des Continents bereits die Bewohner Loangos, Congos und Angolas nebst dem Ovahererovolk, dann am Ostrande die Suaheli, M'iaõ und die südlicheren Kafferstämme gerechnet hatten, indem, so weit bekannt, vom Aequator bis zu den jetzigen Grenzen des Caplandes mit wenigen Ausnahmen, zu denen die Gallastämme im äußersten Nordosten, die Hottentottenstämme im äußersten Süden, endlich die neuerlichst noch erforschten Bayeiye nördlich vom Njami und Zuga gehören, nur solche Völkerschaften vorkommen, deren körperliche Bildung auf das Auffallendste übereinstimmt und deren Sprachen ungeachtet der mannigfachen Verschiedenheiten, die sich bei ihnen selbst darbieten, sämmtlich als aus derselben Wurzel entsprungen anzusehen sind, indem die Sprachen bis in die weitesten Entfernungen von einander überall dieselben charakteristischen Eigenthümlichkeiten, wozu vorzüglich der Gebrauch der Präfixe gehört, und überhaupt denselben grammatischen Bau besitzen. Eine der größten und bekanntesten Abtheilungen dieses großen süd-afrikanischen Volksstamms bilden die im Süden und Südosten wohnenden Betschuanen (Beschuanen, Sing. Moschuana). Früher war die Verbreitung der Betschuanen noch größer, als jetzt, indem aus dem Sitschuana, der Sprache dieses Volks, entlehnte Benennungen von Gewässern und Localitäten sich bis zum Gariep, ja sogar bis zu den alten Grenzen des Caplandes an den Schneebergen vorfinden, so daß dieselben deutlich auf eine frühere ausgedehntere Verbreitung des Betschuanenvolks nach Süden zu hinweisen, von wo es durch die jetzt dort ausschließlich verbreiteten Hottentottenstämme verdrängt wurde. Die Betschuanen zerfallen in zahlreiche Stämme, von denen die bekanntesten und größten durch die Batlapi, Bauaketzi, Bakallhari, Barolong, Bahurutzi, Bamanguato, Bakatla und Baquaina gebildet werden, die sämmtlich noch unabhängig sind, während einer der Hauptstämme der Betschuanen im tiefsten Süden, der Stamm der Bassuto, bereits unter britischer Oberherrlichkeit steht. Alle Betschuanen sind unter sich in Hautfarbe, Körperbau, Sitten und Gebräuchen fast völlig übereinstimmend und ihren nächsten Nachbarn im Osten, den Kaffern, so sehr verwandt, daß der gemeinsame Ursprung beider Völker aus derselben Wurzel gleich bei Auffindung der Betschuanen im Beginn dieses Jahrhunderts außer Zweifel gesetzt werden konnte. Die Hautfarbe der Betschuanen ist meist ein reines Braun, dem Kaffebraun am ähnlichsten, mitunter in ein lichteres Rothbraun oder in ein schwärzlicheres Braun übergehend; am wenigsten dunkel ist sie bei den Barolong, aber selbst hier noch dunkler, als bei den Korana, den dunkelsten unter allen Stämmen der Hottentottenrace; ihr Wuchs schlank und ebenmäßig, aber, mit Ausnahme einzelner Individuen, selten so hoch und kräftig und am Allerwenigsten so athletisch, als bei den Kaffern; ihr Gesichtsschnitt ist nicht völlig der der Neger, doch mit starken Annäherungen an denselben, indem ihr Gesicht breit, ihre Nase flach, die Lippen groß und aufgeworfen sind. Niemals aber liegt in ihrem Gesicht der kühne und oft wilde Ausdruck, welcher den Gesichtsformen der Kaffern so gewöhnlich ist. Gleich den Letzten haben die sämmtlichen Betschuanen das kurze, krause Wollenhaar der Neger. In der Entwickelung der geistigen Fähigkeiten stehen die Betschuanen den Kaffern nach, auch sind sie lange nicht so energisch und kriegerisch, vielmehr von heiterem, mildem und harmlosem Charakter, so daß ihre Fehden, obwohl sie fast beständig in dergleichen mit ihren Nachbarn um den Besitz von Heerden und die Benutzung von Weidestellen und Quellen verwickelt sind, niemals einen sehr blutigen Ausgang nehmen. Bei der Weichheit und selbst Verweichlichung des Charakters der Betschuanen, so wie bei der Unvollkommenheit ihrer Waffen, die in leichten Speeren und kurzen Schilden, höchst selten und nur bei den südlichsten Betschuanen aus den von ihren unmittelbaren Nachbarn, den Buschmannhottentotten entlehnten Bogen und vergifteten Pfeilen bestehen, unterlagen die Betschuanen in ihren Kriegen den auswärtigen Feinden fast stets, so daß die Hottentottenstämme und besonders die Korana, von Kaffern aber die Zoulah immer weiter in das Betschuanengebiet eingedrungen sind, ja daß im Lauf dieses Jahrhunderts alle politischen und socialen Verhältnisse des großen Betschuanenvolks bis weit über den südlichen Wendekreis hinaus durch die Zulah umgestaltet wurden, indem die letzten einen großen Theil der Stämme aus ihren Wohnsitzen verjagten und zur Uebersiedlung in entfernte Gegenden, wo sie vor ihren Verfolgern sicher waren, oder zur Flucht in die dichten Waldungen und in die unwegsamen Gebirge ihres Landes zwangen, zahlreiche Stämme aber so vollkommen aufrieben, daß man im Norden des Vaal-Rivier viele Tage lang durch die fruchtbarsten Grasebenen reisen kann, ohne etwas anderes anzutreffen, als Haufen gebleichter Knochen nebst Resten zerstörter Wohnungen und ohne eine menschliche Seele zu sehen und daß überhaupt jetzt nur Thiere in großen Strecken die Stelle einer einst glücklichen und friedlichen Bevölkerung einnehmen. Bei aller Sanftmuth ihres Charakters haben jedoch die Betschuanen einen offenen Sinn, Liebe zur Unabhängigkeit und ein würdiges Auftreten, verbunden mit Fleiß und bei einigen Stämmen sogar mit einer sehr ausgebildeten Industrie. Besonders im Fleiß übertreffen die meisten Betschuanen die Kaffern bei weitem, so wie sie dieselben auch meist durch eine größere Geschicklichkeit in Handarbeiten und in dem vollkommneren Ausbau ihrer Häuser überragen, ja durchweg unbezweifelt auf einer höheren Civilisationsstufe stehen. Selbst die Einimpfung der Pocken war einigen Stämmen, wie den Bahurutzi, schon vor Ankunft der Europäer nicht unbekannt. Eigentliche Sclaverei findet bei den Betschuanen nirgends statt, nur im Norden werden in den Fehden Sclaven gemacht, um sie den muhamedanischen Händlern an der Küste zu verkaufen, da durch den neuesten Vertrag Englands von 1844 mit dem Iman von Zanzibar diesem die Sclavenausfuhr auf der Küste zwischen Barowa im Norden und Kilöa im Süden vorläufig noch gestattet ist. Obgleich die Betschuanen Viehzucht, gleich den Kaffern, in großem Umfang betreiben, so vernachlässigen sie den Ackerbau viel weniger als diese, und wo es nur irgend der Boden gestattet, cultiviren sie ihn fleißig. Deshalb sind sie auch viel seßhafter, als ihre Nachbarn im Osten, und sie leben mehr in großen Ortschaften vereinigt, als dieselben, wovon die großen städteähnlichen Ortschaften der Batlapi, Bahurutzi und Bauaketzi, welche im Beginn dieses Jahrhunderts zuweilen Bevölkerungen von 15—20000 Seelen besaßen, Zeugniß geben. Der größte Theil der Ortschaften wurde jedoch durch die grausamen Eroberungszüge der Zoulah vor etwa 25 Jahren vernichtet. Noch größere politische Veränderungen und ein völliger Verlust ihrer Selbstständigkeit drohen den jetzt noch freien Betschuanenvölkern durch die immer zunehmenden Auswanderungen der Bauern aus dem Caplande zu erwachsen, indem diese bereits weit über den Wendekreis hinaus in noch unbekannte Fernen den flüchtigen Zoulah nachgezogen sind und mitten in dem alten Betschuanenlande eine kleine Republik gegründet haben, über die uns nähere Auskunft fehlt, da die Bauern jedem zu ihnen nicht gehörenden Fremdling europäischen Geblüts den Zutritt zu ihrem Gebiet verweigern sollen. So haben sie das schöne Bahurutziland ganz eingenommen und ihre südlichen Grenzen sogar durch Marksteine gegen die Barolong festgestellt. — Die Sprache der Betschuanen ist außerordentlich weich und wohlklingend, indem fast jedes Wort mit einem Vocal endigt. Besonders merkwürdig aber ist die Eigenthümlichkeit, daß in einigen Dialekten, z. B. im Batlapi, sich öfters der bekannte, der spanischen und walisер Sprache in Europa eigene Laut ll hinter einem t findet und daß manche Worte auch mit dem im Spanischen so häufigen Nasenlaut ñ schließen. Genauer ist die Verbreitung der Betschuanen nur bis zum 20° oder bis zu den Südrändern des Njami und des Zugaflusses, wo erst in neuester Zeit die Batuani, eine Abtheilung der Bamanguatobetschuanen, entdeckt wurden, bekannt. Eine eigenthümliche Abtheilung der Betschuanen bilden die Balala, die kein eigenthümlicher Stamm des Volks sind und mit den übrigen in Sprache und physischen Eigenthümlichkeiten vollständig übereinstimmen. Nur da, wo die Balala sehr getrennt leben, weicht ihre Sprache so ab, daß sie von den das gewöhnliche Sitschuana Redenden nicht ohne Dolmetscher verstanden wird, was auch bei den capischen Hottentotten in Bezug auf die Sprache der Saab der Fall ist. Die Balala stehen gegen die andern Betschuanenstämme in demselben Verhältnisse, wie eben die Saab (S. 153) gegen die übrigen Hottentotten. Wie die Saab sind sie sehr arm, verachtet und ohne Eigenthum; sie bauen keine Felder, besitzen keine Heerden und gelten den eigentlichen Betschuanen gewissermaßen als Sclaven. Sie wohnen zwar zahlreich unter den Betschuanenstämmen zerstreut bis weit nach Norden, aber nicht mit ihnen in den Dörfern, sondern nur in Wäldern und abgesondert in den Ebenen von der Jagd. Einzig in der Kalihari finden sie sich als Bakalihari in größeren Haufen. Dieser Verhältnisse wegen haben die europäischen Reisenden sie nicht ohne Grund mit den Saab verglichen und einige derselben sie sogar ausdrücklich Betschuanenbuschmänner genannt. Nur die Tahama oder sogenannten rothen Kaffern, eine Partie der Balala, im Osten der Batlapi, haben sich durch Muth und Energie eine etwas geachtetere Stellung erworben. Andere mit den Betschuanen verwandte und ursprünglich in diesen Gegenden einheimische Völkerschaften finden wir erst wieder um den 10° S. B. und nach einer abermaligen Unterbrechung in unserer Kenntniß des Continents in der Nähe des Aequators, indem dazu in der Mitte des inneren Süd-Afrika das Volk der Milúa, östlich davon die am Westrande des N'yassi wohnende Bevölkerung des Cazembereichs, dann die an der Südostseite des N'yassi und im Quellgebiet des oberen Zambese lebenden M'biza (Mabiti, Mabiza) oder Moviza der Portugiesen, südöstlich vom N'yassi die Mucamango (oder nach anderen Berichten die Wahiau-, Kamanga- und Wanyassastämme), nordöstlich davon die Mucaranga, endlich die Kirema, Kilema oder Dschagga (Jugga) und die zwischen dem 0—4° S. B. 32—35° O. L. wohnenden Wakamba zu rechnen sind. Die Sprachen aller dieser nördlichen Glieder des süd-afrikanischen Sprach- und Volksstamms haben mit dem Sitschuana im Süden einen verwandten Charakter, der ganz mit dem Sprachgebrauch bei den Wanica und Suaheli (S. 121, 122) übereinstimmt, nämlich daß sie mit dem Präfix Ki bezeichnet werden. So bedeutet Kikamba, Kidschagga die Sprache der Wakamba und Dschagga. Die Milúa sind den Bunda redenden Bevölkerungen an der Westseite des Continents schon so verwandt, daß Sclaven aus diesem Volk nach einem 2monatlichen Marsch von ihrer Heimath bei ihrer Ankunft an der Küste sich mit der Bevölkerung von Angola sehr wohl verständigen können. Sie bilden mit ihren Nachbarn, den Bewohnern des großen Cazembelandes, dem auch die M'biza unterworfen sind, zwei befreundete Reiche, welche zu den mächtigsten dieses Theils von Afrika gehören und von denen das der Milua den Namen Morupúa führt. Die Bevölkerung des Cazembelandes weicht bereits sehr von der der Ostküste ab, zeichnet sich aber vortheilhaft vor vielen benachbarten durch ihre höhere Civilisationsstufe aus, indem sie mannigfache technische Geschicklichkeiten, besonders in der Verarbeitung der Erze ihres Gebiets, besitzt, in ihrem Benehmen Höflichkeit mit Bescheidenheit vereinigt und einen wohlgeordneten Staat mit einer gut bewaffneten und exercirten Militairmacht, letzteres eine ungewöhnliche Erscheinung in den einheimischen Staaten der Südhälfte des Continents und nur noch bei den Zoulah bekannt, bildet. Die sämmtlichen übrigen Anwohner des N'yassi, die großen Völkerschaften der M'biza, Mucamango und Mucaranga scheinen ebenfalls nach ihrer braunen Hautfarbe und ihrem hohen, schlanken Wuchs den Betschuanen sehr nahe zu stehen; auch sie werden übereinstimmend ihrer Industrie, ihrer mannigfachen technischen Geschicklichkeit und ihrer ausgedehnten Handelsthätigkeit wegen gerühmt, indem die M'biza, die unmittelbaren südlichen Nachbarn des Cazembelandes, ihre Eisenerze verarbeiten, daraus viele Geräthschaften, namentlich Waffen und Ackerwerkzeuge, verfertigen und damit großen Handel treiben, ja mit den eisernen Hacken zum Bestellen der Felder sogar die Bewohner der portugiesischen Besitzungen am oberen Zambese versehen. Doch fanden europäische Reisende die meisten dieser nördlichen Völkerschaften im Gegensatz gegen die Galla feige. Unter ihnen sind die Mucaranga mit die größten Handelsleute dieses Theils von Afrika, durch welche die Producte des Innern, vorzüglich Sclaven, Kupfer, Elfenbein, Wachs und ein rothes Oel, nach der Küste geführt und dafür europäische und orientalische Waaren in das Binnenland zurückgebracht werden. Dieß, die anständige Kleidungsweise der Mucaranga und die Geschicklichkeit, die sie in der Anfertigung ihrer Kleidungsstoffe bekunden, rechtfertigt den guten Ruf, den dieselben ihrer höheren Civilisation wegen bei den Bewohnern des Küstenlandes haben. Zu derselben braunen Abtheilung des großen süd-afrikanischen Volksstamms dürfte ferner das große, nord-nord-westlich von den Mucaranga, westlich von den Wanica, so wie endlich fast unmittelbar am Aequator wohnende industriöse Bergvolk der Meremongáo oder Wakamba gehören, die so wenig, wie ihre nächsten Nachbarn im Süden, die Kiléma oder Dschagga, Neger sind, da sie weniger wolliges Haar als die Neger, mitunter sogar langes Haar, weniger dicke Lippen, einen in geringerem Maße negerartig gestalteten Schädel und eine ganz braune Hautfarbe besitzen. In ihrer Heimath haben die Wakamba ein heiteres und kindliches Gemüth, obgleich ihnen Geistesschärfe nicht abgeht, wogegen die an die Küste kommenden Wakambahändler sich oft schon sehr verdorben zeigen. In wie weit endlich das erst in der neuesten Zeit im Norden des Zugastroms und auf den Inseln des Njami bekannt gewordene Volk der Bayeiyé d. h. Männer, welches in jeder Hinsicht die südlicheren Betschuanen überragen soll, zugleich einen höheren Wuchs und dunklere Hautfarbe als diese hat, schöne und intelligente Physiognomien besitzt und durch ein eigenthümliches Klicken in der Aussprache sich den Hottentotten nähert, dem großen südafrikanischen Volksstamm angehört oder davon geschieden werden muß, ist noch nicht genau festgestellt, da vorläufige sprachliche Untersuchungen nur eine völlige Verschiedenheit zwischen den Bayeiyé und den Betschuanen erwiesen haben. Bestimmter gehören dagegen zu dem südafrikanischen Volksstamm die von dem Ostrande des Continents eingewanderten Zoulah, welche hier den Namen der Matebéle führen, ursprünglich ganz mit den übrigen Zoulah in ihren geistigen und physischen

Eigenschaften übereinstimmten (S. 134), durch die Ausnahme zahlreicher fremdartiger Elemente aus den unterjochten Völkerschaften aber zu einem wahren Mischlingsvolk geworden sind. Die Matébélé wohnen jetzt seit ihrer Verdrängung durch die holländischen Bauern des Caplandes aus dem Waldgebirge von Kurritschani, wo sie eine Reihe von Jahren hindurch den Hauptsitz ihrer Macht gegründet hatten, vom Limpopo an im Bamangnatogebiet und bis über den südlichen Wendekreis hinaus, wo sie seit dem Jahre 1840 ein neues Reich unter ihrem Häuptling Moselekatz gegründet haben. Im Osten von den Wakamba, von denen sie durch den Mudománibergzug getrennt werden, durchwandern endlich Gallastämme ganz derselben Art, wie im Norden des Aequator die Savanen des Binnenlandes, wogegen im äußersten Süden den Kolong und den Vaal-Rivier aufwärts Koranastämme und die aus der Verbindung der holländischen Bauern des Caplandes mit Hottentottenmädchen hervorgegangenen Griqua eingedrungen sind. Jene, im Besitz sehr großer Viehheerden, sind noch fast vollständige Nomaden, wogegen die Griqua nur als Halbnomaden gelten können, da sie immer mehr, wo es nur irgend der Boden und eine gehörige Bewässerung gestattet, eine seßhafte Lebensweise annehmen. Ueberhaupt übertragen die Griqua bei weitem die reinen Hottentotten, indem sie von ihren europäischen Vätern Muth und Verstand geerbt haben und auch in ihren physischen Eigenschaften viel schönere Verhältnisse besitzen, als ihre Vorfahren mütterlicher Seits. Von den übrigen Gliedern des Hottentottenstamms hat man noch in neuerer Zeit zahlreiche Haufen von Saabö, selbst weit nach Norden, vorzüglich aber in den Bergen zerstreut gefunden, wo sie mitten unter Betschuanen vorkommen. An diese Bevölkerungen schließen sich endlich seit den letzten 25 Jahren die aus dem Capland gewanderten Bauern an, welche sich in den Hochebenen vom Vaal-Rivier an über den Limpopo hinaus bis sehr weit nach Norden verbreiten und meist in einzelnen Familien oder kleinen Haufen nomadisirend umherziehen, von denen aber auch bereits einzelne feste Ortschaften gegründet wurden. Magaliesberg im Caschan, Potschefstroom am Mooiefluß und das hoch im Norden schon in der Nähe der portugiesischen Besitzungen gelegene Orichstadt sind darunter am bekanntesten geworden. Ihr Staat ist in neuester Zeit vom Capgouvernement anerkannt worden.

Religion, Verfassung. Die Bevölkerung des ganzen Gebiets ist, mit Ausnahme der Bauern aus dem Caplande und der in den einzelnen Missionsstationen angesiedelten Betschuana und Korana, so wie der meisten Griqua, heidnisch, indem merkwürdiger Weise noch an keiner Stelle der Muhamedanismus in das Innere eingedrungen ist, obwohl muhamedanische Araber vom Aequator bis C. Delgado seit mehr als 900 Jahren den östlichen Küstenrand bewohnen, alle Hafenplätze besetzt haben und in beständigen Handelsverbindungen mit dem Innern stehen, ja dieselben früher sogar bis Sofala in den Seehandelsorten angesiedelt waren und noch hin und wieder in diesem südlichsten Theil des Küstenstrichs Sclavenhandel betreiben. Nirgends zeigt sich im Innern eine Spur, daß es den Muhamedanern gelungen war, unter den Eingeborenen ihre Sitten, ihre Sprache und ihre Religion, wie im Norden des Continents, einheimisch zu machen; die wenigen Muhamedaner, die unter ihnen leben, haben sogar viel von der Strenge ihrer religiösen Gebräuche nachgelassen. Mit größerem Glück haben dagegen im Laufe dieses Jahrhunderts die christlich-protestantischen Missionare ihre Bestrebungen begonnen und durch eine gleichmäßige und überlegte Einführung von Ackerbau, Handel, Civilisation und Religion bereits wichtige Resultate unter der einheimischen Bevölkerung erreicht und besonders wesentlich zur Entwilderung und Bekehrung der Griqua beigetragen. Eine immer stärker werdende Kette von Missionsstationen schließt sich an die zahlreichen im Süden des Vaal-Rivier bestehenden an; die nördlichste derselben ist bis jetzt die etwa unter dem 24° S. Br. im Gebiet der Baquainabetschuanen gelegene von Kolobeng. Auch in dieser Hinsicht wird die Verbreitung der Capbauern von den wesentlichsten Veränderungen in den Verhältnissen der einheimischen Bevölkerung begleitet sein und die Einführung des Christenthums in das Innere des Continents erleichtern. Die Heiden sind theils ohne alle religiöse Begriffe oder Deisten in der Art der Bundavölker und der Suáheli. Die Betschuanen sind namentlich meist nicht ganz ohne einen Begriff der Gottheit, welcher sie den auch unter den Bewohnern der Ostküste und selbst im tiefsten Innern üblichen Namen **Morimo** (von Mo dem personalen Präfix und rimo d. h. oben) beilegen, worunter sie aber mehr ein schlaues und sogar böswilliges, niemals jedoch ein solches Wesen verstehen, von dem sie einen guten Einfluß auf sich zu erwarten hätten. Bei den nördlichsten Bewohnern des Binnenlandes, den Wakamba und Wahiau, führt die Gottheit den Namen Mulúngu auf dieselbe Weise, wie bei den Wanika, oder auch den Namen Mungo, z. B. bei den Wapokomo und Suáheli, was so viel als **Spitze**, **Höchster** bedeutet, doch zugleich auch der Titel der Häuptlinge ist. Tempel, Idole, geheiligte Gegenstände und Priester fehlen bei den Betschuanen und den nördlichen Völkerschaften, wie es scheint, ganz; selbst den Gestirnen widmen sie keine Art religiöser Aufmerksamkeit, so daß hier, wie bei den Kaffern, die christlichen Missionare ein viel schwierigeres Feld für ihre Thätigkeit, als bei den nördlichen Heiden und den Heiden außerhalb des Continents finden, da sich nirgends Anknüpfungspunkte ergeben, durch welche sie religiösen Anschauungen Eingang eröffnen könnten. Die Betschuanen der Caschan sollen jedoch 2 Affenarten ihres Gebiets, die Bakatla Schlangen und auch Affen, die Baquaina und Bamanguato Krokodile verehren. Dagegen gibt es hier nirgends Menschenopfer oder andere blutige Gebräuche, welche dem milden Sinn der Betschuanen und der übrigen einheimischen Bevölkerungen widerstehen würden. Der Glaube an eine übernatürliche Wirksamkeit der Regenmacher scheint durch das ganze centrale Süd-Afrika verbreitet, indem man ihn bei den Wakamba ebenso, wie bei den südlichsten Betschuanen findet. Man sucht die Gunst derselben durch reiche Geschenke zu erwerben und holt die berühmteren selbst von weit her, doch ist ihre Function eine gefährliche, wenn sie sich auch selbst zuweilen **Gott** (Morimo) bescheidener Maßen nennen lassen, da man sie ohne Scheu todt schlägt, sobald ihre Prophezeihungen zu wiederholten Malen nicht eintreten. Selten sterben Regenmacher natürlichen Todes, und es ist deshalb begreiflich, daß sie ihren Credit bei dem leichtgläubigen Volk zu erhalten, gewöhnlich die beharrlichsten Gegner der christlichen Missionare sind. Beschneidung ist bei den Betschuanen allgemein Sitte, ohne daß sich daran religiöse Begriffe knüpften. — Einen größeren Staat scheint es mit Ausnahme des von den Matébelé gegründeten, des Reichs Morupúa und des Staats der Cazembe im centralen Süd-Afrika nicht zu geben; dagegen finden sich besonders unter den Betschuanen im Süden zahlreiche kleinere, deren Verfassung monarchisch und zugleich patriarchalisch mild ist. Jeder Betschuanenstamm hat sein eigenes Oberhaupt, dessen Würde in seiner Familie erblich ist und das gewöhnlich in dem größten Ort wohnhaft ist. Unter ihm stehen die Chefs der einzelnen Ortschaften und unter den letzten wieder kleinere Chefs, die Kösi (d. h. die Reichen, die Inkose der Kaffern S. 136, weil sie gewöhnlich die Reicheren des Volks sind), welche eine Art Aristokratie der Nation bilden. Ist auch die Macht des Oberhaupts groß und selbst despotisch, so ist sie wieder bei wichtigen allgemeinen Angelegenheiten dahin beschränkt, daß nichts ohne eine öffentliche Versammlung, die sogenannten Pitscho, der kleineren Chefs, wobei die größte Redefreiheit herrscht und oft Beschlüsse gegen den Willen des Oberhaupts gefaßt und vollzogen werden, geschehen darf. Privatstreitigkeiten unter den Betschuanen machen die betheiligten Parteien unter sich ab; wird aber bei dem Oberhaupt geklagt, so ist dasselbe der Richter, der in Criminalfällen, z. B. bei Diebereien und Verrath, auf Todesstrafe erkennen kann und sie oft eigenhändig vollzieht. Bei aller Sanftmuth des Charakters sind die Betschuanenstämme in ewigen Fehden mit ihren nächsten Nachbarn, besonders aber mit den Hottentottenbuschmännern wegen ihrer steten Räubereien, begriffen. Bei den Wakamba ist die Verfassung sehr locker und patriarchalisch, doch eher republikanisch. Eine am wenigsten feste Verfassung haben die Stämme an der Südostseite des N'yassi, die Wahiau, Kamanga und Wanyassa, weshalb dieselben den ewigen Anfällen der räuberischen und grausamen M'biza nicht zu widerstehen vermögen, so wie sie auch durch den

Sclavenfang fortwährend decimirt werden. Aber die despotischste Verfassung im ganzen centralen Süd-Afrika möchten die Matébélé haben, während der am meisten europäischen Formen nachgebildete Staat der kleine Staat der Griqua zu Griquatown ist, welcher sich erst im Laufe dieses Jahrhunderts unter der Leitung seines energischen und einsichtsvollen langjährigen Chefs Waterboer zu einer geachteten Bedeutung erhoben hat.

Ackerbau, Gewerbe, Handel. In einem Landgebiet, dessen überwiegender Theil aus großen, einförmigen und wasserarmen Hochebenen besteht, kann natürlich der Ackerbau nicht eine allgemeine Beschäftigung der Bevölkerung bilden, um so weniger, als diese in den meisten Gegenden keinen Begriff vom Brunnengraben oder von der Anlage künstlicher Wasserreservoire besitzt. Einzig die Wapokómo sind ein Agriculturvolk, das sogar Reis und indisches Korn in hinlänglicher Menge zum Verkauf an die benachbarten Gallastämme baut, so wie auch unter den südlichern Betschuanen die Bauaketzi sich mit großer Sorgfalt des Ackerbaues annahmen und viel Getraide, Bohnen, Erbsen und Wassermelonen producirten, zu deren Aufbewahrung sie sogar große Vorrathshäuser besaßen. Es ist deshalb Viehzucht die vorherrschende Beschäftigung der Bewohner, doch vernachlässigten schon früher viele Betschuanenstämme im Süden den Ackerbau nicht, wo ihn nur irgend ein hinlänglicher Wasserreichthum gestattete. Es hat die Verbreitung desselben im Lauf des Jahrhunderts bei den Betschuanen sogar namhaft zugenommen, indem die Missionare aller protestantischen Parteien, von der richtigen Einsicht geleitet, daß jeder Fortschritt in der Civilisation und die endliche Erreichung ihres Hauptzwecks einzig davon abhängt, daß die nomadische Lebensweise der Eingeborenen in eine seßhafte überginge, sich consequent bestrebten, den Ackerbau allgemeiner zu machen, neue Culturen einzuführen, vor Allem aber da, wo die Natur eine natürliche Bewässerung versagt oder sie in zu geringem Maß gewährt, die Bevölkerung in der Bildung von Wasserableitungsgräben und der Anlage künstlicher Reservoire zu unterweisen. Auf diesem Wege ist es bereits mit Glück gelungen, die noch im Beginn dieses Jahrhunderts in Schmutz und Barbarei versunkene Horde der Griqua zu einer gesitteten, staatlichen Vereinigung zu erheben, deren Hauptort Griquatown weit und breit mit vortrefflich gedeihenden Waitzenfeldern umgeben ist, und ebenso die Bewohner von Kuruman und der meisten anderen Missionsstationen allmählich an den Ackerbau zu gewöhnen und dadurch die nomadische Lebensweise zu beschränken. Wo der Ackerbau durch den Einfluß der Missionare Eingang findet, hört die Bevölkerung bald auf, sich den Körper roth zu bemalen; sie gewöhnt sich an Reinlichkeit, und europäische Kleidungsart tritt an die Stelle der Nacktheit und der alten aus Fellen und Häuten gemachten Mäntel, womit die Eingeborenen höchstens in der kalten Jahreszeit sich zu bedecken pflegen. Auf diesem Wege ist es den Missionaren in Folge ihrer unermüdlichen und nicht genug zu preisenden Anstrengungen an zahlreichen begünstigteren Punkten im Süden gelungen, sedentaire Bevölkerungsconglomerate mitten in den Grassteppen und Sandwüsten oasenartig aus den umgebenden nomadischen Stämmen auszuscheiden. Zum Graben tieferer Brunnen und zu artesischen Bohrungen haben ihre Kräfte jedoch bisher nicht ausgereicht und es ist deshalb an solchen Orten, wo der Wasserquell, der den Bewohnern den Ackerbau und eine seßhafte Lebensweise gestattete, an Stärke abnahm, öfters Gefahr gewesen, daß dieselben sich wieder zerstreuen und in die alte Barbarei zurücksinken könnten. Solche Befürchtungen trafen besonders das erfreulich aufgeblühte Griquatown, von wo wirklich ein Theil der Bewohner nach anderen Gegenden verziehen mußte, weil die Quelle des Orts zum Unterhalt der angewachsenen Bevölkerung nicht mehr zureichen wollte und sie in neuerer Zeit selbst 6 Jahre lang gar kein Wasser gab. Der Feldbau der Betschuanen beschränkte sich vor Ankunft der Missionare in diesen Gegenden auf die gewöhnliche Kafferhirse (die Durrah der Nord-Afrikaner), einige Arten von Bohnen, Kürbisse und Wassermelonen, letzte, wie es scheint, in einigen noch unbeschriebenen Arten. Er liegt überall ganz in den Händen der Weiber, wie die Viehzucht in denen der Männer, und er wird mit Hülfe von Spaten aus hartem Holz und von eisernen, theils von den M'biza, früher auch von den Bahurutzi in großer Menge angefertigten und in den Handel gebrachten Hacken betrieben, da der Gebrauch des Pflugs bei allen einheimischen Völkerschaften Süd-Afrikas unbekannt ist. Schon vor Ankunft der Europäer pflegten die südlichen Betschuanen ihre Felder sorgfältiger zu befriedigen und besser zu bestellen, als die Kaffern; sie sammelten das Product der Erndte und die zu ihrer Nahrung dienlichen Baumfrüchte und bewahrten sie für die kalten Wintermonate in dazu bestimmten Räumen auf. Die Viehzucht beschränkte sich fast im ganzen centralen Süd-Afrika auf Rindvieh, da es keine Kameele, Schweine und nur wenige Schafe gibt; nur die Mucaranga ziehen eine schöne Race von Eseln, und die Wakamba ausgezeichnete Ziegen in Menge, so wie einzig die Bauaketzi im Besitz großer Schafheerden sind. Bei dem Widerwillen der Betschuanen, besonders der südlichen, gegen jede Fischnahrung, worin sie den Kaffern gleichen, wird Fischerei sehr eingeschränkt betrieben, obgleich die Ströme von Fischen wimmeln; nur die Saabs fischen, und die Bayéiyó leben sogar vorzugsweise von der Netzfischerei im Zuga und Njami. In gewerblicher Thätigkeit haben wenig Stämme Fortschritte gemacht. Am meisten blieb die Weberei und Färberei, welche im nördlichen Binnenlande des Continents so umfassend betrieben wird, bei dem Mangel an Indigo und Baumwolle im größten Theil dieser Gegenden zurück. Der größte Theil der Bevölkerung geht deshalb wenig bekleidet oder trägt Fellkleidung, da vor Allem die Betschuanen es verstehen, die Häute der wilden Thiere und Ziegen mit Erhaltung der Haare auf ganz geschickte Weise zuzubereiten und besonders sie ungemein weich zu machen. Nur die Mucaranga gehen auf sehr decente Weise gekleidet und fertigen ihre Kleidungsstoffe selbst an, was auch durch die Makalakka oder Maschuna am Njami geschieht, welche ihre Zeuge mit dem wilden Indigo ihres Gebiets zu färben verstehen. In der Architektur zeigten früher die Bahurutzi, einst das industriöseste Volk in diesem Theil von Afrika und vielleicht selbst das kunstfertigste von ganz Süd-Afrika, dem nur die Bauaketzi zu vergleichen waren, überraschende Geschicklichkeit, indem ihre Häuser vor denen aller andern Betschuanen sich durch Festigkeit, Zierlichkeit und außerordentliche Reinlichkeit auszeichneten. In der jetzt zerstörten Hauptstadt Kurritschani dieses Stamms waren die Häuser im Innern sogar häufig mit buntgemalten und geschickt aus hartem Thon geformten oder geschnitzten Figuren und mit Säulen geziert. In Holzschnitzerei und anderen Holzarbeiten waren die Bahurutzi gleichfalls sehr geübt, und sie brachten vor ihrer Zerstreuung, gleich den Bakatla und Bauaketzi, viel nette hölzerne Löffel, schöne hölzerne Gefäße und andere Gegenstände aus Holz, die mit Blumen und zahlreichen Verzierungen von solcher Kunst geschmückt waren, daß die Arbeit britischen Künstlern Ehre machen würde, endlich die Bakatla noch kunstvoll gearbeitete Messergriffe in Thierform weit und breit zu ihren Nachbarn in den Handel. Aber besonders die Gewinnung und Verarbeitung mancher Erze, hauptsächlich von Kupfer- und Eisenerzen, gibt eine umfassende Beschäftigung der Bergvölker ab; Eisenerze werden von den Wakamba oder Meremongáo, den Bewohnern des Cazembereichs, den M'biza, Bakatla und Bahurutzi gefördert, in Fülle verschmolzen und zu mannigfachen Gegenständen verarbeitet. Das Eisen der Bahurutzi hat sogar eine stahlgleiche Härte, und auch die Meremongáo stellen ein so vorzügliches Eisen dar, daß Barren davon seit dem Mittelalter durch arabische Händler seewärts verführt wurden und noch in neuester Zeit ihren Weg bis zum persischen Golf fanden. Dies Eisen der Wakamba ziehen die Eingeborenen selbst dem besten indischen und schwedischen, welches letzte sie wohl kennen und über Suez erhalten, vor. Kupfererze gewinnt man in den Bukwarbergen, im Reich Morupúa und im Gebiet des Cazembe; früher geschah dasselbe in den Bergen der Bahurutzi. Der Handel ist dagegen von geringerer Bedeutung, als im innern Nord-Afrika, da hier mehrere der Haupthandelsgegenstände der Sahara und des Nigerlandes, namentlich Salz, Gold und Baumwollengewebe, fehlen. Nur Sclaven, Elfenbein, Rhinoceroshörner, Wachs, ein rothes Oel, Thierhäute, Straußfedern, Eisen und Kupfer sind Waaren von einiger Bedeutung, welche an die Küste (besonders Kupfer aus dem Cazembegebiet nach Senna am Zambese) oder in das

Capland verführt werden. Zahlreiche Sclavenzüge gelangen so beständig aus dem Milúalande nach Angola, dann aus dem Gebiet des Cazembe, durch Vermittelung der M'bíza, welche die ärgsten Sclavenfänger an der Südseite des N'yassi sind, nach Kilöa und den portugiesischen Besitzungen am oberen Zambese, Mozambique, durch die Mucaranga nach Zanzibar, durch die Wakamba, Wateita und Wanika nach Mombas, noch andere nach der de Lagdabal. Aber die betriebsamsten Handelsleute in diesen Gegenden dürften die Mucaranga und Wakamba sein, von denen jene vorzugsweise den Verkehr der Länder am Uniamési mit Mombas und dem südlichen Abessinien, die Mucaranga den der Anwohner des N'yassi mit Zanzibar vermitteln. Erste bedienen sich zum Transport ihrer Waaren der schönen Esel, die sie in ihrem Lande ziehen, während die Wakamba dazu nur Menschenkräfte verwenden. Ein bedeutender Binnenhandel findet ferner um den 10° S. B. mit dem aus den großen Seen oder Sümpfen von Quigila gewonnenen Salz statt, dessen Verkauf dem Schatz des Cazembe eine beträchtliche Revenue gewährt, so wie im Süden mit dem bei den Betschuanen unter dem Namen Sibilo bekannten krystallinischen und staubigen, im Batlapiland geförderten Eisenglimmer und mit Eisenocker, deren Verkauf gleichfalls eine Revenue des Batlapiherrschers bildet und weit und breit verführt wird, da die Betschuanen sich des Sibilo bis in neuere Zeit ganz allgemein zum Einpudern ihrer Haare und des rothen Ockers zum Anmalen ihres Körpers bedienten. Für den europäischen Handel haben unter den Producten des Binnenlandes fast nur Straußfedern und Elfenbein Bedeutung. Von letztem kommen aus allen Häfen namhafte Quantitäten in den Verkehr, weil der Handel damit, gleich dem mit Straußfedern, sehr gewinnreich ist. Das Pfund guter Straußfedern, welches von je 80 Vögeln zusammengebracht wird, gilt im Capland jetzt etwa 35 Sh. Der Handel des Binnenlandes ist übrigens durch den Mangel guter Lastthiere, die unermeßlich wasserlosen Strecken und den, mit Ausnahme des Dana im äußersten Norden, wie es scheint, völligen Mangel bis an die Küste führender schiffbaren Ströme, endlich durch die Räubereien vieler Stämme sehr gehindert.

Die vorzüglichsten Reiche und Ortschaften des Binnenlandes sind:

1) Das Gebiet der Galla im äußersten Nordosten am unteren Dana, aus großen Grasebenen bestehend, aber noch völlig unbekannt.

2) Das Land Ukambáni, 45 M. von Norden nach Süden lang und eben so viel von Osten nach Westen breit, zwischen dem 0—4° S. B. 52—55° O. L., im Norden durch den Dana, im Süden durch den Adi, im Westen durch das Gebiet des Kikuyuvolks, im Osten durch Gallastämme begrenzt, welche letzte durch die Mudomónáiberglette von Ukambani getrennt werden. Der Boden ist theils eben, wie in der 3000 F. hohen Hochebene Yata, theils aber auch, wie längs dem Nordrande des Adi, gebirgig. Am Nordwestrande U's, aber schon in Kikuyu und zwar an der Grenze von Ujumbu, erhebt sich der gigantische Kénia. Die Bevölkerung, das Wakambavolk, geht fast nackt und reibt den Körper, gleich vielen Betschuanen, mit Fett und rothem Ocker ein; dennoch ist sie eine der interessantesten Völkerschaften Süd-Afrikas durch ihre außerordentliche Handelsthätigkeit und dadurch auch eine der wohlhabendsten. Zugleich ist Ukambani Hauptdurchgangspunkt für alle Händler nach dem Innern. Die Verfassung des Landes ist sehr locker: allgemeine, für Alle bindende Gesetze gibt es nicht, eben so wenig ein allgemeines Landesoberhaupt; die einzelnen Wakamba können in den meisten Fällen thun und lassen, was ihnen beliebt. — Kitui, etwa im 1° S. B. 54° 40′ O. L., Hptort von Ukambáni.

3) Die Landschaft Kiléma oder Kiréma (Dschagga (Jagga) in der Sprache der Suáheli) d. h. Berg, zwischen dem 3—5° S. B. 53—54° O. L., ein kleines, aber höchst interessantes und pittoreskes Bergland, südlich vom Adi, welches von allen Seiten aus Hochebenen jäh aufsteigt, und von zahlreichen, 1500—2000 F. tiefen Thälern durchzogen wird und zu welchem außer vielen andern bis 6000 F. hohen Berggipfeln der Kilimandschāro gehört. Die Thäler sind durch wasserreiche, nie versiegende Bergströme bewässert, welche von dem schmelzenden Schnee des Kilimandschāro gespeist werden und sich dadurch auffallend eiskalt erhalten. Zu den bekannteren Flüssen Kilémas gehört der Tzávo und der Luffa (S. 308). Zwischen den Hauptbergmassen, die sich um den Kilimandschāro gruppiren und der gleichförmigen, plumpen und ebenfalls 6000 F. über die umgebenden Hochebenen aufsteigenden Ugono- und Kisungogebirgsketten liegt zunächst dem Fuße der letzten der lange, schöne und in seiner Mitte knieförmig nach Süden gebogene Jbé- oder Ariarosee. Das Klima Kilémas ist mild, in den höheren Theilen selbst streng und kalt, aber sehr gesund, der Boden fruchtbar in den Thälern

und mit einer überaus kräftigen Vegetation von fast tropischem Charakter bedeckt, während unmittelbar darüber eine ewige Schnee- und Eisdecke in einem wunderbaren Contrast sich ausbreitet. Die den Wakamba und Wateita verwandten Bewohner, die Wakilémas, erscheinen von kräftigem Körperbau, sehr reinlich, industriös und geschickt in Handarbeiten, überhaupt durchweg in viel vortheilhafterem Licht, als ihre nächsten Nachbarn in den Bergländern des Osten, namentlich als die Wateita. Die Verfassung ist dagegen so despotisch, ganz im Gegensatz der Wakamba und Wateita, daß die Wakilémas fast nur Sclaven ihrer Herrscher, der sogenannten Mangi, sind. Dörfer und Städte gibt es nicht, indem die Bevölkerung nur in zerstreuten Höfen, nach der gewöhnlichen Art der Bergvölker, lebt.

4) Das Land Uniamesi, fast in der Mitte Süd-Afrikas, zwischen dem 0–6° S. Br. und 45–49° O. L., auf den großen Hochebenen des Innern, aber durch seine hohe Lage zugleich die Wasserscheide zwischen den Strömen, welche der Ost- oder der Westseite des Continents zugehen. Besonders der schon im Norden Uniamesis fließende Udschambarra ist für die Verbindung der Landschaften des Binnenlandes von großer Wichtigkeit, da er bis zu seinem Austritt in den Atlantischen Ocean an noch unbekannter Stelle eine ununterbrochene Schiffahrt gestattet. Am interessantesten ist U. in neuerer Zeit durch den ungeheuren Süßwassersee geworden, welcher einen großen Theil des Landes einnimmt und nach dem dieses selbst seinen Namen erhalten hat (Messi heißt in der Sprache der hiesigen Binnenvölker Wasser), der aber bisher noch nie durch einen Europäer untersucht worden ist. U. treibt einen sehr bedeutenden Handel nach allen Richtungen, und seine Karavanen ziehen auch bis zur Ostküste.

5) Das Gebiet der Mucaranga, gewöhnlich das Land Monomoezi (richtiger M'wána M'wézi) genannt, begreift die ausgedehnten, vom oberen Lufidschi durchströmten Hochebenen nordöstlich vom N'yassi, die sehr reich an Vieh, besonders schönen Eseln, und Eisenerzen, aber schwach bevölkert sind. Die Mucaranga haben bereits viel Aehnlichkeit mit den Abessiniern: sie sind zugleich industriös und sehr rüstige Handelsleute.

6) Das Reich des Cazembe westlich von Moropúa, östlich vom N'yassi, südlich von den tributairen M'biza begrenzt, einer der mächtigsten und wohlgeordnetsten Staaten des Binnenlandes, doch zum Theil unfruchtbar und nur dünn bevölkert. Ein Theil des Reichs liegt niedrig und kalt. Die Bevölkerung treibt einen großen Handel mit Sclaven, Elfenbein, grünen Steinen (muthmaßlich grünen Kupfererzen) und Kupfer nach den portugiesischen Besitzungen am oberen Zambese durch Vermittelung der M'biza. — Lucenda, Hptstadt und Residenz des Cazembe; sehr bedeutender Ort. — Zanganvila am Südwestrande des N'yassi, großer Handel mit Kupfer, Elfenbein und rothem Oel.

7) Das Reich Moropúa, von dem Volk der Milúa bewohnt, im Herzen Süd-Afrikas und etwa unter dem 10° S. B., öfters nach dem Titel seines Herrschers, des Muátava Nvo, benannt, im Osten von dem Gebiet des Cazembe durch den Luburistrom getrennt und von vielen und ansehnlichen Flüssen durchzogen, worunter der obere Lauf des Zaire, der Caginrigi, Luviri, Luburi Luisa, der 20 Klaftern breite Cazala und der 30 Klaftern breite Lualaba, welcher letzte die meisten der übrigen aufnimmt, die größten sind. Alle Gewässer sind sehr fischreich und geben zu einem bedeutenden Binnenhandel in Fischen Veranlassung. Gleiches findet mit dem Salz aus dem $1\frac{1}{2}$ Tagereisen breiten, im östlichen Theil des Reichs gelegenen Salzsumpf Quigila statt. Ein großer Theil des Landes ist eben, unfruchtbar und menschenleer, dagegen mit Antilopen und Straußen erfüllt. An seinem Ostrande besitzt M. in dem zu einer längeren Gebirgskette gehörenden Berge Impune, so wie in den Bergen zwischen dem Luburi und Lualaba reiche Ablagerungen von grünen Kupfererzen. Das Kupfer wird zu Barren verschmolzen und ausgeführt und bildet mit dem Salz des Quigila eine Hauptrevenue des Herrschers, der außerdem einen großen Sclavenhandel nach der Westseite des Continents betreibt.

8) Das Gebiet der Bayeiye, nördlich vom Njami und Zuga, an allen Flüssen, welche von Norden her dem Strom zugehen. Die von den Betschuanen im Süden des Zuga ganz verschiedenen Bayeiye sind sehr geschickte Schiffer von einem männlichen, offenen Charakter. Diejenigen, welche zunächst dem Wasser wohnen, leben vorzugsweise von Fischerei, die sie durch Harpuniren oder mit Netzen betreiben. Bei den Betschuanen führen die Bayeiye den Namen Bakoba d. h. Sclaven.

9) Die Landschaft Kalihari, bewohnt von den Bakalihari (Bakalagari), einem armen und verkümmerten Zweige des Betschuanenvolks, der sich vorzugsweise von der Jagd erhält, aber viel kostbares Pelzwerk in den Handel bringt.

10) Das Gebiet der Bakatla, nördlich von den Baquaina, in dem außerordentlich pittoresken, an klaren, fließenden Gewässern ungemein reichen und prächtig bewaldeten, zugleich höchst fruchtbaren Bergland an der Westseite der Muralbergkette und längs dem Limpopo. Die Bevölkerung ist ein schöner Menschenschlag, dessen Gesichtsschnitt und grade Nasenbildung ihn vortheilhaft von den übrigen Betschuanen unterscheidet. Zugleich ist er industriös und arbeitet viel in Holz: auch betreibt er eine ausgedehnte Eisenfabrication auf die Erze seines Gebiets. — Mabotsa, Hptort in einer ausgezeichnet schönen, waldigen Berggegend, 500 H.

11) Das Gebiet der Baquaina begreift im Südosten der Bamanguato und nordöstlich von den Bahurutsi das schön bewaldete und an fließenden Gewässern ebenfalls überaus reiche Bergland längs dem oberen Lauf des Ngattuani (S. 318) und dem Marianostrom zwischen dem 23–25° S. B. Die Flüsse sind hier schon so reich

21*

an Krokodilen, daß der Stamm davon seinen Namen erhalten hat, indem Quaina im Sitschuana Krokodil und Baquaina also so viel als das Krokodilvolk heißt. — Tschonuani, jetzt Baquaina, 24° S. B., Hptort und britische Missionsstation.

12) Das Gebiet der Bamanguato, im Süden an die Bahurutzi, im Westen an die Balalihari, im Norden an den Njami und den Zuga, im Osten an die Baquaina grenzend, umfaßt einen weiten wasserlosen Strich sandiger Hochebenen. Die Bamanguato waren einst ein zahlreicher, mächtiger, industriöser und wohlhabender Stamm der Betschuanen, der aber in den letzten 20 Jahren durch die Zoulah oder Matébélé größtentheils aufgerieben wurde oder verarmte. In ihrem Gebiet haben die Matébélé ihr neues Reich errichtet, dessen Lage jedoch nicht genau bekannt ist. Der größte Haufe der zurückgebliebenen Bamanguato wohnt theils im Nordosten von der 122 M. von Colesberg (S. 162) entfernten britischen Missionsstation Kolobeng, 24° 50' S. B. 42° 50' O. L., theils mit einem Zweige, den Batuani, am Nordostende des Njami.

13) Das Gebiet der Bahurutzi, westlich von den Banaketzi, nördlich von den Bamanguato und Balatla begrenzt und besonders die Kurritschaniberge umfassend, eins der reizendsten, wasserreichsten und zugleich wohlbewaldetsten Landstriche Süd-Afrikas, dessen Berge außerordentlich reich an Kupfer- und Eisenerzen sind, letzte selbst zu Tage liegend. Die Erze gaben mit dem Holze der Waldungen früher der Bevölkerung Veranlassung zu einer großen und mannigfachen technischen Industrie, wie denn die Bahurutzi überhaupt ein sonderbares Gemisch von Civilisation und Barbarei in sich vereinigten. Nachdem aber der größte Theil der Bahurutzi durch die Matébélé zerstreut oder aufgerieben worden war und auch die M. nach ihrer Niederlage durch die holländischen Bauern im Januar 1837 das Land verlassen hatten, bemächtigten sich desselben die Bauern und legten den Ort Magaliesberg am Mólopó an, der jetzt einer ihrer Hauptsitze ist. Früher war die sehr volkreiche, von mehreren andern großen Orten in der Nachbarschaft umgebene, nun aber ganz zerstörte Stadt Kurritschani mit 16000 E., Hauptsitz der Bahurutzi. Ein Theil der Bahurutzi hat sich bis zum Njami geflüchtet und an dessen Rändern niedergelassen.

14) Das Gebiet der Banaketzi (früher gewöhnlich, aber irrig, die Banankezi genannt), nördlich vom Mólopó und zwischen dem 25° 40'—23° S. B. und dem 42—44° O. L., ein größtentheils bergiger und besonders im Nordwesten mit der Makarupa-, im Nordosten mit der Lempabergkette erfüllter, an schönen, selbst imposanten Scenerien reicher Landstrich, der sehr gut bewässert ist. Die Berge erscheinen mit stattlichen Waldbäumen, größtentheils unbekannter Arten, von unten bis zum Gipfel bekleidet; im Innern enthalten sie ergiebige Kupfer- und Eisenerzablagerungen. Der Boden ist im Allgemeinen sehr fruchtbar und wohl cultivirt, die Bevölkerung war deshalb vor ihrer Zersprengung durch die Matébélé außerordentlich dicht und besaß so zahlreiche und große Städte, wie kein anderes Betschuanenland; zugleich waren die Banaketzi sehr fleißige Ackerbauer und besaßen außerordentlich große Viehheerden; in der Industrie kam ihnen, mit Ausnahme der Bahurutzi, kein anderes südafrikanisches Volk gleich. Ihre Häuser zeichnete Nettigkeit in der Architektur und außerordentliche Sauberkeit aus. Die Banaketzi verarbeiten zugleich ihre Erze und fertigen zum eigenen Gebrauch und zu einem ausgedehnten Handel viel hölzerne Gefäße und Holzschnittsachen an. In der Reinlichkeit übertragen sie alle übrigen Betschuanen, vor Allem die Batlapi; sie malen sich auch nicht roth an, sondern waschen sich vielmehr häufig; selbst ihre Milchgefäße sind so weiß und rein gehalten, daß kein englisches Milchmädchen sie sauberer hat, ein Vorzug, dessen sie sich übrigens so wohl bewußt sind, daß sie sich desselben mit Stolz gegen ihre europäischen Besucher rühmen. Demnächst sind die Banaketzi tapfer, aber sie gelten bei ihren Nachbarn auch für grausam, treulos und verrätherisch. — Melita, großer Ort und einstige Residenz des Herrschers.

15) Das Gebiet der Barolong, nordöstlich von den Batlapi; südlich durch den Sitlagole, nördlich durch den Mólopó begrenzt und ähnlich dem Batlapiland von weiten, mit Acacienbüschen bedeckten Ebenen gebildet. Die Barolong, früher ein sehr bedeutender Zweig des Betschuanenvolks, wurden in neuerer Zeit ebenfalls durch die Matébélé zersprengt und theilweise aufgerieben; der Rest rettete sich und ist nun in den verschiedenen Missionsstationen angesiedelt oder nomadisirt im oberen Stromland des Garip. — Pitsan, einstiger Hptort der B., unfern vom Mólopó, 20000 Ew.

16) Der Staat der Batlapi (Sing. Motlapi) umfaßt nur ein kleines, im Nordosten durch den Sitlagolefluß, im Nordwesten durch die Kalihari, im Südwesten durch die kleine Gebirgskette, worin der Kuruman entspringt, endlich im Südosten und Osten durch den Korlong begrenztes, sehr flaches, häufig tief roth gefärbtes, sandiges und besonders in der trockenen Jahreszeit so ungemein dürres Gebiet, daß dessen Oberfläche bereits große Aehnlichkeit mit den baumlosen Strichen der Kalihari hat. Der Mangel an Wasser im größten Theil des Landes und die geringe Güte des Grases zwingt die Hauptmasse der Bewohner zum wandernden Leben. Nur an wenigen Stellen, bei Lithákó, Kuruman, am Sitlagole und an einigen beständigen Quellen vermag die kleinere Hälfte der Batlapi in festen Ansiedelungen zu wohnen. Bei der Trockenheit der Oberfläche fehlen auch Wälder ganz, doch gibt es sehr ausgedehnte, mit einem dicken, 3—4 F. hohen Strauchwerk bedeckte Strecken. — Mamusa, Hauptsitz der Batlapi und jetzt der bevölkertste Ort im ganzen Betschuanengebiet, in einer hochgelegenen und kalten Situation. — Lithákó, 27° 6' 44" S. B. 42° 19' 27" O. L., einst eine bedeutendere

Stadt von etwa 4000 Ew. und Hauptort der Batlapi, der öfters früher seine Stelle gewechselt hat, in einer ausgedehnten, wenig fruchtbaren und wasserarmen Ebene; nun fast ganz verlassen und zu einem kleinen Dorfe herabgesunken. — Kuruman, WSW. von Lithako, an dem kleinen, einst aber ansehnlichen Fluß gl. N., 3000 Ew., einer der ältesten und größten Missionsplätze. — Motito, eine ½ Tagereise von Kuruman, 2 Stunden von Lithako; 1000 Ew.; Missionsstation französ. Protestanten.

17) Das Gebiet der freien Griqua, südlich vom Gariep, westlich durch die Langen Berge, nördlich durch die Batlapi begrenzt, meist eben, dürr, sandig und wenig fruchtbar. Doch liegt darin die Gruppe der Asbestberge. Die Bevölkerung ist zum Theil nomadisch, theilweise auch seßhaft und ackerbauend. Seit 1812 bildet sie einen kleinen regelmäßigen Staat, der einen Gesetzgeber empfing und sich immer mehr europäisirt. — Griquatown, einst Klaarwater, 28° 50′ 56″ S. B. 41° 43′ O. L., in einer breiten Ebene am Fuß der Asbestberge, Hptort der Griqua, mit 1 Kirche und Schulen. — Campellsdoorp, Griquadorf an einem Bach.

XV. Westafrikanische Inseln.

Hülfsmittel.

J. J. Lima, Ensaios sobre a estatistica das possessões portuguezas na Africa occidental e oriental e na Oceania. Lisboa 1844. 2 Vol. — Aubert du Petit Thouars, Melanges de botanique et de voyages. Paris 1811. 8. — C. Darwin, Geological observations on volcanic islands. London 1844. 8. — Leonard, Records of a voyage of the western coast of Africa. Edinb. 1833. 8. — A. Beatson, Tracts relative to the Island of St. Helena. 2. Ed. London 1824. — C. de Chelmicki et T. A. de Varnhagen, Corografia Cabo Verdiana ou descripção geographico historica da provincia das Ilhas do Cabo Verde e Guiné. Lisboa 1841—42. — Leop. v. Buch, Beschreibung der Canarischen Inseln. Berlin 1825. 4. mit Atlas. — Bory de St. Vincent, Essais sur les îles fortunées Paris. An XI (1803). 4. — Franc. Mac Gregor, Die Canarischen Inseln nach ihrem gegenwärtigen Zustande. Hannover 1831. m. Kupf. u. Tabellen. — M. P. Barker, Webb et S. Berthelot, Histoire naturelle des îles Canaries. Paris 1836—1849. bis jetzt 9 B. 4. mit einem Atlas naturhist. Gegenst. — J. and H. Bullar, A winter in the Azores etc. London 1841. 8. m. Kpf. — Ed. Bowdich, Excursions in Madeira and Porto Santo during the autumn of 1823. London 1825. 4. — J. A. Mason, A treatise of the climate and meteorology of Madeira ed. by J. S. Knowles. London 1850. 8. — E. Vernon Harcourt, A sketch of Madeira in 1850. London 1850. 8. — R. White, Madeira, its climate and scenery, mit Skizzen. London 1851. — J. A. Schmidt, Beiträge zur Flora der Cap Verdischen Inseln. Heidelberg 1852. 8.

1. Tristão da Cunha (gewöhnlich Tristan d'Acunha genannt), eine kleine, nach dem portugiesischen Admiral Tr. da Cunha, dem Entdecker im J. 1506, genannte Gruppe mitten im Atlantischen Ocean, 420 Stunden von St. Helena, 420 vom Cap der Guten Hoffnung, 550 von der Ostküste Brasiliens. Die 3 Inseln derselben bilden eine Art Dreieck mit der größten, speciell Tr. da Cunha genannt, an der nördlichen, der nächst größeren, Inaccessible, an der westlichen, der kleinsten, Rossignol, an der östlichen Spitze. Alle 3 sind entschieden vulcanischen Ursprungs.

Die größte, Tristão da Cunha, 37° 6′ 9″ S. B. 5° 36′ 45″ O. L. kreisförmig mit 5 Stunden Peripherie, besteht vorzüglich aus einem, dem Pic von Teneriffa ähnlichen, von allen Seiten höchst jäh aufsteigenden, oben abgestutzten, 3000 F. hohen Felskegel, mit einer Platte auf dem Gipfel, worauf sich noch ein 3000 F. hoher, 70—80 engl. Seemeilen weit sichtbarer Dom mit einem weiten, erloschenen Krater und einem Kratersee im Innern erhebt. An diesen Hauptkörper schließt sich eine 1—1½ M. lange, schmale Landzunge von nur 50—300 F. Höhe an. Die ungemeine Steilheit der Küstenränder erschwert hier (wie bei Inaccessible und Rossignol) die Annäherung ungemein. Den Kegel bilden 5—10 F. starke, abwechselnde Bänke sehr verschiedener Gesteine, theils äußerst feste, blaugraue Basalte und Dolerite, theils weiche, leicht zersetzbare, vulcanische Tuffe und durch Schmelzung an einander haftende Schlacken. Seinen nackten, unfruchtbaren, stellenweise nur mit langem Grase bedeckten untern Theil erschütterten einst gewaltsame Convulsionen; die dadurch entstandenen großen Spalten wurden durch sehr harte, an ihren Rändern halb verglaste Massen ausgefüllt. Den Dom bilden dagegen bis zum Gipfel nur Stücke culturloser Lava und andere vulcanische Producte; an seinen Wänden zieht sich deutlich ein Lavastrom von der Masse der Gänge herab. Schnee bedeckt häufig den Gipfel des Doms. Die Landzunge, ebenfalls eine Anhäufung vulcanischer Producte auf fester Lava, bildet durch eine aus verwitterten Pflanzen und zersetztem Gestein gebildete höchst fruchtbare Decke den einzigen reichen, mit kräftiger Vegetation gezierten Culturboden. Das Klima ist feucht und mild, aber sehr gesund. Die durch die Höhe des Doms hervorgerufenen Seenebel geben zur Entstehung der häufigen, oft Monate lang dauernden Regengüsse und zu zahlreichen Bächen Veranlassung, wovon nur ein einziger beständig fließt, da die losen Gesteine das gefallene Wasser sofort absorbiren. Die einheimische Flora ist wenig mannigfaltig, doch reich an Cryptogamen, woraus die Hälfte der vorhandenen Arten besteht, besonders an Moosen, Flechten, Farren (15 Arten). Häufig sind auch große Rohrgewächse und großer, wilder Sellerie. Europäische Getraidearten und Gartengewächse gedeihen gut, Bäume fehlen der steten und heftigen Stürme wegen ganz. Tr. da Cunha ist der Lieblingsaufenthalt zahlreicher Seevögel, namentlich von Sturmvögeln, Albatros und Pinguinen, welche zum Eierlegen hierher kommen. Noch im J. 1816 waren sie so häufig und so wenig scheu, daß englische Seeleute, um sich einen Weg durch sie zu bahnen, sie durch Schläge wegzutreiben genöthigt waren. Fische hat das angrenzende Meer in überaus großer Mannigfaltigkeit und Menge. Vor wenigen Jahren war dieß auch mit Robben, Seelöwen und Wallfischen der Fall. Seitdem aber die Walfischfänger sich der südlichen Hemisphäre zuwandten, reichten 8 Jahre (1820—1828) hin, die Cetaceen, Robben und Vögel fast ganz zu vernichten oder zu verjagen. Gigantische Tange erfüllen gleichfalls das benachbarte Meer, so daß Böte nur mit Mühe durch sie an die Insel gelangen. Von andern Thieren gibt es noch verwilderte Ziegen.

Früher unbewohnt, hat Tr. da Cunha seit 1821 eine aus Vermischung von Engländern, Nordamerikanern und Hottentottinnen hervorgegangene, seit 1835 unter dem Schutze des engl. Gouvernements stehende Bevölkerung von 400 Köpfen, die nach dem Cap der Guten Hoffnung mit Seehundsfellen und Robbenthran handelt und die Schiffe mit Proviant versorgt. — Inaccessible, ein bis 3500 F. über dem Meeresspiegel hoher, unbewohnter und auf seinem Gipfel gewöhnlich in Wolken gehüllter Fels, welcher mit der gleichfalls unbewohnten Insel Rossignol nur von den Bewohnern der größten Inseln der einträglichen Jagd wegen besucht wird.

Gegen Südosten liegt in weiter Entfernung die Gruppe der Gonçalo Alvarez-Inseln (auch Goughinseln, nach ihrem zweiten Entdecker im J. 1713, dem Capt. Gough, genannt) in 40° 19′ 30″ S. Br. 7° 42′ O. L., dann näher nach Brasilien die doch stets zu Afrika gezählte Gruppe der aus hohen, zerrissenen und merkwürdig gestalteten, unbewohnten Felsmaßen bestehenden Dreifaltigkeits-Inseln. Der bis 2000 F. erhabene, zuckerhutförmige Berg der größten dieser Inseln dient Ostindienfahrern häufig zur Orientirung. Unfern davon (20° 27′ S. B. 20° 29′ O. L.) erscheint eine 3. namenlose Gruppe kleiner, unbewohnter, mit dürftiger Vegetation bekleideter und ganz aus vulcanischen Tuffen, Schlacken und Basalt bestehender Inseln.

II. St. Ascension- oder die Himmelfahrtsinsel, eine britische Besitzung, fast mitten im Atlantischen Ocean, 7° 55′ 10″ S. B. 3° 15′ O. L., 90 g. M. nordwestlich von St. Helena, 200 von der Guinea-, 300 von der Brasilianischen Küste entfernt, von dreieckiger Gestalt mit 2 M. Länge, 1½ Breite. Sie ist das kleinste und südlichste Glied des als Ausläufer des Cameronbergstocks anzusehenden Inselzugs, wozu noch die Inseln im Guineabusen gehören. In ihrem südöstlichen Theil steigen unmittelbar vom Meeresspiegel steile, schön geformte schwarze und graue Berge auf, unter denen der Grüne Berg (Green Mountain), ein ausgebrannter Vulcan, 2805 engl. F. Höhe erreicht; ein 1200—2000 F. hohes Tafelland umgibt diesen Pic,

Gegen Norden sinkt die Oberfläche allmählich herab. Nur einige offene Baien gestatten das Landen; sonst ist A. fast von allen Seiten unzugänglich. Der ganz vulcanische Boden besteht aus geschichteten vulcanischen Tuffen, zersetzten und festen Trachyten und zahlreichen, deutlich bis zum Meere zu verfolgenden Lavaströmen. Mehr als 50 Kegel mit ausgebrannten Kratern erheben sich auf den Ebenen, die besonders auf ihrer dürren, meist kaum Gras tragenden Oberfläche durch rothe, unfruchtbare, aus zersetztem vulcanischen Gestein gebildete Thone, Schlacken und Bimssteine bedeckt werden. Manche Theile Ascensions erhalten dadurch ein sehr trauriges Ansehen, indem auch fließende Gewässer ganz fehlen. Dem drückenden Wassermangel half bis 1830 das im bergigen Theile der Insel in Cisternen gesammelte und nach der Küste durch Röhren geleitete Regenwasser ab; seit 1832 hat A. einen Brunnen mit gutem Wasser im Ueberfluß. Das Klima ist mild, gleichförmig und sehr gesund, so daß die erschöpftesten Fieberkranken der Kreuzerschiffe an der Afrikanischen Küste sich hier in sehr kurzer Zeit gänzlich erholen. Es ist das Montpellier der Afrikanischen Schiffsstation. Die einheimische Flora ist arm; nur Palma Christi (Ricinus) und Liebesäpfel finden sich in größerer Fülle. Die Cultur der eingeführten, wohl gedeihenden, europäischen Gewächse wird durch die übergroße Menge Ratten gehindert. Meeresvögel kommen zum Eierlegen in sehr großer Zahl nach Ascension, so daß noch vor wenigen Jahren in der Woche 120—150,000 Eier gesammelt wurden. Dasselbe ist mit den Schildkröten der Fall, deren Laichperiode durch polizeiliche Vorschriften berücksichtigt wird. Die zuweilen bis 700 Pfd. und schwerer großen Schildkröten, die besten in der Welt, füttert man in eigenen Anlagen am Meere behufs ihrer Versendung nach England. Verwilderte Guineahühner und Fische im angrenzenden Meere gibt es im Ueberfluß.

Seit 1815 hat Ascension eine kleine englische Besatzung und eine jetzt aus 400 Europäern und Negern bestehende Bevölkerung. Es dient der Afrikanischen Kreuzerstation, den südpolaren Walfischfängern und Ostindienfahrern als wichtiger Erfrischungsort; 1833 legten hier 475 Schiffe an. Der größte Theil der Einwohner lebt in dem Oertchen Georgetown, wo sich eine große Cisterne mit dem nöthigen Wasservorrath für die anlegenden Schiffe und ein Hospital unter dem Schutze des Fort Cockburn befindet.

III. St. Helena. Britische Besitzung im Atlantischen Ocean, noch im Bereiche der südöstlichen Passatwinde, von brausenden Wogen stets umtost, unter 15° 55′ S. B. 11° 50′ 30″ O. L., 300 M. von der Afrikanischen, 500 von der Amerikanischen Küste entfernt, von 2¼ M. der größten Länge, 1⅔ M. Breite, 7 M. Peripherie. Die Insel ist eine einzige, gegen 2000 F. hohe, pittoreske, besonders an der Nordseite mit rauhen, fast senkrechten Wänden mauerartig aufsteigende Felsmasse, welche sich allmählich nach Süden neigt und an ihrer Peripherie oft bis zur Basis durch erstaunliche Klüfte zerrissen wird. Eine hohe, ostwestliche Bergkette, welche unzählige Arme mit zwischenliegenden Thälern entsendet, theilt St. Helena und trägt viele noch höhere, fast stets in Nebel gehüllte Kuppen, welche die Insel von weitem dem Seefahrer kenntlich machen. Der höchste Punkt, der Dianen-Pic, erhebt sich bis 2700, der Cuckolds Point bis 2672, der Halleys Mount bis 2467 engl. F. Dichter Basalt bildet St. Helenas Hauptmasse; häufig erscheint derselbe in regelmäßigen, durch Thonlager getrennten Bänken. Nächstdem gibt es deutliche Ströme poröser Lava, aber keine Spuren eines Kraters. Erdbeben beunruhigen zuweilen die Insel. Der Boden ist im Allgemeinen fett, fruchtbar und durch mehr als 160 Bäche des klarsten und frischesten Trinkwassers bewässert. Das Klima bleibt gemäßigt, sehr gleichförmig und gesund; doch regnet es häufig. Die einheimische Flora ist arm, die eingeführte sehr mannigfach, da Pflanzen aus allen Welttheilen neben einander gedeihen; Cocospalmen, Ananas und Kaffeebäume neben Eichen- und Apfelbäumen. Gemüse aller Art, Orangen, Aepfel, Birnen, Wein sind das ganze Jahr hindurch zu haben. Europäisches Geflügel gedeiht ebenfalls gut; das angrenzende Meer ist reich an mehr als 70 Fischarten.

Die Bevölkerung beträgt ungefähr 7000 Köpfe, worunter 3000 Weiße; die übrigen sind Farbige, Afrikaner, zum Theil in dem beträchtlichen Depot der durch die Britischen Kreuzer befreiten Negersclaven, Malaien und einige Chinesen. Früher der Ostindischen Compagnie gehörig, ist St. Helena seit dem J. 1833 im Besitze der Krone, die im J. 1847 eine Einnahme von 15438, aber auch eine Ausgabe von 21676 Pfd. Sterl. hatte. St. Helena ist noch heute ein wichtiger Stationsplatz für Ostindienfahrer, gestattet aber schwierig, mit Ausnahme einiger Baien, eine Landung. Gegen 3000 Schiffe kommen jährlich an. Großartige, zum Theil in Felsen gehauene Küstenbefestigungen mit 240 Geschützen sichern die Insel, die dadurch so fest, wie Gibraltar, geworden ist. Der einzige Ort St. Jamestown (Jacobstadt), in einer Schlucht und zugleich an der Jamesbai, einem sichern Ankerplatz, besteht aus einer einzigen Straße mit über 200 steinernen Häusern; in der Nähe ein astronomisches Observatorium. — Longwood, Pachthof auf einer Hochfläche im Innern; Aufenthalt Napoleons bis zu seinem Tode am 5. Mai 1821.

IV. Die Guineainseln, 4 an der Zahl im östlichsten Theil des Guineabusens, der Biafrabai, bilden in geringen Entfernungen von einander einen von NNO. nach SSW. gerichteten Zug, worin Fernam do Pó das nördlichste Glied zunächst dem Camerongebirge (S. 186) bildet, die Prinzeninsel, São Thomé und Annobom, nach Süden zu auf einander folgen und dessen Verlängerung noch das weit entfernte Ascension trifft. Sie sind sämmtlich, gleich dem Cameron, hoch und fruchtbar, mit dicken Wäldern bedeckt, reich an fließenden Gewässern, entschieden vulcanischen Ursprungs und tragen zahlreiche pyramidale oder kegelförmige Berge, nebst hohen, zerrissenen Felsspitzen. Nach Süden nehmen die Inseln an Höhe ab da, während der Clarence-Pic auf Fernam do Pó bis 11,040 F. ansteigt, der St. Anna de Chavesberg auf St. Thomas nur 7000 F., Anno-bom gar nur 3000 F. über dem Meeresspiegel erhaben ist. Das Klima ist trotz der Nähe des Aequator durch die See und durch die hohe Lage der Inseln größtentheils sehr gemäßigt, aber feucht und zunächst den Küsten ungemein ungesund. Fürchterliche Stürme beunruhigen die Atmosphäre. Auf Fernam do Pó und Anna-bom macht Spanien nominell oberherrliche Ansprüche; die Prinzeninseln und São Thomé gehören Portugal, aber nur auf letzter befindet sich ein von Europa aus eingesetzter Gouverneur.

1) Fernam do Pó (gewöhnlich, aber weniger richtig, Fernando del Po genannt), 3° 45′ 30″ N. B. 26° 24′ 45″ O. L., in nur $5\frac{1}{2}$ M. Entfernung vom Cameron, ein $7\frac{1}{2}$ M. langes, $4\frac{3}{4}$ breites und ungemein hoch, stellenweise selbst sehr jäh vom Meere aufsteigendes Viereck. Zwei Bergketten durchziehen die Insel; zur nördlichen gehört ein Kraterberg, der Clarence-Pic, der zuweilen noch rauchen soll; die andere weit niedrigere Kette erfüllt den südlichen Theil. Der durchweg aus Basalt, Schlakken und andern rothen vulcanischen Gesteinen bestehende Boden ist größtentheils sehr fruchtbar und mit den dicksten Urwaldungen der schönsten und kolossalsten Bäume, namentlich von Tikbäumen und vortrefflichsten Färbehölzern, besonders Camholz, bis in 10000 F. Höhe bedeckt, der Gipfel aber völlig nackt. Dadurch gewährt F. d. P. von allen Seiten einen überaus prächtigen Anblick. Sümpfe finden sich nirgends. Die Atmosphäre ist in den höheren Theilen feucht durch die fast beständigen Nebel, doch gesund, an der Küste dagegen so ungesund, wie im Nigerdelta. Zahlreiche Bäche des klarsten, reinsten Wassers stürzen in den tief eingeschnittenen Schluchten cascadisch zum Meere hinab. Die Pflanzenwelt ist reich, aber sehr unbekannt. Die Yamswurzeln gehören jedoch zu den geschätztesten der Westseite von Afrika. Trotz der Nähe des Continents finden sich die bemerkenswerthesten Unterschiede zwischen den hiesigen Pflanzen und Thieren und denen der Guineaküste. Gleiches gilt von der 15—20000, nach Andern nur 4000 Köpfe starken, ganz heidnischen Bevölkerung, die in Sprache und physischen Eigenschaften (namentlich durch ihre gelbe Hautfarbe und den schönen Gesichtswinkel) völlig von den Bewohnern Guineas verschieden ist, sich durchweg durch einen musculösen, athletischen und zugleich wohl gebildeten Körper auszeichnet, und aus 2 so ganz verschiedenen Stämmen besteht, daß diese nicht einmal unter einander sich verstehen und deshalb ihren Tauschverkehr durch Zeichen betreiben. Jedes Dörfchen hat seinen eigenen Häuptling. Der Haupttheil der Bevölkerung gehört zum Stamme der Edipah. Sclaverei hat nie hier stattgefunden; die Spanier, welche im verflossenen Jahrhundert die Bewohner einfingen und als Sclaven wegführten, wurden mit Gewalt vertrieben. Durch die günstige Lage bildet F. d. P. einen höchst wichtigen Stationsplatz für die Britischen Kreuzer im Guineabusen, so wie für die große Zahl der an den Nigermündungen handelnden Schiffe. Die Einw. versorgen die Schiffe mit Lebensmitteln aus ihren wohl cultivirten Aeckern, besonders mit Yams, und selbstgewonnenem Palmöl. Europäische Niederlassungen mißglück-

ten stets wegen des ungesunden Klimas an der Küste. F. d. P. hat 15 Ortschaften, von denen sich keine über 3000 F. Höhe erhebt, darunter Clarence Town am Clarence Cove, einem von romantischen Felsen umschlossenen Wasserbecken, das einen vortrefflichen, großen Hafen abgibt; 150 Häuser in einer einzigen Straße und 8—900 Ew., zum Theil Krumen, die sich den anlandenden Schiffen als Piloten, Matrosen und Handarbeiter verdingen.

2) Die Prinzeninsel (Ilha do Principe), seit dem Vertrage von 1778 im unbestrittenen Besitz der Portugiesen, in 1° 31′ 30″—1° 41′ 30″ N. B. u. 25° 4′ 15″—25° 12′ 37″ O. L.; 6¾ M. von N. nach S. lang und 3¾ breit, hochaufsteigend, ganz bewaldet und reich an Cochenille, dem schönsten Färbe-, Zimmer- und Bauholz (letztes zum Theil von gigantischer Größe, indem sich zahlreiche Stämme finden, die ausgehöhlt 50 Fuß lange und 3 F. breite Böte für 10—15 Mann liefern), Citronen, Orangen, Bananen, Pisang und vortrefflichem, höchst großkornigen Kaffe. Der nördliche Theil ist hügelig; südlich setzen die sich kühn erhebenden und höchst pitteresken Felsen, namentlich die nadelförmige Felsspitze auf dem Papagaienberge (Pico de Papay), in Erstaunen. Der höchste Punkt erhebt sich bis 4000 F. über dem Meeresspiegel. Die Atmosphäre ist außerordentlich feucht, indem dicke Nebel stets über der Insel liegen und nur wenige Monate im Jahr ohne häufigen Regen verfließen. Dadurch wird die Insel ungeachtet ihres guten Wassers sehr ungesund, selbst für die einheimische Bevölkerung. Der außerordentlich fruchtbare und zur Hälfte wohl cultivirte vulcanische Boden ist besonders günstig für die mit prächtigen Bäumen erfüllten und sehr ausgedehnten Kaffeplantagen. Die Insel ist zugleich durch ihre Lage und den Besitz zweier Häfen ganz zum Handel geeignet. Dadurch wurde auch die im J. 1841 4584 Köpfe starke, nominell christliche Bevölkerung (worunter nur 138 weiße oder braune Freie waren) wohlhabender, als die von S. Thomé. 1842 liefen hier und in S. Thomé 59 Seeschiffe ein (nur 1 portugiesisches). — Porto Antonio, Hauptort mit einem kleinen Hafen, in sehr pitteresker, aber zugleich sehr feuchter und sehr ungesunder Lage.

3) São Thomé (St. Thomas), in 0° 27′—0° 30′ N. Br. 24° 22′—24° 31′ S. Br.; 21 M. lang und von mehreren kleinen Felsinseln (darunter die Ilha das Rôlas) umgeben; hoch und bergig, besonders im südlichen und westlichen Theile; der höchste, in 2 Pics auslaufende Berg, der St. Anna de Chavesberg, von nur 7200 F. Höhe, trägt doch fast beständig Schnee. S. Thomé ist dick bewaldet, reich an vortrefflichem Nutz- und Bauholz, zugleich überreich an fließenden Gewässern, aber höchst ungesund, und ganz vulcanisch mit zahlreichen Kraterbergen (auch die basaltische Ilha das Rôlas hat einen). Der Boden ist außerordentlich fruchtbar, vielleicht einer der fruchtbarsten auf Erden. Ausgedehnte Kaffeecultur, die ein vortreffliches Product liefert, findet seit dem Beginne des Jahrhunderts statt, wozu neuerlichst die Cacaocultur mit Glück getreten ist. Der Kaffeexport (1812 180,000 Kilogr.) hat sich in 10 Jahren verdoppelt. 6169 Ew. (darunter nur 47 freie Weiße und Mulatten, 5932 freie Schwarze, die übrigen schwarze Sclaven) mit 8 Kirchen. Die Prinzeninsel und S. Thomé stehen unter einem dem Gouverneur der Cap Verdeinseln untergeordneten Verwalter. Die Ausgaben beider Inseln (27 Contos reis d. h. 95,000 Thlr.) übersteigen bei weitem die Einnahmen, die 3 Contos betragen. — São Antao (St. Antonio) Hptort mit 4176 Ew., in einer sumpfigen und sehr ungesunden Gegend.

4) Anno-bom (gewöhnlich Annobon geschrieben) d. h. Gutjahr, so genannt wegen der Entdeckung am Neujahrstage 1471; in 1° 30′ S. B. und 23° 10′ O. L. von Gr.; die kleinste der 4 Guineainseln, von pitteresken Ansehen, indem basaltische, trachytische und vulcanische, bewaldete, schroff aufsteigende Berge (der höchste Pic von etwa 2700 F.) mit kühnen, wunderbar zerrissenen Felsmassen, die von vielen basaltischen Gängen nach allen Richtungen durchzogen werden, die Insel erfüllen; auch deutliche Lavaströme sind vorhanden. Ein schöner, romantischer Bergsee im bewaldeten Innern der Insel erfüllt einen erloschenen deutlichen Krater. Anno-bom ist die trockenste und gesundeste der Guineainseln und hat eine 3000 Köpfe starke, nominell christliche, von portugiesischen Mulatten abstammende, aber ganz von Spanien unabhängige Bevölkerung, da sich kein Weißer auf der Insel befindet. Wegen seiner günstigen Lage versorgt A. die häufiger anlegenden Schiffe mit Wasser und Lebensmitteln. Nächst mehreren Dörfern gibt es eine aus zerstreuten Hütten und unregelmäßigen Straßen bestehende Stadt von 3000 Ew.

V. Die Inseln des Grünen Vorgebirges oder Cap Verdischen Inseln (Ilhas do Cabo verde), eine im J. 1456 durch den venetianischen Seefahrer Cà da Mosto entdeckte portugiesische Besitzung, bestehend aus zehn Inseln mit einigen kleineren Inselklippen; 14° 45′—17° 13′ N. B. 4° 30′—7° 30′ W. L.; 70 M. vom Grünen Vorgebirge und mit 19¾ Q.-M. Oberfläche. Sie zerfallen nach Lage und Natur in 2 bestimmt getrennte Gruppen, eine westliche über dem Winde mit den Inseln São Antão (St. Anton), São Vicente, S. Lucia und S. Nicolao, und eine östliche unter dem Winde mit Brava, Fogo, São Thiago (Santiago, St. Jacob), Boavista, Majo und Sal, wozu noch einige unbewohnte Klippen, wie Branco und Raza, gehören. Mehrere Inseln, wie Sal und Boavista, sind niedrig, die übrigen gebirgig und mit hohen, durch heftige Brandungen umgebenen Rändern steil abstürzend, schwer zugänglich und von höchst pittoreskem Anblick. Einige ihrer Berge steigen so hoch auf, daß die Gipfel fast beständig von Schnee bedeckt sind. Dieß ist mit dem höchsten, dem Pic do Fogo von 8587 F., dem Pão d'Açucar (Zuckerhutberg wegen der ausgezeichneten Form genannt) von 8000 F., dem Gorda und der Caldera mit resp. 5—6000 F. Höhe, der Fall. Sandig und salzig sind Sal und Boavista, sehr humos und thonig Brava, thonig, steinig und kalkig S. Thiago, S. Antão und S. Nicolao. S. Thiago, S. Lucia, S. Antão, Sal und S. Nicolao bestehen ganz aus Basalt und entschieden vulcanischen Gesteinen, die an vielen Stellen noch mit Bimsstein bedeckt sind. Warme und kalte Stahlquellen sind zahlreich auf S. Antão und Brava. S. Antão und S. Thiago werden das ganze Jahr durch Bäche bewässert, während die meisten Inseln durch die Entwaldung sehr wasserarm geworden sind, obgleich in der von Juli bis November dauernden, von heftigen Gewittern bei Westwind begleiteten Regenzeit die Atmosphäre sehr feucht ist, und zugleich die hohen Gipfel einiger Inseln bis 2000 F. abwärts gewöhnlich von Wolken eingehüllt werden. In der trockenen Jahreszeit dörren Winde den Boden ungemein aus und zerstören so die Vegetation, daß die Oberfläche ungemein kahl und verbrannt erscheint. Bleibt der Regen mehrere Jahre hintereinander aus, so stellen sich ungeachtet der Fruchtbarkeit des zersetzten Lavabodens auf den vulcanischen Inseln Mißerndten und die fürchterlichste Hungersnoth ein, welche in den Jahren 1730—1733 zwei Drittel der Bewohner der Gruppe, in den Jahren 1770—1773 16,000 Individuen allein auf St. Jago und wiederum neuerlichst 12,000 auf Fogo und 30,500 auf der ganzen Gruppe in den Jahren 1831—33 wegraffte, so daß auf mehreren Inseln der Rest der Bewohner nur durch Hülfe aus Nord-Amerika das mal dem Tode entrissen wurde. Selbst in der neuesten Zeit 1850—51 plagte Hungersnoth die Bewohner. Das Klima ist heiß, 25° C. im Mittel, doch nicht so, als nach der Nähe des Aequators zu vermuthen wäre, indem das Thermometer im Juli auf Boavista um Mittag nur auf 32° steht, wogegen dasselbe um die nämliche Zeit am Senegal 45—50° und in dem benachbarten Gorée noch 37° erreicht. Die Nächte und Morgen sind dagegen frisch, selbst kalt. Die Atmosphäre ist gesund auf S. Antão, S. Vincent, Fogo und auch auf Brava, wo sie sogar gesunder, als zu Lissabon sein soll, ungesund auf Nicolao, todbringend zu Praya auf S. Thiago, wo die endemischen, den Sierra Leonafiebern ganz gleichen Fieber (Carnoiradas) und Dysenterien besonders den Europäern gefährlich werden, und die reichen Einwohner deshalb während der gefährlicheren Jahreszeit die Insel verlassen und sich nach den gesunderen begeben; weniger ungesund ist das Innere St. Jagos. In der ungemein mannigfaltigen, auf den niedrigen Inseln tropischen, auf den höheren der südeuropäischen ähnlichen, auf den höchsten Gipfeln alpinischen Flora, der jedoch Waldungen völlig fehlen, sind von Wichtigkeit: Der Drachenblutbaum, der seit 1790 auf Nicolao und Antão, dann auf Brava und St. Jago eingeführte Kaffebaum mit so ausgezeichneten Früchten, daß sie dem Mokkakaffe in Nichts nachgeben, die Jatropha Curcas (Pulgueira), deren Frucht das als Ricinusöl in den Handel kommende vortreffliche Oel in Menge liefert, Baumwollensträucher, Jatropha Manihot, Bataten, Papayeen, Zuckerrohr, Taback, Baumwolle (sehr gut), Indigo (häufig wild, in neuerer Zeit aber auch viel cultivirt), Mais (vortrefflich auf Fogo), Wein, Orangen (in solcher Menge auf S. Thiago und Antonio, daß sie einen Haupttheil der Nahrung bilden und sogar von viel besserer Qualität, als die Orangen von Lissabon, Madeira und Teneriffa), Ananas (ebenfalls ausgezeichnet), Cucurbitaceen (eine der Hauptfrüchte), Mammeen (Mammea americana) mit sehr geschätzten Früchten, Bananen (gleichfalls in solcher Fülle, daß sie zum unentbehrlichen Nahrungsmittel geworden sind und ihr Mißrathen Hungersnoth verursacht), Orseille (ausgezeichnet auf allen Inseln; 2000 Ctr. Production um 1846), endlich das in Fülle über 3700 F. hoch wachsende baumartige Euphorbium balsamiferum. Aus dem Thierreich sind häufig: Grüne Affen, Rindvieh, Schweine (ihr

Fleisch Hauptnahrung). Ziegen, Cochenille (seit 1840 eingeführt und gut gedeihend), Pferde, Maulthiere, Esel (auf einigen Inseln heerdenweise gleichsam wild umherschweifend), Seidenraupen. Die unbewohnten Felsklippen sind reich an Guano. Das Mineralreich besitzt viel und guten Kalk (Boavista, Praya), vortreffliches Seesalz (Majo, Boavista; das beste Salz kommt von Sal als Product einer Salzquelle), Bausteine (S. Antão), Schwefel, Bleierze (reichlich auf S. Antão). Der durch zwei vortreffliche Häfen, zahlreiche Landungsplätze und die günstige Lage der Gruppe geförderte Handel ist ziemlich lebhaft; nach Portugal hat er besonders in den letzten Jahren zugenommen. Noch mehr aber wird er in Folge der von Seiten der Gesellschaft der britischen Postdampfschiffe vor etwa 2 Jahren ausgeführten Maßregel, auf der Insel St. Vincent eine Kohlenniederlage für ihre nach Brasilien und dem Cap der Guten Hoffnung bestimmten Dampfer zu unterhalten, gewinnen, indem dadurch die Inselgruppe in eine regelmäßige, in jedem Monat wiederkehrende, bisher aber völlig mangelnde Verbindung mit der übrigen civilisirten Welt bereits getreten ist. Exportirt werden Häute, Leder, Getraide, weiße Bohnen (von dem reichlich wachsenden Lablab vulgaris) und Mais nach Portugal, Mais auch nach Madeira und den Canaren, viel Orseille (bis vor 4 Jahren Monopol der Krone, besonders von Praya; die Gewinnung hat gelitten durch die Concurrenz mit der Orseille von Angola; 1842—43 wurde doch noch für 700,000 Frcs. verführt), Salz (1846 420,000 Scheffel; die Ausfuhr noch immer im Steigen, besonders nach Buenos Ayres, Brasilien und Nord-Amerika), Tabak, Drachenblut, Kaffe (800 Ctr.), Baumwolle, sogenanntes Ricinusöl (nur nach Lissabon), baumwollene Stoffe von Fogo nach Brasilien und Guinea. Im Ganzen exportirte man 1842—43 für 1,886,893 Frcs. Eingeführt werden baumwollene Stoffe, Bretter, Seife, Eisen, Kartoffeln, Mehl; 1842—43 im Ganzen für 460,491 Frcs., so daß der Handel für die Inseln vortheilhaft ist. 1842—43 legten 217 Schiffe (darunter 61 Portugiesische) an, größtentheils Walfischfänger, die in den angrenzenden Meeren selbst zuweilen Walfische und Cachelote erlegen, und sich meist hier mit Salz versorgen. Die oft durch Hunger decimirte Bevölkerung betrug 1834, seit welcher Zeit keine Volkszählung mehr gemacht worden ist, 55,833 Köpfe (51,854 Freie, Weiße [darunter deportirte Portugiesen] oder Farbige, worunter viel Mulatten, 3979 Sclaven), aber nur 1/20 des Ganzen waren Weiße. Seitdem hat die Einwohnerzahl auf S. Thiago, Fogo, Majo, besonders aber auf S. Vincent, wo sie sich sogar verdoppelte, zugenommen, wogegen sie sich auf S. Nicolao und Boavista verringert haben mag; sie ist unwissend, höchst träge (4/5 der Oberfläche liegen uncultivirt), doch harmlos. Ueberwiegend ist der Negertypus auf Boavista, Majo, Lucia; die Sprache selten rein Portugiesisch, dagegen herrscht ein mit Afrikanischen Wörtern gemengtes Creolisch vor. Der Archipel bildet mit den kleineren Portugiesischen Etablissements auf dem gegenüberliegenden Festlande und den beiden Portugiesischen Inseln im Guineabusen eins der 3 Portugiesischen Gouvernements in Afrika. Die Einnahmen sind stets steigend (das Orseillemonopol brachte zuletzt noch 270,450 Frcs.), dennoch gewährt der Archipel bei der schlechten Handels- und administrativen Politik dem Schatze des Mutterlandes keinen directen Gewinn. Die Religion ist katholisch mit einem Bischof; der Unterricht vernachlässigt, in den letzten Jahren aber verbessert durch 12 neu angelegte Elementarschulen; die Errichtung einer höheren Bildungsschule steht in Aussicht. Militairmacht 400 Mann.

1) São Thiago, die größte Insel des Archipels, 7½ M. lang und etwa 4,5 breit, 18,7 im Umkreise, gebirgig durch conische Berge und eine mehrere 1000 F. hohe Bergkette, wozu der 6950 (nach Anderen 4500) hohe S. Antaoberg gehört. Der sehr fruchtbare Boden ist basaltisch mit kalkiger Decke oder aus basaltischen Tuffschichten, ohne Lavaströme, bestehend. 1834 21,646 Ew.; vor der großen Hungersnoth von 1831—33 gab es 25,000 Ew. Höchst ungesund. — Villa de Praya bis in neuerer Zeit Sitz des General-Gouverneurs, der verlegt werden soll; europäisch ziemlich gut gebaut; 1840 2—3000 Einw. Vortrefflicher Hafen; schöne, neue Wasserleitung. Häufig von Walfischfängern besucht. — Ribeira mit Ruinen prächtiger Gebäude; einst ein bedeutender Handelsplatz und bis 1770 Residenz des General-Gouverneurs.

2) Ilha do Fogo (Feuerinsel), fast nur ein einziger, unmittelbar vom Meere, gleich dem

Pic von Teneriffa und dem Aetna aufsteigender und von einem halbkreisförmigen Wall an der Basis umgebener Kegelberg, der sich seit 1680 durch wiederholte heftige Lavenergüsse (z. B. in den Jahren 1785, 1799 und neuerlichst im J. 1847) als ein noch thätiger Vulcan bekannt gemacht hat. Ueberhaupt erscheinen Lava, Schlacken und vulcanische Tuffe überall. Im Norden Fogos findet sich die Chaô das Caldeiras, ein von vulcanischen Kräften gebildetes Thal mit Kratern, woraus Gase und Schwefel entweichen. Vor der letzten Hungersnoth 17,000, 1834 nur 5600 Einw. Fogos fruchtbarer Boden liefert vor den übrigen Inseln das beste Getraide, Hülsen- und andere Früchte, vorzüglichen Tabak. Zwei mittelmäßige Häfen auf der sonst noch schwer zugänglichen Insel.

3) Brava, das Paradies des Archipels; an der Küste zwar dürr und unfruchtbar, dagegen im Innern sehr hoch, gebirgig und gut cultivirt, wohl bewässert und mit vorzüglichem Klima. 3 kleine Häfen. Von den Mineralquellen ist eine so ausgezeichnet sauer, daß sie den Namen Essigquelle (fonto de Vinagro) führt. 1834 3990 meist weiße, sehr fleißige Ew., die ausgezeichnete Seeleute sind. — Saõ Baptista Hauptort, doch mehr ein Haufen schön gelegener Landhäuser (Quintas).

4) Majo fast ganz aus einem harten, tertiären Kalkstein bestehend, mit schroffen Steilküsten, ohne sicheren Ankerplatz, ohne Trinkwasser, doch mit bedeutender Fabrication vortrefflichen Seesalzes, welches von europäischen Schiffen viel geholt wird, jetzt nur 2200 Ew., indem im J. 1810 das Fieber den 3. Theil der Bevölkerung hinwegraffte.

5) Boavista, niedrig und ungeachtet ihres Namens Schönsicht sandig, unfruchtbar, im Innern jedoch mit 2 Basaltkegeln, dann mit 3 Rheden und 3331 fleißigen Ew., die wenig Bodencultur, dagegen viel Fischfang treiben, sehr geschickt zu weben und zu sticken verstehen und mit Orseille von S. Antão und selbstgewonnenem Seesalz handeln. Viele Landschildkröten. Hauptthandelsstapelplatz des Archipels.

6) Ilha do Sal, niedrig, sandig, mit dem besten Hafen der Gruppe in der Nordelrabal, doch bis 1839 unbewohnt: seitdem wurde der hiesige Salzgewinn aus einer Quelle durch einen industriösen Einw. von S. Thiago von sehr großer Wichtigkeit.

7) S. Nicolao, eine der schönsten Inseln der Gruppe, sehr fruchtbar, aber ungesund; mit einem der höheren Punkte des Archipels, dem erloschenen, mit Bimssteinlava und Feuerproducten bedeckten Berge, dem 4200 F. hohen Monte Gorde, und sicherem Hafen. 7000 fast durchweg farbige, gutmüthige, gelehrige, aber höchst träge Ew. Ungemein fruchtbar, wenig Handel.

8) S. Lucia, die kleinste Insel des Archipels, hoch, baum- und fast wasserlos; unbewohnt, mit viel Orseille. Bei Lucia die Weiße Insel (Ilheo Branco), ein hoher, ganz mit Orseille bedeckter und von Seevögeln bevölkerter Fels.

9) S. Antão, die nördlichste und eine der größten Inseln; 4 M. lang und 2 breit, sehr gebirgig, eigentlich nur ein einziger, ungeheurer, sehr zerrissener Lavablock mit zuckerhutförmiger Spitze, und pittoresk, indeß schwer zugänglich; mit vielen Bächen, warmen und kalten Mineralquellen; sehr gesund und fruchtbar, aber nur zu 1/3 angebaut. Der höchste Berg, der Pão do Açucar, ist 6000 oder gar 8000 F. hoch. Vulcanische Gesteine herrschen auch hier. Starke Orseille-, Baumwollen- und Weingewinnung. 17—18,000 Ew. — Santa Cruz Hauptort, 5-6000 Ew.

10) S. Vincent, 3,7 M. lang, 2,2 breit; mit einem der besten Häfen (Porto Grande) des Archipels und deshalb von Amerikanischen Walfischfängern stark besucht; erfüllt mit basaltischen, nackten Bergen Schrecken erregenden Anblicks. Einige Berge bis 2500—3000 F. hoch, der höchste davon ist der Monte Verde mit 3000 F.; die Oberfläche unfruchtbar. Erst seit 1795 bevölkert; jetzt 400 Ew. Der neu angelegte Ort Mindello ist zur künftigen Residenz des General-Gouvernements bestimmt

V. Die Canarischen Inseln (im Alterthum unter dem Namen der Glücklichen Inseln, Insulae fortunatae, bekannt), in 27° 37′—29° 30′ N. Br.; 30′ W. L.—5° O. L. und im Westen der maroccanischen Küste; nur 15 M. vom C. Bojador entfernt, mit 132,5 (nach Anderen 221,3) Q.-M. Oberfläche, gehören zu Spanien und bestehen aus 5 kleineren unbewohnten Felsinseln: Graciosa, Alegranza, Santa Clara, Lobos, Rocca, und den 7 größeren, in einer Art Bogen von SW. nach NO. auf einander folgenden Inseln: Hierro oder Ferro, Palma, Gomera, Teneriffa, Gran Canaria, Fuerteventura und Lancerote, welche zusammen 3 Gruppen bilden, eine westliche aus Hierro und Palma, eine östliche aus Lancerote, Fuerteventura und den Klippen Alegranza, Graciosa und Clara, und eine mittlere aus den übrigen größeren Inseln bestehend. Die Inseln sind sämmtlich bergig und erheben sich zum Theil zu sehr bedeutenden Höhen. Ihre Ränder sind meist schwarze, basaltische Felswände, die sich so rasch und steil aus der Tiefe des Meeresgrundes emporheben, daß das Senkblei ringsum in geringer Entfernung vom Ufer bis 80 Klafter hinabreicht, die Landung, besonders auf Canaria, Palma, Gomera, Hierro und Teneriffa, in hohem Grade erschwert wird, und daß selbst die Fische an vielen Inselrändern ihren Laich nicht absetzen können, so daß das Meer in der Umgebung des Archipels dadurch auffallend fischarm ist. Der niedrigste und fast ausschließlich culturfähige Theil ist der Küstenrand, welcher meist auch die einzig bewohnte Zone der Inseln bildet, während im Innern der Inseln die höchsten Punkte und vulcanischen Einöden liegen, wo, mit Ausnahme einiger Hochebenen, es völlig an Bewohnern fehlt. Die höchsten Punkte der Canaren sind: 1) auf Tenerifa der unter dem Namen des Pico de Teyde bekannte, bis 11,430 F. hohe Kegel nebst der Felsenkette von Guajara mit 10,400 F. Höhe; 2) auf Palma einige 6—7000 F. ansteigende Kuppen der Sierra de Palma; 3) auf Gr.-Canaria der Pico des Pozo de las Nieves, Nueblo und Saucillo von 4—6000 F. Die Berge Gomeras und Hierros sind minder hoch, die von Lancerote und Fuertaventura die niedrigsten, deren Spitzen bis kaum 3000 F. über dem Meeresspiegel ansteigen. Von den höchsten Bergen ziehen Rücken in allen Richtungen gegen die Küste herab, die theils durch unzählige, enge, ungeheuer tief eingeschnittene Klüfte (Barrancos), theils durch weite, lachende Thäler von einander getrennt sind; nur die ungeheure Masse des Pic von Tenerifa wird auf bemerkenswerthe Weise gerade wie in Europa der Aetnakegel durch den Ringwall des Capo di Bove und wie der Kegel des Vesuvs durch einen ähnlichen kreisförmigen Felswall, den der Somma, umgeben ist, von dem gigantischen Circus der im Gulmar bis 5974 F. ansteigenden Cañadasberge umschlossen. Die ganze Gruppe ist durchaus vulcanisch und als eine Sammlung von Inseln anzusehen, welche einst nach und nach einzeln aus der Meerestiefe sich erhoben haben. Viele Berge enthalten deutliche Krater, zum Theil von ungeheurer Größe, wie es mit dem uralten, zerstörten und zum Theil versunkenen im Centrum Palmas der Fall ist. Die meisten Krater sind jedoch erloschen, und es fanden, namentlich auf Gomera, Fuerteventura, Hierro und Gran Canaria, seit 400 Jahren keine vulcanischen Ausbrüche mehr statt, wenn auch Gran Canarias ganz frische Lavaströme erweisen, daß große Eruptionen dort kurz vor der spanischen Eroberung statt gefunden haben müssen. Palma hatte sogar noch im 17. Jahrhundert (1677) ungemein starke Lavagüsse, wobei sich drei Kratermündungen bildeten; auf Lancerote fanden ähnliche großartige vulcanische Phänomene in den J. 1730—1736 und 1824 statt. Der große, unter dem Namen des Pic de Teyde bekannte Kegel von Tenerifa zeigt jetzt nur noch durch Entwickelungen schweflich-saurer Dämpfe eine Fortdauer vulcanischer Thätigkeit, da er selbst seit drei Jahrhunderten keine Lavaströme ergossen hat. Indem jedoch seit dem Beginne des vorigen Jahrhunderts zahlreiche Lavagüsse aus seitlichen Kratern statt gefunden haben, ist es klar, daß ganz Tenerifa eigentlich nur einen einzigen großen Vulcan bildet, und daß die vulcanischen Erscheinungen der übrigen Inseln der Gruppe vielleicht nur Ausläufer desselben sind. Die Küstenperipherie der Canaren besteht aus basaltischen Laven von zum Theil prismatischer Structur, ein Beweis, daß die Masse derselben einst geschmolzen in das Meer geflossen war und hier rasch erkaltete, dann aus vulcanischen Tuffen, basaltischen Conglomeraten, Schlackentrümmern und Bimssteintuffen, die in Bänken unter sich und mit anderen Bänken fester Basaltmassen oftmals wechseln. Palma ist fast ganz basaltisch und bietet mit Lancerote und Tenerifa die großartigsten Lavaströme auf seiner Oberfläche dar. Tenerifa und Canaria bestehen dagegen großentheils aus Trachyt, welcher deren Centralgebirge und zugleich die Ränder der ungeheuren Krater bildet und auf beträchtlichen Massen von Bimssteingerölle und Trachyttuffen aufruht. Obsidianströme und Bimssteingerölle kommen ebenfalls in Fülle auf Tenerifa vor. Einige Inseln, wie Groß-Canaria, Lancerote und Fuerteventura haben an ihren Rändern noch Ablagerungen ganz jugendlicher pisolithischer Kalke von fortdauernder Bildung, welche jetzt lebende Seemuscheln in ihren untern Bänken, Landschnecken in ihren oberen einschließen und auf Canaria als nützlicher Filtrirstein allgemein gebraucht werden. Flüsse fehlen den Inseln, die nur periodische Regenbäche besitzen, gänzlich. Auffallend aber ist bei dem so entschieden vulcanischen Charakter der Gruppe der Mangel an Thermen auf den meisten Inseln im Gegensatz des Reichthums der Azoren daran, indem nur

Canaria, Palma und Hierro vergleichen besitzen. Das Klima ist eins der vortrefflichsten auf Erden, fast beständig mild; nur im October wüthen auf Teneriffa die furchtbarsten Gewitter. Die kälteste Temperatur, 16—19° C. im Januar, ist jedoch immer höher, als die mittlere Jahreswärme im südlichen Italien. Die an den hohen Bergen fortwährend niederfallenden Seedünste mildern die Wirkungen der fast tropischen Sonne bedeutend. An der Küste ist der Winter fast Null; der heißeste Monat, der October, hat 26—31° Wärme. Schnee bedeckt beständig nur den Pic nebst den höchsten Gebirgsrücken Teneriffas und die hohen Bergketten von Palma. Auf den Bergen Canarias trifft man ihn nicht jeden Winter, auf den übrigen Inseln erscheint er sogar gar nicht. Die im Winter häufigen Regengüsse haben zuweilen starke, mit großen Verwüstungen verknüpfte Ueberschwemmungen zur Folge. Tropische Regen gibt es hier noch nicht. Bleiben die Regen längere Zeit aus, wie es zuweilen auf einigen Inseln (Lancerote und Fuerteventura) selbst Jahre hindurch der Fall war, so ist ein Theil der Bevölkerung dem Hungertode zu entgehen zur Auswanderung genöthigt. So fiel auf Fuerteventura von 1770 bis 1773 kein Tropfen. Die von den afrikanischen Winden in kaum begreiflicher Fülle herbeigeführten Heuschrecken gehören gleichfalls zu den hiesigen Landplagen. Die milde Temperatur und der aus zersetzten vulcanischen Gesteinen hervorgegangene fruchtbare Boden begünstigen dagegen den Pflanzenwuchs ungemein. Die Vegetation der Canaren ist nach dem verschiedenen Niveau sehr verschieden, hat aber durch europäische Colonisation und den Jahrhunderte fortgesetzten Verkehr mit Amerika ihren ursprünglichen Charakter fast ganz verloren, so daß nun ein großer Theil der Gewächse aus Amerika eingewanderten Arten angehört, und die üppige, ursprüngliche, bei der Entdeckung vorgefundene Waldflora fast völlig verschwunden ist. So sind die großen Drachenblutbaumwälder fast völlig ausgerottet, und auf Lancerote und Fuerteventura ist sogar die letzte Spur der Wälder verschwunden. Arm an Pflanzen sind überhaupt die beiden eben genannten Inseln. L. v. Buch unterscheidet mehrere Vegetationszonen auf den Canaren, wovon die unterste, die subtropische, mit 22°,5 Temperatur bis 1200 F. Höhe reicht und der Flora Algeriens, Tunesiens und Aegyptens entspricht, wesentlich also afrikanischen Charakters ist. Hier gedeihen Zuckerrohr, Cactus opuntia, Palmen (auf Palma), wunderbare Euphorbien von Baumgröße und in Fülle tropische Lorbeerbäume, Pistacien- und Oelbäume, Drachenblutbäume, ausgezeichnete Orangen, Citronen, Kastanien, Feigen, Aloë, viele kalireiche Pflanzen, namentlich das Eiskraut (Mesembryanthemum crystallinum), und Gewächse mit saftigen Blättern; es reifen bereits hier die Früchte von Bananen und Dattelpalmen. Von 1200—4100 F. Höhe findet sich bei 17°,5 C. eine Flora von südeuropäischer Natur mit europäischen Ackerpflanzen, der ächten, ganze Wälder bildenden Kastanie und sehr einträglichen Weinculturen. Die höheren, durch Wolken stets feucht erhaltenen Theile dieser Region sind endlich dick mit prächtigen Laubhölzern bewaldet, reich an Oelbäumen (Olea excisa), Laurineen (Laurus foetens und C. Barbara, beide das amerikanische Mahagonyholz ersetzend), baumartigen Eriken (Erica arborea mit $2^1/_2$ F. im Durchmesser starken Stämmen sehr harten Holzes), Myrleineen (darunter Myrica Faya, einer der vorzüglichsten Bäume der Waldregion). Die 3. einzig auf Teneriffa, Canaria und Palma vorkommende Region von 4100—5900 F. wird durch die früher höchst verbreiteten, allmählich immer mehr verschwindenden Nadelholzwälder (besonders von Pinus Canariensis) charakterisirt; der noch höhere Theil bis 9600 F. hat nur eine sehr beschränkte Flora, da er mehrere Monate im Schnee liegt. Eine eigenthümliche Grasart (das Retama der Bewohner, Spartium nubigenum), bedeckt hier jedoch viele Flächen. Oel, Getraide, europäische Baumfrüchte, Zucker (besonders früher), Wein (vor Allem auf Teneriffa) und Orseille bilden die pflanzlichen Hauptproducte der Canaren. Die dürftige Thierwelt, dieselbe, wie auf den meisten afrikanischen Inseln, besteht nur aus verwilderten Ziegen und Eseln, wovon es jedoch eine Fülle gibt, und Hirschen auf Gomera. Dromedare, seit Jahrhunderten eingeführt, besonders auf Lancerote und Fuerteventura, gedeihen gleichfalls und leisten sehr nützliche Dienste beim

Pflügen. Von Vögeln erscheinen auf Teneriffa Canarienvögel in ganzen Banden. In der Retamagegend wird sehr viel des vortrefflichsten Honigs gesammelt; auch Seidenraupen kommen gut fort; Cochenille cultivirt man in neuerer Zeit stark und mit großem Vortheil, besonders auf Teneriffa. — Die Bevölkerung, jetzt von wesentlich spanischem Charakter, ist zum Theil jedoch hervorgegangen aus Mischungen spanischer Einwanderer mit den ursprünglichen Bewohnern der Inseln, den Guanchen, normännischen und flandrischen Eroberern und Negern. Sie ist von schlankem, zierlichem und zugleich kräftigem Körperbau, mäßig, ehrlich, höflich, von aufgewecktem Geist, voll Selbstgefühl, aber jähzornig, rachsüchtig, leicht zum Mord geneigt und wegen der schlechten Verwaltung arm. Die bei der Eroberung vorgefundenen Guanchen werden von den spanischen Schriftstellern sehr vortheilhaft als ein einsichtsvolles, gastfreies und in seinen socialen und übrigen Zuständen vorgeschrittenes Volk von hohem, wohlproportionirtem Körper und olivenfarbiger Haut, mit lebendigen Augen und glattem, langem Seidenhaar geschildert. Es gehörte zum Berberstamme und ist unvermischt nicht mehr vorhanden. Die ganz katholische Bevölkerung der Canaren betrug 1844 nur 235,567, nach Andern 249,637 Ew. Bei den häufigen Auswanderungen nach der Havana und den in neuerer Zeit ebenfalls häufig gewordenen nach den englisch-westindischen Colonien, wo die Canarier die Neger in den Plantagen ersetzen, dürfte sie sich auch nicht vermehrt haben. Ihre Hauptbeschäftigung ist Acker- und Weinbau. Aber kaum 1/7 des Flächenraums ist cultivirt und zwar sind es Gomera, Hierro, Lancerote und Fuerteventura am wenigsten. Dabei sind die Canarier auch sehr arm, weil hier ein zu bedeutendes Eigenthum in todter Hand ruht, die Zehnten zu schlecht vertheilt sind, endlich der auf dem Boden haftende Erbzins zu hoch ist. Ein ansehnlicher Fischfang, welchem vom Gouvernement eine größere Aufmunterung zu Theil werden müßte, und der jährlich 280,000 Thlr. Gewinn abwirft, besonders von Stockfischen, wird mit 30 Fahrzeugen und 700 Matrosen an der afrikanischen, gegenüberliegenden Küste, vorzüglich von Gran Canaria aus, das ganze Jahr hindurch betrieben. Industrie fehlt fast ganz, nur seidene Stoffe werden auf Palma für den Export nach der Havana und Branntwein auf Fuerteventura und Gomera gleichfalls für die Havana bereitet. Ungeachtet der ungemein günstigen Lage des Archipels ist der Handel doch nicht zu der wohl zu erwartenden Bedeutung gelangt, und er ist seit der Lostrennung der spanisch-amerikanischen Colonien sogar noch gesunken, da ihn auch der Mangel an Straßen und guten Landungsplätzen sehr benachtheiligt. Hauptexporten sind: Wein (die Weinproduction ist im Steigen; die Hälfte der Erndte von etwa 46,256 Pipen geht auswärts, namentlich von Teneriffa), Branntwein (von Gomera und Palma nach der Havana), Getraide 285,431 Fanegas (eine Fanega fast gleich einem Berliner Scheffel), Mais 197,379 Fan. (die Maiscultur ging erst seit dem Beginne dieses Jahrhunderts in die Höhe), Gerste, Hafer, Hülsenfrüchte, Kartoffeln, Barilla (natürliche Soda) 114,000 Ctr. (besonders von Teneriffa, Lancerote und Fuerteventura), Orseille (im Abnehmen; 1824 noch etwa 1498 Ctr.), Sumach (3000 Ctr.), Ziegenhäute, Harze, Honig und Wachs, Salz (von Lancerote), Zucker und etwas Seide. Sehr wichtig wurde in neuerer Zeit die Cochenillecultur, indem man 1849 besonders auf Teneriffa die enorme Quantität von 800,000 Pfund Cochenille gewann, die meist nach England und Frankreich gingen. Der spanische Schatz hatte 1849 davon einen reinen Gewinn von 2 Mill. Frcs. Eingeführt wurden an Waaren um das Jahr 1826 für 5 Mill. Frcs. und zwar aus England Branntwein, Seife, Tücher, baumwollene Zeuge, Quincaillerien für etwa 2 Mill. Frcs.; aus den Vereinigten Staaten Mehl, Leder, Reis, Bretter für 1 Mill. Frcs.; aus Gibraltar und Genua seidene und baumwollene Stoffe, Hüte, trockene Früchte, Seife für 500,000 Frcs.; aus Frankreich über Marseille Seife, Lichte, Papier und Modesachen; aus Hamburg, Bremen und Holland Käse, Butter, Schinken, Hanf, Leinen, Zeuge, Stricke, Droguen, Bücher für 375,000 Frcs.; aus Spanien Genever, Oel, Bücher und catalonischer Branntwein für nur 375,000 Frcs. Bei dem Verkehr der Canaren ist der mit England der bedeutendste, wovon hier jährlich 80—100 Schiffe (im Jahre 1826 89) ankommen; Engländer betreiben auch vorzugsweise den Handel auf den Canaren selbst, ganz unbedeutend ist der mit Spanien, von wo jährlich nur 12 bis 18 kleinere Fahrzeuge sich einfinden. 1826 langten im Ganzen 167 Schiffe an. Der Handel wird übrigens durch die im J. 1852 stattgefundene Erklärung der Inseln zu Freihäfen bedeutend wachsen. — Die Canaren bilden eine Provinz für sich und stehen unter einem General-Gouverneur, der zu Santa Cruz auf Teneriffa seinen Sitz hat. Die vier kleineren Inseln, Gomera, Hierro, Lancerote und Fuertaventura, sind im Besitze großer spanischer Grundbesitzer. Alle sieben sind in 3 Verwaltungs- und 8 Gerichtsdistricte getheilt; ihre Revenuen (1844 4,648,849 Realen) sind verhältnißmäßig unansehnlich und decken bisher bei weitem nicht die Verwaltungskosten, während in früheren Jahren die Canaren bedeutende Ueberschüsse dem Mutterlande gewährten. 1844 lieferten davon die Zölle 1,296,841 Realen, das Tabaksmonopol 1,760,042 R., das Uebrige die städtischen Abgaben. Noch immer ansehnliche Einkünfte von Zehnten hat die Kirche. Die Geistlichkeit steht unter 1 Bischof, aber die zahlreichen Klöster sind hier, wie in ganz Spanien, aufgehoben. Die Inseln sind besonders durch ihre natürliche Beschaffenheit, ihre hohen Felsränder, dann durch Redouten und Forts vor Angriffen gesichert. Die männliche Bevölkerung ist zu einem 11,600 Mann starken Milizcorps in 8 zu einem jeden der 8 Militairdistricte der Gruppe gehörenden Bataillone organisirt. Der Schulunterricht ist sehr vernachlässigt, nur primäre Schulen existiren, keine einzige höhere.

1) Hierro (durch Nichtspanier gewöhnlich Ferro genannt) in Hufeisenform, mit 3,8 (nach Andern 4,9) Q.-M. Oberfläche; von der Mittagslinie der Insel werden häufig die Längengrade gezählt; durch die hohen, aus Lavafels bestehenden Ränder schwer zugänglich; im Innern bis 3300 F. hoch; ziemlich wald- und ganz quellenlos, so daß Cisternen allgemein die Brunnen ersetzen; im Ganzen gesund. Es findet sich hier eine laue Schwefelquelle von 35° C. bei dem Dorfe Sabinosa. Hierro wird häufig durch dürre, heftige Westwinde und Heuschrecken verwüstet; die 4444 Ew. produciren jedoch Korn zum Export nach Teneriffa, viel und gute Feigen und Wein, der seiner Mittelmäßigkeit wegen meist zu Branntwein destillirt und nach der Havana ausgeführt wird. Die Bodencultur ist im Ganzen beschränkt. — Valverde Hptort, klein und dürftig.

2) Gomera, südwestlich von Teneriffa; 8 (7,7) Q.-M. groß; gebirgig, die Küsten steil und durch zahlreiche Barrancos zerrissen, in den höheren Theilen bewaldet und deshalb sehr gut bewässert; der Boden von hoher Fruchtbarkeit, dennoch ist die 11,657 K. starke Bevölkerung arm. Vormals wurde hier viel Zuckerrohr gebaut. — St. Sebastian Hauptort mit einem guten, geschützten Hafen und in reizender Lage; 2000 Ew. — Villa Hermosa, 1700 Ew., Seidencultur, Chipude-Käsebereitung.

3) Palma, 15,2 (7,9) Q.-M., sehr bergig, nächst Teneriffa im Innern mit den höchsten Bergspitzen der Canaren, indem der Pico de Muchachos 7092 F., der Pico de la Cruz 7082 F., der Pico del Cedro 6803 F. hoch ist. 4—500 F. tief eingeschnittene, enge Barrancos ziehen sich nach allen Richtungen gegen die Küstenränder, die steil und wenig zugänglich sind. Die stark bewaldeten Kuppen bleiben einen Theil des Jahres mit Schnee bedeckt, wodurch eine reiche Regenbildung und die im Ganzen gute Bewässerung der Insel veranlaßt wird; nur der südliche Theil Palmas ist quellenlos und trocken. Der durchweg aus zersetzten vulcanischen Gesteinen gebildete Boden ist besonders im nördlichen Theile außerordentlich fruchtbar und günstig für den Weinbau. Agricultur wird jedoch schwach betrieben. Es finden sich hier mehrere warme mineralische Heilquellen vor. Im Innern ist die Caldera de Taburiente, ein ungeheurer erloschener Krater von etwa 2 Stunden Durchmesser und einer Tiefe von beinahe 1000 Klaftern, einer der für das Studium der vulcanischen Phänomene merkwürdigsten Punkte der Erde. Palma besitzt vor den übrigen Canaren einen Reichthum an starken, für den Schiffsbau geeigneten Waldbäumen. Die Atmosphäre ist mild, in den höheren Theilen sogar frisch und durchaus gesund; selbst im Winter erscheint der Boden mit dem schönsten Grün bedeckt. Bei solchen Vorzügen der Insel und ihrer eigenen Industrie ist die im J. 1844 37780 Köpfe starke Bevölkerung dennoch arm. Producirt wird von ihr außer vielem zu Branntwein destillirten Wein nur etwas Zucker, so wie sie einige Seidenstoffe anfertigt; die Rindviehzucht ist vernachlässigt, während Ziegen im Uebermaß gehalten werden. — Santa Cruz de Palma Hptort, 5000 Ew., geräumige, sichere Rhede und Schiffsbauwerfte; einst, wie zu St. Cruz auf Teneriffa, blühender Handel nach Amerika. — Los Llanos, 6500 Ew., in sehr fruchtbarer Umgebung; ansehnliche Seidenweberei und Töpferei.

4) Teneriffa, von länglicher, unregelmäßiger Form, zwischen der nordöstlichen Spitze, der Punta de Anaga, 1° 33' O. L., und der west-südwestlichen, der Punta de Teno, 42°,5 O. L., 12 M. lang, 7½ M. in größter Breite und 41,4 (62,8) Q.-M. Oberfläche; die größte und reichste Insel der Canaren. Ihre größere Hälfte der Länge nach vom hohen Teydege-

birge durchzogen, das durch die Hochebene von Laguna von einem zweiten viel niedrigeren Gebirge in der Nordostspitze der Insel getrennt wird. Den höchsten Gipfel jenes Hauptgebirges bildet der durchgehends mit Bimsteinen und Lavaströmen bedeckte, 11,206 F. hohe Pico de Teyde, der sich mitten in einer vollkommen vulcanischen Wüste erhebt und an dem einige schwach mineralische Quellen entspringen. Von dem Hauptgebirge ziehen sich nach allen Richtungen zahlreiche, durch höchst reizende, fruchtbare Thäler getrennte Seitenzweige ab. Die höchsten bewohnten Gegenden des Innern sind die Hochebenen von Laguna (1619 F.) und die Bergkette von Chasna (4008 F. über dem Meere). Wo keine frische Laveströme den Boden unbrauchbar gemacht haben, ist derselbe, wie der von allen zersetzten Laven, außerordentlich fruchtbar, und besonders für Weinbau geeignet: die Hochebene von Laguna auch für Getraidecultur. Teneriffas südlicher Theil ist jedoch der mindest fruchtbare und zugleich quellenarm, der nördlichste dagegen der wasserreichste. Das Klima ist im Ganzen sehr mild und gesund. Producirt wird besonders Wein, wovon man jetzt noch 8—10000 Pipen exportirt; 1/3 des cultivirbaren Theils der Insel ist deshalb mit Reben bedeckt. 1844 84186 Ew. Die Insel zerfällt nach den 4 Weltgegenden in 4 Verwaltungsdistricte. — Santa Cruz de Santiago 28° 28′ 30″ N. Br. 1° 23′ O. L., an der Westseite der Insel, in ungünstiger und unfruchtbarer Umgebung, aber mit einer großen, ziemlich sicheren Rhede, Hauptstadt der Canaren, 8500 Einw., stark befestigt, Sitz des General-Gouverneurs, der höchsten Civil- und Militairbehörden und eines Sanitätscollegiums: Anstalt zur Cochenillezucht; Haupthandelsplatz der Canaren. — S. Christoval de Laguna, gewöhnlich einfach Laguna genannt, in schöner, hoher und zugleich gesunder Lage; mit 1300 gut gebauten H. und 9400 Ew., früher Hauptstadt von Teneriffa und noch Sitz eines Bischofs und eines Domcapitels; Handelstribunal; 1817 gegründete ökonomische Gesellschaft: 5 Kirchen, 2 Hospitäler und Findelhaus; Wasserleitung. — Orotava, 5 Stunden von Laguna, 1027 F. über dem M.; 6800 Ew., nach Sta Cruz der bedeutendste Ort der Insel; 3/4 Stunden davon Port Orotava an einer durch Festungswerke vertheidigten offenen Rhede; 3800 Ew.; einst mit bedeutendem Zwischenhandel nach Europa und Amerika und dadurch wohlhabend; der frühere interessante botanische Garten ist jetzt ein Kohlgarten. — Arico mit 1875 in vulcanischem Tuff ausgehöhlten Wohnstellen. — Chasna oder Villaflor 4008 F. hoch; in der Nähe von Kranken besuchte Mineralquellen. — Icod de los Vinos 600 H. mit sehr industriösen Ew., die besonders auch Seidenfabrication betreiben. — Santa Ursula, Guimar und Guia mit vortrefflicher Weincultur.

5) Canaria, auch Gran Canaria genannt, 33,8 (51,3) Q.-M., 1844 71181 Ew., die fruchtbarste und wasserreichste Insel des Archipels, von beinahe runder Form, woraus nur im Nordost ein kleines, durch einen schmalen Isthmus mit Canaria selbst verbundenes Eiland, die Isleta, hervortritt; bergig, aber die Berge weniger hoch und steil, als auf Palma, und nicht jeden Winter mit Schnee bedeckt; die höchsten derselben sind außer anderen der Kraterberg el Rocque de Saucillo 6306 Fuß, der Rocque de Nublo 4796 F., der Pico del Pozo de las Nieves 5842 F. Sanfte Bergketten ziehen sich von ihnen nach Norden und Osten herab mit zwischenliegenden sehr fruchtbaren und gut angebauten Thälern gegen die Küste. Nur ein Theil der Gebirge ist noch mit Fichtenwaldungen bedeckt, die zum Nachtheil der Fruchtbarkeit immer mehr verschwinden. Canaria ist fast ganz vulcanisch, im Norden und Osten sehr fruchtbar und hat zahlreiche Heilquellen, Wein- und Oelcultur und Seesalzgewinnung; die Ziegenzucht ist beträchtlich. — Cindad de las Palmas Hauptort, gut gebaut und zugleich die beträchtlichste Stadt des Archipels, 11,400 Ew.; große und schöne alte Cathedrale, Wasserleitung, Handel. In den Bergen um Palmas sind zahlreiche Wohnungen der Handwerker im weichen Tuff ausgehöhlt. — Artenara im Innern der Insel, 1200 Ew., deren Wohnungen und Viehställe sich gleichfalls ganz in einem 1600 F. hohen Abhange eines aus Tuff bestehenden Berges finden. — Tirazana mit einer alten Colonie freier Neger; ausgedehnte Oelbaumcultur. — Teror, 4500 Ew.: viel besucht seines wunderthätigen Marienbildes und heißer Quellen wegen. — Galdar, uralte Stadt mit 2000 Ew.; neuerlich wieder im Wachsen. — Villa Aruças, aufblühender Ort mit vielen Hutfabriken. — Telde, 1100 H., gut gebaut, von Palmen umgeben.

6) Fuerteventura, 35,7 (45,3) Q.-M., nach Teneriffa und Canaria die größte Insel der Gruppe, länglich und schmal; 8 M. lang, 5 M. ost-westlich breit, nur 12—15 M. von der afrikanischen Küste entfernt, hügelich in der Mitte, sonst ziemlich eben: vulcanischen Ursprungs; baumlos, quellenarm und meist dürr; in der trockenen Jahreszeit sehr heiß, aber nicht unfruchtbar, in der nassen sogar reich an gewürzigen Futterkräutern. Orseillegewinnung und starker Barillaexport (33,000 Ctr.), große Ziegenzucht zum Nachtheil des auch sonst sehr vernachlässigten Ackerbaues; 1844 13585 Ew. Im Innern liegen: Santa Maria de Betancuria, der sehr armselige Hauptort in sehr ungesunder Lage 800 Ew.; Puerto de Cabras, ein durch den Handel mit Barilla neu emporgekommener Ort, mit einigen 100 H. 2200 Ew und dem besuchtesten Ankerplatze der Insel. — La Oliva, 200 sehr gut gebaute Häuser, 2300 Ew. — Pajara 1200 Ew.

7) Lancerote, die östlichste und niedrigste der größeren Canaren, indem sich der höchste ihrer Berge, der Kraterberg de la Corona, nur bis 1833 F. erhebt. 14,4 (25,7) Q.-M. Der Boden sehr fruchtbar, sehr heiß und dürr

und häufig durch Heuschrecken belästigt. L. ist von allen Canaren die am meisten vulcanisirte Insel; 1730—1736 wurde sogar ein Drittel derselben durch ungeheure Lavenausbrüche ganz verwüstet und entvölkert: 17,437 Ew., die starke Barilleculture an den Küstenrändern (70,000 Ctr. Barille 1824—1830 exportirt) betreiben und viel Orseille gewinnen. — Teguise Hauptort, 4400 Ew. — Arecife durch Barille-Ausfuhr aufblühender Handelsplatz mit dem besten Hafen der Canaren. — Ganz in der Nähe Lanzerotes und fast in seiner Verlängerung liegen die kleinen unbewohnten Felsinseln Graciosa, Santa Clara und Alegranza.

VI. Die Inseln Madeira und Porto Santo, zu Portugal gehörend und mitten im atlantischen Ocean.

1) Madeira d. h. portugiesisch Holz (spanisch: Madera), also genannt wegen der Waldungen, womit die Insel bei der Entdeckung ganz bedeckt war; in 32° 37′ 18″—32° 49′ 44″ N. Br. 0° 44′ 40″ O. L. oder in 90 Meilen südwestlicher Entfernung von Lissabon, in einer eben so weiten südöstlichen von den Azoren; 9¼ M. lang, 3 M. in größter Breite, die sich von der Lourençospitze im Osten bis zur Porgospitze im Westen erstreckt, endlich von unregelmäßig viereckiger Gestalt und 16⅖ Q.-M. Oberfläche. Die Uferränder bilden überall furchtbar steile, jetzt fast durchweg nackte Felswände, die im Cap Giram bis fast 2000 F. Höhe aufsteigen, doch sind hin und wieder Häfen und Baien zum Landen vorhanden. Auch das Innere erscheint als eine fast continuirliche Bergmasse und es wird außerdem durch eine Kette schroffer, hoher, durch tiefe, schluchtartige Thäler getrennter Felsen durchzogen, wozu namentlich der Pico Ruivo mit 6053 F. engl., Saline mit 5438 F. und östlich vom P. Ruivo die Bergspitzen as Torrinhas (die Thürmchen) mit 5326 F., noch weiter östlich der Pic Arriero mit 5298 F., endlich der Paûl de Serra, ein gewaltiges Plateau von 5008, gehören. Mehr als die Hälfte der Insel hat eine Erhebung von 2500 F. über dem Meere. Durch diesen Gebirgscharakter gewährt Madeira überall einen höchst mannigfachen und wunderbar pittoresken Anblick. Der vorherrschend basaltische Boden ist jedoch an zwei Punkten trachytisch und besteht stellenweise aus Trachyttuff, losen Schlacken und vulcanischen, auf tertiärem Kalk ruhenden Tuffen. Zahllose Basaltgänge durchsetzen die älteren Basaltmassen. Häufig geht schon der dichte Basalt in schlackigen oder porösen über und zuweilen lagert endlich solcher schlackiger Basalt auf vulcanischem, rothgelbem Tuff; ungemein merkwürdig gestaltete Basaltfelsen bilden besonders die senkrechten Ränder des im Centrum gelegenen, über 1700—2000 F. tief eingeschnittenen schönen Thals Curral das Freiras (Park der Nonnen). Deutliche Krater und neuere Lavaströme fehlen dagegen; doch beunruhigen Erdbeben zuweilen die Bewohner. Lignite erscheinen am Nordrande der Insel; sie haben das Ansehen eines Torfs der Vorwelt. Das Klima ist heiß, aber sehr gleichförmig und gesund, der Himmel meist klar, wie der italienische, nur vom October bis Januar regnet es häufiger. Morgens und Abends sind die Berge der ungleichen Abkühlung des Meeres und Inselbodens wegen mit Nebel umhüllt, was die Bildung vieler fließenden Wasser bewirkt. Die Vegetation ist auf der fast nur aus verwittertem vulcanischen Gestein bestehenden Oberfläche ungemein mannigfach und kräftig. Viele Felspartien sind auch ganz kahl. Tropische Gewächse (Bananen bis 1000 F. Höhe), Ananas, Bataten (stark cultivirt), Zuckerrohr, vortrefflicher Kaffe, in neuerer Zeit viel cultivirt, baumartige Farren bis von 8 F. Durchmesser, Dattelpalmen gedeihen ausgezeichnet unmittelbar neben Gewächsen der temperirten Zone (Feigen, ächte Kastanien [die das beste Bauholz der Insel geben], Weinstöcke, Pfirsiche, Aprikosen in Fülle), ja selbst neben nordisch-europäischen, z. B. Apfelbäumen und Kirschen. Vor Allem ist der vulcanische Boden dem Weinbau bis 2700 engl. F. Höhe günstig; der im südlichen Theil der Insel gewonnene Wein ist wieder der beste der Insel; die Orseille dagegen von geringerem Werthe, als die des Cabo Verdearchipels. Statt des einstigen Ueberflusses an Waldbäumen herrscht jetzt Holzmangel. Die Thierwelt arm, mit Ausnahme der in Fülle auf dem Paûl de Serra vorkommenden Caninchen und der hier ursprünglich einheimischen Canarienvögel; Fische gibt es dagegen im benachbarten Meere im Ueberflusse (gegen 170 Arten). Die Bevölkerung, 1847

115,000 Köpfe (1767 nur 64,000), ist vorzugsweise portugiesischer Abkunft, doch haben sich seit längerer Zeit 81 englische Familien (317 Personen stark) angesiedelt; sie ist für die Größe und die Hülfsquellen der Insel bereits zu sehr angewachsen, deshalb arm, und treibt Viehzucht, Acker- und Weinbau. Indessen kann bei einer besseren Gesetzgebung noch mancher Theil der Insel, der jetzt wüste liegt, der Cultur gewonnen werden, indem nur ein Viertel der Oberfläche benutzt wird, obgleich freilich ein anderer Theil Madeiras niemals wird cultivirt werden können. In neuerer Zeit hat sich die Einwohnerzahl wegen der sehr bedeutenden Auswanderung ganzer Familien nach Westindien und Brasilien bis auf 108,274 Seelen im Jahre 1849 vermindert, wenn auch ein bedeutender Theil der Auswanderer nach einigen Jahren mit seinen Ersparnissen gern wieder in die Heimath zurückkehrt. Die Ehrlichkeit, Mäßigkeit, Verträglichkeit, unverdrossene Thätigkeit, Intelligenz und leichte Acclimatisirung der Madeirer hat dieselben, namentlich in den englischen Inseln Westindiens, zu einem ungemein schätzbaren Ersatz der Neger nach deren Befreiung aus der Sclaverei gemacht, indem sie statt der Neger in den Plantagen arbeiten und vollkommen dieselben zu ersetzen im Stande sind, wobei sie selbst körperlich gedeihen. Fabriken gibt es nicht. Exportirt wird besonders Wein, in neuerer Zeit in stets abnehmender Quantität nach England, in zunehmender aber (um 200%) nach Amerika (1813 versandte man nach England 22,000, 1827 7000, 1848 nur noch 5829 Pipen), und Kaffe, und man verhandelt viele Schofe nach Westindien. Kühn und musterhaft in den Jahren 1814—1817 gebaute Straßen durchziehen jetzt einen Theil des Innern von Madeira und machen ihn zugänglich. Ebenso wurden kühne Anlagen zur Vertheilung der fließenden Gewässer auf dürren Landstrichen im J. 1836 begonnen, blieben aber aus Mangel an Fonds unvollendet. Madeiras und Porto Santos Verwaltung hängt seit 1836 unmittelbar von der des Königreichs ab; beide Inseln bilden einen eigenen Verwaltungsbezirk mit 8 Districten, der unter einem General-Gouverneur steht. Die Zolleinnahmen beliefen sich im J. 1850 nur auf 119,344 Dollars; sie sind seit Jahren in Abnahme begriffen.

Funchal Hauptort und Sitz eines Bischofs, 32° 37′ 40″ N. B. und 0° 44′ 57″ O. L., an einer von 3800 F. hohen, pittoresken, mit Landhäusern gezierten Bergen amphitheatralischen, seewärts offenen und deshalb sehr unsichern Bai; 2000 Häuser, 25,000 Einwohner: Cathedrale, 3 Nonnenklöster; in der Kirche des ehemaligen Franciscanerklosters Schädelkapelle mit fast 3000 in den Wänden eingemauerten Schädeln; englisch-protestantische Kirche; Haupthandelsplatz der Inselgruppe: 1854 liefen 352 Schiffe ein; Agriculturgesellschaft seit 1850. — Machico 2500 Einw. — Santa Cruz 1500 Einw.

2) Porto Santo $7^1/_2$ M. NO. von Madeira, nur $1^1/_2$ lang, hügelig (die Erhebung des Bodens steigt bis 1550 F.), theils von ähnlicher Gesteinsbeschaffenheit des Bodens wie Madeira, theils aus Sandstein bestehend, baumlos, sehr reich an Rebhühnern und Orseille; Weinbau (Production von 1500 Pipen im Jahr), wodurch sich die gastfreie, wohlwollende und uneigennützige, aber nur 1810 Köpfe starke Bevölkerung vorzugsweise nährt.

3) Die wüsten Inseln (Ilhas desertas), 3 kleine Inseln im Osten Madeiras mit 600 Ew.; Groß-Deserta zieht viel Rindvieh.

4) Die Waldinseln (los Salvages) SSO. von Madeira, zwischen Madeira und Tenerifa, aber näher an letzter; nur von vielen Kaninchen bevölkert; gute Orseille.

VII. Die Azorischen d. h. Habichtsinseln (vom portugiesischen Wort açor Habicht, weil die ersten portugiesischen Entdecker hier diese Vögel äußerst zahlreich antrafen), wegen ihrer westlichen Entfernung vom Continent auch die Westinseln (Western Islands) genannt und zu Portugal gehörig, bilden, 9 an der Zahl in 36° 59′—39° 44′ N. Br. und 8° 47′—2° 50′ W. L., einen mehr, als 85 M. langen, WNW.-OSO. Zug mit $4^2/_5$ Q.-M. Oberfläche, der in NW. in der Nähe des

22*

großen Schilfmeeres (Mar de Sargasso) mit Flores und Corvo beginnt, durch Fayal, Pico, São Jorge, Graciosa, Terceira, S. Miguel fortsetzt und mit S. Maria im Südosten endigt. Sie erscheinen im Zuge dergestalt in 3 kleinen, durch Räume von etwa 25 g. M. getrennten Gruppen vertheilt, daß S. Maria und Miguel die südöstliche, Flores und Corvo die nordwestliche, die übrigen eine mittlere Gruppe bilden. Die einzelnen Inseln sind sämmtlich in NW.-SO. Richtung langgezogen und schwer zugänglich. Die Oberfläche ist bei allen bergig, durch tiefe Schluchten zerrissen, höchst pittoresk und steigt in kegelförmigen, vulcanischen Pics sogar bis 17561 F. auf, so daß gegen diese Erhebung die der übrigen Inseln als ganz unbedeutend verschwindet. Eine Tafelfläche hat nur S. Jorge. Auch die Küstenränder sind durchweg steil und hoch, häufig unzugänglich; meist pittoresk, zuweilen von prismatisch zerklüftetem Basalt gebildet. Der Boden ist größtentheils vulcanisch und noch bedeckt von neueren vulcanischen Massen, Laven, Tuffen, Bimsteinen (woraus ganze Berge, wie der Bagacina auf Terceira und viele auf Miguel bestehen) und Schlacken. Nur S. Maria ist durchweg aus festem Basalt gebildet. Erloschene Krater von 2—3000 F. Tiefe finden sich in großer Zahl, besonders auf S. Miguel, ebenso viele heiße Quellen. Einige Vulcane waren noch im 17. Jahrhundert thätig; selbst in neuerer Zeit gab es große Lavenausbrüche von 25tägiger Dauer auf S. Jorge. Daß sich überhaupt unter dem Boden des Archipels ein vulcanischer Heerd befindet, wurde am 13. Juni 1811 durch ein mit Explosionen verknüpftes Aufsteigen bis 300 F. Höhe der Insel Sabrina bei S. Miguel bestätigt, die aber bald wieder verschwand. Das Klima, eins der besten auf Erden, ist ausgezeichnet gemäßigt, gesund und fast das ganze Jahr hindurch gleichförmig; die Atmosphäre stets ungemein rein; Hitze- und Kälteextreme sind unbekannt. In der auf dem zersetzten vulcanischen Boden höchst üppigen Vegetation gedeihen vorzüglich Orangen (manche Stämme tragen gegen 26,000 Früchte und geben bis 200 Thlr. jährlichen Ertrag), Wein und Orseille (besonders auf Pico und Flores; mit der der Cap Verdeschen Inseln die beste ihrer Art), auch Getraidearten, Arzneigewächse in Fülle, selbst tropische Gewächse, wie Yams, Bananen (S. Miguel), Kaffe (vorzüglich auf S. Miguel) und Zuckerrohr. Das Schlachtvieh ist vorzüglich und in Menge vorhanden. Bodencultur und Export könnten indessen viel bedeutender sein, wenn nicht das bis in die neuere Zeit bestandene Verhältniß, daß $^3/_4$ der Azoren großen Lehnbesitzern (Morgados) gehört, von denen Zeitpächter kleinere Theile erhalten, die Cultur sehr beeinträchtigte, und selbst die Folge gehabt hätte, daß 1847 nur 223,000 Ew. oder etwa der 4te Theil der Zahl, die ihre Existenz finden könnten, auf den Azoren lebten. Sie sind von mittlerem, hagerem, aber festem Köperbau, intelligent, ausdauernd, mäßig, ungemein sparsam, sämmtlich katholisch und portugiesischer Abkunft. Selbst in neuester Zeit, nachdem durch Don Pedro (im J. 1834) die Ländereien der Morgados um $^2/_3$ reducirt wurden und allmählich in Cultur gesetzt werden sollten, hat sich die Bevölkerung nicht vermehrt, da dieselbe, gleich den Azoriern und Canariern, fortwährend nach Brasilien, Britisch Guinea und Westindien auswandert, weil man in den Tropenländern die Azorier wegen ihrer Thätigkeit (sie leisten viel mehr, als ein Neger) und Abhärtung gegen das Klima gleichfalls gern zum Ersatz der Neger in den Plantagen benutzt. Ihre Auswanderung nach den englischen Besitzungen in Westindien wird durch die englische Regierung stark befördert, indem dieselbe nach der Proclamation vom 30. Nov. 1846 jedem Auswanderer eine Prämie von 30 Dollars pro Kopf, fur Kinder die Hälfte zahlt. Auch die Walfischfänger recrutiren sich gern aus den mit dem Meere vertrauten Einwohnern der Insel Pico. Viele Azorier kehren jedoch nach einigen Jahren mit ihren Ersparnissen in die Heimath zurück. Nur auf Fayal, Graciosa und S. Miguel wird der Ackerbau mit einiger Einsicht betrieben. Der Handel ist sehr bedeutend ungeachtet des völligen Mangels sicherer Häfen und von Communicationsmitteln auf den Inseln selbst; der Zwischenhandel zwischen den Inseln beschäftigt allein 8—900 kleinere, den Inseln zugehörige Fahrzeuge. Hauptexporten sind: Getraide, Mais, Bohnen und Schweine (diese gehen sämmtlich bedeutend nach Portugal, Bohnen auch nach Brasilien), Orangen (120,000 Kisten zu 800 Stück; besonders ansehnlich in den letzten Jahren; nach England bisher 140—160,000 Kisten; 200—230 kleine Schoner von 2—300 Tonnen Last sind 6 Monate im Jahr vom November bis Mai fortwährend mit der Ausfuhr von Orangen nach England beschäftigt, den nordamerikanischen Freistaaten (120,000 K.), Rußland und Hamburg (1700 K.)), Wein und Branntwein, beide stark in Abnehmen (nach England 20,000, nach Hamburg 6000, den vereinigten Staaten 6400, Brasilien 5000 Pipen), Oel gepreßt aus den Beeren von Persea Azorica (nur nach Lissabon ist der Export gestattet), Orseille (in neuerer Zeit sehr wichtiger Artikel für England und Frankreich), Rindvieh (dem englischen gleich, auf Graciosa), selbstgefertigte Leinwand (von S. Miguel und 36,000 Ellen von Pico), endlich rothe Töpferwaaren (von S. Miguel) und Wollenzeuge (von S. Jorge) für Brasilien. Importirt wurden von Portugal: Salz, Oel, Crucifixe, Reliquien, Heiligenbilder, fremde Fabrikwaaren, Reis, Thee; von England Wollenzeuge, Kleidungsstücke aller Art, Eisen; von Nordamerika Fische, Oel, Thran und Holz; aus Hamburg und Rußland Glas, Eisen, Pech, Pipenstäbe und Tauwerk; von Brasilien Holz und Colonialwaaren. Bei der für den Handel ungemein günstigen Lage der Azoren und der Wohlfeilheit der Lebensmittel verproviantiren sich hier viele Schiffe. Der Archipel gehört zu keinem der 3 portugiesischen General-Gouvernements in Afrika, sondern steht unter der unmittelbaren Verwaltung des Königreichs: er ist in 3 Districte mit den Hauptorten Punta Delgado, Angra de Heroismo und Horta getheilt. Die durch den Schmuggelhandel sehr beeinträchtigten Einnahmen betrugen 1831 874,166 Thlr., wozu S. Miguel allein die Hälfte beitrug. Die Ausgaben 318,500 Thlr., so daß Portugal damals einen starken directen reinen Ertrag von etwa 556,000 Thlr. aus den Azoren hatte. Durch die 1832 erfolgte Einziehung der Klostergüter hoffte man sogar eine Verdoppelung der Einnahmen, wogegen neuere zuverlässige Berichte die Bruttoeinnahme des J. 1844 gar nur auf 2 Millionen und die Nettoeinnahme auf 4—500,000 Frcs. zu Gunsten des Mutterlandes berechneten. Der Unterricht ist sehr vernachlässigt, die Schulen im schlechten Zustande und für den Bedarf nicht zureichend; in neuerer Zeit wurden jedoch einige, besonders auf S. Miguel, angelegt. Das Militair beträgt etwa 1000 Mann.

1) Corvo, die kleinste und nördlichste der Gruppe, 1846 mit 800 Ew.; ansehnliche Orseillegewinnung.

2) Flores, bergig, mit schönen Waldungen und einer wunderbaren Fruchtbarkeit des zersetzten Kalk- und Lavabodens, reich bewässert und mit vielen Mineralquellen. Unter allen Azoren hat Fl. die meiste und beste Orseille, dann ausgezeichnetes Rindvieh und vortreffliche, zahlreich nach Portugal exportirte Schweine; wichtiger Stapelplatz für Schiffe; 12,800 Ew. — Santa Cruz Hptort, 2000 Ew.

3) Fayal, nach den bei der Entdeckung in Fülle angetroffenen Myrthen (Myrica Faya) genannt, 15 M. lang, 7,5 breit; am SO.-Ende mit einem 3000 F. hohen, erloschenen Kraterberge und einem 2. Vulcan, der 1682 noch mehrere Tage lang Lavaströme ergossen hat. 27,000 Ew., die thätigsten der Azorier. Guter Ackerbau: Industrie in Schiffsbau und Tischlerei; der Export mit der bedeutendste der Gruppe, besonders von Bohnen (nach Brasilien), Wein und vortrefflichen Orangen. Gegen 200 amerikanische anlegende Walfischfänger versorgen sich hier mit Lebensmitteln. — Horta, Hauptstadt in reizender Lage und mit ziemlich sicherem Ankerplatz; einst mit vielen reichen und schönen Klöstern; blühender Handelsort; 6000 Ew.

4) Pico, fast nur ein einziger, vom Meeresspiegel bis 6700 F. aufsteigender, vier Monate mit Schnee bedeckter Berg, der noch 1718 Lava ergoß. Den Vulcan bildet ein auf einem alten Kraterrande aufgesetzter 300 F. hoher Kegel, aus dessen Spalten häufig noch Dämpfe hervorbrechen. Pico ist reich an schöner Waldung, gutem Rindvieh, Ziegen und Schafen und vortrefflichem Wein. Die 33,000 sehr thätigen Einw. exportiren 25,000 Pipen Wein, viel Leinwand und Hülsenfrüchte. 3 Städte, 13 Dörfer.

5) S. Jorge, lang und sehr schmal, aber sehr fruchtbar, mit einer bis 2000 F. aufsteigenden Bergkette der Länge nach durchzogen. Häufig sind Erdbeben: 1580 zerstörten Schlacken- und Lavenausbrüche fast die ganze Insel. 1757 erschienen nahe der Küste unter Erderschütterungen 18 kleine Inseln, die bald wieder verschwanden. 1808 wurde noch S. Jorge verwüstet durch gewaltige Lavenausbrüche aus einem großen und 12 kleineren Kratern. Starker Getraidebau, gute Trauben und guter Wein, mit dem von Pico der beste. 22,000 Ew. — Vellas,

schöne kleine Stadt mit ziemlichem Hafen; 4500 Ew.

6) Graciosa, so genannt wegen der Pracht ihrer Vegetation und des entzückenden Anblicks ihrer Küstenränder; 11,500 E. — Santa Cruz Hauptort, 3000 Ew.

7) Terceira, Centrum des Archipels, von der Form eines 15 M. langen, 9 breiten Parallelogramms mit 55 M. Umfang; sehr fruchtbar: von allen Seiten mit steilen, durch schwarze Lava gebildeten Küstenrändern aufsteigend, das Innere aus Trachyt bestehend, der von Basaltströmen bedeckt wird. Fast die ganze Insel ist zugleich durch Bimstein bedeckt. 1761 ergoß der Bagacina-Pic im Innern einen großen Lavastrom bis nahe an die Küste, und es steigen noch jetzt vulcanische Dampfentwickelungen aus den Furnas d'enxofre (Schwefelhöhlen) auf. Starke Orseillegewinnung, sonst wenig Handel; 40,000 wenig industriöse Einw. in 3 Städten und 15 Dörfern. Die Insel berühmt durch den kräftigen Widerstand, den die Bevölkerung und besonders die exilirten Portugiesen unter dem Grafen Villaflor, späterem Herzog von Terceira, der Flotte und den Landungstruppen Don Miguels im J. 1830—31 geleistet haben. — Angra do Heroismo Hptort, gut gebaut, mit zahlreichen Kirchen, führt den Zunamen Sempre leal cidade seit 1640 und den do Heroismo seit 1834 wegen ihrer stets standhaften und unerschrockenen Treue und Anhänglichkeit; 18,000 Ew. Starke Festungswerke und große, schöne Kirchen. — Praya, 3000 Ew. 1842 durch ein Erdbeben fast ganz zerstört, aber wieder gut aufgebaut.

8) São Miguel (St. Michael), die größte, am besten cultivirte und wichtigste der Gruppe, von 33,5 M. Länge, aber nur 6—9 M. Breite; gebirgig und durch Einschnitte mannigfach zerrissen. Es erhebt sich in der ihre Mitte in der ganzen Länge durchziehenden Gebirgskette (Serra) da Agoa do Pao von etwa 3060 F. Höhe noch der zuweilen von Schnee bedeckte Pico de Vara bis 3360 F. Die Insel ist voller Spuren vulcanischer Thätigkeit. Bimstein bildet eine zusammenhängende Fläche bis zum Pico de Vara. In der Mitte erscheint eine ganze Reihe fast isolirter, vulcanischer Berge mit tiefen, meist halbausgebrochenen Kratern, welche im Innern Kraterseen haben. Einige Kratere waren selbst in neuerer Zeit thätig; so verwüstete 1444 eine Eruption die Insel völlig; im J. 1563 ergoß die Serra da Agoa de Pao einen großen Lavastrom, und noch 1652 lieferte der 1031 F. hohe Pico de Fogo Lavaströme, wobei Berge einsanken und sich an ihrer Stelle Seen bildeten; andere Berge entstanden durch Hebung des Terrains. Auch Inseln stiegen hier wiederholt aus dem Meeresgrunde an die Oberfläche (1638, 1719—21, 1811) und Erdbeben verwüsteten häufig bis in neuere Zeit die Insel. Die Kochhitze in ihrer Temperatur übersteigenden warmen, sowie kalte Mineralquellen sind häufig, besonders in dem sogenannten Hohlenthale (Val das Furnas), wo sich aus den vereinigten Thermen ein ganzer Fluß, der heiße Fluß (Rio Quento) bildet. Der ausgezeichnet fruchtbare Boden liefert von allen Azoren die besten Früchte. Exportirt werden besonders Orangen (100,000 Kisten; allein für 60,300 Pf. Sterl. nach England) und Korn (nach Portugal für 58,800 Liv.), grobe Leinwand und rothe Töpferwaaren nach Brasilien. Etwa 350 Schiffe kommen hier an. 1847 nur 70,000 Einw. und 6 Städte. — Punta Delgada Hauptort mit 3 verfallenen Forts, 13,000 Ew., schöne alte Kirchen und 12 aufgehobene Klöster: Sitz eines Bischofs; öffentliche Bibliothek; lebhafter Handel, aber nur mit einer Rhede: ohne Bank, Docks und Packetschifffahrt. — Alagôa, 4000 industriöse Einw.; bedeutender Handelsplatz. — Ribeira grande, 6000 Einw., 11 Kirchen; Leinen- und Wollenzeugfabrication; heiße Bäder mit wunderbarer Heilkraft. — Villa Franca, 4000 Ew., ziemlicher Ankerplatz. — Rabodepeire mit 4000 fleißigen Einwohnern und höchst ergiebigem Ackerbau.

9) Santa Maria, 9,7 M. lang, 6,7 breit, gebirgig, ohne neuere vulcanische Gebilde, nur basaltisch und zum Theil aus jüngstem marinen Kalk bestehend, sehr fruchtbar und wasserreich. 1843 mit 7500, 1820 noch mit 10,000 Ew., wovon nun die meisten ausgewandert sind. Cultur von Getraide und Hülsenfrüchten. — S. Porto, 1800 Ew.

XVI. Die ostafrikanischen Inseln.

Hülfsmittel.

d'Avézac, Iles de l'Afrique; avec 68 gravures. Paris 1848. 8. — Rev. Will. Ellis, History of Madagascar compiled chiefly from original documents. London 1838. 2 Vol. 8. m. 1 Ch. u. Kupf. — B. F. Leguével de Lacombe, Voyage à Madagascar et aux îles Comores (1823 à 1830). Paris 1841. 2 Vol. 8. m. 1 Ch. u. Kupf. — Macé Descartes, Histoire et géographie de Madagascar. Paris 1846. 8. — Madagascar past and present by a resident. London 1847. 8. — D'Unienville, Statistique de l'île Maurice. Paris 1838. 3 Vol. 8.

1. Der Madagascararchipel besteht aus der großen Insel Madagascar und mehreren verhältnißmäßig sehr kleinen, zunächst dem Nordende der großen gelegenen Inseln.

1) Madagascar, nach dem Vorgange der im J. 1506 hierher zuerst gelangten portugiesischen Entdecker früher häufig St. Lorenzo, von den französischen älteren Ansiedlern Dauphine genannt, führt bei den Landesbewohnern den Namen Nossindambo d. h. die Insel (Nossi) der wilden Schweine nach der ungemeinen Häufigkeit dieser Thiere. Mit England, Borneo und Australien die größte und wichtigste Insel der Erde, wurde Madagascar seiner Bedeutung und der Fülle seiner Vorzüge wegen von europäischen Schriftstellern auch wohl mit dem Namen der Königin des Indischen Oceans belegt. Parallel der Ostküste Afrikas und von ihr durch den durchschnittlich 40—42 M. breiten Canal von Mozambique getrennt, 142 M. von Mauritius, 112 nur von Bourbon entfernt, reicht M. 215 M. lang vom Cap St. Marie 25° 45′ S. B. im Süden bis zum C. Ambra 11° 57′ im Norden, bei einer durchschnittlichen Breite von 40 M., doch hat es nur zwischen dem 60° 50′ — 68° 10′ etwa 60 M. Breite. Die Oberfläche, ungefähr 10,000 Q.-M, ist ziemlich der von Frankreich gleich; sie erscheint fast durchaus gebirgig und steigt übereinstimmend mit der Oberflächenbildung des Continents, aber wesentlich verschieden von der der übrigen afrikanischen Inseln terrassenförmig von der Küste auf, langsamer auf ihrer Westseite, viel rascher dagegen und sogar fast mauerförmig im Osten bis zu den von rothem Thon gebildeten, waldlosen, aber mit Gras bedeckten, den Savanen des Continents ähnlichen, 4000 F. hohen und ausgedehnten Hochebenen des Innern, über denen, gleich wie auf einer Basis, sich fast in der ganzen Länge der Insel das schätzungsweise 8—12,000 F. hohe Ambohitsmena- (das rothe) Gebirge erhebt, welches nach der Verschiedenheit der Terrainerhebungen viel näher dem Ost- als dem Westrande der Insel liegt. Die höchsten Punkte der Kette sind im Norden der Jangougoura- oder Vigorouraberg und die Vidindambaberge im mittleren Theile derselben, die Ankaratragipfel, durch welche im Süden, die Angavoberge, durch welche im Osten, die Andringitraberge, wodurch im Norden, endlich die Ambohimiangaraberge, wodurch im Westen der von dem jetzt wichtigsten Volksstamme der Insel, den Hovas, bewohnte Theil der centralen Hochebene fast von allen Seiten umschlossen wird. Zwischen der großen Kette und dem östlichen Küstensaum erstreckt sich fast in der ganzen Länge Madagascars noch ein zweites longitudinales, aber niedrigeres Plateau in 3—4000 F. Höhe, welches die so höchst mannigfachen Oberflächenverhältnisse der Insel noch mehr vervielfacht. Von dem mauerförmigen Absturze dieses zweiten Plateaus erstrecken sich allmählich an Höhe abnehmende Aeste bis in das niedrige Küstengebiet ab, wo sie zuletzt in der Nähe des Meeres verschwinden. Die Peripherie der Insel wird, mit Ausnahme des südwestlichen Theils bei Fort Dauphin, durch eine 10—15 M. breite, sehr niedrige und sumpfige und stellenweise sehr seenreiche Zone gebildet. Die großen Erhebungen des Terrains erschweren zugleich mit den vielfachen Gebirgsketten außerordentlich die Verbindung der beiden Küsten, so daß nur wenige Pässe deren Verbindung möglich machen, und sie bewirken, daß die aus dem Innern kommenden fließenden Gewässer fast ohne Ausnahme Wasserfälle, zum Theil sogar große und schöne, bilden. Ueberhaupt ist der nördliche Theil M. der schönere, indem hier die völlige Bedeckung der Gebirge durch Urwälder voll der schönsten Waldbäume, die zahlreichen Flüsse und die großen Baien und Häfen eine außerordentliche Mannigfaltigkeit in den Verhältnissen hervorrufen. Auf den Hochflächen des centralen Theils der Insel liegen dann die Landschaften Ankova und Ibara und die Gebiete der Betsilèo und Antsianaka, auf der zweiten niederen östlichen Hochebene finden sich besonders die Wohnsitze der Antanvarts und Bezonzons in der großen Landschaft Ankay. Der Küstensaum bleibt im südlicheren Theile bis zum 15° N. B. einförmig, da es hier nur wenig große, offene, als Rheden dienende Baien und gar keine gute Häfen gibt; in dem nördlicheren bietet er dagegen eine große Zahl zum Theil sehr großer, zu vortrefflichen Häfen dienender Baien, wie z. B. auf der Ostseite die Bai von Antombony

(den Diego Suarezhafen), zunächst C. Ambra, einen der größten und schönsten Häfen der Erde, die Baien von Antongil und Fenerisse, den Hafen von Tintingue (fähig, 40 Kriegsschiffe aufzunehmen), endlich die weite Bai von Marofototra (Foulpointe), auf der Westseite die trefflichen Häfen von Passandava, Narinda, Maschambo, Mazambo, Bombetok (weit genug für die größte Flotte der Welt), Casembi und Bali dar. In dem südlichen Theil der Ostküste von der Bai von Tintingue bis zu der dem Cap St. Marie nahen Bai St. Lucie gibt es dagegen keinen Hafen, wo Schiffe ohne Gefahr einlaufen und verbleiben könnten; im südlichen Theile des Westrandes gestattet dieß nur die große, von den Indienfahrern häufig besuchte St. Augustinsbai. Vorgebirge hat M. außer den beiden Endspitzen wenige. Am Westrande treten nur die Cap St. Andreas und St. Vincent bedeutender hervor, von denen jenes dem Continent zugleich am meisten genähert ist. In einem Theile der Baien findet sich die Mündung von Flüssen, deren Eingang jedoch meist durch Sandbänke sehr erschwert ist. Auch die geognostische Beschaffenheit der Insel ist sehr mannigfaltig, doch wenig noch erforscht. Bestimmt ist das Auftreten großer Granitmassen mit riesigen Exemplaren des reinsten Bergkrystalls, häufigen Turmalinen und Rosenquarz, von Syenit, blauem, vortrefflich zum Dachdecken anwendbarem Thonschiefer (im Betsileodistrict), Kalkstein, theils als Marmor, theils im südlichen Theile als jüngerer Corallenfels, von Sandsteinen verschiedener Art, ausgedehnten Einsenerzmassen in den Provinzen Ankova, Menabé und Betsiléo und Kohlenlagern in der Südhälfte, sowie im Centrum der Insel; endlich erweisen die ausgedehnten Ablagerungen von Laven, Schlacken und Basalten im Betsiléolande und auf den Radamainseln am nordwestlichen Madagascar, nebst dem Vorkommen des Tangoury, eines erloschenen Kraters, das einstige Vorhandensein vulcanischer Thätigkeit; von noch thätigen Vulcanen besitzen wir jedoch keine einzige bestimmte Nachricht. Erdbeben kommen ziemlich häufig vor; auch fehlt es nicht an warmen und kalten Mineralquellen. Erste finden sich besonders im südöstlichsten Theile der Insel, der Provinz Anosy, aber die bekanntesten derselben, Schwefel- oder Stahlthermen, entspringen mit 50—60° Wärme zwischen Tamatave und Tananarivo im östlichen Theile der Insel und führen bei den Eingeborenen den Namen Rano mafana d. h. warme Wasser. Noch andere Mineralwasser, zum Theil thermale, die nächst etwas Kochsalz besonders viel Kohlensäure enthalten, erscheinen nebst ächten Salzquellen bei den Betsiléo. — Das Klima ist höchst verschieden; auf dem Binnenplateau von Ankova, dem der Betsiléo und Antsianaka und in den Gebirgen des Innern gemäßigt und gesund; in Ankove angeblich sogar dem in Frankreich ähnlich, im Sommer im Mittel mit 29° C., im Winter aber so streng, daß die längere Zeit in M. anwesenden Missionare bei Ermangelung aller Schutzmittel stark von der Kälte litten. Häufig geht das Thermometer auf den Hochebenen bis auf den Frostpunkt herab und die Ankaratraberge sollen sich selbst mit Schnee bedecken. Drückend heiß ist es dagegen in den flachen Küstenstrichen, besonders denen der Ostseite bis 10 Stunden in das Innere und zugleich ungemein ungesund, da die Hitze die Entwickelung miasmatischer Dünste aus den stehenden Gewässern und Sümpfen außerordentlich befördert, und die Seewinde durch ihre Aufstauung an den Terrassen des Binnenlandes verhindert werden, dieselben hinwegzuführen. Aber auch die Nordwestseite den Betsiboukafluß aufwärts ist sumpfig. So entstehen hier die den Europäern selbst bei kürzerem Aufenthalt fast absolut tödlichen, den Fiebern am Niger-Delta ganz ähnlichen, unter dem Namen des madegassischen Fieber bekannten Gallenkrankheiten, welche die oft wiederholten Niederlassungsversuche der Europäer auf der Insel stets vereitelten und M. den Namen des Kirchhofs der Europäer verschafften. Viel gesunder ist schon der Westrand und am allergesundesten der Nordrand, wo sich keine Sümpfe und waldlosen Plateaus vorfinden nebst dem bis 4000 F. hohen Binnenplateau, wo die Bevölkerung sogar ein hohes, kräftiges Alter erreicht. Die Höhe des Binnenlandes veranlaßt sehr häufige, starke Regenbildungen und erklärt dadurch den außerordentlichen Reichthum der Insel an fließenden Gewässern, von denen einige sehr groß, aber nur wenige Stunden von ihrer Mündung aufwärts schiffbar sind, da die bei ihrem Uebertritt in die Küstenstufe gebildeten Katarakte sie hindern. Bei fast allen ist, wie bei den continentalen, das Einlaufen durch Sandbänke erschwert, bei vielen völlig unmöglich. Zu den größten Flüssen der Insel gehört im Nordwesten der in die weite Bai von Bombetok mündende und tief in das Innere schiffbare Betsibouka. Ist der Ikiopafluß, welcher alle Gewässer der Landschaft Ankova abführt und bis in die Nähe der Hauptstadt Tananarivo reicht, wirklich nur, wie man annimmt, der obere Lauf des Betsibouka, so dürfte der letzte sogar der größte Strom Madagascars bei einer Länge von gegen 70 M. überhaupt sein. Nächst ihm kommt der große Ambongo, der Mananghare von etwa 60 und der Ongn'labé von ungefähr 55 M. Länge. Zu den bemerkenswerthesten Flüssen gehören ferner der Mangourou von cc. 60 M. und das Manangourou, deren Quellen einander nahe zu liegen scheinen, deren Lauf aber in derselben Hochebene nach völlig entgegengesetzten Weltgegenden, nach Norden und Süden, geht, bis sie beide sich plötzlich nach Osten wenden, in die Küstenstufe hinab sich Bahn brechen und den Indischen Ocean erreichen. Reich ist die Insel auch an großen und schönen Seen; hierzu gehört unter andern der See von Nossibé, als einer der größten, indem er 5—6 M. Länge hat und eigentlich ein Glied einer größeren Seenkette ist, der Nossi Vola in Antsianaka, der Ihotry im Norden, der Ima von 6¾ M. Länge und 3½ Breite. Alle diese Seen sind sehr fischreich und wimmeln von Krokodilen, ebenso wie die Flüsse. Verschieden von ihnen ist endlich der stark bituminöse See in der Nähe des Mangafiafiflusses in der Provinz Anosy von 15 M. Länge und 1½ M. Breite. Die klimatischen Verhältnisse in Gemeinschaft mit dem größtentheils ausgezeichnet fruchtbaren Boden an den Abfällen des Binnenlandes und namentlich in den Thälern haben die Bildung einer so staunenerregenden und üppigen, aber leider noch viel zu wenig gekannten Vegetation zur Folge gehabt, daß schon ein ausgezeichneter, mit der hiesigen Pflanzenwelt wohl vertrauter Botaniker des vorigen Jahrhunderts, Commerson, die Behauptung aussprach, daß Linné auf Madagascar 10 Ausgaben seines Pflanzensystems würde haben abfassen können, ohne die Flora zu erschöpfen. Besonders in den Küstenstrichen ist sie von einer wunderbaren Mannigfaltigkeit und noch erfüllen die dichtesten Urwaldungen den größten Theil der Insel, und nur die von rothen eisenreichen Thonen bedeckten centralen Hochebenen sind pflanzenärmer und weniger ergiebig, so daß sich darum auch hier ein höherer Grad technischer Industrie entwickelt hat. Es stimmt aber die Flora auffallend wenig mit der der benachbarten Küste des Continents, ferner der Comoren und Mascarenen und sie hat im Ganzen mehr den Charakter der entfernteren Flora des Caplandes und der tropischen in sich vereinigt. Nur in den sumpfigen und heißen Küstenstrichen herrscht die rein tropische vor, in den höheren Theilen dagegen die alpinische, so daß eine Menge Pflanzen den Botaniker an die Tyroler und Schweizeralpen erinnern. Ungemein reich ist die hiesige Flora an den kolossalsten Bäumen für Schiffsbau, an Arzneigewächsen (z. B. dem rothen antifebrilen Quinquinabaum (Spilanthes acmella), wovon der Aufguß auf die Blätter für ein bewährtes Mittel gegen Koliken, nephritische Uebel, abzehrende und andere Fieber gilt, Färbehölzern (ganze Wälder bildet der Ebenholzbaum im nördlichen Theile der Insel an der Diego Suarezbai und das rothe Sandelholz), an für feine Tischlerarbeiten dienlichen Hölzern, z. B. dem Rosen-, Benzoin- und Adlerholz, zahlreichen Oelpflanzen (nicht weniger als 11 Arten, namentlich Ricinus), Elemi- und Copalharzbäumen in ganzen Wäldern im Norden (besonders wichtig für die Copalharzgewinnung ist Hymenaea verrucosa, eine Leguminose), an zahlreichen Gewürzpflanzen (besonders auch wildem Pfeffer) mannigfacher Art, Indigo (3 Arten), vortrefflichem Reis (das Hauptnahrungsmittel der Bevölkerung mit 15 Arten; in allen Erhebungen des Terrains von dem sumpfigen Küstenstrich bis zu den trockenen Hochebenen cultivirt; der beste bei Fenerisse); an ausgezeichneter Baumwolle (überall; auf dem Plateau, wie an der sumpfigen Küste gedeihend), Bananen (14 Arten), eßbaren Aruins, Bataten, Manioc, Taback (vortrefflich), und an einer Fülle der schönsten baumartigen Farrn, Lianen und Orchideen. Ferner ist eins der nützlichsten Gewächse der Sagus ruffia, dessen Fasern einen Haupttheil für die Kleidungsstoffe der Eingeborenen bilden. Von den eingeführten Gewächsen gedeihen Granaten Orangen, Citronen, Feigen, Wein (noch auf dem Plateau) eben so gut, wie die Kartoffel und der Kaffebaum, dessen Frucht dem Bourbonkaffe gleich geschätzt wird. Unter den Madagascar ganz eigenthümlichen Gewächsen ist der Tanguinbaum (Tanghinia venenislua) eins der bemerkenswerthesten, da seine giftigen Früchte in den hier noch üblichen Ordalien allgemein gebraucht werden, so wie auch der Ravinala (Urania speciosa), ein in allen seinen Theilen höchst brauchbarer Baum, dessen große Blätter zugleich eine den Reisenden höchst erfrischende Flüssigkeit liefern, endlich von den Gummi liefernden Bäumen und Sträuchern die Gummiflora Madagascarensis, eine Feigenart, welche in ihrem erhärteten Saft eine dem Cautchouc ähnliche Substanz gibt. — Nicht minder reich ist Madagascar an Producten der Thierwelt, obwohl die auf dem Continent so häufigen Dickhäuter, wie Elephanten, Rhinoceros, Flußpferde und große Raubthiere, z. B. Löwen und Tiger, gänzlich fehlen. Dafür besitzt M. ausschließlich die zahlreichen Arten der Affengattung Maki; außerdem ausgezeichnetes Rindvieh, darunter Buckelochsen, Schafe mit Fettschwänzen, wilde Büffel in Heerden und wilde Schweine in Fülle; zahlreiche Vögel mit dem schönsten Gefieder, namentlich Colibris; Cochenille; Seidenraupen; prächtige Schmetterlinge: phosphorescirende Fliegen u. s. w., aber auch ungeheure Schlangen (bis von 16 F.) und sehr große, in allen Flüssen und Seen äußerst zahlreiche Krokodile (der Stamm der Antaraves verehrt Krokodile, und der Matzambafluß hat sogar nach seinem Reichthum an denselben seinen Namen erhalten). Die Flüsse und das angrenzende Meer sind mit zahlreichen Fischen bevölkert; Walfische werden an den Küsten, besonders an der großen St. Augustinbai und an der Ostküste, von Europäern und Einheimischen, am meisten aber von amerikanischen Schiffen im Canal von Mozambique, gejagt. — Die Zahl der Einwohner, die sich selbst Malagasy nennen, woraus die Europäer Madegassen oder Malegaschen gemacht haben, ist völlig unsicher, da es an jeder Basis zu einer Schätzung fehlt. Gewöhnlich nimmt man sie nur zu $4^1/_2$ Millionen an; eine Zahl, die nicht unwahrscheinlich ist, weil große Strecken, z. B. der nordwestliche Theil der Insel, sehr schwach bewohnt sind und in den letzten 25 Jahren ein großer Theil der Stämme theils in den Kriegen um seine Unabhängigkeit zu Grunde ging, theils die Insel verließ und sich unter den Schutz der Europäer auf den Mascarenen, Mayotte und auf den benachbarten kleineren Inseln begab. Obwohl die Bevölkerung sich in 25—27 größere und kleinere Stämme theilt, so gehört dieselbe ihrem Ursprunge nach nur 2 Hauptvölkern, aber in vielfachen Mengungen an. Die der Binnenhochebenen besitzt nämlich in Sprache, Körperbildung und Hautfarbe ganz den Charakter der Malayen, und ist klein, zierlich gebaut, hat eine olivenfarbige und selbst noch hellere Haut, als die Süd-Europäer, starke Unterlippe und theils schwarzes schlichtes Haar, wie die Hovas, theils, wie die Betsileos, Betsimisaracas und Betanimena, wollig gekräuseltes. Dieser hellere Theil der Bevölkerung ist zugleich thätiger und civilisirter, als der übrige, aber auch schlau, stolz, rachsüchtig, habgierig und anmaßend. Zu ihm gehören vorzugsweise die kriegerischen Hovas, welche jetzt in ganz Madagascar herrschen, aber erst seit 1813 von der Höhe ihrer natürlichen Burg herabstiegen und zu Eroberern wurden. Früher als ein kleiner Volksstamm verachtet, erkennen die übrigen Madegassen jetzt selbst die Superiorität der Hovas in allen Dingen an. Die Betanimena, die gleichfalls malayische Gesichtszüge besitzen, haben schon eine viel dunklere Haut, als die Hovas. Auf der Ost-Afrika zugewandten Seite wohnen dagegen Volksstämme von ausschließlich afrikanischer Race, aber nicht mit dem Negertypus der Mozambiquer, sondern von entschiedenem Kaffercharakter, ebenfalls theils mit langem, völlig glattem, theils mit gekräuseltem Haar, zugleich aber mit dicken Lippen, freiem, offenem Gesicht und sehr hohem, ungemein kräftigem Wuchse, von angenehmen Gesichtszügen und ernstem, nachdenklichem Wesen. Dazu gehört besonders der große Stamm der grausamen und verrätherischen Sakalavas, der fast $^3/_4$ der Insel einnimmt, die Antsianaka und Antankari. Frühe Einwanderungen von Arabern und Suaheli in den nördlichen und südöstlichen Theil der Insel scheinen mannigfache Veränderungen in den physischen Verhältnissen der früheren einheimischen Bevölkerung veranlaßt zu haben, da sie lange und in großen Massen stattgefunden zu haben scheinen. Im Allgemeinen sind die Madegassen abergläubisch, träge, gastfrei, sorglos und rachsüchtig, aber meist sehr tapfer und freiheitsliebend, wie sie denn überhaupt eine Menge der glänzendsten Eigenschaften und der größten Laster in sich vereinigen. Die Sprache der Hovas gilt als die am meisten ausgebildete Madagascars; sie hat ganz den grammatischen Charakter der malayischen Sprachen Asiens. Die Criminaljustiz wird auf der ganzen Insel durch Ordalien ausgeübt. Auf Diebstahl, Lüge, Mord und Verrätherei steht Todesstrafe. Die zu kurze Regierungszeit des Hovasherrschers Radama († 1828), der sich die höchste Gewalt über ganz Madagascar erwarb und dem Christenthum und den Europäern sehr hold war, unterbrach die Einführung der europäischen Cultur gänzlich, indem Radamas Nachfolgerin, die jüngst verstorbene, grausame Herrscherin, Ranavalona, die Regierungsgewalt widerrechtlich an sich zog, allmählich die Missionare verjagte, die Schulen zerstörte, die Christen theils zum Abfalle zwang, theils auch tödtete und nur das europäisch disciplinirte Heer zur Stütze ihrer Macht erhielt. Die Regierung ist völlig despotisch; der Herrscher empfängt den Zehnten und Naturalien. Die heidnischen Madegassen erkennen ein höchstes Wesen, zugleich aber ein böses Princip an und verehren die Sonne als befruchtende Kraft. Meist sind sie Landbauer, wie die fast auf der ganzen Ostseite verbreiteten Betsimisaraka oder Hirten, wie die Sakalavas, nur die Hovas und ihre Stammverwandten, die Betsileo, treiben in Folge ihres sehr unfruchtbaren Bodens noch technische Industrie und zeichnen sich durch Anfertigung ausgezeichneter Eisenwaaren, zierlicher silberner Ketten und feine Weberei in Seide und Wolle, namentlich von Teppichen, aus. Aus Palmenfasern fertigen alle Madegassen sowohl grobe, wie sehr zierliche und schön gefärbte Stoffe an. Früher betrieb Madagascar einen sehr bedeutenden Sclavenhandel, der jedoch seit den Verträgen Radamas mit den engl. Behörden auf Mauritius im J. 1817 gänzlich eingestellt wurde, und zugleich bis in die letzten Jahre einen ansehnlichen Export in Reis, indischem Korn und Schlachtvieh, groben Stoffen nach Bourbon und Mauritius, wogegen man Waffen, Munition, eiserne Töpfe, Fayence, Töpferwaaren, Salz, Seife, spirituöse Getränke, englische und französische Fabrikwaaren eintauschte, bis dieser Handel durch die Königin Ranavalona untersagt wurde. Eingeführt werden noch in Madagascar durch die Nordamerikaner Feuergewehre, Pulver, grobe Glaswaaren, Messer, Kessel, Tressen, scharlachene Stoffe, Hüte, Uhren, baumwollene Zeuge, Rum, Branntwein. Außerdem wurde im verflossenen Jahrhundert durch die zu Mouzangaye in der Landschaft Boueni angesiedelten Araber und ihre Nachkommen ein sehr bedeutender Export- und Importhandel unterhalten, welcher aber durch die Unterjochung Mouzangayes und die fast gänzliche Ausrottung und Zerstreuung der Händler, als sie sich dem Hovasjoch wieder entziehen wollten, gänzlich zerstört worden ist. Früher gingen von den Bewohnern der Nordspitze viele Piratenfahrzeuge aus, wodurch besonders die Comoren litten, bis Radama diese Räuberzüge verbot. Auch der innere Verkehr könnte viel größer werden, aber es fehlt durchaus an Straßen und es wissen sich die Hovas selbst der Ochsen weder als Last-, noch als Zugvieh zu bedienen. — Durch die Eroberungen der Hovas ist auf M. ein sehr complicirtes, umfassendes und für die unterworfenen Stämme sehr drückendes Regierungssystem eingeführt, dessen Aufrechthaltung in der ganzen Insel durch befestigte Posten und Besatzungen durchgeführt wird. Nur die Sakalavas haben in den letzten Jahren mit Glück sich von diesem Druck loszumachen gesucht. Von den Hovas wurde M. in 20—22 wenig bekannte Provinzen getheilt, von denen jede unter einen Ober-Commandanten steht und verschiedene Unterabtheilungen umfaßt. Die Abgaben werden in Naturalien, namentlich in Reis, abgeführt.

Von den Provinzen sind die wichtigsten a) im Norden:

1) Vohimarina, die nördlichste, sehr gebirgig und wegen des schlechten Bodens von den Antankars dünn bevölkert, mit hohen Ufern ohne Sümpfe und wenig Wald. In ihr

liegt der hohe Jangongouraberg, die schöne Passandavabai und in sehr gesunder Lage der Diego Suarezhafen mit den Mündungen verschiedener Flüsse, durch welche der Verkehr mit dem Innern sehr erleichtert wird.

b) Im Westen:

2) die Provinz **Iboina** oder **Boueni** südlich von Vohimarina, flach, sumpfig und ungesund, aber fruchtbar, mit schönen und großen Baien und sehr viehreich; durch die steten Kämpfe ihrer Bewohner, der Sakalavas, mit den Hovas jedoch verwüstet und sehr entvölkert. — **Madshonga**, Hauptort und zugleich Festung der Hovas, an der großen Bombetokbai, 900 Häuser (darunter 200 steinerne); 1824 erbaut auf den Ruinen der großen und sehr reichen, besonders von Arabern und deren Nachkommen bewohnten Handelsstadt Mouzangaye, die einst 6000 Ew. hatte.

3) **Ambongo**, gleichfalls niedrig, sumpfig und schwer zugänglich, aber fruchtbar und viel reicher, als irgend ein anderer District von Madagascar. Von Sakalavas bewohnt.

4) **Menabé**, niedrig, mit wenig Landungsstellen, sehr reich an Bauholz, Indigo, Baumwolle, Seide, Schlachtvieh, Wachs und Eisenerzen, aber sehr entvölkert, indem die Bewohner, Sakalavas, um dem Joche der Hovas zu entgehen, häufig nach den benachbarten, jetzt meist französischen Inseln geflüchtet sind; hier der große Imasee. — **Andrésontza**, Hptort mit 2000 Häusern, befestigt.

5) **Flarenana** oder **Firegue**, im SW. Theile der Insel, eine ihrer reichsten Provinzen, mit großen, von engl. und nordamerikanischen Walfischfängern häufig besuchten Baien, der St. Augustins- und der Tollabai, wenig bekannt und dünn bevölkert, sehr viehreich. Schildpatt, Baumwolle in unermeßlichen Quantitäten, Indigo, viel Seide, Wachs, Gummi sind Hauptproducte.

6) **Mahafaly**, die südwestlichste Provinz mit der großen St. Augustinsbai, einer gleichfalls sandigen, unfruchtbaren, aber waldreichen Oberfläche und mit einer barbarischen Bevölkerung, aber sehr reich an wildem Rindvieh.

c) Im Süden:

7) **Androy**, die südlichste Landschaft mit der Südspitze der Insel, dem Cap St. Marie, waldig und reich an Schafen mit bis 15 Pfd. schweren Fettschwänzen.

d) Im Osten:

8) die Provinz **Anosy**, die südöstlichste Provinz mit hoher Küste, gut cultivirt, überhaupt eine der schönsten Landschaften der Insel, mit sehr mildem, aber äußerst ungesundem Klima und der großen Mangafiafy- oder St. Luciebai, einem stark bitumenreichen See an dieser Bai, heißen Quellen und den Ruinen des lange von den Franzosen besessenen Forts St. Dauphin. Reich an Zucker, Kaffe, Reis und Maniok. Die NO. Monsoons beförderten bis in die letzten Jahre sehr den Verkehr dieses Districts mit Bourbon und Mauritius.

9) **Betanimena** d. h. das **rothe Land**, wegen seines rothen, sehr eisenreichen Thonbodens so genannt (Tota Land, mena roth), an der Küste theils sehr flach und sandig, doch fruchtbar, theils waldreich, sumpfig, ungesund, mit viel Wiesengrund und deshalb auch großen Rindviehheerden. Im Innern mit einigen großen Seen, namentlich dem sehr schönen von Nossivé, und ansehnlicher Reiscultur auf den trockenen Hochflächen. Die Einw., wie in Mahavelona vom Stamm der Betsimisaraka, dienen meist als Träger der von der Küste nach dem innern Hochlande geschafften Waaren, da es keine fahrbaren Straßen gibt. — **Tamatave**, 18° 10' S. B. und 67° 10' 75' O. B., kleiner Ort mit nur 800—1000 Einw., aber Haupthandelsplatz auf der Ostküste mit dem vortrefflichsten Hafen auf derselben. Von hier aus wurden früher besonders Mauritius und Bourbon verproviantirt. Sehr starke Befestigungen nach europäischer Weise.

10) **Mahavelona**, höchst ungesund, selbst für Einheimische und besonders für die Hovas, dennoch häufig an der Küste von europäischen und mascarenischen Händlern besucht. — **Foulpointe**, einst wichtiger Handelsplatz der Franzosen; starkes Fort der Hovas und Flußschifffahrt in das Innere.

11) **Ivongo**, gebirgig, aber fruchtbar, holzreich, mit viel Reis und Schlachtvieh, das früher viel nach Bourbon und Mauritius exportirt wurde. Fundort großer Bergkrystalle bei dem Orte Iba-Batsi. Hierher gehört die Nordspitze der prächtigen, 10½ Stunden langen und 4½ Stunden breiten Antongilbai, an der einst die Franzosen viel Handel trieben und Graf Benjowski von französischen Truppen getödtet wurde.

12) **Maroa**, sehr gebirgig und waldreich, aber auch sehr fruchtbar, producirt die vorzüglichsten Bananen in riesenartiger Größe.

e) Im Innern:

13) **Antsianaka** d. h. das Land der Freien oder Unabhängigen, eine offene, ausgedehnte Provinz mit 2 großen Seen, z. B. dem großen Nossi Bola-See, reich an großen Rindvieh- und Schafheerden, Seide, feiner Wolle und der schönsten Baumwolle Madagascars, die roh in Menge verkauft und auf der ganzen Insel verarbeitet wird; die Berge sollen Silbererze enthalten. Ungeachtet die Provinz hoch liegt, ist sie doch durch das madagassische Fieber nicht ganz gesund. Die Antsianaks arbeiten in Silber, Gold und fertigen kunstreiche Teppiche nebst Waffen an. — **Rahidronen**, die alte Hauptstadt derselben, liegt auf einer Insel des Nossi Bola.

14) **Ankova**, eine immense, fast im Centrum der Insel gelegene, waldlose Hochebene: von allen Seiten mit Resten der großen, longitudinalen Gebirgskette umschlossen, worin die höchsten Punkte der Insel liegen, mit sehr gesunder, der europäischen ähnlichen Atmosphäre. Der Boden ist wenig productiv, aber so reich an Eisenerzen, daß die Einw. einige Berge vor-

zugsweise die Eisenberge nennen. Das sehr bevölkerte Ankova ist besonders mit seinem District Imerina die Heimath der kriegerischen und industriösen Hovas, die sich viel mit Webereien und Metallfabricatien beschäftigen. — Tananarive, 18° 56′ 26″ S. B. und 64° 36′ 73″ O. L., 75 M. von Tamatave und 4000 F. über dem Meeresspiegel, Hauptort der Insel, Residenz und Grabstätte der Hovasherrscher, 3000 ziemlich gut gebaute Häuser, 25,000 Ew.; Fabrication schöner goldener und silberner Luxus- und Schmuckgegenstände, sehr theuer bezahlter Teppiche in Seide und Baumwolle und wasserdichter Zeuge

15) Betsilée, theils baumlose, unfruchtbare oder auch schöne, grasreiche Hochebene, theils gebirgig und höchst romantisch; durch das hohe Ankaratragebirge von Ankova getrennt; die Grasebenen erfüllt mit Rindviehheerden. Die industriösen Einw., eine dunklere Abzweigung der Hovas, fertigen Zucker, Metallwaaren, Bijouterien, Geflechte aus Bananenfasern und Seidenwaaren oft mit bewundernswerther Geschicklichkeit an; die rohe Seide wird besonders von Arabern und Persern eingeführt, aber auch selbst producirt. — Ambatoumèna Hauptort, 12—1500 Häuser.

16) Ibara, S. von Betsilée, fast ganz unbekannt, bewaldet, wenig cultivirt, dünn bevölkert, sehr viehreich

17) Ankay oder Antankaye, lang gestreckte, fruchtbare und gut bewässerte Provinz, östlich von Antsianaka und Ankova, auf der östlichen niederen Plateaustufe, worin der obere Lauf des Mangouren und Manangouren nach entgegengesetzter Richtung fließt, im Westen begrenzt durch die hohen Berge der Centralkette; von unzähligen Viehheerden bedeckt, stark bevölkert durch die Stämme der Bezenzons, einem schönen, friedfertigen Menschenschlage.

An dem Nordweststrande Madagascars liegen folgende kleinere, seit 1841 durch Verträge mit den inländischen Häuptlingen allmählich von den Franzosen in Besitz genommene Inseln, die seitdem als Zufluchtsort der Sakalavas, welche sich hierher unter den Schutz der Franzosen begaben, um dem Joch der Hovas zu entgehen, wichtig geworden sind.

1) Nossi Bé oder Variou Bé d. h. Große Insel (Nossi Insel), die größte ihrer Gegend, gebirgig, bewaldet und von reizendem Anblick; der höchste Punkt steigt bis 1370 F. an. Im J. 1849 15,178 Ew., meist Sakalava. Nossi Bé hat mehrere Seen zwischen seinen Bergen. Das Klima ist gesund, der Boden fruchtbar an Manioc, Bananen, Reis, Bataten und Mais; reich an Schiffsbauholz. Gute Ankerplätze. Freihafen seit 1841 und aufblühender Handel.

2, Nossi Cumba, von Nossi Bé nur durch einen ½ St. breiten Canal getrennt, felsig, mit einem 1920 F. hohen Berge und prächtiger Vegetation in den Thälern. 931 Ew.

3) Nossi Mitsiou d. h. Insel der Mitte, fruchtbar, waldig; 2986 Ew.

4) Nossi Fali, O. von Nossi Bé, der nördliche Theil bergig, mit Bäumen bedeckt, hinlänglich fruchtbar, producirt sehr viel Reis. 2869 Ew.

An der Ostküste liegt ferner:

Nossi Ibrahim, die Ile St. Marie der Franzosen, die sie schon seit längerer Zeit zum Schutz ihres Handels von den Mascarenen nach Madagascar besetzt hatten, 16° 45′ S. B. und 68° 15′ O. L., 9 M. lang und von allen Seiten durch ein Corallenriff umgeben; 2½ M. breit, nur durch einen schmalen Canal von Mad. getrennt, der einen sehr ruhigen Ankerplatz gewährt; ziemlich gut bewässert, wenig fruchtbar, bergig und sumpfig, feucht, heiß; früher ungesunder; reich an Schiffsbauholz; 1849 von 5799 Ew., worunter sich 3403 geflüchtete Betsimisarakas befanden, bewohnt; an der Küste viele Walfische.

II. Die Comoren (Ilhas de Comoro), 4 an der Zahl zwischen dem Cap Ambra Madagascars und der Ostküste des Continents, in 11—13° S. B. und 60° 30′—63° 10′ O. L., sämmtlich erhaben oder bergig und an ihren Rändern aus Corallenfels bestehend, fruchtbar und weidenreich, im Ganzen sehr gesund, da ihre Atmosphäre durch die beständigen Winde gemäßigt ist; reich an prächtigen Cocos- und Arecapalmen, vortrefflichem Schiffsbauholz auf Mayotte, Zuckerrohr (besonders auf Mohéli), Reis (nur vom Carolinareis übertroffen), Mais (vorzüglich), Bananen, Mangos, vorzüglichen Ananas (am meisten auf Mohéli), Baumwolle, Orangen, Carretschildkröten und Vieh. Die kolossal gebauten Bewohner, vorherrschend Suaheli, gemengt mit Arabern, welche letzte das regierende Volk bilden, oder sie sind nur Abkömmlinge aus Verbindungen von Arabern mit Suaheli und Negern von der Ostküste. Ihre Sprache ist deshalb Arabisch oder Kisuaheli. Sie sind zwar Muhamedaner, verehren aber noch Fetische, auf Hinzuân freundlich, höchst ehrlich, gastfrei, aber ohne kriegerischen Muth; auf Angazija wilder und grausam. Viele fertigen Leinwand an, die ausgezeichnet und angeblich sogar vorzüglicher als die europäische ist, Waffen (die Klingen von Mohéli mehr geschätzt, als die europäischen), Juwelier- und Schmiedearbeiten. Die übrigen Bewohner leben vom Ackerbau. Früher wurde bedeutender Handel bis Indien getrieben, welcher aber durch die die Inseln entvölkernden Raubzüge der Sakalavapiraten sein Ende fand. Schildpatt und Cocosöl gehen noch als Exporten nach Mozambique, besonders von Mohéli. 3 Inseln wurden von Sultanen regiert, doch hat fast jeder Ort seinen eigenen Chef, der durch die Wahl der Notabeln bestimmt wird. Mayotte ist seit 1843 von den Franzosen acquirirt worden.

1) Angazija (gewöhnlich Groß-Comoro genannt), die größte und höchste Insel der Gruppe, 9 M. lang, 4—4½ breit, mit 2 hohen (der höchste 7090 F.) Bergen, einem im Norden und einem im Süden, die durch einen bis 1000 F. hohen Rücken mit einander verbunden sind. Der Boden, besonders im NW., von schwarzen, vulcanischen Gesteinen gebildet und sehr fruchtbar; es befindet sich hier ein thätiger Vulcan, der alle 3—4 Jahre Eruptionen hat und Lavaströme in das Meer ergießt. Ungeachtet des großen Wassermangels bedeutende Rindviehzucht; das sehr fette Rindvieh wird viel nach Mozambique und den benachbarten Inseln geführt. Die Küste ist stark bevölkert. 25 wegen der früheren Einfälle der Sakalava mit Mauern umgebene Orte.

2) Nzuâna oder Hinzuân (von den Europäern gewöhnlich Anjuan und Johanna genannt), mitten in der Straße von Mozambique, 63 M. davon entfernt; von dreieckiger Form, bergig und höchst pittoresk, indem die Berge, (der höchste 5900 F. engl. hoch) von der Peripherie an überall ansteigen, reich bewässert, außerordentlich fruchtbar. Reich an den schönsten Pampelmusen, Cocospalmen, Granaten, Mangostanen, und vortrefflichen Mangos; leicht zugänglich, deshalb und wegen der milden und freundlichen Ew. häufig von europäischen Schiffen besucht. Mit 3 Ortschaften, darunter Domoni, der Hauptort, stark ummauert, mit einem Fort und mehreren Moscheen.

3) Mohéli, die kleinste der Gruppe, von gefährlichen Klippen umgeben, bergig, aber die Berge nicht so hoch, als die von N'zuâna; reich an fließenden, den Boden befruchtenden Gewässern und an Lebensmitteln, besonders auch an vortrefflichem Vieh.

4) Mayotte, die südöstlichste Insel, in 12° 34′—13° 2′ S. Br. 62° 43—63° 3′ O. L., 15¼ M. lang von N. nach Süden, von sehr ungleicher Breite; durch ein Corallenriff ganz eingeschlossen, von allen Seiten ansteigend und sehr pittoresk; zwei der höchsten Berge, der Mensaperel und Ockongul, höher als 3637 F.; gute Ankerplätze; sehr wasserreich; der Boden sehr fruchtbar, von vulcanischem Charakter, meist aus Laven bestehend; das Klima höchst gesund. Die Insel war bis 1843 durch die Auswanderungen nach Mauritius und der Küste von Afrika in Folge der Sakalavaeinfälle und innerer Zwistigkeiten sehr entvölkert worden. 1843 hatte sie nur 2000, 1849 wieder 5268 Ew. Die Franzosen erwarben 1843 Mayotte durch Cession von seinem Sultan und legten auf der kleinen Halbinsel N'zaoudzi eine Niederlassung an. Hart an Mayotte befindet sich die kleine Insel Pamandzi mit einem merkwürdigen Bassin innerhalb eines alten Kraterrandes. Mayotte steht unter einem französischen Militairobercommandanten, der zugleich die kleinen, von den Franzosen in Anspruch genommenen Inseln an der Nordwestküste Madagascars, welche mit Mayotte zusammen im J. 1849 von 26245 Ew. bevölkert waren, unter seiner Aufsicht hat. Durch seine überaus günstige Lage dürfte M. einst ein sehr bedeutender Handelsplatz werden.

III. Die Mascarenischen Inseln ostwärts Madagascars, nach ihrem Entdecker im J. 1505, dem portugiesischen Seefahrer Peter Mascarenhas genannt, gehörten früher nur zu Frankreich, seit 1815 zum Theil auch zu England.

1) Mauritius, die größte und wichtigste Insel der Mascarenen und wegen ihrer vielfachen Vorzüge oft, gleich Madagascar, die Königin unter den Inseln des Indischen Oceans genannt, früher als Ile de France französisches Eigenthum, erhielt von den jetzigen Besitzern, den Engländern, ihren frühesten, von holländischen Seefahrern herrührenden Namen zurück. Sie ist eine Ellipse von 11 M. Länge, 7¾ M. Breite, 32⅕ Q.-M. Oberfläche und liegt in 19° 59′—20° 31′ 5″ S. Br. und 74° 57′—75° 25′ O. L., 17½ M. ONO. von Bourbon entfernt. Mauritius steigt

von seinen meist schroffen Küstenrändern höchst pittoresk überall nach dem Innern auf, wo sich nebst einigen ausgedehnten Tafelflächen vier bewaldete, durchschnittlich 2000 F. hohe und nur auf den Gipfeln nackte Gebirgsketten finden, welche einen uralten, völlig erloschenen und mit Wald bedeckten Krater, einen der größten der Erde, umschließen. Die höchsten Berge der Insel sind: der Piton de la montagne noire mit 2717, der Pittrebooth mit 2691 und der Piton du Pouce mit 2663 P. F. Außer festem Basalt, der Hauptmasse der Insel, erscheinen häufig entschieden poröse Laven: die Küstenränder bestehen (bei St. Louis) aus jugendlichem Corallenkalk, von dem zugleich in ¼stündiger Entfernung von der Insel ein Kranz deren Peripherie umzieht. Mauritius ist außerordentlich wasserreich; nicht weniger als 100 Bäche eilen überall dem Meere zu, aber die meisten sind im Sommer ohne Wasser; die Grande Rivière ist das bedeutendste Flüßchen der Insel. Außerdem gibt es auf dem hohen Plateau des Innern mehrere ziemlich große Seen. Die Atmosphäre an der Küste ist sehr rein, mild, gesund und jetzt viel trockener nach Ausrottung der Wälder. Durch die reichlich an den hohen Berggipfeln niedergeschlagenen Dünste gibt es zwei periodische Regenzeiten, in denen das Thermometer nicht unter 25° C. fällt, neben zwei trockenen, wo das Thermometer auch nicht über 35° steigt. Stürme von außerordentlicher Heftigkeit im ersten Viertel des Jahres verwüsten die Insel, und namentlich tödteten die Orkane des 1. März 1818 und 23. Februar 1824 viele Menschen, vernichteten außerordentlich viele Mühlen, Magazine und Häuser und ruinirten die meisten Pflanzungen so, daß diese viele Jahre lang nichts hervorbrachten. Der aus zersetzten plutonischen und vulcanischen Gesteinen hervorgegangene und wohlbewässerte Boden ist jedoch ungemein fruchtbar. Gleich günstig gedeihen hier europäische Gewächse und die von den Inseln des Indischen Oceans eingeführten tropischen, wie Zimmt, Gewürznelken und Muscatbäume, Pfeffer, Brodbaum, Manioc, Zuckerrohr, Ananas. Von Thieren finden sich häufig Affen und verwilderte Ziegen in den Gebirgen des Innern. Neben den zur Nahrung dienenden Culturgewächsen wird nur wenig einheimisches Schlachtvieh producirt, das aber zum Bedarf nicht hinreicht, da der Zuckerrohrbau in neuerer Zeit fast alles Culturland in Anspruch genommen hat. Maur. mußte deshalb in neuerer Zeit beständig von Madagascar mit Schlachtvieh und Reis versorgt werden; in den letzten Jahren geschah dieß mit Schlachtvieh selbst von Natal, seitdem der Verkehr mit Madagascar fast ganz unterbrochen worden ist. Die Bevölkerung hat sich ungeachtet des gesunden Klimas, des bedeutenden Handels und der gestiegenen Bodencultur bis in die letzte Zeit nicht vermehrt; vielmehr war sie seit 30 Jahren im beständigen Abnehmen, indem man 1817 97897, im J. 1837 nur 90657 Einw. (darunter etwa 8000 Weiße) mit Ausschluß der Truppen und der eingewanderten freien indischen Arbeiter (Coulies) zählte. Die Abnahme wurde durch die starke Verminderung der Farbigen veranlaßt, obgleich die Weißen in derselben Zeit zunahmen. Seit der Sclavenemancipation hob sich wiederum die Bevölkerung bedeutend, indem zum Ersatze der Sclaven Coulies in großer Zahl eingeführt wurden, deren Zahl von 1834—1846 8500 und in den Jahren 1847 und 1848 allein resp. 4845 und 6850 Köpfe betrug. Durch diese noch immer zunehmenden Einwanderungen, die jedoch meist aus Männern bestehen, welche sich auf einige Jahre zur Arbeit verdingen und dann heimkehren, hat sich die Insel von ihrem gedrückten Zustande gänzlich erholt. Nächst diesen Indiern gibt es unter den Farbigen noch Malayen, Ceilanesen, Chinesen (in beträchtlicher Zahl), Madegassen (über 10000, größtentheils Flüchtlinge) und Neger von der Ostküste des Continents. Die Weißen sind fast durchaus französischer Abkunft, von lebhaftem, thätigem und intelligentem Charakter. Die Hauptindustrie von Mauritius besteht in der Bodencultur und dem durch die vortreffliche Lage der Insel, die als gute Häfen dienenden Baien von Port Louis und Mahébourg (Grand Port) und die guten, die Insel in allen Richtungen durchziehenden Straßen sehr geförderten Handel. Zucker wurde besonders seit der Tarifverminderung in England im J. 1824 Hauptproduct, dessen Export sich seit einigen Jahren mehr als verdoppelt hat, obgleich man Dünger bis in die neueste Zeit

Zeit zum Zuckerbau nicht benutzte. 1824 wurden erst 12500, 1843 schon 15191, 1846 35500, 1847 gar 39702 Tons Zucker nach England ausgeführt. Unbedeutend ist die Ausfuhr an Ebenholz, Baumwolle, Indigo, Schildpatt und Kaffe. Die Einfuhr 1847 1,143,080 Pfd. Sterl. 6 Sh. 7 P. an Werth, besteht wesentlich in Getraide, Reis, europäischen Waaren, Wein, Oel, Seife, indischen Stoffen, Olivenöl, Taback, Papier, Seidenstoffen, Steingut, Eisen und Blei. Aus England betrug ihr Werth 1838 407,342 Pfd. St., aber sie hat von dort seit 1838 wesentlich abgenommen, wogegen sich die der französischen Waaren vermehrte. 1847 wurden z. B. nur für 310,231 Pfd. St. britische Waaren eingeführt. In demselben Jahre betrug der Werth der ganzen Ausfuhr 1,622,495 Pfd. St. 17 Sh. 8 P., so daß sich ein Ueberschuß von 479,415 Pfd. St. 11 Sh. 1 P. zum Besten der Insel ergab. Dieselbe unterhält Handelsverbindungen außer mit England, mit Goa, Surate, Batavia, dem Cap, Zanzibar, dem indischen und arabischen Meerbusen. 1833 liefen 305 Schiffe ein und 289 aus. Die Religion ist vorherrschend katholisch mit einem Bischof; die französische Sprache nach der 1810 mit dem letzten französischen Gouverneur Decaen abgeschlossenen, bisher gewissenhaft gehaltenen Capitulation ist die ausschließliche in der Administration und Justiz; das franz. bürgerliche Gesetzbuch bleibt fortwährend in Kraft. Die Insel hat 3 Zeitungen. Für den Unterricht und die Wissenschaft sorgen das sehr gute Gymnasium (Collège Royal) zu Port Louis, eine öffentliche Bibliothek, zwei gelehrte Gesellschaften: Société d'émulation, die eine wissenschaftliche Zeitschrift herausgibt, und Société d'histoire naturelle, und verschiedene zum Theil von englischen Missionsinstituten unterhaltene Schulen. Die jährlichen Einkünfte betrugen 1846 321,358 Pfd. St. 15 Sh. und überstiegen bedeutend die Ausgaben, welche nur 265,143 Pfd. St. 17 Sh. betrugen. Von dem Gouverneur, dem noch ein legislatives Conseil zur Seite steht, hängen die Sechellengruppen, Rodrigues und die übrigen kleineren, zum Theil unbewohnten Inseln des Indischen Oceans ab.

Mauritius hat 12 Districte und 2 Städte. **Port Louis**, die Hauptstadt, in schöner Lage an einer großen, von Basaltbergen umschlossenen Bai, wohlgebaut; 1830 27277 Ew., darunter 3000 Weiße. Sitz des Gouverneurs, der Handelskammer und des Appellhofs; starke Citadelle, Theater, Cathedrale, Buchhandlung, öffentliche Bibliothek, Thierarzneischule, Collège Royal, 2 Buchdruckereien, 2 gelehrte Gesellschaften. Hauptsitz des Handels. 7 engl. M. von Port Louis der schöne botanische Garten von Pompelmousses. — **Mahébourg**, an der durch ein Corallenriff gesicherten großen Bucht Grand Port; 8938 Ew.

2) **La Réunion** (bis 1848 Bourbon), in 72° 56'—73° 35' O. L. und 20° 50'—21° 24' S. B., von elliptischer Form, 180 M. von der ostafrikanischen Küste; 8½ lang, 6 breit und von 112 Q.-M. Oberfläche; zu Frankreich gehörend. Ein von schwarzen, ungeheuren, in Unordnung auf einander gethürmten Felsmassen gebildeter, von düstern Schluchten zerrissener Bergrücken, der sich von N. nach S. durch die ganze Länge der Insel erstreckt, theilt diese in die Bezirke ober und unter dem Winde, worin ein sehr verschiedenes Klima herrscht, indem der östliche Theil den regelmäßigen, aus Südost kommenden Passatwinden ausgesetzt ist, der westliche durch die centrale Gebirgswand gegen dieselben vollständig geschützt wird. Die höchsten Punkte sind der Piton des Neiges, wegen seiner häufigeren Schneebedeckungen so genannt, und der große Bénard mit resp. 9695 und 9171 P. F. Um beide scheint der Boden der Insel am höchsten anzusteigen. Außer ihnen gibt es wenigstens noch 5 andere Berge von 7000 F. Die Insel besteht größtentheils aus wechselnden Schichten von Basalt und vulcanischem, durch Basaltgänge durchsetzten Tuff, dann aus Laven. Völlig unfruchtbare graue Laven sind es, woraus besonders im Südosten die Oberfläche einer großen zerrissenen Strecke, des Grand pays brulé, besteht. Im östlichen Theile der Insel gibt es einen erst seit 1785 thätigen und beständig rauchenden Vulcan, den Piton de Fournaise, 6771 F. hoch, einen der mächtigsten der Erde, aus dessen Seiten bis 1801 jährlich wenigstens zwei Lavaströme sich ergossen. Auch der Piton des Neiges war ein ehemals thätiger Kraterberg; an ihm entspringt eine heiße Quelle.

Réunion ist übrigens, obgleich in der tropischen Zone gelegen, wie Mauritius, einer der gesundesten Punkte auf Erden, wo die Sterblichkeit geringer, als in Frankreich ist; endemische Krankheiten sind unbekannt. Die mittlere Temperatur beträgt 25° C., doch wird sie während der mit den heftigsten und verheerendsten Stürmen verknüpften und von December bis Mai fast ununterbrochenen Regenepoche sehr heiß, in der übrigen Jahreszeit, die nur wenig Regen hat, ist sie bedeutend weniger warm. Gewöhnlich wehen Winde von Südost her. Die häufigen Orcane richten viel Verheerungen an; die von 1751, 1772, 1774, 1806 zerstörten namentlich fast alle Kaffe-, Gewürznelken- und Maispflanzungen. R. wird durch die an den hohen Bergen niederfallenden Dünste reichlich bewässert; aber auch hier, wie auf Mauritius, hat die fortschreitende Entholzung die Bewässerung vermindert und der Cultur geschadet. Eine 1½ Stunde breite, aus sehr fruchtbarem Boden bestehende Culturzone umzieht die Insel und schreitet immer weiter nach dem Innern vor; hier herrscht Tropenvegetation; es ist die Region der Zucker-, Manioc-, Gewürznelken-, Cacao-, Zimmt- und Kaffecultur (der Kaffe steht dem Mokka nahe im Werth), worin aber auch europäische Getraidearten, Orangen, Pampelmousen neben dem indischen Tikbaum, Eisenholz (Sideroxylon; der Baum liefert ein dem Olivenöl gleiches Oel), Cocos- und Dattelpalmen, Bananen, Mango vorzüglich gedeihen; europäische Gemüse degeneriren jedoch. Besonders in den letzten Jahren hat die Cultur der gewöhnlichen Nahrungsmittel sehr ab-, die von Zucker, Gewürznelken und anderen Exportartikeln dagegen so zugenommen, daß die Bevölkerung, gleich der von Mauritius, gezwungen ist, zu ihrer Subsistenz einen großen Theil des Schlachtviehs aus Madagascar, sowie ihren Reis ebendaher oder aus Bengalen zu beziehen. Namentlich ist in der Zeit der Zucker zum wichtigsten Artikel der Insel geworden, während die Kaffecultur zurückging. Im J. 1815 war die Zuckerproduction fast noch unbeachtet, im J. 1836 betrug sie bereits 23,387,116 Kil. rohen Zucker auf 14530 Hectaren Land, 1845 gar 29,936,037 Kil. auf 23584 Hect. mit einem reinen Gewinn von 11,794,529 Fres., 1849 nur 23,661,404 Kil. Die Gewürznelke lieferte 1835 869,570, 1849 620,350 Kil.; die Kaffecultur 1847 nur 362,750, 1849 445,745, 1834 gar noch 1,564,580 Kil. Wegen der Steigerung der Production von Zucker und Gewürznelken erhob sich zugleich der Export des Zuckers nach Frankreich von 573,168 Kil. im Jahre 1818 auf 28,597,349 im J. 1845, 24,799,658 Kil. im J. 1847, der der Gewürznelken von 400 Kil. im J. 1818 auf 869,570 Kil. im J. 1835, 407,127 Kil. im J. 1847. Zu den sehr geschätzten Producten der Insel gehört endlich noch der von den Bienen aus den Blüthen der Weinmannia bereitete grüne, meist nach Indien exportirte und daselbst theuer bezahlte Honig. Dennoch gab es 1845 auf Réunion noch 170,271 Hectaren uncultivirten Landes bei 61,279 Hect. Culturlandes. Ist auch in neuerer Zeit die Entholzung nach dem Innern und die Inculturſetzung fortwährend fortgeschritten, so scheint doch ein Theil des Centrums der Insel der Cultur zu widerstehen. Handel wird sehr lebendig, besonders nach Frankreich, dann nach Mauritius, Indien und Madagascar betrieben, obgleich R. nur einige offene Rheden und keinen einzigen Hafen hat. Die Handelsbilance ist sehr zum Vortheil der Insel, indem 1845 die Importen aus Frankreich 13,832,533 (1847 nur 6,249,350), die Exporten dahin 24,490,310 (1847 21,745,939) Fres. betrugen. Im Innern erleichtern ihn jetzt gute Straßen. 1845 kamen 2901 Schiffe an, 2727 gingen ab. Die Bevölkerung betrug 1847 103284 Köpfe mit Ausschluß der Truppen, worunter 31218 Weiße fast ohne Ausnahme französischer Abkunft; die jetzt freien Farbigen stammen meist aus Madagascar oder Ost-Afrika her. Die Einfuhr freier Arbeiter aus Indien und China lieferte kein so günstiges Resultat wie auf Mauritius, doch wächst sie. 1845 gab es erst 1561 Indier und 382 Chinesen. Verwaltung und Truppencommando hängen von einem Gouverneur ab, dem ein gewähltes Conseil von 30 Mitgliedern zur Seite steht. Ein Gerichtshof zu St. Denis bildet in Rechtssachen die höchste Instanz. Für den Unterricht sorgt eine höhere Lehranstalt (einst Collège Royal) und einige von Priestern und Nonnen geleitete Elementarschulen. Die Staatseinnahmen betrugen 1836 2,149,563, die Ausgaben 2,932,428 Frcs., so daß der französische Staatsschatz 783,365 Frcs. zur Verwaltung zuschießen mußte. Die Besatzung betrug im J. 1847 mit Einschluß von 119 Gensdarmen, 194 Artilleristen und Ouvriers zusammen 1749 Mann.

Die Insel ist in 2 große, östlich oder westlich der Gebirgskette gelegene Districte getheilt. St. Denis, 20° 51' 37" S. B. 73° 10' O. L., der Hauptort, auf der NO.-Seite der Insel; 900 Häuser, 12,000 Ew.; Sitz des Gouverneurs und des höchsten Gerichtshofs; Collège Royal (1836 157 Schüler); öffentliche Bibliothek; Garten zur Naturalisation fremder Gewächse; offene Rhede; bedeutender Handel. — St. Paul, auf der Westseite, 500 H. 10,000 E. — Salazie, neu angelegt im Innern, aber rasch aufblühend. 1840 mit 50 Familien. Der hohen Lage wegen Station für an tropischen Krankheiten Leidende; warme Mineralquelle.

IV. Die Mahé- oder Sechellesinseln, eine zu England gehörende, etwa 29 (12 größere und 17 kleinere) Inseln umfassende Gruppe von 30 Stunden nord-südlicher Länge, zwischen dem 72—74° O. L. und 3° 32'—5° S. B., welche sich über einer untermeerischen, 22 M. NS. langen, 45 M. ostwestlich breiten Corallenbank von sehr ungleicher Oberfläche erhebt. Die einzelnen Inseln sind hoch, bergig, pittoresk, gut bewässert und mit vielen Häfen versehen, nur 2 flach. Das Klima gleichförmig und außerordentlich gesund, selbst gesunder, ungeachtet der sehr großen Hitze (21—30°), als auf irgend einer anderen Insel des Indischen Oceans; gegen Abend stets durch Seewinde gemäßigt. Die verheerenden Stürme von Mauritius und Bourbon sind hier unbekannt. Wie in Indien, treten die Regen regelmäßig ein und dauern mehrere Monate, so daß hierdurch sowohl eine lange trockene, als eine lange regnige Periode hervorgerufen wird. Der durchaus granitische Boden ist nicht besonders fruchtbar, doch enthalten die Wälder prachtvolle Stämme von Hibiscus liliaceus, die zum Bau bis 36 F. langer, 5—6 breiter Canoes dienen, ferner harte Hölzer (bois de nat), zahlreiche nützliche Farbehölzer (Sandel-, Eben-, Palysanderholz) und den weißen Acajoubaum, den ceylanischen Rosenholzbaum, nebst geschätzten Arzneigewächsen, namentlich die in tropischen Krankheiten ungemein heilsame Colombowurzel. Auf den zur Gruppe gehörenden Inseln Praslin und Curieuse findet sich einzig in der Welt der Meercocosbaum (Lodoicea Sechellarum), der in allen Theilen nützlich, vorzugsweise aber seiner auf den hinterindischen Inseln als Giftgegenmittel hochgeschätzten Früchte (der sogenannten malidivischen Nüsse) wegen berühmt wurde. Alle eingeführten Pflanzen gedeihen ausgezeichnet; so Gewürznelken, Kaffe, Zimmt, Cacao- und Orangenbäume, Zuckerrohr, Indigo, Ananas (so häufig, wie in Europa die Disteln), Manioc, Gewürze, Mais, Baumwolle (von vortrefflicher Beschaffenheit); Cocospalmen umgeben überall die Küsten. Unter den Thieren des benachbarten Meeres ist die eßbare Riesenschildkröte, die man in künstlich angelegten Lagunen hegt, wo sie sich auch fortpflanzt, häufig; Fische gibt es in Ueberfluß, zum Theil giftige; Walfische und Seekühe werden zur Thranbereitung gejagt. Auffallend ist in den süßen Gewässern der Inseln Mahé, Praslin, la Digue und Silhouette das Vorkommen von Krokodilen, die sogar in das Meer gehen und auf Praslin besonders groß und gefräßig sind. Auf dem Lande leben sehr fette Fledermäuse, die als beliebte Speise genossen werden, sowie sich die Bewohner von la Digue fast ausschließlich von Schildkröten nähren. Die ungemein vortheilhafte Lage der Gruppe, wodurch sie den ganzen Handel in diesen Theilen des Indischen Oceans zwischen Afrika und Indien zu beherrschen im Stande wäre, und die große Zahl vortrefflicher Häfen veranlaßt immer einen ausgedehnten Verkehr der Bevölkerung mit den Producten ihres Bodens nach Indien und den Mascarenen, doch betreiben die Bewohner, 1837 7000 (1842 nur noch 4400) Köpfe (worunter 400 Weiße), also im Abnehmen begriffen, meist Ackerbau und durch den Besitz vortrefflichen Bauholzes ansehnliche Rhederei, aber wenig technische Industrie, mit Ausnahme der Anfertigung von Cocosnußöl und Aloëbasttauen. Mahé verproviantirt überdieß die häufig daselbst anlegenden Walfischjäger. Die Weißen sind fast ausschließlich französischer Abkunft und katholisch. In politischer Hinsicht stehen die Sechellen unter dem Gouverneur von Mauritius. Die Einnahmen betragen 6230, die Ausgaben 110875 Frcs.

1) Mahé, 19 Meilen lang, 12 im Umfange, sehr gebirgig, mit zerrissener und wasserreicher Oberfläche, in der Mitte mit dem Morne Blanc, einem sehr steilen, 2462 F. hohen Granitberge: von zahlreichen Inselchen (St. Anne mit 250 Ew., Ile aux Cerfs u. s. w.) umgeben, aber überall zugänglich durch große und tiefe Häfen: im J. 1837 5834 Ew. — Victoria (einst Mahé), 4° 37′ 12″ N. B. und 73° 16′ 44″ O. L., Hauptort und Sitz der Behörden: lebhafter Handel; literarische Societät.

2) Praslin, stark gebirgig, mit viel Cocos- und Meercocospalmwaldungen: 401 Ew.

3) Silhouette, die höchste Insel der Gruppe: 136 Ew.: mit einem besseren Boden, als Mahé: reich an Krokodilen, Meer- und Landschildkröten.

4) La Curieuse, Meercocospalmwald, Baumwollencultur: Hospital für Aussätzige.

5) Ile de la Digue, einst mit vielen, sehr großen Krokodilen und Schildkröten.

6) Die Fregatteninsel (Ile aux Frégates), einst der letzte Zufluchtsort der in dieser Gegend übermächtigen Corsaren.

7) Die Seekuhinsel (Ile aux vaches marines), nach den an die Insel häufiger kommenden Seekühen genannt: das benachbarte Meer ist in einer allen Glauben übersteigenden Weise fischreich.

In demselben Meere liegt noch:

8) Die Insel der Vorsehung (Ile de la Providence), 9° 12′ S. B. 68° 75′ O. L., ohne Quellwasser: Aufenthaltsort für Aussätzige; das Meer sehr fisch- und schildkrötenreich.

V. Die Admiralitätsinseln, 11 an der Zahl, zwischen 4° 59′—6° 12′ S. B. 69—73° O. L., bestehen wesentlich aus Corallen und Sand und sind noch durch eine Corallenbank verbunden. Zugleich niedrig und zum Theil bewaldet, dienen sie als Stationsplätze für den Fisch- und Schildkrötenfang und werden deshalb durch Concession von der britischen Regierung vergeben. Von Menschen sind sie unbewohnt, doch ernähren sie zahlreiche Schweine und Ziegen. Die bekanntesten sind la Boudeuse, Ile Poivre, Ile des Roches, Ile d'Arros u. s. w.

VI. Die Insel Rodriguez, in 19° 41′ S. B. und 81° 9′ O. L., 2 M. lang, etwa 3/4 M. breit und den Engländern zugehörig, die sie als Schiffsstation benutzen; sie wird in 3/4 M. Entfernung ganz mit einem Corallenfelsenkranz umgeben und ist hügelig, doch übersteigen die höchsten granitischen Erhebungen kaum 600 F. Sie ist durch häufig Cascaden bildende Bäche wohlbewässert; in ihrem nördlichen Theile hat sie einen sicheren und geräumigen Hafen. Der Boden ist nur zum Theil culturfähig; wo er es ist, besteht er aber fast ganz aus zerstörten Vegetabilien und ist dann ungemein fruchtbar. Die Atmosphäre ist fast stets rein, mild und gesund, wie auf Bourbon und Mauritius; in der Regenzeit stellen sich häufige und Monate lang dauernde Stürme ein. Die Hauptproducte von R. sind die allen Inseln dieses Theils des Indischen Oceans gemeinschaftlichen vorzüglichen Orangen, Citronen, guter Taback, Datteln, Mango, Yams, Reis, Piment, Bananen, wilde Baumwolle in Fülle und in vorzüglicher Güte, Papayabäume, indisches Tikholz; europäische Gemüse- und Getraidearten gedeihen gleichfalls wohl. Bergreis bildet das Hauptnahrungsmittel der Bevölkerung. Die Thierwelt ist sehr dürftig; nur wilde Katzen, Guineahühner, Eidechsen, ausgezeichnete Austern, Schildkröten sind häufig, Ratten sogar so häufig, daß sie zur Landplage geworden sind. Die 1843 250 Köpfe starke Bevölkerung, eine Mischlingsrace von Afrikanern und Madegassen, lebt von Ackerbau, Fischfang und Einsalzen von Fischen.

VII. Zwischen den Mascarenen und Sechellen liegt noch eine Anzahl zu dem Gouvernement von Mauritius gerechneter und zur Benutzung von ihm verpachteter Inseln: 1) Die Sandinsel (Ile de Sable), östlich Madagascar, in 15° 53′ S. B. und 71° 22′ 45″ O. L., eine nur 15 F. über dem Meeresspiegel erhabene, von einer großen Bank umgebene Klippe. 2) St. Brandon, eigentlich eine aus 12 kleinen, mit Corallenriffen umgebenen Corallenfelseilanden, 5 Gruppen bildende Inselkette am Südrande der großen, 20 M. langen und 15—17 M. breiten, äußerst fischreichen, submarinen Bank Coroa dos Garajaos, in 16° 9′—16° 52′ S. Br. Die dazu gehörenden Inseln sind sämmtlich sehr niedrig und bei Stürmen häufig vom Meere ganz bedeckt, daher ohne bleibende Ew., aber durch unzählige Seevögel bevölkert. 3) Galéga oder Agalega, näher an den Sechellen, 10° 29′ S. B. und 74° 34′ O. L., 2 5/8 M. lang; reich an Cocospalmen; mit 200 industriösen Bewohnern, die eine sehr blühende Agricultur und ausgedehnte Cocosölbereitung treiben. 4) Coëtivi, 7° 15′ S. Br. 74° 2′ O. L., von Corallenfels und Sand gebildet und gleichfalls mit Cocospalmen bedeckt, sehr wasserlos; 100 Ew., die viel Mais nach Mauritius ausführen, Schildkröten fangen und Cocosöl anfertigen. 5) Die Chagosinseln, eine Gruppe von vielen kleinen Inseln und Corallenbänken, die sich größtentheils über der großen, fischreichen Chagosbank erheben und von denen Peros Banhos, 5° 23′ 30″ S. B. 82° 42° O. L., nebst der folgenden Insel, Diego Garcia, die größte ist; Peros Banhos hat 121 mit Cocosölbereitung (34,000 Gallons im Jahr) und Fischfang beschäftigte Ew. Diego Garcia, 7° 15′ S. B. 90° 11′ O. L., 3 M. lang, wasserarm; 275 Ew., die Brennholz sammeln und Cocosöl darstellen. Auch die übrigen kleinen Inseln der Chagosgruppe sind reich an Cocospalmen.

VIII. Socotora, in 12° 39′ N. B. und 74° 29′ O. L. und gegenüber dem C. Guardafui gelegen, hat die Gestalt eines von Westen nach Osten langgezogenen Dreiecks mit 48 Q.-M. Oberfläche. Den größten Theil der Küste bildet ein 1/2—1 M. breiter, im Süden wenig grüner, im Westen äußerst dürrer und gleich den trockensten Theilen Arabiens pflanzenleerer, nur im Osten sehr wasserreicher, mit der üppigsten Vegetation bedeckter, niedriger Saum nebst vielen jugendlichen Corallenfelsen. Das Innere erfüllen dagegen 2500—3000 F. hohe granitische Pics, oder bis 1900 F. ansteigende, aus kieselreichem Kalkstein bestehende, sehr dürre und zu 9/10 sogar völlig pflanzenlose Plateaus. Die bewässerten Thäler der Küsten sind durchaus fruchtbar, besitzen aber ein ungesundes Klima. Im Innern, trotz der periodischen starken und langen Regen, ist das letzte sehr zuträglich, und theils durch Regengüsse, theils durch fortwährende Winde, ungeachtet der Lage Socotoras in der Nähe des Aequators, mild. Die wesentlichsten Producte und Exporten bilden das wohlriechende Gummi Amara, Drachenblut, das berühmte Harz der bis zum Gipfel die Kalkfelsen des Plateaus stellenweise bekleidenden Socotora-Aloe (Aloe spicata), ferner vom Meere ausgeworfenes Ambra, Kameele, zahlreiche Schafe, Ziegen und Schweine. Die gastfreie, sanfte und im Charakter überhaupt höchst achtungswerthe, jedoch dumme Bevölkerung von etwa 400 Köpfen ist durchweg muhamedanisch, an der Küste eine schwächliche Mischung von Arabern, Indiern, Suahelis und andern Fremdlingen mit neuarabischer Sprache, im Innern dagegen von abweichendem, viel kräftigerem physischen Charakter und verschiedener Sprache, die jedoch von den Bewohnern des arabischen Berglandes verstanden wird. Sie treibt äußerst wenig Bodencultur, mehr Handel mit Zanzibar und Mascate, im Innern besonders ausgedehnte Viehzucht und verproviantirt die häufig trotz des Mangels von Häfen anlegenden Indienfahrer und Walfischfänger, da durch die günstige Lage Socotora zu einem vortrefflichen Stationsplatze geeignet ist. Bei Errichtung der indischen Dampfschiffahrt von Suez nach Bombay wurde die Insel einige Zeit von den Engländern als Kohlenniederlage benutzt, nach der Besetzung Adens aber wieder aufgegeben. Sie gehört dem Sultan von Kissine in Süd-Arabien, der von ihr eine Einnahme von nur 200 Dollars bezieht.

Tamarida, Hylert an der Nordseite, mit der besten Rhede der Insel, in fruchtbarer, wasserreicher Ebene; 150 seit dem Einfall der Wechabiten 1801 halb zerstörte Häuser mit 150 E., die sich des Handels wegen viel in Zanzibar aufhalten. — Colessik, Dorf an der Westseite; Verproviantirungsplatz engl. Indienfahrer. In der Nähe liegt die 7 1/2 M. lange und 1/2 M. breite Insel Abdul Kourg, welche Socotora ganz gleicht und vorzugsweise aus nacktem Granit besteht. 60 Ew.

Druck der Universitätsbuchdruckerei von E. A. Huth in Göttingen.

Australien.

Ausdehnung, Name und Entdeckung. Man begreift unter dem Namen Australien alle Länder, die sich von der Ostküste Asiens und von den vor ihr liegenden Inseln, wie vom Indischen Ocean an bis zur Westküste Amerikas gegen Ost ausbreiten und in dem Ocean zerstreut liegen, den man den Stillen oder Großen Ocean nennt. Den Europäern ist dieser Theil der Erdoberfläche, der von ihrer Heimath am fernsten liegt, deshalb auch am spätesten bekannt geworden. Erst als im sechszehnten Jahrhundert Asien und Amerika von ihnen entdeckt waren, drangen sie bis dahin vor und das zwar, da der Wege von Europa dahin durch den Atlantischen Ocean, die Hauptfahrstraße der europäischen Seevölker, zwei sind, um die Südspitze von Amerika und von Asien, auch auf doppelte Weise. Der erste Europäer, welcher den Stillen Ocean sah, war der Spanier Vasco Nuñez de Balboa, als er, durch die Landenge von Darien vordringend, 1513 die Westküste Amerikas erreichte; darauf durchfuhr zuerst Fernando de Magalhaens 1521 dies größte aller Meere, und ist, obschon er dabei nur auf wenige seiner zahlreichen Inseln stieß, doch als der erste Entdecker Australiens zu betrachten. Ihm folgten während des sechszehnten Jahrhunderts auf demselben Wege um die Südspitze Amerikas andere Reisende, meist Spanier (Alvarez de Mendana, Pedro Fernandez de Quiros), später auch Engländer (Franz Drake), und im siebzehnten Jahrhundert wurden die Reisen dieser Art durch den Stillen Ocean von West gegen Ost (die man Erdumseglungen zu nennen pflegt, weil sie allerdings, indem sie den Anfangs- und Endpunkt in Europa haben, rund um die Erde von West nach Ost führen), viel häufiger (die Holländer Jac. le Maire und Wilh. Schouten, der Engländer Will. Dampier), und die Inseln des Oceans allmählich immer bekannter. Zugleich gelangten im Anfang desselben Jahrhunderts bei der Ausbreitung der holländischen Herrschaft in den indischen Inseln holländische Seefahrer an die Nord- und Westküsten des australischen Continents, und aus dieser Zeit stammt der Name Australien, da man, durch eine vorgefaßte Meinung von der Existenz eines großen, die südlichen Theile der Erdkugel umschließenden Continents verführt, dieses in dem an der Ostgrenze des Indischen Oceans sich ausdehnenden Lande gefunden zu haben meinte, und zugleich geneigt war, manche auf den Erdumseglungen gesehenen Inseln als Spitzen desselben zu betrachten. Daß dies aber ein Irrthum sei, bewies der größte Seemann jenes Jahrhunderts, der Holländer Abel Tasman, der Einzige, der es vor Cook gewagt hat, auf dem Wege durch den Indischen Ocean in den Stillen Ocean einzudringen, und dabei die Südspitze des australischen Continents und Neu-Seeland entdeckte (1642). Seit der Mitte des siebzehnten Jahrhunderts geriethen jedoch die bis dahin mit so regem Eifer betriebenen Unternehmungen zur Entdeckung der Länder und Inseln Australiens ins Stocken; ein Jahrhundert lang wagten blos einige Kaufleute und Seeräuber und fast nur im nördlichen schmalsten Theile die Durchschiffung des Meeres, so daß selbst früher gemachte Entdeckungen darüber wieder gänzlich in Vergessenheit geriethen. Erst als

1769 die englische Regierung die Absendung eines Schiffes nach dem Stillen Ocean zur Beobachtung des Durchganges der Venus vor der Sonnenscheibe beschloß, entdeckte bei dieser Gelegenheit James Cook, außer Columbus der größte Entdecker und Seemann, den das Menschengeschlecht aufzuzeigen hat, einen bedeutenden Theil der Inselgruppen des Oceans und die ganze Ostküste des australischen Continents, und fügte diesen Entdeckungen auf seinen beiden anderen Reisen 1772 und 1778 so viele hinzu, daß er den Ruhm verdient, durch seine Thätigkeit und Anstrengungen den bei weitem größten Theil Australiens den Europäern bekannt gemacht zu haben, der eigentliche wahre Entdecker Australiens geworden zu seyn. Sein Beispiel erregte unter allen europäischen Seevölkern solchen Wetteifer und solche Begeisterung, daß seitdem eine Reihe von glänzenden Unternehmungen zur genaueren Durchforschung dieser weiten Meeresflächen sich gefolgt sind, welche zum Resultat gehabt haben, daß sie jetzt größtentheils kaum weniger bekannt sind, als die Meere, welche Europa umgeben (die Engländer Vancouver, Flinders, King, Stokes; die Franzosen Freycinet, Duperrey, Dumont d'Urville; die Russen [eigentlich Deutschen] v. Krusenstern, Kotzebue, Lütke; der Nordamerikaner Wilkes). Diesen Entdeckern folgten bald die thätigen und unerschrockenen Walfischfänger, die betriebsamen Kaufleute, die (protestantischen und katholischen) Missionare, endlich die Colonisten, welche die europäische Gesittung bereits im australischen Continent und in Neu-Seeland verbreitet haben, und diese ganze auf die australischen Länder gewandte Thätigkeit der Europäer hat anderseits wiederum dazu beigetragen, unsere Kenntnisse von ihnen sehr zu vermehren.

Der Stille Ocean. Dieser Ocean ist von Fern. Magalhaens 1521 wegen seiner verhältnißmäßig leichten und bequemen Durchschiffung im Vergleich zu dem stürmischen Meere, welches die Südspitze Amerikas umgiebt, der Stille Ocean (Mar pacifico) genannt worden, bei den Engländern heißt er auch die Südsee, bei den Franzosen gewöhnlich der Große Ocean. Er ist das Hauptmeer der Erde und nimmt von dem Flächeninhalt derselben fast den dritten Theil ein. Im Westen begrenzen ihn die Ostküsten von Australien und Asien, doch wird er von der letzten durch die von den indischen und ostasiatischen Inselgruppen gebildeten Küstenmeere geschieden, die sich bis zur Halbinsel Aliaska und zur Nordküste Amerikas ausdehnen, und die wie jene Inselgruppen noch zu Asien gerechnet werden; im Osten reicht er allenthalben bis an die Westküste Amerikas, und im Süden geht er ohne bestimmte Grenze in das südliche Polarmeer über. Hierdurch erhält er eine dreieckige Form und ungleiche Breite, die im Norden am geringsten, in der Parallele von Californien gegen 1000, südlicher 2000 Meilen und mehr beträgt. Jahrhunderte lang war dieser Ocean seiner Größe halber gefürchtet, seine Durchschiffung galt bei den Europäern für ein bedeutendes Wagestück und wurde hauptsächlich nur wegen der Verbindung zwischen den spanischen Colonien Mexiko und Manila im nördlichen Theile unternommen; seit Cook's Reisen und seit der zweiten Hälfte des vorigen Jahrhunderts sind diese Fahrten so häufig und die Schifffahrtskunde ist bei den europäischen Nationen so vervollkommnet worden, daß der Stille Ocean seine Schrecken verloren hat, und jetzt für ein sehr stark besuchtes Meer gelten kann, das Reisende, Walfischfänger, Kaufleute und Missionare fortwährend nach allen Richtungen hin durchkreuzen. Für diese Durchschiffung ist die Kenntniß der Strömungen des Oceans sehr wichtig. Die bedeutendste derselben ist die große Aequatorialströmung, die im tropischen Theile fortwährend gegen West führt und, verbunden mit dem ähnlich wirkenden Einflusse des beständig in derselben Richtung wehenden Passatwindes, zwischen den Wendekreisen die Schifffahrt gegen West eben so sehr erleichtert, als sie die gegen Ost erschwert. Nur in einem schmalen Striche nördlich vom Aequator wird sie von einer Gegenströmung unterbrochen, die stets von West nach Ost zu führen scheint. Die Aequatorialströmung reicht im Nord und Süd eine kleine Strecke über die Wendekreise hinaus. Im nördlichsten Theile des Oceans herrschen verschiedene, hauptsächlich östliche Strömungen, an der amerikanischen Küste dagegen eine besondere, nach Süd führende, die zuletzt in die Aequatorialströmung übergeht. In dem Theile südlich vom Wendekreise des Steinbocks sind die Strömungen überwiegend gegen Nord und Nordost gerichtet; es ist die große Südpolarströmung, die in den Ocean eintritt und sich endlich mit der Aequatorialströmung vereinigt. Hieraus erklärt sich die Leichtigkeit, mit der sich der Stille Ocean in den Theilen Nord und Süd von den Wendekreisen nach Ost hin durchfahren läßt. Im Südosttheile des Meeres trifft die Südpolarströmung etwa bei den Chiloeinseln auf die Küste Amerikas und theilt sich darauf; während der eine Arm nach Süd um die Spitze Amerikas herumgeht, führt der andere Arm das aus dem Polarmeer kommende Wasser gegen Nord die Küste entlang und bildet so den peruanischen Küstenstrom kalten Wassers, und diese Strömung, welche erst um den Aequator bei der Inselgruppe der Galapagos sich mit der Aequatorialströmung verbindet, ist es, welche die Fahrt längs der Westküste von Südamerika nach Nord so leicht, nach Süd so schwierig macht und den merkwürdigsten Einfluß auf das Klima der Küstenlandschaften von Peru und Chile ausübt.

Im westlichsten Theile des Oceans führen zwei Abtheilungen desselben besondere Namen, das Carolinische und das Korallenmeer. Das erste ist der Theil desselben, welcher zwischen den carolinischen Inseln im Norden und Neu-Guinea, Neu-Britannien und den Salomonsinseln im Süden, den Philippinen im Westen und den Inselgruppen Marshall und Gilbert im Osten liegt; das Korallenmeer wird von Australien im Westen, von Neu-Seeland, Neu-Caledonien und den Neuen Hebriden im Osten, von den Salomonsinseln und der Louisiade im Norden eingeschlossen. Beide Meere unterscheiden sich von den östlicheren Theilen des Oceans dadurch, daß in ihnen nicht mehr die regelmäßigen Passatwinde und die Aequatorialströmung herrschen, sondern bereits die bekannten indischen Monsune (vergl. S. 93) und demgemäß wechselnde Strömungen, die bald nach Ost, bald nach West gehen, auftreten. Das Korallenmeer hat seinen Namen von den vielen Korallenriffen erhalten, die theils dasselbe an allen Küsten der umliegenden Länder umschließen, theils in großer Menge in seinem Inneren zerstreut sich finden und für die Schifffahrt um so gefährlicher sind, da nur sehr wenige von ihnen über dem Meeresspiegel hervorragen.

Die Australischen Länder. In dem Raume zwischen dem Indischen Oceane und der Westküste Amerikas liegt zuerst ein eigener Continent, Australien im engeren Sinne, auch Neu-Holland genannt, der das Korallenmeer von dem Indischen Ocean trennt und nördlich bis nahe an Neu-Guinea und die östlichsten Inseln des großen Indischen Archipels reicht, und östlich von diesem Continent und den Indischen Inseln eine überaus große Zahl von Inseln von den verschiedensten Dimensionen, meistens in Gruppen vereinigt, nicht selten auch einzeln, zerstreut. Frühere Geographen haben diesen ausgedehnten Inselgruppen den Namen Polynesien gegeben.

Fauna, Flora und Bewohner der Australischen Länder. Wenn man auch den Continent und die Inselgruppen Australiens zu einem Ganzen verbunden hat, so ist doch in der Natur dieser beiden Theile desselben ein außerordentlicher Unterschied. Der Continent zeigt in der Vertheilung seiner Gebirgsländer und Tiefebenen, in seinen Flußsystemen solche Eigenthümlichkeiten, daß er dadurch von allen übrigen Continenten sehr verschieden ist; in gleicher Art ist seine Pflanzen- und Thierwelt eine durchaus besondere, die mit der anderer Länder nur in sehr untergeordneten Punkten übereinstimmt. Die Inselgruppen dagegen sind (mit Ausnahme der großen westlichen, die dem Continent und den Indischen Inseln nahe liegen) vulkanischen Ursprungs, vielleicht selbst da, wo ihre Oberfläche nur den verhältnißmäßig sehr jungen Madreporen-Kalkstein zeigt; die ihnen angehörenden Pflanzen und Thiere sind fast nur die der Indischen Inseln, außer daß sich in den dem Continent am nächsten liegenden Uebergänge in die Pflanzen- und Thierwelt desselben zeigen, wie sie stets vorzukommen pflegen, wo sich zwei eigenthümliche Naturgebiete berühren.

Eine gleiche Verschiedenheit zeigen die ursprünglichen Bewohner der Australischen Länder. Auf dem Continent findet man einen dunkelfarbigen, negerähnlichen

24*

Volksstamm, der von allen übrigen Menschenstämmen ganz abweicht und im Zustande der tiefsten Rohheit familien-, höchstens stammweise in dem unwirthlichen Lande umherzieht. Von den Inseln haben die größten und den Küsten des Continents am nächsten liegenden eine ähnliche Bevölkerung, die anscheinend diesem schwarzen Stamme des Continents verwandt ist, ob sie gleich wieder in wichtigen Punkten von ihnen sich unterscheidet und namentlich bei aller Wildheit doch nicht mehr in einem Zustande von so außerordentlicher Rohheit lebt wie jener. Den größten Theil der Inseln bewohnen dagegen hellfarbige Stämme, die in ihren Sprachen, ihren Sitten und Institutionen, ihrer Denkungsweise und ihren religiösen Vorstellungen der Urbevölkerung den Indischen Inseln nahe verwandt sind. Auch Europäer (und zwar fast durchaus Engländer) haben sich jetzt in den Australischen Ländern niedergelassen und vor allem auf dem Continent blühende und schnell sich entwickelnde Colonien gegründet.

I. Der Continent Australien.

Charten.

Hauptsächlich eine Reihe von Charten von J. Arrowsmith, besonders sein Australia from surveys made by order of the british government, 1850; dann die Charten bei den Werken von Flinders, Freycinet, King, Mitchell und Stokes.

Bücher.

Cook's erste Reise um die Welt in Hawkesworth, Account of the voyages for making discoveries in the southern Hemisphere. London 1773. 3 Bde. 4°. — Rossel, Voyage de d'Entrecasteaux envoyé à la recherche de la Pérouse. Paris 1808. 2 Bände. 4°. — Péron, Voyages de découvertes aux terres australes. Paris 1807. 2 Bde. 4°. — Freycinet, Navigation et hydrographie des terres australes (der dritte Theil des vorigen Werkes). — Flinders, Voyage to Terra australis. London 1814. 2 Bde. 4°. — Collins, Account of the english Colony of New South Wales. London 1801. 2 Bde. 4°. — King, Narrative of a survey of the intertropical and western coasts of Australia. London. 2 Bde. 8°. — Stokes, Discoveries in Australia with an account of the coasts and rivers. London 1846. 2 Bde. 8°. — J. B. Jukes, Narrative of a surveying voyage under the command of C. Blackword. London 1847. 2 Bde. 8°. — Grey, Journal of two expeditions in Northwestern Australia. London 1838. 2 Bde. 8°. — Oxley, Journals of two expeditions into the interior of New South Wales. London 1820. 4°. — Sturt, Two expeditions into the interior of Southern Australia. London 1833. 2 Bde. 8°. — Derselbe, Narrative of an expedition into Central Australia, performed during the years 1844-1846 etc. 2 Bde. London 1849. 8°. — Mitchell, Three expeditions into the interior of Eastern Australia. London 1838. 2 Bde. 8°. — Derselbe, Journal of an expedition into the interior of tropical Australia etc. London 1848. 8°. — Leichhardt, Tagebuch einer Landreise in Australien, übers. von Zuchold. Halle 1851. 8°. — Strzelecki, Physical description of New South Wales and Vandiemensland. London 1845. 8°. — Meinicke, Das Festland Australien, eine geographische Monographie. Prenzlau 1837. 2 Bde. 8°. — Sam. Sidney, The three colonies of Australia, New South Wales, Victoria, South Australia. London 1852. 8°. — J. C. Byrne, Twelve years' wanderings in the british colonies. London 1848. 8°.

Name, Lage, Gestalt und Größe. Der Name, mit welchem diesen Erdtheil seine europäischen Bewohner jetzt ausschließlich benennen, Australien, ist zugleich, wie schon gesagt, der älteste desselben. Die erste Entdeckung gebührt dem holländischen Schiffe Duyfhen, das 1606 die Ostküste des Carpentariagolfs sah; darauf wurden bis 1644 von einzelnen holländischen Schiffern die Nord-, West- und ein Theil der Südküste aufgefunden und einzeln benannt; diese Namen (Carpentaria, Arnhems- und Vandiemens-Land für die nördliche, Neuholland [welcher Name lange Zeit besonders von den Deutschen für den ganzen Continent gebraucht ist, obwohl Abel Tasman, der ihn einführte, ihn nur auf einen Theil der Nordwestküste beschränkt hatte] und Dewitts-Land für die nordwestliche, Eendrachts-Land, Edels-Land und Leeuwin-Land für die westliche und Nuyts-Land für den Westtheil der südlichen Küste), sind jedoch jetzt ganz außer Gebrauch gekommen. Die Ostküste hat erst Cook 1770 entdeckt und New South Wales benannt. In dieser Zeit der ersten Entdeckungen galt der Continent, welchen man zugleich für zusammenhangend mit der Insel Neu-Guinea ansah, für den nördlichsten Theil eines großen, bis zum Südpol reichenden Australlandes, obgleich der Spanier Luis Vaez de Torres schon 1606 die Straße zwischen Neu-Guinea und Australien durchfahren, und der Holländer Ab. Tasman bereits 1642 die Südspitze Australiens, die er Vandiemens-Land benannte, entdeckt hatte. Seitdem die englischen Colonien hier gegründet sind, ist (auf den Vorschlag von Flinders) der Name Australien der herrschende für den Continent geworden.

Australien wird allenthalben von Meeren eingeschlossen, im Osten vom Stillen, auf den anderen Seiten vom Indischen Ocean. Seine nördlichste Spitze, Cap York, liegt 10° 43′ S. Br., 142° 29′ O. L. *), die südlichste, Cap Wilson, 39° 11′ S. Br., 146° 24′ O. L., die westlichste, Cap Inscription auf der Insel Dirkhatich, 25° 28′ S. Br., 113° 1′ O. L., die östlichste, Cap Byron, 28° 38′ S. Br., 153° 40′ O. L. Die Form des Landes ist die eines Ovals, wenn man von einer großen Einbiegung an der Südküste absieht. Seine größte Breite von Ost nach West ist 548, die größte Länge von Nord nach Süd 429 M., der Flächeninhalt mit den umliegenden Inseln etwa 144,000 Q.-M. Der Küstenumfang beträgt ungefähr 1940 M., so daß auf eine Meile desselben gegen 75 Q.-M. des Flächeninhalts kommen, gerade doppelt so viel als bei Europa; dies ist die Folge der Einfachheit des Baues der Küsten und des Mangels an Einschnitten und Meerbusen. Abweichend von den übrigen Continenten liegt Australien ganz in der südlichen Hemisphäre, und der südliche Wendekreis durchschneidet es in der Mitte, so daß zwei Fünftel der heißen, der Rest der gemäßigten Zone angehören. Von den übrigen Continenten ist Asien der nächste, Europa der fernste; die nächsten Inseln sind Neu-Guinea 25, Timor 75 M. entfernt.

Meere und Küstenbildung. Das Meer an der Nordküste Australiens bis zur Küste von Neu-Guinea heißt gewöhnlich das Timormeer von der im Nordwesten desselben liegenden Insel Timor; es ist ein Theil des Indischen Oceans und bildet den Uebergang zum Stillen Ocean. Zu ihm gehört an der Nordküste Australiens zuerst der 100 M. lange, allein sehr einförmige Carpentaria-Busen, den die Caps York und Wessel (10° 59′ Br., 135° 46′ L.), das letztere das nördlichste der gleichnamigen Inselgruppe, begrenzen, und dessen östliche und südliche Küsten flach und großer Schlammbänke wegen für Schiffe unzugänglich, die westliche und besonders die nordwestliche hoch und an schönen Häfen (die Melville-Bai) reich sind. Von C. Wessel geht die Küste gegen West und ist flach und einförmig gebildet bis an die Halbinsel Coburg, die durch ihre schönen Häfen (Port Essington) ausgezeichnet ist, und an deren Südseite der Vandiemens-Golf (Pitschenelumbo der Eingeborenen) in das Land eindringt, vor welchem im Nordwesten die durch die Apsleystraße getrennten Inseln Bathurst und Melville liegen; das Nordcap der letzten, C. Vandiemen (11° 8′ Br., 130° 20′ L.), ist das Nordwestcap Australiens. Von ihm dehnt sich die Küste im Ganzen nach Südwesten aus; sie ist anfangs noch eben, doch mit schönen Häfen versehen bis zu der großen Bai, in welche der Fluß Victoria mündet, und bis zu dem nahe dabei liegenden, tiefen Cambridgegolf. Etwas westlicher beginnt bei C. Londonderry (13° 44′ Br., 126° 54′ L.) eine auffallende Klippenküste, indem vor dem Lande die großen, aus zahllosen, kleinen, wilden Felseninseln zusammengesetzten Archipele Bonaparte und Buccaneer liegen, hinter ihnen ist die hohe und steile Küste von vielen tiefen Busen (der Admiralitätssund, Brunswicksund, Cygnetgolf) durchschnitten, welche die schönsten Häfen in Fülle enthalten. Bei Cap

*) Die Länge ist stets Ost von Greenwich gerechnet.

Levesque, dem Westcap des Cygnetgolfs (16° 22′ Br., 122° 57′ L.), endet die Klippenküste; nun beginnt ein flacher, hafenloser, außerordentlich öder Strand, der ohne Unterbrechung bis zum C. Northwest, dem Westcap des Exmouthgolfs (21° 48′ Br. 114° 2′ L.), nach Südwesten zieht, und vor dem einzelne flache Inselchen und Klippenreihen zerstreut liegen. Von C. Northwest geht die Küste, der früheren ganz ähnlich gebildet, gegen Süd bis zu dem großen, aber fast ganz von Sandbänken angefüllten, deshalb fast unzugänglichen Haiensunde, vor dem die Insel Dirkhatich liegt; südlicher ist sie etwas höher, und hat nur die Südwestspitze des Continents, C. Leeuwin (34° 19′ Br. 115° 6′ L.), einige schöne Häfen (besonders den Königgeorgsund). Von C. Leeuwin erstreckt sich die Südküste des Continents erst gegen Ost, dann von dem aus vielen kleinen Felseninseln bestehenden Archipel Recherche an gegen Nordost; sie zeigt hier die äußerste Einförmigkeit der Bildung, ist ohne alle Baien und Inseln, gänzlich schutz- und hafenlos. Von C. Des Adieux an wendet sie sich mehr nach Ost und ist hier zwar noch eben so öde und dürr wie bisher, hat aber kleine Inseln vor sich und mehrere Baien und Häfen. Bei C. Catastrophe beginnt der gegen 50 Meilen nach Nord reichende, einförmige Spencergolf, an dessen Eingang der Hafen Lincoln, einer der schönsten Australiens, liegt; etwas östlicher liegt der kleinere, aber noch einförmiger gebildete Vincentgolf und vor beiden die lange, aber schmale Insel Känguruh. Bei C. Jervis, dem Ostcap des Vincentgolfs (35° 32′ Br. 138° 4′ L.), wendet sich die Küste gegen Südost und hat hier wenig Schutz für die Schiffe und nicht geringere Unwirthlichkeit als West vom Spencergolf, dann aber beginnt mit C. Otway, dem nördlichen Eingangscap der Baßstraße (38° 51′ Br. 143° 29′ L.), die schöne, hafenreiche Steilküste des südöstlichen Australiens, die mit den ähnlich gebildeten Gestaden von Vandiemens-Land zu den ausgezeichnetsten Steilküsten der Erde gehört, mit den großen Häfen Port Phillip und Port Western, der letztere nicht fern vom C. Wilson, dem Südcap des Continents. Die 32 M. breite Baßstraße, in deren West- und Osteingang große Inseln liegen, in jenem die Insel King und südlicher die Gruppe Hunter, in diesem die Gruppe Fourneaux, trennt den Continent von der größten australischen Insel, Vandiemens-Land, die 1150 Q.-M. Flächeninhalt, die Form eines unregelmäßigen Vierecks und überall schöne, sichere Steilküsten hat; namentlich gehören die Häfen der Südostküste (im Entrecasteaux-Canale und der Sturmbai) zu den schönsten der Erde. Von C. Wilson geht die Küste des Continents anfangs gegen Nordost, von C. Howe an nach Nord bis zum C. Sandy (24° 42′ Br. 153° 16′ L.), in dieser ganzen Ausdehnung hoch, steil und mit schönen Häfen versehen (Port Jackson, Moretonbai). Von C. Sandy bis C. York hat sie die Richtung nach Nordwest. Sie wird hier von einem breiten Gürtel von Korallenriffen (dem Barrierriff) begrenzt, welcher die Wellen des Oceans abhält und häufig durch meist schmale Straßen unterbrochen wird; der breite Raum dahinter bis zum Lande gestattet eine durch zahllose Klippen und flache Inseln äußerst gefährliche Schifffahrt, die Küste selbst ist von vielen Busen und Baien durchschnitten, übrigens höher, besser bewässert und fruchtbarer als die meisten anderen des Continents, dessen Gestade sonst fast überall den Eindruck abschreckender Oede und Unwirthlichkeit hervorbringen. Mit dem C. York, dem nördlichsten des Landes, endet diese Küste. Nord von ihm liegt die kleine Gruppe des Prinzen von Wales, durch die Endeavourstraße von Australien geschieden, und von ihr nördlich die 20 M. breite Torresstraße, welche Australien von Neu-Guinea scheidet und von einer Menge kleiner, bis auf wenige hohe, vulkanische (wie Errub), meist flacher Inseln und zahllosen Sandbänken und Korallenriffen so angefüllt ist, daß nur einige schmale, sehr gefährliche Canäle für die Schifffahrt übrig bleiben; dennoch wird diese Straße, weil sie die nächste Verbindung zwischen den Colonien des östlichen Australiens und Indien darbietet, stark, allein der vorherrschenden Westströmung halber nur von Ost nach West befahren.

Beschaffenheit der Oberfläche. Obschon von dem Inneren des Continents bis jetzt höchstens ein Drittel erforscht und namentlich der westliche und mittlere Theil noch ganz unbekannt ist, so erscheint es doch selbst bei noch so mangelhafter Kenntniß davon überaus wahrscheinlich, daß der größere Theil des Landes ein Flachland und zwar von höchst abschreckender und unwirthlicher Bildung ist, das nur an den Küsten von einzelnen isolirten Gebirgsländern unterbrochen wird, so daß wahrscheinlich schon eine Erhebung des Meeresspiegels um nur einige hundert Fuß das Ganze in eine Gruppe großer Inseln auflösen würde. Solcher isolirter Gebirgsländer kennt man bis jetzt sechs, das südöstliche, das nordöstliche, das nördliche, das nordwestliche, das westliche und das von Süd-Australien.

1. Das Bergland von New South Wales, das bekannteste von allen, beginnt an der Südküste des Continents an der Mündung des Flusses Glenelg und erstreckt sich von da nach Ost, von C. Wilson an nach Nordnordost bis zur Herveybai. Es besteht aus einer Reihe schmaler, wiesenreicher und dünnbewaldeter Hochebenen (meistens von gegen 2000 F. Höhe) mit darüber zerstreuten, gewöhnlich nach Nord ziehenden Bergketten. Die Abfälle und Senkungen der Hochebenen sind nach dem Inneren stufenartig, nach dem Meere zu steil, dabei der Art, daß sie den Meeresstrand nicht immer erreichen, sondern, indem sie zu Zeiten zurücktreten, eine Reihe von Küstenebenen übrig lassen, die durch bergige Vorsprünge getrennt sind, und in welche sich die Küstenflüsse von den Bergabhängen gewöhnlich in tiefen, unzugänglichen Schluchten herab ergießen. Den südwestlichsten Theil dieses Berglandes bildet das von dem übrigen ganz getrennte Bergland des sogenannten Glücklichen Australiens, ein niedriges Hochland mit (namentlich im Südtheil) schönen, fruchtbaren Ebenen, die zu den reichsten Theilen Australiens gehören. Auf ihm zieht die Kette der Grampians an der Quelle des Glenelg von Nord nach Süd (mit dem Williamberge von 4200 F. *)); östlich von ihr liegen die Südlichen Pyrenäen, deren Ost- und Südabhang durch die überaus reichen Goldablagerungen ausgezeichnet ist. Nördlich von Port Phillip unterbricht eine Reihe tieferer, bis zum Thale des Murray reichenden Ebenen, die an Fruchtbarkeit denen des glücklichen Australiens nicht nachstehen, den Zusammenhang des Berglandes. Oestlicher steigt das nach Nordnordost ziehende Gebirge Warragong oder die Australischen Alpen auf, das höchste, das man bis jetzt in Australien kennt. Es wird aus zwei durch das Thal des oberen Murray und die Hochebene des Sees Omeo getrennten Gruppen von Bergen gebildet, in deren südlichen der Berg Aberdeen, in der nördlichen der Kosciusko (6200 F.) sich erhebt, und fällt gegen Südost in die fruchtbare und schöne Küstenebene des Gippslandes, der südlichsten derselben an der Ostküste, ab, gegen West senkt es sich sanft am oberen Murray zum Tieflande, gegen Ost wird es von der wiesenreichen Hochebene Monaru begrenzt, die vom oberen Laufe der Flüsse Snowy und Morumbidschi bewässert wird und weiter östlich mit steilem Abfall in die zweite Küstenebene, die bis zur Mündung des Shoalhaven reicht, herabsinkt. Auf Monaru folgt nördlich die Hochebene von Argyle mit dem jetzt ausgetrockneten See George, die gegen West am mittleren Morumbidschi durch das Stufenland von Yaß am Nordende des Warragong in das Tiefland und gegen Ost in das Thal des mittleren Shoalhaven übergeht, gegen Nordost sich durch das Stufenland Camden bis zum Meere und zu der kleinen, sehr fruchtbaren Küstenebene Klawara fortsetzt. Nördlich geht Argyle in das öde und schwer zugängliche Hochland der Blauen Berge über, das gegen Ost steil in die vom Hawkesbury durchflossene Küstenebene Cumberland abfällt, ein im Ganzen zwar nur unfruchtbares Land, das dennoch jetzt der wichtigste und der am stärksten bewohnte Theil des ganzen Continents ist; nach West folgen auf die Blauen Berge die fruchtbaren und wiesenreichen Hochebenen von Bathurst, die sich weiterhin stufenartig am Macquarie und Lachlan zum Tieflande herabsenken und in diesen Stufen den zweiten goldreichen District Australiens enthalten. Im Norden von den Blauen Bergen ist der Zusammenhang des Berglandes wieder zum Theil unterbrochen; das Thal des

*) Alle Höhen sind in Pariser Fußen.

oberen Hunter geht von Ost nach West und dann in das Thal des Macquarie über, während es sich östlich in die fruchtbare Küstenebene fortsetzt, die der untere Hunter bewässert, und die südlich durch öde Sandsteinberge von der Ebene Cumberland geschieden ist; die Küstenebene gehört zu den reichsten und schönsten Theilen von New South Wales. Gegen Nord wird das Thal des Hunter von der steilen Liverpoolkette (4000 F.) begrenzt, die ebenfalls von West nach Ost zieht und mit der der nördliche Theil des Berglandes von New South Wales beginnt. An ihrem Nordabhange breiten sich die tiefliegenden, fast ganz waldfreien Wiesenebenen von Liverpool aus, das Quellland des Nammoy, welche im Westen durch die Kette Wallambangle vom Tiefland getrennt, im Norden von der Kette Nundawar (Hardwicke) begrenzt werden. Oestlich von den Liverpoolebenen erhebt sich das Land zu Ebenen von bedeutender Meereshöhe, welche weiter östlich steil und plötzlich zu der sehr fruchtbaren Küstenebene des Port Macquarie, die vom Flusse Macleay bewässert wird, abfallen; gegen Nord gehen diese Hochebenen in das schöne und kühle, wiesenreiche Hochland von Neu-England, einen der schönsten Weidedistricte des Berglandes, über, welches im Westen sich mit den Beardy- und Byronebenen an den Quellarmen des Barwan zum Tieflande herabsenkt, das Quellgebiet des Barwan umschließt und nach Ost steil in die vom Flusse Clarence bewässerte Küstenebene abfällt. Auf Neu-England folgen nördlicher die nicht mehr so hohen, doch gleich fruchtbaren, wiesenreichen Darlingebenen, das Quellland des Condamine, welche im Osten durch die steile, von Süd nach Nord ziehende Dividingrange von der vom Brisbane bewässerten Küstenebene der Moretonbai getrennt werden, die, von allen Küstenebenen des Berglandes die reichste und schönste, von der des Flusses Clarence durch die hohe Berggruppe des Lindesay (5400 F.) geschieden wird. Nördlicher sinkt dann das Bergland am Thale des Burnett zur Küste der Herveybai herab.

2. Im nordöstlichen Australien liegt ein noch wenig bekanntes, der Küste parallel ziehendes Bergland, das sich im Nordwesten vom nördlichen Ende des vorigen, durch einen breiteren Strich von Ebenen, die von der Herveybai bis zum Condamine reichen, davon getrennt, mit den Berggruppen um die Quellen der Flüsse Barku, Warego und Belyando aus dem Tieflande erhebt und dessen wiesenreiche Hochflächen von da gegen Nordwest bis zur Südspitze des Carpentariagolfes reichen. Gegen Osten wird es von der Nordostküste wahrscheinlich allenthalben durch steil abfallende Bergzüge getrennt, von denen der nach Südost und Nordwest gerichtete Lauf der Flüsse (des Burdekin und seines Zuflusses Belyando, des Lind) bedingt zu seyn scheint; die westliche Senkung ist noch ganz unbekannt.

3. Im nördlichen Australien erhebt sich zwischen dem Carpentaria- und Vandiemensgolfe ein 3000 bis 4000 F. hohes Hochland, in dessen nördlichstem Theile der Roper nach Ost, der Alligator nach Nord fließt, und das steil in die nördliche Küstenebene herabsinkt, übrigens eben so dürftig erforscht ist als das vorige.

4. Am ungenügendsten von allen ist das Bergland bekannt, das sich hinter der Klippenküste des nordwestlichen Australiens ausbreitet und in dem bis jetzt nur der Theil an dem zur Collierbai fließenden Glenelgflusse untersucht worden ist.

5. Das Bergland von West-Australien im südwestlichsten Theile des Continents ist ein Hochland von geringer Erhebung, das sich nach Nord bis gegen den Haiensund ausdehnt, und dessen südlichen Theil der Schwanenfluß und der Blackwood bewässern. Nach Ost geht es wahrscheinlich allmählich in das Tiefland über, nach Süd sinkt es zur südlichen Küste in Stufen, nach West dagegen zur Westküste steil und hier von einem bergigen Rande begrenzt, der den Namen Darlingkette führt (2000 F.). Die Ebenen des Inneren sind im südlichen Theile gut bewaldet und nicht unfruchtbar, nehmen aber gegen Nord und Ost bald die unwirthliche Natur des Tieflandes an; das westliche Küstenland ist meist dürr und wenig ergiebig; das südliche besser bewässert und fruchtbarer.

6. Das Bergland von Süd-Australien, wahrscheinlich das kleinste des Landes,

zieht in geringer Breite von der Südküste nach Nord, im Westen begrenzt von der Ostküste des Vincent- und höher des Spencergolfes, im Osten vom Thale des unteren Murray; gegen Nord reicht es bis in die große Biegung des Torrenssees. Es besteht aus parallel gegen Nord ziehenden Ketten, deren Spitzen (der Lofty, Brown) 3000 F. nicht übersteigen, und die an Metallen (besonders Kupfer) reich sind. Im südlichen Theile besonders umschließen diese Berge gut bewässerte und fruchtbare Theile, und auch das Küstenland am Golf und die Ebenen nach dem Murray hin sind reich und anbaubar. Ob auf der Westseite des Spencergolfs und des Torrenssees nördlich von der von Ost nach West ziehenden Gawlerkette ein anderes Bergland sich finden mag, wie es nach neueren Entdeckungen scheint, bleibt noch zu untersuchen.

Das ganze übrige Australien ist, so weit es bekannt ist, ein Flachland. Zwischen dem Westabhange des Berglandes von New South Wales und den Ostabhängen des südaustralischen breiten sich bis zum Süd- und Westende der Berge im nordöstlichen Australien Ebenen aus von einer Oede und Unwirthlichkeit, wie wenige Theile der Erde, ganz flach bis auf zerstreute, felsige und unfruchtbare Berge und Bergzüge von geringer Höhe, der Boden ein rother, sandiger Lehm, gewöhnlich mit stachligem Gebüsch bedeckt, auf weite Strecken hin ganz kahl, meistens wasserlos, außer wenn ihn heftige Regengüsse in einen schlammigen Sumpf verwandeln, durchaus unanbaubar und für jede Entwickelung höherer Cultur ungeeignet, selbst nur unter großen Gefahren zu durchreisen. Ein großer Strom allein behält in seinem Laufe durch diese Ebenen stets sein Wasser; alle übrigen Flüsse trocknen darin zu Zeiten weithin aus, die kleineren sogleich bei ihrem Austritt aus den Bergen. Auch West vom Spencergolf bis zum westaustralischen Berglande hin ist das Land flach und gleich öde und abschreckend, und nach der Natur der Nordwestküste zu urtheilen, scheinen diese öden, wasserlosen Ebenen bis an diese zu reichen. Dagegen sind die Uferländer um den Carpentariagolf im Ganzen reich bewässert und nicht unfruchtbar.

Die Insel Vandiemens-Land hat den Vorzug vor dem Continent, daß die wüsten Tiefebenen ihr ganz fehlen. Sie wird großentheils von niedrigen, fruchtbaren und wiesenreichen Hochebenen, welche den von New South Wales gleichen, eingenommen, von denen die bedeutendsten und reichsten im nördlichen Theile der Insel die von den Armen des Flusses Tamar bewässerten sind; diese stehen südlich mit den Ebenen am Flusse Derwent in Verbindung, die fast die ganze Insel von Ost nach West durchschneiden, eine dritte ist die Hochebene Surrey im Nordwesttheil am Flusse Arthur. Zwischen diesen Hochebenen liegen drei wilde und rauhe Gebirgsländer von geringem Umfange, die gemeinsam von Nordwest nach Südost ziehen, das eine im Nordosttheil mit dem Berge Benlomond (4700 F.), das zweite zwischen den Hochebenen von Surrey und des Derwentthales, das dritte südlich von dem letzten in der Südwestspitze der Insel mit dem Berge Humboldt (5200 F.).

Geognostische Beschaffenheit. Die großen Tiefebenen Australiens bieten nur diluviale Felsbildungen und zwar vom jüngsten Alter dar, wie denn in den Sanddünen der Süd- und Westküste die Bildung eines kalkigen Sandsteins, in den Riffen der Nordostküste die des Madreporenkalksteins noch jetzt immer fortgeht; nur selten zeigen die in dem südlichsten Tieflande sich erhebenden Berge und Hügel eruptive Gesteine, wie Granit, Porphyr u. dergl. Die Gebirgsländer sind dagegen fast durchaus aus Ur- und Uebergangsgesteinen zusammengesetzt. Die von New South Wales und Vandiemens-Land, beide in ihrem geognostischen Baue sehr ähnlich, bestehen größtentheils aus Urgesteinen, Granit, Syenit, Quarzfels, Gneis und Glimmerschiefer, die beiden letzteren jedoch nicht häufig, endlich Bergkalk, der am Macquarie große Höhlen voll Knochen antediluvianischer Thiere enthält; dazwischen erscheinen Bildungen von Grauwacke und Thonschiefer mit Diorit und Porphyr in New South Wales im Thale des Hunter und im oberen Lachlanthale, in Vandiemens-Land in den Ebenen an der Tamar und am Derwent. Von jüngeren Formationen tritt blos Kohlensandstein mit reichen Kohlenlagern auf in den Blauen Bergen und den Küstenebenen von Cumberland und am Hunterfluß, wo Kohlen bei Newcastle gewonnen werden, dann noch in beschränkterem Maaße im südlichen Vandiemens-Land; alle anderen Flötzbildungen fehlen; in den Flußthälern erscheinen nur Diluvionen. Der Kohlensandstein ist nicht selten von Basalt und Porphyr durchbrochen; rein vulkanische Bildungen finden sich dagegen nur im südlichen Theile des Glücklichen Australiens, wo isolirte Berge mit erloschenen Kratern nicht selten sind. Das nordöstliche Bergland besteht ebenfalls aus Urgesteinen, die häufig von Basalt durchbrochen und im Nord und Süd von demselben Kohlensandstein, der in den Blauen Bergen auftritt und auch hier Kohlenlager einschließt, überlagert werden. Im Berglande von Süd-Australien ist die Gebirgsbildung zwar verschiedenartiger als in dem von New South Wales, allein es sind auch hier vorzugsweise die Ur- und Uebergangsgesteine, welche die Bergketten bilden, und von den Flötzbildungen finden sich bloß die ältesten bis zur Kupferschieferformation herab, in welcher die außerordentlich reichen Kupfergruben des Landes liegen; eben so ist in den Bergen von West-Australien Granit und ein noch nicht bestimmter Sandstein überwiegend. Dagegen ist im ganzen nordwestlichen und nördlichen Australien fast nur ein Sandstein beobachtet worden, der für der Formation des Alten Rothen Sandsteines angehörig gehalten wird; er ist im Berglande von Nord-Australien häufig von Basalt durchbrochen, und unter ihm tritt am Westufer des Carpentariagolfes Granit auf. Im Ganzen zeigen also alle Gebirgsbildungen eine auffallende Gleichförmigkeit und Aehnlichkeit, und namentlich ist die gänzliche Abwesenheit der jüngeren Flötzbildungen (vom Bunten Sandstein an bis zur Kreide herab) sehr merkwürdig.

Gewässer. In einem Lande, das so große Ebenen enthält, sollte man eben so bedeutende Flußsysteme erwarten, wie etwa in Süd-Amerika; wenn dies nicht der Fall ist, wenn vielmehr die, welche sich finden, eine noch unvollkommnere und ungünstigere Bildung als selbst die afrikanischen zeigen, so liegt das an der Natur des Landes, dessen Berge von verhältnißmäßig geringer Höhe nirgends die Schneelinie erreichen und selbst nur in den südlichsten Theilen den Winter über mit Schnee bedeckt sind, in dem ferner der Regen so unregelmäßig fällt und der dürre Boden der Ebenen in Verbindung mit der großen Hitze das Verschwinden des Wassers so sehr befördert. Daher hat kein Australischer Fluß feste und perennirende Quellen, gewöhnlich bestehen sie im oberen und mittleren Laufe aus Reihen von Teichen, die nur durch anhaltenden Regen zu einem Flußlaufe verbunden werden. Mit dem Eintreten in das Tiefland hören allmählich die Flußthäler ganz auf, manchmal verschwinden sogar die Betten der Flüsse, indem das Wasser sich über die Ebene nach allen Seiten hin verbreitet und große Sümpfe bildet, bis eine leichte Senkung im Boden die Entstehung eines neuen Bettes herbeiführt; überdies versiegen die kleineren Flüsse gleich beim Eintritt in die Ebene, die größeren wenigstens periodisch und auf lange Strecken. Gleich unvortheilhaft sind die Mündungen gebildet; sie sind entweder breite Meerbusen, mit denen die unbedeutenden Flußläufe, welche sie aufnehmen, in auffallendem Gegensatz stehen, oder schmale, durch Sand verstopfte, unzugängliche Canäle. So sind die Australischen Flüsse gänzlich unfähig, Vermittler der Communication, Leiter der Bildung zu seyn.

Die von den Bergländern Australiens zu den Küsten herabströmenden Flüsse sind natürlich alle nur unbedeutend und schon oben gelegentlich erwähnt. Von größeren, die Tiefebenen durchschneidenden Flüssen kennt man bis jetzt vier, von denen der südlichste, der Murray, der größte und bedeutendste ist. Dieses Flußsystem, dessen Quellgebiet der Westabhang des ganzen Berglandes von New South Wales bildet, zerfällt in zwei Theile. Der erste derselben und der besser entwickelte, der eigentliche Murray, entsteht durch die Vereinigung der beiden, dem Westabhange der Warragongkette entströmenden Flüsse Howe und Goulburn und fließt im Tieflande nach Nordwest bis zur Vereinigung mit dem großen Zuflusse Morumbidschi, der am Ostabhange des Warragong entspringt, im oberen Laufe durch die Ebene Monaru nach Nord, dann um das Nordende des Warragong in das Tiefland nach West strömt und den Lachlan aufnimmt. Von der Mündung des Morumbidschi fließt der

Murray gegen West und verbindet sich bald darauf mit dem zweiten Hauptarm des Flußsystems, dem Darling. Der eine Quellarm desselben, der Condamine, entspringt in den Darling-Ebenen, fließt in dieser Hochebene nach Nord, dann im Tieflande bis zur Mündung des aus dem nordöstlichen Berglande kommenden Maranoa gegen West und von da unter dem Namen Kulgoa in mehrere große Arme getheilt nach Südsüdwest bis zur Verbindung mit dem Barwan, der aus zwei im Hochlande Neu-England entspringenden Quellströmen, dem eigentlichen Barwan (Karaula) und dem Gwydir, entsteht, im Tieflande nach Südwest fließt und den aus den Liverpool-Ebenen kommenden Nammoy, wie den die Gewässer der Bathurst-Ebenen abführenden Macquarie aufnimmt. Bei der Vereinigung des Kulgoa und Barwan empfängt der Strom den Namen Darling und geht nun durch das Tiefland gegen Südwest, später gegen Süd, bis er sich mit dem Murray verbindet. Von da geht der Hauptstrom noch eine Strecke nach West, bis ihn der Abhang des südaustralischen Berglandes zwingt, sich gegen Süd zu wenden; nahe an der Küste fällt er in den großen See Alexandrina, aus dem ein selbst nicht für Boote fahrbarer Canal in das Meer führt. Von den vielen Armen dieses Flußsystems, dessen Gebiet das des Euphrat oder Indus an Ausdehnung übertrifft, haben einzig der eigentliche Murray und der Morumbidschi, die den Höhen des Warragong entfließen, jederzeit Wasser, ob sie gleich ihres ungleichen und schwankenden Wasserstandes halber für die Binnenschifffahrt nicht recht tauglich sind; alle übrigen, selbst der Darling, trocknen zu Zeiten und auf lange Strecken ganz aus. Auch die Thäler dieser Flüsse sind nur nach ihrem Eintritt in das Tiefland eine Zeitlang fruchtbar, allein unregelmäßigen, verheerenden Ueberschwemmungen ausgesetzt und deshalb für den Anbau nicht wohl geeignet; tiefer begrenzen öde, dürre Wüsten ihre Betten.

Weniger bedeutend ist der zweite Fluß des südöstlichen Tieflandes, der Barku, der im Südtheil des nordöstlichen Berglandes dem Maranoa nahe entspringt und durch das Tiefland nach West und Südwest fließt; er ist in seiner Bildung dem Darling ganz ähnlich und eben so unbrauchbar als dieser, sein Bett enthält oft auf weite Strecken kein Wasser. Nach starken Regengüssen ergießt er sich in den sogenannten See Torrens, eine einige M. breite, sehr lange, seeähnliche, doch fast immer trockene Fläche von nacktem, mit Salzkrystallen bedeckten Boden, die in einem großen Halbkreise das Nordende des südaustralischen Berglandes ganz umgiebt, und aus deren Südwestende ein kleiner Canal zur Spitze des nahen Spencergolfs führt. Außer diesen sind bis jetzt bloß nur noch zwei größere Ströme in den australischen Ebenen entdeckt, der an der Nordwestküste mündende Victoria, dessen unterer Lauf allein erforscht ist, wo er ein nicht unfruchtbares Thal zwischen dürren Sandsteinbergen durchfließt, und der in den Nordtheil des Haiensundes fallende Gascoyne, in dem jedoch sein Entdecker, Grey, ein breites, sandiges Bett ohne Wasser fand.

Klima. Während der nördlich vom Wendekreise liegende Theil Australiens ein Tropenklima besitzt, findet sich in den südlicheren Theilen des Continents erst ein subtropisches, in den südlichsten ein gemäßigtes, aber durch große Milde, Gleichförmigkeit und Gesundheit überaus ausgezeichnetes Klima. Im tropischen Australien dauert vom October bis April die ungesunde, schwüle, durch Feuchtigkeit der Luft hauptsächlich charakterisirte Regenzeit, der jedoch anhaltende Regengüsse abgehen, auf sie folgt vom Mai an eine gesunde und trockene Zeit, die angenehmste des Jahres, in welcher jedoch die bloß durch den Thau erhaltene Vegetation der großen Dürre halber sehr leidet. Im südlichen Australien sind die Winter und Sommer, namentlich der erstere, die trocknesten Jahreszeiten, und die Regengüsse treten hier hauptsächlich im Frühjahr und Herbst ein; die Kälte ist im Winter nirgends streng und anhaltend, in den Küstenebenen fällt (außer in Vandiemens-Land) nirgends Schnee, und selbst auf den Hochebenen, auf denen wie in Vandiemens-Land Mais und Orangen, die an den Küsten üppig gedeihen, nicht mehr, dagegen alle Fruchtbäume Mitteleuropas sehr gut wachsen, bleibt er selten über Tag liegen. Ueberhaupt macht im ganzen südlichen Australien die frische Kühle, verbunden mit der überwiegend trockenen, reinen und heiteren Luft, den Winter zu der schönsten und angenehmsten Jahreszeit, die namentlich auf die durch die Tropenhitze Indiens geschwächten Constitution der Europäer den heilsamsten Einfluß ausübt. Der mittlere Thermometerstand beträgt an der Nordküste Australiens etwa 27° *), so daß also diese Gegenden mit zu den heißesten der Erde gehören, im südöstlichen Australien in Port Macquarie (31° Br.) 20°, in Port Jackson (34° Br.) 19°,2, in Port Phillip an der Südküste (38° Br.) 16°,3, in Perth an der Westküste (32° Br.) 17° bis 18°, in Vandiemens-Land (42° Br.) im Durchschnitt 15°. Diese Beobachtungen beziehen sich auf die Küstenländer; die trockenen, öden Ebenen des Inneren haben dagegen ohne Zweifel eine höhere Temperatur. Die unangenehmste Seite des Australischen Klimas ist seine Trockenheit. Selbst in den tropischen Theilen des Landes sind die anhaltenden täglichen Regengüsse des tropischen Indiens nicht häufig. In den Gegenden südlich vom Wendekreise sollte man freilich Trockenheit nicht für einen Hauptcharakterzug des Klimas in einem Lande halten, wo, wie in New South Wales, jährlich 45, in Vandiemens-Land noch 41 Zoll Regen fällt; allein die Regengüsse scheinen nur unregelmäßig und gewöhnlich nur lokal beschränkt vorzukommen und zeichnen sich überdies durch erstaunliche Heftigkeit aus, so daß sie in kurzer Zeit die Betten der Flüsse bis zu außerordentlicher Höhe anzufüllen im Stande sind, ohne doch dem Lande eine gleichmäßige Wasserfülle zu sichern. Daher denn der Mangel an perennirenden Flüssen und Quellen, die allgemeine Trockenheit, die dem Landbau eben so hinderlich als der Viehzucht förderlich ist. Bei dieser Unregelmäßigkeit der atmosphärischen Niederschläge sind selbst in den Küstenländern lang anhaltende Dürren, unter denen die Vegetation arg leidet, nichts weniger als selten. Im Inneren fällt ohne Zweifel viel weniger Regen als an den Küsten. Auch Gewitter und verheerende Hagelstürme sind im südlichen Australien, besonders im Sommer, häufig. Was die Luftströmungen betrifft, so findet sich im tropischen Australien (auch an der Nordküste) der Wechsel der indischen Monsune, in der Trockenzeit weht der Ost-, in der Regenzeit der Westmonsun. Im südlichen Australien ist der überwiegende Wind der Südwestwind des Südlichen Oceans, dessen Einfluß bis tief in das Innere reicht; er herrscht an der West- und Südküste entschieden vor, an der Ostküste nur während des Winters, wogegen im Sommer dort der Ost- und Südostwind das Uebergewicht hat. Diesen hauptsächlich oceanischen Luftströmungen stehen die an allen Küsten des Landes beobachteten, glutheißen Landwinde gegenüber, die immer aus dem Inneren über die trockenen, dürren, von den Sonnenstrahlen erhitzten Ebenen nach der Küste zu wehen und offenbar gleichen Ursprungs mit den ihnen ähnlichen Winden der afrikanischen Sahara sind; sie vermögen die Hitze (im Schatten) in kurzer Zeit um 20 bis 25 Grad zu steigern und sind für alles organische Leben von sehr nachtheiligen Wirkungen.

Flora und Fauna. Es giebt kein Land auf der Erde, in welchem die Pflanzen- und Thierwelt, mit denen anderer verglichen, eine solche Selbstständigkeit und Unabhängigkeit, zugleich aber wieder in sich eine solche Gleichartigkeit und Einförmigkeit zeigte als Australien. Was die Vegetation betrifft, so ergiebt sich dies daraus, daß von den natürlichen Pflanzenfamilien, welche die Flora bilden, einige an Menge der Arten so sehr überwiegen (von den 120 Familien, unter die R. Brown die von ihm bestimmten Pflanzenarten vertheilte, umfassen eilf viel über die Hälfte aller Arten), und daß die noch dazu unter sich nicht sehr abweichenden Arten von zwei Pflanzengeschlechtern, Eucalyptus und Acacia, so außerordentlich zahlreich sind, daß gewiß über die Hälfte aller Pflanzenindividuen des Landes ihnen angehören, allein eben so sehr daraus, daß von allen australischen Pflanzen weit über neun Zehntel dem Lande eigenthümlich sind und nirgends anderswo wachsen, daß endlich viele Pflanzenarten selbst der verschiedensten Familien gewisse allgemeine Charakterzüge gemeinsam besitzen, wie das öftere Abfallen der Rinde bei vielen Bäumen, die Stel-

*) stets des hunderttheiligen Thermometers.

lung und Bildung der Blätter, die fast bei allen immer grün und meist fest und hart sind (weshalb den australischen Wäldern auch der Glanz und die Frische ganz abgeht, die sie in der nördlichen Hemisphäre auszeichnet), die gleichartige Beschaffenheit der Blumen (welche das Zurücktreten der Blumenkronen bei vorherrschender Entwickelung der Staubgefäße, die Schönheit der Farben bei großem Mangel an Geruch charakterisirt), die auffallende Seltenheit der eßbaren Früchte u. dergl. mehr. Dabei ist die Australische Flora nichts weniger als arm; man kennt jetzt gewiß schon über 7000 Pflanzenarten. Kryptogamen sind in einem so überwiegend trocknen Lande natürlich nicht so häufig als sonst auf der Erde, auch die Gräser treten nicht in dem Maaße hervor, wie in der nördlichen Hemisphäre. Von allen Pflanzenfamilien herrschen bei weitem am meisten vor die Myrtaceen, zu denen Eucalyptus (die Gummibäume der Colonisten), Melaleuca (Theebaum) und andere rein Australische Geschlechter gehören, die Leguminosen, von denen die zahlreichen Arten von Acacia (Wattle der Colonisten) besonders häufig sind, die fast nur auf Australien beschränkten Epakrideen, welche hier die Stelle der afrikanischen Ericeen vertreten, die Proteaceen, welche Australien mit Süd-Afrika und Süd-Amerika gemein hat, und unter denen besonders das Geschlecht Banksia (Honeysuckle) ausgezeichnet ist; außer diesen noch vier Australische Hauptfamilien, die Coniferen in eigenthümlichen Geschlechtern, wie Callitris (Ceder), Casuarina (die die Colonisten sonderbarer Weise Eichen nennen), das an der Ost- und Nordostküste verbreitete schöne Geschlecht Araucaria, dann die Santaleen, besonders hervortretend durch die weite Verbreitung des einen Geschlechts Exocarpus (Kirsche), wie die Asphodeleen, welcher Familie das allenthalben sich findende Geschlecht Xanthorrhoea (Grasbaum) angehört. Von Palmen finden sich nur wenige Arten und auch diese nur sparsam, Rubiaceen, Asklepiadeen und Kapparideen gehören besonders der Tropenzone an, und in New South Wales geben die Melinen die geschätztesten Holzarten, namentlich Cedrelea (die rothe Ceder), Melia (die weiße Ceder) und Oxleya (Gelbholz). Von den Hauptfamilien der europäischen und nord-amerikanischen Flora fehlen einige ganz, die übrigen treten meist nur in wenigen Arten auf. Die meiste Verwandtschaft hat noch die Vegetation Nord-Australiens mit der Neu-Guineas und einiger indischen Inseln, und die von New South Wales mit der Neu-Caledoniens und Neu-Seelands. Uebrigens bildet die Australische Vegetation Wälder, Gebüsche und Wiesen. Die Wälder, die vorzugsweise den Hochebenen und den Küstenländern angehören, zeichnen sich durch das zerstreute und parkähnliche Auftreten der Bäume aus, wodurch das Reisen in ihnen erleichtert und die Viehzucht so sehr begünstigt wird; selbst in der Tropenzone haben sie diesen Charakter und unterscheiden sich daselbst sehr von den dichten, feuchten und schattigen Urwäldern der Molukken und Neu-Guineas. Einige jedoch nur immer ganz beschränkte Striche und zwar bis in die südlichsten Theile herab sind durch den Einfluß größerer Wasserfülle und eines fruchtbaren, die Vegetation begünstigenden Bodens (wo er aus einer Auflösung von Porphyrfelsen entstanden ist) mit dicht verwachsenen, üppigen Wäldern von ganz tropischem Charakter bedeckt. Die großen Ebenen des Innern sind dagegen vorzugsweise mit dichtem, stachligem Gebüsch und Dickicht überzogen, das nicht selten undurchdringlich ist und die Betreibung des Landbaues wie der Viehzucht in gleichem Maaße hindert. Die Wiesen, die sich in besonders großer Ausdehnung auf den Hochebenen finden, sind mit denen der nördlichen gemäßigten Zone nicht zu vergleichen; die gleichmäßigen Grasteppiche derselben sieht man nirgends, denn die Australischen Gräser wachsen stets nur einzeln und in Haufen, und die Erhaltung des Viehs erfordert daher hier viel größeren Raum als in Europa. In den großen Ebenen im Inneren sind auch weite Strecken nur mit niedrigen, krautigen, einen salzhaltigen Boden liebenden Pflanzen (meist Chenopodeen und Amarantheen) bedeckt, nicht wenige Stellen ganz nackt und pflanzenleer.

Was die Verbreitung der Thiere Australiens betrifft, so muß man bei den Seethieren zwei ganz verschiedene Abtheilungen unterscheiden, die Thiere der Nord-, Ost- und Westküste, die dem Indischen, und die der Südküste, die dem Südlichen

Ocean angehören. Beide Abtheilungen sind an schönen und seltenen Geschöpfen reich, jedoch mit dem Unterschiede, daß in den niedriger stehenden Seegeschöpfen die erste, in den höher organisirten entschieden die zweite Abtheilung das Uebergewicht hat. Daher finden sich die Zoophyten, Radiaten und ähnliche Familien in der Tropenzone am häufigsten, auch die Mollusken sind im tropischen Australien viel zahlreicher und vollkommener als im südlichen, wo besondere Geschlechter auftreten, und die oceanischen Amphibien (Schildkröten und Seeschlangen) leben allein im Stillen und Indischen Ocean. Aber schon in den Fischen steht die Südküste in keiner Hinsicht den tropischen Theilen des Landes nach. Die Seevögel finden sich am zahlreichsten und in größter Fülle im südlichen Australien und wie die oceanischen Mammalien besonders um Vandiemens-Land und in der Baßstraße, und von den letzteren hat das tropische Australien (Delphine ausgenommen) allein den Dugong (Halicore), das südliche dagegen einen großen Reichthum an schönen Phokenarten, die früher zur lebhaften Betreibung eines Fanges in der Baßstraße Veranlassung gegeben haben, bis die Thiere durch die unablässigen Nachstellungen fast ganz von da verscheucht sind, und von Walfischen, denen von den Colonisten noch immer nachgestellt wird. Von den Landthieren finden sich Insekten und zwar von allen Abtheilungen dieser großen Familie allenthalben selbst in den wüstesten Strichen zahlreich verbreitet. Von den Amphibien giebt es in Menge bloß Eidechsen und Schlangen; Frösche und Landschildkröten sind natürlich nicht sehr häufig und die im süßen Wasser lebenden Mollusken und Fische noch weniger. Von den höher organisirten Thieren findet sich in Australien keine Familie zahlreicher und in mehr und eigenthümlicheren Arten, als die Vögel und zwar von ihnen hauptsächlich die Stelz- und Schwimm- und die sperlingsartigen Vögel; dagegen sind Raubvögel im Ganzen nicht häufig, und von den hühnerartigen und Klettervögeln finden sich vorzugsweise nur zwei Geschlechter, Tauben und Papageien, aber in einer großen Menge von Arten und überall in großen Schwärmen. Dabei sind die Australischen Vögel nicht bloß durch große Menge und Verschiedenartigkeit, sondern auch durch auffallende und eigenthümliche Arten, deren sehr viele sich nur hier finden, wie in vielen Fällen durch große Schönheit ausgezeichnet (der Kasuar, der schwarze Schwan, der Waldfasan (Menura), der Prinzregentenvogel (Oriolus) und andere mehr). Hiermit steht die Armuth des Landes an Mammalien und die außerordentliche Einförmigkeit in der Bildung derselben in dem schärfsten Gegensatz. Während nämlich von allen die Meere der Erde bewohnenden Mammalien an den Küsten Australiens vielleicht die Hälfte sich findet, beträgt die Zahl seiner Landmammalien gewiß nicht den zwanzigsten Theil von allen, und dazu gehören sie fast alle einer einzigen natürlichen Familie, den sogenannten Beutelthieren, an, die überhaupt bis auf ein in Amerika und einige in Neu-Guinea und den Molukken vorkommende Geschlechter bloß auf Australien beschränkt sind, und unter denen die Känguruh (Halmaturus) die bekanntesten sind. Diesen schließen sich durch große Analogieen in der Bildung die seltsamen Monotremen an in den beiden Geschlechtern Echidna (Stachelschwein oder Ameisenfresser) und Ornithorhynchus (Schnabelthier oder Wassermaulwurf). Außerdem giebt es nur noch wenige Mammalien, die nicht zu den Beutelthieren gehören, einige Nagethiere, Fledermausarten und den Dingo oder den Australischen Hund, der auch halb gezähmt die Einwohner begleitet.

Bevölkerung. Die Ureinwohner Australiens sind wahrscheinlich stammverwandt mit den Bewohnern der Inselgruppen zwischen Neu-Guinea und Neu-Caledonien und bilden mit ihnen den Volksstamm der sogenannten Australneger oder Negritos. Sie sind von dunkelbrauner, fast schwarzer Farbe, krausem, jedoch nicht wolligem Haar (die in allen Stücken sonst mit den Bewohnern des Continents übereinkommenden Vandiemensländer unterscheiden sich allein von ihnen durch wolliges Haar), von nichts weniger als schöner Gesichtsbildung und mittlerer Größe; besonders charakteristisch ist die Dünnheit ihrer Arme und Beine. Sie zeigen sich im Ganzen freundlich und gutmüthig, dabei heiter und fröhlich, obschon bei den ersten Berührungen mit den Europäern sehr scheu und mißtrauisch; auch sind sie treu und ehrlich, bei allen diesen guten Eigenschaften aber von einer Rohheit, wie es auf der Erde davon kaum noch ein ähnliches Beispiel giebt, und wie sie sich selbst aus der Unwirthlichkeit und unvollkommenen Bildung ihres Landes nicht ganz erklären läßt. Fast ohne alle Bekleidung, nur selten mit Thierfellen behängt, ohne feste Wohnsitze, wenn sie gleich hier und da elende Hütten bauen; im Innern und sogar an den meisten Küsten unbekannt mit dem Gebrauch der Boote, mit nur sehr einfachen und ärmlichen Geräthschaften und Waffen ausgerüstet, ziehen sie in Familien, höchstens kleine Horden vertheilt, umher, bloß darauf denkend, das zum Leben Nöthige, wo sie es finden können, herbeizuschaffen, und die Sorge dafür ist die einzige, welche sie beschäftigt. Ihre Religionsbegriffe sind höchst einfach und roh; eine staatliche Verbindung kennen die einzelnen, zu kleinen Stämmen vereinigten Familien natürlich nicht; die stete Isolirtheit der einzelnen Familien erklärt die bei einem in jeder Hinsicht so gleichartigen Volksstamme auffallende Verschiedenheit unter den gesprochenen Dialekten. Bei solcher Rohheit zeigen die Australier zugleich die äußerste Unbildsamkeit. Eine sechzigjährige, großentheils friedliche Verbindung mit den Europäern, alle Versuche derselben, sie zu bilden, zu unterrichten oder zu bekehren, haben auch nicht den mindesten Eindruck auf sie gemacht; es ist nicht gelungen, sie von ihrer trägen Wanderlust und Sorglosigkeit zu entwöhnen und sie für ein ansässiges Leben und den Landbau zu gewinnen, und wenn sie in einzelnen Fällen die Europäer in ihren Arbeiten unterstützen, so geschieht das bloß des Gewinnes halber und nur so lange es ihnen beliebt. Daher ziehen sie sich vor den europäischen Ansiedlern zurück; in New South Wales sind sie schon sehr selten und aus Vandiemens-Land gewaltsamer Weise ganz verdrängt; es scheint, als werde die Zeit kommen, wo sich nur in den ödesten Wüsten schwache Ueberreste dieses dem Untergange entgegengehenden Volksstammes finden werden.

In neuester Zeit haben sich dagegen Europäer in Australien niedergelassen, und ihre Zahl nimmt namentlich in den letzten Jahren sehr schnell zu. Die erste englische Colonie wurde 1788 in New South Wales angelegt zur Ueberführung und Ansiedlung der zur Deportation verurtheilten Verbrecher aus England; lange Zeit war sie bloß ein Zuchthaus in großartigem Maaßstabe, bis sich allmählich aus freigelassenen Verbrechern und später aus eingewanderten freien Ansiedlern eine starke, Viehzucht und Landbau treibende Bevölkerung gebildet hat. Von New South Wales aus wurde schon 1803 die Colonie Vandiemens-Land gegründet, von dieser und New South Wales aus wieder die Niederlassung am Port Phillip seit 1835, aus denen jetzt die Provinz Victoria erwachsen ist. Direct von England aus sind noch 1829 die Colonie West-Australien, 1836 Süd-Australien angelegt. Im nördlichen Australien ist bis jetzt nur ein Versuch der Ansiedelung gemacht, ein Posten 1824 (auf der Insel Melville) angelegt und später wieder zurückgezogen, dann seit 1838 am Hafen Essington die Ortschaft Victoria gegründet, hauptsächlich zur Vermittelung eines Handelsverkehrs mit den Indischen Inseln, von denen schon seit langer Zeit jährlich eine Menge von makassarischer und malaischer Fischer die Nord- und Nordwestküste zu besuchen pflegen, um den an diesen Küsten so zahlreichen Tripang (Holothurien), der einen wichtigen Handel für den chinesischen Markt bildet, zu fangen. Auch diese zweite Niederlassung ist aber seit Kurzem wieder aufgegeben. Die Zahl der europäischen Australier betrug in New South Wales (1851) 187,243, in Vandiemens-Land (1848) gegen 65,000, in Victoria (1850) 78,000, welche Zahl in den folgenden zwei Jahren schon bis gegen 100,000 gestiegen ist, in Süd-Australien (1850) 63,900; West-Australien scheint nur gegen 6,000 Einwohner zu besitzen. In allen Colonien mit Ausnahme der beiden letzten bestand stets ein der Sittlichkeit sehr nachtheiliges Mißverhältniß zwischen den beiden Geschlechtern, das seinen hauptsächlichsten Grund in der verhältnißmäßig so starken Einführung von Verbrechern männlichen Geschlechts hatte, und das jetzt zwar im Abnehmen begriffen ist, obwohl in New South Wales 1851 immer noch 5 Männer auf 4 Frauen kamen. Im Ganzen wird die Zahl aller Europäer, die bis auf 7000 bis 8000 in Victoria und besonders in Süd-Australien angesiedelten Deutschen fast nur Engländer und Irländer sind, jetzt gewiß gegen 500,000 angenommen werden müssen, während der Ureinwohner schwerlich 50,000 sind.

Verfassung, Religion, geistige Bildung. Jede der fünf Australischen Colonien hat ihre ganz besondere Verwaltung und steht unter einem Gouverneur, von denen wieder der von New South Wales den höchsten Rang einnimmt. Diese Männer sind die Repräsentanten der königlichen Gewalt, daher auch Ober-Befehlshaber der Garnisonen, deren specielle Anführer das Recht der Stellvertretung des Gouverneurs in Behinderungsfällen zu haben pflegen; eben so stehen die Gouverneure an der Spitze der gesammten Administration. Ihnen zur Seite stehen in allen Colonien zwei Räthe: der executive, der aus Beamten und angesehenen Einwohnern zusammengesetzt ist, die von der Regierung ernannt werden, unterstützt den Gouverneur in der Ausübung der executiven Gewalt, ohne daß dieser an seine Beschlüsse gebunden wäre, und nimmt zugleich an der legislativen Gewalt Theil; der legislative, von dessen Mitgliedern die Regierung nach der Parlamentsacte von 1850 ein Drittel ernennt, während die übrigen von den Einwohnern gewählt werden, hat das Recht, Gesetze zu geben, so weit sie den englischen nicht widerstreiten, über die Einkünfte der Colonie, so weit sie nicht aus den Kronländereien fließen, zu bestimmen, selbst Zölle aufzulegen. Ueber alle von den beiden Räthen angenommene Gesetzvorschläge hat der Gouverneur und außerdem noch die Regierung des Mutterlandes ein Veto. Die Administration ist in eine Zahl von Departements getheilt; die inneren Angelegenheiten leitet im Allgemeinen der Colonialsecretair, die Landvermessungen, Straßen und Brückenbauten u. dergl. der Landmesser (surveyor), dann giebt es einen Schatzmeister, ein Zolldepartement für die Erhebung der Einfuhrzölle und ein anderes für die im Lande erhobenen Taxen u. s. w. Die gerichtlichen Institutionen sind im Wesentlichen den englischen nachgebildet. Jede Colonie hat ein Ober-Gericht für Civil- und Criminalfälle, dann Unter-Gerichte, die beide mit Zuziehung von Geschworenen entscheiden, auch giebt es lokale und Polizeigerichte. Die Polizei ist in guter Ordnung und dient namentlich zur Verhütung der Streitigkeiten mit den Ureinwohnern, früher auch zur Ueberwachung der deportirten Verbrecher. Die Einkünfte der Colonien bestehen theils aus dem Ertrage der Einfuhrzölle (namentlich auf geistige Getränke und Taback), theils aus verschiedenen im Lande selbst erhobenen Taxen, von denen ebenfalls die auf geistige Getränke in den älteren Colonien die bedeutendsten sind. Die Verwendung derselben kommt den legislativen Räthen zu. Eine der wichtigsten Einnahmequellen besteht in dem Verkauf und der Verpachtung der Kronländereien (zur Betreibung der Viehzucht und zum Goldsuchen); diese Einkünfte verwendet jedoch die Regierung, ohne daß dabei die legislativen Räthe etwas zu sagen hätten, und zwar zur Deckung der Kosten für die Ueberführung armer Einwanderer, um dadurch dem bisher in allen Colonien sehr fühlbaren Mangel an Arbeitern und auch an Frauen abzuhelfen. Die Ausgaben bestehen aus Gehalten der Beamten, Anweisungen für Bauten, Kirchen, Schulen, Pensionen u. s. w.; sie sind sehr oft weit hinter den Einnahmen zurückgeblieben, und daher haben die Colonien (mit Ausnahme hauptsächlich von Süd-Australien) keine Schulden und sind vielmehr im Stande gewesen, manches gemeinnützige Werk, besonders durch Anlegung von Straßen, auszuführen, wie es sonst Ansiedlungen, die im Entstehen sind, nicht vermögen. Aber sie haben auch für den Unterhalt des Militairs und die älteren für die Deportirten niemals etwas auszugeben gehabt.

Alles Land, das nicht durch Vergebung oder Kauf in den Privatbesitz übergegangen ist, gehört gesetzlich der Krone. Früher wurde es, um nur Einwanderer anzuziehen, für einen unbedeutenden Grundzins, oft gar umsonst vergeben; seitdem aber die Vortheile, welche das Land darbietet, angefangen haben, freie Ansiedler in größerer Zahl herbeizuziehen, ist das System des Landverkaufes eingeführt, der Art, daß das von jedem Individuum gewünschte Land in Auctionen öffentlich verkauft wird zu dem geringsten Preise von 1 Pf. St. für den englischen Acre und zwar zusammen in Süd-Australien mindestens 80, in New South Wales, Victoria und Vandiemens-Land 30 Acres. Außerdem wird zur Beförderung der Viehzucht unverkauftes Land von der Regierung verpachtet, und dasselbe geschieht mit dem außerhalb der festgestellten Grenzen gelegenen Kronlande; diese Verpachtungen gehen auf eine bestimmte Zeit, und während der Dauer des Contractes darf das verpachtete Land nur an den Pächter für den Preis von 1 Pf. St. für den Acre verkauft werden. Ganz dasselbe Pachtverhältniß hat die Regierung sich genöthigt gesehen, bei den Goldgruben wegen des außerordentlichen Zudranges zu denselben anzunehmen, und sie vergiebt das Recht, auf einem Raum von acht Fuß im Quadrat Gold zu graben, für einen monatlichen Zins von 30 Sch. St.

Von großer Bedeutung sind (für die älteren Australischen Colonien wenigstens) die deportirten Verbrecher (die im Lande Convicts genannt werden) gewesen. Für die Aufnahme derselben sind die Colonien von New South Wales und Vandiemens-Land ursprünglich angelegt worden. Die dringenden Forderungen der Colonisten in den letzten Jahren, die Einführung von Verbrechern einzustellen, da man der Ansicht ist, daß sie die Einwanderung freier Einwanderer hindere, haben zur Folge gehabt, daß schon 1839 die Uebersiedlung von Verbrechern nach New South Wales von Seiten der Regierung aufgehoben wurde. So ist Vandiemens-Land jetzt allein noch eine Verbrecher-Colonie, und auch hier soll das Deportationssystem in Kurzem zu Ende gehen; die übrigen Colonien haben niemals deportirte Verbrecher erhalten. Bei der Ankunft der Deportirten im Lande wurden wenigstens in der letzten Zeit dieselben an solche Einwohner vergeben, die sie gerade forderten und bedurften, unter der Bedingung, für ihre Bekleidung und Ernährung zu sorgen; diese benutzten sie als Diener, Arbeiter bei den Geschäften des Landbaues, vorzugsweise jedoch als Hirten, und die dadurch herbeigeführte Zerstreuung dieser Menschen über große Landstriche und ihre Isolirung ist für alle Theile allerdings vortheilhaft gewesen. Bei gutem Verhalten erhielten sie auch wohl Urlaub und damit die Erlaubniß, sich selbst Arbeit zu verschaffen, wo sie sie fanden, bei großen Diensten, die sie geleistet, auch wohl die gänzliche Befreiung unter der Bedingung, im Lande zu bleiben. Ein nicht geringer Theil der Bevölkerung von New South Wales und Vandiemens-Land besteht aus Nachkommen solcher Verbrecher. Die Widerspenstigen und Unruhigsten unter den Deportirten wurden dagegen in besondere Strafabtheilungen vereinigt, die für die Regierung bestimmte Arbeiten vollziehen mußten; für die allerschlimmsten waren besondere Deportirten-Colonien (die sogenannten Penalstationen) gegründet, in denen sie, von allen übrigen Einwohnern getrennt und der strengsten Zucht unterworfen, ganz für sich lebten. Solcher Penalstationen waren früher in New South Wales an der Moretonbai, in Wellingtonvalley am Macquarie und auf der Insel Norfolk, in Vandiemens-Land an den Häfen Macquarie und Arthur; jetzt bestehen deren bloß noch auf der Insel Norfolk (nördlich von Neu-Seeland) und am Port Arthur. Trotz dem Widerwillen der freien Einwohner gegen die Deportirten und deren Einführung ist doch nicht zu leugnen, daß sie in bedeutendem Maaße zu dem Wohlstande und der Blüthe der Niederlassungen beigetragen, namentlich lange Zeit die Arbeiter, an denen es allen Australischen Colonien noch immer sehr fehlt, ersetzt haben. Andrerseits läßt sich eben so wenig verkennen, daß die arge Unsittlichkeit und die Masse von Lastern und Verbrechen, wodurch sich namentlich New South Wales und Vandiemens-Land vor den meisten Ländern der Erde auszeichnen, eine traurige Folge dieser Ansiedlung von Verbrechern in großen Schaaren gewesen ist.

Die Colonisten sind theils Protestanten, theils Katholiken. Von den ersten gehört die größere Zahl der episcopalen Kirche an, die in Sidney, Newcastle, Melbourne, Hobarton und Adelaide Bischöfe hat; außerdem giebt es schottische Presbyterianer, wesleyanische Methodisten, Congregationalisten, Baptisten, deutsche Lutheraner (in Süd-Australien). Katholiken sind besonders in New South Wales und Vandiemens-Land häufig; ihre Kirche hat in Sidney einen Erzbischof, in Hobarton,

Adelaide und Perth Bischöfe. Im Ganzen betrug in New South Wales 1851 die Zahl der Episcopalisten die Hälfte, der Katholiken etwa 1/3, der Presbyterianer 1/10, der Methodisten 1/18, in Süd-Australien dagegen 1846 die der Episcopalisten die Hälfte, der Presbyterianer 1/11, der Methodisten 1/10, der Lutheraner 1/15, der Katholiken 1/14 aller Einwohner. Die Colonialregierungen unterstützen von diesen Religionsgesellschaften die Episcopalisten, Presbyterianer, Methodisten und Katholiken durch Zuschüsse zu den freiwilligen Beiträgen der Gemeinden für die Errichtung von kirchlichen Gebäuden und die Besoldungen von Geistlichen; allein die Zahl der Kirchen und Pfarrer ist namentlich bei dem zerstreuten Leben der Colonisten viel zu gering. Missionen zur Bekehrung der Ureinwohner sind mehrfach von verschiedenen protestantischen Missionsgesellschaften angelegt worden und werden noch immer versucht, allein stets ohne Erfolg. Die Schulen sind im Ganzen nicht in befriedigendem Zustande, und bei der Zerstreutheit eines großen Theils der Einwohner über große Länderstrecken wächst ein nicht geringer Theil der Jugend ohne Unterricht auf. Sie sind theils nach dem bekannten irischen System, theils von den einzelnen Religionsgesellschaften für sich gegründet und werden durch Unterstützungen der Colonialregierungen unterhalten; ihre Zahl reicht jedoch für das Bedürfniß lange nicht aus. In den Hauptstädten sind auch höhere Lehranstalten, die von Privatleuten gegründet sind. Ueberhaupt sind Wissenschaft und Kunst noch in der Kindheit, da das Streben der Ansiedler überwiegend auf das Materielle gerichtet ist; Zeitungen giebt es freilich überall und selbst in nicht geringer Zahl (in West-Australien sogar schon vier), durch wissenschaftliche Unternehmungen haben sich bis jetzt aber nur die Bewohner von Vandiemens-Land und Süd-Australien vor denen der anderen Colonien ausgezeichnet.

Industrie und Handel. Die Colonisten leben theils auf Landgütern (farms), theils auf den sogenannten Stationen. Die ersten liegen in den dichter bevölkerten Gegenden an Orten, wo der Boden den Landbau neben der Viehzucht zu treiben gestattet; hier wohnen gewöhnlich von einander isolirt und nur an reicheren Stellen, besonders in Flußthälern, dichter bei einander die Grundbesitzer mit ihren Dienstleuten und anderen von ihnen Abhängigen zusammen. Die von den Colonialregierungen beabsichtigten Gründungen von Dörfern und Städten gelingen nur mit Mühe; von Bedeutung sind bis jetzt nur erst die Handel treibenden Küstenstädte geworden. Die Stationen liegen dagegen in den entlegensten Distrikten, gewöhnlich auf gepachtetem Kronlande und fast stets weit von einander getrennt; auf ihnen wohnen einige Hirten, welche die Heerden der Besitzer beaufsichtigen und nur selten von diesen inspicirt werden. Daß in einem Lande, wie Australien, das so viele natürliche Wiesen und lichte und dünne, grasreiche Wälder, wie ein so überaus mildes Klima und dabei fast gänzlichen Mangel an Raubthieren hat, die Viehzucht stets eine Hauptbeschäftigung der Ansiedler war und bleiben wird, ist sehr natürlich. Man zieht vorzugsweise Schaafe, nächstdem Rindvieh, in geringerem Maaße Pferde; die Zahl der Thiere ist bereits sehr bedeutend, man wird nicht sehr irren, wenn man jetzt im Ganzen die Zahl der Schaafe auf 17 bis 18 Millionen, des Rindviehs über 2 Millionen, der Pferde gegen 200,000 schätzt. Der Landbau steht dagegen gegen die Viehzucht zurück. Die Bildung des Bodens ist ihm nicht in dem Maaße förderlich, wie dieser, da einzelne Stellen von größerer Fruchtbarkeit nicht häufig sind und nur immer sehr zerstreut vorkommen; in Vandiemens-Land, Süd- und West-Australien wenden die Ansiedler größeren Fleiß auf ihn, als in New South Wales und Victoria. Man baut vor allem viel Waizen, dann, wo es das Klima gestattet, Mais, Roggen dagegen fast gar nicht; ferner etwas Gerste und Hafer, Kartoffeln, besonders in Vandiemens-Land. Außerdem liefert der Landbau in New South Wales noch Taback und Orangen und in dieser Colonie wie in Victoria und Süd-Australien besonders Wein (vorzüglich im Thale des Hunter in New South Wales), dessen Cultur für ein Land um so wichtiger ist, in welchem die Consumption des Branntweins eine Schrecken erregende Ausdehnung erreicht hat. Ein anderer nicht unbedeutender Zweig der Thätigkeit der Colonisten ist die Fischerei. Der Fang der Seehunde, der im Anfange dieses Jahrhunderts auf den Inseln der Baßstraße so lebhaft betrieben wurde, hat zwar mit der Vertreibung der Thiere ein Ende genommen; dagegen nehmen die Hauptstädte aller Colonien an dem Walfischfange im Stillen Ocean durch besonders dazu ausgerüstete Schiffe lebhaften Theil, und in allen wird derselbe Fang von den Küsten aus in Booten betrieben. Endlich ist noch namentlich in der neuesten Zeit der Bergbau eine Hauptbeschäftigung der Australischen Colonisten geworden. Schon seit dem Anfang dieses Jahrhunderts sind die Steinkohlenlager von Newcastle in New South Wales bearbeitet; ihre Ausbeutung erfolgt jetzt durch die Agricultur-Gesellschaft von New South Wales, eine Gesellschaft (wie es deren noch eine im Besitz des Nordwesttheils von Vandiemens-Land giebt), die ein großes Gebiet um den Hafen Stephens besitzt und dort Landbau und Viehzucht in großem Maaßstabe treibt. Seit der Gründung von Süd-Australien sind daselbst die überaus ergiebigen Kupfergruben entdeckt und bearbeitet, obschon bei der Kostspieligkeit der Anlage von Bergwerken bis jetzt nur die Gruben Kapunda und namentlich Burraburra einen bedeutenden Ertrag geliefert haben. Seit zwei Jahren endlich sind die erstaunlich reichen Goldlager im aufgeschwemmten Lande in New South Wales (am Macquarie, seinem Zuflusse Turon und am oberen Shoalhaven, angeblich auch am Nordabhange der Liverpoolkette) und in Victoria (im Thale Ballarat und am Berge Alexander) aufgefunden; ihre Bearbeitung hat in den Colonien eine wahrhafte Revolution herbeigeführt, die sich in ihren Wirkungen selbst bis auf Europa ausgedehnt hat. Manufacturen und Fabriken sind dagegen erst im Entstehen.

Der Handel der Colonien ist bereits überaus blühend und nimmt von Jahr zu Jahr an Ausdehnung zu. Im Ganzen scheint jetzt die Gesammtausfuhr aller Colonien die Summe von 4 bis 5 Millionen Pf. St., die Einfuhr fast dasselbe zu betragen. Der innere Handel ist, wie es in einem Lande, dessen Wege im Ganzen noch so wenig gebahnt sind und dem es an aller Flußschifffahrt fehlt, nicht anders seyn kann, nur unbedeutend; auf den Landgütern wird der größte Theil der Erzeugnisse selbst verbraucht, und gewöhnlich werden nur die Producte der Viehzucht auf Ochsenkarren nach den Küstenstädten, aus diesen durch Dampfschiffe, die alle Handelsplätze der Colonien mit einander durch regelmäßige Fahrten in Verbindung setzen, in die Haupthandelsstädte verführt, in denen sich der ganze Verkehr concentrirt. Die Ausfuhrgegenstände bestehen besonders in dem, was die Viehzucht liefert (vor allem Wolle, dann Talg, seitdem die Abnahme der Heerden in der großen Dürre von 1843 darauf geführt hat, Schaafe und Rinder dazu zu benutzen, Talg zu gewinnen, auch Pferde, die nach Indien gehen), außerdem in einigen Colonien (Vandiemens-Land, Süd- und West-Australien) in Getreide und Mehl (in Vandiemens-Land auch Kartoffeln), in den Producten der Fischerei (besonders Thran) und in den neuesten Zeiten in Kupfer (aus Süd-Australien, zum Theil geschmolzen, gewöhnlicher in Erzen) und in Gold. Eingeführt werden alle Erzeugnisse, die das Land selbst nicht liefert, besonders europäische Fabrik- und Manufacturwaaren. Der bei weitem meiste Verkehr ist mit England, das namentlich die Stapelproducte der Colonien fast ausschließlich empfängt und sie mit Fabrikwaaren versorgt; außerdem treiben die Colonisten Handel mit Indien, Mauritius (das ihnen Zucker liefert), China, Amerika und den Inseln des Stillen Oceans, vorzugsweise mit Neu-Seeland.

Wie glänzend und schnell sich in allen materiellen Beziehungen die Colonien entwickelt haben, lehrt die folgende, aus zuverlässigen Angaben zusammengesetzte Tabelle.

New South Wales.

Einwohner		1833	71,070	1841	130,856	1851	187,243
Heerden.	Schaafe	1829	536,391	1843	3,400,513	1850	7,026,000
	Rindvieh	1829	262,868	1843	796,427	1850	1,300,100
	Pferde	1829	12,479	1843	51,980	1850	111,200
Ausfuhr	in Pf. St.	1833	394,801	1840	1,399,692	1850	1,990,900
Einfuhr	" " "	1833	713,972	1840	2,855,102	1850	1,670,300
Einkünfte	" " "	1833	169,459	1840	653,127	1848	218,200
Ausgaben	" " "	1833	110,252	1840	517,494	1848	236,226

Victoria.

Einwohner		1844	25,000	1850	78,000
Heerden.	Schaafe	1844	2,000,000	1850	6,033,000
	Rindvieh	1844	14,000	1850	346,562
	Pferde	1844	5,000	1850	16,743
Ausfuhr	in Pf. St.	1843	277,672	1850	1,041,796
Einfuhr	" " "	1844	151,052	1850	744,255
Einkünfte	" " "	1843	61,344	1848	68,350
Ausgaben	" " "	1844	54,352	1848	60,000

Vandiemens-Land.

Einwohner		1833	31,718	1840	56,000	1848	65,000
Heerden.	Schaafe	1833	569,729	1845	1,200,000		
	Rindvieh	1833	79,517	1845	85,000		
	Pferde	1833	5,483	1845	15,000		
Ausfuhr	in Pf. St.	1833	157,907	1845	422,218		
Einfuhr	" " "	1834	471,215	1845	520,562		
Einkünfte	" " "	1833	88,505	1846	116,664		
Ausgaben	" " "	1833	83,727	. . .	. . . . .		

Süd-Australien.

Einwohner		1839	12,000	1846	22,390	1850	63,900
Heerden.	Schaafe	1838	28,000	1847	620,000	1850	1,200,000
	Rindvieh	1838	2,500	1847	38,000	1850	100,000
	Pferde	1838	480	1847	2,600	1850	6,000
Ausfuhr	in Pf. St.	1841	40,561	1846	287,059	1850	453,669
Einfuhr	" " "	1841	229,925	1846	304,321	1850	887,423
Einkünfte	" " "	1841	26,720	1846	48,015	. . .	. . . . .
Ausgaben	" " "	1841	104,471	1846	36,971	1848	57,867

Ein- und Ausfuhren i. J. 1848.

Einfuhr. Werth in Pfd. Sterl.

	New South Wales.	Van Diemen's Land.	South Australia.	Summe.
Ackerbaugeräthe	2,799	966	700	4,465
Kleidungsstücke	106,373	59,044	20,147	185,564
Geräuchertes Fleisch . .	831	190	22	1,043
Säcke und Sacktuch . .	660	339	2,214	3,213
Rind- u. Schweinefleisch	1,122	319	95	1,536
Bier und Ale	48,460	13,096	10,653	72,209
Bücher	14,826	6,449	2,206	23,481
Messing- u. Kupferwaaren	6,947	3,343	348	10,638
Tischler- u. Tapezierwaaren	5,303	1,753	2,214	9,270

	New South Wales.	Van Diemen's Land.	South Australia.	Summe.
Lichter	923	655	132	1,710
Wagen und Karren	1,157	1,239	605	3,001
Käse	113	131	—	244
Uhren	845	1,371	82	2,298
Kohlen	556	208	2,173	2,937
Kaffe	4,004	1,777	1,705	7,486
Kupfer, in Blättern u. alt.	9,901	1,019	254	11,174
Kupfererz	660	—	—	660
Tauwerk	6,425	4,613	1,464	12,502
Getreide	3,414	206	22	3,642
Mehl	577	367	50	994
Baumwollen-Waaren	90,413	33,674	8,835	132,922
Färbe- u. harte Hölzer	1,000	—	—	1,000
Irdene Waare	9,859	4 270	2,906	17,035
Fische	1,729	429	451	2,609
Flachs	158	131	—	289
Früchte	5,818	2,173	5,189	13,180
Glas und Glaswaaren	21,321	10,184	5,346	36,851
Schießwaffen	388	104	10	502
Schießpulver	1,130	641	508	2,279
Kram- u. Modewaaren britische	63,987	27,117	9,743	100,847
Kram- u. Modewaaren fremde	1,910	—	581	2,491
Eisen- u. Stahlwaaren britt.	45,047	20,781	8,370	74,198
Eisen- u. Stahlwaaren fremde	281	—	268	549
Hüte aller Art britt.	12,026	8,304	2,095	22,425
Hüte aller Art fremde	1,062	60	48	1,170
Hopfen	5,155	2,019	1,411	8,585
Eisen Roh-	20,518	4,043	5,357	29,918
Eisen Schmiede-	31,627	14,344	9,114	55,085
Goldschmiedwaare	1,770	1,887	86	3,743
Blei und Schroot	6,250	2,476	672	9,398
Leder	505	601	64	1,170
Lederwaaren britt.	19,698	5,284	3,103	28,085
Lederwaaren fremde	40	—	239	279
Leinenwaaren	36,020	13,594	11,658	61,272
Pferde	350	—	—	350
Schaafe	535	—	120	655
Maschinen u. Mühlenwerk	2,412	1,579	4,085	8,076
Arzneien	16,955	6,772	4,092	27,819
Melasses (Syrup)	320	109	40	469
Musikal. Instrumente	5,422	2,029	1,381	8,832
Oel Kokosnuß-	1,196	—	—	1,196
Oel Oliven-	475	—	194	669
Oel Spermaceti-	51,362	1,296	2	52,660
Thran	3,572	649	—	4,221
Malerfarben	6,760	2,830	512	10,102
Papiertapeten	878	1,762	25	2,660
Pfeffer	448	—	193	641
Parfümerien	1,734	1,126	427	3,287
Pickles	14,322	6,238	2,259	22,819
Silber- u. plattirte Waaren	3,818	1,461	296	5,568
Reis	2,100	1,017	717	3,834
Sattlerwaaren	17,455	3,388	3,608	24,451

	New South Wales.	Van Diemen's Land.	South Australia.	Summe.
Salz	3,361	1,259	478	5,098
Seidenwaaren { britt.	13,526	8,289	751	24,566
Seidenwaaren { fremde	1,122	123	425	1,670
Seife	392	336	230	968
Gewürze (nicht näher angegebene)	790	6	603	1,399
Spirituosa (aller Art)	97,450	28,152	21,214	146,816
Buchbinderartikel (Stationary)	28,314	8,544	4,966	41,824
Zucker { roh aus britt. Colonien	14,017	16,454	24,230	54,701
Zucker { roh aus Ostindien und fremder	99,447	10,233	11,163	120,845
Zucker { raffinirt. u. Candis	1,934	4,527	1,316	7,777
Theer und Pech	297	173	332	802
Thee	72,876	9,357	12,155	94,388
Zinnwaare	3,423	1,087	338	4,848
Taback, fabricirter	25,241	8,490	3,970	37,701
Spielzeug	3,132	1,365	195	4,692
Segelgarn	2,068	979	422	3,469
Sonnen- u. Regenschirme	2,636	963	707	4,306
Essig	2,201	733	400	3,334
Fischbein	288	—	—	288
Wein, aller Sorten	48,856	15,688	19,183	83,727
Holz und Holzwaaren	4,771	1,967	6,701	13,439
Wollene Manufacturwaar.	86,074	36,668	10,370	133,112
Verschiedene Artikel	68,654	24,481	13,404	106,539
Summen	1,306,570	459,353	272,644	2,038,567

davon	Pfd. Sterl.		
aus Gr. Britannien (incl. Colonien)	1,607,254	aus Singapore	34,156
„ Guernsey in Jersey	7,498	„ Ceylon	220
„ Deutschland	8,660	„ Java	16,064
„ Spanien	4,959	„ Philippinen	82,345
„ Portugal	2,302	„ China	43,210
„ Cap der guten Hoffnung	13,298	„ Hong Kong	59,688
„ Mauritius	65,819	„ Neu-Seeland	14,690
„ Isle Bourbon	2,285	„ Südsee-Inseln	3,299
„ britt.-ostind. Besitzungen (excl. Singapore)	12,583	„ Ver. Staat. v. N.-Amerika	6,905
		„ Südsee-Fischereien	53,335
		Totaleinfuhr	2,038,567

Ausfuhr. Werth in Pfd. Sterl.

	New South Wales.	Van Diemen's Land.	South Australia.	Summe.
Kleidungsstücke	9,650	960	40	10,650
Borke (Bark)	28	410	—	438
Rind- u. Schweinefleisch	7,549	463	184	8,196
Bier und Ale	2,439	255	21	2,715
Brodt und Zwieback	632	976	116	1,724
Butter	925	234	—	1,159
Tischlerwaaren	1,061	232	—	1,293
Lichter	1,321	89	—	1,410
Steinkohlen	746	—	—	746

	New South Wales.	Van Diemen's Land.	South Australia.	Summe.
Kaffe	1,072	164	—	1,236
Kupfer, altes u. in Blätt.	620	248	—	868
Kupfererz	15,675	4,110	206,905	226,680
Getreide und Mehl	5,343	35,164	28,046	68,553
Baumw. Manufacturwaar.	3,768	1,508	—	5,276
Färbe- und Nutzhölzer	1,660	16	—	1,676
Irdene Waare	1,167	17	8	1,192
Früchte	1,906	316	40	2,262
Gummi	30	—	1,466	1,496
Glaswaaren	1,096	—	10	1,106
Kramwaar. (Haberdashery)	2,512	349	—	2,861
Eisenwaaren (Hardware)	7,697	784	122	8,603
Häute	13,573	—	272	13,845
Hufe u. Knoch. v. Rindvieh	1,077	65	—	1,142
Schmiedeeisen	2,364	30	—	2,394
Bleierz	2,050	3,215	—	5,265
Leder	5,083	5,839	187	11,109
Lederwaaren	1,222	276	45	1,543
Leinenwaaren	13,905	272	—	14,177
Pferde	10,671	804	—	11,475
Rindvieh	11,503	20	85	11,608
Schaafe	6,477	773	50	7,300
Oel: Kokosnuß-	1,570	16	50	1,636
Oel: Spermaceti-	68,982	40,434	—	109,416
Thran	3,410	5,050	1,074	9,534
Pickles	2,693	633	—	3,326
Gesalzene und andere Schiffs-Provisionen	1,393	646	—	2,039
Seife	2,074	170	—	2,244
Spirituosa	10,882	1,610	484	12,976
Buchbinderwaare	1,211	—	—	1,211
Zucker: roher	7,986	1,390	30	9,406
Zucker: raffinirter	1,520	58	—	1,578
Talg	139,056	2,108	3,752	144,916
Thee	3,374	380	23	3,777
Fabric. Taback	4,510	744	487	5,741
Fischbein	1,725	2,660	983	5,368
Weine	3,947	240	269	4,456
Holz	1,032	673	—	1,705
Schaafwolle	1,225,327 (22,621,323 Pf.)	194,353 (4,664,472 Pf.)	97,912 (2,153,193 Pf.)	1,517,592
Wollene Waaren	7,083	147	1,745	8,975
Verschiedene Artikel	20,853	3,189	2,410	26,452
Baares Geld	—	—	10,000	10,000
Summen	1,643,450	312,080	356,816	2,312,346

davon	Pfd. Sterl.		
nach Gr. Britannien	2,073,992	nach Java	1,873
„ Cap der guten Hoffnung	18,953	„ Philippinen	500
„ Mauritius	38,407	„ China	2,345
„ Bourbon	770	„ Hong Kong	3,936
„ Britt. Ostindien (excl. Singapore)	5,067	„ Neu-Seeland	154,036
„ Singapore	335	„ Südsee-Inseln	11,542
„ Ceylon	450	„ Chile	80
		Totalausfuhr	2,312,346

Topographie:

1) Die Colonie New South Wales wird im Ost vom Ocean, im Süd von einer Linie begrenzt, die vom C. Howe an der Nordgrenze des Gippslandes bis zur Quelle des Murray geht und diesem Flusse abwärts bis zum 141. Längengrade folgt; die Westgrenze bildet dieser Längengrad, die nördliche der 26. Breitengrad. Von allen Colonien ist sie die größte. Sie wird in 46 Grafschaften (counties) getheilt, die nur den östlichen Theil, das Gebirgsland und die Küstenebenen, einnehmen; der ganze Westtheil ist eine unbewohnbare Wüste. Von diesen Counties liegen im südlichen Theile des Gebirgslandes Auckland, Wellesley, Wallace, Dampier, Beresford, S. Vincent, Murray, Cowley, Buccleugh, Argyle, King und Georgiana; im mittleren Camden, Westmoreland, Cook, Cumberland, Northumberland, Hunter, Roxburgh, Bathurst, Wellington, Phillip, Bligh, Brisbane, Durham und Gloucester; im nördlichen, Nord von der Liverpoolkette, Macquarie, Hawes, Parry, Buckland, Pottinger, Vernon, Inglis, Dudley, Sandon, Raleigh, Gresham, Clarence, Richmond, Rous, Buller, Ward, Churchill, Stanley, Cavendish und Canning.

Städte: Sidney, die Hauptstadt der Colonie, an der Sidney- und Darlingcove, zwei Buchten des Port Jackson. Sie ist die bedeutendste Stadt Australiens, deren Aufschwung namentlich in den neuesten Zeiten erstaunlich gewesen ist: denn sie zählte 1833 16,000, 1846 40,000, jetzt schon gegen 50,000 Einwohner. Sie hat zwei Forts auf den beiden Spitzen der Sidneycove, ein Regierungsgebäude mit einem großen Park und einem botanischen Garten, andere öffentliche Gebäude, Kirchen aller Religionsgesellschaften, meist regelmäßige und gerade Straßen mit vielen schönen Häusern, außer in dem ältesten Theile der Stadt auf der Spitze zwischen beiden Buchten, dessen Straßen schmal und krumm sind. Ihre Bedeutung gewinnt die Stadt vorzugsweise durch ihren Handel. Sie ist der erste Handelsplatz von ganz Australien: hier sammeln sich alle Stapelproducte der Colonie und werden von hier nach Europa gesandt; sie ist der Mittelpunkt der Australischen Dampfschifffahrtsgesellschaften und des Walfischfanges der Colonie; sie enthält auch die bedeutendsten Fabriken des Landes. Uebrigens concentrirt sich der Handelsverkehr hauptsächlich in dem Theile der Stadt, welcher an die Darlingcove stößt. — Paramatta, eine blühende Landstadt an dem Bache gl. Nam., der in die Spitze des Hafens Jackson fällt, mit über 10,000 Einwohnern; sie enthält ein Landhaus des Gouverneurs und früher große Barracken für die Deportirten, besonders weiblichen Geschlechts. — Windsor und Richmond, zwei kleine Städte, wie die beiden vorigen in der Cnt. Cumberland, in einem fruchtbaren, gut angebauten District im Thale des Hawkesbury; die erste zugleich wichtig durch ihre Lage an der Hauptstraße, die aus der Ebene von Cumberland über die Blauen Berge nach Bathurst führt. — Wollongong in der Cnt. Camden, ein kleiner Ort in der reichen Ebene von Illawara. — Goulburn in der Cnt. Argyle, eine kleine Landstadt an der Quelle des Hawkesbury in der Mitte eines gut angebauten Landstriches. — Bathurst in der Cnt. gl. Nam. am Flusse Macquarie, eine aufblühende Landstadt, von reichen Landgütern und vielen Stationen umgeben, jetzt auch Mittelpunkt des bedeutendsten Golddistrictes der Colonie. — Newcastle (oder Kingston) an der Mündung des Hunterflusses bei den Kohlenbergwerken des Landes. — Maitland wie Newcastle in der Cnt. Northumberland, etwas höher am Hunter, jetzt eine blühende Stadt von über 5000 Einwohnern, mit bedeutendem Verkehr, hauptsächlich weil hier die Wolle aus den nördlicheren Districten gesammelt und durch Dampfschiffe von hier nach Sidney geschafft wird. Sie zerfällt in zwei Theile, Ost- und Westmaitland. — Macquarie in der Cnt. gl. Nam. an der Mündung des F. Hastings, und Clarence in der Cnt. gl. N., beide erst im Entstehen. — Brisbane in der Cnt. Stanley, eine durch den Fluß Brisbane in zwei Theile, Nord- und Südbrisbane, getheilte, im Aufblühen begriffene Stadt, die auf Dampfschiffen starken Verkehr mit Sidney hat und Holz und Wolle dahin ausführt.

2) Die Colonie Victoria ist erst 1850 von New South Wales getrennt worden, dessen südliche Grenze ihre nördliche bildet, während die westliche der 141. Längengrad, die südliche und östliche die Küste von der Mündung des Glenelg bis zum C. Howe ausmacht. Sie zerfällt in 24 Counties, von denen im östlichen Theil (dem Gippslande) Howe, Combermere, Abinger, Bruce, Haddington, Douro; im mittleren Baß, Mornington, Evelyn, Anglesey, Dalhousie, Bourke, Rodney; im westlichen (dem Glücklichen Australien) Grant, Talbot, Grenville, Polworth, Heytesbury, Hampden, Ripon, Villiers, Normanby, Dundas und Follet liegen.

Städte: Melbourne, die Hauptstadt der Colonie, in welcher der Gouverneur und die Verwaltung ihren Sitz haben, in der Cnt. Bourke in einer fruchtbaren Gegend, an beiden Ufern des bis hier für kleine Dampfschiffe fahrbaren Flusses Yarrayarra, eine blühende Stadt mit gegen 20,000 Einw., die sich glänzender und schneller als irgend eine andere Australiens aufgeschwungen hat und noch immer an Bedeutung zunimmt, ein Haupthandelsplatz der Colonie. — Williamstown in der Cnt. Bourke, an der Mündung des Yarrayarra in den Hafen Phillip, der Seehafen von Melbourne, ein nur unbedeutender Ort. — Geelong am westlichsten Ende des Port Phillip zwischen diesem und dem kleinen Flusse Barwon in der Cnt. Grant, umgeben von dem reichsten und am besten angebauten Ackerbaudistricte der Colonie und Hauptsammelplatz für die Wolle der vielen Stationen des Glücklichen Australiens, bereits ein bedeutender Ort, der künftig an Wichtigkeit Melbourne wenig nachgeben wird, mit bedeutendem und lebhaft betriebenem Handel. — Alberton an der Mündung des Fl. Albert in der Cnt. Douro, erst im Entstehen begriffen, Hauptstadt des Gippslandes. — Portland, ein kleines Städtchen in der Cnt. Normanby, wichtig durch seinen Wollhandel und den an der Küste betriebenen Walfischfang.

3) Die Colonie Vandiemens-Land umfaßt die Insel dieses Namens und die in der Baßstraße liegenden. Sie zerfällt in 9 Polizeidistricte, von denen im südlichen Theil der Insel Hobarton, New Norfolk und Richmond; im mittleren Clyde, Oatlands und Oysterbay; im nördlichen Campbelltown, Norfolkplains und Launceston liegen. Der ganze Westtheil ist keinem dieser Districte zugetheilt, er enthält außer einzelnen Stationen in der Nordwest-Ecke der Insel noch das Gebiet der Agriculturgesellschaft von Vandiemens-Land, die (in Surrey) Viehzucht in großem Maaßstabe treiben läßt.

Städte: Hobarton (Hobarttown) im District gl. N., am Fl. Derwent nicht weit über seiner Mündung in die Sturmbai, der Hauptort der Colonie und Wohnsitz des Gouverneurs; eine schnell aufblühende Stadt mit gegen 20,000 Einw., regelmäßig gebaut und durch starken Handel, namentlich mit Europa, sehr lebhaft; sie treibt auch starken Walfischfang und steht durch Dampfschiffe mit den übrigen Colonien in Verbindung. Launceston im Districte gl. N., an der Tamar angelegt, wo der Fluß für Seeschiffe fahrbar zu sein aufhört, die zweite bedeutende Stadt der Insel mit gegen 10,000 Einw. und lebhaftem Verkehr; in ihr sammeln sich die Producte des Nordtheils der Insel, wie in Hobarton die des Südtheils, und sie hat zugleich starke Verbindung mit dem gegenüberliegenden Victoria. — Georgetown im Distr. Launceston, an der Mündung der Tamar, der Seehafen von Launceston. — Campbelltown am Fl. Macquarie, New Norfolk am Derwent und Richmond am Coalriver, in den Districten gl. N., im Aufblühen begriffen, in der Mitte großer, zum Ackerbau geeigneter Landschaften gelegene Ortschaften. — Waterloo im Distr. Oysterbai an der Ostküste der Insel.

4) Die Colonie Süd-Australien erstreckt sich an der Küste von der Mündung des Glenelg bis zum C. Des Adieur; im Innern wird sie von imaginären Grenzen eingeschlossen, gegen Ost von dem 141., gegen West von dem 132. Längengrade, nördlich vom 26. Breitengrade. Sie wird jetzt in 11 Counties getheilt: Adelaide, Hindmarsh, Gawler, Light, Sturt, Eyre, Stanley, Flinders, Russell, Robe und Grey, welche alle in dem Raume zwischen dem Murray und den Golfen Spencer und Vincent liegen.

Städte: Adelaide in der Cnt. gl. N., der Hauptort der Colonie und Mittelpunkt ihrer Regierung, an dem Flüßchen Torrens, mit über 10,000 Einw., angenehm und freundlich angelegt, regelmäßig gebaut und mit geraden Straßen, von ländlichen Vorstädten umgeben, an welche hübsche Dörfer stoßen. — Port Adelaide, der Hafen der Stadt, mit 2000 Einw. Mittelpunkt des Seehandels, den die Colonie treibt. — Hansdorf und Klemzig, zwei von deutschen Lutheranern angelegte Dörfer. — Gawlertown in der Cnt. Gawler, in der Nähe der Kupfergruben, im Entstehen begriffen.

5) Die Colonie West-Australien in der Südwest-Ecke des Continents, deren Grenzen im Westen und Süden der Ocean bildet, während sie gegen das Innere noch nicht festgesetzt sind. Sie ist von allen australischen Colonien diejenige, welche die geringsten Fortschritte gemacht hat, und gegen die übrigen in der Entwickelung sehr zurückgeblieben: denn sie kann sich durch natürliche Hülfsquellen mit ihnen nicht vergleichen, und außerdem ist bei ihr niemals auf Beförderung der Einwanderung die Sorgfalt gewendet wie in den übrigen. Sie zerfällt in 26 Counties, von denen an der Südküste Kent, Plantagenet, Hay, Stirling, Goderich, Lanark, Nelson, Sussex; im Inneren Peel, Wicklow, Minto, Grantham, Beaufort, Howick, York, Lansdowne, Durham, Victoria, Carnarvon, Grey, Glenelg: an der Westküste Wellington, Murray, Perth, Twiß und Melbourne liegen.

Städte: Perth in der Cnt. gl. N., nicht weit oberhalb der Mündung des Schwanenflusses, der Sitz der Colonialregierung. — Freemantle an der Mündung des Schwanenflusses, ein unbedeutender Ort, der Hafen am Perth. — Guilford, ein kleines Landstädtchen, wie Freemantle in der Cnt. Perth. — York in der Cnt. gl. N. am oberen Schwanenflusse. — Albany in der Cnt. Plantagenet, am Königgeorgsunde, mit lebhaft betriebenem Walfischfange. — Augusta in der Cnt. Sussex nahe bei C. Leeuwin, an der Mündung des Flusses Blackwood.

II. Die Inseln des Stillen Oceans.

Charten.

Außer den in den folgenden Werken sich findenden besonders von Krusenstorn, Atlas de l'océan pacifique. 1824.

Bücher.

Außer den bereits in der Einleitung dieses Werks (Th. I. S. 4 f.) unter a. und b. angegebenen Reisewerken: Plant, Handbuch einer vollständigen Erdbeschreibung und Geschichte Polynesiens. Leipzig 1793. 2 Bde. 8°. — v. Zimmermann, Australien in Hinsicht der Erd-, Menschen- und Productenkunde; erster Theil in 2 Abtheilungen. Hamburg 1810. 8°. — Ph. Forster, Observations made during a voyage round the world. London 1778. 4°. — v. Krusenstern, Recueil de mémoires hydrographiques pour servir d'analyse et d'explication à l'atlas de l'océan pacifique. St. Petersburg 1824. 2 Bde. 4°, und desselben Supplément au recueil. St. Petersburg 1835. 4°. — W. v. Humboldt, Ueber die Kawisprache auf der Insel Java. Berlin 1836. 3 Bde. 4°. — Des Brosses, Histoire des navigations aux terres australes. Paris 1756. 2 Bde. 4°. — Dalrymple, Historical collection of the several voyages and discoveries in the southern pacific ocean. London 1770. 2 Bde. 4°. — Burney, Chronological history of the voyages and discoveries in the Southsea. London 1803. 5 Bde. 4°. — Forrest, A voyage to New Guinea and the Moluccos. London 1779. 4°. — Fleurieu, Découvertes des Français en 1788 et 1759 dans le sudest de la Nouvelle Guinée. Paris 1790. 4°. — Wilson, Missionary voyage to the southern pacific ocean. London 1799. 4°. — Montgommery, Journal of voyages and travels by the R. D. Tyerman and G. Bennel. London 1831. 2 Bde. 8°. — Ellis, Polynesian researches. London 1839. 4 Bde. 8°. — Wagener, Geschichte der christlichen Kirche auf dem Gesellschaftsarchipel. Erster Band. Berlin 1844. 8°. — Rovings in the Pacific by a merchant. London 1851. 2 Bde. 8°. — Stewart, Private journal of a mission to the Sandwich islands. Dublin 1830. 8°. — Jarves, History of the Hawaiian or Sandwich islands. London 1843. 8°. — Nicholas, Narrative of a voyage to New Zealand. London 1817. 2 Bde. 8°. — The New Zealanders. London 1830. 8°. — Yate, Account of New Zealand. London 1835. 8°. — Dieffenbach, Travels in New Zealand. London 1843. 2 Bde. 8°. — Mariner, Account of the Tonga islands. London 1814. 2 Bde. 8°. — Williams, Narrative of missionary enterprises in the Southsea Islands. London 1837. 8°. — Meinicke, Die Südseevölker und das Christenthum. Prenzlau 1844. 8°. — Die Zeitschriften der verschiedenen englischen und amerikanischen Missionsgesellschaften.

Die Inseln des Oceans. Der Stille Ocean enthält eine sehr große Menge meist zu Gruppen vereinigter Inseln, deren Vertheilung im Allgemeinen der Art ist, daß in den westlichen und südlichen Theilen desselben die meisten und größten, in den nördlichen und östlichen die wenigsten und kleineren sich finden. Daher ist der Südwesttheil des Oceans an Inseln der reichste, der Nordosttheil der ärmste. Man kann hiernach die Inseln in vier Abtheilungen theilen, indem der Aequator die beiden südlichen und nördlichen trennt; die Grenze zwischen den südlichen und südwestlichen wie zwischen den nordöstlichen und nordwestlichen Inseln bildet etwa der 180. Längengrad *). Eine fünfte Abtheilung würden die kleinen Inseln und Gruppen im östlichsten Theile des Oceans bilden, welche der Küste Amerikas nahe liegen und mit diesem Continent Natur und Producte gemein haben; sie werden aber eben deshalb besser zu Amerika gerechnet.

Geognostische Beschaffenheit. Die Inseln des Oceans zerfallen in hohe und niedrige. Von den ersteren gehören die meisten und bedeutendsten der Reihe der südwestlichen Inseln an, und alle diese enthalten größere Gebirge zum Theil mit Gipfeln von beträchtlicher Höhe. In ihnen treten, so weit sich nach unserer sehr unvollkommenen Kenntniß von diesen Inseln schließen läßt, Gesteine der verschiedensten Art, vorzugsweise jedoch Ur- und Uebergangsgesteine, in mehreren (z. B. Neu-Guinea, Tombara) auch ein hoch über dem Meeresspiegel erhobener, junger Kalkstein auf; dabei hat auch fast jede dieser Inselgruppen vulkanische Gesteine und brennende Vulkane, die mit denen der Indischen Inseln im Zusammenhange zu stehen scheinen. Von den Inseln in den anderen Abtheilungen sind die höheren wahrscheinlich rein vulkanischen Ursprungs und haben hier und da noch thätige Vulkane, obschon die Zahl derselben nicht eben groß ist. Die niedrigen Inseln, die zugleich immer die kleinsten sind, bestehen fast ohne Ausnahme aus dem durch das Absterben der Zoophyten sich bildenden Madreporenkalkstein, dessen Bildung noch jetzt immer fortgeht. Dies ist das Gestein, aus welchem die zahlreichen Riffe zusammengesetzt sind, die sich fast überall im Stillen Ocean verbreitet finden. Viele von ihnen umgeben, als Barrierriffe,

*) Hier stets östlich von Greenwich.

in einiger Entfernung die höheren Inseln und werden dann nicht selten von Canälen durchschnitten, welche in die oft gute Häfen bildenden Meeresräume zwischen den Inseln und den Riffen führen. Andere dagegen bilden auf Erhöhungen im Meeresboden gewöhnlich den Rand um runde und tiefe Seebecken (Lagunen); auf den höheren, über dem Meere hervorragenden Theilen derselben sind dann mit der Zeit durch Anschwemmungen und Zerstörung des Kalksteins längliche und schmale Inselchen entstanden, die zuletzt die Lagune zum Theil oder selbst ganz einschließen, und so erklärt sich das Vorkommen der vielen Laguneninseln des Oceans, in deren Lagunen oft Schiffe, wenn die Riffe von Canälen durchbrochen werden, eindringen können, obschon die Benutzung dieser, wenn auch vor den Meereswellen geschützten Häfen und Ankerplätze der vielen Korallenfelsen im Meeresgrunde halber niemals gefahrlos ist. Uebrigens haben die Laguneninseln, wenn sie etwas höher sind, Bäume und selbst Bewohner, obschon sie an Pflanzen und Thieren arm und stets von fließendem Wasser und Quellen entblößt sind. Endlich bestehen noch mehrere Inseln des Oceans aus demselben Kalkstein, der aber nach seiner Bildung über den Meeresspiegel erhoben worden ist; diese sind jedoch im Ganzen eben nicht häufig.

Flora und Fauna. Was die Verbreitung der Pflanzen auf diesen Inseln betrifft, so zeigt sich zuerst eine deutliche Abnahme derselben in der Richtung von Westen nach Osten. Neu-Guinea unterscheidet sich in der Fülle seiner Pflanzen und der Pracht seiner Wälder noch gar nicht von den Molukken, und auch die mehr östlich bei Neu-Guinea liegenden Inseln haben eine üppige und reiche Vegetation, wenn sie gleich der der Molukken schon nicht mehr gleich kommt; allein weiter nach Osten nimmt die Vegetation, ohne ihren Charakter zu verlieren, allmählich immer mehr ab, die Geschlechter und die Arten verschwinden nach und nach, sie verkümmert gleichsam. Neu-Seeland scheint nur gegen 700, Tahiti noch 500, die Paumotu nur gegen 50, Waihu gar nur einige 20 Pflanzen zu haben. Am ärmsten an Pflanzen sind dabei immer die kleinen flachen Laguneninseln. Was aber den Charakter dieser Vegetation betrifft, so ist es auffallend, daß sie, während die Inseln des Oceans den indischen Inseln und dem australischen Continent gleich nahe liegen, doch überwiegend indisch ist, und fast noch auffallender, daß sie diese Eigenthümlichkeit so rein bis zu den östlichsten Inseln beibehält. Ueberall im ganzen Ocean findet man indische Pflanzenfamilien und Geschlechter, selbst nicht wenige indische Pflanzenarten, ja die Vegetation von Tahiti enthält vielleicht noch ein Viertel von Pflanzen, die zugleich in Java wachsen. Vorzugsweise sind die Culturpflanzen, auf denen das Leben der Inselbewohner zum größten Theile beruht, alle indisch; die Kokospalme, dieser so überaus nützliche, niedrige Gegenden und die Nähe des Meerwassers liebende Fruchtbaum, gedeiht namentlich auf den niedrigen Inseln besser und üppiger als auf den meisten indischen Inseln; die Banane hat hier eine entschieden höhere Bedeutung, die Arumarten (taro) sind in Hawaii von nicht geringerem Werthe als in den Molukken; die Yamswurzeln (Dioscorea) und süßen Bataten (Convolvulus batatas) Indiens sind auf allen Inseln zu finden; der Brodtfruchtbaum (Artocarpus), ein auf Java nicht sehr geschätzter Fruchtbaum, nimmt in Tahiti fast die Stelle der (mit einer Ausnahme) im ganzen Ocean fehlenden Cerealien ein; die Frucht des Pandanus dient auf Radak zur Nahrung, wie auf den nikobarischen Inseln. Nächstdem ist jedoch dieser Vegetation auch ein unverkennbar australisches Element beigemischt, das natürlich am bestimmtesten noch in den südwestlichen, dem Continent am nächsten liegenden Inseln hervortritt, in den Leguminosen (Akacien) von Neu-Guinea, den Myrtaceen von Neu-Seeland und Neu-Caledonien, den schönen Coniferen derselben Inseln, die sie mit der Ostküste Australiens gemein haben; in den östlicheren Inseln treten dagegen nur hier und da einzelne australische Pflanzenarten auf, die auf den allgemeinen Charakter der Vegetation keinen Einfluß ausüben. Dagegen sind Pflanzen der amerikanischen Flora nur selten, verhältnißmäßig am häufigsten noch in Neu-Seeland.

In der Verbreitung der Thiere zeigt sich im Ganzen dasselbe Gesetz. Meerthiere finden sich um diese Inseln äußerst zahlreich und von großer Schönheit und

Vollkommenheit, dabei sind sie durchaus von indischem Charakter; so sind Mollusken, die das Meer bewohnenden Amphibien, Fische, Seevögel überall sehr häufig und die Walfische des Südlichen Meeres, besonders die Cachelots, in manchen Theilen des Oceans in solcher Menge zu finden, daß sie zu einem von Europäern und Nordamerikanern mit großer Lebhaftigkeit betriebenen Fange Veranlassung gegeben haben. Die Landthiere nehmen dagegen in derselben Art von Westen nach Osten an Zahl der Arten wie an Menge der Individuen ab wie die Pflanzen und sind auf den östlichen und namentlich auf den kleinen Inseln nur sparsam. Insekten sind sogar in den westlichen Inseln nicht im Uebermaaß und die zahlreichsten davon allenthalben Schmetterlinge, sie sind dabei vorzugsweise von indischen Arten; dasselbe gilt von den Amphibien, von denen Frösche nur in den westlichsten Inseln, das indische Crocodil (Crocodilus biporcatus) nur bis Neu-Britannien, Schlangen nur bis zur Gruppe Tonga sich finden. Dagegen tritt bei den Vögeln und Mammalien das australische Element mehr hervor. Die Vögel, auf den westlichen Inseln so ausgezeichnet durch die Schönheit ihrer Farben und durch vollkommene Bildung wie in kaum einem anderen Lande und selbst auf den östlichen noch zahlreich und schön, sind den australischen näher verwandt als den indischen sowohl durch Eigenthümlichkeiten in ihrem Bau als durch das Vorkommen einzelner Geschlechter, wie der Casuare auf Neu-Guinea, dem Ueberwiegen der Tauben- und Papagaienarten. Die Mammalien sind gleichfalls vorzugsweise australischer Art; auf Neu-Guinea und Neu-Britannien finden sich außer wilden Schweinen der Dingo (der australische Hund) und Beutelthierarten wie auf dem australischen Continent; östlicher reichen die Fledermäuse nur bis zur Gruppe Tonga, und noch weiter östlich findet sich bloß die Ratte, denn Schweine und Hunde werden hier bloß von den Eingeborenen gezogen und sind ohne Zweifel nicht einheimisch.

Bevölkerung. Die Bewohner der Inseln des Stillen Oceans, deren Zahl schwerlich eine Million übersteigt, zerfallen in zwei sehr verschiedene Abtheilungen: einen roheren, schwarzen Stamm von australischem Charakter, und einen viel weiter verbreiteten und in der Gesittung vorgeschritteneren, hellfarbigen Stamm, der den Völkern des indischen Archipels verwandt ist.

Auf den südwestlichen Inseln (doch mit Ausschluß von Neu-Seeland) lebt ein Volksstamm, der im Aeußeren manche Aehnlichkeit mit den Australiern hat, jedoch durch abweichende Haarbildung (krause, fast wollige Haare) sich von ihnen unterscheidet. Man pflegt sie wohl wegen ihrer Aehnlichkeit mit den Afrikanern Australneger oder Negrito zu nennen. Was ihren Bildungszustand betrifft, so sind sie zwar nicht in dem Grade roh und wild wie die Australier, stehen aber doch dem gebildeteren, hellfarbigen Stamme des Oceans darin weit nach. Sie leben in kleinen Abtheilungen vereinigt, wie es scheint, ohne einen staatlichen Zusammenhang; von ihren religiösen Vorstellungen ist sehr wenig bekannt. Die Bekleidung des Körpers fehlt ihnen, wie den Australiern, doch haben sie feste Wohnsitze und manchmal selbst nicht kunstlose Wohnungen, besitzen allenthalben Boote, treiben, wenn auch nur im beschränktem Maaße, Landbau und sind dadurch, durch Fischfang und die Fülle der Früchte in ihren Wäldern lange nicht so elend und in dem Maaße auf die Gewinnung des zum Leben nöthigen hingewiesen wie die Australier. Die Sprachen der einzelnen Völker dieses Menschenstammes scheinen unter sich sehr abzuweichen. Uebrigens haben sie sich den Europäern gegenüber stets scheu und mißtrauisch, gewöhnlich feindselig gezeigt; sie scheinen streitbar und kriegslustig zu seyn, und alle Versuche christlicher Missionare (in den Neuen Hebriden, Neu-Caledonien und den Salomonsinseln), sie für das Christenthum zu gewinnen, sind bis jetzt fehlgeschlagen. Dagegen stehen die Bewohner des westlichen Neu-Guinea schon seit langer Zeit mit den Einwohnern der Molukken in vielfacher Verbindung, die theilweise zur Einführung fremder Sitten, Institution und Religionen geführt hat.

Der hellfarbige Volksstamm, welcher von den südwestlichen Inseln Neu-Seeland und alle übrigen Inseln bewohnt und sich in allen Beziehungen von den Australnegern unterscheidet, steht mit den Bewohnern des Indischen Archipels in der engsten Stammverwandtschaft. Er zerfällt nicht sowohl durch körperliche Bildung, politische und religiöse Einrichtungen oder Sitten und Gebräuche, sondern hauptsächlich durch sprachliche Verschiedenheiten wieder in zwei Abtheilungen, von denen die eine, welche die nordwestlichen Inseln bewohnt, sich dem nördlichen Zweige der Bewohner der indischen Inseln, dem sogenannten tagalischen Stamme anschließt; die Bewohner der nordöstlichen und südöstlichen Inseln wie Neu-Seelands sind dagegen dem südlichen Stamme jener Inselbewohner, dem malaisch-javanischen, näher verwandt und die Sprachen der Völker auf den einzelnen Gruppen derselben unter einander so ähnlich, daß sie trotz der großen Entfernung zwischen Neu-Seeland und Hawaii doch fast nur für Dialekte einer Sprache gelten können. Diese hellfarbigen, zum Theil in nicht geringem Grade mit körperlicher Schönheit begabten Völker besaßen, schon ehe sie mit den Europäern bekannt wurden, einen nicht geringen Grad von Bildung. Sie lebten überall in festen Wohnsitzen und betrieben den Landbau in bedeutender Ausdehnung, dieser und der Fischfang waren die Hauptquellen ihrer Existenz. In dem Bau ihrer Häuser und Boote, der Verfertigung der zur Bekleidung dienenden Stoffe (aus der Rinde des Papiermaulbeerbaums), der Waffen und Geräthschaften und in der Bearbeitung des Bodens zeigten sie selbst einen auffallenden Grad von Kunstfertigkeit. Dabei besaßen sie geordnete Staaten mit monarchischen Verfassungen, die auf ein strenges Lehnssystem und großen Einfluß der adeligen Geschlechter begründet waren, ein ausgebildetes System von religiösen Vorstellungen und bestimmte und feste Formen der Gottesverehrung. In ihrer Sinnesweise zeigten einige dieser Völker eine auffallende und höchst anziehende Gutmüthigkeit und Freundlichkeit, die fast selbst in Schwäche überging, andere dagegen große Streitbarkeit und Kriegslust, mit der die von ihnen in furchtbarer Ausdehnung betriebene Anthropophagie im Zusammenhange stand. Eigenthümlich ist ihnen dabei die große Zuneigung und Vorliebe für die Europäer und deren Sitten und Gebräuche; daher haben sie sich in dem Zeitraume von nicht hundert Jahren so eng mit diesen verbunden, daß sich bereits voraussehen läßt, daß sie allmählich ganz in die Europäer übergehen werden. Diese haben sich jetzt allenthalben unter ihnen niedergelassen. Der Handel (mit Sandelholz, Kokosöl, Perlen, Tripang) und der Walfischfang haben seit dem Ende des vorigen Jahrhunderts europäische Schiffe in Menge hergeführt, und dadurch sind Kaufleute und Matrosen bewogen worden, sich auf den Inseln anzusiedeln. Zugleich mit ihnen sind protestantische Missionare zuerst nach Tahiti gekommen und haben allmählich das Christenthum unter allen diesen Inselvölkern in einer Art und mit einem Erfolge verbreitet, wie sich davon in der neueren Zeit kein ähnliches Beispiel findet; katholische Missionare, dadurch gereizt und angezogen, sind ihnen unter Begünstigung und Schutz französischer Kriegsschiffe gefolgt; so ist denn der traurige Zwiespalt der christlichen Kirche schon unter diese eben erst für das Christenthum gewonnenen Volksstämme gekommen. Endlich haben die fortdauernden Niederlassungen der Europäer auch die Aufmerksamkeit der europäischen Regierungen auf diese Inseln gelenkt; bereits ist Neu-Seeland eine englische, die Mendanagruppe eine französische Colonie geworden, während die Marianen schon früh von den Spaniern in Besitz genommen sind; Tahiti steht unter französischem Protectorat, in Hawaii streiten jetzt die Hauptseevölker der Erde um die Herrschaft und den überwiegenden Einfluß.

A. Die südwestlichen Inseln.

Sie umgeben den Australischen Continent in einem Kranze, der erst von West nach Ost, später nach Südost, zuletzt nach Südwest geht, und können in neun Inseln und Inselgruppen getheilt werden: Neu-Guinea, die Admiralitätsinseln, die Louisiade, die Archipele von Neu-Britannien, der Salomonsinseln, von Santa Cruz und der Neuen Hebriden, Neu-Caledonien und Neu-Seeland. Der Flächeninhalt aller dieser Inseln scheint zusammen gegen 16,000 bis 17,000 Q.-M. zu betragen.

1. Neu-Guinea ist eine der am frühsten bekannt gewordenen Inseln des Oceans; sie wurde schon 1526 von dem Portugiesen G. de Meneses entdeckt und 1545 von J. O. de Retes Neu-Guinea benannt nach der Aehnlichkeit der Einwohner mit denen des gleichnamigen Landes in Afrika. Sie ist die größte Insel der Erde und hat gegen 11,000 Q.-M. Flächeninhalt, sie übertrifft daher Madagascar und Borneo nur um weniges. Zugleich gehört sie zu den reichsten, aber auch zu den unbekanntesten Theilen der Erde; nirgends sind bis jetzt die Europäer in das Innere eingedrungen, selbst der Küstensaum ist nur an wenigen Stellen genau erforscht, und es ist daher noch zweifelhaft, ob nicht einzelne Theile des Landes noch besondere Inseln bilden werden. Am besten sind bisher der Nähe der Molukken halber einige Punkte im westlichen Neu-Guinea bekannt. Dies gilt besonders von der am Nordwestrande des Landes liegenden Gruppe der Papuainseln, die aus drei größeren Inseln, Waigiu, Batanta und Salawati, besteht und durch die Dschilolostraße von der molukkischen Insel Dschilolo geschieden wird. Den Westtheil von Neu-Guinea bildet eine große Halbinsel voll steiler, hoher Gebirge, wie das Gebirge Arfak (8930 F.) an der Nordküste nahe bei der nördlichsten Spitze des ganzen Landes, dem Cap der Guten Hoffnung (19′ S. Br. 132° 25′ O. L.), dessen granitische Pics an ihren Abhängen von erhobenem Madreporenkalkstein umgeben sind, während im Südtheil der Halbinsel an der Bai Lobo Jurakalkstein vorherrscht. Diese Halbinsel hat allenthalben steile, sichere Küsten, die an der Westseite von tiefen Busen mit schönen Häfen durchschnitten sind; sie wird durch die große, nur durch einen schmalen, flachen Isthmus von der Südküste getrennte Geelvinkbai, in deren Mündung die großen Inseln Maifori und Dschobi, an der Westspitze der Hafen Dorei, einer der bekanntesten Punkte des ganzen Landes, liegen, von dem eigentlichen Neu-Guinea geschieden, dessen noch ganz unerforschte Nordküste von der Geelvinkbai an erst gegen Ost, das gegen Südost bis zur Dampierstraße zieht und im Westtheil ganz flach und hier wahrscheinlich von großen Flüssen durchschnitten ist, während östlicher nahe am Gestade sich sehr hohe Gebirge (die Kette Finisterre) erheben. Vor dieser Küste liegen besonders gegen die Dampierstraße zu viele Inseln und Gruppen von meist bergigen Inseln, darunter besonders zwei, die Gruppen Schouten und Dampier, beide mit brennenden Vulkanen, auf der Insel Hoogeberg in der ersten und der Vulkaninsel in der zweiten, außer denen noch östlicher eine kleine Insel in der Dampierstraße einen thätigen Vulkan hat. Vom Cap Kingwilliam an der Dampierstraße (6° 16′ Br. 147° 44′ L.) an geht die von großen Baien durchschnittene Ostküste des Landes nach Süd bis zum Cap Rodney (10° 3′ Br. 148° 30′ L.). Hier beginnt die Südküste, die von allen des Landes am wenigsten bekannt ist und an der Torresstraße den Namen Doudi zu führen scheint; sie ist allenthalben sehr flach, durch große Schlammbänke, an der Torresstraße aber durch die zahlreichen Korallenriffe derselben für größere Schiffe fast unzugänglich und erstreckt sich so nach Westen fort bis zum C. Buro, mit welchem die hafenreiche Steilküste der westlichen Halbinsel anfängt. Den Südwesttheil des Landes bildet eine besondere Insel Frederikhendrik, welche durch die schmale, aber tiefe Marianenstraße von Neu-Guinea getrennt wird und zu der das Südwestcap des Landes, C. Walsh (8° 23′ Br. 137° 40′ L.), gehört. Dieser ganze Südtheil der Insel scheint weithin eben und mit dichten Urwäldern bedeckt, auch von großen Flüssen durchschnitten zu seyn; tiefer im Innern erheben sich Berge, die das ganze Land von West nach Ost zu durchschneiden scheinen und am Westende Ost von der Bai Lobo sogar Schnee tragen sollen, woraus auf eine Höhe derselben von mindestens 16,000 bis 17,000 F. geschlossen werden müßte. Eben so sind auch die übrigen Küsten des Landes allenthalben mit dichtverwachsenen Wäldern von kolossalen Bäumen bedeckt, und die Vegetation ist überaus reich und üppig; sie liefert gewiß schätzbare Handelsartikel in Menge, wie schon jetzt die Muscatnüsse, die Rinde Massoy (von einer Art Cinnamomum, die auf den indischen Inseln zur Bereitung von Salben viel gebraucht wird), Sago, kostbare Holzarten Gegenstände des Verkehrs sind. Auch an Thieren ist Neu-Guinea sehr reich, namentlich ist es durch die Pracht und

Schönheit seiner Vögel (z. B. der Paradiesvögel, Krontauben u. s. w.) so ausgezeichnet, daß schwerlich irgend ein anderer Theil der Erde darin mit ihm wetteifern kann. Allein alle seine Schätze werden bis jetzt nur noch sehr wenig benutzt.

Denn die Australnegerstämme, welche das Land bewohnen und auf einer niedrigen Stufe der Gesittung stehen, ob sie gleich nicht ganz roh genannt werden können (charakteristisch ist für sie namentlich der Bau der großen Häuser, in denen ganze Stämme, obschon in Familien getrennt, vereint wohnen), stehen mit den Europäern in gar keiner Verbindung. Dagegen haben im Westtheil des Landes und auf den Papuainseln die Bewohner der Molukken, die schon seit Jahrhunderten diese Küsten besuchen und dort mit den Eingeborenen einen lebhaften Handel treiben, allmählich unter ihnen Eingang gefunden, hier und da Colonien angelegt und sich mit den Australnegern vermischt; sie haben zum Theil ihre Bildung, an einigen Orten selbst den Islam eingeführt. Wahrscheinlich ist es nur eine Folge dieser Vermischung gebildeter Stämme mit den Ureinwohnern, daß die Bewohner des westlichen Neu-Guinea, die bei den Einwohnern der Molukken (wahrscheinlich ihrer eigenthümlichen Haarbildung halber) Papua heißen, sich von den Stämmen, welche von jener Verbindung unberührt geblieben sind, so unterscheiden, daß man daraus irriger Weise auf eine Stammverschiedenheit zwischen ihnen geschlossen hat. Aus eben diesen Handelsverbindungen und Niederlassungen sind auch die Herrschaftsansprüche hervorgegangen, welche die molukkischen Fürsten von Ternate und Tidore auf die Westküste Neu-Guineas machen, und die, seitdem diese Fürsten unter die Oberhoheit der holländischen Regierung gekommen, auf diese übertragen sind. Eine Folge davon war die holländische Colonie Merkusoordt, welche 1828 an der Lobobai angelegt, allein ihrer gänzlichen Nutzlosigkeit und Kostspieligkeit halber schon 1836 wieder aufgegeben ist.

2. Die Admiralitätsinseln, zuerst von den Holländern Le Maire und Schouten 1616 gesehen und von dem Engländer Carteret 1767 benannt, sind eine kleine Gruppe nördlich vom östlichen Neu-Guinea und westlich von Neu-Britannien, die aus einer großen, hohen Insel (2° S. Br. 147° L.) und vielen kleinen, meistens flachen Inseln besteht, die alle von Korallenriffen eingeschlossen sind. Diese noch gar nicht untersuchten Inseln haben eine üppige Vegetation und sind, wie es scheint, vulkanischen Ursprungs; ihre Bewohner gleichen im Ganzen denen von Neu-Guinea.

3. Die Louisiade, schon von dem Spanier Torres vor der Durchschiffung der nach ihm benannten Straße 1606 gesehen, dann von dem Franzosen Bougainville 1768 wieder aufgefunden und benannt, ist eine große Inselgruppe, die sich in der Fortsetzung des südöstlichen Neu-Guinea nach Ostsüdost ausdehnt, von allen Gruppen des Oceans die am wenigsten bekannte und am dürftigsten erforschte; denn selbst die Zahl und Größe der Inseln ist namentlich im westlichen Theile noch unbekannt, und die Straße, die sie von Neu-Guinea trennt, hat noch kein Schiff durchfahren. Die östlichste Insel, Rossel, endet mit dem C. Deliverance (11° 23′ S. Br. 154° 16′ L.), dem östlichsten der ganzen Gruppe. Die Inseln haben meist sehr hohe Berge, die im Westtheil sich bis zu 12,000 F. erheben und aus Urgesteinen bestehen, und, wie es scheint, eine reiche und üppige Vegetation; ihre wilden und mißtrauischen Bewohner sind im Wesentlichen denen von Neu-Guinea ganz ähnlich.

4. Der Archipel Neu-Britannien. Diese Inseln sind wahrscheinlich schon im sechszehnten Jahrhundert von europäischen Seeleuten, zuerst bestimmt von Le Maire und Schouten 1616 gesehen und wurden lange Zeit für einen Theil von Neu-Guinea gehalten, bis der Engländer Dampier 1700 die Dampierstraße, welche sie von Neu-Guinea trennt, entdeckte und dem Lande den Namen Neu-Britannien gab. Später hat Carteret 1767 gefunden, daß dieses aus zwei großen Inseln besteht und den zwischen beiden hindurch führenden Georgscanal zuerst durchfahren. Diese zwei großen Inseln, welche mit vielen kleinen den Archipel Neu-Britannien bilden, haben zusammen gegen 500 Q.-M. Flächeninhalt. Die größte, zugleich die westlichste Insel, Birara (Neu-Britannien) *), erstreckt sich vom nordöstlichen Ende von Neu-

*) Die in Parenthese beigefügten Namen sind die, welche die europäischen Entdecker einge-

Guinea gegen Nordost von ihrer Südwestspitze, C. Anna (5° 49′ S. Br. 148° 24′ L.), bis zur nordöstlichen Spitze, C. Stephens (4° Br. 152° 4′ L.); sie ist im Einzelnen sehr wenig bekannt, nur schmal und ihre Nord- und Südküste durch mehrere tiefe und durch flache Isthmen von einander geschiedene Baien durchschnitten. Vor ihrem Ostende dehnt sich die zweite größere Insel, Tombara (Neu-Irland), die noch schmaler als Bivara ist, gegen Nordwest aus; an ihrer Südküste liegen westlich von der Ostspitze, C. S. George (4° 52′ Br. 152° 48′ L.), die Häfen Praslin und Carteret, die einzigen Punkte dieser Inseln, die genauer erforscht sind. Am Nordende von Tombara liegt noch, durch eine wegen Klippen unschiffbare Straße davon getrennt, die Insel Neu-Hannover und außerdem noch viele kleinere an der Ostküste von Tombara, zwischen ihr und Bivara und an der Nordseite der letzten. Fast alle diese Inseln sind hoch und gebirgig, so besonders Bivara, das namentlich am Ostende drei hohe Berge (die Mutter und die Töchter) und an der Südküste den Berg Quoy, auch bei den ersten einen thätigen Vulkan hat. Im südlichen Tombara sind die Berge noch über 6000 F. hoch und bestehen aus Ur- und Uebergangsgesteinen, deren Abhänge hoch erhobene Schichten von Madreporenkalkstein bedecken; im nördlichen Theil dieser Insel sind sie dagegen nur gegen 2000 F. hoch. Alle Inseln sind mit dichten Urwäldern bedeckt und die Vegetation scheint an Schönheit und Fülle der von Neu-Guinea noch wenig nachzustehen; auch die Thierwelt hat mit der neu-guineischen große Aehnlichkeit, und vorzugsweise zeichnen sich auch hier die Vögel durch Mannigfaltigkeit und Schönheit aus. Die Bewohner Neu-Britanniens sind Australnegerstämme, die in der körperlichen Bildung wie in Sitten und Gebräuchen denen von Neu-Guinea im Ganzen sehr nahe stehen, aber ärmlicher, elender und geistig weniger entwickelt als sie zu seyn scheinen; sie sind vorzugsweise scheu und mißtrauisch und stehen mit keinem anderen Volke in Verbindung.

5. Der Archipel der Salomonsinseln gehört, obwohl er schon 1567 von dem Spanier Mendana entdeckt und benannt ist, doch noch immer zu den Theilen des Oceans, welche am ungenügendsten erforscht sind. Er besteht aus sieben großen und einer Menge kleiner Inseln, die sich vom Südende von Tombara an in einer der Louisiade parallelen Richtung gegen Südosten ausdehnen und alle die gleiche Richtung bei nur geringer Breite haben. Sie zerfallen in zwei Reihen, von denen die westliche südlicher beginnt, aber auch weiter nach Süd reicht. In der östlichen Reihe ist die erste Insel Buka, von der es noch nicht ausgemacht ist, ob sie nicht etwa mit der folgenden, Bougainville, der ersten größeren Insel, zusammenhängt. Diese endet mit dem Cap Friendship (6° 45′ S. Br. 155° 42′ L.) und wird durch die Straße Bougainville von der zweiten großen Insel, Choiseul, getrennt, deren Südcap, Grosmorne, 7° 15′ Br. 157° 14′ L. liegt. Ein anderer breiter, übrigens wie die Bougainvillestraße durch Klippen gefährdeter Canal, die Pittstraße, scheidet Choiseul von der dritten großen Insel, Ysabel, die bis C. Freycinet (8° 25′ Br. 159° 5′ L.) reicht und an deren Ostküste die Häfen Praslin und Estrella liegen. Auf sie folgt die Straße Indispensable, die einzige sichere und gut fahrbare von allen, welche diese Inseln durchschneiden, und an ihrer Südseite die vierte große Insel, die der Arsaziden, die mit C. Prieto (9° 8′ Br. 161° 22′ L.) endet. Einige kleinere Inseln südlicher sind die letzten der östlichen Reihe. Die westliche beginnt mit der kleinen Insel Shortland westlich von Choiseul, auf welche andere folgen bis zur ersten größeren dieser Reihe, Georgia, deren Südspitze, C. Pitt, in 8° 53′ Br. 158° 14′ L. liegt. Dann folgen wieder kleine Inseln bis zu den beiden südlichsten großen, Guadalcanar, die bis C. Oriental (9° 49′ Br. 160° 36′ L.) reicht, und S. Christoval, deren Südcap C. Surville (10° 50′ Br. 162° 22′ L.) heißt. Außerdem liegt noch eine Reihe kleiner flacher Lagunengruppen an der Ostseite des Archipels, die, wie diese ganze Gegend des Oceans, nur sehr wenig bekannt sind.

führt haben, und die man gewöhnlich auf den Charten findet; sie müssen natürlich denen der Eingeborenen nachstehen, so weit diese bekannt sind.

Die Schifffahrt zwischen diesen Inseln ist wegen der vielen Korallenriffe, die zwischen ihnen und namentlich an ihren Westküsten liegen, sehr gefährlich. Alle sind Inseln übrigens hoch und gebirgig, die Bergspitzen von bedeutender Höhe, auch soll auf der kleinen Insel Sesarga an der Nordküste von S. Christoval ein thätiger Vulkan seyn. Die Vegetation scheint noch reich und üppig. Die Inseln sind auch stark von Australnegerstämmen bewohnt, die den westlicheren an Bildung fast überlegen zu seyn, namentlich Landbau in stärkerem Maaße zu betreiben scheinen. Auch sie sind sehr scheu und mißtrauisch und gelten für kriegslustig und verrätherisch; die Versuche katholischer Geistlicher, das Christenthum unter ihnen auszubreiten, haben noch keinen Erfolg gehabt.

6. Die Gruppe Santa Cruz, 1595 von Mendana entdeckt und benannt, ist eine kleine Gruppe von Inseln, die vom Südende der Salomons-Inseln gerade östlich liegen. Die Hauptinsel heißt Indenni oder Nitendi (Santa Cruz) und liegt 10° 30′ S. Br. 165° L. Im Südosten von ihr liegt die zweite größere, Tupua (Durry und Edgecombe), und noch weiter gegen Südost Wanikoro (Recherche oder Pitt), welche Insel dadurch berühmt geworden ist, daß 1788 an ihren Riffen die Schiffe des französischen Entdeckers La Pérouse scheiterten. Außer diesen größeren gehören zu dieser Gruppe noch einige kleinere Inseln, die meistens niedrig und, wie überhaupt alle diese Inseln, von Korallenriffen umgeben sind. Die größeren sind bergig, obschon sich die hohen Berge der westlicheren Gruppen hier nicht mehr finden; die kleine Insel (Vulkaninsel) an der Nordseite von Indenni hat einen stets thätigen Vulkan. Die Bewohner dieser Inseln sind Australnegerstämme, die sich im Ganzen von den westlicheren nicht erheblich unterscheiden, allein, wie es scheint, schon etwas mehr an den Verkehr mit Europäern gewöhnt und daher nicht mehr ganz so mißtrauisch und verrätherisch sind. Oestlich und nördlich von dieser Gruppe, allein nicht fern davon, liegen noch einige Inseln, von denen besonders die Gruppe Duff (wahrscheinlich Taumako der Eingeborenen) im Norden und Tikopia im Osten dadurch Interesse haben, daß sie hier die ersten Inseln sind, deren Bewohner dem hellfarbigen Menschenstamme des Oceans angehören.

7. Der Archipel der Neuen Hebriden, entdeckt von dem Spanier Quiros und zuerst von Cook 1774 ganz erforscht und benannt, ist eine große Inselgruppe, die sich im Süden der S. Cruz-Inseln nach Südsüdost ausdehnt und aus sechs größeren und vielen kleinen Inseln besteht. Er beginnt im Norden mit der kleinen Gruppe der Banks-Inseln, auf welche südlich die größte von allen Inseln, Espiritu Santo, folgt, an deren Nordküste die große Bai S. Jago und Felipe zwischen der Nordspitze der Insel, C. Cumberland (14° 39′ S. Br. 166° 36′ L.), und dem C. Quiros liegt. Im Südosten und Osten von Espiritu Santo sind mehrere kleine Inseln, südlich davon aber die zweite größere, Malikolo, mit dem Hafen Sandwich (16° 25′ Br. 167° 44′ L.). Auf diese folgen die übrigen Inseln, so Ambrim (16° 15′ Br. 168° L.), Sandwich (17° 40′ Br. 168° 17′ L.), Erromango (18° 54′ Br. 169° 6′ L.), endlich die südlichste von den größeren und die bekannteste von allen, Tanna, mit dem Hafen Erupabo (Resolution, 19° 32′ Br. 169° 31′ L.), um welche noch einige kleinere Inseln liegen. Alle sind hoch und gebirgig, ihre Küsten steil und sicher, Korallenriffe zwischen ihnen auffallend selten. Das Gestein der Berge ist Granit, Sandstein u. s. w., auch findet sich der Madreporenkalkstein hoch erhoben. Dabei aber treten vulkanische Gesteine in großer Ausdehnung auf. Tanna hat einen thätigen Vulkan, wie auch wahrscheinlich Ambrim; drei Grade südlich von Tanna liegt ganz isolirt der Felsen Matthew, ein brennender Vulkan, und die Form mehrerer Gipfel der Hebriden läßt auf das Vorkommen von noch anderen Vulkanen schließen, wie denn vulkanische Erscheinungen in dieser Gruppe offenbar häufiger sind als in den nördlicheren. Alle Inseln sind mit dichten Wäldern bedeckt, in denen die wenigen, von den Einwohnern angebauten Stellen zerstreut liegen; die Vegetation ist reich, schön und fast noch ganz von indischem Charakter, das in den südlichen Inseln (Erromango) sich findende Sandelholz hat in neuerer Zeit Veranlassung zu einem lebhaften Verkehr der Europäer gegeben. Die ziemlich zahlreichen Einwohner sind Au-

stralnegerstämme, die im Aeußern wie im Charakter den übrigen ganz ähnlich, mißtrauisch und streitbar, lebhaft und unruhig sind; ihre Verbindungen mit den Europäern sind bis jetzt größtentheils feindseliger Art gewesen, und die Versuche protestantischer Missionare, in Tanna und den umliegenden Inseln das Christenthum unter ihnen zu verbreiten, bisher immer noch an ihrer Wildheit gescheitert.

8. Neu-Caledonien, von Cook 1774 entdeckt und benannt, ist eine große Insel von über 300 Q.-M. Flächeninhalt, die im Südwest von den Neuen Hebriden liegt und sich bei geringer Breite 65 M. gegen Südost ausdehnt. Ihre beiden Küsten werden von großen und gefährlichen Korallenriffen eingeschlossen, die dem Lande parallel sich erstrecken und in derselben Richtung über beide Enden der Insel fortreichen, namentlich dehnen sie sich an ihrem Nordende noch gegen 30 M. weit in das Meer aus. Dadurch wird die Annäherung an die Insel erschwert, und Häfen sind hinter diesen Riffen nicht häufig, wie der Hafen Balade an der Nordostküste (20° 17′ Br. 164° 25′ L.) und der Hafen Vincent an der Südwestküste (22° Br. 165° 55′ L.). Von den naheliegenden Inseln ist die Fichten-Insel zwischen den Riffen an der Südspitze Neu-Caledoniens die bedeutendste; etwas weiter entfernt im Osten liegt noch die Gruppe Loyalty, welche aus drei größeren Inseln, Britannia, Chabrol und Holgan, besteht. Alle diese Inseln sind gebirgig; die höchste ist Neu-Caledonien, dessen Berge eine die ganze Insel durchziehende Kette bilden, die im südlichen Theil bis über 6000 F. aufsteigt; die Fichten-Insel ist nur 2000 F. hoch, die Loyalty-Inseln sind noch niedriger. Die Berge bestehen überwiegend aus Urgestein, und vulkanische Felsarten scheinen hier gänzlich zu fehlen. Ganz abweichend von den übrigen Inseln ist der Boden großentheils dürr und trocken, auf den Bergen manchmal kahl und steinig; die Vegetation, obschon noch immer an Pflanzen der indischen Flora reich, zeigt doch lange nicht mehr die Frische und Ueppigkeit, welche auf den anderen Inseln herrscht, und erhält dadurch wie durch die vielen Pflanzenarten, welche australischen Geschlechtern angehören, einen ganz australischen Charakter. Die Thierwelt ist nur arm. Die anscheinend nicht zahlreichen Einwohner sind Australnegerstämme, die in ihrem Bildungszustande den übrigen sogar noch nachzustehen scheinen und entschieden Anthropophagen sind, obschon sie darum die Rohheit der Australier immer noch lange nicht erreichen, feste Wohnsitze haben und Landbau nicht ohne Eifer treiben. Ihre Wildheit und ihr Mißtrauen hat bisher alle Versuche protestantischer und katholischer Missionare, sie für das Christenthum zu gewinnen, wesentlich aufgehalten.

9. Neu-Seeland (welchen Namen die Eingeborenen jetzt angenommen haben und Nui tireni aussprechen) ist 1642 von dem Holländer Tasman entdeckt und benannt, zuerst aber von Cook 1769 ganz aufgenommen. Diese Inselgruppe, von allen des Oceans jetzt die bedeutendste und zugleich eine der am besten bekannten, besteht aus zwei großen und mehreren kleinen Inseln, die zusammen über 4000 Q.-M. Flächeninhalt haben. Die nördliche Insel (Ainomawi der Eingeborenen) erstreckt sich im Allgemeinen gegen Südost und ist im nördlichen Theile nur schmal, im südlichen breiter; die südliche und größere Insel (Tawai), durch die Cooksstraße von jener geschieden, dehnt sich in immer gleicher Breite nach Südwest aus. Die Nordspitze von Ainomawi bildet eine eigene kleine Halbinsel, die mit dem Cap Reinga (Maria van Diemen in 34° 27′ S. Br. 172° 43′ L.) endet. Die Ostküste ist durch eine Reihe tiefer Busen mit vielen schönen Häfen (wie die Inselbai, der Golf Shauraki [Themse], die Plentybai, Wairoa [Hawkebai] u. s. w.) zerschnitten, die westliche dagegen ein einförmiger, hafenloser Strand. Auch beide Küsten der Cooksstraße sind steil, sicher und an schönen Häfen überaus reich (wie der Hafen Nicholson an der nördlichen, die Blindbai und der Königin Charlottesund an der südlichen Küste); die Ostküste der südlichen Insel ist ebenfalls hohe Steilküste und hat einige sehr schöne Häfen (Victoria und Akaroa auf der Bankshalbinsel, Otago), die westliche ist wie in Ainomawi hafenarm, und erst an der Südspitze beginnen wieder die schönen Häfen (die Duskybai und die Chalkybai). Südlich von Tawai liegt noch, durch die Straße Foveaux davon getrennt, die kleine Insel Stewart mit schönen hafenreichen Steilküsten, deren Südspitze C. South (47° 17′ Br. 167° 18′ L.) ist. Die beiden großen Inseln sind

gleich gebirgig. Die nördliche zerfällt durch den großen, nur durch einen schmalen und flachen Isthmus von der Westküste getrennten Golf Shauraki in zwei Theile, deren jeder ein besonderes Bergland enthält; das nördliche ist schmal und eine niedrige Hochebene mit vielen Wäldern und einzelnen reichen Stellen; das südliche, welches breiter und ausgedehnter ist, wird von den nach Nord gewandten Thälern größerer Flüsse durchschnitten und enthält in den über die Ebenen sich erhebenden Bergspitzen die höchsten der ganzen Insel (der Haupava [Egmont] an der Südwestspitze der Insel und der Ruapaha im Inneren, beide gegen 9000 F. hoch, der Hikorangi an der Ostküste). Die südliche Insel enthält eine, wie es scheint, zusammenhängende Kette mit hohen Gipfeln, deren manche ewigen Schnee tragen, und die nahe an der Westküste und ihr parallel zieht und steil zu ihr abfällt; auf ihrer Ostseite liegen weite Ebenen mit großen Seen, die im Einzelnen noch wenig bekannt sind. Die Berge bestehen in der südlichen Insel überwiegend aus Ur- und Uebergangsgesteinen; diese fehlen zwar in der nördlichen auch nicht, indessen sind in dieser vulkanische Gesteine so vorherrschend, daß sie für ganz vulkanisch gelten kann. Sie hat außer einer Menge Berge mit erloschenen Kratern noch thätige Vulkane (der Tongariro im Inneren am See Taupo, der Vulkan auf der Insel Puhiawakari [White] in der Plentybai), heiße Quellen besonders um die Seen Taupo und Rotorna in einer Fülle, wie sie sonst auf der Erde nur noch in Island auftreten, und andere vulkanische Erscheinungen in großer Zahl. Der Boden der nördlichen Insel kann im Ganzen nicht fruchtbar genannt werden; reiche und ergiebige Landstriche liegen stets nur sehr vereinzelt zwischen großen Strecken mit hartem, dürrem oder felsigem Boden, die theils mit dichten Wäldern, noch häufiger mit einer Art Farrnkraut bedeckt sind, dessen eßbare Wurzel früher eine Hauptnahrung der Einwohner ausmachte, ehe sie durch die Europäer die Kartoffel kennen lernten. Jedenfalls wird der Landbau hier immer nur in beschränktem Maaße betrieben werden können, und auch für die Viehzucht ist die Beschaffenheit des Bodens nicht günstig. Dagegen hat die südliche Insel viele Vorzüge vor der nördlichen voraus, viel mehr reiches, anbaubares Land und namentlich im Osttheil ausgedehnte, meist waldfreie Ebenen mit schönem Grase und herrlich zur Viehzucht geeignet; da sie zugleich nur sehr wenige Ureinwohner enthält, so verspricht sie für die europäischen Colonisten in kurzer Zeit der bedeutendste Theil des Landes zu werden. Die Vegetation, an einzelnen Stellen sehr üppig, ist im Ganzen doch nicht reich, dabei aber höchst eigenthümlich; die Flora gemischt aus Pflanzen indischen, australischen und in geringerem Maaße auch südamerikanischen Charakters; sie liefert einzelne sehr nutzbare Pflanzen, wie die schönen Fichten (Kauri oder Dammara australis) und andere Bäume mit nutzbarem Holz, den neu-seeländischen Flachs (Phormium). Landthiere sind nur wenig, unter den Vögeln aber höchst eigenthümliche; an Seethieren sind dagegen die Küsten überaus reich, Fischfang war stets eine Hauptbeschäftigung der Bewohner, wie er es auch künftig immer bleiben wird.

Die Eingeborenen von Neu-Seeland gehören zu dem hellfarbigen Menschenstamme des Oceans., Sie sind ein Volk, das mit nicht geringer körperlicher Schönheit bedeutende Kraft und Ausdauer verbindet, dabei talentvoll, geistig regsam, geschickt in Kunstfertigkeiten aller Art und lebhaft, auch nicht ohne eine gewisse großherzige Ritterlichkeit ist, dabei aber auch andrerseits im höchsten Grade leidenschaftlich und rachsüchtig, wild und grausam, kriegslustig bis zum Uebermaaß, so daß Krieg ihr eigentliches Geschäft war, dem Menschenfressen aus Neigung ergeben. Sie lebten in kleinen, häufig befestigten Dörfern über das Land zerstreut, vom Landbau und Fischfange und bekleideten sich mit kunstvoll aus dem Flachs ihres Landes geflochtenen Mänteln. Eine staatliche Verbindung kannten sie, als sie mit den Europäern in Berührung traten, nicht; sie scheint allerdings früher bestanden, allein durch die unaufhörlichen Kriege ganz aufgehört zu haben; auch ein allgemein anerkanntes System der Gottesverehrung fehlte ihnen. Schon früh traten sie mit den Europäern, für deren Bildung und Sitten sie eine außerordentliche Vorliebe zeigten, in Verbindung und das um so mehr, je häufiger der Walfischfang und der Handel mit Flachs, Holz

26*

und Lebensmitteln europäische Schiffe herführten. Den Kaufleuten folgten protestantische Missionare aus England, die nach unendlichen Anstrengungen Eingang fanden und zuletzt glänzende Erfolge in der Bekehrung der Eingeborenen erlangten; dadurch sind später katholische Missionare bewogen, in ihre Fußtapfen zu treten, wenn sie gleich nicht den gleichen Erfolg gehabt haben. Hierdurch ist der größte Theil der Ureinwohner bereits für das Christenthum und eine höhere Gesittung gewonnen und der alten Wildheit mehr und mehr entfremdet worden. Auch bewirkte das damit zusammenhängende Aufhören der früher ununterbrochenen inneren Kriege, daß sich immer mehr Europäer in Neu-Seeland niederließen, und ihre Zahl und die Lebendigkeit des von ihnen getriebenen Verkehrs stiegen zuletzt so, daß die britische Regierung sich genöthigt sah, von dem Lande Besitz zu nehmen, eine Maaßregel, der sich die Eingeborenen überall ohne Widerstreben fügten, als die neue Herrschergewalt ihr Besitzrecht auf den beanspruchten Grund und Boden anerkannte. So ist Neu-Seeland eine britische Colonie geworden, die jetzt von gegen 25,000 Europäern und etwa 120,000 Ureinwohnern bewohnt wird. Die letzteren, welche alle Rechte britischer Unterthanen besitzen, leben fast alle auf der nördlichen Insel, denn die südliche war jederzeit nur sehr schwach bevölkert. Die Europäer hatten sich anfangs vorzugsweise an der Inselbai niedergelassen, welche lange Zeit der Mittelpunkt alles Verkehrs gewesen ist; nach der Besitznahme gründete die Regierung eine Niederlassung am Golfe Shanraki, und an einzelnen Theilen der Küsten ließen sich Gesellschaften von englischen Einwanderern von einander getrennt nieder, wo sie grade Land von den Eingeborenen kaufen konnten, und gründeten so Ansiedlungen an beiden Küsten der Cooksstraße (Newplymouth, Wellington, Nelson) und auf der Ostküste von Tawai (Canterbury und Otago). Diese Trennung der einzelnen Niederlassungen hat ihre Entwickelung bisher aufgehalten. Die Colonie wird in zwei Provinzen getheilt, die Nord- und die Südprovinz. An der Spitze des Ganzen steht ein Gouverneur, der zugleich die Nordprovinz leitet, die südliche hat einen besondern, ihm untergebenen Unterstatthalter (Lieutenant Governor), und den einzelnen Niederlassungen stehen noch besondere Regierungsbeamte (Superintendents) vor. Sonst ist die ganze Einrichtung der der übrigen englischen Colonien, namentlich der australischen, nachgebildet und die Verwaltung ganz so geordnet wie in dieser. Jede der beiden Provinzen hat einen besonderen legislativen Rath, der Gesetze giebt und die Einkünfte verwaltet; er besteht aus Beamten und Ansiedlern, welche die Regierung ernennt. Alles Land ist Privatbesitz, das bei der Besitznahme im Besitz der Eingeborenen befindliche als ihr Eigenthum anerkannt; zugleich darf nur die Regierung es von ihnen kaufen, und sie veräußert es wieder ganz wie in den australischen Colonien auf öffentlichen Auctionen und verwendet den Ertrag zur Beförderung der Einwanderung. Die Bewohner des Landes sind jetzt fast alle Christen. Die Eingeborenen sind durch protestantische (episcopale und wesleyanische) und katholische Missionare bekehrt, überwiegend aber dem Protestantismus beigetreten; die Engländer sind Protestanten und Katholiken, und die letzten haben wie die Episcopalisten Bischöfe, die mit den von den Missionsgesellschaften in Europa unterhaltenen Missionen in Verbindung stehen. Die europäischen Einwohner leben mehrentheils in Städten oder Dörfern, seltener einzeln zerstreut, und beschäftigen sich mit dem Landbau, viel mehr aber mit der Viehzucht, dem Handel, der mit Australien, den übrigen Inseln des Oceans, Europa und Amerika betrieben wird, und dem Fischfange, besonders dem Fange der Walfische, die sie wie die Australier von den Küsten aus in Booten verfolgen. Die Ureinwohner wohnen dagegen fast allenthalben von den Europäern abgesondert in kleinen Dörfern, größere sind nur an den Hauptwohnsitzen der Missionare entstanden; sie treiben vorzugsweise Landbau, dann Fischerei und dienen auch nicht selten als Seeleute auf englischen Schiffen.

Städte. In der Nordprovinz, welche die nördliche Insel mit Ausschluß des südlichen Theils umfaßt, Aukland, die Hauptstadt der Colonie, im Grunde des Golfs Shanraki am Hafen Waitemata, mit gegen 6000 Einwohnern, Sitz der Regierung und der beiden Bischöfe, in einer für den Landbau eben nicht sehr günstigen Gegend, obschon in der Nähe einzelne Dörfer angelegt sind. — Kororarika an der Inselbai, ehe die Besitznahme erfolgte, der erste Handelsplatz der Insel; der einst lebhafte Ort war namentlich Hauptsammelplatz der Wallfischfänger, die sich hier mit Lebensmitteln versorgten, aber jetzt durch die von der Regierung eingeführten Zölle verscheucht sind. — Newplymouth im District Taranake in der Mitte eines reichen, zum Anbau wohl geeigneten und schon gut benutzten Landstrichs, aber ohne einen Hafen. — Kaitaia im nördlichsten Theile der Insel, Waimate an der Inselbai, Puriri am Shauraki, Papa südlicher, Dörfer der Eingeborenen, die um protestantische Missionare entstanden sind.

In der Südprovinz, zu welcher der Südtheil von Ainomawi von Taranake an und ganz Tawai gehören, Wellington, Hauptstadt der Provinz, auf der Nordküste der Cooksstraße am Hafen Nicholson, mit gegen 5000 Einwohnern, jetzt der erste Handelsplatz der Insel, aber in einer für den Landbau wenig passenden Gegend. — Petre, ein Dorf an der Cooksstraße, zwischen Wellington und Newplymouth in dem schon zum Theil angebauten District Wanganui. — Otaki, ein großes Dorf der Eingeborenen mit einer Mission, nicht fern von Wellington. — Nelson an der Südküste der Cooksstraße im Grunde der Blindbai, im Mittelpunkt eines bereits gut angebauten Landstrichs. — Lyttelton, Hauptort der Colonie Canterbury, im Grunde der Pegasusbai. — Dunedin, Hauptort der von Schotten gegründeten Colonie Otago am Hafen Otago, beide an der Ostküste von Tawai.

In dem Theile des Oceans, der Neu-Seeland umgiebt, liegen noch einige Inseln und kleine Gruppen zerstreut. So im Nordwesten in gleicher Entfernung zwischen Neu-Seeland und Neu-Caledonien Norfolk (25° 2′ Br. 168° 2′ L.), eine kleine Insel mit sehr fruchtbarem Boden, von New South Wales abhängig und von da aus zur Aufnahme von Verbrechern colonisirt, ohne Hafen und Landungsplatz und deshalb um so besser geeignet, zu einer australischen Penalstation *) zu dienen, wo man die gefährlichsten Verbrecher der Colonie New South Wales isolirte und von den übrigen Einwohnern trennte. Im Nordosten von Neu-Seeland liegt die kleine Gruppe Kermandek, aus vier felsigen und unbewohnten Inseln bestehend, deren größte Raoul (29° 16′ Br. 181°. 56′ L.) heißt. Im Osten ist die Gruppe Chatham, welche aus einer großen Insel, Warekauri, und mehreren kleinen, felsigen, sie umgebenden Inseln zusammengesetzt ist. Warekauri ist in ihrer Beschaffenheit Neu-Seeland ganz ähnlich, doch niedrig, fruchtbar und gut bewässert; sie war früher von einem den Neu-Seeländern ganz ähnlichen Volksstamme bewohnt, der sich jedoch von ihnen durch große Milde, Freundlichkeit und Sanftmuth unterschied, jetzt aber durch Neu-Seeländer, welche von den Europäern übergeführt sind, ganz vertilgt ist, außer diesem letzteren haben sich auch Europäer hier niedergelassen, die unter der Regierung von Neu-Seeland stehen. Im Südwesten von Tawai finden sich endlich noch zwei kleine Gruppen, Aukland (50 Br. 165° L.), aus einer größeren Insel, Aukland, und einigen kleineren bestehend, und Macquarie (54° Br. 160 L.), die aus der großen Insel gleiches Namens und einigen anderen zusammengesetzt ist; beide Gruppen sind in ihrer natürlichen Beschaffenheit, ihren Pflanzen und Thieren Neu-Seeland noch ganz ähnlich.

B. Die südöstlichen Inseln.

Diese Inseln erstrecken sich von der Gruppe Santa Cruz und von den Neuen Hebriden gegen Osten nach Amerika hin. Sie bestehen aus zwei großen Archipelen, einem westlichen und einem östlichen, und jeder von diesen wieder aus drei Gruppen von Inseln, der westliche aus den Gruppen Viti, Tonga und Samoa, der östliche aus den Societäts-Inseln, den Paumotu und der Mendana-Gruppe. Zu diesen kommt noch die in dem Raume zwischen beiden Archipelen liegende Gruppe der Hervey-Inseln.

1. Die Gruppe Viti, welches der von den Eingeborenen gebrauchte Name ist (den die Bewohner von Tonga Fidschi sprechen), ist zuerst 1643 von Tasman entdeckt worden. Sie besteht aus einer sehr großen Zahl von Inseln, von denen die meisten nur klein, vier allein bedeutender sind, Vanualevu (Sandalwood oder Takanova), die nördlichste, deren Nordspitze in 16° 16′ S. Br. 179° L. liegt,

*) S. oben S. 373.

Lakemba südöstlich von ihr, Vitilevu oder Großviti (Ambau), südwestlich von Vanualevu, die wichtigste und bedeutendste von allen, deren Westende bis 17° 56′ Br. 177° 6′ L. reicht, und Kantavu (Mywulla der Charten), Süd von Vitilevu, deren Ostspitze, C. Bligh, 19° 2′ Br. 178° 28′ L. liegt. Die Inseln dieser Gruppe sind nur noch wenig erforscht und unvollkommen bekannt, theils des Charakters ihrer Einwohner wegen, theils weil durch die Menge von Korallenriffen zwischen den Inseln und um ihre Küsten die Schifffahrt außerordentlich gefährlich ist. Die Inseln sind meistens hoch, doch scheinen die Bergspitzen sich nicht über 4000 F. zu erheben; wahrscheinlich sind sie ganz vulkanischen Ursprungs. Der Boden ist fruchtbar, die Vegetation schön und reich, obschon nicht mehr von der Ueppigkeit, wie auf den westlicheren Inseln; das auf Vanualevu sehr häufige Sandelholz hat zuerst die Europäer hergeführt und Veranlassung zu einem sehr lebhaften Verkehr gegeben; so wenig auch der Charakter der Eingeborenen einem solchen förderlich war. Diese sind bisher oft für einen Stamm der Australneger gehalten worden, allein die Erforschung ihrer Sprache hat gezeigt, daß sie dem hellfarbigen Menschenstamm zugerechnet werden müssen, obschon ihre schwarze Hautfarbe und ihre Körperbildung, namentlich das eigenthümliche Kopfhaar, darauf zu deuten scheinen, daß hier früher eine Vermischung der beiden oceanischen Menschenstämme Statt gefunden hat. In ihrem Bildungszustande sind sie den Australnegern weit überlegen, sie treiben den Landbau in bedeutender Ausdehnung, haben bereits die zierlichen Häuser und die kunstvollen Kleider der östlicheren Inselvölker und zeigen auch sonst großes Geschick in ihren Arbeiten, besonders in der Verfertigung ihrer Waffen, Boote und thönernen Gefäße. Ihre politischen Einrichtungen gleichen denen der übrigen hellfarbigen Stämme; sie leben in kleinen Staaten vereinigt unter Königen, die alle dem Könige von Rewa in Vitilevu zinsbar sind; ihre religiösen Vorstellungen kommen mit denen der Einwohner von Tonga sehr nahe überein, mit denen sie schon lange in der engsten Verbindung stehen. Dabei sind sie aber im höchsten Grade kriegslustig und streitbar, in ihren ununterbrochenen Kriegen wild und grausam; das Menschenfressen treiben sie in solcher Ausdehnung und Furchtbarkeit, wie kein anderes Volk der Erde. Dennoch hat der Verkehr allmählich einzelne Europäer bewogen, sich unter ihnen niederzulassen; diesen sind später protestantische Missionare (Wesleyaner) gefolgt und haben in Lakemba und Vitilevu das Christenthum zu verbreiten begonnen, freilich unter großen Hindernissen und bis jetzt mit noch nicht bedeutenden Erfolgen. Die Inseln scheinen stark bewohnt zu seyn, man schätzt die Zahl der Einwohner auf 200,000.

2. Die Gruppe Tonga, 1643 von Tasman entdeckt, allein erst 1779 von Cook, der sie des Charakters der Einwohner halber die Freundlichen Inseln nannte, vollständig erforscht, besteht fast nur aus kleinen Inseln, die sich im Ganzen von Süden nach Norden ausdehnen und östlich von der Vitigruppe liegen. Sie zerfallen in drei durch schmale Straßen geschiedene Abtheilungen: die südliche, zu der die größeren Inseln Eua (Middelburg) und Tongatabu oder das heilige Tonga (Amsterdam, 21° 8′ Br. 181° 47′ L.), die in früheren Zeiten die bedeutendste der Gruppe war, gehören; die mittlere mit den Inseln Namuka (Rotterdam), Tofoa, Kao und der Gruppe Hapaï (deren Hauptinsel Lifuka heißt), und die nördliche, deren größte Insel Vavao (18° 39′ Br. 186° 5′ L.) ist. Alle diese Inseln sind von großen Barrierriffen umgeben, die Schifffahrt daher zwischen ihnen sehr gefährlich, doch liegen hinter den Riffen auch schöne Häfen, wie in Tongatabu der bei der kleinen Insel Pangai und besonders der Hafen Taulaga in Vavao. Der größte Theil der Inseln ist niedrig, höchstens hügelig; sie bestehen aus Madreporenkalk, der jedoch über dem Meere erhoben ist und den eine dichte Erdschicht bedeckt. Von dieser Beschaffenheit machen jedoch vier Inseln eine Ausnahme und sind hoch, gebirgig und vulkanischen Ursprungs, es sind die beiden nordwestlichsten der Gruppe, Fanualei (Amargura der Charten) und Lato, dann Kao, die höchste von allen mit Bergen von 5000 F. Höhe, und Tofoa, die einen thätigen Vulkan enthält. Der Boden ist fruchtbar, obschon schlecht bewässert, namentlich fehlt es den Inseln ganz an fließendem Wasser; die Vegetation hat nicht mehr die Ueppigkeit wie auf den gebirgi-

gen Inseln im Westen, obschon sie noch immer reich und schön ist. Einwohner hat die Gruppe etwa gegen 25,000. Sie gehören dem hellfarbigen Menschenstamm an und traten den ersten Europäern, mit denen sie in Berührung kamen, mit auffallender Herzlichkeit und Offenheit entgegen, obschon sich später gezeigt hat, daß sie dabei auch recht kriegslustig und streitbar sind. In ihrem Bildungszustande übertrafen sie fast alle anderen Inselvölker des Oceans und zeigten in dem Bau ihrer Häuser und Boote, der Verfertigung ihrer Geräthschaften, Waffen und Kleider, so wie im Landbau bedeutendes Geschick und nicht geringe Kunstfertigkeit. Ihre religiösen Vorstellungen waren in ein ordentliches System gebracht; sie waren in einem Staate verbunden mit einer eigenthümlichen, fest bestimmten Verfassung, die vollständiger und geregelter war, als sonst auf diesen Inseln; an der Spitze des Staates stand ein König, der in Tongatabu residirte. Dieser alte Staat ist in neuerer Zeit zerfallen, während zugleich die alte heidnische Religion durch das zuerst von protestantischen Missionaren (Wesleyanern) ihnen zugeführte Christenthum verdrängt ist. Der aus der Zerstörung des alten Staates hervorgegangene Staat Vavao, der die beiden nördlichen Abtheilungen der Gruppe umfaßt, steht unter einem Fürsten, der auf der Insel Vavao lebt, und dessen Unterthanen alle der protestantischen Kirche angehören; die südliche Abtheilung, welche unter mehreren kleinen, unabhängigen Fürsten steht, hat lange am Heidenthum festgehalten, bis in neuerer Zeit die katholische Kirche hier mehr Eingang gefunden hat, doch ist auch ein Theil der Bewohner von Tongatabu protestantisch.

3. Die Gruppe Samoa, 1722 von dem Holländer Roggeveen entdeckt, dann 1768 von Bougainville erforscht, der sie die Navigator-Inseln nannte, weil sich in dieser Gegend des Oceans die Course mehrerer früherer Seefahrer nahe berühren, besteht aus nur sechs Inseln, die sich nördlich von Tonga in der Richtung von West nach Ost ausdehnen, und von denen vier größer sind, zum Theil selbst zu den größten des Oceans gehören. Die westlichste, zugleich die bedeutendste, ist Sawaii (Pola), deren Westspitze 13° 32′ Br. 187° 1′ L. liegt, dann folgen Upolu (Ojalava) und Tutuila (Mauna), die vierte größere ist die östlichste, Maunatele oder Groß-Mauna (Opun), deren Ostcap in 14° 9′ Br. 190° 37′ L. ist und nahe bei der noch zwei kleinere liegen. Diese Inseln sind in allen Beziehungen ganz das Gegenstück der Tongainseln. Ihre Küsten sind hoch, steil und sicher, die großen Barrierriffe von Tonga und Tahiti fehlen ihnen ganz, Korallenriffe sind überhaupt in dieser Gruppe selten, aber es giebt deshalb auch keine brauchbaren Häfen; die besten sind noch die Häfen Apia in Upolu und Pangopango in Tätuila. Alle Inseln sind voll hoher Berge, die in Sawaii sogar zu den höchsten des Oceans gehören und sich gewiß bis über 10,000 F. erheben; das Gestein der Berge scheint durchaus vulkanisch zu seyn. Reiche, schöne Ebenen umgeben an den Küsten die Berge und bilden die einzig bewohnten Theile; die Vegetation ist auf dem fruchtbaren, durch viele kleine Flüsse gut bewässerten Boden reich und schön, wenn ihr gleich die Fülle und Ueppigkeit, welche in den westlicheren Inseln herrscht, schon abgeht. So können die Samoa-Inseln in jeder Hinsicht zu den schönsten, ergiebigsten und anmuthigsten des ganzen Oceans gerechnet werden. Ihre Bewohner, deren Zahl gegen 60,000 beträgt, gehören dem hellfarbigen Menschenstamme an und sind im Aeußeren wie im Bildungszustande den Tonganern im Ganzen ähnlich, mit denen sie auch seit langer Zeit in enger Verbindung gestanden haben, obschon sie einen besonderen, von dem tonganischen verschiedenen Dialekt sprechen. In Kunstfertigkeiten stehen sie ihnen nicht nach, allein den Landbau treiben sie nicht in solcher Ausdehnung. Ihre religiösen Vorstellungen gleichen denen der Tonganer, sind jedoch lockerer und weniger geordnet; auch fehlte ihnen die politische Einheit, welche das Nachbarvolk bei der Entdeckung besaß, sie waren vielmehr in viele kleine Staaten getheilt, die in beständige Kriege verwickelt waren, und daraus erklärt sich wohl die Streitbarkeit und Wildheit, die den ersten Entdeckern an ihnen sehr auffiel, zumal da sie zugleich in den unbegründeten Ruf, Anthropophagen zu seyn, gerathen waren. Dagegen haben sie in neuerer Zeit erst protestantische, später auch katholische Missionare mit Zutrauen und

Herzlichkeit empfangen und sich ihren Belehrungen hingegeben, so daß jetzt schon ein großer Theil der Einwohner der christlichen Kirche beigetreten ist. Auch andere Europäer haben sich unter ihnen niedergelassen, und der Verkehr der Inseln mit den Europäern ist schon so bedeutend, daß die englische und die nordamerikanische Regierung hier Consuln unterhalten.

In dem Meeresraume zwischen den Gruppen Viti, Samoa und Tonga liegen noch einige kleine, doch bewohnte Inseln zerstreut. So Niua (Cocos und Verrader), 1616 von de Maire und Schouten entdeckt, halbwegs zwischen Samoa und Tonga, dem sie in politischer Hinsicht zugerechnet wird, in 15° 51′ Br. 186° 15′ L., zwei nahe bei einander liegende Inseln, eine flache und eine bergige von 2000 F. Höhe, Nine (Savage), von Cook 1774 entdeckt, in 18° 58′ Br. 190° 9′ L., Ost von Vavao, eine hügelige Insel mit Korallenkalkboden, Niuafau (Proby), 1791 von Edwards entdeckt, in 15° 53′ Br. 184° 9′ L., West von Niua, eine bergige Insel, die einen thätigen Vulkan haben soll, Uwea (Wallis), zuerst 1767 von Wallis gesehen, in 13° 22′ Br. 183° 56′ L., West von Samoa, eine bergige Insel, die von einem inselreichen Barrierriff umgeben ist, Futuna (Hoorne), 1616 von Maire und Schouten entdeckt, in 14° 13′ Br. 181° 42′ L., aus zwei nahe bei einander liegenden, hohen Inseln vulkanischen Ursprungs bestehend, und Rotuma, eine Entdeckung des Engländers Edwards 1791, noch westlicher und nördlich von Viti gelegen, eine ebenfalls gebirgige, fruchtbare, schöne, sehr anmuthige Insel. Die Bewohner von allen sind im Ganzen denen der ihnen zunächst liegenden Gruppen verwandt; sie sind jetzt in Niua und Ninafau von protestantischen, in Uwea und Futuna von katholischen Missionaren zum Christenthum bekehrt; die Einwohner von Rotuma stehen mit den Europäern schon lange in enger Verbindung, die von Nine dagegen sind wild und ungastlich.

4. Die Hervey-Gruppe besteht aus sieben kleinen Inseln in dem breiten Meeresraume zwischen Tonga und den Societäts-Inseln, die großentheils von Cook entdeckt sind, und die erst später die Missionare mit dem Gesammtnamen Hervey, den Cook ursprünglich der kleinsten von allen gegeben hatte, belegt und, obschon sie durch weitere Meeresstrecken als die Inseln anderer Gruppen von einander geschieden sind, zu einer Gruppe verbunden haben, was man deshalb nicht tadeln kann, weil die Bewohner von allen denselben Dialekt sprechen. Nur eine von diesen Inseln ist bedeutender, Rarotonga (21° 15′ Br. 200° 17′ L.), ein schönes, gebirgiges Land von vulkanischer Natur mit breiten, sehr fruchtbaren und gut bewässerten Küstenebenen, die allein bewohnt und angebaut sind, aber von Riffen umgeben, schwer zugänglich und hafenlos; die übrigen Inseln, Aitutake, Katutia (Atiu), Mangaia (Manaia), sind niedriger und nur hügelig, schlecht bewässert, ärmer als Rarotonga, der Boden Madreporenkalk, alle dabei ohne Häfen. Die Vegetation ist nicht mehr reich, sie steht sogar in Rarotonga der von Tahiti an Fülle nach. Die Bewohner der Hervey-Gruppe, an Zahl etwa 12,000 bis 15,000, gleichen im Aeußeren wie in den Sitten und Einrichtungen am meisten den Tahitiern, doch haben sie auch mit den Neu-Seeländern manches gemein; sie übertrafen die Tahitier an Kriegslust und Streitbarkeit und trieben Anthropophagie wie die Neu-Seeländer. Auch sprechen sie eine besondere Sprache, die ebenfalls zwischen der tahitischen und der neu-seeländischen in der Mitte steht. In ihren religiösen Vorstellungen kamen sie ganz mit den Tahitiern überein, mit denen sie in früheren Zeiten in enger Verbindung gestanden zu haben scheinen; bei der Entdeckung waren sie in kleinen Staaten unter Königen vereinigt. Sie sind jetzt alle durch protestantische Missionare zum Christenthum bekehrt, und namentlich hat dies in Rarotonga festen Fuß gefaßt; auf keiner Insel des Oceans sind die Bemühungen der Missionare, die Einwohner zu bekehren und ihre Bildung zu fördern, von so günstigen Erfolgen begleitet gewesen als hier.

5. Die Societäts-Inseln, von Quiros 1606 entdeckt, sind von Cook, der sie 1769 zuerst gründlich erforschte, zu Ehren der königlichen Gesellschaft der Wissenschaften in London, die seine erste Reise veranlaßt hatte, benannt worden. Die Gruppe, eine der am besten bekannten des Oceans, besteht aus elf Inseln, die sich in der

Richtung von Nordwest nach Südost ausdehnen und in zwei durch eine breitere Straße getrennte Abtheilungen zerfallen, die man jetzt die **Windward** und **Leeward** zu nennen pflegt. Zu der ersten gehört die größte von allen Inseln, das weltberühmte **Tahiti** (Otaheiti), das aus zwei gebirgigen, durch einen schmalen und flachen Isthmus verbundenen Halbinseln besteht, und dessen Nordcap, C. Venus, in 17° 29' Br. 210° 31' L. liegt; von Tahiti im Osten liegt die östlichste aller Inseln, **Maitea** (Osnabruc), im Westen **Moorea** (oder Eimeo). Zu den Leeward gehören die schöne Insel **Huahine**, dann **Raiatea** und **Taha**, die beide von einem und demselben Barrierriffe umschlossen sind, **Borabora** (dessen Nordspitze in 16° 27' Br. 208° 11' L. liegt) und **Maupiti** (Maurua). Alle diese Inseln sind von großen Barrierriffen umgeben, die viele kleine Koralleninseln tragen und hinter denen schöne, doch schwer zugängliche Häfen liegen (wie Papeëte und Matawai in Tahiti, Opunohu in Moorea, der beste von allen, Fare in Huahine, Opoa in Raiatea). Die ganze Gruppe ist hoch und bergig; der höchste Berg ist der 7000 bis 8000 F. hohe Orohena auf der großen Halbinsel von Tahiti; auf den übrigen Inseln übersteigen dagegen die höchsten Spitzen kaum die Höhe von 3000 F. Das Gestein ist überwiegend vulkanisch, und wenn auch in den westlichen Inseln Urgestein sich findet, so ist doch die Gruppe entschieden vulkanischen Ursprungs; thätige Vulkane fehlen zwar, doch finden sich alte, längst erloschene Krater. Die mit dichten Wäldern bedeckten Gebirge sind von schmalen, durch die Gebirgsbäche reichlich bewässerten Küstenebenen umgeben, die größtentheils mit Fruchtbäumen bedeckt sind und die allein angebauten und bewohnten Theile der Inseln bilden. Das Klima ist mild und sehr gleichmäßig, der Boden durchweg reich und fruchtbar, die Vegetation, obschon an Ueppigkeit der auf den westlicheren Inseln nachstehend, doch noch immer schön und reich. Die Bewohner dieser Inseln, deren Zahl jetzt wenig über 20,000 betragen mag, sind im Aeußeren wie in den Sitten und der Lebensweise im Ganzen den Tonganern und Samoanern ähnlich, stehen ihnen jedoch in der Bildung und den Kunstfertigkeiten nach, wie sie denn auch den Landbau lange nicht in der Ausdehnung betreiben wie die Tonganer und sich mehr auf den Ertrag der zahlreichen Fruchtbäume ihres freilich viel reicheren Bodens verlassen. Auch ihre religiösen Vorstellungen kamen im Ganzen mit denen der übrigen Inselvölker überein; sie standen bei der Entdeckung unter kleinen Königen, deren Einfluß jedoch durch die Macht des Adels sehr beschränkt war. Ihr Charakter zeigte seit den ersten Berührungen, in welche sie mit den Europäern traten, fortwährend eine große Milde, Freundlichkeit und Gutmüthigkeit, ja selbst Schwäche, und wenn es ihnen dabei auch an Kriegslust nicht ganz fehlte, so contrastirte er dennoch immer sehr gegen die Wildheit und Kampflust anderer, ihnen so nahe verwandter Stämme des Oceans. Der Bildung der Europäer erwiesen sie sich von Anfang an überaus geneigt und nahmen ihre Sitten mit Vorliebe an. Deshalb ließen sich auch einzelne Europäer zuerst im ganzen Ocean in Tahiti nieder, und die erste protestantische Mission im Ocean wurde schon am Ende des vorigen Jahrhunderts hier gegründet, und erst als es nach langen Anstrengungen gelang, die Bewohner der Gruppe zum Christenthum zu bekehren und das alte Heidenthum auszurotten, wurde dadurch den Missionaren der Weg zur Ausbreitung ihrer Lehren über die übrigen Inseln des Oceans gebahnt. Diese Fortschritte erregten den Wetteifer und die Eifersucht der katholischen Geistlichen; ihre Versuche, sich in Tahiti einzudrängen, führten zu Reibungen, welche zuletzt die Einmischung der französischen Regierung zum Schutz der katholischen Mission zur Folge hatten und dahin führten, daß endlich der Staat Tahiti in Abhängigkeit von der Regierung Frankreichs gerieth. So steht dieser Staat jetzt, welcher bloß die Windwardinseln umfaßt, unter französischem Protectorat, dadurch ist der Einfluß der katholischen Kirche gesichert, so daß jetzt die Bewohner Tahitis Protestanten und Katholiken sind. In den Leewardinseln, welche jetzt die kleinen Staaten Huahine, Raitea und Borabora bilden, besteht die protestantische Kirche allein. Schon früher lebten die Einwohner in kleinen Dörfern vereinigt, jetzt sind seit der Einführung des Christenthums größere entstanden, die in den kleineren Inseln manchmal die ganze Bevölkerung derselben vereinigen.

Wohnsitze. Papeete in Tahiti, Haupthandelsplatz der Insel und Sitz der Königin von Tahiti und des französischen Statthalters, mit einer Kirche, vielen Hütten der Eingeborenen und Häusern europäischer Ansiedler. — Fare in Huahine, ein großes, unregelmäßiges Dorf mit der protestantischen Mission. — Utumaoro, das Dorf in Raiatea. — Venla in Borabora.

Südlich von den Societäts-Inseln liegen noch fünf kleine Inseln weit zerstreut, welche die Missionare in eine Gruppe zusammenfassen und die Australinseln nennen. Von ihnen sind die bedeutendsten Tubuai (23° 22′ Br. 210° 37′ L.), 1777 von Cook entdeckt, Raivavai (Varitoo), eine Entdeckung des Engländer Broughton 1791, und Rapa (Oparo), von Vancouver 1791 gefunden (in 27° 38′ Br. 215° 45′ L.). Fast alle diese Inseln sind hoch und vulkanischen Ursprungs, im Ganzen den Societäts-Inseln ähnlich, mit denen ihre Bewohner schon lange in enger Verbindung stehen; diese sind jetzt zum Protestantismus bekehrt und sprechen in den drei westlichen Inseln tahitisch, in Raivavai und Rapa dagegen einen rarotongischen Dialekt.

6. Die Paumotu- oder Perlen-Inseln, wie sie jetzt in Tahiti gewöhnlich heißen, sind ein großer Archipel, der sich im Osten der Societäts-Inseln fast über 20 Längengrade ausdehnt und dessen Inseln zu verschiedenen Zeiten von vielen Seefahrern einzeln entdeckt und von Bougainville mit dem sehr passenden Namen der Gefährlichen Inseln belegt sind. Sie bestehen aus einer großen Zahl von Laguneninseln, deren bis jetzt gegen 80 bekannt sind; die bedeutendsten davon sind Tikahau (Krusenstern), Rairoa (die Fliegeninsel), Raraka, Faarava (Wittgenstein), Aritika (Greig), Makimo (Phillip), Ana (die Ketteninsel), Hao (die Bogeninsel). Diese Inseln sind alle gleichartig aus Riffen von Madreporenkalkstein gebildet, welche die Seebecken umgeben und auf denen einzelne kleine, schmale und längliche Inseln zerstreut liegen. Diese sind alle sehr flach, die höchsten nicht höher als 20 Fuß. Die größeren tragen auf ihrem sandigen und kalkigen Boden, den nur selten eine dünne Erdschicht bedeckt, eine sehr einfache und ärmliche Vegetation; von Fruchtbäumen findet sich bloß die Kokospalme, deren Früchte nächst Fischen die Hauptnahrung der Einwohner bilden; Brodtfruchtbäume fehlen diesen Inselchen ganz; fließendes Wasser findet sich nirgends. Die meisten dieser Laguneninselgruppen haben eine längliche Form und überwiegend die Richtung von Nordwest nach Südost; ihre Größe ist sehr verschieden, von 18 M. Länge (bei der größten, Rairoa) bis zu 1 M. und weniger. Die Schifffahrt zwischen ihnen erfordert die äußerste Vorsicht, da das Meer an ihren felsigen, klippenreichen Küsten stets ohne Ankergrund ist, die Inseln ihrer Flachheit halber nur ganz in der Nähe sichtbar zu seyn pflegen und aus demselben Grunde die Regelmäßigkeit der Passatwinde durch sie nicht unterbrochen wird, wie es sonst bei jedem höheren Lande geschieht. Dagegen sind durch Canäle in den Riffen manche dieser Lagunen für Schiffe zugänglich, und sie bilden dann Häfen, deren Benutzung freilich sehr gefährlich ist; die besten sind die in den Lagunen von Rairoa, Faarava und Hao. Von dieser gleichartigen Bildung machen nur drei Inseln, die ganz anders gestaltet sind, eine auffallende Ausnahme; dies sind im Westtheil des Archipels die kleine, fruchtbare Insel Matia südwestlich von Rairoa mit niedrigen Bergen vulkanischen Ursprungs, und die östlichsten aller Inseln der Gruppe, Mareva (Gambier) und Pitcairn, die erste (in 23° 8′ Br. 225° 5′ L.) zwar auch noch ein Korallenriff mit kleinen Inseln um eine Lagune, in deren Mitte sich jedoch fünf hohe vulkanische Inseln erheben, und die zweite südöstlich von Mareva (25° 4′ Br. 229° 52′ L.), eine bergige Insel vulkanischen Ursprungs von 1040 F. Höhe, mit steilen, schwer zugänglichen Küsten ohne Riffe und Hafen. Außer diesen hohen Inseln sind auch von den Laguneninseln der größere Theil, allein sehr schwach bewohnt; wahrscheinlich beträgt die Zahl aller Einwohner des Archipels kaum 3000, von denen fast die Hälfte den Mareva-Inseln angehört. Diese Menschen leben im höchsten Grade ärmlich und kümmerlich hauptsächlich vom Fischfange, nicht selten umherziehend von einer Insel zur anderen; Landbau können sie (außer auf den hohen Inseln) gar nicht treiben, doch pflanzen sie hier und da Kokospalmen. Ihr einträglichstes Geschäft ist auf den westlichen Inseln des Archipels die europäischen

Schiffe, welche jetzt in den Lagunen Perlen und Trivang (Holothurien) fischen, dabei zu unterstützen. Sie gleichen in jeder Hinsicht den Tahitiern, nur daß sie dunkler, körperlich kräftiger, roher und weniger gebildet sind; sie sprechen auch auf den westlichen Inseln die Sprache von Tahiti, in Mareva dagegen einen dem Rarotongischen nahe verwandten Dialekt. Die westlichen stehen schon seit langer Zeit mit Tahiti in Verbindung und werden (bis Hao) zum Staate von Tahiti gerechnet, haben auch die tahitischen Einrichtungen und Gesetze angenommen; Mareva bildet einen eigenen kleinen Staat mit monarchischer Verfassung. Jetzt ist das Christenthum auch unter ihnen verbreitet, auf den unter Tahiti stehenden Inseln durch protestantische, auf Mareva durch katholische Missionare. Das früher unbewohnte Pittcairn hat jetzt eine aus einer Vermischung von englischen Seeleuten und Tahitiern hervorgegangene Bevölkerung, die sich zum Protestantismus bekennt und in großer Abgeschiedenheit und patriarchalischer Einfachheit der Sitten vom Landbau lebt.

Oestlicher liegen noch einige kleine Inseln, unter denen die bedeutendste Waihu (27° 8′ Br. 250° 35′ L.) ist, welche von dem Holländer Roggeveen 1722 den Namen der Oster-Insel erhielt, eine bergige, vulkanische Insel ohne fließendes Wasser, mit steilen, schwer zugänglichen Küsten und einer ärmlichen, verkümmerten Vegetation, von einem kleinen, im Ganzen den Tahitiern ähnlichen Volksstamme, dem östlichsten des Oceans, bewohnt. Noch weiter im Osten liegt der Felsen Sala y Gomez (26° 28′ Br. 254° 40′ L.).

7. Die Mendana-Gruppe hat diesen Namen nach ihrem Entdecker, dem Spanier Mendana, der 1596 die südliche Abtheilung dieser Inseln auffand, durch den französischen Geographen Fleurieu erhalten. Es ist eine Gruppe nördlich von den Paumotu, die sich von Nordwest nach Südost ausdehnt und aus 11 Inseln besteht; sie zerfällt wieder in zwei durch eine breitere Straße geschiedene Abtheilungen, die südliche von fünf Inseln, welche Mendana die Marquesas benannte, und die nördliche von sechs Inseln, der ihr Entdecker, der Amerikaner Ingraham, 1791 den Namen der Washingtoninseln beilegte. Von den ersteren ist die bekannteste Insel Tahuata (S. Christina, in 9° 55′ S. Br. 221° 9′ L.), die größte und bedeutendste Hiwaoa (S. Dominika), von den anderen die Hauptinsel, zugleich die größte und wichtigste von allen, Nukahiwa, deren Südspitze in 8° 58′ Br. 220° 16′ L. liegt, dann Ruapoa und Ruahuga. Die Küsten sind auf allen diesen Inseln schroff und steil; Korallenriffe fehlen ihnen ganz, doch giebt es, wo die Mündungen der Gebirgsthäler das Meer erreichen, gute Häfen (wie Vaitahu [Madre de Dios oder Resolution] in Tahuata, Taiohae [Annamaria] in Nukahiwa). Die Inseln sind alle sehr gebirgig, die Berge vulkanischer Natur, steil, wild und abschüssig, doch scheint keine Spitze sich über 3000 F. zu erheben. Die schönen Küstenebenen um die Gebirge, die in den anderen hohen Inseln des Oceans gewöhnlich die einzigen bewohnten Striche zu bilden pflegen, fehlen den Mendana-Inseln ganz, denn fast allenthalben steigen die Berge steil am Meere auf; ihre Stelle vertreten eine Menge schmaler, kurzer, gut bewässerter Gebirgsthäler mit reichem Boden, die sich von den Küsten in das Innere hineinziehen und durch steile Bergzüge von einander geschieden sind, eine Bildung des Landes, die auf die Entwickelung der Einwohner von dem entschiedensten Einfluß gewesen ist. Die Vegetation ist schön und der tahitischen im Ganzen ähnlich, nur noch ärmer an Arten als diese. Die Bewohner dieser Gruppe, deren Zahl gegen 25,000 beträgt, zeichnen sich vor allen übrigen hellfarbigen Stämmen des Oceans durch körperliche Kraft und Schönheit aus. In Sitten und Lebensweise kommen sie in vielen Stücken mit den Tahitiern überein; auf den Landbau wenden sie noch geringere Sorgfalt als diese, da der Ueberfluß an Fruchtbäumen in ihren Thälern ihn noch weniger nöthig macht als dort. Auch in den religiösen Ansichten waren beide Völker sich im Ganzen ähnlich, dagegen unterschieden sie sich in ihren politischen Einrichtungen bedeutend. Die Zerstreutheit des Volks in kleinen, isolirten Gebirgsthälern und der Mangel an Zusammenhang zwischen den Bewohnern derselben hat das Zustandekommen von größeren politischen Verbänden verhindert oder, wenn sie bestanden, schon früh ihre Auflösung herbeigeführt; so leben die Stämme in den

Thälern gänzlich von einander geschieden, unter Führung von zahlreichen kleinen Häuptlingen und in unaufhörliche Kriege verwickelt. Hieraus erklärt sich die Wildheit und Kriegslust, welche die Bewohner dieser Inseln vor vielen anderen Stämmen des Oceans auszeichnet, und mit der die in großer Ausdehnung bei ihnen betriebene Anthropophagie zusammenhängt. Auch sind sie gegen die europäische Bildung viel gleichgültiger als die übrigen Inselvölker; sie haben von den Europäern noch fast nichts anderes angenommen als das Feuergewehr und deshalb ihre ursprünglichen Sitten und Einrichtungen viel reiner beibehalten, als das in dem größten Theil der von hellfarbigen Völkern bewohnten Inseln der Fall gewesen ist. Alle Versuche der protestantischen Missionare, sie für das Christenthum zu gewinnen, sind gänzlich ohne Erfolg geblieben, und die katholischen Geistlichen, die diesen gefolgt sind, haben bis jetzt auch noch nichts gewirkt. Die Niederlassung der letzteren hat auch die Besitznahme der Inseln durch die französische Regierung nach sich gezogen, der sich zu widersetzen die kleinen, vereinzelt lebenden Stämme nicht im Stande gewesen sind, obgleich die Anerkennung der neuen Herrschergewalt bis jetzt auch nur dem Namen nach erfolgt ist; so steht jetzt die Gruppe unter der Gewalt der Franzosen, denen diese Colonie übrigens eine unnütze Last und kaum als Deportationsort von einigem Nutzen ist. Sie unterhalten zur Begründung ihrer Ansprüche eine kleine Garnison im Thale Taiohae in Nukahiwa, während der Hauptverkehr dieser Inseln sich in Tahuata concentrirt.

C. Die nordöstlichen Inseln.

Sie bestehen außer einigen kleinen, zerstreuten Inselchen und Felsen aus der einzigen Gruppe Hawaii, die freilich zu den interessantesten und bedeutendsten des ganzen Oceans gehört.

Die Gruppe Hawaii wurde 1778 von Cook entdeckt und die Sandwich-Inseln benannt. Sie besteht aus acht Inseln, welche sich in einer Reihe von Nordwest nach Südost ausdehnen und von denen vier größer sind. Ihre Küsten sind sicher, steil und hoch, Barrierriffe fehlen ihnen mit einer Ausnahme ganz, deshalb sind gute Häfen auch nur selten, es giebt eigentlich nur einen. Die Inseln sind alle sehr hoch und gebirgig, die Berge durchaus vulkanischer Natur. Die Küsten der östlichsten Insel, Hawaii, zugleich die größte von allen, deren Nordspitze in 20° 18′ N. Br. 204° 2′ liegt, steigen allenthalben hoch und steil auf, namentlich erheben sich an der Westseite der Insel über einem schmalen, dürren, wasserlosen Strande steile, kahle, vulkanische Bergabhänge, die erst in den oberen Theilen bewässert und mit Wäldern bedeckt und dort angebaut und hauptsächlich bewohnt sind; an den anderen Küsten sind die Abhänge weniger steil und hoch, die breiteren Küstenebenen und die schmalen, in das Innere sich hineinziehenden Gebirgsthäler mit reichem, fruchtbarem Boden, bewohnt und angebaut. Das Innere der Insel nimmt eine im Durchschnitt 3000 bis 4000 F. hohe Hochebene ein, die überall mit dichten Wäldern bedeckt und, außer im nördlichsten Theil der Insel (in dem angebauten District Waimea), unbewohnt ist und nur von Heerden verwilderten Rindviehs durchstreift wird. Ueber ihr erheben sich drei gewaltige Berge, die zu den höchsten des Oceans gehören, der Mauna Kea (der weiße Berg) im nördlichen Theile von 12,800 F., der Mauna Loa (der große Berg) von 12,400 F. Höhe und der Hualal nördlich vom vorigen, beide an der Westküste; sie sind alle drei noch thätige Vulkane. Außerdem liegt im Osten von Mauna Loa mitten in der Hochebene der imposante Krater Kilauea, der großartigste und merkwürdigste von allen Vulkanen, die sich jetzt auf der Erdoberfläche befinden. Die zweite Insel, Maui, westlich von Hawaii, ist nicht weniger gebirgig; sie besteht aus zwei durch einen flachen Isthmus verbundenen Halbinseln, von denen die westliche fruchtbar ist und nur niedrigere Berge enthält, während sich in der östlichen der gegen 10,000 F. hohe Berg Halea-Kala erhebt. Auf Maui folgen einige kleinere Inseln (Lanai, Molokai) bis zu der dritten größeren, Oahu, deren Bau von dem der östlichen gänzlich abweicht. Sie hat in ihrem nördlichen Theile zwei kleine, der Nordküste parallel ziehende, von einander getrennte Bergländer, deren Spitzen nur bis 3000 oder 4000 F. aufsteigen; den ganzen südlichen Theil nimmt eine große, fruchtbare Ebene ein, die den ergiebigsten, am besten angebauten und am stärksten bewohnten Distriet der ganzen Gruppe bildet, und die Südküste, an der sich einige niedrige, erloschene Vulkane (wie der Diamantenberg) erheben, ist von einem breiten Barrierriff umgeben, das mit dem Lande den Hafen **Honolulu**, den einzigen der ganzen Gruppe, bildet (21° 19′ Br. 201° 58′ L.). Die vierte größere Insel, **Kauai**, deren Westspitze in 22° 4′ Br. 200° 10′ L. liegt, gleicht in ihrer Bildung wieder Hawaii und wird von einer vulkanischen, steil zu den schmalen Küstenebenen herabsinkenden Hochebene eingenommen, über der sich Berge von über 7000 F. Höhe erheben. Westlich von Kauai liegt noch die Insel Nihau.

Die Bewohner dieser Gruppe, deren Zahl sich jetzt höchstens auf 120,000 beläuft, gehören dem hellfarbigen Menschenstamme des Oceans an und haben in der körperlichen Bildung wie in den Sitten und der Lebensweise mit den übrigen Inselvölkern, besonders mit den Tahitiern, viel Uebereinstimmendes; allein sie übertreffen sie im Bildungszustande, in den Kunstfertigkeiten und besonders im Landbau, der nirgends im Ocean so lebhaft, regelmäßig und ordentlich betrieben wurde als hier. Auch ihre religiösen und politischen Einrichtungen waren wohl entwickelt und geordnet, die königliche Würde in ihren Staaten mit größerer Gewalt und Machtfülle ausgestattet und weniger durch den Einfluß mächtiger Adelsfamilien beschränkt als auf den übrigen Inseln des Oceans. Den Europäern gegenüber zeigten sie gleich bei der Entdeckung Herzlichkeit und Freundlichkeit in hohem Maaße, aber auch eine sittliche Zuchtlosigkeit und Verderbtheit, wie sie sich in dem Maaße sonst bei keinem der Inselvölker fand. Dabei hat kein anderes derselben die Sitten und die Lebensweise der Europäer so früh und mit solchem Eifer angenommen als die Hawaiier, was zum Theil durch die so überaus günstige Lage dieser Inseln gerade in dem Seewege, der Amerika und China verbindet, und den daraus entstandenen starken Verkehr mit europäischen Schiffen, wie durch den schon früh begonnenen Handel mit dem Sandelholz der Bergwälder befördert worden ist. Eine Folge davon waren die politischen Umwälzungen, durch welche schon am Ende des vorigen Jahrhunderts alle Staaten der Gruppe in eine einzige vereinigt wurden; später gab der König und das Volk, bloß durch den Einfluß der Europäer bewogen, die heidnische Religion freiwillig auf, ohne dazu auch nur aufgefordert zu seyn, und eben so bereitwillig nahmen sie bald darauf protestantische Missionare aus Nordamerika auf und traten auf ihren Antrieb und in Folge ihrer Belehrung zur protestantischen Kirche über. Wie anderwärts so haben sich später auch hier die katholischen Geistlichen und zwar nicht ohne den Schutz französischer Kriegsschiffe eingedrängt, und ein Theil der Bevölkerung hat sich jetzt ihrer Kirche zugewandt. Europäische und amerikanische Ansiedler haben sich allmählich in größerer Zahl auf diesen Inseln niedergelassen, als (Neu-Seeland ausgenommen) auf irgend einer anderen Gruppe des Oceans, und unter dem Einfluß der schon erwähnten glücklichen Lage derselben ist ein überaus lebhafter Handelsverkehr zwischen den Hawaii-Inseln, Europa, Amerika und China entstanden. Gewiß würden sie daher unter solchen Umständen schon längst unter die Herrschaft eines europäischen Staates gerathen seyn, wenn dies bis jetzt die gegenseitige Eifersucht der Seevölker auf einander nicht gehindert hätte.

Wohnsitze. Honolulu in Oahu, Hauptstadt der Gruppe, Residenz des Königs und Mittelpunkt der Regierung, mit gegen 10,000 Einwohnern, unter denen viele Europäer sind, der erste Handelsplatz der Inseln, mit einem Fort, Kirchen und anderen mit europäischen Bildungszuständen zusammenhängenden Einrichtungen. — Lahaina in Maui, der zweite Handelsplatz der Gruppe, der mit den umliegenden Dörfern gegen 9000 Einwohner enthält. — **Kowaihae**, **Kailua**, **Kaawaloa**, **Waiakea**, die größten Dörfer in Hawaii. — **Waimea** in Kanai.

Außer den Hawaii-Inseln liegen im nordöstlichen Theile des Oceans nur wenige kleine und unbewohnte Inselchen weit von einander zerstreut, die fast alle niedrige Laguneninseln, oft bloße Felsen und Klippen sind. So die **Weihnachts-Insel** (Christmass, 1° 58′ N. Br. 202° 22′ L.), **Fanning** (3° 53′ N. Br. 201° 37′ L.) u. andere.

D. Die nordwestlichen Inseln.

Sie zerfallen in drei große Gruppen, die Marianen, die Carolinen und die Gruppen Marshall und Gilbert und bestehen überwiegend aus flachen Laguneninseln.

1. Die Marianen sind die erste von allen Inselgruppen des Oceans, welche von Europäern entdeckt worden ist, denn schon 1521 stieß Magalhaens bei der ersten Erdumsegelung auf sie und benannte sie nach den Bootsegeln der Einwohner Islas de las Velas Latinas, ihren jetzigen Namen haben sie erst bei der Besitznahme durch die Spanier erhalten. Es ist eine Gruppe von 16 Inseln, die 300 M. östlich von den Philippinen liegen und sich von Nord nach Süd ausdehnen; eine breitere Straße theilt sie in zwei Abtheilungen, die südliche, in welcher die größten Inseln Guahan, die bedeutendste und südlichste von allen (deren Südspitze in 13° 14' N. Br. 144° 51' L. liegt), Tinian und Saypan sind, und die nördliche, bloß aus kleinen Inseln bestehende, deren nördlichste, Mangs, in 20° 6' Br. 143° 13' L. ist. Die südlichen Inseln sind im Ganzen nicht gebirgig, nur hügelig (die höchsten Spitzen erreichen in Guahan nur die Höhe von 1200 F.) und bestehen fast durchaus aus erhobenem Madreporenkalkstein, dessen Schichten jedoch in Guahan und Saypan von vulkanischen Gesteinen durchbrochen sind; der Boden ist auf diesen Inseln sehr fruchtbar und reich. Dagegen sind die nördlichen Inseln alle steil und bergig, obschon die höchsten Spitzen die Höhe von 2000 F. nicht zu übersteigen scheinen; sie sind alle vulkanischen Ursprungs, und es giebt mehrere erloschene und in Guguan, Pagon und Assumption noch thätige Vulkane. Die Küsten der nördlichen Inseln sind alle steil, hoch und hafenlos, die der südlichen von Riffen umgeben, hinter denen auch schöne Häfen liegen (wie die Caldera de Apra in Guahan). Die Vegetation der Inseln hat mit der der Philippinen nahe Verwandtschaft und ist, wenn auch nicht so üppig und vollkommen als diese, doch noch immer reich und schön. Die Bewohner dieser Gruppe hatten im Aeußern und in der Lebensart, wie in den religiösen Vorstellungen und den gesellschaftlichen und politischen Einrichtungen mit den Völkern der philippinischen Inseln große Aehnlichkeit; ihre Sprache war auch den Sprachen des tagalischen Stammes nahe verwandt. Sie besaßen bei der Entdeckung einen nicht unbedeutenden Grad von Bildung, betrieben den Landbau mit Sorgfalt (sie waren das einzige Volk des Oceans, das Reis baute) und lebten in kleinen Staaten mit monarchischen Verfassungen vereinigt. Gegen die Europäer benahmen sie sich jederzeit sehr freundlich und zutraulich und traten mit den Spaniern, namentlich seitdem nach der Gründung der spanischen Colonien auf den philippinischen Inseln die regelmäßig von Neu-Spanien nach Manila gesandten Schiffe ihre Inseln beständig berührten, in die engste Verbindung. Dies führte endlich, um die Versorgung jener Schiffe mit den nöthigen Lebensmitteln bequemer bewirken zu können, 1668 zur Gründung einer spanischen Colonie auf Guahan, mit der ein Versuch, die Ureinwohner zum Christenthum zu bekehren, verbunden wurde. Dieser, in der bekannten früheren Weise der Spanier unternommen, erregte, zumal da zugleich die lebhafte Freiheitsliebe das Volk zum heftigsten Widerstande gegen die Oberhoheit der Spanier anreizte, einen Vertilgungskrieg, in welchem der größte Theil der Einwohner zu Grunde gegangen ist. Die Ueberreste führte man zur besseren Beaufsichtigung nach Guahan und verstärkte sie durch tagalische Colonisten aus der Bevölkerung von Luzon. Daher sind die jetzigen Einwohner, deren Zahl sich auf 9000 bis 10,000 beläuft und die bloß die beiden Inseln Guahan und Rota bewohnen, während alle übrigen verlassen sind, fast alle philippinischen Ursprungs; sie sind Katholiken und sprechen tagalisch, die alte Sprache des Volks ist fast ganz verschwunden. Die Colonie hat ganz die Einrichtung wie die der philippinischen Inseln; sie steht unter einem spanischen Gouverneur, der von dem Generalcapitain von Manila abhängt.

Wohnsitze. Agagna in Guahan, Hauptort der Colonie, Sitz des Gouverneurs und der Verwaltung, mit über 2000 Einwohnern.

In dem Raume des Oceans nördlich von den Marianen bis zur Küste von Japan liegen noch mehrere kleine Inseln zerstreut, die größtentheils nur unbedeutend, oft bloße Felsen sind. Die wichtigsten bilden die Gruppe, welche 1639 die Holländer Quast und Tasman entdeckten und Gracht und Engel nannten, während spanische Seefahrer, die sie in demselben Jahrhundert sahen, sie mit dem Namen Arzobispo belegt hatten; man hat in ihnen, allein gewiß ohne allen Grund, dieselben Inseln zu erkennen geglaubt, welche die Japaner in ihren Annalen mit dem Namen Bonin sima bezeichnen, und nennt sie deshalb jetzt gewöhnlich Bonin. Es sind drei von einander getrennte Abtheilungen, aus kleinen, bergigen Inseln vulkanischen Ursprungs bestehend, die sich von Nord nach Süd ausdehnen und steile, hafenreiche Küsten und eine lebhafte und schöne Vegetation haben; sie waren ursprünglich unbewohnt, doch ist in neuester Zeit auf ihnen eine Niederlassung von europäischen Seeleuten und Hawaiiern am Hafen Lloyd auf der Insel Peel (27° 6′ Br. 142° 12′ L.) entstanden. Südlich von der Boningruppe liegen drei kleine, gebirgige Inseln, welche der Spanier Torre 1543 Volcano nannte und von denen die mittlere, die Schwefelinsel (24° 48′ Br. 141° 13′ L.), einen thätigen Vulkan enthält.

2. Die Carolinen sind ein großer Archipel, der sich im Süden von den Marianen und im Osten von den Philippinen fast 30 Längengrade von West nach Ost ausdehnt und dessen zahlreiche Inseln schon seit dem sechszehnten Jahrhundert von verschiedenen Seefahrern (die erste von dem Portugiesen D. de Rocha 1526) entdeckt, allein erst 1827 und 1828 durch den Russen Lütke gründlich erforscht und aufgenommen sind. Ihr Name ist von dem Namen Carolina, den der Spanier Lazeano 1686 einer dieser Inseln beilegte, auf sie alle später übertragen worden. Diese Inseln sind überwiegend Laguneninseln, sie liegen daher auf den die Lagunen umgebenden Korallenriffen, sind schmal, länglich und niedrig, in jeder Hinsicht also den Paumotu ähnlich, allein die Lagunen, deren man über 40 zählt, sind meistens größer, die Inseln auf den Riffen zahlreicher und bedeutender, mit besserer und reicherer Vegetation bedeckt, die größeren selbst mit anbaubarem Boden; daher sind sie auch viel besser bewohnt als die Paumotu. Die größeren Lagunenriffe haben alle Canäle, die in die Seebecken zu brauchbaren, obschon gefährlichen Häfen führen (wie der Hafen Chamisso auf der Insel Lugunor). Wie auf den Paumotu machen jedoch auch hier einzelne Inseln von dieser allgemeinen Beschaffenheit eine Ausnahme. Die westlichste Insel, Palao oder Pelew, die bedeutendste von allen, besteht aus einem großen Riff von 24 M. Länge, innerhalb dessen mehrere größere, hügelige Inseln liegen, die nördlichste in 8° 8′ Br. 135° 40′ L. Nordöstlich davon liegt, von einem großen Riff umschlossen, die ebenfalls hügelige Insel Yap, und diese westlichsten Inseln scheinen reicher und fruchtbarer zu seyn als die, welche ihnen östlich folgen und bis auf die östlichsten reine Laguneninseln sind, wie Uljutui (Falalep), Uleai, Lamurek, Namonuito, Rug (Hogoleu), Sotoal, Lugunor und Etal. Nur in Rug liegt in der Lagune, die 25 M. Umfang hat, eine hohe Insel augenscheinlich vulkanischen Ursprungs. Die östlichsten Inseln der Gruppe sind von ganz abweichender Bildung; Puinipet (Ascension) besteht aus drei getrennten, von Korallenriffen umgebenen, reichen Inseln mit vulkanischen Bergen von 3000 F. Höhe, und südöstlich davon liegt das ganz ähnlich gebildete, ebenfalls vulkanische, von einem Riff umgebene Walan (5° 19′ Br. 163° 6′ L.) mit gegen 2000 F. hohen Bergen. Die Bewohner dieser Inseln, an Zahl wahrscheinlich nicht über 15,000, sind im Aeußeren von denen der Marianen und Philippinen wenig verschieden und unterscheiden sich von ihnen im Ganzen in der Lebensweise (außer daß sie bei der Unbedeutendheit der meisten Inseln für ihren Unterhalt hauptsächlich auf das Meer angewiesen sind), wie in den religiösen und politischen Einrichtungen nicht wesentlich. Sie sind allenthalben in kleinen Staaten vereinigt, die unter der Herrschaft von Königen stehen. Ihr Charakter macht sie in hohem Maaße interessant durch Freundlichkeit, Herzlichkeit und Zutraulichkeit, dabei sind sie den Fehlern, welche die übrigen hellfarbigen Stämme des Oceans entstellen, weniger verfallen; nur die Einwohner von Puinipet sind wegen Verrätherei und wilder Kriegslust verrufen. Vor allen Dingen sind sie jedoch (und

zwar vorzugsweise die Bewohner der kleinen Laguneninseln) durch ihren Handelsgeist und ihre erstaunliche Kühnheit in der Beschiffung des Oceans ausgezeichnet, den sie seit dem Ende des vorigen Jahrhunderts jährlich in ihren gebrechlichen Booten durchschneiden, um mit den spanischen Colonisten in Guahan (namentlich mit den von ihnen verfertigten Stricken aus Kokosnußfasern) Handel zu treiben und sich so in den Besitz des ihnen so schätzbaren Eisens zu setzen. Außerdem stehen sie jedoch mit den Europäern in fast gar keiner Berührung; die Versuche, welche spanische Missionare am Anfange des achtzehnten Jahrhunderts gemacht haben, das Christenthum bei ihnen einzuführen, sind gänzlich fehlgeschlagen.

3. Die Gruppen Marshall und Gilbert sind ein großer Archipel, der sich im Osten der Carolinen von Nordwest nach Südost ausdehnt und von dem einzelne Inseln schon seit dem sechszehnten Jahrhundert (zuerst 1529 durch den Spanier Saavedra) entdeckt sind; erst 1788 haben die Engländer Marshall und Gilbert, nach denen man sie später benannt hat, die meisten derselben aufgefunden, allein bis jetzt ist nur die Inselkette Radak durch Kotzebue 1816 genauer erforscht worden. Der bei weitem größte Theil dieser Inseln ist klein und besteht aus niedrigen Laguneninseln, den Carolinen durchaus ähnlich; die Lagunen sind oft sehr groß und gewöhnlich durch Canäle in den Riffen zugänglich; die nördlichen Riffe haben die wenigsten und unbedeutendsten Inseln, ärmere Vegetation und sparsamere Bevölkerung (selbst die Kokospalme ist nicht im Ueberfluß, und ihre Frucht steht an Wichtigkeit für den Unterhalt der Bewohner der des Pandanus nach), die südlichen sind größer, reicher und stärker bewohnt. Einige kleine Inseln scheinen aus erhobenem Korallenkalkstein zu bestehen, vulkanische Gesteine aber ganz zu fehlen. Ein Canal von drei Breitengraden trennt den Archipel in zwei Abtheilungen. Die nördliche, die Marshall-Inseln, besteht wieder aus zwei parallel neben einander sich erstreckenden Inselketten, die östliche und allein genauer bekannte, Radak, welche aus 12 Lagunengruppen besteht, von denen die am besten erforschten Kawen (8° 31′ N. Br. 171° 11′ L.) und Odia (9° 28′ Br. 170° 16′ L.) sind, und die nur sehr unvollkommen bekannte westliche, Ralik, die ebenfalls 12 Lagunengruppen in sich schließt, unter denen das 16 M. lange Quadelen (9° 7′ Br. 167° 19′ L.) und Namu (8° 10′ Br. 167° 59′ L.) die bedeutendsten sind. Noch viel dürftiger als von der nördlichen Abtheilung sind unsere Kenntnisse von der südlichen, der Gruppe Gilbert, die wieder in vier größere Gruppen getheilt wird, welche die Europäer mit dem Namen Charlotte, Scarborough, Simpson und Kingsmill bezeichnen, von denen die letzte bis 1° 33′ S. Br. 173° 11′ L. reicht und in zwei getrennte Abtheilungen, die Gruppen Sydenham und Bishop, zerfällt. Noch weiter im Südosten liegen, durch einen breiten Meeresarm von den Kingsmill-Inseln geschieden, die kleinen Gruppen Peyster und Ellice (8° 29′ S. Br. 179° 6′ L.). Von den Bewohnern dieser Inseln sind bis jetzt bloß die von Radak mit den Europäern in nähere Berührung gekommen. Sie gleichen im Ganzen den Caroliniern in der körperlichen Bildung, den Sitten und der Lebensweise und den politischen Einrichtungen; auch ihre Sprache hat mit der der Carolinier augenscheinlich Verwandtschaft, und in ihrem Charakter zeigen sie selbst noch größere Freundlichkeit und Milde als diese. Die Bewohner von Ralik sind denen von Radak ganz ähnlich und sprechen auch die gleiche Sprache mit ihnen; die Bewohner der südlichen Abtheilung sind ganz unbekannt, doch weiß man, daß in den Kingsmill ein Dialekt gesprochen wird, der mit der Sprache der Samoaner und Tonganer Verwandtschaft zu haben scheint, und danach könnten die Bewohner dieser Inseln vielleicht den Uebergang von der nordwestlichen Abtheilung der Inselvölker zu der südöstlichen bilden. Uebrigens giebt es im ganzen Ocean keine Inseln, deren Einwohner in so wenigen Verbindungen mit den Europäern ständen als diese.

Druck der Universitätsbuchdruckerei von E. A. Huth in Göttingen.

Register.

A.

27*

D.

E.

H.

P.

Druck von C. P. Melzer in Leipzig.

Nachträge und Ergänzungen zu Afrika.

Einleitung.

Zu S. 1. 2. Literatur. A. Petermann und B. Hassenstein, Inner-Afrika, nach dem Stande der geographischen Kenntnis in den Jahren 1561 bis 1863, nach den Quellen bearbeitet. Gotha 1863 (als 11. Ergänzungsband zu Petermann's Mittheilungen.); mit 8 Karten. — Dr. Heinrich Barth, Reisen u. Entdeckungen in Nord- und Central-Afrika in den Jahren 1849 bis 1855. Gotha 1857 f. 5 Bände. Dasselbe im Auszuge bearbeitet. Gotha 1859. 2 Bde. — A. Emmrich, Skizze der orographisch-geognostischen Verhältnisse Afrika's. Programm der Realschule in Meiningen 1862.

Zu S. 4. Meere. Das Rothe Meer hat auf seinem Grunde ein großes Längenthal, zu dessen beiden schroff abfallenden Seiten die Korallen ihre Bauten angelegt haben, zwischen ihnen und den Küsten ziehen wieder zwei schmälere, niedrigere, für die Küstenschiffahrt geeignete Längsthäler hin. Die Tiefe ist in der Mitte 700—1100m, an einigen Stellen über 1800m; die größte gemessene Tiefe unter 22° 23' N. B. mit 1930m, in der Breite von Moka nicht über 139m. Die Wärme des Wassers übertrifft die der andern Meere; im Winter selten unter 26,6° C., im März und April 29°, im Mai 32°, im September bedeutend höher. Die höchste beobachtete Wassertemperatur im November 1850 war 41° C. Ein unterseeischer Telegraph verbindet jetzt Sues, Kosseir, Suakin, Perim, Aden.

Zu S. 4. Oberflächengestaltung. Die Sahara ist nicht ein Tiefland, sondern ein Land mit weiten, unter sehr verschiedenem Niveau liegenden Terrassen, ja selbst ansehnlichen Gebirgserhebungen, und mit zahlreichen, selbst unter das Meeresniveau herabreichenden, mit tertiären Sandablagerungen erfüllten, salzreichen Tiefbecken; ein Land, welchem die vollständige oder fast vollständige Regenlosigkeit den Charakter trostloser Oede verleiht, und welches dennoch in seinen zahlreichen Oasen ein, wenn auch beschränktes, Pflanzen-, Thier- und Menschenleben aufzuweisen hat.

Zu S. 6. Gewässer. Die zahlreichen Veränderungen, welche unsere Bekanntschaft mit den afrikanischen Gewässern durch die letzten Reisen und Forschungen erlitten hat, werden bei den einzelnen Ländern ihre Berücksichtigung finden.

Marocco.

Zu S. 23. Hilfsmittel. Carte de l'empire de Maroc par Beaudouin. Paris 1848. — Originalkarte von Gerhard Rohlf's Reisen in Central- und Süd-Marokko, gez. von Hassenstein. Gotha 1865 (in Petermann's Mittheilungen). — Saint Martin, le Nord de l'Afrique dans l'antiquité grecque et romaine. Paris 1863. 8. mit 4 Karten.

Zu S. 24. Grenzen, Ausdehnung. Marokko (von den Einwohnern gewöhnlich El-Gharb genannt) erstreckt sich gegenwärtig vom 27 bis 36° N. B., vom 5 bis 17° O. F.; da der Staat des Sidi Hedscham wenigstens nominell als Bestandtheil des marokkanischen Sultanats gilt, wird es im S. durch das Land Tiris begrenzt. A. Petermann berechnet die tributzahlenden Gebiete auf 6930 □M., die mehr oder weniger unabhängigen Gebiete auf 5280 □M., zusammen 12210 □M.; davon kommen auf das Tell 3580 □M., auf die Steppen (und Gebirge) des Hochlandes 1230 □M., auf die Sahara (incl. des Südabhangs des Atlas) 7400 □M.; als Grenze gegen Algerien ist in der Sahara der 17. Meridian O. F. angenommen.

Zu 25. S. Oberflächengestaltung. Von den Quellen der Mulvia entsendet das Hauptgebirge des Atlas einen Zweig, den kleinen Atlas, gegen N. und NO. Dieser gabelt sich unter 34° 30' N. B. nochmals und umspannt mit seinen beiden Armen das Küstenland, indem der eine Arm gegen NW. zieht und die Küste bis Ceuta und Kap Spartel begleitet, der andre am linken Ufer der Mulvia gegen NO. geht, und einen im Kap Tres Forcas endigenden Zweig gegen Norden entsendet. Dieses gesammte Gebirgsland ist bei der Unwegsamkeit des Landes und bei der Unmöglichkeit friedlichen Verkehrs mit den Eingeborenen noch unerforscht; der Dschebel Haharkab wird als hoher Punkt im Innern bezeichnet. Nur vom Meere aus ist der Nordabfall dieses Gebirgs gezeichnet und gemessen worden: ein schmales, gebirgiges, von kurzen, tief einschneidenden Thälern zerrissenes Küstenland, Er-Rif oder das Rif, früher eine der 20 Provinzen des marokkanischen Kaiserreichs, im W. von El Gharb, im O. von Gart (Garet) eingeschlossen. Die Höhe des Gebirgs wird auf durchschnittlich 600m, die seiner Gipfel auf 1000—1200m geschätzt; doch steigen einzelne Gipfel, wie der Dschebel Anna S. von Tetuan, auf 2167m, zwei andre Berge SO. vom vorigen auf 1851m und 1782m an. Die Höhen des Innern mögen noch bedeutender sein. Zu gewaltiger Höhe aber steigen die Gebirge um den Knotenpunkt des Großen und Kleinen Atlas, an den Quellen der Muluja, an, indem Rohlf's den Uebergangspunkt über den Kleinen Atlas nahe den Mulujaquellen zu 2055m fand, während die Höhen des Großen Atlas rechts und links von dem Passe, der die Verbindung von Fes nach Tafilelt vermittelt, im Mai mit Schnee bedeckt waren, der Dschebel Ukùll und der Dschebell Fessas, 13 Meilen SO. von Fes, erst im Juli den Schnee verlieren, und der Dschebel Ait Ahia, der Dsch. Aiaschin und der Dsch. Scherbscharb im Großen Atlas, wie die östlich gelegenen Dschebel Seffun und Dsch. Lakhdar in weiter Ausdehnung mit ewigem Schnee bedeckt sind. Als höchster Berg des marokkanischen Atlas wird von den Landesbewohnern der noch ungemessene Hentet bezeichnet.

Zu S. 26. Geognostische Beschaffenheit. Im Gebirge bei Uesan ist Sandstein vorherrschend, das Verkommen von Gips scheint auf die Trias oder Dyasformation hinzudeuten. Dieser Sandstein setzt sich, selten von Schiefer, Marmor und Kalkschichten (einige Male mit Marienglas) durchbrochen, südwärts bis zur obern Muluja fort, wo Granit in großer Ausdehnung auftritt. Das Hochgebirge des Dschebel Ajaschin und Dschebel Scherbscharb dagegen besteht wieder aus sedimentären Gebirgen von Sandstein, Schiefer, Kalk und Marmor. Das südliche Gehänge des Atlas nach Tafilet zu scheint wieder aus Sandstein zu bestehen; bei der Schwefelquelle Tinmiritt nördlich von Tafilet tritt auch Basalt auf.

Zu S. 27. 28. Gewässer. Nur der Tensift entspringt in dem Hochlande zwischen den beiden Parallelketten des Großen Atlas, deren nördliche er 10 Meilen SO. von Marokko durchbricht. — Die Mulvia (Muluja) ist etwa 65 Meilen, der Sebu über 50 Meilen, der Tensift über 90 Meilen lang. — Der 1 Meile lange Alpensee Sidi-Aly-Mohamet liegt zwischen Fes und der obern Muluja, zwischen den Pässen des Hochgebirges.

Zu S. 28. Naturprodukte. Die westlichen Küsten bieten einen monotonen Eindruck, indem die Bäume dort gänzlich fehlen, an der Küste kahle Sandhügel sich hinziehen und erst weiter im Innern die Abhänge mit niedrigen Dickichten (Retama monosperma L., Pistacia Lentiscus L., Argania, Rhamnus, Vitex, Ephedra, Clematis), die Flußbetten mit Oleander und Vitex bedeckt sind. Der Charakter der Flora ist hier durchgängig dem der andalusischen gleich; alle Vertreter der tropischen Zone (Palmen, Bananen, Cakteen) fehlen; an der Küste ist Peganum Harmala (eine Rutacee) die dominirende Pflanze.

Zu S. 30. Bevölkerung. Diese Berbern sind die noch wenig vermischten Reste der alten Urbevölkerung, welche weder durch die Römer, noch durch die Vandalen, noch durch die Araber wesentlich verändert worden ist. — Die in Marokko wohnenden Araber heißen, wie ihre Stammgenossen in Nordafrika, Syrien und am Eufrat, Beduinen oder Bedewin, d. h. Leute der Wüste, ein in Zelten wohnendes, unstätes, räuberisches Nomadenvolk von schwarzbrauner Farbe; sie bauen selten den Acker, leben vom Ertrag ihrer Herden, kleiden sich in baumwollene oder leinene Unterkleider und in weißwollene Mäntel. Ihr gesellschaftliches Leben ist patriarchalisch, sie stehen unter Scheichs, von denen die Emire gewählt werden; die Marabus, fromme, wohlunterrichtete Männer, haben unter ihnen den bedeutendsten Einfluß.

Zu S. 31. Religion. Die Muhamedaner Marokkos sind zwar lässig im Beobachten der vom Koran vorgeschriebenen Gesetze und Gebräuche, wie z. B. einzelne Stämme sich nie waschen; aber gegen Christen sind sie äußerst unduldsam. So gibt es unter ihnen zahlreiche, zum Theil fanatische, religiöse Sekten und drei religiöse Orden, die Mulei Taïeb, die selbst das Recht haben, Thronstreitigkeiten zu entscheiden, die Aissonah und Derkaua.

Zu S. 31. 32. Verfassung. Seit Abderrahman's Tode, den 6. September 1859, ist dessen Sohn Sidi-Mohammed Sultan geworden, angeblich der 38. Nachkomme des Propheten von dessen Tochter Fatime. — In der politischen Stellung zu den europäischen Seemächten ist im Laufe des 19. Jahrhunderts eine wesentliche Aenderung eingetreten. Seit 1817 gibt es keine Christensklaven mehr im Lande; seit 1817 hat die Seeräuberei von Seiten des Sultans wie seiner Unterthanen aufgehört, unglückliche Kriege gegen Frankreich und Spanien haben den Staat noch mehr gedemüthigt. Die Grenze gegen Algier ist am 18. März 1845 regulirt worden.

Zu S. 33. Viehzucht. Die Zahl der Pferde wird in dem Kaiserstaat auf 400,000, die der Rinder auf 5 bis 6 Millionen, die der Schafe auf 45 Millionen geschätzt.

Zu S. 33. Handel. Der Handel leidet noch immer an dem Monopol-Unwesen, indem der Sultan eine Reihe von Handelsgegenständen allein verkauft oder deren Verkauf für seine Rechnung verpachtet. So verpachtet er den Handel mit Blutegeln (70000 Thlr.), Wachs (4000 Thlr.), Baumrinde im Rif (24000 Thlr.), Hirse (in Tanger für 700 Thlr. und ebenso an andern Plätzen), Vieh (nach Gibraltar von den nördlichen Häfen, für 11000 Thlr.); in gleichen die Gerechtsame, Kupfer zu münzen, (an jede Hauptstadt für 14000 Thlr.); — dagegen verkauft er selbst Tabak, Schwefel, Cochenille.

Für die Schiffahrt sind Leuchtthürme in Melilla, Alhucemas seit 1852, 3 zu Ceuta seit 1855 — sämmtlich auf spanischem Gebiet — und auf Kap Spartel erbaut. Die erste Telegraphenlinie wurde 1865, unter dem Widerstand der Bevölkerung, begonnen.

Zu S. 34. Exportartikel sind ferner: Erbsen, Mehl, Hanf, Leinsaat, Wallnüsse, Sassaparille, Kümmel, Anis, Schwämme. — Münzen. Der Mitskal hat 10 Unzen oder 40 Musunen (Blankils) oder 960 Flus: der Mitskal beträgt 21 Gr. 6,5 Pf. Gewichte: Der Artal oder Rotal hält 508 Gramm (etwas über 1 Zollpfund), der Kintar oder Zentner 45,3 Kilogramm (90,6 Zollpfund). Maß: die Dráa (Code) ist gleich 537 Millimeter.

Zu S. 35—37. Topographie. Die Ausfuhr von Tandscher belief sich 1856 auf 520000 Thlr., die Einfuhr auf 900000 Thlr., der Verkehr richtet sich zu 60 Proc. nach britischen Häfen. 313 einlaufende und 317 auslaufende Schiffe vermitteln den Handel. — Als Einwohnerzahlen werden, nach neueren Schätzungen, angegeben: Tetuán (Tetauim, Titawán) 16000, darunter 4200 Juden; Azila (Arseila) 600; Salé 23000; Rabbat 25000, darunter 7000 Juden; Mogador, der wichtigste Hafen des Reichs und in Zunahme begriffen, 20000; Agadér mit Vorstadt 1500; Alkassar 20—25000; Fez (807 von Edris gegründet) 85000; Meknâs oder Mekinès im Sommer nur 15000; Schechschuan oder Uesan 10—15000; Marokko 50000, darunter 4—5000 Juden; Tarudant 20000. — Nachträge zur Topographie: Die Einfuhr von Rebát und Slâ betrug (1857) 610000 Thlr., die Ausfuhr gegen 500000 Thlr., die Ausfuhr von Mogador im Jahre 1857 gegen 2½ Mill. Thlr., die Einfuhr 2½ Mill. Thlr.; Mandeln, Wolle, Wachs sind Haupthandelsartikel. — Schechschuan oder Uesan liegt 350m hoch, in einer an Oelbäumen, Weinstöcken und Feigenbäumen überaus reichen Gegend, und ist Sitz eines Groß-Scherifs, der bei den unabhängigen Stämmen des Landes bis über den Atlas hinaus in hohem Ansehen steht. — Ruinen von Wasserleitungen und Mauern bezeugen den ehemaligen Glanz der im Jahre 1072 gegründeten Stadt Marokko. Die Straßen sind sehr eng. 4—5000 Juden bewohnen ein besondres Quartier. — Glemim oder Wad Nun, 6 Meilen vom Meere, 2000 Ew., Handel mit Straußfedern, Gummi, Seide. — Tamagrut, Hauptort des Dráa, welches 6 Tagereisen von N. nach S. als fruchtbares Thal sich erstreckt. Im Drâathal (doch nicht in Tam.) wohnen unter den Arabern und Berbern auch Juden als Handwerker; im Ganzen etwa 25000 Ew. Handel mit Gold, Elfenb., Leder, Sklaven. — Die Oase von Tafilet im weiteren Sinne umfaßt die vom Südfuße des Atlas in dem reichbewässerten Thal des Ued Sis liegenden zahlreichen Ortschaften, welche 5 größere Oasencomplexe bilden: 1) unter 32° N. B. die Oase Mdaghra, reich an Getreide und Baumfrüchten, bewohnt von einer aus Arabern, Berbern und Juden gemischten Bevölkerung; der Hauptort Kasbah-Kedima zählt 1500 Ew. 2) Weiter abwärts die dicht bevölkerte Oase Ertib mit den Orten Uled Aissa (2500 Ew.), Dschedide, dessen Bewohner gute Gewehre verfertigen, Sregat mit nahe an 5000 Ew. und besuchten Märkten, Marka, Duera; 3) die Oase Tissimi; 4) unter 31° N. B. die aus mehrern Provinzen bestehende Oase Tafilet mit etwa 100000 Ew., welche außer einer Anzahl gewerb- und handeltreibender Juden aus Arabern und Berbern bestehen, die unter sich in ewiger Fehde leben und nur nominell dem Sultan von Marokko unterworfen sind. Unter den 200 (nach Andern 365) Ortschaften dieser Oase, welche meist aus Thonhütten bestehen, zeichnet sich Abuam mit bedeutenden Märkten aus, Risani ist Residenz des Kaid, befestigt, und hat gleichfalls ansehnliche Märkte. Tafilet ist nur im Frühjahr bewässert, da im Sommer alles Wasser des Ued Sis in den oberhalb gelegenen Oasen zur Bewässerung verbraucht wird, im Sommer tritt daher das volle Wüstenklima mit seinen Sandstürmen ein. Handelsartikel sind Datteln, Felle, Salz, Straußfedern, Sklaven; europäische Gewebe, Zucker, Thee; französisches Geld ist im Kurs, die französischen Waaren beginnen die englischen zu verdrängen. 5) Die von Berbern bewohnte Oase Uled Sahra mit 1200 Ew., 1 Meile NO. von Abuam. — Die Thäler ostwärts von Tafilet sind nicht so wasserreich, da einerseits ihre Quellen wohl kaum an Schneegebirgen entspringen, wie der Ued Sis, und da ihr Lauf sich weiter in die Wüste hinein erstreckt und in beträchtlich tieferem Niveau endigt. Der Ued Gehr mit seinen zahlreichen östlichen Zuflüssen führt daher in seinem mittleren und untere Theilen kein fließendes Oberwasser, sondern nur feuchten Sand, in dessen Grunde das Wasser langsam fließt. Daher sind auch die Oasen an diesen Flüssen oder Ghors weniger zahlreich und nicht dicht bevölkert. Igli am Ued Gehr hat etwa 1500 Ew., Beni-Abbes weiter abwärts, wo das Thal den Namen Ued Saura annimmt, 600 Ew. Weiter nordwärts, am Fuße des Gebirgs und in Thalkessel eingeschlossen, liegen die Oasen Kenatsa am Ued Kenatsa oder Kneßa, mit 5000 Ew., und weiter nordöstlich, 6 Meilen von der östlichen Grenze, die Oase Figig mit 11 Dörfern, von denen 8 mit einer gemeinsamen Mauer zu einer Stadt, Senaga, verbunden sind; 4000 Ew. —

Algerien.

Zu S. 38. Literatur. M. O. Mac Carthy: Géographie physique, économique et politique de l'Algérie. Alger & Paris 1855. — Jos. Will. Blakesley: Four months in

Algeria. Cambridge 1859. — M. Hirsch, Reise in das Innere von Algerien. Berlin 1862, mit 1 Karte. — Carte générale de l'Algérie 1856. — C. Buvry, Mittheilungen aus Algerien, in der Zeitschr. für Allg. Erdkunde. 1857. 1858. –

Zu S. 38. Lage, Grenzen, Größe. Die Grenzen Algeriens sind schwer festzustellen, einmal weil in den weiten Wüstengegenden alle Grenzbegriffe schwinden, und nur die durch Handel und Bezug des Lebensbedarfs bedingte Abhängigkeit der sonst freien Nomadenstämme von den Besitzern der Märkte und Oasen als Maßstab politischer Zugehörigkeit gelten kann; das andre Mal, weil Frankreichs Grenzen nach Süden in fortschreitender Erweiterung begriffen sind. Die Westgrenze gegen Marokko, durch Vertrag von 1845 geregelt, beginnt an der Mündung des Kis, östlich neben der Mündung der Muluja am Mittelmeer, zieht südöstlich durch Gebirgsland und die Steppe der Hochebene, schneidet den Schott el Gharbi und nimmt zwischen Moghar und Isch, unter dem 17° O. F., eine rein südliche Richtung an, bis sie unter 29° 10' die Nordgrenze der Oase Tuât erreicht. Von hier beginnt, gegen die Oasengruppe von Tuât und gegen die Plateau- und Bergländer der Tuarik, die Südgrenze, welche gegenwärtig auch die Region der Sanddünen, El Erg oder Areg, und den Bezirk Golea einschließt und in fast rein westöstlicher Richtung bis vor die Mauern von Ghadames (26° 50' O. F., 30° N. B.) reicht. Von da grenzt Algerien zuerst mit Tripolitanien, dann mit Tunesien. Die Grenzlinie läuft zuerst in NNO., dann in NW. Richtung, durchschneidet den Gharnissee, hebt sich von da nordwärts auf das Hochland, überschreitet, ohne natürliche Bestimmung, Bergzüge und Flüsse, und gelangt dem Inselchen Tabarka gegenüber, östlich vom Hafen La Calle, ans Meer. Die Nordküste, gegen das Mittelmeer, hat, die Buchten ungerechnet, eine Länge von 136 Meilen; die äußersten Punkte reichen westlich bis 15° 25', östlich bis 27° 50' O. F., nördlich bis 37° 10', S. bis 29° 15' N. B., umfassen also über 12 Längengrade und fast 8 Breitengrade. Die Größe des Landes, welche 1852 auf 6500, 1860 auf 8000 □M. geschätzt wurde, berechnet man jetzt (A. Petermann) auf 12150 □M., wovon 1940 auf den Tell, 2770 auf die Steppen des Hochlandes, 7440 auf die Sahara kommen.

Zu S. 38—41. Oberflächenbeschaffenheit. Das Massif von Algier hat eine durchschnittliche Höhe von 155m, sein höchster Punkt, der Bewzareah ist 397m hoch. — Der Dschebel Aures, als südliches Randgebirge des algerischen Hochlandes, erhebt sich im Scheliah 2251m, im Mhammel 2248m, während die Hochfläche am Nordfuße des Gebirgs durchschnittlich 1000m über dem Meere liegt. Gegen S. aber sinkt das Terrain auf eine Entfernung von 9—10 Myriameter bis 111m (Biskra), ja bis unter den Meeresspiegel herab. Der Südfuß des Hochlandes ist hier mit einem Gürtel öder, nackter, gegen 100m hoher Tafelberge umsäumt, ein Uebergang zur Wüste — während nordwärts der Aures mit herrlichen Terrainformen in die Hochebene übergeht, und an seinen Vorhöhen eine frische kräftige Vegetation sich entwickelt. — Von der Oberflächenbeschaffenheit des südlichen Algeriens ist bei der Beschreibung der Sahara, Abschnitt 9, ausführlicher die Rede.

Zu S. 42—44. Gewässer. Südalgerien hat zwei bedeutende Wadis, die aber selten fließendes Wasser haben und nur in der Tiefe Wasser führen, so daß ihrem ganzen Laufe nach das Graben von Brunnen möglich ist: den aus dem Tuareg-Hochlande von Tademait kommenden Wadi Mia, der zugleich alle Abflüsse der südlichen Hammada Algeriens empfängt, und den Wadi Igharghar, der aus fernem Süden vom Plateau Ahaggar herabzieht; beide einigen sich im Wadi Righ und ziehen dem Melrir zu. — Die Schotts der Hochebene sind der Schott el Gharbi, zur kleinern Hälfte nach Marokko gehörig, im ganzen 12 Meilen lang, 10—30 □M. groß; der Schott es Scherki (Zarez), 20 Meilen lang, 50 □M. groß; der Schott Sahres (Saghes) und der Schott Sabres, beide in der Provinz Algier, jeder 8—10 □M. groß; der Schott es Saida (el Sara, Sebgha Hodna), halbmondförmig, etwa 7 Meilen lang und über 30 □M. groß; und eine Anzahl kleinerer Schotts und wirklicher Seen auf der Hochebene zwischen Batna, Tebessa und Constantine. Andrer Art sind die Schott's der algerischen Sahara, von denen der Bu-Hamia, der Melrir oder Melgigh und mehrere kleinere ganz, der Gharnis oder Grarnis an der tunesischen Grenze zur Hälfte hierher gehören, während der Schott Kebir ausschließlich dem Lande von Tunis angehört. — Der Schott Melrir, 170—180 □M. groß, hat eine von den Sebgahs der Höhenplatte abweichende Physiognomie: seine Ufer sind trocken, mit beweglichem Sand oder spärlichen Pflanzen bedeckt, der Grund bald vollkommen trocken und sandig, bald ein mit einer Salzkruste überzogener Sumpf, bald eine Wasserfläche; beim Eintritt der Regenzeit füllt sich das Becken in seinen tieferen Stellen mit Wasser. Dann besteht der Schott M. aus einer Menge kleinerer und größerer, durch niedrige Sandhügelketten getrennter Landseen, die wiederum ihre besonderen Namen haben. — Das „unterirdische Meer" der algerischen Sahara ist nichts, als das durch jene Wadis herbeigeführte, bei der Lockerheit der Bodenschichten einsickernde Wasser der Regenströme oder Ghors (Wadis, Ueds), es findet sich natürlich nur an tiefer gelegenen Stellen und ist durch Brunnengraben überall zu erreichen. Es ist süß, nur die Wasser der Oberfläche werden durch Auflösung der stets oberflächlichen Steinsalzschichten salzig. In diese Gegenden trägt der artesische Bohrer tropische Fruchtbarkeit, europäische Civilisation und französisches Gesetz. Artesische Brunnen, 45—107m tief, sind seit Anf. 1856 an vielen Orten, wie zu Tamerna in der Oase Wedrir (4500 Litres per Minute), zu Temacin, in der Oase von Tamelhat, in der Oase Sidi Rached (4030 Litres per Minute), zu Um Thiun und zu Chegga gebohrt worden. Zu Um Thiun hat in Folge dessen eine Abtheilung des Stammes der Selmia sich niedergelassen und 1200 Dattelpalmen gepflanzt (1857). Bis 1860 waren bereits 50 artesische Brunnen vollendet. – Das Quellwasser der Wüste ist in der Regel rein, löst aber, wenn es weiter fließt, bald die im Boden liegenden Koch- und Bittersalze auf. Die Bergbäche, die dem Aures südwärts entströmen und deren Regenbetten bis zu 400m sich ausbreiten, erreichen sämmtlich den Schott Melrhir nicht; im Gebirge werden sie zur Bewässerung der Thalflächen oder Bergseiten dienstbar gemacht. — Mineralquellen sind zahlreich, am bekanntesten sind die Thermen von el Kantara 34–40° C., die Hammam Salahin 44° C., die Hammam Sid el Hadj („Pilgerbad") von el Utbaja, 40°, die Quelle bei Biskra 45°.

Zu S. 44. Klima. Die durchschnittliche Jahrestemperatur beträgt, fortgesetzten und neueren Beobachtungen zufolge, in Algier 21°, in Oran 17°, in Miliana (970m) 16°, in Medeah (1070m) 13°, in Setif (1101m) 10°; in der südlichen Tiefebene zu Biskra dagegen 22,27°, nach Andern 21,5°, auf dem etwa 535m hohen Plateau von Gharbaja, nach Messung des Brunnenwassers, 20,8°. Auf den Plateaus ist die Luft ausnehmend trocken, die höchste Temperatur scheint 40° nicht zu übersteigen. In Biskra gibt es 2 Jahreszeiten, eine trockne, heiße, und eine feuchte, kühlere; in jener ist die Mittagstemperatur 40—45°, in dieser 20—25°; die Januartemperatur 10,8°, die Wintertemperatur überhaupt 11,4°, die Julitemperatur 34,7°, die Sommertemperatur überhaupt 33°. Das Maximum betrug 46°, das Minimum 3°, während in Constantine die Temperatur zwischen 40° und 2°, in Maskara zwischen 41° und 3°, in Medeah zwischen 36° und 2°, in Algier zwischen 32° und 10,5° schwankte. In Tlemsen ist der niedrigste Thermometerstand – 6°, in Metidscha 4°. Tag und Nacht wechseln in Biskra schnell. Eis kommt bisweilen vor. der Gebli oder Ariff (Sirokko, Wüstenwind), der die Stärke des Chamsin nicht erreicht, steigert die Hitze bis auf 52°. — Die jährliche Regenmenge betrug in Constantine (1838) 1210 Millim., in Biskra durchschnittlich 126 (137, 174) Millim., in Algier 644 Millim., in Bona (1841) 1418 Millim., in Oran 465 Millim., in Cherchell 669 Millim.; der Hygrometerstand beläuft sich durchschnittlich auf 40–50°, mit einem Minimum von 10°, einem Maximum von 85° (beides in Tlemsen). Nebel sind in der algerischen Sahara im Herbst und Winter nicht selten; in sumpfigen Gegenden fällt sehr starker Thau. Dagegen hat die Sahara keinen Regen; die Wolken, auch die Gewitterwolken, entladen sich in den Gebirgen. — Im feuchten Ued Rir finden sich zahlreiche Krankheiten ein: Knollenaussatz, Augenkrankheiten, Skropheln, Dysenterie, typhöse Fieber, Pocken, Lungenentzündungen. Doch würden diese Krankheiten, bei sorgfältiger und allgemeiner Kultur des Bodens, und bei besserer körperlicher Pflege, namentlich größerer Reinlichkeit der Bewohner, sicher nicht so allgemein und nicht so intensiv auftreten.

Zu S. 44. Naturprodukte. Zu den Bäumen sind hinzuzufügen: Johannisbrodbäume, Tamarisken, Sykomoren, Sumach, Pappeln, Weiden; Zwergpalmen, Myrten und Eriken als Unterholz. Das Waldland wurde 1855 und 1856 auf 2,100,000 Hektaren (383 QM.) berechnet, wovon 890000 auf die Provinz Algerien, 766000 auf die Provinz Constantine, 444000 auf die Provinz Oran kamen. Die schönsten Blütenmonate des Landes sind December und Januar, Februar und März sind Erntemonate, nach dem heißen, erschlaffenden Sommer bringen erst die Septemberregen neues Leben in die verdorrte Vegetation.

Zu S. 45. Die Bevölkerung Algeriens betrug, nach dem offiziellen Bericht von 1861, 2760945 Einheimische und 301176 Fremde, zusammen 3062124, seit 1856 hatte eine Zunahme der eingeborenen Bevölkerung um 470769 Seelen (zum großen Theil durch Gebietsvergrößerung), der Fremden um 33344 (meist durch Einwanderung) stattgefunden. Hierbei ist der Bezirk von El Golea und das Wüstenterritorium westlich von dieser Stadt (El Erdsch) noch nicht in Rechnung gebracht. Von der obengenannten Bevölkerung standen 592745 unter Civilbehörden (Ende 1861), die übrigen unter der Herrschaft der Bureaux arabes. Die Zahl der Europäer war (1860) 208746, davon 96410 in der Provinz Algier, 65040 in Oran, 47026 in Constantine; seit dem durch die Revolution von 1848 bewirkten Rückschlag ist diese Bevölkerung wieder im allmählichen Steigen begriffen. Freilich rechnet Blakesley (1859) etwa 10000 europäische Landbauer auf 60–70000 europäische Soldaten! — Mauren, Berbern und Neger mögen auch hier, jene im Gebirgslande, diese in der südlichen Ebene, als die Reste der ältesten Bevölkerung gelten; doch sind auch Neger als Sklaven seit alten Zeiten eingeführt worden. Die arabischen Wanderstämme werden Beduinen, die ansässigen, ackerbautreibenden Araber Hadars genannt. Die Kabylen (Berbern) haben ein Gebiet von 930000 Hektares (170 QM.) inne, und bewohnen hier 2800 Dörfer, ihre Zahl wird auf 435000, von Andern auf 800000 Seelen geschätzt, sie selbst nennen sich Igauauen oder Suaua. Sie sind von mittler Statur, brauner Farbe, haben schlichtes Haar, gerade Nase, selten Adlernase. Ihre Kleidung ist ein Hemd oder eine Tunika mit kurzen Aermeln, und ein langes weißwollnes Tuch, der Haïk; bei der Kälte ein Burnus, auf dem Kopfe tragen sie eine Filzkappe. Die Kleidung der Frauen ist von der der Männer wenig verschieden. Von dem Gebirge der Dscherdschera, dem sogenannten Groß-Kabylien, kommen jährlich 15—20000 Leute dieser Stämme zur Acker- und Erntearbeit in die Ebene herab. Ihre einheimische Verfassung ist in ausgeprägter Weise demokratisch-republikanisch. Türken sind zuerst unter dem Seeräuber Schereddin ins Land gekommen. Kuluglis heißen die Nachkommen von Türken und maurischen Frauen. Die **Mauren** zeichnen sich durch ihre Bildungsfähigkeit wesentlich aus; sie sind Abkömmlinge der alten Mauritanier und Numidier, mit Phöniziern, Römern, Arabern gemischt. Ihre Kleidung ist für die Männer der wollene Burnus (Mantel mit Kapuze), für die Frauen ein weites wollenes Hemd mit kurzen Aermeln; die Frauen lieben prächtigen, kostbaren Schmuck von Seidenstoffen, Wollgaze, Gold und Edelsteinen.

Zu S. 46. **Verfassung**. Die Stadt Algier wurde am 4. Juli 1830 eingenommen. Unaufhörliche Kämpfe mit den freiheitsliebenden Bewohnern des Landes ließen den Franzosen nur die Wahl zwischen Aufgabe Algiers und vollständiger Eroberung des ganzen Landes. So wurde 1844 Biskra, 1849 Zaatscha, 1854 El Aghuat genommen, Tuggurt besetzt; Kabylien ist 1857 nach harten Kämpfen unterworfen worden. Ein Aufstand der Araber um Gerville im Jahre 1864 ist bald niedergedrückt worden, doch ist das gesammte Land noch immer fern vom Zustande ergebener Unterwerfung. Die Grundsätze, nach denen Frankreich regiert, sind: volle Religionsfreiheit, Ausbildung des Unterrichtswesens, Ausübung einer geordneten Rechtspflege, geordnete Vertheilung der Steuerlast, Abschaffung der Sklaverei. Alles Einheimische wird möglichst geachtet, doch sucht man die der Regierung feindseligen mohammedanischen Fanatiker zu entfernen. Jede der 3 Provinzen zerfällt in einen bereits geordneten Theil mit Administrativbezirken und Munizipalgemeinden nach Muster der französischen Departementsregierungen, und in einen noch militärisch verwalteten Theil, von welchem jedoch jährlich einzelne in der Civilisation weiter vorgeschrittene Bezirke losgetrennt und als neue Administrativbezirke der Civilverwaltung übergeben werden. In diesen militärisch verwalteten Bezirken haben die seit 1844 organisirten „arabischen Bureaux" die vollziehende Gewalt, sie bestehen aus französischen Offizieren, denen ein Kadi beigeordnet ist, die oberste Verwaltungsbehörde in diesen Bezirken ist die Dschemä, d. i. ein arabischer Verwaltungsrath, der unter dem militärischen Oberkommandanten (Divisionsgeneral) der Provinz steht. Freilich vermögen jene „Bureaux arabes", meist aus jungen der Landessprache und Sitte unkundigen Offizieren bestehend, ihre schwierige Aufgabe selten zu erfüllen. — Die **Abgaben** bestehen in Naturalzehnten (Aschur), in einer Geldabgabe von Ländereien und Herden (Hokor) und der Steuer auf Dattelpalmen (die Lezma, 32 Pfennige auf den Stamm). Die Provinz Constantine trug im Jahr 1854 an Aschur 294086 Thlr., an Hokor 239950 Thlr., an Lezma 449165 Thlr, zusammen 983201 Thlr. Steuer, was auf den Kopf wenig über 1 Thlr. beträgt — für die Araber freilich, neben manchen andern willkürlichen Abgaben, ein Grund fortwährendes Widerstrebens. — **Einnahmen** und **Ausgaben** sind, bei der kostspieligen Militärverwaltung, noch immer in großem Mißverhältniß; von 1831 an, wo die Einnahme 7 Procent der Ausgabe bildete, hat sich das Verhältniß nur langsam gebessert; 1860 konnte die Einnahme (über 8 Mill. Thlr.) auf 30 Procent der Ausgabe (27 Mill. Thlr.) veranschlagt werden. Das französische **Heer**, 1849 aus 70178 Mann bestehend, hat noch nicht vermindert werden können; seine Stärke wurde 1860 auf 75—80000 Mann veranschlagt; dazu kommen noch 20000 Mann Miliz in den Civil- und gemischten Territorien. Ein Theil der Armee ist aus Eingeborenen (Zuaven, afrikanischen Jägern, Spahis u. a.) gebildet, die Fremdenlegion besteht aus 2 Regimentern. — In Algerien bestehen 3 Civil-Hospitäler, in Algier, Duera, Oran, außer den Militär-Hospitälern der Armee, in denen auch Civilpersonen verpflegt werden. 7 Waisenhäuser.

Zu S. 47. **Handel**. Der Handel ist in fortwährendem, raschem Wachsthum begriffen und zeugt von dem zunehmenden Wohlstand der Provinz. Während vor 1830 das türkische Algerien eine Ausfuhr von 350000 Thlr., eine Einfuhr von 1⅗ Mill. Thlr. hatte, war die Ausfuhr 1845 auf nahe an 2⅓ Mill. Thlr., 1861 auf 13½ Mill. Thlr. gestiegen; die Einfuhr mit 31 Mill. Thlr. überwog freilich noch die Ausfuhr um mehr als das Doppelte. — Zahlreiche **Leuchtthürme** sind zur Sicherung des Handels errichtet worden (oder im Bau begriffen oder projektirt): in La Calle 1862 (auf Kap Rosa), 3 zu Bona 1841, auf Kap de Garde bei Bona 1841, (Kap de Fer), 2 im Golf von Stora bei Kollo 1862, auf Kap el Dscherda 1862, zu Dschidschelli 1844, Budschia 1844, auf Kap Bouac, Kap Carbon 1851, zu Dellis 1844, (auf Kap Bengut, auf Cap Matifu), 3 zu Algier 1830—54, (zu Carine und Tiraza), 3 zu Scherschel 1855—61, (bei Tenez), (auf Kap Ivi an der Schelif-Mündung), zu Mostagenem 1859, 2 zu Arzew 1848 und 1861, zu Oran 1860, zu Mers-el-Kebir 1839, (auf Kap Dschaumel, den Habibasinseln und zu Nemours), zu Dschemma-Ghazaouat 1848. Die Anlegung neuer **Verkehrswege** ist ein Gegenstand nothwendiger und dankenswerther Fürsorge der Regierung. So ist neuerdings eine Straße von Philippeville über Constantine und Batna nach Biskra vollendet worden, auf welcher regelmäßige Fahrposten in 36 Stunden vom Meere bis an die Sahara gelangen. — **Ackerbau**. Die Fläche des kultivirten Landes ist im Zunehmen, 1856 waren mit Korn besät 71000 Hektaren (5¼ Mill. Hektoliter Ertrag) und mit andrem Getreide (Mais, Gerste, Hafer, Bohnen, Sorgho) 1271000 Hektaren (Ertrag 6½ Mill. Hektoliter), 1861 schon 2040000 Hektaren (Ertrag 13 Mill. Hektoliter). Der Tabaksbau, welcher 1851 begonnen wurde, lieferte 1861 einen Ertrag von 1 Million Kilogramm. Der Wein konnte durchschnittlich mit 10—11 Thlr. per Hektoliter verkauft werden. Die Fasern der Blätter und Wurzeln von der Zwergpalme (Chamaerops humilis) werden neuerdings in ausgedehnter Weise zur Papierfabrikation, zu Tapeziererarbeiten und zu mannichfaltigen Geweben verwendet.

Zu S. 48. **Religion**. Religiöse Brüderschaften, die Khuans, durch das ganze Land zerstreut, haben großen Einfluß auf die Bevölkerung; von ihnen verschieden sind die Marabuts, die eine Art erblichen, geistlichen Adels bilden; die unteren Klassen derselben, die Derwische, durchziehen als Zauberer, Aerzte, Beschneider das Land. Zauïas, d. h. große Etablissements mit Moschee, Hospital, Schule, Priesterwohnung, Gasthaus &c. sind die Centralpunkte des religiösen Verkehrs der Muhamedaner. — Schulen. 1848 bestanden 115 europäische Volksschulen und 10 Rettungshäuser, mit 3858 Knaben und 4250 Mädchen; 1855 bereits 297 Schulen und 67 Rettungshäuser mit 10672 Schülern und 8986 Schülerinnen; zu dem Collège in Algier kommen noch Lyceen in Algier, Bona, Mostagenem, Oran, Philippeville. Außerdem bestehen 4 arabisch-französische Volksschulen zu Algier, Mostagenem, Bona, Constantine mit 400 Schülern, und 5 israelitisch-französische Communalschulen in Algier, Mostagenem, Bona, Constantine, Oran mit 474 Schülern. —

Zu S. 45. Topographie. a) Die Provinz (das Departement) Algier, 1840 QM. (v. Klöden: 2059,4 QM.), davon 510 (744) QM. Tell, 670 QM. Hochland, 660 QM. Sahara. Die Bevölkerung mag jetzt 1 Million betragen; 2 Arrondissements, Algier und Blidah. Algier (das alte Icosium, spanisch Argel, arabisch el Dschesaïr, d. h. Inseln, von den durch Scheredin Barbarossa mit dem Lande verbundenen Inselchen genannt), amphitheatralisch an einem über 120m hohen Hügel erbaut; europäische Unterstadt nebst Vorstadt Bab-Azun, u. maurische Oberstadt; außer dem Marineplatz und zwei größeren Straßen von engen krummen Gäßchen durchzogen. Ein 6—700m langer Hafendamm schützt die zahlreich einlaufenden Schiffe; Hafen und Hafenforts sind Scheredin's Werk, der Hafendamm ist von den Franzosen verlängert worden. Protestantische Kirche (neu). Universität (Académie), Kolleg (collège municipal arabe). Centralbaumschule, Versuchsgarten. Einwohner: 1835 30395, 1846 70582, 1851 50111, 1859 65001, 1863 58059, davon 39356 Europäer. Die Zahl der Europäer hat sich vermindert, die Zahl der Eingebornen in größerem Maße. Das Sterblichkeitsverhältniß ist ein ungünstiges; von 1000 Europäern sterben 42, von 1000 Eingeborenen 39 jährlich. — Mustapha Pascha, auf der Höhe unweit Algier, 4500 Ew., angenehmer Wohnplatz mit zahlreichen Landhäusern und Militäretablissements. — Duera, 3 Meilen SW. v. Algier, 1500 Ew. Civilhospital, Entwässerungsarbeiten in den Sümpfen der nahen Metidscha-Ebene. — Aehnlich liegt Buffarik, 4 Meilen SW. v. Algier, 1500 Ew.; arabische Märkte; römische Bäder. — Blidah, 8600 Ew., wohlgebaute Stadt in schöner Umgebung, mit schöner Kirche, mehreren Moscheen. Sitz der Militärdivision von Algier; Handel mit Messerschmiedewaaren. Heftiges Erdbeben von 1825. — Scherschell, 2600 Ew., das alte mauritanische Jol, römische Hauptstadt von Mauritanien; Hafen für kleine Schiffe. In der Nähe die Ruinen von Tipasa (Tessad). — Medeah 6750 Ew., mit altem Aquädukt; von Weinbergen und Dornenhecken umgeben. — Muzaïa les Mines, NW. von Medeah, 150 Ew., mit Eisengruben. — Milianah, ehemals Malliana, 4300 Ew. — Orléansville, 1842 gegründet, 1400 Ew. — Tenès, Hafen N. von Orléansville, 1300 Ew.; Eisen- und Kupferwerke. — Aumale (Unter-Ghoslan), 19 Meilen SO. von Algier an der Straße nach Biskra. — Dellys, nahe am Meer, 9 Meilen O. von Algier, 2500 Ew., mit trefflichen Weinbergen, Hauptmarkt für die Kabylen.

In der Steppe des Departements Algier: Guelt Stöll, O. vom Zahrez-See, mit großer Zisterne und wichtiger Karavanserai auf dem Wege nach Laghuat. — Dschelfa, weiter südlich, 1167m, an dem 1305m hohen Paß über das südliche Randgebirge.

In der Sahara des Departements Algier: die Oase Wad-Mzab (Oase der Beni-Mzab, eines Berberstammes), reich an Dattelpalmen, mit 8 Ortschaften und 40000 thätigen, handeltreibenden Einwohnern. — Ghardaia, wichtige Handelsstadt am Mzab, zwischen 3 Bergen, 14000 Ew., darunter an 1000 Juden; liegt 530m über dem Meere auf der am Südfuße des Atlas sich ausbreitenden Terrasse. — Nordöstlich von Ghardaia: Bunura, mit vielen Ruinen aus dem Mittelalter; El Atef 1800 Ew. mit schönen Palmenpflanzungen. — Auf derselben Terrasse liegt Laghuat, (El Aruat, l'Aghuat), 800m über dem Meere, am Südfuße des Hochlandes.

b) Das Departement Constantine, mit den Arrondissements Constantine, Bona, Philippeville: 5050 QM., davon 750 QM. Tell, 930 QM. Hochland, 3370 QM. Sahara. Einwohner über 1¼ Million. — Im Tell: Constantine, das alte Cirta, die Hauptstadt Numidiens, 315 von Constantin neu aufgebaut, 1837 von den Franzosen erobert: 26000 Ew., darunter 2400 Europäer. Steinerne Ueberbrückung des Mansura, 120m hoch. Viele Moscheen; katholische Kirche. Gewerbreiche arabische, maurische, auch jüdische Bevölkerung. — Nördlich von Const. Dschemilah mit ausgedehnten Ruinenfeldern (aus römischer Zeit). — Bona, ehemals Aphrodisium und Hippo-regius, am Rande einer jetzt entwässerten Küstenebene. In der Nähe die eisen- und waldreichen Edough-Berge. — Stora, 400 Ew., Ankerplatz von Philippeville. — Tabarque, Inselchen an der Ostgrenze des Landes, durch einen Damm mit dem Festland verbunden; 8 Meilen NO. die unbewohnte Insel Galita mit einem 476m hohen Berge. — La Calle, 900 Ew., in reichbewässerter, waldreicher Gegend; große Korkeichenwälder. — Dschelma, SW. von Bona am Seybus, 2000 Ew., das römische Calama; in der Nähe die warmen

Quellen von Hammam-Barda und von Hammam-Raskutin, letztere mit Militärhospital. — Jemappes, mit Marmorbrüchen, unweit Philippeville. — Suk Harras, 1856 gegründete Kolonie SO. von Philippeville, 1500 Ew. — Setif, 1101m, in der fruchtbaren Hochebene von Medschana, aus welcher der Biban (les portes de fer), eine Thalenge von 7 Stunden Länge, westwärts nach Algier führt. In der Nähe mehre neugegründete Schweizerkolonien. — Budschia oder Budschadscha, 1800 Ew., das alte Saldà, die einstige Hauptstadt des Vandalenreichs, mit prächtigem Hafen, in schöner Lage; Hauptmarkt für die Kabylen. — Tebessa, das römische Theveste, 2000 Ew., mit zahlreichen Ruinen (Circus, Triumphbogen); Handelsplatz für die Nememscha.

Auf dem Hochlande: Batna, 1020m hoch, 1853 mit 1800 Ew., befestigtes Militärquartier, in der Nähe die Ruinen der numidischen Hauptstadt (Circus für 10000 Menschen, Tempel u. a. m.) und römische Kolonie Lambessa oder Lambäsis, und das Dorf Lambèse mit Zellengefängnis. — El Kantara, Flecken S vom Auresgebirge, am Gebirgspaß gl. N., in wilder, doch theilweise gut bewässerter und wohlangebauter Gegend; 2000 Ew. — Im benachbarten Gebirge wohnen die Uled Aures, 54000 Köpfe stark, rein arabischen Ursprungs; neben ihnen die zahlreichen Schauja (Abkömmlinge der Vandalen?), und ostwärts bis an die Grenze von Tunesien die Nememscha, 64000 Köpfe stark. — Bu Sada auf dem Hochplateau, SW. vom Schott es Saida und am Nordfuß des Dschebel Sahari, 3500 Ew., bedeutender Handelsort, seit 1849 wichtiger Militärposten; tägliche Märkte; viele Schmiede, Färber, Weber, Seifensieder. In der Nähe zahlreiche römische Ruinen. Im Gebirge leben die Uled Sahari, über 20000 Köpfe stark.

In der Sahara: Biskra oder Biskara, an der Ausmündung des Wad Biskra in die Ebene, 90m über dem Meere, 3800 Ew.; wichtiger Militärposten; Steinsalzgewinnung. — Die Oase Ziban mit 38 Ortschaften, und etwa 100000 Ew., N. vom Melrir und Grarnis, mit dem Hauptort Sidi-Okba. — Die Oase Wad Suf, SO. vom Melrir, zwischen Sanddünen in weiter Wüste; 70—80m über dem Meere, 40000 Ew.; schöne Gärten und Palmenpflanzen. El Wad, Hauptort, 10000 Ew. Karawanenhandel nach Ghadames und Murzuk. — Die Oase Wad Rir oder Wad Righ, südlich vom Melrir, im nördlichen Theil unter dem Meeresniveau liegend; 35 Städte und Dörfer, 17000 Ew., Hauptort Tuggurt, 54m über dem Meere, ummauerte Stadt, mit 20 Moscheen, niedrigen Erdhäusern; 2000 Ew. Aeußerst wichtiger Handel, ebenso wie in dem benachbarten Temasin, 4 Meilen SW. von Tuggurt; 3800 Ew. Wollen- und Seidenweberei. Die zahlreichen, von den Franzosen gebohrten artesischen Brunnen verheißen der Oase einen glänzenden Aufschwung. —

c) Das Departement Oran, mit den Arrondissements Oran und Mostagenem, 5260 □M., davon 680 □M. Tell, 1170 □M. Steppen des Hochlandes, 3410 □M. Sahara; Einwohner über 600000, von denen etwa 95000 auf die Civilterritorien kommen. Oran, arab. Waran, auf einem durch den Wad-el-Rahni durchschnittenen Plateau, von den Spaniern, die es früher besaßen, stark befestigt, seit 1832 französisch. Citadelle (Chateauneuf), Civilhospital, Militärgefängniß. Handel mit Gold, Straußfedern, Alaun, Salpeter, Henna (Lawsonia inermis). 1 Meile W. die Hafenstadt Mers-el-Kebir, wohin von Oran eine Felsenstraße führt. — Rachgun, kleine vulkanische Insel vor der Tafnamündung. — Arzew, das alte Arsinaria, mit ausgezeichnetem Hafen, 900 Ew. Zwischen hier und Oran zahlreiche Ackerbau-Kolonien. — Mostagenem, mit flachem Hafen, Hauptmarkt für das Schelliffthal. — Tlemsen, das alte Tremis, in reich bewässerter, wohl angebauter Gegend, 725m über dem Meere; 13000 Ew., seit 1842 französisch; enge Straßen, niedrige Häuser, zahlreiche Moscheen; Citadelle Meschurah. Im 13. Jahrhundert zählte es 90000 Ew. — Sidi bel Abbès, S. von Oran, zwischen Tlemsen und Maskara, aufblühende Stadt mit 7600 Ew., darunter 3500 Europäer. — Maskara, von Berbern auf römischen Ruinen erbaut, auf einer gesunden, wohl kultivirten Hochebene; 6500 Ew. —

Auf der Hochebene: Geriville, S. vom Schott es Scherki, 1356m über dem Meere, ein 1853 gegründeter wichtiger Militärposten am Dschebel Amur; Schlüssel der Straße nach Tuat. — Beresina, 9 Meilen S. vom vorigen, Militärstation. — Im SW. der Steppe, an der marokkanischen Grenze, wohnen die Uled Sidi Scheikh, 17—18000 Köpfe stark; weiter östlich die Uled Amur 12800 Köpfe stark, im gleichnamigen Gebirge, beide Stämme von rein arabischem Blute. Ihre kleinen, gut befestigten Dörfer liegen auf den Terrassen und an den Abhängen der Gebirge.

In der Sahara: Die Oase Wad-Mzab, S. von Geriville, am Fuße des Dschebel Ksan und Dschebel Ksel, von zahlreichen Wadis durchflossen, die sich südwärts in die Wüste verlieren; 10000 Ew. Hauptorte: Ain Madhi, 2000 Ew., stark ummauert, Sitz eines Marabut; Moghar nahe an der marokkanischen Grenze. — Metlili, 3 Meilen SW. von Ghardaja, an der Karawanenstraße nach el Golea und Tuat, 1600 Ew.; große Dattelpflanzungen. — 19 Meilen SSW. von Tuggurt liegt die Oase Wargla (Ouaregla) unter 22° 30′ O. L., 31° N. B., mitten in einem großen Bassin am Ende des Wadi Mia, von Höhenzügen umgeben, reich an Dattelpalmenwäldern. Die Einwohner, ziemlich schwarz von Farbe, 10000 an Zahl, scheinen, wie die Bewohner der Niederungen am Melrir und Kedir, Reste der ehemaligen Negerbevölkerung zu sein; ihre Sprache ist ein Berberdialekt. — El Golea, 35 Meilen SW. von Wargla und ebensoweit NO. von Tuat, auf der hohen Sandebene (El Aredsch), die sich vom Südfuße des algerischen Hochlandes südwärts hinüber nach dem Plateau von Tademayt zieht; eine an Gärten, Palmenpflanzungen und Weideland reiche Oase. El Golea, Hauptort, 403m über dem Meere, bei den Ruinen des alten Kasba, 1300 Ew., besteht aus der auf einem Felsen gebauten, hoch ummauerten Oberstadt und aus der Unterstadt; die Häuser sind von Thonwänden, mit Palmenzweigen gedeckt. Die Bewohner, vom Berberstamm, reden arabisch. In der Umgegend, deren Reichthum an Brunnen durch die Lage sich erklärt, weidet der Araberstamm der Schaanba seine zahlreichen Schaf-, Ziegen- und Kamelherden. Erst in neuester Zeit ist El Golea in Abhängigkeit von Frankreich gekommen.

Tunis oder Tunesien.

Zu S. 49. 50. Größe (nach Petermann's Berechnung): 2150 QM., davon 510 QM. Tell, 720 QM. Steppen (Hochland), 920 QM. Sahara. Die Grenze gegen Algerien durchschneidet den Schott Gharnis (nicht den Melrir), geht von da südöstlich bis auf die Hammada des westlichen Tripolitanien, und erreicht, sich von da nordostwärts wendend, unter 33° 10′ N. B. das Meer an der Bucht El Biben. Die südliche Spitze des Landes reicht bis 32° 15′ N. B., die Ausdehnung nach dieser Seite ist also durch die Vergrößerung des algerischen Gebiets in die Sahara hinein beträchtlich beschränkt worden. Der Name Afrika, den die Römer dieser Provinz gaben, wird von dem alten phönizischen Worte Afrygah, d. h. Kolonie, abgeleitet. Auch jetzt führt Tunesien bei den Arabern den Namen Afrikijah.

Zu S. 52. Klima. Die Temperatur in Tunis hat als Minimum 11°, als Maximum 36° C.

Zu S. 52. Bevölkerung. Die Angaben sind, da Zählungen nicht vorhanden sind, äußerst verschieden und schwanken zwischen 600000, 800000 und 3 Millionen, letztere Zahl scheint zu hoch gegriffen, obwohl das fruchtbare Land eine noch weit größere Menschenmenge ernähren könnte. — Die ältesten Einwohner waren Gätuler und Numidier, zu ihnen kamen Phönizier, Römer, Vandalen, Griechen (Belisar 533), Araber, aus Spanien vertriebene Morisko's u. a., so daß die Bevölkerung außer einer Anzahl rein gebliebener arabischer Stämme eine sehr buntgemischte geworden ist. Seit Schereddin's Zeiten (nach 1500) stand Tunis abwechselnd unter türkischer und algerischer Herrschaft, bis es (nach 1800) dem Bey Hamuda-Pascha gelang, sich von der türkischen Oberherrschaft los zu machen und eine, für das Land viel zu große (24000 Mann) Armee zu seiner ferneren Sicherstellung zu schaffen. Ihm folgten 1837 Achmed, 1855 Sidi Mohammed, welcher abendländische Institutionen einzuführen versucht hat. Die Sklaverei ist bereits 1842 abgeschafft worden.

Zu S. 53. Handel. Die Ausfuhr wird auf $1\frac{1}{3}$ Million Thaler geschätzt. — Leuchtthürme stehen auf Kap Karthago seit 1840, zu La Goletta seit 1862 und auf der Insel Kani-Khelb oder Roches du Chien östlich vom Kap Blanc seit 1860.

Zu S. 53. Topographie. Tunis, ummauert; prächtiger Palast des Pascha; Citadelle, von Karl V. angelegt. 1 katholisches Kloster, 1 evangelische Kapelle; zahlreiche, prächtige Moscheen, darunter die 1232 gegründete Moschee von Abu-Schakir mit den Gräbern der Herrscher von Tunis. Lazareth auf einer benachbarten Insel. Der Palast des Dey (der Bardo) liegt 1 Stunde außerhalb der Stadt, im Innern prächtig und glänzend mit 4000 Ew. Ausfuhrartikel sind Getreide, Olivenöl, wollene Mützen, daneben Gold, Elfenbein, Wachs, rohe und fein gegerbte Häute, Schwämme, Korallen, Datteln; von Marseille u. a. Orten kommen dagegen gewebte Stoffe von Leinen und Baumwolle, Kolonialwaaren, Wein, Seide, Wolle, Farbstoffe, Stahl- u. a. Industriewaaren. 1854 liefen 547 Schiffe ein. — Goletta (Halk-el-Wad), starkes Fort am Eingang der Bai von Tunis, mit 193 Kanonen. Fast 1 Meile gegen W. die Trümmer von Karthago (Aquädukte und wenige Reste von Cisternen und Mauern), und weiter NW. einige Trümmer von Utika. — Kairwan, Kirwan, 675 von den Arabern mitten im Urwalde gegründet, unter den Aglabiten, Fatimiten, Zeïriten Hauptstadt des nordafrikanischen Reichs; ummauert, mit 4 Thoren, 7 Vorstädten, breiten und meist regelmäßigen Straßen, 20 Moscheen und über 50 Zabias (mohammedanischen Heiligen-Kapellen). Die große Okbah-Moschee hat über 400 Säulen, neben ihr steht ein hoher Thurm. Fabrikation von Sätteln, Zügeln, Pantoffeln. — El Dschemm, ehemals Thysdrus, SO. von Kairwan, 500 Ew.; zahlreiche Alterthümer, gut erhaltene Ruinen eines römischen Amphitheaters. — Sfar (Sfakes), 2500 Häuser, 13500 Ew. — Gabes, große Anpflanzungen von Hennah. — Nefta, das alte Negeta, am Westrande des Schott Kebir (nicht Melrir!) auf überhangenden Klippen, zwischen denen Bäche in tiefen Schluchten dem See zueilen; schöne Palmen- und Orangenpflanzungen. — El Kêf (Kaf), das alte Sicca Veneria oder Cirta nova, 17 Meilen SW. von Tunis, reiche, wohl befestigte Stadt mit starker Citadelle; die Gebirgswälder in der Nähe liefern viel Bauholz. — Sbeitla, tief im Gebirge, WSW. von Kairwan, mit prächtigen Ruinen, jetzt von Löwenjägern fleißig besucht. — Die Insel

Dscherba (Dscherbi), im Alterthum die „Insel der Lotophagen“, flach, einförmig, aber mit herrlichen Dattelwäldern bedeckt, 19 □M. groß, von wenigen Arabern bewohnt. Dattelbranntwein, Oel, feine Wolle, wollene Stoffe werden ausgeführt. Niederlage des Herzogs von Medina Sidonia 1561; eine stumpfe Säule von Menschenknochen und Schädeln, 11m hoch, ist als Trophäe noch vorhanden. — Im S. des Landes wird aus dem Dschebel Had-Dessa, dem Salzberge, und aus den Salzbrunnen bei Arzew gutes Salz gewonnen.

Die Regentschaft Tripoli.

Zu S. 54. Literatur. E. Testa, notice statistique et commerciale sur la Régence de Tripoli de Barbarie. Haag 1856.

Zu S. 54. Lage, Größe, Grenzen. Tripolitanien (türkisch: Tarabulusl-Gharb), von 26° 5′ bis 42° 45′ O. F., südlich bis etwa zum 24° N. B. in die Wüste reichend; ein Land, welches mit Einschluß der nominell zugehörigen Wüstenstrecken auf 18000 □M. veranschlagt werden mag. Von diesem Gebiet kommen über 4000 □M. auf die Livas Tripoli, Mesurata und Ghadames, 7000 □M. auf das Paschalik Fessan sammt den zugehörigen Tibbu- und Tuarikgebieten, gegen 4000 □M. auf Barka, Sert und das Oasengebiet von Udschila, 3000 □M. auf die antheiligen Strecken der libyschen Wüste mit dem Oasengebiet von Kufarah. Eine genaue Grenzbestimmung und Oberflächenberechnung ist natürlich unmöglich; das Gebiet erstreckt sich soweit, als die Paschas von Tripoli und Mursuk die Oberherrlichkeit über die Stämme der Wüste beanspruchen; und diese Oberherrlichkeit des türkischen Reichs hat sich in den letzten Jahrzehnten auch nach dieser Seite hin beträchtlich erweitert.

Zu S. 54. Oberflächenbeschaffenheit. Von dem ganzen geographisch der Sahara zugehörigen Innern des Landes ist im Zusammenhange bei der Sahara die Rede.

Zu S. 56. Geognostische Verhältnisse. Während der gesammte Ghurian, südlich von Tripoli, aus sedimentären Schichten, wahrscheinlich der Triasformation, besteht und in seinem nördlichen Absturz die gewohnten Formen der Triasabhänge zeigt, treten, bald einzeln, bald in Gruppen, vulkanische Kegelberge auf, namentlich der Manterüß und der Tekût, letzterer sogar mit Kraterform auf seinem Gipfel, einige Meilen gegen O. erhebt sich eine ganze Gruppe vulkanischer Kegel über das Kalkplateau. Dieses Kalk- und Sandstein-Plateau setzt sich durch die ganze Hammada bis zum Wadi-e-Schati fort, d. i. in einer Breite von 60 Meilen; dort wird es zum ersten Mal von der Granitformation unterbrochen, die einen wesentlichen Theil an der Oberflächenbildung der Sahara hat. Aber auch südlich und westlich von Mursuk lagern wieder jene horizontalen Kalk- und Sandschichten, öfters mit Gips und Steinsalz, hin und wieder von Sandhügeln der tertiären Formation unterbrochen. Die gesammte Einsenkung von den Sudah bis über Mursuk hinaus ist mit einer Salzkruste überzogen.

Zu S. 56. Gewässer. Zu erwähnen sind noch der Wadi Sesedschin und der W. Semsem O. vom Kap Mesurata.

Zu S. 56, 57. Klima. In Fessan giebt es keine Regenzeit, nur leichte Regenschauer im Winter und Frühling, selten im Herbst. Starker Regen wird gefürchtet, er zerstört die Lehmhütten und ertödtet die auf Salzboden wachsenden Dattelpalmen (1843 gingen bei Mursuk durch einen 7 tägigen Regen 12000 Bäume zu Grunde). Süd- und Ostwinde herrschen vor; die stärksten Winde kommen aus W. und NW.; häufige Wirbelwinde gehen auf der Hammada gegen Mursuk; sie drehen sich von O. nach N. und bewegen sich gegen S.; diese trockenen Winde haben oft eine unerträgliche Hitze und erfüllen die Luft mit Sand und Staub. Im Ghurian, wo selbst einzelne Schneefälle vorkommen, fiel der Thermometer im Jahre 1850 auf −3°, in Mursuk auf + 5°; die Mittagstemperatur betrug zu Mursuk im November 27—30°; in Bengasi wird die durchschnittliche Temperatur im Winter auf 16° früh, 21° mittags, 20° abends geschätzt; in Ghadames ist eine Temperaturdifferenz zwischen 1,6° (bisweilen mit Schnee) und 43° C.

Zu S. 57. Naturprodukte. Außer den genannten Pflanzen werden noch Koloquinten und Ricinus kultivirt; von Sennesblättern (Cassia lanceolata) wurden früher 540 Zentner jährlich nach Mursuk gebracht, jetzt, bei der hohen Steuer von 24 Procent, denkt man kaum mehr an das Sammeln. Den Anbau von Gerste (die im Dschebel Ghurian 60 fältig trägt), Weizen, Mais, Hirse reicht von der Küste, mit Unterbrechungen, bis Mursuk. Die Gummi-Akazie ist häufig. Die Dattelpalmen geben einen durchschnittlichen Jahresertrag von 40 Pfund, zu Mursuk im Werth von 36 Pfenn., zu Tripoli von 1/3 Thlr. Die Früchte werden getrocknet, im Sand vergraben aufbewahrt, mit Gerstenmehl zu einem Teig geknetet. Aus reifen Früchten gewinnt man einen Sirup, der das Leder öldicht macht, und Branntwein. Außer der künstlichen Befruchtung verlangt die Dattelpalme keine Pflege. Der zähe Bast gibt Stricke, das zähe elastische Holz wird in halben Stämmen (nicht in Pfosten) als Bauholz verwendet. Die Höhe des Baums beträgt 12—22m, sein Alter wird bis gegen 100 Jahre geschätzt. Nach Verschiedenheit der (gelben, fleischfarbenen, braunen, blauen, olivengrünen, kirschrothen) Früchte zählt man in Mursuk 37 Varietäten, deren Früchte 20—50 Millim. lang, 13—29 Millim. dick werden. — Aepfel und Birnen arten in Tripoli aus, Kirschen und Kastanien wachsen nicht.

Orangen, Citronen, Johannisbrodbäume, Pistazien gedeihen bis an die Hammada; Granatäpfel, Wein, Feigen, Pfirsiche, Mandeln, Melonen bis Fezzan; Oelbäume und Opuntien bis zum Wadi Beni-Ulid, Maulbeerbäume bis Sokna, Aprikosen bis Sebcha. Baumwolle gedeiht in Gärten von Bondschem an südlich, doch wird ihr Anbau nicht sehr betrieben. Die einheimische Vegetation in Fessan ist außerordentlich ärmlich.

Zu S. 58. Bevölkerung. Das eigentliche Tripoli wird auf 600000 Ew. geschätzt, Fessan hat über 50000 Ew., Barka vielleicht 3—400000, so daß die Gesammtzahl kaum 1 Million erreicht

Zu S. 58. Verfassung. Das Land ist seit 1552 von den Türken (unter Soliman II.) erobert. Tripoli wird in 5 Liwas getheilt: Homs, Dschebel Ghurian, Ghadames, Fessan, Bengasi mit Derna; jede Liwa steht unter einem Kaimakan; der von Fessan führt den Titel Pascha. Das Stadtgebiet von Tripoli steht unter unmittelbarer Aufsicht des Generalgouverneurs, dessen Stelle, nachdem 1835 die erblichen Paschas aus der arabischen Familie der Karamanli beseitigt worden sind, zum Nachtheil des Landes (11mal in 21 Jahren) häufig wechselt. Die Einnahmen der Regierung belaufen sich auf 40000 Thlr. (659500 Piaster) Tribut oder direkte Abgaben von Oel- und Dattelbäumen, von jedem Stück Vieh u. s. w., 450 Thlr. für das Recht der Städte, eigne Kadis zu haben, 700 Thlr. als Abschlag für indirekte Steuern; dann folgen als Einnahmequellen die Zölle für Ein- und Ausfuhr (das Zollhaus Mursuk erhebt 12 Procent Transitzoll, das von Tripoli nochmals 12 Procent), der Pacht für das Recht, Seife zu sieden, Fleisch und Fische zu verkaufen, mit Gold- und Silberwaaren zu handeln, die Abgaben von Wein und geistigen Getränken, u. s. w. Die Ueberschüsse aller dieser Einnahmen, jährlich über 100000 Thlr., fließen nach Konstantinopel.

Zu S. 58. Handel. Die Ausfuhr betrug 1851 für Weizen 720000 Thlr., Oel 190000 Thlr., Gerste 130000 Thlr., Elfenbein u. a. Zähne 120000 Thlr., Sklaven 80000 Thlr., Wolle 75000 Thlr., Goldstaub 64000 Thlr., Vieh 40000 Thlr., Zink 4000 Thlr., Bernstein 2000 Thlr. (letzte beide nach dem Sudan); in guten Jahren beträgt die Ausfuhr 2 Mill. Thlr., die Einfuhr über 1 Mill. Thlr. — Leuchtthürme zur Sicherung der Schiffahrt sollen zu Derna, Bengbasi, Tripoli erbaut werden, laut Beschluß von 1861.

Zu S. 59. Topographie. Tarabulus, Tripolis, das alte Oëa, 10000 Ew., darunter 2000 Christen und 3000 Juden, 12 Moscheen, 2 christl. Kirchen, 3 Synagogen. Haupthandelsplatz des Landes; 1852 liefen 257 türkische, 41 englische, 36 italienische und 30 andre Schiffe ein, zusammen 394. — Tripoli Vecchio, Ruinenstätte des alten Sabrata. — Mesurata, Masrâta, 10000 Ew. — Längs der Küste der Großen Syrte (Dschun-el-Kebrit) wechseln Salzsümpfe und Weideplätze mit einander ab. Haupthandelsort war früher Medinet Sultan (Medeinah, Sort, das alte Iscina), jetzt mit ausgedehnten Ruinen, d. z. T. ist es Mirsa Safran. Am südlichsten Ende der Syrte wird Schwefel in großer Menge gefunden. — Jefren, 17 Meilen SW. von Tripoli, Fort, Sitz des Pascha-Kaimakan des felsigen, wasserreichen, fruchtbaren und mit Ruinen aus der Römerzeit angefüllten Dschebel Ghurian. Unter ihm stehen die Mudirit (Verwaltungsbezirke) von Fassato und von Nalut (Stadt mit 4000 Ew.), welche jährlich 24000 Thlr. direkte Steuern, und außerdem Zehnten von Oel und Getreide an die Regierung zahlen. Die Zahl der Berbern ist ziemlich so groß, wie die der seßhaften Araber; außerdem finden sich gegen 3000 nomadisirende Araberfamilien. — Der Dschebel Nefusa, dessen Hauptstadt Nalut ist, hatte in alten Zeiten 300 christliche Dörfer mit 240000 Ew., jetzt zählt man 64 Dörfer und Flecken mit etwa 47000 Ew. Die Scheitelflächen des Dschebel, wie die Thäler enthalten reiche Pflanzungen von Oliven-, Feigen- und Dattelbäumen. — Ghadames, 65 Meilen SW. von Tripoli, 366m über dem Meere, 4000 (10000 Ew.), 6 Moscheen, 7 Schulen, wichtiger Handelsplatz und neuerdings wieder im Aufblühen begriffen, an der gegenwärtig bedeutendsten Handelsstraße von Tripoli, Algerien und Tauat nach Timbuktu, Kano, Bornu, Wadai. Namentlich ist Ghadames für den Sklavenhandel wichtig geworden. Zu Ghadames gehören die Oasen Derdsch (Darrsche), 16 Meilen gegen O., mit 2000 Ew. und Sinaun, (Sinawan) 24 Meilen gegen NO., mit 500 Ew. — An der östlichen Küste, wo das gegen 500m hohe reich bewaldete Plateau von Barka nahe an das Meer tritt, liegt Bengasi, (Ben-Ghazi) 37° 43' O. F., das alte Berenike, die ehemalige Hauptstadt von Kyrenaika, zwischen dem Meere und mehren Küstenseen, in getreidereicher Gegend; 6—7000 Ew.: Moschee, Franziskanerkloster mit katholischer Kirche; Sitz eines Kaimakan, der jährlich über 50000 Thlr. Steuern an die Pforte zu entrichten hat; Ausfuhr von Gerste und Wolle. Tolmita, 12 Meilen NO. von Bengasi, mit den schönen Ruinen des zu den Ptolemäerzeiten blühenden Ptolemais. — Weiter östlich El Merdesch auf der Trümmerstätte der griechisch-libyschen Hauptstadt Barka; im Innern Kin-esch-Schehad oder Grennah an der Stelle des alten Kyrene, nördlich davon Mersa Susa, der Hafenplatz, das alte Apollonia, östlich da von Derne oder Derna, 40° 30' O. F., ehemals Darnis, Sitz des Kaimakan von Barka: weiter östlich die Inselchen Bomba, das alte Aedonia, und Berde oder Plate, im Alterthum mit der lakedämonischen Stadt Platäa. Das Hochland südlich von den genannten Orten, jetzt öde und nur von nomadisirenden Arabern durchzogen, war in allen Zeiten eine blühende Provinz des ägyptischen, römischen und griechischen Reichs.

Ein besonderes Paschalik bildet **Fessân** (Fezzân), ehemals Phazania oder das Land der Garamanten. Dieses schon von den Römern (die Ghadames und Dscherma im J. 19 v. C. in Besitz nahmen) kultivirte und auch in späteren Zeiten stark bewohnte Land ist seit der Besitznahme durch die Türken herabgekommen; harte Steuern, namentlich aber der Zwang zum Kriegsdienste, haben viele Einwohner verscheucht. Die Bevölkerung besteht im W. aus Tuarik (in Wadi Scherki bis Sebcha), im S. aus Tibbu, in den übrigen Landestheilen aus Berbern und Arabern; die Zahl der Türken beschränkt sich auf Militär und Beamte. Die Bevölkerung ist fleißig und versteht sich namentlich auf Eisen- und Lederarbeiten, wie auf Weberei. Die in Fessan wohnenden Tuarik stehen zugleich noch in einer gewissen Abhängigkeit von ihren Stammbrüdern in Ghat: ein Umstand, welcher der türkischen Herrschaft dereinst gefährlich werden könnte. Fessan hat 15 Distrikte, 98 Ortschaften mit 10864 fessanischen und 1025 arabischen Familien, zusammen mit etwa 54000 Ew.; davon der zehnte Theil Sklaven. Der Pascha, der in Mursuk residirt, ist ziemlich unabhängig.

Mursuk 31° 55′ O. L., 25° 57′ N. B., 456m über dem Meere, wohlgebauter Ort mit einstöckigen Häusern und breiten Straßen, mit Lehmmauern umgeben, 3350 Ew., darunter 650 Sklaven und 240 Mann türkische Besatzung; Mittelpunkt des Handels, Sitz eines englischen Konsuls. Schloß und Kaserne sind, innerhalb der Stadt, mit einer besondern Mauer umgeben. Der jährliche Waarenumsatz beträgt 150000 Thlr., davon kommen 130000 Thlr. auf den Sklavenhandel; jährlich werden bis 4000 Sklaven verkauft; für jeden erhält der Pascha eine Steuer von 2 span. Thalern. Die Umgebung der Stadt ist sandig, zum Theil Salzsumpf, hin und wieder finden sich Dattelpflanzungen, in einiger Entfernung erheben sich ringsum Sandhügel. Das Klima ist ungesund. Von N. nach S. liegen in Fessan die Orte: **Bondschem**, 62m hoch, 120 Ew., in einer Bodensenkung an der Nordgrenze. **Sokna**, wohlhabende Stadt mit 40 Brunnen, in einer fruchtbaren Einsenkung, von Dattelpalmen, Maulbeerbäumen u. a. Fruchtbäumen umgeben; 2500 Ew., die einen eignen Berberdialekt reden; rege Handelsthätigkeit. Die Stadt liegt 316m hoch, 2 Meilen ostwärts **Hûn**, in gleich fruchtbarer Lage, mit Quellen; 4 Meilen südwärts erheben sich die aus gelbem Sandstein bestehenden, schwarzgebrannten Sudah (d. i. Schwarze Berge) in zahlreichen, von Schluchten zerrissenen, wilden und vegetationsleeren Höhen; ihre Oberfläche bildet ein Plateau bis 658m Höhe. **Wadan**, 5 Meilen O. von Sokna, höher gelegen, von nomadisirenden Arabern bewohnt; in der östlich gelegenen Bergkette hausen wilde Büffel, Wadan genannt, und Strauße. **Sella** in einer Einsenkung am Ostfuße des Harutsch-el-issued, 60 Meilen NO. von Mursuk, 500 Ew. **Fughâa**, 41 Meilen NO. von Mursuk, 400 Ew. Der Ort liegt in einer Einsenkung 513m über dem Meere. — **Sebcha**, früher 4000, jetzt noch 400 Ew., im östlichsten Theile des Wadi Scherki. Dattelpflanzungen. Das **Wadi Scherki** (Ostthal) zieht sich von Sebcha (421m) nach Westen, und geht dann in das **Wadi Gharbi** (Westthal) über, in welchem **Dscherma**, das alte Garama, Hauptstadt der schon von Herodot genannten Garamanten (363m) liegt, jetzt ein verfallener Ort; der äußerste Punkt, welchen im Jahr 19 v. C. der siegreiche Lucius Balbus Gaditanus erreichte; römische Alterthümer. Das ganze breite Thal ist mit Palmenwäldern, Weizen- und Gerstefeldern besetzt, zwischen denen die zahlreichen kleineren Ortschaften liegen. Nördlich vom Wadi Scherki, zwischen 150m hohen wellenförmigen Sandhügeln, liegen 5 Natron (Trona)-Seen, von denen der kleinste, aber besuchteste, 8m tief ist, jährlich 17000 (7000) Zentner Natron liefert und außerdem in seinem Salzwasser den Dut oder Fessanwurm (Artemia Oudnoyi) enthält, der mit Dattelteig gemengt den Bewohnern als Nahrung dient. — Parallel mit den Wadi Scherki und Gharbi geht, weiter nördlich, der **Wadi-e-Schâti** von O. nach W., mit den kleinen Ortschaften Umserik, Gveri u. a.; an seiner tiefsten Stelle nur 200m über dem Meere; wahrscheinlich die tiefste Depression von Fessan südlich von der tripolitanischen Hammâda. — Oestlich von Mursuk liegen, meist von Sebchas (Salzsümpfen) umgeben, die kleinen Oasen **Tragen**, **Suila**, **Terbu**, **Temissa** mit 400 Ew., **Wau**, 43 Meilen nach OSO., nur 291m hoch, sämmtlich mit Dattelpalmenpflanzungen. **Gatrôn**, **Gertruhn**, 21 M. SO. von Mursuk an der Straße nach dem Sudan, Distriktshauptstadt mit Ruinen aus dem Mittelalter. **Tedscherri**, südlichster bewohnter Ort, 24° 19′ N. B., mit hohen Thonmauern umgeben; treffliche Datteln.

Aegypten.

Zu S. 60. **Literatur**. **A. v. Kremer**, Aegypten. Forschungen über Land und Volk. Leipzig 1863. 2 Theile. 8.

Zu S. 61. **Oberflächenbeschaffenheit**. Die Küstenkette am Rothen Meer erhebt sich zuerst im Dschebel Atâka 2 Meilen SW. von Sues bis gegen 800m, im Dschebel el Nimr S. v. 29° N. B. 1300m, im Dschebel Gharib oder Ghareb, gegenüber Tur auf der Sinai-Halbinsel, ungefähr 2200m, im Dschebel Hâmada 24° 18′ N. B. 1800—1900m.

Zu S. 65. Gewässer. Die Meereshöhe des Nilspiegels (auf seinem Nullpunkte) beträgt bei Assuan im Mittel verschiedener Messungen 106m (schwankend zwischen 122 und 93m), zu Ombos 90m, zu Edfu 88m, zu Esneh 80m, zu Keneh 59m, zu Dschirdscheh 57m, zu Siut 47m, zu Beni-Hassan 41m, zu Minieh 35m, zu Beni Suef 21m, zu Kairo 10m. — In Kairo begann das Steigen des Nils 1857 am 1. Juli und betrug bis zum 13. August, in Perioden von je 5 Tagen: 2, 21, 47, 34, 45, 39, 110, 64, 141 Centimeter, zusammen 503 Centimeter. Am 13. August fand sodann der Nilschnitt in Kairo, d. i. die feierliche Durchstechung eines Dammes, statt. Von dem im 10. Jahrh. erbauten Moez-(Muis)kanal zweigt sich, in dem Bett des alten Arsinoe-Kanals, der von 1861–1864 erbaute neue Süßwasserkanal (El Wady-Kanal) ab, der das Wadi Tomeilat bis an den Timsah-See durchschneidet und dann nach Süden sich wendend bis Sues sein befruchtendes Wasser führt, zugleich dieses wichtige, aufblühende Emporium mit Trinkwasser versorgend und mäßige Schiffe tragend. Vom Wadi bis zum Timsah-See, auf 5 Meilen Länge, hat der Kanal ½m Gefälle. Bei Nefisch und Galusse befinden sich Schleusen zusammen von 3m Fall. — Der große Schiffahrtskanal, der seit 1865 das Mittelländische Meer mit dem Rothen Meer verbindet und die Unternehmung einer französischen Gesellschaft ist (zugleich mit dem Süßwasserkanal), führt von Sues aus, das Depressions-Becken der Bitterseen wieder mit Seewasser ausfüllend, nach dem Timsahsee, von welchem er nordwärts eine Bodenanschwellung von 11m zu durchbrechen hat, verbindet sich dann unweit Ismailia mit dem Süßwasserkanal, durchschneidet nordwärts den Menzaleh-See und mündet bei Port Said in das Meer ein. Eine Eisenbahn soll neben ihm her führen, wie auch die Kairo-Suez-Bahn bei Dschenef eine Zweigbahn nach dem Kanal entsenden wird.

Zu S. 67. Klima. Die Wärme-Angaben auf Seite 67 beziehen sich auf das 100theilige Thermometer (C), die Angabe von 60–70° in Assuan gilt für die Sonnenwärme oder (wahrscheinlicher) für die Wärme des in der Sonne erhitzten Sandes. — In den Jahren 1835–1839 war der tiefste Thermometerstand in Kairo + 4,4 C., doch ist Febr. 1864 eine ausnahmsweise bedeutende Kälte in Unterägypten, mit starkem Frost (—4°, ja — 5° C.) beobachtet worden. Auch in Assuan hatte es gefroren. In den nächsten Tagen folgten häufige Regenschauer in Kairo. 1857 war der höchste Thermometerstand in Kairo am 31. Mai 41° C. (nachmittags 2 Uhr); im Juli waren durchschnittlich 22½° C. früh 8 Uhr, 33°–35° nachmittags 2 Uhr. Die mittleren Temperaturen betragen:

	Winter	Frühling	Sommer	Herbst
in Oberägypten	18°	35°	40°	30°
in Mittelägypten	15°	30°	35°	25°
in Unterägypten	13°	27°	32°	19°

Der in Aegypten häufige Nordwind wird veranlaßt durch die Lufterwärmung in der Wüste: indem die heiße Luft aufsteigt, muß an den Rändern der Wüste nach innen eine regelmäßige Luftströmung sich bilden. Der jährliche Regen für Kairo beträgt nur 1,5 Par. Zoll. (40 Millim.), die Zahl der Regenfälle jährlich 12.

Zu S. 69. Bevölkerung. Die Kopten, Nachkommen der Retu, d. i. der alten Aegypter, reden eine eigene, mit dem Altägyptischen übereinstimmende Sprache; die Fellahin oder Fellahs, mit Arabern gemischt, reden arabisch; die Nomadenstämme („Beduinen") Libyens reden theils noch ihre eigenen Idiome, theils haben sie das Arabische angenommen. Während man früher viele dieser Wanderstämme, um ihrer Sprache und Religion willen, für eingewanderte Araber hielt, stellt es sich durch die neuesten Forschungen immer bestimmter heraus, daß wir es mit den afrikanischen Ureinwohnern zu thun haben, also nicht mit semitischen (kaukasischen), sondern mit hamitischen (äthiopischen) Völkern. — Auch Zigeuner, in Aegypten Ghagar, von den Türken und Persern Tschingäneh genannt, leben in beträchtlicher Anzahl in Aegypten; die Männer als Kleinhändler, Kesselflicker, Affenführer, Seiltänzer, Schlangenfänger, die Weiber als Tänzerinnen, Wahrsagerinnen; außer der arabischen Sprache reden sie noch eine spezifische Gaunersprache; sie selbst erklären, aus Westen (Nordafrika) in Aegypten eingewandert zu sein.

Zu S. 71. Verfassung. Die Zölle in Alexandrien sind (1856) auf 10½ Procent des Werthes der Ausfuhr, auf 4¾ Procent der Einfuhr normirt, was für das Jahr 1856 mehr als 4 Mill. Thlr. betrug.

Zu S. 71. Ackerbau. Neben den durch Ochsen getriebenen Wasserrädern (Sakiens) hat man jetzt angefangen, größere hydraulische Maschinen zum Heben des Wassers zu benutzen. — Im Delta allein stieg die bebaute Fläche in 20 Jahren von 1,800,000 auf 3 Millionen Feddam.

Zu S. 73. Handel. Die Zahl der einlaufenden Schiffe (meist in Alexandrien) stieg im J. 1856 auf 2339. — Die Einfuhr in Aegypten ist von 6,787,000 Thlr. im Jahre 1843 auf 9,994,000 Thlr. im J. 1848, 11,871,000 Thlr. im J. 1853, und 18,590,000 Thlr. im J. 1856 gestiegen. In gleichem Maße hob sich die Ausfuhr in denselben Jahren von 8,920,000 Thlr. auf 10,617,000 Thlr., 19,301,000 Thlr. und 31,003,000 Thlr.; ein Verhältnis, bei welchem die Einfuhr baaren Geldes und der Wohlstand des Landes steigen muß. Die bedeutendsten Exportartikel sind Getreide (über 12 Mill. Thlr. im J. 1856, meist nach England), Baumwolle (für 8–9 Mill. Thlr. nach England, Oesterreich, Frankreich), Gummi, Elfenbein, Leinsamen; die wichtigsten Importartikel Manufakturwaaren (über 8 Mill Thlr. meist aus England), Metalle, Steinkohlen, Bauholz, Möbeln. — In Aegypten sind in dem letzten Jahrzehnt viele Eisenbahnen gebaut worden: 1) von Alexandrien über Tanta nach Kairo; 2) von Kairo nach Sues; 3) von Tanta nach Mansura mit projectirter Fortsetzung nach Damiette. 4) vom Nil zum Timsah-See, längs des Süßwasserkanals (noch unvollendet). 5) eine Bahn vom Nil in die südlich von Kairo gelegenen Steinbrüche. Projectirt und zum Theil in Angriff genommen sind außerdem 6) die Bahn von Sues nach dem Mittelmeer längs des großen Kanals, nebst Zweigbahn nach Dschenef; 7) die Bahn von Kairo im Nilthale aufwärts bis an die Landesgrenze, mit Zweigbahn(en) bis an das Rothe Meer. — Zur Sicherung der Schiffahrt sind Leuchtthürme zu Said am Eingange des Suezkanals, zu Alexandrien 1848, (an den Nilmündungen von Damiette und Rosette, beide erst projectirt), zu Sues 1856, am Kap Zafarana 1862, in der Straße von Dschubâl 1862 und auf dem Felsenriff Dädalus 28 Meilen SO. von Kosseir 1863 erbaut worden; am Südausgange des Rothen Meers haben die Engländer zu Aden 1850 und auf Perim 1861 Leuchtthürme errichtet. — Alexandria zählt jetzt gegen 140000 Ew. (in den Zeiten seiner Blüthe 600000!). Leuchtthurm 55m hoch, 1842 erbaut; der alte 283 v. Chr. auf derselben Insel Pharos erbaute Leuchtthurm hatte 130m Höhe. Im W. an der Küste liegen die weitläufigen Katakomben.

Zu S. 74. Topographie. Ismailia, NW. vom Timsah-See, an einem Arme des Süßwasserkanals um 1861 angelegt, 150 gut gebaute Häuser, 3000 Ew., darunter 1000 Europäer, die beim Kanalbau beschäftigt sind. — Tantah ist der Knotenpunkt der Eisenbahnen im Delta. — Die große Pyramide hat eine schiefe Höhe von 1 ägyptischen Stadium = 360 ägypt. Ellen = 188,712m, eine Scheitelhöhe von 148,558m (457,3 Pariser Fuß), eine Grundlinie von 444 ägypt. Ellen = 232,745m und einen Neigungswinkel von ziemlich 52°. Die alte ägyptische Elle betrug demnach 524,2 Millimeter oder 1,7195 engl. Fuß.

Nubien.

Zu S. 78. Literatur. Ferd. Werne Bericht üb. die Nilexpedition v. 1840—41. 1848 Berlin. — Ders. Reise v. Sennaar zu d. Beni Amer. 1851 Stuttgard. — Ders. „Reise durch Sennaar &c." 1852 Berlin. — A. Kaufmann, das Gebiet des Weißen Flusses, u. dessen Bewohner. 8. (1861). Brixen. — Theod. Kotschy, Reise nach Kordofan 1839. in Petermann's Mittheilungen 1861. — Rob. Hartmann, Skizze der Landschaft Sennâr, in der Zeitschr. für allgem. Erdkunde, Neue Folge, XIV Band. Berlin 1863.

Zu S. 78. Name. Der Name Nubien rührt von dem Namen Nop (im Plur. Nôbiga) oder Nuba her, den schon die älteste Bevölkerung des Landes im W. des Nil führte, den aber die im Nilthale von Assuan bis Abu Hammed wohnenden Berabra und Scheikieh nicht auf sich anwenden lassen wollen, so daß jetzt nur die südlich von Kordofan wohnenden, in Sprache und Abstammung den Negern verwandten Stämme als Nuba bezeichnet werden.

Zu S. 78. Lage, Grenzen. Durch die neueren türkischen Eroberungen ist das mit dem Gesammtnamen Nubien bezeichnete Land beträchtlich erweitert worden. Seine Nordgrenze ist unter 24° 5′ 23″ N. B. Aegypten, im W. reicht es ungefähr bis 40° 40′ O. F. in die Wüste, im S. W. umfaßt es Kordofan, Takale, das Land der Nuba und der Schilluk und reicht am Weißen Flusse aufwärts bis etwa zu 9° 30′ N. B., am Blauen Flusse bis ungefähr 11° N. B., gegen SO. grenzt es an das abessinische Kaiserreich, so daß die am Fuße des abessinischen Hochlandes in den Landschaften Galabat, Kolla, Basa, Barka wohnenden Stämme der Tokruri, Homran, Barea (als Heidenstämme mit dem Gesammtnamen Schangalla, Schankla, Schankelä bezeichnet) und der Beni Amer meist beiden Regenten Tribut zahlen und eine feste Grenze bei der nomadisirenden Lebensweise dieser Stämme nicht angegeben werden kann. Im Osten bildet das Rothe Meer die Grenze vom Busen von Afik bis gegen Ras Benaß. Die Küstenländer Abessiniens bis über Massaua hinaus, welche von den Türken erobert und unter gleiche Verwaltung mit Nubien gestellt waren, sind 1865 der unmittelbaren Verwaltung des Vicekönigs von Aegypten untergeben worden und bilden mit dem gegenüberliegenden Paschalik Dschidda in Arabien ein besondres Paschalik. In der gegenwärtigen Ausdehnung kann die Größe von Nubien auf nahe zu 24000 □M. geschätzt werden.

Zu S. 78. Oberfläche. Die genauere Schilderung der Oberfläche muß sorgfältige Höhenmessungen zur Basis haben; diese aber sind in Nubien schwierig zu erlangen. Denn selbst in Khartum, dem Mittelpunkte des Landes, wirkt der Druck der Wüsten-Atmosphäre so störend auf die Barometerbeobachtungen, daß die Resultate ungemein verschieden sind: Russegger fand 465m, Kreil 451m, Kinzelbach 406m, Peel 392m, v. Heuglin 344m, Peney 335m, v. Prunssenaer 300m, Dovyak 269m, so daß es noch immer schwer hält, die Hauptneigung des Landes von S. nach N., die durch den Nillauf angedeutet wird, vollständig darzustellen. Soviel sich bis jetzt ermitteln läßt, beträgt die durchschnittliche Erhebung des Landes zu El Obeid 1850 Fuß (601m), zu Khartum 1263 Fuß (410m), zu Sennaar 1377 Fuß (447m), in der Bahiudawüste 1409 Fuß (458m). — Längs des Rothen Meeres sind der Dschebel Ferajeh oder Ferajed mit Spitzen von 1353m. und 1230m, (der alte Mons pentadactylus) südwestlich von Berenice, der Dschebel Elba oder Elbeh 2103m (6900 engl. Fuß) unter dem 22° N. B., der Dschebel Soterba oder Irba (ungefähr 1200m) die höchsten bekannten Punkte der schroffen, felsigen Küstenketten. — Der Kordofan bei Obeid ist 2555 Fuß (830m), der Absunun 2830 Fuß (919m), der Abu Gher 2430 Fuß (789m) hoch.

Zu S. 79. Vier Gebirge durchziehen nacheinander von O. nach W. die Wüste von Korosko, 1) der Dschebel Reit oder Rait, gegen 500m hoch; 2) der benachbarte Dsch. Murat oder Mar-hat-el-Mara, über 500m hoch, mit Vegetation von Palmen, Akazien, Senna; 3) der Dsch. Gablava, weiter westlich Abu Seacha 530m hoch, 4) der Dsch. Dighli, westwärts Dsch. Daraueb genannt, über 600m hoch.

Zu S. 80. Die Bajuda (Bahiuda) ist das Plateau und Steppenland, welches durch die große Nilkrümmung von Chartum bis Dongola (spezieller von der 6. Katarakte bei Kirre bis Abdom) eingeschlossen wird; im NO. uneben, gebirgig, von bewaldeten Thalschluchten durchfurcht, mit Trinkwasser, daher auch nicht arm an Wild. Die geologische Formation zeigt Urgebirgsmassen, während im W. ein etwa 200—250m ansteigendes Sandsteinplateau die genau von N. nach S. verlaufende Grenze bildet. Größe 1200—1300 QM. Das Wadi Mokattem, welches bei Ambukol ins Nilthal mündet, hat, wie seine zahlreichen Nebenthäler, Reichthum an Gräsern, hin und wieder beginnt auch die Waldbildung, namentlich von Akazien. — Gedaref, SO. von Chartum, ist ein ebenes, bewaldetes, mit zahllosen isolirt hervorgebrochenen, oft seltsam zackigen Felsgebilden besäetes Land; je näher dem abessinischen Hochland, desto mehr nehmen diese Felsmassen (Granit, Basalt, Laven u. s. w.) an Zahl, Umfang und Zusammenhang zu. — Die Dschesireh ist allerdings wasserarm und hat meist eine nur spärliche Vegetation, sie könnte aber durch Anlegung von Bewässerungskanälen in ein außerordentlich fruchtbares Land verwandelt werden. — Endlich erhebt sich S. von Kordofan der mächtige Bergstock von Teggele oder Takale, eine Anhäufung von Bergen, die sich von O. nach W. 30 Meilen, von S. nach N. 20 Meilen ausdehnt, mit den höchsten Gipfeln, dem Dschebel Deier 919m, dem Njukur und Turban 940m, dem Herra 820m, dem Adul 650m, dem Scheibun 820m, dem (südlich gelegenen) Kutak 880m erreicht. Von mehren Thälern (dem Nid-el-Nil, dessen Lauf freilich noch nicht bekannt ist) durchschnitten, zerlegt sich dieser Gebirgsstock in 3 von SW. nach NO. streichende Ketten, von denen jede aus einzelnen, durch grasreiche, bewaldete Ebenen von einander getrennten Bergen besteht. Am schönsten zeichnet sich der langgezogene Kamm des Deier mit seinen mauerartigen Wänden und scharfen Spitzen. Westwärts, in Dar Nuba, wo die ebene Basis höher ist, treten die einzelnen Bergspitzen scheinbar niedriger wie ein Archipel aus der Savanne oder Waldebene hervor.

Zu S. 81. Geognostische Verhältnisse. Die Ebene von Sennâr ist ein angeschwemmtes Land, reich an Geschieben, welche auf Thonschichten ruhen; die südwärts sehr zahlreichen Berge bestehen aus röthlichem, grobkörnigem Granit; südlich von Hewân (an der Grenze gegen Fassokl) steht Chloritschiefer zu Tage und bildet am Azrek und am Tumat aufwärts das vorherrschende Gestein. Die Gebirge von Fassokl bestehen aus granitartigem Gneiß. Der angeschwemmte Boden ist eisen- und goldhaltig, und hin und wieder finden sich Goldwäschereien. — Am westlichen Nilufer des unteren Nubien herrscht ein tief orangegelber Flugsand vor; in der Wüste von Korosko haben sich schwarze oder blauschwarze Knollen von concentrischen Schichten eisenhaltigen Sandes in Menge gebildet. — Schwarze graphitführende Thone lagern am Fuße des Kadero in Teggele; der rothe Thon hat hier die Natur des indischen Laterit. Ebendaselbst finden sich goldführende Schuttablagerungen, aus der Zersetzung der in dieser Gegend vorkommenden Gesteine hervorgegangen; dasselbe ist am Nordwestfuße des abessinischen Hochlandes der Fall. Granit bildet in Teggele das Liegende der losen Diluvialgebilde, zugleich mit Gneis, Chlorit- und Hornblendeschiefer, aus deren Zerstörung sich jene goldführenden Schuttablagerungen gebildet haben. Auch in den Ebenen am Tumat bilden krystallinische Gesteine, vorzüglich Chloritschiefer, nebst Dioriten und rosenrothen Graniten, die Basis der goldführenden Ablagerungen. In Teggele, wie am NW.-Fuße von Abessinien zeichnet sich der Granit durch sehr grobkörniges Gefüge und vorwaltend rothen Feldspath, im Teggele zugleich durch großen Farbenwechsel seiner Bestandtheile und Uebergänge in Porphyr und Syenit, so wie in Gneis und Glimmerschiefer aus. Mächtige Diorit- und Quarzgänge scheinen durch ihre Zersetzung den Goldgehalt in die oberflächlichen Schuttmassen geliefert zu haben. — Der isolirte Defafaungh am Ostufer des Bahr el Abiad ist entschieden vulkanisch und besteht aus olivin- und augitführenden Basalten, rothbraunen porösen Laven und dunkelgrauen Tuffen; letzte im Gemenge kleiner poröser Lavabrocken mit Asche.

Zu S. 82. Gewässer. Der Weiße Fluß, bei den Arabern Bahr Abiad, heißt bei den Schilluk Nim, bei den Nuba Iri, bei den Kitsch und Dinka Kir, bei den Takale Ubschio, bei den Fundsch Firi; den vereinigten Strom nennen die Bischarin Obâr, die Dongolaui Urula, die Barabra Urughi. — Der Lauf des Bahr-el-Abiad ist, des Zusammenhangs wegen, weiter unten bei dem „Gebiet des Bahr Abiad“ beschrieben. Dem Lauf des Bahr el Azrek ist hinzuzufügen, daß er in dem Granitdurchbruch zwischen Fassokl und Roserres die sogenannte siebente Nilkatarakte bildet. Ueberhaupt hat der Bahr-el-Azrek von Roserres bis Chartum 7 Katarakten; diese erschweren die Schiffahrt. Die Breite des Bettes ist sehr ungleichartig; in der trocknen Jahreszeit gibt es hin und wieder Furten, während an andern Stellen

Felsen das Bett einengen. — Näher bekannt ist durch zahlreiche Reisen der Lauf des Atbara geworden. Unter dem Namen Takazie (Takazze) bildet sich dieser Strom in den Hochländern Abessiniens und tritt aus dessen Felsenschluchten nach einem 70—80 Meilen langen Laufe in das Gebiet der Homran und Dabaina, wo er unter dem Namen Setit (Takasseh, Bahr-el-Homran) eine westliche Richtung einschlägt. Unweit Tomat und Sofi (ungefähr 33° 30′ O. L., 14° 10′ N. B.) nimmt er den gleichfalls von Süden kommenden, viele Abessinische Quellströme in sich vereinigenden Goang auf, und durchzieht nun in N. und NNW.-Richtung die weiten nubischen Ebenen, bis er unterhalb el Damer sich mit dem Nil vereinigt. Seine Gesammtlänge beträgt 150—160 Meilen, seine Wasserfülle ist eine sehr wechselnde; während der Regenzeit überschwemmt und befruchtet er die benachbarten Gefilde. Sein größter Nebenfluß, der bis über 90 Meilen lange Mareb oder Bahr el Gasch (abwärts auch Chor el Gasch) entspringt über 2200m hoch auf dem Plateau von Hamasen im nördlichen Abessinien, umfließt in großem Bogen das Hochland von Sarae, hat bei Gundet noch 1300m, im Lande Kunama oder Basen noch 1000—800m Meereshöhe, tritt bei Kassala (585m) in weites Flachland ein und dient hier während der Regenzeit (denn in der trocknen Jahreszeit versiegt sein Wasser schon weiter oberhalb in den Sandflächen) zur Bewässerung des Landes, und zwar in dem Grade, daß nur ausnahmsweise bei sehr hohem Wasserstande die überfließenden Gewässer den Atbara (bei Gaschda unter 17° 14′ N. B.) erreichen, während sie gewöhnlich unter 16° 45′ N. B. aufhören. — Der Barka entspringt wahrscheinlich im nordwestlichen Hochlande von Sarae, nimmt die aus den westlichen Bogosländern entspringenden Meroni und Hakai (mit dem Sabe), wie eine Reihe andrer Zuflüsse von Süden und Osten auf; in der trocknen Jahreszeit verliert sich sein Wasser in den Granitsand, und ist gewöhnlich 6m unter der Oberfläche zu finden. Sein Hauptzufluß, der Ainsaba (Anseba) kommt aus dem Hochlande Hamasen, durchfließt in einem von beiden Seiten sehr beschränkten Flußgebiet die Länder der Bogos und Habab, tritt unter 16° 25′ N. B. aus dem Hochlande und hat von da an nur einen periodischen Lauf, indem sein Gewässer in der Regenzeit mit dem Barka sich verbindet, in der trocknen Zeit versiegt; in dem lockern Granitsand seines Bettes findet man gewöhnlich bei 2m Tiefe Wasser. Sein Lauf ist im Hochlande nach NNW., in der Ebene nach NW. gerichtet. In den Buchten von Baklai und Akil scheint der Barka das Meer zu erreichen; früher vermuthete man, daß er sich mit dem Atbara vereinige.

Zu S. 83. Klima. Die Temperaturangaben sind dahin zu berichtigen, daß die Wärme von 45—48° nur auf die Tageswärme, nicht auch auf die Nachttemperatur, die Wärme von 60° nur auf die Wärme des von der Sonne erhitzten Sandes sich bezieht. In Chartum beobachtet man im Juni 32° vor Sonnenaufgang, 37—41° nachmittags, 35—36° abends nach 9 Uhr, die Windrichtung ist Juni bis September vorherrschend S. und SW.; in der zweiten Hälfte des September, nach Aufhören der Regenzeit, tritt große Wärme ein (durchschnittlich 37—38°); statt des S. und SW.-Windes beginnen zuerst Ost- und Nordost-, dann leichte Nordwinde, gegen Ende Dezember heftige Nordstürme; Ende Dezember vor Sonnenaufgang ist durchschnittlich nur 12° Wärme. Die Nordwinde dringen von Chartum aus nur langsam gegen S. vor. Von 143 Tagen in der 2. Jahreshälfte waren 111 Tage heiter, 20 gemischt, 11 trübe; an 21 Tagen fiel Regen. Das Hochwasser des Nils tritt im September ein. — Die Wüste Korosko hat im Winter vor Sonnenaufgang eine Temperatur von 4—5°, das Wasser ist dann zum Trinken zu kalt. — In der Bajudah-Steppe fand v. Barnim im April täglich bis 44° nachmittags, 19—20° bei Sonnenaufgang; die Temperatur des Sandes in der Mittagssonne 56° C.

Zu S. 84. Vegetationsverhältnisse. Von der ägyptischen Grenze bis zum 18° N. B. waltet im Nillande die Wüstenbildung (Wüste, arabisch: Alabah, Atmûr) vor, so daß die Ebenen und Berge in der Linie von Abu Hammed bis Korosko fast vegetationsleer erscheinen. Ungefähr vom 16° (17°) N. B. an beginnt südwärts, unter dem Einflusse der tropischen Regen, die Steppe (el-Khalah, plur. Khalât), ungeheure gras- und buschreiche Ebenen, die den gesammten Raum westlich und östlich vom Nil bis zum 13° N. B. mit Ausschluß der nördlichen abessinischen Hochländer einnehmen und dann in die Region des Urwalds (arabisch el-Ghabah) übergehen. Doch tragen diese Urwälder nur in der Nähe der Flüsse einen Charakter, der den Vergleich mit den brasilianischen Urwäldern zuläßt, vom Flusse entfernter überwiegt bisweilen, wenigstens auf den Ebenen, die Savannenbildung; ein Zeichen der Wechselwirkung der trocknen Jahreszeit und der tropischen Regen. Jenes Steppengebiet wird westlich vom Nil mit dem Namen Bajudah-Wüste, östlich vom Nil mit dem Namen Dschilif-Wüste bezeichnet, wie denn auch die Karawanenwege Darb-el-Bajudah und Darb-el-Dschilif heißen. — Im Süden Nubiens (Roseres, Fassoll und die Fundsch-Berge) entwickelt sich die Blumenpracht in tropischer Fülle, Liliaceen, Orchideen sind in dem Blumenflor überwiegend. — Am Azrek aufwärts beginnt bald (nach 5 Tagereisen) der Urwald, aus gewaltigen bedornten Mimosen, Adansonien („Dongelôs“) u. a. bestehend, mit Schlingpflanzen durchflochten; der Boden ist mit schilfigem Gras bewachsen. Dieser Wald ist ½—1⅓ M. breit, dann folgen die Steppen. Baumwollen- und Tabakpflanzungen ziehen sich längs des Stroms hin. Termiten hausen in Wald und Steppe in ungeheurer Zahl, den menschlichen Ansiedelungen nicht minder nachtheilig als die häufig auftretenden Wanderheuschrecken. — Zwischen dem Azrek und dem Dinder, der in der trocknen Jahreszeit nur aus langen Lachen besteht, ist fruchtbares Land, östl. von Sennaar finden sich Lachen und Sümpfe, jene mit der blauen Nymphaea coerulea überzogen, das ganze Terrain üppig bewaldet, ein Aufenthaltsort zahlloser Wasser- und Sumpfvögel (Kauli-Sümpfe). — Das Land zwischen Bahr el Abiad und Bahr el Azrek aufwärts bis zum 10° N. B. heißt bei den Türken Dâr-Sennâr, bei den Eingebornen Dschesiret-el-Hodscheh oder blos El-Dschesireh, d. i. Insel, weil oberwärts der Tumat und der Baro zur Regenzeit (oder auch immer?) mit einander in Verbindung stehen sollen (unter 9° N. B.); von Chartum bis zum 14° N. B. eine spärlich bewachsene, flache Steppe, südwärts eine Steppe mit reichem Graswuchs und Buschwerk nebst zerstreuten Waldbeständen, hier und da durch kühnaufstrebende Granitberge unterbrochen. Vom 12° N. B. an werden diese Berge zahlreicher, sind oft unter einander zu Ketten verbunden und geben zahlreichen Khôrs (Regen-Flußbetten) ihren Ursprung; die Vegetation des tropischen Urwalds tritt auf. —

Zu S. 85. Naturprodukte. Die Dattelpalme gedeiht ausnehmend im nubischen Nilthale, wie im südlichen Kordofan und in Takkale, sie scheint hier ihre eigentliche Heimat zu haben. — Unbequem sind Cenchrus echinatus L. und Tribulus lanuginosus Lam. mit ihren dornigen Samen, die sich in Kleider und Haut einhaken.

Zu S. 86. Zu den Thieren sind hinzuzufügen: der Karakal, der Gepard, das Stinkthier, der Hyänenhund, der Fuchs, das Stachelschwein, der Klippdachs; der Marabu (Ciconia Argala) und verschiedene Ibisarten. — Kochsalz wird auch aus mehreren Brunnen der Bajuda-Steppe gewonnen.

Zu S. 86. 87. Bevölkerung. In Nubien gehören mehr Stämme der äthiopischen Urbevölkerung an, als man früher glaubte. Hat auch die arabische Sprache zugleich mit dem Islam bei vielen dieser Stämme sich eingebürgert, und sind auch arabische Wanderstämme theils selbständig erhalten, theils mit der Grundbevölkerung so verschmolzen, daß diese letztere dadurch wesentliche Modifikationen erlitten hat, so ist doch die Grundsprache, das mit der Berbersprache und dem Alt-Aegyptischen verwandte Bedschaui, bei den Ababdeh, Bischarin, Takahstämmen und Schukrieh nachzuweisen, und selbst bei den arabisch redenden Abu-Rof, Bakâra, Madschânin u. s. w. ist der Grundtypus des Bedschaui noch erkennbar. Die im Süden des Landes wohnenden Stämme dagegen erscheinen als Neger, wenn auch nicht alle charakteristische Zeichen der Negerrace tragend; ja auch sie werden von Einigen als Verwandte jener hellfarbigeren äthiopischen Stämme betrachtet. In Statur und (bronzebrauner oder chokoladenbrauner) Farbe gleichen die erstgenannten Völker den auf alten ägyptischen Bildern dargestellten Bewohnern Aethiopiens (Meroe u. s. w.)

1. Die Berbersprache reden die Berâbra, die Scheikieh, die Robatât und die Dschaalin. Die Berâbra (Sing. Berberi), welche indessen selbst nicht mit den Nuba verwechselt werden wollen, haben (nach Lepsius) 3 Dialekte: das Kensi im Lande Kenus (am Nil 24—23° N. B.), das Mahasi in Dar-el-Mahas (unter 20° N. B.) und das Nobaui oder Nebawi, d. i. den Nubadialekt. Dieser letztere ist zwar ein berberischer Dialekt, aber durch Aufnahme einer Negersprache umgewandelt, und wird am linken Nilufer von Assuan und Elefantine aufwärts bis zu den Keldaga gesprochen, während sich die Bedschaui-Sprache auf dem rechten Nilufer behauptet. Andre (Hartmann) erkennen nur 2 Dialekte, das Kensi und das Mahhâsi, bei den Berâbra an, und es scheint dies auch das Richtigere zu sein: das Berabra ist eine uralte äthiopische Sprache, mit altägyptischen und arabischen Wörtern versetzt; die Nuba südlich von Kordofan sind von den Berabra zu trennen. — Die Berabra sind ansässig als Grundbesitzer, Kaufleute, Schiffer, oder sie sind Diener, Handarbeiter, Jäger. Sie scheren das Haupthaar und tragen weißbaumwollene Hemden, Hosen und Ferdah; die Weiber schmücken sich mit künstlich geflochtenen, reich behangenen Zöpfen und mit Nasenringen, tätowiren die Lippen mit Blau und färben die Augenlidränder schwarz, was ihnen — nach europäischen Begriffen — kein angenehmes Aussehen verleiht. Die Häuser werden von Stroh oder Lehm erbaut. Der moralische Kern des Volks ist gut, aber durch Schiffahrtsverkehr und Sklavenraub ist auch unter sie vielfache Verderbtheit eingedrungen. Seit dem 14. Jahrhundert haben sie sich dem Islam zugewendet. — Auch die Scheikieh, Scheiggie oder Schekieh, welche allgemein für Nachkommen der aus Hedschas eingewanderten Beni Kurêsch galten, sind ein Volk von echt nubischer Gesichtsbildung, bronzefarben, mit freier hoher Stirn, meist gerader Nase, ziemlich fleischigem Munde und großen lebhaften Augen (Hartmann); neben dem Arabischen sprechen und verstehen sie noch ihre ursprüngliche Sprache, ein Berberi. Im Jahre 1821 sind sie nach hartem Kampfe von den Türken unterjocht worden; nachdem sie vorher mit ihren kühnen, schnellen Raubzügen ein Schrecken aller umwohnenden Völker geworden waren. Jetzt bilden sie eine brauchbare irreguläre Reiterei im Dienst des Vicekönigs von Aegypten. Ihnen verwandt sind die Robatât am nordöstlichen Rande der Bajuda-Steppe und die meist arabisch redenden Dschaalin, welche vom 15—17° N. B das Nilthal bewohnen, Ackerbau und Handel treiben; nur wenige unter ihnen nomadisiren. Auch sie sind mit Fundsch, Negern u. a. vielfältig vermischt.

2. Ein zweiter, vielverzweigter Völkerstamm Nubiens redet die Bedschaui-Sprache, und kann ebensowenig, wie jener erste, als von arabischen Einwanderern abstammend angesehen werden, wenn auch arabische Religion, Sitte und Sprache bei allen hierzu gehörigen Völkern

herrschend geworden ist. Zu diesem Völkerstamme (den Nobatä oder Nabades der byzantinischen Periode, dem Berberstamm Lowata) gehören die Bischarin, die Ababdeh, die Schukurieh, die Beni-Amer, die Basa und Barea, die Barala, welche sämtlich Bedschaui reden; ferner die arabisch redenden Hassanieh, Klawin, Dabéna, Debbéich, Dschehêna, Kerâhil, Rekubin, Hamrân, Sâbûn, Aulad-Abu-Simbil, Abu-Rôf, welche meist vom Bahr el Abiad und Bahr el Azrek zum mittlern Atbara und längs der abessinischen Grenzen wohnen. Endlich zählen hierzu die Kababisch, die Bakâra und zahlreiche gleichfalls arabisch redende Stämme in Dar-Fur. Die Bischarin oder Bischariba, auf 200000 Köpfe geschätzt, bewohnen die von ihnen selbst Edabah oder Bedscha genannte Wüste vom 23 bis 16° N. B. Zwar von dunkelbrauner, fast schwarzer Hautfarbe, haben sie weder die unangenehmen Umrisse und dicken Lippen, noch die platte Nase oder das wollige Haar der Neger. Ihre Gesichtszüge sind vielmehr sanft, angenehm, selbst edel und fast europäisch, ihr Wuchs ausgezeichnet; ihr ungewöhnlich reichliches Haar wird künstlich gepflegt. Ihr Charakter ist mild und gutmüthig. Sie theilen sich in zahlreiche Stämme, von denen die Amarar südlich vom Dschebel Elba die bedeutendsten sind; auch die Hadendá, und Hammadab in Taka, zusammen etwa 50000 Köpfe stark, müssen zu ihnen gerechnet werden; während die Hallenga, die in und um Kassala wohnen, nach Munzinger abessinischen Stamms von Sarae sind und ursprünglich das Tigre reden, obwohl sie den Islam und die arabische Sprache angenommen haben. Die Ababdeh wohnen westlich und nördlich von den Bischarin bis zur nördlichen Landesgrenze, verbreiten sich auch in das südöstliche Aegypten hinein. Ihre Farbe ist dunkel, bis ins Schwarze, aber ihre Physiognomie ist ebenfalls nicht negerartig; das Haar ist schwarz, nicht wellig, sondern natürlich gelockt. Ihre Kleidung bildet ein einziges, selbstfabrizirtes Stück grober grauer Wolle, an den Füßen tragen sie Sandalen. Ihre Waffen sind lange Schwerter und hohe aus Nilpferdhaut verfertigte Schilde. Gleich ihren Nachbarn, den Bischarin, sind sie Nomaden und berühmt durch die Zucht ausgezeichneter Dromedare. Sie sind als Wüstenführer regelmäßig organisirt und zeichnen sich durch Ehrlichkeit aus. Ihre Dörfer (Schella) bestehen aus kreisrunden, mit Stroh gedeckten, kegelförmig zugespitzten Hütten, die mit Dornenhecken umzäunt sind. — Die Schukurieh, mit den Bischarin am nächsten verwandt, wohnen zwischen Khartum und Kassala, vom Blauen Fluß bis zum Atbara, im weiten Steppenland nomadisirend und jagend; ihr Groß-Scheikh hat jährlich gegen 30000 Thlr. Tribut an die türkische Regierung zu zahlen. Sie sind schlank, gutgebaut, mit scharfen Gesichtszügen. Einige sind seßhaft und treiben Ackerbau. Von den Beni-Amer, den Basen, Barea und Barala wird bei Abessinien die Rede sein. — Die Hassanieh wohnen in der Dschesireh am rechten Ufer des Bahr-el-Abiad vom Dschebel Njemati abwärts bis gegen Khartum, auch auf dem linken Stromufer vom Dschebel Araschkol abwärts und bis in die Bajuda-Steppe. Ihre Farbe ist fast schwarz, ihre Sprache ist die arabische geworden. Von den zahlreichen verwandten Stämmen wohnen die Dabeina oder Dabêna von Abu-Harrasch ostwärts zum Atbara und zwischen dem Atbara und Bassalam, die Dschehena zwischen dem Rahad und Dender, die Relubin östlich vom Rahad, die Hamran oder Hemran nordöstlich von dem durch den Lauf des mittleren Atbara gebildeten Knie; weiter südlich nahe am Dschebel Gheri, unter 12° N. B., die Aulâd-Abû-Simbil, die Sâbûn am Ostufer des Bahr-el-Azrek, südlich von Sennaar. — Die Abû-Rôf, ein zahlreicher Nomadenstamm in den Steppen und Buschwäldern der Dschesireh, S. von Khartum, ähneln in der hellen Hautfarbe, in Sprache und Sitten den Schukurieh, sie sind sehr reich an Vieh, geschickt in der Jagd auf Strauße und Antilopen. Ihr Groß-Scheikh ist der Pforte unterthan. Mit den Dinkanegern leben die Abû-Rôf in stetem Kriegsverhältnis. Westlich von ihnen, meist am linken Ufer des Abiad, bis in das östliche Kordofân, wohnen die gleichfalls nomadisirenden, tapfern und kriegerischen Bakâra d. i. Kuhhirten, (von Backr, d. i. Kuh); sie bilden, wie die vorhergehenden, eine Abtheilung der hellfarbenen äthiopischen Völker, machen auf Abstammung von rein arabischem Blut Anspruch, sind aber mit Negerblut vielfach gemischt. Männer und Weiber flechten das Haar in zahlreiche Zöpfe; die Tracht ist für die Männer ein weißes weites Hemd. Die Bakâra sind beritten, ihre Pferde beziehen sie aus Kordofan und Kedaref, sie jagen Elefanten, Giraffen, Strauße; von den Schilluk erbeuten sie regelmäßig Sklaven. In Verbindung mit Kordofan sind die Bakâra durch Waffengewalt unter die Botmäßigkeit der Türken gebracht worden. Die Kababisch oder Kubbabisch, die Bewohner der Bajudahsteppe, haben einen schlanken, ebenmäßig gebauten Körper, ovales Gesicht, hohe Stirn, gerade oder leicht gebogene Nase, etwas großen Mund, sehr lebhafte Augen, schlichtes Haupthaar, und tief bronzebraune Hautfarbe — vielleicht sind es die rothen Aethiopier der alten ägyptischen Bilder. Die Sprache ist die arabische geworden; kein Grund, die Kababisch für Abkömmlinge der Araber zu halten. Die Kababisch schmücken sich mit Haarflechten und Tätowiren, die Frauen tragen Nasenringe, viel Schmuck in den Haaren, Halsschnüre, Arm- und Knöchelspangen, Amulete u. s. w. Lanze, Schwert, Dolchmesser, Schild sind die Waffen der Männer. — In Kordofan wohnen schwarzbraune, aus NO. eingewanderte Araber, den Barabra verwandt; Gendscharen, die aus Darfur stammen; Nubaneger, deren Heimat wenig südwärts liegt; Danagla- und ägyptische Kaufleute, nebst einigen wenigen Türken.

3. Zu den Negerstämmen Nubiens rechnet man die Fundsch (Fungh, Funghi) mit ihren Verwandten, den Schilluk und Taklawin, die Bertât, die Dinka, die Nobah. Die Fundsch

wohnen oberhalb Sennaar an beiden Seiten des Bahr-el-Azrek bis über Fassokl hinauf; gegen W. reichen sie bis an den Bahr-el-Abiad und über denselben hinüber, gegen O. bis an die Grenzen des abessinischen Hochlandes. Durch wohlgebauten Körper, dunkelkupferbraune Hautfarbe, langes gekräuseltes, nicht wolliges Haar und regelmäßige Gesichtszüge ohne den eigentlichen Negertypus (d. h. ohne flache Nase, aufgeworfene Lippen, vorstehende Backenknochen) schließen sie sich an die Nuba an, unterscheiden sich aber von diesen durch die eigenthümliche äthiopische, nur noch in Roserres und Fassokl erhaltene Sprache und andre physische Charaktere. Sie bekleiden sich nur mit einem Stück Wollenzeug (Tobe), die Frauen sind mit Ketten, Schnuren und Ringen aller Art behangen, ein Amulet darf nicht fehlen. Die Lippen werden blau tätowirt, die Haare werden meist geflochten, stets mit Butter getränkt. Die Stämme der *Fundsch* sind die Fundsch Berûn in der Dschesireh (11° N. B.), welche unter einem den Türken unterworfenen Könige stehen; die Hammégh im O. von Roséres; die Dschebelawin in Fassokl und oberhalb derselben die Fundsch des Dar Dschumûz, endlich die am linken Ufer des Abiad wohnenden, den Negertypus in höherem Grade tragenden Schilluk, und die Bewohner des Dâr-Taklah. Von den Fundsch verschieden sind die Stämme der *Bertat*, eines Volks von entschiedenem Negertypus, mit ebenholzschwarzer Farbe, gedrungenem, kräftigem, proportionirtem Wuchs, fast ohne Kleidung, doch mit Schmuck von Glasperlen, Kaurimuscheln, Elfenbeinarmbändern, Vogelfedern und Affenfellen. Ihre Stämme sind klein, ohne Zusammenhalt, daher häufig von den Nachbarvölkern befehdet und ausgeplündert. Neger sind ferner die zahlreichen Völker der *Dinka* (Denka), von denen bei dem Abschnitt vom obern Nil die Rede sein wird. — Die Fundsch eroberten im Anfang des 16. Jahrhunderts von S. und SW. her das Land und gründeten, nach Eroberung des auf der Strom-Halbinsel el Dschesîreh liegenden, namentlich im 13. Jahrh. mächtig gewesenen Königreichs Aloa (die Ruinen der Hauptstadt Soba sind noch vorhanden und zeugen von ehemaliger Größe) das Reich Sennaar. Vermischung mit abessinischen und Neger-Stämmen, wie die theilweise Annahme der arabischen Sprache haben ihre Nationalität verwischt.

Kordofan endlich mit seinen südlichen Nachbarländern Takale (Teggele) und Dar-Nuba ist von Menschen verschiedener Abstammung und Sprache bewohnt. Die 3 Hauptstämme Kordofans sind die *Kadejat* S. und O. vom Berge Kordofan, vielleicht mit den Fundsch verwandt; die arabisch redenden *Musabat* oder *Muserbat* in Lobeid und die eine For-Sprache redenden, von W. her eingedrungenen *Kundschâra*, welche von 1790—1820 die Herrschaft inne hatten, dann aber sich den Türken unterwarfen. Die *Taklawin* in Takala gehören den Fundsch-Stämmen, die *Nobah* oder *Nubah*, wenn auch der Sprache nach den Negervölkern verwandt, den Stämmen der Berbersprache (den Berabra, Scheikieh, Dschaalim) an. Die Nuba, insonderheit die Hedrani-Nuba am Kulfangebirge, haben scharfe, schöne Gesichtszüge, dunkelschwarze, ins dunkelbronze- oder Indigoblaue fallende Hautfarbe. Sie sind gewandt, gute Felskletterer. Den Kopf rasiren sie und tragen ihn unbedeckt, den Körper pflegen sie roth zu färben oder zu tätowiren; sie gehen fast nackt. Im Kampfe, an dem auch die Weiber theilnehmen, zeigen sie Kühnheit und Todesverachtung; ihre Waffen sind Lanzen, Keulen, vergiftete Pfeile. Sie zerfallen in unzählige kleine, lose zusammenhängende Stämme, staatliche Einigung fehlt gänzlich. Ihre Sprache hat eine merkwürdige Biegungsfähigkeit und charakterisirt sie als eignes Volk; die Taklawin-, Kulfan- und Scheibun-Sprachen stehen mit der Nubahsprache nicht in näherer Verwandtschaft. Die nomadisirenden *Bakara* oder *Baggara* in dem Steppenlande zwischen Kordofan und Takale im W., dem Bahr-el-Abiad im O. reden zwar arabisch und geben sich für Araber aus, müssen aber zu den eingeborenen, die Bedschaui-Sprache redenden Völkern gezählt werden, ebenso wie ihre nördlichen nomadisirenden Nachbarn, die Kababisch und die Hassanieh. Als Fremde wohnen wenige Aegypter und Danagele (Dongolaui) und zahlreiche Sklaven aus vieler Herren Ländern in Kordofan.

Ueberhaupt wohnt in Nubien eine bunte Mischung von Fremden. Die Oberflächenform und das Klima des Landes haben nie die Bildung eines einheitlichen Staates begünstigt; die politische Zerfahrenheit aber hat stets eine mächtige Anziehungskraft auf die benachbarten Reiche von Aegypten und Abessinien ausgeübt. Diese Verhältnisse, wie Nubiens Lage an der großen ostafrikanischen Verkehrsstraße erklären jene bunte Völkertafel. Denn außer den bereits aufgezählten, nach Abstammung und Sprache sehr verschiedenen Völkern gibt es *Abessinier* und *Gallas* in den südöstlichen Landestheilen; *Türken* als Soldaten und Beamte; ägyptische *Fellahs* als Beamte; syrische, mograbitische und *Hedschas-Araber* als Handeltreibende, Hausbesitzanten, Unteroffiziere x.; *Armenier*, *Juden* und *Griechen* ausschließlich als Händler; *Kopten* als Regierungsschreiber; *Sudanesen* aus Fur, Wadai, Baghirmi als Sklaven und Pilgrime; wenige *Franken* oder Europäer, und diese — leider! — meist mit Menschenraub und Sklavenhandel beschäftigt.

Die Einwanderungen der Araber aus Hedschas haben mit dem Islam auch die arabische Sprache in die Nilländer gebracht, und diese Religion verbreitet sich nebst der Sprache von Jahr zu Jahr weiter, die Idiome der eingeborenen Völker verdrängend. Freilich erhebt nun eine nicht geringe Anzahl der bekehrten einheimischen Stämme auf die Ehre des arabischen Namens und zwar stets auf die Abstammung aus Hedschas (freilich ungegründeten) Anspruch.

25*

Zu S. 88. Verfassung. Hält auch die türkische Herrschaft mit der Ordnung europäischer Staaten keinen Vergleich aus, so ist doch anzuerkennen, daß die früheren Unordnungen und Befehdungen seit der türkischen Besitznahme aufgehört haben und daß größere Sicherheit für Person und Eigenthum eingetreten ist. Freilich ist die Entwicklung des Ackerbaus, Handels und Verkehrs manichfach gebunden. Musa Pascha, der neue Gouverneur von Khartum, hat durch seine Energie einen heilsamen Umschwung der öffentlichen Verhältnisse hervorgebracht. Das Heer ist auf 6000 Mann Infanterie und 2000 Mann Cavallerie erhöht. Das Steuerwesen ist besser geordnet; Steuereinnehmer und Controleure werden besoldet; besteuert sind außer den Bauern und Arabern nun auch die Gewerbtreibenden, die Beamten, Diener, Matrosen ꝛc., welche 12 Prozent der Besoldung oder des Lohns abzugeben haben. Die Grenzländer gegen Abessinien haben in der Regel beiden Staaten Tribut zu zahlen, doch so, daß sie in ihrer eignen inneren Verwaltung nicht beeinträchtigt werden. — Sultan Nasr von Tekéléh hat sich unterworfen; ebenso der Sklavenhändler Muhammed Chèr, der im Schillukllande eine eigne Gewaltherrschaft aufgerichtet hatte und nun als Scheih zu den Dinka versetzt worden ist; Scheih Abu-Dschin von Sennaar ist mit 15000 Menschen nach Dongur in Westabessinien ausgewandert, doch nur, um in Frieden und Unterwerfung zurückzukehren. Alle diese kleinen Gewalthaber können für ihre Person bei dem Uebergang in türkische Herrschaft nur gewinnen, und dies erklärt den raschen Fortgang der türkischen Waffen. — In Kordofan regiert ein Bei, der unter dem Generalgouverneur von Khartum steht, er befehligt 6—800 Mann reguläre Truppen; unter ihm stehen Kaschefs, denen die Scheiks der einzelnen Dörfer ihre Abgaben zu bringen haben. Ein Kadi in Obeid ist oberste Justizbehörde, unter ihm stehen die Fakis in den Provinzen, die zugleich das Schulwesen leiten. — Die an den östlichen Küsten wohnenden Stämme der Bischarin, die Ammed Goráb und die Amerár, deren Heimat in dem unzugänglichen Soturbagebirge liegt, fand Schweinfurth (1864 und 1865) völlig unabhängig von der Pforte und von Aegypten.

Zu S. 89. Religion. Von den christlichen Missionen wird im Zusammenhang bei Abessinien die Rede sein.

Zu S. 89. Ackerbau. Um die Durahfelder vor Auswaschung durch Regenströme zu schützen, umgibt man sie mit Dämmen. — Die Durrah gibt die 280fache Frucht. Außer den genannten Getreidearten baut man Dochn (Pennisetum-Arten) und erntet die Saamen wildwachsender Gräser, des Triachyrum cordofanum Hochst., der Eragrostis tremula Hochst., der Eragrostis pilosa P. B., des Panicum Petivieri Trin., des punktirten Reis (Oryza punctata Ky.) In Kordofan baut man viel Indigo und Tabak. — Die Dattelpalme ist eine Pflanze der regenlosen Zone, hört also im Gebiet der tropischen Regen auf. Doch sind noch bei Khartum Dattelpalmen angepflanzt. Bei Khartum und andern Nilstädten ist überhaupt der Anbau sorgfältiger und es tritt Gartenkultur an die Stelle der Feldkultur.

Die Wohnungen der Wanderstämme (am Azrek) sind Zelte von großen schwarzen Teppichen aus Kamelhaar, die festen Wohnungen dagegen haben spitze Dächer. Jene Nomaden sind wohlhabend, weil ein fruchtbares, weide- und wildreiches Gebiet ihnen zur Verfügung steht, daher auch minder räuberisch als die nördlicheren Stämme der Wüsten. — Bei Roserres braucht man Ochsen als Reit- und Lastthiere.

Zu S. 89. Industrie. Ungleich dürftiger als bei den kultivirteren Völkern des Nilthals ist die Industrie der Negerstämme, welche ihre Waffen, Schilde, Elfenbeinringe ꝛc. nur mit Werkzeugen von scharfen Steinen bearbeiten. — In Khartum dagegen verfertigt man aus Gold geschmackvolle Armbänder, Ringe, Ohrringe, Tassenuntersätze u. dgl.

Zu S. 90. Handel. Das Elfenbein ist im Preis gesunken; der Zentner kostet in Khartum (gute Qualität) 75—90 Mar. Ther. Thlr., d. i. 110—135 Thlr. Noch vor kurzem kostete das Pfund bis 1 Thlr. 24 Gr. Früher wurden einzelne Zähne für Perlen, Armspangen, eiserne Geräthe, Mais, Branntwein ꝛc. am Nil oder unweit desselben gekauft, und es waren wenig Jagdstationen errichtet. Das vortheilhafte Geschäft überschüttete das Land mit europäischen Einfuhrartikeln, welche ihren Werth verloren, und nun legten sich die Elfenbeinhändler auf Menschenraub und Sklavenhandel, um einen allezeit giltigen Gegenwerth für das Elfenbein zu haben. Ortschaften wurden überfallen, ausgeplündert, die Menschen getödtet oder an die nächsten Stämme verkauft, ebenso das Vieh (oft 1 Ochse für 1 Pfund Elfenbein!). Seit der Sklavenhandel durch das türkische Gebiet verboten ist (im J. 1857), gehen die Sklavenhändler schon vor Dinka (11—12° N. B.) ostwärts über den Bahr-el-Azrek nach Kedaref und Sauakin oder Massaua. Indessen hat im J. 1864 Musa Pascha wieder 30 Sklavenschiffe auf dem Nil aufgebracht und den Sklavenhandel bis Hellet Kaka (10° 35' N. B.) unterdrückt — wenn auch die Regierung inkonsequent genug ist, die bei solchen Gelegenheiten erbeuteten Sklaven gewaltsam in ihre Truppen einzureiben. Denn für den Orientalen, wie für den Afrikaner hat der Begriff der Sklaverei durchaus nichts Widerstrebendes oder auch nur Auffälliges! —

Straußfedern kosten in Khartum 3½ Thlr. das Pfund. Gummi kommt in Menge von Kordofan; der Mann kann in 2 Monaten 4—5 Zentner zusammen für 200—250 Piaster (14—15 Thlr.) sammeln. Kordofan liefert außerdem in den nubischen Handel Elfenbein, Goldstaub, Straußfedern, Rindsfelle, Ochsen, treffliche Kamele, Tamarinden; der Sklavenhandel hat hier aufgehört; das Land ist sehr arm.

Zu S. 91. Topographie. Sebúa, Reste römischer Ruinen. — Korosko, an sich unbedeutender Ort. — Schellal, am l. Nilufer an der Nordgrenze; katholische Missionsstation.

Zu S. 92. El Mucheireff (El Mescherif, gewöhnlich Berber genannt), anderthalb Stunden lang, eine halbe Stunde breit, weitläufig vom r. Nilufer bis an den Wüstenrand gebaut; eigentliche Hauptstadt von Nubien, 30000 Ew.; Sitz eines Mudirie. Handelsstraßen nach Suakin, Khartum, Aegypten. — Die Bajuda-Steppe ist, mit Ausnahme der trocknen Jahreszeit, in welcher der Pflanzenwuchs zurück geht und das Gras verschwindet, von nomadisirenden Stämmen der Hassânie, Kababisch, Hauauir, Dscheraiâd, Sanrât, Wadieh, Robatat bewohnt, welche zahlreiche Kamel-, Schaf- und Ziegenherden besitzen, feste Wohnsitze gibt es nur wenige; um diese wird Büschelmais angebaut.

Zu S. 93. Die Provinz Sennaar reicht S. bis zum 10° N. B. und wird von Abessinien durch das Gebiet einiger ununterworfener Stämme getrennt. Sie enthält 3 Städte von 20—40000 Ew.; Waled Medinet, dem Einflusse des Rahad gegenüber, Sennaar und Roserres (Roseires). Die Bewohner der Provinz sind Nomaden, nur in den 3 Städten befinden sich Berberiner und einige Aegypter; die Nomaden geben vor, arabischen Stammes zu sein. Khartum, 50° (50° 10') O. F., 15° 35' N. B., längs des Bahr-el-Azrek, der sich kurz unterhalb der Stadt bei dem Dorfe Hodscholi mit dem Bahr-el-Abiad vereinigt, 1823 gegründet; 40000 Ew., darunter 1000 M. türkische Garnison; Sitz eines französischen Viceconsuls; österreichische katholische Missionsstation. Die Bevölkerung ist ein buntes Gemisch von Berberinern (Nubiern), Kopten, Aegyptern, türkischen Beamten, Neger- (1000) und Arnauten- (100) Soldaten, europäischen Kaufleuten.

Kanara, Hauptstadt (Dorf) der Provinz Gedaref (Kataref), W. vom Atbara; Handel nach Habesch, Khartum, Takka mit Rindern, Pferden, Elfenbein, Honig, Kaffe.

Kassala (Kassela), befestigte Hauptstadt der Provinz Taka, am Bahr-el-Gasch; 5000 Ew. innerhalb und 6000 Ew. außerhalb der Ringmauer, incl. die 1—2000 M. starke Besatzung. 3 Wasserquellen. Lebhafter Handelsverkehr mit Suakin und mit Galabat in Abessinien: Kaffe, Zucker, Honig, Häute, Elfenbein, Goldstaub werden eingeführt. Hauathi, $\frac{1}{2}$ Meile S. v. vor., am Bahr-el-Gasch; am Fuße des über 1300m hohen Dschebel Kassala. Sabterat, 3 Meilen O. von Kassala; Kalkbrennereien, Ackerbau, Boabab-Bäume. Gos-Radscheb (Regeb) an dem 80m breiten, fast 1m tiefen Atbara, durch günstige Lage für den Handel und durch gesunde Luft bevorzugt, Zollstation gegen Abessinien, 3—4000 Ew. Die Stadt zahlt jährlich 5000 Thlr. Tribut, die Lebensmittel müssen zum Theil aus Gedaref bezogen werden.

Zu S. 93. Suakin (Sauakin), Hauptstadt einer türkischen, früher dem Generalgouverneur von Hedschas, seit 1865 dem Vizekönig von Aegypten untergeordneten Küstenprovinz, mit dem Dorf Dschef 6—8000 Ew., die in der Regenzeit durch 10000 nomadisirende Araber vermehrt werden, welche S. von der Stadt in der Ebene von Fullah lagern. Die Hütten sind aus Stroh gebaut; unter den festen Gebäuden zeichnen sich der Divan und die Duane aus. Telegraphenamt. Brutto-Einkommen der Provinz 50000 Thlr., Administrationskosten 30000 Thlr. jährlich. Badur, 19 Meilen SO. v. vor., auf einer wasserlosen Koralleninsel in dem sichern Hafen von Akik (Agig), 1000 Ew.

Kórdofan ist von Dar-Fur durch eine fast unbewohnte, von unabhängigen arabischen Nomadenstämmen durchzogene Steppenzone getrennt. El Obeïd, 47° 48' O. F., in einer 5 Stunden breiten flachen Vertiefung, meist niedrige Strohhütten enthaltend, mit 1 Moschee nebst Minaret. Sitze von Kascheffs in Kordofan sind Abu Harras 6 Meilen SW., Bara 8 Meilen NNO., Tefara 6 Meilen O., Nachle 8 Meilen NO., Sákra 17 Meilen NO. von der Hauptstadt.

Südlich von Kordofan, doch nicht bis an den Nil heranreichend, erstreckt sich das Gebirgsland Takale oder Teggele zwischen dem 11° und 13° N. B. 47° 30' u. 49° 5' O. F., in einer mittleren Höhe von 600—1000m, mit zahlreichen Bergspitzen und mit tief einschneidenden Thälern. Der Rid-el-Nil, ein westlicher Zufluß des Nil, ist der Hauptfluß des Landes, der von SW. kommt und das Land quer durchschneidet, zur Regenzeit wasserreich ist, im übrigen Theile des Jahrs aber nur wenig Wasser führt. Hauptort Kabere an dem dichtbevölkerten Gebirgsstock gl. N. Tasin oder Teggele, 14 Meilen O. v. vor., 19 Meilen SO. von Obeid, im Teggelegebirge, dessen Bewohner viel Baumwollenstoffe verfertigen; Residenz eines Häuptlings. Deier, Gesamtname für eine Anzahl Dörfer auf dem gleichnamigen Gebirge, zwischen Teggele und Obeid.

Dar Nuba oder das unabhängige Gebiet der Nuba liegt zwischen 46° 40' und 49° 40' O. F., 10—12° N. B. in unbestimmten Grenzen, da der Grad der Abhängigkeit mehrerer Stämme ein schwankender ist; die Nuba wohnen weder bis an den Bahr-el-Abiad noch bis an den Keilak. Viele Nuba leben außerdem zerstreut in dem nördlich gelegenen Kordofan, wie in dem nordöstlich angrenzenden Takalé. Dar Nuba ist ebener als Takalé; unermeßliche, während der Regenzeit schön grünende Ebenen füllen das Land, aus welchem nur vereinzelte Bergstöcke hervorragen. Die Nuba scheinen vorzugsweise auf und an diesen Bergstöcken zu wohnen, während Bakara oder Baggara, d. h. Hirten, als Nomaden die Ebenen durchziehen. Außer dem Gold findet sich auch Kupfer und Zinnerz im Sande. Unter den Thieren ist das zahlreich vorkommende Nashorn, unter den Pflanzen Mimosa nilotica und Adansonia für die Wälder, Euphorbia Candelabrum Trem. für die Felsgegenden charakteristisch. Scheibun, ehemals wohlhabender Handelsplatz, Hauptstapelplatz für den Goldhandel im Nubalande, 1836 von den Aegyptern zerstört. Die Goldwäschereien scheinen sich längs dem Südrande der Bergstöcke Saburi, Tungur, Dabab, Tira, Schawani hinzuziehen.

Abessinien.

Zu S. 95. Literatur. Gius. Sapeto, viaggio e missione cattolica fra i Mensa, i Bogos e gli Habab con un cenno geografico e storico dell' Abissinia. Roma 1857. 8. — W. Munzinger, ostafrikanische Studien. Schaffhausen, 1864. 8. mit 1 Karte. — Rob. Hartmann, Reise des Freih. Adalbert v. Barnim durch Nordostafrika 1859.60. Berlin 1863. 4, mit 3 Karten und Atlas von 9 Chromolithen u. 15 Steintafeln. — Karten: A. d'Abbadie, Ethiopie. Paris 1864. (bis jetzt 8 Sectionen).

Zu S. 93. Grenzen. Abessinien ist in dem letzten Jahrzehnt wieder ein einiges Reich geworden, und sein Gebiet erstreckt sich im Westen bis in die Ebenen längs des Gedscheb (Uma), Bahr el Azrek und Atbara; im Nordwesten und Nordosten sind die Grenzlinien noch unbestimmt, indem dort die am Fuße des Hochlandes wohnenden Stämme gleichzeitig den Türken und den Abessiniern tributär sind, hier die natürliche Grenze von Abessinien, das Rothe Meer, durch die Eroberungen der Türken verloren gegangen ist und die landeinwärts wohnenden Stämme gleichfalls unter dem Einflusse beider Reiche stehen.

Zu S. 95. 96. Oberfläche. Das Hochland von Abessinien hat ein eigenthümliches Gepräge; seltsam zerrissen und doch großartig schön in seine Formen, eine reiche Abwechslung von kahlen Felswänden und gut bewachsenen Flächen und Gehängen. Tiefe Einschnitte trennen die einzelnen Plateautheile und lassen sie als gesonderte, oft unzugängliche, in ihrem Niveau verschiedene Felseninseln erscheinen. „Die seltsam gewundenen Horizontlinien kann man sich nicht vorstellen, wenn man sie nicht gesehen hat. Tafelberge wie zertrümmerte Mauern erscheinend; runde Massen in Gestalt von Domen; gerade, geneigte, umgestürzte Kegel, spitz wie Kirchthürme; Basalte in Gestalt von ungeheuern Orgeln: alle diese Formen drängen sich, bauen sich über einander auf, so daß man sie für die zerstörte Arbeit von Titanen halten möchte. In der Ferne verschmelzen sie mit den Wolken und mit dem Himmel, und in der Dämmerung meint man ein aufgeregtes Meer vor sich zu sehen." — Die nordöstliche Randerhebung von Habesch zieht, kaum 6 Meilen von Massaua, mit der Küste parallel nach SSO.; sie scheint sich, von fern gesehen, plötzlich aus der Ebene zu erheben, ihre Ansteigung ist aber durch zahlreiche Vorgebirge vermittelt, die südlich von Massaua bis an das Meer herantreten, nördlich von dieser Stadt aber einem Streifen wüsten Flachlandes (den Wüsten Schäb und Kerker) Raum lassen. 6—8 Meilen landeinwärts hat das Hochland schon 2000m Höhe, und seine Gipfel übertragen die Fläche noch um ein Beträchtliches, so der Gurumba 2600m, der Bizen 2564m, der Gad 2603m, der Sauk Ara 2958m, der Birgago 3152m, sämmtlich im W., SW. und S. von Massaua. — Gegen Norden und Nordwesten verbreitet sich das Hochland von Habesch in drei Ausläufern und senkt sich mit deren Vorbergen allmählich zu den Ebenen herab: 1) von Hamasen aus erstreckt sich nordwärts das 1000—2000m hohe Plateau von Tsatsega, zwischen der Küstenebene und dem Barka, durch den Anseba in zwei Abtheilungen zerschnitten und nordwärts in ein dürres, zerrissenes Bergland mit schroffen, zackigen Formen, aber geringerer Erhebung (6—700m) übergehend, gegen O. und W. in das Sohel und zum Barkafluß rasch abfallend; 2) vom Hochland von Sarae aus nach W. erstrecken sich niedrigere Plateaulandschaften zwischen Mareb und Gasch durch das Barealand bis gegen Algeden und Kassala, sich von da nordwestlich ins Gebiet der Hadendoa hinein verflachend; 3) vom Hochland vom Tigre und dessen Randprovinzen Adiabo und Schiré ausgehen niedrigere Höhenzüge ins Kunama-Gebiet zwischen Mareb und Takazzie hinein und verflachen sich nach Westen bald in weite, mit Gras und spärlichem Baumwuchs bedeckte Ebenen. — Ueber die Schneelinie erhebt sich, nach Angabe der Landeseinwohner, das Gebirge an 6 Orten: 1) das Samän- oder Samiengebirge mit dem Abba Jared 4563m, Ras Detschen 4328m (4680m?), Bachit oder Buahit 4185m, Silke, Madscha, Amba Ras, sämmtlich über 4250m; 2) der Koleb, angeblich 4100m; 3) der Guna oder Guna in Begemider 4171m (nach Rochet nur 3832m); 4) der Wara Jahay in Lasta; 5) die östlichen Grenzgebirge in Wadla; 6) der Adri-Doa bei Enderta. Doch reduzirt sich der „ewige Schnee", nach v. Heuglin's und Steudner's Beobachtung, auf dem 4200m hohen Plateau zwischen dem Silke und Bachit auf Eis; nur zur Regenzeit deckt lockerer, körniger Schnee die Gipfel, und die Flechten- und Moosvegetation reicht bis auf die höchsten Gipfel, während bis nahe an 4000m noch Gerste kultivirt wird.

Zu S. 98. Geognostische Beschaffenheit. Die Basis des Hochlandes von Tigre, in den tiefsten Thaleinschnitten bloßgelegt, ist rother Granit mit schönen Feldspathkrystallen; ihn deckt Urthonschiefer; auf diesem liegt rother Sandstein, der indessen an machen Strecken fehlt; darüber lagert die 10—30m starke Eisenthonformation, d. i. eine durch Zersetzung basaltischer oder trachytischer Gesteine gebildete, meist durch Porzellanjaspis zu einem Konglomerat verbundene, völlig versteinerungslose Wacke, welche die Oberfläche der Plateaus bildet und oft von vulkanischen Hügeln und Bergen überragt wird. Demnach tragen die Bergformen in Tigre den Charakter sedimentärer Formation, der indessen durch die zahlreichen vulkanischen Kegel- und Tafelberge, wie durch die tiefen Erosionsthäler, mannigfache Abwechselung erleidet. Das Hochland Simen-Woggara ist ganz vulkanischer Natur. An den von oben herab steilen, oft senkrechten, nach unten durch Schuttanhäufungen geneigt erscheinenden Thalwänden erblickt man horizontale Bänke von Lava, Trachyt, Basalttuff; die Hochgebirge bestehen aus Klingstein, Basalttuff, Trachyt; die aufgelöste Oberflächenschicht bildet auch hier meist ein eisenreicher Thon. — In Tigre finden sich Jaspis und zahlreiche, zur Verarbeitung in Achatschleifereien geeignete Achat- und Chalcedonknollen; die vulkanischen Gebirge enthalten zahlreiche Krystalle (Heulandit, Stilbit, Chabasit, Chiastolith, Harmotom), welche auch ausgewaschen in den Strombetten häufig vorkommen. Auffallend ist die Armuth des abessinischen Gebirgslandes an Metallen, nur Eisen findet sich in Bänken von thonigem und kieseligem Eisenstein von Hamasen an südwärts durch Tigre hindurch; ebenso findet sich Bohnerz, Roth-, Braun- und Spatheisenstein. — Die Bucht Gubet-Harûb, an deren Mündung in das Westende des Golfs von Tadschurra sich heiße Quellen befinden, ist ein ungeheurer, 2½ Meilen langer, halb so breiter alter Krater, von senkrechten vulkanischen Klippen umgeben; das Wasser ist allenthalben zu tief, um als Hafen zu dienen. Auch der Birket-el-Assal (—174m, nach Andern —180m oder nur 60m, also eine bedeutende Depression bildend) scheint ein solcher ehemaliger Krater zu sein; in seiner Mitte erhebt sich ein kleiner Eruptionskegel. — Eine vulkanische Eruption hat im Mai 1861 in der Nähe von Ed (14° N. B.) stattgefunden. Auch die Hauakilinseln sind vulkanischer Natur.

Zu S. 100. Gewässer. Die Hauptflüsse des Landes sind, von N. nach S., der Mareb, der Takazie, der Bahr-el-Azrek und der Godscheb, sämmtlich zum Nilgebiet gehörig, während der Hawasch und Barka ihre Gewässer dem Rothen Meere zuführen. 1) Der Mareb, im Mittellauf Sena (Soba), im Unterlauf Gasch genannt, entspringt auf der Hochebene von Tsazega (etwa 2300m), senkt sich rasch in felsige Thalschluchten, fließt südwärts durch Hamasen, umfließt die Ost-, Süd- und Südwestseite von Sarae und Gundet und tritt dann nordwestlich aus dem abessinischen Hochlande in das Hügelland der Basen und endlich bei Kassala in Taka in die Ebene hinaus. Seine Breite beträgt bei Gundet, 13 Meilen von der Quelle, in der trocknen Jahreszeit nur 10—12m, bei einer Tiefe von ⅓m; weiter abwärts hört er in der trocknen Jahreszeit auf zu fließen, und es bildet sich in seinem Bett eine oft unterbrochene Reihe von Tümpeln und Teichen, während das Wasser in den Sandschichten unter der Oberfläche seinen Lauf langsam fortsetzt, vor gänzlichem Verschwinden durch die feste Natur des Untergrundes gesichert. Ueber seinen Unterlauf vergl. S. 372. 2) Der gewaltige Hauptfluß des mittleren Abessinien ist der Takazie (Takazze). Von den östlichen Randprovinzen Angot, Wofla, Doba, wie von Lasta, Waag, Enderta, Tigre, Samien führt er die Gewässer zusammen und leitet sie in einer engen tiefen Ausgangspforte zwischen den Provinzen Schiré und Wolkait nordwestwärts aus dem Hochlande hinaus. Sein Lauf, von der Quelle bis Sana nach N. gerichtet, wird von da an ein westlicher; unter dem Namen Schetit fließt er bis Sofie, wo er seinen mächtigsten Nebenfluß, den in den Gebirgen von Tschelga entspringenden, durch die Gandowa und den Basalam verstärkten Gwang (Guanch, Guangue) aufnimmt, und unter dem Namen Atbara sich nun wieder nordwärts wendet. Nach Einigen soll auch der obere Guang den Namen Atbara führen; doch ist der Takazie ohne Zweifel der Hauptstrom. Südlich von Axum ist er 35m breit, 1m tief und fließt mit reißendem Lauf, Stromschnellen und zahlreiche kleine Katarakte bildend; Steudner schätzt die Menge des dort in ihm fließenden Wassers am 1. Januar auf 350 Kubikfuß in der Sekunde, beim Hochwasser in der Regenzeit dagegen auf das 65fache. — 3) Der Dender entspringt im südwestlichen Hochlande, nimmt den Galago (aus Goara) und den Schimfa (aus Goara und Sarago) auf und führt erst unterhalb Sennaar seine Gewässer dem Bahr-el-Azrek zu. Im Gebirge aus tosenden Wildbächen zusammenströmend, reich an Fischen, Krokodilen und Nilpferden, breiten sich alle diese Flüsse in flachen Betten aus, sobald sie in die Ebene eintreten; weiter abwärts sind sie wieder schmal und tief; im weiteren Verlauf aber während der trocknen Jahreszeit wasserarm. Am Dschira, einem östlichen Nebenflusse des Schimfa, sind „kochende" d. h. kohlensaures Gas entwickelnde, eisenhaltige, kalte Quellen (etwa 15 an Zahl). — 4) Der Bahr-el-Azrek oder Blaue Fluß, in seinem Oberlauf Abai genannt, entspringt ungefähr unter 11° N. B. auf den Hochgebirgen von Agaumider, und erreicht nach einem 15 Meilen langen gegen N. gerichteten Laufe den Tsanasee, dem auch von N. und O. fast gleich mächtige Zuflüsse sich zuwenden, und der demnach als Quellsee des Blauen Flusses gelten kann. Der Tsanasee (1911m) mit seinen pittoresken felsigen Basalt- und Trachytufern, mit seinem klaren tiefblauen Wasser und seinen zahlreichen grünen Inseln, übertrifft die Alpenseen an Schönheit. 25 warme Quellen entspringen in seiner Umgebung, mehr als 30 Flüsse führen ihm Wasser zu. Der Abai, der im SO. abfließt, ist nur noch kurze Zeit ein Fluß der Hochebene, bald stürzt er sich, wie die meisten abessinischen Flüsse, in ein tief einschneidendes Thal; bei den Fällen von Dendri hat er noch 1530m, kaum 5 Meilen weiterhin nur 1174m, bei Melka Kuri 792m, beim Austritt aus dem Lande kaum noch 600m, was vom Tsanasee bis zur Landesgrenze auf 60 Meilen Lauf einen Fall von 16,4m für die Meile betragen würde. Unter den Zuflüssen des Abai sind die von Osten kommenden, der Baschile, der Dschemmo (Dschiamma) mit dem Seldschi, der Mogur die bedeutendsten; mit zahlreichen Wasserfällen entströmen sie dem Hochlande von Schoa. Beim Austritt aus Habesch endlich nimmt der Bahr-el-Azrek von S. her die Dedhesa (aus Enarea und Guma kommend) und den Tumat auf. Der Lauf des Bahr-el-Azrek innerhalb Abessiniens kann auf 90 Meilen, von da bis Khartum auf 100 Meilen, zusammen auf 190 Meilen, geschätzt werden. — 5) Der Godscheb, im obern Laufe Uma, entspringt im Hochlande von Kaffa, welches er, dem Abai ähnlich, fast kreisförmig umfließt, sein Ober- und Mittellauf ist wenig bekannt, abwärts vereinigt er sich mit dem Sobat und fließt mit diesem dem Bahr-el-Abiad zu. — 6) Der Hawasch, der in Guragie entspringt, und dessen zahlreiche Nebenflüsse vom Ostabhange des abessinischen Hochlandes herabkommen, ergießt seine Gewässer zur Regenzeit in mehrere Seen, in die kleinen Seen Kittu und Hillu und in den Assalsee, dessen Wasser in der trocknen Jahreszeit zum größeren Theil verdunstet, indem es starke Lagen krystallisirten Kochsalzes zurückläßt. So rasch diese Flüsse vom Gebirge herabstürzen, so schnell verlieren sie sich in dem fast horizontalen Unterlauf durch das sandige, überaus heiße Gebiet von Mudaito und Adal. — 7) Der Barka vgl. Nubien, S. 372.

Zu S. 102. Klima. Man unterscheidet in Abessinien drei Bodenhöhen oder Regionen von verschiedener klimatischer Beschaffenheit: 1) Die Kollas oder das Niederland, 1000—1600m hoch, mit einer mittleren Wärme von 25°—36° C. und reicher Vegetation; 2) die Waïna-Degas, 1600—3000m hoch, mit einem Hochlandklima wie Spanien, doch ohne die Trockenheit Spaniens; die Temperatur wechselt zwischen 14 und 27° C., die Vegetation ist außerordentlich reich, die Luft erfrischend, das Land für den Anbau trefflich geeignet und dicht bewohnt; 3) die Degas, 3000—4600m hoch, mit einer mittlern Temperatur, die bis unter 0 (an einem Orte wurde —2,3 C. beobachtet) herabgehen kann, daher baumlos; die bald größeren, bald kleineren Tafelflächen, die dieser Region angehören, sind meist mit Gräsern, die höhern Bergspitzen nur noch mit Moosen und Flechten bedeckt. — Neuerdings ist das Reich Theodor's an einigen Stellen auch bis zu 700m herab ausgebreitet worden, ja die Südweststrecke am Bahr-el-Azrek wird 600m noch nicht erreichen, nimmt also an dem Klima des benachbarten Fasokl und Sennaar Theil. — Am Takazie war die Temperatur morgens (im Winter) 15°, mittags 31—32°, abends 25—26°, die mittlere Temperatur 26—27½°, also viel höher als auf den Plateaus. Demzufolge kann in diesen Thälern auch Durra gebaut werden. In Tigre fand Steudner, etwa 900m über dem Meere, Anfang Januar 12—15° bei Sonnenaufgang, 32—36° mittags, 24—26° abends; im Triebsande 1" unter der Oberfläche bis 64°, in der Erde bei 0,5m Tiefe 26,7°, welche Summe als mittlere Jahrestemperatur gelten kann (etwa 900m über dem Meere): — auf dem 3500m hohen Plateau dagegen 3,5° früh, 16° mittags, 8° abends (Mitte Januar), an jedem Morgen fiel starker Reif. Das Küstenland am Rothen Meere hat eine zwischen 25° und 45° wechselnde, ja bis 50° steigende Temperatur, ist aber nicht ungesund. Die Regenzeit tritt in Massaua im November ein, in den nahen Bergen dagegen dauert sie vom September bis zum Januar. Im Takaziethal (13—14° N. B.) ist sie eine doppelte; sie beginnt im April und dauert bis gegen Ende Juni; im Juli heiteres Wetter, mit Gewittern vermischt, die sich durch Nebelkappen auf den Bergen ankündigen; zum zweiten Mal im August und September. In Fassokl dauert die Regenzeit von Ende April bis September ununterbrochen; auf der Hochebene (Adowa) treten zuerst intermittirende Regen (zu bestimmten Tageszeiten, bei sonst klarem Himmel) ein, und die Hauptregen erfolgen von Juli bis Oktober. Auf den Degas giebt es das ganze Jahr hindurch Regen, oft auch Hagel und Gewitter. — Weiter südwärts, in Schoa und Enarea (8—10° N. B.) treten 2 völlig getrennte Regenzeiten auf, eine stärkere vom Juni bis Anfang September, eine schwächere im Januar und Februar. Dagegen hat das Hochland der Danakil, wie das Bischarieh-Gebiet im NW. fast keinen Regen. — Der Hygrometer zeigt während der Regenzeit in Abessinien stets 90—95°, die Luft ist dann, namentlich nachmittags, so feucht, daß auch ohne Regen die Kleider vollständig mit Wasser getränkt sind. Die Regenmenge betrug zu Entitscho über 2000m hoch am Fuß des 3000m hohen Amgar, 5 Meilen O. von Adua

im	April	37	Millimeter
„	Mai	68	„
„	Juni	74	„
„	Juli	302	„
„	August	177	„
„	September	126	„
		784	Millimeter,

in den übrigen Monaten fiel kein Regen. In dieser Regenzeit, dem abessinischen Winter, schwellen die Flüsse an, der Takazze steigt von 1m auf 7m, alle Communicationen sind durch das Hochwasser unterbrochen, die höchsten Gipfel bedecken sich regelmäßig mit Schnee und die Schneelinie steigt von 4300m (in der trocknen Jahreszeit) auf 3400m herab. „Ewiger Schnee" findet sich also nur auf den Bergen, welche 4300m überragen.

In den Ländern am Nordwestfuße des Hochlandes (dem untern Theil von Galabat und Ermetschoho, wo eine dicke Humusschicht den vulkanischen Boden bedeckt, ist der Aufenthalt vor und nach der Regenzeit ungesund, selbst die Eingebornen ziehen dann in die nördlicheren Sandgegenden.

Zu S. 104. Flora. Die Hochlandsflora von Abessinien ist reicher und üppiger, als man bei der bedeutenden Meereserhebung eines Plateaus, selbst in dieser heißen Zone, erwarten sollte, sie ist es auf Kosten der Nachbarländer am Rothen Meere, am Barka, Atbara und Nil, denen um so weniger Regen zukommt, je mehr dem Hochlande zu Theil wird. In den Kollas gedeihen Baumwolle, Indigo, Gummibäume, Adansonien, Ebenholzbäume, Tamarinden, Mekkabalsambäume, Zuckerrohr, Kaffe, Bananen, Dattelpalmen; Durrah und Tagussa (Eleusine Dagussa) werden als Getreide gebaut, für Weizen ist das Klima noch zu heiß. In den Woina-Degas gedeihen die europäischen Getreidearten neben Kaffe, Bananen, Terebinthen, Orangen, Pfirsichen, Datteln (letztere im Takazzethal bis 2400m). Unter den Waldbäumen, die hier einen entschieden andern Charakter annehmen, zeichnen sich die Wanza (Cordia abessinica), der Kollwal (Euphorbia abessinica), die Weira (Oelbaum), der hohe Zegba (Podocarpus), die Sparmannia, die Sykomore aus; an den Flüssen wächst der Rotang; die Bäume sind oft mit den prachtvollen Blüten des schmarotzenden Loranthus überwuchert. In den Degas ist eine alpine Vegetation, mit klee- und grasreichen Weiden, dürftigen Roggen- und Gerstefeldern, letztere bis 3900m, mit Flechten bedeckten Ericaceen und Disteln. Nur zwei Vertreter der Baumwelt finden sich noch: der Kosso (eine Mimose), und die 5m hohe, krautartige Dschibara (Rhynchopetalum montanum, eine Lobelie), welche die Palmenform nachahmt und bis 4313m ansteigt. Auf den düstern Trachyt- und Basaltfelsen der höchsten Erhebungen findet sich nur Moos- und Flechtenvegetation. — In den Bogosländern dagegen vereinigt sich die Schönheit der Alpenländer mit dem Reichthum der Tropen. — Thierwelt. Abessinien ist reich an Thieren aller Arten. Löwen, Geparden, Leoparden, Hyänen sind die häufigsten unter den Raubthieren, namentlich zahlreich in den Vorbergen an den Rändern des Hochlandes; Zebras, Giraffen, Antilopen, Gazellen gehören den noch weit zahlreichern, friedlichen Familien der Pflanzenfresser an; das äthiopische Schwein, der Elefant gedeihen in den feuchtern Wäldern tieferer Gegenden. Schlangen von ungeheurer Größe, Skorpione und eine Fülle andrer schädlicher Insekten (wie die braunhaarige Spinne Dhamotera) erfüllen die Bewohner mit Schrecken, doch kommt die Tsetsefliege nicht in den abessinischen Höhen vor. Um so ungestörter kann sich die Viehzucht entwickeln: ungeheure Herden von Ochsen, Ziegen und langwolligen Schafen ziehen auf den Weiden umher und bis auf die höchsten Alpentriften hinauf. — Durch Einführung von Lamas und edlen Schafen, wie von Kaschmir- und Angoraziegen, könnte der Wohlstand des Landes jedenfalls gehoben werden. — Bedeutend ist, namentlich am oberen Ain Saba, der Reichthum an Raubvogelarten, wie an Fledermäusen; für beide ist Nahrung in hinreichender Menge vorhanden, und an geeigneten Schlupfwinkeln kein Mangel. Unter den Vögeln sind mehrere Arten des Indicator nicht häufig, doch allgemein bekannt, und werden von den Honigsuchern gern benutzt. — Am Golf von Tedschura leben viele Paviane, Leoparden, Hyänen, Schakale, Gazellen, Warzenschweine, Klippdachse, Siebenschläfer; sehr zahlreich sind die Geschlechter der Vögel vertreten. — Mineralien. An Metallen und edlen Steinen ist Abessinien arm: nur Eisen kommt in Menge vor als Thoneisenstein, Bohnerz, Rotheisenstein, Brauneisenstein, Spatheisenstein. Gold findet sich sehr wenig, häufiger scheint es weiter südlich in den Gallaländern zu sein. Steinsalz wird aus dem Lande der Teltal nach Abessinien eingeführt; in demselben Gebiet ist die Solfatare von Kebrid-Ale, wo viel Schwefel gewonnen wird.

Zu S. 106. Bevölkerung. „Die sogenannten Aethiopen", sagt Munzinger, „sind durchaus nicht Ein Völkerstamm, sondern eine wahre Musterkarte von Völkern, deren Kolonien auf dem kleinen, aber von der Natur begünstigten Raum sich zusammengedrängt haben, und durch Klima und Politik sich äußerlich ähnlich geworden sind." Die Sprache ist, wie in Nubien, so auch in Abessinien, kein entscheidendes Moment für die Beurtheilung einer Nationalität, da viele Stämme sich einer fremden Sprache anbequemt haben: — und so bleiben die ethnographischen Fragen in Abessinien noch immer theilweise unentschieden. Den Hauptstamm der Bevölkerung bilden die Abessinier, wahrscheinlich semitischen Ursprungs; von Einigen für Nachkommen der unter Psammetich ausgewanderten ägyptischen Kriegerkaste gehalten. Ihre Sprache, das Tigre, auch Chassa genannt, eine Tochter der semitischen Geez-Sprache, wird in verschiedenen Dialekten (Latham zählt das Tigre, das Arkiko, das Amhara, das Argobba, das Harrargie oder Adhari, das Guragie, das Gafat als zu dieser Sprachgruppe gehörig auf) vom Rothen Meere bis zum Bahr-el-Azrek und zum Godscheb gesprochen; es ist auch die herrschende Sprache auf den Dahlakinseln, im Sambar nördlich von Sula an, bei den Habab, Mensa, Betschuk, und Marea, bei den Beni Amer des Sëhel. Mit andern Sprachen gemischt wird es in Bogos und Takur, im Barka, in Algedén, Bitamal, Sabderat, Hallenga gesprochen. Physische Eigenthümlichkeiten der Abessinier sind eine braune Hautfarbe, im Norden heller (in Tigre fast in Weiß übergehend) im Süden dunkler, fast schwarz — so selbst in dem hochgelegenen Samen. Der Ständeunterschied ist bei den Abessiniern gering. Obgleich die Art und Weise der heutigen Abessinier dem mittelalterlichen Ritterthum Europas entspricht, sind doch der Soldat, der Kaufmann, der Grundbesitzer, der Ackersmann gleichgeachtet, Herr und Diener stehen oft auf freundschaftlichem Fuße. Anhänglichkeit der Dienenden, Treue und Ehrlichkeit werden im

Allgemeinen an den Abessiniern gerühmt. Auch zahlreiche Juden, Falascha oder Falassa, d. h. Exilirte, genannt, wohnen im nördlichen Habesch, in Samen und Augaumider, nur dem Namen nach zum abessinischen Christenthum sich bekennend. Durch Thätigkeit, Reinlichkeit, aber auch durch Händelsucht zeichnen sie sich vor Christen und Mohammedanern aus; sie sind meist Weber, Töpfer, Maurer, Eisenarbeiter, Landwirthe, nicht aber Kaufleute. Bis zum Anfang des 17. Jahrhunderts hatten sie in den Gebirgen von Samen und Bellesa ihre eigenen Könige, dann aber wurden sie vertrieben und zerstreut. Ihre Zahl wird auf $\frac{1}{4}$ Million geschätzt. . . . Der Name Galla oder Gala bedeutet „die Umherschweifenden, die Nomaden"; weiter nach Südwest werden die Stämme derselben Nationalität Wahuma genannt. Sie selbst nennen sich und ihre Sprache Ilm'orma, d. h. „Söhne der Männer". Sie sind theils Christen und Moslemim, theils Heiden. In Abessinien ist ihre Macht durch König Theodoros wesentlich beschränkt und viele Stämme sind nach harter Gegenwehr unterworfen worden; dagegen haben die Galla Eroberungen in den seenreichen Binnenländern am Aequator unternommen und die Königreiche Karague, Uganda und Uniore im W. des Ukerewe-Sees erobert; im S. gehören zu den Galla noch die Wakuafi und Masai landeinwärts von Mombas. Mit den Galla verwandt sind auch die Danakil, ein kräftiger, den östlichen Abessiniern ähnlicher Menschenschlag. Sie haben lichte Hautfarbe, tragen langes krauses Haar, selten rasiren sie den Schädel. Sie bekleiden sich mit dem abessinischen Umhängetuch oder mit der Leibbinde; ihre Bewaffnung sind eine Lanze, ein zweischneidiges Säbelmesser und ein runder Schild aus Antilopenfell. Die Frauen kleiden sich in lange weiße Hemden und indigoblaue Ueberkleider, das Haar schmücken sie mit bunten Glasperlen, die Arme mit Bändern von Perlen oder Bernstein. Die Danakil sind feig, diebisch, träge, mistrauisch, unreinlich, daher häufig von Hautkrankheiten heimgesucht. Sie selbst nennen sich Afer oder Afr, und wohnen von der Seeküste $11\frac{1}{2}^0$ bis 15^0 N. B. bis an den Abfall des abessinischen Hochlandes oder bis an das an dessen Fuße hinziehende Salzwüstenland. Sie zerfallen in viele von einander unabhängige Stämme. Der Name der Schangalla, Schankella oder Schankala ist kein Volksname, er bedeutet „Heiden" und wird von den Mohammedanern zur Bezeichnung der Kunama und Barea, wie andrer längs dem Fuße des abessinischen Hochlandes wohnender Heidenstämme gebraucht. Die Kunama oder, wie sie von ihren Nachbarn genannt werden, Basa wohnen zu beiden Seiten des Mareb oder Gasch von seinem Austritt aus dem Hochlande bis hinab gegen Kassala; ein Stamm, der durch Religion (ein Heidenthum ohne Kultus, ohne Gebet), Gesetz (streng durchgeführte Gleichheit Aller, ohne Aristokratie, ohne Sklaverei, ohne Familienleben), Sitte (unbeschränkte Verehrung des Alters, Friedfertigkeit gegen den Landsmann, Haß gegen alles Fremde), Sprache und Abstammung den christlichen Abessiniern ebenso fremd und fern gegenübersteht, als den mohammedanischen Bewohnern des östlichen und südöstlichen Nubiens. Die Sprache ist accentlos, und erinnert an die der innerafrikanischen Negerstämme; in der Körperbildung findet sich keine Verwandtschaft mit den Negern; Munzinger vermuthet in den Kunama Reste der alten Bewohner Abessiniens. Mit den stärkeren Grenzabessiniern von Ad'Jabo verbunden, machen sie häufige räuberische Einfälle in die nordwärts gelegenen tieferen Gegenden, so daß auch hier ein unablässiger Kampf des Islam gegen das Heidenthum stattfindet. Bei diesen häufigen Fehden erscheinen die Häuptlinge dieser Kunama („Schengello") höchst originell und malerisch im Drathpanzer, gleich den Reitern von Bornu und Baghirmi, den Kopf mit eiserner Pickelhaube bedeckt, auf ihren zum Schutz gegen Lanzenwürfe in polsterartige Decken eingehüllten und mit großen Stirnblechen versehenen Pferden. Die Sprache der Kunama wird die Basen-Aura genannt; die Abstammung ist zweifelhaft. Einst bewohnten die Kunama das Tigre mit der Hauptstadt Axum, wurden aber von den Geesvölkern verdrängt. — Nordöstlich von ihnen, zwischen dem Mareb und dem Barka, wohnen die Barea, welche, wie die Leute von Hagr und Mogoreb, das Nere-Bena reden, eine weder mit der Basen-Aura, noch mit irgend einer Nachbarsprache verwandte Sprache. Sie haben früher in Bogos und Takue gewohnt und sind von da durch die Geesvölker vertrieben worden. Ihre körperlichen Eigenthümlichkeiten sind eine markirte, oft adlerartig gebogene Nase, ein großer Mund, doch ohne aufgeworfene Lippen, eine gelb bis schwarz nuancirte, meist dunkle Hautfarbe. Die Religion der Kunama und die der Barea sind sich ähnlich: ein gleichgiltiger Deismus, ohne wöchentliche oder jährliche Festtage; es herrscht Ehrfurcht vor dem Alter und vor den Todten, andrerseits gibt es viel Aberglauben. Das Amt der Alfai oder Regenmacher ist erblich. Die Beschneidung ist von Alters her üblich. Der Islam macht mächtige Fortschritte. Die Abstammung beider Völker schwebt noch im Dunkeln. Das Naturell der Kunama ist ruhig, das der Barea lebhaft. „Einförmig und ohne ausgeprägten Charakter wie das Land," sagt Munzinger, „ist hier der Mensch und seine Verfassung; nichts strebt, nichts beherrscht; lose zusammengeworfene Gemeinden entbehren der staatlichen Einheit und der bürgerlichen Verschiedenheiten." So gibt es bei den Kunama und bei den Barea keinen Staat, sondern nur ein friedliches, ruhiges Zusammenleben. Es herrscht persönliche Gleichheit, außer der durch das Alter bedingten Ungleichheit; keine Leibeigenschaft. Der Schwestersohn ist Erbe. Der Eigenthumsbegriff ist nicht ausgebildet; Verbrechen sind gleichwohl selten. Gegen außen fehlt Zusammenhang und Volkskraft. Seit langer Zeit besteht Feindschaft zwischen den Kunama und der abessinischen Provinz Adiabo, deren Fürst Tsadik neuerdings die nördlichen Kunama und die Barea, gleichzeitig mit Barka und Algeden, zinspflichtig gemacht hat. Aber auch die Türken von Nubien aus fordern Tribut; beide Mächte, ohne sich in die innern Angelegenheiten dieser Völker zu mengen. Von Adiabo aus werden häufig Kunama als Sklaven verkauft. — Die Baraka oder Barka, welche das obere, bergige und hügelige Gebiet des gleichnamigen Flusses bewohnen, sind eine gemischte Nation, aus einem Adel von eingewanderten, jetzt mohammedanischen Abessiniern und aus unterworfenen Aethiopen vom Bedschastamm bestehend. Jene reden ursprünglich das Tigre, geben sich aber für Araber aus, diese sprechen das Bedschaui; alle führen in dem dünn bevölkerten Lande ein nomadisirendes Leben. — Vor Zeiten wohnten im Lande die Belau, die ihren Ursprung gleichfalls von den Arabern ableiten, und die Kelau, wahrscheinlich dem Islam angehörig; die jetzigen Herren nennt man die Nebdab, d. h. die Neuaufgewachsenen. — Die Beni-Amér, welche zum Theil das Tigre, zum Theil das Bedschaui reden, wohnen in den Ebenen am mittleren und untern Barka und in den nördlichsten Gebirgsausläufern des abessinischen Hochlandes bis ans Rothe Meer. auch das früher von den christlichen Bogos und Marea bewohnte Plateau von Debré-Salé benutzen sie als Weideplatz. Die Beni-Amer des Söbel, d. h. des sandigen, heißen Küstenlandes bestehen aus hellfarbigen Adeligen in 2 Stämmen, den (vielleicht arabischen) Belu und den Nebtab, und aus dunkelfarbigen, schwärzlichen Unterworfenen, den (Tigre redenden) Hassa und den Bedaui. Dazu sind arabische Scheichfamilien und eingeborene oder neugekaufte Sklaven (die ersteren mit vielen Vorrechten) gekommen. Nach kurzem Kampf sind sie von den Türken unterworfen worden, von deren Herrschaft die Adeligen ihren Vortheil haben. Alle Beni-Amer stehen unter einem Stammfürsten aus dem Stamme der Nebtab. Männer und Frauen kleiden sich in eine Tunika von weißem Calicot oder von inländischem Zeug, den Kopf haben sie meist unbedeckt, die Füße sind durch Sandalen geschützt. — An die Beni-Amér grenzen im S. die Habab, welche das Hochland zwischen dem Anseba und dem Küstenlande der Sambara bewohnen und eigentlich auch Besitzer dieses letztern sind. Die Sprache der eigentlichen Habab — welche durch Vermischung mit Lauten vieler andrer Völker ihre Originalität verloren haben — ist ein altes Ghees, durch Vermischung zu einem eigenthümlichen Arabischen umgebildet; die Dialekte der Bogos, Mensa, Habab sind von einander zu unterscheiden. Ein Stamm der Habab, die Terea, bewohnt die Vorberge des Hochlandes, bezeichnet sich gegenwärtig als arabisch. In der Sambara, welche faktisch den Hochlandsbewohnern gehört, die jährlich vom November bis Januar dort ihre Herden weiden, wohnen die Beduan (Singul. Bedun), kein Originalvolk, sondern aus einer Völkermischung entstanden, wahrscheinlich Nachkommen semitischer Einwanderer und griechischer Kolonisten. Von Farbe sind sie dunkelbraun oder schwarz, ihre Physiognomie ist kaukasisch (lange, oft griechische Nase, hohe Stirn, großes Auge, ruhiger Gesichtsausdruck), ihre Sprache semitisch: ein reines Ghees. Ihre Schrift ist die verunstaltete koptische, von der Linken nach der Rechten geschrieben. Der Bedun ist ruhig, bedächtig, intelligent, heiter, gesprächig; aber begehrlich und gegen die Europäer bettlerisch, gegen die Türken unterwürfig und ohne Nationalehre. Eigenthümlich sind den Beduan die Wetten. Trunksucht und rohe Sinnlichkeit haben die Männer moralisch herabgebracht; die verheirateten Frauen arbeiten nicht und daraus erklärt sich die Armuth des Volks. Handwerker gibt es nicht, die einfachen Sandalen verfertigt sich jeder selbst. Die Kleidung der Frauen besteht aus dem Schadir, einem viereckigen Stück Zeug, das den Oberleib bedeckt, und dem Futlah, einem ähnlichen Stück, welches um die Lenden gewickelt wird; statt des letztern tragen sie auch ein weißgegerbtes Stück Kuhhaut. Die Baumwollenzeuge kauft man in Massaua. Sklaven werden aus den Ländern der Gallas und „Schangallas" gebracht und wie Familienglieder gehalten. Die Bewohner der Sambara sind durchgängig mohammedanisch, doch wählen die Neubekehrten oft noch christliche oder alte Namen. — Die Schoho oder Saho, ein armes Hirtenvolk von dunkelbrauner bis schwarzer Farbe, welligem Haar, wilder Physiognomie, mit einer den Gallas und Somali verwandten Sprache, nur in rauherem Dialekt, wohnen an den Berghängen und in den Schluchten zwischen dem abessinischen Berglande und der Küste von Massaua und Arulis; sie habe keine festen Wohnsitze, treiben keinen Ackerbau. Ihre Lebensweise ist einfach, ja dürftig, ihr Charakter leidenschaftlich; gegen Feinde sind sie treulos und räuberisch, gegen die Fremden, die sie auf den steilen Bergpfaden nach oder von Habesch geleiten, zeigen sie sich gewissenhaft und gastfrei. Von staatlichem Zusammenhang und von Regierungsformen ist bei ihnen nicht die Rede. — Zu den Ghesvölkern gehören außer den Habab auch die Mensa, ein Volk mit dem Typus einer alten Hirtennation, welche ihre Sprache (das Tigre) und ihre Religion (das abessinische Christenthum) bewahrt hat, und die Bogos, die sich selbst Bilen (Belen) oder Sanahit nennen. Sie gehören 2 abessinischen Stämmen an: die Bogos, mit den Lasta-Agau verwandt und das mit dem Agau verwandte Bélén redend, sind im 16. Jahrhundert eingewandert und bilden die herrschende Familienaristokratie; die alten, gleichfalls äthiopischen Einwohner sind im Grundbesitz belassen worden. Der Gesichtsschnitt ist griechisch, der Körper leicht, kräftig, proportionirt, die Farbe dunkel-olivenbraun, die Lippen sind fein, das Gesicht oval, die Backenknochen nicht hervortretend, der Bartwuchs ist kräftig. Eigenthümlich ist die patriarchalische Einrichtung der Bogos: die Mitglieder jedes Familienverbandes sind zu gegenseitiger Haftung verpflichtet; ausführlich normirt sind die Gesetze über Mitgift, Erbrecht, Blutrache. Die Religion ist die christliche, doch greift der Islam bereits um sich. — Nördlich an die Bogos grenzen die Takue, verwandt mit dem abessinischen Stamm Ateschim, der jetzt das Hamasen besitzt; die

Beit Takue sind spät eingewanderte Aethiopier, welche das Belén reden, und der alte Stamm der Barea ist in diesem Bezirk fast ausgerottet. Seit 20 Jahren sind die Takue mohammedanisch; nur wenige Christen finden sich noch. Nördlich neben ihnen wohnen die Marea oder Maria, in der Mitte des 14. Jahrhunderts eingewandert; sie nennen sich Koreischiten, d. i. Araber der ächtesten Art, wie die verwandten Teroa, Haso, Mensa, sind aber abessinischen Ursprungs und ihre Grundsprache ist das Tigre. Ihre wichtigsten Stämme sind die Rothen und die Schwarzen Marea, auch die Takue werden zu ihnen gerechnet. Die äthiopischen Ureinwohner sind in harter Unterthänigkeit; das Tigre ist herrschende Sprache. Seit 1820—30 sind sie Mohammedaner; früher sind sie wahrscheinlich Heiden oder Deisten gewesen. — Endlich sind in den nördlichen und westlichen Provinzen des abessinischen Hochlandes auch noch Abkömmlinge der heidnischen Garamanten, der Urbewohner des Landes, vorhanden, die ihre Sprache und vielleicht auch ihre Religion bis auf den heutigen Tag erhalten haben; und neben ihnen wohnen im nordwestlichen Gebiet, namentlich im Dschebel Gedaui, Negerstämme aus dem Sudan (Haussaui, Madaier u. a.), welche als Eingewanderte oder Adschami bezeichnet werden, gegenüber den Tekruri oder Miwälid, den im Lande Geborenen.

Zu S. 109. Verfassung. Habesch ist ein uraltes Königreich, das schon zu Salomos Zeiten bestanden haben soll, und das in den ersten christlichen Jahrhunderten sich zu bedeutender Macht erhoben hatte, so daß es selbst Eroberungen in Arabien machte. Gegen das Jahr 1500 haben kirchliche und politische Streitigkeiten von innen, Angriffe der Gallas von außen das Land zerrüttet; ein Versuch des Negus (Oberkönigs), sich kirchlich an Rom anzuschließen (1626), scheiterte an dem Widerstande des Volks und führte zu größerem Sinken des königlichen Ansehens. Acht Gebiete: Tigre, Amhara, Schoa, Gurague, Kambwat, Enarea, Kaffa, Wollamo machten sich zu selbständigen Reichen, und der Negus war nur ein Schattenkönig, an dessen Stelle ein Ras (Majordomus) die Regierung führte. — Seit kurzem ist in Habesch ein günstiger Umschwung eingetreten. Der Detschatsch Kasa, um 1821 geboren, eroberte von Goara (Kuara) aus, wo er sich 1852 selbständig gemacht hatte, die Reiche von Tigre (1854), wo Detschatsch Ubie sich seit 1831 eine bedeutende Herrschaft gegründet hatte, von Schoa (1855), von Lasta (1857), von Hamasen (1862) und das Land der Wollo-Galla. Auch der mit französischer Hilfe in Tigre eingesetzte Agau Negussi, der den Hafen von Zula an Frankreich abtrat, wurde nach einjährigem Machtbesitz getödtet (1861), ebenso ein zweiter Gegenkönig Marit (1862). Kasa hat sich (1855) vom abessinischen Patriarchen zum Negus krönen lassen und führt als solcher den Namen Theodoros, er ist intelligent, fördert europäische Civilisation, ruft Künstler und Handwerker herbei und weiß mit Energie innern und äußern Feinden zu begegnen. Sein Reich erstreckt sich bereits von 53 bis 58° O. L. und vom 8° bis gegen den 16° N. B. und scheint in fortwährender Erweiterung begriffen, die im nordöstlichen Küstenland freilich zu Konflikten mit den dort eingedrungenen Türken, wie mit der gleichzeitig um sich greifenden britischen und französischen Macht führen muß. — Das Küstenland von Massaua sammt der Samhara, dem Edel und den vorliegenden Inseln ist 1865, nachdem es eine Zeit lang von dem Pascha zu Dschidda verwaltet worden war, in zweckmäßiger Weise wiederum dem Vicekönig von Aegypten untergeordnet worden. — Die Engländer haben, außer den Inseln Perim in der Straße Bab-el-Mandeb und Kamaran an der arabischen Küste noch die Insel Muscha in der Tadschurrabucht, die Franzosen die Insel Dessi, einen Theil der Danakilküste und den Hafen Obok an der Tadschurrabucht in Besitz genommen.

Zu S. 110. Religion. Die abessinischen Christen sind Monophysiten, an der Spitze der Kirche steht ein koptischer Erzbischof (Abune), der unter der Regierung Theodor's viel von seiner ehemaligen Macht verloren hat; neben ihm steht das Oberhaupt der Mönche und Nonnen, der Etschege. Die Geistlichkeit ist zahlreich, unwissend, lasterhaft. Wallfahrten nach Jerusalem, Fasten, Almosen gelten als besonders heilbringend. — Im 16. Jahrhundert hat zwar der abessinische Kaiser Seltem Segbed (1607—1632) versucht, sich vom koptischen Patriarchen in Alexandrien loszusagen und sich der römisch-katholischen Kirche unterzuordnen, allein schon 1634 mußte wegen der Abneigung des Volks wie der Geistlichkeit die Selbständigkeit der abessinischen Kirche wiederhergestellt werden. Unter dem jetzigen Kaiser Theodoros ist manche Besserung in kirchlichen Verhältnissen eingetreten. Die katholische Mission im Küstenlande (seit 1838) hat noch Stationen in Agame, Halai, Keren; die Stationen in Gondar und Adoa hat König Theodor, weil sie seiner Regierung unbequem wurden, wieder aufgehoben. Die protestantischen Missionen, welche, auf Anlaß der katholischen Missionäre, durch Detschatsch Ubie verfolgt und vertrieben worden waren, sind wiedergekommen und arbeiten in der Stille. — Mohammedaner sind in Abessinien selten, werden aber öfters beim Zollwesen angestellt, da ihnen größere Gewandtheit im Handel und Verkehr eigen ist. Aber der Islam dringt mit Macht vorwärts, seine Missionäre sind unermüdlich, selbstverleugnend; die Habab, Marea, Beit Bibel, Belen sind seit 1830 vom Christenthum zum Islam übergegangen, in Betschuk, bei den Bogos, in Mensa, in der Barea hat er Eingang gefunden; nur eine vollständige Eroberung dieser Länder durch Negus Theodor könnte ihm Schranken setzen.

Zu S. 110. Ackerbau. Der Ackerbau steht zu dem Bodenreichthum des Landes nicht in richtigem Verhältnis: die Bewohner bauen nur so viel, als sie selbst bedürfen. Die geschätzteste

Mehlfrucht ist der Tef (Eragrostis); auch Dagussa (Eleusine), Mais und Büschelmais werden zur Verfertigung der Brotkuchen verwendet. Hydremel (eine Art Meth) wird aus Honig und Wasser mit den Blättern und der Rinde des Kreuzdorns bereitet, Bier aus Gerste und Dagussa (in der Kolla und im Sudan aus Büschelmais, in Kordofan aus Dochn). Lein, Nuk (Guizotia oleifera Del.), Hülsenfrüchte und Oelpflanzen werden gebaut, Kaffe liefert nur der Süden, wo die Pflanze ihre eigentliche Heimat hat. Der früher nicht unbedeutende Weinbau in Gondar hat der Traubenkrankheit (Oidium) wegen eingestellt werden müssen.

Zu S. 111. Die Industrie Abessiniens ist, den wenigen Bedürfnissen der Einwohner entsprechend, gering. Aus den meist importirten Baumwollfäden werden geschmackvolle Stoffe gewebt. In Semen fabrizirt man wollene Teppiche, in Schoa feinere wollene Tücher. Fertige Baumwollenzeuge werden, weil zu leicht und für das oft kalte, oft feuchte Klima ungeeignet, wenig eingeführt, nur rothe Zeuge zum Besatz der weißen Togen sind ein gangbarer Artikel. Es gibt Gold- und Silberschmiede, Drechsler, die viele Hornbecher verfertigen. Die Maurer, Schmiede, Schlosser, Zimmerleute sind meist Juden, die Kaufleute fast ausschließlich Mohammedaner. — Der Thoneisenstein wird, mit Holzkohle vermischt, sofort in der Grube, aus der er genommen wird, geschmolzen; die erhaltene Eisenluppe wird sodann — in höchst primitiver Weise und doch geschickt — mit harten Steinen bearbeitet.

Zu S. 111. Handel. Mehr noch, als durch die schlechte Beschaffenheit der Wege, wird der Handel durch die politischen Wirren und durch die lästigen Zölle gehindert. Denn Abessinien ist ein ungemein produktives Land mit herrlichem Klima, welches, in rechtem Maße angebaut, und dem Handel zugänglich gemacht, eines der wichtigsten europäischen Kolonieländer werden könnte. — Handelsartikel sind, außer den S. 111 genannten, Elfenbein, Hippopotamoszähne, Büffelhörner und Büffelhäute (diese beiden Artikel sind einer großen Steigerung fähig), Pferde und Maulesel, Moschus, einige offizinelle Kräuter. Der Sklavenhandel, früher von größerer Bedeutung, war 1856 auf 1000 Köpfe herabgesunken. — Als Münze cursiren die Maria Theresienthaler mit 7 Sternen im Diadem, als Scheidemünze Salzstücke (Schau) aus der Taltalebene, deren in Adoa 36—40, in Gondar 31 auf einen M. Th. Thaler gehen, während eines so viel als 18 M. Th. Thaler, d. i. 36 Loth, wiegt. Diese Salzstücken werden auch in Halbe oder Viertel getheilt. — Der Handelsumsatz von Massaua betrug (1857) 800000 Thlr. Ausfuhr, gegen 440000 Thlr. Einfuhr. Wachs aus Abessinien (jährlich 500 Zentner) geht nach Kairo und Indien; Kaffe aus den Galländern (300—2000 Zentner jährl.) und Elfenbein (für 20000 Thlr.) aus Chartum, Abessinien und den Gallaländern, nach Europa und Indien; Butter nach Arabien, Häute nach Arabien und Aegypten. Die türkische Duane nimmt 12—16 Procent vom Werthe der Waaren, sie lieferte früher 50000 Thlr., von denen freilich die Gouverneure das meiste für sich behielten, und ist dem kleinen Handel sehr hinderlich.

Zu S. 112. Topographie. A. Die tributären Grenzländer im Norden, welche den Türken tributpflichtig sind, gleichzeitig aber auch in Abhängigkeit von Abessinien stehen. 1) Das Land der Kunama oder Basen am mittleren Mareb, der hier eine Meereshöhe von 1000—600m hat, während das Land zu beiden Seiten wenig über 1000m ansteigt; südlich vom Takazze begrenzt, der hier gleichfalls aus den Hochlandsschluchten in das Freie hinaustritt. Das Land ist uneben, an vielen Stellen wild und öde, meist für Viehzucht, längs der Flüsse auch für Ackerbau geeignet. Die Zahl der Einwohner wird auf 1—200000 geschätzt. Industrie ist ihnen fremd, das Eisen beziehen sie aus den abessinischen Provinzen Wolkait und Adiabo. Auf den Feldern werden als Getreide Durra und Dochn, als Oelpflanzen Schebeb und Sesam kultivirt, die Wälder liefern Honig. Die Kleidung der Einwohner besteht aus einem Lederschurz, jetzt auch aus Baumwollenzeugen. Die Kunama lieben das Tabakrauchen wie das Schnupfen. Ihre Hütten sind rund und oben glockenförmig gebaut. Der Hauptort Mai-Daro am linken Ufer des Mareb besteht aus 15 Weilern. — 2) Das Land der Barea, in die Landschaften Mogoreb und Hagr getheilt, nördlich vom vorigen, auf dem 700—1200m hohen Plateau zwischen dem Mareb und Barka, hat nur etwa 20000 Einw., welche sich vorzugsweise vom Ackerbau nähren. Mogelo, Hauptmarkt des östlichen Distrikts Hagr oder Nere im Thal Amida, 759m hoch. Die flachere Provinz Mogoreb hat keine Stadt, sondern nur 6 größere Flecken. Hagr zahlt 2200 Thlr., Mogoreb 1500 Thlr., Elmasa 450 Thlr., Selest-Logodad 300 Thlr. jährlichen Tribut an die Türken; auch an Abessinien muß Tribut entrichtet werden. — 3) Das Land Barka, abessinisch Baraka, d. h. Wildniß, nordöstlich vom vorigen, am obern Barka und seinen Zuflüssen, hat in der Regenzeit (Ende Juni bis September) viel fließendes und stagnirendes Wasser, in der trocknen Jahreszeit versiegt der Fluß. Zwei kleine Seen bei Bela-Genda haben stets Wasser. Zahlreiche Thiere, namentlich Nashörner und Gazellen, bewohnen die Wildnisse; das Land, zum Anbau, auch zur Baumwollenkultur trefflich geeignet, ist öde und menschenarm; Städte hat es nicht. Im O., nahe der Grenze von Bogos und Hamasen, erhebt sich über das felsige Girbaschaplateau die tafelförmige etwa 1800m hohe Jad'Amba mit senkrechten Wänden, 1 Meile lang, ½ Meile breit; auf einer isolirten, steilen Höhe

SO. an der Amba haben Einsiedler ihren Sitz aufgeschlagen. — 4) Das (westliche) Land der Beni-Amer, nördlich vom vorigen, am mittlern und untern Barka und am Westgehänge der Mária-Hochebenen, bis auf das Plateau von Debré-Salé hinauf, zum Theil wüst, zum Theil für Viehzucht, sehr wenig für Ackerbau geeignet, hat gleichfalls eine nur schwache Bevölkerung und ist ohne Städte. Der von den Beni-Amer an die Türken zu leistende jährliche Tribut beträgt über 21000 Thlr. — 5) Das (östliche) Land der Beni-Amer oder die Söhel besteht aus der Küstenebene, die sich nordwärts bis nach Agigh erstreckt und nach Innen in ein 6—700m hohes, zerrissenes und dürres Bergland übergeht. Die nomadisirenden Beni-Amer, an Zahl 1—200000, zahlen den Türken einen ansehnlichen Tribut, früher 20—30000 Thlr.; jetzt mehr; sie stehen den Habendoa im Norden, den Habab im Süden meist feindselig gegenüber. Die Industrie ist gering und beschränkt sich auf Flechten von Palmenmatten und auf einige Lederarbeit; Hauptbeschäftigung der Bewohner ist die Viehzucht.

B. Die Plateauländer am Anseba nebst dem angrenzenden Küstenland. 6) Das Land der Márea (Mária) von 16—16½° N. B., auf den 1300—1700m hohen Plateaus westlich vom Anseba, von Thalschluchten zerklüftet, wird im W. und N. von den Beni-Amer begrenzt. Die Vegetation ist ziemlich reich. Die Maria-Sellim oder Schwarzen Maria und die Maria-Gaiisch oder Rothen Maria, 14—18000 Köpfe stark, welche einen jährlichen Tribut von 3000 Thlr. an Aegypten zahlen, gleichzeitig auch von Abessinien abhängig sind, bewohnen den nördlichen, die Takue, welche 8000 Köpfe stark sind und 700 Thlr. jährlichen Tribut entrichten, den südlichen Theil dieser Plateaulande. Die Bewohner beschäftigen sich sämmtlich mit Ackerbau und Viehzucht. — 7) Das Land der Bogos, südlich vom vorigen, im O. von Habab und Mensa, im W. und S. von Barka begrenzt, mit der Südspitze an Hamasen reichend, wird in der Mitte von dem breiten schönen Hochthal des Anseba oder Ainsaba (1200—1300m) durchzogen, und umfaßt westlich von demselben die Berg- und Plateauländer bis zu den Quellflüssen des Barka, östlich vom Anseba die Plateauabhänge von Mensa. Klima und Vegetation entsprechen denen von Abessinien; die Regenzeit dauert vom März bis September; der Anseba überflutet dann seine Ufer und befruchtet die Thalniederung, in welcher „Mascella“ (Holcus Sorghum) gebaut wird: üppige Wälder mit Tamarinden, Sykomoren, Kigelien (lange, herabhangende 5 Pfund schwere Früchte), Mimosen („Dima“) mit zahlreichen Loranthus u. a. Schmarotzern besetzt, bedecken die Berghänge, während auf den Felshöhen Oelbäume und Kronleuchter-Euphorbien die Waldflora vertreten. Der Thalboden, aus Kalk, Kreide, Psammit, Kiesel, Gips bestehend, ist fruchtbar und würde auch für den Weinbau sich trefflich eignen. Die Gebirge sind metallreich. Das Ländchen ist 18—20 Q.M. groß und hat 10000 (nach Munzinger 8400) Ew. in 25 Dörfern; ein gutmüthiges Völkchen, welches Ackerbau (1000 Pflüge) und Viehzucht (300 Herden) treibt, in kreisrunden, aus Sorghumstengeln gebauten Hütten wohnt und mit den Landeserzeugnissen (Getreide, Butter, Elfenbein, Fellen, Büffelhörnern, Straußfedern) nach Massaua, Suakin, Agigh handelt. Der jährliche Tribut an Abessinien beträgt etwa 1000 Thlr. Keren (Sharan) am Fuße eines zerklüfteten Kalkfelsens, Hauptort. Beita-Jabibro, O. vom Anseba. — 8) Das Land der Habab, 80—90 Q.M. groß, im S. von Mensa und Bogos begrenzt, im W. durch das Anseba-Thal vom Land der Marea geschieden, im N. an das Gebiet der Beni-Amer stoßend, im O. zur Sambara sich herabsenkend, nimmt den nördlichsten Theil des abessinischen Hochlandes im O. des Anseba ein. Auf dem 1200—1600m hohen Plateau erheben sich bald spitze, bizarre, isolirte, kahle Felsenmassen, bald gruppirte Berge, bald mauerartig sich hinziehende Wände (der Bergstock des Rora hat etwa 2500m), während gleichzeitig tiefe Schluchten in die Ebene einschneiden; die Oberfläche des Landes ist stellenweise felsig und kahl, meist wald- und blumenreich. Wechselnd ist die geognostische Beschaffenheit; verschiedenfarbige Granite und Syenite, Sekundär- und Uebergangsformationen (Kalk, Breccie) lagern neben einander. Nach O. fließt der Labka, die Gebirgsbäche vereinigend, zur Sambara hinab. Reich wie die Flora ist auch die Fauna; zahlreiche wilde Thiere (Elefanten, Raubthiere, Affen) wie viele Hausthiere, hegt das stark bevölkerte Land. Unter den Vögeln zeichnen sich Frankolin- und Pharao-Hühner aus. Das Klima, an der Küste ungesund, ist hier frisch und gesund: „zu den Füßen herrscht der Tod, aber nie wagt er diese lieblichen Höhen zu vergiften.“ Die Einwohner, etwa 40000, kräftige Bergbewohner von abessinischem Stamm, erst in diesem Jahrhundert zum Islam übergetreten, treiben Ackerbau und Viehzucht; die Butter wird nach Massana und Arabien ausgeführt. Der Naib von Arghighe erhält bis 15000 Thlr. jährlichen Tribut 3 Provinzen: a) Tha Mariam mit dem in einer kreisförmigen Ebene gelegenen Hauptort Af Abad, welcher 6000 Ew. zählt; b) Ati-Kles im NW., mit dem von den Türken 1850 vergeblich belagerten Hauptort Dolka 5—6000 Ew., in dessen Nähe die Ruinen einer alten christlichen Stadt sich befinden; c) Habab im S. mit dem Hauptort Wasinta (Waiental), der Residenz des Kantiba Azaz. — 9) Das Land der Mensa, im N. von Habab, im W. von Bogos, im S. von Hamasen begrenzt, nach O. mit scharfem Terrassenrand zur Sambara abfallend, etwa 25 Q.M. groß, Hochland von 1600m mittlerer Höhe, mit gewaltigen Bergen von 2250m (der Dewra-Sina, der Merrara), ein Land mit tropischer Regenzeit (April bis Herbst), mit frischer Luft, von balsamischem Duft erfüllt, mit unbeschreiblich reichem Pflanzen- und Thierleben. Die Hochgebirge von Granit, Schiefer, Breccien, Kalk erheben sich in fast senkrechten, gegen N. geneigten Schichten, in den östlichen Flußbetten finden sich Laven, Basalte, Kalk, Tertiärgebilde, auf denen eine üppige Vegetation von Sykomoren, Flaschenbäumen, Akazien wuchert; die grünen Wiesenthäler werden zum Ackerbau benutzt; auf dem Plateau sind Weihrauchbäume und Kolqual (Euphorbia Candelabrum) die charakteristischen Pflanzen. Auf der Spitze des Merrara gedeihen nur noch Flechten und Moose. Die Mensa, vielleicht 20000 Köpfe stark, sind Christen, haben feste Wohnsitze, treiben Ackerbau und Viehzucht. 2 Distrikte: a) D. der Beit-Schalhan im S., Hauptort Hamhamo mit 400 Hütten (die Hütten sind nur 2,6m hoch und ebenso weit); Morat mit 100 H. am Ostfuße des Debra-Sina oder Heiligen Berges, auf welchem das berühmteste äthiopische Kloster sich befindet, auch viele ehemals von Einsiedlern bewohnte Felsengrotten; auf der Platform des tafelförmigen Berges wird in der Regenzeit Mais erbaut; b) D. der Beit-Abrehé im N., Hauptort Galab, weiter nördl. Mensa mit 50 Hütten. — 10) Die Samhara (das Samhar) ist das heiße, flache Tiefland längs der Küste von 16° 20' N. B. südwärts bis Massaua sammt den Vorterrassen der Plateaus von Hamasen, Mensa und Habab; jenes hat einen schwarzen, von der Sonne durchglühten, mit Gips, Steinsalz, Konchylien gemengten Boden, ist fast vegetationsleer, mit Quarzstücken besäet; nur hier und da finden sich Balsamsträucher und kümmerliche Akazien. Die wasserreichen Gebirgsbäche, die innerhalb der Vorterrassen noch manchen Zufluß empfangen, versiegen und ihre Stelle vertreten wasserleere Geröllbetten, nur der Wakiro (im Oberlauf Assus) erreicht immer das Meer. Längs der Ghors ist Alluvialboden, hin und wieder mit Bäumen bewachsen. Die Thierwelt ist in den Vorterrassen stark vertreten: zahlreiche Arten von Gazellen und ebenso zahlreiche Raubthierarten (Löwe, Leopard, Gepard, Hyäne), Affen, Strauße bevölkern das Land. Das überaus heiße Klima (die Wärme steigt bis 60° C.) läßt wenig Ackerbau zu; die Bewohner halten sich in der trockenen Jahreszeit im Gebirge, in der kurzen Regenzeit im Tieflande auf, dann kommen auch die Habab und die Mensa, die alten Besitzer des Landes, mit ihren Herden herab. Die Beduan treiben namentlich Viehzucht, sie züchten Kamele, Ziegen, Rinder, Esel, Pferde, das Hauptlandesprodukt, die Butter, wird flüssig zu Markte gebracht. Ein Versuch des Ras Ubie von Habesch, sich des 1557 von den Türken eroberten, um 1800 an den Scheriff von Mekka übergegangenen Küstenlandes — das seiner Lage nach zu Habesch gehört — wieder zu bemächtigen, ist fehlgeschlagen (1848); dagegen haben die Türken, die den Platz an Mehmed Ali von Aegypten übergeben hatten, denselben später (1850) in eigne Verwaltung übernommen, 1865 aber an die ägyptische Verwaltung zurückgegeben. Die Provinz bringt jährlich 40—50000 Thlr. Revenuen, meist Zölle von der 1 Million Thlr betragenden Ein- und Ausfuhr, wenig Grund- und Personensteuer. Die eigentliche türkische Regierung geht nicht weit über die Hauptorte hinaus, im Samhar regiert vielmehr ein erblicher, von der Pforte bestätigter Naib, der indessen von seiner ehemaligen Souveränetät nicht viel mehr besitzt. Arkiko, sonst Dogen oder Dogene, am Meere unter 15° 33' N. B., 150 Häuser, 400 Ew., Sitz des Naib oder Regenten der Belau, welche das Samhar und das Land der Schoho regieren und das Monopol des Handels mit Abessinien inne haben; seit einem Jahrhundert hat sich der Islam hier ausgebreitet. Massaua (Massua, Massowah, bei den Eingebornen Base), 1 Meile N. vom vor., auf einer niedrigen, wasserlosen Madreporen-Insel, 1500 Häuser, 5000 Ew. mit Einschluß von 350 Soldaten; Sitz eines türkischen Kaimakans; friedlicher Handelsplatz mit gutem Hafen; Handel mit gebleichtem Wachs, Kaffe, Elfenbein, Sklaven (von letzteren nur noch 1000 jährlich). Englisches und französisches Consulat; österreichisches Handelsconsulat. Emkollo oder Monkullu (Mkullu), Dorf ¾ Meile W. von Massaua, auf der ersten Terrasse des Festlandes, Gesundheitsstation für die Stadt, mit den Landsitzen der wohlhabenderen Einwohner; Lazaristenmission, Bischofssitz. 1 Meile NW. davon Ruinen einer größern abessinischen Stadt, auf einem Kalksteinhügel. — 11) Die Inseln. a) Der Dahlak-Archipel, O. von Massaua, mit 5 größern und zahlreichen (mehr als 100) kleinern Inseln, wasserarm, mit dürftiger Vegetation, reich an verwilderten Kamelen, Eseln und Ziegen. Die Einwohner, meist Aethiopen mit abessinischer Sprache, zum Theil Araber, früher wohlhabend, sind durch die Erpressungen der türkischen Beamten heruntergekommen; sie treiben Viehzucht, fangen Fische und Schildkröten, suchen Perlmuscheln. Auch die Waschschwämme könnten einen bedeutenden Handelsartikel abgeben. Zwischenhandel mit Massaua und Dschedda. Die Hauptinseln sind Dahalak-el-Kebir, 8—9 QM., 12 Dörfer, Nora oder Nura, 2 QM., Harat im W., nahe der Küste, 1 QM. b) Das Inselchen Dessi oder Desset, 4½ Meilen OSO. von Massaua, am Eingang der Bai von Adulis, ¼ QM., 1859 von den Franzosen besetzt. Die Einwohner (kaum 100) sind Danakil und reden die Sahosprache. c) Die vulkanischen Hanakil-Inseln, 12 Meilen SO. von Massaua, 3 größere Inseln: Adschuseh, Hanakil mit 300m hohem Pik und Baka, zusammen kaum 2 QM., von Danakil bewohnt. — C. Danakil und Adal oder das östliche Küstenland; ein Dreieck, welches im NO. vom Rothen Meere und der Straße Bab-el-Mandeb, im W. von dem mauerartigen Randabfall des abessinischen

Hochlandes, im S. von dem Lande der Somali und dem Golf von Tedschurra begrenzt wird. Die Küste hat an einigen Stellen Flachland, an andern hohe und steile Ränder, nach innen erheben sich ansehnliche Berge zu einem dürren, zerrissenen Felsenlande, welches sich der näheren Kenntniß noch entzogen hat. Als die bedeutendste Erhebung kennen wir die 1675m hohe pittoreske, vulkanische und waldreiche Gruppe des Dschebel Guda am Golf von Tedschurra; der Vulkan von Ed (etwa unter 14° N. B.) ist uns seiner Wirkung, nicht aber seiner Lage und Gestalt nach bekannt geworden. Von den nach O. ziehenden Flüssen werden der Anoso oder Jajo und der Hawasch genannt, welche, im heißen Tieflande bald ihres Wasserreichthums beraubt, in wasserlosen Chors oder kleinen Seen endigen, ohne das Meer zu erreichen. Von Seen kennen wir den Abhebad SW. von Hamfila, einen zweiten Abhebad im Unterlauf des Hawasch, den Kittu und den Hillu (zusammen identisch mit dem Birket el Gubard?) als die Endpunkte dieses Flusses und den kaum 1 QM. großen Assal, wahrscheinlich den ehemaligen, jetzt 174m unter dem Meeresspiegel liegenden Endpunkt des Hawasch. An den innersten Theil der Bai von Tedschurra schließt sich, durch eine enge Wasserstraße verbunden, die von hohen Felsen umstarrte „Wüste Bucht" (Gobat-el-Harab oder Gubet-harab), ein Kratersee von 3 Meilen Länge und 1—1½ Meilen Breite, 110—210m tief. Heiße Quellen finden sich hier wie bei Oboc und bei Assal an der Bai von Adulis. Am Gobat-el-harab sollen auch Steinkohlen vorkommen. Das Klima ist drückend heiß, Regen selten, Ackerbau nur stellenweise, namentlich an der Südküste, möglich. Bei Tedschurra besteht die Ebene aus Geröllen von Lava, Trachyt, Basalt, krystallinischem Gebirg, ist humusreich und mit Gebüsch bewachsen. Die Regenzeit dauert hier von Oktober bis März, Gewitter kommen in den Gebirgen vor, erreichen aber selten die Küste. Die Temperatur steigt im Oktober nicht über 38° C., in den Nächten fällt um diese Jahreszeit starker Thau; die höchste Sommerhitze im Juni bis August dagegen ist bis 47½° C., Abends 10 Uhr oft noch 41°, in der Nacht nicht unter 36°, bis Gewitter Abkühlung bringen. 12) Das Land der Schoho (Saho), von Massaua südwärts bis über die Adulis-Bai hinaus; außerordentlich gebirgig. Durch seine Thalschluchten führen die Passagen nach Hamasen und Tigre hinauf; dicht am Meere erhebt sich das Gadamgebirge zu 986m und 1056m, 6⅓ Meile von Arkiko steigen die Bisenberge am obersten Terrassenrande zu 2550m und 2564m, 3⅓—5⅓ Meilen von der Bai von Adulis der Divet 2540m und der Saul-Ara 2989m hoch auf; der Birgago erreicht selbst 3151m. Städte sind nicht vorhanden; 5 Meilen von Arkiko, nahe am Meere, lag die alte ägyptische Kolonie Adulis, welcher die Bai (auch Gubet-Kasr genannt) ihren Namen verdankt. 13) Die Danakil-Küste, von der Hauakil-Bucht bis zum Ras-Bir am Golf von Tadschurra, 80 Meilen lang, von zahlreichen kleinen Stämmen bewohnt, die sich als Hirten, Kameltreiber und Kaufleute nähren, denen aber der politische Zusammenhang fehlt. Dofa, 1½ Tagereisen SW. von der Hauakil-Bucht in der Salzebene Daláda. Aus den Steinsalzschichten wird hier das in ganz Ostafrika als Geld gebrauchte Salz gebrochen und in Form von Wetzsteinen geschnitten; 66 Stücken kosten am Ort 1 Thlr., in Gondar erhält man für 1 Thlr. 17, in West-Abessinien 16 Stück. Auch Schwefel soll hier in den Gipslagern sich finden. Hamfila, sonst bedeutender Handelsplatz, jetzt durch die Türken, die allen Handel nach Massaua lenken, gedrückt. Ed, in einer offenen Bucht, in welche sich Lavaströme ergossen haben; ringsum fruchtbares Land. Der Ort ist neuerdings (1840) von den Franzosen besetzt worden, die sich von Ras Ubie — der indessen schwerlich die Danakil-Küste wirklich besessen hat — eine große Küstenstrecke erkauft haben. Belúl (Bailloul oder Bilúr) an der gleichnamigen Bai, 100 Häuser; kleiner Handelsplatz in fruchtbarer Lage, Mofa in Arabien gegenüber. Richeita oder Rahéta, 3—400 Ew., mit kleinem Hafen. Oboc, unweit des Ras Bir am Golf von Tedschurra, mit gutem Hafen, 1861 von den Franzosen angekauft. Die Küste ist hier flach, die vorliegenden Inselchen bestehen aus Madreporenkalk. — Tedschurra, (Tadschurra), 6 Meilen WSW. vom vorigen, mit 150 Häusern, Hauptstadt der Adaïl-Danakil und der Debenek-wuéma-Danakil, an flacher Kalkküste, von Dattel- und Dumpalmen umgeben; 1 Moschee; Handel mit Süd-Abessinien, den Gallaländern und Arabien. Der Handel von Tedschurra müßte, bei der ungemein günstigen Lage des Platzes, viel bedeutender sein, wenn nicht die Isa oder Eisa (ein Somalistamm) und die Modeido (ein Gallastamm) durch ihre Räubereien den Karawanenweg unsicher machten. Exportirt werden aus Schoa Sklaven (jährlich 3000, woran die Tedschurraner allein 40000 Thlr. gewinnen), Rinder, Pferde, Maulthiere, Häute, Moschus, Elfenbein, Kaffe, Gummi; aus dem Hawasch-Thale Getreide (Durrah); Kochsalz vom Assal-See. Importirt werden rothe Tücher, Baumwollstoffe, Baumwollengarne, Seide, Glasperlen, Weihrauch, Bernstein, Kupfer, Zink, Waffen (Flinten). Für jeden exportirten Sklaven zahlt Tedschurra an die türkischen Behörden in Jemen 1⅓ Thlr., wogegen alle übrigen Waaren zollfrei ein- und ausgehen. Das Inselchen Muscha oder Mescha, 4 Meilen S. von Oboc, ist seit 1858 (1847) von den Engländern besetzt worden, die ihre Stationen meist an der arabischen Küste (Aden, Insel Perim, Insel Kamaran) angelegt haben, während die Franzosen die Insel Dessi, die Küste von Ed und Oboc besitzen. — 14) Das innere Land der Danakil, von den Asubo-Galla u. a. Stämmen bewohnt, jedenfalls sehr schwach bevölkert, ist uns fast unbekannt. Westlich vom

Golf von Tedschurra ist das Reich der Moreido-Danakil, dessen Herrscher sich Sultan nennt und in Aussa, einer Landschaft am Unterlauf des Hawasch, seinen Sitz hat.

D. Das eigentliche Abessinien, nach dem Umfange, wie es gegenwärtig von König Theodoros regiert wird, ist durch Vereinigung der 3 Reiche Tigré, Schoa und Amhara entstanden und in eine Anzahl Provinzen getheilt, die sich indessen bei der Neuheit der Ereignisse und bei theilweisem Mangel an innerer Ordnung nicht mit erwünschter Bestimmtheit gegenseitig abgrenzen lassen. Demgemäß folgen hier nur Nachträge und Ergänzungen zu „Stein's Handbuch ꝛc." nicht eine vollständige Aufführung der jetzigen Provinzen und Städte. — Provinz Hamasen. Von Keren bis Ad Johannis, im obern Ansebagebiet, bilden Granit, Glimmer, Hornblende, von Quarzgängen unterbrochen, den Kern des Gebirgs, der in Tigre von thonigem und kieseligem Eisenstein überlagert wird. Das höhere Plateau hat einförmige Vegetation, magern Getreidewuchs; in moorigen Einsenkungen entspringen die Quellbäche des Anseba. Ad Maman, nördlichstes Dorf, mit 100 steinernen Häusern, 1734m hoch. Ad Johannis, nahe an den Quellen des Anseba. Jä'saga (Jada saga), 2284m hoch, Hauptort des Statthalters von Hamasen und Serawi, gegen 2000 Ew. Ackerbau und Viehzucht, keine Märkte. Gudofelassie, 1960m, auf dem Plateau von Serawi (Saraë) W. vom Mareb, in gut kultivirter Gegend mit betriebsamen Einwohnern; Märkte. Ad Dohála, S. v. vor., Marktplatz auf hohem Plateaurand. Gundet, 1733m, weitläufig gebaut; in der Nähe finden sich schöne Basaltsäulen. — Provinz Wolkait am Nordwestrande zwischen dem Takazzie und dem Basalam. Im Norden dieser Provinz hat sich, seit die Türken Nubien erobert haben, ein flüchtiger Schech der Dschaalin, Mek-Wod-Nimr, mit seinem Stamme festgesetzt, und von seiner Residenz Maikaba aus, in Gemeinschaft mit den benachbarten Kunama, die den Aegyptern unterworfenen Stämme auf vielen Streifzügen gebrandschatzt. Doch ist seit dem Tode seines Feldherrn Abu-Roasch 1861 mehr Ruhe eingetreten. — Provinz Tigré. Der nördliche Theil der Provinz, der Plateauabfall gegen das Marebthal (2000m zu 13—1400m), ist ein an Naturschönheiten und Produkten reiches, an Bewohnern armes Land. Der mittlere Theil der Provinz ist Hochplateau mit vulkanischen Gipfeln, unter denen der Semayata O. bei Adowa 3092m, der im N. vom vorigen sich erhebende Hitscha 2974m und der Waalta-Hazim bei Axum 2929m die ersten Stellen einnehmen. Der südliche, von zahlreichen Thalschluchten durchrissene Theil der Provinz hat seine Abhänge gegen den Takazzie und dessen östliche Nebenflüsse. Axum, 2203m, ehemalige Hauptstadt, 1535 durch Mohammed Grandsch zerstört, in einer Niederung zwischen Trachythügeln weitläufig gebaut, mit vielen Kirchen, Obelisken, Königsgräbern, Opfersteinen, Wasserleitungen u. a. Alterthümern; kaum noch 3000 Ew.; besuchter Wallfahrtsort, politisches Asyl. Tschibago in wilder Gebirgsgegend nahe dem Atbarathal. Landschaft Adet, S. von Axum, mit der Hauptstadt Debra-Genet 3 Meilen N. vom Takazzie; das enge tiefe Stromthal ist hier unbewohnt. — Provinz Simen (Samien), Plateau mit gleichmäßigen Rändern von 3250m, rings von tiefen Thälern abgeschnitten, nur im N. an den Gebirgsstock des Abba-Jared sich anlehnend und durch diesen von der Landschaft Telemte getrennt. Debr-Eski, 1000m über dem nahen Woina-Thale, Lieblingswohnung des Detschatsch-Ubie, des Fürsten von Tigré, und des botanischen Erforschers von Abessinien, Dr. Schimper; meist von Soldaten und Dienern des Fürsten bewohnt. — Provinz Weggera, Hochebene von 2600m, mit Gebüsch und Bäumen reichlich bewachsen; zahlreiche Hügel, Berggipfel, Thalschluchten verleihen dem Lande große Mannigfaltigkeit. Debra-Sina am Ostrande (2900m) ist durch das 1000m tiefe vielverzweigte Thal des Menna von dem gegenüberliegenden Plateau von Simen getrennt. — Provinz Dembea, im N. des Tsana-Sees, meist eben, fruchtbar, doch schwach bewohnt; gegen NW. an der Grenze von der Provinz Tschelgea schwach zur Wasserscheide ansteigend, im NO. gegen die Provinz Woggera mit scharfansteigenden Plateauhöhen. Gondar, auf scharfem Felsenvorsprung 5 Meilen N. vom See; in die Obere oder Christenstadt mit dem Palast des Negûs, mit Klöstern und Kirchen, und in die Mohammedanerstadt getheilt; wenige Juden wohnen außerhalb der Stadt. Die Häuser sind steinern, mit Stroh gedeckt, die Straßen schmutzig, eng, steil, die einst viel größere Stadt hat noch 5—7000 Ew., 44 Kirchen. In der Nähe die mit Thürmen gekrönten Ruinen des Gimb, eines von Portugiesen erbauten königlichen Schlosses. — Provinz Galabat, 60—80 QM. groß, zwischen dem Schimfa und Goang an der nubischen Grenze, zum Theil im Plateau- und Bergland, zum Theil in der heißen Kolla liegend, von Tagruri, von sogenannten arabischen Stämmen (den Da-Beina, den Goachla) und Fundschi bewohnt. Die vor den Türken geflüchteten Tagruri sind hier seßhaft geworden, treiben Landbau (Durrah, Baumwolle), handeln mit Sklaven, Vieh, Elfenbein, Moschus, Honig, Wachs, Kaffe, Tabak, Baumwolle, Weihrauch (Boswellia papyrifera); der Handel war früher von größerer Bedeutung, als die unmittelbare Handelsstraße auf dem Nil noch nicht eröffnet war. Der Schech der Takruri zahlte (1856) jährlich 4000 Thlr. Tribut an Abessinien, ist aber auch den Türken noch tributpflichtig; die Stadt Methemmeh hat 1500 Thlr. Tribut an Abessinien, 4500 Thlr. an die Türken zu zahlen. Auch Industrie hat hier Platz gewonnen: namentlich Baumwollweberei und Drechslerarbeiten (in Elfenbein) werden getrieben. Methemmeh, heiß und ungesund gelegener Ort mit spitzigen Strohhütten, 1200

Ew.; lebhafter Handel. Evangelische Missionsstation. Bergaufwärts von Galabat liegt der Distrikt Wochni zwischen dem Goang und Gandowa, durch das Bellacha-Thal in 2 Theile zerlegt, von denen der südliche durch das Andschedibba-, der nördliche durch das Matschala-Gebirge angefüllt wird. Der Boden besteht meist aus Lava, Trachyt und Dolerit, auf dem außerordentlich fruchtbaren Humus wachsen üppige Wälder. Hauptort Wochni, nahe an der Bellacha, 16 Meilen W. von Gondar; die Bewohner sind abessinische Christen. — Merdibba, 7 Meilen W. vom vorigen, bedeutender Handelsplatz. — Provinz Tschelgea, NW. vom Tsana-See an den Quellen des Goang; eine waldlose, mit Gras und Getreide bedeckte Hochebene, über 2000m hoch; in flachen Thalmulden bilden sich die Quellbäche, um nach kurzem Plateaulaufe in die Thalschluchten hinabzustürzen. An Hügeln und feuchten Stellen des Plateaus, wie an den untern Gehängen der Thalgründe sind Bäume und Gebüsche. Hauptort Tschelgea oder Tschelga, 2 Meilen N. vom Tsana-See, SO. von dem 2400m hohen Gebirgsstocke Wali-Dabba; wichtige Markt- und Zollstation. In der Nähe Steinkohlenlager mit 4—5 bis 1' mächtigen Schichten. — Provinz Dagossa, W. vom See, Hochland mit vielem Wild, aber wenig menschlichen Bewohnern; mit dem Hauptorte Duk-el-Arba: hohe Kirche. — Provinz Sarago, Hochland W. von Dagossa, mit zahlreichen gegen NW. gerichteten Thälern: Quellland des Schimsa. In den Thälern finden sich viele Elefanten, Nashörner, Büffel; in den Wäldern hausen Herden von Affen. Hauptort Anabo auf einem nach O., N. und W. steil abfallenden Plateauvorsprung; die Bewohner sind zum Theil eingewanderte „Araber" aus dem nubischen Tieflande. — Provinz Goara (Kuara) oder Jana, auf einem nach allen Seiten steil abfallenden, etwa 25 QM. großen, 1600m hohen, vom Schimsa und den Zuflüssen des Dender eingeschlossenen Plateau. — Provinz Guradschié, auf dem südabessinischen Plateau, um die Quellen des Hawasch. Jährlich werden 3000 Sklaven, meist Christen, ausgeführt. Im nördlichen Theil des Landes am Hawasch und im Gebiet von Kortschassi, ist das abessinische Christenthum noch heimisch, im Süden gibt es mehr Mohammedaner; über das ganze Land haben sich mohammedanische Gallas verbreitet.

Zu S. 113,7. In dem Reich Kullo, S. von Kafa, oder einer südlichen Provinz dieses Landes, zählt Lejean 24 Völker (Stämme) auf, welche die Gosa-Sprache reden; eine streitbare Nation, bei welcher alle Männer zum Kampfe verpflichtet sind. Der Handel beschränkt sich auf schwarze und rothe Stoffe, blaue Glasperlen, Salz, Kupfer und Eisen (letzteres wird aus dem östlich gelegenen Lande der Dolo bezogen), wogegen die Kullo Elfenbein, Wachs und Kaffe liefern. Sie bauen Durra, Tef (Poa abyssinica), Linsen, Bohnen, Gerste, Weizen in Fülle; züchten großhörnige Ochsen und Schafe mit Fettschwänzen. Ihre Kleidung ist eine schwarze Toga, die Frauen kleiden sich in 2 Stücke Baumwollenzeug. In Kullo befindet sich der heilige Felsen Sagula, d. i. der Nabel der Erde.

Ueber das Land El-Bert oder Dar-el-Bertat, im S. von Fassokl, vergl. Stein's Handbuch, Afrika. S. 298, No. 18.; nur daß auch hier der Name Schongollo (Schankala), d. i. Heiden, nicht als besonderer Volks- und Landesname gebraucht werden darf.

Das Gebiet des Bahr el Abiad.

Wir rechnen hierzu, außer dem weiter unten besonders behandelten Nilquellengebiet oder den Bassins der großen Seen Ukerewe, Baringo und Luta-Nzigé, das von Negerstämmen bewohnte Gebiet des Bahr-el-Abiad oder Weißen Flusses von Gondokoro, oder genauer von den Katarakten von Meri (3° 38' N. B.) bis an die Südgrenze der türkischen Herrschaft (13° 10' N. B.), oder einen Raum von nahe an 150 Meilen in der Ausdehnung von Süd nach Nord. Die Ostgrenze würde die Wasserscheide der Nilzuflüsse Sobat und Godscheb gegen die Quellflüsse des Indischen Ozeans und der Westfuß des abessinischen Gebirgslandes sein; dieser Westfuß ist aber wenig, jene Wasserscheide so gut wie gar nicht bekannt. Ebenso verschwimmen die Grenzen im Westen; die Quellen des Dschebschi (Jesi), Dschur, Telkauna, die sich im Nam-Rith (Gazellenfluß) mit dem Bahr-el-Abiad verbinden, sind noch nicht hinreichend erforscht. Doch mag die Breite des Gebietes, dessen Gewässer der Abiad aufnimmt, von W. nach O. 160—170 Meilen betragen und die Größe dieses Landes, mit Einschluß des Ukerewebeckens, sicher auf mehr als 30,000 QM. anzuschlagen sein. Die Wasserscheide dieses Gebiets kann gegen W., wo sie die Zuflüsse des Kongo, des Ogowai und des Schari oder des Binue berühren muß, nicht unter 1000m hoch sein, der Südrand um den Ukerewe erhebt sich in Plateaus mindestens auf 1300m, in seinen Gebirgen auf 3000m, in den einzelnen vulkanischen Schneepiks noch höher. Vom Kema nordostwärts bis zum Hochlande von Abessinien scheint gleichfalls eine beträchtliche Bodenerhebung von durchschnittlich über 1500m vorhanden zu sein. Von diesen Hochrändern neigt sich das Land nach seinem Centrum, dem See No oder Gazellensee, zu, in dessen Nähe der Bahr el Abiad seine bedeutenden Zuflüsse empfängt. Um diesen See, der 530m über dem Meere liegen mag, breiten sich endlose, höchstens durch Termitenhaufen unterbrochene Sumpf-, Gras- oder Waldebenen aus, die indessen nach allen Seiten höher ansteigen, in höhere Ebenen mit isolirten Bergen, Berggruppen und Bergzügen, und endlich in wirkliches Gebirgs- oder Hochland übergehen. So das Hochland südwestlich im Lande der Dor und der Ndscham-Ndscham, dessen kalte Nächte eine bedeutende Meereshöhe, wenigstens über 1300m, bekunden, das nur wenig niedrigere Hochland um die Quellen des Dschedschi SW. von Gondokoro, die nur dem Namen nach bekannten Gebirgsländer am Sobat im SO., und die Gebirge Dar Furs im NW. Selbst in NNO., wo der Nil seinen Ausfluß aus dem Centralbecken des No Sees sucht, treten das gegen 1000m hohe Bergland der Takale im W. und das niedrigere Hochland auf der Halbinsel zwischen dem Abiad und dem Azrek mit ihren Vorhöhen wieder nahe zusammen, und lassen dem Strom nur einen schmalen Ausgang, so daß die Annahme nahe liegt, es habe hier vor Zeiten, nach Analogie zahlreicher ähnlicher afrikanischer Bildungen, ein gewaltiges, jetzt freilich auf ein Minimum von See und Sumpf zusammengezogenes Binnenmeer seine mächtige Wasserfläche ausgebreitet. Die weiten unmerklich nach dem Centrum geneigten Flächen dieses „Gazellensee-Beckens" sind aber nicht Wüste. Nur im Norden nehmen sie streckenweise den vollen Steppencharakter an, weiter südwärts bilden sie Savannen mit vereinzelten Bäumen oder mit lichtem Urwald, und weiter südwärts, namentlich nach den hohen Rändern zu, entfalten sie unter dem Einflusse tropischer Wärme und starker tropischer Regen eine unendlich reiche Vegetation, und veranlassen hierdurch die Entwickelung eines gleich reichen und mannigfaltigen Thierlebens.

Gebirge. Die östlichen Höhenzüge, Gebirgs- und Hochländer am Sobat sind noch unerforscht, wenn auch an ihrer Existenz kein Zweifel herrscht. Um Gondokoro steigen über die 600—700m hohe Basis der Ebene zahlreiche Bergzüge, Ketten und isolirte Berge empor; so das Lofiitgebirge und der Lauda oder Laode an der Grenze zwischen den Bari und Beri, das kettenförmige Lakodscha (Logodschá oder Lagwaya-) Gebirge mit dem Lohó und die Belenyan-Gebirge (gegen 900m hoch) im Liria- und Barilande, der Walagny und Kede am Ostufer des Tschufiri, ebenso aufwärts die Galopi-Berge. Den letzteren liegen westlich die Gniri-Berge (1300m), und dem Kede die Ostspitze des Rego-Gebirgs gegenüber; südlich von dieser liegt die Bergkette Dschindin. Als isolirte Berge sind SW., W. und NW. von Gondokoro der 780m hohe Legwek auf einer Nil-Insel, der Kedé, der vielleicht 1400m hohe Kennobih oder Kunufi, der eisenreiche Kerek und der Rathuili, der Lado und der kegelförmige, etwa 1200m hohe, hart am linken Thalrande aufsteigende Nyalandscha oder Nyerkani zu nennen. Von der Rego- und Dschindin-Kette gegen W. und SW. ist wahrscheinlich ununterbrochenes Gebirg um die Quellen des Koda und Tschedschi; wenigstens sind auf den bis jetzt erforschten Linien zahlreiche Berghöhen gesehen und überstiegen worden. Solche sind das von N. nach S. an der Wasserscheide zwischen Koda und Dschedschi streichende Regenggebirg mit einer höhern östlichen Parallelkette, der pyramidenförmige Tuli, der Le Boyang, der Moroto und Mieh an beiden Seiten des Dschedschi, und weiter westlich das Yiah oder Baka und Waniagebirg, und die im W. das Gebiet des Dschedschi (wahrscheinlich) abschließenden Makúrakakberge, die über eine Basis von etwa 1300m emporragen. Die Höhe dieser sämmtlichen Gebirge ist nicht gemessen, doch dürften die Berge im Tschufirigebiet eine Höhe von 700—1000m haben, während die Gebirge am Dschedschi sicherlich über 1500m ansteigen. — Im Ndscham-Ndscham- und Dorlande breitet sich ein weites, hohes Gebirgsland aus, mit wilden Bergschluchten zwischen den Granithöhen; die Nächte sind empfindlich kalt, was auf eine Höhe von mindestens 1500m schließen läßt, doch befinden sich zahlreiche Dörfer auf den Bergkuppen, so daß die Höhe auch nicht die eines Hochgebirgs sein kann. Nicht unbedeutend sind auch die Berge im Lande der Ferdsch und der Fertit: die Berge des Mandschiri an den Dembequellen, das Kosangagebirge, in welchem der Botaniker Schubert 1863 seinen Tod fand, der Mara und der mit Dörfern besetzte Telkauna im Norden von Dar Fertit. — Von dem aus Dar Fur und Takaleh herabziehenden Höhen (Hochebenen mit isolirten Bergen) ist bei diesen Ländern die Rede. Am rechten Ufer des Bahr el Abiad erhebt sich der etwa 650m hohe merkwürdige Tefafan oder Tefafam (Defafaungh, Faan, Berba, Bibar, Kur-Uir), ein ausgebrannter Vulkan, etwa 150m über den Flußspiegel. So weit geologische Beobachtungen vorhanden sind, bildet Granit nebst Gneiß die Hauptmasse aller dieser Gebirge, auch Syenit kommt am Nyakandscha vor; das Gestein wie die darüber lagernden Sand- und Alluvialschichten sind fast allenthalben reich an Eisenerz (Thoneisenstein); im Lande der Fertit und der Ndscham-Dscham findet sich auch Kupfer, Gold dagegen nirgends. Im Thale des Weißen Flusses haben sich seit Jahrtausenden mächtige Schlammschichten abgelagert; bei Gondokoro sind diese Schichten reich an Magneteisen: ein Beweis, daß höher hinauf Diorite und Syenite im Lauf der Zeit zersetzt worden sind. Die Riffe in den Stromschnellen oberhalb Gondokoro bestehen aus Gneis und Glimmerschiefer. Auffallend ist die Armuth dieser Länder an Salz: dasselbe wird entweder von den Ufern des Indischen Ozeans oder von Aegypten aus auf dem Nil in das innere Land gebracht, oder die Eingebornen versuchen es durch dürftige Surrogate zu ersetzen.

a) Die Hauptwasserader dieses Landes, der Nil, in diesem Theile seines Laufs Meri genannt, ändert unter 3° 38' N. B., den nordöstlichen Lauf, den er von seinem Ausflusse aus dem Luta Nsige angenommen hatte und wendet sich in den Stromschnellen und Katarakten von Meri gegen NW. und N. Durch den von SO. (aus dem Baringo See?) kommenden Asua verstärkt, fließt er zwischen den beträchtlichen Bergketten Galopi im O., Gniri und Rego im W. dahin. Zahlreiche Klippen würden hier die Schiffahrt in dem raschfließenden Strome erschweren,

26*

auch wenn dieselbe nicht weiter abwärts abermals durch Katarakten (bei Dschiamudsch 4° 3′ N. B.) völlig gehemmt wäre. Bald darauf folgen die Katarakten von Makedo, 2 Fälle von je 1,5m Höhe; unterhalb derselben ist der Fluß 45m breit, 5,2m tief, und die Strömung beträgt in der Mitte 180m in der Minute. Bis hierher sind beim Hochwasser die Fahrzeuge des Dr. Peney gelangt, nachdem sie die 750m langen Stromschnellen über die Felsendarre bei Dscheurosy-Gardo (4° 34′ N. B.) und bei Terémo Gardo hinter sich gelassen hatten. Nach Ueberwindung dieser Hindernisse wird der bis hierher wilde, klippenreiche Strom, von den Bari Tschufiri genannt, ruhiger und fließt zwischen milderen Ufern hin. Zugleich beginnt er sich in zahlreiche Arme zu spalten, die die flache oder hügelige, breite Thalniederung durchziehen. Südlich und nördlich von Gondokoro (4° 54′ N. B.) treten die Berghöhen des Belenyan im O., des Kerek und des eisenreichen Nyerkani im W. an das Thal heran, dann wird das Land beiderseits flach, das Gefälle des Wassers vermindert sich, bis der Strom, der im Barilande den Namen Tschufiri oder Tubirih, d. h. Weißer Strom, bei den Dinka den Namen Kir, d. h. Wasser, bei den Nuehr den Namen Jer angenommen hat, von den Arabern aber Bahr el Dschebel genannt wird, das Centrum der Wasseransammlungen, den Gazellensee (See Nu, No oder Noo) erreicht.

Durch die zahlreichen Unternehmungen der Sklaven- und Elfenbeinhändler, wie wissenschaftlicher Reisender ist seit kurzem das weite von Dinka-, Dschur-, Dor- und Fertit-Stämmen bewohnte Land südlich vom Gazellenfluß und westlich vom Kir, bis an die Grenzen der Nrscham-Nrscham, unserer Kenntnis erschlossen worden. Als der nächste Parallelfluß des Kir erscheint der Roda, der im Lande der Dschängbara W. von Gondokoro im Gebirge entspringt, durch zahlreiche Chors verstärkt zur Regenzeit eine bedeutende Wassermenge aufnimmt und wahrscheinlich als Bahr Dschemit (Medsch, Lurit) unter 7° 22′ N. B. dem Nil (Kir) zufließt. Ihm zunächst durchfließt der Bahr Rol oder Nam Rol (Arol, Rahel) das Land der Dschur und Dinka und ergießt sich wahrscheinlich als Alidsch 6° 45′ N. B. in den Kir. Dann folgt der Dschedschi (Dschei, Dschieh), der aus vielen wasserreichen Quellbächen im Lande der Makarakak, der Koschi und der Dschängbara, SW. von Gondokoro, zusammenfließt und im Parallel von Gondokoro, je nach dem Wasserstande, 70—250m Breite und 1⅓—2m Tiefe hat. Sein Mittellauf ist noch nicht erforscht, doch ist es wahrscheinlich, daß er als Bahr Bambo das Land der Dor, als Bahr Dschur (Tatai, Amulmul) das Land der Dschur und Dinka durchfließt, und von seiner Vereinigung mit dem Bahr el Homr in dem kleinen Ambadsch-See den Namen Bahr el Ghasal (Gazellenfluß) oder Nam Aith annimmt. Von seinem Nebenflüssen sind der Bahr Dor und der Bahr Wau an der Grenze der Dschur und Dor bekannt geworden; mächtiger ist der oben erwähnte Bahr-el-Homr, der als Bahr Dembo oder Kosanga in Dar Dika entspringt, mit dem die Grenze zwischen Dar Fertit und Dar Fur bildenden Telkauna sich vereinigt und nach 80 Meilen langem Laufe in schilfiger Gegend, in einem Netz von Armen, sein Wasser dem Gazellenfluß zuführt. Gleiches gilt auch vom Bahr-el-Arab, in welchem die Regenbetten des südlichen Darfur dem Gazellenfluß zugeführt werden. Oestliche Nebenflüsse des Gazellenflusses sind der Chor Momul, der sich im Dschurlande von dem Hauptflusse zu trennen, und nach einem Lauf von 30 Meilen sich wieder mit demselben zu vereinigen scheint, die vielverzweigten Sümpfe und Kanäle um die Meschra-el-Rek, u. der an 80 Meilen lange Ayabu, der aus der Vereinigung des Bahr Tondsch und des Nam-Dscham sich bildet. Der Gazellenfluß mag von seiner Quelle (Dschedschi) bis zu seiner Einmündung in den See No (Gazellensee) einen Lauf von 150—160 Meilen zurücklegen. Dieser See ist weder an Umfang, noch an Tiefe bedeutend, kaum 3 Meilen lang und nach W. bedeutend verschmälert. Die vielfach gewundenen, durch Seitenarme mit einander in Verbindung stehenden Wasserläufe, die zahlreichen Seen, die weiten Schilfsümpfe lassen — in Uebereinstimmung mit den Andeutungen älterer Berichte — vermuthen, daß einst auch hier ein großes Seebecken, dem Tschad oder dem Ukerewe ähnlich, existirt habe, welches durch den Abfluß des Weißen Stromes entleert worden ist, bei dem Hochwasser des Nils noch jetzt theilweise als See erscheint, bei niedrigem Wasserstande aber von Jahr zu Jahr an Fahrbarkeit abnimmt. Das Fahrwasser dieser Flüsse und ihrer seeartigen Erweiterung, wie des Rek und des Ambadsch, geht gewöhnlich mitten durch die unübersehbaren Schilfflächen und wird selbst im Bahr el Abiad durch schwimmende Wasserpflanzen für die Schiffahrt zeitweilig gesperrt. Nur an einzelnen Stellen hat die Natur oder die menschliche Thätigkeit einen Zugang zum trocknen Lande gebahnt, und an diesen Landungsplätzen (Meschera, d. h. Tränke, Schwemme) pflegt sich ein Handelsverkehr zwischen den nomadisirenden Landeseinwohnern und den Schiffern als den Handelsleuten zu entwickeln. Das Größenverhältniß beider Ströme ist

	Abiad		Gazellenfluß.
Länge:	310 Meilen		160 Meilen
Breite:	2	zu	1
Strömungsgeschwindigkeit:	5	„	2
Tiefe:	4,22m		1,55m
	42	zu	3

ein Verhältnis, wodurch sich am besten der Irrthum der ersten Entdecker widerlegt, die im Gazellenfluß den Hauptquellstrom des Nil gefunden zu haben meinten.

Eine andre Messung (durch von Malzac) ergab für den Nil und seine Nebenflüsse im Monat April

	Abiad	Bahr el Gazal	Bahr el Jerafa	Sobat
mittlere Breite	137m	179m	15m	68,3m
mittlere Tiefe	5,75m	1,71m	1,88m	3,88m
Strömungsgeschwindigkeit (in der Minute)	98,50m	36,40m	21,35m	17,84m
Verhältnis der Wassermenge	776	111	6	47

In ähnlicher Weise stellte Petherick das Verhältnis des Kir, Bahr el Ghasal und Sobat mit 6288, 3042 und 6615 Kubikfuß per Sekunde zusammen, letztere Angabe freilich 6 Wochen später als die ersteren und durch die Regenzeit beeinflußt. Ueber jene Sümpfe hinaus erstrecken sich weite, flache Savannen, die, je weiter nach Norden, desto trockener und waldleerer werden. Während die Wassersäume an vielen Orten dicht mit Ambadschabäumen (Aedemone mirabilis Kotschy) besetzt sind, die über schmaleren Flußarmen wie eine Laube sich zusammenwölben, wechseln landeinwärts westlich vom See Nek Savannen mit vereinzelten Hochwäldern ab, und nördlich vom Gazellenfluß zeigen sich auf den Savannen nur vereinzelte Bäume.

Vom Gazellensee fließt der Weiße Fluß (Kir, Kidia) 15 Meilen ostwärts ohne bedeutendes Gefälle und empfängt in diesem kurzen Laufe von SO. den Bahr el Jeraf (Giraffenfluß), der vielleicht nur ein Arm des Kir ist und den mächtigen Sobât (Sibat, Subât, Séboth, arabisch Bahr el Mukhâda oder Bahr el Mobateh, nach Einigen der wahre Bahr el Abiad; bei den Nuer Tilfi, bei den Schilluk Tak, bei den Dinka Kiti), dessen Quellgebiet, das Hochland oder Hochgebirgsland zwischen dem Kenia und dem südlichen Abessinien, noch zu den unerforschtesten Gegenden Afrikas gehört; sein Wasser steigt früher als der Nil, meist schon im April; als seine Nebenflüsse werden, sämmtlich von der rechten Seite, der Bahr el Dschuba, der Bahr Sultan, der Bahr el Dschor und der Bahr el Arab genannt; — und von NW. den Keilak (Ke-ilak, Baradschaub, Kalaka); der die Regenwässer aus Kobbe und Fascher in Darfur dem Nil zuführt. In nordöstlicher Richtung, mit vielen Flußarmen und Inseln, fließt der Nil zwischen niedrigen, schlammigen, aller Felsriffe entbehrenden Ufern weiter, das Gebiet der Schilluk von dem der Dinka trennend, von jenen Bahr Schilluk, von diesen Kyr oder Kedi genannt; er nimmt rechts den Dschall (Nâl) und den Pipar (Bibar, Chor Dschundschehr?), beides vielleicht Arme des Sobât, links den Nidel-Nil auf. Der Dschebel Teffafan (11° 8′ N. B.) ist der erste Berg, der sich wieder an seinen Ufern erhebt; von da an tritt das Hochland von Takale und von Kordofan im W., eine minder beträchtliche Hochebene im O. näher an das Stromthal heran, welches tiefer eingeschnitten, von Thalwänden eingefaßt, von El-Eis an auf meist felsigem Grunde (die scheinbar felsigen Stromschnellen oberhalb El-Eis werden von Konchylienbänken verursacht) und mit schnellerem Gefälle sich gegen Norden zieht und bei Chartum mit der Aufnahme des Bahr el Azrek oder des Blauen Flusses den Oberlauf vollendet. Die Länge des Stroms beträgt von Gondokoro bis zum Gazellensee etwa 110 Meilen, von da bis Hellet Kaka 43 Meilen, von da bis Chartum 98 Meilen; und da die Höhe diese 4 Punkte auf 582m, 530m (289m?), 510m, 410m, geschätzt werden kann, so beträgt das sehr geringe Gefälle auf diesen 3 Flußstrecken 0,47m, 0,46m und 1,02m auf die Meile.

Die Wassermenge des Nils beträgt nach Linant bei Chartum

	Anfang März	Ende Juli (Hochwasser)
für den Abiad	297 Kubikmeter	6044 Kubikmeter in der Sekunde,
für den Azrek	159 " "	6277 " " " " "
für den vereinigten Strom	. . . . .	12009 " " " " "

Peel dagegen rechnet die Wassermenge zu Ende Oktober

für den Abiad	1408	Kubikmeter in der Sekunde
für den Azrek	274 7	" " " " "
für den vereinigten Strom	4496	" " " " "

freilich nach ungewöhnlich starken Regen in Abessinien. Es ergibt sich daraus — wenn anders die Messungen richtig sind — daß der Azrek, bei weit kleinerem Stromgebiet, stärkere Regenfälle haben muß; ein Schluß, der mit der gewaltigen Erhebung des abessinischen Landes übereinstimmt.

Klima. Die klimatischen Verhältnisse des obern Nillandes sind scharf ausgeprägt und rein tropisch. Im Wesentlichen gibt es also 2, in manchen Gegenden jedoch durch 2 Uebergangsepochen vermittelte Jahreszeiten, eine regnige und eine trockne, deren Beginn mit den in Aegypten beobachteten natürlich nicht übereinstimmt. In Gondokoro sind regelmäßige klimatische Beobachtungen angestellt worden. Die Winde wehen im Januar von O., vom Februar bis April wechselnd von O. und S., von Mai bis Mitte Juli von S., von da bis Ende des Jahres wechselnd von NO. und O., so daß der gemeinsame Einfluß der Passatwinde und der Monsune sich geltend macht. Der Februar bringt Gewitterstürme und Regenschauer, von Ende

März an fallen heftige Regen, im April erscheinen jeden Morgen heftige Gewitter mit wolkenbruchartigen Platzregen (ebenso am Gazellenfluß), und es entwickelt sich eine glänzende Flora von Orchideen, Zwiebelgewächsen und Baumblüten; gleichzeitig belebt sich die Luft mit Insektenschaaren aller Art. Dabei herrscht eine drückende Hitze: 25—27° C. vor Sonnenaufgang, 37° nachmittags 3 Uhr; später, bei zunehmender Feuchtigkeit, nur 19—20° früh und 25—28° nachmittags. In der 2. Hälfte des April ist die Hitze drückend, das Wetter heiter, nur mit unzähligen regenarmen Gewittern abwechselnd. Anfang Mai kommen stärkere Gewitter aus Norden, dann folgen Gewitter, Orkane, häufige Regengüsse bis Ende Mai. Der Juni ist trocken, aber Mitte Juli treten wieder anhaltende Regen ein, vom September bis Januar ist meist trockene Luft bei zunehmender Wärme. Von 316 Beobachtungstagen fiel an 87 Tagen Regen. 1853 zählte man 28 Gewitter, davon 11 im Monat Mai. Viele Gewitter entstehen in den östlichen Gebirgen und erreichen das Nilthal nicht. Die mittlere Jahrestemperatur 28,4 C. steht — wenigstens im Sommer — um 6° hinter der von Chartum zurück: so viel bewirken die tiefere Lage, die Nähe der Wüste und die größere Trockenheit in Chartum. Der höchste Wasserstand des Nil fand 1853 am 4 September, der tiefste am 20. Januar statt; am 17. April stieg der Nil zum ersten Mal, mit schmuzigrother Farbe. Die Differenz zwischen dem höchsten und niedrigsten Stande des Nil beträgt in Gondokoro 168 Centimeter, in Heiligenkreuz 190 Centim., in Chartum 695 Centim. Erdbeben sind nicht selten, wenn auch meist schwach; 1853 zählte man deren 7. Weiter abwärts, am Bahr el Abiad, ist von December bis März frischer O. oder NO., die Temperatur fällt morgens auf 17°, steigt mittags nicht über 30°.

In dem Hochlande der Nycham-Nycham dauert die Regenzeit vom Mai bis Oktober und November, das Land ist daher reich an Quellen und Flüssen. Zu Kulanda im nördlichen Dergebiet fand Heuglin die Regenzeit im Juni und Juli nicht intensiv, 25 Regen fielen in beiden Monaten, selten einer über 6 Stunden andauernd. Die mittlere Temperatur in dieser Zeit war 22.5—31° C., bei warmen, feuchten, außerordentlich thaureichen Nächten; am Tage ist die Luft mit Feuchtigkeit übersättigt. Die Regenzeit dauert dann bis Oktober fort. Die Aussaat erfolgt April, Mai, die Ernte von Bohnen, Gurken, Mais Mitte Juli, dann kommt der Ankoleb (Holcus saccharatus), im August reifen die Kürbisse, Ende August Tabak, Sesam, im September Durrah, Dochn, Telabun (Eleusine), die letzten drei erst nach dem Ende der Regenzeit. Erdnüsse geben 2 Ernten, Anfang September und Ende April.

Die Flora dieses Landes ist eine verschiedene in dem Gebirgs- und Hochlande der Dschangbara und Nycham-Nycham, im Flachlande der Bari, Dinka und Dschur, in den Sumpfregionen der Nuehr und auf den trockneren Ebenen rechts und links vom Bahr el Abiad. Bis zum 7 und 8° N. B. reicht die eigentliche tropische Flora: dichte Waldungen mit riesenhaftem Oberholz und dichtem, üppigem Unterholz, namentlich viele Sykomoren und Gummi ausschwitzende Bäume. Mehrere von diesen Gummibäumen entsenden, wie auch die Ficus religiosa in Indien, aus ihren dichtbelaubten, schönen Kronen, senkrecht hinabgehende Ausläufer, die im Boden wurzeln und zu neuen Stämmen werden. Das Land der Kitsch hat an beiden Seiten des wenig eingesenkten Stromthals Ebenen mit Gras und einzelnen, meist dornigen Bäumen bewachsen, oder lichten Hochwald mit einzelnen freien Grasplätzen und sumpfigen Wassertümpfeln, nur an den Stromufern stehen die Bäume dichter. Vorwiegend sind die Alookbäume, deren dattelartige Frucht eine Hauptnahrung der Einwohner bildet, Mimosen, der Eisenholzbaum (Dahlbergia melanoxylon), der Ebenholzbaum, der Ambak mit korkleichtem Holz, Sykomoren, Tamarinden, Euphorbien (Euphorbia Candelabrum mit zahlreichen, langen, aufwärts gerichteten Armen), der Elefantenbaum (Scheter-el-Fil oder Seter, Kigelia africana DC.) mit dichter runder Laubkrone, schönen, großen dunkelrothen Blüten, 6—10 Decim. langen, 1⅓ Decim. dicken, bis 30 Pfund schweren, bitter schmeckenden, aber purgirend-heilkräftigen Früchten an 1m langen, seilartigen elastischen Stielen.

Im Lande der Nuehr breiten sich Sumpfwälder aus mit Platanocarpus africanus, Crataeva, Kronleuchter-Euphorbien, Cordia mixta, Tamarinden, Kuk-Mimosen. Den Fluß begleitet ein Ufersaum von Schilffeldern (Papyrus), hinter denen Dum- und Delebpalmen aufragen; schwimmende Inseln, namentlich von Pistia gebildet, ziehen langsam stromabwärts. Auf den Flußinseln bietet das hohe Sunthholz undurchdringliche Wälder. Der vorzüglichste unter den genannten Bäumen ist die Delebpalme mit 30—40m hohem, kerzengeradem, astlosem, im zweiten Drittel seiner Höhe in merkwürdiger Weise wulstförmig verdicktem Stamm, einer prächtigen aus fächerförmigen Blättern bestehenden Krone. Seine Früchte sind zahlreich, kopfgroß, oval, fleischig, dunkelgelb, 4—5 Pfund schwer, außen mit einem festen, faserigen Gewebe, in welchem die drei ananasartig schmeckenden, einen dicken Saft enthaltenden Kerne eingeschlossen sind; aus dem Faserstoff der jungen Triebe werden Matten und Tauwerk verfertigt.

Von Hellet Kaka abwärts tritt schon die nubische Steppenflora mit ihren durchgängig dornigen Bäumen und Gesträuchen, ihren weiten, steinigen, begrasten oder graslееren Ebenen auf. Am nassen Stromrande und im Strom selbst, wie auf den schlammigen Inseln, entwickelt sich eine fast undurchdringliche, waldartige Vegetation von bis 6m hohen Riesenbinsen (Papyrus antiquorum) und den verschiedensten Schilfarten. Der Lotos (Nymphaea Lotos L.) mit seinen prächtigen, meisten sternförmigen Blüten auf 2m hohen Stengeln schmückt die Wasserfläche nordwärts vom 10° N. B.

Das Land der Ndscham-Ndscham hat in Flora und Fauna viel abweichendes von den ostafrikanischen Ländern: viele Arten von Oel- und Butterbäumen, von Bananen und Bataten, Palmen mit dattelähnlichen Früchten, und Borassus aethiopicus sind als Charakterpflanzen zu nennen. Der Butterbaum, wahrscheinlich eine andre Species als Bassia Parkii, wird bis 12m hoch und ½m dick; in Form der Krone und der knorrigen Verästelung, wie in der rissigen Rinde gleicht er den Eichen; die Zweige geben einen brennbaren, im Wasser unlöslichen Milchsaft, die in eine fleischige eßbare Frucht eingehüllten, den Kastanien ähnlichen Kerne liefern ein reichliches Oel, das wie die meisten Oele des Sudan, bei geringer Abkühlung (25° C.) fest wird. — Der Charakterbaum des tropischen Afrika, der in der kolossalen Entwickelung seines kurzen Stammes (bis 25m Peripherie) einzige Baobab, Adansonia digitata, der Repräsentant kolossaler Entwickelung im Pflanzenleben, wie es der Elefant unter den Thieren ist, reicht nordwärts bis 13° N. B.

Die Thierwelt ist sehr zahlreich. Am hervorragendsten ist die Familie der Pachydermen: Elefanten finden sich überall, wenn auch — in Folge häufiger Jagden, nicht überall mehr in der früheren Menge. Auch das Rhinozeros und das Warzenschwein sind häufig. Flußpferde kommen scharenweise in allen größeren Gewässern vor. An Raubthieren, namentlich aus dem Katzengeschlecht (Löwen, Panthern, Hyänen) ist kein Mangel, Antilopenarten, Büffel, Giraffen bevölkern die grasreicheren Gegenden; auch Affen sind nicht selten. Höchst mannigfaltig sind die Ordnungen der Vögel, von den Raubvögeln an bis zu den kleinen Sängern, die theilweise auch in Europa als Zugvögel bekannt sind; die Reiher (der wunderschöne Königsvogel, Ardea pavonia), Störche (besonders der Marabu, Ciconia argala), Ibis, Papageien, Tauben zeichnen sich besonders aus. Krokodile, große Eidechsen, Schlangen sind Vertreter der Amphibienwelt, die Gewässer wimmeln von Fischen, die zum Theil, wo das Wasser in der trocknen Jahreszeit verschwindet, wie die Krokodile u. a. Amphibien im tiefen Schlamm ihr Dasein fristen. Die Insektenwelt ist ebenso bunt und mannigfaltig in den Schmetterlingen (die freilich den Schmetterlingen von Surinam an Farbenpracht weit nachstehen), als lästig, ja gefährlich in den Fliegen und Mücken, die oft zur Landplage werden. Die Tsetsefliege haust im Lande der Dschur, wie am Sobat und an andern Orten, überall den zahmen Rindern verderblich. In trockenen Gegenden erscheinen Heuschrecken häufig; die Termiten richten großen Schaden an. Flöhe kommen in den Nubaländern und am Weißen Nil kaum vor. Bandwürmer sind auch hier — in Folge des Genusses von rohem Fleisch — sehr häufig.

Bevölkerung. Die Bewohner dieser Länder bestehen, wie im Nigerlande, aus einheimischen und eingewanderten Stämmen. Jene waren zum Theil schon den Römern bekannt, unter ihren jetzigen Namen und ihren jetzigen Wohnsitzen. Mit Ausnahme der Galla im Osten sind die Bewohner als Neger zu betrachten, wenn auch wenige von ihnen, wie die Schilluk, Dinka, Fertit, den reinen oder ziemlich reinen Negertypus tragen.

Religion. Die meisten dieser Stämme sind ganz heidnisch, nur bei einigen hat der Islam angefangen, festen Fuß zu fassen. Auch die Gallastämme gehören dem Heidenthum an. Doch finden sich hier nirgends Götzenbilder oder Fetische, nirgends Menschenopfer, wie denn überhaupt diese Stämme nicht so fern von wirklichen Religionsbegriffen stehen, wie ihre westlichen Stammgenossen oder wie die Kaffern. Nirgends hat hier das Heidenthum so blutdürstige Formen angenommen, wie in Dahome und bei den Aschanti. Es gibt keine Priester, nur die Bari haben eine Klasse von Zauberern und „Regenmachern", die aber von dem Volke nach einer langandauernden Dürre und Hungersnoth verfolgt und getödtet wurden. Am Tumat und bei den Schilluk genießen Adansonien oder andre Bäume eine Art Verehrung. Die meisten Stämme sind Deisten; die Dinka beten den Mond an, dem sie zugleich den Namen „Sohn der Sonne" beilegen; sie beginnen niemals einen Kampf, so lange der Mond am Himmel sichtbar ist. — Die katholische Mission am obern Nil ist neuerdings, nach vielen Verlusten, aufgegeben, dagegen hat die evangelische Missionsgesellschaft in Basel 1865 das Land der Dinka, der Bari und das Reich Uganda in Angriff genommen.

Handel, Gewerbe. So groß die Produktionskraft der Länder am Bahr el Dschebel und seinen Zuflüssen ist, so gering ist der Handel, da die Bedürfnisse der Bewohner ein sehr bescheidnes Maß haben, die Wohnungen auf das Einfachste konstruirt sind, Kleidung oft gar nicht vorhanden ist, die einfachen Geräthschaften und Waffen von jedem Stamme selbst verfertigt werden; Schmuckgegenstände sind von Alters her der gangbarste Artikel gewesen, jedenfalls auch nicht von diesen Völkern selbst gesucht, sondern von civilisirten Nationen für Waaren, die dieselben brauchten, zum Tausch angeboten. Dieser Handel mit Schmucksachen stammt aus dem höchsten Alterthum, denn schon in den ägyptischen Gräbern aus den Zeiten der 4. Dynastie bis zur Zeit der römischen Okkupation sind Glasperlen in unzähliger Menge vorhanden, theils aus gebrannter Erde mit buntem Schmelz überzogen, theils mosaikartig aus Glasflüssen zusammengesetzt, theils aus edlen Steinen gearbeitet. Später führte der Handelsweg nach dem „ägyptischen Sudan" von Kordofan und Dar Fur über Hoferat el Nahas bis zu den Ndscham-Ndscham; blaue Baumwollenzeuge (bei dem letztgenannten Volke in den Bergländern nöthig), Glasperlen, Salz, Natron, Kupfer sind alte Importartikel gegen Elfenbein und Sklaven gewesen. Vielleicht ist auch eine Handelsstraße südwestwärts nach Kongo gegangen. Nachdem aber die türkische Herrschaft sich über das ganze Nilgebiet bis oberhalb Chartum ausgebreitet hat,) ist mit Eröffnung der regelmäßigen Nilschiffahrt ein neuer Handelsweg entstanden, und es hat sich seit 30 Jahren in diesen Gegenden ein ganz neuer Handelsbetrieb, leider in einem System des schändlichsten Sklavenhandels, entwickelt. Weiße — Araber wie Europäer — sind mit bewaffneter Macht erschienen, zunächst um Elfenbeinhandel zu treiben; sie haben die schlecht bewaffneten, aller Organisation entbehrenden Negerstämme besteuert, ausgeplündert; Tausende aus den Nationen der Schilluk, der Nuer, der Dor und Dschur sind getödtet oder gefangen und in die Sklaverei verkauft worden. In Folge dessen hat der Handel von den Mescheras an Flüssen und Seen sich zurückgezogen, und die fremden Händler haben außer ihren festen Stationen an dem Wasser noch anderweite Stationen (Seribahs) im Landesinnern angelegt. Eine solche Seribah wird von ihrem Besitzer, der sich für den absoluten Herrn der gesammten Gegend und ihrer schwarzen Bewohner ansieht, nur zeitweilig besucht, und unterdessen von einem Stellvertreter (Wekil, plur. Wekelah) verwaltet, der 60—150 Soldaten und viele Sklaven und Sklavinnen unter seinem Kommando hat. Der Wekil sendet Streifpartien zum Einkauf, wie zur Erbeutung von Sklaven und Rindern aus, und unternimmt auch größere Jagden. Die Soldaten erhalten 50—80 Piaster jährlichen Lohn und freie Station, d. h. Befugnis, auf eigne Rechnung zu rauben; daneben treiben sie kleinere Handelsgeschäfte. Zwischen Darfur, der Meschra-el-Rek und den Ndscham-Ndscham existiren 10 Seribahs, welche im J. 1863 an 800 Zenter Elfenbein geliefert, über 5000 Rinder und wahrscheinlich noch mehr Menschen geraubt und letztere als Sklaven verkauft haben. Namentlich werden jetzt im untern Dinkalande, von der Sobatmündung bis zum Dschebel Ndschemati, zahlreiche Sklavenjagden gehalten. — Aus dem Gebiet des Sobat gehen jedenfalls Handelswege nach Osten an den Golf von Aden, da nach Westen fast keine Verbindung vorhanden ist.

Die Bari, welche am Weißen Fluß von 3° 30′ bis 6° N. B. zwischen den Madi und Keschi im S., den Ndscham-Ndscham im W., den Dschur, Mandari und Dinka im N., den wenigbekannten Beri im O. wohnen, sind nach ihrer Aussage vor 6—7 Generationen (also um d. J. 1700) wegen Uebervölkerung und Krieg aus ihrer südlichern Heimat ausgewandert, am Tschufri herabgegangen, und nach Vertreibung der Ureinwohner, der Beri, in ihre jetzigen Sitze eingezogen. Ihre einzelnen Stämme sind die Tschir (Tschier, Schir) im N., die Liria und die Lauda im O., welche noch einige Verwandtschaft mit den östlichen angrenzenden Beri haben, die Bari in der Mitte, die Dschängbara oder Dschämbara im W., letztere von friedliebender stillerer Natur, als die leidenschaftlichen, streitsüchtigen und lärmenden Bari. Die Bari haben schöne, kräftige Körpergestalten, und sind intelligenter, als ihre Nachbarn. Männer und Weiber gehen nackt, sie sind dunkel, aber färben sich roth; die Weiber tragen als Schmuck Holzcylinder in den durchbohrten Lippen, große lockere Eisenringe an den Füßen (die Liria), oder dünne anliegende Ringe (die Bari). Die Dschängbara schmücken sich mit Lederstreifchen und Fellstückchen, Perlenschnuren, Elfenbein, Perlmutter u. s. w. Sie lieben Musik, Tanz, Gesang. Vielweiberei ist herrschend. Die Todten werden in sitzender Stellung begraben; Dysenterie und Blattern raffen viele Menschen hinweg. Das Land ist im O. reich an Salz, auch Salpeter wird durch Auskochung von Erde gewonnen; im W., wo das Salz fehlt, bereitet man ein Surrogat desselben aus Urin. Eisen findet sich überall in Sand- und Erdschichten; umherwandernde Eisenschmiede führen die nöthigen Arbeiten aus; sie werden — ein charakteristischer Zug für die Neger! — verachtet, weil sie ihr Brod durch Arbeit verdienen, und daher den Sklaven gleichgestellt. Auch Kupfererz soll vorhanden sein. Im mittleren und östlichen Gebiet wird wenig ausgesäet, die Erntefrüchte werden in Saus und Braus verzehrt, dann tritt ziemlich regelmäßig Hungersnoth ein. In einer solchen wurde der Fürst und Zauberer („Regenmacher") Niaila 1859 ermordet. Aus der Durrah wird Bier (Yaua) bereitet; die Bari rauchen gern Tabak und essen viel Blut, daher die Hausthiere fleißig geschröpft werden. Besser steht es mit den Nahrungsmitteln um die Dschängbara. In dem hohen, gebirgigen Gebiete dieses Stammes ist eine ausgezeichnete Fruchtbarkeit, die Haupternten sind im Juli und December, doch geht Aussaat und Ernte ununterbrochen durch das ganze Jahr hindurch. Auch scheinen die Leute — wie überhaupt in Gebirgsländern — fleißiger zu sein. Getreide, Kürbisse, Mais, Tabak werden reichlich gebaut, Oelbäume, Dumpalmen, Tamarinden liefern ihre Früchte; Hungersnoth kommt nicht vor. Wie leicht könnte den nahen Bari geholfen werden, wenn Verkehrswege vorhanden und Handelsverbindungen im Gange wären! Minder bedeutend ist bei den Dschangbara die Viehzucht; es werden Rinder und Schafe, weniger Ziegen gehalten. Die Flüsse sind fischreich, die Jagd auf Elefanten u. a. Thiere liefert viel Ertrag; freilich gibt es auch zahlreiche Hyänen u. a. Raubthiere. Handelsartikel bei den Dschangbara sind Durrah, Ackereisen, Giraffenschwänze und Federn zum Schmuck, Perlen und Armringe. Eigentliche Fürsten regieren bei den Stämmen der Bari nicht, das meiste Ansehen haben die Zauberer oder Regenmacher.

Der Mittelpunkt des Landes ist Gondokoro, 49° 25′ O. F., 4° 54′ N. B., ein ehemals von Negern dicht bevölkerter, jetzt nur von Kaufleuten und ihren Mannschaften bewohnter Ort am rechten Ufer des Stroms. Pabst Gregor XVI. gründete 1846 die katholische Mission am obern Nil „zur Bekehrung der Neger, zur Verhinderung des Sklavenhandels und zur Seelsorge für die dort zerstreut lebenden Katholiken." Hauptstation wurde Chartum (1848), von da aus wurden die Stationen Heiligenkreuz (1855) und Santa Maria zu Gondokoro (durch

Knoblecher 1851) errichtet. Nach der Hungersnoth im Lande der Bari 1859 und in Folge der unter den Missionären aller 3 Stationen eingerissenen Sterblichkeit war indeß die Auflösung des mit vielen Schwierigkeiten kämpfenden Unternehmens nahe, die Hauptstation wurde nach Schellal, gegenüber Philä, gelegt, wo der Vizekönig ein Stück Grund und Boden geschenkt hatte. Doch hielt der Missionär Morlang in Heiligenkreuz wacker aus, und 1861 wurde die Mission von den Dominikanern übernommen. Von diesen wurden 30 in Hellet Kaka, 30 im Nuehrlande stationirt; von den ersteren starben 14 in kurzer Zeit, die andern flüchteten nach Chartum, Ende 1862 waren in Gondokoro nur noch 3—4 Leute vorhanden; es residiren jetzt 3 Superioren in Schellal, Chartum und Heiligenkreuz, leider ohne ein gemeinsames Oberhaupt! 1863 sind auch aus Heiligenkreuz die Missionäre abgerufen worden. — Gondokoro ist jetzt 10 Monate des Jahrs verlassen, nur im December und Januar etablirt sich, bei Anwesenheit der Händler, ein Elfenbeinmarkt, mit Sklavenhandel und schamloser Räuberei verbunden, selbst Leute, die als Nilreisende einen Namen haben (Dr. Penen, Andrea de Bono), betreiben diesen Handel. Das Missionsgebäude ist von den Händlern ruinirt.

An den äußersten Westgrenzen der durch Reisende erreichten oder erkundeten Gegenden, von den Krebsch, Dor und Bari nach SW. und W., bis an das Quellgebiet des Benue und bis gegen die Terrassenabhänge des westlichen Mittelafrika, wohnen die Niam-Niam (Ndscham-Ndscham, Nyem-Nyem) oder Makarakak (plur. Ndschamandschan), eine Völkerfamilie ohne vollständigen Negertypus, den Bakara ähnlich: von mittelgroßer, kräftiger Statur, mit langen Haaren und etwas Bart, von schwarzbrauner bis rothbrauner (bei Mädchen selbst hellbrauner) Farbe; an Sprache mit den Kolo übereinstimmend, von den Bari und Dschenke (Dinka) verschieden. Sie zerfallen in 3 große Abtheilungen: 1) Die Banda Niam-Niam bewohnen das sterile nördliche Hochland und grenzen im O. an die Dor, im N. an Dar Fertit; sie sind schwarzbraun von Farbe, wild und roh von Natur; bei der Unfruchtbarkeit ihres Landes leiden sie oft Hungersnoth und verzehren dann Affen, Reptilien, Insekten; vielleicht ist dies die Ursache geworden, daß sie im Rufe der Menschenfresserei stehen. Ihre Kleidung ist ein breites Stück Baumbast, welches mit eisenhaltigem Lehm gewalkt wird und baumwollenartig erscheint; die Weiber tragen einen Schurz von frischen Blättern im Gürtel, die Männer einen Lederriemen. Die Männer tragen das Haar gescheitelt und in 3 Zöpfe geflochten; die Beschneidung ist bei ihnen eingeführt. Sie werden von vielen kleinen Fürsten regiert, die im Krieg gemeinschaftliche Sache machen. 2) Die Belanda-Niam-Niam bewohnen ein fruchtbareres, gebirgiges, eisenreiches Land, in welchem zahlreiche Delebpalmen, Ficus elastica, gummitragende Sykomoren, Balanus, Sterkulien, Cassien, Akazien, Anona mit gelbem Fleisch, Butterbäume und Rotang (Calamus) sich finden. Sie sind schwarz von Farbe, von mittlerer Körpergröße, regelmäßigen Formen, haben wolliges Haar, dicke, doch nicht aufgeworfene Lippen. Obwohl tüchtige Elefantenjäger, sind sie doch friedlicherer Natur als ihre Stammverwandten; die Männer sind mit Speeren, Messern und Schilden bewaffnet; außer einigen Lumpen oder Baumblättern zur nothdürftigsten Bedeckung ihrer Blöße tragen sie keine Kleidung. Die Männer sind geschickt in Verarbeitung von Holz, Elfenbein, auch in Verfertigung von Saiteninstrumenten. Sie treiben keine Viehzucht, sondern Ackerbau, Jagd und Fischfang. Sie bauen Mais, Durra, Dochen, Delebun (eine Poa? mit feinen hirseartigen Körnern), Sesam, Bamien (Hibiscus), Bananen, Bataten (Convolvulus). Das im Lande sich findende Eisen verarbeiten sie zu Messern, Lanzen, Säbeln, vielschneidigen Wurfinstrumenten, Kettchen, Armbändern; sie schießen mit kurzen Pfeilen, deren Spitzen Widerhaken tragen; ihre Schilde sind über 1m hoch, aus Rotangstäbchen und mit Thierfell eingesäumt. 3) Fremdartig erscheinen die „weißen" d. i. bronzefarbigen Niam-Niam, die nach ihrer Hautfarbe, mit ihrem langen Haupt- und Barthaar, ihrer hohen Gestalt und ihren regelmäßigen Formen einer ganz andern Rasse zu entstammen scheinen. Sie stehen auf einer höhern Bildungsstufe, als die umwohnenden Völker und gleichen den Umwohnern des Tsad. Sie kleiden sich in Baumwollenstoffe, die sie gegen Elfenbein und Kupfer eintauschen, sind kräftig, intelligent und geschickt. Musik und Tanz lieben sie leidenschaftlich. Ein Sultan regiert sie, dem das Recht über Leben und Tod, über Krieg und Frieden zusteht; er führt seinen Stamm zu Raub- und Mordzügen gegen die Nachbarvölker. Nach dem Tode eines Sultans werden alle seine Verwandten ermordet. — Von Heuglin, der 1863 bis Wau und Kulanda im nördlichen Dorlande vordrang, berichtet nichts über diese Dreitheilung der Ndscham-Ndscham. Dagegen hat er die Handelsstraßen nach S. erkundet, auf denen Mbanga, die Residenz des Mofio, Dschimio's Residenz, Bakua-Dschango, Baria's Residenz, und im Gebiet des westwärts fließenden Flusses von Sena die Orte Ciso, Sere und Sena's Residenz, südlicher noch die Residenz des Kisa liegen. — Der Name Ndscham-Ndscham (Yem-Yem, Lem-Lem), wird diesen weitverzweigten Stämmen von allen Grenznachbarn ertheilt, und in gleicher Weise stimmen alle Berichte, auch der ältesten bekannten Schriftsteller, darin überein, daß die Menschenfresserei bei den Ndscham-Ndscham üblich sei. Doch fehlt es noch an authentischen Wahrnehmungen hierüber.

Die Dor-Stämme wohnen W. und S. von den Dschur vom Gazellenfluß südwärts und südwestwärts, längs der Grenze der Ndscham-Ndscham. Ihr Land ist der Länge nach von dem noch nicht ganz erforschten breiten und wasserreichen Dschedschi, der im Mittellauf Bahr Bambo(?), im Unterlauf Bahr Dschur, Tatai oder Amulmul genannt wird, durchflossen, in N. meist eben und bewaldet, steigt aber gegen S. wesentlich an und erhebt sich südlich von Nearhé, einer Häuptlingsstadt am Bahr Bambo, zu einem wilden, von Schluchten zerrissenen, über 1000m hohen Granitgebirgsland. Das tiefere, wellenförmige und hügelige Land N. von Nearhé ist fruchtbar und wohl angebaut. Reichliche Nahrung gewähren die Bataten und der Butterbaum. Die Durra erreicht hier, wie bei den Dschur, die seltene Höhe von 5m. Wilde Baumwolle, Ricinus, Tabak, Bamien wachsen, zum Theil unbenutzt. Zahllose wilde Baumfrüchte und Honig geben Nahrung, Honig und Wachs werden gegessen. Ziegen, Schafe, Hühner werden als Hausthiere gehalten, Pferde und Kamele gedeihen nicht. Die Einwohner haben eine hohe, gewölbte Stirn, nicht aufgeworfne Lippen, wenig gedrückte Nase, langes lockiges Haar, so daß sie trotz der sammtschwarzen Haut keinen eigenthümlichen Negertypus haben, gehen fast nackt, sind tüchtige Schmiede und Jäger, wie sie denn auch in kühnster Weise die Elefantenjagd betreiben, indem sie die gewaltigen Thiere mit Lanzen erstechen. Die Sprache der Dor ist das Koai oder Akoai.

Westwärts von ihnen, in dem gebirgsreichen Lande Dar Fertit, wohnt das Negervolk der Fertit und westlich neben ihnen die Kredsch, welche rothbraun von Farbe und so wenig wie die Ndscham-Ndscham reine Neger sind. Die zahlreichen Gewässer des Landes vereinigen sich im Bahr Dembo oder Kesauga und im Bahr Telkauna, die sich später vereinigt als Bahr el Homr in den Gazellenfluß ergießen. Einzelne kleine Sultane regieren über die Kredsch; durch ihr Land zieht die alte Karawanenstraße von Dar Fur südwärts nach Dar Dika und zu den Ndscham-Ndscham. Telkauna, auf dem gleichnamigen Berge, ein Complex von Dörfern eingewanderter Niam-Niam; mit lebhaftem Handel.

Die Dschur (Djur) wohnen W. von den obern Dinkastämmen von 5—8° N. B., in den von zahlreichen Flüssen durchzogenen nach W. und S. allmählich sich hebenden, meist mit tropischem Wald bedeckten fruchtbaren Ebenen westwärts vom Kir; ihre Nachbarn sind gegen W. und S. die Dor, im NW. grenzt ihr Land an Dar Fertit. Die Dschur sind von Körpergestalt schön, groß, robust; sie sind von guter Sinnesart und intelligenter als ihre Nachbarn, von denen sie sich auch durch eine eigene mit den Schilluk verwandte Sprache unterscheiden. Außer den gewöhnlichen Getreidearten bauen sie Sesam, Bohnen, Gurken, Erdnüsse (Arachis), die Zwiebeln der Dioscorea; die Nüsse des Butterbaums (Bassia Parkii) liefern im Mai Butter. Rinder werden fast gar nicht gehalten (der Tsetsefliegen wegen), dagegen Ziegen. Die Jagd wird, wie überhaupt am obern Nil, in großartigem Maßstabe getrieben, namentlich auf Antilopen und wilde Büffel (Bos caffer und brachyceros); man legt Fallen und Pallisadenreihen an, die Jäger sind beritten; auch die Falkenjagd (Falco lanarius, Schahin) ist bekannt. Natron wird durch das Verbrennen gewisser Früchte gewonnen, Spatheisenstein wird aus den Regenbetten ausgewaschen und mit Holzkohle geschmolzen; die Dschur sind industriös und wissen das Eisen gut zu verarbeiten. Die häuslichen Arbeiten liegen sämmtlich den Frauen ob. Hauptorte sind Nguri 45° 36' O. L., 6° 55' N. B., Jan Dschau, 12 Meilen ONO. v. vor., El Wasch, 6 Meilen NNW. v. vor., Wau 25° 6' O. L., 8° 8' N. B., wo Dr. Steudner 1863 starb.

Die Dinka- oder Denka-Stämme bewohnen die Ufer des Weißen Flusses (Kir) vom 6—12° N. B., in der Mitte sind ihre Wohnsitze durch das Gebiet der Nuehr unterbrochen, und abwärts sind sie auf das rechte Flußufer, die Dschesireh, d. i. die Halbinsel zwischen dem Abiad und Azrek, beschränkt. Zu den Stämmen, welche die Dinkasprache reden, gehören die Mandari oder Makar am Bahr Dschemit, 5—6° N. B., die Heliab oder Eliab und die Bor, welche am linken und rechten Ufer des Kir von 6°—6° 40' N. B. wohnen, die Tuldsch oder Tuidsch am rechten Ufer zwischen den Bor und Nuehr, die Kitsch oder Kuek nebst den Lau, den Fauer und den Angasch am linken Ufer abwärts von den Heliab, die Rel oder Ral W. von letzteren am Nam Rol oder Rahel; die Gok, die Rek, die Lau, die Wadsch, die Baik u. a. NW. von den Rel bis zur Meschra el Rek und zum Gazellenfluß, und nördlich über denselben hinaus bis zum Bahr el Homr und Bahr el Arab(?); sodann die Dschangeh oder Dschengah NW. und N. von den Nuehr; endlich die zahlreichen Stämme, welche am rechten Nilufer vom Einfluß des Sobat bis zum Dschebel Dinka (9°—12° N. B.) wohnen, wie die Attaindsch, die Donghiel, die Abudsche, die Abdschalang u. a. m. Die Dinka gehören zu den wenig kultivirten Negerstämmen und führen meist ein armseliges Leben. Die Kitsch gehen völlig nackt, auch die Frauen tragen nur selten einen Lederschurz, dagegen tragen sie Glasperlschnuren um die Hüften. Die Frauen der Heliab haben langes, in kleine Löckchen gekräuseltes, hinten herabfallendes Haar, legen eine Schnur weißer Muscheln (Kauris) um die Stirn und Perlschnüre um den Hals, die Mädchen bekleiden sich mit einer Kalbs- oder Schafhaut und tragen viele schwere eiserne Ringe. Die Heliab pudern sich mit ziegelrother Asche und haben daher eine ziegelrothe Farbe: eine Thatsache, die schon den Römern bekannt war und von dem hohen Alter der Wohnsitze dieser Völkerschaften zeugt. Die Kitsch bauen nur dürftige Wohnungen, die Männer kampiren meist in offenen Hütten beim Vieh; die Heliab haben nicht kegelförmige, sondern halbkugelförmige Hütten. Die Heliab beschäftigen sich mit Viehzucht und halten große Herden von Rindern, Ziegen und Schafen; die Kitsch sind ohne allen Ackerbau und nähren sich fast ausschließlich von Milch und Fischen, während andre umwohnende Stämme den Fischfang verschmähen. In Trägheit, sorglosem Leben, genußsüchtigem Aufzehren der Vorräthe, Liebe zu Tanz und Musik gleichen die Dinka ihren südlichen Nachbarn, den Bari, und gerathen dann leicht in gleiche Noth. Die Waffen der Dinka bestehen in Lanzen und hölzernen Keulen. Im Lande der Kitsch, am linken Ufer des Kir, liegt die Missionsstation Heiligenkreuz (Santa Croce) 6° 57′ N. B.

Die Nuehr (Nuer, Noer) haben angenehme, milde Gesichtszüge, langes sehr weiches Haar, welches sie roth färben; sie sind schwarz, aber ihre Haut wird durch fortgesetztes Pudern mit weißer Asche hellgrau. Als Kleidung tragen die Männer öfters ein Panther-, Affen- oder Ziegenfell, in der Regel aber gehen sie unbekleidet, und schmücken sich nur mit schweren Ringen von Elfenbein oder Nilpferdhaut; den Kopf bedecken sie mit einer aus Gras geflochtenen Mütze. Die Weiber tragen steife Glasperlenschnüre in Ohren und Lippen. Die Nuehr bewohnen das ebene Land an der Vereinigung des Nam Aith (Bahr el Ghasal) nebst dem Bahr el Arab und dem Apabu, und Kir (Jer) bis ostwärts an den Bahr Seraf und an den untern Lauf des Sobat, ihre Wohnorte sind kleine, meist in Schilf und Bäumen versteckte Hütten. Einige ihrer Stämme sind dem Sultan von Dar Fur tributpflichtig. Die Elfenbein- und Sklavenhändler haben hin und wieder ihre Etablissements. Ein vereinzelter Nuehrstamm, die Atot oder Atuot, wohnt südwestlich von den Kitsch unter 6½° N. B.

Die Stämme der Schilluk oder Schelluk, etwa 1 Million Köpfe stark, von Andern auf 3 Mill. geschätzt, wohnen am linken Ufer des Bahr el Abiad vom Tefafam aufwärts bis jenseit der Mündung des Keilak, in einer Längenausdehnung von 45, bei einer Breite von 5—14 Meilen; zum Theil auch an dem Sobat (die Aniak) und der Serafmündung südlich vom Abiad. Auch die Ber am Weißen Fluß unter 6—7° N. B. und die Dschur westlich von den Ber und Denka sollen nach Aussage der Schilluk demselben Stamme entsprossen sein, obwohl die Ber das Dinka sprechen, während die Schilluk eine Abtheilung der Fundschvölker bilden, also nicht für reine Neger gelten können. Die Schilluk sind groß und stark, ganz schwarz, und tragen in ihren aufgeworfenen Lippen, ihrer plattgedrückten Nase, den kleinen Augen und dem fast völlig affenartigen Gesichtsschnitt, in dem sich Dummheit und Wildheit aussprechen, den ausgeprägtesten Negertypus; sie sind von wilder kriegerischer Art; sie sind mit Lanzen und Keulen bewaffnet. Die Männer gehen nackt, höchstens tragen sie ein hinten herabhängendes Fell; sie schmücken sich mit Perlenschnüren um Hals und Lenden und mit einem eigenthümlich aufragenden Kopfputz. Die Frauen tragen ein Kalbfell als Kleidung und schmücken sich gleichfalls mit Perlenschnüren, auch mit Kupferringen. Alle pudern sich mit Kuhmistasche, daher die aschgraue Farbe. Sie brechen sich, wie einige andre Stämme (die Dinka, Bari), die untern Schneidezähne aus, um nicht Thieren ähnlich zu sehen. Das Tabakrauchen ist bei Männern und Frauen gemein. Die Schilluk bauen Durrah, Sesam, Bohnen und wohnen in zahllosen Ortschaften, namentlich längs des Stroms. Sie verfertigen Kähne und Schiffe aus dem schweren Holze des Sunthaums und handeln mit Peitschen aus Flußpferdleder (Kurbatsch), Tamarinden und getrockneten Bhamias (Hibiscus esculentus). Sie sind geschickt in Verfertigung von thönernen Gefäßen und von Matten. Der bisherige Sultan Niedok war ein direkter Abkömmling des Volks-Stammvaters Niekam, welchem göttliche Ehre erwiesen wird, und stand bei allen Schillukstämmen in hohem Ansehen; er residirte in Denab (Dschemmali, Dschennav, arab. Faschedah, Fachura, Minianak) am Weißen Flusse (10° N. B.); doch ist diese Stadt 1861 von den feindseligen Baggara, die im Innern des Landes wohnen, verbrannt worden; und bald darauf hat der Generalgouverneur die neu-aufgebaute Stadt mit Fort zur Hauptstadt der neugebildeten türkischen Provinz erhoben. Weiter abwärts liegt Hellet Kaka (10° 33′ N. B.), auch Kaka oder Kâk genannt, gleichfalls am linken Ufer des Weißen Flusses, in dicht bevölkerter, fruchtbarer Gegend. H. hat 150 kegelförmige Hütten, meist Holzgerüste mit Stroh und Schilf bedeckt; die Einwohner sind Schilluk und Araber. Hier residirte der berüchtigte Sklavenhändler Mohammed Cher, welcher dem türkischen Reiche unterthan wurde und einen jährlichen Tribut von 200 Beuteln (5000 Thlr.) und einigen tausend Ochsen an den Generalgouverneur von Chartum liefern mußte, aber 1863 genöthigt war, seine Herrschaft ganz an die Türken zu überlassen. Bei der, freilich erst durch den Sklavenhandel hervorgerufenen, Feindseligkeit der Schilluk gegen die fremden Händler und Reisenden bleibt den Türken nur die Wahl, die Protektion des Handels und Verkehrs in den Negerländern am Nil aufzugeben, oder das gesammte Land sich zinspflichtig zu machen; und es kommt auf die Persönlichkeit und Energie des Generalgouverneurs von Chartum an, wie weit die südliche Grenze des türkischen Reiches sich erstrecken soll. So hat denn Musa Pascha von Chartum das Land zur Provinz gemacht, und die Türken ruiniren nach gewohnter Weise den Ackerbau, indem sie theils die Schöpfräder mit einer hohen Steuer belegt, theils die mit dem Treiben der Schöpfräder beschäftigten Neger für ihre Heeresabtheilungen angeworben und dadurch dem Lande die nöthige Arbeitskraft entzogen haben. Ostwärts von den Dinka ist viel unbekanntes Land. Dort wohnen am Sobat, unter 7° 30′ N. B. jenseit eines kriegerischen Schillukstamms, die Bondjak am Fuße des Gebirgslandes; weiter aufwärts die Negerstämme der Bûrum und Korâra. Die Neger reden das Fundsch ziemlich rein, diese Sprache ist mit der der Dinka nahe verwandt; die Sprache der Hamedsch am Kul dagegen ist verschieden.

Einen Haupttheil der Bevölkerung des obern Nillandes bilden endlich die Galla, die südlich von den Bari bis an den Luta Nsigé und bis gegen den Ukerewe-See, östlicher davon im obern Gebiet der Sobat-Quellflüsse wohnen, und von da aus die ungeheuren Savannen, die das süd-abessinische Gebirgsland im Westen begrenzen, bis zum Aequator und bis zu den Terrassen des östlichen Abhangs von Afrika erfüllen. So viel wir von ihnen wissen, sind sie von kupferrother Farbe, wie die meisten übrigen, uns bekannten Galla, und gleich diesen Nomaden.

Das östliche Süd-Afrika.

1. Der nördliche Theil: das Somâli-Land.

Zu S. 114. Lage und Oberfläche. Die Küste geht von Zeila 61° 10′ O. F. und 11° 22′ N. B. bis zum Kap Guardafui 68° 56′ O. F. und 11° 51′ N. B. Die Nordgrenze vom Fuße des abessinischen Hochlandes bis zum Kap Guardafui ist 135 Meilen lang. — Inselchen: Dschisr Meschteich, Ebât und Saad-el-Din nördlich bei Zeila; Burnt Island oder Madschalen W von Meid, 50m hoch; und Bur-da-rebschi oder Vogelberg, auch Dschebel Tiur, eine Guano-Insel 5 Meilen NO. von Meid, 200m hoch. — Von Berghöhen sind gemessen: die Höhen um Agdschagsi 28 Meilen S. von Zeila, 1565m, die Gruppe des Elmes oder Almes 61° 50′ O. F. nahe an der Küste 700m, das Ungór-Gebirge 63° 55′ O. F. 1130m, die Gebirge landeinwärts von Meid, 3—5 Meilen landeinwärts, mit Gipfeln von 1800—2100m Höhe (der Serut, der Paß Nasir 2044m, jenseit dessen die Hochebene sich südwärts wieder senkt, so daß Rhut oder Rhat 11 Meilen S. von Bender-Gori noch 938m hoch liegt); das Abl- oder Sindscheli-Gebirge von gleicher Höhe; der Dschebel Antara an der Küste 67° 17′ O. F. 1520m; der Dschebel Hesma 67° 30′ O. F. 1400m, der Gor-Ali SW. von Kap Guardafui bis über 1500m. Kap Guardafui oder Ras-Aser, das Promontorium Aromata der Alten, erhebt sich gegen 300m über den Meeresspiegel.

Zu S. 116. Bevölkerung. Die Somali zerfallen (nach Guillain) in 3 große Familien, die Somal-Adschi an der nördlichen und nordöstlichen Küste, die Somal-Hauija längs der Südostküste und die Somal-Rahban'uin im Innern. Als einzelne Stämme des Somal-Adschi werden genannt. 1) Die Medschertin; sie leiten ihren Ursprung von arabischen Einwanderern ab, obgleich sie wahrscheinlich dem Gallastamm angehören; ihr Typus stellt sie in die Mitte zwischen Araber und Neger. Ihre Körpergröße ist durchschnittlich 1,70m für Männer, 1,60m für Frauen, ihre Statur hager, ihre Hautfarbe schwarzroth, matt oder glänzend, die Stirn hoch, aber durch Abplattung der Schläfenbeine seitlich zusammengedrückt, der Gesichtswinkel 80—84°, die Haare schwarz und kraus, selbst gelockt, die Augen dunkel, tiefliegend, ziemlich klein, die Nase ziemlich kurz mit weiten Nasenlöchern, der Mund groß, meist mit etwas dicken Lippen, die Zähne sind weiß, das Kinn ist klein. Die Kleidung besteht bei den Männern aus 2 Stücken Baumwollenzeug, von denen das eine als Rock den Unterkörper deckt, das andre als Mantel oder Shawl um den Oberkörper geworfen wird; bei den Frauen außerdem aus einem Schurz von Schaf- oder Antilopenfell. Die Männer tragen Sandalen, die Frauen gehen barfuß. Talismane werden an Hals und Armen getragen, die Frauen schmücken sich mit Ohrringen und mit Halsbändern aus Glasperlen und Knochen. Die Somali sind mit Speer, Bogen und Dolchmesser bewaffnet, sie schützen sich mit runden Schilden aus Rhinozeroshaut. — Die Arbeit lastet auf den Frauen, die selbst die Hütten bauen müssen, die Männer gehen in den Krieg oder auf die Jagd, sammeln Gummi ein, und führen die Aufsicht über das Vieh. Die Ehe wird frühzeitig (vom 15. Jahre bei Männern, vom 13. Jahre bei Frauen) geschlossen, der Bräutigam kauft die Braut von ihrem Vater, die Leviratsehe ist üblich. Die Erziehung der Kinder wird in hohem Grade vernachlässigt. — 2) Die Somali-Uarsandscheli wohnen westlich von den Medschertin, am Golf von Aden und landeinwärts. Ihr Oberhaupt führt den Titel Gerad, d. i. Häuptling; nur das Oberhaupt der Medschertin nennt sich Sultan. — 3) Die Habr-Gerhardschis, W. von vorigen, wohnen von der Küste (bei Meid) bis weit ins Innere des Landes; dann folgen gegen W. 4) die Habr-Tuldschaleh und 5) die weit ausgebreiteten Habr-Auel oder Habr-Awal bei Berbera. 6) die SW. von letzteren wohnenden Gudabirsi (Gadoburssi, Gudabursi) zählen etwa 10000 waffenfähige Männer. Gleich kriegerisch wie sie sind 7) die Isa- oder Eisa-Somalen, welche bei Seila und an der Südküste des Golfs von Tedschurra wohnen.

Zu S. 118. Topographie. Zeila oder Seila, früher dem Imam von Sana, jetzt den Türken unterworfen; kleiner Ort ohne Trinkwasser, der alte Aualites Portus. Der Schech von Seila entrichtet jährlich 3000 Thlr. an das türkische Gouvernement in Hodeida, und erhebt dafür 10% Zoll von allen importirten und exportirten Waaren; er hält sich 50 arabische Soldaten. Die Würde wird in der Regel an den Meistbietenden verhandelt. — Berbera, 62° 45′ O. F., ausgezeichneter, durch eine flache Landzunge geschützter Hafen für das produktenreiche, bevölkerte Innere. — Meid, Med oder Meyet, vielleicht das alte

Moondus. — Bunder-Kassim, Bender-Kasém oder Bosaso, ehemals Mesylon, 66° 55' O. F. — Adar, befestigte Hauptstadt des Ländchens Harrar, über 1600m hoch, 30 Meilen SW. von Seila, 10000 Ew., bedeutender Handel. Harrar ist von Gallas, Somalis und Arabern bewohnt (sämmtlich mohammedanisch); die Sprache scheint dem Alt-Aethiopischen (dem Gees) anzugehören. — Magadoscha (Magadora, Makdaschu, Malodischu) um 924 n. C. durch die Araber von Bahrein gegründet, 63° 5' O. F., ehemals wichtiger Hafen und Handelsplatz, jetzt verfallen; der nördlichste Punkt, bis zu welchem die Herrscher von Sansibar ihre Macht erstreckt haben, und diesen nominell noch jetzt unterworfen.

2. Der mittlere Theil.

Das Gebiet der großen ostafrikanischen Seen

(Nilquellengebiet)

sammt der Suahelikâste und dem Gebiet von Mozambique*).

Literatur. C. P. Rigby, (das Gebiet von Zanzibar). Report of the Zanzibar dominions. Bombay 1861.; in Petermann's Mittheilungen 1861, VII. — Capit. Guillain, documents sur l'histoire, la géographie et le commerce de l'Afrique orientale. Paris I. 1856 57. II. 1859. — John Hanning Speke, die Entdeckung der Nilquellen; Reisetagebuch. Aus dem Englischen. II Theile. 8. Leipzig 1864.

Lage, Ausdehnung, Grenzen. Es beginnt im Norden mit der Vereinigung der Nilquellenströme Kari und Asua 3° 45' N. B. und mit dem Laufe des Dschub unter dem Aequator, endet im Süden an der Zambezemündung 18° S. B., wird im O. durch den indischen Ozean bespült und reicht im W. bis an die Ostabhänge des Liambey- und Kongo-Hochlandes, d. h. von 60° und 57° bis etwa 46° O. F.; ein Gebiet, dessen Flächeninhalt auf 40—45000 QM. veranschlagt werden kann. Wir unterscheiden 1) die Bassins der Nilquellenseen mit den umgebenden Hochländern, 2) das Bassin des Tanganyika-Sees, 3) das Bassin des mit dem Zambeze in Verbindung stehenden Nyandscha-Sees nebst dem Schirwa-See, 4) die östlichen Gehänge von den Randterrassen des Hochlandes bis hinab zu den Küstenebenen.

Bodengestalt. Gewässer. 1) Das Centrum der nördlichen Hälfte jener Ländermassen bildet der von den Missionären Erhardt und Rebmann 1855 zuerst erkundete, von Kapitän Speke 1858 zuerst besuchte Ukerewe-See (von den Engländern auch Viktoria Nyanza genannt), eine Wasserfläche von vielleicht 1400 QM., der Hauptquellsee des Nil. In einer Meereshöhe von 1083m (erste Messung 1143m) breitet sich derselbe von 0° 25' N. B. bis 2° 45' S. B. aus und empfängt von W. und S., wie auch von O., die zahlreichen Abflüsse der von tropischen Regen häufig heimgesuchten Hochgebirge und Hochflächen, während er nach NW. und N. die offene, nach N. sich senkende, kaum durch Hügel oder Wellenerhebungen bezeichnete Ebene hat. Nur das Südende des Sees mit dem in spitziger Bucht liegenden Bengal-Archipel und den größeren Inseln Kelewe (Kerewe) und Maziza (vielleicht 12 und 5 QM. groß), und die nordwestliche Küste sind durch topographische Aufnahmen bekannt; an der Ostspitze hängt der Ukerewe — nach den von Krapf eingezogenen Erkundigungen und nach den Aussagen arabischer Händler — mit dem von SO. nach NW. gestreckten Baringo-See zusammen, welcher bis 12 Meilen an den Schneeberg Kenia heranreicht, und als dessen Abfluß der in den Meri (Nil) fließende Asua betrachtet wird. Die Schiffer fahren aus einem See in den andern und holen Salz von den Inseln des Baringo. Im SO. grenzt an den Ukerewe ein ebenes, hügeliges oder welliges, nur langsam ansteigendes, vorwiegend trockenes, nur von Regenbetten, nicht von Flüssen durchzogenes Land. Der bedeutendste, doch nur periodische Zufluß des Sees ist hier der vom Kilimandscharo und Doengo-Ngai kommende, 70 Meilen lange Jordans Nullah. Beständig wasserführend sind der in die Südspitze des Sees mündende Muingira, der Ruhemba und der aus hoher Berggegend (deren Centrum der 3000m hohe Mfumbira ist) herabströmende über 70m breite Kitangule, in dessen Gebiet zahlreiche, langgestreckte Bergseen sich finden, und der Katenga. In drei Abflüssen, dem westlichen Mworango, dem mittleren Luadschere und dem östlichen Hauptarm Kari, der aus einer Bucht des Sees, dem „Napoleon Channel" heraustritt und bald darauf in einer Breite von 140m die 4m hohen Riponfälle bildet, verlassen die, zur Regenzeit besonders hohen, Gewässer den See. Der Kari nimmt die beiden erstgenannten Arme auf, bildet unter 2° 18' N. B. die Karumafälle, und ergießt sich, in schnellem Laufe gegen W. strömend, in die Nordostecke des gegen 60 M. langen, bis 13 M. breiten, von den Engländern „Albert Nyanza" getauften, von Baker im Jahre 1864 zuerst besuchten Luta (Muta) Nzige-

*) Der betreffende Abschnitt in Klein's Handbuch S. 119—124 ist gänzlich umgearbeitet worden.

Sees (etwa 670m über dem Meere), den er in nordöstlichem Laufe in einem 40m hohen Wasserfalle bald wieder verläßt. Neue Katarakte, die von Meri (3° 41′ N. B.) zeigen abermals den Uebergang in eine niedere Terrasse; bald darauf nimmt der Strom (Meri) den von SO. kommenden Asua auf und erreicht, zuerst zwischen steile Thalränder eingezwängt, dann eine offene Thalebene durchfließend, unter 4° 50′ N. B. Gondokoro (582m über dem Meere), die bedeutendste Stadt der obern Nillande. Das Gefälle des Nil beträgt vom Ukerewe bis zum Luta Nzige (82 Meilen) 413m, also 6,7m auf die Meile, und von da bis Gondokoro (40 Meilen) 88m, also 2,2m auf die Meile, ist also namentlich auf der ersten Strecke sehr beträchtlich, aber auch auf der zweiten noch bedeutend genug, um die Schiffahrt unmöglich zu machen. Die Stromlänge beträgt vom Quell des Kitangule bis Gondokoro etwa 180 Meilen, vom Quell des freilich nur periodisch fließenden Jordans Nullah etwa 220 Meilen. — Die Hochebene auf der Wasserscheide zwischen dem Ukerwe, dem Tanganyika und den Zuflüssen des Indischen Ozeans hat weder bedeutende Berge, noch tiefe Thäler; die weite Fläche ist mit kurzen oder längeren, meist parallelen, den Meereswogen vergleichbaren Wellen oder Hügeln bedeckt, die meist nur bis 100m, selten bis gegen 200m über die 1100—1200m hohe Fläche aufsteigen. Das Gestein ist vorzugsweise Granit, dazwischen liegt eisenreicher Sandstein, die Oberfläche ist mit zahlreichen zerstreuten Granitblöcken besäet. Die Oberfläche des Bodens ist Sand, aus Zersetzung des Sandsteins oder des Granits gebildet. Quellen sind zahlreich, Flüsse selten; in der trocknen Jahreszeit gibt es nur leere Flußbetten (Nullah), die sich in der Regenzeit als weithin überschwemmende Ströme darstellen. Die Oberfläche ist mit Gras bedeckt, an vielen Stellen mit Getreide besäet, Bäume sind selten.

2) Ein gesondertes Bassin, gleichfalls mit einer weiten Seefläche in der Mitte, aber von geringerer Meereshöhe als der Ukerewe und der Luta Nzige, und ohne Verbindung mit diesen — entgegen der irrigen Ansicht Einiger, welche in diesem Bassin die eigentliche Nilquelle suchen — ist das des Tanganyika- oder Udschidschi-Sees. Ungefähr von 3° 8′ bis 7° 47′ S. B., 47° 10′ bis 48° 14′ O. L., 70 Meilen von N. nach S. lang, an dem breiteren Südende 12 Meilen breit, gegen 500 QM. groß, liegt der Tanganyika nur 579m (nach der ersten Messung 565m) über dem Meere, also 504m tiefer als der Ukerewe. Der See hat süßes Wasser und ist fischreich, seine Ufer bieten bequeme Häfen. Von der Art der den See umgebenden Hochländer und von deren Senkung gegen den See ist nur an einer Stelle Näheres bekannt: da wo Burton und Speke 1857 und 1858 diese Wasserfläche (die Erhardt und Rebmann 1855 nach den Aussagen Eingeborener noch für identisch mit dem Ukerewe hielten) in der Mitte der Ostküste erreichten. Speke fuhr von da südwestlich über den See bis zu den Inseln Kivira, Kabizia und Kasendsche, während Burton die nordwestliche Küste, bei der Insel Ubwari vorbei, aufnahm und bis zur Stadt Uvira gelangte. Nördlich vom See erhebt sich das bedeutend hohe wasserreiche Gebirgsland mit dem M'fumbira (über 3000m), dessen östliche Abflüsse zum Ukerewe gehen, während der Rusisi oder Lusisi, westlich abfließend, den gleichnamigen Hochgebirgsee bildet und dann südwärts den Tanganyika erreicht. Aus dem östlichen Hochland geht der gegen 60 Meilen lange, durch zahlreiche Nebenflüsse verstärkte Malagarasi in schnellem Falle (9—10m die Meile) dem Tanganyika zu; im Juni hat er sein Hochwasser und überschwemmt das Thal in einer Breite von ¾ Meilen. Im NW. tritt das Hochland in mannigfaltigen Formationen, von zahlreichen Gebirgsströmen durchrissen und reich bewaldet, bis an den See heran, Burton schätzt die Höhe dieser eisenreichen, von zahlreichen Kannibalen bewohnten Bergregion auf 1200—1300m. Weiter südwärts tritt das Hochland vom See zurück und läßt einer breiten, welligen, nach dem See sanft geneigten Fläche Raum. Weiter im W. muß der Boden beträchtlich ansteigen. Die Wasserscheide zwischen den Zuflüssen des Kasai (Kongo) im W., des Luambesi oder Liambey (Zambeze) im S. und des Tanganyika im O. kann nicht unter 1600m liegen. Ob aber diese Höhen, nach Analogie der an den Quellen des Liba und Kasai von Livingstone und Ladislaus Magyar gefundenen, horizontale mit Wasser bedeckte Sumpf- und Schilfebenen sind oder ob der Boden sich zu Wellen und Bergen erhebt, und wie die Abhänge des Hochlandes gegen O. beschaffen sind, darüber fehlen bestimmte Nachrichten; der einzige uns hier genannte Punkt, Lunda oder Lucenda, die Stadt des Kazembe, ist nach Lage, Höhe und klimatischer Beschaffenheit noch nicht festgestellt. Weiter im S., westlich vom Nyandschasee, dacht sich das fruchtbare, wasserreiche, durch frisches und gesundes Klima sich auszeichnende Hochland der Maravi aus einer Höhe von 1600—1900m, von schnellströmenden Bächen durchschnitten, rasch nach Osten ab, während es an seinen langgezogenen westlichen Gehängen zahlreiche Flüsse zum Zambeze sendet. — Am Südende des Sees treffen wir auf ein noch ungelöstes Problem. Vom Tanganyika südöstlich bis zum Nyandscha scheint sich 75 Meilen weit eine breite sumpfige Bodensenkung auszudehnen, vielleicht auf eine frühere Verbindung beider Seen deutend; auch der noch nicht genauer erforschte Rukwasee, östlich vom Tanganyika, mag dieser Niederung angehören. Ist diese Annahme richtig, so würden wir im Tanganyika eine Analogie zum Ngami, zum Tsad und ähnlichen Senkungen Afrikas finden: einen früher größern, durch Verdunstung auf einen geringern Flächeninhalt beschränkten seichten Wasserspiegel, der in der Regenzeit sich beträchtlich erweitert, in der trocknen Jahreszeit das Minimum seines Wasserstandes und Umfangs erreicht, vielleicht auch jetzt noch an Umfang verliert. Doch wird immerhin der Tanganyika, weil innerhalb der Regenzone liegend und nordwärts in wasserreiches Gebirgsland hineinreichend, von dem Geschick gänzlichen Austrocknens

(wie der Palus Tritonis oder Laudeabsee in Tunis-Algerien) verschont bleiben. — Daß der See im S. in der That ein Ende hat und nicht mit dem Nyassa zusammenhängt, beweist die um das Südende des Tanganyika zu Lande herumführende Handelsstraße. Ob nun aber der Raum zwischen Tanganyika und Nyandscha eine horizontale Ebene ist, ja selbst die Frage, ob das Niveau beider Seespiegel verschieden ist, muß bis auf weitere Forschungen und Messungen unentschieden bleiben; eine trockene Verbindung zwischen den beiderseitigen Hochländern ist unwahrscheinlich, weil zwischen der Handelsstraße am Tanganyika und der Route von Kiloa über die mittlere Verengung des Nyandschasees keine weitere Straße von Kiloa westwärts in das innere Hochland bekannt ist. Nach den Aussagen arabischer Händler ergießt sich der Luapula, vom Hochlande bei Lunda herabkommend, in das Südende des Tanganyika.

3) Der Nyandscha, d. h. See, oder Ninyessi, d. i. See der Sterne, (auch Nyasa, korrumpirte Form aus Nyandscha), zwischen 11° und 14° 25′ S. B., 40—50 Meilen lang, bis 12 Meilen breit, über 300 □M., groß, besteht aus 2 Theilen, dem südlichen Nyandscha Ndogo oder kleinem See, und dem nördlichen Nyandscha Kuba oder großem See, die durch eine Verengerung von 3—4 Meilen Breite mit einander verbunden sind. Die Tiefe des Sees ist beträchtlich, im südlichen Theile über 70m, im nördlichen über 200m, die Wellen gehen hoch, die Brandung ist stark; die Niveauveränderung in den verschiedenen Jahreszeiten beträgt nur 1m. Das Wasser ist süß, kühl, fischreich; der See hat eine Anzahl kleiner Felseninseln und meist hügelige Ufer, schönes Wald- und Kulturland mit dichter Bevölkerung. Die Völkerschaften am westlichen Ufer heißen Wakumbodo, d. i. Unterländer, im Gegensatz zu den auf dem Plateau lebenden Wakamdunda, d. i. Oberländern. Aus dem Südende des Sees fließt der Schire, ein bis 20 Meilen abwärts vom See befahrener Strom, der bei seinem Uebergang zu den tieferen Plateaustufen und der Küstenebene zahlreiche Stromschnellen und Wasserfälle bildet, dann aber in einer breiten flachen, oft fruchtbaren und schönen, oft sumpfigen Thalsohle, durchgängig 75—130m breit und 4—8m tief, als ein für große Fahrzeuge schiffbarer Strom gegen Süden und Südosten zieht und sich bei Schupanga mit dem Zambeze vereinigt. — Südöstlich vom Nyandscha liegt der 1858 von Livingstone entdeckte Schirwa- oder Kiriwa-See, 600m über dem Meere, ringsum von grünen bis 2400m hohen Bergen umgeben. Ein Ausfluß, wenigstens gegen Süden, ist nicht vorhanden — ob gegen NW. in den um 1—2 Meilen entfernten Nyandscha? Die Wellen gehen hoch, die Tiefe scheint bedeutend zu sein. Das Wasser des Sees ist bitter, aber trinkbar; der See ist reich an Krokodilen, Flußpferden, Fischen, Blutegeln. Zahlreiche bergige und bewaldete Inseln beleben die gegen 20 Meilen lange, 10—12 Meilen breite, vielleicht 180 □M. große Wasserfläche. — Westlich vom Nyandscha erhebt sich das 1000—1900m hohe Hochland der Maravi. Ein durch den Lauf des Schire losgetrenntes Stück dieses Hochlandes erstreckt sich vom Schire ostwärts bis zum Schirwasee; hier erhebt sich der tafelförmige, bis auf den Gipfel bewohnte Somba oder Dzomba gegen 2400m unter anderen ebenso hohen, doch unzugänglichen Bergen. Dieser Bezirk ist wegen seiner Höhe reich an Regen, hat viele Sümpfe, ist im übrigen sehr fruchtbar und dicht bevölkert. Die ganze Landschaft besteht aus Schiefergesteinen, hin und wieder mit Trapp- und Porphyrdurchbrüchen. Eisenerz wird in Menge gefunden.

4) Die östlichen Gehänge vom Aequator bis zur Zambezemündung sind erst in neuerer Zeit durch die Reisen von Rebmann zum Kilimandscharo (1847/48), von Krapf nach dem Südfuße des Kenia (1849), von Burton und Speke nach Fuga (1857) und zu den großen Seen (1857/58), von Roscher nach dem Nyassa (1859), von van der Decken zum Kilimandscharo (1861/62) bekannter geworden, während die älteren Forschungen nicht weit über die seit langen Zeiten von den Portugiesen und Engländern aufgenommenen Meeresküsten und dem nächstliegenden flachen oder schwachansteigenden Küstenstrich hinausreichten. Namentlich von der Mündung des Dana oder Osi (2° 35′ S. B.) bis zum Kap Delgado (10° 40′) ist durch jene Reisenden, wie durch die von einheimischen Händlern eingezogenen Erkundigungen, eine eingehende Kenntnis von dem Lande angebahnt worden. Doch bleibt noch immer viel Raum zur Forschung und Entdeckung. Linien, wie die von der Dschubmündung zum Baringosee und nach Gondokoro (180 Meilen), oder von Kiloa nach Lunda (150 Meilen) und zum obern Liambey, oder von Kaseh südwärts zum Schirwasee (160 Meilen) gehen noch durch unerforschtes Land. — Der allgemeine Charakter dieses Theils der ostafrikanischen Küstenländer gleicht dem der südlichen und westlichen Küstenländer: ein bald regelmäßiger, bald unregelmäßiger Terrassenabhang von der Hochfläche des Innern zu der selten felsigen oder hügeligen, meist flachen Küstenzone. Auch hier sind die obersten Terrassen oft mit Randgebirgen, Berggruppen oder einzelnen Bergen besetzt, welche den Terrassenrand als stattliche Hochgebirge erscheinen lassen. Diese oberste Terrasse erreicht, während sie wahrscheinlich vom südlichen Habesch in gleichmäßiger Höhe bis an den Aequator herüber zieht, von da bis zum 6° S. B. durchgängig 1300—1600m; eine Höhe, die schon durch die Erhebung des Ukerewesees bedingt ist, wenn sie auch nicht durch einzelne Messungen bestätigt wäre. Auf dem östlichen Rande liegen, den Vulkanen am östlichen Hochrande von Mexiko vergleichbar: ein noch nicht näher bekannter Schneeberg unter 1° N. B.; der hohe Vulkan Mosiro, S. am Aequator, O. vom Baringosee; der Kenia (Kegnia, Kignea, Kirenia, Ndur-Kenia, Orldoinioeibor), ein Schneeberg von 3900—4000m

relativer, also wahrscheinlich nicht unter 5500m absoluter Höhe, unter 1° 16′ S. B., 40 Meilen vom Meere; der hohe Vulkan Gundadi, westlich vom vorigen; der Schneeberg (?) Amboloila etwa unter 2° S. B.; der am 11. Mai 1848 von Rebmann entdeckte Kilima Ndscharo, d. h. Schneeberg, eine Gruppe hoher vulkanischer Piks unter 2° 55′—3° 15′ S. B.; der westliche Doppelpik mißt 6116m und 6053m, der östliche Doppelpik 5236m und 5171m, ein isolirter Pik nordwärts erreicht 5180m, während die Schneegrenze auf 5000m (4995,6m) bestimmt wurde. Van der Decken stieg am Südabhange bis 4236m empor: Trachyt, Basalt, Obsidian waren die Gesteine, welche er dort fand. Der „ewige" Schnee der Gipfel nimmt über Nacht oft zu und schmilzt am Tage wieder; ein merklicher Unterschied in den Jahreszeiten ist für diese Schnee- und Eisdecke (die schon längst den Umwohnern als weiße, zu Wasser zerfließende Steine bekannt war) nicht vorhanden. Die Bananen steigen am Kilimandscharo bis 1500m (am Camerun nur bis 1220m, in Karagwe westlich vom Ukerewe dagegen bis 1830m), Farnkräuter bis 2900m; bis gegen 2500m trägt die Vegetation noch einen sehr üppigen Charakter. 15 Meilen westlich vom Kilimandscharo erhebt sich der gleichfalls mit Schnee bedeckte Doengo Ngai.

Die östlichen Terrassenentwickelungen charakterisiren sich am geeignetesten nach den in östlicher und südöstlicher Richtung dem indischen Ozean zuströmenden Flüssen. Es folgen auf einander vom Dschuba an: 1) der Schamba, mündet unter 1° S. B.; 2) der Durnford; 3) der Dana (Pokomani, Maro, im untern Lauf Osi d. i. Wasser, oder Pokomosi, von älteren Geographen Kilimanse oder Kilima Mansi, d. i. Gebirgswasser, genannt), entspringt im Hochland am Kenia, hat 20 Meilen von seiner Quelle, noch innerhalb des Berglandes, eine Tiefe von 2m und eine Breite von 200m, bei raschem Lauf in felsigem Bett, also eine große Wasserfülle, durchfließt weiter abwärts ein fruchtbares, für Reiskultur geeignetes Thal, und geht nach einem Lauf von 50 Meilen unter 2° 34′ S. B. mit versandeter Mündung ins Meer; 4) der Adi, im untern Lauf Sabaki genannt, entspringt nahe beim Amboloila, vereinigt im Lande der Ukambani und der Ugallani in seinem Lauf zahlreiche Nebenflüsse, namentlich den östlich am Kilimandscharo aus dem Jawa- oder Luaya-See entspringenden Jawo, wird fast bis an seine Mündung von Berghöhen begleitet und geht, nach einem Lauf von 40 Meilen, bei den Ruinen von Melinde ins Meer. 5) Der 8 Meilen lange Mtowa-Pemba, der mit dem Rio Angoni und andern Küstenflüssen die vielverzweigte Bai von Mvita oder Mombas bildet. 6) Der Umba, 18 Meilen lang, mündet in die Bai von Wassin. 7) Der Sidschi, 9 Meilen lang, fließt der Tanga-Bai zu. 8) Der Rufu, Lufu oder Gana, im untern Lauf Kirua und endlich Pangani genannt, sammelt in zahlreichen Gebirgsbächen die Schneeabflüsse des Kilimandscharo, nimmt von O. den durch den Dschipe (Ipe) fließenden Dafeta auf, bildet eine schmale, seeartige, doch nur 1,5m tiefe Erweiterung, an deren nördlichem Ende eine wichtige Furt auf der Karawanenstraße von Tanga ins innere Hochland die Gewässer durchsetzt; hat bei Kisungu, 5 Meilen vom Meere, seine letzten Katarakten und Stromschnellen, erreicht im untern Lauf eine Breite von 80m, an der Mündung von 200m, bei einer Tiefe von 2—3m, und ergießt sich nach einem Lauf von 50 Meilen, ohne eine eigentliche Küstenebene zu finden, bei Pangani und Bweni ins Meer. Sein Wasser hat einen rohen, harten Geschmack und die bläuliche, undurchsichtige Färbung, welche allen Schnee- und Gletscherbächen gemeinsam ist. 9) Der Wami, in seinem obern Lauf als Mukonagu wahrscheinlich der Hochebene angehörig, vielleicht am Südhang des Doengo Ngai entspringend, durchfließt, nach Durchbrechung des Terrassenrandes, eine fruchtbare, waldreiche Alluvialebene, erreicht 8 Meilen vom Meere die ebene Küstenzone, und mündet, Zanzibar gegenüber, nach einem Lauf von 40 (80?) Meilen in den Ozean. 10) Der Kingani, mit dem Unterlauf des Wami parallel, 35 Meilen lang, geht gleichfalls Zanzibar gegenüber ins Meer; er ist ein Fluß der Ebene mit schlammigem, rothem, weichem, süßem Wasser, der schon bei Sungomero (87m) das Gebirge verläßt und von da mit einem Fall von 2—3m auf die Meile langsam dem Meere zufließt. In seiner Nachbarschaft befinden sich die kochendheißen, aufspringenden Quellen von Maji Yaweta, welche auf einem ziemlich weiten Raum den Boden mit weißen Kalksinterablagerungen überziehen. 11) Der Ruaha oder Rwaha, abwärts Lufidschi, entspringt in unbekannter Region des Hochlandes O. vom Rukwasee und geht nach einem Laufe von etwa 100 Meilen, der Insel Monfia gegenüber, mit vielen gewundenen Armen, ein flaches Delta bildend, ins Meer. 12) Der Rufuma, Rovuma oder Livuma, kürzer, aber an Nebenflüssen reicher als der vorige, vielleicht 60 Meilen lang, kommt von den Wahiao-Bergen und erreicht das Meer nördlich vom Kap Delgado. Nach den — gewiß unrichtigen — Angaben der Eingebornen ist er ein Abfluß des Nyandscha. Er durchfließt ein felsiges, schönes und reiches Thal, dessen Seiten 300m ansteigen und mit Ebenholz u. a. nutzbaren Bäumen bewachsen sind; obgleich wasserreich, hat er doch in den letzten 6 Meilen seines Laufs viele Sandbänke und ist ungünstig für die Schiffahrt. 13) Der Muitipuesi (Mdibesi) mündet bei Kisanga; sein oberer Lauf ist unbekannt, wie bei den folgenden. 14) Der Luri mündet unter 13° 26′ S. B. 15) Der Kasandsche oder Quizungo, im Innern aus dem Zusammenfluß des Lunupa und Muamba sich bildend, geht unter 14° 43′ ins Meer; dem Namen nach der nördliche Grenzfluß der portugiesischen Besitzungen. 16) Der Ngudscha (Goilli) oder Angosche (Angoxa), südwestlich vom vorigen, mit breitem Delta. — Diese Aufzählung kann noch keine vollständige genannt werden, da manche Küstenstrecken mit dem dahinter liegenden Binnenlande noch unerforscht geblieben sind.

Das Terrain wird durch die erwähnten Flüsse in eine Anzahl Abschnitte getheilt, welche den Hauptabhang vom Hochlande im Westen nach dem Ozean im Osten mit einander gemein haben, in ihrer Einzelbildung aber, sowohl nach Höhe, als nach geologischen Elementen (wenn auch hier röthliche Sandstein- und Thonmassen vorzuherrschen scheinen) und nach Oberflächenbeschaffenheit, von einander sich wesentlich unterscheiden. a) Das Terrain vom Dana bis zum Adi, namentlich durch Krapf's Reisen bekannt, hat manche Aehnlichkeit mit dem Kaplande. Parallel mit dem Abfall der innersten und höchsten Terrasse ziehen Plateauerhebungen mit scharfen, gehobenen Rändern, zwischen denen wiederum ebene Landstriche (wie die Karroo des Kaps, nur minder trocken) sich einlagern. Auf den felsigen Plateaus gibt es mehr grasreiche Weideplätze als Walddickigt, an einzelnen Stellen wohl auch vegetationsleere Wildnis. Die Flüsse müssen in engen, felsigen Pässen diese Bodenerhebungen durchbrechen. Auch hier fehlt nicht der Charakter afrikanischer Bergbildung: einzelne schroff über das Plateau emporragende, oft groteske Felsenmassen. b) Vom Adi bis zum Rufu haben die sämmtlichen Terrassenbildungen den Kilimandscharo zu ihrem Ausgangspunkt. An dieses hohe Gebirgscentrum lehnt sich ein Kranz ansehnlicher Erhebungen: die eisenreichen Ugonoberge, 1500m hoch, S. vom Dschipesee; die Kisunguberge, 1311m, SO. von vorigen; die schön geformten Buraberge O. vom Kilimandscharo, welche in ihrem Bau an den Schweizer Jura erinnern; der Kadiaro Kisigao oder Kasigao, 1500m, SO. von vorigen, der hoch über seine Umgebung aufsteigt und wie ein gewaltiger Thurm dieselbe überragt. Die ganze Gegend besteht aus Glimmerschiefer, der von älterem vulkanischen Gestein, meist von Basalt, seltener von Trachyt, durchbrochen ist. Weiter ostwärts breitet sich eine von höheren Hügelketten der metamorphischen Sandsteinformationen unterbrochene Ebene aus, die gegen O. wiederum durch ein höheres, von Flüssen vielfach durchrissenes, mit der Küste parallel gehendes, vorzugsweise dürres, wüstes, mit dornigen Gesträuchen und Bäumen locker bewachsenes Plateau abgeschlossen wird. (Diese Sandsteinfläche veranlaßte früher die irrige Meinung, daß Innerafrika von dieser Seite aus kein Hochland, sondern eine gleichförmige Tiefebene sei). Vom Sabaki bei Mombas vorbei bis zur Tangabai (Rabbai-Kette 200—400m) treten die Höhen nahe zur Küste heran, und die Küstenebene wird auf 1—5 Meilen zusammengedrängt. Der Daffa Murra am Südufer des Sabaki, und die 760m hohen Piks von Dschombo im N. der Bai von Wassin sind die höchsten nach der Küste vorgeschobenen Punkte. — Einen besondern Abschnitt bildet das Hochland von Usambara oder Usambala, eine jene Küstenterrassen, doch höher und mannigfaltiger geformt. Das Centrum dieses etwa 120 QM. großen Gebirgsländchens ist die Wasserscheide zwischen dem Umba und dem Pangani mit den Dalumi-Bergen, dem Sofi und dem Mshihi, welche sicher über 1500m sich erheben; die Stadt Fuga liegt noch 1370m hoch und Fort Tongwe an der Südost-Ecke des Plateaus auf einem isolirten Tafelberge 610m. c) Südwärts vom Pangani bis zum Lufidschi setzen sich die Terrassen wahrscheinlich in ähnlicher Mannigfaltigkeit fort. Der Rubeho-Berg, auf der obersten Stufe (aus der Ferne gemessen) hat noch 1721m. Wir kennen von dem ganzen Abschnitt nur die Linie, auf welcher Burton und Speke von Zanzibar über Kazeh zum Tanganyika vordrangen. Diese Linie durchschneidet fünf Zonen. 1) Die Küstenzone bis Sungomero am Kingoni (87m), eine fruchtbare, 25 Meilen breite Alluvialebene; 2) den 20 Meilen breiten östlichen Plateauabfall von Sungomero bis Ugogi (845m), eine sehr mannigfaltige Formation dicht zusammengedrängter Berge und Bergketten von 600—1800m Höhe. Burton und Speke überschritten im Gomapaß (670m) die erste aus Granit und Sandstein bestehende Küstenkette, stiegen zum Flusse Mukondogu auf 400m herab, überschritten vor und hinter Inenge eine zweite (975m) und dritte (1280m) Kette, und gelangten durch wellenförmiges, von den nördlichen Zuflüssen des Ruaha durchschnittenes Terrain nach Ugogi. 3) Von hier bis ins Centrum von Unyamwesi (das „Land des Mondes") erstreckt sich 50 Meilen weit ein mächtiges Plateau mit wechselnder Höhe von 750 –1400m, hier liegen die Orte Kanyenye 902m, Ugogo 1097m, Dschiwela Mkao 1362m, Tura 1219m, Kazeh, an einem Zuflusse des Tanganyika, in einer Senkung von 1036m. 4) Westwärts von Kazeh bis gegen den Malagarazi erhebt sich abermals ein 12 Meilen breites, gut bewässertes, fruchtbares und dicht bevölkertes Plateau (Unyakoru liegt 1231m hoch); und an dieses lehnt sich 5) der 30 Meilen breite Abfall nach dem Tanganyikasee, eine Senkung von etwa 600m mit tief einschneidenden Flußthälern; die bewaldeten Berge treten bis an den See heran; der Boden ist fruchtbar, zu jedem Anbau fähig. d) Von dem Terrain südwärts vom Lufidschi bis zum Rufuma und bis zu der von Roscher bereisten Linie Kiloa-Mdschenga wissen wir außer der Kiloaroute, (die W. von dem offenen, mit Hügeln besetzten Küstenlande in dem bergigen Innern den Rufuma auf einer Rohrbrücke überschreitet, die Wahiaoberge übersteigt und dann zum Nyandscha hinabgeht) wenig; von da bis zum Zambeze, landeinwärts von Mozambique, so gut wie nichts. Ein weites Land ist hier noch zu erforschen, wahrscheinlich schwieriger durch das in geringerer Meereshöhe dem europäischen Reisenden verderbliche Klima und durch die Ungunst der Bewohner, als durch natürliche Hindernisse. Wahrscheinlich ist hier die Plateaubildung gleichförmiger als im Norden des Lufidschi, und der periodische Regenfall begünstigt auch hier die Fülle einer tropischen Vegetation. Als hervorragende Punkte werden die Wahiaoberge an den Rufumaquellen, die Ndschesaberge an der Senkung nach dem Nyandscha und das Milandschagebirge östlich vom Schirwasee genannt. Ganz südlich, am untern Schire, erhebt sich der Berg Marambala etwa 1200m, er ist bis auf den Gipfel angebaut und hat ein mildes, gesundes Klima. Da zugleich an seinem Fuße Stahl- und Schwefelquellen — eine der letzteren mit 77° C. Temperatur — dem Boden entquellen, so könnte dieser Punkt trefflich als eine Gesundheitsstation für das Land der Zambezemündungen dienen.

Die Küstenlinie folgt von der Mündung des Dschub bis zur Mündung des Wami und Kingani einer südwestlichen Richtung, wendet sich von da bis Kap Delgado südsüdöstlich, dann bis Mozambique südlich, und bis zur Zambezemündung (und über dieselbe hinaus bis zur Bai von Sofala) wieder südwestlich. Die Küste heißt nach einem arabischen Worte Sawahil oder Sewahil, Zanzibar gegenüber in afrikanischer Sprache Marima (d. h. Küste); bei Brava Magad el Benadir, d. h. Häfen, von Zanzibar bis Kiloa Mungao. Der Küstenrand ist vom Dschuba an, wie weiter nördlich im Somalilande, sehr einförmig, ohne hervortretende Vorgebirge oder tief eindringende Meeresarme oder Buchten, vom Aequator bis zum 2° S. B. ohne Hafenplätze für den Handel. Der Osi mündet in die von niedrigem Strand eingefaßte Ungama- oder Formosabai. Von Melindi oder Melinda (3° 14' S. Br.) an der Mündung des Sabaki treten die Höhen näher an die Küste heran, die Küsteneinschnitte sind zahlreicher, tiefer und bilden zum Theil schöne Häfen, wie die Bucht von Wumbu bei Ganda, die Bai von Kilesi oder Kilisi, die schöne Bai von Mombas (4° 5' S. B.), die Bai von Wassin (4° 40' S. B.), die Tangabai (4° 55' S. B.), die Mündungsbucht des Pangani (5° 25' S. B.); flache Sandküsten wechseln mit Korallenkalkmassen und dem fruchtbaren Alluvium der Flußdeltas oder mit Sümpfen. Ein labyrinthischer Zug kleiner, niedriger, aus unergründlichen Tiefen aufsteigender Korallenfelsen, bald beständig vom Wasser bedeckt, bald in Klippenreihen hervortretend, bald flache Inseln bildend, begleitet die Küstenlinie und erschwert den Schiffen die Annäherung. Auch die größern Inseln: Pemba, gegen 10 QM. groß, Zanzibar, gegen 30 QM., und Monfia, gegen 10 QM., haben Korallenkalk zu ihrer Basis und sind, unter fortwährend feuchtem Klima, mit fruchtbarer Erde und dichter Waldung bedeckt, theils auch sumpfig. An der Westküste dieser Inseln, wie am gegenüberliegenden Festlande treten die Korallenriffe, wie es scheint, im Schutze vor dem Anprall der Flut, am dichtesten auf. Südlich von Bagamoyo, wo die ebene Küstenzone sich tief ins Innere ausbreitet, treten nur selten niedrige Hügel bis an die Küste heran, der Strand ist eben, sandig oder sumpfig, mit Akazien und Rhizophoren spärlich bewachsen, nur in den Flußdeltas dicht bewaldet; der Mangrovebaum säumt auch hier, wie im ganzen tropischen Afrika, die Mündungsarme der Flüsse ein, soweit die Flut den Salzgehalt des Wassers stromaufwärts trägt. Von Mosambik nach Süden ist der Strand sehr flach und sandig oder schlammig, mit Ausnahme der 5 Meilen langen Strecke von Mosambik bis Likungo, wo er von den Picos Fragos, einer weit sichtbaren Felsenreihe, gebildet wird, die mit ihren mannigfachen phantastischen Formen gleich den Ruinen einer großen Stadt aufsteigt und unzweifelhaft einst eine zusammenhängende Felsmasse gewesen ist. Bemerkenswerthe Vorgebirge sind vom Kap Delgado an: Kap Melamo 14° 25' S. B., Kap Barrakuta 15° 30' S. B.; gute, als Häfen nutzbare Baien: der tiefe Pembabusen nahe am 13° S. B., und der Puerto Almenda 13° 25'. Eine Menge niedriger Koralleninseln, wie die Querimbainseln S. von Kap Delgado, die Angoscheinseln vor dem Flusse gl. N., die Kasuarinengruppe 17° 5' S. B., säumt den Strand ein; stellenweise sind sie zu ganzen Gruppen gehäuft, meist nur in einer Reihe dem Strand parallel laufend.

Das Klima ist in diesem Theil Afrikas, wie in der tropischen Zone überhaupt, von dem Stande der Sonne und von den periodisch wehenden Winden — hier statt der Passatwinde von den Monsuns — abhängig. In Zanzibar, wo seit längerer Zeit regelmäßige Beobachtungen angestellt worden sind, weht der Nordost-Monsun von Ende November bis nach Mitte März, und zwar am stärksten von Mitte Dezember bis Mitte Februar; doch wechselt er in seiner Richtung mit Nord und selbst mit Nordnordwest. Von Mitte April bis zum November weht der Südwest-Monsun, doch hier wie in Tete abwechselnd mit Südsüdost; am stärksten bis Anfang September (von den Arabern Kouß genannt), dann etwas schwächer (der Diman' der Araber). Im November wechselt der Wind von Südwest bis Ost, öfters treten auch Windstillen ein; im März wehen Stürme aus Südwest oder Süd, mit starken Regen, doch nicht mit Orkanen, wie weiter südwärts. Die Regenzeit in Zanzibar ist vom März bis Mai, und wieder im September und Oktober; die Regenmenge betrug 1859 4240mm (davon 2650mm von März bis Mai), im Jahr 1850 nur 2450mm. Der heißeste Monat ist der März; die Extreme der Temperatur überhaupt (1859 32° und 21° C.) sind nur gering; der Unterschied der mittleren Monatstemperatur beträgt nur 4,5°; die jährliche Durchschnittstemperatur 26,6° C.; in Tete 26°. Es ist leicht begreiflich, daß das Klima dieser Küstenstrecken für den Europäer höchst ungesund ist. Nur die Stadt Zanzibar, auf einer Landzunge ins Meer hinausgebaut, ist gesünder, namentlich seit auch die benachbarten Rohrdickichte gelichtet sind und gutes Trinkwasser durch Aquädukte herbeigeleitet ist, während man auch für Reinlichkeit mehr Sorge getragen hat. Doch sind Fieber, Elephantiasis u. a. Krankheiten häufig; der Fremde, der in den Landhäusern schläft, setzt sich dem sichern Tode aus. Im J. 1859 raffte die Cholera auf Zanzibar in kurzer Zeit 20,000 Menschen hinweg und forderte auch auf dem Festlande zahlreiche Opfer. — In Mosambik, 8° weiter südlich, dauert die von dem heftigsten Blitz und Donner begleitete Regenzeit von Anfang November bis Ende März; auf den Querimbainseln nur von Mitte Januar bis Mitte März. In der andern Hälfte des

Jahres ist an diesem Theil der Küste die Atmosphäre, bei beständigen SO. und SW. Winden trocken, selbst kalt. Ein andres Klima herrscht auf dem Hochlande. Die mittlere Jahrestemperatur am Ukerewe beträgt etwa 20° C., während Gondokoro 26° C., Chartum 32° mittlere Jahrestemperatur hat. In dem Gebirgsland Karagwe W. vom Ukerewe beobachtete Speke ein Maximum von 29,4°, in Uganda, nahe am See, 33,3°; an jenem Orte schwankte die Abendtemperatur (um 9 Uhr) zwischen 15,5° und 21,7°, die Nachttemperatur zwischen 13,9° und 18,3°. Diese kühlen Nächte hat das ganze Hochland vor der Küstenregion voraus, die Nächte gestatten erfrischenden Schlaf, die Morgen und Abende sind für Arbeit geeignet, das Klima kann nicht als ungesund bezeichnet werden, wenn auch hier der Europäer dem Fieber oft ausgesetzt ist. In Unyoro, nordwestlich vom Ukerewe und beträchtlich tiefer, steigt das Maximum bereits auf 32,8°, das Minimum auf 16,1° C. Der vorherrschende Wind am Ukerewe ist der Ostpassat. Derselbe setzt einen großen Theil seiner Feuchtigkeit an den östlichen, wallartigen Gehängen Südafrikas ab, läßt in Folge dessen den Strich von der hohen Wasserscheide an den Schneebergen bis zum Ukereweseе in der Regel wasserleer, bringt aber wieder starken Regenfall in die Hochländer von Karagwe und Ruanda, wo Speke in 1 Jahre 238 Regentage beobachte. Der jährliche Regenfall betrug nur 1,25m(?). Vom Februar bis Mai dauert die eigentliche Regenzeit, die sich nach dem (senkrechten) Stande der Sonne richtet. Da diese Regenzeit jährlich fast am gleichen Tage beginnt und der Ukerewe, indem er von drei Seiten gleichzeitig die Gewässer aufnimmt, einen großen Regulator für den Abfluß dieser Gewässer bildet, so ist hierdurch das Räthsel der regelmäßigen Nilanschwellungen gelöst. Gleichzeitig mit dem nach Norden abfließenden Hochwasser zieht aber auch die Regenzeit nordwärts, und es nimmt daher die Ueberschwemmung des Nil so gewaltige Dimensionen an. In Chartum sind die Wasserhöhen des Nil dreimal so groß als in Gondokoro, und das Wachsen des Stroms beginnt in Gondokoro 2 Monate nach, in Chartum 1 Monat vor der Regenzeit — ein Beweis, daß die starken Anschwellungen nicht in den schwächeren Regen des mittlern Nilthals, sondern in den gewaltigen und andauernden Regengüssen des Quellseengebiets ihren Grund haben. Die Schneegewässer des Kilimandscharo und Kenia können, da sie regelmäßig täglich abfließen (nicht, wie bei den europäischen Alpen, allein im heißen Hochsommer), einen wesentlichen Beitrag zu diesem Hochwasser nicht liefern.

Naturprodukte. Die Vegetation ist in dem heißen, feuchten Küstenstrich, namentlich aber auf den Inseln, überaus üppig und gänzlich tropisch, doch von der Flora der entsprechenden Westküste Afrikas gänzlich verschieden. Kasuarinen und Kokospalmenwaldungen begrenzen den Meeresstrand, neben ihnen findet sich die Arekapalme, die ostindische Palme, bis an den mittleren Lauf der Flüsse geht die große Mikomapalme. Dichte Waldungen der verschiedenartigsten, zum großen Theil für Schiffsbauholz geeigneten oder durch Früchte u. s. w. dem Menschen nutzbaren Bäume bedecken die Höhen, unter ihnen Flaschenbäume, Tamarinden, Melonenbäume (Papaws), wilde Maulbeerbäume, bittere Orangen, Mangobäume (deren Frucht die hauptsächlichste Nahrung für die Eingebornen bildet), die Jackfrucht, der Acajubaum. Ein Hauptnahrungsmittel für die Sklaven gewährt die Kassave (Jatrophia Manichot), hier Mohogo genannt, deren Wurzelknollen viermal jährlich geerntet werden. Zuckerrohr wächst wild, wird aber nicht für den Export gebaut; dasselbe gilt von der Baumwolle, welche hier in trefflicher Qualität vorkommt. Einen wichtigen Artikel bildet der Kopal, der von dem Kopalbaum (Trachylobium Mozambiquense) kommt, zum großen Theil aus dem Sande der Küste ausgegraben (und von den Eingebornen für eine harzige Ablagerung der Erde gehalten) wird; und die wildwachsende und kultivirte Oelpalme (Azaite?) welche ein dem Olivenöl ähnliches Oel gibt; dasselbe wird nach Indien ausgeführt. Von Getreidearten baut man Dschowari (Holcus Sorghum), welcher hier die Höhe von 5,5m erreicht, Mais, Reis. Doch wird in Zanzibar, seit Einführung und Ausdehnung der Gewürznäglein-, der Pfeffer- und Zimmt-Pflanzungen, der Reisbau vernachläßigt, und statt der früheren Ausfuhr müssen jetzt für 250,000 Thlr. Reis jährlich aus Malabar und Madagaskar eingeführt werden. Der Bodenwerth ist im Sinken begriffen; ein großes Landgut repräsentirt einen Werth von etwa 7000 Thlr. Kürbisse, Dhol (eine Art Erbsen), Maniok, Bananen (Musa sapientum) sind Nahrungspflanzen, auch Weintrauben gedeihen. Auch der ölreiche Same des Sesam kommt von Kiloa aus in den Handel. — Weiter im Innern, auf den felsigen Ebenen der mittleren Terrassen, wie am Südostrande des Ukerewe, breiten sich weite Grasfluren aus, abwechselnd mit dorniger Akazien- und Kakteenvegetation: die durchziehenden Flüsse werden von ununterbrochenen Baumreihen begleitet. Thierwelt. Als Hausthiere werden wenig Pferde, mehr Esel (namentlich in Mombas von ausgezeichneter Güte) gehalten; Rinder, Ziegen, Schafe finden sich überall, auch dürftige Pariahunde. Große Herden von Elefanten bevölkern das ganze Gebiet, die Hochebenen wie die Rohrdickichte der Flußmündungen; Löwen, Hyänen, Füchse, Leoparden, Rhinozeronten, Flußpferde, wilde Büffel, Schweine sind nicht minder häufig, Antilopenarten (Gnu, Kudu, Hartebeest, Pallah, Steinbock, Madola), Giraffen, Zebras, Quaggas und wilde Esel beleben die Ebenen des Innern, Krokodile alle Seen und Flüsse, Carettschildkröten und große grüne eßbare Schildkröten den Meeresstrand. Raubvögel (Hühnergeier, Bussard, Florikan), Tauben, Hühner (Perl- und Rebhühner, Wachteln), Gänse, Enten, Iguanas u. a. Wasservögel sind unter den Vögeln die häufigsten. An den Küsten wird die Kauriscypräe (Cypraea moneta) in großer

27*

Menge gesammelt. Das Mineralreich bietet wenig. Die Formation ist einförmig. Eisen findet sich an vielen Orten in Menge und in guter Qualität. Salz wird am Malagarasifluß und am oder im Baringosee gefunden. Gold ist nirgends zu erwarten.

Bevölkerung. Diese tritt hier in so mannigfachen und interessanten Verhältnissen auf, daß sie kaum von der einer andern Continentalgegend übertroffen werden möchte. In ganz kurzen Entfernungen erscheinen vielfache Wechsel schwarzer, brauner und weißer Völkerschaften, zwischen denen häufig Uebergänge in Gesichts- und Körperbildung statt finden. Aber der nach feinen gequetschten Gesichtszügen, seiner schwarzen, wie polirten Haut und dem schwarzen Wollenhaar ausgezeichnete Typus des wahren Guineanegers fehlt gänzlich. Statt dessen trifft man regelmäßige körperliche Entwickelungen, zuweilen bis zu dem schönsten Gesichtstypus der kaukasischen Race, die stattlichsten Figuren im männlichen Geschlecht und so ausgezeichnete Gesichts- und Körperformen im weiblichen, daß die hellfarbigen Mädchen aus dem Mabungostamm auf dem Sklavenmarkt Zanzibars theurer, als selbst die in den orientalischen Harems so hoch geschätzten Abessinierinnen bezahlt werden. Besonders werden die Suaheli, die Bevölkerungen um Kiloa und um das alte Melinda wegen ihrer schönen Körperbildungen gerühmt. Trotz mannigfacher Differenzen weisen übrigens unverkennbare Uebergänge zwischen den einzelnen Stämmen, vor Allem aber der übereinstimmende Bau der hiesigen Sprachen darauf hin, daß, mit Ausnahme der Galla, die ganze Bevölkerung gleich den Kaffern, Betschuanen und Congos nur ein Zweig des großen, durch Süd-Afrika verbreiteten Volksstamms ist. Durch das Vordringen der Galla und die häufigen Ansiedlungen von Arabern seit den urältesten Zeiten der Geschichte wurden jedoch die völkerlichen Verhältnisse hier auf das Mannichfachste verändert. Die Galla haben sich besonders längs der Ostküste von der Mündung des Dschub bis zum Osi und Sabaki, und neuerdings bis Kilefi (3° 37' S. B.) ausgebreitet, indem sie zuerst im Binnenlande sich festsetzten und dann gegen die Küste vordrangen; im Innern sind sie bis an den Baringosee, den Kari (Obern Nil) und den Luta Nzige gegangen und haben nördlich von diesem See selbst den Meri überschritten; vor Zeiten hatten sie zwischen dem Ukerewe und dem Luta Nzigé ein mächtiges Reich Kittara gegründet. An der Küste führt ihr Gebiet den Namen Worra-Wama („nördliche Stammabtheilung") zwischen Dschub und Dana, und Worra Berrarata („südliche Stammabtheilung") vom Dana bis Kilefi, beide sind durch die am Dana wohnenden Pokomo von einander getrennt. Diese Galla sind noch so wild und grausam, wie ihre Vorfahren, welche vor 2 und 3 Jahrhunderten die blühenden Küstenstädte Melinda und Kilefi zerstörten, sie dehnen ihre Raubzüge südwärts bis in die Landschaft Wateiti zwischen dem Sabaki und Umba aus. Die Araber, (Szuri's und Kuli's aus Südarabien) und deren Abkömmlinge (Mulatten, d. i. Mischlinge von Arabern und eingebornen Frauen) wohnen vorzüglich in den Seestädten, südwärts bis C. Delgado. Sie sind durch Klima, die Bequemlichkeit des Sklavenhaltens und die Vielweiberei entnervt, unthätig und verkommen, wenn auch der von außen importirte Luxus ihnen einen Anstrich von Civilisation verleiht. Trunk, Lüge, Unehrlichkeit sind bei ihnen allgemein. Ihre Kleidung ist für die Männer ein langes weißes Baumwollenhemd, ein seidner oder baumwollener Leibrock, ein Turban, eine kurze Jacke, ein Tuch um die Taille, ein weiter Mantel; letztere Stücke oft mit prächtiger Stickerei. Der Araber geht stets bewaffnet, er trägt ein zweischneidiges Schwert und einen Dolch (letztren reich verziert, bis 150 Thlr. an Werth), zum Kampfe noch einen leichten Speer und einen Schild von Rhinozeroshaut. Die Frauen sind stets verschleiert und gehen nur Abends aus. In den Hafenplätzen, namentlich in Zanzibar wohnen zahlreiche Hindus: Banianen von Kutsch und Jamnuggur, und die mohammedanischen Sekten der Khojas und Boras von Kutsch, Surat und Bombay, meist fleißige und intelligente Handelsleute, die in großem Wohlstande leben, und, wenn sie sich Reichthümer erworben haben, in ihre Heimat zurückkehren. Die Masse der übrigen Bewohner vom Zambeze an bis an den Luta Nzige, den Ukerewe und den Kilefi gehört der südafrikanischen Sprachenfamilie an und redet verwandte Dialekte, so daß z. B. das Ki-Suaheli auch westlich vom Ukerewe noch verstanden wird. Die Küstenbewohner vom Dschub bis zum Kap Delgado führen den Namen Sawáhili (lies Saweili) oder Suaheli, von dem Worte Sahil, plur. Sawahil, d. i. Küste; es sind dieselben Völkerschaften, mit denen ums Jahr 1500 die Portugiesen in Berührung kamen, und welche damals fälschlich „Mauren" genannt wurden. Sie sind in einzelne Stämme getheilt, gehören der südafrikanischen Völkerfamilie an, sind aber jedenfalls mit arabischem Blute gemischt; ihre Sitten schwanken zwischen asiatischer Civilisation und afrikanischer Wildheit. Ihre Zahl wird auf 3—400,000 geschätzt. Durch Thätigkeit und geistige Gewandtheit bekunden sie ihre Verwandtschaft mit höher civilisirten Völkern, in schwarzer Hautfarbe und kräftigem Körperbau tragen sie den Negertypus. Ihre Kleidung besteht meist aus einem weiten baumwollenen Aermelhemd, mit Gürtel, aus engen Hosen und Weste; den Kopf deckt bei den Männern ein Turban, bei den Frauen ein Tuch nebst 2 schwarzseidenen Binden, die das Gesicht verhüllen. Die Frauen schmücken Hals, Ohren, Arme, Knöchel mit metallenen Ringen oder Bändern, Knöpfen u. dgl. m. Die Sprache, das Kisuaheli oder Maneno Ungoja, ist höchst beweglich, gut ausgebildet, weich und durch eine Fülle Vokabeln wohlklingend. Schriftzeichen sind nicht vorhanden, die Araber schreiben das Kisuaheli mit arabischer Schrift. Die Stämme des Innern sind von denen der Küste nicht wesentlich verschieden, ihre Sprachen ohne Dolmetscher verständlich. Nur die

Makúa von Mosambik und ihre südlichen Nachbarn bis gegen den Zambeze stehen durch ihr breites flaches Gesicht, ihr Wollenhaar, ihre dicken Lippen und flachen Nasen den Guineanegern sehr nahe, während ihre nächsten südlichen Nachbarn, die Morore, langes glattes Haar haben, das sie in dünne Zöpfe flechten und herabhängen lassen, und zugleich eine vollkommen musterhafte Körperbildung besitzen. —

Verfassung. Die südafrikanischen Völker bilden meist kleine Staaten mit monarchischer oder republikanischer Verfassung; bei einigen ist von Verfassung überhaupt nicht die Rede. Die Oberhäupter oder Aeltesten, welche in einigen dieser Staaten den Titel Sultan führen, vollziehen entweder nur die Beschlüsse der Majorität, oder sie regieren mit eigner Machtvollkommenheit. Anders ist es im Küstenlande, welches seit Jahrhunderten unter dem Einflusse auswärtiger Mächte steht. Im J. 924 legten die Araber die Städte Magadoscha und Brawa, um 980 die Perser Kiloa an; Araber und Perser breiteten von diesen Punkten ihre Herrschaft über die Ostküste aus und bildeten eine Anzahl selbständiger, gut regierter, blühender Freistaaten. Vasko de Gama fand 1498 die blühenden Städte Mosambik, Kilwa, Mombasa, Melinda, Brawa, Magadoscha. 1503 wurde die Insel Zanzibar von den Portugiesen abhängig, von da aus trugen die neuen Eroberer ihre Herrschaft auf die Festlandsküste hinüber, zerstörten den Handel mit Landesprodukten, und bewirkten das Aufblühen des Sklavenhandels zum Ruin des Landes. — Von den Eingebornen herbeigerufen, nahm 1698 der Imam von Maskat die Stadt Mombasa ein und eroberte nach und nach alles Land bis gegen Mosambik hin; 1728 kamen die Portugiesen wieder, da der Imam in seiner Heimat beschäftigt war. Bald aber kehrten die Araber zurück, und 1784 nahmen sie das letzte portugiesische Bollwerk Sansibar ein. Nur Mombasa erhielt lange Zeit unter einheimischen Fürsten seine Selbständigkeit, bis es 1828 unterworfen wurde. Der energische, umsichtige und milde Imam Said Said (Seyed-Said-Bin), der bereits seine Residenz von Maskat nach Sansibar verlegt hatte, hinterließ bei seinem Tode (vor 1858) 3 Söhne, von denen 2 in Arabien regieren, während der dritte, Said Medschid (um 1832 geboren) als Sultan in Zanzibar nachfolgte. Er besitzt eine Flotte von 8 meist aus England geschenkten Kriegsschiffen (3 Fregatten, 2 Korvetten, 3 Briggs) und ein Heer von 1400 schlecht bewaffneten, undisciplinirten, feigen und unbrauchbaren arabischen Söldnern (meist Beludschen, Mekranis und Arabern). Im Kriegsfalle kann er ein Heer von 20—30,000 M. aus den Eingebornen der Festlandsküste aufbringen. Er besitzt viele Kanonen, aber ohne Lafetten und Munition; dagegen fehlt es ihm nicht an seetüchtigen Leuten für die Flotte. Sein Reich geht vom Kap Delgado 10° 42′ S. B. bis zur Stadt Magadoscha 2° N. B., doch reicht seine Macht nicht ins Innere des Landes; vom Dschub nordwärts bis Magadoscha ist sie nur nominell, die Somalistädte überlassen ihm einen Theil ihrer Zölle, und in jeder derselben residirt ein Gouverneur des Sultans. Die heidnischen Stämme landeinwärts von der Suahelikūste zahlen keine Abgaben und erkennen die Oberherrlichkeit des Sultans von Sansibar nur nach Belieben an. Wie die Macht des Sultans gering ist, so ist auch die Verwaltung des Landes mangelhaft. Erziehung und Unterricht sind äußerst dürftig. Die Rechtspflege ist in den Händen bestechlicher Kazis, die Criminalfälle hat sich der Sultan vorbehalten; die Todesstrafe wird nur selten verhängt. Als Polizei des Sultans fungiren Beludschen- und Mekrani-Soldaten, welche mehr Verbrechen begehen als hindern. Der Sultan erhält als Steuer 5 Procent von dem Werth aller importirten Waaren und hat diese Zölle an einen Banianen für 196,000 Kronen (gegen 300,000 Thlr.) jährlich verpachtet; auf der Insel Sansibar bezieht er noch 15,000 Thlr. Steuern von den Mukhadim, den unter eigenen Häuptlingen stehenden Ureinwohnern der Insel. Der Boden war früher frei, in den letzten Jahren ist eine Grundsteuer von etwa 60,000 Thlr. jährlichem Ertrag eingeführt worden, außerdem ist die Verpflichtung zum Kriegsdienste den Unterthanen auferlegt. — Ueber die nach Süden bis zur Delagoabai ausgebreitete portugiesische Macht s. Afrika S. 137.

Religion, Sitten. Die Suaheli (der Küste) sind Mohammedaner, wie ihre arabischen Herren. Doch haben sie wenig mehr als dies äußerliche Ceremoniell gelernt, es wird auch nicht mehr von ihnen verlangt. Handelsleute, die sich im Innern, wie in Kazeh und am Tanganyika, niedergelassen haben, bilden die vorgeschobenen Posten des Islam, der auch hier dem Heidenthum gegenüber in steter Ausdehnung begriffen ist. Dieses Heidenthum der südafrikanischen Völkerstämme ist ein wenig entwickeltes. Der Begriff eines höchsten Wesens liegt zwar überall zu Grunde, ist aber nicht zur klaren Vorstellung gekommen. Die Wakamba nennen dieses höchste Wesen Mulungu, die Masai geben ihm den Namen Engai und bezeichnen als seinen Wohnsitz den Doengo Ngai, von wo er Wasser und Regen herabsende; der Neiterkob, eine Art Halbgott und Stammvater ihres Volks, vermittle die Verbindung der Gottheit mit den Menschen. Die Wanika opfern auf den Gräbern ihrer Vorfahren. Viele Stämme, auch die heidnischen, üben die Beschneidung.

Bei allen diesen Nationen gibt es viel Aberglauben: Zauberei, Regenmacherei, Hexerei; bei den Mangandscha und Maravi sind Gottesurtheile in Gebrauch. Auf den Frauen liegt fast die ganze Last der Arbeit: Feldbau, häusliche Arbeit, bei einigen Stämmen selbst der Häuserbau. Vielweiberei ist gewöhnlich. Der Bräutigam bezahlt die Braut an deren Eltern; bei den Wakamba muß er, nach geleisteter Zahlung, die Braut noch rauben und entführen.

Handel, Gewerbe. Die Entwickelung des Handels in diesen Gegenden ist in verschiedenen Perioden sehr verschieden gewesen. Der blühende Handel in der älteren arabischen Periode wich dem Sklavenhandel der Portugiesen, in neuesten Zeiten ist durch die Energie des Imams Said-Said die Produktion des Landes vermehrt, Handelsverbindung mit Indien, England, Deutschland, Nordamerika, Frankreich angeknüpft, die Sicherheit des Verkehrs im Innern hergestellt und dadurch das Gedeihen dieser Länder vorbereitet worden. Freilich ist noch immer der Sklavenhandel in Blüthe, welcher weite Gebiete entvölkert, ewige Fehden unter den benachbarten Stämmen unterhält und den Wohlstand des Landes untergräbt. Der Preis eines Sklaven beträgt im Innern kaum 1 Thlr. — wie gering wird das menschliche Leben geachtet! — 10 Sklaven erhält man für 1 Ochsen oder 1 Kuh; in Zanzibar kostete (1859) ein Mann oder eine Frau 14—50 Thlr., Knaben und Mädchen bezahlte man mit 10—24 Thlr., der Sultan erhielt von jedem Kopf 3 Thlr. (sonst nur 1½ Thlr.) Abgabe. Doch ist das Verhältnis der Sklaven in Zanzibar zu ihren, meist arabischen Herren kein ungünstiges, der Sklave ist Familienglied und erfreut sich eines gewissen Wohlbefindens, ja es kommt vor, daß ein Sklave sich selbst wieder einen Sklaven hält, oder daß er sich mehrere Weiber nimmt. 1859 wurden in Zanzibar 4000 Sklaven von der Marima (der gegenüberliegenden Küste), 19,000 vom Nyandscha eingebracht; die Sklavenjagden dehnten sich immer weiter ins innere Land aus. Als der Sultan von Sansibar darauf den Sklavenhandel verbot und die Engländer diesen Handel gleichfalls zu hindern suchten, wurden zwar 1861 und 1862 gegen 30 arabische Sklavenschiffe zerstört, doch ein vollkommner Erfolg konnte nicht erreicht werden, indem nun der Handel sich nach Kiloa zog, von wo jährlich 10—12000 Sklaven (aus den Ländern am Schirwa und Nyandscha) ausgeführt werden. Hauptkäufer sind die Araber und die Franzosen, letztere für die Insel Bourbon. An der südlichen, portugiesischen Küste sind bis jetzt die Querimbainseln und die Angoschemündung für den Verkehr mit Arabien, die Delagoabai im Verkehr mit Brasilien die Hauptsklavenmärkte gewesen. Wenn der Ausfuhr dieser zahlreichen Menschenkräfte eine Schranke gezogen würde, und wenn es — was nicht so schwer wäre, als jenes — gelänge, den Handel in regelmäßigen Gang zu bringen, so könnten diese innerafrikanischen Gebiete, namentlich die Gegenden um den Schirwe, Nyandscha und Tanganyika zu einem der vorzüglichsten Baumwollenländer der Erde werden!

Die Handelswege nach dem Innern sind besonders drei: a) von Tanga und Pangani nach den Ebenen von Masai, dem Berglande von Dschagga und den Hochebenen jenseit des Doengo Ngai. Die Elfenbein- und Sklavenhändler gehen in Karawanen von 500-800 Mann, unter einem gemeinsamen Führer, mit Glasperlen, Messingdraht und amerikanischem Baumwollenzeug ins Innere ab, durchziehen die Wakuafiwüsten, passiren den Rufu, kommen bis zu den Residenzen des Sibédi und des Segeléi, bisweilen selbst bis Burgenei und an den Ukerewe. b) Eine andre Straße am Pangani oder Rufu aufwärts und dann westlich in der Richtung nach Kaseh, ist durch die wilden Wasiomi ungangbar gemacht. c) Die zweite gangbare Karawanenstraße führt von Bagamoyo, Kondutschi oder Mboamadschi über Sungamero und Ugogo in das Hochland von Unyamwesi, von dessen Mittelpunkt Kaseh wiederum Handelswege nach Khokoro (S.), Lunda (SW.), an den Tanganyika (W.) und an den Ukerewe (N.) sich abzweigen. Der Handel von Unyamwesi könnte viel bedeutender sein, wenn die Einwohner mehr Bedürfnisse hätten. Allein sie bedürfen fast gar keine Kleider und wenig Schmuck. d) Auf der dritten gangbaren, jetzt besuchtesten Route gehen die Araber von Kiloa oder Kisanga nach Mdschenga am Nyandschasee, übersetzen denselben an seiner schmalsten Stelle in Ruderbooten, und gehen dann noch westwärts nach dem Hochlande zu.

Seit 1835 ist ein Handelsvertrag mit Nordamerika, 1839 ein zweiter mit England, später ein dritter mit Frankreich abgeschlossen worden, Consuln dieser 3 Mächte, wie der Stadt Hamburg, residiren in Sansibar. Der Sultan hat sich das Monopol des Elfenbein- und Koralhandels vorbehalten und benutzt sogar seine Kriegsflotte zur Waarenbeförderung. Ausfuhrartikel sind Vieh und Reis, beides besonders von Pemba nach dem arabischen und persischen Golf; Kauris, die längs der ganzen Küste gefunden werden, Elfenbein, Rhinozeroshörner, Schildpatt von den Querimbainseln, Wachs, Honig, Häute, Perlen, Droguen (namentlich Sesam), Agaite-, Erdnuß- und Kokosöl, Kokosnüsse, frische und getrocknete, letztere unter dem Namen Kopra; Webstoffe aus Banane, Aloe, Ananas und Kokosnuß (letztere, die „Kairo", werden zur Verfertigung von Schiffstauen benutzt), Palmenmatten. In neuerer Zeit sind als besonders wichtig dazu gekommen: rother Pfeffer, der in Nordamerika den indischen Pfeffer bereits verdrängt hat, Gewürznelken, Zimmt; ferner Weihrauch, Gummi arabicum und Myrrhen, welche aus dem Somalilande nach Zanzibar zum Export gebracht werden. Baumwolle, Zuckerrohr und Tabak werden bis jetzt nur für den eigenen Bedarf, nicht für den Export, gebaut. Europäische Manufakturwaaren gehen als Transitoartikel von Zanzibar nach Südarabien und dem persischen Golf. Einfuhrartikel sind dagegen: indische, amerikanische und englische Baumwollenstoffe; Glaswaaren, namentlich Glasperlen; Waffen, Pulver (jährlich über 30,000 Faß), Nadeln, Eisen- und Messingdraht, Seife, Zucker; aus Deutschland besonders Säbelklingen, Kurzwaaren und rothe Tuche. Der ganze Handel beschäftigt längs der Küste 250—300 größere und kleinere Seeschiffe. Gemünztes Geld kennt und achtet man nicht, außer den österreichischen Maria Theresia Thalern vom Jahre 1780. Im Innern dienen Baumwollenzeuge und venetianische

Perlen als Umsatzmittel. — Noch liegt manche Handelsstadt der ältern Zeit in Trümmern, doch entwickelt sich der Verkehr und ein Vorwärtsschreiten ist unverkennbar.

Die Einfuhr in Zanzibar im J. 1859 belief sich auf $6\frac{1}{4}$ Mill. Thlr., darunter

Baumwollenzeuge	1,250,000 Thlr.	($\frac{1}{3}$ aus Amerika, $\frac{3}{14}$ aus Indien, $\frac{2}{5}$ aus England; in den folgenden Jahren hat England in diesem Artikel das Uebergewicht erlangt).
Lungis und Turbane von Maskat	60,000 Thlr.	
venetianische Perlen	150,000 „	
Messingdraht	50,000 „	
Flinten (22,780 Stück)	130,000 „	
Schießpulver	60,000 „	
Reis (186,400 Zentner)	260,000 „	
Weizen (38,310 Zentner)	50,000 „	
Thee (1750 Zentner)	50,000 „	

Die Ausfuhr in Zanzibar im J. 1859 belief sich auf 5 Mill. Thlr., darunter

Elfenbein (4886 Zentner)	1,000,000 Thlr.	
Kopal (8759 Zentner)	250,000 „	
Gewürznelken (48,600 Z.)	380,000 „	1862 — 70,000 Zentner für 560,000 Thlr.
Kauris (80,160 Zentner)	350,000 „	(nach Westafrika);
Sesam (83,384 Zentner)	140,000 „	1862 Oel und Oelsamen für 220,000 Thlr.

der Export von Gewürznelken stieg in den nächsten 3—4 Jahren auf 70,000 Zentner jährlich; doch sind mit der vermehrten Produktion die Preise um 70% gesunken. — Der gesammte Handelsumsatz von Zanzibar betrug also im Jahr 1859 bereits $10\frac{3}{4}$ Millionen Thaler, während er 1834 noch außerordentlich gering war; der Bodenreichthum des Landes läßt aber eine noch weit größere Entwickelung zu; die Produktion wird in gleichem Maße mit den steigenden Bedürfnissen der Eingebornen wachsen.

Am Handel betheiligten sich folgende Länder:

Die Ostküste von Afrika	4,300,000 Thlr.
Vereinigte Staaten v. N. Am.	1,700,000 „
Britisches Indien	1,400,000 „
Frankreich	1,150,000 „
Hamburg	950,000 „
Kutsch	850,000 „
Die Westküste von Afrika	350,000 „
Arabien	280,000 „
Madagaskar	250,000 „
Singapore	50,000 „
Großbritanien	35,000 „

Die Zahl der ankommenden Schiffe war 1855 61; 1856 76; 1857 96; 1858 89; 1859 80; zusammen 402. Von denselben gehörten an: den Vereinigten Staaten von Nordamerika 154, Hamburg 97, Frankreich 89, Arabien 23, Großbritanien 12, Spanien 10, Portugal 8, Dänemark 4, Hannover 3, Preußen 2; die Zahl der Schiffe von Frankreich ist im Abnehmen, die der nordamerikanischen und hamburger Schiffe im Zunehmen begriffen. — Der Handel von Mozambique ist, Dank den verkehrten Maßregeln der dortigen Regierung, gleichzeitig mit dem Aufblühen von Sansibar rückwärts gegangen. Bei einem Eingangszoll von 22 Procent für alle eingehenden Waaren mußte der Handel andre, weniger beschränkte Wege aufsuchen.

A. Die Länder der Ostküste.

1) Land der nördlichen Gallastämme oder der Worra-Wama, zwischen dem Dschub und dem Osi. Längs der Küste die Dschuba- oder Dundas-Inseln mit der Stadt Patta, welche jetzt ein kleiner Handelsplatz ist, früher Hauptort des mächtigsten unter den Suahelistämmen war. Lamu, 2° 16' S. B., mit 5000 Ew., treibt starken Handel 2° 9' S. B. Das unbekannte Innere wird von kriegslustigen Nomadenstämmen durchzogen.

2) Land der Pokomo, am linken Ufer des Dana (Osi) oder Pokomani, mit zahlreichen Ortschaften längs des Flusses. Die Bewohner beschäftigen sich mit Ackerbau, namentlich auch mit Reiskultur. Bis zu dem Hauptort Subaki ist der Osi schiffbar.

3) Land der südlichen Gallastämme, Worra-Berrarata, vom Osi bis zum Kilefi. An der Mündung des Sabaki liegen die Ruinen der um das J. 1500 blühenden Stadt Melinda oder Malindi, die von 1505 bis nach 1635 den Portugiesen gehörte, dann aber von den Gallas zerstört worden ist. Ganda an der Bucht von Wumbu, Hauptort der den Gallas unterworfenen Dahalo- (Wasunie-) Stämme; längs der Küste bedeutende Kopalgräberei.

4) Reich Zanzibar, in Besitz e. Nachkommen des Imams von Maskat, der in Zanzibar regiert, umfaßt außer den Inseln Zanzibar, Pemba und Mensa das gesammte Küstenland vom

Kilefi, in weitestem Sinne von Magadoscha (2° N. B.) bis zum Kap Delgado (10° 40′ S. B.) in einer Länge von 120 (oder 230) Meilen und erstreckt sich mit sehr unbestimmten Grenzen in's innere Land: soweit nämlich die eingebornen Häuptlinge geneigt sind, sich als Vasallen des arabischen Herren zu betrachten. Hierher gehört zuerst die Koralleninsel Zanzibar (sonst Zanguebar), bei den Suaheli Unguja genannt, von 5° 42′ bis 6° 27′ S. B.; 11 M. lang, 3—6½ M. breit; ein reizendes Ländchen mit fruchtbarem Boden, der aus zersetztem Korallenkalk, zähem hellrothem Thon oder schwarzer Erde besteht; mit sanftanschwellenden bis über 100m hohen Höhenzügen, reichlicher, von Wegen durchschnittener Waldung, ausgebreiteten Gewürznäglein- und Pfefferpflanzungen und Palmenhainen; an der Westküste mit guten Ackerplätzen, östlich mit Riffen umgürtet. Viele Bäche führen klares Waßer ins Meer, 2 Aquädukte sind für die Schiffe gebaut. Die Bevölkerung wird auf 80—100,000, von Andern auf 250,000 geschätzt, darunter 8—10,000 freie Leute.

Die Stadt Zanzibar ist neu; im Jahr 1800 bestand sie noch aus einem Fort und wenigen elenden Hütten, 1842 gab es 5 Handelshäuser dort, 1859 zählte sie bereits 50,000 Ew. und mehr als 3000 feste Wohnungen, jetzt wird sie auf 60,000 Ew. geschätzt; bei NO. Mensun finden sich 30—40,000 Fremde ein. Suahelis bilden die Mehrzahl, Araber, Mulatten, 5—6000 indische Ansiedler, 4000 Bewohner von den Komoren kommen hinzu. Die Zahl der Europäer ist gering; Juden und Armenier fehlen. Ausgezeichnete Gebäude finden sich nicht, das Fort ist halbzerfallen, die arabische Börse und andre öffentliche Gebäude sind dürftig, die Moscheen sind bescheiden. 4 Bazars. Die Stadt liegt auf einer Landzunge, dem Eindringen der 4—5m hohen Flut ausgesetzt, und hat enge unregelmäßige Straßen. Fünf schöne grünende Koralleninseln umgeben die Rhede. Z. ist Sitz eines französischen und eines englischen Consulats; 2 hamburger, 3 amerikanische und 2 französische Handelshäuser haben hier ihren Sitz.

Die Insel Pemba, NO. von Zanzibar, reich an Getreide, namentlich Reis, und Bauholz, die „Smaragdinsel" (Fezirat el Khazra) genannt, die Kornkammer des benachbarten Festlandes, 7½ M. lang 2½ M. breit, mit zahlreichen Buchten an der Westküste, im O. von Korallenriffen eingesäumt. Tschakka, kleine Stadt, mit dem Hafen Tschaktschal, dem bedeutendsten der Insel. Die Insel Monfia oder Mafia, der Lufidschimündung gegenüber.

Auf oder an der Festlandsküste liegen von N. nach S. die Städte: Mombas (Vita oder Mvita der Suaheli, Kisuani der Wanika, Kidiamoni der Wakamba), 4° 4′ S. B. auf der gleichnamigen Koralleninsel in einem engen, von mehreren Flußmündungen gebildeten vielfach verzweigten Meerbusen, mit dem besten Hafen der ganzen Küste. Im 14. Jahrh. blühender Ort, und im 16. Jahrh. Mittelpunkt eines mächtigen Reichs, ist es jetzt nur ein Hause unansehnlicher Hütten, von einer zerfallenen Mauer umgeben, mit altem, einst portugiesischem Kastell. 8000 Ew., darunter 300 Mann Beludschengarnison. Westlich von Mombas am Ufer des Flusses Rabbai liegt die 1850 von Rebmann und Erhardt angelegte Missionsstation Kisoludini in hoher (375m) gesunder Lage und mit gutem Waßer. Vongue, wohlbevölkerte Stadt der Wanika unter 4° 35′ S. B., unweit der Küste. Westlich davon Wanga nahe an der Mündung des Umba in die Bai von Wassin. Tanga 4° 58′ S. B. auf hohem Ufer an der gleichnamigen Bucht, 4—5000 Ew. Handelsort; jährlicher Umsatz von 700 Zentner Elfenbein. Aller 5 Tage werden ansehnliche Märkte in dem benachbarten Dorfe Amboni (am Muonifluß) abgehalten. Tangata, offene Rhede S. vom vor., mit Ruinen. Pangani (Fangan) an der Mündung des hier gegen 200m breiten Rufu, in fruchtbarer Gegend zwischen Rohrdschungeln, Kokos- und Arekapalmenhainen, Pisang und Getreidefeldern; mit meist dürftigen Hütten, hat mit Kumba und 2 südl. gegenüberliegenden Dörfern 4000 Ew. Bedeutender Handel mit Holz, Elfenbein (350 Zentner jährlich), Rhinozeroshorn (17—18 Z. jährlich). Tschogwe am Pangani, 2 M. landeinwärts vom vorigen. Bagamoyo, W. von Zanzibar an der Mündung des Kingani; Karawanenhandel ins Innere. Kondutschi, 6° 24′ S. B. in offener Küstengegend. Mboamadschi oder Buromadschi, 6° 52′ S. B., Centrum des Binnenhandels über Khutu nach dem Innern. Ergiebige Kopalgräberei. Querbindscha, 8° 40′ S. B., große bevölkerte Stadt mit sicherer Rhede für kleinere Schiffe. Kiloa (Quiloa) 9° 2′ S. B., 57° 9′ O. F., einst reicher, großer Handelsort, von den Persern um das J. 980 gegründet, auf einer 1¼ M. langen, ¾ M. breiten, ungesunden, von Lagunen und Meeresarmen umgebenen Insel, mit brauchbarem Hafen für große Schiffe. Altes Kastell, einst den Portugiesen gehörig. Kisuera, 6 Meilen südl. v. vor., an der erweiterten Mündung des gleichnamigen Flusses, mit gutem Ankerplatz. Lindi, 10° S. B., in ähnlicher Lage wie vor., mit sumpfiger Umgebung.

5) Das Mozambiqueland vom Kap Delgado bis zur Zambesemündung nebst zahlreichen der Küste vorliegenden Inselreihen (Quedimba-, Ibo-, Mozambique-, Angosche-Inseln), mit flachem, ungesundem Küstensaum, gegen 140 Meilen lang, nur dem Namen nach portugiesisch. Die Handelsverbindungen der Portugiesen sind allmählich schwächer geworden, der eigentliche Landbesitz hat ganz aufgehört. Kisiango, 12° 6′ S. B., an der Mündung des Muitipuesi; Ausgang der Karawanenstraßen nach dem Nyandscha. Von den zahlreichen, niedrigen, meist nackten oder mit Mangroven bedeckten, sehr ungesunden, doch mit trefflichen Häfen versehenen Inseln der für portugiesisches

Besitzthum geltenden Querimbagruppe sind nur Querimba, Ibo (12° 30′ S. B., mit wohlbefestigter Stadt, Sitz des Untergouverneurs) und Funre bewohnt; auf dem kultivirten Boden gedeihen Kokospalmen und Kaffebäume trefflich. Die Bevölkerung ist durch die Raubzüge der Sakalava aus Nordmadagaskar geschwächt, treibt viel Handel, namentlich mit Sklaven. Auf der 1 Meile langen und sehr schmalen, flachen und ungesunden Kalkinsel Mosambik (Mozambique) liegt die Stadt gl. N., 15° 1′ S. B., im J. 1841 mit mehr als 6000 Ew., darunter 31 Europäern, (ausschließlich Portugiesen oder Mulatten), 346 andern freien Einwohnern (besonders Arabern) und gegen 6000 Sklaven. Früher bedeutender, hat Mosambik durch das Aufblühen von Sansibar wesentlich verloren. Garnison von 735 M.; Sitz des Generalgouverneurs der portugiesischen Besitzungen in Ostafrika und eines Bischofs; 3 Kirchen; geräumiger Hafen, eigentlich ein offener, 1¼ M. tiefer, 1½ M. breiter Meerbusen, der durch einige kleine Inseln, die er enthält, den Schiffen ziemliche Sicherheit gewährt; Mittelpunkt des portugiesischen Handels. Das Trinkwasser muß vom Festlande geholt werden, da der Boden der Insel aus Sand und den jüngsten Kalkformationen besteht. — Angosche, St. an der Mündung des gleichnamigen Flusses. —

B. Die innern Länder am östlichem Terrassenabhang.

1) Das Gebiet der nördlichen Wakuafi, am Kenia und den nördlichen Quellflüssen des Dana, bis zum Baringosee; sie selbst nennen sich Orleisob, Ilciaob oder Loikob, d. h. Eingeborne oder Besitzer des Landes und durchstreifen (nebst den Masai) die großen Flachländer vom Kenia und Kilimandscharo bis zum Ukerewe.

2) Das Gebiet der Kikuyu, westl. und südl. am Kenia, und am obern Dana; sie haben feste Wohnsitze, treiben Viehzucht und Handel, und sind in Sprache und Sitten den Wakuafi und Wakamba verwandt.

3) Das Gebiet Ukambani, das obere und mittlere Terrassenland am Adi, im O. durch das Gebiet der Galla und der Wanika begrenzt, bewohnt von den dem großen südafrikanischen Sprachstamm angehörigen Wakamba. Die Bewohner treiben Ackerbau, Viehzucht und Handel, sind lebhaft, muthig, unternehmend, rachsüchtig, der Bettelei, dem Lügen und dem Trunk ergeben. Die Kleidung ist dürftig, um so mehr lieben sie Schmuck aller Art. Ihre Zahl wird auf 70,000 Köpfe geschätzt; sie sind in kleine Stämme getheilt, die unter besondern unabhängigen Oberhäuptern stehen.

4) Dschagga oder Tschaga, das Gebirgsland an den Abhängen des Kilimandscharo, von 1000 bis 2000m Höhe, bewohnt von dem gleichnamigen, tiefschwarzen, doch nicht mit den Negern verwandten, südafrikanischen Stamm. Sie selbst nennen sich Wakirina, d. h. Bergbewohner, treiben — nach der Natur ihres Hochgebirgslandes — Viehzucht und sind arm, gesund und kräftig. Sie besitzen und üben manche den Bewohnern der Ebene abgehende Kunstfertigkeit und wissen Waffen und Schmucksachen geschickt herzustellen. Aus Furcht vor den gewaltthätigen Masai haben sie sich auf das Gebirgsland beschränkt.

5) Das Gebiet der Masai und der südlichen Wakuafi (welche letztere von den stammverwandten Masai kürzlich fast ausgerottet worden sind) umfaßt die Ebenen am obern Rufu und die westlich angrenzenden Bergländer. Sie sind Nomaden und verschmähen den Ackerbau; mit Spießen, Wurfknitteln und Schilden wohlbewaffnet, überfallen sie häufig die benachbarten Wakamba, Galla, Watschaga, Wanika und zeigen sich dabei grausam und mordlustig. Selbst die Missionsstation bei Mombas ist vor ihren Angriffen nicht sicher. Sie sind groß, wohlgewachsen und körperlich gewandt, daher werden Sklaven, namentlich Sklavinnen aus ihrem Stamm sehr gesucht. Ein Vokabular ihrer Sprache haben Krapf und Erhardt zusammengestellt. Die Residenzen der Häuptlinge Segelei und Sibedi liegen die erste SW. die zweite W. von der Rufufurt; Sibedi begünstigt den Handel. Endarasere, Ort an der westlichen Neigung des Landes, an einem langsam dahinziehenden Flusse; in der Nähe befinden sich Salzsümpfe. Burgenei, westlichster Ort, wenige Tagereisen vom Ukerewe, in öder, kahler, steiniger Gegend; in der Nähe finden sich heiße Quellen und Schwefel.

6) Das Gebiet der Wateita und der Wanika auf den mittleren und unteren Terrassen östlich vom Kilimandscharo bis hinab zur Küste. Nach ihrer Körperbildung, wie nach ihrer Lebensweise gehören sie der südafrikanischen Völkerfamilie an, sind aber, zumal an der Küste, mit semitischem (arabischem) Blut stark vermischt. Nase, Lippen, Kinn sind negerartig; die hohe breite Stirn, der pyramidale Schädel (wie bei den Galla und Somali), die langen und straffen Haare weichen vom Negertypus entschieden ab. Die Farbe der Wanika ist chokoladenbraun, selten schwarz, die Augen sind wildblickend, die Bewegungen hastig, das Betragen lärmend, die Stimme laut und bellend; die Wateita sind stiller, ruhiger, mäßiger. Die Wanika sind habgierig, bettelhaft, unehrlich, dem Trunk ergeben, sie arbeiten wenig. Sie treiben Ackerbau und haben Handelsverbindungen nach dem Innern, wie nach der Küste. Ihre Sprache ist das Kinika, welches von dem Kisuaheli sich nur als Dialekt unterscheidet; sie zerfallen in einzelne Stämme (wie die Wadigo südlich von Mombas), die keine entwickelte Verfassung oder Regierung besitzen. Sie stehen in den ersten Anfängen der Civilisation, doch scheinen sie eher als degenerirt und abwärtsgehend, nicht als in der Entwicklung vorschreitend, bezeichnet werden zu müssen. Sie kleiden sich in ein Fell oder ein Stück Baumwollenzeug, schmücken sich mit Kupfer und Eisen; als

Waffen führen sie Bogen und Pfeile, lange Schwerter, Speer und Messer. Die Zahl der Wanika wird auf 50–60,000 angegeben, die Zahl der Wateita mag etwas geringer sein; die relative Bevölkerung des Landes ist daher gering, nur 2—300 Bewohner auf 1 QM.

6) Usambala oder Usambara, auch Wasumbara, kleiner Staat von etwa 50 QM. in dem Gebirgsländchen nördlich vom untern Pangani, 3 M. von der Küste entfernt, mit ackerbautreibender Bevölkerung aus den Stämmen der Wasambara, Waschinsi, Wasagedschu, die von einem ärmlichen Sultan regiert werden. Hauptstadt Fuga, 1300m hoch, auf dem Plateau an einem Nebenfluß des Pangani, mit etwa 500 dürftigen runden Hütten, 3000 Ew. Fort Tongwe, auf einer gegen SO. vorspringenden Erhöhung, Granitfels mit rothem Thonboden überlagert, über 600m, in milderem Klima als die am Fuße des Gebirgs sich ausbreitende ausgedörrte Ebene.

7) Gebiet der Wasegua (Usegua, Usagara, Wazegura) südlich vom Pangani, der Wadoe (Udoe) von jenen südwärts bis zum Kingani, der Walhutu zwischen dem Wami und Kingani, und der Wasaramo zwischen dem Kingani und Lufidschi. Die Eingebornen sind friedlicher Natur, wohnen in leichtgebauten kegelförmigen Hütten, treiben Viehzucht und bauen den Acker ihres fruchtbaren Landes; öfters werden sie von Sklavenjägern überfallen. Sungomero am Kingani, Dorf am Fuß der ersten Küstenterrasse, 85m.

8) Gebiet der Wamuera längs der Küste um Kilca und Lindi, der Makende und der Wagnindo weiter landeinwärts, sämmtlich zwischen dem Lufidschi und dem Rufuma; die Wamua und die von den Arabern ausgeplünderten, armen Makonde wohnen auch über den Rufuma südwärts hinüber.

C. Die Länder im Norden und Westen des Ukerewe-Sees.

1) Nördlich vom Ukerewe und bis an das Nordende des Luta-Nzigé fand Speke eine Anzahl wilder, den Europäern feindseliger Stämme, welche den Gallas anzugehören scheinen und von Osten hierher vorgedrungen sind, wie sie denn früher auch ein mächtiges Reich Killajo (Kittara) westlich vom Ukerewe gegründet hatten. Die einzelnen Stämme derselben sind die Koschi W. vom Nieri (Nil), die Tschori, W. vom Kari bis zum Lutansigé; die Wakidi, N. und O. von den vorigen, die Madi, am rechten Nieriufer abwärts bis über 4° N. B.; die Gani und die Panuquara O. von vorigen, an beiden Seiten des Asua u. a. m. Die Wahuma, welche nach Speke's Bericht noch jetzt die Reiche Uganda (3) und Unyoro (4) besitzen, scheinen dort als Herren über die einheimische, dem südafrikanischen Sprachstamm angehörige Bevölkerung zu leben, da die Grenze der südafrikanischen Sprachen nahe am 2° N. B., angegeben wird.

2) Nördlich am Ukerewe (und Baringo?) wohnen nach Speke's Erkundigungen die Usoga, die Ukori, die Amara, und längs des Sees die Ngoma; sämmtlich, wie es scheint, noch dem südafrikanischen Sprachstamm angehörig.

3) Das Reich Uganda oder Wagdanda, 3—400 QM. groß, erstreckt sich vom Ausfluß des Kari aus dem Ukerewe nach W. und SW. bis an den Kitangule; ein schönes Land von Sandsteinhügeln, die von zahlreichen Rinnsalen durchfurcht sind; auf den Hochflächen mit riesigem Gras, in den Flußniederungen mit hohen Bäumen bewachsen. Das zahlreiche Volk, vom Stamme der Wahuma, ist lebhaft, unternehmend, zeigt in Benehmen, Kleidung, Wohnung guten Geschmack. König ist Mtesa, ein liebenswürdiger Jüngling. Kaffe wird als Nahrungspflanze angebaut. Mtesa's Residenz liegt am See, zwischen den Ausflüssen des Mworango und des Luadscherö. Kari, großer Ort, 8 M. nördlich v. vor.

4) Das Reich Unyoro oder Ungoro, gegen 1000 QM. groß, erstreckt sich vom mittleren Kitangule nordwestlich bis zum Lutanzige und nordöstlich bis zum Kari; vom Ukerewe wird es durch das Reich Uganda getrennt. Die Bewohner, gleichfalls vom Wahumastamm, sind wild und roh; der König Kamrasi, dessen gleichnamige Residenz im NO. des Landes, nahe am Zusammenflusse des Kari und des Mworango liegt, ist mürrisch, roh, der Zauberei ergeben. Mrooli, weiter abwärts am Kari.

5) Das Reich Karagwe oder Karague, etwa 250 QM. groß, im N. durch den Kitangulefluß an Unyoro und Uganda grenzend, im O. vom Ukerewe, im S. von Usinsa begrenzt, westlich in die Hochgebirge sich erstreckend, ein Bergland, durchschnittlich 1800m hoch, wasserreich und fruchtbar, ein reiches Acker- und Weideland. Das Volk ist intelligenter und fleißiger als seine Nachbarn. Die Residenz des intelligenten Königs Rumanika liegt im Westen, unweit eines Bergsees. Als größter Handelsplatz erscheint Weranhanja, 5 M. westl. vom Ukerewe, 3 M. südl. von dem Gebirge Nyakahanga.

6) Die Gebiete Utumbi, westlich von Unyoro und südlich vom Lutanzige, und Ruanda, westlich von Karagwe, sind nur dem Namen nach bekannt. Beide stoßen in dem etwa 3000m hohen Mfumbira-Berg zusammen.

7) Der Staat Usinsa, etwa 500 QM., wird im NO. vom Ukerewe, im N. von Karagwe, im NW. von Ruanda, im SW. von Urundi, im S. von Watuta, im SO. von Unyamwesi begrenzt; ein durchschnittlich 1300m hohes, fruchtbares, wohlangebautes Land. Speke besuchte die Residenzen der Fürsten Lumeresi an der Südgrenze, und Suwarora in der Mitte des Landes.

D. Die Wasserscheide-Hochebene südlich vom Ukerewe.

1) Das Land Unyamwesi oder Uniamési,

15—1600 QM., erstreckt sich vom Südende des Ukerewe bis über den 6° S. B. hinaus, von den oberen Gehängen der östlichen Terrassen, die gegen den indischen Ozean ihre Neigung haben, bis in die zum Tanganyika sich neigenden Terrassenländer. Das Land ist eine durchschnittlich 12—1300m hohe Ebene von eisenreichem Sandstein, über welchen sich mäßige Hügel und Wellen von Granit erheben; nach dem See zu finden sich viele zerstreute, seltsam geformte Granitfelserhebungen; die Fläche ist häufig mit erratischen Blöcken besäet. Flüsse sind selten, doch leidet das Land keinen Wassermangel, stellenweise finden sich sogar Sümpfe. Die zahlreichen Bewohner gehören der südafrikanischen Sprachfamilie an, heißen Wanamoesi oder Waniamesi; sie selbst nennen sich Wakonongo oder Wakonongo, und zerfallen in einzelne Stämme, die sich häufig gegenseitig befehden. Sie sind fleißig und industriös, wohnen in hübsch gebauten Dörfern, bauen den Acker und besitzen zahlreiche Viehherden. Das Getreide wird auf Granitplatten gemahlen. Sie sind unternehmende Handelsleute und ziehen jährlich in Karawanen von 3—4000 Mann an die Sawáhiliküste, um dort Sklaven und Elfenbein zu verkaufen. Kaseh, Hauptstadt, 1036m hoch gelegen, in dem Bezirk Unyanyembe, Hauptdepot des arabischen Binnenhandels; hat viele Seiler, Schmiede, Zimmerleute, Weber. Msene, 17 M. nordwestl. v. vor., in der Nähe des Gombe Nullah, der dem Malagarasi zuströmt; im N. hohe Berge mit Eisensteingruben. Auch im Distrikt Salawe, 25 M. N. von Kaseh, findet sich lebhafte Eisenindustrie; südwestlich von Salawe wird treffliche Baumwolle gebaut. Muanza, St. am Süduser des Ukerewesees.

2) Oestlich vom Lande Unyamwesi breiten sich weite wüste Flächen aus, so namentlich die Wüste Mgunda Mkhali zwischen 51 und 53° O. F., d. i. ein wenig bewässertes, spärlich bewohntes, offenes, von Elephanten und Rhinozeronten bevölkertes Land; ein gutes Terrain für Jäger und Elfenbeinhändler. Weiter östlich liegt das Gebiet Ugogo mit der gleichnamigen Stadt, 1100m über dem Meere, mit zahlreicheren, südlich nach dem Rwaha hinabziehenden Flüssen, vielem Urwald, in welchem Scharen wilder Thiere hausen, und dichterer Bevölkerung als das vorige. Nordwärts von Ugogo bis gegen Burgenei ist das Terrain noch völlig unbekannt, wiewohl kein Zweifel ist, daß es den Charakter der Hochebene trägt. Angeblich befindet sich hier der See Ro. Von den dort wohnenden Stämmen werden die Wasiomi als wild und unzugänglich geschildert. Auch südwärts bis zum Rukwasee und dem bedeutenden Elfenbeinmarkt Khokoro (Stadt 27 Meilen SSW. von Kaseh in einer an Mais, Holcus, süßen Kartoffeln, Maniok u. a. reichen Gegend) ist noch kein Europäer vorgedrungen; die Gebiete Usenga, Utakama, Urori, Ukonongo (letzteres scheint dem Unyamwesireich anzugehören) sind uns nur dem Namen nach bekannt.

E. Die Terrassenländer um den Tanganyika.

1) Im N. und NO. des Sees bewohnen die Usige (Wasige) und Urundi (Warundi) die Gebirgsabhänge und Thäler von den hohen, bewaldeten Ufern des Sees an bis ins Hochgebirge; südöstlich grenzen an die Urundi die Uhha (Wahha) und die ihnen feindseligen Watuta, ein räuberisches Hirtenvolk, welches seine Heimat am Tanganyika verlassen u. sich das Gebiet des obern Malagarasi unterworfen hat.

2) Am untern Lauf dieses Flusses wohnen die Uwinsa (Wawinsa), die den Watuta unterworfenen Ububha (Wabuhha), am See die Udschidschi, seit dem J. 1340 von arabischen Händlern besucht und daher dem Namen nach schon lange bekannt, mit der Stadt Kawele am See, in welcher viele arabische Kaufleute wohnen. Reis (von den Arabern eingeführt) und Zuckerrohr werden, außer andern Landesprodukten, kultivirt. Die Frauen des Landes zeichnen sich durch einen eigenthümlichen Schmuck aus: sie tragen breite Armbänder und Halsbänder von Messingdraht, welch letztere oft scheibenförmig den Hals umgeben.

3) Von der Mündung des Malagarasi in den See (in dem bergigen Gebiet Ukaranga) nach Süden wohnen längs des Sees die Utongwe (Watongwe), deren Hauptstadt Kabogo am See den Handel mit dem gegenüberliegenden Ufer vermittelt; die Ueberfahrt geschieht in rohen, dürftigen Fahrzeugen; die Uthembwe (Wathembwe) mit dem Elfenbeinmarkt Ukungwe am See; die Ufipa, Usowwa und Upoko in weitem, hügeligem oder ebenem, wasserreichem Lande, welches viel Getreide erzeugt und eine zahlreiche Bevölkerung ernährt.

4) In dem Gebirgslande im NW. des Sees wohnen die Uwira mit der gleichnamigen Hauptstadt am See, welche in ihrem Lande viel Eisen finden und dasselbe geschickt bearbeiten; die wilden, rohen Ubembe, welche den Kannibalismus üben sollen und nie von den arabischen Händlern besucht werden; tiefer landeinwärts die Usense und Uvowwa; in der Mitte des westlichen Seeufers die Ugoma und Uguhha. Das Land der letzteren ist fruchtbar, dicht bevölkert, ihr Sultan (der jetzige heißt Kasanga) regiert in Kasenge, einem weitläufig gebauten, großen Dorfe am See. Die Waguhha haben große Aehnlichkeit mit den Kaffern, sind schmutzig, durch Neugier den Fremden lästig.

5) In den von großen Flüssen bewässerten Ebenen am SW. Rande des Tanganyika wohnen die Ukatete und W. von ihnen landeinwärts die Urumwa, bis jetzt das äußerste Volk, welches von dem Sansibar-Handel erreicht wird. Doch steht der Urumwahäuptling in Handelsverbindung mit der kupferreichen Landschaft Katata oder Katanga, die wahrscheinlich dem Hochlande an den Quellen des Liambey und der Kongozuflüsse angehört.

6) Am Südende des Sees liegt das Land Marungu, dessen Bewohner, die Umarungu (Wa-

marungu) sich die benachbarten Distrikte unterworfen haben und mit dem Lande des Kazembe in dem kaum 20 M. vom Tanganyika entfernten Lunda oder Lucenda in Handelsverbindung stehen.

F. Die Länder um den Nyandscha- und Schirwa-See.

1) Im W. des Sees ist ein wasserreiches, hügeliges und gebirgiges, fruchtbares und dicht bevölkertes Land. Auf der Hochebene im NW. des Nyandsche sind Sulu (Kaffern) aus dem Lande südlich vom Zambeze eingewandert, leben als Nomaden in den grasreichen Hochflächen und schrecken mit ihren Mord- und Raubzügen die Umwohner. Am See wohnen die eingeborenen Marimba, in deren Gebiet die Araber und Portugiesen Razzias unternehmen, um die erbeuteten Sklaven an die Küste zu bringen und (an die Franzosen) zu verkaufen. Am See liegen die Orte Kungoe, Senga, Sangue, der Ueberfahrtsplatz nach Mrschenga und Sandendsche.

2) Auf dem Hochlande W. wohnen die Muembas und die Chevas, deren Hauptort Mugurura etwa 1000 Hütten hat, südlich von ihnen wohnt das große Volk der Marawi, unter deren Namen in früheren Zeiten der Nyandschasee bekannt war, und deren gemeinsames, erbliches, den Titel Unde führendes Oberhaupt in der Stadt Muzinda residirt. Sie bauen den Acker, bereiten Oel aus der Erdnuß und dem Sesam, verfertigen feine Matten, Körbe und Gefäße aus Rohr, Arm- und Beinringe aus Elfenbein, gewinnen Eisen und etwas Gold. Bei ihrer äußerst geringen Kleidung und ihrer übrigen Bedürfnißlosigkeit ist der Handel in ihrem Lande wenig entwickelt. Südlich neben ihnen wohnen die Mowisa, welche häufige Kriege mit den benachbarten Wahiau führten und allein im J. 1847 an 7000 Menschen aus diesen Stämmen fingen oder tödteten.

3) Südlich von den Seen, an beiden Ufern des Schire und bis in die Tiefebene hinab breiten sich die Mangandscha aus, auch Manganga oder Magandscha genannt; ein intelligenter, wilder, kriegerischer Stamm. Die Frauen tragen außer anderem auch Lippenschmuck. Ihr Land ist sehr fruchtbar: angebaut werden 2 Arten trefflicher Baumwolle, Zuckerrohr, Bananen, Mais, Holcus, Sorghum, Manick, Bataten, Bohnen, Erdnüsse, Kürbisse; auch sammelt man die an Geschmack den Kastanien ähnlichen Wurzelknollen des Lotus. An den Abhängen des Morambala-Berges gedeihen Ananas, Citronen, Orangen. In den Bergen findet sich viel Eisenerz, die Mangandscha sind geschickt im Schmieden von Werkzeugen und Waffen. Handel mit Sklaven und Elfenbein; am Ufer des Schire gibt es zahlreiche Elephantenherden. Eine von Livingstone auf dem Plateau am oberen Schire im J. 1861 angelegte Missionsstation nahm zuerst einen erfreulichen Fortgang, und suchte namentlich den Sklavenhandel zu hindern, ist aber schon im folgenden Jahre durch die wilden Ajawa zu Grunde gegangen; die Begründer, Bischof Mackensie und Missionar Burrup, sind bald darauf am Fieber gestorben.

Im Innern des von den Portugiesen beanspruchten Gebiets wohnen die Makúa, ein großer in viele Abtheilungen zerfallender Stamm; ein Menschenschlag von athletischem Wuchs, häßlich und roh, zugleich aber zuverlässig, gelehrig, tapfer. Sie tätowiren ihre Haut und entstellen ihr Gesicht durch Quernarben, welche sie durch große Schnitte über Stirn, Nase und Kinn von Ohr zu Ohr hervorbringen. Ihre Sprache gehört dem südafrikanischen Sprachstamm an, und ist mit der der Suaheli, wie der der Kaffern verwandt. Viele Makúa dienen als Soldaten oder als Sklaven den Portugiesen in Mozambique; die Makuastämme selbst unternehmen oft Sklavenjagden nach dem Innern, und verhandeln Sklaven, Elfenbein und Kopal an die Portugiesen. Von letzteren werden sie dafür mit Feuergewehr versehen, wodurch sie den Nachbarstämmen überlegen sind. Südlich an die Makua grenzen die Mororo, welche bis an den Zambeze bei Senna wohnen und sich körperlich von den umwohnenden südafrikanischen Stämmen vortheilhaft unterscheiden.

Das östliche Süd-Afrika.

3. Der südliche Theil: Das Kafferland.

Zu S. 124. Ausdehnung. Da die Strecke vom Kap Delgado bis zur Zambeze-Mündung bereits bei dem mittleren Theil des südöstlichen Afrika ihre Darstellung gefunden hat, so bleibt hier nur die 270 M. lange Küstenstrecke vom Zambeze bis zum Großen Kei-Flusse, 15—25° S. B., nebst den landeinwärts ansteigenden Terrassenländern für den südlichen Theil übrig.

Zu S. 124. Oberflächen-Verhältnisse. Im Gebiet zwischen dem Zambeze und Limpopo (Moselekatze's-Reich) scheint ein doppelter Terrassenabfall in Hochafrika gegen Osten vorhanden zu sein, der innere zieht sich nördlich von Kolobeng, vom mittleren Limpopo, hinüber nach den Mosiwatunje-Fällen des Zambeze, der andere, als direkte nordnordöstliche Fortsetzung der Kathlambaberge, zieht sich näher an der Küste hin und wird vom Zambese im Engpaß von Lupata, unterhalb Tete, unterbrochen. — Das Sululand ist ein steiniges zerbröckeltes Bergland von zahlreichen Flußthälern und Schluchten durchrissen, selten mit wellenförmigem Weideland abwechselnd. — Nördlich vom Limpopo, unter 20°—23° S. B., steigt der Hochrand beträchtlich an; kühne Elephantenjäger, die bis hierher vorgedrungen sind, fanden ein gesundes Klima, das Land schien höhere Berge zu haben als Natal, die Temperatur sank bisweilen bis unter den Nullpunkt. Die Tsetsefliege wohnt nicht in diesen Höhen, daher können die dortigen Kaffern (die Mayiairis) mit Rinderzucht sich beschäftigen, während die am Limpopo wohnenden nur Ziegenherden halten können.

Zu S. 129. Gewässer. Der Verbindungsarm zwischen dem Zambeze und Quilimanefluß ist bei niedrigem Wasserstande ohne Wasser, nur bei Hochflut mit Schiffen zu passiren. — Noch immer ist die Frage wegen der Mündung des Limpopo nicht entschieden. Gewiß ist, daß er nicht, wie man sonst annahm, der König Georgsfluß der Delagoabai ist; Einige suchen in der Bai Inhambane, Andre südlich von derselben im Flusse Bembe oder Uro (Oro) seine Mündung. Der Elephantenfluß wird von Einigen als Nebenfluß des Limpopo, von Andern als der Manicefluß der Delagoabai betrachtet. — Der Manice (König-Georgs-Fluß) mit seinen Nebenflüssen Umquinie und Tamati entspringt in den Drakenbergen, durchfließt, aus dem Gebirge heraustretend, eine offene, spärlich mit Gebüsch bewachsene, von wilden Thieren belebte Gegend. Trägen Laufs und weite Sümpfe bildend fließt er dann, wie auch die südlicher befindlichen Flüsse Mattol, Dundas und Timdy (Tembia), die in ihrer gemeinsamen Mündung den Englischen Fluß bilden, in die Delagoabai, einen Hauptausfuhrplatz für Sklaven. Die Nyamboronda-Quelle im Flußbette des Nyaonde, 71°C., hat einen salzigen Geschmack; ihre Umgebung besteht aus Eruptivmassen. Weiter landeinwärts am Kafur, nördlich von Monze (45° O. L., 16° S. Br.) sollen heiße Quellen vorkommen, deren Dämpfe von weitem sichtbar sind.

Zu S. 135. Bevölkerung. Bei den Knopneusen (Knopneser) am Elephantenfluß, östlich vom Kathlambagebirge, soll selbst Kannibalismus vorkommen, indem — si fabula vera — die von Kriegszügen oder großen Jagdunternehmungen heimkehrenden Männer die korpulentesten Mädchen tödten und verzehren. — Da die einzelnen Stämme nach den Häuptlingen genannt werden, so ist die Benennung der Stämme, wie ihrer Wohnplätze eine wechselnde: so hießen die westlich von der Delagoabai wohnenden Kaffern nach ihrem Häuptling Rapuza Ba-Rapuza, seit 1843, nach dessen Tode, werden sie nach ihrem jetzigen Oberhaupte Suasi Ama-Suasi genannt. Die zwischen den Pongolo und dem Umsinvati wohnenden Stämme sind, von dem Sulukönig Panda gedrängt und verfolgt, in das Gebiet von Natal gewandert; ihre bisherigen nun leerstehenden Wohnplätze haben die Boers der Transvaalschen Republik eingenommen.

Zu S. 137. Religion. Die Sulu betrachten als Schöpfer und Regierer der Welt Umfulunkulu, der auch alle ihre sozialen Einrichtungen bestimmt hat. Gebet und Opfer richten sie an die A-Mahlozi, d. h. die Geister verstorbener Familien- und Stammeshäuptlinge, die auf Erden in der Gestalt von unschädlichen Schlangen erscheinen. Andre Sulu dagegen sind der Meinung, ihr jetziger König Mpanda habe die Welt erschaffen.

Zu S. 137. Verfassung. Die portugiesischen Kolonien scheinen in neuester Zeit wieder in Zunahme zu sein, indem sowohl am Limpopo aufwärts die Handelsfaktoreien und Elephantenjagden sich weiter ins Innere des Landes ausdehnen, als auch am Zambesi ein neues Gouvernement Zambesia mit der Hauptstadt Tete im J. 1859 errichtet worden ist. Der Umfang des portugiesischen Gebiets wird 1863, mit Einschluß von Mosambik, amtlich auf 24,000 Quadrat-Leguas (6640 Q.M.), die Zahl der portugiesischen Unterthanen auf 300,000 angegeben. Doch wohnen auf dem bezeichneten Gebiet auch viele unabhängige Stämme, deren Zahl nicht mit in der der portugiesischen Unterthanen inbegriffen ist.

Zu S. 140. Topographie. 1) An der Mündung des Loangua in den Zambeze legt Zumbo, mit den Trümmern einer portugiesischen Faktorei, in einer für den Handel bequemen Gegend. Tete, Handelsplatz mit portugiesischem Fort, in einer außerordentlich fruchtbaren Ebene, in welcher Kaffe, Zucker, Indigo, Wein, Weizen, Baumwolle, Senna trefflich gedeihen, während das Innere der Erde einen Reichthum an Steinkohlen, Eisenerzen (namentlich am Revulue) birgt und selbst Gold enthält. 2) Von Sofala gegen W. liegt auf der Mittelterrasse das Land der Makombe mit den weit in die Küstenebene vorspringenden Bergen Gorongozo und Nyamonga (letzterer etwa 1000m hoch); weiter westlich und höher das Land Manika oder Matuka. — Die Makazana wohnen an der Delagoabai, sie sind geschickte Eisen- und Kupferschmiede. Landeinwärts bis an die Drakenberge wohnen die Amasuasi (früher Barapusa), deren Dialekt von dem der Sulu wesentlich verschieden ist, und deren Zahl sich noch auf mehr als 200,000 belaufen mag, ihre Gegenden sind zum Theil dicht bewohnt. Südlich von den Amasuasi wohnen die kriegerischen Sulu oder Zulu bis an die Grenze von Natal; Nodwengu ist der Hauptkraal des Sulukönigs Mpanda.

3) Das Mosambik-Land ist — mit Ausnahme der portugiesischen Städte Quilimane, Senna, Tété — bei dem vorhergehenden Abschnitt behandelt worden; 4) das Land Natal folgt in einem besondern Abschnitte. Ingleichen wird von dem zur Transvaalschen Republik geschlagenen Sinvati-Distrikt des De Lagoa-Landes, und von den südlichsten der britischen Kapkolonie einverleibten Distrikten des Amatemba-Landes bei diesen Staaten die Rede sein.

Das Land Natal.

(Natalien.)

Das Land Natal erhielt seinen Namen von den Portugiesen, die im Jahr 1497 am Weihnachtstage zuerst in diese Gegend kamen. Die erste im J. 1719 von den Holländern hier angelegte Kolonie ging bald wieder ein, ein Kolonisationsversuch des brit. Lieutenants Farewell 1828 desgleichen. Eine neue Kolonie, welche unter dem brit. Hauptmann Gardiner ein Gebiet von 515 QM. unter dem Namen „Republik Victoria" in Besitz nahm, die Hafenstadt D'Urban und die Missionsstation Umlasi gründete, gedieh ebensowenig. Die britische Regierung verweigerte ihren Schutz, die Kolonisten riefen 1836 die aus der Kapkolonie ausgewanderten Boers zu Hilfe. Diese, obgleich anfangs durch die Sulus hart mitgenommen, organisirten sich als Freistaat, wurden aber, als nun 1842 britische Truppen landeten und Natal in Besitz nahmen, theils vertrieben, theils zur Unterwerfung genöthigt. Nachdem die Boers bis 1845 durch die unermüdliche Feindschaft der Engländer auch aus dem Klipriver-Gebiet verdrängt worden waren, hat die britische Kolonie Natal ihren gegenwärtigen Umfang angenommen: sie wird im NO. gegen das Land der Sulus durch den Umsinvati oder Büffelfluß und von dessen Einfluß in den Tugela an von dem letzteren begrenzt, im O. und SO. vom Meere, im SW. von dem Umsimkulu und dessen oberem (rechtem) Zufluß Umbisana oder Ibis (gegen das unabhängige Kafferland). Im W. scheiden die unzugänglichen Kathlamba- oder Drakenberge die Kolonie von der Transvaalischen und der Orangefluß-Republik und von den unabhängigen Kafferstämmen des Gebirgslandes. Die Ausdehnung der Kolonie ist demnach von 27° 32' bis 30° 58' S. B. und von 45° 55' bis 48° 57' O. F., die Küstenlänge beträgt in gerader Linie 33 Meilen, eine Linie von der Küste bis an die Westgrenze 36 Meilen. Der Flächeninhalt wurde 1856 auf 846 QM. (11,500,000 Acres*)) geschätzt. Eine andere Angabe von 1145 QM. scheint die jetzt freien Distrikte Drakenberg und Jugali noch mit einzuschließen; eine dritte Angabe rechnet 970,1 QM. mit bestimmter Aufzählung der einzelnen 7 Distrikte und mit Einrechnung der von den Kaffern bewohnten Ländereien von 316 QM.; die offizielle Angabe von 1862 ist 677 QM. oder 14,379 engl. QM.

Die Oberfläche des Landes trägt den Charakter großer Mannigfaltigkeit. Das Land ist im Ganzen hügelig und wellenförmig, steigt nach dem Innern zu allmählich an, wird aber fast durchgängig von engen Schluchten und tiefen Thälern durchzogen. In der Küstenzone sind die Hügel niedrig, doch anmuthig wechselnd, mit kleinen Baumgruppen oder dichten Wäldern bedeckt. 3 bis 4 Meilen landeinwärts erhebt sich, der Küste parallel, ein Gebirgszug von 300—650m Höhe, welcher von zahlreichen Flüssen quer durchbrochen ist, und wildromantische, oft unzugängliche Durchbruchsthäler aufzeigt. Jenseit dieser Gebirgslinie sind die Hügel höher, die Wälder seltener, meist auf die Thalfalten beschränkt; noch weiter landeinwärts erhebt sich ein hohes, von Felsrücken durchzogenes oder mit vereinzelten höheren Tafelbergen besetztes, grasbewachsenes Tafelland. Allmählich geht der Charakter des Tafellandes in eigentliche Gebirgslandschaft über, hohe Ausläufer des Kathlambagebirgs erheben sich mit kühnen Bergformen und werden von tiefen Thalschluchten durchzogen, bis endlich das Kathlambagebirge (die Drakenberge) selbst als riesiger Wall den Horizont schließt und zugleich die Landesgrenze bildet. Dieser Grenzwall des innern Afrika, der unter 20° S. Br. beginnt und südlich unter 32° mit den Schneebergen endet, hat an der Grenze von Natal eine Höhe von 2—3000m und wird unter 25° 20' vom De-Beers-Paß, unter 28° 31' vom Bezuidenhouts-Paß, und etwa unter 30° 40' (schon außerhalb der Grenzen von Natal) von einem neuentdeckten Paß durchschnitten, welche den Verkehr zwischen dem Innern und der Küste möglich machen. Die höchsten Berge jener Kette sind der Thab Inkulu, nahe an der NW.-Spitze der Kolonie; der Palani (Mrelane) unter 28° N. B., der Utugala, der Quellenberg und der hohe Buta-Buta (an 3000m) an dem Knotenpunkt, wo nach W. die Weißen Berge, nach SW. die Blauen (Maluti-) Berge, nach S. die Hauptkette der Kathlamba sich trennen.

Von besonderem Interesse ist die geologische Struktur des Landes, welche an der durch das Wasser vielfach zerklüfteten, oft malerisch-schönen Oberfläche desselben deutlich erkennbar ist. Der Boden besteht im Allgemeinen aus ausgedehnten Lagen grob geschichteten Sandsteins ohne alle organischen Reste, in manchen Fällen von gleichfalls bedeutenden Massen eruptiven Gesteins durchbrochen und gewaltsam verworfen. Dieses eruptive Gestein durchbricht oft die langgestreckte Sanddünenreihe der Küste und ragt in dunklen Riffen in die See hinaus, landeinwärts (bis 2 oder 3 Meilen an der Küste) wechselt es mit dünnen Schichten dunkeln und bedeutend umgewandelten Schiefers und neuen Sandsteins, welcher Pflanzenabdrücke und dünne Lagen einer nicht bituminösen Kohle enthält. Landeinwärts werden diese meist horizontal geschichteten Sandsteinmassen von einem hohen Granitwall begrenzt, der von NNO. nach SSW. streicht, und dessen graue gerundete Gipfel sich bis über 700m erheben, der aber auch hin und

*) 1 engl. QM. = 640 Acres. — 1 deutsche QM. = 13,593 Acres = $21\frac{5}{21}$ engl. QM.

wieder von starken Gängen eruptiver Gesteine durchsetzt ist. Weiter landeinwärts besteht das Hochland aus hartem Sandstein, Conglomeraten und versteinerungslosem Schiefer, welche in Struktur und Lagerung eine Umwandelung durch die eruptiven Gesteine zeigen. Nach den Drakenbergen zu werden die Schiefer immer mächtiger, zugleich zeigen sich im Schiefer Abdrücke und schwache Kohlenschichten (Anthracite?). Wahrscheinlich bestehen auch die — noch nicht genauer untersuchten — Drakenberge aus Schichten von Sandstein und Schiefer, abwechselnd mit Basalt und andern eruptiven Gesteinen. — Interessant ist namentlich ein natürlicher Felsendurchschnitt bei Kraaskop am Tugela, etwa 9 Meilen von der Küste, in einer Höhe von etwa 1200m über dem Meere. Schichten von Sandstein, Conglomerat und versteinerungslosem Schiefer, durchzogen von Gängen von Basalt, Grünstein und zusammengesetzten trachytischen Gesteinen, lagern auf Gneißschichten, welche letztere bis zum Flußbett herab noch eine Mächtigkeit von 660m haben. Die metamorphischen Schichten sind in ihrer ganzen Dicke äußerst verkrümmt und von basaltischen u. a. Gängen durchzogen, außerdem enthalten sie linsenförmige Massen von Quarz und Quarzfels, oft nehmen sie durch große Quantitäten von Olivin eine fast porphyrartige Struktur an. Die durchschnittliche Streichungslinie dieser meist senkrecht aufgerichteten wellenartigen Schicht ist von NNO. nach SSW. mit einer geringen Abweichung nach WSW. An ihrer Berührungslinie mit den darüberliegenden, gegen 300m mächtigen Schichten kommen blaue und grüne Kupfercarbonate (Azonit und Malachit) vor, zerstreut in einer Basis von syenitischem Gneiß, der bisweilen in ein weiches talkiges Gestein übergeht und (wie in den kupferführenden Distrikten der Transvaalischen Republik) Fragmente von Asbest einschließt. Die Kupfererze scheinen abbauwürdig. — Kohle, auf altem rothem Sandstein lagernd, nicht oder wenig bituminös (Anthracit), lagert am Buschmannsflusse und im Klippfluß-Distrikt, wo sie (freilich weit entfernt von der Küste) in einer Mächtigkeit von 2m vorkommt. — Der Boden ist häufig mit Eisen-Theilchen sehr gesättigt, das Eisen ist von vorzüglicher Qualität; gegen die Westgrenze hin ist auch Magneteisenstein gefunden worden. — Salz ist in geringer Quantität am Umkomanst gefunden worden, reiner krystallinischer Kalk liegt am Tugela, aufwärts vom Kraaskop und weiter aufwärts bei Weenen, übrigens ist Kalk sehr selten. — Die Felsengrundlage des Bodens ist an der Küste mit Sand, im Innern mit weißem, gelbem, rothem und blauem Thon, rothem und braunem Lehm, nur an den Flußmündungen mit Alluvium bedeckt. Mineralquellen, von den holländischen Ansiedlern benutzt, finden sich hin und wieder, namentlich eine nahe an 53° C. warme Quelle im Distrikt Umvoti am Tugela, die 870m über der Meeresfläche ist, während der Fluß eine Temperatur von 19° C. (im Mai) zeigte. Diese Quelle enthält viel Schwefel und einige Salze.

Flüsse. Gegen 100 größere und kleinere Flüsse, welche nach der Bodenstruktur des Landes von dem hohen Innern nach der Küste in durchschnittlich südöstlicher Richtung fließen, ergießen sich in den indischen Ozean. Der Tugela entspringt im Kathlamba am Gebirgsknoten des Quellenbergs und des Buta-Buta als Großer Tugela oder Utukela, und stürzt in zahlreichen Kaskaden herab ins Thal. Er nimmt rechts den Kleinen Tugela oder Injusuti, links den Klip oder Umnambiti (mit dem Sandfluß), rechts den Blaauw Krantzfluß oder Umsumluß, dann den Großen Buschmannsfluß oder Umtyuß, links den Sonntagsfluß (mit dem Milletuins und Waschbank), rechts den Mooi oder Impafana, links den Grenzfluß Buffalo oder Umsinyati auf; von der Aufnahme des letztern an bildet der Tugela selbst die Grenze gegen das Gebiet des Sulukönigs Panda. Der direkte Abstand von der Quelle bis zur Mündung beträgt 40 Meilen, die Länge des vielfach gewundenen Stromlaufs gegen 75 Meilen, das Stromgebiet etwa 600 QM. Der Umvoti, etwa 20 Meilen lang, durchfließt die Grafschaften Umvoti und Victoria und geht bei Neu-Gelderland ins Meer. Seine Nebenflüsse Novi und Slambiti sind unbedeutend. Der Umgeni, über 30 Meilen lang, mit dem Löwenfluß, dem Karkloof und dem Buschmann führt die Gewässer der Grafschaft Pietrimaritzburg dem Meere zu. Der Umlasi, 20 Meilen lang, fließt südlich von D'Urban ins Meer. Ihm folgen der gleich lange Ilovo, dann der von dem Kathlamba kommende Umkomansi, 40 Meilen lang, und außer mehren kleineren Küstenflüssen der 45 Meilen lange Grenzfluß Umsimkulu, welchem rechts der Umbisana oder Ibis, wie der Umsimkulwana zufließen. Diese Flüsse strömen meist mit beträchtlicher Geschwindigkeit, zwischen hohen Ufern und mit vielen Krümmungen und Windungen; sie tragen den Charakter von Bergströmen, sind in der trocknen Jahreszeit schwach und seicht, während sie nach den häufigen Regengüssen mächtig zwischen den Uferrändern dahinrauschen. Schöne Wasserfälle bilden der Umgeni, 3 Meilen NW. von Pietermaritzburg (65m hoch), der Mooi und der obere Tugela. Kein Fluß ist schiffbar; das Gefälle würde bei den 3 größeren Flüssen eine Schiffbarkeit innerhalb der schmalen Küstenzone erlauben, wenn nicht Sandbarren und Klippen die Mündungen unzugänglich machten. Der einzige gute Hafen ist die Port-Natal-Bai, 1⅓ Meile lang, bis ⅔ Meile breit, durch drei bewaldete Inseln und viele Sandbänke zum großen Theil unfahrbar, aber durch zwei Molen von 360 und 180m Länge, die die Einfahrt auf 125m einengen, vor dem Versanden geschützt, für Segelschiffe von 3--400 Tonnen und für den Nataldampfer von 700 Tonnen ohne Schwierigkeit zugänglich, durch einen Hügelzug von 60—80m Höhe vor den Winden gesichert. Auf der südlichen den Hafen schließenden Landzunge, am Cap Natal, steht ein Leuchtthurm; ein zweiter soll auf dem Molo erbaut werden. In einiger Entfernung von der Küste geht mit einer Geschwindigkeit von $\frac{4}{9}$ bis $1\frac{1}{9}$ Meile in der Stunde die Mozombique-Strömung nach SW. und ermöglicht eine schnelle Fahrt nach der Capstadt (210 Meilen in 8 Tagen), während die Fahrt in umgekehrter Richtung, unter mehrfachen Hindernissen, 14 Tage währt.

Das Klima hat Sommer von September bis März, Winter von März bis September; Frühling und Herbst sind nur als kurze Uebergangszeiten vorhanden. Im Sommer regnet es fast täglich, bisweilen unter starken Gewittern, im Winter ist vorwiegend klare Luft. Die Küstenzone hat (bis 2 und 3 Meilen landeinwärts) tropische Wärme, im Winter bisweilen schwachen Reif; die zweite Zone bis 12 und 15 Meilen landeinwärts hat sehr warmen Sommer, im Winter aber bisweilen Eis; weiter landeinwärts bedecken sich die Berge im Winter mit Schnee, der tägliche Temperaturwechsel ist sehr bedeutend. Die mittlere Temperatur von 5 Jahren in Port-Natal war im Winter 21° C., im Sommer 27,5°; die Temperatur wechselte zwischen 11° und 33°; eine Beobachtung wenig landeinwärts ergab (in einem Jahre) 20° mittlere Temperatur, 9,5° als Minimum, 30,5° als Maximum. In Pietermaritzburg 642m über dem Meere, ist die mittlere Temperatur 23° (Sommer 26,8°, Winter 18,5°), um 4° niedriger als an der Küste, die Extreme waren —2° und 37°. Für Ekukanyeni, 6 M. SSO. von Pietermaritzburg und 627m hoch, ergab sich die Durchschnittstemperatur für den Winter 15,2°, für den Sommer 22°, für das Jahr 18°. Die 115 Regentage vertheilten sich bei D'Urban: Januar bis März 39, April bis Juni 13, Juli bis September 19, Oktober bis December 44 (im Dezember allein 22). In den Jahren 1855 und 1856 betrug die Regenmenge ebendaselbst Januar bis März 902mm, April bis Juni 939, Juli bis September 872, Oktober bis Dezember 847, der meiste Regen fiel im September, Dezember, April: in letzterem Monate allein 896mm. Landeinwärts fällt weniger Regen: in Ekukanyeni betrug die Regenmenge 688, in Pietermaritzburg (662) 782mm, am Kap 617 (609), in Grahamstown 828, gegen 814mm auf Mauritius; aber während am Kap (wie in Südaustralien) Mai bis September die regenreichsten Monate sind, haben Natal und Mauritius ihre Regenzeit von Oktober bis März und von Dezember bis April, eine Wirkung der tropischen Monsune. Trockne und heiße NW.- und kühlere SO.-Winde sind vorherrschend; das Klima ist, mit Ausnahme der Küstenzone, für Ansiedler gesund.

Die Flora ist reich und mannigfaltig. Zwar hat Natal nur etwa 12 Geranien gegen die 4—500 des Kaplandes, und ähnlich verhält es sich mit den Eriken. Dagegen sind die Solanaceen, Scrophulariaceen, Euphorbieen, Amaryllideen, Acanthaceen häufig, Gräser und Farn bilden einen charakteristischen Theil der Flora, nutzbare Bäume sind selten, ausgedehnte Waldungen fehlen. Angebaut werden die Früchte verschiedener Zonen, von der Ananas und Banane bis zu den Citrus- und unsern Obstarten; Zuckerrohr, Kaffee, Thee, Ingwer, Arrowroot (1859: jährlich für 60,000 Thlr.), Indigo, Tabak gedeihen, Baumwolle weniger. Am Tugela, in den Küstenwäldern, kommt die Seebohne vor, die an mehreren 100 Ellen langen Ranken Schoten von mehr als 4 Fuß Länge mit je 10—17 Körnern trägt. Der Ackerbau (2—3 Ernten jährlich) nimmt zu, seit die Viehzucht der Boers durch die Lungenseuche der Rinder theilweise zu Grunde gerichtet worden ist. 1853 waren erst 3315 Acres ($\frac{1}{4}$ QM.) Land angebaut.

Von Thieren finden sich Antilopen, Affen, Ameisenfresser, wilde Katzen, Vögel in unendlicher Mannigfaltigkeit, viele Schlangen, zahlreiche Fische und Austern. Von Insekten gibt es viele Käferarten, eine lästige Plage ist die Buschlaus. Von Hausthieren werden Rinder von der kleinen Sulurasse, wie von der großen Afrikandarasse mit langen Hörnern gezogen; Schweine und Federvieh gedeihen trefflich. Der Viehstand war im Jahre 1853: 4200 Pferde, 120,000 Stück Hornvieh, 15,800 Schafe, 43,600 Ziegen, 4700 Schweine; und im Jahre 1856 3900 Pferde, 96,000 Stück Hornvieh, 18,300 Schafe, 12,300 Ziegen. Nachdem im Jahre 1855 eine Seuche einen großen Theil der Rinderherden aufrieb, wendete man sich der Schafzucht mehr zu, und 1859 hatte die Kolonie schon 87,000 Schafe.

Die weiße Bevölkerung besteht theils aus Kolonisten holländischer Abstammung, theils aus englischen Einwanderern, die durch vortheilhafte Anerbietungen herbeigezogen werden. Neuerdings hat die Einwanderung, die nie von großer Bedeutung war, abgenommen, statt dessen hat man angefangen, Kulics aus Südasien herbeizuholen. Von 1849—52 wanderten 4806 Weiße ein, in Folge der Kaffernkriege und der Entdeckung der australischen Goldfelder sind später 1000 Weiße wieder ausgewandert, jetzt rechnet man noch 3000 Boers, und 4—5000 Engländer. (1853: 4142 männl., 3487 weibl., zus. 7629). Die Eingeborenen sind Kaffern und zwar zum großen Theil Reste solcher Stämme, die ursprünglich im Lande wohnten, vom Sulukönig Tschaka zu Sklaven (Finges) gemacht wurden, aber dieser Herrschaft sich durch Flucht auf das britische Gebiet wieder entzogen. Es gibt unter ihnen eine große Anzahl von Stämmen (die bekanntesten sind die Amagaika, Amatembu, Amaponda, Amabaka, Amasulu, Amasuasi, Mantati rc.) und 128 Häuptlinge, 1853 zählte man 112,988 Seelen in 2200 Wohnplätzen und 28,642 (1849: 26,395) Hütten, während vorher die Gesammtzahl der Bewohner 120,617 betrug. 1856 zählte man noch 111,210 Ew., darunter 6625 Weiße; 1861 dagegen 157,583; Berechnung von 1862 zu 340,102 Ew., widerspricht den früheren Ziffern. So schwach auch die weiße Bevölkerung ist, gehört sie doch sehr verschiedenen Kirchen an: die anglikanische, presbyterianische, evangelisch-lutherische, holländische reformirte, römisch-katholische Kirche, die Congregationalisten, Wesleyaner haben ihre Bekenner und zum Theil ihre Missionsstationen. Oeffentliche Schulen sind zu Pieter-Maritzburg, D'Urban u. a. Orten von der Regierung unterhalten oder unterstützt. Die Zahl der öffentlichen Schulen betrug 1855/56 32 mit mehr als 1787 Schülern. **Postverbindungen** existiren namentlich auf der Straße von D'Urban über Pieter-Maritzburg nach Lady Smith und von da über die Gebirge nach Colesberg, nach der Kapstadt ist regelmäßige Dampfschiffahrtsverbindung, Telegraphenverbindung von D'Urban nach Pietermaritzburg. Im auswärtigen Handelsverkehr übersteigt freilich die Einfuhr (von 1846—53 ungefähr 4,200,000 Thlr.), die Ausfuhr (in denselben 8 Jahren 870,000 Thlr.) um das Fünffache. Doch ist die Ausfuhr von 105,000 Thlr. im J. 1846 auf 178,000 Thlr. im J. 1853, 247,000 Thlr. im J. 1854 und 820,000 Thlr. im J. 1864 stetig gestiegen. Damit ist auch das Verhältniß zur Einfuhr (3,150,000 Thlr. im J. 1864) wenigstens etwas besser geworden. Ausgeführt werden Getreide, Bohnen, Butter, geräuchertes Fleisch, Schafwolle (1857 an 1755 Ztr.) Elfenbein (1856 an 317 Zentner), Holz. Die Kaffeplantagen (in der Küstenzone vom Tugela bis zum Umkomansi) hatten im J. 1856 schon 40,000 Bäume; Kaffe (1860 gegen 18 Tonnen) und Zucker (1859 wurden 500 Tonnen fabricirt) versprechen wichtige Exportartikel zu werden.

Die **Verwaltung** leitete früher ein vom Gouverneur des Kaplandes abhängiger stellvertretender Gouverneur, der indessen seit 1852 mit dem Kolonialminister in London direkt korrespondirte, bis im J. 1856 Natal zur selbständigen Kolonie erhoben und von der Autorität des Kaplandgouverneurs ganz losgetrennt worden ist. Die exekutive Gewalt liegt in der Hand des Gouverneurs und eines aus dem Militär-Kommandanten, dem Kolonialsecretär, dem Oberfeldmesser, dem Steuereinnehmer und dem Kronanwalt gebildeten Rathes; die gesetzgebende Gewalt geht vom Gouverneur und der legislativen Versammlung aus. Letztere besteht nur aus 3 Mitgliedern, dem Kolonialsecretär, dem Kronanwalt und dem Oberfeldmesser, und hält öffentliche Sitzungen. Statt der alten Eintheilung der Kolonie in 11 Divisionen (von denen übrigens jetzt die Divisionen Drakenberg und Ingali als Theile des freien Basutulandes erscheinen) bestehen jetzt 6 Grafschaften (counties), zusammen mit 24 Distrikten (wards), die einer Vermehrung noch fähig sind, und 1 von den Weißen noch nicht kolonisirtes Gebiet. Die öffentlichen Einnahmen der Kolonie betrugen (1862) 728,000 Thlr., die Ausgaben 661,000 Thlr.

Topographie. 1) Grafschaft **D'Urban**, der mittlere Theil des Küstenbezirks, mit 3 Distrikten, die 13,7 QM. enthalten, und 23,7 QM. unabhängigem Kafferngebiet, zusammen 37,4 QM. **D'Urban**, einzige Hafenstadt der Kolonie am Nordrande der Bai von Natal, deren Eingang durch einen Molo vor Versandung gesichert, die aber nicht für große Schiffe zugänglich ist, 430 Häuser, 1475 Ew. (1853), 2095 Ew. (1856), darunter 1135 Weiße, mit 2 Kapellen, 1 Schule, Buchhandlung, botanischem Garten, Garnison, Gefängnis. **Neudeutschland**, deutsche Kolonie am Umgeni mit etwas über 1 QM. Terrain, gegen 200 Ew.

2) Grafschaft **Pieter Maritzburg**, NW. von voriger, mit 6 Distrikten, die 155,4 QM. enthalten, und 16,4 QM. unabhäng. Kafferngebiet, zusammen 171,8 QM. **Pieter Maritzburg**, Hauptstadt der gesammten Kolonie und Sitz der Regierung, nach zwei Boers-Anführern genannt, am Kleinen Buschmannsflusse in einer baumlosen, hügeligen, doch wohlbewässerten Prärie, 640m hoch, 11 Meilen von Port-Natal, mit rechtwinkelig sich schneidenden Straßen, 480 Häusern und 2416 Ew. (1853), 3030 Ew. (1856) darunter 1524 Weißen; Regierungsgebäude, Stadthaus, 2 Kirchen, 2 Kapellen, 1 Schule, Gefängnis und Hospital, Kaserne des 45 britischen Regiments, viele Kaufläden, Hauptmarkt des Landes. **Maritzburg**, 6 Meilen S. v. vor., meteorologische Station.

3) Grafschaft **Victoria**, nördlich von D'Urban, am Meere und am Tugela, mit 3 Distrikten, die 21,3 QM. enthalten und 62,4 QM. unabhäng. Kafferngebiet, in welchem eine Anzahl Missionäre thätig ist, zusammen 83,7 QM. **Verulam** am Umhloti, 1850 gegründet. **Neu-Gelderland**, 1858 am Nonoti von Holländern gegründet, 1861 mit 90 weißen, gegen 400 eingebornen Ew.; einträglicher Zuckerbau, der durch Anwerbung indischer Kulis sich neuerdings beträchtlich vermehrt hat.

4) Grafschaft **Umvoti**, nördlich von Pieter Maritzburg, bis an den Tugela, mit 4 Distrikten, die 96,1 QM. enthalten. **Greytown**, Hauptort nördlich vom Umvoti, 9 Meilen N. von Pietermaritzburg. **Hermannsburg**, 3 Meilen O. vom vorigen, evangelisch-lutherische Missionsstation des gleichnamigen Dorfes im Königreich Hannover.

5) Grafschaft **Weenen**, im Innern am südlichen Ufer des Tugela, mit 4 Grafschaften, 156,6 QM. **Weenen**, Hauptort am Großen Buschmannsflusse in einem weiten Kesselthal mitten in einer reichen Ackerbaugegend, von holländischen Ansiedlern bewohnt. **Colenso**, am Großen Tugela.

6) Grafschaft **Klipriver**, nördlich vom vorigen, meist Gebirgsland mit 4 Grafschaften 210,7 QM. **Ladysmith**, Hauptstadt am Klip oder Umnambiti, in reicher Weidegegend, doch nicht ohne Ackerland; der Ort ist klein, ringsum wohnen holländische Kolonisten zerstreut. In der Nähe finden sich Kohlen am Biggersberg.

7) Das Gebiet zwischen dem Umkomansi und Umsimkulu, 213,8 QM., der südliche Theil von Natal, ist noch gänzlich in Besitz von Kaffernstämmen, ohne europäische Niederlassungen. In einer mit der Küste parallelen Linie, etwa 2 Meilen vom Meer, liegen die Missionsstationen **Amahlongwa**, **Ifafa**, **Umtwalume**.

Das Kapland.

Zu S. 142. Literatur. Henry Hall, manual of South African Geography. Cape Town 1859. mit 1 Karte bis 16° S. Br. —

Zu S. 142. Größe. Die beiden Provinzen mit dem Kapstadt-Distrikt wurden 1854 auf 5562 □M., 1855 (in Folge der Veränderung der nordöstlichen Grenzen) auf 5897 □M. berechnet; 1862 dagegen nur auf 4940 □M. (104,931 engl. □M.) angegeben. Dagegen berechnet v. Klöden die westlichen Distrikte auf 8825, die östlichen auf 4153 □M., zusammen 12,978 □M. Beide Angaben stimmen mit der Kartenberechnung (über 9000 □M.) nicht überein.

Zu S. 143. Oberfläche. Die Nadelbank besteht aus einem grünsandigen, vorherrschend Polythalamien enthaltenden Kalkgebirge. — Die Höhe des Cockscombs-Pik beträgt 2097m. —

Zu S. 146. In den Kathlamba-Bergen ist neuerdings ein für Wagen geeigneter Paß, die kürzeste Verbindung von Olival am Orangefluß nach Pieter Maritzburg, aufgefunden worden (unter 30° 40′ S. B.)

Zu S. 147. Geognostische Verhältnisse. Die ältesten Gesteine (krystallinischer Gneis und Thonschiefer, hier und da von Granit durchbrochen) bilden im W., S. und O. einen unterbrochenen Küstensaum um das Kapland, wie um die weiter nördlich gelegenen Landstrecken Südafrikas. Sie werden von Sandsteinen überlagert, die nach den darin enthaltenen Fossilien der silurischen Periode angehören. Diese Urschichten nehmen die höheren Strecken ein, z. B. auf dem Tafelberge, neigen sich von allen Seiten nach dem Innern des Landes und werden von kohlenführenden Schichtengesteinen überlagert. Auf dieser Grundlage ruhen Schichten, welche nur Land- und Süßwasserfossilien führen (z. B. Knochen des Dicynodon, einer ausgestorbenen Hippopotamusart), nach außen überall abgegrenzt sind und daher das Vorhandensein eines ehemaligen ungeheuren Süßwasserbeckens in den centralen Hochländern Südafrikas beweisen. Das gesammte Südafrika hat sich in der nachfolgenden Zeit bedeutend gehoben, Eruptivgesteine sind stellenweise durchgebrochen, tiefe Engpässe und Spalten bildeten sich in den Randgebirgen und boten den Gewässern einen Abzug. Das Klima des nunmerigen Hochlandes wurde trockener, die noch verbliebenen großen Wasserflächen schrumpften durch Verdunstung zu unbedeutenden Sümpfen oder Seen zusammen oder verwandelten sich in wasserleere Flächen, in denen gegenwärtig viele von den Hochrändern nach innen fließende Gewässer versiegen (nach den Untersuchungen des afrikanischen Geologen A. Bain und des engl. Geologen Roderick J. Murchison).

Zu S. 148. Gewässer. An der Küste des Kaplandes treffen zwei Meeresströmungen zusammen: längs der östlichen Küste kommt von Mozambique her der nach SW. abgelenkte Rotationsstrom des Indischen Ozeans mit einer Wasserwärme von 21° C., vom Südpol her kommt eine kältere Strömung von 14° C. zur Compensation des Rotationsstroms im Atlantischen Meere. Zwischen beiden Strömungen auf der Agulhasbank ist Meeresruhe mit einigen Wirbelungen; Nebel und stürmische Winde sind die meteorologischen Folgen der Temperaturdifferenzen des Wassers. Der von Mozambique kommende Arm aber muß theils als Compensation nach Süden, theils als Anti-Aequatorarm rückwärts nach Osten zu fließen.

Zu S. 150. Klima. Das Jahresklima der Kapstadt beträgt nach 14jährigen Beobachtungen (etwa 54,600 Einzel-Abnahmen) 16,5° C., das Durchschnitts-Klima der einzelnen Jahre schwankte zwischen 15,8° (1845) und 17,1° (1855). Die mittlere Temperatur der einzelnen Monate war Januar 20,4°, Februar 20,6°, März 19,1°, April 17,2°, Mai 14,5°, Juni 13°, Juli 12,5°, August 12,9°, September 14,1°, Oktober 16,2°, November 17,9°, Dezember 19,8°. Der mittlere Barometerstand betrug in denselben Jahren, auf 0° C. reduzirt, 30,036 Zoll; die einzelnen Jahre schwankten zwischen 30,005° (1848) und 30,058° (1845). Der jährliche Regenfall schwankte zwischen 477 (1844) und 850mm (1850); letzteres war eine ungemein hohe, in den übrigen Jahren auch nicht annähernd erreichte Regenmenge. Das Mittel des jährlichen Regenfalls betrug 592mm, in den einzelnen Monaten Januar 23, Februar 17, März 21, April 47, Mai 91, Juni 109, Juli 74, August 84, September 59, Oktober 26, November 28, Dezember 13mm. Jährlich gab es im Durchschnitt 13 Gewitter. — In Grahamstown dagegen war die mittlere Jahrestemperatur 18,8°, die Januartemperatur 22,8°, die Julitemperatur 14,4°, der jährliche Regenfall 828mm.

Zu S. 152. Thierreich. Die großen Vierfüßler schwinden immer mehr zusammen. Nach den letzten Berichten kamen Elefanten noch einzeln in den dicken Wäldern östlich vom Knysna und der Plettenberg-Bai im Distrikt St. George. vor. Die Flußpferde sind dagegen seit 1857 (das letzte im Bergriver), die Rhinozeronten seit 1853 (das letzte am Koego bei Port Elisabeth) ausgerottet. Büffel finden sich noch an 3 Orten: im Kadunbusch, am Knysna und am Großen Fischfluß. Die Giraffen gehen südwärts nur bis Kolobeng (24° 45′ S. B.), kommen also im Kaplande nicht vor.

Zu S. 153. Mineralien. Gold wird an den Quellen des Oranje, an der nordöstlichen Grenze der Kapkolonie: bei Smithfield, am Kraaifluß in der Nähe von Aliwal, und am Kromberg (in den Quarzadern des Trapp) gefunden. Die Kupfererze sind von ausgezeichneter

Qualität und in größter Menge, wenn auch bei dem Mangel an Communicationswegen noch nicht ausgebeutet; so besonders am Büffelfluß (29½° S. B.), 11—12 Meilen vom Meere.

Zu S. 153. Bevölkerung. 1854 betrug die Totalbevölkerung 248,625 Seelen, darunter 109,951 Weiße, 1855 noch 224,070, darunter 111,686 Weiße; 1856 dagegen stieg sie wieder auf 267,096 Seelen. Nach Bleek's neueren Untersuchungen haben die Kaffern von den Hottentotten, in deren Wohnsitze sie eindrangen, manche Eigenthümlichkeiten in Sitte und Sprache angenommen, durch welche sie sich nun von ihren Stammverwandten, den nördlicher wohnenden Negerstämmen, unterscheiden. Dagegen sind die Hottentotten — soweit sie nicht durch die Weißen ihre Originalität verloren haben — ihrem Nationaltypus treu geblieben, und stellen sich als Verwandte der alten ägyptischen (koptischen), vielleicht auch der semitischen Stämme heraus, von denen sie durch das Verdringen der Kaffern räumlich weit getrennt worden sind. — In der Kapkolonie haben die Hottentotten in neuerer Zeit rasch abgenommen. Die 'Gauriqua, Sonqua, Attaqua, 'Haissequa, Susequa und 'Guncha, welche um 1700 vom Gamtoo bis zum Kap das Land bevölkerten, sind verschwunden; sie sind entweder von den Kolonisten ausgerottet worden oder in deren Dienste getreten, und die Regierungsakte, welche 1808 die Hottentotten für freie Leute erklärte, konnte die Existenz dieser Stämme nicht mehr retten. Nur von den 'Gonaqua, die früher das Land vom Gamtoo bis zum Key (Großen Fluß) inne hatten, sind seit 1829 im jetzigen Distrikte Fort Beaufort am südlichen Abhange des Winterbergs etwa 6000 Köpfe in 12 Locationen um Philipton versammelt worden, außerdem finden sich nur noch 5 kleine Hottentotten-Locationen im südöstlichen Kaplande. Ueberdies ist ein 6000 Mann starkes Hottentotten-Regiment, die Cape-Mounted-Riffles, als Garnison an der östlichen Grenze stationirt. Im Südwesten gibt es nur noch einzelne Locationen, die Gesammtzahl der Hottentotten in den südlichen Distrikten wurde 1857 auf 20,000 geschätzt, die aber meist mit europäischem Blute gemischt (Mulatten) waren. Nördlich von der Kapstadt sind die Kochaqua und Udiqua verschwunden, erst vom Olifantflusse an sind Lokationen und Kraals des Griqua-Stamms noch vorhanden. Eine große Zahl Griqua ist gegen N. und NO. ausgewandert und hat die nördlich vom Oranje gelegenen Orte Griquastadt, Philipolis, Rama, Backhaus, Grootfontyn angelegt; bei den Bedrängungen durch die Boers und durch die Betschuanen, wie bei dem unvertilgbaren Wandertrieb der Hottentotten ist der Verkauf des Griqualandes am nördlichen Ufer des Oranje bald zu erwarten. — Gleichzeitig mit den Griqua wanderten vor 1800 viele Namaqua aus dem Lande zwischen dem Olifant und dem untern Oranje, unter Führung des Bastards Orlam, nach Norden und eroberten das Land bis zum Zwachaup, der in die Walfischbai mündet und ostwärts bis zum Aub; ja diese Stämme sind auf ihren fortgesetzten Wanderungen bis über den Ngamisee hinaus gekommen. Die im Klein-Namaqualande zurückgebliebenen Hottentotten sind zum größeren Theil kap-holländisch-redende Bastarde, nur von Ugrabib bis zur Oranjemündung wird noch die reine Namaquasprache gehört. Die ehemals unabhängigen Namaquastämme nördlich vom Oranje sind von den Orlam-Namaqua unterworfen worden und in der Auflösung begriffen; dasselbe ist der Fall mit den Korana, welche, nördlich am Oranje wohnend, ihr bestes Land durch die Boers verloren haben und zum Theil denselben unterworfen sind, zum Theil in dem unfruchtbaren Lande westlich von der Vaal, von den Boers wie von den Betschuanen gedrängt, ein kümmerliches Dasein fristen und im ganzen kaum an 20,000 Köpfe stark sind (die Namaqua und Griqua werden auf 30,000 geschätzt). Die Sprache der Korana verfällt, wie ihre Nationalität und geht in das Kap-Holländische über. Die Saan oder Buschmänner scheinen die von den einwandernden Hottentotten einst unterwerfnen Ureinwohner des Landes zu sein, ethnologisch und sprachlich zwar mit denselben verwandt, doch nicht ohne feste unterscheidende Merkmale. Ihre Wohnsitze erstrecken sich von der Kaffergrenze und vom Innern des Kafferlandes (bei dem Kafferstamme der Amaponda halten sich zahlreiche Saan auf) quer durch die Kolonie bis gegen den untern Oranje, doch wohnen einzelne Gruppen der Saan auch nordwärts vom Oranje am Aub, in der Karri-Karri (d. i. Wüste), ja nördlich und östlich vom Ngamisee, und zwischen den Gebieten der Hereró und Ovambó. Am mächtigsten erscheinen die Saan im Gebiet der Damara, in dem Berglande westlich vom Omuramba K' Omatoko. Am östlichen Ufer des mittleren Kunene, unter 17° S. B., scheint ihr nördlichster Wohnsitz zu sein. Auch die schwarzen Bewohner der Gegend von der Walfischbai nordostwärts bis zum Omuramba, die Damra oder Damara reden eine verwandte Sprache mit den bekannten hottentottischen Schnalzlauten.

Zu S. 156. Verfassung. Die Einnahmen der Kolonie im Jahre 1856 betrugen 345,362 Pfd. Strl., gegen 333,151 Pfd. Strl. Ausgaben. — 1856 bestanden 156 Schulen mit 16,641 Schülern.

Zu S. 157. Ackerbau. 1856 besaß die Kolonie 138,947 Pferde, 1167 Esel, 8650 Maulthiere, 448,386 Rinder, 6,459,552 Schafe, 1,256,593 Ziegen, 35,069 Schweine.

Zu S. 158. Handel. Im Jahre 1864 ist regelmäßige Dampfschifffahrtsverbindung von Kapstadt nach Port Elisabeth eröffnet worden. — Von Straußfedern, einem im Werth steigenden Artikel, wurden 1863 für 60,000 Pfd. St. ausgeführt. — Einfuhr (1856 mit 10,100,000 Thlr. 1862 mit 18,564,000 Thlr.) und Ausfuhr (1856 mit 8,300,000 Thlr., 1862 mit 12,140,000 Thlr.) sind wesentlich gestiegen, und die Handelsbewegung zeugt von einem gewaltigen Aufschwung der Production. Von der Einfuhr kommen 69 Proc. auf Großbritanien, 7 Proc. auf Brasilien, 4 Proc. auf die Verein. Staaten; von der Ausfuhr auf Großbritanien 85 Proc., auf die Verein. Staaten 6 Proc., auf Mauritius 3⅓ Proc. u. s. f. Ausfuhrartikel waren 149,210 Ztr. Wolle, 723,209 Gallonen Wein, 2607 Tonnen Kupfererz, 96,218 Häute, 298,798 Ziegenfelle, 467,954 Schaffelle, 396 Pferde, 6615 Ztr. Aloe, 4408 Ztr. Talg, 7815 Ztr. Mehl, 2896 Fässer Fleisch, 1,375,799 zubereitete Fische, 11¼ Ztr. Straußfedern u. s. f. – Nicht gestiegen ist die Zahl der ankommenden Schiffe, wohl aber deren Tonnengehalt. Im J. 1856 kamen an 514 Schiffe mit 198,957 Tonnen Gehalt; darunter 392 britische, 44 amerikanische, 22 holländische, 18 deutsche, 17 schwedische, 10 französische, 5 spanische, 6 dänische. Die Küstenschiffahrt wurde durch 398 Schiffe vermittelt. Seit 1844 sind Leuchtthürme auf der Robbeninsel, auf Point Green, auf Point Mouillé, und 2 Leuchtfeuer an den Molenspitzen, sämmtlich an der Tafelbai, ferner auf dem Kap (1860), auf dem Felsen Roman an der Simonsbai (1861), auf Kap Agulhas (1848), auf Kap Saint-Blaise in der Mosselbai (projektirt), auf Kap Reef (1850), bei Port Elisabeth (1861), auf der Birdinsel (1852), am Buffalofluß (1860) errichtet worden. — Einnahmen der Kolonie (1852) 4,776,000 Thlr., Ausgaben 4,559,000 Thlr.

Zu S. 159. Topographie. Die Eintheilung ist jetzt mehrfach verändert.

A. Westprovinz. 1) Die Kapstadt (1856 25,189 Ew.) 2) Der Kapdistrikt (ohne Malmesbury). 3) Distrikt Stellenbosch (ohne Paarl und Tulbagh). Hauptstadt Stellenbosch mit 4000 Ew. 4) D. Paarl (Perle), von Stellenbosch abgetrennt. Der Hauptort gl. N. mit 3600 Ew. liegt 7 Meilen NO. von der Kapstadt. 5) D. Malmesbury, vom Kapdistrikt abgetrennt, an der Westküste bis zum Verloren Valley; Hauptort gl. N. an der Straße vom Kap nach Clan William. Hopefield, im Zwartlande. 6) D. Tulbagh, von Stellenbosch abgetrennt; Hauptort gl. N. in einem engen Thale am Fuße des Großen Winterhoekbergs. 7) D. Worcester 45 QM. 8) D. Clan William 50 QM., seit 1847 um ziemlich 2000 QM. vergrößert. Der Ort Ebenezer hatte im J. 1856 442 Ew., darunter 139 Hottentotten, 270 Bastard-Hottentotten, 18 Neger, 13 Mestizen. Die Hottentottenzahl ist auch hier in Abnahme. 9) D. Caledon, von Zwellendamm abgetrennt, zwischen Zwellendamm und der Kapstadt; mit den Orten Caledon und Gnadenthal. 10) D. Zwellendamm (ohne Caledon) mit den Orten Zwellendamm und Beaufort. 11) D. George; Hauptort gl. N. 2000 Ew. 12) D. Beaufort.

B. Ostprovinz. 1—7) sind unverändert geblieben. In Uitenhage ist Alexandria, zwischen dem Sonntags- und Buschmannsfluß, Distrikts-Hauptstadt geworden. Somerset zerfällt in 2 Abtheilungen, Somerset in W. und Bedford im O. des Großen Fischflusses. 8) D. Queenstown, von Victoria abgetrennt, umfaßt den größeren nördlichen Theil des ehemaligen Distrikts Victoria, vom Winterberg über den Großen Keifluß bis zu den Stormbergen; auch ein Theil des Kafferstamms der Amatembu ist zu diesem Distrikt geschlagen worden; der Indwai, ein Nebenfluß des Großen Kei, bildet die Ostgrenze. Queenstown, 1856 neuangelegte Stadt 31° 59′ S. B., 44° 45′ O. F., an der Communicationsstraße von der Buffalomündung und den freien Staaten des Innern. Hierzu New-Castle und Wittlesea. 9) D. Fort Beaufort, gleichfalls vom D. Victoria abgetrennt, dessen mittleren Theil er bildete; das Bergland an der südlichen Abdachung des Winterbergs. Hauptstadt gl. N. 10) D. Victoria (ohne die beiden vorigen) erstreckt sich noch vom Großen Fischfluß bis zum Keiskamma. 11) Britisch Kaffraria, ohne den nördlichen an Queenstown überwiesenen Distrikt, im N. vom Thomasflusse, im O. vom Großen Kei, im S. vom Meere, im W. vom Keiskamma begrenzt. King Williamstown hat 2752 Ew., Ost-London 2513 Ew. Die Zahl der unterthänig gewordenen Kaffern war am Anfang 1857 noch 104,721 und verminderte sich in diesem Jahre auf 52,186, von denen 1605 in East London, 1554 in King Williamstown, 11,130 auf den Kronländereien, 37,697 in den Lokationen vertheilt waren. Die europäische Bevölkerung beläuft sich auf 708 in East London, 1198 in King Williamstown, 384 auf den Kronländereien, 1621 in den Lokationen, zusammen 3911, davon 2119 deutsche Militärkolonisten.

Zum Kaplande gehört seit 1861 noch die an der Westküste des Groß Namaqualandes unter 26° 18′ S. B. gelegene Guanoinsel Ichaboe (Itschabo), auf welcher 1843—45 200,000 Tonnen Guano ausgebeutet worden sind.

Südafrika

(ohne das Kapland).

Die Bodengestaltung, geognostische Zusammensetzung und physische Beschaffenheit von Südafrika ist erst durch die Forschungen der letzten beiden Jahrzehente in ihren Umrissen bekannt geworden; noch immer fehlen bedeutende Glieder, wie das Gebiet zwischen dem Kunene und den Zuflüssen des Ngami-Sees, das Gebiet von der Delagoabai nordwärts bis zum Zambezestrom, das Gebiet zwischen dem Liambey oder Zambeze und dem Njandscha-See und vor allem die weiten Aequatorialländer vom Ukerewe und obern Nil bis gegen die Westküste. Nichtsdestoweniger lassen sich die großen Grundlinien schon jetzt feststellen. Doch erscheint die Trennung des Innern von dem Küstenlande, wenigstens von der Westküste, nicht mehr zulässig, und es müssen daher die auf S. 302—325 enthaltenen Schilderungen, so weit sie das Land südlich vom Zambeze und Kunene betreffen, hierher gezogen werden.

Dieses Gebiet, welches durch die Reisen von Ladislaus Magyar (1850—1855) im Koanza- und Kongo-Gebiet, von Burton, Speke u. A. im Gebiet der östlichen Seen, vor allem aber von dem unermüdlichen Livingstone (seit 1851) unserer Kunde erschlossen worden ist, enthält 3 klimatisch von einander verschiedene Länderstrecken: 1) die in der subtropischen Zone gelegenen, verhältnißmäßig regenarmen Länder vom Gariep nördlich bis zum Ngami-See, mit Einschluß der Westküste bis zur Kunene-Mündung; 2) das Gebiet des Liambey oder Zambeze; 3) die Länder vom Kunene bis zum Kongo, von der Westküste bis in das noch unbekannte Innere.

Literatur. Vergl. oben S. 302. Dazu noch: Inner Africa laid open in an attempt to trace the chief-lines of communication accross that continent south of the Equator by W. D. Cooley. London 1852. 8. mit 1 Karte.

Grenzen und Lage. Vergl. oben S. 302 f. Doch ist von dem dort angegebenen Umfang das Gebiet der großen ostafrikanischen Seen abzuziehen.

Oberflächen-Beschaffenheit. Parallel mit der Westküste Südafrikas zieht ein durchschnittlich 1200—1500m hoher Gebirgsrand von den Roggeveldsbergen der Kapkolonie nordwärts durch das Klein- und Groß-Namaqualand, erreicht eine Höhe von etwa 2000m (ungerechnet die höheren einzelnen Berge) im Lande der Ovaherero, setzt sich zwischen den Zuflüssen des Kunene und Koanza einerseits, des Ngami-Sees, und Liambey andrerseits bis an die Quellen des Kongo und Kasai fort, begleitet den Lauf des Barbela und Kongo längs seiner Westseite und verlängert sich nordwärts über den Aequator hinaus bis zum Camerun-Gebirge. In gleicher Weise läßt sich ein hoher Gebirgsrand in den Nieuweveldsbergen der Kapkolonie bis zu den Kathlambabergen des Kafferlandes, parallel mit der Süd- und Südostküste des Kontinents verfolgen, er geht über den Limpopo und (mit Einbiegung gegen Westen) über den Zambeze nordwärts bis an den Tanganyika-See, dessen West- und Nordufer er umwallt, zieht dann als breite Landhöhe südlich und östlich um den Ukerewe-See und begleitet wiederum die Ostküste in einiger Entfernung, bis er endlich in das Hochland von Habesch übergeht. Dieser Gebirgsrand, oft schroff und hoch nach außen (d. h. nach dem Meere zu) abfallend, oft nach außen von Parallelketten begleitet oder in Terrassenbildungen abgestuft, oder in ein niedrigeres Gebirgsland sich auflösend, ist kein selbständiges Gebirge, sondern der gehobene Rand der Hochebene des innern Südafrika Diese Hochebene hat eine durchschnittliche Erhebung von 1000—1500m, sie scheint am höchsten im Quellgebiet des Liambey und im Ovaherero-Gebiet anzusteigen, während ihre tiefsten Senkungen östlich vom Ngami- und Kumadau-See (mit kaum 700m) und am mittlern und untern Lauf des Oranjeflusses sich finden. Vor Zeiten muß dieses Hochland, wie seine Oberflächenbildung bezeugt, ungeheure Wasserflächen enthalten haben, die durch Durchbrüche des gehobenen Randes (des Ogowai, Kongo und Oranje im Westen, und des Zambeze im Osten) abflossen, und deren Reste durch Verdunstung allmählich sich bis zu dem jetzigen geringen Umfang zusammenzogen. Nur wenige Hügel oder Berggruppen unterbrechen das Innere dieser weiten Ebenen; selbst die Flüsse ziehen meist in offenen Flächen dahin, und bilden nur selten eigentliche Thäler.

Geognostische Beschaffenheit. Vergl. oben S. 305 f. Die allgemeine Formation der Kalahari ist Sandstein, der an der Oberfläche in weichen, hellfarbenen Sand, fast reine Kieselerde, zerfallen ist. Am Zuga und nördlich von demselben ist theils Alluvialboden (Lehm) theils Kalktuff mit Süßwassermuscheln, wie solche noch jetzt im Ngamisee vorkommen, weite Flächen sind mit Salzkrusten überzogen, auch finden sich Quellen mit salpetersaurem Natron. Südöstlich vom Zuga erheben sich am Rande der Ebene die 200—240m hohen aus schwarzem Basalt bestehenden Bakaa-Berge, mit zahlreichen kleinen kraterartigen Oeffnungen, östlich und westlich sind die silurischen Schichten durch den Basalt gehoben; in der Nähe befindet sich die heiße Quelle von Serinane. Nordöstlich hiervon bildet an den Quellen des Schaschi Granit die Grundlage, theils in der Ebene, theils (zwischen dem Ramokhuabone und dem Kuahe, auf einer Strecke von 16 Meilen Länge) in gerundeten Bergen mit riesigen Felsblöcken; westlich von Matlokotloko ist der Boden wellig und besteht aus Sandstein, an höheren Stellen aus Kalkstein; zwischen dem Kame und Mapui tritt wieder Basalt auf. —

Gewässer. Vergl. oben S. 307 und Nachträge S. 417. 1) Der Liambey oder Zambeze. Auf den Hochflächen westlich vom Njassasee und östlich von der Quellgegend

gegend des Kongo und Kasai, in einem weiten, mindestens 1300—1600m hoch gelegenen, durch die kühnen Züge einzelner Reisender (wie Livingstone's) uns erst theilweise aufgeschlossenen, früher ganz unbekannten Lande entwickelt sich das Stromgebiet des mächtigen Zambeze. Der nördliche Theil dieses weiten Gebiets, welches mindestens vom 10° bis an den 21° S. B., d. i. über 165 Meilen von N. nach S., und an 230 Meilen von W. nach O. sich erstreckt, liegt ganz in der Zone der tropischen Regen, und es sammeln sich auf den oft horizontalen Wasserscheidebenen (wie im Lande Balobal) ungeheure Wassermengen. In vielen, aber kaum erst dem Namen nach bekannten Quellflüssen entspringt der Liambey (Luambesi, Kabompe) d. h. Fluß, im Lande Kazembe und den westlich davon gelegenen Waldwildnissen, und geht, mit Wasserfällen in ein breites Tiefthal eintretend, nach Süden, dann nach Westen. Ungefähr unter 14° S. Br. nimmt er den von Norden kommenden Liba oder Loiba auf, der mit seinen zahlreichen Nebenflüssen von den sumpfigen Hochebenen der Wasserscheide gegen den Kasai (Dilolosee 1445m, Kisumadschi-See, W. vom vorigen) herabkommt, und in dessen Osten sich bis über 2000m hohe Gebirge (Monakadzegebirge, 12—13° S. B.) erheben. Der Liba durchströmt ein breites, flaches Thal, doch wird seine Schiffbarkeit, wie die seiner Nebenflüsse, durch Katarakte öfters unterbrochen. Von da an strömt der Liambey 30 Meilen weit südwärts, durch eine 8 bis 20 Meilen breite, grasreiche, jährlich zu regelmäßigen Zeiten überschwemmte, links und rechts von niedrigen Plateauabhängen eingefaßte Ebene, das Land Barotse und empfängt auf diesem Laufe beiderseits zahlreiche Gewässer, unter denen der wasserreiche, klare Loëti (14° 18′ S. B.), der Kama, Longo und Simah, sämtlich von NW., genannt werden. Der Hauptstrom hat in diesem Theile seines Laufs viele Sandbänke; er überschwemmt häufig die grasreiche, aber baumlose Barotse-Thalniederung. Von der Libako-Insel (16° 15′ S. B.) abwärts wird die Richtung des nun in einem engen Thale zwischen den 60—100m hohen Rändern des fruchtbaren, theils reich bewaldeten, theils wohlangebauten Plateaus schnell dahin strömenden, oft durch kleine Wasserfälle unterbrochenen Flusses eine südöstliche, bis zu 17° 30′ S. B. Diese Wasserfälle werden bei hohem Wasserstande meist überflutet, sind aber stets gefährlich für die Schiffahrt. Bei Gonye fällt der Fluß 12m in einer Strecke von 60m Länge, an den andern Punkten, wie bei Bombwe, Nambwe nur je 1—2m; die Felsen bestehen hier aus röthlichbuntem, hartem Sandstein mit Madreporenlöchern und aus basaltischem Porphyr, während das Thal Lager von Sandstein und Trapp enthält, über welchen weiter südwärts ein 4—5m dicker Kalktuff sich breitet. Der letzte von diesen Fällen ist oberhalb Katimo Molelo; hier treten (17° 30′ S. B.) die Plateauabhänge beiderseits plötzlich zurück und der Strom tritt in die 40 Meilen lange, 10—12 Meilen breite Ebene von Sescheke ein. Diese charakterisirt sich nach dem Kalktuffniederschlag, der sie bedeckt, und nach den Süßwassermuscheln, die sie enthält, als das Becken eines ehemaligen Sees, der sich bis über den Ngami nach S. erstreckte, und endlich durch die Mosiwatunja-Spalte sich entleerte. Unterhalb Seschele mündet der Madschila in den Liambey, und wenig abwärts von W. her der Tschobe oder Zabesa, ein mächtiger, über 150 Meilen langer Strom, der in der trocknen Jahreszeit $3\frac{1}{2}$—$4\frac{1}{2}$m tief ist; im obern Lauf heißt er Kakema und muß nahe an den Quellen des Koanza seinen Ursprung haben. So eben ist das wasserreiche Land, daß die Flußläufe, von ungeheuren schilfigen Sümpfen begleitet, unter einander mehrfache Verbindungen haben; daß das ganze Gebiet jährlich überschwemmt wird; frühere Karten zeigten hier sogar eine Wasserverbindung des Liambey mit dem Ngami-See, die wohl auch vor Zeiten stattgefunden hat, jetzt indessen sich darauf beschränkt, daß vom Tschobe, wie von dem in den Ngami mündenden Tiube sich Arme abzweigen und dann gemeinschaftlich in den trockenen Ebenen S. von Seschele verlieren. Außer dem relativ 100m hohen Ngwa-Hügel SO. von Linyanti ist hier keine Bodenerhöhung, die höher als ein Ameisenhaufen wäre; weiter gegen SO. tritt als Begrenzung eine aus Kalktuff bestehende Hügelkette (unterer Terrassenrand des östlichen Plateaus) hervor, welche sich bis an die Zambeze-Fälle hinzieht. — Nachdem der Liambey in mächtiger Breite und mit regelmäßig tiefem Fahrwasser die Ebene durchzogen hat, beginnen 6 Meilen unterhalb Seschele neue Stromschnellen; der Strom verbreitert sich und wird inselreich; noch 6 Meilen weiter abwärts stürzt er, gegen 1000m breit, über 94m tief in einen den Strom rechtwinklig kreuzenden, äußerst engen (nur 20—25m breiten) Schlund, aus welchem er in der Tiefe seitwärts weiter fließt, um in wiederholten Stromschnellen das bewaldete Bergland zu durcheilen. Dieser gewaltige Wasserfall, der bedeutendste von Afrika und einer der seltsamsten auf der Erde, heißt Mosiwatunja (Livingstone gab ihm, im Nov. 1855, den Namen Viktoria-Fall); in ihm tritt der Zambeze aus der Region des rothen Sandsteins, der das centrale Hochland erfüllt, in die älteren (geschichteten und eruptiven) Formationen über. Am Mosiwatunja treten Basalt, Augitporphyr und Gneis auf. Letzterer bildet die Formation des Hochlandes bis zur Kafuemündung; er streicht meist von N. nach S. mit Neigung gegen W., die Schichten sind oft fast senkrecht gehoben. Nördlich vom Wasserfall tritt Granit hervor, dessen Eruption sichtlich die Hebung der benachbarten Schichten und ihre Neigung veranlaßt hat, während die Spalte des Wasserfalls einer Basalteruption ihre Entstehung verdanken mag. Livingstone fand das ganze Gebiet nördlich vom Zambeze bis zum Kafue in ähnlicher Weise gebildet, zahlreiche Eruptionen von Granit, Basalt, Trapp haben die Schichtengesteine durchbrochen und gehoben; höhere Berge tragen Dolomit auf ihren Spitzen; von Sinamane

(45° O. F.) abwärts finden sich hin und wieder Steinkohlen. In diesem Berglande, dessen Höhen nördlich vom Strome 2000m überschreiten mögen, windet der Zambeze sich zuerst 6—9 Meilen in tiefer Felsspalte fort, tritt bei Sinamone in offneres Land und bildet erst bei Kansala (46° 15′ O. F.) wieder Stromschnellen. Von S. empfängt er den Longwe, den Serungwe, den Luize; dann unterhalb Kansala links den gegen 300m breiten Baschukulombo oder Kafue und unter 48° 15′ O. F. bei Zumbo den doppelt so breiten Loangua. Beide Flüsse sollen Arme eines gemeinsamen Oberlaufs sein und, wie die Tschobearme, natürliche Schiffahrtsverbindungen bilden; ihr Quellland ist daher wahrscheinlich eine gleich nasse Hochebene, wie die an den Quellen des Liba beim Dilolosee. Abwärts von Zumbo (443m) folgen neue Stromschnellen, insonderheit bei Kebrabasa. Das Gebiet, welches der Zambeze hier durchfließt, scheint in einer Ausdehnung von 50 Meilen von W. nach O. der Kohlenformation anzugehören; graue Sandsteine mit versteinerten Bäumen, Dachschieferlager, erstere öfters von Basalteruptionen durchbrochen, bilden die Oberfläche; an vielen Orten, namentlich um Tete, treten Kohlenschichten hervor. Bei Tete ist der Strom 892m breit, abwärts in den durch das flachere Ufergebiet begünstigten Theilungen erweitert er sich bis zu ⅓, ja bis zu 1 Meile; dann aber geht er, von dem relativ etwa 200m hohen Lupata (d. h. Durchbruch) bis auf 130m, ja bis auf 100m Breite zusammengedrängt, durch einen engen Felsenpaß. Der genannte Bergzug streicht von S. nach N., besteht aus blaßrothem Kieselschiefer und bildet den östlichen gehobenen Rand des Kohlenbassins von Tete. Weiter abwärts verflacht sich das Land, welches aus granitischem Sandstein, hin und wieder mit Trapperuptionen (der Baramuana im W. von Senna, 100m hoch) besteht; nur gegen die Mündung des Schire (S. 403) hin tritt die Bergmasse des Morumbala, über 1000m hoch, bis nahe an das linke Ufer. Von Tete bis Kilimane, über 70 Meilen, fährt man abwärts bei Hochwasser in 4 Tagen, aufwärts in 20—40 Tagen. Vor der Theilung bei Schupanga ist der Strom 1200m breit; bei Mazaro beginnt die Theilung und Deltabildung. Der Kilimane, der nördlichste Mündungsarm, geht (nur bei Hochwasser gefüllt und schiffbar, sonst wasserleer) gegen O., nimmt mehrere Küstenflüsse auf und zeigt 5—6 Meilen von der Mündung aufwärts die Einwirkungen von Ebbe und Flut. Der Luabu, der Hauptarm, theilt sich wieder mehrmals und ist in allen Mündungen versandet. Das oft überschwemmte, ungesunde, fast unbewohnte Delta hat eine Größe von etwa 90 □M. — ein Beweis von der Mächtigkeit des Stroms und von der Gewalt, mit der er bei seinem einstigen Durchbruche im Mosiwatunja Schutt und Erdschichten aus dem Binnenland ins Meer führte. Die Länge des Zambeze kann oberhalb des Mosiwatunja auf 230 Meilen, unterhalb desselben auf 190 Meilen, zusammen auf 420 Meilen veranschlagt worden; sein Stromgebiet mag 29—30,000 Quadratmeilen enthalten.

2) Das Gebiet des Ngami-Sees. Das Gebiet der Flüsse, die mit dem Ngami in Verbindung stehen, ist ein eben so unentwickeltes, wie unserer Bekanntschaft noch wenig erschlossenes. Der Ngamisee, 9 Meilen von O. nach W. lang, 2 bis 2¼, in der Mitte nur ¾ Meilen breit, 14 □M. groß, 1131m (nach Andersen und Oswell nur 860m) hoch, erscheint als der bedeutendste Rest der Wassermassen, die in den ältesten Zeiten das Becken des südafrikanischen Hochlandes einnahmen. Auf 3 Seiten, namentlich im Norden, ist er von weiten, sandigen, vegetationsleeren Flächen umgeben, nur im Süden erheben sich bald Hügel (bis zu 1500m Meereshöhe), an deren Fuße sich eine üppige Vegetation findet. In den See ergießt sich von NW. her der Tonke oder Tioge, ein in seinem untern, vielfach gewundenen, 50 Meilen aufwärts erforschten Laufe nicht breiter, aber wasserreicher, regelmäßig tiefer und schiffbarer Fluß, dessen Quellen wahrscheinlich in den regenreichen, sumpfigen Hochebenen östlich vom Kunene zwischen 16 und 17° S. B. zu suchen sind. Die Hydrographie dieser Gegenden, welche zugleich die westlichen Zuflüsse des obern Zambeze enthalten, ist noch unbekannt. Als westliche Zuflüsse des Tioge, wenn auch vielleicht in der trockenen Jahreszeit denselben nicht erreichend, erscheinen der Ovakango und der Omuramba Ombungu. In seinem untern Laufe entsendet der Tioge nach Osten einen Arm, den Tso (Dzo), der, sich wiederum theilend, in den sandigen Ebenen sich verliert oder dem Suga, dem breiten, wasserreichen östlichen Abflusse des Ngamisees zufließt. Der Suga selbst erreicht nach einem Laufe von 40 Meilen, an Stärke allmählich abnehmend, den noch 850m hoch gelegenen Kumadau-See (Bakurutsisumpf), wahrscheinlich den niedrigsten Punkt des innern südafrikanischen Hochlandes, während gleichzeitig die Quellbäche des östlichen Hochrandes diesem Tiefbecken zufließen, und gemeinschaftlich mit dem Suga weite Salzsümpfe und trockene Salzpfannen bilden. Unter diesen mit Kalktuff und Salz bedeckten Flächen ist der Ntwetwe der größte (20 M. lang, 3 M. breit), der Tschuantsa der tiefstgelegene und salzreichste; seine Oberfläche hat eine 1½ Zoll dicke Salz- und Kalkkruste. Das Wasser des Zuga ist klar (weil aus einem See kommend), weich und kalt; seinen höchsten Stand erreicht der Zuga im Oktober, d. h. in der trockensten Jahreszeit.

3) Der Limpopo oder Uri. Der Limpopo entspringt unter dem Namen Uri oder Krokodilfluß auf dem Hochlande am Witte Waters Raand, empfängt in seinem nordwestlich gerichteten Laufe von S. die aus engen Durchbruchsthälern (Schluchten, Kloofs) hervorbrechenden Klikling oder Eland und Masuquaana, von NO. den Tolane und Poke Rei, wendet sich nach dem Durchbruch durch den Waterberg bei der Einmündung des Meriqua nach NO. und empfängt

nun links den Notuani, den Mahalori, den Luitzani, den Paqua, den breiten Makluṭki; durchbricht, im Bogen sich nach O. wendend, die Blauen Berge, nimmt von N. den Schaši auf, und vereinigt sich in seinem weiteren, uns noch unbekannten Laufe, östlich vom Kathlamba mit dem Pellula (Lipalula) oder Elefantenfluß, der die östlichen Hochebenen des Transvaalschen Freistaats durchfließt, östlich besonders durch den Melonenfluß verstärkt, und (wie der Limpopo mit Wasserfällen) durch die Kathlamba-Kette hinaus ins Kafferland tritt. (Nach Andern geht der Elefantenfluß selbständig ins Meer). Der vereinigte Strom scheint nicht in die Delagoabai, sondern weiter nördlich bei Inhambane (unter 23½° S. Br.) seine Gewässer dem Indischen Ozean zuzuführen. Die Länge des Limpopo mag 150 bis 200 Meilen betragen; in der Mitte seines Laufs (46° 25' O. F.) ist er 180m breit und furtbar gefunden worden.

4) Der Oranjefluß oder Gariep. In zwei Armen, die sich unter dem 42° O. F. vereinigen, entspringt dieser Strom. An der Grenze von Natal und der Oranjefluß-Republik, am Hauptgebirgsknoten des Kathlambagebirgs entspringt der östliche Arm, der Oranje oder Nu Gariep, in seinem obern Laufe auch Naka Sinku genannt, und durchfließt ein hochgelegenes, aber offnes, breites Thal. Von gleichem Quellgebiet kommt der westlich parallelfließende Caledon oder Novo Megolore und vereinigt sich nach mehr als 50 Meilen langem Laufe unweit der Mission Bethulien mit dem Oranje, der nun seine Richtung nach W. und NW. ändert und nach einem Lauf von 100 Meilen mit der mindestens ebenso langen Vaal oder Waal, (dem Ky Gariep oder Gelben Flusse) bei Vaalfluß-Station zusammentrifft. Die Vaal empfängt auf ihrer südlichen und östlichen (linken) Seite den Klipfluß oder auch Mull, den ansehnlichen Wilge mit dem Eland und Liebenberg, den Rhenoster, den Namagari oder Donkin, den Vet, welcher kurz vor seiner Einmündung den Zana oder Sandfluß aufgenommen hat, und den Riet mit dem rechts von Blömfontein ihm zufließenden Modderfluß; nördlich und westlich nimmt die Vaal den Pogolla mit dem Mui und den Hartfluß (Gaub Garip, Kolong oder Malalarin) auf. Der Kuruman, der mit seinem längeren Nebenfluß, dem Molopo, in den südlichen Beschuanenländern entspringt und seinen Lauf durch die Kalahari nimmt, erreicht gewöhnlich den Gariep nicht. Ein gleiches Schicksal theilt der 120 Meilen lange Nosob, der von dem Bergstock des Damaralandes im NW. herabkommt, während der im westlichen Gebirgslande bleibende 90 Meilen lange Aul oder Große Fischfluß regelmäßig eine, wenn auch geringe Wassermenge dem Oranje zuführt. Die Waal und der Nu-Gariep haben jeder etwa 100 Meilen, der vereinigte Strom hat etwa 150 Meilen Länge, die gesammte Stromlänge beträgt daher 250 Meilen. Das — allerdings sehr regenarme — Flußgebiet beläuft sich, mit Einschluß der flußlosen Wüsten oder Steppen, auf nahe an 17,000 □M.

5) Eine sehr unvollkommene Entwickelung haben die Flüsse, welche nördlich vom Oranje in das Atlantische Meer fließen, theils ihres kurzen Laufs, theils ihrer Wasserarmut wegen. Es sind dies der Juntob, der Kuisib, der Zwachaub (Aub oder Swakop) und der Omaruru (Vergl. oben S. 167). Von den zahlreichen, theilweise schiffbaren Flüssen, die nördlich vom 17° S. B., also in einer regenreicheren Zone, ins Meer gehen, wird bei Benguela, Angola, und Kongo die Rede sein (vergl. oben S. 172 f.)

Ueber einige Salzseen vergl. oben S. 309.

Klima. Vergl. oben S. 309 f. Für die Feststellung des Klima im Innern Südafrika's fehlen noch regelmäßig fortgesetzte Beobachtungen — was an Resultaten bis jetzt bekannt geworden ist, beruht auf vereinzelten Wahrnehmungen. Leicht erklärlich ist, daß auf den Hochflächen des Innern sich in den Monaten Juni bis August ein Winter zeigt, und zwar vom Baretsethal an (wo noch manchmal die dem kalten, trocknen Südwind ausgesetzten Pflanzen der Tropenwelt ihre Blätter verlieren) gegen Süden um so empfindlicher auftretend, da im Winter die tägliche Temperatur einen starken Wechsel durchläuft, z. B. in Schinta's Stadt unweit des Liba, von 5½° bis 35½° C. In den höher gelegenen Distrikten, wie im Namaqua- und Ovahererolande, bildet sich bei klaren Nächten jedesmal Eis; Schnee fällt nur selten. Dagegen wird weiter südlich, im Klein-Namaqualande und in andern Distrikten der Kapkolonie, häufiger Schneefall beobachtet. Der Frühling (September bis November) hat eine Temperatur, die von 21° bei Sonnenaufgang mit 35—43° des Mittags und 27—35° des Abends abwechselt; bei hohen Wärmegraden tritt immer Regen ein, nach welchem die Temperatur sehr rasch wieder sinkt. Im Sommer (Dezember bis Februar) bleiben ähnliche Temperaturen für Sonnenaufgang, während die Mittagswärme bis auf 43° C. wächst, der heiße Erdboden nimmt dabei eine Temperatur bis zu 53° C. an. Im Herbst (März bis Mai) sinkt die Nachtwärme bis 18°, ja bis 14° herab, die Mittagswärme erreicht im März noch immer 35°. — Die jährliche Regenmenge ist desto bedeutender, je weiter man nach Norden vordringt; an den östlichen Küsten bedeutender, als an den westlichen. Während sie am Kap im Durchschnitt jährlich 592mm beträgt, erreichte sie in d'Urban (1855/56) die bedeutende Höhe von 2970mm. — Im innern Hochlande tritt häufig Dürre ein, namentlich westwärts von den alle Feuchtigkeit absorbirenden Kathlambagebirgen; da unter denselben Parallelkreisen auch der Westrand einen hohen Gebirgswall aufzuweisen hat, so bleibt das Innere trocken und ist zur Wüste (Kalahari) geworden. Würden nicht durch die Muldenform dieses Gebiets die unterirdischen Wasser nach der centralen größten Tiefe geführt, so wäre die Kalahari der Sahara gleich; die Kalahari ist indessen durchaus nicht pflanzenleer, höchstens pflanzenarm zu nennen. Der Winter ist im Betschuanenlande und der Kalahari fast trocken, die Regenzeit fällt in den Frühling und Sommer, am intensivsten ist sie im Dezember und Januar; je weiter nach Süden, desto schwächer tritt sie auf; das Klein-Namaqualand hat im Winter regelmäßige Seewinde, die der nördlich vom Oranje gelegenen Küste fehlen: daher der Mangel an fließenden, wenigstens an regelmäßig fließenden Gewässern zwischen dem Oranje und dem Kunene. Das Gebiet des Ngamisees ist eine Uebergangszone von den regenarmen Regionen der Kalahari zum regenreichen Norden; die Sommer haben Regen vom Oktober bis zum April, dann dorrt das ganze Land wieder aus. Nach Aussage der Eingebornen ist seit 50 Jahren die Feuchtigkeit dieser Länder im Abnehmen begriffen. Quellen haben aufgehört, es gibt Flußbetten, die auch in der Regenzeit kein Wasser mehr führen. Das Liambeygebiet dagegen gehört vollkommen der tropischen Regenzone an: die Regenzeit tritt im Oktober und November ein, wo die Sonne — südwärts gehend — senkrecht über dieser Zone steht. Zur Zeit der Sonnenwende (Dezember) steht die Sonne senkrecht über dem Wendekreise, der die Kalahari schneidet: dann hat das Liambeygebiet schädliche Dürre, die namentlich im Becken des Ngamisees nachtheilig wirkt. Mit der Rückkehr der Sonne aber (Februar, März) beginnt im Liambeygebiet der tropische Regen in größter Fülle und Nachhaltigkeit; die mit Wasser bereits übersättigten grasreichen Hochebenen entsenden nun ihr klares Wasser in gewaltigen Fluthen nach dem indischen Ozean. Die Regen bringenden Winde kommen in Tete und im Betschuanenlande von Ost und Nordost, im Liambeygebiet wie am Kongo von Nord; der Westwind ist vom Kunene bis zum Oranje vorherrschend trocken, und im Klein-Namaqua-Lande führt er Regen herbei; hier ist die Regenzeit, dem übrigen Lande gerade entgegengesetzt, vom April bis zum Juni. Die Nordwinde in der Kalahari sind bisweilen glühend heiß und in ihren Erscheinungen dem Harmattan Nordafrika's ähnlich, dabei mit Elektrizität überladen. Das gesammte Zambezegebiet, namentlich aber das östliche Küstenland, steht unter dem Einflusse der Monsune, die in Zanzibar von Ende November bis nach Mitte März aus Nordost, bisweilen aus Nord und Nordnordwest, von Mitte April bis November dagegen aus Südwest, bisweilen aus Süd und Südsüdost wehen. Aehnlich sind auch die Windveränderungen in Tete. Am obern Kongo dagegen (bei Kassange) herrschen in acht Monaten des Jahrs die Ostwinde vor, nur von Januar bis April wechselt die Windrichtung in unregelmäßiger Weise.

Das Klima des Hochlandes ist längs des Ostrandes vom Kapgebiet bis zum Ngamisee ein sehr gesundes, weiter nördlich treten heftige Fieber zahlreich auf, auch Rheumatismus und Augenleiden sind bei den Eingeborenen auf nassem Boden häufig. Kassange ist während des Ostwindes, Pungo Andongo in Angola immer gesund. Auch das Damaraland ist fieberreich; am gefährlichsten aber sind in dieser Beziehung für den Europäer die gesammten östlichen Küstenländer von der Delagoabai nach Norden.

Naturprodukte. Vergl. oben S. 310 ff. 1) Thierreich: Unter allen Ländern der Erde ist Südafrika das reichste an großen vierfüßigen Thieren. Die weiten Grasebenen ernähren eine ungeheure Menge von Pflanzenfressern, und durch das Vorhandensein dieser Thiere ist die große Anzahl Raubthiere bedingt, die von jenen sich nähren. Doch hat die Jagd- und Verwüstungslust der Europäer die Zahl dieser Thiere beträchtlich vermindert, und namentlich eine Reihe von Thierarten aus dem Kaplande und dessen Umgebung bereits gänzlich vertrieben. Der Elefant geht (vom Aequator her) im Westen noch bis an den Swakop, im Osten bis an den Großen Kißfluß; aber schon ist er in den Boers-Republiken selten geworden, und große Jagdzüge auf Elefanten können nur noch im Norden der transvaalschen Republik unternommen werden. Vom Limpopo bis zum Zuga und Liambey sind Elefanten in ungeheurer Menge vorhanden. In diesen Gegenden, doch im Ganzen weniger verbreitet, findet sich auch das Rhinoceros in verschiedenen Arten. Das Flußpferd kommt nördlich vom Damaralande und vom Ngamisee in allen tieferen Gewässern vor; wie alle verwandten Thiere, geht es an der wärmeren Ostküste weiter nach Süden als an der trockneren Westküste. Während in der Kapkolonie nur noch einzelne Blesböcke (Antilope pygarga), Blauböcke (Antilope caerulea), Steinböcke (Tragulus rupestris) und Gnus (Catoblepas Gnu) zu finden sind, bevölkern zahllose Scharen von Antilopen die weiten Grasflächen vom Oranje bis zum Liambey; mit ihnen haben auch die Büffel und Elands (Boselaphus oreas) sich zurückgezogen. Nur Springböcke (Gazella euchore) kommen noch zu Zeiten in Herden bis zu 40,000 Stück auf ihren Wanderungen bis in das Land südlich vom Oranje. Außer den obengenannten Antilopen sind der Klippspringer (Antilope oreotragus), der Gemsbock (Oryx), der Kudu (Strepsiceros capensis), der Pallah (Antilope melampus) auf den trockenen Ebenen häufig; die feuchten Niederungen des Ngamibeckens bevölkern die neuentdeckten Antilopenarten: Letsche, Nakong und Tianyane. Die Giraffe geht südlich noch bis zur Waal, im Südwesten bis zum Swakop, ebenso das Zebra, das Quagga, der Tsessebe (Acronotus lunata), der Tahetsi (Aegoceros equina). Auch der Ameisenbär und das Stachelschwein (Hystrix capensis) sind im trocknen Hochlande häufig.

Von den Raubthieren ist der Löwe aus der Kapkolonie gewichen; in der Kalahari dagegen leben zahlreiche Löwen, Leoparden, Panther, Hyänen, Karakals (Felis Caracal), Dzelets oder Tsipas (F. nigripes), Motlose oder schwarze Schakals (Megalotis capensis), Pukuve oder Goldschakals (Canis mesomelas und aureus), Tuanes oder Luchse, wilde und gefleckte Katzen — die Felle aller dieser Thiere werden von den Bakalahari, d. h. Wüstenbewohnern, in großer Menge verarbeitet. Die Gegend vom Limpopo bis zum Zambeze und das Land zu beiden Seiten des Liambey aufwärts bis zur Lieba-Mündung' (14° S. B.) wimmelt förmlich von diesen verschiedenartigen Quadrupeden; die Bewohner sind in manchen Gegenden, um sich zu schützen, genöthigt, ihre Häuser auf hohen Pfählen zu errichten; die Reisenden müssen öfters durch Lärmen und Schreien sich einen Weg durch die Thierherden bahnen (Livingstone). Um so merkwürdiger erscheint die (jedenfalls durch den nassen Boden verursachte) Thierarmuth des obern Lieba- und Kasaigebiets: in der Umgegend von Katende gab es nur Mäuse und hellblaue Maulwürfe, denen die Eingebornen fleißig nachstellten, um sie zu verzehren; größere Vierfüßler sah Livingstone dort nicht. Erst westlich von Kabango beginnen die Quadrupeden sich wieder auszubreiten. Am Kongo und Koanza gibt es, in Folge der Jagden der Europäer, weniger Elefanten, Büffel und Raubthiere, als an dem noch nicht von europäischer Civilisation erreichten Kunene. — Das gewöhnlichste Hausthier ist das Rind (soweit nicht die Tsetsefliege das Halten desselben unmöglich macht); die größte Raçe, deren Hörner gegen 3m spannen, findet sich am Ngami und bei den Barotse. Pferde und Esel kommen nur im Süden vor, vom 27—20° S. B. gedeihen sie nicht, sondern sind tödtlichen Krankheiten ausgesetzt; Schafe kommen nur in den trockneren Ländern fort, Ziegen und Hunde dagegen überall.

Von den Vögeln ist der Strauß der wichtigste, seine Federn geben einen bedeutenden Handelsartikel, seine Eier bilden eine wesentliche Nahrung der Bakalahari. Auch dieses Thier ist in der Kapkolonie seltner geworden, wird aber neuerdings daselbst gezüchtet; in großer Menge bewohnt es die Kalahari und die westlichen Küstenländer. Zahlreich sind die übrigen Vogelgattungen vertreten: Hühner und Tauben, Spechte und Singvögel. Wad- und Schwimmvögel beleben besonders die Ufer des Liambey; doch nimmt auch die Zahl der Vögel am obern Lieba beträchtlich ab. Als Hausvögel werden überall Hühner gehalten.

Das Krokodil geht südwärts bis zum Kunene und bis zum Umsinto in Natal, im Liambey ist es besonders häufig, und Menschen und Thieren furchtbar. Große, zum Theil eßbare Eidechsen, Land- und Wasserschildkröten bewohnen das feuchte Centralland, in welchem es auch an Fröschen und Kröten nicht mangelt. Schlangen, darunter die besonders giftige Picakholu (zu Kolobeng) und der bis 6m lange Python natalensis sind überall heimisch, wo es Mäuse und andere kleine Quadrupeden gibt. Fischreich sind der Ngamisee, in welchem die Bayeye mit ihren Netzen lebhaften Fischfang treiben, der Liambey, Tschobe und Zuga mit ihren Nebenflüssen, merkwürdig ist der große, schuppenlose Glanis siluris, der in seiner Lebensweise dem Aal gleicht. Aber der Liobe und Kasai sind arm an Fischen, wie das von ihnen durchströmte Land an Quadrupeden und Vögeln. Unter den Insekten ist die Tsetsefliege (Glossina morsitans) vom Ngami bis zum Liambey, am Zambeze abwärts bis Tete, in vielen Gegenden des Betschuanenlandes und bis zur Delagoabai hinab längs der Flüsse eine gefährliche Landplage; ihre Stiche tödten Pferde und Rinder, und in den Gegenden, wo sie wohnt, ist die Rinderzucht unmöglich. Auch an andern geflügelten und ungeflügelten Insekten ist kein Mangel, namentlich sind Ameisen und Termiten häufig, unzählige Heuschrecken kommen im Süden, zahlreiche Spinnenarten im Lande der Balonda vor. Bienen sind im obern Liambeygebiet und von da zur Westküste wie bis zur Ostküste häufig und ihr Honig und Wachs gibt einen wichtigen Handelsartikel ab; vom Lieba bis nach Angola hinab wird die Bienenzucht regelmäßig betrieben.

2) Die Flora Südafrika's muß, nach der großen Verschiedenheit des Bodens, der Meereshöhe, der Windrichtungen und des Niederschlags eine verschiedenartige sein. Während im Kaplande die Irideen, Liliaceen, Restiaceen, Orchideen 13—17 Proc., die Gramineen und Cyperaceen 6—10 Proc., die Compositen 15—17 Proc. der gesammten Arten ausmachen, während Geraniaceen, Ericaceen, Proteaceen, Polygaleen, Umbelliferen, Crassulaceen, Rutaceen mit zusammen mehr als 20 Proc. auf die Südspitze Afrika's beschränkt sind, haben die unteren Kongo- und Koanzaländer 12—17 Proc. Leguminosen, 4 Proc. Compositen, 12—14 Proc. Gramineen und Cyperaceen und treten mit einer großen Anzahl neuer Pflanzenfamilien auf. Die Flächen in dem obern Gebiet des Oranje charakterisiren sich durch ihre weiten Grasgefilde, durch welche die von einem dichten Saume von Akazien u. a. Bäumen begleiteten Flußläufe ziehen; die Kalahari durch ihre büschelweise stehenden Gräser, ihre dornigen Gesträuche (Acacia detinens und horrida), ihre oft außerordentlich üppig wachsenden, von Menschen und allen Arten Thieren gleich gesuchten Wassermelonen (Cucumis caffer, Kengwe oder Keme), zahlreiche Mesembryanthemum-Arten und viele saftige und nahrhafte Knollengewächse, die Leroschua und Mokuri. Am obern Limpopo sind die offenen Grasflächen mit dichten Wäldern gemengt, deren Stämme um so höher wachsen, je niedriger und geschützter ihre Lage ist. Die Salzflächen östlich vom Ngami sind vegetationslos. In den Ueberschwemmungsebenen vom Ngami nordwärts bis zu den Quellen des Lieba und darüber hinaus sind hohe Gräser und Cypergräser vorherrschend, auf trocknerem Gebiete breiten sich unermeßliche, oft mit Schlingpflanzen durchwachsene Wälder mit einzelnen Lichtungen aus.

Von Nahrungspflanzen werden viele Getreidearten kultivirt: Roggen und Gerste südlich vom Wendekreise, Weizen auch im Hochlande von Angola, wie bei Zumbo und Tete am

Zambeze, Mais und Durrha (Holcus Sorghum) in der heißen Zone und an der Ostküste bis Natal, wie in den Flußmarschen des Betschuanenlandes und der Boersrepubliken, Hirse im Liambeygebiet und an der Ostküste, hier und da auch Pennisetum typhoideum; Reis nur in den Küstenländern und, wie es scheint, nirgends in großer Menge. Von Erdfrüchten gedeihen Bataten, Maniok (Jatropha Manihot und utilissima) und Yams in der ganzen heißen Zone, Kartoffeln weiter südwärts und auf den Hochlanden (z. B. bei Kassange); Erdnüsse (Arachis hypogaea) werden auch in diesem Theil Afrika's zahlreich gebaut. Im Barotsethal baut man noch Arum aegyptiacum, im Maravilande Panicum Eleusine und Sesamum indicum. Kürbisse, Melonen, Gurken, Bohnen u. a. Gemüse werden fast allenthalben gezogen. Die Natur bietet zahlreiche Fruchtbäume. Palmen gehen südwärts bis über den Kunene und Zuga, an der wärmeren und feuchten Ostküste bis Natal, und zwar Palmyren, Fächerpalmen, Dattelpalmen, an der Westküste auch Oelpalmen. Der Affenbrodbaum (Baobab, Adansonia digitata) geht südwärts bis zum Zuga, der indische Feigenbaum nur bis zum Tschobe, noch weiter nördlich ist die Südgrenze der Banane. Der Motsuri (am Zuga) trägt angenehm säuerliche Pflaumen, der Moschuko, in den östlichen und westlichen Terrassenländern, kleine und nahrhafte apfelähnliche Früchte. Am Ngami, im Land der Ovambo und westwärts wächst der Moschoma, ein schöner an die Flußufer sich haltender Baum mit hohem, geradem Stamm; die feigenähnlichen Früchte werden vom Boden aufgelesen, an der Sonne getrocknet, im Mörser gestoßen und mit Wasser gemischt genossen; sie sind von süßem, angenehmem Geschmack, das Holz wird zu Kanoes benutzt. Citrusarten wachsen in ganzen Hainen in den warmen Terrassenländern, namentlich der Ostküste. Akajunüsse (Anacardium occidentale), Ananas, Feigen sind, erstere in Angola, letztere ins Kapland eingeführt und mit Erfolg angepflanzt worden. Der Weinstock wächst wild in mehren Varietäten, geht nordwärts bis Angola und liefert namentlich in den Pflanzungen des Kaplandes ein vorzügliches Produkt (Kapwein).

Die Fasern eines Hibiscus und einer Aloe dienen den Bayeye zur Verfertigung ihrer Fischnetze, die Buaze ersetzt am unteren Zambeze die Flachsfaser und dürfte auch zur Ausfuhr sich eignen. Baumwollenbaum-Arten wachsen wild, andre sind, namentlich in Natal, eingeführt und mit gutem Erfolg angepflanzt worden. Auch ein Kaktus gibt einen schönen dauerhaften Faserstoff zur Bereitung von Netzen; Körbe werden aus Palmblättern verfertigt.

Färbestoff gewährt die Orseille- (Lakmus-) Flechte, die in großer Menge im Quellenhochlande des Kongo, Kasai und Lieba wächst. Indigo (Indigofera argentea) wächst wild, namentlich im östlichen Gebiet, und geht hier über die heiße Zone hinaus, bis Natal, wird aber noch nicht benutzt. — Nutzbäume sind der Eisenholzbaum (Mopane, Bauhinia), er geht durch trockne und feuchte Gegenden vom Kap bis zum Aequator hin, und liefert ein hartes Holz; ein geschätztes Zimmerholz gibt der Motontobaum am untern Zambeze; der Manglebaum bildet in der heißen Zone allenthalben an den Flußmündungen und eine Strecke landeinwärts einen dichten Ufergürtel. — Der Ricinus und die Jatropha curcas liefern ein purgirendes Oel; die vorzüglichsten Oelpflanzen sind die Oelpalme (an der Westküste innerhalb der heißen Zone) und die fast allenthalben kultivirte Erdnuß. Die echte Senna (Cassia acutifolia) wächst im Zambezegebiet, wird aber nicht benutzt. Die Rinde des Kumbanzo, eines Baums aus der Familie der Apocyneen, der bei Senna und Quilimane wächst, gilt als wirksames Fiebermittel. — Am Lieba aufwärts und hinüber bis zum Kasai sind alle Bäume mit Flechten bedeckt, in den Wäldern wuchern üppige Farnkräuter — Anzeichen des feuchten Klima's und der hohen Lage. — Zuckerrohr bauen die Eingebornen am Lieba und Liambey; die Portugiesen in Kongo und Angola haben den Anbau, der bedeutenden Gewinn abwerfen könnte, wieder eingehen lassen, dagegen beginnt der Anbau bei Port-Natal und am Tugelaflusse sich auszubreiten. Kaffe ist in Angola verwildert, die Pflanzungen am Koanza und Zambeze sind unbedeutend, in Natal schreiten sie vorwärts. Um so mehr hat sich der Tabaksbau ausgebreitet, da die Neger und Betschuanen, die Kaffern und Hottentotten ebenso eifrige Raucher geworden sind, als die Portugiesen und die Boers; daneben rauchen die Bewohner des Innern auch den Hanf (Cannabis sativa).

Bevölkerung. Vergl. oben S. 314 ff. und S. 176. Die Negerstämme, welche Südafrika vom Aequator bis zum Gebiet der Damara, bis an den Ngami-See und an den untern Zambeze, ja südwärts über diesen Fluß hinaus, bewohnen, sind an Farbe und Körperbildung einander sehr verwandt, und ihre Dialekte bilden von Nord nach Süd Abstufungen eines und desselben Sprachstammes, der im Süden sich wiederum nahe an die Sprachen der Betschuana und Kafir anschließt. So verschieden daher auch die extremen Punkte von einander sind, und so gerechtfertigt es auch erscheinen mag, diese Neger und die Betschuanen als zwei getrennte Völkerfamilien zu betrachten, so schwer ist es andrerseits, die Grenzlinien zwischen beiden aufzustellen. Die westlichen Negerstämme hat man mit einem gemeinsamen Namen Bundavölker genannt, weil man die Ambonda, südöstlich von Angola, einen der bedeutendsten unter ihnen, zuerst kennen lernte. Im Süden des Zambeze kennen wir die Negerstämme der Banyay sammt den Bambiri (deren jetziger Häuptling Katolosa der Nachfolger des berühmteren Motape — Monomotapa — ist) vom 46—49° O. L., weiter abwärts die Bonga und die den Portugiesen feindseligen Landiens, welche letztere möglicherweise auch den Kafirstämmen zuzuzählen sind; südlich von ihnen wohnen die Maschona, einst ein mächtiger Stamm, jetzt aber dem Moselekatze unterthan, während nur einzelne versprengte Abtheilungen östlich und westlich von Moselekatze's Reich ihre Unabhängigkeit behauptet haben. Auch durch Südafrika geht eine große Völkerbewegung, und die Grenzen der einzelnen Völker gegen einander sind vielfach verschoben, die Bestimmung dieser Grenzen oft nur eine momentan giltige, unsichere. Trümmer von ehemals großen Stämmen, wie von den Makalaka, Bakurutse, Maschona, Basuabi, Masuase, Batonga wohnen mit den Matebele, die jetzt vom Limpopo und Schaschi bis zum Zambeze herrschen, zusammen unter Moselekatze's Herrschaft, ein Theil der Maschona hat sich östlich in den Gebirgen unabhängig erhalten. In gleicher Weise haben die Makololo, ein Basutostamm, nach ihrer Verdrängung aus dem obern Oranjegebiet sich eine Herrschaft zwischen dem Tschobe und dem Zusammenfluß des Liambey und Liobe, im mittlern Liambeygebiete begründet. Ihr Führer Sebituane nahm auf dem Zuge die jüngern Leute der besiegten Bakwain, Bangwaketze, Bamangwato, Batauana in sein Volk auf, so daß von diesen Stämmen nur schwache Ueberreste zurückblieben. Da in dem Fieberklima am Liambey die Mehrzahl des neuen Volks rasch dahinstarb, ergänzte Sebituane seine Leute aus den Negerstämmen der Barotse, Banyeti, Bavelleng, Bavene und Batoka; die unterjochte Negerbevölkerung führt den Gesammtnamen der Makalaka. Auf Sebituane folgte sein Sohn Sekeletu, der in der Ebene am Zusammenfluß des Liambey und Tschobe seinen Sitz hat.

Religion. Verfassung. Vergl. oben S. 318 ff. und S. 176 f. Die Religion ist überall grober Fetischismus. In neuerer Zeit ist aber der Mohammedanismus in Benguela, wie von den Zambezemündungen und vom Nyandsche herein vorgedrungen. In Benguela und weiter landeinwärts sind viele Neger — freilich nur dem Namen nach — katholische Christen.

Eigenthümlich sind die Bewegungen, welche in den 3 letzten Jahrzehenten unter der eingewanderten weißen, wie in der Mischlings-Bevölkerung von Südafrika vorgegangen sind. Unzufrieden mit der Fremdherrschaft Englands, insonderheit mit der 1833 erfolgten Abschaffung der Sklaverei in der Kapkolonie, freilich auch durch die Regierung nicht hinlänglich gegen die Angriffe der feindseligen Kaffern und Buschmänner geschützt, an Mishandlung dieser „Wilden" vielmehr nachdrücklich gehindert, wanderten seit 1835 viele Boers (d. i. die holländischen Kolonisten und deren Nachkommen) aus der Kapkolonie in das nördliche und nordöstliche Innere des Landes aus. Der erste Zug ging von Albany über den Oranjefluß nach Natal zu, gelangte aber durch Verfehlen der schwierigen Gebirgswege theils an die Delagoabai, wo die Ansiedler von dem ungesunden Klima bald hinweggerafft wurden, theils an den Zout-Pans-Berg. Eine zweite Abtheilung hatte schwere Kämpfe mit dem von N. vordringenden König der Matabeles, Moselekatze, der indessen 1836 überwunden ward. In Natal wurde ein Zug der Boers überfallen und ermordet 1837, doch gelang den kriegerischen und kräftigen Sulus ein Angriff auf das Lager der Boers (das nachmalige Pietermaritzburg) nicht. Die Boers, die an Energie und Zähigkeit ihre Feinde weit übertrafen, siegten seit 1837 vollständig und organisirten in Natal eine batavisch-afrikanische Maatscharpy, wurden aber seit 1842 von den Engländern aus Natal verdrängt und wanderten (bis 1845) landeinwärts in das Gebiet des Vaalflusses. Allein auch hieher folgte die Feindschaft der Engländer, welche am 3. Februar 1848 das Binnenland nördlich vom Oranje als „Oranje-River-Sovereignity" in Besitz nahmen. Es kam zum Kriege, die Boers wanderten abermals aus und gründeten unter der Führung von Pretorius die transvaalsche Republik; etwa 12,000 Boers blieben am Oranjefluß zurück. Nach harten Kämpfen mit den Kaffern gab indessen die englische Regierung 1853 die ebenso kostspielige als unsichere Oranjefluß-Souveränetät wieder auf, und 1854 wurde der sofort nach Abzug der Engländer organisirte Oranjefluß-Freistaat anerkannt; die Verfassung desselben trat am 10. Oktober 1854 ins Leben. Gleichzeitig erweiterte der transvaalsche Freistaat seine Herrschaft ostwärts über die Drakenberge hinab in die von Kaffern bewohnt gewesenen, aber durch die Kriegszüge der Sulu verödeten Terrassen des Küstenlandes, ohne jedoch die Küste selbst zu erreichen. In ähnlicher Weise sind im W. die Hottentottenbastarde über den untern Oranjefluß nach N. gegangen, um sich dort neue Herrschaften zu gründen. Die Nama oder „Orlam", wie sie nach ihrem Führer sich nannten, haben, nach Unterjochung oder Ausrottung der bereits im Lande seßhaften alten Namaquastämme, auf dem großen (über 5000 QM.) Gebiete eine Anzahl Kapitänschaften gegründet, unter denen namentlich 3 bedeutend sind: 1) Die Kapitänschaft des David Christian Booi, vom Oranje und vom Meer bis zu den Unuma- (richtiger Han-ami) Bergen (25° S. B.), vom Goangib, einem Nebenflusse des Großen Fischflusses, durchflossen, mit dem Hauptort Bethanien; 2) die Kapitänschaft des Jan Frederick Booi, nördlich von voriger bis an den Kuisip; und 3) die Kapitänschaft des Jonker Afrikander vom Kuisip bis zum Zwachaub mit dem Hauptort Aigams (Eikhams oder Windhoek). Raublust, Wandertrieb und die Armuth des Landes werden auch diese Hottentotten weiter nordwärts führen, wie denn schon Kapitän Amraal von den Quellen des Nosob um 1856 nordwärts an den Omoramba gezogen ist, um dort neue Wohnsitze zu suchen, und der gefürchtete Jonker Afrikander gegen das Jahr 1860 um 70 Meilen nordwärts gegangen ist und seine Residenz in Ondonga (18° S. B.) im Lande der Ovampo aufgeschlagen hat, die umwohnenden Stämme mit räuberischen Einfällen beunruhigend. Mit den Hottentotten verwandte Stämme sind die Saan oder Buschmänner von der Walfischbai bis zum Omoramba, und die Damra oder Damara, die alten Bewohner des Landes, während die von 16—22° O. L. und 19—22½° S. B. wohnenden Hereró (Ova-Hereró), sammt den Mangerú (Ova-Mangerú) vor einem Jahrhundert aus dem centralen Hochlande eingewandert, einen an Sprache und Nationalität völlig gesonderten Stamm bilden, der nur mit Viehzucht, nicht mit Ackerbau, sich beschäftigt.

Ackerbau, Gewerbe, Handel. Vergl. oben S. 177. f. und S. 320 ff. Als Münze gelten im innern Südafrika Kauris, in den portugiesischen Distrikten dagegen besondere in Portugal geprägte Münzen und ein für die Kolonie ausgegebenes Papiergeld. Der Handel ins Innere wird nicht von den Weißen selbst besorgt, sondern durch eingeborne Handelsleute, die sogenannten Pombeiros, vermittelt. Namentlich geschieht dies von der innersten Handelsstation, Kassange. — Die Verkehrswege sind, in Folge des Sklavenhandels, welcher allen Waarentransport durch Menschenkraft vermitteln läßt, noch ganz unentwickelt; die Anlegung von Straßen in das Innere, bei dem billigen Tagelohn leicht zu beschaffen, wäre die erste Bedingung für das Aufblühen des Binnenhandels und für die Steigerung der Production.

Topographie. Anordnung: 1) Die Transvaalsche Republik. 2) Die Oranjeflußrepublik. 3) Das Basutuland. 4) Das Griqua- und Koranagebiet. 5) Das Gebiet der freien Betschuanenstämme im Westen der Boersrepubliken. 6) Die Kalahariwüste. 7) Das Groß-Namaqualand. 8) Das Gebiet der Ovaherero, Damara und Ovampo. 9) Die Länder um den Ngamisee. 10) Moselekatze's Reich. 11) Die unabhängigen Stämme am mittleren Zambeze. 12) Das Reich der Makololo. 13) Kazembe's Reich. 14) Die unabhängigen Stämme an beiden Seiten des Lieba. 15) Das Reich Muropue oder Reich des Matiamvo. 16) Die portugiesischen Länder Benguela, Angola, Kongo, an der westlichen Küste.

1) Die **Transvaalsche Republik.** Der Transvaalsche Freistaat erstreckt sich vom 22½° bis 28° S. B. und 44° bis 49⅓ O. L., wird im O. durch die hohe Kette des Kathlambagebirgs von Natal und dem nördlichen Kafferlande (insonderheit dem Gebiet der Amasuasi), im SO., wo er über das Gebirge hinüber reicht, vom Umfinyatifluß, im S. durch den Vaalfluß und seinen obern (linken) Nebenfluß Wilge von dem Oranjefluß-Freistaat, im NW. und W. durch den Limpopo und seinen obern (linken) Nebenfluß Meriqua vom Gebiet der freien Betschuanenstämme (Baquain, Bamangwato, Balanano) getrennt; nur im SW. zieht sich offene Landgrenze gegen die Barolongs vom Meriqua zur Vaal herüber. Die Grundfläche wird von Stuart auf 2360 QM. angegeben, dürfte aber richtiger auf 3500 QM. (genauere Angabe 3780 QM.) und mit Hinzurechnung der neuen Erwerbungen östlich vom Kathlamba auf 4100 QM. zu veranschlagen sein. Dieser Freistaat bildet einen Theil des südafrikanischen Hochlandes, welches, 2000 bis 1500m hoch, sich allmählich in sanftgeneigten ebenen Stufen SW. gegen die Vaal, NW. und W. gegen den Limpopo senkt; die einzelnen Stufen sind durch niedrigere Parallelketten des Kathlambagebirgs begrenzt, die Wasserscheide beider Flußgebiete wird durch ein 12 bis 20 Meilen breites, hohes Tafelland gebildet, dessen nördlicher Terrassenrand Witte-Waters-Raand und westlich Zwart Ruggens genannt wird, während der südliche den Namen Gats-Raand und Suckerbosch-Raand führt. Parallel mit dem Nordrand, 4—6 Meilen nördlich, zieht sich die von mehreren Flußthälern quer durchbrochene, die Nachbargebirge überragende, mauerartig steile Magalies- (Kaschan) Gebirgskette. Nördlich von derselben erstrecken sich noch zwei Parallelketten, beide vom Uri oder Limpopo und seinen Zuflüssen mehrfach durchbrochen, von W. nach O., nehmen aber in ihrem weitern Verlaufe eine nordöstliche, mit dem Kathlamba parallele Richtung an. Die erste beginnt mit dem Pilansberg und führt weiterhin den Namen Macapan, die andre heißt Dwaaleberg, nördlich vom Limpopo Waterberg oder Mural-Gebirge und wird unter dem Namen der Blauen Berge vom (mittlern) Limpopo abermals durchbrochen. Die ganze Kette dieser Berge ist in ihrem Innern nicht einförmig, sondern mit überaus fruchtbaren, sehr reich bewässerten Thälern durchzogen oder auch durch furchtbare Schlünde zerrissen und dadurch von so außerordentlich mannigfaltigem und bei der prachtvollen Bewaldung vom Fuße bis zum Gipfel der Berge hin und wieder selbst von so reizendem Ansehen, daß schottische und wallisische Missionäre dabei an die Berge ihrer Heimat erinnert wurden, andere europäische Reisende sie gar mit den Schweizer Alpen verglichen. Aus der Mitte des Kaschan erheben sich 2 sehr hohe, thurmförmige Berge, an deren Fuß einst Mosiga, die Hauptstadt des Matebélévolks, in so reizender Umgebung und mit so vielen Hilfsquellen ausgestattet lag, daß damit keine einzige Localität des Kaplandes gleichzustellen war. — Der Kathlamba selbst, im S. vielleicht noch 3000m hoch, senkt sich vom Parallel der Delagoabai allmählich, hat bei Leidenburg schon viele fahrbare Uebergänge, und scheint gegen den Durchbruch des Limpopo unter 1000m herabzusinken, indem hier selbst die Berge eine nicht mehr fieberfreie Gegend bilden und die an ein feuchtes, heißes Klima gebundene Tsetsefliege beherbergen. Der Boden ist trefflich, aus Lehm, Thon, Sand bestehend, überall mit Leichtigkeit zu bewässern. Selten tritt nackter Granitfels hervor; in den nordwestlichen und mittlern Theilen des Landes finden sich Tropfsteinhöhlen, vielleicht gehören die westlichen Parallelketten des Kathlamba mit ihren Län-

genthälern und Quer-Durchbrüchen der Juraformation an. Doch fehlt die geologische Orientirung noch gänzlich. In dem NO.-Winkel des Gebiets sollen Eisen, Blei, Zinn, Kupfer, ja selbst Silber und Gold in Fülle gefunden worden sein. Eine Salzlache befindet sich am Krokodilflusse und versorgt die Kolonisten der Umgegend mit Salz. — Vom Laufe der Waal gehören etwa 30 Meilen, vom Ursprunge an, in das Gebiet der Transvaalschen Republik. Den Hauptfluß bildet der Limpopo mit seinen zahlreichen östlichen Zuflüssen, namentlich dem Elefantenfluß. Im O. fließen der Umsinyati oder Büffelfluß mit dem Neomi oder Blutfluß dem Tugela zu, während der Pongolo und der Suto (Lesuto) sich weiter abwärts im Kaffernlande vereinigen und unter dem Namen Maputa in die Delagoabai sich ergießen. Eine als Warmbad gebrauchte Mineralquelle findet sich östlich von den Makapanhügeln. Das Klima ist dem der südeuropäischen Länder ähnlich, im Winter mild, im Sommer nicht übermäßig heiß; es gibt weder eine bestimmte Regenzeit, noch lange andauernde Regen, wohl aber heftige Regengüsse und Gewitter. Es gedeihen demnach alle europäischen und viele tropische Gewächse, das Gras wird über mannshoch, das Getreide gibt eine 4mal reichere Ernte als in Holland; Orangen, Wein, europäische Obstarten tragen gute Frucht. Ueberall ist die Landschaft mit Gebüsch und Bäumen bedeckt, in den Bergschluchten findet sich Hochwald, an den sanfter geneigten Berghängen gutes Weideland. Die Flora und Fauna sind sehr mannigfaltig, das Land ernährt zahlreiche Herden von Hausthieren. — Im südlichen Theil des Freistaats fallen die Raubthiere nicht beschwerlich, im N. sind Löwen und Panther in den Gebirgsschluchten, Krokodile in den Flüssen häufig. Die Elefanten werden durch große Jagden ausgerottet und werden binnen kurzem verschwinden; der renommierteste Jäger unter den Boers rühmte sich 644 Stück erlegt zu haben. Unter den Insekten werden Heuschrecken und Ameisen zur Landplage, im N. auch giftige Fliegen (besonders die Tsetsefliege), deren Stich das Vieh tödtet. Die Abgelegenheit von der Seeküste ist der Entwicklung des Staates sehr hinderlich. Von der O.-Grenze bis zur Delagoabai sind 30 Meilen Wegs zuerst durch schwierige Gebirgspässe, dann durch ungesunde Gegenden voll peinigender Insekten; bis Port Natal ist ein Weg von 3 Wochen. Die Zahl der Einwohner war 1852 etwa 40,000 Weiße und 100,000 Schwarze. Die einzelnen Grundbesitzungen der Boers sind nicht unter 3000 Morgen und bleiben in ungetheiltem Besitz der Familie, die Sprache ist holländisch. Die Boers sind kräftig, groß, allen Anstrengungen gewachsen, dabei geradsinnig, gottesfürchtig, schlicht, gegen Fremde, namentlich gegen Engländer, mistrauisch. Ihre Wohnungen sind einfach, aber fest. Wirthshäuser sind unbekannt, überall herrscht Gastfreiheit. — Hauptbeschäftigung der Boers ist die Viehzucht. Vom Rindvieh gibt es die kleine Sulu- und die große Afrikander-Raße, eine Mischrasse zwischen beiden, und eingeführte friesische Rinder. Schafe, namentlich mit Fettschwänzen, werden gleichfalls gehalten, doch gedeihen sie nicht so gut, als im Oranje-Fluß-Freistaat. Die Pferde sind stark und gut, aber theuer; Schweine selten. Alle Thiere leben im Freien. Eine Heuernte kennt man nicht. Butter wird in großer Menge und Güte produzirt. Der Landbau hat noch keine große Ausdehnung, Mais und Weizen sind die gebräuchlichsten Getreidearten, Kürbisse, Melonen, Bataten die gewöhnlichsten Gartenpflanzen; Tabak und Zuckerrohr baut man hin und wieder. Die schwarzen Bewohner, meist aus dem Stamme der Mantatis, obgleich gewöhnlich Kaffern genannt, sind schön, hochgewachsen, kräftig; sie haben in ihren Gesichtszügen einen semitischen Typus, üben die Beschneidung, verabscheuen das Schweinefleisch. Sie wohnen in netten umzäumten Kraalen oder Ortschaften in runden, mit Schilf gedeckten Lehmhütten, bauen Mais, Kafferkorn und Zuckerrohr. Sie sind samt ihren Häuptlingen den Boers unterworfen, an ihre Locationen gebunden und zu manchen Dienstleistungen verpflichtet. Als Waffen führen sie kurze Keulen und lange Assagaien (Stäbe, die an beiden Enden mit scharfen, vergifteten Eisenspitzen versehen sind), wissen aber auch mit Feuergewehr gut umzugehen. Sie lernen leicht holländisch, religiöse Begriffe scheinen ihnen dagegen fremd. Die Regierungsform des Freistaates ist republikanisch, die sehr zerstreut wohnenden, auf ihrem Grundbesitz vollkommen freien Bewohner wählen einen Volksrath (Volksraad) von 60 bis 70 Männern, der jährlich 4mal an verschiedenen Orten zusammentritt und die General-Commandanten zu ernennen hat; von letzteren werden die Untercommandanten, Feldcornets, Landdrosten u. a. angestellt. Die Generalcommandanten sind zugleich Anführer im Kriege; unter ihnen ist Pretorius der Schrecken der Kaffern geworden, wie er zugleich auch unter den Boers große Autorität genoß. Nach seinem Tode (1853) sind Parteiungen und Unruhen in dem Staate ausgebrochen. Die oberen Aemter sind sämtlich unbezahlt, es herrscht Achtung vor dem Gesetze, eine Militärmacht hat sich bis jetzt nicht als nöthig erwiesen. Die Gesetzgrundlage bildet das holländisch-römische Recht. Direkte Steuern gibt es für die Boers nicht; aber die fremden Händler müssen eine Taxe für Betreibung ihres Gewerbes entrichten, und die Eingebornen haben Abgaben an Elfenbein, Vieh oder Silber zu entrichten.

Potscheffstrom oder Vrijburg (auch Mooi River Dorp), in einer weiten Grasebene unweit des Mui, mit 200 Häusern und etwa 1500 Einwohnern, ist Hauptort des Landes. — Pretoria, 20 Meilen NO. von vorigem, hübsche kleine Stadt mit 300 Ew., an mehreren Bächen, gegenwärtiger Sitz der Regierung. — Rustenburg, nördlich von den Magaliesbergen, hat 30 Häuser, 1 Kirche. — Leidenburg, im NO. mit 20 Häusern, 1 Kapelle, einem Fort. — Maccapano, zwischen Pretoria und Zouth-Pans-Berg, mit Tropfsteinhöhlen; hat eine traurige Berühmtheit erhalten, indem 23 Boersfamilien von den Kaffern ermordet wurden, und die Boers zur Rache sämmtliche umwohnende Kaffern ermordeten, ja endlich 800 (meist Weiber und Kinder) in einer jener Höhlen den Hungertod sterben ließen. — Orichstadt, NNO. vom vorigen, in einem weiten, fruchtbaren, aber ungesunden Thale, von einer wilden Gebirgslandschaft umgeben. — Zouth-Pans-Berg (Salzpfannenberg), die nördlichste große Ansiedelung, (seit 1834) am gleichnamigen Berg, mit einer Salzpfanne, in sumpfiger Gegend, 20 Häuser, 150 Ew. Der Elfenbeinhandel, dessen wichtigste Station früher hier war, ist wegen des allmählichen Verschwindens der Elefanten im Sinken begriffen. Die Tsetsefliege gefährdet westlich von dieser Niederlassung die Pferde- und Rinderzucht. — Albazini, 1 Tagereise östlich vom vorigen, Niederlassung eines Portugiesen von gleichem Namen, welcher hier — wie es scheint, unabhängig von der Regierung, und auf Rechnung der Portugiesen von Mozambik — die Elefantenjagd im Großen betreibt. Im östlichen Distrikt, dem ehemaligen Kafferlande, liegt die Missionsstation Utrecht nördlich vom Umfuvati.

2) Die **Oranjefluß-Republik.** (Orange River Free State) liegt im südöstlichen Winkel des südafrikanischen Hochlandes zwischen dem Griqualande und der Kapkolonie im Süden, dem Basutulande im Südosten, der Kolonie Natal im Osten, der Transvaalschen Republik im Norden, dem freien Betschuanen- und Hottentottenland im Westen, und wird gegen Norden und Westen von der Vaal (Waal, Ky-Gariep), dem nördlichen Quellfluß des Oranjeflusses, im O. und SO. von den Drakenbergen (Kathlamba) und ihren Ausläufern, im S. zum Theil vom Nu-Gariep oder Oranjefluß begrenzt; die Grenze gegen das Basutuland, wie gegen das keilförmig am rechten Ufer des Nu-Gariep zwischen der Kapkolonie und dem Oranjefluß-Freistaat eingeschobene Griquagebiet führt meist durch offnes Land. Die Ausdehnung beträgt von Sanddrift am Nu-Gariep (fast 31° S. B.) bis Coquis Drift an der Vaal (27° 5' S. B.) genau 60 Meilen, die größte Breite (42° 20' bis 46° 25' O. F.) über 40 Meilen, der Flächeninhalt (mit Ausschluß des östlichen Griquagebiets von 260 QM. und des Basutulandes von 600 QM.) gegen 1450 QM. Der Boden bildet ein hohes Tafelland, welches von 1600m Höhe am Kathlamba gegen SW. sich allmählich senkt und sich längs der Vaal in unabsehbaren Ebenen (Flats) ausbreitet. Eigentliches Gebirgsland findet sich nur an der Grenze gegen O. und SO.; dagegen ist das Basutuland in dem Quellgebiet des Oranje von hohen Gebirgen durchzogen. Von dem Knotenpunkt des Quellbergs und des über 3000m hohen Buta-Buta im Kathlambagebirge (ungefähr 28° 40' S. B.) zweigen sich gegen W. die Weißen Berge (Witbergen) ab und bilden, zum Theil als weitausgebreitete Hochebenen, die Wasserscheide zwischen dem Nu-Gariep und Ky-Gariep (Vaal), und zugleich die Grenze zwischen dem Basutuland und dem Oranjefluß-Freistaat. Von jenem Knotenpunkte nach SW., zwischen dem Gebiet des obern Oranje und Caledon, erstrecken sich die Maluti- oder Blauen Berge, höher als die Weißen Berge, aber einförmig wie diese, und in ähnlicher Weise als hohes Tafelland sich ausbreitend. Das Klima des Landes ist das einer Hochebene im Binnenlande, trocken und gemäßigter, als man nach der geringen Entfernung von der tropischen Zone annehmen sollte. Die Sommerwärme ist geringer als in der Kapkolonie, der Winter hat scharfe Fröste und ist wesentlich trocken. Die westlichen Ebenen haben Mangel an Regen, in der Gebirgszone kommen regelmäßige Regengüsse vor, und die von ihnen ausgehende reichliche Bewässerung kommt auch den tieferliegenden Ebenen zu gute. — Das Klima ist im Ganzen gesund und hat sich für Leute von geschwächter Gesundheit als besonders heilsam erwiesen. — Die Produkte des Pflanzenreichs sind, dem Klima entsprechend, weniger mannigfaltig, als in den Nachbarländern an der Seeküste. Das westliche Land hat weite Grasebenen von sauern und süßen Gräsern (Cariceen und Gramineen), die unter dem Namen „gebroken veld“ gute Weide gewähren; einzelne Strecken „hooge veld“ sind mit einem drahtähnlichen sauern Grase bedeckt; die Flüsse sind mit einem breiten Saume von Mimosen besetzt, und auf diesen Saum folgt ein noch breiterer Streifen niederen Buschwerks mit vereinzelten Grasplätzen. Die zahlreichen Bäche und die geneigte Lage der Ebenen macht in den meisten Gegenden eine Berieselung möglich, ohne welche der Feldbau in diesen regenarmen Gegenden nicht würde gedeihen können. In den östlichen, gebirgigen Landestheilen ist Garten- und Ackerkultur leichter; Weizen, Mais, Kafferkorn gedeihen trefflich. — Der Mineralreichthum des Landes ist noch nicht erschlossen. An mehreren Punkten hat man Kohlen gefunden; die Schmiede in Blömfontein verbrauchen die Kohlen vom Schmidtflusse. Außer Eisen und andern Metallen hat man Gold im Gebiet des Caledon gewaschen, wenn auch bis jetzt nur in kleinen Körnern. Von Thieren finden sich Antilopen, Gnus, Quaggas, Elennthiere, Rhinoceros, Elefanten, Löwen. Hornvieh und Pferde gedeihen trefflich auf den weiten Savannen, vor allem aber eignet sich das hochgelegene Grasland zur Zucht von Merinoschafen. — Bevölkerung. An die Stelle vereinzelter

Buschmannhorden und armseliger nomadischer Hirtenstämme, die in der herrenlosen Einöde umherschweiften, sind seit 1835 Auswanderer aus der Kapkolonie getreten, die von 1848 bis 1853 unter englischer Herrschaft standen, aber seit dem Wegzug der englischen Beamten und Soldaten einen eignen, schon 1854 von der britischen Regierung anerkannten Freistaat gebildet haben. Die Zahl der weißen Bewohner wurde um diese Zeit auf etwa 15,000 geschätzt; die Zahl der Eingeborenen ist sehr gering. Die Regierung ist in den Händen eines von den Bewohnern frei erwählten Präsidenten, unter welchem die Landdrosten und Heemraden als Verwalter der einzelnen Distrikte stehen; die gesetzgebende Gewalt liegt in den Händen der Landesversammlung, des „Volksraad". Das Land ist in 4 Distrikte eingetheilt. Geistliche und Lehrer sind in allen Distrikten angestellt, die Volksbildung ist in gutem Vorwärtsschreiten begriffen. In der Mitte zahlreicher eingeborener Volksstämme gelegen, hat der Freistaat die Aufgabe, in friedlicher Entwickelung die wohlthätigen Elemente des Christenthums und der Civilisation zu verbreiten; und die gegenwärtige Regierung (Präsident Hoffmann) scheint diese Aufgabe richtig erfaßt zu haben. Der Verkehr wird durch gute Straßen gesichert, die die im Jahr 1836 noch pfadlose Wüste vom Oranjefluß bis nach Potschefstrom durchziehen. Schlachtvieh wird in großen Herden nach der Kapstadt getrieben. — Die Flüsse bieten, namentlich am Nordabhange der Witbergen, bei raschem Gefälle und starkem, dauerndem Wasser gute Gelegenheit zur Anlegung von Mühlen und anderen technischen Etablissements, doch muß eine Erweiterung der Volksthätigkeit in dieser Richtung auf eine Vermehrung der Bevölkerung selbst warten.

1) Distrikt Caledon oder Smithfield im S., am Oranje und Caledon, Hügel und Hochebenen mit reichen Weiden enthaltend; treffliche Schafzucht. Smithfield, 7 Meilen N. vom Oranje und 3 Meilen vom Caledon, rasch aufblühende Hauptstadt; holländische Kirche; Handelsmagazine; Mittelpunkt der Ackerbauvereine des Distrikts. — Eingeborne aus der Völkerschaft der Betschuanen wohnen nur in 2 kleinen Locationen, um Bethulia, nahe an der Mündung des Caledon in den Oranje und um Beerseba, 12 Meilen aufwärts am Caledon.

2) Distrikt Blömfontein, NW. vom vorigen bis zur Vaal, weite Savannen enthaltend. Blömfontein, Hauptstadt des Staats, unter 29° 8′ S. B. und 43° 32′ O. L., mit 200 schönen Häusern, 2 Kirchen, 2 Kapellen, 1 öffentl. Schule; Theater, Klubhaus, Zeitung. Schöner Anbau des Landes längs der Flüsse. — Die aufblühende Stadt Fauresmith, SW. von Blömfontein, an der Grenze des Griqualandes, in einer reichen, produktiven Gegend, entwickelt bereits einen lebhaften Handelsverkehr.

3) Distrikt Winburg, nördlich vom vorigen; die gleichnamige Stadt, 14 Meilen NO. von Blömfontein, hat 60 Häuser, 1 Kirche, 1 Gefängniß. Eine Wasserleitung versorgt die Stadt und ihre Gärten mit schönem Wasser.

4) Distrikt Harrysmith oder Vaalfluß, das nördliche Gebiet mit Gebirgsland und Hochebenen, am reichsten bewässert. Harrysmith oder Vreedeborp, 33 Meilen ONO. von Blömfontein, an der über den Kathlamba nach Natal führenden Hauptstraße; 40 Häuser, Mittelpunkt einer reichen Ackerbaugegend.

3) Das **Basutuland.** Mit diesem Namen fassen wir die vom obern Oranje und vom obern Caledon durchflossenen, im O. durch die Kathlambaberge vom Kafferngebiet und Natal, im N. und W. durch die Witbergen und ihre Plateaufortsetzungen von dem Oranje-Fluß-Freistaat, im S. durch den Oranjefluß vom Kaplande getrennten Hochlande zusammen, welche von 28½° bis über den 30° S. B. und von 44° bis 46½° O. L. sich erstrecken. Die Größe beläuft sich auf etwa 600 QM. — Bewohnt wird dieses Gebiet von verschiedenen, jetzt weder von der Kapkolonie, noch von dem Oranjeflußfreistaat, noch von Natal abhängigen Stämmen, meist Betschuanen, doch auch Koranas. Seit 1836 war das obere flache Hochthal des Oranje unter dem Namen der Distrikte Drakenberg und Ingali als ein Theil von Natal betrachtet, wenn auch noch nicht kolonisirt worden; von 1848 bis 1853 bildete es — freilich auch nur nominell — einen Theil der zum Kaplande gehörigen Oranje-River-Sovereignity. Das gesammte östliche Gebiet nahmen die Basuto oder Basutu ein, ein an Kraft und Energie den Küstenkaffern nachstehender Betschuanenstamm unter dem mächtigen Häuptling Moschesch, welcher auch eine Oberherrschaft über die übrigen Stämme auszuüben scheint. Am Caledon und den Quellen des Modder, östlich von Blömfontein, haust der Betschuanenstamm der Barolong, östlich neben ihnen ein Bastardstamm, unter dem Häuptling Carolus Baige. Nördlich von den Barolong, an den Quellen des Vet und bis an den Caledon, wohnt der Stamm der Bataung, unter dem Häuptling Molitsani, weiter nördlich ein Stamm der Korana, unter dem Häuptling Ger Taaibosch, im Quellgebiet des Caledon endlich, südlich von den Witbergen, wohnen die Bakueina und die Mantati unter dem Häuptling Sikonjella, letztere auch in der Südostecke des Gebiets.

Die bedeutendste Ortschaft ist Thaba Untschu im Quellgebiet des Modder, von Barolongs bewohnt, mit etwa 10,000 Ew. Zahlreiche Missionsstationen (Bethesda, Hermon, Hebron, Moriah, Thaba Bossiu u. a.) sind über das Gebiet verbreitet, dessen Bewohner sich mit Getreidebau, Viehzucht, Jagd, mit Zubereitung von Häuten wilder Thiere und Verarbeitung derselben zu schönen Pelzkleidern beschäftigen, und an Thätigkeit, Sauberkeit, Sparsamkeit die verwandten Stämme übertreffen. Sie schmieden Eisen und Kupfer, ihre Waffen sind Assagaien, Wurfkeulen und Aexte. Ihre Tänze sind graziös und friedlich, nicht wild und kriegerisch, wie bei den Sulu; ihr Charakter gilt für unzuverlässig und lügenhaft. Sie sind durchgängig Heiden, doch ist die Beschneidung bei ihnen allgemein. — Mit dem Oranjefluß-Freistaat stehen sie in Feindschaft, und ein Krieg zwischen beiden Nachbarn (1865) endigte damit, daß das Gebiet des Häuptlings Molitsani an den Oranjefluß-Freistaat abgetreten werden mußte.

4) Das **Griqua- und Korana-Land.** Die Ebenen am rechten Ufer des Oranje, unterhalb der Mündung des Caledon, bis an den untern Modder und die Vaal, ja auch über die Vaal hinüber werden von Griqua bewohnt. Dieses Volk, auch Bastards genannt, stammt von Mischlingen (Kindern von niederländischen Boers und farbigen Frauen), welche unter Führung eines freigewordenen Farbigen, Adam Kock, zu Anfang dieses Jahrhunderts aus der Kapkolonie auswanderten und sich jenseit des Oranje, in einem durch die Vernichtungskriege der Urbevölkerung verödeten Lande, niederließen. Durch Zuzug von freien Schwarzen und Hottentotten aus der Kapkolonie, wie durch Flüchtlinge innerafrikanischer Stämme verstärkt, bildeten sie sich (1812) zu einem unabhängigen Völkchen, welches nur zeitweilig (1848 bis 1853) unter der britischen Oberherrschaft stand. Das Gebiet der Griqua beträgt etwa 260 □M. östlich der Vaal; westlich von derselben, in freilich unbestimmten Grenzen gegen das nordwestliche Wüstenland, mögen noch über 600 □M. Landes unter Waterboers Herrschaft stehen. In Folge innerer Streitigkeiten haben sich nämlich diese Griquas in 2 Stämme oder Gebiete gesondert; der östliche, längs des Oranjeflusses, hat seinen Mittelpunkt in Philipolis, an der Straße von Colesburg nach Blömfontein. Andre Orte sind Ramab, Backhaus, Grootfontyn. Das westliche Gebiet, welches gegenwärtig unter Waterboer, dem Urenkel jenes Adam Kock, steht, breitet sich an beiden Seiten der Vaal bis zu deren Vereinigung mit dem Oranjefluß und von da weiter nordwestwärts bis über die Asbestberge aus; sein Mittelpunkt ist Klaarwater oder Griquatown, 8 Meilen nördlich von jener Flußvereinigung; 1 Kirche, mehrere Schulen. Campbellsdorf, O. v. vor., Griquadorf. Ueber die Korana s. oben S. 423.

5) Das Gebiet **der freien Betschuanenstämme** im W. der Boerrepubliken; in den fruchtbaren Gebirgs- und Savannenländern, welche sich westlich vom Limpopo und der obern Vaal nach der Kalahari hin erstrecken. Vom Hochlande des Wasserscheidezugs in der Transvaalschen Republik (unter 26° S. B.) ziehen sich Ausläufer in das freie Betschuanenland herein und verflachen sich theils gegen W. in die Kalahari, theils neigen sie sich gegen S., zwischen dem Molopo und der Vaal ein fruchtbares, relativ niedriges Hügelland auf dem freilich immer noch beträchtlich hoch über dem Meere liegenden Plateau bildend. Die südlichsten Züge dieser Erhebungen sind die Langen Berge zwischen dem Griqualand und der Kalahari und die Asbestberge am Nordrande des Gariep. Vom 25° S. B. ziehen sich, im W. des Limpopo und mit diesem parallel, breitscheitelige Bergzüge nach ONO. in Moselekatze's Reich hinein; nach O. gegen den Limpopo von zahlreichen Thälern eingeschnitten, nach W. zur Kalahari sich abflachend. Es sind dies a) die Batlapi (Sing. Motlapi) am Hartfluß oder Gaub-Garib. Ihr Gebiet ist flach, zum großen Theil sandig, tief roth gefärbt und dürr, daher die Mehrzahl des Volks zum Nomadenleben genöthigt ist. Hochwald fehlt ganz, große Strecken sind mit dichtem, kaum mannshohem Strauchwerk bedeckt, die Flüsse sind von Baumlinien begleitet. Feste Ansiedelungen sind der Hauptort Mamusa, hochgelegen und kalt; Neu-Lattaku oder Kuruman (Lithako), unter 41° 51′ O. F. und 27° 24′ S. B.; Lage und Einwohnerzahl — früher 4000 Ew. — öfters wechselnd, einer der ältesten und bedeutendsten Missionsplätze; Motito, 7½ Meilen NO. v. vor., 1000 Ew., Missionsstation französischer Protestanten. — b) Die Barolong, N. von vorigen, an den Quellbächen des Molopo, ostwärts bis an die Grenzen des Transvaalschen Freistaates; ein meist flaches, aber hochgelegenes, mit Akazienbüschen bedecktes Land bewohnend. Früher mächtiger und in weiteren Grenzen wohnend, wurden sie durch die Matébélé zersprengt und theilweise aufgerieben. Jetzt haben sie sich theils um die Missionsstationen (Molopo, nahe am Quell des gleichnamigen Flusses, Pitsan, früherer Hauptort) angesiedelt, theils nomadisiren sie. — c) Die Bakatla oder Bawanglita wohnen im Hochlande an den Quellen des Notuani, im S. von den Barolong, im N. von den Baquaina begrenzt; ihr Land ist außerordentlich pittoresk, reich an klaren Bergbächen, prächtig bewaldet, erzreich und sehr fruchtbar. Die Bevölkerung zeichnet sich durch Körperbildung (gerade Gesichtslinie) und Kunstfertigkeit (Industrie in Eisen und Holz) vortheilhaft vor den andern Betschuanen aus. Mabotsa, Hauptort in schöner, waldiger Berggegend, 500 H.; Missionen. Kurritschani, 2 Meilen S. v. vor., ehemals die große (20,000 Ew.) Hauptstadt der Bahurutzi, eines mächtigen, durch die Matebele zerstreuten Betschuanenstamms. Malita, 3 Meilen W. von Mabotsa, ehemals Hauptstadt der Bauaketzi, welche durch die Matébélé gleichfalls zersprengt worden sind; eines fleißigen, industriellen, durch Reinlichkeit und sorgfältigeren Häuserbau sich auszeichnenden Stammes. — d) Die Bakwaina (Baquaina d. h.

Krokodilvolk), zwischen der Kalahari und dem Limpopo, im S. von den Bakatla, im N. von den Bamangwato begrenzt, bewohnen gleichfalls ein wasserreiches, schön bewaldetes, an Eisen und Kupfer reiches Bergland, aus welchem der Notuani (Ngattuani) dem Limpopo zuströmt. **Kolobeng**, ehemals Lepelöle und Litubarüba, 43° 7′ O. F., 24° 27′ S. B., 1375m hoch gelegen; wichtige Missionsstation. **Tschanuane** oder Tschonnani, 7 Meilen O. v. vor., Hauptort und britische Missionsstation. **Schokuane**, 6 Meilen N. von Kolobeng. — e) Die **Bamangwato**, N. von den Bakwaina, am Limpopo und seinen westlichen Zuflüssen Mahala, Palatoe, Masatse und dem vielverzweigten Schaschi; im N. von Moselekatze's Reich, im O. von der Transvaalischen Republik, im S. von den Bakwaina, im W. von der Kalahari, im NW. von der Niederung des Sugaflusses und des Kumadausees begrenzt. Das Land, im W. sandig und wasserlos, hat in seinen Ostabhängen zahlreiche, gut bewässerte Thäler; der Volksstamm, früher ausgebreiteter und mächtiger, ist durch die Matébélé zurückgedrängt worden. Hauptort ist **Schoschong** oder Sekhomi's Stadt.

6) Die **Kalahari-Wüste.** Von der Südseite des Ngami-Sees bis zum 28° S. B., und vom 37—43° O. F. erstreckt sich ein weites, fast horizontales, nach N. zum Ngami-See, und nach S. zum Gariep-Fluß sanft geneigtes Plateau, die Wüste **Kalahari** (Kallihary), kaum von einigen Sandhügeln unterbrochen. Im O. lehnt sie sich an die Höhen des Betschuanenlandes, welche den Wasserscheidezug gegen den Limpopo und die Vaal bilden, im W. an die Höhen des Namaqua und Damara-Landes an. Ohne Grund ist die Kalahari die „südliche Sahara" genannt worden. Sie ist ein regenarmes, aber nicht regenloses Gebiet. Ihre Oberfläche ist mit Sand bedeckt, ohne kahle Felsflächen und schroff hervortretende Felsrücken; der Sandstein, welcher eigentlich die Oberfläche bildet, ist in hellfarbigen weichen Sand, fast in reine Kieselerde zerfallen, ruht aber auf einer Basis von Schichtengesteinen, die nach den Rändern der Wüste sich heben und hervortreten. Im Nordosten sind die Sandschichten von Kalktuff, in den ehemaligen Flußbetten von Alluvium überlagert, in welchem sich Reste von Süßwassermuscheln finden. Bei dieser eigenthümlichen Bodenformation, die das Wasser von den Rändern der Wüste nach dem Centrum leitet, **müßte das Bohren artesischer Brunnen von bedeutendem Erfolg sein.** Der Boden ist größtentheils mit lockerem oder dichter verwachsenem Gebüsch, selbst mit größeren Waldungen, die auf Feuchtigkeit in der Tiefe hinweisen, bekleidet. Nur in dem fast absoluten Mangel an Quellen und fließenden Gewässern und der daraus hervorgehenden Menschenleere hat das Kalahari-Plateau mit manchen Strecken der nordafrikanischen Sahara Aehnlichkeit. Ganz verschieden davon sind die baumlosen, aber mit hohem Gras bedeckten sandigen Ebenen im SO. zwischen der Kalahari und der Oranjefluß-Republik: hier treten zahlreiche Quellen zu Tage und diese, wie die abfließenden Wasserläufe, sind durch Gruppen oder ununterbrochene Linien von Akazien — nicht von Dattelpalmen, wie in der Sahara — umkränzt. Im Norden, wo die Kalahari in die tropische Zone hineinreicht, ist der Regenfall häufiger; Giraffen, Quaggas, Gnus, Springböcke, Strauße bewohnen die weiten Flächen, über welche in der feuchten Jahreszeit auch die Elefanten vom Sugaflusse sich ausbreiten. Die Kalahari ist arm an Menschen. Die **Bakalahari**, ein armer und verkümmerter Zweig des Betschuanenvolks, von schwarzer Farbe, mehr von der Jagd als von der Viehzucht lebend, schweifen in dem weiten Gebiet umher; sie sind geschickt in der Verarbeitung des kostbaren Pelzwerkes, welches sie in den Handel bringen. Feste Ortschaften gibt es in dem etwa 9000 QM. großen Gebiete nicht. Sie besitzen keine Rinder, aber Ziegen in großer Menge; sie bauen Bohnen, Erbsen, Kalabassen, Psebenkürbisse, namentlich viel Wasserkürbisse. Nach einer dürftigen Ernte stellt sich leicht Hungersnoth bei ihnen ein. Außerdem wohnen vereinzelt auch **Buschmänner** oder **Saan** in dem Lande. Von Süden unternehmen die Griqua, von Osten und Norden die Betschuanen häufig Jagdzüge in dieses Gebiet und mishandeln dabei die an Zahl geringen, zum Widerstand unfähigen Bewohner.

7) Das **Groß-Namaqualand.** Vergl. S. 164 ff.

8) Das Land der **Ovaherero** und **Damara**, nebst dem Gebiet der **Ovampo.** Dieses Gebiet, vom Zwachaub (Swakop oder Somerset 22° 40′ S. B.) bis zum Kunene (17° S. B.) und vom Meere landeinwärts bis zu den Quellflüssen des zum Ngami gehenden Tiuge (Tiudsche) oder Embarra, 85 Meilen von S. nach N., 70 M. von W. nach O., muß nach seiner physischen Eigenthümlichkeit von den im N. des Kunene gelegenen Länderstrichen getrennt werden. Ethnographisch würde das Negerland der Ovampo von dem Hottentotten- und Betschuanenlande zu trennen sein, wenn nicht die oben erwähnten Eroberungszüge der Saan (Buschmänner), wie Jonker Afrikanders, eine Verschmelzung dieser bisher getrennten Gebiete herbeizuführen im Begriffe wären. — Der Küstensaum von der Walfischbai über das Kreuzkap (Capo Cross) 21° 50′ S. B. und Cap Frio 18° 30′ S. B. bis zur Kunenemündung und über dieselbe hinaus bis zur Kleinen Fischbai bildet eine flache, sandige, wasserleere, unfruchtbare Zone, erst in einiger Entfernung, vom Meere aus nicht sichtbar, erheben sich die Ränder des inneren Hochlandes, auf denen das Hoanoasgebirge (Guanuas) N. vom Zwachaub (gegen 900m), das Messumgebirge (1000m) NO. von Kap Croß und der Cockscomb oder St. Ambosesberg unter 20° 50′ S. B. die hervorragendsten Punkte sind. Von dieser untersten und westlichsten, zum Theil sehr schroffen Terrasse nach O. steigen die wiederholt mit Bergreihen oder mit einzelnen Tafelbergen besetzten

inneren Terrassen an, welche bei Barmen (Otschilango) im Flußthal des Zwachaub 1318m, auf der nördlichen grasreichen Hochfläche im Durchschnitt 1800m, an den Quellen des Aub, Kuisib, Zwachaub, Nosob wohl über 2000m erreichen. Aus diesem Hochlande steigen wieder einzelne Plateaus oder Berge auf, wie der Omatschipatera und der hohe Erongo, welche mit andern Erhebungen, 15—18 Meilen landeinwärts, eine mit der Küste parallele Reihe bilden; tiefer im Innern im Quellgebiet des Nosob, des Omaruru und des Omuramba Matako erheben sich der an Rotheisenstein reiche Ombotose (Omhotozu) 2300m, der Omatako 2680m, unter 19° 30' S. B. die Otschorukaku-Berge, in denen sich ergiebige Kupfergruben befinden. Langsamer dacht sich die Hochfläche ostwärts zu dem 1132m hoch liegenden Ngamisee ab. Der größte Theil dieser Bergmassen scheint granitischer Natur zu sein; längs des Omuramba Matako breitet sich eine Zone von Kalkstein aus; die schroffen Tafelberge scheinen aus Sandstein zu bestehen; östlich landeinwärts schließen sich die bekannten Sandebenen an. — Beträchtliche, gut entwickelte Flüsse sind nicht vorhanden. Der Zwachaub, über 50 Meilen lang, ist zur Regenzeit ansehnlich, in der trocknen Jahreszeit ist er völlig wasserleer; sein bedeutendster Zufluß ist der Kana oder Otjosembaer. Unter 22° S. B., parallel mit vorigem, geht der 32 Meilen lange Omaruru ins Meer. Von da bis zum Kunene ist kein Fluß bekannt. Von den wenigen vorhandenen Quellen des Hochlandes ist eine Anzahl theils brakisch, theils alkalisch, schweflig oder eisenhaltig. Die Ovaherero aber wissen sich durch Brunnengraben in den Kalk- oder Sandsteinschichten ihres Landes zu helfen. Je weiter nordwärts, desto häufiger werden die Quellen. Vom Omatakoberg nach NO. zieht sich der Omuramba (so heißen breite Flußthäler, die außer der Regenzeit trocken und mit Gras und Gebüsch bewachsen sind und einzelne stagnirende Wassertümpel zeigen) Matako, welcher nach einem Laufe von 50 Meilen in der östlichen Sandebene sich verliert, weiter nördlich im Ovambolande der gleich lange, nach SO. ziehende Omuramba Ovambo oder Ua-Ndzira, welcher sich gleichfalls in der Steppe zu verlieren scheint, ohne sich mit dem Matako zu vereinigen oder den Ngami-See zu erreichen. In seinem obern Lauf liegt der etwa 2 Meilen lange beständige See von Onandova, mit welchem gegen Westen die Salzpfanne Etoscha oder Etosa in Verbindung steht, eine von Europäern noch nicht besuchte, von den Eingebornen stark ausgebeutete Salzniederung. — Heiße Quellen finden sich im Namaqua- und Ovahererolande bei Rehoboth, Eikhamis (90° C) und Barmen (69° C). — Das Klima ist vorzugsweise trocken, gesund und im Winter auf den Hochebenen so kalt, daß sich in den Augustnächten nicht selten starkes Eis bildet. Die hohen Berge decken sich alljährlich mit Schnee. Vom September bis Dezember tritt eine schwächere Regenzeit ein; von da bis zum März fällt der Regen oft in großer Heftigkeit und verwandelt die trocknen Flußbetten in reißende Ströme; die Temperatur ist dabei sehr angenehm. April und Mai weht ein unangenehm scharfer, kalter Ostwind; die Kälte dauert bis zum August; dann folgen glühende, trockne Westsüdwestwinde, die Pflanzen verdorren, der Thermometer steigt bis auf 35°, täglich bilden sich Wirbelwinde mit Sandhosen, oft in furchtbare Orkane übergehend, welche die Atmosphäre mit Staub und Sand erfüllen. — Von den Thieren zeichnen sich der Elefant, das kleinere weiße Rhinozeros, zahlreiche Löwen, Giraffen, Antilopen, wilde Büffel von schwarzer Farbe und mit Mähne, Schuppenthiere oder Pangolins (bisher in der Alten Welt unbekannt), Papageie, Perlhühner und Pfaue aus. Heuschrecken richten große Verwüstungen an; Termiten sind zahlreich. Unter den Produkten des Mineralreichs sind Kupfererze zu Gnutuais und in den Otjerukakubergen, Rotheisensteine in den Ombotose-Bergen der Damaras zu bemerken. Salzsoole quillt zu Etoscha (18° 40' S. B.) und liefert durch natürliche Verdunstung an der Sonne Massen des reinsten Salzes. — Die Bevölkerung, so dünn zerstreut sie ist, ist gleichwohl eine sehr mannigfaltige. Vor einem Jahrhundert wanderten die Hereró oder Ovahereró, ein Negerstamm, der die Bundasprache redet, in diese Hochlande ein; dann überschwemmten die Namaqua von Süden her das Land. Der südliche Theil der Ovahereró, samt ihren östlichen Nachbarn, den Mbantschera (Ovambantieru, Mbangeru), ist bereits bis auf wenige Tausende zusammengeschmolzen, hat auch die Sprache seiner Nachbarn und Unterdrücker, der Namaqua, angenommen. Ihnen zunächst wohnen im N. Buschmänner oder Ovikuangara, mit eignem Namen Aunin, und vom 20—19° S. B. Berg-Damaras oder Ihaukoin (vom Ovahereró-Stamm). Die Damara bestehen nämlich aus zwei verschiedenen Nationen, die nicht verwechselt werden dürfen. Die Berg-Damara oder Ghou-Damoup reden des Nama, obgleich Gestalt und Farbe eine Verwandtschaft mit den nördlichen Negerstämmen andeuten; sie wohnen seit langer Zeit zwischen dem 19 und 23° S. B. landeinwärts von der Westküste. Die Ovahereró oder Damara der Ebenen, die sich um die Mitte des 18. Jahrh. von dem centralen Hochlande (am obern Liambey) nach Südwesten gewendet und die Länder der Berg-Damara eingenommen haben, dürften der Betschuanenfamilie angehören. Sie sind aus dem Gebiet zwischen dem Kuisib und Omaruru (23—22° S. B.) durch Jonker Afrikanders Raubzüge bereits zurückgetrieben. Jetzt grenzen sie im W. an die Aunin (Küsten-Namaquas), im N. an die Ovampo und an ein wildes waldiges Gebiet der Buschmänner und Berg-Damara, im O. an die Mbangeru oder Ovambantieru, welche mit den Ovaherero stammverwandt sind und die Flächen nach dem Ngamisee hin einnehmen. Mit ihren südlichen Nachbarn, den vom Oranje vordringenden Namaqua, liegen sie in fortwährender Fehde; im Sommer 1864 haben die Damara in einer heißen Schlacht den

Sieg davongetragen. Den Damaras folgen nördlich, unter 18° S. B., die Stämme der Ovaherero: die in einer weiten, fruchtbaren, sandigen und thonigen, an Palmen und an Salz reichen Ebene wohnenden Ovambo oder Ovandonga, ein Negerstamm; westlich und östlich neben ihnen die mächtigeren Ovangandschera oder Ovikuangara, ein Buschmännerstamm; östlich die Ovambundscha oder Ovambuendsche (Ovapuntla) und noch weiter nördlich die Ovakuendschama, bis zu denen der Handel der Portugiesen sich erstreckt, am Kunene endlich die civilisirteren Ovambangara, welche Kleider tragen und durch die Portugiesen mit Feuerwaffen versehen worden sind. Alle diese Negerstämme sind mit einander durch Sprache und Sitten verwandt, treiben Ackerbau, unternehmen Raub- und Kriegszüge und verkaufen die Gefangenen als Sklaven. Von ihrer Kulturfähigkeit ist wenig zu erwarten. Die dem Hottentottenvolk angehörigen, gelb- oder gelbbraunfarbigen Stämme sind in neuerer Zeit immer mächtiger geworden und weiter nördlich vorgedrungen (an der Küste bis zum 20° S. B., im Innern selbst bis Nangero's Residenz Ondonga unter dem 18° S. B.), dürften nun aber bald theils in den besser organisirten Negerstaaten des Innern, theils in dem Interesse und der Macht der Portugiesen eine Grenze ihrer Eroberungszüge finden. — Bei den Ovaherero ist nirgends eine Verehrung von Götzenbildern oder von Menschen als Vertretern des göttlichen Wesens die Rede; doch haben sie einen Begriff von einem höchsten Wesen, dem sie den Namen Umkuru oder der Alte geben, wie auch von einer Fortdauer der Seele nach dem Tode. Die Ovaherero haben dagegen, wie alle südafrikanischen Völker, ihre Zauberer und Regenmacher, die zugleich die Stelle der Aerzte vertreten. Vielweiberei und Beschneidung ist bei allen diesen Völkern üblich, ohne daß sie besondere religiöse Vorstellungen damit verknüpfen; doch die Namaqua und Ovaherero haben die Vielweiberei nicht. — Ackerbau, Gewerbe: vergl. S. 177 f. — Topographie: S. 178 ff.

9) **Die Länder um den Ngami-See.** Von den Mosiwatunja-Fällen südwärts am innern Abhang des östlichen Hochlandes wohnen, im N. von den Makololo, im W. von den Batauana, im O. von Moselekatze's Reich begrenzt, mehrere unabhängige, von Sebituane auf seinem Durchzug gegen Norden stark mitgenommene Betschuanenstämme: a) die Banajoa, dunkler von Farbe als die Betschuanen, in der Ebene nördlich vom Suga, b) südlich von ihnen in derselben Ebene eine Abtheilung der Maschona, um den Ort Maila, c) am Nordufer des Suga die Batletli, eine Abtheilung der Saan oder Buschmänner, die sich gegen NO. bis hierher vorgedrängt haben; d) südlich neben vorigen ein kleiner Stamm der Bakurutse, eine Betschuanen-Abtheilung. Der bedeutendste Stamm am Ngami aber sind e) die am obern Zuga und im N. des See's wohnenden Bayeye oder Wayeye (d. h. in ihrer Sprache „Menschen"). Dieser Betschuanenstamm ist erst vor wenigen Jahrzehnten, von Sebituane besiegt, aus seiner Heimath geflüchtet, und hat sich am Ngamisee niedergelassen. Die früheren Bewohner der Gegend wurden unterworfen und zu Sklaven gemacht, man nennt sie jetzt Bakoba oder Makoba, d. h. Leibeigene. Der Häuptling der Bayeye ist Letscheletebe; er hat große Macht über sein Volk, die aber, wie meist bei diesen Nationen, mehr auf abergläubischer Verehrung, als auf die Thatkraft und persönlichen Vorzüge des Herrschers sich gründet. Seit Ankunft der Europäer am Ngamisee hat er angefangen, sich europäische Kultur anzueignen, auch hatte er bis 1856 sich bereits 700 Feuergewehre verschafft und damit große Macht über die umliegenden Stämme erlangt, auch die mächtigen Makololo zurückgeschlagen. Doch steht er unter Oberhoheit des (christlich gewordenen) Sitseli. — Die Bayeye werden als argwöhnisch und hinterlistig gegen die Fremden, als schlau und umsichtig bezeichnet; die Männer beschäftigen sich viel mit dem Fischfang und der Jagd (auf Antilopen, auch auf den Hippopotamus); die häuslichen Arbeiten und der Ackerbau liegen den Frauen ob, während die Männer daheim müßig gehen und ihre Zeit mit Essen, Trinken, Tanzen, Schlafen verbringen. Die Bayeye treiben Viehzucht, haben aber mehr Schafe und Ziegen als Rinder; sie kleiden sich durchgängig in Felle; als Waffen haben sie nur leichte Wurfspieße, selten Schilde zur Vertheidigung. Sie bereiten eine Art Bier aus Malz und berauschen sich gern; die Männer schnupfen, die Weiber rauchen Dakka. Ihre Hütten sind groß, rund, mit Binsenmatten bedeckt. — Als Handelsartikel sind Perlen zum Schmuck der Frauen und Munition besonders geeignet; die Perlen sind durch überflüssigen Import im Preise bedeutend gesunken, Munition behält um so mehr ihren Werth, da der Handel mit derselben 1852 von der Kapkolonie aus untersagt worden ist. Exportirt werden Felle, Rhinozeroshörner, Elfenbein, Hippopotamuszähne.

10) **Moselekatze's Reich.** Ein Stamm der Amasulu (Zulu-Kaffern), die Matébélé, ist unter seinem Führer Moselekatze landeinwärts gedrungen und hat, die Betschuanenstämme unterwerfend oder vor sich hertreibend, ein mächtiges Reich gegründet, welches die waldigen, von den südlichen Zuflüssen des Zambeze (Longwe, Sepungwe, Luize) und von den nördlichen Zuflüssen des Limpopo (Schaschi, Mehue, Lonte) reich bewässerten Gebirgs- und Plateauländer zwischen dem 18 und 22° S. B. umfaßt, ein Gebiet von vielleicht 3500—4000 QM., jetzt schwach bevölkert, aber um so reicher an Elefanten, Rhinozeros, Giraffen, Antilopen und Raubthieren. Das Matoppogebirge und O. davon die Maschonaberge bilden die Wasserscheide zwischen Zambeze und Limpopo und ziehen von dem hohen, innern Plateaurande nach O., in ihrem weitern Verlaufe unbekannt, wahrscheinlich sich gegen O. bis zur

untersten Terrasse abstufend. Hauptstadt ist Matlokotloko unter 45° 55' O. F., 20° S. B. an einem der Quellflüsse des Longwe, nördlich am Matoppogebirge.

11) Die **unabhängigen Stämme am mittlern Zambeze.** Von 2 Seiten sind die ohne Einigung neben einander wohnenden Stämme der Negervölker am mittlern Zambeze, von den Mosiwotunja-Fällen abwärts bis gegen Tete, bedroht worden: von dem Eroberungszug der Matébélé, die sich unter Moselekatze ein Kafferreich zwischen Zambeze und Limpopo gründeten, und von dem ähnlichen Eroberungszug der Makololo, eines Basutostammes, deren Herrscher Sebituane ein Reich am Liambey errichtete. Die Batoka lebten früher auf den großen Inseln im Liambey, oberhalb der Mosiwatunja-Fälle, wurden aber wegen ihrer Verbindung mit den Matebele von Sebituane's Volk theils ausgerottet, theils unterworfen, ein Theil flüchtete sich zu Moselekatze oder behauptete an den östlichen Grenzen der Makololo seine Unabhängkeit. Unterworfen sind den letzteren diejenigen Batoka, welche von den Mosiwatunja-Fällen nordostwärts bis zum untern Kafue oder weiter nördlich auf dem feuchten Hochlande bei den Baschukulompo wohnen. Unabhängig sind diejenigen Batoka, welche östlich vom Kafue und vom Diela am linken Ufer des Zambeze wohnen und sich Batonga nennen. Ihr Land ist bergig und bewaldet. Die Residenz Monze liegt 34 Meilen NO. von den Mosiwatunja-Fällen gegen 1400m hoch; 15 Meilen weiter NO. liegt Semalembue, 1000m hoch, im Thale des Baschukulompo. — Abwärts am linken Ufer, von Zumbo bis gegen Tete, wohnen die Basunga, auf dem rechten Ufer die Banyai und die Abutua; die Portugiesen beanspruchen zwar dieses gesammte Gebiet, doch ist selbst die Faktorei Zumbo aufgegeben, und kaum reichen die Handelsverbindungen über Tete aufwärts.

12) Das Reich der **Makololo**, eines Basuto-Stamms, von Sebituane um 1824 gegründet, jetzt von dessen Nachfolger Sekeletu beherrscht, erstreckt sich von der Ebene am untern Tschobe (18° 30' S. B.) bis an den untern Lieba (13° 40' S. B.), 70 Meilen weit von S. nach N., und an beiden Seiten des Liambey weit landeinwärts in einer Ausdehnung von 110 Meilen (38—46° O. F.) von W. nach O. Ueber die zahlreichen einheimischen oder bei Sebituane's Kriegszug von S. mit herbeigeführten unterworfenen Negerstämme (die „Makalaka") herrschen die Basuto. Die Hauptorte sind Linyanti am Tschobe, 1070m hoch, in einer fruchtbaren, mit üppigem Gras und schönen Bäumen (Baobab, Palmyra) bedeckten Gegend, und Seschcke, 22 Meilen NO. v. vor., am linken Ufer des Liambey, in derselben Ueberschwemmungsebene. Die Einwohner an beiden Strömen treiben Fischfang in Fischgräben, die bei der Ueberschwemmung sich füllen; das Klima ist außerordentlich ungesund und nur von Juni bis August fieberfrei; auch werden die feuchten Flußufer von der Tsetsefliege heimgesucht. Auf den höheren Terrassenländern N. von Seschcke, an beiden Seiten des Liambey, wohnen die armen, aber fleißigen und geschickten Banyeti (Manyeti); nördlich von ihnen, von 16—14° S. B., in der breiten Ueberschwemmungsebene, die Barotse oder Baloiana (d. i. Kleine Baloi). Auf dem fruchtbaren, schwarzen Alluvialboden werden Mais, Kafferkorn, Zuckerrohr, Bananen gebaut; die zahlreichen kleinen Ortschaften stehen auf künstlich aufgeworfenen Dämmen und ragen beim Hochwasser als Inseln aus der weiten Seefläche. Naliele, die größte von ihnen, zählt noch nicht 1000 Ew. Auf den Höhen der 100m sich erhebenden Thalränder ist fruchtbares Acker- und Waldland. Libonta, nördlichste von Makololo bewohnte Stadt. Weiter stromaufwärts sind nur noch zerstreute Weiler und Viehstationen; das Grenzland gegen die Balonda ist fast unbewohnt. Im Thal herrschen Fieber. Auf dem östlichen Thalhang haben die Portugiesen 1850 von Benguela aus den Handelsposten Katongo gegründet und den hier bis jetzt unbekannten Sklavenhandel auch am mittlern Liambey eröffnet.

13) **Kazembe's Reich (Lunda).** Dieses Reich, welches sich an den Quellflüssen des Liambey bis gegen das Südende des Tanganyika-Sees, ungefähr vom 43—49° O. F., vom 8—11° S. B. erstreckt, vielleicht noch weiter gegen S. und N. sich ausdehnend, ist erst durch wenige dürftige Reiseberichte uns bekannt. Der größte Theil des Landes muß hoch (1400—1500m) liegen, das weite Gebiet gegen W. wird als dürftig bewaldet oder mit Savannen bedeckt geschildert, die andern Gegenden scheinen wasserreich und stark bewaldet zu sein. Die Einwohner handeln mit Sklaven, Elfenbein, grünen Steinen (Kupfererzen?), stehen aber nicht unmittelbar mit den Portugiesen in Verbindung. Ihr Oberhaupt, der Muata-Kazembe, übt ein unumschränktes, tyrannisches Regiment: Hinrichtungen, Verstümmelungen sind an der Tagesordnung, selbst Menschenopfer kommen vor. Das Land scheint nur vorübergehend unter der Herrschaft des Matiamvó gestanden zu haben. Lunda oder Lucenda, ansehnliche Haupt- und Residenzstadt an einem See (dem Mero?) und am Flusse Loapula, der dem Zambeze zuströmt. Handel mit Kupfer, Elfenbein, rothem Oel. Im SO. wohnt das tributäre Volk der Mbiza oder Mavisa mit dem Hauptorte Chama oder Moiro Atschinto.

14) Die **unabhängigen Stämme an beiden Seiten des Lieba.** Wir fassen hier das Gebiet aller derjenigen Negerstämme zusammen, welche im N. von Murepue, im O. von Kazembe's Reich, im S. von den Makololo, im SO. von den Stämmen der Ovampo, im W. von dem tributären Gebiet des portugiesischen Benguela begrenzt werden. Das ganze Land ist Hochebene (1000—1600m) an den nordwestlichen Quellflüssen des Liambey (Lieba

Liba oder Leiba mit dem Luéna, Lorti oder Lungobungo, dem Kokema oder Tschobe), reicht aber auch in das Quellgebiet des Koanza, des Kongo und des Kasai hinüber. Das gesammte Gebiet ist erst durch Livingstone's und Ladislaus Magyar's Reisen erschlossen worden, aber erst einzelne Linien durch dasselbe sind genauer bekannt. a) Balobal oder Lobal, im N. an Muropue, im O. mit dem Riambedschi an die Lui-Banda-Staaten, im S. mit dem Luelabe gegen die Sambuella, im S. und W. an die Buundaländer und die Dschokoe grenzend, ein meist ebenes Land, periodischen Ueberschwemmungen ausgesetzt; die höheren Rücken der Bodenanschwellungen sind mit dichtem Wald bewachsen. Der Luéna mit dem Lumedschi und dem Luwálodsche ist zum großen Theil schiffbar, hat aber kurz vor seiner Einmündung in den Liambey einen Wasserfall; der Luelabe oder Lungobungo geht gleichfalls dem Liambey zu. Die Einwohner, vielleicht 200,000 an Zahl, sind wohlgewachsen, räuberisch, befehden sich gegenseitig und verkaufen die Gefangenen; ihre Religion ist ein roher Fetischdienst, mit Thier- (nicht mit Menschen-) Opfern. Sie bauen das Land, treiben Handel mit Sklaven und Wachs; ihre Sprache ist das Ka-lobár. Ihre Städte, Kinyama im östlichen Theile des Landes, Katenge im SO., führen, wie gewöhnlich in jenen Ländern, ihre Namen nach den dort residirenden Häuptlingen, unter denen der mächtige Katenge sich durch seine Grausamkeit auszeichnet. b) Londa (portugiesischer Name, bei den Betschuanen Balonda, auch Buunda oder Lutschasi genannt), scheint sich südlich von Lobal an bei den Ufern des Liambey oder Lieba auszubreiten und auch Lui-Banda, O. vom Lieba, mag hierher gehören. Das Land ist gegen Osten gebirgig und erreicht östlich von Schinte im Monakadze-Gebirge eine Höhe von mehr als 2000m, der Fluß bildet Wasserfälle, welche die Schiffahrt hindern. Die Einwohner zeichnen sich durch wolliges Haar aus. Schinte oder Kabompo, südlichster Hauptort. Manenko, südliches Grenzdorf östlich vom Lieba (13⅓° S. B.). c) An den Quellen des Kunéne und des Kubángo, welcher mit andern Flüssen vereinigt als Tschobe in den Liambey (oder als Tiudsche in den Ngami) sich ergießt, breitet sich das Hochland der Galangue aus (13—15° S. B.). Dieses Hochland ist wellig und hügelig, regenreich, fruchtbar und mit üppiger Vegetation bekleidet, gegen Süden verflacht es sich in eine immer regenleerer und trockener werdende Ebene, auf deren sandigem Boden anfangs noch Adansonien, Ficoideen, Rhododendren und Euphorbien gedeihen, während weiter südwärts die Bäume aufhören und dem südafrikanischen Steppencharakter Platz machen. Die dieses Land bewohnenden Völkerstämme stehen meist unter der Herrschaft der U-Kanyáma. Mehrere Flüsse, wie der Tandáu, der die Simpolo-Seen bildet und südostwärts zum Kubango geht, und der Ovál oder Orár, der aus dem gleichnamigen in der trockenen Zeit nur 1 QM. großen See westwärts zum Kunene fließt (vielleicht gleichbedeutend mit dem Atschitanda älterer Karten), bewässern dieses Land. In der Salzlache Pe-Kángo wird schönes weißes Kochsalz gewonnen, im Lande der Ganzéla (Ganguela) sind ergiebige Kupfergruben, Szimána-hole-munda genannt. d) Dschimbando oder Kimbando, am östlichen Ufer des Koanza und durch diesen Fluß von Bihé getrennt, zwischen 11° und 14° S. B., ein hügeliges, gegen O. ansteigendes Land mit fruchtbarem Thonboden und dichten Wäldern; vielleicht über 600 QM. groß. Der (schiffbare) Kuiba entspringt im Osten des Landes in den sumpfigen Bundaebenen, nimmt viele Nebenflüsse auf und führt seine Gewässer dem Koanza zu. Die Dschimbandivölker sind thätige Landbauer: sie bauen Maniok (Jatropha Manihot), Massambála (Zea Mays minima), Massango (Sorghum), halten Hornvieh, Schafe, Ziegen, Schweine, handeln mit Wachs und Sklaven, weniger mit Elfenbein. Sie sind Fetischdiener, haben die Vielweiberei und die Beschneidung eingeführt. Sie stehen unter mehreren Häuptlingen, deren vornehmster, Kuso, in Kuso, eine auf einer Anhöhe gelegenen Stadt am Koanza, residirt. Kationgo am Kuiwa, stark bevölkert. Na-Ssenda, nördlich von Kuso. Noch weiter nördlich liegt Angoluka oder Anguru am Koanza; Fährplatz. e) Oestlich von Kimbando erstrecken sich die Olowihenda-Wälder in einer Länge von 50—60 Meilen (S. nach N.) und in einer Breite von 15—20 Meilen (O. nach W.). Der Boden hebt sich von W. nach O. und erreicht in den Hochflächen der Wasserscheide zwischen dem Koanza und den Zuflüssen des Liambey, namentlich im NO., wo auch der Kongo entspringt, seine bedeutendste Erhebung, wahrscheinlich gegen 2000m. Zwischen dem nassen, dichten, massenhaften Urwald, welchen, außer einigen nomadisirenden Horden der kleinen, häßlichen, aber friedlichen Mu-Kankala, nur selten vereinzelte Elephantenjäger und Honigsammler durchstreifen, finden sich hin und wieder grasbewachsene, von zahlreichen Thierherden belebte Lichtungen. Das Klima ist feucht; im Winter sinkt es — in Folge der beträchtlichen Höhe — bisweilen unter den Gefrierpunkt. f) Oestlich von den Olowihenda-Wäldern wohnen die Dschokoe- oder Kibokoe-Völker von 10 bis gegen 13° S. B., 37—39° O. L. in einer gegen O. sich allmählich verflachenden, im W. hohe Wellen bildenden, mit dichten Urwäldern bedeckten Landschaft. Die Thalgründe schneiden tief ein (der Quilo z. B. hat über 400m hohe aus Schichten von Thonschiefer, Sandstein, gehärtetem Kalktuff und eisenhaltigem Sandstein- und Quarzconglomerat bestehende Thalwände; am Moamba liegen über einander grobkörniger Sandstein, weißer Kalkstein und lockere Quarzkiesel-Bänke, trappähnlicher Basalt, harter rother Sandstein, und obenauf eisenhaltige Conglomerate) und werden von klaren Quellbächen durchflossen; zwischen den Thälern erheben sich sanftgerundete Höhen und sumpfige Flächen mit gelblichem Grase, aus welchem vereinzelte Gruppen hoher schlanker Bäume emporragen. Das Land ist dicht bevölkert, die Bewohner sind räuberisch, gegen Fremde feindselig, übrigens fleißige Landwirthe, die außer Manick, Mais, Getreide, auch Tabak bauen; sie jagen Elephanten und sind geschickte Schmiede. Für Elfenbein und Wachs, das in sehr großer Menge gesammelt wird, kaufen sie europäische Waaren und Sklaven. Sie halten auch Rinder als Hausthiere. Vielweiberei und Beschneidung sind bei ihnen gebräuchlich. Ihre Ortschaften, die bis zu 1000 Ew. enthalten, bestehen aus Strohhütten und sind mit Feldern umgeben; ihre Namen — zugleich die Namen der dort residirenden Fürsten — sind Kanvika im NW., einige Meilen S. vom Kassai, Dumba oder Ndschambi an einem Quellflusse des Luembó, weiter südlich Pehu am Lumbedschi, und nahe am Luelabe oder Lungebungo Dina-Kála.

15) Das **Reich Muropue (Moropue)**. Das bedeutendste Negerreich des Innern ist das Reich des Matiamvó (dies ist der erbliche Titel) oder Muati- (d. h. Herr oder Häuptling) Yanvo, ein Reich, welches auch die Namen Moluwa oder Milua und Moropúe oder Muropue führt (auch „Land der Balunda"), und sich mit seinen Vasallenstaaten etwa vom 7—14° S. B., vom 38—48° O. L. erstreckt, also einen Flächenraum von mehr als 10,000 QM. umfassen mag. Es grenzt gegen N. an die kannibalischen Kauhandá und Mubumbó, im O. an die Länder Muene-Kánika und Kazembe, von letzterem durch eine ausgedehnte unbewohnte Wildniß getrennt; im S. an das Land Lobal, im W. an die Länder der Dschokoe, Sindsche und Ma-hungo. Der höchstgelegene Theil des Landes ist im Westen auch durch die Flora (das Vorkommen von Eriken, Rhododendren, zahlreichen Baumflechten) als ein Hochland bezeichnet; nach O. erstreckt sich welliger Boden bis Katende, dann folgen weite, grasreiche, baumlose Ebenen mit sandigem Boden, 1300—1500m hoch und durchaus wasserreich. Hauptfluß ist der Kassawi oder Kasevi, der östliche Nebenfluß (eigentlich Hauptfluß) des Kongo; er entspringt im Lande Dschokoe, bildet oberhalb Katende Wasserfälle und nimmt von O. den Lulua, von W. den Luembó auf, 50—70 Meilen lange Ströme, die gleichfalls mit Wasserfällen in die tieferen Terrassen der innerafrikanischen Hochebene übertreten. Der Riambedschi oder Liambey mit dem Luttembe und dem Luena, geht nach S. und SO. und gehört dem Gebiet des indischen Ozeans an. Die Wasserscheide zwischen beiden Meeren wird durch weite, periodisch überschwemmte, im übrigen Theil des Jahrs mit hohem, wogendem Gras bedeckte Ebenen, die Inamuana, gebildet, auf denen die Seen Dilolo (1445m) und Kisumadschi tiefere, fischreiche Wasserbecken bilden. Der erstere hat nach beiden Seiten hin Abfluß, bildet also eine natürliche (wenn auch nicht schiffbare) Wasserverbindung zwischen beiden Stromsystemen und Meeren. Das Klima ist, bei der absoluten Höhe des Bodens, angenehm und gemäßigt, steigt im (nassen) Sommer selten über 32° C., in dem trocknen Winter ist die Temperatur Mittags gewöhnlich 25°, während sie Nachts bis unter 10° fällt. Nur die Ueberschwemmungsebenen sind ungesund. — Von Thieren finden sich Elephanten und große Schlangen zahlreich; Schweine werden nicht, Schafe und Rinder wenig als Hausthiere gehalten. Gutes Eisen findet sich in großer Menge, Kupfer im Südosten des Landes; die Einwohner verstehen es gut zu schmelzen und zu reinigen. Die Bewohner sind von hohem, schlankem Wuchs, kriegerisch, gastfrei; abergläubisch und dem Kannibalismus nicht fremd. Sie sind geschickt im Verfertigen von Gewehren und Schmuckwaaren, von Baumwollengeweben, feinen Matten; sie bauen Maniok, Getreide, Tabak, Zuckerrohr, Ananas, Bananen, Dendenpalmen (die Dendenpalme gleicht einem Pflaumenbaum, ihre ausgekochten Früchte geben Palmöl), treiben lebhaften Handel mit Sklaven und Elfenbein (die Zähne sind von dunkler Farbe und wiegen 50—57 Kilogr. à Stück). Der Handel mit Wachs ist, bei der großen Entfernung der Absatzorte, nur gering. Als Geld benutzt man Perlenschnüre, Kauris und gesponnenen Kupferdraht. Die Zahl der Bewohner wird auf 1 Million geschätzt (Ladislaus Magyar) und ist gering im Verhältniß zur weiten Ausdehnung des Landes. Die Ortschaften sind klein und zählen, mit Ausnahme der Häuptlingsresidenzen, selten über 100 Einwohner, die Hütten sind klein, von Stroh gebaut, mit runden Dächern; die Ansiedelungen mit hohem, dichtem Wald umgeben. Die Regierung ist unumschränkt, tyrannisch; außer dem unmittelbaren Gebiet des Matiamvo gibt es noch Vasallenstaaten, welche zu Zahlung jährlicher Steuern verpflichtet sind. Matiamvó hat neuerdings den Sklavenhandel in großer Ausdehnung betrieben, indem er seine Unterthanen in Menge verkaufte, auch wird er als ein willkürlicher, wahnsinnig grausamer Regent geschildert, bei welchem Hinrichtungen und Menschenopfer an der Tagesordnung sind. Für Elfenbein und Sklaven erhält er von fremden Händlern, deren Eintritt in sein Reich vielen Schwierigkeiten unterworfen ist, Kaliko, Perlen, irdene Waaren, Salz und Munition. Die Bewohner des volkreichen, fruchtbaren Landes beschäftigen sich mit Ackerbau; Viehzucht ist nicht gewöhnlich, nur der Matiamvó hält sich eine Rinderherde. Kábebe oder Masumba, die noch von keinem Europäer besuchte große Hauptstadt des Matiamvó, liegt östlich vom Kasai etwa 8° S. B. und 41° O. L. in einer welligen Ebene, mit regelmäßigen, rechtwinklig sich schneidenden Straßen und mehreren Marktplätzen, außerordentlich weitläufig gebaut, so daß sie einen Raum von 3 QM. bedeckt; angeblich mit 50,000 Ew. Galandsche, 2 Meilen N. v. vor., 6000 Ew., Begräbnißplatz der Fürsten

in unterirdischen Grüften. Sakambundschi, nahe am Kassabi, 2000 Ew.; Sammelplatz der nach O. ziehenden Karawanen. Katema, in der Nähe des Dilolo-Sees, Residenz eines Vasallenfürsten; Handelsplatz; 1000 Ew. Katende, kleiner Ort am Kassabi; Fähre. — Dem Matiamvó unterworfen sind Kabango am Luembó, 50 Meilen WSW. von Kabebe, die Residenz des Muanzanza; Nykalonga, SO. v. vor.; Kawawa, unweit des Kasai: Orte, die sämmtlich von den dort residirenden Oberhäuptern ihre Namen führen. Die westlich wohnenden Tschiboque (Kibokoe, Dschiokoe) im Quellgebiet des Lungobungo, Kasai und Kongo, und die Baschinje oder Shindsche, welche nördlich von den vorigen im Kongothale wohnen, stehen in einer Art von Allianzverhältniß zum Matiamvó, während die Kasabi (Kassabi) oder Kasau westlich von Katende — mit der Hauptstadt Ndschambi am Tschihuma — unabhängig erscheinen. Dagegen ist das Flußthal des Lieba bis hinab nach Manenko (s. unter 14) in Abhängigkeit vom Matiamvó gekommen, während die Oberherrschaft dieses mächtigsten unter den innerafrikanischen Regenten selbst über das Reich des Kazembe sich ausgedehnt hat.

16) Die **portugiesischen Länder Benguela, Angola und Kongo.** Vergl. S. 169 ff., mit Ausnahme der auf das Namaqua und Ovahereroland bezüglichen Stellen Oberflächen-Beschaffenheit, S. 171. Unbekannt in ihrer Formation, wahrscheinlich ohne bedeutende Erhebungen und Gebirge, ist die Hochebene, welche sich vom 17° S. B. nordwärts auf der Wasserscheide des Kunene und Koanza einerseits, der Zuflüsse des Ngami-Sees und des Zambeze (Liambey) andererseits gegen Norden zieht. Von ihr sondern sich durch den Lauf des Kunene und des Koanza sammt seinem Nebenflusse Kutatu die Küstenterrassen ab, welche in regelmäßiger Erhebung mit der Küste (von der Großen Fisch-Bai bis Loanda, 17—9° S. B.) parallel ziehen und deren Höhe namentlich in der Serra Fria (14° S. B.) und im Libolegebirge (10° S. B.) nicht unbedeutend sein kann. — An den Quellen des Kongo, Kasai und Kuitu muß der Boden eine allgemeine Erhebung von 1600m haben, wahrscheinlich ist hier ein regenreiches Hochgebirgsland. Weiter ostwärts am Dilolosee fand Livingstone die vollkommen flache, in der Regenzeit überschwemmte Wasserscheide-Ebene 1445m hoch. Die südostwärts gehenden Flüsse ziehen mit geringem Fall durch weite Hochflächen, indem sie nach einem Lauf von 120 Meilen oberhalb der Victoriafälle des Zambeze noch immer 1000m Meereshöhe haben; dagegen scheinen der Kongo und seine Nebenflüsse bald vollständigere Thaleinsenkungen zu bilden, zwischen denen die einzelnen Plateautheile endlich als Gebirgszüge, meist parallel nach Norden ziehend, hervortreten. Der zwischen Kasai und Kongo in unbekannte Ferne gegen N. streichende, kalte, mit Urwald bedeckte Zug mag durchschnittlich 1700 bis 2000m sich erheben, der nächste Parallelzug westlich vom Kongo, Tala Mungongo, wird auf 1000m Höhe angegeben; mannigfaltiger, weil von vielen Küstenflüssen durchbrochen und von einzelnen beträchtlichen Bergen überragt, zeigen sich die westlichen Terrassenabfälle gegen das Küstenland; sämmtliche aus dem Hochlande kommende Flüsse bilden hier Wasserfälle, und die Schiffbarkeit wird selbst im Kongo unterbrochen. — Geognostische Verhältnisse. Auch nördlich von der Kunenemündung ist eine ausgebreitete Granitformation, von Basaltgängen durchbrochen. In dem äußerst fruchtbaren obern Kongothale liegt rother Thonschiefer in horizontalen Schichten; über demselben zeigt sich an den Thalwänden als oberste Lage ein eisenhaltiges Sandstein- und Quarzconglomerat. Der dunkelrothe Sandstein von Pungo Andongo mit seinen fossilen Palmen scheint der Steinkohlenformation anzugehören. Im Distrikt von Golungo Alto tritt Glimmerschiefer zu Tage und verleiht durch die Bergkettenform, die er bildet, der Gegend den Charakter eines Hochlandes, westlich ist er von eruptivem Trapp begrenzt, zwischen beiden lagert magnetisches Eisenerz. — Gewässer. Von S. nach N. folgen: 1) der Kunene oder Nourse River; er entspringt in der Hochlandschaft Sambosch 13° S. B., durchfließt, im Ganzen genommen, einen weiten, gegen SO. gerichteten Bogen, nimmt aus Hambo und Kakonda, wie aus Galangue zahlreiche Nebenflüsse auf, empfängt im mittlern Lauf von O. den (noch nicht näher untersuchten) aus dem Zusammenströmen vom Atschilanda und Mukuru-Mukovandscha gebildeten Oval, und mündet nach einem Lauf von etwa 110 Meilen unter 17° 18' S. B. ins atlantische Meer; seine Mündung ist durch Sandanhäufungen verstopft, welche eben so wie die nicht fern vom Meere beginnenden Wasserfälle die Schiffahrt unmöglich machen. 2) Der Bembaroge mündet N. von C. Negro, 3) der Rio Mortes in die Kleine Fischbai, 4) der Karun-Dschamba unter 14° 10' S. B., 5) der Ekistina bei Kinzamba, 6) der Kuparol (Kubarol) oder Rio S. Franzisko unter 13° S. B., er führt die Gewässer des Hochlandes von Kilengues dem Meere zu und ist 40 Meilen lang. 7) Der Kavako bei Benguela, 8) der Katumbela, 9) der Anhambanda, 10) der Balomba, 11) der Kikombo, 12) der Sumbe oder Sumive, Küstenflüsse von 12—30 Meilen Länge. 13) Der 50 M. lange Kuvo mündet bei Novo Redondo. 14) Der Longa. 15) Der mächtige Koanza (Coansa) entspringt etwa unter 13½° S. B. und 34¾° O. F. im Gebiet der Kalingi, fließt erst nach N., dann nach NW., endlich gegen W., nimmt in seinem über 120 M. langen Lauf zahlreiche und große Ströme auf, wie den Kokema aus Bihé, den Kuiva aus Kimbando, den Quize (Kobidsche) aus Basongo, den 50 M. langen Gonga (Kutatu oder Mungoja) von S., und den gleich langen, vielfach gewundenen Lukala von N.; zwischen der Einmündung des Gonga und Lukala tritt er in den hohen Katarakten

von Kambambe in die flachere Küstenstufe, und ist von da an 32 M. weit bis zur Mündung schiffbar. Aber auch dieser Unterlauf ist durch reißende Fluten und gewundenen Lauf für die Schiffahrt nicht günstig; unter seinen zahlreichen Inseln sind die J. Muschima (Moschiana, Murima) und die 6 M. lange, ½ M. breite fruchtbare Insel Massander oder Massandra die bedeutendsten. Die Mündung ist über 1 Meile breit, Ebbe und Flut machen sich 16 M. landeinwärts bemerklich, während das weißliche oder gelbliche Wasser des Stroms bis 2 M. von der Küste kenntlich ist. 16) Der Venga oder Zenza, 40 M. lang; 17) der Dande, an 50 M. lang, 18) der Lufune, 19) der Onzo, 20) der Lodsche oder Loze, auch Rio Ambriz, an 55 M. lang, 21) der Quinsembo, 22) der Ambrisette oder Embris, 23) der Lilundo oder Lelundo, d. i. Wasser. 24) Der Kongo (Quango, Kuango, Muila-Ukuango), im Unterlauf Zairé (Zeré-Zeré, Moienzi-Enzaddi) genannt, entspringt ungefähr 36° O. F. und 12° S. B. im Hochlande von Kibokoe, fließt von da, in seinem weitern Laufe uns nicht näher bekannt, gegen Norden, nimmt von O. den längeren und stärkeren (der Kongo mag hier 110 M., der Nebenfluß vielleicht 240 M. lang sein) Kasai, unter 5° S. B. von S. den Barbela oder Berbola, welcher den See Aquilonda (Achelunda, Chilande oder Zawilanda) durchfließt, auf, wird bei Konkobella unter 32° 45′ O. F. durch den von NO. kommenden aus der Vereinigung des Bankoor (Bankara, Bakara) und des Wambe entstandenen mächtigen Nyali verstärkt und verläßt bald darauf mit wiederholten Wasserfällen das Hochland. Von hier aus ist der Unterlauf bekannt. Oft in seegleicher Breite (bis gegen 1 Meile), oft durch Gebirge zusammengedrängt, trägt der Strom den Charakter großer Mannigfaltigkeit; die Schiffbarkeit ist vollkommen unterbrochen. Die Yellalas oder Wasserfälle von Sango und Kasan sind die letzten; dann beginnt die Schiffbarkeit im Bereich der ebenen Küstenstufe. Im Anfang noch schmal, theilt sich der Kongo von Embomma ab und bildet zahlreiche Inseln; die gesammte Breite steigt bis gegen 2 Meilen; die Mündung wird von 2 flachen Landspitzen, C. Padrão oder Padrone im S. (6° 7′ S. B.) und French Point, Shark Point oder Haifischspitze im N. (6° 2′ S. B.) eingeschlossen, die Strömung reicht mit ihrer röthlichen Farbe in einer 600m tiefen Thalrinne gegen 8 Meilen ins Meer hinein. Die Gesammtlänge mag 210 Meilen, von der Kasaiquelle an 320 M. betragen. Sein Hauptnebenfluß, der Kasai, entspringt nahe bei dem Kongo, beschreibt aber einen weiten Bogen gegen SO. durch das Reich Muropue, nimmt den Luembó, Moluva, Lulua u. a. mächtige Flüsse auf, heißt weiter abwärts Kiambedschi und wird von Einigen mit dem Wambo identifizirt. 25) Der Luisa-Loango, 26) der Loango, 27) der Killu, 28) der Killongo, 29) der wasserreiche Sette gehen nordwärts vom Kongo in das Meer. Außer den genannten gibt es zahlreiche kleinere Küstenflüsse; die Verzweigungen der Nebenflüsse im Innern sind meist noch unbekannt. — Klima. S. 173 f. Punta da Lenha am Kongo hat im Sommer 41—44° C., Embomma weiter landeinwärts 34—36° C. — Die Regenzeit in Benguela findet jährlich 2mal statt, April und Mai; Oktober und November. Die mittlere Jahrestemperatur in Benguela wird auf 21—23° C. angegeben. Die ebene Küstenzone ist trocken, nur längs der Flüsse für Kultur geeignet, erst mit den Gebirgen beginnt die tropische Pflanzenfülle. — Naturprodukte. S. 174 ff. Welwitch theilt die Flora Angola's in 3 Zonen, die Küstenzone bis etwa 300m, die Region riesiger Urwälder bis 800m und die Region der niedrigeren, lichteren Wälder bis etwa 1000m über dem Meere. — Der Imbundero ist ein riesiger Baum aus der Familie der Pitneraceen, dessen Samen eine wohlschmeckende, gesunde Nahrung geben, während der Bast zum Weben von Kleiderstoffen, die Wurzelfaser zu Stricken, die harte Schale der Samen zu Hausgeräthen benutzt wird. Kaffe gedeiht namentlich gut auf dem durch Zersetzung des Trapps und Glimmerschiefers gebildeten Lehmboden von Golungo Alto.

Topographie. S. 180 f. In neuerer Zeit haben die Portugiesen wieder mehr Interesse für die Kolonie gezeigt, indem sie 1850 die Reiche der wilden Jagga, Matamba und Kassandschi, 1855 Ambriz in Besitz nahmen, und den europäischen Regierungen, namentlich Frankreich gegenüber, 1857 das Gebiet nördlich vom Kongo (wo die Franzosen 1784 das portugiesische Fort Cabinda zerstörten) bis 5° 12′ S. B. beanspruchten. — 1863 zählte die gesammte Kolonie Angola mit Ambriz, Benguela, Mossamedes 17,000 □leguas (9562⅓ □M.) 2 Mill. Einw. — Die geistige Kultur ist durch die Jesuitenmission gefördert worden. Auch die Mehrzahl der Farbigen kann lesen und schreiben. Der Sklavenhandel ist im Zurückgehen und wird mit der Entwickelung der Produktion und des Handels noch mehr abnehmen. a) Die Landschaft Benguela, vom Kunenefluß im S. bis zum Koanza im N., im W. durch das Meer, im O. durch den Kunene und Koanza eingeschlossen, ein Gebiet von mehr als 5000 □M., welches freilich meist nur dem Namen nach, durch Tributzahlungen oder Handelsverbindung, den Portugiesen angehört. An der Küste liegen von S. nach N. folgende Hafenplätze: die Große Fischbai, 16° 40′ S. B., Port Alexander, 15° 50′ S. B., die Kleine Fischbai, 15° 12′ S. B., mit dem erst 1840 angelegten Hafenplatz Mossâmedes, die Umgebung ist an Hilfsquellen überaus reich, sehr schön und durchaus gesund; 120 weiße Ew. — Lucira, 13° 53′ S. B., unweit des Kap S. Marta, in einem abwechselnd sandigen und felsigen, bald wellenförmigen, bald zerrissenen, durchgängig öden Küstenlande; landeinwärts erhebt sich das 800m hohe, gut bewässerte und bewaldete

Munda-Evambo-Gebirge. Nur an den Flußufern und den Mündungsdeltas der Flüsse ist hier lohnender Anbau möglich. — San Felipe de Benguela, Hauptstadt, 12⁰ 36′ S. B., in einem schönen, aber sumpfreichen Bergkessel, verfallene Stadt mit 1500 Ew., darunter 100 M. Garnison und 1000 freie Neger, in äußerst ungesunder Lage; ohne alle Industrie, Stapelplatz für die aus dem Innern kommenden Waaren: Elfenbein, Wachs, Pantherfelle. — Quisala oder Novo Redondo, an der Mündung des Kuvo, 100 Häuser. — Im Innern liegen: Huila, ONO. von Mossamedes, Kilenges, NO. v. vor., und Kakonda, NO. v. vor., letzteres an einem Nebenfluß des obersten Kunene, Faktoreien für den Handelsverkehr nach Südosten in außerordentlich gesunder und schöner Lage. — Caquenha oder Bihé, Hauptort des tributären Königreichs Bihé, westlich vom Koanza, gegen 50 Meilen O. von Benguela; mit der portugiesischen Faktorei Boa Vista. — Murima (Muchima), am Südufer des Koanza. b) Die Landschaft **Angola**, zwischen den Flüssen Koanza und Dande vom Meere landeinwärts bis an den Kongo (Kuango) sich erstreckend, 75 Meilen von W. nach O., 14—26 Meilen breit, in 13 Distrikte getheilt. Der Census von 1850/51 ergab für die Distrikte Ambaka über 40,000 Ew., Golungo Alto 104,000 Ew. (26,000 Feuerstellen), Icollo-i-Bengo 6530 Schwarze, 172 Mulatten, 11 Weiße (über 200 Sklaven, die übrigen Freie), Kazengo 13,822 Ew., darunter 10 Weiße, Massangano 28,063 Ew. (darunter 315 Sklaven). An der Küste liegt S. Paulo de Loanda mit 12,000 Ew. (830 Weiße, darunter 160 Frauen; 2400 Mischlinge, 9000 Schwarze, darunter 6000 Sklaven), Hauptstadt der portugiesischen Besitzungen und Sitz der höchsten Civil- und Militairbehörden und eines Bischofs, in schöner und amphitheatralischer Lage, aber auch ungesunder Gegend; 1176 Häuser, 11,000 Ew., worunter 2000 Weiße, stark befestigt; sehr guter und geräumiger Hafen, lebhafter Handel, besonders mit Brasilien. Leuchtschiff seit 1863. Auf der niedrigen Sandinsel Loanda, die den Hafen abschließt, wohnen 1300 Menschen, meist fleißige Fischer. — Im Innern liegen die portugiesischen Forts und Faktoreien: Calumbo, am rechten Ufer des Koanza, 5 Meilen vom Meere; Massangano, 15 Meilen weiter stromaufwärts, auf einem Kalktuffhügel, am Einfluß des Lukalla mit 1000 Ew., und Cambambe, 5 Meilen O. vom vorigen, in der Nähe der Koanza-Wasserfälle. Pedras Negras de Pungo an Dongo, gewöhnlich Pungo Andongo genannt, 33 Meilen O. von der Koanzamündung, auf einer Hochterrasse 1283m, in gesunder, fruchtbarer, reizender Gegend, wichtig für den Handel in das Innere des Kontinents. Golungo Alto, 25 M. O. von Loanda, Ambaka, 7 Meilen O. v. vor., Braganza, 14 M. NO. v. vor., Distriktshauptstädte in dem mannigfach wechselnden, überall reichen und schönen Hochlande. Kassandsche, innerste Handelsfaktorei der Portugiesen in dem flachen Hochthale des Kongo, 69 Meilen O. von Loanda; lebhafter Umsatz von Baumwollenzeugen gegen Elfenbein und Wachs. In der Nähe der Kasalaberg, ein über 300m aufragender Tafelberg mit senkrechten Wänden, der nach seiner Formation als ein stehengebliebener Rest des alten Hochlandes zu betrachten ist — die weite Thalebene des obern Kongo ist durch Wegspülung des Bodens allmählich entstanden. c) Die Landschaft **Kongo**, im S. vom Dande, im W. vom Meere, im N. vom Kongo oder Zaire eingeschlossen, im O. bis an den Barbola (Nebenfluß des Kongo), und den Aquilonda-See reichend, ein Gebiet von nahe an 3000 QM. in 7 Distrikten; ungemein fruchtbar, reich an Kupfer- und Eisenerzen. Hierzu kommt neuerdings ein Distrikt nördlich von der Kongo-Mündung. — Barra do Dande, Faktorei unweit der Mündung des Dande. — Ambriz, unweit der Mündung des Loge oder Loze, seit 1855 angelegt, in flachem, einförmigem, vegetationsarmem Küstenlande. Handel mit Elfenbein, Flußpferdzähnen, Wachs, Kupfer, Kopal. — Sonho, unweit der Kongomündung. In der Nachbarschaft wohnen die Mussorongo, dem Namen nach dem König von Kongo untergebene Negerstämme; sie bauen Mais, Maniok, Tabak, Mandubi (Singuba); ihre Wohnungen sind der Ueberschwemmungen wegen auf hölzernen Gerüsten erbaut. — Punta da Lenha (Linha), Sklavenfaktorei am Nordufer des Kongo, mit 40 Häusern, in höchst ungesundem Klima, Stapelplatz sehr bedeutender Waarenvorräthe; die Zahl der jährlich ausgeführten Sklaven schätzt Ladislaus Magyar auf 20,000. Die umwohnenden Neger gehören zum Kabenda-Stamm, sind stark und gewandt, des Schiffsbaus kundig und gewandte Seeleute, die mit ihren Fahrzeugen selbst den Ozean durchkreuzen und nach Amerika fahren, sie treiben Bodenkultur, haben Ziegen, Schafe und Schweine; Handelsartikel sind namentlich Sklaven und Palmöl. Boma oder Embomma, mit 50 Sklavenhändlerhäusern und vielen Negerhütten, am Nordufer des Kongo, 16 Meilen von der Mündung, bedeutender Sklavenmarkt. — Quibanza, d. h. Kleinstadt, unweit des südlichen Ufer des Kongo, 200 Häuser, 442m hoch gelegen. — Ambassi, Ambrase oder Banza, d. h. Stadt, auch Moricongo Adungo, gewöhnlich Kongo genannt, das St. Salvador der Portugiesen, auf einer Anhöhe am Lelunda, 18 Meilen vom Meere, 8 Meilen vom Kongo entfernt, Hauptstadt des Reichs Kongo, dessen Könige um das Jahr 1500 fast über eine Million Krieger geboten, während das Reich jetzt bedeutungslos geworden ist. Die Stadt ist 1491 von den Portugiesen besucht, das Volk bald darauf zur Christenthum bekehrt worden, die feindlichen Nachbarstämme wurden mit portugiesischer Hilfe besiegt, ein Bisthum 1532 in Salvador gegründet — bis etwa 50 Jahre später die riden Jagas das Land überfielen, Kirchen (12 in der Stadt S. Salvador) und Klöster zerstörten, den Handelsverkehr vernichteten. Die jetzige Stadt zeigt nur zerstreute, von Gras und Hecken umgebene Gehöfte inmitten dürftiger Ruinen. — Bembe oder Pembe, 16 Meilen SSO. v. vor., am Loge, mit reichen Kupferminen, die jetzt von den Portugiesen ausgebeutet werden. — San José de Encotsche (Encoge), 7° 50′ S. B., 32° 46′ O. L., 32 Meilen NO. von Loanda, 1789 von den Portugiesen besetzt; wichtiger Verbindungsposten für den Handel nach dem Innern. d) Die Landschaft Loango, nördlich vom Kongofluß, vergl. S. 181. Das Reich Loango erstreckt sich landeinwärts nur 18—24 Meilen. — Bei Mayumba ist die Küste vegetationsleer, die Einwohner beschäftigen sich nicht mit Industrie.

Guinea.

Zu S. 183. Oberflächenbeschaffenheit. Kap Coast Castle liegt 16° 25′ 30″ O. F., Kap Esteiras (nicht: Esterias) 27° 58′ O. F., 0° 35′ N. B.; nachzutragen ist Kap Lopez 27° 21′ O. F., 0° 36′ 30″ S. B.

Zu S. 186. Von Iddah abwärts begleiten niedrige Plateaus von Sand und Thon den Nigerstrom, bei Onitscha erheben sich dieselben noch 30 – 60m über das Niveau des Flusses, weiter südlich treten sie zurück und verflachen sich südwärts vom 6° N. B. in das Mündungstiefland. — Der Camerun erscheint als selbständiger Gebirgsstock, nicht mit den Gebirgen des innern Hochlandes in Verbindung stehend. Auf dem Mongo-ma-Lobah fand man am 29. und 30. Januar bei Tage nicht über 12,5° C., bei Nacht bis — 2,8° C. bei starkem Reif. Das Gebirge trägt bisweilen Schnee. Messungen: Allen fand 4194m (12,901′), allgemein rezipirt; Burton fand mit Kochthermometer 4045m, Boteler 4039m.

Zu S. 186. Geognostische Beschaffenheit. Auch die südlichsten Plateaus des Kong am Niger haben unter ihrer fruchtbaren, leicht sandigen Oberfläche einen dunkelrothen Mergel oder Ziegelthon, aus welchem die Eingebornen ihre höchst primären Häuser bauen. — Der Camerun besitzt rauchende Solfataren, seine Gehänge bestehen aus erkalteten Lavaströmen; neuere Ausbrüche dieses Vulkans sind nicht bekannt.

Zu S. 188 Gewässer. Als selbständiger Strom erscheint Alya Efik oder Alt-Calabar, der wahrscheinlich in dem Hochlande nordöstlich von Camerun entspringt und nach einem über 90 M. langen Laufe, in viele Arme verzweigt, unter dem Namen Croß (26° O. F.) eine 2 M. breite meerbusenähnliche Mündung bildet. Ihm folgt der kürzere, in seiner Mündung gleichfalls verbreiterte Rio del Rey oder Rumbi. — Der Muni oder Danger (Mooney) ist gegen 20 M., der Mundah kaum über 10 M. lang. Der M'Pongo oder Gabun, aus der Vereinigung des Olombe (Orombo) und Rhamboe gebildet, von denen keiner über 12 M. lang ist, wurde früher für einen gewaltigen Strom gehalten, während er nur ein 9 Meilen langer, bis 1½ Meilen breiter, 3—18m tiefer Mündungs-Meerbusen ist. Als der gewaltigste unter den Strömen des Landes erscheint der wahrscheinlich tief aus dem innern Hochlande kommende Ogowai oder Okanda, der, nachdem er das Tiefland erreicht hat, in einer Breite von durchschnittlich 2400m dem Meere zueilt, sich aber kurz vor seiner Mündung in eine Anzahl Arme theilt, die nördlich (der 6—9m tiefe Nazarethfluß, der Bavaria) und südlich vom Kap Lopez (Rio Nerias oder Commi, Eliva oder Nvulunai) das Meer erreichen und auch zur Flutzeit in ihren Mündungen salziges Wasser behalten. Von seinen jedenfalls zahlreichen Nebenflüssen sind nur der reißende N'quavi oder Onango und der N'goumo bekannt. Ersterer bildet unter 0° 50′ S. B. die gewaltigen Samba Nagoschi- (Eugenie-) Wasserfälle und vereinigt sich etwa unter 28° 40′ O. L. mit dem Hauptstrome, im Lande der Apinaj ist er 300m breit und etwa 6m tief, während der untere Ogowai in seiner Tiefe von 3 bis 20m wechselt, und an einzelnen Stellen durch Sandbänke der Schiffahrt wesentliche Hindernisse entgegenstellt. Der N'goumo ist der kurze Abfluß des 4 M. langen, 3 M. breiten mit bewaldeten Hügeln umgebenen und inselreichen, bei den Nachbarvölkern für heilig geltenden Sees Jonanga. Weiter abwärts steht ein zweiter, flacher und sumpfiger See, der 3 Meilen lange Anengue, mit dem Vango, einem Seitenarme des Ogowai, in Verbindung. Die Quellen des Ogowai sind wahrscheinlich auf demselben Hochlande zu suchen, aus welchem gegen N. der Binue zum Niger, der Schari zum Tsad-See und gegen O. der Bahr el Gasal zum Nil strömen Im obern Laufe des Nguvai, 60 M. von den Samba Nagoschi, sollen sich die Njavifälle finden, welche eine bedeutende Zunahme der Bodenerhebung gegen O. hin bezeugen. Ueber den Lauf des Niger vergl. unten die Ergänzungen zum Nigerland.

Zu S. 189. Der Abuanga-Gi oder Denham Water, 20° O. F., ein 12 M. von N. nach S. langer und bis 6 M. breiter Küstensee, wird nur in der Regenzeit zu einem wirklichen See, außerhalb derselben ist er eine Sumpf- und Schlammniederung, in dessen Mitte sich wenig stehendes Wasser (ein Zufluchtsort vieler schädlicher Thiere) findet.

Zu S. 189. Klima. Die Regenmenge in Sierra Leona war 1828 über 8907, 1862 zu 4602, 1863 zu etwa 2921mm, im Durchschnitt zu 3600—6000mm (150—200 engl. Zoll, nicht

84 Zoll!) gefunden worden. Von Dezember bis März fielen nur 43mm Regen; von Januar bis März beobachtete man einmal nur 5mm.

Zu S. 190 f. Januar bis März hat Liberia 30—40° C. Wärme, auf den kühleren Hochebenen im Innern 25—32½° C. An der Küste wird diese unerträgliche Hitze durch den Seewind des Nachmittags regelmäßig gemildert. In der Regenzeit ist die Temperatur angenehmer, die Nächte sind dann regelmäßig kalt. — Am Ogowai reicht die Fieberzone landeinwärts durch die mit Mangrovewaldungen oder mit Binsen bewachsenen Niederungen bis dahin, wo der Boden sich erhebt, d. i. von dem Jonangasee an. Am untern Ogowai wechselt die Temperatur während der trocknen Jahreszeit (Aug., Sept.) plötzlich zwischen 39° C. bei Tag und 21° bei Nacht, fast ohne Uebergang; die Einwohner selbst leiden unter diesem Wechsel um so mehr, als ihre Bekleidung eine äußerst dürftige ist.

Zu S. 192. Naturprodukte. Von Medizinalpflanzen wächst in Guinea Drachenblut, Piment, Palma Christi. Mehrere Bäume und Lianen liefern Kautschuk. Die rothen Nüsse des Seifenbaums werden in den östlichen Wagoreländern gesammelt und nach dem mittleren und östlichen Sudan ausgeführt; die größere weiße Nuß der Sterculia macrocarpa kommt in Timbuktu gewöhnlich in den Handel. Die Baumwolle wächst überall wild und könnte in bedeutenden Quantitäten gewonnen werden. — Die Elefanten sind in Guinea ins Innere zurückgedrängt, ebenso die Löwen; nur die Leoparden finden sich noch an der Küste. An Vögeln hat man bis jetzt 600 Arten kennen gelernt.

Zu S. 194. Bevölkerung. Durch den Handelsverkehr mit den Europäern haben sich insonderheit die Völkerschaften am untern Niger gehoben. Es sind dies die Ibzo (Edschó oder Efó) im Nigerdelta an beiden Ufern des Nun, die Ogbiyan nordöstlich von der Braßmündung, an welcher die Nimbi Itebu wohnen und von der Nigertheilung auswärts die Abó (Igbo und Ibo), die sich ostwärts bis zum Alt-Calabar ausbreiten. Die Ibzo tragen jetzt allgemein Kleider, welche sie von den Engländern kaufen und bearbeiten emsiger ihr Land, seit ihnen die Weißen die Landesprodukte (Ziegen, Geflügel, Yams, Holz, Palmöl) abkaufen; die Kähne vom Braß fahren weit stromaufwärts, um den Palmölhandel zu unterhalten.

Zu S. 195. Die Stämme der Dualla, am Kamerunfluß und -Gebirge reden eine mit dem Isubu verwandte Sprache, haben selbständige Häuptlinge, die in gegenseitigen Fehden leben. Sie trieben sonst lebhaften Sklavenhandel; seit dessen Unterdrückung ist die alte Wildheit etwas gewichen. Die Dualla selbst halten Sklaven, die Zahl derselben ist doppelt so groß, als die der Freien; doch ist es mehr Leibeigenschaft als Sklaverei; es gibt mehr geborene, als gekaufte Sklaven. Die Zahl der Dualla mag 30,000 betragen. Rev. Alfred Saker in Aquatown hat ein Dualla-Wörterbuch (2400 Wurzelwörter, 33 Elementarlaute) zusammengestellt, einige Stücke der Bibel übersetzt und — nebst den Schulbüchern — an Ort und Stelle durch Schwarze drucken lassen. — Die Aschira, welche 30 M. von der Küste auf den Prärien am Nguvai, einem Nebenflusse des Ogowai wohnen, sind ein schöner, kräftiger, nicht so schwarzer Menschenschlag. Sie bauen Tabak und treiben Handel damit; Erdnüsse, Pisang, Maniok; Baumwolle, ohne sie zu weben; auch halten sie Schweine. Weiter auswärts wohnen die Apingi, bei denen es noch Menschenfresserei gibt, obgleich du Chaillu freundlich von ihnen empfangen wurde.

Zu S. 197. Religion. „Der Fetischglaube ist keineswegs ein Anbeten schauderhaft geformter Götzenbilder, sondern am häufigsten als ein reiner, auf der niedrigsten Entwickelung stehender Naturgottesdienst anzusehen, den man am besten dadurch charakterisirt, wenn man ihn für eine Anhäufung groben und eingewurzelten Aberglaubens von Seiten des Volkes, und einer unter dem Deckmantel der Heiligkeit versteckten, unverschämten Betrügerei und Ueberlistung, Seitens der Geistlichen, betrachtet" (O. Finsch). — Auch bei den Galoi und Bakaloi am Jonangasee findet sich eine besondere Priesterkaste.

Zu S. 198. Ackerbau. In Liberia fehlt es den Eingeborenen an nachhaltigem Fleiß zum Ackerbau, besser arbeiten die Eingewanderten: man baut Reis, Zuckerrohr, Kaffe, Arrowroot, Baumwolle. Kaffe wächst wild in vorzüglicher Güte. 1859 wurde der erste Zucker exportirt. Reis, jährlich in 2 Ernten gewonnen, ist die einzige Nahrung der Eingeborenen. Auch Indigo, Kakao, Erdpistacien könnten wichtige Ausfuhrartikel werden. — Am Gabun und am Ogowai ist der Boden noch wenig ausgebeutet. Bisher lieferte der Sklavenhandel den nöthigen Erwerb und der Landbau beschränkte sich auf das Unentbehrlichste an Bananen, Maniok, Parana, Erdnüssen und Zuckerrohr; bald wird sich dieses Verhältniß ändern, und der Bodenreichthum dieser Gegenden, welche Elfenbein, Kautschuk, Farbhölzer, Ebenholz, Palmöl und vegetabilische Fette in großer Masse zu liefern im Stande sind, wird sie vielleicht einst zum Mittelpunkte des Handels an den Küsten Niederguinea's machen.

Zu S. 199. Handel. Der Sklavenhandel ist jetzt durch die Maßregeln Englands und die veränderten Verhältnisse Amerika's in wesentlicher Abnahme begriffen. Die Stadt Liverpool führte 1853 nicht weniger als 30,000 Neger auf ihren Schiffen aus, die Londoner African-Company einst in einem Jahre 100,000. An der Goldküste hat der Sklavenhandel nach außen aufgehört, im Innern besteht er fort, wie denn z. B. jeder vornehme Fanti sich eine Anzahl Sklaven hält, die übrigens ein ebenso gemächliches Leben führen wie ihr Herr, mit Ausnahme der Schuld-Sklaven, d. h. derjenigen, die sich Schulden halber auf eine gewisse Zeit unler fremde Botmäßigkeit stellen. Die Palmöl-Ausfuhr ist mächtig gestiegen. Der Export nach Großbritanien betrug

1821	3200	Tonnen (zu 20 Zentner), fast ausschließlich nach Liverpool.
1845	25,285	„ im Werth von 7,000,000 Thlr.
1854	32,000	„ „ „ „ 9,000,000 „

Der Oelhandel ist das wirksamste Mittel gegen den Sklavenhandel, indem er den Eingebornen reichern Gewinn abwirft, als letzterer. — Das Nigerdelta liefert außerdem manche Industrieerzeugnisse für den Handel: Strohsäcke, Matten, Töpfergeschirr. — Der Verkehr zwischen den Küsten von Guinea und Europa ist jetzt durch regelmäßige Dampfschiffahrt geordnet; die Stationen sind Benin, Fernando Po, Camerun, Alt-Kalabar, Braß-River, Bonny, Lagos, Akkra, Kape Coast Castle, Kap Palmas, Sierra Leone, Bathurst, Teneriffa, Madeira. — Liberia handelt mit Großbritanien (Seiden- und Baumwollwaaren, Flanell, wollene Hüte, Regenschirme, messingene Kessel, dünne Schüsseln und Pfannen, Kupferbolzen, Messerschmiedewaaren, eisernes Kochgeschirr, lange Pfeifen, Schießgewehr und Pulver, Porter, Ale, Salz), mit Nordamerika (Tabaksblätter, Rum, Schweinefleisch, Schinken, Speck, Butter, Mehl, Schiffszwieback, Arzneimittel, Schuhwerk, Hausgeräth); mit Hamburg (Glasperlen, leichte Weine, Backsteine, Glasgeschirr, Eisen- und Kupferschmiedewaaren). Einfuhr 1859/60 340,890 Doll. (93,793 Großbrit., 176,405 Verein. St., 47,785 Hamburg, 22,908 Niederlande und Sardinien). — Ausfuhr Palmöl 2346 Tonnen 234,700 Doll., Datteln 54 Tonnen 1620 Doll., Campecheholz 571 Tonnen 40,670 Doll., Elfenbein 2293 Pfd. 2734 Doll., Zucker, Syrup, Kaffee, Arrowroot, Ingwer, zusammen für 5000 Doll. Palmöl wird in stets wachsender Menge geliefert, Elfenbein nimmt ab. Von den ausgeführten Waaren gingen für 117,574 Doll. nach Großbritanien, für 63,252 Doll. nach den Vereinigten Staaten, für 60,242 Doll. nach Hamburg, für 38,656 Doll. nach den Niederlanden und Sardinien.

Zu S. 205. **I. Sierra Leona.** Die Zahl der Einwohner betrug (1860) 41,624. Darunter befanden sich

a) nach der Nationalität:

131	Europäer.
15,782	befreite Afrikaner.
22,593	Eingeborne.
1984	andere Afrikaner (Fremde).
363	Kruhs.
164	Westindianer.
69	Neuschottländer.
22	Maronneger.
50	Amerikaner.

b) nach der Beschäftigung:

Regierungsbeamte	274
Kaufleute, Commis	411
Kleinhändler 2c.	2123
Ackerbauer, Arbeiter	13,381
Diener 2c.	1284
Fischer, Seeleute	1610
Handwerker	1792
Schulkinder	9286
Kleine Kinder, Kranke	7436

c) nach der Religion:

Anglikaner	12,954
Wesleyaner	11,575
afrikanische Methodisten	3605
Lady Huntingdon's Connexion	2146
Baptisten	445
Presbyterianer	6
römische Katholiken	60
Juden	9
Mohammedaner	1734
Heiden	3351

1861 war die Zahl auf 41,806 gestiegen; die britischen Besitzungen werden auf 22 □M. angegeben. Im Jahre 1858 bestanden 62 Schulen mit 7903 Schülern; 1860 zählte man 9286, 1861 11,016 Schulkinder — ein Zeugniß von dem raschen Wachsthum der Bevölkerung, wie ihrer intellektuellen Bildung.

300 Schiffe kamen, 324 gingen; unter jenen 192 britische, 83 französische, 24 amerikanische, 1 spanisches. Einfuhr 1,018,000 Thlr. (820,000 Großbritanien, 105,000 Verein. Staaten, 55,000 Frankreich), Ausfuhr 1,200,000 Thlr. (260,000 Thlr. Großbrit., 347,000 Vereinigte Staaten, 385,000 Thlr. Frankreich).

Ausfuhr:

451,313	Gallonen Palmöl,		
10,697	Zentner Häute,		
	Erdnüsse	177,000	Thlr.
	Palmkerne	105,000	„
11,392	Zentner Ingwer,		
	Gold	48,000	„
842	Zentn. Kopalgummi,		
	Bauholz	65,000	„
108	Zentner Elfenbein.		„

Einfuhr:

Baumwollwaaren	438,000	Thlr.
spirituöse Getränke	62,000	„
indische Waaren	62,000	„
Tabak	60,000	„
Waffen, Pulver	48,000	„
Eisenwaaren	41,000	„
falsche Perlen	22,000	„

Freetown hat 24 Kirchen und Kapellen, von 19 christl. Kirchen und Sekten. 2 Leuchtthürme. — Timbo hat nur 3000, Labbé 10,000 Ew. Sokotoro am Bafing ist die Residenz des Reichs Timbo.

Zu S. 206 f. **II. Pfefferdistrikt.** Zu den Bassä gehören die Bassa (50,000), die Sinu (gegen 30,000), die Kru in 3 Stämmen: die

Fischmen (20,000), die Setta-Kru (6–10,000), die Nifu (gegen 10,000 Köpfe stark). — Zu den Landesprodukten kommen noch Oel (von der Arachis hypogaea), Palmöl, ausgezeichneter Kaffe, Zucker, Indigo, Baumwolle (von geringer Qualität), Gummi, Elfenbein.

Die Kolonie Liberia wurde gegründet am 25. April 1822, konstituirte sich als souveräner Freistaat am 8. Juli 1847. Der Umfang ist jetzt vom Shebarflusse bis zum San Pedro im O., die innere Grenze noch nicht festgestellt. 4 Grafschaften (1860): Montserrado oder Mesurado, Grand Bassa, Sinn, Maryland. Letztere Kolonie, 1831 auf Kap Palmas gegründet, 1854 selbständig, ist später mit Liberia vereinigt worden. Dieser Staat verfolgt einen doppelten Zweck: eigene staatliche Entwickelung auf Grund des Bodenreichthums, und Hebung des Negerthums durch Heranbildung der afrikanischen Völker zu einer höhern Civilisation. Jeder Neuangekommene erhält ein Stück Land (bis zu 10 Acres) und die Verpflichtung, ein Haus zu bauen und Land zu kultiviren. Mit einer Anzahl Neuangekommener gehen gewöhnlich 5–10 ansässige Familien ins Innere, um bei Begründung neuer Orte als Lehrmeister zu dienen. — Die evangelischen Kirchen haben ausschließlich Berechtigung, der katholischen Kirche ist, um Konflikte zu vermeiden, kein Zugang gestattet. Die Staatssprache ist das Englische. Ritter bezeichnet diese Kolonie als: „Das Eingangsthor einer beginnenden Civilisation für die schwarze Bevölkerung von Afrika." — Der Verkehr nach Innen ist, da eine Bergkette im NO. das Land abschließt, noch gering, und gerade dies ist vielleicht ein günstiger Schutz für den jungen Staat, der sich erst kräftigen muß, ehe er daran denken kann, seine Wirksamkeit tiefer ins Innere zu erstrecken. 1861 war die Einfuhr über 200,000 Thlr., die Ausfuhr auf 700,000 Thlr. gestiegen, ein Verhältniß, welches nothwendig den Reichthum des Landes heben muß. — Die Einwohner schätzte man 1860 auf 12,000 Eingewanderte (amerikano-liberianische Bevölkerung), eingeborne Einwohner im Gebiet der Republik 250–300,000; 1862: 16,000 eingewanderte freie Neger, Gesammtbevölkerung 500,000 (auf vielleicht 1500 QM.). Jährliche Einnahme und Ausgabe gegen 1 Mill. Thlr.

Die hauptsächlichsten Orte sind 1) im nördlichen Distrikt Robertsport mit Hafen am Cape Mount oder Großen Bergebirge; 2) im Distrikt Mesurado die Hauptstadt Monrovia, seit 1855 mit Leuchtthurm versehen; 3) im Distrikt Bassa Marschall mit Hafen, am Junkfluß; 4) Edina mit Hafen, Groß-Bassa, Buchanan; 5) im Distrikt Sinu die Hafenplätze Greenville und Sestros. In Bosten befindet sich ein neugegründetes Kolleg mit Bibliothek, geologischer Sammlung &c.

Zu S. 205 ff. III. Der **Zahndistrikt.** Der Hafenplatz Harper in Maryland, dem 6. Distrikte von Liberia, mit Leuchtthurm; auch auf Kap Palmas ist seit 1847 ein Leuchtthurm erbaut. — Axim ist der regenreichste Ort der Küste, und darum für Baumwollen- und Reiskultur am geeignetsten. — Die Franzosen besitzen Assini und Groß-Bassam, beides wichtige Goldmärkte.

Zu S. 210 ff. IV. Der **Golddistrikt.** Der Aschantiherrscher hat ein Heer von 30,000 Soldaten, darunter 5000 Amazonen; mit Anfertigung von Schußwaffen vertraut, sind die Aschantis von den Europäern weniger abhängig. So besiegten sie im J. 1824 das englische Heer bei Essamaloh und konnten erst 1826 mit Hilfe der Congreve'schen Raketen geschlagen und zur Herausgabe ihrer Eroberungen an der Küste gezwungen werden. Seit 1831 besteht Friede. — Die den Aschantis unterworfenen Landschaften sind im N. Dagomba, Juta, Bontoka, Kong, sämmtlich mohammedanisch, im W. Dinkira, Tjufu, Assim, Wassa; im O. (bis an den Voltafluß) Akim, Akwapim, Akwamba. — Die Farbe der Fanti ist lichtbraun bis dunkelbraun, ihr Haar ist wollig, die Nase nicht so stumpf, der Mund nicht so aufgeworfen, als bei den echten Negern; die Beine sind auffallend dünn, oft krumm. Es fehlt an politischem Zusammenhalt, kleine Fürsten regieren in den einzelnen Dörfern und Städten. Wenig Ackerbau, Fischerei, Goldwäsche sind die Beschäftigungen der Eingebornen, dürftige Industriezweige sind die Böttcherei, Seife- und Salzbereitung. Diese Küstenbewohner haben in fast 400jährigem Verkehr mit moralisch verderbten Europäern deren Laster sich angeeignet, und die kindliche Einfalt, die Johannes Leo bei ihnen fand, ist für immer verloren gegangen, Schlauheit, Lust zum Stehlen und Betrügen, Arbeitsscheu, Trunksucht sind die hervorragenden Züge im Charakter dieser Stämme. Gute Hafenplätze: Akkondah, Sakkondé, Elmina, Chama, erleichtern den Handel. Sakkondé, halb holländisches, halb englisches Dorf mit brandungsfreier Bai, in besonders reichem Klima. — Die englischen Kolonien wurden 1821 vom Staate übernommen, der die intellektuelle Entwickelung der Neger förderte, Missionen den Zugang eröffnete (vor 1835), Schulen und Kirchen anlegte, eine Agrikulturgesellschaft ins Leben rief. Selbst 1 tägliche Zeitung erscheint. Monatliche Dampfschiffverbindung mit dem Mutterlande. Die Besteuerung der Neger zwingt diese von Natur arbeitsscheue Bevölkerung zur Arbeit, und dies ist der wesentlichste Fortschritt auf dem Wege zur Kultur. — In den britischen Besitzungen, deren Größe etwa 280 QM. beträgt, und in denen 1861 151,348 Ew. gezählt wurden, befanden sich 1858 43 Schulen mit 1534 Schülern; 105 Schiffe liefen ein, die Einfuhr betrug 705,000 Thlr., die Ausfuhr 806,000 Thlr. (namentlich von und nach Großbritanien, ein Theil von und nach den Verein. Staaten). Ausfuhrartikel waren Gold für 396,000 Thlr., Palmöl für 362,000 Thlr., Elfenbein für 13,000 Thlr., Erdnüsse für 16,000 Thlr.; Einfuhrartikel: Wein u. spirit. Getränke für 240,000 Thlr., Baumwollenwaaren für 192,000 Thlr., Tabak für 65,000 Thlr., Schießpulver für 57,000 Thlr., falsche Perlen für 41,000 Thlr. — Im J. 1861 betrug die Einfuhr 1,085,000 Thlr., die Ausfuhr 972,000 Thlr.

Die holländische Kolonie auf der Goldküste ging aus dem Besitz einer Compagnie 1791 an den Staat über, doch erst 1856 hörten die Beamten der Kolonie auf, Kaufleute zu sein. Die Baseler Missionäre wurden 1852 (aus Handelsinteressen) entfernt. Der Unterhalt dieser Kolonie kostet den Holländern jährlich gegen 70,000 Thlr., seit die ergiebigste Quelle, der Sklavenhandel, versiegt ist.

Fort William bei Cape Coast Castle ist seit 1847 mit Leuchtthurm versehen. Elmina, 1482 von den Portugiesen angelegt, hat jetzt 20,000 Ew.; das Jagofort wurde als „Konradsburg" 1637 erbaut.

Zu S. 213 ff. V. Der **Sklavendistrikt.** Die Ewe-Sprache reicht vom Amu (Volta) bis in die Nigerlandschaften und hat 5 Dialekte, namentlich den Anlodialekt im SW., nördl. den Anfuedialekt, östl. den Wetadialekt. Neuerdings nimmt auch der Anbau der Baumwolle zu. Abbeokuta führte im Jahr 1852 erst 18 Zentner Baumwolle nach England aus, 1856 schon 115 Zentner, 1857 354 Zentner und 1858 2201 Zentner. Seit 1863 hat die französische Macht in Portonovo festen Fuß gefaßt. — Portonovo ist Hauptort eines Königreichs, welches seit 1863 unter französisches Protektorat gestellt worden ist (Portonovo), und die weiten Ebenen von dem Denhamsee ostwärts bis zum Flusse Addo umfaßt (Addo-Ghezo oder Peruwa), und nördlich vom Gebiet von Okedan begrenzt wird. In Lagos besteht ein königlich italisches Konsulat. Die Stadt wurde im Dez. 1851 von den Engländern besetzt, 1861 an die brit. Krone förmlich abgetreten — früher Haupt-Sklavendepot. Gegenüber von Lagos Koradu, am See gl. Namens, Marktstadt. — Das Reich Dahome schätzt Burton auf 200 QM. mit 160,000 Ew. Kana, mit 25—30,000 Ew., liegt auf dem Plateau im Innern des Landes. — Im Reiche Ibu: Osomari am Niger, weitläufig am Flusse erbaut, 3000 Ew. Beide Flußufer sind mit zahlreichen Dörfern bebaut, welche meist zwischen 250 und 700 Ew. zählen — überall lebhafter Handel mit Palmöl. — Abbeokuta hat angeblich 6 M. im Umfange, 150,000 Ew. (Delany: 110,000 Ew.). Außerdem gibt Delany an: Ijaye 78,000, Oyo 75,000, Ogbomoso 70,000, Illorin 120,000, Iwo 75,000, Ibadan 150,000 Ew. — Joao, portugiesischer Handelsposten, ist ein Theil des größern Ortes Whidah. Seit Baikie mit einem Dampfschiffe den Niger und Binue befuhr, sind die anstoßenden Länder bekannter und dem Handelsverkehr wie der Missionsthätigkeit zugänglicher geworden. In Onitscha, 6° 9' N. B., 1 M. östlich vom Strom auf dem 1—200 hohen Plateau, einer weitläufig gebauten von gewaltigen Bäumen umgebenen und überschatteten Stadt von 13,000 Ew. ist eine Missionsstation (1857—58) der Negermissionare von Sierra Leone. Daneben am Niger wie abwärts bei Abo sind englische Handelsfaktoreien errichtet worden.

Zu S. 218 ff. VI. Das **Camerun- und Gabunland.** Von dem Bogen, welchen der vielnamige Alt-Calabar in seinem Mittellauf bildet, nach SO. und dann nach S. erstreckt sich eine Reihe isolirt hervortretender Gebirge an dem Außenrande des hier mäßig erhobenen Plateaulandes. Es sind dies zuerst einige hohe, dem Namen nach noch unbekannte Piks unter 5° 25' N. B., dann die vielleicht 1600m hohe Bergmasse des Kwa oder Qua, 7 Meilen gegen SO. die Rumby- oder Rombi-Berge, 1000m hoch, aus der westlichen Ebene steil aufsteigend, endlich der gewaltige, völlig isolirt vortretende vulkanische Camerun oder Mongo-ma-lobah, dessen kegelförmige, mit Krateröffnungen versehene Spitzen (Mount Victoria 4241m, nach Andern 4194 oder 4255m, Mount Albert 4178m, nach Andern 4131m, Mount Isabel 3276m, Mount Helen 3018m) weit auf das Meer hinausschauen. Eine noch rauchende Solfatara bekundet die innere Thätigkeit; erkaltete Lavaströme ziehen sich von allen Seiten hinab in die überaus fruchtbare und mannigfaltige Vegetationszone, welche die Mitte und den Fuß des Berges umgibt. Gegen S. tritt der Mongo-ma-Etindeh oder Kleine Camerun, 1725m hoch, am nächsten (⅔ Meile) an die Küste heran. Südöstlich folgt dem kolossalen Gebirgsstock, der einen Raum von 30 QM. einnimmt, der schärfste Gegensatz: ein von den Flüssen Dschamur, Mádiba-di-Diwála (Camerun) und Balimba angeschwemmtes, sumpfreiches Delta, eine weite, vielarmige, seichte Bai umschließend. Südwärts von hier tritt die regelmäßige Bildung des südafrikanischen Küstenrandes auf: längs der See ein flaches Küstenland mit tropischer Pflanzenfülle, breiten, oft see- oder meerbusenartigen Flußmündungen und Fieberklima; 15—25 Meilen landeinwärts der parallel mit der Küste ziehende Rand des innern, 1000—1500m sich erhebenden, durch gesunde Luft ausgezeichneten Hochlandes, und dazwischen ein mannigfach abgestuftes und gegliedertes Terrassen-, Berg- und Hügelland, meist mit dichter Bewaldung. Am nächsten (5 Meilen) scheint die 1201m hohe Bischofsmütze (1° 22' N. B.) an die Küste heranzutreten. Oestlich von der Koriskobai steigt die erste Terrasse, 12 M. von der Küste, (Serra do Cristal) 300—650m hoch an, während einige Gipfel (der Ninngo M'pala 1500m) höher aufragen. 2 Meilen landeinwärts erhebt sich eine zweite, 1—2 Meilen davon eine dritte Terrasse, letztere durchschnittlich zu 1600m. Südlich vom Ogowai entspricht der ersten Terrasse das Aschaukolo-Gebirge O. vom Dschonangasee, der zweiten und dritten Terrasse der durch großartige und phantastische Formen ausgezeichnete Bergzug, den der N'guyai in den Samba-Nageschi (Eugeniefällen) durchbricht und der sich im N'kumu-Nabuali gegen 3600m erhebt. Der mittlere Lauf des N'guyai mag auf einem Tafellande von mindestens 1000m Erhebung fließen; wo und wie der Ogowai selbst von diesem Hochlande aus die Terrassenränder durchbricht, ist noch unbekannt.

In die Dualasprache (an den Mündungen des Camerun), den Hauptdialekt der Jsubu-Sprachengruppe, ist von den Baptisten, nach Aufstellung einer Schriftensprache, die heilige Schrift übersetzt worden; ebenso in die Sprache der Jsuama am linken Ufer des untern Niger. Der besondern Thätigkeit der Missionare ist es auch gelungen, bei den Efik dem Kannibalismus Einhalt zu thun. — Victoria, am Fuße des Camerun und an der Amboises-Bai, 1858 gegründete Baptisten-Missionsstation (nach Ausweisung aus Fernando Po). 1862 82 Ew., in gesunder Lage. — Corisco, auf der Insel gleiches Namens. — Libreville, an dem rechten Ufer des untern Gabun, und Fort d'Aumale am Orombo, französische Niederlassungen. Die Franzosen haben seit 1862 die Küste vom Kap Esteiras bis zum Kap Lopez (in gerader Linie 21 M.) in Besitz genommen. — Am untern Ogowai hat man nur unbedeutende Dörfer gefunden. — N'gumbi, Odindschi, Olinda, Hauptstädte kleiner Negerreiche im Innern.

Senegambien.

Zu S. 220. Literatur. E. Mage, les rivières de Sine et Saloum (Revue maritime et coloniale Avril 1863). —

Zu S. 220. Lage. Zu streichen sind die Worte „bis zum nordöstlichen Abfall des senegambischen Gebirgslandes in die Ebenen der Sahara"; diese „Ebenen" sind nicht vorhanden.

Zu S. 221. Oberflächen-Beschaffenheit. Vom Casamansa an bietet die Küste, obgleich flach, doch durch die zahlreichen breiten Flußmündungen und die flußmündung-ähnlichen Golfe eine größere Abwechselung. Solche sind der Casamansa, der Catschco (Cacheo) oder Rio Grande de Sao Domingo, der Ba-Jeba oder Geba, der Rio Grande de Ghinala, der Nunnez 10° 35' 7" N. Br., 1° 59' 30" O. L., ein Meeresarm mit dem einmündenden kleinen Tiguilenta, der Cogon oder Kasafara, der Pougo, der Kakriman (oder Kissi-Kissi?).

Zu S. 221. Z. 13. v. u. Statt „in den Ebenen der Sahara enden", muß es heißen: „mit den Plateaus der südwestlichen Sahara verschmelzen."

Zu S. 222. Gebirge. Einige interessante Aufschlüsse gewährt die Reise des Lieut. Lambert vom Nunnez nach Timbo und von da nach Senudebu und Bakel. Das Hochland, auf welchem nahe bei einander der Gambia, der Rio grande de Ghinala (hier Tominé genannt), der Kakriman mit dem Kokulo, so wie der Falémé und Bafing entspringen, erhebt sich durchschnittlich 800—900m. Am obern Tomine bis abwärts zu dem zweigipfligen Seniaki breitet sich ein Granitplateau mit tief (200—300m) eingeschnittenen, wildromantischen, aber wegen der ungeheuren Ueberschwemmungen unbewohnten Felsenthälern aus, während am obern Kakriman steile Berge mit ausgezeichneten Triften und trefflich angebaute, wenig bewaldete Hochebenen mit einander abwechseln. Ein Gebirgszug umkränzt zuerst in einem gegen W. geöffneten Bogen die Quellen dieser beiden Flüsse; seine höchsten Gipfel scheinen der Bellat, der Sundumali (vielleicht 3000m hoch) und der Pik von Tonturn NW. bei Labé zu sein. Dann wendet sich die Kette südlich, umzieht in einem weiten, gegen NO. offenen Bogen die Quellen des Falémé und Bafing und schließt sich an jenes unbekannte, wilde Hochland von Dschallon Kadu (s. o.) an.

Zu S. 223. Flüsse. Der Kokoro d. i. Strom der Gefahr oder Bakhay mit dem Bali, der östlichste Quellfluß des Senegal, ist in der trocknen Jahreszeit leicht zu passieren, in der Regenzeit schwillt er 6m an. Der Bafing oder Baleo, d. i. Schwarzer Fluß, wegen des dunkeln Gesteins in seinem Bette so genannt, entspringt 6° 20' O. F. und 10° 50' N. B. unweit Timbo, 11 Meilen SSO. vom Gambia, umfließt jene Stadt in einem Bogen gegen S. und geht dann gegen N. Nicht weit von seiner Vereinigung mit dem Bakhay durchbricht der Strom in den Gwina (Gewina)-Katarakten das Felsengebirge, nimmt 8 Meilen abwärts, unterhalb der Felu-Katarakte den von NO. aus Kaarta kommenden wasserarmen Kolebane auf und vereinigt sich, schon ins Tiefthal eingetreten, mit dem dritten und westlichsten Quellstrom, dem 80 M. langen Falémé, der nahe bei der Bafingquelle entspringt und in seinem gegen N. und NW. gerichteten Laufe zahlreiche Fulahländer durchfließt. . . . Podor, französischer Handelsposten, liegt unter 16° 40' N. B. — Von Osten her empfängt der Senegal in seinem mittleren und unteren Laufe wenig Zuflüsse. Zwischen Matam und Kahaide geht ihm ein aus der Vereinigung des Gurgul-Balleo (Schwarzer Gurgul, entspringt im Berglande bei Wakoré und Meschila) und des Gurgul-Dhanneo (welcher auf den Höhen von Taganet entspringt) entstehendes, bis zu dieser Vereinigung aufwärts schiffbares Gewässer zu; die Wasserläufe, welche weiter abwärts den Kayar u. a. Seen mit dem Strome verbinden, sind nicht Zuflüsse, sondern werden zur Zeit der Hochwasser vom Senegal aus mit Wasser gefüllt. Dann wird auch das Becken des Pané-Ful im S. des Stroms durch den Tauei gefüllt, und in der südöstlichen Verlängerung dieses Seebettes steigt das Wasser bis Bunun und Ndiken, bei besonders hohem Wasserstande selbst bis Dekfiba, 12 Meilen von Merinaghen; das Wasser ist salzig. Der niedrigste Wasserstand bei Bakel ist am 10. Juni, bei Matam am 16. Juni, bei Tébégu am 19. Juni; dann finden sich von Dschulbé-Diabé aufwärts bis Bakel 31 Passagen mit sehr geringer Wassertiefe. In der trocknen Jahreszeit, 7 Monate lang, kann der Strom nur bis Mafu, 12 Meilen oberhalb Podor, befahren werden. — Die Länge des Stroms von der Basingquelle bis zu den Feluh-Katarakten mag 70, von da bis zur Mündung 80, zusammen also 150 Meilen betragen. Der Salum mit dem von N. kommenden Sin, ein kurzer, aber tiefer Fluß mit Salzwasser (Einwirkung der Flut, die weit landeinwärts dringt), mündet mit breitem Delta nördlich von dem Gambia ins Meer. Weit aufwärts nach den Quellen zu führt der Fluß noch Salzwasser und seine Ufer sind mit Salz imprägnirt — ein Beweis für die vollständige Flachheit des Landes. — Der Gambia, etwa 120 M. lang, entspringt 13 Meilen NW. von Timbe nahe den Tomine- und Kakriman-Quellen und geht aus der NW.-Richtung allmählich in die W.-Richtung über. . . . Barrakenda liegt 45 (nicht 150—160) Meilen von der Mündung des Stroms. Die Flut wirkt 6 (nicht 30) Meilen aufwärts . . . . (S. 225, Zeile 30 v. o.) Vom Gambia bis zum Nunnez und Pongo, 3 Breitengrade hindurch, gibt es eine Anzahl breite, tief in den Küstensaum einschneidende Meeresarme; es sind dies zum Theil die Mündungen ansehnlicher, aus dem Plateau von Futa-Dschallon herabkommender Flüsse. Unter ihnen zeichnen sich aus: der Casamansa (Cazamance), 45 M. lang, dessen stark versandete Mündung 12 M. südlich von der des Gambia in 12° 33′ N. B. liegt, und der aus dem Flach- oder Hügellande S. von Barrakonda kommt; der Catscheo (Cacheo) oder Rio Grande de San Domingo, auch Rio de Farim von den Portugiesen genannt, der möglicher Weise nur ein Seitenarm des Dscheba ist und unter 12° 5′ N. B. mündet; der Dscheba (Geba, Ba Jeba), der aus Tenda und Kabu herabkommt, trotz seiner gewaltigen Mündung nicht über 40 M. lang; der Rio Grande de Ghinala oder Bigheba, der unter dem Namen Tomine nahe bei Labé und den Gambiaquellen entspringt, so daß seine Stromlänge gegen 80 Meilen beträgt; der Compuni mit weiter Mündung, noch unerforscht; der Nunnez, ein schmaler gegen 3m tiefer, bis Walkeria aufwärts für Kanonenboote zugänglicher Meeresarm, in dessen östliches Ende der kleine Tiguilenta fließt, der Gegon oder Kasafara, der mit seinem Nebenflusse Finton aus dem südwestlichen Futa Dschallon herabkommt; der tief einschneidende Pongo, ein Meerbusen ohne großen Zufluß, während der etwas südlich vom 10° N. B. mündende Kissi-Kissi wahrscheinlich mit dem bei Labé entspringenden Kakriman identisch ist und daher einen Lauf von nahe an 50 Meilen hat. Viele dieser Golfe stehen durch Nebenarme und fast stillstehende Hintergewässer mit einander in Verbindung

Zu S. 227. Naturprodukte. Die Erdnuß (Arachis hypogaea L.) ist Hauptkulturpflanze, ein seltsames aus Amerika stammendes Gewächs aus der Familie der Papilionaceen, welches zwar über der Erde blüht, aber seine dicken Schoten unter der Erde entwickelt; und dessen mehl- und ölreiche Samen sehr geschätzt werden. — Auf den sandigen Ebenen im Dscholoslande sind äußerst zahlreiche Termitenhaufen zu finden.

Zu S. 228. Bevölkerung. Nördlich vom Senegal leben drei Stämme der Berber-Race, die Trarza, die Brakna und die Duaïsch als Nomaden auf den weiten, grasreichen, gegen Norden mehr und mehr steinigen Steppen zwischen dem untern Senegal und Aderer. Arabische Stämme sind mit ihnen vermischt, ingleichen sind zahlreiche Negersklaven von ihnen aufgenommen worden, und es bestehen diese Stämme daher zu ziemlich gleichen Drittheilen aus arabischen Mulatten, Berbermulatten und freien oder dienstbaren Schwarzen; doch so, daß bei den Trarza und Brakna arabische, bei den Duaïsch Berberfamilien die Regierung und das Uebergewicht inne haben. — Die kleinern Staaten der Uolof oder Dscholof sind: Danaar oder Senegal, Saulaem und Ballagh oder Baa; die Dscholof bilden noch immer den mächtigsten, ausgebreitetsten Stamm im nordwestlichen Senegambien. Jetzt sind sie von den Franzosen abhängig geworden. Man rühmt die Gutmüthigkeit und Gastfreiheit der Dscholof; sie sind strenge Mohammedaner, doch nicht fanatisch. Sie führen ein seßhaftes Leben und unterscheiden sich dadurch von ihren nördlichen Nachbarn, den nomadisirenden Arabern; sie haben feste Städte, treiben Landbau, der Handel ist wohlgeordnet; nach allen Seiten gehen regelmäßige Karawanenzüge. Gegen heidnische Negervölker unternehmen sie oft Kriegszüge, um Sklaven zu machen und den Islam auszubreiten. Sie lieben die Musik, und es existirt bei ihnen eine eigne Sängerzunft. — „Der merkwürdige Stamm der Fellani (Fulah, Fulbe) hat sich in nachweisbarem allmählichem Strome von Westen, den Ufern des Senegal, her sich über das ganze Innere von Central-Afrika verbreitet. Zuerst lebten die Fellani still und bescheiden als „Berroredschi", d. i. Waldhirten friedlich in den Waldungen und auf den Triften mit ihren Rinderherden, wie sie es denn auch waren, welche zuerst das Rind, wenigstens die größere Art mit langgekrümmtem Horn, in diese Gegenden einführten. Dann immer stärker und stärker werdend und schon im 16. Jahrh. unserer Zeitrechnung selbst in Bornu als ein bemerklicher Theil der Bevölkerung auftretend, mischten sie sich schon seit dem Verfall des Sonrareiches in die politischen Verhältnisse, und gründeten dann im Anfang dieses Jahrh., von dem reformatorischen Impuls des Islam ergriffen, siegreich neue Reiche auf den Trümmern der alten, durch Bürgerkriege zerfallenen."

Zu S. 231 Z. 30 v. o. Religion. Die Dscholof sind in neuerer Zeit Mohammedaner geworden, doch hängen sie noch am alten heidnischen Aberglauben und behängen sich über und über mit Amuletten.

Zu S. 232. Gewerbe. Die Dscholof verstehen sich trefflich auf die Goldschmiedekunst. — Die Wohnungen der Dscholof haben runde, spitz zulaufende Dächer, die Dörfer sind mit dreifacher Palissadenreihe umgeben, im Innern derselben führen ganz schmale Gänge (Straßen) von 3 Fuß Breite zwischen Mattengeflechten hin.

Zu S. 232 f. Handel. Die Franzosen gründeten bereits im 16. Jahrh. Handelsniederlassungen am Senegal, welche bis 1758 in Privatbesitz sich befanden und hauptsächlich aus dem Sklavenhandel Gewinn zogen. Von 1758 bis 1779 und von 1809 bis 1817 sind diese Niederlassungen von den Engländern eingenommen, aber zweimal an die Franzosen zurückgegeben worden.

Die Franzosen haben seit einem Jahrzehent begonnen, ihre Besitzungen in Senegambien wesentlich zu erweitern; ja ihr systematisches Vordringen deutet auf den Plan hin, nach und nach das ganze weite und fruchtbare Gebiet dieses westlichen Afrika in französisches Besitzthum zu verwandeln. Von der Mündung des Senegal bis zu der Mündung des Gambia steht die ganze Küste unter französischer Botmäßigkeit, auch nördlich vom Senegal bis Portendik und Arguin ist französischer Einfluß überwiegend; ja durch Vertrag hat England 1857 das Recht mit Portendik zu handeln aufgegeben. Dagegen hat Frankreich auf Albreda (an der Gambiamündung) verzichtet. Vom Gambia bis zum Jeba finden sich zwar britische und portugiesische Niederlassungen und Handelsposten, aber auch hier, zumal am Cazamance, fangen die Franzosen an festen Fuß zu gewinnen. Am Senegal hinauf bis Medine und am Faleme bis Sansandig reiht sich ein französisches Fort an das andre, ein zweiter Weg in das Binnenland wird vom Nunnez aus angebahnt: das reiche Gebirgsland von Futa Dschallon und die Handelsverbindung mit den Ländern am obern Niger erscheint als das nächste Ziel dieser Bestrebungen.

Von dieser Zunahme des französischen Besitzes und Einflusses zeugen die Bevölkerungszahlen. Die Kolonie hatte 1846 19,146 Bewohner, mit Einschluß von 749 Mann europäischer Truppen und 139 Civilbeamten; nur 282 Weiße waren in der Provinz seßhaft. 1853 war diese Zahl auf 14,472 herabgesunken; 1854 auf 14,354 Ew. Am 1. Januar 1857 zählte man 30,266 Ew., am 1. Januar 1858 34,734 Ew., davon 28,554 in dem Arrondissement St. Louis, 3738 in dem Arrondissement Bakel. In diesem Jahre hatte die Zahl der Fulbe (Pul, Peuhl) um 1032, die der Ulad-Bu-Ali um 272 zugenommen. Im Jahre 1860 stieg die Hauptsumme auf 57,143 Ew., darunter 1435 Soldaten und Beamte, 634 Mann einheimischer Truppen, 419 einheimische Seeleute und Beamte. Das Arrondissement St. Louis allein hatte 49,645 Ew., darunter 1077 Christen. Im Jahre 1863 dagegen berechnete man das unmittelbar unterworfene Gebiet auf 116,000 Ew., während man die außerdem abhängige Bevölkerung auf 150,000 Köpfe veranschlagte. Einfuhr und Ausfuhr der französischen Kolonien erreichten 1862 einen Werth von 31,795,901 Francs (8⅓ Mill. Thlr.); 587 Schiffe liefen ein, 562 Schiffe aus (1860). 1864 wurden 32,000 Zentner Gummi, über 1 Mill. Thlr. an Werth, 31,000 Zentner Erdnüsse, 9—10,000 Faß Hirse, 300 Zentn. frische Häute, 20 Zentn. Elfenbein vom Senegal ausgeführt. Diese Zahlen genügen, um die Wichtigkeit dieser Erwerbungen für Frankreich darzulegen. — Leuchtthürme zu St. Louis (1843), auf der Nordspitze der Insel St. Louis (projektirt), auf dem Kap Verde (1864), in Gorée und 2 Leuchtfeuer bei Bathurst dienen zur Sicherung der Schiffahrt.

A. Die unabhängigen Staaten.

1) Das Gebiet der Dscholof oder Uolof, im N. von den französischen Besitzungen (zu denen jetzt auch Ualo gehört) und Futa Toro begrenzt, im O. an Futa Toro und Bondu stoßend; im S. erreicht es den Gambia nicht mehr. Es zerfällt jetzt, Ualo ungerechnet, in 6 kleine Staaten. a) Kayor, an der Küste von der Senegalmündung bis zum Kap Verd reichend, 200 □M. mit 250,000 Ew.; nach Besiegung des Königs Lat Dior im J. 1864 ist das Land zum großen Theil unter die Botmäßigkeit der Franzosen gekommen. Das Land ist reich an Pistazien und Erdnüssen. Gandiel und Mboro sind französische Plätze. In Giandole finden sich Salinen. — b) Reich Senegal oder Danaar, ehemals als Gebiet der Bourb Dscholof bezeichnet, mit unabhängigen erblichen Königen, welche angeblich 12,000 Mann, namentlich Reiter, zum Kriege stellen können, einst der Haupttheil des Dscholofreichs; reich an Mimosenwaldungen; zum Theil von nomadisirenden Fulah durchzogen. Hauptorte: Bowael, Kadscho, Warkol, Dessiba, meist in weiten Grasebenen gelegen. Salzgewinnung am Panié-Ful. — c) Saulaem, mit den Hauptorten Saulaem und Woiutau, breitet sich über die innern, spärlich bewohnten Ebenen aus. — d) Ballagh oder Baa, S. vom vorigen, bis gegen den Gambia, mit dem Hauptort Konfala. — e) Königreich Salum am gleichnamigen Flusse; 10 Meilen NO. von der Gambiamündung liegt die Hauptstadt Kahone, daneben das 1859 gegründete französische Fort Kaolack. — f) Sin, an der Küste, S. von Kayor, mit den französischen Handelsposten Dschoal und Portudal.

2) Das Reich Barra. Die nicht unbedeutende feste Stadt Whydah, S. von Berending (Barra Inding) ist jetzt zerstört.

3) N'Yani. 4) Ulli. 5) Tenda. 6) Nedla (Nikolo?). 7) Dentila oder Dentilia. 8) Konkadu (Konkodu). 9) Fulahdu oder Fuladugu. 10) Manding. Bangasi liegt nicht 14°, sondern 12° 40' N. B. 11) Uas-

selon oder Wässulo, jenseit des Niger, mit den Orten Diakara, Morila, Kankaru. Am Niger liegt die Handelsstadt Bammaku, etwa 9° 5' O. F. 12) Käarta mit etwa 300,000 Ew., hat wie alle die östlichen Grenzreiche Senegambiens (namentlich auch Uasselon) von dem Druck der Bambarra oder Bamanas, eines Mandingostamms, zu leiden. Das stehende Heer, mit dessen Hilfe die Beherrscher von Kaarta früher über die Nachbarvölker herrschten, ist durch innere Unruhen aufgelöst, und Al Hadschi hat diese Gelegenheit zur Unterwerfung des Landes benutzt. Brenta, einer der Hauptorte der Assuanek. Lewuana, großer Ort, Sitz eines vom König von Sego abhängigen Statthalters.

13) Kasson oder Khasso, reich an Naturschönheiten, wird von Mandingo und von Fulah-Eindringlingen bewohnt, und hat etwa 150,000 Ew. auf 150—200 □M. Der Staat ist unter die 12 Söhne Aua-Demla's getheilt worden; die Franzosen haben Merineb am Senegal besetzt und von da aus ihren Einfluß auf Khasso geltend gemacht, auch das Land gegen die Angriffe der Bamanos von Kaarta aus geschützt.

14) Kadschéaga oder Galam, SO. (nicht: westlich) von Futa Toro, zerfällt in Kaméra (Ober-Galam) mit der Hauptstadt gl. N. am rechten Ufer des Faleme, und Guoy (Unter-Galam) mit der Hauptstadt Tuabo. Der Verkauf von Bakel an die Franzosen (1819) hat diesen Fremdlingen den Eingang und schließlich die Herrschaft in dem Lande ermöglicht.

15) Bambuk, zwischen 5° 30' und 7° 30' O. F., und 12° 30—14° 15' N. B. Die Goldlager waren seit langer Zeit den Portugiesen bekannt, aber weder von ihnen, noch anfangs von den Franzosen so reichlich ausgebeutet, als dies jetzt geschieht. Farbána, Asyl für flüchtige Sklaven.

16) Bondú, 4—6° O. F. Seit 1848 haben die Franzosen auch hier feste Niederlassungen gegründet.

17) Futā Toro, im S von Danaan und Saulaem begrenzt. Der Häuptling führt den Namen (Titel) Almamy. Podor ist französisch.

18) Futā Dschallon. Der kriegerische und fanatische Marabut Al-Hadschi Umar hat in kühnen Eroberungszügen die Nachbarstämme besiegt, ja zeitweilig bis über den Senegal hinaus, nach Kaarta, seine Herrschaft ausgedehnt.

19) Tenda Mair. 20) Südwestliche Mandingo. 21) Felups. 22) Das Land der Balantès zwischen dem mittlern Casamanse und dem mittlern Dscheba, am Sandomingo (Cacheo)-Flusse. 23) Papels. 24) Nalus.

B. Die französischen Besitzungen.

(1865: 4500 □M. 569,654 Ew.)

1) Arrondissement des untern Senegal. 1857 mit 28,554 Ew. St. Louis, Hauptstadt. 1857 12,081 Ew., außer der Vorstadt Guet N'dar (1336 Ew.); zusammen mit 400 steinernen Häusern und 4000 Strohhütten, 1862: 27,636 Ew. und Dagana, wichtige Handelsstadt am Senegal, nebst dem unterworfenen Gebiet von Dimar 7754 Ew. (1857), Sitze französischer Commandanten. Zu Dagana wird laut Vertrag von 1858 das Gummi der Trarzas verkauft, der König von Trarzas erhebt von je 1000 Pfund 1 Guinee als Steuer. — Das Reich Ualo oder Wallo, links am untern Senegal bis zur Seeküste, früher unter eignen Oberherrschern, die den Titel „Brak" führten, ist von den Franzosen erobert und von der an den König Mahumed-el-Habib von Trarzas verheiratheten Königin Ghimbotte am 20 Mai 1858 (nebst Gae, Bokol und Tube) förmlich an Frankreich abgetreten worden. Die Einwohnerzahl soll von 40,000 auf 16,000 zusammengeschmolzen sein. Nder mit 1000 Ew., frühere Hauptstadt am Panieh-Pul. Bifesche und Bequio, große Flußinseln, ungemein fruchtbar. Merinaghen, S. v. vor., 313 Ew. Ngiuaugue, am Senegal, 2000 Ew. Gandiol, an einem Senegal-Arm, nahe dem Meere. — Gleichzeitig mit dem 100 □M. großen Ualo haben die Franzosen auch die Schutzherrschaft über Dimar, Dscholof, Ndiambur und Kayor angetreten.

2) Arrondissement des obern Senegal, 1857 mit 3244, 1858 mit 3738 Ew. Hauptort: Bakel (Bothadiye), nur 92 F. über dem Meeresspiegel, 1857 mit 1936, 1858 mit 2495 Ew. Der Werth der in demselben Jahre nach Bakel gebrachten Waaren (Landesprodukte) betrug 320,000 Thlr., darunter für 16,000 Thlr. Geld. Seitdem ist dieser Handel in stetigen Proportionen gewachsen. Die Einfuhr belief sich auf 270,000 Thlr.; unter den Landesprodukten sind besonders die Erdnüsse wichtig. Von Bakel abwärts liegen die Stationen und Forts Gagny, Matam, 1857 gegründet, mit 682 Ew., Saldé, neu angelegtes Fort. Aufwärts Medine, 66 Ew., am Fuß der Wasserfälle von Felu oder Felu; Senudebu mit 500 Ew. und Sansandig, am Falémé und der Bergwerksort Kénicba östlich vom Falémé; Bakel u. Senudebu haben französische Commandanten.

3) Die südlichen Besitzungen. Gorée mit 2766 Ew. (1857). Von hier aus wurde 1857 die Halbinsel Dakar, welche westlich im Kap Verd ausläuft, besetzt, und die Handelsplätze Rufisque, Portudal, Dschoal an der Küste gegründet. Landeinwärts am Flusse Salum bei der Hauptstadt des Königreichs Sallum, Cahone, haben die Franzosen das Fort Kaolack im Jahr 1859 erbaut, von hier und Albreda, am rechten Ufer der Gambiamündung, hat sich der französische Einfluß der Königreiche Barra, Sallum, Saulaem bemächtigt. — Carabane, Inselchen in der Cazamancemündung und Sed'hiu, befestigte Faktorei an demselben Flusse, 30 M. flußaufwärts sind die Stützpunkte der französischen Macht in dem mittleren Küstenbezirk Senegambiens. Von hier aus wurden 1861 die Mandingolandschaften Balmadu, Jacine, Packao unterworfen, die Ufer des Cazamance stehen bis 2° 45' O. F. unter französischer Herrschaft; ein stark bevölkertes

Land mit Palmenwäldern, reicher Kultur (namentlich Arachis) und Pferdezucht. Bisher waren in Sed'hiu jährl. nur 20 Schiffe befrachtet worden. Jetzt ist es Sitz eines französischen Commandanten. An diesem Flusse sind Engländer und Portugiesen beinahe verdrängt, jene haben noch eine Handelsstation in Lincoln oder Klinkin, diese besitzen die an Bedeutung herabgesunkene Stadt Zinguichor (Zigbincher). — Am Tiguilenta, dem kleinen Quellfluß des Nunnez, ist seit Kurzem ein französischer Posten in Kakandy angelegt worden; von hier aus führt der nächste Weg nach Timbo, der Hauptstadt von Futa Dschallon, wohin ein französischer Offizier im Jahre 1861 entsendet wurde, um mit dem Almamy (d. i. Oberhaupt) dieses Fulahstaates zu unterhandeln und die Handelsverbindung nach dem produktenreichen Innern sicher zu stellen.

C. Die englischen Besitzungen.

In den englischen Besitzungen [0,94 QM. mit (1862) 6939 Ew.] betrug 1858 die Zahl der Geburten 98, der Todesfälle 212, der Heirathen 53; 7 Schulen mit 979 Schülern. Ankommende Schiffe 221, abgehende 224 (unter den ersteren 123 britische, 70 französische, 28 amerikanische) Einfuhr 725,000 Thlr., Ausfuhr 1,175,000 Thlr. (davon 785,000 Thlr. nach Frankreich). Ausfuhr: für Erdnüsse 865,000 Thlr., Wachs 140,000 Thlr., Häute 60,000 Thlr., Gummi 1400 Thlr., Elfenbein 1400 Thlr., Gold 1300 Thlr. Einfuhr: für Baumwollenwaaren 182,000 Thlr., Tabak 75,000 Thlr., Waffen und Pulver 63,000 Thlr., spirit. Getränke 41,000 Thlr., Reis 28,000 Thlr., Korallen und Glasperlen 48,000 Thlr. Die Einfuhr war 1862 auf 665,000 Thlr., die Ausfuhr auf 1,028,000 Thlr. gesunken.

D. Die portugiesischen Besitzungen.

Die Kolonieen Portugals in Senegambien sind um so mehr im Rückschreiten begriffen, als Frankreich den Handel allmählich an sich zieht. Die Portugiesen schätzten ihre Besitzungen 1863 auf etwa 3000 Quadrat-Leguas (gegen 2000 QM.) mit 1095 portugiesischen Unterthanen; faktisch beschränkt sich jenes Gebiet auf die wenigen Faktoreien vom Casamanse bis zum Ba-Dscheba.

Die Sahara.

Zu S. 237. Literatur. Dr. G. Behm, das Land und Volk der Tebu, in Petermann's Mittheilungen 1861, Ergänzungsheft. 8. — Die Reisen von Leopold Panet (1850) und von Gerhard Rohlfs (1864 und 1865) in der westlichen Sahara, von Barth, Vogel u. A. durch die mittlere Sahara (1850 bis 1855), von v. Beuermann im nordöstlichen Theile der Wüste (1862—1863), die Aufnahmen von Duveyrier im S. von Algerien und Tripoli haben das weite Gebiet der Wüste in ganz andrer Weise erschlossen, als dies früher möglich war. Je mehr wir die Sahara kennen gelernt haben, desto mehr ist das Trugbild von einer endlosen, mit Sand bedeckten Fläche verschwunden. Es sind vielmehr die Plateau- und Terrassenbildung des devonischen Sandsteins, des Trias-Buntsandsteins, hin und wieder mit aufgelagerten Kalkschichten, das vorherrschende Element in der Grundbildung gewesen. Das Vorhandensein gewaltiger, jetzt trockner Thalrinnen, aus denen sich theilweise große Flußsysteme konstruiren lassen, und die zahlreichen beckenartigen Einsenkungen mit flachem, sandigem, oft salzigem Boden und mit Dünen-Umwallung legen Zeugnis ab, daß die Sahara einst ein regenreicheres Klima gehabt hat als jetzt, ja daß früher die meisten Theile der heutigen Wüste unter Wasser gestanden haben.

Zu S. 241 f. Geognostische Verhältnisse. Auch in der südalgerischen Sahara hat sich erwiesen, daß die dasigen Sanddünen regelmäßige Sandschichten der oberen Plioeen-Periode, aus süßem oder brackischem Wasser abgelagert, enthalten, also nicht — wie man früher annahm — durch den Wind zusammengewehte Anhäufungen sind. Bis nach Mursuk südwärts sind diese Sandschichten kalkhaltig, d. h sie führen allenthalben eingestreute Polythalamien der Küste, während südwärts von Mursuk dieses Vorkommen aufhört und der Sand nur Quarztheilchen enthält. — Aehnliche Bildungen des Sandsteins bei el War, S. von Mursuk; über einander lagern feiner weißer Sandstein, stark kalkhaltig, Thoneisenstein und blaue Thonschichten; Alaunschiefer; schwarzer eisenhaltiger Sandstein in mehreren Flötzen. — Die Granitformation beginnt S. am Fuße des Hochlandes der Aegar, und bildet die ödesten Strecken der Wüste. In der Granitformation treten jene ungeheuren „Spiegelebenen" auf, flache Strecken mit Granitboden, hin und wieder mit Granitblöcken und Granitsand bedeckt. Hin und wieder Mischung von Sandstein- und Granitformation: grünliches Quarzgeröll neben weißen und rothen anstehenden Sandsteinen. Sandsteinblöcke, würfelförmig zu steil aufsteigenden Wänden gethürmt. Bald kleine Kuppen und Kegel, pfeilartig isolirte Klippen von Granit, schön gezeichnete Bergformen bis 1600m. Vom Isetteti (oder vom Plateau der Ahaggar?) herüber ziehen Gneißfelsen, in hohen Bergen oder in niedrigen Riffen aus den Ebenen sich erhebend. Die Flächen sind mit Schutt bedeckt, ja die Oberfläche in Schuttsand zerstoben. — An einer Stelle N. von Asiu tritt weißer Marmor zu Tage; S. von Asiu thoniger Sandsteinschiefer von rother und grünlicher Farbe, kiesbedeckte Flächen, rauher schiefriger Boden; kahler Kies; einzelne Granitfelsen; angeblich auch Höhen mit Magneteisenstein; weißer Marmor N. von der Timge-Gruppe (Air).

Zu S. 244. Klima. Mursuk hatte im Juni 40—49° C. Mittags (im Schatten); 2--4° auf der Hammada nahe bei Tripoli im Februar. Der Grund des starken Wechsels zwischen Tag- und Nachttemperatur ist wesentlich in dem dem Innern aller Erdtheile eigenthümlichen Kontinentalklima, ferner in der schroffen Abwechselung zwischen Tag und Nacht in den Tropenländern, in vielen einzelnen Regionen der Sahara auch in der bedeutenden Erhebung über die Meeresfläche zu suchen. — Am Nordende der Sahara sind die Nordwinde in 9 Monaten vorherrschend.

Zu S. 245 ff. Naturprodukte. S. von Asiu, vom 20° N. B. an, treten viele neue Pflanzen auf; Senua, Capparis sodata (= Esiwak arab.), ein Busch oder Baum mit korinthenartigen Beeren, die Wurzel als Reibholz für die Zähne bei den Arabern im Gebrauche, u. a. Pflanzen gewähren dem Wüstenwanderer den Anblick eines frischen üppigen Grüns. — Die Salzgewinnung in Teghasa oder Talhada wurde aufgegeben, als der Kaiser von Marokko diesen Ort besetzte, und statt dessen begann man die S. gelegene Steinsalzmine v. Taodenni zu bearbeiten.

Zu S. 248. Bevölkerung. Die Berber oder Mazigh sind wahrscheinlich semitischen Stammes, wenn auch durch spätere Einwanderung ägyptischer Stämme wesentlich verändert. Die 2. große Abtheilung der Saharabevölkerung bilden die dem Berbervolk angehörigen Tuarik oder richtiger Tuareg, Sing. Tergah oder Tergi, d. h. Stamm, richtiger Imoscharh (Pluralform von Amoscharh) oder Mazigh (Amazigh) genannt; Tuarkg ist ihr Name bei den Arabern. Sie reichen im N. bis Tuat und Gurara, und weiter O. bis an die Grenze der algerischen Sahara, wohnen im NO. bis vor Ghadames und haben den westlichen Theil von Fezzan inne, indem die Wadis Gharbi und Scherki bis nach Sebcha (NO. von Mursuk) von Tuariks besetzt sind. Im O. grenzen sie an das Gebiet der Tebu in einer Linie, welche von Mursuk nach SSW. und S, westlich von Bilma und Faschi vorbei bis 15 Meilen nördlich von Birni (im Reich Bornu) zieht. Südlich reichen die Tuarik bis an die Grenzen von Bornu, Sinder, Gober und Haussa, weiter westlich bis zum Niger, ja zwischen Gogo und Timbuktu über diesen Strom hinüber an die Nordgrenze des Reichs Massina. Die ganze Südgrenze, welche östlich vom Niger durch den 14° N. B., westlich vom Flusse durch den 16° N. B. bestimmt werden kann, ist schwankend wegen der häufigen Kämpfe mit den Nachbarstaaten, neuerdings besonders mit dem Reich Massina. Timbuktu, welches früher dem im J. 1591 zerstörten Sonrayreiche angehörte, bis es am Anfang des 19. Jahrhunderts die Fulbe, ein heidnisches Negervolk, besetzten, war 1862 mit dem Reich Massina in die Gewalt des Marabut Hadj el Omar gefallen, aber 1863 von Tuaregs (unter Scheikh El-Bakay) u. Arabern wieder erobert worden. Hierdurch war der Weg nach Timbuktu für die Europäer frei geworden. Ob dies nach El-Bakay's Tode (1865), unter Hadj el Omar, bleiben wird, ist noch ungewiß. Im W. endlich scheint die Grenze der Tuareg sich von Tuat bis Timbuktu quer durch die Wüste zu ziehen. — Die Kleidung der Tuariks ist sehr verschieden, eine eigentliche Nationaltracht fehlt. Während die östlichen Stämme ein weites Gewand und weite Beinkleider tragen, kleiden sich die westlichen Stämme in ein kurzes Tobenhemd und in enge, anschließende Beinkleider; die Kleidung ist meist aus dunkelblauem oder schwarzem Baumwollenzeug. Alle aber tragen den Litham oder Tessilgemist, d. i. den Gesichtsshawl, der zweimal um das Gesicht gewunden wird, Stirn, Mund und Kinn verhüllt und nur ein kleines Stück des Gesichts frei läßt. Um Kopf und Schläfe gewunden und hinten mit einer Schleife befestigt, bildet er zugleich die, wenn auch unvollständige, Kopfbedeckung; er schützt die Augen vor Sand, Mund und Lunge, gleich einem Respirator, vor heißer Luft und vor dem Einathmen des Sandes. Die bedeutendsten Stämme der Tuarik sind: 1) Die Hogar, auch Haggar genannt, die das Hochland Atakor oder Dschebel Hogar bewohnen und etwa 500 Familienhäupter zählen; zu ihnen scheinen die Kel-Hemellel oder Uelad Fakki, die Tigge-n-sakkel und die Tigge-n-gali in Tuat zu gehören; 2) die Asgar vom Wady Igbergher bis östlich von Ghat; ebenfalls mit 500 Familienhäuptern. Neben diesen freien Männern, die eine Art von Kriegeraristokratie bilden, wohnen zahlreiche Imrhad oder Leibeigene im Lande der Asgar; dieselben können 5000 Bewaffnete stellen. Zu den Asgar rechnet man auch die Tinylkum, welche auf fessanischem Gebiet wohnen, und dort auf weiten mit Geröll und Felsblöcken besäten Ebenen ihre Kamele und Schafe weiden, sie bestehen etwa aus 400 Familien. Die gesammten Hogar und Asgar schätzt Aucapitaine auf 192,000, die ein Gebiet von mehr als 18,000 O.M. theils als Nomaden, meist in festen Ansiedelungen bewohnen. 3) Die kriegs- und raublustigen Kelowi, welche in festen Hütten in dem Gebirgslande Air und um dasselbe wohnen und ohne ihre Sklaven 10,000 Bewaffnete stellen können; die Zahl der Bewohner von Air übersteigt 50,000; ihr Amanokal oder Sultan regiert in Tintellust, ein zweiter Sultan in Agades. Von dem letzteren sind zahlreiche Stämme abhängig, die südlich von Agades nach dem fruchtbaren Sudan zu wohnen: die Tagama an der Straße nach Sinder (300 Männer), die Alakkos und Diggera im SO. an der Grenze gegen Bornu, die Iseraren und Ighdalen gegen SW., während die noch weiter südlich an der Straße nach Sokoto wohnenden Kelgeres und Itissan unabhängig geblieben sind, ja mit den Kelowi häufig (1854) im Kriege liegen. Bei diesen Stämmen geht die Erbfolge nicht auf den Sohn des Häuptlings, sondern auf den Schwestersohn über. 4) Die südwestlichen Stämme, namentlich die Auelimmiden oder Surgus, welche nach dem Jahre 1100 Timbuktu erbaut haben und unterhalb dieser Stadt den Niger überschreiten; den äußersten Raum im SW. nehmen die Tademmekel ein; diese Stämme werden zusammen auch Tegessäsemt genannt. 5) Südlich vom Niger wohnen die gemischten Stämme der Irenegalen.

Die Tibu. „Während aus der westlichen Sahara die schwarze Urbevölkerung bis auf wenige Reste verschwunden ist, hat sich in der östlichen die schwarze Raçe bis auf den heutigen Tag erhalten: sie erreicht hier den nördlichsten Punkt ihrer Verbreitungsgrenze. So viel man bis jetzt weiß, gehören die sämmtlichen schwarzen Bewohner dieses Gebiets einer einzigen Nation an, die zwar in eine große Anzahl unter einander kaum in Verbindung stehender Stämme zerfällt und vielleicht nie eine politische Einheit gehabt hat, die sich aber durch eine gemeinschaftliche, wenn auch in verschiedenen Dialekten gesprochene Sprache als zusammengehörig erweist." Dieses Volk heißt mit seinem Gesammtnamen Teda; der gebräuchliche Name in Bornu und Kanem aber ist Tebu (Tibu, auch Tubu, englisch Tiboo), während die Araber diese Stämme Guraän (im Mittelalter kennen wir sie als Goran) nennen. Ohne Zweifel sind es die „Garamanten" Herodots und anderer alter Schriftsteller; ihre Wohnsitze waren in ältester Zeit in Phazania, d. i. Fezzan.

Die gegenwärtigen Sitze der Tibu sind zwischen 29 und 42° O. L., 14 und 25° N. B. zu suchen; im W. grenzen sie an die Tuarik, im NW. reichen sie bis Tedscherri und Gatrun in Fezzan hinein, im N. sind sie aus der Oase Kufarah durch feindliche Raubzüge vertrieben worden. Im O. werden sie von Aegypten und Nubien durch die Wüste geschieden, im SO. streifen sie bis in das nördliche Dar-Fur; im S. grenzen sie an die Reiche von Wadai, Kanem und Bornu, gegen SW. gehen sie sogar bis über den Tschadsee hinaus. Die Bilmastraße von Murzuk nach Bornu durchschneidet den westlichen Theil ihres Landes.

Die Tibu sind ein wohlgebildeter Menschenschlag, welchen Fresnel als eine schwarze, doch nicht den Negern zugehörige Raçe bezeichnet; Barth nennt sie ein höchst merkwürdiges Glied zwischen den Kanuri und dem Berberstamm; Waitz vermuthet in ihnen „ein eigenthümliches Mischlingsvolk der Negerraçe mit den weißen oder vielmehr braungelben Völkern des nordöstlichen Afrika." Die Farbe der Tibu ist schwarz, doch mit vielen Varietäten: ziemlich hellbraun bei den Stämmen der Graän nördlich von Wadai, kupferroth bei dem Stamm der Gunda; im Allgemeinen sind sie dunkler als die Bornuleute. Das Haar ist lang, aber weniger wollig als bei den Negern, und wird in Zöpfe oder in Fächerform geflochten; die Nase ist nicht aufwärts gebogen, sondern gestreckt (bis zur Form der Adlernase), die Lippen sind groß, doch nicht übermäßig vortretend; das Gesicht ist lang, ernst, intelligent im Vergleich mit den runden, pausbäckigen, lachenden Gesichtern der Bornaui. Der Wuchs der Tibu ist schlank, ihre Glieder sind gut geformt; in körperlicher Gewandtheit und Leichtigkeit der Bewegung zeichnen sie sich vor allen Negervölkern aus.

Ihre Wohnungen bestehen aus dichtgeflochtenen Palmblattmatten, welche gegen Sonne und Regen schützen, aber Luft hindurchlassen; in Kauar gibt es auch mit Palmblättern gedeckte Erdhütten, die Tibu-Reschade wohnen angeblich in Höhlen. Sie kleiden sich in Schaffelle mit und ohne Wolle oder in blaue Hemden, der hohe dunkelblaue Turban wird um das untere Gesicht geschlungen, daß nur die Augen frei bleiben. die Frauen hüllen sich in große blau und weiß gemusterte baumwollene Shawls. Die Frauen lieben Schmuck; Silberringe, Achat, Korallen, Kauri- und Bernsteinhalsbänder wissen sie in zierlicher Weise am Kopf, in den Ohren und dem rechten Nasenflügel, um Hals, Arme und Fußgelenke anzubringen. Sie sind geschickt im Tanz; als musikalische Instrumente wenden sie Trommeln, Sackpfeifen und Blechtöpfe an.

Die Lebensweise der Tibu wird wie die der Tuarik durch die klimatischen Verhältnisse bedingt. Sie ist einfach; die Natur zwingt zur Genügsamkeit. Selbst die Oberhäupter der zahlreichen lose zusammenhängenden Stämme machen einen ärmlichen Eindruck. Die Natur des Landes erlaubt nur in einzelnen Strecken von Fessan, Kauar, Kanem, Tibesti und Borgu den Ackerbau; die meisten Tibbu liegen daher der Viehzucht ob und führen ein Nomadenleben. Rinder, Schafe, Ziegen, Pferde, Esel, Kamele (die hier am besten zum Reiten abgerichtet werden) bilden den Viehstand. Nahrungsmittel sind Fleisch, Milch, wenig Getreide, Koloquintensamen, Datteln, die Früchte der Dumpalme (Cucifera thebaica), getrocknete Fische.

Die Industrie steht auf einer sehr niedrigen Stufe; bedeutend ist dagegen der Handel mit Sklaven (früher nach Tripoli und Barka, jetzt nach Ghat), Salz, Kamelen, Fellen, getrocknetem Fleisch, Straußenfedern, Senna; eingeführt werden Baumwollenzeuge, Perlen u. a. Schmucksachen, Waffen, Geräthe u. s. w. Die Tibu erheben einen bedeutenden Tribut von den auf der Bilmastraße (auch früher auf der Karawanenstraße von Wadai nach Dschalo und Bengasi) durchziehenden Karawanen. Von allen Seiten durch feindselige Nachbarn bedrängt (namentlich von Tripolitanien und von den Tuariks aus, welche oft auf ihren Razzia's Tausende von Tibu's getödtet oder gefangen weggeführt und ganze Landstriche entvölkert haben), üben die Tibbu das Vergeltungsrecht. Zu offenem kräftigem Widerstande in der Regel zu schwach, wenden sie Verschlagenheit und Schnelligkeit an, um sich an ihren Feinden zu rächen; im Stehlen, Plündern und Rauben sind sie Meister. Ihre Waffen sind Pfeile, Speere, Dolch und Schwert; Feuerwaffen findet man bei ihnen wenig. — Die Religion ist im Westen des Landes die mohammedanische, Borgu und Wadjanga sind heidnisch. — Die Zahl der Tibu schätzt Barth annähernd auf 1 Million.

Zu S. 254. Handel. Durch die Bemühungen Duveyrier's kam am 15. Dez. 1862 ein Handelsvertrag zu Ghadames zu Stande, durch welchen die Tuareg-Asgar freie Handelsverbindung mit Algerien, französ. und algerische Kaufleute freien Durchzug (doch bleiben die herkömmlichen Abgaben an die Oberhäupter) nach dem Sudan erhalten.

Zu S. 257. Topographie. Der bequemeren Uebersicht wegen theilen wir die Sahara nach der Gliederung ihrer Oberfläche in 1) das Küstengebiet, 2) das Hochland von Taganet und el Hodh, 3) die Einsenkung von Aderer, 4) den Wüstengürtel N. von Aderer, 5) die große Senkung N. von Timbuktu, 6) die Hammada oder das Plateau S. vom Wadi Draa, 7) die Senkung von Tafilet und Tuat, 8) das Tiefbecken von Wargla, 9) das Gebirgsland der Hogar und Asgar, 10) das Gebirgsland Air oder Asben, 11) die Plateaulande (Hammadas) von Fezzan, 12) das Hochland der Tibbu, 13) die libysche Wüste.

1) Das Küstengebiet. Längs des atlantischen Oceans, vom untern Senegal bis zur Grenze des marokkanischen Reichs, d. i. vom 16—27° N. B. erstreckt sich, in einer Länge von 200, in einer Breite von 25 bis 50 Meilen ein wenig durch Plateauhöhen oder Einzelerhebungen unterbrochenes Flachland. Reiner weißer Sand, streckenweise zu veränderlichen Höhenzügen von mehreren 100 Fuß angehäuft, bildet die ungemein einförmige Küste; Kap Bojador zeigt die höchsten überhaupt bekannten Dünen (130m). Isolirte Klippen und ganze Felszüge treten streckenweise an der Küste, wie im Innern hervor; der unmittelbar an den Küstensaum anstoßende Meeresgrund ist durch den Flugsand im Laufe der Jahrhunderte erhöht worden, und kann als eine unmittelbare submarine Fortsetzung der Saharâ angesehen werden; die Bewohner der letzteren können halbe Stunden weit ins Meer gehen, um sich die gestrandeten Schiffsgüter anzueignen. Von Kap Mirik bis gegen Kap Blanco hin liegt eine der Küste parallele Bank so seicht unter dem Meeresspiegel, daß nur zwei seichte Pässe als Eingang zum Golf von Arguin übrig bleiben. In Arguin gründeten die Portugiesen im 15. Jahrh. eine wichtige Handelsstation und errichteten 1444 ein Fort auf der gleichnamigen Insel. Die blühende Kolonie wurde im 16. Jahrh. von den Holländern genommen, war dann in englischem, später in französischem Besitz. In neuerer Zeit ist auch diesem Orte als dem Ausgangspunkte wichtiger Handelslinien in das Binnenland eine größere Aufmerksamkeit geschenkt worden.

Von der Küste und am rechten Ufer des Senegal aufwärts wohnen in dem ebenen, wasserarmen Lande die Trarzas, in deren Gebiet der 5 M. lange See von Cayar (N'quiz oder Komak), welcher durch einen Arm das Senegal beim Hochwasser sich füllt; Hauptprodukt des Landes ist Gummi. Oestlich grenzen an sie die Braknas, in deren Gebiet die Seen Yalana und Aleg (letzterer 3° 34' O. F., 17° 4' N. B., 9815m lang, 3333m breit) in gleicher Weise, wie der Cayar, sich füllen und entleeren. Noch weiter stromaufwärts, gleichfalls im Flachlande, wohnen die Duaisch, und Bakel gegenüber die Ned-el-Kuizi. Von der Küste landeinwärts breitet sich zwischen 16 und 20° N. B. ein offenes Land aus, mit festem eisenhaltigem Boden, doch ohne Klippen oder Steine. In diese Zone reicht noch der tropische Herbstregen. Daher sind die weiten Flächen bis in die Breite von Portendik mit Wäldern von Mimosen und Asklepiadeen geschmückt; weiter nördlich findet sich dürftiges Gesträuch, mit Schlingpflanzen und Euphorbiaceen gemischt; hin und wieder durch Salzsümpfe oder öde mit Salz inkrustirte Bodensenkungen unterbrochen, aus denen die nomadisirenden Stämme der Trarzas sich mit Salz versorgen. — Mit dem Brunnen Tiferzaz, nördlich vom Berge Tamagut, endet die Landschaft Inchiri, und von da an beginnt (20° N. B.) die fast vegetationsleere mit welligen Sanddünen oder Kieselgeröll bedeckte, landeinwärts nach den Gebirgen zu mit kolossalen Sandstein- und Quarzblöcken besäte Landschaft Akchar (Maghter). Nördlich schließt sich (von 22° N. B.) die Landschaft Tiris an, im südlichen Theile mit Höhenzügen und vereinzelten Sandhöhen und Felsenbergen, hin und wieder mit Brunnen und daher von nomadisirenden Berberstämmen durchzogen (Hauptort: Dumus); im nördlichen Theile eine vegetationsleere Sandwüste, die Wüste Magq, in welcher auf 5 Tagereisen weit kein Wasser zu finden ist. Nächst der marokkanischen Grenze erheben sich wieder Bergzüge und Hochflächen mit tief einschneidenden Schluchten und Thälern, in denen der Wanderer wiederum Pflanzenwuchs findet. Die „Rothe Schlucht" (Safir-el-Hamera) bildet die Grenze gegen die marokkanischen Tributärstaaten.

2) Das Hochland von Taganet und el Hodh. Nordöstlich von der Senegalmündung, jenseit jener weiten von Berberstämmen durchzogenen Niederung erhebt sich ein weit ausgebreitetes Hochland, von 3 bis 10° O. L., in seinem östlichen Theile auf der Wasserscheide des Niger und des Senegal el Hodh (el Haudh) genannt, im mittleren Theile die Landschaft Taganet umfassend, westlich bis in den Staat von Aderer sich erstreckend. Dieses Plateau, welches auf 2—3000 QM. veranschlagt werden kann, scheint (nach der dort sehr niedrigen Temperatur der Nächte) eine Höhe von 500—600m zu erreichen und enthält bei Kasr el Barka in Taganet, wie westlich von Walata oder Biru in el Hodh kesselförmige Senkungen mit Oasen und Sümpfen (Resten ehemaliger Seen?). Zahlreiche theils einzeln stehende, theils in Zügen gruppirte Felsenberge von Sandstein und dunklem Kieselschiefer, vielleicht auch von Basalt, überragen das Plateau; im W. ist der Iridschi 15 M. SW. von Schinghit die bedeutendste Er=

hebung, der Tamagut 27 M. NO. von Portendik die am weitesten gegen die Küste vorspringende Höhe, für den Wanderer eine weithin sichtbare Landmarke. Von diesem Hochlande bis an den Senegal breitet sich eine zum großen Theil offene Landschaft aus, die durch einen vom Senegal bei Bakel nordöstlich über Meschila bis gegen Tischit streichenden Bergzug in eine östliche und westliche Hälfte getheilt wird. a) Die Landschaft **Tagant** besteht aus dem fruchtbaren im S. gelegenen Schwarz-Taganet, welches zur Rinder- und Schafzucht sich trefflich eignet, aber auch viele Löwen und Elefanten beherbergt, und dem im N. gelegenen Weiß-Taganet, welches zwischen weißem Wüstensand nur einzelne Dattelpflanzungen hat, und zur Kamelzucht geeignet ist. Kasr el Barka, Dorf (Ksur), 18 Meilen W. von Tischit, von Handelsleuten bewohnt. Tischit (d. h. Salz), auch Tissit, Schetu oder Tischit el Gharbie (West-Taghazza) genannt, 43 M. südw. von Wadan, 58 M. westlich von Timbuktu, 110 M. ONO. von St. Louis, mit fruchtbarem Boden, auf welchem Reis, Durrah, Mais, Bohnen und Datteln (letztere in Menge, doch zum Theil von geringer Qualität) gewonnen werden. Bedeutender Handel mit Salz, welches hauptsächlich von der Sebcha Idschil über Wadan hierher gebracht und weiter nach dem Osten transportirt wird. Seit Auswanderung des reichen Araberstammes der Uelad Bille ist die Stadt herabgekommen und zählt jetzt 3000 Ew. b) Landschaft **el Hodh** (d. h. das Bassin), von einer regelmäßigen Kette von Felshöhen umgeben. Walata oder Biru, fälschlich Waled genannt, früher Ghanata, 30 M. östl. von Tischit, ansehnlicher Hauptort einer großen, doch wenig anbaubaren Oase auf dem Wege vom Senegal oder von Wadan nach Timbuktu; bedeutender Handel mit einheimischem Gold, mit Straußenfedern, Honig, Tuch, Seiden-, Wollen- und Baumwollenstoffen, namentlich aber mit Salz; doch ist der Handel durch das Aufblühen von Timbuktu wesentlich beeinträchtigt worden. Die Bewohner sind theils Berber und Araber, theils Schwarze von der Nation der Suaninki oder Asér; alle bedienen sich der Aseriesprache. Große Moschee von hohem Alter. Nama, 2 Tagereisen S. von Walata, Handel, Landbau. c) Landschaft **Baghena**, ein Theil des alten Gebiets von Ghanata. Anbau von Duchn und Durra, wilder Reis in den Sümpfen zur Regenzeit. Flachs, zum Theil waldiges Land, ohne Flüsse. Die Bewohner sind Assuanek, Araber, Fullan, die ersten als Urbewohner. Die Araber sind seit Ende des 15. Jahrhunderts aus dem Süden von Marokko und Algerien eingedrungen und haben die freien Berberstämme unterworfen oder sich mit ihnen vermischt. Kassambāra, W. vom vorigen, S. von Walata, Hauptort der Landschaft Baghena. In der Umgegend Anbau von Indigo und Baumwolle. Weberei. Der Herrscher von Kassambara kann 6—7000 Reiter ins Feld stellen. Medina, ansehnliche Stadt W. von Kassambara. Dynnia, große wohlhabende Stadt S. von Kassambara; Pferdezucht. Dali, SO. von Kassambara, einer der Hauptplätze der Assuanek. Alassa, weiter gegen SO., mit einigen Dattelpalmen. Kumba und Koli, O. von Alassa, Kumba ist durch eine Thalschlucht in 2 besondere Abtheilungen geschieden; in dem Thale werden die Märkte gehalten. Koli, groß, ummauert. Nama, in der Landschaft el Hodh, in der Mitte zwischen Walata und Kassambara, am Fuße einer Hügelkette, mit einigen Palmenbäumen und etwas Tabaksbau. Häuser von Thon und Stein. Dschauāra (Dschara Melle), 12 Meilen W. von Kassambara, ehemals Hauptstadt des Reichs Melle, jetzt verlassener Ort. d) Landschaft **Erigl**, O. von Baghena, SO. von Walata, WSW. von Timbuktu. Bassikunnu, 5 Tagereisen SO. von Walata, von dem kriegerischen Araberstamme der Uelād Alusch bewohnt. e) Landschaft **Dschafunu** oder **Dschafena**. Guri, ansehnliche von Assuanek bewohnte Stadt mit 60 mohammedan. Betstellen.

3) An dieses Hochland schließt sich nördlich die Einsenkung von Aderer, in den tiefsten Punkten vielleicht bis 300m herabsteigend, eine von Sandstein gebildete, mit Sandhügeln und Kieseln bedeckte, hin und wieder aber auch fruchtbare, selbst für den Ackerbau geeignete Fläche. Reichlich mit Bäumen bewachsen sind die aus dem Gebirge herabkommenden Thäler; in ihnen, wie um die Städte dieses Bezirks finden sich Dattelpflanzungen und Getreidefelder. Die Temperatur (im Monat Februar) wechselte zwischen 4° und 35° C. Vorherrschend sind Nord- und Nordostwinde; vom Februar bis Mai finden jährlich Regengüsse und Ueberschwemmungen statt. Die Hauptstadt **Wadan** zählt vielleicht 4000 Ew. Schinghit, dürftig gebautes Städtchen zwischen Palmenwäldern und künstlich bewässerten Getreidefeldern, kaum über 300 Einw. Atar, am Südrande der Einsenkung, baut Weizen, Gerste, Hirse, Datteln. Alle diese Orte haben lebhafte Handelsverbindungen mit dem Senegal, mit Tischit und Nun. Nordwärts wird das Gebiet von Aderer durch eine öde, steinige Hammada (Hochfläche) begrenzt, welche gegen W. mit Steilrand abfällt, deren Ausdehnung und Begrenzung nach O. aber völlig unbekannt ist. Westwärts von derselben, zwischen 21 und 23° N. B., erstreckt sich von S. nach N. ein Gebirgszug (gehobener Plateaurand?) mit Steilabfall gegen W., und am Westfuße desselben, unter 22° N. B. und 4° O. L. liegt der Salzsee Idjil (Sebcha Idjil), dessen Salz, in regelmäßige Tafeln geschnitten, weithin durch die Wüste und ihre Oasen den vorzüglichsten Handelsartikel bildet. (Aehnlich die große Sebcha an der Küste zwischen St. Louis und Portendik).

4) Der Wüstengürtel im N. von Aderer. Zwischen dem Gebiete von Aderer und der marokkanischen Grenze, von 22 bis 25° N. B., dehnt sich ein Wüstengürtel aus, eine östliche Fortsetzung der Wüste Ragg, mit spärlichen Oasen und dem Salzsee Gilta oder Elgilte. Weiter nordwärts hebt sich der Boden wieder; auf dem Sandstein-, Schiefer- und Kalkboden,

wie auf den Geröllflächen findet sich, in Folge der periodischen Regen, eine dürftige Vegetation; gegen die Nordgrenze treten Mimosenwälder auf. Unabhängige Berberstämme haben hier ihre Wohnsitze; Semur und Erona sind ihre Hauptorte. Hier wurde der Reisende Leopold Panet im J. 1860 überfallen und geplündert.

5) Die große Senkung im N. von Timbuktu. Den unbekanntesten Theil der Saharä bilden die weiten Flächen zwischen dem 8. und 24° O. L., dem 18. und 28° N. B., welche von den Karawanenlinien Timbuktu-Nun, Timbuktu-Tafilet, Timbuktu-Insalah, Timbuktu-Agades, Wadan-Agades, Nun-Agades, Timbuktu-Aflu-Ghat durchschnitten werden. Der Boden, der sich von Timbuktu und dem nördlichsten Lauf des Niger gegen N. allmählich hebt, scheint sich im El Djuf, dem „Leib der Wüste", unter 21° N. B. und 12° O. L. am tiefsten zu senken; die Steinsalzlager dieser Gegend lassen auch in dieser Einsenkung das Becken eines ehemaligen Sees vermuthen. Zwischen dem Djuf und Timbuktu dehnt sich die Landschaft Afauad aus, deren südlicher Theil den Namen Taganet führt, ein wüstes Land, doch mit einigen Plätzen, wo Kamele und Rinder Nahrung finden. Hier liegt in einem von hohen Sanddünen umgebenen Becken die Oase Arauän mit 1500 Ew., die ihre Lebensmittel von Timbuktu beziehen müssen. Durchgangspunkt vieler Karawanenstraßen Hauptort gleiches Namens, 500 Ew. Weiter nördlich die Oase Taudeni oder Tiudenni (22° N. B. 13° 45′ O. F.) mit den bedeutendsten Salzablagerungen der Sahara. Die Minen werden seit 1596 bearbeitet; das Salz liegt in 5 Schichten, von denen die vierte, schwarz und weiß marmorartig gefärbt, die gesuchteste ist; das Salz kommt in Tafeln von 50—65 Pfund in den Handel. Lebhafter Handel nach dem Sudan. Zwischen beiden die Oase Mabrük mit nur 100 Ew., aber wichtig als erster größerer Etappenplatz für die aus dem Sudan nach Tuat ziehenden Karawanen. Weiter gegen NO., unter 18° O. F. und 24° N. B., scheint eine zweite große Einsenkung sich auszubreiten, die durch zahlreiche, dem Hochlande von Ahaggar entsendete Wadys, namentlich das mächtige Wady Tafasaffet, angedeutet wird. Auch hier liegt es nahe, auf das Vorhandensein eines ehemaligen großen Binnensees zu schließen, denn weder nach S. zum Niger, noch nach W. zum Meere, noch nach N. zum Wady el Dräa führt eine Rinne oder Vertiefung, durch welche jene Gewässer hätten abströmen können; das Becken von Tafilet und Tuat hat ein höheres Niveau. Jedenfalls gehören diese Einsenkungen zu den heißesten, trockensten und ödesten Gegenden der Wüste (Ebene Tanezruft, d. h. wasserleer) und sind darum am unbekanntesten geblieben. Auf den von Timbuktu nach N. führenden Linien sind Arauan, Mabruk, Taudeni (Tuden) die bekanntesten, durchgängig von Tuariks bewohnten Orte.

6) Die Hammada im S. des Wadi Draa. Nördlich von Taudeni fand Caillié — der einzige Reisende, der eine zuverlässige Schilderung dieser Linie nach Europa gebracht hat — unter 24° N. B. eine plötzliche Bodenerhebung, wahrscheinlich den Südrand einer nach O. und W. hin sich weit ausbreitenden Hammada. Dieses mächtige Plateau scheint nordwärts von Bel-Abbas sich noch höher zu erheben, nimmt mannigfaltigere Bodenformen an und fällt dann gegen das Wady Dräa steiler ab. Westwärts lösen sich diese Plateaumassen, an den Quellen des Erni, Terni, Sakia, Akel und Schibeika in einzelne hohe und schroffe Bergzüge von Sandstein, Quarz und Schiefer auf, zwischen denen wasserreiche, fruchtbare, schönbewaldete Thäler sich nordwestwärts zum Wady Dräa hinabsenken. Die westlichen Theile dieser Gebirgsmassen liegen in dem Gebiete der dem Kaiser von Marokko unterthänigen Berberstämme.

7) Die Senkung von Tafilet und Tuat. Bekannter ist die Einsenkung von Tuat, welche am Südfuße der marokkanischen und algerischen Hochlande sich von Tafilet (s. bei Marokko) im NW., bis Insalah im SO., in einer Längenausdehnung von 100 M., in einer Breite von vielleicht 30 M., erstreckt. Ued Ghriß (sonst Wady el Malah). W. Sis, W. Gehr, W. Saura und andere Wasserrinnen bis zum W. Kebir (vom 13. bis 18° O. L. und vielleicht noch andere Wadys weiter nach O., kommen aus den nördlichen Gebirgen, durchbrechen die vorliegenden Kalk- und Sandsteinplateaus (Hammada) und verlieren sich entweder in flachen, während des Sommers austrocknenden Seen, oder in den weiten, dünenreichen Sandflächen. Von O. her sammelt das Wady Alaraba alle Abflüsse der Plateaus von Muydir und von Tademayt (namentlich von dem Südrande des letztern, dem Dschebel Tidikelt). Jene Seen oder Sebchas, wie die von Timimun und Tamentit, und die Sebcha, in welche das Wady Gehr endigt, erscheinen als kümmerliche Reste einer ehemaligen großen Wasserfläche. Während die umgebenden Sandflächen gegen NO. sich bis 420m erheben (Golea nahe an der Wasserscheide liegt 402m) und auch die westliche Wasserscheide gegen das Wady Dräa zu ähnlicher Höhe ansteigen mag, ist der tiefste Punkt im W. Msaud, S. von Tamentit, zu 103m gefunden worden; W. Msaud scheint südwärts zu der unter 5) beschriebenen Einsenkung sich zu neigen. Daß die Möglichkeit gegeben ist, auch in Tuat, wie bei Wargla und Tuggurt, durch artesische Brunnen neue Oasen zu bilden und die Anbaufähigkeit des Landes zu erhöhen, unterliegt keinem Zweifel. Die Landschaft Tuat ist ein Archipel von unzähligen kleinen Oasen, deren Bevölkerung theils aus schwarzen, aus den häufigen Verbindungen mit Negerinnen hervorgegangenen Tuareg, dem herrschenden Volk (nach Waitz den Ueberresten der alten, nach Süden gedrängten Negerbevölkerung), theils aus reinen Arabern besteht. Die Volkssprache ist das Berberische; Religions-, Schrift- und zum Theil Handelssprache ist das Arabische. Die Bevölkerung ist zahlreich und

bewohnt mehr als 100 einzelne Ortschaften, darunter einige von ansehnlicher Größe; es finden zahlreiche Auswanderungen statt. Die Einwohner fertigen und verkaufen starke Decken zum Schutz gegen die Kälte, gewinnen Salpeter und Alaun und treiben lebhaften Transithandel. — Die Senkung von Tuat enthält fünf kleine, von einander unabhängige Staaten: 1) Gurara im NO. mit der Hauptstadt Timimun, einem großen, gutgebauten, ummauerten Handelsplatz mit steinernen Häusern, 7 großen Plätzen, 9 Quartieren, 10,000 Ew. Schöne Palmenhaine. Sehr bedeutender Goldhandel. Kharuin, 1 Tagereise NW. vom vor., großer Handelsverkehr. 2) Ugerut am Westfuße des Plateaus von Tademayt, südöstlich von Timimun. 3) Timmi, S. von Gurara, mit den Orten Timmi, Tamentit. 4) Tuât, S. von Timmi, im Wady Msaud, mit den Orten Tillalin, Taurirt. 5) Tidikelt im SO. der Einsenkung mit dem Hauptort Insalah (Ain Esala), 27° 30′ N. B., 19° 50′ O. L. in einer sandigen, aber quellenreichen Gegend, aus 4 Flecken und 15 Dörfern bestehend, 3000 Ew. Akebli, SW. von Insalah, Sammelplatz der nach Timbuktu ziehenden Karawanen.

8) Das Tiefbecken von Wargla. Bedeutender, tiefer und unter allen am meisten erforscht ist das Tiefbecken von Wargla, welches vom 22 bis 28° O. L. und vom 29 bis 35° N. B. sich erstreckt; eine ziemlich kreisrunde Fläche von nahe an 6000 □M., welche zum größten Theil unter französischer Herrschaft steht („algerische Sahara"), im O. aber in das Gebiet von Tunis und Tripolis reicht, im S. dagegen von freien Wüstenstämmen der Tuariks bewohnt wird. Am schärfsten wird diese Einsenkung im N. durch das algerische und tunesische Hochland begrenzt, welches mit Steilrändern in der Linie von Biskra nach Gafsa und östlich bis zum Busen von Gabes schroff zu der Ebene abfällt. Die Westgrenze bildet ein terrassenartiger Vorsprung des algerischen Hochlandes, der von Berezina (833m) und von Laghuat (708m) nach Süden bis Ghardaja (530m) und El Goléa (402m) allmählich abwärts sinkt und zahlreiche Wadys in das Tiefland entsendet. Im Süden geht die Tiefebene von Wargla theils allmählich in der breiten Sanddünenzone el Erdsch (Erg) oder el Udsch, nördlich von Gurara, theils mit Terrassenabstufungen in die Hochländer von Tademayt, Muydir und Tasili über, ebenso erhebt sie sich gegen Osten allmählich in die vorherrschend aus Dolomit gebildeten, mit zahlreichem Geröll und vereinzelten Felsbänken und Felsmassen bedeckten Hochflächen von Ghadames und Sinaun. Gegen NO. trennt ein mäßiger Gebirgswall die Ebene des Binnenlandes von der tripolitanischen Küstenebene, und nur bei Gabes (34° N. B.) findet ein Zusammenhang beider Ebenen statt. Ein mächtiger Binnensee, der uns aus den Römerzeiten noch als lacus Tritonis, aus späteren Jahrhunderten als Laudeah-See (Sebchat-el-Haudêa) bekannt ist, füllte einst das Bassin von Wargla und entsendete nördlich von Gabes seinen Ausfluß ins Meer. Allmählich verlor der See an Umfang und Tiefe, der Zusammenhang mit dem Mittelmeer hörte auf, aus dem einen großen See ward eine Anzahl flacher salziger Wasserbecken oder sumpfiger Stellen, deren Aussehen in der trocknen Zeit und in der Regenzeit wechselt, und deren Niveau bis 250 F. unter den Meeresspiegel (Bir Scheaga — 55m, der Schott es Selam in der nordöstlichen Ecke des Schott Melrir — 85m) gesunken ist, also eine der bedeutenderen Depressionen der Erde bildet. Diese Seenflächen sind der Bu Hamia südlich bei Tuggurt und Temassin, von etwa 9 □M.; der Schott Melrir (Melghigh) zwischen Biskra und el Wad, von 30 □M., nach andern Angaben 170—180 □M., mehr als 20m unter dem Meeresniveau; der Grarnis, von circa 25 □M.; der Schott Kebir (Schott Firaun) im O., von etwa 100 □M. (in trockner Jahreszeit ohne Wasser, einen mit Salzkruste bedeckten harten Boden enthaltend und auch für den Fußgänger ohne Schwierigkeit zu passiren). Der lacus Tritonis scheint als Kollektivsee das ganze Tiefbecken in einer Länge von 55, einer Breite von 10—15 M. eingenommen zu haben; doch finden wir auch schon bei den Römern die Trennung in den östlichen Palus Tritonis, den mittleren Palus Pallas und den westlichen Palus Libyae: 3 Theile des jetzigen Schott Kebir. Im Winter sind diese Seen bis 1m tief mit Wasser angefüllt, im Sommer meist trocken, hin und wieder für Karawanen zu passiren. Die Ebene ist, namentlich am Fuß der algerischen Terrassen, reich an Quellen und Oasen, welche seit der französischen Occupation in stetem Vorschreiten begriffen sind: der artesische Bohrer ist der Wohlthäter des Landes, der Pionier des Anbaues und der Civilisation. Von SW. und S. führen der Wady Mia und der mächtige W. Igharghar oder Siudi in der Regenzeit Wasservorräthe zu und in ihrer Nähe finden sich grüne Stellen, insonderheit sind die Niederungen an den Seen die rechte Heimat der Dattelpalme; außerdem ist das Land auffallend öde und bietet stellenweise mit seinen wellenförmigen Sanddünen das Bild einer vegetationslosen Sandwüste. Der westliche Theil ist steinig, mit Bänken von Kiesgerölle und gypsartigen Hügeln durchzogen, der östliche Theil aber bildet eine weite unabsehbare Fläche, in welcher nur vereinzelte fadenartig sich hinziehende bewegliche Dünen sich finden; weiter südlich häufen sich diese Sandmassen und bedecken schließlich das ganze Gebiet. Wenn indessen von beweglichen Sandhügeln die Rede ist, so ist damit nicht gesagt, daß die ganzen Hügel durch den Wind bewegt und allmählich versetzt würden; der Wüstensturm streicht darüber hin und führt Staub und Sandwolken mit sich. Die Basis der Hügel ist fest und nach neuern Untersuchungen bestehen diese Dünen der Sandwüste (wenigstens im westlichen Theile des Beckens von Wargla) nicht — wie man früher annahm — aus Flugsand, auch erleiden sie durch den Einfluß des Windes keine wesentliche Veränderung

ihrer Gestalt und Lage: sie bestehen vielmehr (nach Ville's Untersuchungen) aus regelmäßigen Sandschichten der obern Pliocenperiode, aus süßem oder brakischem Wasser abgelagert. Nur leichte Abänderungen kann der Wind ihrer Gestalt geben; der Hauptsache nach stehen diese Sandhügel seit dem Beginn der jetzigen geologischen Periode unverändert auf ihrer Stelle. — Die Temperatur in der Ebene ist eine sehr wechselnde und zeigt den Einfluß eines reinen Kontinentalklimas, zugleich mit den plötzlichen Abwechselungen von Tag und Nacht, ohne die vermittelnde Dämmerung; in Tuggurt (54m über dem Meere) wurde 1855—1859 ein Minimum von + 2° und ein Maximum von + 51° C. beobachtet.

9) Das Gebirgsland der Hogar und Asgar. Südlich von dieser Tiefebene erhebt sich der Boden der Sahara zu einem der mannigfaltigsten Gebirgsländer, dem Gebirgslande der Hogär (Ahaggar) und der Asgar. Es ist noch nicht ermittelt, ob dieses Hochland mit den unter 6) erwähnten Plateaumassen südlich vom Wady Draa in unmittelbarer Verbindung steht und eine gemeinschaftliche, von O. nach W. gerichtete Erhebungsaxe in der Sahara bildet, oder ob diese Längsaxe südlich von Tafilet und Tuat unterbrochen wird. Nordwestwärts vermitteln die Sanddünenflächen von El Golea (402m) die Verbindung mit den südalgerischen Terrassenländern. An diesem Uebergang erhebt sich zunächst das Plateau von Tademayt, dessen südlicher und westlicher Rand mit seinem Randgebirge, dem Djebel Tidikelt (vielleicht gegen 600m) steil gegen die Landschaften Tidikelt, Tuat und Gurara abfällt und zahlreiche Wasserläufe dem Wady Akaraba zusendet, während gegen NO. das Wady Mia und seine zahlreichen Nebenthäler die Hochfläche durchfurchen und nach dem Becken von Wargla sich hinabsenken. Niedrigere Höhen, wie die Berge Asas und Tiressauin und die Djebel Kihal und Irauen vermitteln den Uebergang zum Plateau von Mundir und bilden mit diesem gemeinschaftlich das Quellgebiet des Wady Akaraba. Weiter gegen SO. erhebt sich zwischen 21° und 26½° O. L., 22° und 25° N. B. das Plateau von Hogar oder Ahaggar, aus welchem gegen N. das mächtige Wady Igharghar, gegen O., S. u. W. das gleich bedeutende Wady Tafasasset mit seinen Nebenthälern W. Tin-Tarabin und W. Tarhit sich entwickeln. Die Höhe des Plateaus scheint 1300m zu betragen, seine höchsten (wahrscheinlich vulkanischen) Berggipfel, der Tahat und Ilaman am Südwestrande, der Uatellen und Hikena südlich bei Ideles und der Uan nordwestlich von dieser Stadt mögen bis über 2000m ansteigen und bilden demnach die höchsten Erhebungen der Sahara. Oestl. vorgeschobene Glieder dieser Gebirgsmasse sind der Djebel Isetteli oder Tisfit (1460m) an dem Wege zwischen Ghat und Asiu und die nördlich von ihm sich ausbreitenden Gebirge von Anahest: Granitgebirge, wie denn auch der Boden der südlich sich ausbreitenden Ebene aus verwittertem Granit besteht und ein großes Sandmeer oder eine felsige Fläche, den sogenannten Wüstenspiegel, bildet, in dem die isolirten, seltsam gestalteten Granitkuppen und Gneißriffe wie ebenso viele emporsteigende Inseln erscheinen. Vom Ostrande des Wady Igharghar erstreckt sich gegen SO. bis über Ghat (Rhat) hinaus das Plateau von Tasili, welches nach S. terrassenförmig ansteigt und an seinem Südrande (dem Hochland der Asgar) sich bis über 1300m erhebt. Eine Einsenkung mit einem großen seeähnlichen Bassin, der Sebcha Amadghor, trennt dieses Plateau von dem Plateau der Hoggar; gegen S. fällt es rasch zum Wed Tafasasset ab, in welchem weiter abwärts Asiu noch 360m über der Meeresfläche liegt; nordwärts gehen zahlreiche Wadys, einige mit beständigem Wasser und mit kleinen Seen (in denen Fische, angeblich auch Krokodile vorkommen) zum W. Igharghar. Zwischen diesem Plateau und dem Parallel von Ghadames endlich breitet sich eine weite steinige, hier und da auch sandige Fläche von 300 bis 500m Erhebung aus. Die Gebirgsformation zeigt vorherrschend Sandstein, nach Süden zu Granit. Die Kette der Akak-Kusberge am östlichen Rande des Thales von Ghat (über 650m), der Kasr el Djenun oder Idinen, d. i. die Geisterburg, am Westrande desselben Thals (731m), wie die Abhänge, Schluchten und isolirten Bergmassen bei Egeri (901m) südlich von Rhat zeigen jene seltsamen, schroffen und zackigen Formen, welche dem innern Afrika eigenthümlich sind. Die Neigungsverhältnisse des Bodens und der Lauf der Wadys zeigen ein ehemaliges Stromgebiet an, dessen Hauptader, der Wady Igharghar, dem Hochgebirge entströmte, die Gewässer von 15,000 □M. Landes in sich aufnahm und nach einem Laufe von 230 Meilen bei Gabes das Mittelmeer erreichte. — Tuariks bewohnen diese weiten Landstrecken, ihre Hauptorte Ideles im Ahaggar-Plateau und Ghat oder Rhat (412m) im Plateau von Tasili sind beiderseits in Thälern erbaut. Ghat, 7 Tagereisen westlich von Mursuk, 20 südlich von Ghadames, am Knotenpunkt der Straßen von Tuat, dem Sudan und Aghades, Tibesti, Mursuk, Tripolis, Ghadames und Algerien, zählt etwa 250 Häuser, darunter die stattlichen Gebäude, in denen der Häuptling residirt; es ist einer der wichtigsten Handelsplätze der Sahara, der auf seinen im Frühjahr gehaltenen Märkten schon früher einen jährlichen Waarenumsatz von 400,000 Thlr. nachzuweisen hatte und seit der Beschränkung des Sklavenhandels in Tripolitanien auch Hauptplatz für den Sklavenhandel geworden ist. In der Umgebung von Ghat gedeihen die Datteln, wegen der hohen Lage des Landes, nur dürftig, die Einwohner sind daher auf den Handel (als Karawanenführer oder Handelsleute) oder auf die Industrie (Verfertigung baumwollener Stoffe) angewiesen. 1 Meile südlich: Barakat, letzte städtische Niederlassung auf dem Wege nach Süden, ummauerte kleine Stadt; Weinbau. — Asiu, im Wed Tafasasset, Kreuzungspunkt der Handelsstraßen von Tuat, Ideles und Wargla, Ghat und Ghadames nach den Städten des Sudan: Timbuktu, Aghades, Kuka.

10) Das Gebirgsland Air oder Asben. Südlich vom Wady Tafasasset erhebt sich auf einem weitausgedehnten, durchschnittlich 650m hohen Plateau, gleichfalls im Gebiet der Tuarik, das Gebirgsland Air oder Asben; 26 bis 27° O. L., 17 bis 19¼° N. B. Die Berggruppe von Timge (1300—2000m), das Eghellälgebirge (1300—1600m) und das Baghsengebirge (1300—1600m) sind drei mächtige von einander gesonderte Gebirgsstöcke, um welche sich kleinere Gebirgsstöcke und einzelne oft seltsam geformte Berge (der Dogem gegen 1600m, der senkrecht aufsteigende mauerähnliche Kamm des Mari, der Adjuri, der Tscherela mit seinem merkwürdigen Doppelhorn, die schroffe Gebirgswand des Bila am Thal Tiggeda u. a.) gruppiren. Tief einschneidende, oft mit anmuthiger Vegetation bedeckte oder selbst mit dichtem Mimosenwald erfüllte Thäler, groteske Felsenansichten geben der Gegend oft einen alpinen Charakter und lassen vergessen, daß diese Gegend im Bereich der „Sandwüste Sahara" liegt. Tropische Regen fallen, namentlich im September und Oktober, in ungeheuren Güssen, die Bergseiten sind daher von tiefen Rinnen und Schluchten durchfurcht, breite offene Wadys führen das Wasser den tiefer gelegenen Gegenden der Wüste zu, wo es vom Sandstein aufgesogen wird oder in der Luft verdunstet. Aber durch diese Regen sind viele Gegenden des Gebirgslandes Air anbaufähig; die Bevölkerung ist daher dichter, als sonst im Bereich des Tuariklandes. Dumpalmen oder Fächerpalmen (Cucifora thebaica), Capparis sodata, auch Dattelpalmen finden sich hier, Negerhirse (Pennisetum typhoideum) könnte in größerer Menge angebaut werden. Senna wächst in vorzüglicher Qualität und wird in Menge nach Norden ausgeführt. Getreide und Kleidungsstoffe müssen eingeführt werden, da der Boden nicht genug Ertrag gibt und Industrie (mit Ausnahme des Schmiedehandwerks) bei den Kelowi-Tuariks selten ist. Nur der höchst einträgliche Handel mit dem von Bilma aus dem Tibulande bezogenen Salz und die nicht minder ergiebigen Raubzüge in die Tibuländer Bilma und Tibesti vermögen die Tuarik in diesem meist unfruchtbaren Lande zu erhalten. Von Säugethieren sind der mähnenlose Löwe, der Leopard, der Schakal (canis aureus) häufig, Hyänen selten; in den niederen Gebirgen wohnen Affen (Cercopithecus griseo-viridis), in den Thälern die Antilope Dorcas und die stattliche Antilope Leucoryx. Die offenen Thäler bewohnt der Strauß, außerdem finden sich Tauben, Perlhühner (Numida Meleagris), Wiedehopfe. Am Gebirge liegen die Städte Tintéllust, 615m, am Südfuße der Berge von Timge 18° 36′ N. B., 26° 29′ O. L., in einem weiten, wenig fruchtbaren Thale. — Assödi, 4 M. südwestl. v. vor., einst bedeutender Handelsplatz. — Táfidet, in der Ebene östlich vom Eghellalgebirge. — Afassäs, südlich am Baghsengebirge; etwas südwestwärts auf einer steinigen, von fruchtbaren kleinen Einsenkungen unterbrochenen Hochebene (circa 750m) die Hauptstadt **Agades**, 1460 gegründet, 1515 von den Sſonray erobert, seit Zerstörung dieses mächtigen Reichs gesunken, früher mit 50,000 Ew., jetzt verödet und nur noch mit 6—700 H. und 7000 Ew. Die Bevölkerung ist in Folge der Eroberung durch die Sſonray (1515) ein Gemisch von Negern und Berbern, 5—6 Schulen; Verfertigung zierlicher Lederwaaren. Sitz des Sultans der Kelowi. Handel mit Bilma (Salz). Die Messallabje, Bethaus mit einem über 30m hohen Thurm. Weiter südwärts geht das Land allmählich, unter dem zunehmenden Einflusse der Aequatorialregen, in den fruchtbaren Sudan über. — Arar und Dschobeli, Wohn- und Handelsplätze der Telgeress auf der Straße von Agades nach Sokoto; viel Pferdezucht. In dem durch Getreidereichthum ausgezeichneten wellenförmigen Lande Damerghu (etwa 150 □M.), welches von Tagama- und Tiggera-Stämmen der Tuariks bewohnt ist (vielleicht 500m, während die nördlich gebogene bis an den Fuß des Baghsen sich erstreckende Hammada circa 600m sich erhebt — im Anf. Jan. fand Barth früh 7—9° (C.), ist der Hauptort Taghelel, mit 120 Hütten, aber von politischer und merkantilischer Bedeutsamkeit; außerdem Kulaen-Kerki, östlich von Taghhelel, ein Ort von beträchtlicher Größe; Olelaa, südl. von Taghelel, Marktplatz mit sonntäglichen Märkten, Farara SW. von Taghelel.

11) Die Plateaulande von Fezzan. Von den beiden Syrten des Mittelmeeres nach Süden mit einem Durchmesser von nahezu 150 Meilen, von dem Ostrande des Beckens von Wargla und vom Hochlande der Asgar ostwärts bis an die unbestimmte und schwankende Begrenzung der libyschen Wüste in einer Ausdehnung von gleichfalls 150 Meilen erstreckt sich die Hammäda, d. i. ein weites, felsiges oder mit Geröll, selten mit Sand bedecktes, fast vegetationsloses Hochland, dessen Flächeninhalt auf 18—20,000 □M. geschätzt werden mag. Obgleich zum größern Theil nach Tripolitanien, insonderheit zum Paschalik Fessan gehörig, muß doch, behufs der Einordnung in die übrigen Glieder der großen Wüste, diese Hammada zur ausführlichen Besprechung kommen. Am leichtesten bestimmt sich die Nordgrenze. Mit einem scharf bezeichneten Plateaurand erhebt sich die Hammada von Gabes in Tripolitanien aus der Küstenebene, die in der Mitte zwischen Gabes und Tripolis (unter dem Namen Djefära) eine Breite bis zu 18 Meilen, eine Höhe bis 400 F. erreicht, bei Tripolis aber nicht ganz auf 200 Fuß ansteigt, und theils sandig, theils fruchtbar und angebaut ist. Der Plateaurand zieht sich ostsüdöstlich bis Uassen und Nalut, biegt sich dann nach Osten und endlich nach Nordnordost, und erreicht vor Lebda die Meeresküste, welche er bis gegen das Vorgebirge Mesrata begleitet. Von Nalut an erhält dieser Plateaurand, welcher von 500m bis gegen 600m (unter 30—31° O. L.) ansteigt und gegen O. wieder unter 300m herabsinkt, durch Thaleinschnitte, Vorsprünge und Vorberge den Charakter eines Gebirgs, und es werden ihm von W. nach O. die Namen Djebel Nefusa, Dj.

Ghurian, Dj. Tarhona nnd Dj. Mesallata zu Theil. Die höchsten Punkte sind die dem Ghurian vorliegenden isolirten Berge, theilweise ältern vulkanischen Ursprungs, wie der Tekût (852m) und der Manteráß; unter den Bergen des Plateaurandes sind der Bibel, der Toësche (674m), der Ras Tekira die bedeutendsten. — Um die Anfangspunkte der breiten, quellenreichen und sehr fruchtbaren Wadys Ssofetschin (Beni-Ulid) und Semsem, im Meridian von Tripoli, senkt sich der Boden, und die Hammada erhält dadurch eine bedeutende nach Nordost geöffnete Einbuchtung, so daß die Karawanenstraße von Tripoli nach Mursuk mehrmals auf- und abwärts zu steigen genöthigt ist. Oestlich von der tiefen Einsenkung von Bondjem (die mit der Küstenfläche in Verbindung zu stehen scheint und in ihrem tiefsten Punkte auf 13m herabsinkt) biegt sich der Plateaurand wieder der Meeresküste zu, die er vom 34—37° O. L. begleitet. — Zwischen dem 27 und 29° N. B., theilweise parallel mit der Küstenlinie, erstreckt sich vom 31—38° O. L. ein über 100 M. langer, doch öfters unterbrochener Gebirgszug. Er tritt zuerst im Djebel Uled Hassan in der geraden Linie von Tripoli nach Mursuk im Nordrande des Wady-e-Schati hervor, ist bekannter in den aus gelbem Sandstein (oft mit schwarzer Eisenfärbung) bestehenden Sudah oder Schwarzen Bergen (658m, Paßhöhe 630m) zwischen Sokna und El Gaaf, führt weiterhin, wo ihn die Straßen von Audjila nach Mursuk überschreiten, die Namen Harutsch-el-issuëd (506m Höhe des Ueberganges) und Harutsch-el-assuat, d. i. Schwarzer Berg, der Mons ater des Plinius (wohl über 1000m), und biegt sich im Dj. Moraije gegen NO., gegen die Oase von Audjila sich verflachend. Ob dieser Bergzug weiter nach Süden zu sich fortsetzt oder nicht, ist noch unbekannt. — Das Paschalik Fessan ist mit einer Reihe von Bodensenkungen erfüllt, in denen sich Wasser findet und welche daher kulturfähige Oasen bilden. Hierhin gehört außer der erwähnten wahrscheinlich gegen NO. offenen Einsenkung von Bondjem (62m) die kesselförmige Einsenkung von Sokna (316m), weiter gegen SW. die Senkung von Temesan, in welcher Wady Haeran (212m) und Wady-e-Schati (216m), wie Wady Tigidaesa (290m) tiefer einschneidende Wasserrinnen bilden; das gegen W. gerichtete, von Sebha (421m) über Bimberdja und Tekertiba nach Djerma (364m) verlaufende Wady-e-Scherki (in welchem die Natronseen, von 160m hohen Sandhügeln und Abhängen umgeben, liegen) mit seiner West-Fortsetzung Wady-el-Gharbi, die Senkung von Tessaua (274m) westlich nahe bei Mursuk; und das von da gegen 26 M. westwärts ziehende allmählich ansteigende Wady Berdschusch; die Sebcha von Tragen östlich von dieser Stadt; die Sebcha von Temissa (379m), die tieferen Becken von Serdu und Medjdul (319m) und von Wau (291m). Während das Plateau in diesen Breiten eine Höhe von 500m oft überschreitet, haben die genannten Vertiefungen in ihren Oasen reiche Palmenpflanzungen, auch Mursuk (456m) und Suila oder Zuela (513m), noch nicht ganz auf der Höhe des Plateaus liegend, sind von fruchtbaren Landstrecken umgeben. — Im Westen geht die Hammada bei Ghadames (etwa 341m) allmählich in die Tiefebene von Wargla über, während sie weiter südlich, sandigen Charakter annehmend, gegen Ghat sich hebt und sich an die Hochlande der Asgar anlehnt. Der Rand, mit welchem das Hochland der Asgar gegen Süden abfällt, setzt sich auch hier weiter nach O. fort, die Straße von Mursuk nach Bilma führt über den Paß Ghermut el War (623m), zwischen Höhen von 650 bis 760m hinab zu den Flächen von Aberdjudj und Tigerandumma, welche sich wahrscheinlich westwärts zum Wady Tafasasset abdachen und vielleicht eine Höhe von 450m haben. Aus ihnen erhebt sich der isolirte Pisa zu 910m. Nördlich vom Paß el War sind der Alowkr-Segbrir und der Alowkr-el-Kebir (vielleicht über 1000m) die höchsten Erhebungen in einem wilden, wüsten Felsenlande, welches ohne Vegetation und ohne alles Wasser den von Medrusa oder Tedscherri nach Tibesti ziehenden Karawanen große Schwierigkeiten in den Weg legt. — Der südliche Theil der Hammada reiht sich demnach hier an das Hochland der Asgar, als eine Fortsetzung der großen westöstlichen Erhebungsaxe von Nordafrika; und in gleicher Weise scheint sich ihm weiter östlich das Hochland anzuschließen, welches auf der Wasserscheide zwischen dem Tsadsee (dem Bahr el Gasal) einerseits, der libyschen Wüste und dem Nil andrerseits sich durch Wadjunga und Ennedi nach Darfur zieht.

12) Das Hochland der Tibu. Südlich von den Bergen Tigerandumma auf der Straße von Mursuk nach Bilma hält sich die Wüstenfläche fortdauernd in einer Höhe von 500—300m und bildet auch hier eine aus schwarzem Sandstein bestehenden Hammada, welche als östliche Fortsetzung des Hochlandes von Air angesehen werden kann. Temperatur im Dezember früh 10°, Mitt. 38° C. Gegen S. senkt sie sich zu den Oasen von Bilma oder Kauar (der Sultan dieses Landes residirt in Bilma oder Aschenumma), Faschi, und Agadem; ihre letzte Terrasse begrenzt unter 15⅓° N. B. das Tiefland des Sudan. Ostwärts schließt sich diese Hammada bei Tibrsi, wo ein hoher Kegelberg sich erhebt, an das Hochland von Wad (Hochland der Tibu) an, dessen schwarze, von der Sonne verbrannte Gebirgszüge noch kein europäischer Reisender besucht hat. Die Meereshöhe von Tibesti und Wadschanga kann nicht gering sein, da Weizen, Gerste und Ghaseb die vorwiegenden Kulturpflanzen sind, Dattelpalmen und Dumpalmen nur selten vorkommen; da ferner ziemlich regelmäßige Herbstregen (von September an) fallen, und Wadschanga selbst einige fließende Gewässer und permanente Wasserbecken aufzuweisen hat. Zahlreiche Wadys ziehen von hier nach Südwesten dem Tiefbecken des Bahr-el-Ghasal (und dem Tsadsee oder dem Fittri) zu, durch die Länder der Tibu: Wadjanga, Tibesti,

Borgu, bis hinab zu dem regenreicheren und fruchtbareren Kanem und Wadai. Auch hier geht die Wüste an ihrer Südgrenze allmählich in Steppe und Weideland, die Steppe allmählich in Kulturland und Waldboden über. Diese südlichen Strecken zwischen Borgu und Kanem sind noch ganz unbekannt; der Bahr el Ghasal, der das Centrum dieser Gegenden bildet, wird von Einigen für ein breites, nach dem Tschadsee ziehendes Wady gehalten, während Andere (nach der Aussage der Eingeborenen) in ihm ein ausgetrocknetes, tiefer als der Tschad liegendes Seebecken vermuthen, dem der Tschad früher seine Gewässer zugeführt habe. Die Niederung ist reich an Weideland und Bäumen, es finden sich zahlreiche wilde Thiere daselbst, wenig feste Wohnsitze von Menschen; die Tibu, welche in dieser Niederung wohnen, sind Nomaden und haben zahlreiche Herden. Die Staaten der Tibu — wenn anders die dürftig zusammenhängenden Stämme mit diesem Namen bezeichnet werden können — sind 1) die Herrschaft von Bilma, im SW. des Tibulandes. Hier liegen an der großen Karawanenstraße von Bornu nach Fessan: Agadem, 16° 50′ N. B., gegen 302m über dem Meere, von etwa 60m hohen Plateauhöhen umschlossen, die im O. steil, im W. und N. milder gegen das natronreiche Thal abfallen, zu Zeiten von einzelnen Ansiedlern der Tibu bewohnt; der Boden der Einsenkung ist namentlich mit Capparis sodata bewachsen. Nach S. erstreckt sich eine weite Sandwüste 18 Meilen weit bis zum Brunnen Belgahschiferri, 273m über dem Meere. — Dibbela, 12 Meilen N. von Agadem, Brunnen mit natronhaltigem Wasser, die Umgebung enthält zwischen Sandhügeln und schwarzen Sandsteinfelsen tiefe Einsenkungen mit vereinzelten Dumpalmen und Talhabäumen. Die Gegend ist nicht ganz ohne Regen; Antilope Bubalis findet sich zahlreich. — Saukura, 15 M. nördlich von Dibbela, Brunnen mit Ssiwak und Palmgebüsch umwachsen. In der Großen Oase der Tibu, dem Thale Kauar, ist der südlichste Punkt die Tränkstätte Mussfatenu in einer flachen Einsenkung voll Mergel und Alaun. Weiter nördlich, in angebauter Gegend, zwischen Palmengruppen und Gemüsegärten liegt das Städtchen Bilma, 18° 40′ N. B., der Sitz einer eignen kleinen Nationalität, der Mittelpunkt des Verkehrs in diesem Theile der Wüste und die Fundstätte des für die Bewohner des Sudan unentbehrlichen Salzes. Um dieses zu gewinnen, hat man Gruben von 4—5m Durchmesser angelegt; das sich hier in der Regenzeit (Mitte Sommers) sammelnde Salzwasser wird geschöpft und in Thonformen gegossen, in denen der Wassergehalt verdunstet, während das Salz in festen Platten zurückbleibt. Ehemals sammelte man nur das von Natur aus dem Wasser oder dem Schlamm krystallirende Salz, welches noch immer die bessere Qualität ist; das Salz der Platten ist unangenehm bitter. Nördlicher liegt Eggir, Dorf mit vielen Ziehbrunnen; Dirki, elendes Städtchen inmitten schöner Dattelhaine. — Aschenumma, 8 Meilen N. von Bilma, auf einer niedern Vorstufe des östlichen Plateaus, Residenz des Tibuhäuptlings; 120 Hütten. Das Thal Kauar ist hier 4 Meilen breit, von bedeutenden Felshöhen eingeschlossen. — Anikimma, dürftiger Ort, 1¼ Meilen weiter nördlich. — Anay, letzte Ortschaft gegen Norden. — Iggeba, 7¾ Meilen N. von Anay, flache Einsenkung mit Dumpalmen und gutem Wasser; Siggedin, 5½ M. weiter nördlich, mit Dattel- und Dumpalmen und Acacia nilotica, der salzige Boden ist dicht mit Kräutern überwachsen. Die Temperatur im Juni betrug 40° C. um Sonnenuntergang, 40—45° Nachmittags 2 Uhr; Sonnenaufgang 20—30°. — 2) Das Gebiet der Tibu-Bateleh, südöstlich von Bilma, nordöstlich von Kanem, ein weites, flaches, wie es scheint, tiefgelegenes Land am Burrum oder Bahr-el-Ghasal; unter der Erde finden sich versteinerte Knochen, Muscheln und Baumstämme. Das Land wird von den Sommerregen noch berührt, bietet daher Weiden und Gebüsch in hinreichender Menge für die zahlreichen, doch kleinen umherziehenden Tibustämme. Als feste Niederlassungen werden Ege im Burrum, etwa 35° O. F. und 16° 20′ N. B., und das gegen 30 Meilen von da gegen NO. auf der Linie von Mursuk nach Wara liegende Yaye genannt, in welchem letzteren Orte Quellen unter Dumpalmen sich finden. — 3) Die Herrschaft Tibesti oder das Land der Tibu Reschade, hochgelegenes Land, zum Theil voll Felsengebirge (Sandstein, kein Basalt), mit wenig Dattel- und Dumpalmen, dagegen hin und wieder mit Stellen, die sich für Weizen- und Gerstenkultur eignen. Der häufigste Baum dieser Länder ist die Acacia (Mimosa) Seyal DC., deren Gummi gewonnen wird, das Einsammeln der Sennablätter ist nicht mehr lohnend. Die Regenzeit beginnt im September, ist aber kurz und tritt nicht immer ein; nach Süden nimmt sie zu. Die Bevölkerung beschäftigt sich hauptsächlich mit Viehzucht und zieht treffliche Reitkamele; außerdem gibt es Rinder, Esel, Ziegen, kleine Pferde; wild leben Gazellen, Strauße; letztere werden mit Hunden gejagt. Hauptstadt Tibesti am Fuße hoher Berge, 85 Meilen SSW. von Mursuk, 103 Meilen NW. von Wara. Das Thal von Tibesti soll 5000 Ew. zählen. — Tau oder Tao, fruchtbarer Distrikt, 10 Meilen S. von Tibesti. Im Thale Marmar (Mormor), 20 Meilen SW. von Tibesti, finden sich gute Quellen; östlich davon die Stadt Dirkemau, Wohnsitz der Uled Sliman und der Tibu Arinda. — 4) Borgu oder Burku, tieferliegende, von vielen Schluchten durchzogene, gegen SW., wie es scheint, in die Ebene übergehende Landschaft zwischen Tibesti und Wadai; bringt Datteln, Trauben, Feigen, wenig Getreide hervor. Viele Zugtauben. — Hauptstadt Jen (arabisch Belad-el-Omian) mit vielen Erdhütten und zahlreichen Einwohnern, in einer an Weideland und Palmen reichen Gegend. — 5) Ostwärts von Borgu liegt die Landschaft Ennedi, mit zahlreichen Thälern und Dattelpalmen, die Einwohner, die heidnischen Bedeyat (ein Tibustamm?) treiben Viehzucht und gewinnen Salz, welches sie nach Dar Fur verkaufen. — 6) Südöstlich und östlich von Ennedi, an der Nordgrenze von Dar Fur, wohnen die Soghaua (Sorhaua) oder Zaghawa, im Steppen- und Wüstenland nomadisirend. Am Bir el Malha findet sich weißes, hartes Natron. Ausfuhrartikel nach Dar Fur. — 7) Das Gebiet Wadschanga oder Odschanga, das Land der Tibu Kraan, hat einen hohen von S. nach N. streichenden Bergzug in seinem Innern, von welchem gegen W. 3 Flüsse (der eine salzig) entspringen, die sich indessen bald im Lande verlieren, während nach O. ein breites fischreiches stehendes Gewässer (nach einigen Angaben ein breiter Fluß?) der Wüste zugeht. Es finden sich Strauße, Elefanten. Die Einwohner treiben Viehzucht, kleiden sich in Felle und Leder. Der Hauptort Wadschanga besteht aus 3 Ortschaften, die in palmenreicher Gegend um den 7—800 Schritt breiten, wie es scheint, lang ausgedehnten See wohnen und 1000 streitbare Männer stellen können. Südlich die wasserreiche Landschaft Badady mit Dumpalmen und Duchnpflanzungen, östlich die Oasen Alkamah und Dekmy. — 8) Nördlich von Wadschanga und Tibesti ist ein weites, wüstes, doch wie es scheint, mit zahlreichen Oasen versehenes Land. Außer der freilich durch die Raubzüge der nördlichen Araber gänzlich entvölkerten Oase Kufarah werden uns das Wadi Ko-ur, die an Schwefel und Datteln reiche Gegend von Wau-namus (Ramussa) und das bewässerte, an Wild reiche Wau-harir, etwa 40 Meilen O. von Suila, genannt. Südöstlich muß das Hochland von Wadschanga mit dem Hochlande von Wadai und Darfur in Verbindung stehen, ostwärts und nordwärts zur libyschen Wüste sich herabsenken: diese Uebergänge, ihre Bodenformen und ihr Klima sind uns unbekannt; keine einzige Karawanenstraße durchschneidet mehr die Fläche zwischen Darfur und Siwah, Kebabo und Dakkel. Diese Fläche heißt:

13) Die libysche Wüste, welche der eigentlichen Charakteristik einer Sandwüste, wie sie früher dargestellt wurde, in vielen ihrer weiten Strecken vorzugsweise entspricht. Sie dehnt sich von der Nordgrenze Darfurs (16° N. B.), wo die Regenzone ihre nördliche Grenze hat, nordwärts bis an die große Syrte, das Plateau von Barka und die Nilmündungen (30—31° N. B.) in einem Durchmesser von mehr als 200 Meilen aus. Ihre Breite ist vom Nilthal im Osten bis an die Höhen von Wadjanga und an den Dschebel Moraidsche im Westen, d. i. 100 bis 140 Meilen. Im Allgemeinen neigt sich die Fläche dieser Wüste nach Norden, südlich am 21.° N. B. steigt sie über 330m an und lehnt sich an das Hochland von Darfur mit einer vielleicht 30 Meilen breiten, nicht ganz regenlosen Steppenzone, in welcher sich noch kultivirte Niederungen finden. Weiter nordwärts bis zum 20. oder 21.° N. B. führen noch Karawanenwege vom Nil und seinem westlichen Oasenzug hinüber nach Borgu und Wadai — weiter nordwärts erlaubt die volle Oede und der absolute Wassermangel auch solche Straßenzüge nicht. (Doch hat man Spuren einer antiken Karawanenstraße von Kebabo nach Dakkel gefunden.) Wo aber der Boden tiefere Einsenkungen zeigt, da hat auch die menschliche Betriebsamkeit seit ältesten Zeiten Posto gefaßt: da sind Brunnen gegraben worden, Oasen sind entstanden und unter dem Schatten der Dattelpalme haben die Wüstensöhne ihre Wohnungen aufgeschlagen. Ein Zug solcher Oasen begleitet westwärts in einer Entfernung von 10 bis 30 Meilen das Nilthal, möglicher Weise der Rest des ehemaligen Strombettes, welches der Nil verließ, als er seinen jetzigen Weg durch Nubien und Aegypten sich bahnte. Diese Oasen sind: das Wady Kab, westlich von Dongola, mit zahlreichen Brunnen, von kababischen Stämmen bewohnt; Zagaui, weiter westlich, mit Salz- und Natronquellen; die sagenhaften „Sümpfe der Cheloniden" des alten Geographen Ptolemäus, 60 Meilen westlich von El Ordeh; die Oase Selimeh unter 21° N. B.; die Oasen von Dungun und Kurkur mit Salzboden, westlich von Assuan; die Große Oase, Oase von Theben, Uah-el-Chardjeh, 18 M. lang, 3—5 M. breit, mit vielen Palmen; die Westliche Oase, Uah-el-Dakkel, 55m über dem Meere; Uah-el-Farafreh, ehemals Oasis Trinythis, unter 27° N. B., 34m über dem Meere; El Uah-el-Bahrieh, die Kleine Oase, 35m; die letztern verbunden durch den Bahr-bela-ma, d. h. den Fluß ohne Wasser. An seinem nördlichen Ende steht dieser Oasenzug mit dem Nilthale in Verbindung. — Am Südrande des libyschen Plateaus zieht sich eine hier und da mit Quellen und flachen Seen versehene Niederung hin, es ist der Oasenzug, welcher von den Nilmündungen über Garah (das alte Siropum?) und Siuah (Oasis Ammonium, der Sitz des Jupiter Ammon) nach Djalo und Udschila (Audjila, 27m über dem Meere) führt und nach einer Ausdehnung von 120 Meilen mit der Oase Maradeh endigt. Noch ist die südlich von Udschila gelegene, seit 1812 von ihren Tibu-Bewohnern verlassene Oase Kufarah mit dem Hauptort Kebabo (19° O. L., 25° N. B.) zu bemerken; nur zur Zeit der Dattelreife wird diese tiefliegende Oasengruppe von den Arabern aus Barka und Djalu oder von Tibu besucht. — Wenig hervorragende Erhebungen sind innerhalb der libyschen Wüste bekannt: mäßige Plateaus in der Gegend der Oasen Dungun, Chardjeh und Dakkel, vielleicht bis zu 500m Höhe. Die zahlreichen Erhebungen und Berge am Nilthal gehören nicht mehr der Wüste, sondern den ägyptischen und nubischen Staaten an.

Das Binnenland von Nordafrika.

(Nigerland.)

Zu S. 260. Literatur. A. Kaufmann, das Gebiet des Weißen Flusses und dessen Bewohner. Brixen 1860. 8. — Ueber Dar-Fur: Perron in Berghaus' Zeitschrift für Erdkunde IX. Bd. S. 1—56, 1849.

Zu S. 260. Grenzen. Dieses Gebiet wird begrenzt im N. von der Sahara, im W. durch Senegambien, im S. durch das Bergland des innern Guinea, im SO. durch das innere südafrikanische Hochland (etwa 5° N. B.), im O. durch Kordofan und Dar-Nuba, und umfaßt nach dieser Beschränkung etwa 16 Breitengrade und 30 Längengrade. Es beschränkt sich also auf das obere und mittlere Nigergebiet und das Becken des Tsad mit Einschluß von Wadai und Dar-Fur; alles, was die Nillande betrifft, ist bereits oben, S. 39 ff., behandelt worden.

Zu S. 263. Bodenbeschaffenheit. 30 M. südlich vom Tsadsee erhebt sich aus dem fruchtbaren, ebenen Lande der Mindif, ein Berg von phantastischer Form, einem Leuchtthurm gleich, und bildet, vielleicht 2000m hoch, eine weithin sichtbare Landmarke. Als Mittelpunkt einer Gruppe von Hügeln und niedrigeren Bergen, welche sich 15 M. von N. nach S. und fast ebensoweit von W. nach O. erstrecken, ragt er fast isolirt aus der Ebene hervor und bildet das Gegenstück zu dem 28 M. nach SW. liegenden mächtigen Alantika, der in einer Höhe von 2500—3000m am linken Ufer des Faro jäh aus der Ebene aufsteigt.

Zu S. 265 f. Gewässer. Der Niger, nächst dem Nil der zweitgrößte und nicht minder merkwürdige Strom Afrikas, hat gleich dem Nil viele Namen. Im Quelllande heißt er Albar, bei den Mandingo oder Wakore Dhiuliba oder Yubiba, d. i. Großer Fluß; bei den Fulbe Mayo; bei den Imoscharh oder Tuarik Eghirren (dies der Ursprung des Namens „Nigie" und „Niger"); bei den Sonrhai Issa oder Sai; bei den Komberi Kuara oder Kwora („Quorra"); bei den Haussaua Fari-n-rua, d. h. Schwarzwasser. Die Quellen des Flusses sind noch unbekannt; sie werden etwa 100 Meilen O. von Sierra Leone, 50 Meilen NNO. von Kap Palmas in einem hohen, wahrscheinlich mit Schnee bedeckten Gebirge (Berg Kaffa) gesucht, und der am Lomaberge im Ländchen Kissi 50 M. von Sierra Leone entspringende Temba, früher für den Hauptfluß gehalten, ist der erste bekannte Nebenfluß. Nördlich vom 10° N. B., wo der Dhiuliba aus den Mandingoländern in das Reich Bambarra übergeht und sein anfangs gegen NW. gerichteter Lauf gegen NO. sich wendet, wird er für uns bekannter. Sein Lauf ist hier reißend; von W. aus dem Berglande von Futa-Dschallon und Manding, von O. aus dem hügeligen und fruchtbaren Amana und Uasselon gehen ihm zahlreiche Nebenflüsse zu, von jenen erscheinen der Tankisse und der Frina (unterhalb Marabu), von diesen der Sarano und der Fluß von Kankaru als die wichtigsten. Bei Bammaku, etwa 9° 5' O. F. und 11° 50' N. B., beginnt die Schiffbarkeit für kleine Fahrzeuge, obgleich in dem Thale zwischen Bammaku und Marabu (9° 25' O. F.) sich noch gefährliche Wirbel bilden. Die Ufer sind hier hoch, das Hochwasser kann die Ufer nicht überschwemmen. Der Fluß, bisher inselreich und oft sehr breit, gewinnt nun eine regelmäßige Tiefe, sobald er in ebeneres Land übergeht, nimmt zwischen Yamina und Sego den von S. kommenden Ulaba auf, dessen Quellen in den südlichen Bergen des Mandingolandes zu suchen sind, und tritt als wichtige, vielbenutzte Handels- und Verkehrsstraße unterhalb Sansading aus Bambarra in das Reich Massina über. Das Land wird flacher, der Strom theilt sich wiederholt und umfließt große, oft 10—20 M. lange, grüne, weidenreiche Inseln, auf welchen zahlreiche Fulah mit ihren Herden umherziehen. Bei Dschenni oder Dschinnie ändert sich die Hauptrichtung abermals in eine nördliche und dann wieder nordnordöstliche bis Timbuktu. Von Issalo an auf kurze Zeit vereinigt, theilt sich der Strom bald wieder. Ungefähr vom 15° N. B treten die Bodenerhebungen auf beiden Seiten weiter zurück, und der Strom durchfließt in vielen Armen eine vollkommen ebene, über 25 Meilen breite Landschaft. Todte Arme, die in der trocknen Jahreszeit als sumpfige Lachen mit stagnirendem Wasser liegen, oder noch weiter austrocknend treffliches Land zur Reiskultur abgeben, zahlreiche vielverzweigte Hinterwasser, die ein Labyrinth von Inseln umschließen und oft zu seenartigen Becken sich erweitern, wie der noch nicht hinreichend erforschte Debo oder Debu (Dibi oder Schwarze See) unter dem 16° N. B., der 2 M. lange fischreiche Nyangay oder Isse-enga und der etwas kleinere Do bei Bambarra, 15 M. vom Hauptarme des Stroms entfernt, der im Sommer als Reisfeld benutzte Gerru, begleiten auf beiden Seiten den Niger; zur Regenzeit verwandeln sich dieselben sämmtlich in breit fließende Ströme; dies sind die „36 Ströme", die nach Aussage der Araber bei Timbuktu in den Niger fließen. Zu bestimmten Zeiten steht das ganze Flachland von Dschennie bis nach Timbuktu hinab unter Wasser und die Flut erfüllt dann eine Menge Buchten und Thalgründe, die tief in die sandigen Plateaus einschneiden; auch die Mauern von Timbuktu sind dann mit Kähnen erreichbar. Unter den Flußinseln zeichnet sich die Insel Dschimballa, über 30 M. lang, aus; sie wird im W. vom Mayo dhanneo oder Weißen Fluß, dem Hauptarm des Dhiuliba, im O. vom Mayo balleo oder Schwarzen Fluß eingeschlossen und endigt bei Dire; unter den von W. kommenden, an und für sich unbedeutenden, aber in der Nähe des Hauptstroms beträchtlich erweiterten Nebenflüssen wird der Gassi-Guma genannt.

Von Timbuktu wendet sich dieses Ueberschwemmungsgebiet ostwärts in einer wechselnden Breite von nur 1 bis 3 Stunden. „Nach dem Binnenlande zu wird das Ueberschwemmungsbett von einer höheren Dünenreihe begrenzt, während eine minder hohe den größten Theil des eigentlichen Stromufers einsäumt, zugleich aber auch quer durch die Niederung einzelne Zweige entsendet, welche dieselbe gleich sandigen, mit dickem, verwickeltem Unterholz bestandenen Dämmen oder Deichen durchziehen; endlich wird die Niederung auch noch von einigen kanalartigen Flußarmen durchschnitten. Diese gesammte Uferstrecke bildet demnach ein höchst eigenthümliches, äußerst verwickeltes Terrain und bietet je nach der Jahreszeit einen ganz verschiedenen Anblick dar. So erheben sich während des höchsten Standes der Ueberschwemmung nur die bedeutendsten Dünen über die Oberfläche des Wassers, bilden abgesonderte Inseln und sind dann nur mit Booten zugänglich; im Sommer dagegen bietet der von dem zurückgetretenen Wasser bloßgelegte und reich befruchtete Sumpfboden eine ausgezeichnete Weide für unzählige Rinderherden." Von Kabara bis zum Knie von Burrum (17° 36' O. L.) fließt der Strom gegen Osten und erreicht bei Terarart seinen nördlichsten Punkt (17° 48' N. B.). Unter Bamba, 27 M. O. von Timbuktu, treten zuerst die Sandsteinfelsen der beiderseitigen Plateauflächen an das Flußbett heran und engen es auf 900—1000 Schritt Breite ein. Bei Terarart breiten sich Sumpf- und Seestrecken ¾ M. am linken Ufer aus; weiter abwärts verengt sich das Thal wieder, Granitfelsen treten am Ufer und auf den zahlreichen Flußinseln hervor, bei Tinalschiden, unterhalb Igomaren, durchschneidet ein Granitriff den 500 Schritt breiten Strom und veranlaßt eine nur bei hohem Wasserstande mit Schiffen befahrbare Stromschnelle. Die bedeutendste Stromenge ist im Distrikt Tinscherifen zwischen den Felsen Schabor und Barrer, wo das nördliche Plateau mit Felsen von verwittertem schwarzen Sandstein oder Quarz und Grünstein sich 100—130m über den Wasserspiegel erhebt und, abwärts von Tossain (17° 24' O. L.) den Wassermassen nur einen 200—250 Schritt breiten Ausweg gestattet. Bei Burrum nimmt der Niger eine SSO. Richtung an, die den Strom begleitenden Sanddünen hören auf, das Ufer wird von einzelnen bis 40m hohen Klippen begrenzt, das Strombett ist anderthalb Stunden breit, mit flachen Inseln angefüllt. Abwärts von der kleinen Bergkette Afferharbu sind die östlichen Thalränder scharf markirt, einzelne schmale Ausläufer des felsigen Plateaus (Sandstein und Kalk) springen bis an den Fluß vor und theilen die ihn links begleitende Sumpf- oder Sandniederung in einzelne Abschnitte und Buchten. Der Strom fließt inmitten der hier durchschnittlich 1—1½ Stunden breiten Thalmulde dahin, „meist zahlreiche, oft langgedehnte grasreiche Inseln umspannend, deren höheres Land — oft in gleichem Niveau mit dem anstoßenden Ufer, von dem sie getrennt wurden — allein aus den Fluten hervorschaut, wenn der bis zu seinem höchsten Stande angeschwollene Strom das ganze mächtige Bett füllt und durch gelegentliche Einschnitte des Ufers auch noch über diese beengenden Grenzen hinaus seine Wasser ergießt." Bei niedrigem Wasserstande ist der von Wasser freie Theil des Strombetts mit üppigem Pflanzenwuchs bedeckt, unter dessen grüner Hülle sich die schmäler gewordenen Wasserarme verbergen. „Der Fluß strömt in dieser Zeit mit nur mäßiger Geschwindigkeit, wenn er nicht gezwungen wird, über abschüssige Felsenriffe sich zu stürzen oder zwischen mächtigen Steinmassen sich hindurchzudrängen; aber nur an wenigen Stellen bildet er solche die Schiffahrt hindernde Flußschnellen; außerdem bietet sein tiefes, äußerst selten furtbares Wasser eine herrliche — leider unbenutzte — Bahn für ungehinderten Verkehr." Das Plateauland gegen N. und O. ist einförmig, mit dem melancholischen Fernanbusch (der Euphorbia canariensis ähnlich), der Talha und dem Pfriemenkraut spärlich bewachsen.

Unterhalb Gogo wird das Land felsiger, die Sumpfniederungen des Ueberschwemmungsbettes hören auf, der Strom theilt sich oft in viele Arme, die zwischen Felseninseln sich hindurchdrängen und zum Theil, wie die westlichen Arme bei Adar-nburren (16° 10' N. B.) mit hohen Klippen erfüllt und durch Felsbänke für die Schiffahrt unzugänglich sind. Der vereinigte Strom hat eine Breite von 1200—1500 Schritt, der durch Inseln getheilte breitet sich 1½ Stunde aus.

Die Wüste hört auf und das fruchtbarere, von periodischen Regen stark bewässerte Land beginnt. Hiermit beginnen auch wieder Nebenflüsse die Hauptwasserader zu verstärken. Von Süden her kommen der Galindo (15° 35' N. B.), der wasserreiche Goredschende, in seinem Oberlauf wahrscheinlich identisch mit dem Großen Jali (Mali), der aus den Bergländern von Libtako viele reißende Gewässer aufnimmt und den See Chalebleb durchfließt; nach seinem Einflusse spaltet sich der Niger wieder in viele Arme, die zwischen hier und den Inselstädten Garu und Sinder oft von Felsenufern begrenzt werden. Abwärts von Garu-Sinder nimmt der Niger einen ruhigeren Charakter an; die Felsen hören auf, die Strominseln sind an Zahl und Umfang geringer, flach und bewaldet, die Strombreite ist regelmäßiger (2—3000 Schritt im Durchschnitt); am linken Ufer zieht sich die Hügelkette von Basele oder Fatadschemma, mit Höhen bis zu 250 und 300m, bis gegen Birni hin, während rechts der Kleine Jali (auch Tederimt oder Kassanni-bari genannt) und der Sirba oder Schirba, letzterer in einem 40m breiten wilden Felsbett, ihre Gewässer mit dem Hauptstrome vereinigen. Der Schirba kommt aus Mossi, Barth überschritt ihn 10 Meilen oberhalb seiner Mündung an der Grenze der Landschaften Gurma und Jagha als ein 100 Schritt breites, 12 Fuß tiefes ansehnliches Gewässer, welches zwischen Ufern von 20 F. Höhe felsige, bewaldete Landschaften durchströmte.

Von Birni bis Ssay steigen die Plateaus bis 230m über den Fluß empor, die Thalränder haben eine relative Höhe von 160m. Bei Ssay beträgt die Breite des ungetheilten, ruhig fließenden Wassers etwa 1000 Schritt. — In seinem weitern Lauf gegen S. und SO. den Namen Kuara oder Quorra führend, durchbricht der Niger unweit Yaurri in einem eingeengten, mit Klippen erfüllten Bette eine waldige Gebirgskette. Bis an diesen Punkt ist der Fluß stromaufwärts befahren worden. Bis Bussa abwärts begleiten felsige Ufer den Strom, Felsriffe durchsetzen das Bett und erschweren die Schiffahrt; nur genaue Kenntniß des Fahrwassers und Benutzung der Hochfluten erlauben hier die Bergfahrt. Bei Rabba (9° 15′ N. B.) beginnt ein breites, schönes und fruchtbares, 30 M. langes Thalbecken mit zahlreichen Städten und gutem Anbau; es schließt sich wieder, indem unter 8° 30′ N. B. die Höhen des Kong beiderseits herantreten, welche der Niger in einem tiefen und engen, spaltartigen Thal quer bis Iddáh durchsetzt. Von Rabbah bis Iddáh ist der breite, seegleiche Strom voll schöner und großer Inseln, und er dient zugleich durch seine Breite und Tiefe, gleich dem oberen Theil des Stroms zwischen Marrabu und Timbuktu, als ein vortreffliches, sicheres und durch unzählige größere und kleinere Fahrzeuge und einen ungemein blühenden Handel belebtes Fahrwasser.

Auch in diesem Theil seines Laufs von Timbuktu abwärts nimmt der Niger zahlreiche Zuflüsse auf, von denen die bekanntesten sind: der Gulbi-n-Sokoto oder Rima, welcher im Hochlande von Katschena entspringt und mit dem Bakura, dem Gindi oder Soma und dem Mayoranneo oder Fari-n-rua vereinigt, dem Niger namentlich zur Regenzeit eine gewaltige Wassermenge zuführt; unterhalb Bussa der Menai (Mayo-ranneo oder Mayarrow); zwischen Rabba und Egga der Kaduna oder Lafun, welcher aus den Bergen von Yaoba und dem Hügelland von Soso kommt und nach einem Laufe von etwa 60 Meilen unter 23° 36′ O. F. mündet, mehre Meilen aufwärts schiffbar; dann der Gurara, vielleicht 40 Meilen lang, aus den Landschaften Soso und Messaba; die Mündung liegt der Stadt Egga gegenüber; endlich der Ovi bei Egga. Seinen gewaltigsten, weit hinauf schiffbaren und schon mit europäischen Dampfschiffen befahrenen Nebenfluß empfängt der Niger unter 7° 46′ N. B.: es ist dies der sicher über 160 Meilen lange Binue (Benue, d. i. Mutter der Gewässer, irriger Weise auch Tschadda genannt), der im Hochlande Südafrika's SO. von Adamaua in uns noch unbekannter Ferne entspringt, von O. den Mayo Kebbi, von S. den mächtigen Faro — außer zahllosen kleineren Nebenflüssen — aufnimmt, und der einst eine der wichtigsten Handelsstraßen in das Innere Afrika's bilden kann, obgleich er gegenwärtig durch den an seinen Ufern und in seinem Gebiet stattfindenden Kampf zwischen den Fulbe und den einheimischen Negerreichen, wie zwischen Islam und Heidenthum dem Verkehr gesperrt ist.

Bei der Konfluenz des Niger (hier Fari-n-rua, d. h. Weißwasser) und des Benue (Baki-n-rua, d. h. Schwarzwasser) hat der Niger eine weiße, undurchsichtige, der Benue eine klare, durchsichtige, blaue Färbung; zur Regenzeit sind beide Ströme trübe und unklar. Zum Trinken ist das Wasser des Niger geeigneter, als das des Binue. Die beiden Flüsse werden von den Anwohnern mit verschiedenen Namen bezeichnet: bei den Bewohnern von Nupi heißen sie Furodo und Furodschi, in Eggarah Udschimmini-Fufu und Udschimmini-Dudu; auch Ebu-lobu oder Ebu-logi. — Der Binue ist von Barth (1851) und Vogel (1854) entdeckt, von Baikie (1854 und 1857—58) zuerst befahren worden. Seine Meereshöhe beträgt am Zusammenflusse mit dem Faro etwa 230m, bei Odschogo 84m, an der Konfluenz mit dem Niger 37m.

Das Tafelland des Kong, welches der Niger von Igbide oder Schabe (8° 26′ N. B.) bis Idda (ungefähr 7° N. B.) durchbricht, und welches auch der untere Binue durchschneidet, erhebt sich zwar in der Regel mit Thalrändern von 50—200m über den Strom, läßt aber nur ein enges (bis 600m br.) Thal für den Fluß offen. Die Tiefe des Wassers beträgt durchschnittlich 7—10m, nur eine Stelle von 3m Tiefe kommt vor, die Schiffahrt ist daher völlig ungehindert. Die Thalränder sind felsig, meist mit dichtem Wald bedeckt. Unterhalb Idah treten die Höhen zurück, der Strom fließt in majestätischer Breite von mehr als 2600m rasch dahin. Unweit Ibo, wo das Alluvialdelta beginnt, 20 M. vom Meere, gabelt sich der Niger zum ersten Mal und entsendet den Bonny im O., der als Doni 25° 4′ O. L., als Okú-loma oder Bonny unter 24° 50′ O. L., als Kalaba, Karabari oder Neu-Calabar unter 24° 40′ O. L. das Meer erreicht. Unter 5° 22′ N. B. geht der Wari nach W. ab. Neue Inselbildungen und Flußtheilungen erfolgen südwärts vom 5° N. B.: die wichtigsten Mündungsarme heißen von O. nach W. Sombreiro oder Sagama 24° 33′ O. F., San Bartolomeo, Santa Barbara, Kola Toro oder San Nicolas 24° 5′ O. F., Tuwón Toro oder Braß oder Bento 23° 55′ O. F., Akassa Toro oder Nun 23° 44′ O. F., welcher als die vollkommen schiffbare Hauptmündung betrachtet wird. Nach W. folgen die Mündungen Agona, Middleton, Pennington, Dodo, Ramos, Forcados, Escardos, Benin oder Formosa 22° 46′ O. F.; der letztere führt dem Meere wahrscheinlich mehr Wasser von Küstenflüssen, als aus dem Niger zu. Die Mündungsbarre des Nun ist 4m tief; Raddampfer von nicht ganz 3m Tiefgang sind für den Strom die geeignetsten Transportmittel. Die Breite des Nun, wie sein Wassergehalt, nehmen gegen die Mündung hin allmählich ab. Bei Angiama ist er noch über 360′, in 4° 40′ N. B. gegen 200m, in der Gegend der Sonntagsinsel nur noch 100—150m breit; auch seine Tiefe vermindert sich. Kurz vor der Nunmündung führt ein schiffbarer Arm, der Klasso, ostwärts zur Braßmündung hinüber. Oestlich von den Hauptmündungen und durch Flußarme, die der Küste parallel gehen, mit ihnen verbunden, folgen die Mündungen Kalaba oder Carabari (Neu-Calabar), Olu Loma oder Olu Loba (Bonnyfluß), Doni oder Adoni, in dessen Osten das Nigerdelta selbst noch mit dem Delta des Akpa Efik oder Alt-Calabar und dessen Mündungsarmen in Verbindung steht.

Das Steigen und Fallen des Niger bietet eigenthümliche, von den Niederschlagsverhältnissen der zu seinem Gebiet gehörigen Länder und von der Bildung und dem Fall seines Stromlaufs abhängige Erscheinungen dar. In dem noch unerforschten gebirgigen, vielleicht hohen Quellgebiet des Niger, im Lande der Wangaraua oder Mandingo, fällt die Regenzeit in die Monate September und Oktober. Zahlreiche Nebenflüsse führen gleichzeitig dem Hauptstrom eine ungeheure Wassermasse zu, welche sich auf dem weiten, fast horizontalen Ueberschwemmungsterrain von Dschinnie bis Timbuktu ansammelt und durch die Stromengen unterhalb Bamba und Tossaie zu einem gewaltigen See aufgestaut wird. Das geringe Gefälle und diese Aufstauung verursachen ein sehr langsames Fortschreiten des Hochwassers, welches in Timbuktu (bei trüber Atmosphäre und kühler Temperatur) in der Regel vom Dezember bis zum 17. Februar gleichmäßig steht. In Folge dieses Hochwassers steigt bei Yeba das Wasser Ende Februar plötzlich um 12 Zoll, bei Idda (7° N. B.) am 2. März in ähnlicher Weise und hält sich dann in gleicher Höhe bis Ende April, wo es rasch zu sinken beginnt. Das Hochwasser erreicht also die Nigermündungen von Mitte März bis Mitte Mai. Rechnen wir die Entfernung von Timbuktu bis zur Binue-Konfluenz zu 300, oder mit den Stromkrümmungen zu 400 Meilen, die Meereshöhe von Timbuktu annähernd auf 274m (844 Par. F. oder 900 engl. F.), die der Konfluenz auf 36,5m, die Differenz also zu 237,5m, so ergibt sich ein durchschnittlicher Fall von nur 0,6m für die Meile, und eine Geschwindigkeit des Laufs von $\frac{1}{3}$ bis $\frac{2}{3}$ Meile in der Stunde. — Ein zweites Hochwasser beginnt im mittleren und unteren Niger von Gego abwärts in Folge der zwischen dem 16 und 8° N. B. fallenden periodischen Regen. Timbuktu hat zu Ende März (durchschnittlich vom 21. März an) eine kurze Regenzeit, die eigentliche Regenzeit beginnt am 4. oder 5. Mai, weiter südlich tritt sie etwas später ein und zwar mit bedeutender Mächtigkeit: in Gando rechnet man jährlich 92 Regentage, die Regenmenge beträgt jährlich im Durchschnitt 80, selbst über 100 Zoll. Die Regenbetten und leeren Wassergerinne werden zu breiten, reißenden Strömen, das Wasser im untern Niger steigt dann bis Ende August, hält sich eine Zeit lang in gleicher Höhe und nimmt von der ersten Hälfte Oktober bis Mitte Februar regelmäßig ab. In Ssay tritt dieses Hochwasser Anfangs August ein. Der größte Unterschied zwischen höchstem und niedrigstem Stand oberhalb der Binue-Konfluenz beträgt nur 2m. Das Anschwellen und Fallen des Niger hat also das Eigenthümliche, 1) daß dasselbe in zwei verschiedenen Perioden erfolgt, 2) daß das von dem Quellgebiet herabkommende Hochwasser durch die Wasserausbreitung oberhalb Timbuktu und durch die Stromengen unterhalb Bamba in auffälliger Weise regulirt wird.

Zu S. 270. Der **Tschadsee.** Die Ufer des Sees sind unbestimmt und wechselnd. Die in der Regenzeit besonders starken Zuflüsse schwellen den See an, die ungeheure Verdunstung in der trockenen Jahreszeit bewirkt ein Zurücktreten des Sees von seinen Ufern. Kaum läßt sich aber aus diesen Ursachen das außergewöhnliche Sinken der westlichen Seeufer im Jahre 1854 und 1855 erklären, eine große Anzahl Wohnplätze ging unter, selbst die Hälfte der Stadt Ngornu wurde von den Fluten verschlungen. Dr. Vogel erklärte es durch eine Senkung der Schichten, aus denen der Boden des Landes zusammengesetzt ist. Der Zugang zum See ist an vielen Stellen durch hohes Schilf verschlossen, ja diese mit Schlingpflanzen durchwachsenen Schilfdickichte erstrecken sich oft meilenweit in den See hinein, so daß die Großartigkeit der Wasserfläche verschwindet. Die vereinzelten offenen Buchten des Sees sind mit schwimmenden Wasserpflanzen, Nymphaea Lotus, Pistia Stratiotes u. a. bedeckt. Zahlreiches Geflügel (wilde Enten) belebt den fischreichen See, Sumpfvögel aller Art bewohnen seine Ufer, Elefantenherden baden sich in seinen Gewässern. Im südöstlichen Winkel des Tschadsees ist das sumpfige Inselland Kargha oder Karka, ein in seinen Umrissen schwankender, ewig wandelbarer Archipel kleiner, vollkommen flacher Inseln.

Die Zuflüsse des Tschad haben einen eigenthümlichen, der vollständig flachen Bodenbildung entsprechenden Charakter. So gering ist das Gefälle derselben, daß die durch die massenhaften Aequatorialregen ihnen plötzlich zugeführte Wassermenge sich meilenweit ausbreitet, „unzählige Hinterwasser und seichte Wasserläufe auf muldenartig nur wenig ausgetieftem Wiesengrunde bildend.“ So hat der Sserbewuel auf 50 Meilen nur einen Fall von 40m, sein Bett, im Lande der Mußgu, in der trockenen Jahreszeit 200--600 Schritt, hat nach dem Ende der Regenzeit eine Breite von 600—1200 Schritt, während der Regenzeit selbst aber ist nicht allein die zwischen 3 und 8m tiefe Rinne des Flusses ausgefüllt, sondern der Fluß wird zum majestätischen Strom, dessen Ueberschwemmungsränder bald in regelmäßigem Ufer, bald flach sich erweiternd, 2000 Schritt und mehr vom innern Flußufer entfernt sind. Tritt die trockene Jahreszeit ein, so verschwinden die seeähnlichen Flächen, viele jener Wasserrinnen (in Bornu Kamadugu genannt) ziehen sich in schmale, fluß- oder kanalähnliche Vertiefungen zurück, stagniren, bilden einzelne kettenartig zusammenhängende oder schließlich verbindungslose Lachen, oder trocknen endlich ganz aus, nur einen feuchten Boden zurücklassend, auf welchem eine üppige Vegetation wuchert. Von W. fließen dem Tschad zu:

1) Der Komadugu Waube, in der Regel vom 21. Juli bis zum Februar ein zusammenhängender Strom mit einem weitverzweigten Netze von Nebenarmen, und dann 120 Meilen lang (direkter Abstand der Quellen von der Mündung 80—90 Meilen); sein höchster Wasserstand ist im November, die Ueberschwemmungen werden durch das Aufstauen von dem um diese Zeit hoch angeschwellten Tschadsee her vermehrt. Bei Birni beträgt dann die Breite des Hauptarmes 180—200 Schritt, die Tiefe 14 Fuß.

2) Der Komadugu von Jaloe oder Alao, mit einem bedeutenderen Zufluß von S. aus der Berggruppe des Mendif, 25 Meilen lang, bei Dikóa 60 Ellen breit, mit 4—5m hohen Ufern, im Sommer nur aus einer Lachenkette bestehend, geht unterhalb Ngala in die Südecke des Tsadsees. Neben ihm:

3) Der Komadugu von Lebai, über 30 M. lang, in den Bergen von Mandara entspringend, auch in der trockenen Jahreszeit in seinem untern Laufe nicht wasserleer, bildet eine Menge Nebenarme, Hinterwasser, Lachen und Wiesenwässer im Gebiet der Schua.

4) Der Schari, weitaus der bedeutendste Zufluß des Tsad, wohl über 120, sicher wenigstens 100 M. lang, hat seine uns noch unbekannten Quellen im Hochlande S. von Adamaua.

Zu S. 273. Naturprodukte. Die Dattelpalme ist im Sudan nur angepflanzt bei Timbuktu, in Bamba unterhalb Timbuktu, weiter abwärts in Gao oder Gogo; in der Stadt Kano, in Kukaua, Kala, Logone und ganz einzeln in Tschire südl. von Bagirmi. — An manchen Stellen sind Dattelpalme, Dumpalme und Delebpalme neben einander. — Zu den Fruchtbäumen kommt noch der Birgim oder Dina in Bornu und Haussa mit einer pflaumen- oder kirschenartigen Frucht. Ferner die Spathodea tulipifera, westl. und südl. von Bornu häufig, 50—60′ hoch, 2′ dick, aus deren Samen die Eingebornen kleine Kuchen bereiten; diese verwenden sie zur Herstellung einer vortrefflichen braunen Brühe. — Die Kigelia pinnata DC. an Flußläufen in Bornu bis zum untern Binue hat ein gutes Holz; Bassia butyracea liefert vegetabilische Butter, die (am obern Niger) zum Brennen und Kochen benutzt wird. Die Weizenkultur ist in Bornu durch die Araber eingeführt worden.

Von Thieren ist der Manatus Vogelii im Niger bei Timbuktu, wie im Binue zu Hause; Krokodile sind bei Timbuktu bis 18 Fuß lang; kleiner ist der Sanguai, der sich vom Krokodil durch Schwimmhäute zwischen den Zehen auszeichnet.

Zu S. 277. Bevölkerung. Die Bahausche (d. i. die Bewohner von Haussa) sind lebhaften, feurigen Temperaments, von heiterer Gemüthsstimmung, die Kanori in Bornu melancholisch, gedrückt, roh. Die Bahausche haben meist angenehme, regelmäßige Züge und anmuthigere Formen, die Kanori mit ihren breiten Gesichtern, weit offenstehenden Nasenlöchern, derben Knochen und eckigen Gestalten machen einen weniger angenehmen Eindruck. Namentlich sind die Frauen häßlich.

Die Fulbe (d. h. gelb oder braun), sing. Pullo oder Pulo, werden bei den Mandingo Fula, bei den Haussaua Fellani, bei den Kanori Fellata, bei den Arabern Fellan genannt. Die ganz schwarzen Torode oder Torunkaua sind aus der Mischung von Fulbe und Dscholoffen, die Siulbe oder Sülliebaua aus der Mischung von Fulbe und Wangara oder Wakore (Mandingostämme) hervorgegangen, politisch und social besonders bevorzugte Abtheilungen der Fulbe; die Torode machen in Futa und Sokoto die Aristokratie aus. — Die Fulbe haben seit Anfang des 19. Jahrhunderts sich im Nigergebiet ausgebreitet. Ihr Scheich Othman begann 1802 den Kampf gegen Gober, in dessen Gebiet er ansässig war (im Dorfe Dakkel); er residirte zuerst in Gando, dann in Sifana. Nach seinem Tode 1817 nahm sein Bruder Abd-Allahi den westl. Theil des neugegründeten großen Reichs ein und residirte in Gando, sein Sohn Mohammed Bello erhielt den östl. Theil, residirte in Sokoto, führte harte Kämpfe mit den unterworfenen Stämmen und mit Bornu. Ihm folgte 1832 sein Bruder Atiku, und diesem 1837 Bellos Sohn Aliu, ein wohlmeinender Fürst, doch ohne die nothwendige Energie; nicht so kriegerisch, als sein bedeutenderer Vater. Viele Aufstände in den Provinzen sind seitdem erfolgt, die Fulbeherrschaft erscheint noch nicht als dauernd gesichert, obwohl sie sich durch Raub- und Eroberungszüge (seit 1841 am untern Binue und am rechten Ufer des Niger) fortwährend auszubreiten sucht. — Merkwürdig ist die Kasteneintheilung unter den Fulbe: einzelne Stämme oder Abtheilungen haben ein Monopol als Kaufleute, Tischler, Weber, Schuster, Schneider, Sänger, Bettler u. s. w.

Zu S. 282. Verfassung. Kano ist eine Statthalterschaft des Reichs Sokoto. Die Regierung führt ein Statthalter (Eserki), neben ihm steht eine Art Ministerrath, an dessen Spitze der Ghaladima; — nach ihnen der Befehlhaber der Reiterei; der General der bewaffneten Macht; der Oberrichter; der „Thronerbe" als Statthalter im südlichen Bezirk der Provinz. Dann das Oberhaupt der Sklaven, der Finanzminister, der Aufseher der Packochsen (= Generalquartiermeister). Die beiden letztern sind Stellvertreter des abwesenden Statthalters, nicht der Ghaladima. — Strenges Hofceremoniel, Anmaßung der herrschenden Klasse.

Zu S. 290. Handel. Die natürliche Handelsstraße nach dem innern Sudan ist der

Kuara, die hergebrachte Handelsstraße führt von Norden her durch die Wüste. Süd- und nordamerikanische Sklavenhändler haben sich des Handels von Süden her bemächtigt, besuchen den Markt von Nyffi, entnehmen dort Sklaven und überschwemmen den Mittelsudan mit ihren Waaren, zu großem Schaden der Araber. — Das Leben ist billig: In Kano kann eine eingeborne Familie mit 60,000 Kurdi (d. i. circa 35 Thlr.) jährlich bequem leben.

Topographie (S. 290—302). Die Eintheilung des Handbuchs hat verändert werden müssen, die Nilländer sind anderweit (S. 390 f.) bereits behandelt worden und kommen daher hier in Wegfall. Die Bearbeitung der einzelnen Staaten ist, wo nicht ausdrücklich das Handbuch citirt ist, völlig neu.

1) Das Reich **Bambarra** im äußersten Westen, zu beiden Seiten des Dhiuliba von Bammaku bis Sansadig und Silla, grenzt im N. an die Länder el-Hodh und Baghena, im W. an Fuladugu, Manding und Futa Dschallon (Senegambien), im S. an die Mandingo oder Wakoreländer, im O. und NO. an das Fulbereich Massina; es besteht im Allgemeinen aus ausgedehnten und fruchtbaren, großentheils aber auch sumpfigen und wasserreichen Ebenen, indem besonders im Süden zahlreiche Flüsse und Bäche die Ebenen durchziehen und, gleich dem Hauptstrom, in der Regenzeit weit und breit ihre flachen Ränder überschwemmen. Nur an der Westseite ist B. bis Dschabbe noch hügelig. Das Land hat einen großen Reichthum an dem nützlichen und deshalb sehr geschonten Schibbutterbaum. Die Bevölkerung, ein Zweig der Mandingo, meist heidnisch, sehr kriegerisch und beutelustig, treibt zugleich einen bedeutenden Handel, der aber doch vorzugsweise in den Händen der zahlreich in allen Nigerstädten angesiedelten Araber ruht. Die Herrscherfamilie und der wohlhabendste und gebildetste Theil der einheimischen Bevölkerung folgt dem mohammedanischen Glauben. An einigen Stellen haben sich unter den eigentlichen Bambarranern Fulah niedergelassen, die, wie überall, vorzugsweise Viehzucht treiben. Die Hauptstadt ist Sego, in 4 Abtheilungen an beiden Seiten des Niger, gut gebaut, 30,000 Ew., wichtige Handelsstadt; zahlreiche Moscheen. Oberhalb Sego liegen am Niger: Bammaku, Handels- und Grenzstadt; durch den Salzhandel nach der Sahara reich geworden; Marrabu, wo die ungehinderte Schiffbarkeit des Stroms beginnt; Salzhandel; Kulikora, Handel mit Salz und Baumwolle; Nyamina (Yamina), reicher Ort, 10,000 Ew., Handelsverkehr mit den Arabern der Sahara. Unterhalb Sego liegen: Sai, ansehnlicher und wohlbefestigter Handelsplatz; Sansadig oder Sansandi (Ssansanding, Sansanue), bedeutende Handelsstadt mit großen, von weither besuchten Märkten, Stapelplatz für Salz- und Goldhandel, 11,000 Ew.; und Nyami. In dem nördlichen, flachen, gutbevölkerten Theil von Bambarra liegen Gellu (Gallu), Grenzort gegen die Uled Amer von Baghena; Murdscha, ummauerter großer Ort mit heidnischer Bevölkerung, 4 Meilen O. v. vor.; Sitz eines Statthalters; Handelsplätze für Salz und Getreide. Nordwestlich, in der Provinz Ketsche, die Städte Mekoie, Sitz des Statthalters und Dedäla; nordöstlich Kala, große Stadt, früher Sitz eines kleinen unabhängigen Königreichs, später zum Reich Melle gehörig; Deafo, SO. vom vorigen, große ummauerte Stadt in wohlangebautem Lande; Anbau von Baumwolle; viele Bäume. — Im südöstlichen, hügeligen, regenreichen und tropisch-fruchtbaren Theile von Bambarra, dem Ländchen Menka oder Mienka, liegen die Orte Jönfoxs, Dschitämanä und Méggará. — Uebrigens werden auch die bei Senegambien genannten Länder Uasselon oder Wässulo, Fuladugu und Manding als tributäre Staaten des Bambarrareichs betrachtet.

2) Das Fulbereich **Massina**, ehemals Reich Dschennie, erstreckt sich in unregelmäßiger Begrenzung längs des Niger von Silla bis nahe an Timbuktu, wird im NW. und N. von den Gebieten maurischer oder Berberstämme, insonderheit dem Lande el Hodh, im NO. von dem Gebiete der Tuaregs (speciell der Auelimmiden und Iregenaten), im SO. und S. von den Gebieten heidnischer Negerstämme (Aribinda, Mossi, Tombo u. a.), im SW. von dem Reich Bambarra eingeschlossen. Die Ausdehnung von W. nach O. beträgt 88 M., die von SSW. nach NNO. 94 M., die Größe kaum 3000 □M. Der größere Theil des Landes ist Ueberschwemmungsgebiet des Niger in einer Meereshöhe von durchschnittlich 280—300m; der nordwestliche Theil des Landes ist ein Uebergangsgebiet von der Steppe zur Wüste, der südöstliche Theil Hügel- und Bergland, zum großen Theil mit Wald bewachsen, nach dem Niger zu in ein breites, mit Buschwerk, giftigen Euphorbien, Pennisetum distichum, Balanites aegyptiacus bewachsenes Flachland übergehend. Unter den Bewohnern sind am zahlreichsten die Kissur, seit 1222 mohammedanisch. In den Städten (zu denen indessen Timbuktu nicht mehr gehört) gibt es zahlreiche, thätige und wohlhabende Kolonien von Arabern, meist Priestern, Handelsleuten und Gewerbtreibenden; außerdem finden sich Tuareg und Wagore. Den herrschenden Stamm aber bilden die Fulbe; Massina, Gando und Sokoto sind in den letzten Jahrzehnten die drei großen Fulahreiche des Sudan geworden. — Auf König Hämedu I. folgte im Jahr 1854 sein Sohn Hämedu II. Hadsch Omär, fanatischer Eroberer und Christenfeind, hat das heidnische Reich Bambarra wie das moslemische Fulbereich Massina sich unterworfen, und Anfang 1863 auch Timbuktu vorübergehend erobert, ist aber wieder zurückgeworfen, Ende 1863 in Hamd'Allahi belagert und (1864) gefangen (und getödtet?) worden. Sein Sohn Amadu regiert in Sego und setzt den Krieg fort.

Silla, am Niger, früher zu Bambarra gehörig, ehemals wohlbevölkerter Grenzort gegen Bambarra, jetzt zerstört. — Dschennie oder Dschinnie, 13° 10′ N. B., 8—10,000 Ew., frühere Hauptstadt, auf einer Nigerinsel, das eigentliche Emporium des Sudanhandels, dessen Märkte aus den entferntesten Gegenden zahlreich besucht und sehr reich mit europäischen, meist englischen, und einheimischen Waaren versehen werden. Großer Gold- und Salzhandel, der aber in neuerer Zeit durch die Concurrenz des näher an der goldreichen Landschaft Bure gelegenen Sansandig sehr gelitten hat. Die intelligente, geschickte und thätige Bevölkerung betreibt zugleich eine große Fabrikation feiner, bis Marokko und Arabien in den Handel kommender Goldwaaren. — Sofara oder Kala, am rechten Arm des Niger, Dschala oder Sarha (Sagha), altberühmte Stadt, und Sarebina, am linken Arm des Niger. — Hamda Allahi, 12 M. NO. von Dschennie und 3 M. O. vom Niger, alte Residenz der Herrscher von Dschinnie; viele Koranschulen. — Isaka oder Mobti, W. vom vorigen, am Niger, dessen Arme sich hier vereinigen; wichtiger Handelsplatz. — Tenengu und Jassalame, bedeutende Städte links vom Niger, vom Hauptflusse entfernt; die erstere mit bedeutenden Märkten; die letztere Hauptort der Provinz Bergu, in flachem, dürftig bewachsenem Lande mit schönen Weidegründen, wenig Ackerbau. — Niakongo, 7 Meilen N. von Hamda Allahi, Sitz eines Statthalters. — Kari oder Konna, weiter N. von Hamda Allahi, Sitz eines Statthalters, wichtiger Marktplatz. — Timme, nördlich vom vorigen, in mäßiger Entfernung vom Niger, große Stadt, Sitz eines Statthalters. — Bork, O. von Timme, große Stadt in gebirgiger, künstlich bewässerter Gegend mit Anbau von Baumwolle, Reis, Korn. — Guram, SO. von Jowaru, ansehnlicher Platz an einer Felshöhe am Debu-See. — Esa, großer Ort abwärts von Guram; Holzhandel nach Timbuktu. — Jowaru (Yoaru), N. am Debusee, Hauptort der fruchtbaren Landschaft Fermagha, fast so groß als Timbuktu; Wollenweberei, Verfertigung von Teppichen. — Gassiguma, N. von Jowaru, bedeutender Ort, Marktplatz für Wollenwaaren. — Dire, Hauptstadt der Provinz Sankara, zwischen den Stromarmen. Südöstlich davon Gannati, ansehnlicher Marktplatz. — Banay, an einem östl. Nebenarm des Niger, mit Dumpalmen, Bassia Parkii u. a. Bäumen umgeben; Viehzucht. — Danga, an einem östl. Nebenarm des Niger, Reisbau. Gegenüber liegt die bevölkerte Flußinsel Kora, 3 M. lang; der vereinigte Strom ist unterhalb der Insel ½—¾ Stunde breit. — Gundam, mit Wällen umgebene ansehnliche Stadt, 3 M. N. von Dire, zwischen Flußarmen. — Raß-el-ma, am Ende eines meilenweit in die trockne westliche Landschaft hineinziehenden Hinterwassers vom Niger; Weizenbau. — Saraijamo, 15 M. S. von Timbuktu, an einem gegen 500 Schritt breiten östlichen Nebenarme des Niger, bedeutendster Ort der Provinz Kisso, mit 5000 Ew. Viehzucht, wenig Industrie; der Handel zur Zeit des Hochwassers lebhaft. Das von 6—10m hohen Ufern eingefaßte Flußbett ist dann bis an den Rand angefüllt. — Bambara, 5 M. SO. vom vorigen, am Fuß einer Hügelkette, doch noch in dem ebenen, von Wasseradern durchzogenen Lande in der Nähe der Seen Do und Nyangay; hat tägliche, doch nur während der Schiffbarkeit der Gewässer bedeutende Märkte. Fischfang, Reisbau; der Reis wird in die leeren Flußbetten gesäet und zur Zeit des höheren Wasserstandes mit Booten geerntet. — Duentsa, wichtiger Marktplatz, fast so groß als Timbuktu, 14 Meilen SSW. von Bambarra. — In der Landschaft Dalla, SO. von Bambarra, der Hauptort gleichen Namens. Oestlich, im Distrikt Tondi oder El Hadschiri, erheben sich die Hombori-Berge, ein Bergzug von eigenthümlichstem Charakter — eine Reihe senkrecht aufsteigender Piks, Nadeln, Thürme, Mauern mit flachen oder gezähnten Kronen — höchstens 250—320m über der Ebene, die gegen 450m Meereshöhe hat. Die Berge enthalten Trachyt; westlich bei Bone ist ein 60m hoher Wasserfall. Distrikt Minta, reich an Eisenstein. — In den Wohnorten sind Häuser und Kornmagazine mit spitzen Dächern gebaut. — Südlich von Dalla die dem Reich der Tombo abgewonnene, gleichfalls hochgelegene Provinz Gilgodschi oder Dschilgodi. Hauptort Dschibo.

3) Die Länder der **Wakore** (Mandingo) südlich von Bambarra, bis an die Wasserscheide zwischen dem Nigergebiet und den Küstenflüssen von Sierra Leone und Guinea, ein noch von keinem Weißen besuchtes Gebiet, jedenfalls hochgelegen, im südlichen Theile wohl bis zu Hochgebirgshöhe ansteigend, mit reicher Vegetation, namentlich dichten Wäldern. Hier entspringen in einer Gegend, welche noch weiten Raum zu Entdeckungsreisen darbietet, der Ahmar, d. i. der Hauptquellfluß des Niger, und seine südlichen Zuflüsse Jeyvan, Milo, Lim, Surano und der mächtige Ulaba. Die Ausdehnung dieses Gebiets mag auf 100 Meilen von O. nach W., auf 70 M. von S. nach N. geschätzt werden. Zwischen Massina, Bambarra, Tombo und dem Mandingolande, 1 Tagereise südlich von Dschenni, hat der kleine Afuanekstamm der Esaro bis jetzt seine Unabhängigkeit behauptet.

4) Das Land **Tombo**, im W., N. und O. von Massina eingeschlossen, im S. an die unter 3) genannten Wakoreländer, im SO. an Mossi grenzend, durch die Angriffe der Fulbe beträchtlich eingeengt. Sein Flächeninhalt mag 2040 □M. betragen. Das Land ist in der Mitte eben, nach O. und W. gebirgig. Arre, Hauptstadt.

5) Das Land **Mössi** (Muß) oder **More**, etwa 1550 □M. groß, im W. und S. von

Tombo und andern Wakoreländern, im O. von Gurma, im N. von Aribinda und den Fulbestaaten Massina und Gando begrenzt, ein mäßiges Hochland, welchem die zum Niger gehörenden Flüsse Dschali, Schirba entströmen, noch von keinem Europäer besucht. Die Bodengestaltung scheint auch hier vorwiegend Ebene, hin und wieder mit isolirten Bergen. Mossi hat zahlreiche und bedeutende Städte.

Wogd Dogo, Residenz des Sultans. — Belussa, bedeutender Ort. — Kulfela, starkbesuchter Marktplatz. Die Einwohner sind als gute Bogenschützen berühmt. — Bussumo, wichtiger Ort, Residenz eines Häuptlings.

In dem südlich angrenzenden, vielleicht über 1000 □M. großen Mandingo-Reich Wangara liegen: Ssansanne Mangho, Hauptstadt, 3000 Ew., Goldhandel zwischen den Ssonray und dem Kong. — Yendi, 5000 Ew., Sitz eines Statthalters. — Sselga oder Ssalga, Hauptstadt der Provinz Gondscha, 1000 Ew., Markt für den Gurohandel; hat wenig Wasser. — Bitugu, bedeutender Ort; in der Nähe viele Bäche mit Goldsand. — Kong, große Stadt, (8) Tagereisen W. von Bitugu, mit Thonhäusern. Berühmte Fabrikate von Baumwollenzeugen. — Fura und Kanyenni, wichtige Marktplätze.

6) Mit den Namen **Aribinda** und **Gurma** wird im Allgemeinen das ganze Gebiet südlich vom Niger bis an die Grenzen von Massina, Mossi und Burgu, 125 M. von NW. nach SO. und 30—35 M. breit, bezeichnet; ein Land, welches im N. noch den Charakter der Wüste trägt, nach S. aber mehr und mehr in die Region der regenreichen Tropenländer gehört. Den nördlichen Theil haben Tuaregstämme (Iregenaten) eingenommen, der Distrikt um die Homboriberge gehört zum Reiche Massina, die Distrikte von Torobe, Jaga, Libtäko stehen unter der Botmäßigkeit von Gando. Von unabhängigen Negerstämmen, die zum Theil noch nicht den Islam angenommen haben, — im N. von Sonray, im S. von Wangara oder Wagore — werden zwei Distrikte bewohnt:

a) Distrikt Aribinda, zwischen Libtäko und Dalla, mit Einschluß von Nr. 8) 2170 □M. groß, von Sonray und vereinzelten Tuareg-Mischlingen bewohnt, ein felsiges Land mit reißenden Gewässern; Thäler und Hügel sind bewaldet, die abgerundeten Granitberge kahl oder mit vereinzeltem Gebüsch bewachsen. — Lamorde, Hauptort am Abhang und am Fuß eines Granitbergs. Der fruchtbare Thalboden hat im Sommer wenig Wasser, in der Regenzeit füllen sich die zahlreichen Wasserläufe. — Filio, aus kastellartig zusammengebauten Hüttengruppen bestehend, dem Namen nach von Massina abhängig. — Tinge, in der Landschaft Ksene, auf dem Rücken eines Hügels, in gleicher Bauart wie Filio; Ackerbau; Weberei von baumwollenen und halbwollenen Shawls und Decken. — Hombori, N. von Tinge, einer der ältesten festen Wohnplätze des Sudan, in gebirgiger Gegend, mit bedeutenden Märkten. — Kulman, 6 M. W. vom Niger unter 16° 10′ N. B., bedeutende Stadt mit starkbesuchtem Markt. — Tera, ONO. von Dore, vielleicht 15,000 Ew. (unabhängige Ssonray). — Darghol, Residenz eines Ssonrayhäuptlings.

b) Der Distrikt Gurma, im W. von Mossi, im N. und NO. von Gando, im SO. von Burgu, im SW. von Wangaraländern eingeschlossen, hat noch 880 □M.; die am Niger-ufer sich hinziehenden Gebiete von Gurma sind von den Fulbe erobert worden und gehören zum Reich Gando. — Bisuggu, großer Ort, 16 Meilen WSW. von Komba, Residenz eines Häuptlings. — Ssudo Melle, großer Marktplatz, 8 Meilen O. von Bisuggu. — Bennanaba oder Nungu, 2 Tagereisen W. von Bisuggu, Residenz des obersten Häuptlings.

7) **Burgu** (Borgu) oder **Barba** ist wie Gurma zum Theil unter die Botmäßigkeit der Fulbe von Gando gekommen, der freie westliche Theil wird im W. von Mossi, im S. von Yoruba begrenzt. Das Land scheint reich an Wasser und Wald, nicht allzu gebirgig und für den Verkehr offen zu sein. Von wilden Thieren finden sich zahlreiche Elefanten, im Niger Krokodile von erstaunlicher Größe und Flußpferde. Seine bedeutendsten Städte sind: Nungu, zwischen Woghodoghe und Say; Belang und Dschasange nördlich, Landö, Bisuggu und Susomélle östlich von Nungu. — Niki am Oly, W. von Wawa, große Residenzstadt, hat seine Unabhängigkeit von den Fulbe bis jetzt zu bewahren gewußt. — Kiama, Handel mit Salz und Guronüssen.

8) Die von **Tuareg's** eingenommenen Länder des Sudan umfassen die weiten, meist ebenen Lande an beiden Seiten des Niger von Timbuktu abwärts bis gegen Ssay. Es sind dies die Provinzen des alten Ssonrayreichs, welches noch vor der Hedschra gegründet, nach dem Jahre 1000 zum Islam übergegangen, seinen Mittelpunkt weiter südwärts in Dschennie und Melle hatte, seit 1464 unter Sonni Ali ein eignes Reich mit der Hauptstadt Garo oder Gogo bildete, unter Askia el Hadsch Mohammed (1492—1529) sich weit über die Länder des Sudan ausdehnte, aber seit 1591 in die Gewalt von Marokko kam. Später eroberten die Auelimmiden (Tuaregs) das herabgekommene Gogo, und der Schwerpunkt der Herrschaft in diesen Gegenden liegt gegenwärtig in Agades. Doch sind namentlich die südlichen Theile des alten

Ssonrayreichs ganz unabhängig; die nominelle Oberherrschaft schwankt zwischen Gando, Agades und Timbuktu; in vielen Orten wohnen Ssonray und Fulbe unter und neben einander, ohne einem auswärtigen Herrn zu gehorchen. An kleinen Kriegen und räuberischen Ueberfällen fehlt es nicht; der Zustand dieser Gegenden ist im allgemeinen unsicher. Ein kräftiger Herrscher in dem Fulbereich Gando würde hier leicht die Grenzen seines Reichs ausdehnen können; aber gegenwärtig ist das Reich Gande selbst in einem Zustande innerer Auflösung begriffen.

Timbuktù, ungefähr unter 15° 36' O. L. und 17° 40' N. B., nach Barth's Schätzung etwa 900 engl. F. (274m) über dem Meere — eher weniger als mehr — 1¾ Meilen nordwärts vom Niger in einem welligen Sandlande, welches einen Mittelcharakter zwischen Wüste und dürftigem Weidelande trägt und spärlich mit Akazien und Dorngebüsch bestanden ist, ist um das J. 1100 von Imoscharh (und Ssonray) gegründet, nach dem J. 1300 von dem König von Melle erobert worden, 1591 in den Besitz des Kaisers von Marokko übergegangen. Von da an war es zwar nur Provinzstadt, aber als Mittelpunkt mohammedanischer Gelehrsamkeit berühmt. Durch Anarchie im Innern herabgekommen und durch die räuberischen Erpressungen der Tuareg in seiner Handelsentwickelung aufgehalten, wurde Timbuktu 1826 durch die fanatischen Fulbe von Massina erobert. Arabisch-berberische Stämme drängten sich ein, 1844 wurden die Fulbe wieder vertrieben; sie kehrten mit Kriegsmacht zurück, und 1846 wurde Timbuktu in einem Vertrag der kriegführenden Parteien als Fulbestadt anerkannt, doch mußten die Fulbe dem Recht militärischer Besatzung entsagen. Timbuktu hatte damals 7000 Thlr. an direktem Tribut zu entrichten, außer vielen Erpressungen; an der Grenze von drei Völkergebieten (Berbern, Tuareg, Fulbe) gelegen, war es stets ein Gegenstand der Eifersucht der verschiedenen Herrscher. Scheich el Bakay, dessen Vater seine Residenz aus Arauan im Lande der Berabisch nach Timbuktu verlegt hatte, machte endlich 1863 der Fulbeherrschaft ein Ende, und brachte Timbuktu unter eine energische, den Europäern und ihrem Handel wohlgesinnte Regierung. Der Scheich (Bakay † 1865) ist zugleich religiöses und politisches Oberhaupt und hat einen weit verbreiteten Einfluß bis nach Gando, Massina, Bambarra, Mossi gewonnen. 1860 ist ein Handelsvertrag mit Frankreich abgeschlossen worden. Die Stadt bildet ein ziemlich gleichmäßiges abgerundetes Dreieck von 5/8 Meile Umfang, hat etwa 1300 Häuser (darunter 980 feste Thonwohnungen mit flachen Dächern, bisweilen mit einer Art von zweiter Etage, und einige hundert Mattenhütten von halbkugelförmiger Gestalt. Die alten Wälle sind seit 1826 zerstört, die Stadt ist jetzt offen. 3 große Moscheen: Dschingere-ber in der SW-Ecke der Stadt, 87m lang, 63m breit, mit 12 Schiffen um einen offenen Hofraum (der ältere Theil ist 1327 von Mansa Mussa erbaut); Ssankore am Nordende der Stadt in dominirender Lage, 59m lang, 26m breit mit 5 Schiffen und — wie die vorige — mit (25m hohem) viereckigem Thurm; und Ssidi Yahia, in der Mitte des Südrandes. Der den Städten des Sudan eigene Baumschmuck fehlt in Timbuktu fast ganz. 13,000 Ew. von verschiedenartiger Abstammung: Ssonray, Berber und Araber, Ruma (Mischlingsgeschlecht von marokkanischen Soldaten und Ssonray), Tuaregs, Fulbe. Von November bis Januar, zur Zeit des Hochwassers, besuchen 5—10,000 Fremde die Stadt: Mauren aus der Wüste, arabische Handelsleute aus dem Norden, Wangarawa und Leute von Mossi. Die Einwohner zeichnen sich durch Geist, Bildung, Lebendigkeit und gewandte Manieren vor den Bewohnern der sämmtlichen innerafrikanischen Städte aus. Timbuktu ist kein producirender und industrieller Platz; Getreide wird von Süden eingeführt, nur Wassermelonen werden in großer Menge angebaut. Grobschmiede und Lederarbeiter vertreten die ganze Industrie, doch werden die ausgezeichnet feinen Lederarbeiten (meist von Frauen) nur für den einheimischen Bedarf verfertigt, ebenso wie die reichen Seidenstickereien in den von auswärts eingeführten Hemden. Gold kommt von Bambuk und Bure, jährlich für 150—200,000 Thlr.; Salz von Taodenni; Guro- oder Kolanüsse von den Wagoreländern; Reis, Negerkorn, vegetabilische Butter (aus Bassia butyracea) von Sansandig. Die Karawanen von Marokko und Ghadames kommen von November bis Januar, bis gegen 1000 Kamele stark, und bringen Thee, Zucker, englische Messerschmiedewaaren, Kaliko, Tabak aus dem Wadi Nun. Sklaven werden in geringer Menge nach Norden ausgeführt. Timbuktu hat bessere Waaren als Kano, doch nicht in gleicher Quantität; es ist bei seiner günstigen Lage eines außerordentlichen Handelsaufschwungs fähig; Hindernisse der Handelsentwicklung sind die Schwierigkeiten der Wüste, die feindseligen Verhältnisse der benachbarten Völkerschaften, neuerdings auch die Eifersucht zwischen Engländern und Franzosen. Doch werden letztere von Algerien wie von Senegambien aus sich schneller in den Besitz der Handelsverbindungen setzen können.

Kabara, S. von Timbuktu, am Niger, d. h. an einer Erweiterung des Arms von Korome, Hafenplatz mit Magazinen, hat 150—200 Thongebäude und viele Rohrhütten, die zur Zeit der Ueberschwemmung abgebrochen werden; 2000 Ew., meist Ssonray. Anbau von Reis, Baumwolle, Melonen, Nigergras (Byrgu), aus welchem Honigwasser bereitet wird. — **Korome**, 1 Meile SW von Kabara, an demselben hier 300 Schritt breiten Nigerarme, Dorf aus Rohrhütten, die zur Ueberschwemmungszeit abgebrochen werden. Hauptplatz für den Bootbau; die Fahrzruge sind bis 25m lang. — **Daunie** (Dewnie), W. von Timbuktu, Fabrikation von Töpfergeschirren, ansehnlicher Handel damit nach Bambarra.

In der Landschaft **Taramt**, N. vom Niger, zwischen Timbuktu und Gogo, wohnen NO. von Timbuktu die Tademekka in einem halbwüsten, sandigen, fast regenlosen Lande; am Niger die Kel-antsar, welche in zerstreut wohnenden Horden am Ufer des Stroms Reisbau treiben, Tabak und Weizen auf kleinen, von Wassergräben durchzogenen Beeten bauen, Honig aus dem Burgugras gewinnen und zahlreiche Herden besitzen. Ihre Zahl beläuft sich auf mehr als 1000 erwachsene Männer. — Bamba, Städtchen am Niger, mit einigen Dattelpalmen-Gruppen, 200 Hütten aus Mattenwerk, einer kleinen Moschee; 700 Ew. aus den Ruma oder Erma (Mischlingen von Marokkanern und eingeborenen Ssonrayfrauen). Tabakbau. — Igomaren, abwärts vom Bamba, am Rande der Flußlandschaft und der nackten Wüste. — Burrum, inselreiche Flußlandschaft, wahrscheinlich schon vor Herodot von den Aegyptern besucht; von hier aus scheint die Kultur der Dattelpalme und des Reis sich am mittleren Niger verbreitet zu haben. Die volkreichen Ortschaften von Burrum sind 1843 f. von den Fulbe entvölkert, die Bewohner nach Gundam, SW. von Timbuktu, übergesiedelt worden. Die jetzt hier wohnenden Tuareg, abwärts bis zur Bergkette Asserharbu, gehören dem Stamme der Auelimmiden an. Weiter abwärts wohnt der Stamm der Kel e-Essuk in einer flachen, steinigen Landschaft mit schwarzem Boden, die bei ihrer Regenarmuth den ächten Wüstencharakter trägt.

In der Landschaft **Arhele** oder **Aghele** am linken Nigerufer von Gogo abwärts bis gegen Ssay nimmt das Land einen fruchtbaren Charakter an. — Gogo, Garho oder Gao, der ehemalige Mittelpunkt des Ssonrayreichs, unweit des Niger, dessen Hochwasser die Stadt berührt, jetzt nur noch mit 3—4000 Häusern und einem terrassenförmigen, 60 Fuß hohen Thurm, dem letzten Rest der Hauptmoschee und zugleich der Grabstätte des großen Ssonrayherrschers Mohammed Askia.

Südlich vom Niger erstreckt sich die Landschaft **Aribinda** von Timbuktu abwärts bis gegen die Mündung des Gareschende; ein Wüstenland, wenn auch mit etwas mehr Regen, als in dem nördlich gelegenen Taramt. Der westliche Theil wird von Iregenaten-Tuareg, der östliche von Ssonray bewohnt. Die zahlreiche Bevölkerung beschäftigt sich vorwiegend mit Viehzucht, insonderheit werden die gegen feindliche Ueberfälle gesicherten Strominseln von den Hirten mit zahlreichen Herden besucht.

Abwärts von der Mündung des Garedschende breitet sich längs des Stromthales, wie über das westliche, von zahlreichen Flüssen durchschnittene, meist fruchtbare und bewaldete reiche Weidegründe enthaltende Land, eine zahlreiche Bevölkerung aus. — Kendadschi, Insel und Dorf mit 2000 Ssonray-Einwohnern; gegenüber ein Fulbedorf mit reichem Viehstand. — Abwärts Fitschile, volkreiche Ortschaft auf einer Insel. — Garu-Sinder, Doppelstadt auf 2 Inseln, unter 14° 26' N. B., 16—18,000 Ew., Fulbe und Ssonray. Wichtiger Kornmarkt. — Lâraba oder Larba, mit kriegerischer Bevölkerung, 3 Meilen W. von der Schirbamündung. Südwärts, längs der Grenze des Fulbereichs Gando zieht sich auch hier, zur Sicherung der Bewohner, ein breiter Waldgürtel hin.

9) Die Landschaften der unabhängigen Heidenstämme nördlich von Sokoto, an der Grenze gegen das Tuareggebiet: **Adar**, **Gober**, **Maradi**, **Tassaua**, theils zu dem Wüstenplateau der südlichen Sahara (der „Hammada") gehörig, theils fruchtbarere, bewaldete Landschaften längs des Gulbi-n-rima umfassend. Das ganze Gebiet hat eine Länge von 60, eine Breite von 25 Meilen und mag auf etwa 1400 QM. berechnet werden. Die Meereshöhe kann nicht unbedeutend sein, da selbst in Gasaua die Temperatur im Januar nachts bis bis auf 8° C. herabsinkt.

a) Adar liegt nördlich von Sokoto; Hauptort Konni.

b) Gober, O. v. vor., an der Straße von Sokoto und Wurno nach Agades; die ehemalige Hauptstadt Kalaua (am Rima oberhalb Wurno) ist von den Fulbe zerstört worden.

c) Maradi, O. v. vor., mit dem Hauptort Maradi oder Amradi.

d) Tassaua, Uebergangsland aus der Sahara in den Sudan: Kultur von Erdmandeln, Hirse (Pennisetum typhoideum), Reis, Baumwolle; Dumpalmenpflanzungen. — Tassaua, Hauptstadt, von Tamarinden und Dumpalmen überschattet, 10,000 Ew. — Gasaua, Stadt in dichtem Walde, gegen 10,000 Ew.; ein friedliches, fleißiges Völkchen, welches den Angriffen der Tuaregs von N. und der Fulbe von Süden ausgesetzt ist. Die Stätte von Dankama ist jetzt verödet, längs der Grenze von Tassaua und Katschena zieht sich ein breiter Waldgürtel hin.

10) Das **Fulbereich Gando** erstreckt sich längs des Nigerlaufs von Birni und Ssay abwärts bis gegen Idda, wird im N. von dem Gebiet der Tuaregs und unabhängiger Heidenstämme, im O. vom Reiche Bornu, im W. von den Ländern Mossi, Gurma, Burgu, im S. von Yeruba und den südlich vom untern Binue wohnenden Heidenstämmen begrenzt. Das Land steigt von der hier 140 Meilen langen Thalmulde beiderseits allmählich an, ohne in irgend einem Punkte sich zu eigentlichem Gebirgslande zu erheben. Zahlreiche Nebenflüsse des Niger, im N. periodisch fließend, im S. mit beständigem Lauf, bewässern das fruchtbare Land, welches mit seinem tropischen Klima und mit seiner Produktenfülle, wie mit seiner schiffbaren

Wasserstraße bestimmt ist, dereinst das wichtigste Handelsland des Sudan zu werden. Allein gegenwärtig fehlt noch viel an dieser Blüte. Denn das jetzige Fulbereich, welches an die Stelle des alten (die Provinzen Kano, Katschena, Gober, Guari, Womba, Sanfara, Gubbie umfassenden) Haussareichs Katschena vom Scheich Othman Dan Fodie seit 1802 begründet, und nach seinem Tode 1817 in die beiden Reiche Gando und Sokoto getheilt worden ist, hat namentlich in seinem westlichen Theile Gando unter Othman's Bruder Abd Allahi, und dessen Söhnen Mohammed Wani (seit 1827) und Chalilu (seit 1836) keiner glänzenden Entwickelung sich zu erfreuen gehabt, und der Zusammenhang der einzelnen Provinzen ist lose. Die Verwaltung ist schlecht organisirt; die höheren und niederen Verwaltungsstellen werden leicht durch Bestechungen erworben. Von der Bevölkerung betreiben die Fellatah, wie gewöhnlich, mit Eifer und Geschick die Viehzucht, und sie besitzen zugleich zahlreiche und vortreffliche Pferde, wodurch es ihnen möglich war, große Reiterscharen in das Feld zu bringen; die ursprünglichen Haussaner beschäftigen sich dagegen mit Ackerbau, technischer Industrie und Handel; in letztem besonders mit den von ihnen selbst in großer Menge angefertigten Baumwollenstoffen, entweder weißen, die von Kaschna kommen, oder blauen und blau gestreiften, den im Norden auch unter dem Namen Sudanstoffe bekannten, welche man in Kanó macht, mit gegerbten Ochsenhäuten und buntgefärbtem Ziegenleder, endlich vorzüglich stark mit den von Gondscha (S. 213) durch große Karawanen gebrachten und von hier weiter nach allen Gegenden verführten Guronüssen. Der hiesige Verkehr ist so bedeutend, daß die Haussasprache, gleich der französischen in Europa, sich dadurch vorzüglich, dann durch ihren Wohlklang, ihre Bildungsfähigkeit als Umgangssprache weit verbreitet hat. Als Geschäftssprache ist sie im Norden bis Agádez, im Süden längs dem ganzen untern Niger bis fast Benin im Gebrauch. Doch ist die Fulbesprache auch bei den Ssonray abwärts von Birni herrschend geworden. Der Handel Haussas nach Norden durch die Sahara wird nicht direkt durch die Bevölkerung, sondern durch die Tuárik betrieben, welche Haussa mit Salz versorgen und dagegen Landesprodukte nebst den tiefer aus dem Süden südlich vom Niger kommenden Handelsgegenständen erwerben und auf die Märkte im Norden, die von Ghât, Fezzân, Ghadâmes und Tuât, verführen. Das Fulbereich Gando besteht jetzt, von NW. nach SO., aus folgenden Distrikten und Provinzen: Libtako, Jagha, Torode, Gurma (zum Theil), Saberma oder Serma, Mauri oder Arewa, Kebbi (zum größten Theil), Denbina, Jaura oder Alyori, Burgu (zum Theil), Nupe oder Nyffi. Die Größe des Ganzen beläuft sich auf 3880 QM.

a) Libtako, an der Grenze von Aribinda, vom obern Jali durchflossen, meist Weidegründe oder dürres Land, nur hin und wieder Wald enthaltend, mit vorherrschenden Baobabbäumen; vollkommnes Flachland, reich an Gazellenherden. Die Bevölkerung besteht aus Fulbe und Ssonray. — Dori, Hauptstadt an einem Regenbett, elender, verfallener Ort, doch mit lebhaftem Verkehr. Araber bringen über den Niger und beim See Chalebleb vorbei das Salz von Taodenni (den Zentner etwa zu 5—6 Thlr.), die Ssonray von Gogo kommen mit Butter, Korn, Negerhirse (Penniscetum typhoideum), die Wakore verkaufen weiße Kolanüsse (Sterculea macrocarpa) und Muschelgeld, die Leute von Mossi handeln mit Eseln, Baumwollenstreifen, Hemden, auch Kupferschmuck. Die Bewohner von Dore selbst verfertigen bunte Shawls aus Baumwolle.

b) Jagha (Yagha), SO. vom vorigen, Waldland mit vereinzelten Getreidefeldern. Aus der nach N. sich erstreckenden Ebene erheben sich Anhöhen von Granit und rothem Sandstein; Blöcke von Grünstein, Granit, Gneis bedecken häufig die Flächen. Die Einwohner schmelzen Eisenerze. — Sebba, am Kleinen Jali, Residenz des Statthalters, mit Thonmauern, die ein Stück Wald und Wildnis nebst 200 Hütten einschließen. — Bundore, 5 Meilen O. v. vor., in waldiger Gegend; Anbau von Getreide, Baumwolle, Indigo. In der Nähe finden sich Gneis und Marmor. — Bosebango, Ssonraydorf am Fuß einer wohlbewaldeten Höhe von Gneis und Grünstein, und am Flusse Sirba.

c) **Torode**, westlich von Ssay. — Tschampalauel, früher Sitz eines mächtigen Häuptlings, jetzt fast verödet. Handel mit Guronüssen, die aus Gondscha im Aschanti-Reich nach Haussa gebracht werden. — Tschampagore, Sitz des Emir Galaidscho, daher auch nach dessen Namen genannt. Die Kornmagazine werden hier, der zahlreichen Ameisen wegen, auf Pfählen errichtet.

d) **Gurma**, wozu auch die Emirate von Torode und Galaidscho (unter c) gerechnet werden, am rechten Ufer des Niger; der größere südliche Theil der Provinz ist unabhängig. Das Land ist hochgelegen, flach, granitisch, mit Gneis und Glimmerschiefer gemischt. Unter den Waldbäumen ist der Kuka (Candelabrum) der gewöhnlichste Baum. — Sai oder Ssay, d. h. Flußstadt, etwa 107m (330 F.) über dem Meere, auf einer 2 Meilen langen, ⅓ M. breiten Nigerinsel, mit Erdwall umgeben, etwa 8000 Ew. Die Häuser sind von Rohr und Mattenwerk, die Bevölkerung hat abgenommen. Täglicher Markt, namentlich Baumwollengewebe werden verkauft. Sparsame Kultur, trotz der dafür günstigen Lage kein Reisbau. Ssay hat eine drückende Atmosphäre und ist ein feuchter, für Europäer ungesunder Aufenthalt. — Birni, aufwärts von Ssay am Niger, befestigt, am Berghang längs des Flusses sich hinziehend. Ringsum zahlreiche Dörfer in reich bebauter Gegend. Baumwollenkultur.

e) **Saberma** oder **Serma**, nördlichste Provinz am linken Nigerufer. Reiche Salzsümpfe im Thal Dallul Bosso. Offene Orte, keine befest. Städte.

f) **Mauri** oder **Arewa**, O. v. vor., die Nordostecke des Staates bildend, vermittelt den Uebergang zur Wüste. — Sormakoye, Residenz eines Statthalters. — Lokoye, frühere Provinzhauptstadt.

g) **Kebbi**, Hauptprovinz, von welcher indessen ein kleiner Theil zum Reich Sokoto gehört, vom Gulbi-n-Sokoto (Gulbi-n-rima) und seinen Nebenflüssen durchzogen, ein felsiges, doch fruchtbares und schönes Plateauland mit tiefen Thalfurchen, die zum großen Theil im Sommer trocken liegen und dann „Fadama" genannt werden. — Gando, in einem engen Thal, von einem im Sommer trocknen Strombett durchzogen, ein ziemlich todter Platz, mit unbedeutenden Märkten. Weder der Landbau (Bananen, Zwiebeln werden gezogen), noch die Industrie (nur die Weberei ist gut, die Färberei gering) geben der Stadt eine Bedeutung. — Sala, 3 Meilen NO. von Gando, Grenzstadt gegen Sokoto, in einer von Felsterrassen begrenzten Ebene an einem kleinen See, mit Wällen umgeben, von hohen Bäumen beschattet Eisenerzgruben. Am Gulbi-n-Rima, der im Sommer schmal und seicht ist, in der Regenzeit aber einen breiten, tiefen, schwer passirbaren Strom darstellt, liegen die Städte Argungu, 4 Meilen N. von Gando; Birni-n-Kebbi, 8 Meilen W. von Gando, die ehemals große Hauptstadt des Königreichs Kebbi, 1806 von den Fulbe theilweise zerstört, 80m über der anderthalb Stunden breiten, fruchtbaren, aber verödeten Thalsohle; die Stadt hat enge Gehöfte, keine Bäume und zählt noch 9000 Ew.; Kola, weiter westlich; Tilli mit 6000 Ew.; endlich 1 Meile S. von Tilli: Sogirma, 11 Meilen WSW. von Gando, 7—8000 Ew. — Gulumbe, W. von Gando an einer Fadama, mit reicher Vegetation: Yams, Bananen, Carica Papaya, Baumwolle werden gebaut. — Kardi, stark befestigt; Kornmarkt. — Degge-n-dadschi, SO. von Gando; Reis- und Sorghumbau; wichtiger Markt für Rinder, Schafe, Salz, Glasperlen. — Dschega, am Gindi, 4 M. SW. von Gando, historisch und merkantilisch bedeutender Ort. — Die Dallul's oder Fadama's im Norden der Provinz sind breite, flache, mit Lachen und Tümpeln angefüllte, mit Wald, Palmen, Gebüsch und Schilfdickicht durchwachsene, grasreiche Thäler, fast horizontal, in der Regenzeit sich mehr in langgestreckte Seen, als in Ströme verwandelnd. Im Dallul Fogha ist der Boden so salzhaltig, daß er zur Salzgewinnung benutzt wird, die schwarze Erde wird ausgelaugt, das Salzwasser sodann eingesotten und das gewonnene Salz zu kleinen graugelben, doch brauchbaren Broden geformt. Die mächtigen Schutthaufen der ausgelaugten Erde zeigen das hohe Alter dieser Salzgewinnung; einzelne Gehöfte stehen zerstreut auf diesen Halden. Die Bewohner sind Fulbe mit ihren Sklaven; sie werden von den im S. des Thals die festen Städte bewohnenden Dendi oft angegriffen. — Kalliul oder Kaura, Fulbedorf an der Westseite des Thals. Eine botanische Merkwürdigkeit ist es, daß hier — freilich auf Salzboden — die sonst an die salzige Meeresküste gebundene Oelpalme (Elaeis guineensis) vorkommt. — Garbo, die äußerste westliche Niederlassung des Haussastamms, in einer mit zahlreichen Teichen angefüllten Gegend; Anbau von Negerhirse. — Dallul Bosso, unter dem Namen Dallul Saberma aus der Provinz Saberma herabkommend; die Ortschaften dieser Gegend sind von Ssonray und Fulbe wohnt, die Wohnungen von Stroh und Rohr gebaut, groß und luftig. In diesem Thale liegt, 7 M. O. von Ssay, Tamkala, Stadt von hoher Hirsesaat umgeben, Sitz eines Statthalters.

h) **Dendina**, fruchtbare Landschaft am linken Nigerufer aufwärts und abwärts von der Einmündung des Rima, mit betriebsamen Einwohnern meist aus dem Tuaregstamm, der hier am weitesten gegen Süden vorgeschoben ist. — Bunsa, am Einfluß des Gindi in den Rima, der angeblich von hier abwärts schiffbar ist. — Yelu, Hauptstadt der Provinz an der Mündung des Dallul (Thals) von Mauri (auch Fasi-n-Mauri, d. h. Wiesengrund) in den Rima. — Komba, am r. Ufer des Niger, der Einmündung des Rima gegenüber. — Gaya, weiter abwärts am l. Ufer des Stroms, sehr wichtiger Handelsplatz, dem mit Eröffnung europäischer Flußschiffahrt eine bedeutende Zukunft bevorsteht.

i) **Zaura** (Yauri) oder **Aûori**, am l. Nigerufer, abwärts von Dendina, war früher ein mächtiges, despotisch-monarchisches Reich, hat sich aber doch der Fulbeherrschaft für die Dauer nicht entziehen können. Der Statthalter zahlt jährlich 500 Hemden und 30—50 Sklaven als Tribut an Gando. Die sehr gedrängte Bevölkerung besteht außer dem herrschenden Volk aus den auch in Bussá, Kiáma, u. s. w. vorkommenden und hier, besonders im Engaschi-Gebirgsland, wohnenden kohlschwarzen Gambries, die sich durch abweichende Sprache ganz von den übrigen Bewohnern Y. unterscheiden, aber ungeachtet ihrer großen Thätigkeit und Industrie bei dem auf ihnen lastenden Druck arm sind. Sie bilden wahrscheinlich die aboriginale Bevölkerung dieser Gegenden. — Birni-n-Yauri, 1—2 Meilen O. vom Niger, mit Wall umgeben, wichtiger Handelsplatz O. vom Strome, Fabrikation von Geweben, Säbeln, Schießpulver; Anbau von Reis, Weizen, Knoblauch. W. davon, am Niger, liegt der Handelsplatz Wara

k) **Provinz Nupe** oder **Nyffi** (Nyffe, Tapua), am l. Nigerufer, abwärts von Yauri bis an die Einmündung des Binue reichend, im südlichen Theil auch einen Distrikt auf dem westlichen Nigerufer umfassend. Einst ein wohlhabendes und glückliches Land, wurde Nyffi in neuerer Zeit durch die fortwährenden räuberischen Einfälle der Fulbe Haussas ganz verwüstet, entvölkert und der größte Theil seiner Städte verbrannt, bis die Fulbe sich endlich selbst festsetzten. Die ursprünglichen Bewohner

Nyffis, die sogenannten Nuffantschi, bilden mit den Yarribanern Glieder desselben Stammes, da sie mit ihnen dieselbe Sprache reden; sie sind ein feiner, milder, heiterer, unternehmender Menschenschlag von hellerer Hautfarbe, als ihre ursprünglichen Nachbarn, und von zuverlässigem Charakter, der aber eben wegen seiner Friedlichkeit leicht den Fulbe zur Beute werden mußte. Zugleich sind die Nuffantschi sehr industriös und handelsthätig und das Produkt ihrer Webereien so vorzüglich, daß es weit und breit verführt und gut bezahlt wird, ja selbst für das beste seiner Art in Central-Afrika gilt. Dieser Theil der hiesigen Bevölkerung, einst ganz heidnisch, hat sich seit den Eroberungen der Fulbe sehr dem Islam zugewandt. Die Fulbe haben noch den Charakter ihres Volks in Senegambien und so sehr selbst die Sprache erhalten, daß sich troß ihrer ungeheuren Entfernungen die Fulah Futa Toros und Bondus mit den hiesigen Fulbe ohne Schwierigkeit verständigen können. Aber der in der Heimath schätzenswerthe Charakter dieses Volks hat hier durch die ewigen, mit Erfolg gekrönten Raubzüge sehr von seinem Werth verloren, indem die Fulbe Nyffis zu einer herzlosen, grausamen Räuberbande herabgesunken sind, durch die schon die Hälfte der alten Bewohner Nyffis in Sklaverei verführt wurde. Der Statthalter von Nyffi, früher selbständiger König, jetzt den Fulbe unterthan, zahlt jährlich 100 Hemden und 300 Sklaven als Tribut an Gando. — Die Nure oder Takpa sind Heiden, doch breitet der Islam sich unter ihnen aus. — Das Land ist gebirgig, reich an Gewässern, die dem großen Strom zufließen, reich an Getreide, Erdnüssen, Butterbäumen. Die Bewohner sind geschickt und zum Handel geneigt, sie verfertigen Erzornamente, Halsgeschmeide aus Steinen, wie auch die besten und gesuchtesten schwarzen Toben. — **Rabba**, 22° 45' O. F., 9° 15' N. B., einst blühende Hauptstadt, 1846 zerstört und erst neuerdings wieder aufgebaut, in amphitheatralischer Lage am Strom, einst mit 40,000 gewerbfleißigen Ew., jetzt noch nicht wieder zu der alten Bedeutung gekommen. Die wohlkultivirte Umgegend liefert Palmöl, Honig, Getreide, Milch, ausgezeichnete Pferde. Ehemals bedeutender Sklavenmarkt. — **Egga** oder **Egan**, 20 M. abwärts von Rabba, 1841 auf einer Nigerinsel erbaut, 12,000 Ew.; Weberei, Handel. — **Gbara**, an dem Kaduna, ehemalige Hauptstadt, jetzt verfallen. — **Bida**, weiter aufwärts an dem Kaduna; Hauptstadt von Nyffi, mit 50,000 Ew. — **Muve**, 3000 Ew. und **Ibere**, 3000 Ew., am l. Nigerufer. — **Tscharagi**, große Stadt, 2 Tagereisen O. von Rabba. — **Jagoschie**, Rabbah gegenüber auf einer Nigerinsel, scheint zugleich mit der Hauptstadt seine Bedeutung verloren zu haben. — N. von Rabba liegen **Gorju** und **Kulfu**, letzteres ehemals mit 12,000 Ew. am Mayarrow, bedeutende Handelsstädte.

l) Der zum Fulbereich Gando gehörige östliche Theil von **Burgu** (Borgu) oder **Barba**, am r. Nigerufer, von 11° 30' bis 9° N. B. — **Bussa**, am Niger, in außerordentlich fruchtbarer Gegend; die Durahfelder sollen 500fachen Ertrag geben. Der Niger hat hier eine durch Schieferfelsen gefährliche Passage. Mungo Park's Tod 1805. — **Wawa**, unweit des Gulbin-Wawa, 2—3 M vom Niger, großer Handelsort, 15—20,000 Ew. Anbau von Yams, Bananen, Citronen; viel Honig und Wachs wird gewonnen.

m) Von Egga am r. Nigerufer abwärts bis zur Binue-Konfluenz zieht sich die Provinz **Kakanda** oder **Kakunda**, früher in einzelne kleine Stämme ohne politischen Zusammenhalt getheilt. Hauptstadt **Igbido** (auch Bidon, Budu, Schabe oder Kakanda genannt), in sumpfiger Gegend am Niger, der hier mit zahlreichen Böten befahren wird. Handelsplatz für Sklaven.

11) Das **Reich Sokoto**, das mächtigste und wie es scheint am besten verwaltete und gesicherte der 3 Fulbereiche, wird, das abhängige Adamaua abgerechnet, im N. von Adar, Gober, Maradi, Tassaue und den Bornuprovinzen Sinder, Gummel und Manga, im O. von Bornu und dem Gebiet unabhängiger Negerstämme, im S. meist vom Binuestrom, im W. von Gando begrenzt und mag, Adamaua abgerechnet, ein Gebiet von 5590 □M. (mit diesem 7960 □M.) umfassen. Zwei granitische Höhenzüge durchschneiden das Land, der eine von Katschena nach S. und dann nach SW. gerichtet bis gegen Womba an der Grenze von Jaura, der andere, in der Mitte zwischen Katschena und Saria von dem ersten sich abneigend, folgt der Wasserscheide zwischen den Tschad- und Nigerzuflüssen und erhebt sich westlich von Jakoba zu einem mäßig hohen, weit ausgebreiteten Gebirgslande. Von da streicht die Wasserscheidehöhe ostwärts, doch in einem gegen N. gerichteten Bogen nach der Gruppe des Mindif hinüber, und erfüllt die Ostprovinzen von Sokoto (Schera, Meffau), die südwestlichen Theile von Bornu und die freien Länder Babir und Marghi mit mäßigen, bewaldeten Anhöhen. — Die Bevölkerung ist mohammedanisch und besteht aus eingebornen schwarzen Haussanern und eingewanderten Fulbe. — Die Einkünfte des Sultans belaufen sich auf 65,000 Thlr. an Steuern, ebensoviel tragen die Abgaben von Sklaven und von der Baumwollenkultur ein. Die Reiterei beläuft sich auf 22—23,000 Mann, darunter 6—7000 aus Kano. Die Provinzen Kano, Katschena, Katagum, Saria, Boberu, Yakoba, Hamaruwa (Hamarrua), Yola (Adamaua) haben noch ihre eigenen, von dem Sultan zu Sokoto abhängigen Sultanate. Auf den Eroberer **Othman Dan Fodie** (1802—1817), den Begründer des Fulbereichs, folgte in Sokoto sein Sohn **Mohammed Bello**, der mit Bornu harte Kämpfe zu bestehen hatte, dann dessen Bruder **Atiku** (1832—1837), und seit 1837 Bello's Sohn **Aliu**.

a) Provinz **Sanfara** im NW., nebst einigen Theilen der Provinzen Kebbi und Gober. Zwischen dem Raba und Rima, auf dem Wege von Wurno nach Sansanne-Aissa erstreckt sich eine 12—13 Meilen breite Waldwildnis; ein breiter Waldgürtel umgibt als (ehemalige) Grenzwehr das Land gegen Katschena hin. — Sokoto (Sakkatu), Hauptstadt am Gulbi-n-Raba (Bugga), kurz vor seinem Einflusse in den Gulbi-n-Rima, unter 22° 52′ O. F. und 13° 5′ N. B., auf einem Plateauvorsprung am Rande der fruchtbaren, wohl kultivirten Ebene, 1803 durch Dansodie angelegt, 1810 Residenz des Fulbereichs. 20—22,000 Ew. aus den Stämmen der Soghoran und Imoscharh. Wenig belebte Stadt, nur die jeden Freitag abgehaltenen Märkte sind wichtig, auf denen Vieh, Eisenwaaren, Lederarbeiten, Sklaven die wichtigsten Artikel bilden. In der Thalfläche wird Reis kultivirt. Clapperton's Tod 17. April 1827. — Bamurna, 1¼ M. gegen NO., auf dem sandigen, doch fruchtbaren Plateau, in welches ein Thal mit reicher Wasserquelle einschneidet; im Thale Anbau von Zuckerrohr, durch heimkehrende Sklaven aus Amerika eingeführt. — Bodinga, SW. von Sokoto, in einer offenen, von Thälern ohne Gefälle (in der Regenzeit von Sümpfen) durchzogenen Gegend. — Schagali, Grenzort gegen Gando, in felsiger Gegend. — Wurno, 4 Meilen NO. von Sokoto, auf einer scharf vorspringenden Ecke des Sandsteinplateaus 40m über dem Gulbi-n-Rima, im Distrikt Gober, mit engen krummen Gassen, schmutzigen runden Lehmhütten, 1831 vom Sultan Bello erbaut; 15,000 Ew., ohne Gewerbfleiß. Die Umgegend ist verschiedenartig: auf dem Plateau dürrer, öder Sandsteinboden, in der fruchtbaren Thalebene Reisbau. Der besonders ummauerte Marktplatz befindet sich außerhalb der Stadt, an der NW. Seite. Westlich, in der Thalniederung, das ehemalige, jetzt verlassene Fulbedorf Daffel, Heimat des Eroberers Othman Dan Fodie. Am Raba aufwärts, SO. von Sokoto, liegen die Städte Gandi, 7½ Meilen, Bakura, großer befestigter Ort, 11 M., Gora mit 5—6000 Ew. und Salzhandel, 14 M., Massara oder Tleta, 15 M. von der Hauptstadt. Am Gulbi-n-Rima aufwärts: Sansanne-Aissa, bedeutende feste Stadt, 19 M. NO. von Sokoto, Kaurin Namoda oder Kammane, Provinzhauptstadt, 22 M. SO. von Sokoto, betriebsamer Ort mit Baumwollen- und Indigobau, Weberei und Färberei. Am Faddama von Maradi, der von O. her sich mit dem Rima vereinigt, oder wenigstens in seinem Gebiet liegen Badaraua, 20 Meilen O. von Sokoto mit 8—10,000 Ew., einem lebhaften von ungefähr 10,000 Menschen besuchten Markte, Anbau von Zwiebeln, Sorghum, wenig Pennisetum typhoideum; Verkauf von Fleisch, Butter, Baumwolle; Sabonbirni, 1 M. vom vor., in offener, angebauter Gegend; Dutschi, SO. unweit Sabonbirni, in einem Labyrinth von Felsmassen; Syrni (Sürmi), 23 Meilen O. von Sokoto, in ungemein fruchtbarer Gegend, frühere Hauptstadt von Sanfara, 12,000 Ew. — Bunka, ⅔ M. O. von Syrmi, Grenzstadt gegen Katschena, 5000 Ew., Gewerbfleiß. — Kiaua, 7 Meilen S. von Syrmi, ehemalige Hauptstadt von Sanfara. Westlich davon Kauri-n-Namoda am obern Rima, Märkte.

b) Provinz **Katschena** (Kaschna, Katsina), östlich von Sanfara, ein mäßighohes Tafelland von 400—500m Höhe, mit granitischer Grundlage, vereinzelten Granitfelsen und mit leicht hügeliger, hin und wieder sanft gebirgiger Oberfläche; eine der schönsten Provinzen des Sudan mit gesunder Luft, an den Quellen des Gulbin Rima und seiner zahlreichen Zuflüsse, wie des nach O. ziehenden Komadugu Waube. Namentlich der südliche Theil des Landes ist reich an Produkten und wohl angebaut: außer den Getreidearten (Pennisetum typhoideum = Gero und Holcus Sorghum = Daua) werden Yams, Bananen, Bataten (Convolvulus Batatas), Baumwolle, Tabak, Indigo gebaut; der Boden wird nur mit der Hacke kultivirt. Unter den mannigfaltigen Baumarten zeichnen sich die Parkia, der Bentang (Eriodendron guineense), der Butterbaum, die Sykomore, die Carica Papaya, die Tamarinde, der Baobab, die Deleb- und die Dumpalme aus. Die Wälder sind parkartig gruppirt. Die Provinz ernährt zahlreiche Herden. Die Zahl der Bewohner ist auf 300,000 herabgekommen, die Ortschaften sind zahlreich, 50 haben 4000 Ew. und darüber. Die Dörfer sind stark verpallisadirt, der Landbau ist unter den unsichern Verhältnissen gering. — Die Grundsteuer der Provinz beträgt 11—17,000 Thlr., die Kriegsmacht beläuft sich auf 8000 Mann zu Fuß; meist Bogenschützen, und 2000 Reiter. — Katschena, große Stadt mit starken Thonmauern, 3 Meilen im Umfange, freilich im Innern viele Felder mit zerstreuten leichten Hütten enthaltend und nur im Nordwestviertel stadtähnlich, wenn auch dürftig, ausgebaut, Sitz eines dem Herrscher von Sokoto untergebenen Sultans. Einst das glänzende und geschäftige Emporium von Mittelafrika, hat es kaum noch 7000 Ew., die sich mit Baumwollenzeug- und Lederfabrikation, wie mit dem Handel beschäftigen. — Kuraje, 4 Meilen S. von Katschena, mit Mauern und Schießscharten wohl versehen, 6—7000 Ew. — Kurrefi (Kulfi), neugegründete Stadt, 2 Meilen W. von vor., mit ausgedehnten Befestigungen von dreifachen Mauern umgeben, 8—9000 Ew. — Kussada, 9 Meilen SO. von Katschena, mit Lehmhütten, 5—10,000 Ew., welche Indigo und Tabak kultiviren; und in den Gipfeln der Adansonien zahlreiche Bienenstöcke anbringen. — Kotonkora (Kotu-n-Kura), auf hohem Granitfelsen, an der Grenze gegen Zaura, 10—12,000 Ew.; Durchgangspunkt für Handelskarawanen. — Butu, am Niger, Hafenplatz der 58 Meilen nordöstlich davon gelegenen Stadt Katschena, bedeutender Flußhandel nach Timbuktu.

c) Provinz **Kanó**, SO. von Katschena, in Bodengestaltung der Provinz Katschena ähnlich, nur im Osten an den Zuflüssen des Komadugu Waube tiefer gelegen und ebener, in Natur und Produkten gleich schön und reich, aber in einem ruhigeren, gesicherteren Zustande. Außer der Hauptstadt zählt man 27 ummauerte Städte, 300,000 freie Einwohner und über 300,000 Sklaven. Die Bewohner zahlen einen jährlichen Tribut von 48,000—60,000 Thlr., der als Grundsteuer (anderthalb Thaler) von jedem Familienhaupte, als Marktgeld oder Auflage auf Sklaven, Palmen, Farbetöpfe (2000) erhoben wird; ungerechnet die Geschenke. Die Kriegsmacht kann auf 30,000 Fußgänger und 7000 Reiter gebracht werden. Ein ausführliches Bild hat uns Dr. Barth von den Handelsbewegungen Kano's gegeben. Kano verkauft Korn gegen Salz an die Tuareg. Vom Süden werden Guro- oder Kola-Nüsse (Sterculia acuminata), deren Genuß zum Bedürfnis geworden ist, wie bei uns der Kaffe, eingeführt und zur Hälfte im Lande konsumirt. 5000 Sklaven werden jährlich theils nach auswärts (Mursuk, Ghat, Bornu), theils im Lande verkauft, im Werth von 90—120,000 Thlr. Natron geht von Bornu über Kano nach Nyffi, 20,000 Lasten, welche 6000 Thlr. Zoll jährlich geben. Elfenbein nur 100 Kamellasten. Die Einfuhr beträgt an Salz 30—45,000 Thlr., an arabischen Kleidungsstücken aus Tunis und Kairo 30,000 Thlr., an Weihrauch, Gewürzen, Rosenöl 18—20,000 Thlr., an Kupfer aus Tripoli oder aus Darfur über Wadai 6000 Thlr., an Silber und Gold nur wenig, an englischem Manchester 24.000 Thlr., an roher Seide aus Livorno 40,000 Thlr., an rothem Tuch aus Sachsen 9000 Thlr., an Perlen (zum Theil Transit) 30,000 Thlr., an Zucker aus Marseille 6—7000 Thlr., an grobem Papier 3000 Thlr., an Solinger Klingen 50,000 Stück à $^3/_4$ Thlr. (dieselben werden in Kano mit Griff und Scheide versehen); an steiermärkischen Rasirmessern 1200—1800 Thlr. Umlaufsgeld sind die österreichischen Maria-Theresia-Thaler von 1788 und die Muscheln (Cypraea Moneta). — **Kanó**, Hauptstadt 25° 55' O. L. und 12° 1' N. B., Residenz des Sultans, zwar wegen der umliegenden Sümpfe für den Fremden ungesund, aber „eine gewaltige Stadt voll Leben und Gewerbfleiß, die einen großen Theil des ganzen Kontinents und selbst die Bewohner der Ruinen der Hauptstadt des Sonrayreichs (Gogo) mit ihren Manufakturen versorgt.“ Seit 1807 ist Kano durch den Fall Katschenas wichtig geworden; seine Ringmauern haben 4 Meilen im Umfang, und enthalten freilich auch viele Felder, namentlich auch den 120 Fuß hohen Felsenhügel Dala. Im Süden des Stadtraums wohnen 4000 Fulbe, im N. die Urbewohner, die Habe oder Kohelan; die kleinere Hälfte der Einwohner besteht aus Sklaven, die Gesammtbevölkerung mag sich auf 30,000 belaufen; vom Januar bis April steigt diese Zahl auf 60,000. Die Einwohner verfertigen und färben die blauen Sudanstoffe, bereiten Indigo, liefern Kupfer-, Silber- und Messingarbeiten. Der Werth der Baumwollenmanufaktur wird auf 200,000 Thlr. veranschlagt; es werden Toben, Umschlagetücher, Gesichtshawls, Ledertaschen fabrizirt, und jährlich 100,000 Paar Sandalen, à 3—3½ Ngr., nach Nordafrika gesendet. — **Betschi**, NW. von Kano, bedeutende Stadt mit hohen Thonmauern. Wohnsitz vieler Tuaregs, die es vorziehen, hier im reichen Ackerlande sich ansässig zu machen. Hauptnahrungsmittel und Kulturpflanze ist hier der Astragalus Sesamum; die Anona liefert wohlschmeckende Früchte. — **Gasaua**, O. von Kano, mit Lehmmauer und Graben umgeben, doch nur zum dritten Theil des Areals mit Hütten besetzt. Weiter nordöstlich liegt **Gerki**, Grenzstadt gegen Gummel, 15,000 Ew. — **Bebedschi** (Bäbädschie), 7 Meilen SSW. von Kano, an der Wasserscheidenhöhe in einer wohlangebauten Ebene; 20—25,000 Ew., meist Flüchtlinge aus Bornu und Wadai oder deren Abkömmlinge; Viehzucht, Handel.

d) Provinz **Katagum**, O. von Kano, an den Grenzen gegen die Bornuprovinzen Gummel, Maschena, Ngussum und gegen das unabhängig gewordene Chadedscha. — **Katagum**, Residenz des Sultans am Schaschun, stark befestigt mit Wällen und 3 Gräben, 7—8000 Ew.

e) Provinz **Saria** oder **Soso** (Segseg), hügeliges, schönes und außerordentlich fruchtbares Land südwestlich von Kano, im Quellgebiet der Nigerzuflüsse Mayarrow (Mayoranneo), Kaduna und Gurara. — **Saria** oder **Soso**, Residenz des Sultans an einem nördlichen Nebenfluß der Kaduna, von den Fulbe neu erbaut und wie alle Orte derselben umwallt; 40—50,000 Ew., meist Fulah, die erst in neuerer Zeit aus Senegambien, namentlich aus Fula Toro und Bondu, eingewandert sind. — **Edschebbi**, O. von Saria, große und freundliche Stadt in wohlangebauter Gegend, 6—7000 Ew. — **Guari** (Birni-n-Guari, Schésche) am obern Mayo-ranneo, 14 Meilen W. von Saria, in bergiger und waldiger, fruchtbarer Gegend. Die Einwohner des Bezirks Guari sind arbeitsam und als Sklaven sehr gesucht. — **Keffi-n-Abdesenga** (Kaffi-Abdesanga), 27 Meilen NO. vom Zusammenfluß des Niger und Binue, volkreiche Hauptstadt des Bezirks Ebandara. — **Darroro** und **Kattab**, im östlichen Berglande, ansehnlicher Handel mit Honig.

f) Provinz **Boberu** (nach einem Bullo-Eroberer genannt), östlich von Bolobolo (Yakoba), vom Flusse Góngola durchzogen, der sich nach O. und dann südwärts zum Binue wendet. — **Gombe**, Hauptort am Náfada (dem obern Góngola?).

g) Provinz **Jakoba** (Yakoba) nebst den unter i) genannten Landschaften am rechten Binueufer auch **Bautschi** oder **Bolóboló** genannt, SO. von Kano in einem mäßigen Gebirgslande von Granitbildung, welchem nach verschiedenen Seiten Zuflüsse des Niger, Binue und Komadugu Waube entspringen; reich an Blei und Zink, auch an Eisen (im Osten der Provinz in rothem Sandstein); Salz wird aus der Asche verbrannter Gräser gewonnen. — Hauptstadt Jakoba, 800m über dem Meere, auch Garuh'n-Bantschi genannt, auf einem weiten mit seltsam gestalteten Felstrümmern bedeckten Granitplateau, in der Regenzeit sumpfig. — Sanzanni Bantschi, NNW. vom vorigen, aus einem Kriegslager um 1850 entstandene, ummauerte Stadt. — Lafia Beriberi (Birribirri), O. von Jakoba.

h) Provinz **Hamaruwa** (Hamarrua), an der Nordseite des Benue vom 28—29° O. F., auch südwärts über diesen Strom hinüberreichend, umfaßt sowohl das 5—6 Meilen breite Tiefland an beiden Seiten des Benue, als auch die nördlich und südlich in Terrassen bis zu 650 und 1000m sich erhebenden Hochländer. Die Einwohner sind theils eingeborne Baibi, welche die Dschukusprache reden, theils eingewanderte oder als Eroberer eingedrungene Fulbe, die intelligentesten und civilisirtesten Menschen im Binuegebiet. Viehzucht (Rinder, Ziegen, Geflügel, besonders Enten) und Ackerbau (Getreide, nicht Yams) bilden die Hauptbeschäftigung; der Handel ist im Verhältnis zu der außerordentlich günstigen Lage des Landes an einem schiffbaren Strome nur gering. Hamarrua liegt an der Grenze der mohammedanischen Fulbereiche gegen die Gebiete der vereinzelten Heidenstämme, und diese Grenze ist der fortwährende Schauplatz trauriger Raub- und Vernichtungskriege. „Dieser ganze Theil Afrikas harrt sehnlich auf das Erscheinen eines neuen Elementes, das den Frieden wiederherstellen könnte; jetzt liegt die eiserne Ruthe eines erbarmungslosen Unterdrückers auf dem Lande, und Jahr für Jahr gewinnt der Schauplatz der Verwüstung an Ausdehnung". — Hama (Rama) oder Hamarrua, Hauptstadt auf dem nördlichen hohen Plateaurande, 3 M. vom Binue, Residenz des Sultans; 3/4 Stunde lang, 1/2 St. breit; die Häuser sind rund, geräumig, gut gebaut, von großen Gehöften umschlossen, die Stadt ist von Bäumen beschattet. Geringer Transithandel. Sklaven und Elfenbein gehen von Süden her nach Kano und Katschena, gegen Metallwaaren und Schmucksachen.

i) Am rechten Binueufer abwärts von Hamarrua liegen die gleichfalls von den Fulbe unterworfenen Landschaften Bolö-Bolö oder Bautschi (über diese Namen vergl. g) Jakoba) 27—29° O. F. mit der Hauptstadt Wase oder Wasai auf dem Rande der Binue-thal-Terrasse, Doma oder Arago mit der gleichnamigen Hauptstadt und den Orten Kaderku (Kadoroko) und Keana auf dem Hochlande, Adschama und Odschogo am Binue, und Bassa mit dem Hauptort Ikereku 25—27° O. F. In den letzten beiden Bezirken werden die den Strom begrenzenden Terrassen niedriger. Das Land ist wohlkultivirt, die Einwohner bauen Mais, indianischen Hirse, Dschero- und Gawurokorn, wenig Reis. Aus dem angeschwemmten Sumpflande des Binue, wie im Innern des Landes, im Grenzgebiet von Domo, Bolobolo und Sose wird viel Salz an der Oberfläche des Bodens gewonnen; jedenfalls sind an diesen Stellen mächtige Salzlager in der Erde. Diese Provinzen sind wie Hamarrua von Dschuku bewohnt, welche indessen bereits Sitten, Sprache und Religion der Fulbe-Eroberer angenommen haben. Doch sind auch viele Einwohner über den Binue geflohen, und bilden dort die Stämme der Mitschi (s. Nr. 14). — Kwave, in der Nähe des Binue, beste Salzbereitung. Auch in Kéyama, Kudufu und Dschisa, Ortschaften von Doma, wird graubraunes, gutes Erdsalz gewonnen.

Unabhängig von der Fulbeherrschaft in Sokoto ist der Distrikt Soma inmitten der Provinz Sanfara, 15 Meilen südlich von Sokoto, ingleichen die 40 □M. große Landschaft Chadedscha in dem von zahlreichen Wasseradern durchzogenen, zur Regenzeit ganz unzugänglichen, meist dicht bewaldeten Gebiet am mittleren Komadugu Waube. Der vom Sultan von Sokoto abgesetzte Statthalter Bochari hat sich selbständig gemacht, die Fulbeheere geschlagen, durch Plünderung und Beraubung der Nachbarländer seinen Namen furchtbar gemacht, und es ist ihm — bei dem geringen Zusammenhalten der Fulbereiche — gelungen, seine Unabhängigkeit zu behaupten. — Chadedscha, große und wohlbefestigte Stadt, 12,000 Ew., mit wenig Industrie.

12) Das Sultanat **Adamaua**, ehemals Fumbina, umfaßt ein theils ebenes, theils gebirgiges Land an beiden Seiten des obern Binue. Seine Grenzen sind im N. die Gebiete theils unabhängiger, theils dem König von Bornu unterworfener Heidenstämme und das Reich Bornu selbst, im O. das Gebiet der Mußgu und Tuburi und das Reich Baghirmi, im S. und W. das Land verschiedener uns nur dem Namen nach bekannter Heidenvölker, der Bangbai, Kotofo, Bute, Tikka, Baibai, Kuana, Batschama. Die Ausdehnung des Landes beträgt von N. gegen S. 68 Meilen, von O. nach W. etwa 50 Meilen, die Größe etwa 2360 □M.

Der Boden ist überaus mannigfaltig. Im N. liegt das etwa 1800m hohe, vielleicht basaltische, aber mit Guano überdeckte und darum weiß erscheinende Doppelhorn des Mindif, umgeben von zahlreichen Berggruppen, unter denen das Holmagebirge im Gebiet der Batta an 1000m aufsteigt; der Fingting, SO. von Uba, steht an Höhe dem Mindif nicht nach; O. davon erhebt sich der Kaka in der Falibe-Kette; der Kamalle zeichnet sich durch den säulenähnlich aufgesetzten Gipfel aus. Die Mitte des Landes scheint ebener, im O. erheben sich die Tuburiberge nur 552m. Südlich vom Binue dagegen steigt aus dem niedrigen, von breiten Flußauen durchschnittenen Sandsteinplateau die gewaltige Bergmasse des Alantika auf, in ihrer

Basis 12 M. im Umfang, mit ihrer Spitze 2450m über der Ebene, über 2600m über dem Meere. Hohe Gebirge ziehen längs der Westgrenze hin und erfüllen, wie es scheint, auch den Süden des Königreichs, namentlich die Provinz Beia.

Die nördliche Gebirgslandschaft besteht aus rothem Sandstein und Granit, auch die Flächen um Yola haben Granitboden und sind mit Blöcken des gleichen Gesteins bedeckt. Der 800m hohe Bagele, ein 2⅓ M. langer Bergrücken am Südufer des Binue, scheint gleichfalls eine inselartig aus der Ueberschwemmungsebene hervortretende Granitmasse zu sein. Südwärts von Yola erheben sich Massen von Thonschiefer. — Das Quellgebiet des Faro scheint vulkanisches Gestein zu haben; im SW. des Landes finden sich angeblich heiße Quellen.

Adamaua ist ein reich bewässertes, fruchtbares Land. Aus unbekannter Quellgegend kommt der Binue, durchzieht das Land von S. nach N., empfängt bei Gewe den von O. kommenden, aus breiten Wiesenwassern und Sümpfen (insonderheit dem 14-15 M. langen, ⅓-1 M. breiten Tuburisumpf oder -See, 290m über dem Meere) zusammenfließenden Mayo Kebbi, wendet sich nun westwärts, vereinigt sich bei Taepe, 213m, 1200 Schritt breit, 11 Fuß tief, mit dem hier 900 Schritt breiten, doch nur 2 F. tiefen, reißenden, wasserreichen, aus unbekanntem Süden kommenden Faro und verläßt als majestätischer Strom 10 M. weiter westlich das Land. Seine Uferränder sind 25-30 Fuß hoch, in der Regenzeit steigt das Wasser 30 50 Fuß und verursacht gewaltige Ueberschwemmungen. Die nordöstlichen Flüsse oder Sumpf- und Wiesenwässer des Landes gehen dem Sferdewel zu; die Wasserscheide zwischen dem Gebiet des Binue und des Schari ist im O. niedrig und der Tuburisee scheint in der Regenzeit einen Zusammenhang beider Stromsysteme zu vermitteln.

Das Klima des ungefähr 250-450m sich erhebenden Landes ist mehr feucht als trocken, in den Flußniederungen für den Europäer ungesund, besser in den nördlichen Berglandschaften, wo die Temperatur im Juni früh 12°, Mittags 27⅓° C. betrug (Barth).

Der Pflanzenwuchs zeigt tropische Fülle. Bananen, Carica Papaya, Sterculea, Pandanus, Adansonia digitata, Bombax, Borassus flabelliformis aethiopicus, Elais guinensis (die Oelpalme), Platanus, Bassia Parkii (der Butterbaum, im nördlichen Lande), Ricinus oder Palma Christi bilden die Wälder. Kultivirt werden Holcus Sorghum, Zuckerrohr, in dem südwestlichen Gebirgslande Mbum nur Brodwurzeln, Erdmandeln (Arachis hypogaea), aus letztern bereitet man das Erdnußöl, oder man genießt sie als Brei. Auch die Samen des Sesam und die Knollen des Cyperus esculentus dienen als Speise. Der Baumwollenbau geht durch das ganze Land, Indigo ist selten; Reis fehlt im östlichen Theile. Die reichen Produkte des Landes würden einen wichtigen Handel herbeiziehen, wenn erst der sicher bis Gewe aufwärts schiffbare Binue als Handelsweg eröffnet wäre. Von Thieren finden sich der Elefant, das Rhinozeros, der wilde Büffel, der Leopard, zwei Species der Hyäne; Löwen sind selten. Rinder sind von den Fulbe eingeführt, die Pferde klein; beide Hausthiere, wie auch Esel, Ziegen und Schafe werden zahlreich gehalten. Die Gewässer sind von Krokodilen, Flußpferden, Manatus Vogelii („Ayu" der Eingebornen), die Bäume von Papageien belebt.

Die Bewohner des ehemaligen Fumbina redeten 30—40 verschiedene Dialekte; die Hauptstämme sind die Batta mit den Marghi zwischen dem Benue und der Nordgrenze, aber auch südlich über den Alantika hinaus, die Fali zwischen dem obern Benue und der Ostgrenze, die Mbum am obern Faro. Die Batta zeichnen sich durch schönen, regelmäßigen Körperbau, wenig aufgeworfene Lippen, regelmäßige Gesichtszüge aus. Die Fulbe haben sich auch hier eingefunden und das Land, wenn auch noch nicht vollständig, unter ihre Botmäßigkeit gebracht. Sie sind in Ansiedelungen über das Land zerstreut, sind reich an Vieh und Sklaven (einzelne Privatleute besitzen deren über 1000), leben in patriarchalischer Einfachheit, kennen keine Industrie, keinen Luxus in Nahrung und Kleidung, genießen keine berauschenden Getränke wie die Eingebornen. Aber sie sind ein an Strapazen und Entbehrungen gewöhntes Volk; ihr religiöses Bewußtsein macht es ihnen zur Pflicht, die Herrschaft des Islam über die Heidenländer auszubreiten, und wir finden daher an den südlichen Grenzen von Adamaua einen fast ununterbrochenen Kampf zwischen Islam und Heidenthum. Die Vornehmeren unter ihnen kennen die arabische Schrift, lesen den Koran und andere Bücher. — Das gesammte Land, früher kein Gesammtstaat, sondern von einer Anzahl unabhängiger und verschiedenartig organisirter Heidenvölker eingenommen, steht unter der Oberherrschaft des Sultans von Sokoto, doch scheint das vereinigende Band, bei der großen Entfernung, nur locker zu sein, und der Statthalter von Yola herrscht ziemlich unabhängig, während einige Häuptlinge, wie der von Bubandschidda am obern Binue, sich unabhängig gemacht haben. Die Kriegsmacht von Adamaua beläuft sich auf 4000 Reiter und 40,000 Fußgänger. Die unterworfenen Stämme entrichten einen jährlichen Tribut von 5000 (?) Sklaven an den Statthalter.

Hauptstadt: Yola, großer offener Ort, 1⅓ Stunden lang, in einer sumpfigen Ebene am Ueberschwemmungsgebiet des Binue; ohne Bäume, mit breiten Straßen, großen leeren Gehöften. Der Palast des Statthalters und die Moscheen sind dürftig; die Hütten sind aus Lehmwänden gebaut, innen farbig. Einwohner vielleicht 12,000. Keine Industrie; der Handel ist gering und beschränkt sich auf die Ausfuhr von Sklaven und Elfenbein. — Gurin, frühere

Hauptstadt am breiten Faro, offener Platz. — Ribago, wohlhabender Ort 4 M. O. von Yola, Landsitz des Statthalters, über 6000 Ew. Erdmandelbau. — Ein zweiter, gleichfalls bedeutender Fulbeort Ribago liegt 5 Meilen östlich von der Vereinigung des Mayo Kebbi mit dem Binue. — Gewe, am rechten Ufer des Binue, 14 Meilen O. von Yola, große Fulbeniederlassung. — Lere, am langsam fließenden Mayo Kebbi, Hauptort der heidnischen, ziemlich unabhängigen Mbana. — Nördlich vom Binue liegt das Gebiet der Batta, eine nach S. geneigte Ebene mit einzelnen steil aufsteigenden Granithöhen. Felder und Wälder wechseln mit einander ab. Auffällig sind die zahlreichen Ameisenhügel, abgeflachte Pyramiden bis 30 F. Höhe und 60 F. Durchmesser, in systematischen Reihen gebaut. — Demsa, Hauptort eines Battastammes, am Mayo Tiel in malerischer Fels- und Waldgegend, mitten in fruchtbarem Acker- und Waldlande. — Ssarau, 14 M. NO. von Yola, von 2000 fleißigen Bornuern und 2—3000 Fulbe bewohnt. Baumwollenbau, Färberei. — Badanidscho, nördl. v. vor., 3000 Ew., in rauher, felsiger Gegend. — Mubi, weiter nördlich, mit schönem Weidegrund und Rindviehzucht. — Uba, nördlichste Niederlassung der Fulbe, 20 M. NNO. von Yola, in einer großen Thalebene, nördlich von einem 250m (rel.) ansteigenden Granitfelszuge, welcher die Wasserscheide bildet. Die Häuser liegen einzeln zwischen den Feldern, der ganze weitläufige Ort ist mit einem niedern Erdwall und Dornenverhack umgeben. — Bátema oder Bátuma am Mayo Dunde, unweit seines Einflusses in den Mayo Kebbi, früher Hauptort des Falistammes, jetzt Sitz eines Pullo-Statthalters. — Binder, ansehnliche Fulbestadt 10 Meilen SO. vom Berg Mindif. — Fatauel, 5 Meilen O. vom Mindif, Sitz eines Statthalters, bedeutendster Elfenbeinmarkt des nördlichen Adamaua. — Kafta-Baudi, Doppelstadt an der Grenze gegen das Land der Musgu. — Kontscha, eine der ansehnlichsten Städte des Landes, an dem zur trocknen Jahreszeit durchwatbaren Mayo Beli oder Dewe, einem westlichen Zuflusse des Faro, von Kanori, Fulbe und heidnischen Negern bewohnt, Sitz eines mächtigen Statthalters der Fulbe; Anbau von Zuckerrohr; wichtige Märkte. — Laro (Tirgade Luroma), nordöstlich von Kontscha, an demselben Flusse. — Tschamba, am linken Ufer des Faro und am Südostfuße des Alantika, Sitz eines mächtigen Pullo-Fürsten, der 1850 und 1851 südwestlich bis gegen die Küste hin vordrang. — Lamorde, abwärts von Tschamba am rechten Ufer des Faro; Eisenerze im benachbarten Berge Karin. — Rei-Buba, östlich vom obern Binue, starkbefestigte Hauptstadt der Dama. — Bideng, beträchtlicher Ort zwischen Rei-Buba und dem Binue. — Beia, 40 Meilen SO. von Yola, nahe an dem Gebirge, aus welchem der Binue hervorströmt; bedeutender Hauptort eines heidnischen Negerstammes; Anbau von Negerhirse und Pisang; Elefantenfang. — Ngaundere, bedeutende aus Rohrhütten erbaute Stadt am obern Faro; Hauptort der Mbum; tägliche Märkte. — Tibati, WSW. von Ngaundere, nahe an der Südgrenze von Adamaua, in gut bewässerter, außerordentlich fruchtbarer Gegend, meist von Heiden bewohnt; Sitz eines Pullo-Statthalters.

13) **Unabhängige Heidenstämme** zwischen dem Tschad und Binue, zusammen ein Gebiet von 510 □M. einnehmend.

a) Die **Batschama**, am rechten Ufer des Binue, abwärts von Yola; wild und kriegerisch; ihr Gebiet nimmt kaum mehr als 20 □M. ein. Ihnen gegenüber auf dem Südufer und in dem gebirgigen, bewaldeten, schmalen Landstrich zwischen Adamaua und dem südlichen Hamarrua wohnen unabhängige Stämme der Baibai.

b) Zwischen Adamaua, Haussa und Bornu sitzen, von SW. nach NO. aufeinander folgend, die **Tangale**, die **Sina**, die **Babir** an dem südwärts zum Binue fließenden Gongola mit der Hauptstadt Biu oder Fadem, und die **Marghi**. Diese Gebiete nehmen zusammen einen Raum von 500—600 □M. ein. Das Land der Marghi, welches allein unter den genannten uns bekannt geworden ist, gehört mit seinem Nordrande der Tiefebene des Tschadsees an, die Mitte ist ein fruchtbares, hügeliges Land, der südöstliche Theil gehört der Berggruppe des Mindif und des Fingting an. Diese Gebirgsgegend beginnt um Lahauda mit hervortretenden Felsenmassen von Sandstein und Granit; weiter südlich besteht das Gebirgsland vorherrschend aus Granit, die Oberfläche ist hin und wieder mit Quarzblöcken überlagert, von Wasserläufen zerrissen, an geeigneten Orten mit tiefem, schwarzem Humus bedeckt und dicht bewaldet. Der Wasserscheiderücken ist über 600m hoch. Von Mineralien findet sich Eisenstein. — Das Land der Marghi ist vorwiegend bewaldet, namentlich umgibt eine Waldzone das Gebiet im Norden und trennt es von dem Nachbarlande Bornu. Das Innere dagegen zeigt überaus fruchtbares, wohlbewässertes Acker- und Weideland, trägt aber in Folge der wiederholten kriegerischen und räuberischen Einfälle der Grenznachbarn den Stempel der Verödung und Unterdrückung. Elefanten finden sich zahlreich. Unter den Bäumen zeichnet sich die Bassia Parkii aus, ihre Früchte haben einen großen braunen Kern, aus welchem vegetabilische Butter bereitet wird, eine grüne Schale und dazwischen eine dünne Schicht von gelblichem, wohlschmeckendem Fleisch. Unter den Kulturpflanzen, die im Uebrigen mit denen der Nachbarländer übereinstimmen, ist die Katakiri zu erwähnen, ein weiches, saftiges, erfrischendes und nahrhaftes Zwiebelgewächs mit grünem Halm. Die Bewohner haben wenig vom Negertypus, die Stirn ist hoch, die Farbe wechselt vom glänzenden Schwarz bis zur Kupfer- und Rhabarberfarbe. Sie reden einen Dialekt der in Adamaua verbreiteten Ba-Tha- (Batta-)sprache. — Die Gottheit Tumbi wird in Hainen angebetet, als Fetische fand man in den Gehöften aufgerichtete Pfähle mit einem Querholz und mit einem Topf auf der Spitze; die religiösen Vorstellungen sind unvollkommen. Das Volk selbst zeigte sich gastfrei und wohlwollend, wenn auch anfangs mistrauisch gegen die aus Feindesland kommenden Reisenden. Auch hier haben sich bereits **Fulbe** angesiedelt, sie sind von Farbe schwarzgrau, ihr Aussehen ist im Vergleich mit den Marghi kümmerlich. Die Marghi können etwa 30,000 Bewaffnete ins Feld stellen, ihre Gesammtzahl dürfte daher kaum 200,000 überschreiten. — An der Straße von N. nach S liegen die Orte: **Molgheu**, Dorf an einem etwa 40 Schritt breiten, gegen NO. fließenden Gewässer; **Issge** oder **Issege**, Ortschaft in einer Waldlichtung mit vielen zerstreuten Gehöften, unweit eines hübschen, fischreichen Sees; **Lahaude** mit etwa 500 Hütten, von einem waldigen Gebirgszug mit Felsenmassen eingeschlossen. Zwischen beiden letzten Orten erstreckt sich eine schöne, aber öde Ebene mit Resten alter Dorfschaften, ein beträchtlicher Fluß zieht gegen NO., wahrscheinlich ein Zufluß des Komadugu von Diköa.

c) Das Gebiet der **Mußgu** (Mußgo) und der **Tuburi** (Tufuri) erstreckt sich am linken Ufer des Eserbewel 25 Meilen von S. nach N. in einer Breite von 7—11 Meilen, sein Flächeninhalt läßt sich auf etwa 220 QM. berechnen. Längs des Stromes erstreckt sich ein flaches, von vielen breiten und sumpfigen Wiesengewässern durchzogenes, in der Regenzeit von ebensovielen flachen Seen erfülltes Tiefland (Alluvialebene), mit nassen Savannen oder mit einzelnen Bäumen, oder mit dichtem Wald bestanden. Nach W. zu erheben sich Hügel, doch reicht das Gebiet der Mußgu nicht bis an die Berggruppe des Mindif hinan. Vereinzelt erheben sich am Westrande des Tuburi die Felshöhen gleichen Namens bis 1400 F. (455m). Die zahlreichen Gewässer und Sümpfe machen das Land unzugänglich und haben dem schnelleren Fortschreiten der Feinde (der Kanori von Bornu, wie der Fulbe von Adamaua) ein mächtiges Hindernis entgegengestellt. Der **Eserbewel**, aufwärts auch Babun oder Baboi, abwärts Fluß von Logone genannt, fließt in einem breiten Bett zwischen Ufern von 10—25 Fuß Höhe, sein Ueberschwemmungslauf hat ein zweites Ufer, 2000 Schritt von dem innern entfernt; zur Regenzeit liefert er 140,000 Kubikfuß Wasser in der Sekunde. Die Kalksteinablagerungen, die den Boden bilden und (2—6m unter der Oberfläche) mit Süßwasserkonchylien angefüllt sind, zeigen an, daß in alten Zeiten eine Seefläche dieses Land bedeckte.

Unter den Bäumen zeichnet sich die Delebpalme aus; von Kulturpflanzen finden sich Getreide, Baumwolle, Tabak; die ganze Bevölkerung raucht leidenschaftlich. In den Wäldern starke Bienenzucht. Gegen die Verwüstungen der Elefanten schützt man die Felder mit Euphorbien- und Kaktushecken (Cereus kommt in Büschen von 20—30 F. Umfang und 25 F. Höhe vor). Das Land könnte seine reichen Produkte: vegetabilische Butter, Arachis, Elfenbein, Rhinozeroshörner, Fasern der Calotropis oder Asclepias gigantea, Wachs, Häute, in den Handel bringen, wenn es in Frieden sich entwickeln könnte. Das Klima ist nicht allzuheiß; Barth fand Nachts bis 10°, bei Sonnenanfgang 14—15°, Mittags über 30°, bei Sonnenuntergang 24—25° C. — Die Bevölkerung bildet eine Abtheilung des großen Volksstammes der **Massa**, zu denen neben den Kotoko oder Makari, den Bewohnern von Logone, den Mandara oder Wandala und den Gamerghu auch die Batta, vielleicht auch die Mbana gehören. Die Mußgu haben einen hohen Vorderkopf, gerade Gesichtslinie, aber weite Nasenlöcher, aufgeworfene Lippen, hohe Backenknochen, buschige Augenbrauen, grobes buschiges Haar, krumme Beine, schmuzigschwarze Farbe, so daß sie zu den häßlichsten Negerstämmen gerechnet werden können. Sie gehen meist nackt, als Schmuck tragen sie Stückchen Holz in Ober- und Unterlippe. Fische, Amphibien, Mäuse dienen ihnen zur Nahrung. Sie brechen die Vorderzähne aus, durchbohren die Unterlippe, färben die Zähne roth, malen sich — zum Schutz gegen Sonne und Insekten — mit Mineralfarben an. Unter den Massa finden sich viele Frauen, wenig Männer, daher ein Mann in der Regel 4—5 Frauen hat — eine Folge der verwüstenden Kriegszüge, durch welche die Selbständigkeit des Landes in nicht langer Zeit wird zu Grunde gehen müssen. Denn das Land, in viele kleine, unbedeutende Herrschaften zerfallen, ist der Willkür der übermächtigen mohammedanischen Nachbarn preisgegeben.

Kade, Sitz eines dem Scheikh von Bornu tributären Häuptlings. — **Demmo** in der Landschaft Wubia, nahe an dem breiten Wiesenwasser, welches der „See von Tuburi" genannt wird und zur Regenzeit wahrscheinlich nach beiden Seiten abfließt, nördlich zum Eserbewel und Tschad, südöstlich durch den Kebbi zum Binue und Niger.

14) **Südlich vom Binue** wohnen **heidnische Stämme**, die zum großen Theil, von den Fulbe vertrieben, über den Strom herübergekommen sind und die früheren Bewohner südwärts getrieben, oder sich mit ihnen vermischt haben. Furcht und Schrecken gehen vor den Raubzügen der Fulbe her, denen die Heidenstämme in der Regel keine genügende Bewaffnung, kein disciplinirtes Heer und keine Reiterei entgegenzustellen haben. Die Gefangenen werden von den Fulbe verkauft, wenigstens Weiber und Kinder, und verlieren ihre Nationalität; die gefangenen Männer werden in der Regel getödtet. Nur Walddickichte, von Schluchten zerrissene Gebirgsländer, unzugängliche Gewässer haben jenen Eroberungen bis jetzt einen Damm entgegengesetzt

a) An der Confluenz des Niger und Binue, und am Südufer des letztern aufwärts bis 25° 45′ O. F. wohnen die **Akpoto** landeinwärts von der Flußniederung, die hier im Süden von 130—200m hohen Terrassenländern begrenzt wird. Die Niederlassungen am Strome selbst, auch an dessen Südufer, gehören schon dem Fulbereich Gando an.

b) Von 25° 45′ bis 26° 35′ O. F. wohnen am Südufer des Binue und landeinwärts in der Wildnis die **Mitschi** (Mist, Mutschi), eine Conföderation jener Flüchtlinge aus den nördlich am Strom gelegenen Ländern; nach Kölle's Angaben noch Kannibalen.

c) Von 26° 35′ bis 28° 12′ O. F. erstreckt sich, längs des Stromes das Reich **Kororofa**, von Dschuku und Mitschi bewohnt. — Wukari, Hauptstadt, 4 Meilen S. vom Binue. — Gandiko, NW. von Wukari, bedeutende Stadt am Binue, von Fulbesklaven (entflohenen Bewohnern der nördlichen Provinzen) gegründet; jetzt eine unabhängige Niederlassung der Fulbe. Die Lage des Orts ist für den Handel entschieden günstig. — Schibu, mit 4000 Ew., N. von Wukari am Binue, 4½ M. stromaufwärts von Gandiko, gleichfalls von Fulbe gegründet. Bei Arufu, 5 Meilen SW. von Wukari, werden Bleierze gegraben und in Anpischi am Binue, der westlichsten Stadt von Korerofa, verhandelt.

15) **Bornu.** Westlich und südlich von Tschadsee, über die weiten Ebenen des mittelafrikanischen Tiefbeckens, im SW. bis an ein waldiges Hügelland, im NW. bis auf die Hochplateaus der südlichen Sahara reichend, nimmt das Reich Bornu einen Raum von etwa 2420 □M. ein. Seine Grenzen sind im O. der Tschadsee, im NO. Kanem, im N. das Land der Tibu und der Tuareg, im W. und S. das Fulbereich Sokoto, die Gebiete der unabhängigen Heidenstämme der Babir, Marghi, Mußgu und das Reich Adamaua, im SO. bildet der Schari die Grenze gegen Baghirmi. Bornu besteht aus einer Anzahl unmittelbarer Provinzen und mehreren unterworfenen Staaten, die zwar tributpflichtig sind, aber ihre eigenen Regenten behalten haben. Außerdem ist das Reich Baghirmi zu Tribut verpflichtet und steht in einem lockeren Abhängigkeitsverhältnis zu Bornu (wie gleichzeitig zu Wadai).

Flüsse: Zum Tschadsee fließen 1) von Westen der Komádugu Waube, mit dem Fluß von Wani, dem Fluß von Thaba und andern Nebenflüssen (S. 472); 2) von SW. der Komádugu Jaloë mit einem Zuflusse aus den Mindifbergen, und 3) der in Wandala entspringende Komádugu Lebai; von SO. 4) der Schari mit dem Fluß von Logone.

Produkte. Die wichtigsten Getreidearten sind Hirse (Pennisetum distichum), Sorghum oder Durrah, der kleine Hirse (Penn. typhoideum) auf sandigem Boden, Reis am Komadugu-Waube. Baumwolle, Indigo werden in den südöstlichen Provinzen angebaut. Dumpalmen wachsen nur am untern Komadugu-Waube oder Yeuflusse. — Von größern vierfüßigen Thieren leben Elefanten, Nilpferde, Büffel, Löwen, Leoparden namentlich um den See. Fischfang wird im Tschadsee wie in allen seinen Zuflüssen sehr eifrig betrieben; die Fische werden im getrockneten Zustande als Handelsartikel ausgeführt. Termiten sind zahlreich, sie werden von der Bevölkerung geröstet und verzehrt. Auch an Fliegen und Mücken ist kein Mangel. Salz aus Capparis sodata.

Barth fand in Kukaua im Anfang Juni als Maximum 35° Mittags, im Mai bis 34°, öfters 32 und 33°; im November als Minimum 3,6°, Mitte Dezember in Masse 27—29°, Nachts 8—10°. Im Anfang Juni treten die ersten Gewitterregen ein, mit Anfang August ist die Regenzeit am bedeutendsten, im August fällt circa 30 Zoll Regen. Am 8. August etwa beginnen die Feldarbeiten, am 6. September bereits kann der erste Hirse geerntet werden. Ende November bis Mitte Dezember wird neues Getreide zu Markte gebracht.

Der Boden westlich vom Tschadsee ist überall tiefer Sand, abwechselnd mit Einsenkungen, in denen ein schwarzer Thonboden lagert; ohne die Regenzeit würde dieses Gebiet eine der ödesten, trostlosesten Sandwüsten der Erde sein. In der That sind während der trocknen Jahreszeit die Gräser in Staub zerfallen, die trostlose Wüstenfläche zeigt nur die ungraziösen Büsche von Asclepias gigantea, selbst die Akazien-, Tamarinden- und Gummibaum- (Ficus elastica) Wälder gewähren dann einen trostlosen Anblick. Allein zur Regenzeit verwandeln sich alle die zahlreichen Einsenkungen in Lachen und Teiche, und nach der Regenzeit erscheinen sie als üppige Getreidefelder, in denen namentlich Holcus cernuus gebaut wird. Südlich vom Tschadsee dagegen breitet sich eine wohlbewaldete Alluvialebene mit Thonboden aus, welche vom Seespiegel (253m) bis zu 9° 30′ N. B. am Schari äußerst langsam ansteigt, und in dieser ganzen Ausdehnung von mehr als 60 Meilen nirgends über 274m hoch ist. Dieses ganze Terrain, ebenso wie die Flächen westwärts bis Surrikulo scheint einst vom Wasser des Sees bedeckt gewesen zu sein: noch 25 Meilen S. von Kukaua finden sich 19 Fuß unter der Oberfläche die Süßwassermuschel-Ablagerungen. Nordwärts reicht diese Alluvialebene bis nach Agadem (16° 54′ N. B.). An der Südgrenze ist nur das tributäre Ländchen Wandala gebirgig, außerdem ragen bei Masa, 10 Meilen SW. von Logone, mehrere senkrecht aufsteigende Felsen 1—200m über die Ebene, und von da zieht sich ein niedriger Granitrücken zu den Bergen von Wandala hinüber.

Die Bevölkerung wird auf 2,000,000 geschätzt, und besteht theils aus den eigentlichen Bornauern oder Kanori, die sich mit Ackerbau beschäftigen und aus den eingewanderten Schua. So heißen die seit langen Zeiten (250 n. Chr.) allmählich eingewanderten, zuerst nomadisiren-

32*

den, dann seßhaft gewordenen Araber (in Baghirmi „Schiwa", in Wadai „Aramka"). Sie sind heller an Farbe als die Bornauer, schlank gewachsen, mäßig groß; in Bornu zählen sie etwa 200—250,000 Seelen, sind in Stämme und Familien getheilt, und stellen 20,000 leichte Reiter ins Feld. Zur Regenzeit bauen sie das Feld, in der trockenen Zeit wandern sie mit ihren Pferden und Rinderherden umher. Sie bewohnen hauptsächlich die für ihre Lebensweise geeignetste Provinz Kavam.

Die Geschichte des Staates Bornu läßt sich mit Vollständigkeit bis zur Regierung Hume's (1086—1097) zurückverfolgen, der den Islam annahm und dessen Nachfolger Dunama I. (1097—1150) die Macht des Reiches beträchtlich erweiterte. Der Mittelpunkt dieses Reiches war damals Kanem; Dunama II. (1220—1259) regierte vom Nil bis zum Niger, im N. war Fessan, im S. das Land über den Tschadsee hinaus erobert. Aber nach seinem Tode ging durch Bürgerkriege und Dynastienwechsel das große Reich zu Grunde, die Bulala machten sich in Kanem unabhängig, und erst Ali Dunamami (1472—1505) kann als Neubegründer des Reichs Bornu angesehen werden. Er residirte in dem neuerbauten Birni; sein Nachfolger Edriß Katakarmabi (1505—1526) eroberte Kanem wieder. Der gewaltigste König war Edriß Alaoma (1571—1603), welcher in vielen Heerzügen die Macht der Tuareg und Tibu brach. Seitdem vergingen zwei Jahrhunderte unter friedlichen Königen. Unter Ahmed (1793—1810) erfolgte der erste Angriff der Fulbe (1808), welche die Landeshauptstadt einnahmen; das Reich wurde nur durch die Tapferkeit des Fali Mohammed el Amin gerettet, der die Fulbe zurückwarf und Baghirmi zum Tribut nöthigte. Während die Könige der alten Dynastie machtlos bis 1846 ihren Titel fortführten, übernahm 1835 Mohammed's Sohn Omar die Verwaltung des Reichs und hat es, nach dem Sturz jener Könige, selbständig übernommen. Trotz einiger nachtheiligen Kriege gegen Wadai und Kanem hat sich Omar auf dem Throne behauptet und ist nur vorübergehend (Nov. 1853—1854) durch den Usurpator Abd-e-Rahmán verdrängt worden. Neben dem den Europäern wohlgesinnten Regenten oder Sultan hat im Lande der Vezier einen wesentlichen Einfluß. — Auch Bornu lebt, wie die Fulbereiche, mit seinen heidnischen Nachbarn in unablässiger Fehde. Im J. 1854 zog eine Armee von 22,000 Reitern, 15,000 Kamel- und Ochsentreibern mit 3000 Kamelen und 5000 Ochsen in das Land der Mußgo; eine Beute von mehr als 4000 Sklaven (von denen indessen nicht 1000 Kukaua erreichten) und über 6000 Stück Vieh war das Ergebniß dieser Razzia.

a) **Kovam** (Keuam), Provinz westlich von Kukaua des Tsad und südlich vom Komadugu Waube, in der trockenen Jahreszeit eine trostlose Oede, höchstens mit Asclepias gigantea und Asphodelus und niedrigem Euciferengestrüpp bewachsen, in der Regenzeit bald mit Saatfeldern und Grasflächen sich bedeckend. Näher am See breiten sich Mimosenwälder aus. Kovam hat weit zerstreute Ortschaften, die Bevölkerung führte vor Zeiten ein Nomadenleben in Kanem; bedeutende Städte sind nicht vorhanden. — **Kukaua**, fälschlich Kuka genannt, Haupt- und Residenzstadt, 2 Meilen westl. vom Tschadsee, 1846 neu erbaut, mit etwa 8000 Ew., besteht aus 2 Städten, der östlichen (Billa Gedibe) für den Hof und seine Leute und der westlichen (Billa Futebe) für das Volk: letztere enthält enge Quartiere mit schmalen krummen Gäßchen. Beide Städte sind ¼ Stunde von einander entfernt, durch Häuserreihen verbunden, mit Dörfern und Meiereien umgeben. Westlich von der Billa Futebe wird jeden Montag ein lebhafter Markt abgehalten; der Handel ist durch den Mangel eines regelmäßigen Tauschmittels erschwert. — Ngornu, 3 M. SO. von Kukaua, wohlhabender Ort, der Hauptstadt an Größe nicht nachstehend; 30,000 Ew. Zahlreich besuchte Märkte. 1854 wurde ein großer Theil der Stadt durch die Fluten des Sees unter Wasser gesetzt und zerstört, wahrscheinlich in Folge des Hochwassers, nicht einer Bodensenkung am westlichen Seeufer. Maduari, freundlicher Ort am Tschadsee, O. von Kukaua. Overweg's Tod 1852. Weideland, Rinderzucht. — Kaua, betriebsamer Ort am See, NO. von der Hauptstadt. — Yo, 10 M. N. von Kukaua, am Waube, mit engen Straßen. Baumwollen- und Weizenkultur, Fischfang, Dumpalmen. — Bosso, an der Mündung des Waube in den See, beträchtliche Kanembustadt. Weiter nördlich liegt Barrua, ein durch die Raubzüge der Tuareg herabgekommener Ort. Salzgewinnung aus der Asche der Capparis sodata. Durch Ueberflutung des Tschadsees wurden 1853 mehrere Dörfer in der Umgebung vernichtet. — In der Ebene südlich von Kukaua liegen Mungheno mit Eisensteingewinnung; Yedi, ummauertes Städtchen, mit Baumwollenbau; das gut ummauerte Marte, 4000 Ew., von weiten Getreide- und Baumwollenfeldern umgeben; Ala, nicht unbedeutende Stadt; Dikóa, unweit des Komadugu von Yaloe oder Alao, mit 30 F. hohen Mauern und von Thon gebauten Wohnungen, die von Bäumen beschattet werden; mindestens 25,000 Ew. Baumwollenweberei, Schießpulverfabrikation. — Afage (Affagai), Dikóa gegenüber am Komadugu von Yaloe, ansehnlicher Ort. — Sogoma, 2 M. SO. von Dikóa, befestigte Stadt. — Ghasr-Eggomo oder Birni, 18 Meilen W. von Kukaua nahe am Komadugu Waube, einst mächtige Hauptstadt, 3 Stunden im Umfang, regelmäßig oval, von einem starken Wall mit 6—7 Thoren umgeben; seit der Zerstörung durch die Fulbe (1809) in Ruinen liegend.

b) Gau von **Kotoko**, am Süduser des Tschad und am untern Schari; ein offenes Land, zum

Theil von Schua bewohnt. — Ngala, südlich vom See; Afade am Komadugu Lebai, bedeutende, doch in Verfall gerathene Städte.

c) Der tributäre Staat von **Logone**, am Schari und am Fluß von Logone, südlich am Kotoko. Der Sultan dieses ehemals unabhängigen Landes ist jetzt ein Vasall des Scheikh von Bornu. Die Bewohner des Ländchens gehören zum Stamme der Massa, und sind ein schöner, ungemein thätiger und industriöser, freundlicher Menschenschlag. Der Islam hat etwa seit 1790 Eingang gefunden, doch nur in ziemlich roher Form. Ackerbau und Viehzucht werden mit Fleiß betrieben. — Logone oder Logon-Birni (Birni oder Karnak = Stadt), bedeutende Stadt mit 7 Thoren im Osten (Flußseite) und 1 Thor im Westen, Sitz des Sultans; 15,000 Ew., Weberei, mittelmäßige Färberei, Fabrikation von Matten und hölzernen Näpfen. Baumwollenzeugstreifen vertreten hier die Stelle des Geldes. — Kala, an der Grenze gegen Logone, mit hohen Thonmauern, mit noch 7000 Ew., herabgekommene Stadt. — Bugoman, am linken Ufer des Schari, 8000 Ew. — Wasa, zwischen 2 Granithöhen von 390—487m, auf einer Ebene von ungefähr 280m (863 F.) Erhebung. In der Umgegend finden sich schwarze Affen.

d) Gau von **Massa**, südlich von Kotoko, W. von Logone, an der Grenze gegen das Reich Adamaua, von Schua bewohnt; ein theils angebautes, theils waldiges Land, von zahlreichen Wasserarmen und stagnirenden Gewässern durchzogen. Das süße indische Korn, Sorghum saccharatum, wird angebaut, ohne daß man jedoch Zucker bereitet; Reis wächst wild, doch können die Landesbewohner nur ernten, was die Elefanten ihnen übrig lassen. Städte: Massa, Delhe, Diggera. Woledsche in tropischer Wildnis, Grenzstadt. Längs der Grenze zieht sich — als beiderseitige Schutzwehr — ein 10 Meilen breiter Wald hin, das Unterholz wird von Dumgebüsch, der eigentliche Wald von mittelhohen Bäumen gebildet, über welche einzelne höhere Baumkronen hinaus ragen. Unter den Bewohnern dieser Wälder zeichnen sich besonders die Elefanten und Giraffen aus.

e) Gau von **Gamerghu**, südlich von Kowam bis an die Grenze von Marghi; eine schöne offene Landschaft mit unübersehbaren Feldern, zahlreichen Dörfern und wohlhabenden Städten. Der Stamm der Gamerghu hat seine nationale Unabhängigkeit verloren und hat an Bornu schwere Abgaben, namentlich in Butter, zu entrichten. — Udsche Maiduguri, 6 8000 Ew., großer Ort von behaglichem Aussehen. — Udsche Mäbani, bedeutender Ort auf einem sandigen breiten Hügel unweit des Alao, 1125 F. (366m), mit 9—10,000 Ew., die mit Ackerbau, Gartenbau, Weberei, Färberei sich beschäftigen; bedeutende Märkte. — Udsche Kussukula mit bedeutenden Märkten, die selbst von Kano aus besucht werden. Nicht weit davon Alao, Begräbnisplatz des Bornukönigs Edriß Alaoma.

f) Der Gau von **Schamo** ist vom Marghilande abgerissen und mit Bornu vereinigt worden; ein unsicheres, schwach bewohntes und wenig angebautes Grenzland, in welchem Waldungen und Savannen mit einander abwechseln.

g) Der tributäre Staat **Wandala** oder **Mandara**, gegen 50 QM. groß, südlich von Massa, ein Granit-Gebirgsländchen, welches sich an die Berggruppe des Mindif anlehnt. Die Mandarakette hat eine Höhe von etwa 2300′ (750m), der höchste Berg, der Magar, erhebt sich auf 2800′ (910m). Doch verleihen diese Berge mit ihren schroff ansteigenden, oft thurmartigen, kühnen Gipfeln dem Lande einen malerischen, stellenweise selbst wilden Charakter. Riesenhafte Waldbäume, besonders Tamarinden, Mangos, feigenähnliche Bäume nebst anderen noch unbestimmten Bäumen bedecken die tief eingeschnittenen und überhaupt mit der üppigsten Vegetation bedeckten Thäler. Von Mineralien besitzt M. bloß Eisenerze, aber in Menge, doch verarbeitet die Bevölkerung vorzüglich das Eisen von Karua, einer südwestlich gelegenen, noch M. angehörenden Landschaft, zu Barren, Hacken und Nägeln, welche sie dann häufig nach Bornu zum Verkauf bringt. Die hier gezogenen Pferde gelten als die vortrefflichsten ihrer Art. Die Manda genannten Bewohner sind ihrer Sprache nach ein selbständiges, von den Bornuern und Fulbe völlig verschiedenes Volk, das sich von den ersten durch eine viel ausgezeichnetere physische Entwickelung unterscheidet, indessen im Ruf der Feigheit steht und nur durch die natürliche Festigkeit des Landes bisher vor der Unterjochung durch die Fulbe geschützt wurde. Ein Theil davon ist mohammedanisch und wohnt, außer in der Hauptstadt des Landes, Mora, noch in 7 anderen Städten, die sämmtlich in einem großen, durch große Gebirgsmassen umschlossenen, prächtigen Kesselthal liegen, wogegen die heidnischen Bewohner, die Kerdies, die Abhänge der hohen Berge einnehmen. In diesen wenig zugänglichen Bergen residirt der Fürst von Ssugur, ein Priesterfürst, dem die ringsum wohnenden Häuptlinge gehorchen. Mora ist Hauptmarktplatz für die Marghi; Handel mit Eisenwaaren, namentlich mit Perlen, Kettchen und andern Schmuckwaaren; lebhafte Industrie.

h) Provinz der **Manga** am Komadugu Waube, westlich von Birni, von einem kräftigeren Menschenschlag, den Manga, bewohnt, der sich im J. 1846 der Botmäßigkeit von Bornu vergeblich zu entziehen suchte. Die Provinz gehört zum größern Theile den Niederungen des Komadugu Waube an, erstreckt sich aber im NW. bis in die Granithügelzone, welche als Vorstufe der südlichen Wüstenplateaus zu betrachten ist. Das flache Land ist wohlbevölkert, mit zahlreichen Dörfern besetzt. In den Dörfern finden sich häufig Korna- oder Bitobäume (Balanites aegyptiacus). — Maikonomari-Kura, befestigter Ort am Komadugu Waube. — Bondsari, mit Mauern und Graben umgeben, 7—8000 Ew. Sitz eines Statthalters. — Surrikolo, 37 Meilen W. von Kukaua, große Stadt am Wani, jetzt halbverödet. Einzelne angepflanzte Dattelpalmen. Oestlich der Stadt zieht sich ein Gürtel von 30—40m hohen Sanddünen hin, oben mit fruchtbarem Lande bedeckt — vielleicht ein ehemaliger Dünenrand des Tschadsees. In den Wäldern leben zahllose Turteltauben. — Deffoa, Stadt. — Gobalgorum, ummauerte Stadt in einer dürftigen, thonigen Ebene. — Ngurutua, ehemals großer, jetzt verfallener Ort. Richardson's Tod, 1. März 1851. — Alaune (Kabschari), ehemals bedeutend, jetzt verlassen. — Kaschimma, große, offene, dicht bevölkerte Stadt am breiten Komadugu Waube. Viele Flußarme durchschneiden die feuchte, dicht bewaldete Ebene; viele Elefanten, wenig Antilopen hausen in diesen Wäldern. — Ghambaru, einst reiche große Stadt in wohlangebauter Gegend, seit 1819 von den Fulbe zerstört; die Trümmer sind mit Wald überwachsen. — Provinz **Bedde**, südlich vom Komadugu Waube und westlich von Koyam, von heidnischen Bedde und von Kanori bewohnt; Wald- und Sumpfland an und zwischen den Flußarmen. — Geschia, feste Stadt am Fluß von Thaba. — Gessma, Städtchen mit hoher, fester Thonmauer umgeben.

i) Provinz **Munio**, NW. von Manga, Gebirgsland mit wenig Thälern und Einsenkungen, in denen leichter Sand- oder schwerer Thonboden Gelegenheit zu gutem Anbau gibt. Der Berg Gevino südlich von Wuschek erhebt sich gegen 1000m, Bune liegt 1360 F. (442m) über dem Meere. Der Fürst, dessen Einkommen auf etwa 15,000 Thlr., außer dem Zehnten von Getreide, beträgt, ist ein Vasall des Herrschers von Bornu; seine Streitmacht (1500 Reiter und 8—10,000 Bogenschützen) ist in häufigem Kampf gegen die benachbarten Tuaregstämme. Gure, Hauptstadt am unteren Abhang eines Felsbergs, 9—10,000 Ew., Sitz des Statthalters. Im benachbarten Tieflande Baumwollenpflanzungen und Dattelpalmen. — Esulleri, aus mehreren Dörfern bestehende Ortschaft, 5000 Ew., lebhafte Märkte, auf welche namentlich Baumwolle aus dem südlichen Tieflande zum Verkauf gebracht wird. — Bune, in felsiger Gegend; ausgetrockneter Natronsee, zu Natrongewinnung benutzt. — Wuschek, 3 Meilen W. von Gure, 8—9000 Ew., Weizenbau, Gartenkultur. — Gabata, in felsiger Gegend, ehemalige Residenz, mit einem Wall von Feldsteinen, jetzt verödet. — Magadschiri, 11 Meilen SW. von Gure, mit dem bedeutenden Natronsee Abge; das Natron krystallisirt aus dem schwarzen Schlamm und wird von den Umwohnern gesammelt.

k) Gau von **Bundi**, O. von Maschena, von Manga bewohnt. — Bundi, Hauptort in waldiger Gegend, 8—9000 Ew.; verfallene Stadt mit wenig Industrie. — Alamei, ein mit Erdmauer, Graben und Dornenverhauen befestigtes Städtchen.

l) Gau von **Máschena**. Landschaft mit theils feuchtem, fruchtbarem Boden, theils mit höher gelegenen Granitplateaus; einzelne Granitfelsen liegen zu Tage aus. — Máschena, an einer leichten Anhöhe, 415m über der Meeresfläche; Hauptstadt mit 12,000 Ew. — Taganama, bedeutende, feste Stadt. — Delkasa, mit Erdwällen und dreifachem Graben befestigt.

m) Provinz **Sinder**, die nordwestlichste Ecke des Bornureichs einnehmend, im N. von dem Tuareglande, im W. von Tassaua, im SW. von der Provinz Daura des Reichs Sokoto, im SO. und O. von Manga und Munio begrenzt, ein hochgelegenes Land mit vereinzelten Granitfelsen und Blöcken bedeckt, hin und wieder mit sandigen, kiesigen und thonigen, meist fruchtbaren Einsenkungen, in denen Getreide, Baumwolle, Tabak, Indigo, Pfeffer, Zwiebeln gebaut werden. Lebhafter Handel nach Norden; die Kelowi bringen in großen Karawanen das Salz von Bilma zum Verkauf. — Sinder, Hauptstadt, 30 Meilen NNO. von Kano, 65 Meilen WNW. von Kukaua entfernt, mit Wall und Graben umgeben; eine Granitfelsmasse erhebt sich in der Stadt, andere Felshöhen umgeben dieselbe, und die zwischen ihnen sich findenden Einsenkungen gewähren neben der Stadt Raum zu ergiebiger Garten- und Feldkultur. Viele Tuareghäuptlinge haben hier Grundbesitz. — Babamuni oder Gababuni, Dorf an einer offenen Thalmulde, in welcher zwei Seen, der eine mit süßem Wasser, der andere mit dunkelgrünem Wasser und Natrongehalt, sich finden.

n) Provinz **Gummel**, Land mit reichem Pflanzenwuchs, im östlichen Theile trocken und mit Asclepias gigantea bedeckt. Die Bevölkerung ist von Kanori und Babauschc gemischt, Sprache und Verwaltung sind noch wie in Haussa. — Gummel, 17 Meilen NO. von Kano, Sitz eines Statthalters; mit engen Gassen, die Höfe mit Matten eingezäunt; 15,000 Ew., darunter viele seßhafte Araber. Belebte Märkte, etwa 300 Verkaufsbuden. Gummel ist Hauptumladeplatz des Natronhandels, welches steinartig vom Tschad in Netzen, oder bröckelig und staubig von Munio in Säcken und Körben transportirt wird. In den Bürgerkriegen, um 1853 wurde Gummel wiederholt verwüstet, 1854 lag es fast verlassen.

o) Die südwestlichen Gaue Ngussum, Kerrekerre mit der Hauptstadt Dera, Ngasir mit den Städten Gafata, Gudscheba, Gebbeh, Fika sind den Europäern noch nicht näher bekannt geworden.

16) **Kanem**. Von der Nordwestecke des Tschadsees bis zu dessen Ostspitze, im W. und N. von dem Lande der Tebu, im O. von dem Reich Wadai begrenzt, in einer Länge von 45 M. und einer höchst unbestimmten Breite von 12—25 Meilen erstreckt sich das Gebiet von Kanem. Von den unbestimmbaren Ufern des Sees (etwa 253m), die in der trocknen Jahreszeit sich zurückziehen, in der Regenzeit aber das flache Land weithin unter Wasser setzen, und dessen Rän-

der mit unzähligen flachen, sumpfigen Buchten und isolirten Lachen- und Natronbecken eingesäumt sind, hebt sich der Boden allmählich gegen N., wahrscheinlich ohne die Höhe von 500m zu erreichen. Der westliche Theil des Landes ist leicht gewellt, durchaus sandig, erst 7 bis 8 M. nordöstlich von Beri erheben sich die Hügelreihen bis 475m. Hier findet sich an den Thalhängen zuerst Kalkstein. Ostwärts durch den Gau Schitati bis zum Gau Schiri wird der flache, sandige, unfruchtbare, oft öde Boden durch zahlreiche becken- oder kesselförmige Einsenkungen unterbrochen, deren Boden fruchtbar, feucht und mit dem üppigsten Pflanzenwuchs (von Cornus, Mimosa nilotica und ferruginea) und zahlreichen Schlingpflanzen geschmückt ist — jetzt ein Wohnsitz für wilde Thiere (Gazellen, Strauße, Löwen, Boas, näher am Tschad auch Elefanten), ehemals wohlangebaut, mit volkreichen Städten und Dörfern geschmückt. Mehrere dieser Kessel sind 400 F. tief, einige enthalten Seen in ihrem Grunde. Vom Gau Schiri gegen Osten zeigen sich regelmäßigere Thalbildungen, die von N. gegen S. sich zum Tschadsee senken, die Ränder derselben zeigen Sandstein, der hier und da in Klippen hervortritt. Ueppige Mimosenwälder breiten sich aus, in den oft wildromantischen Thälern finden sich undurchdringliche Wälder, an lichteren Stellen Dattelpalmen, Getreidefelder, Baumwollenpflanzungen. Die Ostgrenze bildet das merkwürdige, bis jetzt noch nicht erforschte Bahr el Ghasal, nach Einigen ein Längenthal, welches von N. nach S. zum Tschadsee sich neigt, nach den Aussagen der Eingebornen eine Bodensenkung, die vom Tsadsee gegen N. sich senkt und dann unter 16° N. B. ihre größte Tiefe (vielleicht 240m) erreichen würde: ein Arm des großen Seespiegels, durch Dünenanhäufung von demselben losgetrennt und dann ausgetrocknet, doch noch immer mit reichem, fruchtbarem Boden.

Die Uelad Sliman, ein arabischer Stamm, früher an den Syrten wohnhaft, von den Türken dort vertrieben, haben nach manchen Irrsalen im westlichen Kanem sich niedergelassen und von hier aus die Nachbarn wie die Salzkarawanen beunruhigt. Sie zählten noch 800—1000 Reiter, als sie 1850 von den Kelowi angegriffen und geschlagen wurden, 1855 waren sie bis auf 200 streitbare Männer herabgekommen, und ihre gänzliche Auflösung stand bevor.

Dieses Land war vor Zeiten der Mittelpunkt eines mächtigen Reichs, dessen Bewohner gegen das J. 1100 mohammedanisch wurden, und dessen Sultan Dunama-Selmani (1221—1259) seine Eroberungen bis zum Nil und Niger ausdehnte. Als die Macht in Mittelafrika später auf das Reich Bornu überging, sank die Herrschaft von Kanem, es wurde Provinz von Bornu, in neueren Zeiten ist es der Zankapfel zwischen den Reichen Bornu und Wadai, außerdem von den Tebu im N., wie von den Tuareg (Imoscharh) im NW., von den Bulala am Fittresee und von arabischen Wanderstämmen (den Uled Sliman) mit Raubzügen heimgesucht, ja es ist geradezu „ein wildes Jagdgebiet abenteuerlicher Züge von allen Seiten her" geworden.

Mao oder Mau, Hauptort und Sitz eines Khalifa des Sultans von Wadai, in fruchtbarer Gegend 10 M. vom Tschadsee, mit etwa 4000 Ew. Hier oder in der Nähe fand von Beurmann seinen Tod (1864). An der Nordspitze des Tschadsees liegt Beri, von 2000 Kanembu und Jedina bewohnt, Stationsplatz der Reisenden auf den Straßen nach N. und NO., Sammelplatz der Heere für kriegerische Unternehmungen. Viehzucht, kein Getreidebau. Von den alten Städten Kanems, der Residenz Ndschimie und dem ansehnlichen Aghe oder Aghafi, wie dem später gewaltigen Gharni Kipala ist kaum mehr als der Name übrig geblieben. — Mondo, ansehnlicher Ort S. von Mao.

Zu Kanem rechnet man den von dem heidnischen Völkchen der Yedina oder Budduma bewohnten in der östlichen Hälfte des Tschadsees gelegenen Karka-Archipel.

17) **Baghirmi.** Das Reich Baghirmi wird im N. vom Tschadsee und vom Reich Wadai, im O. von tributären Staaten des Reiches Wadai, im S. von Gebieten unbekannter Heidenvölker, im W. von Adamaua, dem Gebiet der heidnischen Tuburi und Musgu und von den Provinzen Logone und Kotoko des Bornureichs begrenzt. Die Ausdehnung beträgt von N. nach S. über 60 Meilen, von O. nach W. 35 bis 50 Meilen, der Flächeninhalt läßt sich auf etwa 2660 □M. berechnen.

Der größere Theil des Landes gehört zu dem Tiefbecken des Tsad und bildet eine außerordentlich gleichförmige, nach N. abgedachte Ebene von etwa 300m durchschnittlicher Bodenerhebung. Nur in den östlichen und südöstlichen Provinzen erhebt sich Gebirgsland; in dem Gebirge Gere soll Hagel und Schnee öfters vorkommen, was auf eine beträchtliche Meereshöhe schließen läßt. Jedenfalls ist auch im S., besonders um die Quellen des Eserbewel — nach den Hochwassern dieses Flusses zu schließen — ein mächtiges, uns freilich noch vollkommen unbekanntes Gebirgsland. — Der Boden ist thonig oder sandig, O. vom Tschad mit nicht unbedeutenden Sandhügeln (Dünen). Die geologische Struktur der östlichen und südlichen Gebirge ist uns unbekannt; in der südl. Ebene scheint eisenhaltiger Sandstein (bei Gurgara) vorzukommen.

Hauptfluß des Landes ist der Schari, der von SO. herkommt, bei Milta (10° N. B.) sich in den Ba-Busso und den Ba-Tschikam theilt, oberhalb Bugoman sich wieder vereinigt, von linksher den Eserbewel (auch Ba-Bai, Ba-Gunn, Arre oder Fluß von Logone) aufnimmt und in vielen Armen sich in den Tschadsee ergießt, in welchen seine Schlammanhäufungen ein gewaltiges Delta vorwärts getrieben haben. Die Hauptflüsse haben in der trocknen

Jahreszeit eine Breite von 500—1000 Schritt, der Schari erscheint als ein durchaus schiffbarer Fluß von geringem Gefälle, in der Regenzeit bedeutend breiter, mit gewaltiger Strömung und schwierig zu übersetzen.

Das Klima zeigt die Uebergänge von der im Sommer öden Steppenzone im N., durch eine Zone, die auch im Sommer volles Pflanzengrün zeigt und vorwiegend Waldungen von niedrigem Gestrüpp mit vereinzelten hohen Bäumen hervorbringt, zu einer Zone mit einer andauernden tropischen Vegetation; üppige Waldungen ziehen sich namentlich längs der feuchten Flußufer hin.

Von Bäumen finden sich hier die Tamarinde, viele Mimosen, die Deleb- und die Dumpalme, der Hadschilidsch (Balanites aegyptiacus), die Korna (Cornus), die Sykomore, der Croton tiglium (Abführungsmittel). Die Haupt-Kulturpflanzen sind auf dem Thonboden Pennisetum, auf dem Sandboden Sorghum; Reis und Poa abyssinica wachsen wild und der Mensch nimmt von ihnen, was die Elefanten ihm übrig lassen; die Poa gewährt übrigens nur dürftigen Nahrungsstoff. Sesam, Bohnen, die Blätter der Adansonie, des Hadschilidsch und des Corchorus olitorius dienen als Gemüse; Wassermelonen und Kürbisse werden fleißig gezogen. Baumwolle und Indigo werden in ziemlicher Menge gebaut, weniger von den Eingebornen, als von eingewanderten Bornuern; das Land könnte diese Artikel in einer für den europäischen Handel wichtigen Menge hervorbringen, wenn bequemere Handelswege nach außen eröffnet wären.

Die Niederungen Baghirmis sind reich an Thieren: Elefanten, Rhinoceros, Giraffen, Löwen, Leoparden, Hyänen sind zahlreich. Die Termiten (Termes mordax und Termes fatalis bauen Hügel bis 30 und 40 F. Höhe auf einer Basis von 200 F. im Umfang und vernichten in den Wohnungen ebensowohl die Getreidevorräthe als die daselbst befindlichen Insekten; eine nicht geringere Landplage ist eine schwarze, gefräßige Raupe; die Menschen leiden an einer Art Guineawurm, vielleicht dem Pulex penetrans oder Sandfloh Südamerika's (Malis americana oder Sauvagesii).

Die Bewohner von Baghirmi bilden einen schönen, kräftigen, tapfern Menschenschlag, als Einwanderer finden sich Fulbe, Kanori und Schua (Araber). Der gegenwärtige Staat besteht seit drei Jahrhunderten, um 1625 hat der König Abdallah, etwas später die Masse des Volks den Islam angenommen. Der Staat Baghirmi, durch den Tschadsee von der unmittelbaren Verkehrsstraße gegen N. abgeschnitten, in O. und W. von zwei mächtigen Reichen begrenzt, würde ohne die Tapferkeit seiner Bewohner und ohne die in seinen südlichen Provinzen ihm zu Gebote stehenden unversieglichen Hilfsquellen längst erlegen sein; die beiden kriegerischen und tapfern Könige Othman Bugoman und Abd el Kader (letzterer seit 1844) haben sich zu Tributzahlungen an Wadai (jährlich 100 Sklaven, 30 Sklavinnen, 100 Pferde, 1000 gefärbte Hemden) und an Bornu (100 Sklaven jährlich) verstehen müssen; und das Land ist in Verfall gerathen. Ein gefährlicher Einfall der Fulbe jedoch ist glücklich zurückgewiesen worden. Die Baghirmier suchen ihrerseits die benachbarten südlichen Stämme mit ihren Raubzügen heim; denn Sklavenjagden in den Gebieten heidnischer Völker gelten dem Mohammedaner für ein gottgefälliges Werk; sie halten sich für verpflichtet, die Heiden entweder zum Islam zu bekehren oder sie zu vertilgen. Die Regierungsform ist unumschränkt monarchisch, ohne einen Ministerrath oder eine überwiegende Aristokratie; der Herrscher führt den Titel Banga, sein Wessier Fatscha; ein wichtiges Amt bekleidet der Elifaba oder Flußkönig, der die westliche Grenze zu überwachen hat. Die Zahl der Einwohner schätzt Barth auf kaum mehr als 1,500,000, dem Banga stehen 3000 wohlberittene Reiter und 10,000 Mann Fußvolk zu Gebote, während Wadai 5—6000, Dar-Fur über 10,000 Reiter ins Feld stellen kann. Die Waffen der Baghirmier sind vorzugsweise Speer und Handbeil.

a) In dem nordwestl. Flachlande von Baghirmi liegen: Masseña, Haupt- und Residenzstadt in einer offenen mit frischem Grün bekleideten Einsenkung, etwa 3½ Stunden im Umfang, doch nur zur Hälfte bewohnt; durch eine muldenartige Einsenkung, welche in der Regenzeit einen See bildet, in zwei ungleiche Theile geschieden; ohne Industrie, mit unbedeutenden Märkten. Der Palast ist mit einer Backsteinmauer umgeben. — Bugoman, am l. Ufer des Schari. — Mokori, mit Indigofärbereien — Mele, in reicher Ackerbau- und Waldlandschaft am Schari, der hier 8—900 Schritt breit und 15 - 25 F. tief ist. — Makari, am Schari, nahe am Einflusse in den Tschad; Färbereien, wichtiger Handelsverkehr. — Moitö, Ort und Landschaft an der Nordgrenze, zwischen 2 Felserhebungen, Sitz eines Khalifen des Sultans von Baghirmi. Ringsum Weideland oder unfruchtbare Flächen. — Debäba, 6 Meilen S. vom vorigen, Schna-Ort in offenem Weidelande. — Kirssua, 13 Meilen O. von Maseña, ansehnlicher Ort an einem Gewässer, welches in vielen Windungen zum Batschikam zu fließen scheint. Um Masseña liegen Abu Gher, 5 M. NNW., von Fulbe bewohnter Handelsplatz; Bidderi, 2—3 Meilen O., ansehnlicher Ort, mit Freitagsmärkten; Nairoma, 5 Meilen O., mit bedeutenden Märkten; Batschikam, 2—3 Meilen SSO., ansehnlicher Ort mit Furth am Flusse gleiches Namens (dem östlichen Arm des Schari). Am Schari liegen Miltu, oberhalb der Theilung, 28 Meilen SO. von Masseña; Pferdezucht. Aus dem Rohr des Flusses (Salzpflanzen) wird Salz bereitet. — Bäso, große von Mohammedanern und

Heiden bewohnte Stadt am Ba-Buso, 10 Meilen abwärts von Miltu. Weiter abwärts: Laffana und Mabbeli (Masele). — Musgu, am rechten Ufer des von zahlreichen Böten belebten Flusses von Logone.

b) Sekors, die östliche Provinz, in wilder Gebirgslandschaft; im N. von Mohammedanern, im S. noch von Heiden bewohnt. Die Flüsse des Landes scheinen theils nach S. (zum Schari bei Mul), theils nach O. (angeblich zum Nil, wahrscheinlicher aber auch zum Schari) abzufließen. Die Landschaft ist reich an Bäumen und an wilden Thieren, namentlich auch an Schweinen, welche von den Bewohnern gern gegessen werden; angebaut werden namentlich Sorghum und Baumwolle. — Kenga Mataia, ehemalige Hauptstadt von Baghirmi, im Gebirge. — Bedanga, 6 Meilen NW., Gebirgsstadt. — Bangbai, Residenz eines Häuptlings, 9 Meilen O. von Kenga Mataia. — Burda, weiter gegen S., großer Ort an einem fischreichen See. — Gogomi, 16 Meilen SO. von Kenga Mataia. Bergort und Handelsplatz; erst 1852 von Baghirmi unterworfen. — Dschena, SW. von vorigem, große ummauerte Bergstadt. — Belel-Kolk, in einem ringförmigen, schwer zugänglichen Felsenkessel, mit der eine Felsenburg bildenden Residenz eines Fürsten.

c) Sarua, von Heiden bewohnte Landschaft an der Theilung des Schari und abwärts von Batschikam. Hauptstadt Kirbe am Batschikam, Sitz eines tributären Sultans. — Kome, Bergort NO. von Kirbe. Middobo, Grenzstadt gegen O.

d) Landschaft der heidnischen Bua, im SO. des Landes, zum größten Theil gebirgig. Unterworfen sind die Bua von Gamkul, 6 Meilen O. von Miltu, die in wilder Gebirgslandschaft O. von den vorigen wohnenden Bua von Kormale und Sarakella, über welche eine Königin regieren soll; die Bua von Nyelbang u. a. m. Andere Buastämme sind bis jetzt noch frei, werden aber von kriegerischen Zügen des Sultans von Baghirmi fleißig heimgesucht.

e) Landschaft Sara am obern Schari, SW. von den Bua, dicht bewohnt, mit den Städten Mul und Dai (Bang Dai), beide am Flusse. Dai ist Sitz einer der bedeutendsten Herrschaften in dieser Gegend.

f) Die südlichen und südwestlichen Landschaften, meist von Heidenstämmen bewohnt. — Gurgara, große Ortschaft, 7 Meilen S. von Madbele, aus der Umgebung beziehen die Baghirmier ihr Eisen. — Tschaken, 4 Meilen S. vom vorigen, große Ortschaft. — Kim, 10 Meilen SW. von Gangara, am Eserbewel oder Ba Gunn, in offenem Lande mit trocknem Thonboden; viel Schiffahrtsverkehr; Sitz eines Flußaufsehers. — Marraba, jenseit des Flusses, 3 Meilen S. von Kim. — Dschogdo, großer Ort mit Thonwohnungen, 7 Meilen O. von Kim, Hauptort der Landschaft Gabberi. — Salin, 7 Meilen OSO. vom vorigen, Hauptort von Dam (Ndam). — Dammuk, Hauptstadt der Landschaft Somrai oder Issemrai, 10 Meilen S. von Miltu. — Gunn am Fluß von Bogone. Tai, großer Ort weiter aufwärts an demselben Flusse und 40 Meilen S. von Maseña, Sitz eines Häuptlings. — Tschire, 6 Meilen O. von Tai in trockenem Lande, mit ausgedehnten Dattelpalmenpflanzungen.

g) Das südlichste Gebiet endlich führt den Namen Bangbai und wird von N. nach S. in 4 Herrschaften, Bai-Toi, Mudumbim, Keni, und das bedeutende Tapolo getheilt. — Dogo oder Dulko an der Westgrenze gegen Adamaua, in einer fruchtbaren, bewaldeten Landschaft (rothem Lehmboden), in welcher die Delebpalme, der Butterbaum, Pennisetum typhoideum gut gedeihen und viel Honig gewonnen wird. Ziegen und Schafe finden sich in Menge, aber keine Rinder.

18) Das Reich **Wadai**, häufig auch unter dem bei den Arabern dieser Gegenden üblichen Namen Salāyh oder Salei (Dār Salāyh, d. h. Reich Salāyh) bekannt, ist jetzt mit Bornu und Dār Fūr der mächtigste Staat des Nigerlandes; es grenzt im Westen an die theilweise unterworfenen oder wenigstens tributpflichtigen Kānem und Bāghirmi, im N. an das Land der Tibu, im Osten an Dar Fur, im SO. an Dar Silla (Sela) und Dar Runga, im S. an die Gebiete freier heidnischer Neger (Dschenachera oder Fertit), und mag, ohne die tributpflichtigen Gebiete, einen Flächeninhalt von 4730 Q.M. haben. Im Süden dacht sich Wadāi gegen die breite, wasserreiche Niederung ab, welche den Namen Rutu (Dar Rutu) und Kulla oder Gula (Dār Kulla) führt und durch den Lauf des Era (Ira, Fedschia), wie des Zūm und eine Menge Zugänge derselben durchzogen wird. Das Land ist von allen Seiten offen; seine Oberfläche ausgedehnt, eben, besonders an der Grenze gegen Dār Fūr auch sandig; eine große Menge vereinzelter Berge von dürrer Beschaffenheit, die nicht fähig sind, beständigen Quellen Nahrung zu geben, unterbricht die Einförmigkeit. Die Ergiebigkeit des Bodens wird dadurch gesteigert, daß derselbe schon dem Einfluß der tropischen Regen unterworfen ist. Die allgemeine Erhebung über den großen Wasserbecken des Continents ist weder sehr bedeutend, noch sehr gering; auch die Berge Wadāis steigen zu keiner besonderen Höhe auf. Dagegen wird das Land durch 2 große bei Malam sich vereinigende Thäler in der ganzen Breite von Osten nach Westen durchzogen, das Betha- und das Bathāthal, deren Neigung, gleich der allgemeinen des Landes und des Era, nach Westen geht. An Gewässern ist großer Reichthum vorhanden. Die fließenden gehören sämmtlich dem System des Fittri an; eine Bergkette im Osten bildet eine bestimmte Trennung zwischen diesem und dem des Nil. Der Wadi Kia beginnt 25 Meilen östlich von Wara, zieht nach S. und SW., dann eine Strecke parallel mit dem Batha nach W.; unter

dem Namen Salamat oder Om-e-Timân biegt er nach S., nimmt im See Bugdy (Bogody) den von O. kommenden Fodschia oder Ira auf, durchströmt den See von Andoma und soll sich dann in den Schari ergießen. Alle diese Flüsse erscheinen als periodisch; je südlicher, desto wasserreicher. Nördlich vom Batha gibt es nur vereinzelte kleine Wasserläufe und das Land nimmt mehr und mehr den Wüstencharakter an. Obgleich Wadâi noch nicht der vollen Intensität der tropischen Regen unterworfen ist, durchziehen doch heftige Regenbäche das Land mehrere Monate im Jahre und lassen nach ihrem Ablaufe Tausende temporärer Seen und Sümpfe zurück, die zum größten Theil erst in der trockenen Jahreszeit verschwinden. In dem weiten und langen Bathâ bildet sich periodisch sogar ein großer Strom, welcher in den Fittrisee mündet. Letzter, ein auch unter dem Namen des Kandie bekannter, 17 Meilen östlich vom Tschâd entfernter Süßwassersee im westlichen Wadâi, ohne Abfluß, hat eine mittlere westöstl. Ausdehnung von 5 Meilen, in der Regenzeit nimmt er noch bedeutend zu. Durch seinen ungemeinen Fischreichthum wird er sehr nützlich, weil er zu einer bedeutenden und für den Schatz des Herrschers höchst einträglichen Fischerei und zu einem ansehnlichen Fischhandel bis in weite Entfernungen Veranlassung gibt. Die Fische versendet man theils getrocknet, theils zu einer eigenthümlichen Masse verarbeitet. — Die Flora von Wadâi ist nicht arm. Tamarinden, Sykomoren, Dum-, Delebpalmen kommen überall vor; demnächst Lotos- und Heglygbäume (Balanitos aegyptiaca) und einige unbestimmte Fruchtbäume, z. B. der nützliche Andarab und Mölheyt. Dattelpalmen gibt es nur am Nordrande des Landes. Hauptnahrungspflanzen sind der Duchn (Pennisetum typhoideum), Weizen und Reis. Nicht minder groß ist die Zahl der nutzbaren wilden, wie kultivirten krautartigen Gewächse. Wassermelonen wachsen überall wild in den sandigen Strichen, aber die durch Kultur gewonnenen sind die bei weitem besseren. Bedeutend ist auch die Zahl der übrigen Cucurbitaceen, mit denen die wesentlich ackerbauende Bevölkerung noch Zwiebeln, eßbaren Eibisch (Hibiscus esculentus), den auch in Aegypten als Gemüse häufigst gepflanzten Melukhiyeh (Corchorus olitorius), rothen Pfeffer, Coriander, Durrah, Mais, eine den europäischen weißen ähnliche Bohnenart und Baumwolle baut. Außer den im gesammten Nigerlande vorkommenden wilden Thieren besitzt Wadâi das einhörnige Rhinoceros, dann eine vortreffliche Raçe von Pferden, ausgezeichnete Kamele in den trockenen Strichen und große Rindviehherden. Der auswärtige Handel lag früher fast ausschließlich in den Händen der Bewohner Dâr Fûrs, von wo die hiesige Bevölkerung die europäischen und orientalischen Waaren bezog, bis es im Laufe dieses Jahrhunderts den Udschi-laern gelang, einen neuen directen Handelsweg von der Küste bei Bengasi über Kebâbo und Borgû nach Wadâi zu eröffnen, wodurch die Erpressungen der ägyptischen Douanen und die eigennützige Vermittelung der Furiâner vermieden wurden. Allein seit der Sklavenhandel auf diesem Wege unmöglich geworden ist, hat auch diese Verbindung wieder aufgehört. Jetzt ist der Handel in den Händen der Dschellaba, eines vom Nil her eingewanderten Stamms, welcher einzelne kaufmännische Genossenschaften bildet, die sich in die Reiserouten theilen und bedeutende Abgaben an den Sultan zu entrichten haben. Handelsartikel sind Salz, Kupfer aus el Hofrah und aus Runga; europäische Waaren, die jetzt von O. kommen, Esel, Tabak; den wesentlichsten Handelsgegenstand für das Ausland aber bilden Sklaven, die, wie in Dâr Fûr, Bornû und Bâghirmi, aus den Ländern der heidnischen Neger jenseit des Ero kommen. Der Kunstfleiß ist gering: Waffen und Ackergeräthe aus einheimischem Eisen sind roh; Indigofärberei wird von eingewanderten Baghirmiern und Bornauern betrieben; die Gelehrsamkeit einzelner Stämme oder Familien erstreckt sich nur auf Kenntnis des Koran. Die Bevölkerung ist eine lose Zusammenhäufung vieler Nationalitäten und besteht aus den ursprünglich einheimischen Bewohnern von äthiopischer Raçe, unter welcher nicht weniger als 25—30 verschiedene Sprachen üblich sein sollen (den Stämmen der Maba, Kuka, Abii u. s. f.), aus vielen eingewanderten Fulbe und zahlreichen arabischen, seit 500 Jahren ansässigen Stämmen; letztre, von denen die Mahamid im Norden, die Beni Râsched im Westen, die Salamât im Südwesten am Ero und die Massalit im Osten und im Bathâ die bedeutendsten Abtheilungen sind, umschließen Wadâi von allen Seiten. Die Araber sind theils dunkelfarbig (die Sorûk), theils hellfarbig (die Homr). Die herrschende Familie, die freien Aboriginalen und die Araber sind fast ohne Ausnahme Mohammedaner; ein großer Theil der zahlreichen sklavischen Bevölkerung Heiden. Das gegenwärtige Reich Wadai ist erst im Jahre 1715, auf den Trümmern des großen Reichs der Tündschur, durch Abd-el-Kerim gegründet worden. Gegen das Ende des 18. Jahrhunderts erweiterte Dschoda (auch Mohammed Sulk genannt) seine Macht durch Eroberung von Kanem, und machte sich zugleich von der Oberherrschaft Darfurs los; Abd-el-Kerim (Sabûn) seit 1805 besiegte Baghirmi und sendete Karawanen nach Tripoli und Bengasi. Häufige Thronstreitigkeiten beunruhigten das Land; der fünfte Nachfolger Sabun's, der Christenfeind Mohammed Saleh, wurde 1851 von seinem Sohne Mohammed besiegt, indessen bald wieder in seine Würde eingesetzt. Nach seinem Tode folgte 1858 sein jüngerer Sohn Ali, mit Uebergehung des empörerischen Mohammed. Das Reich zerfällt zunächst in die Provinzen des eigentlichen, ziemlich eng begrenzten Wadai, je unter einem Kamkolak, die westliche in Gosbeda, 12 Meilen WSW. von Wara, die südliche in Kurkuli am Beteha, 12 Meilen S. von Wara, die östliche in Schokan (?), die nördliche in Megeren, 5 Meilen N. von Wara. Die arabischen Stämme haben ihre eigene Gerichtsbarkeit. Die von Heiden bewohnten Landschaften werden von Statthaltern regiert. — Die Abgaben bestehen in Naturalien;

Getreide, Vieh, Honig, Elefantenzähnen, Sklaven. Die Regierungsform ist monarchisch-despotisch; der König hat unter sich einen Rath, den Fascher, dessen Vorsitzender etwa die Stelle eines Veziers einnimmt. Seine Kriegsmacht besteht aus 7000 Mann Reiterei, zum Theil mit Panzerhemden bekleidet; doch sind nur 300 mit Flinten bewaffnet. — Das Land hat zahlreiche Ortschaften, doch hat keine derselben über 1000 Häuser.

Wara, ungefähr 38° 40′ O. F., 15° 15′ N. B., ein großes offenes Konglomerat von 400 Hütten, in einer sandigen, rings von Felshöhen eingeschlossenen Ebene, Hauptstadt; in der Nähe der Fascher oder die Residenz des Sultans. Vogel's Ermordung 1856. — Nimr oder Numro, Haupthandelsplatz, 200 H., Sitz der Dschellaba (Kaufleute). — Abeschr (Besché), S. von Wara, zeitweilige Residenz. — Südlich von Wara, in den Landschaften am Beteha, in einem dichtbevölkerten Gebiet, liegen Biren, ansehnlicher Ort, 6 Meilen SW. vom vorigen, durch Bereitung feiner Speisen berühmt, Borortt, 10 Meilen W. von Biren, große aus 20 Weilern verschiedener Stämme bestehende Ortschaft. — Schakkapak, 10 Meilen S. von Biren, mit Eisengruben. — Schenini, O. vom vorigen, Hauptort im Wadi Warringek, welches südwärts zum Batha zieht. Bei Hamien, aufwärts von Schenini, in demselben Thale, finden sich heiße Quellen mit süßem Wasser. — Weiter südlich Kadscham, im Gau von Dschedschi, mit Eisengruben. — In den östlichen Landschaften: Dschurla, Bergort der Sungöri, auf einem mehrere Meilen breiten Höhenzug an den Quellen des Beteha; Zwiebelbau. — Kelmedi, großer Ort in felsiger Gegend, an der Ostgrenze. — In der an Weidegründen reichen Landschaft Fittri liegt Yao (Yaua), an der nördlichen Seite des Batha, nahe am Einfluß in den See, ein großer offener, von der Bulala erbauter Ort; Residenz eines tributpflichtigen Fürsten. — Melme, am Nordrande des Seebeckens mit wichtigen Märkten. Daneben der ehemalige Hauptort dieser Landschaft, Kudu. Im See die Insel Modo, mit heidnischen Bewohnern. — In den Landschaften der Kula und Bulāla, längs des sandigen Bathathals, in welchem während der trocknen Jahreszeit nur stehende Wasserpfuhle und Lachen sich finden, liegen die Orte Amalaui, Ngarruendi, Ambedang an der vom Fittri nach Wara führenden Handelsstraße. Die zahlreichen Delebpalmen des Bathathals, deren Mark als Nahrung dienen kann, sind während einer Hungersnoth sämmtlich umgeschlagen worden. Südlich vom Bathathale der Bergdistrikt Middogō, 7 Meilen SO. von Yao, und 25 M. weiter östlich der bedeutende Berg Abu Telfān, beide von Heidenstämmen bewohnt. — Im nördlichen Gebiet von Wadai, welches von arabischen Wanderstämmen durchzogen wird (Mahamid-Araber u. a. m.) und welches hinlängliche Weideplätze für die zahlreichen Kamel- und Pferdeherden bietet, liegt der Handelsplatz Oradha oder Aradha, 18 Meilen NNW. von Wara; in der Nähe die fruchtbaren Wadi Oradha und Wadi Subb, von nomadisirenden Arabern bewohnt.

19) **Dar** (d. i. Land) **Runga** (Roña, Ruka, Ruma) oder **Rundscha**, ein im SO. von Wadai gelegenes, im N. von Dar Silia, im NO. von Dar Fur, im S. von unbekannten Negerländern begrenztes, etwa 200—250 QM. großes Bergland, vom Regenbett des Ira oder Era durchzogen, der westwärts zum See von Andoma zieht, südöstlich vom Regenbett des Bahr Zum begrenzt. Seine von den angrenzenden Bewohnern Wadāis und Dār Fūrs in der Sprache gänzlich verschiedene Bevölkerung wohnt zum Theil in Höhlen und steht bald unter der Oberherrschaft Wadāis, bald unter der von Dār Fūr als ewig streitiger Zankapfel beider Reiche. Hauptstadt ist nach Einigen Bukhas oder Duaß, nach Andern hat der Scheich von Runga zwei Residenzen, Deydemah (Dédéma) und Birkah, die eine für die trockne Jahreszeit, die andere für die Regenzeit. — In ähnlichen Verhältnissen zu den Nachbarstaaten befindet sich das im N. angrenzende Dar-Silia (Sela, Sula), welches im W., N. und O. von Wadai und Dar Fur eingeschlossen wird, gegen 150 QM. groß ist, und dessen Hauptregenbett gegen O. (zum Bahr Zum) fließt. Hauptort ist Hoggené.

20) **Dār Fūr** (vergl. oben S. 296. 297). Das Reich Darfur, 4600—5000 QM. groß, stellt nach älteren Nachrichten, 150,000 waffenfähige Männer; nach neueren Nachrichten (1862 durch den zurückkehrenden türkischen Gesandten Abd-el-Wohāb Effendi) nur 3000 Reiter, davon 600—1000 gepanzert, und 70,000 M. schlecht bewaffnetes Fußvolk ohne Feuergewehr. Die Bevölkerungsziffer von 4,000,000 Ew. scheint daher zu hoch gegriffen zu sein. — Vor kurzem hat der aus Fajum und den Oasen vertriebene Kabilenführer Omar die Heere des Sultan Hussein geschlagen und sich in Kuran, S. von Fāscher, festgesetzt; er lebt von Raub und Plünderung.

Westafrikanische Inseln.

Zu S. 325. Literatur. Dr. Karl Bolle, die canarischen Inseln, in der Zeitschrift für allgemeine Erdkunde, 62. Heft S. 91 ff. 1861.

Zu S. 327. St. Helena. Größe 2⅓ QM. (47 engl. QM.). — Regen ist häufig, auf den höheren Bergen regnet es 8 Monate jährlich. Das Klima nähert sich, trotz der tropischen

Lage der Insel, in Folge der Seeluft, dem der gemäßigten Zonen, und weist eine 3° geringere Jahrestemperatur als Madeira auf. — Neben Kastanien, Bromberren, Kartoffeln gedeihen Fuchsien, Kamellien, Thee.

Von Hausthieren gedeihen besonders die Ziegen und Esel; Viehzucht und Ackerbau könnten bei sorgsamerem Betrieb auf eine höhere Stufe gebracht werden.

Tonnengehalt der ein- und ausgelaufenen Schiffe 1859: 153,291. Einfuhr 825,000 Thlr. (1856: 675,000 Thlr.). Ausfuhr 73,000 Thlr. (1856: 166,000 Thlr.), letztere fast ausschließlich nach den Verein. Staaten, erstere von Großbritanien, Kap und Mauritius, Ostindien, Verein. Staaten. Hauptartikel war Oel von den südl. Walfischfängereien (gegen 145,000 Thlr.); die Ausfuhr ist nach dem Ertrage des Fangs wechselnd. — Einwohnerzahl: 6860. Bevölkerungsbewegung (1856) 101 Geburten, 158 Todesfälle, 81 Trauungen; 13 Schulen mit 740 Schülern. — St. Jamestown, 400—500 Häuser, 3000 Ew.; die Stadt ist neuerdings durch die aus Afrika herübergekommenen Termiten arg verwüstet worden. — Einnahme der Kolonie (1860): 155,000 Thlr.; Ausgabe 149,000 Thlr.

Zu S. 328. Guinea-Inseln, zusammen 44,6 □M. groß. Der vulkanische Clarence-Pik mißt 3261m (10,700' engl.); nach Gustav Mann, der ihn 3mal bestieg, nur 2886m (9469' engl.). Die Temperatur auf dem Berge war (Ende März) mittags 12,5° C., abends 4° C., bei einer Höhe von 400m dagegen mittags 21°, abends 19°, früh 17,5° C., — eine im Verhältnis zur Höhe geringe Differenz. — Der Chavesberg auf St. Thomas mißt 2285m (7500' engl.). — Der Gipfel des Clarence ist mit Gräsern bewachsen; der fruchtbare Boden geht bis auf den Kraterrand. — Die Prinzeninsel und St. Thomas zusammen haben 21,36 □M., 12,250 Ew. (1863); Bevölkerungsabnahme 503 Seelen seit 1844.

Zu S. 329. Die Kap Verdischen Inseln. Größe 77,62 □M., 85,400 Ew. (1863). 14 Inseln, davon 7 bewohnte. — Auf den Inseln herrschte 1858 im Allgemeinen großes Elend, in Folge mangelhafter Lokalregierung. Auch ist wenig Aussicht auf Verbesserung. Der Landbau ist mühsam und bedarf besonders der künstlichen Bewässerung. — Die Zahl der Einwohner war (1863) 85,400 und betrug 1864 nach Schätzung 102,000, von denen indessen in der großen Hungersnoth von 1864 gegen 2 Drittel umgekommen sein sollen!

Uebersicht der Bevölkerung nach den Distrikten (1861):

	Feuerstätten	Ew.
1) Cidade da Praia	2878	12,709
2) S. Catharina	5621	28,143
3) Majo . . .	423	1863
4) Brava . . .	1356	6557
5) Fogo . . .	2276	14,341
Inseln unter dem Winde	12,554	63,613
6) San Nicolau	1434	6372
7) San Antão .	4857	14,643
8) San Vicente	236	1141
9) Boa Vista .	617	2647
10) Sal	189	894
Inseln vor dem Winde	7333	25,697
Summa	19,887	89,310

Unter den Bewohnern waren 40,845 männlichen, 48,465 weiblichen Geschlechts.

Zu S. 332. Die canarischen Inseln. Größe: 131,5 □M. Lage: 0° 32' W. F. bis 4° 14' O. F.; 27° 49'—29° 27' N. B. — Diese Inseln waren bereits den Phöniziern bekannt, wurden vom König Juba von Mauritanien, zu Augustus Zeit, erforscht, 1341 von den Portugiesen umfahren, bald darauf von ihnen ausgeraubt, 1402 bis 1406 zum Theil von dem normannischen Ritter Bethencourt erobert, noch in demselben Jahrhundert von den Spaniern eingenommen. Die canarischen Inseln gehören einem gemeinsamen Erhebungssystem an. Die Montaña de Fuego auf Lanzerota raucht noch unausgesetzt, auf Teneriffa fanden im J. 1798 die letzten vulkanischen Phänomene statt. — Die periodischen oder dauernden Bäche, die häufig vertrocknen, ehe sie das Meer erreichen, werden auf das Sorgfältigste zum Bewässern der Felder und zur Versorgung der Städte mit Trinkwasser benutzt, und es gibt zahlreiche künstliche Wasserleitungen.

Zu S. 334. Von April bis August wehen NO.-Winde, jede Nacht vom Landwinde abgelöst, im Winter herrschen Nordwinde vor; bisweilen bringen glühende Südostwinde die Sandatmosphäre der Wüste und Heuschreckenschaaren herüber. Gewitter, Orkane, Wolkenbrüche sind äußerst selten. Ueber 1300m steigt der Schnee nicht herab. — Der Weinbau ist seit 1852 durch die Traubenkrankheit so gut wie vernichtet worden. — Seesalz wird in hinreichender Menge gewonnen. Leinwand aus Flachs und Stricke aus Agavefasern dienen nur dem einheimischen Bedarf. — 1831 erster Versuch von Cochenille auf Teneriffa. 1831 = 8 Pfd., 1840 = 77,041 Pfd., 1850 = 782,670 Pfd., 1855 = 1,135,912 Pfd., 1856 = 1,501,716 Pfd.

(= 300,000 Millionen Thiere, das Pfd. zu 200,000). Große Flächen von ehemals unbestelltem Land oder Weideland sind jetzt mit Kaktuspflanzungen bedeckt.

Schulunterricht wird durch Gymnasien für die höheren Stände, durch geringe Elementarschulen für das Volk vermittelt.

Zu S. 336. 2) Gomera, 10,8 QM. groß, mit 11,219 (12,019) Ew. Die Plateauhöhen der Insel gehen bis 1250 und 1300m, von den aufgesetzten Gipfeln ist der Alto de Garajonay 1429m, die Roca de Chipude 1282m hoch, dieselben ragen also nur wenig über das Plateau empor. — Weinbau und Seidenraupenzucht haben aufgehört; man baut Dattelpalmen, Feigen, Weizen, Gerste, Roggen, Mais, Kartoffeln. — San Sebastian 1678 Ew., Valle Hermoso 3082 Ew., Agulo 1830 Ew., Valle de Hermigua 1777 Ew., Chipude 1600 Ew. — Häufige Auswanderungen nach der Havanna. 3) Palma, 1492 von den Spaniern erobert. Leuchtthurm in Santa Cruz seit 1859. 4) Teneriffa, 1493—96 erobert, 47,8 QM.; einst Nivaria (Ningaria) oder Isola del Inferno, spanisch Tenerife genannt. Auf dem Pic von Teneriffa hielt sich Prof. Piazzi Smyth aus Edinburgh (im J. 1856) 65 Tage auf, um auf 2 Stationen (Alta Vista 3262m, die andere 2714m) astronomische, physikalische und meteorologische Beobachtungen anzustellen.

Der Pico de Teyde erhebt sich aus dem von den schroffen Canados umwallten, 2½ bis 3½ Meilen im Durchmesser haltenden ungeheuren Erhebungskrater als ein kegelförmiger, mit einem kleinen 100m breiten Krater gekrönter Berg, neben ihm als Trabanten der Volcan de Cahorra 3515m und die Montagna Blanca 2313m; die Ränder des Erhebungskraters steigen im Pico del Almendro auf 3536m, im Volcan Rojo auf 2623m, halten sich aber meist in einer, oft von Scharten durchbrochenen, im N. unvollständigen Schneide von 2280m. Im NO. setzt sich eine Bergkette fort, zuerst mit einzelnen, einem hohen Plateau aufgesetzten Gipfeln (Monte de la Rosa 2264m, M. Pedro Gil 2156m, el Cuchillo 1938m, und endet in der zackigen, schroffen Montagna di Anaga 1198m). — Die Messungen des Pico de Teyde variiren bedeutend: Minutoli 4335m, Feuillée 4314m, Borda 3713m, v. Humboldt 3711m, v. Buch 3621m, Bouguer 3198m. — Die Insel hat 103,959 Ew. in 3 Verwaltungsdistrikten: 1) Orotava 46,331 Ew., 2) Laguna 23,104 Ew., 3) Santa Cruz 34,524 Ew.; zusammen in 5 Städten, 29 Dörfern, 204 Weilern.

Santa Cruz, auch Puerto de Santa Cruz, an der Ostseite, 10,000 Ew. Leuchtthurm seit 1857. Sitz der fremden Consuln. — Laguna 7926 Ew., offizieller Regierungssitz, doch verfallend. Höhere Schule. — Orotava, 8628 Ew., in reicher, lieblicher Gegend; Sitz der vornehmen Welt. — La Esperanza, SW. von Laguna; Val de Guerra, WNW. von Laguna, nahe an der Küste, 1227 Ew. — Valle S. Andres, O. von Santa Cruz, 765 Ew., Hafenort, Töpfereien. — Taganana im äußersten NO., 1125 Ew., in einer Waldgegend. — Tacoronte, ansehnliches Dorf mit 5552 Ew., Obstbau, W. von Laguna. — Port Orotava oder Puerta de la Cruz, 4287 Ew. — Arico 2601 Ew. — Realejo de abajo, hübscher Flecken, 2272 Ew. — Realejo de arriba, dicht neben vorigem, 2767 Ew., im Taorothale. — Garachico, am Meere, 2727 Ew., früher sehr reich, durch die Eruption von 1706 seines Hafens beraubt. — Buenavista, 2105 Ew., mit schöner Aussicht aufs Meer. — Valle de Santiago, im W. des Teyde, hochgelegenes Städtchen, 1061 Ew. — Chasna 922 Ew. — Icod de los Vinos 5329 Ew. — Santa Ursula 1565 Ew. — Guimar 3051 Ew. — Guia 2294 Ew. — Candelaria, S. von Santa Cruz, 1797 Ew., Töpfereien. — 5) Canaria, 1478—83 erobert. Die Küste ist mit kühnen, hellen, ja blendenden Klippen und Abhängen eingesäumt und mit strauchartigen Euphorbiaceen bekleidet.

Zu S. 338. Madeira, 15,75 QM. Eine eigenthümliche Gesteinsart von Madeira ist der Pinoso (Pedra molle, Cantaria molle) von körniger Substanz, zu Quadern leicht zu verarbeiten, darüber liegen Tuffe und trachytische Ergüsse. — Mit raschem Fall eilen die, allerdings unbedeutenden, Wasserläufe dem Meere zu, indem sie zuerst in jähen Wasserrinnen die niedergeschlagene Feuchtigkeit den mäßig geneigten eigentlichen Thalsohlen zuführen. Der Ribeiro des Socorridos, der Ribeira Brava, der Ribeira Janella und der Ribeira do Porco mit einem Gefälle von 1957, 1809, 3002, 1126 Fuß auf die Meile (Oberlauf der Aar 1410, der Reuß 1050, des Rheins 106 Fuß) sind die bedeutendsten. — Madeira's Klima bildet einen Uebergang von der tropischen zur gemäßigten Zone; die höchste Temperatur betrug 31° C. — Lorbeerwälder (Laurus canariensis = „Til", Oreodaphne foetens, Persea indica = „Vinhatico") wachsen im N. der Insel, an den dem Winde ausgesetzten Stellen die Föhre (Pinus Pinaster). Höher oben ist die Matoregion, auf der Nordseite in hohen Sträuchern, auf der Südseite die niedrigeren: Erica arborea, Vaccinium maderense, Genista, Ulex. — Ueber der Matoregion wächst kümmerliches Gras. An der Küste wachsen Dickichte von Arundo Donax L., Colocasia antiquorum Schott, auf den Felsklippen am Meere Opuntia Tuna Mill., Cassia bicapsularis L., Pelargonium inquinans L. und viele Compositen, Crassulaceen, Campanulaceen, Labiaten, Cruciferen; während auf Porto Santo längs der Küste die Salsolaceen vorherrschen. — Der Mais gibt jährlich 3 Ernten, Weizen und Gerste nur 1 Ernte; der Getreideertrag reicht für den Bedarf nicht aus. Auch Yams werden kultivirt. — Die Bevölkerung betrug 1857 98,320 Seelen (1856 starben 9000 Menschen an der Cholera). Sie bildet einen Menschenschlag mit dunkler Hautfarbe, dunkeln feurigen Augen, starkem, schwarzem Haar. — Funchal ist eine vielbesuchte Gesundheitsstation für brustleidende Engländer (auch Deutsche), daher die englische Sprache unter den Gebildeten sich ausbreitet, während die Mehrzahl der Eingebornen portugiesisch spricht. — Der Weinertrag sinkt fortwährend und betrug im Jahr 1855 überhaupt nur noch 2085 Pipen, da die Traubenkrankheit und der zunehmende Anbau des Zuckerrohrs den Weinbau verdrängen.

Zu S. 339. Die wüsten Inseln sind wasserarm und unbewohnt.

Zu S. 342. Azoren, 54 □M. groß, 1857 mit 241,646 Ew. Auf der Insel Sao Miguel ist (1863) der erste Leuchtthurm der Inseln im Bau.

Die ostafrikanischen Inseln.

Zu S. 342. Literatur. Barbié du Bocage, notice géographique sur l'île de Madagascar (bulletin de la Société de Géographie de Paris 1858).

Zu S. 343. Madagaskar. Größe 8900 □M. Gebirge bis zu 2400m Höhe. Die Einwohnerzahl wird von Einigen auf 3 Millionen, von Andern auf 2 oder 4 Millionen geschätzt; freilich könnte das schöne Land 30—40 Mill. Menschen bequem ernähren. Die Madagassen sind unfähig und unlustig zu ausdauernder Arbeit.

Die Franzosen gründeten 1642 eine Niederlassung zu St. Luke, 1643 nahmen sie Besitz von der Insel St. Maria und der Bai von Antongil, 1644 errichteten sie Stationen zu Tenerifa und Manahar und bauten bei St. Luke das Fort Dauphin auf der Halbinsel Tholangar. Eine neue Handelsgesellschaft trat 1664 in die Rechte der bisherigen ein; selbst der König betheiligte sich bei dem Geschäft. Das Gebiet erhielt den Namen Ost-Frankreich, wurde aber durch Kriege mit den Eingebornen gefährdet. Der König ließ sich 1670 die Rechte der Gesellschaft abtreten, verwaltete aber das Territorium mit geringem Eifer; eine neue Besitznahme durch Admiral de la Haye 1670 blieb erfolglos; die Kolonisten siedelten 1672 nach Bourbon über. In den Jahren 1719, 1720, 1725 erneuerte Frankreich seine Ansprüche, ließ die Küsten theilweise untersuchen, und 1750 bildete die französisch-indische Gesellschaft eine neue Niederlassung auf St. Maria. Commandant Mandavi erlangte zwar eine Landabtretung an der Bai von Antongil, mußte aber aus Mangel an Hilfsmitteln den Kolonisationsplan aufgeben. Erst 1774 wurde Louisburg gegründet und eine Reihe von Forts (7) auf der Ostküste errichtet. Die letzte von diesen Versuchen übrige Kolonie, in der Bucht von Wawatubé, wo ein Kohlenwerk in Betrieb war, wurde 1855 von den Howas gewaltsam zerstört. Seitdem hat Frankreich keine bedeutendere Unternehmung begonnen, obgleich es für sich das Ansiedlungs- (und Eroberungs)recht der Insel in Anspruch nimmt.

Nach der Königin Ranavolo Tod hatte ihr Nachfolger Radama II. (1861) friedlichere Beziehungen mit den Europäern angeknüpft. Aber die übertriebenen Concessionen, welche die Europäer durch List von ihm erlangten, wurden nach seiner Ermordung (1863) von seiner Nachfolgerin Raboda (oder Rasuaherina) zurückgenommen.

Zu S. 349. Nossi Bé, 65° 44′ 66° 5′ O. F., 13° 11′—13° 25′ S. B., 22 Kilometer lang, 15 Kilometer breit, 1856 mit 15,771 Ew., 1860 mit 14,860 Ew. (darunter 855 Beamte, Militär ꝛc.). — Der nördliche Theil der Insel, die Halbinsel Navetch, besteht aus Buntsandstein, der mittlere Theil ist vulkanisch und gebirgig (der Tané-Latfak 500m); der südliche Theil, aus Granit, Gneis, Glimmerschiefer, Thonschiefer bestehend, hat den 600m hohen Berg Lufubé als höchsten Gipfel. — Einfuhr und Ausfuhr der Insel betrugen 1856 zusammen gegen 200,000 Thlr. Die erste Kaffe-Ernte im J. 1864 ergab 40 Zentner von ausgezeichneter Qualität.

Zu S. 349. Nossi Ibrahim oder Sainte Marie hatte 1856 5743 Ew., 1857 5704 Ew., darunter 84 Beamte und Militärpersonen; die Bevölkerungszahl ist also in langsamem Sinken begriffen.

Zu S. 349 f. Die Comoren. 3) Mohéli steht unter französischem Protektorat. 4) Die Insel Mayotte zählte 1860 nur 4937 Ew., darunter 246 Beamte und Militärpersonen; das Gouvernement Mayotte (mit Nossi Bé, Sainte Marie ꝛc.) 25,501 Ew., darunter 2931 Beamte, Militärpersonen und ausländische Arbeiter. — Auch auf Mayotte werden jetzt Kafferpflanzungen angelegt.

Zu S. 350 f. Mauritius. Größe 33,4 □M. (708 engl. □M.).

1856 hatte Mauritius	122,586	Acres	angebautes Land,
	56,492	„	Wälder,
	43,425	„	Weideland,
	61,515	„	unkultivirtes Land.
Summa	284,018	„	

Berghöhen: Blackriver Mountain 883m, der pittoreske Felsenriese Pittrebooth 874m, der Piton du Pouce 868m, der Rempart 826m u. s. f. Die Bewohnerzahl ist in lebhaftem Fortschreiten begriffen; sie betrug

Ende 1856	233,840 Ew.,	darunter	136,018 Indier,
„ 1857	239,006 „	„	142,534 „
„ 1860	322,517 „	(mit Einschluß der kleineren engl. Inseln).	

1856 zählte man 6076 Geburten, 11,212 Todesfälle (3656 an Cholera), nur 697 Heiraten.

Zu S. 352. Handelsbewegung. Allenthalben ist rasches Fortschreiten sichtbar. 1849 gewann man 44,700 Tonnen Rohzucker, 1859 120,000 Tonnen; 1856 arbeiteten 281 Zuckermühlen, darunter 245 mit Dampfkraft. Die Einfuhr stieg von 7,630,000 Thlr. (1847) auf 18,440,000 Thlr. (1860) und 16,200,000 Thlr. (1862); die Ausfuhr von 10,815,000 Thlr. in derselben Zeit auf 14,065,000 Thlr. und 16,680,000 Thlr. Der Tonnengehalt der ein- und ausgelaufenen Schiffe betrug im Jahre 1860 603,082; von den Schiffen waren 1836 61 Proc. aus Großbritanien und dessen Kolonien, 29 Proc. französische, 1 Proc. holländische, 1 Proc. Hamburger, ½ Proc. nordamerikanische u. s. f. Zwei Leuchtthürme, auf Ile Plat und Pointe Cannonier, 1855 erbaut, dienen zur Sicherung der Schiffahrt.

Das Gymnasium zählt 266 Schüler, 41 öffentliche Schulen haben 3115 Schüler. Die Einkünfte sind von 1846 bis 1860 von 2,040,000 Thlr. auf 3,690,000 Thlr., die Ausgaben in derselben Zeit von 1,770,000 Thlr. auf 3,340,000 Thlr. gestiegen.

Zu S. 353. Insel Réunion (Bourbon), 251,160 Hektaren (45 QM.) groß. Der höchste Berg, der Piton des Neiges, ist 3313m hoch. Der letzte Ausbruch des Kraters la Marmite erfolgte November 1858 bis Januar 1859. — Von dem Boden der Insel nahm das bebaute Land 1853 69,281 Hektaren, 2 Jahre später 90,086 Hektaren ein, das unbebaute Land im gleichen Zeitraum 115,679 und 68,836 Hektaren. 1858 erbaute man 620,000 Zentner Reis, 100,000 Zentner Getreide, nur noch 14,000 Zentner Kaffe, dagegen 6000 Zentner Gewürznelken (1850 waren erst 80 Zentner erbaut worden). Die Rohzuckerproduktion belief sich in den Jahren 1849, 1853, 1854, 1858 auf 434,000, 800,000, 1,073,000, 1,080,000 Zentner. Seit 1817 ist Vanille angebaut worden. Bedeutend ist die Viehzucht; 1855 zählte die Insel 3784 Pferde, 5284 Rinder, 7620 Esel und Maulesel, 3888 Schafe, 13,692 Ziegen, 51,143 Schweine. — Die gesammte Handelsbewegung betrug 1856 7,900,000 Thlr. Ausfuhr, 7,550,000 Thlr. Einfuhr, zusammen 15,450,000 Thlr., namentlich war die Ausfuhr eigner Produkte wesentlich im Steigen begriffen. 1860 betrug der Gesammtwerth der Ein- und Ausfuhr nahe an 25 Millionen Thlr.

Die Bevölkerung ist im Steigen, seit zahlreiche indische, chinesische und afrikanische Arbeiter eingeführt werden; sie betrug

1844	103,159,	1854	172,264,	
1847	103,284,	1855	143,621	(ohne die Fremden),
1849	100,071,	1860	178,238,	
1852	106,302,	1862	193,288.	
1853	152,566,			

In 5 Jahren seit 1852 wurden 19,855 Indier, 16,757 Kaffern und Malgaschen, 98 Chinesen und Polynesier (durchschnittlich 7342 im Jahre) eingeführt. Davon sind 6128 in ihr Vaterland zurückgebracht, 4354 gestorben, 129 in andere Kolonien versetzt, so daß der jährliche Zuwachs von Arbeitern 5221 betrug. Die Zählung von 1854 führte 34,461 Indier, 460 Chinesen, 6366 Neger, 1145 Militärpersonen und 704 Beamte (letztere mit Familien) auf; die Zählung von 1860 gibt 64,403 Eingewanderte an. Die Besatzung ist von 1749 Mann (1847) auf 966 Mann (1860) vermindert worden. — Zur Sicherung der Schiffahrt sind seit 1846 Leuchtthürme in St. Denis, Bel Air und Saint Paul errichtet worden. — St. Pierre, neu aufblühendes Städtchen an der Südseite der Insel, an der Mündung des Abord, mit einem von 1854 bis 1862 künstlich angelegten und erweiterten guten Hafen.

Zu S. 354. Die Seschellen. 1856 betrug die Bevölkerung 7102 Seelen, die Zahl ist sich also wesentlich gleich geblieben. Die Bevölkerung betrug 1856: Mahé 5541 Ew., Praslin 461 Ew., Silhouette 140 Ew., La Curieuse 42 Ew., Ile de la Digne 350 Ew., Fregatteninsel 60 Ew., Seekuhinsel unbewohnt, St. Anne 250 Ew., Vorsehungsinsel 7 Ew.

Zu S. 355. Rodriguez hatte im J. 1856 495 Ew., Galega 213 Ew., Coëtivi 23 Ew., die Peros Banhos, 22 Inseln, haben 60 Ew., Diego Garcia 275 Ew.

Zu S. 356. Sokótora, 71° 3′—72° 16′ Ö. L., 12° 19′—12° 45′ N. B., in ältester Zeit Dioskorida genannt; schon Alexander der Große und Ptolemäus Soter ließen dort Aloe kultiviren. — Vor der Westspitze Ras Schaëb liegen die hohe Klippe Sabrina mit Guano und die Inselchen Dersi und Seucha. Das Kalkplateau der Insel hat tiefe Thalschluchten und schroffen Südabhang; im N. steigt ein isolirter granitischer Gebirgsstock von 1200—1350m Höhe auf. Das Meer im S. der Insel ist seicht und fischreich.

Im Innern der Insel gibt es wilde Esel, Civetten, Schakale. Civettenmoschus war früher Exportartikel. Importirt werden Mais, Reis, Datteln, Baumwollenstoffe. Die Gebirgsbewohner, eine Mischung von Ureinwohnern und Arabern, nennen sich Mará und werden von den Mohammedanern als Zauberer und Ungläubige gefürchtet und verachtet. Früher waren die Einwohner christlich, der koptischen Kirche zugehörig; seit Anfang des 17. Jahrhunderts sind die letzten Reste des Christenthums auf Sokotora erloschen. Die Zahl der Einwohner beträgt etwa 1000.

1503 von den Portugiesen entdeckt und auf kurze Zeit besetzt, ist sie schon seit dem 16. Jahrhundert in Besitz der Sultane von Geschen in Arabien; der Beherrscher besucht jährlich einmal die Insel. Bender Deloschi, 2 Meilen O. von Tamarida, ist zu den Zeiten der SW. Monsune der beste Hafen; bei NO.-Wind sind die nördlichen Häfen unmöglich.

Westlich liegt Abd-el-Kuri oder Abd-elKeri, 4 M. lang, ½ M. breit, ein Kalksteinplateau von 360m Höhe und Gipfeln bis zu 450m, mit schlechtem Wasser und sterilem Boden. Die Einwohner, höchstens 100, leben vom Ertrag ihrer Ziegenherden und vom Fischfang. — 3 Meilen N. liegen die 2 kleinen Felseninseln Silél, 75m hoch, mit Guanolagern. Von Abd-el-Keri reicht der Blick bis zu der 9 Meilen entfernten, 300m hohen Küste des Festlandes (Ras Asér).

Nachträge und Berichtigungen.

Zu S. 358. Die von Rohlfs überschrittene Paßhöhe betrug nicht 2085, sondern 2589m, der benachbarte Dschebel Kiaschin wird auf 3500m geschätzt.

Zu S. 370. Eine genauere Kartenberechnung für Nubien ergibt

für das eigentliche Nubien . .	17,471 QM.	für das Land der Kunama u. Barea	326 „
„ Kordofan	1332 „	„ Barka und das Gebiet der Beni-Amer	984 „
„ Takaleh	338 „	„ das Küstengebiet von Massaua nebst Inseln	135 „
„ Dar Nuba und das unabhängige Gebiet zwischen Kordofan und Dar Fur	1123 „	„ Habab, Marea, Beit Taku .	133 „
„ das Gebiet der Schilluk . .	923 „	zusammen	24,800 „
„ „ „ „ Dinka . .	1035 „	davon der türkischen Herrschaft unterworfen	23,077 „
„ Fassokl (südöstliches Grenzland)	1000 „		

Zu S. 377, Sp. 1, Z. 7 v. u. l. Radscheb statt Tadscheb.

Zu S. 390. Literatur. Dinomé, le bassin du fleuve blanc, in Malte-Brun, Annales des voyages, 1866, p. 303.

Zu S. 401. Literatur. Ueber den Luta-Nzigé (M'wutan) vergl. Malte-Brun, Annales des voyages 1866, p. 129, mit Karte.

Zu S. 404 (115). Der Dschuba oder Juba, welcher wenig südwärts vom Aequator mündet, ist von Baron van der Decken 1865 bis über Berderah (ummauerte Stadt von großem Umfang, aber im Vergleich mit ehemals nur dürftig bewohnt, Sitz eines Somali-Sultans) mit einem kleinen Dampfschiff befahren worden. In den Stromschnellen oberhalb Berderah, bei der Fahrt nach dem aufwärts liegenden Handelsplatze Genana oder Ganameh, scheiterte das Schiff und die viel versprechende Expedition, von deren Mitgliedern nur Wenige sich retten konnten, nahm ein tragisches Ende.

Zu S. 456 (237). Literatur. Duveyrier, géographie de la Sahara occidentale, in Malte-Brun, Annales des voyages 1866, p. 257.

Zu S. 461. Nach Gerhard Rohlfs' letzter Reise durch Tuat scheint sich herauszustellen, daß sich südlich von Tamentit und südwestlich von Insalah die Wadis der unter 7) genannten Senkung vereinigen und sich sodann südlich zu der unter 5) genannten Senkung fortziehen. Da das Tiefbecken von Tuat in seinem südlichsten von Rohlfs gemessenen Punkte nur noch 105m Meereshöhe hat (Mharsa im Wadi oder Ued Msand), so kann die südlichere Depression kaum über den Meeresspiegel sich erheben. Demnach muß Duveyrier's Vermuthung, daß diese Wadis sich ehemals in den Niger ergossen hätten, sich als unhaltbar herausstellen; das unter 5) genannte Becken kann einen Abfluß zum Meere nach keiner Seite gehabt haben.

Zu S. 473 f. Die Größenangaben dieser Länder können, da sie nur auf Kartenmessungen beruhen, nur als annähernd richtig betrachtet werden.

Zu S. 496 (334). Der Anbau der Cochenille auf den canarischen Inseln scheint seinen Höhepunkt erreicht zu haben, indem der Bedarf dieses Produkts bei der bedeutenden Concurrenz anderer ähnlicher Farbestoffe sich nicht steigert. Der jährliche Verbrauch auf der Erde ist gegen 35,000 Ctr., davon liefern Guatemala etwa 32, Mejico 23, Ostindien 3, die canarischen Inseln 42 Procent.

Australien.

Charten.

v. Arrowsmith, London. — Gräf, Weimar. — Handtke, Glogau. — Kiepert, Berlin. — Petermann, Gotha. Ziegler, Leipzig, 1854 bis 1865. — Sydow, E. v., Wandkarte v. Australien. Mit Erläuterungen. Gotha, 1856. — Black's General Map of Australia and Tasmania or Van Diemen's Land shewing the British Colonies as divided into Counties. Edinburgh, 1857. — Ravenstein, E., gen. map of Australia and Tasmania or Van Diemensland. 2. Ed. 4 Bl. Edinburgh and Mainz, 1857. — Standford's new map of Australia. London. — Australia and the adjacent islands and seas between its northern coast and the equator. Northern portion. London. — Hemkes, H., Kaart van Australië. Ten gebruike bij het onderwijs in de aardrijkskunde. 6 Bl. Leyden, 1862.

Bücher.

Büchele, Dr. C., Australien in der Gegenwart, nach seiner historischen Entwickelg. u. Beschaffenheit rc. geschildert. Stuttgart, 1856. — Mundy, G. C., Our Antipodes or residence and rambles in the Australian colonies. London, 1857. — Deutsch v. Fr. Gerstäcker. Leipzig, 1857. — The Rise and Progress of Australia, Tasmania, and New Zealand. By an Englishman. London, 1857. — Meidinger, Heinr., die britischen Colonien in Australien in ihrer gegenwärtigen Entwickelung. Mit 1 Karte v. Australien u. Neu-Seeland. Frankfurt a. M., 1860. — Jeunesse, A., Géographie de l'Océanie. Paris, 1860. — Jobson, F. J., Australia, with notes by the way on Egypt, Ceylon, Bombay and the Holy Land. London, 1860. — Jacobs, Alfr., L'Océanie nouvelle. Colonies, migrations, mélanges. Paris, 1862. — Waugh's Australian Almanac. 1861. Sydney. — Meinicke, Dir. Die Geschichte der Entdeckung Australiens vor J. Cook. (Zeitschr. f. allgem. Erdkunde.) 1861. — Flanagan, Rod., the history of New South Wales, with an account of Van Diemen's Land or Tasmania, New Zealand, Port Phillip, Victoria, Moreton Bay and other Australian settlements. London. — Chapalay, L'Australie. Récit d'un voyage d'exploration et de découvertes par Burke, Wills, King et Gray, compilé et traduit de l'Anglais. Lyon, 1863. — Davis, John, Tracks of Mc. Kinlay and party across Australia. Edited from Mr. Davis's manuscript journal, with an introductory view of recent Australian explorations, by William Westgarth. Mit 1 Karte. London, 1863. — Macdonnell, Sir Richard G., Australia, what it is and what it may be, a lecture. Mit 1 Karte. London. — Howitt, W., the history of discovery in Australia, Tasmania and New Zealand, from the earliest date to the present day; with maps of the recent explorations, from official sources. 2 vols. London, 1865. — Woods, Rev. J. E. Tenison, history of the discovery and exploration of Australia, from the earliest period to the present day. 2 vols. M. 1 Karte. London, 1865.

Ausdehnung, Name und Entdeckung. Man begreift unter dem Namen Australien alle Länder, die sich von der Ostküste Asiens und den vor ihr liegenden Inseln, wie vom indischen Ocean an bis zur Westküste Amerikas gegen Osten ausbreiten und in dem Ocean zerstreut liegen, den man den stillen oder großen Ocean nennt. Den Europäern ist dieser Theil der Erdoberfläche, der von ihrer Heimath am entferntesten liegt, deshalb auch am spätesten bekannt geworden. Erst als am Anfange des sechszehnten Jahrhunderts Asien und Amerika von ihnen entdeckt waren, drangen sie bis dahin vor und zwar, da der Wege dahin durch den atlantischen Ocean, die Hauptstraße der europäischen Seevölker, zwei sind, um die Südspitze von Amerika und um Afrika durch den Südtheil des indischen Oceans, auf doppelte Weise. Der erste Europäer, der den stillen Ocean gesehen hat, war der Spanier Vasco Nuñez de

Balboa, als er, durch die Landenge von Darien vordringend, 1513 die Westküste Amerikas erreichte; darauf durchfuhr zuerst der Portugiese Fernando de Magalhaens 1521, als er bei der Untersuchung des südlichen Amerikas die nach ihm benannte Meerenge entdeckt und durchfahren hatte, dies größte aller Meere, dem er den Namen des stillen Oceans gegeben hat, und muß, obschon er dabei nur auf wenige seiner zahlreichen Inseln stieß, als der erste Entdecker Australiens betrachtet werden. Ihm folgten während des sechszehnten und der ersten Hälfte des siebzehnten Jahrhunderts auf dem Wege um Amerika andere Reisende, meist Spanier (wie Garcias de Lojasa 1525, Alvarez de Mendaña 1567 und 1596, Pedro Fernandez de Quiros 1606), später auch Engländer, (Francis Drake 1577) und vor allem Holländer (Oliver van Noort 1599, Jak. le Maire und Wilh. Schouten 1615); anfangs benutzten sie wie der erste Entdecker die Magalhaensstraße, bis Maire und Schouten die Umseglung des Feuerlandes unternahmen, welche Straße bis jetzt die gebräuchlichste auf dem Wege um Amerika geblieben ist. Durch diese Reisen durch den stillen Ocean, die man Erdumseglungen zu nennen pflegt, weil sie allerdings, indem sie den Anfangs- und Endpunkt in Europa haben, rund um die Erde von Ost nach West führen, wurde zugleich ein nicht geringer Theil der im stillen Ocean zerstreuten Inseln den Europäern bekannt. Im Anfange des siebzehnten Jahrhunderts geriethen aber bei der Gründung und Ausbreitung der holländischen Herrschaft im Archipel der indischen Inseln, wie in Folge der im südlichen Theil des indischen Oceans gegen Nordosten führenden Meeresströmungen holländische Seeleute an die Nord- und Westküste des australischen Kontinents und machten die Europäer mit diesem bekannt; aus dieser Zeit stammt der Name Australien oder Südland, weil man, durch eine vorgefaßte Meinung von der Existenz eines großen, die südlichen Theile der Erdkugel umschließenden Continents verführt, dieses in dem an der Ostgrenze des indischen Oceans sich ausdehnenden Lande gefunden zu haben meinte. Daß dies ein Irrthum sei, bewies der größte Seemann jenes Jahrhunderts, der Holländer Abel Tasman, der Einzige, der es auf seiner ersten Reise 1642 vor Cook gewagt hat, auf dem Wege durch den indischen in den stillen Ocean einzudringen, und dabei die Südspitze des australischen Festlandes und die Inselgruppe Neuseeland entdeckte. Hierdurch waren die allgemeinen Umrisse des Continents Australien, dessen Trennung von Neuguinea schon 1606 der Spanier L. Vaz de Torres nachgewiesen hatte, festgestellt.

Aber seit der Mitte des siebzehnten Jahrhunderts geriethen die bis dahin mit sehr regem Eifer betriebenen Unternehmungen zur Entdeckung der Länder und Inseln Australiens ins Stocken. Ein Jahrhundert lang wagten es blos einige Kaufleute und Seeräuber und dazu noch fast nur in dem nördlichen schmalsten Theile des Oceans, ihn zu durchschiffen; zwei Reisende allein haben sich in dieser Zeit durch ihre Entdeckungen hier einen Namen gemacht, (der Engländer Will. Dampier 1699 und der Holländer Jak. Roggeveen 1722), sogar ein großer Theil der früher gemachten Entdeckungen gerieth gänzlich in Vergessenheit. Erst als 1769 die englische Regierung die Absendung eines Schiffes nach dem stillen Ocean beschloß, um den Durchgang der Venus vor der Sonnenscheibe beobachten zu lassen, entdeckte bei dieser Gelegenheit der Leiter der Unternehmung, James Cook, nächst Columbus der größte Entdecker und Seemann, den das Menschengeschlecht hervorgebracht hat, einen bedeutenden Theil der Inselgruppen des Oceans und die ganze Ostküste des australischen Continents und fügte diesen Entdeckungen auf seinen beiden anderen Reisen 1772 und 1778 so viele hinzu und schilderte die entdeckten Länder in so gründlicher und genauer Weise, daß er sich den gerechten Ruhm erworben hat, durch seine Thätigkeit und Anstrengungen den bei weitem größten Theil der im Ocean liegenden Länder den Europäern bekannt gemacht zu haben, der eigentliche, wahre Entdecker Australiens geworden zu sein. Und sein Beispiel erregte unter den Seemännern aller europäischen Seevölker solche Begeisterung und solchen Wetteifer, daß sich seitdem eine ununterbrochene Reihe von glänzenden

Unternehmungen zur genaueren Durchforschung dieser weiten Meeresflächen gefolgt sind, welche zum Resultat gehabt haben, daß sie jetzt größtentheils kaum weniger bekannt sind, als die Meere, welche Europa umgeben. Dahin gehören die Reisen der Engländer Vancouver 1790, Flinders 1801, King 1817, Wickham und Stokes 1838, Owen Stanley 1846, der Franzosen la Pérouse 1785, d'Entrecasteaux 1791, Baudin 1800, Freycinet 1817, Duperrey 1822, Dumont d'Urville 1826 und 1837, der Russen (eigentlich Deutschen) von Krusenstern 1803, von Kotzebue 1815 und 1823, Lütke 1826, des Nordamerikaners Wilkes 1838. Diesen Entdeckungen folgten bald die thätigen und unerschrockenen Seehunds- und Wallfischfänger, die betriebsamen Kaufleute, die (protestantischen und katholischen) Missionare, endlich Colonisten (vorzugsweise Engländer), welche die europäische Gesittung bereits auf den australischen Continent und über Neuseeland verbreitet haben, und diese ganze auf die Erforschung der australischen Länder gewandte Thätigkeit der Europäer hat andrerseits wiederum sehr dazu beigetragen, unsere Kenntnisse von ihnen zu vermehren.

Der stille Ocean. Dieser Ocean ist von Fern. Magalhaens 1521 wegen seiner verhältnißmäßig leichten und bequemen Durchschiffung (wenigstens im Vergleich zu dem stürmischen Meer, welches die Südspitze Amerikas umgiebt), der stille Ocean (el mar pacifico) genannt worden, bei den Engländern heißt er auch häufig die Südsee, bei den Franzosen gewöhnlicher der große Ocean. Er ist das Hauptmeer der Erde und nimmt fast den dritten Theil des Flächeninhalts der Erdkugel ein. Gegen Westen begränzen ihn die Ostküsten von Australien und Asien, doch wird er von der letzten durch die von den indischen und ostasiatischen Inselgruppen Asiens gebildeten Küstenmeere geschieden, die sich von der Nordspitze Australiens bis zur Halbinsel Aljaska und der Nordküste Amerikas ausdehnen und mit jenen Inselgruppen noch zu Asien gerechnet werden, wie sie denn auch der Mittelpunkt und die Bedingung eines besonderen, ganz eigenthümlichen Culturlebens geworden sind, das sich auf den Küsten Asiens und den ihnen vorgelagerten Inselgruppen in mannigfacher Gliederung entwickelt hat. Im Osten reicht der Ocean dagegen allenthalben bis unmittelbar an die Westküste Amerikas, die ganz unter seinem Einflusse steht; im Süden geht er ohne bestimmte Gränze allmählich in den südlichen Polarocean über. Dadurch erhält er eine ungefähr dreieckige Form und ungleiche Breite, die an der Nordspitze am geringsten ist, in der Parallele von Kalifornien 1500, unter dem Aequator 2250 M. beträgt.

Jahrhunderte lang war dieser Ocean seiner Größe halber gefürchtet. Seine Durchschiffung galt bei den Europäern selbst für ein außerordentliches Wagestück und wurde während der ersten zwei Jahrhunderte nach seiner Entdeckung hauptsächlich nur im nördlichen Theile und wegen der Verbindung zwischen den spanischen Colonien in Neuspanien und den Philippinen unternommen; seit Cook's Reisen und seit der zweiten Hälfte des vorigen Jahrhunderts sind aber die Fahrten durch dies Meer so häufig und zugleich die Schiffahrtskunde bei den europäischen Völkern so vervollkommnet worden, daß der stille Ocean seine Schrecken verloren hat. Er kann jetzt vielmehr für ein stark besuchtes Meer gelten, das Reisende, Wallfischfänger und Missionare beständig und nach allen Richtungen hin durchschneiden, und in dem daher sich kaum noch ein Inselchen finden wird, das nicht entdeckt wäre. Für diese Durchschiffung ist aber die Kenntniß der Strömungen des Oceans von der größten Bedeutung. Die wichtigste derselben ist die große Aequatorialströmung, die im tropischen Theil fortwährend gegen Westen (gegen die indischen Inseln hin etwas mehr nördlich) führt und, verbunden mit dem ähnlich wirkenden Einflusse des beständig in derselben Richtung wehenden Passatwindes, die Schifffahrt gegen Westen zwischen den Wendekreisen ebenso erleichtert, als sie die gegen Osten erschwert. Nur auf einem schmalen Striche nördlich vom Aequator wird sie von einer Gegenströmung unterbrochen, die beständig von Westen gegen Osten zu führen scheint. Im Norden und Süden reicht die Aequatorialströmung nur eine kleine Strecke über die Wendekreise hinaus. In dem nördlichen außertropischen Theile herrscht an den Küsten der asiatischen Inseln eine nach Nordosten führende Strömung warmen Wassers; im Innern des Meeres ist die Strömung wechselnd, doch überwiegend eine nach Osten gehende, und der Küste Amerikas folgt eine andere nach Süden bis zum Aequator, wo sie sich gegen Westen wendet und in die Aequatorialströmung übergeht. Südlich vom Wendekreise des Steinbocks richten sich die Strömungen überwiegend gegen Norden und Nordosten; es ist die große Südpolarströmung, die in den Südtheil des Oceans eintritt und zuletzt mit der Aequatorialströmung sich verbindet. Aus dieser Darstellung erklärt sich die Leichtigkeit, mit welcher sich der Ocean nördlich und südlich von den Wendekreisen gegen Osten hin durchschneiden läßt. Im Südosttheil des Meeres trifft die Südpolarströmung ungefähr südlich von der Gruppe Chiloe auf die amerikanische Küste und theilt sich daher. Während der eine Arm nach Osten um die Spitze Amerikas herum in den atlantischen Ocean geht, führt der andere Arm das aus dem Polarmeer kommende Wasser gegen Norden die Küste entlang und bildet so die *peruanische Küstenströmung* kalten Wassers, welche erst am Aequator bei den Galapagoinseln sich gegen Westen wendet und in die Aequatorialströmung eintritt; sie ist es, welche die Fahrt längs der Westküste Südamerikas gegen Norden so leicht und gegen Süden so schwierig macht und den merkwürdigsten Einfluß auf Klima und Vegetation der Küstenlandschaften von Chile und Peru ausübt.

Im westlichsten Theile des Oceans führen zwei Abtheilungen desselben besondere Namen, das *Karolinische* und das *Korallenmeer*. Das erste ist der Theil desselben, welcher zwischen den karolinischen Inseln im Norden und Neuguinea, Neubritannien und den Salomonsinseln im Süden, den Philippinen im Westen und den Gilbertinseln im Osten liegt; das Korallenmeer wird von Australien im Westen, von Neuguinea, der Louisiade und den Salomonsinseln im Norden, von den neuen Hebriden und Neukaledonien im Osten eingeschlossen und geht im Süden in das Neuseeland von Australien trennende Meer über. Diese beiden Meere unterscheiden sich von den centralen und östlichen Theilen des Oceans dadurch, daß in ihnen nicht mehr die regelmäßigen Passatwinde und die Aequatorialströmung herrschen, sondern bereits die bekannten, periodisch wechselnden Monsune des nördlichen indischen Oceans und der indischen Inseln, und demgemäß wechselnde, bald gegen Osten, bald gegen Westen (an der Ostküste Australiens gegen Norden und Süden), führende Strömungen auftreten. Während das karolinische Meer beinahe ganz frei von Inseln ist, hat das Korallenmeer seinen Namen von den zahllosen Korallenriffen erhalten, die theils alle Küsten der dies Meer einschließenden Länder umgeben, theils auch in großer Menge in seinem Innern zerstreut sich finden und die Schiffahrt (auf dem Hauptwege von Sidney nach Indien, der dies Meer durchschneidet), um so mehr erschweren, da nur sehr wenige von ihnen über den Meeresspiegel hervorragen.

Die australischen Länder. In dem Raum zwischen dem indischen Ocean und der Westküste Amerikas liegt zuerst ein eigener Continent, *Australien* im engeren Sinne, der das Korallenmeer vom indischen Ocean trennt und gegen Norden bis nahe an Neuguinea und die östlichsten Inselgruppen des großen indischen Archipels reicht, alsdann östlich von diesem Continent eine überaus große Zahl von Inseln von den verschiedensten Dimensionen, meistens in Gruppen verbunden, nicht selten auch einzeln, zerstreut. Frühere Geographen haben diesen ausgedehnten Inselgruppen den Namen *Polynesien* gegeben, der jetzt aber gewöhnlich blos auf die östlichen Gruppen beschränkt wird.

Fauna, Flora und Bewohner der australischen Länder. Wenn man auch den Continent und die Inselgruppen Australiens zu einem Ganzen verbunden hat, so ist doch in der Natur der beiden Theile desselben ein außerordentlicher Unterschied. Der Continent zeigt in der Vertheilung und Bildung seiner Gebirgsländer und Tiefebenen wie in seinen Flußsystemen solche Eigenthümlichkeiten, daß er dadurch von allen übrigen Continenten der Erde weit abweicht; in gleicher Art ist seine Pflanzen- und Thierwelt eine durchaus besondere, die nur in sehr untergeordneten Punkten mit der anderer Länder übereinstimmt. Die Inselgruppen dagegen sind (mit Ausnahme der westlichsten, an den Continent und den indischen Archipel gränzenden), theils vulkanischen Ursprungs, theils flach und aus dem verhältnißmäßig sehr jungen Madreporenkalkstein gebildet; die ihnen angehörenden Pflanzen und Thiere schließen sich durchaus an die Flora und Fauna der indischen Inseln an, außer daß sich in den dem Continent am nächsten liegenden Gruppen Uebergänge in die Pflanzen- und Thierwelt desselben zeigen, wie sie stets vorzukommen pflegen, wenn zwei eigenthümlich entwickelte Naturgebiete sich berühren.

Eine ganz ähnliche Verschiedenheit zeigt sich an den ursprünglichen *Bewohnern* der australischen Länder. Auf dem Continent findet man einen dunkelfarbigen Volksstamm, der von allen übrigen Menschenstämmen durchaus abweicht und im Zustande der tiefsten Rohheit familien-, höchstens stammweise in dem unwirthlichen Lande umherzieht, einzig damit beschäftigt, das zum Leben Nöthige zu sammeln. Von den Inseln haben die größten und den Küsten des Continents am nächsten liegenden ebenfalls eine dunkelfarbige Bevölkerung, die, wenn auch in wichtigen Punkten von der des Continents sich unterscheidend, doch immer noch mit ihr die größte Verwandtschaft zu besitzen scheint; in sittlicher Beziehung stehen die Inselstämme selbst noch tiefer, als die Bewohner des Continents, allein sie übertreffen sie in der Bildung, haben feste Wohnsitze und treiben schon Landbau. Ganz verschieden von diesen dunkelfarbigen Stämmen, die man mit dem Gesammtnamen der Negrito oder Australneger belegt hat, sind die hellfarbigen Stämme, welche den größeren Theil der australischen Inseln bewohnen und in ihren Sprachen, Sitten und Institutionen, ihrer Denkungsweise und ihren religiösen Vorstellungen der Urbevölkerung der indischen Inseln nahe verwandt sind. Auch Europäer (und zwar überwiegend Engländer) haben sich jetzt in den australischen Ländern niedergelassen und vor allem auf dem Continent blühende und schnell und glänzend sich entwickelnde Colonien gegründet.

I. Der Continent Australien.

Charten.

Außer den von Arrowsmith, den die Reisewerke von Flinders, Freycinet, King, Mitchell und Stokes begleitenden und den im Londoner hydrographischen Amt und in dem dépôt général de la Marine in Paris erschienenen Black New chart of Australia 1863, Philips Australian atlas 1864, Petermann's Charten im Stieler'schen Handatlas Nr. 50 a, b u. c. — Higginson, H. and John W. Paintor, Map of the Settled Districts of South Australia. London, 1856. — Kiepert, H., Neue Erforschungen in Süd-Australien. (Ztschr. f. allg. Erdk.) — Stanford, the Province of Queensland. — Pearson, R. M., Map of that portion of New South Wales, which is bounded by Queensland, South Australia, and Victoria. 1861. — County-Maps of New South Wales, Sydney.

Bücher.

Cook's erste Reise um die Welt in Hawkesworth Account of the voyages for making discoveries in the southern Hemisphere. London 1773. 3 Bde 4. — Collins Account of the english Colony of Newsouthwales. London 1801. 2 Bde. 4. — Péron Voyages de déconvertes aux terres australes. Paris 1807. 2 Bde. 4. — Freycinet Navigation et Hydrographie des terres australes (der dritte Theil des Werkes von Péron). — Rossel Voyage de d'Entrecasteaux envoyé à la recherche de la Pérouse. Paris 1808. 2 Bde. 4. — Flinders Voyage to Terra australis. London 1814. 2 Bde. 4. — King Narrative of a survey of the intertropical and western coasts of Australia. London. 2 Bde. 8. — Oxley Journals of two expeditions into the interior of Newsouthwales. London 1820. 4. — Sturt Two expeditions into the interior of Southern Australia. London 1833. 2 Bde. 8. — Derselbe. Narrative of an expedition into Central Australia, performed during the years 1844 to 1846. 2 Bde. London 1849. 8. — Meinicke. Das Festland Australien, eine geographische Monographie. Prenzlau 1837. 2 Bde. 8. — Derselbe. Die neuesten Reisen im östl. Centralaustralien mit Karte. (In d. Zeitschr. f. allg. Erdk.) 1864 u. 1865. — Grey Journal of two expeditions in Northwestern Australia. London 1838. 2 Bde. 8. — Mitchell Three expeditions into the interior of Eastern Australia. London 1838. 2 Bde. 8. — Derselbe Journal of an expedition into the interior of Tropical Australia. London 1848. 8. — Eyre Journals of expeditions of discovery into Central Australia. London 1845. 2 Bde. 8. — Strzelecky Physical description of Newsouthwales and Vandiemensland. London 1845. 8. — Stokes Discoveries in Australia with an account of the coasts and rivers. London 1846. 2 Bde. 8. — J. B. Jukes Narrative of a surveying voyage under the command of Cpt. Blackwood. London 1847. 2 Bde. 8. — J. C. Byrne Twelve years wanderings in the britisch colonies. London 1848. 8. — Leichhardt Tagebuch einer Landreise in Australien, übers. von Zuchold. Halle 1851. 8. — Sam. Sidney The three colonies of Australia, Newsouthwales, Victoria, South Australia. London 1852. 8. — Deutsch. Hamburg 1854. — Macgillivray Narrative of the voyage of H. M. Ship Rattlesnake. London 1852. 2 Bde. 8. — Burdwood The Australian directory London 1853. 2 Bde. 8. — Bruhn, Dr. G. H, Mittheilungen über die Australischen Colonien, nach eigenen Erfahrungen u. Betrachtungen. Hamburg 1856. — Further papers relative to Crown Lands in the Australian Colonies. (Nebst 2 Karten.) London 1857. — Statistics of the Colony of Victoria for the year 1853. Melbourne 1857. — Major Early voyages to terra australis. London 1859. 8. — Westgarth Australia. London 1861. 8. — Derselbe. The colony of Victoria. London 1864. 8. — Obernheimer, Ob.-Berg.-R. Fr., Das Festland Australien. Geographische, naturwissenschaftliche u. culturgeschichtliche Skizzen. Wiesbaden 1861. — Pugh, Th. P., A brief outline of the geogr. position, population etc. of the Colony of Queensland. Brisbane (Queensland) 1862 — Wight, G., Queensland, the field for british labour and enterprise and the source of Englands cotton supply. Mit 1 Karte. London 1862. — Queensland, the new Australian Colony, its position, climate etc. By the Editor of the Australian and New Zealand Gazette. London, 1861. — Bush Wanderings of a Naturalist; or Notes on the field sports and fauna of Australia Felix. By an Old Bushman. New-York 1861. Lang, Dr. John Dunmore, Queensland. Australia, the futur cotton-field of Great-Britain; with a disquisition on the origin, manners and customs of the aborigines. Mit 2 Karten. London 1861. — Le Gras, Routier d'Australie (côte est) détroit de Torrès et mer de Corail, traduits et annotés d'après les travaux hydrogr. les plus récents. Vol. II. Paris 1861. — Harrison, R, Colonial Sketches, five years in South Australia. London 1862. — Lloyd, G. Th., Thirty-three years in Tasmania and Victoria. Mit 1 Karte. London 1862. — Schwabe, Dr. H., Süd-Australien. Nach den statist. Publikationen 1859 60. (Zeitschr. für allg. Erdk. 1862.) — Duboc, Dr. J., aus Widebay in Queensland. (Ausland.) 1862. — Sinnett, F., Account of the Colony of South Australia. Mit 1 Karte. Adelaide 1862. — Victoria, die Colonie in Australien, ihr Fortschritt, ihre Hilfsquellen u. ihr physikalischer Charakter. Deutsch v. Benj. Löwy. Melbourne 1862. — Archer, W. H., Statistical notes on the progress of Victoria from the foundation of the colony, 1835. to 1860. Part I u. II. Melbourne 1863. — Jessop, W. R. H., Sturtland and Flindersland, or the inside and outside of Australia. 2 vols. Mit 1 Karte. London 1863. — J. Mac Douall Stuart's journals of explorations in Australia, from 1858 to 1862. Mit 1 Karte. London 1864. — Wills, W., Narrative of a successful exploration through the interior of Australia from Melbourne to the Gulf of Carpentaria. Mit 1 Karte. London 1863. — Wilkins, W., The geography of New South Wales, physical, industrial, and political. Sidney 1864. — Wood, J. E. T., North-Australia, its physical Geography and natural history. Adelaide 1864.

Name, Lage, Gestalt und Größe. Der Name, mit welchem diesen Erdtheil seine europäischen Bewohner jetzt ausschließlich benennen, Australien, ist zugleich, wie schon gesagt, der älteste. Die erste Entdeckung desselben gebührt fast gleichzeitig dem holländischen Schiffe Duyfken und dem Spanier L. Vaz de Torres, die beide 1606 das Land am Carpentariagolf und an der Nordspitze des Erdtheils erblickten. Darauf wurden bis zu Abel Tasman's zweiter Reise 1644 von einzelnen holländischen Schiffern die ganze Nord- und Westküste nebst einem Theil der südlichen aufgefunden und einzeln benannt; so entstanden die jetzt ganz außer Gebrauch gekommenen Küstennamen Carpentaria (die Küste des Golfs dieses Namens), Arnhemsland und Vandiemensland für die nördliche, Neuholland (welcher Name lange Zeit namentlich von den Deutschen zur Bezeichnung des ganzen Continents gebraucht wurde, obwohl Abel Tasman, von dem er herrührt, damit nur einen Theil der Nordwestküste belegt hatte), und Dewittsland für die nordwestliche, Eendrachtsland, Edelsland und Leeuwinsland für die westliche, Nuytsland für den Westtheil der südlichen Küste. Die ganze Ostküste hat erst Cook 1770 entdeckt und Newsouthwales benannt, der zuletzt entdeckte Theil des Küstensaumes, der östliche der Südküste, ist gleichzeitig von Flinders und Baudin 1802 aufgenommen worden. In den älteren Zeiten galt der Continent, den man zugleich für zusammenhangend mit der Insel Neuguinea ansah, gewöhnlich für den nördlichsten Theil eines großen, bis zum Südpol sich ausdehnenden Australlandes, obschon der Spanier Torres 1606 bereits die Straße zwischen Australien und Neuguinea durchfahren, und der Holländer Tasman 1642 die Südspitze Australiens entdeckt und Vandiemensland benannt hatte. Seitdem die englischen Colonien hier gegründet sind, ist (auf den Vorschlag von Flinders) der Name Australien der herrschende für den Continent geworden.

Australien wird allenthalben von Meeren eingeschlossen, im Osten vom stillen, auf den übrigen Seiten vom indischen Ocean. Seine nördlichste Spitze, Kap York, liegt 10° 43′ S. Br., 142° 29′ O. L.*), die südlichste, Cap Wilson, 39° 11′ S. Br., 146° 24′ O. L., die westlichste, Cap Inscription auf der Insel Dirkhatich, 25° 28′ S. Br., 113° 1′ O. L., die östlichste, Cap Byron, 18° 38′ S. Br., 153° 40′ O. L. Die Form des Landes ist die eines Ovals, wenn man von einer großen Einbiegung an der Südküste absieht. Seine größte Breite von Ost nach West ist 580, die größte Länge von Nord nach Süd 428 deutsche M., der Flächeninhalt etwas über 138,000, mit den umherliegenden Inseln gegen 140,000 Q.-M. Der Küstenumfang beträgt ungefähr 1940 M., so daß auf eine Meile desselben gegen 71 Q.-M. des Flächeninhalts kommen oder fast doppelt so viel als bei Europa; das ist die Folge der Einfachheit des Baues der Küsten und des Mangels an Einschnitten und Meerbusen. Abweichend von den übrigen Continenten liegt Australien ganz in der südlichen Hemisphäre, und der südliche Wendekreis durchschneidet es in der Mitte, so daß etwa zwei Fünftel des Erdtheils der heißen, der Rest der gemäßigten Zone angehören. Von den übrigen Continenten ist Asien der nächste, Europa der fernste; die nächsten Inseln sind Neuguinea in 25 und Timor in 75 M. Entfernung.

Küstenbildung. Die Nordküste Australiens, welche von dem Cap York an der Endeavourstraße bis zum Cap Vandiemen reicht, wird von einem besonderen Meere bespült, das man gewöhnlich das Timormeer nennt nach der an seinem Nordwestende liegenden Insel, und das von der Küste Australiens bis zu den östlichsten der indischen Inseln und der Küste von Neuguinea sich ausdehnt; es ist dies Meer ein Theil des indischen Oceans und bildet im Osten durch die Torresstraße den Uebergang zum stillen Ocean. Zu ihm gehört an der australischen Küste der am westlichen Eingang in die Endeavourstraße liegende Golf Carpentaria, der größte Busen Australiens, 100 M. lang, allein in seinen Umrissen sehr einförmig gebildet. Die östliche Küste desselben ist ein flacher, durch große vorgelagerte Schlammbänke für größere Schiffe ganz unzugänglicher Strand, während die südliche bis zur Limmenbai nach Nordwest sich ausdehnende Küste zwar auch nicht hoch ist und sicherer Häfen entbehrt, allein tiefer und durch einige vor ihr liegende Inselgruppen, (die Wellesley- und Pellewinseln), besser entwickelt ist. Die westliche, gegen Nord sich erstreckende Küste des Golfs bildet dagegen eine hohe Steilküste und ist durch eine Menge schöner Häfen (Port Caledon, die Melville- und die Arnhembai) sehr ausgezeichnet; vor ihr liegt die Insel Groote, die größte des Golfs. Von dem Westcap desselben, dem Cap Wessel, welches das nördlichste der gleichnamigen Inselgruppe ist, (10° 59′ Br., 136° 46′ O. L.) geht die Küste weiter gegen Westen und ist anfangs flach und einförmig, durch zahlreiche Klippen und Bänke gefährdet, bis von den Wellingtonbergen an die schöne hafenreiche Steilküste beginnt, die sich von hier bis zum Cap Londonderry ausdehnt und diesem Theile Australiens in Zukunft gewiß eine nicht geringe Bedeutung für Culturverhältnisse verschaffen wird. Zu ihr gehören zuerst die herrlichen Häfen der Halbinsel Koburg (Port Raffles und besonders Port Essington), von der im Süden der große Vandiemensgolf (Pitschenelumbo der Eingeborenen) sich ausbreitet, den die beiden großen, durch die schmale Apsleystraße von einander getrennten Inseln Melville und Bathurst vom Ocean trennen. Zwei Straßen führen in diesen Busen, von Norden die Dundasstraße zwischen Coburg und Melville, von Westen her die Clarencestraße an der Südspitze von Melville.

Mit dem Cap Vandiemen, dem nördlichen der Insel Melville, (in 11° 8′ Br., 130° 20′ L.), beginnt die gegen Südwesten sich hinziehende Nordwestküste des Continents. Sie hat anfangs noch eben so schöne Häfen als die der Coburghalbinsel (Port Darwin, P. Patterson, die Ansonbai), dann folgt der große, von Inseln und Bänken angefüllte Busen, in welchen der Victoriafluß sich ergießt, und nahe dabei der tiefe, durch seine eigenthümliche Bildung ausgezeichnete Cambridgegolf. Etwas westlicher ändert sich die Natur der Küste ganz plötzlich. Bei dem Cap Londonderry (13° 44′ Br., 126° 54′ L.) beginnt eine höchst auffallende Klippenküstenbildung, die bis zum Cap Levesque reicht. Zwei große, aus zahllosen, kleinen, wilden Felseninseln und nackten Klippen zusammengesetzte Archipele, Bonaparte und Buccaneer, breiten sich vor dem Lande aus, dahinter ist die steile, bergige Küste von vielen tiefen Busen (Vansittartbai, Admiralitysund, Montaguesund, Yorksund, Brunswicksund, Collierbai, Cygnetgolf) durchschnitten, die wieder die schönsten Häfen (Port Warrender im Admiralitätssunde, Port Swift im Montaguesunde, Port Frederick und Port Nelson im Yorksunde, der Hafen Georgs des vierten im Brunswicksunde) in Fülle enthalten. Bei Cap Levesque, dem Westcap des Cygnetgolfs (16° 22′ Br., 122° 57′ L.) endet diese Klippenküste; auf sie folgt ein flacher, hafenloser, überaus öder und wilder Strand, dem sich zu nähern für Schiffe um so gefährlicher ist, da häufig flache Inselchen und Bänke davor liegen. Erst mit dem Archipel Dampier wird die Küste höher, obschon der vielen Inseln und Klippen wegen, welche davor liegen, und unter denen die Barrowinsel die größte ist, nicht sicherer und zugänglicher. Mit dem Cap Northwest (21° 48′ Br., 114° 2′ L.), dem Westcap des großen, doch wenig nutzbaren Golfes Exmouth, endet die Nordwestküste.

*) Die Länge ist stets östlich von Greenwich gerechnet.

Von da geht die *Westküste* des Continents gegen Süden und später gegen Südsüdosten. Auch sie ist im Ganzen hoch und nicht so gefährdet durch Klippen als die Nordwestküste, doch arm an Häfen und für die Schiffahrt ungünstig gebildet; wenn die Colonie Westaustralien in ihrer Entwicklung gegen die übrigen australischen Colonien zurückgeblieben ist, so hat diese Küstenbildung auch Antheil daran. Der merkwürdigste Theil dieser Küste ist der *Haiensund*, ein großer, durch die vorgelagerten Inseln *Dorre* und *Dirkhatich* gebildeter und durch eine Halbinsel in zwei Busen getheilter Meereseinschnitt, der aber durch seine zahllosen Sandbänke fast unzugänglich und dessen Ufer furchtbar öde und wüst sind. Südlicher liegt vor der Küste die große Klippen- und Inselkette der *Houtmans Abrolhos* (von 28° 15′ bis 29° Br.), durch den *Geelvinkkanal* vom Festlande getrennt; noch südlicher folgt die Insel *Rottnest* vor der Mündung des Schwanenflusses und am Südende der Westküste die große, aber offene *Geographenbai*.

Mit dem Cap *Leeuwin* (34° 19′ Br., 115° 6′ L.), dem Südwestcap des Continents, beginnt die *Südküste*, welche zuerst gegen Ostnordosten und von 132° L. an bis zur Baßstraße gegen Südosten sich ausdehnt. Sie ist fast in ihrer ganzen Erstreckung hoch und großentheils auch vortheilhaft für die Schiffahrt gebildet. Zunächst im Osten des Cap Leeuwin hat sie einige gute Häfen, besonders den *Königgeorgsund* und andere an der Küste hinter dem ausgedehnten, aus kleinen, wilden Felseninseln bestehenden Archipel *Recherche*; aber östlich von diesem beginnt die große *australische Bucht*, deren Küste ein steiler, in seltener Einförmigkeit 8 Grade lang sich hinziehender, der Einschnitte und Inseln, des Schutzes und der Häfen entbehrender Strand bildet. An dem östlichen Ende dieser Bucht, dem *Cap des Adieux*, erreicht man die schöne Steilküste von Südaustralien, welche die Grundlage der Handelsbedeutung dieser Colonie bildet und durch ihre zahlreichen und schönen Häfen hinter den der Küste vorliegenden Inseln ausgezeichnet ist. Ihren Mittelpunkt bilden die zwei großen, obschon einförmig gebildeten, gegen Norden sich ausdehnenden Busen, der *Spencergolf* im Westen (mit dem Hafen *Lincoln* an seinem Eingange, einem der schönsten Häfen Australiens) und östlicher der kleinere *Vincentgolf*, vor dem die lange, von Westen nach Osten sich erstreckende Insel *Kängaru* (Karta der Eingeborenen) liegt. Bei Cap *Jervis*, dem Ostcap des Vincentgolfes (35° 32′ B., 138° 4′ L.), wird die Küste mit der großen Bai *Encounter*, in welcher der Fluß Murray mündet, flach, hafen- und schutzlos; allein schon bei Cap *Northumberland* (38° 2′ Br., 140° 37′ L.) steigt sie wieder auf, und hiermit beginnt eine schöne Steilküste, die zu den ausgezeichnetsten der Erde gehört und fast ohne Unterbrechung von der Südspitze Australiens bis zur Torresstraße reicht; auf ihr beruht zum nicht geringen Theil die Blüthe der in diesem Theile Australiens gegründeten Colonien. Anfangs ist die Küste noch einfach gebildet und arm an Schutz; mit Cap *Otway*, dem nordwestlichen Eingangscap der Baßstraße (38° 51′ Br.; 143° 29′ L.), beginnen die schönen Häfen, Port *Phillip*, der Haupthafen der Colonie Victoria, Port *Western* und östlich von dem halbinselartigen Vorsprunge des Cap *Wilson*, des Südcaps des Continents, *Cornerinlet*, auf welches dann auf eine kurze Strecke ein flacher, hafenloser Strand bis Cap *Howe*, dem nordöstlichen Eingangscap der Baßstraße (37° 30′ Br., 150° 8′ L.), folgt.

Diese Meerenge, welche die Gegend um Cap Wilson von Tasmanien trennt, ist 32 M. von Norden nach Süden breit und bildet ein Becken, das gegen das offene Meer im Osten und Westen durch Inselgruppen abgeschlossen ist; im Westen liegt die große, nicht unfruchtbare Insel *King*, vom Cap Otway durch die *Nelsonstraße*, den besten westlichen Eingang in das Becken, von der an der Nordwestspitze Tasmaniens liegenden Gruppe der felsigen *Hunterinseln* durch die gefährliche *Hunterstraße* getrennt, im Osten entstehen ebenfalls durch die aus wilden Felseninseln bestehende *Fourneauxgruppe* zwei Pässe, deren südlicher der *Banks Kanal* ist, der nördliche wieder durch die kleine Gruppe *Kent* in zwei Straßen getheilt wird, von denen die südlichere (der *Kent Kanal*) die sicherste Einfahrt bildet. Im Süden der Baßstraße liegt die größte australische Insel, welche die Bewohner jetzt *Tasmanien* nennen, (das *Vandiemensland* des ersten Entdeckers, Abel Tasman), und welche 1200 □-M. Flächeninhalt und die Form eines unregelmäßigen Vierecks hat. Ihre Küstenbildung ist ganz so vortheilhaft wie die des südlichen Australiens. Die Westküste dieser Insel geht von dem Nordwestcap, Cap *Grim* (40° 44′ Br., 144° 54′ L.), gegen Südsüdosten und enthält die schönen Häfen des Port *Macquarie* und Port *Davey*; am ausgezeichnetsten aber ist die Südküste zwischen Cap *Southwest* (43° 38′ Br., 146° 7′ L.) und Cap *Pillar* (43° 14′ Br., 148° 10′ L.) besonders durch die herrlichen Häfen des *Entrecasteauxkanales*, der *Sturmbai* und der östlicher liegenden Halbinsel *Tasman*. Einförmiger gebildet, doch sicher und nicht hafenlos sind die Ostküste der Insel vom Cap Pillar bis zum Nordostcap *Portland* (40° 44′ Br., 147° 57′ L.), an der die Insel *Maria* und die *Oysterbai* hinter der Halbinsel Vanderlin liegen, und die an der Baßstraße sich hinziehende Nordküste (mit dem Port *Dalrymple*, der Mündung des Tamar, und dem Port *Frederick*).

Vom Cap Howe an erstreckt sich die *Ostküste* Australiens anfangs gegen Nordnordosten, später gegen Norden. Sie ist auf dieser ganzen Strecke hoch, steil und sicher, dabei durch ihre schönen Häfen ausgezeichnet, wie *Twofoldbai*, *Jervisbai*, *Botanybai*, wo Cook zum ersten

Mal den Boden Australiens betrat, Port Jackson, einen der schönsten Häfen der Erde, Brokenbai, Port Stephens, Moretonbai. Vom Cap Sandy, dem Nordcap der Insel Frazer (24° 41' Br., 153° 17' L.), an ist die Küstenrichtung gegen Nordwesten, später gegen Nordnordwesten bis zur Endeavourstraße und dem Cap York, dem Nordcap Australiens. Dieser Küstentheil, die Nordostküste des Landes oder die der Provinz Queensland, hat zwischen sich und dem Barrierriff ein Küstenmeer von verschiedener, im Ganzen jedoch im südlichen Theile größerer Breite, das mit zahllosen Klippen und meist flachen Inselchen angefüllt und daher sehr schwierig zu befahren ist; allein die Küste ist von vielen tiefen Baien und Busen mit schönen Häfen zerschnitten, (die Herveybai, Port Curtis, die Keppelbai, Shoalwaterbai, Broadsund, Edgecumbebai mit dem Hafen Denison, die Halifaxbai, Rockinghambai mit dem Hafen Hinchinbrook, Trinitybai, Princeß Charlottebai, Lloydbai, Shelburnebai, Port Albany bei Cap York), dabei höher und bergiger, besser bewässert und fruchtbarer, als sonst die australischen Küsten zu sein pflegen. Ihre Haupteigenthümlichkeit besteht aber in der breiten Masse von Korallenriffen, die man das australische Barrierriff nennt, und die vom Cap Sandy, wo ein breiter Paß in das dahinterliegende Küstenmeer führt, erst gegen Norden, später von 21° Br. an mehr gegen Nordwesten zieht und der Küste bis zur Torresstraße folgt. Diese Riffe, die sich auf dem Boden des Korallenmeers steil erheben und dieses von der australischen Küste scheiden, sind häufig von breiteren oder schmaleren Pässen durchschnitten, deren Kenntniß für die Schiffahrt sehr wichtig ist: sie bleiben anfangs dem Lande ziemlich fern, später nähern sie sich ihm allmählich, bis sie es von Cap Tribulation (16° 4' Br., 145° 30' Lg.) an berühren; nördlicher aber von Cap Grenville (11° 58' Br., 143° 15' Lg.) an entfernen sie sich, indem sie gerade gegen Norden ziehen, wieder vom Lande und gehen über den Osteingang der Torresstraße fort, bis sie in 9° 15' Br. enden. Wie hierdurch der östliche, so wird durch andere Massen von großen Riffen der westliche Eingang dieser Straße fast noch mehr gesperrt und die Beschiffung derselben in außerordentlicher Weise erschwert, so daß für die Schiffe nur einzelne schmale Fahrstraßen, (wie die Blighstraße im Osten und die Prince of Walesstraße im Westen), übrig bleiben; trotz dieser Gefahren wird sie, weil sie die nächste Verbindung zwischen den Colonien des östlichen Australiens und Indien darbietet, stark befahren, obschon der vorherrschenden Westströmung halber gewöhnlich nur von Osten gegen Westen. Zwischen diesen Riffen liegen in der Torresstraße eine Menge kleiner Inseln, von denen die östlichen, (bis auf die vulkanischen Inseln Mer und Errub), flache Koralleninseln, die westlichen, zugleich die größeren, bergig und hoch sind. Von ihnen hat die im Südwesttheil der Straße liegende Gruppe des Prinzen von Wales, welche die Endeavourstraße von dem Lande bei Cap York trennt, noch ganz australische Natur, die übrigen dagegen in höchst auffallendem Contrast ganz die von Neuguinea, wie sie auch von einem den Neuguineern verwandten Volksstamme bewohnt werden.

Beschaffenheit der Oberfläche. Obschon bis jetzt eigentlich bloß ein Theil der Küstenländer Australiens genauer untersucht, das Innere erst in den letzten Jahren und das hauptsächlich nur in seinen östlichen und centralen Theilen entdeckt und erforscht, der Westtheil wie die Nordwestküste aber noch ganz unbekannt sind, so erscheint es schon jetzt bei noch so mangelhafter Kenntniß von der Bildung der einzelnen Theile des Landes überaus wahrscheinlich, daß der größere Theil desselben von der Form der Tiefebene eingenommen wird; Unwirthlichkeit, Oede, Wasserarmuth bilden die Hauptcharakterzüge derselben, die Steppennatur ist nicht so häufig, als vielmehr die Bedeckung des dürren, sandigen Bodens mit stachligem trocknen Gebüsch. Nur hier und da sind die Ebenen von niedrigen Bergländern, in denen die Hochebenenform immer überwiegt, häufiger noch von einzelnen Bergzügen unterbrochen. Am häufigsten und zusammenhangendsten sind diejenigen Bergländer, welche sich längs der Küsten ausdehnen und die Ebenen des Innern umschließen; doch bilden auch sie kein Ganzes, und wahrscheinlich würde die Erhebung des Meeresspiegels um einige hundert Fuß schon ganz Australien in eine Gruppe großer Inseln auflösen.

I. Die Gebirgsländer der Küstenlandschaften. So weit sie bis jetzt untersucht sind, lassen sich deren sechs unterscheiden, das südöstliche, das nordöstliche, das nördliche, das nordwestliche, das westliche und das südliche oder südaustralische.

1. Das südöstliche Gebirgsland oder das Bergland von Victoria und Newsouthwales, das bekannteste und am besten erforschte von allen, beginnt an der Südküste des Continents an der Mündung des Flusses Glenelg und erstreckt sich zuerst gegen Osten, von Cap Wilson an aber gegen Nordnordosten bis zur Herveybai. Es ist keineswegs ein Ganzes, son-

dern besteht vielmehr aus einer Reihe schmaler, wiesenreicher und dünn bewaldeter, hauptsächlich daher zur Viehzucht geeigneter Hochebenen, deren höchste gegen 2000 F. Höhe haben, und zwischen denen Bergketten von verschiedener Höhe und Länge sich erheben, deren Hauptrichtung die nördliche zu sein pflegt. Die Senkungen und Abfälle dieser Hochebenen sind nach dem Innern zu stufenartig, die größeren Flüsse strömen über diese Stufen in die Tiefebenen herab, die sich am Fuß der Abhange ausbreiten; aber nach dem Meere zu fällt das Bergland gewöhnlich steil ab, dabei meistens der Art, daß der Abhang den Meeresstrand nicht immer erreicht, sondern, indem er zu Zeiten bogenartig zurücktritt, eine Reihe von Küstenebenen bildet, die durch bergige Vorsprünge des Innern von einander getrennt sind, und in welche sich die zahlreichen Küstenflüsse über die Bergabhange gewöhnlich in tiefen, unzugänglichen Schluchten ergießen, so daß dadurch das Eindringen in das Innere von diesen Küstenebenen, welche die Mittelpunkte der Cultur und des Anbaues in der Colonie Newsouthwales bilden, nicht wenig erschwert wird. Den südlichsten Theil dieses Berglandes bildet das übrigens von dem Reft ganz getrennte Bergland von Victoria oder des sogenannten glücklichen Australiens. Dies besteht aus ausgedehnten, nach allen Seiten sanft sich senkenden Hochebenen, die namentlich im südlichen Theil durch Fruchtbarkeit des Bodens ausgezeichnet sind und zu den reichsten Theilen Australiens gehören. Im Westtheil zieht durch diese Ebenen die Bergkette der Grampians an der Quelle des Glenelg von Norden nach Süden mit dem Berge William von 4221 F. Höhe *), von ihr östlich liegen die südlichen Pyrenäen, deren Spitzen viel geringere Höhe haben, und deren Ost- und Südabhang durch die überaus reichen Goldablagerungen (namentlich in Ballarat und Bendigo) ausgezeichnet sind. Weiter im Osten ist der Zusammenhang dieses Berglandes mit den australischen Alpen durch eine Reihe von tieferen Ebenen unterbrochen, die vom Hafen Phillip nördlich bis an das Ufer des mittleren Murray reichen und an Fruchtbarkeit des Bodens denen des glücklichen Australiens nicht nachstehen. Hierauf steigt östlicher das nach Nordosten sich ausdehnende Bergland der australischen Alpen auf, das höchste Gebirge, das man bis jetzt in Australien kennt, das aus mehreren Gruppen hoher Berge besteht, die durch niedrigere Höhen mit einander zu einem Ganzen verbunden werden. Eine tiefere Einsenkung, die das Thal des obern Murray und die Hochebene umfaßt, in welcher der See Omeo liegt, trennt das Ganze in zwei Theile; in dem westlichen erheben sich die Berge Hotham (7035 F.) und Latrobe (6847 F.), in dem östlichen, der den Namen des Warragonggebirges führt, der Munyang (6626 F.) und der Kosciusko (6555 F.). Gegen Norden und Nordwesten senkt sich das Bergland sanft am oberen Murray und seinen Zuflüssen zum Tieflande herab; gegen Südosten und Süden fällt es steil zu der reichen und fruchtbaren Küstenebene des Gippslandes, der südlichsten dieser Küstenebenen der Ostküste, ab, welche unter anderen Küstenflüssen besonders der Snowyfluß bewässert. Im Osten wird das Warragonggebirge von der wiesenreichen Hochebene Monaro begränzt, einem der schönsten Weidedistrikte von Newsouthwales, der von dem oberen Lauf der Flüsse Snowy und Morumbidschi bewässert wird und östlicher mit steilen Abhangen zur Küste des Oceans abfällt. Gegen Norden geht dieses Weideland in das ebenfalls aus großen Wiesenebenen und einzelnen bewaldeten Bergzügen bestehende Hochland von Argyle über, in dessen Mitte die beiden jetzt ausgetrockneten Plateauseen George und Bathurst in 2000 F. Höhe liegen; es senkt sich gegen Westen am mittleren Morumbidschi durch das Stufenland von Yaß am nördlichen Ende der Warragonggebirge zum Tieflande in Stufen und allmählich herab, während es gegen Osten steil und plötzlich in die große, vom Shoalhaven bewässerte Küstenebene der Jervisbai herabstürzt, gegen Nordosten von dem sanfter sich senkenden Stufenlande von Camden begränzt wird, dessen steile Abhange am Meere die kleine, allein durch ihre Fruchtbarkeit ausgezeichnete Küstenebene von Illawara umgeben. Die nördliche Fortsetzung von Argyle bildet das öde und schwerzugängliche, mit Wald bedeckte und wenig fruchtbare Hochland der blauen Berge, dessen höchste Spitzen der Abine (3800 F.) und der King George sind, und die von tiefen und unzugänglichen Schluchten durchschnitten werden. Im Osten fällt dieses steil zu der großen, vom unteren Hawkesbury durchflossenen Küstenebene von Cumberland ab, ein mit Wäldern bedecktes und zwar nicht fruchtbares, am Meere selbst auffallend ödes Land, dennoch der wichtigste und am stärksten bewohnte Theil der Colonie Newsouthwales. Gegen Westen gehen die blauen Berge in die Hochebene von Bathurst über, da wo auf den Sandstein der Granit folgt; diese hat die gleiche Meereshöhe (gegen 2000 F.) wie die blauen Berge, allein fruchtbaren Boden in den schönen, offenen Wiesenebenen, die von einzelnen Ketten und Bergen (der Canabolas 4181 F.) unterbrochen werden, und geht nach Westen und Nordwesten allmählich in Stufen längs des Mittellaufes der Flüsse Lachlan und Macquarie, welche Stufen die reichen Goldablagerungen von Ophir und Sofala enthalten, in das Tiefland über.

Im Norden senken sich die blauen Berge zum Thal des Goulburn herab, das unmittelbar mit dem des zum Macquarie fließenden Talbragar in Verbindung steht, so daß hier der Zusammenhang der Bergzüge unterbrochen ist; östlicher liegt die schöne und fruchtbare Küstenebene des Hunterflusses, welche durch felsige, öde Sandsteinberge von der von Cumberland getrennt

---

*) Alle Höhen sind in pariser Fuß.

ist. Hiermit beginnt der nördliche Theil des Berglandes von Newsouthwales. Das Hunterthal wird im Norden von der steil aufsteigenden, von Westen gegen Osten sich erstreckenden Liverpoolkette begränzt, deren Durchschnittshöhe gegen 4000 F., die der höchsten Spitzen 4400 F. beträgt. An ihrem nördlichen Abhange breiten sich die kaum 1000 F. hohen, überaus fruchtbaren, fast ganz waldfreien und wiesenreichen, vom oberen Nammoy durchflossenen Liverpoolebenen aus, welche im Westen durch die Kette Wallambangle vom Tieflande getrennt, im Norden durch das Gebirge Nundawar begränzt werden, zwischen welchen beiden Bergzügen sich die Ebene sanft in das Tiefland herabsenkt. Im Osten von ihnen erhebt sich das Land dagegen schnell zu Ebenen von bedeutender Meereshöhe, (der Berg Seaview 5 bis 6000 F. hoch), welche weiter im Osten steil und plötzlich in die überaus reiche und fruchtbare Küstenebene des Hafens Macquarie sich herabsenken, deren Hauptfluß der Macleay ist. Nördlicher gehen jene Hochebenen in die von Neuengland über, ein schönes, fruchtbares und wiesenreiches Hochland von mindestens 2000 F. Höhe mit kühlem, gesundem Klima, einen der vorzüglichsten Weidedistricte von Newsouthwales, welches sich gegen Westen mit den Beardy- und Byronebenen an den Quellarmen des Barwan, der in Neuengland entspringt, allmählich und stufenartig zum Tieflande herabsenkt, während es gegen Osten steil zu der vom Clarence durchströmten Küstenebene abfällt. Die nördliche Fortsetzung der Ebenen von Neuengland bilden die eben so wiesenreichen und fruchtbaren, doch nicht mehr in gleicher Meereshöhe liegenden Canning und Darlingdowns, die der Balonne im oberen Lauf durchschneidet, und die gegen Westen allmählich in das Tiefland übergehen, im Osten aber von einem schroffen, steilen Gebirgszuge, der Dividingrange begränzt werden, deren höchster Berg der Mount Mitchell (3865 F.) ist. Diese Kette begränzt die große, vom Brisbane bewässerte Küstenebene der Moretonbai, die an Schönheit und Fruchtbarkeit des Bodens die des Clarence und des Macquariehafens fast noch übertrifft und jetzt den Mittelpunkt der Colonie Queensland bildet; gegen Süden wird sie von der Clarenceebene durch die steil aufsteigende Gebirgsgruppe des Mount Lindesay (5347 F.) getrennt, im Norden von der selsigen Bunyabunyakette begränzt, an deren nördlichem Abhange sich die große Küstenebene der Widebai ausbreitet. Hier endet das Bergland von Newsouthwales; wie im Süden der Liverpoolkette unterbricht ein breiter Zug fruchtbarer, nicht sehr hoch gelegener Ebenen, in denen der Burnett zur Küste fließt, und die am mittleren Balonne mit dem Tieflande verbunden sind, den Zusammenhang zwischen dem Berglande des östlichen und dem des nordöstlichen Australiens.

2. Das Bergland des nordöstlichen Australiens oder das Bergland von Queensland. Dies erstreckt sich in der Hauptrichtung gegen Nordwesten und zerfällt durch eine ähnliche Einsenkung wie die am Südabhange der Liverpoolkette in zwei durch verschiedene Bildung von einander abweichende Theile. Der südliche bildet ein Hochland, das sich aus den weiten, vom mittleren Balonne durchflossenen Ebenen sanft und allmählich erhebt und aus einzelnen, durch Bergzüge von einander getrennten, fruchtbaren, grasreichen und wohl bewässerten Hochebenen besteht, die von den Armen des Flusses Fitzroy durchschnitten werden. Unter den Bergketten sind die bedeutendsten die Expeditionskette mit dem Roperpaß, der Gebirgsknoten westlich davon um die Quellen der Flüsse Maranoa, Warrego und Negoa (mit dem Berge King 2610 F.) und die Peakkette nördlich vom Thal des Mackenziesflusses. Im Osten sinkt das Bergland, wie es scheint, in schmalen Stufen zur Küste herab; die Höhen reichen hier bis an das Meer und sind einzig durch das die Stufenthäler bewässernde, gewundene Thal des untern Fitzroy durchbrochen. Gegen Westen aber endet das Land gegen die Tiefebenen des Innern mit zwei breiten, von weiten Ebenen eingenommenen Stufen, deren östliche der Belyando im Mittellaufe gegen Norden, die westliche (die Bowendowns) der Thomson gegen Süden durchfließt; bergige Ketten trennen beide und begränzen auch die letzte gegen das Tiefland zu. Im Norden senken sich die Ebenen zu einer tieferen Einsenkung herab, in der sich die Arme des Burdekin vereinigen, ehe dieser Fluß sich nach Nordosten zur Küste wendet; hiermit beginnt das Bergland des nördlichen Queensland, ebenfalls ein Hochland, das eine größere Meereshöhe als das südliche zu haben scheint, und in seinen fruchtbaren und wohl bewässerten Wiesenebenen ein überaus brauchbares Weideland bildet. Es reicht im Osten bis an die Küste, zu der es mit steilen, schwer ersteiglichen Abfällen plötzlich herabstürzt, ähnlich wie das Bergland von Newsouthwales ebene und sehr reiche Küstenebenen umschließend, wie z. B. an der Halifax- und Rockinghambai; auf diesem steilen Rande erheben sich die höchsten Berge von Queensland, wie der Elliot (3866 F.), die Bellenden-Kerberge (5094 F.). Das Innere des Berglandes durchschneiden die fruchtbaren und schönen Thäler der Flüsse Burdekin, Mitchell und Lynd, die alle von Südosten gegen Nordwesten gerichtet sind; im Westen ist der Absall sehr steil über die Newcastlekette zu einer Stufe, welche der obere Gilbert durchfließt, und die vom Tieflande durch die Gregorykette geschieden wird, diese Stufenketten reichen im Süden bis an die Quelle des Flusses Flinders. Im Norden endlich sinkt das Land unter 15° Br. am Kennedyflusse herab, und die darauffolgende Yorkhalbinsel zwischen der Nordostküste und dem Karpentariagolf scheint nur im Osten von nicht bedeutenden Höhenzügen durchzogen zu werden, nach dem Karpentariagolf hin ganz flach zu sein.

3. Das Bergland des nördlichen Australiens oder das Bergland von Arnhemsland. Dies liegt auf der Westseite des Karpentariagolfs und nördlich von 15° Br. und

ist eines der kleinsten. Das Innere scheint ein Hochland zu sein, dessen höchste Theile sich angeblich bis gegen 3000 F. erheben, und dessen Ebenen überaus reichen und fruchtbaren Boden besitzen; sie werden von einzelnen Bergzügen und reichen, breiten Flußthälern durchschnitten, deren Hauptrichtung im Ganzen von Nordwesten gegen Südosten ist, wie die Thäler des Roper im Osten und die des Alligator und Adelaide im Norden und Westen. Gegen Norden sinkt das Bergland mit steilen, wallartigen Abstürzen in eine nicht grade fruchtbare Küstenebene herab, dagegen sind die Abhange zum Tieflande gegen Süden sanfter und allmählicher, und im Südwesten scheinen sie sich mit denen des folgenden Berglandes zu verbinden.

4. Das Bergland des nordwestlichen Australiens ist von allen das am unvollkommensten erforschte. Genau bekannt ist bis jetzt nur der nordöstlichste Theil desselben, der aus wohl bewässerten Hochebenen mit fruchtbarem Boden besteht, die von den Armen des Flusses Victoria durchschnitten werden und sich gegen Norden zur Küste in Stufen herabsenken, deren Stufenketten die gemeinsame Richtung nach Nordosten haben. Gegen Süden enden sie an einem von Osten nach Westen ziehenden, nur bis gegen 2000 F. hoch aufsteigenden Bergrücken, dessen Abhange südlicher in das Tiefland des westlichen Australien übergehen. Wahrscheinlich dehnt sich aber das Bergland längs der Küste zwischen dieser und dem Tieflande noch weiter gegen Südwesten bis zum Cygnetgolf aus; denn hinter dem Brunswicksunde und der Collierbai sind fruchtbare Hochebenen mit einzelnen Bergzügen längs dem Thale des Flusses Glenelg entdeckt, die damit zusammenzuhangen scheinen.

5. Das Bergland von Westaustralien im südwestlichsten Theile des Continents ist ein Hochland, das sich von der Südküste um den Königsgeorgsund bis zur Nordwestküste östlich vom Dampierarchipel und bis 20° S. Br. ausdehnt und in zwei hauptsächlich durch ihre natürliche Beschaffenheit unterschiedene Abtheilungen zerfällt. Die südliche, die bis zum oberen Laufe des Murchison reicht, besteht aus niedrigen Hochebenen, die sich im Ganzen sanft gegen Osten hin erheben und selbst in den bedeutendsten Höhen 1500 F. nicht zu übersteigen scheinen; sie sind allenthalben sehr wasserarm und in den südlichsten Theilen noch gut bewaldet, an manchen Stellen selbst nicht unfruchtbar, allein weiter nach Norden und Osten werden sie immer dürrer, unfruchtbarer und unwirtblicher. Die Flüsse, welche diese Ebenen durchschneiden, der Blackwood, Schwanenfluß und Murchison, sind die mangelhaftesten unter den so unvollkommen gebildeten australischen Flüssen; nicht selten werden ihre Thäler von großen seichten Salzseen und Salzsümpfen eingenommen, das Land ist nirgends anzubauen, selbst nur an seltenen Stellen zur Viehzucht zu benutzen. Gegen Westen fällt es zur Westküste des Continents mit einem Randgebirge herab, das im südlichen Theile die Darlingkette (von gegen 2000 F. Höhe), nördlicher, wo es aus einer doppelten Stufe besteht, die Herschel- und die Victoriakette heißt; gegen Süden ist der Abfall zur Südküste allmählicher und stufenartig, der Uebergang nach Osten in das Tiefland scheint eben so allmählich zu sein und ist noch nicht erforscht. Am Fuße dieser Abfälle liegt im Westen eine meistens dürre und wenig ergiebige Küstenebene, an der Südküste ist sie dagegen fruchtbarer und besser bewässert. Vom oberen Murchison an ändert sich die Beschaffenheit des Landes. Die hier von den Flüssen Gascoyne und Ashburton bewässerten Hochebenen steigen stufenartig viel höher auf und erreichen zuletzt im Norden eine Meereshöhe von über 2000 F., der Boden ist viel reicher und fruchtbarer, das Land für Culturverhältnisse viel tauglicher und besser geeignet. Ueber diese Ebenen erheben sich einzelne Bergzüge und Berge (wie der Augustusberg 3264 F.). Gegen Norden fällt dies Hochland plötzlich mit einer steilen, von Osten gegen Westen sich hinziehenden Randgebirgskette, der Hamersleykette, in der sich die höchsten Berge Westaustraliens (der Bruce von gegen 4000 F.) erheben, erst zum Thal des Fortescueflusses, dann nördlicher in Stufen zum Küstenlande herab; auch nach Westen hin ist der Abfall zur Küste stufenartig und allmäblich, der Uebergang in das Tiefland gegen Osten aber hier eben so wenig als südlicher erforscht. Das diesen nördlichen Theil des westaustralischen Berglandes begleitende Küstenland ist im Westen (besonders um den Haiensund) ein überaus dürres, ödes und wasserarmes Land, gegen Norden dagegen am Dampierarchipel und östlicher eine reiche, fruchtbare und wohl bewässerte Ebene.

6. Das Bergland von Südaustralien, eines der kleinsten des Continents, erstreckt sich in geringer Breite vom Cap Jervis an der Südküste zunächst bis zum südlichen Ende des Torrenssees durch vier Breitengrade gegen Norden und wird im Westen von den Ostküsten des Vincent und nördlicher des Spencergolfs, im Osten vom Thale des unteren Murray eingeschlossen. Das Innere desselben bilden hochgelegene, meist als Weideland benutzte Ebenen, über welche sich einzelne Ketten und Berge erheben; besonders unterscheidet man zwei gleichmäßig von Süden gegen Norden ziehende Ketten, die längere auf der Ostseite, deren Berge besonders durch ihren Reichthum an Metallen ausgezeichnet sind, mit dem Lofty (2060 F.) und dem Bryan (2825 F.), die kürzere am Spencergolf, mit dem Berge Remarkable, dem höchsten in Südaustralien (2955 F.), dem Brown und dem Arden. Wie die Thäler dieses Berglandes fruchtbar und gut bewässert sind, so gilt dasselbe auch von dem Küstenlande an den beiden Golfen, das ihm vorliegt, wie von der östlich bis zum Murray reichenden Ebene. Die nördliche Fortsetzung dieser Berge vom südlichen Ende des Torrenssees an (die Flinderskette) wendet sich gegen Nordnordosten und besteht aus einigen schmalen, parallel ziehenden Bergketten, die vom Berge Serle

(2800 F.) an mehr und mehr an Höhe abnehmen und endlich gegen das Ostende des Gregorysees in das Tiefland herabsinken; sie umschließen kleine, allein fruchtbare und anbaubare Thäler. Auf allen Seiten ist die Flinderskette von Tiefebenen umgeben.

7. Die Insel Tasmanien schließt sich durch die Aehnlichkeit ihrer Gebirgsbildungen eng an das Bergland von Newsouthwales an. Sie hat daher den Vorzug vor dem Continent, daß ihr die wüsten Tiefebenen desselben fehlen; fast die ganze Insel wird vielmehr von einem Berglande eingenommen, das aus fruchtbaren und wiesenreichen Hochebenen von verschiedener Meereshöhe besteht, welche in ihrer Bildung ganz den von Newsouthwales gleichen und allenthalben bis an die Küsten reichen und mit steilen Rändern zu diesen abfallen, außer daß im Nordtheil der Insel eine breitere Küstenebene an der Küste der Baßstraße sich ausdehnt. Die bedeutendsten und reichsten dieser Ebenen sind im nördlichen und nordöstlichen Tasmanien die von den Armen des Flusses Tamar bewässerten; sie stehen südlich mit den Ebenen am Derwent in Verbindung, welche von Südosten gegen Nordwesten fast die ganze Insel durchschneiden und in deren höchsten (über 3000 F. hohen) Theilen große Seebecken liegen, eine dritte Hochebene ist die von Surrey im Nordwesttheil der Insel. Zwischen diesen Hochebenen erheben sich außer anderen Bergzügen und Bergspitzen besonders drei wilde und rauhe Gebirgsländer von geringem Umfange, die die gemeinsame Richtung von Südosten nach Nordwesten haben, das eine im Nordosttheil der Insel, dessen höchster Berg der Benlomond (4700 F.) ist, das zweite (der Westerntier) auf der Nordseite des Derwentthales, das dritte in der Südwestspitze der Insel mit dem Berge Humboldt (5178 F.), dem höchsten Berge der Insel.

II. Das Innere des Continents. Von diesem war bis auf die neueste Zeit nichts weiter erforscht gewesen als der Raum zwischen den westlichen Abhangen des Berglandes von Newsouthwales und den östlichen des südaustralischen Berglandes. Erst in den letzten Jahren sind auch die östlichen und centralen Theile des Innern mindestens in ihren Hauptzügen bekannt geworden; es ist das die Folge der Bemühungen der Colonisten gewesen, den Continent von Süden gegen Norden zu durchschneiden, Bemühungen, die an zwei Stellen gelungen sind, zwischen dem unteren Darling und Barku und dem Karpentariagolf und zwischen dem westlichen Südaustralien und dem Arnhemsberglande.

In dem so wenigstens im Großen uns eröffneten Theile des Innern finden wir zuerst im südöstlichen Australien ein besonderes Tiefland, das Tiefland des Murray, das, von den Abhangen der Bergländer von Newsouthwales und Südaustralien eingeschlossen, gegen Norden am mittleren Barku von der westlichen Stufenkette des Berglandes des südlichen Queensland, im Süden von den Bergen von Victoria begränzt wird und nur in dem Raume zwischen diesen und dem südaustralischen Berglande bis an die Küste des Oceans reicht. Es besteht dies Tiefland aus Ebenen von außerordentlicher Oede und Unwirthlichkeit, deren Einförmigkeit nur hier und da von zerstreuten felsigen Bergen und Berggruppen von geringer Höhe unterbrochen wird; der Boden ist meist rother, sandiger Lehm und gewöhnlich mit dürrem stachligen Gebüsch und Dickicht, (was die Colonisten scrub nennen), bedeckt, auf weite Strecken auch ganz kahl, dabei meistens wasserlos außer nach heftigen Regengüssen, die aber den Lehmboden in Schlamm und Sumpf verwandeln, daher durchaus unanbaubar und für jede Entwicklung höherer Bildung ungeeignet und nur sporadisch zur Viehzucht zu benutzen, namentlich da wo in den Flußthälern sich Gras findet und in den Flußbetten bei großer Dürre Wasser in Teichen sich erhält. Ein großer Strom allein, der Murray, behält in seinem Laufe durch das Tiefland jederzeit sein Wasser; alle übrigen, selbst die größeren Flüsse trocknen zu Zeiten weithin aus, die kleineren sogar sogleich bei ihrem Austritt aus den Bergen, und behalten im besten Falle oft nur in einzelnen Teichen Wasser, das nach anhaltender Dürre dazu noch häufig salzig wird, während sie nach heftigem Regen wieder an manchen Stellen die flachen Ebenen in große Sümpfe oder Seen verwandeln.

Aber noch viel öder und unwirthlicher und ohne Zweifel eine der furchtbarsten Wüsten des ganzen Erdbodens ist ein anderes Tiefland, das südaustralische, das von dem vorigen durch die felsigen Berge der zwischen dem unteren Barku und Darling von Norden gegen Süden ziehenden Grey- und Stanleykette getrennt wird und das nördliche und westliche Ende des südaustralischen Berglandes umgiebt. Der tiefste und furchtbarste Theil desselben ist die Sandwüste, welche sich um die großen Becken ausbreitet, die sich um das Nordende des südaustralischen Berglandes herumziehen, und deren Oberfläche bald salziges Wasser, bald trockner, salziger Schlamm bildet. Das südlichste ist der vom Nordende des Spencergolfs gegen Norden sich ausbreitende Torrenssee; auf ihn folgt nördlicher das größte dieser Becken, der Eyresee, dessen nördlichste Theile noch nicht erforscht sind, von ihm geht ein schmaleres, öfter unterbrochenes Becken, der Gregorysee, erst gegen Ost, später an der Ostseite der Flinderskette gegen Süden. Im Norden des letzten reicht eine durch eine Menge von Teichen, die nur in feuchten Jahreszeiten Wasser haben und von Armen des Barku gespeiset zu werden scheinen, charakterisirte Gegend bis an einen breiten, mit nackten Felsstücken und Steinen bedeckten Strich, die sogenannte steinige Wüste, welche die Gränze gegen das Tiefland des Burke bildet. Auch liegen im Westen des Torrenssees noch andere ähnliche Seebecken, von denen das größte der *Gairdnersee* ist; sie reichen im Norden bis an die Stuartkette und werden im Süden von der Küste durch die Halbinsel auf der Westseite des Spencergolfs getrennt, deren ebenfalls öder und wüster Boden doch eine größere Abwechslung durch einzelne, in ihr sich erhebende Berge und Bergzüge enthält, wie der Berg *Finke* im Westen (gegen 3000 F. hoch) und die *Gawlerkette* am Südufer des Gairdnersees.

Nördlich von der steinigen Wüste beginnt das *Tiefland des Burke* nach dem Flusse benannt, der den Osttheil desselben von Norden gegen Süden durchschneidet. Es scheint nicht in dem Grade öde und wüst zu sein als die südlicheren Tiefländer, der Boden, obschon überwiegend trocken und dürr, ist doch grasreicher und, wie es scheint, häufiger Steppe als Sandwüste. Im Osten wird es von den letzten Abfällen des Berglandes von Queensland begränzt; seine westliche Ausdehnung ist noch ganz unbekannt. Auf der Nordseite bildet die Gränze von etwa 22° S. Br. an ein besonderes Bergland, das aus einem höheren, einem Landrücken ähnlichen Landstrich besteht, der sich sanft gegen Norden und Süden herabsenkt und über dessen Oberfläche niedrige felsige Bergzüge von Norden gegen Süden sich hinziehen, durch breite und nicht unfruchtbare, zur Viehzucht, hier und da selbst zum Landbau wohl geeignete Thäler getrennt, in denen die Quellarme des Burke und Zuflüsse des Flinders fließen. Gegen Osten steht dieser von Westen gegen Osten ziehende Landrücken mit den Abfällen des Berglandes von Südqueensland in Verbindung, gegen Westen ist seine Ausdehnung noch unerforscht. Im Norden beginnt mit 20° S. Br. ein neues Tiefland, das *Tiefland von Karpentaria*, das sich vor allen übrigen durch seine günstige Bildung und die bessere Beschaffenheit seines Bodens ausgezeichnet, der nur an einzelnen Punkten sandig und wenig ergiebig, gewöhnlich aber fruchtbar, selbst reich ist und die Betreibung von Landbau und Viehzucht wohl gestatten würde, wenn nur die Bewässerung reichlicher wäre. Dies Tiefland reicht im Osten bis an die Abfälle des Berglandes des nördlichen Queensland, im Westen dehnt es sich bis an die Ashburtonkette und um dieselbe herum nördlicher bis zum Ropersflusse und den Abhangen des Berglandes von Arnhem aus, allein es wird in diesen Strichen immer dürrer und nimmt allmählich mehr und mehr die Natur des Tieflandes von Nordwestaustralien an, in welches es zwischen der Ashburtonkette und dem Victoriaflusse übergeht.

Westlich von dem Tieflande von Südaustralien und dem des Burke durchschneidet eine Reihe von Bergländern das ganze Innere Australiens von 30 bis 17° S. Br.; die man das *Bergland von Centralaustralien* nennen kann. Es scheint in zwei Theile zu zerfallen. Der südliche erhebt sich nördlich von der Ebene des Gairdnersees mit einer niedrigen Kette felsiger Berge, der *Stuartkette*, die gegen Nordwesten zieht, wie im Westen des Eyresee mit einem ähnlichen, gegen Norden sich erstreckenden Bergzuge, der *Denisonkette*, deren Abhange durch die Menge von großen Quellen, die aus dem Boden hervorbrechen, ausgezeichnet sind. Von diesen Höhen reichen die welligen Ebenen des Berglandes, deren Boden meist mit Wald bedeckt, an vielen Stellen nicht unfruchtbar, allein arm an Wasser ist, gegen Norden und Nordwesten; sie werden von drei größeren Flüssen, dem Neales, Finke und Hugh, bewässert, die gegen Osten in die Tiefländer eintreten. Die Erstreckung des Berglandes nach Osten und Westen ist noch nicht erforscht; im Norden endet es mit der von Osten nach Westen ziehenden *Macdonnelkette*. Mit dieser beginnt der zweite Theil des centralaustralischen Berglandes, in welchem mehrere, mit einander nicht verbundene Bergzüge bekannt sind, die in verschiedenen Richtungen, doch überwiegend gegen Nordwesten ziehen und durch breite Striche von Ebenen, die ganz den Charakter des dürren australischen Tieflandes haben, getrennt werden; so die *Reynoldskette*, von der im Nordwesten sich der Berg *Denison*, so viel bis jetzt bekannt, der höchste in Centralaustralien, erhebt, die Ketten *Forster*, *Murchison*, *Macdouall*. Die nördlichste ist die schmale, von Süden nach Norden sich erstreckende *Ashburtonkette*, die in 17° Br. aufhört und im Osten von dem Tieflande von Karpentaria, im Westen von dem von *Nordwestaustralien* begränzt wird. Dies breitet sich zwischen diesen Ketten im Osten und dem Berglande von Nordwestaustralien im Westen aus, während es nördlich mit dem Tieflande von Karpentaria zusammenhängt; wo es bis jetzt berührt ist, zeigt es allenthalben eine Unwirthlichkeit und Oede, die es nur wenig von den Ebenen im Südosten des Continents unterscheidet, der lehmige Sandboden ist mit stachligem Gebüsch und niederem Walde bedeckt und so wasserarm, daß selbst der rohe Ureinwohner es zu meiden scheint, und die von den Bergen in dieses Land eintretenden Flüsse, wie der *Sturt* von Norden und der *Bonney* von Osten her, versiegen, ihr Wasser über die Ebenen verbreitend. Wie weit dies Tiefland sich gegen Süden erstreckt, weiß man nicht, überhaupt ist das ganze westliche Centralaustralien bis an das westaustralische Bergland noch unerforscht; doch hat man am nordöstlichen Rande des letzten große Ebenen mit oft ganz kahlem Sandboden und an der Südküste zwischen den Abhangen der Gawlerkette und des westaustralischen Berglandes eine öde und wasserarme Wüste gefunden.

Geognostische Beschaffenheit. Die großen Tiefebenen des Continents ruhen wahrscheinlich überall auf einem tertiären Sandsteine, der aus der Zerstörung und Auflösung älterer Gesteine gebildet zu sein scheint und von dem lehmigen rothen Sande bedeckt wird, durch welchen die Unfruchtbarkeit und Dürre dieser Ebenen bedingt ist.

Die in ihnen sich erhebenden Hügel und Berge bestehen meistens aus eruptiven Gesteinen.

In den Sanddünen der Süd- und Westküste geht die Bildung eines kalkigen Sandsteins, in den Riffen der Nord- und Nordostküste die des Madreporenkalksteins noch jetzt immer fort. Auch sind Spuren, daß eine langsame Erhebung des ganzen Continents fortdauernd vor sich geht, mehrfach an verschiedenen Punkten der Küsten bemerkt worden. Die Gebirgsländer Australiens sind in geologischer Beziehung von großer Aehnlichkeit und haben große Verwandtschaft in ihrer Bildung; besonders eigenthümlich ist, daß ihnen die jüngeren Flötzbildungen ganz zu fehlen scheinen, man hat noch keine Gesteine der Trias, der jurassischen und der Kreideperiode gefunden, allenthalben folgen auf die älteren sedimentären Gesteine sogleich tertiäre. In dem Berglande von Newsouthwales wie in dem in geognostischer Hinsicht ihm ganz ähnlichen von Tasmanien, finden sich überwiegend sogenannte Urgesteine, Granit, Syenit, Quarzfels, Gneiß, Glimmerschiefer, die beiden letzten jedoch nicht häufig; zwischen ihnen, namentlich im südlichen Queensland, in den Thälern des Hunter und Macquarie, um die australischen Alpen und besonders in den Hochebenen von Tasmanien sedimentäre Gesteine, wie es scheint, überwiegend aus der silurischen und devonischen Formation, zu denen der Kalkstein am mittleren Macquarie gehört, der große Höhlen voll Knochen antediluvialer Thiere enthält, und über diesen Sandsteine der Kohlenbildung, namentlich in den Osttheilen beider Bergländer, wie besonders in der Ebene der Moretonbai, im Thale des Hunter, in Cumberland, im südlichen Victoria und im nördlichen und südöstlichen Tasmanien. In diesem letzten finden sich große Steinkohlenflötze, welche Veranlassung zu einem ausgedehnten Bergbau, besonders bei Newcastle am Hunter und im nördlichen Tasmanien, geworden sind. In den älteren Gesteinen ist (zuerst durch den Colonisten Hargraves 1851 im Thale des mittleren Macquarie unterhalb Batburst) Gold entdeckt und seitdem auch am ganzen westlichen Abhange des Berglandes von Newsouthwales bis in die südlichen Theile des Berglandes von Queensland, an einigen Punkten auch an den östlichen Abhangen dieser Bergländer und im östlichen Tasmanien, am reichsten und ergiebigsten aber bei den Orten Bendigo und Ballarat in Victoria aufgefunden worden; diese Goldablagerungen haben in kurzer Zeit einen Ertrag geliefert, der sich dem der californischen Goldgruben vollkommen an die Seite stellt, sie haben den Colonien des südöstlichen Australiens einen ganz außerordentlichen Aufschwung gegeben und alle Verhältnisse des Lebens auf das tiefste umgestaltet. Alle sedimentäre Bildungen, die jünger als die Kohlenformation sind, fehlen ganz; in den Flußthälern und Küstenebenen finden sich blos ganz junge Diluvial- und Alluvialbildungen. Porphyr und Basalt durchbrechen häufig die älteren Gesteine, und der aus ihrer Auflösung entstandene Boden ist durch seine auffallende Fruchtbarkeit ausgezeichnet; eigentliche vulkanische Bildungen finden sich einzig im Küstenlande des südwestlichen Victoria, wo isolirte, niedrige, erloschene Vulkane mit Kratern nicht eben selten sind. Die Bergländer von Queensland scheinen sich in ihrer Bildung ganz denen von Newsouthwales anzuschließen; auch in ihnen findet man die eruptiven und Urgesteine und jene älteren Schiefer und Sandsteine, die zur silurischen, devonischen und Kohlenformation gehören, wie auch Kohlenschichten angetroffen werden; im nördlichen Berglande ist um die Quellen des Burdekin und Lynd nicht blos Basalt, auch Lava häufig. In dem Berglande von Südaustralien ist die Abwechslung der Felsarten noch schneller und ausgedehnter als in Newsouthwales; allein es sind auch hier vorzugsweise die Ur- und die älteren Sedimentsgesteine, welche die Bergketten bilden, und von den letztern finden sich alle bis auf die Kupferschieferbildung herab. in der die außerordentlich reichen Kupfergruben Südaustraliens, (wie die Grube Burraburra, die reichste Kupfergrube der Erde), liegen. Im nördlichen und nordwestlichen Australien bestehen die Berge hauptsächlich aus Sandsteinschichten, welche der devonischen und Kohlenformation anzugehören scheinen und durch ihre regelmäßigen Bergformen dem Lande einen eigenthümlichen Charakter geben; sedimentäre Bildungen sind im Arnhemslande vielfach von Basalt durchbrochen, und darunter tritt an der Nordwestecke des Karpentariagolfs Granit hervor. In Westaustralien bestehen die Berge an der West- und Südküste des Landes aus tertiärem Sandstein, der hier Kohlenlager enthält und durch seine Zersetzung der Grund für die trostlose Unfruchtbarkeit des Küstenlandes geworden ist; ihnen folgt tiefer landeinwärts Granit, Syenit, Diorit und ähnliche Gesteine, mit denen im nördlichen Theile des Landes Schiefer und Sandsteine verbunden sind, und an der Nordküste Ost von dem Dampierarchipel ist durch Auflösung eines eigenthümlichen vulkanischen Gesteins der fruchtbare Boden entstanden, der diesen Küstenstrich auszeichnet.

Gewässer. In einem Continente, der so große Tiefebenen enthält, sollte man in gleicher Weise bedeutende Flußsysteme erwarten, wie das in Nord- und Südamerika oder Osteuropa der Fall ist. Allein Australien ist im Gegentheil nicht blos arm an Flüssen; diejenigen, welche sich finden, sind dazu noch von der unvollkommensten Bildung und stehen selbst den mangelhaft entwickelten Flüssen Afrikas noch weit nach. Das ist aber die natürliche Folge der Bildung und Bodenbeschaffenheit des Landes. Seine Berge sind im Verhältniß von nur geringer Höhe, sie reichen nirgends bis in die Schneeregion, ja in dem ganzen tropischen Australien fällt nie Schnee, und selbst in den außertropischen Theilen sind nur die Bergspitzen der australischen Alpen den ganzen Winter über tief damit bedeckt. Dazu befördert der dürre, trockene Boden der großen Ebenen in Verbindung mit der bedeutenden Wärme die Verdunstung des Wassers, und der Regen fällt in den Ebenen des Innern sehr viel weniger als an den Küsten und jederzeit in hohem Grade unregelmäßig. Daher hat kaum ein einziger australischer Fluß feste und perennirende Quellen, gewöhnlich besteht vielmehr der obere und mittlere Lauf nur aus Reihen von meistens unverbundenen Teichen, die erst durch anhaltende Regengüsse zu einem Flußlaufe verbunden werden. Mit dem Eintreten in die Tiefebenen nimmt das Flußthal an Breite zu, bis es endlich ganz in die Ebenen aufgeht; nicht selten verschwindet selbst das Bett und der Canal des Flusses, indem das Wasser sich an sehr ebenen Stellen über das ganze Land hin verbreitet und es, wenn der Fluß Wasser hat, in einen Sumpf verwandelt, der nach langer Dürre sich in eine kahle Ebene mit hartem Boden verwandelt. So versiegen die kleineren Flüsse in diesen Ebenen ganz, die größeren wenigstens periodisch und auf lange Strecken, bis nämlich eine leichte Senkung im Boden die Entstehung eines neuen Bettes herbeiführt. Eben so ungünstig sind die Mündungen dieser Flüsse gebildet, entweder breite, tiefe Meerbusen, zu denen die unbedeutenden Flußläufe, in denen sie enden, in auffallendem Gegensatz stehen, oder schmale, durch Sandbarren verstopfte, unzugängliche Canäle. So sind die australischen Flüsse gänzlich unfähig, Vermittler der Communicationen, Leiter der Bildung zu sein; Australien wird jederzeit vorzugsweise auf den Landtransport angewiesen bleiben.

Bei der eigenthümlichen Vertheilung der Bergländer, die in einem Kreise an den Küsten herumziehen und die Tiefebenen umschließen, ist es begreiflich, daß man eine bedeutende Zahl von kleineren Küstenflüssen, die von den Bergen dem Meere zufließen, und größere Flußsysteme nur in den Tiefebenen zu erwarten hat. Wir kennen deren jedoch nur in den östlichen Tiefebenen und auch da nur ein bedeutendes, das, wie es scheint, wirklich das einzige bedeutende des ganzen Continents ist. Es ist der Murray (bei den Eingebornen Millewa, an der Mündung Gulwa und in Südaustralien Ngalta), der größte und zugleich noch der vollkommenste und am besten entwickelte Strom Australiens. Dies Flußsystem, dessen Quellgebiet das ganze Bergland von Newsouthwales und der Südrand des Berglandes von Queensland bildet, zerfällt in einen nördlichen und einen südlichen Theil. Der letzte, zugleich der vollkommnere, der eigentliche Murray, entsteht wieder aus zwei großen Armen, deren südlicher im Quelllaufe Hume heißt und auf den die beiden Abtheilungen der australischen Alpen scheidenden Hochebenen entspringt, im oberen Laufe gegen Norden, im mittleren gegen Westen fließt. Bald unterhalb Albury betritt er das Tiefland, in welchem er noch bis zur Mündung seines großen, von den Westabhangen der australischen Alpen kommenden Zuflusses Goulburn gegen Westen geht, wo er den Namen Murray empfängt. Von da fließt er, die Flüsse des Berglandes von Victoria, so weit sie nicht im Tieflande versiegen, aufnehmend gegen Nordwesten, bis zur Mündung des Morumbidschi. Dieser, der zweite Quellarm des Murray, entspringt an den Ostabhangen des Warragonggebirges, durchschneidet im oberen Lauf das Hochland von Monaro, im mittleren das Stufenland von Yaß und betritt unterhalb desselben das Tiefland, in welchem er durch große Arme mit dem Murray verbunden ist, und durch das er bis zur Mündung seines größten Zuflusses, des im nördlichen Argyle entspringenden und in einem großen nördlichen Bogen das öde Tiefland durchschneidenden Lachlan (des Kalare der Eingebornen) gegen Westen, dann gegen Südwesten bis zur Vereinigung mit dem Murray fließt. Dieser durchschneidet alsdann das Tiefland gegen Westen, bis er sich mit dem zweiten Hauptarme, dem Darling (Kallewatta der Eingebornen), verbindet. Der Darling ist, wenn man blos die Stromlänge beachtet, der bedeutendere Arm und entsteht ebenfalls aus zwei Quellarmen, von denen der nördliche der Balonne (Condamine der Colonisten) im südlichen Theil der Dividingrange entspringt und im mittleren Lauf durch die Darlingdowns nach Nordwesten fließt, dann in das Tiefland tritt und hier gegen Westen, von Surat an aber gegen Süden geht. Bald unter der Mündung seines größten Zuflusses, des in den südlichsten Theilen des Berglandes von Queensland entspringenden und durch das Tiefland gegen Süden fließenden Maranoa, theilt er sich in mehrere Arme, die sich später zum Theil wieder vereinigen, und von denen der östlichste, der Narran und der westlichste, der Kulgoa, sich mit dem zweiten Quellarm, dem Barwan, verbinden. Dieser entspringt im Hochlande von Neuengland und geht im Tieflande erst gegen Westen, dann gegen Südwesten, wo er den von den nördlichen Abhangen der Nundawarkette kommenden Meei (Gwydir der Colonisten) und später den Nammoy (Peel der Colonisten) aufnimmt, der in der Liverpoolkette entspringt, die Liverpoolebenen zugleich mit seinem Zuflusse

Connabilly (Field der Colonisten) bewässert, dann im Tieflande gegen Nordwesten fließt. Von seiner Mündung geht der Barwan gegen Westen und empfängt an der Südseite den von der Wallambanglekette kommenden Castlereagh (Barron der Eingebornen), den in den Bathurstebenen entspringenden und die Abfälle des Berglandes nach Nordwesten, später nach Norden durchfließenden Macquarie (Wammerawa der Eingebornen), endlich bald unter dem Kulgoa den Bogan (Newyearcreek der Colonisten). Von da ist die Richtung des Darling, welchen Namen der Fluß hier annimmt, gegen Südwesten; er nimmt von Süden keine, von Norden zwei größere, von den Westabhangen des Berglandes von Queensland herabkommende Flüsse, den Warrego und westlicher den Parru, auf, wendet sich dann von Menindie am Südende der Stanleykette gegen Süden und fällt in zwei Armen in den Murray. Dieser fließt darauf noch eine Strecke gegen Westen; da wo er auf die südaustralischen Berge stößt, wendet er sich gegen Süden und mündet zuletzt in den großen, seichten See Alexandrina (Kayinga oder Parnka der Eingebornen), aus dem nur ein schmaler, sandiger, schwer zugänglicher Canal durch die Sanddünen in die offene Encounterbai führt. Dies Flußsystem, das an Ausdehnung des Gebietes den Euphrat und Indus übertrifft, hat dennoch nur in denjenigen seiner Arme, die den schneereicheren australischen Alpen entspringen, dem Hume und Morumbidschi, jederzeit Wasser, alle übrigen, den Darling nicht ausgenommen, trocknen bei den großen Dürren auf lange Strecken ganz aus; wenngleich nun auch bei ordentlichem Wasserstande sowohl der Murray als der Darling von kleinen Dampfschiffen bis fast an die Berge befahren werden können, so sind sie doch bei der ungleichen und schwankenden Weise ihres Wasserstandes für die Binnenschiffahrt nicht wohl geeignet, abgesehen von der Beschwerlichkeit, in die Mündung des Flusses einzulaufen. Die Thäler der Arme dieses Flußsystems sind namentlich bei ihrem Eintritt in das Tiefland noch reich und fruchtbar, allein unregelmäßigen und verheerenden Ueberschwemmungen ausgesetzt, deshalb auch nicht für den Anbau tauglich, obschon sie bereits allenthalben mit Stationen der Hirten besetzt sind und als Weideland benutzt werden; hinter ihnen findet man nichts als dürre und öde, wasserlose Wüste.

In den Tiefländern nördlich vom Darling sind noch zwei in ihrer Bildung diesem Strome ähnliche Flüsse entdeckt worden. Der erste, der Cooper (Barku der Eingebornen), entspringt im südwestlichen Theile des Berglandes von Queensland, den Quellen des Maranoa und Warrego nahe, und fließt im oberen und mittleren Lauf, indem er die westlichen Abhange jenes Berglandes durchschneidet, erst gegen Nordwesten, dann gegen Südwesten, von der Mündung seines größten Zuflusses, des von Norden gegen Süden fließenden Thomson, an im Tieflande fast gegen Süden, später gegen Westen. Endlich theilt er sich in mehrere Arme, von denen mindestens einer (der Strzeleckycreek) nach langem Regen das Wasser in das Ostende des Gregorysee führt. Im Ganzen ist dieser Fluß noch viel unvollkommener als der Darling und auf weite Strecken oft lange Zeit ganz ohne Wasser; sein Thal ist großentheils fruchtbar, doch nur zu Stationen der Hirten geeignet. Nördlicher durchfließt das auf der Nordseite der steinigen Wüste sich ausdehnende Tiefland ein anderer, dem Barku ganz ähnlicher Strom, der Burke, der aus vielen Armen entsteht, die in den Bergzügen zwischen diesem Tieflande und dem von Carpentaria und in den westlichsten Abfallstufen des Berglandes des südlichen Queensland entspringen, und im Ganzen gegen Süden, später gegen Westen fließt; seine Mündung ist noch nicht erforscht, er scheint aber dem Eyresee zuzufließen. Sein Bett enthält gewöhnlich nur Reihen von unverbundenen Teichen und bei großer Dürre gar kein Wasser, während er bei starken Regengüssen das Thal weithin überschwemmt.

In den übrigen Tiefländern sind bis jetzt größere Ströme nicht entdeckt worden. In das Tiefland des nordwestlichen Australiens fließen von Norden her der nahe bei den Quellen des Victoria entspringende Sturt und von Osten her der am südlichen Abhange der Murchisonkette entlang gehende Bonney, beide aber versiegen bald nach ihrem Eintritt in die Ebene. Aus dem südlichen Theil des centralaustralischen Berglandes fließen drei größere Flüsse nach Osten in das Tiefland, von denen der südlichste, der Neales, in den Eyresee fällt, während von den beiden anderen, dem Finke und dem Hugh, der untere Lauf noch unerforscht ist.

Was nun die in den Küstengebirgsländern entspringenden, dem Meere zuströmenden Küstenflüsse betrifft, die allerdings bei ihrem schnellen Fall und ihrer beschränkten Ausdehnung für Wasserverbindungen von geringem Werth, doch, da ihre Thäler gewöhnlich reichen und fruchtbaren Boden enthalten, für Culturverhältnisse von Bedeutung sind, so ordnen sie sich nach diesen Gebirgsländern:

1. Die Flüsse der Bergländer von Victoria und Newsouthwales. Das erste dieser Bergländer enthält zwei größere, beide gegen Süden fließende Küstenflüsse, den Glenelg, der in den Westabhangen der Grampians entspringt und nicht weit östlich vom Cap Northumberland mündet, und den Hopkins, der von den Ostabhangen der Grampians kommt und bei Warnambool in das Meer fällt. Zahlreicher und bedeutender sind die Küstenflüsse des Berglandes von Newsouthwales. Der südlichste ist der Snowy, der am Ostabhange der Warragongberge entsteht und durch die Hochebene Monaru nach Süden fließt, bis er im Gippslande im Westen vom Cap Howe mündet. Nördlicher folgen der Shoalhaven, der in Monaru entspringt und durch eine Küstenebene erst gegen Norden, dann gegen Osten bis zur Mündung im Norden der

Jervisbai geht, der Hawkesbury, dessen Quelle in Argyle liegt, und der im Mittellauf (unter dem Namen Wolondilly) das Stufenland von Camden, im unteren, wo er erst Nepean heißt, die Küstenebene von Cumberland gegen Norden, später gegen Osten bis zur Mündung in die Brokenbai durchschneidet, der Hunter, der aus zwei am Südabhange der Liverpoolkette entspringenden Armen, dem eigentlichen, nach Süden fließenden Hunter und dem durch das Thal zwischen der Liverpoolkette und den blauen Bergen gegen Osten gehenden Goulburn entsteht und gegen Osten fließt, bis er bei Newcastle in den Ocean fällt, der aus dem Ostende der Liverpoolkette kommende und nach Osten strömende Manning, der in Neuengland entspringende und dort gegen Norden, im Abfall und Küstenlande gegen Osten zur Trialbai fließende Macleay, der im nördlichen Neuengland entspringende, anfangs gegen Süden, im Küstenlande nach Nordosten gehende und in die Shoalbai mündende Clarence, der Brisbane, der in der Dividingrange und den Bunyabunyabergen entspringt, durch die reichste der Küstenebenen von Newsouthwales erst gegen Südsüdosten, dann gegen Nordosten fließt und in die Moretonbai fällt, endlich der Burnett, von dessen beiden Quellarmen der südliche (der Buranbah) dem Brisbane nahe, der nördliche (der Burnett) schon in dem Berglande von Queensland entspringt, während der Fluß nach ihrer Vereinigung gegen Nordosten zur Herveybai geht. Die Thäler aller dieser Flüsse sind besonders im unteren Laufe durch die außerordentliche Fruchtbarkeit ihrer Niederungen ausgezeichnet.

2. Die Küstenflüsse des Berglandes von Queensland. Die Ostabhänge desselben werden nur von zwei größeren Flüssen bewässert, die bedeutender sind als alle Küstenflüsse von Newsouthwales. Der südliche, der Fitzroy, entsteht aus zwei Armen, die beide in den Bergen des Südwesttheils dieses Berglandes, dem Maranoa und Warrego nahe, entspringen; der südliche, der Dawson, fließt erst gegen Osten, dann gegen Norden, der nördliche, der Mackenzie, (an der Quelle Nogoa), gegen Nordosten und von der Mündung des Isaac gegen Südosten; von der Vereinigung beider Arme geht der sehr gewundene Lauf des Fitzroy im Ganzen nach Südosten bis zur Mündung in die Keppelbai. Der nördliche Fluß, der Burdekin, entspringt auf den Hochebenen im nördlichen Theile des Berglandes von Queensland und durchschneidet dieses, zahlreiche Arme aufnehmend, nach Südosten, bis er sich an der Mündung seines größten Zuflusses, des Belyando, dessen Quellen denen des Nogoa nahe liegen, und dessen Lauf gegen Norden gerichtet ist, auch nach Norden wendet, die Absallstufen des Berglandes durchbricht und in einem großen Delta nördlich von Cap Upstart mündet. Außer diesen Flüssen finden sich im Nordwesttheil dieses Berglandes noch zwei gegen Nordwesten dem Carpentariagolf zufließende Flüsse, der dem Burdekin nahe aus zwei Armen (dem Mitchell und Lynd) entstehende Mitchell und der die Westabhänge des nördlichen Queensland bewässernde Gilbert.

3. Die Küstenflüsse des Tieflandes von Carpentaria. Unter diesen sind außer vielen kleinen besonders zwei bedeutendere Der östliche, der Flinders, entspringt in den südlichsten Theilen des nördlichen Berglandes von Queensland und strömt durch die Tiefebene nach Nordwesten und von der Mündung seines westlichen Zuflusses, des Cloncurry, gegen Norden, bis er bald nach der Vereinigung mit dem von Osten ihm zufließenden Billy in den Grund des Carpentariagolfs fällt. Etwas westlicher liegt die Mündung des zweiten, des Nicholson, der aus zwei Armen entsteht, dem von Westen kommenden Nicholson und dem gegen Norden fließenden, durch seinen Wasserreichthum auffallenden Gregory.

4. Die Küstenflüsse des Arnhemslandes. In diesem Berglande ist der größte Fluß der im Innern desselben entspringende, hauptsächlich gegen Osten fließende und in die Limmenbai fallende Roper, der durch seine Wasserfülle wie die Fruchtbarkeit seiner Niederungen ausgezeichnet ist; nach Norden fließen aus den Bergen zur Küste drei größere Flüsse, im Osten der Liverpool, westlicher der Südalligator und der Adelaide, die beide sich in den Vandiemensgolf ergießen und, dem Roper an Wasserreichthum gleich, auch alle für Boote eine Strecke lang schiffbar sind.

5. Die Küstenflüsse des nordwestaustralischen Berglandes. Der bedeutendste derselben ist der den nördlichen Theil dieses Berglandes bewässernde Victoria, der durch ein reiches und ergiebiges Land erst gegen Norden, später gegen Westen fließt und in der großen Bai im Süden des Cap Pearce mündet. Geringere Bedeutung scheinen einige im südlichen Theil des Berglandes entdeckte, noch wenig bekannte Flüsse zu besitzen, der Prinzregentenfluß, der in den Brunswicksund, der Glenelg, der in die Collierbai, und der Fitzroy, der in den Cygnetsund fällt.

6. Die westaustralischen Küstenflüsse. In dem nördlichen Theil des westaustralischen Berglandes finden sich besonders fünf größere Küstenflüsse, von denen der Degrey mit seinen vielen Armen und der Yule die nördlichen Abhänge dieses Berglandes bewässern, gegen Nordwesten fließen und östlich vom Dampierarchipel münden. Die andern drei fließen im Ganzen gegen West, der Fortescue am nördlichen Abhange der Hamersleykette, der Ashburton und der Gascoyne mit seinem Zuflusse Lyons in den Hochebenen des Inneren, sie münden der erste hinter der Insel Barrow, der zweite wahrscheinlich in den Exmouthgolf, der Gascoyne in den Haiensund. Sparsamer sind die Küstenflüsse im Südtheil dieses Berglandes, dabei höchst mangelhaft entwickelt, es sind die unvollkommensten des ganzen Continents. Größere sind nur

drei, der **Murchison**, der gegen Südwesten und später gegen Westen geht und in die Gantheaumebai fällt, der **Schwanenfluß**, der aus zwei Armen entsteht, dem von Nord kommenden **Salzfluß**, dem unvollkommensten unter den australischen Flüssen, und dem gegen Nordwest fließenden **Avon**, nach deren Vereinigung der Fluß die Darlingkette durchbricht und bei Freemantle mündet, und der **Blackwood**, (im oberen Laufe **Arthur**), der gegen Westen und Südwesten durch den südlichsten Theil des Berglandes fließt und östlich von Cap Leeuwin bei Augusta in das Meer fällt.

7. Das **südaustralische Bergland** hat bei seiner geringen Ausdehnung keinen bedeutenden Küstenfluß.

8. Das **Bergland von Tasmanien** hat besonders zwei größere Flüsse. Der nördliche, der **Tamar**, entsteht aus großen Armen, welche die östlichen Hochebenen des Innern bewässern und sich bei Launceston vereinigen, von wo der breite und schiffbare Fluß bis zur Mündung bei Georgetown in den Hafen Dalrymple nach Nordwesten geht. Der südliche, der **Derwent**, entspringt in den Hochebenen des Westtheils und fließt im Ganzen gegen Südosten bis zu seiner Mündung unterhalb Hobarton in die Sturmbai; auch er ist im unteren Lauf gut schiffbar. Von geringerer Bedeutung sind zwei der Westküste zufließende Flüsse, der **Arthur**, der die Hochebenen von Surrey bewässert und nach Westen geht, und der **Gordon**, der seinen Lauf gegen Nordwesten nimmt und in den Hafen Macquarie fällt.

Klima. Während der nördlich vom Wendekreise liegende Theil Australiens ein **Tropenklima** besitzt, haben die südlicheren Theile des Continents ein **subtropisches**, die südlichsten ein **gemäßigtes Klima**, das durch große Milde, Gleichförmigkeit und Gesundheit überaus ausgezeichnet ist.

Im tropischen Australien herrscht wenigstens an der Küste vom October bis April die ungesunde, schwüle, hauptsächlich durch Feuchtigkeit der Luft charakterisirte **Regenzeit**, der jedoch die anhaltenden Regengüsse, wie in Indien, abgehen; auf sie folgt vom Mai an eine trockene und gesunde Zeit, die angenehmste des Jahres, in welcher jedoch die blos durch den Thau erhaltene Vegetation der Dürre halber sehr leidet. Im südlichen Australien sind der **Winter** und **Sommer**, namentlich der erste, die trockensten Jahreszeiten, und die Regengüsse treten hauptsächlich im **Frühjahr** und **Herbst** ein; die Kälte ist im Winter nirgends streng und anhaltend, Schnee fällt an der Küste nur in Tasmanien, auf den Hochebenen, auf denen Mais und Orangen, die an den Küsten üppig gedeihen, nicht mehr, dagegen alle Fruchtbäume Mitteleuropas sehr gut wachsen, bleibt er selten über Tage liegen. Ueberhaupt macht im ganzen südlichen Australien die frische Kühle, verbunden mit der überwiegend heitern, trocknen und reinen Luft den Winter zu der schönsten und angenehmsten Jahreszeit, die namentlich auf die durch die Tropenhitze geschwächten Constitutionen der Europäer den heilsamsten Einfluß ausübt. Der mittlere Thermometerstand beträgt an der Nordküste Australiens ungefähr 27° *), in Port Macquarie (30° B.) 20°, in Port Jackson (34° B.) 19.2°, in Melbourne (an der Südküste 38°) 16.3°, in Perth (an der Westküste 37°) 17 bis 18°, in Tasmanien (42° B.) im Durchschnitt 15°. Diese Beobachtungen beziehen sich natürlich nur auf die Küstenländer, die trockenen, dürren Tiefebenen des Inneren haben ohne Zweifel eine noch höhere Temperatur. Dennoch ist auffallender Weise im Inneren des Tieflandes von Carpentaria eine auffallend kühle Temperatur beobachtet worden, wie man denn auch im Berglande von Queensland am Burdekin schon in 19° Br. freilich in vielleicht 1 bis 2000 F. Höhe Eis gefunden hat. Die unangenehmste Seite des australischen Klimas ist seine **Trockenheit**. Selbst im tropischen Australien bemerkt man nichts von den anhaltenden und täglichen Regengüssen des tropischen Indiens. In den südlichen Theilen fällt Regen im Ganzen nicht viel, denn selbst an der Ost- und Südküste, wie in Tasmanien beträgt der jährliche Regenfall zwischen 20 und 25 (engl.) Zoll, dabei sind die Regengüsse sehr unregelmäßig vertheilt und in den meisten Fällen gewöhnlich nur lokal beschränkt, überdies zeichnen sie sich durch erstaunliche Heftigkeit aus, so daß sie in kurzer Zeit die Betten der Flüsse bis zu außerordentlicher Höhe mit Wasser anzufüllen im Stande sind, das aber eben so schnell abfließt, über die Ufer tritt und verdunstet, so daß dadurch dem Lande ein gleichmäßiger Wasserzufluß nicht gesichert wird. Daher kommt denn der Mangel an Quellen und perennirenden Flüssen und die allgemeine Trockenheit, die dem Landbau eben so nachtheilig ist, als sie die Viehzucht begünstigt. Ohne Zweifel fällt im Innern noch bedeutend weniger Regen als in den Küstenländern, und bei dieser Unregelmäßigkeit der atmosphärischen Niederschläge sind lang anhaltende **Dürren**, unter denen die Vegetation oft erstaunlich leidet, nicht selten; im Inneren herrschen sie sogar entschieden vor, allein selbst an der Küste ist ihr schädlicher Einfluß häufig beobachtet worden. **Gewitter** und verheerende **Hagelstürme** kommen im südlichen Australien, namentlich im Sommer, oft genug vor. Was endlich die **Luftströmungen** betrifft, so findet sich im tropischen Australien der Wechsel der indischen **Monsune**, es weht in der Trockenzeit der Ost-, in der Regenzeit der Westmonsun. Im südlichen

*) Stets des hunderttheiligen Thermometers.

34*

Australien ist der herrschende Wind der Südwestwind des südlichen Oceans; er herrscht an der Süd- und Westküste entschieden vor, und sein Einfluß reicht bis tief in das Innere, in Newsouthwales bemerkt man ihn besonders während des Winters, im Sommer hat hier Ost- oder Südostwind das Uebergewicht. Natürlich sind alle diese Luftströmungen oceanischen Ursprungs. Ihnen stehen die ächt continentalen gluthheißen Landwinde gegenüber, die immer aus dem Inneren über die trockenen, dürren, von den Sonnenstrahlen erhitzten Ebenen nach der Küste zu wehen und, indem sie in diesen Ebenen die hohe Temperatur annehmen, die sie so furchtbar macht, augenscheinlich ganz gleichen Ursprungs sind, wie die ihnen ähnlichen Winde der afrikanischen Sahara; sie vermögen die Hitze (im Schatten) in kurzer Zeit um 20 bis 25 Grad zu steigern und üben auf alles organische Leben einen sehr nachtheiligen Einfluß aus.

Flora Australiens. Es giebt keinen andern Continent, dessen Pflanzenwelt, mit der der übrigen verglichen, eine solche Selbständigkeit und Unabhängigkeit, zugleich aber wieder in sich eine solche Gleichartigkeit und Einförmigkeit zeigte, als Australien. Denn es finden sich zwar in denjenigen Inseln Indiens und des stillen Oceans, die ihm am nächsten liegen, noch Pflanzenformen, die an die australische Vegetation erinnern; allein selbst die Flora des nächsten Landes, Neuguinea, hat doch einen ganz abweichenden Charakter.

Die Einförmigkeit der australischen Flora ergiebt sich aber schon daraus, daß von den natürlichen Familien, welche sie bilden, einige wenige an Menge der Arten so sehr überwiegen, (von den 120 Familien, in welche der Botaniker R. Brown die von ihm untersuchten Pflanzenarten vertheilte, umfassen eilf weit über die Hälfte aller Arten), und daß die noch dazu unter sich nicht sehr abweichenden Arten zweier Pflanzengeschlechter, Eucalyptus und Acacia, so außerordentlich zahlreich sind, daß der größte Theil aller Pflanzenindividuen des Continents ihnen angehören, allein eben so sehr daraus, daß von allen australischen Pflanzenarten gewiß weit über neun Zehntel dem Lande eigenthümlich sind und nirgends anderswo wachsen, daß endlich viele Arten selbst der verschiedensten Geschlechter und Familien gewisse allgemeine Charakterzüge gemein haben, wie das öftere Abfallen der Rinde bei vielen Bäumen, die Stellung und Bildung der Blätter, die fast bei allen immergrün und meist fest und hart sind, (weshalb den australischen Wäldern auch der Glanz und die Frische ganz abgeht, die sie in der nördlichen Hemisphäre auszeichnet), die gleichartige Bildung der Blumen, (welche das Zurücktreten der Blumenkronen bei vorherrschender Entwicklung der Staubgefäße, die Schönheit der Farben bei großem Mangel an Geruch charakterisirt), die auffallende Seltenheit eßbarer Früchte und dergleichen mehr. Bei dieser außerordentlichen Gleichartigkeit finden sich jedoch natürlich Verschiedenheiten in den einzelnen Theilen des Continents; man kann bereits drei Unterabtheilungen unterscheiden, die Flora des südöstlichen Australiens, zu der die Tasmanische gehört, die des südwestlichen Australiens, von jener durch das Auftreten ähnlicher, allein verschiedener Arten derselben Pflanzengeschlechter sich unterscheidend, und die des tropischen Theils, welche mannigfaltiger und verschiedenartiger ist und manche bereits an die indischen erinnernde Pflanzenform enthält. Arm kann man die Flora Australiens nicht nennen, denn sie zählt gewiß über 8000 Pflanzenarten. Kryptogamen sind in einem so überwiegend trocknen Lande nicht so häufig, als sonst auf der Erde; auch die Gräser treten nicht in dem Maaße hervor, als in der nördlichen Hemisphäre, doch ist der Reis eine einheimische Pflanze im nordwestlichen Australien. Von allen Pflanzenfamilien haben zwei das entschiedenste Uebergewicht, die Leguminosen, von denen die zahlreichen Arten von Acacia (Wattle der Colonisten) besonders häufig sind, und namentlich in den wüsten Tiefebenen oft die Pflanzendecke des Bodens fast allein bilden, und die Myrtaceen, zu denen Eucalyptus (der Gummibaum der Colonisten), Melaleuca (Theebaum), Metrosiderus und andere rein australische Geschlechter gehören. Von den übrigen Familien sind die am meisten charakteristischen und durch Artenfülle oder eigenthümliche Formen besonders hervortretenden die fast nur auf diesen Continent beschränkten Epakrideen, welche hier die Stelle der südafrikanischen Ericeen vertreten, die Proteaceen, welche Australien mit Südafrika und Südamerika gemein hat, aber in ganz eigenthümlichen Geschlechtern, von denen das ausgezeichnetste das Geschlecht Banksia (Honeysuckle) ist, die Koniferen in charakteristischen, hauptsächlich auf Australien beschränkten Geschlechtern, wie Callitris (Fichte), Casuarina, (welche die Colonisten sonderbarer Weise Eichen nennen), das an der Ost- und Nordostküste verbreitete, schöne Geschlecht Araucaria, dann die Santaleen, besonders ausgezeichnet durch die weite Verbreitung des einen Geschlechtes Exocarpus (Kirsche), die Asphodeleen, denen das ebenfalls allgemein verbreitete Geschlecht Xanthorrhoea (Grasbaum) angehört. Palmen finden sich nur in wenigen Arten in der Tropenzone und an der Ostküste herab bis fast zur Südspitze; auffallender Weise gehört die Kokospalme dem Continent nicht an und ist bis jetzt nur auf einer Insel der Nordostküste gefunden, wo angeschwemmte Früchte gekeimt haben. Geschlechter, die besonders der Tropenzone angehören, sind die Rubiaceen, Asklepiadeen, Kapparideen, Malvaceen. Von den übrigen Pflanzenfamilien sind noch besonders charakteristisch für die australische Flora die Thymeleen, Myoporineen, Goodenoviten, Styliddeen, die Composita, (besonders in den wüsten Ebenen, daher sie z. B. in Südaustralien die an Arten reichste Familie bilden), Diosmeen, Dillenieen, Pittosporeen, Labiaten, Skrofularinen, Orchideen, Convolvuleen, die (besonders in den öden Tiefebenen überaus häufigen) Amaranteen, Chenopodeen und Polygoneen, endlich die Melieen, die in Newsouthwales die geschätztesten Holzarten geben, wie Cedrelea (die rothe Ceder), Oxleya (das Gelbholz), Melia (die weiße Ceder). Von den Hauptfamilien der nördlichen gemäßigten Zone fehlen einige ganz, die übrigen treten meist nur in wenigen Arten auf.

Die australische Vegetation bildet Wälder, Gebüsche und Wiesen. Die Wälder, die vorzugsweise den Hochebenen und Küstenländern, weniger den Tiefebenen angehören, zeichnen sich durch Mangel an Schatten und das zerstreute, parkähnliche Auftreten der Bäume aus, welches das Reisen in ihnen erleichtert und die Viehzucht so sehr begünstigt; selbst in der Tropenzone haben sie noch überwiegend diesen Charakter und weichen von den dichten, feuchten und schattigen Wäldern der Molukken oder Neuguineas sehr ab. Dabei sind jedoch einzelne, allein immer nur beschränkte Striche, und das zwar bis in die südlichsten Theile des Landes herab durch den Einfluß größerer Wasserfülle und eines fruchtbaren und die Vegetation begünstigenden, aus der Auflösung des Porphyr und ähnlicher eruptiver Gesteine entstandenen Bodens mit dicht verwachsenen, üppigen Wäldern von ganz tropischem Charakter bedeckt. Die großen wüsten Ebenen des Innern, seltener (wie im südlichen Queensland) die Hochebenen, sind mit dichtem stachligen Gebüsch und Dickicht (Scrub der Colonisten) bedeckt, das überwiegend aus Akazien besteht, häufig undurchdringlich und der Betreibung der Viehzucht wie des Landbaues in gleichem Maaße hinderlich ist. Die Wiesen, welche sich besonders ausgedehnt auf den Hochebenen finden, sind mit denen der nördlichen gemäßigten Zone nicht zu vergleichen; die gleichmäßigen Grasteppiche derselben findet man hier nirgends, denn die australischen Gräser wachsen stets nur in einzelnen Büschen, und deshalb erfordert die Erhaltung des Viehes einen viel größeren Raum als in Europa. Wenn dennoch Australien überwiegend für die Viehzucht geeignet ist, so kommt das daher, daß das zum Anbau taugliche Land im Verhältniß von geringer Ausdehnung ist und dabei immer in einzelnen getrennten Lokalitäten sich findet. In den großen Ebenen des Innern sind große Strecken nur mit niedrigen, krautigen, einen salzhaltigen Boden liebenden Pflanzen, (Amaranteen, Chenopodeen, Polygoneen), bedeckt, nicht wenige Stellen fast ganz nackt und pflanzenleer.

Fauna Australiens. In der Verbreitung der Thiere gelten in Australien ganz besondere Gesetze für die See- und Landthiere. Bei den ersten muß man zwei ganz verschiedene Abtheilungen unterscheiden, die Thiere der Nord-, Ost- und Westküsten, die dem indischen, und die der Südküste, die dem südlichen Ocean angehören; beide Abtheilungen sind an schönen und seltenen Geschöpfen reich, jedoch mit dem Unterschiede, daß in den niedriger stehenden Seegeschöpfen die erste, in den höher organisirten die zweite das Uebergewicht hat.

Daher finden sich die Zoophyten, Radiaten und ähnlichen Familien in der Tropenzone am häufigsten und oft allein; auch die Mollusken sind im tropischen Australien viel zahlreicher, vollkommener und schöner als im südlichen, wo besondere Geschlechter auftreten, und die oceanischen Amphibien, (Schildkröten und Seeschlangen), finden sich nur im indischen und stillen Ocean. Aber schon in den Fischen steht die Südküste den tropischen Theilen des Continents in keiner Hinsicht nach; Seevögel finden sich am mannigfaltigsten und zugleich in größter Fülle im südlichen Australien und wie die oceanischen Mammalien ganz besonders häufig in der Baßstraße und in Tasmanien; von den letzten hat das tropische Australien (außer Delphinen) blos den Dugong (Halicore), dessen Hauptheimath die Nord- und Nordostküste und die Torresstraße ist, die südliche dagegen einen großen Reichthum an schönen Phokenarten, die früher zur lebhaften Betreibung des Fanges in der Baßstraße Veranlassung gegeben haben, bis die Thiere durch die unablässigen Nachstellungen fast ganz von da verscheucht sind, und von Wallfischen, denen von den Colonisten noch jetzt eifrig nachgestellt wird. Von den Landthieren sind Insekten und zwar von allen Abtheilungen dieser großen Familien allenthalben, selbst in den wüstesten Strichen zahlreich verbreitet. Von Amphibien giebt es in Menge blos Schlangen und Eidechsen; Frösche und Landschildkröten sind dagegen in einem so überwiegend trockenen Lande eben so wenig häufig als die im süßen Wasser lebenden Mollusken und Fische. Keine Familie aber findet sich in Australien zahlreicher und in mehr und eigenthümlicheren Arten als die Vögel und am häufigsten unter diesen die sperlingsartigen; weniger häufig sind im Ganzen die Raubvögel, von den hühnerartigen und Klettervögeln sind vorzugsweise zwei Geschlechter, Tauben und Papageien, aber in einer großen Menge von Arten und überall in großen Schaaren verbreitet. Auch Stelz- und Schwimmvögel sind sehr häufig. Ueberdies sind viele Vögel nicht blos durch eigenthümliche Bildung, auch durch große Schönheit ausgezeichnet, wie der Casuar, der schwarze Schwan, der Waldphasan (Maenura), der Prinzregentenvogel (Oriolus), Epimachus, Leipoa, Chlamydera u. s. w. In einem überaus auffallenden Gegensatz dazu steht die geringe

Zahl der Arten der auf dem Lande lebenden *Mammalien* und die außerordentliche Einförmigkeit in der Bildung derselben. Grey zählte (1840) nur 94 Arten, und davon gehören nicht weniger als 71 einer einzigen Abtheilung der Mammalien, den *Beutelthieren*, an, die überhaupt bis auf ein in Amerika und einige in den Molukken und Neuguinea vorkommende Geschlechter blos auf Australien beschränkt sind, und unter denen das verbreitetste und zahlreichste Geschlecht die *Känguru* (Macropus) bilden. Ihnen schließt sich durch Analogie in der Bildung die rein australische Familie der *Monotremen* an mit ihren drei Arten der beiden Familien Echidna (Stachelschweine) und Ornithorhynchus (Schnabelthier); von den 20 übrigen, nicht zu den Beutelthieren gerechneten Arten sind 8 Fledermäuse, 11 Nagethiere und eine ein Raubthier, der Dingo oder der australische Hund, der auch halbgezähmt die Eingebornen begleitet. Affen, Pachydermen und wiederkäuende Thiere fehlen ganz.

Bevölkerung. Die *Ureinwohner* Australiens stehen ihrer natürlichen Bildung nach den Einwohnern der Inselgruppen, die man Melanesien nennt, am nächsten und bilden mit ihnen den Volksstamm der sogenannten *Australneger* oder *Negrito*.

Sie sind von dunkelbrauner, fast schwarzer Farbe, krausem, doch nicht wolligem Haar, (die Ureinwohner von Tasmanien unterscheiden sich von denen des Continents, mit denen sie sonst in allen Stücken übereinkommen, durch das wollige Haar), von nichts weniger als schöner Gesichtsbildung und mittler Größe; besonders charakteristisch ist bei ihnen die Dünnheit der Arme und Beine. Im Ganzen sind sie den Europäern gegenüber freundlich und gutmüthig, dabei heiter und fröhlich, obschon bei den ersten Berührungen und bis sie Vertrauen gefaßt haben, scheu und mißtrauisch; auch sind sie treu und ehrlich, überhaupt, so weit nämlich der Einfluß zuchtloser Europäer sie nicht verdorben hat, frei von den Lastern, welche das Volksleben der hellfarbigen Volksstämme der Inselgruppen Polynesiens entstellten, so sehr sie diesen in der Bildung nachstehen. Denn bei allen jenen guten Eigenschaften sind sie von einer Rohheit, wie es auf der Erde kaum noch ein ähnliches Beispiel giebt, und wie sie sich selbst aus der Unwirthlichkeit und der unvollkommenen Bildung ihres Landes nicht erklären läßt. In der Regel aller Bekleidung entbehrend, nur in den südlichen Theilen manchmal mit Thierfellen behängt, ohne feste Wohnsitze, wenn sie gleich hier und da elende Hütten bauen, im Innern und sogar nicht selten an den Küsten mit dem Gebrauch der Boote unbekannt, mit nur sehr ärmlichen Geräthschaften und Waffen ausgerüstet, ziehen sie in einzelnen Familien, höchstens in kleinen Horden umher, blos darauf denkend, das zum Leben Nöthige, wo und wie sie es nur auftreiben können, herbeizuschaffen, und diese Sorge ist die einzige, die sie beschäftigt. Sie betreiben daher Jagd und Fischerei, sammeln Muscheln und Krustazeen, Früchte und Knollen; während der Reis wild in ihrem Lande wächst, und sie es selbst verstehen, die Samen gewisser Gräser zur Nahrung in Mehl zu verwandeln, hat sie das doch nicht zu den ersten Anfängen des Landbaues geführt. Ihre Religionsbegriffe sind in hohem Grade einfach und roh; eine staatliche Verbindung kennen natürlich die einzelnen, zu kleinen Stämmen vereinigten Familien nicht. Aus der steten Isolirung und dem umherschweifenden Leben der Familien erklärt sich die bei einem in jeder Hinsicht so gleichartigen Volksstamme auffallende Verschiedenheit unter den von den einzelnen Stämmen gesprochenen Dialekten, obschon genauere Forschungen gezeigt haben, daß zwischen ihnen eine viel größere Gemeinschaft namentlich im grammatischen Bau besteht, als man lange Zeit vermuthet hat. Fast ebenso auffallend aber als diese Rohheit ist die Unbildsamkeit der Australier. Ein achtzigjähriger, mit einzelnen, doch immer nur beschränkten Ausnahmen überwiegend friedlicher Verkehr mit den Europäern, alle Versuche derselben, sie zu unterrichten, zu bilden und zum Christenthum zu bekehren, haben auch nicht den mindesten Eindruck auf sie gemacht, höchstens sie an die Laster ihrer Lehrmeister gewöhnt; es ist in keiner Weise gelungen, sie ihrer trägen Wanderlust und ihrer Sorglosigkeit zu entwöhnen und sie für ein gesittetes, ansässiges Leben und den Landbau zu gewinnen, und wenn sie in einzelnen Fällen sich dazu verstehen, die Europäer in ihren Arbeiten, besonders bei der Viehzucht, zu unterstützen, so geschieht das blos des Gewinnes halber, und nur so lange es ihnen beliebt. Daraus hat sich denn in den europäischen Ansiedlern eine bittere und feindselige Stimmung gegen sie entwickelt, und um so mehr ziehen sie sich vor den Colonisten zurück. In den bewohnteren Theilen der Colonien sind sie schon selten geworden, wo nicht ganz verschwunden, in Tasmanien bis auf einige Individuen ausgerottet und vertilgt; ihre Zahl nimmt immer mehr ab, es scheint, als werde die Zeit kommen, wo sich nur in den ödesten Wüsten schwache Ueberreste dieses aller Entwicklung entschieden abholden und dem Untergange geweihten Volksstammes finden werden.

In neuester Zeit haben sich dagegen *Europäer* in Australien niedergelassen, deren Zahl namentlich in den letzten Jahren erstaunlich zugenommen hat. Die erste englische Colonie wurde 1788 in *Newsouthwales* gegründet zur Ueberführung und Ansiedlung von zur Deportation verurtheilten Verbrechern aus England; lange Zeit war sie nichts anderes als ein Zuchthaus in großartigem Maßstabe, bis sich allmählich theils aus freigelassenen Verbrechern und deren Nachkommen, theils aus eingewanderten freien Ansiedlern eine freie, Landbau und besonders Viehzucht treibende Bevölkerung gebildet hat. Von Newsouthwales aus wurde schon 1803 die Colonie *Vandiemensland* (das jetzige *Tasmanien*) gegründet, von dieser und Newsouthwales aus wieder seit 1835 die Niederlassung am Port Phillip, aus der jetzt die Colonie *Victoria* erwachsen ist. Direkt von England aus sind dann noch 1829 die Colonie *Westaustralien* und 1836 *Südaustralien* angelegt. Dagegen sind die Versuche, Niederlassungen im *tropischen* Australien zu gründen, bis jetzt noch nicht gelungen. Ein 1824 auf der Insel *Melville* gegründeter Posten ist später wieder aufgehoben worden; darauf legte man 1838 am Hafen Essington die Ortschaft *Victoria* an, hauptsächlich zur Vermittelung eines Handelsverkehrs mit den indischen Inseln, von denen schon seit langer Zeit jährlich eine Menge von malaiischen und makassarischen Fischern die Nord- und Nordwestküste des Landes zu besuchen pflegt, um die an diesen Küsten so zahlreichen Holothurien (den sogenannten Tripang), die einen wichtigen Handelsartikel für den chinesischen Markt bilden, zu fischen. Nachdem aber auch diese Niederlassung später wieder aufgehoben worden ist, beschäftigt man sich jetzt damit, neue Versuche an der Nord- und Nordwestküste zu machen. Dagegen sind in der neuesten Zeit im östlichen Australien durch Theilung von Newsouthwales noch zwei selbständige Colonien entstanden, nämlich das schon erwähnte Victoria in dem sogenannten glücklichen Australien 1851 und aus den nördlichen Theilen von Newsouthwales die Colonie *Queensland* 1859. Die Zahl der europäischen Ansiedler betrug 1862 in Newsouthwales 367945, in Queensland 45077, in Victoria 573941, in Tasmanien 90725, in Südaustralien 135329, in Westaustralien 17246, zusammen also 1230266; mit Neuseeland haben in diesem Augenblicke die australischen Colonien gewiß über eine und eine halbe Million europäischer Bewohner, während die Zahl der Ureinwohner Australiens ohne Zweifel nicht 50000 betragen wird. Diese Bevölkerung besteht übrigens fast ganz aus Engländern und Irländern, nur sind hier und da ganz besonders in Victoria und in Südaustralien mehrere Tausend Deutsche angesiedelt, und der Bergbau hat eine nicht unbedeutende Zahl von Chinesen nach Newsouthwales und noch mehr nach Victoria gelockt, die jedoch nicht für feste Einwohner gelten können. In fast allen Colonien bestand jederzeit ein der Sittlichkeit sehr nachtheiliges Mißverhältniß zwischen den beiden Geschlechtern, das seine hauptsächlichsten Gründe in der verhältnißmäßig so starken Ueberführung von Verbrechern *männlichen* Geschlechtes und in dem Einflusse der Goldproduction auf die Einwanderung hat, und das jetzt allerdings im Abnehmen begriffen ist, obschon in Newsouthwales und Victoria noch immer 4 Männer auf 3 Frauen kommen.

Verfassung, Religion, geistige Bildung. Die Verfassung, welche jetzt in den australischen Colonien besteht, hat sich im Laufe der Zeit entwickelt. Die älteste derselben, Newsouthwales, hatte als eine Deportationscolonie ursprünglich nur deportirte Verbrecher und die zu ihrer Bewachung bestimmten Soldaten zu Bewohnern und daher vollkommen den Charakter eines großen Zuchthauses; als aber mit der Zeit aus freigelassenen Deportirten und deren Nachkommen wie aus freien Einwanderern eine freie Civilbevölkerung sich bildete, trat allmählich auch eine andere Verwaltung ein, bis es endlich der britischen Regierung unmöglich blieb, den Forderungen der Einwohner zu widerstehen, welche mit Heftigkeit auf der Einführung einer repräsentativen Verfassung bestanden.

Die jetzige Ordnung der Verfassungsangelegenheiten ist erst 1850 vollendet und zugleich die Verfassung von Newsouthwales auf die übrigen Colonien übertragen. Jede derselben ist in ihrer ganzen Verwaltung selbständig und steht unter einem von der Krone ernannten *Gouverneur*, die jetzt alle von einander unabhängig und dem Colonialminister in England direkt untergeben sind. Diese Männer sind die Repräsentanten der königlichen Gewalt und stehen daher auch an der Spitze der gesammten Verwaltung; sie waren früher zugleich Oberbefehlshaber der Garnisonen, indessen ist das jetzt aufgehoben, und diese sind besonderen Commandanten untergeben, die zugleich in Behinderungsfällen der Gouverneure ihre Stelle zu vertreten berechtigt sind. Ihnen stehen in allen Colonien zwei *Räthe* zur Seite, der *executive*, der aus Beamten und angesehenen Einwohnern zusammengesetzt ist, welche von der Regierung ernannt werden, und deren Pflicht es ist, den Gouverneur in der Ausübung der executiven Gewalt zu unterstützen, ohne daß dieser an ihre Beschlüsse gebunden wäre, und der *legislative*, von dessen Mitgliedern die Regierung ein Drittel ernennt, während die übrigen von den Einwohnern gewählt werden, und der das Recht hat, Gesetze zu geben, so weit sie den englischen nicht widersprechen, über die Einkünfte der Colonie zu bestimmen, sofern sie nicht aus dem Verkauf der Kronländereien fließen, und Zölle und Steuern aufzulegen. Zu allen von diesem Rath angenommenen Gesetzvorschlägen ist die Zustimmung des Gouverneurs nöthig, und der Colonialminister hat sich außerdem noch ein Veto vorbehalten. Mit diesen Aenderungen sind die Einwohner der Colonien von Anfang an nicht sehr zufrieden gewesen; sie haben vor allen Dingen stets darüber geklagt, daß der Colonialminister sich das Recht beigelegt hat, alle Beamtenstellen zu besetzen, und daß dem legislativen Rathe die Bestimmung über die Kronländereien entzogen ist. Die *Verwaltung* ist in eine Zahl von Departements getheilt; die inneren Angelegenheiten leitet im Allgemeinen der Colonialsecretär, die Vermessungen, Straßen- und Brückenbauten und dergleichen der Landvermesser (Surveyor), dann giebt es einen Schatzmeister, ein Zolldepartement zur Erhebung der Einfuhrzölle, ein anderes zur Einziehung der im Lande erhobenen Taxen u. s. w. Die *gerichtlichen* Institutionen sind den englischen im Wesentlichen nachgebildet. Jede Colonie hat ein Obergericht (Supreme court) für Civil- und Criminalfälle und Untergerichte, welche beide (seit 1829) mit Zuziehung von Geschworenen entscheiden, außerdem giebt es Friedensrichter, Polizeigerichte u. s. w. Die *Polizei*, welche wegen der eigenthümlichen Zusammensetzung der Colonialbevölkerung und der Zerstreutheit der Niederlassungen hier viel nothwendiger ist als in anderen Ländern, befindet sich im Ganzen in guter Ordnung; sie hat jetzt eine besondere Sorgfalt auf die Sicherung der entlegenen Hirtenstationen gegen Angriffe der Eingebornen und auf die Verhütung der Streitigkeiten zwischen ihnen und den Hirten zu wenden, während früher die Ueberwachung der deportirten Verbrecher ihr Hauptgeschäft war. Die *Einkünfte* der Colonien bestehen theils aus dem Ertrage der Einfuhrzölle, die nur mäßig und hauptsächlich auf geistige Getränke, Tabak, Kaffee, Thee, Zucker und dergleichen gelegt sind, aus einer Steuer auf Vieh, den Auctionsgebühren, den Erträgen der Posten und Eisenbahnen u. s. w. Die Verwendung derselben steht den legislativen Räthen, allein nur auf Antrag der Gouverneure zu. Eine der wichtigsten Einnahmequellen besteht in dem Ertrage des Verkaufes und der Verpachtung der Kronländereien (zur Betreibung der Viehzucht und zum Goldsuchen); aber diese Einkünfte verwendet die Regierung allein, ohne daß die legislativen Räthe dabei etwas zu sagen hätten, und zwar zur Deckung der Kosten für die Ueberführung armer Einwanderer aus England, um dadurch dem in allen Colonien so überaus fühlbaren Mangel an Arbeitskräften, bisher auch an Frauen abzuhelfen. Die *Ausgaben* bestehen aus den Gehalten der Beamten, Anweisungen für die Bauten, Justiz, Kirchen, Schulen, aus Pensionen u. s. w.; sie sind oft weit hinter den Einnahmen zurückgeblieben, daher haben die Colonien bis auf die in der neuesten Zeit für große öffentliche Bauten aufgenommenen Anleihen keine Schulden, sie sind vielmehr im Stande gewesen, manches verdienstliche und gemeinnützige Werk, besonders zur Verbesserung der Communicationen, auszuführen, wie es Ansiedlungen sonst nicht vermögen, die noch erst im Entstehen begriffen sind. Allerdings haben sie dabei aber auch den Vortheil gehabt, daß sie niemals genöthigt gewesen sind, für die Unterhaltung der Militärmacht und die älteren Colonien für die Ueberführung und Versorgung der Deportirten etwas auszugeben. Im Ganzen belaufen sich jetzt die Einkünfte aller Colonien zusammen auf 8 bis 9 Millionen Pf. Sterl., die Ausgaben scheinen im Ganzen 1 bis 2 Millionen Pf. geringer zu sein.

Alles Land, das nicht durch Kauf oder Vergebung in den Privatbesitz übergegangen ist, gehört gesetzlich nicht den Colonien, sondern der englischen Krone. Anfangs wurde es, um nur Einwanderer anzulocken, für einen unbedeutenden Grundzins, nicht selten sogar umsonst vergeben, später aber (seit 1831) als die Vortheile, welche das Land darbot, anfingen, freie Einwanderer in größerer Zahl herbeizuziehen, das System des Landverkaufes eingeführt und der Preis zuerst auf 5 Schillinge, nachher auf 1 Pf. Sterl. für den englischen Acre festgesetzt, der Art, daß das von jedem Individuum gewünschte Land öffentlich in Auctionen für den Minimalpreis von 1 Pf. verkauft wird und zwar in Südaustralien mindestens 80, in den übrigen Colonien mindestens 30 Acre zusammen. Außerdem wird zur Beförderung der Viehzucht unverkauftes Kronland von der Regierung auf bestimmte Zeit an Heerdenbesitzer verpachtet. Zu dem Ende ist die Bodenfläche der Colonien in drei Theile getheilt, die besiedelten, die partiell besiedelten, (welche beide die sogenannten Counties und alle mehr oder weniger angebauten Theile der Colonien umschließen), und die unbesiedelten Districte. In den besiedelten gilt die Verpachtung nur auf ein, in den partiell besiedelten auf acht Jahre; auch kann bei zweimonatlicher Kündigung des Vertrages nach Ablauf jedes Jahres das ganze verpachtete Land oder ein Theil desselben zum öffentlichen Verkauf ausgesetzt werden, wobei der Pächter das Vorkaufsrecht hat. In den unbesiedelten Districten ist die Dauer des Pachtvertrages 20 Jahr, innerhalb welcher das Land nur an den Pächter und für den festen Preis von 1 Pf. Sterl. für den Acre verkauft werden kann. Die Pachtrente beträgt jährlich 10 Pf. Sterl. für einen Raum, der 4000 Schaafe zu ernähren vermag. Bei den Goldgruben hat wegen des außerordentlichen Zudranges zu denselben die Regierung sich genöthigt gesehen, dasselbe Pachtverhältniß anzunehmen; sie vergiebt das Recht, auf einem Raum von 8 Fuß im Quadrat Gold zu graben, für eine monatliche Rente von 30 Schilling Sterl.

Von großer Bedeutung sind (wenigstens für die älteren Colonien) die aus England *deportirten Verbrecher* gewesen, die in Australien den Namen der *Convicts* führten. Ursprünglich wurde die erste Colonie, Newsouthwales, und später noch die zweite, Vandiemensland oder Tasmanien, zur Unterbringung und Beschäftigung solcher Menschen gegründet, die durch richterlichen Urtheilsspruch in England auf bestimmte Zeit oder für immer zur Deportation verurtheilt waren. In den ersten Zeiten wurden sie zu öffentlichen Arbeiten verschiedener Art gebraucht, die nicht selten unnütz waren, abgesehen davon, daß dadurch große Massen dieser Menschen auf einen Punkt vereinigt und damit die Veranlassung zu zahlreichen neuen Verbrechen gegeben wurde. Erst als mit der Zeit neben ihnen und den Regierungsbeamten und Soldaten aus freigekommenen Deportirten und deren Nachkommen wie aus freien Einwanderern eine eigene freie Bevölkerung entstand, und diese sich über das Land verbreitete und besonders die Viehzucht lebhafter zu betreiben begann, änderte man das System der Benutzung der Convicts, behielt blos diejenigen zu öffentlichen Arbeiten zurück, welche dazu dringend nöthig waren, und vergab die übrigen an solche freie Einwohner, die sie gerade bedurften und verlangten, unter der Bedingung, die Sorge für ihre Bekleidung und Ernährung zu übernehmen. Diese benutzten sie als Diener in den Familien und als Arbeiter bei den Geschäften des Landbaues, vorzugsweise aber als Hirten, und es läßt sich nicht läugnen, daß die Trennung und Isolirung der Verbrecher, welche aus der durch die Natur des Landes bedingten Zerstreutheit der Ansiedlungen hervorging, für die sittliche Besserung derselben und die Verhütung von Verbrechen viel vortheilhafter war, als die frühere Anhäufung großer Massen, wenn gleich andrerseits dadurch auch wieder das Entlaufen Einzelner und die Entstehung von Diebs- und Räuberbanden, der sogenannten *Waldläufer* (Bushrangers), befördert wurde, die nicht selten den Ansiedlungen sehr schädlich geworden sind, und gegen welche der wirksamste Schutz zuletzt immer in der Unwirthlichkeit des Landes gefunden wurde. Auch führte man, um die Zucht unter ihnen zu erhalten, ein System der Belohnungen und Bestrafungen ein. Man gab solchen, die sich gut betrugen, eine bedingte Freiheit, indem man sie zu sogenannten *Beurlaubten* (Ticket of leave men) machte, wodurch sie die Erlaubniß erhielten, sich selbst, wo sie es für gut fanden, Arbeit und Unterhalt zu verschaffen, so jedoch, daß sie bei neuen Vergehen dieses Vorrechtes verlustig gingen; ja wenn sie sehr große Dienste leisteten, erhielten sie auch wohl zur Belohnung vom Gouverneur die volle Freiheit, jedoch mit der Beschränkung, die Colonie nicht zu verlassen. Zeigten sie sich andrerseits unruhig und widerspenstig, so wurden sie von der Regierung zurückgenommen und in besondere Strafabtheilungen vereinigt, die zu den für das Allgemeine nöthigen Arbeiten, besonders zu Straßen- und anderen Bauten benutzt wurden. Begingen sie endlich neue Verbrechen, so wurden sie von den Gerichtshöfen der Colonien zu neuer Deportation verurtheilt. Zu diesem Zweck gründete man in ganz entlegenen, von den bewohnten Districten durch weite Räume geschiedenen Gegenden besondere Niederlassungen, die sogenannten *Pönalstationen*, in denen sie zu den gerade nöthigen Geschäften verwandt wurden und, von allen übrigen Einwohnern getrennt und der strengsten Zucht unterworfen, für sich allein lebten. Wenn aber im Laufe der Zeit die Niederlassungen der freien Einwohner bei ihrer fortschreitenden Ausdehnung sich diesen Zuchthäusern näherten, gab man sie auf und verlegte sie in andere, noch entlegenere Gegenden. Solcher Pönalstationen gab es in der letzten Zeit in Newsouthwales an der Moretonbai, in Wellingtonvalley am mittleren Macquarie und auf der Insel Norfolk im Norden von Neuseeland, in Vandiemensland an den Häfen Macquarie und Arthur; alle waren aber, als man aufhörte, Deportirte nach Australien zu schicken, schon aufgelöset bis auf die beiden in Norfolk und am Hafen Arthur, und diese letzten sind darauf auch eingegangen, bei welcher Gelegenheit die Insel Norfolk den früheren Bewohnern der Insel Pitcairn übergeben ist. Wenn einerseits nicht bezweifelt werden kann, daß die Convicts in bedeutendem Grade zu dem jetzigen Wohlstande und der Blüthe der Colonien beigetragen haben, und ihre glänzende Entwicklung zu nicht geringem Theil aus ihrer Arbeit hervorgegangen ist, (lange Zeit haben sie allein dem Mangel an Arbeitern abgeholfen, der noch jetzt in den Colonien so groß ist), so kann man doch andrerseits eben so wenig in Abrede stellen, daß die arge Unsittlichkeit, die Gewöhnung an den übermäßigen Genuß geistiger Getränke und die große Zahl der Verbrechen, durch welche sich die australischen Colonien und vor allem Newsouthwales und Tasmanien vor fast allen übrigen Ländern der Erde auszeichnen, die traurige Folge dieser Einführung großer Schaaren von Verbrechern gewesen ist. Aber weder hieraus, noch aus der unzweifelhaft richtigen Ansicht, daß das bisherige System der Unterbringung und Beschäftigung der Convicts bei der außerordentlichen Ausdehnung der Niederlassungen unhaltbar ist, erklärt sich der Widerwille der freien Einwohner gegen die Deportirten und ihre Einführung; er entsprang vielmehr aus der Ansicht, daß die Existenz der Deportirten in Australien wegen des üblen Rufes, in den sie die Colonien gebracht haben, der Einwanderung freier Einwanderer hinderlich sei. Dies führte zu so dringenden Forderungen von Seiten der Colonisten, die Deportation einzustellen, daß die britische Regierung endlich nachgab und 1843 anordnete, daß keine Verbrecher mehr nach Newsouthwales gesandt würden, eine Maßregel, die 1852 auch auf Tasmanien ausgedehnt worden ist. Die Colonien Victoria, Süd- und Westaustralien waren niemals Deportationscolonien gewesen; doch hat die Regierung 1853 den Bitten der Einwohner von Westaustralien, die sich um die Einführung von Deportirten an sie wandten, um dadurch den Mangel an Arbeitskräften zu ersetzen, nachgegeben und eine beschränkte Zahl von Verbrechern dahingesandt, und allerdings machen die ganz eigenthümlichen Verhältnisse dieser noch dazu durch große Wüsten von den übrigen Colonien ganz geschiedenen Niederlassung sie vorzugsweise für die Aufnahme derselben geeignet.

In religiöser Hinsicht sind die Colonisten theils *Protestanten*, theils *Katholiken*. Von den ersten gehört die größere Zahl der *episcopalen* Kirche an, welche Bischöfe in Sidney, Newcastle (mit dem Wohnsitz in Morpeth bei Maitland), Melbourne, Hobarton und Adelaide hat; außerdem giebt es schottische *Presbyterianer*, weslevanische *Methodisten*, *Baptisten*, *Congregationalisten*, deutsche *Lutheraner* (in Südaustralien) und noch viele andere Secten. *Katholiken* (Irländer und deren Nachkommen) sind vor allem in Newsouthwales und Tasmanien häufig; ihre Kirche hat einen Erzbischof in Sidney und Bischöfe in Hobarton, Adelaide und Perth. Es fehlt endlich auch nicht an *Juden*.

Im Ganzen betrug in Newsouthwales (1861) die Zahl der Episcopalisten 46, der Katholiken 29, der Presbyterianer 10, der Wesleyaner 8 Perzent, in Südaustralien (1846) die der Episcopalisten 50, der Katholiken 8, der Presbyterianer 9, der Wesleyaner 10, der deutschen Lutheraner 7 Perzent der Bevölkerung. Die religiösen Anstalten werden zum großen Theile durch die Mitglieder der kirchlichen Gemeinden selbst unterhalten. Die Colonialregierungen unterstützen von den Religionsgesellschaften nur die Episcopalisten, Presbyterianer, Methodisten und Katholiken, indem sie den Gemeinden zu den freiwilligen Beiträgen und Steuern, die sie unter sich aufbringen, Zuschüsse sowohl für die Errichtung der kirchlichen Gebäude als auch für die Besoldungen der Geistlichen bewilligen. Aber die Zahl der Pfarrer wie der Kirchen, (wenn auch die letzten im Verhältniß zu der Bevölkerung zahlreich genannt werden dürfen), ist doch vorzüglich wegen der Zerstreutheit der Colonisten über weite Räume dem Bedürfniß nicht entsprechend. Missionen zur Bekehrung der Ureinwohner sind seit langer Zeit mehrfach und von verschiedenen protestantischen Missionsgesellschaften angelegt worden und werden noch immer unterhalten, aber sie haben bis jetzt auch nicht den mindesten Erfolg gehabt. Die Schulen sind trotz der großen Sorgfalt, welche man namentlich in der neuesten Zeit auf sie gewandt hat, noch immer nicht in befriedigendem Zustande, und es ist leicht begreiflich, daß bei dem zerstreuten Leben der Colonisten viele Kinder ganz ohne Schulunterricht aufwachsen müssen. Sie sind zum Theil wenigstens von den Colonialregierungen nach dem bekannten irischen System errichtet; da aber dieses von der Geistlichkeit, der protestantischen wie der katholischen, mit nicht günstigen Augen betrachtet wird, so ist der größere Theil der Schulen von den einzelnen Religionsgesellschaften selbst und für ihre Mitglieder angelegt und unterhalten, und die Regierungen haben sich genöthigt gesehen, diesen auf Verlangen Zuschüsse zu den Kosten, welche sie machen, zu bewilligen. 1857 betrug die Zahl der Schulen in allen Colonien zusammen 1308 und die der Schüler 65747 bei einer Gesammtbevölkerung von beinahe 880000 Menschen; noch auffallender ist das Verhältniß zwischen den einzelnen Colonien, denn während in Newsouthwales über 11 Perzent der Einwohner Schulunterricht erhielten, wurden in Südaustralien nur über 8, in Victoria noch nicht 6, in Tasmanien über 4, in Westaustralien nicht einmal 4 Perzent der Bevölkerung unterrichtet, und diese Zahlen zeigen am besten, wie wenig die Schulanstalten für das Bedürfniß ausreichen. In den Hauptstädten sind auch höhere Lehranstalten theils von den Regierungen, theils von Privatleuten gegründet, in Sidney und Melbourne bestehen selbst Universitäten. Daß Wissenschaft und Kunst noch in der Kindheit sind, ist bei der Jugend der Colonien und der eigenthümlichen Art der Lebensweise der Bevölkerung sehr natürlich; bis jetzt sind die Bestrebungen derselben noch überwiegend auf das Materielle gerichtet gewesen. Zeitungen giebt es freilich überall und selbst in ganz kleinen Landstädten und in nicht geringer Zahl; durch wissenschaftliche Unternehmungen haben sich früher besonders die Bewohner von Tasmanien und Südaustralien ausgezeichnet, in der neuesten Zeit eifern ihnen die von Victoria auf das rühmlichste nach, wie es die geologische Aufnahme des Gebietes der Colonie und die Gründung der königlichen Gesellschaft der Wissenschaften in Melbourne beweisen.

Industrie, Handel. Die Colonisten leben theils auf Landgütern (farms), theils auf den sogenannten Stationen. Die ersten liegen fast ausschließlich in den dichter bevölkerten Gegenden an Orten, wo der Boden den Landbau neben der Viehzucht zu betreiben gestattet; hier wohnen, gewöhnlich isolirt, nur an den reichsten Stellen besonders in den Flußthälern in größerer Nähe bei einander die Grundbesitzer mit ihren Dienstleuten und anderen von ihnen Abhängigen zusammen. Die Colonialregierungen haben sich eifrig bemüht, an passenden Localitäten Dörfer und Städte zu gründen, allein bis jetzt haben diese Versuche in den meisten Fällen nur geringen Erfolg gehabt, und die beabsichtigten Dörfer haben es in der Regel nicht weiter gebracht, als zu einer Kirche, einigen Schenken, den nothwendigsten Handwerkern u. s. w.; wirkliche Städte hat bis jetzt nur der Verkehr und zwar vorzugsweise an den Hafenplätzen geschaffen, freilich aber auch in kurzer Zeit sehr bedeutende. Stationen nennt man dagegen die Niederlassungen, auf denen blos Viehzucht getrieben wird. Sie liegen überwiegend in den entlegenen Districten, die meisten auf gepachtetem Kronlande und fast stets durch mehr oder weniger weite Räume von einander getrennt; auf den Hauptstationen, auf denen man auch gewöhnlich das Nöthigste anbaut, wie es auf dem Kronlande gestattet ist, lebt der Besitzer oder sein Stellvertreter und einige Hirten, denen die Sorge für die Heerden obliegt, auf anderen (den sogenannten Nebenstationen), auch blos Hirten, die dann zu gewissen Zeiten von den Besitzern inspicirt und mit den nöthigen Bedürfnissen versorgt werden. Die Ausdehnung dieser Stationen ist namentlich in den letzten Jahren mit erstaunlicher Schnelligkeit vor sich gegangen. Sie bedecken jetzt die ganzen Gebiete von Newsouthwales, Tasmanien und Victoria; in

Queensland reichen sie gegen Norden bereits bis zu den Quellen des Burdekin und Lynd, gegen Westen bis an den Thomsonfluß und das Quellland des Flinders; in Südaustralien gehen sie bis zum Gregorysee und auf der Westseite des Eyresers bis zum Flusse Neales; in Westaustralien liegen sie in verschiedenen Theilen des westaustralischen Berglandes zerstreut. Jetzt beabsichtigt man sogar schon die Gründung solcher Stationen an der nordwestlichen und nördlichen Küste des Continents.

Die Thätigkeit der Colonisten ist hauptsächlich auf die *Viehzucht*, den *Landbau*, den *Fischfang*, den *Bergbau*, in geringerem Maße auf *Fabriken* und *Manufacturen* gerichtet.

1. *Die Viehzucht.* Es ist natürlich, daß in einem Lande wie Australien, das natürliche Wiesen und lichte, offene, grasreiche Wälder in solcher Fülle, dabei ein so überaus mildes Klima und fast gänzlichen Mangel an Raubthieren hat, und dessen Urbevölkerung der schnellen Ausdehnung der Heerden so geringe Schwierigkeiten in den Weg stellt, die Viehzucht bald die Hauptbeschäftigung der Ansiedler werden mußte, und daß sie auch in Zukunft die hauptsächlichste und überwiegende Beschäftigung seiner Bewohner bilden wird. Die ersten Ansiedler brachten bereits die europäischen Hausthiere mit sich, welche sich dann in verhältnißmäßig kurzer Zeit über einen bedeutenden Theil des Continents verbreitet haben. Von allen aber sind für Australien die *Schafe* die bei weitem wichtigsten geworden. Ihre Zucht begann eigentlich 1803 mit der ersten Einführung spanischer Schafe, durch welche die bis dahin gezogenen, vom Cap der guten Hoffnung und aus Indien stammende Race verbessert und der Grund zu der außerordentlichen Production von Wolle gelegt ist, welche die australischen Colonien jetzt auszeichnet. Während man für sie die offenen Wälder und die hochgelegenen, trockenen Wiesenflächen vorzieht, betreibt man die Zucht des *Rindviehs*, die bedeutendste nächst der Schafzucht, vorzugsweise in den fruchtbaren, tiefer gelegenen Localitäten; auch bei diesen hat man durch Einführung edler Arten und Kreuzung die Race verbessert. Nächstdem ist die Zucht der *Pferde* noch von Bedeutung, wenn sie gleich der jener beiden Thierarten nachsteht; die Ausfuhr der Pferde und die beliebten, allgemein eingeführten Wettrennen haben auf diesen Zweig der Viehzucht vortheilhaft eingewirkt. In geringerem Maße und nur zum eigenen Bedarf werden *Ziegen* und *Schweine* gezogen; die Zucht der in neuerer Zeit aus Südamerika eingeführten *Alpaka* scheint keinen rechten Fortgang gehabt zu haben. Die Zahl der Hausthiere ist sehr bedeutend; man kann jetzt die Zahl der Schafe gewiß auf gegen 22, die des Rindviehs auf 4 bis 5 Millionen, die der Pferde auf gegen 500,000 schätzen. Schafe werden überwiegend in Newsouthwales, Victoria und Queensland, Rindvieh und in noch größerem Maße Pferde in Newsouthwales gezogen.

2. Dem *Landbau* ist die Bildung des Bodens in Australien bei weitem nicht in dem Grade günstig wie der Viehzucht; denn das Klima ist dazu zu trocken, und Gegenden von größerer Fruchtbarkeit sind überhaupt nicht häufig und kommen jederzeit nur zerstreut und sehr vereinzelt vor. Daraus folgt, daß der Anbau des Bodens jederzeit der Viehzucht in Australien nachstehen wird; wenn aber jetzt in dieser Beziehung selbst lange nicht das geschieht, was geschehen könnte, so rührt das daher, weil es an Arbeitskräften fehlt, und weil der Bergbau und die Viehzucht die Kräfte der Colonien zu sehr in Anspruch nehmen. Auch unterscheiden sich die einzelnen Colonien auffallend in der Art, wie in ihnen der Landbau betrieben wird. In Südaustralien kommen auf jeden Einwohner 2, in Tasmanien $1\frac{1}{2}$ und selbst in Westaustralien noch $1\frac{1}{3}$ Acre angebauten Landes, in Newsouthwales dagegen nur $\frac{2}{3}$, in Victoria gar nur $\frac{1}{3}$ Acre; die Colonien, in denen der Bergbau am lebhaftesten betrieben wird, sind also diejenigen, welche das wenigste angebaute Land haben, und mit Ausnahme von Queensland, wo der Landbau noch ganz in der Kindheit ist und eigentlich nur im Thale des Brisbane betrieben wird, ist er nirgends unbedeutender als in der wohlhabendsten und volkreichsten aller Colonien, in Victoria, während Tasmanien und besonders Südaustralien darin allen übrigen vorangehen. Damit hängt es denn auch zusammen, daß die meisten Colonien noch nicht das nöthige Getreide erzeugen und der Zufuhr bedürfen; nur Südaustralien führt beständig Getreide aus. Von allen Getreidearten baut man vorzugsweise *Weizen*, und über die Hälfte des bebauten Landes wird zu diesem Zweige des Landbaues benutzt; auch hierin unterscheiden sich die einzelnen Colonien auffallend, denn in Südaustralien ist der Weizenbau so bedeutend, daß vier Fünftel aller Felder damit besäet werden. Außerdem wird noch *Mais*, wo es nämlich das Klima gestattet, in größerer Ausdehnung gebaut, *Gerste* und *Hafer* nur wenig, *Roggen* und *Hirse* noch viel weniger; dagegen werden *Kartoffeln* in großer Menge gezogen, besonders in Newsouthwales, noch mehr aber in Tasmanien. Der *Gartenbau* ist noch sehr unbedeutend. Von Früchten ist nur die Cultur der *Orangen* in Newsouthwales von einiger Wichtigkeit; nächstdem wird jetzt *Wein* in allen Colonien (mit Ausschluß von Tasmanien und Queensland), am meisten in Newsouthwales, gezogen, eine Cultur, die für ein Land um so wichtiger ist, in welchem die Consumtion des Branntweins eine wahrhaft schreckenerregende Ausdehnung erreicht hat. *Tabak* wird in Newsouthwales und Victoria, jedoch in nicht großer Ausdehnung gebaut; in der neuesten Zeit sind in Queensland Versuche

mit der Cultur der *Baumwolle* gemacht, der Bau der übrigen tropischen Culturpflanzen wird erst dann von Bedeutung werden, wenn ausgedehnte Niederlassungen in den tropischen Theilen des Continents entstanden sind. Endlich dient ein nicht unbedeutender Theil des unter Cultur stehenden Landes (fast ein Sechstel) zur Anlage künstlicher *Wiesen* durch Anpflanzung von europäischen Grasarten.

3. *Der Fischfang.* Bald nach der Gründung der ersten Colonie begann schon seit dem Anfange dieses Jahrhunderts eine lebhafte Betreibung des Fanges der *Seehunde* an den Küsten von Vandiemensland und ganz besonders auf den Inseln der Baßstraße; er hat jetzt längst aufgehört, da die rücksichtslose Verfolgung der Thiere sie aus diesen Meerestheilen verscheucht hat, und es ist davon nichts übrig geblieben als eine aus der Verbindung der Seehundsfänger mit geraubten eingebornen Frauen hervorgegangene Bevölkerung auf den Inseln der Straße, welche jetzt von dem Fange der Petrel (Puffinus brevicaudus), aus denen ein Oel bereitet wird, lebt. Auch der Fang der *Wallfische* ist lange Zeit eine Beschäftigung der Australier gewesen. Sie betreiben ihn einestheils von besonderen Niederlassungen an verschiedenen Punkten der Südküste aus in Booten, welche Art der Betreibung jedoch jetzt mehr und mehr aufhört, theils in besonders dazu ausgerüsteten Schiffen, welche das Thier im ganzen stillen Ocean verfolgen; im Ganzen nimmt jetzt, namentlich seitdem Neuseeland eine brittische Colonie geworden ist, die Theilnahme der australischen Colonisten an der oceanischen Fischerei immer mehr ab, wahrscheinlich wird sie aber in Zukunft mit der Ausdehnung der Fischereien über den südlichen Polarocean, für welche Tasmanien und die Südküste des Continents so günstig gelegen sind, wieder steigen.

4. *Der Bergbau.* Nur vier von den zahlreichen Mineralproducten, welche die Berge des südlichen und östlichen Australiens liefern, sind Gegenstände des Bergbaues, *Gold*, *Kupfer*, *Blei* und *Kohlen*. Die Bearbeitung der reichen *Goldlager* des östlichen Australiens, welche in den Colonien eine wahrhafte sociale Revolution hervorgebracht und ihre Wirkungen selbst bis nach Europa ausgedehnt hat, gehört erst der neuesten Zeit an und begann 1851 mit der Entdeckung der ersten Goldlager am Flusse Summerhill im Stufenlande von Bathurst; sie hat sich dann mit der bald darauf erfolgenden Entdeckung neuer Goldablagerungen schnell über das ganze Gebiet von Newsouthwales und Victoria ausgedehnt, und wird in Zukunft gewiß eine noch viel weitere Verbreitung gewinnen, da es nicht zu bezweifeln ist, daß genauere Nachforschungen noch viele Gold führende Localitäten im östlichen Australien nachweisen werden. Im Anfange waren die Erträge von Newsouthwales die bedeutenderen; bald aber wurden sie von denen von Victoria weit übertroffen, und diese Colonie ist es, welche jetzt bei weitem das meiste Gold in Australien liefert. Die wichtigsten Localitäten, an denen Gold gewonnen wird, sind in Newsouthwales Ophir und Sofala in den Thälern der Flüsse Summerhill und Turon, zwei Zuflüssen des Macquarie, dann andere Stellen des Stufenlandes von Bathurst zu beiden Seiten des Flusses Macquarie, wie im Thal des oberen Lachlan, das Thal des Flusses Shoalwater und einige Punkte in Neuengland nördlich von den Liverpoolebenen, in Victoria vorzüglich Bendigo und Ballarat, wo die reichsten und ergiebigsten Goldablagerungen des ganzen Continents gefunden sind, außerdem noch viele andere Punkte in dieser Colonie zwischen den Grampianbergen und dem Gippslande. Außerdem wird in anderen Colonien Gold, jedoch nur in beschränktem Maße, in Queensland bei Rockhampton im Thal des Fitzroy und im östlichen Tasmanien im Distrikte Fingal gegraben. Bei weitem das meiste Gold wird durch Auswaschen der goldhaltigen Alluvion gewonnen; die Bearbeitung der Gold führenden Quarzgänge in den silurischen Schiefern ist noch nicht häufig. Die Betreibung des Goldgrabens ist Jedermann gestattet, sie unterliegt blos einem an die Regierung zu zahlenden Pacht. *Kupfer* und *Blei* wird bis jetzt hauptsächlich in Südaustralien gewonnen, dessen Gruben (besonders die Burraburra- und die Kapundagrube) zu den reichsten Kupfergruben der Erde gehören; in Westaustralien ist am unteren Murchison die Grube Geraldine in Betrieb, die jedoch mehr Blei als Kupfer liefert. Diese Gruben befinden sich in den Händen von Actiengesellschaften, welche den Boden angekauft haben und die Gruben kunstgemäß durch Bergleute bearbeiten lassen; zur Ausschmelzung der Erze hat man hier und da auch Schmelzöfen angelegt, allein die Schwierigkeit des Transportes bei dem Mangel an guten Wegen und die Kostspieligkeit des Brennmaterials hat zur Folge, daß der größte Theil der Erze zum Ausschmelzen nach Europa gesandt wird. *Steinkohlenlager* wurden schon seit dem Anfange dieses Jahrhunderts in Newsouthwales bei Newcastle an der Mündung des Hunterflusses bearbeitet; jetzt sind diese Gruben, deren Ertrag mit dem steigenden Bedarf in neuerer Zeit erstaunlich zugenommen hat, im Besitz der großen, 1822 gegründeten Agriculturgesellschaft von Newsouthwales, einer Actiengesellschaft, welche ein großes Gebiet um den Hafen Stephens besitzt und dort Landbau und Viehzucht in großem Maßstabe betreiben läßt. Außerdem werden noch in beschränktem Maße Kohlen im nördlichen Tasmanien am Hafen Frederick gewonnen; die Versuche, die an der Südküste von Victoria zwischen dem Hafen Western und Cap Wilson liegenden Kohlenschichten auszubeuten, sind bis jetzt noch nicht gelungen.

5. *Fabriken und Manufacturen* sind erst im Entstehen. In den großen Städten finden sich alle gewöhnlichen Handwerker; Fabriken aber giebt es nur einzelne, wie Destillationen und Bierbrauereien, Zuckerraffinerien, Wollenzeugfabriken, Tabak-, Seife- und Lichterfabriken, Mahl- und Sägemühlen, Ziegeleien u. s. w. Auch wird *Schiffbau* in einiger Ausdehnung

getrieben; namentlich stehen die Schiffe, welche die Werfte von Sidney liefern, in gutem Ruf und gelten für zweckmäßig und dauerhaft. An brauchbarem Schiffsbauholz ist kein Mangel.

Der Handel der Colonien Australiens hat hauptsächlich in Folge der reichen Golderträge einen staunenswerthen Aufschwung genommen. Man kann jetzt die Gesammtausfuhr auf mehr als 25, die Gesammteinfuhr auf mehr als 28 Millionen Pfd. Sterl. anschlagen, Summen, welche der Aus- und Einfuhr des britischen Indiens nur wenig nachstehen.

Der innere Handel ist, wie es in einem Lande, dessen Wege noch so wenig gebahnt sind, und dem es (mit einer Ausnahme) an aller Flußschifffahrt fehlt, nicht wohl anders sein kann, nur unbedeutend. Auf den Landgütern wird der größte Theil der Erzeugnisse selbst verbraucht; gewöhnlich werden nur die Producte der Viehzucht auf Ochsenkarren in die nächsten Küstenstädte, aus diesen aber durch Dampfboote, welche alle Handelsplätze der Colonien durch regelmäßige Fahrten mit einander in Verbindung setzen, und deren Newsouthwales allein 1856 schon 60 besaß, in die Haupthandelsstädte verführt, in welchen sich der ganze Verkehr mit dem Auslande concentrirt. An ordentlichen Straßen ist noch großer Mangel. Man hat bereits angefangen, Eisenbahnen zu bauen; in Newsouthwales gehen deren von Sidney nach allen Richtungen durch die Küstenebene von Cumberland und am Hunter von Newcastle an im Thale des Flusses aufwärts, in Victoria von Melbourne über Kyneton bis Echuca am Murray, von Melbourne bis Geelong und von Geelong nach Ballarat, in Südaustralien von Adelaide nach dem Hafen dieser Stadt und gegen Norden bis nach Gawlertown. Uebrigens ist es vorauszusehen, daß bei dem Mangel aller Wassercommunicationen im Innern die Eisenbahnen in Australien einst eine noch viel größere Bedeutung erreichen werden als in Nordamerika.

Die Hauptgegenstände der Ausfuhr sind vor allem Gold (im Ganzen jetzt an Werth von gegen 16 Millionen Pf. Sterl., wovon Victoria allein über vier Fünftel liefert), dann die Producte der Viehzucht, Wolle (im Ganzen jetzt zwischen 4 und 5 Millionen Pf. Sterl. an Werth), nächstdem Talg, (seitdem nämlich die Unmöglichkeit, die Heerden in der großen Dürre 1843 zu unterhalten, die Colonisten darauf geführt hat, aus dem Fleisch der Rinder und Schafe Talg zur Ausfuhr zu bereiten), auch einzelne Thiere, besonders Pferde, (die nach Indien gehen), die Producte der Fischerei, besonders Thran, außerdem in einigen Colonien Getreide und Mehl, (vor allem aus Südaustralien, doch auch aus Tasmanien und Westaustralien), Kartoffeln (aus Tasmanien), Holz, (besonders aus Queensland, Tasmanien und Newsouthwales), Mimosenrinde, die zum Gerben dient, (aus Newsouthwales und Tasmanien), endlich aus Südaustralien Kupfer und Kupfererz, von denen jenes nach Indien, dies nach Europa geht. Von der gesammten Ausfuhr werden mindestens drei Viertel, (Gold, Kupfer, Wolle, Talg), nach England, das Uebrige hauptsächlich nach englischen Colonien (Indien, Mauritius, dem Caplande Neuseeland) verführt; die Ausfuhr nach anderen Ländern (China, den Inseln des stillen Oceans, Amerika) ist nur von geringer Bedeutung.

Die Einfuhr ist in den einzelnen Jahren in viel höherem Grade schwankend als die Ausfuhr, was sich aus der Entlegenheit des Landes von England, das den größeren Theil der Einfuhr liefert, und der Fülle des gewonnenen Goldes erklärt und Schwankungen der Preise der einzelnen Handelsartikel zur Folge hat, welche nur in einem Lande, das so außerordentliche Hülfsquellen besitzt, und in dem die Arbeitskraft einen so großen Werth hat, ohne erheblichen Schaden bleiben. Eingeführt werden alle Dinge, welche die Colonien nicht erzeugen, vor allem Fabrik- und Manufacturwaaren aus Europa, geistige Getränke, Producte der englischen Colonien u. s. w. Aus Indien, vor allem aber aus Mauritius kommt Zucker, aus China Thee, aus Neuseeland Flachs, Thran und andere Producte der Fischereien, von den Inseln des stillen Oceans Schildpatt, ganz besonders aber Cocosöl. Von der ganzen Einfuhr kommt über die Hälfte aus England, über ein Viertel aus den englischen Colonien, der Rest aus fremden Ländern und davon wieder fast die Hälfte aus den vereinigten Staaten von Nordamerika. Im Ganzen beschäftigt jetzt die Einfuhr wie die Ausfuhr zusammen zwischen 5500 und 6000 Schiffe.

Posten bestehen allenthalben, und sie sind so gut geordnet, als die eigenthümlichen Verhältnisse des Landes es gestatten. Auch giebt es in allen größeren Städten Privatbanken, welche Noten in Umlauf setzen, allein, wie es scheint, nicht immer mit der Vorsicht, welche die Niederlassungen vor jedem Schaden bewahren könnte. Ebenso bestehen in den Städten Sparcassen Telegraphenlinien sind in allen Colonien angelegt; sie stehen in den östlichen unter einander im Zusammenhange und reichen im Norden bereits bis Gladstone in Queensland, sind auch durch ein submarines Telegraphentau, das durch die Baßstraße gelegt ist, mit den Linien von Tasmanien verbunden. Die westaustralischen Linien sind aber mit denen des östlichen Australiens noch nicht in Verbindung gesetzt. Der Plan, diese Linien durch den Continent bis zur Nordküste so auszudehnen, daß sie durch submarine Leitungen mit denen von Java und Singapore und durch diese mit den indischen und europäischen verbunden werden könnten, besteht schon längere Zeit und hat wesentlich dazu beigetragen, in der neuesten Zeit Wege durch das Innere von der südlichen zur nördlichen Küste zu bahnen.

Wie glänzend und schnell die australischen Colonien namentlich in den letzten Jahren in allen materiellen Beziehungen sich entwickelt haben, lehren die folgenden Tabellen.

Newsouthwales.

Einwohner . .	1833	71070	1841	130856	1851	187243	1853	231288	1856	266189	1862	367495
Heerden, Schafe	1829	536391	1843	3452539	1851	7369895	1853	8001103 [2]	1856	7736323	1860	6119163
Rindvieh	1829	262868	1843	850160	1851	1375257	1853	} 1792050	1856	2023418	1860	2408586
Pferde	1829	12479	1843	58739	1851	116397	1853		1856	168929	1860	251497
Ausfuhr in Pf. Sterl. [1]	1833	394801	1844	871300	1851	1796900	1853	4523346	1856	3430880	1862	7102562
Einfuhr „	1833	713972	1844	780200	1851	1563900	1853	6342397	1856	5460971	1862	9334645
Einkünfte „	1833	169459	1840	653127	1848	218200	1853	575896	1856	1986553	1862	2216081
Ausgaben „	1833	110252	1840	517494	1848	236226	1853	422240	1856	1835134	1862	2135518

Queensland.

Einwohner	1859	16907	1862	45077	Ausf. in Pf. Sterl. .	1859	614946	1862	746448
Heerden, Schafe .	1860	3449350	1861	3265734	Einfuhr „ „ .	1859	443110	1862	1323509
Rindvieh .	1860	432890	1861	425896	Einkünfte „ „ .	1862	346431	1865	631432
Pferde . .	1860	23504	1861	23014	Ausgaben „ „ .	1862	367317	....	....

Victoria.

Einwohner	1844	25000	1850	78000	1854	232856	1861	538628	1864	604858
Heerden, Schafe . . .	1844	2000000	1850	6033000	1853	6560502 [3]	1860	5794127	.....	....
Rindvieh . .	1844	14000	1850	346562	1853	} 465401	1860	653534	.....	....
Pferde . . .	1844	5000	1850	16743	1853		1860	69288	.....	....
Ausfuhr in Pf. Sterl. .	1843	277672	1850	1041796	1853	11061543	1857	14962269	1862	13039422
Einfuhr „ „ . .	1844	151052	1850	744255	1853	15842637	1857	15459760	1862	13487787
Einkünfte „ „ . .	1843	61314	1848	68350	1853	1648309	1857	3741194	1862	3131420
Ausgab. „ „ . .	1844	54352	1848	60000	.....	....	1857	3481128	1862	2101700

Tasmanien.

Einwohner	1833	31718	1847	65000	1853	66009	1857	81492	1862	90728
Heerden, Schafe	1833	569727	1845	1200000	1854	1831308	1857	1614987	1860	1700930
Rindvieh . . .	1833	79517	1845	85000	1854	103752	1857	88608	1860	83366
Pferde	1833	5483	1845	15000	1854	17384	1857	18019	1860	21034
Ausfuhr in Pf. Sterl. .	1833	157907	1845	422218	1853	1756316	1857	1207802	1862	919649
Einfuhr „ „ .	1834	471215	1845	520562	1853	2273397	1857	1442106	1862	875423
Einkünfte „ „ .	1833	68505	1846	116664	1853	257872	1857	415913	1862	371596
Ausgaben „ „ .	1833	83727	....	....	1853	191443	1857	439708	1862	355865

Südaustralien.

Einwohner . . .	1841	15000	1846	22390	1850	63900	1853	78944	1857	104708	1862	135329
Heerden, Schafe .	1841	242000	1847	620000	1850	1200000	1854	1768724	1857	1962460	1860	2824811
Rindvieh	1841	16696	1847	38000	1850	100000	1853	} 108000	1857	272746	1860	278265
Pferde .	1841	1650	1847	2600	1850	6000	1853		1857	22260	1860	49399
Ausfuhr in Pf. St.	1841	40561	1846	287059	1850	570817	1853	2241814	1857	1958572	1862	2145796
Einfuhr „ „	1841	229925	1846	304321	1850	845578	1853	2336250	1857	1623052	1862	1820656
Einkünfte „ „	1841	26720	1846	48015	. . .	...	1853	270321	1857	748291	1862	567709
Ausgaben „ „	1841	104471	1846	36971	1850	57867	1853	215595	1857	860883	1862	613681

Westaustralien.

Einwohner	1834	1886	1848	4022	1854	12008	1857	13391	1862	17246
Heerden, Schafe . . .	1834	3543	1848	141123	1854	173568	1857	177717	....	......
Rindvieh . . .	1834	500	1848	10919	1854	20436	1857	23207	. .	. ....
Pferde	1834	152	1848	2095	1854	4499	1857	5408	...	......
Ausfuhr in Pf. Sterl. .	. .	. ..	1848	29598	1854	36245	1857	44740	1862	119314
Einfuhr „ „ .	. . .	. ..	1848	45411	1854	128259	1857	122938	1862	172982
Einkünfte „ „ .	1834	2320	1847	9222	....	.....	1857	51170	1862	69407
Ausgaben „ „ .	....	....	1846	7066	. . .	......	1857	46990	1862	72268

[1]) Unter Ausfuhr und Einfuhr ist in diesen Tabellen immer nur die zur See verstanden.
[2]) Mit den Schweinen.
[3]) Mit den Schweinen.

Ein- und Ausfuhren.

Einfuhr. Werth in Pf. Sterl.

	Newsouthwales		Tasmanien	Südaustralien	Summe
	1832	1848	1848	1848	1848
Geräuchertes Fleisch	—	831	190	22	1043
Säcke und Sacktuch	11450	660	339	2214	3213
Rind- und Schweinefleisch	3297	1122	319	95	1536
Bier und Ale	24027	48460	13096	10653	72209
Bücher	—	14826	6449	2206	23481
Messing- und Kupferwaaren	—	6947	3343	348	10638
Tischler- und Tapezierwaaren	1742	5303	1753	2214	9270
Lichter	645	923	655	132	1710
Wagen und Karren	2139	1157	1239	605	3001
Käse, Butter	872	113	131	—	244
Uhren	—	845	1371	82	2298
Kohlen	40	556	208	2173	2937
Kaffee	191	4004	1777	1705	7486
Kupfer in Blättern u. alt	7893	9901	1019	254	11174
Kupfererz	—	660	—	—	660
Tauwerk	6105	6425	4613	1464	12502
Getreide	12399	3414	206	22	3642
Mehl	216	577	367	50	994
Baumwollenwaaren	44516	90413	33674	8835	132992
Färbe- und harte Hölzer	157	1000	—	—	1000
Irdene Waaren	7130	9559	4270	2906	17035
Fische	—	1729	429	451	2609
Flachs	14234	158	131	—	289
Früchte	2671	5818	2173	5189	13180
Glas und Glaswaaren	5516	21321	10184	5346	36851
Schießwaffen	9851	388	104	20	502
Schießpulver	4435	1130	641	508	2279
Kram- und Modewaaren britische	21680	63987	27117	9743	100847
Kram- und Modewaaren fremde	1362	1910	—	581	2491
Eisen- und Stahlwaaren britische	26720	45047	20781	8370	74198
Eisen- und Stahlwaaren fremde	1233	281	—	268	549
Hüte britische	13547	12026	8304	2095	22425
Hüte fremde	948	1062	60	48	1170
Ackerbaugeräthe	535	2799	966	700	4465
Kleidungsstücke	30077	106373	59044	20147	185564
Hopfen	4420	5155	2019	1411	8585
Roheisen	—	20518	4043	5357	29918
Schmiedeeisen	14547	31627	14344	9114	55085
Goldschmiedwaaren	—	1770	1887	86	3743
Blei und Schrot	3511	6250	2476	672	9398
Leder	1288	505	601	64	1170
Lederwaaren britische	5012	19698	5284	3103	28085
Lederwaaren fremde	432	40	—	239	279
Leinenwaaren	5612	36020	13594	11658	61272
Pferde	—	350	—	—	350
Schafe	1440	535	—	120	655
Maschinen	2406	2412	1579	4085	8076
Arzneien	4976	16955	6722	4092	27819
Melasse	—	320	109	40	469
Musik. Instrumente	922	5422	2029	1381	8832
Cocosöl	142	1196	—	—	1196
Olivenöl	43	475	—	194	669
Spermacetiöl	69376	51362	1296	2	52660
Wallfischöl	14356	3572	649	—	4221
Malerfarben	877	6760	2830	512	10102
Tapeten	—	873	1762	25	2660
Pfeffer	585	448	—	193	641
Parfumerien	1140	1734	1126	427	3287

	Newsouthwales		Tasmanien	Südaustralien	Summe
	1832	1848	1848	1848	1848
Pickles	4428	14322	6238	2259	22819
Silberne und plattirte Waaren	657	3519	1462	296	5565
Reis	219	2100	1017	717	3834
Sattlerwaaren	3685	17455	3388	3608	24451
Salz	2525	3361	1259	478	5098
Seidenwaaren { britische	3415	15526	8289	751	24566
Seidenwaaren { fremde	58	1122	123	425	1670
Seife	3128	382	356	230	968
Gewürze	—	790	6	603	1399
Spirituosen	43819	97450	29152	21214	146816
Buchbinderwaaren	10775	28314	8544	4966	41824
Zucker { roh aus brit. Col.	3294	14017	16454	24230	54701
Zucker { roh aus Indien und fremder	25059	99447	10233	11163	120845
Zucker { raffin. u. Kandis	2020	1934	4527	1316	7777
Theer und Pech	1589	297	173	332	802
Thee	3125	72876	9357	12155	94388
Zinnwaaren	629	3423	1087	338	4848
Tabak	4135	25241	8490	3970	37701
Spielzeug	485	3132	1365	195	4692
Segelgarn	956	2068	979	422	3469
Sonnen- und Regenschirme	477	2636	963	707	4306
Essig	438	2201	733	400	3334
Fischbein	1461	288	—	—	288
Wein	19077	48856	15688	19183	83727
Holz und Holzwaaren	4587	4771	1967	6701	13439
Wollene Waaren	21650	86074	36668	10370	133112
Verschiedene Artikel	53116	68654	24481	13404	106539
Summe	602032	1306750	459353	272644	2038567

Davon kamen 1848 aus

Großbritannien u. s. Colonien	1607254 Pf.	Singapore	34156 Pf.
Guernsey u. Jersey	7498 „	Ceilon	220 „
Deutschland	8606 „	Java	16064 „
Spanien	4959 „	Philippinen	82345 „
Portugal	2302 „	China	43210 „
Cap d. gut. Hoffn.	13298 „	Hongkong	59688 „
Mauritius	65819 „	Neuseeland	3299 „
Reunion	2255 „	Ver. Staaten v. N.-A.	6905 „
brit. Indien	12583 „	Südseefischereien	53335 „
		Summe	2038567 „

Ausfuhr. Werth in Pf. Sterl.

	Newsouthwales		Tasmanien	Südaustralien	Summe
	1832	1848	1848	1849	1849
Kleidungsstücke	30	9650	960	40	10650
Rinde	15	28	410	—	438
Rind- und Schweinefleisch	—	7549	463	184	8196
Bier u. Ale	28	2439	255	21	2715
Brod u. Zwieback	—	632	976	116	1724
Butter	5279	925	234		1159
Tischlerwaaren	493	1061	232	—	1293
Lichter	1550	1321	89	—	1410
Kohlen	801	746	—	—	746
Kaffee	—	1072	164	—	1236
Kupfer in Blättern u. alt	—	620	248	—	868
Kupfererz	—	15675	4110	206905	226690
Getreide u. Mehl	9226	5343	35164	28046	68553
Baumwollenwaaren	—	3768	1508	—	5276

	Newsouthwales		Tasmanien	Südaustralien	Summe
	1832	1848	1848	1848	1848
Färbe- u. Nutzhölzer	5638	1660	16	—	1676
Irdene Waaren	27	1167	17	8	1192
Früchte	466	1906	316	40	2262
Gummi	—	30	—	1466	1496
Glaswaaren	—	1096	—	10	1106
Kramwaaren	—	2512	349	—	2861
Eisenwaaren	149	7697	784	122	8603
Häute	9214	13573	—	272	13845
Hufe u. Knochen	553	1077	65	—	1142
Schmiedeeisen	—	2364	30	—	2394
Bleierz	—	2050	3215	—	5265
Leder	16	5083	5839	187	11109
Lederwaaren	50	1222	276	45	1543
Leinenwaaren	—	13905	272	—	14177
Pferde	3345	10671	804	—	11475
Rindvieh	242	11503	20	85	11608
Schafe	175	6477	773	50	7300
Cocosöl	—	1570	16	50	1636
Spermacetiöl	122772	68982	40434	—	109416
Wallfischthran	20165	3410	5050	1074	9534
Pickles	5	2693	633	—	3326
Schiffsprovisionen	19932	1393	646	—	2039
Seife	—	2074	170	—	2244
Spirituosen	4	10882	1610	484	12976
Buchbinderwaaren	—	1211	—	—	1211
Zucker { roher	—	7986	1390	30	9106
Zucker { raffinirter	—	1520	58	—	1578
Talg	2734	139056	2108	3752	144916
Thee	—	3374	380	23	3777
Tabak	1483	4510	744	487	5741
Fischbein	3081	1725	2660	983	5368
Wein	—	3947	240	269	4456
Holz	261	1032	673	—	1705
Wolle	73559	1225327	194353	97912	1517592
Wollenwaaren	20	7083	147	1745	8975
Baares Geld	—	—	—	10000	10000
Verschiedene Artikel	21062½	20853	3189	2410	26452
Summe	1384344½	1643450	312050	356816	2312346

Davon gingen 1848 nach

Großbritannien	2073992 Pf.	Java	1873 Pf.
Cap d. gut. Hoffn.	18953 „	Philippinen	500 „
Mauritius	38407 „	China	2345 „
Reunion	770 „	Hongkong	3956 „
d. brit. Indien	5067 „	Neuseeland	154036 „
Singapore	335 „	Südseeinseln	11542 „
Ceilon	450 „	Chile	80 „
		Summe	2312346 „

Einzelne Artikel der Einfuhr *).

Newsouthwales.

Zeuge, Leinenwaaren	1828	382800	Yrds	1831	83435	Yrds	1835	179165	Yrds	1856 793048
Kleidungsstücke	—	—		1832	30077		—	—		1856 10130
Eisenwaaren	—	—		1832	27953		—	—		1856 223718
Brod u. Mehl	—	—		1832	216		—	—		1856 421777
Spirituosen	1828	732085	Gall.	1831	385794	Gall.	1835	1056314	Gall.	1856 320962
Zucker	1828	4412800	Pf.	1831	3119648	Pf.	1835	5422196	Pf.	1856 313598

*) Wo bei den Zahlen keine besonderen Angaben sich finden, ist der Werth in Pf. Sterl. gemeint.

Stein H. d. G. u. St. II. Bd. 2. Abth. 7. Aufl. 35

	Tasmanien		Victoria	Süd-australien	Queensland
	1631	1857	1857	1857	1859
Zeuge, Leinenwaaren	—	151941	1005240	187997	120000
Kleidungsstücke	—	716361	504850	—	—
Eisenwaaren	—	103717	427244	—	150000
Brod u. Mehl	—	1206 Ton.	1001769	—	29096
Spirituosen	81053 Gall.	57326	905723	—	34623
Zucker	—	94319	574455	120649	12582 1/2

Einzelne Artikel der Ausfuhr.

Newsouthwales.

Wolle	1827	320683 Pf.	1833	1969668 Pf.	1841	517537
Fischereiproducte	1828	27011	1833	169278	1840	224144
Holz	1827	757781 Fuß	1831	7410	1843	9534
Talg	—	—	1832	2734	1837	500 Ctr.
Gold	—	—	—	—	1851	468336
Kohlen	1827	771 Ton.	1832	801	1835	2492 Ton.
Zeuge	—	—	—	—	—	—
Brod u. Mehl	1829	135832 Pf.	1832	9226	1837	21399
Spirituosen	—	—	1832	32	—	—
Zucker	—	—	—	—	—	—
Wolle	1845	812500	1856	1303700	1860	1123699
Fischereiproducte	1843	72877	1848	68969	1851	25877
Holz	1843	9813	1848	1060	—	—
Talg	1843	9632	1851	88460 Ctr.	1856	137202
Gold	1853	1781172	1856	156151	1860	1876409
Kohlen	1849	10423 Ton.	1859	173935 Ton	1862	114808
Zeuge	—	—	1856	308505	—	—
Brod u. Mehl	1851	22856	1856	38866	—	—
Spirituosen	1848	17268	1856	135782	—	—
Zucker	1848	9506	1856	123258	—	—

Tasmanien.

Wolle	1827	9089	1833	1547201 Pf.	1846	12523 Ball.	1857	4599784 Pf.
Fischereiproducte	1827	10669	1834	53730	1846	27423	1857	59289
Holz	—	—	—	—	1854	306857	—	—
Gold	—	—	—	—	—	—	1853	217538
Zeuge	—	—	—	—	—	—	1857	59275
Brod u. Mehl	1827	786	1840	2831 Ton.	1854	147311	1557	6474 Ton.
Spirituosen	—	—	—	—	—	—	1857	18509
Zucker	—	—	—	—	—	—	1857	11522

Victoria.

Wolle	1840	930000 Pf.	1845	5500000 Pf.	1857	1508818
Talg	—	—	—	—	1853	9000 Ctr.
Gold	—	—	1853	9366464	1857	11943548
Zeuge	—	—	—	—	1857	63832
Brod u. Mehl	—	—	—	—	1857	32536
Spirituosen	—	—	—	—	1557	9856
Zucker	—	—	—	—	1857	21131

Südaustralien.

Wolle	1842	29749	1846	105941	1850	113259
Gold	—	—	—	—	1853	1360073
Kupfer	1843	23	1845	10350	1850	365464
Blei	—	—	1845	1839	—	—
Brod u. Mehl	—	—	1846	14410	1850	20279
Talg	—	—	—	—	1850	8188

Wolle	1857	412163	1859	484977
Gold	—	—	—	—
Kupfer	1857	458839	1859 (Kupfer u. Blei)	411018
Blei	—	—		
Brod u. Mehl	1857	496316	1859	654266
Talg	—	—	—	—

Queensland.

Wolle	1857	275366	1859	334180	Talg	1857	26965	1859	23062½
Holz	—	—	1859	38250	Gold	—	—	1859	1774

Westaustralien.

Wolle	1846	13363	1857	500996 Pf.
Fischereiproducte	1846	4415	1857	77½ Ton. Oel
Holz	1846	582	1857	9671
Talg	1846	10	—	—
Kupfer	—	—	1857	57 Ton.
Blei	—	—	1857	60 Ton.

Von der Einfuhr kam (in Pf. Sterl.)

nach Newsouthwales aus

Großbritannien	1828	399802	1834	669063	1843	1034942	1856	8475369
d. brit. Colonien	1828	125862	1834	124570	1843	227029	1856	654969
d. Ver. Staat.	1828 (beide zusammen)	44246	1834 (beide zusammen)	197757	1843	12041	1856	348550
fremden Ländern					1843	276532	1856	952093

nach Tasmanien aus

Großbritannien	1828	157008	1834	316559	1857	512745
d. brit. Colonien	1828	76652	1834	135627	1857	565635
d. Ver. Staat.	1828 (beide zusammen)	7722	—	—	—	—
fremden Ländern			1834	18989	1857	63726

	nach Victoria aus 1857	nach Südaustralien aus 1857	nach Westaustralien aus 1857
Großbritannien	7691995	856721	100312
d. brit. Colonien	5218000	428147	19031
d. Ver. Staaten	1160496	—	48
fremden Ländern	851778	82661	3547

Von der Ausfuhr ging (in Pf. Sterl.)

aus Newsouthwales nach

	1828	1834	1843	1856
Großbritannien	84008	400738	825885	1660187
d. brit. Colonien	4845	128311	285756	1590240
d. Ver. Staaten	1197 (beide zusammen)	56691 (beide zusammen)	—	3628
fremden Ländern			60679	176825

aus Tasmanien nach

	1828	1834	1857
Großbritannien	31915	167814	412215
d. brit. Colonien	59266	32171	795397
d. Ver. Staaten	280 (beide zusammen)	—	—
fremden Ländern		3247	190

35*

	aus Westaustralien nach		aus Victoria nach	aus Südaustralien nach
	1846	1857	1857	1857
Großbritannien	12914	26225	12825254	633380
d. brit. Colonien. . . .	7289	18364	2501057	1029985
d. Ver. Staaten . . .	—	151	7004	—
fremden Ländern . . .	—	–	156445	2505

Es liefen Schiffe ein und aus

in Newsouthwales.

1822	aus 60 Schiffe von . 20793 Tonnen.	ein 71 Schiffe von . 22924 Tonnen.
1828	„ 69 „ „ . 20188 „	„ 137 „ „ . 32559 „
1834	„ 220 „ „ . 53373 „	„ 245 „ „ . 58532 „
1853	„ — „ „ . 341540 „	„ — „ „ . 336852 „
1856	„ 1219 „ „ . 336113 „	„ 1143 „ „ . 321678 „

davon (1856) 175 aus Großbrit., 854 aus brit. Colonien, 49 aus d. Ver. Staaten und 65 aus fremden Ländern.

in Tasmanien.

1822	aus 54 Schiffe von . 15783 Tonnen.	ein 56 Schiffe von . 15377 Tonnen.
1828	„ 133 „ „ . 24118 „	„ 131 „ „ . 23741 „
1833	„ 159 „ „ . 36249 „	„ 167 „ „ . 37442 „
1853	„ — „ „ . 188279 „	„ — „ „ . 182420 „
1857	„ 945 „ „ . 156396 „	„ 934 „ „ . 157826 „

davon (1857) 118 aus Großbrit., 793 aus d. brit. Colonien, 4 aus d. Ver. Staaten und 19 aus fremden Ländern.

in Victoria.

1853	aus . . . . 664567 Tonnen.	ein . . . . 721473 Tonnen.
1857	„ 1959 Schiffe von . 538362 „	„ 1920 Schiffe von . 538609 „

in Südaustralien.

1853	aus . . . . 128923 Tonnen.	ein . . . . 131994 Tonnen.
1857	„ 437 Schiffe von . 116729 „	„ 430 Schiffe von . 113661 „

davon (1857) 355 aus Großbritannien u. d. brit. Colonien, 11 aus d. Ver. Staaten und 34 aus fremden Ländern.

in Westaustralien.

1857	aus 112 Schiffe von . 26604 Tonnen.	ein 112 Schiffe von . 26681 „

davon 12 aus Großbritannien, 59 aus d. brit. Colonien, 41 aus anderen Ländern.

Landbau. (In Acres.)

In Newsouthwales.

Bestellt mit Weizen	1834	48667	1843	78063	1851	82110	1856	106124
„ „ and. Getreide	1834	23147	1843	39881	1851	34511	1856	39969
„ „ Tabak	1834	182	1843	655	1851	731	1856	218
„ „ Wein	1834	} 960	1843	} 5872	1851	1060	1856	1018
Gärten.	1834		1843		1851	4079	1856	8881
künstl. Wiesen.	1834	1855	1843	21162	1851	30626	1856	29823
Summe . .	1834	74811	1843	145653	1851	153117	1856	186033

	In Tasmanien			In Victoria
	1828	1834	1857	1857
Bestellt mit Weizen	20357	29963	65731	80154
„ „ and. Getreide	5437	12582	38162	28554
„ „ Tabak	—	—	—	77
„ „ Wein	—	—	—	280
Gärten	3269	13017	12157	16993
künstl. Wiesen	4970	13675	14412	51986
Verschiedenes	—	—	—	1939
Summe d. bebaut. Landes	34033	69217	130462	179983

In Südaustralien.

	1845	1850	1854	1857
Bestellt mit Weizen	19087	41807	69945	162011
„ „ and. Getreide	6041½	6489½	10656	10717
„ „ Wein	—	282	409	753
Gärten	1090	3150	2977	6528
Wiesen	—	13000	23402	22516
Verschiedenes	—	—	391	898
Summe d. bebaut. Landes	26218½	64728½	127950	203423

In Westaustralien.

	1848	1854	1857
Bestellt mit Weizen	3317	5969½	9712
„ „ and. Getreide	945	2915	4203
„ „ Wein	114	156½	165
Gärten	344	588½	518
Wiesen	2321	2422	3465
Summe d. bebaut. Landes	7041	12051½	18063

Topographie.

1. Die Colonie Newsouthwales, 1861 mit 350860 E. ohne die Eingebornen, ist die älteste von allen, bereits 1788 gegründet, hat 14513 O.-M. und wird im O. vom Ocean, im S. von einer Linie begrenzt, die vom C. Howe an der Ostgrenze des Gippslandes bis zur Quelle des Murray geht und diesem Flusse abwärts bis zum 41. Längengrade folgt; die Westgrenze bildet dieser Längengrad, die nördliche der 29. Breitengrad bis da, wo er im Osten auf den Fluß Barwan stößt, dann geht sie an ihm und seinem Zuflusse Dumaresq bis zur Quelle desselben und hierauf längs der Wasserscheide zwischen den Flüssen Condamine und Clarence, bis sie den Ocean am Cap Danger erreicht. Der Theil des Gebietes, welcher vermessen und großentheils als Privateigenthum verkauft ist, nämlich der Osttheil, die Küstenebenen wie das Gebirgsland, ist in Counties getheilt; der ganze Westen, der bloß zur Betreibung der Viehzucht verpachtetes Kronland und fast nur zerstreute Stationen der Hirten besonders in den Flußthälern enthält, zerfällt in Districte. Der Counties sind jetzt 57; davon liegen im südlichen Theil des Gebirgslandes, (den Hochebenen Monaru, Argyle und Yass und der Küstenebene der Jervisbai), 17, nämlich Auckland, Wellesley, Wallace, Selwyn, Goulburn, Dampier, Beresford, St. Vincent, Murray, Cowley, Buccleugh, Winyard, Argyle, Georgiana, King, Harden und Clarendon; im mittleren, (den Hochebenen von Camden, der blauen Berge und Bathurst und den Küstenebenen von Cumberland und des Hunterflusses), 18, nämlich Camden, Westmoreland, Cook, Cumberland, Northumberland, Hunter, Roxburgh, Bathurst, Monteagle, Ashburnham, Wellington, Gordon, Lincoln, Bligh, Phillip, Brisbane, Durham und Gloucester; im nördlichen, (den Hochebenen der Liverpoolplains und von Neuengland und den Küstenebenen des Macquariehafens und des Clarenceflusses), 22, nämlich Macquarie, Hawes, Parry, Buckland, Pottinger, Napier, Gower, Vernon, Inglis, Darling, Dudley, Sandon, Hardinge, Raleigh, Gresham, Gough, Clarence,

Richmond, Drake, Clive, Rous und Buller. Districte sind 9, Morumbidschi südlich vom Flusse dieses Namens, Lachlan zwischen dem gleichnamigen Flusse und dem Morumbidschi, Lowerdarling zwischen dem Lachlan und Darling, Wellington am Flusse Bogan, Bligh am Flusse Macquarie, Liverpoolplains südlich und Gwydir nördlich vom Flusse Nammoy, Warrego und Albert nördlich vom Darlingflusse.

County Cumberland: Sidney, Hauptstadt der Colonie, um die Farm- und Sidneycove und den Darlingharbour, drei Buchten des Port Jackson. Sie ist die älteste und eine der bedeutendsten Städte Australiens und hat namentlich in den neuesten Zeiten einen erstaunlichen Aufschwung genommen; denn sie zählte 1833 16,232, 1846 gegen 40,000, 1861 (mit den Vorstädten) 93,696 Einwohner. Sie hat zwei Forts auf den beiden Spitzen der Sidneycove und ein drittes, Fort Denison, auf der Insel Pinchgut, ein Regierungsgebäude mit einem großen Park und einem botanischen Garten, andere öffentliche Gebäude, Kirchen aller Religionspartteien, eine Universität, ein Museum, grade, meist regelmäßige Straßen mit schönen Häusern und prächtigen Kaufläden, außer in dem älteren Theil der Stadt auf der Landspitze im Westen der Sidneycove, dessen Straßen schmal und krumm sind. Seine Bedeutung gewinnt Sidney besonders durch den Handel. Es ist der erste Handelsplatz in Australien; hier sammeln sich alle Stapelproducte der Colonie und werden von hier nach Europa gesandt, es ist hier der Mittelpunkt der australischen Dampfschiffahrtsgesellschaften, des Schiffsbaues und des Wallfischfanges des Landes, des ganzen Verkehrs mit Neuseeland und den Inseln des stillen Oceans, auch enthält die Stadt die bedeutendsten Fabriken Australiens. Uebrigens concentrirt sich der Handelsverkehr besonders in den Theilen, welche dem Darlingharbour am nächsten liegen; die Farmcove ist allein für Kriegsschiffe vorbehalten; Eisenb. nach Paramatta u. weiter. An die Stadt stoßen, mit ihr in unmittelbarer Verbindung stehend, ausgedehnte Vorstädte, wie Paddington im Osten, Redfern und Chippendale im Süden, Glebe, Pyrmont und Balmain im Westen. Das nöthige frische Wasser wird nach Sidney durch eine Wasserleitung aus dem in die Botanybai fallenden, kleinen Flusse Cook geführt. Die Umgegend der Stadt ist dürr, wasserlos und felsig, doch breiten sich rund umher auf beiden Ufern des Hafens anmuthige Landhäuser und Gärten nach Osten bis zum Ocean, nach Westen bis Paramatta aus. — Brighton ein hübsches Dorf am nördlichen Arme des Port Jackson. — Paramatta, blühende Landstadt im Thale des kl. Flusses gl. Namens, der in den Port Jackson fällt, mit über 10000 E., hübsch und regelmäßig gebaut, enthält ein Landhaus des Statthalters, eine Kaserne und große Barracken, die früher für die Aufnahme von Deportirten besonders weiblichen Geschlechts bestimmt waren, jetzt als Zuchthaus und Hospital dienen, an d. Eisenb. von Sidney nach Windsor, Penrith u. Picton. — Windsor an d. Eisenb. und Richmond, in dem fruchtbaren Thale des Hawkesbury in reicher, schon gut angebauter Gegend da angelegt, wo die Schiffbarkeit des Flusses für Boote endet. — Pittstown und Castlereagh in der Nähe. — Penrith, Dorf an der Eisenb. u. an der Hauptstraße über die blauen Berge nach Bathurst. — Liverpool an dem in die Botanybai fallenden Flusse George, eine schon frühgegründete Ortschaft, die jedoch nicht gediehen ist. — Campbelltown und Appin, schon früh angelegt, doch nicht gediehen. — County Camden: Wollongong, kleines Dorf in sehr anmuthiger Gegend in dem reichen District von Illawara. Kiama an d. Küste. — Picton an d. südl. Eisenbahn. — Berrima u. Murrumba im südl. Theile. — County Argyle: Goulburn, kleine Landstadt an der Quelle des Flusses Hawkesbury in der Mitte eines fruchtbaren, gut angebauten Landstriches. — Wingello u. Marulan. — County St. Vincent: Ulladulla m. kl. Hafen. — Araluen mit reichen Goldgruben. — Broulee. — County Auckland: Eden u. Boydtown an der Twofoldbai, angelegt, um die Producte des Weidedistrictes Monaru für die Ausfuhr zu sammeln, ein Zweck, der jedoch wegen der beschwerlichen Verbindung des Küstenlandes mit dem Innern bis jetzt noch nicht erreicht ist. — Bega u. Pandula. — County Wellesley: Bombalo. — County Beresford: Cooma, in der Mitte der Monaruebene. — County Selwyn: Tuma. — County Goulburn: Albury, noch im Entstehen, verspricht aber durch seine Lage an dem hier schon für Boote fahrbaren Murray in der Mitte eines großen Weidedistrictes u. an der Hauptstraße von Sidney nach Melbourne bedeutend zu werden. — An derselben Straße liegen im County Winyard: Dutton und im County Buccleugh: Tumat. — County Murray: Queanbeyan u. Gundaroo in der Hochebene zwischen Monaru und Argyle. — County Clarendon: Gundagai u. County Harden: Jugiong, beide in d. reichen Thale des Morumbidschi. — In der Nähe des letzteren Binalong. — County King: Yaß und Burrowa. — County Cook: Emuflats am Uebergang über d. Hawkesbury u. Hartley auf den blauen Bergen, beide an d. Hauptstr. von Sidney nach Bathurst. — County Roxburgh: Rylstone am Cujegong, e. Zuflusse des Macquarie u. Sofala bei d. Goldgruben im Thale des Turon. — County Bathurst mit Hptort. gl. Namens, aufblühende Landstadt, von reichen Landgütern und vielen Stationen umgeben, zugleich Mittelpunkt e. der bedeut. Golddistrikte. — Blancy — Carcoar — Canowindra — Guyong — Ophir bei den Goldgruben am Summerhillf. — Cowra u. Bangarn am oberen Lachlan. — Cty. Ashburnham: Buree — Cty. Wellington: Mudgee bei den Goldgruben am Cujeegong. — Cty. Phillip, Guniawang. — Cty. Hunter: Ferrystown im Thale des Fl. gl. Namens. — Cty. Northumberland: Newcastle, Hafen an der Mündung des Hunter, mit bed. Kohlengruben u. e. Eisenb. über Maitland nach Singleton. — Ost- u. West-Maitland am schiffbaren Hunter u. an d. Eisenb., schnell aufblühender Ort von über 5000 E., Stapelplatz für die Wolle u. die übrigen Producte des Hunterthales u. der Liverpoolebenen. — Wolombi an d. alten, jetzt wenig benutzten Straße von Sidney nach Maitland. — Cty. Gloucester: Bural — Carrington am Hafen Stephens und Stroud, von der Agriculturgesellschaft angelegte Dörfer. — Raymondterrace am Hunter zwischen Maitland u. Newcastle. — Cty. Durham: Muswellbrook am Hunter u. Dungog an dessen Zuflusse William, in der Mitte fruchtbarer und gut bebauter Landstriche. — Patterson und Clarencetown. — Cty. Brisbane: Scone. — Cty. Bligh: Cassilis. — Cty. Lincoln: Dubbo am Flusse Macquarie. — Cty. Buckland: Warra in den Liverpoolebenen. — Cty. Napier: Coolah. — Cty. Parry: Tamworth am oberen Nammoy, im Aufblühen begriffen. — Cty. Macquarie: Hpt. gl. N. an der Mündung des Hastings in sehr reicher u. ergiebiger Gegend. — Mariaville. — Cty. Dudley: Scott an der Küste. — Cty. Sandon: Armidale, im Entstehen begriffen, zum Hauptorte von Neuengland bestimmt. — Cty. Gough: Wellingrove. — Cty. Gresham: Stockyard. — Cty. Clarence: Grafton am Flusse gl. N., schnell aufblühende Ortschaft von über 2000 E., in der die Producte der reichen und fruchtbaren Umgegend gesammelt werden, zerfällt in Nord- und Südgrafton. — Lawrence, erst neuerdings gegründete Stadt am Clarencefl. — Cty. Drake: Tenterfield. — Cty. Buller: Tabulam. — Distrikt Gwydir: Bingara u. Warialda am oberen Meei. — Collymangoul u. Pockataroo am Barwan. — Weewaa u. Walgett am Murray, die letzte an seiner Mündung in den Barwan, Mittelpunkte für die umliegenden Stationen. — Distrikt Albert: Menindee am Darling. — Distrikt Lowerdarling: Euston am Murray, durch glückliche Lage für den Verkehr auf dem oberen und unteren Murray wie auf dem Darling bedeutend. Balranald am unteren Lachlan. — Distrikt Morumbidschi: Moulamein, Conargo, Deniliquin, Mittelpunkte der Stationen zwischen dem Morumbidschi und Murray. — Moama am Murray, Echuca gegenüber.

2. Die Colonie Queensland, die jüngste von allen, erst 1859 aus dem nördlichen Theile von Newsouthwales gebildet, hat 31,432 Q.M. 1861 mit 45,059 E. und grenzt im O. und N. an den Ocean, im W. bildet vom Carpentariagolf an der 138. Längengrad die Grenze bis zum 26. Breitengrade, dann dieser bis zum 141. Längengrade, endlich der letzte bis zum 29. Breitengrade, die südliche Grenze ist die nördliche von Newsouthwales. Der Anbau ist bis jetzt nur auf einen schmalen Strich längs der Küste zwischen dem Broadsund und der Südgrenze beschränkt, der früher die beiden Districte Moretonbay und Port Curtis bildete und jetzt, so weit er vermessen ist, in 20 Countis getheilt wird, von denen im südlichen Theile 12, Clive, Bentinck, Merivale, Ward, Stanley, Churchill, Aubigny, Cavendish, Canning, March, Lennox und Fitzroy, im nördlichen 8, Flinders, Clinton, Pelham, Raglan, Deas Thompson, Livingston, Palmerston und Liebig, liegen. Der bei weitem größte Theil des Landes enthält bloß Stationen der Hirten, die sich jetzt bereits gegen Norden bis zur Quelle des Lynd in 17° S. Br., gegen Westen bis zu denen des Flinders und Thomson in 145° O. Lge. ausgedehnt haben, und zerfällt in die Districte Westerndowns im Süden des Flusses Balonne, Northerndowns am oberen Balonne, Maranoa im Norden des Balonne, Widebay u. Burnett am Flusse Burnett, Port Curtis im Süden, Leichhardt im Norden des Flusses Mackenzie und Kennedy, Mitchell, Burke u. Cook, welche den Nord- u. Westtheil des Landes umfassen.

County Stanley: Brisbane, Hauptstadt der Colonie, durch den Fluß Brisbane in Nord- und Südbrisbane getheilt, in schnellem Aufblühen begriffen, hat durch Dampfschiffe starke Ausfuhr von Holz und Wolle nach Sidney; 1856: 4395, 1861 mit ihren Vorstädten: 6036 E. — Ipswich, die zweite Stadt der Colonie, 1856 mit 2459, jetzt mit über 4000 E., blühend durch den Verkehr mit den Stationen der Darlingsdowns, deren Producte hier zur Ausfuhr gesammelt werden. — Cty. Merivale: Warwick, 1856 mit 472 E., zum Hauptort der Darlingdowns bestimmt. — County Aubigny: Drayton, 1856 mit 528 E. — Tuwumba dicht bei Drayton. — Cty. Cavendish: Galton. — Cty. Fitzroy: Borthwick. — Gayndah am Fl. Burnett. — County March: Maryborough am Fl. Mary, der von hier an für Dampfboote fahrbar ist, mit gegen 800 E. und einigem Verkehr. — Cty. Clinton: Gladstone am Hafen Curtis, 1856 mit 224, jetzt mit über 500 E. — Cty. Livingston: Rockhampton am unteren Fitzroy, für die Ausfuhr der Producte der Stationen im Gebiete dieses Flusses bereits von Bedeutung, mit gegen 5000 E. — District Kennedy: Bowen am Hafen Denison, erst 1860 für die Ausfuhr der Erzeugnisse der Stationen am unteren Burdekin angelegt. — Cardwell, nördlicher am Hafen Hinchinbrook für die Stationen des oberen Burdekin 1864 gegründet. — Sommerset, 1864 am Cap York angelegt zur Unterstützung und Versorgung der die Torresstraße durchfahrenden Schiffe. — Distr. Westerndowns: Collandun am Flusse Barwan. — Distr. Northerndowns: Jimba und Dalby. — Distr. Maranoa: Surat und Terribu am Balonne. — Distr. Leichhardt: Roxburgh am Dawson.

3. Die Colonie Victoria, 1851 aus den

südlichen Theilen von Newsouthwales gebildet, hat nur 4160 Q.-M., 1861 mit 540,320 E. und ist die kleinste Continental-Colonie, aber dennoch die wohlhabendste, blühendste und volkreichste von allen, denn während durchschnittlich 1862 in Newsouthwales 26, in Tasmanien 73 Menschen auf der Quadratmeile lebten, betrug die Zahl in Victoria 138. Ihre Nordostgrenze bildet die südliche von Newsouthwales, die südliche der Ocean vom Cap Howe bis zur Mündung des Flusses Glenelg, die westliche der 141. Längengrad. Sie wird, so weit sie vermessenes und verkauftes Land enthält, in 25 Counties getheilt, von denen im östlichen Theile (dem Gippslande) 6, Howe, Combermere, Abinger, Bruce, Haddington und Douro, im mittleren 8, Baß, Mornington, Evelyn, Anglesey, Dalhousie, Bourke, Rodney und Ovens, im westlichen Theile (dem glücklichen Australien) 11, Grant, Talbot, Ripon, Grenville, Polwarth, Heytesbury, Hampden, Villiers, Normanby, Dundas und Follet, liegen; die nördlichen und westlichen Theile des Gebietes, in denen sich bloß Stationen befinden, bilden die drei Districte Murray, im Osten, Loddon und Wimmera im Westen.

Cty. Bourke: Melbourne, die Hauptstadt der Colonie, in welcher der Statthalter und die ganze Verwaltung ihren Sitz haben, in einer fruchtbaren Gegend an beiden Ufern des bis hier für kleine Dampfboote fahrbaren Flusses Yarrayarra, eine sehr blühende Stadt, die erst 1837 gegründet ist und 1854 mit den Vorstädten bereits 71,188, 1857 89,023 E. zählte, überhaupt durch den Einfluß der reichen Goldgruben sich schneller und glänzender entwickelt hat als irgend eine andere in Australien, jetzt die größte des Continents; Haupthandelsstadt der Colonie Victoria; vor allem ist ihre Goldausfuhr bedeutend; besitzt ein Regierungsgebäude, andere öffentl. Bauwerke, viele Kirchen, e. Universität, e. öffentl Bibliothek, e. Museum, e. botan. Garten, e. Eisenbahn über Castlemaine nach Echuca am Murray u. an der Grenze v. N. S. Wales u. e. über Gelong nach Ballarat im W.; ist regelmäßig gebaut und mit geraden Straßen, obschon sie keinen Anspruch auf Schönheit machen kann; auch steht ihre Umgegend der von Sidney an Anmuth und Belebtheit nach. Eine Wasserleitung, welche der Stadt das nöthige Wasser zuführt, gilt für das großartigste Werk der Art in Australien. — Williamstown, 1854 mit 2631 E. an der Mündung des Yarrayarra in die Hobsonbai, eine Bucht des Port Phillip, der Seehafen von Melbourne; das Aufblühen dieses Ortes hat bis jetzt noch der Mangel an Trinkwasser gehindert. — St. Kilda, Dorf am O. Ufer des Hafen Phillip mit Landhäusern von Melbourne. — Brighton S. v. vor., 1854 schon mit 2731 E. — Dandenong S. bei Brighton. — Sunbury an der nördl. Eisenbahn. — Cty. Mornington: Frankston am Hafen Phillip. — Cty. Grant: Geelong am W. Ende des Hafen Phillip und dem kl. Fl. Barwon u. an d. Eisenb. von Melbourne nach Ballarat, umgeben von dem reichsten und am besten angebauten Landbaudistricte der Colonie und Hauptsammelplatz der Wolle aus den zahlreichen Stationen des glücklichen Australiens, daher ein bedeutender, schnell aufblühender Ort, 1854 schon 20,115, 1857 23,338 E.; seine Wollausfuhr übertrifft die von Melbourne. — Rothwell an der Eisenbahn zwischen Melbourne und Geelong. — Boningong. — Ballan an d. Hauptstr. von Melbourne nach Ballarat. — Cty. Douro: Alberton an der Mündung des Flusses in den Hafen Albert, die erst im Entstehen begriffene Hauptstadt des Gippslandes. — Tanraville nahe bei Alberton. — Cty. Haddington: Sale. — Cty. Abinger: Tambo. — Cty. Normanby: Portland, 1962 E. (1854) an der Küste, mit einem wenig sicheren Hafen, dennoch wichtig durch seine Wollausfuhr und den von der Küste aus betriebenen Wallfischfang. — Cty. Dundas: Coleraine, Hamilton, Cavendish und Grange. — Cty Villiers: Belfast und Warnambool, beide an der Küste mit einigem Verkehr und im Aufblühen begriffen. — Dunkeld. — Cty. Hampden: Darlington. — Cty. Ripon: Streatham. — Cty. Dalhousie: Kyneton, reiche Goldgruben, Elphingstone und Malmesbury, alle drei an der Eisenbahn zwischen Melbourne und Echuca. — Seymour am Flusse Goulburn. — Kilmore. — Cty. Talbot: Castlemaine an d. Eisenb., reiche Goldgruben. — Lexton, Creßwick und Marlborough. — Cty. Grenville: Ballarat, Eisenb. nach Geelong u. Melbourne, Goldgruben. — Winchester. — Cty. Rodney: Heathcote. — Echuca am Ende der nördlichen Eisenb. von Melbourne am Flusse Murray. — Cty. Ovens: Beechworth. — Distr. Murray: Belvoir am Murray, Albury gegenüber. — Benalla und Longwood. — Mitchellstown am Goulburn. — Distr. Loddon: Lockwood und Sandhurst an der nördl. Eisenb. in der Nähe der reichen Goldgruben von Bendigo. — Distr Wimmera: Swanhill am Murray. — Horsham, Glenorchy und Crowlands, an der Straße von Südaustralien nach Melbourne, im Entstehen begriffene Dörfer. — Ebenezer, eine Mission der Herrnhuter.

4. Die Colonie Tasmanien oder, wie sie früher genannt wurde, Vandiemensland, dem Alter nach die zweite der australischen Colonien, denn sie ist schon 1803 angelegt. Sie umfaßt die Insel Tasmanien und den größeren Theil der Inseln der Baßstraße und hat etwas über 1250 Q.-M. 1861 mit 89,977 E. Sie wird in 18 Counties getheilt, von denen im südlichen Theil der Insel 6, Kent, Arthur, Montgommery, Buckingham, Monmouth und Pembroke, im mittleren 8, Franklin, Montague, Lincoln, Cumberland, Westmoreland, Sommerset, Glamorgan und Cornwall, im nördlichen 4, Dorset, Devon, Wellington und Russell, liegen;

die beiden letzten umschließen das Gebiet der Agriculturgesellschaft von Vandiemensland, welche der oben erwähnten von Newsouthwales ganz ähnlich ist und in der Landschaft Surrey Viehzucht in großem Maßstabe betreibt.

Cty. Buckingham: Hobarton (auch Hobarttown) am Flusse Derwent nicht weit oberhalb seiner einen trefflichen Hafen bildenden Mündung in die Sturmbai, die Hauptstadt der Colonie, Sitz des Statthalters und Mittelpunkt der ganzen Verwaltung, 1857 mit 16,258 E. in einer anmuthigen und malerischen Gegend am Fuße des Berges Wellington, regelmäßig gebaut; erste Handelsstadt der Insel, namentlich ist der Verkehr mit Europa bedeutend, auch nimmt sie Theil am Wallfischfange und steht durch Dampfboote mit den übrigen Colonien in Verbindung. — Cty. Cornwall: Launceston an der Tamar da, wo dieser Fluß für kleine Seeschiffe fahrbar zu werden beginnt, die zweite Stadt der Colonie, 1857 mit 7874 E.; hier concentrirt sich aller Verkehr der nördlichen Counties der Colonie, und besonders lebhaft ist die Verbindung mit Victoria. — Fingall am Fl. Esk. — Cty. Dorset: Georgetown an der Mündung der Tamar, 1861 mit 2549 E., der Seehafen von Launceston. — Bridport an d. N. Küste. — Cty. Sommerset: Campbelltown am Flusse Macquarie. — Oatlands. — Cty. Westmoreland: Westbury. — Cty. Buckingham: Newnorfolk am Flusse Derwent. — Cty. Monmouth: Brighton am Jordan. — Richmond am Coalriver, Hamilton u. Bothwell, alles im Aufblühen begriffene und in der Mitte von großen, zum Landbau wohl geeigneten Landstrichen gelegene Ortschaften. — Cty. Glamorgan: Waterloo an der Ostküste der Insel. — Cty Kent: Bathurst am Hafen Davey. — Franklin am Fl. Huon. — Cty Montgommery: Hytort gl. N. an der Westküste der Insel. — Cty. Pembroke: Sorell. — Cty. Devon: Deloraine und Tarleton, die letzte am Hafen Frederick. — Cty. Lincoln: Marlborough.

5. Die Colonie Südaustralien, 1836 gegründet hat 17,902 Q.-M. 1861 mit 131,876 E. Ihre Grenzen sind im S. der Ocean von der Mündung des Glenelg bis zum 129. Längengrade, die übrigen sind imaginäre, im O. der 141°, im W 129° O. L., im N. 26° S. Br. Der größte Theil des Landes dient bloß zur Viehzucht und enthält nur hier und da einzelne Stationen, die gegen Norden bereits bis zum See Gregory und zum Flusse Neales reichen; die bebauten und vermessenen Theile liegen in einem schmalen Strich längs der Ostküsten des Spencer und Vincentgolfs und an der Südküste des Continents zwischen dem Alexandrinasee und der Grenze von Victoria und zerfallen in 14 Counties, von denen 10, Frome, Victoria, Stanley, Burra, Eyre, Light, Gawler, Adelaide, Sturt und Hindmarsh auf der W.- und 4, Russell, Macdonnell, Robe und Grey, auf der Ostseite des Murray liegen. Das Gebiet im Norden von Südaustralien zwischen 129° und 137° O. L. und vom 26° N. Br. an bis zur Nordküste des Continents (24,624 Qu.-M.), in welchem sich jetzt noch keine Niederlassungen befinden, ist einstweilen der Aufsicht des Statthalters von Südaustralien übergeben, da die Bewohner dieser Colonie es hauptsächlich gewesen sind, welche diese Gegenden in den letzten Jahren erforscht haben.

Cty. Adelaide: Hauptstadt gl. N. Mittelpunkt der Regierung und Verwaltung, an beiden Ufern des Flüßchen Torrens mit über 10,000 E. u. e. Eisenb. nach Port Adelaide u. Kapunda im N., angenehm u. freundlich angelegt, regelmäßig gebaut und mit geraden Straßen, von ländlichen Vorstädten umgeben, an welche freundliche Dörfer stoßen. — Port Adelaide, der Hafen von Adelaide, mit über 2000 E., Mittelpunkt des Seehandels der Colonie. — Hahnsdorf und Klemzig, zwei von deutschen Lutheranern gegründete und bewohnte Dörfer. — Noarlunga und Willunga im Südtheil v Adelaide. — Glenelg nahe bei der Stadt Adelaide. — Salisbury an d. Eisenb. nach Gawlertown. — Cty. Hindmarsh: Port Elliot an der Südküste. — Cty. Gawler: Gawlertown, aufblühende Stadt, reiche Kupfergruben. — Port Wackefield mit einem Hafen am Grunde des Vincentgolfes. — Cty. Eyre: Kapunda bei der Kupfergrube desselben Namens m. Eisenb. und Truro. — Cty. Stanley: Stanley, Auburn und Clare. — Cty. Burra: Kuringa bei der berühmten Kupfergrube Burraburra. — Cty. Victoria: Crystalbrook. — Cty. Frome: Melrose. — Cty. Sturt: Wellington am Ausfluß des Murray in den Alexandrinasee. — Cty. Eyre: Murundi am Murray. — Cty. Macdonnel: Bordertown an der Straße von Adelaide nach Melbourne. — Cty. Robe: Mosquitoplain. — Cty. Frome: Port Augusta am Endpunkt der Schiffahrt im Spencergolf. — Hokina, Wilpina, Oratunga, Owiandina, Mittelpunkte von Stationen in den Thälern der Flinderskette. — Lincoln am Hafen gleichen Namens.

6. Die Colonie Westaustralien ist 1829 angelegt worden und hat 45,898 Q.-M. 1861 mit 15,593 E. ohne die Eingeborenen, ist also die größte von allen, aber auch diejenige, welche die geringsten Fortschritte gemacht hat, und in ihrer Entwickelung gegen die übrigen sehr zurückgeblieben. Allerdings steht sie ihnen (mindestens in den bis jetzt colonisirten Theilen) an Fruchtbarkeit, Ergiebigkeit und natürlichen Hülfsquellen sehr nach; allein man hat auch bei ihr nicht die Sorgfalt auf die Beförderung der Einwanderung gewandt, wie bei den andern. Ihre Grenze bildet im S., W. u. N. der Ocean, im O. der 129° O. L., aber der Anbau beschränkt sich bis jetzt auf einen sehr kleinen Theil in der Südwestecke des Gebietes, und selbst dieser enthält an vielen Stellen auf große Strecken hin nur wenige zerstreute Stationen. Diese vermessenen Districte sind in 26 Counties getheilt, von denen an der Südküste 8, Kent, Plantagenet, Hay,

Stirling, Goderich, Lanark, Nelson und Sussex, im Innern 13, Peel, Wicklow, Grantham, Minto, York, Howick, Beaufort, Lansdowne, Durham, Victoria, Glenelg, Grey und Caernarvon, an der Westküste 5, Wellington, Murray, Perth, Twiß und Melbourne, liegen. Hierzu kommt noch nördlicher der District Victoria an der Küste südlich vom untern Laufe des Murchison, der einzige Theil des Landes, in dem sich außerhalb der Counties noch Europäer finden, die hier Viehzucht und Bergbau treiben. Andere Niederlassungen in den N. Theilen des westaustralischen Berglandes werden jetzt vorbereitet.

Cty. Perth: Perth, Hptst. am Schwanenfluß nicht weit oberhalb seiner Mündung, der Sitz der Colonialregierung. — Freemantle an der Mündung des Schwanenflusses, Seehafen von Perth. — Guildford. — Wonneroo — Kelmscott — Rockingham. — Cty Melbourne: Whitfield. — Cty. Murray: Peel. — Pinjarra. — Cty Wellington: Bunbury, im Entstehen begriffen. — Cty. York: Stadt gl. Namens. — Northam u. Beverley, alle drei am Avon. — Cty. Victoria: Toodyay am Avon. — Cty. Wicklow: Williamsburg am Flusse William. — Cty. Sussex: Augusta an der Mündung des Flusses Blackwood in die Flindersbai nicht weit vom Cap Leeuwin. — Busselton an der Geographenbai. — Cty. Goderich: Kojonup an der Straße zwischen Perth und Albany. — Cty. Plantagenet: Windham. — Hamilton an der Küste. — Albany am Königgeorgsunde mit einigem Verkehr und Antheil am Wallfischfange. — Cty. Kent: Yanganup. — District Victoria: Hauptort Gregory an der Huttlagune.

II. Die Inseln des stillen Oceans.

Charten. Außer den S. 501 angeführten, den in den folgenden Werken sich findenden und den zahlreichen vom hydrographischen Amt in London und dem dépôt général de la Marine in Paris herausgegebenen Charten noch besonders: von Krusenstern Atlas de l'océan pacifique 1824. — Berghaus Charte von Ost- und Westpolynesien in Stielers Handatlas Nr. 51 und 52.

Bücher. Außer den in der Einleitung dieses Werkes (Th. 1, S. 4 f.) unter a und b angeführten Reisewerken: Plant Handbuch einer vollständigen Erdbeschreibung und Geschichte Polynesiens. Leipzig 1793. 2 Bde. 8. — von Zimmermann Australien in Hinsicht der Erd-, Menschen- und Productenkunde, erster Theil in zwei Abtheilungen. Hamburg 1810. 8. — von Krusenstern Récueil de mémoires hydrographiques pour servir d'analyse et d'explication à l'atlas de l'océan pacifique. S. Petersburg 1824. 2 Bde. 4. — Desselben Supplémens au récueil. S. Petersburg 1835. 4. — Cheyne Sailing directions for the islands in the western pacific ocean. London 1852. 8. — Findley Directory for the navigation of the south pacific ocean. London 1863. 8. — Des Brosses Histoire des navigations aux terres australes. Paris 1756. 2 Bde. 4. — Dalrymple Historical collection of the several voyages and discoveries in the southern pacific ocean. London 1770. 2 Bde. 4. — Burney Chronological history of the voyages and discoveries in the Southsea. London 1803 5 Bde. 4. — R. Forster Observations made during a voyage round the world. London 1778. 4. — Williams Narrative of missionary entreprises in the Southsea islands. London 1837. 8. — Rovings in the pacific by a merchant. London 1851. 2 Bde. 8. — Erskine Journal of a cruise among the islands of the western pacific. London 1853. 8. — von Kittlitz Denkwürdigkeiten einer Reise nach dem russischen Amerika, Mikronesien u. s. w. Gotha 1858. 2 Bde. 8. Meinicke Die Südseevölker und das Christenthum Prenzlau 1844. 8. — W. von Humboldt Ueber die Kawisprache auf der Insel Java. Berlin 1836. 3 Bde. 4. — Russel Polynesia, a history of the Southseaislands. London 1852. 12. — Gill Gems from the coral islands. London 1856. 2 Bde. 8. — Die Zeitschriften der verschiedenen englischen und amerikanischen Missionsgesellschaften.

Außerdem für einzelne Abtheilungen:

a. Neuguinea: Forrest A voyage to Newguinea and the Moluccas. London 1779. 4. — Modera Verhaal van eene reize naaren langs de Zuidwestkust van Nieuwguinea. Harlem 1830. 8. — Kolff Voyage of the dutch brig of war Dourga translated by P. W. Earl. London 1840. 8. — Jukes Narrative of a surveying voyage. London 1847. 2 Bde. 8. — Macgillivray Voyage of H. Maj. ship Rattlesnake. London 1852. 2 Bde. 8. — Nieuw Guinea, ethnographisch en natuurkundig onderzocht en beschreven. Amsterdam 1862. 8. — Finsch Neuguinea und seine Bewohner. Bremen 1862. 8. — Earl The Papuans (erster Theil von Norris Ethnographical Library). London 1853. 8.

b. Das übrige Melanesien: Fleurien Découvertes des Français en 1768 et 1769 dans le sudest de la nouvelle Guinée. Paris 1790. 4. — Meinicke Wanikoro und der Schiffbruch des la Pérouse. (Zeitschrift f. allgem. Erdkunde 1858.) — Turner Nineteen years in Polynesia. London 1861. 8. — Murray Missions in Western Polynesia. London 1863. 8. — Rochas La nouvelle Calédonie et ses habitants. Paris 1862. 8.

c. Neuseeland: Nicholas Narrative of a voyage to Newzealand. London 1817. 2 Bde. 8. — The Newzealanders. London 1830. 8. — Yate Account of Newzealand. London 1835. 8. — Jameson Newzealand and Australia. London 1842. 8. — Dieffenbach Travels in Newzealand. London 1843. 2 Bde. 8. — Taylor The Ika na maui or Newzealand and its inhabitants. London 1855. 8. — Fitton Newzealand, its present condition, prospects and ressources. London 1856. 12. — Richards and Evans The Newzealand pilot. London 1859. 8. — Thomson The story of Newzealand, past and present. London 1859. 8. — Hursthouse Newzealand, the Britain of the South. London 1861. 8. — von Hochstetter Neuseeland. Stuttgart 1863. 8. — Derselbe und Petermann Geographisch-topographischer Atlas von Neuseeland. Gotha 1863.

d. Viti, Tonga und Samoa: Mariner Account of the Tonga islands. London 1844. 2 Bde. 8. — Lawry Friendly and Feejee islands. London 1850. 8. — West Ten years in Southcentralpolynesia. London 1865. 8. — William and Calwert Fiji and the Fijians. London 1858. 2 Bde. 8. — Seemann Viti, account of a government mission. Cambridge 1862. 8. — Mrs. Smythe Ten months in the Fiji islands. London 1864. 8.

e. Die Societäts- und die umherliegenden Inseln: Wilson Missionary voyage to the southern pacific ocean. London 1799. 4. — Montgommery Journal of voyages and travels by the Rev. D. Tyerman and G. Bennet. London 1831. 2 Bde. 8. — Ellis Polynesian researches. London 1839. 4 Bde. 8. — Wagener Geschichte der christlichen Kirche auf dem Gesellschaftsarchipel. Erster Band. Berlin 1844. 8. — Perkins Na motu or Reef rovings in the Southseas. Newyork 1854. 8. — Cuzent Isles de la Société. Considérations géologiques, météorologiques et botaniques sur l'isle Taïti. Paris 1860. 8. — Boyles Murray Pittcairn, the island, the people and the pastor. London 1857. 8. — Meinicke Die Insel Pittcairn. Prenzlau 1858. 4. — Jouan Archipel des Marquises. Paris 1858. 8.

f. Die Sandwichinseln: Stewart Private journal of a mission to the Sandwich islands. Dublin 1830. 8. — Jarves History of the Hawaiian or Sandwich islands. London 1843. 8. — Hopkins Hawaii, the Past, Present and Future of its Island Kingdom. London 1862. 8. — Anderson The hawaian islands, their progress and condition. Boston 1864. 8.

Die Inseln des stillen Oceans. Der stille Ocean enthält eine sehr große Menge von Inseln von den verschiedensten Dimensionen, die meistens wieder in Gruppen vereinigt sind. Hinsichts der Vertheilung dieser Inseln ist es es zuerst sehr auffallend, daß mit Ausschluß von Neuseeland sehr wenige derselben außerhalb der Tropenzone liegen; alsdann sind sie so geordnet, daß in den westlichen und südlichen Theilen des Oceans die meisten und größten, in den nördlichen und östlichen die wenigsten und kleineren sich finden. Hieraus folgt, daß der Südwesttheil dieses Meeres an Inseln der reichste, der Nordosttheil der ärmste ist. Man hat diese Inselgruppen wieder zu größeren Ganzen vereinigt und dabei die Verschiedenheiten zwischen den die Gruppen bewohnenden Volksstämmen zu Grunde gelegt; solcher Hauptabtheilungen unterscheidet man vier: Melanesien, (bei den Engländern auch öfter Westpolynesien genannt), die westlichen Inseln, welche der dunkelfarbige Menschenstamm bewohnt, Neuseeland, die einzige nicht in der Tropenzone liegende Inselgruppe, die jetzt überwiegend Engländer zu Einwohnern hat, Polynesien (oder Ostpolynesien), die Heimath des einen Zweiges des hellfarbigen Menschenstamms, der dem Ocean angehört, und Mikronesien, die nordwestlichen Inselgruppen. Eine fünfte Abtheilung würden die kleinen, ursprünglich unbewohnten Inseln und Gruppen im östlichsten Theil des Oceans bilden, welche den Küsten Amerikas naheliegen und mit diesem Continent Natur und Producte gemein haben; sie werden aber deshalb eben gewöhnlich zu Amerika gerechnet.

Geognostische Beschaffenheit. Die Inseln des Oceans zerfallen in hohe und niedrige. Von den ersten gehören die meisten und bedeutendsten den Inselgruppen von Melanesien und Neuseeland an; auch Polynesien hat noch überwiegend gebirgige Inseln, während sie in Mikronesien selten und von geringer Bedeutung sind. Die hohen Inseln enthalten, wenn sie größer sind, zusammenhangende Gebirge, die in einigen Gruppen, (wie Neuguinea, Neuseeland, Hawaii), Gipfel von beträchtlicher Höhe haben; so weit sich nach unserer noch sehr unvollkommenen Kenntniß von dem Bau dieser Inseln schließen läßt, finden sich in Melanesien und Neuseeland in den Gebirgen Gesteine der verschiedensten Art, vorzugsweise Ur- und Uebergangs-, doch auch jüngere sedimentäre Gesteine, in einigen (z. B. Neuguinea, Tombara) auch ein bis zu nicht unbedeutender Höhe über das Meer erhobener, sehr junger tertiärer Kalkstein. Dabei giebt es in Melanesien und Neuseeland fast in jeder Gruppe vulkanische Gesteine, auch brennende Vulkane, die mit denen der indischen Inseln in einem gewissen Zusammenhange zu stehen scheinen. Die hohen Inseln von Polynesien und Mikronesien sind, wie es scheint, alle nur vulkanischen Ursprungs und haben auch noch hier und da thätige Vulkane, deren Zahl freilich im Verhältniß zu der Menge der Inseln nicht eben groß ist. Der fruchtbare Boden, welcher die vulkanischen Inseln auszeichnet, ist großentheils eine Folge der Auflösung der vulkanischen Gesteine. Die niedrigen Inseln, die zugleich immer die kleinsten sind, bestehen fast ohne Ausnahme aus dem durch das Absterben der Zoophyten entstehenden Madreporenkalkstein, dessen Bildung noch jetzt immer fortgeht, und dies ist das Gestein, aus welchem die zahlreichen Riffe zusammengesetzt sind, die sich fast überall in dem tropischen Theil des stillen Oceans verbreitet finden. Viele von ihnen umgeben als Barrierriffe in einiger Entfernung die höheren Inseln und werden dann nicht selten von Kanälen durchschnitten, welche in die oft gute Häfen bildenden Meeresräume zwischen den Inseln und den Riffen führen. Andere bilden dagegen auf Erhöhungen im Meeresboden gewöhnlich rundliche oder ovale Ränder um tiefe Seebecken (die sogenannten Lagunen); auf den höheren, über der Meeresfläche hervorragenden Theilen dieser wie auch der Barrierriffe sind mit der Zeit durch Anschwemmung wie durch Zerstörung des Kalksteins längliche und schmale, flache Inselchen entstanden, die zuletzt die Lagune theilweise, in manchen Fällen selbst ununterbrochen umschließen. Diese Inselform, welche den stillen Ocean noch weit mehr als den indischen charakterisirt, nennt man die Laguneninseln; sie finden sich allenthalben häufig, allein vorzugsweise und besonders überwiegend an vier Orten im Ocean, im Korallenmeer*), in den Paumotu, den Gilbert und Marshallinseln und den Karolinen. In die Lagunen können, wenn die Riffe von Kanälen durchbrochen sind, Schiffe eindringen und finden dort nicht selten Häfen und Ankerplätze, die zwar vor den Meereswellen durch die Riffe geschützt sind, deren Benutzung aber wegen der vielen Korallenfelsen auf dem Grunde der Lagunen niemals ganz gefahrlos ist. Uebrigens haben diese Laguneninseln, wenn sie hoch genug sind, um nicht von der Fluth überschwemmt zu werden, Bäume und selbst Bewohner, obschon sie an Pflanzen und Thieren nur arm und stets von fließendem Wasser und Quellen entblößt sind. Eine besondere Klasse der niedrigen Inseln des Oceans besteht endlich aus demselben Kalkstein, der aber nach seiner Bildung mit dem Boden der Lagunen hoch über den Meeresspiegel erhoben worden ist; indessen sind diese höheren Koralleninseln im Ganzen nicht eben häufig.

Flora und Fauna. Die Verbreitung der Pflanzen auf diesen Inseln zeigt zuerst eine sehr deutliche Abnahme derselben in der Richtung von Westen nach Osten. Neuguinea unterscheidet sich in der Fülle und Verschiedenartigkeit seiner Pflanzen, wie in der Pracht und Großartigkeit seiner Wälder noch gar nicht von den Molukken, vielleicht übertrifft es sie sogar noch; die zunächst östlich von Neuguinea liegenden Inseln haben noch eine sehr üppige und reiche Pflanzendecke, wenn sie gleich an Schönheit und Mannigfaltigkeit der von Neuguinea nicht mehr gleich kommt. Allein weiter gegen Osten nimmt die Vegetation, ohne ihren Charakter einzubüßen, allmählich immer mehr und mehr ab, sie scheint gleichsam zu verkümmern. Die Geschlechter und Arten verschwinden allmählich oder werden auch wohl durch andere ersetzt. Tahiti scheint nur noch 500, die Paumotu nur gegen 50, Waihu gar nur einige 20 Pflanzen zu haben. Am pflanzenärmsten sind dabei natürlich immer die kleinen flachen Laguneninseln, ihre Vegetation pflegt gewöhnlich aus Strandpflanzen der größeren Inseln zu bestehen. Was nun den Charakter dieser Vegetation betrifft, so ist es in hohem Grade auffallend, daß sie, während die Inseln des Oceans den indischen Inseln und dem australischen Kontinent gleich nahe liegen, doch so überwiegend indisch ist, vielleicht aber noch auffallender, daß sie diese Eigenthümlichkeit bis in die östlichsten Inseln so rein behält. Ueberall im ganzen Ocean findet man indische Pflanzenfamilien und Geschlechter, selbst nicht wenige Arten; die Vegetation von Tahiti scheint zu einem Viertel noch aus Pflanzen zu bestehen, die gleichzeitig in Java wachsen. Vorzugsweise aber sind die Kulturpflanzen, auf denen das Leben der Inselbewohner zum größten Theil beruht, alle indisch. Die Kokospalme, dieser so überaus nützliche, tiefgelegene Gegenden und die Nähe des Seewassers liebende Fruchtbaum, gedeiht hier, namentlich auf den niedrigen Inseln, besser und üppiger als auf den meisten indischen Inseln; die Banane hat eine Bedeutung, welche ihr hier einen viel höheren Werth verleiht als in Java und Sumatra; die Arumarten (taro) sind vor allem in Hawaii von nicht geringerem Werth als in den Molukken; die Yamswurzel (Dioscorea oder ubi), die Hauptkultur der Vitier, stehen den Arum an Wichtigkeit oft wenig nach; die süßen Kartoffeln (Convolvulus batatas) fehlen auf keiner größeren Insel; die Frucht des Brotfruchtbaums (Artocarpus), ein in Java und den Molukken nicht sehr geschätzter Fruchtbaum, nimmt in Tahiti und den Markesas fast die Stelle der Cerealien ein, die (mit einer Ausnahme) im tropischen Theil des Oceans fehlen und durch Knollenfrüchte ersetzt werden; die Frucht des Pandanus dient auf den Gilbert- und Marshallinseln eben so zur Nahrung wie auf den Nikobaren. Diesem überwiegend indischen Element der oceanischen Pflanzenwelt ist jedoch noch ein unverkennbar australisches beigemischt, ohne daß es jedoch im Stande wäre, den Grundcharakter derselben wesentlich abzuändern; es tritt natürlich am bestimmtesten in den südwestlichen Inseln des Oceans, die dem Kontinent am nächsten liegen, hervor und zeigt sich z. B. in den Leguminosen (Neuguineas (besonders von dem Geschlecht Acacia), den Myrtaceen und den schönen Koniferen von Neukaledonien, Neuseeland und Viti, welche letztere sie mit der Ostküste des Kontinents gemein haben. In den östlicheren Inseln treten australische Pflanzenformen nur noch vereinzelt auf und vermögen noch weniger einen Einfluß auf den Charakter der Vegetation dieser Inseln auszuüben. Pflanzen, die dem südamerikanischen Vegetationsgebiet angehören, finden sich (außer in den

*) S. oben S. 504.

den Küsten Amerikas nahe liegenden Inseln) nur ganz einzeln und verhältnißmäßig am häufigsten noch in Neuseeland.

Die Verbreitung der Thiere zeigt auf diesen Inseln im Ganzen dasselbe Gesetz wie die der Pflanzen. Die Thiere des Meeres (die das Meer bewohnenden Amphibien, die Mollusken und Fische) finden sich allenthalben um diese Inseln äußerst zahlreich und mannigfaltig, sie sind zugleich im tropischen Theil des Oceans überwiegend indischen Charakters, und nur in den außertropischen Theilen mischt sich das indische Element allmählich mit dem arktischen, das von ihm ganz abweicht, allein nicht weniger entwickelt und vollkommen ist. Seevögel sind dagegen zwar außerordentlich häufig, und das vorzugsweise auf den kleinen flachen und unbewohnten Inseln, allein nur von verhältnißmäßig wenigen Arten, die noch dazu großentheils den nördlichen und südlichen Theilen des Oceans angehören und sich oft nur als Zugvögel auf den in der Tropenzone liegenden Inseln einfinden. Von den die See bewohnenden Mammalien besitzt die Tropenzone den Dugong (Halicore), die gemäßigte die Phokenarten, die in Neuseeland häufig waren, ehe die schrankenlosen Nachstellungen der Europäer sie verscheucht haben, und die Wallfische, die noch immer in den südlichen und nördlichen Theilen des Oceans verfolgt werden, während die im ganzen Ocean allgemein verbreiteten Cachelots (Physeter) die Veranlassung zu einer mit der größten Lebhaftigkeit betriebenen Fischerei gegeben haben. Was dagegen die Landthiere betrifft, so nehmen sie in derselben Art wie die Pflanzen von Westen gegen Osten an Zahl der Arten wie an Menge der Individuen ab und finden sich auf den östlichen Inseln, namentlich auf den kleineren nur sparsam. Insekten giebt es auf den westlichsten Inseln noch am häufigsten, allein selbst da nicht im Uebermaß, allenthalben sind am zahlreichsten die Schmetterlinge, weniger die Käfer, und dabei vorzugsweise von indischen Arten und Geschlechtern. Dasselbe gilt von den Amphibien, von denen Frösche sich nur auf den westlichsten Inseln, der indische Krokodil (Crocodilus biporcatus) bis Neubritannien, Schlangen wahrscheinlich nur bis zu der Tongagruppe, Eidechsenarten aber überall finden. Bei den Landvögeln zeigt sich eine eigenthümliche Mischung des indischen und australischen Elements. In den westlichsten Inseln, vor allem in Neuguinea, sind sie durch Schönheit der Farben und vollkommene Bildung so ausgezeichnet, daß sich selbst die Vögel der Molukken nicht mit ihnen vergleichen können, und wenn auch auf den östlichen Inseln die Zahl der Arten sehr abnimmt, so bleiben sie auch da noch zahlreich und schön. Sie schließen sich aber in ihrer Entwicklung eben so wohl an die Vögel der indischen Inseln als an die australischen und fast noch mehr an die letzten an, theils durch gewisse Eigenthümlichkeiten in ihrem Bau, theils durch das Auftreten einzelner charakteristischer Geschlechter, wie der Kasuare in Neuguinea und Neubritannien, und das Uebergewicht anderer, wie der Papageien und Tauben. Bei den Mammalien tritt aber das Uebergewicht des australischen Elementes noch viel bestimmter hervor. Neuguinea besitzt eine Zahl von Beutelthierarten, die den australischen ähnlich, allein ganz eigenthümlich sind, und von denen sich nur einzelne Arten auf einige der östlicheren Inseln und die Molukken verbreitet haben; dieselben Inseln haben Schweinearten und den australischen Hund. Dann giebt es mehrere Fledermäuse, die sich aber nicht östlicher als in Tonga finden; in den östlicheren Inseln ist kein anderes Säugethier als eine Rattenart zu Hause, denn Schweine und Hunde werden hier bloß von den Eingebornen gezogen und sind ohne Zweifel nicht einheimisch.

Bevölkerung. Die Bewohner der Inseln des stillen Oceans, deren Zahl schwerlich zwei Millionen übersteigt, zerfallen in zwei sehr verschiedene Abtheilungen, einen roheren schwarzen Volksstamm von australischem Charakter und einen weiter verbreiteten und in der Gesittung vorgeschritteneren hellfarbigen Stamm, der den Völkern des indischen Archipels verwandt ist. Auf diese Unterschiede ist die jetzt eingeführte Theilung der Inseln begründet.

Auf den Inseln Melanesiens lebt ein Volksstamm, der zwar im Aeußeren manche Aehnlichkeit mit den Australiern besitzt und auch ohne Zweifel mit ihnen am nächsten verwandt ist, doch durch nicht unwesentliche Verschiedenheiten, besonders durch die Haarbildung (krause, fast wollige Haare), sich von ihnen unterscheidet. Man pflegt sie wohl wegen einer oberflächlichen Aehnlichkeit mit den Afrikanern Austraineger oder Negrito zu nennen. Mit den Australiern verglichen, sind sie lange nicht in dem Grade wie diese roh und wild, aber den viel gebildeteren, hellfarbigen Völkern des Oceans stehen sie in der Bildung noch weit nach. Sie leben in kleinen Abtheilungen stammesweise vereint und, wie es scheint, ohne einen staatlichen Zusammenhang; von ihren religiösen Vorstellungen ist bis jetzt nur sehr Ungenügendes bekannt geworden. Bekleidung des Körpers fehlt zwar nicht den Frauen, doch den Männern ganz, sie haben dagegen eine große Vorliebe für die mannigfachsten Zierrathe. Sie haben feste Wohnsitze, manchmal selbst nicht kunstlose Wohnungen, besitzen allenthalben Boote, treiben Fischfang und, wenn auch nur in beschränktem Maße, Landbau, und sind hierdurch und bei der Fülle von Früchten, welche ihre Wälder liefern, lange nicht in dem Grade elend und gezwungen, ihre ganze Thätigkeit auf die Herbeischaffung der zum Leben nöthigen Dinge zu verwenden, als das bei den Australiern der Fall ist. In wie weit dieser höhere Kulturzustand mit den Vermischungen zusammenhängt, die zwischen ihnen und den hellfarbigen Völkern des Oceans an den Grenzen, wo sich beide berühren, mannigfach stattgefunden haben und noch beständig stattfinden, läßt sich noch nicht mit Bestimmtheit entscheiden. Die Sprachen erscheinen in den einzelnen Stämmen in außerordentlicher Weise von einander abweichend; allein genauere Forschungen haben gezeigt, daß sie in ihrem grammatischen Bau auffallende Aehnlichkeit und Verwandtschaft besitzen, jene Abweichungen erklären sich aus dem Mangel an Zusammenhang und Verbindung zwischen den einzelnen kleinen Stämmen. Denn zwischen diesen herrscht fast unaufhörlich Kriegszustand; überhaupt ist Kriegslust und Streitbarkeit ein Hauptzug ihres Charakters, wie andererseits Argwohn und Mißtrauen, und der Anthropophagie scheint die Mehrzahl der Stämme in hohem Grade ergeben zu sein. So haben sie sich auch in ihren Berührungen mit den Europäern stets scheu und argwöhnisch, gewöhnlich feindselig gezeigt; es ist nur selten gelungen, einen dauernden Verkehr mit ihnen anzuknüpfen, und die auf verschiedenen Inseln (namentlich in den neuen Hebriden, Neukaledonien und Neuguinea) unternommenen Versuche christlicher, besonders protestantischer Missionare, sie für das Christenthum zu gewinnen und eine höhere Bildung einzuführen, sind zwar nicht ganz fehlgeschlagen, doch mit viel größeren Schwierigkeiten und Beschwerden verknüpft und die Erfolge viel langsamer und zweifelhafter gewesen als bei den Völkern des hellfarbigen Stammes. Dagegen stehen die Bewohner des westlichen Neuguinea mit denen der Molukken schon seit langer Zeit in vielfacher Verbindung, die theilweise selbst zur Einführung fremder Sitten und Institutionen wie auch des Islam geführt hat.

Wie der dunkelfarbige Menschenstamm mit den Australiern, so steht der hellfarbige Volksstamm, der die Inseln von Polynesien und Mikronesien bewohnt, und dem auch die Ureinwohner von Neuseeland angehören, mit den Bewohnern des indischen Archipels in der engsten Stammverwandtschaft. Dieser Volksstamm zerfällt in zwei Abtheilungen, die Polynesier und die Mikronesier. Es sind aber nicht oder doch nur in geringem Maße Unterschiede in der körperlichen Bildung, den politischen und religiösen Einrichtungen oder den Sitten und Gebräuchen, welche diese Abtheilungen von einander trennen, als vielmehr sprachliche Verschiedenheiten; danach schließen sich die Mikronesier, welche die nordwestlichen Inseln bewohnen, dem nördlichen Zweige der Bewohner der indischen Inseln, dem sogenannten tagalischen Stamme, an, während die Polynesier (mit den Eingebornen Neuseelands) dem südlichen Stamme jener Inselbewohner, dem malaiisch-javanischen, näher verwandt sind. Die polynesischen Sprachen sind sogar auf den einzelnen Gruppen (mit Ausschluß der Sprache der Vitier) einander so auffallend ähnlich, daß sie trotz der großen Entfernung zwischen Hawaii und Neuseeland doch fast nur für Dialekte einer und derselben Sprache gelten können. Diese hellfarbigen Völker mit langem, niemals wolligem Haar und hellbrauner Körperfarbe, welche zum Theil in nicht geringem Grade mit körperlicher Schönheit begabt sind und sich dadurch von den dunkelfarbigen Völkern sehr unterscheiden, besaßen, schon ehe sie mit den Europäern in Verbindung traten, einen keineswegs unbedeutenden Grad von Bildung. Sie lebten überall in festen Wohnsitzen und betrieben den Landbau in bedeutender Ausdehnung; dieser und der Fischfang waren die Hauptquellen ihrer Existenz und lieferten die Lebensbedürfnisse in reichlichem Maße. In dem Bau ihrer Häuser und Boote, der Verfertigung der zu ihrer Bekleidung dienenden Stoffe (hauptsächlich aus der Rinde der Broussonetia oder des Papiermaulbeerbaumes), der Waffen und Geräthschaften, wie in der Bearbeitung des Bodens zeigten sie selbst einen auffallenden Grad von Kunstfertigkeit. Auch ihr gesellschaftliches und Familienleben war durch eine gewisse Feinheit und Anmuth geschmückt. Dabei besaßen sie geordnete Staaten gewöhnlich mit monarchischen Verfassungen, die auf ein strenges, scharf ausgeprägtes Lehnssystem und großen Einfluß der adligen Geschlechter begründet waren, obschon diese Staaten, als sie den Europäern bekannt wurden, sich fast überall im Verfall befanden und einestheils durch ehrgeizige Fürsten in unumschränkte Monarchien, anderntheils durch den überwiegenden Einfluß des Adels aufgelöset und (wie in Neuseeland) fast ganz vernichtet waren. Auch hatten sie bestimmte und feste Formen der Gottesverehrung und ein ausgebildetes System religiöser Vorstellungen, in welchem die göttliche Verehrung der gestorbenen Vornehmen das Charakteristische ist. In ihrer Sinnesweise zeigte sich bei diesen Völkern eine auffallende Verschiedenheit; bei einigen trat eine höchst anziehende Freundlichkeit und Gutmüthigkeit hervor, die in einzelnen Fällen fast selbst in Schwäche überging und ihnen das Vertrauen und die Liebe der Europäer schnell und in hohem Grade erwarb, bei anderen dagegen eine außerordentliche Streitbarkeit und Kriegslust, mit der die von diesen in oft furchtbarer Ausdehnung betriebene Anthropophagie zusammenhing. Allen gemein war aber eine große Zuneigung und Vorliebe für die Europäer und deren Gebräuche und Sitten, allenthalben haben sie die Fremden mit der äußersten Zutraulichkeit und Freundlichkeit aufgenommen und ihre Niederlassungen begünstigt; daher haben sie sich in einem Zeitraum von kaum hundert Jahren bereits so eng mit ihnen verbunden, daß sich voraussehen läßt, daß sie zuletzt ganz in die Europäer übergehen werden. Diese haben sich auch schon in allen Inselgruppen unter ihnen angesiedelt. Seit dem Ende des vorigen Jahrhunderts führte theils der Handel (mit Sandelholz, Perlen, Kokosöl und Tripang), noch mehr aber der Fang der Wallfische europäische Schiffe in großer Menge in diese Meere, und die Nothwendigkeit, sich mit den nöthigen Lebensmitteln zu versehen, erzeugte einen lebhaften Verkehr mit den Bewohnern der Inseln, auf denen sich allmählich erst europäische Matrosen, später auch Kaufleute einfanden. Diesen folgten bald protestantische Missionare, die sich zuerst in Tahiti niederließen und allmählich das Christenthum unter allen diesen Inselvölkern in einer Art und mit einem Erfolge verbreitet haben, wie sich davon in der neueren Zeit kein ähnliches Beispiel findet; dadurch gereizt und angezogen erschienen später unter Begünstigung und Schutz französischer Kriegsschiffe auch katholische Bekehrer, und so ist der traurige Zwiespalt der christlichen Kirche auch bereits unter diese so eben erst für das Christenthum gewonnenen Volksstämme verpflanzt worden. Endlich trat das ein, was aus der fortdauernden Erweiterung dieser europäischen Niederlassungen von selbst erfolgen mußte; auch die Aufmerksamkeit der europäischen Regierungen wurde auf diese Inseln gelenkt, und so ist, nachdem die Ladronen schon im siebzehnten Jahrhundert von den Spaniern in Besitz genommen waren, Neuseeland eine englische Kolonie geworden, während sich die französische Regierung der Markesasinseln und Neukaledoniens und der Loyaltygruppe bemächtigt hat, und Tahiti und die Paumotu unter das französische Protektorat gerathen sind. In Hawaii aber streiten jetzt die Hauptseevölker der Erde um die Herrschaft und den überwiegenden Einfluß.

A. Melanesien.

Die Inselgruppen Melanesiens, die westlichsten des Oceans, umgeben den australischen Kontinent in einem Kranze, der erst von Westen gegen Osten und später gegen Südosten geht. Ihr Flächeninhalt scheint zusammen über 15,000 Q.-M. zu betragen. Sie zerfallen in sechs Abtheilungen, Neuguinea mit der Louisiade, der Archipel von Neubritannien mit den Admiralitätsinseln, die Archipele der Salomonsinseln, der Königin Charlotteinseln und der neuen Hebriden und Neukaledonien mit der Gruppe der Loyaltyinseln.

1. Neuguinea, eine der am frühsten den Europäern bekannt gewordenen Inseln des Oceans, die schon 1526 von dem Portugiesen G. de Meneses entdeckt und 1545 von J. O. de Retes nach der Aehnlichkeit der Bewohner mit denen des gleichnamigen Landes in Afrika benannt, aber während des sechszehnten Jahrhunderts für den nördlichsten Theil des Australlandes gehalten wurde, bis der Spanier Torres 1606 die nach ihm benannte Straße durchfuhr und die Südküste der Insel entdeckte. Sie ist eine der größten der Erde und hat gegen 13,000 Q.-M. Flächeninhalt, übertrifft daher Madagaskar noch um ein Weniges. Zugleich gehört sie zu den reichsten, allein auch zu den unbekanntesten Theilen des Erdbodens; in das Innere einzudringen, ist bis jetzt den Europäern noch nicht gelungen, selbst der Küstenraum ist nur an wenigen einzelnen Stellen genau erforscht, aber noch nicht vollständig und erschöpfend aufgenommen. Am besten bekannt sind noch der Nähe der Molukken halber einzelne Theile des westlichen Neuguinea.

Das Land zerfällt in drei Abtheilungen, das eigentliche Hauptland, die nordwestliche und die südöstliche Halbinsel. Die nordwestliche Halbinsel, welche die Bewohner der Molukken nach einem Distrikte an ihrer Westküste Wonim di bawa (Unterwonim) nennen, wird mit dem Hauptlande durch einen flachen, schmalen Isthmus verbunden, welcher die Bai von Lasabia von dem Grunde der Geelvinkbai trennt. Ihre Westküste wird von steilen, mit dichten Wäldern bedeckten Bergen gebildet und ist eine schöne, sichere, hafenreiche Steilküste, von großen Busen durchschnitten, von denen der tiefe Mac Cluersgolf, den ein flacher Isthmus von der Geelvinkbai scheidet, die Halbinsel wieder in zwei Theile theilt. Weniger hoch ist die Nordküste der Halbinsel, an welcher die nördlichste Spitze des ganzen Landes, das Kap der guten Hoffnung (19' S. Br., 132° 22' O. Lg.), liegt. Im Nordwesten von dieser Halbinsel breitet sich ein Archipel von bergigen und dicht bewaldeten Inseln, die Papuainseln, aus, der aus vier größeren Inseln, Salawati, Batanta, Waidschiu und dem im Südwesten des Ganzen liegenden Misol, besteht. Die bedeutendste derselben, Waidschiu, wird von einer großen Menge kleiner Inseln umgeben und von der nächsten molukkischen Insel Dschilolo durch die nach dieser benannten Straße getrennt, welche die Haupteinfahrt aus der Bandasee in den stillen Ocean bildet, allein wie die Gemin- (oder Dampier-) Straße zwischen Waidschiu und Batanta, die Sagowin- (oder Pitt-)straße zwischen Batanta u. Salawati und die Salabu- (oder Galewo-)straße zwischen Salawati und Neuguinea, durch die vielen Inseln und Riffe, welche diese Inseln umgeben, nicht ohne Gefahr zu beschiffen ist.

Die Ostküste der westlichen Halbinsel bildet die große Geelvink- oder Wandammenbai, wie sie nach einem Distrikt an ihrer Südküste benannt ist. Ihre mit sumpfigen Wäldern bedeckten Küsten sind außer an der Nordostseite von Bergen begrenzt; das noch wenig bekannte Innere des Golfs enthält zahlreiche Inseln, in seiner Mündung liegt die aus drei größeren Inseln bestehende Gruppe Maifori (Wil. Schouten) und südlich davon die lange Insel Dschobi, an der Nordwestecke des Busens der Hafen Doreh, der bekannteste Punkt von Neuguinea. Vom Kap d'Urville, dem Ostkap der Geelvinkbai (1° 24' S. Br., 137° 47' O. L.), an geht die Nordküste des Hauptlandes einförmig nach Ostsüdost; anfangs ist sie flach und mit dichten Sumpfwäldern bedeckt, später erheben sich nicht fern vom Strande Berge von bedeutender Höhe, die bis zur Ostküste reichen, obschon die Küste selbst großentheils flach bleibt. Sie ist im Einzelnen nicht erforscht und enthält wenige Baien, wie Talok-tentschu (die Humboldtbai) im Westen und die tiefe Astrolabebai im Osten; sie endet im Osten mit dem Kap Kingwilliam (6° 18′ S. Br., 147° 41′ O. Lg.) an der Dampierstraße. Vor dieser Küste liegen im Westen wenige kleine Inseln, im Osten ausgedehntere Gruppen mit größeren Inseln, welche gebirgig, vulkanischen Ursprungs und reich und schön bewaldet sind, zuerst im Westen die Gruppe Schouten (oder Britannia), östlicher die Gruppe Dampier, zu der die bis zur Dampierstraße sich ausdehnenden Inseln gerechnet werden können.

Die Westküste des Hauptlandes bildet die von der Lakahiabai nach Südosten gehende, flache und sumpfige, von großen Schlammbänken eingefaßte Küste, welche bei den Bewohnern der Molukken den Namen Wonim di atas (Oberwonim) führt. Ganz dieselbe Beschaffenheit hat die große Insel Frederik Hendrik an der Südwestspitze des Landes, von dem sie durch die schmale, aber tiefe und größtentheils wohl fahrbare Marianenstraße getrennt wird; auf ihr liegt das Südwestkap Neuguineas, Kap Walsh (8° 22′ S. Br., 137° 40′ O. Lg.) Von hier wendet sich die ebenfalls ganz flache und mit dichten sumpfigen Wäldern bedeckte Südküste des Landes nach Osten; sie ist sehr unvollkommen erforscht und längst der Torresstraße durch die Korallenriffe derselben unzugänglich, sonst von großen Schlammbänken eingefaßt. Im Osten der Torresstraße bildet sie den sogenannten Papuagolf, eine große, tief eindringende Bai, deren sumpfige Waldküsten den Distrikt Daudi ausmachen. Von ihrem Ostkap, K. Suckling, und dem Kap Kingwilliam an beginnt die südöstliche Halbinsel Neuguineas, die nach Südosten bis zum Kap Southeast (10° 37′ S. Br., 150° 12′ O. Lg.) zieht, und deren Nordküste, der unbekannteste Theil des ganzen Landes, der mehrere Golfe und Häfen zu enthalten scheint, sich bis zu der Gruppe der Entrecasteauxinseln ausdehnt, falls diese nicht, wie es wahrscheinlich ist, einen Theil dieser Halbinsel selbst bilden; die südliche Küste derselben ist vom Kap Suckling an mit großen Korallenriffen eingefaßt, hinter denen sichere Ankerplätze liegen In 151 bis 152° Lg. endet Neuguinea. In der Fortsetzung dieser Halbinsel dehnt sich nach Ostsüdosten eine große Inselgruppe aus, die schon 1606 von dem Spanier Torres vor der Durchschiffung der nach ihm benannten Straße gesehen, dann von dem Franzosen Bougainville 1768 wieder aufgefunden und Louisiade benannt worden ist, von den Eingebornen aber Massims genannt zu werden scheint. Sie gehört zu den am dürftigsten erforschten Inselgruppen des Oceans und ist erst in der neusten Zeit etwas besser bekannt geworden; die Straße, welche sie von Neuguinea trennt, hat noch kein Schiff durchfahren. Sie besteht aus zwei parallelen Reihen; in der kleineren im Norden ist die größte Insel Mudschu (Woodlark), in der südlichen die einzigen großen Southeast und Rossel, deren Ostcap, C. Deliverance (11° 23′ S. Br., 154° 18′ O. Lg.), das östlichste der Gruppe ist, die übrigen sind fast alle kleine, flache Koralleninseln. Nur die größeren Inseln haben Berge von mittlerer Höhe, (der Berg auf S. Aignan von 3076, der Berg Rattlesnake auf Southeast 2522 frz. F.), allein eine reiche und üppige Vegetation, die der von Neuguinea ganz gleicht.

Von dem Inneren von Neuguinea ist sehr wenig bekannt. Das Gestein der Berge besteht in den Papuainseln aus älterem Schiefer, in der nordwestlichen Halbinsel aus Granit; auch in dem Hauptlande scheint es aus Urgesteinen zu bestehen, selbst in der Louisiade ist Thon- und Glimmerschiefer gefunden. Dabei sind an der Westküste sedimentäre Gesteine (Jurakalkstein an der Lobobai) gefunden worden, und im Norden umgiebt ein hoch über die Meeresfläche erhobener, tertiärer Madreporenkalkstein das Urgebirge. Vulkanische Gesteine sind bis jetzt bloß in den Inselgruppen Schouten und Dampier beobachtet, diese haben noch brennende Vulkane auf den Inseln Hoogeberg in der Gruppe Schouten, Brandendeberg in den Dampierinseln und der kleinen Vulkaninsel in der Dampierstraße. Die nordwestliche Halbinsel enthält steile, hohe Gebirge, deren höchster Gipfel der Arfak (8930 franz. Fuß) an der Nordspitze des Landes ist; im Hauptlande erhebt sich im Südosten von der Geelvinkbai eine von West nach Ost ziehende Gebirgskette, deren Gipfel ewigen Schnee zu tragen scheinen und danach wohl über 17,000 F. Höhe haben werden; in ihrem Westtheil werden wohl die Quellen des großen Flusses Ambermo liegen, der zur Nordküste fließt und in einem großen Delta an der Ostseite der Geelvinkbai mündet. Auch östlicher liegen der Nordküste nahe hohe Gebirge, wie die beiden Cyclopen von 7000 F. Höhe an der Humboldtbai und besonders die Finisterrekette bei Cap Kingwilliam. Dagegen ist der ganze Südtheil des Hauptlandes ein flaches, mit dichten, sumpfigen Urwäldern bedecktes Tiefland, dessen Ebenen von zahlreichen, selbst bedeutenden Flüssen durchschnitten werden, wie der Fly und Prince, welche in den Papuagolf fallen und wahrscheinlich Mündungsarme eines großen Deltas sind. Die südöstliche Halbinsel wird endlich in der Mitte von einer Bergkette, der Owenstanleykette, durchschnitten, deren höchste Berge der Owenstanley 12,3?8 F., der Suckling 10.567 F. hoch sind. Diese Berge sind wie die Ebenen und die Küsten mit unabsehbaren, dicht verwachsenen Wäldern von kolossalen Bäumen bedeckt; die Vegetation ist überaus reich und üppig, wie das bei der großen Hitze und Feuchtigkeit des Klimas und der Fruchtbarkeit des Bodens natürlich ist; sie gleicht in den Hauptzügen der indischen, namentlich der der Molukken, doch treten in den Ebenen des Südtheils bereits australische Pflanzenformen bedeutend hervor. Auch die Thierwelt ist in Neuguinea verhältnißmäßig nicht arm; Mammalien freilich sind nur wenige Arten und überwiegend (in den dem Lande eigenthümlichen Beutelthieren) von australischem Charakter, die Vögel dagegen durch Pracht und Schönheit (wie z. B. in den Paradiesvögeln, Krontauben ꝛc.)

selbst noch vor denen Australiens und der Molukken ausgezeichnet, die Seethiere den der indischen Inseln und des tropischen Australiens verwandt. Selbst in seinem jetzigen Zustande und bei allem Mangel an Cultur liefert Neuguinea in seinen Perlen, Schildpatt, Muskatnüssen, der Masseyrinde (von einer Art Cinnamomum, die auf den indischen Inseln zur Salbenbereitung gebraucht wird), dem Sago, kostbaren Holzarten, Paradiesvögeln, Holothurien (Tripang) u. s. w. hinreichend Gegenstände des Verkehrs, und wenn das Land bis jetzt noch für allgemeine Culturverhältnisse fast ohne Bedeutung geblieben ist, so liegt das hauptsächlich an seinen Bewohnern.

Die Negritostämme, welche Neuguinea bewohnen, stehen auf einer noch sehr niedrigen Stufe der Gesittung, ob sie gleich keineswegs ganz roh genannt werden können; am vorgeschrittensten in der Bildung scheinen noch die Bewohner der östlichen Halbinsel und der Louisiade zu sein. Sie zerfallen in eine große Zahl kleiner Stämme, die unter sich in keiner Verbindung stehen. An den wenigen Punkten, an denen Europäer mit ihnen in Berührung getreten sind, zeigten sie diesen stets Argwohn und Mißtrauen, und den Verkehr mit ihnen haben sie gewöhnlich gemieden. Dagegen haben auf der westlichen und nordwestlichen Küste wie auf den Papuainseln die Bewohner der Molukken, die schon seit mehreren Jahrhunderten diese Gegenden besuchen und mit den Eingebornen einen lebhaften Handel treiben, allmählich mehr und mehr Eingang unter ihnen gefunden, einzelne Colonien angelegt und sich mit den Ureinwohnern vermischt; sie haben auch zum Theil ihre Bildung, ihre politischen Institutionen, an einigen Orten selbst den Islam unter ihnen eingeführt. Ohne Zweifel ist es nur die Folge dieser Verbindung gebildeterer Stämme mit der ursprünglichen Bevölkerung gewesen, daß die Küstenbewohner der westlichen Halbinsel und der Papuainseln, welche bei den Einwohnern der Molukken (wahrscheinlich ihrer eigenthümlichen Haarbildung wegen) Papua heißen, sich von der Bevölkerung des Innern jener Halbinsel und des Hauptlandes, welche von jener Vermischung unberührt geblieben ist, so sehr unterscheiden, daß man daraus sogar irriger Weise auf eine ursprüngliche Stammverschiedenheit hat schließen wollen. Aus diesen Handelsverbindungen und Niederlassungen sind denn auch die Herrschaftsansprüche entstanden, welche die molukkischen Fürsten von Tidore auf das westliche Neuguinea erheben, obschon sie sie nur durch Gewalt zu erhalten vermögen; seitdem aber diese Fürsten unter die Oberhoheit der holländischen Regierung gekommen, sind ihre Rechte auf diese übergegangen, und sie beansprucht jetzt die Herrschaft über den Küstenstrich zwischen Cap Walsh und der Humboldtbai. Eine Folge davon war die holländische Colonie Merkusoordt, welche 1828 an der Lobobai angelegt, allein ihrer Kostspieligkeit und gänzlichen Nutzlosigkeit halber schon 1836 wieder aufgehoben ist; seitdem beschränkt sich aller Einfluß der Holländer auf gelegentliche Besuche von Kriegsschiffen. Die Versuche katholischer Missionare, das Christenthum (in Mudschu und auf der Insel Rook in der Dampierstraße) einzuführen, sind ganz fehlgeschlagen, die von deutschen protestantischen Missionaren in Doreh unternommenen scheinen besseren Erfolg zu versprechen. — Die Zahl der Einwohner schätzt Behm auf ca. 1,000,000.

2. Der Archipel Neubritannien im Nordosten von Neuguinea. Diese Inseln sind ohne Zweifel bereits im sechszehnten Jahrhundert von europäischen Seeleuten, bestimmt aber zuerst 1616 von Le Maire und Schouten gesehen worden und galten lange Zeit für einen Theil von Neuguinea, bis der Engländer Dampier 1700 die Straße, welche sie von Neuguinea trennt (die Dampierstraße), entdeckte und dem Lande den Namen Neubritannien gab. Später fand Carteret 1767, daß die angebliche S. Georgsbai Dampiers die südliche Mündung einer Straße, des S. Georgskanals, sei, die Neubritannien in zwei Inseln theilt. Diese beiden großen Inseln, welche mit vielen kleinen den Archipel Neubritannien bilden, haben zusammen über 700 Q.M. Flächeninhalt. Die größte, zugleich die südlichste Insel, Birara (Neubritannien)*), dehnt sich vom nordöstlichen Ende von Neuguinea, von dem sie die 12 M. breite Dampierstraße, (in deren Mitte die Insel Rook liegt), trennt, gegen Osten und Nordosten aus; ihr Südwestcap ist C. Anna (5° 49′ S. Br., 148° 24′ O. Lg.), das nordöstliche C. Stephens (4° Br., 152° Lg.) Sie ist nur sehr unvollkommen bekannt, die Nordküste namentlich niemals aufgenommen, im Ganzen nur schmal und an mehreren Stellen von tiefen und durch flache Isthmen von einander getrennten Baien durchschnitten, übrigens, namentlich im Westtheil, sehr schön, reich und fruchtbar. Von ihrem Ostende dehnt sich die zweite größere Insel, Tombara (Neuireland), die noch schmaler als Birara ist und von ihr durch einen großen, inselreichen Busen getrennt wird, in welchen der beide Inseln trennende S. Georgskanal (mit der Insel Amakata oder York) mündet, von Südosten gegen Nordwesten aus. An ihrer Südküste liegen westlich von ihrem Ostcap, C. S. Georg (4° 52′ Br., 152° 48′ Lg.), die beiden Häfen Gower (oder Praslin) und Carteret, die einzigen Punkte des ganzen Archipels, die genauer erforscht sind. Am Westende wird Tombara durch die anscheinend unfahrbare Straße Byron von der Insel Neuhannover getrennt, und um diese liegen noch viele kleine Inseln; eine Reihe von hohen Inseln zieht sich längs der ganzen Nordostküste von Tombara und Neuhannover hin, deren süd-

*) Die in Parenthesen beigefügten Namen sind die, welche die europäischen Entdecker eingeführt haben, und die man gewöhnlich auf den Charten findet; sie müssen natürlich den Namen der Eingebornen weichen, so weit diese bekannt sind.

lichste S. Jan (in 4° Br., 153° 47' Lg.), die nördlichste Matthias (1° 28' Br., 149° 40' Lg.) ist. Den westlichsten Theil des neubritannischen Archipels bildet die besondere, schon von Le Maire und Schouten 1616 gesehene und von Carteret 1767 benannte Gruppe der Admiralitätsinseln, welche aus einer größeren hohen Insel (in 2° S. Br., 147° Lg.) und einer nicht geringen Menge von kleinen, meist flachen und von Korallenriffen eingeschlossenen Inseln und Bänken besteht, die sich noch längs der Nordküste von Neuguinea bis gegen 142° Lg. ausdehnen, allein im Einzelnen noch wenig bekannt sind. Von allen diesen Inseln sind nur die kleinsten flache Koralleninseln, die übrigen hoch und gebirgig, vor allem Birara, das namentlich am Ostende drei hohe Berge (die Mutter und die Töchter), wie an der Südküste den Berg Quoy hat. In Tombara sind die Berge im Südtheil noch über 6000 F. hoch, nördlicher aber von geringerer Höhe; sie bestehen hier, wie es scheint, überwiegend aus älterem Schiefer (Grauwacke) und Porphyr, die wie im westlichen Neuguinea mit hochgehobenen Schichten von Madreporenkalkstein bedeckt sind. Vulkanische Gesteine werden auch nicht fehlen; im östlichen Birara liegt südlich von der südlichen Tochter ein thätiger Vulkan. Uebrigens ist alles, Gebirge und Ebenen, mit dichten Urwäldern bedeckt, und die Vegetation scheint an Fülle und Reichthum der von Neuguinea nur wenig nachzustehen; auch die Thierwelt hat mit der jener Inseln noch große Verwandtschaft, (es finden sich Beutelthiere, Schweine, Kasuare), und vorzugsweise zeichnen sich auch hier die Vögel durch Schönheit und Mannigfaltigkeit aus. Die Einwohner sind Negritostämme, die in der körperlichen Bildung, den Sitten, Gebräuchen und der Lebensart den Bewohnern Neuguineas nahe verwandt scheinen, allein großentheils ärmlicher, elender und geistig weniger entwickelt sind; nur im nördlichen Tombara stehen sie höher als sonst und treiben den Landbau in größerer Ausdehnung. Bei den seltenen Berührungen, die zwischen ihnen und den Europäern stattgefunden haben, zeigten sie sich beständig mißtrauisch und feindselig; sie stehen überhaupt mit keinem andern Volke in Verbindung, der Verkehr, den sie treiben, beschränkt sich auf das Versorgen vorüberfahrender Schiffe mit Lebensmitteln.

3. Der Archipel der Salomonsinseln. Dieser Archipel, von allen des ganzen Oceans der am ungenügendsten untersuchte und am wenigsten bekannte, ist schon 1567 von dem Spanier Alvarez de Mendana entdeckt und benannt, nach welchem erst zwei Jahrhunderte später der Franzose Surville 1769 die östliche und der Engländer Shortland 1788 die westliche Seite dieser Inseln erforschten. Sie liegen im Südosten von Neubritannien und im Osten der Louisiade und bestehen aus einer Menge von Inseln von den verschiedensten Dimensionen, welche sich vom Südostende von Tombara an in einer der Ausdehnung der Louisiade und des östlichsten Neuguinea parallelen Richtung gegen Südosten ausdehnen und alle bei geringer Breite mehr oder weniger lang sind. Sechs bis sieben von diesen Inseln sind von bedeutender Größe. Sie zerfallen in zwei parallele Reihen, von denen die östliche höher im Norden beginnt, während die westliche dagegen weiter nach Südosten reicht. Die erste Insel der östlichen Reihe ist Buka (oder Winchelsea), die nördlichste von allen, deren Nordspitze in 5° 1' Br. und 154° 35' Lg. liegt; eine schmale, anscheinend unfahrbare Straße trennt sie von der ersten der größeren Inseln, Bougainville, deren südlichste Spitze in 6° 55' Br., 155° 40' Lg. ist. Diese ist durch die Straße Bougainville von der zweiten größeren Insel Choiseul geschieden, die mit dem Cap Fleurieu (7° 33' Br., 157° 13' Lg.) endet. Ein anderer übrigens gleich dem Bougainvillekanal durch Bänke und kleine Inseln gesperrter und daher nicht ohne Gefahr zu durchschneidender Kanal, die Manningstraße, trennt Choiseul von der dritten größeren Insel Ysabel, die bis Cap Prieto (8° 34' Br., 159° 54' Lg.) reicht und die verhältnißmäßig noch am besten bekannte von allen ist; auf ihrer Ostküste liegen die Häfen Praslin und Estrella, an der Südwestseite die Bai der tausend Schiffe. Auf sie folgt die Straße Indispensable, die breiteste und sicherste von allen, welche diese Inseln durchschneiden, und die einzige, welche bequem zu durchfahren ist; an ihrer Südseite liegt die vierte der größeren Inseln, Malaita (oder die Arsazideninsel), die im Süden mit dem C. Zelée (9° 45' Br., 161° 34' Lg.) endet. Die westliche Reihe beginnt mit der kleineren Insel Shortland (7° 10' Br., 155° 40' Lg.), die im Westen vor der Bougainvillestraße liegt; dann folgen viele kleine Inseln bis zu der ersten größeren dieser Reihe Georgia, deren südlichste Spitze Cap Pitt (8° 53' Br., 158° 14' Lg.) ist. Südlich von ihr ist eine breitere Straße, der südliche Eingang der Indispensablestraße, in deren Mitte hier die Gruppe der Marshinseln liegt; auf sie folgt die bedeutende Insel Gera (Guadalcanar), die im Süden mit dem Cap Oriental (9° 49' Br., 160° 56' Lg.) endet. Eine sichere Straße trennt diese von der letzten großen Insel Bauro (S. Christoval), deren Südcap, C. Surville (10° 51' Br., 162° 24' Lg.), ist; mit zwei kleinen Inseln im Südosten von ihr, S. Anna und S. Catalina, endet der Archipel, zu dem man endlich noch einige in der Nähe liegende und besonders eine lange Reihe flacher Laguneninseln im Norden und Nordosten rechnet, die, wie dieser ganze Theil des Oceans um die Salomonsinseln, noch sehr mangelhaft erforscht und nicht vollständig aufgenommen sind. Ein großer Theil dieser Inseln namentlich an der Westseite des Archipels besteht aus kleinen flachen Koralleninseln, und die zahlreichen Riffe machen die Schiffahrt zwischen ihnen überaus gefährlich. Die größeren sind hoch und bergig, und das gilt besonders von den größten; der Lammasberg in Gera (7509 fz. F.) und der Balbiberg in Bougainville (9438 F.) scheinen die

höchsten Berge zu sein, in Bauro und Malaita erreichen sie nur die Höhe von gegen 4000 F. Die Beschaffenheit der Berge ist noch nicht erforscht; die gleiche Richtung der Inseln mit den im Westen von ihnen liegenden läßt auch hier auf ältere sedimentäre Gesteine schließen. Allein dabei fehlt es nicht an vulkanischen Bildungen, die Inseln Simbu (Eddystone) und Sesarga (zwischen Malaita und Gera) enthalten thätige Vulkane. Die Inseln sind dicht bewaldet, die Vegetation reich und üppig, allein bei der großen Feuchtigkeit dieser Wälder das Klima wie das in allen Inseln Melanesiens und aus den gleichen Gründen der Fall ist, nicht gesund. Die anscheinend in einigen Inseln wenigstens zahlreichen Bewohner sind Negritostämme, die den westlicheren an Bildung noch überlegen zu sein scheinen; sie treiben Landbau in ausgedehnterem Maße und zeigen in der Verfertigung ihrer Boote und Geräthe großes Geschick. Auch sie sind gegen die Europäer fast stets scheu und mißtrauisch aufgetreten und gelten nicht ohne Grund für kriegslustig, verrätherisch und wild; der Anthropophagie sind sie in hohem Grade ergeben. Verbindung mit den Europäern besteht nur noch wenig, doch haben sie sich in Simbu und den umliegenden Inseln in den letzten Zeiten mehr an den Verkehr mit Handelsschiffen, namentlich aus Newsouthwales, gewöhnt und diesen besonders Schwefel und Schildpatt geliefert. Katholische Missionare haben ohne allen Erfolg das Christenthum unter ihnen einzuführen versucht, protestantische sind jetzt in den südlichsten Inseln damit beschäftigt.

4. Die Gruppe der Königin Charlotteinseln. Diesen Namen hat die Gruppe von dem Engländer Carteret erhalten, der sie 1767 wieder auffand, während sie schon 1595 von Alv. de Mendaña entdeckt worden war. Sie liegt vom südlichen Ende der Salomonsinseln im Osten, ist die kleinste aller Inselgruppen Melanesiens und besteht aus einer größeren Insel, Indengi oder Nitendi (Santa Cruz), deren Nordostcap C. Byron (in 10° 41′ Br., 166° 4′ Lg.) heißt, und einigen anderen, von denen die bedeutendsten, Tupua (Ourry und Edgecombe) im Südosten von Indengi und Wanikoro (Pitt oder Recherche) noch weiter im Südosten (11° 40′ Br., 166° 52′ Lg.) liegen; die letzte hat eine gewisse Berühmtheit dadurch erhalten, daß die Schiffe des französischen Seefahrers La Pérouse 1788 an ihren Riffen gescheitert sind. Außer diesen größeren sind die übrigen Inseln der Gruppe klein, meistens flach und wie alle Inseln von großen und gefährlichen Korallenriffen umgeben. Die Schiffahrt zwischen ihnen ist daher nicht ohne Gefahr, auch haben sie nur wenige sichere Häfen, wie besonders die Graciosabai in Indengi. Die größeren Inseln sind gebirgig, obschon ihre Berge an Höhe nicht mehr denen der Salomonsinseln gleich sind; in Wanikoro ist der höchste Berg, der Kapogo, nur 2844 F. hoch. Nur von dieser Insel ist die geognostische Beschaffenheit bekannt; ihre Gesteine sind alle vulkanischer Natur, auch hat die Gruppe in der kleinen Insel Tenakora (Vulkaninsel) im Norden von Indengi einen noch thätigen Vulkan. Alles Land ist auch hier mit dichten Wäldern bedeckt, und der feuchte sumpfige Boden derselben erklärt die Ungesundheit des Klimas. Die Bewohner sind Negritostämme, die sich in Indengi in ihrem Bildungszustande wenig von den der Salomonsinseln unterscheiden, allein mehr an den Umgang mit den Europäern gewöhnt und daher nicht ganz so mißtrauisch, argwöhnisch und verrätherisch sind, als diese; in Wanikoro freilich gehören sie zu den elendesten und verkommensten der melanesischen Stämme. Verkehr und Verbindung mit den Europäern besteht nirgends; auch ist noch kein Versuch zur Einführung des Christenthums gemacht worden.

Im Norden und Osten dieser Gruppe liegen in größerer Ferne von ihr einzelne kleine Inseln zerstreut, von denen besonders Sikaiana (Stewart) in 8° 24′ Br., 173° 2′ O. Lg., die Duffgruppe (wahrscheinlich das Taumako der Eingebornen) im Norden und Tikopia (Barwell) im Osten in 12° 21′ Br., 168° 43′ O. Lg. dadurch Interesse haben, daß sie in diesem Theil des Oceans die ersten Inseln sind, deren Bewohner dem hellfarbigen Menschenstamm oder den Polynesiern angehören.

5. Der Archipel der Neuen Hebriden. Schon 1606 entdeckte der Spanier Ped. Fern. de Quiros die größte Insel dieses Archipels, die er für einen Theil des damals im Süden der Erdkugel vermutheten großen Australlandes hielt; der Franzose Bougainville berührte 1768 die nördlichsten Inseln, denen er den Namen der Cykladen beilegte, allein 1774 hat Jam. Cook den ganzen Archipel aufgenommen und geschildert, und der von ihm gegebene Name der neuen Hebriden ist daher der gewöhnliche geworden. Es ist eine große Gruppe von Inseln, die, im Südosten der Königin Charlotteinseln anfangend, sich nach Südsüdosten ausdehnt und aus zwei größeren und vielen kleineren Inseln besteht. Den nördlichsten Theil bildet eine besondere kleine Gruppe, die Banksinseln, zu der außer zwei größeren Inseln, Vanualava (Santa Maria) und Gaua (Bennet), mehrere kleine gehören, die alle hoch und bergig sind. Auf sie folgt die größte von allen, die Australia del Espiritu santo des Quiros, (jetzt gewöhnlich bloß Santo von den Seeleuten genannt), an deren Nordseite die tiefe Bai S. Jago und Felipe zwischen dem Nordcap der Insel, C. Cumberland (14° 29′ Br., 166° 40′ Lg.), und Cap. Quiros (14° 56′ Br., 167° 3′ Lg.) liegt. An ihrem Südende beginnt, durch die Bougainvillestraße von ihr getrennt, die zweite größere Insel Malilolo, deren Südcap in 16° 35′ Br., 167° 24′ Lg. liegt, und im Osten dieser beiden Inseln wird ein großes Becken von ihnen

und von anderen Inseln, Malwo (Aurora) in 15° 10′ Br., 168° 6′ Lg., Isle des Lepreux in 15° 22′ Br., 168° Lg., der Pfingstinsel in 15° 44′ Br., 168° 19′ Lg. und Tschinambrym (oder Ambrym) in 16° 15′ Br., 168° 11′ Lg. eingeschlossen. Im Süden der letzten liegt Tasiko (Api) in 16° 42′ Br., 168° 27′ Lg. und von dieser südlich mehrere kleine Inseln, die bis an die Küste der schönen Insel Vate (Sandwich) in 17° 40′ Br., 168° 20′ Lg. reichen. Auf Vate folgt erst Eromanga (18° 46′ Br., 169° 10′ Lg.), dann Tana (auch Tana asore oder das große Land), die noch am besten bekannte und untersuchte aller dieser Inseln, auf der der Hafen Erupabo (19° 31′ Br., 169° 28′ Lg.) liegt; sie ist von einigen kleineren umgeben, und südlich von ihr erreicht der Archipel mit der Insel Aneitöm (Annatom) in 20° 11′ Br., 169° 42′ Lg. sein Ende. Die Küsten dieser Inseln sind allenthalben hoch und sicher, und es ist auffallend, daß um sie die in den nördlicheren Inseln wie in Neukaledonien und Viti so auffallend häufigen Korallenriffe so selten sind; Häfen sind zwar nicht viele, doch schöne und sichere, wie der Hafen Patteson in Vanualava, der Havannahhafen in Vate, der beste von allen im ganzen Archipel, die Häfen Erupabo (Resolution) in Tana und Aneletauhat in Aneitöm. Mit seltenen Ausnahmen sind auch alle Inseln hoch und gebirgig; aber die Berge scheinen nirgends eine bedeutende Höhe zu erreichen, der höchste von Aneitöm ist nur 2608, die Insel Fotuna bei Tana nur 1811 frz. F. hoch; mehrere Inseln, wie Vate, enthalten bloß hohe Hügel. Von der geognostischen Beschaffenheit der Berge weiß man wenig; in Tana bestehen sie aus Granit, Sandstein, Schiefer, und in allen südlichen Inseln findet sich der Madreporenkalkstein bis zu bedeutenden Höhen über den Spiegel des Meeres erhoben. Dabei sind vulkanische Gesteine, Basalt, Lava, Obsidian, Bimsstein, häufig, es giebt thätige Vulkane in Tschinambrym und Tana und zwei Grade im Südsüdosten von Aneitöm liegen ganz isolirt im Ocean nahe bei einander die Insel Hunter und der 436 F. hohe Felsen Matthew (22° 20′ Br., 171° 20′ Lg.), beide vulkanischer Natur, der letzte ein brennender Vulkan; überdies läßt die Form verschiedener Gipfel der Hebriden noch auf das Vorkommen anderer Vulkane schließen, und die vulkanischen Erscheinungen scheinen in diesem Archipel häufiger zu sein als in den nördlicheren. Die Bodenbeschaffenheit ist in den einzelnen Inseln verschieden; wenn auch auf den meisten der Boden für reich und fruchtbar gilt, so doch nicht auf allen, es hängt wohl mit der geologischen Bildung zusammen, wenn Vate und vor allen Dingen Tana ihrer außerordentlichen Fruchtbarkeit halber so gerühmt, dagegen Aneitöm und noch mehr Eromanga für dürr und wenig productiv gelten. Alles bedeckt dichter Wald, in dem die wenigen von den Eingeborenen angebauten Stellen zerstreut liegen; das Klima ist daher nicht gesund, doch die Vegetation reich und schön, überwiegend von indischem Charakter, und an schätzbaren und den Verkehr fördernden Producten fehlt es keineswegs, allein die Wildheit und Rohheit der ziemlich zahlreichen Bewohner hat es noch zu keiner Entwicklung des Handels kommen lassen. Diese sind Negritostämme und im Aeußeren wie in ihren Institutionen und im Charakter von den übrigen nicht wesentlich verschieden, mißtrauisch und streitbar, lebhaft und unruhig, dabei arge Anthropophagen. So sind denn auch ihre Beziehungen zu den Europäern vorherrschend feindseliger Art gewesen. In den südlichen Inseln, besonders in Eromanga, ist das auf dieser Insel häufige Sandelholz die Veranlassung zu einem lebhaften Verkehr geworden, indem europäische Kaufleute das Holz von hier nach Asien geführt haben, allein die argwöhnische und verrätherische Weise der Eingeborenen wie die Rohheit und Rücksichtslosigkeit der Seeleute haben die ärgsten Gräuel und Missethaten hervorgerufen. Dies hat die Versuche englischer protestantischer Geistlichen, das Christenthum unter den Eingeborenen zu verbreiten, lange aufgehalten, aber sie sind nach vieler Mühe endlich in Aneitöm so gelungen, daß jetzt alle Bewohner dieser Insel Christen sind, während in Tana, Eromanga und Vate das Christenthum mit dem Heidenthum noch im Kampfe liegt, und auch in den nördlichen Inseln, besonders in den Banksinseln Fortschritte macht. Zugleich hat die Bekehrung einen überaus günstigen Einfluß auf die sittliche Entwicklung der Einwohner geübt.

6. Neucaledonien. Diese Insel ist 1774 von Cook entdeckt und benannt, der aber nur ihre Ostküste aufnehmen konnte; die Westküste hat darauf 1792 der Franzose d'Entrecasteaux erforscht. Sie liegt im Südwesten von den Hebriden und erstreckt sich bei einer Breite von 8 Meilen 54 M. gegen Südosten. Beide Küsten werden von großen, überaus gefährlichen Korallenriffen eingeschlossen, von denen das westliche zusammenhangender und compacter ist, wenn es gleich von mehreren breiten Kanälen durchbrochen wird, die zu den dahinter liegenden Häfen führen; das östliche ist nicht so zusammenhangend und fehlt streckenweise ganz. Im Norden dehnen sich die beiden Riffe, ein mit Inseln und Bänken gefülltes Becken umschließend, nach Nordwest noch weit aus, und in derselben Richtung liegt, von ihnen durch eine breite Straße getrennt, das Bondsriff mit der kleinen Gruppe Huon, das in 17° 53′ Br., 162° 42′ Lg. endet. Ebenso verbindet auf der Südseite eine von schmalen Straßen durchschnittene Fortsetzung dieser Riffe die Hauptinsel mit der Insel Kunaie (der Fichteninsel) in 22° 35′ Br., 167° 25′ Lg., die ebenfalls von großen Bänken umgeben ist. Die Küsten hinter diesen Riffen sind hoch und enthalten besonders an der Südwestseite schöne Häfen, wie die Bularibai, die Ndumbeabai mit dem Hafen Port de France (22° 17′ Br., 166° 28′ Lg.) und den Hafen S. Vincent (22° Br., 166° 5′ Lg.); die Häfen der Ostküste sind weniger brauchbar, wie die Kanala- und

die Baladebai (20° 18′ Br., 164° 27′ Lg.) Aber die Riffe machen alle diese Häfen schwer zugänglich und sind überhaupt der Entwicklung des Verkehrs in hohem Maße nachtheilig. Das Innere der Insel ist von Bergen erfüllt, die in zwei parallelen Ketten von Nordwesten nach Südosten sich erstrecken; die östliche hat eine regelmäßige Kammhöhe von gegen 2500 F. mit wenigen hervorragenden Gipfeln, (deren höchster der Berg Duiet bei Cap Colnett ist), die westliche ist unregelmäßiger und zerrissener, auch im Ganzen höher, (ihr höchster Gipfel, der Berg Mu, ist gegen 4000 F. hoch). Die Insel Kunaie ist bis auf einen 825 frz. F. hohen Pik, den Berg Ngao, eben. Zwischen jenen beiden Ketten, die sich an den Enden der Insel allmählich herabsenken, zieht sich ein Längenthal durch die ganze Insel, das zu Zeiten in eine die Ketten verbindende Hochebene übergeht. Die Gesteine in diesen Bergen bestehen aus Urgesteinen und Schiefer, im nördlichen Theile des Landes sind neuerdings Goldablagerungen entdeckt worden, und dies, wie die im südlichen Theil der Insel aufgefundenen Kohlenschichten weisen auf eine geologische Verwandtschaft des Gebirgsbaues mit dem von Australien hin; auch scheinen vulkanische Gesteine in Neucaledonien ganz zu fehlen. Ganz abweichend von den übrigen Inseln Melanesiens ist der Boden zum Theil dürr und trocken, auf den Bergen wie auf den Ebenen manchmal kahl und steinig, nur einzelne besonders bewässerte Stellen zeigen Fruchtbarkeit und schöne Vegetation. Diese, obschon noch immer reich an Pflanzen der indischen Flora, zeigt doch lange nicht mehr die Frische und Ueppigkeit, welche auf den andern Inseln herrscht, und erhält dadurch wie durch die vielen Pflanzen, welche australischen Pflanzengeschlechtern angehören, bereits einen ganz australischen Charakter. – Die anscheinend nicht zahlreichen Einwohner sind Negritostämme, die im Aeußern ganz den übrigen, besonders den Bewohnern der Hebriden, gleichen, in ihrem Bildungszustande ihren Nachbarn selbst noch nachzustehen scheinen, obschon sie deshalb noch lange nicht die Rohheit der Australier erreichen, feste Wohnsitze haben und Landbau manchmal selbst nicht ohne Eifer treiben. Mißtrauisch, hinterlistig und verrätherisch, dabei arge Anthropophagen, sind sie mit Recht verrufen, und der Verkehr, den das in neuerer Zeit in Kunaie entdeckte Sandelholz daselbst hervorrief, hat bei der Rohheit der europäischen Seeleute nur dazu geführt, diese Seiten ihres Charakters noch zu verschlimmern. Protestantische Missionare haben dann versucht, das Christenthum einzuführen; ihnen folgten katholische, welche die Protestanten verdrängt und, obschon unter großen Schwierigkeiten und nur in beschränktem Maße, angefangen haben, das Christenthum zu verbreiten. Auch sind sie wahrscheinlich nicht ohne Einfluß auf den Entschluß der französischen Regierung gewesen, die Insel zu besetzen und 1854 eine Deportationscolonie hier anzulegen. Allein trotz großer Anstrengungen und vielen Geldaufwandes ist doch bis jetzt nichts Erhebliches gelungen und die Niederlassung vorzugsweise auf einen kleinen Theil der Südwestküste, wo die Stadt Port de France am gleichnamigen Hafen gegründet ist, wie an der Ostküste (Napoleonville am Hafen Kanala) beschränkt; außerdem finden sich noch hier und da einzelne zerstreute Niederlassungen von Europäern, die sich hauptsächlich mit der Bereitung des Cocosöles beschäftigen, und katholische Missionsstationen. Es ist auch nicht wahrscheinlich, daß bei den geringen Hülfsmitteln, welche die Insel zu bieten scheint, den Schwierigkeiten, welche die Küstenbildung der Schiffahrt in den Weg stellt, und der Lage des Landes fern von den großen Verkehrstraßen die Colonie gedeihen wird. Uebrigens hat die Niederlassung der Europäer und der zunehmende Verkehr auch einen vortheilhaften Einfluß auf die sittliche Entwicklung einzelner Stämme der Ureinwohner ausgeübt; am meisten haben dadurch die Einwohner von Kunaie gewonnen, die von jeher den lebhaftesten Verkehr mit den Europäern getrieben haben.

Im Nordosten von Neucaledonien zwischen ihm und den neuen Hebriden liegt noch eine Inselgruppe, welche der Entdecker, der Engländer Raven, 1795 die Loyaltyinseln benannt hat. Sie besteht außer einigen kleinen besonders aus drei größeren Inseln, Uea (20° 33′ Br., 166° 26′ Lg.) im Norden, Lifu und Rengoue (oder Mare) in 21° 42′ Br., 168° 2′ Lg. im Süden, die sich zusammen in derselben Richtung wie Neucaledonien von Nordwesten nach Südosten ausdehnen. Mit Ausnahme von Uea, die an der Nordküste einen von kleinen Inseln umschlossenen, lagunenartigen Sund hat, sind die Inseln hafenlos, die steilen Küsten ohne Schutz. In ihrer Bildung unterscheiden sie sich sehr von allen umliegenden Inseln; sie bestehen ganz aus Madreporenkalk, der aber gegen 200 F. über die Meeresfläche erhoben ist; und diese Plateaux fallen allenthalben steil zu den schmalen Stranden herab. Ein dürrer, wenig productiver Boden, der Gebüsch und niedrige Bäume trägt, bedeckt großentheils den Kalkfels; fließendes Wasser fehlt ganz, ja sogar fast Trinkwasser, keine Inseln Melanesiens haben eine gleich unvortheilhafte Bildung. Doch sind diese Inseln verhältnißmäßig viel stärker bewohnt als Neucaledonien, und ihre Einwohner den Neucaledoniern zwar im Aeußeren sehr ähnlich, doch an Bildung, Intelligenz und geistiger Kraft entschieden überlegen (namentlich zeigen sie sich im Landbau überaus geschickt und eifrig), während sie ihnen in der Wildheit, Grausamkeit und Hinterlist, auch in der Lust am Menschenfleisch wenig nachgeben. Diese Seiten ihres Charakters traten besonders in dem lebhaften Verkehr hervor, den das auf ihren Inseln häufige Sandelholz hervorrief. Den Kaufleuten folgten protestantische Missionare, die sich zuerst in Rengone, später auch auf den anderen Inseln niederließen; sie haben hier auf die sittliche Besserung der Eingebornen sehr günstig eingewirkt und in der Belehrung zum Christenthum glänzende Erfolge gehabt und dadurch auch die katholischen Missionare nach Uea und Lifu gezogen. Die französische Regierung betrachtet diese Inseln als eine Dependenz von Neucaledonien und übt Hoheitsrechte in ihnen aus.

B. Neuseeland.

Wenn die Unterabtheilungen der oceanischen Inseln von ethnographischen Verhältnissen abhängen, so rechtfertigt sich die Trennung Neuseelands von den übrigen dadurch, daß seine Bevölkerung jetzt bereits zu vier Fünfteln aus Europäern besteht. Es ist aber auch durch seine Lage, seine natürliche Bildung, seine Hülfsquellen und seine politische Entwicklung die erste unter allen Gruppen des Oceans, diejenige, welche zur Beherrscherin der übrigen bestimmt zu sein scheint.

Der Holländer Ab. Tasman hat 1642 dies Land zuerst gesehen und anfangs zwar für einen Theil des großen Australlandes gehalten, wahrscheinlich aber doch schon selbst Neuseeland benannt, welchen Namen jetzt sogar die Ureinwohner angenommen haben und Niutireni aussprechen. Der eigentliche Entdecker ist aber J. Cook 1769 gewesen, der den Umfang der Inseln vollständig bestimmt hat. Neuseeland besteht aus zwei großen Inseln, um die einige kleine herumliegen, und nimmt einen Inhalt von gegen 5000 Q.-M. ein. Die Küsten sind durchweg hoch und steil und an schönen Häfen reich. Die nördliche Insel (bei den Eingebornen Ainamawi oder Ikanamawi) geht in ihrem nördlichen schmaleren Theile gegen Südosten, in ihrem südlichen gegen Südwesten. Ihre Nordspitze bildet eine besondere kleine Halbinsel, die im Norden mit dem Cap Reinga (Maria van Diemen) in 34° 28′ Br., 172° 39′ Lg. endet und durch einen flachen Isthmus mit dem übrigen Lande verbunden ist. Von ihr geht die Ostküste erst gegen Südosten, dann gegen Südwesten, sie ist eine durch ihre Sicherheit, ihre vielen Busen und schönen Häfen (wie die Bai Rangaunu (Sandy), Oruro (Doubtleß), Wangaroa, die Inselbai (35° 10′ Br., 174° 21′ Lg.), lange Zeit der Mittelpunkt des ganzen Verkehrs des Landes, die Wangaribai (35° 51′ Br., 174° 32′ Lg.), der an Inseln und Häfen reiche Golf Shauraki (Themsebusen), Witianga (Mercurybai), die Plentybai, Turanga (Povertybai), Wairoa (Hawkebai in 39° 29′ Br., 176° 55′ Lg.) ausgezeichnete Steilküste. Dagegen ist die erst nach Südosten, später nach Süden sich ausdehnende Westküste ein flacher, einförmiger Strand, den aus Südwesten kommenden Schwellen ganz bloß gestellt und mit wenigen Einschnitten und Häfen, wie die busenartige, durch eine Barre gesperrte Mündung des Flusses Shukianga (35° 32′ Br., 173° 22′ Lg.) und die von Sandbänken erfüllten Häfen Kaipara und Manukau (36° 56′ Br., 174° 48′ Lg.) Im Süden trennt die 4 deutsche M. breite, sichere, obschon durch die reißenden Strömungen gefährdete Cooksstraße (Raukona der Eingebornen) die Insel von der zweiten südlichen (Tewahi punamu), die sich in gleichförmiger Breite 120 deutsche M. nach Südwesten erstreckt. Die Cooksstraße hat an der Nordseite nur im Osten Steilküste mit Häfen (der Nicholsonhafen in 41° 22′ Br., 174° 52′ Lg.), westlicher einförmigen Strand, an der südlichen viele Einschnitte und schöne Häfen, wie die Blindbai mit dem Hafen Nelson, den Admiralitäts- und Königin Charlottesund, die Cloudybai. Auch die Ostküste der südlichen Insel ist sicher und steil und nicht ohne Häfen, wie die an der Banksshalbinsel (Tewaka oder der Victoriahafen und Akaroa) und südlicher der Hafen Otago (45° 47′ Br., 170° 55′ Lg.), obschon sie sich darin der Ostküste der nördlichen Insel nicht vergleichen läßt; wie bei dieser ist auch die Westküste der Südinsel hafen- und schutzloser einförmiger Strand, bis in 44° Br. plötzlich mit dem Milfordsunde die tiefen Sunde mit ihren vielen Inseln und Buchten (besonders die Dusky- und die Chalkybai) beginnen, die, ganz das Abbild der Westküste Patagoniens, das Land auf das merkwürdigste durchschneiden, überaus reich an Häfen sind und noch von größerer Wichtigkeit sein würden, wenn nicht steile, dicht bewaldete und unbewohnte Bergabhänge allenthalben diese Sunde begrenzten. Mit dem Preservationsunde (46° 4′ Br., 166° 41′ Lg.) beginnt die der östlichen ähnliche Südküste der Insel, welche die Foveauxstraße von der kleinen Insel Rakiura (Stewart) trennt, deren zerschnittene Küsten wieder schöne Häfen (der Paterson- und Pegasushafen) darbieten; ihr Südcap, C. Southwest, liegt 47° 17′ Br., 167° 30′ Lg.

Die Bildung des Bodens ist in beiden Inseln auffallend verschieden. In der nördlichen nimmt den schmalen nördlichen Theil derselben ein niedriges Hochland ein, das von der Bai Rangaunu bis zum Shaurakigolf reicht, und über dessen meist mit Wald bedeckten, doch an vielen Stellen fruchtbaren und anbaubaren Boden sich wenige Berge isolirt erheben, (der höchste ist der Maungataniwa am nördlichen Ende 2018 fr. F hoch). Am Shaurakigolf, den ein schmaler Isthmus von der Westküste trennt, endet dies Bergland; auf seiner Südseite beginnt ein zweites größeres, das die Mitte und den Osttheil der Insel umfaßt und gegen Süden immer höher aufsteigt, bis es seine höchste Erhebung auf der Südseite des großen Sees Taupo in den Bergen Tongariro (6097 fr. F.) und Ruapahu (8625 F.) erreicht und sich dann sanft zur Cooksstraße herabsenkt, während es im Südosten von mehreren der Küste parallel ziehenden Bergzügen begrenzt wird, die vom Ufer der Cooksstraße gegen Nordosten bis zum Ostcap ziehen und in dessen Nähe ihren höchsten Gipfel (den Ilurangi 5192 F.) haben. Dieses Bergland durchströmen größere Flüsse, deren Lauf hauptsächlich gegen Norden gerichtet ist, wie der Walatane, ein Zufluß der Plentybai, der dem Shauraligolf zufließende Waipa und der größte von allen, der Waikato, der aus dem Tauposee kommt und sich zur Westküste wendet. Ihre Thäler sind die hauptsächlich anbaubaren Stellen des Landes, die Ebenen zwischen ihnen großentheils mit gesellig wachsendem Farrenkraut bedeckt, dessen Wurzeln den Ureinwohnern früher zur Hauptnahrung dienten, ehe sie von den Europäern die Kartoffeln erhielten; der Boden kann im Ganzen nicht für fruchtbar gelten, und immer wird dieser Theil der Insel mehr zur Viehzucht als zum Landbau benutzt werden. Der Südwestheil der Insel enthält ein Tiefland, dessen jetzt noch dicht bewaldeter Boden doch zu den reichsten Theilen des Landes gehört und Landbau in großer Ausdehnung zu treiben gestattet; in ihm erhebt sich ganz isolirt am Meere der Berg Pukeaupapa (M. Egmont) bis zu 8295 F. Höhe. Dagegen enthält die südliche Insel ein Hochgebirgsland, das von 43° bis 45° S. Br. der Westküste nahe von Nordosten nach Südwesten zieht, und dessen höchste Spitzen die Berge Cook (12362 F.), Tyndall (10318 F.), Cloudy, Arrowsmith u. s. w. sind. Die Gipfel desselben sind häufig mit Eis und Schnee bedeckt, die Thäler (ohne Zweifel im Zusammenhange mit den an der Westküste vorherrschenden und starke Niederschläge mit sich bringenden Südwestwinden) mit großen Gletschern erfüllt, überhaupt alle Erscheinungen der Hochgebirgsnatur so entwickelt, daß sich dieses Gebirge den Alpen Europas wohl vergleichen darf. Es fällt sehr steil und schroff zur Westküste herab, die wie die Abhange und das Innere des Gebirges wüst und unbewohnt und mit dicht verwachsenen, fast undurchdringlichen Wäldern bedeckt ist. Nach Osten sinkt es sanfter und in Stufen herab, die von den Thälern zahlreicher Flüsse (der Molyneux, Waitangi, Rakaia) durchschnitten werden; schöne Gebirgsseen (der Tekapo, Wanaka) an ihren Ausgängen erhöhen die Anmuth dieses Gebirgslandes. Hierauf folgt im Osten ein sanft zur Küste sich senkendes Tiefland, theils mit Wald bedeckt, theils offenes Land mit fruchtbarem, zum Landbau wie zur Viehzucht gleich wohl geeignetem Boden; über die Hälfte der Schafheerden Neuseelands weidet jetzt auf diesen Ebenen. Im Süden hat das bis dahin von keinem Paß durchbrochene Gebirge plötzlich einen Paß von nur 1512 F. Höhe oberhalb des Sees Wanaka; bald darauf nimmt die Höhe der Berge sehr ab, und das Hochgebirge löset sich in ein breites, im Einzelnen noch wenig bekanntes Bergland auf, das den ganzen Südtheil der Insel einnimmt. Im Norden folgt in 43° Br. eine breite Einsenkung, von der die Flüsse Hurunui nach Osten und Grey nach Westen fließen, und die sicher einst die Hauptverbindung zwischen beiden Küstenländern der Insel bilden wird. Nördlich davon steigt das Hochgebirge noch einmal auf zu der bedeutenden Gebirgsgruppe, deren Mittelpunkt der gegen 10000 F. hohe Berg Franklin ist; östlich von dieser liegt, durch ein breites Thal davon getrennt, eine andere Berggruppe, Kaikora, von 9099 F. Höhe, und nördlicher löset sich dann auch hier das Gebirge in zwei Bergländer auf, die sich zu beiden Seiten der Blindbai nach Nordosten herabsenken, und deren höchste Spitzen nur 4000 bis 6000 F. Höhe erreichen. Aus dieser Schilderung geht hervor, daß die nördliche Insel in mercantiler Hinsicht und für den Verkehr, die südliche für die Betreibung der Viehzucht, des Land- und auch des Bergbaues am geeignetsten ist, und es ist darnach begreiflich, weshalb jetzt von den europäischen Einwohnern der Insel fünf Achtel auf der südlichen leben, zumal da hier die Ureinwohner der Ausdehnung der Niederlassungen nicht die Hindernisse in den Weg gestellt haben, wie in der nördlichen.

Was die geologische Bildung betrifft, so bestehen die Berge der südlichen Insel überwiegend aus Schiefern, welche paläozoischen und sedimentären Gesteinen bis zur Kohlenformation und vielleicht zur Trias herab angehören, dann aus Urgesteinen; der östliche wie der westliche Abhang des Hochgebirges enthält reiche Goldablagerungen, die denen des südöstlichen Australiens an Bedeutung wenig nachstehen, auch das Bergland am Nordende der Insel liefert Gold und andere Metalle, und dem Bergbau scheint eine bedeutende Ausdehnung in der südlichen Insel gesichert zu sein. Die nördliche Insel liefert die ähnlichen Gesteine in nicht geringem Maße, und es finden sich auch hier Gold auf der Ostseite des Shauraligolfes und Kupfer auf den Inseln Otea (Barrier) und Kawau im Eingange desselben Meerbusens; allein dabei treten auf ihr vulkanische Gesteine, die der südlichen Insel ganz zu fehlen scheinen, in bedeutender Ausdehnung auf, es giebt noch brennende Vulkane wie der Tongariro, der Vulkan der Insel Puhia i wakari (White) in der Plentybai, erloschene Vulkane sind besonders um Auckland und im ganzen nördlichen Theil der Insel sehr häufig, heiße Sinter absetzende Quellen treten (zwischen dem Tauposee und der Plentybai, (besonders um den See Rotorua) in einer Ausdehnung und Großartigkeit auf, wie nur in Island. Die Vegetation ist nicht arm, denn es giebt wahrscheinlich gegen 4000 Pflanzenarten, allein drei Viertel davon sind Kryptogamen. Dabei ist sie höchst eigenthümlich durch eine große Zahl von charakteristischen, außer auf den nächstliegenden kleinen Inseln fast nirgends sich findenden Pflanzen, (wie Dammara australis oder die Kaurifichte, die nur nördlich vom Shauraligolf wächst, der neuseeländische Flachs oder Phormium tenax), die sich übrigens an Pflanzenformen vor allen der australischen, dann der indischen und südamerikanischen, besonders der patagonischen Flora anschließen; Kryptogamen sind überaus häufig, besonders Farrenkräuter, einjährige Pflanzen nicht viel, dagegen Bäume in großer Zahl und Mannigfaltigkeit (Baumfarren, Palmen, Dracänen, die an die indische, schöne Coniferen und Myrtaceen, die an die australische

Flora erinnern). Dabei sind die Wälder sehr gemischt, die gesellig wachsenden Bäume fehlen, die einjährigen Pflanzen sind durch Gesträuche und an den waldlosen Stellen durch Farrenkräuter ersetzt. Was die Fauna betrifft, so ist das Meer umher an Seethieren aller Art außerordentlich reich; desto auffallender ist die Armuth an Landthieren. Obschon Neuseeland fast denselben Flächeninhalt wie Großbritannien hat, besitzt es von Mammalien nur zwei kleine Fledermäuse und eine Ratte, die noch dazu von der europäischen jetzt vertilgt ist; nicht für einheimisch kann der zahme Hund gelten, der die Eingebornen begleitet, und das Schwein haben sie erst von den Europäern erhalten. Vögel sind allerdings mehr, doch nur wenig über hundert, und ein Drittel derselben sind Seevögel; die meisten sind klein, durch Schönheit nicht ausgezeichnet, obwohl von höchst eigenthümlichen Formen, am meisten charakteristisch sind die Arten der zum Theil schon vertilgten oder doch im Verschwinden begriffenen Laufvögel (wie die Apteryxarten, Rallus australis, Strygops). Von Reptilien giebt es bloß eilf Arten Eidechsen und einen Frosch; die so zahlreiche Familie der Insekten enthält wahrscheinlich nur 400 Arten, von denen die Hälfte Käfer und je ein Sechstel Schmetterlinge und Dipteren sind. Im Verhältniß ist keine Gruppe des Oceans an Thieren so arm wie Neuseeland, und daraus erklärt sich auch die in den Wäldern herrschende auffallende Stille. Das Klima des Landes, in dem nördlichsten Theile noch ein subtropisches, ist durch Milde und vor allem durch seine Gleichförmigkeit ausgezeichnet, dabei vorherrschend feucht, wie denn Niederschläge überaus häufig sind, und auch sehr gesund, wenn der Europäer sich erst an die große Feuchtigkeit gewöhnt hat. An den Westküsten ist es am feuchtesten, zugleich auch am wärmsten und mildesten, an den Ostküsten weniger feucht und kühler. Am meisten wird das Klima von Nelson gelobt.

Die Ureinwohner Neuseelands, die man jetzt gewöhnlich Maori, (welches Wort: eingeboren bedeutet), nennt, sind ein polynesischer Stamm, der, wie es seine alten Sagen zeigen, von Nordosten her eingewandert ist; damit hängt wahrscheinlich zusammen, daß die nördliche Insel die besonders bewohnte war, die südliche jederzeit nur wenige Bewohner hatte. Sie zeigen in ihrem Charakter dieselben schroffen Gegensätze, welche die polynesischen Völker charakterisiren. Sie verbinden mit nicht geringer körperlicher Schönheit bedeutende Kraft und Ausdauer, sind entschieden talentvoll, lebendig und geistig regsam, namentlich geschickt in allen Kunstfertigkeiten, bildsam in ungewöhnlichem Grade, großmüthig und nicht ohne eine gewisse anziehende Ritterlichkeit, dabei andrerseits im höchsten Grade leidenschaftlich und rachsüchtig, grausam und wild, kriegslustig bis zum Uebermaß, so daß Krieg eigentlich ihr Geschäft war, dem Menschenfressen aus Neigung ergeben. Sie lebten in kleinen, des steten Kriegszustandes halber gewöhnlich gut befestigten Dörfern über das Land zerstreut, hauptsächlich vom Fischfange und Landbau und bekleideten sich mit kunstvoll aus dem Flachs ihres Landes geflochtenen Mänteln. Als sie den Europäern bekannt wurden, fehlte ihnen ein allgemein anerkanntes System der Gottesverehrung; in gleichem Grade waren ihre politischen Institutionen im tiefsten Verfall, eine staatliche Verbindung, welche früher bestanden haben mochte, schien durch die unaufhörlichen Kriege ganz vernichtet zu sein, und jeder lebte auf seinem Eigenthum, nur kriegerische Verdienste und die anerkannte Herkunft verschafften einzelnen Männern eine Art Uebergewicht. Anfangs verscheuchte der üble Ruf, in welchen sie gerathen waren, europäische Schiffe von ihren Küsten, bis die Wallfischfänger, durch die Nothwendigkeit, sich mit Lebensmitteln zu versehen, bewogen, anfingen, ihre Häfen zu besuchen; hieraus entstand mit der Zeit ein reger Verkehr, den die Bildsamkeit der Einwohner und ihre Vorliebe für europäische Cultur und Sitten sehr förderte, und dem sie die Einführung von Schweinen und Kartoffeln wie von Flinten und wollenen Decken verdanken. Seeleute und Robbenfänger ließen sich unter ihnen nieder, Kaufleute folgten ihnen, als man es erkannte, daß das Holz der Wälder und der Flachs der Insel werthvolle Handelsproducte waren; mit diesen erschienen zugleich protestantische Missionare, deren Bemühungen, das Christenthum einzuführen, bei der Kriegslust des Volkes zwar lange erfolglos blieben, bis sie zuletzt Eindruck machten und dann in verhältnißmäßig kurzer Zeit die glänzendsten Erfolge hatten. Wie gewöhnlich verlockte das katholische Missionare, in ihre Fußtapfen zu treten, ohne daß sie den gleichen Einfluß hier erlangt hätten. Durch diese Männer sind die Ureinwohner nicht bloß ganz für das Christenthum gewonnen, auch der früheren Wildheit mehr und mehr entfremdet und einer höheren Gesittung zugeführt worden; der Cannibalismus und die ununterbrochenen inneren Kriege hörten ganz auf. Wiederum wirkte das auf die europäischen Ansiedler zurück; es ließen sich immer mehr hier nieder, großartige Colonisationspläne wurden angelegt, und die Zahl der Europäer wie die Lebendigkeit des von ihnen getriebenen Verkehrs stieg zuletzt so, daß sich die britische Regierung gezwungen sah, 1840 von dem Lande Besitz zu nehmen, eine Maßregel, der sich damals die Eingebornen überall mit keinem oder nur geringem Widerstreben fügten, sobald nur die neue Herrschergewalt ihr Besitzrecht auf den beanspruchten Grund und Boden anerkannt hatte. Lange Zeit lebten sie mit den europäischen Einwohnern in Frieden, allein in steter Trennung und vermieden alle engere Verbindung; wie sie durch das Festhalten an ihrem Grundbesitz die Ausbreitung der europäischen Niederlassungen beengten, wurden sie andrerseits durch das unverkennbare Erblühen derselben beunruhigt, und so ist der verderbliche Krieg ausgebrochen, durch den sie ihre Selbständigkeit herzustellen versucht haben, und der, noch immer unbeendigt, zu ihrem Untergange und zum gänzlichen Aufgehen der Ueberreste dieses interessanten Volksstamms in die Europäer führen wird.

Die Zahl der Europäer ist in den 25 Jahren des Bestehens der Colonie bis auf gegen 200,000 gestiegen, von denen etwa 75,000 in der nördlichen und 125,000 in der südlichen Insel wohnen, während die der Eingebornen (nach der letzten Zählung 1881 nur noch 55,336) jetzt gewiß unter 50,000 beträgt. Diese, welche übrigens alle Rechte der britischen Unterthanen besitzen, leben überwiegend auf der nördlichen Insel und hier fast alle in dem Theile südlich vom Shaurakigolf; die immer nur schwach von ihnen bewohnte südliche Insel hat mit Rakiura kaum 2500 Ureinwohner. Vor der Besitznahme hatten sich die Europäer vorzugsweise an der Inselbai niedergelassen, welche lange Zeit der Mittelpunkt alles Verkehrs mit den Eingebornen gewesen ist; bei der Besitznahme gründete die britische Regierung eine Niederlassung am Grunde des Shaurakigolfes, und zugleich ließen sich an einzelnen Theilen der Küsten beider Inseln Gesellschaften von englischen Auswanderern getrennt von einander nieder, wo sie grade Land von Eingebornen kaufen konnten. So entstanden die Ansiedlungen an beiden Küsten der Cookstraße, (Wellington, Newplymouth, Nelson), und auf der Ostküste der südlichen Insel (Otago und Canterbury). Diese ursprüngliche Trennung der Niederlassungen hat ihre Entwicklung zwar etwas aufgehalten, aber der Colonie ihre jetzige Gestaltung gegeben. Denn obschon die Regierung alle zu einem Ganzen vereinigt hat, so ist doch die ursprüngliche Trennung geblieben, und die legislative Versammlung hat später zu den ursprünglichen sechs Abtheilungen des Landes noch drei hinzugefügt, so daß die Colonie jetzt aus neun solchen Provinzen besteht, von denen vier auf der nördlichen und fünf auf der südlichen Insel liegen. An der Spitze des Ganzen steht der englische Gouverneur, der zugleich der specielle Verwalter der Provinz Auckland ist und in der Stadt dieses Namens seinen Wohnsitz hat; die übrigen Provinzen stehen unter der Leitung von besonderen Regierungsbeamten, die den Titel Superintendent führen. Jede Provinz hat einen besonderen legislativen Rath, der aus Beamten und Ansiedlern besteht, welche die Regierung ernennt, und der lokale Bestimmungen erläßt und die Einkünfte verwaltet; die allgemeinen Angelegenheiten leitet der Gouverneur unter dem Beistande einer aus Abgeordneten aller Provinzen zusammengesetzten legislativen Versammlung. Im Uebrigen ist die ganze Einrichtung der der übrigen englischen Colonien, namentlich der australischen nachgebildet und die Verwaltung ganz so geordnet wie in diesen; die britische Regierung rechnet auch Neuseeland gewöhnlich zu den australischen Colonien, und der Gouverneur war anfangs dem von Newsouthwales untergeben gewesen. Alles Land ist, so weit es nicht der Regierung gehört, Privatbesitz, und das bei der Besitznahme im Besitz der Eingebornen befindliche als ihr Eigenthum anerkannt; zugleich hat sich die Regierung das Recht vorbehalten, es von ihnen zu kaufen, und sie veräußert es wieder wie in den australischen Colonien auf öffentlichen Auctionen und verwendet den Ertrag zur Beförderung der Einwanderung. Die Bewohner des Landes sind jetzt alle oder doch fast alle Christen. Die Eingebornen sind durch protestantische (episkopale und wesleyanische) und katholische Missionare bekehrt, allein überwiegend dem Protestantismus beigetreten; die Engländer sind ebenfalls vorzugsweise Protestanten, doch auch Katholiken, und diese wie die Episkopalisten haben Bischöfe, die mit den von den Missionsgesellschaften beider Theile in Europa unterhaltenen Missionen in Verbindung stehen, und von denen besonders der episkopale Bischof große Thätigkeit auf die Bekehrung der Melanesier in den Hebriden und Salomonsinseln verwendet. Die europäischen Einwohner leben mehrentheils in Städten und Dörfern, nicht so häufig einzeln zerstreut und beschäftigen sich mit dem Landbau, viel mehr aber mit der Viehzucht (hauptsächlich Schafe), die sie ähnlich wie die Australier in Stationen betreiben, und dem Bergbau (auf Gold in Otago, Canterbury und bei Nelson, Kupfer in Otea und Chromeisenstein bei Nelson), dann mit dem Handel mit Australien, den übrigen Inseln des Oceans, Europa und Amerika und mit dem Fischfange, besonders dem Fange der Wallfische, die auch hier wie in Australien in Booten von den Küsten aus verfolgt werden. Die Ureinwohner leben dagegen fast allenthalben von den Europäern abgesondert in kleinen Dörfern, größere sind nur um die Missionsstationen entstanden; sie treiben vorzugsweise Landbau, dann Fischfang, und manche dienen auch auf englischen Schiffen als Seeleute.

Wie schnell sich die Colonie entwickelt hat, zeigt die folgende Tabelle: (Militär 1864: 11,973 M.)

Einw. ohne die Eingeborenen.	1851	28865	1858	59328	1861	109262	1864	171931
eingehegtes Land in Acres	1851	30470	1858	235561	1861	409473	1864	1070203
bebautes Land in Acres	1851	29140	1858	141007	1861	226500	1864	381526
Hausthiere	1851	299115	1858	1727997	1861	3036972	1864	5317145
Schafe	1851	233043	1858	1523324	1861	2760183	1864	4945473

1. Die Provinz Auckland, welche den nördlichen Theil der Nordinsel umfaßt bis zu einer Linie, die von Osten der 39. Breitengrad bis zum Flusse Wanganui, dann der obere Lauf dieses Flusses und der untere des Mokau bildet. Sie ist 1840 bei der Besitznahme des Landes eingerichtet worden. 1864 hatte sie 42,132 E. ohne die Eingeborenen.

Städte: Auckland, die Hauptstadt der ganzen Colonie, am Grunde des Shaurakigolfes an dem schönen Hafen Waitemata und auf dem schmalen Isthmus zwischen ihm und dem Hafen Manukau an der Westküste, 1881 mit 7989 Einwohnern, Sitz der Regierung und der beiden Bischöfe, mit lebhaftem Verkehr, besonders starkem Küstenhandel. Die Umgegend ist zwar für den Landbau nicht grade günstig, doch sind bereits in der Nähe mehrere kleine Dörfer entstanden. — Kororárika an der Inselbai, vor der Besitznahme der erste Handelsplatz der Insel und ein sehr lebhaftes Dorf, da es der Sammelplatz der Wallfischfänger war, die sich hier mit den nöthigen Lebensmitteln zu versorgen pflegten, jetzt aber durch die von der Regierung eingeführten Zölle verscheucht sind. — Kaitaia im nördlichsten Theil der Insel, Waimate an der Inselbai, Puriri am Shaurakigolf, und Pirongia südlicher, Maketu an der Plentybai, Dörfer der Eingeborenen, die aus protestantischen Missionen hervorgegangen sind.

2. Die Provinz Taranaki an der Westküste, der Südwesttheil der Insel zwischen der Westküste und dem Flusse Wanganui, 1841 besonders von Auswanderern aus Devon und Cornwall gegründet, 1864 mit 4374 E. ohne die Eingeborenen.

Städte: Newplymouth, Hauptstadt der Provinz, 1861 mit 1904 Einwohnern, in der Mitte eines reichen, zum Landbau wohl geeigneten, auch schon gut angebauten Landstrichs, allein ganz ohne Hafen.

3. Die Provinz Wellington, im südlichen Theil der Nordinsel zwischen dem Wanganui und der Bergkette Ruahine, 1839 gegründet, 1864 mit 14,987 E. ohne die Eingeborenen.

Städte: Wellington, Hauptstadt der Provinz am Hafen Nicholson, 1861 mit 4176 Einwohnern, in einer für den Landbau nicht eben geeigneten Gegend, allein durch seine Lage an der Cookestraße wichtig und mit nicht unbedeutendem Verkehr. — Petre, ein Dorf an der Cooksstraße in dem fruchtbaren, zum Theil bereits angebauten District Wanganui an der Mündung des Flusses dieses Namens. — Otaki, ein Dorf der Eingeborenen mit einer protestantischen Mission, nicht fern von Wellington.

4. Die Provinz Hawkebai zwischen der Ruahinekette und der Ostküste der Insel, 1858 gegründet, 1864 mit 3770 E. ohne die Eingeborenen.

Städte: Napier, Hauptort der Provinz an der Ahuririrheede, 1861 mit 924 Einwohnern.

5. Die Provinz Nelson, der Nordwesttheil der südlichen Insel, im Süden vom unteren Laufe des Grey begrenzt, 1841 angelegt, 1864 mit 11,910 E. ohne die Eingeborenen.

Städte: Nelson, Hauptstadt der Provinz, 1861 mit 3734 Einwohnern, in einer gut angebauten Gegend, die wegen der Fruchtbarkeit des Bodens und der Schönheit des Klimas der Garten von Neuseeland heißt. Hier ist die erste Eisenbahn in der Colonie gebaut. — Richmond, ein Dorf nahe bei Nelson.

6. Die Provinz Marlborough, 1859 von Nelson getrennt, östlich von dieser und im Süden vom Flusse Hurunui begrenzt, 1864 mit 5519 E. ohne die Eingeborenen.

Städte: Picton, Hauptstadt der Provinz, am Königin Charlottesunde, erst im Entstehen, 1861 mit 752 Einwohnern. — Beaverton im Thale des Flusses Wairoa, das von Hirtenstationen und Schafheerden belebt ist.

7. Die Provinz Canterbury im Norden von den Flüssen Grey und Hurunui, im Süden vom Waitangi begrenzt, 1850 von Anhängern der Episkopalkirche gegründet, 1864 mit 32,247 E. ohne die Eingeborenen.

Städte: Christchurch, Hauptstadt der Provinz, in einer Ebene N. von der Bankshalbinsel an einem Arme des Flusses Opawaha, 1861 mit 3205 Einwohnern, von reichem, besonders zur Viehzucht dienenden Lande umgeben. — Lyttelton, der Hafenplatz der Colonie, am Port Victoria (oder Cooper).

8. Die Provinz Otago im Südtheil der südlichen Insel, 1847 von schottischen Mitgliedern der sogenannten freien Kirche gegründet, jetzt die bedeutendste von allen, 1864 mit 48,907 E. ohne die Eingeborenen.

Städte: Dunedin, Hauptstadt der Provinz, am Hafen Otago, 1861 mit 6523 Einwohnern, jetzt durch den Einfluß der in der Provinz liegenden Goldbergwerke blühend geworden.

9. Die Provinz Southland, 1856 von Otago getrennt, dessen Gebiet sie ganz umschließt, 1864 mit 6085 E. ohne die Eingeborenen.

Städte: Invercargill, Hauptstadt der Provinz, am Flusse Newriver nicht weit oberhalb seiner Mündung in die Foveauxstraße, 1861 mit 609 Einwohnern.

In dem Meere, welches Neuseeland umgiebt, liegen noch einige Inseln und kleine Gruppen zerstreut, welche ihrer Natur nach mit dem Hauptlande nahe verwandt sind und auch politisch als von ihm abhängig gelten.

1. Die nördlichen Inseln. Im Nordwesten von Neuseeland liegt halbwegs zwischen ihm und Neukaledonien die Insel Norfolk (29° 4' Br., 167° 58' Lg.), die, so klein sie ist, doch ihre Bedeutung hat. Sie ist rund, der hüglige Boden außerordentlich fruchtbar, die Vegetation hat noch große Verwandtschaft mit der neuseeländischen, allein weit mehr Elemente der indischen und besonders der australischen. Dabei hat sie keinen Hafen, ja keinen brauchbaren Landungsplatz; deshalb war sie um so besser geeignet, zu einer Pönalstation für die schlimmsten Verbrecher von Newsouthwales zu dienen*), nach deren Aufhebung 1855 sie den Einwohnern der Insel Pittcairn zum Wohnsitz überlassen ist, welche hier in derselben Abgeschiedenheit wie in ihrer früheren Heimath ihr Leben fortführen können. Im Nordosten von Neuseeland liegt die kleine Gruppe Kermandel, aus einer Insel, Raoul oder Sunday (29° 15' Br., 182° 5' Lg.), und 3 Felsen bestehend, die alle Neuseeland ganz ähnlich und bis auf Raoul, wo sich jetzt einige Europäer niedergelassen haben, unbewohnt sind.

*) S. S. 545

2. **Die östlichen Inseln.** Im Osten von Neuseeland liegt die von Broughton 1791 entdeckte und benannte Gruppe Chatham, die wichtigste von allen Inseln um Neuseeland, die aus einer großen Insel, Warekauri, und vielen kleinen besteht, von denen die meisten bloße Felsen sind. Warekauri, deren Nordwestspitze, C. Allison, in 43° 40′ Br., 182° 53′ Lg. liegt, ist geologisch wie in seiner Pflanzen- und Thierwelt Neuseeland ganz ähnlich und hat an der Westküste brauchbare Häfen; allein sie ist eben und enthält nur einzelne Hügel von höchstens 800 F. Höhe, der Boden ist im Ganzen fruchtbar, oft sumpfig. Ein den Neuseeländern und Rarotonganern ähnlicher Volksstamm, der sich jedoch von jenen durch Sanftmuth und Friedlichkeit vortheilhaft unterschied, bewohnte die Insel; unter ihnen ließen sich schon früher einzelne Europäer, besonders des Seehundsfanges halber nieder. Später sind Neuseeländer von der Cookstraße auf europäischen Schiffen hergeführt, welche die Bevölkerung unterjocht und zuletzt großentheils vernichtet haben; sie sind außer Europäern jetzt die Bewohner der Insel.

3. **Die südlichen Inseln.** Im Südwesten von Neuseeland liegt eine kleine Inselgruppe, Auckland, die aus einer größeren Insel, Auckland, (der Sarahhafen 50° 32′ Br., 166° 13′ Lg.), und mehreren kleinen besteht. Sie sind meist bergig, die Berge von höchstens gegen 2000 F. Höhe, (der Eden 1243 F.), und vulkanischen Ursprungs; die Fauna und Flora ist der neuseeländischen ganz ähnlich, Häfen giebt es mehrere und schöne. Ursprünglich waren diese Inseln unbewohnt; später haben sich Neuseeländer, die aus Warekauri hergeführt sind, hier niedergelassen, allein sie bald wieder verlassen; ein neuerlich unternommener Versuch einer englischen Niederlassung, um hier Fischfang in großem Maßstabe zu treiben, ist fehl geschlagen. Im Südosten davon liegt die den Auckland ganz ähnliche Insel Campbell (52° 33′ Br., 169° 9′ Lg.) und im Südwesten von Auckland die kleine Gruppe Macquarie, aus der größeren Insel gleichen Namens (das Südcap 54° 44′ Br., 159° 49′ Lg.) und einigen kleinen bestehend, die sich ebenfalls nicht wesentlich von Auckland unterscheiden und nur gelegentlich von Seehundsfängern bewohnt werden. Von ihr südlich ist kein Land bis zu den Küsten des Polarlandes.

C. Polynesien.

Die Inselgruppen, welche man mit diesem Namen bezeichnet, erstrecken sich im Osten und Nordosten der melanesischen Inseln bis fast zum nördlichen Wendekreise und bis 235° O. Lg. Es sind acht Gruppen, Viti, Tonga, Samoa, die Herveyinseln, die Societäts- mit den Australinseln, die Paumotu, die Markesas- und die Sandwichinseln oder Hawaii.

1. **Der Archipel Viti.** Mit diesem Namen, für den die Europäer lange Zeit die Aussprache der Tonganer Fidschi gebraucht haben, belegen die Einwohner diese Inseln, welche zuerst der Holländer Abel Tasman 1643 gesehen und Prinz Wilhelmsinseln benannt hat; genauer erforscht und aufgenommen sind sie erst 1840 durch den Amerikaner Wilkes. Es besteht dieser Archipel aus über 200 Inseln, von denen zwei größer sind und zu den größten der polynesischen Inseln gehören, im Norden Vanualevu (das große Land), deren Ostspitze, C. Undu, 16° 8′ Br., 180° 1′ Lg. liegt, und im Südwesten von dieser Vitilevu (Großwiti), deren Westende in 17° 51′ Br., 177° 4′ Lg. ist. Die übrigen Inseln zerfallen in einzelne Gruppen. Südlich von Vitilevu liegt die Insel Kandavu, an Größe die vierte und eine der schönsten des Archipels (das Westcap in 19° 17′ Br., 177° 45′ Lg.). Am Südwestende von Vitilevu beginnt eine von da weit nach Norden sich hinziehende Kette von Inseln, die Yasawainseln, (der Pik auf der nördlichsten Insel Yasawa 16° 50′ Br., 177° 20′ Lg.). Südöstlich von Vanualevu liegt, durch die Straße von Somosomo von ihr geschieden, die Insel Taviuni, die dritte an Größe, und im Nordosten von ihr die Gruppe der Ringgoldinseln; die Nanukustraße trennt von dieser die Gruppe Vanuambalavu im Südosten der Ringgoldgruppe, und südlich davon liegt, durch die Lakembastraße davon geschieden, die Lakembagruppe (die Hauptinsel Lakemba in 18° 14′ Br., 181° 8′ Lg.), die wie die vorige aus kleinen Inseln besteht und den südöstlichsten Theil des Archipels bildet, zu ihr gehören auch die südlich ganz getrennt liegenden Inseln Batoa und Ono (20° 39′ Br., 181° 20′ Lg.). Endlich liegen noch einzelne Inseln zwischen den Lakemba- und Vanuambalavuinseln und Vitilevu, die man die Centralinseln nennt, und von denen Koro und Ngau (der Löwenberg 18° Br., 179° 14′ Lg.) die bedeutendsten sind. Alle diese Inseln sind von großen Korallenriffen umgeben, außerdem enthält das Meer zwischen ihnen noch zahlreiche Riffe der Art; namentlich ist der Raum zwischen den beiden größten Inseln und die Meerestheile im Norden und Nordwesten von Vanualevu, wie im Westen von Vitilevu ganz mit solchen bedeckt, und die Schiffahrt zwischen diesen Inseln daher in hohem Grade gefährlich. Das Innere der großen Inseln ist selbst den Küstenbewohnern nicht bekannt und wahrscheinlich unbewohnt; nur im Südosttheil von Vitilevu ist das Thal des Wailevu (des großen Flusses) oder des Flusses von Rewa angebaut. Alle Inseln sind bergig, obschon die Berge keine bedeutende Höhe zu besitzen scheinen; die höchsten sind der Voma im südlichen Vitilevu von 4000 F. Höhe,

der Mbuggi im Ostheil von Vitilevu und der Mbukelevu (der große Berg) am Westende von Kandavu, beide etwas über 3500 F. hoch. Das Gestein dieser Berge scheint durchaus vulkanisch zu sein, obschon es keine thätigen Vulkane giebt; dagegen finden sich noch einzelne Krater und heiße Quellen. Das Klima der Inseln ist vorherrschend feucht, dabei aber gesund (nur die Westtheile der größeren Inseln sind, da sie nicht vom Passat getroffen werden, trockner); die Witterung ist überhaupt veränderlicher als in den übrigen polynesischen Inseln. Die große Feuchtigkeit erklärt die Menge und Ueppigkeit der Pflanzen. Der größte Theil der Inseln ist mit dichten Urwäldern bedeckt, die Vegetation reich und überwiegend von indischem Charakter; doch finden sich namentlich an den Westküsten auch australische und in noch größerer Menge neuseeländische Pflanzenformen, eine der Kauri Neuseelands ganz ähnliche Fichte wächst neben einer Sagopalme, das Sandelholz der Hebriden und Neucaledoniens war früher in Mbua im westlichen Vanualevu häufig. Die Bewohner dieser Inseln, an Zahl wahrscheinlich nicht unter 150000, haben in einem auffallenden Gegensatz, während sie sich durch ihre dunkle Hautfarbe und noch mehr durch das starke, krauswollige Haar den Melanesiern nähern, doch ganz die Sitten und Gebräuche, den Culturzustand, die religiösen und politischen Institutionen der Polynesier, und man darf sie als eine Uebergangsform zwischen beiden Volksstämmen betrachten. Eine sorgfältige Erforschung der Sprache hat gezeigt, daß diese in dem Bau und den grammatischen Eigenthümlichkeiten einen augenscheinlich melanesischen Charakter trägt, eine große Zahl der Wörter aber den polynesischen Sprachen angehören; hiernach ist es nicht zu bezweifeln, daß in ihnen ein ursprünglich melanesisches Volk durch Einwanderung von Polynesiern eine totale Umgestaltung und Umbildung erfahren hat. Es ist das sicher die Folge des lange Zeit bestehenden innigen Verkehrs mit den Polynesiern, namentlich den Tonganern gewesen, von denen die Vitier zum großen Theil ihre Bildung, wahrscheinlich selbst ihre politischen Institutionen angenommen haben; dadurch sind sie den übrigen Melanesiern so überlegen an Bildung und den Polynesiern so ähnlich geworden. Ja dieser Verkehr dauert noch jetzt fort, die Tonganer benutzen die kriegerischen Vitier häufig in ihren Kämpfen als Soldaten und besitzen durch ihre höhere Bildung in den Staaten der Vitier einen überwiegenden Einfluß. Diese treiben überall den Landbau in ausgedehntem Maße, sie besitzen bereits die zierlichen Häuser und kunstvolleren Kleider der Polynesier und zeigen auch sonst großes Geschick in ihren Arbeiten, besonders in der Verfertigung der Waffen, Boote und thönernen Gefäße. Ihre politischen Institutionen gleichen den der übrigen Polynesier. Sie leben in kleinen Staaten vereinigt, welche die Form der Lehnsstaaten haben und unter der Leitung der angesehensten Häuptlinge stehen; solcher Staaten giebt es jetzt 13, in Vitilevu sieben, im Vanualevu vier, der Staat von Lakemba und der Staat, dessen Fürst auf der kleinen Insel Mbau an der Ostspitze von Vitilevu wohnt, jetzt der angesehenste und mächtigste von allen, der eine Art von Obergewalt über die übrigen ausübt. Der Charakter der Vitier bietet die wunderbarsten Kontraste dar; während sie an Intelligenz und Energie augenscheinlich die meisten polynesischen Stämme übertreffen, dabei offen, zutraulich, zuvorkommend und heiter sind, verbinden sie damit eine Kriegslust, welche der der Neuseeländer ganz gleich kommt, deren Ritterlichkeit ihnen abgeht, und in den Kriegen eine wahrhaft entsetzliche Wildheit und Grausamkeit, wie sie denn dem Menschenfressen in einer Ausdehnung und Furchtbarkeit ergeben waren, wie kein anderes Volk des Erdbodens. Daher hat die Furcht vor ihnen nicht weniger als die Gefahren, welche die Riffe zwischen diesen Inseln der Schiffahrt drohen, lange die Europäer von allem Verkehr mit ihnen abgeschreckt; erst die Entdeckung des Sandelholzes in Vanualevu führte Schiffe an ihre Küsten, einzelne Seeleute blieben zurück, aus denen jetzt eine eigene europäische Ansiedlung am Hafen Levuka auf der Insel Ovalau östlich von Vitilevu entstanden ist, deren Mitglieder Küstenhandel zwischen den Inseln treiben. Ihnen folgten englische Missionare (Wesleyaner), die sich anfangs in Lakemba, später in Rewa auf Vitilevu und in Mbau niedergelassen und, nachdem sie große Hindernisse besiegt, die glänzendsten Erfolge davongetragen und den größeren Theil der Eingebornen bekehrt und ihre Sitten gemildert, namentlich das Menschenfressen abgestellt haben; katholische Geistliche, die ihnen gefolgt sind, haben bis jetzt nicht Bedeutendes erreicht. Auch der Verkehr ist außerordentlich gestiegen, seine Hauptgegenstände sind, seitdem das Sandelholz erschöpft und der Tripanghandel in Folge innerer Kriege wie der Verwirrungen in China ganz aufgehört hat, besonders Schildpatt und Cocosöl. Die gegenseitige Eifersucht der Handel treibenden Seevölker hat in letzter Zeit die Einwohner in solchem Grade beunruhigt, daß mehrere der angesehensten Häuptlinge sich bewogen fühlten, der britischen Regierung die Oberherrschaft über den Archipel anzubieten, ein Anerbieten, das diese nach sorgfältiger Erforschung der Inseln 1862 abzulehnen sich bewogen gefühlt hat. Ohne Zweifel aber sind diese Inseln bei ihrer glücklichen Lage, ihren natürlichen Hülfsquellen und der Geschicklichkeit und geistigen Kraft ihrer Bewohner bestimmt, dereinst eine wichtige Rolle im Ocean zu spielen; in den letzten Jahren hat sich auch bereits eine nicht geringe Zahl von Europäern auf ihnen niedergelassen, und die Hauptseevölker unterhalten hier Consuln.

2. Der Archipel Tonga, 1643 von Tasman entdeckt, aber erst 1777 von Cook, der sie der freundlichen Aufnahme halber, die er bei ihren Bewohnern fand, die freundlichen Inseln nannte, vollständig erforscht, bestehen aus zwei etwas größeren und vielen kleinen Inseln,

die sich im Ganzen von Norden nach Süden ausdehnen und im Südosten des Archipel Viti liegen. Sie zerfallen in drei, durch schmale Canäle geschiedene Gruppen. Die südliche, die Tongagruppe, besteht aus der größten aller Inseln, Tongatabu oder das heilige Tonga (Amsterdam) in 21° 8′ Br., 184° 46′ Lg., die an ihrer Nordküste einen durch große Korallenriffe und kleine Inseln gebildeten Hafen besitzt, und einer kleineren Insel, Eua (Middelburg). Die mittlere Gruppe wird von einer Menge kleiner Inseln gebildet, die von großen Riffen umschlossen werden, wie Namuka (Rotterdam) im Westen, Kotu und die Hapainseln im Nordosten, deren bedeutendste Lifuka (19° 48′ Br., 185° 40′ Lg.) ist; zu ihr gehören die beiden im Westen ganz isolirt von den übrigen liegenden Inseln Tofua und Kao. Die nördliche Gruppe, Vavau, besteht aus der Insel dieses Namens, die an Größe die zweite von allen ist (18° 38′ Br., 186° 5′ Lg.), und einer Menge kleiner Inseln, die wie Vavau von Riffen umgeben sind; außer diesen liegen noch einige Inseln getrennt davon, wie Late im Westen und Fonualei (Amargura) in 18° 2′ Br., 185° 44′ Lg. im Nordwesten von Vavau. Fast alle diese Inseln sind flach und von ausgedehnten Korallenriffen umgeben, die Schiffahrt ist daher zwischen ihnen gefährlich, doch giebt es hinter den Riffen auch einzelne gute Häfen, wie der an der Nordseite von Tonga und besonders der Hafen Taulanga in Vavau, einer der schönsten des ganzen Oceans. Die flachen Inseln haben höchstens Hügel, die höchsten in Vavau nur von 300 F., in Eua bis gegen 800 F. Höhe. Das Gestein ist Madreporenkalk, der jedoch über den Meeresspiegel erhoben ist und von einer tiefen Erdschicht bedeckt wird; daher sind sie fruchtbarer, als sonst die Koralleninseln, besonders gilt das von Vavau und Tonga. Vier Inseln allein machen eine Ausnahme und sind hoch, bergig und aus vulkanischen Gesteinen zusammengesetzt, zugleich auch die einzigen, die nicht von Korallenriffen umgeben sind; es sind das Fonualei, Late, Tofua und Kao, von denen die letzte einen Pik von 4690 F. Höhe hat, welcher der höchste Berg dieser Inseln ist, Fonualei und Tofua enthalten noch thätige Vulkane. Das Klima ist mild, gemäßigt und gesund, die Hitze nicht zu groß, die Witterung weniger beständig als in den übrigen Inseln Polynesiens. Der fruchtbare Boden ist schlecht bewässert, den flachen Inseln fehlt fließendes Wasser ganz. Daher hat die Vegetation auch nicht mehr die Ueppigkeit wie in den gebirgigen Inseln von Viti und Samoa, obschon sie noch immer reich und schön ist, namentlich enthält sie Pflanzenarten der indischen Flora, die hier gegen Osten sich zum letzten Male zeigen. Die Thierwelt ist nur arm. Die Bewohner dieser Inseln, ein ächt polynesischer Stamm, an Zahl jetzt gegen 20000, übertrafen, als sie den Europäern bekannt wurden, in ihrem Bildungszustande fast alle übrigen polynesischen Völker und zeigten in dem Bau ihrer Häuser und Boote, der Verfertigung ihrer Geräthe, Waffen und Kleider, wie in dem Landbau, den sie in ausgedehnterem Maße trieben, bedeutendes Geschick und nicht geringe Kunstfertigkeit, wie sie denn fast alle übrigen Polynesier an Intelligenz und geistiger Kraft übertreffen. Wie diese traten sie den ersten Europäern, mit denen sie in Berührung traten, mit einer Offenheit, Herzlichkeit und Freundlichkeit entgegen, die sehr für sie einnahm, obschon es sich später zeigte, daß sie dabei auch recht streitbar und kriegslustig, in ihren Kriegen grausam und verrätherisch sind. Ihre religiösen Vorstellungen waren besser geordnet und weniger willkürlich, eben so ihre politischen Institutionen viel fester und bestimmter, als bei den übrigen Polynesiern. Die ganze Gruppe bildete bei der Entdeckung einen Staat mit einer sehr eigenthümlichen, auf einer Art Vasallenverhältniß begründeten Verfassung, die vollständiger entwickelt und besser geregelt war, als sonst irgendwo auf diesen Inseln; an der Spitze des Staates stand ein König, der in Tongatabu residirte. Dieser alte Staat ist bereits im vorigen Jahrhundert durch Empörung einzelner Vasallenfürsten zerstört; aus ihm ist der neue Staat Vavau hervorgegangen, dessen Königsgeschlecht sich zur höchsten Macht erhoben hat, ohne daß es ihm gelungen ist, sich die ganze Gruppe zu unterwerfen. Schon in der Zeit der Vernichtung des alten Staates hatten englische Missionare einen Versuch zur Einführung des Christenthums gemacht, der gänzlich scheiterte; nach der Entstehung des Staates von Vavau kamen andere (Wesleyaner) her und fanden an dem Fürsten von Vavau bald einen eifrigen Beschützer; durch diese ist dann die protestantische Lehre in den Besitzungen dieses Fürsten fest begründet worden. Es umfassen diese die beiden nördlichen Gruppen und einen Theil von Tongatabu; in dem Rest dieser Insel haben die Einwohner ihre Selbständigkeit noch bewahrt und hauptsächlich aus Abneigung gegen den christlichen König von Vavau auch am Heidenthum festgehalten, bis in neuerer Zeit katholische Missionare unter ihnen erschienen sind und Einfluß gewonnen haben. Verkehr mit europäischen Kaufleuten besteht wenig, denn die Einwohner haben geringeren Handelsgeist als sonst die Polynesier; die Inseln liefern höchstens etwas Cocosöl.

3. Die Gruppe Samoa ist 1722 von dem Holländer Roggeveen entdeckt, dann von den Franzosen Bougainville 1768 und la Pérouse 1788 erforscht und von Bougainville mit dem Namen der Navigatorinseln belegt, weil in dieser Gegend des Oceans die Course mehrerer früheren Seefahrer sich berühren. Sie besteht nur aus sechs Inseln, die sich im Norden des Tongaarchipels gegen Ostsüdost ausdehnen und von denen die drei größten zu den größeren der polynesischen Inseln gehören. Die westlichste, Sawaii, deren Südwestspitze in 13° 49′ Br., 187° 31′ Lg. liegt, ist die größte von allen, aber auch die am wenigsten fruchtbare und bewohnte; auf sie folgt Upolu (der Apiahafen 13° 49′ Br., 188° 19′ Lg.), die reichste, fruchtbarste und schönste

von allen, dann Tutuila (der Hafen Pangopango 14° 16′ Br., 189° 24′ Lg.), zuletzt die kleine Gruppe Manua, die aus einer größeren Insel, Manna tele (Großmanua) und zwei kleinen, Ofu und Olosinga, besteht. In aller Hinsicht bilden diese Inseln einen Gegensatz gegen die Tongainseln. Die Küsten sind hoch und sicher; Korallenbänke sind selten und die großen Riffe, welche die Inseln von Tonga und in der Societätsgruppe rings umgeben, finden sich nur in beschränktem Maße an der Nordküste der Inseln. Brauchbare Häfen giebt es nicht, nur mehr oder weniger offene Ankerplätze, von denen die brauchbarsten Apia in Upolu und Pangopango in Tutuila, der beste von allen, sind. Die Inseln sind alle voller Berge; der höchste scheint der Pik von Sawaii zu sein, dessen Höhe 4000 bis 5000 F. beträgt. Das Innere der Inseln ist unerforscht und unbewohnt, die breiten fruchtbaren Küstenebenen enthalten und ernähren die Bevölkerung allein. Das Gestein der Berge ist durchweg vulkanischer Art; es giebt zwar keine brennenden, doch mehrere erloschene Vulkane, wie die Insel Apolima am Westende von Upolu und der See Lauto auf derselben Insel. Der Boden ist überaus reich und fruchtbar und durch viele kleine Flüsse gut bewässert, nur Sawaii steht in dieser Beziehung den übrigen Inseln nach. Das Klima ist nicht ungesund, auch nicht zu heiß, dabei sehr feucht, vor allem gilt das von den südlichen Küsten, die nördlichen sind viel trockener. Bei der Feuchtigkeit und Fruchtbarkeit des Bodens ist es begreiflich, daß dichte Wälder alles bis auf die Spitzen der Berge bedecken; die Vegetation ist noch reich und schön, doch geht ihr die Fülle und Ueppigkeit der westlichen Inseln schon ab, während sie dagegen die der Societätsinseln weit übertrifft. Im Ganzen können diese Inseln in jeder Hinsicht zu den schönsten, ergiebigsten und anmuthigsten des Oceans gerechnet werden. Die Einwohner, etwas über 30000 an Zahl, gehören den Polynesiern an und sind im Aeußeren wie im Bildungszustande von den Tonganern nicht erheblich verschieden, wie sie denn schon lange Zeit mit ihnen in sehr enger Verbindung gestanden haben; sie sprechen jedoch einen von dem tonganischen durchaus abweichenden Dialekt der polynesischen Sprache. In Kunstfertigkeiten stehen sie den Tonganern nicht nach, allein Landbau treiben sie nicht in solcher Ausgedehntheit. Ihre religiösen Vorstellungen glichen denen der Tonganer, doch waren sie loser und weniger geordnet; die politische Einheit, welche das nahe verwandte Nachbarvolk bei der Entdeckung besaß, fehlte ihnen, sie waren vielmehr in viele kleine Staaten getheilt, deren Häuptlinge gemeinsam die Districte regierten, und die Verfassungsformen hatten viel mehr Republikanisches als in Tonga. Die steten Kriege und Händel, die aus diesen Spaltungen hervorgingen, erklärten ihre Streitbarkeit und Wildheit, und ein unglücklicher Streit zwischen Eingebornen von Tutuila und Franzosen von la Pérouses Schiffen brachte sie, zumal da sie in den ganz grundlosen Verdacht gerathen waren, Anthropophagen zu sein, in so üblen Ruf, daß es sich hieraus erklärt, weshalb europäische Schiffe so sorgfältig ihre Küsten vermieden. Aber vor einigen dreißig Jahren erschienen englische Missionare unter ihnen und fanden eine so freundliche und zuvorkommende Aufnahme, daß sie sogleich das Christenthum einzuführen begannen; jetzt ist die ganze Bevölkerung bekehrt und zwar großentheils zum Protestantismus, katholische Geistliche, die den Protestanten folgten, haben weniger Eingang gefunden. Auch haben sich andere Europäer besonders in Apia in Upolu niedergelassen, der Verkehr ist zwar noch nicht bedeutend, aber doch im Steigen, und die Gegenstände desselben sind besonders Cocosöl, dann etwas Schildpatt und Pfeilwurzel, auch die Versorgung der Wallfischfänger mit den nöthigen Lebensmitteln ist hier wie in allen polynesischen Inseln ein Zweig des Handels. Daher unterhalten die britische und nordamerikanische Regierung bereits Consuln hier.

In dem Raume zwischen den drei eben geschilderten Abtheilungen und in ihrer Nähe liegen noch einzelne kleine, doch bewohnte Inseln zerstreut. So im Norden von Viti Rotuma (Grenville) in 12° 32′ Br, 177° 13′ Lg., 1791 von dem Engländer Edwards entdeckt, eine gebirgige und fruchtbare, überaus anmuthige Insel vulkanischen Ursprungs, die eigentlich aus zwei, durch einen flachen Isthmus verbundenen Berggruppen besteht, ohne einen Hafen; dann im Westen von Samoa Futuna (Hoorne) in 14° 14′ Br., 181° 53′ Lg., eine Entdeckung des Holländer le Maire 1616, aus zwei gebirgigen und vulkanischen Inseln (Futuna und Alofi) mit fruchtbarem Boden bestehend, Uea oder Uvea (Wallis) in 13° 13′ Br., 183° 39′ Lg., zuerst 1767 von Wallis gesehen, eine gebirgige Insel, rings von einem großen Riff voll kleiner Inseln umgeben, innerhalb dessen ein Hafen ist. Zwischen Samoa und Tonga liegen die Inseln Niuafou (Proby) in 15° 53′ Br., 184° 3′ Lg., eine gebirgige Insel, die einen thätigen Vulkan enthalten soll, und Niua, aus zwei von le Maire 1616 entdeckten Inseln bestehend, von denen die eine, Niuatabutabu (Verrader), flach, die andere Kutabi (Cocos) bergig ist. Endlich liegt im Osten von Tonga die Insel Niue (Savage) in 19° 10′ Br., 190° 10′ Lg., deren ebener Boden aus einige hundert Fuß über das Meer erhobenem Madreporenkalkstein besteht und nicht reich und von fließendem Wasser entblößt ist. Die Bewohner dieser Inseln, die ziemlich zahlreich sind (sie haben zusammen an 15000 Einwohner, von denen ein Drittel auf Niue kommt), haben mit denen der ihnen zunächst liegenden Gruppen die meiste Verwandtschaft und die Sitten, Gebräuche und Charaktereigenthümlichkeiten der polynesischen Stämme. Die von Rotuma stehen seit langer Zeit bereits mit den Europäern in den engsten Beziehungen, daher Seeleute sich unter ihnen niedergelassen haben; dagegen waren die von Niue ihrer Wildheit und Ungastlichkeit halber übel berufen, Eigenschaften, die jetzt durch den Einfluß der christlichen Missionare sich verloren haben. Alle sind sie bereits mit dem Christenthum bekannt geworden. In Rotuma haben früher protestantische, jetzt katholische Missionare die Bekehrung, doch noch ohne großen Erfolg versucht. Die Einwohner von Uvea und Futuna sind jetzt alle Katholiken; Uvea ist der Mittelpunkt der hiesigen katholischen Missionen und hat einen Bischof. Dagegen sind Niuafou, Niua und Niue durchaus von Protestanten bewohnt, von denen die Einwohner der beiden ersten von den Missionen in Tonga, die der letzten von den samoanischen abhangen. In politischer Beziehung stehen die drei ersten Inseln unter besonderen unabhängigen Königen, die Häuptlinge von Niuafou und Niua erkennen die Oberhoheit des Königs von Vavau an; in Niue besteht eine Art republikanischer Regierungsform. Außerdem liegt noch im Norden von Samoa eine besondere kleine Inselgruppe, welche die Bewohner Tokelau nennen, aus drei größeren Inseln, Fakaafo (Bowditch) in 9° 20′ Br., 188° 56′ Lg., Nukunono (Clarence) und Oatafu (Duke of York), und einigen kleineren bestehend, und im Westnordwesten von ihnen eine andere, die gewöhnlich die Ellicegruppe genannt wird, und deren Hauptinseln Funafute (Ellice) in 8° 31′ Br., 179° 19′ Lg., Nukufetau (Peyster) und Oaitupu (Tracy) heißen. Alle diese Inseln sind flache Laguneninseln und den übrigen dieser Art ganz ähnlich gebildet; ihre Bewohner kommen in Sitten, Einrichtungen, selbst in der Sprache im Ganzen mit den Samoanern überein, die der Tokelau sind bereits für das Christenthum gewonnen.

4. Die Herveyinseln. In dem Raume zwischen den Tongainseln und der Societätsgruppe liegen acht kleine Inseln weit zerstreut, die Krusenstern zu einer Gruppe verbunden und die Cookgruppe benannt hat, weil allerdings dieser Seemann Entdecker des größten Theils derselben gewesen ist, während die Missionare sie nach dem Namen, den Cook der kleinsten beilegte, Hervey nennen. Die Vereinigung dieser Inseln zu einem Ganzen rechtfertigt sich durch die nahe Verwandtschaft ihrer Bewohner. Vier dieser Inseln sind bedeutender, die südlichste, Mangaia in 21° 57′ Br., 201° 53′ Lg., dann Rarotonga in 21° 15′ Br., 200° 16′ Lg., Katutia, (gewöhnlich Atiu genannt), im 19° 55′ Br., 221° 56′ Lg. und die nördlichste, Aitutake, in 18° 52′ Br., 200° 19′ Lg. Die wichtigste und interessanteste dieser Inseln ist Rarotonga, eine sehr schöne und fruchtbare Insel, deren malerische Berge vulkanischen Ursprungs sich bis 2739 F. erheben, und die von einem großen Riff umgeben ist, innerhalb dessen Ankerplätze sich finden. Die übrigen sind alle aus Madreporenkalk gebildet, der über der Meeresfläche einige hundert Fuß erhoben ist (der höchste Berg in Aitutake hat 385 F. Höhe), und deren dürrer und wasserarmer Boden eine dürftigere Vegetation ernährt als in den bergigen Inseln; sie steigen steil am Strande auf und haben keine sie umschließenden Riffe, daher auch keine Häfen und Ankerplätze, bis auf Aitutake, das im Süden eine Art von einem Riff umschlossener Lagune mit einem Hafen enthält. Von den vier kleinen Inseln sind zwei wirkliche Laguneninseln, Manuai (Hervey) und Mitiaro. Das Klima dieser Inseln ist gesund und nicht zu heiß, die Vegetation, obwohl in jeder Hinsicht mit der von Tahiti übereinstimmend, steht doch dieser selbst in Rarotonga an Fülle und Ueppigkeit nach. Die Bewohner der Gruppe, an Zahl etwas über 10,000, von denen je zwei Fünftel in Mangaia und Rarotonga leben, sind ein eigener polynesischer Stamm, der in Sitten und Einrichtungen am meisten den Tahitiern gleicht, dabei doch auch wieder manche Eigenthümlichkeit mit den Neuseeländern gemein hat und den Uebergang zwischen beiden bildet. So gleichen sie auch beiden in ihrem Charakter; sie zeigten sich gegen die Europäer nicht weniger freundlich, gefällig und zuvorkommend als die Tahitier, allein übertrafen sie an Kriegslust und Streitbarkeit und glichen darin mehr den Neuseeländern, waren auch Anthropophagen wie diese. Ihre Sprache, gewöhnlich die rarotongische genannt, steht ebenfalls zwischen dem tahitischen und dem neuseeländischen Dialekt der polynesischen Sprache in der Mitte und ist noch interessant der weiten Verbreitung halber, die sie früher wenigstens über die östlicheren Inseln gehabt hat. In den religiösen Vorstellungen kamen sie mit den Tahitiern ganz überein; auch beweisen die alten Sagen, daß früher und schon seit alter Zeit eine lange und innige Verbindung mit den Societätsinseln bestanden haben muß. Bei der Entdeckung standen die Bewohner der vier größeren Inseln unter kleinen Königen, die auch über die kleineren herrschten; die Verfassung war das den Polynesiern eigene Lehnswesen, das gesellige Leben war nicht ohne eine gewisse Anmuth. Mit den Europäern bestand anfangs keinerlei Verbindung, bis die protestantischen Missionare die Inseln betraten und ohne erhebliche Schwierigkeit die christliche Religion einführten, die namentlich in Rarotonga festen Fuß gefaßt hat; nirgends im ganzen Ocean sind die Bemühungen der Missionare, die Einwohner zu belehren und ihre Bildung und sittliche Besserung zu fördern, von so günstigem Erfolge begleitet gewesen als auf diesen Inseln. Seitdem ist auch ein lebhafter Verkehr der Wallfischfänger mit den Einwohnern entstanden, die ihnen Lebensmittel liefern; namentlich wird dieser Handel in Aitutake lebhaft betrieben, und die Bewohner dieser Insel handeln selbst in eigenen Schiffen bis Tahiti.

5. Die Gruppe der Societätsinseln, 1606 von dem Spanier Quiros entdeckt und 1769 zuerst von Cook gründlich erforscht, der ihnen den Namen der Societätsinseln zu Ehren der königlichen Gesellschaft der Wissenschaften gab, welche seine Reise veranlaßt hatte, ist eine der bekanntesten und auch lange Zeit die bedeutendste und wichtigste aller Gruppen des Oceans gewesen, so

wenig sie diese Auszeichnung verdient. Sie besteht aus zehn größeren und einigen kleineren Inseln, die sich in der Richtung von Westnordwest nach Ostsüdost ausdehnen und in zwei durch eine breitere Straße getrennte Abtheilungen zerfallen, die man nach der Lage zu den herrschenden Passatwinden die Windwardinseln im Osten und die Leeward im Westen zu nennen pflegt. Die erste besteht aus der bedeutendsten aller dieser Inseln, dem hochberühmten Tahiti, die aus zwei gebirgigen, durch einen schmalen und flachen Isthmus verbundenen Halbinseln zusammengesetzt ist, der größeren, dem eigentlichen Tahiti (oder Opureonu), im Nordwesten, deren Nordspitze, C. Venus, in 17° 29′ Br., 210° 31′ Lg. liegt, und der kleineren, Taiarapu (oder Kleintahiti), im Südosten, dann aus den kleineren Inseln Maitea, der östlichsten von allen, in 17° 53′ Br., 211° 45′ Lg. und Moorea (oder Eimeo) im Westen von Tahiti, endlich aus einer kleinen Laguneninsel Tetuaroa im Norden der Hauptinsel. Die Leewardinseln beginnen mit der Insel Maiaoiti (in 17° 29′ Br., 209° 16′ Lg.), auf sie folgen Huahine, die schönste und anmuthigste der Leeward, Raiatea (der Hafen Uturoa in 16° 50′ Br., 208° 36′ Lg.) und Tahaa, die beide von demselben Riffe umschlossen werden, Borabora, endlich Maupiti (oder Maurua) in 16° 26′ Br., 207° 48′ Lg., und weiter im Westen noch einige kleine, flache, unbewohnte Laguneninseln. Alle diese Inseln sind von ausgedehnten Korallenriffen umschlossen, auf denen gewöhnlich kleine, flache Koralleninseln liegen; häufig sind die Riffe von Straßen durchbrochen, und hinter ihnen liegen schöne, allein schwer zugängliche und durch Bänke gefährdete Häfen, wie die Häfen Matawaï, Toanoa und Papëte in Tahiti, Opunohu (oder Talu) in Moorea, Fare in Huahine, Uturoa in Raiatea. Bis auf die kleinen Laguneninseln sind alle Inseln der Gruppe hoch und gebirgig; die höchsten Berge hat die größere Halbinsel von Tahiti, wie der Orohena 6884 F. und der Pitohiti 6562 F.; der Pik von Moorea mißt 3790 F., auf den westlicheren Inseln scheinen die höchsten Spitzen die Höhe von 3000 F. nicht zu übersteigen. Das Gestein dieser Berge ist überwiegend vulkanisch; und wenn auch in den westlichen Inseln Urgestein angeblich sich finden soll, so ist doch die Gruppe entschieden vulkanischen Ursprungs, obschon es keine thätigen Vulkane mehr giebt, und selbst die Krater erloschener Vulkane nicht häufig sind. Die Berge, überhaupt das ganze Innere der Inseln ist mit dichten Wäldern bedeckt, unangebaut und unbewohnt; allein jede Insel hat um die Berge eine mehr oder weniger breite, sehr fruchtbare und durch die zahlreichen Gebirgsbäche reichlich bewässerte Küstenebene, die großentheils mit Fruchtbäumen bedeckt ist und den einzig bewohnten und bebauten Theil der Insel bildet. Diese reichen Küstenebenen sind es besonders, welche den Societätsinseln den Ruf so großer Schönheit und Lieblichkeit erworben haben. Das Klima ist überaus gleichförmig und angenehm, im Ganzen weder zu feucht noch zu heiß, auch nicht ungesund. Die Vegetation ist noch immer schön und reich, wenn sie sich gleich an Ueppigkeit mit der der westlicheren Inselgruppen nicht vergleichen läßt; sie ist vorherrschend indischen Charakters, obschon es dabei nicht an australischen Pflanzenformen fehlt. Die Thierwelt ist arm, von Mammalien war nur eine Rattenart einheimisch. Die Bewohner dieser Inseln, deren Zahl jetzt höchstens gegen 20,000 beträgt, von denen etwa die Hälfte in Tahiti lebt, traten in den ersten Berührungen, die zwischen ihnen und den Europäern stattfanden, diesen mit einer solchen Freundlichkeit, Herzlichkeit und Gutmüthigkeit entgegen, daß sie sich in kurzer Zeit zu Lieblingen der ganzen gebildeten Welt machten, und die Ansichten über ihren Bildungszustand und ihre geistige und sittliche Entwicklung sind sogar nicht ohne Einfluß auf die Ausbildung der socialen und politischen Ideen in Europa im achtzehnten Jahrhundert gewesen. Spätere unbefangenere Forschungen haben gezeigt, daß äußere Anmuth schlimme Laster verdeckte, daß die gutmüthige Zuvorkommenheit im Grunde mehr eine Folge sittlicher und geistiger Schwäche war, welche die Tahitier vor den übrigen Stämmen des Oceans auszeichnet, weshalb sie auch niemals die Wildheit und Kampflust der übrigen ihnen sonst so nahe verwandten Polynesier besessen haben. Im Aeußeren wie in den Sitten und der Lebensweise sind sie den Tonganern, Samoanern und Rarotonganern ziemlich ähnlich, aber sie stehen ihnen in Bildung und Kunstfertigkeiten nach, wie sie denn auch Landbau lange nicht in der Ausdehnung betrieben wie die Tonganer, und sich mehr auf den Ertrag der zahlreichen Fruchtbäume ihres freilich viel reicheren Bodens verließen. Unverkennbar war die Bildung, welche sie bei der Entdeckung besaßen, im Verfall: dasselbe Resultat ergiebt die Untersuchung ihrer religiösen Vorstellungen, die mit denen der übrigen Polynesier große Gemeinschaft hatten, und ihrer politischen Institutionen, die auch bei ihnen auf einem besonderen Lehnssystem begründet waren. Mit der Zutraulichkeit und Freundlichkeit ihres Betragens ging eine große Vorliebe für Sitten und Gebräuche der Europäer Hand in Hand: daher ließen sich einzelne von diesen zuerst unter ihnen nieder, durch deren Beistand ein ehrgeiziger Häuptling den jetzigen Staat von Tahiti gegründet hat. Dieser nahm auch die protestantischen Missionare, die schon am Ende des achtzehnten Jahrhunderts den ersten Bekehrungsversuch auf den Inseln des Oceans hier unternahmen, freundlich auf; aber erst nach langen Anstrengungen gelang es ihnen, das Heidenthum erst in Tahiti, darauf in den übrigen Inseln der Gruppe zu vernichten und das Christenthum einzuführen, ein Erfolg, der erst den Missionaren den Weg zur Ausbreitung der neuen Lehre über die übrigen Inseln des Oceans gebahnt hat. Diese Erfolge reizten den Wetteifer und die Eifersucht der katholischen Missionare; ihre Versuche, sich in Tahiti einzudrängen, führten zu Reibungen, die zuletzt die Einmischung der französischen Regierung zum Schutz der katholischen Missionare zur Folge hatten, und französische

Seeleute zwangen die Regierung von Tahiti, sich Frankreich zu unterwerfen, eine Maßregel, die freilich auf den Wunsch der englischen Regierung in ein sogenanntes Protektorat verändert wurde, obschon das nur ein anderer Name für die Herrschaft ist. Ein von den Tahitiern unternommener, aber mißlungener Versuch, die verhaßten Franzosen mit Waffengewalt zu vertreiben, hatte den Erfolg, daß alle englischen Missionare aus Tahiti verbannt wurden; indessen ist es, was man wohl hätte erwarten sollen, den katholischen Geistlichen nicht gelungen, ihre Lehre zu verbreiten, und fast die ganze Bevölkerung unter der Leitung eingeborener Geistlichen und Lehrer ist der protestantischen Kirche treu geblieben. So steht jetzt der Staat Tahiti, der nur die Windwardinseln und die westliche Hälfte der Paumotu umfaßt, unter dem französischen Protectorat, ohne daß es die französische Regierung, der diese Herrschaft bis jetzt nur Kosten gemacht hat, dahin gebracht hätte, die bestehenden Verhältnisse umzugestalten und einer höheren Gesittung den Weg zu bahnen, und Verkehr besteht in Tahiti, seitdem die Zölle und die Abnahme der Wallfische die Wallfischfänger von ihren Häfen fern halten, fast nur in der Ausfuhr von Orangen nach Australien und Amerika. In den Leewardinseln bestehen jetzt drei kleine Staaten, die von Huahine, Raiatea und Borabora, die herrschende Religion ist hier ebenfalls die protestantische. Schon früher lebten die Einwohner in kleinen Dörfern vereint, jetzt sind seit der Einführung des Christenthums größere entstanden, die in den kleineren Inseln manchmal die ganze Bevölkerung derselben in sich vereinigen.

1. Der Staat Tahiti. Wohnsitze: Papëete in Tahiti, ein stadtähnliches Dorf, Wohnsitz der jetzigen Königin des Reiches und des französischen Gouverneurs, zugleich der Haupthandelsplatz der Insel, mit einer Kirche, Häusern europäischer Ansiedler und vielen Hütten der Eingebornen. Dahinter liegt die Straße Amélie mit den Häusern der französischen Einwohner. — Matawai nahe bei C. Venus mit einem Fort, einer Kirche, europäischen Häusern und Hütten der Eingeborenen. Auf C. Venus steht ein Leuchtthurm.

2. Die Staaten der Leewardinseln. Wohnsitze: Fare in Huahine, ein großes, unregelmäßiges Dorf mit der protestantischen Mission. — Utumaoro, das Dorf in Raiatea. — Vëula in Borabora.

Im Süden der Societätsinseln liegen noch sechs kleine Inseln weit von einander zerstreut; in der Richtung von Nordwesten nach Südosten, welche die Missionare in eine Gruppe zusammenfassen und die Australinseln nennen, das unbewohnte Narurotu (Hull oder Sands) in 21° 50′ Br., 154° Lg. im Westen, dann Rimatara (22° 40′ Br., 207° 55′ Lg.), Rurutu, Tubuai (23° 22′ Br., 210° 24′ Lg.), die beide Cook 1769 und 1777 entdeckt hat, Raivavai, von dem Engländer Broughton 1791 gefunden, und Rapa (27° 36′ Br., 215° 45′ Lg.), eine Entdeckung des Engländer Vancouver 1791. Die erste ist eine Laguneninsel, die beiden anderen wahrscheinlich aus Madreporenkalk gebildet, die drei letzten, die bedeutendsten, voll steiler vulkanischer Berge. Im Ganzen gleichen sie den Societätsinseln, und ihre Bewohner, jetzt wenige Tausend an Zahl, sind ebenfalls den Tahitiern und Rarotonganern ganz ähnlich; die westlichen dieser Inseln standen schon seit alter Zeit mit den Tahitiern in enger Verbindung und erkannten selbst die Oberhoheit der Staaten der Societätsinseln an, daher erklärt es sich auch, daß die Einwohner auf diesen Inseln jetzt tahitisch, auf den beiden östlichen dagegen noch rarotongisch sprechen. Sie sind jetzt alle längst zum Protestantismus bekehrt.

6. Die Paumotu. Mit diesem Namen, der wahrscheinlich Perleninseln bedeutet, benennen die Tahitier die zahlreichen Inseln, die sich im Osten und Nordosten der Societätsinseln ausbreiten, und von denen die westlichste Insel, Matahiwa (Lasareff), in 14° 55′ Br., 211° 15′ Lg., die östlichste, Ducie, in 24° 40′ Br., 235° 14′ Lg., die nördlichste, Tepoto (Disappointment), in 14° 5′ Br., 218° 30′ Lg., die südlichste, Pitcairn, in 25° 4′ Br., 229° 51′ Lg. liegt. Diese Inseln, zu verschiedenen Zeiten und von verschiedenen Seefahrern einzeln entdeckt, aber erst in diesem Jahrhundert besonders durch den Russen Bellingshausen 1819, den Engländer Beechey 1825 und den Amerikaner Wilkes 1839 erforscht, haben von den Geographen sehr bezeichnende und charakteristische Namen erhalten; Fleurieu nannte sie das böse Meer, Bougainville die gefährlichen, Krusenstern die niedrigen Inseln. Der Archipel besteht wahrscheinlich aus 79 Inseln, die alle, bis auf vier, flache Laguneninseln sind; in ihrer Vertheilung läßt sich kein anderes Gesetz erkennen, als daß die Mehrzahl von ihnen in ihrer Erstreckung und die ganze Masse der Inseln überhaupt sich von Nordwesten nach Südosten ausdehnen, also in derselben Richtung, wie die Societätsinseln, Samoa, die Markesas und die Sandwichinseln, und daß die größeren, meisten und einander am nächsten liegenden Inseln sich im Nordwesttheil finden, nach Südosten aber die Inseln kleiner und durch breitere Meeresräume von einander getrennt sind. Sie sind übrigens ganz von der Bildung der Laguneninseln, doch in verschiedenen Stadien der Entwicklung, selten freilich, eigentlich nie, bloße Riffe ohne Inseln wie im Korallenmeer, allein das Verhältniß zwischen Riff und Inseln ist bei den einzelnen sehr verschieden, manche haben viele, manche wenige Inseln, bei einer großen Zahl ist der nach Süden und Westen liegende Theil bloßes Riff, der entgegengesetzten Insel, einige endlich sind fast ganz zur Insel ge-

worden, wie Henuake (die Hundeinsel), in der die Kanäle, die in die Lagune führen, nur bei hoher Fluth Wasser haben, bei einer, Tikei (Romanzoff) endlich ist die Lagune in eine trockene Niederung verwandelt, in die das Meerwasser nur selten eindringen kann. Zu den größten dieser Laguneninseln gehören Rangiroa (die Fliegeninsel), die größte von allen von 16 bis 17 deutsche M. Länge, dann Tikahau (Krusenstern), Arutua (Rurik), Kaukura (Palliser) in 15° 43' Br., 213° 9' Lg., Toau (Elizabeth), Apatiki (Hagemeister), Ahii und Manihi (Waterland), Takaroa und Takapoto (Sondergrond), Aritika (Karlshoff), Kawahi (Vincennes), Raraka, Fakarawa (Wittgenstein) in 16° 4' Br., 214° 21' Lg., Katiu (Sacken), Tahanea (Tschitschagoff), Faaiti (Miloradowitsch), Anaa (die Ketteninsel) in 17° 20' Br., 214° 29' Lg., Makemo (Phillip), Taenga (Holt), Takume (Wolkonsky), Raroia (Barclay de Tolly), Nihiru, Marutea (Fourneaux) in 16° 55' Br., 216° 41' Lg., die beiden nahe bei einander liegenden Inseln Marakau und Ravahere (Twogroups), Amanu (Moller) in 17° 43' Br., 219° 23' Lg., Hao (die Harfen- oder Bogeninsel) in 18° 5' Br., 219° 1' Lg., Manuhangi (Cumberland), Paraoa (Gloucester) in 19° 8' Br, 219° 22' Lg., Tatakotoroa (Narcisso), Pakaruha (Serle), Reao (Clermont Tonnere), Tematangi (S. Elmo oder Blighslagoon), Vairatea (Osnabrück) in 21° 51' Br., 221° 15' Lg., Maturevavao (Acteon), Marutea (Lord Hood) in 21° 31' Br., 224° 27' Lg., Morane (Barstow). Nur die größeren Inseln haben Kanäle, welche die Riffe durchschneiden, allein sie lassen gewöhnlich nur Boote zu; für größere Schiffe brauchbare Einfahrten sind selten, wie in Rangiroa und ganz besonders in Fakarawa, deren Lagune den besten Hafen des ganzen Archipels bildet. Die Landung ist an allen Inseln in hohem Grade beschwerlich, da die eine Seite dem Passat, die andere den großen südwestlichen Schwellen ausgesetzt zu sein pflegt. Die Schiffahrt zwischen ihnen ist bei der Menge der Riffe und der Flachheit der Inseln überaus gefährlich, zumal da selbst diese flachen Inseln nicht selten Störungen in der Regelmäßigkeit des Passats erzeugen, und die Winde überhaupt in diesem Theil des Oceans viel schwankender und wechselnder sind, als man erwarten sollte; die Franzosen haben daher, bevor die nordwestlichen Inseln genau aufgenommen sind, bei den Fahrten von Tahiti nach den Markesas lange vorgezogen, den Archipel auf dem großen Umwege im Süden und Osten zu umschiffen. Der Boden ist unfruchtbar und dürr, frisches Wasser selten, Quellen ganz unbekannt (zwischen Tahiti und den Küsten Amerikas finden sich deren nur in Mangareva und Pitcairn); den trockenen Korallenboden bedeckt niedriger Wald und Gebüsch, Anbau ist nur selten und sehr beschränkt, von den Fruchtbäumen der übrigen Inseln gedeiht nur die Kokospalme und bedingt zum größten Theil die Existenz und den Verkehr der Einwohner. Die Thierwelt ist natürlich eben so arm, so weit sie dem Lande angehört, als sie an Seethieren reich ist; in vielen Lagunen ist die Perlauster nicht selten. Auch die Flora ist sehr arm und besteht aus den gewöhnlichen Küstenpflanzen der gebirgigen Inseln; schwerlich haben die Paumotu viel mehr als 50 Pflanzenarten. Von den vier Inseln, die eine Ausnahme machen, bestehen zwei, eine der östlichsten, Elizabeth (oder S. Juan Bautista), in 24° 31' Br., 231° 42' Lg. und eine der westlichsten, Malatea (in 15° 49' Br., 211° 47' Lg.), aus Madreporenkalk, der über die Meeresfläche erhoben ist und mit steilem, wallartigem Abfall sich zum Strande herabsenkt. Die interessantesten sind die beiden anderen; Mangareva (Gambier) ist ein großes Korallenriff, das einen brauchbaren Hafen enthält, und innerhalb dessen sich 7 bergige Inseln vulkanischen Ursprungs erheben, (der höchste Berg, der Duff, in 23° 8' Br., 225° 5' Lg. hat 1171 F. Höhe), die zweite, Pitcairn, die südlichste Insel des Archipels, steigt steil und ohne Hafen, fast ohne Landungsplatz aus tiefem Meer ohne Riff zu Bergen von der gleichen Höhe (die Lookoutridge 1040 F.) und Bildung wie Mangareva auf und ist wie dieses mit Wäldern bedeckt, die in jeder Hinsicht den tahitischen gleichen. Die Bevölkerung dieser Inseln, an Zahl wenig über 5000, von denen ein Viertel in Mangareva, ein zweites in Anaa lebt, unterscheidet sich körperlich von den Tahitiern nur durch die Einflüsse, die aus ihrer Lebensweise natürlich sich ergeben. Sie lebten in hohem Grade ärmlich, hauptsächlich bloß von Kokosnüssen und Fischen und besaßen eigentlich kaum feste Wohnsitze, sondern zogen häufig auf den Inseln umher. Sie übertrafen die Tahitier an Tapferkeit, Körperkraft und Kriegslust, weshalb die tahitischen Könige ihre Leibwachen aus ihnen bildeten, und waren Anthropophagen, wie sie es in den östlichen Inseln, die nicht unter tahitischem Einflusse stehen, noch sind. Sie sprachen rarotongisch; in den östlichen Inseln ist das noch der Fall, in den westlichen haben die Tahitier ihre Sprache eingeführt und zur herrschenden erhoben. Schon in alter Zeit hatten die Häuptlinge der Insel Anaa die westlichen Inseln bis Hao ihrer Herrschaft unterworfen; sie waren zugleich in Abhängigkeit von Tahiti gekommen und geriethen mit dieser unter das französische Protektorat; die französische Regierung unterhält im Dorfe Tuuhora in Anaa einen Beamten, der die Aufsicht über die westlichen Inseln führt. Von den Tahitiern haben sie auch die protestantische Religion angenommen und sind ihr, wie die Tahitier, obschon die Katholiken in Anaa eine Mission gegründet haben, eifrig treu geblieben. Die Verbindung mit Tahiti hat übrigens auf die Bewohner dieses Theiles des Archipels günstig gewirkt und die Kultur unter ihnen befördert. Dazu trägt vor allem der Verkehr einiger europäischer Kaufleute bei, die sich in Papeöte niedergelassen haben und in kleinen Fahrzeugen die von den Eingebornen in den Lagunen gefischten Perlen und das aus Kokosnüssen bereitete Oel einhandeln. Jetzt ist der Perlenhandel des rücksichtslosen Fanges halber im Abnehmen, allein der Kokosölhandel steigt und mit ihm der Anbau der Palme. In Mangareva bestand stets ein eigener kleiner monarchischer Staat, dessen Fürst schon früh katholische Missionare bei sich aufgenommen hat, welche das Christenthum eingeführt und eine Anerkennung der französischen Oberhoheit bewirkt haben. Das früher unbewohnte Pitcairn wurde am Ende des vorigen Jahrhunderts von einigen entflohenen englischen Seeleuten und tahitischen Frauen bevölkert, aus denen eine Bevölkerung hervorgegangen ist, die sich zum Protestantismus bekennt und in großer Abgeschiedenheit in auffallender patriarchalischer Einfachheit der Sitten vom Landbau lebte, 1855 aber, da die Hülfsquellen der Insel für die steigende Zahl nicht zureichend erschienen, auf ihre Bitten von der englischen Regierung auf die Insel Norfolk verpflanzt ist.*)

Oestlich von diesem Archipel liegt die kleine Insel Waihu (oder Teapi) in 27° 9′ Br., 250° 35′ Lg., welche der Holländer Roggeveen 1722 entdeckt und die Osterinsel genannt hat, eine bergige, vulkanische Insel mit steiler, schwer zugänglicher, hafenloser Küste und einer ärmlichen, verkümmerten Vegetation, die an die tahitische erinnert, bewohnt von einem kleinen, im Ganzen den Tahitiern ähnlichen Volksstamme, dem östlichsten der polynesischen Völker. Noch weiter im Osten liegt das kahle, aus vulkanischen Felsen bestehende Inselchen, das nach dem Entdecker Sala y Gomez heißt, in 26° 28′ Br., 254° 40′ Lg.

7. Die Markesasgruppe oder, wie der französische Geograph Fleurieu vorgeschlagen hat, die Mendanagruppe, besteht aus zwei nahe bei einander liegenden Gruppen, von denen die südliche 1596 von dem Spanier Alv. de Mendaña entdeckt und nach dem damaligen Vicekönig von Peru Marquesas de Mendoza benannt, dann von Cook 1774 zuerst genau erforscht ist, während die nördliche erst 1791 von dem Amerikaner Ingraham entdeckt und kurz darnach von dem Franzosen Marchand mit dem Namen der Revolutionsinseln belegt wurde, statt dessen jedoch Fleurieu den Namen der Washingtoninseln, den ihr bald nachher ein anderer Amerikaner Roberts gegeben, vorgezogen hat. Sie liegen nördlich von den Paumotu und dehnen sich von Südosten nach Nordwesten aus. Die südliche Gruppe, die eigentlichen Markesas, besteht aus fünf Inseln, von denen die südlichste Fatuhiwa (S. Madalena) in 10° 31′ Br., 221° 17′ Lg. liegt; die anderen sind Mohotani (S. Pedro), Tahuata (S. Christina) in 9° 43′ Br., 221° 10′ Lg., Hiwaoa (la Dominica), von allen Inseln die fruchtbarste, reichste und am stärksten bevölkerte, und Fatahuku (Hood) in 9° 25′ Br., 221° 2′ Lg., welche wie Mohotani unbewohnt ist. Die nördliche Gruppe, die Washingtoninseln, die aus sechs Inseln zusammengesetzt ist, beginnt mit der Insel Uapoa (Adams) in 9° 21′ Br, 219° 55′ Lg., einer der schönsten dieser Inseln, dann folgen Uahuka (Washington), Nukahiwa (Federal), die bedeutendste von allen (der Hafen Taiohae in 8° 55′ Br., 219° 54′ Lg.), endlich drei kleinere, Motu-iti, Hiau und Fattu-uhu (oder Hatutu), die nördlichste, in 7° 55′ Br., 219° 26′ Lg. Die Küsten aller dieser Inseln sind ganz von den der Societätsinseln verschieden, schroff, steil, hoch aus tiefem Meere aufsteigend; Korallenriffe, wie die breiten, die Berge umschließenden Küstenstriche fehlen hier ganz, doch giebt es in den an die Ausgänge der Thäler sich anschließenden Buchten Ankerplätze und erträgliche Häfen wie Waitahu (Madre de Dios) in Tahuata, Waitake (Port invisible) in Uahuka, Taiohae (Annamaria) und Hakaui (Tschitschagoff) in Nukahiwa. Die Inseln sind alle voller steiler, rauher und wilder Berge, die aber die Höhe von 4000 F. wenig übersteigen (der höchste Berg in Hiwaoa mißt 4153, in Nukahiwa 3534 F.); sie sind vulkanischen Ursprungs, obschon es keinen thätigen Vulkan giebt. An allen Seiten werden sie von Thälern durchschnitten, deren untere Theile schmale Ebenen mit sehr fruchtbarem und wohl bewässertem Boden bilden, der gewöhnlich nur mit Fruchtbäumen bedeckt ist, die einzigen Wohnplätze der Einwohner; denn die dicht bewaldeten Berge sind unbewohnt. Das Klima gilt trotz der großen Hitze für gesund. Die Thierwelt ist arm, die noch wenig untersuchte Vegetation scheint der tahitischen ähnlich, nur noch ärmer an Arten als diese. Bei der großen Fruchtbarkeit des Bodens könnte diese Gruppe eine viel größere Bedeutung haben, als der Fall ist. Ihre Bewohner, an Zahl jetzt vielleicht kaum 15000, von denen fast die Hälfte in Hiwaoa lebt, sind vor allen übrigen polynesischen Völkern durch körperliche Kraft und Schönheit ausgezeichnet. In Sitten und Lebensweise kommen sie mit den Tahitiern in vielen Stücken überein; auf den Landbau wenden sie aber noch geringere Sorgfalt als diese, da die Fülle der Fruchtbäume in ihren Thälern das noch weniger nöthig macht. Der Schiffahrt sind sie abgeneigt, ihre Boote stehen den der übrigen Polynesier sehr nach. In den religiösen Anschauungen erscheint mindestens keine erhebliche Verschiedenheit zwischen ihnen und den Tahitiern; desto mehr aber weichen sie in ihren politischen Einrichtungen von den meisten Polynesiern ab, und ihre politische Lage nähert sich auffallend den Zuständen, welche früher in Neuseeland bestanden. Der Umstand, daß sie in abgesondert liegenden, durch steile Berge getrennten Thälern leben, ist es ohne Zweifel, welcher das Zustandekommen größerer politischer Verbände unter ihnen verhindert oder, was wahrscheinlicher ist (denn sie sprechen in allen Inseln denselben ihnen eigenthümlichen Dialekt), die frühe und gänzliche Auflösung derselben herbeige-

*) S. oben S. 525 und 558.

führt hat; so leben denn die Bewohner der einzelnen Thäler ganz von einander geschieden und für sich, unter Führung einer Menge von kleinen Häuptlingen und in unaufhörliche Kriege verwickelt. Dabei sind sie von einer Kriegslust, wie sie sich bei den Vitiern und Neuseeländern nicht stärker findet, und in den Kämpfen überaus wild und grausam, Anthropophagie treiben sie in ausgedehntem Maße. Aber von allen Polynesiern unterscheidet sie die Unbildsamkeit und Gleichgültigkeit, die sie gegen die Europäer und ihre Gebräuche und Lebensweise zeigen. Sie haben von ihnen fast nichts anderes angenommen als die Liebe für geistige Getränke und das Feuergewehr; sie stehen daher von allen Polynesiern auf der tiefsten Stufe der Gesittung und haben ihre ursprünglichen Sitten und die alte Lebensweise reiner und unverfälschter erhalten als irgend ein anderes polynesisches Volk. Die ersten Beziehungen, in die sie zu den Europäern traten, gingen aus dem Verlangen der Wallfischfänger, sich mit Lebensmitteln zu versorgen, hervor, und das Sandelholz ihrer Berge wurde der Gegenstand eines Verkehrs, dem die schnelle Erschöpfung des Holzes bald ein Ende machte. Versuche, das Christenthum zu verbreiten, haben protestantische Missionare schon im vorigen Jahrhundert, wie später ohne den mindesten Erfolg gemacht; ihnen folgten katholische Geistliche, und die französische Regierung ließ sich verleiten, die Händel der Häuptlinge zu benutzen, die Gruppe in Besitz zu nehmen, was die schwachen und vereinzelten Stämme des Volkes zu hintertreiben nicht vermochten. Aber man beschränkte sich auf die Anlegung militärischer Posten in Nukahiwa und Tahuata, dachte nicht an Förderung des Handels oder Anbaues, und als man sich endlich von der gänzlichen Nutzlosigkeit der kostspieligen Besetzung überzeugt hatte, zog man 1860 die Posten zurück und überließ die Einwohner sich selbst. Sicher wird das den Bekehrungsversuchen der katholischen Geistlichen, die sich unter französischem Schutz über alle Inseln ausgedehnt hatten, nicht förderlich sein; allein auch die in der neueren Zeit von den Sandwichinseln aus unternommenen Versuche der protestantischen Missionare sind noch ohne Erfolg geblieben.

Im Westen und Nordwesten von den Markesas liegen noch einige einzelne Inseln im Ocean zerstreut. So zuerst im Norden der Societäts- und Herveygruppe die beiden Inseln Manahiki (Humphrey) in 10° 30' Br., 198° 58' Lg. und Rakaanga (die Großherzog Alexander-Insel), östlicher Tongareva (Penrhyn) in 9° 1' Br., 202° 26' Lg. und im Osten und Nordosten von dieser noch fünf kleine unbewohnte Inseln. Alle diese Inseln sind flache Laguneninseln (bis auf zwei der letzten, Volunteer und Malden, welche aus erhobenem Madreporenkalk bestehen); die Einwohner der drei ersten, welche die rarotongische Sprache reden und auch in Sitten und Gebräuchen mit den Rarotonganern übereinkommen, sind bereits durch protestantische Missionare für das Christenthum gewonnen. Nördlich von diesen Inseln liegen zwischen 5° S. und 5° N. Br. sechs kleine flache Laguneninseln, von denen die bedeutendsten Fanning (3° 50' N. Br., 200° 47' Lg.) und das von Cook 1777 entdeckte Christmaß (1° 58' N. Br., 202° 28' Lg.) sind. Sie waren unbewohnt; jetzt hat sich in Fanning eine kleine Colonie von Europäern und Hawaiiern gebildet, die von der Bereitung des Cocosöles lebt, und die Insel ist von der britischen Regierung in Besitz genommen. Endlich trifft man im Südwesten von diesen Inseln und nördlich von den Tokelau noch eine Gruppe von sehr kleinen Inseln an, welche der Amerikaner Wilkes die Phoenixgruppe genannt hat, und unter denen noch die bedeutendste Enderbury (in 3° 8' S. Br., 188° 51' Lg.) ist; diese flachen Koralleninselchen sind durch die Guanoablagerungen, welche sie enthalten, nicht ohne Werth und daher von einer amerikanischen Gesellschaft, die den Guano hier sammeln läßt, in Besitz genommen.

8. Die Sandwichinseln, mit welchem Namen Cook diese Gruppe belegt hat, oder Hawaii, wie sie jetzt gewöhnlicher heißt. Diese Gruppe, ohne Zweifel die am besten untersuchte, bedeutendste und wichtigste aller polynesischen und mit Ausnahme von Neuseeland aller im Ocean liegenden Inseln, ist sicher schon im sechszehnten Jahrhundert von spanischen Seefahrern gesehen, aber wirklich entdeckt und genau aufgenommen erst von Cook 1778 und seinem Landsmann Vancouver 1792. Es sind acht größere Inseln und einige unbewohnte Felsen, die sich zusammen von Westnordwesten nach Ostsüdosten ausdehnen. Die östlichste, zugleich die größte der Gruppe und eine der größten der polynesischen Inseln, ist Hawaii (das Nordcap in 20° 18' Br., 204° 2' Lg.); auf diese folgt Maui (das Ostcap in 20° 44' Br., 203° 57' Lg.), in deren Nähe die drei kleineren Inseln Kahulawe, Lanai und Molokai liegen, dann Oahu, die fruchtbarste und reichste und jetzt die bei weitem wichtigste von allen (der Hafen Honolulu in 21° 18' Br., 202° 5' Lg.), die westlichsten sind Kauai (das Westcap in 22° 4' Br., 200° 10' Lg.) und Nihau (21° 46' Br., 199° 40' Lg.) Die Küsten dieser Inseln sind fast durchweg hoch, steil und sicher; Korallenriffe sind selten, nur die Südküste von Oahu ist von einem ausgedehnten Riffe eingefaßt, daher liegt hier der einzige brauchbare Hafen der ganzen Gruppe, Honolulu, die übrigen sind blos offene, mehr oder weniger den Winden ausgesetzte Ankerplätze, wie Waiakea und Kealakakua in Hawaii, Lahaina in Maui, Hanalae in Kauai.

Die Inseln dieser Gruppe sind alle hoch und gebirgig, das Gestein der Berge durchaus vulkanisch. Die östlichste Insel, Hawaii, ist die am sorgfältigsten erforschte und zugleich eine der interessantesten und merkwürdigsten Inseln des Oceans. Ihr Inneres nimmt eine große Hochebene von im Durchschnitt 3 bis 4000 F. Höhe ein, die nach allen Küsten hin in steilen, schrofsen Wänden herabsinkt. Am höchsten und steilsten sind die Abhange zur westlichen Küste, und da diese von den Feuchtigkeit bringenden Passatwinden nicht getroffen wird, bestehen sie aus kahlen, dürren, pflanzen- und wasserlosen Felswänden, und der schmale Küstensaum an ihrem Fuße hat dieselbe Beschaffenheit und nirgends Quellen und Trinkwasser, obgleich er dennoch des Verkehrs und Fischfanges halber gut bewohnt und voller Dörfer ist; erst die oberen Theile der Abhange, auf denen sich die Wolken herabsenken, haben Wasser, Wälder und Anpflanzungen der Einwohner. Nach den übrigen Küsten hin sind die Abhange eben so steil, doch nicht so hoch, das Land bis an den Strand grün und frisch, wohl bewässert, bewaldet, auch gut bewohnt längs der Küsten und in den tief eingeschnittenen Thälern der zahlreichen Gebirgsbäche, welche aus der Hochebene zum Meere herabströmen. Das Innere der Hochebene ist ganz unangebaut und unbewohnt (mit einziger Ausnahme des in der Nordspitze der Insel liegenden, reichen, fruchtbaren und gesunden Distriktes Waimea) und mit dichten Wäldern bedeckt, welche von Heerden verwilderten Hornviehs durchstreift werden. Ueber diese Hochebene erheben sich drei colossale Berge, der Mauna loa (oder der große Berg) im Südwestheil der Insel nahe an der Westküste, 12410 F. hoch, der Mauna kea (der weiße Berg) im Nordosttheil, der den größten Theil des Jahres über mit Schnee bedeckt ist, 13088 F. hoch, der höchste gemessene Berg aller Inseln des Oceans, dann der niedrigere Hualalai an der Westküste im Norden des Mauna loa; alle drei sind thätige Vulkane. Allein der merkwürdigste Punkt auf dieser Hochebene ist der im Osten des Mauna loa liegende Vulkan Kilauea, sicher der kolossalste und wunderbarste des Erdbodens, ein Vulkan ohne Kegelberg, der aus einem über 1000 F. tiefen Krater von 3 bis 4 deutschen Meilen Umfang besteht, der in die 3850 F. hohe Ebene eingesenkt ist und sich zu Zeiten ganz oder zum Theil mit Lava füllt, die sich durch häufig unterirdische Spalten zur Küste ergießt. Die zweite Insel, Maui, besteht aus zwei gebirgigen Halbinseln, die durch einen flachen Isthmus verbunden sind. Die östliche derselben ist in ihrer Bildung Hawaii ganz ähnlich und besteht wie sie aus einer Hochebene mit steilen von Bachthälern und Schluchten zerrissenen Abhangen, über welche sich der erloschene Vulkan (denn außer in Hawaii giebt es in der ganzen Gruppe keine thätigen Vulkane mehr) Haleakala bis 9975 F. erhebt; die westliche erreicht kaum die Hälfte der Höhe der östlichen und besteht aus wilden vulkanischen Bergen mit kahlen, dürren Abhangen. Die folgenden kleineren Inseln Lanai und Molokai sind dem westlichen Maui ähnlich. Dagegen enthält Oahu in seinem nördlichen Theile ein die ganze Insel von Westen gegen Osten durchschneidendes Bergland von vulkanischen Bergen, die weniger wild und rauh und besser bewaldet sind als die Berge der östlicheren Inseln; in der Mitte wird es durch das den besten Weg zur Nordküste der Insel bildende Thal Nuuanu in zwei Theile getheilt, von denen der östliche in seiner höchsten Spitze bis 3174 F., der westliche im Berge Kaala bei Waialua bis 3649 F. aufsteigt. Den ganzen Südtheil von Oahu nimmt eine breite Küstenebene ein, die größte, fruchtbarste und ergiebigste der ganzen Gruppe, zugleich der am besten bebaute und bevölkerte Theil derselben, welcher die Insel ihr Uebergewicht über die übrigen zu verdanken hat; in dieser erhebt sich isolirt nahe an der Küste der 600 F. hohe, erloschene Vulkan Erihi (der Diamantenberg.) Auch die westlichen Inseln sind gebirgig. Die Bildung von Kauai gleicht der von Hawaii, das Innere nimmt eine vulkanische, steil zu schmalen Küstensäumen abfallende Hochebene ein, über die sich einzelne Spitzen bis zu 7300 F. Höhe erheben; nur im Südtheil liegt eine größere Küstenebene mit reichem Boden. Das Klima dieser Inseln ist weniger heiß, als man es nach ihrer Lage erwarten sollte, dabei gesund, schön und gleichförmig. Die Thierwelt ist nur arm und hat im Wesentlichen Verwandtschaft mit der der Societätsinseln; dasselbe gilt von der Vegetation, doch hat sie das Eigenthümliche, daß sich in ihr mit den tropischen Pflanzenformen, die noch überwiegend der indischen Flora angehören, bereits solche der gemäßigten Zonen mischen, die aber ebenfalls mit asiatischen, viel seltener mit amerikanischen Pflanzengeschlechtern übereinstimmen.

Die Einwohner dieser Inseln, die man jetzt gewöhnlich Kanaka zu nennen pflegt (ein Wort, das in ihrer Sprache Mensch bedeutet), sind an Zahl jetzt wahrscheinlich wenig über 70000. Sie gehören den Polynesiern an und hatten bei der Entdeckung nicht blos in der körperlichen Bildung, auch in Sitten, Gebräuchen und Lebensweise mit den übrigen polynesischen Völkern, vorzüglich aber mit den Tahitiern viel Uebereinstimmendes; auch ihre Sprache, ein Dialekt der polynesischen, kommt in den Grundzügen am meisten mit dem tahitischen Dialekt überein. Aber sie übertrafen in Kunstfertigkeiten und Geschicklichkeiten wie im ganzen Bildungszustande die übrigen Polynesier weit; namentlich wurde in keiner Gruppe des Oceans der Landbau mit solcher Lebhaftigkeit, Ordnung und Regelmäßigkeit betrieben als hier, und daraus erklärt sich die große Fülle der Lebensmittel, welche diese Inseln von Anfang an den Europäern zu liefern im Stande waren, und die sie seit Cook's Zeiten für die Seefahrer so wichtig gemacht hat. Die religiösen Vorstellungen dieses Volkes kamen im Ganzen mit denen der übrigen Inselbewohner ihres Stammes überein; ihre politischen Institutionen waren ebenfalls auf das polynesische Lehnssystem begründet, allein sie unterscheiden sich dadurch, daß die königliche Würde in ihren Staaten mit größerer Gewalt und Machtfülle ausgestattet und weniger durch den Einfluß mächtiger Adelsgeschlechter eingeschränkt war, als bei den anderen polynesischen Völkern. Den Europäern gegenüber zeigten sie gleich bei der Entdeckung eine nicht geringere Herzlichkeit, Freundlichkeit und Zuvorkommenheit als die Tahitier; freilich fanden sich dieser Liebenswürdigkeit auch arge Laster beigemischt, vor allem Zuchtlosigkeit und sittliche Verderbtheit, wie sie sich zwar auch auf den übrigen polynesischen Inselgruppen fanden, allein nirgends in solchem Maße als bei den Hawaiiern. An Bildsamkeit und Zuneigung für europäische Sitten und Gebräuche übertrafen sie alle übrigen Völker des Oceans, und keines derselben hat sich so früh und mit solchem Eifer der Lebensweise der Europäer angeschlossen und Sitten und Gebräuche von ihnen angenommen als sie. Bei der überaus glücklichen Lage dieser Inseln in dem Schiffswege zwischen Nord- und Mittelamerika einer- und Ostasien andrerseits war es sehr natürlich, daß ihre Bewohner schon früh in Beziehungen zu europäischen Handelsschiffen traten; die Gruppe wurde bald nach der Entdeckung für die Wallfischfänger im nördlichen Theile des Oceans der Sammelplatz, wo sie sich mit den nöthigen Lebensmitteln versorgten, und das auf ihren Bergen gefundene Sandelholz vermehrte diese Verbindungen, da es die Veranlassung zu einem lebhaften Verkehr gab, der später freilich mit der Erschöpfung der Wälder ganz aufgehört hat. Eine Folge davon war die Niederlassung einzelner Europäer auf diesen Inseln; durch diese unterstützt und mit Hülfe europäischer Waffen gelang es einem ehrgeizigen Häuptling, sich zuerst die Insel Hawaii, dann auch die übrigen zu unterwerfen und den kleinen Staaten, die auf ihnen bestanden, ein Ende zu machen, an deren Stelle er einen neuen gründete mit einer Verfassung, die ganz auf den Prinzipien einer absoluten Königsherrschaft nach asiatischem Zuschnitt beruhte. Damit gingen nicht blos die Formen der alten Verfassung, welche aus dem geistigen Leben des Volkes hervorgegangen war, zu Grunde, auch das Heidenthum, welches mit dieser Verfassung in der engsten Verbindung stand, verlor allen seinen Einfluß und versank endlich so, daß es zuletzt von den Herrschenden förmlich aufgehoben wurde, ohne daß sie dazu aufgefordert gewesen wären oder etwas Anderes an seine Stelle hätten setzen können. Bald darauf betraten protestantische Missionare aus Nordamerika die Inseln, und es ist begreiflich, daß es ihnen ohne die geringste Mühe gelang, das Christenthum einzuführen, so wenig seine Annahme auch aus einem inneren Bedürfnisse hervorging; daher hat es auch viel größere Anstrengungen gekostet, die Einwohner an christliches Leben und christliche Lehren zu gewöhnen, als sie zu bekehren. Die Erfolge der Protestanten lockten später auch katholische Missionare an, die sich nicht ohne den Beistand französischer Kriegsschiffe das Recht der Niederlassung und die Einführung ihres Glaubens erzwangen, obschon es ihnen nicht gelungen ist, glänzende Fortschritte zu machen; die protestantische Religion ist vielmehr die überwiegende und herrschende im Staate geblieben. Die Folge dieser Veränderungen ist eine noch von Jahr zu Jahr sich steigende Verbindung mit den Europäern gewesen, die hier enger geworden ist als auf irgend einer anderen polynesischen Inselgruppe; nicht blos Kaufleute und Pflanzer haben sich in Menge niedergelassen, selbst in die Verwaltung des Staates sind Europäer eingedrungen und haben sie ganz nach europäischem Muster umgebildet; es läßt sich jetzt schon voraussehen, daß von allen Polynesiern die Hawaiier die ersten sein werden, die sich den Europäern ganz anschließen und in sie übergehen werden. Auch würden sie gewiß schon längst einer europäischen Herrschaft unterworfen sein, wenn nicht die gegenseitige Eifersucht der Seehandel treibenden Völker der Erhaltung ihrer Unabhängigkeit so günstig gewesen, und die Verfassung und das Staatsleben der nordamerikanischen Union, aus deren Bürgern die Mehrzahl der hier angesiedelten Weißen besteht, nicht mit der Gründung von Colonien so unvereinbar wäre. Die Grundlage dieser innigen Verschmelzung mit den Europäern bildet übrigens der Verkehr, der sich jetzt keineswegs mehr wie früher allein auf die Versorgung der Wallfischfänger mit den nöthigen Bedürfnissen beschränkt; vielmehr ist die Wichtigkeit der Lage dieser Inseln in der Mitte zwischen Asien und Amerika erst mit der Gründung der Niederlassungen in Californien, Oregon und dem britischen Columbien einer- und der Eröffnung Chinas und Japans für den Weltverkehr andrerseits in ihrer ganzen Bedeutung hervorgetreten und hat sie zum Mittelpunkte eines überaus lebhaften Zwischenhandels erhoben, und überdies hat die Industrie der europäischen Colonisten Zuckerpflanzungen gegründet und in dem dadurch gewonnenen Zucker einen Ausfuhrartikel geschaffen, der für die nordamerikanischen Häfen am stillen Ocean erheblich zu werden beginnt.

Wohnsitze: Honolulu auf Oahu, die Hauptstadt des Staates von Hawaii, die Residenz des Königs und der Mittelpunkt der ganzen Verwaltung, mit über 10000 Einwohnern (mit Einschluß der Vorstädte). Sie ist der erste Handelsplatz der Insel und der bedeutendste auf den Inseln des Oceans und hat durch die vielen auf europäische Art gebauten Häuser schon ein fast europäisches Ansehen, ein Fort, Kirchen, andere mit europäischen Bildungszuständen zusammenhängende Einrichtungen, dabei aber auch noch viele Hütten der Eingeborenen. — Lahaina im westlichen Maui, der zweite Handelsplatz der Gruppe, der mit den umliegenden Dörfern gegen 9000 Einwohnern enthält, mit vielen von Europäern bewohnten Häusern. — Kowaihae, Kailua, Kaawaloa, Waiakea, die größten Dörfer in Hawaii, zugleich Missionsstationen. — Waialua, Kaneohe, Ewa in Oahu. — Waimea und Kapaa in Kauai.

In der Nähe der Sandwichinseln liegt im Südwesten von ihnen noch die kleine Laguneninsel Smith in 16° 43′ Br., 190° 20′ Lg. und im Nordwesten eine Kette von kleinen Laguneninseln und einzelnen Felsen und Bänken, die sich von Südosten nach Nordwesten in der Richtung der Hawaiiinseln ausdehnt, und deren nordwestlichste die Insel Cure in 28° 27′ Br., 181° 36′

Lg. ist. Alle diese Inseln sind ohne Bewohner und haben blos durch ihre Guanolager einige Bedeutung; daher hat die Regierung von Hawaii sie in Besitz genommen und betrachtet sie als einen Theil ihres Gebietes.

D. Mikronesien.

Mit diesem Namen belegt man jetzt die Inselgruppen, welche von dem zweiten Theil der polynesischen Völker bewohnt werden, der sich von den eigentlichen Polynesiern durch Eigenthümlichkeiten des Charakters und des Lebens, vorzugsweise aber durch Verschiedenheiten in der Bildung der Sprachen unterscheidet. Sie liegen im Nordwesttheil des Oceans nördlich von den Inselgruppen Melanesiens und reichen im Norden und Westen bis in die Nähe der Küsten Japans und der Philippinen. Man theilt sie in drei Abtheilungen, die Gruppe der Ladronen und die Archipele der Karolinen und der Marshall- und Gilbertinseln.

1. Die Gruppe der Ladronen oder, wie die Spanier sie nennen, der Marianen. Diese Inselgruppe ist die erste des Oceans, welche den Europäern bekannt geworden ist; denn Magalhaens stieß bei der ersten Erdumseglung im März 1521 auf die südlichen Inseln derselben und gab ihnen nach den eigenthümlichen Segeln auf den schönen Booten der Eingeborenen den Namen Islas de las velas latinas; indessen ist der von seinen Reisegefährten ihnen wegen der Diebereien der Einwohner beigelegte Name der Ladronen der gebräuchlichere geworden. Bei der Besitznahme durch die spanische Regierung 1668 führte man den Namen der Marianen ein (nach der Wittwe des Königs Philipp des Vierten, der Königin Maria Anna, einer österreichischen Prinzessin), mit welchem die Spanier sie noch jetzt ausschließlich bezeichnen. Die Gruppe besteht aus einer Kette von 15 Inseln, die sich in dem Meridian von 145° Lg. zwischen 13 und 21° N. Br. ungefähr von Norden gegen Süden ausdehnen, und die ein breiterer Paß in 16° Br. in zwei auch durch ihre Bildung ganz von einander verschiedene Abtheilungen theilt. Die südliche Abtheilung, welche aus 5 Inseln besteht, beginnt im Süden mit der Insel Guajan (oder Guahan, oft auch Guam genannt), welche die größte und bedeutendste von allen, zugleich eine der am besten erforschten Inseln des ganzen Oceans ist (der Hafen Umatal in 12° 18′ Br., 144° 44′ Lg.); auf sie folgen Rota, Aguijan, Tinian und Sappan, deren Nordcap in 15° 20′ Br., 146° Lg. liegt. In dem Canal nördlich von der letzten liegt ein hoher Kalkfelsen, dann fängt die nördliche Abtheilung an, welche die alten Einwohner Gani nannten, und die aus neun an Größe den südlichen nachstehenden Inseln zusammengesetzt ist; die südlichste ist Anatajan (das Südcap in 16° 19′ Br., 145° 49′ Lg.), die übrigen sind Sarigan, Guguan, Alamagan, Pagon, Agrigan, Assomption (oder Assonsong), Urakas, Farallon de pajaros (die Vogelinsel oder Guy) in 20° 30′ Br., 145° 22′ Lg. In der südlichen Abtheilung sind die Küsten der Inseln mehr oder weniger von Korallenriffen eingeschlossen, zwischen und hinter denen schwer zugängliche und gefährliche Ankerplätze liegen; dennoch haben diese Inseln die besten Häfen der ganzen Gruppe, wie an der Westküste von Guajan die Häfen Caldera de Apra und Umatal und an der Nordküste von Sappan den Hafen Tanapay. Die Oberfläche der Inseln ist hüglig, doch nicht bergig, die höchsten Spitzen erheben sich in Guajan (der Berg Ilikiu bei Umatal) gegen 1500, in den übrigen Inseln kaum 1000 F. hoch; das Gestein ist überwiegend ein hoch über das Meer erhobener Madreporenkalkstein, allein in dem südlichen Theile von Guajan und wahrscheinlich auch in Sappan finden sich, den Kalk durchbrechend, vulkanische Gesteine, wie Lava, Tuffe u. dgl., ohne Zweifel Producte früherer submariner Vulkane, welche den Beweis liefern, auf welche Art solche aus Korallenkalk bestehende Inseln über die Meeresfläche erhoben sind. Der Boden dieser Inseln ist überaus reich und fruchtbar, dazu durch zahlreiche Bäche gut bewässert (nur Tinian scheint eine Ausnahme zu machen); sie könnten daher eine starke Bevölkerung erhalten und Handelsgegenstände in Menge liefern, wenn nicht die außerordentliche Trägheit der Einwohner und die Maßregeln der spanischen Verwaltung das hinderten. Die Inseln der nördlichen Abtheilung sind dagegen von einer ganz abweichenden Bildung. Sie erscheinen wüst und öde, im Verhältniß zu den südlichen unfruchtbar und arm an Pflanzen; sie sind alle voll zackiger, pittoresker Berge, deren Höhe jedoch auf keiner Insel 3000 F. zu übersteigen scheint, das Gestein ist, so viel sich aus der freilich sehr dürftigen Erforschung dieses Theiles der Gruppe ergiebt, durchweg vulkanischer Art, und thätige Vulkane giebt es mehrere, in Alamagan, Assomption, Farallon de Pajaros, in Pagon selbst drei, andere sind jetzt erloschen. Die Küsten dieser Inseln endlich sind steil und hoch, ohne Riffe und Gefahren, allein auch ohne Häfen. Das Klima der Ladronen gleicht dem des indischen Archipels, da die herrschenden Winde die Monsune desselben sind, es ist gesund, sehr feucht, doch nicht so heiß als das von Luzon. Die Thierwelt ist nur arm, die Spanier haben aber in die bewohnten Inseln alle Hausthiere Indiens, selbst eine Rehart aus den Philippinen eingeführt; die Vegetation ist der dieser Inseln und der Molukken im Ganzen nahe verwandt, und wenn sie ihr auch an Fülle nachsteht, noch immer reich und üppig.

Die Bewohner der Ladronen, welche die Spanier Chamorro nannten, waren im Aeußeren, wie in den Sitten und Gebräuchen, den religiösen Ansichten und politischen Institutionen, auch in der Sprache den Bewohnern der philippinischen Inseln ähnlich und augenscheinlich nahe verwandt; sie müssen sogar schon in früheren Zeiten mit ihnen in Verbindung gestanden haben, da es sich sonst kaum erklären läßt, woher sie den Anbau des Reises, den sie ausgedehnt betrieben, erhalten haben sollten. Sie besaßen zur Zeit der Entdeckung einen nicht geringen Grad der Bildung und waren in kleinen Staaten mit monarchischen Verfassungen vereinigt. Gegen die Europäer benahmen sie sich schon seit Magalhaens Besuch auffallend freundlich, zutraulich und gefällig, und seitdem nach der Gründung der spanischen Niederlassungen in den Philippinen der Schiffsweg zwischen diesen und Neuspanien so gelegt wurde, daß er die Ladronen berührte, erzeugte die Nothwendigkeit, sich auf diesen Fahrten mit den nöthigen Lebensmitteln zu versehen, bald eine engere Verbindung zwischen spanischen Seeleuten und den Bewohnern dieser Inseln. Dies führte endlich darauf, eine spanische Niederlassung 1668 in Guajan anzulegen, um die Versorgung der Schiffe mit Lebensmitteln bequemer bewirken zu können, womit zugleich der Versuch verbunden wurde, die Eingeborenen für das Christenthum zu gewinnen. Anfangs herzlich und freundlich aufgenommen, erregten die Spanier, sobald sich zeigte, daß die Unabhängigkeit der Einwohner bedroht sei, bald den heftigsten Unwillen derselben; es kam zu erbitterten Kämpfen, die bei der außerordentlichen Freiheitsliebe des Volkes zuletzt in einen förmlichen Vernichtungskrieg übergingen. Um die widerstrebenden Eingeborenen besser im Zaume halten zu können, entvölkerten die Spanier alle Inseln und verpflanzten die Ueberreste derselben auf die beiden südlichsten; allein die fortdauernden Aufstände der Unterworfenen, wahrscheinlich auch die Flucht vieler nach den karolinischen Inseln hatten endlich zur Folge, daß im Anfange des achtzehnten Jahrhunderts die Zahl der Bewohner bis auf ein- bis zweitausend gesunken war. Daher ließ die spanische Regierung aus Luzon tagalische Colonisten überführen und ansiedeln, mit denen sich die Reste der Ureinwohner nach und nach so vermischt haben, daß sie jetzt in Sitten und Gewohnheiten ganz Tagalen zu sein scheinen, auch größtentheils die tagalische Sprache reden; die alten Sitten und Gebräuche wie die Sprache der Chamorro haben sich nur an einigen Orten, besonders auf der Insel Rota, erhalten. Die jetzige Bevölkerung dieser Inseln, vor 10 Jahren noch an 10000 stark, aber seitdem in Folge von Krankheiten bis auf 6000 gesunken, lebt fast ganz auf den beiden Inseln Guajan und Rota: einige Niederlassungen sind in der neuesten Zeit auf Tinian und durch eingewanderte Karolinier auf Saypan gegründet, die übrigen Inseln sind unbewohnt. Alle Einwohner sind Katholiken, sie bilden vier Kirchspiele in Guajan und ein fünftes in Rota unter der Leitung von tagalischen Geistlichen, die dem Bischof von Zebu in den Philippinen untergeben sind. Die Colonie hat durchaus die Einrichtung der philippinischen; sie steht unter einem spanischen Statthalter, der von dem Generalcapitän von Manila abhängt, und bildet eine Provinz der Colonie der Philippinen, sie leidet auch an allen den Mängeln, welche der spanischen Colonialverwaltung ankleben. Dies und die übergroße Trägheit und Sorglosigkeit und die daraus hervorgehende Armuth der Einwohner erklärt die geringe Bedeutung, welche diese Inseln für den Verkehr haben. Er hing im vorigen Jahrhundert einzig von den regelmäßigen Besuchen der Schiffe ab, welche jährlich die Verbindung zwischen Neuspanien und den Philippinen unterhielten; seit der Losreißung der spanischen Colonien in Amerika hat das ein Ende genommen, und ist auch nur kümmerlich durch die Besuche einzelner Wallfischfänger ersetzt worden, die hier Lebensmittel einnahmen, zumal da in der neuesten Zeit, seitdem diese Fischer die Häfen Japans besuchen dürfen, solche Besuche fast ganz aufgehört haben, und jetzt würde daher gar kein Verkehr bestehen ohne die Handelsthätigkeit der Karolinier, in deren Händen sich auch die ganze Schiffahrt zwischen den bewohnten Inseln befindet.

Wohnsitze: Agaña in Guajan, die Hauptstadt der Colonie und die einzige Stadt derselben, Sitz des Statthalters und Mittelpunkt der Verwaltung, an einer ganz hafenlosen Stelle der Westküste der Insel mit über 3000 Einwohnern, regelmäßig gebaut mit wenigen steinernen, sonst nur hölzernen Häusern. — Agat, Merizo, Sumay, Inarajan, die bedeutendsten der zehn Dörfer in Guajan. — Sasanhaya in Rota. — Sunharum in Tinian. — Garapan, das karolinische Dorf in Saypan.

In dem Raume zwischen den Ladronen und den Küsten von Japan liegen noch einzelne meist nur kleine Inseln zerstreut. Die bei weitem bedeutendsten derselben sind die, welche die Gruppe bilden, die jetzt gewöhnlich den Namen der Bonininseln führt, weil man in ihnen die Inseln zu erkennen geglaubt hat, die in japanischen Werken mit dem Namen Boninsima belegt werden, allein sicher mit Unrecht, da die Schilderungen der Japaner gar nicht auf sie passen. Sie sind zuerst 1639 von den Holländern Quast und Tasman entdeckt und Gracht und Engel benannt worden; in demselben Jahrhundert haben auch spanische Seefahrer sie gesehen und ihnen den Namen Arzobispo gegeben, die erste genaue Erforschung ist erst 1827 durch den Engländer Beechey erfolgt. Es sind drei durch Straßen von einander getrennte Inselgruppen, die sich in dem Meridian von 142° Lg. von 26° 30' bis 27° 45' N. Br. ausdehnen und aus kleinen, bergigen Inseln und Felsen bestehen, welche sich mit hafenreichen Küsten steil und hoch aus dem Meere erheben. Das Gestein der Berge ist vulkanisch, der Boden fruchtbar und zu jeder Art von Cultur wohl geeignet; namentlich gilt dies von der mittleren Gruppe, der bedeutendsten, und von der südlichen, welche beide die größeren Inseln enthalten, während die nördliche überwiegend aus Felsen und Klippen besteht. Die Vegetation dieser Inseln ist glänzend und üppig und besonders durch die Fülle schöner Bäume ausgezeichnet; es treten in ihr neben den gewöhnlichen indischen Pflanzenformen des Oceans bereits eine nicht geringe Zahl von Repräsentanten von Pflanzengeschlechtern der gemäßigten Zonen auf, namentlich aus der Flora von China und Japan, auch die Thierwelt zeigt eine ähnliche Vermischung indischer und ostasiatischer Formen. Die Boningruppe war bei der Entdeckung unbewohnt; die natürlichen Vorzüge, die sie darbietet, das gesunde Klima, die glückliche Lage mit Rücksicht auf den Verkehr zwischen Asien und Amerika haben zur Folge gehabt, daß hier 1830 eine Niederlassung von Europäern und Hawaiiern auf der Insel Peel in der mittleren Gruppe am Hafen Lloyd, dem besten von allen Häfen der Inseln (27° 5' Br., 142° 11' Lg.), entstanden ist, die sich schnell entwickelt und für jetzt besonders durch den Verkehr mit den Wallfischfängern besteht: sie hat sich neuerdings für unabhängig erklärt und eine demokratisch-republikanische Verfassung gegeben. Westlich von den Bonininseln liegen noch einzelne Felsen und Inselchen zerstreut, wie die Inseln Disappointment, Ponafidin u. s. w.; die interessantesten sind drei kleine Inseln im Südwesten von Bonin, die sich in einer Reihe von Norden gegen Süden ausdehnen und von dem Spanier Torre 1543 die Volcano, von dem Engländer King 1779 die Schwefelinseln benannt sind, alles steile felsige Inselchen, von denen die mittlere (in 24° 48' Br., 141° 13' Lg.) ein thätiger Vulkan ist. Im Osten von den Bonin liegt noch die kleine Gruppe Grampus in etwa 25° N. Br., 146° 40' Lg. und östlicher die kleine hüglige Insel Weeks in 24° 4' Br., 154° 2' Lg.

2. Der Archipel der Karolinen, ein großer Archipel, der sich südlich von den Ladronen und, durch das karolinische Meer von Neuguinea und Neubritannien getrennt, zwischen den Philippinen und den Ralikinseln über mehr als 30 Längengrade ausdehnt. Einzelne seiner Inseln sind bereits im Anfange des sechszehnten Jahrhunderts, die ersten durch den Portugiesen Diego de Rocha 1526, entdeckt worden; allein diese ersten Entdeckungen geriethen in Vergessenheit, seitdem der Schiffsweg zwischen Neuspanien und den Philippinen in eine nördlichere Breite verlegt wurde. Am Ende des siebzehnten Jahrhunderts verschafften Boote, welche durch Stürme in den Ladronen und Philippinen angetrieben wurden, den Spaniern neue Kunde von dem westlichen Theile des Archipels, ohne daß dies zu einer Erforschung desselben geführt hätte; auch der bei dieser Gelegenheit ihnen beigelegte Namen der neuen Philippinen hat sich nicht erhalten, vielmehr ist der Name Carolina, den der Spanier Lazeano 1686 einer dieser Inseln gegeben hat, mit der Zeit auf den ganzen Archipel übertragen worden. Auch seit dem Ende des vorigen Jahrhunderts sind immer nur einzelne Inseln zufällig von spanischen und englischen Seefahrern entdeckt worden, bis endlich 1827 und 1828 die erste gründliche und erschöpfende Aufnahme derselben durch den russischen Capitän Lütke, einen Deutschen, erfolgte. Der Archipel besteht aus 49 bis 50 Inseln und Inselgruppen, die bis auf einige wenige flache Koralleninseln von der Form der Laguneninseln sind, schmal, länglich und niedrig auf den die Lagunen umschließenden Korallenriffen sich hinziehen und daher in jeder Beziehung den Paumotu gleichen. Einige der Laguneninseln sind fast noch bloße Riffe ohne Land und unbewohnbar, wie Oraluk (S. Agostino) und die Helensbank (3° Br., 131° 41' Lg.), andere haben auf ausgedehnten Riffen wenige sparsam und zerstreut liegende Inseln, wie Namonuito, andere dagegen mehr und größere; endlich fehlt es auch nicht an Beispielen von Inseln aus Madreporenkalk, die über den Spiegel des Meeres erhoben sind, wie Feis. Bei dieser Aehnlichkeit zwischen den Karolinen und Paumotu finden sich doch auch wieder erhebliche Verschiedenheiten zwischen ihnen; nirgends liegen die Karolinen so dicht gedrängt bei einander, als dies im nordwestlichen Theile der Paumotu der Fall ist, die Lagunen übertreffen öfter die der Paumotu an Größe, die Inseln sind oft auf den Riffen zahlreicher und bedeutender, mit mannigfaltigerer und reicherer Vegetation bedeckt, so daß die größeren der Inseln sogar hier und da anbaubaren Boden haben, daher sind sie auch stärker bewohnt. Eine Aehnlichkeit mit den Paumotu findet sich auch darin, daß zwischen den Laguneninseln einzelne gebirgige Inseln vulkanischen Ursprungs liegen. Die größeren Lagunenriffe haben alle Canäle, welche in die von den Riffen eingeschlossenen Seebecken zu brauchbaren, wenn auch gefährlichen Häfen führen, wie der Hafen Errakong in Pelju, die in den Gruppen Uleai und Rul, besonders aber der Chamissohafen in Lukunor, der beste aller Lagunenhäfen des Archipels. Durch zwei breitere Canäle in 142° und in 156° Lg. werden die Karolinen in drei Abtheilungen getheilt. Zu der westlichen gehört vor allen die größte aller Lagunengruppen des Archipels, Pelju oder Paljo, die von ausgedehnten, 24 deutsche M. langen, von Norden nach Süden sich ausdehnenden Riffen umgeben ist, innerhalb welcher eine Zahl von hügligen, fruchtbaren, gut bewässerten Inseln liegt (die größte Babeldzuap, in 7° 41' Br., 134° 43' Lg.); südlich von ihr zieht sich eine Reihe ganz kleiner Laguneninseln gegen Südwesten bis in die Nähe der Molukken hin, deren äußerste im Süden Tobi (Peakedhill) in 3° 3' Br., 131° 4' Lg. ist. Gegen Nordosten folgt auf Pelju zuerst die kleine Gruppe Lamoliork (Matelotas), dann die größere, hüglige und fruchtbare, ringsum von großen Riffen eingeschlossene Insel Yap, deren

Nordspitze in 9° 40′ Br., 138° 8′ Lg. liegt, östlicher das aus zwei besonderen, nahe bei einander liegenden Laguneninseln bestehende Uluti (auch Mogmog oder Falalep nach einzelnen Inseln der westlichen Gruppe genannt), die kleine Insel Feis und südlich von dieser die letzte der westlichen Abtheilung, die Gruppe Sorol, in 8° 6′ Br., 140° 52′ Lg. Die mittlere Abtheilung, welche die meisten und mit einer Ausnahme nur Laguneninseln enthält, beginnt mit der kleinen Gruppe Tauripil in 6° 40′ Br., 143° 11′ Lg.; die bedeutendsten der folgenden Gruppen sind Uleai, eine der wichtigsten des ganzen Archipels, dann die drei nahe bei einander liegenden Gruppen von Namurek (oder Lamoirek), die Inseln Satawal in 7° 22′ Br., 147° 6′ Lg., Tamatam, Poloat, Polosuk, die Gruppe Namonuito mit einem der größten aller karolinischen Lagunenriffe, dessen nördliches Ende in 9° Br., 150° 14′ Lg. liegt, östlich davon die beiden großen Gruppen Namolipiasan und Morilö, deren östliche Spitze in 8° 42′ Br., 152° 26′ Lg. ist. Im Süden von den beiden letzten liegt die merkwürdigste aller Gruppen der mittleren Abtheilung, Ruk (das Hogoleu der Charten), ein Lagunenriff von 25 deutsche M. Umfang mit vielen Riffinseln, in dessen Lagune aber mehrere gebirgige Inseln zerstreut sich ausbreiten, eine Bildung, die ganz an die der Mangarevagruppe in den Paumotu erinnert; davon südöstlich sind zuerst die kleinen Gruppen Losap und Namoluk, darauf die drei nahe bei einander liegenden Gruppen von Lukunor (Mortlock, der Chamissohafen in 5° 29′ Br., 153° 58′ Lg.), endlich Nukuor (Monteverde) in 3° 57′ Br., 154° 34′ Lg. und die südlichste aller Karolinen Pigiram (Greenwich) in 1° 4′ N. Br., 154° 45′ Lg. Die östliche Abtheilung fängt mit dem Riffe Oraluk (S. Agostino oder Bordelaise) in 7° 40′ Br., 155° 10′ Lg. an; darauf folgt Ngarik (oder Ngatil), dann die Insel Ponape (das Ascension der Wallfischfänger), von allen karolinischen Inseln bei weitem die schönste, reichste und wichtigste, ein gebirgiges Land, von einem großen Riffe umgeben, hinter welchem noch einige kleine gebirgige Inseln und mehrere schöne Häfen (wie der Hafen Roankiti in 6° 45′ Br., 158° 14′ Lg.) liegen. Westlich nahe bei Ponape finden sich noch zwei Lagunengruppen, Pakin (oder Pagenema) und Andema, im Südosten aber in größerer Ferne zwei andere kleinere, Mokil (Duperrey) und Pingelap (Macaskill), auf welche dann weiter südöstlich die Insel Kusaie (oder Walan) folgt, die östlichste aller Karolinen, in 5° 19′ Br., 163° 6′ Lg., die aus zwei gebirgigen, durch einen niedrigen Isthmus verbundenen Halbinseln besteht und von einem Riffe umschlossen wird, das zwei gute Häfen (den Coquillehafen und den Hafen Lela) bildet. Die Thier- und Pflanzenwelt der niedrigen Inseln der Karolinen ist natürlich arm, sie übertreffen jedoch darin die Paumotu; die Vegetation, obschon im Ganzen der der Laguneninseln dieses Archipels ähnlich, ist reicher und besser entwickelt, Arten von Arum finden sich hier und da angebaut, der in den Paumotu nur sehr selten auftretende Brodfruchtbaum erscheint hier auf mehreren Inseln selbst in großen Wäldern. Die gebirgigen Inseln sind voll steiler, zackiger Berge, die in Ponape im Montesanto 2748, in Kusaie im Berge Crozer 1867 F. Höhe erreichen; das Gestein ist in diesen beiden Inseln und in Ruk vulkanischer Art, wie es auch in Eap und Pelju sein soll. Auf diesen Bergen ist die Vegetation natürlich viel üppiger und reicher als auf den flachen Laguneninseln; sie gleicht ganz der gewöhnlichen der oceanischen Inseln, doch enthält sie viel mehr Repräsentanten von Pflanzenformen, die den Philippinen und Molukken angehören.

Die Bewohner der Karolinen, an Zahl wahrscheinlich über 20,000, von denen je ein Viertel in Ponape und in Ruk lebt, sind von denen der Ladronen und Philippinen im Aeußeren wie im Bildungszustande und der Lebensweise (außer daß sie bei der geringen Größe ihrer Inseln für ihren Unterhalt zum größten Theil auf das Meer und seine Erzeugnisse angewiesen und deshalb geschickte und unternehmende Seefahrer und Fischer sind), wie in den politischen und religiösen Einrichtungen nicht wesentlich verschieden. Sie leben in kleinen Staaten von der eigenthümlichen Form des Stamm- und Lehnswesens die den Mikronesiern eigenthümlich ist, vereinigt und werden in den einzelnen Inseln von Königen beherrscht. Auffallend ist es, daß die in den verschiedenen Gruppen gesprochenen Sprachen im Einzelnen so sehr von einander abzuweichen scheinen, obschon sie im grammatischen Bau ohne Zweifel übereinstimmen werden. In hohem Grade interessant aber macht die Karolinier ihr Charakter, die unverstellte und offene Freundlichkeit, Herzlichkeit und Zutraulichkeit, mit der sie den Fremden allenthalben entgegentreten, während sie dagegen von den Lastern, welche das Leben der Polynesier entstellen, fast ganz frei sind, außer wo der Einfluß zuchtloser europäischer Seeleute verderblich auf sie eingewirkt hat. Allerdings finden sich auch Verschiedenheiten unter ihnen; vor allem sind die Bewohner der hohen und bergigen Inseln, wenngleich auch bei ihnen die den Karoliniern eigene charakteristische Sanftheit des Wesens nicht fehlt, doch kriegslustiger und unruhiger, die der flachen Inseln friedliebend, dabei doch vorzugsweise kühn und unternehmend, ausdauernde und erfahrene Seeleute, wie kaum ein anderes der Inselvölker des Oceans, auch geschickt und intelligent. Ihre Verbindungen mit den Europäern sind erst neueren Ursprungs. Ein von spanischen Geistlichen im Anfang des achtzehnten Jahrhunderts in Uluti unternommener Versuch, das Christenthum einzuführen, schlug, wahrscheinlich weil die Einwohner durch geflüchtete Bewohner der Ladronen von den Ereignissen Kunde erhalten hatten, welche die Gründung der spanischen Colonie daselbst begleitet hatten, fehl. Am Ende desselben Jahrhunderts trieb ein Sturm verschlagene karolinische Boote in Guajan an; dies zeigte ihnen den Weg nach dieser Insel und wurde die Quelle eines Verkehrs mit den Spaniern daselbst, welchen diese sehr begünstigten. Seitdem segeln jährlich die gebrechlichen Boote der Karolinier, besonders aus den Inseln Uleai, Namurek und Satawal, nach Guajan, um ihre Producte, besonders Stricke aus Kokosfasern und Boote, gegen das ihnen unentbehrlich gewordene Eisen und eiserne Geräthe einzutauschen; ja es sind sogar bei diesen regelmäßigen Besuchen Karolinier in den Ladronen zurückgeblieben und karolinische Niederlassungen daselbst (in der Insel Saypan) entstanden. Eine fernere Folge dieses Verkehrs war, daß auch europäische Schiffe anfingen, die westlichen Inseln des Archipels zu besuchen, um Tripang zu fischen und Schildpatt von den Einwohnern zu erhandeln. Aber die Entdeckung von Ponape in der ersten Hälfte des neunzehnten Jahrhunderts hat zu einer noch viel innigeren Verbindung der Bewohner dieser Insel mit den Europäern geführt. Die Fülle der Lebensmittel, welche die Wallfischfänger hier fanden, bewog sie bald zu häufigen Besuchen. Einzelne Seeleute siedelten sich an, und diesen folgten später protestantische Missionare aus Hawaii (Nordamerikaner), die sich in Ponape und Kusaie niedergelassen und das Christenthum einzuführen begonnen haben; es scheint nicht, als ob die Erreichung dieses Zweckes auf erhebliche Hindernisse stoßen werde.

3. Der Archipel der Marshall- und Gilbertinseln erstreckt sich im Osten der Karolinen in der Richtung von Nordnordwesten nach Südsüdosten von 12° N. bis 3° S. Br., indem er mit seinem südlichen Theile das karolinische Meer im Osten begrenzt und durch einen Canal von 45 deutschen M. Breite von dem nördlichen Ende der in derselben Richtung sich erstreckenden Ellicegruppe getrennt wird. Ein anderer Canal von drei Breitengraden trennt diese ausgedehnte Inselreihe in der Mitte in zwei Theile, von denen der nördliche von den Geographen mit dem Namen der Marshallinseln, der südliche mit dem der Gilbertinseln belegt ist, während die Wallfischfänger ihn gewöhnlich die Kingsmillinseln nennen. Die Marshallinseln zerfallen dann wieder in zwei parallel in der allgemeinen Richtung des Archipels sich erstreckende Inselreihen, von denen die westliche bei den Eingeborenen Ralik, die östliche Ratak heißt. Die erste Entdeckung dieser Inseln erfolgte wie bei den Karolinen bereits im Anfange des sechzehnten Jahrhunderts, allein aus denselben Gründen wie bei diesen ging diese erste Kunde von ihnen später ganz wieder verloren. Hierauf führte 1788 ein Zufall zwei Capitäne von Handelsschiffen, Marshall und Gilbert, an diese Inseln, welche den nördlichen Theil der Gilbert- und fast alle Rataкinseln entdeckten, und mit Recht haben die Geographen die Inseln nach ihnen benannt; aber eine genauere wissenschaftliche Untersuchung derselben ist erst in unserer Zeit erfolgt, für Ratak durch die Deutschen von Kotzebue und von Chamisso 1817, für die Gilbertinseln durch den Amerikaner Hudson 1841, während Ralik noch nicht gründlich aufgenommen und der am wenigsten bekannte Theil des Archipels ist. Die Zahl der Inseln von Ratak beträgt 15. Die nördlichste ist die kleine und unbewohnte Laguneninsel Bikar, auf welche die nahe bei einander liegenden Inseln Utirik und Taka (Kutusoff und Suwaroff) in 11° 11' Br., 169° 51' Lg. folgen; die bedeutendsten unter den übrigen sind Ailuk (Krusenstern), Likieb, Wotsche (Odia) mit dem Weihnachtshafen in 9° 33' Br., 169° 53' Lg., Erikub, Maloelab (Calvert), auch nach einer ihrer Riffinseln Kawen genannt, eine der größten Laguneninseln von Ratak, Aur (Ibbetson), deren Nordostende in 8° 19' Br., 171° 12' Lg. liegt, Madschuro (Arrowsmith) und das nahe dabei liegende, aus zwei getrennten Gruppen bestehende Arno (Daniel und Pedder), endlich Mili (Mulgrave), die südlichste Insel von Ratak, deren südöstliche Spitze in 6° 7' N. Br., 171° 57' Lg. ist. Die Kette Ralik besteht ebenfalls aus 15 Inseln, von denen die nördlichste Bikini (Eschholtz) in 11° 40' Br., 165° 22' Lg. (das Westende) ist; von den übrigen sind die größten und wichtigsten Ronglab und Rongrik (die Pescadores), zwei nahe bei einander liegende Gruppen, Wottho (Schantz), Kwadschalein (Quadelen oder Margaret), die größte von allen Laguneninseln des Archipels von über 16 deutsche M. Länge, deren Südostspitze in 8° 45' Br., 167° 46' Lg. liegt, Namo (Mosquillo), Ailinglablab (Lambert) in 7° 20' Br., 168° 50' Lg., Dschaluit (Banham), endlich Ebon (Boston) in 4° 39' Br., 169° 50' Lg., die südlichste Insel von Ralik und zugleich von allen die reichste, ergiebigste, auch die am stärksten bewohnte. Von den Gilbertinseln, deren Zahl 16 beträgt, sind die nördlichsten die beiden nahe bei einander liegenden Inseln Makin in 3° 21' N. Br., 172° 57' Lg. und Butaritari (Pitt); von den übrigen haben die größte Bedeutung Apaiang (Matthews) in 1° 52' Br., 173° 5' Lg., Tarawa, die größte Laguneninsel aller Gilbert, Apamama (Hopper), von allen die fruchtbarste und ergiebigste, deren Südspitze in 26' N. Br., 173° 51' Lg. ist, dann die beiden großen Laguneninseln Nonouti (Sydenham) und Tapiteuwea (Drummond), deren Südspitze in 1° 28' S. Br., 175° 13' Lg. liegt. Im Osten und Südosten von der letzten finden sich noch fünf kleinere, von denen Nukunau (Byron) die bedeutendste, Arorai (Hope) in 2° 40' S. Br., 177° 1' Lg. die südöstlichste von allen ist. Von diesen 46 Inseln sind nur die acht kleinsten flache, von Riffen umgebene Koralleninseln, die übrigen alle Lagunengruppen. Sie unterscheiden sich von den Paumotu und Karolinen hauptsächlich durch die regelmäßige Anordnung in der übereinstimmenden Ausdehnung gegen Nordnordwesten und dadurch, daß zwischen ihnen keine hohen Inseln mit vulkanischen Bergen liegen. Die Lagunenbildung ist in diesem Archipel nicht weniger verschieden als in den anderen beiden; es giebt Inseln, die fast aus bloßen Riffen bestehen und sehr wenige Inseln haben, wie die nördlichsten von Ratak, andere mit zahl-

reichen Inseln, endlich (wie Marakei in den Gilbertinseln) eine Lagune, die ganz von Land umgeben ist. In dem Verhältniß zwischen der Ausdehnung des trockenen und bewohnbaren Landes auf den Riffen und des Flächeninhalts der Lagunen stehen die Marshallinseln zwischen den Karolinen, die an Inseln reicher sind, und den im Verhältniß inselärmeren Paumotu in der Mitte; während aber die südöstlichsten ihrer Gruppen von allen des ganzen Archipels die schönsten, reichsten und ergiebigsten sind, nimmt die Zahl und Größe der Inseln gegen Norden immer mehr ab, damit auch die Vegetation, bis zuletzt selbst die Kokospalme verschwindet und deshalb auch die Bewohnbarkeit aufhört, so daß die nördlichsten Marshallinseln von allen Lagunengruppen die an Inseln ärmsten sind. Dagegen sind umgekehrt von allen Laguneninseln im Ocean die Gilbertinseln an Zahl und Größe der Inseln die bedeutendsten und übertreffen sogar die Karolinen; allein sie sind viel dürrer und trockner als die südlichsten Marshallinseln, ihr Boden bedeckt mit Wäldern von Kokospalmen und Pandanus, welcher letzte Baum auf allen Inseln sehr verbreitet ist und den Eingeborenen ihre wichtigste vegetabile Nahrung liefert, ohne Unterholz und Gras. Die Vegetation ist die gewöhnliche der Laguneninseln und kommt mit der Strandvegetation auf den gebirgigen Inseln des Oceans überein; sie steht an Fülle und Mannigfaltigkeit der der Karolinen nach, übertrifft aber die der Paumotu bei weitem, auch nimmt sie in den Marshallinseln gegen Norden immer mehr ab und verkümmert. Die Thierwelt ist im Ganzen arm, auch hierin wird dieser Archipel von den Karolinen sehr übertroffen.

Die Bevölkerung dieser Inseln ist in der nördlichen Abtheilung, deren 30 Inseln höchstens 10,000 Einwohner haben, weniger stark als in den Gilbertinseln, die auffallend stark bewohnt sind und wahrscheinlich über 40,000 Bewohner zählen; es sind diese Inseln daher nicht bloß die am dichtesten bewohnten des ganzen Oceans, sie gehören auch zu den am stärksten bewohnten Theilen der Erde, wenn man nämlich erwägt, daß das bewohnbare Land in diesen Inseln zusammen höchstens zwei deutsche Q.-M. beträgt. In beiden Abtheilungen gehören die Bewohner den Mikronesiern an, doch bestehen zwischen ihnen bedeutende Verschiedenheiten, die hauptsächlich darin ihren Grund haben, daß, während sie in den Marshallinseln ein reiner mikronesischer Stamm sind, in den Gilbertinseln, wie aus der Untersuchung der dort gesprochenen Sprache und den historischen Ueberlieferungen des Volks hervorgeht, in älteren Zeiten polynesische Colonien, besonders, wie es scheint, aus Samoa, sich niedergelassen und mit den mikronesischen Ureinwohnern vermischt haben, so daß sich hier aus Mikronesiern und Polynesiern ein Mischvolk gebildet hat, wie dasselbe in Viti mit den Polynesiern und Melanesiern stattgefunden hat. Die Bewohner der Marshallinseln, im Aeußeren, in den Sitten und der Lebensweise den Karoliniern ganz ähnlich und ihnen augenscheinlich nahe verwandt, sprechen alle eine Sprache, die, wenn sie auch in den Wörtern mit den karolinischen Sprachen keine Aehnlichkeit besitzt, doch im grammatischen Bau mit ihnen ganz übereinkommt. Sie haben im Wesentlichen auch die gleichartigen politischen und religiösen Institutionen wie die Karolinier und werden in Ratak und Ralik von zwei Königen beherrscht, von denen der von Ratak in Aur, der von Ralik in Ailinglablab residirt. Uebrigens sind sie in beiden Abtheilungen, ganz besonders aber in Ralik, durch ihre Geschicklichkeit, Ausdauer und Kühnheit in Seefahrten und durch ihre Vorliebe für Handel und Verkehr ausgezeichnet, sie scheinen in dieser Hinsicht selbst noch die Karolinier zu übertreffen. Die Bewohner der Gilbertinseln sprechen ebenfalls alle nur eine Sprache, in welcher sich polynesische Wörter in nicht geringer Zahl und grammatische Eigenthümlichkeiten der mikronesischen und polynesischen Sprachen vermischt finden. Ihre religiösen Vorstellungen scheinen mit denen der Polynesier größere Verwandtschaft zu haben, ihre politischen Verhältnisse sind viel unsicherer und schwankender als in den Marshallinseln; in mehreren Inseln giebt es kleine Fürsten, in Apamama selbst einen geordneten monarchischen Staat, dessen König auch die beiden nahe liegenden Inseln Aranuka und Kuria beherrscht, in den größeren Inseln (Tarawa, Nonouti, Taputeuwea) besteht dagegen volle Auflösung des Staates und politische Zustände, die ganz an die von Samoa erinnern. Damit hängt es auch wohl zusammen, daß die Einwohner der Gilbertinseln für kriegslustiger und unruhiger gelten als die der Marshallinseln, mit denen sie die Liebe für den Verkehr gemein haben, während ihnen dagegen das Geschick und die Erfahrung in der Kunst der Schiffahrt ganz abgeht. Die vortheilhaften und liebenswürdigen Eigenschaften, welche die Karolinier so sehr auszeichnen, treten übrigens auch bei den Bewohnern der Gilbert trotz ihrer Kriegslust noch immer hervor; bei weitem mehr ist das jedoch bei den der nördlichen Abtheilung der Fall, welche durch ihre Sanftheit, Freundlichkeit und Zutraulichkeit ohne Zweifel das liebenswürdigste und anziehendste von allen Volksstämmen des Oceans sind. Mit den Europäern sind sie erst spät in engere Beziehungen getreten. Mit derselben Freundlichkeit, welche sie den ersten Entdeckern gegenüber zeigten, nahmen sie auch einzelne zuchtlose Seeleute auf, die sich auf den Inseln niederließen und einen sehr nachtheiligen Einfluß auf diese arglosen Menschen ausübten und sie öfter zu Angriffen auf europäische Schiffe verleiteten. Seit 25 Jahren ist dann ein überaus lebhafter Verkehr zwischen den Bewohnern der Gilbertinseln und australischen Kaufleuten aus Sidney entstanden, welche von ihnen Kokosöl eintauschen, ein Verkehr, der sich jetzt auch über Ralik auszudehnen beginnt. Einzelne dieser Kaufleute haben sich auf den Inseln niedergelassen; diesen sind erst kürzlich amerikanische Missionare aus Hawaii gefolgt, welche sich, um die protestantische Religion einzuführen, in den Gilbertinseln (in Apaiang und Tarawa) und in Ralik (in Ebon) angesiedelt haben und deren

Bemühungen durch keine wesentlichen Hindernisse aufgehalten zu werden scheinen. Die Einwohner von Ratak allein stehen bis jetzt noch in keiner Beziehung zu den Europäern.

In der Nähe dieser Inseln liegen noch einige andere zerstreut. So im Westen der Gilbertinseln die beiden Inseln Banaba (Ocean) in 50′ S. Br., 169° 45′ Lg., eine runde Insel mit niedrigen Bergen und Hügeln, und Nawodo (Pleasant) in 25′ S. Br., 167° 20′ Lg., von gleicher Größe mit Banaba, doch niedriger; beide sind von tiefem, gefahrlosem Meer umgeben und ohne Hafen und Ankerplatz, sie haben die Naturproducte der Gilbert, und ihre Einwohner gleichen in allem den Bewohnern der letzten und sprechen auch ihre Sprache. Zwei andere Inseln finden sich im Westen von Ralik, Ujilong (das Arrecifes der Charten) in 9° 36′ N. Br. 161° 8′ Lg. und Eniwetok (Brownsrange) in 11° 40′ Br., 162° 15′ Lg., beides Lagunengruppen mit vielen Inseln, von denen besonders die zweite bedeutend ist und 20 deutsche M. im Umfang hat; ihre zahlreichen Einwohner sind denen der Marshallinseln ganz ähnlich und sprechen die Sprache derselben. Im Norden von Ratak liegt eine kleine unbewohnte Lagunengruppe, welche die Rataker Taongi, unsere Charten Gasparrico nennen, in 14° 30′ Br., 168° 42′ Lg und im Nordnordwesten von ihr eine ähnliche noch unbedeutendere, Wake, in 19° 11′ Br., 166° 31′ Lg. Endlich findet man im Osten der Gilbert zwei kleine flache Koralleninseln, Baker (oder Newnantucket) in 13′ N. Br., 183° 38′ Lg. und Howland in 51′ N. Br., 183° 28′ Lg., welchen ihre Guanolager eine gewisse Bedeutung verschafft haben.

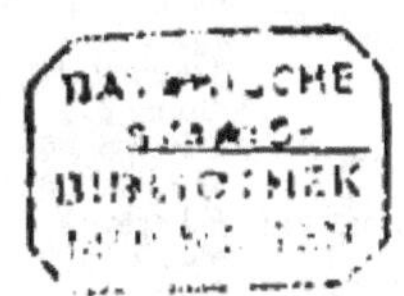

Register.

A

B

C

D

J

K

N

V

W

Druck von G. T. Weizel in Leipzig.

Zeitfracht Medien GmbH
Ferdinand-Jühlke-Straße 7
99095 Erfurt, Deutschland
produktsicherheit@kolibri360.de